CW00664592

COLLECTION
FOLIO ESSAIS

Dans la même collection

LE MONDE COMME VOLONTÉ ET REPRÉSENTATION, II, n° 523

LES DEUX PROBLÈMES FONDAMENTAUX DE L'ÉTHIQUE, n° 521

Arthur Schopenhauer

Le monde comme volonté et représentation

I

Quatre livres, avec un appendice qui contient la *Critique de la philosophie kantienne*

Traduit de l'allemand par Christian Sommer, Vincent Stanek et Marianne Dautrey
Annoté par Vincent Stanek, Ugo Batini et Christian Sommer

Ouvrage traduit avec le concours du Centre national du livre

Gallimard

La présente traduction est le fruit d'un travail d'équipe sous la direction de Christian Sommer.

Le livre I, § 1-7, l'*Appendice* et les *Compléments* du livre I, chap. 1-4, ont été traduits par Vincent Stanek;

les préfaces, le livre I, § 8-16, le livre II, les *Compléments* du livre I, chap. 5-17, et les *Compléments* du livre II par Marianne Dautrey, avec la collaboration de Christian Sommer et Vincent Stanek;

le livre III, le livre IV, les *Compléments* du livre III et les *Compléments* du livre IV par Christian Sommer.

L'ensemble a été harmonisé pour assurer la plus grande homogénéité terminologique possible.

Le lecteur trouvera à la fin du tome II un lexique des principaux termes utilisés par Schopenhauer avec leur traduction française et un index général des noms.

LIRE LE *MONDE* DE SCHOPENHAUER

> « L'art de ne pas lire est extrêmement important.
> Il consiste à ne pas prendre en main ce qui de tout temps occupe le grand public. [...]
> On ne peut jamais lire trop peu de mauvaises choses, et jamais assez ce qui est bon. »
>
> *Parerga*, II,
> *Sur la lecture et les livres*, § 295

Il est toujours risqué de proposer une nouvelle traduction d'un grand ouvrage. Pour le *Monde*, le risque est peut-être plus grand encore, puisque cela fait maintenant plus d'un siècle qu'on s'est accoutumé, en France, à entendre parler Schopenhauer dans les mots de la traduction de Burdeau[1]. Traduction héroïque qu'il faut saluer, avec Nietzsche[2], comme un témoignage important et précieux de l'influence de Schopenhauer sur la pensée et la création littéraire en France. Mais voilà déjà longtemps que

1. *Le Monde comme volonté et représentation*, Paris, PUF. On doit cependant noter que cette traduction est en réalité un travail collectif (les trois collaborateurs de Burdeau furent Dubuc, Blerzy et Alekan).
2. Cf. *Nietzsche contre Wagner* (« Où Wagner est à sa place »).

la nécessité se faisait sentir d'offrir aux lecteurs francophones la possibilité d'accéder à une image plus moderne, et nous l'espérons plus fidèle, de la pensée du maître de Nietzsche.

Cette nouvelle édition du *Monde* a aussi pour caractéristique de présenter, de façon évidente, l'étagement des strates successives du texte. Il ne s'agit pas simplement d'une coquetterie de philologue, mais de rendre perceptible le fait que le *Monde,* tel qu'il se présente aujourd'hui, est le résultat d'un long et complexe travail, déposé en une superposition de couches textuelles[1]. En prenant une comparaison qui ferait peut-être frémir Schopenhauer, on peut dire du *Monde* qu'il n'est pas sans rapport avec ces églises auxquelles on a ajouté au fil du temps un clocher, un transept, qu'on a décoré çà et là de fresques, et garni peu à peu d'un mobilier hétéroclite — l'ensemble donnant pourtant l'impression d'une certaine unité, parce que s'appuyant sur une structure solide, capable de supporter sans trop de dommages tous ces ajouts successifs. Tel serait le *Monde* de Schopenhauer, avec son noyau (les quatre premiers livres, premiers publiés), auquel s'ajoute l'Appendice sur Kant, et que les éditions suivantes ont progressivement enrichi de compléments et de corrections parfois substantielles.

Pour dégager cette structure de base, qui porte tout le reste, sans se perdre dans le détail des citations, des références que Schopenhauer prend parfois plaisir à accumuler, il faut avant tout tenter de lire Schopenhauer *pour lui-même*. La chose n'est

1. Nous renvoyons pour plus de précisions au texte de Christian Sommer. Schopenhauer a aussi procédé à des suppressions et à des réécritures. Nous donnons ces versions antérieures dans les notes.

pas si aisée pour nous, habitués que nous sommes à regarder le *Monde* avec les lunettes du nietzschéisme ou du freudisme. Donner à lire Schopenhauer pour lui-même, en renouvelant quelques habitudes de traduction et de présentation, c'est précisément l'une des ambitions de cette nouvelle traduction.

Sur ce point, il y a beaucoup à faire, car l'œuvre de Schopenhauer reste en France encore largement méconnue dans son détail. Ou, plus exactement, elle a paradoxalement pâti de ce qui a fait son succès tardif : l'extraordinaire engouement du public cultivé pour les *Parerga*. Car leur succès même a probablement contribué, et contribue encore à fausser la perception de l'ensemble de l'œuvre. Bien sûr, les *Parerga* ont permis à Schopenhauer de sortir de l'anonymat ; ils ont mis son œuvre dans l'espace public. Mais, dans le même temps, ils en ont probablement donné une image quelque peu déformée, celle d'un Schopenhauer plus essayiste que philosophe. En outre, la présentation du tome II des *Parerga*, divisé en paragraphes assez brefs, a permis des entreprises éditoriales certes séduisantes, mais toujours partielles. Disséminée en de multiples opuscules de philosophie digeste, l'œuvre de Schopenhauer a ainsi vu son unité malmenée au gré des publications tronquées. La parution d'une nouvelle traduction du *Monde* offre ainsi l'occasion de reporter l'attention sur l'entreprise proprement philosophique de Schopenhauer, sur l'intention fondatrice qui unit tous ces développements éparpillés au gré des découpages éditoriaux. Le *Monde* est l'ouvrage dont il faut sans cesse repartir pour comprendre Schopenhauer.

Une pensée unique ?

C'est une chose bien connue que le *Monde* présente la philosophie comme le développement d'une « pensée unique ». Il semble d'ailleurs que Schopenhauer nous indique lui-même cette unique pensée au § 1 : « le monde est ma volonté »[1]. Le geste philosophique fondateur de l'entreprise schopenhauerienne est donc d'inspiration moniste : rassembler l'infinie diversité des phénomènes sensibles en une seule expression commune. Ce monisme, axe fondamental de sa pensée, en fait un pendant au « panthéisme » : un « panthélisme[2] » selon l'heureuse formule d'Eduard von Hartmann. Mais ce « panthélisme » ne risque-t-il pas de tourner un peu court ? Comme le disait Bergson[3] sans aménité : que gagne-t-on à identifier l'être à la volonté plutôt qu'à quoi que ce soit d'autre ? Et à identifier l'être avec la volonté, est-ce qu'on n'en vient pas finalement à vider le concept de volonté de toute sa substance, en en faisant une enveloppe suffisamment large pour y fourrer pêle-mêle tous les phénomènes — on pense alors, bien sûr, à cette nuit indistincte de l'Absolu, « où tous les chats sont gris », que critiquait Hegel en un passage célèbre de la *Phénoménologie de l'esprit*. Naturellement, il ne s'agit pas de mettre en question l'inspiration moniste de la pensée de Schopenhauer, dans la mesure où elle a des effets très repérables. Le monisme, par exemple, sert de justification à l'idée d'une analogie des phénomènes organiques : Schopenhauer voit dans les réflexions naturalistes sur

1. Cf. p. 79.
2. Du grec « théléma », la volonté.
3. Bergson, *La pensée et le mouvant*, in *Œuvres* (édition du centenaire), Paris, PUF, 1959, p. 1291.

l'unité de plan des vertébrés, et dans les spéculations d'inspirations schellingiennes sur l'analogie des êtres vivants, la traduction de l'idée d'une souche commune de tous les phénomènes.

Cependant, la thèse panthéliste (« le monde est volonté ») n'est qu'une expression encore schématique de la pensée de Schopenhauer. Pour mieux saisir sa complexité, et tenter de séparer les éléments qui forment le faisceau de son inspiration, il est utile de jeter un œil sur les œuvres et travaux qui le précèdent. Car le *Monde* se nourrit explicitement des acquis de la *Quadruple racine du principe de raison suffisante* (1813) et du traité *Sur la vue et les couleurs* (1816) — Schopenhauer ne manquant pas de rappeler dans sa préface[1] qu'il est nécessaire d'avoir lu les œuvres précédentes pour comprendre son maître-ouvrage. Mais tout aussi important pour la genèse de l'œuvre est le chemin qui, dans les manuscrits de jeunesse, conduit Schopenhauer à l'énoncé de ce qui semble être la quintessence de sa pensée, cette « pensée unique » dont parle le début du *Monde* : « le monde est ma représentation, et le monde est simple volonté[2] ».

Le primat du monde sensible

Se reporter aux premiers manuscrits de Schopenhauer n'est pas une entreprise de vaine archéologie, dans la mesure où, d'une certaine façon, Schopenhauer l'a lui-même légitimée. En effet, la jeunesse, époque des premières expériences, est aussi celle où se fixent les premières impressions, les plus directes, les plus durables. Or Schopenhauer a toujours exalté le contact direct, intuitif, avec le monde. On touche

1. Cf. p. 48.
2. HN I, § 278, 1814. Pour les sigles, cf. p. 956.

ici à un *leitmotiv* qu'il ne cessera de décliner sous toutes les formes, de la plus sommaire à la plus élaborée, en en faisant un impératif pratique et une norme philosophique : ne jamais prendre les mots pour les choses et préférer aux premiers la contemplation du monde. C'est dans cette perspective que Schopenhauer se rallie à Kant, lorsque ce dernier affirme que les pensées sans intuitions sont vides[1] : il lit cette déclaration comme la reconnaissance de la priorité absolue qu'on doit accorder à l'expérience directe des choses. Voilà pourquoi Schopenhauer n'hésite pas à se féliciter d'avoir passé une partie de sa jeunesse à voyager plutôt qu'à languir enfermé dans une salle de classe : « pendant ces années d'adolescence [...] ma pensée ne se remplissait pas, comme il est coutume, de mots, ni d'histoires dont elle ne pouvait tirer aucune connaissance vraie et adéquate, et n'émoussait pas son tranchant premier, ni ne se lassait, mais, au contraire, mon esprit, comme mon intelligence, se nourrissait de la contemplation directe des choses ; et il avait appris de quelle nature sont les choses, avant d'en apprendre les modifications et leurs raisons ; en somme, et je m'en réjouis, j'avais pris de bonne heure l'habitude de ne pas m'en remettre aux mots et de préférer de beaucoup, à la sonorité des mots, la vue, l'examen des choses, et la connaissance qui naît de cette vision directe, et ainsi j'eus l'assurance, par la suite, de ne jamais prendre les mots pour les choses[2] ». Plus tard, quand il écrira le *Monde*, Schopenhauer se servira lui aussi, quoique modérément, d'un vocabulaire

1. CRP, *in* OP I, 812 ; Ak. III, 75.

2. *Curriculum Vitae d'Arthur Schopenhauer, docteur en philosophie*, traduction par A. Sourian, in *Cahier de l'Herne*, Paris, 1997, p. 213-214.

technique : « objectivation », « objectité », « représentation », etc. Mais toujours il revendiquera pour sa propre philosophie (et plus généralement pour l'œuvre du génie) cette qualité d'être le résultat d'une vue, d'un aperçu, plutôt que celui, péniblement obtenu, d'un calcul. Schopenhauer restera toujours persuadé que le génie résulte d'une acuité particulière du regard, d'une qualité de l'intuition qui fait voir le monde comme personne ne l'avait vu.

Ainsi, la philosophie schopenhauerienne se nourrit de la contemplation immédiate du monde. Schopenhauer n'a que mépris pour les constructions compliquées des mécaniciens du Concept (que l'on songe aux pages terribles où il assassine philosophiquement Fichte ou Hegel)[1]. Il ne pense guère mieux des professeurs de philosophie[2], perroquets inaptes à la moindre réflexion, et qui traversent la vie courbés sur leurs livres, sans jeter un regard sur le seul objet philosophique valable : le monde et son terrible mystère. Tel fut le « Schopenhauer éducateur[3] » de Nietzsche : un savant, certes, qui avait beaucoup lu (et nul mieux que lui n'a dit l'importance de lire les bons livres), mais aussi un philosophe de plein air, comme le fut Nietzche lui-même, grand voyageur dans sa jeunesse, grand promeneur dans l'âge mûr. En tout cas, expérimentateur, naturaliste, et curieux des phénomènes qui relèvent des franges les plus indécises de l'humanité (la folie, le spiritisme, l'hypnose). Ainsi, par une de ces grandes et fécondes contradictions qui traversent les personnalités puis-

1. Cf. (par exemple !), le § 34 de la QR2, ou encore la rageuse préface à la première édition (1840) des PFE.

2. Cf. la célèbre critique de la philosophie universitaire (*Parerga*, I, chap. 3).

3. Cf. *Considérations inactuelles*, III : « Schopenhauer éducateur ».

santes, Schopenhauer, qui n'aimait pas les hommes, et professait que la vie était un jeu n'en valant pas la chandelle, a été un observateur passionné du monde sensible, de ses créatures naturelles et des chefs-d'œuvre dont le génie humain l'a orné. On trouvera chez lui des pages magnifiques sur la beauté de la nature, des œuvres d'art, et sur la lumière dont il dit qu'elle est la plus belle des choses de ce monde. Et bien sûr, sur la musique, à qui il confère une dignité insigne, en en faisant, contre la hiérarchie instaurée par Hegel ou Schelling, le sommet de la pyramide des arts ; mieux encore : l'expression de la quintessence du monde. Ainsi, plus clairement que les phénomènes communs, la musique (entendons : la musique classique) suffit à exprimer l'ordre du monde, depuis les profondeurs obscures et lourdes de la matière, jusqu'aux plus légères oscillations de l'âme humaine. Schopenhauer, homme des défiances continuelles, confinant parfois au délire de persécution, eut cette sagesse ou naïveté fondamentale de croire que la contemplation du monde sensible pouvait lui fournir la clé de son énigme.

Mais, pour cela, encore faut-il savoir voir et entendre, et la plupart des hommes ne voient rien, aveuglés qu'ils sont par l'opinion commune ou alors par les simplifications pragmatiques de la perception utilitaire. Schopenhauer, avant Bergson[1], a eu l'intuition du caractère fondamentalement pragmatique de la perception. L'homme pressé ne voit ni le pont, ni les rives du fleuve qu'il doit traverser : il ne voit plus qu'une droite et une ligne sécante[2]. De la même

1. L'ouvrage d'Arnaud François, *Bergson, Schopenhauer, Nietzsche* (Paris, PUF, 2009) a récemment renouvelé la question des rapports entre ces trois auteurs.

2. Cf. chapitre 31, p. 1755.

façon, le concept n'est pour Schopenhauer qu'un instrument commode, destiné à classer les choses et à faciliter le travail intellectuel. Il y a d'ailleurs pour Schopenhauer une certaine facilité à faire un usage trop rapide du concept, pour réduire la diversité sensible à des fins pratiques : ainsi l'homme fatigué s'empresse-t-il de rechercher la chaise sur laquelle il peut se reposer[1]. On est bien loin de Hegel, qui faisait du Concept l'expression d'une rationalité supérieure, se confondant avec la réalité même. L'inspiration pragmatique qui sous-tend la théorie du concept apparaît nettement dans la théorie de l'« usage pratique de la raison », opposée à la raison pratique kantienne[2]. La raison est bien chez Schopenhauer la faculté des concepts abstraits, mais elle n'a rien à voir avec un quelconque « inconditionné », comme le prétend pourtant Kant[3]. La raison, c'est-à-dire la possession de concepts abstraits, distingue l'homme de l'animal en ce qu'elle lui permet de se déterminer non pas seulement selon des impulsions sensibles et immédiates (la peur, le désir), mais aussi selon des mobiles abstraits, par un calcul d'intérêt qui peut m'imposer de différer telle action que je voudrais accomplir immédiatement pour obtenir un plus grand avantage un peu plus tard. La tendance pratique de la raison se traduit aussi dans le fait que la théorie de l'argumentation chez Schopenhauer est souvent liée à celle des pratiques de persuasion, voire de manipulation : Schopenhauer a écrit des pages brillantes sur l' « art d'avoir toujours raison[4] »,

1. Cf. § 36, p. 389.
2. Cf. § 16, livre I, et chapitre 16. Cf. aussi FM, § 6.
3. Voir en particulier les développements de la *Critique de la philosophie kantienne*, en particulier p. 864 sq.
4. Cf. la « dialectique éristique » (1830-1831), *in* HN III, 666 sq.

c'est-à-dire de se servir des procédés de la sophistique et de la rhétorique pour l'emporter sur son adversaire. La raison, les concepts, ne constituent qu'une mince pellicule recouvrant un fonds primitif, obscur : la volonté, dont Schopenhauer répète qu'elle est *Abgrund*, sans fondement, c'est-à-dire radicalement hétérogène au principe de raison, qui régit l'usage du concept. Voilà pourquoi d'ailleurs l'instinct, qui rapproche l'homme de la bête, est toujours plus fort que la raison qui les distingue. Quand l'instinct parle, la raison doit nécessairement se taire ou alors se mettre à son service.

La raison est donc faible, quand elle cède à l'instinct, trompeuse quand elle sert d'instrument de persuasion, et enfin stérile quand elle tombe dans la ratiocination abstraite. L'intuition du monde sensible est, elle, toujours riche, et toujours féconde. Mais elle est aussi énigmatique. Ce monde se présente à nous comme une représentation, c'est-à-dire comme la manifestation, le phénomène d'une réalité plus profonde : la chose en soi. Ainsi, tout aussi centrale que celle du primat de l'intuition sur le concept, apparaît chez Schopenhauer l'idée que le monde sensible appelle une conversion du regard et de l'expérience pour être saisi dans sa réalité la plus profonde.

La philosophie de la « conscience meilleure » et la genèse des intuitions fondamentales

Cette recherche d'une expérience d'un genre supérieur anime les manuscrits de jeunesse de Schopenhauer. Dans ces années antérieures à la découverte

---

Arthur Schopenhauer, *L'art d'avoir toujours raison*, trad. D. Miermont, Éditions Mille et une nuits, 1983.

du monisme de la volonté (1814), on y voit en effet le jeune philosophe tenter de décrire une forme d'expérience supérieure, ou « conscience meilleure », exaltation de la conscience au-dessus du niveau de la conscience empirique commune.

L'accès à cette conscience supérieure se présente comme l'expérience d'une certaine forme d'éternité[1], caractérisée en outre par l'abolition de l'opposition entre le sujet et l'objet[2], forme fondamentale de la représentation. Elle se vit comme une dépersonnalisation[3], une dissolution de la conscience empirique, une « mortification de soi[4] ». Cette expérience constitue aussi une forme de salut, car elle nous arrache à l'empire du mal, c'est-à-dire au monde temporel, celui de la conscience empirique : « nous avons tous besoin de la lumière, de la *vertu*, de l'Esprit Saint, de la conscience meilleure[5] ». Car dans la conscience empirique sont inclus tous les maux inhérents à ce monde, royaume de l'erreur, du hasard, de la méchanceté, de la folie, et enfin la mort[6]. Ainsi, le passage de la conscience empirique à la conscience meilleure n'est-il pas simplement synonyme d'accès à une connaissance supérieure mais gage d'amélioration, et promesse de salut ; voilà précisément pourquoi la conscience supérieure est une conscience *meilleure* : l'enjeu n'est pas ici seulement gnoséologique, mais il est aussi moral. En m'élevant à la

1. HN I, § 22, p. 15.
2. HN I, § 96 (1813).
3. « La conscience meilleure en moi m'élève à un monde qui ne connaît ni personnalité et causalité, ni sujet et objet » (HN I, § 81, 1813).
4. HN I, § 128 (1814).
5. HN I, § 158 (1814).
6. HN I, § 99 (1813).

conscience meilleure, je m'élève au-dessus de ma nature sensible pécheresse.

Ainsi, la lecture des manuscrits de jeunesse montre que la philosophie de Schopenhauer est fondamentalement marquée par cette quête originaire d'une expérience de la conscience qui nous ferait accéder à une forme d'éternité, en même temps qu'elle nous délivrerait du poids d'un monde d'emblée disqualifié comme mauvais. Or, et c'est tout le drame, nous sommes cependant attachés à ce monde, notre nature étant marquée de cette ambivalence qui nous condamne à mourir au sensible si nous voulons accéder à la conscience supérieure. Ainsi la « dualité de notre conscience »[1] trouve-t-elle son origine dans la « dualité de notre être »[2], s'il est vrai que « l'homme peut se considérer à tout instant comme un être sensible, temporel, et aussi comme un être éternel »[3].

Le jeune Schopenhauer s'inscrit ainsi dans l'héritage platonicien du *Phédon* et dans l'anthropologie chrétienne : l'être humain est une créature double, tiraillée entre deux aspirations contradictoires, et cette propriété constitue la matrice du drame existentiel dont la philosophie schopenhauerienne ne va cesser de se nourrir. On n'aura pas de peine à retrouver dans les premières réflexions un peu exaltées la préfiguration de la théorie de la contemplation artistique, et celle des considérations éthiques sur la négation de la volonté de vivre. Dans les manuscrits de jeunesse apparaît aussi ce qui deviendra le ressort fondamental de la doctrine, c'est-à-dire l'aspiration métaphysique, le dessein de résoudre l'énigme du monde, celle de la nature cachée des phénomènes.

1. HN I, § 99.
2. HN II, p. 329.
3. HN I, § 72 (1813).

En effet, les considérations sur la «conscience meilleure» s'appuient sur l'idée que le monde de la conscience empirique est un monde manqué, que la vraie réalité est ailleurs que dans le défilé des apparences. À cet égard, l'année 1814 semble décisive, puisqu'elle est marquée par le phénomène de cristallisation philosophique essentiel à la genèse du *Monde* : l'identification de l'Idée platonicienne, de la chose en soi kantienne et de la volonté.

En effet, dans la phase qui suit l'élaboration de la *Quadruple racine*, c'est de Platon que Schopenhauer se sent incontestablement le plus proche. Il lui semble alors que «*Platon* a trouvé la vérité la plus haute : seules les Idées sont réelles, c'est-à-dire les formes éternelles des choses, les représentants adéquats et concrets des concepts». Ainsi, la «connaissance philosophique est [...] l'*Idée platonicienne* obtenue par une intuition claire, objective, naïve»[1]. Peu de temps après, Schopenhauer a la révélation de l'identité de l'Idée platonicienne et la chose en soi kantienne : «la doctrine de *Platon* selon laquelle *seules les Idées*, les formes éternelles, et non pas les choses sensibles, sont *réelles* n'est rien d'autre qu'une expression de la doctrine de Kant selon laquelle le *temps* et l'*espace* ne relèvent pas de la *chose en soi*, mais sont une simple forme de mon intuition»[2]. Enfin survient l'identification de la volonté avec la chose en soi kantienne, celle du monde avec une simple représentation : «*Le monde en tant que chose en soi* est une grande volonté, qui ne sait pas ce qu'elle veut ; [...] Le monde est ma représentation, et le monde est simple volonté[3].»

1. HN I, § 210 (1814).
2. HN I, § 228, 1814.
3. HN I, § 278, 1814.

En 1814, quatre ans environ avant la parution officielle du *Monde,* les grandes thèses et les grands thèmes de l'ouvrage sont donc posés. En 1814, Schopenhauer n'a que vingt-six ans, n'a encore écrit ni le traité *Sur la vue et les couleurs*, ni le *Monde,* et s'il a conscience que naît sous sa plume une nouvelle pensée philosophique, il ne sait sans doute pas que le reste de sa vie sera essentiellement occupé à ruminer les notes qu'il vient de jeter sur son cahier, et à construire l'édifice métaphysique du *Monde.*

La métaphysique empirique du Monde

Parler de « métaphysique » à propos du *Monde* peut sembler au premier abord relever du paradoxe, puisque le mot même est presque totalement absent des quatre premiers livres. C'est un peu plus tard, pendant la rédaction des *Leçons de Berlin* (1820), que Schopenhauer reconnaîtra explicitement l'importance de l'inspiration métaphysique pour sa doctrine. En effet, tout en reprenant les grandes divisions du *Monde,* et l'essentiel de leur contenu, il donne à chacune d'elles un nouveau nom : c'est ainsi que le livre I correspond à la « théorie de la représentation », et les trois livres suivants, à la « métaphysique de la nature », à la « métaphysique du beau » et enfin à la « métaphysique des mœurs ».

Cette nouvelle dénomination permet d'apporter quelques précisions sur la structure d'ensemble du *Monde.* En effet, la réorganisation des *Leçons de Berlin* isole, comme une propédeutique à la métaphysique, le livre I du *Monde.* Et de fait, cette « théorie de la représentation » reste encore aux marges du cœur métaphysique de la doctrine. Son titre complet décrit assez précisément son objet : *Le Monde comme représentation. La représentation sou-*

mise au principe de raison suffisante; l'objet de l'expérience et de la science. Toutes les analyses y sont en effet assez largement nourries des développements de la *Quadruple racine du principe de raison suffisante* et du traité *Sur la vue et les couleurs.* Il y est montré que l'expérience est totalement déterminée par le principe de raison, puisque la représentation sensible du monde n'est possible que par application de la catégorie de causalité. Par là, Schopenhauer entend reprendre et améliorer la thèse kantienne qui fait de l'entendement la condition des objets de l'expérience. Il en va de même pour les représentations abstraites (les concepts): sans le principe de raison, il n'est pas de science possible.

Cette première partie du *Monde* est sans doute celle qui reste la moins bien connue, et la moins souvent étudiée. Il est vrai que les développements de Schopenhauer sont rendus plus difficiles à suivre par le fait qu'ils supposent connus les résultats et la terminologie de la *Quadruple racine,* ainsi que la *Critique de la philosophie kantienne.* Au lecteur soucieux d'entrer dans la pensée de Schopenhauer, on doit conseiller, comme l'auteur le fait lui-même dans sa préface, de prendre préalablement connaissance de ces deux écrits. L'appareil de notes qui est ici proposé apporte une aide à la lecture.

De cette première partie, un peu austère, on doit retenir l'exposé des limites du principe de raison: le principe de raison, sous ses quatre formes, ne détermine que les rapports entre les phénomènes. Par exemple, pour ce qui est du principe de raison sous la forme de la causalité, il détermine les rapports de succession selon un ordre déterminé, celui de la cause et de l'effet. De même, pour la loi de motivation, autre forme du principe de raison, la succession du motif et de l'acte. Ou encore, pour la raison abstraite, le rapport entre les prémisses et la conséquence. En un mot, le principe de raison règle l'enchaînement des représentations, sensibles ou abstraites. Il est l'instrument qui permet de répondre à la question «pourquoi»? Pour Schopenhauer, quand, face au monde, on pose la question: «pourquoi?», c'est au principe de raison qu'il faut se référer pour y répondre.

Cependant, la question du pourquoi des choses est-elle la question fondatrice de la philosophie? À cette interrogation, Schopenhauer répond clairement par la négative. Pour lui, la question «pourquoi?» est la question typique de la science comme enquête rationnelle sur les phénomènes, mais nullement celle de la philosophie, précisément parce que cette dernière est d'abord une enquête métaphysique. Métaphysique : c'est-à-dire qu'elle cherche à aller au-delà des phénomènes, pour atteindre le noyau de l'être, ou, pour reprendre le vocabulaire de Kant, la chose en soi. La question «pourquoi?» se développe toujours sur le plan d'immanence des phénomènes; y répondre suppose toujours de convoquer une raison, c'est-à-dire un autre phénomène qui détermine l'autre. Ainsi la vraie question philosophique n'est-elle pas celle du «pourquoi» des choses, mais celle qui porte sur leur être transphénoménal: à la question «*Warum?*» (Pourquoi?) il faut opposer, comme la véritable question philosophique, c'est-à-dire métaphysique, celle du «*Was?*», du «Qu'est-ce que?», de l'être en soi des choses.

Tel est l'enseignement fondamental du premier livre: il est négatif. Pour atteindre la chose en soi, ce qui est par-derrière les phénomènes, il ne sert à rien de partir avec le principe de raison en bandoulière, pour tenter de dégager un hypothétique fondement premier des choses: vouloir fonder les choses en raison est pour Schopenhauer une illusion totale, puisque, précisément, il n'y a pas et il ne saurait y avoir de terme à une telle entreprise. La question « Pourquoi ? » est sans fin, il n'y a aucune raison dont on ne puisse demander à son tour quelle est la raison qui la détermine. La *Quadruple racine* le montre bien : tous les tours de passe-passe conceptuels, comme la « cause de soi », ou la preuve ontologique, qui visent à établir une raison première, sont des sophismes purs et simples[1]. La vraie métaphysique doit abandonner ces artifices, retourner à l'expérience et l'approfondir jusqu'à y faire une percée vers la chose en soi.

Le monde comme volonté

Le second livre du *Monde* explore justement les modalités de la saisie de la chose en soi. Il constitue évidemment le cœur de la doctrine. Avec le livre II, on quitte la propédeutique à la métaphysique, la théorie de la représentation, pour entrer dans la métaphysique : après le « Monde comme représentation », il s'agit bien du « Monde comme volonté ».

On a beaucoup loué l'élégance de la prose de Schopenhauer, et cet éloge est parfaitement justifié. On doit cependant reconnaître qu'il s'est moins soucié, et particulièrement dans ce second livre, si décisif, de l'ordre d'exposition des concepts fondamentaux de sa doctrine. Au demeurant, il en avait averti le lecteur dans sa préface : sa pensée est loin d'une exposition selon un ordre systématique, ou plus précisément architectonique, avec son agencement bien réglé de concepts, des concepts fondamentaux aux concepts dérivés. Elle suppose qu'on

1. Cf. QR2, § 8, p. 153 sq.

lise le livre deux fois, puisque le « commencement suppose la fin »[1]. Schopenhauer, du reste, était-il obligé de se lier à un ordre conceptuel rigoureux, alors même qu'il venait d'exposer dans son premier livre toutes les limites de la démarche conceptuelle ?

Quoi qu'il en soit, malgré son apparente limpidité, ce livre II est susceptible de plonger le lecteur dans l'embarras, puisque Schopenhauer n'hésite pas à faire apparaître des concepts fondamentaux[2] accompagnés d'une explication des plus minimes, quand elle ne fait pas complètement défaut ! En outre, Schopenhauer, si disert sur ses sources kantiennes ou platoniciennes, est plutôt avare d'explications quand il s'inspire de ses contemporains : c'est le cas en particulier du § 27, qui emprunte beaucoup à Schelling, tout en se contentant d'une allusion assez vague à son école[3]. Sur ce point, comme sur l'autre, l'appareil critique devrait, nous l'espérons, rendre quelques services.

Malgré les méandres de l'exposition, la démarche générale de ce livre II est claire. Son objet est de justifier l'équation fondamentale de l'ouvrage (« le monde est volonté ») en partant d'une identité remarquable : la coïncidence de l'acte de la volonté et de l'action du corps. Ou plus exactement, il ne s'agit pas de coïncidence, mais d'un même fait primitif, aperçu selon deux modalités différentes : par expérience interne, d'une part (je veux lever mon bras), et par expérience externe, de l'autre (je vois mon bras qui se lève). L'entreprise de Schopenhauer n'est pas dénuée d'ambition, puisqu'il s'agit, à partir de

1. Cf. p. 46.
2. Par exemple le concept d'Idée, § 25, p. 295-296, ou celui de caractère intelligible, § 20, p. 256.
3. P. 319.

ce constat limité, de se prononcer sur l'être de l'ensemble des phénomènes. Comment Schopenhauer pense-t-il y parvenir ?

D'abord, en s'appuyant sur la dualité du fait primitif. Lorsque notre bras se lève, nous avons l'expérience interne d'un acte de la volonté (je veux qu'il en soit ainsi). Le pari de Schopenhauer consiste à supposer que tout phénomène objectif, et pas seulement le mouvement de mon propre bras, est la manifestation d'un acte d'une volonté analogue à la mienne. Ainsi résumée, cette tentative pourrait sembler pour le moins curieuse, et frappée d'un étrange anthropocentrisme. Mais il faut rendre justice à Schopenhauer, et c'est tout le mérite de son entreprise, d'avoir prévenu ce danger par un travail obstiné de « déconstruction » du concept de volonté. Le livre II montre en effet que le fait primitif, l'identité de l'acte de la volonté avec l'action du corps, s'il permet d'effectuer la percée métaphysique du phénomène à la chose en soi, est loin d'épuiser le concept de volonté lui-même. Tout le trajet du *Monde* consiste à passer de ce que nous entendons spontanément par « acte de la volonté », c'est-à-dire la volition consciente, déterminée par des motifs, contextuelle, à un acte de la volonté générateur du monde lui-même, identifié à la nature naturante[1] : un acte inconscient, sans motif, intemporel. Dans ce parcours intellectuel, l'analyse de l'instinct animal est cruciale, puisqu'elle contribue à accréditer l'idée que certaines conduites ou certaines pratiques très élaborées ne nécessitent cependant pas l'intervention d'une volonté intellectuellement motivée (c'est le cas par exemple de la toile que tisse l'araignée). Plus cruciales encore sont les analyses qui mettent

1. Cf. chapitre 25, p. 1664, et chapitre 50, p. 2158.

en évidence la présence, chez l'homme lui-même, d'un socle pulsionnel par rapport auquel les raisonnements se révèlent impuissants ou pipés par le jeu des forces inconscientes.

Finalement, l'identité primitive, celle de l'acte de la volonté motivé avec l'action du corps propre, se révèle n'être qu'un cas très particulier d'un processus bien plus général par lequel se manifeste une volonté irréductible aux motifs et aux raisons. Un tel résultat n'est évidemment gagné qu'au fil d'une démarche progressive, qui doit vaincre d'ailleurs la difficulté que représente, pour la doctrine, le cas de la nature inorganique. Car s'il nous est concevable d'admettre que nos actes sont la manifestation d'une volonté inconsciente, d'une pulsion primitive analogue à l'instinct animal (le travail de Freud ayant sur ce point porté ses fruits), il nous est beaucoup moins facile d'admettre que cette même volonté est à l'œuvre quand il s'agit de la chute d'une pierre... *Le gai savoir* dénonce d'ailleurs la démarche schopenhauerienne comme une régression animiste: « Schopenhauer, avec sa supposition que tout ce qui est d'essence voulante, a élevé sur le trône une antique mythologie », celle de l'homme primitif qui « partout où il voyait une action, imaginait une volonté comme cause, un être doué d'un vouloir personnel agissant à l'arrière-plan[1]. Le reproche d'animisme que formule Nietzsche pointe justement une difficulté de la doctrine, mais ne fait pas justice de l'effort de Schopenhauer en vue de décentrer le concept de volonté, effort qui se traduit moins par une humanisation de la nature que par une naturalisation de l'homme. La postérité ne s'y est pas trompé, qui y a vu un des apports majeurs de Schopenhauer à l'histoire de la

1. *Le gai savoir*, livre III, § 127.

philosophie, en même temps qu'une anticipation des thèses freudiennes sur les fondements de la vie consciente.

L'art ou la quintessence du monde

Après les difficultés du livre II, le livre III semble couler de source. Ici le talent d'écrivain de Schopenhauer donne toute sa mesure dans la description des œuvres d'art. On y voit aussi ressurgir les réflexions de jeunesse sur la « conscience meilleure » : la contemplation paraît en effet parée des prestiges de cette conscience supérieure à laquelle aspiraient les manuscrits de jeunesse. Dans un monde tourmenté, où règne la guerre de tous contre tous, l'art donne un instant de répit bienheureux, où se tait le tumulte des passions. Pareil à l'arc-en-ciel qui se tient immobile au-dessus des flots tumultueux, l'art est une oasis dans un monde de souffrance, et la conscience du spectateur de l'art s'élève alors au-dessus de la triviale réalité empirique : dans un mouvement de dépersonnalisation qu'anticipaient les manuscrits de jeunesse, le spectateur de l'art devient regard pur, « dépourvu de volonté », c'est-à-dire débarrassé des tourments qui sont liés à toute existence individuelle[1].

Ce mouvement de sublimation du regard s'accompagne d'une sublimation de l'objet : dans l'art, il nous est donné de voir les Idées, c'est-à-dire les archétypes des phénomènes. Le lion représenté par l'artiste représente davantage qu'un simple lion : il représente l'Idée même de lion, sa « léonité », pour ainsi dire. La dignité respective des arts dépendra de celle de l'objet : l'échelle des arts va de l'archi-

1. Cf. notamment le § 36.

tecture, qui magnifie les Idées des forces primitives des matériaux (résistance et pesanteur) jusqu'à la poésie, dont l'objet est l'Idée d'humanité.

Dans tout le livre III, et sous couvert d'objectivité, les choix esthétiques de Schopenhauer n'en apparaissent pas moins : il s'inscrit explicitement dans un courant winckelmanien, néo-classique. Des raisons plus philosophiques déterminent cette préférence : c'est que la vocation de l'art le lie au monde naturel. De même qu'il n'y pas d'Idée des créations artificielles de l'homme, l'art ne saurait traduire autre chose que les Idées qui se manifestent encore confusément dans la nature. L'art peut même surpasser la nature, en exprimant plus distinctement qu'elle les Idées[1] ; mais en aucun cas l'art ne saurait s'affranchir de la référence à la nature. Schopenhauer réussit d'ailleurs le tour de force de faire rentrer la musique dans ce cadre explicatif général : Schopenhauer voit ainsi dans l'étagement des parties d'une composition classique (soprano, alto, etc.) l'analogue expressif de la stratification du monde naturel en phénomènes inorganiques, animaux, humains[2]. Ou plus précisément, poussant jusqu'au bout son raisonnement qui fait de l'art l'archétype du monde sensible, Schopenhauer en vient à considérer que la musique exprime plus exactement que le monde lui-même l'essence de la volonté : la musique, dit-il énigmatiquement, pourrait ainsi exister sans que le monde existât[3].

1. Cf. § 45, p. 444.
2. Cf. § 52, p. 502 sq.
3. Cf. § 52, p. 501.

Le lien spéculatif entre volonté et représentation

La lecture du livre III du *Monde* offre quelques grands bonheurs ; mais elle livre aussi son lot de formules encore énigmatiques. Ainsi, au § 38, le sujet esthétique, absorbé dans la contemplation de l'objet, est qualifié d'« unique œil du monde »[1]. De fait, dans ce livre III, un nouveau thème métaphysique affleure, qui se déploiera dans le dernier livre, en donnant respectivement leur sens à maintes allusions précédentes.

Pour comprendre la portée de ce qui se trame encore en coulisses dans le livre III, il faut revenir aux concepts les plus généraux de l'œuvre : la volonté et la représentation. Le livre II du *Monde*, on l'a vu, marque le début de la métaphysique proprement dite. Cependant, la distinction très nette qui est faite par le plan des *Leçons de Berlin* entre la théorie de la représentation d'une part (livre I), et la métaphysique de la nature de l'autre (livre II) ne doit pas laisser croire qu'on peut dissocier monde et représentation. Le titre même de l'ouvrage *Le monde comme volonté et représentation*, est finalement trompeur en ce qu'il présente sur un même plan volonté et représentation. En réalité, le terme premier, c'est bien la volonté en tant que « nature naturante » (Schopenhauer reprend l'expression de Spinoza)[2]. C'est dire qu'au-delà des considérations un peu techniques sur les modalités de sa constitution[3], au-delà des réflexions physiologiques qui en font une production du cerveau[4], la représentation

1. Cf. § 38, p. 406.
2. Cf. chapitre 25, p. 1664.
3. Sur l'« intuition intellectuelle », cf. note 34, p. 976.
4. Cf. chapitre 22, p. 1581 sq.

apparaît d'abord comme la manifestation de la volonté. Le sous-titre du livre II, « l'objectivation de la volonté » ne signifie pas autre chose. Dire que la volonté s'objective, c'est dire qu'elle se manifeste dans le monde comme représentation, plus ou moins clairement. La tâche de la philosophie consiste à partir du fait primitif de la coïncidence de l'expérience interne avec l'expérience externe pour déchiffrer le sens des diverses manifestations de la volonté, telles qu'elle apparaissent dans les phénomènes sensibles dont la totalité constitue le monde comme représentation.

Ainsi la philosophie de Schopenhauer peut-elle apparaître comme une herméneutique du monde sensible, où il s'agit de repérer les modalités de manifestations de la volonté, depuis les plus humbles, dans le monde inorganique, jusqu'aux plus raffinées, dans la conduite humaine. La théorie de la contemplation artistique, développée au livre III, prolongerait cette inspiration : l'œuvre d'art, nourrie elle-même de la contemplation du monde sensible, en présenterait l'Idée, c'est-à-dire la quintessence, et offrirait ainsi au spectateur l'image pour ainsi dire décantée de la volonté à l'œuvre dans la nature.

Pourtant, Schopenhauer s'aventure plus loin, et accomplit avec le livre IV un geste philosophique audacieux où les termes de la théorie de la représentation, liés aux postulats du monisme métaphysique, le conduisent à une forme de philosophie spéculative, dont l'idée centrale est celle de connaissance de soi. En effet, la représentation est assimilée par Schopenhauer à une forme de connaissance. Ainsi, percevoir le monde, c'est déjà développer une forme de connaissance sensible. Mais la représentation n'est pas moins que tout autre chose une réalité qui prend sa source dans la volonté. Dans la représentation, qu'elle soit commune ou sublimée comme dans la contemplation esthétique, quand le sujet empirique ou pur se rapporte à son objet, et que cet objet est connu comme étant la volonté, la volonté n'est pas seulement objet de la connaissance, mais sujet de la connaissance, puisque, par application du principe moniste, elle est tout à la fois sujet et objet. Dès lors, tout acte de connaissance peut être conçu comme une figure de la connaissance de soi de la volonté. Et Schopenhauer, en une vision grandiose, conçoit précisément le monde comme une progressive élévation des phénomènes à la lumière de la connaissance, depuis les profondeurs obscures de la matière, en passant par la perception animale, jusqu'à la claire contemplation du génie[1]. On comprend dès lors pourquoi, dans ses notes manuscrites de 1817, Schopenhauer écrit que sa philosophie « peut se résumer en une seule expression : le monde est la connaissance de soi de la volonté »[2], affirmation reprise dans le § 71 du *Monde*[3]. On comprend mieux aussi ce que signifiait l'énigmatique « œil unique du monde » de la contemplation esthétique du livre III : par cette métaphore, reprise et développée au livre IV[4], Schopenhauer désigne justement l'autoconnaissance de la volonté, où le sujet individuel se sublime en un sujet impersonnel, pur regard, hors de toute temporalité.

C'est à l'aune de cette métaphysique spéculative qu'il faut donner tout son sens au concept, bien galvaudé, de « volonté de vivre ». Par ce concept, Schopenhauer ne renvoie pas au simple attachement

1. Cf. § 27, p. 328.
2. HN I, p. 462.
3. Cf. § 71, p. 749.
4. Cf. § 54, p. 540.

à l'existence, au « dur désir de durer » d'Eluard. La volonté de vivre désigne, en un sens beaucoup plus large et plus profond, le processus dynamique qui traverse tout l'univers, c'est-à-dire la tendance qui porte tous les phénomènes à la vie, dont la propriété essentielle est d'abord pour Schopenhauer la conscience, et donc la connaissance. En un mot, il y a volonté de vivre parce qu'il y a volonté de connaissance, ou, comme il le dit en une formule ramassée, « vouloir-connaître » (*Erkennenwollen*)[1].

Il est tentant de voir dans cette métaphysique spéculative une forme dégradée de l'idéalisme absolu d'un Hegel, où l'idée d'autoconnaissance constitue la base et le moteur de la réflexion philosophique. La grande différence réside dans le fait que, chez Hegel, la rationalité, la conceptualité ne sont pas de simples moyens d'expression, mais l'expression de la réalité elle-même. Schopenhauer lui, s'est empêché d'aller plus loin dans la mesure même où il a posé lui-même l'hétérogénéité de la volonté et de la connaissance. La volonté, répète-t-il souvent, est aveugle. On voit mal, dès lors, comment il pourrait aller plus loin que le simple constat de l'autoconnaissance de la volonté, pour remonter jusqu'à ses raisons dernières. D'ailleurs, il ne fait pas mystère des limites de sa démarche ; il les reconnaît même volontiers. Il ne faut donc pas lui demander pourquoi la volonté se manifeste et se connaît dans le monde, ni pourquoi elle se nie : toutes ces questions, dit Schopenhauer, sont « transcendantes », c'est-à-dire hors de portée de toute explication. Le livre IV accumule les avertissements de prudence : qu'on n'aille pas demander à la philosophie de sonder l'in-

1. VN, p. 78.

sondable. Elle se borne à décrire ce qui est, et à tenter de fournir une explication d'ensemble, sans se risquer jusqu'aux raisons dernières[1].

D'ailleurs, ce qui intéresse le plus Schopenhauer dans ce dernier livre, ce sont moins les modalités métaphysiques de la connaissance de la volonté que la description de son résultat: la négation de la volonté de vivre. Toutes ces pages du livre IV, qui décrivent les tourments du monde, et qui ont valu à Schopenhauer sa réputation de penseur pessimiste, sont bien connues. Elles cadrent, pourrait-on dire, avec le Schopenhauer des manuels. Mais la noirceur vigoureuse de Schopenhauer a nourri tant de complaintes doloristes qu'on pourrait suggérer au lecteur de prêter une attention plus soutenue aux passages où Schopenhauer médite sur la compassion, la générosité, la sainteté. Schopenhauer, qui fut à ce point sensible à l'égoïsme des hommes qu'il a dit leur préférer les animaux, a aussi écrit d'admirables pages sur ceux qui, à l'honneur du genre humain, firent mentir la fable des porcs-épics des *Parerga*. On retrouve dans ces pages l'intuitionnisme de Schopenhauer: si ces hommes ont choisi de considérer avec commisération leurs semblables, ce n'est pas par l'effet d'une réflexion rationnelle, mais par une connaissance immédiate de l'identité de leur être avec le leur; en sorte que, par compassion, la souffrance d'autrui est devenue leur propre souffrance.

Ecce homo

Sans verser dans la psychologie grossière, il n'est pas déplacé de conclure par quelques mots sur les rapports de l'homme et de l'œuvre. Car Schopen-

1. Cf. § 70, p. 741, et § 71, p. 751.

hauer aurait-il été aussi sensible à la duplicité de la nature humaine, oscillant entre aspiration à la contemplation et enfermement dans le désir brutal, aurait-il accordé tant de place à la souffrance existentielle, s'il n'avait pas connu lui-même les tourments de la volonté de vivre ? Il est permis d'en douter, tant chez lui la vie et l'œuvre se rejoignent, parfois de la façon la plus naïve. Ainsi, dans le tableau qu'il fait des défauts supposés des femmes, il n'est pas difficile de retrouver ceux qu'il prête à sa propre mère[1]. De même, il « sublime », au sens freudien du terme, ses propres échecs universitaires en montrant que le génie doit rester nécessairement incompris de son temps[2]. « La plupart des livres durent peu. Ceux-là seuls vivent, où l'auteur s'est mis lui-même. Dans toutes les grandes œuvres, on retrouve l'auteur. Dans mon œuvre à moi, je me suis *fourré* tout entier. Il faut qu'un écrivain soit le martyr de la cause qu'il défend, comme je l'ai été[3]. » Ce propos attribué à Schopenhauer traduit sans doute la vérité : lire le *Monde* permet d'accéder à une certaine vision de l'existence, puissamment originale, où l'auteur ne disparaît jamais tout à fait derrière son objet. Voilà pourquoi, aux yeux de Nietzsche, Schopenhauer était philosophe, mais aussi éducateur, et la lecture du *Monde* non pas seulement apprentissage, mais encore rencontre : « quiconque a jamais senti ce que c'est, à notre époque d'humanité hybride, que de rencontrer un être entier, cohérent, mobile sur ses propres gonds, exempt d'hésitation et d'entraves, celui-là comprendra mon bonheur et ma

1. Didier Raymond le montre bien dans son *Schopenhauer*, Paris, Seuil, 1979, p. 41 sq.
2. Cf. chapitre 31.
3. *Entretiens*, Paris, éd. D. Raymond, Criterion, 1992, p. 26.

surprise lorsque je découvris Schopenhauer[1] ». Nous souhaitons aux lecteurs d'aujourd'hui de connaître, à leur tour, les plaisirs que procure une telle rencontre.

VINCENT STANEK

1. Nietzsche, *Considérations inactuelles*, III, in *Œuvres*, I, Paris, Gallimard, 2000, p. 588.

NOTE SUR LA PRÉSENTE ÉDITION

La première édition du *Monde comme volonté et représentation* paraît en 1819 ; la deuxième, revue et augmentée d'un volume de *Compléments*, en 1844 ; la troisième, « corrigée et considérablement augmentée », en 1859. Notre traduction est basée sur cette dernière édition autorisée par Schopenhauer[1].

Le *Monde* n'est donc pas un ouvrage chronologiquement homogène ; il a connu trois éditions du vivant de son auteur, avec des variantes et des remaniements parfois importants. S'il paraît nécessaire d'établir, pour traduire avec exactitude, la dernière version préparée par l'auteur, il nous semble non moins nécessaire d'intégrer les acquis historico-philologiques des versions publiées après la mort de l'auteur pour reconstituer tous les états du *Monde*[2].

Pour indiquer les mutations du texte et les remaniements significatifs sans les fragmenter dans un relevé de variantes, nous avons adopté un système simplifié permettant de lire dans leur continuité les différents états. Les états chronologiques sont signalés dans le corps du texte par une lettre capitale et délimités par leur encadrement : la version de 1819 est repérée par la lettre A (A[...]A) ; celle de 1844 par la lettre B (B[...]B) ; celle de 1859 par la lettre C (C[...]C). Les repères alphabétiques des strates sont utilisés pour marquer des changements chronologiques et noter des différences, d'où il suit évidemment que lorsque les versions de 1819, 1844 et 1859 sont identiques, aucun repère alphabétique n'apparaît. Certaines additions manuscrites, principalement rédigées sur des feuilles séparées (env. 34 pour le tome I, env. 45 pour le t. II) et intégrées dans C, sont indiquées dans notre texte par Cm, et également encadrées par leurs crochets (Cm[...]Cm). Les gloses autographes portées par Schopenhauer dans son exemplaire personnel de 1859 sont données dans l'appareil de notes en fin de chaque volume et marquées par m (m[...]m). Les passages importants supprimés sont reproduits en note ; la plupart concernent la version A de l'*Appendice*.

Notre texte suit l'image typographique de la troisième édition allemande tout en tenant compte des normes typographiques françaises en vigueur[3]. Lorsque Schopenhauer, dans le texte composé en *Fraktur*, souligne un mot par des caractères espacés, nous l'écrivons en PETITES CAPITALES, qui nous tiennent lieu d'italiques, ce qui permet de garder dans la plupart des cas les *italiques* originaux du texte, réservées en général aux citations et références latines ou aux expressions citées dans une langue européenne moderne. Nous respectons le découpage de l'auteur pour les alinéas qui articulent les paragraphes et les chapitres. L'usage fréquent du tiret [—] a été le plus souvent maintenu quand il ne gênait pas la lecture. Les parenthèses sont généralement respectées. Pour ne pas embarrasser la lecture, nous avons parfois adapté la ponctuation, notamment l'usage des deux points [:], qui remplace notre point-virgule [;].

Le *Monde* est sans doute l'un des ouvrages philosophiques du XIXe siècle les plus polyglottes ; nous avons tenu à faire apparaître dans le texte cet espace multilingue, qui reflète la vaste culture européenne de l'auteur. Schopenhauer cite toujours les Anciens dans leur langue d'origine et ne traduit que les auteurs anglais, italiens et espagnols dans une note appelée par un astérisque [*] et située en bas de page. Pour respecter l'image du texte de 1859, nous avons choisi de ne pas intervenir dans le texte des notes infrapaginales de Schopenhauer. On trouvera les commentaires et références de ces notes dans une note de fin de volume, appelée immédiatement après l'astérisque, dans le corps du texte principal.

Selon les cas, nous remplaçons directement la traduction des citations introduite par Schopenhauer, en indiquant les particularités de sa traduction ou les variantes, s'il y a lieu. La traduction latine des auteurs grecs a été généralement ajoutée dans la troisième édition. En insérant entre crochets la traduction des citations et des expressions grecques ou latines dans le texte principal, après la citation originale, nous avons voulu la placer sous les yeux du lecteur, qui dispose ainsi des données qu'un lettré du XIXe siècle, entraîné à lire le latin et le grec, et versé dans les langues modernes, percevait directement. Le lecteur trouvera toujours les références de ces citations dans l'appareil de notes en fin de volume. Nous reproduisons généralement les références abrégées des titres, telles qu'elles sont données, avec une cohérence variable, dans la troisième édition ; le lecteur trouvera, là aussi, la référence complète dans l'appareil de notes. Si nous n'indiquons pas de traduction française existante, nous traduisons ; si nous modifions une traduction française existante, nous le signalons. Nous signalons également les expressions ou les mots écrits directement en français en les faisant suivre par la mention [en français dans le texte].

Les termes grecs sont accentués selon l'édition Deussen. Pour les termes sanskrits, nous utilisons la transcription phonétique simplifiée sans signes diacritiques ; les accents placés au-dessus des voyelles indiquent qu'il s'agit de voyelles longues.

Dans notre traduction proprement dite, l'objectif a été de donner du texte une version précise et fidèle, en veillant à l'unité du vocabulaire philosophique de Schopenhauer, essentiellement de souche kantienne[4]. Dans certains cas, nous avons estimé utile de joindre entre crochets pointus le terme allemand (<...>), pour permettre éventuellement au lecteur peu versé en allemand de se repérer, et au germaniste de juger de la pertinence des équivalences adoptées : aucune n'est sans raison, même celles qui ne sont pas expressément justifiées. Le lexique en fin de second volume donne quelques équivalences adoptées dans la présente traduction. On sait que, dans l'espace germanophone, les termes techniques du grec et du latin philosophiques ont été transposés et adaptés par Luther, Leibniz, Wolff, Kant... Chaque terme allemand renvoie donc bien souvent, du moins en théorie, à un terme latin ou grec. Nous avons ainsi, dans la mesure du possible, remonté la généalogie des termes techniques utilisés par Schopenhauer pour nous guider dans l'établissement des équivalents français[5].

L'appareil critique de notre édition comporte des notes appelées dans le texte par un chiffre arabe et placées en fin de volume. Ces notes sont de plusieurs types. Les notes de commentaire et d'éclaircissement sont destinées à préciser les aspects techniques de la pensée de Schopenhauer dans certains passages difficiles, ou à expliciter le vocabulaire non défini. Schopenhauer, surtout dans le livre I, recourt plus ou moins explicitement aux analyses de la *Quadruple racine du principe de raison suffisante*, tout comme à celles de son traité *Sur la vue et les couleurs*. Ces notes de commentaire s'efforcent de donner au lecteur les moyens de comprendre ce que Schopenhauer emprunte à ces deux ouvrages. Schopenhauer insiste par ailleurs, dans sa première préface, sur le fait que le lecteur doit avoir une connaissance approfondie de l'œuvre de Kant. C'est tout spécialement vrai pour l'*Appendice*, que les notes tâchent d'éclaircir par des renvois précis au texte de Kant et des citations suffisamment longues pour jeter une lumière nécessaire sur un texte souvent elliptique.

Parmi ces notes d'éclaircissement, on trouvera aussi un système de renvoi interne : dans le cours du texte, Schopenhauer revient souvent sur des analyses menées précédemment, mais la plupart du temps sans indiquer de façon précise où les situer, ce qui tient sans doute au fait que la première édition n'adoptait pas encore la division en paragraphes. Pour aider le lecteur à s'orienter dans la complexité du texte, les notes lui indiquent donc où trouver ces analyses.

Outre les notes de commentaire et de renvoi, on trouvera des notes signalant les références des citations. Pour faciliter l'accès du public francophone au texte de Schopenhauer et à ses sources, l'appareil donne, chaque fois qu'il est possible, la traduction de référence, en indiquant l'emplacement du passage cité ou commenté par Schopenhauer. Ces notes comportent également le renvoi systématique aux ouvrages figurant dans la bibliothèque de Schopenhauer, selon le catalogue établi par Hübscher[6].

Notons, pour les auteurs ou ouvrages fréquemment

cités, que Schopenhauer cite Kant dans l'édition de Rosenkranz[7] et Platon dans l'édition dite « bipontine »[8]. La Bible est généralement citée dans la traduction de Luther ; nous donnons le plus souvent la traduction de la Bible dite « de Jérusalem » en l'adaptant si le contexte l'exige, et nous utilisons les abréviations des livres bibliques utilisées dans cette édition.

Les notes de commentaire et de renvoi ont été pour l'essentiel rédigées par Vincent Stanek. Ugo Batini a assuré l'établissement des références et des traductions françaises. Si l'appareil de références a pu naturellement bénéficier de tout le travail accumulé par les éditions critiques précédentes, son objectif a également été de rectifier les erreurs et négligences transportées d'une édition à une autre, et d'enrichir l'ensemble par des références inédites. Nous avons ajouté nous-même quelques notes brèves pour éclairer certaines difficultés littérales ou terminologiques, ainsi qu'une série de notes historiques dont les plus longues sont marquées par les initiales [*C.S.*].

Toutes les notes en bas de page, signalées par des astérisques [*], sont de Schopenhauer.

Nous tenons à remercier pour leur aide ponctuelle Stéphane Arguillère, Philippe Boulier, Clément Fradin, Michel Grimbert et Teresa Pedro. Nous remercions également Éric Vigne pour l'accueil qu'il a réservé au projet d'une nouvelle traduction, conforme aux normes académiques, de l'*opus magnum* de ce classique atypique qu'est Schopenhauer. Nous lui sommes également reconnaissant pour la patience exemplaire dont il a témoigné à chaque étape de ce long travail.

CHRISTIAN SOMMER

Ob nicht Natur zuletzt sich doch ergründe?

[Et si la nature finissait par livrer ses mystères[1] ?]

GOETHE

SIGLES GÉNÉTIQUES

A : version du *Monde* 1819
B : version du *Monde* 1844
C : version du *Monde* 1859
Cm : additions manuscrites intégrées dans C
m : gloses ou ajouts manuscrits dans l'exemplaire personnel de Schopenhauer (1859)

PRÉFACE À LA PREMIÈRE ÉDITION

Je me propose d'indiquer ici comment lire ce livre afin qu'il soit, si possible, compris. — Celui-ci ne doit transmettre qu'une seule et unique pensée. Néanmoins et en dépit de tous mes efforts, je n'ai su trouver chemin plus court pour la transmettre que ce livre tout entier. Je tiens cette pensée pour ce que l'on a très longtemps recherché sous le nom de philosophie et dont la découverte, pour cette raison précisément, est tenue pour aussi impossible que celle de la pierre philosophale par ces savants historiens, auxquels Pline avait pourtant dit : *Quam multa fieri non posse, priusquam sint facta, judicantur?* [Combien de choses n'a-t-on pas déclarées impossibles avant leur réalisation[2] ?] (*Hist. nat.*, 7, 1).

Selon le point de vue d'où l'on considère cette pensée unique, elle apparaît comme ce qu'on a nommé tantôt métaphysique, tantôt éthique, tantôt esthétique ; bien entendu, si elle était ce pour quoi je la tiens et que je viens d'énoncer, elle devait être tout cela à la fois.

Un SYSTÈME DE PENSÉES doit nécessairement comporter un agencement architectonique, c'est-à-dire un agencement dans lequel toujours une partie porte l'autre sans que, pour autant, celle-ci porte celle-là, dans lequel le fondement les porte toutes sans être lui-même porté par elles, et dans lequel le sommet est porté sans qu'il ne porte rien. Une SEULE ET UNIQUE PENSÉE, en revanche, si vaste soit-elle, se doit de conserver sa plus parfaite unité. Si, toutefois, pour les nécessités de sa communication, elle souffre d'être divisée en parties, encore faut-il que l'agencement de ces parties soit organique, c'est-à-dire un agencement dans lequel chaque partie contienne l'ensemble comme l'ensemble, chaque partie ; dans lequel aucune d'entre elles ne soit ni la première ni la dernière ; dans lequel la pensée tout entière gagne en clarté à travers chaque partie et dans lequel la moindre des parties ne puisse être totalement comprise sans que l'ensemble ne soit préalablement compris. Reste qu'un livre doit avoir une première et une dernière ligne et demeure en cela très dissemblable à un organisme, aussi semblable son contenu y soit-il : par suite, forme et contenu entrent ici en contradiction[3].

Dans de telles conditions, il va de soi que, pour pénétrer la pensée exposée, il n'est d'autre conseil que celui de LIRE LE LIVRE DEUX FOIS, la première fois avec beaucoup de patience, une patience qui ne peut être puisée qu'à la foi délibérément accordée au fait que le commencement suppose presque autant la fin que la fin, le commencement et que, de même, chaque partie précédente suppose la suivante presque autant que celle-ci, celle-là. Je dis « presque », car cela ne saurait absolument être le cas. On a, en conscience et honnêtement, fait tout ce qui était en notre pouvoir pour au moins placer avant ce qui n'était explicité que par ce qui suivait, de même, on a aussi fait tout ce qui pouvait contribuer à faciliter le plus possible la compréhension et la clarté : il se pourrait même que l'on ait jusqu'à un certain point réussi, n'était le lecteur, lequel, dans sa lecture, fort naturellement, ne se borne pas à s'attacher seulement à ce qui a été énoncé mais envisage aussi les autres implications possibles. Si bien que, à ce qui vient effectivement contredire les opinions de l'époque, ainsi que vraisemblablement celles du lecteur, peuvent s'ajouter encore maintes autres contradictions, anticipées ou imaginaires, qui font que, nécessairement, se présentera comme un vif désaveu ce qui n'est encore qu'une méprise — méprise qu'on identifie d'autant moins comme telle que la clarté difficilement atteinte de la présentation et l'intelligibilité de l'expression, si elles ne laissent subsister aucun doute sur le sens immédiat de l'énoncé, ne peuvent cependant pas expliciter à la fois toutes les relations que ce même énoncé entretient avec tout le reste. C'est pourquoi donc, comme je l'ai dit, la première lecture requiert de la patience, une patience puisée à l'assurance qu'à la seconde lecture bien des choses, voire tout, pourront apparaître sous une autre lumière. L'effort sérieux accompli pour atteindre à une compréhension totale et même aisée doit en outre justifier la présence çà et là d'une répétition. C'est que la construction de l'ensemble sous la forme non d'un enchaînement mais d'un tout organique nécessitait alors d'aborder à deux reprises un même point. Cette même construction et le lien très étroit de toutes les parties entre elles ne m'ont par ailleurs pas autorisé à procéder à la très appréciable partition en chapitres et paragraphes[4], mais m'ont obligé à m'en tenir à quatre sections principales correspondant en quelque sorte à quatre points de vue sur la même pensée. Dans chacun de ces quatre livres, au-delà des détails qu'il faut nécessairement traiter, il convient surtout de se garder de perdre de vue la pensée essentielle, dont ceux-ci relèvent, ainsi que la progression de l'ensemble de la présentation. Voici donc énoncée ici la première exigence adressée au lecteur rétif[5] (c'est-à-dire au philosophe, puisque le lecteur en est un, lui aussi), cette exigence, comme les suivantes, étant absolument nécessaire.

La deuxième exigence est de faire précéder la lecture de ce livre par celle de l'introduction à ce même livre quand bien même celle-ci ne figure pas dans le livre lui-même mais a paru cinq ans plus tôt sous le titre *De la quadruple racine du principe de raison suffisante: une dissertation philosophique*[6]. Sans la connaissance de cette introduction et propédeutique, la compréhension véritable du présent écrit est absolument impossible, le contenu de ce traité étant partout présupposé ici comme si celle-ci était comprise dans le livre. D'ailleurs, si celle-ci n'avait précédé ce livre de plusieurs années, elle n'aurait en réalité pas été placée en tête comme introduction, elle aurait été incorporée à l'intérieur du livre I ; celui-ci, dans la mesure où lui manque ce qui a été énoncé dans cette dissertation, affiche dès lors une certaine incomplétude du fait de cette lacune qu'il conviendra de combler en y faisant toujours référence. Or ma répugnance à me paraphraser ou à présenter une seconde fois ce qui a déjà été amplement exprimé, en choisissant de façon fastidieuse d'autres termes, était si grande que j'ai préféré cette solution, négligeant les améliorations que j'aurais pu apporter à la présentation du contenu de cette dissertation, ne fût-ce qu'en l'épurant de certains concepts, qui provenaient de mon attachement trop grand à cette époque à la philosophie kantienne, tels que ceux de catégorie, de sens externe ou interne, et autres semblables. Cependant, ces concepts demeurent présents là aussi, pour cette seule raison que je ne m'étais jusque-là encore jamais confronté à eux de manière vraiment approfondie ; par suite, ils ne figurent là que comme des éléments accessoires et tout à fait sans lien avec le propos principal, aussi la correction de ces passages dans cette dissertation se fera-t-elle de manière évidente dans l'esprit du lecteur grâce à la connaissance du présent écrit. Mais c'est seulement lorsque l'on aura pleinement appris dans cette dissertation ce qu'est et signifie le principe de raison, que sa validité ne s'étend pas à telle ou telle chose, qu'il ne préexiste pas à toute chose et que, en quelque sorte, le monde entier n'existe pas en tout premier lieu comme son corollaire, c'est-à-dire en conséquence de et en conformité avec ce principe, mais bien plutôt que ce principe n'est rien de plus que la forme sous laquelle l'objet conditionné par le sujet, quelle qu'en soit l'espèce, est partout connu dès lors que le sujet est un individu connaissant : à ce moment-là, seulement, il deviendra possible d'entrer dans la méthode philosophique essayée ici pour la première fois et qui se démarque radicalement de toutes les précédentes.

Cette même répugnance à me répéter moi-même mot pour mot ou même à reformuler une seconde fois une même chose avec d'autres mots moins pertinents alors que ceux que j'avais choisis auparavant étaient meilleurs, cette répugnance, donc, est à l'origine d'une seconde lacune dans cet écrit car je n'y ai pas repris ce qui est présent dans le premier chapitre de mon traité *Sur la vue et les couleurs*[7] et qui, autrement, aurait trouvé ici sa place au mot près. La connaissance de cet opuscule antérieur est donc ici présupposée.

La troisième exigence que j'ai à adresser au lecteur, pour finir, pourrait même être présupposée sans qu'il soit nécessaire de l'exprimer : elle n'est autre que celle de connaître le phénomène le plus important qui se soit produit dans la philosophie depuis deux millénaires et qui nous est très proche : je pense ici aux écrits principaux de Kant. L'effet qu'ils produisent sur l'esprit, auquel ils parlent vraiment, me semble, comme cela été dit par ailleurs, réellement pouvoir être comparé à l'opération de la cataracte sur des aveugles et, pour filer la comparaison, je définirais mon projet en disant que j'ai voulu mettre entre les mains de ceux sur qui cette opération a réussi des lunettes à cataracte, ladite opération étant donc elle-même la condition absolument nécessaire à l'usage de ces lunettes. S'il est vrai que je me fonde sur l'œuvre que le grand Kant a réalisée, il n'en reste pas moins qu'une étude approfondie de ses écrits m'y a fait découvrir des erreurs considérables que j'ai dû écarter et dénoncer afin de pouvoir prendre pour point de départ et appliquer ce qu'il y a de vrai et d'excellent dans sa théorie, épurée et purifiée de ses erreurs. Mais pour ne point interrompre et brouiller mon propre exposé avec mes fréquentes remarques polémiques à l'encontre de Kant, j'ai placé celles-ci dans un appendice à part. Si donc mon ouvrage présuppose la connaissance de la philosophie de Kant, il présuppose tout autant de prendre connaissance de cet appendice : par suite, il serait conseillé à cet égard de lire d'abord l'appendice, d'autant plus que le contenu de celui-ci entretient des liens précis avec le livre I du présent écrit. Par ailleurs, la nature du propos rendait inévitable que cet appendice référât lui aussi ici et là au texte lui-même : il ne s'ensuit rien d'autre qu'il doit être lu deux fois, tout comme la partie principale de l'ouvrage.

La philosophie de Kant est donc la seule dont la connaissance approfondie est absolument requise pour le présent exposé. Mais si, en plus de celle-ci, le lecteur avait aussi fréquenté l'école du divin Platon, alors il serait mieux préparé et plus à même de m'entendre. Le lecteur aurait-il, en outre, reçu les bienfaits du *Véda* auquel les *Upanishads* nous ont donné accès, ce qui constitue, à mes yeux, le plus grand avantage sur tous les autres précédents de ce siècle encore jeune, car je soupçonne que l'influence de la littérature sanskrite ne sera pas moins profonde que ne le fut celle de la littérature grecque au XVe siècle, à l'époque où elle fut réanimée : le lecteur, dis-je, qui donc a été initié et sensibilisé à l'ancestrale sagesse indienne, ce lecteur aura reçu la plus parfaite préparation pour entendre ce que je m'apprête à lui exposer[8]. Mon propos ne lui semblera pas, comme à tant d'autres, étrange ou même hostile, puisque je pourrais prétendre, si cela ne paraissait pas un excès d'orgueil, que chacune des affirmations qui définissent les *Upanishads*, prise isolément et défaite de son contexte, se déduit comme un principe conséquent de la pensée traduite ici par moi, sans que, inversement, celle-ci ne puisse jamais être découverte dans les *Upanishads*.

Mais je vois déjà le plus grand nombre des lecteurs se mettre à bouillir d'impatience et laisser échapper ce reproche si longtemps et péniblement réprimé : comment puis-je avoir ne serait-ce que l'audace de présenter un livre au public en l'accablant d'exigences et en lui posant des conditions dont les deux premières sont d'ores et déjà excessives et entièrement dépourvues d'humilité, et cela, à une époque qui, de manière générale, offre pléthore de pensées singulières si bien que, dans la seule Allemagne, les presses proposent chaque année au public trois mille ouvrages d'un riche contenu, des ouvrages originaux, tout à fait indispensables, en plus des innombrables écrits périodiques ou même des journaux quotidiens ? À une époque où l'on ne manque pas le moins du monde de philosophes parfaitement originaux et profonds, mais où, au contraire, dans la seule Allemagne, il en vit plus que la succession de bien des siècles n'en a jamais pu compter. Comment donc, demandera le lecteur offusqué, pourrait-on en venir à bout si l'on devait procéder avec chaque livre de façon aussi contournée ?

Comme je n'ai pas la moindre réponse à de tels reproches, j'espère seulement obtenir quelque reconnaissance de la part des lecteurs que j'ai prévenus à temps de ne pas perdre une seule heure avec un livre dont la lecture ne pourrait leur être d'aucun bénéfice si les exigences exprimées n'étaient pas remplies et à qui j'ai dit qu'il leur faut, par suite, entièrement le laisser de côté d'autant qu'il y a, par ailleurs, fort à parier qu'il ne pourra leur convenir et qu'il ne sera bien plutôt toujours que l'affaire de *paucorum hominum* [peu de gens[9]] et que, par suite, ce livre doit attendre tranquillement et humblement les rares lecteurs dotés de cette inhabituelle tournure d'esprit qui leur permettra de l'apprécier. Car, en outre, abstraction faite de l'endurance et de l'effort qui sont exigés du lecteur : quel homme cultivé de notre époque, qui voit le savoir s'approcher de ce point magnifique[10] où le paradoxe et le faux ne représentent plus qu'une seule et même chose, pourrait souffrir de rencontrer presque à chaque page des pensées qui viennent radicalement contredire ce qu'il a pourtant lui-même fixé une fois pour toute comme étant vrai et certain ? Et quelle amère déception ressentira cet autre homme s'il ne rencontre ici aucun propos sur ce qu'il croit devoir absolument rechercher ici précisément, parce que sa façon de spéculer rencontre celle d'un grand philosophe*[11] encore en vie qui a écrit des livres véritablement bouleversants mais qui n'a que cette seule petite faiblesse de tenir pour des pensées fondamentales et innées de l'esprit humain ce qu'il a appris et approuvé avant sa quinzième année. Qui voudrait souffrir tout cela ? Par conséquent, mon seul conseil est celui-ci : reposer le livre.

Seulement, je crains de ne pas pouvoir m'en tirer à si bon compte même ainsi. Le lecteur qui est arrivé jusqu'à cet avant-propos dissuasif a cependant dû acheter ce livre pour de l'argent comptant et risque de s'enquérir de ce qui l'en dédommagera. Ma seule échappatoire sera alors de lui rappeler qu'il peut tout de même user d'un livre, sans le lire, de bien des manières. Ce livre peut, comme bien d'autres, remplir un vide dans sa bibliothèque où, bien relié, il fera assurément bon effet. Ou bien, s'il a une amie cultivée, il peut le déposer sur sa coiffeuse ou sur sa table à thé. Ou encore, pour finir, il peut, ce qui vaut mieux que tout et que je lui recommande tout particulièrement, en faire une recension.

Et après m'être ainsi permis cette plaisanterie — et il n'est guère de journal trop sérieux pour accorder une place à la plaisanterie dans cette vie qui, de bout en bout, prête à équivoque — je dépose mon livre avec le plus profond sérieux dans l'assurance que, tôt ou tard, il touchera ceux à qui, seuls, il est destiné. Du reste, je me suis paisiblement résigné à ce que ce livre subisse lui aussi le destin qui, de tout temps, est réservé à la vérité logée dans toute connaissance et donc, à plus forte raison, dans les plus importantes : à cette vérité n'est accordé qu'un éphémère triomphe entre les deux longues périodes où elle est maudite

* Friedrich Heinrich Jacobi.

parce qu'elle passe pour paradoxale et où elle est sous-estimée parce qu'elle passe pour triviale. Il est d'usage que ce premier destin frappe également son créateur. Mais la vie est courte, la vérité œuvre sur le long terme et vit longtemps : disons la vérité.

Écrit à Dresde en août 1818.

PRÉFACE À LA DEUXIÈME ÉDITION

Ce n'est pas à mes contemporains, ce n'est pas à mes compatriotes, c'est à l'humanité que je remets mon ouvrage désormais achevé dans l'assurance qu'il ne sera pas sans valeur pour elle, et cela, même si cette valeur ne devait être reconnue que tardivement, comme c'est le lot de toute bonne chose, quelle qu'en soit la nature. Car c'est nécessairement pour elle seule, et non pour cette génération qui passe en hâte, tout occupée de son rêve d'un instant, que ma tête s'est astreinte toute une vie durant, presque envers et contre ma volonté, à ce travail ininterrompu. Le manque d'intérêt durant tout ce temps n'a pu me leurrer sur sa valeur, moi qui ai constamment vu le faux, le mauvais et, pour finir, l'absurde et le non-sens* devenir l'objet de l'admiration et du respect général, moi qui ai songé à ce qu'il en serait, si ceux qui sont capables de discerner le vrai et le juste n'étaient pas si rares, tellement rares que l'on peut passer quelque vingt années à les rechercher en vain autour de soi, si ceux qui ont le pouvoir de faire advenir le vrai et le juste pouvaient ne pas être en si petit nombre, en tellement petit

* La philosophie hégélienne.

nombre que, par la suite, leurs ouvrages font exception dans le cours éphémère des choses terrestres, faisant de la sorte perdre de vue la perspective réconfortante de la postérité, perspective dont a besoin, pour se confirmer, toute personne qui s'est fixé un but élevé. — Quiconque prend au sérieux et traite avec ce même sérieux une affaire qui ne conduit à aucun bénéfice matériel n'est pas autorisé à compter sur l'intérêt de ses contemporains. Mais sans doute constatera-t-il le plus souvent que, avec le temps, cette affaire aura d'elle-même prouvé sa valeur dans le monde et aura trouvé son heure : ceci est dans l'ordre des choses. En effet, la chose même, «*die Sache selbst*», doit être traitée pour elle-même, sans quoi elle ne pourra arriver à s'imposer, parce que toute intention intéressée menace et met en danger la vue juste. Par conséquent, et comme l'histoire de la littérature en a toujours témoigné, toute chose précieuse a besoin de beaucoup de temps pour que lui soit accordée une valeur et cela, à plus forte raison, si elle appartient à la catégorie de celles qui dispensent un enseignement et non un divertissement, et, en attendant, le faux brille de tous ses feux. Car réunir et l'apparence de la chose et la chose elle-même est difficile quand ce n'est pas impossible. Là précisément est le malheur de ce monde de nécessité et de besoin, à savoir que tout doit servir cette nécessité et ce besoin, et s'aliéner à eux : c'est justement pourquoi il n'est pas fait pour permettre qu'une aspiration noble et sublime, comme l'est celle d'accéder à la lumière et à la vérité, puisse se déployer sans entrave et exister pour soi. Au contraire, si une telle aspiration pouvait se faire valoir et son concept être introduit, aussitôt les intérêts matériels, les fins personnelles s'en rendraient maîtres pour en faire leurs instruments ou leurs masques. Par conséquent, après que Kant a restauré le prestige de la philosophie, celle-ci s'est vue elle aussi très vite devenir un instrument de certaines fins, de fins étatiques venues d'en haut et de fins personnelles venues d'en bas — encore que, pour être précis, ce ne fut pas la philosophie mais son double qui en tenait lieu. Ceci ne saurait nullement nous surprendre, car la majorité incroyablement nombreuse des hommes n'est par nature pas capable d'autre chose que de fins matérielles et se trouve dans l'impossibilité d'en concevoir d'autres. Aussi la seule aspiration à la vérité est-elle une aspiration bien trop élevée et bien trop excentrique pour que l'on puisse attendre de tous ou de beaucoup, voire seulement de quelques-uns qu'ils y prennent part sincèrement. Si, cependant, l'on constate parfois, comme c'est le cas aujourd'hui en Allemagne par exemple, un déploiement notable d'activité, une agitation générale, beaucoup d'écrits et de discours autour de la chose philosophique, on peut assurément présupposer que le véritable *primum mobile*, le ressort caché d'un tel mouvement, si l'on ignore tous les grands airs affichés et déclarations d'assurance, n'est fait que de fins réelles et non idéales, d'intérêts personnels, professionnels, confessionnels, étatiques, en bref que l'on a seulement en vue des intérêts matériels et que, par conséquent, ce sont des fins partisanes qui plongent dans un mouvement aussi frénétique la multitude des plumes de nos prétendus sages universels et que l'étoile conductrice de ces agitateurs n'est qu'intention intéressée et non intuition juste, la vérité étant certainement la dernière chose à laquelle ils songent ici. Celle-ci ne rencontre aucun partisan : il lui reste bien plutôt à se frayer un chemin à travers ces joutes philosophiques, passant aussi tranquillement et aussi inaperçue que lorsqu'elle traversait la nuit froide de ce siècle très obscur, prisonnier de la foi ecclésiastique la plus rigide, et qu'elle n'était alors transmise que comme une doctrine occulte à quelques rares adeptes quand elle n'était pas confiée au seul parchemin. Oui, je puis dire qu'il ne peut y avoir époque philosophique plus défavorable que celle-ci, puisqu'elle est vilement utilisée d'un côté comme un moyen par l'État et de l'autre comme un gagne-pain. Croit-on par hasard que, avec une semblable aspiration et dans un tumulte pareil, la vérité, qui représente le moindre des soucis ici, verra aussi le jour? La vérité n'est pas fille de joie à se jeter au cou de qui ne la désire pas: elle est bien plutôt une beauté d'une si grande fierté que celui qui lui aura tout sacrifié ne saurait être assuré de ses faveurs.

Alors que les gouvernements font de la philosophie un instrument à des fins de l'État, les savants voient dans leurs chaires de philosophie un gagne-pain qui nourrit son homme comme n'importe quel autre: ils s'y ruent donc, protestant de leur bonne foi, c'est-à-dire de leur intention de servir les fins des premiers. Et ils tiennent leur parole: ce n'est ni la vérité ni la clarté, ce n'est ni Platon ni Aristote mais les fins pour lesquelles ils ont été mandatés qui leur servent d'étoile conductrice et deviennent immédiatement aussi un critère du vrai, de la valeur, de ce qui doit être considéré ainsi que de leur contraire[12]. Par suite, ce qui ne répond pas à ces fins, serait-ce la chose la plus essentielle et la plus extraordinaire dans leur discipline, est soit condamné, soit, lorsque cela paraît suspect, étouffé en étant ignoré de tout le monde. Il n'y a qu'à voir l'ardeur unanime contre le panthéisme[13]: quel simple d'esprit ira croire qu'elle provient d'une conviction? Comment la philosophie, rabaissée au rang de gagne-pain, pourrait-elle ne pas dégénérer en sophistique? Précisément parce que ceci est inéluctable et que la règle «Je chante celui dont je mange le pain» est vraie depuis toujours et que, chez les Anciens, gagner de l'argent avec la philosophie était la marque distinctive du sophiste. Mais à cela s'ajoute encore que, comme, partout en ce monde, il n'est rien à attendre d'autre que la médiocrité, comme on n'exige rien d'autre et qu'elle peut s'acquérir avec de l'argent, il faudra donc aussi s'en contenter ici. Par suite, on peut voir dans toutes les universités allemandes cette chère médiocrité s'évertuer à faire advenir une philosophie encore absolument inexistante par les moyens qui sont les siens, en suivant la mesure et le but qui lui ont été prescrits — c'est là un spectacle qu'il y aurait quelque cruauté à railler.

Alors que la philosophie, depuis longtemps déjà, a de cette manière dû servir de moyen à des fins publiques d'un côté et privées de l'autre, j'ai, sans me sentir le moins du monde perturbé par ce phénomène, poursuivi sans relâche le fil de ma pensée depuis plus de trente ans, et cela aussi pour cette unique et précise raison que j'y étais obligé et ne pouvais faire autrement, poussé par une pulsion instinctive et, cependant, fortifié par la conviction que le vrai qu'un homme a pensé, le caché qu'il a mis en lumière sera tout de même compris un jour par un autre esprit pensant, qu'il parlera à ce dernier, lui procurera joie et réconfort: c'est à un tel esprit que l'on s'adresse, tout comme d'autres semblables se sont adressés à nous et sont ainsi devenus notre consolation dans le désert de cette vie. Durant ce temps donc, on étudie son affaire pour elle-même et pour soi. Car la bizarrerie de la méditation philosophique consiste en ceci, précisément, que seul ce que l'on a réfléchi et étudié pour soi-même pourra ensuite aussi profiter aux autres et non ce qui fut, dès le départ, destiné à d'autres. Elle se repère tout d'abord par l'entière probité qui la caractérise du fait que l'on n'a cherché ni à s'abuser ni à user pour soi-même de coques vides ; toute sophistication et tout verbiage disparaissent alors et, par suite, la peine que l'on s'est donné à lire tout un paragraphe écrit s'en trouve aussitôt récompensée. Conformément à ce principe, mes écrits portent au front la marque de la probité et de la franchise si distinctement que, d'emblée, ils contrastent violemment avec ceux des trois célèbres sophistes[14] de la période postkantienne : on me verra sans cesse adopter le point de vue de la RÉFLEXION c'est-à-dire de la méditation rationnelle et de la communication sincère mais jamais celui de l'INSPIRATION, autrement appelée intuition intellectuelle[15] ou penser absolu, mais dont le véritable nom pourtant est fanfaronnade et charlatanisme. — Travaillant donc dans cet esprit et voyant, cependant, le faux et le mauvais être perçus comme une valeur universelle, cette fanfaronnade* et ce charlatanisme** être tenus dans le plus grand respect, j'ai renoncé depuis longtemps à recevoir les ovations de mes contemporains. Il est impossible que notre époque contemporaine qui, vingt années durant, a acclamé ce Caliban[16] intellectuel qu'est Hegel comme le plus grand philosophe avec tellement de bruit que toute l'Europe en a retenti, puisse rendre celui qui a assisté à cela désireux de ses ovations. Elle n'a plus aucune couronne d'honneur à distribuer : ses ovations sont prostituées et son blâme ne possède plus aucune signification. Que mon sérieux soit ici réel, c'est là chose manifeste puisque, si j'avais jamais recherché les ovations de mes contemporains, j'aurais dû sup-

* Fichte et Schelling.

** Hegel.

primer vingt passages qui contredisent radicalement leurs conceptions, voire qui auraient dû en partie leur sembler scandaleux. Seulement, je me rendrais coupable d'un crime en sacrifiant ne serait-ce même qu'une seule syllabe à ces ovations. Mon étoile conductrice fut très sérieusement la vérité : en la poursuivant, je ne pouvais, dans un premier temps, que rechercher mes propres ovations, me détournant complètement d'une époque tombée bien bas pour ce qui regarde toutes les aspirations élevées de l'esprit et d'une littérature nationale démoralisée à quelques exceptions près, dans laquelle l'art d'associer de grands noms avec de médiocres pensées a atteint son sommet. Si je ne puis bien évidemment échapper aux défauts et faiblesses qui nécessairement s'attachent à ma nature comme à la leur, du moins ne les démultiplierai-je pas par d'indignes compromissions.

En ce qui concerne à présent cette seconde édition, je me réjouis tout d'abord de ne rien trouver à y retirer vingt-cinq années plus tard et donc de voir mes convictions fondamentales avoir au moins fait leur preuve auprès de moi. Les modifications du premier tome, qui contient uniquement le texte de la première édition, ne concernent par conséquent jamais l'essentiel, elles ne touchent, pour une partie d'entre elles, que des points accessoires et ne constituent, pour leur majeure partie, la plupart du temps que de courts ajouts explicatifs introduits ici ou là. Seule la *Critique de la philosophie kantienne* a reçu des corrections significatives et des ajouts de détail, ceux-ci ne pouvant être portés dans un livre complémentaire de la même manière que chacun des quatre livres, qui contiennent ma doctrine personnelle, a bénéficié d'un *Complément* placé dans le second tome. Pour ces livres, j'ai finalement procédé par des développements et des améliorations pour cette raison que les vingt-cinq années écoulées depuis leur rédaction ont amené un changement si considérable dans le mode de présentation et dans le ton de mon exposé qu'il n'était pas question de faire se fondre en un tout le contenu du second tome et celui du premier, car tous deux auraient pâti d'une telle fusion[17]. Aussi ai-je livré ces deux travaux séparément, en n'ayant souvent rien changé à l'ancienne présentation même là où aujourd'hui je m'exprimerais tout à fait différemment, car j'ai voulu me garder d'altérer le travail de mes jeunes années par les critiques tatillonnes du grand âge. Ce qui, dans cette perspective, aurait mérité d'être corrigé se rétablira de soi-même dans l'esprit du lecteur grâce au second tome. Les deux tomes entretiennent entre eux une relation de complémentarité au sens plein du terme, dans la mesure où celle-ci repose sur le fait que, dans la chose intellectuelle, les âges de la vie se complètent réciproquement : par suite, on trouvera que non seulement chaque tome contient ce que l'autre ne comporte pas mais aussi que les mérites de l'un consistent précisément dans ce qui fait défaut à l'autre. Si, par conséquent, la première moitié de mon ouvrage l'emporte sur la seconde en ce qu'elle recèle ce que seuls le feu de la jeunesse et l'énergie d'une première conception peuvent apporter, celle-ci surpassera celle-là par la maturité et l'élaboration aboutie de la pensée qui sont à imputer aux seuls fruits du long cheminement et de l'effort de toute une vie. Car, lorsque, pour commencer, j'ai eu la force de concevoir la pensée qui est au fondement de mon système, de la poursuivre aussitôt dans ses quatre ramifications puis, de là, de remonter jusqu'à l'unité de leur tronc commun pour présenter ensuite intelligiblement l'ensemble de ce tout, je n'étais pas encore en mesure d'élaborer toutes les parties de ce système avec la perfection, la minutie et l'approfondissement qui ne peuvent être atteints qu'après avoir médité sur celui-ci plusieurs années durant, méditation qui est nécessaire pour le tester sur d'innombrables faits et l'expliciter, pour l'appuyer sur différentes références, le mettre en lumière sous toutes ses facettes afin ensuite de confronter audacieusement les différents points de vue, de séparer et d'épurer les multiples matières qui le constituent et de les présenter bien ordonnées. Par suite, s'il est vrai qu'il eût été plus agréable au lecteur de trouver mon ouvrage tout entier coulé dans un seul et même moule, au lieu de l'avoir, comme il est aujourd'hui, en deux moitiés qu'il lui faut rapprocher au cours de sa lecture, qu'il veuille bien songer qu'il eût été nécessaire pour cela que j'aie accompli en une seule période de ma vie ce qui n'était possible qu'en deux, du fait que j'eusse dû réunir au même âge les qualités que la nature a réparties sur deux totalement différents. Par conséquent, la nécessité de livrer mon ouvrage en deux moitiés qui se complètent, doit être comparée à celle que nécessite la fabrication de l'objectif d'une lunette achromatique puisqu'il est impossible de réaliser celle-ci à partir d'une seule pièce, mais qu'il faut, pour ce faire, associer une lentille convexe de verre crown et une autre concave de verre flint[18], et que ce sont leurs effets conjugués qui produisent le résultat escompté. Toutefois, à l'inconfort de manier deux tomes à la fois, le lecteur trouvera par ailleurs quelque compensation dans l'alternance et le repos qu'entraîne le traitement du même objet par la même tête, le même esprit, mais à deux époques très différentes. En attendant, il est absolument conseillé au lecteur qui ne s'est pas encore familiarisé avec ma philosophie, de lire tout d'abord le premier tome entièrement sans avoir recours à ses *Compléments* et de n'en user que lors de sa seconde lecture, car il lui serait sinon trop difficile de saisir le système dans son ensemble tel qu'il est seulement présenté dans le premier tome alors que, dans le second, les doctrines principales sont fondées séparément, de façon plus approfondie et parfaitement développée. Même le lecteur qui devait ne pas se résoudre à une seconde lecture du premier tome ferait mieux de lire le second entièrement et pour lui-même après le premier, dans l'ordre de ses chapitres tels qu'ils figurent là, dans un rapport quelque peu lâche mais dont les lacunes se trouveront pleinement comblées par le souvenir du premier volume du moment que le lecteur l'a bien saisi, d'autant qu'y est indiqué partout le renvoi aux passages concernés du premier tome dans lequel, à cet effet, j'ai substitué aux simples lignes de séparation entre les paragraphes des numéros de paragraphes dans la seconde édition.

Dans la préface à la première édition déjà, j'avais expliqué que ma philosophie procédait de celle de Kant et qu'elle nécessitait, par conséquent, une connaissance approfondie de cette dernière : je le répète ici. Car la doctrine de Kant apporte à l'esprit de celui qui l'a saisi un changement fondamental, un changement tellement important qu'il pourrait s'agir même d'une renaissance intellectuelle. Elle seule, en effet, a le pouvoir de réellement écarter le réalisme qui découle de la détermination originelle de l'intellect et lui est inné ; ni Berkeley ni Malebranche ne sauraient suffire à cette œuvre, eux qui se sont par trop maintenus au niveau du général quand Kant, en revanche, est entré dans le particulier et ce, d'une manière qui ne connaît ni modèle ni imitateur et qui produit sur l'esprit un effet très singulier voire, serait-on tenté de dire, immédiat, à la suite duquel l'esprit est la proie d'un désabusement fondamental qui lui fera considérer toute chose sous un jour nouveau. Or, c'est par ce biais seul que le lecteur pourra devenir réceptif aux explications plus positives[19] qu'il me faut apporter. En revanche, quiconque ne maîtrise pas encore la philosophie kantienne se trouve, quoi qu'il ait pu faire par ailleurs, en quelque sorte dans un état d'innocence, c'est-à-dire prisonnier de ce réalisme naturel et enfantin dans lequel nous sommes tous nés et qui rend capable de toutes sortes de choses possibles excepté de philosopher. Par conséquent, face à celui qui maîtrise la philosophie de Kant, il se tient dans un rapport semblable à celui dans lequel se trouve une personne encore dans sa minorité face à une autre qui a atteint sa majorité. Si, aujourd'hui, cette vérité fait l'effet d'un paradoxe, ce qui n'était nullement le cas durant les trente années qui ont suivi la parution de cette critique de la raison, cela provient de ce que, depuis, une génération a grandi sans connaître Kant en réalité, mais en ayant eu bien plutôt un écho par une lecture ou un compte rendu de seconde main, rapide et impatient, et cela aussi du fait que cette même génération, par suite d'une mauvaise instruction, a perdu son temps avec des philosophèmes professés par des esprits communs et incompétents, voire par des sophistes fanfarons que l'on a vantés de façon irresponsable. De là la confusion dès les premiers concepts, de là l'indicible grossièreté et lourdeur qui ressortent des tentatives philosophiques de cette génération éduquée à pareille école et qui transparaissent derrière leur voile de préciosité et de prétention. Or, sera prisonnier d'une erreur fatale quiconque pense pouvoir apprendre la philosophie de Kant à partir des présentations faites par d'autres. Mieux vaut que je mette sérieusement en garde contre de semblables liens, surtout contre ceux qui se sont noués très récemment : ces toutes dernières années, j'ai pu rencontrer, dans les écrits des hégéliens, des présentations de la philosophie de Kant qui virent au fantastique. Comment ces esprits détraqués et gâtés dès leur première jeunesse par les insanités des hégélâneries pourraient-ils encore être en état de suivre les profondes recherches de Kant ? Ils ont très tôt pris l'habitude de confondre le plus creux des bavardages avec des pensées philosophiques, les plus minables des sophismes avec la subtilité, et l'absurdité niaise avec la dialectique, et l'assimilation de néologismes délirants à partir desquels l'esprit se tourmente et s'épuise en vain à essayer de penser a désorganisé leurs têtes. Nulle critique de la raison, nulle philosophie ne saurait leur convenir : c'est une *medicina mentis* qu'il leur faut, avant toute chose comme purgatif, comme *un petit cours de senscommunologie* [en français dans le texte], après quoi on avisera s'il pourra jamais être encore question de philosophie pour eux. On cherchera en vain la doctrine kantienne ailleurs que dans les œuvres de Kant : celles-ci sont toutes instructives même là où il s'égare, même là où il défaille. Son originalité est telle qu'est vrai de lui ce qui, en vérité, est vrai de tout philosophe authentique : on n'apprend à les connaître que dans leurs propres écrits et non d'après les comptes rendus que d'autres en ont faits. Car les pensées de ces esprits hors du commun ne peuvent souffrir de passer par le filtre d'un esprit ordinaire. Nées sous des fronts larges, hauts, bellement bombés, sous lesquels brillent des yeux rayonnants, elles apparaissent, une fois déplacées dans la demeure exiguë, basse de plafond d'un crâne étroit, ratatiné et enflé d'où ressort un morne regard aux aguets porté sur des intérêts personnels, elles apparaissent alors privées de leur vigueur et de leur vie : elles ne se ressemblent plus. On peut même dire de cette sorte d'esprits qu'ils agissent comme des miroirs dont la surface ne serait pas plane et dans lesquels toute chose se disloque et se distord, perd les belles proportions de sa beauté et affiche un visage grimaçant. On ne peut recevoir des pensées philosophiques que des esprits qui les ont créées : par conséquent, quiconque se sent attiré par la philosophie devra rechercher les immortels champions de celle-ci dans le paisible sanctuaire de leurs œuvres. Les chapitres fondamentaux d'une œuvre de chacun de ces philosophes authentiques apporteront une bien plus grande compréhension de leurs thèses que les liens boiteux et louches qu'en déduiront des esprits de tous les jours qui, en outre, sont le plus souvent profondément tributaires de la philosophie à la mode ou de leur intime conviction personnelle. Mais il est surprenant de voir avec quelle détermination le public recourt de préférence à ces présentations de seconde main. Il semble qu'en vérité agisse ici une affinité élective en vertu de laquelle une nature vulgaire est attirée par son semblable de sorte qu'elle préférera entendre de son semblable ce qu'un grand esprit a dit. Ce phénomène repose peut-être sur le même principe que le système de l'enseignement réciproque et selon lequel les enfants apprennent mieux leur leçon dès lors qu'elle est transmise par un de leurs semblables.

À présent, encore un mot à l'adresse des professeurs de philosophie. — Il m'a bien fallu depuis toujours admirer la sagacité, le tact juste et délicat avec lequel ils ont reconnu, dès son apparition, ma philosophie comme parfaitement hétérogène à leurs propres efforts, dangereuse même ou, pour le dire dans un langage populaire, comme n'entrant pas dans leurs cordes, tout comme le sens politique sûr et percutant grâce auquel ils ont aussitôt trouvé la seule attitude juste à adopter à son endroit, la parfaite unanimité avec laquelle ils suivirent cette attitude et, enfin, la persévérance avec laquelle ils lui sont restés fidèles. Du reste, on recommande cette attitude qui est d'une pratique terriblement simple : elle consiste, c'est notoire, à entièrement ignorer et, ce faisant, à garder sous le sceau du secret <*Sekretieren*> — cette expression malicieuse est de Goethe et elle signifie, à vrai dire, que l'on intercepte et supprime toute chose importante et signifiante. L'efficacité de cette méthode silencieuse est grandie encore par le vacarme de corybantes avec lequel on se congratule mutuellement à la naissance des progénitures spirituelles de ces personnes de connivence et qui force le public à tourner leur regard de ce côté-ci et à remarquer avec quelle mine importante l'on s'en félicite. Qui pourrait méconnaître l'opportunité d'une telle attitude ? Il n'est, en effet, rien à objecter au précepte *primum vivere, deinde philosophari* [vivre d'abord, philosopher ensuite[20]]. Ces messieurs veulent vivre et même vivre de la PHILOSOPHIE : avec femme et enfant, ils sont tributaires de CELLE-CI. Et ils ont eu l'audace d'en vivre en dépit du *povera e nuda vai, filosofia* [tu marches pauvre et nue, Philosophie[21]] de Pétrarque. Or, ma philosophie n'est absolument pas faite pour que l'on puisse en vivre. Il lui manque pour cela le premier des accessoires indispensables à une philosophie bien rétribuée professée *ex cathedra*, il lui manque tout d'abord de comporter une théologie spéculative, laquelle pourtant — en dépit de ce fâcheux Kant et de sa critique de la raison — est précisément censée être le sujet principal de toute philosophie et doit, même si cette tâche lui vient de là, sans cesse parler de ce dont elle ne peut absolument rien savoir ; il est vrai que ma philosophie ne statue même pas sur cette fable, imaginée avec tant de talent par les professeurs de philosophie et devenue indispensable à leurs yeux, d'une raison qui connaisse, intuitionne et perçoive de manière immédiate et absolue. Il suffit de duper d'emblée le lecteur avec cette fable pour qu'il se rue ensuite vers ce domaine, comme on se rue sur un équipage à quatre chevaux et le plus confortablement du monde, domaine que, cependant, Kant avait entièrement et pour toujours fermé à notre connaissance, lieu même où l'on trouve, immédiatement révélés et ordonnés de la plus belle manière, les dogmes fondamentaux du christianisme moderne, judaïsant et optimiste. Mais, enfin, en quoi ma méditation philosophique — elle qui, dépourvue de ces accessoires essentiels, ne ménage rien et ne nourrit personne, elle qui, sans salaire, sans ami, souvent persécutée, n'a pour étoile que la vérité seule, la vérité nue, et se dirige droit vers elle sans regarder ni à droite ni à gauche — en quoi concerne-t-elle cette *alma mater*, cette bonne philosophie universitaire roborative qui, lestée de cent intentions et de mille précautions, se fraie prudemment son chemin et avance en louvoyant sans jamais perdre de vue la crainte de son maître, les volontés de son ministère, les dogmes de l'église locale, les désirs de son éditeur, les faveurs de ses étudiants, la bonne intelligence avec ses collègues, le cours de la politique au jour le jour, les inclinations temporaires de son public et mille autres choses encore ? Ou encore que pourrait avoir en commun ma recherche de la vérité menée dans le silence et le sérieux avec le vacarme des arguties d'école qui s'élève des chaires et des bancs dont le mobile le plus intime est toujours quelque fin personnelle ? Ce sont bien plutôt deux modes de philosophie absolument hétérogènes. C'est la raison pour laquelle il n'y a, chez moi, nul compromis et nulle camaraderie ; personne n'y trouve son compte sauf peut-être celui qui ne cherche rien d'autre que la vérité, donc, nul parti philosophique du moment : car tous poursuivent des intentions personnelles quand moi, je n'ai à offrir que des vues qui ne conviennent à aucun d'entre ceux-là parce que, précisément, elles ne prennent modèle sur aucun parti. Mais pour que ma philosophie puisse être elle-même prononcée *ex cathedra*, il faudrait que surgissent des temps bien différents. — Ce serait donc une belle chose qu'une philosophie, dont on ne puisse nullement vivre, reçoive air et lumière, voire suscite un intérêt général ! C'est pourquoi il fallait prévenir cela et, pour ce, tous durent s'y opposer comme un seul homme. Or, contester et réfuter n'est pas une partie si facile : la méthode est aussi scabreuse, parce qu'elle dirige l'attention du public sur la chose contestée et que la lecture de mes écrits pourrait bien gâcher le goût de ce dernier pour les élucubrations des professeurs de philosophie. Car quiconque a tâté au sérieux ne saura plus apprécier la farce, à plus forte raison celle du genre ennuyeux. Le système du silence, adopté si communément, est donc le seul juste et je ne peux que conseiller de s'y tenir et de continuer ainsi tant que cela fonctionne, c'est-à-dire jusqu'au jour où, de l'ignorance, on pourra conclure au choix qu'il a été fait d'ignorer : alors il sera toujours temps de changer de cap. D'ici là, chacun aura, il est vrai, toujours le loisir de s'emparer ici ou là d'une petite plume pour son usage personnel, d'autant qu'il ne semble pas y avoir un foisonnement de pensées très pressant. Donc le système qui consiste à ignorer et à passer sous silence peut tenir encore un moment, au moins le temps qu'il me reste à vivre, ce qui est déjà beaucoup de gagné. Si, entre-temps, une voix est arrivée à se faire entendre, elle aura vite été étouffée par les exposés sonores des professeurs qui savent, en prenant des airs importants, divertir le public avec des sujets tout autres. Je conseille cependant de veiller quelque peu plus sévèrement encore à l'unanimité dans le procédé et de surveiller tout particulièrement les jeunes personnes, celles-ci sont parfois terriblement indiscrètes. Car même ainsi, je ne puis pas garantir que le procédé vanté fasse toujours effet ni répondre de son issue finale. Car c'est une entreprise bien particulière que d'infléchir le public, en général, bon et docile. Même si nous voyons à toute époque les Gorgias et les Hippias[22] être placés au pinacle et, en règle générale, l'absurde culminer, même s'il apparaît impossible qu'une voix individuelle puisse jamais percer dans le chœur des dupeurs et des dupés, reste cependant qu'une efficacité très particulière, silencieuse, lente et puissante est réservée aux œuvres authentiques et, comme par un miracle, on les voit enfin se hisser au-dessus du tumulte, semblable à un aérostat qui s'élève des épaisses vapeurs terrestres pour des régions plus pures où il s'arrête et d'où personne ne pourra plus le faire redescendre.

Écrit à Francfort-sur-le-Main, février 1844.

PRÉFACE À LA TROISIÈME ÉDITION

Le vrai et l'authentique se feraient plus aisément une place dans le monde si, dans le même temps, les personnes incapables de les faire advenir ne s'étaient entendues pour les empêcher de voir le jour. Cette circonstance a entravé et ajourné déjà bien des œuvres censées être bénéfiques au monde, quand il ne les a pas étouffées. Pour moi, il eut pour conséquence que, bien que je n'eusse que trente ans lorsque parut la première édition de cet ouvrage, je ne vois sa troisième édition qu'à l'âge de soixante-douze ans. Je trouve, cependant, une certaine consolation dans ces paroles de Pétrarque : *si quis, tota die currens, pervenit ad vesperam, satis est* [si celui qui, tout le jour, a couru arrive à bon port le soir, cela suffit] (*de vera sapientia, p. 140*)[23]. Moi aussi, me voilà arrivé enfin et, au bout de mon chemin, je connais la satisfaction d'assister au début de mon influence, dans l'espoir que, conformément à une vieille loi, cette influence soit aussi durable qu'elle fut tardive.

Dans cette troisième édition, rien de ce que contenait la deuxième édition n'est soustrait au lecteur, il en aura, au contraire, considérablement plus à lire, puisque, grâce aux *Compléments* qui ont été ajoutés, cette troisième édition compte, avec le même format d'impression, 136 pages de plus que la deuxième.

Sept ans après la parution de la deuxième édition, j'ai publié deux volumes intitulés *Parerga et Paralipomena*. L'ouvrage désigné sous ce titre consiste en suppléments à la présentation systématique de ma philosophie. Ils auraient dû trouver leur véritable place dans ces présents volumes. Seulement, je dus les placer où je pus, car il était fort douteux que je puisse vivre assez longtemps pour voir cette troisième édition. On les trouvera dans le second volume des *Parerga*, où ils sont facilement reconnaissables à l'intitulé des chapitres.

Francfort-sur-le-Main, septembre 1859.

LIVRE I

Le monde comme représentation

PREMIÈRE CONSIDÉRATION

La représentation, soumise au principe de raison : L'objet de l'expérience et de la science

Sors de l'enfance, ami, réveille-toi !

JEAN-JACQUES ROUSSEAU[1]

§ 1

«Le monde est ma représentation» — c'est une vérité qui vaut pour tout être vivant et connaissant, encore que seul l'homme puisse la porter à la conscience réfléchie et abstraite; et quand il le fait effectivement, il accède à la réflexion philosophique. Alors, il se rend à la certitude et l'évidence, que ce qui est connu par lui n'est ni le soleil ni la terre mais que ce n'est jamais qu'un œil voyant un soleil, une main touchant une terre, que le monde environnant n'existe qu'à titre de représentation, c'est-à-dire seulement en rapport avec quelque chose d'autre: avec ce qui se représente, à savoir l'homme lui-même. — S'il est une vérité qui peut-être énoncée *a priori*, c'est bien celle-là, car elle est l'expression de la forme de toute expérience possible et concevable, cette forme qui est plus générale que toutes les autres, plus générale que le temps, l'espace et la causalité, car ces dernières la présupposent toutes. Si chacune de ces formes, que nous avons toutes reconnues comme autant de figures particulières du principe de raison, ne vaut que pour une classe particulière de représentations, la division entre sujet et objet constitue au contraire la forme générale de toutes ces classes, la forme qui seule rend possible et pensable toute représentation, quelle que soit sa nature, abstraite ou intuitive, pure ou empirique[2]. Il n'y a donc pas de vérité plus certaine, moins dépendante de toutes les autres, et qui nécessite moins l'appui d'un exemple que celle-ci : tout ce qui existe pour la connaissance, et donc le monde entier, est seulement un objet en rapport avec le sujet, intuition de celui qui intuitionne, en un mot : représentation. Valable pour le présent, cette vérité l'est aussi naturellement pour le passé et le futur, pour les choses proches comme pour les lointaines, car elle vaut pour le temps et l'espace eux-mêmes, qui seuls rendent possibles ces distinctions. Tout ce qui appartient ou peut appartenir au monde est inévitablement marqué de ce conditionnement par le sujet et n'existe que pour le sujet. Le monde est représentation.

Cette vérité n'est en aucune façon nouvelle. Elle résidait déjà dans les considérations sceptiques dont partit Descartes. Mais Berkeley[3] fut le premier à l'énoncer franchement ; pour cette raison, la philosophie lui doit une reconnaissance éternelle, même s'il est possible qu'on oublie le reste de sa doctrine. La première erreur de Kant fut de négliger ce principe, comme je l'explique dans l'*Appendice*. — Cm[Au contraire, cette vérité fondamentale a été reconnue de bonne heure par les sages hindous, dans la mesure où elle apparaît comme le principe fondamental de la philosophie du *Vedânta* attribuée à Vyâsa[4]. William Jones en atteste dans le dernier de ses traités : « On the philosophy of the Asiatics », in *Asiatic researches*, vol. 4, p. 164[5] : « *the fundamental tenet of the Vedanta school consisted not in denying the existence of matter, that is of solidity, impenetra-*

*bility, and extended figure (to deny which would be lunacy), but in correcting the popular notion of it, and in contending that it has no essence independant of mental perception; that existence and perceptibility are convertible terms**. » Ces mots suffisent à montrer que réalité empirique et idéalité transcendantale vont ensemble[6].]Cm

Dans ce premier livre, nous ne considérons donc le monde que selon le point de vue indiqué, c'est-à-dire seulement dans la mesure où il est représentation. Que cette considération, nonobstant sa vérité, soit pourtant unilatérale, que par suite elle soit suscitée au moyen d'une abstraction quelque peu arbitraire, c'est ce qu'annonce la résistance intérieure que suscite en chacun l'hypothèse d'un monde qui serait sa simple représentation, hypothèse à laquelle, par ailleurs, on ne peut plus jamais se soustraire. Cet examen unilatéral, le livre suivant le complétera cependant par une vérité qui n'est pas aussi immédiatement certaine que celle dont nous partons ici, mais à laquelle seule peut conduire une recherche plus poussée, un plus grand effort d'abstraction et une séparation des éléments hétérogènes, accompagnée d'une synthèse des éléments identiques — par une vérité qui donc est très sérieuse et qui, pour chacun, doit être matière sinon à crainte, du moins à réflexion. Cette vérité est que précisément chacun peut et doit dire : « Le monde est ma volonté. » —

Mais avant cela, et donc dans ce premier livre, il

* Cm[Le dogme fondamental de l'école du *Vedânta* ne consistait pas dans le déni de l'existence de la matière, c'est-à-dire de la solidité, de l'impénétrabilité et de l'extension (ce déni serait folie), mais dans l'amendement de son concept usuel, en affirmant qu'elle n'a aucune existence indépendante de l'appréhension connaissante, existence et perceptibilité étant des concepts interchangeables.]Cm

est nécessaire de limiter l'examen à ce versant-ci du monde, à celui dont nous partons, au versant de la cognoscibilité. Il est donc nécessaire de ne pas rechigner à considérer comme simple représentation, à donner le nom de simple représentation à tous les objets présents et même à notre propre corps (comme nous allons bientôt l'expliquer plus précisément). Ce dont ici il est fait abstraction, comme chacun, j'espère, en sera convaincu par la suite, n'est jamais que de la VOLONTÉ, puisqu'elle seule constitue l'autre versant du monde. Car de même que, d'un côté, le monde est de part en part REPRÉSENTATION, de même, de l'autre côté, il est de part en part VOLONTÉ. Une réalité qui ne serait ni l'une ni l'autre, mais un objet en soi[7] (en lequel s'est malheureusement corrompue même la chose en soi[8] de Kant dans ses propres mains) serait une rêverie absurde, et l'admettre en philosophie reviendrait à y introduire un feu follet.

§ 2

Ce qui connaît tout et n'est connu par personne, c'est le SUJET. C'est par suite le support du monde, la condition générale, toujours présupposée, de tout ce qui se manifeste, de tout objet : car ce qui existe n'existe jamais que pour un sujet[9]. Chacun se trouve être soi-même ce sujet, mais seulement en tant qu'il connaît, et non pas en tant qu'objet de connaissance. Objet, son corps l'est déjà, que nous nommons donc, de ce point de vue, représentation. Car le corps est un objet parmi les objets, soumis aux lois des objets, bien qu'il soit un objet immédiat[10]*. Comme tous les objets de l'intuition, il réside dans les formes de toute connaissance, dans le temps et l'espace, conditions d'existence de la multiplicité. Mais le sujet, ce qui connaît, mais n'est jamais connu, ne réside pas même dans ces formes, qui, au contraire, le présupposent toujours déjà. Ni la multiplicité ni l'unité, son contraire, ne s'appliquent à lui. Nous ne le connaissons jamais, mais il est justement ce qui connaît, là où il n'en va que de la connaissance.

Le monde comme représentation, qui est l'unique point de vue sous lequel nous considérons le monde ici, possède deux parties essentielles, nécessaires, inséparables. L'une est l'OBJET, dont les formes sont le temps et l'espace, conditions de la multiplicité. Mais l'autre partie, le sujet, ne réside pas dans le temps et l'espace, car elle est entière et indivise en tout être capable de représentation. Par conséquent, un seul de ces êtres peut, aussi complètement que les millions d'autres existants, former le monde comme représentation en y ajoutant l'objet. Mais si cet être unique venait à disparaître, alors le monde comme représentation ne serait plus. Ces deux parties sont donc inséparables, même pour la pensée, car chacune d'elles n'a de signification et d'existence que par et pour l'autre, elle existe avec elle et disparaît avec elle[11]. Elles se limitent immédiatement : là où l'objet commence, cesse le sujet. On peut montrer que cette limite leur est commune : les formes essentielles et donc universelles de tout objet (temps, espace et causalité[12]) peuvent être en effet trouvées et parfaitement connues en partant du sujet, sans même connaître l'objet lui-même — ce qui veut dire, dans le langage de Kant, qu'elles sont *a priori* dans

* *Sur le principe de raison*, 2e éd., § 22.

notre conscience. Avoir découvert cela est un mérite majeur de Kant, un très grand mérite. Or j'affirme en outre que le principe de raison est l'expression commune pour toutes ces formes connues par nous *a priori* et que, par conséquent, tout ce que nous savons purement *a priori* n'est justement rien d'autre que le contenu de ce principe et ce qui en découle, et que c'est donc en lui qu'est exprimé ce qui constitue à proprement parler toute notre connaissance certaine *a priori*. Dans ma dissertation sur le principe de raison, j'ai montré en détail comment tout objet possible est soumis à ce même principe, c'est-à-dire se tient dans un rapport nécessaire à d'autres objets, étant par un côté le conditionné, et par l'autre la condition[13]. Ce principe est si général que toute l'existence de tous les objets, pour autant qu'ils sont objets, représentations et rien d'autre, renvoie tout entière à leur relation nécessaire à d'autres objets, s'y résume, et est donc totalement relative — nous en dirons bientôt un peu plus. J'ai en outre montré que conformément aux classes dans lesquelles se répartissent les objets selon leur possibilité, cette relation nécessaire, qu'exprime dans sa généralité le principe de raison, apparaît sous d'autres formes[14], ce qui de nouveau montre le bien-fondé de la division en ces classes. Ici, je suppose partout connu et présent à l'esprit du lecteur tout ce que j'ai dit dans ce traité, car c'est ici qu'il faudrait le placer, si je ne l'avais pas déjà dit auparavant.

§ 3

La différence principale entre toutes nos représentations les divise entre représentations intuitives et représentations abstraites. Ces dernières ne constituent qu'une seule classe de représentations, les concepts, et ceux-ci sont, sur cette terre, la propriété exclusive de l'homme. De tout temps, la faculté des concepts, qui distingue l'homme de tous les autres animaux, a été nommée RAISON <*Vernunft*>*[15]. Nous examinerons plus loin les représentations abstraites pour elles-mêmes, mais auparavant, nous parlerons exclusivement de la REPRÉSENTATION INTUITIVE <*intuitive Vorstellung*>. Or celle-ci comprend tout le monde visible ou expérience dans son ensemble, avec ses conditions de possibilité. Comme je l'ai dit, Kant a fait une découverte très importante quand il a trouvé que ces mêmes conditions, ces formes de l'expérience, c'est-à-dire ce qu'il y a de plus général dans sa perception, ce que possèdent tous ses phénomènes sans distinction, à savoir le temps et l'espace, peuvent être non seulement pensés *in abstracto*, pour eux-mêmes et indépendamment de leur contenu, mais encore immédiatement intuitionnés[16]. Kant a trouvé que cette intuition n'est pas en quelque sorte une fiction tirée de la répétition de l'expérience, mais est à ce point indépendante de l'expérience que, tout au contraire, c'est l'expérience qui doit bien plutôt être pensée comme dépendante

* Seul Kant a perverti ce concept de la raison. Sur ce point, je renvoie à l'*Appendice*, et aussi à mes *Problèmes fondamentaux de l'éthique: Fondement de la morale*, § 6, p. 148-154 de la première édition.

d'elle, puisque les propriétés de l'espace et du temps, telles que l'intuition *a priori* les connaît, valent pour toute expérience possible en tant que lois, auxquelles cette dernière doit toujours se conformer. Voilà pourquoi, dans ma dissertation sur le principe de raison, j'ai considéré le temps et l'espace, dans la mesure où ils sont intuitionnés purement et sans contenu, comme une classe particulière et distincte de représentations. Kant a découvert que la constitution de ces formes faisait que l'on pouvait les intuitionner pour elles-mêmes, indépendamment de l'expérience, et les connaître dans toute leur légalité, ce qui explique l'infaillibilité de la mathématique. Cette découverte de Kant est certes très importante, mais ces formes ont cependant une propriété qui n'est pas moins digne de considération : le principe de raison, qui détermine l'expérience (comme loi de causalité et de motivation) et la pensée (comme loi de fondement des jugements), y apparaît sous une figure tout à fait particulière, que j'ai appelée RAISON DE L'ÊTRE <*Grund des Seins*>[17], laquelle, dans le temps, constitue la suite de ses moments, et dans l'espace la position de ses parties se déterminant réciproquement à l'infini.

Celui qui, grâce à mon traité introductif, a clairement conçu l'identité parfaite du contenu du principe de raison sous la diversité de toutes ses figures, celui-là sera aussi convaincu qu'il est très important de connaître la plus simple de ses figures en tant que telles pour pénétrer son essence la plus intime. Cette forme, nous l'avons montré, est le TEMPS. Dans le temps, tout instant n'existe qu'à la condition de détruire le précédent, son père, avant d'être aussi rapidement détruit à son tour. Le passé et le futur (abstraction faite de la succession de leur contenu) sont aussi nuls qu'un rêve quelconque, tandis que le présent constitue la limite sans extension ni consistance qui les sépare. Ainsi, nous reconnaîtrons la même nullité <*Nichtigkeit*> dans toutes les autres formes du principe de raison[18]; nous verrons que, comme le temps, l'espace aussi, et, comme l'espace, tout ce qui se trouve aussi en lui et dans le temps simultanément, et donc tout ce qui provient de causes ou de motifs — tout cela ne possède qu'une existence relative, qu'il n'est que par et pour un autre et qu'il est de même nature que lui, c'est-à-dire qu'il n'existe, à son tour, que de cette façon. L'essentiel de cette conception est ancien: c'est dans cet esprit qu'Héraclite se lamentait sur le flux éternel des choses[19]; Platon dénigrait l'objet de cette conception comme étant un devenir perpétuel, à jamais dépourvu d'être; Spinoza lui donnait le nom de simples accidents de la substance unique, seule dotée d'être et de permanence; Kant opposait à la chose en soi ce qui est connu comme simple phénomène; enfin la sagesse millénaire de l'Inde nous dit: «C'est la MÂYÂ[20], le voile de l'illusion, qui couvre les yeux des mortels et leur fait voir un monde dont on peut indifféremment dire qu'il est ou n'est pas: car il est semblable à un rêve, à l'éclat du soleil sur le sable que le voyageur prend de loin pour de l'eau, ou encore à la corde jetée à terre qu'on prend pour un serpent.» (Ces comparaisons se trouvent répétées en maints endroits dans le *Véda*[21] et les *Purânas*[22].) Mais ce que tous voulaient dire, l'objet de leur discours, n'est précisément rien d'autre que ce que nous considérons maintenant à notre tour: le monde comme représentation, soumise au principe de raison.

§ 4

Celui qui connaît la figure du principe de raison qui apparaît dans le temps pur comme tel et sur laquelle repose tout dénombrement et tout calcul[23], celui-là connaît par là même aussi toute l'essence du temps. Il n'est justement rien d'autre que cette figure du principe de raison, et n'a pas d'autre propriété. La succession est la forme du principe de raison dans le temps, et la succession est toute l'essence du temps. — Celui qui en outre a pris connaissance du principe de raison tel qu'il règne dans le simple espace purement intuitionné, celui-là a saisi par là même toute l'essence de l'espace[24]. En effet, l'espace n'est rien d'autre que la possibilité de détermination réciproque de ses parties les unes par les autres, qu'on appelle POSITION <*Lage*>. Toute la géométrie n'a pour contenu que l'examen complet de la position, et la mise en dépôt, dans des concepts abstraits, des résultats qui en découlent, en vue de leur application appropriée. — De même, celui qui a reconnu cette figure du principe de raison qui régit le contenu de ces formes (temps et espace), sa perceptibilité c'est-à-dire la matière[25], je veux dire la loi de causalité, celui-là connaît par là même toute l'essence de la matière en tant que telle, car elle n'est rien d'autre que la causalité, ce que chacun voit immédiatement, dès qu'il y réfléchit. Son être, il est vrai, réside dans son effet : on ne peut pas même concevoir de lui donner un être différent. C'est seulement en tant qu'effective qu'elle remplit l'espace et le temps : son influence sur l'objet immédiat (qui est lui-même matière) conditionne l'intuition, dans laquelle seule elle existe. On ne connaît la conséquence de l'effet d'un objet matériel sur un autre que parce que ce dernier a maintenant un effet différent de précédemment sur l'objet immédiat[26]. Cause et effet <*Wirkung*> sont donc toute l'essence de la matière; son être, c'est son effet (plus de détail sur ce point dans ma dissertation sur le principe de raison, § 21, p. 77)[27]. Par conséquent, c'est très justement que l'allemand donne le nom d'EFFECTIVITÉ <*Wirklichkeit*>*[28] au concept générique de toute matérialité, mot qui est bien plus significatif que celui de RÉALITÉ <*Realität*>. Ce sur quoi porte l'effet de la matière est toujours à son tour matière: tout son être, toute son essence ne consiste donc que dans le changement selon des lois, qui transforme UNE de ses parties en une autre. Son être est par suite totalement relatif, il est fonction d'une relation qui ne vaut qu'à l'intérieur de ses limites. Son être est donc pareil à celui du temps, pareil à celui de l'espace.

Mais le temps et l'espace, chacun pris séparément, sont représentables intuitivement même sans la matière, tandis que la matière ne l'est pas sans eux. Sa forme déjà, qui en est inséparable, suppose l'ESPACE, et son effet, en quoi consiste toute son existence, ne concerne jamais qu'un changement, et donc une détermination du TEMPS. Mais la matière ne suppose pas seulement le temps et l'espace, chacun séparément: son essence est constituée d'une union de temps et d'espace, justement parce que, comme je l'ai montré, son essence réside dans la causalité. En effet, tous les innombrables phénomènes et états

* *Mira in quibusdam rebus verborum proprietas est et consuetudo sermonis antiqui quaedam efficacissimis notis signat* [la convenance des termes est étonnante pour certaines choses, et l'usage de la langue des Anciens désigne maintes choses de la manière la plus efficace]. Seneca epist. 81.

pensables pourraient se juxtaposer dans l'espace infini sans se gêner ou se succéder dans le temps infini sans se déranger. Par conséquent, un rapport nécessaire de l'un avec l'autre et une règle les déterminant selon ce rapport (cette règle n'étant de surcroît pas même applicable) ne seraient aucunement requis. Par suite, dans toute juxtaposition dans l'espace, dans tout changement dans le temps, et tant que chacune de ces deux formes pourrait exister et avoir cours indépendamment et sans liaison avec l'autre, il n'y aurait encore aucune causalité, et puisque celle-ci constitue l'essence véritable de la matière, il n'y aurait pas même de matière. — Or, la loi de causalité n'a de sens et de signification que par le fait que l'essence du changement ne consiste pas dans la simple modification des états en eux-mêmes, mais bien plutôt dans le fait qu'au même endroit de l'espace se trouve maintenant TEL état et puis UN AUTRE, et que dans UN SEUL ET MÊME temps déterminé se trouve ICI tel état, et LÀ tel autre. Seule cette limitation réciproque du temps et de l'espace l'un par l'autre donne signification et nécessité à une règle selon laquelle le changement doit se produire. Ce qui est déterminé par la loi de causalité, ce n'est donc pas la succession des états dans le simple temps, mais cette succession par rapport à un espace déterminé, ce n'est pas l'existence des états dans un lieu déterminé, mais dans ce lieu en un temps déterminé. Le changement, c'est-à-dire la modification se produisant selon la causalité, se rapporte donc toujours, EN MÊME TEMPS et à chaque fois à une partie déterminée de l'espace et à une partie déterminée du temps. C'est pourquoi la causalité réunit l'espace avec le temps. Or, nous avons trouvé que toute l'essence de la matière consiste dans l'agir, et donc dans la causalité : par suite, temps et espace doivent être réunis en elle, c'est-à-dire qu'elle doit comporter en même temps les propriétés du temps et celles de l'espace, quel que soit leur antagonisme, et elle doit faire ce qui est impossible dans chacun d'eux pris séparément : concilier en elle-même la fuite insaisissable du temps avec l'immuable et rigide permanence de l'espace. Quant à la divisibilité infinie, elle la tient des deux. En suivant cette idée, nous trouvons que la causalité est avant tout à l'origine de la SIMULTANÉITÉ <*Zugleichsein*>, laquelle ne pourrait pas trouver son lieu dans le temps seul, qui ne connaît pas la coexistence, ni dans l'espace seul, qui ne connaît ni avant ni après, ni maintenant. La SIMULTANÉITÉ de nombreux états constitue cependant la véritable essence de l'effectivité : car ce n'est que par elle qu'est possible la DURÉE. En effet, on ne peut la connaître que par la modification de ce qui existe en même temps que ce qui dure. Mais ce n'est aussi que par ce qui dure dans la modification que cette dernière gagne le caractère de CHANGEMENT, c'est-à-dire de transformation de qualité et de forme, avec permanence de la SUBSTANCE, c'est-à-dire de la MATIÈRE*[29]. Dans l'espace seul, le monde serait fixe, immobile : il n'y aurait aucune succession, aucun changement, aucun agir : mais avec l'agir, c'est aussi la représentation de la matière qui est abolie. De même, dans le temps seul, tout serait éphémère : il n'y aurait aucune permanence, aucune juxtaposition, et donc aucune simultanéité, par suite aucune durée, et donc de nouveau aucune matière. C'est la réunion du temps et de l'espace qui seule produit la matière, c'est-à-dire la possibilité de la simultanéité et par là de la durée, et de nouveau, par

* L'*Appendice* montre que la matière et la substance sont UNE SEULE ET MÊME CHOSE.

cette dernière, la possibilité de la permanence de la substance[30] dans le changement des états*[31]. Comme l'essence de la matière tient dans la réunion du temps et de l'espace, tout son être porte leur empreinte. Elle atteste qu'elle trouve son origine dans l'espace en partie par la forme qui est indissociable d'elle, mais surtout par sa permanence (substance) — parce que la modification appartient au temps seul, tandis qu'en lui, pris seul et séparément, il n'y a rien de stable. La certitude *a priori* de sa permanence doit par conséquent être complètement déduite de celle de l'espace**[32]. L'origine temporelle de la matière se manifeste par la qualité (accident) sans laquelle elle n'apparaît jamais, et qui est toujours causalité, action sur une autre matière, et donc changement (concept temporel). Mais la légalité de cette action se rapporte toujours à l'espace et au temps pris ensemble, et ce n'est que par là qu'elle a une signification. Ce qui, pour un état donné, doit survenir en TEL temps et à TEL endroit, c'est ce que détermine la causalité, et son domaine de législation ne va pas plus loin. Cette déduction des déterminations fondamentales de la matière à partir des formes de la connaissance connues *a priori* par nous explique que nous reconnaissions *a priori* certaines de ses propriétés : la façon dont elle occupe un espace — c'est-à-dire son impénétrabilité, son efficience <*Wirksamkeit*> — et aussi son extension, sa divisibilité infinie, sa persistance — c'est-à-dire son indestructibilité — et enfin

* C'est ce que montre aussi le fondement de l'explication kantienne de la matière (« elle est l'élément mobile dans l'espace ») : car le mouvement ne consiste que dans la réunion du temps et de l'espace.

** Et non de la connaissance du temps, comme le veut Kant, ce qui est développé dans l'*Appendice*.

sa mobilité. Au contraire, la pesanteur, bien qu'elle ne souffre aucune exception, est à mettre au compte de la connaissance *a posteriori*, même si Kant, dans les *Fondements métaphysiques de la science de la nature*, en a fait une connaissance *a priori* (p. 372, édition Rosenkranz)[33].

Mais comme l'objet en général existe seulement pour le sujet, comme sa représentation, de même toute classe particulière de représentations n'existe que pour une détermination particulière dans le sujet, que l'on nomme faculté de connaissance. Le corrélat subjectif du temps et de l'espace pris pour eux-mêmes, Kant l'a nommé « sensibilité pure ». Comme Kant a ici ouvert la voie, cette expression peut être maintenue, même si elle n'est pas tout à fait adaptée, vu que parler de sensibilité présuppose déjà la matérialité. Le corrélat subjectif de la matière ou de la causalité (elles ne sont qu'une seule et même chose) est l'ENTENDEMENT <*Verstand*>, et il n'est rien d'autre que cela. Connaître la causalité est sa fonction spécifique, sa seule capacité, capacité importante, étendue, aux applications variées, quoique toutes ses manifestations témoignent d'une identité qu'on ne peut méconnaître. Inversement, toute causalité, donc toute matière, et ainsi toute effectivité <*Wirklichkeit*> n'est que pour l'entendement, par l'entendement, dans l'entendement. La première et plus simple manifestation de l'entendement, continuellement présente, est l'intuition du monde réel. Cette dernière consiste tout entière dans la connaissance de la cause à partir de l'effet. Voilà pourquoi toute intuition est intellectuelle[34]. Cependant, l'entendement ne parviendrait jamais à la former, si un certain effet n'était pas connu immédiatement et ne faisait ainsi fonction de point de départ. Or, ce dernier est l'effet sur le corps animal. Dans la mesure où ce dernier est l'OBJET IMMÉDIAT du sujet, l'intuition de tous les autres objets n'est possible que par son intermédiaire. Les changements dont tout corps animal fait l'expérience sont connus immédiatement, c'est-à-dire ressentis, et la mise en rapport immédiate de cet effet avec sa cause fait naître l'intuition de celle-ci comme celle d'un OBJET. Ce rapport n'est pas une conclusion faite de concepts abstraits, elle ne se produit pas au moyen d'une réflexion, ni selon notre bon vouloir, mais immédiatement, nécessairement et infailliblement. Elle est le mode de connaissance de l'ENTENDEMENT PUR, sans lequel on n'en viendrait jamais à l'intuition : on n'en resterait qu'à une conscience confuse, quasi végétale, des changements de l'objet immédiat, qui se succéderaient dans une absence totale de signification, à défaut d'avoir, comme par exemple la douleur ou le plaisir, une signification pour la volonté. Mais, comme le lever du soleil fait apparaître le monde visible, de même l'entendement, grâce à sa seule et unique fonction, transforme D'UN SEUL coup la sensation confuse et muette en intuition. Les sensations visuelles, auditives, tactiles ne sont pas l'intuition : ce sont de simples *data* [données]. C'est seulement quand l'entendement passe de l'effet à la cause que le monde apparaît, en tant qu'intuition étendue dans l'espace, à la forme changeante, et dont la matière persiste à travers le temps : car l'entendement réunit l'espace et le temps dans la représentation de la MATIÈRE, c'est-à-dire de l'effectivité. Ce monde comme représentation n'existe que par l'entendement et pour l'entendement. Dans le premier chapitre de mon traité *Sur la vue et les couleurs*, j'ai déjà montré comment, à partir de la donnée délivrée par les sens, l'entendement forme l'intuition, comment en comparant les impressions que les différents sens reçoivent d'un même objet, l'enfant acquiert l'intuition, comment seule cette explication explique un aussi grand nombre de phénomènes sensibles : comment deux yeux nous donnent une seule image, pourquoi on voit double quand on louche ou quand l'œil voit simultanément des objets se tenant l'un derrière l'autre à une distance inégale, comment se forment toutes les illusions consécutives à un changement brusque dans les organes des sens[35]. Cm[J'ai traité de cette importante question, de façon plus précise et fouillée, dans la deuxième édition de ma dissertation sur le principe de raison, § 21.]Cm C'est ici qu'il faudrait placer tout ce que j'y ai dit, ce qui nous forcerait à le répéter une fois de plus. Mais comme j'ai presque autant de répugnance à me recopier qu'à recopier les autres, je ne me sens pas capable de faire un meilleur exposé que celui auquel j'étais parvenu dans cet ouvrage. J'y renvoie donc, au lieu de le répéter ici, mais suppose aussi qu'il est désormais connu.

L'apprentissage visuel des enfants et des aveugles de naissance opérés ; le fait d'avoir une image unique quand, avec deux yeux, on reçoit deux impressions visuelles ; le fait de voir double ou d'avoir une double sensation quand on place les organes des sens dans une position inhabituelle ; le fait que les objets apparaissent à l'endroit, alors que leur image dans les yeux est à l'envers ; le transfert sur les objets extérieurs des couleurs, qui ne sont qu'une fonction interne, une division en pôles de l'activité de l'œil, Cm[et enfin aussi l'expérience du stéréoscope]Cm — tout cela montre de façon solide et irréfutable que toute INTUITION n'est pas seulement sensuelle, mais intellectuelle, c'est-à-dire CONNAISSANCE PAR L'ENTENDEMENT DE LA CAUSE À PARTIR DE L'EFFET, qu'elle présuppose la loi de causalité, qui est la condition de possibilité première, la condition *sine qua non* de toute intuition, et donc de toute expérience, et qu'à l'inverse la connaissance de la loi de causalité ne dépend pas de l'expérience, ce qu'affirmait le scepticisme de Hume, qui se trouve ici réfuté pour la première fois. Car l'indépendance de la connaissance de la causalité par rapport à toute expérience, c'est-à-dire son apriorité, ne peut être démontrée que par la dépendance de toute expérience par rapport à elle ; et cela ne peut se faire que si l'on montre, de la façon ici exposée et expliquée Cm[dans les passages indiqués à l'instant]Cm, que la connaissance de la causalité est déjà contenue dans l'intuition en général (dans le domaine de laquelle réside toute expérience), et qu'elle est donc complètement *a priori* par rapport à l'expérience, qui la suppose comme sa condition, mais qu'elle-même ne suppose pas. Or cela ne peut être prouvé en suivant la démarche qu'a tentée Kant et que j'ai critiquée dans le § 23 de ma dissertation sur le principe de raison[36].

§ 5

Que l'on se garde cependant d'un grossier malentendu : penser que, parce l'intuition se fait au moyen de la connaissance de la causalité, il y aurait de ce fait un rapport de cause à effet entre l'objet et le sujet. En effet, ce rapport n'a jamais lieu qu'entre l'objet immédiat et l'objet médiat, et donc toujours seulement entre des objets. C'est justement sur cette fausse hypothèse que repose l'absurde controverse au sujet de la réalité du monde extérieur, et dans laquelle s'opposent le dogmatisme et le scepticisme, le premier apparaissant tantôt comme réalisme, tantôt comme idéalisme. Le réalisme part de l'objet comme cause et de son effet dans le sujet. L'idéalisme fichtéen fait de l'objet l'effet du sujet[37]. Or, on n'y reviendra jamais assez, entre objet et sujet, il ne peut y avoir aucun rapport selon le principe de raison ; ainsi, ni l'une ni l'autre de ces deux affirmations n'a pu être démontrée, et le scepticisme a mené contre elles des assauts victorieux. — En effet, comme la loi de causalité, à titre de condition de l'intuition et de l'expérience, les précède déjà, et qu'elle ne peut donc pas être apprise à partir d'elles (comme Hume le croyait), l'objet et le sujet, comme condition première de toute connaissance, précèdent donc aussi le principe de raison. En effet, ce dernier n'est que la forme de tout objet, la modalité générale de son phénomène ; mais l'objet présuppose toujours déjà le sujet : entre les deux, il ne peut donc y avoir aucun rapport de raison à conséquence. Ma dissertation sur le principe de raison a justement pour intention de montrer que le contenu de ce principe constitue la forme essentielle de tout objet, c'est-à-dire la modalité générale de toute objectivité, quelque chose qui revient à l'objet en tant que tel[38]. Mais l'objet pris comme tel présuppose en général le sujet comme son corrélat nécessaire ; il demeure donc toujours en dehors du domaine du principe de raison. La controverse sur la réalité du monde extérieur repose précisément sur cette extension indue au sujet de la validité du principe de raison. Parce qu'elle est partie de cette mauvaise interprétation, cette controverse n'a jamais pu se mettre au clair avec elle-même. D'un côté, le réalisme dogmatique, considérant la représentation comme un effet de l'objet, veut séparer la représentation et l'objet, qui ne sont précisément qu'UNE SEULE ET MÊME CHOSE. Il veut admettre une cause de la représentation complètement différente d'elle, un objet en soi, indépendant du sujet, chose parfaitement impensable, car, justement en tant qu'objet, l'objet présuppose toujours le sujet, et demeure donc toujours sa seule représentation. Pour s'opposer au réalisme dogmatique, le scepticisme s'appuie sur le même présupposé erroné : que, dans la représentation, on n'aurait que l'effet, jamais la cause, et qu'on ne connaîtrait donc jamais l'ÊTRE, mais seulement l'EFFET des objets ; qu'il pourrait cependant n'y avoir aucune ressemblance entre le second et le premier ; que, d'ailleurs, de manière générale, on aurait sans doute complètement tort de faire une telle supposition, puisque la loi de la causalité n'est admise qu'à partir de l'expérience, dont la réalité doit reposer à son tour sur la loi de causalité. — Or, sur ce point, il convient d'apprendre à ces deux partis la chose suivante : d'abord que l'objet et la représentation sont identiques, que, par suite, l'ÊTRE des objets intuitifs est justement leur EFFET, que c'est précisément dans cet effet que consiste la réalité effective de la chose et que cela n'a pas de sens (c'est même contradictoire) d'exiger l'existence de l'objet en dehors de la représentation du sujet ou d'un être de la chose réelle distinct de son effet ; par conséquent la connaissance de la modalité de l'effet d'un objet intuitionné épuise justement cet objet lui-même, en tant qu'il est objet, c'est-à-dire représentation, puisqu'en dehors de cela, il n'offre plus rien à la connaissance. Dans cette mesure, le monde perçu dans l'espace et le temps, qui se manifeste comme simple causalité, est pleinement réel, il est exactement ce pour quoi il se donne, et il se donne totalement et sans restriction comme une représentation, dont la loi de causalité assure la cohérence. Telle est sa réalité empirique. Mais d'un autre côté, toute causalité n'existe que dans et pour l'entendement. Ce monde qui est parfaitement réel, c'est-à-dire effectif, est donc en tant que tel toujours conditionné par l'entendement ; il n'est rien sans lui. Pour cette raison, mais aussi déjà parce qu'en général on ne peut penser sans contradiction un objet sans un sujet, nous devons absolument marquer notre opposition quand le dogmatique déclare que la réalité du monde extérieur est son indépendance à l'égard du sujet et absolument réfuter la réalité d'un tel monde extérieur. Le monde des objets, dans son intégralité, est et reste représentation, et c'est précisément pourquoi il est complètement et de toute éternité conditionné par le sujet, c'est-à-dire qu'il a une idéalité transcendantale[39]. Mais ce n'est pas pour autant qu'il est un mensonge ou une apparence : il se donne pour ce qu'il est : une représentation, et même une série de représentations qui sont liées entre elles par le principe de raison. En tant que tel, pour un entendement sain, il est compréhensible jusque dans sa signification la plus intime, et il lui parle un langage parfaitement clair. Seul un esprit corrompu par la ratiocination peut avoir l'idée de contester sa réalité, ce qui se produit toujours quand on applique de façon inappropriée le principe de raison, lequel, certes, relie entre elles toutes les représentations, quel que soit leur genre, mais ne les relie en aucune façon avec le sujet, ou avec quelque chose qui ne serait ni sujet ni objet, mais seulement le fondement de l'objet. C'est un non-sens, parce que seuls des objets peuvent constituer un fondement, et un fondement qui réciproquement est toujours fondement d'objets. — Si l'on examine encore plus précisément l'origine de l'interrogation sur la réalité du monde extérieur, on trouve encore, outre cette fausse application du principe de raison à ce qui est hors de son domaine, une certaine confusion dans les formes de ce principe : cette forme, que le principe revêt seulement par rapport aux concepts et aux représentations abstraites, on la transfère aux représentations intuitives, aux objets réels, et on exige une raison de la connaissance <*Grund des Erkennens*> de la part d'objets qui ne peuvent avoir qu'une raison du devenir <*Grund des Werdens*>[40]. Les représentations abstraites, les concepts liés dans des jugements sont toujours effectivement gouvernés par le principe de raison de la façon suivante : chacun d'eux ne tire sa valeur, sa validité, toute son existence, ici nommée VÉRITÉ, que par le seul et unique rapport du jugement avec quelque chose qui est en dehors de lui, à savoir la raison de la connaissance, auquel il doit donc être toujours reconduit. À l'inverse, les objets réels, les représentations intuitives sont régis par le principe de raison, non comme principe de raison de la CONNAISSANCE mais comme principe de raison du DEVENIR, comme loi de causalité : chacun de ces objets a déjà acquitté sa dette à l'égard de ce principe par le fait qu'il est DEVENU, c'est-à-dire qu'il est produit comme effet à partir d'une cause. L'exigence d'une raison de la connaissance n'a donc ici aucune validité et aucun sens mais relève d'une tout autre classe d'objets. Par conséquent, quand on se tient devant lui, le monde intuitif ne suscite ni hésitation ni doute chez celui qui le contemple : il n'y a ici ni erreur ni vérité ; celles-ci sont proscrites et renvoyées dans le domaine de l'abstraction, de la réflexion. En revanche, le monde se livre au sens et à l'entendement, il se donne, avec une sincérité naïve, pour ce qu'il est, pour une représentation intuitive, qui se développe selon les règles des liens de la causalité[41].

Ainsi, arrivés à ce point, nous avons vu que la question de la réalité du monde extérieur était toujours apparue à la suite d'une aberration de la raison, allant jusqu'à se méprendre sur elle-même, et que dans cette mesure seule l'explication de son contenu permettait de répondre à la question. Avec la recherche de l'essence complète du principe de raison, de la relation entre l'objet et le sujet, et de la nature véritable de l'intuition empirique, cette question devait tomber d'elle-même, justement parce qu'elle n'avait plus aucune signification. Seulement, cette question a encore une autre origine, entièrement distincte de celle qu'on a indiquée jusqu'ici, et qui est purement spéculative, une origine proprement empirique, quoique cette question, elle aussi, ait toujours été soulevée dans une intention spéculative. Prise en ce sens, la question a une signification beaucoup plus intelligible que dans le cas précédent. Voici de quoi il s'agit : nous avons des rêves ; est-ce que toute la vie ne serait pas une espèce de rêve ? — ou plus précisément : y a-t-il un critère certain pour départager le rêve de la réalité, les fantasmes des objets réels ? — Le fait d'arguer d'une moindre vivacité et clarté de l'intuition rêvée par rapport à l'intuition réelle ne mérite aucune considération, puisque personne encore ne peut mettre l'une à côté de l'autre pour les comparer ; on ne pourrait comparer que le SOUVENIR du rêve avec la réalité présente. — Kant résout ainsi la question : « La vie se distingue du rêve par le fait que la loi de causalité rend cohérentes les représentations les unes avec les autres[42]. » — Mais, même dans le rêve, chaque chose singulière est également dotée d'une cohérence que lui donne le principe de raison sous toutes ses formes, et cette cohérence ne s'arrête qu'entre la vie et le rêve et qu'entre les rêves isolés. Par conséquent, la réponse de Kant pourrait simplement signifier la chose suivante : le LONG rêve (la vie) possède en lui une parfaite cohérence, conforme au principe de raison, mais il n'est pas cohérent avec les rêves BREFS, quoique chacun d'eux possède en lui la même cohérence. Entre le premier et les seconds, ce lien qui est rompu, et c'est ce qui permet de les distinguer. — Cependant, si l'on devait chercher si quelque chose a été rêvé, ou si cela s'est produit, le critère de Kant se révélerait très difficile, et souvent impossible à utiliser. En effet, nous sommes absolument incapables de remonter, maillon après maillon, la connexion causale qui relie à l'instant présent tout événement qui a été vécu, et donc de montrer qu'il ne s'agit effectivement pas d'un rêve. C'est pourquoi, dans la vie réelle, quand on veut distinguer le rêve de la réalité, on ne se sert pas communément de ce genre de recherche. Cm[En fait, le seul critère sûr de distinction entre le rêve et la réalité n'est rien d'autre que celui, tout empirique, du réveil, par lequel la connexion causale entre les événements rêvés et ceux de la vie éveillée est rompue de façon explicite et sensible.]Cm La remarque faite par Hobbes dans le *Léviathan*, chap. 2[43], nous en donne une remarquable preuve : nous sommes facilement conduits à prendre nos rêves pour la réalité lorsque, sans y prendre garde, nous nous endormons tout habillé, et quand surtout s'y ajoute le fait que quelque entreprise ou projet monopolise toutes nos pensées et nous occupe dans notre rêve comme dans la veille. Dans ces cas-là, on remarque le réveil presque aussi peu que l'endormissement : le rêve rejoint la réalité et s'y mêle. Alors, bien sûr, nous pouvons encore appliquer le critère de Kant. Mais si ensuite, comme c'est souvent le cas, on ne peut absolument pas trouver la connexion causale avec le présent, ou l'absence d'une telle connexion, alors il doit rester à jamais impossible de décider si un événement a été rêvé ou s'est réellement produit. — Ici, l'étroite parenté de la vie et du rêve nous saute vraiment aux yeux : aussi, nous n'allons pas rougir de l'admettre, après qu'elle a été reconnue et exprimée par maints grands esprits. Le *Véda* et les *Purânas*, pour traduire la connaissance totale du monde réel, qu'ils nomment le voile de *mâyâ*[44], ne connaissent pas de meilleure comparaison que celle du rêve, et cette comparaison est celle qu'ils utilisent le plus souvent. Platon dit très souvent que les hommes ne vivent que dans un rêve, et que seul le philosophe essaie de se réveiller. Pindare dit (*Pythia*, VIII, 135) : σκιᾶς ὄναρ ἄνθρωπος Cm[(*umbrae somnium homo*) [l'homme est le rêve d'une ombre[45]]]Cm ; et Sophocle :

> ʻΟρῶ γὰρ ἡμᾶς οὐδὲν ὄντας ἄλλο πλὴν
> Εἴδωλ', ὅσοιπερ ζῶμεν, ἢ κούφην σκιάν.

Cm[(*Nos enim, quicumque vivimus, nihil aliud esse comperio quam simulacra et levem umbram*) [En effet nous ne sommes, nous tous qui vivons ici, rien de plus que fantômes ou ombres légères]]Cm *Ajax 125*[46].

À côté de Sophocle, Shakespeare est le plus remarquable :

> *We are such stuff*
> *As dreams are made of, and our little life*
> *Is rounded with a sleep.*
>
> *Temp., a. 4, s. 1**[47].

* Nous sommes faits de la même étoffe que les songes et notre petite vie, un somme la parachève.

Enfin, Calderón était si profondément habité par cette idée qu'il a tenté de l'exprimer dans une sorte de drame métaphysique, *La vie est un songe*[48].

Après toutes ces citations, qu'il me soit ici permis de m'exprimer moi aussi grâce à une comparaison. La vie et le rêve sont les pages d'un seul et même livre. La lecture cohérente se nomme la vie réelle. Mais à chaque fois que l'heure de lecture (et le jour) s'achève, et que vient le temps du repos, souvent nous continuons de feuilleter le livre sans but, et nous ouvrons, sans ordre ni cohérence, une page tantôt ici, tantôt là : parfois c'est une page déjà lue, parfois une page encore inconnue, mais toujours du même livre. Ainsi, une page lue isolément n'est certes pas cohérente avec la lecture qui est faite dans l'ordre logique. Pourtant, elle ne le cède pas tant que cela à cette dernière, si l'on songe que la lecture dans l'ordre logique tout entière commence et finit tout aussi inopinément, et qu'ainsi on doit la considérer seulement comme une unique feuille de papier, plus longue.

Ainsi, les rêves singuliers se distinguent de la vie réelle par le fait qu'ils ne rentrent pas dans la cohérence de l'expérience, laquelle reste constante toute la vie durant ; le réveil caractérise cette distinction. Mais si, justement, cette cohérence de l'expérience appartient déjà à la vie réelle comme sa forme, le rêve peut lui aussi lui opposer sa cohérence interne. Si l'on se place, pour juger les choses, à un point de vue extérieur à la veille et au rêve, on ne trouve dans leur essence rien qui les distingue très nettement, et l'on est forcé d'accorder au poète que la vie est un songe prolongé.

Quittons l'origine empirique de la question (qui a une existence tout à fait à part) et revenons à son origine spéculative : nous avons trouvé que cette question provenait d'abord de l'application erronée du principe de raison, à savoir son application au rapport entre sujet et objet, et ensuite de nouveau de la confusion de ses formes, c'est-à-dire dans le transfert du principe de raison de la connaissance au domaine de validité du principe de raison du devenir. Mais cette question aurait difficilement occupé les philosophes de façon si constante si elle était totalement dépourvue de contenu véritable, si l'on n'y trouvait pas, enfouies dans ses profondeurs, une vraie pensée et une vraie signification, qui seraient comme sa source la plus authentique. À propos de cette pensée, il faudrait alors supposer que jadis, entrant dans la réflexion, et se cherchant une expression, elle s'est corrompue en entrant dans ces formes et cette question qui ne se comprennent pas elles-mêmes. C'est, à mon avis, ce qui s'est passé. Pour exprimer dans sa pureté la signification profonde de cette question, à laquelle elle n'a pas su parvenir, je propose ceci : le monde intuitif, qu'est-il de plus que ma représentation ? Ce monde, dont je suis conscient, et en tant que représentation, est-il, comme mon propre corps, dont je suis conscient de deux façons différentes, d'un côté REPRÉSENTATION, et de l'autre VOLONTÉ ? — Le contenu du deuxième livre expliquera plus clairement cette question, en y apportant une réponse positive. Les conséquences qui en découlent occuperont le restant de l'ouvrage.

§ 6

En attendant, dans ce premier livre, nous considérons pour l'instant l'univers seulement comme représentation, comme objet pour un sujet. Quant au corps propre, qui est pour chacun l'origine de l'intuition du monde, nous l'envisageons seulement du point de vue de sa cognoscibilité, comme tous les autres objets réels : il n'est ainsi pour nous qu'une représentation. La conscience, qui s'élevait déjà en chacun contre la réduction des autres objets à de simples représentations, oppose ici une résistance encore plus forte, lorsque le corps propre doit être une simple représentation. Cela provient du fait que chacun connaît immédiatement la chose en soi, dans la mesure où elle se manifeste comme son corps propre, mais seulement médiatement dans la mesure où elle s'objective dans les autres objets de l'intuition. Seul le cours de notre recherche rend nécessaire cette abstraction, ce mode d'examen unilatéral, cette séparation violente de ce qui existe essentiellement ensemble. Par conséquent, cette résistance doit être provisoirement apaisée et contenue, en attendant que les considérations qui vont suivre viennent suppléer à l'unilatéralité des considérations présentes et nous donnent une connaissance complète de l'essence du monde.

Nous tenons donc ici le corps pour un objet immédiat[49], c'est-à-dire pour cette représentation qui constitue le point de départ de la connaissance du sujet, dans la mesure où cette représentation elle-même, avec ses changements connus immédiatement, précède l'application de la loi de causalité et lui donne donc les premières données. Toute l'essence de la matière, comme nous l'avons montré, consiste dans son effet. Mais il n'y a d'effet et de cause que pour l'entendement, puisque ce dernier n'est rien d'autre que leur corrélat subjectif. Mais l'entendement ne parviendrait jamais à s'appliquer à rien, s'il n'y avait encore autre chose dont il puisse partir : la simple sensation des sens, la conscience immédiate des changements du corps, grâce à quoi ce dernier est un objet immédiat. La possibilité de la cognoscibilité du monde intuitif, nous la trouvons donc soumise à deux conditions : SI NOUS L'EXPRIMONS OBJECTIVEMENT, la première est la faculté du corps à agir sur un autre, à produire des changements dans un autre ; sans cette propriété générale de tous les corps, jointe aussi à la sensibilité des corps animaux, aucune intuition ne serait possible. Mais si nous voulons EXPRIMER SUBJECTIVEMENT cette même première condition, alors nous disons : l'entendement est la première condition de possibilité de l'intuition, car la loi de causalité, condition de possibilité de l'effet et de la cause, provient de lui seul, et ne vaut que pour lui ; ce n'est donc que pour et par lui qu'existe le monde intuitif. Mais la seconde condition est la sensibilité des corps animaux, cette propriété de certains corps d'être les objets immédiats du sujet. Les simples changements qui affectent de l'extérieur les organes des sens par un effet qui leur est spécifiquement proportionné, doivent déjà être appelés des représentations, dans la mesure où de tels effets ne provoquent ni douleur ni plaisir, c'est-à-dire n'ont aucune signification immédiate pour la volonté et sont par suite perçus, n'existant ainsi que pour la CONNAISSANCE. Et dans cette mesure j'affirme donc que le corps est immédiatement CONNU, qu'il est OBJET IMMÉDIAT. Cependant le concept d'objet n'est pas à prendre ici dans son sens le plus propre, car par cette connaissance immédiate du corps, qui précède l'application de l'entendement et ne constitue qu'une simple impression sensible, ce n'est pas le corps lui-même qui apparaît comme un objet au sens propre du mot, mais d'abord les corps qui influent sur lui. En effet, toute connaissance d'un objet véritable, c'est-à-dire d'une représentation intuitive dans l'espace, n'est possible que par et pour l'entendement, et donc non pas avant, mais seulement après son application. Par conséquent, le corps en tant qu'objet à proprement parler, c'est-à-dire comme représentation intuitive dans l'espace, n'est connu, comme tous les autres objets, que médiatement, par l'application de la loi de causalité à l'influence d'une de ses parties sur une autre, et donc quand l'œil voit le corps, ou lorsque la main le touche. Par suite, la forme du corps propre ne nous est pas connue par le simple sentiment général, mais c'est seulement par la connaissance, c'est seulement dans la représentation, c'est-à-dire dans le cerveau, que même le corps propre se présente comme quelque chose d'étendu, doté de membres, d'organes. Un aveugle de naissance n'obtient cette représentation que progressivement, par les données que lui fournit le toucher. Un aveugle sans mains ne pourrait jamais apprendre à connaître la forme de son corps, ou alors, au mieux, il la déduirait et la construirait progressivement à partir de l'effet des autres corps sur lui. C'est donc avec cette restriction qu'il faut comprendre ce que nous disons quand nous nommons le corps objet immédiat.

Du reste, on peut conclure de ce qui a été dit que tous les corps animaux sont des objets immédiats, c'est-à-dire des points de départ de l'intuition du monde pour le sujet, qui connaît tout, et n'est, pour cette raison, jamais connu. CONNAÎTRE et se mouvoir, grâce à cette connaissance, selon des motifs, tel est donc le véritable CARACTÈRE DE L'ANIMALITÉ, tout comme le mouvement selon des excitations est le caractère de la plante. L'être inorganique n'a pas d'autre mouvement que celui qui est provoqué par des causes au sens étroit du mot[50]. Tout cela, je l'ai expliqué en détail dans la dissertation sur le principe de raison, 2e édition, § 20, dans l'*Éthique*, premier traité, p. 3, et dans *Sur la vue et les couleurs*, § 1, textes auxquels je renvoie[51].

De ce qu'on a dit, il résulte que tous les animaux, même les plus imparfaits, possèdent un entendement, car ils connaissent tous des objets, et cette connaissance détermine leurs mouvements à titre de motif. — L'entendement est le même chez tous les animaux et tous les hommes, et il a toujours cette même forme de base : la connaissance de la causalité, le passage de l'effet à la cause et de la cause à l'effet, et rien d'autre. Mais les degrés de son acuité et l'extension de sa sphère de connaissance sont très différents, divers, avec de multiples nuances. À son degré le plus bas, il ne connaît que le rapport de causalité entre l'objet immédiat et l'objet médiat, et, en passant de l'effet que subit le corps à sa cause, il parvient donc à intuitionner cette dernière comme un objet dans l'espace. À son degré le plus haut, il possède la connaissance de l'interconnexion causale des simples objets médiats, connaissance qui va jusqu'à la compréhension de l'enchaînement combiné des causes et des effets dans la nature. Car même cette dernière connaissance appartient encore à l'entendement, et non à la raison, dont les concepts abstraits ne peuvent servir qu'à recueillir cette compréhension immédiate, à la fixer et à l'enchaîner, mais jamais à produire cette compréhension elle-même. Toute force et toute loi de la nature, dans chaque cas où elle se manifeste, doit d'abord être immédiatement connue et intuitivement saisie par l'entendement, avant de pouvoir entrer pour la raison abstraite dans la conscience réfléchie. Ce fut une conception intuitive, immédiate et réalisée grâce à l'entendement que la découverte par Robert Hookes de la loi de gravitation et la réduction de phénomènes si nombreux et si grands à cette unique loi, comme devaient le montrer ensuite les calculs de Newton. De même pour la découverte par Lavoisier de l'oxygène et de son rôle important dans la nature ; de même pour la découverte par Goethe du mode de production des couleurs physiques[52]. Toutes ces découvertes ne consistent en rien d'autre qu'en une reconduction exacte et immédiate de l'effet à sa cause, de laquelle suit aussitôt la connaissance de l'identité de la force naturelle qui se manifeste dans toutes les causes du même genre. Et cette intelligence n'est que la manifestation, distincte seulement en degré, de la même et unique fonction de l'entendement grâce à laquelle un animal saisit intuitivement, en tant qu'objet dans l'espace, la cause qui agit sur son corps. Chacune de ces grandes découvertes est donc, elle aussi, exactement comme l'intuition et chaque manifestation de l'entendement, une vue immédiate, et en tant que telle, une œuvre de l'instant, un *aperçu* [en français dans le texte], une idée subite, et non pas le produit de longs enchaînements de conclusions *in abstracto*. Ces derniers en revanche sont utiles à la raison pour fixer la connaissance immédiate de l'entendement en la déposant dans ses concepts abstraits, ce qui nous permet de la clarifier, et nous rend capables de l'expliquer à d'autres et de l'interpréter. — Cette acuité de l'entendement dans l'appréhension des rapports causaux des objets médiatement connus trouve à s'appliquer non seulement dans la physique (qui lui doit toutes ses découvertes) mais aussi dans la vie pratique, où elle se nomme HABILETÉ <*Klugheit*>. Puisque, dans sa première application, elle est mieux nommée perspicacité <*Scharfsinn*>, pénétration <*Penetration*> et sagacité <*Sagazität*>, le mot HABILETÉ, pris dans son sens exact, désigne exclusivement l'entendement qui se tient au service de la volonté. Pourtant, les limites de ces concepts ne doivent jamais être tracées d'un trait précis, puisqu'il s'agit toujours de la même et unique fonction du même entendement, qui est active déjà en chaque animal dans l'intuition des objets dans l'espace et le temps, et qui se manifeste aussi à de très hauts niveaux de précision : tantôt, dans les phénomènes de la nature, elle part de l'effet donné pour explorer correctement, ou pour rechercher et trouver correctement la cause inconnue, et ainsi donner à la raison matière à penser les règles générales comme lois de la nature ; tantôt elle invente des machines compliquées et ingénieuses en appliquant des causes connues à la production des effets visés ; tantôt, s'appliquant à la motivation, elle démêle et déjoue de subtiles intrigues et machinations, ou alors elle fait se correspondre les motifs et les hommes qui sont sensibles à chacun d'eux, et elle les met en mouvement à volonté, comme des machines grâce aux ressorts et aux engrenages, pour les faire servir à ses propres fins. — Le manque d'entendement se nomme, au sens strict, STUPIDITÉ <*Dummheit*>, et désigne précisément UNE PARALYSIE <*Stumpfheit*> DANS L'APPLICATION DE LA LOI DE CAUSALITÉ, une inaptitude à appréhender immédiatement l'enchaînement de la cause et de l'effet, du motif et de l'action. Un homme stupide ne saisit pas la connexion des phénomènes de la nature, ni là où ils se produisent spontanément, ni là où ils sont dirigés intentionnellement, c'est-à-dire sont faits pour servir de machine : c'est pourquoi il croit volontiers aux prodiges et aux miracles. Un homme stupide ne remarque pas que des personnes différentes, apparemment indépendantes les unes des autres, agissent en fait dans une cohérence concertée ; par conséquent, il se laisse facilement mystifier et prendre aux intrigues ; il ne remarque pas les motifs cachés des conseils qu'on lui donne, des jugements qui sont exprimés, etc. C'est qu'il lui manque toujours une seule chose : l'acuité, la rapidité, la facilité dans l'application de la loi de causalité, c'est-à-dire la faculté d'entendement. — L'exemple de stupidité la plus grande que j'ai rencontré, et le plus riche d'enseignement au point de vue ici considéré, fut, dans un asile, celui d'un enfant d'environ onze ans, totalement idiot, qui possédait bien une raison, puisqu'il parlait et comprenait, mais qui, au point de vue de l'entendement, était plus proche des bêtes[53]. Car, à chaque fois que j'arrivais, il considérait le verre des lunettes que je portais autour du cou et sur lequel apparaissait en reflet la fenêtre de la chambre et la cime de l'arbre derrière elle. Cela provoquait à chaque fois chez lui une grande surprise et une grande joie, et il ne se lassait pas d'observer ce phénomène avec étonnement, car il ne comprenait pas la causalité absolument immédiate de la réflexion.

Chez les hommes, les degrés de l'acuité de l'entendement sont très variés ; ils le sont de même, et bien plus encore, entre les différentes espèces animales. Chez toutes, même celles qui sont très proches des plantes, il y a pourtant suffisamment d'entendement pour permettre le passage de l'effet dans l'objet immédiat à l'objet médiat comme sa cause, et donc à l'intuition, à l'appréhension d'un objet. Car c'est justement cette dernière qui en fait des bêtes, en leur donnant la possibilité de se mouvoir selon des motifs et par là de chercher ou du moins de saisir leur nourriture ; en revanche, les plantes ne possèdent que la faculté de se mouvoir par excitations, dont elles doivent attendre l'effet immédiat, ou dépérir, faute de pouvoir les poursuivre ou de les saisir. Nous nous étonnons de la grande sagacité qu'on trouve chez les animaux supérieurs : ainsi chez le chien, l'éléphant, le singe, chez les renards, dont Buffon[54] a si magistralement décrit l'habileté. Sur ces animaux, les plus habiles d'entre tous, nous pouvons assez bien mesurer tout ce que l'entendement peut accomplir sans l'aide de la raison, c'est-à-dire de la connaissance abstraite faite de concepts ; nous ne pouvons pas le voir aussi bien en nous observant nous-mêmes, parce que dans ce cas l'entendement et la raison s'appuient l'un sur l'autre à tour de rôle. C'est pourquoi souvent les manifestations de l'entendement chez les animaux tantôt dépassent, tantôt déçoivent notre attente. D'un côté, nous sommes étonnés par la sagacité de cet éléphant qui, après être passé sur de nombreux ponts lors de son voyage en Europe, refuse tout à coup de s'engager sur l'un d'eux, sur lequel il voit pourtant marcher comme d'ordinaire le reste du convoi des hommes et des chevaux, parce que ce pont lui semble d'une construction trop fragile pour son poids. D'un autre côté, nous nous étonnons du fait que les intelligents orangs-outangs n'entretiennent pas, en y ajoutant du bois, le feu auquel ils se chauffent : cet exemple montre que cela demande déjà une réflexion qui ne peut se former sans concepts abstraits. Que la connaissance de la cause et de l'effet en tant que forme générale de l'entendement se trouve *a priori* même chez les animaux, c'est chose parfaitement certaine par le simple fait que cette forme est, pour eux comme pour nous, la condition première de toute connaissance intuitive du monde extérieur. Si l'on en veut cependant encore une preuve particulière, qu'on considère par exemple comment un tout jeune chien n'ose pas sauter d'une table, quelque envie qu'il en ait, parce qu'il anticipe l'effet de la pesanteur de son corps, sans du reste que l'expérience lui ait déjà donné la connaissance de ce cas particulier. Dans l'estimation de l'entendement d'un animal, nous devons cependant nous garder de porter à son compte ce qui est une manifestation de l'instinct, propriété totalement distincte de l'entendement comme de la raison, mais qui souvent a des effets très analogues à ceux de l'activité conjuguée de ces deux-là. Ce n'est cependant pas ici le lieu d'élucider cette question ; elle trouvera sa place quand nous examinerons, dans le deuxième livre, l'harmonie ou la prétendue téléologie de la nature ; en outre, le chapitre 27 des *Compléments* lui est spécialement consacré.

Le défaut d'ENTENDEMENT se nomme STUPIDITÉ ; nous verrons plus tard[55] que le défaut d'application de la RAISON à la pratique est la SOTTISE, que le défaut de FACULTÉ DE JUGER est la SIMPLICITÉ D'ESPRIT <*Einfalt*>, et enfin que le défaut partiel ou total de MÉMOIRE est la FOLIE. Nous examinerons cependant chaque point au moment opportun. — La VÉRITÉ est ce qui est correctement connu par la RAISON, à savoir par jugement abstrait avec raison suffisante (cf. dissertation sur le principe de raison, § 29 sq.)[56]. La RÉALITÉ est ce qui est correctement connu par l'ENTENDEMENT, à savoir par passage correct de l'effet dans l'objet immédiat à sa cause. À la VÉRITÉ s'oppose l'ERREUR comme illusion de la raison, à la RÉALITÉ s'oppose l'APPARENCE comme illusion de l'entendement. L'explication complète de tout cela est à lire dans le premier chapitre de mon traité *Sur la vue et les couleurs*. — L'APPARENCE se produit lorsqu'un seul et même effet peut être produit par deux causes totalement différentes, dont l'une agit très souvent, et l'autre rarement. L'entendement, qui ne possède aucune donnée permettant de distinguer quelle cause agit dans ce cas, puisque les effets sont parfaitement identiques, suppose alors toujours la cause habituelle, et parce que son action n'est ni réflexive ni discursive, mais directe et immédiate, il nous donne à voir cette fausse cause comme un objet intuitif, ce qui constitue justement la fausse apparence. Dans le passage précédemment cité, j'ai montré comment c'est de cette façon que se produisent la double vue et le double toucher, quand les organes des sens sont mis dans une position inhabituelle[57]. Par là, j'ai donné une preuve irréfutable que l'intuition n'existe que par l'entendement et pour l'entendement. Il y a d'autres exemples d'une telle illusion de l'entendement ou apparence : le bâton plongé dans l'eau qui paraît brisé ; les images d'un miroir sphérique, qui, reflétées sur une surface convexe, apparaissent quelque peu en retrait de ces mêmes images et qui, reflétées sur une surface concave, apparaissent quelque peu en avant de celles-ci. À cette catégorie appartient aussi l'apparence de la taille plus grande de la lune quand elle est à l'horizon que quand elle est au zénith, apparence qui n'est pas optique, puisque, comme le montre le micromètre, l'œil appréhende la lune au zénith selon un angle visuel un peu plus grand qu'à l'horizon. Mais c'est l'entendement qui suppose, comme cause du plus faible éclat de la lune et des autres étoiles à l'horizon, un éloignement plus grand des objets ; il les estime comme les objets terrestres selon la perspective atmosphérique, et, par conséquent, il tient la lune à l'horizon pour beaucoup plus grande qu'au zénith, et aussi en même temps la voûte céleste pour plus étendue à l'horizon, et donc comme étant plate[58]. Cette même estimation selon la perspective atmosphérique, faussement appliquée, nous fait prendre les très hautes montagnes pour plus proches, et cela au détriment de leur taille, lorsqu'on voit seulement leur sommet à travers un air pur et transparent. C'est le cas pour le Mont Blanc vu depuis Sallanches[59]. — Et toutes ces apparences trompeuses se présentent devant nous dans une intuition immédiate que ne peut dissiper aucun raisonnement de la raison. Ce que peut faire un tel raisonnement, c'est simplement nous prémunir contre l'erreur, c'est-à-dire contre un jugement sans raison suffisante, grâce à un jugement vrai contraire : par exemple, reconnaître abstraitement que ce n'est pas une distance plus grande, mais l'existence de vapeurs plus troubles à l'horizon qui diminue l'éclat de la lune et des étoiles[60]. Mais dans tous les cas mentionnés, l'apparence demeure inchangée en dépit de cette connaissance abstraite. Car l'entendement est totalement distinct de la raison, puisqu'elle est une faculté supplémentaire qu'on trouve chez l'homme seul, et chez l'homme l'entendement peut même avoir en lui-même un caractère irrationnel. La raison peut seulement SAVOIR <*wissen*> ; l'intuition demeure sous la dépendance de l'entendement seul, et libre de toute influence de la raison.

§ 7

Au regard de l'ensemble de l'examen que nous avons conduit jusqu'ici, il faut encore remarquer la chose suivante. Dans cet examen, nous ne sommes partis ni du sujet ni de l'objet, mais de la REPRÉSENTATION, qui les contient et présuppose déjà, puisque la scission en sujet et objet est sa première forme, la plus générale, la plus essentielle[61]. Nous avons donc commencé par examiner cette forme en tant que telle, puis, en renvoyant cependant au traité introductif[62] pour le fond du problème, nous avons examiné les autres formes qui lui sont subordonnées, l'espace, le temps et la causalité, lesquelles ne se rapportent qu'à l'OBJET. Parce qu'elles sont essentielles à l'objet EN TANT QUE TEL, et que réciproquement l'objet est essentiel au sujet EN TANT QUE TEL, ces formes peuvent cependant être trouvées aussi en partant du sujet, c'est-à-dire connues *a priori*, et, dans cette mesure, elles doivent être considérées comme la limite commune du sujet et de l'objet. Mais on peut les ramener toutes à une expression commune, le principe de raison, comme le montre en détail le traité introductif.

Or, ce procédé distingue complètement notre mode d'examen de toutes les philosophies qui ont jamais été tentées, vu que ces dernières partaient soit de l'objet soit du sujet et, par suite, cherchaient à expliquer l'un par l'autre, et en s'appuyant sur le principe de raison, alors qu'au contraire nous lui retirons toute autorité sur la relation entre l'objet et le sujet, pour ne lui laisser que l'objet. — On pourrait considérer que la philosophie de l'Identité, apparue de nos jours et devenue universellement connue, ne rentre pas dans cette alternative, dans la mesure où elle ne fait ni de l'objet ni du sujet son véritable point de départ initial, mais d'un troisième terme, l'absolu connu par une intuition rationnelle <*Vernunft-Anschauung*>[63], lequel n'est ni objet ni sujet, mais l'unité des deux. Bien qu'un défaut radical de toute intuition rationnelle m'empêche d'avoir le front de me joindre, moi aussi, à eux pour discourir sur cette merveilleuse unité et sur l'absolu, il me faut cependant remarquer, en me fondant sur tous les protocoles des intuitionneurs rationnels <*Vernunft-Anschauer*>, qui sont aussi accessibles même à nous autres profanes, il me faut remarquer donc que ladite philosophie n'échappe pas aux deux erreurs opposées que j'ai établies plus haut. En effet, l'identité du sujet et de l'objet, en dépit du fait qu'elle n'est pas pensable mais seulement intellectuellement intuitionnable ou expérimentable par une immersion de soi en elle, ne peut être exemptée de ces deux erreurs opposées. Au contraire, elle se borne à les réunir en elle, en se scindant elle-même en deux disciplines : l'idéalisme transcendantal d'une part, qui est la doctrine fichtéenne du Moi et qui, par suite, en suivant le principe de raison, produit l'objet à partir du sujet, ou le tire de lui[64] ; la philosophie de la nature, d'autre part, qui de même fait apparaître progressivement le sujet à partir de l'objet, en appliquant une méthode appelée construction[65]. Le peu que je sais à son sujet (mais je le sais très clairement), c'est que, dans maintes de ses formes, elle constitue une démarche réglée sur le principe de raison. Je renonce à la profonde sagesse elle-même que renferme cette construction, car pour moi, à qui fait totalement défaut l'intuition rationnelle, tous ces développements qui la présupposent sont comme un livre fermé par sept sceaux. C'en est à un tel point que — chose étrange ! — en lisant ces doctrines d'une sagesse profonde, j'ai toujours l'impression de n'entendre rien d'autre que des fanfaronnades épouvantables et, par-dessus le marché, des plus ennuyeuses[66].

Les systèmes qui sont partis de l'objet ont toujours eu pour problème le monde intuitif et son ordre. Cependant, l'objet qu'ils prennent pour point de départ n'est pas toujours ce monde-ci ou son élément fondamental, la matière. Bien plus, on peut faire une division de ces systèmes en suivant les quatre classes d'objets possibles que j'ai établies dans mon traité introductif[67]. On peut ainsi dire que Thalès et les Ioniens, Démocrite, Épicure, Giordano Bruno et les matérialistes français sont partis de la première classe, ou du monde réel ; de la deuxième classe, ou du concept abstrait : Spinoza (à savoir du concept de substance, concept purement abstrait, et n'existant que sans sa définition), et avant lui les Éléates ; de la troisième classe, à savoir du temps et par suite du nombre : les pythagoriciens et la philosophie chinoise dans le *Yi-king*[68] ; enfin de la quatrième classe, à savoir de l'acte de volonté motivé par la connaissance : les scolastiques, qui enseignaient la création, à partir du néant, par l'acte de volonté d'un être personnel et extramondain.

Quand il se présente sous la forme d'un véritable matérialisme, le procédé objectif est d'une logique et d'une ampleur bien plus grandes dans son exposition. Il pose la matière, et le temps et l'espace avec elle, comme absolument existant, et passe sous silence le rapport au sujet, dans lequel seul pourtant tout cela existe. En outre, il prend la loi de causalité comme fil conducteur de sa manière de progresser, la tenant pour l'ordre des choses existant en soi, *veritas aeterna* [vérité éternelle]. Par suite, il passe sous silence l'entendement, dans lequel et pour lequel seul la causalité existe. Il essaie de trouver le premier état de la matière, le plus simple, puis de tout développer à partir de lui, en s'élevant du simple mécanisme aux lois de la chimie, à la polarité, à l'ordre végétal, à l'animalité. Et, à supposer qu'il y parvienne, le dernier membre de la chaîne serait la sensibilité animale, la connaissance, laquelle apparaîtrait alors comme une simple modification de la matière, comme un état de celle-ci produit par la causalité. Or, si nous avions suivi jusqu'ici le matérialisme avec des représentations intuitives, alors, parvenus avec lui à son sommet, nous serions pris d'un soudain accès du rire inextinguible des dieux olympiens : comme nous réveillant d'un rêve, nous comprendrions tout à coup que son résultat final, produit si péniblement, à savoir la connaissance, était déjà présupposé dans son tout premier point de départ, dans la simple matière, comme sa condition inévitable et que nous nous étions imaginé penser la matière dans ce point de départ, alors qu'en réalité nous n'avions pensé rien d'autre que le sujet représentant la matière, l'œil la voyant, la main la touchant, l'entendement la connaissant. Ainsi s'est dévoilé inopinément l'énorme *petitio principii* [pétition de principe] : soudain, le dernier chaînon s'est révélé être le point auquel était suspendu le premier chaînon, la chaîne formait un cercle, et le matérialiste était pareil au baron de Münchhausen, qui, nageant sur son cheval, tente de hisser celui-ci en le saisissant par les jambes et, dans le même temps, de se hisser lui-même en tirant vers le haut la tresse de sa perruque ramenée à l'avant[69]. C[Ainsi, l'absurdité fondamentale du matérialisme tient dans le fait qu'il part de l'OBJECTIF, qu'il prend quelque chose d'OBJECTIF comme fondement explicatif ultime, qu'il s'agisse de la MATIÈRE <*Materie*> *in abstracto*, telle qu'elle est simplement pensée, ou bien de celle qui est déjà entrée dans la forme, empiriquement donnée, à savoir le COMPOSANT MATÉRIEL <*Stoff*>, par exemple les composants matériels chimiques de base avec leurs relations élémentaires. Ce composant matériel, il le considère comme quelque chose existant en soi et absolument, dans le but d'en faire sortir la nature organique et finalement le sujet connaissant, afin de les expliquer complètement. Mais, en vérité, tout élément objectif est déjà, en tant que tel, conditionné de diverses manières par le sujet connaissant et par les formes de sa connaissance; il les présuppose, et par conséquent il s'évanouit totalement si on les révoque en pensée. Le matérialisme est donc la tentative d'expliquer ce qui nous est donné immédiatement à partir de ce qui est donné médiatement. Tout élément objectif, étendu, agissant, et donc tout élément matériel, que le matérialisme tient pour un principe explicatif si solide que le fait d'y renvoyer pourrait combler toutes nos attentes (surtout si ce principe découle en dernier ressort du choc et du contrechoc) — tout cela, dis-je, n'est qu'un donné très médiat et conditionné, qui n'existe donc que de façon relative: il est passé par la machinerie et l'atelier de fabrication du cerveau[70], et est donc entré dans ses formes, temps et espace et causalité, grâce auxquelles il se présente en tout premier lieu toujours comme étendu dans l'espace et agissant dans le temps. Or c'est à partir d'un tel donné que la matérialisme veut expliquer même le donné immédiat, la représentation (dans laquelle tout cela existe) et pour finir même la volonté, à partir de laquelle, en réalité, il faut au contraire expliquer toutes ces forces fondamentales qui se manifestent selon le fil conducteur des causes, et donc d'après des lois.]C — À l'affirmation selon laquelle la connaissance est une modification de la matière s'oppose donc, et avec une légitimité équivalente, l'affirmation contraire: que toute matière n'est qu'une modification de la connaissance du sujet en tant que représentation de ce dernier. Pourtant, le but et l'idéal de toute science de la nature <*Naturwissenschaft*> est, au fond, un matérialisme complètement développé. Or le fait que nous reconnaissons ici ce dernier comme manifestement impossible est confirmé par une autre vérité, qui résultera plus tard de notre examen, à savoir qu'aucune science au sens strict du terme, ce par quoi j'entends une connaissance systématique développée selon le fil conducteur du principe de raison, ne peut jamais atteindre un but ultime, ni fournir une explication parfaitement satisfaisante. En effet, elle ne touche jamais l'essence la plus intime du monde, elle ne va jamais au-delà de la représentation, bien plus, elle ne nous donne à connaître rien de plus, au fond, que le rapport d'une représentation aux autres.

Toute science part toujours de deux données fondamentales : la première est à chaque fois le principe de raison sous une forme ou une autre, en tant qu'organon ; la seconde est son objet particulier en tant que problème. Ainsi, par exemple, l'espace est le problème de la géométrie, et la raison de l'être dans l'espace est son organon ; le temps est le problème de l'arithmétique et la raison de l'être dans le temps est son organon ; les liaisons des concepts en tant que tels sont le problème de la logique, la raison de la connaissance <*Grund des Erkennens*> son organon ; les faits passés des hommes considérés de loin et en masse sont le problème de l'histoire, la loi de motivation son organon ; quant à la science de la nature, la matière est son problème, et la loi de causalité son *organon*[71] : par suite, son but et sa fin consistent à réduire, avec la causalité comme fil conducteur, tous les états possibles de la matière les uns aux autres, et finalement, à un seul état, et aussi, inversement, à les déduire les uns des autres, et finalement d'un seul état. En science de la nature, deux états s'opposent donc comme deux extrêmes : l'état de la matière où elle est objet immédiat du sujet au niveau le plus bas, et celui où elle l'est à son niveau le plus élevé, c'est-à-dire la matière la plus inerte et la plus brute, le matériau primaire d'un côté, et de l'autre l'organisme humain. La science de la nature étudie le premier comme chimie, et le second comme physiologie. Mais, jusqu'à maintenant, les deux extrêmes demeurent inaccessibles, on n'a fait quelques découvertes que dans l'espace intermédiaire. Aussi la perspective est-elle assez désespérante. Les chimistes, qui se fondent sur l'hypothèse que la division qualitative de la matière n'ira pas à l'infini, contrairement à la division quantitative, cherchent à réduire toujours davantage le nombre de ses composants fondamentaux, aujourd'hui au nombre de 60 environ, et s'ils étaient parvenus jusqu'à deux, ils auraient voulu les réduire à un seul. Car la loi de l'homogénéité conduit à présupposer un premier état chimique de la matière, le seul à s'appliquer à la matière en tant que telle et dont tous les autres proviennent, puisqu'ils ne sont pas essentiels à la matière, mais constituent seulement des formes accidentelles, des qualités. D'un autre côté, il est impossible de saisir comment cet état a jamais pu subir un changement chimique, puisqu'il n'y en avait pas de second pour agir sur lui ; c'est pourquoi survient ici, en chimie, le même embarras qu'avait rencontré Épicure en mécanique, lorsqu'il eut indiqué comment le premier atome commença à dévier de sa trajectoire originelle[72] : cette contradiction, qui se développe complètement de soi-même, impossible à éviter ni à résoudre, a pu très justement être exposée comme une ANTINOMIE chimique. Se trouvant ici à l'une des deux extrémités recherchées en science de la nature, son pendant symétrique se montrera aussi à nous à l'autre extrémité. — Il y a tout aussi peu d'espoir d'atteindre cette autre extrémité de la science de la nature, puisque l'on voit toujours mieux que le chimique ne peut être réduit au mécanique, ni l'organique au chimique ou à l'électrique. Qui, de nos jours, décide de s'engager de nouveau sur cette fausse route, se verra contraint de rebrousser chemin dans le silence et la honte, comme tous ses prédécesseurs. J'en parlerai plus en détail dans le livre suivant[73]. Les difficultés que je n'ai fait que mentionner ici en passant, entravent la science de la nature sur son domaine propre. Prise comme philosophie, cette science serait en outre matérialisme; mais celui-ci, comme on l'a vu, porte sa propre mort en son sein, dès sa naissance, parce qu'il saute par dessus le sujet et les formes de sa connaissance qui cependant sont présupposées dans la matière la plus brute, par laquelle il prétend commencer, tout autant que dans l'organisme auquel il veut aboutir. Car le principe «pas d'objet sans sujet» rend à jamais impossible tout matérialisme. Un soleil et des planètes sans un œil pour les voir, ni un entendement pour les connaître, peuvent certes s'énoncer par des mots, mais ces mots sont, pour la représentation, une contradiction dans les termes, un sidéroxylon[74]. Or, d'un autre côté, la loi de causalité, ainsi que l'examen et la recherche sur la nature qui s'y règlent, nous conduisent nécessairement à admettre, sans doute possible, que, dans le temps, tout état de la matière hautement organisé a été précédé par un état plus sommaire, à savoir que les animaux ont existé avant les hommes, les poissons avant les animaux terrestres, les plantes avant eux, et l'inorganique avant tout organisme; que par conséquent la masse originelle a eu à traverser une longue série de changements avant que le premier œil puisse s'ouvrir. Et pourtant, de ce premier œil qui s'est ouvert, fût-il celui d'un insecte, l'existence de ce monde tout entier, son existence pour lui-même et en lui-même, reste toujours dépendante, comme d'un moyen nécessaire à sa connaissance, et sans lequel on ne peut pas même le penser: car il est de part en part représentation et il a besoin, en tant que tel, du sujet connaissant comme support de son existence. Même cette longue série temporelle, emplie de changements innombrables, par laquelle la matière s'est élevée de forme en forme, jusqu'à ce qu'enfin apparaisse le premier animal connaissant, tout ce monde lui-même n'est pensable que dans l'identité d'une conscience ; il est fait de la succession de ses représentations, de la forme de sa connaissance ; en dehors de cette conscience, il perd toute signification et n'est plus rien. Ainsi, nous voyons que, d'une part, l'existence du monde entier dépend nécessairement du premier être connaissant, si imparfait puisse-t-il être ; d'autre part que, tout aussi nécessairement, ce premier animal connaissant dépend totalement d'une longue chaîne d'effets et de causes qui le précèdent, chaîne dans laquelle il entre lui-même comme un modeste maillon. Ces deux conceptions contradictoires, auxquelles nous avons en réalité été conduits avec une même nécessité pour chacune d'elles, on pourrait sans aucun doute les nommer « ANTINOMIE dans notre faculté de connaissance » et en faire le pendant de celle que nous avons trouvé à la première extrémité de la science de la nature. Au contraire, dans la critique de la philosophie kantienne, annexée au présent écrit, on a montré[75] que sa quadruple antinomie n'était qu'un miroir aux alouettes dénué de fondement. — La contradiction à laquelle nous avons fini ici par aboutir nécessairement trouve cependant sa solution : pour parler le langage de Kant, le temps, l'espace et la causalité ne se rapportent pas à la chose en soi, mais seulement à son phénomène, dont ils constituent la forme. Dans mon langage, cela veut dire que le monde objectif, le monde comme représentation n'est pas le seul côté, mais seulement l'un des côtés du monde, son côté externe en quelque sorte. Il possède encore un autre côté, complètement différent, qui est son essence la plus intime, son noyau, à savoir la chose en soi. C'est ce côté que nous allons examiner dans le livre suivant, en lui donnant le nom de son objectivation[76] la plus immédiate : la volonté. Mais le monde comme représentation, le seul que nous examinons ici, ne commence assurément qu'avec l'ouverture du premier œil. Sans ce moyen de connaissance, le monde ne peut être, et donc il n'existait pas non plus avant lui. Sans cet œil, c'est-à-dire hors de la connaissance, il n'y avait non plus pas d'avant, pas de temps. Cependant, le temps n'a pas de commencement, mais tout commencement est en lui : en effet, le temps étant la forme la plus générale de la cognoscibilité, à laquelle se conforment tous les phénomènes au moyen du lien de causalité, il apparaît aussi, avec toute son infinité bidimensionnelle, dès le premier acte de connaissance, et le phénomène, qui remplit ce premier présent, doit d'emblée être connu comme étant relié causalement, et dépendant d'une série de phénomènes, qui s'étendent dans le passé à l'infini, lequel passé est cependant à son tour conditionné par ce premier présent, comme à l'inverse il le conditionne. Ainsi, tout comme le premier présent, de même le passé dont il provient est dépendant du sujet et n'est rien sans lui. Cependant, la nécessité fait que ce premier présent ne se présente pas comme premier, c'est-à-dire comme n'ayant aucun passé comme origine, comme étant un commencement du temps : il se présente comme une conséquence du passé selon la raison de l'être dans le temps. De même pour le phénomène qui le remplit, et qui se présente comme l'effet, selon la loi de causalité, de l'état précédent qui remplit le passé. — B[Pour caractériser le moment ici exprimé de l'apparition d'un temps pourtant dépourvu de commencement, l'amateur d'interprétations mythologiques peut songer à la naissance de Chronos (χρόνος), le plus jeune des Titans, qui émascule son père et met ainsi un terme à la grossière descendance du Ciel et de la Terre, la race des dieux et des hommes prenant désormais sa place[77].]B

Cette présentation à laquelle nous sommes arrivés en suivant le système qui se développe de la façon la plus logique à partir de l'objet, à savoir le matérialisme, sert en même temps à rendre évidente la dépendance réciproque et indissoluble du sujet et de l'objet, en même temps que leur opposition insurmontable. Cette connaissance nous conduit à chercher l'essence la plus intime du monde, la chose en soi, non plus dans l'un de ces deux éléments de la représentation, mais bien plutôt dans quelque chose de complètement différent de la représentation, qui n'est pas marqué d'une opposition si fondamentale, essentielle et, partant, insoluble.

À la démarche que nous avons explicitée, et qui consiste à partir de l'objet pour en faire sortir le sujet, s'oppose celle qui veut faire sortir l'objet du sujet. La première démarche est très courante et répandue dans toutes les philosophies qui ont eu cours jusqu'ici ; en revanche, on ne trouve qu'un seul véritable exemple de la seconde, et encore est-il très récent : c'est la pseudo-philosophie de J. G. Fichte[78]. À cet égard, il doit donc être distingué, malgré le manque total de valeur propre et de teneur de sa doctrine. À vrai dire, elle n'était dans son intégralité qu'un miroir aux alouettes ; pourtant, en étant exposée avec des airs du plus profond sérieux, un ton soutenu, une vive fougue et défendue contre de faibles ennemis avec une éloquence polémique, cette doctrine a pu jeter quelques feux et donner l'apparence d'être quelque chose. Cependant, comme tous ceux qui s'accommodent des circonstances, ce philosophe a totalement manqué du véritable sérieux, celui qui, inaccessible aux influences extérieures, garde imperturbablement l'œil rivé sur son but : la vérité. Mais il ne pouvait en être autrement pour lui. En effet, le philosophe se reconnaît toujours à une perplexité dont il cherche à se défaire et qui est le θαυμάζειν [étonnement] de Platon, qu'il nomme un μάλα φιλοσοφικὸν πάθος [un affect très philosophique[79]]. Mais, dans le cas présent, ce qui distingue les faux philosophes des vrais, c'est que la perplexité des seconds naît du regard qu'ils portent sur le monde, tandis que, chez les premiers, elle naît seulement d'un livre, d'un système déjà disponible. Ce fut aussi le cas de Fichte, puisqu'il n'est devenu philosophe qu'en vertu de la chose en soi de Kant, ce sans quoi, très vraisemblablement, il aurait exercé une activité tout à fait différente, avec un succès bien meilleur, vu qu'il possédait un grand talent rhétorique. Pourtant, s'il avait seulement pénétré le sens profond de l'ouvrage qui a fait de lui un philosophe, la *Critique de la raison pure*, il aurait compris que la quintessence de son enseignement, selon l'esprit, est ceci : le principe de raison n'est pas, comme le veut toute la philosophie scolastique, une *veritas aeterna*, c'est-à-dire qu'il n'a pas une validité inconditionnelle, extérieure et supérieure à tout monde ; comme il n'a qu'une validité relative et conditionnelle, valable seulement pour les phénomènes, il peut apparaître comme le lien nécessaire de l'espace ou du temps, comme loi de causalité ou loi de la raison de la connaissance. Par conséquent, l'essence intime du monde, la chose en soi, ne peut jamais être trouvée en prenant le principe de raison comme fil conducteur, puisque tout ce à quoi il conduit est toujours à son tour dépendant et relatif (ce n'est jamais qu'un phénomène, et non la chose en soi). En outre, ce principe ne s'applique pas du tout au sujet, mais il n'est qu'une forme des objets, lesquels, pour cette raison même, ne sont pas des choses en soi. Enfin, avec l'objet, le sujet existe déjà immédiatement (et réciproquement l'objet avec le sujet) ; aussi, le sujet ne peut venir se joindre à l'objet comme une conséquence à sa raison, ni l'objet au sujet. Mais Fichte ne s'est pas le moins du monde arrêté à tout cela : seul l'intéressait dans cette affaire le FAIT DE PARTIR DU SUJET, démarche que Kant avait choisie afin de montrer qu'on s'était trompé jusque-là en partant de l'objet, et en en faisant par là la chose en soi. Mais Fichte prit ce fait de partir du sujet pour le problème central et, à la façon de tous les imitateurs, il pensa que s'il enchérissait encore sur Kant, il parviendrait à le surpasser. Pour y parvenir, il reproduisit, en sens inverse, l'erreur que le dogmatisme antérieur avait commise et qui, pour cette raison, avait donné lieu à la critique de Kant. De la sorte, rien n'avait changé sur le fond et demeurait la vieille erreur fondamentale, l'hypothèse d'un rapport de raison à conséquence entre l'objet et le sujet ; ainsi, le principe de raison conservait tout comme avant une validité inconditionnelle, et la chose en soi, comme naguère dans l'objet, était désormais placée dans le sujet ; restait inconnue, comme précédemment, la totale relativité de ces deux termes qui indique qu'il ne faut pas chercher la chose en soi ou l'essence intime du monde en eux, mais en dehors de l'un comme l'autre de ces deux termes qui n'existent que l'un par rapport à l'autre. Chez Fichte, comme si Kant n'avait pas même existé, le principe de raison est encore exactement ce qu'il était chez tous les scolastiques : une *veritas aeterna*. En effet, tout comme le destin éternel régnait sur les dieux antiques, de même sur le dieu de la scolastique régnaient encore ces *aeternae veritates*, c'est-à-dire les vérités métaphysique, mathématique, et métalogique, et chez certains aussi la validité de la loi morale. Ces *veritates* seules ne dépendaient de rien; mais leur nécessité conditionnait à la fois Dieu et le monde. Chez Fichte, c'est conformément au principe de raison, conçu comme une telle *veritas aeterna,* que le Moi est fondement du monde, du non-Moi, ou objet, qui est justement sa conséquence, son produit[80]. Fichte s'est donc bien gardé d'aller plus loin dans la preuve ou le contrôle du principe de raison. Mais si je devais indiquer la forme de ce principe dont Fichte fait un fil conducteur pour tirer le non-Moi du Moi, comme l'araignée sa toile, je dirais qu'il s'agit du principe de raison de l'être dans l'espace : car c'est seulement en se référant à lui qu'on peut donner une espèce de sens et de signification à ces déductions tortueuses qui montrent comment le Moi produit et fabrique le non-Moi à partir de sa propre substance, lesquelles déductions constituent le contenu du livre le plus absurde et, par là même, le plus ennuyeux qui ait jamais été écrit. — Cette philosophie fichtéenne, qui, sinon, ne mérite même pas qu'on la mentionne, n'est donc intéressante pour nous que comme la véritable antithèse, tardivement apparue, du matérialisme antique qui partait de l'objet, alors qu'elle part du sujet. De même que le matérialisme ne voyait pas que, avec le plus simple objet, il avait déjà d'emblée posé le sujet, de même Fichte n'a pas vu qu'avec le sujet (de quelque nom qu'il l'appelât), il n'avait pas seulement déjà posé l'objet, vu qu'aucun sujet n'est pensable sans lui : il n'a pas vu non plus que toute déduction *a priori*, et même toute démonstration en général s'appuie sur une nécessité, et toute nécessité ne s'appuie que sur le principe de raison, parce que être nécessaire et découler d'une raison donnée sont des concepts interchangeables*[81]. Fichte n'a pas vu non plus que le principe de raison n'est rien d'autre que la forme la plus générale de l'objet en tant que tel, que par suite il suppose déjà l'objet, mais que, n'ayant pas de valeur avant et en dehors de lui, il ne peut donc pas l'engendrer et le produire conformément à sa légalité. En somme, partir du sujet ou partir de l'objet (voir plus haut), c'est donc faire la même erreur : présupposer ce qui doit d'abord être déduit, à savoir le corrélat nécessaire de son point de départ.

Notre démarche se distingue *toto genere* de ces deux méprises opposées, puisque nous ne partons ni de l'objet ni du sujet, mais de la REPRÉSENTATION comme premier fait de la conscience, dont la forme première et essentielle est la scission en objet et sujet. À son tour, la forme de l'objet est le principe de raison sous ses quatre figures, dont chacune gouverne sa propre classe de représentations, en sorte que, comme on l'a montré, la connaissance de cette figure donne celle de toute la classe, dans la mesure où cette dernière (en tant que représentation) n'est justement rien d'autre que cette figure elle-même. Ainsi, le temps n'est lui-même rien d'autre que la raison de l'être dans le temps, c'est-à-dire la succession ; l'espace rien d'autre que le principe de raison dans l'espace, c'est-à-dire la position ; la matière rien d'autre que la causalité ; le concept (comme il sera montré bientôt) rien d'autre que le rapport à la raison de la connaissance. Cette relativité totale du monde comme représentation, qu'on le considère

* Sur ce point, voir *De la quadruple racine du principe de raison*, 2e éd., § 49.

d'après sa forme la plus générale (sujet et objet), ou d'après celle qui lui est subordonnée (le principe de raison), nous indique, comme on l'a dit, que l'essence la plus intime du monde doit être recherchée dans l'une de ses faces qui est TOTALEMENT DIFFÉRENTE DE LA REPRÉSENTATION. Le livre suivant montrera qu'on peut la trouver dans un fait qui est immédiatement certain pour tout être vivant.

Cependant, nous devons encore auparavant examiner cette classe de représentations qui n'appartient qu'aux hommes, classe dont les CONCEPTS sont la matière, et la RAISON le corrélat subjectif, tout comme celui des représentations examinées jusqu'ici était l'entendement et la sensibilité, facultés qui doivent être attribuées aussi à tout animal*.

§ 8

De même que l'on part de la lumière directe du soleil pour nous tourner ensuite vers son reflet sur la lune, de même nous partons de la représentation intuitive, immédiate, évidente et garante d'elle-même pour remonter ensuite jusqu'à la réflexion, jusqu'aux concepts de la raison, abstraits, discursifs, dont la teneur tout entière ne provient que de cette connaissance intuitive et s'y rapporte[82]. Tant que notre comportement se fonde sur la seule intuition, tout est clair, ferme et certain. Là, ne surgit ni question, ni doute, ni erreur : on ne veut pas aller plus loin, on ne peut pas aller plus loin. L'intuition nous procure la

* À ces sept premiers paragraphes correspondent les quatre premiers chapitres du premier livre des *Compléments*.

quiétude ; le présent nous comble. L'intuition se suffit à elle-même, par conséquent, ce qui surgit d'elle seulement et lui reste conforme ne peut, au même titre qu'une œuvre d'art authentique, jamais être ni faux ni réfuté par le temps : elle n'est le lieu d'aucune opinion, elle est le lieu de la chose elle-même. En revanche, concomitants à la connaissance abstraite et à la raison, le doute et l'erreur ont fait leur apparition dans la théorie et le souci et le remords, dans la pratique. Si, dans la représentation intuitive, l'APPARENCE peut par moments déformer la réalité, dans la représentation abstraite l'ERREUR peut régner des siècles durant, exercer son joug d'acier sur des peuples entiers, étouffer les plus nobles mouvements de l'humanité et, ceux qu'elle n'a pas réussi à tromper, elle arrive même à les faire enchaîner par ses esclaves et ses dupes. Elle est l'ennemi contre lequel les plus vastes esprits de tous les temps ont soutenu un combat inégal, mais les victoires qu'ils ont pu gagner sur elle constituent désormais à elles seules le patrimoine de l'humanité. Aussi est-il bon d'attirer immédiatement l'attention sur elle, et de fouler le sol sur lequel s'étend son domaine. Bien que l'on ait souvent dit qu'il fallait rechercher la vérité là où l'on ne lui voit aucune utilité, parce que celle-ci peut être indirecte et surgir là où on ne l'attend pas, il me semble qu'il faut ajouter ici que l'on doit tout autant aspirer à débusquer et à éradiquer l'erreur là où on ne voit aucun de ses dommages, parce que celle-ci peut aussi être très indirecte et surgir là où on ne l'attend pas : toute erreur porte en son sein un poison. C'est l'esprit, c'est la connaissance qui rend l'homme maître de la terre, aussi n'est-il pas d'erreur inoffensive et encore moins d'erreur sacrée ou honorable. Et, en guise de consolation pour ceux qui, d'une manière ou d'une autre et en toute circonstance, consacrent leur vie et leur force à ce noble et âpre combat contre l'erreur, je ne puis m'empêcher d'ajouter ici que, assurément, tant que la vérité n'est pas là, l'erreur mène son jeu, à l'instar des hiboux et des chauves-souris dans la nuit, mais que, une fois la vérité reconnue et exprimée de manière intelligible et entière, il faut bien plus s'attendre à ce que hiboux et chauves-souris fassent battre le soleil en retraite jusqu'à l'Orient, qu'à ce que la vérité soit de nouveau refoulée au point que l'ancienne erreur reprenne sans encombre sa vaste place. Telle est la force de la vérité, sa victoire est difficile et laborieuse mais, pour autant, une fois gagnée, il devient impossible de la lui arracher.

Outre les représentations que l'on a considérées jusqu'ici et qui, du point de vue de leur composition, pouvaient encore être rapportées au temps, à l'espace et à la matière si on les reliait à l'objet, ou à la pure sensibilité et à l'entendement (c'est-à-dire à la connaissance de la causalité) si on les reliait au sujet, l'homme est le seul de tous les habitants de la terre en qui a émergé, en plus de ces représentations donc, une faculté de connaissance supplémentaire, une conscience toute nouvelle, et que l'on a nommée avec une grande exactitude et une justesse instinctive la RÉFLEXION <*Reflexion*>. Car, s'il est vrai qu'elle n'est qu'un reflet, qu'une dérivation de cette connaissance intuitive, elle n'en a pas moins revêtu une nature et une qualité fondamentalement différente de la connaissance intuitive et dont elle ne connaît pas les formes. Quant au principe de raison, qui régit tout objet, il prend lui aussi ici une tout autre figure. Cette nouvelle conscience, plus puissante, ce réfléchissement abstrait de toute chose de l'intuition dans un concept de la raison non intuitif, cette nouvelle conscience, donc, à elle seule confère à l'homme cette capacité de réflexion <*Besonnenheit*>

qui distingue sa conscience de celle des animaux, et fait que sa vie est tellement différente de celle de ses frères privés de raison. Aussi l'homme les surpasse-t-il de loin autant en pouvoir qu'en souffrance. Les animaux vivent exclusivement dans le présent alors que lui vit, au même moment, à la fois dans le futur et le passé. Ils satisfont leur besoin du moment tandis que lui, prenant de très artificielles dispositions, se soucie de son futur et même d'époques qu'il ne pourra pas vivre. Ils restent entièrement à la merci de l'impression de l'instant, de l'effet du motif intuitif, quand lui s'affranchit du présent par le biais de concepts abstraits déterminés. En conséquence de quoi, il réalise des plans réfléchis ou encore agit selon des maximes sans prendre en considération ni son entourage ni les impressions aléatoires du moment. Ainsi peut-il, par exemple, prendre en toute quiétude des dispositions artificielles pour sa propre mort, ainsi peut-il aussi se déguiser jusqu'à devenir insondable et emporter son secret dans sa tombe, enfin il a réellement le choix entre plusieurs motifs : car il n'y a qu'*in abstracto* seulement que ceux-ci, coexistant dans sa conscience, peuvent induire la connaissance que tel motif exclut tel autre, et mesurer ainsi comparativement quelle est leur puissance sur la volonté, d'après quoi, ensuite, le plus fort, parce qu'il fait pencher la balance, devient décision réfléchie et, en tant qu'indice assuré, fait connaître quelle en est la qualité. L'animal, en revanche, est déterminé par l'impression présente : seule la crainte de la contrainte présente peut dompter ses désirs, jusqu'à ce que cette crainte devienne enfin habitude et que, désormais, en tant que telle, elle soit devenue une détermination : le dressage consiste en cela. L'animal ressent et regarde, l'homme, en outre, PENSE et CONNAÎT : tous deux VEULENT. L'animal communique ses sensations et son humeur par des gestes et des sons, l'homme communique à l'autre ses pensées par le langage ou dissimule ses pensées par le langage. Le langage est le produit premier ainsi que l'outil nécessaire de sa raison : aussi en grec et en italien, langage et raison sont-ils désignés par un seul et même mot ὁ λόγος et *il discorso*. *Vernunft* (raison) provient de *Vernehmen* (percevoir), qui n'est pas synonyme de *Hören* (entendre) mais désigne l'assimilation des pensées communiquées par le biais du langage. La raison a réalisé ses plus grandes œuvres à l'aide du seul langage, à savoir la concordance des actions de plusieurs individus, la coopération planifiée entre plusieurs milliers d'individus, la civilisation, l'État, mais aussi la science, la conservation de l'expérience antérieure, la synthèse de ce qui est commun en un concept, la transmission de la vérité, la propagation de l'erreur, la pensée, la poésie, les dogmes et les superstitions. L'animal n'apprend à connaître sa mort qu'à sa mort, l'homme, à chaque heure, se rapproche en toute conscience de sa mort, ce qui, parfois, fait douter de la vie même celui qui n'a pas identifié, dans la vie elle-même, cette propension au perpétuel anéantissement. C'est principalement pour cela que l'homme possède les philosophies et les religions : toutefois, quant à savoir si ce que nous estimons à juste titre par-dessus tout dans sa manière d'agir, à savoir sa volonté délibérée de faire le juste, sa noblesse d'âme et d'esprit, ont jamais été le fruit de l'une ou de l'autre, cela reste incertain. Il est, en revanche, bien plus certain que les opinions les plus fantasques et les plus hasardeuses qu'ont engendrées les philosophes des différentes écoles ainsi que les us les plus insolites, parfois aussi cruels, que pratiquent les prêtres des différentes religions, sont des résultats qui leur appartiennent en propre à elles deux et qu'ils sont, donc, des productions de la raison.

Que toutes ces manifestations, si diverses et si vastes soient-elles, procèdent d'un principe commun, à savoir de cette faculté particulière de l'esprit que l'homme possède en avance sur l'animal et que l'on a nommée RAISON, ὁ λόγος, τὸ λογιστικόν, τὸ λόγιμον, *ratio*, c'est là l'opinion unanime de tous les temps et de tous les peuples. Tous les hommes savent aussi fort bien reconnaître les manifestations de ce pouvoir et dire ce qui est raisonnable, ce qui ne l'est pas, là où la raison s'oppose aux autres facultés et propriétés de l'homme et, enfin, ce que, en raison de l'absence de celle-ci, l'on ne peut attendre même des animaux les plus rusés. Les philosophes de tous les temps s'expriment en tout point conformément à cette connaissance générale de la raison et mettent, en outre, l'accent sur certaines de ses manifestations particulièrement signifiantes, comme la maîtrise des affects et des passions, la faculté d'effectuer des raisonnements et de postuler des principes universels, y compris ceux qui sont certains même avant toute expérience, etc. Cependant, toutes leurs explications de l'essence propre de la raison restent vacillantes, imprécises, vastes, dépourvues d'unité et de centre, insistant tantôt sur telle manifestation, tantôt sur telle autre, si bien qu'elles divergent souvent. À cela s'ajoute que nombre d'entre eux partent de l'opposition entre la raison et la révélation, laquelle, absolument étrangère à la philosophie, ne sert qu'à accroître la confusion. Il est particulièrement frappant que jusqu'ici aucun philosophe n'ait jamais rigoureusement ramené toutes ces diverses manifestations de la raison à une fonction élémentaire, qui serait reconnaissable en toutes celles-ci, à partir de laquelle elles pourraient toutes être expliquées et qui, par suite, établirait quelle est l'essence intime propre de la raison. Il est vrai que l'excellent Locke dans son *Essay on human understanding*, livre II, chap. 11, § 10 et 11[83], indique très justement que l'existence des concepts abstraits et généraux constitue le trait distinctif entre l'animal et l'homme et que Leibniz reprend ceci en l'approuvant totalement dans ses *Nouveaux Essais sur l'entendement humain*, livre II, chap. 11, § 10 et 11[84]. Seulement, lorsque Locke en vient à donner l'explication véritable de la raison, dans le livre IV, chap. 17, § 2 et 3[85], il perd entièrement de vue ce trait essentiel et simple de la raison et justement sombre dans une énumération vacillante, indéfinie et incomplète des manifestations dérivées et morcelées de la raison. Leibniz, au passage correspondant de son ouvrage, se comporte de la même manière si ce n'est qu'il introduit encore plus de confusion et d'obscurité. Quant à savoir avec quelle ampleur Kant a embrouillé et faussé le concept d'essence de la raison, c'est ce dont j'ai largement parlé dans mon *Appendice*[86]. Mais quiconque se donne la peine de parcourir dans cette perspective la masse des écrits philosophiques parus depuis Kant, reconnaîtra que, de même que des peuples entiers se trouvent contraints d'expier les fautes de leurs princes, de même les erreurs des grands esprits propagent leur influence néfaste sur des générations entières et même sur des siècles, elles croissent, en effet, prolifèrent et dégénèrent finalement en monstruosités. De tout cela il faut déduire que, comme le dit Berkeley: «*Few men think, yet all will have opinions**[87].»

De même que l'entendement n'a qu'UNE SEULE fonction: la connaissance immédiate de la relation entre la cause et l'effet et l'intuition du monde

* Peu d'hommes pensent, mais tous veulent avoir des opinions.

effectif, au même titre que toute habileté <*Klugheit*>, toute sagacité et toute inventivité, qui, si diversifiée soit leur application, ne sont, cependant, et c'est absolument flagrant, rien d'autre que des manifestations de cette fonction élémentaire, de même la raison n'a, elle aussi, qu'UNE SEULE fonction : la formation du concept, et c'est à partir de cette seule fonction que s'expliquent très facilement et comme allant absolument de soi tous les phénomènes que nous avons mentionnés plus haut qui distinguent la vie de l'homme de celle de l'animal, j'ajoute que de son application ou de sa non-application dépend au fond tout ce que l'on a partout et de tout temps dénommé raisonnable et irraisonnable*.

§ 9

Les concepts forment une classe à part entière qui se trouve être *toto genere* différente des représentations intuitives que nous avons considérées jusqu'ici et qui n'existe que dans l'esprit humain. Aussi nous sera-t-il à jamais impossible d'avoir de leur essence une connaissance véritablement évidente ni intuitive mais seulement abstraite et discursive. Aussi ne rimerait-il à rien d'exiger qu'ils fussent démontrés dans l'expérience, dans la mesure où l'on entend par expérience le monde extérieur réel qui, lui précisément, relève d'une représentation intuitive, ou qu'ils dussent être placés, comme des objets intuitifs, sous nos yeux ou devant notre imagination <*Phantasie*>.

* Ce paragraphe doit être comparé avec les § 26 et 27 de la seconde édition de ma dissertation sur le principe de raison.

Ils ne peuvent être appréhendés que par la pensée et non par l'intuition; seules les actions, que l'homme produit à travers eux, sont objets de l'expérience à proprement parler. Ce sont le langage, une manière d'agir réfléchie et planifiée et la science ainsi que ce qui découle de tout ceci. Manifestement, le discours, en tant qu'objet de l'expérience extérieure, n'est rien d'autre qu'un télégraphe très perfectionné, qui transmet des signes arbitraires à une très grande vitesse et avec de très fines nuances. Mais que signifient ces signes? Comment a lieu leur interprétation? Est-ce que, par exemple, nous traduisons simultanément les paroles qu'un autre prononce en images engendrées par l'imagination, lesquelles nous traverseraient en un éclair, progresseraient, s'enchaîneraient, se transformeraient et produiraient une description conforme à cet afflux de paroles et à leurs flexions grammaticales? Mais alors quel tumulte se déclencherait dans notre tête à l'écoute d'un discours ou à la lecture d'un livre! Les choses ne se passent nullement ainsi. Le sens d'un discours est immédiatement entendu, exactement et justement compris, en règle générale sans que ne s'y mêle aucune image issue de l'imagination <*Phantasma*>. Ici, la raison s'adresse à la raison: elle se maintient dans son domaine, ce qu'elle transmet et reçoit, ce sont des concepts abstraits, c'est-à-dire des représentations qui ne sont pas produites par l'intuition et qui, formées une fois pour toutes, et bien qu'en nombre relativement restreint, englobent, comprennent et représentent tous les innombrables objets du monde effectif. À partir de là seulement, il devient possible d'expliquer pourquoi jamais un animal ne pourra parler ou comprendre, quand bien même il possède en commun avec nous les outils du langage ainsi que les représentations intuitives: mais c'est précisément parce que les mots désignent cette classe très spécifique de représentations dont le corrélat subjectif est la raison, qu'ils deviennent dénués de sens et de signification pour l'animal. Ainsi le langage, au même titre que tout autre phénomène que nous avons assigné à la raison et que toute chose qui distingue l'homme de l'animal, ne doit être expliqué que par cet élément unique et élémentaire en tant qu'il en constitue sa source, à savoir par les concepts qui sont des représentations abstraites, générales, non produites par l'intuition, et qu'il ne faut pas assimiler à celles, individuelles, existant dans le temps et dans l'espace. Il arrive, mais dans certains cas isolés seulement, que nous passions des concepts à l'intuition, que nous formions des images qui valent comme REPRÉSENTANTS DES CONCEPTS, sans jamais cependant qu'elles y soient adéquates. Ces cas ont été explicités à part dans la dissertation sur le principe de raison, § 28[88], je n'y reviendrai pas afin de ne pas me répéter ici. Il convient de comparer ce qui vient d'être dit ici avec ce que dit Hume dans le douzième de ses *Philosophical essays*, p. 244[89], et ce que dit Herder dans sa *Metakritik* (un très mauvais livre, au demeurant), partie I, p. 274[90]. L'Idée platonicienne, qui est rendue possible par l'union de l'imagination et de la raison, constituera le sujet du livre III du présent écrit.

Bien que les concepts soient, donc, fondamentalement différents des représentations intuitives, ils entretiennent cependant une relation de nécessité avec ces dernières, sans lesquelles ils ne seraient rien, de sorte que cette relation constitue leur essence et leur existence tout entières. La réflexion est nécessairement reproduction, répétition du monde original <*urbildlich*>, intuitif, encore que cette reproduction soit d'un genre tout à fait particulier et d'une matière parfaitement hétérogène. C'est pourquoi il convient de nommer les concepts très exactement des représentations de représentations[91]. Le principe de raison revêt ici également une forme propre, et comme la forme, sous laquelle il règne dans une classe de représentations, constitue toujours à proprement parler aussi l'essence tout entière de cette classe et l'épuise, puisqu'elles sont des représentations, il en résulte que, comme nous l'avons dit, le temps est de part en part succession et rien d'autre, l'espace est de part en part situation et rien d'autre, la matière est de part en part causalité et rien d'autre. Ainsi toute l'essence des concepts ou de la classe des représentations abstraites consiste seulement dans la relation qui, en elles, exprime le principe de raison : et comme celle-ci est la relation à la raison de la connaissance, l'essence de la représentation abstraite réside tout entière seulement et uniquement dans sa relation à une autre représentation qui est sa raison de la connaissance. Or, cette autre représentation peut, il est vrai, à son tour être dans un premier temps un concept ou une représentation abstraite, et celui-ci pourra même, lui aussi, n'avoir qu'une raison de la connaissance abstraite du même ordre, mais cette chaîne ne peut se poursuivre ainsi à l'infini : en dernier lieu, la série des raisons de la connaissance doit se clore par un concept qui a son fondement dans la connaissance intuitive. Car le monde de la réflexion tout entier repose sur l'intuition qui est le fondement de son connaître. Par conséquent, la classe des représentations abstraites se distingue des autres en ce que le principe de raison en ces dernières n'exige jamais qu'une relation à une autre représentation de la MÊME classe, tandis que, pour les représentations abstraites, il suppose en toute fin une relation à une représentation d'une AUTRE classe.

On a préféré nommer *abstracta* les concepts qui, comme il vient d'être indiqué, se rapportent à la connaissance intuitive non pas immédiatement mais par l'intermédiaire d'un, voire plusieurs autres concepts, et, en contrepartie, *concreta* ceux dont le fondement se situe directement dans le monde de l'intuition. Cette dernière dénomination cependant est tout à fait impropre aux concepts qu'elle désigne puisque, en effet, ceux-ci ne sont jamais que des *abstracta* et en aucun cas des représentations intuitives. Mais, ces deux termes n'ayant été élaborés qu'à partir d'une conscience très imprécise de la distinction exprimée à travers eux, ils peuvent toutefois garder la signification donnée ici. À titre d'exemple de la première catégorie, donc des *abstracta* au sens premier du terme, on peut citer des concepts tels que « le rapport, la vertu, la recherche, le commencement », etc. Comme exemples de la dernière catégorie ou de ce que l'on nomme de manière impropre les *concreta*, il y a les concepts tels que « l'homme, la pierre, le cheval », etc. Si ce n'était une métaphore un peu trop imagée, tombant de ce fait dans la facétie, on pourrait très justement dire des dernières catégories qu'elles sont le rez-de-chaussée de l'édifice de la réflexion, et les premières, les étages supérieurs*.

Qu'un concept comprenne beaucoup de choses en lui, c'est-à-dire que de nombreuses représentations intuitives ou même abstraites à nouveau entretiennent avec lui un rapport qui l'institue en raison de la connaissance, c'est-à-dire qu'elles sont pensées à travers lui, n'est pas, comme on le prétend le plus souvent, une propriété essentielle de celui-ci mais

* Voir sur ce sujet les chap. 5 et 6 du tome II.

seulement une propriété dérivée, secondaire, qui, de surcroît, bien que de l'ordre de la possibilité, n'existe pas nécessairement, en réalité. Cette propriété découle du fait que le concept est représentation d'une représentation, c'est-à-dire que son essence tout entière réside seulement dans sa relation à une autre représentation ; mais comme il n'est pas lui-même cette autre représentation, et comme celle-ci le plus souvent appartient même à une tout autre classe de représentations, c'est-à-dire qu'elle peut être une représentation intuitive, alors elle peut posséder entre autres des déterminations spatiales, temporelles ainsi que, de manière générale, bien d'autres relations encore qui ne sont absolument pas comprises et pensées dans le concept, de sorte que bien des représentations, qui diffèrent entre elles en des points inessentiels, peuvent être pensées à travers le même concept, c'est-à-dire être subsumées en lui. Seulement, cette capacité de valoir pour plusieurs choses n'est pas une propriété essentielle du concept, elle n'en est qu'une accidentelle. Aussi peut-il y avoir des concepts à travers lesquels n'est pensé qu'un seul et unique objet réel mais qui pour autant n'en restent pas moins abstraits et généraux et n'en deviennent nullement des représentations singulières et intuitives : dans cette catégorie, il y a, par exemple, le concept qu'une personne se fait d'une ville dont il ne connaît cependant que la situation géographique : bien que cette seule ville soit pensée à travers ce concept, il existerait cependant d'autres villes différant en des éléments ponctuels possibles auxquelles ce concept conviendrait également. Ce n'est donc pas parce qu'un concept est abstrait à partir de plusieurs objets qu'il possède une généralité mais, à l'inverse, parce que la généralité, c'est-à-dire la non-détermination du singulier, lui est essentielle, en tant qu'il est représentation abstraite de la raison, que plusieurs choses différentes peuvent être pensées à travers le même concept.

Il résulte de ce qui vient d'être dit que tout concept, précisément parce qu'il est une représentation abstraite et non intuitive et, par conséquent, parce qu'il n'est pas de bout en bout déterminé, possède ce que l'on appelle une extension ou une sphère d'application, et cela, même dans le cas où il n'existe qu'un seul et unique objet réel qui lui corresponde. Or, il se trouve toujours que la sphère d'application de ce concept a quelque chose en commun avec celles d'autres concepts, c'est-à-dire qu'en lui est en partie pensée la même chose que dans d'autres, tout comme est en partie pensée dans les autres cette même chose pensée dans le premier ; toutefois, si ce sont effectivement des concepts différents, chacun ou au moins l'un des deux contient quelque chose que l'autre n'a pas : tel est le rapport que tout sujet entretient à son prédicat. Connaître ce rapport est JUGER. Présenter ces sphères d'application par des figures spatiales est l'une des plus heureuses idées[92]. Le premier à avoir eu cette idée fut vraisemblablement Gottfried Ploucquet[93] qui choisit des carrés à cet effet ; Lambert[94], bien que venant après lui, se servait encore de simples lignes en les superposant ; mais ce fut Euler[95] qui, pour la première fois, porta cette méthode à sa perfection. Je ne saurais indiquer sur quoi repose en toute fin cette analogie si exacte avec les rapports qu'entretiennent les concepts et leurs figures spatiales. Toujours est-il qu'il est d'un grand avantage pour la logique que tous les rapports des concepts, et même ceux qui sont de l'ordre de la possibilité, c'est-à-dire *a priori*, puissent être présentés visuellement à travers ces figures de la manière suivante :

1. Les sphères d'application de deux concepts sont parfaitement semblables : par exemple le concept de nécessité et celui de conséquence d'une raison donnée, de même celui de *ruminantia* et de bisulques (ruminants et animaux aux sabots fendus) ainsi que de celui de vertébrés et d'animaux à sang rouge, à quoi on pourrait cependant opposer par exemple les annélides (vers à anneaux) : ce sont des concepts interchangeables. On les représente donc par un cercle unique qui signifie aussi bien l'un que l'autre.

2. La sphère d'un concept comprend entièrement celle d'un autre concept :

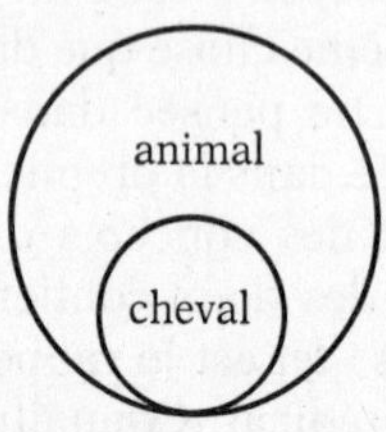

3. Une sphère en comprend deux ou plus qui s'excluent tout en remplissant cette première sphère :

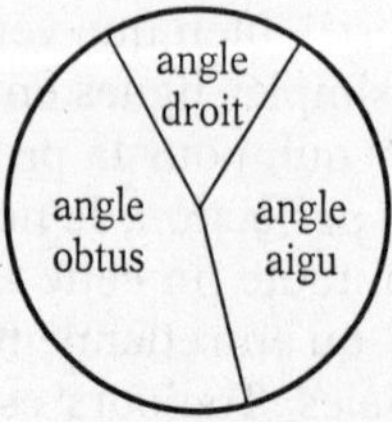

4. Deux sphères comprennent chacune une partie de l'autre :

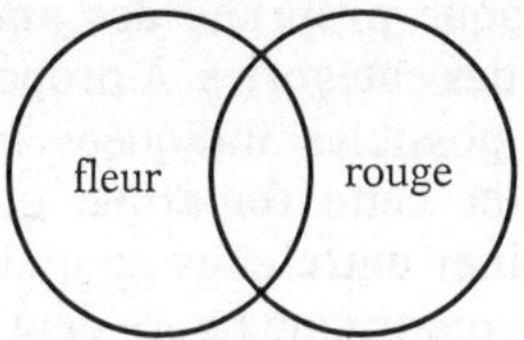

5. Deux sphères sont comprises dans une troisième sans cependant la remplir :

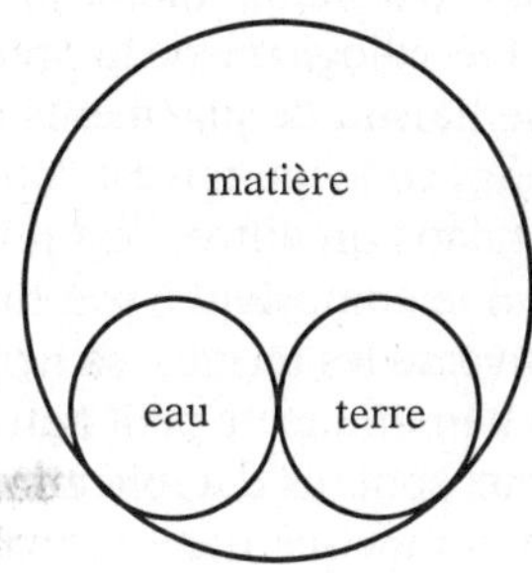

Ce dernier cas vaut pour tous les concepts dont les sphères d'application n'ont rien directement en commun mais seront comprises dans une troisième sphère souvent bien plus étendue.

Tous les types de relations entre les concepts peuvent être ramenés aux cas exposés ci-dessus et toute la théorie des jugements, de leur conversion, contraposition[96], réciprocité, disjonction[97] (celle-ci selon la troisième figure), peut en être déduite. Il est également possible d'en déduire les propriétés des jugements sur lesquelles Kant a fondé ses prétendues catégories de l'entendement, à l'exception toutefois de la forme hypothétique, laquelle n'est plus une relation entre de simples concepts mais entre des jugements ; à l'exception également de la modalité dont l'*Appendice*[98] rend entièrement compte tout comme de chaque propriété des jugements placés au fondement des catégories. À propos des relations conceptuelles possibles indiquées ici, il convient encore d'ajouter cette remarque qu'elles peuvent aussi se combiner entre elles de maintes manières, par exemple la quatrième figure peut être reliée à la deuxième. Seulement, si une sphère d'application en comprend une autre entièrement ou en partie et que cette dernière est entièrement ou en partie incluse dans une troisième, alors, prises ensemble, elles présentent le syllogisme de la première figure[99], laquelle est une liaison de jugements qui permet de reconnaître qu'un concept, qui est compris en partie ou entièrement dans un autre, l'est tout autant dans un troisième qui le comprend à son tour. Il en va de même si l'on inverse les termes, sa négation, dont la présentation schématique ne peut naturellement que consister en deux sphères d'application reliées entre elles mais non comprises dans la troisième. Si des sphères d'application s'incluent de cette manière, il en résulte une longue chaîne de syllogismes. — On peut poser ce schématisme des concepts, lequel est déjà assez bien détaillé dans un bon nombre de manuels, comme fondement de la théorie des jugements ainsi que de toute la syllogistique, ce qui en facilite et en simplifie grandement l'exposé. Car, à partir de là, toutes les règles de celle-ci peuvent être comprises, déduites et expliquées depuis leur origine. Mais il n'est pas nécessaire de lester la mémoire avec ces règles, car la logique, si elle possède, tout au plus, un intérêt théorique pour la philosophie, ne peut être d'aucun usage pratique. En effet, bien qu'il soit d'usage de dire que la logique est à la pensée rationnelle ce que la basse fondamentale est à la musique ou encore, si nous le prenons moins à la lettre, ce que l'éthique est à la vertu ou ce que l'esthétique est à l'art, il est en revanche fort douteux qu'il y ait encore un seul artiste qui soit devenu artiste par l'étude de l'esthétique ou un noble caractère qui le soit devenu par l'étude de l'éthique ; on a composé une belle et juste musique bien avant Rameau[100]. S'il n'est pas nécessaire de posséder la basse fondamentale pour être sensible aux dissonances, il n'est pas non plus nécessaire de connaître la logique pour ne pas se laisser abuser par des paralogismes. Mais il nous faut cependant concéder que la basse fondamentale est d'une grande utilité, sinon pour l'appréciation, du moins pour l'exercice de la composition musicale, bien plus que, encore qu'à un moindre degré, l'esthétique et même l'éthique peuvent avoir une certaine utilité pour la pratique, encore qu'essentiellement négative, mais donc qu'il convient de ne pas leur dénier toute valeur pratique. De la logique, cependant, on n'en saurait dire autant. Elle n'est en effet que le savoir *in abstracto* de ce que tout un chacun sait *in concreto*. Par conséquent, quand on se garde d'abonder à un faux raisonnement, on en fait aussi peu usage que l'on recourt à ses préceptes quand on réalise un raisonnement juste ; même le logicien le plus savant l'écarte tout à fait lorsqu'il raisonne effectivement. Cela s'explique à partir du principe suivant. Toute science consiste en un système de vérités, de lois et de règles générales qui, par conséquent, sont abstraites et se rapportent à une espèce quelconque d'objets. Le cas singulier, qui apparaît après coup sous l'égide de ces lois et règles, est à chaque fois déterminé d'après ce savoir général qui, lui, vaut une fois pour toutes ; car il est infiniment plus aisé d'appliquer le général que de commencer par étudier le cas singulier au moment où il apparaît, du fait que la connaissance abstraite acquise une fois pour toutes nous est toujours plus accessible que l'étude empirique du singulier. Mais la logique procède à l'inverse. Elle est le savoir abstrait, exprimé sous forme de règles, de la manière de procéder de la raison, acquis par une observation de la raison par elle-même et par l'abstraction de tout contenu. Mais cette manière de procéder est nécessaire et essentielle à la raison : donc, en aucun cas, elle ne s'en détournera, dès lors qu'elle est livrée à elle-même. Il est, par conséquent, plus facile et plus sûr, dans ce cas particulier, de la laisser procéder conformément à son essence plutôt que de lui rappeler ce savoir, lequel n'est qu'abstrait de ce procédé pour être érigé sous la forme d'une loi qui lui est étrangère et qui a été établie de l'extérieur. Plus facile, parce que, bien que dans toutes les autres sciences la règle générale nous est plus proche que l'étude du cas particulier seul et par lui-même, à l'inverse, pour l'usage de la raison, le procédé que celle-ci emploie nécessairement pour le cas donné nous est plus évident que la règle générale qui en est abstraite, car ce qui pense en nous est cette raison elle-même. Plus sûr, parce qu'une erreur peut bien plus facilement intervenir dans un savoir abstrait de cette nature ou dans son application que s'introduire dans un procédé de la raison qui viendrait à l'encontre de l'essence et de la nature de cette dernière. D'où cette conséquence étrange : si, dans les autres sciences, on éprouve la vérité du cas particulier à l'aune de la règle générale, en logique, à l'inverse, la règle doit toujours être éprouvée à l'aune du cas particulier : et même le logicien le plus aguerri, qui remarque que, pour un cas particulier, il aboutit à une conclusion différente de celle qu'édicte une règle, cherchera toujours l'erreur dans la règle plutôt que dans la conclusion qu'il vient effectivement d'échafauder. Vouloir faire un usage pratique de la logique signifie donc vouloir se donner cette peine ineffable de déduire de la règle générale ce qui nous est connu immédiatement et avec une assurance parfaite : ce serait précisément comme si, pour nous mouvoir, nous faisions d'abord appel à la mécanique ou, pour digérer, à la physiologie ; et quiconque étudie la logique à des fins pratiques s'apparente à celui qui veut enseigner au castor comment construire sa hutte. Donc, bien que sans utilité pratique, la logique n'en doit pas moins être conservée pour l'intérêt philosophique qu'elle possède en tant que connaissance spécifique de l'organisation et de l'action de la raison. Cm[En tant que discipline circonscrite, existant pour soi, achevée en soi, équilibrée et parfaitement sûre, elle mérite d'être traitée et même enseignée à l'université pour elle-même seule et indépendamment de toutes les autres sciences ; mais sa véritable valeur, elle ne la tire que placée dans le contexte de la philosophie tout entière, dans l'étude de la connaissance, c'est-à-dire de la connaissance rationnelle et abstraite. Aussi son exposé ne doit-il pas tant adopter la forme de celui d'une science orientée vers la pratique, il ne doit pas seulement contenir la présentation nue des règles du juste renversement des jugements, des raisonnements et autres, il doit bien plus tendre à]Cm faire connaître de manière exhaustive l'essence de la raison et du concept ainsi qu'à amener à considérer le principe de raison propre à la connaissance : la logique est une simple paraphrase de ce principe, et cela, à proprement parler, dans le seul cas où le fondement qui confère sa vérité aux jugements n'est ni empirique ni métaphysique mais seulement logique ou métalogique[101]. À côté du principe de raison de la connaissance, il convient par conséquent d'énoncer les trois autres lois fondamentales de la pensée ou des jugements de vérité métalogique, si proches de ce principe, à partir de quoi toute la technique de la raison peut alors se déployer de proche en proche. L'essence de la pensée à proprement parler, c'est-à-dire du jugement et du raisonnement, doit être présentée de la manière indiquée ci-dessus, à partir de la relation des sphères d'application conceptuelle conformément au schéma spatial et il convient de faire découler, par voie de construction, de celui-ci toutes les règles du jugement et de la conclusion. Le seul usage pratique que l'on puisse faire de la logique est celui qui consiste, dans le cours d'une discussion, à prouver à son adversaire qu'il commet non pas tant des raisonnements effectivement erronés que volontairement abusifs, en les nommant par leur nom technique. Par cette restriction du sens pratique de la logique et par cette insistance portée sur son rapport avec l'ensemble de la philosophie en tant qu'elle est un chapitre de cette dernière, sa connaissance devrait ne plus être aussi rare qu'elle ne l'est aujourd'hui : car, à ce jour, toute personne, qui ne veut pas rester inculte dans ce domaine essentiel et être compté au nombre de la foule ignorante captive de sa propre hébétude, se doit d'avoir étudié la philosophie spéculative : et ce, pour la raison que le XIXe siècle est un siècle philosophique, ce qui ne signifie pas obligatoirement qu'il possède une philosophie ni que la philosophie y est dominante, mais bien plutôt qu'il est un siècle mûr pour la philosophie et que, précisément pour cette raison, elle lui est absolument nécessaire : c'est là le signe d'une éducation très avancée, bien plus, c'est un point fixe inscrit sur l'échelle de la culture des époques*.

Si minime soit l'utilité pratique que puisse avoir la

* Voir sur ce sujet les chap. 9 et 10 du tome II.

logique[102], il est cependant impossible de nier qu'elle fut inventée à des fins pratiques. Je m'explique sa naissance de la manière suivante. Alors que, chez les éléates, les mégariques et les sophistes le plaisir de la dispute ne cessait de grandir au point d'en devenir progressivement presque une manie, la confusion dans laquelle tombait quasiment chaque dispute dut très vite faire ressentir la nécessité d'un procédé méthodique dont l'enseignement servirait à chercher une dialectique scientifique. La première observation que l'on fit était que, au cours de la dispute, les deux partis se querellant devaient à chaque fois nécessairement se retrouver d'accord sur certains principes auxquels se ramenaient les points de désaccord. Le début du procédé méthodique consista à énoncer formellement et en tant que tels ces principes communément reconnus et à les placer à la pointe de l'étude. Au commencement, ces principes ne concernaient que le matériel de l'étude. Mais bientôt on réalisa que l'art et la manière avec lesquels on revenait à la vérité communément reconnue et avec lesquels on en déduisait des assertions, obéissaient à certaines formes et lois à propos desquelles, bien que sans en avoir convenu au préalable, on n'était jamais en désaccord; on vit à partir de là qu'elles devaient correspondre à la marche spécifique et inhérente à l'essence de la raison elle-même, c'est-à-dire qu'elles représentaient l'élément formel de l'étude. Bien que celui-ci n'était exposé ni au doute ni au désaccord, un esprit, systématique jusqu'à la pédanterie, en vint à l'idée qu'il serait beau et que ce pourrait être l'accomplissement de la méthode dialectique de voir cet élément formel propre à toute dispute, ce procédé de la raison elle-même toujours régulier, être également énoncé en principes abstraits que l'on placerait, tout comme ceux qui concernent le matériau de la dispute, c'est-à-dire les principes communément reconnus, au point de départ de l'étude en tant que canon de la dispute elle-même, canon auquel il faudrait toujours revenir et sur lequel il faudrait toujours se fonder. En voulant ainsi reconnaître désormais consciemment comme une loi et énoncer formellement ce à quoi, jusqu'ici, on avait obéi par un accord tacite ou que l'on avait appliqué d'instinct, on élabora progressivement des manières plus ou moins parfaites d'exprimer des principes fondamentaux de la logique tels que le principe de contradiction, de raison suffisante, de tiers exclu, le *dictum de omni et nullo*[103], ensuite les règles spécifiques à la syllogistique, comme, par exemple, *ex meris particularibus aut negativis nihil sequitur; a rationato ad rationem non valet consequentia* [de prémisses purement singulières ou purement négatives, rien ne s'ensuit; de la conséquence au principe, la conclusion n'est pas valable], etc. Mais, de cette manière, c'est avec lenteur et labeur qu'on est parvenu à un résultat et encore ce résultat est resté très imparfait jusqu'à Aristote, comme nous le constatons à la manière maladroite et embarrassée avec laquelle certaines vérités logiques sont révélées dans les dialogues de Platon mais mieux encore aux récits de Sextus Empiricus rapportant les querelles des Mégariques à propos des lois logiques les plus faciles et les plus élémentaires, et à la manière laborieuse avec laquelle ils tentèrent de les rendre intelligibles (*Sext. Emp., adv. Math. L. 8. p. 112 sq.*)[104]. Mais Aristote recueillit, ordonna et corrigea les résultats trouvés et les porta à un degré de perfection inégalé[105]. Si l'on considère ainsi la manière dont la marche de la civilisation grecque a préparé et suscité le travail d'Aristote, on sera peu enclin à ajouter foi aux indications des écrivains perses que Jones, très bien disposé en leur faveur, nous transmet et selon lequel Callisthène aurait trouvé chez les Hindous une logique toute faite qu'il aurait envoyée à son oncle Aristote (*Asiatic researches*, t. 4, p. 163)[106]. On comprend aisément que, dans le triste Moyen Âge, la logique d'Aristote ait été accueillie avec un bonheur extrême par l'esprit des scolastiques qui, avides de disputes mais manquant de toute connaissance réelle, ne trouvaient à se mettre sous la dent que formules et paroles, et que, même mutilée dans sa version arabe, on s'en soit avidement emparé et l'ait bientôt placée au centre de tout savoir. De sa gloire, certes retombée, elle a néanmoins conservé jusqu'à notre époque le crédit d'être une science existant en soi, pratique et hautement nécessaire : de nos jours, la philosophie kantienne qui, en vérité, a extrait sa première pierre de la logique, a même donné une seconde vie à l'intérêt qu'elle inspirait, intérêt qu'elle mérite aussi absolument à cet égard, c'est-à-dire dès lors qu'on la considère comme le moyen de connaissance de l'essence de la raison.

Si l'art d'obtenir les raisonnements justes et rigoureux consiste à exactement considérer le rapport entre les sphères d'application des concepts, et cela selon un seul précepte, et si une sphère est exactement comprise dans une autre et que cette dernière en retour est elle aussi entièrement comprise dans une troisième, alors on peut affirmer que la première est aussi entièrement comprise dans la troisième, L'ART DE LA PERSUASION, en revanche, repose sur le fait que l'on n'accorde qu'une attention superficielle aux rapports entre les sphères d'application des concepts et qu'on les détermine ensuite en fonction de ses intentions, principalement selon le précepte suivant : si la sphère d'application d'un concept pris en considération ne recouvre que partiellement celle d'un autre et que celle-ci est aussi partiellement comprise dans une autre tout à fait distincte, on la définira comme entièrement comprise dans la première ou entièrement dans la seconde, selon l'intention du locuteur. Par exemple, lorsque l'on parle de passion, on peut à volonté la subsumer sous le concept de la « plus grande force », du « plus puissant agent du monde », ou sous le concept de la « déraison », et ce dernier sous celui de l'« impuissance » et de la « faiblesse ». Or on peut prolonger ce même procédé et à nouveau l'appliquer à chaque concept auquel conduit le discours. Presque toujours se logent dans une sphère d'application plusieurs autres dont chacune contient une portion du domaine d'application du premier concept, même si elle recouvre en sus un domaine d'application bien plus vaste : de ces sphères d'application, on n'en met cependant qu'une seule en lumière, celle sous laquelle on entend subsumer le premier concept, laissant les autres sans les prendre en considération ou les maintenant dans l'ombre. C'est sur cet artifice que reposent en vérité tous les arts de la persuasion, tous les sophismes les plus subtils : car les sophismes logiques[107] tels que le *mentiens* [le menteur][108], le *velatus* [le dissimulé][109], le *cornutus* [le cornu][110], sont apparemment par trop grossiers pour être effectivement appliqués. Comme je ne sais pas si jusqu'ici l'on a jamais ramené l'essence de toute sophistique et de tout art de la persuasion à cette dernière condition de possibilité, ni si l'on a démontré que celle-ci se trouvait dans la constitution propre des concepts, à savoir dans le mode de connaissance de la raison, j'entends, puisque mon exposé m'y conduit, encore éclaircir l'affaire, si simplement faut-il la comprendre, par un schéma reproduit sur le tableau qui suit. Ce schéma est censé montrer la manière dont les sphères d'application des concepts interfèrent de diverses manières et, ce faisant, donner une marge de jeu à l'arbitraire pour à chaque fois passer d'un concept à tel ou tel autre. Seulement, je ne voudrais pas que l'on se méprenne sur ce tableau et que l'on attribue plus d'importance à cet éclaircissement secondaire qu'il ne peut en avoir, compte tenu de sa nature. Pour cette explication, j'ai choisi comme exemple le concept de VOYAGE. Sa sphère d'application empiète dans le champ de quatre autres concepts, de sorte que le locuteur peut à son gré passer à chacune d'entre elles. Celles-ci à leur tour empiètent sur d'autres sphères parmi lesquelles certaines interfèrent avec deux ou plusieurs autres, le locuteur, lui, choisit son chemin à travers celles-ci selon son arbitraire, faisant toujours comme si c'était le seul et, en toute fin, selon son intention, aboutit au bien ou au mal. Il importe seulement, en suivant ces sphères, de toujours garder la direction qui va du centre (le concept principal donné) à la périphérie et de ne jamais revenir en arrière. L'habillage d'une telle sophistique peut être un discours suivi ou encore un syllogisme rigoureux, selon ce que le point faible de l'auditeur suggère. Au fond, la plupart des démonstrations scientifiques et en particulier philosophiques ne sont pas faites bien différemment : sinon, comment serait-il possible qu'à des époques différentes, non seulement tant de choses erronées aient été admises (car l'erreur elle-même a une autre origine), mais qu'elles aient été de surcroît démontrées et prouvées et que, par la suite, elles se soient révélées fondamentalement fausses, comme par exemple la philosophie leibnizo-wolffienne, l'astronomie ptoléméenne,

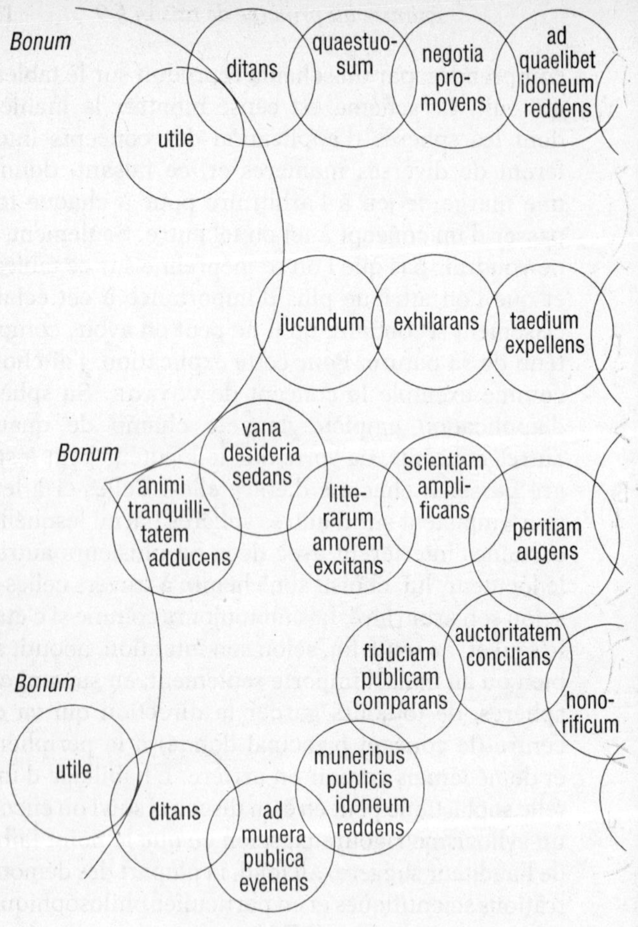
Bonum
ditans
quaestuosum
negotia promovens
ad quaelibet idoneum reddens
utile
jucundum
exhilarans
taedium expellens
Bonum
vana desideria sedans
animi tranquillitatem adducens
litterarum amorem excitans
scientiam amplificans
peritiam augens
auctoritatem concilians
fiduciam publicam comparans
honorificum
Bonum
utile
ditans
ad munera publica evehens
muneribus publicis idoneum reddens

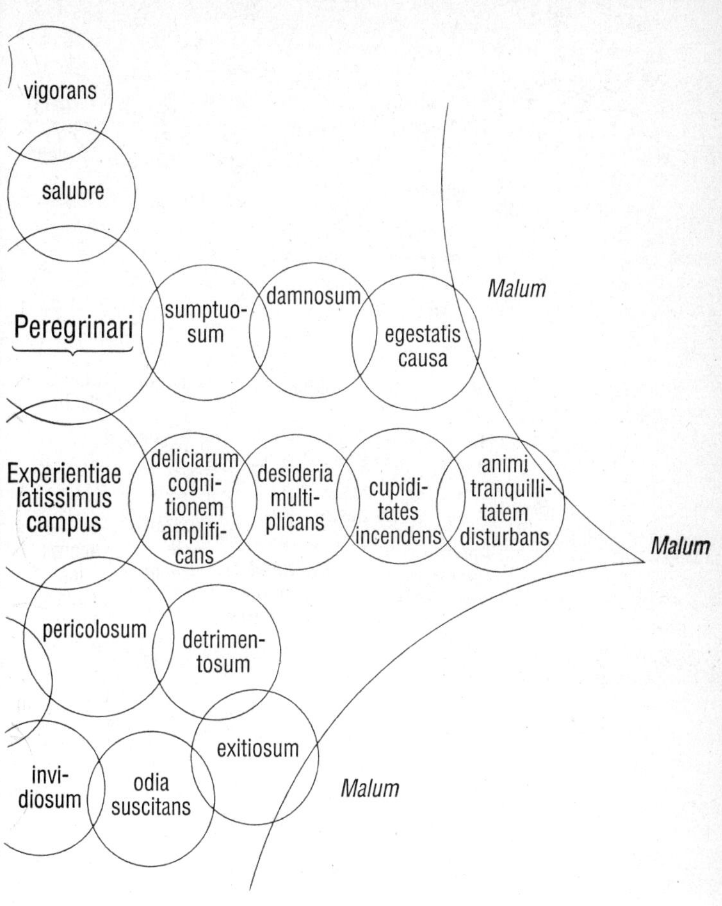
vigorans
salubre
Peregrinari
sumptuo-
sum
damnosum
egestatis
causa
Malum
Experientiae
latissimus
campus
deliciarum
cogni-
tionem
amplifi-
cans
desideria
multi-
plicans
cupidi-
tates
incendens
animi
tranquilli-
tatem
disturbans
Malum
pericolosum
detrimen-
tosum
exitiosum
invi-
diosum
odia
suscitans
Malum

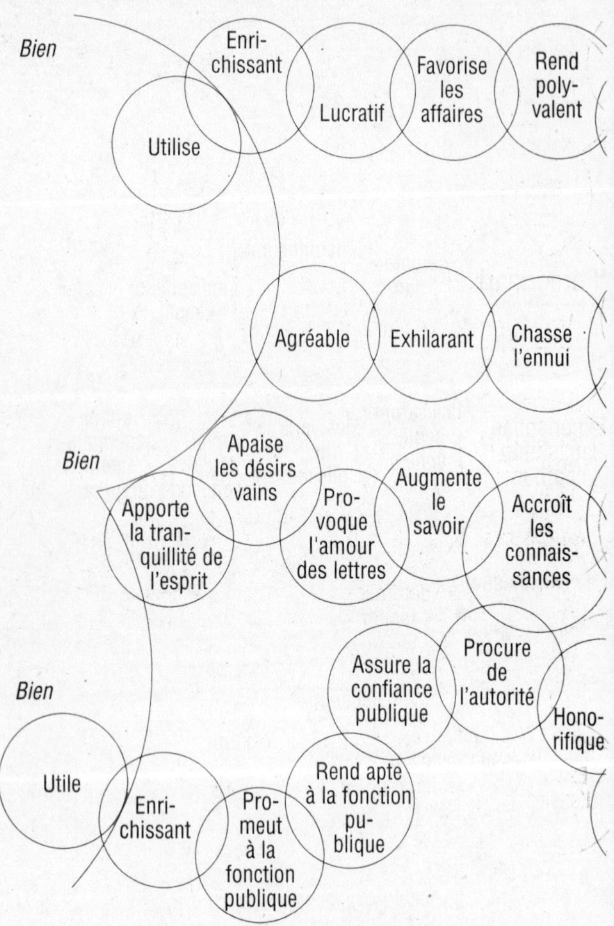
Bien
Enri-
chissant
Lucratif
Favorise
les
affaires
Rend
poly-
valent
Utilise
Agréable
Exhilarant
Chasse
l'ennui
Bien
Apaise
les désirs
vains
Apporte
la tran-
quillité de
l'esprit
Pro-
voque
l'amour
des lettres
Augmente
le
savoir
Accroît
les
connais-
sances
Bien
Assure la
confiance
publique
Procure
de
l'autorité
Hono-
rifique
Utile
Enri-
chissant
Pro-
meut
à la
fonction
publique
Rend apte
à la fonction
pu-
blique

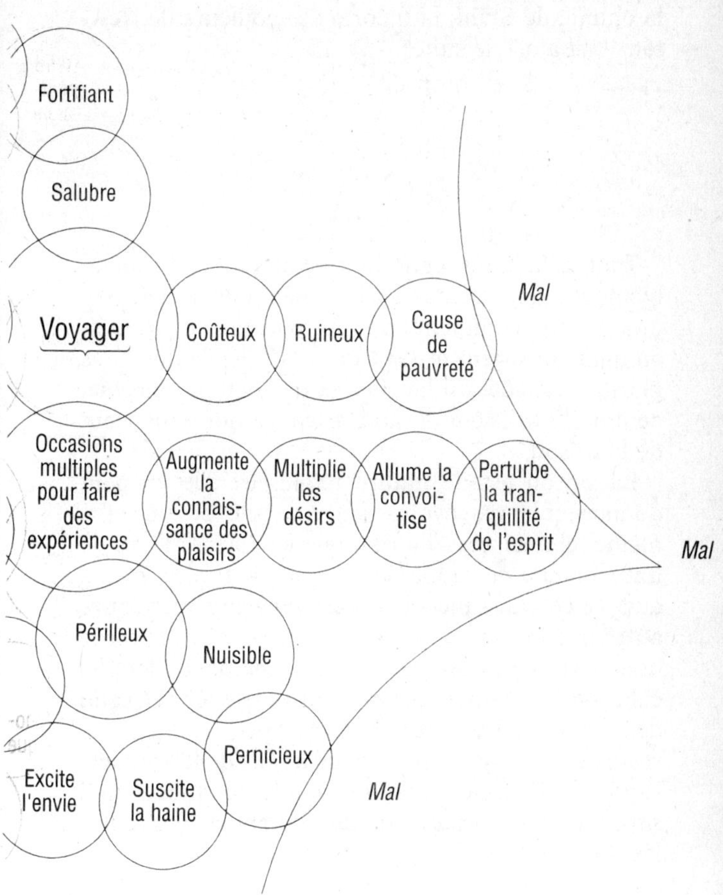
Fortifiant
Salubre
Voyager
Coûteux
Ruineux
Cause de pauvreté
Mal
Occasions multiples pour faire des expériences
Augmente la connais-sance des plaisirs
Multiplie les désirs
Allume la convoi-tise
Perturbe la tran-quillité de l'esprit
Mal
Périlleux
Nuisible
Excite l'envie
Suscite la haine
Pernicieux
Mal

la chimie de Stahl, la théorie des couleurs de Newton[111], et ainsi de suite*.

§ 10

Tout cela nous conduit toujours plus inéluctablement à nous demander comment l'on accède à la CERTITUDE, comment l'on FONDE DES JUGEMENTS, en quoi consistent le SAVOIR et la science que nous glorifions à côté du langage et de l'action réfléchie, comme le troisième grand privilège qui nous vient de la raison.

La raison est de nature féminine : elle ne peut donner qu'après avoir reçu[112]. Seule et par elle-même, elle ne possède rien que les formes vides de tout contenu de sa manière d'opérer. Il n'est même aucune connaissance de la raison parfaitement pure autre que les quatre principes auxquels j'ai accordé une vérité métalogique[113] : le principe d'identité, celui de contradiction, celui du tiers exclu et celui de raison suffisante de la connaissance. Car même le reste de la logique ne relève déjà plus de la connaissance de la raison parfaitement pure, parce qu'il suppose des rapports et des combinaisons entre les sphères d'application des concepts : quant aux concepts, ils n'existent qu'à la suite de représentations intuitives préalables et leur essence est tout entière définie par la relation avec celles-ci, que, par conséquent, ils présupposent. Comme cette condition, cependant, ne s'étend pas au contenu spécifique des concepts mais se cantonne seulement à leur exis-

* Voir sur ce sujet le chap. 11 du tome II.

tence en général, la logique, prise dans son ensemble, peut tout de même valoir comme pure science de la raison. Dans toutes les autres sciences, la raison tire son contenu des représentations intuitives: dans les mathématiques, des rapports entre le temps et l'espace, intuitivement conscients avant toute expérience; dans la pure science de la nature, c'est-à-dire dans la connaissance que nous avons du cours de la nature[114], avant toute expérience, le contenu scientifique procède du pur entendement, c'est-à-dire de la connaissance *a priori* de la loi de la causalité et de son rapport avec les pures intuitions de l'espace et du temps. Dans toutes les autres sciences, tout ce qui n'est pas du ressort de ce qui vient d'être cité, relève de l'expérience[115]. De manière générale, SAVOIR signifie placer ce type de jugements, afin de les reproduire à volonté, dans le pouvoir de son esprit dont le principe de raison suffisante se situe dans n'importe quel objet pourvu qu'il lui soit extérieur; c'est dans cette mesure qu'ils sont VRAIS. La connaissance abstraite est donc à elle seule un savoir, lequel est par conséquent déterminé par la raison, mais des animaux nous ne pouvons pas dire à strictement parler qu'ils SAVENT quoi que ce soit, quand bien même ils possèdent la connaissance intuitive et ont pour celle-ci une mémoire et, pour cette même raison, une imagination, dont de surcroît attestent leurs rêves. Nous leur prêtons une conscience, dont le concept par suite, bien que le mot savoir y soit compris, coïncide parfaitement avec celui de l'acte de représenter de quelque nature que soit cet acte. Par conséquent, si nous prêtons aussi la vie aux plantes, nous leur refusons la conscience. Le SAVOIR donc est la conscience abstraite, il consiste à maintenir fixé au sein des concepts de la raison ce qui a été connu par d'autres voies.

§ 11

Or, dans cette perspective, le véritable contraire du SAVOIR <*Wissen*> est le SENTIMENT <*Gefühl*>, dont il convient pour cette raison d'intercaler ici l'explication. Le concept, que désigne le mot SENTIMENT, n'a toujours qu'un contenu NÉGATIF ; il signifie que quelque chose est présent dans la conscience et que cette chose n'est NI UN CONCEPT NI UNE CONNAISSANCE ABSTRAITE DE LA RAISON : du reste, peu importe ce que c'est, c'est là le propre du concept de sentiment, dont la sphère d'application démesurément étendue embrasse les choses les plus hétérogènes, dont on ne peut jamais voir ce qui les rassemble, tant que l'on a pas reconnu qu'elles ne s'accordent que sur cette considération négative de N'ÊTRE PAS DES CONCEPTS ABSTRAITS. Car, dans ce concept, les éléments les plus différents, les plus opposés se côtoient tranquillement, par exemple, le sentiment religieux, le sentiment de volupté, le sentiment moral, le sentiment corporel comme le toucher, la douleur ou encore le sentiment des couleurs, des sons, de leur harmonie ou de leur disharmonie, le sentiment de haine, de dégoût, d'autosatisfaction, d'honneur, de honte, de justice, d'injustice, le sentiment de la vérité, le sentiment esthétique, le sentiment de force, de faiblesse, la bonne santé, l'amitié, l'amour, et ainsi de suite. Il n'est entre eux nul autre point commun que celui, négatif, de n'être pas une connaissance abstraite de la raison ; mais ceci apparaît de la manière la plus flagrante, lorsque même la connaissance intuitive *a priori* des rapports spatiaux et celle, intégrale, du pur entendement sont placées sous ce concept et, en général, lorsque de toute connaissance et de toute vérité, dont on n'est qu'intuitivement conscient mais que l'on n'a cependant pas encore déposées dans des concepts abstraits, il est dit qu'on les SENT. Afin d'expliciter mon propos, je souhaite introduire quelques exemples tirés de livres récents parce qu'ils constituent des attestations évidentes de mes explications. Je me rappelle avoir lu dans l'introduction de la traduction allemande d'Euclide que l'on devait d'abord faire dessiner toutes les figures aux débutants en géométrie avant de les amener à la démonstration, parce qu'alors ils auraient préalablement RESSENTI la vérité géométrique avant que la démonstration leur en inculque la parfaite connaissance. De la même manière, dans la *Kritik der Sittenlehre* de F. Schleiermacher[116], il est question de sentiment logique et mathématique (p. 339), ainsi que du sentiment de l'identité ou de la différence de deux formules (p. 342) ; par ailleurs, dans la *Geschichte der Philosophie* de Tennemann, il est écrit (vol. I, p. 361)[117] : « On SENTAIT que les paralogismes n'étaient pas justes, mais l'on était cependant incapable d'en découvrir l'erreur. » Tant que l'on n'adopte pas le juste point de vue pour considérer ce concept de SENTIMENT et que l'on ne lui reconnaît pas cet attribut négatif, qui seul lui est essentiel, celui-ci ne peut, en raison de sa sphère d'application surdimensionnée et de son infime teneur purement négative, déterminée de manière univoque, que constamment donner lieu à des malentendus et des querelles. Comme nous possédons aussi en allemand le terme à peu près équivalent de SENSATION <*Empfindung*>, il serait utile de se saisir de ce dernier comme d'une forme inférieure qui désignerait les sentiments corporels. L'origine de ce concept de sentiment, disproportionné par rapport à tous les autres, est sans nul doute la suivante. Tous les concepts, et les mots ne désignent que des concepts, n'existent que pour la raison et émanent d'elle : avec eux, on se situe déjà à un point de vue unilatéral. Mais en adoptant un tel point de vue, ce qui est situé à proximité apparaît clairement et est posé comme positif tandis que ce qui est plus lointain se dissout et n'est bientôt plus considéré que négativement : ainsi chaque nation dénomme les autres, étrangers, les Grecs dénomment les autres, barbares, les Anglais, tout ce qui n'est pas Angleterre ou anglais, continent ou continental, le croyant dit des autres qu'ils sont des hérétiques ou des païens, le noble dit que les autres sont des *roturiers* [en français dans le texte], l'étudiant que tous les autres sont des philistins et ainsi de suite. De cette même unilatéralité, disons, de cette même grossière ignorance empreinte d'orgueil, il faut, si étrange que cela puisse paraître, imputer la culpabilité à la raison elle-même, du fait qu'elle embrasse sous L'UNIQUE concept de SENTIMENT toute modification de la conscience qui n'appartient que de manière indirecte à son mode de représentation, c'est-à-dire qui N'EST PAS UN CONCEPT ABSTRAIT. Jusqu'ici, parce qu'elle n'a pas accédé à une vision claire de son propre procédé par une connaissance de soi fondamentale, elle a dû en payer les conséquences par tous les malentendus, tous les errements qui se sont produits sur son terrain, puisque l'on a même institué une faculté spécifique du sentiment, bien plus, puisqu'on a désormais échafaudé des théories de cette faculté.

§ 12

Le SAVOIR, dont je viens juste d'expliciter l'opposé contradictoire, le concept de sentiment, est, ainsi qu'il a été dit, une connaissance abstraite, c'est-à-dire une connaissance de la raison. Or, comme la raison se cantonne, à chaque fois, à apporter à la connaissance ce qu'elle a gagné ailleurs, elle n'étend pas vraiment notre connaissance, mais lui donne seulement une forme différente. En effet, ce qui est connu intuitivement, *in concreto*, elle le donne à connaître de manière abstraite et générale. Mais cela est incomparablement plus important que ce qu'il n'en paraît, ainsi exprimé, au premier abord. Car pour conserver de manière certaine ce qui a été ressenti, pour pouvoir le communiquer, pour largement l'appliquer de manière assurée à la pratique, il est nécessaire qu'il soit devenu une connaissance abstraite. La connaissance intuitive ne vaut jamais que pour le cas particulier, elle va au plus proche et y demeure, parce que la sensibilité et l'entendement ne peuvent concevoir qu'UN SEUL objet à la fois. Toute activité qui s'inscrit dans la durée, qui suppose une composition et un plan doit, par conséquent, partir de principes, donc d'un savoir abstrait, et adopter la direction qu'indique ce dernier. Ainsi, par exemple, il est vrai que la connaissance que l'entendement a du rapport entre la cause et l'effet, est en elle-même plus parfaite, plus profonde et plus exhaustive que ce qu'il est possible d'en penser *in abstracto* : l'entendement tout seul connaît intuitivement, immédiatement et parfaitement le mode d'action d'un levier, d'une poulie, d'une roue d'engrenage, la manière dont une voûte s'équilibre par elle-même, etc. Mais en raison de la propriété de la connaissance intuitive qui vient d'être exposée et qui consiste à n'aller qu'à ce qui est présent immédiatement, le seul entendement ne suffit pas pour la construction de machines et de bâtiments : il est bien plutôt nécessaire ici que la raison intervienne et qu'elle place des concepts abstraits en lieu et place des intuitions afin d'en diriger l'effet, et s'ils sont justes, le résultat s'ensuivra. De la même manière, nous connaissons parfaitement l'essence et la régularité d'une parallèle, d'une hyperbole et d'une spirale par la pure intuition mais, pour appliquer cette connaissance de manière assurée dans la réalité, elle doit d'abord être devenue savoir abstrait, elle en perd certainement son caractère intuitif mais acquiert, en contrepartie, la certitude et la précision du savoir abstrait. Ainsi aucun calcul différentiel n'élargira notre connaissance des courbes, il ne contient rien de plus que ce que contenait déjà la pure intuition de ces dernières, mais il change la nature de la connaissance, transforme la connaissance intuitive en une connaissance abstraite, hautement féconde du point de vue de l'application. Mais ici s'exprime encore une particularité de notre faculté de connaître que nous ne pouvions pas remarquer jusqu'ici, tant que la différence entre connaissance abstraite et connaissance concrète n'avait pas été parfaitement explicitée. Cette particularité réside en ceci que les rapports d'espace ne peuvent directement et en tant que tels être transposés dans la connaissance abstraite, seules les grandeurs temporelles, c'est-à-dire les nombres, sont propres à l'être. Seuls les nombres peuvent être exprimés par des concepts abstraits leur correspondant exactement mais non les grandeurs spatiales.

Le concept de mille est tout aussi différent du concept de dix que deux grandeurs temporelles le sont dans l'intuition : en pensant mille, nous pensons un multiple déterminé de dix auquel nous pouvons le réduire à volonté pour l'intuition dans le temps, c'est-à-dire le dénombrer. Mais entre le concept d'un mile et celui d'un pied, sans aucune représentation intuitive des deux et sans aide des nombres, il n'existe absolument aucune différence exacte qui correspondrait à ces grandeurs elles-mêmes. Par ces deux concepts, on ne pense jamais qu'une grandeur spatiale, et si tous deux devaient être différenciés de manière suffisante, alors il faut toujours soit recourir à l'aide de l'intuition spatiale, donc quitter le domaine de la connaissance abstraite, soit penser cette différence en NOMBRES. Donc, si l'on veut avoir une connaissance abstraite des rapports spatiaux, ceux-ci doivent d'abord être transposés en rapports temporels, c'est-à-dire en nombres : c'est pourquoi la seule arithmétique, et non la géométrie, est la théorie des grandeurs ; quant à la géométrie, elle doit être traduite en arithmétique dès lors qu'elle est censée être communiquée, posséder une détermination exacte et devenir applicable à la pratique. Certes, un rapport spatial peut être pensé en tant que tel *in abstracto*, par exemple, « le sinus croît proportionnellement à son angle » mais, pour définir la grandeur de ce rapport, le nombre est nécessaire. C'est cette nécessité de traduire l'espace et ses trois dimensions dans le temps, qui n'a qu'une dimension, si l'on veut obtenir une connaissance abstraite (c'est-à-dire un SAVOIR et non une simple intuition) de ses rapports, c'est cette nécessité donc qui rend les mathématiques si difficiles. Cela apparaît très clairement lorsque nous comparons l'intuition des courbes avec le calcul analytique de celles-ci, ou tout simplement les tables logarithmiques des fonctions trigonométriques avec l'intuition des rapports variables des éléments d'un triangle, lesquels sont exprimés par ces fonctions. Mais quel réseau énorme de nombres, quel calcul pénible n'a-t-il pas fallu pour exprimer *in abstracto* ce que l'intuition saisit en un regard, parfaitement et avec une exactitude extrême, à savoir que le cosinus décroît à mesure que le sinus croît, que le cosinus de l'un des angles est le sinus de l'autre, que le rapport de décroissance et de croissance des deux autres est inversé, etc. ! À quel point, si l'on peut dire, le temps n'a-t-il pas dû se torturer avec son UNIQUE dimension pour restituer les trois dimensions de l'espace ! Or cela était nécessaire dès lors que, en vue de l'application, nous voulions posséder, déposés dans des concepts abstraits, les rapports de l'espace : ceux-ci ne pouvaient entrer dans ceux-là directement mais seulement par l'intermédiaire de la grandeur temporelle, le nombre, qui, en tant que tel, seul s'adjoint directement à la connaissance abstraite. Mais il faut aussi remarquer que, si l'espace convient tellement à l'intuition et si des rapports complexes peuvent aisément être embrassés du regard grâce à ses trois dimensions elles-mêmes, il se dérobe, en revanche, à toute connaissance abstraite ; le temps, à l'inverse, s'il peut aisément passer dans les concepts abstraits, ne livre que très peu de choses à l'intuition : notre intuition des nombres pris dans leur élément propre, le temps pur, sans qu'on y adjoigne l'espace, ne dépasse guère dix ; au-delà, nous n'avons des nombres plus que des concepts abstraits et non plus une connaissance intuitive ; en revanche, nous rattachons chaque nom de nombre et chaque signe algébrique à des concepts abstraits exactement déterminés.

Par ailleurs, il convient de remarquer ici que certains esprits ne trouvent leur entière satisfaction que dans ce qui est connu de manière intuitive. Ce qu'ils recherchent est la raison de l'être et sa conséquence dans l'espace présentées de manière intuitive : une démonstration euclidienne ou une résolution arithmétique de problèmes géométriques ne leur parle en rien. D'autres esprits, en revanche, réclament des concepts abstraits seuls aptes à être appliqués et communiqués : ils possèdent la patience et la mémoire des propositions abstraites, des formules, des démonstrations qui se font en longues chaînes de déductions et de calculs, et dont les signes traduisent les opérations d'abstractions les plus complexes. Ceux-ci recherchent la certitude, ceux-là, l'évidence. La différence est caractéristique.

Le savoir ou connaissance abstraite tient sa grande valeur de sa possibilité d'être communiqué et d'être fixé et conservé tel qu'il a été fixé ; ces deux seules qualités lui confèrent une importance inestimable pour la pratique. Une personne peut avoir dans son seul entendement une connaissance immédiate et intuitive du contexte causal des changements et mouvements des corps naturels et trouver en celle-ci une entière satisfaction ; mais elle ne sera propre à être communiquée qu'une fois qu'elle aura été fixée dans des concepts. Même pour la pratique, une connaissance de la première catégorie peut s'avérer suffisante dès lors que la personne prend tout seule en charge son accomplissement, et cela, dans une action qui ne peut être accomplie que tant que la connaissance intuitive est encore vivante ; mais non lorsque cette personne a besoin d'une aide extérieure ou simplement d'une action de sa part devant intervenir à des moments différents, et donc d'un plan réfléchi. Ainsi un joueur de billard exercé peut-il avoir l'entière connaissance des lois qui régissent les chocs entre des corps élastiques par son seul entendement, en vue de la seule intuition immédiate, et il s'en contente parfaitement; en revanche, seul le mécanicien scientifique possède un véritable savoir de ces lois, c'est-à-dire une connaissance *in abstracto* de celles-ci. La connaissance purement intuitive de l'entendement peut même suffire à la construction de machines, si l'inventeur de la machine s'y attelle seul, ce que l'on peut voir souvent chez des artisans de talent qui travaillent sans l'aide d'aucune science. En revanche, dès que l'intervention de plusieurs personnes devient nécessaire et que s'impose une activité coordonnée de celles-ci, laquelle doit se reproduire à des moments différents en vue de la réalisation d'une opération mécanique, de la construction d'une machine ou d'un édifice, quiconque la conduit, doit en avoir esquissé le plan *in abstracto*. Une telle coordination d'activités est rendue possible par la seule aide de la raison. Mais il est remarquable que, pour toute activité de la première catégorie, où une personne doit réaliser une chose seule et par une action ininterrompue, le recours à la raison et à la réflexion peut souvent constituer un obstacle. Pour le jeu de billard précisément, par exemple, ou pour pratiquer l'escrime ou encore pour accorder un instrument ou chanter, dans ces cas-là, il est impératif que la connaissance intuitive conduise directement l'action, car en passer par la réflexion rend celle-ci incertaine, détourne l'attention de la personne et la trouble. C'est pourquoi les sauvages et les personnes incultes, très peu accoutumés à penser, sont capables d'accomplir bien des exercices physiques, comme le combat contre des animaux, le lancer de flèches et autres activités de même nature, avec une assurance et une rapidité que l'Européen réfléchi n'atteindra jamais précisément parce que sa réflexion le fait vaciller et hésiter, parce qu'il cherche, par exemple, à trouver la bonne position et le bon moment en déterminant quel est le point à égale distance de deux positions extrêmes fausses alors que l'homme de la nature les trouve immédiatement, sans réfléchir aux fourvoiements possibles. De même, il ne m'est d'aucune aide de pouvoir indiquer *in abstracto*, d'après son degré et sa durée, selon quel angle je dois appliquer mon rasoir, si je ne le connais pas intuitivement, autrement dit, si je ne le sens pas dans ma prise. Par ailleurs, l'emploi de la raison est tout aussi perturbant pour l'intelligence de la physiognomonie : elle doit aussi se produire immédiatement dans l'entendement ; l'expression, la signification des traits ne peut être que SENTIE, comme on dit, ce qui signifie, précisément, qu'elle n'entre pas dans les concepts abstraits[118]. Chacun a un sens immédiat et intuitif de la physiognomonie et pathognomie, même si certains reconnaissent plus clairement que d'autres cette *signatura rerum* [signature des choses[119]]. Mais enseigner et apprendre *in abstracto* une physiognomonie est une chose impossible à réaliser, parce que les nuances sont ici si fines que le concept ne saurait descendre jusqu'à elles ; par conséquent, le savoir abstrait entretient avec elles la même relation qu'une mosaïque avec un Van der Werff[120] ou un Denner[121] : car, si fine soit la mosaïque, les séparations entre les morceaux persistent et ne permettent aucune transition continue d'une coloration à l'autre, ainsi sont les concepts, et pourrait-on les segmenter avec la plus grande finesse en des déterminations plus précises, leur fixité et la netteté de leur délimitation les rendent systématiquement incapables d'accéder aux fines nuances de l'intuition, dont il est précisément question dans la physiognomonie, prise ici comme exemple*.

Cette constitution des concepts, qui rend ces derniers semblables aux pierres d'une mosaïque et en vertu de laquelle l'intuition ne reste jamais que leur asymptote, explique aussi pourquoi, dans l'art, rien de bon n'a été produit grâce à des concepts. Si le chanteur ou le virtuose entend réaliser sa prestation en recourant à la réflexion, il reste comme mort. Cela vaut aussi pour le compositeur, pour le peintre et même pour le poète : le concept restera toujours stérile pour l'art, il peut seulement en régler l'élément technique mais son domaine est la science. Nous étudierons dans le livre III plus précisément pourquoi tout art authentique procède de l'intuition et jamais du concept. — Même dans la perspective du comportement et dans celle de l'agrément dans le commerce avec autrui, le concept ne surgit que négativement, pour réprimer les accès grossiers d'égoïsme ou de bestialité, par la politesse, qui est son œuvre louable ; en revanche, le charme, la grâce, le comportement avenant, l'amabilité, la bienveillance ne doivent pas procéder du concept, sinon

* Je suis, pour cette raison, d'avis que la physiognomonie, si elle veut rester sûre, ne peut aller plus loin que la présentation de quelques règles très générales, comme par exemple celle-ci : il faut lire dans le front et dans les yeux l'intellect ; dans la bouche et la moitié inférieure du visage, l'éthique et les expressions de la volonté. Front et yeux s'éclairent mutuellement, l'un des deux, pris sans l'autre, n'est qu'à demi intelligible. Le génie n'est jamais sans avoir un front haut, large et bellement bombé, mais celui-ci va souvent sans celui-là. D'une apparence spirituelle on peut conclure à la présence d'esprit avec d'autant plus d'assurance que le visage est laid, et d'une apparence bête à la bêtise avec d'autant plus d'assurance que le visage est beau, parce que la beauté en tant qu'elle est mesure propre au type humain, porte déjà en soi et pour soi l'expression d'une clarté intellectuelle, à l'inverse de la laideur.

fühlt man Absicht und man ist verstimmt.

[l'intention est visible, et l'on s'en trouve gêné[122].]

Toute dissimulation est œuvre de la réflexion; mais il lui est impossible de tenir sur la durée sans s'exposer: *nemo potest personam diu ferre fictam* [personne ne peut longtemps porter un masque], dit Sénèque dans son livre *de clementia*[123]; aussi est-elle le plus souvent reconnue et manque son effet. Quand la vie nous soumet à une grande urgence, quand s'impose le besoin de décisions rapides, d'actions hardies, d'interventions promptes et fermes, certes, la raison est nécessaire, mais peut facilement tout gâcher, en prenant le dessus, entravant la solution intuitive, immédiate et, dans le même temps, troublant le choix du bon parti et induisant de l'indécision.

Enfin, la vertu et la sainteté ne procèdent pas non plus de la réflexion, elles proviennent du plus profond de la volonté et de son rapport à la connaissance. Cependant, cette explication appartenant à un tout autre chapitre de cet écrit[124], je me contenterai ici de remarquer que les dogmes se rapportant à l'éthique peuvent bien être les mêmes dans la raison de nations entières, la manière d'agir n'en reste pas moins autre pour chaque individu, et l'inverse aussi est vrai: l'action a lieu, comme on dit, selon des SENTIMENTS, c'est-à-dire justement pas selon des concepts, à savoir en fonction de leur teneur éthique. Les dogmes occupent la raison tant qu'elle est oisive, alors que la marche de l'action se produit, en dernier ressort, indépendamment d'eux, le plus souvent en fonction de maximes non pas abstraites mais non énoncées, et dont l'expression précisément constitue l'homme tout entier lui-même. Par conséquent, si différents soient les dogmes religieux des peuples, chez tous, une bonne action est source d'une satisfaction inexprimable, tandis qu'une mauvaise action est suivie d'un remords infini ; toutes les moqueries n'ébranleront jamais la première, nulle absolution d'aucun confesseur ne pourra jamais délivrer de la seconde. Toutefois, il convient de ne pas nier que lorsqu'un tournant vertueux est accompli, le recours à la raison est nécessaire, mais elle n'est pas source de celui-ci ; sa fonction n'est que subordonnée, car elle maintient les résolutions, une fois qu'elles sont prises, elle rappelle les maximes, et contribue à résister contre les faiblesses de l'instant ainsi qu'à rendre l'action conséquente. Finalement, dans l'art, sa prestation est la même : elle n'est d'aucun pouvoir sur l'essentiel mais apporte son soutien dans la réalisation parce que, précisément, le génie n'est pas à disposition à tout instant et qu'il faut que l'œuvre soit parfaite de bout en bout et soit harmonisée en un tout*.

§ 13

Toutes ces considérations, tant celles qui portent sur l'utilité que celles qui ont trait aux désavantages de l'utilisation de la raison, doivent servir à faire clairement apparaître que, bien que le savoir abstrait soit un reflet de la représentation intuitive et qu'il se fonde sur celle-ci, il ne coïncide en aucune manière avec elle et ne peut pas, à ce titre, la supplanter en

* Sur ce sujet, voir le chap. 7 du tome II.

tout point, bien plus : il ne lui correspond jamais exactement. Par conséquent, comme nous l'avons vu, si nombreuses soient les actions humaines qui ne se réalisent qu'à l'aide de la raison et qui procèdent d'une démarche réfléchie, certaines cependant sont bien mieux réalisées sans aucun recours à celle-ci. — Cette incongruité <*Inkongruenz*> des connaissances intuitive et abstraite, en vertu de laquelle celle-ci ne peut se rapprocher de celle-là, pas plus que la mosaïque ne se rapproche de la peinture, est également la raison d'un phénomène très remarquable, propre à la nature humaine exclusivement, au même titre que la raison justement, mais dont toutes les explications tentées jusqu'ici, même reformulées de manière inédite, se sont toujours avérées insuffisantes : je pense ici au RIRE <*das Lachen*>. À cet endroit, il nous est impossible de nous dérober à une explicitation de celui-ci en raison de son origine, même si celle-ci doit de nouveau interrompre le cours de notre marche. Le RIRE procède à chaque fois de nulle autre chose que du constat soudain de l'incongruité entre un concept et les objets réels qui avaient été pensés à travers lui à l'intérieur d'une certaine relation. Il n'est lui-même précisément que l'expression de cette incongruité. Celle-ci se manifeste souvent quand deux ou plusieurs objets réels sont pensés à travers un SEUL concept et que l'identité de celui-ci se reporte sur eux, suite à quoi une différence demeurée en reste surgit, entière, qui rend évident que le concept ne convenait à ces objets réels que d'un point de vue unilatéral. Il arrive cependant tout aussi fréquemment qu'avec un seul objet réel, la non-coïncidence de celui-ci avec le concept qui le subsumait à raison tant qu'il était compris d'un seul point de vue, devienne subitement sensible. Plus une réalité, dès lors qu'elle n'est considérée que d'un seul point de vue, est justement subsumée par un concept, plus grande et tranchée est la discordance du concept avec celle-ci, si on la considère d'un autre point de vue, et plus est fort l'effet risible qui en découle. Tout rire donc procède d'une subsomption paradoxale et, par suite, inattendue, que celle-ci s'exprime en mots ou en actes. Telle est, pour le dire succinctement, la véritable explication du risible <*das Lächerliche*>.

Je ne m'étendrai pas plus longtemps ici sur des anecdotes illustratives pour éclairer mon explication, car celle-ci est tellement simple et tellement compréhensible qu'elle n'en a nul besoin, tous les exemples de risible que le lecteur a en mémoire en valent bien assez pour preuve. Aussi notre explication trouve-t-elle amplement sa confirmation et son éclaircissement dans l'exposé des deux seules espèces de risible dans lesquelles il se scinde et qui, précisément, procèdent de cette explication. Soit il y a dans la connaissance, antérieure aux représentations intuitives, deux ou plusieurs objets réels parfaitement différents, et on a arbitrairement identifié ces objets à travers l'unité d'un concept qui les comprend tous les deux : cette espèce de risible se nomme TRAIT D'ESPRIT <*Witz*>. Soit, inversement, le concept est d'abord présent dans la connaissance, et l'on passe de lui à la réalité ainsi qu'à son effet sur celle-ci et à son action : des objets, par ailleurs fondamentalement différents mais tous pensés dans ce concept, sont considérés et traités de la même manière jusqu'à ce que leur énorme différence laissée en reste surgisse à l'étonnement et à la surprise de l'agent : cette espèce de risible se nomme BOUFFONNERIE <*Narrheit*>. Il s'ensuit que tout risible est soit trouvaille et trait d'esprit, soit action bouffonne, selon que l'on va de la distance des objets à l'identité des concepts ou que l'on prend le chemin inverse ; le premier est toujours volontaire et le second toujours involontaire et imposé de l'extérieur. Inverser apparemment ce point de départ et dissimuler le trait d'esprit sous le masque de la bouffonnerie est l'art du bouffon de la cour et de l'histrion. Celui-ci, parfaitement conscient de la diversité des objets, les réunit sous un concept par un trait d'esprit gardé secret et, prenant ensuite ce concept comme point de départ, se trouve surpris par la découverte après coup de la diversité des objets, à laquelle il s'était lui-même préparé. — Il résulte de cette théorie du risible, succincte mais suffisante, que, le dernier cas de comique mis de côté, le trait d'esprit se manifeste toujours nécessairement dans des paroles tandis que la bouffonnerie, le plus souvent, dans des actions, encore que dans des paroles aussi, lorsque celles-ci en effet ne font qu'énoncer leur projet, au lieu de l'accomplir réellement, à moins qu'elle ne s'exprime dans de simples jugements ou opinions.

La PÉDANTERIE participe elle aussi de la bouffonnerie. Elle procède d'un manque de confiance en notre propre entendement qui nous amène à refuser de lui accorder la faculté de reconnaître immédiatement ce qui est juste dans le cas particulier et, par suite, à entièrement le placer sous la tutelle de la raison et à vouloir se servir de celle-ci partout, c'est-à-dire à vouloir se fonder toujours sur des concepts généraux, des règles, des maximes et à prétendre s'y conformer exactement, dans la vie, dans l'art et même dans notre conduite éthique. De là provient cette adhésion, propre à la pédanterie, à la forme, à la manière, à l'expression, au mot qui, chez elle, vient supplanter l'essence des choses. De sorte qu'il apparaît bientôt que le concept ne coïncide pas avec la réalité et il devient évident que jamais ce dernier ne s'abaisse au niveau de la singularité et que sa généralité, sa détermination figée ne peuvent jamais se conformer exactement aux fines nuances et aux multiples mutations de la réalité. Aussi le pédant, fort de ses maximes générales, se trouve-t-il presque toujours pris de court dans la vie et s'y montre-t-il malhabile, fade, inutile : en art, où le concept est stérile, il engendre des avortons, dépourvus de vie, raides et maniérés. Et même dans une perspective éthique, le précepte selon lequel il convient d'agir avec justesse et noblesse d'âme ne peut être partout accompli en se conformant à des maximes abstraites, tant il est vrai que, dans bien des cas, la nature même des circonstances, faite d'infinies nuances, nécessite que le juste choix émane directement du caractère et que l'application de maximes purement abstraites produit de faux résultats, en partie parce qu'une telle application n'y est qu'à demi adaptée, en partie parce qu'elle est irréalisable, du fait que ces maximes se trouvent être étrangères au caractère individuel de celui qui agit et que ce caractère ne permet jamais qu'on le renie entièrement, de sorte qu'il en résulte des inconséquences. On ne peut tout à fait exonérer Kant du reproche de favoriser une certaine pédanterie morale dans la mesure où il pose comme condition de la valeur morale d'une action qu'elle provienne de maximes abstraites venues de la seule raison, dépourvues de tout penchant et de tout emportement passager ; c'est ce même reproche qui est signifié dans l'épigramme de Schiller intitulé « Scrupule de conscience[125] ». Quand, en particulier dans un contexte politique, on parle de doctrinaires, de théoriciens, de savants et autres personnes du même genre, ce sont des pédants que l'on désigne en réalité, c'est-à-dire des personnes qui connaissent bien les choses *in abstracto* mais non *in concreto*. L'abstraction consiste à éliminer de la pensée les déterminations les plus proches, or, de celles-ci bien des choses dépendent dans la pratique précisément.

Afin de parachever cette théorie, il convient de mentionner encore une forme secondaire du trait d'esprit <*Witz*>: le jeu de mots, *calembour* [en français dans le texte], *pur*, auquel on peut aussi ajouter l'*équivoque* [en français dans le texte] dont le principal usage est un usage obscène (la grivoiserie). De même que le trait d'esprit rassemble de force deux objets réels différents sous le même concept, le jeu de mots rassemble deux concepts différents sous le même mot en usant du hasard: le même contraste réapparaît mais bien plus estompé et plus superficiel, parce qu'il ne découle pas de l'essence des choses mais du hasard de leur dénomination. Dans le trait d'esprit, l'identité se situe dans le concept et la différence dans la réalité, dans le jeu de mots la différence se situe dans les concepts et l'identité dans la réalité, puisqu'y participe la phonétique des mots. Ce ne serait faire qu'une équivalence par trop tirée par les cheveux si l'on disait que le jeu de mots est au trait d'esprit ce qu'un cône placé à l'envers au-dessus est à celui qui est placé au-dessous de lui. Cependant le malentendu ou le quiproquo est un calembour involontaire; il est à celui-là ce que la bouffonnerie est au trait d'esprit. Aussi le malentendant, tout comme le bouffon, fait-il forcément souvent rire et de mauvais auteurs comiques utilisent celui-là en lieu et place de celui-ci afin de susciter le rire.

C[Je n'ai considéré le rire que du point de vue psychique. Pour ce qui est de son côté physique, je renvoie à mes *Parerga* (t. II, chap. 6, § 96, p. 134)*.]C

§ 14

À présent qu'ont été faites toutes ces diverses considérations qui, je l'espère, ont rendu parfaitement intelligibles la différence et le rapport entre, d'un côté, le mode de connaissance de la raison, le savoir, le concept et, de l'autre côté, la connaissance immédiate dans l'intuition purement sensible ou mathématique et l'appréhension par l'entendement; à présent qu'ont été exposées les explicitations intermédiaires sur le sentiment et le rire, auxquelles nous ont conduit de manière quasiment inéluctable ces considérations sur les remarquables rapports qu'entretiennent nos modes de connaissance, je reviens à une explicitation plus approfondie de la science que je présenterai comme le troisième privilège que la raison confère à l'homme, à côté du langage et de l'action réfléchie. Cette considération générale de la science, qui nous incombe ici, concernera d'une part sa forme, d'autre part le fondement de ses jugements et, enfin, son contenu aussi.

Nous avons vu que, exception faite du fondement de la pure logique, tout savoir en général ne trouve pas son origine dans la raison elle-même; il s'y est bien plutôt déposé autrement, en tant que connaissance intuitive acquise, et, ce faisant, est passé dans un mode de connaissance tout à fait différent, la connaissance abstraite. Tout SAVOIR, c'est-à-dire toute

* Voir sur ce sujet le chap. 8 du livre II.

connaissance élevée *in abstracto* à la conscience, entretient à proprement parler avec la SCIENCE un rapport semblable à celui de la partie avec le tout. Tout homme a acquis par l'expérience, par l'observation de phénomènes isolés un savoir concernant diverses choses mais seul celui qui se donne pour tâche d'acquérir *in abstracto* une connaissance complète portant sur n'importe quel genre d'objet, celui-là seul aspire à la science. Le concept seul lui permet d'isoler ce genre de l'objet, c'est pourquoi il y a, au sommet de chaque science, un concept par lequel est pensée la partie extraite du tout de chaque chose, dont elle promet une connaissance complète *in abstracto* : par exemple, le concept de rapports dans l'espace ou bien celui de l'action des corps inorganiques les uns sur les autres ou encore celui de la constitution des plantes et des animaux, celui des transformations successives de la sphère terrestre ou celui des transformations de l'espèce humaine dans le tout, ou celui de la formation d'une langue, etc. Si la science voulait acquérir la connaissance de son objet en étudiant isolément toutes les choses pensées à travers le concept jusqu'à ce qu'ainsi elle ait progressivement acquis une connaissance du tout, d'une part aucune mémoire d'homme ne pourrait y suffire, d'autre part on ne pourrait jamais acquérir l'assurance de l'exhaustivité. Aussi utilise-t-elle cette propriété explicitée plus haut inhérente aux sphères d'application des concepts, propriété qui fait qu'elles se recouvrent l'une l'autre, et va principalement vers les sphères plus vastes comprises à l'intérieur du concept de leur objet : en ayant déterminé les relations qu'elles entretiennent entre elles, c'est ce tout qui est pensé en elles en général qui a été codéterminé et peut désormais être déterminé de manière de plus en plus exacte en isolant des sphères d'application de concept toujours plus étroites. C'est par ce biais qu'il devient possible qu'une science embrasse entièrement son objet. Ce chemin qu'elle parcourt jusqu'à la connaissance, et qui va du particulier au général, la distingue du savoir commun. Aussi la forme systématique est-elle un signe essentiel et distinctif de la science. Le lien entre les sphères d'application des concepts les plus généraux de cette science, c'est-à-dire la connaissance de leurs principes suprêmes, est une condition incontournable de son apprentissage : le point jusqu'où l'on entend aller, en partant de ceux-ci pour aller aux principes plus particuliers, est indifférent et n'accroît pas la profondeur du savoir mais son extension. — Le nombre des principes supérieurs, auxquels les autres sont tous subordonnés, est très différent selon les différentes sciences, de sorte que, dans certaines, les subordinations se trouvent plus nombreuses tandis que, dans d'autres, les coordinations sont en plus grand nombre. Dans cette perspective, les premières exigent plus de la faculté de juger tandis que les secondes, elles, exigent plus de la mémoire. C'est là un point déjà connu des scolastiques*[126], à savoir qu'aucune science, parce qu'une conclusion exige toujours deux prémisses, ne peut partir d'un seul principe premier, ne permettant aucune autre dérivation, mais qu'elle doit toujours en posséder plusieurs, deux au minimum. Les sciences à proprement parler classificatoires, la zoologie, la botanique, mais aussi la physique et la chimie, dans la mesure où ces dernières ramènent toute action inorganique à un nombre restreint de forces fondamentales, ont le plus grand nombre de subordinations ; en revanche,

* Suárez, *Disput. metaphysicae*, disp. III, sect. 3, tit. 3.

l'histoire n'en possède réellement aucune car le général, chez elle, se réduit à une vision globale de périodes dominantes dont, cependant, les circonstances particulières ne sauraient être déduites ; elles n'y sont subordonnées que dans le temps et, selon le concept, elles leurs sont coordonnées. Par conséquent, l'histoire, dans son sens strict, si elle est un savoir, n'est pas une science. En mathématiques, selon le traitement euclidien, les axiomes sont les seuls principes premiers indémontrables auxquels toutes les démonstrations sont strictement subordonnées de manière graduée : pour autant, ce traitement ne lui est pas essentiel et, en réalité, chaque théorème initie à chaque fois une nouvelle construction dans l'espace qui, en elle-même, est indépendante des précédentes et peut à vrai dire aussi être connue tout à fait indépendamment de ces dernières, à partir d'elle-même, dans la pure intuition de l'espace, intuition par laquelle même la construction la plus alambiquée est aussi immédiatement évidente que l'axiome (mais nous développerons ce point dans le détail plus loin). Entre-temps, ce principe mathématique reste toujours une vérité qui vaut dans d'innombrables cas, de même que lui est essentielle la progression, allant des principes simples aux principes compliqués, les seconds devant être ramenés aux premiers : à tous égards, les mathématiques sont donc une science. — La perfection d'une science en tant que telle, c'est-à-dire selon sa forme, consiste en ce qu'il y ait le plus de subordinations possibles et le moins de coordinations. Le talent scientifique en général est, par conséquent, la faculté de subordonner les sphères d'application des concepts en fonction de leurs différentes déterminations, afin que la science ne soit pas seulement constituée, comme le recommande Platon de manière insistante, d'un principe général et, immédiatement en dessous de celui-ci, d'une variété impossible à embrasser du regard de cas particuliers juxtaposés les uns aux autres, mais que l'on descende progressivement du plus général au particulier, en passant par des concepts intermédiaires et des divisions établies en fonction de déterminations de plus en plus précises. Selon les dires de Kant, cela signifie satisfaire également la loi de l'homogénéité et celle de la spécification. Mais du fait précisément que cela constitue la véritable perfection scientifique, il résulte que la fin de la science n'est pas un accroissement de la certitude, car c'est là une chose que peut aussi bien atteindre même la connaissance particulière la plus décousue. La science est une facilitation du savoir par la forme que prend celui-ci et, de ce fait, elle est une possibilité donnée de la perfection du savoir. Aussi l'opinion selon laquelle la scientificité de la connaissance consiste dans sa plus grande certitude est-elle certes courante mais absurde, et tout aussi erronée est l'affirmation, qui en découle, selon laquelle seules les mathématiques et la logique seraient des sciences au sens propre car en elles seules résiderait la certitude inébranlable de la connaissance en raison de son caractère absolument *a priori*. On ne saurait leur contester ce dernier avantage ; or il ne leur donne aucun droit particulier à prétendre à la scientificité qui, en tant que telle, ne réside pas dans la certitude mais dans la forme de la connaissance fondée sur une descente progressive du général au particulier. — Ce cheminement de la connaissance propre aux sciences, et qui va du général au particulier, implique qu'en elles bien des choses sont fondées par une déduction de principes antécédents, donc par des preuves, et cela a suscité la vieille erreur selon laquelle seul ce qui est prouvé est complètement vrai et que toute vérité nécessite une preuve ; au contraire toute preuve nécessite une vérité non prouvée, laquelle fonde finalement cette preuve, ou alors les preuves de cette preuve ; par conséquent, par rapport à une vérité fondée par une preuve, une vérité immédiatement fondée est aussi préférable que l'est l'eau de source à celle qui provient de l'aqueduc. L'intuition, qui est soit pure et *a priori*, quand elle fonde les mathématiques, soit *a posteriori*, quand elle fonde toutes les autres sciences, est la source de toute vérité et le fondement de toute science. (Il convient d'en exclure la logique seule fondée sur une connaissance non intuitive mais cependant immédiate de ses propres lois.) Ce ne sont ni les jugements prouvés ni leurs preuves mais ce sont ces jugements immédiatement puisés à l'intuition et fondés sur elle plutôt que sur n'importe quelle preuve, qui sont à la science ce que le soleil est à l'édifice de l'univers, car d'eux procède toute lumière et, illuminés par elle, à leur tour, ils illuminent tous les autres. Fonder immédiatement sur l'intuition la vérité de ce type de jugements premiers, extraire ces fondations de la science de la multitude incommensurable des choses réelles, telle est l'œuvre de la FACULTÉ DE JUGER, laquelle consiste dans le pouvoir de transposer de manière juste et exacte dans la conscience abstraite ce qui est connu intuitivement[127]. Elle est, par conséquent, l'intermédiaire entre l'entendement et la raison. Seule la présence dans un individu de cette faculté, à un stade de force exceptionnel, au-delà de la mesure ordinaire, peut vraiment contribuer à faire progresser les sciences ; mais déduire des principes à partir d'autres principes, prouver et conclure, chacun le peut, dès lors qu'il possède une raison saine. En revanche, déposer et fixer ce qui est connu par l'intuition dans des concepts adéquats en vue de la réflexion, de sorte que, d'une part, ce qui est commun entre plusieurs objets réels est pensé à travers un SEUL ET UNIQUE concept et que, d'autre part, ce qui les différencie est également pensé à travers autant de concepts qu'il y a de différences, de sorte, donc, que le différent, en dépit d'une correspondance partielle, est tout de même connu et pensé comme différent et que, de la même manière, l'identique, en dépit d'une différence partielle, est tout de même connu et pensé comme identique, et cela conformément à la fin et au point de vue qui président à chaque fois : tout cela est l'œuvre du JUGEMENT. Le manque de cette faculté est SIMPLICITÉ D'ESPRIT. Le simple d'esprit méconnaît tantôt la différence partielle ou relative de ce qui d'un autre point de vue est identique, tantôt l'identité de ce qui est relativement ou partiellement différent. D'ailleurs, on peut appliquer à la présente explication de la faculté de juger la division qu'établit Kant entre faculté de juger réfléchissante et faculté de juger subsumante[128], suivant qu'elle opère en passant des objets intuitifs au concept ou en passant du concept aux objets intuitifs ; et dans les deux cas, le jugement intervient toujours comme intermédiaire entre la connaissance intuitive de l'entendement et celle réflexive de la raison. — Il n'est aucune vérité qu'il faille absolument faire ressortir des seules conclusions, et la nécessité de la fonder par des conclusions n'est jamais que relative, voire subjective. Comme toutes les preuves sont des conclusions, ce n'est tout d'abord pas une preuve qu'il faut chercher pour chaque nouvelle vérité, mais une évidence immédiate et ce n'est que tant que celle-ci manque qu'il convient, en attendant, d'établir la preuve. Et aucune science ne peut être démontrable de part en part, aussi peu qu'un édifice peut tenir dans l'air, car toutes ses preuves doivent se rapporter à un objet intuitif, c'est-à-dire, par conséquent, indémontrable. Car le monde de la réflexion tout entier repose sur le monde de l'intuition et y prend ses racines. Toute ÉVIDENCE dernière, c'est-à-dire originelle, est INTUITIVE : le mot lui-même l'indique déjà[129]. Par suite, elle est soit empirique, soit fondée sur l'intuition *a priori* des conditions de possibilité de l'expérience[130]. Dans les deux cas, elle ne livre qu'une connaissance immanente et non transcendante. La valeur et l'existence de tout concept réside uniquement dans son rapport, même très indirect, à une représentation intuitive : ce qui vaut des concepts vaut aussi des jugements assemblés à partir de ces derniers et de toutes les sciences. Aussi doit-il être possible, d'une manière ou d'une autre, de connaître immédiatement, en l'absence de preuve et de conclusion, toute vérité qui a été découverte par des conclusions et transmises par des preuves. Sans doute est-ce plus difficile pour nombre de principes mathématiques complexes auxquels nous n'arrivons que par une suite de conclusions, comme par exemple pour le calcul des cordes et tangentes de tous les arcs au moyen de conclusions tirées du théorème de Pythagore : une telle vérité ne peut, elle non plus, reposer essentiellement et uniquement sur des principes abstraits, de même que les rapports spatiaux, qui sont à son origine, doivent pouvoir être mis en relief *a priori* pour l'intuition pure de sorte que leur énoncé abstrait soit immédiatement fondé. Mais, bientôt, nous traiterons dans le détail de la preuve mathématique.

C[Il est fréquent que l'on adopte une certaine hauteur de ton pour parler des sciences et que l'on dise d'elles qu'elles reposent entièrement sur des conclusions justes tirées de prémisses certaines et que, pour cette raison, elles seraient indiscutablement vraies. Mais, si vraies que soient les prémisses, par un enchaînement purement logique de conclusions on n'obtient jamais rien d'autre qu'une explicitation et un développement de ce qui réside déjà tout prêt dans les prémisses : on ne fera donc que présenter de manière explicite ce qui était déjà compris de manière implicite. Cependant, par ces sciences tant vantées, on désigne en particulier les mathématiques et, notamment, l'astronomie. Mais la certitude de cette dernière science provient de ce que son fondement est l'intuition de l'espace donnée *a priori*, donc infaillible, et de ce que tous les rapports spatiaux découlent les uns des autres avec une nécessité (raison de l'être[131]), assurant une certitude *a priori*, si bien que, par suite, ils peuvent être déduits les uns des autres avec certitude. À ces déterminations mathématiques ne vient s'ajouter ici qu'une seule force naturelle, la gravité, qui agit exactement dans le rapport des masses et du carré de la distance[132] et, enfin, la loi de l'inertie certaine *a priori* parce que découlant de la causalité ainsi que de la donnée empirique du mouvement imprimé une fois pour toutes sur chacune de ces masses[133]. Tel est tout le matériau de l'astronomie, lequel, aussi bien en raison de sa simplicité que de sa certitude, conduit à des résultats sûrs et, par la grandeur et l'importance de ses objets, très intéressants. Par exemple si je connais la masse d'une planète et la distance qui la sépare de son satellite, je puis déduire avec certitude d'après la seconde loi de Kepler[134] le temps qu'il met pour accomplir sa révolution autour d'elle : le principe de cette loi est que, à cette distance, une seule vitesse peut maintenir le satellite lié à sa planète et l'empêcher de tomber sur elle. — Donc, sur cette unique base géométrique, c'est-à-dire au moyen d'une intuition *a priori*, et en appliquant en outre une loi naturelle, les conclusions peuvent nous mener loin, parce qu'elles ne sont ici en quelque sorte que des ponts faisant le lien entre UNE conception intuitive et d'autres. Mais il n'en va pas de même des pures et simples conclusions obtenues par des voies exclusivement logiques. — L'origine des premières vérités fondamentales de l'astronomie est en réalité l'induction, c'est-à-dire la synthèse de ce qui est donné dans de nombreuses intuitions en un jugement juste et immédiatement fondé ; c'est à partir de ce dernier que l'on forme ensuite des hypothèses dont la confirmation par l'expérience, en tant qu'elle est une induction approchant de la perfection, établit la preuve de ce premier jugement. Par exemple, le mouvement apparent des planètes est connu empiriquement : ce n'est qu'après moult fausses hypothèses sur l'ordre spatial de cette trajectoire (l'orbite des planètes) que l'on découvrit enfin la bonne[135] et ensuite la loi qu'elle suit (la loi de Kepler) ainsi que, pour finir, la cause de cette trajectoire (la gravitation universelle). Et c'est la concordance, connue de manière empirique, de tous les cas se produisant avec l'ensemble des hypothèses (c'est-à-dire l'induction) qui leur a conféré une parfaite certitude. La découverte de l'hypothèse fut l'affaire de la faculté de juger, qui a justement conçu et a trouvé l'expression conforme des faits donnés, mais c'est l'induction, c'est-à-dire une intuition multiple, qui en confirma la vérité. Mais celle-ci pourrait même être fondée immédiatement par une seule intuition si nous pouvions parcourir librement l'espace de l'univers et posséder des yeux télescopiques.]C Par conséquent, les conclusions ne constituent pas ici non plus la source essentielle et unique de la connaissance, elles n'en sont jamais en réalité qu'un adjuvant.

Enfin, nous entendons encore remarquer, pour introduire un troisième exemple d'une autre nature, que lesdites vérités métaphysiques, c'est-à-dire ces vérités que Kant expose dans les *Premiers principes métaphysiques de la science de la nature*[136], ne doivent pas leur évidence aux preuves. Nous connaissons immédiatement ce qui est *a priori* certain : nous en avons conscience comme de la forme de toute connaissance, et ce, avec la plus grande nécessité. Par exemple, que la matière perdure, c'est-à-dire qu'elle ne peut ni se créer ni disparaître, est une chose que nous connaissons immédiatement[137] en tant que vérité négative, car notre intuition pure du temps et de l'espace crée la possibilité du mouvement, l'entendement crée, par la loi de la causalité, la possibilité d'une modification de la forme et de la qualité mais, dès qu'il s'agit de représenter une création et une disparition de la matière, les formes nous font défaut[138]. Aussi cette vérité a-t-elle été évidente de tous temps, partout et pour tout le monde ; elle n'a encore jamais été sérieusement mise en doute et n'aurait pu l'être si sa connaissance n'avait eu d'autre fondement que cette preuve kantienne laborieuse tenant en équilibre sur des têtes d'épingle[139]. Il est vrai que, en outre (comme il est détaillé dans l'*Appendice*), j'ai jugé fausse la preuve de Kant et montré plus haut que ce n'est pas à partir de la part que prend le temps mais de celle que prend l'espace à la possibilité de l'expérience qu'il faut déduire la permanence de la matière. La véritable justification de toutes les vérités, que, dans ce sens, on nomme métaphysiques, c'est-à-dire des expressions des formes nécessaires et universelles du connaître, ne peut résider à son tour dans des principes abstraits mais dans une conscience immédiate des formes de la représentation s'énonçant *a priori* par des affirmations apodictiques ne se prêtant pas à la réfutation. Si l'on veut cependant donner une preuve de ces vérités, celle-ci ne peut consister qu'à montrer que la vérité qu'il convient de démontrer est déjà contenue soit en partie soit comme condition préalable dans une vérité quelconque indubitable. Ainsi, par exemple, j'ai montré que toute intuition empirique comprend déjà en elle-même l'application de la loi de la causalité dont la connaissance est, par suite, la condition de toute expérience et que, pour cette raison, elle ne peut être conditionnée et donnée par l'expérience, comme l'affirme Hume. — Les preuves, en vérité, valent moins pour ceux qui veulent étudier que pour ceux qui entendent disputer. Ceux-ci nient obstinément la possibilité d'une intelligence immédiate des choses. Aussi, comme seule la vérité peut être conséquente à tous égards, il convient de leur montrer que ce qu'ils concèdent de manière médiate sous UNE certaine forme est ce qu'ils nient immédiatement sous une autre forme, c'est-à-dire qu'il faut leur montrer la nécessité logique du lien entre ce qu'ils nient et ce qu'ils concèdent.

Mais la forme scientifique, qui consiste à subordonner toute chose particulière à un principe général en remontant ainsi progressivement, a en outre pour conséquence que la vérité de nombreux principes ne peut être justifiée que logiquement, à savoir par leur dépendance à l'égard d'autres principes, donc par des raisonnements qui, dans le même temps, font office de preuves. On ne doit, cependant, jamais oublier que cette forme tout entière n'est qu'un moyen de faciliter la connaissance et non un moyen d'accéder à une plus grande certitude. Il est plus facile de reconnaître la nature d'un animal à partir de son espèce et ainsi en remontant jusqu'à son genre, sa famille, son ordre et sa classe que d'étudier à chaque fois l'animal en question pour lui-même. Mais la vérité de tout principe déduit par raisonnement n'est jamais que conditionnée et, en dernière instance, soumise à une autre vérité, laquelle ne repose pas sur des raisonnements mais sur l'intuition. Si cette dernière nous apparaissait aussi évidente que la vérité déduite à partir d'un raisonnement, alors il faudrait absolument la préférer. Car toute déduction faite à partir de concepts est sujette à nombre de méprises, en raison des multiples interpénétrations entre les sphères d'application des concepts montrées plus haut et de la détermination souvent chancelante de leur contenu ; maintes preuves propres à des doctrines fausses et à des sophismes en tous genres en sont autant d'exemples. — Assurément, d'après leur forme, les raisonnements sont parfaitement certains, seulement la matière dont ils sont faits, les concepts, les rend très incertains, en partie parce que les sphères d'application de ces concepts ne sont pas déterminées de manière assez précise, en partie parce qu'elles s'entrecoupent de manières si diverses, une sphère étant partiellement comprise dans beaucoup d'autres, que l'on peut en sortir à l'envi pour passer dans l'une ou l'autre des autres sphères et ainsi de suite, comme il a déjà été exposé. En d'autres termes : le *terminus minor* [petit terme], tout comme le *medius* [moyen terme] peuvent toujours être subordonnés à des concepts différents, et comme, à partir de ces concepts, on choisit selon son bon vouloir le *terminus major* [grand terme] et le *medius*, il en résulte que le raisonnement qui en ressort est différent. — Il convient, par conséquent, de systématiquement préférer l'évidence immédiate à la vérité démontrée et de n'admettre cette dernière que s'il faut chercher la première trop loin mais non si celle-ci est proche ou plus proche que la première. C'est ainsi que nous avons vu plus haut que, de fait, en logique, où la connaissance immédiate nous est plus proche que la connaissance scientifique déduite, nous dirigeons toujours notre pensée en fonction de la connaissance immédiate des lois de la pensée, sans donc utiliser la logique*.

§ 15

Si, à présent, forts de notre conviction que l'intuition est la source première de toute évidence et la relation immédiate ou médiate à celle-ci, la seule vérité absolue et que, plus avant, le chemin le plus direct à celle-ci est toujours le plus sûr, puisque toute médiation par des concepts nous expose au risque de l'illusion, si, dis-je, forts de cette conviction, nous nous tournons à présent vers les MATHÉMATIQUES telles qu'elles ont été instituées en science par Euclide et telles qu'elles le sont globalement restées jusqu'à nos jours, nous ne pouvons nous empêcher de trouver que le chemin qu'elles empruntent est étrange, voire erroné. Nous exigeons que toute démonstration logique soit ramenée à une explication intuitive; elles, en revanche, s'astreignent avec beaucoup de peine à bravement rejeter l'évidence intuitive qui leur est propre et partout proche, pour lui substituer une évidence logique. On ne peut s'empêcher de trouver à cela une ressem-

* Voir sur ce sujet le chap. 12 du tome II.

blance avec quelqu'un qui se couperait les jambes pour marcher avec des béquilles ou au prince dans le *Triomphe de la sensibilité*[140] qui fuit la nature belle et vraie pour se repaître d'un décor de théâtre qui ne fait que l'imiter. — Il me faut rappeler ici ce que j'ai dit dans le sixième chapitre de ma dissertation sur le principe de raison[141] ; je le suppose tout frais dans la mémoire du lecteur et tout à fait présent à son esprit, et y adjoins ici mes remarques sans renouveler l'exposé de la distinction entre la simple raison de la connaissance d'une vérité mathématique, qui peut être donnée logiquement, et la raison de l'être, qui est la connexion immédiate, connaissable par la seule intuition, des parties de l'espace et du temps, dont seule une saisie pénétrante donne une satisfaction véritable et une connaissance approfondie, alors que la raison de la connaissance, à elle seule, ne reste jamais qu'à la superficie des choses, c'est-à-dire qu'elle peut apporter le savoir QU'il en est ainsi mais non POURQUOI il en est ainsi. Euclide a emprunté ce dernier chemin au détriment évident de la science. Car, par exemple, dès le début, alors qu'il était censé montrer une fois pour toutes comment, dans un triangle, l'angle et le côté se déterminent réciproquement et sont cause et conséquence les uns des autres conformément à la forme que revêt le principe de raison dans le seul espace et qui, ici comme partout, implique la nécessité qu'une chose est telle qu'elle est, parce qu'une autre chose, totalement différente, est telle qu'elle est ; au lieu de donner une intelligence approfondie de l'essence du triangle, il établit quelques principes au sujet du triangle, isolés, choisis arbitrairement, et donne à ceux-ci une raison de la connaissance logique au moyen d'une démonstration laborieuse, reposant sur la logique et en conformité avec le principe de non-contradiction. Au lieu d'une connaissance exhaustive de ces relations spatiales, nous n'obtenons de celles-ci, par suite, que des résultats partiaux arbitrairement amputés et l'on se retrouve en l'occurrence dans la situation de quelqu'un à qui l'on montre les différentes actions d'une machine artificielle tout en lui passant sous silence son mécanisme intérieur et ses ressorts. Ce que démontre Euclide et qui consiste à dire que toute chose est telle qu'elle est, il nous oblige à en convenir en vertu du principe de non-contradiction, mais ce POURQUOI il en est ainsi, nous ne le saurons pas. Aussi éprouvons-nous pour ainsi dire la même sensation de malaise que celle que l'on ressent à la suite d'un tour de prestidigitateur, et il faut bien reconnaître que la plupart des démonstrations d'Euclide y ressemblent de manière frappante. Presque toujours la vérité vient se glisser par la porte de derrière du fait qu'elle résulte, comme par accident, d'une quelconque circonstance accessoire. Souvent, une preuve apagogique vient fermer toutes les portes, les unes après les autres, n'en laissant qu'une seule d'ouverte, de sorte que, n'ayant pas d'autre accès, on est bien obligé d'entrer par celle-ci. Souvent, comme dans le théorème de Pythagore, des lignes sont tracées sans que l'on sache pourquoi et il s'avère, après coup, que c'étaient des nœuds qui se resserrent de manière inopinée, piégeant l'assentiment de celui qui étudie, lequel, à sa surprise, se trouve alors obligé d'approuver ce dont il ne comprend aucunement l'enchaînement interne. Il aura beau étudier tout Euclide à fond, il n'en pourra pour autant acquérir l'intelligence des lois des relations dans l'espace et, à la place, se limitera à apprendre par cœur quelques résultats déduits de celles-ci. Cette connaissance à proprement parler empirique et dépourvue de toute scientificité ressemble à celle du médecin qui connaît séparément la maladie et le remède mais non le rapport entre eux. Tout cela est la conséquence de ce qu'on rejette arbitrairement le mode de justification et d'évidence propre à une forme de connaissance et que, à sa place, on en introduit de force un autre qui lui est étranger. Au demeurant, la manière dont ce procédé a été imposé par Euclide force toute l'admiration qui lui a été vouée durant tant de siècles, laquelle a pris une proportion si grande que l'on a déclaré que sa manière de traiter des mathématiques était le modèle de toute représentation scientifique et que l'on s'est efforcé d'y conformer toutes les autres sciences pour, cependant, plus tard en revenir sans savoir vraiment pourquoi. À nos yeux, toutefois, la méthode qu'applique Euclide dans les mathématiques ne peut nous apparaître que comme une brillante absurdité. Il demeure que de toute grande erreur, qu'elle concerne la vie ou la science, dès lors qu'elle est poursuivie volontairement et méthodiquement et que, de surcroît, elle emporte l'assentiment général, la cause est à rechercher dans la philosophie dominante de son époque. — Les éléates tout d'abord avaient découvert la différence voire plus couramment le conflit entre ce qui est perçu par l'intuition (φαινόμενον [phénomène]) et ce qui est pensé (νοούμενον [noumène])*[142] et l'avaient utilisé de diverses manières pour leurs philosophèmes ainsi que pour leurs sophismes. Plus tard, leur ont succédé les mégariques, les dialecticiens, les sophistes, les néo-académiciens et les sceptiques ; ceux-ci attirèrent l'attention sur l'apparence, c'est-à-dire sur l'illusion des sens ou, bien plutôt, sur celle de l'en-

* Ne parlons même pas ici du mésusage que Kant fit de ces expressions grecques et que l'on aborde dans l'*Appendice*.

tendement, lequel transforme les données des sens en vue de leur intuition, illusion qui nous fait voir des choses auxquelles la raison dénie en toute certitude la réalité, comme par exemple l'illusion du bâton brisé dans l'eau et autres de même nature. On reconnut alors que l'on ne pouvait se fier absolument à l'intuition sensible et on en conclut précipitamment que seule la pensée rationnelle et logique était fondatrice de vérité. Toutefois, Platon (dans son *Parménide*), les mégariques, Pyrrhon et les néo-académiciens montrèrent par des exemples que, d'un autre côté, certains raisonnements et concepts induisaient en erreur et généraient même des paralogismes et des sophismes, lesquels apparaissent bien plus facilement et sont bien plus difficiles à dénouer que l'apparence de l'intuition sensible. Cependant, ce rationalisme, apparu en opposition à l'empirisme, garda le dessus et Euclide élabora les mathématiques conformément à ce rationalisme et, contraint par la nécessité, il ne fit reposer sur l'évidence intuitive (φαινόμενον) que ses axiomes; quant au reste, il le fonda sur des raisonnements (νοούμενον). Sa méthode resta dominante des siècles durant et dut le rester tant que l'on ne fit pas la distinction entre la pure intuition *a priori* et l'intuition empirique. Il est vrai que le commentateur d'Euclide, Proclus, semble avoir parfaitement identifié cette distinction, comme en atteste un passage signé de ce commentateur et traduit par Kepler dans son ouvrage *de harmonia mundi*[143]; seulement ce dernier n'a pas accordé suffisamment de poids au problème et l'a présenté comme un point isolé, de sorte qu'il passa inaperçu et ne s'imposa pas. Aussi n'est-ce que deux mille ans plus tard que la théorie de Kant, appelée à apporter d'immenses changements dans tout le domaine du savoir, de la pensée et des pratiques des peuples européens, a donné lieu à un tel changement dans les mathématiques également. Car, ce n'est qu'après que nous avons appris de ce grand esprit que les intuitions de l'espace et du temps sont parfaitement distinctes des intuitions empiriques, qu'elles sont parfaitement indépendantes de toute impression des sens, qu'elles la conditionnent plutôt qu'elles ne sont conditionnées par elle et que, par suite, elles ne se prêtent pas à l'illusion des sens — c'est donc à ce moment-là seulement que nous pouvons réaliser que le traitement logique qu'Euclide applique aux mathématiques est une précaution inutile, une béquille pour jambes vaillantes, semblable à un promeneur qui, de nuit, prenant un chemin clair et ferme pour un lit de rivière, se garde d'y risquer un pied et marche tout le temps à côté sur un sol caillouteux, satisfait de se heurter de loin en loin à la prétendue rivière. Maintenant seulement nous pouvons affirmer avec certitude que ce qui, dans l'intuition d'une figure, se présente à nous comme nécessaire ne provient pas de la figure dessinée sur le papier, laquelle peut être très lacunaire, que cela ne provient pas non plus d'un concept abstrait, lequel se forme dans notre pensée, mais que cela procède immédiatement de la forme de toute connaissance dont nous avons conscience *a priori* : celle-ci est partout le principe de raison ; ici, elle intervient en tant que forme de l'intuition, elle est espace, principe de raison de l'être dont l'évidence et la validité sont cependant aussi grandes et immédiates que celles du principe de raison de la connaissance, à savoir que la certitude logique. Nous n'avons donc ni la nécessité ni le droit, en nous fiant à cette dernière seulement, de quitter le domaine propre aux mathématiques afin de les accréditer dans le domaine des concepts, lequel leur est tout à fait étranger. Si, donc, nous

nous maintenons sur le seul terrain propre aux mathématiques, nous en tirons le grand avantage que, en elles, désormais le savoir QU'une chose est telle qu'elle est se couple avec celui du POURQUOI elle est telle qu'elle est, tandis que la méthode d'Euclide scinde entièrement les deux et ne donne à connaître que le premier savoir et non le second. Comme le dit excellemment Aristote dans ses *Analyt. post.* I, 27 : Ἀκριβεστέρα δ' ἐπιστήμη ἐπιστήμης καὶ προτέρα ἥ τε τοῦ ὅτι καὶ τοῦ διότι ἡ αὐτή, ἀλλὰ μὴ χωρὶς τοῦ ὅτι τῆς τοῦ διότι. (*Subtilior autem et praestantior ea est scientia, qua* quod *aliquid sit et* cur *sit una simulque intelligimus, non separatim* quod *et* cur *sit*) [Une science est plus exacte et antérieure, quand elle connaît à la fois le *fait* et le *pourquoi*, et non le *fait* lui-même séparé du *pourquoi*[144]. En physique, ne sommes-nous pas, à vrai dire, satisfaits uniquement à partir du moment où la connaissance QU'une chose est telle qu'elle est s'unit à celle du POURQUOI elle est telle qu'elle est : que le mercure dans un tube de Torricelli s'élève à 28 pouces, c'est là un piètre savoir si on n'y ajoute pas en plus qu'il se maintient à ce résultat en raison de la pesanteur de l'air[145]. Mais, en mathématiques, faut-il nous contenter de cette *qualitas occulta* du cercle, laquelle consiste en ce que les segments de chacune des deux cordes[146] qui se coupent à l'intérieur d'un cercle forment toujours deux rectangles semblables ? Bien sûr, la 35e proposition du livre III d'Euclide prouve qu'il en est ainsi, mais pourquoi il en est ainsi, voilà qui reste encore en suspens. Il en va de même pour le théorème de Pythagore qui nous enseigne une qualité occulte du triangle rectangle. La démonstration boiteuse, voire perfide, d'Euclide nous laisse au stade du pourquoi, tandis que la simple figure déjà connue qui l'accompagne permet, en un coup d'œil, d'acquérir une intelligence de la proposition bien plus profonde que cette démonstration et une conviction ferme et intime de sa nécessité et de son lien étroit avec cette propriété de l'angle droit[147] :

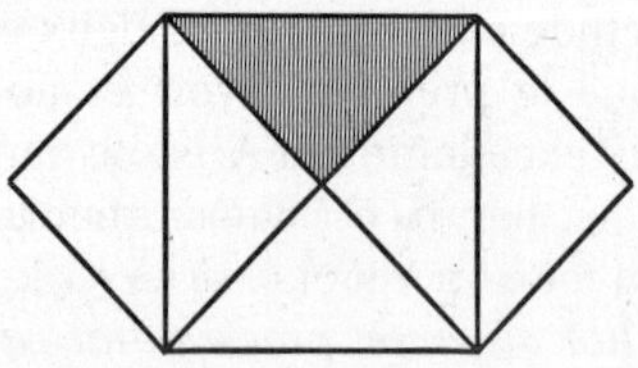

Même lorsque les deux côtés de l'angle droit sont inégaux, il doit nécessairement être possible d'arriver à une conviction intuitive, tout comme, en général, pour toute vérité géométrique quelle qu'elle soit. Précisément parce que la découverte de cette vérité a eu, chaque fois, pour point de départ une nécessité perçue par l'intuition et que la démonstration n'a été imaginée qu'après, on n'a besoin que de procéder à une analyse du cheminement de la pensée lors de la première découverte d'une vérité géométrique pour en reconnaître intuitivement la nécessité. Il s'agit là de la méthode analytique que, en tout état de cause, je souhaiterais voir appliquée pour l'exposé des mathématiques, à la place de celle synthétique qu'Euclide a utilisée. Il est vrai que, pour des vérités mathématiques complexes, cette méthode posera de très grandes difficultés, encore qu'elles ne sont pas insurmontables. Déjà en Allemagne, on commence, ici ou là, à changer de méthode pour présenter les mathématiques et à privilégier la voie analytique[148]. C[L'expérience la plus décisive fut celle faite par Monsieur Kosack[149], professeur de mathématiques et de physique au lycée de Nordhausen : il s'est engagé pour le programme de l'examen du

6 avril 1852 à tenter de traiter de manière exhaustive la géométrie en suivant mes principes.]C

Pour améliorer la méthode des mathématiques, il est recommandé, de préférence, de renoncer au préjugé qui consiste à penser que la vérité démontrée aurait quelque avantage sur la vérité connue intuitivement ou encore que la vérité logique, reposant sur le principe de non-contradiction, serait préférable à celle métaphysique[150] qui est immédiatement évidente et à laquelle appartient aussi la pure intuition de l'espace.

Le contenu du principe de raison est à la fois ce qu'il y a de plus certain et ce qui est, en tout point, inexplicable. Car, sous les différentes figures qu'il revêt, il définit la forme générale de toutes nos représentations et connaissances. Toute explication y ramène et démontre, dans le cas particulier, quelle est la cohérence entre les représentations qui sont exprimées à travers lui de manière générale. Il est, par suite, le principe de toute explication et, de ce fait, n'est lui-même ni capable ni nécessiteux d'aucune explication puisque toute explication le présuppose déjà et ne reçoit sa signification que de lui. Mais aucune de ses figures ne prend le dessus sur une autre, il est tout autant certain et indémontrable en tant que principe de raison de l'être, du devenir ou de l'agir. Le rapport de raison à conséquence est nécessaire dans l'une comme dans l'autre de ses figures, il est même de manière générale l'origine ainsi que l'unique signification du concept de nécessité. Il n'est d'autre nécessité que celle de la conséquence, si la raison en est donnée, et il n'est de raison qui n'entraîne la nécessité de sa conséquence. Donc, la conséquence énoncée dans la proposition finale découle de la raison de la connaissance donnée dans les prémisses avec la même certitude que, dans l'espace, la raison de l'être conditionne sa conséquence dans l'espace. Et aurais-je connu la relation des deux dans l'intuition, cette certitude n'en sera pas moins grande que n'importe quelle certitude logique. Tout théorème géométrique, au même titre que l'un des douze axiomes, est expression d'une telle relation : il est une vérité métaphysique et, en tant que telle, il est aussi immédiatement certain que l'est le principe de contradiction lui-même, lequel est une vérité métalogique et le fondement général de toute démonstration de la preuve logique. Quiconque dénie la nécessité intuitive des relations dans l'espace exprimées dans n'importe quel théorème, peut, avec la même légitimité, rejeter et l'axiome et la conséquence déduite des prémisses, voire le principe de contradiction lui-même, car ce sont là autant de relations connaissables *a priori* et immédiatement évidentes et indémontrables. Par suite, en ne voulant déduire la nécessité connaissable intuitivement des relations dans l'espace qu'à travers la seule démonstration de la preuve logique, tirée du principe de contradiction, on ne fait rien d'autre que de vouloir remettre un domaine en fief au seigneur direct de ce même domaine. C'est pourtant ce qu'a fait Euclide. Il n'y a que ses axiomes que, contraint et forcé, il fait reposer sur l'évidence immédiate[151] ; toutes les vérités géométriques qui s'ensuivent sont démontrées logiquement, c'est-à-dire, en présupposant ces axiomes, à partir de la concordance avec les hypothèses établies dans le théorème, ou avec un théorème antécédent, ou encore à partir de la contradiction entre le contraire du théorème et les hypothèses, les axiomes, les théorèmes antécédents, voire lui-même. Mais les axiomes eux-mêmes n'ont pas plus d'évidence immédiate que tout autre théorème géométrique, ils n'ont guère que plus de simplicité, celle-ci étant obtenue au prix d'un amoindrissement de leur contenu.

Quand on interroge un délinquant, on dresse le protocole de ses propos afin de juger de leur véracité à partir de leur concordance. Mais ce n'est là qu'un pis-aller dont on ne saurait se contenter dès lors que s'offre la possibilité d'examiner immédiatement la vérité de ces propos, d'autant que ce délinquant a pu mentir, depuis le début, de manière conséquente. C'est toutefois avec cette première méthode qu'Euclide a examiné l'espace. Il est vrai qu'il est parti de cette présupposition juste que la nature était nécessairement conséquente en tout point, donc aussi dans sa forme fondamentale, l'espace, et que, par suite, parce que les parties de l'espace entretiennent entre elles une relation de raison à conséquence, pas une seule détermination spatiale ne pouvait être autre qu'elle n'est sans entrer en contradiction avec toutes les autres. Mais c'est là un détour très fastidieux et insatisfaisant qui privilégie la connaissante médiate à celle immédiate qui est tout aussi certaine, un détour qui, de surcroît, sépare la connaissance QUE quelque chose est de celle de POURQUOI cette chose est, au grand détriment de la science. Finalement, elle dissimule entièrement à l'étudiant l'intelligence des lois de l'espace et lui fait même perdre l'habitude d'examiner à proprement parler la raison et la cohérence interne aux choses, le conduisant à se contenter du savoir historique QUE les choses sont telles qu'elles sont. Mais l'exercice de l'acuité de l'esprit que l'on vante continuellement à propos de cette méthode consiste simplement en ceci que l'étudiant s'exerce dans l'art de raisonner, c'est-à-dire dans l'application du principe de non-contradiction et, surtout, astreint sa mémoire à retenir toutes les données qu'il convient de comparer afin d'éprouver leur concordance.

Au demeurant, il convient de remarquer que cette méthode de démonstration n'a été appliquée qu'à la seule géométrie et non à l'arithmétique. En géométrie, on laisse bien plutôt agir les lumières de la vérité à travers l'intuition qui, ici, consiste simplement dans l'acte de compter. Comme l'intuition des nombres n'existe que dans le TEMPS SEUL et, par suite, ne peut être représentée par aucun schéma sensible, à l'instar de la figure géométrique, disparaît le soupçon selon lequel l'intuition, n'étant qu'empirique, serait sujette à l'apparence, ce même soupçon qui, à lui seul, a pu introduire dans la géométrie le mode de la démonstration logique. Parce que le temps n'a qu'une dimension, compter est la seule opération arithmétique à laquelle toutes les autres peuvent être ramenées. Ce décompte n'étant, il est vrai, rien d'autre qu'une intuition *a priori*, on ne prend pas de précaution pour s'autoriser de cet acte et c'est par cette seule intuition *a priori* que le reste, à savoir tout calcul comme toute équation, est, en dernière instance, garanti. On ne démontre pas, par exemple, que $\frac{[(7+9) \times 8]-2}{3} = 42$ mais on s'en réfère à la pure intuition dans le temps, laquelle est acte de compter, et institue ainsi chaque proposition singulière en axiome. En lieu et place des démonstrations, dont la géométrie est pleine, le contenu de l'arithmétique et de l'algèbre consiste, par suite, tout entier en une simple méthode pour abréger l'opération de compter. Notre intuition immédiate des nombres dans le temps, comme on l'a indiqué plus haut[152], ne va pas plus loin que dix ; au-delà, un concept abstrait, fixé dans un mot, doit prendre la relève de l'intuition, laquelle n'est plus effectivement réalisée mais seulement définie avec une parfaite assurance. Et cependant, même ainsi, par le recours à l'ordre des nombres, qui permet que les nombres élevés soient représentés par des nombres plus petits toujours semblables, est rendue possible une évidence intuitive pour tout calcul, et cela, même lorsqu'on recourt à l'abstraction et la pousse si loin que non seulement les nombres mais des grandeurs indéterminées et des opérations entières ne sont pensées et, dans cette perspective, plus que désignées qu'*in abstracto*, comme par exemple $\sqrt{r-b}$, de sorte que l'on se contente de les indiquer sans plus les résoudre.

Avec la même légitimité et la même certitude qu'en arithmétique, on pourrait, en géométrie aussi, fonder la vérité par la seule intuition pure *a priori*. En réalité, c'est toujours la même nécessité, reconnue par l'intuition conformément au principe de raison de l'être, qui confère à la géométrie toute son évidence et sur laquelle repose dans la conscience de tout un chacun la certitude de ses principes, ce n'est en aucun cas la démonstration logique avançant sur des béquilles. Toujours étrangère au sujet, elle est vouée le plus souvent à être oubliée, sans que la conviction en souffre, et peut complètement être abandonnée sans que l'évidence de la géométrie s'en trouve amoindrie, puisqu'elle est totalement indépendante d'elle, qui ne démontre jamais que ce dont on avait déjà acquis par un autre mode de connaissance l'entière conviction : à ce titre, elle ressemble à un soldat couard qui imprime une blessure supplémentaire sur le cadavre de l'ennemi bravé par d'autres et se vante ensuite de l'avoir vaincu[153]*.

* Spinoza, qui s'est toujours flatté de procéder *more geometrico*, le faisait en réalité bien plus qu'il ne s'en doutait lui-même. Car ce qui, à ses yeux, était entendu et certain dès qu'il se fondait sur une

Il faut espérer qu'il ne subsiste désormais plus de doute sur le fait que l'évidence des mathématiques, devenues le modèle et le symbole de toute évidence, repose par essence non sur des démonstrations mais sur une intuition immédiate qui, ici comme partout, est donc la raison dernière et la source de toute vérité. Toutefois, l'intuition, qui est au fondement des mathématiques, possède sur toutes les autres et donc aussi sur l'intuition empirique un immense avantage. En effet, comme elle est *a priori* et, de ce fait, indépendante de l'expérience qui n'est jamais donnée que partiellement et que dans son déroulement temporel, tout lui est également proche et l'on peut indifféremment partir de la raison ou de la conséquence. Or, c'est là ce qui lui confère sa fiabilité du fait que, en elle, la conséquence est connue à partir de la raison, seul mode de connaissance qui ait un caractère de nécessité : par exemple, l'égalité des côtés est connue comme fondée par l'égalité des angles. Comme, en revanche, toute intuition empirique ainsi que la majeure partie des expériences ne peut se faire qu'en sens inverse, en partant de la conséquence pour remonter à la raison, ce mode de connaissance n'est pas infaillible, puisque la nécessité revient à la seule conséquence, du moment que la raison est donnée, et non à la connaissance de la

---

conception immédiate et intuitive de l'essence du monde, il tentait de le démontrer logiquement, indépendamment de cette connaissance. Le résultat qu'il visait, lequel, auparavant, était certain pour lui, il ne l'obtenait bien évidemment qu'en prenant pour point de départ des concepts élaborés arbitrairement par lui-même (*substantia, causa sui*, etc.) et s'autorisait dans la démonstration toutes les libertés auxquelles donnent lieu, par essence, les concepts aux vastes sphères d'application. Aussi la vérité et la grandeur de sa doctrine sont-elles tout à fait indépendantes des démonstrations qu'il y a faites, tout comme dans la géométrie.

Voir sur ce sujet le chap. 13 du livre II.

raison connue à partir de sa conséquence, puisqu'une même conséquence peut provenir de raisons différentes. Ce dernier mode de connaissance n'est jamais que l'induction, c'est-à-dire que la raison est admise comme certaine dès lors qu'elle découle de plusieurs conséquences qui indiquent cette même raison. Mais comme on ne peut jamais réunir dans sa totalité l'ensemble des cas, la vérité ne peut, ici non plus, jamais être absolue. C'est là cependant le seul régime de vérité de toute connaissance par l'intuition sensible et de presque toute expérience. L'affection d'un sens donne lieu à un raisonnement de l'entendement qui part de l'effet et remonte à la cause[154], mais parce qu'un raisonnement qui part de ce qui a été fondé pour remonter à son fondement n'est jamais certain, la fausse apparence en tant qu'elle est illusion des sens est de l'ordre du possible, voire souvent du réel, comme il a été développé plus haut. Ce n'est que lorsque plusieurs ou tous nos cinq sens ont été sujets à des affections qui indiquent toutes la même cause que la possibilité d'une tromperie par l'apparence devient extrêmement minime, mais elle n'en reste pas moins présente, car dans certains cas, comme par exemple au moyen de la fausse monnaie, on réussit à tromper tous nos cinq sens à la fois. Toute connaissance empirique et, par conséquent, la science de la nature tout entière se trouve dans ce cas-là, seule sa partie pure (selon Kant la partie métaphysique) y échappe. Ici aussi les causes sont reconnues à partir de leurs effets. Aussi toute théorie de la nature repose-t-elle sur des hypothèses qui sont souvent fausses et qui peu à peu laissent la place à d'autres hypothèses plus justes. Ce n'est que dans des expériences provoquées volontairement que la connaissance part de la cause pour remonter à son effet et, donc, qu'elle emprunte le chemin le plus sûr, mais ces expériences ne sont elles-mêmes entreprises qu'à la suite d'hypothèses[155]. C'est ce qui explique qu'aucune branche des sciences de la nature, que ce soit la physique ou encore l'astronomie, n'ait mené du premier coup à un résultat définitif, comme les mathématiques et la logique y réussirent, mais qu'elles ont nécessité et nécessitent encore que l'on accumule et compare entre elles des siècles et des siècles d'expériences. Seule la démultiplication des confirmations empiriques conduit l'induction, sur laquelle repose l'hypothèse, si près de la perfection qu'elle prend la place de la certitude dans la pratique et que, en ce qui concerne l'hypothèse, son origine est jugée aussi peu préjudiciable que l'est, en ce qui concerne l'application de la géométrie, l'incommensurabilité des lignes droites ou courbes ou, en ce qui concerne l'arithmétique, l'impossibilité d'accéder à une justesse absolue du logarithme. Car de même qu'en opérant des fractions à l'infini, on porte la quadrature du cercle et le logarithme infiniment près de leur juste valeur, de même, en démultipliant les expériences, c'est-à-dire en procédant par la connaissance de la cause à partir des effets de l'évidence mathématique, autrement dit par la connaissance de la raison à partir des conséquences, on porte l'induction sans doute pas infiniment près mais si près que la possibilité de l'illusion est suffisamment minime pour pouvoir devenir négligeable. Mais elle n'en reste pas moins présente : par exemple, un raisonnement par induction consiste aussi à conclure, à partir d'innombrables cas, à l'ensemble des cas, c'est-à-dire à proprement parler à cette raison inconnue dont ils dépendent tous. Mais quel raisonnement de cette nature semble plus sûr aujourd'hui que celui qui consiste à dire que tous les hommes ont le cœur du côté gauche ? Cependant il existe, à titre exceptionnel, des cas parfaitement isolés d'hommes dont le cœur se situe à droite. — L'évidence propre à l'intuition sensible et celle propre à la science expérimentale sont donc de même nature. L'avantage que les mathématiques, la pure science de la nature et la logique ont *a priori* sur celles-ci ne repose que sur le fait que l'élément formel de leurs connaissances, sur lequel se fonde toute apriorité, est toujours donné tout entier et de manière simultanée de sorte que, ici, on peut toujours aller de la raison à la conséquence et, là, le plus souvent, seulement de la conséquence à la raison. Au demeurant, la loi de la causalité ou le principe de raison du devenir, qui dirigent la connaissance empirique, sont en soi aussi certains que toutes les autres figures du principe de raison que suivent *a priori* les sciences évoquées ci-dessus. — Les démonstrations logiques faites à partir de concepts ou les conclusions ont l'avantage, au même titre que la connaissance par l'intuition *a priori*, d'aller de la raison à la conséquence, par où elles sont en soi, c'est-à-dire selon leur forme, infaillibles. C'est là ce qui a largement contribué à construire le si grand prestige des démonstrations en général. Seulement, l'infaillibilité de celles-ci est relative : elles ne font que subsumer toute chose sous les principes plus élevés de la science ; et ce sont eux qui contiennent tout le fonds de vérité de la science, de sorte qu'ils ne peuvent être à leur tour simplement démontrés mais doivent se fonder sur l'intuition qui, dans les quelques sciences *a priori* citées, est une intuition pure ou sinon, dans les autres, toujours une intuition empirique, qui n'est érigée au niveau du général que par l'induction. Si, donc, dans les sciences expérimentales, le singulier est aussi démontré à partir du général, le général, lui, ne reçoit sa vérité que du singulier et il n'est donc qu'un grenier où sont stockées les provisions et non un sol qui produit de lui-même.

En voilà assez pour le fondement de la vérité. — Sur l'origine et la possibilité de l'ERREUR, bien des explications ont été tentées depuis les solutions métaphoriques de Platon à l'instar de celle du pigeonnier où l'on capture le mauvais pigeon (*Theaetet.*, p. 167 sq.[156]). L'explication vague et imprécise sur l'origine de l'erreur que présente Kant en recourant à l'image du mouvement diagonal se trouve dans la *Critique de la raison pure*, p. 294 de la première édition et p. 350 de la cinquième[157]. Comme la vérité est la relation d'un jugement à la raison de sa connaissance, la manière dont celui qui juge peut croire réellement posséder cette raison alors qu'il n'en a cependant aucune, c'est-à-dire la manière dont l'erreur et l'illusion de la raison sont possibles, constitue, à vrai dire, un problème. À mon sens, cette possibilité est tout à fait analogue à celle de l'apparence ou de l'illusion de l'entendement expliquées plus haut. Mon sentiment est que (et cela justifie que je place cette explication précisément à cet endroit) TOUTE ERREUR EST UN RAISONNEMENT QUI VA DE LA CONSÉQUENCE À LA RAISON, lequel certes est valable dès lors que l'on sait que la conséquence ne peut avoir que cette raison et absolument aucune autre, mais qui ne l'est plus en tout autre cas. Celui qui se trompe soit adjoint à la conséquence une raison que celui-ci ne peut absolument pas avoir, en quoi il fait preuve d'un véritable manque d'entendement, c'est-à-dire quant à la capacité, propre à la connaissance immédiate, de relier raison et conséquence, soit, ce qui est cependant le cas le plus fréquent, il détermine pour une conséquence une raison qui est, certes, possible, mais il rajoute encore à la prémisse de sa conclusion à partir de la conséquence que ladite conséquence ne procède À CHAQUE FOIS que de la raison qu'il a avancée, à quoi seule une induction complète pourrait l'autoriser, mais il la présuppose sans l'avoir effectuée. Ce À CHAQUE FOIS s'avère donc un concept bien trop vaste qui devrait être remplacé par un PARFOIS ou un LE PLUS SOUVENT, par quoi la conclusion deviendrait problématique mais, en tant que telle, ne serait plus erronée. Mais dire que celui qui commet une erreur procède de la manière énoncée ici, est soit raisonner avec une trop grande précipitation, soit avec une connaissance trop limitée de ce qui est possible, ce qui l'empêche de connaître la nécessité de l'induction à faire. L'erreur est donc parfaitement analogue à l'apparence. Toutes deux sont des raisonnements qui vont de la conséquence à la raison : l'apparence advient tout le temps en vertu de la loi de causalité et est produite par le seul entendement donc directement dans l'intuition elle-même, tandis que l'erreur advient en vertu des formes du principe de raison, elle est produite par la raison donc dans la pensée à proprement parler, le plus souvent cependant aussi en vertu de la loi de causalité comme en attestent les trois exemples qui vont suivre et que l'on peut considérer comme des types ou des représentants des trois modes d'erreur existants. 1/ L'apparence sensible (illusion de l'entendement) occasionne l'erreur (illusion de la raison), par exemple lorsque l'on prend une peinture pour un haut-relief et qu'on la tient réellement pour telle, il se produit un raisonnement qui part de la prémisse suivante : « Lorsque, à certains endroits, se produit une transition du gris foncé au blanc en passant par toutes les nuances intermédiaires, la cause À CHAQUE FOIS en est la lumière qui éclaire de manière inégale les saillies et les creux : *ergo* — » — 2/ « Lorsque de l'argent manque dans ma caisse, la cause en est À CHAQUE FOIS que mon domestique possède un double de la clé : *ergo* — » — 3/ « Lorsque l'image du soleil réfractée par le prisme, c'est-à-dire inclinée vers le haut ou inclinée vers le bas apparaît alors allongée et colorée alors qu'elle était ronde et blanche auparavant, la cause en est une fois pour toutes que, dans la lumière, se sont glissés des rayons de lumière homogènes différemment colorés et différemment réfractés qui, en raison de leur réfrangibilité différente, se séparent et présentent une image allongée et colorée différemment : *ergo* — *bibamus !* [donc — buvons !][158] » —. Toute erreur doit pouvoir être rapportée à une conclusion établie à partir d'une prémisse hypothétique, qui n'est souvent qu'une généralisation fausse et provient d'une raison admise comme conséquence. Ce ne sont pas, par exemple, seulement les fautes de calcul, lesquelles, précisément, ne sont pas des erreurs à proprement parler mais de simples fautes : l'opération que prescrivaient les concepts des nombres n'a pas été effectuée dans l'intuition pure, c'est-à-dire dans l'acte de compter, mais une autre a été effectuée à sa place.

Pour ce qui est du CONTENU des sciences en général, celui-ci, en réalité, se trouve toujours être le rapport des phénomènes du monde entre eux conformément au principe de raison et suivant le fil conducteur du pourquoi, qui n'a de valeur et de sens que par lui. La démonstration de ce rapport se nomme EXPLICATION. Celle-ci ne peut donc jamais aller plus loin que de montrer deux représentations l'une vis-à-vis de l'autre dans leur rapport avec la formation du principe de raison qui règne au sein de la classe à laquelle elles appartiennent. Une fois ce point atteint, il devient absolument impossible de demander encore « pourquoi ? » : car le rapport démontré est celui qui ne peut tout simplement pas être présenté autrement, c'est-à-dire qu'il est la forme de toute connaissance. Par conséquent, on ne demanderait pas pourquoi 2 + 2 = 4 ou pourquoi l'égalité des angles d'un triangle implique l'égalité des côtés du triangle, ni pourquoi une cause quelconque est suivie de son effet ou encore pourquoi, à partir de la vérité des prémisses, celles de la conclusion paraissent évidentes. Toute explication, qui ne peut être ramenée à un type de rapport dont il est devenu impossible d'exiger un pourquoi supplémentaire, en reste au niveau d'une *qualitas occulta* que l'on a admise. Mais toute force de la nature originelle est une *qualitas occulta*[159]. Toute explication relevant des sciences de la nature doit, en dernière instance, en rester à une qualité de cette sorte, c'est-à-dire à une qualité complètement obscure : par conséquent, elle laisse nécessairement tout autant inexpliquée l'essence intérieure de la pierre que celle de l'homme et est aussi peu en mesure de rendre compte de la gravité, de la cohésion, des propriétés chimiques, etc., exprimées par la pierre que de la connaissance et de l'action de l'homme. Ainsi, par exemple, la pesanteur est une *qualitas occulta,* car elle peut être révoquée en pensée et donc ne procède pas de la forme de la connaissance comme un élément nécessaire, ce qui, en revanche, est le cas de la loi d'inertie qui, en tant que telle, découle de la causalité de sorte qu'un retour à cette dernière en représente une explication parfaitement suffisante. Deux choses, en effet, sont inexplicables, c'est-à-dire impossibles à ramener au rapport qu'exprime le principe de raison : en premier le lieu, le principe de raison lui-même sous ses quatre figures, parce qu'il est le principe de toute explication et qu'une explication n'acquiert une signification qu'en relation à celui-ci. En second lieu, ce qui ne peut être atteint par le principe de raison mais dont procède précisément l'élément originel présent dans tous les phénomènes : il s'agit de la chose en soi dont la connaissance n'est pas soumise au principe de raison. Cette dernière doit, pour l'instant, rester entièrement incomprise ici, puisqu'elle ne pourra être rendue intelligible que dans le livre suivant dans lequel nous reconsidérerons dans le même temps les exploits possibles de la science. Mais le point où les sciences de la nature, voire toute science, laissent les choses, ce point au-delà duquel ne peuvent aller non seulement l'explication de celles-ci mais aussi le principe de cette explication, c'est en ce point-là, donc, que la philosophie reprend à proprement parler les choses et les considère à sa manière complètement différente. — Au § 51 de ma dissertation sur le principe de raison[160], j'ai montré de quelle manière, dans les différentes sciences, telle ou telle autre formation de ce principe constitue un fil conducteur : et il se peut que, en réalité, suivre ce fil conducteur donne lieu au principe de partition le plus pertinent des sciences. Mais toute explication fournie en vertu de ce fil conducteur, ainsi qu'il a déjà été dit, n'est jamais que relative : celle-ci explique les choses dans leur relation les unes par rapport aux autres mais laisse toujours subsister quelque chose d'inexpliqué qui est précisément ce qu'elle présuppose. C'est, par exemple, en mathématiques, l'espace et le temps ; en mécanique, en physique et en chimie, la matière, les propriétés, les forces originelles, les lois de la nature ; en botanique et en zoologie, la différenciation des espèces et la vie elle-même ; en histoire, le genre humain avec toutes ses qualités propres qui sont celles de la pensée et de la volonté — et, dans toutes, le principe de raison dans la forme qu'il convient à chaque fois d'appliquer. — Le propre de la PHILOSOPHIE est qu'elle ne présuppose absolument rien comme étant connu et que, en revanche, toute chose lui est également étrangère et constitue un problème à ses yeux, et cela vaut non seulement pour les rapports entre les phénomènes, mais aussi pour les phénomènes eux-mêmes, voire pour le principe de raison lui-même alors que toutes les autres sciences se satisfont de tout y renvoyer, mais elle n'aurait rien à gagner en procédant à ce renvoi, puisqu'un membre de la chaîne lui est aussi étranger que l'autre et que, en outre, cette forme de rapport lui est tout autant problématique que ce qui est articulé grâce à lui et cela, avant comme après qu'ait eu lieu cette articulation mise en évidence. Car, ainsi qu'il a été dit, c'est précisément ce que les sciences présupposent et placent comme fondement et comme limite de leurs explications qui constitue le problème véritable de la philosophie, laquelle, par suite, commence là où les autres sciences s'arrêtent. Les démonstrations ne peuvent être son fondement car celles-ci procèdent en déduisant des principes inconnus à partir de principes connus et que, pour la philosophie, tout est également inconnu et étranger. Il ne peut y avoir de principe dont l'existence du monde ainsi que celle de tous ses phénomènes procéderait comme d'un principe premier. Par conséquent, il n'est pas de philosophie qui puisse être déduite par une démonstration *ex firmis principiis* [à partir de principes solides], comme le voulait Spinoza. La philosophie étant aussi le savoir le plus général, ses principes fondamentaux ne peuvent donc être déduits d'autres principes plus généraux. Le principe de non-contradiction ne fait que maintenir une concordance entre les concepts mais lui-même ne fournit aucun concept. Le principe de raison explique les relations entre les phénomènes mais non les phénomènes eux-mêmes : par conséquent, la philosophie ne peut partir en quête d'une *causa efficiens* [cause efficiente] ou d'une *causa finalis* [cause finale] du monde tout entier. La philosophie contemporaine du moins ne cherche nullement D'OÙ et ce EN VUE DE QUOI le monde existe, elle recherche simplement CE QU'est le monde[161]. Le pourquoi est ici subordonné au quoi, il participe déjà du monde puisque le principe de raison procède de la seule forme de son apparition et qu'il ne possède une signification et une valeur que dans cette mesure. On pourrait certes dire que chacun connaît CE QU'est le monde sans autre recours, parce que chacun est lui-même le sujet de la connaissance dont le monde est la représentation, et, dans cette mesure, cela serait vrai aussi. Seulement cette connaissance est une connaissance intuitive, *in concreto*. Reproduire celle-ci *in abstracto*, traduire l'intuition alternante, changeante ainsi que tout ce que recouvre le vaste concept de SENTIMENT[162] et, d'un point de vue purement négatif, tout ce qui est savoir non abstrait et non intelligible, cela précisément, l'ériger en un savoir intelligible, stable, telle est la tâche de la philosophie. Elle doit, par suite, être un énoncé *in abstracto* de l'essence du monde, de son tout comme de toutes ses parties. Mais pour ne pas se perdre dans une multitude infinie de jugements singuliers, elle doit se servir de l'abstraction et penser tout élément singulier dans le général ainsi que replacer ses différences dans le général. Aussi devra-t-elle tantôt séparer, tantôt réunir pour transmettre au savoir toute la diversité du monde, synthétisée, d'après son essence, en quelques concepts abstraits. Au moyen de ces concepts, dans lesquels elle fixe l'essence du monde, il s'agit toutefois de connaître également le général comme le singulier, et donc de relier la connaissance des deux de la manière la plus exacte. Aussi le pouvoir de la philosophie réside-t-il, comme l'avait défini Platon, précisément dans la connaissance de l'un dans le multiple et du multiple dans l'un. La philosophie sera, par conséquent, une somme de jugements très généraux dont la raison de la connaissance est immédiatement le monde lui-même dans son ensemble sans en rien exclure, c'est-à-dire tout se qui se trouve dans la conscience de l'homme. Elle sera RÉPÉTITION PARFAITE, EN QUELQUE SORTE RÉFLEXION DU MONDE DANS DES CONCEPTS ABSTRAITS, laquelle n'est possible que si l'on réunit dans un concept ce qui est essentiellement identique et isole dans un autre ce qui est différent. Cette tâche de la philosophie, Bacon de Vérulam la stipulait déjà en disant : *Ea demum vera est philosophia, quae mundi ipsius voces fidelissime reddit et veluti dictante mundo conscripta est et nihil aliud est, quam ejusdem* simulacrum et reflectio, *neque addit quidquam de proprio, sed tantum iterat et resonat* [Sera vraie philosophie, seule celle qui restitue le plus fidèlement possible les énoncés du monde et qui est, en quelque sorte, écrite d'après la dictée du monde, de sorte qu'elle n'est rien d'autre qu'une *reproduction*, qu'un *reflet* du monde et que, sans rien n'y ajouter qui vienne d'elle-même, elle ne fait que répéter et restituer] (*de augm. scient., l. 2, c. 13*[163]). Nous reprenons cela toutefois dans un sens plus large que ce que Bacon pouvait penser en son temps.

La concordance qui lie toutes les faces et parties du monde les unes avec les autres, du fait précisément qu'elles appartiennent à un tout, doit également être restituée dans cette reproduction abstraite du monde.

Par conséquent, dans cette somme de jugements, tel élément pourrait être en quelque sorte déduit de tel autre et la réciproque serait toujours possible également. Encore faut-il, pour cela, dans un premier temps, qu'ils existent, donc qu'ils aient d'abord été posés comme étant immédiatement fondés *in concreto* par la connaissance du monde, et ce d'autant plus que tout fondement immédiat est plus sûr que n'importe quel autre médiat : l'harmonie qui règne entre eux, en vertu de laquelle ils arrivent à confluer en UNE seule pensée unitaire, cette harmonie qui procède de celle inhérente au monde de l'intuition lui-même et constitue leur raison de la connaissance commune, ne sera, par suite, pas utilisée d'abord pour les fonder ; elle ne viendra s'ajouter qu'après coup, pour renforcer leur vérité. Mais cette tâche de la philosophie ne peut elle-même devenir parfaitement intelligible qu'à travers sa résolution*.

§ 16

Après avoir considéré la raison en tant qu'elle est une faculté de connaissance particulière et propre à l'homme seul, après avoir considéré les réalisations et les phénomènes qu'elle accomplit, propres à la nature humaine, il ne me resterait plus à présent qu'à aborder la raison, en tant qu'elle conduit les actions de l'homme et donc, dans cette perspective, en tant qu'elle peut être nommée PRATIQUE. Seulement, ce qui sera mentionné ici a en grande partie trouvé sa place à un autre endroit, à savoir dans

* Voir sur ce sujet le chap. 17 du livre II.

l'appendice à cet ouvrage[164], où il s'agissait de discuter l'existence de ce que Kant a appelé raison pratique et qu'il a présenté (non sans quelque facilité) comme étant une source directe de toute vertu et comme le siège d'un DEVOIR absolu (c'est-à-dire tombé du ciel). J'ai placé la réfutation exhaustive et fouillée de ce principe kantien de la morale dans les *Problèmes fondamentaux de l'éthique*[165]. — Aussi n'ai-je que peu de choses à dire ici à propos de l'influence effective de la raison, au sens véritable de ce terme, sur l'action. D'emblée, dans nos considérations sur la raison, nous avons remarqué, en nous plaçant sur un plan général, combien l'action et la conduite de l'homme diffèrent de celles des animaux et que cette différence ne peut être considérée que comme une conséquence de la présence de concepts abstraits dans la conscience. L'influence de ceux-ci est si pénétrante et importante qu'ils nous placent en quelque sorte vis-à-vis des animaux dans une relation semblable à celle que les animaux voyants ont vis-à-vis des animaux privés d'yeux (certaines larves, les vers, les zoophytes) : ces derniers ne reconnaissent que par le tact ce qui leur est immédiatement présent dans l'espace et ce qui les touche, tandis que les animaux voyants reconnaissent un vaste cercle de choses à la fois proches et lointaines. De même l'absence de raison limite les animaux aux représentations intuitives immédiatement présentes dans le temps que sont les objets réels tandis que nous, en vertu de la connaissance *in abstracto*, à côté de l'étroit présent effectif, nous embrassons, en plus du vaste empire de la possibilité, encore tout le passé et le futur : nous surplombons librement la vie du regard, la considérons sous toutes ses facettes, bien au-delà du présent et de la réalité[166]. Ce que l'œil est donc dans l'espace pour la connaissance sensible, la raison l'est en quelque sorte dans le temps pour la connaissance intérieure. Mais, comme la visibilité des objets ne tire sa valeur et sa signification que du fait qu'elle annonce la tangibilité de ces derniers, toute la valeur de la connaissance abstraite réside toujours dans son rapport à la connaissance intuitive. Aussi l'homme naturel accorde-t-il toujours bien plus de valeur à ce qui est connu immédiatement et intuitivement qu'aux concepts abstraits, qu'à ce qui est seulement pensé : il préfère la connaissance empirique à la connaissance logique. Mais ceux qui vivent plus dans les paroles que dans les actes, ceux qui en ont vu plus dans le papier et dans les livres que dans le monde réel ont une disposition inverse ; mais ceux-là deviennent, dans la forme ultime de leur dégénérescence, des pédants et des cuistres. Cela seul peut expliquer que Wolff, Leibniz ainsi que tous leurs successeurs ont pu, après l'antécédent de Duns Scot, pousser l'erreur au point d'expliquer que la connaissance intuitive était une connaissance abstraite à cette différence près qu'elle était confuse[167] ! Il me faut mentionner, tout à l'honneur de Spinoza, doté, à l'inverse de ces philosophes, d'un sens plus juste, qu'il a déclaré que tous les concepts généraux sont nés de la confusion de la connaissance intuitive (*Eth. II, prop. 40, schol. 1*)[168]. — C'est aussi à partir de cette disposition erronée que, dans les mathématiques, on a rejeté l'évidence propre à ces dernières pour n'y faire valoir que l'évidence logique ; que, en général, on a compris et déprécié toute connaissance qui n'était pas abstraite sous le vaste mot de sentiment et, enfin, que l'éthique kantienne a déclaré simple sentiment, emportement dépourvu de valeur et de mérite, la bonne volonté pure, alors qu'elle est une réponse immédiate faite en connaissance de cause et qu'elle conduit à la justice et à la bonté, de sorte que cette éthique n'a voulu reconnaître une valeur morale qu'aux seules actions qui procèdent de maximes abstraites.

Cette vision en surplomb qui embrasse la vie dans son ensemble et sous toutes ses faces, privilège que la raison confère à l'homme sur les animaux, peut aussi être comparée à un plan du cours de sa vie, en modèle réduit, géométrique, abstrait et incolore. L'homme entretient le même rapport vis-à-vis des animaux que le navigateur vis-à-vis de son équipage ; celui-ci ne perçoit que les vagues et le ciel, alors que celui-là, aidé de cartes maritimes, de compas et de cadrans, connaît exactement son trajet et sa position sur la mer. Par suite, la manière dont l'homme mène, à côté de sa vie *in concreto,* toujours en plus une seconde vie *in abstracto,* est un phénomène remarquable et même merveilleux. Dans la première, il est livré à toutes les tempêtes de la réalité et se trouve sous l'influence du présent ; il y doit lutter, souffrir et mourir à l'instar de l'animal. Quant à sa vie *in abstracto,* telle qu'elle se présente devant la méditation de sa raison, elle est le reflet à la fois de sa vie *in concreto* et du monde dans lequel il vit : elle est ce plan qui vient juste d'être évoqué en modèle réduit. Ici, sur le terrain de la réflexion apaisée, ce qui, là-bas, le possède entièrement et l'émeut violemment lui apparaît froid, incolore et momentanément étranger : ici, il n'est qu'observateur et spectateur. Dans ce retrait à l'intérieur de la réflexion, il ressemble à un acteur qui, après avoir joué sa partie et en attendant de devoir remonter sur scène, prend place parmi les spectateurs, où il assiste, impassible, à l'événement qui s'y produit, quel qu'il soit, serait-ce même la préparation de sa mort (dans la pièce), après quoi il remonte sur scène, agit et souffre, comme il se doit. C'est de cette double vie que naît cette impassibilité tellement distincte de l'absence de pensée chez l'animal ; c'est avec elle que tout un chacun, après avoir mené au préalable une réflexion, après avoir pris une décision ou après avoir reconnu une nécessité, de sang-froid, laisse se faire en les subissant ou accomplit les actes les plus fondamentaux et souvent les plus terrifiants pour lui : suicide, exécution capitale, duel, autant d'actes téméraires de toute sorte au péril de sa vie et même des choses contre lesquelles toute sa nature animale s'insurge. Alors on voit ici dans quelle mesure la raison devient maître de la nature animale, et on crie à l'attention du brave : σιδήρειόν νύ τοι ἦτορ ! (*ferreum certe tibi cor !*) [ton cœur est donc de fer !] (*Il.*, *24, 521*[169]). Ici, on peut vraiment le dire, la raison s'exprime PRATIQUEMENT, c'est-à-dire, partout où l'action est conduite par la raison, où les motifs sont des concepts abstraits et où ni des représentations intuitives isolées ni des impressions momentanées, lesquelles conduisent l'animal, ne sont déterminantes, se révèle la RAISON PRATIQUE. Mais que cela soit parfaitement différent et indépendant de la valeur éthique de l'action, que l'action raisonnable et l'action vertueuse soient deux choses tout à fait distinctes, que la raison trouve à s'allier tout autant avec une grande méchanceté qu'avec une grande bonté et qu'elle confère à l'une comme à l'autre par son seul concours une grande efficacité, qu'elle soit tout autant prête et utilisable pour l'accomplissement méthodique et conséquent du plus noble comme du plus méchant précepte, de la plus avisée comme de la plus stupide maxime, ce qui est lié à sa nature féminine qui peut recevoir, conserver mais non engendrer d'elle-même — de tout cela, j'ai abondamment débattu dans l'*Appendice* et l'ai explicité par des exemples. Ce qui y fut dit serait ici à sa place mais a dû, en raison de la polémique contre la prétendue raison pratique de Kant, être déplacé là-bas où je renvoie le lecteur.

Le développement le plus accompli de la RAISON PRATIQUE qui, au sens vrai et authentique de cette expression, désigne le degré suprême auquel l'homme puisse accéder par le simple usage de sa raison et où se manifeste le plus distinctement la différence de ce dernier d'avec les animaux, se présente comme idéal chez le SAGE STOÏCIEN. Car l'éthique stoïcienne, à son origine et dans son essence, n'est absolument pas une doctrine de la vertu, elle n'est que l'indication de la voie d'une vie raisonnable dont le but et la fin sont le bonheur atteint par la quiétude de l'esprit. Aussi le comportement vertueux ne se produit-il en quelque sorte que *per accidens*, il est un moyen et non une fin. Par conséquent, l'éthique stoïcienne, dans son essence et dans le point de vue qu'elle adopte, est fondamentalement différente des systèmes éthiques qui insistent immédiatement sur la vertu, comme les doctrines des *Védas*, celle de Platon, du christianisme et de Kant. La fin de l'éthique stoïcienne est le bonheur : τέλος τὸ εὐδαιμονεῖν (*virtutes omnes finem habere beatitudinem*) [le but de toute vertu est d'atteindre la félicité[170]], est-il dit dans la présentation du stoïcisme chez Stobée (*Ecl., l. II, c. 7, p. 114*, ainsi que *p. 138*). Toutefois, l'éthique stoïcienne démontre que le bonheur ne peut être trouvé assurément que dans la paix intérieure et la quiétude de l'esprit (ἀταραξία) [ataraxie] et que ceux-ci, à leur tour, ne peuvent être atteints que grâce à la vertu. L'expression qui stipule que la vertu est le bien suprême, précisément, n'a pas d'autre signification. Or, lorsque, à l'évidence, la fin est peu à peu oubliée au profit du moyen et lorsque la vertu est recommandée d'une façon qui trahit un intérêt absolument autre que celui du bonheur personnel, contredisant ce dernier de manière par trop manifeste, se produit alors l'une des inconséquences par lesquelles, dans chaque système, la vérité immédiatement reconnue et sentie, comme on dit, ramène sur le droit chemin, quitte à faire violence aux raisonnements. On le voit clairement, par exemple, dans l'*Éthique* de Spinoza qui déduit une pure théorie de la vertu à partir du principe égoïste du *suum utile quaere* [la recherche de notre intérêt[171]] et au moyen de sophismes évidents. Compte tenu de la manière dont j'ai appréhendé l'esprit de l'éthique stoïcienne, l'origine de celle-ci réside dans la réflexion qui consiste à se demander si la raison, grand privilège de l'homme, qui, de manière indirecte, par une planification de son action et par ce qu'il en ressort, simplifie tellement la vie de l'homme et le soulage tellement de ses fardeaux, ne serait pas aussi capable de lui retirer, sinon entièrement, du moins presque entièrement, souffrances et tortures, d'un seul coup et directement, par le seul truchement de la connaissance. On a estimé que ce privilège de la raison n'était pas compatible avec le fait que l'être qui l'a reçu en partage et qui, grâce à elle, peut embrasser et surplomber du regard toute une infinité de choses et de situations, doive cependant être livré, dans le présent et dans les accidents que peuvent contenir les quelques années d'une vie si courte, si fugitive et si incertaine, à des douleurs si violentes, à des angoisses et des souffrances si grandes qui résultent de la force impétueuse de son désir et de son aversion et on a pensé qu'un usage approprié de la raison devait l'élever au-dessus de ces accidents, l'en éloigner et le rendre invulnérable. Aussi Antisthène disait-il : Δεῖ κτᾶσθαι νοῦν ἢ βρόχον (*aut mentem parandam, aut laqueum*) [il nous faut acquérir soit une raison, soit une corde (pour nous pendre)[172]] (*Plut. de stoic. repugn., c. 14*), ce qui signifie que la vie est si pleine de tourments et de ravages que l'on doit soit s'en détacher au moyen de pensées justes, soit l'abandonner. On a vu que la privation et la souffrance ne procédaient pas directement et pas nécessairement du fait de ne pas avoir, mais seulement du fait de vouloir avoir sans cependant avoir et que le fait de vouloir avoir est la condition nécessaire pour que ne pas avoir engendre la privation et la douleur. Οὐ πενία λύπην ἐργάζεται, ἀλλὰ ἐπιθυμία (*non paupertas dolorem efficit, sed cupidas*) [ce n'est pas la pauvreté qui fait souffrir, mais la cupidité[173]] (*Epict. fragm. 25*). On a appris en sus par l'expérience que ce sont l'espoir seul et l'exigence qui font naître et nourrissent le désir et que ce ne sont ni les nombreux maux communs à tous et inévitables ni les biens inaccessibles qui troublent et tourmentent mais ces quantités négligeables en moins et en plus de ce qu'il est permis à l'homme d'éviter ou d'acquérir; on a même appris aussi que, déjà, ce qu'il nous est impossible d'acquérir ou d'éviter non seulement absolument mais aussi relativement nous laisse parfaitement calme. Par suite, on a compris qu'il convient de considérer avec indifférence les maux qui sont impartis à notre individualité ou les biens qui lui sont nécessairement refusés et que, en conséquence de cette particularité humaine, chaque désir s'éteint bientôt et n'a donc plus le pouvoir d'engendrer aucune douleur, si tant est qu'il n'est pas nourri par un espoir. De tout ceci il a résulté que tout bonheur ne repose que sur la relation entre nos exigences et ce que nous obtenons : la grandeur et la petitesse de ces deux valeurs est une chose, et le rapport peut aussi bien être produit en réduisant la première qu'en augmentant la seconde et, de la même manière il en a résulté que toute souffrance procède d'un déséquilibre entre ce que nous exigeons et attendons, et ce qui nous est échu, et ce déséquilibre qui, bien qu'il ne réside visiblement que dans la connaissance*[174], peut toutefois être entièrement supprimé par une intelligence plus affûtée. Aussi Chrysippe a-t-il dit : δεῖ ζῆν κατ' ἐμπειρίαν τῶν φύσει συμβαινόντων [il faut conformer sa vie à l'expérience de ce qui se produit conformément à la nature[175]] (*Stob. Ecl., l. II, c. 7, p. 134*), c'est-à-dire que l'on doit vivre en ayant une connaissance appropriée du cours des choses dans le monde. Car toutes les fois qu'un homme d'une manière ou d'une autre se trouve déconcerté, tombe à terre sous les coups d'un malheur ou se met en colère ou encore faillit, il démontre précisément par là qu'il trouve les choses différentes de ce qu'il attendait, par suite qu'il s'était induit en erreur, qu'il ne connaissait ni la vie ni le monde et ne savait pas combien la nature inanimée, par hasard, la nature animée, parce qu'elle a des buts opposés mais aussi par méchanceté, se met en travers de la volonté de chacun à chacun de ses pas : soit il n'a pas fait usage de sa raison pour arriver à un savoir général de cette constitution de la vie, soit il manque de jugement s'il ne reconnaît dans le singulier ce qu'il connaît dans le général et est alors pris au dépourvu et est déconcerté**[176]. Aussi toute

* *Omnes perturbationes judicio censent fieri et opinione* [ils pensent que toutes les passions dérivent du jugement et de l'opinion], *Cic. Tusc., 4, 6.* / Ταράσσει τοὺς ἀνθρώπους οὐ τὰ πράγματα, ἀλλὰ τὰ περὶ τῶν πραγμάτων δόγματα (*Perturbant homines non res ipsae, sed de rebus opiniones*) [Ce qui trouble les hommes, ce ne sont pas les choses, mais les jugements relatifs aux choses], *Epictet., c. V.*

** Τοῦτο γάρ ἐστι τὸ αἴτιον τοῖς ἀνθρώποις πάντων τῶν κακῶν, τὸ τὰς προλήψεις τὰς κοινὰς μὴ δύνασθαι ἐφαρμόζειν ταῖς ἐπὶ μέρους [Car telle est pour les hommes la cause de tous leurs maux : ne pas

joie vive est-elle une erreur, une illusion parce qu'aucun souhait comblé ne peut apporter de satisfaction durable et aussi parce que toute possession et tout bonheur ne nous sont jamais accordés que par le hasard, pour un temps indéterminé et, par conséquent, peuvent être de nouveau réclamés dans l'heure qui suit. Mais toute douleur repose sur l'évanouissement de cette illusion. Tous deux donc proviennent d'une connaissance erronée: aussi la joie comme la douleur restent-elles toujours étrangères au sage et aucun fait ne perturbe son ἀταραξία [ataraxie].

Conformément à cet esprit et à ce but du Portique, Épictète commence par une injonction, et il y reviendra sans cesse par la suite comme s'il s'agissait du cœur de sa sagesse: il faut penser et distinguer entre ce qui dépend de nous et ce qui n'en dépend pas et, ensuite, ne tenir aucun compte de ce qui ne dépend pas de nous, moyennant quoi on restera de manière assurée indemne de toute douleur, souffrance et angoisse. Or, ne dépend de nous que la seule volonté; et ici se produit une transition progressive vers une doctrine de la vertu: il est remarqué que, de même que le monde extérieur, qui ne dépend pas de nous, détermine notre bonheur et notre malheur, de même notre satisfaction ou notre insatisfaction procèdent de la volonté. Après quoi, on s'est interrogé s'il convenait de donner le nom de *bonum* et *malum* aux deux premières ou bien aux deux dernières? La question, à vrai dire, arbitraire et indifférente, ne pouvait rien changer au problème. Cela n'empêcha pas pour autant les stoïciens de sans cesse en disputer avec les péripatéticiens et les épicuriens et de

---

pouvoir appliquer les prénotions aux cas particuliers], *Epictet., dissert., III, 26.*

se divertir en essayant d'établir une comparaison inadmissible entre deux valeurs absolument incommensurables et, partant de là, en se renvoyant les uns aux autres des énoncés contradictoires et paradoxaux. Les *Paradoxa* de Cicéron nous livrent un échantillon intéressant de ces énoncés assumés par les stoïciens.

Zénon, le fondateur, semble à l'origine avoir adopté une démarche quelque peu différente. Chez lui, le point de départ était que, pour accéder au bien suprême, c'est-à-dire à la félicité et à la tranquillité d'esprit, on devait vivre en accord avec soi-même. (ὁμολογουμένως ζῆν· τοῦτο δ' ἔστι καθ' ἕνα λόγον καὶ σύμφωνον ζῆν — *consonanter vivere: hoc est secundum unam rationem et concordem sibi vivere* [vivre harmonieusement, c'est-à-dire vivre selon un seul et même principe et en harmonie avec soi-même], *Stob. Ecl. eth., l. II, c. 7, p. 132.* De même: ἀρετὴν διάθεσιν εἶναι ψυχῆς σύμφωνον ἑαυτῇ περὶ ὅλον τὸν βίον — *Virtutem esse animi affectionem secum totam vitam consentientem* [La vertu repose sur l'harmonie de l'âme avec elle-même tout au long d'une vie[177]], *ibid., p. 104.* Or, cela n'était possible que si l'on se déterminait de manière entièrement RAISONNABLE, d'après des concepts et non d'après des impressions et des humeurs changeantes. Mais comme ne sont en notre maîtrise que les seules maximes qui conduisent nos actes et non leurs accomplissements ou leurs conditions extérieures, on serait obligé, afin de pouvoir toujours rester conséquent, de choisir celles-là plutôt que celles-ci comme fin à atteindre, moyennant quoi la doctrine de la vertu pourrait de nouveau être introduite.

Mais, déjà, les successeurs immédiats de Zénon considéraient que le principe moral — à savoir de vivre harmonieusement — était par trop formel et dépourvu de contenu. Aussi lui donnèrent-ils une teneur matérielle en y ajoutant ce complément : « vivre en harmonie avec la nature » (ὁμολογουμένως τῇ φύσει ζῆν) ; ce complément, comme le rapporte Stobée au même endroit, fut d'abord ajouté par Cléanthe, qui donnait à cette affaire une portée bien vaste compte tenu de la grandeur de la sphère de ce concept et de l'indétermination de l'expression. Car Cléanthe visait l'ensemble de la nature en général, tandis que Chrysippe visait la nature humaine en particulier (*Diog. Laërt., 7, 89*)[178]. Par conséquent, était censé être vertu ce qui se conformait à cette dernière seule, de même que la satisfaction des pulsions animales était censée être propre aux natures animales ; ce faisant, on en revenait à une doctrine de la vertu et, qu'elle dût s'y plier ou s'y briser, l'éthique se devait d'être fondée par la physique. Car, ce qui importait partout aux stoïciens était l'unité du principe, ainsi Dieu et le monde, pour eux, ne pouvaient en aucun cas être deux entités séparées.

L'éthique stoïcienne, prise dans son ensemble, est en réalité une tentative très précieuse et estimable d'employer ce grand privilège de l'homme qu'est la raison en vue d'un objectif important et salutaire, à savoir en vue de hisser l'homme au-dessus des souffrances et douleurs qui sont le lot de toute vie par ce précepte :

Qua ratione queas traducere leniter aevum :
Ne te semper inops agitet vexetque cupido,
Ne pavor et rerum mediocriter utilium spes

[Comment tu peux passer doucement tes jours,
Si tu dois te laisser mener et tourmenter par un désir toujours insatisfait
Par la crainte, par l'espérance de biens peu utiles[179]].

En cela, l'éthique stoïcienne permet à l'homme de prendre part à une dignité portée à son degré le plus élevé, à une dignité qui lui échoit en tant qu'il est un être raisonnable, au contraire des animaux, et dont on ne saurait parler dans nul autre sens que dans celui-ci seul. Cette vision de l'éthique stoïcienne, qui est la mienne, impliquait qu'elle fût mentionnée ici dans la représentation de ce qu'est la RAISON et de ce qu'elle est capable de faire. Pour autant qu'il est possible d'atteindre jusqu'à un certain point aussi cet objectif par un usage de la raison et par une éthique purement rationnelle, l'expérience montre aussi qu'est bel et bien le plus heureux des hommes ce caractère purement rationnel, que l'on nomme philosophe pratique, et ce, à juste titre, puisque, à l'instar du philosophe authentique, c'est-à-dire du philosophe théoricien qui transfère la vie dans le concept, le philosophe pratique transfère le concept dans la vie ; il y manque cependant beaucoup, à savoir de donner lieu à quelque chose de parfait, que la raison utilisée à bon escient supprime effectivement de notre vie toute souffrance et toute douleur et puisse conduire à la félicité. C'est qu'il y a bien plutôt une contradiction absolue à vouloir vivre sans souffrir, contradiction contenue par conséquent dans l'expression couramment usitée de « vie heureuse ». Cela deviendra certainement intelligible à quiconque aura saisi jusqu'au bout la présentation que je m'apprête à faire. Cette contradiction se révèle aussi déjà dans l'éthique de la raison pure elle-même par le fait que le stoïcien est contraint d'insérer au sein de ses instructions en vue d'une vie heureuse (car cela reste toujours son éthique) une exhortation au suicide (ainsi, au milieu des somptueuses parures et autres instruments des despotes orientaux, se trouve toujours aussi un flacon précieux rempli de poison) au cas, en effet, où les souffrances du corps, qu'aucune philosophie n'est en mesure de supprimer ni par ses principes ni par ses raisonnements, en viennent à prendre le dessus et deviennent incurables et que son seul et unique objectif d'atteindre la félicité se trouve réduit à néant; en ce cas-là, pour se soustraire à la douleur il ne reste rien d'autre que la mort que cependant on doit se donner avec la même indifférence que l'on absorbe n'importe quelle autre médecine. Se révèle ici toute la contradiction qu'il y a entre l'éthique stoïcienne et toutes celles qui ont été évoquées plus haut, lesquelles font de la vertu un objectif en soi immédiat, devrait-il être aussi accompagné des souffrances les plus graves, et refusent l'idée de mettre un terme à une vie pour échapper à la souffrance, sans cependant qu'aucune d'entre elles toutes puisse avancer une vraie raison de rejeter le suicide tandis qu'elles collectent laborieusement toutes sortes de fausses raisons: dans le livre IV cette vraie raison apparaîtra dans le contexte de notre réflexion[180]. Mais la contradiction évoquée ci-dessus révèle et confirme la différence essentielle qui réside dans son principe fondamental entre la doctrine stoïcienne, qui, à vrai dire, n'est qu'une forme particulière d'eudémonisme, et les autres doctrines évoquées, bien que ces deux types de doctrine aboutissent souvent à des résultats concordants et aient des affinités apparentes. Mais la contradiction interne évoquée ci-dessus qui s'attache à l'éthique stoïcienne elle-même dans son idée fondamentale, se révèle aussi dans le fait que son idéal, le sage stoïcien, dans sa présentation même, n'a jamais réussi ni à prendre vie ni à acquérir une vérité poétique. Il ne sera jamais qu'un mannequin de bois, tout raide, dont on ne peut rien faire, lui-même ne sachant que faire de sa sagesse, de son absolue tranquillité, de sa satisfaction et de sa félicité, lesquelles entrent en contradiction directe avec l'essence de l'humanité et ne nous permettent pas d'en avoir la moindre représentation intuitive. Avec quel contraste nous apparaissent, à côté du sage stoïcien, les vainqueurs de l'univers, les pénitents volontaires, que nous présente la sagesse hindouiste et qu'elle a effectivement engendrés, ou encore le Sauveur du christianisme, cette figure exemplaire[181] pleine d'une vie profonde, d'une très puissante vérité poétique et d'une signification suprême alors que, dans sa parfaite vertu, dans sa sainteté et dans sa sublimité, il se présente à nos yeux en proie à une suprême douleur*.

* Voir sur ce sujet le chap. 16 du livre II.

LIVRE II

Le monde comme volonté

PREMIÈRE CONSIDÉRATION

L'objectivation de la volonté

> B[*Nos habitat, non tartara, sed nec sidera caeli:*
> *Spiritus, in nobis qui viget, illa facit*[1].]B
>
> [C'est nous qu'il habite et non les enfers ni les astres célestes:
> Tout cela, l'esprit qui vit en nous l'a fait[2].]

§ 17

Dans le livre I, nous avons considéré la représentation en tant que telle seulement, c'est-à-dire du seul point de vue de sa forme générale. Certes, ce qui concerne la représentation abstraite, le concept, nous a aussi été donné à connaître du point de vue de sa teneur, dans la mesure où celle-ci ne possède, en effet, un contenu et une signification que par sa relation à sa représentation intuitive sans laquelle elle serait dénuée de valeur et de contenu. Donc, parfaitement avertis de la représentation intuitive, nous exigerons de connaître aussi son contenu, ses déterminations précises et les formes qu'elle nous présente. Il nous importe particulièrement d'être éclaircis sur sa signification véritable, sur cette signification que, sinon, on ne fait que sentir, et en vertu de laquelle ces images ne passeront pas à côté de nous, absolument étrangères et opaques, ce qui, sans elle, se produirait nécessairement, mais nous parleront directement, nous deviendront compréhensibles et acquerront un intérêt qui implique notre être tout entier.

Nous dirigeons notre regard vers les mathématiques, vers les sciences de la nature et vers la philosophie parce que chacune d'elles nous fait espérer qu'elle nous livrera une partie des éclaircissements désirés. Or, nous découvrons en premier lieu que la philosophie est un monstre à plusieurs têtes dont chacune parle une langue différente. Certes, elles ne sont pas toutes en désaccord sur le point qui nous occupe ici et qui est la signification de cette représentation intuitive, car, à l'exception des sceptiques et des idéalistes, les autres s'accordent à parler essentiellement d'un OBJET qui serait au FONDEMENT de la représentation, lequel, il est vrai, se différencierait de la représentation par tout son être et son essence, mais lui serait toutefois, dans toutes ses parties, aussi semblable qu'un œuf l'est d'un autre. Cependant, nous ne nous en trouvons pas plus avancés car nous ne savons absolument pas différencier cet objet de sa représentation et trouvons que tous deux ne sont qu'une seule et même chose, puisque tout objet présuppose toujours et éternellement un sujet et que, par conséquent, il reste une représentation, tout comme nous avons reconnu que l'être-objet participe aussi de la forme la plus générale[3] de la représentation qui est scission entre objet et sujet. D'autant que le principe de raison, auquel on se réfère ici, n'est, de la même manière, pour nous, qu'une forme de la représentation, en l'occurrence la relation régulière d'une représentation à une autre mais non la relation de l'ensemble de la série finie et infinie des relations à quelque chose qui ne serait nullement une représentation et donc ne peut nullement être représentable lui aussi. Quant aux sceptiques et aux idéalistes, j'en ai parlé plus haut en explicitant la querelle à propos de la réalité du monde extérieur[4].

Si, à présent, nous nous tournons vers les mathématiques pour exaucer notre vœu d'acquérir une connaissance plus précise de cette représentation intuitive qui ne nous est connue que sur un plan absolument général et selon sa seule forme, nous constaterons que ces mathématiques ne nous parlent de ce type de représentations que dans la mesure où ces dernières remplissent le temps et l'espace, c'est-à-dire dans la mesure où elles sont des grandeurs. Les mathématiques indiquent au mieux la quantité et la grandeur : mais comme ces données ne sont que relatives, c'est-à-dire qu'elles ne sont que la comparaison d'une représentation avec d'autres, effectuée du seul point de vue de la grandeur ; ce n'est donc pas là que nous sera fournie l'information que nous recherchons essentiellement.

Si, pour finir, nous regardons vers ce vaste domaine divisé en plusieurs champs qu'est la science de la nature, nous pouvons dans un premier temps y distinguer deux sections principales. Soit elle décrit des formes, je l'appelle alors MORPHOLOGIE, soit elle décrit des changements, auquel cas je l'appelle ÉTIOLOGIE. La première considère les formes persistantes, la seconde les transformations de la matière selon les lois qui régissent sa transition d'une forme à une autre. La première est ce que l'on appelle, à mauvais escient, l'histoire naturelle au sens large. Quand elle est botanique ou zoologie, elle nous apprend à connaître en particulier les différentes formes organiques qui persistent dans le flux de l'incessante mutation des individus et qui, de ce fait, sont déterminées de manière stable. Ces formes constituent en grande partie le contenu des représentations intuitives : elles sont classifiées, isolées, réunies par elle, ordonnées selon des systèmes naturels et artificiels, placées sous des concepts qui permettent une vision globale et une connaissance de toutes ces formes. Il conviendra de démontrer plus loin qu'il existe une analogie infiniment nuancée, qui les traverse toutes, dans leur tout et dans leurs parties (*unité de plan* [en français dans le texte]) grâce à laquelle elles semblent autant de variations sur un thème qui n'est pas donné[5]. Le passage de la matière dans ces formes, c'est-à-dire l'émergence des individus, n'est pas l'objet d'étude principal de cette science, puisque chaque individu apparaît engendré par son semblable par un processus de procréation qui, partout aussi mystérieux, se dérobe jusqu'à présent à la connaissance, mais le peu qu'on en connaisse trouve sa place dans la physiologie, qui fait partie des sciences naturelles étiologiques. C'est vers cette dernière que tend aussi la minéralogie qui, compte tenu de son objet principal, participe de la morphologie en particulier au moment où elle devient géologie. Relèvent véritablement de l'étiologie toutes les branches de la science de la nature pour lesquelles la connaissance de la cause et de l'effet constitue l'objet d'étude principal : elles enseignent comment, conformément à une règle immanquable, à UN état de la matière succède nécessairement un autre déterminé, comment un changement déterminé en conditionne et en entraîne nécessairement un autre ; ces démonstrations, elles les nomment EXPLICATIONS. Ici, nous trouvons principalement la mécanique, la physique, la chimie, la physiologie.

Mais il nous suffit de suivre leurs enseignements, pour très vite nous apercevoir que l'information que nous recherchons en priorité nous sera livrée aussi peu par l'étiologie que par la morphologie. La morphologie nous présente des formes en nombre incommensurable et en une diversité infinie. Quand bien même une ressemblance impossible à méconnaître les apparente les unes aux autres, ces représentations obtenues par cette voie nous demeurent à jamais étrangères et, considérées de cette seule manière, se dressent devant nous comme autant de hiéroglyphes incompris. À l'inverse, l'étiologie nous enseigne que, conformément à la loi de cause à effet, tel état déterminé de la matière entraîne tel autre, et c'est là la manière avec laquelle elle l'a expliquée et faite sienne. Cependant, elle ne fait rien de plus au fond que de démontrer l'ordre régulier des choses conformément auquel les états apparaissent dans le temps et dans l'espace et nous indiquent, dans chaque cas, quel phénomène intervient nécessairement à tel moment et à tel endroit : elle détermine donc pour chacun de ces phénomènes leur position dans le temps et dans l'espace selon une loi dont le contenu déterminé a été inculqué par l'expérience et dont la forme générale et la nécessité sont présentes à notre conscience indépendamment de l'expérience. Mais, par ce biais, nous n'acquerrons pas la moindre information sur l'essence intime de ces phénomènes : celle-ci est appelée FORCE DE LA NATURE et se situe en dehors du domaine de l'explication étiologique, laquelle nomme LOI DE LA NATURE la constance immuable avec laquelle se produit la manifestation d'une telle force, tant que sont présentes les conditions qui sont connues de l'étiologie. Mais cette loi de la nature, ces conditions et cette apparition à un moment donné et à un instant donné sont la seule chose qu'elle connaisse et qu'elle pourra jamais connaître. La force elle-même qui se manifeste, l'essence intime des phénomènes qui apparaissent en vertu de ces lois, tout cela restera à jamais un mystère pour elle, un élément totalement étranger et inconnu, et cela vaut aussi bien pour les phénomènes les plus simples que pour les plus compliqués.

Car, bien que l'étiologie, jusqu'à présent, ait le plus parfaitement atteint son objectif dans la mécanique et, le moins parfaitement, dans la physiologie, la force qui fait qu'une pierre tombe à terre ou qu'un corps en heurte un autre ne nous est pas moins étrangère et mystérieuse que celle qui produit les mouvements et la croissance d'un animal[6]. La mécanique présuppose comme insondables la matière, la pesanteur, l'impénétrabilité, la transmission du mouvement par le choc, la rigidité, etc., et leur donne pour nom forces de la nature ; quant à la nécessité et à la régularité avec lesquelles ces phénomènes se produisent dans certaines conditions, elle leur donne pour nom lois de la nature et ce n'est qu'après cela qu'elle amorce cette explication qui lui est propre, laquelle consiste à indiquer fidèlement et mathématiquement comment, où et quand chaque force se manifeste et à ramener chacun de ces phénomènes à une de ces forces. La physique, la chimie, la physiologie, procède chacune dans leur domaine de la même manière, à cette seule différence que, faisant plus de présuppositions encore, elles obtiennent encore moins de résultats. Par conséquent, même la plus parfaite explication étiologique de l'ensemble de la nature ne serait jamais rien de plus qu'un registre des forces inexpliquées et une définition assurée des règles selon lesquelles les phénomènes se produisent dans le temps et dans l'espace, s'y succèdent, se laissant la place les uns aux autres : mais, parce que la loi qu'elle suit ne va pas jusque-là, elle laisserait nécessairement inexpliquée l'essence intime des forces qui apparaissent ainsi et devrait s'en tenir au phénomène et à son ordre. Elle pourrait, dans cette mesure, être comparée à une coupe dans le marbre, laquelle révèle l'existence de plusieurs veines les unes à côté des autres sans pour autant révéler le chemin emprunté par ces veines à l'intérieur du marbre jusqu'à cette surface. Ou, si je puis me permettre cette comparaison en forme de plaisanterie, parce qu'elle est plus frappante encore — face à une étiologie de la nature complète qui aurait atteint son point d'achèvement —, le chercheur philosophe se sentira toujours comme quelqu'un qui, sans savoir comment, aurait atterri dans une société entièrement inconnue de lui et dont les membres de ce cercle se presseraient après lui, l'un après l'autre, pour se présenter comme étant son ami ou son cousin et se ferait ainsi connaître ; lui, cependant, tout en assurant à chaque fois se réjouir de ces présentations, aurait sans cesse cette question qui lui brûlerait les lèvres : « Mais comment diable suis-je arrivé dans cette société ? »

Donc, à propos de ces phénomènes que nous connaissons comme n'étant que nos représentations, l'étiologie elle-même ne pourra jamais nous donner l'information que nous désirons et qui nous permettrait de dépasser ce stade. Car, après toutes ses explications, ils continuent de se tenir devant nous parfaitement étrangers, comme de simples représentations dont nous ne comprenons pas la signification. Leur liaison première ne nous indique que la règle et l'ordre relatif de leur apparition dans l'espace et le temps, sans nous apprendre à connaître de manière plus approfondie ce qui apparaît ainsi. D'autant que la loi de la causalité ne vaut que pour des représentations et des objets d'une certaine classe et n'a de signification qu'à partir du moment où on les présuppose : comme ces objets eux-mêmes, elle n'existe donc jamais que de manière conditionnelle, qu'en relation au sujet, c'est pourquoi elle est connue aussi bien à partir du sujet, c'est-à-dire *a priori*, qu'à partir de l'objet, c'est-à-dire *a posteriori*, ainsi que Kant nous l'a enseigné.

Mais ce qui, à présent, nous entraîne dans cette recherche est précisément qu'il ne nous suffit pas de savoir que nous avons des représentations, qu'elles sont telles ou telles et qu'elles sont en relation en vertu de telles ou telles lois dont l'expression générale est, à chaque fois, le principe de raison. Nous voulons connaître la signification de ces représentations : nous demandons si ce monde n'est rien d'autre qu'une représentation, auquel cas il devrait passer devant nous comme un rêve dépourvu de consistance ou une chimère fantomatique[7], sans mériter notre attention ; ou s'il n'est pas encore autre chose, une chose de plus, et cela, quelle que soit cette chose. D'emblée, une chose est certaine, c'est que ce que nous recherchons doit nécessairement être, par toute son essence, quelque chose d'entièrement, de fondamentalement différent de la représentation, que, par conséquent, toutes ses formes et lois lui seront aussi nécessairement absolument étrangères et que, par suite, nous n'y parviendrons pas en partant de la représentation et en suivant le fil conducteur de ces lois, qui ne font que relier entre eux objets et représentations, lesquels ne sont que les formes du principe de raison.

Cm[Nous voyons déjà ici que, DU DEHORS, il sera à jamais impossible d'atteindre l'essence des choses : on pourra toujours chercher, mais on n'obtiendra ainsi que des images et des noms. On sera semblable à quelqu'un qui tourne autour d'un château, recherchant en vain une entrée et qui, en attendant, en esquisse le dessin de la façade. Pourtant c'est là le chemin qu'ont suivi tous les philosophes avant moi.]Cm

§ 18

En réalité, la signification recherchée du monde, en tant qu'il se présente à moi simplement comme ma représentation, ou la transition allant de ce monde, en tant qu'il est seulement une représentation du sujet connaissant, à ce qu'il peut encore être en outre, serait à jamais impossible à découvrir si le chercheur n'était lui-même rien de plus que le sujet purement connaissant (une tête d'ange ailée privée de corps). Or, lui-même a des racines dans ce monde et l'habite en tant qu'INDIVIDU, c'est-à-dire que son connaître, support conditionnel de tout le monde comme représentation, lui est toutefois transmis par un corps dont les affections, comme il a été montré, sont, pour l'entendement, le point de départ de l'intuition du monde[8]. Ce corps est pour le sujet purement connaissant en tant que tel une représentation comme une autre, un objet parmi les objets: les mouvements, les actions de ce dernier ne lui sont, dans cette mesure, pas connus d'une autre manière que les modifications de tout autre objet de l'intuition et ils lui seraient tout aussi étrangers et inintelligibles si leur signification ne lui était pas révélée d'une manière totalement différente. Sinon, il verrait son action répondre aux motifs présents avec la constance d'une loi de la nature, précisément comme les modifications des autres objets se produisent à la suite de causes, de stimulations, de motifs. Mais l'influence de ces motifs, il ne la comprendrait pas plus précisément que la relation de n'importe quel autre effet, qui lui apparaît, à sa cause. Alors, à l'essence intime et inintelligible de ces manifestations et aux actions de son corps, il leur donnerait comme nom force, qualité ou caractère, selon son bon plaisir, sans en avoir aucune autre intelligence. Or, il n'en va ainsi pour personne et le mot de l'énigme est bien plutôt donné au sujet de la connaissance, lequel se manifeste comme individu : et ce mot est VOLONTÉ. Celle-ci et celle-ci seule lui fournit la clé de son phénomène propre, lui révèle la signification, lui montre le mécanisme intérieur de son essence, de son faire, de ses mouvements. À ce sujet de la connaissance, lequel, parce qu'il est identique à son corps, apparaît en tant qu'individu, ce corps est donné de deux manières radicalement différentes : non seulement, en tant que représentation dans une intuition intelligible, en tant qu'objet parmi les objets, et soumis aux mêmes lois que ces derniers, mais aussi, dans le même temps, d'une tout autre manière[9], à savoir en tant que cette chose connue immédiatement de chacun et que désigne le mot de VOLONTÉ. Tout acte véritable accompli par sa volonté est aussitôt et inévitablement aussi un mouvement de son corps : il ne peut réellement vouloir cet acte sans percevoir dans le même temps qu'il apparaît en tant que mouvement de son corps. L'acte de la volonté <*Willensakt*> et l'action du corps ne sont pas deux états objectifs connus différemment, articulés par le lien de la causalité, le rapport qu'ils entretiennent entre eux n'est pas celui de la cause à l'effet[10] ; ils sont une seule et même chose[11] qui est seulement donnée de deux façons radicalement différentes : d'un côté, immédiatement et, de l'autre, dans l'intuition pour l'entendement. L'action du corps n'est rien d'autre que l'acte de la volonté objectivé, c'est-à-dire entré dans l'intuition. Par la suite, il nous apparaîtra que ceci vaut pour tous les mouvements du corps, non seulement pour ceux motivés par des motifs mais aussi pour ceux produits par une simple stimulation, involontairement, plus : il nous apparaîtra que le corps tout entier n'est rien d'autre que la volonté objectivée[12], c'est-à-dire devenue représentation ; tout ceci sera avéré et deviendra clair dans la suite. Par conséquent, le corps, qui, dans le précédent livre et dans la dissertation sur le principe de raison, considéré intentionnellement de manière unilatérale d'après un seul point de vue (celui de la représentation), avait pris pour nom OBJET IMMÉDIAT[13], je le nommerai ici, adoptant une autre perspective, l'OBJECTITÉ DE LA VOLONTÉ. Par suite, on peut aussi dire dans un certain sens que la volonté est la connaissance *a priori* du corps et que le corps est la connaissance *a posteriori* de la volonté. — Les décisions de la volonté, lesquelles se rapportent au futur, sont de simples réflexions de la raison sur ce que l'on voudra un jour, et non des actes de la volonté à proprement parler : seul l'accomplissement certifie la décision qui, jusque-là, n'est jamais encore qu'un projet susceptible de changer et n'existe que dans la raison *in abstracto*. Le vouloir et le faire sont distincts dans la réflexion seulement, dans la réalité ils ne font qu'UN. Tout acte de la volonté véritable, authentique, immédiat est aussitôt et directement aussi l'apparition d'un acte du corps, et conformément à cela, d'un autre côté, toute influence sur le corps est aussitôt et immédiatement aussi une influence sur la volonté. Il a pour nom douleur s'il contrecarre la volonté ou bien-être et volupté s'il lui est conforme. Les gradations des deux sont très variées. Mais on a parfaitement tort de nommer représentations la douleur et le plaisir. Ce ne sont en aucun cas des représentations, ce sont des affections immédiates de la volonté dans son phénomène, le corps : ils sont le fait d'un vouloir temporaire et contraint ou d'un non-vouloir de l'impression que celui-ci endure[14]. Ne sont à considérer immédiatement comme de pures représentations et, par conséquent, à exclure de tout ce qui vient d'être dit, que certaines rares impressions sur le corps qui ne touchent pas la volonté et grâce auxquelles le corps seul devient objet immédiat du connaître, puisque, en tant qu'intuition dans l'entendement, il est déjà un objet médiat au même titre que tous les autres. Sont visées ici, en effet, les affections des sens purement objectifs, la vue, l'ouïe, le toucher, encore que dans l'unique mesure où ces organes sont affectés selon le mode qui leur est singulier, propre, spécifique et conforme à leur nature, c'est-à-dire de façon à ce qu'une stimulation de la sensibilité de ces parties, exacerbée et modifiée de la manière qui leur est spécifique, soit si faible qu'elle n'affecte pas la volonté, et que celle-ci, perturbée par aucune stimulation de la volonté, livre au seul entendement les *data* [données] à partir desquelles advient l'intuition. Mais toute autre affection de cet appareil des sens, qu'elle soit plus forte ou d'une autre nature, est douloureuse, c'est-à-dire qu'elle contrecarre la volonté, à l'objectivité de laquelle ils appartiennent, eux aussi. — Une faiblesse nerveuse devient manifeste à partir du moment où les impressions, lesquelles sont censées n'avoir que le degré d'intensité suffisant pour être des *data* pour l'entendement, dépassent ce degré et atteignent un certain degré où elles ébranlent la volonté, c'est-à-dire provoquent une douleur ou un sentiment de bien-être, encore qu'il soit plus fréquent qu'elles suscitent de la douleur, certes partiellement sourde et obscure et que, par conséquent, elles fassent ressentir douloureusement non seulement des sons isolés et une lumière forte mais éveillent également de manière générale une humeur maladive, hypocondriaque sans qu'elles soient connues de manière intelligible. — En outre, l'identité du corps et de la volonté se manifeste aussi dans le fait que tout mouvement violent et démesuré de la volonté, c'est-à-dire tout affect, ébranle immédiatement le corps et son mécanisme intérieur et perturbe la marche de ses fonctions vitales. Ce point est exposé de manière détaillée en particulier dans la *Volonté dans la nature* à la p. 27 de la seconde édition[15].

Pour finir, la connaissance que j'ai de ma volonté, bien qu'immédiate, n'en est pas moins inséparable de celle de mon corps. Je connais ma volonté non dans sa totalité, non comme une unité, je ne la connais pas entièrement dans son essence, je ne la connais que dans ses actes isolés, dans le temps donc, qui est la forme du phénomène de mon corps comme de tout objet : par conséquent, mon corps est une condition de la connaissance de ma volonté. Je ne puis, par suite, véritablement représenter cette volonté sans mon corps. Dans la dissertation sur le principe de raison, certes, la volonté ou plutôt le sujet du vouloir a été posé comme une classe particulière des représentations ou objets : seulement, à cet endroit-là déjà, nous voyions cet objet coïncider avec le sujet, c'est-à-dire, en l'occurrence, cesser d'être un objet : à ce moment-là, à cette coïncidence nous avons donné pour nom miracle κατ' ἐξοχήν [par excellence] et d'une certaine manière, le présent ouvrage est dans son intégralité l'explication de ce miracle. — Du moment que je reconnais ma volonté à proprement parler comme objet, je la reconnais comme corps ; mais alors, je suis revenu à la première classe de représentations présentée dans ce traité, c'est-à-dire celle des objets réels. Dans la suite de ce développement, nous réaliserons de plus en plus que cette première classe des représentations ne trouve son explication et son déchiffrement que dans la quatrième classe présentée ici, laquelle n'entend plus être opposée au sujet en tant qu'objet et que, par conséquent, c'est à partir de la loi de la motivation qui règne dans cette quatrième classe que nous devons apprendre à comprendre l'essence intime de la loi de la causalité en vigueur dans la première classe et celle de ce qui se produit conformément à celle-ci.

L'identité de la volonté et du corps présentée ici de manière provisoire ne peut, ainsi que cela a été fait ici pour la première fois et ainsi que cela sera fait de plus en plus par la suite, qu'être démontrée, c'est-à-dire partant de la conscience immédiate, partant de la connaissance *in concreto*, être élevée au rang de savoir de la raison, être transposée dans le domaine de la connaissance *in abstracto*. En revanche, d'après sa nature, elle ne peut jamais être prouvée, c'est-à-dire être déduite en tant que connaissance médiate d'une autre immédiate, précisément parce qu'elle est elle-même la plus immédiate, et si nous ne l'appréhendions et ne la fixions pas comme telle, nous attendrions en vain de l'obtenir en retour d'une quelconque manière médiate en tant que connaissance déduite. Elle est une connaissance d'une nature absolument singulière, dont la vérité ne peut jamais, précisément pour cette raison même, être rapportée à l'une de ces quatre rubriques dans lesquelles j'ai placé toute vérité dans la dissertation sur le principe de raison, § 29[16] et suivants, à savoir la vérité logique, empirique, transcendantale et métalogique. Car elle n'est pas, à l'instar de toutes celles-ci, la relation d'une représentation abstraite à une autre représentation ou à une forme nécessaire du représenter intuitif ou abstrait; elle est la relation d'un jugement au rapport que possède une représentation intuitive, le corps, à ce qui n'est absolument pas une représentation mais lui est *toto genere* différent : la volonté. C'est la raison pour laquelle je souhaiterais distinguer cette vérité avant toutes les autres et la nommer VÉRITÉ PHILOSOPHIQUE κατ' ἐξοχήν. On peut tourner de manière différente l'expression de celle-ci et dire : mon corps et ma volonté ne font qu'UN, ou ce que je nomme, en tant que représentation intuitive, mon corps, je le nomme ma volonté, dans la mesure où j'en ai conscience d'une manière absolument différente, incomparable avec aucune autre représentation intuitive, ou encore mon corps est l'OBJECTITÉ de ma volonté ou bien, abstraction faite que mon corps est ma représentation, il n'est jamais que ma volonté, etc.*.

§ 19

Si, dans le premier livre, nous avons déclaré non sans une certaine répugnance que notre propre corps, au même titre que tous les autres objets de ce monde de l'intuition, était une pure représentation du sujet connaissant, nous avons désormais clairement vu ce qui, dans la conscience de tout un chacun, différencie la représentation de notre propre corps de toutes les autres, par ailleurs tout à fait semblables à celle-ci : c'est en ceci que le corps apparaît encore dans la conscience d'une façon absolument et *toto genere* différente, à laquelle on donne pour nom VOLONTÉ, et que cette double connaissance,

* Voir sur ce sujet le chap. 18 du tome II.

que nous avons de notre propre corps justement, nous éclaire sur lui-même, sur sa manière d'agir et de se mouvoir sur des motifs comme sur sa manière de souffrir une influence extérieure, en un mot sur ce qu'il est non pas en tant que représentation mais en dehors de toute représentation, donc EN SOI, alors que sur l'essence, l'action et l'affection de tout autre objet réel nous ne pouvons obtenir de manière immédiate cet éclaircissement.

Le sujet connaissant devient individu précisément par cette relation particulière à son corps singulier qui, considéré indépendamment de celle-ci, n'est pour lui qu'une représentation semblable à toutes les autres. Cependant, pour cette raison précisément, cette relation grâce à laquelle le sujet connaissant est INDIVIDU n'existe qu'entre lui et une seule de toutes ses autres représentations, aussi est-il conscient de celle-ci non seulement comme d'une représentation mais, dans le même temps, d'une tout autre manière, comme d'une volonté. Mais puisque, dès lors que l'on fait abstraction de cette relation particulière, de cette connaissance double et complètement hétérogène d'une seule et même chose, cette chose unique qu'est le corps devient une représentation au même titre que toutes les autres, pour s'orienter, l'individu connaissant doit admettre l'une des deux hypothèses suivantes : ou bien ce qui distingue cette représentation est qu'elle est la seule à se situer dans cette double relation avec sa connaissance, tandis qu'il accède de deux manières concomitantes à l'intelligence de cet UNIQUE objet intuitif, et que cela ne peut pas s'expliquer par une différence de cet objet d'avec tous les autres mais seulement par une différence de la relation de sa connaissance à cet unique objet d'avec celle qu'elle entretient avec tous les autres — ou bien alors il doit admettre que cet objet singulier est essentiellement différent de tous les autres, que lui seul parmi les autres est à la fois volonté et représentation, les autres n'étant en revanche qu'une pure représentation, c'est-à-dire de purs fantômes et que son corps donc est le seul individu effectif dans le monde, c'est-à-dire le seul phénomène de volonté et le seul objet immédiat du sujet. — Les autres objets, considérés comme de pures REPRÉSENTATIONS, sont semblables à son corps, c'est-à-dire, à l'instar de celui-ci, qu'ils remplissent l'espace (lequel n'existe peut-être lui-même que comme représentation) et, comme le corps aussi, ils agissent dans l'espace : c'est ce qu'il est possible de prouver de manière assurée à partir de la loi de la causalité *a priori*, qui est certaine en ce qui concerne les représentations et qui n'admet aucun effet sans cause ; mais indépendamment du fait que d'un effet on ne peut conclure qu'à une cause en général et non à une cause semblable, on reste ici toujours dans le domaine de la pure représentation pour laquelle ne vaut que la seule loi de la causalité, sans qu'on puisse aller au-delà de cette loi. Savoir s'il existe des objets connus de l'individu seulement comme des représentations qui, toutefois, à l'instar de son corps, sont des phénomènes de la volonté, c'est là, comme il a déjà été énoncé dans le livre précédent, le sens véritable contenu dans la question de la réalité du monde extérieur : le nier est le sens de l'ÉGOÏSME THÉORIQUE qui, de ce fait précisément, considère qu'est un fantôme tout phénomène excepté son propre individu. Quant à l'égoïsme pratique, il fait exactement la même chose dans une perspective pratique : il ne considère et traite comme véritable que sa propre personne, considérant et traitant toutes les autres comme de simples fantômes. Il serait certes impossible de réfuter l'égoïsme théorique par des démonstrations ; toutefois il n'a assurément jamais été utilisé en philosophie autrement qu'en tant que sophisme sceptique, c'est-à-dire comme faux-semblant. En tant que conviction sérieuse, en revanche, on n'a jamais pu le rencontrer que dans une maison de fous et, en tant que telle, ce n'est pas tant d'une preuve dont on aura besoin pour le réfuter que d'une cure. Aussi ne nous laisserons-nous pas embarquer plus avant dans sa voie et nous contenterons-nous de le considérer comme la dernière forteresse du scepticisme lequel est toujours polémique. Si notre connaissance, donc, toujours liée à l'individualité, ce qui définit précisément ses limites, entraîne nécessairement que chacun ne peut ÊTRE qu'un mais peut, en revanche, CONNAÎTRE tout le reste et si cette limite engendre réellement la nécessité de la philosophie, nous tenterons, pour cette raison précisément, de faire reculer les limites de notre connaissance par la philosophie, et considérerons le fameux argument de l'égoïsme théorique que le scepticisme nous oppose ici comme une petite forteresse frontalière, il est vrai à jamais imprenable, mais sa garnison ne pouvant absolument jamais sortir, nous pourrons la contourner et, sans risque, la laisser derrière nous.

Par conséquent, nous continuerons d'utiliser la double connaissance, désormais élevée à son point d'intelligibilité et donnée de deux manières totalement hétérogènes, que nous possédons de l'essence et de l'action de notre propre corps, comme clé de l'essence de chaque phénomène de la nature, et tous les objets autres que notre propre corps qui, par suite, ne sont pas donnés à notre conscience de cette double manière mais seulement en tant que représentation, nous les jugerons par analogie à ce corps et admettrons par suite que, puisque, d'un côté, ils sont représentation absolument au même titre que lui, et, de ce fait, de même nature que lui, et que, d'un autre côté aussi, si on écarte leur existence en tant que représentation du sujet, ce qui en reste encore doit être d'après son essence intime la même chose que ce nous nommons pour nous VOLONTÉ. Car quel autre type d'existence ou de réalité devrions-nous conférer au reste du monde des corps ? D'où tirer les éléments à partir desquels nous composerons un tel monde des corps ? En dehors de la volonté et de la représentation, nous ne pouvons rien connaître ni penser. Si nous entendons accorder au monde des corps, lequel n'existe de manière immédiate que dans notre représentation, la plus grande réalité qui nous soit connue, nous lui donnons alors la réalité que possède pour chacun d'entre nous notre propre corps, car pour tout un chacun il est ce qu'il y a de plus réel. Mais si, à présent, nous analysons la réalité de ce corps et de ses actions, nous ne rencontrons là, outre le fait qu'il est notre représentation, rien d'autre que la volonté, et par là même sa réalité s'en trouve épuisée. Par suite, nous ne pouvons trouver nulle part une autre réalité à accorder au monde des corps. Si, donc, le monde des corps doit être quelque chose de plus que notre seule représentation, il nous faut nécessairement dire que, au-delà de sa représentation, donc, en soi et d'après son essence la plus intime, il est ce que nous trouvons en nous immédiatement en tant que volonté[17]. J'ai dit d'après son essence la plus intime, mais cette essence de la volonté nous devons en tout premier lieu apprendre à la connaître plus précisément en sachant la distinguer de ce qui ne relève pas d'elle mais de son phénomène, lequel possède plusieurs degrés : en relève, par exemple, le fait d'être accompagné de connaissance et d'être, par là même, déterminé par des motifs. Comme nous le comprendrons dans la suite de ce développement, cela n'appartient pas à son essence mais uniquement à son phénomène le plus évident comme animal ou homme. Aussi, si je dis de la force qui attire la pierre au sol qu'elle est volonté, en dehors de toute représentation et selon son essence, on se gardera de mettre dans cette proposition cette pensée folle que la pierre se meut en fonction d'un motif connu, pour la raison que la volonté se manifeste ainsi chez l'homme*[18]. — Mais désormais nous entendons démontrer plus complètement et plus clairement et développer dans toute son ampleur ce que jusqu'ici nous avons présenté provisoirement et généralement**.

§ 20

En tant qu'elle est essence en soi de notre propre corps, en tant qu'elle est cette chose qu'est notre corps dès lors qu'il n'est pas objet de l'intuition et de

* Nous ne donnons donc en aucun cas raison à Bacon de Verulam (*de augm. scient. l. 4 in fine*) lorsqu'il signifie que tout mouvement mécanique et physique des corps ne se produit qu'à la suite d'une perception préalable à l'intérieur de ces corps, bien qu'un vague pressentiment de la vérité ait donné naissance à cette proposition fausse. Il en va de même de l'affirmation de Kepler dans son traité *de planeta Martis*, selon laquelle les planètes devraient être douées de connaissance pour tracer de manière si exacte leur parcours ellipsoïdal et pour mesurer la vitesse de leur mouvement de sorte que les surfaces qu'elles parcourent restent sans cesse proportionnelles au temps qu'elles prennent pour tourner autour de leur base.

** Voir sur ce sujet le chap. 19 du livre II.

la représentation, la VOLONTÉ se manifeste, ainsi qu'il a déjà été dit, en premier lieu dans les mouvements volontaires de ce corps. Dans la mesure où ces derniers ne sont rien d'autre que les actes singuliers de la volonté portés à leur point de visibilité, ils apparaissent immédiatement et avec une totale simultanéité par rapport à ceux-ci, ne faisant qu'une seule et même chose avec eux et ne s'en distinguant que par la forme de connaissance dans laquelle ils sont passés, c'est-à-dire dans la représentation.

Mais ces actes de la volonté ont encore et toujours leur fondement à l'extérieur d'eux-mêmes, dans leurs motifs. Toutefois ces derniers ne déterminent jamais rien de plus que ce que je veux à TEL moment, à TEL endroit, dans TELLES conditions ; ils ne déterminent pas QUE je veux ni CE QUE je veux en général, c'est-à-dire la maxime qui caractérise l'ensemble de mon vouloir. Aussi mon vouloir ne peut être expliqué dans toute son essence à partir de ses motifs[19]. Ceux-ci ne font que déterminer à un moment donné quelle est la manifestation de la volonté, ils ne sont que le moyen grâce auquel ma volonté se montre. Elle-même cependant se situe en dehors du domaine de la loi de la motivation ; seul son phénomène à tel moment est nécessairement déterminé par cette loi. Il n'y a qu'en présupposant mon caractère empirique que le motif devient le fondement d'une explication suffisante de mon action. Si, cependant, je m'abstrais de mon caractère et demande ensuite pourquoi en vérité je veux telle chose plutôt que telle autre, aucune réponse à cette question n'est possible, précisément parce que le phénomène de la volonté seul est soumis au principe de raison et que la volonté elle-même ne l'est pas, de sorte qu'il convient de la dire DÉPOURVUE DE RAISON. Ici, je présuppose la théorie kantienne du caractère empirique et intelligible ainsi que les explications qui s'y rapportent dans mes *Problèmes fondamentaux de l'éthique*[20], mais nous devrons cependant y revenir de manière détaillée dans le livre IV. Pour l'instant, je me contenterai de faire remarquer que le fait qu'un phénomène soit fondé par un autre, ici que l'acte soit fondé par le motif, ne vient pas contester cet autre fait que son essence en soi est volonté, et qu'elle ne possède elle-même pas de raison, puisque le principe de raison, sous toutes ses formes, n'est qu'une forme de la connaissance, sa valeur ne s'étendant qu'aux domaines de la représentation, du phénomène, de la visibilité de la volonté et non à celui de la volonté elle-même qui devient visible.

Si donc toute action de mon corps est le phénomène d'un acte de la volonté, dans lequel s'exprime en retour, sous certains motifs donnés, ma volonté elle-même en général et en tout, donc mon caractère, alors la condition incontournable, la présupposition de toute action, doit être le phénomène <*Erscheinung*> de la volonté, car son apparaître <*Erscheinen*> ne peut dépendre de quelque chose qui ne serait pas immédiatement et uniquement produit par elle, c'est-à-dire qui ne serait qu'un effet du hasard, auquel cas son apparaître ne deviendrait lui-même qu'un effet du hasard. Or cette condition est le corps tout entier lui-même. Lui-même doit donc déjà être le phénomène de la volonté et entretenir le même rapport vis-à-vis de ma volonté prise dans son ensemble, c'est-à-dire vis-à-vis de mon caractère intelligible, qui a pour phénomène dans le temps mon caractère empirique, que celui qu'entretient l'action isolée du corps vis-à-vis de l'acte isolé de la volonté. Donc, mon corps tout entier ne peut être autre chose que ma volonté rendue visible, il est nécessairement ma volonté même, en tant que cet objet de l'intuition est une représentation appartenant à la première classe[21]. — Une confirmation de ceci a déjà été introduite lorsque nous avons montré[22] que toute influence sur mon corps affectait aussitôt et immédiatement ma volonté aussi et que, dans cette perspective, elle avait pour nom douleur ou plaisir ou, à un moindre degré, sensation agréable ou désagréable, et aussi lorsque nous avons montré que, inversement, tout mouvement violent de la volonté, c'est-à-dire tout affect ou passion, ébranlait mon corps et perturbait le cours de ses fonctions. — Il est, certes, possible de rendre compte de la genèse de mon corps, encore que très imparfaitement, et un peu mieux de son développement et de sa conservation sur le plan étiologique aussi ; ce rapport est précisément ce que l'on désigne par la physiologie. Seulement, celle-ci n'explique son objet en l'occurrence que comme les motifs expliquent l'agir. Par conséquent, si le fondement de l'action isolée par le motif et la conséquence nécessaire de celui-ci ne contestent pas le fait que l'action en général et du point de vue de son essence n'est que le phénomène d'une volonté en soi dépourvue de raison, l'explication physiologique des fonctions du corps porte aussi peu préjudice à la vérité philosophique selon laquelle toute l'existence du corps et la série de ses fonctions ne sont que l'objectivation[23] de cette volonté qui apparaît dans des actions extérieures de ce même corps déterminées en fonction des motifs. Si cependant la physiologie cherche à ramener aussi ces actions extérieures, ces mouvements immédiatement volontaires, à des causes inhérentes à l'organisme, expliquant par exemple tel mouvement des muscles par l'afflux de sucs (« comme le resserrement d'une corde qui prend l'humidité », dit Reil dans son *Archiv für Physiologie*, vol. 6,

p. 153)[24]: mais supposé même que l'on arriverait vraiment à une explication fondamentale de cette nature, cela n'invaliderait toutefois jamais cette vérité immédiatement certaine selon laquelle tout mouvement volontaire (*functiones animales*) est le phénomène d'un acte de la volonté. L'explication physiologique de la vie végétative (*functiones naturales, vitales*) ne pourra jamais, aussi loin puisse-t-elle aller, invalider la vérité selon laquelle toute cette vie animale qui se développe ainsi est phénomène de la volonté. En général, toute explication étiologique ne peut, il est vrai, comme il été expliqué ci-dessus, jamais indiquer plus que la position nécessairement déterminée dans le temps et dans l'espace d'un phénomène isolé, son apparition nécessaire en ce point même selon une règle fixe. En revanche, l'essence intime de tout phénomène reste sur cette voie toujours insondable, elle est présupposée par toute explication étiologique et simplement désignée par les noms de force ou de loi de la nature ou encore, lorsqu'il s'agit d'action, par les noms de caractère et de volonté. — Bien que, donc, toute action isolée se produise une fois présupposé un caractère déterminé et nécessairement à la suite d'un motif donné, bien que la croissance, la nutrition, et l'ensemble des changements dans le corps animal s'opèrent à la suite de causes nécessairement agissantes (excitation), toute cette série d'actions et, par suite, chacune prise isolément avec sa condition, également, n'en est pas moins le corps lui-même tout entier, qui les accomplit, elles représentent par suite, tout le processus qui le constitue et dans lequel il consiste — elles ne sont donc rien d'autre que le phénomène de la volonté, le devenir visible, l'OBJECTITÉ <*Objektität*> DE LA VOLONTÉ. C'est là-dessus que repose la parfaite conformité du corps humain et animal à la volonté humaine et animale en général, conformité semblable, encore que la dépassant de loin, à celle qu'il y a entre un outil fabriqué intentionnellement et la volonté de son fabricant, le faisant apparaître comme une finalité, c'est-à-dire comme possibilité d'une explication téléologique du corps. Les parties du corps doivent pour cette raison parfaitement correspondre aux principaux appétits par lesquels se manifeste la volonté, elles doivent en être l'expression visible. Les dents, l'œsophage, le canal intestinal sont la faim objectivée ; les parties génitales, les pulsions sexuelles objectivées ; les mains faites pour saisir, les pieds faits pour la vitesse correspondent à l'aspiration déjà plus médiate de la volonté, qu'ils représentent[25]. Tout comme la forme générale de l'homme correspond à la volonté générale de l'homme, à une modification individuelle de la volonté, à un caractère singulier correspond la corporisation individuelle qui, par suite, est globalement et en chacune de ses parties, caractérisée et expressive. Il est très remarquable que Parménide déjà ait énoncé ceci dans ces vers cités par Aristote (*Metaph.* III, 5) :

Ὡς γὰρ ἕκαστος ἔχει κρᾶσιν μελέων πολυκάμπτων,
Τὼς νόος ἀνθρώποισι παρέστηκεν· τὸ γὰρ αὐτό
Ἔστιν, ὅπερ φρονέει, μελέων φύσις ἀνθρώποισι,
Καὶ πᾶσιν καὶ παντί· τὸ γὰρ πλέον ἐστὶ νόημα.

(*Ut enim cuique complexio membrorum flexibilium se habet, ita mens hominibus adest : idem namque est, quod sapit, membrorum natura omnibus et omni : quod enim plus est, intelligentia est.*)*[26]

* Voir sur ce sujet le chap. 20 du tome II ainsi que, dans mon écrit *Sur la volonté dans la nature*, les rubriques « Physiologie » et

[Car, si chacun possède un agencement de ses membres aisément flexibles, le sens en l'homme se loge aussi dans un agencement semblable, car pour tout un chacun, la formation de l'esprit et des membres est toujours une seule et même chose et c'est l'esprit qui en donne la mesure[27]]

§ 21

Celui qui, tout au long de ces considérations, a aussi acquis la connaissance *in abstracto*, par là même évidente et certaine, de ce que chacun possède immédiatement *in concreto*, c'est-à-dire en tant que sentiment, à savoir que, en effet, l'essence en soi de son propre phénomène, qui se présente à nous en tant que représentation à travers aussi bien ses actions que leur substrat permanent — son corps — représente sa VOLONTÉ et que cette volonté constitue la chose la plus immédiate de sa conscience même si, en tant que telle, elle n'est pas entièrement entrée dans la forme de la représentation, en laquelle objet et sujet se font face, mais se manifeste d'une manière immédiate, de sorte que l'on ne peut distinguer de manière parfaitement claire le sujet de l'objet, et qu'elle se fait connaître de l'individu non pas dans sa totalité mais seulement dans ses actes isolés; — pour celui qui, dis-je, a acquis avec moi cette conviction, pour celui-là elle deviendra la clé pour la connaissance de l'essence intime de la nature tout entière, du fait qu'il la transpose désormais à tous

---

« Anatomie comparative » où ce qui vient d'être seulement évoqué ici trouve son développement étayé.

les phénomènes qui lui sont donnés, non pas comme son propre phénomène par une connaissance à la fois immédiate et médiate, mais seulement par une connaissance médiate, donc uniquement unilatérale, en tant que REPRÉSENTATION seule. Ce n'est pas seulement dans ces phénomènes parfaitement semblables au sien propre, dans les hommes et les animaux, qu'il reconnaîtra que cette même volonté est leur essence la plus intime ; en prolongeant sa réflexion, il sera amené à reconnaître qu'elle est aussi la force qui agit et végète dans les plantes, cette même force qui fait prendre le cristal, qui dirige l'aimant vers le pôle Nord, celle dont il reçoit le coup en touchant des métaux hétérogènes, celle qui se manifeste dans les affinités électives entre les matériaux en exerçant soit une attraction soit une répulsion, en séparant ou en unissant, jusqu'à la gravité qui agit si violemment sur toute matière, attirant la pierre vers la terre et la terre vers le soleil — toutes ces choses reconnues différentes dans le seul phénomène mais qui n'en font qu'une d'après leur essence intime, il lui faudra les reconnaître comme ce qu'il connaît de manière immédiate, si intimement et tellement mieux que toutes les autres, ce qui, là où cela apparaît le plus clairement, a pour nom VOLONTÉ. Seul cet usage de la réflexion nous permet de ne plus en rester au phénomène mais de le dépasser pour accéder jusqu'à la CHOSE EN SOI. Le phénomène est la représentation et rien d'autre, toute représentation, qu'elle qu'en soit la nature, tout OBJET est PHÉNOMÈNE. Mais est CHOSE EN SOI la VOLONTÉ seule. En tant que telle, elle n'est nullement une représentation, elle s'en distingue bien plutôt *toto genere*. Elle est ce dont toute représentation, tout objet est le phénomène, le principe de visibilité, l'OBJECTITÉ. Elle est la substance la plus intime, le noyau aussi bien de toute chose singulière que du tout, elle apparaît dans toute force aveugle de la nature ainsi que dans toute action réfléchie de l'homme, la profonde différence entre les deux étant une simple question de degré concernant l'apparition et non l'essence de ce qui apparaît.

§ 22

Cette CHOSE EN SOI (nous conserverons l'expression de Kant comme une formule consacrée) qui, en tant que telle, ne sera plus jamais objet, précisément, parce que tout objet n'est déjà plus que son seul phénomène et non plus elle-même, cette chose en soi, donc, a dû, si toutefois elle a été pensée objectivement, emprunter le nom et le concept d'un objet, c'est-à-dire d'un élément quelconque donné objectivement, par conséquent, de l'un de ses phénomènes. Mais celui-ci, pour pouvoir servir de point de compréhension, ne pouvait être nul autre que le plus parfait de tous ses phénomènes, c'est-à-dire le plus net, le mieux déployé, le plus directement éclairé par le connaître: or, ce phénomène, précisément, est la VOLONTÉ de l'homme. Il convient cependant de remarquer que nous n'usons ici que d'une *denominatio a potiori* [dénomination par préférence] par laquelle, pour cette raison précisément, le concept de volonté acquiert une extension bien plus large que celle qu'il avait jusqu'ici. La connaissance de l'identique dans des phénomènes différents et du différent dans des phénomènes semblables est justement, comme Platon le remarque si souvent, une condition de la philosophie. Mais jusqu'à présent nous n'avions pas reconnu l'identité de l'essence de toute forme latente ou agissante dans la nature avec la volonté et, par suite, nous avions tenu les divers phénomènes qui ne sont que les espèces différentes d'un même genre non pour ce qu'ils sont mais pour hétérogènes. Aussi ne disposions-nous d'aucun mot pour qualifier le concept de ce genre. Par conséquent, je nomme le genre d'après l'espèce la plus éminente dont la connaissance évidente et immédiate nous conduit à celle médiate de toutes les autres. Mais, par suite, resterait la proie d'un malentendu persistant toute personne qui ne serait pas capable d'accomplir l'extension du concept requise ici et qui voudrait encore ne comprendre derrière le mot VOLONTÉ que cette espèce qu'il a désignée jusqu'à maintenant, à savoir la volonté conduite par le connaître qui s'exprime exclusivement d'après des motifs voire uniquement par des motifs abstraits, c'est-à-dire sous la conduite de la raison. Cette volonté, comme il a déjà été dit, n'est que le phénomène le plus évident de la volonté. L'essence la plus intime immédiatement connue de nous de ce phénomène précisément, il convient désormais de l'isoler dans la pensée et de le transposer ensuite à tous les phénomènes de moindre intensité et de moindre évidence de cette même essence, à la suite de quoi nous accomplirons l'extension exigée du concept de volonté. — À l'inverse, toute personne se méprendrait sur ce que je dis si, d'aventure, elle pensait qu'il reviendrait au même d'appeler cette essence en soi de tout phénomène par le nom de volonté ou par n'importe quel autre nom. Ce serait le cas, si cette chose en soi était une chose dont nous ne pourrions que DÉDUIRE l'existence, et que nous ne pourrions connaîre ainsi de manière seulement médiate et simplement *in abstracto*: alors on pourrait en effet l'appeler comme il nous plairait et son nom ne serait que le simple signe d'une grandeur inconnue. Or, le mot VOLONTÉ, qui doit nous découvrir l'essence la plus intime de toute chose dans la nature à l'instar d'un mot magique, n'est en aucun cas une grandeur inconnue, une chose obtenue par raisonnement : c'est quelque chose de connu parfaitement de manière immédiate et si bien connu que, quelle que soit l'essence de la volonté, nous la comprenons et connaissons mieux que n'importe quelle autre chose. — Jusqu'ici on a subsumé le concept de VOLONTÉ sous celui de FORCE ; or, au contraire, je procède de façon exactement contraire, et veux connaître toute force dans la nature en tant que pensée comme identique à la volonté. N'allons pas croire qu'il s'agit ici d'une querelle de mots ou que ce problème est indifférent ; il est, au contraire, de la plus grande signification et de la plus haute importance. Car au fondement du concept de FORCE, comme en dernier lieu à celui de tous les autres concepts, se trouve la connaissance intuitive du monde objectif, c'est-à-dire le phénomène, la représentation, et c'est à partir de là qu'il est puisé[28]. Ce concept est abstrait du domaine où règnent cause et effet, donc de la représentation intuitive, et il désigne précisément l'être originel de la cause là où celui-ci ne peut être expliqué plus avant sur le plan étiologique, mais où se trouve être la condition préalable de toute explication étiologique. En revanche, le concept de VOLONTÉ est le seul parmi tous les autres concepts possibles qui ait son origine NON dans le phénomène, NON dans la simple représentation intuitive, mais qui provienne de l'intérieur, de la conscience immédiate de tout un chacun dans laquelle ce dernier connaît son propre individu immédiatement d'après son essence, en dehors de toute forme et même de celle de sujet et d'objet puisque, dans le même temps, ici, le connaissant et le connu coïncident[29]. Si, par suite, nous ramenons le concept de FORCE à celui de VOLONTÉ, nous avons ramené en réalité quelque chose de moins connu à quelque chose qui l'est infiniment plus, voire à la seule chose qui nous soit en effet immédiatement et entièrement connu. Ainsi, nous avons considérablement étendu notre connaissance. Si, en revanche, comme cela s'est fait jusqu'à présent, nous subsumons le concept de VOLONTÉ sous celui de FORCE, nous nous privons de la seule connaissance immédiate que nous avons de l'essence intime du monde, en la laissant sombrer dans un concept tiré du phénomène, au moyen duquel donc nous ne pourrons jamais aller au-delà du phénomène.

§ 23

La VOLONTÉ, en tant que chose en soi, diffère en tout point de son phénomène et est entièrement indépendante de toutes les formes de ce dernier; elle ne pénètre dans celles-ci qu'au moment où elle apparaît. Ces formes, par suite, ne concernent que son OBJECTITÉ et lui sont étrangères. Même la forme la plus générale de toutes les représentations, celle de l'objet pour un sujet, ne la concerne pas[30]; à plus forte raison encore moins celles, subordonnées à cette dernière, qui, prises toutes ensemble, ont leur expression commune dans le principe de raison duquel relèvent, comme on sait, aussi le temps et l'espace ainsi que, par suite, la pluralité des formes qui n'existent et ne sont rendues possibles que par eux seuls. Dans cette dernière perspective, recourant à une expression tirée de l'antique et authentique scolastique, j'appellerai le temps et l'espace *principium individuationis* [principe d'individuation], et je demande de le noter une fois pour toutes. Car le temps et l'espace seuls sont ce par quoi une seule et même chose d'après son essence et son concept apparaît cependant différente, en tant que pluralité, dans une juxtaposition spatiale ou une succession temporelle : ils représentent, par conséquent, le *principium individuationis*, l'objet des si nombreuses disputes et querelles des scolastiques que l'on retrouve toutes réunies dans Suárez (*disp. V, sect. 3*)[31]. — La volonté comme chose en soi, suivant ce qui vient d'être dit, se trouve en dehors du domaine du principe de raison sous toutes ses figures. Par suite, elle est absolument dépourvue de raison <*grundlos*>, bien que chacun de ses phénomènes soit entièrement soumis au principe de raison. Elle est, en outre, indépendante de toute PLURALITÉ, bien que ses phénomènes dans le temps et dans l'espace soient innombrables : elle est une[32], mais cependant non à la manière d'un objet dont on reconnaît l'unité par opposition à sa pluralité possible ni à la manière d'un concept qui ne procède de la pluralité que par abstraction ; elle est une comme l'est une chose qui se situe hors du temps et de l'espace, hors du *principium individuationis*, c'est-à-dire de la possibilité de la pluralité. Ce n'est que lorsque tout ceci nous sera devenu parfaitement clair, une fois que nous aurons considéré les phénomènes et les différentes manifestations de la volonté, alors nous comprendrons parfaitement la doctrine de Kant selon laquelle le temps, l'espace et la causalité ne reviennent pas à la chose en soi mais seulement aux formes de la connaissance.

On a vraiment reconnu l'absence de raison propre à la volonté là où cette volonté se manifeste le plus clairement, en tant que volonté de l'homme, et on a appelé celle-ci libre[33], indépendante. Mais, dans le même temps, on a aussi perdu de vue, au-delà de son absence de raison, la nécessité à laquelle est partout soumis son phénomène, et on a déclaré libres ses actes, ce qu'ils ne sont pas puisque toute action isolée procède avec une rigoureuse nécessité de l'effet que son motif exerce sur le caractère. Toute nécessité est, comme nous l'avons dit, le rapport d'une conséquence à une raison et absolument rien de plus. Le principe de raison est la forme générale de tout phénomène et, dans sa manière de faire, l'homme, au même titre que n'importe quel autre phénomène, lui est nécessairement subordonné. Mais parce que, dans la conscience que l'homme a de lui-même, sa volonté est connue immédiatement et en soi, dans cette conscience se trouve aussi celle de la liberté. Seulement est perdu de vue ici le fait que l'individu, la personne n'est pas la volonté en tant que chose en soi, mais qu'elle est déjà PHÉNOMÈNE de la volonté, et qu'en tant que tel, elle est déjà déterminée et entrée dans la forme du phénomène, dans le principe de raison. De là ce fait étonnant que tout un chacun se considère *a priori* comme entièrement libre, et cela, même dans chacun de ses actes singuliers, et pense qu'il peut à tout instant commencer une autre vie, ce qui signifie devenir un autre. Ce n'est qu'*a posteriori*, par l'expérience, qu'il découvre à son grand étonnement qu'il est non pas libre mais soumis à la nécessité et que, en dépit de toutes ses résolutions et réflexions, il ne change rien à sa manière de faire et, durant toute sa vie, du début jusqu'à la fin, il doit nécessairement réaliser ce même caractère qu'il désavoue et, jusqu'au bout, en quelque sorte jouer ce rôle pris en charge. Je ne puis développer ici ces considérations plus avant, car elles relèvent de l'éthique et trouvent leur place ailleurs, dans un autre passage de cet ouvrage[34]. En attendant, je souhaite seulement indiquer ici que le PHÉNOMÈNE de la volonté en soi dépourvue de raison est tout de même, en tant que tel, soumis à la loi de la nécessité, c'est-à-dire au principe de raison, afin que cette nécessité, avec laquelle se produisent les phénomènes de la nature, ne nous interdise pas de reconnaître en eux les manifestations de la volonté.

On a, jusqu'ici, considéré comme des phénomènes de la volonté les seuls changements qui n'ont d'autre raison qu'un motif, c'est-à-dire une représentation; aussi n'est-ce, dans la nature, qu'aux hommes et, le cas échéant, aux animaux qu'on a attribué une volonté, parce que connaître, représenter sont, il est vrai, comme je l'ai déjà mentionné à un autre endroit, le caractère véritable et exclusif de l'animalité[35]. Seulement nous avons noté, en tout premier lieu à partir de l'instinct <*Instinkt*> et de la pulsion industrieuse <*Kunsttrieb*> des animaux, que la volonté agit aussi là où elle n'est conduite par aucune connaissance*. Qu'ils soient doués de représentations et de connaissance n'entre absolument pas en ligne de compte ici, car la fin à laquelle ils œuvrent comme s'il s'agissait d'un motif connu leur reste entièrement inconnue. Aussi leur action a-t-elle lieu ici sans motif, elle n'est pas conduite par une représentation et elle nous montre tout d'abord et d'une

* Le chap. 27 du tome II traite spécifiquement de cette question.

manière extrêmement claire que la volonté est aussi active sans aucune connaissance. Un oiseau d'un an n'a aucune représentation des œufs pour lesquels il construit un nid ; la jeune araignée n'en a pas plus de la proie pour laquelle elle tisse une toile, de même le fourmilion de la fourmi pour laquelle il creuse pour la première fois une fosse ; la larve du cerf-volant mord dans le bois pour creuser un trou là où elle a l'intention de procéder à sa métamorphose, elle le fait deux fois plus grand, au cas où elle serait vouée à devenir un mâle, qu'il ne serait nécessaire si elle était une femelle, en sorte d'avoir, dans le premier cas de figure, de la place pour des cornes à venir dont elle n'a encore aucune représentation. Dans cette manière de faire propre à ces animaux, la volonté est active tout comme, manifestement, dans le reste de leur faire, mais son activité est aveugle, et, si elle est accompagnée d'une connaissance, elle n'en est pas pour autant conduite par cette connaissance. Si nous avons désormais compris qu'une représentation en tant que motif n'est pas une condition nécessaire et essentielle de l'activité de la volonté, alors nous reconnaîtrons aussi l'action de la volonté aisément dans des cas où elle est moins évidente et nous n'attribuerons pas la maison de l'escargot à une volonté conduite par la connaissance et qui lui est étrangère, pas plus que nous ne dirons de la maison que nous bâtissons nous-mêmes qu'elle vient à exister par l'intervention d'une volonté autre que la nôtre ; nous reconnaîtrons bien plutôt ces deux maisons pour des œuvres de la volonté qui s'objective dans ces deux phénomènes : chez nous, elle agit en fonction de motifs tandis que, chez l'escargot, elle agit encore en aveugle comme une pulsion formatrice <*Bildungstrieb*> dirigée vers l'extérieur. Mais chez nous aussi, cette même volonté agit en aveugle de diverses manières : dans toutes les fonctions de notre corps qui ne sont conduites par aucune connaissance, dans tous ses processus vitaux et végétatifs, dans la digestion, dans la circulation sanguine, dans les sécrétions, dans la croissance, dans la reproduction. Et il ne s'agit pas seulement des actions du corps mais du corps lui-même qui est tout entier aussi phénomène de la volonté, volonté objectivée, volonté concrète, ainsi qu'il a été démontré plus haut. Tout ce qui se produit en lui doit, par suite, se produire par la volonté, bien qu'ici cette volonté ne soit pas conduite par la connaissance, qu'elle ne soit pas déterminée par des motifs mais qu'elle œuvre en aveugle selon des causes qui, dans ce cas, ont pour nom EXCITATIONS.

Ce que j'appelle CAUSE <*Ursache*>, en effet, dans le sens le plus étroit du mot, est cet état de la matière qui, en ce qu'il en induit nécessairement un autre, subit lui-même un changement aussi grand que celui qu'il engendre, ce qui s'énonce par la règle suivante : « l'action et la réaction sont équivalentes ». À quoi s'ajoute que, lorsqu'il s'agit d'une cause véritable, l'effet croît proportionnellement à la cause et, en retour, la réaction croît dans les mêmes proportions, de sorte que, une fois que l'on connaît le mode d'action, le degré de l'action peut être mesuré et calculé à partir du degré d'intensité de la cause, la réciproque étant vraie également. Ce sont ces causes proprement dites qui agissent dans tous les phénomènes de la mécanique, de la chimie, etc., en bref : dans tous les changements des corps inorganiques. J'appelle, en revanche, EXCITATION <*Reiz*> ce type de causes dont aucune des réactions qu'elles subissent n'est proportionnelle à l'action qu'elles exercent et dont le degré d'intensité n'évolue pas de manière parallèle avec celui de l'intensité de leur effet, lequel, par suite, ne peut être mesuré d'après elles ; au contraire, une faible augmentation de l'excitation peut en produire une très grande, dans son effet, ou, inversement, entièrement annuler l'effet précédent, etc. Telle est la nature de tout effet qui se produit sur des corps organiques en tant que tels. C'est donc à des excitations et non à de simples causes que se ramènent tous les changements proprement dits, organiques et végétatifs, se produisant dans le corps animal. Mais l'excitation, au même titre que toute cause en général, et de même pour le motif, ne détermine jamais rien de plus que le point où intervient l'expression dans le temps et dans l'espace de cette force et non de l'essence intime de la force elle-même qui s'exprime là. Cette essence, conformément au raisonnement que nous avons suivi précédemment, nous l'avons reconnue comme étant la volonté à laquelle nous avons attribué les changements du corps aussi bien inconscients que conscients. L'excitation occupe le milieu, en fait la transition entre le motif, qui est la causalité une fois qu'elle est passée par la connaissance, et la cause dans son sens le plus strict. Au niveau des cas particuliers, elle est tantôt plus proche du motif, tantôt plus proche de la cause, tout en restant cependant toujours distincte des deux. Ainsi, par exemple, la montée de la sève dans les plantes se produit sous l'effet de l'excitation et ne peut être expliquée à partir de simples causes qui découleraient des lois de l'hydraulique ou de la capillarité, bien que celles-ci agissent bel et bien comme un adjuvant pour elle et qu'elle est somme toute très proche du changement purement causal. En revanche, les mouvements du *hedysarum gyrans*[36] et du *mimosa pudica*[37], bien qu'ils se produisent encore à la suite d'une simple excitation, sont cependant très semblables à ceux qui résultent de motifs, et semblent presque vouloir opérer la transition. Le rétrécissement de la pupille sous l'effet de l'augmentation de la lumière a lieu à la suite d'une excitation mais il passe dans la catégorie des mouvements obéissant à un motif : il a lieu parce que la trop grande puissance de la lumière serait susceptible d'affecter douloureusement notre rétine et que, pour l'éviter, nous rétractons notre pupille. — Ce qui occasionne une érection est un motif, puisque cette cause occasionnelle est une représentation, mais cette cause agit avec la nécessité d'une excitation, c'est-à-dire que l'on ne peut lui résister et qu'il faut l'éloigner pour neutraliser son effet. Il en va de même des objets répugnants qui suscitent en nous des nausées. De la même façon, nous avons considéré l'instinct des animaux comme à proprement parler un moyen terme d'une tout autre nature entre un mouvement suscité par une excitation et une action obéissant à un motif connu. Et l'on pourrait être tenté de considérer la respiration comme un moyen terme de ce genre. En effet, on a longtemps discuté pour savoir si elle appartenait à la catégorie des mouvements volontaires ou à celle des mouvements involontaires, c'est-à-dire pour savoir si elle procédait d'un motif ou était suscitée par une excitation, à la suite de quoi on a supposé qu'elle pourrait peut-être être expliquée comme un moyen terme entre les deux. B[Marshall Hall (*On the diseases of the nervous system*, § 293 sq.)[38] l'explique comme une fonction mixte puisqu'elle se situe sous l'influence à la fois du système cérébral (volontaire) et du système spinal (involontaire).]B Cependant, en dernière instance, il convient de la compter au nombre des expressions de la volonté obéissant à un motif, car d'autres motifs, c'est-à-dire de simples représentations, peuvent déterminer la volonté à la bloquer ou à l'accélérer et, comme dans toute autre action volontaire, il semble que l'on pourrait totalement l'interrompre et se laisser étouffer sur une libre décision. On le pourrait, en effet, à partir du moment où un autre motif est suffisamment puissant pour déterminer notre volonté à surmonter notre pressant besoin d'air[39]. B[Selon certains, Diogène aurait vraiment mis fin à sa vie de cette manière (*Diog. Laert., VI, 76*)[40].]B C[Des nègres auraient également eu recours à cette pratique (F. B. Osiander, *Über den Selbstmord,* p. 170-180)[41]. Nous aurions là]C un exemple frappant de l'influence des motifs abstraits, c'est-à-dire de la suprématie du vouloir à proprement parler raisonnable sur celui animal[42]. Un fait parle en faveur de la thèse selon laquelle l'activité cérébrale détermine au moins partiellement la respiration : l'acide cyanhydrique tue tout d'abord en paralysant le cerveau, ce qui, de cette manière indirecte, bloque la respiration ; si en revanche, on maintient artificiellement le cerveau en activité jusqu'à ce que l'étourdissement soit passé, aucune mort ne s'ensuit. Dans le même temps, la respiration nous offre accessoirement l'exemple le plus évident de ce que les motifs agissent avec une nécessité aussi grande que les excitations ou les simples causes, entendues dans leur sens le plus étroit, et que leur efficience ne peut être neutralisée que par des motifs opposés, tout comme une pression est neutralisée par une contre-pression, car, en ce qui concerne la respiration, la capacité apparente de l'interrompre est incomparablement plus faible que pour d'autres mouvements obéissant à des motifs, parce que le motif est ici très impérieux, très évident ; parce que, étant accomplie par des muscles infatigables, elle est très aisée à réaliser ; parce que, en règle générale, rien ne lui fait obstacle et enfin parce qu'elle est tout entière soutenue par la plus ancestrale des habitudes de l'individu. Et, cependant, tous les motifs agissent avec la même nécessité. Le fait de savoir que la nécessité est commune aux mouvements obéissant à des motifs et à ceux provoqués par une excitation, nous permettra de comprendre que ce qui se produit dans le corps organique sous l'impulsion d'une excitation et tout à fait conformément aux lois est, toutefois, d'après son essence intime, volonté, et que ce n'est jamais en soi mais dans tous ses phénomènes que cette dernière est soumise au principe de raison, c'est-à-dire à la nécessité*[43]. Aussi ne nous arrêterons-nous pas pour reconnaître que les animaux, dans leur action tout comme dans toute leur existence, leur corporisation[44] et leur organisation sont des phénomènes de la volonté. En revanche, nous transposerons aussi sur les plantes cette connaissance immédiate de l'essence en soi des choses qui nous est donnée à nous seuls, sur ces plantes dont l'ensemble des mouvements se produit sous l'impulsion d'excitations, étant donné que l'absence de connaissance et l'absence de tout mouvement conditionné obéissant à des motifs constituent à elles seules la différence essentielle entre l'animal et la plante. Nous reconnaîtrons donc qu'est volonté d'après son essence en soi ce qui, pour la représentation, apparaît en tant que plante, en tant que simple végétation, en tant que force agissant aveuglément, et nous reconnaîtrons que précisément c'est là ce qui constitue la base de notre propre phénomène, tel qu'il s'exprime dans notre

* Cette connaissance est entièrement établie dans mon *Mémoire sur la liberté de la volonté* (*Problèmes fondamentaux de l'éthique*, p. 30-44), de même, par conséquent, que le rapport entre CAUSE, EXCITATION ET MOTIF qui y trouve une explicitation détaillée.

manière d'agir ainsi que dans l'existence de notre corps même.

Il nous reste encore un dernier pas à faire[45] et celui-ci consiste à aussi étendre notre observation à toutes les forces qui agissent dans la nature d'après des lois générales et immuables auxquelles se conforment les mouvements de tous les corps qui, entièrement dépourvus d'organe, ne sont sensibles à aucune excitation et n'ont connaissance d'aucun motif. Dans ces phénomènes du monde inorganique qui, de tous les phénomènes, nous sont les plus éloignés, nous devons donc aussi introduire la clé qui nous a ouvert la compréhension de l'essence en soi de la chose et qui, seule, a pu nous offrir la connaissance immédiate de notre propre essence. — Si donc nous sondons du regard ces phénomènes, si nous voyons avec quelle puissante et irrésistible impulsion les eaux se précipitent vers les profondeurs, avec quelle ténacité l'aimant toujours se dirige vers le pôle Nord, si nous voyons l'attraction que ce dernier exerce sur l'acier et avec quelle violence les pôles électriques tendent à se réunir, violence qui, à l'instar des désirs de l'homme, est encore accrue par tous les obstacles qu'elle rencontre, si nous voyons avec quelle rapidité et quelle soudaineté se forme le cristal et combien est régulière cette formation qui, selon toute apparence, n'est qu'une aspiration dans des directions différentes, parfaitement décidée et exactement déterminée, qui aurait été arrêtée et frappée d'immobilité et, si nous remarquons à quelle sélection procèdent les corps, libérés par leur état fluide et soustraits aux liens de l'immobilité, qu'ils se cherchent ou s'évitent, qu'ils s'unissent ou se séparent, si enfin nous avons la sensation absolument immédiate d'un fardeau dont notre corps enraye l'aspiration qui l'accule vers la masse terrestre, qui sans relâche exerce sur lui une pression et une force, traquant le moindre de ses efforts, nous n'aurons pas à faire de grands efforts d'imagination pour reconnaître même à partir de la grande distance où se situe notre être, qu'est une seule et même chose ce qui, chez nous, poursuit ses fins à la lumière de la connaissance mais ici, jusque dans ses plus faibles phénomènes, est tout entier tension aveugle, sourde, monotone et immuable et, cependant, parce qu'il en va partout d'une seule et même chose — tout comme les premiers rayons de l'aurore partagent avec les rayons du soleil de midi le nom de lumière —, ici comme là, il faut introduire le nom de VOLONTÉ qui désigne l'être en soi de toute chose dans le monde et l'unique cœur de tout phénomène.

Cependant, la distance voire la différence radicale apparente entre les phénomènes de la nature inorganique et la volonté que nous percevons comme le cœur intime de notre essence propre, provient principalement du contraste qu'il y a entre la conformité à la loi entièrement déterminée dans l'un des deux genres de phénomène et le semblant d'arbitre dépourvu de règle dans l'autre. Car, chez l'homme, l'individualité émerge avec force : tout un chacun possède son caractère propre de sorte que le même motif n'exerce pas la même force sur tous et que mille circonstances accessoires, qui ont leur place dans la vaste sphère de la connaissance de l'individu, mais restent obscures aux autres, modifient son effet, ce qui explique pourquoi l'action ne peut être prédéterminée par le seul motif, car y manque l'autre facteur, à savoir la connaissance exacte du caractère individuel et de la connaissance qui l'accompagne. En revanche, les phénomènes des forces naturelles révèlent ici l'autre extrême : elles agissent d'après des lois générales, sans détour, sans individualité, d'après des circonstances ouvertement données et soumises à la plus précise des prédéterminations, et cette force naturelle s'exprime dans ses millions de phénomènes exactement de la même manière. Pour éclaircir ce point, afin de démontrer l'identité de la volonté UNE et indivisible dans tous ses différents phénomènes, des plus faibles aux plus intenses, il convient en tout premier lieu de considérer le rapport que la volonté en tant que chose en soi entretient avec son phénomène, c'est-à-dire le rapport qu'entretient le monde comme volonté avec le monde comme représentation. À partir de là s'ouvrira à nous le meilleur chemin qu'il convient d'emprunter pour étudier en profondeur l'objet traité dans l'ensemble de ce livre II*[46].

§ 24

Nous avons appris par l'éminent Kant que l'espace, le temps et la causalité existent dans notre conscience avec toutes leurs lois, et toutes leurs formes possibles, totalement indépendants des objets qui apparaissent en eux et constituent leur contenu. Ou encore, en d'autres termes: qu'il est tout aussi possible de les trouver, que l'on parte du sujet ou de l'objet, et par conséquent que l'on est aussi bien justifié de les nommer modes d'intuition du sujet que qualités de l'objet, DANS LA MESURE OÙ il s'agit d'un OBJET

* Voir sur ce sujet le chap. 23 du tome II ainsi que, dans mon écrit *Sur la volonté dans la nature*, le chapitre « La physiologie des plantes » et le chapitre « Astronomie physique », essentiel pour comprendre le cœur de ma métaphysique.

(chez Kant, il s'agit du phénomène), c'est-à-dire d'une REPRÉSENTATION. On peut aussi considérer ces formes comme la frontière irréductible entre objet et sujet : aussi tout objet doit-il apparaître en elles ; quant au sujet, indépendant de l'objet apparaissant, il les possède et les embrasse entièrement. — Or, si ces objets qui apparaissent sous ces formes n'étaient pas voués à être de vains fantômes mais à avoir une signification, c'est qu'alors ils devraient désigner quelque chose, être l'expression de quelque chose, qui ne serait pas, à son tour, comme eux, objet ou représentation, quelque chose de seulement relatif, c'est-à-dire de présent pour un sujet, mais qui existerait sans une telle dépendance par rapport à cet être qui lui fait face et dont les formes constituent sa condition essentielle : c'est-à-dire qu'il ne serait précisément pas une REPRÉSENTATION mais UNE CHOSE EN SOI. Par conséquent, il est au moins possible de poser cette question : ces représentations, ces objets sont-ils encore quelque chose en plus et indépendamment du fait qu'ils sont des représentations et des objets du sujet ? Et que seraient-ils alors, dans ce sens ? Quelle est cette autre face qui est la leur et qui diffère *toto genere* de la représentation ? Qu'est-ce que la chose en soi ? — La VOLONTÉ, telle fut notre réponse, mais que j'écarte pour l'instant.

Quoi que puisse être la chose en soi, Kant a justement conclu que le temps, l'espace et la causalité (que nous avions, par la suite, reconnus comme les figures du principe de raison, de même que nous avions reconnu que ce principe de raison était l'expression générale des formes du phénomène), Kant donc a justement conclu qu'ils ne sont pas des déterminations de la chose en soi mais qu'ils ne pouvaient lui revenir que dès lors que et dans la mesure où la chose en soi est devenue représentation, c'est-à-dire qu'ils ne relèvent que de son phénomène et non d'elle-même[47]. Car, puisque le sujet les connaît entièrement et les élabore de lui-même, indépendamment de tout objet, ils doivent être liés à L'ÊTRE DE LA REPRÉSENTATION en tant que tel et non à ce qui devient représentation. Ils doivent être la forme de la représentation en tant que telle et non des propriétés de la chose qui a pris cette forme. Ils doivent être déjà donnés dans la simple opposition entre le sujet et l'objet (non dans le concept mais dans le fait) et donc, par suite, n'être que la plus proche détermination de la forme de la connaissance, dont la détermination la plus générale est cette opposition même. Ce qui, dès lors, est encore une fois conditionné dans le phénomène, dans l'objet, par le temps, l'espace et la causalité du fait que cela ne peut être représenté que par leur intermédiaire, comme la PLURALITÉ qui ne peut être représentée que par la juxtaposition ou la succession, ou comme le CHANGEMENT et la DURÉE qui ne peuvent être représentés que par la loi de la causalité, ou encore comme la matière dont la possibilité de représentation présuppose nécessairement la causalité, enfin comme tout ce qui n'est représentable que par leur seul intermédiaire — tout cela pris ensemble n'est pas essentiellement propre à CE QUI apparaît là, à CE QUI est entré dans la forme de la représentation, mais ne fait que dépendre de cette forme même. À l'inverse, ce qui N'est PAS conditionné par le temps, l'espace et la causalité, tout ce qu'il ne convient pas de rapporter à ceux-ci ni d'expliquer par leur truchement, sera précisément ce à travers quoi se fait connaître immédiatement ce qui apparaît, la chose en soi. En conséquence, la possibilité de la connaissance la plus complète, c'est-à-dire la plus grande clarté et évidence, la pénétration la plus exhaustive, doit nécessairement revenir à ce qui est propre à la connaissance EN TANT QUE TELLE, donc à la FORME de la connaissance, mais non à ce qui N'est PAS en soi représentation ou objet mais ne devient connaissable qu'en entrant à l'intérieur de ces formes, c'est-à-dire après être devenu représentation, objet. Donc seul ce qui dépend uniquement de ce qui advient à la connaissance, de l'être de la représentation en général et en tant que tel (et non de qui est connu et est devenu représentation seulement après), par suite, ce qui revient à tout ce qui devient connu sans distinction et qui, pour cette même raison, est aussi bien trouvé que l'on parte du sujet ou que l'on parte de l'objet — cela seul pourra fournir sans réserve une connaissance suffisante, parfaitement exhaustive et claire jusque dans ses dernières raisons. Or, cela ne consiste en rien d'autre que dans les formes de tout phénomène, dont nous sommes conscients *a priori* et qui peuvent être communément énoncées en tant que principe de raison, dont les formes se rapportant à la connaissance intuitive (car c'est à celle-ci seule que nous avons affaire ici) sont l'espace, le temps et la causalité. Sur elles seules se fonde l'ensemble des mathématiques pures et des sciences de la nature pures *a priori*. Par suite, ce n'est que dans ces sciences que la connaissance ne rencontre aucune obscurité, ne se heurte à aucun point insondable (c'est-à-dire sans raison, comme l'est la volonté), à ce qui devient impossible à déduire, et, comme il a été dit plus haut, c'est la raison pour laquelle, dans cette perspective, Kant a voulu, outre à la logique, accorder de préférence voire exclusivement à ces connaissances le nom de sciences. Mais d'un autre côté, ces connaissances ne nous révèlent rien de plus que de simples relations, celles d'une représentation à une autre, c'est-à-dire une forme sans aucun contenu. Chaque contenu qu'elle reçoit, chaque phénomène qui vient remplir ces formes comporte quelque chose qui n'est déjà plus connaissable intégralement d'après son entière essence, qui ne peut plus être pleinement explicité par autre chose, donc quelque chose qui est dépourvu de raison et qui fait qu'aussitôt la connaissance perd de son évidence et est privée de sa parfaite transparence. Mais cette chose qui se dérobe à l'approfondissement est précisément la chose en soi ; c'est ce qui n'est pas par essence représentation et objet de la connaissance mais qu'il ne devient possible de connaître qu'une fois qu'elle est entrée à l'intérieur de cette forme. La forme lui est à l'origine étrangère et elle ne peut jamais ne faire qu'un avec elle, elle ne peut jamais être ramenée à une pure forme et, puisque cette dernière est le principe de raison, elle ne peut donc être entièrement FONDÉE EN RAISON. Par suite, les mathématiques elles aussi nous donnent une connaissance exhaustive de ce qui, dans les phénomènes, relève de la grandeur, de la situation, du nombre, en bref, d'un rapport temporel et spatial, et toute étiologie nous indique intégralement les conditions conformes aux lois, sous lesquelles les phénomènes entrent dans le temps et dans l'espace, avec toutes leurs déterminations. Dans tout cela, elle ne nous enseigne rien de plus, à chaque fois, que la raison pour laquelle chaque phénomène déterminé doit à ce moment-là se montrer précisément ici, et doit se montrer ici précisément à ce moment-là. Le secours de ces sciences ne nous permet jamais de pénétrer dans l'essence intime des choses, car il reste toujours un résidu pour lequel aucune explication ne peut être risquée, bien qu'elle la présuppose toujours, et ce résidu est fait des forces de la nature, du mode d'action déterminé des choses, de la qualité, du caractère de chaque phénomène, de toute chose dépourvue de raison, de toute chose qui ne dépend pas de la forme du phénomène, du principe de raison, de toute chose à quoi cette forme est en soi étrangère mais qui néanmoins est entrée en elle et apparaît dès lors en conformité à sa loi propre, laquelle loi ne détermine que le mode d'apparition et non CE QUI apparaît, uniquement le mode d'apparition et non l'objet, uniquement la forme et non le contenu. — La mécanique, la physique, la chimie enseignent les règles et les lois selon lesquelles agissent les forces de l'impénétrabilité, de la pesanteur, de l'immobilité, de la fluidité, de la cohésion, de l'élasticité, de la chaleur, de la lumière, des affinités électives, du magnétisme, de l'électricité, etc., c'est-à-dire la loi et la règle que ces forces observent à chaque fois qu'elles entrent dans l'espace et le temps, mais ces mêmes forces n'en restent pas moins, quelle que soit la manière avec laquelle on les a engendrées, des *qualitates occultae* [qualités occultes]. Car la chose en soi qui, en apparaissant, présente ces phénomènes et en diffère cependant totalement, est dans son phénomène, il est vrai, entièrement soumise au principe de raison en tant que forme de la représentation, mais elle-même ne peut jamais être ramenée à cette forme et ne peut, par conséquent, être explicitée par l'étiologie jusqu'à son dernier point, ni être jamais entièrement fondée en raison ; certes elle est entièrement intelligible tant qu'elle a pris cette forme, c'est-à-dire tant qu'elle est phénomène, mais son essence ne se trouve pas le moins du monde expliquée par cette intelligibilité. Par suite, plus une connaissance contient de nécessité, plus il y a en elle de ce qui ne permet pas qu'on le pense ni le représente autrement — comme par exemple les relations spatiales — plus elle est claire et, par suite, suffisante, plus sa teneur objective est moindre ou encore moins elle renferme en elle de réalité à proprement parler ; et, inversement, plus elle comporte d'éléments nécessairement compris comme contingents, plus elle s'impose à nous comme une donnée purement empirique, plus une telle connaissance comprend en elle une dimension objective et réelle mais, dans le même temps, plus elle apparaît obscure[48], c'est-à-dire irréductible à tout autre élément dont on pourrait la déduire.

Certes, à toutes les époques, une étiologie, qui a toujours manqué son but véritable, a voulu réduire toute vie organique au chimisme, ou à l'électricité, puis tout chimisme, c'est-à-dire la qualité, au mécanisme (action atomistique), celui-ci à son tour pour une part à l'objet de la phoronomie, c'est-à-dire au temps et à l'espace unis pour la possibilité du mouvement, pour une autre part à la géométrie pure, c'est-à-dire à la position dans l'espace (un peu comme on calcule, et ce à juste titre, la décroissance d'un effet d'après le carré de la distance, ou élabore la théorie du levier de manière purement géométrique). Quant à la géométrie enfin, elle peut se résoudre dans l'arithmétique, laquelle, en raison de l'unité de sa dimension, est la figure du principe de raison la plus compréhensible, la plus facile à embrasser dans son ensemble et à approfondir dans sa totalité. Comme exemples de la méthode que l'on vient de définir sur un plan général, on peut citer : l'atome de Démocrite, le tourbillon de Descartes, la physique mécanique de Lesage, C[qui a tenté vers la fin du siècle dernier d'expliquer par la mécanique, par le choc et la pression, aussi bien les affinités chimiques que la gravitation, comme on peut le voir par son *Lucrèce newtonien*[49]]C ; la théorie de la forme et du mélange comme origine de vie animale, chez Reil[50], B[va aussi dans ce sens. Et, pour finir, on trouve de nos jours un matérialisme grossier[51] tout à fait dans le même genre, qu'on réchauffe en plein XIXe siècle, et qui se croit original par ignorance ; il voudrait tout d'abord, par un stupide déni de la force vitale, expliquer le phénomène de la vie par des forces physiques et chimiques, tout en faisant naître celui-ci, encore une fois, de l'action mécanique de la matière, de la position, de la forme et du mouvement d'atomes imaginés en rêve de sorte qu'il prétend ramener toutes les forces de la nature à un choc et à un contre-choc, qui sont sa « chose en soi ». Ainsi, la lumière elle-même est censée être la vibration mécanique, voire l'ondulation d'un éther imaginaire postulé à cette fin qui, une fois advenu, tambourine sur la rétine ; par exemple 483 milliards de coups à la seconde donneraient du rouge et 727 milliards du violet et ainsi de suite : ainsi les daltoniens seraient des personnes incapables de compter les coups, n'est-ce pas ? Des théories de cette nature, grossières, mécaniques, démocritiques, balourdes et qui se développent véritablement comme des tubercules sont tout à fait dignes des gens qui, cinquante années après la parution de la théorie de la couleur de Goethe, croient encore aux lumières homogènes de Newton et n'ont pas honte de le dire[52]. Ils apprendront que ce que l'on passe à l'enfant (Démocrite), on ne le pardonne pas à l'homme. Ils pourraient même un jour finir dans le déshonneur mais, en ce cas, chacun s'esquivera et prétendra n'avoir pas été là.]B Nous aurons à reparler bientôt de cette erreur qui consiste à ramener des forces premières de la nature les unes aux autres : cependant, tenons-nous-en là pour l'instant. À supposer que les choses se passent ainsi, alors toute chose serait bien évidemment explicitée et fondée, voire, en dernière instance, ramenée à un calcul exemplaire qui serait l'instance suprêmement sacrée, au sein du temple de la sagesse auquel le principe de raison aurait au final heureusement conduit. Mais tout le contenu du phénomène aurait disparu et n'en resterait que la simple forme : CE QUI apparaît serait réduit à la MANIÈRE DONT il apparaît et CETTE MANIÈRE serait aussi entièrement connaissable *a priori*, par suite entièrement dépendante du sujet et n'existant que pour ce même sujet ; il ne serait pour finir qu'un simple fantôme, une représentation et, de part en part, une forme de la représentation, c'est-à-dire qu'il ne serait plus question de chose en soi. À supposer que les choses se passent ainsi, alors le monde entier devrait effectivement être déduit du sujet et serait accompli ce que Fichte SEMBLE avoir voulu accomplir dans ses élucubrations vides de contenu[53]. — Or, les choses ne se passent pas ainsi : de cette manière, on a produit des fantasmes, des sophistications, des châteaux de cartes mais jamais aucune science. On a réussi à ramener les nombreux et divers phénomènes présents dans la nature à des forces premières isolées et, tant qu'on y arrivait, il y a eu un véritable progrès : on a chaque fois déduit l'une de l'autre de nombreuses forces considérées au départ comme différentes (on a par exemple déduit le magnétisme de l'électricité) et ainsi diminué leur nombre ; l'étiologie aura atteint son but lorsqu'elle aura reconnu et établi toutes les forces premières de la nature en tant que telles et qu'elle en aura fixé les modes d'action, c'est-à-dire la règle d'après laquelle, en suivant le fil conducteur de la causalité, les phénomènes apparaissent dans le temps et l'espace et déterminent entre eux leur position. Mais toujours il restera des forces premières, toujours il restera un contenu des phénomènes comme un résidu irréductible qu'il sera impossible de ramener à sa forme et qu'on ne pourra expliquer à partir d'autre chose conformément au principe de raison. — Car toute chose présente dans la nature recèle un élément dont on ne saura jamais indiquer la raison, pour lequel nulle explication n'est possible et aucune cause ne peut être recherchée plus avant : il s'agit de son mode d'agir spécifique, c'est-à-dire justement du mode de son existence, de son essence. Il est certes possible de démontrer que, pour chaque action particulière de cette chose, il existe une cause dont il suit qu'elle devait précisément agir ici et maintenant, mais il n'en existe jamais aucune qui explique pourquoi elle agit généralement et de cette manière. Et, même si cette chose n'a aucune autre propriété, même si elle est grain de poussière, au moins manifeste-t-elle, en tant que pesanteur et impénétrabilité, cet élément insondable en elle. Or, cet élément, dis-je, est à la chose ce que la VOLONTÉ est à l'homme et, à l'instar de celle-ci, et selon son essence intime, il n'est pas subordonné à son explication, tant il est vrai qu'en lui-même il est identique à cette essence. Sans doute est-il possible de démontrer qu'il existe un motif à toute expression de la volonté, à chacun de ses actes intervenant en un point de l'espace et du temps et que cet acte devrait, compte tenu du caractère de l'homme, nécessairement se produire à la suite de ce motif. Mais que l'homme ait ce caractère, qu'il veuille telle chose en général, et que, de plusieurs motifs, il choisisse celui-ci précisément et aucun autre, c'est-à-dire qu'un motif, quel qu'il soit, meuve sa volonté, de cela aucune raison jamais ne pourra être fournie. Ce qui constitue le caractère insondable de l'homme, présupposé dans toute explication de ses actes à partir de ses motifs, est à l'homme ce qu'est au corps inorganique sa qualité essentielle, son mode d'agir, dont les expressions sont suscitées par l'influence de l'extériorité, tandis qu'à l'inverse cette qualité essentielle elle-même n'est déterminée par rien d'extérieur et que cependant rien d'extérieur non plus n'est susceptible de l'expliquer : si ses phénomènes particuliers, à travers lesquels seuls elle advient à la visibilité, sont soumis au principe de raison, elle-même est dépourvue de raison. C[Les scolastiques avaient déjà pour l'essentiel reconnu cela avec justesse et l'avaient désigné en tant que *forma substantialis* [forme substantielle] (voir sur ce point : Suárez, *Disput. metaph., disp. XV, sect. 1*)[54].]C

Une erreur aussi grande que répandue consiste à dire que nous comprendrions le mieux les phénomènes les plus courants, les plus généraux et les plus simples quand, en réalité, ces phénomènes sont au contraire les seuls pour lesquels, le plus souvent familiarisés à leur vision, nous nous sommes accoutumés à notre ignorance à leur sujet. Qu'une pierre tombe à terre est un fait qui nous est tout autant inexplicable qu'un animal qui bouge. Comme il a été évoqué plus haut, on a imaginé qu'en partant des forces naturelles les plus universelles (par exemple la gravitation, la cohésion, l'impénétrabilité), on pourrait expliquer les plus rares qui n'agissent que lorsque sont combinées entre elles un certain nombre de circonstances (par exemple la qualité chimique, l'électricité, le magnétisme) et que, en dernière instance, nous comprendrions à partir d'elles à leur tour l'organisme et la vie des animaux, voire la connaissance et le vouloir de l'homme. On se résigna tacitement à partir de qualités purement occultes sur lesquelles on renonça à faire la lumière, puisque le projet était de bâtir sur elles et non de les creuser. Rien de tel, ainsi qu'on l'a dit, ne pouvait réussir.

Mais sans même entrer dans ces considérations, de telles constructions ne reposeraient jamais que sur du vent. Que peuvent des explications qui, en dernière instance, reviennent à un même point d'ignorance que l'était le problème initial ? Peut-on, pour finir, accéder à une meilleure compréhension de l'essence intime de ces forces naturelles générales qu'à celle de l'essence intime d'un animal ? L'une n'est-elle pas aussi peu explorée que l'autre ? N'est-elle pas impossible à sonder, parce que dépourvue de raison, puisqu'elle est le contenu, le « quoi » du phénomène, lequel ne peut jamais être réduit à sa forme, à son « comment », au principe de raison ? Mais nous, qui visons ici non l'étiologie mais la philosophie, c'est-à-dire une connaissance non pas relative mais inconditionnée de l'essence du monde, nous empruntons le chemin opposé et prenons comme point de départ ce qui nous est connu immédiatement, le plus parfaitement, et qui nous est le plus familier, le plus proche, afin de comprendre ce dont nous n'avons qu'une connaissance lointaine, partielle et indirecte et, à partir du phénomène le plus puissant, le plus signifiant et le plus explicite, nous entendons comprendre le plus imparfait, le plus faible. Mon corps excepté, de toute chose, je ne connais qu'UNE face, celle de sa représentation : son essence intime, semblable à un immense secret, me reste impénétrable, et cela, même si je connais toutes les causes qui produisent ses modifications. Ce n'est qu'en partant d'une comparaison avec ce qui se produit en moi lorsque, mû par un motif, mon corps accomplit une action, ainsi qu'avec ce qu'est l'essence intime des modifications qui, déterminées par des raisons extérieures, s'accomplissent en moi, que je puis accéder à l'intelligence de la façon dont ces corps dépourvus de vie se modifient sous l'action de causes, afin de comprendre ce qu'est leur essence intime, dont le phénomène m'indique seulement la connaissance de la cause, la simple règle d'après laquelle ils font leur entrée dans le temps et l'espace, et rien de plus. Et je le puis parce que mon corps est le seul objet dont je ne connaisse pas uniquement UNE SEULE face, celle de sa représentation, mais également sa seconde face, laquelle a pour nom VOLONTÉ. Donc, au lieu de croire que je comprendrais mieux ma propre constitution et ensuite mon connaître et mon vouloir si je pouvais simplement les ramener à un mouvement suscité par des causes au moyen de l'électricité, de la chimie et de la mécanique, à l'inverse, je dois, si tant est que je recherche la philosophie et non l'étiologie, apprendre à comprendre d'abord à partir de mes propres mouvements que j'accomplis en fonction de motifs, l'essence intime des mouvements les plus élémentaires et les plus communs du corps inorganique que je vois se réaliser à la suite de causes. De même, je dois reconnaître les forces insondables qui s'expriment dans tout corps naturel, comme identiques avec ce qui en moi est la volonté et considérer qu'elles n'en diffèrent qu'en termes de degré. Cela signifie que la quatrième catégorie de représentations présentée dans ma dissertation sur le principe de raison doit me servir de clé pour connaître l'essence intime de la première classe et que c'est à partir de la loi de la motivation que je dois apprendre à connaître la loi de la causalité dans sa signification intime[55].

Spinoza dit (*epist. 62*)[56] que la pierre propulsée en l'air par un choc penserait qu'elle vole par un acte de sa propre volonté, si elle possédait une conscience. Je ne fais qu'ajouter à cela que la pierre aurait raison. Le choc est pour elle ce qu'est pour moi le motif, et ce qui, pour elle, apparaît comme étant cohésion, pesanteur et persistance dans la situation admise ici, est, d'après son essence intime, la même chose que ce que je reconnais en moi comme étant ma volonté et qu'elle reconnaîtrait aussi comme volonté, encore qu'il faudrait pour cela lui ajouter la connaissance. Spinoza, dans ce passage, avait en vue la nécessité qu'il y a à ce que cette pierre vole et il veut à bon droit la transposer à la nécessité qu'il y a à un acte de la volonté d'une personne singulière. Tandis que moi, à l'inverse, je considère l'essence intime qui seule confère à toute nécessité réelle (c'est-à-dire à tout effet procédant d'une cause), en tant que son présupposé, signification et validité. On nomme cette essence intime caractère chez l'homme et propriété dans la pierre mais, dans les deux cas, elle n'est qu'une seule et même chose, puisque, là où on la connaît immédiatement, on lui donne pour nom VOLONTÉ, celle-ci ayant dans la pierre un très faible et chez l'homme un très puissant degré de visibilité et d'objectité. — C[Cet élément présent dans l'aspiration de toute chose et qui est identique à notre vouloir, même saint Augustin l'a reconnu avec un sentiment juste et je ne puis m'empêcher de citer ici l'expression naïve qu'il a donnée à cette affaire : *Si pecora essemus, carnalem vitam et quod secundum sensum ejusdem est amaremus, idque esset sufficiens bonum nostrum, et secundum hoc si esset nobis bene, nihil alius quaeremus. Item, si arbores essemus nihil quidem sentientes motu amare possemus : verumtamen id quasi* appetere *vederemur, quo feracius essemus, uberuisque fructuosae. Si essemus lapides aut fluctus aut ventus aut flamma vel quid ejusmodi sine ullo quidem sensu atque vita, non tamen nobis deesset quasi quidam nostrorum locorum atque ordinis* appetitus. *Nam velut* amores *corporum sunt ponderum, sive deorsum gravitate, sive sursum levitate nitantur: ita enim corpus pondere, sicut animus amore fertur, quocumque fertur* [Si nous étions des animaux, nous aimerions la vie charnelle et ce qui correspond à son orientation sensuelle; nous trouverions notre satisfaction dans ce bien et si, dans cette perspective, nous étions bienheureux, nous ne réclamerions rien d'autre. De même, si nous étions des arbres, nous ne pourrions certes rien ressentir ni aspirer à rien par des mouvements mais nous exprimerions une sorte d'*aspiration* vers ce qui nous rendrait plus féconds et nous permettrait de produire une portée plus abondante. Si nous étions pierres, flots, vents, flammes ou tout autre chose de cette espèce, sans aucune forme de conscience et de vie, nous ne manquerions pas pour autant d'une sorte d'*aspiration*. Car dans les mouvements imprimés par la pesanteur s'exprime en quelque sorte l'*amour* des corps dépourvus de vie, qu'ils tendent vers le bas en vertu de la gravité ou qu'ils tendent vers le haut en vertu de la légèreté: car de même que le corps est porté par son poids, de même l'esprit est porté par l'*amour* quel que soit le lieu où il est porté[57]] (*de civ. Dei, XI, 28*).]C

B[Il convient encore de remarquer que déjà Euler avait vu que l'essence de la gravitation devait être ramenée à une « inclination et un désir » propres aux corps (c'est-à-dire à une volonté) (cf. la 68e lettre à la princesse)[58]. C'est même cela qui le rend hostile au concept de gravitation tel qu'il existe chez Newton, et il incline à tenter une modification de celui-ci en le conformant à la première théorie de Descartes, c'est-à-dire qu'il déduit la gravitation d'un choc d'un éther contre les corps, ce qui serait « plus raisonnable et conviendrait mieux aux personnes qui aiment les principes clairs et intelligibles[59] ». Il entend voir bannie de la physique l'attraction en tant que *qualitas occulta*. Mais cela ne correspond justement qu'à cette vision morte de la nature qui, à l'époque d'Euler, régnait comme corrélat de l'âme immatérielle. Néanmoins il vaut d'être noté, dans la perspective de la vérité fondamentale que j'ai posée, que ce cerveau subtil, la voyant luire au loin à l'époque déjà, s'est empressé de s'en détourner quand il était encore temps et que, dans sa peur de voir toutes les conceptions fondamentales de son époque être ébranlées, il chercha un refuge auprès d'autres vieilles lunes absurdes déjà devenues obsolètes.]B

§ 25

Nous savons que, d'une manière générale, la PLURALITÉ est nécessairement conditionnée par le temps et l'espace et qu'elle n'est pensable qu'en eux ; nous les nommerons, dans cette perspective, *principium individuationis* [principe d'individuation][60]. Or, nous avons reconnu que le temps et l'espace sont des figures du principe de raison, principe dans lequel est exprimée toute notre connaissance *a priori*. Cette connaissance, cependant, comme il a été analysé plus haut, ne se rapporte en tant que telle précisément qu'à la possibilité de connaître les choses et non à celles-ci, c'est-à-dire qu'il s'agit de la seule forme de notre connaissance et non de la propriété de la chose en soi, laquelle en tant que telle est affranchie de toute forme de la connaissance, y compris de la plus générale, celle qui consiste à être un objet pour le sujet, c'est-à-dire qu'elle est quelque chose d'absolument différent de la représentation. Or, cette chose en soi, comme je crois l'avoir suffisamment démontré et expliqué, est la VOLONTÉ ; ainsi celle-ci, considérée en tant que telle et détachée de son phénomène, se situe-t-elle en dehors du temps et de l'espace ; par suite, elle ne connaît aucune pluralité et est par conséquent UNE ; toutefois, comme nous l'avons dit, elle l'est non à la manière d'un individu ou d'un concept mais comme quelque chose à quoi est étrangère la condition de la possibilité de toute pluralité, c'est-à-dire le *principium individuationis*. La pluralité des choses dans l'espace et le temps, lesquelles, prises ensemble, constituent son OBJECTITÉ, ne la concerne par conséquent en rien ; elle reste indivisible malgré cette pluralité. La volonté n'a pas, par exemple, une part moindre dans la pierre et plus grande dans l'homme, puisque le rapport de la partie au tout relève exclusivement de l'espace et perd tout son sens dès lors qu'on a quitté ce type de forme d'intuition. Le plus et le moins aussi ne concernent que le phénomène, c'est-à-dire la visibilité, l'objectivation, de laquelle on possède un degré plus élevé dans la plante que dans la pierre et dans l'animal que dans la plante : l'apparition de la volonté dans le champ de la visibilité, son objectivation possède ainsi des gradations aussi infinies que celles qu'il y a entre l'aube la plus pâle et la lumière du soleil la plus éclatante, entre le son le plus puissant et l'écho le plus faible. Nous reviendrons par la suite sur l'examen de ce degré de visibilité, qui relève de son objectivation, de l'image de son essence. Si les gradations de son objectivation ne la concernent que peu en elle-même, la concerne moins encore la pluralité des phénomènes à ces différents degrés, c'est-à-dire la foule des individus de telle forme ou des manifestations isolées de telle force, car cette pluralité est immédiatement déterminée par le temps et l'espace, dans lesquelles elle ne saurait entrer. La volonté se manifeste aussi entièrement et aussi intensément dans UN SEUL chêne que dans un million de chênes : le nombre de ces chênes, leur démultiplication dans le temps et dans l'espace n'a absolument aucune signification dans la perspective de la volonté, elle n'en a que dans celle de la pluralité des individus connaissants dans le temps et dans l'espace et eux-mêmes démultipliés et dispersés dans le temps et dans l'espace, mais leur pluralité elle-même ne concerne là encore que son phénomène et non elle-même. B[Aussi pourrait-on également affirmer que, si *per impossibile*, un seul être, et fût-il le moindre de tous, était entièrement anéanti, alors le monde entier devrait sombrer avec lui. Et c'est bien empreint de ce sentiment que le grand mystique Angelus Silesius a dit :

Ich weiss, dass ohne mich Gott nicht ein Nu kann leben :
Werd' ich zunicht ; er muss von Not den Geist aufgeben.

[Je sais que sans moi Dieu ne peut vivre un seul instant :
Et suis-je anéanti, il lui faut, de nécessité, rendre l'esprit[61].]

On a tenté de bien des manières de rendre accessible au discernement de tout un chacun l'incommensurable grandeur de l'édifice de l'univers et l'on y a vu un prétexte possible à des considérations édifiantes, ainsi, par exemple, sur la petitesse relative de la terre et sur celle de l'homme également, puis, à rebours, sur la grandeur de l'esprit dans ce si petit homme, capable d'engendrer, de comprendre voire de mesurer cette même immensité de l'univers et de faire bien d'autres choses encore[62]. Fort bien ! Entretemps, pour moi, l'important quand je considère l'incommensurabilité de l'univers est que l'essence en soi, dont le phénomène est l'univers — quelle que soit la nature de cette essence —, ne saurait avoir son véritable soi divisé et séparé sous cette forme dans l'espace infini : cette étendue ne relève exclusivement que de son phénomène ; en revanche, lui-même est entièrement présent et indivis en chaque chose de la nature, en chaque être vivant. Par conséquent, on ne perd justement rien à en rester à un seul objet singulier, et la sagesse véritable ne saurait être atteinte en mesurant l'univers infini ou, ce qui serait plus approprié, en parcourant personnellement cet espace infini, mais bien plutôt en sondant entièrement objet singulier, en tentant de connaître et de comprendre parfaitement l'essence véritable et authentique de ce dernier.]B

Aussi ce qui va suivre et qui s'était d'emblée imposé à tous les disciples de Platon comme allant de soi fera-t-il l'objet d'un examen approfondi dans le livre suivant : les différents degrés d'objectivation de la volonté, lesquels, exprimés dans un nombre infini d'individus, existent en tant que prototypes inaccessibles de ces individus ou en tant que formes éternelles des choses, sans pénétrer eux-mêmes dans le temps et dans l'espace, médium des individus. Ils sont fixes, non soumis à un changement ; ils sont de toute éternité et jamais ne deviennent, tandis que les individus, eux, naissent et meurent, toujours deviennent sans jamais être. Ces DEGRÉS D'OBJECTIVATION de la volonté ne sont rien d'autre que les IDÉES DE PLATON. Je le mentionne ici provisoirement afin de pouvoir, par la suite, employer le mot IDÉE en ce sens, et, chez moi, il conviendra de toujours le comprendre dans sa signification authentique et originelle, celle que lui a donnée Platon, et en aucune façon de penser à ces productions abstraites de la raison dogmatisant sur le mode scolastique, sur ce même mode avec lequel, pour définir l'Idée, Kant a abusé de manière aussi inappropriée qu'injustifiable de ce mot, dont Platon, lui, avait pris possession et avait usé de manière adaptée. Je comprends donc sous le mot IDÉE ce DEGRÉ D'OBJECTIVATION DE LA VOLONTÉ, fixe et déterminé, dans la mesure où la volonté est la chose en soi et, par suite, étrangère à la pluralité, tandis que ces degrés se rapportent aux choses particulières comme leurs formes éternelles ou leurs prototypes. B[La formule la plus concise et la plus convaincante de ce célèbre dogme platonicien a été donnée par Diogène Laërte : ‘Ο Πλάτων φησὶ, ἐν τῇ φύσει τὰς ἰδέας ἑστάναι καθάπερ παραδείγματα, τὰ δ' ἄλλα ταύταις ἐοικέναι, τούτων ὁμοιώματα καθεστῶτα]B C[(*Plato ideas in natura velut exemplaria dixit subsistere; cetera his esse similia ad istarum similitudinem consistentia*)]C [Platon dit que les Idées sont, dans la nature, comme des modèles, alors que les autres choses en sont des copies, puisqu'elles entretiennent avec elles un rapport de ressemblance[63]]. Quant au mésusage que Kant fait du mot Idée, je n'y prêterai pas plus attention : on trouvera le nécessaire à ce sujet dans l'*Appendice*[64].

§ 26

Les forces les plus universelles se présentent dans la nature comme le degré minimal d'objectivation de la volonté. D'une part, elles apparaissent sans exception en toute matière comme pesanteur, impénétrabilité et, d'autre part, elles se sont réparties entre elles dans la matière présente en sorte que certaines en dominent d'autres et que, précisément de ce fait, telles autres dominent diverses matières spécifiques, comme la solidité, la fluidité, l'élasticité, l'électricité, le magnétisme, les propriétés chimiques et autres qualités de toutes sortes. Elles sont en soi des phénomènes immédiats de la volonté au même titre que l'agir de l'homme et sont en tant que telles aussi dépourvues de raison que le caractère de l'homme. Seuls leurs phénomènes particuliers sont soumis au principe de raison comme les actions des hommes, en revanche, elles-mêmes ne peuvent jamais être appelées ni effet ni cause mais sont les conditions préalables et présupposées de tout effet et de toute cause par lesquels leur essence propre se déploie et se manifeste. Aussi n'y a-t-il aucun sens à demander la cause de la pesanteur ou celle de l'électricité : ce sont des forces originelles dont les manifestations, certes, se produisent à la suite d'une cause et d'un effet, de sorte que chacun de leurs phénomènes particuliers possède une cause qui est elle-même, à nouveau, un phénomène particulier semblable et qui détermine que cette force doit nécessairement se manifester ici et entrer dans le temps et dans l'espace. Mais en aucun cas, la force n'est elle-même effet d'une cause, pas plus qu'elle est cause d'un effet. — Par conséquent, il est faux de dire que « la pesanteur est la cause de la chute d'une pierre », la proximité de la terre est bien plutôt ici la cause, en ce que celle-ci attire la pierre. Retirez la terre, la pierre ne tombera pas, bien que sa pesanteur soit toujours là. La force elle-même se situe entièrement en dehors de la chaîne des causes et des effets, laquelle présuppose le temps puisqu'elle ne possède cette signification que relativement à ce dernier. Or, celle-ci se situe aussi en dehors du temps. Tout changement particulier a lui-même à chaque fois toujours pour cause non une force mais un changement tout aussi particulier dont il est la manifestation. Car ce qui confère toujours une efficience à une cause, et celle-ci interviendrait-elle d'innombrables fois, c'est une force de la nature qui, en tant que telle, est dépourvue de raison, c'est-à-dire qu'elle se situe en dehors de la chaîne des causes et, en général, du domaine du principe de raison. Du point de vue de la philosophie, cette force est reconnue comme objectité immédiate de la volonté, qui est l'en-soi de la nature tout entière, mais qui, dans l'étiologie et, ici, dans la physique, est démontrée comme étant une force première, autrement dit, une *qualitas occulta* [qualité occulte].

C'est au degré supérieur de l'objectité de la volonté que nous voyons apparaître l'individualité de façon significative, notamment chez l'homme, en tant qu'elle est la grande différence entre les caractères individuels, c'est-à-dire en tant que personnalité pleine et entière déjà exprimée à l'extérieur par une physionomie fortement marquée recouvrant l'ensemble de la corporisation <*Korporisation*>. Cette individualité, les animaux sont loin de la posséder à un tel degré ; seuls les animaux supérieurs en ont la marque, encore que cette marque soit entièrement dominée par le caractère de l'espèce ; voilà précisément pourquoi ils ne possèdent que peu de physionomie individuelle. Plus nous descendons dans l'échelle des animaux, plus la trace du caractère individuel se perd dans celui, général, de l'espèce dont la physionomie est seule à rester. Dès lors que l'on connaît le caractère physiologique de l'espèce, il est possible, à partir ce celui-ci, de savoir exactement ce que l'on peut attendre de l'individu de cette même espèce. Comme, à l'inverse, dans l'espèce humaine, chaque individu exige qu'on l'étudie et l'approfondisse pour lui-même, déterminer par avance avec quelque assurance quel sera son comportement devient d'une difficulté extrême en raison de la déformation possible introduite par la raison. Est vraisemblablement lié à cette différence de l'espèce humaine vis-à-vis de toutes les autres espèces le fait que les sillons et les sinuosités du cerveau sont encore totalement absents chez les oiseaux, bien faibles chez les rongeurs et que, même chez les animaux supérieurs, ils sont largement plus symétriques sur leurs deux faces et plus constants d'un individu à l'autre que chez l'homme*[65]. En outre, il convient de considérer comme un phénomène de cet authentique caractère individuel, lequel distingue l'homme de tous les animaux, le fait que chez les animaux, la pulsion sexuelle recherche sa satisfaction sans procéder à aucune sélection notable, tandis que, chez l'homme, cette sélection, laquelle se produit indépendamment de toute réflexion et de manière instinctive, est poussée si loin qu'elle en devient une passion violente. Donc, tandis que tout homme doit être considéré comme un phénomène de la volonté déterminé et spécifié dans sa singularité voire, dans une certaine mesure, comme une Idée propre[66], ce caractère individuel est, en revanche, totalement absent chez les animaux où seule l'espèce possède encore une signification spécifique et d'où toute trace du caractère individuel s'efface à mesure que l'on s'éloigne de l'homme, de sorte que les plantes, enfin, ne possèdent plus aucune autre spécificité de l'individu sinon celle qui s'explique entièrement par les influences favorables ou défavorables

* Wenzel : *De structura cerebri humani et brutorum, 1812, cap. 3.* — Cuvier, *Leçons d'anat. comp., leçon 9, art. 4 et 5.* — Vicq d'Azyr : *Hist. de l'acad. d. sc. de Paris 1783, p. 470 et 483.*

du sol, du climat et autres contingences. Ainsi, pour finir, toute individualité disparaît-elle totalement au sein du domaine inorganique de la nature. Le cristal[67] seul peut encore être considéré d'une certaine façon comme un individu : il constitue une unité d'aspirations dans des directions déterminées, figées dans leur solidification, laquelle en fait persister la trace ; il est, dans le même temps, un agrégat formé à partir de la forme de son noyau, fixé par une Idée qui l'amène à l'unité, exactement comme l'arbre est un agrégat formé à partir de la fibre unique qui se présente et se répète dans chacune des nervures de ses feuilles, dans chacune de ses feuilles, dans chacun de ses rameaux, chacun d'entre eux pouvant, dans une certaine mesure, être considéré comme une plante à part qui se nourrit en parasite de la plus grande. En sorte que l'arbre, à l'image du cristal, est un agrégat systématique de petites plantes, encore que ce ne soit que le tout de l'arbre qui présente l'image achevée d'une Idée indivisible, c'est-à-dire de ce degré déterminé de l'objectivation de la volonté. Les individus de cette même espèce de cristaux ne peuvent avoir entre eux d'autres différences que celles qu'entraînent des contingences extérieures : on peut même à son gré rattacher toute espèce à des petits ou des gros cristaux. Mais, en tant que tel, l'individu, c'est-à-dire tout être comportant les traces d'un caractère individuel, ne peut plus du tout se trouver dans la nature inorganique. Les phénomènes de cette dernière sont tous des manifestations de forces naturelles générales, c'est-à-dire de degrés d'objectivation de la volonté, qui ne se présentent absolument pas (comme dans la nature organique) par l'intermédiaire de la différenciation des individualités, lesquelles expriment, objectivent partiellement le tout de l'Idée, mais se présentent seulement dans l'espèce laquelle apparaît entièrement et absolument sans aucun écart en chacun de ses phénomènes particuliers. Comme le temps, l'espace, la pluralité et le fait d'être conditionné par une cause ne relèvent ni de la volonté ni de l'Idée (degré de l'objectivation de la volonté) mais seulement des phénomènes particuliers de ceux-ci, alors ces millions de phénomènes de telle force naturelle, par exemple de la pesanteur ou de l'électricité, doivent tous se présenter exactement de la même manière et seules les circonstances extérieures peuvent en modifier le phénomène. Cette unité de leur essence dans tous leurs phénomènes, cette constance invariable de la manifestation de ceux-ci, dès lors que les conditions en sont présentes tout du long du fil conducteur de la causalité, a pour nom LOI DE LA NATURE. Dès lors qu'une telle loi est connue par l'expérience, on peut exactement déterminer et calculer par anticipation le phénomène de cette force naturelle, dont le caractère est exprimé et déposé dans cette loi. Cette régularité des phénomènes appartenant aux degrés inférieurs de l'objectivation de la volonté est précisément ce qui confère à ces derniers un visage si différent de celui des phénomènes de cette même volonté aux degrés plus élevés de son objectivation, c'est-à-dire aux degrés plus évidents présents chez les animaux, chez les hommes et dans leur agir. À ces degrés supérieurs, l'apparition plus ou moins forte du caractère individuel et sa mise en mouvement par des motifs, qui, parce que situés dans la connaissance, restent souvent dissimulés au spectateur, a jusqu'ici rendu entièrement méconnaissable l'identité de l'essence intime des deux modes de phénomènes.

L'infaillibilité des lois de la nature, dès lors que l'on part de la connaissance du cas singulier et non de l'Idée, a quelque chose de surprenant voire parfois de presque terrifiant. Et il y a de quoi s'étonner de ce que pas une seule fois la nature n'oublie ses lois : par exemple, lorsqu'il est conforme à une loi de la nature que la rencontre de deux matières précises dans des conditions déterminées soit suivie d'une connexion chimique, émanation de gaz ou combustion, mais aussi, lorsque les conditions sont réunies, qu'elles y aient été rassemblées par notre bon soin ou qu'elles soient un pur effet du hasard (hasard qui rend cette ponctualité d'autant plus surprenante qu'elle a lieu de manière imprévue), il est surprenant que ce phénomène précis se produise aujourd'hui comme il y a des milliers d'années, immédiatement et sans ajournement. Cet émerveillement, nous le ressentons plus vivement encore lorsque nous sommes devant des phénomènes rares, qui ne se produisent qu'à la suite d'une combinaison complexe de circonstances, et ce, quand bien même ces phénomènes nous sont annoncés par avance, comme par exemple lorsque certains métaux se touchant les uns les autres sont mis au contact d'un liquide acide, et que des plaques d'argent, placées entre les extrémités de cette chaîne, soudainement se consument en flammes vertes ou encore lorsque, dans certaines conditions, le diamant se change en acide carbonique. Ce qui nous surprend alors c'est l'omniprésence des forces de la nature, qui les rend semblables aux esprits ; et ce qui a cessé de nous frapper dans les phénomènes quotidiens, nous le remarquons ici : c'est le fait qu'entre cause et effet, il y a un rapport aussi mystérieux que celui qui se forme entre la formule magique et l'esprit qui, invoqué par elle, apparaît nécessairement. En revanche, la connaissance philosophique nous apprend qu'une force de la nature représente un certain degré de l'objectivation de la volonté, c'est-à-dire de ce que nous reconnaissons pour notre essence la plus intime, et que cette volonté en soi et à la différence de ses phénomènes et de leurs formes, est située en dehors du temps et de l'espace et, par conséquent, la pluralité conditionnée par ces formes, ne se rattache ni à la volonté ni immédiatement au degré de son objectivation c'est-à-dire à l'idée, mais seulement aux phénomènes de cette dernière. Elle nous apprend aussi que la loi de la causalité n'a de sens qu'en rapport au temps et à l'espace puisqu'en effet elle détermine, à l'intérieur de ceux-ci, la position des multiples phénomènes des différentes Idées dans lesquelles se manifeste la volonté, réglant l'ordre dans lequel ils doivent apparaître. Si, à travers cette connaissance, nous avons compris le sens intime de la grande théorie de Kant selon laquelle l'espace, le temps et la causalité ne sont pas rattachés à la chose en soi mais seulement au phénomène et ne sont que des formes de notre connaissance et non des qualités de la chose en soi, alors nous verrons que notre étonnement devant la régularité et la ponctualité des effets d'une force de la nature, devant l'identité parfaite de tous ses millions de phénomènes, devant l'infaillibilité de leur apparition est, en réalité, comparable à l'étonnement d'un enfant ou d'un sauvage qui, considérant pour la première fois à travers une lunette à plusieurs facettes une fleur, par exemple, s'émerveille de la parfaite identité des innombrables fleurs qu'il voit et compte une à une les pétales de chacune d'entre elles.

Toute force de la nature, générale et originelle, n'est donc dans son essence intime rien d'autre que l'objectivation de la volonté à un degré inférieur : nous nommons un tel degré IDÉE éternelle dans le sens de Platon. Mais la LOI DE LA NATURE est la relation de l'Idée à la forme de son phénomène.

Cette forme est temps, espace et causalité, lesquels entretiennent entre eux un rapport et une relation nécessaires et indissociables. Par le temps et l'espace, l'Idée se démultiplie en d'innombrables phénomènes ; mais l'ordre dans lequel ceux-ci apparaissent en chacune des formes de cette diversité est déterminé par la loi de la causalité : celle-ci est en quelque sorte la norme qui marque les limites des phénomènes des différentes Idées, d'après laquelle l'espace, le temps et la matière se distribuent en ceux-ci. Cette norme se rapporte, par conséquent, nécessairement à l'identité de l'ensemble de la matière présente, laquelle est le substrat commun à chacun des différents phénomènes. Et si ceux-ci n'étaient pas tous rattachés à cette matière commune dont ils doivent se partager la possession, une telle loi ne serait pas nécessaire pour déterminer leurs exigences : alors tous pourraient, dans le même temps et les uns à côté des autres emplir l'espace infini durant un temps infini. Donc c'est seulement parce que tous ces phénomènes des Idées éternelles sont rattachés à une seule et même matière qu'il a dû y avoir une règle pour leur apparition et disparition, sans quoi pas un ne laisserait de place aux autres. Sous cette forme, la loi de la causalité est essentiellement reliée à celle de la permanence de la substance ; toutes deux reçoivent leur signification réciproque l'une de l'autre uniquement, mais l'espace et le temps se comportent à leur endroit de nouveau de la même manière. Car la seule possibilité qu'il y ait des déterminations opposées appliquées à la même matière est le temps : la seule possibilité de la permanence de la matière sous toutes les déterminations opposées est l'espace. C'est la raison pour laquelle nous avons expliqué dans le livre précédent[68] la matière comme la réunion du temps et de l'espace, laquelle réunion se manifeste en tant qu'alternance des accidents au sein de la permanence de la substance dont la possibilité générale est justement la causalité ou le devenir. Nous avons aussi dit, par conséquent, que la matière était de part en part causalité. Nous avons expliqué l'entendement comme le corrélat subjectif de la causalité et avons dit que la matière (donc l'ensemble du monde comme représentation) n'était là que pour l'entendement et que ce dernier était la condition de cette matière, son support en tant que son corrélat nécessaire. Tout cela dans le seul but de rappeler en passant ce qui est exposé dans le livre I. L'attention à l'harmonie interne entre les deux livres est exigée pour leur complète compréhension : en effet la volonté et la représentation, lesquelles sont inséparablement réunies dans le monde réel comme ses deux faces, ont été séparées de force par ces deux livres afin de les mieux connaître.

Il ne serait peut-être pas superflu d'expliciter de manière plus claire encore, et par un exemple, que la loi de la causalité n'a de sens qu'à l'intérieur d'un rapport au temps et à l'espace, et qu'il en est de même de la matière qui consiste en la réunion de ces deux formes. En effet, la loi de la causalité détermine les limites selon lesquelles les phénomènes des forces naturelles se répartissent la possession de la matière, alors que les forces naturelles originelles, en tant qu'objectivations immédiates de la volonté, laquelle n'est pas subordonnée au principe de raison puisqu'elle est chose en soi, se situent en dehors de ces deux formes. C'est pourtant seulement à l'intérieur de ces formes que l'explication étiologique prend sens et valeur et ne peut pour cette raison précisément conduire à l'essence intime de la nature. — Imaginons à cette fin par exemple une machine construite d'après les lois de la mécanique. Des poids de fer impriment par leur pesanteur l'impulsion d'un mouvement à des roues de cuivre qui résistent par leur inertie, s'entrechoquent, se soulèvent mutuellement entraînant avec elles les leviers en vertu de l'impénétrabilité de ceux-ci et ainsi de suite. Ici, la pesanteur, l'inertie et l'impénétrabilité sont des forces originelles dépourvues d'explication : la mécanique ne nous indique que les conditions dans lesquelles elles se manifestent, la façon qu'elles ont d'apparaître et de gouverner telle matière déterminée, à tel moment et à tel endroit. Il se peut par exemple qu'à ce moment-là une force magnétique plus puissante s'exerce sur le fer des poids et vienne à bout de la pesanteur : le mouvement de la machine en sera interrompu et la matière deviendra aussitôt le théâtre d'une tout autre force naturelle, le magnétisme, dont l'explication étiologique aussi n'indiquera rien de plus que les conditions de son apparition. À moins que, cette fois-ci, les disques de cuivre de cette machine soient posés sur des lamelles de zinc et qu un liquide acide ait été introduit entre celles-ci : aussitôt, cette même matière de la machine sera le lieu d'une autre force originelle, le galvanisme[69], lequel la gouvernera selon ses propres lois et se révélera à elle à travers ses propres phénomènes dont l'étiologie ne peut rien indiquer de plus que les circonstances dans lesquelles et les lois en vertu desquelles ils se manifestent. À présent, faisons augmenter la température et ajoutons de l'oxygène pur : la machine brûlera tout entière, et cela signifie que, cette fois encore, une force naturelle totalement différente, le chimisme, fait valoir ses droits incontestables sur cette matière à ce moment-là et en ce lieu-là et se révèle à elle en tant qu'Idée, en tant que degré déterminé de l'objectivation de la volonté. —

Que l'oxyde métallique qui en est résulté s'associe à un acide et il en résultera un sel, des cristaux se formeront qui sont le phénomène d'une autre Idée, elle-même à son tour totalement insondable, tandis que l'apparition de son phénomène dépend des conditions que l'étiologie sait parfaitement indiquer. Puis les cristaux se désagrègent, se mêlent à d'autres matières et une végétation en procède, qui est un nouveau phénomène de la volonté — et l'on pourrait ainsi poursuivre à l'infini la même matière permanente pour voir que tantôt telle force naturelle tantôt telle autre acquiert un droit sur elle et s'en empare sans reste afin de se manifester et de révéler son essence. La détermination de ce droit, le point dans le temps et dans l'espace où ce droit devient effectif, c'est ce qu'indique la causalité mais l'explication fondée sur cette loi de la causalité ne va pas au-delà. La force elle-même est phénomène de la volonté et, en tant que tel, n'est pas soumise aux figures du principe de raison, elle est dépourvue de raison. Elle se situe en dehors de tout temps, elle est omniprésente et semble en quelque sorte constamment guetter l'apparition des conditions dans lesquelles elle peut intervenir et s'emparer d'une matière déterminée en refoulant les forces qui jusque-là gouvernaient cette matière. Tout le temps n'existe que pour son phénomène, en lui-même il n'a aucune signification : les forces chimiques peuvent sommeiller pendant des siècles dans une matière jusqu'à ce que le contact avec des agents réactifs les libère et les fasse alors apparaître, mais le temps n'existe que pour leur phénomène et non pour les forces elles-mêmes. Des siècles durant, le galvanisme sommeille dans le cuivre et le zinc qui reposent en toute quiétude à côté de l'argent jusqu'à ce que tous trois entrent en contact dans les conditions requises pour que l'argent ne puisse alors faire autre chose que se consumer dans les flammes. Même dans le règne organique, on peut voir qu'une graine de semence desséchée a conservé depuis trois mille ans la force qui sommeillait en elle, au moment où, une fois les circonstances favorables enfin apparues, elle s'élève sous la forme d'une plante*.

Si la distinction entre la force naturelle et tous ses phénomènes nous est désormais apparue clairement grâce à ces considérations, si nous avons réalisé que cette force naturelle est la volonté elle-même à tel degré déterminé de son objectivation, tandis que la

* B[Le 16 septembre, à l'Institut des lettres et des sciences de Londres, Monsieur Pettigrew a présenté lors d'une conférence sur l'antiquité égyptienne des grains de blé que Sir George Wilkinson avait trouvés non loin de Thèbes dans un tombeau où ils avaient dû rester trente siècles durant. Ils avaient été trouvés dans un vase hermétiquement scellé. Monsieur Pettigrew avait planté douze de ces graines et en avait obtenu une plante de cinq pieds de haut, dont les graines étaient parfaitement mûres à ce jour (*Times* du 21 septembre 1840). De la même manière, en 1830, à la Société de botanique médicinale de Londres, Monsieur Haulton avait produit une racine tubéreuse qui se trouvait dans la main d'une momie, elle avait dû être placée là en raison de considérations religieuses, c'est-à-dire que, par conséquent, elle avait au moins 2 000 ans. Il l'avait plantée dans un pot de fleurs où elle avait aussitôt grandi et verdi. Cela est tiré du *Medical Journal* de 1830 cité dans le *Journal of the Royal Institution of Great Britain*, d'octobre 1830, p. 196.]B Cm[« Dans le jardin de Monsieur Grimstone, de l'Herbarium, Highgate à Londres, se trouve à présent une plante porteuse de pois en pleine éclosion, laquelle a grandi d'un pois que Monsieur Pettigrew et les fonctionnaires du British Museum ont extrait d'un vase qui se trouvait dans un sarcophage égyptien, là même où il devait reposer depuis quelque 2 844 années » (*Times* du 16 août 1844).]Cm — B[Il est vrai que l'on a même trouvé dans de la pierre de calcaire des crapauds vivants, ce qui conduit à cette hypothèse que même la vie animale est capable d'endurer un suspens de milliers d'années dès lors que ce suspens est causé par une hibernation qui est maintenue dans certaines circonstances.]B

pluralité revient aux phénomènes seuls, à travers le temps et l'espace, et que la loi de la causalité n'est pas autre chose que la détermination de la place dans le temps et dans l'espace de chacun de ces phénomènes pris séparément, alors nous reconnaîtrons aussi qu'est entière la vérité et profond le sens de la doctrine de Malebranche des « causes occasionnelles »[70]. Il vaut vraiment la peine de comparer cette doctrine qui est la sienne et qu'il expose dans les *Recherches de la vérité*, en particulier dans le chapitre III de la deuxième partie du sixième livre[71] et dans les *Éclaircissements* ajoutés en annexe de ce chapitre avec ma présente exposition et de percevoir la parfaite concordance qu'il y a entre ces deux doctrines en dépit de la si grande différence des cheminements de nos pensées. Oui, il m'a bien fallu admirer la manière dont Malebranche, prisonnier des dogmes positifs que son époque lui imposait sans lui offrir la moindre possibilité de résistance, a si heureusement et si justement rencontré la vérité dans ces livres, la manière dont, tout en subissant ce joug, il a su concilier cette vérité avec ces mêmes dogmes ou du moins avec la langue de ceux-ci.

Car le pouvoir de la vérité est d'une grandeur incroyable et d'une indicible endurance. Nous retrouvons ses traces fréquentes partout, logées dans les dogmes les plus étranges, voire les plus absurdes, de toutes les contrées et de toutes les époques : souvent mêlées dans un environnement insolite et fondues dans des amalgames étonnants, elle n'en reste pas moins reconnaissable. Elle est alors semblable à une plante qui germe sous un tas de grosses pierres et cependant se hisse jusqu'à la lumière, se fraie un chemin, prend maints détours et maintes contorsions, se déforme, perd de sa couleur, s'étiole — mais cependant accède à la lumière.

Et, en effet, Malebranche a raison : toute cause naturelle n'est qu'une cause occasionnelle, qui fournit l'occasion et l'opportunité au phénomène de cette volonté une et indivisible, qui est l'en-soi de toute chose dont l'objectivation progressive constitue l'ensemble de ce monde visible. Seule l'apparition et le devenir visible en ce point du temps et de l'espace est généré par la cause et en est, dans cette mesure, dépendant, mais non le tout du phénomène, non son essence intime : celle-ci est la volonté elle-même, à laquelle le principe de raison ne peut s'appliquer et qui, par suite, est dépourvue de raison. Aucune chose au monde ne possède une cause à son existence absolument et en général, seule possède une cause sa présence en ce lieu-là et à ce moment-là. Pourquoi une pierre manifeste à ce moment-là une pesanteur, à ce moment-là une inertie, à ce moment-là de l'électricité, à ce moment-là des propriétés chimiques, tout cela dépend de causes, d'influences extérieures et doit être expliqué par elles : mais ces propriétés elles-mêmes, c'est-à-dire la totalité de son essence consistant en elles et s'exprimant par conséquent par toutes ces manières indiquées, le fait tout simplement qu'elle est une pierre, qu'elle est telle qu'elle est, voire, de manière générale, qu'elle existe, tout cela n'a pas de raison et constitue le devenir visible de la volonté dépourvue de raison. Donc, toute cause est cause occasionnelle. Aussi, si nous avons fait cette découverte dans la nature dépourvue de connaissance, il en va de même partout où ce ne sont plus des causes et des excitations mais des motifs qui déterminent le point d'apparition des phénomènes, c'est-à-dire dans le comportement des animaux et des hommes. Car, ici comme là, c'est cette seule et même volonté qui apparaît, extrêmement différente selon les degrés de sa manifestation, qui se démultiplie dans les phénomènes et est, dans la perspective de ces derniers, soumise au principe de raison alors qu'en soi, elle en est absolument affranchie. Les motifs ne déterminent pas le caractère de l'homme, mais seulement le phénomène de ce dernier, c'est-à-dire ses actes, la forme extérieure de sa vie mais non la signification et la teneur de celle-ci : ceux-ci découlent du caractère qui est le phénomène immédiat de la volonté et donc dépourvu de raison. La raison pour laquelle telle personne est méchante quand telle autre est bonne, ne dépend ni des motifs ni des influences extérieures, comme par exemple d'enseignements ou de prédications. En ce sens, elle est absolument inexplicable. Et si une personne méchante manifeste sa méchanceté par de mesquines iniquités, de lâches intrigues, de basses fourberies qu'elle exerce dans le cercle étroit de son entourage, ou encore, si devenue vainqueur, elle opprime des peuples, précipite tout un monde dans la désolation et fait couler le sang de millions d'autres personnes : tout ceci est la forme extérieure de son phénomène, la part inessentielle de celui-ci et dépend des circonstances dans lesquelles l'ont plongé le destin, des milieux, des influences extérieures, des motifs, mais jamais sa décision concernant ces motifs ne peut être expliquée par eux : elle procède de la volonté dont cette personne est le phénomène. De cela il sera question dans le livre IV. La manière avec laquelle un caractère déploie ses propriétés est absolument comparable à celle avec laquelle un corps manifeste les siennes dans la nature exempte de connaissance. L'eau reste de l'eau dotée de toutes ses propriétés inhérentes, qu'elle soit un lac calme et reflète ses rives, qu'elle s'abatte, écumante, sur les rochers ou que, par un artifice, elle jaillisse dans les airs, à l'image d'un long rayon : cela dépend des causes extérieures ; un état lui est aussi naturel qu'un autre, mais selon les circonstances, elle manifestera l'un ou l'autre, également disposée aux deux, mais dans chaque cas fidèle à son caractère, ne révélant jamais que lui. De même tout caractère humain se révèle lui aussi en toute circonstance, mais les phénomènes qui en résultent varieront en fonction de ce que seront les circonstances.

§ 27

En partant de toutes les considérations précédentes sur les forces de la nature et sur les phénomènes de ces dernières, il nous est enfin apparu clairement jusqu'où l'explication à partir des causes peut aller et là où elle doit s'arrêter, si elle ne veut pas sombrer dans l'effort insensé de réduire le contenu de tout phénomène à sa simple forme, ne laissant subsister à la fin rien d'autre qu'une forme. Ainsi, nous pouvons désormais déterminer aussi en général ce qu'il est possible d'exiger de toute étiologie. Celle-ci a pour tâche de rechercher les causes de tous les phénomènes de la nature, c'est-à-dire les circonstances dans lesquelles ils font immanquablement leur apparition. Après quoi, il lui faut réduire les phénomènes diversement façonnés dans des circonstances variées à ce qui agit en tout phénomène et qui est présupposé dans la cause, à savoir aux forces naturelles originelles, en distinguant bien si une différence du phénomène provient d'une différence de la force ou d'une différence des circonstances dans lesquelles s'exprime la force, et en se gardant bien également de tenir pour un phénomène de forces différentes ce qui est l'expression d'une seule et même force dans des circonstances différentes ou, inversement, de tenir pour des expressions d'une force ce qui procède à l'origine de forces différentes. Or, cela relève directement du jugement. C'est pourquoi si peu de personnes sont capables d'étendre leur compréhension en physique, alors qu'elles sont toutes capables d'étendre leur expérience. La paresse et l'ignorance inclinent à se référer trop tôt à des forces originelles, et cela se manifeste avec une outrance qui frise l'ironie dans les entités et quiddités des scolastiques. Il n'est rien que je souhaite moins que de favoriser la réintroduction de ces dernières. Pour éviter de donner une explication physique, on n'a pas davantage le droit de se référer à l'objectivation de la volonté que d'avoir recours à la puissance créatrice de Dieu. Car la physique exige des causes, et la volonté ne peut jamais être une cause : sa relation au phénomène ne se définit jamais selon le principe de raison. Cependant, ce qu'est la volonté en soi existe d'autre part en tant que représentation et donc est phénomène et, en tant que tel, suit les lois qui constituent la forme du phénomène : là, par exemple, tout mouvement, bien qu'il soit à chaque fois phénomène de la volonté, doit cependant avoir une cause, à partir de laquelle il peut être expliqué en relation avec un moment et un lieu déterminé, c'est-à-dire non pas en général, non pas d'après son essence intime, mais en tant que phénomène SINGULIER. Cette cause sera mécanique pour la pierre, elle sera de l'ordre du motif pour un mouvement de l'homme, mais jamais elle ne peut manquer. En revanche, le général, l'essence commune à tous les phénomènes d'une nature déterminée, essence dont l'explication établie à partir d'une cause n'aurait ni sens ni signification si elle n'était pas présupposée, cette essence donc est la force naturelle universelle qui, en physique, se doit de rester à l'état de *qualitas occulta* [qualité occulte] car, précisément, l'explication étiologique touche là à son terme, et que là commence la métaphysique[72]. Mais la chaîne des causes et des effets ne sera jamais rompue par une force originelle à laquelle on devrait se référer, elle ne ramène jamais à cette force originelle comme à son premier chaînon, mais le chaînon suivant aussi bien que le plus éloigné présuppose d'emblée l'existence de cette force originelle et ne pourrait sinon rien expliquer. Une série de causes et d'effets peut être le phénomène des forces les plus diverses ; leurs apparitions successives dans le champ de la visibilité sont conduites par elle, comme je l'ai expliqué à partir de l'exemple de la machine de métal[73]. Mais les différences entre ces forces originelles impossibles à déduire les unes des autres n'interrompent en aucun cas l'unité de la chaîne des causes et le lien entre tous ses chaînons. L'étiologie de la nature et la philosophie de la nature n'entrent jamais dans une relation de rupture, elles vont côte à côte, considérant le même objet à partir de points de vue différents. L'étiologie rend compte des causes qui ont nécessairement entraîné le phénomène particulier qu'il s'agit d'expliquer et montre au fondement de toutes ses explications les forces générales qui sont à l'œuvre dans toutes ces causes et effets ; elle détermine ces forces avec exactitude, leur nombre, leurs différences et enfin tous les effets, dans lesquels apparaît telle force compte tenu des différentes circonstances, toujours conformément à son caractère propre qu'elle déploie en vertu d'une règle inexorable, laquelle a pour nom LOI DE LA NATURE. Une fois que, dans cette perspective, la physique a entièrement réalisé tout cela, elle a atteint son accomplissement : alors plus aucune force de la nature inorganique ne demeure inconnue et plus aucun effet ne reste sans être démontré comme phénomène de l'une de ces forces dans certaines circonstances déterminées, et conformément à une loi de la nature. Cm[Toutefois une loi de la nature n'est jamais que la règle, observée dans la nature, d'après laquelle elle procède à chaque fois dans des conditions déterminées dès lors que ces conditions sont réunies ; aussi peut-on, en effet, définir la loi de la nature comme *un fait généralisé* [en français dans le texte[74]], de sorte qu'une présentation complète de toutes les lois de la nature ne serait jamais qu'un registre complet des faits.]Cm — L'observation de la totalité de la nature trouvera ensuite son point d'achèvement dans la MORPHOLOGIE, laquelle dénombre, compare et ordonne toutes les formes persistantes de la nature organique. Elle a peu de choses à dire sur la cause de l'apparition des êtres particuliers, puisque, pour tous, celle-ci relève de la génération, et que la théorie de celle-ci suit un chemin autonome. Dans certains cas rares, elle est *generatio aequivoca* [génération équivoque][75]. Participe aussi de cette dernière, en son sens strict, la manière dont s'engendrent, chacun particulièrement, tous les degrés inférieurs de l'objectivité de la volonté, à savoir les phénomènes physiques et chimiques ; indiquer les conditions de cet engendrement est précisément la tâche de l'étiologie. La philosophie, en revanche, considère dans tout, et donc aussi dans la nature, seulement le général ; ici, elle prend pour objet les forces originelles et elle reconnaît dans celles-ci ces différents degrés de l'objectivation de la volonté, qui est l'essence intime et l'en-soi de ce monde qu'elle déclare, abstraction faite de cet en-soi, n'être que la représentation du sujet. — Or, si l'étiologie, au lieu de préparer le travail de la philosophie et de livrer des applications à ses doctrines par des preuves, pense bien plutôt que son objectif est de nier et d'évacuer toutes les forces originelles à l'exception d'UNE SEULE, la plus universelle, comme par exemple l'impénétrabilité, si elle s'imagine la comprendre totalement et si, par suite, elle cherche, quitte à employer la force, à ramener toutes les autres à celle-ci, elle se prive de son propre fondement et, à la place de vérités, ne peut énoncer que des erreurs. Le contenu de la nature est dès lors supplanté par la forme, et l'on attribue tout à l'influence des circonstances et rien à l'essence intime des choses. Si cette méthode réussissait réellement, alors comme on l'a dit, en dernière instance, un modèle de calcul suffirait à résoudre l'énigme du monde. Mais cette méthode, on l'emprunte, comme il a déjà été évoqué, lorsque tous les effets physiologiques doivent être ramenés à une forme et à un mélange, c'est-à-dire par exemple à l'électricité, et celle-ci, à son tour, au chimisme, et celui-ci au mécanisme. Telle était par exemple l'erreur de Descartes et de tous les atomistes qui ont ramené le mouvement des corps du monde au choc d'un fluide et leurs qualités à l'agencement et à la forme de leurs atomes, et qui allèrent jusqu'à expliquer tous les phénomènes de la nature comme de simples phénomènes de l'impénétrabilité et de la cohésion. On en est revenu, mais cela n'empêche cependant pas que, de nos jours, les physiologues électriques, chimiques et mécaniques procèdent exactement de cette manière, et ils entendent s'obstiner à expliquer la vie dans son ensemble et toutes les fonctions de l'organisme à partir « de la forme et du mélange » de ses composants. B[Que l'objectif de l'explication physiologique soit la réduction de la vie organique aux forces universelles qu'étudie la physique, on le trouve énoncé encore une fois dans l'*Archiv für Physiologie* de Meckel, 1820, t. V, p. 185[76]. — Même Lamarck dans sa *Philosophie zoologique*, t. II, chap. 3[77] explique la vie comme une simple action de la chaleur et de l'électricité : « le calorique et la matière électrique suffisent parfaitement pour composer ensemble cette cause essentielle de la vie » (p. 16). D'après quoi la chaleur et l'électricité seraient à proprement parler la chose en soi et le monde animal et végétal, ses phénomènes. L'absurdité d'une telle opinion apparaît flagrante aux pages 306 et suiv. de cet ouvrage.]B Cm[Tout le monde sait que toutes ces considérations, qui autrefois ont si souvent provoqué des chocs, font leur réapparition, ces derniers temps, avec une toute nouvelle audace.]Cm Tout bien considéré, elles reposent sur le présupposé que l'organisme ne serait qu'un agrégat de phénomènes de forces physiques, chimiques ou mécaniques, qui, s'étant rencontrées par un effet du hasard, auraient engendré cet organisme, comme s'il s'agissait d'un jeu naturel sans aucune autre signification. D'un point de vue philosophique, l'organisme d'un animal ou d'un homme serait, par conséquent, non pas la représentation d'une Idée propre, c'est-à-dire non pas immédiatement l'objectité de la volonté elle-même, à un degré déterminé et relativement élevé, mais seulement ces Idées apparues en lui qui objectivent la volonté dans l'électricité, dans la chimie, dans la mécanique. Par suite, l'organisme consisterait en la rencontre de ces forces qui, portées par les vents, auraient fortuitement convergé, tout comme il arrive que des formes d'animaux et d'hommes ressortent de nuages ou de stalactites, et par conséquent, il ne présenterait en lui-même aucun autre intérêt. — Nous n'allons pas tarder à voir, cependant, dans quelle mesure cette application des modes d'explication physiques et chimiques à l'organisme n'en est pas moins admise dans certaines limites et utile, Cm[quand j'aurai exposé que la force vitale emploie et utilise en effet les forces de la nature inorganique, bien que ce ne soit pas elles cependant qui la composent, aussi peu que le marteau et l'enclume ne font le forgeron.]Cm Par suite, il ne sera jamais possible d'expliquer à partir d'elles serait-ce même la vie végétale, d'une si grande simplicité, par exemple à partir de la capillarité et de l'endosmose. Que les considérations qui suivent ouvrent la voie à cette exposition assez difficile.

Suite à tout ce qui vient d'être dit, les sciences de la nature commettent bien une confusion en voulant reconduire les degrés supérieurs de l'objectité de la volonté à des degrés inférieurs, puisque la méconnaissance et la négation de forces naturelles originelles existant par elles-mêmes est tout aussi erronée que l'hypothèse sans raison de forces spécifiques là où il ne s'agit que du mode de manifestation de forces déjà connues. Aussi est-ce avec raison que Kant affirme qu'il ne rime à rien d'espérer un Newton du brin d'herbe[78], c'est-à-dire un homme qui ramènerait le brin d'herbe à des phénomènes de forces physiques et chimiques dont la concrétion accidentelle ne serait par suite qu'un simple jeu de la nature dans lequel n'apparaîtrait aucune Idée particulière, c'est-à-dire où la volonté ne se révélerait pas immédiatement à un degré particulier et relativement élevé, mais seulement comme elle se manifeste dans les phénomènes de la nature inorganique et fortuitement sous cette forme. Les scolastiques, qui, en aucun cas, n'auraient admis une telle hypothèse, auraient dit très justement qu'il s'agirait là d'un déni de la *forma substantialis* [forme substantielle][79] et d'une dégradation de celle-ci au niveau de simple *forma accidentalis* [forme accidentelle]. B[Car la *forma substantialis* d'Aristote définit exactement ce que j'ai nommé degré de l'objectivation de la volonté dans une chose.]B — Or, par ailleurs, il ne faut pas ignorer que dans toute Idée, c'est-à-dire dans toute force de la nature inorganique et dans toute forme de la nature organique, il n'est qu'UNE SEULE ET MÊME VOLONTÉ qui se manifeste, c'est-à-dire qui entre dans la forme de la représentation, dans l'OBJECTITÉ. Son unité, par conséquent, doit se reconnaître par la parenté intime existant entre tous ses phénomènes. Aux degrés supérieurs de son objectité, là où le phénomène tout entier apparaît avec plus d'évidence, c'est-à-dire dans le règne végétal et animal, elle se révèle à travers l'analogie universellement présente de toutes les formes, à travers le type fondamental se retrouvant dans tous les phénomènes. Aussi celui-ci est-il devenu le principe directeur de ces excellents systèmes zoologiques édifiés par les Français durant ce siècle ; aussi est-ce dans le cadre de l'anatomie comparée qu'il est le plus complètement démontré B[en tant que *l'unité de plan, l'uniformité anatomique* [en français dans le texte[80]]]B. Le découvrir est aussi sinon la principale œuvre du moins certainement l'objet des efforts les plus louables des philosophes de la nature B[issus de l'école de Schelling[81]]B, et en la matière ils se sont acquis plus d'un mérite, même si, dans bien des cas, leur chasse aux analogies présentes dans la nature a dégénéré en pure et simple plaisanterie. Mais c'est avec raison qu'ils ont prouvé que cette parenté générale et ces ressemblances familiales se trouvaient aussi présentes dans les Idées de la nature inorganique, par exemple entre l'électricité et le magnétisme, dont on a constaté l'identité plus tard, entre les attractions chimiques et la pesanteur et d'autres encore du même ordre. Ils ont en particulier attiré l'attention sur le fait que la POLARITÉ, c'est-à-dire la scission d'une force en deux activités de qualités différentes, opposées et tendant à leur réunification, et qui, le plus souvent, se révèle aussi dans l'espace par une divergence dans deux directions différentes — que la polarité donc est le type fondamental de presque tous les phénomènes de la nature, depuis l'aimant et le cristal jusqu'à l'homme. B[En Chine, cette connaissance est courante depuis les temps les plus reculés dans la théorie des contraires du YIN et du YANG[82].]B — Oui, parce que précisément toutes les choses du monde constituent l'objectité de cette seule et même volonté et que, par conséquent, elles sont identiques dans leur essence intime, cette analogie impossible à méconnaître entre elles doit nécessairement se révéler, et toute chose relativement imparfaite comporter déjà la trace, l'indice, la trame du degré supérieur de perfection venant immédiatement après. Mais aussi, parce que toutes ces formes n'appartiennent, il est vrai, qu'au monde comme REPRÉSENTATION, on peut même supposer qu'il est possible de découvrir et de prouver déjà dans les formes les plus générales de la représentation, dans cette fondation à proprement parler du monde phénoménal, c'est-à-dire du monde dans le temps et dans l'espace, le type fondamental, l'indice, la trame de tout ce qui remplit la forme. Il semble que c'est la connaissance obscure de ce fait qui a été à l'origine de la cabale et de toute la philosophie mathématique des pythagoriciens, ainsi que de celle des Chinois B[dans le *Yi-king*[83]]B. Et même dans cette école schellingienne, nous retrouvons dans ses divers efforts pour mettre au jour l'analogie entre tous les phénomènes aussi quelques tentatives, bien que malheureuses, de déduire les lois de la nature des seules lois du temps et de l'espace. Cependant, il est impossible de savoir si un esprit génial parviendra jamais à réaliser ces deux tentatives.

Ainsi, désormais, il n'est plus possible de soustraire aux yeux de tous la distinction qu'il y a entre phénomène et chose en soi et si, par conséquent, l'identité de la volonté objectivée dans toutes les Idées (parce qu'elle possède des degrés déterminés d'objectité) ne peut jamais être convertie en une identité des Idées particulières, dans lesquelles cette volonté apparaît. Par conséquent, il n'est plus jamais possible, par exemple, de ramener l'attraction chimique ou électrique à l'attraction produite par la pesanteur, quand bien même on reconnaît entre elles une analogie intime et que la première peut en quelque sorte être considérée comme la seconde portée à une puissance supérieure. Les analogies intimes entre les constitutions de tous les animaux justifient aussi peu de confondre et d'identifier entre elles les espèces et, par exemple, d'expliquer les plus accomplies comme des variétés des moins accomplies. Si, enfin, même les fonctions physiologiques ne peuvent jamais être reconduites à des processus chimiques ou physiques, on peut toutefois admettre comme vraisemblable ce qui suit pour justifier le recours limité à ce procédé.

Si, parmi les phénomènes de la volonté situés à des degrés inférieurs de son objectivation, c'est-à-dire appartenant au monde inorganique, plusieurs d'entre eux entrent en conflit les uns avec les autres parce que chacun entend dominer la matière présente, suivant le fil conducteur de la causalité, il ressort de ce conflit le phénomène d'une Idée supérieure qui l'emporte sur toutes celles plus imparfaites, qui étaient là avant, de sorte toutefois à en laisser subsister l'essence dans un état de subordination, du fait qu'elle absorbe en elle leur *analogon*. Ce processus n'est justement compréhensible qu'à partir de l'identité de la volonté apparaissant dans toutes les Idées et à partir de son aspiration à une objectivation toujours plus élevée. Nous voyons, par conséquent, dans la solidification des os, par exemple, un incontestable *analogon* de la cristallisation, puisque celle-ci dominait à l'origine dans la chaux, bien que l'ossification ne puisse jamais être réduite à la cristallisation. Cette analogie apparaît bien plus faible dans la solidification de la chair. Ainsi le mélange des sucs à l'intérieur des corps des animaux et la sécrétion constituent aussi un *analogon* des mélanges et des scissions chimiques, disons même que leurs lois continuent d'agir dans ce processus, mais assujetties, très modifiées, dominées par une Idée plus élevée, puisque, à elles seules, des forces chimiques ne seraient jamais capables de sécréter de tels sucs en dehors de l'organisme, C[en revanche :

> Encheiresin naturae *nennt's die Chemie*
> *Spottet ihrer selbst und weiss nicht wie*]C
>
> [La chimie appelle cela *encheiresin naturae* ;
> elle se moque ainsi d'elle-même, et l'ignore[84]]

L'Idée plus parfaite issue de cette victoire sur plusieurs Idées inférieures ou objectivations de la volonté acquiert un tout nouveau caractère précisément du fait que, à partir de cette Idée vaincue, elle absorbe en elle un *analogon* d'une puissance supérieure. La volonté s'objective alors d'une nouvelle manière plus évidente. Alors naissent à l'origine par la *generatio aequivoca* [génération équivoque][85] et, ensuite, par assimilation au germe présent, le suc organique, la plante, l'animal et l'homme. C'est donc de la lutte des phénomènes inférieurs que naît le phénomène supérieur, les engloutissant tous, mais réalisant aussi leur aspiration à un état plus élevé. — Ainsi, ici, règne la loi : *serpens, nisi serpentem comederit, non fit draco* [le serpent ne devient dragon qu'après avoir dévoré un serpent[86]].

Je voudrais qu'il me fût possible, par un exposé clair, de surmonter l'obscurité inhérente à ces pensées : seulement je vois bien que je dois compter sur la réflexion propre du lecteur si je ne veux pas rester incompris ou mal compris. Conformément au point de vue indiqué ici, on a démontré certes qu'il y a, dans l'organisme, des modes d'actions de nature physique et chimique, mais que jamais il n'a été possible d'expliquer l'organisme à partir de ceux-ci car, en aucun cas, l'organisme n'est un phénomène découlant de l'action conjuguée de ces forces, c'est-à-dire fortuit : il est une Idée supérieure qui a soumis les Idées inférieures par une ASSIMILATION DOMINANTE. En effet, la volonté UNIQUE qui s'objective dans toutes les Idées, en aspirant toujours à son objectivation la plus élevée possible, abandonne ici les degrés inférieurs de son phénomène, à la suite d'un conflit entre ceux-ci, afin de réapparaître, plus puissante encore, à des degrés supérieurs. Il n'y a pas de victoire sans combat : si l'Idée supérieure ou objectivation de la volonté ne peut apparaître que par une soumission des Idées inférieures, elle doit endurer la résistance de ces dernières qui, bien que réduites à l'état de servitude, ne cessent, cependant, d'aspirer à l'expression indépendante et complète de leur essence. L'aimant, qui soulève le fer, mène un combat continuel contre la pesanteur, en tant qu'objectivation la plus inférieure de la volonté ; il a un droit originel sur la matière de ce fer, et, dans ce combat perpétuel, l'aimant se renforce de sorte que la résistance qu'il rencontre le pousse en quelque sorte à un effort plus grand encore. De la même façon, chaque phénomène, et même celui de la volonté qui se présente dans l'organisme humain, mène un combat continuel contre les nombreuses forces physiques et chimiques qui, en tant qu'Idées inférieures, possèdent un droit antérieur sur cette matière. Voilà pourquoi le bras que l'on a maintenu soulevé, en dominant la pesanteur, s'abaisse au bout d'un certain temps. Voilà aussi pourquoi le sentiment de bien-être procuré par la santé et exprimé par la victoire de l'Idée de l'organisme conscient de soi sur ses lois physiques et chimiques, lesquelles gouvernaient à l'origine les sucs du corps, est si souvent interrompu, voire, en vérité, toujours accompagné d'un malaise plus ou moins grand qui résulte du combat de ces forces et en raison de quoi la partie végétative de notre vie est constamment reliée à une douleur sourde. C'est pourquoi également la digestion provoque une dépression de toutes les fonctions animales, parce qu'elle requiert toute la force vitale afin de vaincre par l'assimilation les forces naturelles chimiques. C'est pourquoi donc le poids de la vie physique en général, la nécessité du sommeil et, en dernier lieu, de la mort, toutes ces forces naturelles favorisées par les circonstances, après avoir été réprimées, prennent enfin le dessus sur l'organisme usé par ses constantes victoires, récupérant la matière qui leur avait été arrachée, et accèdent à une présentation sans obstacle de leur essence. On peut, par conséquent, aussi dire que tout organisme ne représente l'Idée dont il est l'image qu'une fois qu'est retirée toute sa force employée à vaincre les Idées inférieures qui lui disputent la matière. Il semble que ce soit cela que Jacob Boehme ait eu à l'esprit, lorsqu'il dit que tous les corps des hommes et des animaux, voire que toutes les plantes, sont à proprement parler à demi morts[87]. Selon que l'organisme réussit plus ou moins à vaincre ces forces de la nature qui expriment les degrés inférieurs de l'objectité de la volonté, il devient l'expression plus ou moins parfaite de son Idée, c'est-à-dire qu'il se situe plus ou moins près ou plus ou moins loin de l'IDÉAL auquel est rattachée la beauté dans son espèce.

Ainsi voyons-nous, partout dans la nature, lutte, combat et alternance de victoires, et c'est là précisément que nous pourrons envisager plus clairement la division essentielle de la volonté avec elle-même. Chaque degré d'objectivation de la volonté fait de la matière, de l'espace et du temps un objet de lutte pour les autres. Constamment la matière persistante doit changer de forme en ce que, suivant le fil conducteur de la causalité, les phénomènes mécaniques, physiques, chimiques et organiques, aspirent à leur manifestation et se disputent la matière, attendu que chacun veut révéler son Idée. On peut suivre à travers la nature tout entière la trace de cette lutte, tant il est vrai que, précisément, la nature elle-même n'existe que par cette lutte : B[εἰ γὰρ μὴ ἦν τὸ νεῖκος ἐν τοῖς πράγμασιν, ἓν ἂν ἦν ἅπαντα. ὥς φησιν 'Εμπεδοκλῆς]B C[(*nam si non inesset in rebus contentio, unum omnia essent, ut ait Empedocles*)]C [car, si cette lutte ne régnait pas en maître sur toutes les choses, alors toutes ces choses n'en seraient qu'une et une seule, comme le dit Empédocle] B[(*Arist., Metaph., B, 5*)[88]]B ; au vrai, cette lutte elle-même n'est jamais que la révélation de la division essentielle de la volonté avec elle-même. Ce combat universel atteint sa visibilité la plus évidente dans le règne animal qui se nourrit du règne végétal et dans lequel chaque animal devient à son tour la proie et la nourriture d'un autre, c'est-à-dire que la matière, dans laquelle son Idée se présente, doit ensuite céder la place à la présentation d'une autre Idée, puisque chaque animal ne peut conserver son existence qu'en annihilant constamment celle d'un autre, étranger, de sorte que la volonté de vivre se dévore toujours elle-même et est, sous ses diverses formes, à elle-même sa propre nourriture jusqu'à ce qu'enfin l'espèce humaine, parce qu'elle a réussi à vaincre toutes les autres, se mette à considérer la nature comme un produit destiné à son usage personnel ; mais cette même espèce, comme nous le verrons dans le livre IV, révèle en elle-même ce combat, cette division interne de la volonté avec une évidence parfaitement effroyable B[et qu'advienne ce *homo homini lupus* [l'homme est un loup pour l'homme[89]]. D'ici là, nous constaterons également la présence de cette même lutte et de cette même domination aux degrés inférieurs de l'objectité de la volonté. Beaucoup d'insectes (notamment les ichneumons) déposent leurs œufs sur la peau, voire dans le corps des larves d'autres insectes et leur lente destruction sera la première œuvre de la couvée qui en sort en rampant. Le jeune polype à bras qui croît à partir de l'ancien et grandit comme l'une de ses ramifications pour, par la suite, s'en séparer, ce polype donc, encore fixé à l'ancien, est déjà en train de se disputer avec lui la proie qui s'offre là, de sorte qu'il y en a toujours un qui l'arrache de la bouche de l'autre (Trembley, *Polypod.*, II, p. 110, 3, p. 165)[90]]B. Cm[Mais, dans le genre, l'exemple le plus frappant est celui de la fourmi bouledogue (*bulldog-ant*) d'Australie. Lorsqu'on la coupe en deux, un combat s'engage entre sa tête et sa queue : celle-là mord celle-ci et celle-ci se défend bravement contre celle-là en la piquant de son dard. Ce combat peut durer une demi-heure, jusqu'à ce qu'elles meurent ou qu'elles soient emportées par une autre fourmi. Cet événement se reproduit systématiquement (tiré d'une lettre de Howitt publiée dans le *W. Journal* et reproduite dans le *Galignani's Messenger* du 17 novembre 1855)[91].]Cm B[Sur les rives du Missouri, on peut voir parfois un puissant chêne mais son tronc et ses branchages sont tellement ceints, sanglés et serrés par une gigantesque liane sauvage qu'il ne peut qu'étouffer et est voué à s'éteindre[92]. Et il en va ainsi même]B aux degrés inférieurs, par exemple là où, par un processus d'assimilation organique, l'eau et le charbon se changent en sève végétale ou encore là où des plantes ou du pain se changent en sang, de même partout où, par limitation des forces chimiques à un mode d'action animal subordonné, une sécrétion animale se produit. Ainsi en va-t-il aussi dans la nature inorganique, lorsque, par exemple, des cristaux en train de se former se rencontrent, se croisent et se perturbent mutuellement au point qu'ils ne peuvent plus présenter une forme pure de cristallisation, de même que presque toute glande présente l'image d'une lutte de la volonté, si bas en soit le degré de son objectivation, ou encore quand un aimant impose au fer son magnétisme afin de présenter ici aussi son Idée ou aussi lorsque le galvanisme domine les affinités électives[93] et désagrège les liaisons les plus stables, annihilant si bien les lois de la chimie que l'acide d'un sel désagrégé au pôle négatif doit passer au pôle positif sans pouvoir se lier aux alcalis à travers lesquels il circule ni même faire rougir le tournesol[94] lorsqu'il entre en contact avec lui. À grande échelle, c'est ce que l'on voit dans la relation entre un corps central et une planète : celui-ci, en dépit d'une dépendance décisive vis-à-vis de celle-là, ne cesse de lui résister à l'instar des forces chimiques dans l'organisme ; de là procède la tension constante entre forces centripète et centrifuge qui maintient l'édifice de l'univers en mouvement et constitue déjà en elle-même une expression de ce combat universel, essentiel au phénomène de la volonté, que nous sommes précisément en train d'étudier ici. Car, puisque tout corps doit être considéré comme le phénomène d'une volonté et que la volonté se présente nécessairement comme une aspiration, alors l'état originel de chaque corps céleste en forme de sphère ne peut être le repos mais le mouvement, une aspiration vers l'avant, sans trêve ni but, dans l'espace infini. B[Ni la loi de l'inertie ni celle de la causalité ne s'y opposent : car, selon la première, la matière étant, en tant que telle, indifférente au repos et au mouvement, son état originel peut aussi bien être le repos que le mouvement. Aussi, si nous la trouvions en mouvement, serions-nous aussi peu justifiés à présupposer qu'elle était auparavant dans un état de repos et de rechercher la cause de l'apparition de ce mouvement, que, inversement, si nous la découvrions au repos, à présupposer qu'elle était auparavant dans un état de mouvement et à rechercher les cause de son annulation. Par conséquent, il ne faut rechercher aucune impulsion première à la force centrifuge. Selon l'hypothèse de Laplace et de Kant[95], elle est, dans les planètes, un résidu de la rotation originelle du corps central dont chacune s'est détachée au moment où il s'est contracté. Mais le mouvement est essentiel à celui-ci : il poursuit toujours sa rotation et, dans le même temps, son envol dans l'espace infini, à moins qu'il ne se dirige vers un corps central plus grand, invisible à nos yeux.]B Cette conception correspond parfaitement aux conjectures des astronomes sur l'existence d'un soleil central ainsi qu'au mouvement continu apparent de tout notre système solaire et peut-être aussi de la foule des étoiles auquel notre soleil appartient. De cela il convient finalement de conclure à un mouvement continu et universel de toutes les étoiles fixes ainsi que du soleil central. À l'intérieur de l'espace infini, ce mouvement continu perd toute signification (car, dans l'espace absolu, le mouvement ne se distingue nullement du repos[96]) et, de ce fait même, comme c'était déjà le cas directement du fait de son aspiration et de son vol sans but, il devient l'expression de cette inanité, de cette absence d'un but ultime qu'en conclusion de ce livre nous devrons reconnaître comme étant l'aspiration de la volonté dans tous ses phénomènes. Aussi l'espace infini et le temps infini devaient-ils être les formes les plus générales et les plus essentielles de l'ensemble de ses phénomènes et c'est en tant que tels qu'il leur revient d'exprimer ici toute son essence. — Nous pouvons enfin reconnaître dans la simple matière déjà, prise comme telle, ce combat entre tous les phénomènes de la volonté, dans la mesure où, en effet, l'essence de son phénomène a été justement énoncé par Kant comme des forces de répulsion et d'attraction[97], si bien qu'elle ne possède déjà d'existence que dans un combat entre des forces d'aspirations opposées. Faisons abstraction de toute différenciation chimique de la matière, ou remontons la chaîne des causes et des effets jusqu'au point où il n'existe encore aucune différence chimique : il ne nous reste alors que la seule matière et le monde concentré en une sphère dont la vie, c'est-à-dire l'objectivation de la volonté consiste en ce combat entre force d'attraction et force de répulsion, celle-ci agissant comme pesanteur et exerçant de tous côtés une force dirigée vers le centre, celle-là agissant comme impénétrabilité et, que ce soit par sa fixité ou par son élasticité, résistant à la première, dont la pression et la résistance constantes peuvent être considérées comme l'objectité de la volonté à son degré le plus inférieur et qui, déjà là, en exprime le caractère.

Ainsi voyons-nous ici que, à son degré le plus inférieur, la volonté se présente comme un élan aveugle, comme une pulsion obscure et sourde, loin de toute cognoscibilité immédiate. C'est là le mode le plus élémentaire et le plus faible de son objectivation. Mais sous la forme de cet élan aveugle et sous la forme de cette aspiration exempte de connaissance, elle se manifeste encore dans toute la nature inorganique, dans toutes les forces originelles que la chimie et la physique se donnent pour tâche de rechercher et de connaître ; chacune d'entre elles se présente à travers des millions de phénomènes parfaitement semblables et réguliers qui, sans porter aucune trace de caractère individuel, se démultiplient simplement à travers le temps et l'espace, c'est-à-dire à travers le *principium individuationis* comme est démultipliée une image vue à travers les facettes d'un verre.

S'objectivant de manière de plus en plus évidente de degré en degré, elle agit cependant aussi dans le règne végétal où ce ne sont plus des causes mais des excitations qui constituent le lien entre ses phénomènes. À ce stade, la volonté n'en est pas moins encore parfaitement dénuée de connaissance en tant que force agissante et obscure. Enfin, elle agit aussi dans la partie végétative du phénomène animal, dans l'engendrement et la formation de tout animal et dans l'entretien de l'économie intérieure de celui-ci, où seules de simples excitations déterminent de manière nécessaire son phénomène. Les degrés de son objectité s'élevant toujours plus haut, ils mènent finalement au point où l'individu, qui représente l'Idée, ne peut plus recevoir la nourriture qu'il lui faut assimiler par un simple mouvement suscité par une excitation. En effet, une telle excitation suppose qu'on l'attende ; or, la nourriture, dont il s'agit ici, est déterminée de manière plus spécifique et, dans la multitude grandissante des phénomènes, la profusion et la confusion étant devenues si grandes que ces phénomènes se perturbent les uns les autres, l'individu mû par une simple excitation se trouve alors contraint d'attendre sa nourriture d'un hasard qui pourrait lui être par trop défavorable. Aussi, à partir du moment où l'animal s'arrache soit de l'œuf, soit du corps de sa mère où il végétait, exempt de connaissance, sa nourriture doit être recherchée et sélectionnée. De ce fait, le mouvement doit procéder de motifs, ce qui rend la connaissance nécessaire, et celle-ci intervient donc à ce degré de l'objectivation de la volonté comme un auxiliaire, comme une μηχανή nécessaire pour la conservation de l'individu et pour la perpétuation de l'espèce[98]. Elle apparaît représentée par le cerveau ou encore par un ganglion plus gros, précisément comme toute autre aspiration et détermination de la volonté s'objectivant sont représentées par un organe, c'est-à-dire se manifeste à la représentation sous la forme d'un organe*[99]. — Ainsi, tout à coup, par la seule apparition de cet auxiliaire, de cette μηχανή, le MONDE COMME REPRÉSENTATION est là devant nous, pourvu de toutes ses formes : l'objet et le sujet, l'espace, le temps, la pluralité et la causalité. Le monde désormais révèle sa seconde face. Jusqu'ici simple VOLONTÉ,

* Voir sur ce sujet le chap. 22 du livre II, ainsi que mon écrit « Sur la volonté dans la nature », p. 44 sq. et p. 70-79 de la première édition ou p. 46 sq. et 63-72 de la deuxième édition.

le voilà dorénavant en même temps REPRÉSENTATION, objet du sujet connaissant. La volonté qui, jusqu'ici, poursuivait dans l'obscurité son instinct de manière suprêmement sûre et infaillible, a, à ce degré, allumé une lumière en guise d'instrument devenu nécessaire pour annuler le désavantage né de la profusion et de la complexité de la constitution de ses phénomènes et, précisément, de ses phénomènes les plus achevés. La sûreté jusqu'ici infaillible et la régularité avec lesquelles elle agissait dans la nature inorganique ou simplement végétative reposaient sur le fait qu'elle n'était active comme élan aveugle que dans son état originel, sans le secours mais aussi sans les perturbations introduites par un monde second, totalement différent, à savoir le monde comme représentation, qui n'est certes que l'image de son essence propre mais n'en est pas moins d'une nature absolument autre et qui, désormais, s'immisce dans l'enchaînement de ses phénomènes. Et cela met maintenant un terme à la sûreté infaillible de ceux-ci. Les animaux sont déjà exposés à l'apparence, à l'illusion. Mais ils ne connaissent que des représentations intuitives et non les concepts, la réflexion ; par suite, ils sont attachés au présent et ne peuvent envisager l'avenir. Il semble que cette connaissance dépourvue de raison n'ait pas à tout coup suffi à ses fins et qu'elle ait en quelque sorte eu parfois besoin d'une aide. Car un phénomène très étrange se présente à nous : l'action aveugle de la volonté et celle éclairée par la connaissance, lesquelles relèvent de deux sortes de phénomènes différents, interfèrent de façon extrêmement surprenante, l'une empiétant sur le domaine de l'autre. En effet, dans un premier cas, parmi les actions des animaux dirigées par la connaissance intuitive et les motifs qui lui sont propres, nous découvrons une action dépourvue de cette connaissance intuitive, qui, donc, est accomplie avec la nécessité de la volonté agissant aveuglément par des pulsions industrieuses, de sorte que celle-ci, n'étant dirigée ni par un motif ni par une connaissance, a cependant l'apparence d'œuvres réalisées à la suite de motifs abstraits et raisonnables. Dans le second cas, opposé au premier, la lumière de la connaissance pénètre dans le laboratoire de la volonté agissant aveuglément et vient éclairer les fonctions végétatives de l'organisme humain : c'est le cas lorsqu'il y a clairvoyance magnétique. — Enfin, là où la volonté a atteint le plus haut degré de son objectivation, la connaissance impartie aux animaux, qui relève de l'entendement, auquel les sens livrent les données et dont il ne résulte qu'une intuition attachée au présent, ne peut plus suffire : l'être complexe, multiple, malléable, sujet éminemment tributaire de besoins et exposé à d'innombrables blessures qu'est l'homme a dû, afin de persister dans son existence, être éclairé par une double connaissance ; il a fallu en quelque sorte qu'une connaissance intuitive d'une puissance accrue vienne s'ajouter en surcroît, pour réfléchir la première : il s'agit de la raison qui est la faculté de former des concepts abstraits. Avec celle-ci est apparue la réflexion <*Besonnenheit*> qui comporte une vision embrassant et l'avenir et le passé, et à la suite de cette dernière, la délibération, le souci, la faculté d'agir avec préméditation, indépendamment du présent, et enfin la conscience pleine et entière des décisions propres de la volonté en tant que telle. Or, du fait que, déjà, la simple connaissance intuitive a introduit la possibilité de l'apparence et de l'illusion, supprimant de ce fait l'ancienne infaillibilité de l'action de la volonté dépourvue de connaissance, l'instinct et les pulsions industrieuses en tant qu'expressions dépourvues de connaissance de la volonté ont dû lui venir en aide et s'immiscer complètement dans les actions dirigées par la connaissance. Ainsi, avec l'intervention de la raison, cette sûreté et cette infaillibilité des manifestations de la volonté (qui, à l'autre extrême, dans la nature inorganique, prennent même l'apparence d'une stricte régularité) sont presque tout à fait perdues : l'instinct se retire totalement et la réflexion, à présent censée tout remplacer, engendre (comme il a été exposé dans le livre I) hésitation et incertitude, l'erreur devient possible et, dans bien des cas, empêche l'objectivation adéquate de la volonté dans les actes. Car, quand bien même la volonté a déjà adopté dans son caractère son orientation déterminée et invariable, conformément à laquelle le vouloir lui-même intervient, occasionné par des motifs, l'erreur peut toutefois fausser les manifestations de ce même vouloir en ce que des motifs illusoires semblables aux vrais s'y immiscent et les annulent*[100] : ainsi, par exemple, lorsque la superstition sous-tend des motifs imaginaires qui contraignent l'homme à des manières d'agir précisément opposées à celles que sa volonté aurait sinon manifestées dans les circonstances présentes : Agamemnon égorge sa fille, un avare distribue des aumônes par pur égoïsme dans l'espoir de se les voir rendre au centuple, etc.

La connaissance en général, celle rationnelle comme celle purement intuitive, procède donc à l'origine de la volonté elle-même, elle participe de

* Aussi les scolastiques disaient à juste titre : *causa finalis movet non secundum suum esse reale, sed secundum esse cognitum* [la cause finale agit non selon son essence réelle mais selon son essence connue]. Voir Suárez, *Disp. metaph., disp. XXIII, sect. 7 et 8.*

l'essence des degrés supérieurs de son objectivation en tant que simple μηχανή, en tant que moyen de conservation de l'individu et du genre, tout comme chaque organe du corps. Donc, au service de la volonté à l'origine, vouée à l'accomplissement de ses fins, la connaissance reste presque constamment aussi prête à la servir et ainsi en va-t-il pour tout animal et pour quasiment tout homme. Pourtant, nous verrons dans le livre III comment la connaissance se dérobe à cette servitude chez certains hommes en particulier, comment elle rejette son joug et, affranchie de toutes les fins du vouloir, elle est capable d'exister pour elle-même en tant que miroir pur et clair du monde[101] ; de là procède l'art. Enfin, dans le livre IV, nous verrons comment, par ce mode de connaissance, lorsque cette dernière agit en retour sur la volonté, peut s'accomplir l'auto-abolition de celle-ci même, c'est-à-dire la résignation qui est la fin ultime et même l'essence la plus intime de toute vertu et sainteté et constitue la rédemption du monde.

§ 28

Nous avons considéré la grande diversité et variété des phénomènes dans lesquels la volonté s'objective ; nous avons même vu le combat interminable et irréconciliable qu'ils mènent les uns contre les autres. Cependant, si nous suivons l'ensemble de l'exposé que nous avons présenté jusqu'ici, la volonté elle-même en tant que chose en soi ne peut nullement être comprise dans la pluralité, dans le changement de ces phénomènes. La différence des Idées (platoniciennes), c'est-à-dire les gradations de leur objectivation, la multitude des individus dans lesquels se manifeste chacune de ces gradations, le combat des formes pour la matière : tout cela ne concerne pas la volonté, ne constitue que les modalités de son objectivation et n'a, par le truchement de cette objectivation, qu'une relation médiate à la volonté, mais c'est en vertu de cette relation que tout cela participe de l'expression de son essence en vue de la représentation. De même qu'une lanterne magique affiche des images nombreuses et multiples, alors qu'il n'y a qu'une flamme unique pour les rendre visibles, de même, dans toute la diversité des phénomènes qui, juxtaposés les aux autres, emplissent le monde ou qui, se succédant les uns aux autres, se pressent comme autant d'événements, seule apparaît la VOLONTÉ UNIQUE dont tout cela est la visibilité, l'objectivité, et qui demeure immobile au sein de ce changement : elle seule est la chose en soi tandis que tout objet est apparition ou phénomène, pour parler comme Kant. — Bien que ce soit en l'homme en tant qu'Idée (platonicienne) que la volonté trouve son objectivation la plus évidente et la plus parfaite, cette Idée ne peut cependant pas exprimer à elle seule son essence. L'Idée de l'homme n'a pu, afin d'apparaître dans sa signification appropriée, se présenter seule et détachée, elle a dû être accompagnée de toute la succession décroissante des degrés, passant par toutes les formations animales, par le règne végétal jusqu'à l'inorganique : il a fallu que tous se complètent pour arriver à l'objectivation complète de la volonté. Tous ces degrés sont présupposés par l'Idée de l'homme, tout comme les bourgeons des arbres présupposent les feuilles, les branchages, le tronc et les racines : ils forment une pyramide dont l'homme est le sommet. On peut aussi dire, si l'on trouve plaisir aux comparaisons, que leurs phénomènes accompagnent celui de l'homme de manière aussi nécessaire que la pleine lumière est accompagnée par les gradations progressives de toutes les formes de pénombres par lesquelles elle passe jusqu'à se perdre dans l'obscurité, ou encore qu'on peut les nommer écho de l'homme et dire que l'animal et la plante sont la quinte et la tierce de l'homme, tandis que le règne inorganique en est l'octave inférieure. Mais nous ne comprendrons toute la vérité de cette dernière comparaison que dans le livre suivant[102], lorsque nous chercherons à sonder la signification profonde de la musique et qu'il nous sera montré qu'il convient de considérer la progression de la mélodie en une succession cohérente de notes élevées, se mouvant avec légèreté, comme représentant, en un certain sens, la vie et les aspirations de l'homme dotées de cohérence grâce à la réflexion[103]. En revanche, les voix d'accompagnement dépourvues de cohérence[104], ainsi que la basse cheminant pesamment, dont procède l'harmonie nécessaire à la perfection de la musique, figurent les résidus de la nature animale et exempte de connaissance. Nous y reviendrons en son temps, lorsque cela n'aura plus l'apparence d'un paradoxe. — Mais cette NÉCESSITÉ INTÉRIEURE de la gradation des phénomènes de la volonté, inséparable de son objectité adéquate, nous la trouvons aussi dans l'ensemble de ses phénomènes eux-mêmes, exprimés par une NÉCESSITÉ EXTÉRIEURE : c'est elle, en effet, qui fait que l'homme a besoin des animaux pour subsister, et ceux-ci graduellement les uns et des autres ainsi que des plantes, lesquelles, à leur tour, ont besoin du sol, de l'eau, des éléments chimiques et de leurs combinaisons, de la planète, du soleil, de la rotation et de la course de la terre autour de celui-ci, de l'obliquité de l'écliptique, etc.[105]. — C[Au fond, cela découle de ce que la volonté doit se nourrir d'elle-même parce qu'il n'existe rien en dehors d'elle et qu'elle est une volonté affamée. D'où la chasse, l'angoisse, la souffrance.]C

De même que la connaissance de l'unité de la volonté en tant que chose en soi dans l'infinie variété et diversité des phénomènes livre à elle seule l'explication vraie de cette analogie merveilleuse, impossible à ne pas reconnaître entre toutes les productions de la nature, de cet air de famille qui permet de les considérer comme des variations d'un même thème, qui ne serait pas donné ; de même, par la connaissance saisie clairement et profondément de cette harmonie, de cette cohérence essentielle entre toutes les parties du monde, de cette nécessité de leur gradation, que nous venons de considérer, s'ouvrira à nous une intelligence vraie et suffisante de l'essence intime et de la signification de la FINALITÉ indéniable de tous les produits organiques de la nature, finalité que, par conséquent, nous présupposons aussi bien *a priori* quand nous examinons et jugeons ces mêmes produits.

Cette FINALITÉ est de deux sortes : d'une part, elle est intérieure, c'est-à-dire qu'elle est harmonie entre toutes les parties d'un seul organisme ordonnée de telle sorte qu'en résulte la conservation de celui-ci ainsi que celle de son genre et que, par conséquent, elle se présente comme une fin de cet ordonnancement. Mais, d'autre part, cette finalité est aussi extérieure, elle est un rapport entre la nature inorganique et la nature organique en général, ou entre des parties isolées de la nature organique, rapport qui rend possible la conservation de l'ensemble de la nature organique ou encore des espèces animales particulières et, par conséquent, se présente à notre jugement en tant que moyen pour atteindre cette fin.

Or, la NÉCESSITÉ INTÉRIEURE entre dans le cours de nos considérations de la manière que l'on va développer ci-dessous. Si, conformément à ce qu'on a dit jusqu'ici, toute la diversité des formes dans la nature et la pluralité des individus ne relèvent pas de la volonté mais de son objectité et de la forme de celle-ci, alors il s'ensuit nécessairement qu'elle est indivisible et entièrement présente dans chaque phénomène, même si les degrés de son objectivation, les Idées (platoniciennes) sont très différentes. Pour en faciliter la compréhension, nous pouvons considérer ces différentes Idées comme des actes simples en soi et isolés de la volonté, dans lesquels son essence s'exprime plus ou moins: mais les individus sont à leur tour des phénomènes des Idées et donc de ces actes, dans le temps, l'espace et la pluralité[106]. — Or, aux degrés les plus inférieurs de l'objectité, un tel acte (ou Idée) conserve son unité alors que, aux degrés plus élevés, il a besoin, pour se manifester, de toute une série d'états et de développements dans le temps, qui ne peuvent mener l'expression de son essence à son terme que pris tous ensemble[107]. Ainsi, par exemple, l'Idée qui se révèle dans une force naturelle quelconque et universelle, a une manifestation simple, même si cette manifestation se présente différemment en fonction des conditions extérieures; sans cela son identité ne pourrait pas non plus être démontrée et c'est ce qui se produit justement lorsqu'on isole la diversité qui ne fait que découler des conditions extérieures. De la même manière, le cristal ne possède qu'UNE SEULE manifestation de sa vie, sa cristallisation, et celle-ci, après coup, trouve son expression pleinement suffisante et accomplie dans sa forme figée, cadavre de cette vie momentanée. Mais, déjà, la plante n'exprime plus l'Idée dont elle est le phénomène en une seule fois et par une seule manifestation, mais dans une succession de développements de ses organes qui se fait dans le temps. L'animal ne développe pas seulement son organisme de manière uniforme, en prenant successivement des formes souvent très différentes (métamorphose), mais cette forme elle-même, bien qu'étant, à ce degré, déjà objectité de la volonté, ne suffit pas à la présentation entière de son Idée, celle-ci doit bien plus être complétée par les actions de cet animal dans lesquelles son caractère empirique, le même pour toute l'espèce, s'exprime, et constitue, à ce moment-là seulement, la révélation entière de son Idée, laquelle présuppose comme condition fondamentale un organisme déterminé. Chez l'homme, le caractère empirique est déjà présent en chaque individu et il lui est propre (comme nous le verrons en effet dans le livre IV jusqu'à la complète suppression du caractère de l'espèce par l'autoabolition de tout le vouloir). Ce qui, à travers son développement nécessaire dans le temps et sa division déterminée par ce dernier en actes isolés, est reconnu comme son caractère empirique, cela constitue, quand on fait abstraction de cette forme temporelle de son phénomène, son CARACTÈRE INTELLIGIBLE, selon l'expression de Kant. En démontrant cette distinction et en présentant le rapport entre liberté et nécessité, c'est-à-dire, à proprement parler, entre la volonté comme chose en soi et son phénomène dans le temps, Kant fait de façon souveraine la démonstration de son éternel mérite.*[108] Le caractère intelligible coïncide

* Voir la *Critique de la raison pure*, « Solution des idées cosmologiques sur la totalité de la déduction des événements cosmiques »,

donc avec l'Idée ou plus exactement avec l'acte originel de la volonté qui se révèle en elle ; dans cette mesure, non seulement le caractère empirique de tout homme mais aussi celui de toute espèce animale, voire celui de toute famille de plantes et même de toute force originelle de la nature inorganique doit être considéré comme le phénomène d'un caractère intelligible, c'est-à-dire d'un acte de la volonté indivisible et extratemporel[109]. — Je voudrais ici, en passant, attirer l'attention sur la naïveté avec laquelle toute plante exprime et expose ouvertement son caractère tout entier à travers sa seule forme et révèle l'entièreté de son être et de son vouloir ; c'est ce qui rend la physionomie des plantes tellement intéressante, alors que pour connaître l'animal selon son Idée, il faut déjà l'observer dans sa manière d'agir et de se comporter ; l'homme, quant à lui, doit être sondé et étudié entièrement, car la raison le rend capable d'un très haut degré de dissimulation. L'animal est plus naïf que l'homme de même que la plante est plus naïve que l'animal, et ce, dans la même proportion. B[En l'animal, la volonté de vivre apparaît en quelque sorte à un état plus nu qu'en l'homme où elle est travestie par tant de connaissance et de surcroît voilée par sa faculté de dissimulation. Il en résulte que son essence véritable n'apparaît presque jamais que par hasard et ponctuellement. Toute nue, mais aussi bien plus faible, cette essence se manifeste dans les plantes comme un simple élan vers l'existence, aveugle, dépourvu de but et de fin. Car cet élan dévoile toute son essence

---

p. 560-586 de la cinquième édition et p. 532 sq. de la première édition. Voir aussi la *Critique de la raison pratique*, quatrième édition, p. 169-179 et, dans l'édition de Rosenkranz, p. 224 sq. Cf. ma dissertation sur le principe de raison, § 43.

au premier regard et avec une parfaite innocence, sans pâtir de ce que ses parties génitales se révèlent au grand jour, placées au sommet, alors que, chez les animaux, elles se situent dans les recoins les plus cachés. Cette innocence des plantes repose sur leur absence de connaissance et ce n'est pas dans le vouloir mais dans le vouloir accompagné de la connaissance que réside la culpabilité. Chaque plante fait d'abord le récit de son pays d'origine, du climat de ce dernier et de la nature du sol dont elle a jailli. Aussi n'est-il même pas utile d'être très exercé pour reconnaître si une plante exotique provient d'une zone tropicale ou d'une zone tempérée, si elle pousse dans l'eau, dans les marais, sur des montagnes ou sur la lande. Mais outre cela, chaque plante énonce encore la volonté spécifique de son genre et formule quelque chose qu'aucune autre langue ne saurait exprimer.]B — Mais intéressons-nous maintenant à l'application de ce qui vient d'être dit à l'examen téléologique des organismes, dans la mesure où cet examen concerne leur finalité interne. Dans la nature inorganique, l'Idée qu'il convient de considérer partout comme un acte unique de la volonté se révèle aussi dans une manifestation unique et toujours semblable, et l'on peut, par conséquent, dire que dans ce cas le caractère empirique participe immédiatement de l'unité du caractère intelligible et, en quelque sorte, qu'il coïncide avec lui. C'est pourquoi ici on ne peut mettre en évidence aucune finalité. En revanche, tous les organismes présentent leur Idée à travers une succession de développements, laquelle est conditionnée par une diversité de parties différentes, et donc la somme des manifestations de leur caractère empirique ne devient l'expression de leur caractère intelligible que lorsqu'ils sont saisis ensemble. Ainsi cette nécessité d'une juxtaposition des parties et d'une succession des développements n'annule tout de même pas l'unité de l'Idée lorsqu'elle apparaît, ni celle de l'acte de la volonté lorsqu'il se manifeste : cette unité trouve au contraire son expression dans le lien et l'enchaînement nécessaire de ces parties et de ces états entre eux selon la loi de la causalité. Puisque c'est la volonté unique, indivisible et, de ce fait, en harmonie avec elle-même qui se révèle dans l'Idée tout entière comme en un seul acte, alors son phénomène, bien qu'apparaissant dispersé en une diversité de parties et d'états, doit refléter cette unité à travers une harmonie entre toutes ces parties et états sans exception, ce qui se produit dans un lien et une dépendance de toutes les parties entre elles à travers quoi l'unité de l'Idée est reconstituée aussi dans le phénomène. Aussi voyons-nous donc que toutes les différentes parties et fonctions de l'organisme sont alternativement le moyen et la fin aux unes et aux autres tandis que l'organisme lui-même est la fin dernière d'elles toutes. Il s'ensuit aussi bien que la dispersion de l'Idée, en soi simple, en une pluralité de parties et états de l'organisme a pour fonction de reconstituer l'unité de l'idée à travers le lien nécessaire entre ces parties et leurs fonctions, celles-ci étant les unes aux autres leurs causes et leurs effets, leurs moyens et leurs fins. Mais cette dispersion n'est pas essentielle et propre à la volonté en tant que telle, à la chose en soi, elle ne l'est qu'à son phénomène dans le temps, l'espace et la causalité (comme une pure figure du principe de raison, de la forme du phénomène). Cette dispersion et cette reconstitution relèvent du monde en tant que représentation et non du monde en tant que volonté, elles relèvent de la façon dont la volonté, à ce degré de son objectité, devient objet, c'est-à-dire représentation. Celui qui a réussi à pénétrer le sens de cette explication peut-être quelque peu difficile, pourra désormais correctement comprendre la doctrine de Kant, laquelle va jusqu'à dire qu'aussi bien la finalité de l'organique que la régularité de l'inorganique ont été d'abord introduites dans la nature par notre entendement, suite à quoi toutes deux ne relèvent que du phénomène et non de la chose en soi. L'émerveillement évoqué ci-dessus à propos de la constance infaillible de la régularité de la nature inorganique est, en substance, le même que celui que suscite en nous la finalité de la nature organique, car ce qui nous surprend dans ces deux cas, ce n'est que la vision de l'unité originelle de l'Idée qui a revêtu pour le phénomène la forme de la pluralité et de la différence*[110].

Et, à présent, voyons ce qui concerne le second mode de la finalité, suivant la division que nous avons établie plus haut, c'est-à-dire la finalité EXTÉRIEURE, laquelle se manifeste non dans l'économie interne des organismes mais dans le soutien et l'aide qu'ils reçoivent aussi bien de la nature inorganique que des autres organismes. À un niveau général, celle-ci trouve aussi son explication dans l'exposition qui vient d'être menée : le monde tout entier, avec tous ses phénomènes, est l'objectité de la volonté une et indivisible, il est l'Idée qui se comporte vis-à-vis de toutes les autres Idées comme l'harmonie vis-à-vis de chaque voix isolée. Par conséquent, cette unité de la volonté doit aussi se révéler dans l'harmonie de tous les phénomènes de cette même Idée entre eux. Mais nous accéderons à une compréhension bien plus claire si nous abordons d'un peu plus près les phénomènes de cette finalité extérieure et de

* Voir *De la volonté dans la nature,* à la fin de la rubrique « Anatomie comparée ».

cette harmonie des différentes parties de la nature entre elles et, en retour, cette exposition fera, dans le même temps, la lumière sur la précédente. Cependant, pour y parvenir, le mieux est encore de considérer l'analogie qui suit.

Le caractère de chaque homme, si tant est qu'il est compris comme étant parfaitement individuel et non comme se réduisant entièrement à celui de l'espèce, peut être considéré comme une Idée singulière qui correspondrait à un acte spécifique d'objectivation de la volonté[111]. Cet acte lui-même serait par suite son caractère intelligible ; quant à son caractère empirique, il en serait le phénomène. Le caractère empirique est entièrement déterminé par le caractère intelligible, qui est volonté dépourvue de raison, c'est-à-dire chose en soi, non subordonnée au principe de raison (qui est la forme du phénomène). Le caractère empirique doit présenter dans le cours d'une vie l'image du caractère intelligible et il ne peut se former autrement que ne l'exige l'essence de celui-ci. Seulement, cette détermination ne s'étend qu'à l'essentiel, elle ne concerne pas l'inessentiel du cours de sa vie qui qui se manifeste à sa suite. De cet inessentiel participe la détermination immédiate des événements et actions qui sont la matière par laquelle se manifeste le caractère empirique. Ces événements et actions sont déterminés par les circonstances extérieures, qui fournissent les motifs auxquels réagit le caractère conformément à sa nature et, comme ceux-ci peuvent être très variés, c'est sur leur influence que devra se régler la configuration extérieure du phénomène du caractère empirique, et donc la configuration factuelle et historique du cours de la vie. Celle-ci pourra prendre des visages très variés quand bien même la part essentielle de son phénomène, son contenu, reste la même. Ainsi, par exemple, il est inessentiel de savoir si on joue des noix ou une couronne; en revanche, de savoir si l'on triche au jeu ou si l'on y œuvre honnêtement, cela constitue l'élément essentiel: la première attitude sera déterminée par le caractère intelligible tandis que l'autre sera déterminée par une influence extérieure[112]. De même qu'un même sujet peut être présenté à travers cent variations différentes, le même caractère peut se présenter à travers cent cours de vie parfaitement différents. Mais si différente cette influence extérieure puisse-t-elle être, le caractère empirique, qui s'exprime dans le cours d'une vie, quel qu'il soit, n'en doit pas moins objectiver exactement le caractère intelligible, en ce que son objectivation s'adapte à la matière donnée des circonstances factuelles. Il nous faut alors admettre qu'il existe quelque chose d'analogue à cette influence qu'exercent des circonstances extérieures sur le cours d'une vie déterminée par le caractère, si nous voulons penser la manière dont la volonté détermine, dans l'acte originel de son objectivation, les différentes idées, dans lesquelles elle s'objective, c'est-à-dire les différentes formes d'êtres naturels de toute sorte, dans lesquels son objectivation doit se répartir et qui, pour cette raison, doivent nécessairement entretenir, dans le phénomène, une relation entre elles. Nous devons admettre qu'entre tous ces phénomènes d'une volonté UNIQUE se produit une adaptation et une accommodation réciproques, ce qui suppose cependant, comme nous le verrons bientôt plus clairement, que soit exclue toute détermination temporelle, puisque l'Idée se situe en dehors du temps. Aussi tout phénomène a-t-il dû s'adapter aux environnements dans lesquels il apparaît mais, en retour, ceux-ci ont aussi dû s'adapter à celui-là, quand bien même il vient occuper une place plus tardive dans le temps[113]. B[Ce *consensus naturae* [consensus de la nature], nous le constatons partout.]B C'est la raison pour laquelle toute plante est appropriée à son sol et à son climat, tout animal est approprié à son élément et à la proie vouée à devenir sa nourriture, de même qu'il est en quelque sorte protégé contre ses persécuteurs naturels ; voilà pourquoi l'œil est approprié à la lumière et à sa réfrangibilité, les poumons et le sang, à l'air ; la vessie natatoire, à l'eau ; l'œil du phoque, à l'eau et à l'air ; C[les cellules aquifères de l'estomac du chameau, à la sécheresse des déserts africains ;]C B[la voile du nautile[114], au vent qui doit pousser sa petite barque,]B et ainsi de suite jusqu'aux finalités extérieures les plus spécifiques et les plus étonnantes*. Or, il convient ici de faire abstraction de toutes relations temporelles, puisque celles-ci ne peuvent concerner que le phénomène de l'Idée et non l'Idée elle-même. Par conséquent, cette explication peut aussi être utilisée à rebours et ne pas se limiter à seulement admettre que chaque espèce s'est accommodée des circonstances qui lui étaient données, mais que les circonstances qui les ont précédées dans le temps ont tenu également compte de ces êtres encore à venir à ce moment-là. Car c'est la volonté unique qui s'objective dans le monde tout entier : elle ne connaît point de temps, puisque cette forme du principe de raison ne lui appartient pas, pas plus à elle qu'à son objectité originelle, les Idées, et que ce temps relève seulement des modalités selon lesquelles ces idées sont connues des individus éphémères, c'est-à-dire du phénomène des Idées. Aussi,

* Voir *De la la volonté dans la nature*, rubrique « Anatomie comparée ».

dans le présent examen de la manière dont l'objectivation de la volonté se répartit dans les Idées, la succession temporelle est-elle dépourvue de toute signification, et les Idées dont les PHÉNOMÈNES, conformément à la loi de la causalité à laquelle ils sont assujettis, sont apparus plus tôt dans la suite temporelle, n'ont-ils pas pour autant la préséance sur ceux dont le phénomène est apparu plus tard et qui, au contraire, sont précisément les objectivations de la volonté les plus achevées auxquelles les précédents ont dû s'adapter, tout comme, inversement, celles-ci s'adaptent à celles-là. Donc, la course des planètes, l'inclination de l'écliptique, la rotation de la terre, la répartition de la terre ferme et de la mer, l'atmosphère, la lumière, la chaleur et tous ces phénomènes semblables, qui sont à la nature ce que la basse est à l'harmonie, se sont accommodés aux espèces à venir des futurs êtres vivants et sont devenus leurs supports et leurs soutiens. De même, le sol s'est accommodé à la nourriture des plantes, celle-ci à la nourriture des animaux, celle-ci à la nourriture d'autres animaux, ainsi que, inversement, toutes celles-là se sont, en retour, adaptées à celles-ci. Toutes les parties de la nature convergent, parce qu'une volonté UNIQUE apparaît en eux tous ; cependant la succession temporelle est absolument étrangère à la seule OBJECTITÉ ADÉQUATE et originelle (l'explication de cette expression viendra dans le livre suivant) de cette volonté, c'est-à-dire étrangère aux Idées. Encore maintenant, où les espèces n'ont plus à naître, mais seulement à se préserver, nous constatons encore çà et là une prévoyance de la nature qui s'étend dans le futur tout en faisant en quelque sorte abstraction de la succession temporelle, une manière de s'accommoder de ce qui est là d'après ce qui doit encore venir. Ainsi, l'oiseau fait un nid pour les plus jeunes qu'il ne connaît pas encore ; le castor érige une hutte dont la finalité lui est inconnue ; la fourmi, le hamster, l'abeille amassent des réserves en vue d'un hiver qu'ils ne connaissent pas, l'araignée et le fourmilion, comme s'ils agissaient par une ruse calculée, érigent des pièges pour de futures proies qui leur sont inconnues ; les insectes déposent leurs œufs aux endroits où la future couvée pourra trouver sa future nourriture. C[Au moment de la floraison, la fleur femelle de la *valisneria* déploie les spirales de sa tige qui, jusque-là, la fixaient au fond de l'eau, et de ce fait remonte à la surface. Tout juste après cela, la fleur mâle, qui grandissait au fond sur une petite tige, s'en arrache et accède ainsi, au prix de sa vie, à la surface où, nageant, elle recherche la fleur femelle, laquelle, après que la fécondation a lieu, rétracte à nouveau ses spirales et se retire dans les profondeurs, où le fruit se développe*[115].]C Il me faut bien encore évoquer ici la larve du lucane cerf-volant mâle, lequel doit ronger le bois pour creuser la cavité qui conviendra à abriter sa métamorphose et la fore deux fois plus grosse que la femelle afin de faire la place à ses futures pinces. Ainsi, en général, l'instinct des animaux nous fournit la meilleure explicitation de ce qui reste de téléologie dans la nature. Car de même que l'instinct est une action semblable à celle s'accomplissant comme d'après un concept de fin alors qu'elle en est dépourvue, de même toute formation de la nature paraît semblable à celle s'accomplissant comme d'après un concept de fin alors qu'elle en est dépourvue. Car, dans la téléologie de la nature, tant intérieure qu'extérieure, ce que nous

* C[Chatin, *sur la valisneria spiralis*, dans les *Comptes rendus de l'acad. d. sc.*, n° 13, 1855.]C

sommes bien obligés de penser comme étant un moyen et une fin, n'est partout que le PHÉNOMÈNE DE L'UNITÉ INTERNE DE LA VOLONTÉ COÏNCIDANT AVEC ELLE-MÊME jusqu'à ce degré précis, phénomène qui, pour notre connaissance, est dispersé dans le temps et dans l'espace.

Mais, cependant, l'adaptation et l'accommodation réciproques des phénomènes entre eux, lesquelles découlent de cette unité, ne peuvent annuler les conflits internes qui ont été présentés ci-dessus et qui se manifestent dans le combat généralisé au sein de la nature. B[Cette harmonie ne s'étend que jusqu'au point où elle rend possible et l'EXISTENCE et l'essence du monde qui, par conséquent, aurait péri depuis longtemps sans elle. Aussi ne s'étend-elle qu'à l'existence des espèces et des conditions générales de leur vie mais non aux individus.]B Si, par suite et en vertu de cette harmonie et de cette accommodation, les ESPÈCES dans le monde organique et les FORCES UNIVERSELLES DE LA NATURE dans le monde inorganique subsistent les unes à côté des autres dans la nature, voire se soutiennent mutuellement, en revanche, le conflit interne de la volonté objectivée par toutes ces Idées se manifeste par un incessant combat d'extermination des INDIVIDUS de ces espèces et par un affrontement constant des PHÉNOMÈNES des forces naturelles entre eux, comme il a été exposé plus haut. Le théâtre de ce combat et de son objet est la matière qu'ils aspirent alternativement à s'arracher, ainsi que le temps et l'espace qui, unifiés à travers la forme de la causalité, constituent à proprement parler la matière, comme nous l'avons exposé dans le livre I*.

* Voir sur ce sujet les chap. 26 et 27 du tome II.

§ 29

Je clos ici la seconde partie principale de ma présentation dans l'espoir, bien qu'il s'agisse de la toute première communication d'une pensée qui n'avait encore jamais existé jusque-là et que celle-ci ne puisse, par conséquent, être entièrement débarrassée des traces de l'individualité qui l'a d'abord engendrée, — dans l'espoir donc d'avoir, si possible, réussi à transmettre dans toute sa clarté cette certitude que le monde dans lequel nous vivons et existons est dans tout son être et de part en part VOLONTÉ et qu'il est, dans le même temps, de part en part REPRÉSENTATION. Cette représentation qui en tant que telle déjà présuppose une forme, à savoir un objet et un sujet, est par suite relative. Et si nous nous demandons ce qui subsiste encore, une fois que l'on a aboli cette forme ainsi que toutes celles qui lui sont subordonnées et qu'exprime le principe de raison, alors nous répondrons que cet élément qui diffère *toto genere* de la représentation ne peut être rien d'autre que la VOLONTÉ, laquelle est ainsi la CHOSE EN SOI proprement dite. Chacun trouve qu'il est lui-même cette volonté dans laquelle consiste l'essence intime du monde, de même que chacun trouve aussi qu'il est le sujet connaissant dont la représentation est le monde dans sa totalité et que, dans cette mesure, le monde ne possède d'existence qu'en relation avec sa conscience, puisque celle-ci en est le support nécessaire. Dans cette double perspective, chacun se trouve être lui-même le monde tout entier, chacun est le microcosme et retrouve les deux faces de ce même monde, entières et intégrales, en lui-même. Ce qu'il connaît ainsi comme son essence propre est cette même chose qui épuise l'essence du monde dans sa totalité, le macrocosme : celui-ci aussi est, comme celui-là, de part en part volonté et de part en part représentation, ne laissant, en dehors de lui, aucun reste résiduel. Ainsi voit-on se rassembler ici la philosophie de Thalès, laquelle considérait le macrocosme, et celle de Socrate, laquelle considérait le microcosme, du fait que les objets de l'une et de l'autre s'avèrent être un seul et même objet. — L'ensemble de la connaissance communiquée dans ces deux premiers livres gagnera en complétude et, par là même, en assurance grâce aux deux livres suivants et l'on espère aussi que bien des questions, qui ont pu être clairement ou confusément soulevées dans l'examen mené jusqu'ici, y trouveront une réponse satisfaisante.

En attendant, il y a UNE question que l'on pourrait encore expliciter à part, puisqu'elle ne peut être soulevée, en vérité, que tant que l'on n'a pas tout à fait pénétré le sens de l'exposé qui a été présenté jusqu'ici et qu'elle peut, dans cette mesure justement, contribuer à l'éclaircir. Et c'est la suivante. Toute volonté est volonté de quelque chose, toute volonté possède un objet qui est le but de son vouloir, mais, en dernière instance, que veut et à quoi aspire cette volonté qui nous a été présentée comme l'essence en soi du monde ? — Cette question repose, comme tant d'autres, sur une confusion de la chose en soi avec son phénomène. À ce phénomène seul, et non à toute chose, s'étend le principe de raison dont la forme est aussi la loi de la motivation. Partout, on ne peut indiquer de raison que des phénomènes en tant que tels et des choses particulières mais non de la volonté elle-même ni de l'Idée dans laquelle elle s'objective de manière adéquate. Ainsi convient-il de rechercher une cause à tout mouvement particulier ou même à tout changement dans la nature, c'est-à-dire à un état qui entraîne nécessairement ceux-ci, mais jamais à la force de la nature elle-même qui se manifeste dans chacun de ces phénomènes ainsi que dans tous les autres semblables, si innombrables soient-ils. Aussi est-ce faire preuve d'une véritable déraison, par manque de réflexion, que de rechercher une cause à la pesanteur, à l'électricité, etc. Si seulement on avait établi que la pesanteur et l'électricité étaient non pas des forces de la nature originelles et spécifiques, mais qu'elles n'étaient que les formes d'apparition d'une force de la nature plus générale et déjà connue, alors on pourrait en rechercher la cause, laquelle serait que cette force naturelle produirait ici l'électricité et là la pesanteur. Mais tout ceci a été largement débattu plus haut. Or, de la même manière, tout acte de la volonté chez un individu connaissant (lequel n'est que phénomène de la volonté en tant que chose en soi) possède nécessairement un motif, sans lequel cet acte ne pourrait intervenir. Mais, de même que la cause matérielle ne contient que la détermination que telle ou telle force de la nature se manifeste à tel moment, en tel lieu et sur telle matière, de même le motif ne fait que déterminer que l'acte de la volonté d'un sujet connaissant, en tant qu'acte parfaitement singulier, intervient à tel moment, en tel lieu, dans telles conditions. Mais, en aucun cas, le motif ne détermine ce que veut cet être en général ou ce qu'il veut de cette manière : ceci est la manifestation de son caractère intelligible, lequel, en tant qu'il est la volonté elle-même, la chose en soi, est dépourvu de raison puisqu'il se situe en dehors du domaine du principe de raison. Ainsi s'explique que tout homme aussi a constamment des buts et des motifs en fonction desquels il dirige son action et qu'il sait à tout moment rendre compte de ce qu'il fait. Mais si on lui demandait pourquoi il veut en général ou pourquoi il veut exister tout simplement, alors il ne saurait aucune réponse ; bien plus, la question lui semblerait incongrue. Or, c'est précisément dans cette réaction que s'exprimerait à proprement parler la conscience que lui-même n'est rien d'autre que la volonté dont le vouloir en général se comprend de lui-même et ne nécessite de détermination plus précise par des motifs que dans ses actes particuliers, pour chaque instant.

En vérité, l'absence de tout but, de toute limite relève de l'essence de la volonté en soi qui est aspiration infinie. C'est une chose que nous avons déjà abordée plus haut au moment où nous avons fait mention de la force centrifuge, c'est une chose qui se manifeste aussi de la manière la plus élémentaire au plus bas degré de l'objectité de la volonté, à savoir dans la pesanteur, laquelle voit sous ses yeux son aspiration incessante faire face à l'impossibilité d'atteindre son but dernier. Car toute la matière existante serait-elle unifiée en un bloc ainsi que le veut sa volonté, cela n'empêcherait pas que, au sein de cette même masse, la pesanteur, tendant vers le centre, continuerait encore à se battre avec son impénétrabilité, qu'elle soit rigidité ou élasticité. Par suite, l'aspiration de la matière ne peut être qu'entravée, jamais comblée ni satisfaite. Mais il en va ainsi de toutes les aspirations de tous les phénomènes de la volonté. Chaque but atteint n'est jamais que le point de départ d'un nouveau parcours, et ainsi de suite jusqu'à l'infini. La plante élève son phénomène depuis son état de graine, en passant par celui de tronc et de feuille, jusqu'à devenir fleur et fruit, mais le fruit n'est à nouveau que le point de départ d'une nouvelle graine, d'un nouvel individu qui, lui aussi, recommence le vieux parcours et ainsi pour un temps infini. Le cours de la vie d'un animal est en tout point semblable : sa procréation en est l'apogée. Mais, une fois cet apogée atteint, la vie du premier individu décline plus ou moins vite ou plus ou moins lentement, tandis qu'un nouvel individu naît qui assure à la nature la conservation de l'espèce et répète le même phénomène. Assurément, c'est encore comme le simple phénomène de ces élans et changements continuels que l'on doit considérer ce renouvellement incessant de la matière dans chaque organisme et que les physiologues ont cessé de tenir pour le succédané nécessaire de la matière usée par le mouvement, puisque l'usure éventuelle de la machine ne saurait nullement être un équivalent de l'apport constant de la nourriture : cet éternel devenir, cet écoulement sans fin est ce qui appartient à la manifestation de l'essence de la volonté. Et, pour finir, c'est encore la même chose qui se manifeste dans les aspirations et souhaits des hommes qui nous font miroiter leur accomplissement comme un but ultime du vouloir. Mais aussitôt atteints, ils ne sont plus ce qu'ils étaient ; aussi sont-ils vite oubliés, relégués au statut d'antiquités et, à la vérité, même si on ne veut le reconnaître, ils sont mis de côté comme des illusions perdues ; on peut s'estimer suffisamment heureux s'il reste encore quelque chose à souhaiter et à désirer, de sorte que le jeu continuel du passage du vœu à sa satisfaction et de sa satisfaction à un nouveau vœu, qui, s'il est rapide, s'appelle bonheur, s'il est lent, douleur, peut être entretenu et ne sombre pas dans cette paralysie qui s'avère ennui effroyable figeant toute vie, désir sourd dépourvu d'objet déterminé, *languor* mortel. — En conséquence de tout ceci, on dira que la volonté, dès lors qu'elle est éclairée par la connaissance, sait toujours ce qu'elle veut ici et maintenant mais qu'elle ne sait jamais ce qu'elle veut en général : chacun de ses actes particuliers a un objectif, l'ensemble de son vouloir n'en a aucun, de même que chaque phénomène particulier de la nature voit son intervention à ce moment-là, en ce lieu-là, être déterminée par une cause suffisante tandis que la force qui se manifeste en lui de manière générale n'a aucune raison puisqu'elle est un degré de manifestation de la chose en soi, de la volonté dépourvue de raison. La seule connaissance de soi de la volonté dans sa totalité est la représentation globale, c'est-à-dire l'ensemble du monde intuitif. Il constitue son objectité, sa révélation, son miroir. Ce qu'il exprime à travers cette propriété fera l'objet des considérations qui vont suivre*.

* Voir sur ce sujet le chap. 28 du tome II.

LIVRE III

Le monde comme représentation

SECONDE CONSIDÉRATION

La représentation, indépendante du principe de raison : L'Idée platonicienne : l'objet de l'art

Τί τὸ ὂν μὲν ἀεὶ, γένεσιν δὲ οὐκ ἔχον; καὶ τί τὸ γιγνόμενον μὲν καὶ ἀπολλύμενον, ὄντως δὲ οὐδέποτε ὄν;

[Qu'est-ce qui « est » toujours, et n'a point de devenir ? qu'est-ce qui devient toujours, mais qui n'est jamais[1] ?].

ΠΛΑΤΩΝ

§ 30

Après avoir examiné, dans le livre II, l'autre face du monde, présenté dans le livre I comme simple REPRÉSENTATION, objet pour un sujet, et trouvé que cette face est la VOLONTÉ, laquelle seule s'est révélée être ce que ce monde est en plus en dehors de la représentation, nous avons, selon cette conception, appelé le monde comme représentation, tant dans son tout que dans ses parties, l'OBJECTITÉ DE LA VOLONTÉ, ce qui signifie par conséquent : la volonté devenue objet, c'est-à-dire représentation. Rappelons-nous par ailleurs que cette objectivation de la volonté possède des degrés nombreux, mais déterminés, par lesquels l'essence de la volonté, avec une évidence et une perfection augmentant graduellement, pénètre dans la représentation, c'est-à-dire se présente comme objet. Dans ces degrés déjà nous avons reconnu les Idées de Platon, dans la mesure où ces degrés sont justement les espèces déterminées, ou les formes et les qualités originaires et immuables, de tous les corps tant inorganiques qu'organiques, mais aussi les forces universelles qui se révèlent selon les lois de la nature. Les Idées donc, dans leur ensemble, se présentent dans d'innombrables individus et singularités, et s'y rapportent comme le modèle à ses copies. Nous ne pouvons nous représenter la multiplicité de ces individus qu'en vertu du temps et de l'espace, leur génération et leur corruption <*Entstehen und Vergehen*> qu'en vertu de la causalité, autant de formes sous lesquelles nous ne reconnaissons rien d'autre que les différentes figures du principe de raison, qui est le principe ultime de toute finitude, de toute individuation, et la forme universelle de la représentation, telle qu'elle tombe sous la connaissance de l'individu en tant que tel. L'Idée, en revanche, échappe à ce principe : elle est, par conséquent, soustraite à la multiplicité et au changement. Alors que les individus par lesquels elle se présente sont innombrables, naissent et disparaissent sans cesse, elle demeure immuable en tant qu'une et identique, et le principe de raison n'a aucune signification pour elle. Mais comme ce principe est la forme à laquelle est soumise toute connaissance du sujet en tant que celui-ci connaît à titre d'INDIVIDU, les Idées, elles aussi, se trouveront tout à fait à l'extérieur de la sphère de connaissance du sujet comme tel. Si donc les Idées doivent devenir objet de connaissance, cela ne saurait se faire que sous la condition d'une suppression de l'individualité dans le sujet connaissant[2]. Ce sont à présent les explications précises et détaillées de cette affaire qui vont nous occuper dans l'immédiat.

§ 31

Mais d'abord cette remarque tout à fait essentielle. J'espère que j'ai réussi, dans le livre précédent, à susciter cette conviction: cela même que la philosophie kantienne a appelé la CHOSE EN SOI, laquelle s'y présente comme une doctrine si importante, mais obscure et paradoxale, surtout par la manière kantienne de l'introduire en concluant du fondé à son fondement, a été considéré comme la pierre d'achoppement, voire comme le point faible de sa philosophie, cela même donc, dis-je, à condition d'y accéder par une voie tout à fait différente, et que nous avons empruntée, n'est rien d'autre que la VOLONTÉ, selon la sphère ainsi élargie et définie de ce concept. J'espère par ailleurs qu'on ne sera pas réticent, après ce qui vient d'être exposé, à reconnaître, dans les degrés déterminés de l'objectivation de cette volonté constituant l'en-soi du monde, ce que Platon appelait les IDÉES ÉTERNELLES ou les formes immuables (εἴδη), lesquelles, reconnu comme dogme principal mais aussi le plus obscur et le plus paradoxal de sa doctrine, ont fourni matière à réflexion, à dispute, à raillerie et à vénération pour tant d'esprits d'orientation diverse au cours des siècles.

Si la volonté est donc la CHOSE EN SOI, mais l'IDÉE l'objectité immédiate de cette volonté à un degré déterminé[3], alors nous trouvons que la chose en soi de Kant et l'Idée de Platon, laquelle seule est à ses yeux ὄντως ὄν [véritablement étante], ces deux grands et obscurs paradoxes des deux plus grands philosophes de l'Occident, ne sont certes pas identiques, mais très proches, simplement distincts par une seule détermination. C'est même précisément parce que, avec toute leur intime harmonie et toute leur affinité, leurs termes diffèrent tellement en raison des individualités extraordinairement différentes de leurs auteurs, que ces deux grands paradoxes constituent même le meilleur commentaire l'un pour l'autre, pareils à deux chemins tout à fait différents qui conduisent à UN SEUL ET UNIQUE but. — Il est possible de l'expliquer en quelques mots. En effet, l'essentiel de ce que dit[4] Kant, c'est ceci : « Le temps, l'espace et la causalité ne sont pas des déterminations de la chose en soi ; ils n'appartiennent qu'à son phénomène car ils ne sont rien d'autre que les formes de notre connaissance. Mais comme toute multiplicité, toute génération et toute corruption ne sont possibles qu'en vertu du temps, de l'espace et de la causalité, il s'ensuit qu'elles ne sont attachées, elles aussi, qu'au seul phénomène et aucunement à la chose en soi. Or notre connaissance étant conditionnée par ces formes, toute l'expérience n'est que connaissance du phénomène, et non de la chose en soi ; d'où aussi l'impossibilité de faire valoir ses lois pour la chose en soi. Ce qui vient d'être dit s'étend même jusqu'à notre propre moi que nous ne connaissons que comme phénomène, et non d'après ce qu'il pourrait être en soi. » Voilà, sous l'important aspect que nous venons de considérer, le sens et le contenu de la doctrine de Kant[5]. — Or Platon, quant à lui, dit : « Les choses de ce monde, perçues par nos sens, n'ont pas d'être véritable : ELLES DEVIENNENT TOUJOURS, MAIS NE SONT JAMAIS ; elles n'ont qu'un être relatif ; dans l'ensemble elles ne sont que dans et par leur rapport entre elles : on peut donc aussi bien appeler toute leur existence un non-être. Par conséquent, elles ne sont pas les objets d'une connaissance (ἐπιστήμη) proprement dite, car celle-ci n'appréhende que ce qui, en soi et pour soi, est toujours de la même manière ; au contraire, elles ne sont l'objet que d'une opinion occasionnée par la sensation (δόξα μετ' αἰσθήσεως ἀλόγου). Or, tant que nous nous bornons à les percevoir, nous sommes pareils à des hommes dans une caverne obscure, enchaînés si solidement au point de ne même pas pouvoir tourner la tête et de ne voir rien d'autre, sur le mur en face, à la lumière d'un feu brûlant derrière eux, que les ombres des choses réelles qu'on ferait passer entre eux et le feu ; plus : chacun ne verrait des autres, et de lui-même, que les seules ombres sur ce mur. Mais leur savoir, tiré de l'expérience, consisterait à prédire l'ordre de succession de ces ombres. Ce qui maintenant à l'inverse peut seul être appelé véritablement étant (ὄντως ὄν), parce qu'IL EST TOUJOURS SANS JAMAIS DEVENIR NI PÉRIR, ce sont les archétypes <*Urbilder*> réels de ces ombres, à savoir les Idées éternelles, les formes primitives <*Urformen*> de toute chose. AUCUNE MULTIPLICITÉ ne peut leur être attribuée, car chaque archétype, selon son essence, est unique, puisque c'est de l'archétype lui-même que toutes les choses singulières et passagères, de la même espèce et du même nom, sont les copies <*Nachbilder*> ou les ombres. AUCUNE GÉNÉRATION NI CORRUPTION ne saurait, non plus, leur être attribuées, car, véritablement étantes, jamais elles ne deviennent ni ne disparaissent comme leurs copies évanescentes. (Ces deux déterminations négatives comprennent nécessairement la présupposition selon laquelle le temps, l'espace et la causalité n'ont pour elles ni signification ni validité, et n'existent pas en elles.) C'est donc d'elles seules qu'une connaissance proprement dite existe, puisque l'objet d'une telle connaissance ne saurait être que ce qui est toujours et à tout point de vue (c'est-à-dire en soi) ;

et non point ce qui est, puis n'est pas selon le point de vue qu'on adopte. » — Voilà la doctrine de Platon. Il est manifeste, sans nécessiter aucune démonstration supplémentaire, que le sens intime des deux doctrines est tout à fait le même[6], que les deux considèrent le monde visible comme un phénomène, lequel n'est rien en lui-même et ne possède une signification et une réalité empruntée que par ce qui s'exprime en lui (pour l'un c'est la chose en soi, pour l'autre l'Idée) ; selon les deux doctrines, pour ce qui s'exprime ainsi, et qui est véritablement étant, toutes les formes même les plus universelles et les plus essentielles de ce phénomène sont parfaitement étrangères. Afin de nier ces formes, Kant les a directement saisies elles-mêmes par des termes abstraits et a clairement refusé d'attribuer à la chose en soi le temps, l'espace et la causalité en tant que simples formes du phénomène. Platon, en revanche, n'a pas atteint la formulation suprême et n'a refusé d'attribuer ces formes à ses Idées que de manière indirecte, en ne niant dans les Idées que ce qui est rendu possible par ces seules formes, à savoir la multiplicité de ce qui est de la même espèce, la génération et la corruption. À titre de complément, je voudrais cependant illustrer encore cette concordance curieuse et importante par un autre exemple. Imaginons qu'un animal se tienne devant nous en pleine activité vitale. Platon dirait : « Cet animal n'a pas d'existence véritable, mais seulement apparente, il n'a qu'un devenir constant, une existence relative, qu'on pourrait tout aussi bien appeler non-être qu'être. L'étant véritable, c'est la seule Idée, qui se reflète dans chaque animal, autrement dit l'animal en lui-même (αὐτὸ τὸ θηρίον) qui ne dépend de rien mais existe en et pour soi (καθ' ἑαυτό, ἀεὶ ὡσαύτως), ni devenu, ni achevé, mais demeurant toujours identique (ἀεὶ ὄν, καὶ μηδέποτε οὔτε γιγνόμενον, οὔτε ἀπολλύμενον)[7]. Dans la mesure où, dans cet animal, nous reconnaissons son Idée, peu importe que nous ayons cet animal devant nous maintenant, ou son ancêtre qui vécut voici mille ans, ou de même qu'il se trouve ici ou dans un pays lointain, qu'il se présente de telle manière ou d'une autre, dans telle posture ou telle action, qu'enfin il soit tel individu déterminé de son espèce ou n'importe quel autre : tout cela est insignifiant et ne concerne que le phénomène ; seule l'Idée de l'animal possède un être véritable et fait l'objet d'une connaissance réelle. » — Voilà pour Platon. Kant dirait à peu près ceci : « Cet animal est un phénomène soumis au temps, à l'espace et à la causalité qui constituent ensemble les conditions de possibilité *a priori* de l'expérience présentes dans notre faculté de connaître, et non pas les déterminations de la chose en soi. C'est la raison pour laquelle cet animal, perçu à un moment déterminé, en un lieu donné, comme un individu soumis au devenir dans la continuité de l'expérience, c'est-à-dire pris dans la chaîne des causes et des effets, et donc nécessairement éphémère, n'est pas une chose en soi, mais seulement un phénomène qui ne vaut que rapporté à notre connaissance. Pour le connaître selon ce qu'il pourrait être en soi, c'est-à-dire indépendamment de toutes les déterminations soumises au temps, à l'espace et à la causalité, il faudrait une autre manière de connaître que celle par les sens et l'entendement, la seule qui nous soit possible. »

C[Pour rapprocher encore les termes kantiens de ceux de Platon, on pourrait dire : le temps, l'espace et la causalité sont les dispositifs de notre intellect en vertu desquels l'UNIQUE essence de n'importe quelle espèce, qui seule existe véritablement, se présente à nous comme une multiplicité d'êtres de la même espèce, naissant et disparaissant toujours à nouveau, selon une succession sans fin. L'appréhension des choses par l'intermédiaire et en fonction de ces dispositifs est IMMANENTE ; celle en revanche qui en sait la finalité est TRANSCENDANTALE[8]. On acquiert celle-ci *in abstracto* par la critique de la raison pure, mais elle peut aussi, à titre exceptionnel, se produire de manière intuitive. C'est ce dernier point que j'ai ajouté, et que je m'efforce précisément d'élucider dans le présent livre.]C

Si seulement on avait vraiment compris et saisi tant la doctrine de Kant que celle de Platon depuis Kant, si seulement, avec fidélité et sérieux, on avait reconstitué au plus intime le sens et le contenu des doctrines de ces deux grands maîtres, au lieu de parader avec les termes techniques de l'un et de parodier le style de l'autre, on n'aurait alors pas manqué de trouver depuis longtemps combien les deux grands sages concordent, et combien la signification pure, l'objectif des deux doctrines, est tout à fait identique. Non seulement aurait-on ainsi évité de comparer sans cesse Platon avec Leibniz dont l'esprit ne s'appuyait aucunement sur le premier[9], ou même avec un célèbre monsieur encore vivant*, comme si on voulait tourner en dérision les mânes du grand penseur antique, mais, à vrai dire, on serait alors arrivé bien plus loin que maintenant, ou plutôt, on n'aurait pas aussi honteusement régressé que pendant ces quarante dernières années : on ne se serait pas laissé berner par ce fanfaron-ci aujourd'hui, par ce fanfaron-là demain, on n'aurait pas, en Allemagne, inauguré le XIXe siècle, prétendument si important, par des comédies philosophiques jouées sur la tombe même de Kant (ainsi que le firent

* C[Friedrich Heinrich Jacobi.]C

parfois les Anciens pendant les obsèques des leurs), sous les railleries justifiées des autres nations, puisqu'un tel spectacle ne sied guère aux Allemands, si sérieux, voire empesés. Or le vrai public des authentiques philosophes est tellement réduit que même les élèves susceptibles de les comprendre ne leur sont envoyés que très parcimonieusement par les siècles. — Εἰσὶ δὴ ναρθηκοφόροι μὲν πολλοί, βάκχοι δέ γε παῦροι (*Thyrsigeri quidem multi, Bacchi vero pauci*) [Nombreux sont les porteurs du Thyrse, et rares, les Baccants[10] !], Platon, *Phaedo*, 69 c ; Ἡ ἀτιμία φιλοσοφίᾳ διὰ ταῦτα προσπέπτωκεν, ὅτι οὐ κατ' ἀξίαν αὐτῆς ἅπτονται· οὐ γὰρ νόθους ἔδει ἅπτεσθαι, ἀλλὰ γνησίους (*Eam ob rem philosophia in infamiam incidit, quod non pro dignitate ipsam attingunt : neque enim a spuriis, sed a legitimis erat attrectanda*) [Si le discrédit s'est abattu sur la philosophie, c'est qu'on ne s'y attache pas en proportion du mérite ; car ceux qui devraient s'y attacher ce n'étaient pas ses fils de bâtards, mais ses fils légitimes[11] !], Platon.

On s'est laissé conduire par des mots — les mots « représentations *a priori*, formes de l'intuition et de la pensée connues indépendamment de l'expérience, concepts originaires de l'entendement pur », etc. —, pour se demander ensuite si les Idées de Platon, censées être des concepts originaires, voire les réminiscences d'une intuition, antérieure à cette vie, des choses véritablement étantes, ne seraient pas la même chose que les formes kantiennes de l'intuition et de la pensée situées *a priori* dans notre conscience ; ces deux doctrines sont tout à fait hétérogènes : la doctrine kantienne des formes qui limitent la connaissance de l'individu au phénomène, et la doctrine platonicienne des Idées dont ces formes nient pourtant explicitement la connaissance. Comme les termes de ces deux doctrines diamétralement opposées se ressemblent un peu, on les a attentivement comparées, en se consultant et en se disputant sur leur identité, et on a fini par trouver qu'elles n'étaient pas si identiques, pour conclure que la doctrine platonicienne des Idées et la critique kantienne de la raison n'étaient nullement concordantes*[12]. Mais en voilà assez.

§ 32

Malgré l'intime concordance entre Kant et Platon, et l'identité du but envisagé par tous deux, ou de la vision du monde qui les a éveillés et conduits à la philosophie, nous ne pouvons pourtant pas affirmer, eu égard à nos considérations exposées jusqu'à maintenant, que l'Idée et la chose en soi sont absolument identiques : pour nous, l'Idée n'est bien plutôt que l'objectité, immédiate et donc adéquate, de la chose en soi, laquelle est elle-même la VOLONTÉ, la volonté pour autant qu'elle n'est pas encore objectivée, qu'elle n'est pas encore devenue représentation. Car d'après Kant, justement, la chose en soi doit être libre de toutes les formes nécessairement attachées à la connaissance : c'est une erreur de Kant (comme il est montré dans l'*Appendice*) s'il n'a pas mis l'être-sujet-pour-un-objet avant ces formes, car c'est précisément la forme première et la plus universelle de tout phénomène, c'est-à-dire de toute représentation[13] ; raison pour laquelle il aurait dû explicitement

* Voir par exemple *Kant, ein Denkmal*, par Fr. Bouterweck, p. 49, et *Geschichte der Philosophie*, par Buhle, t. 6, p. 802 à 815 et 823.

refuser d'attribuer l'être-objet à sa chose en soi, ce qui l'aurait préservé de cette grande inconséquence, découverte très tôt. L'Idée platonicienne en revanche est nécessairement objet, chose connue, représentation, et par ce fait, mais par ce fait seul, diffère de la chose en soi. Elle s'est simplement débarrassé des formes subordonnées du phénomène, que nous comprenons toutes sous le principe de raison ; ou disons plutôt qu'elle n'est pas encore entrée sous ces formes ; mais elle a gardé la forme première et la plus universelle, celle de la représentation en général, de l'être-objet pour un sujet. Ce sont les formes subordonnées à celle-ci (dont l'expression universelle est le principe de raison), qui démultiplient l'Idée en individus singuliers et éphémères dont le nombre, relativement à l'Idée, est sans aucune importance. Le principe de raison est donc à son tour la forme sous laquelle entre l'Idée en tombant sous la connaissance du sujet en tant qu'individu. La chose singulière, se phénoménalisant conformément au principe de raison, n'est donc qu'une objectivation médiate de la chose en soi (qui est la volonté) ; entre cette chose et la chose en soi se trouve encore l'Idée en tant qu'unique et immédiate objectité de la volonté, car elle n'a endossé aucune autre forme propre à la connaissance comme telle que celle de la représentation en général, c'est-à-dire de l'être-objet pour un sujet. C'est pourquoi elle est seule à être l'OBJECTITÉ LA PLUS ADÉQUATE possible de la volonté, ou de la chose en soi, elle est même toute la chose en soi, mais sous la forme de la représentation : voilà la raison de la grande concordance entre Platon et Kant, bien que, en toute rigueur, ce dont parlent tous les deux ne soit pas la même chose. Les choses singulières cependant ne sont pas une objectité tout à fait adéquate de la volonté, car cette objectité est déjà troublée par ces formes dont l'expression commune est le principe de raison, ces formes étant la condition de la connaissance telle qu'elle est possible pour l'individu en tant que tel. — S'il était permis de tirer des conclusions d'une hypothèse impossible, nous ne reconnaîtrions même plus les choses singulières, ni les événements, ni le changement, ni la multiplicité, mais, sous une connaissance pure, inaltérée, nous n'appréhenderions que des Idées, que l'échelle de l'objectivation de cette unique volonté, de la vraie chose en soi, et notre monde serait par conséquent un *nunc stans*[14] — si, en tant que sujet du connaître, nous n'étions pas en même temps des individus, c'est-à-dire si notre intuition n'était pas médiatisée par un corps, de l'affection duquel elle procède, et qui n'est lui-même que vouloir concret, objectité de la volonté, c'est-à-dire objet parmi les objets; comme tel ce corps, lorsqu'il tombe sous la conscience connaissante, ne peut le faire que sous les formes du principe de raison, présupposant déjà et donc introduisant par là même le temps et toutes les autres formes exprimées par ce principe. B[Le temps n'est que la vue dispersée et fragmentée qu'un être individuel peut avoir des Idées, lesquelles sont hors du temps et donc ÉTERNELLES : c'est pourquoi Platon dit que le temps est l'image mobile de l'éternité : αἰῶνος εἰκὼν κινητὴ ὁ χρόνος*[15].]B

* Voir sur ce sujet le chap. 29 du tome II.

§ 33

Comme nous ne possédons donc pas, en tant qu'individus, d'autre connaissance que celle soumise au principe de raison, forme qui exclut la connaissance des Idées, il est donc certain que si nous nous élevons de la connaissance des choses singulières aux Idées, cela ne saurait s'accomplir qu'à condition que se produise une altération dans le sujet ; c'est en vertu de cette altération, correspondant, analogiquement, à ce grand changement du mode de l'objet dans son intégralité, que le sujet, dans la mesure où il connaît une Idée, n'est plus un individu.

Nous nous rappelons[16] du livre précédent que le connaître en général appartient lui-même aux degrés supérieurs de l'objectivation de la volonté, et que la sensibilité, les nerfs et le cerveau ne sont justement, à l'instar des autres parties de l'être organique, que l'expression de la volonté à ce degré déterminé de son objectité ; la représentation qui en provient n'est par conséquent, elle aussi, que destinée au service de la volonté, comme un outil (μηχανή) pour atteindre ses fins désormais plus compliquées (πολυτελέστερα), visant la conservation d'un être doté de besoins multiples. Selon son origine et selon sa nature, la connaissance est donc complètement au service de la volonté, car de même que l'objet immédiat, lequel devient le point de départ de la connaissance par l'application de la loi de causalité, n'est que la volonté objectivée, de même toute connaissance qui suit le principe de raison demeure-t-elle dans un rapport plus ou moins proche avec la volonté. Car l'individu trouve son corps comme un objet parmi les objets, à l'égard desquels ce corps entretient, selon le principe de raison, des rapports et des liens divers, dont l'examen reconduira donc toujours l'individu, par un chemin plus moins détourné, à son corps, et donc à sa volonté. Comme c'est le principe de raison qui pose les objets sous ce rapport au corps et donc à la volonté, la connaissance, au service de cette dernière, aura par conséquent comme seule aspiration de connaître les rapports posés par le principe de raison, c'est-à-dire de s'enquérir de ses multiples liens dans l'espace, le temps et la causalité. Car ce n'est qu'en vertu de ces derniers que l'objet s'avère INTÉRESSANT[17] pour l'individu, c'est-à-dire est en rapport avec la volonté. C'est aussi pourquoi la connaissance[18] au service de la volonté ne connaît finalement rien d'autre des objets que leurs relations, elle ne connaît les objets que dans la mesure où ils existent à ce moment-ci, en ce lieu-là, dans telles circonstances, à partir de telles causes, selon tels effets, en UN SEUL mot : en tant qu'ils sont des choses singulières ; si l'on supprimait toutes ces relations, les objets disparaîtraient aussi pour la connaissance, puisqu'elle n'en connaît précisément rien d'autre. — Nous ne saurions passer sous silence que ce que les sciences considèrent dans les choses n'est essentiellement rien d'autre non plus que tout ceci : les relations entre les objets, les rapports temporels et spatiaux, les causes des changements naturels, la comparaison des figures, les motifs des faits et événements, bref des relations et encore des relations. Elle ne se distingue de la connaissance commune que par sa forme, par sa systématicité, par sa vertu à faciliter la tâche de la connaissance en comprenant tout le singulier, par la subordination à des concepts, sous l'universel, arrivant ainsi à parfaire ladite connaissance. Toute relation n'a elle-même qu'une existence relative[19]: par exemple tout être dans le temps peut aussi être un non-être; car le temps n'est justement que ce par quoi des déterminations contraires peuvent être attribuées à une même chose, raison pour laquelle tout phénomène dans le temps peut aussi ne pas être; car ce qui sépare le commencement du phénomène de sa fin n'est que du temps, précisément, chose par nature évanescente, sans persistance, relative, appelée ici durée. Or le temps est la forme la plus universelle de tous les objets appréhendés par la connaissance au service de la volonté, l'archétype de toutes les autres formes de la connaissance.

En règle générale, la connaissance demeure toujours assujettie au service de la volonté, puisqu'elle a été engendrée en vue de ce service, qu'elle est même pour ainsi dire issue de la volonté comme la tête du tronc. Les animaux ne pourront jamais annuler cette servitude de la connaissance à l'égard de la volonté. Chez les hommes, une telle annulation ne se produit qu'à titre exceptionnel, comme nous allons bientôt l'examiner de plus près. Cette différence entre l'homme et l'animal s'exprime extérieurement dans le rapport différent entre la tête et le tronc. Chez les animaux inférieurs, les deux sont encore tout à fait attachés: chez tous, la tête est orientée vers le sol où se trouvent les objets de la volonté: même chez les animaux supérieurs, tête et tronc sont bien davantage unis que chez l'homme dont la tête semble comme librement posée sur le corps qui ne fait que la porter et qu'elle ne sert pas. L'Apollon du Belvédère manifeste au plus haut degré cette prééminence humaine: la tête au regard vaste et circulaire du dieu des Muses se tient si librement sur les épaules qu'elle semble entièrement détachée du corps, soustraite à la nécessité de s'en soucier[20].

§ 34

Le passage certes possible, comme il a été dit, mais à considérer seulement comme exceptionnel, de la connaissance commune des choses singulières à la connaissance de l'Idée, survient subitement, lorsque la connaissance s'arrache au service de la volonté, par où le sujet cesse d'être simplement individuel et devient, dès lors, un sujet de la connaissance pur, sans volonté ; ce sujet ne s'enquiert plus des relations conformes au principe de raison, mais il repose, pour s'y fondre, dans la contemplation constante de l'objet qui s'offre à lui hors de tout lien à autre chose.

L'explication de tout cela demande nécessairement une analyse détaillée dont il faudra parfois ignorer le caractère insolite jusqu'à ce qu'il disparaisse de lui-même, après la compréhension de toute la pensée qui se communique dans cet ouvrage.

Lorsque, élevé par la puissance de l'esprit, on délaisse la manière ordinaire de considérer les choses, qu'on cesse de s'enquérir, en suivant les figures du principe de raison, de leurs relations réciproques dont le but ultime n'est toujours que la relation avec sa propre volonté, autrement dit, lorsqu'on ne considère plus le « où », le « quand », le « pourquoi » et le but des choses, mais uniquement leur « quoi » <*Was*> ; lorsqu'on ne se laisse pas non plus accaparer par la pensée abstraite, par les concepts de la raison, par la conscience, mais qu'au lieu de tout donner à ces derniers, on s'adonne avec toute la puissance de son esprit à l'intuition, qu'on s'immerge entièrement en elle et qu'on laisse toute la conscience se remplir par la calme contemplation de l'objet naturel présent sur le moment, que ce soit un paysage, un arbre, un rocher, un édifice ou n'importe quoi d'autre; lorsque, selon une profonde expression allemande, on SE PERD <*sich verliert*> totalement dans cet objet, c'est-à-dire qu'on oublie son individualité et sa volonté, et qu'on ne subsiste plus que comme un pur sujet, clair miroir de l'objet, en sorte qu'il semble que l'objet soit là tout seul, sans personne pour le percevoir, et qu'on ne peut donc plus séparer celui qui intuitionne de ce qui est intuitionné, les deux étant devenus un, toute la conscience étant complètement remplie et fascinée par une seule image intuitive[21]; bref, lorsque, de cette manière, l'objet se soustrait à toute relation avec une chose qui lui est extérieure, le sujet à toute relation avec la volonté, alors ce qui est ainsi connu n'est plus la chose singulière comme telle, mais c'est l'IDÉE, la forme éternelle, l'objectité immédiate de la volonté à ce degré déterminé; c'est pour cette raison même que celui-là qui se trouve pris dans cette intuition n'est plus individu, l'individu s'étant précisément perdu dans cette intuition: celui-là est le PUR SUJET DE LA CONNAISSANCE, sans volonté, sans douleur, intemporel. Ce qui, de prime abord, paraît en soi si frappant (et dont je sais fort bien qu'il confirme la formule de Thomas Paine, «du sublime au ridicule il n'y a qu'un pas»[22]), sera progressivement expliqué par ce qui suit et deviendra ainsi moins insolite. C'est cela que Spinoza avait en tête lorsqu'il écrivait: *mens aeterna est, quatenus res sub aeternitatis specie concipit* [l'Esprit est éternel, en tant qu'il conçoit les choses sous l'espèce de l'éternité[23]]*. Dans une telle

* B[Afin d'expliciter le mode de connaissance dont il est ques-

contemplation, la chose singulière devient, d'un seul coup, l'Idée de son espèce, et l'individu intuitionnant le pur sujet de la connaissance. L'individu en tant que tel ne connaît que des choses singulières ; le pur sujet du connaître seulement des Idées. Car l'individu est le sujet du connaître dans son rapport à un phénomène particulier et déterminé de la volonté, phénomène auquel il est asservi. Comme tel, ce phénomène particulier de la volonté est assujetti au principe de raison sous toutes ses figures : toute connaissance qui s'y rapporte obéit aussi par conséquent au principe de raison, et pour servir la volonté n'est valable aucune autre connaissance que celle qui n'est toujours qu'en relation avec l'objet. L'individu connaissant comme tel et la chose singulière connue par lui se trouvent toujours en un lieu déterminé, à un moment déterminé, et sont des chaînons dans la chaîne des causes et des effets. Le pur sujet de la connaissance et son corrélat, l'Idée, sont soustraits à toutes ces formes du principe de raison : le temps, le lieu, l'individu qui connaît et l'individu qui est connu, n'ont aucune importance pour eux. C'est seulement quand un individu connaissant, selon la manière décrite, s'élève lui-même jusqu'au pur sujet du connaître et élève par là même l'objet jusqu'à l'Idée, que se révèle le monde comme représentation en sa totalité et en sa pureté et se produit la parfaite objectivation de la volonté, puisque l'Idée seule est son objectité adéquate. Celle-ci inclut de la même manière sujet et objet, puisque ces derniers sont sa forme unique, sous

tion ici, je recommande de même ce qu'il écrit *ibid.* livre II, prop. 40, schol. 2, également livre V, prop. 25 à 38, sur la *cognitio tertii generis sive intuitiva*, et surtout prop. 29, schol. ; prop. 36, schol. et prop. 38, démonstr. et schol.]B

laquelle tous deux se tiennent en parfait équilibre, et de même que l'objet, ici aussi, n'est rien d'autre que la représentation du sujet, de même le sujet, en se dissolvant entièrement dans l'objet perçu, est devenu cet objet lui-même, la conscience n'étant rien de plus que son image la plus nette. Lorsqu'on imagine toutes les Idées ou degrés de l'objectité de la volonté qui traversent successivement la conscience, on voit que c'est justement celle-ci qui constitue à proprement parler tout le MONDE COMME REPRÉSENTATION. Les choses singulières, quels que soient le temps et l'espace, ne sont rien d'autre que les Idées multipliées par le principe de raison (la forme de la connaissance des individus comme tels) et par là altérées dans leur pure objectité. De même que, lorsque l'Idée apparaît, il n'est plus possible de distinguer en elle le sujet de l'objet, car ce n'est que parce qu'ils se remplissent et se pénètrent réciproquement et complètement que peut émerger l'Idée, l'objectité adéquate de la volonté, le monde comme représentation proprement dit ; de même l'individu connaissant et l'individu connu impliqués dans ce processus ne sont-ils pas distincts en tant que choses en soi. Car lorsque nous faisons entièrement abstraction de ce MONDE COMME REPRÉSENTATION proprement dit, il ne subsiste rien d'autre que le MONDE COMME VOLONTÉ. La volonté est l'en-soi de l'Idée, laquelle l'objective parfaitement ; elle est aussi l'en-soi de la chose singulière et de l'individu qui la connaît, lesquels l'objectivent imparfaitement. En tant qu'extérieure à la représentation et à toutes ses formes, la volonté est une et identique dans l'objet contemplé et dans l'individu, lequel, en s'élevant par cette contemplation même, devient conscient de lui-même comme pur sujet : en soi, ils ne sont donc pas distincts, puisqu'en soi, ils sont la volonté qui, dans ce cas, se connaît elle-même[24], et ce n'est que par la manière dont cette connaissance se manifeste à la volonté, c'est-à-dire seulement par le phénomène, que multiplicité et diversité existent en vertu de leur forme, le principe de raison. De même que je ne suis pas un sujet connaissant sans l'objet, sans la représentation, mais simple volonté aveugle, de même la chose connue n'est-elle pas objet sans moi qui suis sujet de la connaissance, mais simple volonté, élan aveugle. Cette volonté est en soi, c'est-à-dire en dehors de la représentation, absolument identique à la mienne : ce n'est que dans le monde comme représentation, dont la forme est toujours au moins sujet et objet, que nous nous séparons en individu connu et individu connaissant. Dès que le connaître, le monde comme représentation, est supprimé, il ne subsiste rien d'autre que la simple volonté, la pulsion aveugle. Le fait qu'elle reçoive une objectité, qu'elle devienne une représentation, pose d'un seul coup tant le sujet que l'objet ; mais le fait que cette objectité soit pure, parfaite, qu'elle soit objectité adéquate de la volonté, pose l'objet comme Idée, affranchi des formes du principe de raison, et le sujet comme pur sujet de la connaissance, affranchi de l'individualité et de la servitude à l'égard de la volonté.

C[Celui donc qui, comme on l'a dit, s'est immergé et perdu dans l'intuition de la nature, au point de ne plus exister que comme pur sujet connaissant, devient conscient, de façon intime et immédiate, qu'à ce titre il est la condition, c'est-à-dire le support du monde et de toute existence objective, puisque celle-ci se présente désormais comme dépendante de la sienne. Il absorbe donc la nature en lui-même, de sorte qu'il ne l'éprouve plus que comme un accident de son essence. C'est dans ce sens que Byron dit :

Are not the mountains, waves and skies, a part
Of me and of my soul, as I of them[25] *?**

Mais comment celui qui possède un sentiment de cet ordre pourrait-il encore, en s'opposant à la nature immuable, se considérer comme absolument éphémère ? Il prend bien plutôt conscience de ce qu'expriment déjà les *Upanishads* du *Véda* : *Hae omnes creaturae in totum ego sum, et praeter me aliud (ens) non est* [Je suis toutes ces créatures et à part moi n'existe aucun autre être] (*Oupnek'hat*, I, 122[26])**.]C

§ 35

Pour pénétrer plus profondément la nature du monde, il est inévitable et nécessaire d'apprendre à distinguer d'abord entre la volonté comme chose en soi et son objectité adéquate, ensuite entre les divers degrés auxquels celle-ci se manifeste avec plus d'évidence et de perfection, c'est-à-dire les Idées elles-mêmes, et le simple phénomène des Idées sous les figures du principe de raison, le mode de connaissance borné, propre aux individus. On donnera alors raison à Platon lorsqu'il n'accorde d'être véritable qu'aux Idées, en n'attribuant au contraire aux choses dans l'espace et dans le temps, ce monde tenu pour réel par l'individu, qu'une existence trompeuse, pa-

* C[Montagnes, vagues et cieux ne sont-ils point parties
De moi-même et de mon âme, comme je suis partie d'eux ?]C

** Voir sur ce sujet le chap. 30 du tome II.

reille au rêve. On comprendra par suite comment cette même et unique Idée se révèle dans des phénomènes si nombreux, en n'offrant son essence aux individus connaissants que sous un mode fragmentaire, aspect après aspect. On distinguera alors également entre l'Idée elle-même et la manière selon laquelle son phénomène tombe sous l'observation de l'individu, considérant ce phénomène-ci comme essentiel, ce phénomène-là comme inessentiel. C'est ce que nous allons examiner à très petite puis à très grande échelle, en guise d'exemple. — Lorsque passent les nuages, les figures qu'ils forment ne leur sont pas essentielles, elles leur sont indifférentes; mais le fait qu'en tant que vapeur élastique, ils sont pressés, chassés, déchirés sous le choc du vent, voilà qui constitue leur nature, voilà l'essence des forces qui s'objectivent en eux, voilà l'Idée : les figures dans telle formation particulière n'existent que pour l'observateur individuel. — Pour le ruisseau qui dévale sur des pierres, les tourbillons, les vagues, les formations d'écume qu'il rend manifestes, sont indifférents et inessentiels; le fait qu'il obéisse à la pesanteur, qu'il soit constitué comme un liquide non élastique, entièrement mobile, amorphe, transparent, voilà son essence, voilà l'Idée LORSQU'ELLE EST CONNUE PAR L'INTUITION : ces configurations n'existent que pour nous, aussi longtemps que nous connaissons en tant qu'individus. — Le givre se forme sur les carreaux de fenêtre selon les lois de la cristallisation, lesquelles révèlent l'essence de la force naturelle qui se produit ici, l'Idée; mais les arbres et les fleurs qu'il dessine ainsi sont inessentiels et n'existent que pour nous. — Ce qui apparaît dans les nuages, dans le ruisseau, dans le cristal est l'écho le plus faible de cette volonté dont la manifestation est plus parfaite chez la plante, encore plus parfaite chez l'animal, et la plus parfaite chez l'homme. Mais de tous ces degrés de son objectivation, seul l'ESSENTIEL constitue l'IDÉE, au contraire du déploiement de celle-ci, lorsque, sous les formes du principe de raison, elle se disperse dans des phénomènes multiples, aux aspects divers ; mais c'est là chose inessentielle à l'Idée, car ne résidant que dans le mode de connaissance propre à l'individu et n'ayant donc de réalité que pour celui-ci. Maintenant, la même chose vaut aussi nécessairement pour le déploiement de cette Idée qui est l'objectité la plus parfaite de la volonté : par suite, l'histoire de l'espèce humaine, l'agitation des événements, le changement des époques, les formes multiples de la vie humaine dans des pays divers, dans des siècles divers, tout cela n'est que la forme contingente du phénomène de l'Idée, n'appartient pas à cette dernière, laquelle seule abrite l'objectité adéquate de la volonté, mais seulement au phénomène, lequel, tombant sous la connaissance de l'individu, est aussi étranger, inessentiel et indifférent à cette Idée elle-même que les nuages aux formes qu'ils présentent, le ruisseau aux formations de ses tourbillons et de son écume, le givre à ses dessins arborescents et floraux[27].

Pour celui qui a bien saisi cela en sachant distinguer la volonté de l'Idée, et celle-ci de son phénomène, les événements du monde n'auront plus d'importance en et pour soi, mais seulement dans la mesure où ils sont les caractères permettant de lire l'Idée de l'homme. Il ne succombera pas à la croyance du vulgaire que l'époque peut accoucher de choses nouvelles et importantes, qu'en elle ou par elle quelque chose d'absolument réel puisse venir à l'existence, voire que l'époque elle-même en sa totalité possède un commencement et une fin, un plan et un développement, que son but ultime serait peut-être même le suprême perfectionnement (pour employer les concepts du vulgaire) de la génération qui a vécu ces dernières trente années. Par conséquent, de même qu'il ne sollicitera guère tout un Olympe de dieux pour diriger ces événements de l'époque, comme Homère, de même ne tiendra-t-il guère les formes du ciel pour des êtres individuels, comme Ossian, puisque dans un cas comme dans l'autre, relativement à l'Idée qui s'y phénoménalise, la signification est la même. Dans les figures multiples de la vie humaine et dans l'incessant changement des événements, il considérera que l'essentiel qui perdure se trouve dans l'Idée seule dans laquelle la volonté de vivre atteint son objectité la plus parfaite, dans cette Idée qui dévoile ses divers aspects par les propriétés, les passions, les erreurs et les privilèges de l'espèce humaine, par l'égoïsme, la haine, l'amour, la crainte, l'audace, l'imprudence, l'insensibilité, l'habileté, l'esprit, le génie, etc., lesquels, tous, convergeant et se coagulant en des milliers de personnages (individus), donnent continûment la petite et la grande histoire du monde, peu importe, finalement, s'ils sont motivés par des couronnes ou par des cacahuètes. Enfin, il trouvera que le monde ressemble aux drames de Gozzi[28], où, dans chacun d'entre eux, entrent en scène toujours les mêmes personnages, dotés de la même intention et du même destin; certes, les motifs et les événements varient dans chaque pièce, mais l'esprit de l'événement demeure le même: les personnages d'une pièce ne savent pas non plus ce qui se passe dans l'autre pièce où pourtant ils agissaient eux-mêmes: c'est la raison pour laquelle, malgré l'expérience de toutes les pièces précédentes, Pantalon n'a pas plus d'agilité ou de générosité, Tartaglia n'a pas plus de conscience,

Brighella n'est pas plus courageux et Colombine n'est pas plus vertueuse. —

Supposons qu'il nous soit un jour accordé de jeter un regard lucide dans le royaume du possible, en passant outre toutes les chaînes des causes et des effets ; l'Esprit de la terre[29] se manifesterait et nous montrerait en un seul tableau les individus les plus excellents, les éclaireurs du monde et les héros, si le hasard ne les avait pas détruits avant qu'ils ne prennent de l'influence ; il nous montrerait ensuite les grands événements qui auraient changé l'histoire du monde et entraîné des périodes de culture et de lumière, si l'à-peu-près le plus aveugle, le hasard le plus insignifiant ne les avait pas étouffés à la naissance ; enfin, il nous montrerait la puissance magnifique d'individus éminents qui auraient fécondé des époques entières du monde si, poussés par l'erreur ou par la passion, ou contraints par la nécessité, ils n'avaient pas inutilement gaspillé, voire dilapidé par légèreté, cette puissance en s'intéressant à des objets indignes ou stériles : si nous pouvions voir tout cela, nous serions secoués d'effroi, en nous lamentant sur les trésors perdus de toutes ces époques du monde. Mais l'Esprit de la terre n'esquisserait qu'un sourire et nous dirait : « La source d'où découlent les individus et leurs forces est inépuisable et infinie comme le temps et l'espace, car tout comme ces formes de tout phénomène, ils ne sont, eux aussi, que simple phénomène, visibilité de la volonté. Aucune mesure finie ne saurait épuiser cette source infinie ; c'est pourquoi, tout événement, toute œuvre étouffée à la naissance, peut toujours compter sur l'éternité tout entière pour faire retour. Dans ce monde phénoménal, un gain véritable est tout aussi impossible qu'une perte véritable. La volonté seule existe : elle, la chose en soi, elle, la source de tous ces phénomènes. La connaissance qu'elle a d'elle-même, et la décision, qui en découle, de s'affirmer ou de se nier, est le seul événement <*Begebenheit*> en soi* ». —

§ 36

L'Histoire suit le fil des événements : elle est pragmatique dans la mesure où elle les déduit selon la loi de la motivation, laquelle loi détermine la volonté qui apparaît lorsqu'elle est éclairée par la connaissance. Aux degrés inférieurs de son objectité, lorsque la volonté agit encore sans connaissance, la science de la nature, en tant qu'étiologie, considère les lois du changement de ses phénomènes, et, en tant que morphologie, ce qu'il y a de permanent en eux, en simplifiant son thème presque infini à l'aide de concepts qui synthétisent le général pour en déduire le particulier. Les mathématiques enfin considèrent les simples formes, c'est-à-dire le temps et l'espace, sous lesquels les Idées, pour la connaissance du sujet comme individu, apparaissent comme dispersées dans le multiple. Toutes ces disciplines, dont le nom commun est la science, s'occupent donc des diverses figures du principe de raison, et leur thème demeure le phénomène, ses lois, sa cohésion et les relations qui en procèdent. — Or, quel mode de connaissance considère ce qui seul, existant en dehors et indépendamment de toute relation, constitue vraiment l'essentiel du monde, le contenu véritable de ses phénomènes, ce qui n'est soumis à aucun chan-

* L'intelligence de cette dernière phrase requiert la connaissance du livre suivant.

gement, ce qui par conséquent est connu pour toujours avec la même vérité, bref, les IDÉES, lesquelles sont l'objectité immédiate et adéquate de la chose en soi, de la volonté ? — C'est l'ART, l'œuvre du génie. L'art répète les Idées éternelles appréhendées par la contemplation pure, l'essentiel qui demeure dans tous les phénomènes du monde ; et selon la matière de sa répétition, l'art devient art plastique, poésie ou musique. Sa seule origine est la connaissance des Idées ; son seul but, la communication de cette connaissance. — La science poursuit le flux incessant et inconsistant des raisons et des conséquences sous leurs quatre formes, toujours renvoyée à autre chose dès qu'elle atteint tel ou tel but sans jamais pouvoir trouver ni but ultime ni satisfaction complète, pas plus qu'on ne pourrait atteindre par la marche le point de contact entre les nuages et l'horizon ; l'art, au contraire, atteint son but partout et toujours. Car il arrache l'objet de sa contemplation au flux mondain et l'isole sous ses yeux : pour l'art, cette chose singulière, qui n'était dans ce flux qu'une partie minuscule et évanescente, devient le représentant du tout, un équivalent de ce qui est infiniment multiple dans le temps et dans l'espace ; l'art s'attache à cette chose singulière ; il arrête la roue du temps[30] ; les relations disparaissent pour lui : l'essentiel, l'Idée, est son seul objet. — Nous pouvons par conséquent le désigner tout simplement comme LE MODE DE CONSIDÉRATION DES CHOSES, INDÉPENDANT DU PRINCIPE DE RAISON, à l'opposé de la considération qui, en suivant précisément ce principe, constitue le chemin de l'expérience et de la science. On peut comparer ce dernier mode de considération à une ligne horizontale qui court à l'infini ; le premier, à une perpendiculaire qui la coupe en n'importe quel point. Le mode de considération qui suit le principe de raison est le mode rationnel, lequel seul est valable et utile tant dans la vie pratique que dans la science ; le mode de considération qui fait abstraction du contenu de ce principe est le mode génial, lequel seul est valable et utile dans l'art. Le premier est le mode de considération d'Aristote ; le second, *grosso modo*, celui de Platon[31]. Le premier est semblable à une violente tempête qui passe sans origine ni but, brise, agite, arrache tout sur son passage ; le second, à un calme rayon de soleil qui traverse le chemin de cette tempête, intact. Le premier est semblable au puissant mouvement qui anime les innombrables gouttes d'une chute d'eau, toujours changeantes, jamais au repos ; le second, à l'arc-en-ciel qui repose sereinement sur ce chaos déchaîné. — L'appréhension des Idées n'est possible que par la contemplation pure, décrite plus haut, qui s'absorbe entièrement dans l'objet, et l'essence du GÉNIE réside précisément dans la faculté prépondérante de cette contemplation : comme celle-ci exige un oubli total de sa propre personne, ainsi que de ses liens, la GÉNIALITÉ n'est autre chose que l'OBJECTIVITÉ la plus parfaite, c'est-à-dire la direction objective de l'esprit, opposée à la direction subjective portée sur sa propre personne, autrement dit sur la volonté. La génialité est donc la faculté de se conduire de manière purement intuitive, de se perdre dans l'intuition et de soustraire la connaissance à la servitude à l'égard de la volonté, servitude qui, initialement, est sa seule destination ; autrement dit, elle est la faculté de ne plus prêter aucune attention à son intérêt, à son vouloir, à ses buts, par conséquent d'aliéner totalement sa personnalité pendant un certain temps afin de n'être plus que PUR SUJET CONNAISSANT, œil lucide du monde[32] : et ce non pas pour quelques instants, mais de manière aussi constante et consciente qu'il est nécessaire pour répéter, par un art réfléchi, ce qui est appréhendé, pour «affermir dans vos pensées durables les tableaux vagues et changeants de la création[33]». — Tout se passe comme si, afin que le génie se manifeste dans un individu, celui-ci avait dû bénéficier d'une portion de faculté de connaître largement supérieure à celle nécessaire au service d'une volonté individuelle; cet excès de la connaissance ainsi libéré devient alors le sujet sans volonté, le clair miroir de l'essence du monde. — Cela explique la vivacité, voire l'agitation chez les individus géniaux; le présent ne leur suffit que rarement, car il ne remplit pas leur conscience: de là leur activité infatigable, cette recherche incessante d'objets nouveaux, dignes d'être considérés, mais aussi cette demande, ce soupir, presque jamais satisfait, après des êtres qui seraient à leur image et à leur hauteur, auxquels ils pourraient s'ouvrir; alors que le simple mortel ordinaire, entièrement comblé et satisfait par le présent tout aussi ordinaire, s'y absorbe en jouissant, dans la vie quotidienne, de ce bien-être particulier dont le génie est privé[34]. — On a reconnu l'imagination <*Phantasie*> comme un élément essentiel de la génialité, allant même parfois jusqu'à les identifier: à juste titre pour le premier point, à tort pour le second. Comme les objets du génie en tant que tel sont les Idées éternelles, les formes permanentes et essentielles du monde et de tous ses phénomènes, mais que la connaissance de l'Idée est essentiellement intuitive et non abstraite, on pourrait être tenté de dire que la connaissance du génie est bornée aux Idées des objets réellement présents à sa personne, et dépendante de l'enchaînement des circonstances lui ayant amené ces objets, si l'imagination n'élargissait pas son horizon bien au-delà de la réalité de son expérience personnelle et ne le rendait capable de construire tout le reste à partir du peu qui a pénétré son aperception et ainsi de faire défiler devant lui presque toutes les images possibles de la vie. En outre, les objets réels ne sont presque toujours que des exemplaires très défectueux de l'Idée qui se présente en eux : c'est pourquoi le génie a besoin de l'imagination pour ne pas voir dans les choses ce que la nature a réellement formé, mais ce qu'elle s'est efforcée de former sans y parvenir en raison de cette lutte des formes entre elles, évoquée dans le livre précédent. Nous y reviendrons lorsque nous considérerons la sculpture. L'imagination élargit donc, en qualité aussi bien qu'en quantité, le champ de vision du génie au-delà des objets qui s'offrent à sa personne dans la réalité. C'est cela qui explique que la puissance inhabituelle de l'imagination accompagne et même conditionne la génialité. Mais la première n'atteste pas, inversement, de la seconde ; on trouve d'ailleurs des hommes tout à fait dénués de génie qui débordent d'imagination. De même qu'il est possible de considérer un objet réel de deux manières opposées, selon la manière purement objective, géniale, en en saisissant l'Idée, ou selon la manière commune, en ses relations, conformes au principe de raison, avec les autres objets et avec sa propre volonté ; de même est-il possible de voir une telle image <*Phantasma*> de deux manières : considérée selon le premier mode, c'est un moyen de connaître les Idées que communique l'œuvre d'art, dans le deuxième cas, l'image est utilisée pour bâtir des châteaux en Espagne, lesquels flattent l'égoïsme et ses caprices, illusionnent et amusent sur le moment, alors que de ces images ainsi associées, seules leurs relations sont à proprement parler connues. Celui qui s'adonne à ce jeu est un rêveur

<*Phantast*> : il tendra facilement à mêler ces images <*Bilder*> dont il se délecte en solitaire à la réalité, en devenant ainsi incapable de lui faire face : peut-être qu'il couchera sur le papier les illusions extravagantes de son imagination, donnant lieu à ces romans ordinaires en tous genres qui divertissent ses semblables et le grand public, puisque les lecteurs rêvent qu'ils jouent le rôle du héros en trouvant ensuite que cette représentation est tout à fait « sympathique » <*gemütlich*>.

L'homme ordinaire, ce produit industriel de la nature, laquelle en fabrique chaque jour des milliers du même acabit, est donc absolument incapable de s'adonner avec constance à une considération désintéressée, dans tous les sens du terme, autrement dit à la contemplation authentique. Il ne peut fixer son attention sur les choses que dans la mesure où elles ont un lien quelconque, fût-il tout à fait indirect, avec sa volonté. Comme de ce point de vue, lequel exige toujours la seule connaissance des relations, le concept abstrait de la chose est suffisant et souvent bien plus utile, l'homme ordinaire ne s'arrête pas longtemps à l'intuition pure, par conséquent il n'attache pas longtemps son regard à un objet, mais il s'empresse de chercher dans tout ce qui s'offre à lui le concept sous lequel il pourra le mettre, à l'exemple de celui qui, exténué, cherche une chaise, pour ensuite ne plus s'y intéresser. C'est pourquoi il en a si vite terminé avec toute chose, avec les œuvres d'art, avec les beaux objets de la nature et avec le spectacle, à vrai dire partout et toujours remarquable, de toutes les scènes de la vie. Mais il ne s'arrête pas, il ne cherche que le chemin pour conduire sa vie, de même tout ce qui pourrait un jour devenir un chemin, bref il cherche des notes topographiques au sens le plus large : il ne perd pas son temps avec la considération de la vie en tant que telle[35]. Au contraire, le génie, dont la faculté de connaissance, par sa prépondérance, se soustrait au service de sa volonté pendant une partie de son existence, s'arrête à la considération de la vie même, s'efforce de saisir l'Idée de chaque chose et non ses relations avec les autres choses : ce faisant, il néglige souvent de prendre en considération le chemin pour conduire sa propre vie, par conséquent il s'y déplace, la plupart du temps, assez maladroitement. Alors que la faculté de connaissance de l'homme ordinaire est la lanterne qui éclaire son chemin, celle du génie est le soleil qui révèle le monde. Cette manière si différente de voir la vie n'est pas sans se manifester dans le physique des deux. Le regard de l'homme à travers lequel vit et agit le génie le distingue aisément, car, vif et ferme à la fois, il porte les traits caractéristiques de la sereine concentration, de la contemplation, ainsi que nous pouvons le voir dans les portraits des quelques rares têtes géniales que la nature, outre les innombrables millions, produit de temps en temps ; le regard des autres par contre, s'il n'est pas abruti ou fade comme dans la plupart des cas, révèle facilement l'antipode véritable de la contemplation, l'observation curieuse <*das Spähen*>. B[Par conséquent, l'« expression géniale » d'un visage réside dans le fait qu'une franche prédominance du connaître sur le vouloir y est visible, donc aussi qu'un connaître sans aucun lien avec un vouloir, autrement dit un PUR CONNAÎTRE, s'y exprime. Dans les visages communs, en revanche, l'expression du vouloir est prépondérante et on y voit que le connaître ne s'exerce toujours que par la pulsion du vouloir, qu'il est donc exclusivement dirigé sur des motifs.]B

Étant donné que la connaissance géniale, ou connaissance de l'Idée, est celle qui n'obéit pas au principe de raison, et que la connaissance qui, au contraire, lui obéit dispense l'habileté <*Klugheit*>, ainsi que la rationalité, et donne lieu aux sciences, les individus géniaux auront les défauts impliqués par la négligence de ce second mode de connaissance. À cette réserve près, qu'il convient de retenir : ce que je vais dire sur ce point ne les concerne strictement que lorsqu'ils sont réellement saisis par le mode génial de la connaissance, ce qui n'est aucunement le cas à chaque instant de leur vie, car la grande tension, quoique spontanée, qu'exige l'appréhension des Idées libre de toute volonté, se relâche nécessairement, et comporte d'importants intervalles où ils sont plutôt comparables aux hommes ordinaires, du point de vue tant des qualités que des défauts. Ce qui explique qu'on a depuis toujours considéré l'action du génie comme une inspiration, voire, comme le désigne le terme lui-même, comme l'action d'un être surhumain différent de l'individu, qui ne prend possession de celui-ci que périodiquement. La répugnance des individus géniaux à fixer leur attention sur le contenu du principe de raison se manifestera d'abord à l'égard de la raison de l'être <*Grund des Seins*>[36] par la répugnance pour les mathématiques, dont la considération vise les formes les plus universelles du phénomène, l'espace et le temps, lesquels ne sont eux-mêmes que des figures du principe de raison, et se trouve par là tout à fait opposée à cette considération qui ne cherche que le contenu du phénomène, l'Idée qui s'y exprime, abstraction faite de toute relation. En outre, c'est le traitement logique des mathématiques qui rebutera le génie, car en empêchant l'intelligence authentique, ce traitement ne satisfait pas[37] ;

en ne présentant qu'un simple enchaînement de déductions selon le principe de connaissance <*Erkenntnisgrund*>[38], c'est, de toutes les facultés de l'esprit, surtout la mémoire qu'il sollicite, dans le but d'avoir présentes à l'esprit toutes les propositions antérieures auxquelles on se réfère. L'expérience a d'ailleurs confirmé que les grands génies de l'art n'ont aucunement la fibre mathématique: jamais un homme n'a excellé dans les deux en même temps. Alfieri raconte même qu'il n'a jamais pu comprendre ne serait-ce que le quatrième axiome d'Euclide[39]. Le manque de connaissances mathématiques a été suffisamment reproché à Goethe par les adversaires obtus de sa *Théorie des couleurs*: il est clair que dans cette matière, où il ne s'agit pas de calculs et de mesures d'après des données hypothétiques, mais de connaissance intellectuelle immédiate de la cause et de l'effet, ce reproche était absolument bancal et déplacé, au point que ces adversaires, par là même et par leurs autres verdicts de Midas[40], ont fait éclater au grand jour leur manque total de jugement. B[Qu'aujourd'hui encore, presque un demi-siècle après la parution de la *Théorie des couleurs* de Goethe, les âneries newtoniennes demeurent tranquillement la propriété des chaires universitaires même en Allemagne, et qu'on continue, avec le plus grand sérieux, de parler des sept lumières homogènes[41] et de leurs différentes possibilités de réfraction, voilà qui un jour sera compté parmi les grandes caractéristiques intellectuelles de l'humanité en général et de la germanité en particulier.]B — La même raison indiquée plus haut explique le fait également bien connu qu'à l'inverse, d'éminents mathématiciens n'ont que très peu de sensibilité pour les œuvres des beaux-arts, ce qu'on trouve exprimé de manière particulièrement naïve dans l'anecdote célèbre du mathématicien français qui, après lecture de l'*Iphigénie* de Racine, demanda en haussant les épaules : « Qu'est-ce que cela prouve[42] ? » — Comme, par ailleurs, l'appréhension, avec acuité, des relations conformément aux lois de causalité et de motivation, constitue en toute rigueur la prudence, mais que la connaissance géniale ne porte pas sur des relations, un homme prudent, pour autant et aussi longtemps qu'il l'est, ne sera pas génial, et un homme génial, pour autant et aussi longtemps qu'il l'est, ne sera pas prudent[43]. — Enfin, la connaissance intuitive, du domaine de laquelle fait absolument partie l'Idée, s'oppose diamétralement et généralement à la connaissance rationnelle, ou abstraite, guidée par le principe de raison du connaître <*Satz vom Grunde des Erkennens*>. Aussi, comme on sait, une grande génialité et une rationalité prédominante ne s'allient que rarement ; les individus géniaux sont bien plutôt fréquemment soumis à des affects violents et des passions irrationnelles. La raison n'en est pas pour autant quelque faiblesse de la raison, mais en partie une énergie inhabituelle de tout ce phénomène de la volonté qu'est l'individu génial, énergie qui s'exprime par la véhémence de tous les actes de la volonté, en partie la prépondérance de la connaissance intuitive par les sens et l'entendement sur la connaissance abstraite, d'où l'orientation résolue vers le perçu dont l'impression hautement énergique qu'il produit chez eux éclipse les ternes concepts, au point que ce ne sont plus ceux-ci, mais cette impression qui dirige leur action, laquelle en devient par conséquent irrationnelle ; par conséquent, l'impression que le présent exerce sur eux est très puissante, elle les précipite dans l'irréfléchi, dans l'affect, dans la passion[44]. Pour cette raison, et aussi parce qu'en général leur connaissance s'est en partie soustraite au service de la volonté, ils penseront, lors d'une discussion, moins à leur interlocuteur qu'à l'objet discuté qu'ils envisagent sous des traits vifs : au détriment de leur intérêt, ils vont alors juger ou raconter de manière trop objective, ne pas taire ce que la prudence aurait recommandé de taire, etc. Enfin, c'est aussi la raison pour laquelle ils inclinent aux monologues, et peuvent d'ailleurs montrer plusieurs faiblesses qui s'approchent réellement de la folie <*Wahnsinn*>. Il a été souvent remarqué que génialité et folie possèdent un côté où elles sont voisines l'une de l'autre, voire passent l'une dans l'autre, et même l'enthousiasme poétique a été appelé une sorte de folie : B[Horace la nomme *amabilis insania* [aimable délire[45]], Wieland *holder Wahnsinn* [gracieuse folie[46]] au début de son *Oberon*.]B Même Aristote, d'après la citation de Sénèque (*de tranqu. animi*, 15, 16), aurait dit : *nullum magnum ingenium sine mixtura dementiae fuit* [il n'y a pas de grand génie sans une dose de folie[47]]. Dans son mythe, évoqué plus haut, de la caverne obscure (*De rep.* VII), Platon exprime ce fait lorsqu'il dit : ceux qui, à l'extérieur de la caverne, ont vu la vraie lumière du soleil et les choses réellement étantes (les Idées), ne peuvent plus voir lorsqu'ils reviennent dans la caverne, car leurs yeux ne sont plus habitués à l'obscurité, ils peinent à reconnaître les ombres qui s'y trouvent et par leurs erreurs, ils sont ainsi l'objet de railleries de la part des autres qui n'ont jamais quitté cette caverne et ses ombres[48]. Aussi, Platon n'hésite pas à dire dans le *Phaedrus* (p. 317) qu'il ne pourrait y avoir d'authentique poète sans une certaine folie, et même (p. 327) que celui qui reconnaît dans les choses éphémères les Idées éternelles apparaît comme fou[49]. Cm[Cicéron, lui aussi, affirme : *Negat enim sine furore Democritus quemquam poetam magnum esse posse ; quod idem dicit Plato* [Démocrite affirme qu'il n'est point de grand poète sans folie, Platon le dit aussi[50]] (*de divin.*, I, 37). Enfin, Pope écrit :

> *Great wits to madness sure are near allied,*
> *And thin partitions do their bounds divide**[51].]Cm

À cet égard, le *Torquato Tasso* de Goethe est particulièrement instructif, car il nous confronte non seulement à la souffrance, à l'essentiel martyre du génie en tant que tel, mais aussi à son passage incessant vers la folie[52]. Enfin, le fait d'un contact immédiat entre génialité et folie se trouve confirmé d'un côté par les biographies d'hommes très géniaux, par ex. Rousseau, B[Byron,]B Alfieri, et par les anecdotes de la vie d'autres ; de l'autre côté, je dois mentionner que lors de mes fréquentes visites dans les asiles d'aliénés[53], j'ai rencontré quelques sujets aux dispositions sans conteste considérables, dont la génialité transparaissait clairement à travers la folie, laquelle cependant avait ici complètement pris le dessus. On ne saurait attribuer ce fait au hasard, car d'une part le nombre de fous est proportionnellement très petit, d'autre part un individu génial est un phénomène rare, au-delà de toute mesure commune, qui ne se manifeste dans la nature qu'à titre tout à fait exceptionnel ; pour s'en convaincre, qu'on fasse le compte de tous les génies réellement grands que toute l'Europe cultivée a produits pendant toute l'époque antique et moderne, mais parmi lesquels il ne faut compter que ceux qui ont donné des œuvres ayant conservé une valeur durable pour l'humanité

* Cm[Certes le génie est proche allié de la folie / Et minces sont les clôtures qui séparent leurs territoires.]Cm

à travers tous les âges — qu'on fasse donc le compte, dis-je, de ces individus et qu'on compare leur nombre à ces B[250]B millions qui, se renouvelant tous les trente ans, vivent constamment en Europe. B[Et je ne voudrais pas ne pas évoquer le fait que j'ai pu connaître quelques personnes qui étaient dotées d'une supériorité intellectuelle nette, sinon considérable, et qui en même temps étaient marqués par une légère touche de folie. Il pourrait sembler, après cela, que toute intensification de l'intellect au-delà de la mesure habituelle dispose déjà, en tant qu'anomalie, à la folie.]B Je voudrais cependant exposer le plus brièvement possible mon opinion sur la raison purement intellectuelle de cette parenté entre génialité et folie, car cette exposition contribuera assurément à l'explication de la nature véritable de la génialité, c'est-à-dire de cette faculté de l'esprit qui seule est capable de créer des œuvres d'art authentiques. Mais ceci exige au préalable une brève explication de la folie elle-même*.

À ma connaissance, on n'a toujours pas acquis une intelligence claire et complète de la nature de la folie, un concept pertinent et précis de ce qui distingue rigoureusement le fou du sain. — On ne saurait refuser d'attribuer raison et entendement aux fous, car ils parlent et perçoivent, ils raisonnent souvent très justement; de même, le regard qu'ils portent sur ce qui se présente à eux est généralement juste et ils comprennent le lien entre cause et effet. Les visions, telles les hallucinations dues à la fièvre, ne constituent pas un symptôme habituel de la folie: le délire altère l'intuition, la folie les pensées. Car la plupart du temps, les fous ne se trompent aucunement dans la connaissance de ce qui est immédia-

* Voir sur ce sujet le chap. 31 du tome II.

tement PRÉSENT ; leur discours dément se réfère toujours à ce qui est ABSENT et PASSÉ, et ce n'est que par leur intermédiaire qu'il se réfère au présent. C'est pourquoi leur maladie me semble surtout concerner la MÉMOIRE <*Gedächtnis*> ; non certes parce qu'ils en seraient totalement privés, car bon nombre d'entre eux savent beaucoup de choses par cœur et reconnaissent parfois des personnes qu'ils n'ont pas vues depuis longtemps, mais plutôt parce que le fil de la mémoire est déchiré et la cohérence <*Zusammenhang*> de celle-ci supprimée, aucune remémoration <*Rückerinnerung*> homogène et cohérente du passé n'étant alors possible. Des scènes particulières du passé sont correctement restituées, comme ce qui se présente isolément dans le présent, mais lorsqu'ils se les remémorent, il y a des trous qu'ils comblent ensuite par des fictions, lesquelles, si elles sont toujours identiques, deviennent des idées fixes, et il s'agit alors de monomanie <*fixer Wahn*>, de mélancolie ; ou alors, si elles changent à chaque fois, elles constituent des idées soudaines, et il s'agit alors de sottise <*Narrheit*>, *fatuitas*. C'est la raison pour laquelle il est si difficile de questionner sur sa vie antérieure un fou qui vient d'être interné dans un asile. Dans sa mémoire, le vrai se mélange alors de plus en plus au faux. Même si le présent immédiat est connu avec exactitude, il se trouve altéré par un lien fictif avec un passé imaginaire : c'est pourquoi ils confondent eux-mêmes et autrui avec des personnes qui n'existent que dans leur passé fictif, ne reconnaissent pas du tout certains proches, et bien qu'ils aient une représentation exacte de l'individu présent, ils établissent ainsi maintes relations fausses entre celui-ci et l'individu absent Lorsque la folie atteint un degré élevé, il se produit une perte totale de la mémoire, ce qui explique que le fou, incapable de se rappeler quoi que ce soit d'absent ou de passé, se trouve alors exclusivement déterminé par son humeur du moment reliée aux fictions qui, dans sa tête, remplissent le passé : par suite, si on ne le menace pas constamment avec une puissance supérieure, on ne sera à aucun moment protégé d'une tentative d'abus ou de meurtre de sa part. — La connaissance du fou a en commun avec celle de l'animal que toutes deux sont bornées au présent ; mais ce qui les distingue, c'est ceci : l'animal n'a pas à proprement parler une représentation du passé comme tel, bien que celui-ci agisse sur l'animal par l'intermédiaire de l'habitude, ce qui explique qu'un chien par exemple reconnaît son maître même après des années, ce qui veut dire que sa vue lui procure l'impression habituelle ; mais il ne se remémore pas pour autant le temps écoulé depuis, alors que le fou transporte toujours aussi dans sa raison un passé *in abstracto*, qui est cependant faux, et n'existe que pour lui, soit tout le temps, soit sur le moment : l'influence de ce faux passé entrave alors également l'usage, que même l'animal parvient à faire, du présent adéquatement connu. Voici comment je m'explique que la folie est souvent occasionnée par une souffrance véhémente de l'esprit, par des événements terribles et imprévus. En tant qu'événement réel, toute souffrance de cette espèce est toujours limitée au présent, elle n'est donc qu'éphémère et, dans cette mesure, elle n'est pas encore excessivement pesante : elle ne devient outrancièrement lourde que lorsqu'il s'agit d'une douleur durable ; or, comme telle, la souffrance n'est qu'une pensée et réside donc dans la MÉMOIRE : si un tel chagrin, un tel savoir ou souvenir douloureux, est atroce au point de devenir purement et simplement insupportable, au point que l'individu risque d'y passer, alors la nature ainsi angoissée recourt à la FOLIE comme à l'ultime moyen de sauver la vie : l'esprit tant tourmenté déchire alors en quelque sorte le fil de sa mémoire, comble les trous par des fictions et se réfugie ainsi dans la folie face à cette douleur qui dépasse ses forces, à l'instar d'un membre brûlant qu'on ampute pour le remplacer par un membre en bois[54]. — Qu'on prenne comme exemple Ajax enragé, le roi Lear et Ophélie, car les créatures du génie authentique, auxquelles seules on peut se référer ici comme étant universellement connues, égalent dans leur vérité les personnes réelles : l'expérience réelle montre d'ailleurs souvent tout à fait la même chose. Un cas analogue, mais affaibli, de cette espèce de passage de la douleur à la folie nous est fourni par le fait que bien souvent, nous cherchons à chasser de manière quasi mécanique un souvenir pénible, qui revient subitement, par une remarque à voix haute ou par un mouvement, nous cherchons à en détourner notre propre attention, à nous en distraire de force. —

Si nous considérons maintenant, comme il a été montré, que le fou reconnaît adéquatement le présent dans sa particularité, ainsi que certaines scènes passées dans leur particularité, mais qu'il méconnaît la liaison, les relations, avec pour résultat qu'il se trompe et divague, alors c'est précisément ce fait qui constitue le point de contact avec l'individu génial ; car lui aussi abandonne la connaissance des relations, la connaissance selon le principe de raison, pour ne voir et ne chercher dans les choses que leur Idée, pour saisir leur nature authentique qui s'exprime de manière intuitive et par rapport à laquelle UNE chose représente toute son espèce, ce qui explique, comme le dit Goethe, qu'un cas vaut pour mille[55] — bref, le génie lui aussi perd de vue la connaissance de la liaison des choses : l'objet singulier de sa contemplation, ou le présent qu'il appréhende de manière excessivement vive, apparaissent sous une lumière tellement éblouissante, que les autres membres de la chaîne à laquelle ils appartiennent retombent pour ainsi dire dans les ténèbres, et c'est cela qui produit justement certains phénomènes qui ont une ressemblance, reconnue depuis bien longtemps, avec ceux de la folie. Ce qui, dans la chose présente dans sa singularité, n'existe qu'imparfaitement, affaibli par une modification, le génie, par sa manière de contempler, l'exhausse à son Idée, à la perfection : c'est pourquoi il voit partout des extrêmes, ce qui explique que son agir aussi se porte sur des extrêmes : il ne sait pas atteindre la juste mesure, il manque de modération, avec le résultat que nous avons indiqué. Il connaît parfaitement les Idées, mais non les individus. C'est la raison pour laquelle, comme on l'a remarqué, un poète peut connaître L'homme avec exhaustivité et profondeur et connaître fort mal LES hommes ; il est facile à duper, c'est un jouet entre les mains des roués*.

§ 37

D'après notre description, le génie réside dans la faculté de connaître les Idées des choses, indépendamment des choses singulières qui ne tirent leur existence que de la relation, et dans celle d'être soi-même, par rapport à ces Idées, leur corrélat[56], de n'être donc plus individu, mais pur sujet de la

* Voir sur ce sujet le chap. 32 du tome II.

connaissance; à un degré moindre et divers, cette faculté pourtant doit également être inhérente à tous les hommes, car autrement ils ne seraient pas plus capables de jouir des œuvres d'art que de les produire, et ils n'auraient d'ailleurs absolument aucune sensibilité pour le beau et le sublime, ces mots mêmes seraient dénués de sens pour eux. S'il n'y en a pas qui soient tout à fait incapables de plaisir esthétique, il nous faut donc admettre qu'existe chez tous les hommes cette faculté de connaître les Idées dans les choses, et par là d'aliéner instantanément sa personnalité. Le génie ne les surpasse que par le degré beaucoup plus élevé et la durée plus constante de ce mode de connaissance, lesquels lui permettent alors de demeurer dans cette contemplation nécessaire pour répéter, dans une œuvre librement voulue, ce qui a été connu, répétition qui constitue l'œuvre d'art[57]. Par cette œuvre, il communique aux autres l'Idée ainsi appréhendée. Comme celle-ci demeure cependant inchangée et identique, le plaisir <*Wohlgefallen*> esthétique est essentiellement un et identique, qu'il soit suscité par une œuvre d'art ou, de manière immédiate, par l'intuition de la nature et de la vie. L'œuvre d'art n'est qu'un moyen pour faciliter la connaissance en laquelle consiste ce plaisir. Si l'Idée se donne plus facilement à nous par l'œuvre d'art que, directement, par la nature et par la réalité, c'est parce que l'artiste n'a déjà plus connaissance de la réalité, mais seulement de l'Idée, il n'a purement répété dans son œuvre que l'Idée, il l'a retirée de la réalité, en laissant de côté toutes les contingences susceptibles de la perturber. L'artiste nous donne ses yeux pour regarder le monde. Qu'il possède ces yeux, qu'il reconnaisse l'essentiel des choses, situé en dehors de toutes les relations, voilà qui relève justement de ce don du génie, de l'inné;

mais qu'il soit capable de nous conférer, à nous aussi, ce don, de nous prêter ses yeux, voilà qui relève de l'acquis, de l'aspect technique de l'art. Pour cette raison, après avoir présenté dans ce qui précède la nature intime du mode de connaissance esthétique en ses traits fondamentaux les plus généraux, les considérations philosophiques plus fouillées qui vont suivre maintenant exposeront le beau <*das Schöne*> et le sublime <*das Erhabene*> tant dans la nature que dans l'art, sans les séparer davantage. Nous considérerons d'abord ce qui se produit dans l'homme lorsqu'il est ému par le beau, par le sublime ; qu'il puise cette émotion <*Rührung*> directement dans la nature, dans la vie, ou qu'il n'en jouisse que par la médiation de l'art, n'est pas fondé sur une différence essentielle, mais seulement extérieure.

§ 38

Nous avons trouvé dans le mode de considération esthétique DEUX COMPOSANTES INSÉPARABLES : la connaissance de l'objet, non comme chose singulière, mais comme IDÉE C[platonicienne, c'est-à-dire comme forme permanente de toutes les choses de cette espèce ;]C ensuite, la conscience de soi du connaissant, non comme individu, mais comme SUJET PUR, SANS VOLONTÉ, DE LA CONNAISSANCE. La condition pour que les deux composantes se manifestent toujours ensemble, c'était l'abandon du mode de connaissance lié au principe de raison, mode qui, par contre, est le seul utile tant pour le service de la volonté que pour la science. — Nous verrons également que le PLAISIR, excité par la considération du beau, procède de ces deux composantes, tantôt plus de l'un, tantôt plus de l'autre, en fonction de l'objet de la contemplation esthétique.

Tout VOULOIR naît du besoin <*Bedürfnis*>, donc du manque <*Mangel*>, donc de la souffrance <*Leiden*> ; la satisfaction <*Erfüllung*> y met un terme; mais pour un souhait <*Wunsch*> satisfait, au moins dix se trouvent frustrés; en outre la convoitise <*Begehren*> dure longtemps, ses exigences sont sans fin; la satisfaction, elle, est brève et chichement comptée. Or ce contentement <*Befriedigung*> final n'est lui-même qu'apparent: le souhait satisfait donne aussitôt lieu à un autre souhait; le premier est une illusion qui a été reconnue, le second une illusion qui ne l'a pas encore été. Aucun objet atteint par le vouloir ne peut procurer un contentement durable, définitif: l'objet sera toujours pareil à l'aumône qui, jetée au mendiant, lui permet de vivoter aujourd'hui en remettant son tourment à demain. — C'est pourquoi, aussi longtemps que notre conscience est remplie par notre volonté, aussi longtemps que nous cédons à l'élan des souhaits avec l'espoir et la crainte incessants qui lui sont associés, aussi longtemps que nous sommes sujets du vouloir, nous ne connaîtrons jamais ni bonheur durable ni repos. Poursuivre ou fuir un objet, craindre le malheur ou chercher le plaisir, voilà, pour l'essentiel, une seule et même chose: le souci <*Sorge*> pour la volonté toujours demandeuse, quelle qu'en soit la forme, remplit et agite sans cesse notre conscience; or sans repos, il n'est absolument pas de bien-être véritable. Ainsi, le sujet du vouloir se trouve continuellement attaché sur la roue tournante d'Ixion, il remplit éternellement le tonneau des Danaïdes, il est Tantale subissant ses éternels supplices.

Mais lorsqu'une occasion extérieure ou un état

affectif <*Stimmung*> intime nous font subitement sortir de ce flux sans fin du vouloir, en arrachant la connaissance à l'esclavage de la volonté, lorsque l'attention n'est plus dirigée sur les motifs du vouloir mais qu'elle appréhende les choses indépendamment de leur lien avec la volonté, c'est-à-dire qu'elle les considère comme sans intérêt, sans subjectivité, de manière purement objective, lorsqu'elle s'y adonne entièrement, ces choses n'étant que des représentations et non des motifs, alors ce repos, toujours recherché par cette première voie du vouloir, mais toujours demeuré hors d'atteinte, se manifeste spontanément, d'un seul coup, nous procurant le bien-être le plus complet. Il s'agit de cet état sans douleur qu'Épicure vante comme le bien suprême, l'état des dieux[58] : pendant un moment, nous sommes, en effet, débarrassés de ce vil élan de la volonté, nous célébrons le sabbat des travaux forcés du vouloir, la roue d'Ixion est à l'arrêt.

Or, cet état est justement celui que nous décrivions plus haut comme la condition nécessaire pour la connaissance de l'Idée : c'est la pure contemplation, la dissolution dans l'intuition, la perte dans l'objet, l'oubli de toute individualité, la suppression du mode de connaissance obéissant au principe de raison et ne saisissant que des relations, alors qu'en même temps, de manière inséparable, la chose singulière qui est perçue s'exhausse à l'Idée de son espèce, l'individu connaissant au pur sujet de la connaissance sans volonté : comme tels, les deux ne se trouvent plus dans le flux du temps et de toutes les autres relations. Peu importe alors si on voit le soleil se coucher depuis un cachot ou depuis un palais.

Un état affectif intime, la prépondérance du connaître sur le vouloir, peuvent provoquer cet état quel que soit le milieu. C'est ce que nous montrent ces excellents Hollandais qui ont dirigé cette intuition purement objective sur les objets les plus insignifiants, en édifiant un monument durable de leur objectivité et de leur tranquillité d'esprit dans la *nature morte*[59] que le spectateur esthétique ne saurait contempler sans émotion <*Rührung*>, car elle lui présente cet état affectif <*Gemütszustand*> de l'artiste, calme, tranquille, dénué de volonté, qui était nécessaire pour percevoir des objets aussi insigifiants de manière aussi objective, pour les contempler aussi attentivement et répéter cette image intuitive de manière aussi consciente ; et comme l'image l'enjoint à partager, lui aussi, cet état, son émotion se trouve souvent encore accrue par l'opposition avec sa propre constitution affective <*Gemütsverfassung*>, agitée, perturbée par un vouloir véhément, dans laquelle il se trouve à ce moment. Dans le même esprit, des paysagistes, particulièrement Ruysdael, ont souvent peint des paysages tout à fait insignifiants, provoquant par là le même effet de manière encore plus réjouissante.

Voilà ce que la force intime de l'âme artistique réussit à accomplir à elle seule ; mais cet état affectif purement objectif se trouve facilité et favorisé de l'extérieur par les objets qui se présentent, par l'imposante plénitude de la belle nature qui invite, ou même pousse, à la regarder[60]. Quand elle s'ouvre subitement à notre regard, elle parvient presque toujours, fût-ce pour quelques instants, à nous arracher à la subjectivité, à l'esclavage de la volonté, pour nous transporter dans l'état du pur connaître. C'est aussi pourquoi, par un seul regard spontanément jeté dans la nature, celui qui est tourmenté par la passion, ou par les difficultés et les soucis, se trouve si subitement réconforté, égayé, redressé : la tempête des passions, l'élan du souhait et de la crainte, tout le tourment du vouloir, sont aussitôt apaisés comme par miracle. Car à l'instant même où, détachés du vouloir, nous nous adonnons à la connaissance pure et dénuée de volonté, nous pénétrons pour ainsi dire un autre monde dans lequel tout ce qui meut notre volonté, et par là nous ébranle avec tant d'intensité, n'est plus. Cette délivrance de la connaissance nous fait sortir de tout cela de la même façon et tout autant que le sommeil et le rêve : bonheur et malheur ont disparu ; nous ne sommes plus cet individu, nous l'avons oublié, nous sommes seulement le pur sujet de la connaissance : nous n'existons plus que comme cet UNIQUE œil du monde[61] qui regarde à travers tous les êtres connaissants, mais qui dans l'homme seul peut totalement s'affranchir du service de la volonté, par où toute différence de l'individualité disparaît si complètement qu'il importe peu alors que l'œil qui regarde appartienne à un roi puissant ou à un mendiant tourmenté. Car ni bonheur ni misère ne franchissent cette limite. C'est donc si près, toujours à notre portée, que se trouve ce domaine où nous échappons entièrement à toute notre misère ; mais qui aurait la force de s'y maintenir assez longtemps ? Dès que nous reprenons conscience d'une quelconque relation de cet objet purement intuitionné avec notre volonté, avec notre personne, le charme est rompu : nous retombons alors dans la connaissance dominée par le principe de raison, nous ne connaissons plus l'Idée, mais seulement la chose singulière, le membre d'une chaîne à laquelle nous appartenons également, et nous sommes livrés, une nouvelle fois, à toute notre misère. — Comme la plupart des hommes manquent totalement d'objectivité, c'est-à-dire de génialité, ils sont presque toujours dans cette situation. Ce qui explique qu'ils n'aiment pas se retrouver seuls face à la nature : ils ont besoin de compagnie, au minimum d'un livre. Car leur connaissance demeure au service de la volonté : dans les objets, ils ne cherchent donc que les éventuels liens avec leur volonté, et tout ce qui ne relève pas d'un tel lien fait résonner en eux, telle une basse fondamentale, un constant et désolant « cela ne m'aide en rien » : c'est pourquoi, dans leur solitude, même l'environnement le plus beau ne leur montrera qu'un aspect monotone, sombre, étranger, hostile. Enfin, c'est aussi cette félicité de l'intuition sans volonté qui enveloppe le passé, la distance, d'un charme tellement étonnant, les présente sous une lumière tellement avantageuse, en nous aveuglant sur nous-même. Car en nous remémorant des jours passés depuis fort longtemps, vécus en un lieu éloigné, ce sont les objets seuls dont notre imagination se souvient, et non du sujet de la volonté, lequel portait avec lui, hier comme aujourd'hui, ses souffrances incurables : or celles-ci sont oubliées parce que elles ont depuis lors souvent cédé la place à d'autres souffrances. Or dans le souvenir, l'intuition objective agit autant que le ferait l'intuition présente si, par-delà nous-même, nous étions en mesure de nous y adonner sans volonté. C'est en particulier la raison pour laquelle, lorsqu'un souci quelconque nous inquiète plus que d'habitude, le souvenir soudain de scènes passées et éloignées, tel un paradis perdu[62], nous traverse l'esprit. Ce n'est que de l'objectif, et non de l'individuel-subjectif, que l'imagination se rappelle, et nous nous imaginons que jadis cet objectif se trouvait devant nous avec la même pureté, sans être perturbé par aucun lien avec la volonté, comme maintenant son image dans notre imagination ; mais jadis, c'est bien plutôt le lien des objets avec notre vouloir qui provoquait notre tourment, tout comme maintenant. Nous pouvons nous soustraire à toute souffrance au moyen des objets tant présents qu'absents dès que nous nous élevons à la considération purement objective de ces objets, en nous dotant ainsi du pouvoir de produire l'illusion que ces objets seuls seraient présents et non pas nous-même : débarrassés de notre moi souffrant, nous formons alors, en tant que sujets de la connaissance, une parfaite unité avec ces objets, et notre inquiétude leur sera aussi étrangère que, dans ces instants, elle l'est pour nous-même. Seul subsiste alors le monde comme représentation, le monde comme volonté a disparu.

Par ces considérations, je souhaite avoir pu montrer comment et dans quelle mesure la condition subjective du plaisir esthétique prend part au plaisir esthétique même : à savoir l'affranchissement de la connaissance à l'égard du service de la volonté, l'oubli de son soi comme individu et l'élévation de la conscience jusqu'à ce sujet du connaître qui est pur, hors volonté, hors temps, indépendant de toute relation. Avec ce côté subjectif de la contemplation esthétique, se présente toujours en même temps, en tant que corrélat nécessaire, son côté objectif, l'appréhension intuitive de l'Idée platonicienne. Mais avant de nous tourner vers une considération détaillée de celle-ci et des œuvres de l'art qui s'y rapportent, il convient de nous arrêter encore un peu au côté subjectif du plaisir esthétique, afin d'en parfaire la considération par l'exposition de l'impression du SUBLIME, qui dépend exclusivement du côté subjectif et procède d'une modification de celui-ci. Notre étude du plaisir esthétique atteindra ensuite son parfait achèvement par la considération de son côté objectif.

Mais il nous faut d'abord rattacher à ce qui précède les remarques suivantes. La lumière, c'est ce qu'il y a de plus réjouissant dans les choses : elle est devenue le symbole de tout ce qui est bien et salutaire. B[Dans toutes les religions, c'est elle qui désigne le salut éternel et les ténèbres, la damnation. Ormuzd habite la lumière la plus pure, Ahriman la nuit éternelle. Le paradis de Dante ressemble à peu près au Vauxhall[63] à Londres, car tous les esprits bienheureux y apparaissent comme des points lumineux qui composent des figures régulières. L']B L'absence de lumière nous rend immédiatement tristes, son retour nous réjouit ; les couleurs excitent directement un vif plaisir qui atteint un degré suprême lorsqu'elles sont transparentes. La raison de tout ceci est que la lumière est corrélat et condition du mode de connaissance intuitif le plus parfait, le seul qui n'affecte absolument pas la volonté de manière directe. Car la vision, à la différence de l'affection des autres sens, n'est pas capable, à elle seule, de provoquer directement, par son action sur les sens, un agrément ou un désagrément de la SENSATION dans l'organe, ce qui veut dire qu'elle n'a aucun lien immédiat avec la volonté : ce n'est que l'intuition procédant de l'entendement qui peut avoir un tel lien, lequel réside alors dans la relation de l'objet avec la volonté. Il en va déjà autrement avec l'ouïe : les sons peuvent provoquer immédiatement la douleur, de même qu'ils peuvent être immédiatement sensibles, être agréables sans se rapporter à l'harmonie ou à la mélodie. Le toucher, qui ne fait qu'un avec le sentiment du corps <*Leib*> tout entier, est soumis encore plus à cette influence directe sur la volonté ; mais il y a cependant un toucher sans douleur ni volupté <*Wollust*>. Les odeurs en revanche sont toujours soit agréables, soit désagréables ; c'est encore plus vrai pour le goût. Ce sont donc ces deux derniers sens qui sont le plus mélangés avec la volonté : c'est la raison pour laquelle on les appelle les sens les moins nobles, et Kant les sens subjectifs. La joie <*Freude*> suscitée par la lumière n'est donc, en réalité, que la joie suscitée par la possibilité objective du mode intuitif de connaissance le plus pur et le plus parfait, et, en tant que telle, elle dérive du fait que la connaissance pure, affranchie et débarrassée de tout vouloir, est réjouissant au plus haut point et, à ce titre, participe déjà pour une grande part à la jouissance <*Genuss*> esthétique. — C'est aussi de cet aspect de la lumière que dérive la beauté incroyablement grande que nous attribuons au reflet des objets dans l'eau. Cette manière, la plus légère, la plus rapide, la plus subtile qui soit, qu'ont certains corps d'influer les uns sur les autres, cette manière à laquelle nous devons, nous aussi, la perception de loin la plus parfaite et la plus pure de toutes nos perceptions, c'est l'influence par la réflexion des rayons lumineux ; ici, sous nos yeux mêmes et à grande échelle, nous voyons cette influence de manière tout à fait claire, globale et complète dans la cause et l'effet : d'où cette joie esthétique qui s'enracine principalement dans la raison subjective du plaisir esthétique, et qui n'est autre que la joie suscitée par la pure connaissance et par les moyens qui y conduisent*.

§ 39

Toutes les considérations précédentes sont destinées à mettre en relief la part subjective du plaisir

* Voir sur ce sujet le chap. 33 du tome II.

esthétique, c'est-à-dire ce plaisir en tant qu'il est la joie suscitée par la connaissance purement intuitive opposée à la volonté. À ces considérations se rattache, car elle s'y rapporte directement, l'explication suivante de cet état affectif qu'on appelle sentiment du SUBLIME.

On a déjà remarqué plus haut que le transport dans l'état de l'intuition pure se produit le plus facilement lorsque les objets s'offrent à elle, lorsqu'ils deviennent aisément, par leur forme multiple mais à la fois déterminée et distincte, les représentants de leurs Idées, en quoi consiste justement la beauté au sens objectif. C'est avant tout la belle nature qui possède cette propriété grâce à laquelle elle parvient à arracher même à l'homme le moins sensible un plaisir esthétique au moins éphémère. Il est d'ailleurs très remarquable de voir comment le monde végétal en particulier provoque la contemplation esthétique et, en quelque sorte, s'impose à elle, au point qu'on pourrait être tenté de dire que cette manière de s'offrir procède de ce que ces êtres organiques, contrairement aux corps animaux, ne sont pas eux-mêmes objet immédiat de la connaissance : ils nécessitent un individu différent et intelligent, afin de passer du monde du vouloir aveugle à celui de la représentation, parce qu'ils aspirent, pour ainsi dire, à y entrer afin d'atteindre au moins indirectement ce qu'ils ne peuvent avoir directement. Je laisse d'ailleurs entièrement en suspens cette pensée audacieuse, laquelle confine peut-être même à la divagation[64], car ce n'est qu'une considération très intime et très fervente de la nature qui peut la provoquer ou la justifier*[65]. Or, tant que la nature s'offre ainsi à

* C[Quarante ans après avoir formulé cette pensée de manière si timide et hésitante, la découverte que saint Augustin l'avait déjà

nous, tant que la signifiance et l'évidence de ses formes, par l'intermédiaire desquelles les Idées qui s'y sont individualisées nous parlent aisément, nous arrachent à la connaissance soumise à la volonté, à la connaissance des simples relations, pour nous transporter dans la contemplation esthétique et par là même nous élèvent jusqu'au sujet de la connaissance libre de toute volonté, alors, seul le BEAU agit sur nous, seul le sentiment de la beauté se trouve excité. Mais lorsque ce sont précisément ces objets, dont les figures signifiantes nous invitent à la pure contemplation, qui entretiennent un rapport hostile avec la volonté humaine en général, telle qu'elle se présente dans son objectité, le corps humain ; lorsque ces objets ont un rapport d'hostilité avec elle, la menacent de leur puissance supérieure capable de supprimer toute résistance ou la réduisent à son néant par leur grandeur incommensurable ; lorsque le spectateur ne dirige pas pour autant son attention sur ce rapport hostile avec sa volonté, lequel s'impose à lui, mais qu'au contraire, alors qu'il perçoit et reconnaît ce rapport hostile, il s'en détourne consciemment, en s'arrachant avec violence à sa propre volonté et à ses rapports et, ne s'adonnant qu'à la connaissance, il contemple avec calme, en tant que pur sujet de la connaissance dénuée de volonté, ces objets terribles pour la volonté, n'appréhendant que leurs seules Idées étrangères à toute relation, s'arrêtant par conséquent volontiers à leur considération, étant par suite et par là même élevé au-dessus de soi-même, de sa personne, de son vouloir et de

exprimée me réjouit et me surprend d'autant plus : *Arbusta formas suas varias, quibus mundi hujus visibilis structura formosa est, sentiendas sensibus praebent ; ut, pro eo quod* nosse *non possunt, quasi* innotescere *velle videantur.* (*De civ. Dei*, XI, 27.)]C

tout vouloir — alors il est rempli par le sentiment du SUBLIME, il est dans un état d'élévation, raison pour laquelle on appelle SUBLIME l'objet occasionnant cet état[66]. Ce qui distingue donc le sentiment du sublime de celui du beau, c'est ceci : avec le beau, la pure connaissance a pris le dessus sans lutter, parce que la beauté de l'objet, c'est-à-dire sa nature facilitant la connaissance de son Idée, a fait disparaître de la conscience, sans résistance et à son insu, aussi bien la volonté que la connaissance des relations toute livrée au service de cette volonté, en ne laissant subsister la conscience qu'en tant que pur sujet du connaître, de manière à effacer même tout souvenir relatif à la volonté ; avec le sublime par contre, cet état de la pure connaissance n'est atteint que grâce à un détachement conscient et violent à l'égard des relations, reconnues comme défavorables, que cet objet entretient avec la volonté, grâce à une élévation, accompagnée de conscience, au-dessus de la volonté et de la connaissance qui s'y réfère. Cette élévation doit être non seulement atteinte par l'intermédiaire de la conscience, elle doit aussi être conservée et s'accompagne, par conséquent, du constant souvenir de la volonté, non certes du souvenir d'un vouloir particulier, individuel, comme la crainte ou le souhait, mais de celui du vouloir humain en général, dans la mesure où ce dernier trouve son expression universelle dans son objectité, le corps humain. Si un acte de la volonté particulier et réel pénétrait la conscience par une affliction effective, personnelle, et par un danger émanant de l'objet, la volonté individuelle, ainsi effectivement émue, prendrait aussitôt le dessus, la contemplation deviendrait impossible, l'impression du sublime s'évanouirait en cédant la place à l'angoisse dans laquelle l'effort de l'individu pour se sauver refoulerait tout autre pensée. —

Quelques exemples contribueront grandement à clarifier cette théorie du sublime esthétique en la mettant hors de doute ; ils révéleront également les divers degrés de ce sentiment du sublime. En effet, celui-ci coïncide avec le sentiment du beau en sa détermination principale — à savoir le connaître pur, dénué de volonté, lequel implique nécessairement la connaissance de l'Idée, qui se tient en dehors de toute relation déterminée par le principe de raison — et ne s'en distingue que par une condition complémentaire, à savoir l'élévation au-dessus du rapport, reconnu comme hostile, entre l'objet contemplé et la volonté en général. Par suite, selon que cette condition complémentaire est puissante, forte, pressante, proche, ou alors lointaine, faible, simplement esquissée, il y a plusieurs degrés du sublime, voire des passages du beau au sublime. J'estime plus approprié à ma description de faire apparaître par des exemples d'abord ces passages et, de manière générale, les degrés plus faibles de l'impression du sublime, bien que ceux dont la sensibilité esthétique n'est généralement pas très grande, dont l'imagination n'est pas très vive, ne comprendront que les exemples, donnés plus tard, des degrés plus évidents de cette impression, auxquels donc ils doivent s'attacher exclusivement, en négligeant les exemples, cités en premier, des degrés très faibles de l'impression en question.

De même que l'homme est à la fois élan obscur et fougueux du vouloir (désigné par le pôle des organes génitaux, son foyer) et sujet éternel, libre, serein de la pure connaissance (désigné par le pôle du cerveau), de même, par une opposition analogue, le soleil est à la fois source de LUMIÈRE, condition du mode le plus parfait de la connaissance, et donc, par là, de la chose la plus réjouissante qui soit, et source de CHALEUR, condition première de toute vie, c'est-à-dire de toutes les manifestations de la volonté à ses degrés supérieurs. Ce qu'est donc la chaleur pour la volonté, la lumière l'est pour la connaissance. Voilà pourquoi la lumière est le plus grand diamant sur la couronne de la beauté et exerce une influence décisive sur la connaissance de tout objet beau : sa présence en général est une condition indispensable ; sa situation favorable accroît même la beauté des choses les plus belles[67]. Avant tout, c'est le beau dans l'architecture qui se trouve amplifié par sa grâce, laquelle parvient à rendre éminemment beau même l'objet le plus insignifiant. — Si nous voyons ainsi, lors d'un hiver rude, dans une nature partout gelée, la réverbération des rayons du soleil bas sur des masses pierreuses, lorsqu'ils les éclairent sans les réchauffer, et ne favorisent donc que le mode pur de la connaissance et non la volonté, alors la considération du bel effet de la lumière sur ces masses nous transporte, comme le ferait toute beauté, dans l'état de la pure connaissance. Mais dans ce cas, en raison du discret rappel du manque de réchauffement par lesdits rayons, donc du manque de principe vivifiant, cet état exige déjà une certaine élévation au-dessus de l'intérêt de la volonté, il contient une discrète invitation à demeurer dans le connaître pur et à se détourner de tout vouloir, constituant par là même un passage du sentiment du beau à celui du sublime. Il s'agit du plus léger frémissement du sublime à même le beau, qui n'apparaît ici qu'à un degré moindre. Voici un exemple presque aussi faible.

Transportons-nous dans une contrée très isolée à l'horizon illimité, sous un ciel vide de nuages, avec des arbres et des plantes figés dans l'air immobile, sans animaux, sans hommes, sans eaux en mouvement, plongée dans le silence le plus profond. Un tel environnement est comme une injonction au sérieux, à la contemplation, impliquant l'arrachement à tout vouloir et à son indigence : or c'est cela même qui confère déjà à cet environnement simplement isolé et profondément assoupi une touche de sublime. Comme cette contrée n'offre aucun objet, ni favorable ni défavorable, à la volonté toujours nouée à un effort et à une visée, il ne subsiste que l'état de pure contemplation ; celui qui en est incapable s'expose, dénigré et honteux, à la vacuité de la volonté désœuvrée, au tourment de l'ennui. La contrée permet en quelque sorte de mesurer notre propre valeur intellectuelle pour laquelle le degré de notre faculté à supporter ou à aimer la solitude est d'ailleurs généralement un étalon assez exact. L'environnement décrit fournit donc un exemple du sublime à son degré inférieur, puisqu'on y voit qu'à l'état du pur connaître, avec son calme et son autosuffisance, s'ajoute, de manière à faire contraste, le rappel de la dépendance et de la pauvreté d'une volonté nouée à une pulsion perpétuelle. C[— C'est là l'espèce du sublime dont on dit qu'il caractérise l'aspect des prairies infinies à l'intérieur de l'Amérique du Nord.]C

Dépouillons maintenant cette contrée de ses plantes et n'y mettons que des rochers nus : l'absence totale de tout élément organique nécessaire à notre subsistance suscite alors purement et simplement l'angoisse de la volonté : ce vide désertique prend la caractéristique du terrible ; notre disposition affective devient plus tragique : l'élévation jusqu'au pur connaître se produit de pair avec un arrachement plus résolu encore à l'intérêt de la volonté ; en demeurant ainsi dans l'état de la pure connaissance, le sentiment du sublime se manifeste avec évidence.

L'environnement que voici peut l'occasionner à

un degré encore plus haut. La nature bouleversée par une tempête ; clair-obscur taillé par des nuages d'orage sombres, menaçants ; falaises escarpées, énormes, nues ; encaissement obstruant notre vue ; eaux frémissantes, écumantes ; vide désertique total ; plainte du vent passant dans les gouffres. L'image de notre dépendance, de notre lutte avec la nature hostile, de notre volonté qui s'y trouve brisée, nous frappe maintenant directement ; mais tant que la détresse personnelle ne prend pas le dessus, tant que nous restons dans la contemplation esthétique, c'est, dans cette lutte de la nature même, dans cette image de la volonté brisée même, le pur sujet de la connaissance qui transparaît, appréhendant avec calme, impassible, inaffecté (*unconcerned*), les Idées de ces objets menaçants et terribles pour la volonté. C'est exactement dans ce contraste que réside le sentiment du sublime.

L'impression devient encore plus puissante lorsque la lutte des forces naturelles en fureur se déroule sous nos yeux, à grande échelle, lorsque dans ce même environnement le rugissement d'une chute d'eau nous prive de la possibilité même d'entendre notre propre voix — ou lorsque nous sommes au bord d'une vaste mer déchaînée, fouettée par la tempête : d'immenses vagues montent et descendent, s'écrasent avec violence contre les rochers abrupts du rivage, font virevolter en l'air l'écume, la tempête hurle, la mer mugit, les éclairs sillonnent l'obscurité des nuages, les coups assourdissants du tonnerre couvrent la tempête et la mer. C'est alors que l'ambivalence de la conscience du spectateur qui assiste, impassible, à cette scène, atteint son plus haut degré d'évidence : il s'éprouve d'une part comme individu, comme phénomène fragile de la volonté que le moindre coup porté par ces forces pourrait détruire, désarmé face à la violence de la nature, soumis, livré au hasard, un néant évanescent face à des puissances énormes —, et d'autre part, en même temps, comme sujet de la connaissance éternel, calme, lequel, à titre de condition de l'objet, constitue le support de tout ce monde-là, la lutte terrible de la nature n'étant que sa représentation, lui-même se trouvant dans une sereine appréhension des Idées, libre et étranger à l'égard de tout vouloir et de toute détresse. Il s'agit là de l'impression la plus forte du sublime. Dans ce cas, elle est occasionnée par la vue d'une puissance infiniment supérieure qui menace d'anéantir l'individu.

Cette impression peut naître de manière tout à fait différente lorsqu'on se représente, dans l'espace et le temps, une pure grandeur dont l'incommensurabilité réduit l'individu à rien. Nous pouvons appeler la première espèce le sublime dynamique, la seconde le sublime mathématique, conservant les termes de Kant et sa classification, qui est correcte, quoique nous nous écartions tout à fait de lui dans l'explication de la nature intime de cette impression, n'admettant pas qu'y soient mêlées des réflexions morales ou des hypostases tirées de la philosophie scolastique[68].

Lorsque nous nous perdons dans la considération de la grandeur infinie du monde dans le temps et dans l'espace, lorsque nous méditons sur les millénaires écoulés, les millénaires à venir — mais aussi lorsque le ciel nocturne nous met effectivement devant les yeux d'innombrables mondes en faisant ainsi pénétrer dans notre conscience l'incommensurabilité de l'univers —, alors nous sentons que nous sommes réduits à rien, nous avons le sentiment d'être un individu, un corps animé, phénomène éphémère de la volonté qui s'évanouit comme une goutte dans l'océan, qui se dissout dans le néant. Mais en même temps s'élève contre ce fantôme de notre propre vanité, contre cette impossibilité mensongère, la conscience immédiate que tous ces mondes n'existent bel et bien que dans notre représentation, ne sont que les modifications du sujet éternel de la pure connaissance; nous constatons que nous sommes ce sujet dès que nous oublions l'individualité, ce sujet qui est le support nécessaire et la condition de tous les mondes, de toutes les époques[69]. La grandeur du monde, qui nous inquiétait d'abord, repose désormais en nous: notre dépendance à son égard se trouve supprimée par sa dépendance à notre égard. — Tout ceci ne pénètre cependant pas immédiatement la réflexion et ne se montre d'abord que sous la forme d'une conscience qui sent qu'on ne fait qu'un avec le monde en un certain sens (ce sens que la philosophie seule permet de rendre évident), qu'on n'est pas écrasé, mais élevé par son incommensurabilité. Il s'agit de cette conscience qui sent cela même que les *Upanishads* du *Véda* expriment par des tournures si multiples, en particulier dans la sentence déjà citée plus haut: *Hae omnes creaturae in totum ego sum et praeter me aliud ens non est* [Je suis toutes ces créatures et à part moi n'existe aucun autre être] (*Oupnek'hat* I, 122). Il s'agit de l'élévation <*Erhebung*> au-dessus de notre propre individu, le sentiment du sublime <*das Erhabene*>.

Nous pouvons déjà recevoir très directement cette impression du sublime mathématique par un espace qui, comparé à l'édifice du monde, est certes petit, mais qui, par la perception globale directe que nous en avons acquise, agit sur nous selon ses trois dimensions et dans toute sa grandeur, laquelle suffit à réduire la mesure de notre propre corps presque à l'infiniment petit. Un espace vide pour la perception ne saurait jamais produire cet effet; par conséquent ce ne peut jamais être un espace ouvert, mais seulement un espace directement perceptible, grâce à la limitation, selon toutes ses dimensions, donc une voûte très haute et très grande comme celle de St-Pierre à Rome ou celle de St-Paul à Londres. Dans ce cas, le sentiment du sublime procède de ce que nous nous rendons compte du néant évanescent de notre propre corps face à une grandeur qui, par ailleurs, ne réside à son tour que dans notre représentation, et dont nous sommes le support en tant que sujet connaissant; ici comme partout, ce sentiment procède donc du contraste entre l'insignifiance, la dépendance de notre soi comme individu, phénomène de la volonté, et la conscience de nous-même comme pur sujet de la connaissance. Même la voûte du ciel étoilé, si on la considère sans réflexion, n'agit pas autrement que la voûte de pierre, et ce non pas selon sa grandeur véritable mais seulement apparente. — B[Certains objets de notre intuition excitent l'impression du sublime parce qu'aussi bien par leur grandeur spatiale que par leur âge élevé, c'est-à-dire par leur durée temporelle, nous avons face à eux le sentiment d'être réduits à rien tout en jouissant de leur vue: il en va ainsi avec les montagnes très hautes, les pyramides égyptiennes, les ruines colossales de l'antiquité très reculée.

On pourrait même transférer notre explication du sublime à l'éthique, plus particulièrement à ce qu'on appelle le caractère sublime. Car celui-ci provient également de ce que la volonté n'est pas excitée par des objets qui seraient très certainement propres à le faire; la connaissance garde, là aussi, la main haute. Un tel caractère considérera les hommes de manière purement objective et non selon les relations qu'ils pourraient avoir avec sa volonté: il remarquera par exemple leurs défaillances, même leur haine et leur injustice à son égard, sans pour autant être à son tour excité à la haine ; il regardera leur bonheur sans éprouver d'envie ; il reconnaîtra leurs bonnes qualités sans chercher à se rapprocher d'eux ; il percevra la beauté des femmes sans les désirer. Il ne sera pas fortement affecté par son propre bonheur ou malheur ; il sera bien plutôt tel que Hamlet décrit Horatio :

for thou hast been
As one, in suffering all, that suffers nothing;
A man, that fortune's buffets and rewards
*Hast ta'en with equal thanks, etc. (a. 3, sc. 2)**[70].

Car dans le cours de sa propre vie et dans les accidents qui l'accompagnent, il considérera moins son sort individuel que celui de l'humanité en général et il se conduira par conséquent davantage en sujet connaissant qu'en sujet souffrant.]B

§ 40

Comme les oppositions s'éclairent mutuellement, il pourrait être opportun de remarquer en ce lieu que le véritable contraire du sublime est quelque chose qu'on n'identifierait pas comme tel spontanément : l'ATTRAYANT <*das Reizende*>. Or j'entends sous ce terme ce qui provoque l'excitation de la

* car tu as toujours été
Un homme qui, souffrant tout, ne souffre rien,
Qui accueille les rebuffades et les récompenses de la Fortune
Avec des remerciements égaux.

volonté par la présentation directe de ce qui pourrait la combler et satisfaire. — Le sentiment du sublime naît de ce qu'un objet nettement défavorable pour la volonté devient objet de la pure contemplation, laquelle ne peut être maintenue que si on se détourne constamment de la volonté en s'élevant au-dessus de l'intérêt de celle-ci, en quoi réside précisément la sublimité de l'état affectif; l'attrayant, au contraire, fait descendre le spectateur de la pure contemplation, requise par toute appréhension du beau, en provoquant nécessairement, par ce même objet qui nous agrée immédiatement, l'excitation de la volonté, par où le spectateur n'est plus le sujet pur de la connaissance, mais devient le sujet indigent et dépendant du vouloir. — Si on appelle habituellement attrayant tout le beau d'espèce plaisante, c'est qu'on se sert, à défaut d'une distinction précise, d'un concept trop large qu'il me faut tout à fait écarter, voire désapprouver. — Dans le sens indiqué et expliqué, je ne trouve que deux espèces de l'attrayant dans le domaine de l'art, toutes deux n'en étant pas dignes. L'une, assez basse, dans la nature morte des Hollandais, lorsqu'on se fourvoie jusqu'à représenter des aliments, lesquels, par leur représentation trompeuse, excitent nécessairement l'appétit à leur égard, ce qui provoque précisément une excitation <*Aufregung*> de la volonté qui met fin à toute contemplation esthétique de l'objet. Les fruits peints sont à la rigueur admissibles, puisqu'ils se donnent comme l'évolution plus avancée de la fleur et, par la forme et la couleur, comme un beau produit de la nature, sans pour autant nous contraindre de penser à la possibilité de les manger; mais malheureusement nous voyons souvent des mets servis et préparés d'un naturalisme trompeur, parmi lesquels huîtres, harengs, crevettes, tartines beurrées, bière, vin, etc., ce qu'il convient absolument de rejeter. — Dans la peinture historique et la sculpture, l'attrayant se trouve dans les personnages nus dont les positions, les tenues légères, et toute la manière de les traiter, visent à exciter la concupiscence <*Lüsternheit*> du spectateur, ce qui, en supprimant aussitôt la considération esthétique pure, revient à contrarier le but de l'art. Ce défaut correspond tout à fait à ce que je viens de blâmer chez les Hollandais. Avec toute la beauté et la complète nudité de leurs personnages, les Anciens en sont pourtant presque toujours exempts, car l'artiste lui-même les a créés dans un esprit purement objectif, rempli de beauté idéale, et non dans l'esprit subjectif d'un désir <*Begierde*> vulgaire. Dans l'art, l'attrayant est donc toujours à éviter.

Il y a aussi un attrayant négatif <*das Negativ-Reizende*> encore plus condamnable que l'attrayant positif <*das Positiv-Reizende*> qui vient d'être exposé : il s'agit du dégoûtant <*das Ekelhafte*>. Comme l'attrayant proprement dit, il éveille la volonté du spectateur en détruisant par là la considération purement esthétique. Mais ce qui se trouve alors stimulé, c'est un non-vouloir véhément, une répugnance : il éveille la volonté en lui présentant les objets de sa répulsion. C'est pourquoi on a reconnu depuis toujours qu'on peut tout à fait l'admettre en art, puisque même le laid, tant qu'il ne devient pas dégoûtant, peut être toléré lorsque la situation s'y prête, ainsi que nous le verrons plus bas.

§ 41

C'est la marche de nos considérations qui nous a contraints à intercaler l'exposition du sublime, alors que celle du beau n'était achevée qu'à moitié, dans son côté subjectif. Ce n'est en effet qu'une modification particulière de ce côté subjectif qui distingue le sublime du beau. Dans un cas l'état de la connaissance pure et dénuée de volonté, présupposé et requis par toute contemplation esthétique, se produit pour ainsi dire spontanément, sans résistance, par la simple disparition de la volonté hors de la conscience, car l'objet y invite et y attire ; dans l'autre, ce même état est conquis par une élévation libre et consciente au-dessus de la volonté, à l'égard de laquelle l'objet contemplé lui-même se trouve placé dans un rapport défavorable et hostile dont le maintien supprimerait la contemplation : voilà en quoi réside la différence entre le beau et le sublime. Selon l'objet, les deux ne se distinguent pas essentiellement, car dans tous les cas, l'objet de la considération esthétique n'est pas la chose singulière, mais l'Idée qui, dans celle-ci, aspire à la manifestation, autrement dit l'objectité adéquate de la volonté à un degré déterminé : le corrélat nécessaire de cette objectité, soustrait comme elle au principe de raison, est le pur sujet de la connaissance, de même que le corrélat de la chose singulière est l'individu connaissant, lesquels tombent tous deux sous le principe de raison.

Lorsque nous appelons BEAU un ob-jet <*Gegenstand*>, nous voulons dire qu'il est l'objet <*Objekt*> de notre considération esthétique, ce qui implique deux choses : d'une part sa vue nous rend OBJECTIF, c'est-à-dire que par la considération de l'ob-jet, nous ne sommes plus conscients de nous-même en tant qu'individu, mais en tant que sujet de la connaissance, pur et dénué de volonté ; d'autre part, nous ne connaissons pas dans l'ob-jet la chose singulière, mais une Idée, ce qui ne saurait se produire que dans la mesure où notre considération de l'ob-jet n'est pas soumise au principe de raison, n'approfondit pas le rapport de l'ob-jet avec une quelconque chose extérieure (rapport qui finalement reconduit toujours à notre vouloir), mais repose uniquement sur l'objet lui-même. Car l'Idée et le pur sujet de la connaissance, en tant que corrélats nécessaires, surviennent toujours en même temps dans la conscience, ce qui coïncide aussi avec la disparition de toute différence temporelle, puisque tous deux sont complètement étrangers au principe de raison sous toutes ses figures, tous deux sont situés hors de toute relation que celui-ci instaure, pareils à l'arc-en-ciel et au soleil qui n'ont aucune part au mouvement constant et à la succession des gouttes qui tombent. C'est pourquoi, lorsque je considère par exemple un arbre de manière esthétique, c'est-à-dire avec les yeux d'un artiste, lorsque je ne connais donc pas cet arbre, mais son Idée, peu importe alors s'il s'agit de cet arbre-ci ou de son ancêtre fleurissant voici mille ans, de même si le spectateur est cet individu-ci ou un autre individu vivant dans n'importe quel autre lieu, à n'importe quelle autre époque ; la chose singulière et l'individu connaissant sont supprimés en même temps que le principe de raison et seuls subsistent l'Idée et le pur sujet de la connaissance, lesquels constituent ensemble l'objectité adéquate de la volonté à ce degré. Et l'Idée n'est pas seulement libérée du temps, mais aussi de l'espace, car ce n'est pas la figure spatiale envisagée mais son expression, sa signification pure, sa nature la plus intime qui s'ouvre à moi, me parle, qui constitue l'Idée véritable et qui peut être toujours absolument identique, à la grande différence des rapports spatiaux de la forme.

D'une part, toute chose présente peut être considérée de manière purement objective et hors de toute relation, d'autre part, la volonté apparaît aussi dans toute chose à un degré quelconque de son objectité en constituant par là l'expression d'une Idée : par conséquent, il faut dire que toute chose est BELLE. — Le fait que même la chose la plus insignifiante permette une considération purement objective et dénuée de volonté, et par là s'avère belle, se trouve attesté par la nature morte des Hollandais déjà évoquée à cet égard plus haut (§ 38). Mais ce qui rend une chose plus belle qu'une autre, c'est qu'elle facilite cette considération purement objective, la provoque, voire l'obtient, pour ainsi dire, par contrainte, et nous l'appelons alors très belle. C'est ce qui arrive d'une part parce que cet objet, en tant que chose singulière, exprime purement par le rapport très évident, purement déterminé, tout à fait remarquable entre ses parties, l'Idée de son espèce, et révèle parfaitement, par la complétude, réunie en lui, de toutes les manifestations propres à toute son espèce, l'Idée de celle-ci, en sorte qu'il facilite grandement au spectateur le passage de la chose singulière à l'Idée, et par là même l'état de la pure contemplation ; d'autre part, cet avantage de la beauté particulièrement remarquable d'un objet réside dans le fait que l'Idée même qui nous parle à travers lui, constitue un degré élevé de l'objectité de la volonté, ce qui le rend tout à fait important et évocateur. Pour cette raison, la beauté de l'homme précède celle de tout le reste et la révélation de son essence est le but le plus élevé de l'art. La forme et l'expression humaines constituent l'objet le plus important des arts plastiques <*bildende Kunst*>, de même que l'agir humain constitue l'objet le plus important de la poésie. — Tout objet possède cependant sa beauté propre : non seulement toute chose organique se présentant dans l'unité d'une individualité, mais encore toute chose inorganique, informe, voire tout artefact. Car tous révèlent les Idées par lesquelles la volonté s'objective aux degrés inférieurs, ils donnent pour ainsi dire à entendre le son lointain de la basse la plus profonde de la nature. Pesanteur, rigidité, fluidité, lumière, etc., sont les Idées qui s'expriment par les rochers, les édifices, les eaux. L'art des jardins et l'architecture ne peuvent que les aider à développer leurs propriétés de manière variée et complète, leur donner l'occasion de s'exprimer purement, par quoi elles invitent justement à la contemplation esthétique tout en la facilitant. Les édifices ratés, que l'art a bâclés, et les régions négligées par la nature n'y parviennent que très peu, voire pas du tout : cependant ces Idées universelles fondamentales de la nature ne sauraient en disparaître complètement. Même dans ce cas, elles parlent au spectateur qui les cherche, même des édifices ratés et choses similaires demeurent susceptibles de provoquer une considération esthétique : il est encore possible d'y reconnaître les Idées des propriétés les plus universelles de leur matière, sauf que la forme artificielle qu'on leur a donnée ne constitue pas un auxiliaire, mais bien plutôt une entrave qui rend la contemplation esthétique plus difficile. Les artefacts peuvent donc également servir à exprimer les Idées, à la différence près que ce n'est pas l'Idée de l'artefact qui se manifeste à travers eux, mais l'Idée des matériaux auxquels on a donné cette forme artificielle[71].

C'est ce qu'on peut exprimer aisément par deux termes du langage scolastique : dans l'artefact s'énonce l'Idée de sa *forma substantialis* [forme substantielle] et non celle de sa *forma accidentalis* [forme accidentelle], laquelle ne reconduit pas à une Idée, mais seulement au concept humain dont elle procède. Il est tout à fait évident que l'artefact ne désigne pas ici une œuvre des arts plastiques. D'ailleurs les scolastiques entendaient effectivement par *forma substantialis* ce que j'appelle le degré d'objectivation de la volonté dans une chose[72]. Nous n'allons pas tarder à revenir sur l'expression de l'Idée des matériaux, lors de nos considérations sur l'art architectural. — D'après notre point de vue, nous ne saurions donc souscrire à Platon lorsqu'il affirme (*De rep., X, p. 284-285,* et *Parmen., p. 79, ed. Bip.*[73]) que la table et la chaise expriment les Idées de la table et de la chaise ; nous disons plutôt qu'ils expriment les Idées qui s'énoncent déjà dans leur simple matériau comme tel. C[Selon Aristote (*Metaphysica, XI*, chap. 3), Platon lui-même n'aurait établi les Idées que pour les êtres naturels : ὁ Πλάτων ἔφη ὅτι εἴδη ἐστὶν ὁπόσα φύσει (*Plato dixit, quod ideae eorum sunt, quae natura sunt*) [C'est pourquoi Platon n'avait pas tort de dire qu'il n'y a d'idées que des choses naturelles[74]] et au chap. 5 il est dit que chez les platoniciens, il n'y a pas d'Idée de la maison et de l'anneau.]C En tout cas, déjà les élèves directs de Platon ont nié qu'il y aurait des Idées d'artefacts, ainsi que le rapporte Alcinoos (*Introductio in Platonicam philosophiam*, chap. 9). C[Celui-ci écrit ainsi : Ὁρίζονται δὲ τὴν ἰδέαν παράδειγμα τῶν κατὰ φύσιν αἰώνιον. Οὔτε γὰρ τοῖς πλείστοις τῶν ἀπὸ Πλάτωνος ἀρέσκει τῶν τεχνικῶν εἶναι ἰδέας, οἷον ἀσπίδος ἢ λύρας, οὔτε μὴν τῶν παρὰ φύσιν, οἷον πυρετοῦ καὶ χολέρας, οὔτε τῶν κατὰ μέρος, οἷον Σωκράτους καὶ Πλάτωνος, ἀλλ' οὐδὲ τῶν εὐτελῶν τινός, οἷον ῥύπου καὶ κάρφους, οὔτε τῶν πρός τι, οἷον μείζονος καὶ ὑπερέχοντος· εἶναι γὰρ τὰς ἰδέας νοήσεις θεοῦ αἰωνίους τε καὶ αὐτοτελεῖς. — (*Definiunt autem* ideam *exemplar aeternum eorum, quae secundum naturam existunt. Nam plurimis ex iis, qui Platonem secuti sunt, minime placuit, arte factorum ideas esse, ut clypei atque lyrae ; neque rursus eorum, quae praeter naturam, ut febris et cholerae ; neque particularium, ceu Socratis et Platonis ; neque etiam rerum vilium, veluti sordium et festucae ; neque relationum, ut majoris et excedentis : esse namque ideas intellectiones dei aeternas, ac seipsis perfectas*)]C [On définit l'idée comme le modèle éternel de ce qui est conforme à la nature. En effet, la plupart des platoniciens ne pensent pas qu'il y ait des Idées des objets fabriqués, comme un bouclier ou une lyre, ni des choses contre nature comme la fièvre ou le choléra, ni des individus comme Socrate et Platon, ni des objets vulgaires comme la crasse, un fétu, ni des notions relatives comme plus grand et supérieur : car, disent-ils, les Idées sont les intellections éternelles et parfaites en soi de Dieu[75]. — À cette occasion, il faut évoquer un autre point[76] sur lequel notre doctrine des Idées diffère de celle de Platon. Il enseigne en effet (*De rep.*, *X*, p. 288) que l'objet que les beaux-arts visent à représenter, le modèle de la peinture et de la poésie, ne serait pas l'Idée, mais la chose singulière[77]. Toute notre analyse précédente affirme exactement le contraire et nous nous laisserons d'autant moins déconcerter par l'opinion de Platon que celle-ci constitue la source de ce qu'on a reconnu comme l'une des plus grandes erreurs de ce grand homme, à savoir son mépris et son rejet de l'art, en particulier de la poésie : le jugement négatif à son sujet suit immédiatement le passage cité.

§ 42

Je reviens à notre analyse de l'impression esthétique. La connaissance du beau pose toujours, en même temps et de manière indissociable, le pur sujet connaissant et l'Idée connue en tant qu'objet. Pourtant la source de la jouissance esthétique résidera tantôt davantage dans l'appréhension des Idées connues, tantôt davantage dans la félicité et dans la tranquillité d'âme du pur connaître, libéré de tout vouloir et par là de toute individualité et de toute douleur qui en procède. Cette prédominance de l'une ou de l'autre composante de la jouissance esthétique dépendra de ce que l'Idée, appréhendée de manière intuitive, constitue un degré supérieur ou inférieur de l'objectité de la volonté. Ainsi, lorsque, dans la réalité ou par l'intermédiaire de l'art, on considère esthétiquement la belle nature, inorganique et végétale, ou des œuvres de l'art architectural, la jouissance de la connaissance pure, dénuée de volonté, sera prépondérante, parce que les Idées qu'elle appréhende ne sont que des degrés inférieurs de l'objectité de la volonté et ne constituent donc pas des phénomènes d'une signification profonde, ni d'un contenu évocateur. En revanche, lorsque des animaux ou des hommes font l'objet d'une considération ou d'une représentation esthétiques, la jouissance résidera davantage dans l'appréhension objective de ces Idées en tant qu'elles sont les manifestations les plus évidentes de la volonté. Car celles-ci présentent les figures dans leur plus grande variété et les phénomènes dans leur richesse et leur signifiance profonde, et nous révèlent le plus parfaitement l'essence de la volonté, que ce soit dans sa véhémence, son effroi, sa satisfaction ou sa destruction (ce dernier aspect prévalant dans les représentations tragiques), ou enfin dans sa conversion <*Wendung*> ou son auto-abolition <*Selbstaufhebung*>, thème de prédilection de la peinture chrétienne. C'est d'ailleurs généralement la peinture historique et le drame qui ont pour objet l'Idée de la volonté pleinement éclairée par la connaissance. — En passant maintenant en revue chaque art, nous compléterons, pour la rendre plus évidente, la théorie du beau que nous venons d'établir.

§ 43.

La matière, comme telle, ne saurait présenter une Idée. C'est qu'elle est, comme nous l'avons vu au premier livre[78], causalité de part en part : son être n'est qu'action. La causalité est une forme du principe de raison, alors que la connaissance des Idées exclut essentiellement le contenu de ce principe. Nous avons également vu au livre II que la matière est le substrat commun à tous les phénomènes particuliers des Idées, et donc l'articulation entre l'Idée et le phénomène ou la chose singulière. Pour l'une ou pour l'autre raison, la matière, prise pour elle-même, ne peut donc présenter une Idée. C'est ce qui confirme *a posteriori* le fait qu'aucune représentation intuitive de la matière comme telle n'est possible, mais seulement un concept abstrait. La représentation intuitive, en effet, ne présente que les formes et les qualités dont la matière est le support, et par lesquelles se révèlent les Idées. C'est ce qui explique aussi qu'on ne puisse se représenter intuitivement et pour elle-même la causalité (toute l'essence de la matière), mais seulement un enchaînement causal déterminé. — En revanche, tout *phénomène* d'une Idée, puisqu'il est, comme tel, soumis à la forme du principe de raison ou au *principium individuationis*, doit se présenter dans la matière, en tant que qualité de celle-ci. C'est donc dans cette mesure, comme nous l'avons dit, que la matière est l'articulation entre l'Idée et le *principium individuationis*, lequel est la forme de la connaissance propre à l'individu ou principe de raison. — C'est pourquoi, à côté de l'Idée et de son phénomène (la chose singulière), lesquels d'ordinaire comprennent à eux deux toutes les choses du monde, Platon a eu raison d'admettre la matière seule comme un tiers distinct (*Timaeus*, p. 345[79]). L'individu, en tant que phénomène de l'Idée, est toujours matière. Aussi, toute qualité de la matière est toujours phénomène d'une Idée et c'est à ce titre qu'elle est également susceptible d'être l'objet d'une considération esthétique, c'est-à-dire d'une connaissance de l'Idée qui s'y présente. Ceci est même valable pour les qualités les plus universelles de la matière, qualités qui l'accompagnent toujours et dont les Idées sont l'objectité la plus faible de la volonté : c'est la pesanteur, la cohésion, la rigidité, la fluidité, la réaction à la lumière, etc.

Si nous considérons l'ARCHITECTURE exclusivement comme l'un des beaux-arts, en faisant abstraction de sa fin utilitaire qui l'asservit à la volonté et non à la pure connaissance, par où l'architecture n'est donc plus de l'art selon notre définition, alors nous ne pouvons lui attribuer aucune autre intention que celle de rendre perceptibles et évidentes quelques-unes de ces Idées qui sont les degrés les plus bas de l'objectité de la volonté, à savoir la pesanteur, la cohésion, la rigidité, la dureté, ces propriétés universelles de la pierre, ces caractères visibles les plus primitifs, les plus simples et les plus aveugles de la volonté, les basses fondamentales de la nature, et à côté de ceux-ci la lumière qui, sous de nombreux aspects, en est le contraire. Même à ce degré inférieur de l'objectité de la volonté, nous voyons déjà que sa nature se révèle en sa discorde[80], car la lutte entre pesanteur et rigidité constitue, en vérité, l'unique matière esthétique de la belle architecture : sa tâche consiste, de manière diverse, à manifester cette lutte en sa pleine clarté. Elle s'en acquitte en privant ces forces indestructibles du plus court chemin qui conduirait à leur satisfaction et les retarde en leur faisant faire un détour, ce qui permet de prolonger la lutte et de rendre visible, sous des modes multiples, l'effort inlassable des deux forces. — Laissée à son inclination primordiale, toute la masse de l'édifice ne présenterait qu'un simple amas, attaché le plus solidement possible au corps terrestre vers lequel la pesanteur, forme sous laquelle se manifeste ici la volonté, pousse inlassablement, alors que la rigidité, également objectité de la volonté, s'y oppose. Or c'est précisément de cette inclination, de cet effort, que l'architecture contrarie la satisfaction immédiate, en ne lui accordant, par un détour, qu'une satisfaction médiate. La charpente, par exemple, ne peut peser contre la terre que par l'intermédiaire de la colonne ; la voûte doit se porter elle-même et ne peut satisfaire son effort vers la masse terrestre que par l'intermédiaire des piliers, etc. C'est justement par ces détours forcés, par ces entraves, que ces forces immanentes à la masse brute de la pierre se déploient de la manière la plus évidente et la plus diverse : le but purement esthétique de l'architecture ne saurait aller plus loin. C'est aussi la raison pour laquelle la beauté d'un édifice réside dans l'évidente utilité de chaque partie, non pas en vue d'une fin extérieure et arbitraire de l'homme (à ce titre l'œuvre appartient à l'architecture utilitaire), mais en vue de la consolidation de l'ensemble. La position, la taille et la forme de chaque partie doivent se rapporter de manière tellement nécessaire à l'ensemble que si on en retirait une partie quelconque, il devrait s'effondrer. C'est seulement quand chaque partie supporte ce qui est proportionné à sa capacité, quand chaque partie est soutenue exactement là où elle doit l'être et autant qu'elle doit l'être, selon sa nécessité propre, que cette lutte conflictuelle entre rigidité et pesanteur, constitutive de la vie et des manifestations de la volonté inhérente à la pierre, peut se déployer jusqu'à la visibilité la plus parfaite, révélant ainsi dans toute leur évidence ces degrés inférieurs de l'objectité de la volonté. De la même manière, la forme de chaque partie ne doit pas être déterminée arbitrairement, mais par sa fin et par son rapport à l'ensemble. La colonne est la forme de support la plus simple, uniquement déterminée par sa fin. Si la colonne torse est une faute de goût[81], la colonne carrée est, de fait, moins simple, mais il se trouve qu'elle est plus facile à réaliser que la colonne ronde. De même, les formes que sont la frise, la poutre, l'arc et la coupole sont entièrement déterminées par leur fin immédiate et s'expliquent ainsi par elles-mêmes. Les ornements du chapiteau et autres font partie de la sculpture et non de l'architecture qui ne les tolère qu'à titre de décoration surajoutée pouvant aussi bien être écartée. — D'après ce qui vient d'être dit, il est tout à fait nécessaire, pour la compréhension et la jouissance esthétique d'une œuvre architecturale, de posséder une connaissance immédiate, intuitive de son matériau ainsi que du poids, de la rigidité et de la cohésion de celui-ci[82]. Le plaisir suscité par cette œuvre se trouverait subitement et fortement amoindri si nous apprenions que son matériau de construction est de la pierre ponce : nous aurions l'impression qu'elle est une sorte de faux édifice. Le même effet ne manquerait pas de se produire si on nous faisait savoir qu'elle n'est qu'en bois alors que nous la supposions en pierre, car cela change et déplace précisément le rapport entre rigidité et pesanteur et donc aussi le sens et la nécessité de toutes les parties, car ces forces naturelles se révèlent bien plus faiblement par un édifice en bois. Raison pour laquelle, au fond, le bois ne permet pas de construire une belle œuvre architecturale, quelles que soient les formes que celle-ci pourrait prendre ; notre seule théorie suffit à l'expliquer. Si enfin on nous disait que l'édifice dont l'aspect nous réjouit est fait de matériaux tout à fait divers, au poids et à la consistance tout à fait inégaux, impossibles à distinguer à l'œil nu, c'est l'édifice tout entier qui nous deviendrait aussi insipide qu'un poème dans une langue inconnue. Tout cela prouve précisément que l'effet de l'architecture n'est pas uniquement mathématique, mais aussi dynamique : ce qui nous parle à travers elle n'est pas simplement la forme et la symétrie, mais bien plutôt ces forces fondamentales de la nature, ces Idées primordiales, ces degrés les plus bas de l'objectité de la volonté. — La régularité de l'édifice et de ses parties, qui procède de l'utilité immédiate de chaque membre pour la consolidation de l'ensemble, sert également à en faciliter la vue synoptique et l'intelligence, et ses figures régulières contribuent à la beauté en révélant les lois de l'espace comme tel. Tout cela ne possède cependant qu'une valeur et une nécessité subordonnées et ne touche nullement à l'essentiel, puisque même la symétrie n'est pas toujours indispensable, car des ruines aussi peuvent être belles.

Les œuvres architecturales ont également un rapport tout à fait spécifique à la lumière : elles sont deux fois plus belles sous les rayons du soleil, avec un ciel bleu en arrière-plan, et elles produiront un effet encore tout différent au clair de lune. Ainsi, lorsqu'on érige une belle œuvre architecturale, on accordera toujours une attention particulière à l'effet de la lumière et à l'orientation. La raison principale en est qu'une lumière forte et tranchante permet de rendre visibles toutes les parties et leurs rapports. Je suis d'ailleurs d'avis que l'architecture est destinée à révéler la pesanteur et la rigidité en même temps que l'essence de la lumière qui s'y oppose totalement. La lumière, captée, entravée, réfléchie par ces grandes masses opaques aux limites franches et aux formes diverses, développe ainsi sa nature et ses propriétés avec d'autant plus de pureté et d'évidence, pour le plus grand plaisir du spectateur, puisque la lumière est la chose la plus réjouissante qui soit, en tant que condition et corrélat objectif du mode le plus parfait de la connaissance intuitive[83].

Les Idées portées à l'intuition la plus évidente par l'architecture étant les degrés les plus bas de l'objectité de la volonté, la signifiance objective de ce que l'architecture nous révèle est relativement minime. La jouissance esthétique procurée par la vue d'un bel édifice plongé dans une lumière favorable résidera donc moins dans l'appréhension de l'Idée que dans le corrélat subjectif que cette appréhension implique simultanément ; elle consistera principalement dans le fait que cette vue arrache le spectateur au mode de connaissance propre à l'individu, asservi à la volonté et obéissant au principe de raison, et l'élève au mode de connaissance propre au sujet de la connaissance libre de toute volonté : bref, elle consistera dans la pure contemplation affranchie de toute la souffrance du vouloir et de toute individualité. — À cet égard, le contraire de l'architecture et l'autre extrême dans la série des beaux-arts est le drame qui porte à la connaissance les Idées les plus signifiantes ; aussi, dans la jouissance esthétique qu'il procure, c'est le côté objectif qui est tout à fait prépondérant.

Ce qui distingue l'architecture des arts plastiques et de la poésie, c'est qu'elle n'offre pas une copie, mais la chose même. Elle ne répète pas, comme eux, l'Idée qui a été reconnue, ce par quoi l'artiste prête ses yeux au spectateur. Ici en revanche l'artiste lui prépare simplement l'objet et lui facilite l'appréhension de l'Idée en permettant à l'objet réel et individuel d'exprimer clairement et parfaitement son essence.

Les œuvres architecturales, au contraire des autres œuvres artistiques, ne sont que très rarement érigées à des fins purement esthétiques, celles-ci étant bien plutôt subordonnées à d'autres fins extérieures à l'art et purement utilitaires. Le grand mérite de l'architecte consistera dès lors à imposer et à réaliser les fins esthétiques en dépit de leur subordination à des fins étrangères, en les adaptant, de manière adroite et diverse, à la fin arbitraire de chaque situation, et en appréciant correctement si telle beauté esthétique et architectonique peut se concilier et s'unir avec un temple, telle autre avec un palais, telle autre encore avec un arsenal, etc. Un climat rude qui multiplie les exigences du besoin et de l'utilité, en les rendant plus rigides et impérieuses, restreindra d'autant plus l'espace de jeu du beau dans l'architecture. Sous le climat doux de l'Inde, de l'Égypte, de la Grèce ou de Rome, où les exigences de la nécessité étaient moins importantes et déterminées moins précisément, l'architecture pouvait bien plus librement poursuivre ses fins esthétiques ; sous le ciel nordique, ces fins étaient considérablement réduites ; chez nous, où l'exigence était aux édifices carrés, aux toits pointus et aux tours, l'architecture, ne pouvant développer sa beauté propre que dans des limites fort étroites, a dû, en guise de compensation, se parer d'autant plus avec les ornements empruntés à la sculpture, comme il est possible de le voir dans l'architecture gothique.

S'il est vrai que dans ces conditions, les exigences de la nécessité et de l'utilité infligent d'importantes restrictions à l'architecture, celle-ci n'y trouvera pas moins un appui solide, car eu égard à l'ampleur et au prix de ses œuvres, ainsi qu'à la sphère étroite de son mode d'action esthétique, elle ne pourrait pas du tout se maintenir si elle relevait exclusivement des beaux-arts et si elle n'occupait pas aussi, à titre de métier utile et nécessaire, une place fixe et honorable parmi les activités humaines. C'est exactement le défaut de cette place qui empêche un autre art d'accompagner l'architecture comme un frère alors que d'un point de vue esthétique elle devrait vraiment se rattacher à lui : je veux parler de l'art hydraulique. Car ce que l'architecture parvient à réaliser pour l'Idée de la pesanteur lorsque celle-ci apparaît liée à la rigidité, l'art hydraulique le réalise pour la même Idée associée à la fluidité, c'est-à-dire à l'absence de forme, à la mobilité la plus extrême et à la transparence. Des cascades se précipitant au-delà des rochers en écumant et rugissant, des cataractes se pulvérisant sans un bruit, des fontaines jaillissant comme d'immenses colonnes d'eau, des lacs miroitants: voilà autant de phénomènes qui révèlent les Idées de la matière fluide et pesante exactement comme les œuvres architecturales déploient celles de la matière rigide. L'art hydraulique ne trouvera pas d'appui dans l'hydraulique utilitaire car en règle générale les fins de celle-ci ne se laissent pas concilier avec les fins de celui-là, sauf à titre exceptionnel, comme dans la *cascata di Trevi* [fontaine de Trevi] à Rome*.

§ 44

Ce que les deux arts qui viennent d'être évoqués réalisent pour les degrés les plus bas de l'objectité de la volonté, l'art des jardins le réalise pour ainsi dire pour le degré supérieur de la nature végétale. B[La beauté du paysage d'une région réside principalement dans la diversité des objets naturels qui s'y trouvent rassemblés, ensuite dans le fait que chacun de ces objets se distingue clairement, se manifeste avec évidence, tout en se présentant dans une association et dans une alternance appropriées. Ce sont ces deux conditions que l'art des jardins favorise,]B mais il est bien moins maître de sa matière que l'architecture de la sienne, d'où son effet réduit. Le beau qu'il exhibe relève presqu'entièrement de la nature; d'une part il n'y a que peu ajouté, d'autre part il ne pourra pas grand-chose contre une nature désavantageuse: dans le cas où celle-ci ne lui prépare pas le travail, mais le contrarie, ses réalisations seront minimes.

* Voir sur ce sujet le chap. 35 du tome II.

Lorsque l'art prend ainsi pour objet le monde végétal, qui peut aussi bien s'offrir à la jouissance esthétique sans l'intermédiaire de l'art, c'est principalement la peinture de paysage qui s'en empare. Le domaine de celle-ci comprend également, avec le monde végétal, tout le reste de la nature dénuée de connaissance. — Avec les natures mortes, l'architecture simplement peinte, les ruines, les intérieurs d'église, etc., le côté subjectif de la jouissance esthétique prédomine, ce qui signifie que le plaisir que nous y prenons ne réside pas principalement dans l'appréhension des Idées présentées sans aucun intermédiaire, mais davantage dans le corrélat subjectif de cette appréhension, dans la pure connaissance dénuée de volonté. En effet, en nous faisant voir les choses par ses yeux, le peintre nous permet en même temps de partager après coup la sensation et le sentiment d'une profonde tranquillité d'âme, d'un silence total de la volonté, autant de conditions nécessaires pour plonger entièrement la connaissance dans ces objets inanimés et pour les appréhender avec autant d'amour, c'est-à-dire avec un tel degré d'objectivité. — L'effet global de l'authentique peinture de paysage est d'un genre comparable, parce que les Idées présentées, en tant que degrés supérieurs de l'objectité de la volonté, sont déjà plus signifiantes et évocatrices, en sorte que le côté objectif du plaisir esthétique se manifeste davantage et vient équilibrer le côté subjectif. La connaissance pure, comme telle, n'occupe plus un rôle principal et exclusif; c'est avec la même force que l'Idée connue, le monde comme représentation, agit à un degré important de l'objectivation de la volonté.

Un degré encore plus élevé nous est révélé par la peinture B[et la sculpture]B d'animaux. B[De celle-ci nous possédons d'importants vestiges antiques, par exemple les chevaux à Venise[84], à Monte-Cavallo[85], sur les reliefs d'Elgin[86], les chevaux en bronze et en marbre à Florence, le sanglier antique[87] et les loups hurlants dans la même ville, mais aussi les lions de l'Arsenal de Venise, les animaux principalement antiques qui remplissent toute une salle au Vatican, etc.]B Dans ces représentations, le côté objectif du plaisir esthétique domine de manière décisive le côté subjectif. Si nous retrouvons certes, comme dans chaque considération esthétique, la tranquillité du sujet qui connaît ces Idées et a apaisé sa propre volonté, l'effet de cette tranquillité ne se fait pas sentir, car nous sommes occupés par l'inquiétude et la véhémence de la volonté représentée. C'est ce vouloir même, qui constitue aussi notre essence, qui s'offre à notre regard dans des figures où son phénomène n'est pas maîtrisé et modéré par notre réflexion mais se présente sous des traits plus intenses et avec une évidence qui frôle le grotesque et le monstrueux, et se donne donc à nous sans aucune dissimulation, de manière naïve et directe, à découvert, ce sur quoi repose précisément notre intérêt pour les animaux. Le trait caractéristique des espèces est déjà visible dans la représentation des plantes, mais il ne se montre que par les formes : ici, il devient bien plus significatif et ne s'exprime pas uniquement par la forme, mais aussi par l'action, la position et le geste, quoiqu'à titre de caractère de l'espèce et non de l'individu. — Cette connaissance des Idées d'un degré supérieur, que nous obtenons par la peinture, par une voie extérieure, nous pouvons également l'avoir par une intuition purement contemplative des plantes et par l'observation des animaux dans leur environnement sauvage et naturel où ils sont à l'aise. La considération objective de leurs formes multiples et étonnantes, ainsi que de leurs actions et comportements, constitue une leçon instructive issue du grand livre de la nature, un déchiffrement de la vraie *signatura rerum**[88] : nous pouvons y voir les divers degrés et modes de manifestation de la volonté, laquelle, une et identique dans tous les êtres, veut toujours la même chose, veut cela même qui s'objective précisément comme vie, comme existence, dans une variété infinie, dans des formes si diverses qui sont autant d'adaptations aux diverses conditions extérieures, comme autant de variations sur un même thème. Si en un seul mot nous devions expliquer au spectateur, en lui donnant à réfléchir, la nature intime de tous ces êtres, le plus approprié serait de faire usage de cette formule sanskrite si récurrente dans les livres sacrés des Hindous B[et nommée *mahâvakya*, c'est-à-dire grande parole]B : *tat tvam asi*, ou « tu es ce vivant-là »[89].

§ 45

Présenter par une voie directement intuitive l'Idée par laquelle la volonté atteint le plus haut degré de son objectivation, voilà donc la grande tâche qui incombe à la peinture d'histoire et à la sculpture. Le

* Jacob Boehme, dans son ouvrage *De signatura rerum*, chap. I, § 15, 16, 17, nous dit : « De toutes les choses de la nature, créées ou engendrées, il n'en est aucune qui ne manifeste extérieurement sa forme intérieure, car toujours ce qui est en dedans travaille pour se révéler » ; « Toute chose a une bouche par laquelle elle s'exprime pour se révéler » ; « C'est ainsi que parle la nature : chaque chose exprime sa qualité, à tout moment elle emploie à se révéler » ; « Toute chose dit qui est sa mère, qui lui donne L'ESSENCE OU LA VOLONTÉ pour créer sa propre forme ».

côté objectif de la joie procurée par le beau est ici nettement prépondérant, le côté subjectif se trouvant en retrait. Il faut par ailleurs remarquer qu'au degré immédiatement inférieur, dans la peinture d'animaux, l'expression caractéristique se confond entièrement avec le beau : le lion, le loup, le cheval, le taureau le plus caractéristique est toujours aussi le plus beau. La raison en est que l'expression caractéristique des animaux est toujours spécifique et jamais individuelle. Mais dans la représentation de l'homme, l'expression caractéristique de l'espèce est séparée du caractère de l'individu : celui-ci est alors nommé beauté (en un sens tout à fait objectif), celle-là conserve le nom de caractère ou d'expression, d'où l'apparition de cette difficulté nouvelle qui est de présenter parfaitement les deux en même temps et dans le même individu[90].

La BEAUTÉ HUMAINE est une expression objective qui désigne l'objectivation la plus parfaite de la volonté au degré le plus éminent de sa cognoscibilité <*Erkennbarkeit*>, l'Idée de l'homme en général, entièrement exprimée par la forme intuitionnée. S'il est vrai qu'ici, le côté objectif du beau se manifeste tout particulièrement, le côté subjectif, néanmoins, l'accompagne toujours. Aucun objet ne nous incline aussi rapidement à l'intuition esthétique que le plus beau des visages humains, la plus belle des formes humaines dont la simple vue suffit à provoquer en nous, dans l'instant, un plaisir indicible, en nous élevant au-dessus de nous-même et de tout ce qui nous tourmente ; mais cela n'est possible que parce que cette cognoscibilité de la volonté, la plus évidente et la plus pure, nous transporte le plus aisément, par le plus court chemin, dans l'état du pur connaître où notre personnalité, notre vouloir, avec sa douleur perpétuelle, disparaît tant que dure le plaisir purement esthétique. C'est pourquoi Goethe peut dire: «Qui regarde la beauté ne saurait être effleuré d'aucun mal; il se sent en accord avec soi-même et avec le monde[91].» — La raison pour laquelle la nature réussit une belle forme humaine, c'est que la volonté, en s'objectivant au degré le plus éminent dans un individu, renverse totalement, grâce à sa puissance associée à des conditions favorables, tous les obstacles et toute la résistance que lui opposent les phénomènes de la volonté des degrés inférieurs, comme le sont les forces de la nature auxquelles il doit toujours, au préalable, disputer et arracher la matière qui les constitue[92]. En outre, aux degrés supérieurs, le phénomène de la volonté contient toujours, dans sa forme, la diversité: un simple arbre déjà n'est qu'un agrégat systématique des fibres bourgeonnantes qui se répètent en nombre infini; en montant l'échelle des êtres, cette complexité ne cesse d'augmenter, et le corps humain est ainsi un système hautement complexe, composé de parties fort différentes dont chacune possède une vie à la fois subordonnée à l'ensemble et une vie qui lui est propre (*vita propria*). Le fait que toutes ces parties soient exactement et convenablement subordonnées à l'ensemble tout en étant coordonnées entre elles, qu'elles conspirent harmonieusement à la présentation de l'ensemble, sans excès ni manque: voilà les conditions rares dont le résultat est la beauté, le caractère de l'espèce, entièrement développé. — Ainsi procède la nature. Et l'art? — On est d'avis que c'est par imitation de la nature. Mais comment l'artiste pourrait-il reconnaître cette œuvre réussie à imiter, et à discerner parmi les œuvres ratées, sinon en anticipant le beau AVANT MÊME L'EXPÉRIENCE? Et d'ailleurs la nature a-t-elle déjà produit une seule fois un homme parfait dans toutes ses parties? —

On a ainsi cru que l'artiste devait rassembler les belles parties, distribuées séparément à de nombreux hommes, pour composer un bel ensemble : voilà une opinion fausse et irréfléchie. Car, encore une fois, on pourrait demander ce qui lui permet de reconnaître que ces formes-ci sont belles alors que celles-là ne le seraient pas ? Voyez où en sont arrivés les maîtres anciens allemands par l'imitation de la nature : regardez donc leurs nus. — Aucune connaissance du beau n'est possible purement *a posteriori*, à partir de la simple expérience : elle est toujours, du moins partiellement, *a priori*, quoique d'un autre genre que les autres formes du principe de raison, dont on a conscience *a priori*. Celles-ci concernent la forme universelle du phénomène comme telle, ainsi qu'elle fonde en général la possibilité de la connaissance, le COMMENT universel, sans exception, du phénomène, et de cette connaissance procèdent les mathématiques et la science pure de la nature. Or l'autre genre de connaissance *a priori*, qui rend possible la présentation du beau, concerne non pas la forme, mais le contenu des phénomènes, non pas le COMMENT <*Wie*>, mais le QUOI <*Was*> de la phénoménalisation. Nous reconnaissons tous la beauté humaine lorsque nous la voyons, mais l'artiste authentique la reconnaît avec une évidence telle qu'il la montre comme il ne l'a jamais vue, surpassant la nature par cette présentation même : voilà qui n'est possible que parce que nous sommes NOUS-MÊME cette volonté dont il s'agit d'apprécier et de trouver l'objectivation adéquate à son plus haut degré. C'est par ce fait seul que nous pouvons concrètement anticiper ce que la nature, qui n'est autre que cette volonté constituant notre propre essence, s'efforce de présenter. Chez l'authentique génie, cette anticipation est accompagnée d'un degré de réflexion tel qu'en reconnaissant l'Idée dans la chose singulière, IL COMPREND LA NATURE À DEMI-MOT, pour ainsi dire, et énonce alors clairement ce qu'elle n'avait fait que balbutier : la beauté de la forme qu'elle échoue à atteindre après des milliers de tentatives, il l'imprime dans la dureté du marbre, l'oppose à la nature comme pour l'interpeller : « Voilà ce que tu voulais dire ! », B[ce à quoi le connaisseur répond en écho : « Oui, c'était bien cela ! »[93].]B — Ce n'est que de cette manière que le génie grec a pu trouver l'archétype de la figure humaine pour en faire le canon de l'école de la sculpture ; de même, ce n'est qu'en vertu d'une telle anticipation que nous pouvons tous reconnaître le beau là où la nature l'a vraiment réussi dans tel cas particulier. Cette anticipation est l'IDÉAL : c'est l'IDÉE dans la mesure où, au moins à moitié, elle se trouve reconnue *a priori* et vient compléter, comme telle, en s'offrant ainsi à la pratique de l'art, ce qui est donné *a posteriori* par la nature. La possibilité d'une telle anticipation *a priori* du beau par l'artiste, comme de sa reconnaissance *a posteriori* par le connaisseur, réside dans le fait que l'artiste et le connaisseur sont eux-mêmes l'en-soi de la nature, la volonté qui s'objective. Car seul le même reconnaît le même, ainsi que le disait Empédocle[94]. La nature seule peut se comprendre elle-même, la nature seule peut se sonder elle-même : l'esprit, lui aussi, ne peut être senti que par l'esprit*[95].

C'est une opinion absurde[96], que les Grecs auraient

* B[La dernière phrase est la germanisation du mot d'Helvétius *il n'y a que l'esprit qui sente l'esprit* [en français dans le texte], ce que je n'avais pas à faire remarquer dans la première édition. Entre-temps, par l'influence abêtissante du pseudo-savoir hégélien, notre époque s'est tellement dégradée, est devenue tellement inculte, que d'aucuns y verraient volontiers une allusion à l'opposition « esprit et nature ». Je suis donc contraint de me prémunir

trouvé et érigé l'idéal de la beauté humaine de manière entièrement empirique, en recueillant et assemblant les belles parties isolées, dénudant et soulignant un genou par-ci, un bras par-là. Cette opinion erronée trouve d'ailleurs son pendant dans l'art poétique, lorsqu'on suppose que par exemple Shakespeare, dans ses drames, aurait tiré de son expérience individuelle du monde, puis restitué, ces personnages innombrables et divers, si authentiques et si maîtrisés. Nul besoin de discuter de l'impossibilité et de l'absurdité de cette supposition : de même que le génie ne produit les œuvres des arts plastiques que par une anticipation intuitive du beau, il est évident qu'il ne produit les œuvres de l'art poétique que par une anticipation similaire de l'expression caractéristique. Les deux arts cependant ont besoin de l'expérience comme d'un schème, seul capable de porter à une pleine évidence ce dont ils n'ont qu'une conscience obscure *a priori*, en produisant ainsi la possibilité d'une présentation réfléchie.

Nous avons expliqué plus haut que la beauté humaine était l'objectivation la plus parfaite de la volonté au degré suprême de sa cognoscibilité. Elle s'exprime par la forme : celle-ci se trouve uniquement dans l'espace et n'a pas de lien nécessaire avec le temps comme par exemple le mouvement. Nous pouvons donc dire que la beauté au sens objectif est l'objectivation adéquate de la volonté par un phénomène purement spatial. La plante n'est rien d'autre qu'un tel phénomène spatial de la volonté, puisqu'aucun mouvement ni donc aucun lien avec le temps (mis à sa part son évolution) ne caractérisent

---

explicitement contre la fausse imputation de ce genre de philosophèmes populaciers.]B

l'expression de son essence : sa simple forme exprime et manifeste toute son essence. Mais pour révéler complètement la volonté qui se phénoménalise chez l'animal et l'homme, il faut en plus une série d'actions par lesquelles ce phénomène entretient en eux un lien immédiat avec le temps. Tout cela a déjà été exposé au livre précédent et se rattache à nos présentes considérations par ce qui suit. Le phénomène purement spatial de la volonté peut l'objectiver à chaque degré déterminé de manière parfaite ou imparfaite, constituant ainsi la beauté ou la laideur. De même, l'objectivation temporelle de la volonté, c'est-à-dire l'action, plus exactement l'action immédiate comme mouvement, peut correspondre purement et parfaitement à la volonté qui s'y objective, sans aucun ajout externe, sans élément superflu ou manquant, n'exprimant à chaque fois que l'acte de volonté déterminé et particulier — ou alors ce peut être l'exact inverse. Dans le premier cas, le mouvement se produit avec GRÂCE <*Grazie*>, et sans grâce dans le second. De même donc que la beauté est la présentation adéquate de la volonté comme telle par son phénomène purement spatial, la GRÂCE est la présentation adéquate de la volonté par son phénomène temporel, autrement dit elle est l'expression parfaitement juste et appropriée de tout acte de volonté par le mouvement et la position qui l'objectivent. Comme le mouvement et la position supposent déjà le corps, la définition de Winckelmann est tout à fait juste et pertinente : « La grâce est le rapport particulier entre l'agent et l'action » (*Werke*, t. I, p. 258[97]). Il est évident qu'on peut attribuer la beauté aux plantes, mais non la grâce, sinon au sens figuré ; les animaux et les hommes possèdent les deux, beauté et grâce. D'après ce qui vient d'être dit, il y a grâce lorsque tout mouvement et toute position s'exécutent de la manière la plus facile, la plus appropriée et la plus aisée, afin d'être l'expression purement adéquate de leur intention ou de l'acte de volonté, sans élément superflu, comme une manipulation inopportune et insignifiante ou une attitude forcée, sans élément manquant non plus qui produirait un effet de raideur maladroite.

La grâce suppose, comme sa condition, une bonne proportion des membres, une constitution du corps régulière et harmonieuse ; c'est en effet cette condition seulement qui rend possible la légèreté parfaite et l'utilité évidente de toutes les positions et de tous les mouvements : la grâce n'est donc jamais sans un certain degré de beauté du corps. Grâce et beauté, associées dans leur perfection, constituent le phénomène le plus évident de la volonté au degré suprême de son objectivation.

Selon ce trait distinctif de l'humanité évoqué plus haut, le caractère de l'espèce y est séparé du caractère de l'individu, en sorte que chaque homme représente pour ainsi dire une Idée tout à fait particulière, comme nous l'avons dit au livre précédent[98]. Les arts dont le but est la présentation de l'Idée de l'humanité, ont donc également pour objectif, à côté de la beauté comme caractère de l'espèce, le caractère de l'individu qu'on appelle par excellence CARACTÈRE. Or ceci ne s'entend que dans la mesure où ce caractère n'est pas à considérer comme quelque chose d'accidentel, de tout à fait propre à l'individu dans sa singularité, mais comme un aspect de l'Idée de l'humanité[99] qui est particulièrement manifeste dans cet individu-là : c'est donc pour révéler cette Idée que la représentation de cet individu est utile. Le caractère, comme tel individuel, doit donc pourtant être appréhendé et figuré de manière idéaliste, c'est-à-dire en faisant ressortir sa signifiance eu égard à l'Idée de l'humanité en général à l'objectivation de laquelle le caractère contribue à sa façon ; à côté de cela, la représentation est un portrait, une répétition du singulier comme tel avec toutes ses qualités accidentelles. Et même le portrait doit être, comme le dit Winckelmann, l'idéal de l'individu.

Appréhendé de manière idéaliste et faisant ressortir un aspect propre à l'Idée de l'humanité, ce CARACTÈRE se présente dans le visible en partie par la constance de la physionomie et de la corporisation, en partie par la fugacité de l'affect et de la passion, par la modification réciproque du connaître et du vouloir l'un par l'autre, ce qui s'exprime par l'apparence physique et le mouvement. D'une part, l'individu appartient toujours à l'humanité et celle-ci, d'autre part, se révèle toujours par l'individu, et même par la signifiance idéale propre à cet individu ; la beauté ne saurait donc être supprimée par le caractère, ni le caractère par la beauté, parce que la suppression du caractère de l'espèce par celui de l'individu aboutirait à une caricature, la suppression du caractère de l'individu par celui de l'espèce à l'insignifiance. C'est pourquoi, en visant la beauté, la présentation, principalement la sculpture, modifiera néanmoins toujours quelque chose de cette beauté (c'est-à-dire du caractère de l'espèce) par le caractère de l'individu, et exprimera toujours l'Idée de l'humanité sous un mode déterminé, individuel, en faisant ressortir un aspect particulier de cette Idée. Car l'individu humain, comme tel, possède pour ainsi dire la dignité d'une Idée propre, et il est essentiel à l'Idée de l'humanité d'être présentée par des individus d'une signifiance singulière. C'est la raison pour laquelle, dans les œuvres des Anciens, la beauté qu'ils appréhendent avec évidence ne s'exprime pas par un seul personnage, mais par plusieurs aux caractères divers ; la beauté est toujours saisie par un autre côté, pour ainsi dire, et se trouve donc présentée de telle façon dans Apollon, de telle autre dans Bacchus, d'une autre encore dans Hercule et encore d'une autre dans Antinoos : il arrive même que l'expression caractéristique vienne restreindre le beau, jusqu'à se présenter sous les traits de la laideur dans le Silène ivre, dans le faune, etc. Mais si l'expression caractéristique va jusqu'à la suppression réelle du caractère de l'espèce, autrement dit jusqu'au non-naturel, elle devient caricature. — La grâce doit être encore moins entravée par l'expression caractéristique que la beauté : quels que soient la position et le mouvement exigés par l'expression du caractère, ils doivent être exécutés de la manière la plus légère, la plus appropriée et la plus convenable à la personne. C'est une règle que respecteront non seulement les sculpteurs et les peintres, mais aussi tous les bons acteurs : autrement le résultat serait, là aussi, une caricature, une déformation, une contorsion.

Dans la sculpture, beauté et grâce sont la chose principale. Le caractère authentique de l'esprit, ressortant dans l'affect, la passion, le jeu réciproque entre connaître et vouloir, uniquement représentable par l'expression du visage et du geste, est le domaine par excellence de la PEINTURE. Si les yeux et les couleurs, situés en dehors de la sphère de la sculpture, contribuent pour beaucoup à la beauté, ils sont bien plus essentiels encore au caractère. Par ailleurs, la beauté se déploie de manière plus parfaite quand on la considère à partir de plusieurs points de vue, alors que l'expression, le caractère, peut très bien être appréhendé à partir d'un point de vue UNIQUE.

Comme la beauté est de toute évidence le but principal de la sculpture, Lessing a tenté d'expliquer le fait que le « Laocoon ne crie pas » en affirmant que le cri était inconciliable avec la beauté[100]. Comme Lessing fit de cette question le thème ou du moins le point de départ d'un livre, et comme on a tant écrit sur cette question avant et après lui, qu'il me soit permis de présenter ici[101] incidemment mon avis sur la chose, même si une discussion aussi spéciale ne s'insère pas à proprement parler dans le contexte de nos considérations qui portent toujours sur le général.

§ 46

Il est manifeste que Laocoon, dans le célèbre groupe sculpté, ne crie pas et si l'on s'en étonne, de manière générale et récurrente, c'est que dans sa situation, nous crierions tous. Ainsi l'exigerait aussi la nature : la douleur corporelle la plus véhémente, l'angoisse physique la plus grande surgie soudainement, refoulent entièrement de la conscience toute réflexion qu'une endurance silencieuse aurait pu provoquer et la nature se soulage en criant, avec pour résultat d'exprimer la douleur et l'angoisse, d'appeler à l'aide et de terrifier l'adversaire. Déjà Winckelmann remarquait que l'expression du cri faisait défaut, mais cherchant à légitimer l'artiste, il fit de Laocoon un véritable stoïcien considérant comme en dessous de sa dignité de crier *secundum naturam* [conformément à la nature] et ajoutant encore à sa douleur la contrainte inutile de brider les manifestations du cri. Raison pour laquelle Winckelmann voit en lui « l'esprit expérimenté d'un grand homme, souffrant le martyre et cherchant à réprimer l'expression de la sensation et à la contenir; il ne pousse pas de grands cris, comme chez Virgile, il ne laisse échapper que quelques soupirs inquiets», etc. (*Werke*, t. 7, p. 98. — La même chose plus développée t. 6, p. 104 sq.). Dans son *Laocoon*, Lessing s'employa à critiquer cette opinion de Winckelmann en la corrigeant de la manière évoquée plus haut: au lieu de donner une raison psychologique, il avança une raison purement esthétique: la beauté, principe de l'art antique, ne saurait admettre l'expression du cri. Un autre argument qu'il ajoute et selon lequel aucun état tout à fait éphémère, incapable d'aucune durée, ne saurait être présenté par une œuvre d'art immobile, peut être réfuté par cent exemples d'excellentes figures figées dans des mouvements tout à fait fugaces, dans la danse, dans la lutte, dans la course, etc. Goethe aussi, dans le texte qui ouvre les *Propylées* (p. 8), va jusqu'à considérer qu'un tel moment éphémère est nécessaire[102]. — De nos jours, Hirt (*Horen*, 1797, X[103]), reconduisant tout à la vérité éminente de l'expression, a tranché l'affaire en statuant que si Laocoon ne crie pas c'est que, sur le point de mourir d'asphyxie, il ne le peut pas. Récemment, Fernow (*Römische Studien*, t. I, p. 426 sq.[104]) a discuté et pesé ces trois positions sans en ajouter une nouvelle mais en conciliant et unifiant les trois.

Je ne puis m'empêcher de m'étonner de ce que des hommes aussi réfléchis et perspicaces vont péniblement chercher des raisons éloignées et insuffisantes, usant d'arguments psychologiques et même physiologiques pour résoudre un problème dont la raison saute aux yeux et tombe sous le bon sens; et je suis encore plus étonné que Lessing, si près de la bonne explication, n'ait pourtant aucunement saisi de quoi il retourne exactement.

Avant de mener une investigation psychologique et physiologique pour savoir si, dans sa situation, Laocoon va crier ou non, ce que, au demeurant, je n'hésiterais pas à affirmer franchement, il faut décider, en considérant le groupe, si le cri ne pouvait y être représenté pour la seule raison que la représentation de ce cri se trouve tout à fait en dehors du domaine de la sculpture. On ne pouvait extraire du marbre un Laocoon qui crie, mais seulement un Laocoon ouvrant la bouche et s'efforçant inutilement de crier, B[un Laocoon dont la voix reste en travers de la gorge, *vox faucibus haesit*[105].]B La nature, et ainsi l'effet du cri sur le spectateur, réside exclusivement dans le son et non dans le fait d'ouvrir la bouche. Ce dernier phénomène, qui accompagne nécessairement le cri, doit au préalable être motivé et justifié par le son ainsi produit : c'est alors que le phénomène, étant caractéristique de l'action, est acceptable, voire nécessaire, bien qu'il nuise à la beauté. Mais ce serait réellement une preuve d'ignorance si l'art plastique, auquel la représentation du cri lui-même est tout à fait étrangère et impossible, représentait le moyen du cri, le fait d'ouvrir la bouche, dans toute sa violence, déformant tous les traits et le reste de l'expression : car on mettrait ainsi sous les yeux ce moyen qui, au demeurant, exige de nombreux sacrifices, sans parvenir à atteindre le but visé, le cri lui-même, ainsi que son effet sur l'âme. Qui plus est, on produirait ainsi l'image forcément ridicule d'un effort resté sans effet, à l'instar de ce farceur qui avait rempli de cire le cor d'un gardien de nuit assoupi pour ensuite le réveiller en criant au feu et se réjouir de ses vains efforts pour faire sonner son cor. — Mais on peut tout à fait accepter le cri lorsque sa représentation est du ressort des arts figuratifs, car il sera alors au service de la vérité, c'est-à-dire de la figuration la plus parfaite de l'Idée. Il en va ainsi dans l'art poétique qui, dans le but d'une présentation intuitive, sollicite l'imagination du lecteur : voilà pourquoi, chez Virgile, Laocoon crie comme un taureau qui s'est échappé après avoir été touché par la hache ; voilà pourquoi Homère (*Il., XX, 48-53*[106]) fait pousser des cris terrifiants à Mars et à Minerve alors que leur dignité et leur beauté divines demeurent intactes. De même dans l'art du théâtre : sur scène, Laocoon devait forcément crier ; Sophocle aussi fait crier Philoctète, ce qu'il a certainement fait sur les scènes antiques[107]. Je me souviens d'un cas tout à fait comparable lorsque j'ai vu jouer à Londres le fameux acteur Kemble dans une pièce traduite de l'allemand, *Pizarro*[108], où il tenait le rôle de l'Américain Rolla, un semi-sauvage mais d'un caractère très noble : pourtant, une fois blessé, il poussa un cri fort et violent, ce qui était d'un grand et excellent effet, car ce trait, caractéristique au plus haut point, contribuait grandement à la vérité. — En revanche, un homme muet qui crie, peint ou sculpté dans la pierre, serait encore plus ridicule que de la musique peinte, déjà critiquée par Goethe dans ses *Propylées*. En effet, le cri nuit bien plus au reste de l'expression et à la beauté que la musique qui n'occupe le plus souvent que les mains et les bras et doit être considérée comme une action caractérisant la personne ; elle peut même être peinte adéquatement à condition de ne demander ni mouvement violent du corps ni déformation de la bouche : c'est le cas, par exemple, avec sainte Cécile à l'orgue, B[avec le *Joueur de violon* de Raphaël à la galerie Sciarra de Rome, etc.]B — Puisque c'est donc en raison des limites de l'art que la douleur de Laocoon ne pouvait être exprimée par un cri, l'artiste a dû solliciter toutes les autres expression du cri : c'est ce qu'il a accompli à la plus haute perfection, comme le dépeint magistralement Winckelmann (*Werke*, t. 6, p. 104 sq.), raison pour laquelle son excellente description garde pleinement sa valeur et sa vérité, à condition de ne pas tenir compte du fait qu'il attribue une intention stoïcienne à l'artiste*.

§ 47

Parce que la beauté, avec la grâce, constitue l'objet principal de la sculpture, celle-ci aime la nudité et ne tolère les vêtements que s'ils ne cachent pas les formes. Elle n'use pas de la draperie comme d'un voile, mais comme d'une présentation indirecte de la forme ; ce mode de présentation fait beaucoup travailler l'entendement car ce dernier ne parvient à l'intuition de la cause, c'est-à-dire de la forme du corps, que par le seul effet produit immédiatement, par les plis de l'étoffe drapée. La draperie est donc à la sculpture ce que le raccourci est à la peinture. Toutes deux sont comme des allusions ; elles ne sont pas symboliques, mais, lorsqu'elles sont réussies, elles contraignent directement l'entendement à intuitionner l'objet indiqué comme s'il était réellement donné.

Qu'il me soit permis d'intercaler ici, en passant, une comparaison concernant l'art rhétorique. La belle forme d'un corps ressort sous son jour le plus favorable en tenue légère, voire sans aucune tenue et ainsi un homme très beau, doté de goût et en

* Cet épisode a également son complément au chap. 36 du tome II.

mesure de l'exercer, se promènerait de préférence presque nu, seulement vêtu à la mode antique. De même, tout esprit éminent aux idées nombreuses s'exprimera toujours de la manière la plus naturelle, directe et simple, s'efforçant, si possible, de communiquer ses idées aux autres afin de réduire la solitude qu'il éprouve nécessairement dans ce monde. À l'inverse, la pauvreté d'esprit, le désordre, l'extravagance seront drapés dans les expressions les plus précieuses, les tournures les plus obscures, pour dissimuler par des phrases pénibles et pompeuses des idées insignifiantes, minuscules, prosaïques, ordinaires, de manière tout à fait analogue à celui qui, ne possédant pas la majesté de la beauté, voudrait combler ce manque par l'habillement, cherchant à cacher l'insignifiance ou la laideur de sa personne sous une parure barbare, sous ses paillettes, ses plumes, ses collerettes et son manteau. Ce dernier serait fort embarrassé s'il était contraint de marcher nu ; il en irait de même avec plus d'un auteur, si on l'obligeait à restituer de façon concise et claire le contenu de son livre si pompeux et obscur.

§ 48

Avec la beauté et la grâce, c'est en outre le caractère qui fait l'objet principal de la PEINTURE D'HISTOIRE. Il faut généralement entendre par là la présentation de la volonté au plus haut degré de son objectivation, là même où l'individu, faisant ressortir un aspect particulier de l'Idée de l'humanité, possède une signifiance singulière et la donne à connaître non seulement par la simple forme, mais par des actions en tout genre et par les modifications du connaître et du vouloir qui les occasionnent et les accompagnent, modifications visibles dans l'apparence physique et dans les gestes. Comme il s'agit de figurer l'Idée de l'humanité dans cette ampleur même, le déploiement de ses aspects multiples à travers des individus chargés de signification doit être porté sous les yeux, ces individus, à leur tour, ne pouvant être rendus visibles dans leur signifiance que par une pluralité de scènes, d'événements et d'actions. La peinture d'histoire s'acquitte de cette tâche infinie qui est la sienne en mettant sous les yeux des scènes de la vie en tout genre, quelle que soit leur signifiance. Il n'est aucun individu, ni aucune action, qui ne revêtent quelque signification : l'Idée de l'humanité se déploie progressivement à travers tout individu, à travers toute action. C'est la raison pour laquelle aucun événement de la vie humaine ne saurait être exclu de la peinture. On fait donc grand tort aux excellents peintres de l'école hollandaise lorsqu'on n'estime que leur habileté technique, tout en les méprisant par ailleurs parce qu'ils ne représentaient le plus souvent que des objets de la vie courante, en considérant que seuls les événements de l'histoire universelle ou de l'histoire biblique sont importants. Il faudrait d'abord considérer que la signifiance intérieure d'une action diffère entièrement de sa signifiance extérieure, les deux coexistant souvent de manière séparée. La signifiance extérieure, c'est la portée d'une action relativement à ses conséquences dans et pour le monde réel, donc selon le principe de raison. La signifiance intérieure, c'est la profondeur de la vue qu'elle ouvre sur l'Idée de l'humanité en portant à la lumière les aspects de cette Idée qui se manifestent plus rarement, et ce en laissant se développer la singularité d'individualités s'exprimant de manière évidente et déterminée par l'intermédiaire d'un contexte disposé à cette fin. Dans l'art, seule vaut la signifiance intérieure: l'extérieure vaut dans l'histoire. Toutes deux sont entièrement indépendantes l'une de l'autre; elles peuvent se produire simultanément, mais chacune peut aussi apparaître séparément. Une action d'une portée éminente pour l'histoire peut n'avoir qu'une signifiance intérieure tout à fait quotidienne et courante et, à l'inverse, une scène de la vie courante peut revêtir une grande signifiance intérieure lorsqu'en elle les individus humains, leur agir et leur vouloir, y apparaissent sous une lumière claire et nette jusque dans leurs replis les plus cachés. Aussi, alors que la signifiance extérieure peut être fort différente, la signifiance intérieure peut être une et identique; eu égard à cette dernière, il est par exemple parfaitement indifférent si des ministres, penchés sur une carte géographique, se disputent des pays et des peuples ou si des paysans, dans leur taverne, autour d'un jeu de cartes ou de dés, veulent imposer leurs droits les uns aux autres; C[de même qu'il importe peu de jouer aux échecs avec des figures en or ou en bois[109].]C De plus, les scènes et les événements qui constituent la vie de tant de millions d'êtres humains, leurs faits et gestes, leurs joies et peines, ont déjà une importance suffisante pour faire l'objet de l'art et peuvent fournir, par leur riche diversité, assez de matière pour développer les aspects multiples de l'Idée de l'humanité. B[La fugacité de l'instant que l'art a fixé dans un tel tableau (aujourd'hui appelé «tableau de genre») peut même susciter une émotion discrète et particulière:]B C[car retenir dans un tableau ce monde éphémère se transformant sans cesse à travers des événements singuliers qui n'en représentent pas moins l'ensemble, voilà la production propre à la peinture, par laquelle elle semble en mesure d'arrêter le temps lui-même en élevant le singulier à l'Idée de son espèce.]C Enfin, en peinture, les objets historiques, extérieurement importants, ont souvent cet inconvénient que leur signifiance précisément n'est pas représentable de manière intuitive, mais doit être ajoutée mentalement. À cet égard, il faut généralement distinguer entre la signification nominale et la signification réelle d'un tableau : celle-là est la signification externe, mais ajoutée conceptuellement, celle-ci est l'aspect de l'Idée de l'humanité qui se révèle à l'intuition par le tableau. La première sera par exemple Moïse trouvé par la princesse égyptienne : un moment d'une importance éminente pour l'histoire ; la signification réelle, ce qui est effectivement donné à l'intuition, c'est un enfant trouvé, sauvé dans son berceau flottant par une femme distinguée : un incident qui a dû se produire plusieurs fois. Le costume seul permettra au savant de reconnaître cet événement historique déterminé, mais il n'aura d'importance que pour la signification nominale et en sera dénué pour la signification réelle, puisque cette dernière ne concerne que l'homme en tant que tel et non les formes arbitraires. Les objets tirés de l'histoire n'ont pas de privilège par rapport à ceux tirés d'une simple possibilité : il ne faut donc pas qualifier ces derniers d'individuels, mais de généraux, car leur signifiance véritable n'est pas l'individuel, n'est pas l'événement singulier comme tel, mais l'universel qui s'y trouve, l'aspect de l'Idée de l'humanité qui s'y exprime. D'autre part, ce n'est pas là une raison pour rejeter certains objets historiques : en effet, la vue proprement artistique de ces objets, tant celle du peintre que celle du spectateur, n'en vise jamais l'aspect particulier et individuel, qui constitue précisément l'historique, mais l'aspect universel qui s'y exprime, l'Idée. Aussi ne faut-il choisir que des objets historiques où le thème principal est réellement représentable et ne doit pas simplement être ajouté mentalement ; autrement, la signification nominale est trop éloignée de la signification réelle et l'aspect mental du tableau, qui devient alors prépondérant, nuit à ce qui est intuitionné. Il est déjà inapproprié si, au théâtre, l'essentiel se passe derrière la scène, comme dans la tragédie française ; c'est manifestement une faute bien plus grande encore dans un tableau. L'effet des objets historiques n'est franchement désavantageux que lorsqu'ils bornent le peintre à un domaine choisi arbitrairement et à des fins autres qu'artistiques ; pire encore, lorsque ce domaine est pauvre en objets pittoresques et intéressants, lorsqu'il traite par exemple de l'histoire des Juifs, ce petit peuple d'usurpateurs, isolé, obstiné, hiérarchisé, c'est-à-dire gouverné par le délire et méprisé par les grands peuples d'Orient et d'Occident qui lui sont contemporains. — Puisqu'entre nous et tous les peuples anciens se trouve la migration des peuples comme jadis le changement du lit de la mer se trouvait entre la surface actuelle du globe et la surface dont nous ne connaissons les organisations qu'à l'état fossilisé, il faut généralement considérer comme un grand malheur que le peuple dont la culture passée aura principalement servi de base à la nôtre ne fut pas celui des Indiens ou des Grecs ou même des Romains, mais précisément celui des Juifs. Or c'était surtout un terrible fardeau pour les peintres géniaux d'Italie des XVe et XVIe siècles, au point qu'ils devaient recourir à toutes sortes d'expédients dans la sphère restreinte qui s'offrait à eux pour le choix des objets : car pour la peinture, le Nouveau Testament, dans sa partie historique, est presque encore plus désavantageux que l'Ancien et l'histoire postérieure des martyrs et des docteurs de l'Église, un objet pour le moins malencontreux. Mais parmi les tableaux qui ont pour objet l'aspect historique ou mythologique du judaïsme et du christianisme, il faut surtout distinguer ceux qui révèlent à l'intuition l'esprit authentique, c'est-à-dire éthique, du christianisme, par la représentation d'hommes qui sont profondément pénétrés de cet esprit. En effet, ces représentations constituent les œuvres les plus éminentes et les plus admirables de la peinture : aussi, seuls les plus grands maîtres de cet art ont réussi à les réaliser, en particulier Raphaël et le Corrège, celui-ci du moins dans ses premiers tableaux. À vrai dire les peintures de cette espèce ne comptent pas vraiment parmi les peintures historiques, car le plus souvent elles ne figurent pas un fait ou un acte : elles rassemblent simplement des saints, le Sauveur lui-même, souvent comme enfant, avec sa mère, des anges, etc. Dans leurs visages, surtout dans leurs yeux, nous voyons l'expression, le reflet de la connaissance la plus parfaite, celle-là même qui ne porte pas sur des choses singulières, mais qui a pleinement appréhendé les Idées, c'est-à-dire toute l'essence du monde et de la vie, cette connaissance qui, agissant en retour sur la volonté, ne lui fournit pas de MOTIFS, comme l'autre connaissance, mais qui est devenue au contraire un QUIÉTIF pour tout vouloir, quiétif duquel procède la parfaite résignation, l'esprit intime tant du christianisme que de la sagesse indienne, l'abandon de tout vouloir, le retournement, l'abolition de la volonté et, avec celle-ci, de toute l'essence de ce monde : bref la délivrance. C'est ainsi que les maîtres éternellement vénérables de l'art ont exprimé par leurs œuvres la plus haute sagesse. Et ici se trouve le sommet de tout art : après avoir parcouru tous les degrés de la volonté en son objectité adéquate, en ses Idées — des degrés les plus bas, où ce sont des causes qui déploient son essence et la meuvent de manière si multiple, aux degrés où ce sont des excitations, puis enfin aux degrés où ce sont des motifs —, l'art aboutit à la représentation de sa libre auto-abolition par ce grand quiétif qui émerge de la connaissance la plus parfaite de sa propre essence*.

§ 49

Toutes nos considérations précédentes sur l'art s'appuient toujours sur cette vérité que l'objet de l'art, dont la présentation est le but de l'artiste, et dont la connaissance doit donc précéder l'œuvre comme son germe et son origine, n'est absolument rien d'autre qu'une IDÉE au sens de Platon : ce n'est pas la chose singulière, objet de la conception commune, ni même le concept, objet de la pensée rationnelle et de la science. Bien que l'Idée et le concept aient ceci en commun qu'en tant qu'unité, ils représentent une pluralité de choses réelles, la grande différence entre les deux devrait maintenant être évidente et lumineuse après ce qui a été dit sur le concept dans le livre I et sur l'Idée dans le présent livre. Je ne saurais aucunement prétendre, cependant, que Platon lui-même aurait appréhendé cette différence dans toute sa pureté : bien au contraire, certains de ses exemples d'Idées, et de ses explica-

* L'intelligence de ce passage présuppose tout le livre suivant.

tions qui s'y rapportent, ne peuvent s'appliquer qu'à des concepts[110]. Quoi qu'il en soit, continuons notre propre chemin en nous réjouissant à chaque fois que nous croisons les traces d'un esprit éminent et noble, sans pour autant marcher dans ses pas, mais en suivant notre seul but. — Le CONCEPT est abstrait, discursif, entièrement indéterminé à l'intérieur de sa sphère que sa limite seule détermine, accessible et compréhensible à tout un chacun simplement doué de raison, communicable par des mots sans autre intermédiaire, totalement épuisable par sa définition.

L'IDÉE, en revanche, qu'à la rigueur on pourrait définir comme un représentant adéquat du concept, est absolument intuitive et, quoique tenant lieu d'une quantité infinie de choses singulières, elle est complètement déterminée: elle n'est jamais connue par l'individu comme tel, mais seulement par celui qui s'est élevé, par-delà tout vouloir et toute individualité, jusqu'au pur sujet du connaître; elle n'est donc accessible qu'au génie et ensuite à celui qui se trouve transporté dans un état affectif génial par une élévation de sa pure faculté de connaître, la plupart du temps occasionnée par les œuvres mêmes du génie. Ce qui explique qu'elle ne soit pas communicable absolument, mais seulement dans certaines conditions, car l'Idée appréhendée, répétée par l'œuvre d'art, ne parle à chacun qu'à la mesure de sa propre valeur intellectuelle; c'est aussi pourquoi ce sont précisément les œuvres les plus éminentes de chaque art, les produits les plus nobles du génie, qui, pour la majorité abrutie de l'humanité, resteront nécessairement et à jamais aussi inaccessibles que des livres scellés, et en seront séparés par un grand gouffre, à l'instar de la vie des princes qui est inaccessible à la populace. Certes, même les esprits les plus plats accordent quelque valeur aux grandes œuvres reconnues qui font autorité, mais c'est pour ne pas trahir leur propre faiblesse. Or, secrètement, ils sont toujours prêts à les condamner, si tant est qu'on leur donne l'espoir de le faire sans se dévoiler : c'est alors que leur détestation, longtemps réprimée, se défoule volontiers tant contre toutes les grandes et belles œuvres qui, à leur grande humiliation, ne les ont finalement jamais touchés, que contre les auteurs mêmes de ces œuvres. Car il paraît que pour être disposé à reconnaître et à apprécier librement la valeur d'un autre, il faut en avoir soi-même. Voilà qui explique la prétendue nécessité d'être modeste malgré tout mérite, mais aussi l'estime excessive et disproportionnée de cette vertu que, contrairement à toutes ses autres sœurs, on ne manquera jamais d'ajouter lorsqu'on ose faire l'éloge d'un homme qui s'est éminemment illustré dans tel ou tel domaine, et ce afin de concilier et apaiser la rage de sa propre nullité. B[Car enfin qu'est-ce donc que la modestie, sinon cette humilité feinte par laquelle, dans un monde infesté d'envie rampante, on croit mendier le pardon pour des avantages et des mérites auprès de ceux qui n'en ont pas ? Car celui qui ne s'en arroge pas, parce qu'il en est réellement dépourvu, n'est pas modeste, mais honnête.]B

C[L'IDÉE est l'unité éparpillée dans la multiplicité en vertu des formes temporelles et spatiales de notre appréhension intuitive, alors que le CONCEPT est l'unité restituée à partir de la multiplicité par l'intér-médiaire de l'abstraction de la raison : celle-ci peut être qualifiée d'*unitas post rem* [unité après la chose], celle-là d'*unitas ante rem* [unité avant la chose].]C Enfin, on pourrait exprimer la différence entre concept et Idée par l'analogie suivante. Le concept ressemble à un récipient inanimé où ce qu'on y a déposé se trouve réellement côte à côte, mais duquel il n'est pas non plus possible de sortir plus (par des jugements analytiques) que ce qu'on y a déposé (par la réflexion synthétique), alors que l'Idée déploie, dans celui qui l'a saisie, des représentations qui sont nouvelles par rapport aux concepts homonymes : elle ressemble à un organisme vivant en développement, doté d'une force reproductrice et générant ce qui ne s'y trouvait pas auparavant.

Il suit de tout ce qui vient d'être dit que le concept, si utile qu'il soit dans la vie, si valable, nécessaire et productif qu'il soit dans la science, est à jamais stérile dans l'art. L'Idée appréhendée en revanche est la source vraie et unique de tout en œuvre d'art authentique. Sa puissante originarité ne peut être puisée que dans la vie même, dans la nature, dans le monde, et ce uniquement par le génie véritable ou par celui dont l'enthousiasme atteint à la génialité, le temps d'un instant. Ce n'est que par une telle conception immédiate que naissent ces œuvres authentiques qui portent la vie immortelle en leur sein. C'est bien parce que l'Idée est et demeure intuitive que l'artiste n'a pas une conscience *in abstracto* de l'intention et du but de son œuvre ; comme il n'envisage pas un concept, mais une Idée, il ne saurait rendre compte de son acte : il travaille, comme on dit couramment, à vue de nez, inconsciemment, voire instinctivement. Mais les épigones, les maniéristes, les *imitatores, servum pecus* [imitateurs, troupeau servile[111]] dans l'art partent du concept : ils retiennent ce qui plaît et produit son effet dans les œuvres authentiques, le rendent plus évident, l'appréhendent conceptuellement, c'est-à-dire abstraitement, puis le reproduisent avec une habileté consciencieuse, de manière plus ou moins cachée. Ils sucent, comme les parasites végétaux, les œuvres des autres pour s'alimenter et s'imprègnent, comme les polypes, de la couleur de leur nourriture. On pourrait même aller plus loin encore dans les comparaisons et dire qu'ils sont pareils à des machines capables de hacher très finement puis de mélanger ce qu'on leur donne, mais sans jamais pouvoir le digérer, au point qu'il serait toujours possible de retrouver, de sélectionner et d'isoler les éléments étrangers dans ce mélange même, alors que le génie, lui, ressemble à un corps organique qui assimile, transforme, produit. Car s'il est certainement édifié et formé par ses prédécesseurs et par leurs œuvres, il n'est fécondé que par la vie et le monde lui-même, par l'impression directe de ce qui peut être intuitionné ; c'est aussi la raison pour laquelle même la culture la plus grande ne saurait jamais nuire à son originalité. Tous les épigones, tous les maniéristes, appréhendent la nature des productions étrangères exemplaires par des concepts, mais ceux-ci ne pourront jamais insuffler une vie intime à une œuvre. Comme l'époque, c'est-à-dire la masse abrutie du moment, ne connaît elle-même que des concepts dans lesquels elle reste engluée, elle est prompte à accueillir les œuvres maniérées par des applaudissements tonitruants, bien que ces œuvres ne manqueront pas bien sûr de devenir insipides après quelques années, car l'esprit du temps, c'est-à-dire les concepts dominants qui s'en étaient nourris, aura changé. Seules les œuvres véritables puisées directement dans la nature et dans la vie demeurent, à l'image de celles-ci, éternellement jeunes, riches d'une puissance native et constante. Elles n'appartiennent pas à une époque, mais à l'humanité, ce qui explique que leur époque, dont elles dédaignent épouser le moule, ne les accueille qu'avec tiédeur, et ne les reconnaît que sur le tard et avec réticence, puisqu'elles en ont toujours dévoilé les errements, au moins par voie indirecte et négative. Mais c'est aussi pourquoi elles résistent au vieillissement : même à des époques bien postérieures, leur langue reste jeune et continue d'être entendue. Elles échappent ainsi à l'ignorance et à la méconnaissance, puisqu'elles sont couronnées et sanctionnées par l'approbation de ces quelques rares têtes capables de discernement qui, éparpillées et rares, font leur apparition dans les siècles*[112] et déposent leurs voix dont la somme, en lente augmentation, fonde cette autorité qui seule constitue ce tribunal auquel on fait appel lorsqu'on évoque la postérité. Seuls importent ces êtres singuliers qui apparaissent successivement, car la masse et la foule composant la postérité sera et restera toujours aussi bornée et insensée que l'étaient et le sont la masse et la foule de l'époque contemporaine. B[— Qu'on lise les plaintes des grands esprits de chaque siècle à propos de leurs contemporains : ce sont toujours les mêmes qu'aujourd'hui, parce que l'espèce est toujours la même. À chaque époque, dans chaque art, la manière occupe la place de l'esprit dont seuls quelques individus sont dotés ; or cette manière n'est que la robe usée et jetée par la dernière apparition de l'esprit reconnu comme tel. Il suit de tout cela qu'en règle générale, l'approbation de la postérité ne s'acquiert qu'au détriment de celle de l'époque contemporaine, et vice versa**.]B

* *Apparent rari nantes in gurgite vasto* [Sur le vaste gouffre apparaissent, épars, des hommes qui nagent].

** Voir sur ce sujet le chap. 34 du tome II.

§ 50

Si tout art a pour but de communiquer l'Idée appréhendée qui, apparaissant dans cette médiation par l'esprit de l'artiste comme nettoyée et isolée de tout élément étranger, devient dès lors également accessible à celui qui serait doté d'une sensibilité plus faible et dénué de toute productivité, et si, dans l'art, il faut par ailleurs rejeter le fait de partir du concept, on ne saurait tolérer qu'on destine une œuvre d'art, de manière intentionnelle et explicite, à être l'expression d'un concept: or c'est là le cas de l'ALLÉGORIE. Une allégorie est une œuvre d'art qui signifie autre chose que ce qu'elle présente. Mais l'intuitionnable, et donc également l'Idée, s'exprime elle-même directement et complètement et n'a nul besoin de la médiation d'un autre élément qui y ferait allusion. Ce qui donc se trouve ainsi désigné et représenté par un autre élément, parce qu'il ne peut être porté lui-même devant l'intuition, est toujours un concept. L'allégorie est par conséquent toujours censé désigner un concept et éloigner l'esprit du spectateur de la représentation intuitive figurée pour le conduire vers une représentation toute différente, abstraite et non intuitive, tout à fait externe à l'œuvre d'art: dans ce cas, un tableau ou une statue est donc censé accomplir ce que l'écriture fait déjà bien plus parfaitement. Ce que nous présentions comme le but de l'art, la présentation de l'Idée qu'on ne peut appréhender qu'intuitivement, n'a pas lieu d'être ici. Mais l'intention ici visée ne requiert pas, il est vrai, une œuvre d'art parfaitement accomplie: il suffit de voir ce que la chose est censée être, car dès qu'on l'a vu, le but est atteint et l'esprit est conduit vers une représentation d'une tout autre espèce, vers un concept abstrait qui était le but que l'on s'était proposé. Dans l'art, les allégories ne sont rien d'autre que des hiéroglyphes : la valeur artistique, qu'elles peuvent par ailleurs fort bien revêtir en tant que représentations intuitives, ne leur revient pas en leur qualité d'allégories, mais en vertu d'autre chose. Le fait que *La Nuit* du Corrège, *Le Génie de la Gloire* d'Annibal Carrache, *Les Saisons* de Poussin soient des tableaux fort beaux est absolument à séparer de leur caractère allégorique. En tant qu'allégories, ils n'accomplissent pas plus qu'une inscription, voire moins. Rappelons-nous à cette occasion de la distinction, établie plus haut, entre la signification réelle et celle nominale d'un tableau. La signification nominale, c'est alors précisément l'allégorique comme tel, par exemple *Le Génie de la Gloire*, la signification réelle, c'est ce qui se trouve effectivement figuré : ici, c'est un bel éphèbe ailé autour duquel voltigent quelques jeunes et jolis garçons, ce qui exprime bien une Idée, mais cette signification réelle n'a d'effet que dans la mesure où on écarte la signification nominale, allégorique ; dès qu'on pense à cette dernière, on quitte l'intuition et un concept abstrait occupe alors l'esprit. Or, le passage de l'Idée au concept est toujours une dégradation. On pourrait même dire que cette signification nominale, cette intention allégorique, n'est pas sans porter atteinte à la signification réelle, à la vérité intuitive : il en va ainsi, par exemple, de l'éclairage artificiel dans *La Nuit* du Corrège qui, malgré sa belle exécution, n'a finalement qu'une motivation allégorique et demeure réellement impossible. Même si un tableau allégorique possède donc une valeur artistique, celle-ci est tout à fait séparée et indépendante de son fait allégorique : une telle œuvre d'art sert deux buts à la fois, à savoir l'expression d'un concept et l'expression d'une Idée ; mais seule cette dernière peut être un but pour l'art, l'autre n'est qu'un but externe, un divertissement ludique consistant, de surcroît, à faire accomplir au tableau, tel un hiéroglyphe, l'office d'une inscription, un procédé inventé pour ceux à qui la nature authentique de l'art ne parlera jamais. C'est comme si l'œuvre d'art était en même temps un instrument utile qui remplirait deux buts : par exemple une statue qui serait à la fois candélabre et caryatide, ou un bas-relief qui serait aussi le bouclier d'Achille. Les vrais amateurs d'art ne toléreront ni l'un, ni l'autre. Un tableau, en sa qualité allégorique même, peut certes provoquer une vive impression dans l'esprit, mais une inscription, à conditions identiques, parviendrait à un effet identique. Supposons par exemple que le désir de gloire soit profondément et durablement enraciné dans l'esprit d'un homme, si bien qu'il considère cette gloire comme un privilège légitime dont on ne le prive que tant qu'il n'a pas produit les documents qui en attestent la propriété. Si cet homme se place maintenant devant *Le Génie de la Gloire* couronné de ses lauriers, son esprit tout entier en sera stimulé et sa volonté d'agir excitée : or, il se produirait exactement la même chose s'il apercevait soudainement sur le mur le mot « gloire » inscrit en lettres capitales et dans toute son évidence. Supposons encore qu'un homme ait fait part d'une vérité qui serait importante soit comme maxime pour la vie pratique, soit comme connaissance pour la science, mais qu'on ne lui accorde aucun crédit. Un tableau allégorique figurant le temps qui écarte son voile pour découvrir la vérité dans toute sa nudité aurait un effet considérable sur lui ; mais ce même effet serait atteint par la devise : *Le temps découvre la vérité* [en français dans le texte]. Car ce qui produit ici l'effet n'est toujours que la pensée abstraite et non ce qui est intuitionné.

Si donc, suite à ce qui vient d'être dit, l'allégorie dans les arts plastiques est un procédé fautif et sert un but tout à fait étranger à l'art, il sera résolument insupportable lorsqu'on s'égare au point de faire tomber la figuration d'allusions forcées et exagérées dans le domaine de la dérision. Ce serait le cas, par exemple, d'une tortue pour signifier la réserve féminine ; de Némésis jetant un regard au cœur de sa robe pour signifier qu'elle voit ce qui se dissimule ; l'interprétation de Bellori[113] selon laquelle Annibal Carrache aurait vêtu la Volupté d'une robe jaune pour signifier que ses plaisirs sont destinés à fâner et deviendront jaunes comme la paille. — Mais lorsqu'il n'existe aucun lien entre ce qui est figuré et le concept qui le signifie, aucun lien qui serait basé sur une subsomption sous ce concept ou sur une association d'idées, autrement dit si le signe et le signifié sont reliés l'un à l'autre tout à fait conventionnellement selon une règle positive et arbitraire, il faut appeler cette variété de l'allégorie SYMBOLE. Ainsi, la rose est le symbole de la discrétion, le laurier de la gloire, la palme de la victoire, la coquille du pèlerinage, la croix de la religion chrétienne : il faut y inclure aussi toutes couleurs qui signifient directement, ainsi le jaune comme couleur de l'hypocrisie et le bleu comme couleur de la fidélité. Ces symboles peuvent certainement posséder quelque utilité dans la vie, mais leur valeur est étrangère à l'art : il faut les considérer exactement comme des hiéroglyphes ou même comme des graphèmes chinois et les ranger assurément dans la même classe que les blasons, le rameau de verdure qui signale une auberge, la clé qui permet de reconnaître les chambellans ou le tablier de cuir, les mineurs. — Dans le cas enfin où certains personnages historiques ou mythologiques ou certains concepts personnifiés sont rendus reconnaissables par des symboles définitivement fixés, il conviendrait de les appeler proprement EMBLÈMES ; il en va ainsi par exemple avec les animaux des évangélistes, la chouette de Minerve, la pomme de Pâris, l'ancre de l'Espoir, etc. B[On entend cependant généralement par emblèmes ces figurations métaphoriques et simples, expliquées par une devise, qui sont censées illustrer une vérité morale ; Joachim Camerarius, Andrea Alciati et d'autres possèdent de vastes collections de ces emblèmes qui constituent le passage vers l'allégorie poétique dont nous parlerons plus bas. — La sculpture grecque s'adresse à l'intuition, c'est pourquoi elle est ESTHÉTIQUE ; la sculpture indienne s'adresse au concept, en quoi elle n'est que SYMBOLIQUE.]B

Notre jugement sur l'allégorie, fondé par nos considérations précédentes sur la nature intime de l'art et en rapport étroit avec celles-ci, est diamétralement opposé à l'opinion de Winckelmann qui, très loin de déclarer, comme nous, que l'allégorie est tout à fait étrangère et parfois même nuisible au but de l'art, n'a de cesse de la défendre et va même jusqu'à situer le but le plus élevé de l'art dans la « figuration de concepts universels et de choses non sensibles » (*Werke*, t. I, p. 55 sq.). Libre à chacun de souscrire à l'une ou à l'autre de ces opinions. Toujours est-il que ces opinions de Winckelmann, et d'autres similaires, portant sur la métaphysique du beau proprement dite, manifestent avec évidence cette vérité qu'on peut avoir la sensibilité la plus grande pour le beau en art et le jugement le plus exact à son sujet sans pour autant être capable de rendre compte de manière abstraite et vraiment philosophique de la nature du beau et de l'art ; de même qu'on peut être très noble et vertueux, avoir une conscience très sensible qui tranche chaque cas particulier avec l'exactitude d'un trébuchet, sans être en mesure de présenter *in abstracto* et d'approfondir philosophiquement la signifiance éthique des actions.

Mais ce qui lie l'allégorie à la poésie est fort différent de ce qui la lie aux arts plastiques : ici elle est répréhensible, là elle est tout à fait admissible et utile. Car dans les arts plastiques, l'allégorie conduit de l'intuitionnable donné, de l'objet de l'art proprement dit, à des pensées abstraites ; mais dans la poésie ce rapport est inversé : ce qui est ici donné directement par des mots, c'est le concept, et le but le plus immédiat est alors toujours de conduire de ce concept à l'intuitionnable dont la présentation est à charge de l'imagination du l'auditeur. Si dans les arts plastiques on conduit du donné immédiat à un autre élement, celui-ci doit toujours être un concept, car seul l'abstrait ne peut être donné directement ; mais un concept ne doit jamais être l'origine d'une œuvre d'art, ni la communication d'un concept son but. Dans la poésie, au contraire, le concept est le matériau, le donné immédiat dont il conviendra de se départir pour produire un intuitionnable tout à fait différent, en quoi on atteint le but proposé. Dans le contexte d'un poème, tel concept ou telle pensée abstraite peuvent être indispensables, alors qu'ils n'ont par eux-mêmes aucune évidence intuitive directe ; ils sont alors portés à l'évidence intuitive par un exemple qu'ils subsument. C'est déjà ce qui se passe avec chaque trope, mais aussi avec chaque métaphore, comparaison, parabole et allégorie qui tous ne se distinguent que par la longueur et par l'abondance de leurs expressions. C'est aussi pour cette raison que les comparaisons et les allégories sont d'un excellent effet dans les arts rhétoriques.

Quelle heureuse tournure que celle de Cervantes lorsqu'il dit du sommeil, pour exprimer qu'il nous soustrait à toutes les souffrances de l'esprit et du corps, qu'il est un « manteau qui couvre l'homme tout entier[114] » ! B[Quelle belle formule allégorique que celle de Kleist lorsqu'il exprime par ce vers l'idée que philosophes et chercheurs éclairent l'espèce humaine :

Die, deren nächtliche Lampe den ganzen Erdball erleuchtet.

[Ceux dont la lampe nocturne illumine toute la planète[115].]]B

Avec quelle force et avec quelle évidence Homère caractérise la funeste Atê lorsqu'il dit d'elle : « ses pieds sont délicats et, sans toucher la terre, elle effleure en marchant les têtes des humains » (*Il.*, XIX, 91[116]) ! Quel effet produit sur le peuple romain exilé par la fable de Ménénius Agrippa sur l'estomac et les pieds[117] ! Avec quelle beauté Platon, dans l'allégorie de la caverne, déjà évoquée, au livre VII de la *République*, exprime un dogme philosophique hautement abstrait ! Il faut également considérer comme une allégorie très profonde, de tendance philosophique, la fable de Perséphone qui, en goûtant une grenade aux Enfers, y succombe. C'est ce qui ressort tout particulièrement dans le traitement, au-delà de tout éloge, que Goethe a inséré, comme épisode, dans son *Triomphe de la sensibilité*[118]. B[Je connais trois vastes œuvres allégoriques : une œuvre ouvertement et explicitement allégorique, l'incomparable *Criticón* de Balthasar Gracián, composé d'un vaste et touffu tissu d'allégories éminemment chargées de sens, reliées les unes aux autres, et servant à enrober de manière amusante des vérités morales avec pour résultat de leur conférer la plus grande évidence intuitive et de nous étonner par la richesse de ses inventions[119]. Il y a ensuite les deux œuvres allégoriques implicites que sont *Don Quichotte* et *Gulliver à Lilliput*[120]. Le premier est une allégorie de la vie de tout être humain qui, refusant de s'occuper simplement de son bonheur personnel, comme ses congénères, poursuit un but idéal et objectif, lequel, dès lors, s'est emparé de sa pensée et de sa volonté, avec pour conséquence, il est vrai, qu'il paraît bizarre dans ce monde-ci. Chez Gulliver, il suffit de prendre au sens intellectuel tout le physique pour remarquer ce que ce *satirical rogue* [fripouille de satiriste[121]], comme l'aurait appelé Hamlet, a bien voulu dire.]B — Pour l'allégorie poétique, le concept est toujours le donné qu'elle entend rendre perceptible par une image ; elle peut donc aussi, dans certains cas, être exprimée ou secondée par une image peinte. Ce n'est pas pour autant qu'on considérera celle-ci comme une œuvre des arts plastiques : elle est plutôt un hiéroglyphe signifiant qui ne prétend posséder qu'une valeur poétique et non pas picturale. Il en va ainsi avec cette jolie vignette allégorique de Lavater[122] qui ne peut qu'avoir un effet fort encourageant pour tous les nobles défenseurs de la vérité : une main qui tient une torche est piquée par une guêpe alors que les moustiques se consument dans la flamme, avec en dessous la devise :

Und ob's auch der Mücke den Flügel versengt,
Den Schädel und all sein Gehirnchen zersprengt ;
Licht bleibt doch Licht ;
Und wenn auch die grimmigste Wespe mich sticht,
Ich lass' es doch nicht.

[Bien que l'aile du moustique crépite,
Que son crâne et sa cervelle éclatent,

La lumière demeure la lumière
Quoique piqué par la plus furieuse des guêpes,
Je n'en démordrai pas.]

C'est ici qu'il convient par ailleurs de citer cette pierre tombale avec sa bougie qui vient de s'éteindre, encore fumante, et son inscription :

Wann's aus ist, wird es offenbar,
Ob's Talglicht, oder Wachslicht war.

[Lorsque c'est terminé se révèle
Si c'était du suif ou de la cire.]

Au même genre enfin appartient cet arbre généalogique vétéro-allemand où le dernier rejeton d'une famille aux branches très anciennes exprima sa décision de finir sa vie dans la continence et la chasteté les plus totales et donc de laisser mourir sa lignée, par cette image où il se représente lui-même à la racine de cet arbre aux branches nombreuses, armé d'un gros ciseau pour couper l'arbre au-dessus de sa tête. B[D'une manière générale font également partie de cette classe les métaphores évoquées plus haut, appelées habituellement emblèmes, et qu'on pourrait aussi qualifier de brèves fables peintes pourvues d'une morale explicite.]B — Il faut toujours compter les allégories de ce genre parmi les allégories non pas picturales, mais poétiques, d'où elles tirent leur légitimité : l'exécution picturale restera d'ailleurs toujours secondaire et on ne lui demandera pas plus que de représenter le sujet de manière reconnaissable. Mais dans la poésie, comme dans les arts plastiques, l'allégorie devient symbole lorsque n'existe rien d'autre qu'un rapport arbitraire entre ce qui est présenté intuitivement et ce qui est signifié abstraitement. C[Comme tout ce qui est symbolique repose au fond sur une convention, le symbole a cet inconvénient,]C B[parmi d'autres, que sa signification s'oublie avec le temps pour finalement s'estomper tout à fait : qui pourrait donc deviner, à défaut de le savoir, pourquoi le poisson est le symbole du christianisme ? Seul un Champollion le pourrait, car il s'agit entièrement d'un hiéroglyphe phonétique. C'est pourquoi l'Apocalypse de Jean, en tant qu'allégorie poétique, se présente à peu près comme les reliefs avec le *magnus Deus sol Mithra* [le grand dieu du soleil Mithra], reliefs qui ne sont toujours pas déchiffrés*.]B

§ 51

Si, en partant de nos considérations précédentes sur l'art en général, nous nous tournons maintenant des arts plastiques vers la POÉSIE, il ne sera pas douteux que celle-ci a également l'intention de révéler les Idées, les degrés de l'objectivation de la volonté, et de les communiquer à l'auditeur avec cette évidence et cette vivacité par lesquelles l'âme du poète les a appréhendées. Les Idées sont essentiellement intuitives : mais s'il est vrai qu'en poésie, ce qui est immédiatement communiqué par des mots, ce ne sont que des concepts abstraits, l'intention est cependant manifeste de permettre à l'auditeur, par les représentants de ces concepts, d'intuitionner les Idées de la vie, ce qui ne saurait se faire qu'à l'aide de sa propre imagination. Pour ébranler cette imagination selon le but proposé, les concepts abstraits,

* Voir sur ce sujet le chap. 36 du tome II.

qui sont la matière immédiate de la poésie comme de la prose la plus sèche, doivent être disposés pour que leurs sphères se coupent au point qu'aucun concept puisse demeurer dans son universalité abstraite, et qu'à sa place se présente à l'imagination un représentant intuitif que les mots du poète modifieront toujours davantage selon son intention. De même qu'à partir de liquides parfaitement clairs et transparents qu'il mélange le chimiste obtient des précipités solides, c'est à partir de l'universalité abstraite et transparente des concepts et par la manière de les lier, que le poète sait pour ainsi dire précipiter le concret, l'individuel, la représentation intuitive. Car l'Idée ne peut être connue qu'intuitivement et cette connaissance de l'Idée n'est autre que le but de l'art. Une parfaite maîtrise en poésie comme en chimie permet d'obtenir à coup sûr le précipité que l'on s'était précisément proposé de réaliser. Dans la poésie, les nombreuses épithètes contribuent à cette fin, car elles restreignent progressivement l'universalité de tout concept jusqu'à l'évidence intuitive. Presque à chaque substantif, Homère ajoute un adjectif dont le concept coupe alors la sphère du premier concept avec pour effet immédiat de la diminuer considérablement et ainsi de se rapprocher de beaucoup de l'intuition, B[par ex.

> 'Εν δ' ἔπεσ' 'Ωκεανῷ λαμπρὸν φάος ἠελίοιο,
> Ἕλκον νύκτα μέλαιναν ἐπὶ ζείδωρον ἄρουραν.]B

> C[(*Occidit vero in Oceanum splendidum lumen solis,*
> *Trahens noctem nigram super almam terram.*)]C

> [L'éclat lumineux du soleil tombe dans l'Océan
> Sur la terre féconde amenant la nuit noire[123]]

Et les vers

Ein sanfter Wind vom blauen Himmel weht,
Die Myrte still und hoch der Lorbeer steht

[Un doux vent souffle du ciel bleu,
Le myrte est là, paisible, et fier s'élance le laurier[124]]

précipitent dans l'imagination, à partir d'un petit nombre de concepts, tous les délices d'un climat méditerranéen.

Le rythme et la rime sont des auxiliaires tout à fait spéciaux de la poésie. Je ne saurais expliquer autrement leur effet incroyablement puissant que par ceci : c'est grâce à eux que nos facultés de représentation essentiellement attachées au temps ont acquis une singularité en vertu de laquelle nous suivons intérieurement chaque bruit régulièrement récurrent, en nous mettant pour ainsi dire en accord avec lui. Par là même, le rythme et la rime deviennent d'une part un liant pour notre attention, car nous suivons ainsi plus volontiers le récit, d'autre part ils provoquent en nous un accord aveugle, préalable à tout jugement, avec ce qui est récité et qui reçoit dès lors une certaine force de persuasion emphatique, indépendante de toutes les raisons.

En vertu de l'universalité de la matière, c'est-à-dire donc des concepts, dont se sert la poésie pour communiquer les Idées, l'étendue de son domaine est très grande. Elle permet de représenter la nature tout entière, les Idées de tous les degrés, en procédant, selon la mesure donnée par l'Idée à communiquer, tantôt de manière descriptive, tantôt de manière narrative, tantôt de manière directement dramatique. Le plus souvent les arts plastiques dépassent la poésie dans la présentation des degrés inférieurs de l'objectité de la volonté, parce que la nature sans connaissance, ainsi que la nature simplement animale, révèle presque toute son essence si elle est saisie au moment propice ; mais l'être humain au contraire, si tant est qu'il ne se manifeste pas par sa simple figure et par l'expression de l'apparence physique, mais par un enchaînement d'actions et de pensées et affects qui l'accompagnent, constitue bien l'objet principal de la poésie. En cela, elle n'est comparable à aucun autre art, car elle peut se servir de ce développement progressif dont les arts plastiques sont privés.

La révélation de cette Idée qui est le degré le plus éminent de l'objectité de la volonté, la représentation de l'homme par la série cohérente de ses efforts et actions, voilà donc le grand objet de la poésie. — Il est vrai que l'expérience, que l'histoire, elles aussi, nous apprennent à connaître l'homme ; mais il s'agit plus souvent DES hommes que de L'homme, autrement dit elles procurent bien plus des connaissances empiriques sur la conduite des hommes entre eux, d'où l'on pourra tirer des règles pour la conduite personnelle, qu'elles ne permettent de pénétrer et de sonder la nature la plus intime de l'homme. Cependant, ce dernier aspect ne leur est aucunement étranger, mais pour autant que c'est la nature même de l'humanité qui s'ouvre à nous par l'histoire ou par l'expérience personnelle, nous avons appréhendé celle-ci, et l'historien celle-là, à travers des yeux toujours déjà artistiques, d'une manière toujours déjà poétique, c'est-à-dire selon l'Idée et non selon le phénomène, selon la nature intime et non selon les relations. L'expérience personnelle est inévitablement la condition pour comprendre tant l'art poétique que l'histoire, car elle est pour ainsi dire le dictionnaire de ce langage parlé par toutes les deux. Or, ce que l'art du portrait est à la peinture d'histoire, l'histoire l'est à la poésie : l'une donne le vrai du particulier, l'autre le vrai de l'universel, l'une tient la vérité du phénomène et peut l'authentifier à partir de celui-ci, l'autre tient la vérité de l'Idée qui, ne se trouvant dans aucun phénomène particulier, s'exprime pourtant en tous. Avec choix et intention, le poète représente des personnages significatifs en des situations significatives, alors que l'historien prend les deux tels qu'ils se présentent. Il n'est pas question, pour lui, de choisir et de considérer les faits singuliers et les personnes selon leur signifiance véritable et intime exprimant l'Idée, mais selon la signifiance externe, apparente, relative, celle qui importe pour les liens et les conséquences. Il ne doit considérer aucune chose selon ce qu'elle est en soi et pour soi, selon son caractère et son expression essentiels, mais tout selon la relation, l'enchaînement, l'effet sur ce qui vient après et surtout sur sa propre époque. C'est pourquoi il ne pourra ignorer tel acte peu significatif, voire commun, de tel roi, car cet acte entraîne conséquences et effets. En revanche, il doit s'abstenir d'évoquer les actes, en eux-mêmes hautement significatifs, d'individus singuliers et éminents si ces actes n'entraînent aucune suite ou effet. Car ses considérations obéissent au principe de raison et s'emparent du phénomène dont ce principe est la forme. Le poète, au contraire, appréhende l'Idée, l'essence de l'humanité, en dehors de toute relation, en dehors de tout temps, l'objectité adéquate de la chose en soi à son plus haut degré. Bien que la nature intime, la signifiance des phénomènes, le noyau de toutes ces écorces, même sous ce mode de considération nécessaire à l'historien, ne sauraient être entièrement perdus, et sont encore repérables et reconnaissables au moins pour celui qui les cherche, il n'en demeure pas moins que ce qui est signifiant en soi, et non dans une relation, le développement proprement dit de l'Idée, se trouve avec bien plus d'exactitude et d'évidence dans la poésie que dans l'histoire ; raison pour laquelle il faut bien plutôt attribuer quelque vérité éminente, authentique, intime à la première qu'à la seconde, si paradoxal que cela puisse paraître. Si l'historien est censé suivre tel événement individuel en suivant exactement le modèle de la vie, selon son développement dans le temps par les chaînes multiples et entrecroisées des raisons et des conséquences, il lui est cependant impossible de posséder toutes les données à ce sujet, d'avoir tout vu ou tout exploré : à chaque instant, l'original de son image s'estompe, ou une fausse image vient s'immiscer, et ce si fréquemment que je crois pouvoir supposer que toute histoire contient plus de faux que de vrai. Le poète, au contraire, a appréhendé l'Idée de l'humanité à partir de tel aspect déterminé et actuellement à représenter, et c'est la nature de son soi individuel qui en cet aspect s'objective pour lui : sa connaissance, ainsi que nous l'avons explicité plus haut à propos de la sculpture, est à moitié *a priori* ; son modèle se tient devant son esprit, avec constance et évidence, sous un vif éclairage, et ne saurait le quitter : c'est pourquoi il nous montre l'Idée, dans le miroir de son esprit, avec pureté et évidence, et sa description, jusque dans le moindre détail particulier, est vraie comme la vie elle-même*[125]. Voilà

* Il va de soi que je ne parle toujours que du grand et authentique poète, si rare, ne me référant absolument pas à cette foule insipide de médiocres versificateurs, rimailleurs et autres affabulateurs, qui de nos jours prolifère tant, surtout en Allemagne, et à qui il faudrait sans cesse crier dans les oreilles :

Mediocribus esse poetis
Non homines, non di non concessere columnae.

pourquoi, lorsqu'il s'agit du particulier, et que les données leur manquent, les grands historiens antiques sont des poètes, par exemple dans les discours de leurs héros. C'est d'ailleurs toute leur manière de traiter leur matière qui se rapproche de l'épique, et qui confère précisément une unité à leurs présentations et leur permet de maintenir la vérité intime même dans les cas où la vérité externe ne leur était pas accessible, voire où elle était corrompue. Et si nous avons pu comparer précédemment l'histoire et l'art du portrait, par opposition à la poésie, qui correspondrait à la peinture d'histoire, alors nous voyons que les historiens antiques se conforment eux aussi au dire de Winckelmann, selon lequel le portrait doit être l'idéal de l'individu, puisque finalement ils représentent le particulier de manière à faire ressortir l'aspect de l'Idée de l'humanité qui s'y exprime : les modernes, en revanche, sauf quelques exceptions, n'offrent souvent qu'« un sac à immon-

---

[D'être médiocres, nul ne l'a jamais permis aux poètes, ni les hommes, ni les dieux, ni les piliers des libraires.]

Il faudrait même sérieusement considérer combien cet essaim de poètes subalternes gâche son temps et son papier, mais aussi le temps et le papier des autres, et combien leur influence est délétère, car le public se précipite toujours soit sur ce qui est nouveau, soit sur ce qui est faux et plat, et qui lui est bien plus homogène et, par nature, l'attire plus. Il suit de là que les œuvres de ces médiocres écartent le public des chefs-d'œuvre véritables et empêchent qu'il n'en tire sa culture, et travaillent donc littéralement contre l'influence bénéfique des génies, accélérant la corruption du goût et inhibant de ce fait les progrès de l'époque. C'est pourquoi la critique et la satire devraient, sans indulgence ni pitié, fustiger les poètes médiocres, jusqu'à les conduire, pour leur plus grand bien, à employer leur loisir à lire de bonnes choses plutôt qu'à en écrire de mauvaises. — Si ce bousillage de dilettantes stériles parvient à faire enrager même le doux dieu des Muses au point d'écorcher Marsyas, je ne vois pas au nom de quoi la poésie médiocre revendiquerait un droit à la tolérance.

dice, un vieux garde-meuble, ou plutôt une de ces parades de place publique[126] ». — Pour celui qui voudrait donc connaître l'humanité d'après son essence intime et identique à travers tous les phénomènes et tous les développements, c'est-à-dire d'après son Idée, ce sont les œuvres des grands poètes immortels qui lui présenteront une image fidèle et claire, bien plus que les historiens n'en seront jamais capables. Car même les meilleurs d'entre eux sont, en tant que poètes, loin d'être les plus éminents et ne peuvent agir librement. On pourrait également éclairer le rapport entre les deux par la métaphore suivante. L'historien pur et simple qui ne travaille qu'à partir de données ressemble à celui qui, sans aucune connaissance des mathématiques, explore en les mesurant les relations entre des figures qui se présentaient par hasard ; son résultat, obtenu par voie empirique, porte donc tous les défauts de la figure dessinée. Mais le poète est pareil au mathématicien qui construit ces relations *a priori*, par l'intuition pure, et qui les énonce non pas telles que la figure les possède réellement, mais telles qu'elles sont dans l'Idée que le dessin doit rendre sensible. — C[Voilà pourquoi Schiller dit :

> *Was sich nie und nirgend hat begeben,*
> *Das allein veraltert nie.*]C

> [Seul ce qui n'est arrivé jamais ni nulle part
> Ne vieillit jamais[127].]

S'agissant de connaître l'essence de l'humanité, je dois même accorder aux biographies, surtout aux autobiographies, une valeur supérieure à l'histoire proprement dite, du moins telle qu'elle est habituellement traitée, en partie parce que les données peuvent être rassemblées plus correctement et plus complètement dans celles-là que dans celle-ci, en partie parce que dans l'histoire à proprement parler, ce sont moins des êtres humains que des peuples et des armées qui agissent, et les rares êtres humains qui apparaissent le font à une distance si grande, dans des environnements si nombreux, entouré par une suite si grande, habillés, en outre, par des tenues officielles rigides ou des armures lourdes et raides, au point qu'il semble vraiment difficile de reconnaître les agissements humains à travers tout cela. Par contre la vie individuelle, fidèlement décrite dans sa sphère étroite, dévoile la manière d'agir des êtres humains selon toutes ses nuances et toutes ses figures, l'excellence, la vertu, voire la sainteté de quelques rares individus, la perversité, la misère, la fourberie de la plupart, l'infamie de quelques-uns. Car du point de vue qui seul importe ici, c'est-à-dire celui de la signification intime de ce qui apparaît, il est tout à fait indifférent si les objets autour desquels tourne l'action, considérés relativement, sont des choses insignifiantes ou importantes, des fermes de paysans ou des royaumes : toutes ces choses, en effet, sont dénuées de signification en elles-mêmes, et n'en reçoivent que dans la mesure où c'est par elles que la volonté se trouve mue : ce n'est que grâce à sa relation avec la volonté que le motif possède quelque signifiance. En revanche, la relation que la chose entretient avec les autres choses semblables, n'entre pas du tout en ligne de compte. C[De même qu'un cercle au diamètre d'un pouce possède parfaitement les mêmes propriétés géométriques qu'un cercle au diamètre de 40 millions de lieues, les événements et l'histoire d'un village seront, pour l'essentiel, les mêmes que ceux d'un empire, et l'on pourra étudier et connaître l'humanité aussi bien par l'un que par l'autre.]C On a également tort de croire que l'autobiographie est pleine d'imposture et de dissimulation. Le mentir, quoi qu'il soit partout possible, y est peut-être bien plus difficile que n'importe où ailleurs. La dissimulation est la plus aisée dans une simple conversation; mais si paradoxal que cela puisse paraître, elle est même, au fond, déjà plus difficile dans une lettre, car l'être humain, remis à lui-même, y a le regard tourné en lui-même et non vers l'extérieur: il peine à comprendre l'étranger et le lointain, n'ayant pas sous les yeux l'étalon que lui donnerait l'impression exercée sur autrui. Cet autrui, en revanche, pris dans un état affectif étranger à celui du destinateur, parcourt calmement l'ensemble de la lettre, la lit à plusieurs reprises et à différents moments et parvient ainsi à déceler facilement son intention cachée. La chose la plus aisée pour connaître un auteur en tant qu'être humain, c'est de le faire à partir de son livre, car toutes ces conditions s'y retrouvent avec plus de force et plus de constance. Et se dissimuler dans une autobiographie est si difficile qu'il n'en existe peut-être aucune qui, dans l'ensemble, ne serait pas plus vraie que n'importe quelle autre histoire écrite. L'homme qui retrace sa vie l'embrasse en gros et tout entière du regard, l'individuel perd en importance, le proche s'éloigne, le lointain revient et se rapproche, les précautions se relâchent: il se confesse à lui-même et le fait volontairement; l'esprit du mensonge ne s'en empare pas si facilement, car tout homme abrite aussi un penchant à la vérité qu'il faut d'abord surmonter à chaque mensonge et qui, dans ce cas, occupe justement une place extraordinairement fixe. On pourrait illustrer le rapport entre biographie et histoire des peuples par la métaphore que voici. L'histoire nous dévoile l'humanité comme une vue depuis une montagne élevée nous dévoile la nature : nous voyons beaucoup de choses à la fois, de vastes parcours, de grandes masses, mais rien n'est distinct ni reconnaissable d'après toute son essence authentique. La représentation de la vie individuelle, par contre, nous dévoile l'être humain comme nous connaissons aussi la nature lorsque nous déambulons parmi ses arbres, ses plantes, ses rochers et ses lacs. Or, de même que la peinture de paysage, par laquelle l'artiste nous prête ses yeux pour regarder la nature, nous facilite grandement la connaissance des Idées de celle-ci et l'état du pur connaître dénué de volonté qu'elle requiert, l'art poétique, pour ce qui est de la présentation des Idées que nous cherchons dans l'histoire et dans la biographie, les dépasse sur beaucoup de points : car dans ce cas aussi, le génie nous tend ce miroir clarifiant où tout l'essentiel et tout le signifiant sont concentrés pour se présenter à nous sous leur éclairage le plus vif en écartant le fortuit et l'hétérogène*.

Le poète exécute sa tâche, qui est de présenter l'Idée de l'humanité, lorsque celui qui est présenté est en même temps celui qui présente : c'est le cas dans la poésie lyrique, dans le chant au sens strict, où le poète intuitionne vivement, pour le décrire, son propre état ; c'est alors en raison de son objet qu'une certaine subjectivité est essentielle à ce genre[128]. Dans un autre cas de figure, celui qui doit être présenté diffère entièrement de celui qui présente, comme dans tous les autres genres, où celui qui présente se cache plus ou moins derrière ce qui est présenté pour finalement disparaître tout à fait. Dans la romance, celui qui présente exprime en plus son propre état par quelque chose, par le ton et la

* Voir sur ce sujet le chap. 38 du tome II.

tenue de l'ensemble : bien plus objective que le chant, la romance possède de surcroît un élément subjectif qui s'efface déjà plus dans l'idylle, encore plus dans le roman, presque entièrement dans l'épopée, et enfin jusqu'à la dernière trace dans le drame, lequel est le genre de la poésie le plus objectif, sous plus d'un aspect le plus parfait et aussi le plus difficile. Pour cette raison même, le genre lyrique est le plus facile, et s'il est vrai que l'art n'est toujours que l'affaire du seul et si rare génie authentique, même l'homme qui ne serait pas totalement éminent peut réussir à composer un beau chant lorsqu'il arrive, par une forte stimulation externe, qu'un état enthousiaste quelconque élève ses forces spirituelles. C'est ce que prouvent de nombreux chants isolés d'individus d'ailleurs restés inconnus, surtout les chants populaires allemands dont nous possédons une excellente collection dans le *Wunderhorn*[129], mais aussi d'innombrables chants d'amour et d'autres chants du peuple dans toutes les langues. C[Car saisir l'état affectif de l'instant pour l'incarner dans le chant, voilà toute l'œuvre de ce genre poétique. Il n'en demeure pas moins que la poésie lyrique des poètes authentiques reflète l'intimité de toute l'humanité, et tout ce que les millions d'êtres humains passés, présents et futurs ont ressenti et ressentiront dans des situations identiques car toujours récurrentes, s'y trouve adéquatement exprimé. Comme ces situations, par leur constant retour, à l'image donc de l'humanité elle-même, perdurent et provoquent toujours les mêmes sensations, les œuvres lyriques des poètes véritables demeurent justes, efficaces et jeunes à travers les millénaires. D'ailleurs le poète n'est-il pas l'homme universel ? Tout ce qui peut émouvoir un cœur humain, que la nature peut provoquer dans une situation, qui habite et travaille quelque part une âme humaine, voilà son thème, voilà sa matière, mais aussi tout le reste de la nature. C'est pourquoi le poète peut chanter l'éloge tant de la volupté que de la mystique, être Anacréon ou Angelus Silésius, écrire des tragédies ou des comédies, représenter un esprit distingué ou vulgaire, selon son humeur et sa vocation. Par conséquent, personne ne saurait prescrire au poète d'être noble et sublime, moral, pieux, chrétien, ou ceci ou cela, et encore moins lui reprocher qu'il est ceci et non cela. C'est le miroir de l'humanité qui lui fait prendre conscience de ce qu'elle sent et de ce qui la meut.]C

Si nous considérons maintenant de plus près la nature du chant proprement dit, en prenant pour exemples des modèles éminents et purs à la fois, et non des modèles qui, d'une quelconque manière, se rapprochent déjà d'un autre genre, comme celui de la romance, de l'élégie, de l'hymne, de l'épigramme, etc., nous trouverons que la nature propre au chant, au sens restreint, est celle-ci. C'est le sujet de la volonté, c'est-à-dire le vouloir individuel, qui remplit la conscience du chanteur, souvent comme un vouloir libéré et satisfait (joie), mais sans doute plus souvent encore comme un vouloir entravé (tristesse), et toujours comme affect, passion, état de l'âme en mouvement. Or à côté de cet état, et en même temps que celui-ci, c'est par la vue de la nature environnante que le chanteur devient conscient de lui-même en tant que sujet du connaître pur et dénué de volonté, sujet dont l'inébranlable et bienheureuse sérénité contraste dès lors avec l'élan du vouloir toujours entravé, toujours encore en manque : c'est véritablement la sensation de ce contraste, de ce jeu alterné qui s'exprime par l'ensemble du chant et constitue généralement l'état lyrique. Dans celui-ci, le pur connaître s'adresse à nous, pour ainsi dire, afin de nous délivrer du vouloir et de son élan : nous lui donnons suite, mais seulement le temps d'un instant, car le vouloir, en nous rappelant nos buts personnels, fait toujours retour pour nous arracher à la sereine contemplation ; or la beauté de l'environnement, où s'offre à nous la connaissance pure, sans volonté, fait toujours retour, elle aussi, pour nous soustraire au vouloir. Voilà pourquoi, dans le chant et dans l'état affectif lyrique, le vouloir (l'intérêt personnel de nos buts) et la pure intuition de l'environnement offert, se mêlent étonnamment l'un à l'autre : on cherche et on imagine des liens entre les deux ; l'état affectif subjectif, l'affection de la volonté, communique sa couleur par reflet à l'environnement perçu, et vice versa : de tout cet état de l'âme si mélangé et partagé, le chant proprement dit est la reproduction. — Afin de mieux saisir par des exemples cette analyse abstraite d'un état fort éloigné de toute abstraction, on peut prendre n'importe lequel des chants immortels de Goethe. Je voudrais n'en recommander que certains, particulièrement évidents à cet égard : *Schäfers Klagelied, Willkommen und Abschied, An den Mond, Auf dem See, Herbstgefühl*[130], mais aussi, par ailleurs, les chants proprement dits du *Wunderhorn*, qui offrent d'excellents exemples, surtout celui qui commence ainsi : « Ô Brême, je dois maintenant te laisser. » — Quant à une parodie, comique et réellement excellente, du caractère lyrique, je retiens ce chant de Voss où il décrit les sensations d'un couvreur ivre qui, tombant de sa tour, fait, dans cette chute même, une remarque tout à fait étrangère à son état, et relevant donc de la connaissance dénuée de volonté, à savoir que l'horloge de la tour vient d'indiquer onze heures et demie[131]. — Ceux qui partagent mes conceptions, précédemment exposées, sur l'état lyrique, admettront aussi que celui-ci n'est autre que la connaissance intuitive et poétique du principe établi dans ma dissertation *De la quadruple racine du principe de raison suffisante*[132], et également évoqué dans le présent écrit, selon lequel l'identité entre le sujet du connaître et celui du vouloir peut être appelée la merveille κατ' ἐξοχὴν [par excellence], et ainsi, en dernier lieu, l'effet poétique du chant repose rigoureusement sur la vérité de ce principe. — B[Au cours de la vie, ces deux sujets ou, pour le dire populairement, la tête et le cœur, s'éloignent toujours plus l'un de l'autre : on sépare toujours plus sa sensation subjective de sa connaissance objective. Chez l'enfant, ces deux se confondent encore, ou presque : il sait à peine faire la différence entre lui-même et son environnement, il s'y fond. Chez l'adolescent, toute perception provoque d'abord une sensation et un état affectif, et vient même s'y mêler,]B C[comme l'exprime avec beauté Byron :

> *I live not in myself, but I become*
> *Portion of that around me; and to me*
> *High mountains are a feeling**[133].]C

B[C'est bien pour cette raison que l'adolescent s'attache tant à l'aspect intuitif des choses, et c'est aussi pour la même raison qu'il n'est capable que de poésie lyrique, seul l'homme adulte étant capable de poésie dramatique. Et tout au plus peut-on s'imaginer le vieillard en poète épique, comme Ossian, ou Homère : car raconter est un trait caractéristique du vieillard.]B

* C[Je ne vis pas en moi-même, mais je deviens
Une partie de ce qui m'entoure ; et pour moi
Les hautes montagnes sont une émotion.]C

Les genres poétiques plus objectifs, surtout le roman, l'épopée et le drame, atteignent leur but, qui est de révéler l'Idée de l'humanité, principalement par deux moyens : par la présentation exacte et fouillée de caractères éminents et par l'invention de situations signifiantes où ces caractères peuvent se développer. De même que le chimiste doit non seulement tâcher de présenter sous un mode pur et authentique les matières simples et leurs combinaisons principales, mais aussi les exposer à l'effet de ces réactifs par lesquels leurs particularités deviennent évidentes et sautent aux yeux, de même le poète doit tâcher non seulement de nous présenter des caractères significatifs de manière vraie et fidèle, comme la nature elle-même, mais pour que nous les reconnaissions, il doit aussi les introduire dans certaines situations où leurs particularités se développent complètement et se présentent avec évidence sous des contours vifs, raison pour laquelle ces situations sont justement appelées signifiantes. Dans la vie réelle et dans l'histoire, le hasard ne provoque que rarement des situations de cette qualité et elles s'y trouvent alors isolées, perdues, et dissimulées sous la masse de l'insignifiant. La signifiance <*Bedeutsamkeit*> constante des situations doit distinguer le roman, l'épopée ou le drame de la vie réelle, au même titre que la composition et le choix de caractères signifiants : or pour tous deux, la vérité la plus stricte est la condition indispensable de leur efficace et le manque d'unité dans les caractères, la contradiction des caractères avec eux-mêmes ou avec la nature de l'humanité en général, ainsi que l'impossibilité, ou ce qui s'en rapproche, l'invraisemblance des faits, ceux-ci fussent-ils des circonstances secondaires, représentent une offense pour la poésie, au même titre que des figures mal dessinées, une fausse perspective ou un éclairage erroné pour la peinture : car ici comme là, nous exigeons un miroir fidèle de la vie, de l'humanité, du monde, mais clarifié par la présentation et rendu signifiant par la composition. Le but de tous les arts n'est rien d'autre que la présentation des Idées, et leur différence essentielle ne tient qu'au degré d'objectivation de la volonté où se trouve l'Idée à présenter, degré qui détermine, à son tour, la matière de la présentation ; en les comparant, il devient ainsi possible d'expliquer les uns par les autres même les arts les plus éloignés. Par exemple, afin de saisir parfaitement les Idées qui s'expriment dans l'eau, il n'est pas suffisant de la voir dans quelque étang tranquille ou dans un fleuve s'écoulant avec régularité, car ces Idées ne se déploient que pleinement lorsque l'eau apparaît malgré toutes les circonstances et tous les obstacles, lesquels, agissant sur l'eau même, lui donnent alors l'occasion de manifester entièrement ses propriétés. C'est pourquoi nous la trouvons belle lorsqu'elle se précipite, bouillonne, écume pour rejaillir dans les hauteurs, ou lorsqu'elle se pulvérise en tombant, ou enfin lorsque, sous une contrainte artificielle, elle devient un rayon qui s'élance vers le ciel : ainsi, c'est en se manifestant diversement sous des circonstances variées qu'elle affirme son caractère avec fidélité et constance ; il lui est aussi naturel de se lancer vers le haut que de reposer en se réfléchissant ; elle est aussi apte à l'un comme à l'autre dès que les circonstances se produisent. Ce que l'ingénieur hydraulicien réalise avec la matière liquide, l'architecte le réalise avec la matière rigide, et le poète épique ou dramatique le réalise précisément avec l'Idée de l'humanité. Le déploiement et la clarification de l'Idée s'exprimant par l'objet de tout art, de la volonté s'objectivant à chaque degré, voilà le but commun à tous les arts. La vie humaine, telle qu'elle se montre le plus souvent dans la réalité, ressemble à l'eau telle qu'elle se montre le plus souvent dans l'étang et dans le fleuve. Mais dans le poème épique, dans le roman et dans la tragédie, les caractères choisis sont transposés dans des circonstances où toutes leurs particularités se déploient, où s'ouvrent les profondeurs de l'âme humaine pour se manifester par des actions extraordinaires et significatives. C'est ainsi que l'art poétique objective l'Idée de l'être humain, le propre de cette Idée étant de se présenter par des caractères éminemment individuels.

La tragédie, ainsi qu'on l'a reconnu, doit être considérée comme le sommet de l'art poétique, tant du point de vue de l'ampleur de l'effet que de celui de la difficulté de la réalisation. Il est fort important pour l'ensemble de tout notre examen de bien prendre en considération que le but de cette plus haute réalisation poétique est la présentation du côté effrayant de la vie. La tragédie nous présente la douleur sans nom, la misère de l'humanité, le triomphe de la méchanceté, l'empire narquois du hasard et la chute irrémédiable des justes et des innocents : voilà qui nous indique de la manière la plus insigne la nature du monde et de l'existence. Ce qui se révèle ici sous un jour effrayant, c'est le conflit <*Widerstreit*> de la volonté avec elle-même, déployée dans sa plus grande perfection au plus haut degré de son objectité[134]. Ce conflit est rendu visible par la souffrance de l'humanité, ce qui peut alors se réaliser, d'une part, par le hasard et l'erreur, qui s'avancent en maîtres du monde, et par leur malignité personnifiée par le destin pouvant aller jusqu'à porter l'apparence de l'intention ; d'autre part, le conflit procède de l'humanité elle-même, par les aspirations croisées de la volonté des individus, par la méchanceté et la perversité de la plupart. C'est une seule et même volonté qui vit et apparaît en eux tous, mais ses apparitions se combattent elles-mêmes, se déchirent mutuellement. Chez tel individu la volonté se manifestera avec véhémence, chez tel autre plus faiblement, chez celui-là elle est plus consciente, chez celui-ci elle l'est moins, car atténuée par la lumière de la connaissance, jusqu'à ce que, enfin, chez certains êtres, cette connaissance, purifiée et accrue par la souffrance même, atteint ce point où l'apparition, le voile de *mâyâ*, ne l'abuse plus, où elle perce à jour la forme de l'apparition, le *principium individuationis*, où l'égoïsme qui est fondé sur celui-ci s'éteint dans le même mouvement : c'est alors que les MOTIFS, encore si impérieux à l'instant d'avant, sont privés de leur puissance et cèdent la place à la connaissance parfaite de la nature du monde, cette connaissance qui, agissant comme un QUIÉTIF de la volonté, conduit à la résignation, à l'abandon non seulement de la vie, mais de toute la volonté de vivre elle-même. Nous voyons ainsi dans la tragédie que les personnages les plus nobles, après une longue et douloureuse lutte, finissent par renoncer à jamais tant aux buts qu'ils poursuivaient jusque-là avec tant de véhémence, qu'aux plaisirs de la vie, ou quittent la vie elle-même de plein gré et avec joie : ainsi le prince constant de Calderón ; ainsi Gretchen dans le *Faust* ; ainsi Hamlet que son Horatio suivrait volontiers, alors qu'il lui intime de rester et de respirer encore un instant, malgré la douleur, dans ce monde rude, afin d'élucider le destin de Hamlet et d'en justifier la mémoire ; ainsi la pucelle d'Orléans, la fiancée de Messine : ils meurent tous purifiés par la souffrance, c'est-à-dire après que la volonté de vivre s'est préalablement éteinte en eux ; le *Mahomet* de Voltaire le dit même littéralement dans les derniers mots que

Palmyre mourante adresse à Mahomet: «Le monde est fait pour les tyrans: tu dois vivre[135]!» — C[En revanche, l'exigence d'une soi-disant justice poétique repose sur une totale méconnaissance de la nature de la tragédie, voire de la nature du monde. Elle se manifeste effrontément, dans toute sa platitude, dans les critiques que le Dr Samuel Johnson a données des pièces isolées de Shakespeare[136], en se plaignant fort naïvement de la continuelle négligence de cette justice: car enfin, quelle est donc la faute commise par les Ophélia, les Desdémone, les Cordélia? — Mais ce n'est que la vision du monde plate, optimiste, protestante-rationaliste, et, à vrai dire, judaïque qui formulera cette exigence d'une justice poétique pour tirer de la satisfaction de celle-ci la sienne propre. Le sens véritable de la tragédie consiste dans l'intelligence approfondie du fait que ce que le héros doit expier ce ne sont pas ses péchés individuels, mais le péché originel, c'est-à-dire la faute <*Schuld*> de l'existence même:

Pues el delito mayor
Del hombre es haber nacido.

[Car le plus grand crime de l'homme
C'est d'être né[137].]

comme Calderón le dit sans détour.]C

Je voudrais maintenant me permettre une remarque concernant plus précisément la manière de traiter de la tragédie. La représentation d'un grand malheur est essentielle à la seule tragédie. Mais les voies nombreuses et diverses par lesquelles le poète le provoque peuvent être classées sous trois concepts génériques. Il peut en effet se produire par la méchanceté extraordinaire, frôlant l'extrême limite du possible, propre à un caractère qui dès lors devient l'auteur du malheur ; parmi les exemples de ce genre, on compte Richard III, Iago dans *Othello*, Shylock dans *Le marchand de Venise*, Franz Moor[138], B[la Phèdre d'Euripide, Créon dans *Antigone*, et bien d'autres encore.]B Le malheur peut ensuite être provoqué par un destin aveugle, c'est-à-dire par le hasard ou l'erreur : dans ce genre, *Œdipe roi* de Sophocle constitue un vrai modèle, de même *Les Trachiniennes* et, en général, toutes les tragédies antiques ; parmi les modernes, on peut citer les exemples de *Roméo et Juliette*, *Tancrède* de Voltaire, *La fiancée de Messine*[139]. Enfin, le malheur peut être occasionné par un simple conflit entre les personnages, par les circonstances, auquel cas il n'y a nul besoin d'une erreur énorme ou d'un hasard inouï, ni d'un personnage qui, dans le mal, atteindrait les limites de l'humanité. Ce sont alors les personnages, ordinaires d'un point de vue moral, sous des circonstances courantes, qui sont en conflit de manière à ce que leur situation les contraigne à se causer réciproquement le plus grand malheur, en toute conscience et sans que le tort ne réside que d'un seul côté. Ce dernier genre me semble largement préférable aux deux autres, car il nous présente le plus grand malheur non pas comme une exception, découlant de circonstances rares ou de personnages monstrueux, mais découlant aisément et spontanément, voire essentiellement, de l'action et des caractères des hommes, avec pour résultat de situer ainsi la chose dans une proximité terrible qui nous concerne. Alors que dans les deux autres genres nous percevons le destin épouvantable et la méchanceté effroyable comme des puissances terribles mais qui ne nous menacent que de très loin, et auxquelles nous pouvons échapper sans nous réfugier dans la résignation, le dernier genre nous montre d'une part que ces puissances qui détruisent tout bonheur et toute vie sont capables à chaque instant de nous frapper nous aussi, d'autre part que les plus grandes souffrances sont provoquées par un enchaînement dont notre destin pourrait revêtir les traits essentiels, et par des actes que nous serions peut-être capables de commettre nous aussi sans que nous puissions pour autant invoquer quelque injustice ; nous sentons alors, en frissonnant, que nous sommes déjà au cœur de l'enfer. Or l'exécution dans ce dernier genre est aussi de la plus grande difficulté, car c'est avec un déploiement minimal de moyens et de causes motrices, en utilisant simplement leur disposition et leur répartition, qu'il faut produire un effet maximal ; c'est pourquoi même les meilleures tragédies sont nombreuses à contourner cette difficulté. En tant que modèle parfait de ce genre, il nous faut cependant citer une pièce largement surpassée, sous un autre aspect, par plusieurs autres pièces du même maître : il s'agit de *Clavigo*[140]. D'une certaine manière *Hamlet* en fait partie, lorsqu'on ne tient compte que du rapport du héros avec Laërte et Ophélia ; *Wallenstein*[141] possède également cette qualité ; le *Faust* est tout à fait de ce genre, à condition de considérer que l'intrigue avec Marguerite et son frère constitue l'action principale ; B[de même *Le Cid* de Corneille, sauf qu'il lui manque le dénouement tragique que comporte en revanche le rapport analogique entre Max et Thécla*[142].]B

* Voir sur ce sujet le chap. 37 du tome II.

§ 52

Dans ce qui précède nous avons considéré tous les beaux-arts selon cette universalité adaptée à notre point de vue, en partant de l'art architectural — dont le but, comme tel, est la mise en évidence de l'objectivation de la volonté au plus bas degré de sa visibilité, où elle se montre comme un désir de la matière, sourd, dénué de connaissance, conforme aux lois de la nature, tout en révélant déjà sa division interne et le conflit, celui entre la pesanteur et la rigidité —, et en terminant nos considérations par la tragédie qui, au plus haut degré de l'objectivation de la volonté, nous met sous les yeux, avec une ampleur et une évidence terribles, cette contradiction interne. Nous devons alors constater que, néanmoins, l'un des beaux-arts était exclu de nos considérations, et devait le rester, car dans l'enchaînement systématique de notre présentation, aucune place ne lui était appropriée : il s'agit de la MUSIQUE. Elle se tient tout à fait à part de tous les autres arts. Nous ne reconnaissons pas en elle la reproduction <*Nachbildung*>, la répétition <*Wiederholung*> d'une quelconque Idée des êtres dans le monde et pourtant elle est un art si important et absolument magnifique, elle agit avec une telle puissance sur le plus intime de l'homme, elle est comprise si parfaitement et si profondément par lui, comme un langage tout à fait universel dont l'évidence surpasse celle du monde perceptible lui-même, au point que nous devons certainement chercher bien davantage en elle qu'un *exercitium arithmeticae occultum nescientis se numerare animi* [exercice d'arithmétique inconscient où l'esprit ne sait pas qu'il compte], comme la qualifiait Leibniz*[143], et ce tout à fait à juste titre, dans la mesure où il ne considérait que sa signification immédiate et externe, son écorce. B[Mais si elle n'était rien d'autre, la satisfaction qu'elle procure devrait ressembler à celle que nous éprouvons lorsque nous résolvons avec succès un problème de calcul, et non à cette joie fervente avec laquelle nous voyons s'exprimer le noyau le plus profond de notre être.]B À notre point de vue, fixé sur l'effet esthétique, nous devons lui accorder une signification beaucoup plus sérieuse et profonde, qui renvoie à l'essence la plus intime du monde et à notre soi ; par rapport à cette signification, les proportions arithmétiques auxquelles on peut la réduire ne sont pas le signifié, mais le signe même. D'une manière ou d'une autre, la musique doit se rapporter au monde comme la représentation se rapporte au représenté, la copie <*Nachbild*> au modèle <*Vorbild*> ; c'est ce que nous pouvons déduire, par analogie, des autres arts, qui possèdent tous ce trait caractéristique, et dont l'effet sur nous est, dans l'ensemble, de la même espèce que l'effet exercé par la musique, sauf que celui-ci est plus fort, plus rapide, plus nécessaire, plus infaillible. Aussi, son rapport mimétique au monde doit être très profond, infiniment vrai et parfaitement adéquat, parce qu'elle est immédiatement comprise par tout un chacun et manifeste une certaine infaillibilité en ce que sa forme se laisse reconduire à des règles tout à fait déterminées s'exprimant par des nombres, et dont elle ne saurait dévier sans cesser complètement d'être musique. — Pourtant, le point de comparaison entre la musique et le monde, le point de vue selon lequel la première se rapporte au second sous le rapport de l'imitation

* *Leibnitii epistolae, collectio Kortholti, ep. 154.*

ou de la répétition, est profondément dissimulé. À toute époque on a exercé la musique sans pouvoir en rendre compte : en se contentant d'en avoir une intelligence immédiate, on se prive d'une compréhension abstraite de cette intelligence immédiate même.

En abandonnant entièrement mon esprit aux impressions de l'art musical sous ses formes les plus diverses, puis en revenant à la réflexion et au cours de mes pensées tel qu'il se trouve présenté dans cet écrit, j'ai pu m'expliquer son essence intime et l'espèce de son rapport mimétique au monde, rapport qu'il est nécessaire de présupposer par analogie. Cette explication me convient parfaitement et satisfait à mes recherches et j'espère qu'elle paraîtra également convaincante à celui qui m'aurait suivi jusqu'ici et aurait approuvé ma vision du monde. Je considère cependant qu'il est, par nature, impossible de démontrer cette explication, car elle admet et fixe un rapport de la musique comme représentation à ce qui, essentiellement, ne peut jamais être représentation, et entend considérer la musique comme la copie d'un modèle qui lui-même ne peut jamais être immédiatement représenté. En conclusion de ce livre III principalement consacré à l'examen des arts, je ne puis donc faire rien d'autre qu'exposer cette explication, qui me convient, sur l'art merveilleux de la musique, en remettant l'approbation ou le rejet de mes idées à l'effet que produit sur chaque lecteur tant la musique que la pensée une et identique communiquée dans cet écrit. Pour accepter avec une conviction authentique l'interprétation que je propose de la signification de la musique, je considère en outre qu'il est nécessaire d'écouter de la musique tout en réfléchissant fréquemment et durablement à cette signification, ce qui, à son tour, suppose d'être déjà très familiarisé avec la pensée tout entière que j'ai exposée.

Les Idées (platoniciennes) sont l'objectivation adéquate de la volonté ; stimuler la connaissance de ces Idées par la représentation (ce qui n'est possible que par une altération correspondante dans le sujet connaissant) des choses singulières (car les œuvres d'art elles-mêmes ne sont pas autre chose), voilà le but de tous les autres arts. Ainsi, ils ne font tous qu'objectiver la volonté de manière médiate, à savoir par le moyen des Idées. Et comme notre monde n'est rien d'autre que la phénoménalisation des Idées dans la multiplicité en vertu de leur entrée dans le *principium individuationis* (dans la forme de la connaissance possible qui est propre à l'individu comme tel), la musique, puisqu'elle passe outre les Idées, est aussi tout à fait indépendante du monde phénoménal, elle l'ignore absolument, elle pourrait pour ainsi dire subsister même si le monde n'était pas : on ne saurait en dire autant des autres arts. La musique, en effet, est une objectivation, et une image <*Abbild*>, aussi IMMÉDIATE de toute la VOLONTÉ que l'est le monde lui-même, voire les Idées dont le phénomène multiplié constitue le monde des choses singulières. La musique n'est donc aucunement l'image des Idées comme les autres arts, mais elle est L'IMAGE DE LA VOLONTÉ elle-même dont les Idées sont également l'objectité : voilà pourquoi l'effet de la musique est tellement plus puissant et pénétrant que celui exercé par les autres arts ; car eux ne parlent que de l'ombre, alors qu'elle parle de l'essence. Puisque c'est la même volonté qui s'objective tant dans les Idées que dans la musique, mais à chaque fois d'une façon tout à fait différente, il existe non pas une ressemblance nécessaire et directe, mais un parallélisme, une analogie entre la musique et les Idées dont la phénoménalisation dans la multiplicité constitue le monde visible. La démonstration de cette analogie, et, partant, son élucidation, favorisera l'intelligence de cette explication rendue difficile par l'obscurité de l'objet.

Dans les sons[144] les plus graves de l'harmonie, dans la basse fondamentale, je reconnais les degrés les plus bas de l'objectivation de la volonté, la nature inorganique, la masse planétaire. Comme on sait, il faut considérer que tous les sons aigus, plus légers et expirant plus rapidement, procèdent des vibrations concomitantes du son fondamental et lorsque celui-ci résonne, ils résonnent faiblement aussi ; une règle de l'harmonie veut d'ailleurs qu'avec une note fondamentale ne peuvent coïncider que les sons aigus qui déjà sont réellement et spontanément en consonance avec elle (c'est-à-dire ses *sons harmoniques* [en français dans le texte]) en vertu des vibrations concomitantes. On peut y voir une analogie avec la nécessité de considérer que tous les corps et organismes de la nature sont engendrés par le développement graduel à partir de la masse planétaire, qui est à la fois son support et sa source : c'est le même rapport qui relie les sons aigus à la basse fondamentale. — La basse a une limite au-delà de laquelle aucun son n'est audible : de la même façon, aucune matière n'est perceptible sans forme et qualité, c'est-à-dire sans la manifestation d'une force qui ne peut être expliquée davantage, et par laquelle s'exprime précisément une Idée, et, plus généralement, aucune matière ne saurait être totalement dénuée de volonté ; bref, de même qu'on ne saurait séparer du son en tant que tel un certain degré de hauteur, on ne saurait séparer de la matière un certain degré de manifestation de la volonté. — La basse fondamentale est donc à l'harmonie ce qu'est au monde la nature inorganique, la masse la plus brute sur laquelle tout repose et à partir de laquelle tout s'élève et se développe. — Par ailleurs, dans toutes les voix d'accompagnement engendrant l'harmonie, de la basse à la voix qui conduit et chante la mélodie, je reconnais toute la gradation des Idées dans laquelle s'objective la volonté. Les degrés qui se rapprochent de la basse sont les plus bas, les corps qui sont encore inorganiques mais se manifestent déjà de manière multiple ; les degrés les plus élevés représentent pour moi le monde végétal et animal. Les intervalles déterminés de la gamme sont parallèles aux degrés déterminés de l'objectivation de la volonté, les espèces déterminées de la nature. L'écart par rapport à la justesse arithmétique des intervalles en raison de tel tempérament, ou du choix d'un mode, est analogue à l'écart de l'individu par rapport au type de l'espèce ; on pourrait même comparer les dissonances impures, qui ne produisent aucun intervalle déterminé, au croisement monstrueux entre deux espèces animales ou entre l'homme et l'animal. — À toutes ces voix de basse et ces voix d'accompagnement, qui constituent l'HARMONIE, manque cependant cette continuité dans la progression que seul possède la voix supérieure qui chante la MÉLODIE, cette voix qui seule est capable de se mouvoir avec rapidité et légèreté, en faisant des modulations et des roulades, alors que toutes les autres ont un mouvement plus lent, sans continuité propre. C'est la basse, représentant de la masse la plus brute, qui se meut avec le plus de lourdeur : elle ne monte et ne descend que par grands degrés, par tierces, quartes et quintes, jamais par UN SEUL ton, à moins d'être une basse transposée par double contrepoint. Ce mouvement lent lui est d'ailleurs physiquement essentiel : on ne saurait pas même imaginer faire des roulades ou des trilles sur des graves. Les voix d'accompagnement, parallèles au monde animal, se meuvent plus rapidement, mais encore sans continuité mélodique ni progression sensée. La marche discontinue et la détermination réglée de toutes les voix d'accompagnement trouvent leur analogue dans le monde irrationnel tout entier où, du cristal à l'animal le plus parfait, B[aucun être ne possède une conscience réellement continue qui ferait de sa vie un ensemble sensé,]B aucun être ne fait l'expérience d'une succession d'évolutions intellectuelles, aucun être ne se parfait par la culture, mais tout est constamment présent à tout instant selon son espèce, déterminé par une loi nécessaire. — Dans la MÉLODIE enfin, dans la voix qui chante dans les aigus, qui dirige l'ensemble et progresse, avec une liberté absolue, selon la continuité ininterrompue et sensée, du début à la fin, d'UNE SEULE pensée, dans cette voix principale qui représente un tout, je reconnais le degré le plus élevé de l'objectivation de la volonté, la vie et les aspirations de l'homme qui les réfléchit. Doué de raison, il est seul à toujours regarder en avant et en arrière sur le chemin de la réalité et des innombrables possibilités, et ainsi à parcourir le cours de sa vie avec réflexion pour en faire un ensemble cohérent ; de manière analogue, c'est donc la MÉLODIE seule qui possède une continuité sensée et intentionnelle du début à la fin. Elle raconte ainsi l'histoire de la volonté éclairée par la réflexion, cette volonté dont l'empreinte dans la réalité est la série de ses actes ; mais elle dit plus encore, elle raconte son histoire la plus secrète, elle dépeint toute émotion, tout effort, tout mouvement de la volonté, bref tout ce que la raison subsume sous le concept étendu et négatif de sentiment et qu'elle ne saurait contenir dans ses abstractions.

C'est pourquoi on a toujours dit que la musique était le langage du sentiment <*Gefühl*> et de la passion <*Leidenschaft*>, de même que les mots sont le langage de la raison : B[Platon déjà la définit comme ἡ τῶν μελῶν κίνησις μεμιμημένη, ἐν τοῖς παθήμασιν ὅταν ψυχὴ γίνηται Cm[(*melodiarum motus animi affectus imitans*)]Cm [le mouvement mélodique imitant les affects de l'âme[145]], *De leg. VII*,]B Cm[et Aristote aussi se demande : διὰ τί οἱ ῥυθμοὶ καὶ τὰ μέλη, φωνὴ οὖσα, ἤθεσιν ἔοικε (*cur numeri musici et modi, qui voces sunt, moribus similes sese exhibent ?*)]Cm [pourquoi les rythmes et les chants, qui sont une émission de voix, semblent-ils refléter des états d'âme[146] ?], *Probl. c. 19.*

L'essence de l'homme, c'est que sa volonté désire, c'est qu'elle se trouve satisfaite et recommence à désirer, et ainsi de suite ; d'ailleurs son bonheur et son bien-être consistent en ce que le passage du souhait à la satisfaction, puis le passage de celle-ci à un nouveau souhait, s'effectuent rapidement, car l'absence de satisfaction est souffrance, l'absence d'un nouveau souhait est attente vide, *languor*, ennui. De manière analogue, l'essence de la mélodie est un constant écart, une digression, sur mille chemins, par rapport au son fondamental : si elle va non seulement vers les degrés harmoniques, vers la tierce et la dominante, mais aussi vers tous les sons, vers la septième dissonante et les degrés augmentés, elle finit cependant toujours par revenir au son fondamental. Par tous ces chemins, la mélodie exprime le désir multiforme de la volonté, mais aussi la satisfaction par le retour final à un degré harmonique et plus encore au son fondamental. L'invention de la mélodie, le dévoilement, en elle, des secrets les plus enfouis du vouloir et du sentir humains, est l'œuvre du génie dont l'activité, de manière plus évidente que partout ailleurs, se situe loin de toute réflexion et de toute intention consciente, activité qu'on peut appeler inspiration. Ici, comme dans tous les arts, le concept est stérile : le compositeur révèle l'essence la plus intime du monde et énonce la sagesse la plus profonde par un langage que sa raison ne comprend pas, à l'instar d'une personne somnambule magnétisée qui donne des renseignements sur une chose dont elle n'a nulle notion à l'état de veille. C'est pourquoi, chez le compositeur plus que chez aucun autre artiste, l'homme est entièrement séparé et différent de l'artiste. Dans l'explication même de cet art merveilleux, le concept montre son indigence et ses limites ; je vais néanmoins tenter de développer notre analogie. — De même que bonheur et bien-être résident dans le passage rapide du souhait à la satisfaction, puis de celle-ci à un souhait nouveau, les mélodies vives sans grandes digressions sont joyeuses, alors que les mélodies lentes, qui prennent des dissonances douloureuses et ne reviennent au son fondamental qu'après de nombreuses mesures, sont tristes, analogiquement à une satisfaction retardée et compliquée. Le retardement d'une nouvelle émotion de la volonté, le *languor*, ne saurait s'exprimer autrement que par la tenue du son fondamental dont l'effet deviendrait alors bientôt insupportable : les mélodies très monotones et insignifiantes s'en approchent déjà. Les phrases brèves et faciles d'une musique de danse rapide ne semblent parler que du bonheur vulgaire facilement accessible ; l'*allegro maestoso* au contraire, avec ses grandes phrases, ses longues périodes et ses vastes digressions, désigne l'aspiration plus large, plus noble à un but lointain, ainsi qu'à sa réalisation finale. L'*adagio* parle de la souffrance d'une aspiration grande et noble au mépris de tout bonheur mesquin. Mais combien merveilleux est l'effet des modes mineur et majeur !

N'est-il pas étonnant que le changement d'un demi-ton, l'introduction de la tierce mineure au lieu de la majeure[147], nous impose immédiatement et immanquablement un sentiment inquiet et pénible dont le mode majeur nous délivre tout aussi soudainement ? Dans le mode mineur, l'*adagio* atteint l'expression de la douleur la plus extrême et devient la lamentation la plus bouleversante. La musique de danse en mode mineur semble désigner le fait qu'on a perdu un bonheur mesquin qu'on devrait pourtant mépriser, elle semble évoquer la réalisation d'un but minable au moyen de grands efforts et peines. — À l'aspect inépuisable des mélodies possibles correspond l'aspect, également inépuisable, de la nature quant à la variété des individus, des physionomies et des vies. Comme il abolit entièrement la continuité avec ce qui précède, le passage d'une tonalité à une autre tout à fait différente est comparable à la mort, dans la mesure où l'individu y trouve sa fin, alors que la volonté qui apparaissait dans celui-ci continue de vivre, apparaissant dans d'autres individus dont la conscience, cependant, n'a aucune continuité avec le premier[148].

En démontrant tous ces phénomènes analogues présentés, il ne faut pourtant jamais oublier que la musique n'a avec eux aucun rapport direct, mais seulement médiat ; car elle n'énonce jamais le phénomène, mais toujours seulement l'essence intime, l'en-soi de tout phénomène, la volonté elle-même. Cm[Elle n'exprime donc pas telle ou telle joie singulière et déterminée, telle ou telle affliction, ou douleur, ou terreur, ou jubilation, ou gaieté, ou sérénité, mais LA joie, l'affliction, LA douleur, LA terreur, LA jubilation, LA gaieté, LA sérénité elles-mêmes, pour ainsi dire *in abstracto*, c'est-à-dire ce qu'elles ont d'essentiel sans aucun ajout, donc sans non plus leurs motifs. Nous les comprenons pourtant parfaitement dans cette quintessence abstraite même. C'est la raison pour laquelle notre imagination <*Phantasie*> s'en trouve si aisément stimulée, en essayant alors de forger ce monde d'esprits qui nous parle aussi directement, ce monde invisible et pourtant si vif et animé, de lui conférer chair et os, bref de l'incarner dans un exemple analogue. C'est là l'origine du chant accompagné de paroles, puis finalement de l'opéra dont le texte, pour cette raison même, ne devrait jamais abandonner sa position subordonnée pour se mettre au centre et pour faire de la musique le simple moyen de son expression, ce qui serait une faute grave et une grande perversité. Car la musique n'exprime toujours que la quintessence de la vie et de ses événements, mais jamais ceux-là mêmes, raison pour laquelle elle n'est souvent pas influencée par leur diversité. C'est justement cette universalité propre et exclusive, accompagnée de la déterminité la plus précise, qui lui confère cette valeur éminente d'une panacée à toutes nos souffrances. Si donc la musique cherche par trop à se rattacher aux paroles et à s'adapter aux événements, elle s'efforce de parler un langage qui n'est pas le sien. Personne n'a su mieux échapper à cette erreur que Rossini : car sa musique parle avec tant de pureté et d'évidence son langage PROPRE qu'elle n'a pas besoin de paroles, et qu'exécutée avec de simples instruments, elle atteint son plein effet[149].

À la suite de ce qui précède,]Cm nous pouvons considérer d'une part le monde phénoménal ou la nature, d'autre part la musique, comme deux expressions différentes de la même chose, laquelle est ainsi la seule médiation de l'analogie entre les deux, et il convient donc de la connaître pour comprendre cette analogie. Si on la considère comme l'expression du monde, la musique est donc un langage universel au plus haut degré qui se rapporte d'ailleurs à l'universalité des concepts à peu près comme ceux-ci aux choses singulières. Or son universalité n'est nullement cette universalité vide de l'abstraction ; elle est d'une tout autre espèce et attachée à une déterminité continue et évidente. Elle ressemble en cela aux figures géométriques et aux nombres, qui, en tant que formes universelles de tous les objets possibles de l'expérience et applicables *a priori* à eux tous, ne sont pas déterminées abstraitement, mais intuitivement et de manière continue. Toutes les aspirations possibles, les excitations et les manifestations de la volonté, tous ces événements à l'intérieur de l'homme que la raison classe sous le concept étendu et négatif de sentiment, peuvent être exprimés par le nombre infini des mélodies possibles, mais toujours seulement sous l'universalité de la forme pure, sans la matière, toujours seulement selon l'en-soi et non selon le phénomène, pour ainsi dire selon leur âme la plus intérieure sans le corps. C[Le rapport intime que la musique entretient avec l'essence véritable de toute chose explique également]C B[que lorsqu'on joue une musique appropriée à quelque scène, action, événement ou milieu, elle semble nous révéler leur sens le plus profond et se présenter comme leur commentaire le plus exact et le plus évident ; de même, ce rapport explique qu'il semble à celui qui s'abandonne totalement aux impressions d'une symphonie de voir défiler devant lui tous les événements possibles de la vie et du monde, alors même qu'il ne saurait indiquer, après réflexion, aucune ressemblance entre ce morceau de musique et les choses qu'il avait à l'esprit.]B Comme nous l'avons dit, la musique, en effet, se distingue de tous les autres arts parce qu'elle n'est pas l'image du phénomène, ou plus exactement de l'objectité adéquate de la volonté, mais l'image immédiate de la volonté même, et qu'elle représente donc le métaphysique de tout le physique du monde, la chose en soi de tout phénomène. On pourrait donc appeler le monde aussi bien de la musique incarnée que de la volonté incarnée. Voilà pourquoi la musique fait aussitôt surgir une signifiance supérieure dans tout tableau, voire toute scène de la vie réelle et du monde, et ce évidemment d'autant plus que sa mélodie entretient une analogie plus grande avec Cm[l'esprit intérieur]Cm du phénomène donné. C'est aussi la raison pour laquelle un poème, sous forme de chant, ou une représentation perceptible, sous forme de pantomime, ou les deux, sous forme d'opéra, peuvent donner un fond à la musique. Ces tableaux singuliers de la vie humaine, ainsi mis sur le langage universel de la musique, ne lui sont jamais constamment et nécessairement reliés ou adéquats ; ils ne se rapportent à elle que comme un quelconque exemple à un concept universel : dans la déterminité de la réalité, ils représentent ce que la musique énonce dans l'universalité de la pure forme. B[Car comme les concepts universaux, les mélodies sont, pour ainsi dire, un *abstractum* de la réalité. Celle-ci, en effet, c'est-à-dire le monde des choses singulières, fournit l'intuitionnable, le particulier et l'individuel, le cas singulier tant de l'universalité des concepts que de celle des mélodies, ces deux universalités étant cependant dans une certaine mesure opposées, puisque les concepts contiennent les formes initialement tirées de l'intuition, en quelque sorte l'écorce extérieure des choses, et sont ainsi des *abstracta* au sens strict, alors que la musique donne le noyau le plus intime précédant toute forme, ou le cœur des choses. On pourrait très bien exprimer ce rapport dans le langage des scolastiques, en disant : les concepts sont les *universalia post rem*, alors que la musique donne les *universalia ante rem*, et la réalité les *universalia in re.*]B Au sens universel d'une mélodie ajoutée à une poésie pourraient d'ailleurs correspondre, au même degré, d'autres exemples, également pris au hasard, de l'universel qui s'y exprime ; c'est pourquoi la même composition s'adapte à quantité de strophes ; d'où aussi la possibilité du vaudeville. Mais la possibilité, comme telle, d'un lien entre une composition et une représentation intuitive, repose, comme je l'ai déjà dit, sur le fait que les deux ne sont que deux expressions tout à fait différentes de la seule et même essence intime du monde. Lorsque, dans tel cas particulier, ce lien existe réellement, lorsque donc le compositeur a su énoncer les émotions de la volonté qui constituent le noyau d'un événement dans le langage universel de la musique, alors la mélodie du chant, la musique de l'opéra, seront expressives. L'analogie entre les deux, découverte par le compositeur, doit cependant procéder de la connaissance immédiate de l'essence du monde, sans qu'il ait conscience de sa raison, et ne doit pas, selon une intention consciente, être une imitation <*Nachahmung*> par le biais des concepts. Autrement, la musique n'énonce pas l'essence intime, la volonté même, mais imite simplement et insuffisamment son phénomène, comme c'est le cas de toute musique imitative <*nachbildende Musik*> au sens strict, par exemple des *Saisons* de Haydn, ou encore de nombreux passages de sa *Création*, où les phénomènes du monde perceptible sont directement imités, aussi tous les morceaux de musique militaire : tout cela est à rejeter totalement.

B[La ferveur intime et inexprimable de toute musique, en vertu de laquelle elle défile devant nous comme un paradis si entièrement familier et pourtant éternellement lointain, entièrement intelligible et pourtant si inexplicable, repose sur le fait qu'elle restitue toutes les émotions de notre essence la plus intime, mais ce tout à fait sans la réalité et loin de ses tourments.]B De même, la raison de son essentiel sérieux, qui exclut complètement le ridicule de son domaine immédiat et propre, c'est que son objet n'est pas la représentation, par rapport à laquelle seuls sont possibles l'illusion et le ridicule : son objet est immédiatement la volonté qui est essentiellement ce qu'il y a de plus sérieux, car tout en dépend. Cm[— De la richesse de contenu et de signification de son langage témoignent même les signes de reprise et le *da capo*, lesquels seraient insupportables dans les œuvres du langage verbal, alors que dans son cas ils sont au contraire très utiles et agréables : car pour bien saisir l'ensemble, il faut l'entendre deux fois.]Cm

Si j'ai tenté, dans toute cette description de la musique, d'expliciter le fait qu'elle exprime dans un langage éminemment universel, par une matière homogène, c'est-à-dire par de purs sons et avec la déterminité et la vérité les plus grandes, l'essence intime, l'en-soi du monde, que nous pensons, selon sa manifestation la plus évidente, sous le concept de volonté ; si, par ailleurs, d'après ce que je me suis efforcé de montrer, la philosophie n'est rien d'autre que la répétition parfaite et exacte de l'essence du monde, ainsi que son expression, par des concepts très universels, puisque ce n'est qu'eux qui permettent une vue synoptique toujours suffisante et utilisable de toute cette essence ; alors celui qui m'a suivi et a pénétré ma manière de penser ne trouvera pas particulièrement paradoxal si je dis ceci : à supposer qu'on réussisse à donner par des concepts une explication de la musique qui soit parfaitement exacte, complète et précise, autrement dit qui soit une répétition détaillée de ce dont elle est l'expression, elle serait du même coup une explication du monde, et sa répétition suffisante, par des concepts, c'est-à-dire qu'elle lui serait tout à fait identique ; elle serait donc la vraie philosophie et nous pourrions par conséquent parodier ainsi, dans le sens de notre considération supérieure, la formule de Leibniz citée plus haut, qui est très juste à un niveau inférieur : *musica est exercitium metaphysices occultum nescientis se philosophari animi* [la musique est un exercice de métaphysique inconscient où l'esprit ne sait pas qu'il philosophe]. Car *scire*, savoir, signifie toujours avoir déposé dans des concepts abstraits. Par ailleurs, en vertu de la vérité, confirmée maintes fois, de la formule de Leibniz, la musique, abstraction faite de sa signification esthétique et intérieure, et considérée exclusivement selon un point de vue extérieur et purement empirique, n'est rien d'autre que le moyen d'appréhender immédiatement et *in concreto* des nombres plus grands et des proportions arithmétiques plus composées qu'autrement nous ne pouvons connaître que médiatement par une appréhension conceptuelle. Par la réunion de ces deux points de vue sur la musique, si différents et pourtant justes tous les deux, nous pouvons dès lors nous faire une idée de la possibilité d'une philosophie des nombres, comme l'était celle de Pythagore et aussi celle des Chinois dans le *Yi-king*, pour ensuite interpréter dans ce sens cette parole des Pythagoriciens citée par Sextus Empiricus (*adv. Math., L. VII*) : τῷ ἀριθμῷ δὲ τὰ πάντ' ἐπέοικεν (*numero cuncta assimilantur*) [toutes les choses sont semblables au nombre[150]]. Et si enfin nous rattachons ce point de vue à notre interprétation, donnée plus haut, de l'harmonie et de la mélodie, nous trouverons qu'une pure philosophie morale sans explication de la nature, ainsi que Socrate entendait l'introduire, est analogue à une mélodie sans harmonie, selon le souhait exclusif de Rousseau, et par opposition à cela, une pure physique et métaphysique sans éthique correspondrait à une pure harmonie sans mélodie. — Qu'il me soit encore permis de relier à ces considérations accessoires quelques remarques concernant l'analogie entre la musique et le monde phénoménal. Nous avons trouvé dans le livre précédent que le plus haut degré de l'objectivation de la volonté, l'homme, ne pouvait se phénoménaliser seul et isolément, puisqu'il présuppose les degrés qui lui sont inférieurs, lesquels à leur tour présupposent les degrés plus bas ; or de même, la musique qui, comme le monde, objective immédiatement la volonté, n'est parfaite que dans l'harmonie complète. Pour produire tout son effet, la voix supérieure et conductrice de la mélodie nécessite l'accompagnement des autres voix, jusqu'à la basse la plus grave qui doit être considérée comme l'origine de toutes les autres voix : c'est comme partie intégrante que la mélodie intervient elle-même dans l'harmonie, de la même façon que celle-ci intervient également dans celle-là, et de même que ce n'est que dans l'ensemble de toutes les voix que la musique énonce ce qu'elle a pour but d'énoncer, la volonté une et extra-temporelle ne réalise son objectivation parfaite que par la réunion complète de tous les degrés qui révèlent son essence selon les innombrables échelons d'une progression de l'évidence. — L'analogie suivante me paraît elle aussi très remarquable. Nous avons vu au livre précédent qu'en dépit de l'adaptation de tous les phénomènes de la volonté les uns aux autres eu égard aux espèces, adaptation à l'origine du point de vue téléologique, il subsiste néanmoins un conflit irréductible entre ces phénomènes en tant qu'individus, un conflit qui, visible à chacun de leurs degrés, fait du monde une arène perpétuelle où s'affrontent tous ces phénomènes de l'unique et identique volonté dont la contradiction interne avec elle-même devient par là même visible. De ceci même il existe quelque chose de correspondant dans la musique. Car un système de sons parfait et purement harmonique est impossible non seulement physiquement, mais déjà arithmétiquement. Parmi les nombres eux-mêmes qui permettent d'exprimer les sons on trouve des irrationnels irréductibles : Cm[on ne saurait en aucune façon calculer une gamme où chaque quinte se rapporterait au son fondamental selon une proportion de 2 à 3, chaque tierce majeure selon une proportion de 4 à 5, chaque tierce mineure selon une proportion de 5 à 6, etc. Car lorsque les sons ont un rapport exact au son fondamental, ils n'ont plus de rapport exact entre eux, puisque la quinte devrait alors être la tierce mineure de la tierce, etc. ; il faut en effet comparer les sons de la gamme à des acteurs qui doivent jouer tantôt ce rôle-ci, tantôt ce rôle-là.]Cm C'est pourquoi on ne saurait pas même imaginer, et encore moins exécuter, une musique parfaitement exacte, ce qui explique que toute musique possible s'écarte de la pureté totale : elle ne peut que dissimuler les dissonances qui lui sont essentielles par la distribution de celles-ci à tous les sons, autrement dit par le tempérament[151]. B[Qu'on lise à ce sujet l'*Akustik* de Chladni,]B Cm[§ 30, ainsi que sa *Kurze Übersicht der Schall- und Klanglehre*, p. 12*[152].]Cm

J'aurais encore pu ajouter bien des précisions sur le mode de perception de la musique, qui s'accomplit

* Voir sur ce sujet le chap. 39 du tome II.

uniquement dans le temps et par le temps, à l'exclusion totale de l'espace et sans influence aucune de la connaissance de la causalité, c'est-à-dire de l'entendement, car c'est déjà comme effet, et sans que nous dussions remonter à leur cause comme dans le cas de l'intuition, que les sons produisent l'impression esthétique. — Je ne voudrais pas cependant allonger encore plus ces considérations, car certains estimeront peut-être que dans ce livre III, j'ai déjà été trop dans le détail, ou que j'ai accordé un traitement trop large à des points particuliers. Mais c'était bien nécessaire, eu égard au but que je me suis proposé, et on trouvera d'autant moins à y redire si on admet l'importance de l'art, rarement reconnue de manière suffisante, ainsi que sa valeur éminente, en tenant compte, d'une part, du fait que selon notre point de vue, tout le monde visible n'est que l'objectivation de la volonté, son miroir qui la conduit jusqu'à la connaissance d'elle-même et même, comme nous allons bientôt le voir, jusqu'à la possibilité de sa délivrance, d'autre part, que le monde comme représentation, lorsqu'on le considère séparément, en s'arrachant du vouloir pour le laisser lui seul occuper la conscience, est le côté le plus réjouissant de la vie, le seul à être innocent; nous devons ainsi considérer que de tout ceci, l'art est l'intensification supérieure, le développement plus parfait, car il réalise essentiellement la même chose que le monde visible, mais de manière plus concentrée, plus achevée, avec intention et réflexion, raison pour laquelle l'art pourrait être appelé la fleur de la vie, au sens le plus accompli de ce terme. Si tout le monde comme représentation n'est que la visibilité de la volonté, l'art est la mise en évidence de cette visibilité, la *camera obscura* [chambre noire] qui montre les objets sous un mode plus pur, permettant de mieux les embrasser du regard et de les résumer, pour ainsi dire le spectacle dans le spectacle, la scène sur la scène dans *Hamlet*[153].

La jouissance de tout ce qui est beau, la consolation procurée par l'art, l'enthousiasme de l'artiste qui lui fait oublier les labeurs de la vie, ce privilège du génie par rapport à tous les autres, qui seul le dédommage tant de la souffrance, laquelle croît à mesure que croît la lucidité de la conscience, que de la désolante solitude au milieu de ses congénères si hétérogènes : tout cela repose sur le fait, comme nous allons encore le voir par la suite, que l'en-soi de la vie, la volonté, l'existence elle-même, est souffrance constante, et en partie lamentable, en partie effrayante. En revanche, ce même en-soi, considéré purement comme seule représentation, ou répété par l'art, libre de tout tourment, offre un spectacle fort significatif. Ce côté purement connaissable du monde, ainsi que sa répétition par tel ou tel art, voilà l'élément de l'artiste. Il est fasciné par la contemplation du spectacle de l'objectivation de la volonté : il s'arrête auprès de ce spectacle, n'a de cesse de le considérer et de le répéter en le représentant, tout en faisant lui-même les frais de l'exécution de ce spectacle, puisqu'il est lui-même la volonté qui ainsi s'objective en demeurant dans une constante souffrance. Pour lui, cette connaissance pure, vraie et profonde de l'essence du monde devient alors une fin en soi : il s'arrête auprès d'elle. C'est pourquoi elle ne devient pas pour lui un quiétif de la volonté, comme c'est le cas du saint arrivé à la résignation, ainsi que nous allons le voir au livre suivant, elle ne le délivre pas de la vie définitivement, mais seulement pour de courts instants : elle ne lui sert pas de voie pour sortir de la vie, mais seulement de consolation provisoire dans cette vie même, jusqu'à ce que sa force, qui s'en nourrit, se lasse enfin de ce jeu, saisie par le sérieux. On peut considérer la *Sainte Cécile* de Raphaël comme une métaphore de ce passage. Maintenant, dans le livre qui suit, nous allons, nous aussi, nous tourner vers le sérieux.

LIVRE IV

Le monde comme volonté

SECONDE CONSIDÉRATION

Après l'accomplissement de la connaissance de soi, affirmation et négation de la volonté de vivre

Tempore, quo cognitio simul advenit, amor e medio supersurrexit.

[Au moment de l'avènement de la connaissance, le désir s'est envolé du sein des choses.]
Oupnek'hat, studio Anquetil-Duperron, vol. II, p. 216[1].

§ 53

La dernière partie de nos considérations s'annonce comme la plus sérieuse, car elle concerne la conduite des hommes, un objet qui touche directement tout un chacun, auquel personne ne saurait rester étranger ou indifférent ; il est même tellement propre à la nature de l'homme d'y référer tout le reste que dans tout examen systématique, il considérera toujours la partie qui se rapporte au faire <*Tun*> comme le résultat de la totalité du contenu, du moins si celui-ci l'intéresse, et par conséquent il accordera toujours une attention rigoureuse à cette partie, quand bien même il ne se pencherait sur aucune autre. — De ce point de vue, et d'après l'expression d'usage, on appellerait la partie de nos considérations qui va maintenant suivre la philosophie pratique, par opposition à la philosophie théorique dont il a été question jusqu'ici. Or, j'estime que toute philosophie est toujours théorique, car il lui est toujours essentiel, quel que soit l'objet immédiat de l'investigation, d'adopter le point de vue du pur examen, de chercher et non de prescrire. Bien au contraire, devenir pratique, diriger l'agir <*Handeln*>, transformer le caractère, voilà de vieilles exigences dont la philosophie, arrivée à une intelligence supérieure, devrait enfin se débarrasser. Car ici, où il s'agit de la valeur ou de l'absence de valeur d'une existence, du salut ou de la damnation, ce ne sont pas les concepts exsangues de la philosophie qui sont décisifs, mais l'essence la plus intime de l'homme, le démon qui le dirige et ne l'a pas choisi lui, mais que lui-même a choisi, pour parler comme Platon[2], ou pour le dire avec Kant : son caractère intelligible. La vertu ne s'enseigne pas, pas plus que le génie : à son égard, le concept est même aussi stérile que dans l'art, et il ne faut s'en servir que comme d'un instrument. Nous serions par conséquent également sots d'exiger de nos systèmes de morale et de nos éthiques qu'ils produisent des hommes vertueux, nobles et saints que d'exiger de nos esthétiques qu'ils produisent des poètes, des sculpteurs et des musiciens.

La philosophie ne peut jamais faire autre chose que d'interpréter et d'expliquer ce qui existe, de porter l'essence du monde, qui s'exprime de manière intelligible à tout un chacun *in concreto*, c'est-à-dire comme sentiment, à la connaissance évidente, abstraite de la raison, mais ce sous tous les rapports possibles et sous tous les points de vue. De même que nous avons tenté d'accomplir cette tâche dans les trois livres précédents, selon l'universalité propre à la philosophie et sous différents points de vue, de même il convient dans le présent livre de prendre en considération l'agir de l'homme, c'est-à-dire ce côté du monde dont on peut estimer qu'il est le plus important de tous, non seulement selon un jugement subjectif, comme je l'ai remarqué plus haut, mais également selon un jugement objectif. Ce faisant, je resterai entièrement fidèle à notre mode de considération mis en œuvre jusqu'à maintenant et je m'appuierai, en le présupposant, sur ce qui a été exposé précédemment; de même que dans ce qui précède j'ai développé à partir de tous les autres objets la seule et unique pensée qui constitue le contenu de tout cet ouvrage, je la développerai maintenant à partir de l'agir de l'homme, en accomplissant de cette manière l'ultime effort qui soit en mon pouvoir pour la communiquer le plus complètement possible.

D'après le point de vue que j'ai donné et le mode de traitement que j'ai annoncé, il est déjà évident que dans ce livre éthique, il ne faut s'attendre à aucune prescription, à aucune doctrine du devoir; on y indiquera encore moins un principe universel de la morale, une sorte de recette universelle pour produire toutes les vertus. Nous ne parlerons pas non plus d'un « DEVOIR INCONDITIONNÉ *<unbedingtes Sollen>* », lequel contient une contradiction, comme je l'ai démontré dans l'*Appendice*[3], ni d'une « loi pour la liberté », qui se trouve dans le même cas. Nous ne parlerons d'ailleurs à aucun moment d'un devoir : car on ne s'adresse ainsi qu'aux enfants, et aux peuples dans leur enfance, mais non à ceux qui ont assimilé toute la culture d'une époque qui a atteint sa majorité. Il est manifestement contradictoire de qualifier la volonté de libre tout en lui prescrivant des lois d'après lesquelles elle doit vouloir — « doit vouloir » : autant parler d'un cercle carré ! Or, il suit de notre point de vue dans son ensemble que la volonté est non seulement libre, mais même toute-puissante : c'est d'elle que procède aussi bien son agir que son monde et c'est selon ce qu'elle est que se phénoménalise son agir, que se phénoménalise son monde; sa connaissance de soi est constituée par les deux, et par rien d'autre[4], en se déterminant elle détermine aussi les deux : car en dehors d'elle il n'y a rien, et les deux ne sont qu'elle-même ; ce n'est qu'ainsi qu'elle est vraiment autonome, mais d'après tout autre point de vue elle n'est qu'hétéronome[5]. Nos efforts philosophiques ne sauraient viser qu'à interpréter et à expliquer l'agir humain et les maximes si différentes, voire opposées, dont il est l'expression vivante, à les interpréter d'après leur essence et d'après leur contenu les plus intimes, en connexion avec nos considérations précédentes, et de la même manière que nous avons interprété les autres phénomènes du monde en tentant de porter leur essence la plus intime à une connaissance évidente et abstraite. Ce faisant, notre philosophie prétendra à la même IMMANENCE que pour toutes nos considérations précédentes : elle ne tentera pas d'utiliser, contre la grande leçon de Kant, les formes du phénomène, dont l'expression universelle est le principe de raison, comme un tremplin pour survoler le phénomène même qui seul donne sens à ces formes, et atterrir dans le domaine illimité des fictions creuses. Mais c'est ce monde réel de la cognoscibilité, ce monde dans lequel nous sommes et qui est aussi dans nous, qui demeure tant la matière que la limite de nos considérations, ce monde au contenu si riche que même la recherche la plus approfondie dont l'esprit humain est capable ne saurait l'épuiser. Par conséquent, comme le monde réel et connaissable fournira toujours aussi suffisamment de matière et de réalité à nos considérations éthiques qu'à nos considérations précédentes, nous n'aurons nul besoin de prendre refuge sous des concepts négatifs, vides de contenu, pour tâcher de nous persuader ensuite que nous voulons dire quelque chose lorsque, en haussant les sourcils, nous évoquons l'« Absolu », l'« Infini », le « Suprasensible », et autres négations du même genre B[(οὐδέν ἐστι, ἢ τὸ τῆς στερήσεως ὄνομα, μετὰ ἀμυδρᾶς ἐπινοίας.]B C[— *nihil est, nisi negationis nomen, cum obscura notione* [après quoi il ne reste rien que le nom de la « privation » accompagné d'une idée confuse[6]] *Jul. or.* 5)]C, négations qu'on pourrait tout aussi bien appeler, pour faire bref, νεφελοκοκκυγία [Coucouville-les-Nuées[7]] : nous pourrons nous dispenser, quant à nous, de servir cette sorte de plats dont le couvercle dissimule le vide. — Enfin, pas plus que dans ce qui précède, nous ne raconterons d'histoires en les faisant passer pour de la philosophie. Car nous sommes d'avis qu'on est éloigné de mille lieues d'une connaissance philosophique du monde lorsqu'on croit pouvoir saisir HISTORIQUEMENT[8] l'essence de celui-ci, quelle que soit la manière plus ou moins déguisée dont on s'y prend ; mais c'est ce qui ne manque pas d'arriver dès qu'on pense trouver, dans l'essence en soi du monde, un quelconque DEVENIR, ou être devenu <*Gewordensein*>, ou devenir devenir <*Werdenwerden*>, une quelconque antériorité ou postériorité dotée d'une signification, fût-elle minimale, c'est-à-dire dès qu'on cherche et trouve, de manière évidente ou dissimulée, un commencement et une fin du monde, ainsi qu'un chemin reliant les deux, avec, par-dessus le marché, l'individu philosophant qui connaîtrait sa position sur ce chemin. Dans la plupart des cas, cette philosophie historique livre une cosmogonie aux variétés multiples, mais aussi un système émanationniste, une doctrine de la chute ou enfin, à l'inverse, lorsque, désespéré par les tentatives stériles dans ces voies, on est poussé dans la dernière qui reste, une doctrine de l'incessant devenir, de la naissance, de l'engendrement, du passage à la lumière à partir de l'ombre, de l'obscur fondement <*Grund*>, du fondement originaire <*Urgrund*>, de l'abîme

<*Ungrund*>, et autres balivernes du même acabit[9], B[ce qu'il est d'ailleurs possible de réfuter aussitôt en remarquant que toute une éternité, c'est-à-dire un temps infini, s'est déjà écoulée jusqu'à l'instant présent, ce qui implique que tout ce qui est censé pouvoir ou devoir devenir doit déjà être devenu.]B Car toute cette philosophie historique, quel que soit le ton grand seigneur qu'elle adopte, considère, comme si Kant n'avait jamais existé, que LE TEMPS est une détermination des choses en soi, et reste ainsi fixé sur ce que le même Kant a appelé le phénomène, par opposition à la chose en soi, et Platon ce qui devient mais n'est jamais, par opposition à l'étant qui ne devient jamais, ou enfin ce qui chez les Indiens s'appelle le voile de *mâyâ*. Bref, il ne s'agit de rien d'autre que de la connaissance livrée au principe de raison, laquelle connaissance ne permettra jamais d'atteindre l'essence intime des choses, car elle poursuit les phénomènes à l'infini, avance sans fin ni but, comme l'écureuil dans sa roue, jusqu'à se fatiguer enfin, pour s'arrêter en haut ou en bas, à un point arbitraire, tout en exigeant alors des autres de respecter ce même point. Le mode de considération authentiquement philosophique du monde, c'est-à-dire celui qui nous apprend à connaître son essence intime et nous conduit par ce biais au-delà du phénomène, est précisément celui qui ne demande pas à partir de quoi <*Woher*>, vers où <*Wohin*> et pourquoi <*Warum*>, mais CE QU'EST <*Was*> le monde; autrement dit, ce mode ne considère pas les choses selon une quelconque relation, selon leur devenir et leur périr, bref selon l'une des quatre formes du principe de raison, mais à l'inverse prend pour objet exactement ce qui reste après avoir écarté l'autre mode de considération soumis à ce principe, ce qui apparaît dans toutes les

relations sans y être assujetti : l'essence du monde, toujours identique à elle-même, c'est-à-dire les Idées de ce monde. Cette connaissance est le point de départ de l'art comme de la philosophie, et même, comme nous allons le voir dans ce livre, de cet état affectif de l'âme qui seul conduit à la vraie sainteté et permet de se délivrer du monde.

§ 54

Les trois premiers livres ont, je l'espère, suscité la connaissance claire et certaine que le monde comme représentation est un miroir pour la volonté dans lequel elle se connaît elle-même, selon des degrés augmentant en évidence et en complétude, et dont le plus élevé est l'homme ; l'essence de celui-ci cependant ne reçoit son expression parfaite que par la série cohérente de ses actions dont la cohérence consciente d'elle-même est rendue possible par la raison, qui lui permet de toujours parcourir du regard l'ensemble *in abstracto*[10].

La volonté qui, considérée purement en elle-même, est sans connaissance n'est qu'une impulsion aveugle et irrésistible — telle que nous en voyons aussi le phénomène dans la nature inorganique et végétale et dans les lois de celle-ci, ainsi que dans la partie végétative de notre propre vie —, reçoit, par le monde de la représentation qui s'ajoute à elle et se développe pour la servir, la connaissance de son vouloir et de ce qu'elle veut, à savoir rien d'autre que ce monde, la vie telle qu'elle se présente. C'est pourquoi nous avons appelé le monde phénoménal son miroir, son objectité, et comme ce que veut la volonté est toujours la vie, parce que celle-ci n'est justement rien d'autre que la présentation <*Darstellung*> de ce vouloir pour la représentation <*Vorstellung*>, il est identique, voire pléonastique, de dire, au lieu de « la volonté » tout court, « la volonté de vivre <*Wille zum Leben*> »[11].

Puisque la volonté est la chose en soi, le contenu interne, l'essentiel du monde, mais la vie, le monde visible, le phénomène, seulement le miroir de la volonté, ce phénomène accompagnera la volonté aussi inséparablement que l'ombre accompagne le corps, et là où il y a volonté, il y aura aussi vie et monde. La vie est donc assurée à la volonté de vivre, et aussi longtemps que cette volonté de vivre nous remplit, nous ne devons pas nous inquiéter pour notre existence, même pas lorsque nous faisons face à la mort[12]. Nous voyons certes l'individu naître et périr, mais cet individu n'est que phénomène, n'est présent que pour la connaissance captive du principe de raison, du *principium individuationis* ; pour cette connaissance, cet individu reçoit la vie comme un don, il est né à partir du néant, il est privé de ce don par la mort, puis il retourne au néant. Or nous voulons justement considérer la vie philosophiquement, c'est-à-dire selon ses Idées, et nous trouverons alors que ni la volonté, la chose en soi de tout phénomène, ni le sujet de la connaissance, le spectateur de tout phénomène, ne sont affectés d'une quelconque manière par la naissance et par la mort. La naissance et la mort appartiennent en effet au phénomène de la volonté, donc à la vie, et il est essentiel à cette dernière de se présenter dans des individus qui naissent et périssent, en tant qu'ils sont les phénomènes éphémères, se produisant sous la forme du temps, de cela même qui, en soi, ne connaît pas le temps, mais qui doit précisément se présenter selon la manière indiquée afin d'objectiver son être véritable. La naissance et la mort appartiennent également à la vie et se tiennent en équilibre comme condition l'une de l'autre ou, si on préfère cette expression, comme les pôles du phénomène global de la vie. C'est ce que la plus sage de toutes les mythologies, celle des Hindous, exprime par le fait qu'elle attribue précisément au dieu qui symbolise la destruction, la mort (de même que Brâhma, le dieu le plus pécheur et le plus bas de la *trimûrti*, symbolise la génération, l'engendrement, et Vishnu la conservation), qu'elle attribue précisément à Shiva, dis-je, à la fois le collier de têtes de morts et le *lingam*, ce symbole de la génération, qui se présente donc ici comme la compensation de la mort, ce qui indique que la génération et la mort sont des corrélats essentiels qui se neutralisent et s'abolissent réciproquement. — C'est tout à fait la même intention qui a poussé les Grecs et les Romains à décorer leurs précieux sarcophages ainsi que nous les connaissons aujourd'hui, avec des scènes de fête, de danse, de noce, de chasse, de combat d'animaux, de bacchanale, en représentant donc l'élan de vie le plus ardent, qu'ils nous présentent non seulement par ces réjouissances, mais aussi par des groupes voluptueux, voire par l'accouplement entre des satyres et des chèvres. Le but était manifestement de renvoyer avec la plus grande insistance, à partir de la mort de l'individu dont on portait le deuil, à la vie immortelle de la nature, afin de laisser entendre, quoique sans le savoir abstraitement, que toute la nature est le phénomène et aussi l'accomplissement de la volonté de vivre. La forme de ce phénomène est le temps, l'espace et la causalité, et par là même l'individuation qui implique que l'individu doit naître et périr, ce qui, cependant, n'inquiète pas plus la volonté de vivre, du phénomène duquel l'individu n'est en quelque sorte qu'un exemplaire ou spécimen unique, que l'ensemble de la nature n'est offensé par la mort d'un seul individu. Car ce qui importe à la nature, ce n'est pas l'individu, mais l'espèce seule qu'elle tend, de toutes ses forces, à conserver, en s'occupant d'elle avec tant de prodigalité par le biais de l'énorme surnombre des germes et de la puissance colossale de la pulsion de fécondation. L'individu, par contre, n'a aucune valeur pour elle, et ne saurait en avoir, car son empire, c'est le temps infini, l'espace infini et le nombre infini d'individus possibles qui s'y trouve. C'est pourquoi la nature sera toujours disposée à se débarrasser de l'individu, lequel n'est donc pas seulement exposé à la destruction de mille manières par les hasards les plus insignifiants : il est initialement voué à la destruction et la nature l'y achemine dès l'instant où il a servi à conserver l'espèce. La nature elle-même exprime par là, tout à fait naïvement, cette grande vérité que ce sont les Idées seules et non les individus qui possèdent une réalité véritable, c'est-à-dire qui sont l'objectité parfaite de la volonté. Puisque l'homme est la nature même au plus haut degré de la conscience que celle-ci peut avoir d'elle-même, alors que la nature n'est que la volonté de vivre objectivée, l'homme, s'il a saisi et adopté ce point de vue, pourra, avec raison, se consoler de sa propre mort et de celle de ses amis en considérant rétrospectivement la vie immortelle de la nature qu'il est lui-même. C'est ainsi qu'il faut comprendre Shiva avec son *lingam* et ces sarcophages antiques dont les images de la vie la plus ardente crient au spectateur affligé : *natura non contristatur* [la nature ne connaît pas l'affliction].

S'il faut considérer que la génération et la mort

font partie de la vie, qu'ils sont essentiels à ce phénomène de la volonté, c'est aussi parce que toutes deux ne se présentent à nous que comme les expressions plus puissantes de cela même qui constitue également tout le reste de la vie. Celle-ci n'est, de part en part, qu'un changement incessant de la matière sous la permanence inaltérable de la forme : il en va exactement de même avec la périssabilité <*Vergänglichkeit*> des individus sous l'impérissabilité <*Unvergänglichkeit*> de l'espèce. La nutrition et la reproduction continuelles ne diffèrent qu'en degré de la génération, la continuelle excrétion ne diffère qu'en degré de la mort. Le premier phénomène se montre avec le plus de simplicité et d'évidence chez la plante. Celle-ci n'est, de part en part, que l'incessante répétition d'une seule et même poussée, de sa fibre la plus élémentaire qui se regroupe en feuille et branche ; elle est un agrégat systématique de plantes homogènes qui se supportent réciproquement et dont l'unique pulsion est la continuelle reproduction ; pour satisfaire pleinement à cette pulsion, elle finit par atteindre, en grimpant l'échelle de la métamorphose[13], la fleur et le fruit, qui sont comme l'abrégé de son existence et de son désir, où elle parvient par une voie plus courte à son unique but, en réalisant alors d'un seul coup mille fois ce qu'elle obtenait isolément jusqu'à maintenant : la répétition d'elle-même. Sa poussée, qui la porte jusqu'au fruit, est à celui-ci ce qu'est l'écriture à l'imprimerie. Manifestement, il en va de même chez l'animal. Le processus de nutrition est une génération incessante, le processus de génération, une nutrition portée à une puissance supérieure[14] ; la volupté propre à la génération, un bien-être du sentiment de vie à une puissance supérieure. Par ailleurs, l'excrétion, à savoir l'expulsion et le rejet incessants de matière, se confond avec ce qu'est, à un degré supérieur de puissance, la mort, l'opposé de la génération. Nous sommes toujours satisfaits de conserver la forme sans regretter la matière rejetée ; il faut donc nous conduire de la même façon si, avec la mort, se produit la même chose, à un degré supérieur de puissance et en totalité, que ce qui se produit tous les jours et toutes les heures chez un être singulier avec l'excrétion : de même que nous sommes indifférents dans le premier cas, nous ne devrions pas être effrayés dans le second. De ce point de vue, il semble tout aussi absurde d'exiger la perdurance de son individualité, qui est remplacée par d'autres individus, que la permanence de la matière de son corps, qui est toujours remplacée par de la matière nouvelle ; il semble tout aussi stupide d'embaumer des cadavres que de conserver soigneusement ses déjections. Concernant la conscience individuelle attachée au corps individuel, elle est tous les jours totalement suspendue par le sommeil. Le sommeil profond ne diffère pas du tout de la mort — vers laquelle il passe souvent sans aucune discontinuité, par exemple lorsqu'on meurt de froid —, quant à la présence de sa durée, mais seulement quant à l'avenir, c'est-à-dire au réveil. La mort est un sommeil où l'on oublie l'individualité : tout le reste se réveille alors, ou plus exactement est resté éveillé*[15].

* À celui qui ne les trouvera pas trop subtiles, les considérations suivantes pourront servir à faire comprendre plus clairement que l'individu n'est que le phénomène et non la chose en soi. Chaque individu est d'une part le sujet de la connaissance, c'est-à-dire la condition qui complète la possibilité même du monde objectif tout entier, d'autre part le phénomène singulier de la volonté, de cette volonté même qui s'objective dans chaque chose. Or cette dualité de notre être ne repose pas sur une unité existant par elle-même,

Nous devons avant tout saisir clairement que la forme du phénomène de la volonté, c'est-à-dire la forme de la vie ou de la réalité, n'est à strictement parler que le PRÉSENT <*Gegenwart*>, et non pas l'avenir ni le passé, lesquels n'existent que dans le concept, dans leur rapport à la connaissance, dans la mesure où ils obéissent au principe de raison. Aucun homme n'a vécu dans le passé et aucun homme ne vivra jamais dans le futur, car le PRÉSENT seul est la forme de toute vie, tout comme il est sa propriété assurée dont jamais elle ne peut être privée. Cm[Le présent existe toujours, avec tout son contenu : tous deux subsistent sans vaciller, comme l'arc-en-ciel au-dessus de la chute d'eau.]Cm Car la vie est sûre et certaine pour la volonté, comme le présent l'est pour la vie. — Certes, si nous pensons aux millénaires écoulés, aux millions d'hommes qui ont vécu, nous nous demandons : qu'étaient-ils ? que sont-ils devenus ? — Mais ce n'est, à vrai dire, que le passé de notre propre vie que nous pouvons nous rappeler, en renouvelant vivement ses scènes par l'imagination, et il nous faut alors reformuler la question : qu'est-ce que c'était que tout cela ? qu'est cette vie devenue ? — Il en va de cette vie comme de la vie de ces millions d'hommes. Ou faudrait-il donc

---

car autrement nous pourrions devenir conscient de nous-même PAR NOUS-MÊME ET INDÉPENDAMMENT DES OBJETS DU CONNAÎTRE ET DU VOULOIR, ce qui nous est absolument impossible, puisque dès que nous entrons en nous pour tenter de le faire, et que nous voulons méditer complètement sur nous en dirigeant la connaissance vers l'intérieur, nous nous perdons dans une vacuité sans fond : nous constatons que nous sommes comme une boule de verre creuse dans le vide de laquelle résonne une voix, dont l'origine est néanmoins introuvable, et en tentant ainsi de nous saisir nous-même, nous voyons avec effroi que nous n'avons attrapé qu'un fantôme inconsistant.

croire que le passé recevrait une nouvelle existence par le simple fait d'être scellé par la mort ? Notre propre passé, même le passé le plus immédiat, la journée d'hier, n'est déjà plus qu'une vaine rêverie de l'imagination, et il en va de même du passé de ces millions d'hommes. Qu'est-ce qui fut ? qu'est-ce qui est ? — La volonté, dont la vie est le miroir, et la connaissance sans volonté, qui l'aperçoit clairement dans ce miroir. Celui qui ne l'aurait pas encore compris, ou qui ne voudrait pas le comprendre, devrait alors également ajouter une autre question à la question, posée plus haut, sur le destin des générations passées : pourquoi celui qui pose la question peut-il précisément jouir de ce présent précieux, éphémère, le seul qui soit réel, alors que ces centaines de générations humaines, et même les héros et les sages de ces époques ont sombré dans la nuit du passé et sont ainsi devenus néant, tandis que son moi insignifiant existe réellement ? Ou formulé de manière concise, mais aussi plus étrange : pourquoi ce maintenant <*Jetzt*>, son maintenant, est-il précisément maintenant et pourquoi N'ÉTAIT-IL PAS déjà depuis longtemps ? — En posant cette question curieuse, il considère que son existence et son époque sont indépendantes l'une de l'autre, que la première est jetée dans la seconde : il présuppose alors deux maintenant, un maintenant qui appartient à l'objet, un autre qui appartient au sujet, et s'étonne du heureux hasard de leur coïncidence. À vrai dire, ce qui constitue le présent, ce n'est que le point de contact de l'objet, dont la forme est le temps, avec le sujet, qui n'a pour forme aucune figure du principe de raison (comme je l'ai montré dans ma dissertation sur le principe de raison[16]). Cela dit, tout objet est la volonté dans la mesure où celle-ci est devenue représentation, et le sujet est le corrélat nécessaire de l'objet ; or les objets réels n'existent que dans le présent : le passé et l'avenir contiennent des concepts purs, ainsi que des images <*Phantasmen*>, c'est pourquoi le présent est la forme essentielle et inséparable du phénomène de la volonté. Cm[Seul ce présent existe toujours, subsistant de façon inébranlable. Appréhendé empiriquement, le présent est ce qu'il y a de plus éphémère ; mais pour le regard métaphysique qui fait abstraction des formes de l'intuition empirique, il se présente comme ce qui seul demeure, le *nunc stans*[17] des scolastiques. La source et le support de son contenu est la volonté de vivre ou la chose en soi — que nous sommes nous-même. Ce qui toujours devient et périt, car ayant déjà été ou devant encore venir, appartient au phénomène comme tel, en vertu de ses formes qui rendent possibles la génération et la corruption. On pensera alors : *quid fuit ? — quod est. Quid erit ? — quod fuit*[18] ; à prendre au sens strict des termes (à comprendre donc non pas *simile*, mais *idem*). Car la vie est assurée à la volonté, et le présent l'est à la vie. C'est aussi pourquoi chacun peut dire : « Je suis, une fois pour toutes, le maître du présent qui de toute éternité m'accompagnera comme mon ombre, je ne m'étonne donc pas de son origine, ni pourquoi il existe précisément maintenant. »]Cm — Nous pourrions comparer le temps à un cercle qui tourne sans fin : la moitié qui descend toujours serait le passé, celle qui monte toujours, le futur, mais le point indivisible situé en haut et touchant la tangente serait le présent sans étendue ; le présent, pas plus que la tangente, n'est entraîné dans le mouvement, ce présent qui est le point de contact de l'objet, dont la forme est le temps, avec le sujet, qui n'a aucune forme, car il n'appartient pas au connaissable B[mais constitue la condition de tout ce qui est connaissable. Nous pourrions également dire que le temps est un flot irrésistible et le présent un écueil contre lequel celui-ci se brise sans pour autant l'emporter.]B La volonté, comme chose en soi, n'est pas plus soumise au principe de raison que le sujet de la connaissance lequel, en dernier lieu, est d'une certaine façon la volonté elle-même ou sa manifestation, et de même que la vie, en tant qu'elle est son propre phénomène, est assurée à la volonté, de même lui est assuré le présent, la seule forme de la vie réelle. Nous n'avons donc pas à nous enquérir du passé avant la vie, ni de l'avenir après la mort; nous devons bien plutôt considérer que le PRÉSENT est l'unique forme sous laquelle la volonté apparaît à elle-même*[19]; le présent n'échappera pas à la volonté, mais elle non plus ne lui échappera pas. Celui donc qui est satisfait de la vie telle qu'elle est, qui l'affirme de toutes les façons, pourra avec confiance la considérer comme infinie et bannir la crainte de la mort comme une illusion inspirée par la crainte absurde qu'il pourrait un jour être privé du présent, et qui le fait croire à un temps sans présent. Voilà une illusion qui est au temps ce qu'est à l'espace une autre illusion en vertu de laquelle chacun s'imagine que la position qu'il occupe actuellement sur le globe terrestre est en haut et tout le reste en bas: de la même manière, chacun rattache le présent à son individualité et croit qu'avec celle-ci

* *Scholastici docuerunt, quod aeternitas non sit temporis sine fine aut principio successio, sed* Nunc stans*; i.e. idem nobis* Nunc *esse, quod erat* Nunc *Adamo: i.e. inter* nunc *et* tunc *nullam esse differentiam* [les scolastiques enseignèrent que l'éternité n'est pas une succession sans fin ou sans commencement, mais un *nunc stans*; c'est-à-dire que le maintenant pour nous est le même maintenant que pour Adam, c'est-à-dire qu'entre maintenant et alors, il n'y a pas de différence]. Hobbes, *Leviathan*, c. 46.

s'éteint également le présent, le passé et l'avenir pouvant alors exister sans présent. Mais de même que sur le globe terrestre, le haut est partout, la forme de toute vie est le PRÉSENT, et craindre la mort parce qu'elle nous priverait du présent n'est pas plus sage que de craindre que sur le globe terrestre tout rond, où par chance on se trouve en haut, on pourrait glisser en bas. Pour l'objectivation de la volonté, la forme du présent est essentielle, ce présent qui, comme point sans étendue, coupe le temps infini dans les deux directions et demeure sans pouvoir être ébranlé, pareil à un perpétuel midi sans la fraîcheur du soir; de même que le soleil réel brûle sans discontinuer, alors qu'il n'est qu'en apparence englouti par la nuit. C'est pourquoi, lorsqu'un homme craint d'être anéanti par la mort, c'est comme s'il pensait que le soir venu, le soleil pourrait se plaindre: «Malheur à moi! je sombre dans une nuit éternelle»*[20]. — Et à l'inverse, celui qui, accablé par le fardeau de la vie, aime et affirme cependant la vie, mais déteste ses tourments et ne voudrait plus assu-

* Cm[Dans les *Conversations avec Goethe* d'Eckermann, Goethe dit: «Notre esprit est une entité d'une nature absolument indestructible qui continue son action d'éternité en éternité. Il est semblable au soleil qui pour nos yeux mortels seulement semble disparaître, mais qui, en réalité, ne disparaît jamais et ne cesse de rayonner.» — Goethe tient cette comparaison de moi, et non moi de lui. Dans cet entretien de 1824, il ne fait pas de doute qu'il en use suite à une réminiscence, peut-être inconsciente, de ce passage ci-dessus, car celui-ci contient les mêmes mots que dans la première édition p. 401, et réapparaît dans cette même édition p. 528, comme dans la présente à la fin du § 65. Cette première édition lui a été envoyée en décembre 1818, et en mars 1819 il m'a fait savoir son approbation par l'intermédiaire d'une lettre de ma sœur, envoyée à Naples où je me trouvais alors, en ajoutant à cette lettre un billet où il avait noté les numéros de certaines pages qu'il avait particulièrement appréciées: il avait donc lu mon livre.]Cm

mer le dur destin individuel qui lui est imparti, celui-là ne peut espérer que la mort puisse le délivrer et ne saurait se sauver par le suicide ; ce n'est qu'une trompeuse apparence si le ténébreux et froid Orcus[21] lui semble un havre de paix. La terre roule du jour vers la nuit, l'individu meurt, mais le soleil brille sans discontinuer dans un éternel midi. La vie est assurée à la volonté de vivre ; la forme de la vie est le présent sans fin, peu importe comment les individus, ces phénomènes de l'Idée, semblables à des rêves fugaces, naissent et périssent dans le temps. — Le suicide nous apparaît d'ores et déjà comme un acte vain et donc stupide ; lorsque nous aurons poussé plus loin nos considérations, il se présentera à nous sous une lumière encore plus défavorable[22].

Les dogmes changent et notre savoir peut nous tromper, mais la nature ne fait jamais fausse route ; sa marche est assurée et elle ne la dissimule pas. Tout est entièrement en elle, et elle est entièrement dans tout. Elle a son centre dans chaque animal : celui-ci a infailliblement trouvé son chemin vers l'existence, tout comme il trouvera infailliblement le chemin qui l'en fera sortir ; dans l'intervalle, il vit sans crainte devant l'anéantissement, insouciant, porté par la conscience qu'il est la nature même, immuable comme elle. L'homme seul porte en lui, dans ses concepts abstraits, la certitude de sa mort, mais celle-ci, fort étonnamment, ne parvient cependant à l'angoisser que pour de brefs instants, lorsque telle occasion la présente à l'imagination. La réflexion ne peut pas grand-chose contre la puissante voix de la nature. En lui, comme dans l'animal qui ne pense pas, domine durablement cette certitude qui est née de la conscience la plus intime qu'il est lui-même la nature, le monde ; c'est en vertu de cette sécurité qu'aucun homme n'est manifestement inquiété par la pensée d'une mort certaine et toujours proche, et qu'il mène sa vie comme s'il devait vivre éternellement, au point qu'on pourrait dire que personne n'est vraiment ni profondément convaincu de la certitude de sa mort, car autrement il ne saurait y avoir alors de grande différence entre son état affectif et celui du criminel condamné à mort : tout un chacun reconnaît cette certitude *in abstracto* et théoriquement, mais l'écarte cependant, comme toutes les autres vérités théoriques qu'on ne peut appliquer dans la pratique, sans l'accueillir dans sa conscience vivante d'une manière ou d'une autre. Celui qui considère attentivement cette particularité de la pensée humaine comprendra que les manières psychologiques de l'expliquer, à partir de l'habitude et de la résignation à l'inévitable, ne sont aucunement suffisantes, mais que sa raison est celle, plus profondément enfouie, indiquée plus haut. C'est aussi cette raison qui permet d'expliquer pourquoi on trouve, à toutes les époques, chez tous les peuples, des dogmes de toute sorte sur la perdurance de l'individu après la mort, et pourquoi ils rencontrent l'approbation, alors que les preuves en étaient toujours tout à fait insuffisantes, et les preuves contraires solides et nombreuses ; cette perdurance ne nécessite d'ailleurs pas de preuve, car le bon sens la reconnaît comme un fait, consolidé par l'assurance que la nature ne ment pas plus qu'elle ne se trompe, dévoilant ouvertement ses actes et son essence, les exprimant même naïvement, alors que nous seuls nous les rendons opaques par nos illusions, pour y voir, par interprétation, ce qui convient à notre point de vue borné.

Mais on ne saurait compter parmi ces doctrines de la perdurance ce que nous avons porté à une claire conscience, à savoir d'une part que, en dépit du fait que le phénomène singulier de la volonté commence et finit dans le temps, la volonté elle-même, comme chose en soi, ne s'en trouve pas affectée, ni le corrélat de tout objet, le sujet qui connaît mais n'est jamais connu[23], d'autre part qu'à la volonté de vivre, la vie est toujours assurée. Car la volonté considérée comme chose en soi, et le pur sujet de la connaissance, l'éternel œil du monde[24], ne sont soumis ni à la permanence ni à la corruption, ces attributs étant des détermination qui ne valent que dans le temps, alors que les premiers sont situés hors du temps. C'est pourquoi le souhait, propre à l'égoïsme de l'individu (ce phénomène singulier de la volonté, éclairé par le sujet de la connaissance), de subsister à travers un temps infini, ne saurait puiser, dans le point de vue que nous avons exposé, de quoi se nourrir et se consoler, pas plus qu'il ne saurait le faire à partir de la connaissance qu'après sa mort le reste du monde extérieur continue de perdurer dans le temps, ce qui n'est que l'expression de ce même point de vue, mais une expression objective, c'est-à-dire considérée selon le temps. Il est vrai que chacun n'est corruptible qu'en tant que phénomène, alors que la chose en soi est hors du temps et par conséquent sans fin; mais ce n'est également qu'en tant que phénomène qu'il se distingue des autres choses du monde, car en tant que chose en soi, il est la volonté qui apparaît dans tout, C[et la mort abolit l'illusion qui sépare la conscience de lui-même de la conscience des autres choses: c'est en cela que réside la perdurance.]C Le fait de n'être pas affecté par la mort, attribut qui ne lui revient qu'en tant que chose en soi, coïncide comme phénomène avec la perdurance du reste du monde extérieur*[25]. C'est aussi pourquoi la conscience intime, simplement éprouvée, de ce que nous venons de porter à une connaissance évidente, empêche, comme nous l'avons dit, que la pensée de la mort empoisonne la vie des êtres, même ceux doués de raison, puisque cette conscience est la base de ce courage de vivre qui maintient tous les vivants et leur permet de continuer à vivre allègrement comme si la mort n'existait pas, et ce aussi longtemps qu'ils envisagent la vie et qu'ils sont fixés sur elle ; mais cela ne saurait empêcher, lorsque la mort s'impose à l'individu singulier dans le réel ou même simplement en imagination, et qu'il doit alors lui faire face, qu'il ne soit pas saisi par l'angoisse de la mort, essayant par tous les moyens de s'enfuir. Car aussi longtemps que sa connaissance était fixée sur la vie comme telle, il devait y reconnaître aussi l'impérissabilité ; de même, lorsque la mort se présente à lui, il doit reconnaître ce qu'elle est : la fin temporelle du phénomène temporel singulier. Ce que nous craignons dans la mort, ce n'est aucunement la douleur, car, d'une part, celle-ci se situe manifestement avant la mort, d'autre part, nous fuyons souvent la douleur pour nous précipiter dans la mort, tout comme, à l'inverse, nous assumons parfois la plus terrible des douleurs, afin d'échapper, fût-ce pour quelque instants encore, à la mort, alors qu'elle serait rapide et légère. Nous distinguons ainsi la douleur et la mort comme deux maux tout à fait

* C'est ce qu'exprime le *Véda* en affirmant que lorsqu'un homme meurt, sa faculté de voir se réunit avec le soleil, son odorat avec la terre, son goût avec l'eau, son ouïe avec l'air, sa parole avec le feu, etc. (*Oupnek'hat*, t. 1, p. 249 sq.), et aussi que sous une forme particulière, le mourant transmet ses sens et toutes ses facultés, un à un, à son fils chez qui ils sont censés survivre (*Oupnek'hat*, t. 2, p. 82 sq.).

différents : ce que nous craignons dans la mort est en effet la disparition, s'annonçant ouvertement comme telle, de l'individu, et comme l'individu est la volonté de vivre même dans une objectivation singulière, toute sa nature répugne à cette mort. — Or si le sentiment nous expose de la sorte et nous laisse sans défense, la raison[26] peut intervenir pour dépasser la plupart des impressions désagréables qu'il provoque, en nous élevant à un point de vue supérieur qui nous permet alors d'embrasser du regard non pas le singulier, mais l'ensemble. C'est pourquoi une connaissance philosophique de l'essence du monde qui serait parvenue jusqu'au point où nous nous trouvons actuellement dans nos considérations, mais sans aller plus en avant, pourrait déjà, à partir de cette position, dépasser l'effroi de la mort, dans la mesure où chez l'individu donné la réflexion dominerait le sentiment immédiat. Voilà un homme qui aurait solidement incorporé à sa manière de penser les vérités exposées jusqu'ici, mais sans être en même temps conduit par sa propre expérience, ou par une plus vaste intelligence à reconnaître que la souffrance durable est l'essence de toute vie, un homme qui serait bien plutôt satisfait par la vie, qui s'y sentirait parfaitement bien, et qui, après mûre réflexion, souhaiterait la durée infinie, ou le retour toujours renouvelé[27], du cours de sa vie tel qu'il en a fait l'expérience jusqu'ici, et dont le courage de vivre serait développé au point qu'il serait volontiers prêt à payer le prix de tous les maux et de toutes les peines sous lesquels croule la vie pour pouvoir profiter de ses plaisirs. Cet homme-là se tiendrait « avec ses os solides et vigoureux sur la terre bien ronde et durable »[28] et n'aurait rien à craindre : armé par la connaissance que nous lui donnons, il envisagerait avec impassibilité la mort qui s'approche à toute vitesse sur les ailes du temps, considérant qu'elle est une illusion, un fantôme impuissant susceptible d'épouvanter les faibles, mais sans aucun pouvoir sur celui qui sait qu'il est lui-même cette volonté dont le monde tout entier est l'objectivation ou l'image ; cet homme-là est par conséquent certain de posséder toujours la vie, tout comme le présent, la forme véritable et unique du phénomène de la volonté ; il ne saurait donc redouter aucun passé infini ni aucun avenir infini dont il serait absent, car il n'y voit qu'un vain mirage et un voile de *mâyâ* et craint donc aussi peu la mort que le soleil craint la nuit[29]. — C'est à ce point de vue que Krishna, dans la *Bhagavad-Gîtâ*[30], élève son futur protégé Arjuna, lorsque celui-ci, face aux armées prêtes à combattre, est saisi de mélancolie (d'une manière assez comparable à Xerxès), perd courage et veut abandonner le combat pour éviter la disparition de tous ces milliers d'hommes ; après que Krishna l'a ainsi hissé à cette position, ces milliers de morts ne peuvent plus l'arrêter : il donne le signal de la bataille. — C'est aussi à ce point de vue que réfère le Prométhée de Goethe lorsqu'il s'exclame :

Hier sitz ich, forme Menschen
Nach meinem Bilde,
Ein Geschlecht, das mir gleich sei,
Zu leiden, zu weinen,
Zu geniessen und zu freuen sich,
Und dein nicht zu achten,
Wie ich!

[Ici je me tiens, ici je forme des humains
D'après mon image,
Une race qui me ressemble,
Qui souffrira, qui pleurera,
Qui jouira et se réjouira,

Pour ne pas te respecter,
Comme moi[31] !]

La philosophie de Bruno et celle de Spinoza pourraient également conduire à ce point de vue, à condition que la conviction ainsi obtenue ne soit pas perturbée ni affaiblie par leurs erreurs et leurs imperfections. Celle de Bruno n'a pas de véritable éthique, et dans la philosophie de Spinoza, elle ne procède aucunement de l'essence de sa doctrine, car même si son éthique est louable et belle en elle-même, elle ne s'y trouve rattachée que par des sophismes faibles et trop évidents. Enfin, bon nombre d'hommes adopteraient ce point de vue si leur connaissance marchait au rythme de leur vouloir, c'est-à-dire s'ils étaient capables de s'affranchir de toute illusion pour se voir eux-mêmes avec lucidité et évidence. Car c'est en cela que consiste, pour la connaissance, le point de vue de la totale AFFIRMATION DE LA VOLONTÉ DE VIVRE.

La volonté s'affirme elle-même signifie que, lorsque dans son objectité, c'est-à-dire dans le monde et dans la vie, sa propre essence, en tant que représentation, lui est donnée complètement et clairement, cette connaissance n'entrave nullement son vouloir, car c'est précisément cette vie ainsi connue qui, comme telle, est maintenant voulue par elle, non plus comme une pulsion aveugle, sans connaissance, mais désormais avec connaissance, conscience, réflexion. — Son contraire, la NÉGATION DE LA VOLONTÉ DE VIVRE, se manifeste lorsque, suite à cette connaissance, le vouloir cesse, parce que ce ne sont alors plus les phénomènes singuliers connus qui agissent comme MOTIFS du vouloir, mais c'est toute la connaissance, née de l'appréhension des IDÉES et portant sur l'essence du monde reflétant la volonté, qui devient le QUIÉTIF de la volonté, laquelle s'abolit alors elle-même librement. Ces concepts tout à fait inconnus, difficiles à saisir en ces termes généraux, seront bientôt, je l'espère, explicités par la description des phénomènes, en l'occurrence des manières d'agir, par lesquelles s'énonce d'une part l'affirmation en ses degrés divers, d'autre part la négation. Car si toutes les deux procèdent de la CONNAISSANCE, celle-ci n'est pas abstraite, ne s'exprime pas par des mots; c'est une connaissance vivante qui s'exprime exclusivement par l'acte et la conduite, demeurant indépendante des dogmes qui, relevant de la connaissance abstraite, occupent la raison. Mon seul et unique but ne peut être que d'exposer les deux en les portant à la connaissance évidente de la raison, sans prescrire ou conseiller l'une ou l'autre, ce qui serait aussi stupide qu'inutile, car la volonté, en soi, est une volonté absolument libre[32], se déterminant entièrement elle-même, sans aucune loi qui pourrait s'appliquer à elle. — Avant même de procéder à cette analyse, c'est cette LIBERTÉ, et son rapport à la nécessité, qu'il nous faut d'abord expliciter et déterminer plus en détail; ensuite, il nous faudra aussi formuler sur la vie, dont l'affirmation ou la négation constitue notre problème, quelques considérations générales en rapport avec la volonté et ses objets. Tout cela permettra d'accéder plus aisément à ce que nous visons, c'est-à-dire à la connaissance de la signification éthique des manières d'agir selon leur essence la plus intime.

Cet ouvrage tout entier, comme je l'ai dit[33], n'est que le développement d'une seule et unique pensée, avec pour conséquence que toutes ses parties sont reliées entre elles de la manière la plus intime, car chaque partie ne se tient pas simplement dans un rapport nécessaire avec celle qui la précède immédiatement et qu'elle présuppose parce que le lecteur l'a en mémoire, comme c'est le cas dans toutes les philosophies qui ne sont constituées que par une série de corollaires. Chaque partie de l'œuvre tout entière est ainsi en affinité avec chaque autre partie, qu'elle présuppose, ce qui implique, pour le lecteur, de se rappeler non seulement ce qui précède immédiatement, mais aussi tout ce qui est antérieur, afin qu'il soit capable de le rattacher à ce qu'il a actuellement sous les yeux, quelle que soit la distance qui l'en sépare. Une exigence que Platon a également imposée au lecteur, par l'intermédiaire des nombreuses et sinueuses digressions dans ses dialogues, et qui ne reviennent à la pensée principale qu'après de longs épisodes, mais en l'éclairant par là même d'une lumière plus vive. Cette exigence nous est nécessaire, car si la division de notre seule et unique pensée en des considérations multiples est assurément le seul moyen de la communiquer, ce n'est pas là pour autant une forme essentielle, mais simplement artificielle. — La division en quatre points de vue principaux et quatre livres, ainsi que l'association la plus soigneuse de ce qui est proche et homogène, doit servir tant à nous faciliter la description qu'à en faciliter l'appréhension par le lecteur. La matière même, cependant, n'autorise aucunement une progression rectiligne comme le serait une progression historique et rend nécessaire une description plus sinueuse, laquelle exige donc une étude répétée du livre, seule à même de mettre en évidence le lien de chaque partie avec toutes les autres et de faire voir que toutes les parties, en s'éclairant mutuellement, deviennent parfaitement lumineuses*.

* Voir sur ce sujet les chap. 41-44 du tome II.

§ 55

Le fait que la volonté, comme telle, est LIBRE suit de ce qu'elle est, d'après nous, la chose en soi, le contenu de tout phénomène. En revanche, nous connaissons celui-ci comme entièrement soumis au principe de raison, sous ses quatre figures. Et comme nous savons que « nécessité » équivaut strictement à « conséquence à partir d'une raison donnée », les deux étant des concepts réciproques, tout ce qui appartient au phénomène, c'est-à-dire qui est objet pour le sujet connaissant en tant qu'individu, est d'une part raison, d'autre part conséquence, et, en qualité de celle-ci, se trouve entièrement déterminé de manière nécessaire, ne pouvant donc être autre qu'il n'est sous aucun rapport. Le contenu tout entier de la nature, tous ses phénomènes, sont ainsi absolument nécessaires, et cette nécessité de chaque partie, de chaque phénomène, de chaque événement peut être à chaque fois démontrée, car on doit pouvoir trouver leur raison dont ils dépendent à titre de conséquence. Ceci, procédant de la validité absolue du principe de raison, ne souffre aucune exception. Or d'autre part, ce même monde, avec tous ses phénomènes, est pour nous l'objectité de la volonté, laquelle, n'étant pas elle-même phénomène, représentation ou objet, mais chose en soi, n'est pas non plus soumise au principe de raison, forme de tout objet, n'est donc pas déterminée comme la conséquence d'une raison, ne connaît donc aucune nécessité : elle est donc libre. Ainsi, le concept de liberté est en vérité un concept négatif, car selon son contenu, il n'est que la négation de la nécessité, c'est-à-dire du rapport, conforme au principe de raison, de la conséquence à sa raison. — C'est ici que nous voyons, avec la plus grande évidence, le point d'unité de cette grande opposition entre liberté et nécessité et de leur réconciliation, dont on a tant parlé récemment, mais jamais, autant que je sache, de manière claire et appropriée. Chaque chose, comme phénomène, comme objet, est entièrement nécessaire : cette même chose est EN ELLE-MÊME volonté, laquelle est complètement libre, de toute éternité. Le phénomène, l'objet, est nécessaire et invariablement déterminé par l'enchaînement, sans aucune rupture possible, des raisons et des conséquences. D'ailleurs l'existence de cet objet, ainsi que le mode de son existence, c'est-à-dire l'Idée qui s'y manifeste, autrement dit son caractère, est le phénomène immédiat de la volonté. Conformément à la liberté de cette volonté, cet objet pourrait donc ne pas exister du tout, ou être originairement et essentiellement autre qu'il n'est ; mais alors toute la chaîne dont il est un maillon, et laquelle est elle-même un phénomène de cette même volonté, serait tout à fait différente. Or du moment où il est présent et existe, il s'insère dans la série des raisons et des conséquences, s'y trouve nécessairement déterminé et ne peut donc ni devenir un autre objet, c'est-à-dire se transformer, ni sortir de la série, c'est-à-dire disparaître. Comme toute autre partie de la nature, l'homme est objectité de la volonté : c'est pourquoi tout ce qui vient d'être dit vaut également pour lui. De même que chaque chose dans la nature possède ses forces et ses qualités qui réagissent de manière déterminée à des influences déterminées et constituent son caractère, l'homme possède lui aussi son CARACTÈRE à partir duquel les motifs provoquent ses actions avec nécessité. Dans cette manière d'agir même se révèle son caractère empirique, mais dans celui-ci, à son tour, son caractère intelligible, la volonté en soi, dont il est le phénomène déterminé. Or l'homme est le phénomène le plus parfait de la volonté, lequel, pour subsister, comme cela a été montré dans le deuxième livre, doit être éclairé par un degré si élevé de connaissance au point de rendre possible dans celle-ci une répétition entièrement adéquate de l'essence du monde sous la forme de la représentation, qui n'est autre que l'appréhension des Idées, le pur miroir du monde, ainsi que nous avons appris à la connaître dans le troisième livre[34]. Dans l'homme, la volonté peut donc atteindre la connaissance évidente et exhaustive de sa propre essence telle qu'elle se reflète dans le monde tout entier. B[L'art procède de l'existence <*Vorhandensein*> réelle de ce degré de connaissance, comme nous l'avons vu dans le livre précédent.]B Or à la fin de toutes nos considérations nous comprendrons que c'est cette même connaissance, lorsque la volonté la réfère à elle-même, qui rend possible l'auto-abolition <*Selbstaufhebung*> et l'autonégation <*Selbstverneinung*> de la volonté en son phénomène le plus parfait, en sorte que dans ce cas la liberté — qui autrement ne peut jamais se manifester dans le phénomène puisqu'elle revient exclusivement à la chose en soi — se présente également dans le phénomène et, en abolissant l'essence qui se trouve au fondement du phénomène, alors que celui-ci perdure dans le temps, provoque une contradiction[35] du phénomène avec lui-même et constitue, de ce fait, les phénomènes de la sainteté et du reniement de soi <*Selbstverleugnung*>. Tout ceci ne peut cependant être entièrement compris qu'à la fin de ce livre. — Provisoirement, on indique par là, de manière générale, comment l'homme se distingue de tous les autres phénomènes de la volonté en ce que la liberté — c'est-à-dire l'indépendance à l'égard du principe de raison laquelle ne revient qu'à la volonté comme chose en soi et contredit le phénomène — peut néanmoins se produire chez lui dans le phénomène même, où elle se présente cependant nécessairement en tant que contradiction du phénomène avec lui-même. Dans ce sens, ce n'est pas seulement la volonté en soi, mais aussi l'homme qui peut assurément être appelé libre et par là être distingué de tous les autres êtres[36]. Comment faut-il le comprendre ? Seul tout ce qui suit nous en donnera l'évidence, mais pour l'instant il nous faut en faire entièrement abstraction. Car il convient tout d'abord de prévenir l'erreur que l'agir de l'homme singulier et déterminé ne serait soumis à aucune nécessité, autrement dit que la force du motif[37] serait moins certaine que la force de la cause ou la conclusion qui suit des prémisses. Si nous faisons abstraction, comme nous l'avons dit, du cas cité plus haut, qui ne concerne toujours qu'une exception, la liberté de la volonté comme chose en soi ne passe aucunement de manière directe dans son phénomène, pas même là où celui-ci atteint le degré le plus élevé de la visibilité ; elle ne passe donc pas dans l'animal doué de raison et doté d'un caractère individuel, c'est-à-dire dans la personne. Celle-ci n'est jamais libre, même si elle est le phénomène d'une volonté libre, puisque c'est précisément du libre vouloir de celle-ci qu'elle est le phénomène déjà déterminé. Et lorsque ce phénomène entre sous la forme de tout objet, sous le principe de raison, il déploie certes l'unité de cette volonté dans une pluralité d'actions qui, cependant, en vertu de l'unité extra-temporelle de ce vouloir en soi, se présente avec la régularité d'une force de la nature. Or comme c'est malgré tout ce libre vouloir qui devient visible dans la personne et dans toute sa conduite, et se rapporte à celle-ci comme le concept à la définition, chaque acte singulier de cette personne doit également être attribué à la libre volonté, et c'est comme tel qu'il s'annonce directement à la conscience. C'est pourquoi, comme il a été dit dans le deuxième livre, tout un chacun en effet considère *a priori* (c'est-à-dire ici d'après son sentiment premier) qu'il est libre dans les actions singulières, au sens où dans chaque cas donné toute action lui serait possible ; ce n'est qu'*a posteriori* qu'il reconnaît, à partir de l'expérience et de la réflexion sur l'expérience, que son agir procède tout à fait nécessairement de la rencontre du caractère avec les motifs[38]. Ceci explique que n'importe quel rustre, obéissant à son sentiment, défend l'entière liberté dans les actions singulières de la manière la plus véhémente, alors que les plus grands penseurs de toutes les époques, et même les doctrines de la foi <*Glaubenslehren*> les plus profondes et subtiles, l'ont nié. Or celui qui a compris que toute l'essence de l'homme est volonté, et qu'il n'est lui-même que le phénomène de cette volonté, ce phénomène ayant comme forme nécessaire le principe de raison, forme déjà reconnaissable à partir du sujet laquelle se donne en ce cas comme loi de la motivation, eh bien celui-là considérera que douter de l'inévitabilité de l'acte, lorsque le caractère est donné et le motif présent, c'est comme douter de la coïncidence des trois angles du triangle avec deux angles droits. — La nécessité de l'agir singulier a été démontrée de manière fort satisfaisante par Priestley dans sa *Doctrine of philosophical necessity*[39], mais la coexistence de cette nécessité et de la liberté de la volonté en soi, c'est-à-dire en dehors du phénomène, c'est Kant, dont le mérite est ici particulièrement grand, qui l'a prouvée en premier*[40], en établissant la différence entre le caractère intelligible et empirique, que je reprends absolument, car le premier est la volonté comme chose en soi dans la mesure où elle se phénoménalise dans un individu déterminé à un degré déterminé, alors que le second est ce phénomène lui-même, tel qu'il se présente dans la manière d'agir, selon le temps, et déjà dans la corporisation, selon l'espace. Pour permettre de saisir le rapport entre les deux, la meilleure expression est celle utilisée d'emblée dans le traité introductif[41] : le caractère intelligible de chaque homme doit être considéré comme un acte de volonté extratemporel[42], donc indivisible et immuable, dont le phénomène déployé et étendu dans le temps, dans l'espace et dans toutes les formes du principe de raison est le caractère empirique, tel qu'il se présente dans toute la manière d'agir et de vivre de cet homme conformément à l'expérience. De même que l'arbre tout entier n'est que le phénomène sans cesse répété d'une seule et même pulsion, qui se présente de la manière la plus élémentaire dans la fibre et se répète dans l'agrégat en feuille, tige, branche, tronc, en y étant aisément reconnaissable, tous les actes de l'homme ne sont que les expressions sans cesse répétées, variant quelque peu dans leur forme, de son caractère intelligible, l'induction qui résulte de la somme de tous ces actes constituant son caractère empirique. — Je ne vais pas, du reste, réitérer, en la transformant, l'exposition magistrale de Kant, mais je la présuppose comme étant connue[43].

* *Critique de la raison pure*, première édition, p. 532-558 ; cinquième édition, p. 560-586 ; et *Critique de la raison pratique*, quatrième édition, p. 169-179. — Édition de Rosenkranz, p. 224-231.

C[En 1840,]C B[j'ai traité en profondeur et en détail de l'important chapitre de la liberté de la volonté dans mon mémoire sur celle-ci[44], en dévoilant nommément la raison de l'illusion selon laquelle on prétend trouver une liberté absolue de la volonté, donnée empiriquement, c'est-à-dire un *liberum arbitrium indifferentiae* [libre arbitre d'indifférence] dans la conscience de soi comme un fait de celle-ci ; c'est précisément sur ce point que portait la question, fort intelligente, mise au concours. En renvoyant donc le lecteur à cet écrit, ainsi qu'au § 10 de mon *Mémoire sur le fondement de la morale*[45] publié avec le premier sous le titre *Les deux problèmes fondamentaux de l'éthique*, j'écarte maintenant la description encore imparfaite, donnée en cet endroit dans la première édition, de la nécessité des actes de volonté et je vais à sa place élucider davantage cette illusion évoquée plus haut par une brève analyse laquelle, présupposant le chapitre 19 de notre tome II, ne pouvait donc être donnée dans ledit mémoire.

C'est parce que la volonté, comme vraie chose en soi, est réellement primordiale et indépendante que le sentiment de la primordialité et de l'autonomie doit accompagner également, dans la conscience de soi, les actes qui pourtant sont alors déjà déterminés ; mais mis à part ce fait, l'illusion d'une liberté empirique de la volonté (alors que c'est la liberté transcendantale qui seule doit lui être attribuée), c'est-à-dire d'une liberté des actes singuliers, procède de la position particulière et subordonnée de l'intellect à l'égard de la volonté, position que nous avons exposée au chapitre 19 du tome II, surtout sous le troisième point[46]. Car ce n'est qu'*a posteriori* et empiriquement que l'intellect apprend les décisions de la volonté. Face à un choix qui se présente, il n'a par conséquent aucune donnée sur la manière qu'a la volonté de se décider. En effet, le caractère intelligible — en vertu duquel, lorsque les motifs sont donnés, UNE SEULE décision est possible, celle-ci étant alors nécessaire — ne tombe pas sous la connaissance de l'intellect ; ce n'est que le caractère empirique, par les actes singuliers de celui-ci, que l'intellect connaît successivement. C'est pourquoi la conscience qui connaît (l'intellect) a l'impression que dans un cas donné, la volonté a la possibilité simultanée de prendre deux décisions opposées. Mais ce serait exactement comme si on disait d'une tige qui, debout à la verticale, perd l'équilibre et vient à vaciller : « elle peut tomber à droite ou à gauche », alors que ce « PEUT » n'a qu'une signification subjective et veut dire en vérité : « eu égard aux données qui nous sont connues » ; car objectivement, la direction de la chute est nécessairement déterminée dès que se produit le vacillement. C'est de la même manière que la décision de la volonté individuelle n'est indéterminée que pour celui qui la considère, pour l'intellect individuel, elle n'est donc que relative et subjective, à savoir pour le sujet de la connaissance ; en revanche, pour elle-même et objectivement, la décision, dans tout choix qui se présente, est aussitôt déterminée et nécessaire. Cette détermination, cependant, ne parvient à la conscience que par la décision qui se réalise à sa suite. Car nous n'en avons une preuve même empirique, lorsqu'un quelconque choix difficile et important se présente à nous, que sous une condition qui ne s'est pas encore produite et ne fait encore que l'objet de notre espoir, en sorte que nous ne pouvons d'abord rien y faire et devons nous conduire passivement. Alors nous délibérons sur l'objet pour lequel nous nous déciderions si les circonstances nous permettant une activité et une décision libres se produisaient. Dans la plupart des cas, l'une des décisions est préférée par la délibération prévoyante et raisonnable, l'autre par l'inclination immédiate. Tant que nous sommes contraint de rester passif, le côté de la raison semble vouloir prédominer ; mais nous prévoyons déjà combien puissante sera l'attraction de l'autre côté lorsque l'occasion d'agir sera là. En attendant, nous nous efforçons, par une froide méditation pesant le pour et le contre, d'éclairer le plus vivement possible les motifs des deux côtés, afin que chacun puisse peser de tout son poids sur la volonté lorsque le moment sera venu, et pour éviter qu'une éventuelle erreur de la part de l'intellect ne conduise la volonté à prendre une décision différente de celle qu'elle prendrait lorsque toutes choses influent régulièrement. Or ce développement clair des motifs opposés est tout ce que l'intellect peut faire lors d'un choix. Il attend la décision proprement dite avec la même passivité et avec la même curiosité inquiète que s'il s'agissait de la décision d'une volonté étrangère[47]. C'est pourquoi, depuis son point de vue, les deux décisions ne peuvent que lui sembler également possibles : or voilà qui constitue exactement l'illusion de la liberté empirique de la volonté. Il est vrai que la décision fait son entrée dans la sphère de l'intellect de manière tout à fait empirique, comme terme ultime de l'affaire ; il n'en demeure pas moins qu'en procédant de la nature intime, c'est-à-dire du caractère intelligible, propre à la volonté individuelle en son conflit avec les motifs donnés, elle l'a fait avec une parfaite nécessité. L'intellect ne peut faire rien d'autre que de mettre vivement en lumière tous les aspects de la manière d'être des motifs et ne saurait déterminer la volonté elle-même, puisque celle-ci lui est entièrement inaccessible et même, comme nous l'avons vu, entièrement insondable.

Pour qu'un homme, dans des circonstances identiques, puisse agir tantôt d'une manière, tantôt d'une autre, sa volonté même doit avoir changé entretemps et donc être située dans le temps, car c'est là seul où le changement est possible : mais alors soit la volonté est un simple phénomène, soit le temps une détermination de la chose en soi. Il s'ensuit que cette controverse sur la liberté de l'agir singulier, sur le *liberum arbitrium indifferentiae*, tourne en vérité autour de la question de savoir si la volonté est située dans le temps ou non. Si elle est la chose en soi, hors du temps et de toute forme du principe de raison, comme cela suit avec nécessité tant de la doctrine de Kant que de toute ma présentation, alors non seulement l'individu, dans une situation identique, devra toujours agir de la même manière, et chaque acte méchant sera la solide garantie d'innombrables autres actes méchants que l'individu DEVRA accomplir et NE POURRA s'empêcher d'accomplir ; mais aussi, comme le dit Kant, si le caractère empirique et les motifs étaient entièrement donnés, on pourrait calculer l'avenir de la conduite de l'homme comme une éclipse solaire ou lunaire[48]. La nature est conséquente, le caractère l'est de la même façon : chaque action singulière doit se produire conformément au caractère, de même que chaque phénomène se produit conformément à la loi de la nature ; la cause, dans le dernier cas, et le motif, dans le premier cas, ne sont que les causes occasionnelles, comme nous l'avons montré au livre II[49]. La volonté, dont le phénomène constitue tout l'être et toute la vie de l'homme, ne saurait se renier dans un cas singulier, et ce que l'homme veut dans l'ensemble, il le voudra toujours aussi dans un cas singulier.

L'affirmation d'une liberté empirique de la volonté,

d'un *liberum arbitrium indifferentiae*, dépend très précisément de ce que l'on a transféré l'essence de l'homme dans une ÂME qui, à l'origine, serait un être CONNAISSANT, voire un être doué de PENSÉE abstraite, et seulement suite à cela un être également VOULANT ; bref, l'affirmation dépend de ce que l'on a fait de la volonté une nature secondaire, alors qu'en vérité c'est la CONNAISSANCE qui l'est. La volonté a même été considérée comme un acte de pensée et identifiée au jugement, notamment chez Descartes et Spinoza. Chaque homme ne serait alors devenu ce qu'il est que suite à sa connaissance : il viendrait au monde en tant que zéro moral, y connaîtrait les choses et déciderait ensuite d'être un tel ou un tel, d'agir de telle ou telle manière, et pourrait aussi bien, suite à une nouvelle connaissance, saisir une autre manière d'agir, c'est-à-dire encore devenir quelqu'un d'autre. En outre, il connaîtrait d'abord la chose comme BONNE et ne la voudrait qu'ensuite, au lieu de la VOULOIR d'abord et de l'appeler ensuite BONNE. Car d'après toute ma conception fondamentale, tout ceci est une inversion du vrai rapport[50]. La volonté est première et originaire, la connaissance n'est qu'ajoutée, appartenant à la phénoménalisation de cette volonté en tant qu'instrument de cette phénoménalisation même. Chaque homme est ainsi ce qu'il est par sa volonté et son caractère est originaire, car le vouloir constitue la base de son essence. Par la connaissance qui s'est ajoutée, il apprend, au cours de l'expérience, CE QU'IL EST, autrement dit il apprend à connaître son caractère. Il se CONNAÎT donc suite et conformément à la nature de sa volonté, au lieu de VOULOIR, selon l'ancien point de vue, suite et conformément à son connaître. Selon ce point de vue, il lui suffirait de réfléchir COMMENT il préférerait être et il le serait aussitôt : voilà sa liberté de la volonté. Elle consiste, en vérité, en ce que l'homme est sa propre œuvre, à la lumière de la connaissance. Je dis au contraire : il est sa propre œuvre avant toute connaissance et celle-ci ne vient que s'y ajouter pour l'éclairer. C'est pourquoi il ne saurait décider d'être un tel ou un tel, et encore moins saurait-il devenir quelqu'un d'autre, mais il EST une fois pour toutes, et connaît successivement, CE QU'IL EST. Selon l'autre point de vue, il VEUT ce qu'il connaît ; chez moi, il CONNAÎT ce qu'il veut.]B

Les Grecs appelaient le caractère ἦθος, et les manifestations de celui-ci, c'est-à-dire les mœurs, ἤθη ; or ce mot vient de ἔθος, habitude : ils l'avaient choisi pour exprimer la constance du caractère métaphoriquement par la constance de l'habitude. B[Τὸ γὰρ ἦθος ἀπὸ τοῦ ἔθους ἔχει τὴν ἐπωνυμίαν. ἠθικὴ γὰρ καλεῖται διὰ τὸ ἐθίζεσθαι (*a voce* ἔθος, *i. e. consuetudo,* ἦθος *est appellatum : ethica ergo dicta est* ἀπὸ τοῦ ἐθίζεσθαι, *sive ab assuescendo*)]B [Puisque le caractère, comme le signifie le mot, est ce qui reçoit son accroissement de l'habitude], B[dit Aristote (*Eth. magna*, I, 6, p. 1186, et *Eth. Eud.*, *p.* 1220, et *Eth. Nic.*, p. 1103, *ed. Ber.*[51]). Stobée cite : οἱ δὲ κατὰ Ζήνωνα τροπικῶς· ἦθός ἐστι πηγὴ βίου, ἀφ' ἧς αἱ κατὰ μέρος πράξεις ῥέουσι]B C[(*Stoici autem, Zenonis castra sequentes, metaphorice ethos definiunt vitae fontem, e quo singulae manant actiones*)]C [mais les stoïciens, suivant les disciples de Zénon, définissent métaphoriquement l'*ethos* comme la source de vie d'où découlent les actions singulières], II, chap. 7[52]. — Dans la doctrine chrétienne de la foi, nous voyons que le dogme de la prédestination à l'élection par la grâce <*Gnadenwahl*> ou à la réprobation (Romains 9, 11-24[53]) provient manifestement de ce savoir que l'homme ne change pas, mais que sa vie et sa conduite, c'est-à-dire son caractère empirique, n'est que le déploiement du caractère intelligible, le développement de dispositions immuables déjà décidées et reconnaissables chez l'enfant, raison pour laquelle sa conduite est pour ainsi dire solidement déterminée dès sa naissance et, pour l'essentiel, demeure identique à elle-même jusqu'à la fin. C'est une position que je partage ; mais il est vrai que je ne prendrais pas sur moi de défendre les conséquences qui, découlant de l'association de cette idée tout à fait juste avec les dogmes trouvés dans la doctrine juive de la foi, ont débouché sur la plus grande des difficultés, le nœud gordien à jamais impossible à trancher, autour duquel tournent presque toutes les controverses de l'Église. L'apôtre Paul lui-même n'y a guère réussi, avec son allégorie du potier, établie dans ce but[54] ; car alors le résultat ne serait finalement rien d'autre que celui-ci :

Es fürchte die Götter
Das Menschengeschlecht!
Sie halten die Herrschaft
In ewigen Händen:
Und können sie brauchen
Wie's ihnen gefällt.

[Que la race humaine
Redoute les dieux !
Leurs mains éternelles
Tiennent la puissance
Où, comme il leur plaît,
Ils peuvent puiser[55].]

Or les considérations de cette espèce sont, au fond, étrangères à notre objet d'étude. C'est bien plutôt le rapport entre le caractère et la connaissance dans laquelle se situent tous ses motifs qu'il convient maintenant d'expliciter.

Comme les motifs, qui déterminent la phénoménalisation du caractère ou l'agir, agissent sur ce caractère par l'intermédiaire de la connaissance, et comme celle-ci est altérable et oscille fréquemment entre erreur et vérité tout en se trouvant progressivement corrigée au cours de la vie, même si c'est à des degrés fort différents, la manière d'agir d'un homme peut être amenée à se transformer considérablement sans que cela permette de conclure à une transformation de son caractère. Ce que l'homme veut véritablement et généralement, la tendance de son essence la plus intime et le but qu'il poursuit conformément à cette tendance, nous ne pourrons jamais le changer par une influence extérieure ou par l'enseignement; sinon nous serions capable de le recréer. Sénèque dit excellemment: *velle non discitur* [le vouloir ne s'apprend pas[56]], B[en préférant ainsi la vérité à ces stoïciens qui eux enseignaient: διδακτὴν εἶναι τὴν ἀρετήν]B C[(*doceri posse virtutem*)]C [la vertu peut être enseignée[57]]. De l'extérieur, on ne peut agir sur la volonté que par des motifs. Mais ceux-ci ne sauraient jamais changer la volonté elle-même, car ils n'ont de pouvoir sur elle que sous cette condition qu'elle est précisément ce qu'elle est. Tout ce qu'ils peuvent, c'est donc changer la direction de l'effort, c'est-à-dire faire en sorte que ce que l'homme cherche inaltérablement, il le cherche désormais par une autre voie. C'est pourquoi l'enseignement, la correction de la connaissance, c'est-à-dire l'influence externe, peuvent certes lui apprendre qu'il se trompe sur les moyens, et l'amener à poursuivre le but, qu'il vise une fois pour toutes conformément à son essence intime, par une voie tout à fait différente, voire dans un objet tout à fait différent que le précédent; mais jamais ils ne sauraient faire qu'il veuille réellement autre chose que ce qu'il voulait jusqu'à présent; cela reste immuable, puisqu'il n'est rien d'autre que ce vouloir même qui, autrement, devrait être aboli. Le premier aspect cependant, la modificabilité de la connaissance et, par là, du faire, peut l'amener jusqu'à chercher à atteindre son but immuable, par exemple le Paradis de Mahomet, tantôt dans le monde réel, tantôt dans un monde imaginaire, en évaluant les moyens qui conviennent, sollicitant par conséquent, la première fois, l'habileté, la violence et la tromperie, l'autre fois, la continence, la justice, la charité et un pèlerinage à La Mecque. Mais ce n'est pas pour autant que son désir aurait changé, et encore moins lui-même. Si donc il est vrai que son agir se présente fort différemment à des moments différents, son vouloir cependant est resté tout à fait le même. *Velle non discitur.*

B[Pour que les motifs soient efficaces, il faut non seulement qu'ils soient présents, mais aussi qu'ils soient connus,]B car selon cette très bonne expression des scolastiques, déjà citée, *causa finalis movet non secundum suum esse reale; sed secundum esse cognitum* [la cause finale n'agit pas d'après son être réel, mais d'après son être connu[58]]. B[Afin de mettre en évidence le rapport qu'ont l'un envers l'autre l'égoïsme et la compassion chez un homme donné,]B il n'est pas suffisant que celui-ci, par exemple, possède des richesses et voie la misère d'autrui; mais il doit également savoir ce qu'on peut faire de ces richesses tant pour soi-même que pour autrui; et la souffrance d'autrui ne doit pas seulement se présenter à lui, mais il doit autant savoir ce qu'est la souffrance que ce qu'est la jouissance. Peut-être que tout cela, il ne le savait pas encore aussi bien à une première occasion qu'à une seconde, et lorsqu'il agit maintenant d'une autre manière à la même occasion, cela n'est dû qu'au fait que les circonstances différaient, en vérité, selon la partie dépendant de sa connaissance de cette partie même, bien que les circonstances semblaient identiques. — De même que l'ignorance des circonstances réellement présentes les prive de leur efficacité, des circonstances tout à fait imaginaires, à l'inverse, peuvent agir comme si elles étaient réelles, non seulement dans le cas d'une illusion singulière, mais aussi dans l'ensemble et dans la durée. Si par exemple on convainc un homme que chacun de ses bienfaits lui sera rendu au centuple dans une vie future[59], une telle conviction agira comme une lettre de change à très long terme, et il pourra donner par égoïsme, de même qu'il prendrait par égoïsme selon une conviction différente. Lui-même n'a pas changé : *velle non discitur*. Cette grande influence de la connaissance sur l'agir, alors que la volonté demeure inchangée, fait que le caractère ne se développe et ses divers traits ne se manifestent que progressivement. C'est pourquoi, dans chaque période de la vie, il se montre sous un autre jour, et une jeunesse ardente, sauvage, peut être suivie par un âge viril posé, modéré. C'est surtout le trait méchant du caractère qui, avec le temps, se manifestera avec toujours plus de force ; parfois cependant les passions auxquelles on a cédé dans sa jeunesse sont volontairement bridées plus tard, pour la simple raison que ce n'est qu'alors que les motifs contraires tombent sous la connaissance. C'est pourquoi, à l'origine, nous sommes tous innocent, ce qui signifie seulement que, pas plus que les autres, nous ne connaissons le trait méchant de notre propre nature : ce n'est qu'au fil des motifs qu'il se manifeste, et ce n'est qu'au fil du temps que les motifs tombent sous la connaissance. Finalement nous apprenons à nous connaître comme tout à fait différents de ce que nous croyions être *a priori*, et bien souvent nous sommes alors effrayé par nous-même.

Le REPENTIR <*Reue*> ne se produit aucunement suite à un changement de la volonté (ce qui est impossible), mais suite à un changement de la connaissance. L'élément essentiel et authentique de ce que j'ai jamais voulu, je dois le vouloir encore : car je suis moi-même cette volonté qui se situe hors du temps et du changement. Je ne peux donc jamais me repentir de ce que j'ai voulu, mais bien de ce que j'ai fait, parce que guidé par des concepts faux, j'ai fait autre chose que ce qui était conforme à ma volonté. Comprendre cela, le connaître adéquatement, voilà ce qu'est le REPENTIR. Ceci ne touche pas seulement à la sagesse pratique <*Lebensklugheit*>, au choix des moyens et à l'appréciation de la conformité de la fin avec ma volonté propre, mais aussi à l'éthique au sens véritable. Je peux par exemple avoir agi avec un égoïsme plus grand que celui qui correspond à mon caractère, induit en erreur par quelque représentation exagérée de la détresse dans laquelle j'étais, ou par la ruse, la fausseté, la méchanceté des autres, ou aussi par le fait que j'ai agi avec précipitation, c'est-à-dire sans délibération, déterminé non pas par des motifs clairement connus *in abstracto*, mais simplement intuitifs, par l'impression du présent et par l'affect qu'elle a suscité, et qui était tellement fort que je n'avais pas véritablement l'usage de ma raison ; mais dans ce cas aussi, le retour à la raison n'est qu'une correction de la connaissance qui peut produire le repentir, lequel se manifeste alors toujours par la réparation de ce qui est arrivé, pour autant que c'est possible. Il faut cependant remarquer que pour se duper soi-même, on provoque chez soi d'apparentes précipitations qui sont en vérité des actions secrètement réfléchies. Car par ces stratagèmes aussi fins, nous ne trompons ni ne flattons personne d'autre que nous-même. — Le cas inverse de celui que je viens d'évoquer peut également se produire : par une confiance trop facilement accordée aux autres, par l'ignorance de la valeur relative des biens de cette vie, ou par un quelconque dogme abstrait auquel désormais je ne crois plus, je peux me laisser inciter à agir avec un égoïsme moindre que celui qui correspond à mon caractère et ainsi provoquer chez moi du repentir d'un autre genre. Dans tous les cas, le repentir est donc une connaissance corrigée du rapport entre l'acte et l'intention véritable. — La volonté, dans la mesure où elle révèle ses Idées dans l'espace seul, c'est-à-dire par la simple forme, se trouve d'emblée contrariée par la matière dominée par d'autres Idées, ici les forces naturelles, matière dont la forme, qui aspirait ici à la visibilité, ne procède que rarement d'une manière parfaitement pure et évidente, c'est-à-dire belle. De même, la volonté qui se révèle par le temps seul, c'est-à-dire par des actions, rencontre un obstacle analogue dans la connaissance qui ne lui indique que rarement les données de manière tout à fait correcte, en raison de quoi l'acte ne se produit pas de manière entièrement conforme à la volonté et provoque ainsi du repentir. Le repentir procède donc toujours de la connaissance corrigée, et non de l'impossible changement de la volonté. Le trouble de conscience <*Gewissensangst*> à l'égard de ce qui a été accompli n'est en rien du repentir, mais c'est la douleur de la connaissance de soi-même comme en soi, c'est-à-dire comme volonté. Elle repose justement sur la certitude que l'on possède toujours la même volonté. Si elle était changée, et par conséquent le trouble de conscience un simple repentir, celui-ci s'abolirait lui-même, car le passé ne pourrait alors continuer de susciter le trouble, puisqu'il représenterait les manifestations d'une volonté qui ne serait plus celle de la personne sujette au repentir. Plus loin, nous exposerons plus en détail le sens du trouble de conscience.

L'influence que la connaissance, en tant que médium des motifs, exerce non pas, certes, sur la volonté même, mais sur sa manifestation dans les actions, explique également la différence principale entre l'agir des hommes et celui des animaux, la manière de connaître des deux n'étant pas la même. L'animal, en effet, n'a que des représentations intuitives, alors que l'homme a aussi, grâce à la raison, des représentations abstraites, des concepts. Bien que l'animal et l'homme soient déterminés par les motifs avec la même nécessité, l'homme possède cependant un privilège sur l'animal par son pouvoir perfectionné de CHOIX PRÉFÉRENTIEL <*Wahlentscheidung*>[60], qu'on a d'ailleurs fréquemment considéré comme une liberté de la volonté dans les actes singuliers, alors qu'il n'est rien d'autre que la possibilité d'un conflit opposant plusieurs motifs dont le plus fort finit par déterminer la volonté avec nécessité. B[Pour ce faire, les motifs doivent avoir pris la forme de pensées abstraites, car ce n'est que grâce à celles-ci qu'est possible une véritable délibération, c'est-à-dire une évaluation des raisons d'agir opposées. Chez l'animal, le choix ne peut avoir lieu que parmi des motifs présents dans l'intuition, ce qui explique que ce choix soit borné à la sphère étroite de son appréhension présente et intuitive.]B C'est pourquoi la nécessité de la détermination de la volonté par le motif, nécessité qui équivaut à celle de l'effet par la cause[61], ne peut être présenté intuitivement et immédiatement que chez les animaux, parce que ici le spectateur peut voir les motifs de manière aussi immédiate que leur effet, alors que chez l'homme, les motifs sont presque toujours des représentations abstraites auxquelles le spectateur ne prend aucune part, allant jusqu'à dissimuler à l'agent lui-même la nécessité de leur effet derrière leur conflit. Car ce n'est qu'*in abstracto* que plusieurs représentations, à titre de jugements et chaînes de raisonnements, peuvent coexister dans la conscience et agir les unes contre les autres en étant libres de toute détermination temporelle, jusqu'à ce que le plus fort l'emporte sur les autres et détermine la volonté. Voilà le CHOIX PRÉFÉRENTIEL[62], B[ou faculté de délibérer <*Deliberationsfähigkeit*>,]B qui privilégie l'homme par rapport à l'animal, Cm[et en vertu duquel on lui a attribué une liberté de la volonté, en croyant que son vouloir n'est que le résultat d'une opération de l'intellect, sans qu'une pulsion déterminée ne serve de base à celui-ci, alors qu'en vérité la motivation n'agit qu'à partir du fondement et de la présupposition qu'est sa pulsion déterminée, laquelle est chez lui individuelle, c'est-à-dire constituant son caractère.]Cm B[On trouvera une description plus détaillée Cm[de cette faculté de délibération]Cm, et de la différence entre la faculté de vouloir <*Willkür*> humaine et animale qu'elle entraîne, dans *Les deux problèmes fondamentaux de l'éthique* (première édition)[63], auxquels je renvoie donc ici. Cette faculté de délibérer de l'homme fait d'ailleurs également partie de]B ces choses qui rendent son existence largement plus douloureuse que celle de l'animal ; car généralement nos douleurs les plus grandes ne se situent pas dans le présent, en tant que représentations intuitives ou sentiments immédiats, mais dans la raison, en tant que concepts abstraits, pensées lancinantes, dont l'animal est entièrement exempt, lui qui vit dans le seul présent et donc dans une insouciance enviable.

B[C'est cette dépendance, exposée plus haut, de la faculté humaine de délibérer à l'égard du pouvoir de penser *in abstracto*, et donc également à l'égard du jugement et du raisonnement, qui semble avoir poussé tant Descartes que Spinoza à identifier les décisions de la volonté avec le pouvoir d'affirmer et de nier (faculté de juger).]B Descartes en déduisait que la volonté, qui chez lui est libre et indifférente, est également responsable de toutes les erreurs théoriques[64], alors que Spinoza en déduisait que la volonté est nécessairement déterminée par les motifs comme le jugement par les raisons*[65], ce dernier point d'ailleurs n'étant pas sans vérité, B[bien qu'il se présente comme une conclusion vraie découlant de prémisses fausses.]B

La divergence, indiquée plus haut, entre l'animal et l'homme quant à la manière d'être mû par les motifs, étend très largement son influence sur l'essence des deux et contribue, pour la plus grande part, à la différence radicale et évidente entre les deux existences. Alors qu'en effet l'animal n'est toujours motivé que par une représentation intuitive, l'homme s'efforce d'exclure totalement ce mode de motivation et de se laisser déterminer uniquement par des représentations abstraites, par où il use de son privilège de la raison, si possible à son avantage, et, indépendamment du présent, ne poursuit ni ne fuit la joie ou la douleur éphémères, mais réfléchit sur les conséquences des deux. Dans la plupart des

* *Cart., medit. 4. — Spin. Eth., P. II, prop. 48 et 49, caet.*

cas, exception faite des actions totalement insignifiantes, nous sommes déterminés par des motifs abstraits, pensés, et non par des impressions immédiates. C'est pourquoi, sur l'instant, toute privation nous est assez facile, mais tout renoncement terriblement difficile, car celle-là ne concerne que le présent fugace, alors que celui-ci touche à l'avenir, impliquant par conséquent d'innombrables privations, dont le renoncement est l'équivalent. La plupart du temps, B[la cause de]B nos douleurs comme de nos joies ne réside donc pas dans le présent réel, mais uniquement dans des pensées abstraites : ce sont bien elles qui nous sont souvent insupportables, créent un tourment par rapport auquel toutes les souffrances de l'animalité sont minimes, car même au degré supérieur, souvent nous ne ressentons pas notre propre douleur physique, B[et lorsque nous sommes frappé d'une douleur mentale véhémente, nous allons même parfois jusqu'à nous infliger une douleur physique dans le seul but de détourner l'attention de la première sur cette dernière. C'est la raison pour laquelle, lorsque l'esprit est extrêmement tourmenté, on s'arrache les cheveux, on se frappe la poitrine, on se déchire le visage, on se roule par terre : autant de moyens violents pour se distraire d'une pensée qui se présente comme insupportable. Parce que, justement, la douleur mentale, étant largement plus intense, rend insensible à la douleur physique, une personne désespérée, ou dévorée par une morosité maladive, recourt très facilement au suicide, alors même que dans un état antérieur d'apaisement, cette pensée lui était un objet d'effroi. De même,]B le souci et la passion, c'est-à-dire l'agitation des pensées, exténuent le corps plus souvent et davantage que les maux physiques. C'est pourquoi Épictète a raison de dire : Ταράσσει τοὺς ἀνθρώπους οὐ τὰ πράγματα, ἀλλὰ τὰ περὶ τῶν πραγμάτων δόγματα (*Perturbant homines non res ipsae, sed de rebus decreta*) [Ce qui trouble les hommes, ce ne sont pas les choses, mais les jugements relatifs aux choses[66]] (*V*), de même Sénèque : *Plura sunt, quae nos terrent, quam quae premunt, et saepius opinione quam re laboramus* [Il y a plus de choses qui nous font peur que de choses qui nous font mal ; c'est plus souvent l'opinion que la réalité qui nous met en peine[67]] (*Ep. 5*). Till l'Espiègle, lui aussi, persifla excellemment la nature humaine en riant lorsqu'il montait la pente, en pleurant lorsqu'il la descendait. Et même les enfants qui se sont fait mal souvent ne pleurent pas à cause de la douleur, mais seulement, lorsqu'on les plaint, à cause de la pensée provoquée par cette douleur. D'aussi grandes différences dans l'agir et dans le souffrir découlent de la divergence entre l'homme et l'animal quant à la manière de connaître. Par ailleurs, la manifestation évidente et nette du caractère individuel — qui distingue principalement l'homme de l'animal, lequel n'a, à peu de chose près, que le caractère de l'espèce — est conditionnée par le choix, seulement rendu possible par des concepts abstraits, entre plusieurs motifs. Car ce n'est qu'après un choix antécédent que les décisions, différentes selon les différents individus, constituent un signe du caractère individuel de ceux-ci, caractère qui est autre chez chacun, alors que l'agir de l'animal ne dépend que du présent ou de l'absence de l'impression, à supposer que celle-ci soit vraiment un motif pour son espèce. C'est pour cette raison enfin que chez l'homme, c'est la décision seule, mais non le simple souhait, qui est un signe valable de son caractère, pour lui-même et pour les autres. Or la décision n'est attestée que par l'acte, pour lui-même et pour les autres[68]. Le souhait n'est que la conséquence nécessaire qui suit de l'impression présente, que celle-ci provienne de l'excitation extérieure ou de l'état affectif interne et passager, et il est donc aussi immédiatement nécessaire et sans réflexion que l'agir des animaux: c'est pourquoi, à l'instar de ce dernier, il n'exprime que le caractère de l'espèce et non de l'individu, autrement dit, il ne fait qu'indiquer ce que L'HOMME EN GÉNÉRAL, et non L'INDIVIDU qui éprouve le souhait, serait capable de faire. C'est parce qu'il requiert déjà, à titre d'action humaine, une certaine délibération, et parce que l'homme, en règle générale, dispose de sa raison, qu'il est donc réfléchi, ce qui veut dire qu'il se décide d'après des motifs abstraits et pensés, que l'acte seul est l'expression de la maxime intelligible de son agir, le résultat de son vouloir le plus intime, et qu'il se présente comme une lettre par rapport au mot qui désigne son caractère empirique, lequel n'est lui-même que l'expression temporelle de son caractère intelligible. C'est pourquoi, lorsque l'esprit est sain, seuls les actes pèsent sur la conscience, et non les souhaits et les pensées. Car seuls nos actes nous tendent le miroir de notre volonté. L'acte, déjà évoqué plus haut, commis de manière totalement irréfléchie et dans le réel aveuglement de l'affect, est en quelque sorte une chose intermédiaire entre le simple souhait et la décision: il peut par conséquent, par un repentir véritable qui doit alors se traduire par un acte, être effacé comme un coup de pinceau raté dans le tableau de notre volonté, lequel tableau n'est autre que le cours de notre vie. — On peut d'ailleurs remarquer ici, en tant qu'allégorie étonnante, que le rapport entre le souhait et l'acte est analogue, de manière tout à fait fortuite mais exacte, au rapport entre distribution électrique et communication électrique.

À la suite de toutes ces considérations sur la liberté de la volonté et sur ce qui s'y rapporte, nous trouvons, bien que la volonté en elle-même et en dehors du phénomène doive être appelée libre, voire toute-puissante, que cette même volonté, dans ses phénoménalisations singulières éclairées par la connaissance, donc dans les hommes et dans les animaux, est déterminée par des motifs auxquels le caractère concerné réagit toujours de la même manière avec régularité et nécessité. Nous voyons qu'en vertu de ce supplément qu'est la connaissance abstraite ou rationnelle, l'homme possède, par rapport à l'animal, le privilège du CHOIX PRÉFÉRENTIEL[69], lequel cependant n'en fait que l'arène du conflit entre les motifs, sans pour autant le soustraire à leur domination, et conditionne assurément, par ce biais, la possibilité de la manifestation parfaite du caractère individuel, mais n'est en aucune façon à considérer comme une liberté du vouloir singulier, c'est-à-dire comme une indépendance à l'égard de la loi de causalité dont la nécessité s'étend sur l'homme comme sur tout autre phénomène. C'est donc jusqu'à ce point indiqué, et pas au-delà, que s'applique la divergence, occasionnée par la raison ou par la connaissance conceptuelle, entre le vouloir humain et animal. Or il est un phénomène tout à fait différent, impossible chez l'animal, susceptible de procéder de la volonté humaine lorsque l'homme abandonne, comme telle, toute la connaissance des choses singulières soumise au principe de raison, et perce à jour, par la connaissance des Idées, le *principium individuationis*, ce qui rend alors possible une manifestation réelle de la liberté véritable de la volonté comme chose en soi, par laquelle le phénomène entre dans une certaine contradiction avec lui-même, désignée par le terme de reniement de soi, l'en-soi de l'essence du phénomène finissant même par s'abolir lui-même ; mais cette véritable et seule manifestation immédiate de la liberté de la volonté en soi, se produisant même dans le phénomène, ne saurait être exposée dès maintenant avec la clarté nécessaire et fera l'objet de nos considérations finales.

Mais après avoir compris par la présente analyse l'immutabilité du caractère empirique, lequel n'est que le déploiement du caractère intelligible extratemporel, ainsi que la nécessité avec laquelle les actions procèdent de sa rencontre avec les motifs, nous devons au premier chef écarter une conséquence qu'on pourrait en tirer très facilement en faveur des inclinations répréhensibles. En effet, notre caractère doit être considéré comme le déploiement temporel d'un acte de la volonté, ou d'un caractère intelligible, extratemporel et donc indivisible et immuable par lequel tout ce qui essentiel, c'est-à-dire la valeur éthique de notre conduite de vie, est immuablemement déterminé et doit, en conséquence, s'exprimer par son phénomène, le caractère empirique, alors que ce n'est que l'inessentiel de ce phénomène, la forme extérieure du cours de notre vie, qui dépend des figures sous lesquelles se présentent les motifs ; on pourrait donc en conclure qu'il serait vain de travailler à l'amélioration de son caractère, ou de résister au pouvoir d'inclinations mauvaises, et qu'on serait dès lors plus avisé de se soumettre à l'inévitable et de céder immédiatement à toute inclination, fût-elle mauvaise. — Mais il en va ici exactement comme avec la théorie du destin inéluctable et le raisonnement qu'on en tire, appelé ἀϱγὸς λόγος [raisonnement paresseux] et plus récemment « fatalisme turc », et dont Cicéron, dans son livre *de fato*, chap. 12, 28[70], présente la juste réfutation qu'en aurait donné Chrysippe.

Bien qu'on puisse considérer que tout soit irrévocablement prédéterminé par le destin, il ne l'est toujours précisément que par l'intermédiaire de la chaîne des causes. Il ne saurait donc en aucun cas être déterminé qu'un effet se produise sans sa cause. Ainsi, ce n'est pas l'événement en tant que tel qui est prédéterminé, mais ce même événement comme résultat de causes antécédentes : ce n'est donc pas le seul résultat, mais également les moyens dont il est déterminé à résulter, qui sont décidés par le destin. Par conséquent, si les moyens ne se produisent pas, le résultat ne le fera certainement pas non plus : les deux se produisent toujours selon la détermination du destin, que nous n'apprenons toujours qu'après coup.

De même que les événements se produisent toujours conformément au destin, c'est-à-dire à l'enchaînement infini des causes, nos actes se produisent toujours conformément à notre caractère intelligible ; mais pas plus que nous ne pouvons connaître d'avance celui-là, nous ne pouvons avoir de connaissance *a priori* de celui-ci : ce n'est qu'*a posteriori* par l'expérience que nous apprenons, comme les autres, à nous connaître nous-même. Si, en conséquence du caractère intelligible, nous ne pouvons prendre une bonne décision qu'après une longue lutte contre une inclination mauvaise, alors cette lutte doit précéder et son issue doit être attendue. La réflexion sur l'immutabilité du caractère, sur l'unité de la source dont découlent tous nos actes, ne doit pas nous inciter à anticiper, pour le privilégier, l'un ou l'autre terme de sa décision : c'est la résolution qui s'ensuit qui nous permettra de voir comment nous sommes et de nous contempler dans le miroir de nos actes[71]. Cela explique justement la satisfaction, ou l'angoisse, avec lesquelles nous regardons en arrière sur le chemin de notre vie : ces deux affects ne naissent pas de ce que ces actes passés auraient encore quelque existence, car ces actes sont passés, révolus, et désormais néant ; mais leur grande importance pour nous vient de leur signification, vient de ce que ces actes sont l'empreinte du caractère, sont le miroir de la volonté, lequel nous renvoie notre moi le plus intime, le noyau de notre volonté. Parce que nous n'apprenons pas cela avant, mais après, il nous incombe de désirer et de lutter dans le temps, afin que l'image que nous provoquons par nos actes soit en sorte que sa vue si possible nous apaise plus qu'elle ne nous angoisse. Or la signification de cet apaisement, ou de cette angoisse, sera examinée plus loin. En revanche, c'est le lieu ici de faire encore une remarque isolée.

À côté des caractères intelligible et empirique, il faut en évoquer encore un troisième, différent de ces deux, à savoir le CARACTÈRE ACQUIS[72], qu'on n'obtient que dans la vie, par l'usage du monde, et dont il est question lorsqu'on est loué comme homme qui a du caractère, ou blâmé comme homme sans caractère. — Étant donné que le caractère empirique, comme phénomène du caractère intelligible, est immuable et, comme tout phénomène naturel, conséquent avec lui-même, on pourrait certes croire que l'homme, pour cette raison même, doit toujours apparaître comme identique à lui-même et rester conséquent, et qu'il n'a donc pas besoin d'acquérir artificiellement un caractère par l'expérience et par la réflexion. Or il n'en va pas ainsi, et bien qu'on soit toujours le même, on ne se comprend pas toujours soi-même, mais on se méconnaît souvent, jusqu'à ce qu'on ait atteint un certain degré de la véritable connaissance de soi. Le caractère empirique, en tant que pulsion purement naturelle, est en soi irrationnel ; ses manifestations se trouvent d'ailleurs même perturbées par la raison, et ce d'autant plus que les facultés de réfléchir et de penser sont élevées chez un homme. Car celles-ci lui présentent toujours ce qui appartient à L'HOMME EN GÉNÉRAL, en tant que caractère de l'espèce, et ce que celui-ci peut vouloir et réaliser. C'est ce qui lui rend plus difficile la compréhension de ce que lui seul, en vertu de son individualité, peut, parmi toutes ces possibilités, vouloir et faire. Il trouve en lui les dispositions pour tous les désirs et toutes les facultés humaines, si variées fussent-elles ; mais c'est le degré divers de ces dispositions dans son individualité qu'il ne saisit pas sans expérience. Or s'il s'empare des désirs qui seuls correspondent à son caractère, il ne se sent pas moins poussé, surtout dans tel ou tel moment particulier, dans tel ou tel état affectif particulier, vers les désirs diamétralement opposés, et par conséquent irréconciliables, lesquels, s'il veut réaliser les premiers sans être dérangé, doivent être tout à fait réprimés. Car de même que notre chemin physique sur terre n'est toujours qu'une ligne, et non une surface, dans la vie, nous devons, si nous voulons nous en emparer et en devenir maître, laisser d'innombrables choses ici ou là, en y renonçant. Si nous en sommes incapables, tendant au contraire nos mains, comme les enfants à la kermesse, vers tout ce qui nous excite en passant, nous sommes dans l'effort absurde de transformer la ligne de notre chemin en une surface. Nous marchons alors en zigzag, nous errons comme un feu follet[73] et nous n'arrivons à rien. — Sollicitons encore une autre comparaison : dans la doctrine du droit de Hobbes, tout un chacun possède, à l'origine, un droit sur toute chose, mais un droit exclusif sur aucune, pouvant cependant acquérir ce droit exclusif sur des choses singulières en renonçant à son droit sur toutes les autres, alors que les autres hommes agissent de même quant à la chose qu'il a élue[74]; il en va exactement de même dans la vie, où nous ne pouvons vraiment poursuivre avec sérieux et succès une aspiration déterminée, que ce soit une aspiration à la jouissance, à l'honneur, à la richesse, à la science, à l'art ou à la vertu, que lorsque nous avons écarté toutes les exigences qui lui sont étrangères, lorsque nous renonçons à tout le reste. Voilà pourquoi, en eux-mêmes, le simple vouloir, et même le simple pouvoir, ne suffisent pas, car un homme doit également SAVOIR ce qu'il veut et SAVOIR ce qu'il peut: ce n'est que de cette manière qu'il montrera qu'il a du caractère, et ce n'est qu'alors qu'il pourra accomplir quelque chose de bien. Avant d'y parvenir il n'en est pas moins, malgré la conséquence naturelle du caractère empirique, sans caractère, et bien qu'il doive rester fidèle à lui-même et parcourir son chemin, tiré par son démon; ainsi, il ne décrira pas une ligne toute droite, mais tremblée, inégale, il balancera, déviera de son trajet, reviendra sur ses pas, causant à lui-même repentir et douleur, et tout ceci parce que, en gros comme en détail, il voit sous ses yeux tant de choses possibles et réalisables par l'homme, tout en ignorant ce qui, dans tout ceci, lui correspond à lui seul, et qu'il pourrait accomplir, Cm[ni même ce qu'il serait seul à pouvoir apprécier. C'est pourquoi il en enviera plus d'un pour sa situation et ses moyens, alors que ceux-ci correspondent uniquement au caractère de cette personne et non au sien propre, et le rendraient malheureux, voire lui rendraient l'existence impossible. Car de même que le poisson n'est à l'aise que dans l'eau, l'oiseau dans les airs, la taupe sous terre, l'homme ne s'épanouit que dans l'atmosphère qui lui est spécifique ; ainsi, l'air de la cour n'est pas respirable pour tout le monde. Par manque d'intelligence suffisante de tout ceci,]Cm plus d'un fera maintes tentatives vouées à l'échec, exercera, dans le particulier, quelque violence à l'égard de son caractère, et ne devra pas moins lui céder dans le général ; ce qu'il réussit ainsi à obtenir avec grande peine contre sa nature ne lui procurera aucune jouissance ; ce qu'il apprend de cette manière restera lettre morte. Et même d'un point de vue éthique, un acte trop noble pour son caractère, qui ne procède pas d'un mobile purement immédiat, mais d'un concept, d'un dogme, perd tout mérite s'il est suivi par un repentir égoïste, même à ses propres yeux. *Velle non discitur*. De même que nous ne comprenons l'inflexibilité des caractères d'autrui que par l'expérience, croyant avant cela, de façon puérile, que c'est par des prières et des supplications, en nous montrant exemplaires et généreux, que nous pouvons amener quelqu'un à abandonner sa nature, à changer sa manière d'agir, à se détacher de sa manière de penser, voire à étendre ses facultés ; il en va pareillement avec nous-même. Nous devons d'abord apprendre par l'expérience ce que nous voulons et ce que nous pouvons ; avant, nous ne le savons pas, nous manquons de caractère, et ce sont souvent des coups durs venus de l'extérieur qui doivent nous remettre sur notre chemin. — Mais si enfin nous l'avons appris, nous avons atteint ce qu'on appelle dans ce monde « caractère », le CARACTÈRE ACQUIS. Il ne s'agit de rien d'autre que de la connaissance, si possible parfaite, de son individualité propre : c'est le savoir abstrait, et par conséquent évident, des propriétés immuables de son propre caractère empirique, et de la mesure et de l'orientation de ses forces intellectuelles et physiques, bref le savoir de toutes les forces et faiblesses de son individualité propre. C'est ce qui nous permet d'exécuter désormais le rôle immuable en soi de notre propre personne, qu'auparavant nous imitions naturellement et sans règle, de manière réfléchie et méthodique, B[et de remplir les lacunes causées par des caprices ou des faiblesses en se laissant guider par des concepts solides.]B Nous avons maintenant porté la manière d'agir, absolument nécessaire en vertu de notre nature individuelle, à des maximes clairement conscientes, toujours présentes à l'esprit, d'après lequelles nous l'accomplissons avec autant de réflexion que si elle était apprise, sans jamais nous laisser égarer par l'influence passagère d'un état affectif ou de l'impression du présent, sans nous laisser entraver par l'amertume ou la douceur d'un détail rencontré sur notre chemin, sans tergiverser, sans vaciller, sans inconséquences. Nous ne sommes plus comme des novices à attendre, à essayer, à tâtonner pour voir ce que nous voulons et pouvons, mais nous le savons une fois pour toutes; face à chaque choix, nous n'avons qu'à appliquer des principes universels à des cas singuliers, pour arriver aussitôt à la décision. Nous connaissons notre volonté en général et nous ne nous laissons pas inciter par un état affectif ou une demande extérieure à décider dans le détail ce qui lui contrevient en général. Nous connaissons de même l'espèce et la mesure de nos forces et de nos faiblesses, ce qui nous permet d'éviter bien des douleurs. Car il n'y a véritablement de jouissance que dans l'usage et le sentiment de ses propres forces, et la plus grande douleur est le manque conscient de forces là même où elles sont requises. Lorsque nous avons ainsi découvert où se trouvent nos forces et nos faiblesses, nous allons cultiver nos dispositions naturelles remarquables, nous en servir, les utiliser de toutes les manières possibles, et toujours nous tourner vers les domaines où elles sont appropriées et valables, mais en nous efforçant d'éviter complètement les aspirations auxquelles nous sommes naturellement peu disposés : nous nous garderons de tenter ce qu'au fond nous ne réussirons jamais. Seul celui qui a atteint ce degré sera toujours pleinement conscient de lui-même, et ne sera jamais abandonné par lui-même, parce qu'il aura toujours su évaluer ses forces. Il connaîtra alors souvent la joie de sentir ses forces, et rarement la douleur d'être renvoyé à ses faiblesses, ce qui relève de l'humiliation, laquelle provoque peut-être la douleur mentale la plus vive ; c'est pourquoi on supporte bien plus aisément d'envisager sa malchance que sa maladresse. — Si donc nous sommes complètement familier avec nos forces et faiblesses, nous ne serons pas tenté non plus de montrer des forces que nous ne possédons pas, nous ne serons pas des faux-monnayeurs, car ce genre de bluff finit toujours par manquer son but. Étant donné que l'homme tout entier n'est que le phénomène de sa volonté, rien ne saurait être plus faux que, en partant d'une réflexion, de vouloir être autre chose que ce que l'on est : ce serait là une contradiction directe de la volonté avec elle-même. L'imitation des propriétés et des caractéristiques étrangères est encore plus honteuse que de porter des vêtements étrangers, car ce serait le jugement, émis par soi-même, d'une absence de valeur propre. La connaissance de ses propres convictions et de ses propres capacités en tous genres, ainsi que de leurs limites immuables, est, de ce point de vue, le chemin le plus sûr pour atteindre à une possible satisfaction de soi. Car il en va des circonstances intérieures comme de celles extérieures : il n'y a pas de consolation plus efficace que la pleine certitude de l'immuable nécessité[75]. Nous sommes moins tourmenté par un malheur qui nous frappe que par le fait de penser aux circonstances qui auraient pu le détourner ; B[c'est pourquoi, rien n'est plus efficace pour nous apaiser que de considérer les événements depuis le point de vue de la nécessité où tous les hasards se présentent comme les instruments d'un règne du destin, et où nous reconnaissons ainsi que le malheur qui s'est produit a été inévitablement entraîné par le conflit entre les circonstances intérieures et extérieures, bref, le fatalisme.]B D'ailleurs, à vrai dire, nous ne gémissons et n'éructons qu'aussi longtemps que nous espérons par là influencer autrui ou nous exciter nous-même à des efforts extrêmes. Mais les enfants comme les adultes savent très bien se résigner dès qu'ils comprennent que, de toute évidence, il sera ainsi et pas autrement :

> θυμὸν ἐνὶ στήθεσσι φίλον δαμάσαντες ἀνάγκῃ.
>
> C[*(Animo in pectoribus nostro domito necessitate.)*]C
>
> [Maîtrisons en nous notre cœur, il le faut[76].]

Nous sommes pareil aux éléphants capturés qui, plusieurs jours durant, enragent et se débattent terriblement, jusqu'à ce qu'ils voient que leurs efforts sont vains, pour tout à coup finir par offrir sereinement leur nuque au joug, à jamais amadoués. Nous sommes comme le roi David qui, aussi longtemps que son fils vivait encore, assaillit sans cesse Jéhova de prières et se comporta en désespéré, mais qui, dès la mort de son fils, n'y pensait plus. C'est bien pour cette raison que tant de gens supportent avec une totale indifférence quantité de maux durables, comme la difformité, la pauvreté, une basse condition, la laideur, un domicile répugnant, car ils ne les sentent même plus, comme des blessures cicatrisées, et ce uniquement parce qu'ils savent que la nécessité intérieure ou extérieure ne leur permet pas d'y changer quoi que ce soit, alors que ceux qui sont plus heureux ne comprennent pas comment on peut s'en accomoder. Rien donc ne réconcilie aussi solidement avec la nécessité tant extérieure qu'intérieure qu'une claire connaissance de celle-ci. Lorsque nous avons, une fois pour toutes, clairement reconnu aussi bien nos qualités et nos forces que nos fautes et nos faiblesses, lorsque nous avons, en conséquence, fixé notre but en renonçant à ce qui est hors d'atteinte, alors nous échappons le plus sûrement, dans les limites de notre individualité, à la souffrance la plus amère, le mécontentement avec soi-même, qui découle immanquablement de l'ignorance de notre individualité propre, de la fausseté de notre présomption et de l'arrogance que celle-ci génère. Ces vers d'Ovide s'appliquent parfaitement à ce chapitre amer de la connaissance de soi ici recommandée :

Optimus ille animi vindex laedentia pectus
Vincula qui rupit, dedoluitque semel.

[La meilleure façon de recouvrer la liberté, c'est de rompre les chaînes qui blessent le cœur, et de mettre fin pour toujours à son tourment[77].]

Voilà sur le CARACTÈRE ACQUIS, qui n'est pas tant important pour l'éthique véritable que pour la vie mondaine. J'ai cependant rattaché l'exposition de ce caractère, en tant que troisième genre, à celles du caractère intelligible et empirique qu'il nous a fallu considérer un peu plus en détail, afin de comprendre comment la volonté, dans tous ses phénomènes, est soumise à la nécessité, alors qu'on peut pourtant dire qu'elle est libre en soi, voire toute-puissante.

§ 56

Or cette liberté, cette toute-puissance, dont le monde visible tout entier, son phénomène, se présente comme l'expression ou l'image et se déploie progressivement selon les lois impliquées par la forme de la connaissance, peut accéder à une nouvelle manifestation, et précisément en cet endroit où, en son phénomène le plus achevé, s'est fait jour pour elle la connaissance parfaitement adéquate de sa propre essence : soit qu'elle veuille ici aussi, au sommet de la méditation et de la conscience de soi, la même chose que ce qu'elle voulait lorsqu'elle était aveugle et se méconnaissait, auquel cas la connaissance, en particulier comme dans l'ensemble, demeure toujours pour elle un MOTIF, soit qu'à l'inverse, cette connaissance devienne pour elle un QUIÉTIF, qui apaise et abolit tout vouloir. Il s'agit là de l'affirmation et de la négation, déjà posées plus haut de manière générale, de la volonté de vivre ; eu égard au changement de la manifestation volitive générale et non pas singulière de l'individu, elles ne modifient pas, en le perturbant, le développement du caractère, ni ne trouvent leur expression dans des actes singuliers, mais elles expriment à vif — soit par une manifestation de plus en plus forte de toute la manière d'agir précédente, ou à l'inverse par l'abolition de celle-ci —, la maxime dont la volonté s'est saisie après avoir accédé à la connaissance. — Un développement plus clair de tout cela, qui est l'objet principal de ce dernier livre, se trouve maintenant quelque peu facilité et préparé par nos considérations, établies entre-temps, sur la liberté, la nécessité et le caractère ; il le sera encore davantage lorsque, en le différant une nouvelle fois, nous aurons d'abord dirigé nos considérations sur la vie même dont la grande question est le vouloir ou le non-vouloir, en sorte de chercher à connaître dans le général ce qui, par cette affirmation, advient véritablement à la volonté, laquelle est toujours et partout l'essence intime de cette vie, de quelle manière et jusqu'à quel point cette affirmation la satisfait, ou est capable de la satisfaire, bref ce qu'il convient de considérer, dans le général et dans l'essentiel, comme sa situation dans ce monde qui lui est propre et lui appartient à tous les égards.

Je souhaiterais tout d'abord qu'on se rappelle les considérations par lesquelles nous avons terminé le livre II, et qui étaient suscitées par la question, posée en cet endroit, sur la fin et le but de la volonté. Or, en place d'une réponse, nous avons pu voir que la volonté, à tous ses degrés de phénoménalisation, du plus bas au plus élevé, est totalement dépourvue d'une fin et d'un but dernier, qu'elle désire constamment quelque chose parce que ce désir, son unique essence, ne peut cesser par aucun but atteint, et n'est donc capable d'aucune satisfaction finale ; il ne peut être retardé que par un obstacle, car en lui-même il s'étend à l'infini. C'est ce que nous avons vu dans le plus simple des phénomènes naturels, la pesanteur, qui ne cesse de désirer quelque chose et ne cesse, alors même que l'univers tout entier serait condensé en lui-même, de tendre vers un centre sans étendue qui, si elle l'atteignait, impliquerait tant sa propre destruction que celle de la matière. Nous le voyons dans d'autres phénomènes naturels simples : le solide, en fondant ou en se dissolvant, désire le liquide, seul état où ses forces chimiques se libèrent ; la rigidité les tient captives pour les protéger du froid. Le liquide désire une forme vaporeuse à laquelle il passe immédiatement dès qu'il est libéré de toute pression. Aucun corps n'est sans affinité, c'est-à-dire sans désir, ou sans soif et convoitise comme le dirait Jacob Boehme[78]. L'électricité reproduit à l'infini sa propre division interne en deux fluides, alors même que la masse du globe terrestre engloutit l'effet produit. Aussi longtemps que fonctionne la pile, le galvanisme est également un acte sans but constamment renouvelé qui divise et réconcilie. L'existence de la plante est elle aussi un désir sans repos, jamais satisfait, une poussée incessante à travers des formes toujours plus élevées, jusqu'à ce que le point d'arrivée, la graine, devienne de nouveau le point de départ, et ce répété à l'infini, sans aucun but, sans aucune satisfaction finale, sans aucun point de repos. Nous devons également nous rappeler que, selon le livre II, les forces diverses de la nature et les formes organiques se disputent toujours la matière à partir de laquelle elles veulent émerger, chacune ne possédant que ce qu'elle a arraché à l'autre, de manière à nourrir une lutte perpétuelle pour la vie et pour la mort, lutte d'où procède précisément et principalement la résistance en vertu de laquelle le désir, constitutif de l'essence intime de toute chose, se trouve toujours entravé, pousse en vain sans pour autant pouvoir se départir de son essence, se fraye péniblement un chemin jusqu'à faire sombrer ce phénomène, les autres s'emparant alors avec avidité de sa place et de sa matière.

Nous avons, depuis longtemps, reconnu que cette aspiration <*Streben*> constitutive du noyau et de l'en-soi de toute chose est une et identique avec ce qui, en nous, où la manifestation s'en fait à la lumière de la conscience la plus pleine, porte le nom de VOLONTÉ. L'entrave par un obstacle posé entre elle et son but provisoire, nous l'appelons alors SOUFFRANCE <*Leiden*> ; lorsqu'elle atteint son but, nous parlons, au contraire, de satisfaction, de bien-être, de bonheur. Nous pouvons aussi bien transférer ces appellations sur les phénomènes du monde inanimé, plus faibles selon le degré, mais identiques selon l'essence. Nous voyons alors que ceux-ci sont pris dans une constante souffrance, sans bonheur permanent. Car tout désir naît d'un manque, d'une insatisfaction quant à son état, il est donc souffrance tant qu'il n'est pas satisfait. Or aucune satisfaction n'est durable, elle ne fait toujours qu'inaugurer, bien au contraire, un nouveau désir. Nous voyons que le désir est toujours entravé de façon multiple, qu'il est toujours en conflit et, en tant que tel, il est donc toujours souffrance : comme il n'y a pas de but ultime du désir, il n'y a ni mesure ni but de la souffrance.

Or ce que nous ne pouvons ainsi découvrir dans la nature dénuée de connaissance que par une attention aiguisée et par un effort, se présente à nous avec évidence dans la nature dotée de connaissance, dans la vie de l'animalité dont la constante souffrance est aisée à établir. Sans nous arrêter à ce stade intermédiaire, nous voulons cependant nous tourner vers ce lieu où, éclairé par la connaissance la plus vive, tout se manifeste avec l'évidence la plus grande : la vie humaine. Car, avec la perfection progressive de la phénoménalisation de la volonté, la souffrance devient de plus en plus manifeste. Cm[Dans la plante il n'y a pas encore de sensibilité, et donc pas de douleur ; un degré de souffrance certainement très faible est propre aux animaux inférieurs, infusoires et radiaires ; même chez les insectes, la capacité d'éprouver et de souffrir est encore limitée ; ce n'est qu'avec le système nerveux parfait des vertébrés qu'elle se manifeste à un haut degré, lequel augmentera encore proportionnellement au développement accru de l'intelligence. Dans la même mesure, donc,]Cm où la connaissance parvient à l'évidence, où la conscience s'accroît, le tourment augmente lui aussi, et atteint par conséquent son degré le plus élevé chez l'homme, où ce degré sera encore d'autant plus grand que l'homme est capable d'une connaissance plus lucide, qu'il est plus intelligent ; celui qui est habité par le génie souffre le maximum. C'est en ce sens, à savoir relativement au degré de la connaissance en général, et non du savoir simplement abstrait, que j'entends et j'utilise cette parole de Qohélet : *qui auget scientiam, auget et dolorem* [qui accroît sa science accroît aussi sa douleur[79]]. — Dans un dessin, le peintre philosophe, ou le philosophe peintre, Tischbein, a rendu de manière fort belle, concrète et évidente cette proportion exacte entre le degré de la conscience et celui de la souffrance. La partie supérieure de la feuille représente des femmes à qui on enlève les enfants, et qui, de manière multiple, dans divers groupes et positions, expriment la douleur profonde de la mère, l'angoisse, le désespoir ; la partie inférieure de la feuille montre, selon le même ordre et regroupement, des brebis privées de leurs agneaux, en sorte qu'à chaque figure humaine, à chaque position humaine de la partie supérieure de la feuille, correspond, en bas, un équivalent animal : on voit ainsi très clairement comment la possible douleur dans la conscience animale confuse se rapporte au tourment énorme, lequel n'est devenu possible que par l'évidence de la connaissance, par la clarté de la conscience.

Voilà pourquoi c'est dans l'EXISTENCE HUMAINE que nous voulons considérer le destin intime et essentiel de la volonté. Tout un chacun en retrouvera aisément l'expression dans la vie animale, mais plus faiblement, à des degrés divers, et pourra amplement se persuader, par l'animalité souffrante, combien TOUTE VIE EST ESSENTIELLEMENT SOUFFRANCE.

§ 57

À chaque degré éclairé par la connaissance, la volonté s'apparaît à elle-même en tant qu'individu. Jeté dans l'espace infini, dans le temps infini, l'individu humain, quantité finie et donc évanescente comparée à ces derniers, ne possède toujours, eu égard à leur caractère illimité, qu'une existence avec un QUAND et un OÙ relatifs, jamais absolus, car son lieu et sa durée sont des parties finies d'un infini et d'un illimité. Son existence véritable n'est que dans le présent dont la fuite accélérée dans le passé est un passage incessant vers la mort, un mourir incessant, puisque sa vie passée — abstraction faite de ses éventuelles conséquences sur le présent et du témoignage de sa volonté qui s'y trouve reproduit — est déjà complètement terminée, morte et réduite à néant. Lui aussi devrait donc raisonnablement être indifférent au fait que cette vie passée était remplie de tourments, ou de plaisirs. Or, sous ses mains, le présent se transforme constamment en passé;

l'avenir est entièrement incertain et toujours bref. Son existence, simplement considérée sous cet aspect formel, est ainsi une chute incessante du présent dans le passé mort, un mourir incessant. Si maintenant nous la regardons également sous l'aspect physique, il est évident que, de même que nos pas, comme on sait, ne sont qu'une chute retardée, la vie de notre corps n'est qu'une mort constamment retardée, toujours ajournée[80]; enfin, la vivacité de notre esprit n'est elle aussi qu'un ennui constamment écarté. Chaque respiration repousse les avancées continuelles de la mort qu'à chaque seconde nous combattons par ce moyen, et par la suite, à plus grands intervalles, par chaque repas, par chaque sommeil, par chaque réchauffement, etc. Elle finira par vaincre, car nous lui sommes livré dès la naissance; elle ne fait que jouer quelques instants avec sa proie avant de l'avaler[81]. Cependant nous continuons notre vie avec vif intérêt et grand soin aussi longtemps que possible, tout comme on gonfle une bulle de savon le plus longtemps possible et pour la faire grandir le plus possible, en sachant parfaitement qu'elle finira par éclater.

Nous avons vu que déjà l'essence intime de la nature dénuée de connaissance était une aspiration continuelle sans but ni repos; c'est ce qui nous frappe avec plus d'évidence encore lorsque nous considérons l'animal, et l'homme. Vouloir et désirer quelque chose, voilà toute son essence, tout à fait comparable à une soif inextinguible[82]. Or la base de tout vouloir est le besoin, le manque, donc la douleur, à laquelle il est livré d'emblée et en vertu même de son essence. Si en revanche les objets de son vouloir lui viennent à manquer, lorsqu'une satisfaction trop facile les lui reprend aussitôt, il est assailli par un vide terrifiant et par l'ennui[83]: autrement dit, son essence et son existence mêmes deviennent pour lui un poids insupportable[84]. Sa vie, tel un pendule, balance alors entre la douleur et l'ennui[85], les deux constituant concrètement ses éléments ultimes. C'est ce que, fort curieusement, on a pu exprimer en disant qu'après que l'homme eut transféré toutes les souffrances et tous les tourments dans l'Enfer, il ne restait précisément plus que l'ennui pour le Ciel.

Or, le désir incessant qui constitue l'essence de toute manifestation de la volonté trouve, aux degrés supérieurs de l'objectivation, son fondement premier et le plus universel dans le fait que la volonté s'apparaît ici à elle-même comme un corps vivant accompagné de l'impératif nécessaire de le nourrir. Et ce qui confère cette force à l'impératif, c'est précisément le fait que le corps n'est rien d'autre que la volonté de vivre même, objectivée. L'homme, en tant qu'objectivation la plus parfaite de cette volonté, est donc aussi le plus nécessiteux parmi tous les êtres : il est du vouloir concret et du besoin de part en part, il est une concrétion de mille besoins. Affligé de ceux-ci il se tient sur la terre, remis à lui-même, certain de rien sauf de son indigence et de son dénuement : c'est ainsi que le souci pour la conservation de cette existence, sous des exigences si difficiles, renouvelées chaque jour, remplit généralement toute la vie d'un homme. À ce souci se rattache aussitôt et immédiatement la deuxième exigence, celle de la perpétuation de l'espèce. B[En même temps, il est menacé de tous les côtés par les dangers les plus divers ; pour y échapper, il a besoin d'une attention de tous les instants.]B Cm[Il poursuit son chemin d'un pas prudent, d'un regard craintif, car mille hasards et mille ennemis le guettent. C'est ainsi qu'il avançait dans la steppe, c'est ainsi qu'il avance dans la vie civilisée; il n'y a nulle sécurité pour lui:

Qualibus in tenebris vitae quantisque periclis
Degitur hoc aevi, quodcumque est!

[Dans quelles ténèbres et dans quels dangers
S'écoule ce peu d'instants qu'est la vie[86] !]
Lucr., II, 15]Cm

Pour la plupart, la vie est une lutte incessante pour cette existence même, avec la certitude d'être finalement défait. Or, ce qui leur permet d'endurer cette lutte pénible est bien moins l'amour de la vie que la crainte de la mort, laquelle, inévitable, tapie dans l'ombre, peut s'approcher à chaque instant. — La vie elle-même est un océan plein d'écueils et de tourbillons que l'homme évite le plus précautionneusement et soigneusement possible, tout en sachant que, même s'il devait réussir à passer, moyennant tous les efforts et tout l'art, il se rapprocherait par là même, à chaque mouvement, du naufrage le plus grand, le plus total, le plus inéluctable, le plus irrécupérable, il s'y dirigerait même tout droit: la mort. C'est elle qui constitue la destination finale de ce fatigant voyage, et, pour lui, elle sera bien pire encore que tous les écueils qu'il a contournés.

Or, ce qui est tout à fait remarquable, c'est que, d'un côté, les souffrances et les tourments de la vie peuvent s'accroître si facilement que même la mort, dans la fuite de laquelle réside toute la vie, devient souhaitable, et qu'on s'y précipite de plein gré, mais que, d'un autre côté, dès que le besoin et la souffrance accordent du répit à l'homme, l'ennui se fait aussitôt sentir au point qu'il éprouvera un besoin impérieux de se distraire. B[Ce qui préoccupe tous les vivants, ce qui les tient en mouvement, c'est le désir d'exister <*Streben nach Dasein*>. Mais une fois que leur existence est assurée, ils ne savent qu'en faire ; ce qui les motive alors, dans un deuxième temps, est le désir de se débarrasser du poids de l'existence, de le neutraliser, de « tuer le temps », c'est-à-dire d'échapper à l'ennui. Nous voyons ainsi que presque]B tous les hommes à l'abri du besoin et des soucis, après s'être enfin déchargés de tous les autres fardeaux, sont à eux-mêmes leur propre fardeau, considérant dorénavant que chaque heure passée est un gain, est à déduire de cette vie même pour la conservation de laquelle ils avaient, jusque-là, déployé tous leurs efforts. L'ennui est tout sauf un mal à mépriser comme quantité négligeable : c'est lui qui finit par tracer dans le visage le désespoir véritable. B[L'ennui fait en sorte que des êtres qui s'aiment aussi peu entre eux que les hommes n'en cherchent pas moins la compagnie ; il devient ainsi la source de la sociabilité[87].]B Aussi, on prend des mesures publiques contre lui, tout comme contre toutes les autres calamités universelles, ne serait-ce que par prudence politique ; car ce mal, autant que l'autre extrême, son contraire qu'est la famine, peut pousser les hommes aux plus grands dérèglements : B[le peuple a besoin de *panem et circenses* [pain et jeux du cirque[88]]. Le sévère système pénitentiaire philadelphien, à travers l'isolement et l'inactivité, fait de l'ennui pur un instrument de châtiment ; celui-ci s'avère si terrifiant qu'il a pu conduire les détenus au suicide. Le fléau perpétuel du peuple est le besoin, l'ennui est celui du monde aisé. Dans la vie civile, il est représenté par le dimanche, alors que le besoin l'est par les six jours de la semaine.]B

Vouloir et obtenir : entre ces deux s'écoule absolument toute vie humaine. Le souhait, selon sa nature, est douleur: l'obtention conduit rapidement à la satiété: le but n'était qu'illusoire: la possession supprime l'excitation[89]: le souhait, le besoin reviennent sous une autre forme: sinon, c'est la monotonie, le vide, l'ennui: s'y opposer est aussi éreintant que de lutter contre le dénuement. — Lorsque le souhait et la satisfaction se suivent sans intervalle trop court ni trop long, la souffrance produite par les deux s'en trouve réduite au degré minimum, ce qui constitue alors la plus heureuse des vies. Car, ce que l'on voudrait appeler la plus belle partie, les plus grands plaisirs de la vie — pour la seule raison qu'ils nous font sortir de l'existence réelle en nous transformant en spectateurs détachés de celle-ci, c'est-à-dire le pur connaître auquel tout vouloir est étranger, la jouissance du beau, le plaisir authentique pris à l'art —, n'est réservé, parce que sollicitant d'emblée des dispositions rares, qu'à une toute petite minorité, et ne s'offre, même à celle-ci, que comme un rêve éphémère: ensuite, la force intellectuelle supérieure rendra cette minorité réceptive à des souffrances bien plus grandes que celles que les abrutis peuvent éprouver, et de surcroît, les isolera parmi des êtres manifestement différents d'eux: ce qui vient finalement rattraper leur privilège. Car la grande majorité des hommes n'a pas accès aux jouissances purement intellectuelles; ils sont presque totalement incapables d'éprouver le plaisir qui réside dans le pur connaître: ils sont entièrement renvoyés au vouloir. Si donc une quelconque chose doit pouvoir attirer leur attention, être INTÉRESSANTE pour eux, elle doit (ce que le sens du mot indique déjà) stimuler leur VOLONTÉ d'une façon ou d'une autre, fût-ce par un lien lointain et simplement potentiel; or, elle ne doit jamais rester totalement hors jeu, parce que leur existence réside bien plus, et de loin, dans le vouloir que dans le connaître : leur seul et unique élément est l'action et la réaction. On peut repérer les manifestations naïves de cette manière d'être dans les petites choses et dans les phénomènes quotidiens : ainsi, visitant des lieux attrayants, ils inscrivent leurs noms, en guise de réaction, pour agir sur le lieu puisque le lieu n'a pas agi sur eux ; ou encore, il ne leur est pas facile de simplement observer un animal exotique, rare, mais ils doivent l'agacer, le taquiner, jouer avec lui, dans le seul but d'éprouver l'action et la réaction ; ce besoin de stimuler la volonté est tout particulièrement évident dans l'invention et dans la pratique du jeu de cartes, lequel est l'expression par excellence du côté déplorable de l'humanité.

Mais quel que soit l'effet de la nature, quel que soit l'effet de la chance ; peu importe qui l'on est, et ce que l'on possède ; la douleur consubstantielle à la vie demeure impossible à écarter :

Πηλείδης δ' ᾤμωξεν, ἰδὼν εἰς οὐρανὸν εὐρύν

(Pelides autem ejulavit, intuitus in coelum latum)

[Le Péléide alors se lamente en fixant l'immensité du ciel[90]]

B[Et encore :

Ζηνὸς μὲν παῖς ἦα Κρονίονος, αὐτὰρ ὀϊζύν
Εἶχον ἀπειρεσίην]B

C[*(Jovis quidem filius eram Saturnii ; verum aerumnam
Habebam infinitam)*]C

[Fils de Zeus, petit-fils de Cronos, j'endurais des misères sans bornes[91]]

Les efforts perpétuels pour bannir la souffrance ne servent à rien d'autre qu'à en changer la forme. Celle-ci est, à l'origine, manque, besoin, souci de conserver la vie. Lorsqu'on a réussi, ce qui est fort difficile, de refouler la douleur sous cette forme, elle en revêt ausitôt mille autres, variant selon l'âge et les circonstances : elle sera pulsion sexuelle, amour passionnel, jalousie, envie, haine, ambition, avarice, maladie, etc., etc. Si enfin elle ne parvient à prendre aucune forme, elle se présentera sous la robe triste et grise du dégoût et de l'ennui, qu'on combattra de multiples façons. Réussit-on finalement à les chasser, on ne saurait éviter qu'à grand-peine le retour de la douleur sous l'une des formes précédemment évoquées, et, ainsi, de recommencer la ronde ; car toute vie humaine est ballottée entre la douleur et l'ennui. Aussi accablantes que puissent paraître ces considérations, je ne voudrais pas moins attirer l'attention, en passant, sur l'un de leurs aspects permettant de prodiguer quelque consolation, voire d'accéder, peut-être, à une indifférence stoïque à l'égard de nos propres malheurs. Or notre impatience à leur encontre procède, en grande partie, de ce que nous les tenons pour fortuits, provoqués par un enchaînement de causes qui aurait très bien pu être différent. Car habituellement nous ne déplorons pas les maux directement nécessaires et tout à fait universels comme par exemple le vieillissement et la mort, et un grand nombre de désagréments quotidiens. C'est bien plutôt la considération du caractère fortuit des circonstances qui nous ont frappé, nous en particulier, de telle douleur, qui fait un aiguillon de celle-ci. Mais lorsque nous avons saisi que la douleur, en tant que telle, est inévitable et essentielle à la vie, et que ce qui dépend du hasard n'est rien d'autre que sa simple figure, la forme sous laquelle

elle se présente, autrement dit, que notre souffrance actuelle remplit un vide qui, en l'absence de la nôtre, serait aussitôt occupé par une autre qui, présentement, se trouve exclue par elle, et que, par conséquent, le destin, pour l'essentiel, ne saurait nous toucher que très peu, alors une telle réflexion, si elle devient une conviction vécue, peut entraîner un degré significatif d'équanimité stoïcienne[92] et diminuer considérablement l'inquiétude quant à son propre bien-être. Or dans les faits, une domination aussi efficace de la raison sur la souffrance directement éprouvée est plutôt rare, voire inexistante.

Ces considérations sur l'inévitabilité de la douleur, et sur le refoulement d'une douleur par une autre et la provocation de la nouvelle par le départ de la précédente, pourraient d'ailleurs conduire à cette hypothèse paradoxale, mais non pas absurde, que dans chaque individu, la mesure de la douleur qui lui est essentielle est définitivement déterminée par sa nature, cette mesure ne pouvant rester vide ni être trop remplie, aussi variable que puisse être la forme de la souffrance. Sa souffrance et son bien-être ne seraient alors pas déterminés de l'extérieur, mais précisément, et exclusivement, par cette mesure, par cette disposition, laquelle pourrait, certes, en vertu de la condition physique, diminuer ou augmenter à différentes périodes, mais en restant, dans l'ensemble, la même, ne constituant rien d'autre que ce qu'on appelle son tempérament, ou plus exactement : le degré selon lequel il est, ainsi que l'exprime Platon au livre I de la *République*, εὔκολος ou δύσκολος, d'humeur légère ou plombée. — Cette hypothèse est non seulement confortée par l'expérience, bien connue, que les grandes souffrances font qu'on ne sent absolument plus toutes les petites, et, à l'inverse, qu'en l'absence de grandes souffrances, même les désagréments les plus minuscules nous tourmentent et nous contrarient ; l'expérience nous enseigne aussi que, lorsqu'un grand malheur dont la simple idée nous faisait frémir se produit réellement, notre état affectif, dès que la première douleur est passée, n'en demeure pas moins, dans l'ensemble, assez inchangé, et elle nous enseigne également, à l'inverse, qu'après l'avènement d'un bonheur longtemps souhaité, nous ne sommes pas, dans l'ensemble, beaucoup plus heureux ou mieux portants qu'auparavant. C'est seulement l'instant où se réalisent ces changements qui nous émeut avec une force peu commune, comme lors d'une profonde détresse, ou d'une franche allégresse ; or toutes deux s'évanouissent bientôt, car elles reposaient sur une illusion. En effet, elles ne naissent pas par la jouissance ou la douleur immédiatement présentes, mais par la perspective d'un avenir nouveau qui s'y trouve anticipé. C'est seulement parce que la douleur ou la joie empruntaient à l'avenir qu'elles pouvaient prendre des proportions aussi extraordinaires, sans donc pouvoir durer pour cette raison même. Pour consolider l'hypothèse établie selon laquelle, tant dans la connaissance que dans le sentiment de la souffrance et du bien-être, une très grande partie est déterminée subjectivement et *a priori*, on peut encore faire remarquer que chez l'homme la bonne ou la mauvaise humeur ne sont manifestement pas déterminées par des circonstances extérieures, par la richesse ou par la condition, car nous rencontrons autant de visages joyeux parmi les pauvres que parmi les riches, et que, par ailleurs, les motifs dont procède le suicide sont extrêmement divers, car nous ne pouvons indiquer aucun malheur qui serait assez grand pour le provoquer chez chaque caractère avec une grande probabilité, et peu de malheurs assez petits pour qu'il ne s'en trouve pas des semblables qui ne l'auraient pas déjà occasionné. Si le degré de notre joie ou de notre tristesse varie selon les périodes, nous ne l'attribuerons pas au changement des circonstances extérieures, mais, selon ce point de vue, à celui de notre état intime, de notre condition physique. B[Car lorsque se produit une intensification réelle, quoique toujours temporaire, de notre gaieté, qui peut aller jusqu'à la joie, elle survient habituellement sans aucune occasion extérieure.]B Il est vrai que nous voyons souvent que notre douleur ne provient que d'une situation extérieure déterminée, et c'est visiblement et exclusivement celle-ci qui nous pèse et nous afflige; nous croyons alors qu'il suffirait de la supprimer pour faire place à la plus grande des satisfactions. Mais c'est là une illusion. Selon notre hypothèse, l'étalon de notre douleur et de notre bien-être, dans leur ensemble, est, à chaque moment, déterminé subjectivement, et relativement à cet étalon, le motif extérieur de l'affliction n'est que ce qu'est pour le corps un exutoire vers lequel convergent toutes les humeurs mauvaises habituellement disséminées. Sans cette cause extérieure déterminée, la douleur qui siège dans notre être durant cette période de temps, et s'en trouve ainsi impossible à rejeter, serait disséminée en cent points et apparaîtrait sous la forme de cent petits désagréments et caprices à propos de choses que présentement nous n'apercevons pas du tout, parce que notre capacité à la douleur est déjà remplie par ce mal principal qui a concentré en un seul point toute la souffrance habituellement disséminée. B[C'est ce que confirme aussi l'observation que, lorsqu'une grande inquiétude qui nous oppressait se trouve levée par une issue heureuse, une autre inquiétude prend aussitôt sa place; toute sa matière était déjà présente, mais ne pouvait émerger dans la conscience en tant que souci, car il ne restait alors à celle-ci aucune capacité appropriée, raison pour laquelle cette matière à souci, tel un brouillard sombre et inaperçu, demeurait figée à l'extrême limite de l'horizon de la conscience. Mais maintenant que la place s'est libérée, cette matière toute prête s'impose aussitôt pour occuper le trône de l'inquiétude dominante du jour (πρυτανεύουσα), et bien qu'elle soit, au regard de sa matière, beaucoup plus légère que la matière de l'inquiétude disparue, elle sait prendre une importance telle qu'elle semble l'égaler en grandeur et remplir pleinement le trône, comme inquiétude principale du jour.]B

C'est toujours la même personne qui, éprouvant une joie démesurée, éprouve aussi une douleur véhémente, car toutes deux se conditionnent réciproquement, trouvant leur condition commune dans une grande vivacité de l'esprit. Comme nous l'avons vu, toutes deux ne procèdent pas de ce qui est purement présent, mais de l'anticipation de l'avenir. Or, comme la douleur est essentielle à la vie, qu'elle est également, selon son degré, déterminée par la nature du sujet, et que des changements brusques, parce qu'ils sont toujours extérieurs, ne peuvent véritablement modifier son degré, l'allégresse démesurée ou la douleur trouvent toujours leur fondement dans une erreur ou une illusion : on pourrait par conséquent éviter ces deux exaltations de l'âme par l'intelligence. Cette allégresse excessive (*exultatio, insolens laetitia* [exultation, joie insolente]) repose toujours sur cette illusion que l'on aurait trouvé dans la vie quelque chose qui ne s'y rencontre pas du tout, à savoir la satisfaction durable des souhaits et soucis lancinants et sans cesse renaissants. De chaque illusion de ce genre, il faudra, plus tard, nécessairement revenir, et, lorsqu'elle aura disparu, la payer en retour avec des douleurs dont l'amertume sera à la mesure de la joie provoquée par son avènement. Cette illusion est ainsi comme un sommet dont on ne peut redescendre que par une chute, raison pour laquelle on ferait mieux de le contourner, et toute douleur soudaine et démesurée n'est justement que la chute depuis un tel sommet, n'est que la disparition de l'illusion, laquelle conditionne donc la douleur. On pourrait donc éviter les deux si on était capable de se forcer à toujours parcourir du regard très clairement les choses dans l'ensemble et dans leurs rapports, et à se garder fermement de leur prêter concrètement la couleur dont on aimerait les voir revêtues. Le but principal de l'éthique stoïcienne était de libérer l'âme de toutes ces illusions ainsi que de leurs conséquences, et de les remplacer par une impassibilité inébranlable. Horace est tout rempli de ce savoir dans l'ode bien connue :

Aequam memento rebus in arduis
Servare mentem, non secus in bonis
Ab insolenti temperatam
Laetitia.

[Souviens-toi de conserver ton âme égale dans les aspérités du sort et non moins éloignée, dans la prospérité, d'une joie insolente[93].]

Mais le plus souvent nous rechignons à cette connaissance comme à un médicament amer : la souffrance est essentielle à la vie et ne saurait donc influer sur nous de l'extérieur, car chacun en porte la source inépuisable dans lui-même. Pour cette douleur qui jamais ne nous quitte, nous cherchons toujours, au contraire, une cause extérieure particulière qui servirait de prétexte, de même que l'affranchi se forge une idole pour avoir un maître. Car nous nous précipitons inlassablement d'un souhait à un autre et, bien que chaque satisfaction atteinte, si prometteuse fût-elle, ne parvienne à nous combler pour autant et ne tarde le plus souvent à se révéler comme une erreur honteuse, nous ne voulons comprendre que nous remplissons le tonneau des Danaïdes[94], et nous nous hâtons vers des souhaits toujours nouveaux :

B[*Sed, dum abest quod avemus, id exsuperare videtur*
Caetera ; post aliud, cum contigit illud, avemus ;
Et sitis aequa tenet vitai semper hiantes (Lucr., III, 1095)]B

[Seulement, tant que demeure éloigné l'objet de nos désirs, il nous semble supérieur à tout le reste ; est-il à nous, que nous désirons autre chose,
Et la même soif de la vie nous tient toujours en haleine[95]]

B[Il en va ainsi]B à l'infini, ou, ce qui est plus rare et suppose déjà une certaine force de caractère, jusqu'à ce que nous butions contre un souhait qui ne peut être réalisé ni être abandonné pour autant : nous tenons alors ce que nous cherchions, pour ainsi dire, à savoir quelque chose qu'à chaque instant nous pouvons accuser comme la source de notre souffrance en lieu et place de notre être individuel, et par où nous sommes alors séparés de notre destin, mais, en échange, réconciliés avec notre existence, puisque s'éloigne alors de nouveau la connaissance que la souffrance est essentielle à cette existence même, et que la satisfaction véritable est impossible. La conséquence de cette situation, c'est un état affectif quelque peu mélancolique, le fardeau d'une grande et unique douleur à porter, et le mépris, qui en procède, de toutes les petites souffrances ou joies ; ce qui constitue déjà un phénomène plus digne que la course incessante pour attraper des fantômes toujours changeants, chose bien plus commune.

§ 58

Toute satisfaction, ou ce qu'on appelle ordinairement bonheur, ne sont, en vérité et par essence, toujours que NÉGATIFS, et absolument jamais positifs. Ce bonheur ne nous arrive pas de manière originelle et spontanée, mais doit toujours être la satisfaction d'un souhait. Car le souhait, c'est-à-dire le manque, est la condition préalable de toute jouissance. Or la satisfaction fait cesser le souhait et donc aussi la jouissance. C'est pourquoi la satisfaction ou la réalisation du bonheur ne peuvent être plus que le soulagement d'une douleur, d'un besoin : c'est le cas non seulement de toute souffrance réelle, manifeste, mais aussi de tout souhait qui importune notre tranquillité, voire de l'ennui mortifiant qui fait de notre existence un poids. — Or il est fort difficile d'atteindre à quelque chose, et de l'imposer ; à tout projet s'opposent des difficultés et des efforts sans fin, et à chaque pas les obstacles augmentent. Mais lorsque tout est enfin surmonté, que le but est atteint, on ne saurait pourtant jamais avoir obtenu autre chose que d'être soulagé de telle souffrance ou de tel souhait, bref de se retrouver dans l'état qui précédait leur apparition. — Ce qui seul nous est immédiatement donné, c'est le manque, c'est-à-dire la douleur. Mais nous ne pouvons connaître la satisfaction et la jouissance qu'indirectement, en nous remémorant la souffrance et la privation qui les précédaient et cessèrent lors de leur apparition. Cela explique que nous n'avons pas véritablement conscience des biens et des privilèges que nous possédons réellement, et nous ne les estimons pas, notre seule opinion à leur sujet étant qu'il doit nécessairement en être ainsi et pas autrement, car ils ne nous rendent heureux que de manière négative, en éloignant la souffrance. Ce n'est qu'après les avoir perdus que nous sommes sensibles à leur valeur, car le manque, la privation, la souffrance sont le positif qui se manifeste immédiatement. C'est aussi pourquoi nous avons plaisir à nous souvenir de la victoire sur la détresse, la maladie, le manque, etc., car ce souvenir est le seul moyen de jouir des biens présents. De même, il n'est guère niable que selon cette perspective et selon cette position de l'égoïsme, lequel constitue la forme du vouloir-vivre <*Lebenwollen*>, la vue ou la description de la souffrance d'autrui nous procure, par cette même voie, satisfaction et jouissance, ainsi que Lucrèce, au début du second livre, a pu l'exprimer de manière belle et directe :

Suave, mari magno, turbantibus aequora ventis,
E terra magnum alterius spectare laborem :
Non, quia vexari quemquam est jucunda voluptas ;
Sed, quibus ipse malis careas, quia cernere suave est.

[Il est doux, quand sur la grande mer les vents soulèvent les flots,
D'assister de la terre aux rudes épreuves d'autrui :
Non que la souffrance de personne nous soit un plaisir si grand ;
Mais voir à quels maux on échappe soi-même est chose douce[96].]

Mais nous verrons encore par la suite que cette espèce de joie, lorsque la connaissance du bien-être est transmise sur ce mode, est très proche de la source de la véritable méchanceté positive.

Que tout bonheur n'est que de nature négative et non pas positive, qu'il ne saurait, pour cette raison même, donner une satisfaction durable et rendre heureux, car ne faisant toujours que soulager une douleur ou un manque nécessairement suivis soit par une douleur nouvelle, soit par une langueur, une nostalgie vide, un ennui, c'est ce qui se trouve également attesté par ce fidèle miroir de l'essence du monde et de la vie qu'est l'art et particulièrement la poésie. En effet, toute poésie épique ou dramatique ne peut que représenter, quant au bonheur, la lutte, l'effort et le combat, mais jamais le bonheur durable et parfait lui-même. Elle conduit son héros à travers mille difficultés et dangers, jusqu'au but: dès que celui-ci est atteint, elle fait rapidement tomber le rideau. Car autrement, elle n'aurait d'autre choix que de montrer que le but glorieux où le héros croyait trouver le bonheur n'était qu'un leurre pour lui aussi, et qu'il ne se trouvait pas mieux après l'avoir atteint qu'auparavant. C'est parce qu'un bonheur authentique et durable n'est pas possible qu'il ne saurait servir d'objet à l'art[97]. Il est vrai que la finalité d'une idylle est assurément la description d'un tel bonheur, mais on voit fort bien que l'idylle comme telle n'est pas consistante par elle-même. Sous la plume du poète, soit elle devient épique, et elle n'est alors qu'une épopée insignifiante, composée de petites douleurs, de petits plaisirs, de petits efforts, ce qui est le plus souvent le cas, soit elle devient une simple poésie descriptive, elle dépeint la beauté de la nature, c'est-à-dire, en vérité, la connaissance pure, dénuée de volonté, laquelle, en effet, est le seul bonheur pur qui n'est ni précédé par la souffrance et le besoin, ni même nécessairement suivi par le repentir, la souffrance, le vide, l'ennui, bien que ce bonheur ne puisse remplir toute la vie, mais seulement quelques instants de celle-ci. — Ce que nous voyons dans la poésie, nous le retrouvons dans la musique, dans la mélodie de laquelle nous avons reconnu l'expression universelle de l'histoire la plus intime de la volonté consciente d'elle-même, la vie la plus secrète, le désir, la douleur et la joie, le flux et le reflux du cœur humain. La mélodie constitue toujours un écart par rapport au son fondamental, à travers mille détours, jusqu'à la dissonance la plus douloureuse, suite à quoi elle retrouve enfin le son fondamental qui exprime la satisfaction et l'apaisement de la volonté, mais avec lequel on ne peut ensuite plus rien faire d'autre, et sa tenue prolongée ne serait qu'une monotonie pénible et insignifiante, à l'image de l'ennui.

Tout ce que ces considérations étaient censées clarifier, l'impossibilité d'atteindre une satisfaction durable et la négativité de tout bonheur, trouve son explication dans ce qui est montré à la fin du deuxième livre[98], à savoir que la volonté dont la vie humaine, comme tout phénomène, est l'objectivation, est un désir sans but ni fin. Nous voyons d'ailleurs que le trait caractéristique de cette infinité marque toutes les parties de l'ensemble de son phénomène, depuis la forme la plus universelle de celui-ci, l'espace et le temps infinis, jusqu'au plus parfait de tous les phénomènes, la vie et les aspirations de l'homme. — On peut théoriquement admettre trois extrêmes de la vie humaine et les considérer comme les éléments de la vie humaine réelle. Premièrement, le puissant vouloir, les grandes passions B[(*raja-guna*)]B. Il se manifeste dans les grands personnages historiques, et se trouve décrit par l'épopée et le drame, mais il peut aussi se montrer à petite échelle, car ici la grandeur des objets ne se mesure que d'après le degré selon lequel ils meuvent la volonté et non d'après leurs rapports externes. Ensuite, deuxièmement, le pur connaître, l'appréhension des Idées, dont la condition est l'affranchissement de la connaissance du service de la volonté : la vie du génie B[(*sattvaguna*)]B. Enfin, troisièmement, la plus grande léthargie de la volonté et, par là, de la connaissance qui lui est attachée, le désir vide, l'ennui qui fige la vie B[(*tamaguna*)]B[99]. La vie de l'individu, fort loin de demeurer dans l'un de ces extrêmes, ne les touche que rarement, et le plus souvent ne se rapproche que faiblement, et en vacillant, de ce côté-ci ou de ce côté-là, n'est qu'un vouloir médiocre porté sur des objets minuscules, qui se renouvelle toujours pour ainsi échapper à l'ennui. — Il est vraiment incroyable combien, vue de l'extérieur, la vie de la grande majorité des hommes s'écoule dans la futilité et dans l'insignifiance, et combien, éprouvée de l'intérieur, elle s'écoule dans la confusion et dans l'hébétude. On désire et on souffre faiblement, on titube, rêveur, à travers les quatre âges de la vie jusqu'à la mort, flanqué d'une série de pensées triviales. C[Ces hommes sont pareils à des horloges qu'on remonte puis qui marchent sans savoir pourquoi ; à chaque fois qu'un homme est engendré et qu'il voit le jour, l'horloge de la vie humaine est remontée, pour repasser, phrase après phrase, mesure après mesure, avec des variations infimes, sa vieille rengaine déjà jouée d'innombrables fois[100].]C — Chaque individu, chaque visage humain, chaque vie, n'est qu'un court rêve de plus fait par l'esprit infini de la nature, par la volonté obstinée de vivre, n'est qu'une forme éphémère de plus qu'elle dessine comme en jouant sur sa feuille sans fin, l'espace et le temps, qu'elle fait exister pendant un instant évanescent et minuscule comparé à ceux-ci, puis l'efface pour faire de la place. Pourtant, et c'est là l'aspect de la vie qui prête à réflexion, la volonté de vivre, dans toute sa véhémence, doit payer chacune de ces formes éphémères, chacun de ces vains incidents, par des douleurs nombreuses et profondes, et, en fin de compte, par l'amère mort longtemps redoutée qui finit par arriver. C'est pourquoi la vue d'un cadavre nous rend si subitement sérieux.

La vie de tout un chacun, lorsqu'on la parcourt du regard en gros et en général, et qu'on n'en retient que les traits significatifs, est au fond toujours une tragédie ; mais lorsqu'on la parcourt en détail, elle revêt le caractère d'une comédie. Car l'agitation et la peine du jour, l'incessante taquinerie de l'instant, les souhaits et les craintes de la semaine, les accidents de chaque heure occasionnés par le hasard toujours prompt à faire des farces, sont autant de scènes comiques. Mais les souhaits jamais réalisés, les efforts empêchés, les espoirs écrasés sans pitié par le destin, les erreurs funestes de la vie, avec, à la fin, l'augmentation des souffrances et la mort, donnent toujours une tragédie. Puisque le destin a tenu à ajouter la dérision à la misère de notre existence, notre vie doit contenir toutes les douleurs de la tragédie sans que nous puissions nous prévaloir de la dignité des personnages tragiques ; dans les plats détails de la vie, nous devons être, au contraire, des personnages comiques inévitablement niais[101].

Mais quelle que soit l'ampleur des grands ou petits tourments qui remplissent toute vie humaine et la tiennent dans une inquiétude et dans un mouvement perpétuels, ils ne parviennent pas à dissimuler l'insuffisance de la vie à combler l'esprit, le vide et la vanité de l'existence, ou à écarter l'ennui toujours prompt à remplir tout intervalle laissé par le souci. De là vient que l'esprit humain, estimant qu'il n'est pas encore assez comblé par les soucis, les inquiétudes et les préoccupations infligés par le monde réel, se forge de surcroît, sous la forme de mille superstitions diverses, un monde imaginaire, pour s'en occuper par toutes les façons, gaspillant son temps et sa force dès que le monde réel veut bien lui accorder la tranquillité qu'il n'est pas du tout susceptible de goûter. C'est ce qui arrive le plus souvent, et dès l'origine, chez les peuples dont la vie est facilitée par la douceur de la région et de la terre, surtout chez les Hindous, ensuite chez les Grecs, les Romains, et plus tard chez les Italiens, les Espagnols, etc. — L'homme se forge les démons, les dieux et les saints d'après sa propre image ; c'est à eux qu'il faut ensuite offrir les sacrifices, les prières, les ornements des temples, les vœux et l'accomplissement des vœux, les pèlerinages, les salutations, la décoration des tableaux, etc. Leur culte s'entrelace partout avec la réalité ou la rend même opaque : chaque événement de la vie est alors conçu comme une réaction de ces êtres ; le commerce avec eux remplit la moitié de la vie, entretient constamment l'espoir et devient souvent, grâce au charme de l'illusion, plus intéressant que le commerce avec des êtres réels. C'est là l'expression et le symptôme du double besoin de l'homme : celui d'être aidé et assisté, d'une part, celui d'être occupé et diverti, d'autre part. Et même s'il agit directement contre le premier besoin lorsque, face aux accidents et dangers qui arrivent, il emploie inutilement ses forces et son temps précieux non à les combattre, mais à prier et à faire des sacrifices, il sert d'autant mieux le second besoin par cette conversation fantastique avec un monde rêvé de fantômes : là réside le bénéfice non négligeable de toutes les superstitions.

§ 59

Maintenant que ces considérations tout à fait générales, cet examen des traits primordiaux, fondamentaux et élémentaires de la vie humaine, nous ont permis, dans une certaine mesure, de susciter *a priori* la conviction que cette vie, selon sa disposition d'ensemble, n'est pas capable d'offrir une authentique félicité, mais qu'elle est essentiellement une souffrance multiforme et un état entièrement funeste, nous pourrions faire émerger cette conviction avec bien plus de force si, procédant *a posteriori*, nous nous intéressions à des cas plus déterminés, sollicitant notre imagination, dépeignant par des exemples la désolation sans nom que nous présente l'expérience et l'histoire, où qu'on regarde, quel que soit le critère de la recherche. Mais le chapitre serait interminable et nous éloignerait de la position de l'universalité qui seule est essentielle à la philosophie. Par ailleurs, on pourrait aisément prendre cette description pour une simple lamentation sur la misère humaine, comme il y en a eu beaucoup déjà, et l'accuser d'être étroite parce qu'elle partirait de faits singuliers. Notre démonstration de la souffrance inévitable fondée dans l'essence de la vie, tout à fait froide et philosophique, partant de l'universel et conduite *a priori*, est ainsi libre de ce reproche et de ce soupçon. On en trouvera partout et facilement la confirmation *a posteriori*. Chacun qui est sorti de ses premiers rêves de jeunesse, qui considère son expérience propre et celle d'autrui, qui a promené son regard dans la vie, dans l'histoire du passé et de son époque, et enfin dans les œuvres des grands poètes, celui-là, à supposer qu'aucun préjugé profondément ancré et indélébile ne paralyse sa faculté de juger, admettra la conclusion que le monde des hommes est l'empire du hasard et de l'erreur qui y gouvernent sans pitié, à petite comme à grande échelle, épaulés par la bêtise et la méchanceté qui agitent leur fouet. C'est ce qui explique que le meilleur ne perce que péniblement, que le noble et le sage ne se manifestent que très rarement et ne trouvent guère influence ou audience, alors que l'absurde et le faux dans le domaine de la pensée, le plat et le banal dans le domaine de l'art, le méchant et le perfide dans le domaine de la conduite, continuent effectivement d'exercer leur empire, lequel n'est perturbé que par de brèves interruptions. Par contre, l'excellent en tout genre n'est toujours qu'une exception, un cas parmi des millions, et, lorsqu'il s'est déclaré dans une œuvre durable, celle-ci, après avoir survécu à l'animosité de ses contemporains, se tient isolée, conservée comme une météorite tombée d'un autre ordre de choses que celui qui domine ici-bas. — Or, pour ce qui concerne la vie de l'individu, l'histoire de chaque vie est l'histoire des souffrances, car le cours de chaque vie est en règle générale une suite continue de petits et grands accidents que pourtant tout un chacun dissimule au possible, sachant que les autres n'éprouvent que rarement de la compassion ou de la pitié en l'écoutant, mais presque toujours de la satisfaction lorsqu'ils se représentent les calamités auxquelles ils ont actuellement échappé; or, peut-être aucun homme, arrivé à la fin de sa vie, ne choisira, s'il est à la fois réfléchi et sincère, de la refaire, mais préférera bien plutôt le non-être <*Nichtsein*> total. C[En résumé, le contenu essentiel du monologue mondialement célèbre dans *Hamlet* est celui-ci : notre condition est si misérable qu'on devrait résolument lui préférer le total non-être[102]. Si le suicide nous en offrait réellement la possibilité, en sorte que l'alternative « être ou ne pas être » se présentait au sens le plus concret, alors il faudrait absolument le choisir, comme un dénouement éminemment désirable (*a consummation devoutly to be wish'd*[103]). Mais quelque chose en nous dit qu'il n'en sera pas ainsi, que ce ne sera pas terminé, que la mort ne sera pas un anéantissement absolu. — De même,]C ce que cite le père de l'histoire*[104] n'a pas été réfuté depuis, à savoir qu'il n'a pas existé d'homme qui n'aurait pas souhaité plus d'une fois de ne pas voir le jour suivant. B[Ainsi, la brièveté de la vie, dont on se lamente si souvent, est peut-être son meilleur aspect.]B — Si enfin on mettait sous les yeux de chacun les douleurs et les tourments terribles auxquels sa vie est constamment exposée, il serait figé d'effroi ; et si on conduisait l'optimiste le plus borné à travers les hospices, les lazarets et les salles d'opérations chirurgicales, dans les prisons, les chambres de torture et les étables à esclaves, sur les champs de bataille et aux lieux de supplice, si on lui dévoilait ensuite tous les obscurs logis où la misère se cache des regards de la froide curiosité, et si enfin on le laissait regarder dans la Tour de la Faim d'Ugolin[105], il finirait certainement par comprendre lui aussi la nature de ce *meilleur des mondes possibles* [en français dans le texte[106]]. B[Car où Dante aurait-il puisé la matière pour son Enfer sinon dans ce

* *Herodot*, VII, 46.

monde réel qui est le nôtre ? Et encore, c'est devenu un Enfer plutôt bien ordonné. Mais lorsqu'il devait s'atteler à la tâche de dépeindre le Ciel et ses joies, il était confronté à une difficulté insurmontable, car notre monde n'offre pas du tout le matériau à cette fin. Il n'avait donc d'autre choix que de nous répéter les leçons dispensées par ses ancêtres, par sa Béatrice, et par divers saints, au lieu de décrire les joies du Paradis. Or, ceci suffit à nous éclairer sur la nature de ce monde.]B Il est vrai que dans la vie humaine, comme dans toute mauvaise marchandise, le côté extérieur est recouvert d'un faux lustre : ce qui souffre toujours se cache, mais, en revanche, le luxe et l'éclat que tout un chacun a pu acquérir seront ostensiblement affichés, et plus la satisfaction intérieure lui fera défaut, plus il souhaitera passer pour heureux dans l'opinion d'autrui. Aussi loin va la bêtise, et cette opinion d'autrui est le but principal des efforts de chacun, bien que le néant total de ceux-ci s'exprime déjà par le fait que dans presque toutes les langues, vanité *<Eitelkeit>*, *vanitas*, signifie initialement vacuité *<Leerheit>* et néant *<Nichtigkeit>*. — Mais même derrière ce mirage, les tourments de la vie peuvent aisément croître au point que la mort, habituellement redoutée par-dessus tout, sera ardemment désirée, comme cela arrive tous les jours. Et lorsque le destin veut se montrer dans toute sa malignité, celui qui souffre peut même voir se refuser ce refuge, et être livré, sous les mains de ses ennemis en fureur, à un long et cruel martyre, sans espoir d'être sauvé. Le torturé convoque alors vainement le secours de ses dieux : il reste soumis, sans pitié, à son destin. Or, cette impossibilité d'être sauvé ne reflète que l'invincibilité de sa volonté dont sa personne est l'objectité. — Aussi peu qu'un pouvoir extérieur ne saurait modifier ou abolir cette volonté, aussi peu un quelconque pouvoir étranger ne saurait le libérer des tourments impliqués par la vie, laquelle est le phénomène de cette volonté. L'homme est toujours renvoyé à lui-même, dans les petites comme dans les grandes choses. C[Il se fabrique vainement des dieux pour obtenir d'eux par la prière ou la flatterie ce que seule la force de la volonté individuelle peut produire.]C Cm[Comme l'Ancien Testament avait fait du monde et de l'homme l'œuvre d'un dieu, le Nouveau Testament, pour professer que le salut et la délivrance *<Heil und Erlösung>* de la misère du monde ne sauraient procéder que de ce monde même, s'est vu contraint de faire de ce dieu un homme.]Cm La volonté C[de l'homme]C est, et demeure, ce dont dépend tout pour lui. Les sannyâsins, les martyrs, les saints, quelle que soit leur foi, quel que soit leur nom, ont délibérément et volontiers supporté n'importe quel martyre, car en eux la volonté de vivre s'était abolie ; même la lente destruction de son phénomène leur était alors bienvenue. Je ne voudrais cependant pas anticiper sur ce que je vais présenter plus loin. — Or, je ne saurais réserver la déclaration qu'à mon sens l'OPTIMISME, lorsqu'il n'est pas le bavardage irréfléchi de ceux qui derrière leur front bas n'abritent rien d'autre que des mots, n'est pas seulement une manière de penser absurde, mais aussi véritablement INFÂME, car elle revient à railler et à mépriser les souffrances sans nom de l'humanité. — Qu'on ne croie surtout pas que la doctrine chrétienne de la foi serait favorable à l'optimisme, car, au contraire, le monde et le mal sont utilisés comme synonymes dans les Évangiles*.

* Voir sur ce sujet le chap. 46 du tome II.

§ 60

Après avoir mené à terme les deux analyses intermédiaires qui nous semblaient nécessaires, à savoir celle de la liberté de la volonté en soi, en même temps que de la nécessité de sa phénoménalisation, puis celle du sort de cette volonté dans le monde reflétant son essence, à partir de la connaissance duquel elle doit s'affirmer ou se nier, nous pouvons désormais porter à une évidence supérieure cette affirmation et cette négation mêmes que plus haut nous n'avions fait que formuler et expliquer très généralement, en présentant les manières d'agir par lesquelles seules elles s'expriment, et en les considérant selon leur signification intime.

L'AFFIRMATION DE LA VOLONTÉ est le constant vouloir lui-même qui n'est perturbé par aucune connaissance, et qui remplit généralement la vie des hommes. Comme le corps de l'homme est déjà l'objectité de la volonté, telle qu'elle apparaît à ce degré et dans cet individu, son vouloir qui se déploie dans le temps est pour ainsi dire la paraphrase du corps, l'élucidation du tout et de ses parties, est une autre manière de présenter la même chose en soi, dont le phénomène est déjà, lui aussi, le corps. C'est pourquoi nous pouvons également dire « affirmation du corps », au lieu d'« affirmation de la volonté ». Le thème fondamental de tous les divers actes de la volonté est la satisfaction des besoins qui sont inséparables de l'existence du corps dans son état de santé, y trouvent déjà leur expression et peuvent être reconduits à la conservation de l'individu et à la reproduction de l'espèce. Or, indirectement, c'est par ce biais que les motifs les plus variés peuvent exercer leur pouvoir sur la volonté et produisent les actes les plus divers de la volonté. Chacun d'entre eux n'est qu'un échantillon, un exemple de la volonté comme telle qui se manifeste ici ; l'essentiel n'est pas la nature de l'échantillon, la forme du motif qui se communique à cet échantillon : ce qui importe est le fait de vouloir en général, et selon quel degré d'intensité. La volonté ne peut devenir visible que par les motifs, de même que l'œil ne manifeste sa faculté de voir que par la lumière. Le motif en général se tient devant la volonté tel un Protée multiforme : il promet toujours la satisfaction totale, l'extinction de la soif du vouloir, mais dès qu'il est réalisé, il prend aussitôt une autre forme sous laquelle il meut de nouveau la volonté, toujours selon son degré d'intensité et selon son rapport à la connaissance, lesquels, par ces échantillons et ces exemples, se révèlent, précisément, comme caractère empirique.

L'homme, dès l'apparition de sa conscience, se voit vouloir, et en règle générale sa connaissance reste dans ce lien constant avec sa volonté. Il cherche d'abord à connaître parfaitement les objets de son vouloir, ensuite les moyens d'y parvenir. Il sait maintenant ce qu'il doit faire et, en règle générale, il ne tend plus vers un autre savoir. Il agit et s'affaire ; la conscience de toujours travailler pour parvenir au but de son vouloir le maintient en activité : sa pensée concerne le choix des moyens. Ainsi va la vie de la majorité des hommes : ils veulent, savent ce qu'ils veulent, et y aspirent avec juste assez de réussite pour les préserver du désespoir, et juste assez de maladresse pour les préserver de l'ennui. Il en résulte une certainc gaicté, ou au moins de la sérénité, que la richesse ou la pauvreté ne sauraient véritablement modifier, car le riche comme le pauvre ne jouissent pas de leurs biens, puisque, ainsi que nous l'avons montré, ceux-ci n'agissent que négativement, mais seulement de ce qu'ils espèrent obtenir par leur affairement. Ils avancent, avec beaucoup de sérieux, et prennent même un air important ; c'est exactement de cette façon que jouent les enfants[107]. — C'est toujours une exception si le cours d'une telle vie se trouve perturbé lorsque, d'un connaître indépendant du service de la volonté et dirigé sur l'essence du monde en général, émerge soit l'exhortation esthétique à la contemplation, soit celle, éthique, au renoncement. C[La plupart traversent la vie en étant pourchassés par le besoin, ce qui leur interdit toute prise de conscience. Par contre]C la volonté s'irrite souvent jusqu'à un degré qui dépasse largement l'affirmation du corps, degré indiqué alors par des affects violents et des passions vives, où l'individu n'affirme pas seulement sa propre existence, mais cherche aussi à nier et à abolir celle des autres lorsqu'elle entrave son chemin.

La conservation du corps par ses propres forces constitue un degré si faible de l'affirmation de la volonté que si on en restait délibérément à ce degré, on pourrait croire qu'avec la mort de ce corps s'éteint également la volonté qui s'y manifestait. Mais déjà la satisfaction de la pulsion sexuelle dépasse l'affirmation de l'existence individuelle, qui remplit un temps si limité, elle affirme la vie par-delà la mort de l'individu, pour un temps indéterminé. La nature, toujours vraie et conséquente, dans ce cas même naïve, nous dévoile avec évidence la signification intime de l'acte procréateur. Notre propre conscience, l'intensité de la pulsion, nous apprend que par cet acte s'exprime L'AFFIRMATION LA PLUS NETTE DE LA VOLONTÉ DE VIVRE, pure et sans autre supplément (comme le serait la négation d'individus étrangers) ; comme conséquence de l'acte apparaît alors, dans le temps et dans une chaîne causale, c'est-à-dire dans la nature, une nouvelle vie : le procréé vient se mettre devant le procréateur, différent de celui-ci selon son phénomène, mais identique à lui selon l'en-soi, ou selon l'Idée. B[C'est donc par cet acte que chaque espèce vivante s'unit pour faire un tout qu'elle perpétue comme tel.]B Par rapport au procréateur, la procréation n'est que l'expression, le symptôme de son affirmation nette de la volonté de vivre ; par rapport au procréé, elle n'est pas la raison de la volonté qui se manifeste en elle, puisque la volonté en soi ne connaît ni raison ni conséquence, mais elle est, comme toute cause, la simple cause occasionnelle[108] de la phénoménalisation de cette volonté, à ce moment déterminé, en ce lieu déterminé. En tant que chose en soi, la volonté du procréateur et celle du procréé ne diffèrent pas, puisque le phénomène seul, et non la chose en soi, est soumis au *principium individuationis*. Avec cette affirmation qui dépasse le corps individuel, et jusqu'à la présentation d'un nouveau corps, la souffrance et la mort, comme appartenant au phénomène de la vie, se trouvent réaffirmées, et la possibilité de la délivrance suscitée par la faculté de connaître la plus parfaite, déclarée comme stérile dans ce cas. Là réside la raison profonde de la honte quant à l'affaire de la procréation. — Cette idée trouve une représentation mythique dans le dogme de la doctrine chrétienne de la foi, selon lequel nous participons tous du péché originel d'Adam (qui n'était manifestement que la satisfaction du désir sexuel, nous rendant par là coupables de la souffrance et de la mort. Sur ce point, cette doctrine de la foi dépasse le point de vue du principe de raison et connaît l'Idée de l'homme, dont l'unité, à partir de sa dispersion dans d'innombrables individus, se trouve rétablie par la chaîne de la génération, qui les tient tous ensemble. Par conséquent, elle considère, d'une part, que chaque individu est identique à Adam, le représentant de l'affirmation de la vie, et, à ce titre, voué au péché (au péché originel), à la souffrance et à la mort ; d'autre part, la connaissance de l'Idée lui montre également que chaque individu est identique au Sauveur, le représentant de la négation de la volonté de vivre, et, à ce titre, participant à son sacrifice, délivré et sauvé, grâce à lui, des chaînes du péché et de la mort, c'est-à-dire du monde (Romains 5, 12-21)[109].

Une autre présentation mythique de notre conception de la satisfaction sexuelle comme affirmation de la volonté de vivre au-delà de la vie individuelle, comme un asujettissement à cette vie ratifié par cet acte même, ou, pour ainsi dire, comme une souscription renouvelée à la vie, c'est le mythe grec de Proserpine : celle-ci a la possibilité de revenir des Enfers tant qu'elle n'en goûte pas les fruits, mais la consommation de la grenade l'y précipite définitivement. L'incomparable description goethéenne de ce même mythe en exprime le sens avec évidence, en particulier lorsque, dès la consommation de la grenade, le chœur invisible des Parques intervient :

Du bist unser!
Nüchtern solltest wiederkehren :
Und der Biss des Apfels macht dich unser!

[Tu es à nous !
À jeun, tu retournais là-haut
Mais pour avoir mordu la pomme, tu es à nous[110] !]

C[Il est remarquable que Clément d'Alexandrie (*Strom., III, c. 15*) se serve de la même image et de la même expression pour désigner la chose : Οἱ μὲν εὐνουχίσαντες ἑαυτοὺς ἀπὸ πάσης ἁμαρτίας, διὰ τὴν βασιλείαν τῶν οὐρανῶν, μακάριοι οὗτοί εἰσιν, οἱ τοῦ κόσμου νηστεύοντες (*Qui se castrarunt ab omni peccato, propter regnum coelorum, ii sunt beati,* a mundo jejunantes)]C [Ceux qui se sont castré eux-mêmes de tout péché, pour le Royaume des Cieux, ceux-là sont bienheureux, *ils jeûnent de ce monde*[111]].

Ce qui prouve aussi que la pulsion sexuelle est l'affirmation la plus nette et la plus véhémente de la vie, c'est que, pour l'homme naturel comme pour l'animal, elle constitue la fin dernière, le but suprême de sa vie. Son désir premier est la conservation de soi <*Selbsterhaltung*>, et dès qu'il a pourvu à celle-ci, il ne désire plus rien d'autre que la perpétuation de l'espèce <*Fortpflanzung des Geschlechts*> : en tant qu'être simplement naturel, il ne saurait désirer plus. Aussi, c'est de toutes ses forces que la nature, dont l'essence la plus intime est la volonté de vivre elle-même, pousse l'homme comme l'animal à la reproduction. Elle a alors atteint son but avec cet individu et se montre tout à fait indifférente à sa disparition, car en tant que volonté de vivre, elle ne s'intéresse qu'à la conservation de l'espèce, l'individu ne signifiant rien pour elle. — Comme l'essence la plus intime de la nature, la volonté de vivre, s'exprime de la manière la plus véhémente par la pulsion sexuelle, les poètes et les philosophes antiques, Hésiode et Parménide, ont cette parole très significative qu'*Eros* est le Premier, le Créateur, le Principe d'où procèdent toutes choses (voyez *Aristot., Metaph., I, 4*). C[Phérécyde disait : Εἰς ἔρωτα μεταβεβλῆσθαι τὸν Δία, μέλλοντα δημιουργεῖν (*Jovem, cum mundum fabricare vellet, in cupidinem sese transformasse*) [Zeus, sur le point de créer le monde, s'est changé en l'Amour[112]]. *Proclus ad Plat. Tim., l. III.*

— G. F. Schoemann, *De cupidine cosmogonico*, 1852, nous a récemment donné un traitement détaillé du sujet[113].]C De même, on paraphrase par *amor* la *mâyâ* des Indiens, dont l'œuvre et le voile composent le monde apparent tout entier.

Plus qu'aucun autre membre extérieur du corps, les parties génitales sont entièrement soumises à la volonté, et nullement à la connaissance ; la volonté s'y montre même presque aussi indépendante de la connaissance que dans les parties qui servent, par de simples excitations, à la vie végétative, à la reproduction, où la volonté agit aveuglément, comme dans la nature privée de connaissance. Car la génération <*Zeugung*> n'est que la reproduction <*Reproduktion*> qui se transmet à un nouvel individu, pour ainsi dire la reproduction à un degré supérieur de puissance, de même que la mort n'est que l'excrétion à un degré supérieur de puissance. — Par conséquent, les parties génitales sont le véritable FOYER <*Brennpunkt*> de la volonté, et ainsi le pôle opposé au cerveau, ce représentant de la connaissance, c'est-à-dire de l'autre côté du monde, le monde comme représentation. Elles sont le principe conservateur de la vie, assurant au temps la vie infinie ; c'est à ce titre, comme symbole de l'affirmation de la volonté, qu'elles ont été vénérées en tant que phallus chez les Grecs, en tant que *lingam* chez les Hindous. La connaissance, par contre, offre la possibilité de l'abolition du vouloir, de la délivrance par la liberté, du dépassement et de la destruction du monde.

Au début de ce quatrième livre, nous avons déjà analysé en détail comment la volonté de vivre, dans son affirmation, doit envisager son rapport à la mort ; celle-ci en effet ne l'inquiète pas, car elle est elle-même quelque chose qui est compris dans la vie et lui appartient, son opposé, la génération, la tenant entièrement en équilibre, assurant et garantissant la vie, en toute éternité, à la volonté de vivre, par-delà la mort de l'individu ; c'est ce qu'exprimèrent les Hindous en attribuant le *lingam* à Shiva, dieu de la mort. Nous y avons également exposé comment celui qui embrasse avec une pleine lucidité le point de vue de l'affirmation nette de la vie envisage la mort sans crainte[114]. Je n'en dirai donc pas davantage ici. La plupart des hommes adoptent ce point de vue sans cette pleine lucidité et affirment continuellement la vie. Le miroir de cette affirmation est le monde et ses innombrables individus, déployés dans un temps infini, dans un espace infini, dans une souffrance infinie, entre génération et mort sans fin. — Mais on ne saurait s'en plaindre, d'aucun côté, car la volonté donne cette tragi-comédie à ses propres frais, et elle en est aussi l'unique spectateur. Le monde est précisément ainsi parce que la volonté, dont il est le phénomène, est ainsi, parce qu'elle le veut ainsi. La justification des souffrances, c'est que la volonté s'affirme elle-même avec ce phénomène, et cette affirmation est justifiée et compensée par le fait qu'elle endure les souffrances. Dès ici nous entr'apercevons une idée de la JUSTICE ÉTERNELLE[115], dans son ensemble ; nous allons bientôt la connaître dans le détail, avec plus de précision et d'évidence encore. Mais il nous faut au préalable parler de la justice temporelle ou humaine*.

* Voir sur ce sujet le chap. 45 du tome II.

§ 61

Nous savons du livre II[116] que dans la nature tout entière, à tous les degrés de l'objectivation de la volonté, existe nécessairement une lutte <*Kampf*> continuelle entre les individus de toutes les espèces, donnant lieu, de ce fait, à un conflit <*Widerstreit*> interne de la volonté de vivre avec elle-même. Au degré suprême de l'objectivation, ce phénomène, comme tout le reste, s'exprimera par une évidence supérieure et pourra être encore mieux déchiffré. Dans ce but, nous voulons d'abord suivre jusqu'à sa source l'ÉGOÏSME, point de départ de toute lutte.

Nous avons appelé le temps et l'espace le *principium individuationis* [principe d'individuation], car ce n'est que par eux et en eux que la multiplicité de l'homogène est possible. Ils sont les formes essentielles de la connaissance naturelle, c'est-à-dire provenant de la volonté. C'est pourquoi partout la volonté s'apparaîtra dans la multiplicité des individus. B[Or, cette multiplicité n'affecte pas la volonté en tant que chose en soi, mais seulement ses phénomènes: dans chacun d'eux, la volonté est entièrement et indivisiblement présente et aperçoit autour d'elle l'image infiniment répétée de sa propre essence. Mais celle-ci, c'est-à-dire le réel véritable, il ne la trouve de manière immédiate qu'en son intérieur. C'est la raison pour laquelle chacun veut tout pour lui-même, veut tout posséder, ou au moins tout dominer, et souhaite détruire ce qui s'oppose à lui.]B À cela s'ajoute, chez les êtres doués de connaissance, que l'individu est le support du sujet connaissant, et celui-ci le support du monde; autrement dit, la nature tout entière excepté lui-même, c'est-à-dire aussi bien tous les autres individus, n'existent que dans sa représentation, il n'est conscient d'eux qu'en tant qu'ils sont sa représentation, c'est-à-dire seulement de manière médiate, comme quelque chose de dépendant de sa propre essence et de sa propre existence ; et pour lui, la disparition de sa propre conscience entraîne nécessairement aussi celle du monde, l'être et le non-être de celui-ci devenant dès lors équivalents et impossibles à distinguer. Chaque individu connaissant est en vérité la volonté de vivre tout entière, ou l'en-soi du monde même, et se considère comme tel, et également comme la condition complémentaire du monde comme représentation, donc comme un microcosme censé valoir autant que le macrocosme. La nature elle-même, toujours et partout véridique, lui offre dès l'origine, et indépendamment de toute réflexion, cette connaissance simplement et immédiatement certaine. Ces deux déterminations nécessaires que nous venons d'indiquer permettent d'expliquer que chaque individu, entièrement dissolu dans le monde illimité et réduit à rien, ne se considère pas moins comme le centre du monde, tient compte de sa propre existence et de son propre bien-être avant tout le reste, étant même disposé, selon ce point de vue naturel, à sacrifier tout ce reste à son existence, à détruire le monde, pour seulement conserver un peu plus longtemps son propre soi, cette goutte dans l'océan. Cette disposition <*Gesinnung*>, c'est l'ÉGOÏSME, qui est essentiel à toute chose dans la nature. Or c'est précisément par lui que le conflit interne de la volonté avec elle-même vient à se manifester dans toute sa terreur. Car cet égoïsme trouve son existence et son essence dans cettc opposition entre microcosme et macrocosme, ou dans le fait que l'objectivation de la volonté a pour forme le *principium individuationis*, et que par là même la volonté s'apparaît de la même manière dans d'innombrables individus, en chacun d'entre eux entièrement et parfaitement selon deux côtés (volonté et représentation). Alors que chaque individu est immédiatement donné à lui-même comme volonté tout entière et comme l'instance représentative tout entière, les autres ne lui sont d'abord donnés que comme ses propres représentations ; c'est pourquoi il préfère son propre être, ainsi que la conservation de celui-ci, à tous les autres dans leur ensemble. B[Chacun envisage sa propre mort comme la fin du monde, alors qu'il perçoit la mort de ses connaissances comme une chose assez indifférente, à moins d'être personnellement impliqué.]B Dans la conscience qui a atteint le degré suprême, à savoir dans la conscience humaine, l'égoïsme, tout comme la connaissance, la douleur, la joie, devrait également avoir atteint un degré suprême, et le conflit entre les individus, dont il est la condition, devrait se manifester de la manière la plus terrible. C'est en effet ce que nous avons partout sous les yeux, dans le détail comme en gros, nous en voyons tantôt le côté effrayant, dans la vie des grands tyrans et des méchants, dans les guerres qui ravagent le monde, tantôt le côté ridicule, qui fait l'objet de la comédie et s'y manifeste tout particulièrement par l'arrogance et la vanité, ce que La Rochefoucauld, comme nul autre, a saisi et présenté *in abstracto* ; nous le voyons dans l'histoire universelle et dans notre propre expérience. Mais nous en trouvons la manifestation la plus évidente lorsqu'une foule d'hommes est dégagée de toute loi et de tout ordre : c'est alors qu'apparaît aussitôt en pleine lumière le *bellum omnium contra omnes* [la guerre de tous contre tous] que Hobbes a parfaitement décrit au premier chapitre de son *de cive*[117]. Il apparaît non seulement comment chacun cherche à arracher à autrui ce qu'il veut posséder, mais aussi comment quelqu'un peut aller jusqu'à détruire tout le bonheur ou la vie d'autrui pour augmenter son bien-être d'un degré insignifiant. C'est là l'expression suprême de l'égoïsme dont les phénomènes, à cet égard, ne peuvent être surpassés que par ceux de la méchanceté véritable qui cherche, de manière tout à fait désintéressée, à causer préjudice et douleur à autrui, sans aucun avantage personnel; nous en parlerons bientôt. — B[On comparera ce dévoilement de la source de l'égoïsme avec la description de celui-ci dans mon *Mémoire sur le fondement de la morale*, § 14.]B

Une source principale de la souffrance, dont nous avons vu plus haut qu'elle était inévitable et essentielle à toute vie, c'est, dès qu'elle se manifeste réellement et sous une forme déterminée, cette ERIS, la lutte de tous les individus, l'expression de la contradiction qui affecte la volonté de vivre en son intérieur, C[et qui devient visible par le *principium individuationis*; les combats d'animaux sont le moyen cruel de nous la mettre sous les yeux d'une manière immédiate et crue. Cette contradiction initiale]C abrite la source intarissable de la souffrance, malgré les mesures préventives prises à cet égard, ce que nous allons tout de suite considérer de plus près.

§ 62

Nous avons déjà expliqué que l'affirmation première et simple de la volonté de vivre n'est que l'affirmation de notre propre corps, c'est-à-dire la présentation de la volonté par des actes dans le temps, dans la mesure où le corps déjà, selon sa forme et son utilité, présente cette même volonté dans l'espace, et rien de plus. Cette affirmation apparaît comme la conservation du corps, au moyen de l'usage des forces qui lui sont propres. C'est à elle que se rattache immédiatement la satisfaction de la pulsion sexuelle, laquelle lui appartient même, pour autant que les parties génitales appartiennent au corps. C'est pourquoi, le renoncement VOLONTAIRE, fondé par aucun MOTIF, à la satisfaction de cette pulsion, est déjà la négation de la volonté de vivre, il en est déjà l'auto-abolition volontaire, suite à l'avènement d'une connaissance agissant comme QUIÉTIF ; en conséquence, une telle négation de son propre corps se présente déjà comme une contradiction[118] de la volonté avec son propre phénomène. Car, bien que le corps, ici aussi, objective dans les parties génitales la volonté de procréation, celle-ci n'est pas voulue pour autant. C'est bien parce que le renoncement est négation ou abolition de la volonté qu'il constitue un difficile et douloureux dépassement de soi ; nous y reviendrons plus bas. — Or, en présentant simultanément cette AFFIRMATION DE SOI du corps dans d'innombrables individus, la volonté, en vertu de l'égoïsme propre à tous, dépasse très facilement, dans tel individu, cette affirmation, jusqu'à la NÉGATION de cette même volonté qui apparaît dans l'autre individu. La volonté du premier force la limite de l'affirmation de la volonté d'autrui soit lorsque l'individu détruit ou blesse le corps étranger même, soit lorsqu'il contraint les forces de ce corps étranger à servir sa volonté propre plutôt que la volonté apparaissant dans ce corps étranger ; autrement dit, lorsqu'il retire à la volonté apparaissant comme corps étranger les forces de ce corps, augmentant par là la force qui sert SA volonté au-delà de la force de son propre corps, affirmant par conséquent sa propre volonté au-delà de son propre corps, au moyen de la négation de la volonté apparaissant dans un corps étranger. — Le fait de forcer la limite de l'affirmation de la volonté d'autrui a été, depuis toujours, clairement reconnu, et son concept désigné par le mot d'INJUSTICE <*Unrecht*>[119]. Car les deux parties connaissent la chose non pas, comme ici, selon une claire abstraction, mais en tant que sentiment immédiat. Celui qui a subi une injustice sent la pénétration de la sphère de l'affirmation de son propre corps, par négation de celui-ci de la part d'un individu étranger, comme une douleur immédiate et intellectuelle, tout à fait séparée et distincte du sentiment accompagnant la souffrance physique causée par l'acte, ou du dépit causé par la perte. D'autre part, à celui qui commet l'injustice se présente la connaissance qu'il est, en soi, la même volonté qui apparaît également dans ce corps, et qui s'affirme dans ce phénomène-ci avec une telle véhémence qu'il devient, en transgressant la limite de son propre corps et de ses forces, la négation de cette même volonté dans l'autre phénomène, et donc, considéré comme volonté en soi, qu'il lutte, par sa propre véhémence, contre lui-même, qu'il se déchire lui-même ; à celui-ci aussi, dis-je, cette connaissance se présente immédiatement, et non *in abstracto*, comme un sentiment obscur : c'est ce qu'on appelle le REMORDS DE CONSCIENCE <*Gewissensbiss*> ou, plus précisément en ce cas, le sentiment d'une injustice commise.

L'INJUSTICE, dont nous avons analysé le concept en son abstraction la plus générale, s'exprime *in concreto*, de la manière la plus parfaite, la plus authentique et la plus tangible, dans le cannibalisme[120]; celui-ci est son type le plus évident, le plus manifeste, l'image effrayante du plus grand conflit de la volonté avec elle-même, au plus haut degré de son objectivation, qui est l'homme. Elle s'exprime ensuite dans le meurtre; la perpétration de celui-ci est aussitôt suivie, avec une évidence effrayante, par le remords, dont nous venons d'indiquer le sens de manière abstraite et sèche, et qui inflige une blessure à jamais inguérissable à la tranquillité de l'esprit; car notre horreur face au meurtre commis, comme notre répulsion face au meurtre à commettre, correspond à l'attachement illimité à la vie, qui traverse tout vivant, précisément en tant que phénomène de la volonté de vivre. (Nous allons d'ailleurs analyser encore plus en détail ce sentiment qui accompagne la perpétration de l'injustice et du mal, c'est-à-dire le trouble de conscience <*Gewissensangst*>, en l'élevant à la clarté du concept.) Il faut considérer que la mutilation intentionnelle ou la simple blessure du corps étranger, voire tout coup porté contre celui-ci, est, selon son essence, de la même espèce que le meurtre et ne s'en distingue que par degré. — Par ailleurs, l'injustice se présente dans la soumission de l'autre individu, dans la contrainte de celui-ci à l'esclavage; enfin, dans l'attaque de la propriété d'autrui, B[laquelle, dans la mesure où elle est considérée comme le fruit de son travail, est essentiellement de la même espèce que ce dernier, et s'y rapporte comme la simple blessure au meurtre.]B

Car la PROPRIÉTÉ, qui ne saurait être enlevée à l'homme SANS INJUSTICE, ne peut être, d'après notre explication de l'injustice, que ce qui est travaillé par ses forces, et dont la privation retire par conséquent les forces de son corps à la volonté qui s'y objective, afin de les mettre au service de la volonté objectivée dans un autre corps. Ce n'est qu'ainsi que celui qui perpètre l'injustice fait cependant effraction, en s'en prenant non au corps étranger, mais à une chose inanimée qui en diffère totalement, dans la sphère de l'affirmation étrangère de la volonté, puisque les forces, le travail du corps étranger, s'identifient pour ainsi dire avec cette chose, lui sont intimement attachées. Il suit de là que tout droit de propriété authentique, c'est-à-dire moral, est exclusivement fondé sur le travail[121], comme on l'a assez généralement admis avant Kant, et comme le plus ancien des livres de loi l'exprime avec une belle évidence : « Les sages qui connaissent les temps antérieurs expliquent qu'un champ construit est la propriété de celui qui l'a déboisé, l'a nettoyé et labouré, de même qu'une antilope appartient au premier chasseur à l'avoir mortellement blessée » (*Lois de Manou*, IX, 44[122]). — Ce n'est que par la faiblesse de l'âge de Kant que je m'explique toute sa doctrine du droit, comme un curieux tissu d'erreurs s'impliquant les unes les autres, de même sa volonté de fonder le droit de propriété sur la première prise de possession. Car, comment la simple déclaration de ma volonté d'exclure les autres de l'usage d'une chose pourrait-elle m'en conférer le DROIT[123] ? Manifestement, elle nécessite elle-même un motif préalable, alors que Kant suppose qu'elle en tient lieu[124]. Et pourquoi une personne agirait-elle de manière proprement injuste, d'un point de vue moral, à ne pas respecter ces prétentions à la propriété exclusive d'une chose, prétentions qui ne sont fondées sur rien d'autre que sur leur déclaration même ? Pourquoi serait-elle inquiétée par sa conscience ? Car il est tellement clair et évident qu'il ne saurait y avoir aucune PRISE DE POSSESSION CONFORME AU DROIT <*rechtliche Besitzergreifung*>, mais seulement une APPRO-

PRIATION <*Aneignung*> conforme au droit, une ACQUISITION <*Besitzerwerbung*> de la chose, en lui consacrant des forces qui à l'origine me sont propres. En effet dans le cas où une chose, conservée par l'effort d'autrui, est travaillée, améliorée, préservée des accidents, cet effort fût-il minime et ne consistât-il que dans la cueillette ou le ramassage d'un fruit sauvage, celui qui s'en prend à cette chose soustrait visiblement à autrui le résultat de la force qu'il y a employée, asservit donc le corps non pas à la volonté d'autrui, mais à sa PROPRE VOLONTÉ, affirme sa propre volonté au-delà de son phénomène, jusqu'à la négation de la volonté d'autrui, autrement dit il commet une injustice*. — En revanche, la simple jouissance d'une chose, sans aucune manipulation ou préservation de celle-ci contre la destruction, ne confère pas davantage un droit sur elle que lorsqu'on déclare en vouloir la possession exclusive. C'est pourquoi, même si pendant un siècle une famille a pratiqué la chasse exclusive sur un domaine sans pour autant avoir fait quoi que ce soit pour son amélioration, elle ne saurait en interdire l'accès à un arrivant étranger qui voudrait alors y chasser, sans commettre une injustice morale. Le prétendu droit du premier occupant <*Präokkupationsrecht*>, selon lequel on exige, en plus de la simple jouissance d'une chose, une récompense, à savoir un droit exclusif à toute jouissance ultérieure, est dénué de tout fondement moral. À celui qui ne s'appuierait

* Pour fonder le droit de propriété naturel, il n'est donc pas nécessaire de supposer deux motifs concomitants, l'un fondé sur la POSSESSION, l'autre sur la FORMATION, car ce dernier suffit dans tous les cas. Cependant, le terme de formation n'est pas tout à fait approprié, puisque l'effort consacré à une chose ne doit pas toujours consister à donner une forme.

que sur ce droit, le nouvel arrivant pourrait répliquer à bien meilleur droit : « C'est bien parce que tu en as déjà joui si longtemps qu'il est juste que maintenant d'autres en jouissent aussi. » Il n'y a pas de possession exclusive moralement fondée pour les choses qui ne sont susceptibles d'aucune élaboration, que ce soit par amélioration ou préservation d'accidents, sinon par la cession volontaire de la part de tous les autres, par exemple pour récompenser certains autres services, ce qui cependant suppose déjà une communauté <*Gemeinwesen*> réglée par une convention, l'État. — Selon sa nature, le droit de propriété moralement[125] fondé, ainsi qu'il a été déduit plus haut, confère au propriétaire un pouvoir sur la chose aussi illimité que celui qu'il détient sur son corps ; il suit de là qu'il peut transférer sa propriété, par échange ou donation, aux autres, lesquels possèdent alors la chose avec le même droit moral que lui.

Quant à la PERPÉTRATION de l'injustice en général, elle se produit soit par la VIOLENCE, soit par la RUSE ; ce qui, du point de vue de l'essence morale, revient au même. B[Surtout pour un meurtre, cela revient moralement au même si j'use d'une dague ou d'un poison ; et de manière analogue pour toute blessure physique. Les autres cas d'injustice peuvent tous être reconduits au fait]B qu'en perpétrant l'injustice, je contrains l'individu étranger à servir ma volonté et non la sienne, à agir selon ma volonté et non selon la sienne. En usant de violence, je parviens à ce but par la causalité physique, mais en usant de ruse, par la motivation, c'est-à-dire par la causalité passée par la connaissance, donc par ceci que je propose des MOTIFS APPARENTS à sa volonté, en vertu desquels il croit suivre SA volonté alors qu'il suit la MIENNE. Comme le médium dans lequel résident les motifs est la connaissance, je ne puis faire ceci qu'en faussant sa connaissance, ce qui s'appelle MENTIR. Elle vise toujours l'influence sur la volonté d'autrui, et non uniquement sur sa seule connaissance, pour elle-même et comme telle, mais sur celle-ci en tant que simple moyen, dans la mesure où elle détermine sa volonté. Car mes mensonges eux-mêmes, en tant qu'ils procèdent de ma volonté, nécessitent un motif; or celui-ci ne saurait être que la volonté d'autrui, et non la connaissance d'autrui en et pour elle-même, car comme telle elle ne saurait jamais avoir une influence sur MA volonté, et donc elle ne saurait jamais la mouvoir, ni être un motif pour ses fins : seuls le vouloir et l'agir d'autrui peuvent en tenir lieu et par ce biais, donc de manière médiate, la connaissance d'autrui. Ceci ne vaut pas seulement pour tous les mensonges proférés par intérêt personnel manifeste, mais aussi pour ceux procédant d'une pure méchanceté qui aime à se repaître des conséquences douloureuses d'une erreur qu'elle a occasionnée chez autrui. Même la simple vantardise a pour but, en provoquant par ce biais un plus grand respect, ou une meilleure opinion chez les autres, d'influencer leur vouloir et leur agir. Le simple refus de dire la vérité, ou de s'exprimer en général, n'est pas une injustice à proprement parler, contrairement à tout récit trompeur. Celui qui refuse d'indiquer le bon chemin au voyageur égaré ne lui fait pas injustice, mais bien celui qui lui montre le mauvais chemin. — Il suit de ce qui a été dit qu'en tant que tel, tout MENSONGE, à l'instar de tout acte violent, est une INJUSTICE, car c'est comme tel qu'il a pour but d'étendre la domination de ma volonté sur d'autres individus, c'est-à-dire d'affirmer ma volonté en niant la leur, tout comme la violence. — Mais le mensonge le plus accompli est la RUPTURE DE CONTRAT, car dans ce cas, toutes les définitions évoquées sont réunies au complet. En effet, lorsque je conclus un contrat, la prestation promise par autrui constitue directement et explicitement le motif de la mienne qui en découle alors. On échange les promesses de façon formelle et réfléchie. On suppose que la vérité de ce que chacun y affirme est en son pouvoir. Si l'autre rompt le contrat, il m'a trompé et, en faisant en sorte que des motifs simplement apparents s'insinuent dans ma connaissance, il a dirigé ma volonté selon ses intentions, étendu la domination de sa volonté sur un autre individu, et donc commis une parfaite injustice. Sur cela reposent la légitimité et la validité des CONTRATS.

Celui qui commet l'injustice par la violence n'est pas aussi BLÂMABLE que celui qui la commet par la ruse, car le premier fait preuve de force physique, laquelle impressionne l'espèce humaine dans toutes les circonstances, alors que le second, en faisant usage de détours, témoigne de faiblesse, ce qui, dans le même temps, le rabaisse comme être physique et moral, et ce parce que le mensonge et la tromperie ne peuvent réussir que si celui qui les pratique les méprise et abhorre tout autant, afin de gagner la confiance d'autrui, B[sa victoire reposant sur le fait qu'on lui accorde la sincérité qu'il n'a pas. — Si la fourberie, l'infidélité et la trahison excitent partout et toujours une profonde répulsion, c'est parce que la fidélité et la sincérité sont le bandeau qui réussit, extérieurement, à restaurer l'unité de la volonté dispersée dans la multiplicité des individus, et à poser des limites à l'égoïsme qui procède de cette dispersion. L'infidélité et la trahison déchirent cet ultime bandeau extérieur et accordent ainsi un espace de jeu illimité aux conséquences de l'égoïsme.]B

Dans le contexte de nos considérations, nous avons vu que le contenu du concept d'INJUSTICE était la manière d'être de l'acte d'un individu, par lequel il étend l'affirmation de la volonté qui se manifeste par son corps jusqu'à ce qu'elle devienne la négation de la volonté qui se manifeste par les corps d'autrui. En nous appuyant sur des exemples tout à fait généraux, nous avons de même montré la limite au-delà de laquelle commence le domaine de l'injustice, tout en déterminant par quelques concepts principaux ses degrés, du plus élevé au plus bas. Par conséquent, le concept d'INJUSTICE <*Unrecht*> est le concept originaire et positif, le concept de DROIT <*Recht*>, qui lui est opposé, est le concept dérivé et négatif[126]. Car nous ne devons pas nous en tenir aux mots, mais aux concepts. De fait, on ne parlerait jamais de DROIT s'il n'y avait pas d'injustice. Le concept de droit ne contient en effet que la négation de l'injustice, et on lui subsume tout acte qui n'est pas une transgression de la limite présentée plus haut, c'est-à-dire qui n'est pas une négation de la volonté d'autrui dans le but d'affirmer avec plus de force la sienne propre. Eu égard à une détermination simplement et purement MORALE, cette limite divise ainsi le domaine tout entier des actes possibles en ceux qui relèvent de l'injustice et ceux qui relèvent du droit. Dès qu'un acte n'intervient pas, de la manière décrite plus haut, dans la sphère de l'affirmation de la volonté d'autrui en la niant, il ne relève pas de l'injustice. Ainsi par exemple, le refus d'assister autrui pris dans une grande détresse, la sereine contemplation de la mort d'autrui par la faim alors qu'on vit soi-même dans l'abondance, sont certes cruels et diaboliques, mais ne constituent pas une injustice; or on peut affirmer avec une totale certitude que celui qui s'avère capable de pousser l'insensibilité et la dureté à un tel degré commettra assurément n'importe quelle injustice dès qu'il en aura le souhait et qu'aucune entrave ne l'en empêche.

Le concept de droit, comme négation de l'injustice, a cependant trouvé son application principale, et sans doute également son origine, dans les cas où la tentative de commettre une injustice est refoulée par la violence, bien que cette violence qui s'y exerce, considérée en elle-même et comme détachée, serait une injustice, et ne serait justifiée que par son motif, devenant ainsi un droit. Lorsqu'un individu, dans l'affirmation de sa propre volonté, va jusqu'à pénétrer la sphère de l'affirmation de ma volonté essentielle à ma personne comme telle, en la niant de cette manière, mon refoulement de cette intrusion n'est que la négation de cette négation, et, dans cette mesure, ce refoulement n'est rien d'autre pour moi que l'affirmation de la volonté qui se phénoménalise essentiellement et originairement par mon corps dont la simple phénoménalisation d'ailleurs exprime déjà *implicite* cette volonté : par conséquent, il n'est pas une injustice, mais un DROIT. Cela signifie : j'ai alors le DROIT de nier cette négation étrangère par le biais de la force nécessaire à son abolition, ce qui, on le voit aisément, peut aller jusqu'au meurtre de l'individu étranger, dont l'atteinte qu'il me porte, en tant que violence extérieure envahissante, peut être refoulée par le biais d'une réaction surpassant légèrement sa violence, sans aucune injustice, et donc à bon droit ; parce que tout ce qui arrive de mon côté ne se situe toujours que dans la sphère de l'affirmation de la volonté essentielle à ma personne comme telle — laquelle personne exprime déjà par elle-même cette affirmation qui constitue le théâtre de cette lutte —, ne pénètre pas la sphère d'autrui, n'est donc que la négation de la négation, c'est-à-dire une affirmation, et non une négation lui-même. Je peux donc, SANS INJUSTICE, contraindre la volonté étrangère qui nie ma volonté — telle qu'elle se phénoménalise par mon corps et par l'usage des forces de celui-ci dans le but de sa conservation sans négation d'une quelconque volonté étrangère qui respecte les mêmes limites —, à renoncer à cette négation, c'est-à-dire que je possède, dans cette mesure, un DROIT DE CONTRAINTE.

Dans tous les cas où je possède un droit de contrainte, un droit total d'user de VIOLENCE contre autrui, je peux, à la mesure des circonstances, tout aussi bien opposer à la violence étrangère la RUSE sans commettre d'injustice, et j'ai ainsi un réel DROIT AU MENSONGE AUSSI ÉTENDU QUE MON DROIT À LA CONTRAINTE[127]. C'est pourquoi, celui qui assure à un voleur qui le fouille dans la rue qu'il n'a rien sur lui est dans son bon droit ; de même, celui qui par un mensonge attire un cambrioleur qui s'est introduit chez lui dans la cave pour l'y enfermer. Celui qui est fait prisonnier et enlevé par des brigands, par exemple par des barbaresques, a le droit, dans le but de se libérer, de les tuer non seulement par un acte violent explicite, mais aussi par quelque stratagème perfide. — C'est aussi la raison pour laquelle une promesse obtenue par violence physique directe n'oblige absolument pas, parce que celui qui est sujet à cette contrainte peut, à bon droit, se défaire des bourreaux par le meurtre ou, bien entendu, par la tromperie. Celui qui ne parvient pas à récupérer ses biens par la violence ne commet pas d'injustice s'il le fait par une ruse. Et si quelqu'un perd l'argent qu'il m'a volé au jeu, j'ai même le droit d'utiliser des dés truqués, car tout ce que je peux lui soutirer m'appartient déjà. Celui qui voudrait nier ce fait devrait à plus forte raison nier la légitimité des ruses de guerre, B[lesquelles sont des mensonges de fait et confirment le mot de la reine Christine de Suède : « Il ne faut en rien croire les paroles des hommes, et à peine leurs actes ».]B — Voilà combien ténue est la frontière entre le droit et l'injustice. Par ailleurs, je tiens pour superflu de montrer que tout ceci coïncide entièrement avec ce qui a été dit plus haut sur l'illégitimité <*Unrechtmässigkeit*> du mensonge et de la violence, et sert également à élucider les théories étranges sur le droit au mensonge*.

D'après ce qui précède, l'injustice et le droit ne sont que des déterminations MORALES[128], c'est-à-dire des déterminations qui n'ont de validité que par rapport à la considération de l'agir humain comme tel et par rapport à la SIGNIFICATION INTIME DE CET AGIR EN LUI-MÊME. Cette signification se déclare immédiatement à la conscience en ce que, d'une part, le fait de commettre une injustice est accompagné par une douleur interne, qui est la conscience simplement sensible qu'a celui qui commet l'injustice de la force excessive de l'affirmation de la volonté en lui, laquelle force peut aller jusqu'au degré de la négation du phénomène de la volonté d'autrui, et aussi la conscience qu'il a d'être différent de celui qui subit l'injustice, mais qu'en soi il lui est identique. L'analyse plus poussée de cette signification intime de tout trouble de conscience ne peut être donnée que plus bas[129]. D'autre part, celui qui subit l'injustice est douloureusement conscient de la négation de sa volonté — laquelle s'exprime d'emblée par son corps et les besoins naturels de celui-ci, et pour la satisfaction desquels la nature le renvoie aux forces de ce corps même —, de même qu'il est conscient qu'il pourrait refouler cette néga-

* On trouvera d'autres analyses de la doctrine du droit ici présentée dans mon *Mémoire sur le fondement de la morale*, § 17.

tion par tous les moyens sans commettre d'injustice, si la force ne lui faisait pas défaut. Cette signification purement morale[130] est la seule que revêtent le droit et l'injustice pour les hommes en tant qu'hommes, et non comme citoyens ; c'est elle, par conséquent, qui demeurerait également dans l'état de nature dénué de toute loi positive, et qui constitue le fondement et le contenu de tout ce qu'on a appelé pour cette raison DROIT NATUREL, mais qu'on ferait mieux d'appeler droit moral[131], car sa validité ne s'étend pas à la souffrance, à la réalité extérieure, mais seulement à l'agir et à la connaissance de soi de sa volonté individuelle, connaissance qui naît de cette souffrance et s'appelle CONSCIENCE MORALE <*Gewissen*> ; mais dans l'état de nature, ce droit naturel ne peut pour chaque cas s'appliquer à l'extérieur, à d'autres individus, ni empêcher que la violence domine au lieu du droit. Car dans l'état de nature, il ne dépend toujours que de chacun de ne pas COMMETTRE d'injustice, mais il ne dépend nullement de chacun de ne pas PÂTIR d'une injustice dans tous les cas, ce qui dépend de sa force contingente, extérieure. C'est pourquoi les concepts de droit et d'injustice valent certes également pour l'état de nature et ne sont aucunement de convention, mais ils n'y valent qu'en tant que concepts MORAUX, pour l'autoconnaissance de la volonté individuelle en chacun. Car sur l'échelle des degrés extrêmement divers de la force selon lesquels la volonté de vivre s'affirme dans les individus humains, ils sont comme le point zéro sur le thermomètre, à savoir le point où l'affirmation de la volonté individuelle devient la négation de la volonté d'autrui, c'est-à-dire le point qui indique le degré de la véhémence de sa volonté, uni au degré d'implication de la connaissance dans le *principium individuationis* (lequel est la forme de la connaissance, entièrement au service de la volonté), par le fait de commettre une injustice. Or, celui qui voudrait écarter ou nier le point de vue purement moral sur l'action humaine, et ne considérer l'action que d'après son efficacité extérieure et ses résultats, peut assurément, avec Hobbes, interpréter le droit et l'injustice comme des déterminations conventionnelles arbitrairement posées et donc n'existant pas du tout en dehors de la loi positive[132], et nous ne pourrions jamais lui enseigner par l'expérience extérieure ce qui n'y appartient pas ; de même que nous ne pourrions jamais montrer un point sans étendue ni une ligne sans largeur à ce même Hobbes, lequel caractérise très curieusement sa manière parfaitement empirique de penser en contestant dans son livre *De principiis Geometrarum*[133] toutes les mathématiques pures au sens strict et en affirmant obstinément que le point a une étendue et la ligne une largeur ; autrement dit, nous ne pourrions pas plus lui enseigner l'apriorité des mathématiques que l'apriorité du droit, puisqu'il se ferme à toute connaissance non empirique.

La pure DOCTRINE DU DROIT est ainsi un chapitre de la MORALE et ne se réfère directement qu'à l'AGIR <*Tun*>, et non au PÂTIR <*Leiden*>. Car l'agir seul est l'expression de la volonté, et c'est celle-ci seule que la morale considère. Le pâtir est un pur événement donné <*Begebenheit*> : ce n'est qu'indirectement que la morale peut aussi prendre en considération le pâtir, à savoir dans le seul cas où elle entend prouver que ce qui arrive simplement dans le but d'éviter de pâtir d'une injustice ne revient pas à commettre une injustice. — La réalisation de ce chapitre de la morale aurait pour contenu la détermination précise de la limite jusqu'à laquelle un individu peut aller dans l'affirmation de la volonté qui se trouve déjà objectivée dans son corps sans que cela se transforme en négation de cette même volonté, si tant est que celle-ci se phénoménalise dans un autre individu ; ensuite, la détermination des actions qui transgressent cette limite et constituent donc une injustice et peuvent, pour cette raison, être à leur tour refoulées sans injustice. Ces considérations porteraient ainsi toujours sur l'AGIR individuel.

Or, c'est dans l'expérience extérieure, en tant qu'événement donné, qu'apparaît le fait de PÂTIR D'UNE INJUSTICE, et c'est dans celui-ci que se manifeste avec plus d'évidence qu'ailleurs, comme je l'ai dit, le phénomène du conflit de la volonté de vivre avec elle-même, et ce conflit procède tant de la multiplicité des individus que de l'égoïsme, tous deux étant déterminés par le *principium individuationis* qui, pour la connaissance de l'individu, constitue la forme du monde comme représentation. Nous avons également vu plus haut qu'une très grande partie de la souffrance inhérente à la vie humaine trouve dans ce conflit entre individus sa source toujours intarissable.

Mais la raison qui est commune à tous ces individus et leur permet de connaître non seulement le cas singulier, comme chez les animaux, mais aussi de connaître abstraitement le tout dans sa cohérence, a tôt fait de leur apprendre à discerner la source de cette souffrance, et de leur faire considérer le moyen de la réduire, voire de la supprimer, par le biais d'un sacrifice collectif, lequel se trouve cependant surpassé par l'avantage qui en découle pour la communauté. Car, bien que le fait de commettre une injustice, le cas échéant, soit agréable à l'égoïsme de l'individu, il n'en trouve pas moins un corrélat nécessaire dans le fait que pâtisse d'une injustice un autre individu, lequel en ressent une grande douleur. Et lorsque la raison qui pense le tout s'écarte du point de vue unilatéral de l'individu auquel elle appartient et se défait pour un instant de ce qui l'y attachait, elle voit comment, chez un individu, la jouissance propre à l'acte de commettre une injustice est à chaque fois surpassée par une douleur proportionnellement plus grande propre au fait, pour l'autre, de pâtir de l'injustice. Comme dans ces cas tout est remis au hasard, cette raison constate par ailleurs que chacun aurait alors à redouter que la jouissance propre à l'acte occasionnel de commettre une injustice ne lui revienne bien plus rarement que la douleur propre au fait de pâtir de l'injustice. La raison reconnaît à partir de là que tant pour diminuer la souffrance répandue sur tous que pour la distribuer équitablement au possible, le meilleur et seul moyen est d'épargner à tous la douleur de pâtir d'une injustice, en les privant également de la jouissance obtenue par l'acte de commettre une injustice. — Ce moyen donc, facilement élaboré et progressivement amélioré par un égoïsme qui procède méthodiquement grâce à l'usage de la raison tout en abandonnant sa perspective unilatérale, c'est le CONTRAT SOCIAL <*Staatsvertrag*> ou la LOI. J'en donne ici l'origine, comme l'avait déjà fait Platon dans la *République*. Cette origine, en effet, est essentiellement la seule, et elle est posée par la nature de la chose. Aussi, jamais l'État ne pourrait dans aucun pays en avoir une autre, car ce n'est précisément que ce type de genèse, cette finalité, qui en fait un État. Cependant, il importe peu si la situation qui précédait tel peuple déterminé était celle d'une foule de sauvages indépendants les uns des autres (anarchie), ou d'une foule d'esclaves arbitrairement dominée par le plus fort (tyrannie). Dans les deux cas il n'y avait pas encore d'État: ce n'est que par cet accord qu'il est engendré, et selon que cet accord est plus ou moins pur d'anarchie ou de tyrannie, l'État est plus ou moins parfait. B[Les républiques tendent à l'anarchie, les monarchies à la tyrannie, la voie moyenne des monarchies constitutionnelles, élaborée pour cette raison, tend à la domination des factions. Pour fonder un État parfait, il faudrait commencer par créer des êtres dont la nature permette de constamment sacrifier leur propre bien-être au bien-être public.]B Cm[En attendant, on parvient déjà à certains buts s'il existe UNE SEULE famille dont le bien-être est tout à fait inséparable de celui du pays, en sorte que, du moins pour ce qui touche les affaires principales, elle ne saurait promouvoir l'un sans promouvoir aussi l'autre. C'est sur cela que reposent la force et l'avantage de la monarchie héréditaire.]Cm

Or, tout comme la morale concerne exclusivement l'ACTE de faire la justice ou de commettre une injustice, et tout comme elle peut, avec précision, signifier à celui qui, par exemple, est déterminé à ne pas commettre d'injustice, les limites de son agir, la théorie de l'État <*Staatslehre*>, la théorie de la législation <*Gesetzgebung*>, à l'inverse, concerne exclusivement le fait de PÂTIR d'une injustice, et elle ne se soucierait jamais de l'ACTE de commettre une injustice si celui-ci n'allait pas sans son corrélat toujours nécessaire, le fait de pâtir d'une injustice, lequel, comme un ennemi qui doit être contré, doit requérir toute son attention. Et s'il existait un acte injuste qui n'aurait pas son pendant dans le fait de pâtir d'une injustice, l'État, en toute rigueur, ne l'interdirait pas. — Puisque, par ailleurs, pour la MORALE, l'objet de l'examen, le seul qui soit réel, c'est la volonté, la disposition, elle considère comme strictement équivalentes la volonté ferme de commettre une injustice, que seule une puissance extérieure retient et neutralise, et l'injustice effectivement perpétrée, et devant son tribunal, elle condamnera pour injustice le sujet de cette volonté. En revanche, l'État ne se soucie aucunement de la volonté et de la disposition en tant que tels, mais seulement de l'ACTE (qu'il soit tenté ou exécuté), en raison du corrélat de celui-ci, de son pendant qui est le PÂTIR[134]; pour l'État, seul l'acte, l'événement donné, est donc réel : on n'explore la disposition <*Gesinnung*>, l'intention <*Absicht*> que dans la mesure où on peut y reconnaître la signification de l'acte. C'est pourquoi l'État n'interdira à personne de penser sans cesse à tuer et à empoisonner une autre personne, pour autant qu'il sait avec certitude que la crainte du glaive et de la roue entrave durablement les conséquences de ce vouloir. L'État n'a pas non plus le projet insensé d'éradiquer le penchant à commettre une injustice, la disposition méchante ; il opposera simplement à chaque motif de perpétrer une injustice un autre motif, prépondérant, pour s'en abstenir, à savoir l'inévitable châtiment. Cm[Aussi le code pénal est-il un catalogue assez complet de motifs opposés à tous les actes criminels supposés possibles — tous deux *in abstracto*, afin de pouvoir procéder, le cas échéant, à l'application *in concreto*.]Cm Or c'est dans ce but que la doctrine de l'État, ou la législation, va emprunter à la morale ce chapitre qui est la doctrine du droit, et qui, à côté de la signification interne du droit et de l'injustice, détermine leur frontière exacte, mais ce uniquement pour utiliser l'envers de la morale, pour considérer depuis l'autre côté toutes les limites désignées par la morale comme à ne pas dépasser si on ne veut pas AGIR avec injustice, comme les limites dont on ne saurait accepter qu'autrui les dépasse si on ne veut pas PÂTIR d'une injustice, et dont on a par conséquent le DROIT de refouler autrui ; c'est la raison pour laquelle, depuis le côté éventuellement passif, on fortifie ces limites par des lois. Par conséquent, de même que, de manière assez amusante, on a appelé l'historien un prophète à rebours, le théoricien du droit est un moraliste à rebours, et c'est aussi pourquoi la doctrine du droit au sens véritable, c'est-à-dire la doctrine des DROITS qu'on peut revendiquer, est la morale à rebours, au chapitre où celle-ci enseigne les droits qu'il ne faut pas violer. Le concept d'injustice et de sa négation du droit, concept d'origine MORALE[135], devient JURIDIQUE par le transfert du point de départ du côté actif vers le côté passif, c'est-à-dire par une inversion. À côté de la doctrine du droit de Kant, lequel, à partir de son impératif catégorique, déduit très à tort l'institution de l'État comme un devoir moral, c'est ce fait qui récemment a pu parfois occasionner l'illusion fort curieuse que l'État serait un organisme pour promouvoir la moralité, qu'il naîtrait de l'aspiration à celle-ci et qu'il serait donc dirigé contre l'égoïsme. Comme si la disposition intérieure, à laquelle seule peut revenir la moralité ou l'immoralité, la volonté éternellement libre, pouvait être modifiée depuis l'extérieur et transformée par une influence ! Encore plus faux est le théorème selon lequel l'État serait la condition de la liberté au sens moral[136] et par là de la moralité[137], alors que la liberté, située au-delà du phénomène, l'est *a fortiori* au-delà des institutions humaines. Comme nous l'avons dit, l'État est si peu dirigé contre l'égoïsme en général et comme tel que, bien au contraire, il provient de cet égoïsme de tous qui est conscient de lui-même, procède méthodiquement, passe de la perspective unilatérale à l'universelle, devient collectif par totalisation. L'État n'existe que pour servir cet égoïsme et il a été institué selon la présupposition exacte qu'on ne saurait compter sur l'existence de la moralité pure, c'est-à-dire sur un agir juste accompli d'après des raisons morales; autrement, il serait d'ailleurs lui-même superflu. Ce n'est donc aucunement contre l'égoïsme, mais seulement contre les conséquences désavantageuses et mutuelles de l'égoïsme, lesquelles résultent de la multiplicité des individus égoïstes en perturbant leur bien-être, que l'État est dirigé, avec pour but ce bien-être même. B[C'est pourquoi Aristote disait déjà (*De Rep.*, III): Τέλος μὲν οὖν πόλεως τὸ εὖ ζῆν. τοῦτο δ' ἐστὶν τὸ ζῆν εὐδαιμόνως καὶ καλῶς]B C[(*Finis civitatis est bene vivere, hoc autem est beate et pulchre vivere*)]C [La fin d'une cité c'est donc la vie heureuse, c'est cela, selon nous, mener une vie bienheureuse et belle[138]]. Hobbes a également donné une analyse juste et excellente de l'origine et du but de l'État[139]; B[ce but est aussi désigné par le vieux principe de tout ordre politique, *salus publica prima lex esto* [le salut public doit être la première loi[140]].]B — Si l'État réalisait complètement son but, il produirait le même phénomène que le règne général d'une parfaite justice de la disposition. Cependant, l'essence intime et l'origine de ces deux phénomènes seraient inversées. Dans le second cas, l'origine serait que personne ne voulait AGIR avec injustice, mais dans le premier, ce serait que personne ne voulait PÂTIR d'une injustice, les moyens requis pour atteindre ce but ayant été pleinement utilisés. On peut ainsi décrire la même ligne depuis deux directions opposées: un prédateur avec une muselière est aussi inoffensif qu'un animal herbivore. — Mais l'État ne saurait aller au-delà de ce point: il ne saurait indiquer un phénomène comme celui qui naîtrait de la bienveillance générale et réciproque, de l'amour. En effet, nous venons de voir qu'il est dans la nature de l'État de ne pas interdire un acte injuste qui n'aurait pas son pendant dans le fait de pâtir d'une injustice, et ce n'est qu'en vertu de cette impossibilité qu'il empêche tout acte injuste ; à l'inverse, selon sa tendance portée sur le bien-être de tous, il veillerait volontiers à ce que chacun BÉNÉFICIE de la bienveillance et des œuvres philanthropiques en tout genre, si celles-ci n'avaient pas également leur corrélat inévitable dans l'ACCOMPLISSEMENT de bienfaits et d'œuvres charitables, chaque citoyen de l'État voulant alors revêtir le rôle passif, et aucun le rôle actif, lequel ne saurait être attribué à bonne raison à telle personne plutôt qu'à une autre. Par conséquent, on ne peut obtenir PAR CONTRAINTE que le négatif, à savoir le DROIT, précisément, et non le positif, qu'on a parfois nommé devoirs de charité <*Liebespflichten*>, ou devoirs imparfaits <*unvollkommene Pflichten*>[141].

Comme nous l'avons dit, la législation emprunte la pure doctrine du droit, ou la doctrine de l'essence et des limites du droit et de l'injustice, à la morale[142], afin de l'utiliser à l'envers pour ses propres fins qui sont étrangères à la morale, et d'instituer par là une législation positive ainsi que les moyens de la maintenir, bref d'instituer l'État. La législation positive est donc la doctrine du droit purement morale[143] utilisée depuis son envers. Cette utilisation peut se faire au regard des conditions et des circonstances particulières d'un peuple déterminé. Mais ce n'est que si la législation positive est, pour l'essentiel, complètement déterminée selon les instructions de la pure doctrine du droit, et si, pour chacun de ses règlements, on peut en montrer le fondement dans la pure doctrine du droit, que la législation ainsi créée est véritablement un DROIT POSITIF, et l'État une société CONFORME AU DROIT <*rechtlicher Verein*>, ÉTAT au sens authentique du mot : une institution non pas immorale, mais moralement recevable. En revanche, dans le cas contraire, la législation positive est la fondation d'une INJUSTICE POSITIVE ; elle est alors elle-même une injustice obtenue par contrainte et publiquement admise. Il en va ainsi de toute tyrannie, de la constitution de la plupart des empires musulmans, et même de certaines parties de nombreuses constitutions, comme par exemple le servage, la corvée, etc. — La pure doctrine du droit, ou le droit naturel, mieux le droit moral, se trouve à la racine de toute législation positive de droit, quoique ce soit toujours par inversion, de la même façon que la mathématique pure se trouve à la racine de toute branche de la mathématique appliquée. Les points les plus importants de la pure doctrine du droit, tels que la philosophie doit, dans ce but, la transmettre à la législation, sont les suivants : 1) Explication de la signification interne et véritable, et de l'origine, des concepts d'injustice et de droit, ainsi que de leur utilisation et de leur place dans la morale. 2) La déduction du droit de propriété. 3) La déduction de la validité morale des contrats, car ceux-ci sont la base morale du contrat d'État. 4) L'explication de la création et de la finalité de l'État, du rapport de cette finalité à la morale, et du transfert, nécessaire suite à ce rapport, de la doctrine morale du droit vers la législation par le biais d'une inversion. 5) La déduction du droit pénal. — Le reste du contenu de la doctrine du droit n'est que la simple application de ces principes, la détermination plus précise des limites du droit et de l'injustice, dans toutes les situations possibles de la vie, lesquelles sont par conséquent réunies et ordonnées selon certains points de vue et titres. Dans ces doctrines particulières, les traités de droit pur concordent assez bien entre eux ; ce n'est que dans les principes qu'ils diffèrent beaucoup, car ces principes dépendent toujours de tel ou tel système philosophique. Après avoir, en conformité avec le nôtre, exposé brièvement dans leur généralité, mais en les déterminant clairement, les quatre premiers de ces points principaux, il nous faut encore évoquer de la même manière le droit pénal.

Kant pose l'affirmation foncièrement fausse qu'en dehors de l'État, il n'y aurait pas de droit de propriété achevé[144]. Selon notre déduction faite plus haut, la propriété existe également dans l'état de nature, selon un droit parfaitement naturel, c'est-à-dire un droit moral, lequel ne saurait être violé sans injustice, mais peut être, sans injustice, défendu jusqu'au bout. Par contre, il est certain qu'il n'y a pas de DROIT PÉNAL en dehors de l'État. Tout droit de punir est exclusivement fondé sur la loi positive, laquelle a fait correspondre un châtiment <*Strafe*> à un délit PRÉALABLEMENT à celui-ci ; la menace de ce châtiment, à titre de motif opposé, est censée prévaloir sur tous motifs éventuels inclinant à ce délit. Il faut considérer cette loi positive comme entérinée et admise par tous les citoyens de l'État. Elle se fonde ainsi sur un contrat commun dont l'exécution, en toutes circonstances, c'est-à-dire l'application du châtiment d'un côté et l'acceptation de celui-ci de l'autre, revient obligatoirement aux membres de l'État ; c'est pourquoi l'acceptation peut, à bon droit, être obtenue par contrainte. Par conséquent, l'immédiate FINALITÉ DU CHÂTIMENT pour un cas singulier est L'EXÉCUTION DE LA LOI COMME CONTRAT. La LOI a pour seule finalité de dissuader l'atteinte au droit d'autrui ; car c'est bien pour que chacun soit protégé du fait de pâtir d'une injustice qu'on s'est uni en État, renonçant aux actes injustes et acceptant les charges liées au maintien de l'État. La loi donc, et son application, le châtiment, portent essentiellement sur l'AVENIR, et non sur le PASSÉ. C'est ce qui distingue essentiellement le CHÂTIMENT de la VENGEANCE, laquelle est seule motivée par ce qui s'est passé, c'est-à-dire le passé comme tel. Toute rétribution d'une injustice infligeant une douleur sans finalité future ressort de la vengeance et ne saurait avoir d'autre but que de se consoler de la souffrance subie par la vue de la souffrance d'autrui qu'on lui a infligée. C'est là de la méchanceté et de la cruauté qu'on ne saurait éthiquement justifier. L'injustice qu'une personne commet contre moi ne m'autorise aucunement à commettre une injustice contre elle. La rétribution du mal par le mal, sans autre intention, n'est pas morale, ni d'ailleurs justifiable par un quelconque motif raisonnable, et le *jus talionis*, érigé en principe autonome et ultime du droit pénal, est vide de sens. C'est pourquoi la théorie kantienne du châtiment <*Strafe*> comme simple rétribution <*Vergeltung*> au nom de la rétribution est une opinion totalement absurde et fausse[145]. C[Et pourtant elle continue de hanter les écrits de nombreux légistes, au milieu de phrases élégantes en tout genre qui ne sont qu'un verbiage creux, comme : le châtiment permet d'expier le crime, ou de le neutraliser et de l'abolir, etc. Or aucun homme n'a le droit de s'ériger en juge purement moral, de réclamer rétribution, et de s'en prendre aux méfaits d'autrui en lui infligeant une douleur, c'est-à-dire en lui imposant pénitence. Ce serait là une prétention bien présomptueuse ; d'où la parole biblique : « C'est moi qui ferai justice, moi qui rétribuerai, dit le Seigneur[146]. » Par contre, l'homme a le droit de s'occuper de la sécurité de la société, ce qui ne peut se faire qu'en proscrivant tous les actes désignés par le mot de « criminels », et en les prévenant par les motifs opposés que sont les châtiments dont on brandit la menace, cette menace n'étant efficace que par son application, le cas échéant. Que la finalité du châtiment, ou plus exactement de la loi pénale, soit ainsi de dissuader du crime, est une vérité si universellement admise, voire évidente par elle-même, qu'en Angleterre on la trouve exprimée dans la conclusion de la très vieille formule d'accusation (*indictment*) dont se sert aujourd'hui encore l'avocat de la Couronne dans des affaires criminelles : *if this be proved, you, the said N. N., ought to be punished with pains of law, to deter others from the like crimes, in all time coming* [si cela devait être prouvé, vous, le nommé N. N., serez puni des peines prévues par la loi, afin de détourner les autres de pareils crimes, dans tous les temps futurs[147]].]C[148] — C'est la finalité future qui distingue le châtiment de la vengeance, la première ne revêtant cette finalité que lorsqu'elle est appliquée DANS LE BUT D'EXÉCUTER UNE LOI, exécution qui par là même s'annonce comme également inévitable pour tout cas futur et maintient ainsi la force de dissuasion de la loi, en quoi réside précisément sa finalité. — Un kantien ne manquerait pas d'objecter ici que selon cette conception, le criminel puni ne serait utilisé que « comme un MOYEN ». Cette proposition, inlassablement répétée par tous les kantiens (« il ne faut pas jamais traiter un homme comme un moyen, mais toujours comme fin »), en impose certainement et convient donc parfaitement à tous ceux qui aiment disposer d'une formule qui les dispense de réfléchir davantage ; or à la regarder de plus près, c'est une maxime extrêmement vague et indéterminée, n'atteignant son intention que de manière fort indirecte, et qui, dans chaque cas où elle est appliquée, nécessite au préalable explications, déterminations et modifications particulières, mais qui, prise dans un sens aussi général, est insuffisante, insignifiante et, de surcroît, problématique. Or, l'assassin qui, selon la loi, est tombé sous la peine de mort doit alors sans doute aucun être utilisé à bon droit comme un simple MOYEN. Car la sécurité publique, finalité principale de l'État, se trouve perturbée par lui, voire abolie si la loi n'est pas exécutée : il doit maintenant, avec toute sa vie et sa personne, être le MOYEN pour exécuter la loi et, par là, pour rétablir la sécurité publique, et il le devient à bon droit, dans le but d'appliquer le contrat d'État, auquel il avait également souscrit dans la mesure où il était citoyen de cet État, et suite auquel, pour jouir de la sécurité de sa vie, de sa liberté et de ses biens, il avait donné en gage pour la sécurité de tous sa vie, sa liberté et ses biens, ce gage étant maintenant arrivé à échéance.

Cette théorie du châtiment ici avancée, qui tombe tout de suite sous le bon sens, n'est pas, bien entendu, pour le principal, une pensée nouvelle, mais seulement une pensée presque refoulée par des erreurs nouvelles, d'où la nécessité de la présenter le plus clairement possible. Cette même théorie est déjà contenue pour l'essentiel dans ce qu'en dit Puffendorf dans *De officio hominis et civis*, livre II, chap. 13[149]. Hobbes, dans le *Léviathan*, chap. 15 et 28[150], abonde également dans son sens. B[De nos jours, on sait que c'est Feuerbach qui l'a défendue[151].]B Elle se trouve même déjà dans les sentences des philosophes antiques : Platon l'expose clairement dans le *Protagoras* (p. 114, *edit. Bip.*[152]), dans le *Gorgias* (p. 168) et enfin au livre XI des *Lois* (p. 165). Sénèque exprime parfaitement l'opinion de Platon et la théorie de tout châtiment par ces quelques mots : *nemo prudens punit, quia peccatum est; sed ne peccetur* [aucun homme raisonnable ne punit parce qu'une faute a été commise ; mais pour qu'elle ne le soit plus[153]] (*De ira, I, 16*).

Nous avons ainsi appris à voir dans l'État le moyen par lequel l'égoïsme, armé de raison, cherche à éviter ses propres conséquences fâcheuses qui se retourneraient contre lui, chacun favorisant ainsi le bien-être de tous car il voit que son propre bien-être y est impliqué. Si l'État devait pleinement atteindre sa finalité, et puisque, par les forces humaines unies en lui, il sait plus ou moins asservir aussi le reste de la nature, on pourrait finir par créer, en éliminant toutes les espèces de maux, quelque chose qui serait proche d'un pays de cogagne. Or, d'une part il est toujours encore fort éloigné de ce but ; d'autre part, d'innombrables maux, tout à fait essentiels à la vie — parmi lesquels, fussent-ils tous écartés, l'ennui finirait par occuper immédiatement chaque place laissée vacante par les autres —, ne cesseraient pas de maintenir cette vie dans la souffrance ; par ailleurs, l'État ne saurait jamais entièrement abolir la discorde entre les individus, car celle-ci vient taquiner à petite échelle là où elle est proscrite à grande échelle ; enfin, l'*Eris* chassée avec succès du dedans finit par se tourner vers le dehors : bannie comme conflit entre les individus par l'institution de l'État, elle revient du dehors comme guerre entre les peuples et réclame alors en grand et en une seule fois, comme une dette accumulée, les victimes sanglantes qu'on lui avait refusées, par de prudentes mesures préventives, dans le détail. B[Et même si on supposait que tout cela puisse enfin être dépassé et écarté par une intelligence pratique appuyée sur l'expérience plusieurs fois millénaire, c'est finalement la véritable surpopulation de toute la planète qui en serait le résultat dont seule une imagination téméraire pourrait se représenter dès maintenant les maux terribles qu'il implique*.]B

§ 63

Nous avons pu voir que la JUSTICE TEMPORELLE <*zeitliche Gerechtigkeit*>, qui a son siège dans l'État, est rétributive ou punitive, et qu'une telle justice ne devient justice qu'au regard de l'AVENIR, car sans ce rapport, tous les châtiments et toutes les rétributions pour un méfait ne seraient que l'ajout d'un deuxième mal à ce qui s'est passé, sans aucune raison ni signification. Il en va tout autrement avec la JUSTICE ÉTERNELLE <*ewige Gerechtigkeit*>, déjà évoquée précédemment ; elle ne règne pas sur l'État, mais sur le monde, ne dépend pas des institutions humaines, n'est pas soumise au hasard ni à l'illusion, n'est pas incertaine, hésitante, sujette à l'erreur, mais infaillible, solide et certaine. — Le concept de rétribution inclut déjà le temps, raison pour laquelle la JUSTICE ÉTERNELLE ne saurait être une justice rétributive accordant un sursis ou un délai et nécessitant du temps pour subsister, ne pouvant compenser un acte fâcheux par sa conséquence fâcheuse que par le moyen du temps. Dans le cas de la justice éternelle, le châtiment doit être tellement lié au délit que tous deux ne font plus qu'un.

* Voir sur ce sujet le chap. 47 du tome II.

B[Δοκεῖτε πηδᾷν τἀδικήματ' εἰς θεούς
Πτεροῖσι, κἄπειτ' ἐν Διὸς δέλτου πτυχαῖς
Γράφειν τιν' αὐτὰ, Ζῆνα δ' εἰσορῶντά νιν
Θνητοῖς δικάζειν; Οὐδ' ὁ πὰς (ἂν) οὐρανός,
Διὸς γράφοντος τὰς βροτῶν ἁμαρτίας,
'Εξαρκέσειεν, οὐδ' ἐκεῖνος ἂν σκοπῶν
Πέμπειν ἑκάστῳ ζημίαν· ἀλλ' ἡ Δίκη
'Ενταῦθα που 'στὶν ἐγγύς, εἰ βούλεσθ' ὁρᾷν
Eurip., ap. Stob. Ecl. I, c. 4.]B

Cm[*(Volare pennis scelera ad aetherias domus
Putatis, illic in Jovis tabularia
Scripto referri ; tum Jovem lectis super
Sententiam proferre ? — sed mortalium
Facinora coeli, quantaquanta est, regia
Nequit tenere : nec legendis Jupiter
Et puniendis par est. Est tamen ultio,
Et, si intuemur, illa nos habitat prope.)*]Cm

[Croyez-vous que les fautes s'envolent à tire-d'aile jusqu'aux dieux, et qu'ensuite quelqu'un les inscrit sur les volets des tablettes de Zeus, et que Zeus, jetant les yeux sur elles, rend la justice aux mortels ? Mais le ciel tout entier, si Zeus voulait y inscrire les fautes des mortels, n'y suffirait pas : il ne pourrait non plus les examiner et envoyer à chacun son châtiment. Non, la Justice est ici-bas, quelque part tout près, si vous désirez la voir[154].]

Une telle justice éternelle réside réellement dans l'essence du monde : voilà ce que saisira dans toute son évidence celui qui a compris toute notre pensée développée jusqu'ici.

Le phénomène, l'objectité de la seule volonté de vivre, c'est le monde, dans toute la variété de ses parties et de ses formes. L'existence elle-même, ainsi que l'espèce d'existence, dans sa totalité comme dans ses parties, n'est qu'à partir de la seule volonté.

Elle est libre, elle est toute-puissante. Dans chaque chose, la volonté apparaît exactement telle qu'elle se détermine en soi et hors du temps. Le monde n'est que le miroir de ce vouloir, et toute la finitude, toute la souffrance, tous les tourments que contient le monde appartiennent à l'expression de ce qu'il veut, et sont tels parce qu'il le veut. C'est donc de façon rigoureusement juste que chaque être endure l'existence en général, ensuite l'existence de son espèce et de son individualité particulière, telle qu'elle est, et sous les conditions telles qu'elles sont, dans un monde tel qu'il est, dominé par le hasard et l'illusion, temporel, éphémère, souffrant toujours, et dans tout ce qui lui arrive et ne peut d'ailleurs que lui arriver, justice lui est rendue. Car la volonté est sienne, et telle qu'est la volonté, tel est le monde. Cm[La responsabilité pour l'existence et la nature de ce monde ne peut être assumée par aucune autre instance que par le monde lui-même, car, autrement, comment cette instance aurait-elle pu s'en charger ? — Si on veut savoir ce que les hommes valent, d'un point de vue moral, dans l'ensemble et dans le général, il faut considérer leur destin, dans l'ensemble et dans le général. Ce destin est le manque, la misère, la désolation, le tourment et la mort. C'est le règne de la justice éternelle : si, pris dans l'ensemble, ils n'étaient pas aussi indignes, leur destin, pris dans l'ensemble, ne serait pas aussi triste. Nous pouvons dire dans ce sens que le monde lui-même est le jugement dernier[155]. Si on pouvait poser toute la désolation du monde sur UN SEUL plateau d'une balance, et tous les péchés du monde sur l'autre, la languette serait certainement en position d'équilibre.]Cm

Il est vrai que pour la connaissance, telle que, issue de la volonté afin de la servir, elle revient à l'individu comme tel, le monde ne se présente pas tel qu'il finit par se dévoiler au chercheur, en tant qu'objectité de la seule et unique volonté de vivre qu'il est lui-même; le regard de l'individu vulgaire est troublé, comme disent les Hindous, par le voile de *mâyâ*: au lieu de la chose en soi, c'est le phénomène, dans le temps et dans l'espace, *principium individuationis* [principe d'individuation], et sous les autres formes du principe de raison, qui se montre à lui; sous cette forme de sa connaissance bornée, il ne voit pas l'essence des choses, qui est une, mais ses phénomènes, particuliers, séparés, fort différents voire opposés. La volupté lui apparaît alors comme une chose, le tourment comme une autre, cet homme-là comme un bourreau et un assassin, cet homme-ci comme un martyr et une victime, la méchanceté <*das Böse*> comme une chose et le mal <*das Übel*> comme une autre. Il voit comment l'un vit dans les plaisirs, l'abondance et les voluptés, et juste devant la porte de celui-ci, il voit comment l'autre meurt d'une mort atroce dans le dénuement et dans le froid. Il se demande alors: où est la rétribution? Et lui-même, pris dans un élan véhément de sa volonté, laquelle est son origine et son essence, saisit les voluptés et les jouissances de la vie, s'y accroche fermement, et ne sait pas que c'est précisément par cet acte même de sa volonté qu'il saisit et embrasse aussi toutes les douleurs et tous les tourments de la vie dont la vue l'horripile. Il voit le mal, il voit la méchanceté dans le monde, mais comme il est très loin de comprendre que tous deux ne sont que deux côtés distincts du phénomène de la seule volonté de vivre, il les tient pour fort différents, voire complètement opposés, et cherche souvent à échapper au mal, à la souffrance de son propre individu, par la méchanceté, c'est-à-dire en causant la souffrance d'autrui, enfermé qu'il est dans le *principium individuationis*, trompé par le voile de *mâyâ*. — De même que sur l'océan rugissant et à l'horizon infini, qui, en mugissant, fait monter et descendre des montagnes d'eau,. un marin, assis dans sa barque, se fie à son faible véhicule, l'homme singulier se tient calmement, au milieu d'un monde plein de tourments, rassuré par le *principium individuationis* auquel il se fie, ou par la manière dont l'individu connaît les choses comme phénomènes. Le monde illimité, partout rempli de souffrance dans le passé infini, dans l'avenir infini, lui est étranger, lui est même une fable: sa personne évanescente, son présent sans étendue, son bien-être de l'instant, voilà ce qui seul a de la réalité pour lui, voilà ce qu'il veut préserver à tout prix tant qu'une connaissance meilleure ne lui ouvre pas enfin les yeux. En attendant, ce n'est que dans le tréfonds le plus intime de sa conscience que vit l'obscur pressentiment que tout ceci ne lui est finalement pas si étranger, mais entretient avec lui un lien duquel le *principium individuationis* ne saurait l'éloigner. Dans ce pressentiment s'enracine cette horreur <*Grausen*> irréductible, propre à tous les hommes (voire peut-être à tous les animaux d'intelligence supérieure), qui les saisit soudainement lorsque, par un quelconque hasard, ils sont déconcertés par le *principium individuationis*, parce que le principe de raison, sous l'une quelconque de ses formes, paraît souffrir une exception[156]; par exemple, si un changement quelconque semble se produire sans cause, ou si un mort revenait, ou encore si, d'une manière ou d'une autre, le passé ou l'avenir étaient présents, ou si ce qui est loin se trouvait près. La cause de cette terreur monstrueuse, c'est qu'ils sont soudainement déconcertés par les formes de la connaissance du phénomène, lesquelles seules maintiennent la séparation entre leur propre individu et le reste du monde. Or, cette séparation ne réside justement que dans le phénomène et non dans la chose en soi : voilà sur quoi repose exactement la justice éternelle. — En effet, tout bonheur temporel se tient sur un terrain miné, de même toute sagesse pratique. Ils préservent la personne des accidents et lui procurent des plaisirs, mais cette personne n'est que pur phénomène : ce qui la distingue des autres individus et la libère des souffrances que ceux-ci doivent porter repose sur la forme du phénomène, le *principium individuationis*. Selon la vraie nature des choses, chacun doit considérer comme siennes[157] les souffrances du monde, voire toutes les souffrances possibles comme réelles pour lui, tant qu'il est la solide volonté de vivre, c'est-à-dire tant qu'il affirme la vie de toutes ses forces. Pour la connaissance qui a percé le *principium individuationis*, une vie heureuse dans le temps, dispensée par le hasard, ou arrachée à celui-ci par la sagesse pratique, au milieu des souffrances d'innombrables autres existences, n'est pourtant que le rêve d'un mendiant qui y joue le rôle du roi, et dont il lui faudra se réveiller pour apprendre que seule une illusion passagère l'avait tenu à l'écart des souffrances de sa vie.

La justice éternelle se soustrait au regard captif de la connaissance soumise au principe de raison, du *principium individuationis* : elle lui échappera totalement, ou il la remplacera par des fictions. Il voit tel méchant, après avoir commis méfaits et cruautés en tout genre, vivre dans le plaisir et quitter le monde sans être contesté. Il voit l'opprimé traîner jusqu'à la fin une vie remplie de douleurs sans que personne apparaisse pour le venger, pour lui rendre justice. Or, seul comprendra et saisira la justice éternelle celui qui s'élève au-dessus de cette connaissance progressant au fil conducteur du principe de raison et s'attachant aux choses singulières, celui qui connaît les Idées, perce le *principium individuationis* et se rend compte que les formes du phénomène ne reviennent pas à la chose en soi. C'est lui seul également qui, grâce à cette même connaissance, est capable de comprendre la vraie nature de la vertu, telle qu'elle se dévoilera bientôt à nous dans le contexte de nos considérations présentes, bien que l'exercice de cette vertu ne requière nullement cette intelligence *in abstracto*. Celui donc qui est parvenu jusqu'à cette intelligence verra clairement que, la volonté étant l'en-soi de tout phénomène, le tourment <*Qual*>[158] infligé à autrui et celui éprouvé par soi-même, la méchanceté et le mal, ne touchent toujours que cette même et unique essence, quoique les phénomènes, par lesquels se manifeste l'un comme l'autre, se présentent comme des individus tout à fait différents, séparés même par l'éloignement dans le temps et dans l'espace. Il voit nettement que la différence entre celui qui inflige la douleur et celui qui doit la supporter n'est qu'un phénomène et ne concerne pas la chose en soi, laquelle est la volonté qui vit en tous deux et qui, dans ce cas, abusée par la connaissance attachée à son service, se méconnaît elle-même et, en cherchant un bien-être accru dans l'UN de ses phénomènes, produit une grande souffrance dans l'AUTRE ; c'est ainsi que sous une impulsion véhémente, elle enfonce ses crocs dans sa propre chair, ignorant qu'elle ne blesse toujours qu'elle-même, et révèle de cette manière, par l'intermédiaire de l'individuation, ce conflit avec elle-même qu'elle porte en son sein. Le bourreau et la victime ne font qu'un. Celui-là se trompe lorsqu'il croit ne pas avoir part au tourment, celui-ci lorsqu'il croit ne pas avoir part à la faute. Si les yeux de tous deux se dessillaient, celui qui inflige la douleur comprendrait qu'il vit dans tout ce qui à travers ce vaste monde est soumis au tourment, et, dans le cas d'êtres doués de raison, dans tous ceux qui réfléchissent vainement pourquoi ils ont été appelés à l'existence pour porter cette souffrance énorme dont ils ne pensent pas être coupables ; la victime, quant à elle, comprendrait que toute la méchanceté qu'on accomplit ou qu'on a jamais pu accomplir à travers le monde découle de cette volonté qui constitue également SA nature, apparaît également EN LUI, et elle comprendrait que c'est par ce phénomène et par l'affirmation de celui-ci qu'elle s'est chargée de toutes les souffrances procédant de cette volonté, les subissant à juste titre tant qu'il est cette volonté. — Fort de cette connaissance, le poète si clairvoyant Calderón proclame dans *La vie est un songe* :

> *Pues el delito mayor*
> *Del hombre es haber nacido*
>
> (Car le plus grand crime[159] de l'homme
> C'est d'être né[160])

B[Comment ne serait-ce pas un crime[161], puisque d'après une loi éternelle, il faut le payer avec la mort ? Avec ce vers, Calderón n'a d'ailleurs fait qu'exprimer le dogme chrétien du péché originel.]B

La connaissance vive de la justice éternelle, de cette balance à fléau qui unit inséparablement le *malum culpae* [mal de coulpe] et le *malum poenae* [mal de peine], requiert le complet dépassement de l'individualité et de son principe de possibilité, raison pour laquelle, tout comme la connaissance pure et évidente de l'essence de toute vertu, qui lui est proche et que nous allons tout de suite exposer, elle demeurera toujours inaccessible à la majorité des hommes. — C'est pourquoi les sages ancêtres du peuple hindou, dans les seuls *Védas* autorisés aux trois castes[162] régénérées, ou dans l'esotérique doctrine de sagesse, l'ont directement exprimée, autant qu'elle pouvait être conçue par le concept et le langage, et autant que leur mode de description encore métaphorique et parfois rhapsodique le permettait, mais dans la religion populaire, ou dans la doctrine exotérique, ils ne l'ont communiquée que par le biais du mythe. Dans le *Véda*, ce fruit de la connaissance et de la sagesse humaines les plus hautes, dont le noyau, les *Upanishads*, nous est enfin parvenu comme le plus grand présent de ce siècle[163], nous en trouvons la description directe exprimée par diverses manières, mais surtout par ceci que tous les êtres de l'univers, les vivants comme les inanimés, défilent l'un après l'autre sous les yeux de l'apprenti, et qu'on prononce sur chacun d'entre eux cette parole appelée *mahâvakya* et devenue une formule, à savoir «*tatoumes*», B[plus exactement «*tat tvam asi*»,]B qui signifie : «tu es Cela»*[164]. — Or on a traduit cette grande vérité pour le peuple, dans la mesure où son esprit limité pouvait la saisir, par le mode de connaissance obéissant au principe de raison, mode qui, cependant, ne peut absolument pas appréhender purement cette vérité pour elle-même, se trouvant même en contradiction avec elle, mais qui pouvait en recevoir un succédané sous la forme du mythe, lequel était suffisant en tant que principe régulateur de l'action, parce qu'il permettait néanmoins de faire comprendre la signification éthique de celle-ci par ce mode de connaissance conforme au principe de raison et éternellement

* *Oupnek'hat*, t. 1, p. 60 sq.

étranger à cette signification, grâce à une description métaphorique ; ce qui d'ailleurs est le but de toutes les doctrines de la foi <*Glaubenslehren*>, car elles sont toutes des travestissements mythiques de la vérité inaccessible à l'esprit vulgaire. En ce sens, ce mythe pourrait aussi être appelé, dans le langage de Kant, un postulat de la raison pratique : or, considéré comme tel, il a le grand avantage de ne pas contenir d'autres éléments que ceux qui se trouvent sous nos yeux dans le domaine de la réalité, tous ses concepts pouvant dès lors être prouvés par des intuitions. Il s'agit ici du mythe de la transmigration des âmes <*Seelenwanderung*>. Celui-ci nous enseigne que toutes les souffrances qu'on inflige à autrui dans une vie doivent être expiées par exactement les mêmes souffrances dans la vie suivante, en ce monde même, ce qui peut aller jusqu'au point où celui qui tue ne serait-ce qu'un animal sera aussi un jour, dans le temps infini, régénéré en un tel animal en subissant une mort identique. Ce mythe nous apprend encore qu'une vie mauvaise entraîne une vie future, en ce monde, dans des êtres souffrants et méprisés, qu'on se trouve donc réincarné dans des castes inférieures, ou dans une femme, ou dans un animal, un *paria* ou un *chandâla*[165], un lépreux, un crocodile, etc. Pour tous les tourments dont le mythe agite la menace, il trouve une preuve dans les intuitions du monde réel, dans les êtres souffrants, qui ignorent la cause de leurs tourments, et il n'a nul besoin de recourir à un autre enfer. Par contre, le mythe promet comme récompense une régénération dans des personnages meilleurs, plus nobles, dans un brahmane, un sage, un saint. La récompense suprême, accordée aux actes les plus nobles et à la résignation la plus complète, de même à la femme qui, durant sept vies consécutives, est morte de plein gré sur le bûcher de son époux, ainsi qu'à l'homme dont la bouche pure n'a jamais prononcé le moindre mensonge, cette récompense suprême, dis-je, le mythe ne peut l'exprimer que négativement par le langage de ce monde, par la promesse, qui revient fréquemment, de ne plus être régénéré du tout : *non adsumes iterum existentiam apparentem* [tu ne reprendras pas d'existence phénoménale[166]], ou, comme le disent les bouddhistes, qui n'admettent ni *Véda* ni castes : « Tu dois atteindre le *nirvâna*, c'est-à-dire un état où n'existent pas ces quatre choses : la naissance, la vieillesse, la maladie et la mort. »

Jamais un mythe n'a approché ni n'approchera encore de si près cette vérité philosophique accessible à un si petit nombre, sinon cette doctrine ancestrale du peuple le plus noble et le plus ancien, où, malgré les nombreux éléments dégénérés de celui-ci, elle continue de régner en tant que foi populaire universelle, et d'influer de manière décisive sur la vie, aujourd'hui comme il y a quatre millénaires. Pour cette raison, Pythagore et Platon déjà ont accueilli avec admiration ce *non plus ultra* de la description mythique, l'ont reprise depuis l'Inde ou l'Égypte, l'ont vénérée, utilisée et, on ne sait jusqu'à quel point, y ont cru eux-mêmes. — Quant à nous, nous envoyons aux brahmanes des *clergymen* anglais et des tisserands de Herrenhut pour qu'ils les remettent, par pitié, dans le droit chemin C[et leur signifient qu'ils sont créés à partir de rien, avec prière de s'en réjouir avec gratitude.]C B[Mais il nous arrive la même chose qu'à celui qui tire une balle contre un rocher. Jamais nos religions ne prendront racine en Inde ; la sagesse primordiale de l'espèce humaine ne sera pas supplantée par ce qui est arrivé en Galilée. Par contre, la sagesse indienne, refluant vers l'Europe, provoquera un changement fondamental de notre savoir et de notre pensée.]B

§ 64

C'est cependant à partir de notre description non pas mythique mais philosophique de la justice éternelle que nous voulons maintenant progresser vers la considération, qui s'y trouve reliée, de la signifiance éthique de l'action et de la conscience morale <*Gewissen*>, qui en est la connaissance sensible. — Je voudrais ici d'abord attirer l'attention sur deux traits caractéristiques de la nature humaine, qui pourront contribuer à clarifier de quelle manière tout un chacun a conscience, au moins à titre d'obscur sentiment, de cette justice éternelle, ainsi que du fondement de celle-ci, l'unité et l'identité de la volonté à travers tous ses phénomènes.

Après qu'un acte méchant a été commis — indépendamment de la finalité de l'État, démontrée en ce qui concerne le châtiment, et qui fonde le droit pénal —, il est satisfaisant tant pour la victime, souvent assoiffée de vengeance, que pour le spectateur tout à fait désintéressé, de voir que celui qui a infligé une douleur à autrui doive subir à son tour exactement la même quantité de douleur. À mon sens, ceci n'exprime rien d'autre que précisément la conscience de cette justice éternelle; or un esprit confus l'entend aussitôt de travers et la déforme, parce que, captif du *principium individuationis*, il commet une amphibolie des concepts, exige du phénomène ce qui seul revient à la chose en soi, ne comprend pas pourquoi, en soi, l'offenseur et l'offensé ne font qu'un, et pourquoi c'est le même être qui, ne se reconnaissant pas dans son propre phénomène, porte aussi bien le poids des tourments que celui des péchés ; bien au contraire, il s'attend à retrouver les tourments dans le même individu qui s'en est rendu coupable. — C'est pourquoi la plupart exigeraient volontiers qu'un homme susceptible d'un degré très élevé de méchanceté — degré qui pourrait se retrouver chez bien d'autres, mais sans être associé à d'autres propriétés comme chez cet homme, qui de plus surpasserait autrui par la force inhabituelle de son esprit et infligerait en conséquence une souffrance innommable à des millions, par exemple en tant que conquérant —, la plupart exigeraient, dis-je, qu'un tel individu expie toutes ces souffrances n'importe quand et n'importe où par la même quantité de douleur, car ils ne comprennent pas qu'en soi, le bourreau et la victime ne font qu'un, et que c'est également la même volonté, en vertu de laquelle ils existent et vivent, qui apparaît en lui pour atteindre, très exactement par son biais, à la manifestation la plus évidente de son essence, et qui souffre également tant dans l'opprimé que dans l'oppresseur, et même davantage encore en celui-ci, à mesure que la conscience possède une clarté et une distinction plus élevées, et la volonté une véhémence plus grande. — Que la connaissance plus profonde, affranchie du *principium individuationis*, source de toute vertu et de toute noblesse de cœur, ne cultive plus cette disposition qui demande rétribution, c'est ce qu'atteste l'éthique chrétienne, qui proscrit de rendre le mal par le mal et laisse régner la justice éternelle dans le domaine de la chose en soi, distinct du phénomène (« C'est moi qui ferai justice, moi qui rétribuerai, dit le Seigneur », Romains, 12, 19[167]).

Mais voici un trait caractéristique bien plus remarquable quoique plus rare de la nature humaine, qui exprime ce désir de tirer la justice éternelle vers le domaine de l'expérience, c'est-à-dire de l'individuation, tout en indiquant une conscience sensible de ce que la volonté de vivre, comme je l'ai indiqué plus haut, fait jouer la grande tragi-comédie à ses propres dépens, et que c'est la même et unique volonté qui vit dans tous les phénomènes. Nous voyons parfois un homme s'indigner si profondément d'une injustice qu'il a subie, ou dont il a été simplement le témoin, qu'il risque délibérément et définitivement sa propre vie, pour se venger de celui qui a commis ce forfait. Nous le voyons par exemple traquer pendant des années un puissant oppresseur, puis le tuer pour enfin mourir lui-même sur l'échafaud comme il l'avait prévu, sans avoir même cherché à l'éviter, car sa vie n'avait gardé de valeur pour lui qu'en tant qu'instrument de la vengeance. — C'est surtout chez les Espagnols que nous trouvons de tels exemples*[168]. Si nous considérons maintenant plus en détail l'esprit qui anime cette soif de rétribution, nous la voyons fort différente de la vengeance au sens courant, laquelle entend adoucir la douleur subie par la vue de celle qu'on inflige en retour; nous voyons même que son but ne saurait pas plus être appelé vengeance que châtiment, parce qu'en vérité elle abrite en elle l'intention d'influer sur l'avenir, par l'exemple, et, dans ce cas, sans aucune utilité égoïste, ni pour l'individu qui se venge, puisqu'il sombre en même temps, ni pour une société qui

* On peut citer à cet égard cet évêque espagnol qui, lors de la dernière guerre, donna du poison à lui-même ainsi qu'aux généraux français attablés avec lui, de même plusieurs autres faits de cette guerre. On trouvera également des exemples chez Montaigne, livre II, chap. 12.

assure sa sécurité par les lois ; car ce châtiment n'est pas exécuté par l'État, pour appliquer une loi, mais par un individu, et concerne bien plutôt un acte que l'État ne voulait ou ne pouvait punir, et dont il réprouve le châtiment. Il me semble que cette indignation, qui pousse cet homme à dépasser autant les bornes de tout amour-propre, naît de la conscience si profonde qu'il est lui-même toute la volonté de vivre apparaissant à travers tous les êtres, à travers toutes les époques, qu'en conséquence l'avenir le plus lointain comme le présent lui appartiennent de la même façon et ne sauraient l'indifférer ; en affirmant cette volonté, il exige cependant que n'apparaisse plus jamais dans le spectacle de sa propre essence une telle injustice, et par l'exemple d'une vengeance contre laquelle on ne saurait se protéger puisque le vengeur ne craint même pas la mort, il entend effrayer tout criminel futur. Ici, la volonté de vivre, bien qu'elle s'affirme encore elle-même, n'est plus accrochée au phénomène singulier, à l'individu, mais elle comprend l'Idée de l'homme et veut garder son phénomène pur d'une telle injustice monstrueuse et révoltante. Il s'agit là d'un trait de caractère rare, insigne, voire sublime, où l'individu se sacrifie parce qu'il aspire à devenir le bras de la justice éternelle dont il méconnaît encore l'essence véritable.

§ 65

Toutes les considérations précédentes sur l'agir humain nous ont permis de préparer cette ultime considération, en nous facilitant grandement la tâche d'élever la signifiance proprement éthique de l'agir, désignée dans la vie par les mots de BON et MÉCHANT <*gut und böse*> qu'on estime parfaitement clairs, à une évidence abstraite et philosophique, et de prouver qu'elle est partie intégrante de notre pensée principale.

Mais auparavant je voudrais reconduire à leur signification véritable ces concepts de BON et de MÉCHANT que nos écrivailleurs philosophiques du jour traitent fort curieusement comme des concepts simples qui ne seraient susceptibles d'aucune analyse ; nous éviterons ainsi de nous confondre dans l'illusion de leur attribuer plus de contenu qu'ils n'en ont réellement, et de croire qu'ils signifient déjà par eux-mêmes tout ce qui est requis ici. Je m'y crois autorisé car je suis moi-même aussi peu disposé, en éthique, à chercher quelque cachette derrière le mot de BON, que je l'ai été à en chercher une derrière les mots de BEAU et de VRAI, dans le but par exemple de faire croire — en leur accrochant quelque « *-ITÉ* », censé revêtir de nos jours une σεμνότης [majesté] particulière, et donc susceptible de tirer d'embarras dans certains cas, en prenant quelque mine sérieuse — que, par la simple énonciation de ces trois mots, j'aurais fait bien plus que de simplement désigner trois concepts très larges et abstraits, donc tout à fait pauvres en contenu, à l'origine et à la signification fort diverses. Qui en effet, ayant pris connaissance des écrits de notre époque, n'a pas fini par être dégoûté de ces trois mots, si excellentes que fussent les choses auxquelles ils renvoient, après avoir été contraint de voir mille fois comment n'importe quel individu, le plus incapable de penser, s'imagine, la bouche béante dans sa face d'abruti illuminé, qu'il lui suffit de beugler ces trois mots pour proférer quelque grande sagesse ?

L'explication du concept de VRAI est déjà donné

dans la dissertation sur le principe de raison, chap. 4, § 29 et suiv[169]. Notre livre III tout entier a fourni pour la première fois l'explication véritable du contenu du concept de beau. Nous entendons maintenant reconduire le concept de BON à sa signification, ce qui peut se faire à très peu de frais. Ce concept est essentiellement relatif et désigne LA CONFORMITÉ D'UN OBJET À L'UNE QUELCONQUE DES ASPIRATIONS DÉTERMINÉES DE LA VOLONTÉ. Tout ce qui convient ainsi à la volonté dans l'une quelconque de ses manifestations, tout ce qui permet de remplir sa fin, est pensé sous le concept de BON, quelles que soient les différences par ailleurs. C'est pourquoi nous disons : un bon repas, un bon chemin, « il fait bon », une bonne arme, « c'est de bon augure », etc., bref nous appelons « bon » tout ce qui est justement tel que nous le voulons, raison pour laquelle tel individu peut trouver bon ce qui sera l'exact contraire pour un autre. Le concept de bon se divise en deux sous-espèces : celle de la satisfaction immédiatement présente et celle de la satisfaction simplement médiate, portée sur le futur, de la volonté en question, autrement dit l'agréable et l'utile. — Tant qu'il s'agit d'êtres privés de connaissance, on exprime le concept contraire par le mot de mauvais *<schlecht>*, plus rarement et plus abstraitement par celui de mal *<Übel>*, tout cela désignant donc ce qui disconvient à l'aspiration de la volonté en question. Comme tous les autres êtres susceptibles d'entrer en relation avec la volonté, on a alors appelé *bons* les hommes favorables, utiles, ouverts aux fins momentanément voulues, selon la même signification et toujours en gardant ce caractère relatif, comme en atteste par exemple la tournure « celui-là est bon pour moi, mais pas pour toi ». Or ceux dont le caractère faisait qu'en général ils n'entravaient pas les aspirations de la volonté d'autrui en tant que telles, mais bien plutôt les favorisaient, ceux donc qui étaient toujours serviables, bienveillants, aimables, charitables, on les a appelés, en raison de cette relation entre leur manière d'agir et la volonté d'autrui, des hommes BONS. En allemand, et depuis environ cent ans également en français, on désigne le concept contraire, pour les êtres doués de connaissance (animaux et hommes), par un autre mot que pour ceux qui en sont privés, à savoir par le mot de *böse*, méchant, alors que dans presque toutes les autres langues cette distinction n'a pas lieu, car on utilise κακός, *malus*, *cattivo*, *bad* tant pour qualifier les hommes que les choses inanimées qui s'opposent aux fins d'une volonté individuelle déterminée. C'est donc en partant entièrement de la partie passive du bon qu'on a pu en considérer ensuite l'active, et examiner la manière d'agir de l'homme appelé BON non plus par rapport à autrui, mais par rapport à lui-même, en tâchant surtout d'expliquer, d'une part, la haute estime purement objective suscitée chez autrui, et, d'autre part, ce contentement de soi, visiblement suscité chez lui-même, et si particulier car acquis au prix de sacrifices d'un autre genre, tout comme, dans le cas contraire, cette douleur intime accompagnant la disposition méchante, quels qu'aient pu être les avantages extérieurs pour celui qui la cultivait. C'est là l'origine des systèmes éthiques, fussent-ils philosophiques ou appuyés sur des doctrines de la foi. Tous deux cherchent toujours, d'une manière ou d'une autre, à lier bonheur et vertu : les premiers soit à l'aide du principe de contradiction, soit aussi à l'aide du principe de raison, c'est-à-dire soit en faisant du bonheur l'identique de la vertu, soit en en faisant une conséquence, selon quelque sophisme dans les deux cas ; les seconds en affirmant l'existence d'autres mondes que ceux connus par l'expérience*. Notre examen, en revanche, permettra de révéler l'essence intime de la vertu comme une aspiration tout à fait contraire à celle qui vise le bonheur, c'est-à-dire le bien-être et la vie.

B[Il suit de ce qui précède que le BON, selon son concept, est τῶν πρός τι [en relation avec quelque chose]]B, que tout bon est essentiellement relatif, puisqu'il ne tient son essence que de sa relation avec une volonté désirante. Le bien absolu <*Absolutes Gut*> est ainsi une contradiction : le bien suprême, *summum bonum*, signifie la même chose, à savoir,

* Il faut remarquer à ce sujet que ce qui confère à toute doctrine positive de la foi sa grande force, son point d'ancrage par où elle prend solidement possession des âmes, c'est de toute évidence son côté éthique, bien que celui-ci n'apparaisse pas directement comme tel, parce qu'il est intimement lié et intriqué avec le dogme mythique propre à la doctrine de la foi en question, et ne semble explicable que par ce dogme, au point que, même si la signification éthique des actes ne peut s'expliquer à partir du principe de raison alors que chaque mythe suit cependant ce principe, les fidèles n'en tiennent pas moins la signification éthique de l'agir et leur mythe pour inséparables, voire pour parfaitement identiques, considérant dès lors toute attaque du mythe comme une attaque du droit et de la vertu. Cela va si loin que chez les peuples monothéistes, l'athéisme, ou l'impiété, est devenu synonyme d'absence de toute moralité. Les prêtres ne peuvent qu'accueillir favorablement cette confusion des concepts, et ce n'est que suite à celle-ci que pouvait naître ce monstre effroyable qu'est le fanatisme, pour dominer non pas seulement quelques individus particulièrement pervers et méchants, mais des peuples tout entiers, et pour finalement s'incarner, ici en Occident, dans l'Inquisition, événement unique dans l'Histoire, qui fait honneur à l'humanité, cette Inquisition qui, d'après les renseignements les plus récents et enfin authentiques, a fait mourir pour des questions de foi dans la seule ville de Madrid (alors que dans le reste de l'Espagne, on pouvait trouver encore bien d'autres abattoirs religieux du même genre), sur le bûcher, dans d'atroces souffrances, 300 000 hommes en trois cents ans : c'est ce qu'il convient de rappeler aussitôt à quelque fanatique dès qu'il voudrait élever la voix.

en vérité, une satisfaction finale de la volonté, satisfaction qui ne serait pas suivie d'un nouveau vouloir, un motif ultime dont la réalisation produirait un contentement indestructible de la volonté. D'après nos considérations conduites jusqu'ici dans ce livre IV, une telle chose est impossible. La volonté est aussi peu susceptible, par une satisfaction quelconque, de cesser de toujours vouloir de nouveau, que le temps susceptible de finir ou de commencer : un accomplissement durable, qui comblerait son aspiration complètement et éternellement, n'existe pas pour elle. Elle est le tonneau des Danaïdes : il n'y a pas de bien suprême, de bien absolu pour elle, mais toujours seulement un bien provisoire. Si toutefois on voulait conférer à une vieille expression, qu'on répugne par habitude à écarter entièrement, une fonction honorifique, en qualité d'*emeritus*, on pourrait, dans un sens figuré et métaphorique, qualifier de bien absolu, de *summum bonum*, l'entière abolition de soi, l'entière négation de soi de la volonté, cette vraie absence de volonté, seule à arrêter et à apaiser pour toujours l'élan de la volonté, seule à donner cette satisfaction qu'on ne peut plus alors perturber, seule à délivrer du monde, celle-là même dont nous allons bientôt traiter à la fin de tout notre examen, et qu'on pourrait considérer comme l'unique remède radical de la maladie, à côté duquel tous les autres biens ne sont que des palliatifs, des anodins. Dans ce sens, le grec τέλος [fin, but], de même que l'expression *finis bonorum* [bien ultime], correspondent encore mieux à la chose. — Voilà pour les mots de BON et de MÉCHANT ; venons-en à la chose même[170].

Lorsqu'un homme, dès que l'occasion s'en présente et qu'aucune puissance extérieure ne l'en empêche, est toujours disposé à commettre une INJUSTICE, nous l'appelons MÉCHANT. Ce qui signifie, d'après notre explication de l'injustice, qu'un tel individu n'affirme pas seulement la volonté de vivre, telle qu'elle apparaît dans son corps, mais qu'il va, dans cette affirmation, jusqu'à nier la volonté apparaissant dans d'autres individus, ce qui se manifeste par le fait qu'il sollicite leurs forces pour servir sa volonté, et cherche à détruire leur existence s'ils s'opposent aux tendances de sa volonté. La source ultime en est un degré élevé d'égoïsme dont l'essence est analysée plus haut. Deux choses sont ici aussitôt évidentes : PREMIÈREMENT, dans un tel homme s'exprime une volonté de vivre extrêmement véhémente, dépassant de loin l'affirmation de son propre corps ; et DEUXIÈMEMENT, sa connaissance, entièrement soumise au principe de raison et captive du *principium individuationis*, est solidement fixée sur la différence totale, posée par ce dernier principe, entre sa propre personne et toutes les autres, raison pour laquelle il ne cherche que son propre bien-être, parfaitement indifférent au bien-être des autres dont la nature lui est bien plutôt complètement étrangère, ces autres qui sont séparés du sien par un grand gouffre, et qui, en vérité, ne sont pour lui que des masques, sans aucune réalité. — Ces deux traits sont les éléments fondamentaux du caractère méchant.

En elle-même et par elle-même, cette grande véhémence du vouloir est déjà une source constante et directe de la souffrance. D'abord, parce que tout vouloir, en tant que tel, naît du manque, donc de la souffrance. (C'est pourquoi, comme on le sait du livre III, la cessation instantanée de tout vouloir, qui se produit lorsque, comme purs sujets de la connaissance, dénués de volonté [corrélat de l'Idée][171], nous nous adonnons à la contemplation esthétique, constitue justement la part principale dans la joie procurée par le beau.) Ensuite, parce qu'en vertu de l'enchaînement causal des choses, la plupart des convoitises doivent demeurer inassouvies, et que la volonté se trouve bien plus souvent contrariée que satisfaite, en conséquence de quoi un vouloir véhément et fréquent entraîne toujours une souffrance véhémente et fréquente. Car toute souffrance n'est absolument rien d'autre qu'un vouloir inassouvi et contrarié ; même la douleur du corps, lorsqu'il est blessé ou détruit, n'est possible comme telle que parce que le corps n'est rien d'autre que la volonté même devenue objet. — C'est ainsi pour cette raison qu'une souffrance véhémente et fréquente est inséparable d'un vouloir véhément et fréquent, que déjà l'expression du visage d'individus fort méchants porte la marque de la souffrance intérieure : même lorsqu'ils ont atteint tout le bonheur extérieur, ils ont toujours l'air malheureux dès qu'ils ne sont pas pris dans quelque jubilation du moment, ou qu'ils simulent. C'est de ce tourment intérieur, qui leur est immédiatement essentiel, que provient finalement cette joie désintéressée devant les souffrances d'autrui, laquelle joie ne procède pas du pur égoïsme et constitue la véritable MÉCHANCETÉ, susceptible d'aller jusqu'à la CRUAUTÉ. Pour celle-ci, la souffrance d'autrui n'est plus un moyen pour atteindre les fins de sa propre volonté, mais elle est une fin en soi. L'explication plus précise de ce phénomène, la voici. Comme l'homme est un phénomène de la volonté, éclairée par la connaissance la plus claire, il mesure toujours la satisfaction réelle et sentie de sa volonté en la comparant avec la satisfaction simplement possible que lui présente la connaissance. C'est là l'origine de l'envie : chaque privation se trouve infiniment intensifiée par la jouissance des autres, et soulagée par le savoir que les autres également subissent une privation identique. Les maux communs à tous et inséparables de la vie humaine nous affligent peu, de même ceux qui sont propres au climat, à tout le pays. Se rappeler qu'il existe des souffrances plus grandes que celles qui nous frappent soulage notre douleur ; voir les souffrances d'autrui apaise les nôtres. Admettons maintenant qu'un homme, animé d'un élan extrêmement véhément de la volonté, disposé, d'un désir ardent, à tout réunir pour étancher la soif de l'égoïsme, doit apprendre, comme cela arrive nécessairement, que toute satisfaction n'est qu'apparente, que le résultat ne remplit jamais ce que promettait l'objet désiré, à savoir l'apaisement définitif de la furieuse impulsion de la volonté ; et encore, que par sa réalisation même, le souhait ne fait que changer de forme et le tourmente alors sous une autre, et enfin, après l'épuisement de toutes les formes, que c'est l'impulsion même de la volonté, même sans motif connu, qui demeure alors pour se manifester comme un sentiment de désolation et de vide des plus terribles, de pair avec un tourment désespérant ; si tout cela donc n'est éprouvé aux degrés ordinaires du vouloir que dans une moindre mesure, et ne suscite qu'un degré ordinaire d'un état affectif sombre, tout cela fera naître nécessairement, chez celui qui est un phénomène de la volonté qui va jusqu'à une méchanceté insigne, un tourment intérieur excessif, une agitation éternelle, une douleur énorme ; il cherche alors indirectement l'apaisement dont il est incapable directement, il cherche maintenant, par la contemplation de la souffrance d'autrui, qu'il considère en même temps comme une manifestation de son pouvoir, à adoucir la sienne propre. La souffrance d'autrui lui devient maintenant une fin en soi, lui devient une image dont il se délecte : voilà l'origine du phénomène de la cruauté véritable, de la soif du sang, que l'Histoire montre si souvent, chez les Néron, les Domitien, les deys africains, les Robespierre, etc.

Fort proche de la méchanceté, la soif de vengeance rend le mal par le mal, non pas en regard de l'avenir, comme c'est le trait caractéristique du châtiment, mais seulement en raison de ce qui est arrivé, du passé comme tel, donc de manière désintéressée, non pas comme moyen, mais comme fin, pour se repaître du tourment de l'offenseur, tourment qu'on a causé soi-même. Ce qui distingue la vengeance de la pure méchanceté et paraît l'excuser quelque peu, c'est son semblant de droit, dans la mesure où le même acte qui maintenant relève de la vengeance relèverait du châtiment, donc du droit, s'il était ordonné selon une loi, c'est-à-dire selon une règle préalablement définie et connue à l'intérieur d'une société qui l'a entérinée.

À cette souffrance décrite plus haut, issue, avec la méchanceté, dont elle demeure dès lors inséparable, d'une seule et unique racine, la volonté très véhémente, vient s'ajouter une douleur tout à fait différente et particulière qui se fait sentir avec chaque acte méchant, que celui-ci fût une simple injustice par égoïsme, ou de la méchanceté pure, et qu'on appelle, selon sa durée, REMORDS DE CONSCIENCE <*Gewissensbiss*> ou TROUBLE DE CONSCIENCE <*Gewissensangst*>. — Celui qui se rappelle et se remet à l'esprit le contenu de ce livre IV exposé jusqu'à maintenant, et surtout la vérité, analysée au début de ce même livre, que pour la volonté de vivre, la vie même, en tant qu'elle est sa simple copie ou son miroir, est toujours assurée, ensuite la description de la justice éternelle, celui-là trouvera, suite à ces considérations, que le remords de conscience ne peut avoir d'autre signification que la suivante, autrement dit que son contenu, exprimé abstraitement, est le suivant, où il faut distinguer deux parties qui finissent cependant par coïncider et doivent être pensées comme entièrement unies.

Si épais que soit le voile de *mâyâ* qui enveloppe l'esprit du méchant, si solides que soient les liens qui l'attachent au *principium individuationis* — selon lequel il considère sa propre personne comme absolument différente de toutes les autres, séparée d'elles par un vaste gouffre, connaissance à laquelle il s'accroche de toutes ses forces car elle seule correspond à son égoïsme et procure un appui à celui-ci, toute connaissance étant d'ailleurs presque toujours corrompue et influencée par la volonté —, il ne se manifeste pas moins au plus intime de sa conscience le secret pressentiment qu'un tel ordre des choses n'est pourtant que phénoménal, qu'en soi il en va tout autrement, que, autant que le temps et l'espace le séparent des autres individus et de leurs innombrables douleurs qu'ils souffrent, voire qu'ils souffrent à cause de lui, et lui présentent ces individus comme totalement étrangers à lui, c'est la même volonté de vivre, en soi et indépendamment de la représentation et de ses formes, qui apparaît en eux tous, qui, dans la méconnaissance d'elle-même, tourne ses propres armes contre elle-même et qui, parce qu'elle cherche dans l'un de ses phénomènes une intensification du bien-être, inflige par là même à un autre phénomène une souffrance des plus grandes ; et encore, que lui, le méchant, est précisément cette volonté tout entière, qu'il n'est donc pas seulement le tortionnaire, mais aussi la victime, des souffrances de laquelle il n'est écarté et préservé que par un rêve trompeur qui a pour formes le temps et l'espace, et qui finira par s'évanouir ; que lui, comme la vérité l'exige, devra payer la volupté par la douleur, et que toute la souffrance qu'il reconnaît comme possible le concerne et l'affecte réellement en tant que volonté de vivre, parce que ce n'est que pour la connaissance de l'individu, ce n'est qu'en vertu du *principium individuationis*, que possibilité et réalité, proximité et distance du temps et de l'espace sont distincts, mais non pas en soi. C'est cette vérité qui se trouve exprimée par la transmigration des âmes, mais de manière mythique, c'est-à-dire adaptée au principe de raison et, par là même, traduite sous une forme phénoménale; mais elle possède son expression la plus pure de toute association dans ce tourment désespéré qu'on sent obscurément, et qu'on appelle angoisse de conscience. — Or celle-ci procède encore d'une SECONDE connaissance immédiate, très exactement liée à cette première, à savoir la connaissance de la force avec laquelle la volonté de vivre s'affirme dans l'individu méchant, une force qui, dépassant de très loin son phénomène individuel, va jusqu'à la négation totale de cette même volonté apparaissant dans d'autres individus. Ainsi, la terreur intime d'un criminel suscitée par son propre acte, et qu'il tente de se dissimuler à lui-même, contient aussi, à côté de ce pressentiment du néant et du caractère purement apparent du *principium individuationis*, ainsi que de cette différence entre lui et les autres posée par ce même principe, la connaissance de la véhémence de sa propre volonté, de la violence avec laquelle il a saisi la vie et s'y est attaché, cette vie, précisément, dont il contemple l'aspect effrayant dans le tourment des individus qu'il opprime, et auxquels il est pourtant si intimement lié que, de ce fait même, il est lui-même la source de l'élément le plus épouvantable pour affirmer totalement sa propre volonté. Il se reconnaît comme un phénomène concentré de la volonté de vivre, il sent jusqu'à quel degré il a succombé à la vie et, de ce fait, aux innombrables souffrances qui lui sont essentielles, car elle a un temps infini, un espace infini, pour abolir la différence entre la possibilité et la réalité, et pour transformer en douleurs ÉPROUVÉES les douleurs simplement RECONNUES. Les millions d'années d'incessante régénération <*Wiedergeburt*> n'existent alors qu'en concept, comme tout le passé et tout l'avenir qui, eux aussi, n'existent qu'en concept : le temps accompli, la forme du phénomène de la volonté, c'est le présent seul, et pour l'individu, le temps est toujours nouveau : l'individu trouve toujours qu'il est comme nouvellement créé. Car la vie est inséparable de la volonté de vivre, et sa seule forme est le maintenant. La mort (qu'on excuse la répétition de cette métaphore) est semblable au coucher du soleil qui n'est qu'en apparence englouti par la nuit, mais en réalité, en tant que source de toute lumière, brûle sans discontinuer, apporte des jours nouveaux à des mondes nouveaux, se lève toujours, se couche toujours[172]. L'individu seul est concerné par le début et par la fin, en vertu du temps, forme de ce phénomène pour la représentation. Hors du temps on ne trouve que la volonté, la chose en soi de Kant, et son objectité adéquate, l'Idée de Platon. C'est pourquoi le suicide n'est pas une délivrance : ce que chacun VEUT au plus intime de lui-même, c'est ce qu'il doit ÊTRE, et ce que chacun EST, c'est précisément ce qu'il VEUT. — À côté donc de la connaissance simplement éprouvée du caractère apparent et du néant des formes de la représentation qui isolent les individus, c'est la connaissance de soi de notre propre volonté et de son degré qui est l'aiguillon de la conscience morale. Le cours de la vie travaille au tableau du caractère empirique dont l'original est le caractère intelligible, et le méchant sursaute d'effroi devant ce tableau[173], peu importe s'il est tracé avec des traits assez gros pour que le monde partage son horreur, ou avec des traits si petits qu'il est seul à le voir : car c'est lui seul qui s'en trouve directement affecté et concerné. Le passé serait indifférent, en tant que simple phénomène, et ne pourrait angoisser la conscience, si le caractère ne se sentait pas affranchi du temps, et inaltérable par lui, tant qu'il ne se nie pas lui-même. C'est pourquoi des choses qui se sont passées il y a fort longtemps ne cessent pour autant de peser sur la conscience. La prière : « ne m'induis pas en tentation » signifie : « ne me fais pas voir qui je suis ». — La violence avec laquelle le méchant affirme la vie, et qui se présente à lui par les souffrances qu'il influge à autrui, lui permet de mesurer la distance qui le sépare de l'abandon et de la négation de cette même volonté, seule délivrance possible du monde et de son tourment. Il voit à quel degré il lui appartient, et combien sont solides les liens qui l'attachent à lui ; la CONNAISSANCE de la souffrance d'autrui n'a pas pu l'émouvoir, et il succombe à la vie et à la souffrance ÉPROUVÉE. Reste à savoir si ceci est seulement susceptible un jour de briser[174], et de dépasser, la véhémence de sa volonté.

Cette analyse de la signification et de l'essence intime du MÉCHANT, lesquelles forment, en tant que simple sentiment, c'est-à-dire NON PAS en tant que connaissance évidente et abstraite, le contenu du TROUBLE DE CONSCIENCE, sera plus claire et plus complète encore grâce à l'examen, que nous venons également de conduire, du BON en tant que trait caractéristique de la volonté humaine, et enfin grâce à l'examen de la résignation totale et de la sainteté, celle-ci procédant de la première après qu'elle a atteint le plus haut degré. Car les contraires s'éclairent toujours réciproquement, et le jour se révèle lui-même en même temps qu'il révèle la nuit, comme Spinoza l'a excellemment dit[175].

§ 66

Une morale qui ne serait pas fondée, qui se contenterait donc de moraliser, ne saurait agir, car elle ne motive pas. C[Mais une morale susceptible de motiver ne saurait le faire qu'en agissant sur l'amour-propre. Or, ce qui provient de celui-ci n'a aucune valeur morale. Il suit de là que la morale, ou la connaissance abstraite en général, ne saurait susciter la vraie vertu, laquelle doit, au contraire, naître de la connaissance intuitive qui reconnaît chez l'individu étranger la même essence que chez notre propre individu.]C

La vertu procède assurément de la connaissance, mais non pas de l'abstraite, communicable par des mots. Si c'était le cas, on pourrait l'enseigner, et, par le simple fait d'énoncer ici abstraitement son essence et la connaissance qui la fonde, nous aurions éthiquement amélioré chaque personne qui nous comprend. Or il n'en est rien. Bien au contraire, les exposés sur l'éthique et les prêches pourront produire aussi peu un homme vertueux, que toutes les esthétiques réunies, depuis Aristote, n'ont jamais pu faire le moindre poète. Car pour l'essence véritable et intime de la vertu, le concept est aussi stérile qu'il l'est pour l'art, et il ne peut servir que d'outil entièrement subordonné pour exécuter et conserver ce qui a été connu et décidé ailleurs. *Velle non discitur* [le vouloir ne s'apprend pas[176]]. Il est vrai que les dogmes abstraits n'ont aucun effet sur la vertu, c'est-à-dire sur la bonté du caractère : les faux dogmes ne la dérangent pas, et les vrais ne la favorisent guère. Mais il serait assurément désastreux si l'affaire principale de la vie humaine, sa valeur éthique, fixée en toute éternité, dépendait de quelque chose dont l'acquisition est tellement aléatoire, comme c'est le cas pour les dogmes, les doctrines de la foi, les philosophèmes. La seule valeur qu'ont les dogmes pour la moralité, c'est que l'homme, déjà rendu vertueux par une autre connaissance que nous allons bientôt exposer, y trouve un schème, une formule, d'après lesquels il donne, à sa propre raison, un compte rendu le plus souvent fictif de ses actes non égoïstes dont elle, c'est-à-dire lui-même, ne COMPREND pas l'essence, compte rendu auquel il l'a habituée à se satisfaire.

Les dogmes peuvent certes exercer une forte influence sur l'agir <*Handeln*>, le faire <*Tun*> extérieur, tout comme l'habitude et l'exemple, ces derniers parce que l'homme ordinaire ne se fie guère à son jugement dont il sait la faiblesse, et ne suit que sa propre expérience ou celle d'autrui ; mais cela ne change pas la disposition*. Toute connaissance abstraite ne fournit que des motifs ; or, comme nous l'avons montré plus haut, les motifs ne peuvent changer que l'orientation de la volonté, jamais la volonté elle-même. Cependant, toute connaissance communicable ne peut agir sur la volonté qu'en tant que motif : alors que les dogmes peuvent le diriger, ce que l'homme veut vraiment et en général demeure

* Ce sont de simples *opera operata*, comme dirait l'Église, qui ne sont d'aucun secours si ce n'est pas la grâce qui donne la foi susceptible de conduire à la régénération. Sur ce point, voir plus bas.

identique ; on lui a simplement donné d'autres idées sur les voies pour y accéder, et des motifs imaginaires ne le dirigent pas moins que des motifs réels. C'est pourquoi il est par exemple indifférent pour sa valeur éthique s'il fait d'importants dons aux démunis, fermement persuadé qu'on lui en rendra le décuple dans une vie future, ou s'il emploie la même somme à amender quelque propriété rurale qui lui rapportera après quelques années des intérêts d'autant plus sûrs et considérables ; celui qui, en toute orthodoxie, livre l'hérétique aux flammes est un assassin au même titre que le bandit qui en tire son salaire, de même, compte tenu de l'intention, celui qui étrangle les Turcs en Terre sainte, s'il le fait, comme le premier, parce qu'il croit s'assurer par là une place au paradis. Car ceux-là ne se soucient que de leur égoïsme, exactement comme ce bandit dont ils ne se distinguent que par l'absurdité des moyens employés. — On ne saurait atteindre la volonté depuis le dehors, comme je l'ai déjà dit, que par des motifs ; or ces derniers ne changent toujours que le mode de sa manifestation, jamais elle-même. *Velle non discitur.*

En ce qui concerne les bienfaits pour lesquels l'auteur se réfère à des dogmes, il faut cependant toujours distinguer si ces dogmes en constituent vraiment le motif, ou s'ils ne sont rien d'autre, comme je l'ai dit plus haut, que le compte rendu, par lequel cet individu cherche à satisfaire sa propre raison, d'un bienfait qui coule d'une source tout autre : il l'accomplit parce qu'il est bon, mais il ne sait pas l'expliquer adéquatement parce qu'il n'est pas philosophe et souhaite cependant disposer d'une idée à son sujet. Or cette différence est difficile à établir, car elle réside dans l'intimité de l'âme. C'est pourquoi nous ne sommes presque jamais capables d'avoir un jugement moral exact des actes d'autrui, et rarement des nôtres. — Les actes et les manières d'agir d'un individu et d'un peuple peuvent être considérablement modifiés par les dogmes, par l'exemple et par l'habitude. Mais en eux-mêmes, tous les actes (*opera operata*) ne sont que des images vides, et ce n'est que la disposition les occasionnant qui leur confère une signifiance morale. Or cette disposition peut effectivement demeurer tout à fait la même alors qu'elle se manifeste de manière fort diverse à l'extérieur. Avec le même degré de méchanceté, l'un peut mourir sur la roue, l'autre paisiblement dans le giron de sa famille. Le même degré de méchanceté peut se manifester chez tel peuple sous des traits grossiers, par le meurtre et le cannibalisme, alors que chez tel autre il s'exprime *en miniature* [en français dans le texte], avec douceur et finesse, par les intrigues de cour, les vexations et les humiliations subtiles en tous genres : l'essence demeure identique. On pourrait songer qu'un État parfait, ou peut-être même un dogme portant sur les récompenses et les châtiments après la mort et suscitant une foi inébranlable, seraient susceptibles d'empêcher n'importe quel crime ; le bénéfice politique qu'on en tirerait serait considérable, mais le bénéfice moral[177] nul, car ce n'est que la reproduction de la volonté par la vie qui en serait entravée.

Si l'authentique bonté de la disposition, la vertu désintéressée et la générosité pure ne procèdent donc pas de la connaissance abstraite, elles procèdent bien de quelque connaissance, à savoir d'une connaissance immédiate et intuitive qu'on ne saurait ni écarter ni acquérir par la raison, d'une connaissance qui, n'étant justement pas abstraite, ne se laisse pas communiquer, mais doit s'élever spontanément en chacun, qui par conséquent ne trouve pas son expression adéquate dans les mots, mais seulement dans les actes, dans l'agir, dans le cours de la vie humaine. Quant à nous qui cherchons ici la théorie de la vertu, et qui devons par conséquent exprimer abstraitement l'essence de la connaissance qui la fonde, nous ne pourrons par cette expression livrer cette connaissance même, mais seulement son concept, en partant toujours de l'agir par lequel seul elle devient visible, et en référant à ce même agir comme à sa seule expression adéquate que nous ne faisons qu'interpréter et expliciter, c'est-à-dire énoncer abstraitement pour dire de quoi il retourne véritablement.

Avant de parler maintenant de la BONTÉ <*Güte*> véritable, à l'opposé de la MÉCHANCETÉ que nous venons d'exposer, il nous faut évoquer le degré intermédiaire, la simple négation de la méchanceté : il s'agit de la JUSTICE. Nous avons suffisamment analysé plus haut ce qu'étaient la justice et l'injustice, ce qui nous permet de dire ici en quelques mots que celui qui reconnaît spontanément cette limite simplement morale entre l'injustice et la justice, et la fait valoir même lorsque aucun État ou aucune autre puissance ne la garantit, et qui, par conséquent, d'après nos explications, ne va jamais, dans l'affirmation de sa propre volonté, jusqu'à nier la volonté se présentant dans un autre individu, celui-là, dis-je, est JUSTE. Il n'infligera donc pas de souffrance à autrui dans le but d'accroître son propre bien-être, autrement dit il ne commettra pas de crime et respectera les droits, les biens de chacun. — Nous voyons ainsi que pour un juste de la sorte, le *principium individuationis* n'est déjà plus, comme pour le méchant, une barrière absolue ; il n'affirme pas seulement, comme le méchant, le phénomène de sa propre volonté en niant tous les autres phénomènes, et les autres ne lui sont pas de simples masques, dont l'essence est tout à fait différente de la sienne, mais il indique, par sa manière d'agir, qu'il RECONNAÎT également sa propre essence, à savoir la volonté de vivre comme chose en soi, dans le phénomène étranger qui ne lui est donné que sous forme de représentation, autrement dit il s'y retrouve jusqu'à un certain degré, celui qui consiste à ne pas commettre d'injustice, B[c'est-à-dire à ne pas léser autrui.]B Ainsi, c'est à ce degré qu'il perce le *principium individuationis*, le voile de *mâyâ*; c'est dans cette mesure qu'il considère l'être qui lui est extérieur comme étant l'égal du sien : il ne lui portera pas atteinte.

À en considérer le fond le plus intime, cette justice abrite déjà l'intention <*Vorsatz*>, dans l'affirmation de notre propre volonté, de ne pas aller jusqu'à nier les phénomènes de la volonté d'autrui, en les contraignant à servir la nôtre. C'est pourquoi on sera disposé à donner aux autres autant qu'on en reçoit. Le plus haut degré de cette justice de la disposition <*Gesinnung*>, laquelle cependant est toujours associée à l'authentique bonté dont le trait caractéristique n'est alors plus seulement négatif, peut aller jusqu'à mettre en doute ses droits à l'héritage d'une fortune, jusqu'à ne vouloir conserver le corps que par ses propres forces intellectuelles ou physiques, jusqu'à éprouver tout service rendu par autrui, tout luxe, comme un reproche, et finalement jusqu'à consentir librement à la pauvreté. B[Nous voyons ainsi Pascal, après son orientation vers l'ascétisme, ne plus supporter qu'on le serve, alors qu'il avait assez de domestiques ; au mépris de son état de constante fragilité, il faisait lui-même son lit, allait chercher lui-même ses repas dans la cuisine, etc. (*Vie de Pascal par sa sœur*, p. 19[178]). De même, on raconte que]B certains Hindous, voire des rajahs, n'emploient leur grande richesse que pour subvenir aux besoins des leurs, de leur cour et de leurs domestiques, et obéissent rigoureusement et scrupuleusement à la maxime de ne manger que ce qu'ils ont eux-mêmes semé et récolté de leurs propres mains. Or cela semble cependant reposer sur un certain malentendu, car un individu, précisément parce qu'il est riche et puissant, peut rendre des services si considérables à l'ensemble de la société humaine qu'ils peuvent compenser sa richesse héritée pour la préservation de laquelle il est redevable à la société. À vrai dire, la justice excessive de ces Hindous est déjà bien plus que de la justice, à savoir du renoncement véritable, de la négation de la volonté de vivre, de l'ascèse ; nous en parlerons tout à la fin. En revanche, on pourrait à l'inverse considérer l'inactivité pure, une vie conduite grâce aux forces d'autrui, sans aucune contribution alors qu'on possède quelque fortune héritée, comme moralement injuste, bien que ce soit juste d'après les lois positives.

Nous avons trouvé que l'origine la plus intime de la justice spontanée réside dans un certain degré de pénétration <*Durchschauung*> du *principium individuationis*, alors que l'injuste s'en trouve complètement captif. Cette pénétration, outre le degré requis ici, peut également avoir lieu à un degré supérieur qui incitera à une bienveillance et à une bienfaisance positives, à la philanthropie <*Menschenliebe*> : et cela peut arriver, aussi forte et énergique que puisse être en elle-même la volonté apparaissant dans un tel individu. Dans ce cas, la connaissance est toujours capable d'équilibrer la volonté, d'apprendre à résister à la tentation de l'injustice, et même de produire elle-même ce degré de bonté, voire de résignation. Il ne faut donc aucunement considérer l'homme bon comme une manifestation de la volonté initialement plus faible que l'homme méchant, car c'est la connaissance qui maîtrise en lui l'élan aveugle de la volonté. Il y a certes des individus qui semblent seulement bons en raison de la faiblesse de la volonté apparaissant en eux, mais ce qu'ils sont vraiment se révèle aussitôt dans le fait qu'ils ne sont capables d'aucun dépassement de soi significatif pour exécuter un acte juste ou bon[179].

Supposons l'exception rare d'un homme qui possède par exemple une fortune considérable, mais qui n'en use que très peu lui-même et donne tout le reste aux nécessiteux, alors qu'il se prive lui-même de nombreux plaisirs et agréments. Abstraction faite des dogmes par lesquels il entend éventuellement rendre intelligibles ses actes à sa raison, nous trouverons alors que l'expression la plus simple et universelle, et le caractère essentiel de sa manière d'agir, c'est le fait qu'IL ÉTABLIT, CONTRAIREMENT À CE QUI ARRIVE HABITUELLEMENT, UNE MOINDRE DIFFÉRENCE ENTRE LUI-MÊME ET LES AUTRES. Il est vrai qu'aux yeux d'un certain nombre, cette différence est grande au point que la souffrance d'autrui est un plaisir immédiat pour le méchant, et un moyen propice au bien-être pour l'injuste ; que l'homme simplement juste se contente de ne pas l'avoir causée ; qu'en général la plupart des hommes savent que d'innombrables douleurs se trouvent à proximité, et qu'ils les connaissent, sans pour autant se décider à les alléger, car ils devraient alors eux-mêmes assumer quelque privation ; que donc pour chacun de ceux-là, une puissante différence semble exister entre leur propre moi et le moi d'autrui. Mais en revanche, pour cet homme noble dont nous parlons, cette différence n'est pas si importante ; le *principium individuationis*, forme du phénomène, ne le tient plus aussi captif ; la souffrance qu'il voit ainsi chez les autres le touche presque autant que la sienne ; il tente par conséquent d'établir un équilibre entre les deux, se prive de certains plaisirs, assume des manques, afin d'alléger les souffrances d'autrui. Il se rend compte que la différence entre lui-même et les autres, qui est un si grand gouffre pour le méchant, n'appartient qu'à un phénomène illusoire et passager ; il sait immédiatement, et sans raisonnement, que l'en-soi de son propre phénomène est aussi celui du phénomène d'autrui, à savoir cette volonté de vivre qui constitue l'essence de toute chose et vit dans tout ; il sait même que cela s'étend aux animaux et à toute la nature, raison pour laquelle il ne torturera aucun animal*.

Il est désormais aussi incapable de laisser autrui dans l'indigence alors qu'il possède lui-même le superflu et l'inutile, que quelqu'un qui déciderait d'endurer la faim aujourd'hui pour avoir plus à

* Le droit que possède l'homme sur la vie et sur la force des animaux repose sur ceci : comme la souffrance s'accroît à mesure que s'accroît la clarté de la conscience, la douleur que subit l'animal par la mort ou par le travail n'est pas aussi grande que celle subie par l'homme par le simple travail, n'est pas aussi grande que celle que subirait l'homme en se privant simplement de viande ou des forces de l'animal ; c'est pourquoi l'homme, dans l'affirmation de sa volonté, peut aller jusqu'à la négation de l'existence de l'animal, en sorte que la volonté de vivre, dans l'ensemble, subit moins de souffrances que dans le cas inverse. C'est ce qui détermine également le degré de l'usage que l'homme a le droit de faire des forces de l'animal, sans être injuste, degré qui cependant se trouve souvent dépassé, surtout avec les bêtes de somme et les chiens de chasse ; ce contre quoi s'élève en particulier l'activité des sociétés protectrices des animaux. Selon moi, ce droit ne s'étend pas aux vivisections, du moins celles pratiquées sur les animaux supérieurs. En revanche, l'insecte ne souffre pas autant par sa mort que l'homme par la piqûre de l'insecte. — C'est ce que les Hindous ne veulent pas comprendre.

manger demain. Car celui qui pratique les œuvres de l'amour <*Werke der Liebe*> a percé le voile de *mâyâ*, et s'est détaché de l'illusion du *principium individuationis*. Il se reconnaît lui-même, son propre soi, sa volonté, dans chaque être, et donc également dans l'être souffrant. Il s'est éloigné de cette perversité avec laquelle la volonté de vivre, se méconnaissant elle-même, jouit de voluptés passagères et trompeuses dans TEL individu pour endurer dans TEL AUTRE la souffrance et le manque, infligeant et supportant ainsi douleurs et tourments, sans reconnaître que, tel Thyeste[180], c'est sa propre chair qu'elle dévore avec voracité, pour ensuite se lamenter d'une part sur la douleur imméritée, et d'autre part commettre des forfaits, sans craindre Némésis, toujours et encore parce qu'elle se méconnaît elle-même dans le phénomène étranger, en sorte qu'elle ne perçoit pas la justice éternelle, captive du *principium individuationis* et généralement de tout mode du connaître dominé par le principe de raison. Être guéri de cet aveuglement et de cette illusion de la *mâyâ*, et pratiquer les œuvres de l'amour, est une seule et même chose. Et c'est là aussi la marque infaillible de cette connaissance.

B[Le contraire du remords de conscience <*Gewissenspein*>, dont nous avons explicité plus haut l'origine et la signification, est LA BONNE CONSCIENCE, la satisfaction que nous éprouvons après chaque acte désintéressé. Elle résulte de ce qu'un tel acte, ainsi qu'il procède de la reconnaissance immédiate que notre propre essence en soi est également dans le phénomène étranger, nous fournit à son tour l'attestation de cette connaissance, à savoir la connaissance que notre vrai soi n'existe pas seulement dans notre propre personne, dans ce phénomène singulier, mais dans tout ce qui vit. Le cœur s'en trouve élargi, tout comme il se trouve contracté par l'égoïsme. Car de même que celui-ci concentre notre intérêt sur le phénomène singulier de notre propre individu, alors que la connaissance nous présente toujours les dangers innombrables qui sans cesse menacent ce phénomène, faisant de l'anxiété et du souci le son fondamental <*Grundton*> de notre état affectif <*Stimmung*>, de même la connaissance que tout ce qui vit est autant notre propre essence en soi que notre propre personne diffuse notre intérêt sur tout ce qui vit : c'est cela qui élargit le cœur. En diminuant l'intérêt constant pour son propre soi, le souci anxieux pour celui-ci est attaqué et contenu à sa racine, d'où la sérénité calme et confiante procurée par une disposition vertueuse et par une bonne conscience, et la manifestation toujours plus évidente de cette allégresse dans chaque acte vertueux, qui vient nous attester la raison de cet état affectif. L'égoïste se sent entouré par des phénomènes étrangers et hostiles, et tout son espoir repose sur son propre bien. L'homme bon vit dans un monde de phénomènes amicaux : le bien de chacun de ces phénomènes est aussi le sien. Bien que la connaissance du sort de l'humanité en général ne le rende pas d'humeur joyeuse, la connaissance durable de sa propre essence dans tout ce qui vit lui confère cependant une certaine égalité, voire une sérénité d'âme. Car l'intérêt porté à d'innombrables phénomènes ne saurait angoisser autant que celui porté à UN SEUL. Les hasards qui frappent la totalité des individus se compensent, alors que ceux subis par une seule personne apportent chance ou malheur.]B

Si donc d'autres ont pu établir des principes de morale en les présentant comme des préceptes conduisant à la vertu et des lois à suivre nécessairement — alors que je ne saurais, quant à moi, rien faire de tel, comme je l'ai dit, puisque je n'ai à proposer aucun devoir ni aucune loi à la volonté éternellement libre —, l'élément analogique qui correspondrait, dans le contexte de mes considérations, à cette entreprise, serait cette vérité purement théorique dont on peut considérer que ma description tout entière n'est que le développement, à savoir que la volonté est l'en-soi de tout phénomène, alors qu'elle est elle-même affranchie des formes de celui-ci et par là de la multiplicité, vérité que je ne saurais exprimer plus dignement dans le domaine de l'agir que par la formule du *Véda*, déjà évoquée, «*tat tvam asi!*» («Tu es Cela!»). Celui qui est capable, avec une claire connaissance et avec une conviction solide et profonde devant chaque être qu'il rencontre, de la réciter à lui-même, celui-là est, par là même, certain de toute vertu et de toute félicité, et s'achemine droit vers la délivrance.

Mais avant de poursuivre et de montrer, à la toute fin de ma description, comment l'amour, dont nous reconnaissons l'origine et l'essence dans la pénétration du *principium individuationis*, conduit à la délivrance, plus exactement à l'abandon total de la volonté de vivre, c'est-à-dire de tout vouloir, et également comment une autre voie, moins douce mais plus suivie, permet d'y conduire l'homme, il me faut d'abord prononcer et expliciter une proposition paradoxale, non par goût du paradoxe, mais parce qu'elle est vraie et nécessaire pour compléter la pensée que je dois exposer. La voici: «Tout amour <*Liebe*> (ἀγάπη, *caritas*[181]) est compassion <*Mitleid*>.»

§ 67

Nous venons de voir comment, de la pénétration du *principium individuationis*, procède à un degré moindre la justice, à un degré supérieur la bonté véritable de la disposition, laquelle se révèle être l'amour pur, c'est-à-dire désintéressé, pour les autres. Là où cet amour devient parfait, il identifie complètement le destin de l'individu étranger au sien : il ne saurait aller plus loin, car il n'existe aucune raison de préférer l'individu étranger à lui-même. Pourtant il est possible qu'une majorité d'individus étrangers dont tout le bien-être, toute la vie est en danger prédomine sur le respect qu'un individu porte à son propre bien-être. Dans ce cas, ce personnage, qui a atteint une bonté suprême et une noblesse de cœur parfaite, sacrifiera entièrement son bien-être et sa vie pour le bien-être d'un grand nombre : ainsi mourut Codros[182], ainsi Léonidas[183], ainsi Regulus[184], ainsi Decius Mus[185], ainsi Arnold de Winkelried[186], ainsi chacun qui, au nom des siens, au nom de la patrie, est spontanément et en toute conscience allé au-devant d'une mort certaine. Au même niveau se situe chacun qui, pour la défense de ce qui contribue au bien-être de toute l'humanité et lui revient légitimement, c'est-à-dire pour des vérités universelles et importantes et pour la destruction des erreurs graves, assume de plein gré la souffrance et la mort : ainsi est mort Socrate, ainsi Giordano Bruno, et ainsi bien des héros de la vérité qui ont trouvé la mort sur le bûcher, sous la main des prêtres.

Eu égard au paradoxe exprimé plus haut, je dois maintenant rappeler que nous avons vu précédemment que la souffrance est essentielle à la vie tout entière, qu'elle en est inséparable, et que nous avons compris que tout souhait naît d'un besoin, d'un manque, d'une souffrance, et que, par conséquent, toute satisfaction n'est qu'une douleur écartée, et non un bonheur positif acquis, que les joies flattent le souhait, lui mentent, en faisant croire qu'elles sont un bien positif, alors qu'en vérité elles ne sont que de nature négative, et la fin d'un mal. Ce que donc la bonté, l'amour et la générosité font pour les autres n'est toujours qu'un apaisement de leurs souffrances, et, par suite, ce qui peut les inciter à leur tour à accomplir bienfaits et bonnes œuvres n'est toujours que la CONNAISSANCE DE LA SOUFFRANCE D'AUTRUI, laquelle est directement intelligible à partir de leur propre souffrance, et posée comme équivalente. Or il résulte de ceci que selon sa nature, l'amour pur (ἀγάπη, *caritas*) est compassion, peu importe si la souffrance qu'elle apaise est grande ou petite, celle-ci comprenant tous les souhaits insatisfaits. C'est pourquoi nous n'hésiterons pas, en parfaite opposition à Kant[187], qui ne veut reconnaître comme tels le bien véritable et toute vertu que s'ils résultent de la réflexion abstraite, plus précisément des concepts de devoir et d'impératif catégorique, et qui tient la compassion ressentie pour une faiblesse, et nullement pour une vertu, nous n'hésiterons donc pas, dis-je, en parfaite oppositon à Kant, d'affirmer que tout amour pur et véritable est compassion, et que tout amour qui n'est pas compassion relève de l'égoïsme <*Selbstsucht*>. L'égoïsme, c'est l'ἔρως, la compassion, c'est l'ἀγάπη. Fréquemment, on voit les deux se mélanger. Même l'amitié authentique est toujours un mélange d'égoïsme et de compassion; celui-ci réside dans le plaisir lié à la présence de l'ami dont l'individualité correspond à la nôtre et constitue presque toujours la plus grande partie de l'amitié, celle-là se manifeste par la part que nous prenons sincèrement à ses bonheurs et à ses malheurs, et par les sacrifices désintéressés que nous faisons pour lui. B[Même Spinoza dit : *benevolentia nihil aliud est quam cupiditas ex commiseratione orta* [la bienveillance n'est rien d'autre qu'un désir né de la commisération[188]].]B Pour appuyer notre proposition paradoxale, on pourrait faire remarquer que les intonations, les mots de la langue, et les cajoleries de l'amour pur, coïncident tout à fait avec les intonations de la compassion, de même qu'en italien on désigne la compassion et l'amour pur par le même mot de *pietà*.

C'est également le lieu ici d'exposer l'une des propriétés les plus remarquables de la nature humaine, les PLEURS, lesquels, tout comme le rire, font partie de ces manifestations qui le distinguent de l'animal. Les pleurs ne sont aucunement une expression directe de la douleur ; rare est la douleur qui appelle les pleurs. À mon sens, on ne pleure d'ailleurs jamais directement en raison d'une douleur ressentie, mais de sa réitération dans la réflexion. Car on passe de la douleur ressentie, même lorsqu'elle est physique, à sa simple représentation, pour trouver ensuite son propre état tellement digne de compassion que si un autre devait le subir, on est fermement et sincèrement persuadé de lui venir en aide avec plein de compassion et d'amour ; or, on est soi-même l'objet de sa propre compassion sincère ; animé de la disposition la plus serviable, on est soi-même celui qui a besoin d'aide, on sent qu'on supporte davantage qu'on ne pourrait voir souffrir un autre, et c'est dans ce curieux état d'âme mixte, où la douleur directement ressentie ne revient à la perception que par un double détour, est représentée comme celle d'un autre, partagée comme telle, puis, tout à coup, se trouve de nouveau perçue comme étant directement la nôtre, que la nature, par cet étrange spasme physique, parvient à se soulager. — Ainsi, les PLEURS sont de la COMPASSION AVEC SOI-MÊME, ou de la compassion renvoyée à son point de départ. Ils sont donc déterminés par la capacité d'amour et de compassion, et par l'imagination <*Phantasie*> : c'est pourquoi les personnes sans cœur, et celles dénuées d'imagination, ne pleurent pas facilement, et on a même toujours considéré les pleurs comme le signe d'un certain degré de bonté du caractère ; ils désarment la colère, parce qu'on sent que celui qui peut encore pleurer doit nécessairement être encore capable d'amour, c'est-à-dire de compassion à l'égard d'autrui, précisément parce que celle-ci, selon la manière décrite, compose cet état d'âme propice aux pleurs. — À l'explication proposée correspond tout à fait la description que fait Pétrarque de l'émergence de ses pleurs, exprimant son sentiment avec naïveté et vérité :

> *I vo pensando : e nel pensar m'assale*
> *Una pietà si forte di me stesso,*
> *Che mi conduce spesso,*
> *Ad alto lagrimar, ch'i non soleva**[189].

Ce qui vient d'être dit trouve également confirmation dans le fait que les enfants ayant subi quelque douleur ne pleurent bien souvent que lorsqu'on les plaint ; ils ne pleurent donc pas à cause de la douleur, mais de la représentation de celle-ci. — Lorsque ce n'est pas notre propre douleur, mais celle d'autrui

* Je vais pensant, et à penser m'assaille une pitié si forte de moi-même qu'elle me conduit souvent à d'autres pleurs que je n'en avais coutume.

qui nous incite à pleurer, c'est parce qu'en imagination nous nous mettons avec vivacité à la place de celui qui souffre, ou que nous voyons dans son destin le sort de l'humanité tout entière et donc avant tout du nôtre, et ainsi, par un long détour, c'est malgré tout sur nous-mêmes que nous pleurons, et avec nous-mêmes que nous éprouvons de la compassion. B[C'est aussi ce qui semble principalement expliquer qu'on pleure couramment, c'est-à-dire naturellement, quand se produit un décès. Ce n'est pas la perte subie que pleure celui qui est en deuil, car de ces pleurs égoïstes on aurait honte, alors qu'il éprouve parfois bien plutôt de la honte à ne pas pleurer. D'abord il pleure bien entendu le sort du défunt ; mais il pleure aussi lorsque celui-ci, après des souffrances longues, graves et inguérissables, considérait la mort comme une délivrance souhaitable. Ce qui donc lui inspire principalement de la compassion, c'est le sort de toute l'humanité, vouée à la finitude, suite à laquelle toute vie aussi laborieuse, aussi active eût-elle été, doit disparaître et devenir néant ; or, c'est dans ce sort de l'humanité qu'il aperçoit avant tout le sien, et ce d'autant plus que le défunt lui était proche, au plus haut degré donc lorsque c'était son père. Bien que pour ce dernier, la vie, en raison de la vieillesse et de la maladie, fût une torture, et pour le fils, en raison de la détresse du père, un lourd fardeau, il n'en pleurera pas moins avec véhémence la mort du père, pour la raison indiquée*.]B

* Voir sur ce sujet le chap. 47 du tome II. Il n'est sans doute guère nécessaire de rappeler que l'éthique établie dans ces § 61 à 67 a trouvé une présentation plus détaillée et plus accomplie dans mon *Mémoire sur le fondement de la morale*.

§ 68

Après cette digression sur l'identité entre l'amour pur et la compassion, laquelle, lorsqu'elle fait retour sur notre propre individu, est caractérisée par le phénomène des pleurs, je reprends le fil de notre interprétation du sens éthique de l'agir, afin de montrer maintenant comment c'est de cette même source dont découlent toute bonté, tout amour, toute vertu et toute générosité, que finalement procède aussi ce que j'appelle la négation de la volonté de vivre.

De même que nous avons vu précédemment que la haine et la méchanceté étaient déterminées par l'égoïsme, et que celui-ci consistait dans l'emprisonnement de la connaissance dans le *principium individuationis*, de même nous avons trouvé que l'origine et l'essence de la justice, ensuite, en progressant, de l'amour et de la générosité, jusqu'aux degrés suprêmes, étaient la pénétration de ce *principium individuationis*, laquelle seule, en abolissant la différence entre notre propre individu et les individus étrangers, rend possible et explique la parfaite bonté de la disposition, jusqu'à l'amour le plus désintéressé, jusqu'au plus généreux sacrifice de soi pour les autres.

Or si maintenant cette pénétration du *principium individuationis*, cette connaissance immédiate de l'identité de la volonté en tous ses phénomènes, est présente à un haut degré d'évidence, elle aura une influence encore plus grande sur la volonté. Car lorsque sous les yeux d'un homme ce voile de *mâyâ*, le *principium individuationis*, est dissipé au point que cet homme ne fait plus cette distinction égoïste entre sa personne et celle d'autrui, mais prend autant part aux souffrances des autres qu'aux siennes propres, et apparaît par là non seulement secourable au plus haut degré, mais même prêt à sacrifier son propre individu tant que cela permet de sauver plusieurs individus étrangers, alors il s'ensuit tout naturellement qu'un tel homme qui se reconnaît dans tous les êtres, qui y reconnaît son soi le plus intime et véritable, considérera également comme siennes les souffrances infinies de tout ce qui vit, et aura ainsi à s'approprier la douleur du monde tout entier. Aucune souffrance ne lui est plus étrangère. Tous les tourments d'autrui qu'il voit et ne parvient que si rarement à apaiser, tous les tourments dont il a indirectement connaissance, voire qu'il sait seulement possibles, agissent sur son esprit, comme si c'étaient les siens. Ce n'est plus le sort inconstant de sa personne qu'il prend en considération, comme le fait encore l'homme prisonnier de l'égoïsme ; mais, puisqu'il a pénétré le *principium individuationis*, tout le touche de manière égale. Il connaît le tout, en conçoit l'essence, et le voit pris dans un écoulement perpétuel, dans des désirs vains, dans un conflit interne, dans une constante souffrance ; aussi loin que porte son regard il ne voit que l'humanité souffrante, l'animalité souffrante, et un monde qui passe. Or tout cela lui est désormais aussi proche que pour l'égoïste sa propre personne. Avec une telle connaissance du monde, comment pourrait-il maintenant affirmer cette vie par des actes de volonté continuels, et par là même s'y attacher de plus en plus fermement, l'étreindre avec de plus en plus de vigueur ? Alors que celui qui est encore captif du *principium individuationis*, de l'égoïsme, ne connaît que des choses singulières et leurs rapports à sa propre personne, ces choses devenant des MOTIFS toujours renouvelés de son vouloir, la connaissance, que nous avons décrite, du tout, de l'essence des choses en soi, devient au contraire le QUIÉTIF de tout vouloir, de chaque vouloir. La volonté se détourne désormais de la vie : elle répugne maintenant à ses plaisirs, où elle reconnaît l'affirmation de cette même vie. L'homme atteint l'état du renoncement volontaire, de la résignation, de la sérénité véritable, de la totale absence de volonté. — S'il nous arrive parfois, à nous autres qui sommes encore enveloppés dans le voile de *mâyâ*, de nous rapprocher de cette connaissance de la vanité et de l'amertume de la vie, lorsque nos propres souffrances nous pèsent, ou lorsque celles d'autrui nous frappent vivement, et que nous souhaitons, par la décision d'un renoncement total et définitif, briser l'aiguillon de nos désirs, fermer l'accès à toute souffrance, nous purifier, nous sanctifier, bientôt l'illusion du phénomène nous obnubile de nouveau, et une fois de plus ses motifs remettent la volonté en branle : nous ne parvenons pas à nous en arracher. Les séductions de l'espoir, les flatteries du présent, la douceur des plaisirs, le bien-être qui échoit à notre personne, au milieu de la désolation d'un monde qui souffre, sous l'empire du hasard et de l'erreur, nous replongent dans cette illusion, et nous y attachent de nouveau. C'est pourquoi Jésus dit : « Il est plus facile à un câble de passer par un trou d'aiguille qu'à un riche d'entrer dans le Royaume des Cieux[190]. »

Comparons la vie à un circuit fait de charbons ardents, dont quelques endroits sont froids, et dont nous aurions à parcourir sans cesse le trajet ; celui qui est captif de l'illusion se consolera alors de l'endroit froid sur lequel il se tient sur le moment, ou qu'il voit tout près devant lui, puis il continuera son parcours. Mais celui qui, pénétrant le *principium individuationis*, connaît l'essence, en soi, des choses et par là du tout, n'est plus réceptif à cette sorte de consolation : il voit qu'il est dans tous les endroits en même temps, et sort du circuit. — Sa volonté se retourne, elle n'affirme plus sa propre essence se reflétant dans le phénomène, mais la nie. Le phénomène par lequel cela se manifeste, c'est le passage de la vertu à l'ASCÈSE <*Askesis*>. Car il ne lui suffit plus d'aimer les autres comme lui-même et faire autant pour eux que pour lui-même ; il naît en lui, bien plutôt, une aversion pour cette essence dont l'expression est son propre phénomène, pour la volonté de vivre, le noyau et la nature de ce monde reconnu comme misérable. Ainsi, il renie précisément cette essence qui apparaît en lui et s'exprime d'emblée dans son corps, et ses actes démentent désormais son phénomène, entrent dans une évidente contradiction avec celui-ci[191]. N'étant essentiellement rien d'autre qu'un phénomène de la volonté, il cesse de vouloir quelque chose, se garde d'attacher sa volonté à un objet, cherche à affermir en lui la plus grande indifférence à l'égard de toute chose. — Son corps, sain et vigoureux, exprime, par les parties génitales, la pulsion sexuelle ; mais il nie la volonté et dément le corps : il ne veut pas de satisfaction sexuelle, sous aucune condition. La chasteté spontanée, parfaite est le premier pas dans l'ascèse, ou dans la négation de la volonté de vivre. Elle nie par là l'affirmation de la volonté qui dépasse la vie individuelle, et indique ainsi qu'avec la vie de ce corps, c'est la volonté, dont il est le phénomène, qui s'abolit. La nature, toujours vraie et naïve, nous dit que si cette maxime devenait universelle, l'espèce humaine s'éteindrait[192] ; et d'après ce qui a été dit au livre II sur l'enchaînement de tous les phénomènes de la volonté, je crois pouvoir supposer qu'avec le plus élevé des phénomènes de la volonté s'évanouirait également son reflet plus faible, l'animalité, de même que la pleine lumière fait disparaître la pénombre. Aussi, avec la totale abolition de la connaissance, le reste du monde basculerait de lui-même dans le néant, puisque sans sujet, pas d'objet. Sur ce point, je voudrais renvoyer à un passage dans le *Véda*, où il est dit: « De même qu'en ce monde les enfants affamés se pressent autour de leur mère, tous les êtres attendent le saint sacrifice » (*Asiatic researches*, t. 8. Colebrooke, *On the Vedas*, l'extrait du *Sama-Véda* B[: on le trouve aussi dans Colebrooke, *Miscellaneous essays*, t. 1, p. 88[193])]B. Sacrifice signifie résignation en général, et le reste de la nature doit attendre d'être délivré par l'homme, à la fois prêtre et victime. B[Il faut citer encore le fait, tout à fait remarquable, que cette pensée fut également exprimée par cet esprit admirable et infiniment profond, Angelus Silesius, dans un petit vers intitulé « L'homme porte tout vers Dieu », que voici:

Mensch! Alles liebet dich; um dich ist sehr Gedrange:
Es läuft dir Alles zu, dass es zu Gott gelange.]B

[Homme, tu es aimé de tout, autour de toi l'on se presse:
Tout court à toi pour aller jusqu'à Dieu[194].]

Cm[Or un mystique plus grand encore, Maître Eckhart, dont les écrits merveilleux sont enfin accessibles dans l'édition de Franz Pfeiffer[195] (1857), dit, dans ce même volume, p. 459, tout à fait dans le sens évoqué ici: « Je le prouve avec le Christ, car il dit: une fois élevé de terre, j'attirerai toutes les choses à moi (Jean 12, 32). Ainsi l'homme bon doit monter toutes choses vers Dieu, vers leur source première. Les maîtres attestent que toutes les créatures sont faites pour la volonté de l'homme. Toutes les créatures témoignent de ce qu'une créature use de l'autre : le bœuf de l'herbe, le poisson de l'eau, l'oiseau de l'air, la bête de la forêt. Ainsi, toutes les créatures sont utiles à l'homme bon : une créature dans l'autre porte un homme bon vers Dieu. » Il veut dire : c'est parce que l'homme, avec lui-même et en lui-même, délivre aussi les animaux, qu'il en use dans cette vie.]Cm B[Même le passage biblique difficile Romains 8, 21-24[196] me semble devoir être interprété dans ce sens.]B

Cm[Le bouddhisme non plus ne manque pas d'expressions pour la chose : par exemple lorsque le Bouddha, encore *bodhisattva*, fait seller son cheval pour la dernière fois, puisque c'est pour s'évader de la résidence paternelle et aller dans le désert, il dit ce vers à son cheval : « Depuis longtemps tu es là dans la vie et dans la mort ; mais maintenant tu vas cesser de porter et de traîner. Emporte-moi seulement cette fois-ci encore, ô Cantakana, et lorsque j'aurai réalisé la Loi (devenu Bouddha), je ne t'oublierai pas » (*Foe Koue Ki*, trad. p. Abel Rémusat, p. 233[197]).]Cm

Par ailleurs, l'ascèse se manifeste par une pauvreté spontanée et délibérée, qui ne naît pas seulement *per accidens*, lorsqu'on donne ses biens pour alléger les souffrances d'autrui, mais qui est ici une fin en soi et doit servir à constamment mortifier la volonté, pour que la satisfaction des souhaits, la douceur de la vie, n'excitent pas de nouveau la volonté que la connaissance de soi a appris à abhorrer. Celui qui est parvenu jusqu'à ce point ne cesse pas de ressentir, en tant que corps animé, en tant que phénomène concret de la volonté, cette disposition au vouloir en tout genre, mais il la réprime à dessein, en se forçant à ne rien faire de tout ce qu'il voudrait et à faire, au contraire, tout ce qu'il ne voudrait pas, même si cela n'a aucun autre but que celui, précisément, de servir à mortifier la volonté. B[Comme il nie la volonté elle-même qui apparaît dans sa personne, il ne s'opposera pas à ce qu'un autre fasse la même chose, c'est-à-dire lui fasse injustice ;]B c'est la raison pour laquelle toute douleur qui s'abat sur lui depuis l'extérieur, par hasard ou par la méchanceté d'autrui, lui est bienvenue, de même tout dommage, tout outrage ; il les accueille avec joie, comme une occasion de s'assurer qu'il n'affirme plus la volonté, mais qu'il prend parti, de bon cœur, pour tout ennemi de ce phénomène de la volonté qu'est sa propre personne. C'est pourquoi il supporte ces outrages, ces douleurs avec une patience et une douceur inépuisables, il rend, sans ostentation, le mal par le bien, et ne laisse plus jamais s'éveiller en lui le feu de la colère, aussi peu que celui du désir. — Autant que la volonté elle-même, il mortifie sa visibilité, son objectité, à savoir le corps : il le nourrit pauvrement pour qu'aucune opulence de sa forme ne vienne faire revivre et exciter encore plus fortement la volonté, dont il n'est que l'expression et le miroir. Il recourt ainsi au jeûne, voire aux macérations et à la torture, afin de briser et tuer de plus en plus la volonté par le biais d'une privation et d'une souffrance continues, cette volonté qu'il connaît et abhorre en tant que source tant de sa propre existence pleine de souffrance que de celle du monde. — Lorsque vient enfin la mort pour dissoudre le phénomène de cette volonté — dont l'essence, en ce cas, par une libre négation de soi-même, était déjà morte, exception faite du faible reste qui paraissait maintenir en vie ce corps —, elle est la bienvenue, au plus haut point, en tant que délivrance espérée, et accueillie avec joie. Avec la mort ne cesse pas simplement le phénomène, comme chez d'autres, mais c'est l'essence même de celui-ci qui se trouve abolie, cette essence qui n'avait plus qu'une faible existence dans et à travers le phénomène*[198], et c'est ce dernier lien usé qui alors finit par céder aussi. Pour celui qui finit ainsi, le monde finit aussi.

Et ce que je tente de formuler ici bien péniblement, et par des expressions bien trop générales, n'est pas quelque conte philosophique que j'aurais inventé, et qui serait d'aujourd'hui : non, c'était la vie enviable de nombreux saints et âmes nobles chez les chrétiens, plus encore chez les Hindous et chez les bouddhistes, et également chez les fidèles d'autres religions. Si divers qu'aient pu être les dogmes inculqués à leur raison, la connaissance interne, immédiate, intuitive, la seule dont puissent procéder la vertu et la sainteté, s'est exprimée, de la même et unique manière, dans la conduite de leur vie. Car ici aussi se manifeste cette grande différence si importante pour toutes nos considérations, partout décisive et pourtant négligée, la différence entre connaissance intuitive et connaissance abstraite. Les deux sont séparées par un profond gouffre que seule la philosophie peut enjamber pour connaître l'essence du monde. Car, en réalité, tout homme est conscient de manière intuitive, c'est-à-dire *in concreto*, de

* B[Cette pensée est exprimée par une belle métaphore dans le texte sanskrit très ancien *Sânkhya Kârikâ* : « L'âme pourtant demeure un moment habillée du corps, de même que la tour de potier, après que le récipient est achevé, continue de tourner suite à l'impulsion reçue précédemment. Ce n'est que lorsque l'âme illuminée se sépare et que la nature s'arrête pour elle, que la délivrance totale se produit » (Colebrooke, *On the philosophy of the Hindus: Miscellaneous essays*, t. 1, p. 259. De même dans la *Sankhya Carica by Horace Wilson*, § 67, p. 184.]B

toutes les vérités philosophiques ; mais les porter au savoir abstrait de l'homme, à la réflexion, est l'affaire du philosophe, qui ne doit pas et ne peut pas en avoir d'autre.

Ici, peut-être pour la première fois, se trouve ainsi énoncée abstraitement, et pure de tout élément mythique, l'essence intime de la sainteté, du reniement de soi, de la mortification de sa propre volonté, de l'ascèse, sous le nom de NÉGATION DE LA VOLONTÉ DE VIVRE, ce qui se produit lorsque la parfaite connaissance de sa propre essence est devenue pour elle le quiétif de tout vouloir. Or c'est ce qu'ont connu immédiatement et exprimé dans les actes tous ces saints et ascètes, qui, alors qu'ils avaient la même connaissance interne, pratiquaient une langue fort différente, selon les dogmes qu'ils ont pu recueillir dans leur raison, et en conséquence desquels un saint indien, un saint chrétien ou un saint lamaïque fera, chacun, un compte rendu très différent de ses actes, ce qui, pour la chose même, n'a aucune importance. Un saint peut être plein de la superstition la plus absurde, ou au contraire il peut être un philosophe : l'un vaut l'autre. Ce sont ses actes seuls qui l'authentifient comme saint, car du point de vue moral, ils ne résultent pas de la connaissance abstraite, mais de la connaissance immédiate, appréhendée intuitivement, du monde et de son essence, et ils ne sont interprétés par lui que pour satisfaire sa raison par un dogme quelconque. Il est donc aussi peu nécessaire que le saint soit un philosophe, que le philosophe un saint, de même qu'il n'est pas nécessaire qu'un homme parfaitement beau soit un grand sculpteur, ou qu'un grand sculpteur soit également lui-même un homme beau. Il est d'ailleurs curieux d'exiger d'un moraliste qu'il ne recommande aucune autre vertu que celle qu'il possède lui-même. Répéter toute l'essence du monde de manière abstraite, universelle et évidente dans des concepts, afin de la soumettre ainsi à la raison, en tant qu'image se reflétant dans des concepts invariables et toujours disponibles : voilà ce qu'est la philosophie, et rien d'autre. Je rappelle le passage de Francis Bacon cité au livre I[199].

Ainsi, ce n'est que sous une forme abstraite et universelle, et donc froide, que j'ai pu donner plus haut la description de la négation de la volonté de vivre, de la conduite d'une âme noble, d'un saint résigné, faisant spontanément pénitence. Comme la connaissance dont procède la négation de la volonté est intuitive et non abstraite, elle ne trouve pas non plus son expression parfaite dans les concepts abstraits, mais seulement dans les actes et la conduite. Par conséquent, pour comprendre plus complètement ce que nous exprimons philosophiquement par la négation de la volonté de vivre, il faut prendre connaissance des exemples tirés de l'expérience et de la réalité. Certes, on ne les trouvera pas dans l'expérience quotidienne : *nam omnia praeclara tam difficilia quam rara sunt* [mais tout ce qui est précieux est aussi difficile que rare[200]] dit excellemment Spinoza. À moins d'avoir été un témoin oculaire par quelque destin particulièrement favorable, il faudra donc se contenter des biographies de ces hommes. Ainsi que nous pouvons déjà le voir à travers le peu que nous connaissons par les traductions réalisées à ce jour, la littérature indienne est très riche en descriptions de la vie des saints, des pénitents, qu'on appelle des samanéens, des *sannyassins*, etc. Même la célèbre *Mythologie des Indous*, par Mad. de Polier[201], bien qu'elle ne soit pas en tout point digne d'éloges, contient de nombreux et excellents exemples de cette sorte (surtout au chapitre 13 du deuxième tome). Chez les chrétiens les exemples utiles à notre explication ne manquent pas non plus. Qu'on lise les biographies, souvent mal écrites, de ces personnes qu'on appelle tantôt des âmes saintes, tantôt des piétistes, des quiétistes, des visionnaires pieux, etc. On a composé des recueils de ces biographies à différentes époques, ainsi Tersteegen, *Leben heiliger Seelen*, Reiz, *Geschichte der Wiedergeborenen*, de nos jours[202] un recueil de Kanne qui, parmi beaucoup de choses mauvaises, en présente malgré tout quelques bonnes, parmi lesquelles je compte tout particulièrement le *Leben der Beata Sturmin*[203]. Cm[On citera ici bien évidemment la vie de saint François d'Assise, cette véritable personnification de l'ascèse, et du modèle de tous les moines mendiants. Sa biographie, écrite par son contemporain plus jeune, également célèbre comme scolastique, saint Bonaventure, a été récemment rééditée: *Vita S. Francisci a S. Bonaventura concinnata* (Soest, 1847), après qu'une biographie soigneuse et détaillée du même, utilisant toutes les sources, eut paru en France juste auparavant: *Histoire de S. François d'Assise*, par Chavin de Mallan (1845)[204]. — Comme parallèle oriental à ces écrits monastiques, nous avons l'ouvrage, qui mérite vraiment lecture, de Spence Hardy, *Eastern monachism, an account of the order of mendicants founded by Gotama Budha* (1850)[205]. Il nous montre la même chose sous un autre habit. On constate aussi à quel point il est indifférent que la chose procède d'une religion théiste, ou d'une religion athée.]Cm — Mais je puis recommander tout particulièrement, comme un exemple spécial et extrêmement détaillé, et une explicitation concrète des concepts que j'ai établis, l'autobiographie de Madame de Guyon[206]; faire la connaissance de cette noble et grande âme, dont le souvenir ne cesse de susciter en moi une profonde vénération, et rendre justice à l'excellence de sa disposition tout en faisant preuve d'indulgence pour la superstition de sa raison, voilà qui devrait réjouir tout homme distingué, à la mesure du discrédit que les esprits ordinaires, c'est-à-dire la majorité, jetteront toujours sur ce livre, puisque, en général et en tout lieu, chacun ne peut apprécier que ce qui lui est à peu près analogue et, ce pour quoi il possède une disposition au moins faible. Ceci vaut tant pour le domaine intellectuel que pour l'éthique. On pourrait même en quelque sorte considérer comme un exemple qui serait à sa place ici la célèbre biographie française de Spinoza, si on prend pour clé de celle-ci le magnifique début de son traité, par ailleurs très insuffisant, *De emendatione intellectus*, un passage que je considère aussi comme le calmant le plus efficace que je connaisse pour apaiser la tempête des passions[207]. Enfin, le grand Goethe, aussi grec qu'il puisse être, n'a pas estimé indigne de lui-même de nous montrer cet aspect le plus beau de l'humanité dans le miroir clarifiant de l'art poétique, en nous présentant dans les *Confessions d'une belle âme* la vie idéalisée de Mademoiselle Klettenberg et plus tard en a relaté l'histoire, dans sa propre biographie; B[de même, il est allé jusqu'à raconter deux fois la vie de saint Philippe Neri[208].]B — Certes, l'histoire universelle passera toujours sous silence, et ce nécessairement, ces hommes dont la conduite est la meilleure explicitation, à elle seule suffisante, de cet aspect important de nos considérations. Car la matière de l'histoire universelle est tout à fait différente, voire opposée: ce n'est pas la négation et l'abandon de la volonté de vivre, mais c'est précisément son affirmation et sa manifestation dans d'innombrables individus, par où sa division interne, au plus haut sommet de son objectivation, apparaît avec une parfaite évidence, et nous met sous les yeux tantôt la suprématie de l'individu obtenue par son habileté, tantôt la puissance de la foule due à sa masse, tantôt le pouvoir du hasard personnifié en destin, toujours la vanité et le néant de toutes ces aspirations. Mais quant à nous, qui ne suivons pas ici le fil des phénomènes dans le temps, mais qui cherchons, en tant que philosophes, à étudier la signification éthique des actes, et à ériger celle-ci en seul et unique étalon de ce qui pour nous a du sens et de l'importance, aucune crainte devant l'éternelle majorité des voix de la vulgarité et de la platitude ne saurait nous retenir de clamer que le phénomène le plus grand, le plus considérable, le plus signifiant que le monde puisse proposer, n'est pas le conquérant du monde, mais le vainqueur du monde[209], c'est-à-dire, de fait, rien d'autre que la tranquille et discrète vie que mène cet homme en qui s'est levée la connaissance suite à laquelle il abandonne et nie la volonté de vivre remplissant tout, s'affairant et s'agitant en tout, cette volonté dont la liberté ne se manifeste qu'ici, en lui seul[210], ce par quoi ses faits et gestes en viennent alors à s'opposer diamétralement aux faits et gestes habituels. À cet égard, ces biographies de saints, pratiquant le reniement de soi, si mal écrites qu'elles fussent, parfois même racontées avec un mélange de superstitions et d'absurdités, n'en sont pas moins, pour le philosophe, en raison de l'importance de leur matière, incomparablement plus instructives et importantes que même Plutarque ou Tite-Live[211].

Par ailleurs, la considération des préceptes éthiques établis, tout à fait dans le même sens, par des hommes pleinement animés de cet esprit, sera d'une grande utilité pour connaître plus précisément et plus complètement ce que nous exprimons, sous l'abstraction et sous la généralité de notre mode de description, comme négation de la volonté de vivre, et ces préceptes attesteront du même coup de l'ancienneté de notre point de vue, aussi nouvelle que puisse en être l'expression purement philosophique. Le plus près de nous est le christianisme, dont l'éthique, entièrement pénétrée de l'esprit en question, conduit non seulement aux degrés suprêmes de la philanthropie <*Menschenliebe*>, mais aussi au renoncement <*Entsagung*> ; ce dernier aspect se trouve déjà très clairement en germe dans les écrits des apôtres, mais ce n'est que plus tard qu'il sera pleinement développé et exprimé *explicite*. Nous voyons que les apôtres prescrivent : l'amour du prochain autant que de soi-même, la charité <*Wohltätigkeit*>, la rétribution de la haine par l'amour et la bienfaisance <*Wohltun*>, la patience, la douceur <*Sanftmut*>, l'endurance de toutes les offenses possibles sans leur résister, l'abstinence de nourriture pour réprimer le plaisir, résistance face à la pulsion sexuelle, totale si l'on en est capable. Nous avons déjà ici les premiers degrés de l'ascèse, ou de la négation de la volonté proprement dite, B[cette dernière expression signifiant précisément ce qu'on appelle dans les Évangiles l'acte de se renier et de porter sa croix (Mt 16, 24-25 ; Mc 8, 34-35 ; Lc 9, 23-24 ; 14, 26-27).]B Cette orientation allait bientôt se développer toujours davantage et se trouver à l'origine du mouvement des pénitents, des anachorètes et du monachisme ; cette origine, prise en elle-même, était pure et sainte, mais, pour cette raison, elle n'était pas du tout adaptée à la majeure partie de l'humanité, et ce qui en était issu ne pouvait qu'être hypocrisie et abomination : car *abusus optimi pessimus* [l'abus du meilleur est le pire]. Dans le christianisme plus évolué, ce germe ascétique s'épanouit pleinement, dans les écrits des saints et mystiques chrétiens. À côté de l'amour le plus pur, ils prêchent également la résignation totale, l'entière et délibérée pauvreté, la sérénité véritable, l'indifférence parfaite à l'égard de toutes les choses mondaines, la mort à sa propre volonté et la renaissance en Dieu, l'oubli complet de sa propre personne et l'absorption dans l'intuition de Dieu. On en trouvera une description complète dans Fénelon, *Explication des maximes des Saints sur la vie intérieure*[212]. Au cours de son développement, l'esprit du christianisme ne se trouve sans doute nulle part exprimé avec autant de perfection et de force que dans les écrits des mystiques allemands, c'est-à-dire chez Maître Eckhart et dans la *Théologie allemande*, ouvrage justement célèbre dont Luther, dans sa préface, dit que dans aucun autre livre, exceptés la Bible et Augustin[213], il n'a appris davantage sur ce que sont Dieu, le Christ et l'homme, que dans celui-ci; Cm[nous ne possédons pourtant le texte authentique et inaltéré que depuis 1851, dans l'édition de Stuttgart procurée par Pfeiffer[214].]Cm Les préceptes et les doctrines qu'on y donne constituent l'analyse la plus complète, Cm[issue d'une profonde et intime conviction, de ce que j'ai présenté]Cm comme la négation de la volonté de vivre. Cm[C'est donc là qu'il faut aller voir pour en apprendre plus sur la chose, avant de la contester d'une assurance toute judéo-protestante.]Cm Rédigée dans ce même esprit excellent, bien qu'on ne puisse le mettre au même niveau: la *Nachfolgung des armen Leben Christi* de Tauler, ainsi que son *Medulla animae*[215]. Cm[À mon avis, les doctrines de cet authentique mystique chrétien sont à celles du Nouveau Testament ce que l'esprit-de-vin est au vin. Autrement formulé: ce qui, dans le

Nouveau Testament, est visible comme à travers un voile et un brouillard, se présente à nous, dans les œuvres des mystiques, sans déguisement, d'une pleine clarté et évidence. Enfin, on pourrait considérer le Nouveau Testament comme la première initiation, les mystiques comme la seconde — σμικρὰ καὶ μεγάλα μυστήρια [les petits et les grands mystères]]Cm.

Mais où nous trouvons ce que nous avons appelé la négation de la volonté de vivre, développé bien plus amplement, exprimé sous des formes plus variées, décrit avec des couleurs plus vives que ne pouvaient le faire l'Église chrétienne et le monde occidental, c'est dans les œuvres ancestrales de langue sanskrite. Que ce point de vue éthique sur la vie ait pu atteindre à un développement encore plus élaboré, à une expression encore plus nette, est peut-être principalement lié au fait que dans ce cas il n'était pas limité par un élément qui lui est complètement étranger, comme l'est pour le christianisme la doctrine juive de la foi, à laquelle le sublime fondateur du premier, en partie consciemment, en partie peut-être même inconsciemment, a dû nécessairement consentir et se conformer, en raison de quoi le christianisme est composé de deux éléments constitutifs fort hétérogènes; parmi ces deux, c'est l'élément purement éthique que je voudrais de préférence, et même exclusivement, appeler chrétien et le distinguer du dogmatisme juif préexistant[216]. Si un jour, ainsi qu'on a pu le craindre souvent déjà, et particulièrement à notre époque, cette religion excellente et salutaire devait complètement décliner, je verrais la seule et unique raison de ce déclin dans le fait qu'elle n'est pas constituée par un élément simple, mais par deux éléments initialement hétérogènes, venus à s'associer seulement à cause du cours des événements; leur décomposition, issue de leur affinité inégale et de leur réaction aux progrès de l'esprit du temps en marche, devrait conduire, dans ce cas, à leur dissolution, après laquelle, cependant, la partie purement éthique resterait nécessairement intacte, car elle est indestructible. — Voici maintenant ce que prescrit l'éthique des Hindous, telle que nous la trouvons formulée, malgré notre connaissance encore incomplète de leur littérature, sous les aspects les plus variées et avec la plus grande force, dans les *Védas*, les *Purânas*, les œuvres poétiques, les mythes, les légendes de leurs saints, les maximes et les règles de vie* : l'amour du prochain *<Liebe des Nächsten>* et le reniement total de tout amour-propre *<Selbstliebe>* ; l'amour, qui n'est aucunement borné à l'espèce humaine, mais comprend le vivant tout entier ; la charité, qui peut aller jusqu'à donner le salaire durement acquis d'une journée ; la patience infinie à l'égard de tous les offenseurs ; la rétribution du mal, si grave qu'il puisse être, par le bien et l'amour ; l'endurance volontaire et joyeuse de tout outrage ; l'abstinence de toute nourriture animale ; la chasteté absolue et le renoncement à toute volupté pour celui qui aspire à l'authentique sainteté ; se défaire de tous les biens, abandonner tout lieu d'ha-

* Qu'on se rapporte par ex. à l'*Oupnek'hat, studio Anquetil du Perron*, t. 2, nos 138, 144, 145, 146. — *Mythologie des Indous* par Mad. de Polier, t. 2, chap. 13, 14, 15, 16, 17. — *Asiatisches Magazin*, par Klaproth, dans le premier tome : « Sur la religion Fo » ; même endroit, « Bhaguat-Geeta » ou « Dialogues entre Kreeshna et Arjoon » ; dans le second tome : « Moha-Mudgava ». — Ensuite *Institutes of Hindu-Law, or the ordinances of Menu, from the Sanskrit by Wm. Jones*, tr. allemande Hüttner (1797) ; en particulier les chapitres six et douze — Enfin, de nombreux passages dans les *Asiatic researches.* B[(Dans les quarante dernières années, la littérature indienne a tellement augmenté en Europe que si je voulais compléter cette note de la première édition, elle s'étendrait sur plusieurs pages).]B

bitation, tous les proches, pour vivre dans une profonde et totale solitude, adonné à une contemplation silencieuse, faisant volontairement pénitence, pratiquant une terrible et lente torture de soi, dans le but d'une mortification complète de la volonté, laquelle peut finalement conduire à la mort volontaire, par la faim, ou en allant au-devant de crocodiles, en se précipitant du sommet d'un rocher sacré dans l'Himalaya, en se faisant enterrer vivant, ou aussi en se jetant sous les roues de l'énorme chariot promenant les idoles divines au milieu des chants, des cris de joie et des danses de bayadères. Et aujourd'hui encore, malgré les nombreux éléments dégénérés de ce peuple, on continue de vivre selon ces préceptes dont l'origine remonte à plus de quatre millénaires, certains individus allant même jusqu'aux limites les plus extrêmes*[217]. Ce qui, parmi un peuple de tant de millions de personnes, s'est maintenu aussi longtemps dans la pratique, tout en exigeant les sacrifices les plus lourds, ne saurait relever de quelque fantaisie arbitrairement inventée, mais doit avoir sa raison dans l'essence de l'humanité. Or, à cela s'ajoute qu'on n'a cesse de s'étonner de l'unanimité qui règne lorsqu'on lit la vie d'un pénitent ou d'un saint chrétien, et celle d'un Indien. Alors que leurs dogmes, leurs mœurs et leurs environnements sont si fondamentalement différents, l'aspiration et la vie intérieure des deux sont tout à fait identiques. Il en est ainsi dans leurs préceptes : Tauler par exemple parle de la pauvreté totale qu'il convient d'atteindre, et qui consiste à renoncer et à

* Lors de la procession de Jaggernaut en juin 1840, onze Hindous se sont jetés sous le chariot, mourant immédiatement (lettre d'un propriétaire terrien d'Inde de l'Est dans le *Times* du 30 décembre 1840).

se dépouiller de tout ce dont on pourrait tirer une quelconque consolation ou satisfaction mondaines, de toute évidence parce que tout cela nourrit toujours de nouveau la volonté qu'il s'agit justement de mortifier dans son ensemble ; et comme pendant indien, nous voyons que les préceptes du Fo[218] ordonnent finalement au *sannyâsin*[219], qui doit être sans habitation et sans aucune possession, de ne pas se coucher souvent sous le même arbre, pour éviter qu'il ne développe à son égard quelque préférence ou penchant. Cm[Les mystiques chrétiens et les maîtres de la philosophie du *Vedânta* se retrouvent également dans le fait qu'ils considèrent toutes les œuvres et toutes les pratiques extérieures comme superflues pour celui qui a atteint la perfection.]Cm — Autant de coïncidences alors que les époques et les peuples sont si différents constituent une preuve concrète de ce qu'ici s'exprime non pas une extravagance et une folie de la disposition, mais un aspect essentiel de la nature humaine, aspect qui, en raison de son excellence même, ne se fait que rarement remarquer.

J'ai maintenant indiqué les sources qui permettent de connaître immédiatement, en les puisant dans la vie même, les phénomènes où se manifeste la négation de la volonté de vivre. Alors que c'est là, en quelque sorte, le point le plus important de toutes nos considérations, je ne l'ai exposé que de manière tout à fait générale ; car il est préférable de renvoyer à ceux qui parlent à partir d'une expérience directe, plutôt que de de faire enfler inutilement encore plus ce livre en me faisant l'écho affaibli de leurs paroles.

Je voudrais encore ajouter quelques mots sur la caractérisation générale de leur état. Alors que nous avons vu que le méchant, par la véhémence de son vouloir, souffre de tourments intérieurs constants et dévorants, et, après épuisement de tous les objets du vouloir, finit par assouvir la furieuse soif de son arrogante volonté en contemplant la douleur d'autrui, celui au contraire en qui s'est levée la négation de la volonté de vivre, aussi pauvre, aussi dépouillé de tous les plaisirs, aussi rempli de privations que puisse paraître son état considéré de l'extérieur, celui-là est plein de joie intérieure et de félicité tranquille et véritable. Il ne s'agit pas de cet élan agité de la vie, de cette joie exubérante qui a pour condition antécédente et précédente une souffrance véhémente, et qui est propre à la conduite des hommes se roulant dans les plaisirs de la vie ; mais c'est une paix inébranlable, une tranquillité profonde, une sérénité intérieure, bref un état vers lequel nous ne pouvons regarder sans le désir le plus ardent lorsque nous l'avons sous les yeux ou dans l'imagination, car nous y reconnaissons aussitôt ce qui seul est juste, et dépasse infiniment tout le reste, et vers quoi nous exhorte la meilleure part de nous-même en nous adressant le grand *sapere aude*[220]. Nous sentons alors fort bien que toute satisfaction de nos souhaits arrachée au monde est, au fond, pareille à l'aumône qui aujourd'hui maintient en vie le mendiant sans empêcher qu'il doive endurer la faim le lendemain, mais que la résignation, au contraire, est comme une propriété rurale reçue en héritage : elle décharge pour toujours le propriétaire de tous les soucis.

Nous savons du livre III que le plaisir esthétique du beau consiste pour une grande part dans le fait que lorsque nous entrons dans l'état de la pure contemplation, affranchis, le temps d'un instant, de tout vouloir, c'est-à-dire de tout souhait et de tout souci, nous sommes pour ainsi dire débarrassés de nous-mêmes, nous ne sommes plus l'individu qui connaît au service de son constant vouloir, le corrélat de la chose singulière, pour lequel les objets deviennent des motifs, mais le sujet de la connaissance, éternel et pur de toute volonté, le corrélat de l'Idée, et nous savons alors que ces instants, où détachés de cet élan furieux de la volonté nous nous arrachons en quelque sorte à la pesanteur de l'atmosphère terrestre, sont les plus heureux que nous connaissions. Cela nous permet de comprendre combien bienheureuse doit être la vie d'un homme dont la volonté n'est pas seulement apaisée pour quelques instants, comme lors de la jouissance du beau, mais pour toujours, voire totalement éteinte, exception faite de la lueur de cette ultime étincelle qui maintient le corps pour disparaître avec la mort de celui-ci. D'un tel homme qui, après de longues luttes contre sa propre nature, l'a enfin dépassée, il ne reste plus qu'un être de pure connaissance, un miroir imperturbable du monde. Plus rien ne peut l'angoisser, plus rien ne peut l'émouvoir ; car il a tranché les mille fils du vouloir qui nous attachent au monde, et qui, sous la forme du désir, de la crainte, de l'envie ou de la colère, nous ballottent de-ci de-là, avec une douleur constante. Désormais calme et souriant, il considère rétrospectivement les leurres de ce monde, qui jadis furent capables aussi d'émouvoir et de faire souffrir son âme, mais qui se tiennent maintenant devant lui avec indifférence, comme les pièces d'un jeu d'échecs après la fin d'une partie, ou comme les déguisements qu'on a ôtés au matin, alors que leurs formes nous taquinaient et nous inquiétaient durant la nuit du carnaval. La vie et ses formes flottent désormais devant lui comme autant d'apparitions évanescentes, comme pour le dormeur sur le point de se réveiller un rêve matinal vaporeux qui laisse déjà transparaître la réalité et ne saurait donc plus l'abuser ; et à l'instar de ce rêve, les formes finiront par s'évanouir sans transition brutale. Ces considérations nous permettent de comprendre dans quel sens la Guyon, à la fin de son autobiographie, s'exprime fréquemment ainsi : « Tout m'est indifférent : je ne PEUX plus rien vouloir ; souvent je ne sais si je suis là ou si je ne suis pas là. » — Pour exprimer de quelle manière, après la mortification de la volonté, la mort du corps (qui n'est que le phénomène de la volonté avec l'abolition de laquelle il perd par conséquent toute signification) n'a désormais plus rien d'amer, mais sera la bienvenue, qu'on me permette encore de citer ici les paroles assez directes de la sainte pénitente : « Midi de la gloire ; jour où il n'y a plus de nuit ; vie qui ne craint plus la mort, dans la mort même : parce que la mort a vaincu la mort, et que celui qui a souffert la première mort, ne goûtera plus la seconde mort » (*Vie de Mad. de Guyon*, t. 2, p. 13[221]).

Or, il ne faut pas croire qu'après l'accomplissement de la négation de la volonté de vivre grâce à la connaissance devenue quiétif, cette négation cesse pour autant de vaciller, et qu'on puisse s'y reposer comme sur une propriété acquise. Elle doit, bien au contraire, toujours être reconquise dans une lutte constante. Car, de même que le corps est la volonté même, mais sous la forme de l'objectité, ou en tant que phénomène dans le monde comme représentation, de même, aussi longtemps que le corps est vivant, toute la volonté de vivre est présente selon sa possibilité, et aspire toujours à entrer dans la réalité, pour s'enflammer de nouveau avec toute son ardeur. C'est pourquoi nous voyons que dans la vie des saints, cette tranquillité et cette félicité décrites ne sont que la fleur qui procède de l'incessant dépassement de la volonté, et nous voyons que le terrain sur lequel elle pousse est la lutte permanente avec la volonté de vivre[222]: car nul ne saurait jouir d'un repos durable sur cette terre. C'est aussi la raison pour laquelle nous trouvons les histoires de la vie intérieure des saints pleines de combats de l'âme contre elle-même, de tentations, et d'éloignement de la grâce, c'est-à-dire de ce mode de connaissance qui, désactivant tous les motifs, en tant que quiétif de tout vouloir, tranquillise, procure la paix la plus profonde et ouvre la porte de la liberté. Et c'est encore pour cette raison que nous voyons ceux qui un jour sont parvenus à la négation de la volonté se maintenir sur ce chemin de tous leurs efforts, par des renoncements de toutes sortes qu'ils s'imposent, par un mode de vie dur et pénitent, par la recherche de qui leur est désagréable, bref par tous les moyens propres à tempérer la volonté qui rejaillit sans cesse. Enfin, car ils connaissent déjà le prix de la délivrance, c'est aussi ce qui explique leur préoccupation anxieuse de la conservation du salut conquis, les scrupules de leur conscience pour toute jouissance innocente, pour le moindre mouvement de leur vanité, laquelle est, ici aussi, la dernière à s'éteindre, elle qui parmi tous les penchants humains est le plus indestructible, le plus actif, et le plus sot. — Par le terme, que j'ai déjà utilisé plusieurs fois, d'ASCÈSE, j'entends au sens restreint cette brisure PRÉMÉDITÉE de la volonté par le renoncement à l'agréable et par la recherche du désagréable, par un mode de vie pénitent qu'on choisit soi-même, par des macérations qu'on s'impose soi-même, afin de mortifier durablement la volonté.

Si maintenant nous voyons ceux qui sont déjà parvenus à la négation de la volonté pratiquer cette ascèse dans le but de s'y maintenir, alors il faut dire qu'au fond la souffrance, telle qu'elle est infligée par le destin, est elle aussi une seconde voie (δεύτερος πλοῦς)[223] [seconde navigation] pour atteindre cette négation ; nous pouvons même supposer que la plupart y parviennent exclusivement par cette voie, et que c'est la souffrance qu'on éprouve soi-même plus que celle qu'on connaît simplement qui, le plus souvent, entraîne la résignation totale, et ce, dans bien des cas, seulement à l'approche de la mort. Car peu nombreux sont ceux chez qui cette simple connaissance est suffisante, cette connaissance qui, en pénétrant le *principium individuationis*, fait d'abord naître la bonté la plus parfaite de l'esprit et la philanthropie <*Menschenliebe*> universelle, et enfin leur fait comprendre que toutes les souffrances du monde sont les leurs, entraînant ainsi la négation de la volonté. Même chez celui qui s'approche de ce point, l'état presque toujours supportable de sa propre personne, la flatterie de l'instant, la séduction de l'espoir, et l'occasion, qui revient toujours, d'une satisfaction de la volonté, c'est-à-dire le plaisir, sont autant d'obstacles constants à la négation de la volonté et de tentations constantes d'en réitérer l'affirmation ; c'est pourquoi on a, à cet égard, personnifié toutes ces tentations dans le diable. Voilà la raison pour laquelle le plus souvent, c'est la plus grande des souffrances individuelles qui doit briser la volonté avant l'accomplissement de son auto-négation. Après qu'il a été conduit au bord du désespoir en passant par tous les degrés de sa détresse croissante avec l'aversion la plus véhémente, nous voyons alors cet homme entrer tout à coup dans lui-même, connaître lui-même et le monde, transformer son être tout entier, s'élever au-dessus de lui-même et de toute souffrance, et, comme purifié et sanctifié par celle-ci, avec un calme inébranlable, plein de félicité et de sublimité, renoncer délibérément à tout ce qu'il voulait auparavant avec la plus grande des ardeurs, puis accueillir la mort avec joie. C'est alors l'éclair d'argent de la négation de la volonté de vivre, c'est-à-dire de la délivrance, qui soudain surgit de la flamme affinante de la souffrance[224]. Nous voyons parfois même les grands méchants purifiés jusqu'à ce degré par les douleurs les plus vives ; ils sont alors devenus autres, sont totalement métamorphosés. C'est pourquoi, si les méfaits passés n'angoissent plus leur conscience, ils les expient volontiers par la mort, et voient avec plaisir s'éteindre le phénomène de cette volonté qui désormais leur est étrangère et répugnante. De cette négation de la volonté, entraînée par quelque grand malheur, et par le désespoir de l'absence de tout salut, le grand Goethe, dans son chef-d'œuvre immortel, le *Faust*, nous a donné, à travers le calvaire de Marguerite, une description claire et concrète comme je n'en connais pas d'autre dans la poésie. Marguerite est l'exemple parfait de la seconde voie qui mène à la négation de la volonté, et non pas, comme la première, par la simple connaissance de la souffrance de tout un monde, qu'on s'approprie volontairement, mais par sa propre douleur qu'on éprouve soi-même en son excès. Il est vrai que bon nombre de tragédies conduisent finalement leur héros, animé d'une puissante volonté, jusqu'à ce point de la résignation totale, où finissent habituellement et la volonté de vivre et son phénomène, mais aucune des descriptions que je connais ne met sous les yeux l'essentiel de cette métamorphose avec autant d'évidence, dépouillé de tout élément accessoire, que celle, que j'ai citée, du *Faust*[225].

Dans la vie réelle, nous voyons ces malheureux, affligés des souffrances les plus grandes car, après avoir perdu tout espoir, ils se dirigent en pleine conscience vers une mort ignominieuse, violente, souvent douloureuse sur l'échafaud, être très souvent métamorphosés de cette manière. Il ne faudrait certes pas supposer qu'entre leur caractère et celui de la plupart des hommes existe une différence aussi grande que semble l'indiquer leur destin, celui-là devant être principalement mis au compte des circonstances; or ils sont coupables et méchants à un degré considérable. Et pourtant nous voyons que bon nombre d'entre eux, après être tombés dans le désespoir le plus complet, sont métamorphosés de la même manière. Ils font désormais preuve d'une réelle bonté et pureté de la disposition, d'une vraie répugnance devant la perpétration de tout acte méchant ou insensible, aussi minime soit-il; ils pardonnent à leurs ennemis, ceux-ci les eussent-ils fait souffrir injustement, non pas simplement en parole, et par quelque crainte hypocrite devant les juges des Enfers, mais en acte, avec un sérieux inébranlable, et ils refusent absolument toute vengeance. Ils finissent même par chérir leur souffrance et leur mort, puisque la négation de la volonté de vivre s'est réalisée; ils déclinent souvent l'aide qu'on leur propose, meurent volontiers, tranquilles, bienheureux. L'excès de la douleur leur a révélé le secret ultime de la vie, à savoir que le mal et la méchanceté *<das Übel und das Böse>*, la souffrance et la haine, la victime et le bourreau, aussi diversement qu'ils se présentent à la connaissance soumise au principe de raison, sont en eux-mêmes UNE SEULE ET MÊME CHOSE, sont le phénomène de cette unique volonté de vivre qui, à travers le *principium individuationis*, objective son conflit interne; ils ont pleinement pu connaître les deux côtés, la méchanceté et le mal, et en comprenant finalement l'identité des deux, ils les rejettent désormais tous deux, et nient la volonté de vivre. Selon quels mythes et dogmes ils rendent compte à leur raison de cette connaissance immédiate et de leur métamorphose est, comme nous l'avons dit, tout à fait indifférent.

Cm[Parmi les témoins d'un changement d'esprit de ce genre, on peut sans aucun doute compter Matthias Claudius, lorsqu'il écrivit l'article remarquable qui se trouve dans le *Wandsbecker Bote* (partie I, p. 115), sous le titre « Histoire de la conversion de *** », et qui se termine ainsi : « La manière de penser de l'homme peut passer d'un point de la périphérie à son point opposé, et revenir au précédent, si les circonstances lui en indiquent le trajet. Et ces changements ne sont pas exactement ce qu'il y a de grand et d'intéressant chez l'homme. Mais ce CHANGEMENT REMARQUABLE, CATHOLIQUE[226], TRANSCENDANTAL, où le cercle tout entier se trouve irrévocablement rompu, où toutes les lois de la psychologie deviennent vaines et vides, où on se dépouille des vieux habits, ou au moins on les retourne, où les yeux de l'homme se dessillent, voilà une chose telle que celui qui est à peu près conscient du souffle dans son nez abandonnera père et mère s'il est sûr d'en entendre et d'en apprendre plus[227]. »]Cm

La proximité de la mort et le désespoir ne sont au demeurant pas absolument nécessaires à une telle purification par la souffrance. Sans cela, c'est aussi par quelque grand malheur ou douleur que la connaissance de la contradiction de la volonté de vivre avec elle-même peut s'imposer par la force, permettant de comprendre la vanité de tout désir. C'est pourquoi on a souvent vu des hommes qui, menant une vie fort agitée dans le tumulte des passions, ainsi des rois, des héros, des aventuriers, se transforment soudainement, recourent à la résignation et à la pénitence, deviennent des ermites ou des moines. Il en va ainsi avec toutes les authentiques histoires de conversion, par exemple celle de Raymond Lulle Cm[qui, enfin convoqué dans la chambre d'une belle à laquelle il avait fait une cour assidue, s'attendait à voir tous ses vœux exaucés lorsqu'en ouvrant son corsage, elle lui dévoila son sein rongé par un cancer de la façon la plus atroce. Aussitôt, comme s'il avait jeté un coup d'œil en enfer, il se convertit, quitta la cour du roi de Majorque et se rendit dans le désert pour faire pénitence*[228]. Cette histoire de conversion ressemble fort à celle de l'abbé de Rancé, dont j'ai fait un résumé au chapitre 48 du tome II[229]. Lorsque nous considérons que dans les deux cas, la cause occasionnelle est le passage du plaisir aux horreurs de la vie, nous tenons une explication de ce fait frappant que c'est parmi la nation européenne la plus gaie, la plus enjouée, la plus sensuelle et la plus frivole, parmi la française donc, qu'on a vu naître l'ordre monastique le plus austère d'entre tous, celui des trappistes, lequel, après son déclin, fut restauré par Rancé et, à travers les révolutions, les réformes ecclésiastiques et la propagation de l'athéisme, s'est maintenu jusqu'à aujourd'hui dans toute sa pureté et sa terrible austérité.]Cm

Or le genre de connaissance, évoqué plus haut, de la nature de cette existence peut aussi, en même temps que sa cause occasionnelle, s'estomper, et la volonté de vivre, ainsi que le caractère précédent, réapparaître. Nous voyons ainsi que le bouillonnant Benvenuto Cellini est métamorphosé de cette manière tantôt en prison, tantôt lors d'une grave maladie, mais qu'après disparition de la souffrance, il retombe dans son ancien état[230]. Du reste, la négation de la volonté ne procède pas de la souffrance avec la même nécessité que l'effet de sa cause,

* Cm[Brucker, *hist. philos., tomi IV, pars I, p. 10*]Cm.

puisque la volonté demeure libre. Car c'est ici que se trouve l'unique point où sa liberté vient directement au phénomène, Cm[d'où l'étonnement emphatique d'Asmus[231] au sujet du « changement transcendantal ».]Cm Dans toute souffrance, on peut songer à une volonté qui, la dépassant en véhémence, se montre par là même encore indomptée. Platon, dans le *Phédon*[232], évoque dans ce sens ceux qui, jusqu'au moment de leur exécution, festoient, boivent, avalent des aphrodisiaques, affirment la vie jusque dans la mort. Avec le cardinal Beaufort*, Shakespeare nous met sous les yeux la fin terrible d'un scélérat qui meurt dans le désespoir, car aucune souffrance, aucune mort ne peut briser une volonté véhémente jusqu'à l'extrême méchanceté.

Plus la volonté est véhémente, plus le phénomène de son conflit est vif, et plus la souffrance est grande. Un monde qui serait la manifestation d'une volonté de vivre incomparablement plus véhémente que sa manifestation actuelle présenterait des souffrances d'autant plus grandes : ce monde serait donc l'ENFER même.

C'est bien parce que toute souffrance, étant une mortification et une exhortation à la résignation, abrite la possibilité d'une force sanctifiante, qu'un grand malheur, qu'une douleur profonde, suscitent déjà par eux-mêmes une sorte de respect mêlé de crainte. Or pour nous celui qui souffre ne sera éminemment digne que lorsque, considérant la chaîne de souffrances qu'est le cours de sa vie, ou déplorant une douleur grave et incurable, il ne regarde pas vraiment l'enchaînement des circonstances qui a endeuillé sa vie, et ne s'arrête pas au détail de chaque grand malheur qui l'a frappé, car sa connaissance

* *Henry VI, part 2, act 3, scene 3.*

suivrait alors encore le principe de raison et serait encore attachée au phénomène particulier, mais il ne pourra être dit pleinement digne, dis-je, que lorsque son regard se sera élevé du particulier à l'universel, lorsqu'il ne considérera sa propre souffrance que comme un exemple du tout, et qu'elle ne lui vaudra que comme UN cas parmi mille, ce qui explique que le tout de la vie, conçu comme souffrance essentielle, le conduit à la résignation. Pour cette raison, on peut parler de dignité lorsque dans le *Torquato Tasso* de Goethe, la princesse s'étend sur le fait que sa propre vie, et celle des siens, a toujours été triste et morne, alors que son regard est fixé sur l'universel[233].

Lorsque nous songeons à un caractère très noble, nous le voyons toujours avec un certain air de discrète tristesse, laquelle n'est rien moins qu'un dépit perpétuel lié aux contrariétés quotidiennes (ce qui ne serait guère un trait noble et laisserait plutôt craindre une disposition méchante), mais une conscience, issue de la connaissance, du néant de tous les biens, et de la souffrance de toute vie, et non uniquement de sa propre vie. Or une telle connaissance peut s'éveiller en premier lieu par la souffrance qu'on éprouve soi-même, et surtout par une seule et grande souffrance; comme ce seul souhait irréalisable qui a conduit Pétrarque à cette tristesse résignée imprégnant sa vie tout entière, cette tristesse qui, dans ses œuvres, nous parle et nous émeut tant; car la Daphné qu'il poursuivait devait lui échapper, pour le laisser non pas avec elle-même, mais avec d'immortels lauriers[234]. Lorsqu'un refus aussi immense et irrévocable envoyé par le destin brise la volonté à un certain degré, on ne veut presque plus rien pour le reste, et le caractère se montre doux, triste, noble, résigné. Lorsque enfin le chagrin n'a plus d'objet déterminé, mais qu'il s'étend à la vie tout entière, il devient en quelque sorte une introspection, un retrait, une disparition progressive de la volonté dont il mine même discrètement mais profondément la visibilité, à savoir le corps, par où on sent alors un certain détachement des attaches de celui-ci, un doux pressentiment de la mort qui s'annonce comme la dissolution simultanée du corps et de la volonté ; c'est aussi pourquoi ce chagrin est accompagné par une joie secrète que le plus mélancolique de tous les peuples a appelée, je crois, *the joy of grief* [la jouissance du chagrin]. Mais dans ce cas également, on trouve l'écueil de la SENSIBILITÉ <*Empfindsamkeit*> tant dans la vie elle-même que dans sa description, dans la poésie, car si on s'attriste, si on se plaint continuellement sans s'élever virilement jusqu'à la résignation, on perd à la fois terre et ciel pour se retrouver avec une insipide sentimentalité. Ce n'est que lorsque la souffrance prend la forme de la connaissance simple et pure, et lorsque celle-ci, en tant que QUIÉTIF DE LA VOLONTÉ, entraîne une résignation véritable, qu'elle sera la voie du salut et par là même sera digne. Or, à cet égard, la vue de tout individu profondément malheureux nous inspire un certain respect proche du respect suscité par la vertu et la noblesse de cœur, alors que notre propre bonheur apparaît comme un reproche. Nous ne pouvons éviter de considérer toute souffrance, tant celle qu'on éprouve soi-même que celle d'autrui, comme un acheminement au moins potentiel vers la vertu et la sainteté, et, au contraire, les jouissances et les satisfactions mondaines comme ce qui s'en éloigne. Cela peut aller jusqu'au point où tout homme affligé d'une grande souffrance physique ou intellectuelle — voire tout individu qui exécute simplement un travail physique impliquant d'énormes efforts, à la sueur de son front, avec un épuisement visible, mais tout cela sans se plaindre, avec patience — nous apparaît, après un examen très attentif, comme un malade qui se soumet à une cure pénible, mais qui en supporte la douleur qu'elle cause de plein gré, et même avec satisfaction, car il sait que plus il souffre, plus il détruit les éléments morbides, la douleur présente étant ainsi l'étalon de sa guérison.

D'après tout ce qui précède, la négation de la volonté de vivre, qu'on appelle résignation totale ou sainteté, procède toujours du quiétif de la volonté, lequel est la connaissance de son conflit interne et de son essentielle vanité qui s'exprime dans la souffrance de tout vivant. La différence, que nous avons présentée comme deux voies, est de savoir si c'est la souffrance simplement et purement CONNUE, au moyen d'une libre appropriation de celle-ci par la pénétration du *principium individuationis*, qui suscite cette connaissance, ou si c'est la souffrance qu'on éprouve directement soi-même. Le salut véritable, la délivrance de la vie et de la souffrance sont impensables sans la totale négation de la volonté. Jusqu'à ce point, chacun n'est rien d'autre que cette volonté même dont le phénomène est une existence évanescente, un désir vain et toujours contrarié, le monde tel que nous l'avons décrit, rempli de souffrance, auquel nous appartenons tous de la même manière irrévocable. Car nous avons vu plus haut que pour la volonté de vivre, la vie est toujours certaine, et que son unique forme réelle est le présent auquel elle ne saurait échapper, alors que la naissance et la mort règnent sur les phénomènes. C'est ce que le mythe indien exprime ainsi : « Ils vont renaître. » La grande différence éthique entre les caractères signifie que le méchant est infiniment loin d'atteindre cette connaissance dont procède la négation de la volonté, raison pour laquelle il est en vérité RÉELLEMENT livré à tous les tourments qui dans la vie paraissent POSSIBLES ; même l'éventuel bonheur présent de sa personne n'est qu'un phénomène et un mirage de la *mâyâ*, n'est que le rêve bienheureux d'un mendiant. Les souffrances qu'il inflige à autrui sous l'impulsion véhémente et furieuse de sa volonté sont l'étalon des souffrances qu'il aura à subir sans pour autant pouvoir briser sa volonté et atteindre la résignation définitive. Par contre, tout amour véritable et pur, voire déjà toute justice spontanée, procède de la pénétration du *principium individuationis*, laquelle, si elle s'accomplit pleinement, entraîne une totale sanctification et une totale délivrance se manifestant par un état de résignation, décrit plus haut, qui n'est autre que la paix inébranlable et la joie suprême au milieu de la mort même qui les accompagnent*.

§ 69

Rien ne se distingue plus de la négation de la volonté de vivre, suffisamment décrite dans le cadre de nos considérations — négation qui est l'unique acte de liberté[235] se manifestant dans le phénomène, qui est un changement transcendantal comme le dit Asmus —, que l'abolition arbitraire de son phénomène singulier, le SUICIDE. Très loin d'être une négation de la volonté, celui-ci est le phénomène d'une puissante affirmation de la volonté. C[Car l'es-

* Voir sur ce sujet le chap. 48 du tome II.

sence de la négation ne réside pas dans le fait d'abhorrer les souffrances de la vie, mais ses plaisirs.]C L'individu suicidaire veut la vie ; ce n'est que des circonstances sous lesquelles cette vie s'est déroulée pour lui qu'il n'est pas satisfait. Il ne renonce donc nullement à la volonté de vivre, mais seulement à la vie, en détruisant son phénomène singulier. Il veut la vie, il veut l'affirmation du corps et la libre existence de celui-ci, mais le tissu embrouillé des circonstances ne le permettant pas, il est affligé d'une grande souffrance. Dans ce phénomène singulier, la volonté de vivre elle-même se trouve inhibée au point de ne pouvoir déployer ses aspirations. C'est pourquoi il se décide d'après son essence en soi, qui se trouve en dehors des formes du principe de raison, et qui, pour cette raison, est indifférente à tout phénomène singulier, puisque, en tant que fond intime de la vie de toute chose, elle reste elle-même préservée de toute génération et corruption. Car cette même certitude intime et inébranlable grâce à laquelle nous vivons tous sans constamment craindre la mort, cette certitude que jamais la volonté ne saurait être privée de son phénomène, nourrit également l'acte du suicide[236]. La volonté de vivre apparaît donc tant dans cette destruction de soi (Shiva) que dans le bien-être de la conservation de soi (Vishnu) et dans la volupté de la génération (Brâhma). Voilà la signification profonde de l'UNITÉ DE LA TRIMÛRTI, que chaque homme est entièrement, bien que, dans le temps, elle élève tantôt l'une, tantôt l'autre de ses trois têtes[237]. — Le suicide se rapporte à la négation de la volonté comme la chose singulière à l'Idée : la personne suicidaire nie seulement l'individu, non l'espèce. Nous avons déjà vu plus haut que c'est bien parce que, pour la volonté de vivre, la vie est toujours assurée, et que la souffrance est essentielle à celle-ci, que le suicide, la destruction arbitraire d'un phénomène singulier, où la chose en soi demeure intacte, comme l'arc-en-ciel demeure stable malgré la modification rapide des gouttes qui le portent, est un acte tout à fait vain et sot. Mais cet acte est, en outre, le chef-d'œuvre de la *mâyâ*, en tant qu'expression la plus flagrante de la contradiction de la volonté de vivre avec elle-même. De même que nous avons reconnu cette contradiction, dès les phénomènes inférieurs de la volonté, dans la lutte, entre toutes les manifestations des forces de la nature et tous les individus organiques, pour la matière, pour le temps et pour l'espace, de même que nous avons vu ce conflit, aux degrés supérieurs de l'objectivation de la volonté, apparaître de plus en plus avec une évidence terrible, nous le voyons ici atteindre le niveau suprême, qui est l'Idée de l'homme, ce degré où non seulement les individus présentant la même Idée se dévorent entre eux, mais où le même individu déclare la guerre à lui-même, et où la véhémence avec laquelle il veut la vie et repousse ce qui la freine, la souffrance, le conduit à se détruire lui-même, si bien que la volonté individuelle abolit le corps, qui n'est que sa propre visibilité, par un acte volontaire, au lieu que la souffrance vienne briser la volonté. C'est bien parce que le suicidaire ne cesse de vouloir qu'il cesse de vivre, et la volonté s'affirme ici précisément par l'abolition de son phénomène, parce qu'il ne peut plus s'affirmer d'une autre manière. Mais comme c'était la souffrance à laquelle il se soustrait ainsi qui aurait pu le conduire, par la mortification de la volonté, à la négation de lui-même et à la délivrance, on peut à cet égard comparer le suicidaire à un malade qui fait arrêter après son déclenchement une opération douloureuse susceptible de le guérir entièrement, préférant garder sa maladie. La souffrance s'approche et offre, comme telle, la possibilité d'une négation de la volonté, mais il refuse cette souffrance en détruisant le corps, empêchant de ce fait que la volonté soit brisée. — C'est la raison pour laquelle presque toutes les éthiques, tant philosophiques que religieuses, condamnent le suicide, bien qu'elles ne puissent jamais avancer que d'étranges raisons sophistiques. S'il a pu arriver qu'un homme se soit abstenu de se suicider pour quelque motif purement moral, le sens profond de cet effort sur soi (quels qu'aient pu être les concepts sous lesquels sa raison l'a présenté) est le suivant : « Je ne veux pas me soustraire à la souffrance, afin qu'elle puisse contribuer à l'abolition de la volonté de vivre, dont le phénomène est si misérable, en amplifiant la connaissance, qui déjà commence de poindre en moi, de l'essence du monde, afin qu'elle devienne le quiétif définitif de ma volonté et me délivre pour toujours. »

B[On sait que de temps à autre se produisent des cas où le suicide s'étend aussi aux enfants : le père tue d'abord les enfants qu'il aime fort, et ensuite lui-même. Si nous songeons que la conscience morale, la religion et tous les concepts traditionnels lui font comprendre qu'un meurtre est le crime le plus grave, mais qu'il ne le commet pas moins à l'heure de sa propre mort, et même sans avoir le moindre motif égoïste pour le faire, alors la seule explication de cet acte, c'est que la volonté de l'individu se reconnaît immédiatement dans les enfants, bien qu'il soit captif de cette illusion qui tient le phénomène pour la chose en soi, et qu'alors, profondément saisi par la connaissance de la misère de toute vie, il croit maintenant abolir l'essence elle-même en abolissant le phénomène, et qu'il veut ainsi délivrer et lui-même et les enfants, dans lesquels il voit une image directe de sa propre vie, des misères de l'existence. — On se tromperait de manière analogue si on croyait pouvoir atteindre le même résultat que la chasteté volontaire en contrariant les fins de la nature au moment de la fécondation, de même si, en considérant les souffrances inévitables de la vie, on encourageait la mort du nouveau-né au lieu de faire, bien au contraire, tout le possible pour permettre de vivre à tout un chacun qui fait son entrée dans la vie. Car une fois que la volonté de vivre est là, aucune force ne saurait briser ce qui seul est le métaphysique comme tel, ou chose en soi, mais elle pourrait tout au plus en détruire le phénomène en un lieu déterminé et à un moment déterminé. La volonté elle-même ne peut être abolie par rien d'autre que par la CONNAISSANCE. Voilà pourquoi l'unique voie de salut, c'est que la volonté apparaisse librement, afin de pouvoir CONNAÎTRE dans ce phénomène sa propre essence. Ce n'est que suite à cette connaissance que la volonté peut s'abolir elle-même, et que la souffrance, qui est inséparable de son phénomène, peut cesser, ce qui ne saurait se faire par la violence physique, telle la destruction de l'œuf, ou l'élimination du nouveau-né, ou le suicide. C'est que la nature porte la volonté à la lumière, car ce n'est qu'à la lumière qu'elle peut trouver sa délivrance. C'est pourquoi il faut soutenir les fins de la nature par tous les moyens, du moment où la volonté de vivre, qui est l'essence intime de la nature, s'est décidée.]B

Un genre particulier du suicide ordinaire semble s'en distinguer totalement, bien qu'on ne l'ait pas encore suffisamment remarqué. Il s'agit de la mort par inanition, volontairement choisie au degré suprême de l'ascèse, cette mort dont la manifestation a cependant toujours été accompagnée d'une grande exaltation religieuse, voire de superstition, ce qui la rendait confuse. Or il semble que la négation totale de la volonté puisse atteindre un degré où même la volonté nécessaire à conserver la végétation du corps par absorption de nourriture a été supprimée. Loin que ce genre de suicide naisse de la volonté de vivre, un tel ascète complètement résigné ne cesse de vivre que parce qu'il a totalement cessé de vouloir. Un autre genre de mort que la mort par inanition n'est ici guère pensable (à moins de procéder d'une superstition particulière), car l'intention de réduire les tourments relèverait déjà d'un certain degré d'affirmation de la volonté. Les dogmes qui remplissent la raison d'un tel pénitent lui donnent l'illusion qu'un être supérieur lui a ordonné de jeûner alors que c'est un penchant intime qui l'y a poussé. À ce sujet, on trouvera des exemples plus anciens dans la *Breslauer Sammlung von Natur- und Medicin-Geschichten*, septembre 1719, p. 363 et suiv. ; dans Bayle, *Nouvelles de la république des lettres*, février 1685, p. 189 et suiv. ; dans Zimmermann, *Über die Einsamkeit*, t. 1, p. 182 ; B[dans *Histoire de l'Académie des sciences* de 1764, un rapport de Houttuye, repris dans la *Sammlung für praktische Ärzte*, t. 1, p. 69. On trouvera des rapports plus récents dans Hufeland, *Journal für praktische Heilkunde*, t. 10, p. 181 et t. 48, p. 95 ; également dans Nasse, *Zeitschrift für psychische Ärzte*, 1819, fasc. 3, p. 460 ; dans l'*Edinburgh medical and surgical Journal*, 1809, t. 5, p. 319[238]. En 1833, tous les journaux rapportèrent qu'en janvier, à Douvres, l'historien anglais, le docteur Lingard, s'est volontairement laissé mourir de faim ; d'après des nouvelles plus récentes, ce n'était pas lui-même, mais un parent.]B Mais le plus souvent ces nouvelles présentent ces individus comme des fous, et on ne peut donc plus savoir de quoi il retournait vraiment[239]. Je voudrais cependant encore citer un récit récent de ce genre, ne serait-ce que pour être certain de conserver l'un des rares exemples de ce phénomène frappant et extraordinaire de la nature humaine, que nous avons évoqué, et qui semble confirmer mes considérations, sans lequelles d'ailleurs il serait bien difficile à expliquer. Ce récit récent se trouve dans le *Nürnberger Korrespondent* du 29 juillet 1813, formulé en ces termes :

« On rapporte depuis Berne qu'on a découvert dans une forêt épaisse près de Thurnen une petite cabane où se trouvait le cadavre d'un homme en décomposition depuis environ un mois ; les habits du cadavre ne donnaient que peu de renseignements sur la condition de leur propriétaire. Deux chemises d'un tissu très fin étaient déposées à ses côtés. La pièce la plus importante était une bible avec des pages blanches encartées sur lesquelles le défunt avait en partie écrit. Il y notifie le jour de son départ de chez lui (mais sans mentionner sa patrie), puis il raconte qu'il a été conduit dans un désert par l'esprit de Dieu pour prier et jeûner. Il aurait déjà jeûné pendant sept jours lors de son voyage pour venir jusqu'ici, ensuite il aurait de nouveau mangé. Sur ce, il aurait recommencé de jeûner après son installation un certain nombre de jours. Chaque jour est indiqué par un trait, qui sont au nombre de cinq, après quoi le pèlerin a dû mourir. On a encore trouvé une lettre à un prêtre au sujet de l'un de ses sermons que le défunt avait entendu, mais il n'y avait pas d'adresse non plus. » — Entre cette mort volontaire issue d'une ascèse extrême et celle, ordinaire, issue du désespoir, on trouve certainement bon nombre de degrés intermédiaires ou de mélanges qui sont peut-être malaisés à expliquer ; mais l'âme humaine a ses profondeurs, ses obscurités et ses complications qu'il est d'une difficulté extrême d'éclairer et de démêler.

§ 70

On pourrait peut-être considérer que toute notre description, désormais achevée, de ce que j'appelle la négation de la volonté est incompatible avec l'analyse précédente de la nécessité propre à la motivation aussi bien qu'à toute autre forme du principe de raison, et en vertu de laquelle les motifs, comme toutes les causes, ne sont que des causes occasionnelles permettant au caractère de déployer son essence et de la manifester avec la nécessité d'une loi de la nature, ce qui explique que j'ai absolument rejeté la liberté comme *liberum arbitrium indifferentiae.* Mais très loin d'abandonner cette leçon, je ne fais ici que la rappeler. En vérité, la liberté authentique, c'est-à-dire l'indépendance à l'égard du principe de raison, ne revient qu'à la volonté comme chose en soi, et non à son phénomène dont la forme essentielle est partout le principe de raison, l'élément de la nécessité. Or l'unique cas où cette liberté peut aussi devenir visible dans le phénomène, c'est lorsqu'elle met fin à ce qui apparaît; alors que le simple phénomène, pour autant qu'il est un membre de l'enchaînement des causes, qu'il est un corps animé, ne cesse pour autant de perdurer dans le temps, lequel ne contient que des phénomènes, la volonté qui se manifeste par ce phénomène entre aussitôt en contradiction avec lui, en niant ce qu'elle exprime. Dans un tel cas, les parties génitales, par exemple, comme pulsion sexuelle, sont présentes et en bon état; mais on ne voudra pas, même au plus profond de soi-même, la satisfaction sexuelle; alors que le corps tout entier n'est que l'expression visible de la volonté de vivre, les motifs correspondant à cette volonté n'agissent plus; plus même: on accueille volontiers, on souhaite la dissolution du corps, la fin de l'individu et, par là même, le plus grand obstacle à la volonté naturelle. Or de cette contradiction RÉELLE, qui procède de l'intervention directe de la liberté de la volonté en soi, qui ne connaît pas de nécessité, dans la nécessité de son phénomène, la contradiction entre notre affirmation de la nécessaire détermination de la volonté par les motifs à la mesure du caractère, d'une part, et de la possibilité d'une abolition totale de la volonté rendant les motifs inefficaces, d'autre part, n'est que la répétition au niveau de la réflexion philosophique. Mais la solution pour réconcilier ces contradictions, c'est que l'état dans lequel le caractère est soustrait à l'empire des motifs ne procède pas directement de la volonté, mais d'un mode de connaissance transformé. Car aussi longtemps que la connaissance n'est autre que celle captive du *principium individuationis*, absolument soumise au principe de raison, la puissance des motifs est également irrésistible; mais lorsqu'on pénètre le *principium individuationis*, qu'on connaît immédiatement les Idées, voire l'essence en soi des choses, comme la même volonté en tout, et que de cette connaissance procède un quiétif universel du vouloir, alors les motifs singuliers deviennent inefficaces, parce que le mode de connaissance qui leur correspond s'est comme retiré, éclipsé par un mode tout autre. C'est pourquoi le caractère ne peut certes jamais se transformer partiellement, mais doit, avec la rigueur d'une loi de la nature, réaliser dans le détail la volonté dont il est le phénomène en son tout; or c'est précisément ce tout, le caractère lui-même, qui peut être entièrement aboli par ce changement de la connaissance évoqué plus haut. C'est cette abolition C[qu'Asmus, que nous avons déjà cité plus haut, nomme avec admiration le «changement catholique, transcendantal»; c'est elle encore]C qu'on a pu appeler avec pertinence, dans l'Église catholique, la RÉGÉNÉRATION <*Wiedergeburt*>, et la connaissance dont elle procède, l'ACTION DE LA GRÂCE <*Gnadenwirkung*>. — C'est bien parce qu'il ne s'agit pas d'une modification, mais d'une abolition totale du caractère, que les caractères, si divers qu'ils aient pu être avant d'être touchés par cette abolition, n'attestent pas moins, après, d'une grande identité dans la manière d'agir, bien que chacun ne cesse de PARLER fort différemment selon ses concepts et ses dogmes.

En ce sens, le vieux philosophème, toujours contesté, toujours réaffirmé, de la liberté de la volonté n'est pas dénué de fondement, de même que le dogme de l'Église sur l'action de la grâce et la régénération n'est pas sans signifiance et importance. Or, de manière inattendue, nous voyons ici que les deux coïncident, et nous pouvons désormais comprendre pourquoi l'excellent Malebranche a pu dire, avec raison: «La liberté est un mystère[240].» Car c'est précisément ce que les mystiques chrétiens appellent l'ACTION DE LA GRÂCE <*Gnadenwirkung*> et la RÉGÉNÉRATION <*Wiedergeburt*>, qui pour nous est la seule manifestation directe de la LIBERTÉ DE LA VOLONTÉ. Celle-ci ne se produit que lorsque la volonté, arrivée à la connaissance de son essence en soi, en reçoit un QUIÉTIF, et se trouve ainsi soustraite à l'action des MOTIFS, cette action se déployant dans le domaine d'un autre mode de connaissance dont les objets ne sont que des phénomènes. — La possibilité de la liberté qui se manifeste de cette manière est le plus grand privilège de l'homme, un privilège dont l'animal sera toujours privé car la réflexion <*Besonnenheit*> de la raison, qui permet de parcourir du regard l'ensemble de la vie indépendamment de l'impression du présent, en est la condition. L'animal est dénué de toute possibilité de liberté, de même qu'il est privé de la possibilité d'un choix préférentiel authentique, c'est-à-dire réfléchi, opérant après l'achèvement d'un conflit entre les motifs, lesquels devraient alors, pour ce faire, être des représentations abstraites. C'est donc selon cette même nécessité avec laquelle la pierre tombe à terre que le loup affamé enfonce ses crocs dans la chair de sa victime, sans avoir la possibilité de comprendre qu'il est aussi bien la proie que le prédateur. La NÉCESSITÉ est le ROYAUME DE LA NATURE ; la liberté, le ROYAUME DE LA GRÂCE.

Or, comme cette AUTO-ABOLITION <*Selbstaufhebung*> DE LA VOLONTÉ part de la connaissance, mais que toute connaissance et toute intelligence sont indépendantes, comme telles, de la faculté de vouloir <*Willkür*>, cette négation du vouloir, cette réalisation de la liberté, ne saurait être forcée par une intention <*Vorsatz*>, car elle procède du rapport intime entre le connaître et le vouloir chez l'homme, raison pour laquelle elle se présente soudainement, comme arrivant de l'extérieur. C'est pourquoi, donc, l'Église l'a appelée ACTION DE LA GRÂCE, et de même qu'elle la fait encore dépendre de l'accueil de la grâce, l'action du quiétif est finalement, elle aussi, un acte libre de la volonté. Et parce que suite à une telle action de la grâce, l'être tout entier de l'homme se trouve fondamentalement transformé et converti, si bien qu'il ne veut plus rien de tout ce qu'il voulait auparavant avec tant de véhémence, et qu'un homme nouveau vient réellement prendre la place de l'ancien, elle a appelé RÉGÉNÉRATION cette conséquence de l'action de la grâce. C[Car ce qu'elle nomme l'HOMME NATUREL, auquel elle conteste toute aptitude au bien, c'est justement la volonté de vivre, qu'il faut nier si l'on veut parvenir à délivrer une existence telle que la nôtre. En effet, par-delà notre existence se trouve autre chose, à quoi nous ne pouvons accéder qu'en nous débarrassant du monde.]C

Ce n'est pas en considérant, selon le principe de raison, les individus, mais l'Idée de l'homme en son unité, que la doctrine chrétienne de la foi symbolise la NATURE, l'AFFIRMATION DE LA VOLONTÉ DE VIVRE, par Adam, dont le péché originel reçu en héritage, autrement dit notre unité avec lui dans l'Idée, laquelle se présente dans le temps à travers le lien de la génération, nous fait tous prendre part à la souffrance et à la mort éternelle ; elle symbolise au contraire la GRÂCE, la NÉGATION DE LA VOLONTÉ, la DÉLIVRANCE par le dieu devenu homme, lequel, libre de toute peccabilité, c'est-à-dire de toute volonté de vivre, ne saurait être issu, comme nous, de l'affirmation la plus nette de la volonté, ni posséder, comme nous, un corps qui de part en part n'est que volonté concrète, phénomène de la volonté, puisque né d'une vierge immaculée, il ne peut avoir qu'un corps apparent. C'est en effet ce qui a été soutenu par les docètes, c'est-à-dire par certains Pères de l'Église particulièrement conséquents sur ce point. C'est surtout Apelle qui a enseigné cette doctrine, et Tertullien l'a combattu, ainsi que ses successeurs. Or même Augustin commente le passage de Romains 8, 3 (*Deus filium suum misit in similitudinem carnis peccati* [Dieu a envoyé son Fils avec une chair semblable à celle du péché]) en ces termes : *Non enim caro peccati erat, quae non de carnali delectatione nata erat : sed tamen inerat ei similitudo carnis peccati, quia mortalis caro erat* [Car ce n'était pas une chair de péché, puisqu'elle n'était pas née de la passion charnelle ; elle présentait toutefois la ressemblance de la chair de péché, étant chair mortelle] (*Liber 83, quaestion.* q. 66[241]). B[Le même enseigne dans son ouvrage intitulé *opus imperfectum*, I, 47[242], que le péché originel est à la fois péché et châtiment. Selon lui, il se trouve déjà chez les nouveau-nés mais ne se manifeste que lorsqu'ils grandissent. Cependant, l'origine de ce péché découle de la volonté du pécheur. Ce pécheur était Adam et nous avons tous existé en lui : Adam était malheureux, et nous le sommes tous devenus en lui. — La doctrine du péché originel (affirmation de la volonté) et de la délivrance (négation de la volonté) est réellement la grande vérité qui constitue le noyau du christianisme, tandis que le reste n'est souvent qu'un revêtement, une enveloppe, un accessoire.]B C[En conséquence il faut toujours concevoir Jésus-Christ universellement, comme symbole ou personnification de la négation de la volonté de vivre, mais non individuellement, que ce soit d'après son histoire mythique dans les Évangiles ou d'après l'histoire supposée authentique qui se trouve à son fondement. Car ni l'une ni l'autre ne pourront facilement donner pleine satisfaction. Ce n'est là que le véhicule de cette première conception pour le peuple, lequel réclame toujours des faits.]C — Que B[récemment le christianisme ait oublié sa signification véritable pour dégénérer en un plat optimisme]B ne doit pas nous concerner ici.

C'est du reste une doctrine primordiale et évangélique du christianisme qu'Augustin défendait, avec l'accord des chefs de l'Église, contre les platitudes des pélagiens ; Luther devait se donner comme tache principale de la purger de ses erreurs pour la remettre en selle, ainsi qu'il l'explique expressément dans son livre *De servo arbitrio*[243], à savoir la doctrine que LA VOLONTÉ N'EST PAS LIBRE, mais initialement serve du penchant au mal, raison pour laquelle ses œuvres sont toujours peccamineuses et imparfaites, et ne peuvent jamais suffire à la justice ; qu'enfin ce ne sont aucunement ces œuvres, mais la foi seule qui rend bienheureux, et que cette foi elle-même n'est pas issue d'une intention ou d'une volonté libre, mais nous vient comme de l'extérieur par l'ACTION DE LA GRÂCE sans notre intervention. — Ce sont non seulement les dogmes évoqués plus haut, mais aussi ce dernier dogme authentiquement évangélique, que de nos jours un point de vue grossier et plat rejette comme absurdes, ou les occulte, car, conquis malgré Augustin et Luther par le bon gros sens pélagien qu'incarne aujourd'hui le rationalisme, ce sont en effet ces dogmes profonds, inhérents et essentiels au christianisme au sens strict qu'il considère comme obsolètes, alors même qu'il s'attache exclusivement et principalement au dogme qui, issu du judaïsme, a été conservé sans être lié au christianisme sinon par une voie historique*. —

* B[On pourra s'en persuader en considérant que toutes les contradictions et toutes les obscurités qui se trouvent dans la dogmatique chrétienne rigoureusement systématisée par Augustin, et qui ont justement conduit à cette platitude pélagienne adverse, disparaissent dès qu'on fait abstraction du dogme fondamental juif, et qu'on comprend que l'homme n'est pas l'œuvre d'une autre volonté, mais de la sienne propre. Alors tout devient aussitôt clair et exact : il ne faut alors plus chercher la liberté dans l'*operari*, car

Mais quant à nous, nous reconnaissons dans la doctrine évoquée plus haut la vérité qui concorde parfaitement avec le résultat de nos considérations[244]. Nous voyons en effet que la vertu authentique et la sainteté de la disposition n'ont pas leur source primordiale dans la faculté de vouloir et

---

elle se trouve dans l'*esse*, là même où réside aussi le péché en tant que péché originel,]B C[tandis que l'action de la grâce nous revient en propre. — Or avec le point de vue rationaliste d'aujourd'hui, bon nombre de doctrines de la dogmatique augustinienne, fondée sur le Nouveau Testament, apparaissent au contraire comme absolument intenables, voire scandaleuses, par exemple la doctrine de la prédestination. Par suite, on récuse l'élément proprement chrétien pour revenir à un judaïsme grossier. Mais l'erreur de calcul, ou le défaut primordial de la dogmatique chrétienne, se trouve là où on ne la cherche jamais, dans ce dogme même qu'on soustrait à toute vérification car on le considère comme sûr et certain. Or si on l'écarte, toute la dogmatique chrétienne devient rationnelle, car comme toutes les autres sciences, ce dogme altère aussi la théologie. Si on étudie ainsi la théologie augustinienne dans les livres *De civitate Dei* (surtout au livre XIV), on fait une expérience analogue à ce qui arrive lorsqu'on tente de stabiliser un corps dont le centre de gravité est extérieur : on peut le tourner et le poser comme on veut, il n'a cesse de basculer. De même, malgré tous les efforts et tous les sophismes d'Augustin, les péchés du monde, ainsi que ses tourments, retombent toujours sur ce dieu qui, tout compte fait, est l'auteur du tout, alors qu'il savait très bien comment l'affaire allait tourner. Qu'Augustin lui-même s'était rendu compte de la difficulté, et qu'il en était fort troublé, c'est ce que j'ai déjà montré dans mon *Mémoire sur la liberté de la volonté* (chap. 4, p. 66-68 de la première édition). — De même, la contradiction entre la bonté de Dieu et la misère du monde, ainsi que celle entre la liberté de la volonté et la prescience de Dieu, constituent le sujet inépuisable d'une controverse bientôt centenaire entre les cartésiens, Malebranche, Leibniz, Bayle, Clarke, Arnauld, et d'autres ; pour les protagonistes de cette controverse, le seul dogme inébranlable est l'existence de Dieu avec ses propriétés, et tous ne cessent de tourner en rond en tentant d'harmoniser ces choses, c'est-à-dire de résoudre un problème de calcul à jamais insoluble, et dont le reste resurgit tantôt ici, tantôt là, après avoir été dissimulé ailleurs. Mais que

de délibérer <*überlegte Willkür*> (dans les œuvres), mais dans la connaissance (la foi), exactement comme nous l'avons développé à partir de notre pensée principale. Si les œuvres procédaient de motifs et d'une intention réfléchie conduisant à la félicité, la vertu ne serait toujours qu'un égoïsme habile, méthodique, calculateur, quoi qu'on dise. — Mais la foi, à laquelle l'Église chrétienne promet la félicité, consiste en ceci : par la chute du premier homme, nous avons tous part au péché, nous sommes livrés à la mort et à la corruption, nous ne pouvons être sauvés que par la grâce et par la rémission de notre faute immense par le médiateur divin, et ceci sans aucun mérite de notre part (de notre personne), car ce qui peut naître de l'agir intentionnel de la personne (l'agir déterminé par des motifs), des œuvres, ne pourra absolument jamais nous justifier, en raison de sa nature même, parce que, précisément, c'est de l'agir INTENTIONNEL, occasionné par des motifs, et qui relève donc de l'OPUS OPERATUM[245]. Cette foi consiste donc d'abord en ce que notre état est dès l'origine et par essence un état désespéré qui nécessité la DÉLIVRANCE <*Erlösung*> ; ensuite, en ce que nous appartenons nous-même essentiellement au mal, que nous lui sommes si profondément attaché au point que nos œuvres, à suivre la loi et la règle, ne pourront jamais suffire à la justice, ni nous délivrer, car cette délivrance n'est atteinte que par la foi, c'est-à-dire par un mode de connaissance transformé, et cette foi elle-même ne peut advenir que par la grâce, pour ainsi dire de

---

c'est dans la présupposition fondamentale qu'on doit chercher la source de l'embarras, voilà qui ne vient à l'esprit de personne, bien que la chose s'impose avec une évidence éclatante. Seul Bayle nous laisse voir qu'il l'a vue.]C

l'extérieur, ce qui signifie que le salut est tout à fait étranger à notre personne, et renvoie à la négation et à l'abandon de cette personne, nécessaires au salut. Les œuvres, l'observance de la loi en tant que telle, ne peuvent jamais justifier, car elles sont toujours un agir selon des motifs. Dans son livre *De libertate Christiana*, Luther demande qu'après l'avènement de la foi, les bonnes œuvres en découlent tout à fait spontanément, tels des marques ou des fruits de cette foi, sans prétendre d'aucune façon au mérite, à la justification ou à une récompense, mais tout à fait volontairement et gratuitement. — Nous avons ainsi, nous aussi, fait découler de la pénétration de plus en plus claire du *principium individuationis*, d'abord la libre justice, ensuite l'amour jusqu'à l'abolition totale de l'égoïsme, enfin la résignation ou négation de la volonté.

Si j'ai convoqué ici ces dogmes de la doctrine chrétienne de la foi, lesquels sont en eux-mêmes étrangers à la philosophie, c'est uniquement pour montrer que quand bien même l'éthique qui découle de notre étude tout entière et concorde exactement avec toutes ses parties auxquelles elle est attachée serait nouvelle et inouïe dans son expression, elle ne l'est aucunement dans son essence, puisqu'elle coïncide parfaitement avec les dogmes chrétiens authentiques, et s'y trouvait même contenue pour l'essentiel, tout comme elle coïncide parfaitement avec les doctrines et les préceptes éthiques exposés sous une forme tout à fait différente dans les livres sacrés de l'Inde. Le rappel des dogmes de l'Église chrétienne a également servi à expliquer et à élucider l'apparente contradiction entre, d'un côté, la nécessité de toutes les manifestations du caractère en présence de motifs (royaume de la nature) et, de l'autre, la liberté de la volonté en soi de se nier et d'abolir le caractère avec toute la nécessité des motifs qui y trouve son fondement (royaume de la grâce).

§ 71

En achevant ici la caractérisation fondamentale de l'éthique, et avec elle le développement tout entier de cette unique pensée que je me suis donné pour but de communiquer, je ne voudrais pas occulter un reproche qui touche à cette dernière partie de ma description, mais bien plutôt montrer qu'il réside dans l'essence de la chose, et qu'il est absolument impossible de l'écarter. Ce reproche, le voici : après que notre étude a fini par aboutir au point où nous pouvons voir, dans la sainteté parfaite, la négation et l'abandon de tout vouloir, et par là même la délivrance d'un monde dont l'existence tout entière s'est dévoilée comme souffrance, ce point nous apparaît maintenant comme un passage vers le vide du NÉANT.

Je dois d'abord remarquer à ce sujet que le concept de néant <*Nichts*> est essentiellement relatif et ne se rapporte toujours qu'à un quelque chose <*Etwas*> déterminé qu'il nie. On a (notamment Kant[246]) exclusivement attribué cette propriété au *nihil privativum*, qui, par opposition à un signe +, est désigné par un signe –, ce signe – pouvant devenir, selon un point de vue inversé, un signe +, et par opposition à ce *nihil privativum*, on a établi le *nihil negativum*, qui serait néant sous tout rapport, en prenant pour exemple la contradiction logique se résolvant elle-même. Mais à y regarder de plus près, on ne saurait pas même penser un néant absolu, un *nihil negativum* à proprement parler, car, considéré depuis un point de vue supérieur ou subsumé sous un concept plus large, tout néant de ce genre n'est toujours qu'un *nihil privativum*. Tout néant n'est tel que pensé par rapport à autre chose et suppose ce rapport et donc aussi cette autre chose. Même une contradiction logique n'est qu'un néant relatif. Elle n'est pas pensable par la raison, mais elle n'est pas pour autant un néant absolu. Car elle est une composition de mots, elle est un exemple de l'impensable dont la logique a besoin pour mettre en évidence les lois de la pensée : dès lors, si, dans ce but, on prend un tel exemple, on retiendra ce qui n'a pas de sens comme le positif que précisément on cherchait, et on passera outre ce qui a un sens en le considérant comme le négatif. Ainsi, tout *nihil negativum*, ou néant absolu, lorsqu'il est subsumé sous un concept supérieur, apparaîtra comme un simple *nihil privativum*, ou néant relatif, lequel pourra toujours permuter les signes avec ce qu'il nie, en sorte de le penser alors comme le négatif, et lui-même comme le positif. B[C'est aussi ce que confirme le résultat des difficiles investigations dialectiques sur le néant que Platon mène dans le *Sophiste* (p. 277-287, *Bip.*) : Τὴν τοῦ ἑτέρου φύσιν ἀποδείξαντες οὖσάν τε, καὶ κατακεκερματισμένην ἐπὶ πάντα τὰ ὄντα πρὸς ἄλληλα, τὸ πρὸς τὸ ὂν ἑκάστου μόριον αὐτῆς ἀντιτιθέμενον, ἐτολμήσαμεν εἰπεῖν, ὡς αὐτὸ τοῦτό ἐστιν ὄντως τὸ μὴ ὄν]B C[(*Cum enim ostenderemus,* alterius *ipsius naturam esse, perque omnia entia divisam atque dispersam* invicem; *tunc partem ejus oppositam ei, quod cujusque ens est, esse ipsum revera* non ens *asseruimus*) [Quand en effet nous avons fait voir l'existence de l'essence de l'autre, comme son morcellement entre toutes les choses qui sont mutuellement mises ainsi en relation, alors chaque partie de cette essence qui est opposée à ce qui est, nous avons eu l'audace de déclarer que c'est cela même qui est le non-être dans la réalité de son existence[247]].]C

Ce qu'on admet généralement comme le positif, et qu'on appelle l'ÉTANT, et dont le concept de NÉANT, en son sens le plus général, exprime la négation, est précisément le monde de la représentation, que j'ai mis en évidence comme objectité de la volonté, comme son miroir. Car cette volonté et ce monde, c'est aussi nous-mêmes, et à ce monde appartient la représentation en général comme l'un de ses côtés; B[la forme de cette représentation, c'est l'espace et le temps, raison pour laquelle, à ce point de vue, tout l'étant doit être en un lieu donné, à un moment donné.]B C[À la représentation appartient ensuite le concept, la matière de la philosophie, enfin la parole <*das Wort*>, le signe du concept.]C La négation, l'abolition, la conversion <*Wendung*> de la volonté, c'est aussi l'abolition et la disparition du monde, de son miroir. Si nous ne la voyons plus en ce miroir, nous nous demandons alors en vain par où elle s'est tournée, en nous lamentant qu'elle s'est perdue dans le néant, puisqu'elle n'a pas de lieu ni de temps.

Un point de vue inverse, si toutefois il nous était possible, ferait se permuter les signes, et dévoilerait ce qui pour nous est l'étant comme le néant, et ce néant comme l'étant. Or, aussi longtemps que nous sommes la volonté de vivre même, nous ne pouvons connaître et désigner ce dernier néant que négativement, parce que le vieux principe d'Empédocle, selon lequel seul le semblable peut connaître le semblable, nous prive dans ce cas précis de toute connaissance, de même qu'à l'inverse il constitue le fondement ultime de la possibilité de toute notre connaissance réelle, c'est-à-dire du monde comme représentation, ou de l'objecticité de la volonté. Car le monde est la connaissance de soi de la volonté[248].

Si malgré tout on insistait pour obtenir, d'une façon ou d'une autre, une connaissance positive à partir de ce que la philosophie ne peut exprimer que négativement comme négation du vouloir, il ne nous resterait qu'à renvoyer à cet état qu'ont éprouvé tous ceux qui sont parvenus à la négation parfaite de la volonté, et qu'on a désigné par les noms d'extase, de ravissement <*Entrückung*>, d'illumination <*Erleuchtung*>, d'union avec Dieu, etc., un état qu'il ne faut pas nommer connaissance à proprement parler, car il n'a plus la forme du sujet et de l'objet, et n'est par ailleurs accessible qu'à l'expérience individuelle qu'il n'est plus possible de communiquer.

Mais quant à nous, qui n'outrepassons en aucune façon le point de vue de la philosophie, nous devons nous contenter de la connaissance négative, heureux d'avoir atteint la dernière borne de la positive. Lorsque nous avons ainsi compris que l'essence en soi du monde était la volonté, et que tous les phénomènes de celle-ci n'étaient que son objectité, laquelle nous avons suivie depuis l'élan, dénué de connaissance, des forces obscures de la nature, jusqu'à l'agir humain le plus conscient qui soit, nous envisageons pleinement la conséquence qu'avec la libre négation, l'abandon de la volonté, sont également abolis ces phénomènes, cette continuelle et tumultueuse agitation sans but et sans repos qui constitue le monde à tous les degrés de l'objectité, est abolie la multiplicité des formes se suivant progressivement, qu'avec la volonté est aboli son phénomène tout entier, que sont finalement abolies aussi les formes universelles de celui-ci, le temps et l'espace, de même leurs formes fondamentales ultimes, le sujet et l'objet. Pas de volonté : pas de représentation, pas de monde.

Alors, devant nous, seul subsiste encore le néant[249]. Or ce qui répugne à cette dissolution dans le néant, notre nature, n'est précisément rien d'autre que la volonté de vivre que nous sommes, tout comme elle est notre monde. Le fait que nous ayons tant en horreur le néant n'est qu'une autre expression de ce que nous voulons tellement la vie, de ce que nous ne sommes rien d'autre que cette volonté, de ce que nous ne connaissons rien d'autre qu'elle. — Mais si nous tournons notre regard de notre propre insuffisance, de notre propre horizon borné, vers ceux qui ont vaincu le monde, vers ceux chez qui la volonté, arrivée à la pleine connaissance d'elle-même, s'est reconnue dans le tout pour ensuite se nier librement, vers ceux qui n'ont plus qu'à attendre que sa dernière trace s'efface avec le corps qu'elle anime, alors nous voyons, au lieu de l'infatigable et tumultueuse agitation, au lieu de l'incessant passage du souhait à la crainte, de la joie à la douleur, au lieu de l'espoir jamais comblé et inépuisable dont est tissée la vie rêvée d'un homme animé par la volonté, cette paix supérieure à toute raison, ce calme absolu de l'esprit, cette profonde quiétude, cette assurance inébranlable, cette sérénité dont le simple reflet dans un visage, comme ont pu le peindre un Raphaël, un Corrège, annonce déjà la Bonne Nouvelle avec une parfaite certitude : la connaissance seule est restée, la volonté a disparu. Quant à nous, nous considérons d'un profond et langoureux désir cet état à côté duquel le nôtre, par contraste, apparaît dans toute sa misère et dans tout son désespoir. Et pourtant, cette considération est la seule qui soit capable de nous consoler d'une manière durable lorsque nous avons essentiellement compris, d'une part, que la souffrance incurable et la misère infinie sont le phénomène de la volonté, le monde, et que nous voyons, d'autre part, après l'abolition de la volonté, que le monde se dissout, que devant nous subsiste le seul vide du néant. C'est donc de cette manière, en considérant la vie et la conduite des saints — qu'il n'est que trop rarement donné de rencontrer dans sa propre expérience, mais que leur histoire retracée ou l'art, frappé du sceau de la vérité intérieure, nous met sous les yeux —, que nous devons chasser, comme les enfants qui redoutent les ténèbres, la sombre impression de ce néant qui flotte comme but ultime derrière toute vertu et toute sainteté, plutôt même que de le contourner, comme les Indiens, par des mythes ou par des mots dépourvus de sens, tels la résorption dans le *brahman*, ou le *nirvâna* des bouddhistes. Nous le reconnaissons franchement : ce qui subsiste après la totale abolition de la volonté est certainement néant pour tous ceux qui sont encore remplis de volonté. Mais tout à l'inverse, pour ceux chez qui la volonté s'est convertie et niée, c'est notre monde si réel avec tous ses soleils et avec toutes ses voies lactées qui est — néant[250].

APPENDICE

Critique de la philosophie kantienne

C'est le privilège du vrai génie,
et surtout du génie qui ouvre une carrière,
de faire impunément de grandes fautes.

VOLTAIRE[1]

Il est beaucoup plus facile de relever les défauts et les erreurs dans l'œuvre d'un grand esprit que de donner une explication claire et complète de sa valeur. Car les défauts sont des choses singulières et limitées qu'on peut par conséquent parfaitement circonscrire. Au contraire, la marque que le génie imprime à ses œuvres consiste justement en ce que leur excellence demeure insondable et inépuisable. C'est aussi pourquoi elles seront, pour une longue suite de siècles, un maître qui ne prendra jamais une ride. Le chef-d'œuvre accompli d'un esprit vraiment grand agit si profondément et avec une telle énergie sur tout le genre humain qu'il est impossible de calculer jusqu'où, à travers les siècles et les pays, pourra atteindre son influence éclairante. Il en sera toujours ainsi, car si cultivée et riche que soit l'époque dans laquelle il est né, le chef-d'œuvre, semblable à un palmier, s'élève toujours au-dessus du sol où il plonge ses racines.

Mais une action de ce genre, qui opère en profondeur et s'étend au loin, ne peut produire son effet immédiatement à cause de la grande distance qui sépare le génie de l'humanité commune. La connaissance qu'en l'espace d'UNE vie cet homme a conçue, acquise et puisée directement aux sources de la vie et du monde et qu'il a présentée aux autres déjà acquise et disponible ne peut cependant pas devenir tout de suite la propriété de l'humanité. Car cette dernière ne possède pas même assez de force pour recevoir tout ce que le génie peut lui donner. Cette connaissance doit combattre des ennemis indignes qui contestent à ce qui est immortel, dès sa naissance, le droit de vivre et qui voudraient étouffer dans l'œuf ce qui doit faire le salut de l'humanité (comparables en cela aux serpents autour du berceau d'Hercule). Mais, même après les avoir vaincus, elle doit ensuite commencer par se frayer une voie dans un lacis d'innombrables interprétations fausses et d'applications biaisées ; elle doit triompher des tentatives de synthèse avec de vieilles erreurs ; elle doit vivre dans la lutte jusqu'à ce qu'une nouvelle génération, libre de préjugés, vienne à sa rencontre. Cette génération, petit à petit, par mille canaux détournés, draine depuis sa jeunesse un peu du contenu de cette source ; elle se l'assimile progressivement et ainsi en vient à participer à l'influence bénéfique qui, depuis ce grand esprit, devait irriguer l'humanité. C'est avec une pareille lenteur que se fait l'éducation du genre humain, ce disciple faible et même indocile du génie. — Pour la doctrine de Kant aussi, toute sa force et son influence ne se manifesteront qu'avec le temps, lorsque l'esprit de l'époque lui-même, transformé peu à peu sous l'influence de cette doctrine et changé par elle dans ce qu'il a de plus important et de plus profond, rendra un vivant témoignage de la puissance de cet esprit immense. Mais je ne veux ici d'aucune façon jouer le rôle ingrat de Cassandre ou de Chalchas, en mesurant par anticipation l'ampleur de ce témoignage. Qu'on me permette seulement, en conséquence de ce que j'ai dit, de considérer les œuvres de Kant comme une chose encore très neuve, tandis que, de nos jours, beaucoup les considèrent comme démodées; ils les ont mises de côté ou, comme ils disent, derrière eux. D'autres, enhardis par de telles pratiques, vont même jusqu'à les ignorer et, avec un culot inébranlable, continuent de philosopher sur Dieu et l'âme en se fondant sur les présupposés de la vieille dogmatique réaliste et de sa scolastique. C'est comme si l'on voulait faire valoir les doctrines des alchimistes dans la chimie moderne. — Du reste, les œuvres de Kant n'ont pas besoin de mes faibles éloges: elles seront elles-mêmes à jamais l'éloge de leur créateur et seront toujours vivantes sur terre, sinon dans la lettre peut-être, du moins dans l'esprit.

B[Mais à vrai dire, si nous jetons un coup d'œil rétrospectif sur la postérité immédiate de ses doctrines et donc sur les essais et les productions dans le domaine philosophique pendant la période qui s'est écoulée depuis, nous trouvons la confirmation de la sentence très accablante de Goethe: « l'eau qui est fendue par un navire se referme derrière lui immédiatement; il en va de même pour l'erreur: quand des esprits supérieurs la refoulent pour se faire une place, elle se hâte d'investir de nouveau l'espace une fois qu'ils sont passés » (*Dichtung und Wahrheit*, partie 3, p. 521[2]). Pourtant, cette période n'a été qu'un épisode qu'on doit mettre au compte du destin, mentionné plus haut, de toute connaissance nouvelle et importante. Incontestablement, cet épisode est maintenant proche de sa fin: la bulle de savon qu'on n'a cessé de souffler finit pourtant par crever. Partout on commence à se persuader que la philosophie authentique et sérieuse en est encore au point où Kant l'a laissée. En tout cas, je ne reconnais, entre lui et moi, l'existence d'aucun événement notable en philosophie. Par conséquent, je me rattache immédiatement à lui.]B

Dans cet *Appendice* à mon ouvrage, mon dessein se limite, à vrai dire, à la justification de la doctrine que j'y expose, dans la mesure où, sur de nombreux points, elle ne s'accorde pas avec la philosophie kantienne et même la contredit. Mais une discussion là-dessus est nécessaire, puisque mes pensées, si différentes soient-elles de celles de Kant quant à leur contenu, se tiennent pourtant manifestement sous leur influence directe. Elles les présupposent nécessairement, elles en proviennent et je reconnais devoir le meilleur de mes propres développements, après l'impression du monde intuitif, tout autant à l'œuvre de Kant qu'aux textes sacrés des Hindous et à Platon. — Je peux néanmoins parfaitement justifier la présence de mes reproches à l'adresse de Kant par le simple fait que, sur les mêmes points, je le convaincs d'erreur et expose les fautes qu'il a commises. Par conséquent, dans cet *Appendice*, il me faut adopter tout du long une démarche polémique contre Kant, et cela avec sérieux, en ne ménageant pas mes efforts, car c'est le seul moyen pour débarrasser la doctrine de Kant de la gangue d'erreurs qui y adhère, afin que sa vérité paraisse d'autant plus éclatante et soit d'autant plus assurée. Par conséquent, on ne doit pas s'attendre à ce que mon profond sentiment de vénération à l'endroit de Kant s'étende aussi à ses faiblesses et à ses fautes ni, par conséquent, à ce que je ne doive les découvrir qu'avec les ménagements les plus circonspects : les précautions auraient obligé mon exposé à devenir timoré et terne. À l'égard d'une personne qui est toujours de ce monde, on doit user de tels ménagements, parce que la faiblesse humaine ne peut supporter la réfutation d'une erreur, fût-elle la plus juste, que si elle s'accompagne de formules doucereuses et de flatteries — et encore, la chose passe difficilement. Celui qui a été un maître pour les siècles futurs, un bienfaiteur pour l'humanité, mérite bien qu'au moins on ménage ses faiblesses humaines, afin de ne pas lui faire de peine. Quand la mort l'a dépouillé de ces faiblesses, son mérite demeure solidement établi. Le temps le purifie peu à peu de toute surestimation et de tout dénigrement. Ses fautes doivent en être séparées, elles doivent être neutralisées et puis abandonnées à l'oubli. Par conséquent, dans la polémique contre Kant que je vais entreprendre, je ne vise que ses seuls défauts et faiblesses, je me pose comme leur ennemi et mène contre eux, sans ménagement aucun, une guerre d'extermination, avec le souci constant de ne pas les dissimuler par des ménagements, mais, au contraire, avec celui de les exposer en pleine lumière afin de les réduire à néant d'autant plus sûrement. Pour les raisons que j'ai exposées plus haut, je ne me sens coupable ni d'injustice ni d'ingratitude envers Kant. Cependant, afin de dissiper dans l'esprit du lecteur tout soupçon à mon endroit de mauvaise foi, je veux encore au préalable manifester mon sentiment profond de vénération et de gratitude envers Kant, en exprimant brièvement ce qui est, à mes yeux, son mérite principal, et cela d'un point de vue si général qu'il ne me sera pas nécessaire de toucher aux points que j'aurai plus tard à lui reprocher.

LE PLUS GRAND MÉRITE DE KANT EST LA DISTINCTION DU PHÉNOMÈNE ET DE LA CHOSE EN SOI C[sur la base de la démonstration qu'entre les choses et nous se trouve toujours l'INTELLECT, raison pour laquelle on ne peut pas connaître ce qu'elles peuvent être en elles-mêmes.]C B[Kant s'engagea sur cette voie grâce à Locke (voir les *Prolégomènes à toute métaphysique,* § 13, remarque 2)[3]. Ce dernier avait montré que les qualités secondes des choses (comme le son, l'odeur, la couleur, la dureté, la mollesse, le lisse, etc.), étant donné qu'elles étaient fondées sur les affections du corps, n'appartenaient pas aux corps objectifs, à la chose en soi, à qui Locke n'attribuait au contraire que les qualités premières, c'est-à-dire celles qui ne présupposent que l'espace et l'impénétrabilité : l'extension, la forme, la solidité, le nombre, la mobilité. Seulement, cette distinction lockienne, facile à découvrir, n'en restait qu'à la surface des choses et n'était qu'une sorte de prélude de jeunesse à la doctrine de Kant. En effet, cette dernière part d'un point de vue incomparablement plus élevé et explique que tout ce que Locke avait admis comme *qualitates primarias*, c'est-à-dire comme qualités de la chose en soi, n'appartient pareillement qu'au phénomène de celle-ci dans notre faculté d'appréhension <*Auffassungsvermögen*> et que c'est justement pourquoi ses conditions (l'espace, le temps et la causalité) sont connues par nous *a priori*. Si donc Locke fit abstraction, dans la chose en soi, de la part que les organes des sens prennent dans son phénomène, Kant, de son côté, a fait en outre abstraction de la part des fonctions cérébrales (quoique ce ne fût pas sous ce terme). Ainsi, la distinction du phénomène et de la chose en soi gagne maintenant une signification infiniment plus importante et un sens bien plus profond. À cette fin, Kant a dû entreprendre la grande séparation de notre connaissance *a priori* avec la connaissance *a posteriori*, ce qui, avant lui, ne s'était jamais produit ni avec une rigueur et une exhaustivité suffisantes, ni avec une claire conscience. Voilà pourquoi c'est devenu la matière principale de ses profondes recherches. — Nous voulons ici à présent faire remarquer aussi que la philosophie de Kant entretient un triple rapport avec celle de ses prédécesseurs : tout d'abord, elle confirme et élargit celle de Locke, comme nous l'avons vu ci-dessus ; en second lieu, elle corrige et utilise celle de Hume, ce qui se trouve très clairement exprimé dans la préface des *Prolégomènes*[4] (c'est le plus beau et le plus compréhensible de tous les grands ouvrages de Kant ; on le lit bien trop peu, compte tenu qu'il facilite pourtant d'une façon extraordinaire l'étude de sa philosophie) ; en troisième lieu, elle polémique résolument contre la philosophie leibnizo-wolffienne pour la détruire. On doit connaître ces trois doctrines avant de s'attaquer à l'étude de la philosophie kantienne. — Ainsi, comme il a été dit expressément plus haut, la distinction du phénomène et de la chose en soi, c'est-à-dire la doctrine de la divergence totale entre l'idéal et le réel, est le trait fondamental de la philosophie kantienne. Ainsi, l'affirmation de l'absolue identité de ces deux termes, qui a fait son apparition peu de temps[5] après, nous offre une triste illustration de la sentence de Goethe mentionnée plus haut, d'autant plus que cette affirmation ne s'appuyait sur rien de plus qu'une fanfaronnade, l'intuition intellectuelle, et n'était donc qu'une régression à la grossièreté des vues du commun dissimulée par des manœuvres d'intimidation : airs distingués, propos emphatiques et galimatias. Elle fut le digne point de départ pour les absurdités encore plus grossières de cet être lourdaud et dépourvu d'esprit : Hegel. — La séparation, opérée par Kant de la manière exposée ci-dessus, entre le phénomène et la chose en soi surpassa donc de loin, dans ses fondements, en profondeur et en réflexion, tout ce qui avait existé. Ainsi, elle fut également d'une richesse infinie dans ses conséquences.]B Car Kant exposait ici, découverte par lui-même d'une façon toute nouvelle, à partir d'une perspective nouvelle et selon une nouvelle méthode, la même vérité que Platon déjà répétait infatigablement et que, dans son langage, il exprimait le plus souvent ainsi : ce monde qui apparaît aux sens ne possède aucun être véritable, mais seulement un devenir incessant ; il est et n'est pas, et sa conception est moins une connaissance qu'une illusion. C'est aussi ce qu'exprime par un mythe, au début du septième livre de la *République*[6], cet important passage que nous avons déjà mentionné[7] dans le troisième livre du présent ouvrage. Il y dit en effet que les hommes, enchaînés dans une caverne obscure, ne voient ni la vraie lumière originelle ni les choses réelles, mais seulement la faible lumière du feu qui brûle dans la caverne et les ombres des choses réelles que projette ce même feu placé dans leur dos. Ils pensent pourtant que les ombres sont la réalité et la détermination de la succession de ces ombres, la vraie sagesse. — Cette même vérité, exposée d'une tout autre façon, constitue aussi une doctrine fondamentale du *Véda* et des *Purânas*, la doctrine de la *mâyâ*, par quoi il n'y a rien d'autre à entendre que ce que Kant nomme le phénomène, par opposition à la chose en soi. Car l'œuvre de la *mâyâ* nous est précisément présentée comme ce monde visible où nous sommes, comme une évocation magique, une apparence dénuée de consistance, en soi dépourvue d'être, comparable à une illusion d'optique et à un rêve, comme un voile qui enveloppe la conscience humaine, quelque chose dont il est à la fois faux et juste de dire qu'elle est ou qu'elle n'est pas. — Or, Kant n'a pas simplement exprimé la même doctrine d'une façon totalement neuve et originale : grâce à la plus sereine et la plus sobre des expositions, il en a fait une vérité démontrée et inattaquable. Platon et les Hindous n'avaient fondé leurs affirmations que sur une intuition générale du monde, ils les avaient présentées comme des expressions immédiates de la conscience du monde et exposées d'une façon plus mythique et poétique que philosophique et claire. De ce point de vue, ils sont à Kant ce que sont à Copernic les pythagoriciens Hiketas, B[Philolaos et Aristarque]B, qui affirmaient déjà que la terre tourne autour d'un soleil fixe. Une claire connaissance, une telle exposition sereine et réfléchie de cette constitution onirique du monde dans son ensemble sont vraiment la base de toute la philosophie de Kant, son âme et son mérite insurpassable. B[Il a élaboré cette base en démontant et en présentant pièce par pièce, avec une réflexion et une adresse admirables, toute la machinerie de notre faculté de connaissance, qui produit la fantasmagorie du monde objectif.]B Toutes les philosophies occidentales précédentes qui, comparées à celle de Kant, apparaissent d'une balourdise indicible, avaient méconnu cette vérité et c'est justement pourquoi leurs discours n'étaient jamais qu'une sorte de délire nocturne. Kant le premier les tira soudain de leur sommeil plein de rêves. C'est pourquoi aussi les derniers dormeurs C[(comme Mendelssohn)]C le nommèrent le « brise-tout ». B[Kant montra que les lois qui, avec une nécessité infrangible, règnent dans l'existence, c'est-à-dire dans l'expérience en général, ne doivent pas être appliquées pour déduire et expliquer l'EXISTENCE ELLE-MÊME, et que leur validité n'est donc que relative, c'est-à-dire qu'elle ne commence qu'après que l'existence (le monde de l'expérience en général) a déjà été posée et qu'elle est déjà présente ; que, par conséquent, ces lois ne peuvent nous servir de fil conducteur quand nous en venons à l'explication de l'existence du monde et de nous-mêmes.]B Toutes les philosophies occidentales antérieures avaient cru, à tort, que ces lois, qui lient entre eux les phénomènes et qui toutes (temps, espace aussi bien que causalité et syllogisme) ont été groupées par moi sous l'expression de « principe de raison », étaient des lois absolues que rien ne conditionnait, des *aeternae veritates* [vérités éternelles]. Ils ont cru que le monde lui-même n'existait qu'en conséquence de ces lois et en conformité avec elles et que toute l'énigme du monde devait donc pouvoir être résolue en suivant leur fil conducteur. Les hypothèses faites dans ce but, que Kant critique sous le nom d'Idées de la raison, ne servaient à vrai dire qu'à élever au rang de réalité unique et suprême le simple phénomène, l'œuvre de la *mâyâ*, le monde des apparences de Platon, et ce afin de le substituer à l'essence intime et véritable, et de rendre impossible la vraie connaissance de cette dernière, c'est-à-dire, en un mot, pour plonger les rêveurs dans un sommeil encore plus profond. Kant montra que ces lois, et par suite le monde lui-même, sont conditionnés par le mode de connaissance du sujet. D'où il découlait qu'aussi longtemps que l'on continuerait à faire des recherches et des déductions au fil directeur de ces lois, on ne ferait aucun pas en avant dans la question capitale, à savoir dans la connaissance de l'essence du monde tel qu'il est en soi et sans représentation, mais on tournerait comme l'écureuil dans sa roue. Par conséquent, on peut aussi comparer les dogmatiques en général à ces gens qui pensaient qu'il suffisait de marcher longtemps droit devant soi pour atteindre les limites du monde. Mais Kant aurait alors fait le tour du monde en bateau et montré que, parce qu'il est circulaire, un déplacement horizontal ne permet pas d'en sortir, mais que la chose n'est peut-être pas impossible si l'on se déplace perpendiculairement. B[On peut dire aussi que la doctrine de Kant nous permet de comprendre qu'il ne faut pas chercher la fin et le début du monde en dehors de nous, mais en nous.]B

Cm[Or, tout cela repose sur la distinction fondamentale entre philosophie dogmatique et PHILOSOPHIE CRITIQUE OU TRANSCENDANTALE. Celui qui veut s'en faire une idée claire et se la représenter par un exemple peut y parvenir rapidement en parcourant, en guise de spécimen de la philosophie dogmatique, une dissertation de Leibniz intitulée *De rerum originatione radicali*, imprimée pour la première fois dans l'édition des œuvres philosophiques de Leibniz par Erdmann (t. I, p. 147[8]). Ici, on est en plein dans la manière réalistico-dogmatique de prouver *a priori*, sur la base des *veritates aeternae*, l'origine du monde et l'excellence de sa constitution en recourant aux preuves ontologique et cosmologique. — En outre, si d'aventure on admet que l'expérience présente l'exact opposé de l'excellence du monde ici démontrée, on signifie alors à l'expérience qu'elle ne comprend rien à cela et qu'elle doit fermer sa gueule quand la philosophie a parlé *a priori*. — Or, avec Kant, la PHILOSOPHIE CRITIQUE est apparue comme l'adversaire de toute cette méthode, philosophie qui justement fait son problème des *veritates aeternae* servant de fondation à tout l'édifice de cette dogmatique. Elle en recherche l'origine et trouve alors qu'elle se situe dans la tête de l'homme, où elles sont produites en effet à partir des formes qui lui appartiennent en propre, et qu'elle porte en elle afin de concevoir le monde objectif. C'est donc là, dans le cerveau, qu'est la carrière qui fournit le matériau de ce fier édifice dogmatique. Or, la philosophie critique, afin de parvenir à ce résultat, devait DÉPASSER les *veritates aeternae* sur lesquelles se fondait toute la dogmatique antérieure afin d'en faire son objet. C'est pourquoi elle est devenue philosophie TRANSCENDANTALE. Il en résulte également que le monde objectif tel que nous le connaissons n'appartient pas à l'essence des choses en soi mais n'en est que le simple PHÉNOMÈNE, conditionné par ces formes se trouvant *a priori* dans l'intellect humain (c'est-à-dire dans le cerveau). Par conséquent, ce monde ne peut contenir rien d'autre que des phénomènes.]Cm

Kant, il est vrai, n'est pas parvenu à la connaissance selon laquelle le monde est une représentation et la chose en soi la volonté. Mais il a montré que le monde qui apparaît est conditionné aussi bien par le sujet que par l'objet. En isolant les formes les plus générales de son phénomène, c'est-à-dire de la représentation, il a montré qu'on connaît ces formes, qu'on les embrasse selon toute leur régularité en partant non seulement de l'objet, mais tout aussi bien en partant du sujet. En effet, à proprement parler, elles sont, entre l'objet et le sujet, leur limite commune. Kant en a déduit qu'en recherchant cette limite, on ne pénètre l'intérieur ni de l'objet ni du sujet et que par suite on ne connaît jamais l'essence du monde, la chose en soi.

Kant ne déduisit pas la chose en soi de la bonne manière, comme je vais bientôt le montrer, mais au moyen d'une inconséquence dont il devait se repentir à cause des attaques fréquentes et imparables contre cette partie essentielle de sa doctrine. Il ne reconnut pas directement dans la volonté la chose en soi. Seulement, il fit une grande avancée, qui fit époque, en direction de cette connaissance en présentant la signification indéniablement morale des actions humaines comme totalement différente et indépendante des lois du phénomène, certes explicable encore conformément à elles, mais comme quelque chose qui touche immédiatement à la chose en soi. Voilà le deuxième aspect principal du mérite de Kant.

Quant au troisième, nous pouvons le voir dans le renversement complet de la philosophie scolastique ; par ce nom je voudrais désigner généralement toute la période qui commence avec le Père de l'Église Augustin et se termine juste avant Kant. Car le caractère principal de la philosophie scolastique est bien celui qu'a justement indiqué Tennemann, à savoir la tutelle de la religion nationale dominante sur la philosophie, à qui il ne reste vraiment plus rien sinon la tâche de prouver et d'enjoliver les dogmes principaux qui lui sont imposés. Les véritables scolastiques jusqu'à Suárez l'avouent sans artifice. Les philosophes ultérieurs le font de façon plus inconsciente ou se refusent à l'avouer. On fait aller la philosophie scolastique jusqu'à seulement environ un siècle avant Descartes. C'est alors qu'avec lui commencerait une époque toute nouvelle de recherche libre, indépendante de toute doctrine positive de foi. Seulement, on ne peut dans les faits attribuer rien de tel à Descartes et à ses épigones*[9],

* Bruno et Spinoza doivent ici être considérés comme des exceptions. Ils se tiennent chacun à part et isolé. Ils n'appartiennent ni à leur siècle, ni à cette part du monde qui récompensa l'un par la mort et l'autre par la persécution et la calomnie. Leur existence pleine de peines, leur mort dans notre Occident ressemblent à celles d'un plante tropicale transportée en Europe. Leur véritable patrie spirituelle serait les rives du Gange. Là, ils auraient vécu une vie tranquille et respectée parmi des êtres partageant les mêmes convictions. Dans les vers suivants avec lesquels il ouvre son livre *Della causa, principio et uno*, à cause duquel il alla au

mais seulement son simulacre et, tout au plus, une tendance dans cette direction. Descartes était un esprit de la plus haute distinction, et si l'on considère son époque, il a beaucoup fait. Mais si l'on fait abstraction de cette considération, si on le mesure à sa réputation de libérateur de la pensée de toutes ses entraves, d'initiateur d'une nouvelle période de recherche vraiment indépendante, on doit alors se rendre compte qu'avec son scepticisme encore dépourvu de véritable sérieux, et qui par conséquent s'exprime de manière si rapide et si mauvaise, il fait mine de vouloir rejeter en bloc toutes les entraves

---

bûcher, Bruno exprime clairement et de belle façon combien il se sentait seul dans son siècle, et il montre en même temps un pressentiment de son destin qui le fit hésiter à exposer sa théorie jusqu'à ce qu'il fût dépassé par la pulsion, si forte chez les esprits nobles, qui les pousse à partager la vérité qu'ils ont découverte :

Ad partum properare tuum, mens aegra, quid obstat ;
Saeclo haec indigno sint tribuenda licet ?
Umbrarum fluctu terras mergente, cacumen
Adtolle in clarum, noster Olympe, Iovem.

[Qu'est-ce qui te retient encore, ô mon esprit malade, d'engendrer ta part,
T'est-il permis à toi aussi de livrer ton œuvre à ce siècle indigne ?
Bien que l'ombre flotte sur les terres, élève ta perfection
Toi, notre Olympe, vers la clarté de Jupiter.]

Celui qui lit cet ouvrage, son chef-d'œuvre, comme aussi ses autres écrits italiens, naguère si rares, maintenant accessibles à tous dans une édition allemande, trouvera, avec moi, que seul parmi tous les philosophes il se rapproche un peu de Platon : il possède un don puissant unissant la force et l'aspiration poétique à celles de la philosophie, et lui aussi le montre sous un jour particulièrement dramatique. Qu'on imagine cet être délicat, spirituel, intellectuel, tel qu'il nous apparaît à travers cet écrit, aux mains de prêtres grossiers et violents en guise de juge et de bourreau ! Rendons grâces au temps qui a produit un siècle plus éclairé et plus doux, en sorte que nous sommes contemporains de la postérité qui devait jeter l'anathème sur ces fanatiques diaboliques.

tôt imposées, toutes les opinions appartenant à son temps et à sa nation. Mais il ne le fait qu'en apparence et momentanément, dans le but de les reprendre et de les maintenir d'autant plus fermement. De même pour tous ses épigones jusqu'à Kant. Par conséquent, on peut très bien appliquer à un penseur libre et personnel de cette trempe les vers de Goethe :

Es scheint mir, mit Verlaub von Euer Gnaden,
Wie eine der langbeinig Zikaden,
Die immer fliegt und fliegend springt —
Und gleich im Gras ihr altes Liedchen singt.

[Il ressemble, si sa Seigneurie le permet,
À ces cigales aux longues jambes,
Qui s'en vont sautant et voletant
Dans l'herbe, en chantant leur vieille chanson[10].]

Kant avait des raisons pour faire comme si LUI aussi n'était que de cet avis. Mais ce prétendu saut que l'on devait tolérer parce qu'on savait par avance qu'il retomberait dans l'herbe est devenu cette fois un envol, et ceux qui sont restés à terre ne peuvent maintenant que le suivre des yeux, incapables désormais de le rattraper.

Kant ne craignit donc pas d'exposer, à l'aide de sa doctrine, le caractère indémontrable de tous ces prétendus dogmes qu'on avait démontrés si souvent[11]. B[Il porte un coup fatal à la théologie spéculative et à la psychologie rationnelle qui est liée à elle. Depuis, elles ont disparu de la philosophie allemande et nous ne devons pas nous laisser abuser par le fait que le mot, ici ou là, est conservé, après qu'on a abandonné la chose, ou qu'un de ces misérables professeurs de philosophie ne perd pas de vue la crainte du Seigneur et soutient que sa vérité est la vérité. Seul peut mesurer la grandeur de ce mérite de Kant celui qui a remarqué l'influence préjudiciable de ces concepts pour la science de la nature comme pour la philosophie chez tous les auteurs, même les meilleurs, des XVIIe et XVIIIe siècles. Dans les ouvrages allemands de science de la nature, le changement de ton et d'arrière-plan métaphysique apparu depuis Kant est frappant : avant lui, la situation était semblable à ce qu'elle est encore maintenant en Angleterre. — Le mérite de Kant est lié au fait que toutes les philosophies précédentes des époques antique, médiévale et moderne furent totalement régies par l'observation irréfléchie des lois du phénomène, par leur élévation à la dignité de vérités éternelles et donc par l'élévation du phénomène éphémère à la dignité d'essence du monde, bref, par le RÉALISME, dont aucune réflexion ne venait dissiper l'illusion. Berkeley, comme aussi avant lui Malebranche déjà, avait reconnu son caractère unilatéral, sa fausseté même. Mais il ne pouvait pas le renverser, car son attaque ne portait que sur UN SEUL point. Il était donc réservé à Kant d'aider à étendre en Europe, en philosophie du moins, le règne du point de vue fondamentalement idéaliste qui dans toute l'Asie non islamisée, et ce de manière essentielle, épouse même le point de vue de la religion. Avant Kant, donc, nous étions DANS le temps. Maintenant, c'est le temps qui est en nous, etc.]B

Même l'éthique de cette philosophie réaliste était traitée selon les lois du phénomène, qu'elle tenait pour absolues et valant même pour la chose en soi. Par conséquent, elle fut fondée tantôt sur la doctrine de la béatitude, tantôt sur la volonté du créateur du monde, tantôt enfin sur le concept de perfection qui, en et pour soi, est totalement vide et dépourvu de contenu : il ne désigne qu'une relation n'ayant de signification que pour les choses auxquelles elle s'applique, dans la mesure où « être parfait » ne veut rien dire de plus que « correspondre à un certain concept qui, par là, est présupposé et donné ». Ce concept doit donc être établi auparavant ; sans lui, la perfection n'est qu'une inconnue et par suite elle ne veut rien dire quand on l'exprime seule. Or, si l'on voulait cependant en quelque façon présupposer tacitement le concept d'« humanité » et par suite ériger en principe moral la tendance à une humanité plus parfaite, alors on n'entendrait par là que ceci : « les hommes doivent être ce qu'ils doivent être » — et on ne serait pas plus intelligent que précédemment[12]. C[« Parfait » <*vollkommen*> n'est en effet quasiment que le synonyme de « complet » <*vollzählig*> : il veut dire que dans un cas ou dans un individu donné, tous les prédicats qui résident dans le concept de son genre sont représentés et existent donc effectivement. Par conséquent, le concept de « perfection », employé absolument et *in abstracto*, n'est qu'un mot vide de pensée, de même lorsqu'on glose sans fin sur un « être suprêmement parfait » et autres choses du même genre. Tout cela n'est que pur verbiage. Au siècle précédent, ce concept de perfection et d'imperfection n'en était pas moins monnaie courante. C'était même le pivot autour duquel tournait presque tout discours moralisant et même théologisant. Chacun l'avait à la bouche, en sorte que cela finit par ressembler à un vrai délire. Nous voyons même les meilleurs auteurs de l'époque (Lessing par exemple) empêtrés de la façon la plus déplorable dans la perfection et l'imperfection, et se débattant avec. N'importe quelle tête pensante aurait pourtant dû sentir au moins confusément que ce concept est dépourvu de tout contenu positif, dans la mesure où, comme un signe algébrique, il n'indique qu'une simple relation *in abstracto*.]C — Kant, comme on l'a déjà dit, a établi une coupure radicale entre la signification éthique des actions humaines, dont l'importance est indéniable, et le phénomène avec ses lois. Il a montré qu'il faut considérer qu'elle touche immédiatement à la chose en soi, à l'essence la plus intime du monde, tandis que le phénomène — c'est-à-dire le temps, l'espace et tout ce qui les remplit, et s'ordonne en eux selon la loi de causalité — doit être considéré comme un rêve dépourvu de consistance et d'être.

Ces quelques mots, qui n'épuisent en aucune façon mon objet, peuvent suffire pour témoigner de ma reconnaissance envers ce qui constitue les grands mérites de Kant. J'ai rendu ici ce témoignage pour ma satisfaction personnelle et parce que la justice voulait que je rappelle ces mérites au lecteur qui veut me suivre dans la mise au jour intransigeante de ses défauts, vers laquelle je m'achemine à présent.

Que de grands défauts ont dû accompagner les grandes découvertes de Kant, c'est ce qu'on peut mesurer d'un simple point de vue historique. En effet, Kant a opéré la plus grande révolution dans la philosophie en mettant fin à la scolastique qui, comprise au sens large indiqué plus haut, avait duré quatorze siècles, et cela afin d'ouvrir une troisième ère de la philosophie, d'une nouveauté vraiment radicale. Pourtant, les conséquences immédiates de l'apparition de Kant furent presque entièrement négatives et non positives : comme il n'avait pas établi un nouveau système complet auquel ses épigones auraient pu se tenir ne serait-ce qu'un temps, tous remarquèrent bien que quelque chose de très grand s'était produit, mais aucun pourtant ne savait au juste ce que c'était. Ils voyaient bien que toute la philosophie n'avait été jusque-là qu'un rêve stérile duquel la nouvelle époque s'était à présent réveillée. Mais à quoi la philosophie devait maintenant se raccrocher, ils ne le savaient pas. Un grand vide, un grand manque étaient apparus. L'attention générale, même celle du grand public, était en éveil. Incités par ces circonstances certes, et non par une pulsion intime et un sentiment de force <*Gefühl der Kraft*> (qui se manifestent même dans les temps les plus défavorables, comme chez Spinoza), des hommes sans aucun talent particulier firent des essais faibles, absurdes, parfois délirants auquel le public excité accorda pourtant son attention et, avec une grande complaisance qu'on ne trouve qu'en Allemagne, y prêta longuement l'oreille.

Ce qui a eu lieu ici a dû survenir dans la nature lorsqu'une grande révolution eut changé toute la surface du globe, que la mer et la terre eurent échangé leur place et que l'espace eut été libéré pour une nouvelle création. Les choses restèrent longtemps en l'état jusqu'à ce que la nature fût capable de produire une nouvelle série de formes durables, en harmonie avec elles-mêmes et avec toutes les autres formes : apparurent alors d'étranges organisations qui, parce qu'elles n'étaient en harmonie ni avec elles-mêmes ni entre elles, ne pouvaient pas subsister longtemps, mais dont les vestiges encore présents aujourd'hui nous rappellent ces fluctuations et ces tentatives d'une nature en reformation. — Qu'en philosophie Kant ait amené une crise tout à fait comparable et une époque de rejetons monstrueux, comme nous le savons tous, c'est ce qui permet de conclure que son mérite n'était pas complet : il a dû être entaché de grands défauts et être négatif, unilatéral. Ce sont ces défauts que je veux maintenant débusquer.

B[Nous voulons en premier lieu clarifier et mettre à l'épreuve la pensée fondamentale qui constitue le dessein de toute la *Critique de la raison pure*. — Kant s'est placé au point de vue de ses prédécesseurs, les philosophes dogmatiques, et est parti avec eux des présupposés suivants : 1. La métaphysique est la science de ce qui se trouve au-delà de la possibilité de toute expérience. — 2. Cette chose ne peut jamais être découverte à partir de principes qui ont eux-mêmes été formés à partir de l'expérience (*Prolégomènes*, § 1)[13]. Seul ce que nous savons AVANT toute expérience, et donc indépendamment d'elle, peut aller plus loin que l'expérience possible. — 3. On trouve effectivement dans notre raison quelques principes de cette sorte : on les comprend sous le nom de connaissance par raison pure <*Erkenntnisse aus reiner Vernunft*>. — Jusque-là, Kant emprunte un chemin identique à celui de ses prédécesseurs. Mais c'est ici qu'il s'en écarte. Ils disent : « Ces principes ou connaissances par raison pure sont des expressions de la possibilité absolue des choses, des *aeternae veritates*, sources de l'ontologie : elles se tiennent au-dessus de l'ordre du monde, comme dans l'Antiquité le *fatum* se tenait au-dessus des dieux. » Kant dit : ce ne sont que des formes de notre intellect, des lois, non de l'existence des choses, mais de nos représentations de ces choses. Par conséquent, elles ne valent que pour notre conception des choses et ne peuvent dépasser la possibilité de l'expérience, comme on le voit clairement dans le paragraphe 1.

Car l'apriorité de ces formes de la connaissance, vu qu'elle ne peut reposer que sur leur origine subjective, nous interdit pour toujours la connaissance de l'être en soi des choses et nous limite à un monde de simples phénomènes, en sorte que nous ne pouvons pas connaître les choses telles qu'elles peuvent être en soi, pas même *a posteriori*, ni à plus forte raison *a priori*. La métaphysique est donc impossible et c'est la critique de la raison pure qui prend sa place. Ici, Kant a remporté une victoire totale sur le vieux dogmatisme. Par conséquent, tous les essais dogmatiques entrepris depuis ont dû emprunter une voie complètement différente des précédentes. Je vais maintenant passer à la justification de mon propre essai, conformément à l'intention expresse de la présente critique. En effet, on doit reconnaître, par une mise à l'épreuve suffisante de l'argumentation développée ci-dessus, que sa toute première hypothèse fondamentale est une *petitio principii* [pétition de principe]. Elle réside dans le principe suivant (exprimé avec une clarté particulière dans le § 1 des *Prolégomènes*)[14] : « La source de la métaphysique ne peut absolument pas être empirique et ses principes et concepts fondamentaux ne peuvent être tirés de l'expérience. » Pour étayer cette affirmation cardinale, Kant n'avance pourtant rien d'autre qu'un argument étymologique[15] tiré du mot métaphysique. En réalité, voici ce qu'il en est : le monde et notre propre existence se présentent nécessairement à nous comme une énigme. Or, il est admis, sans autre justification, que la solution de cette énigme ne peut provenir d'une compréhension profonde du monde lui-même, mais qu'elle doit être recherchée dans quelque chose qui est totalement distinct du monde (car c'est cela que signifie « au-delà de la possibilité de toute expérience »). On admet par ailleurs qu'est exclu de cette solution tout ce dont nous pouvons avoir une quelconque connaissance IMMÉDIATE (car c'est cela que signifie : « expérience possible », que ce soit l'expérience interne ou externe). On doit bien plutôt rechercher cette solution seulement dans ce à quoi nous ne pouvons parvenir que médiatement, c'est-à-dire au moyen de raisonnements à partir de propositions universelles *a priori*. Après qu'on eut exclut de cette manière la source principale de toute connaissance et qu'on eut barré la route qui mène droit à la vérité, on ne peut guère s'étonner du fait que les essais dogmatiques aient échoué et que Kant ait exposé la nécessité de cet échec. Car on avait préalablement supposé que métaphysique et connaissance *a priori* étaient synonymes. Mais, avant cela, il aurait fallu encore prouver que la clé de l'énigme du monde ne peut absolument pas être contenue en lui-même, mais doit être cherchée en dehors de lui, dans ce que nous ne pouvons atteindre qu'en suivant le fil conducteur de ces formes dont nous avons une conscience *a priori*. Mais tant que ce point n'a pas été prouvé, nous n'avons aucune raison, dans la plus importante et la plus grave de nos tâches, d'obstruer la plus abondante de toutes les sources de connaissances, l'expérience interne et externe, pour opérer seulement avec des formes vides de contenu. Par conséquent, j'affirme que la solution de l'énigme du monde doit provenir de la compréhension du monde lui-même ; que la tâche de la métaphysique n'est donc pas de survoler l'expérience dans laquelle se trouve le monde, mais de le comprendre en son fondement, dans la mesure où l'expérience, tant externe qu'interne, est assurément la source principale de toute connaissance ; que par conséquent la solution de l'énigme du monde n'est possible que par la mise en relation, accomplie convenablement et au point exact, de l'expérience externe avec l'expérience interne et ainsi par la réalisation de la liaison de ces deux sources de connaissances si hétérogènes ; que la chose n'est néanmoins possible qu'à l'intérieur de certaines bornes, inséparables de notre nature finie, de sorte que nous parvenons à une compréhension exacte du monde lui-même sans pour autant atteindre une explication définitive de son existence dissipant tous les problèmes ultérieurs. Par conséquent, *est quadam prodire tenus* [il est possible d'avancer jusqu'à un certain point[16]], et ma méthode tient le milieu entre la doctrine du savoir intégral <*Allwissenheitslehre*> de la vieille dogmatique et la critique kantienne qui désespère de rien connaître. Mais les importantes vérités qu'a découvertes Kant et grâce auxquelles les précédents systèmes métaphysiques ont été renversés ont fourni au mien ses données et ses matériaux. Qu'on compare ce que j'ai dit à propos de ma méthode au chap. 17 du tome II. — En voilà assez pour la pensée fondamentale du kantisme. Nous allons maintenant examiner le développement et le détail de la doctrine.

Le style de Kant porte partout la marque d'un esprit supérieur, d'une authentique et puissante originalité et d'une force de pensée absolument exceptionnelle. On peut peut-être caractériser ce style d'une façon assez exacte comme étant une SOBRIÉTÉ LUMINEUSE. Cette qualité permet à Kant de cerner les concepts, de les choisir avec une très grande sûreté, puis de les tourner et retourner avec la plus grande facilité, à l'étonnement du lecteur. Cette même sobriété lumineuse, je la retrouve dans le style d'Aristote, quoiqu'il soit beaucoup plus simple.]B —

Pourtant, l'exposition kantienne est souvent compliquée, imprécise, insuffisante et parfois obscure. B[Sans doute cette obscurité peut-elle être en partie excusée en invoquant la difficulté de l'objet et la profondeur de la pensée.]B Mais celui qui est parfaitement au clair avec lui-même et qui sait d'une manière absolument nette ce qu'il pense et veut, celui-là n'écrira jamais d'une manière confuse, jamais il ne formera de concepts flottants, mal définis, et jamais non plus, pour les désigner, il n'empruntera à des langues étrangères des expressions difficiles et compliquées au dernier degré pour les utiliser ensuite constamment, comme Kant, empruntant à la philosophie antique voire scolastique des concepts et des expressions qu'il combine pour servir à ses fins (comme par exemple « unité transcendantale synthétique de l'aperception »[17] et surtout « unité de la synthèse » <*Einheit der Synthesis*>[18] mis partout où « union » <*Vereinigung*> suffirait à lui seul). De plus, il ne reviendra pas sans cesse sur les explications qu'il a déjà données, comme le fait Kant par exemple avec l'entendement, les catégories, l'expérience et autres concepts fondamentaux. Surtout, il ne se répétera pas continuellement, en laissant malgré cela toujours les mêmes points obscurs dans chaque nouvelle exposition d'une pensée revenant pour la centième fois. Au contraire, il dira son opinion une seule fois, de façon claire, étayée, exhaustive, et il s'en tiendra là. C[*Quo enim melius rem aliquam concipimus, eo magis determinati sumus ad eam unico modo exprimendam* [En effet, mieux nous comprenons une chose, et d'autant plus nous sommes déterminés à ne l'exprimer que d'une seule manière], dit Descartes dans sa cinquième lettre[19].]C B[Mais le plus grand inconvénient de l'exposition par endroits obscure de Kant, c'est qu'elle a eu l'effet d'un *exemplar vitiis imitabile* [un modèle dont les défauts sont imitables][20], en sorte qu'elle fut, à tort, interprétée comme une autorisation pernicieuse. Le public avait été contraint à considérer que ce qui est obscur n'est pas toujours dépourvu de sens : aussitôt l'absurdité se réfugia derrière l'obscurité de l'exposition. Fichte fut le premier à se saisir de ce privilège et à en faire un usage intensif. Schelling en fit au moins autant que lui, puis une armée d'écrivassiers affamés dépourvus d'esprit et de probité les surpassa bientôt tous les deux. Mais la plus grande impudence dans l'étalage de purs non-sens, dans l'écrivaillerie de bavardages absurdes et déments, comme on n'en avait entendu jusqu'alors que dans les maisons de fous, c'est chez Hegel qu'elle apparut finalement. Ce fut l'instrument de la plus grossière mystification générale qui fût jamais et elle obtint un succès qui paraîtra, aux yeux de la postérité, comme une chose invraisemblable et restera un monument de la niaiserie allemande. C'est en pure perte que Jean Paul écrivit entre-temps son beau paragraphe « éloge sublime de la folie philosophique en chaire et de la folie poétique au théâtre » (*Ästhetische Nachschule*[21]) ; c'est donc en pure perte que Goethe déjà avait dit :

So schwätzt und lehrt man ungestört ;
Wer mag sich mit den Narr'n befassen ?
Gewöhnlich glaubt der Mensch, wenn er nur Worte hört,
Es müsse sich dabei doch auch etwas denken lassen.

[Sans cesse on babille sur ce sujet, on enseigne comme cela bien d'autres choses ;
Mais qui va se tourmenter à comprendre de telles folies ?
L'homme croit d'ordinaire, du moment qu'il entend des mots,
Qu'ils doivent absolument contenir une pensée[22].]

Mais revenons à Kant.]B Il faut bien reconnaître que la grandiose simplicité des Anciens, que naïveté, *ingénuité, candeur* [en français dans le texte] lui font totalement défaut. Sa philosophie n'est en rien l'analogue de l'architecture grecque qui présente des proportions vastes, simples et évidentes au premier coup d'œil. Au contraire, elle rappelle très fortement l'architecture gothique. Car l'esprit de Kant possède une propriété très particulière, à savoir une complaisance étrange dans la SYMÉTRIE, qui aime la multiplicité bariolée, afin de l'ordonner et de répéter cet ordre dans des ordres subordonnés, et ainsi de suite, exactement comme dans les églises gothiques. Il pousse même ce travers jusqu'au jeu. Sa complaisance à l'égard de ce penchant le mène alors jusqu'à faire ouvertement violence à la vérité et à se comporter avec elle comme les anciens jardiniers français, dont les réalisations comportent des allées symétriques, des carrés et des triangles, des arbres en forme de pyramide ou de sphère et des haies taillées en courbes régulières. Je vais prouver cela par quelques faits.

Kant traite isolément de l'espace et du temps, puis il se débarrasse du monde entier, celui qui remplit l'espace et le temps, et dans lequel nous vivons et nous sommes, avec ces mots dénués de sens : « le contenu empirique de l'intuition nous est DONNÉ ». Immédiatement après, en UNE SEULE enjambée, il en vient aux FONDEMENTS LOGIQUES DE SA PHILOSOPHIE TOUT ENTIÈRE, C'EST-À-DIRE À LA TABLE DES JUGEMENTS[23]. De celle-ci, il déduit une douzaine de catégories, pas une de plus, symétriquement disposées sous quatre titres[24]. Ces derniers, plus loin dans l'ouvrage, deviendront un redoutable lit de Procuste, dans lequel Kant contraindra de force à rentrer toutes les choses du monde et tout ce qui se produit en l'homme, en ne reculant devant aucun recours à la violence, en ne refusant aucun sophisme à seule fin de pouvoir répéter partout cette table. Ce qu'il en déduit en premier lieu, c'est la Table physiologique pure des principes universels de la science de la nature[25] : les Axiomes de l'intuition, les Anticipations de la perception, les Analogies de l'expérience et les Postulats de la pensée empirique en général. Parmi ces principes, les deux premiers sont simples. En revanche, de chacun des deux derniers poussent symétriquement trois surgeons[26]. Les simples catégories était qualifiées de CONCEPTS tandis que ces principes de la science de la nature sont des JUGEMENTS. En suivant le fil directeur de Kant vers tout savoir, la symétrie, c'est maintenant au tour des RAISONNEMENTS de faire preuve de leur productivité, et cela de nouveau symétriquement et en respectant la même cadence. En effet, tout comme, pour l'ENTENDEMENT, l'expérience, ses principes *a priori* compris, résultait de l'application des catégories à la sensibilité, de même les IDÉES de la raison naissent de l'application des RAISONNEMENTS aux catégories, opération qu'accomplit la RAISON, selon son prétendu principe de recherche de l'inconditionné. Cela se produit de la sorte : les trois catégories de la relation donnent aux raisonnements trois (et seulement trois) espèces de majeures. Conformément à elles, les raisonnements se divisent en trois espèces, dont chacune peut être comparée à un œuf que la raison couve pour en faire naître une Idée : du raisonnement catégorique, l'Idée d'ÂME[27], du raisonnement hypothétique, l'Idée de MONDE[28], du raisonnement disjonctif, l'Idée de DIEU[29]. Celle du milieu, l'Idée de monde, répète encore une fois la symétrie de la table des catégories : ses quatre titres produisent quatre thèses, dont chacune possède une antithèse en guise de pendant symétrique.

Certes, nous admirons la combinaison tellement subtile que réclame cet édifice délicat. Mais plus loin, nous l'examinerons à fond dans son fondement et ses parties. — Pour l'heure, il faut faire passer avant les considérations qui vont suivre.

C'est une chose étonnante que de voir comment Kant poursuit son chemin sans autre forme de réflexion, en se guidant sur la symétrie, en ordonnant tout en fonction d'elle, sans jamais prendre en considération pour lui-même un seul des objets qu'il traite de la sorte. Je vais m'en expliquer tout de suite. Après avoir pris en considération la connaissance intuitive seulement dans la mathématique, il néglige complètement le reste de la connaissance intuitive, dans laquelle le monde se présente à nous. Il s'en tient seulement à la pensée abstraite, laquelle ne reçoit tout ce qu'elle a de signification et de valeur que du monde intuitif, infiniment plus significatif, général, riche de contenu que la partie abstraite de notre connaissance. Oui, Kant, et ceci constitue un point essentiel, n'a jamais clairement distingué la connaissance intuitive de la connaissance abstraite, et c'est précisément pourquoi, comme nous le verrons plus tard, il s'est lui-même empêtré dans des contradictions insolubles. — Après s'être débarrassé de tout le monde sensible avec cette formule vide de sens : « il est donné », Kant, comme on l'a vu, fait de la table logique des jugements la pierre angulaire de son édifice. Mais à ce moment, il ne réfléchit pas même un instant à ce qui se présente alors juste sous ses yeux. Ces formes des jugements sont bien des

MOTS et des LIAISONS DE MOTS. On aurait dû néanmoins se demander au préalable ce qu'ils désignent immédiatement : on aurait trouvé que ce sont des CONCEPTS. La question suivante aurait alors porté sur l'essence des CONCEPTS. De la réponse à cette question aurait résulté la nature du rapport de ces concepts aux représentations intuitives, qui constituent le monde. Ainsi intuition et réflexion seraient séparées. Il aurait alors fallu se demander comment vient à la conscience non pas simplement l'intuition *a priori* pure et seulement formelle, mais aussi son contenu, l'intuition empirique. Ensuite, on aurait montré quelle division admet alors l'ENTENDEMENT, donc ce qu'est en général l'ENTENDEMENT, et quelle est, à l'opposé, la signification véritable de la RAISON, dont on écrit au même moment la critique. Il est très étonnant que Kant ne détermine pas non plus une seule fois le sens de la raison de façon ordonnée et satisfaisante. Il n'en donne que des explications incomplètes et erronées, de façon occasionnelle, à chaque fois que l'exige la cohésion du propos, et cela, en contradiction totale avec la règle cartésienne présentée plus haut*[30]. Par exemple, en A 11/B 24[31] de la *Critique de la raison pure*, la raison est la faculté des principes *a priori* ; en A 299/B 356[32], il est dit de nouveau qu'elle serait la faculté des PRINCIPES et elle y est opposée à l'entendement, qui serait la faculté des RÈGLES ! On devrait donc penser qu'il y a, entre les règles et les principes, une différence

* B[Qu'on veuille remarquer ici que je cite généralement la *Critique de la raison pure* d'après la pagination de la PREMIÈRE ÉDITION, vu que dans l'édition Rosenkranz des œuvres complètes, cette pagination est donnée tout du long. Par ailleurs, j'ajoute la pagination de la cinquième édition (marquée « V » ci-dessus). Toutes les autres, depuis la deuxième, lui sont identiques, donc aussi bien dans leur pagination.]B

considérable, vu qu'elle autorise à admettre, dans chacun des deux cas, une faculté de connaissance particulière. Seulement, cette grande différence doit simplement consister en ceci : ce que l'entendement connaît *a priori*, par intuition pure ou par l'entremise des formes de l'entendement, est une RÈGLE, et un PRINCIPE ce qui ne provient que de simples concepts. Nous reviendrons sur cette distinction arbitraire et inadmissible plus loin, quand nous en serons à la Dialectique. En A 330/B 386[33], la raison est définie comme la faculté d'inférer : Kant explique le plus souvent (A 69/B 94) que la faculté de juger est l'affaire de l'entendement. Par là, Kant veut dire précisément ceci : la faculté de juger est l'affaire de l'entendement aussi longtemps que le fondement <*Grund*> du jugement est empirique, transcendantal ou métalogique (dissertation sur le principe de raison, § 31, 32, 33)[34]. Mais si ce fondement, comme ce en quoi consiste l'inférence, est logique, alors agit une faculté de connaissance tout à fait distincte, une faculté très supérieure : la raison[35]. Qui plus est, il est expliqué en A 303/B 360[36] que les conséquences immédiates d'une proposition <*Satz*> seraient encore l'affaire de l'entendement, et seules celles pour lesquelles est nécessaire la médiation d'un concept seraient accomplies par la raison. Kant donne en guise d'exemple les cas suivants : la conséquence de la proposition « tous les hommes sont mortels » (à savoir « quelques mortels sont des hommes ») serait encore tirée par l'entendement ; celle-ci en revanche : « tous les savants sont mortels », exigerait une faculté complètement différente et très supérieure (la raison). Comment un si grand penseur a-t-il pu avancer une telle chose ! En A 553/B 581[37], la raison devient soudain la condition permanente de toutes les actions volontaires. En A 614/B 642[38], elle consiste en ce que nous pouvons rendre compte de nos assertions ; en A 643-44/B 671-72[39], en ce qu'elle réunit les concepts de l'entendement dans des Idées, comme l'entendement le divers des objets dans des concepts. En A 646/B 674[40], elle n'est rien d'autre que la faculté de dériver le particulier du général.

De la même façon, l'ENTENDEMENT est toujours expliqué à nouveaux frais : il l'est dans sept passages de la *Critique de la raison pure*. En A 51/B 75[41], il est la faculté de produire soi-même des représentations ; en A 69/B 94[42], la faculté de juger, c'est-à-dire de penser, c'est-à-dire de connaître par concepts. En B 137[43], il est en général la faculté des connaissances ; en A 132/ B 171[44], la faculté des règles. Mais en A 158/B 197[45], il est dit : « il n'est pas seulement la faculté des règles, mais la source des principes <*Grundsätze*>, d'après laquelle tout se tient sous une règle » ; et pourtant, il avait été opposé plus haut[46] à la raison, au motif que cette dernière serait seulement la faculté des principes <*Prinzipien*>[47]. En A 160/B 199[48], l'entendement est la faculté des concepts ; mais en A 302/B 359[49], il est la faculté de l'unité des phénomènes au moyen de règles.

Les explications que j'ai établies pour ces deux facultés de connaissance sont solides, pénétrantes, bien définies, simples et s'accordent toujours avec les usages linguistiques de tous les peuples et de tous les temps. Il ne me sera pas nécessaire de les défendre contre des propos qui sont vraiment confus et sans fondement (même si Kant en est l'auteur). Je les ai exposées à seule fin d'étayer mon reproche à l'égard de Kant, à savoir qu'il suit son système symétrique et logique sans réfléchir suffisamment à l'objet qu'il traite de cette façon.

Si Kant, comme je l'ai dit plus haut, avait sérieusement cherché dans quelle mesure deux facultés de connaissance aussi différentes, dont l'une est le signe distinctif de l'espèce humaine, se manifestent; s'il avait cherché ce que signifient raison et entendement selon l'usage linguistique de tous les peuples et de tous les philosophes, alors il n'aurait jamais, sans plus d'autorité que celle de l'*intellectus theoreticus* et *practicus*, dont la scolastique fait un usage tout différent[50], divisé la raison en raison théorique et raison pratique, et fait de cette dernière la source de l'action vertueuse. De même, avant de séparer si minutieusement les concepts d'entendement (qu'il comprend partie comme ses catégories, partie comme l'ensemble des concepts généraux) et les concepts de la raison (ce qu'il nomme « Idées »), avant d'en faire le matériau de sa philosophie, laquelle ne traite, pour l'essentiel, que de la validité de l'application, de l'origine de tous ces concepts — avant tout cela, dis-je, il aurait dû se demander une bonne fois ce qu'est en général un CONCEPT. Seulement, même cette recherche si nécessaire n'a pas eu lieu, cela a beaucoup contribué à la déplorable confusion des connaissances intuitive et abstraite, confusion dont je vais bientôt fournir la preuve. — Faute d'une réflexion suffisante, il a donc négligé les questions suivantes : qu'est-ce que l'intuition ? la réflexion ? le concept ? la raison ? l'entendement ? Pour la même raison, il a négligé également de se poser des questions aussi indispensables et nécessaires que celles-ci : qu'est-ce que j'appelle OB-JET <*Gegenstand*>[51] et que je distingue de la REPRÉSENTATION ? Qu'est-ce que l'existence ? l'objet <*Objekt*> ? le sujet ? la vérité, l'apparence, l'erreur ? — Mais il suit son schéma logique et sa symétrie sans y réfléchir ou chercher plus loin. La table des jugements doit absolument être la clé de tout savoir.

J'ai établi plus haut[52] que le mérite essentiel de Kant avait été de séparer le phénomène de la chose en soi, de définir l'ensemble du monde visible comme phénomène, et par conséquent de dénier aux lois de ce monde toute validité au-delà des phénomènes. Il est d'ailleurs étonnant que Kant n'ait pas déduit cette existence simplement relative du phénomène de cette vérité simple, si facile à saisir, si indubitable: «PAS D'OBJET SANS SUJET». Ainsi, puisque l'objet ne possède jamais aucune existence sinon en relation avec un sujet, il aurait pu le présenter, pris à sa racine, comme dépendant déjà de ce dernier et donc comme un pur phénomène, qui n'existe pas en soi, ni de façon inconditionnelle. Ce principe si vrai, Berkeley, dont Kant méconnaît injustement le mérite, en avait déjà fait la pierre angulaire de sa philosophie[53], et par là, il avait laissé un monument immortel, quoiqu'il n'ait pas lui-même tiré de ce principe toutes les conséquences nécessaires, et qu'il l'ait ainsi en partie mal compris, en partie insuffisamment considéré[54]. B[Dans ma première édition[55], j'avais expliqué le fait que Kant a escamoté ce principe berkeleyien par une évidente appréhension à l'égard d'un idéalisme résolu; mais d'un autre côté, en maints endroits de la *Critique de la raison pure*, je trouvais dans le même temps cet idéalisme clairement affirmé. Et j'en avais donc conclu que Kant se contredisait lui-même. Le reproche était certes fondé, pour autant que l'on ne connût la *Critique de la raison*, comme c'était alors mon cas, que dans la deuxième édition, ou dans la cinquième, imprimée sur le modèle de la deuxième. Mais plus tard, quand je lus le chef-d'œuvre de Kant dans sa première édition, devenue rare déjà, je vis, à ma grande joie, toutes ces contradictions disparaître et je découvris que Kant, sans utiliser la formule « pas d'objet sans sujet », explique cependant, avec la même résolution que Berkeley et moi-même, que le monde extérieur, qui se présente étendu dans l'espace et le temps, n'est qu'une simple représentation du sujet qui le connaît. Par conséquent, il affirme sans réserve, par exemple en A 383 : « si je supprime le sujet pensant, tout le monde des corps doit disparaître, puisqu'il n'est rien que le phénomène dans la sensibilité de notre sujet, et un mode de ses représentations[56] ». Mais tous les passages[57] des pages 348-392 dans lesquels Kant expose très bien et clairement son idéalisme résolu ont été supprimés par lui dans la seconde édition, et à la place, il y a placé une foule d'affirmations contradictoires. De la sorte, le texte de la *Critique de la raison pure*, dans la forme sous laquelle il a circulé de 1787 jusqu'en 1838, a été défiguré et corrompu, et la *Critique* est devenu un livre contradictoire, dont le sens, pour cette raison, ne pouvait être parfaitement clair et compréhensible pour personne. Dans une lettre à M. le Professeur Rosenkranz[58], j'ai exposé tout ce que je viens de dire, ainsi que mes conjectures sur les raisons et les faiblesses[59] qui ont pu pousser Kant à défigurer à ce point son œuvre immortelle. Les passages essentiels de cette lettre sont repris dans sa préface au second tome de l'édition[60] établie par ses soins des œuvres complètes de Kant — édition à laquelle je renvoie donc présentement. À la suite de mes propositions, M. le Professeur Rosenkranz a en effet été conduit à reproduire la *Critique de la raison pure* sous sa forme originelle : il l'a fait imprimer, dans le second tome précité, d'après la PREMIÈRE édition (celle de 1781) et, ainsi, il s'est acquis en philosophie un mérite inestimable. On peut dire qu'il a peut-être sauvé du naufrage l'œuvre la plus importante de la littérature allemande, et cela ne doit jamais être oublié. Que personne ne s'imagine connaître la *Critique de la raison pure* et posséder une idée claire de la doctrine kantienne, s'il ne l'a lue que dans la deuxième édition, ou dans une des suivantes. Cela est strictement impossible, car il n'a lu qu'un texte mutilé, corrompu et en quelque sorte apocryphe. Il est de mon devoir d'être catégorique à ce sujet et de lancer un avertissement à l'adresse de chacun.

La façon dont Kant introduit la CHOSE EN SOI se tient pourtant dans une contradiction indéniable avec le point de vue résolument idéaliste qu'il a si clairement exprimé dans la première édition de la *Critique de la raison pure*. C'est certainement la raison principale pour laquelle il a supprimé dans la deuxième édition les passages spécifiquement idéalistes et s'est déclaré radicalement hostile à l'idéalisme de Berkeley, moyennant quoi il n'a fait qu'introduire des inconséquences dans son œuvre, sans pouvoir remédier à son défaut principal. Comme chacun sait, il s'agit de la façon qu'a choisie Kant pour introduire la CHOSE EN SOI, dont le caractère inadmissible a été largement prouvé par G. E. Schulze dans son *Aenesidemus*[61] et a été bientôt reconnu comme le point faible du système. La chose peut s'expliquer en très peu de lignes. Quoiqu'il le cache par toutes sortes de détours, Kant fonde la présupposition de la chose en soi sur un raisonnement qui utilise la loi de causalité : l'intuition empirique, ou plus exactement la SENSATION <*Empfindung*> dans nos organes sensoriels, de laquelle provient l'intuition, devrait avoir une cause extérieure. Or, selon la découverte exacte propre à Kant, nous connaissons *a priori* la loi de causalité ; elle est par conséquent une fonction de notre intellect, donc d'origine SUBJECTIVE. En outre, la sensation reçue par les sens <*Sinnesempfindung*>, à laquelle nous appliquons la loi de causalité, est elle-même incontestablement SUBJECTIVE, et enfin l'espace lui-même, dans lequel nous transférons[62] la sensation comme objet grâce à l'application de la cause, est une forme de notre intellect, donnée *a priori* et donc SUBJECTIVE. Par conséquent, l'intuition empirique tout entière repose complètement sur des fondations subjectives, comme un simple processus qui a lieu en nous, et rien qui soit complètement différent ou indépendant d'elle ne peut être introduit au titre de CHOSE EN SOI ou démontré comme sa condition nécessaire. Oui, l'intuition empirique n'est et ne reste que notre représentation : c'est le monde comme représentation. Nous ne pouvons en atteindre l'être en soi qu'en empruntant une voie toute différente, celle que j'ai empruntée à l'aide de la conscience de soi, qui révèle la volonté comme l'en-soi de notre propre phénomène. Car, comme je l'ai expliqué, la chose en soi est quelque chose *toto genere* différent de la représentation et de ses éléments.

La grande faille du système kantien, démontrée de bonne heure, comme on l'a dit, est une illustration du beau proverbe indien : « point de lotus sans tige[63] ». La déduction défectueuse de la chose en soi est ici la tige ; mais seul le mode de déduction est fautif et non pas le fait de reconnaître une chose en soi dans le phénomène donné. Fichte s'est fourvoyé de la même manière — ce qu'il ne pouvait manquer de faire, puisqu'il ne se souciait pas de dire la vérité, mais de faire sensation, afin de favoriser ses buts personnels. Il fut cependant suffisamment effronté et irréfléchi pour nier radicalement la chose en soi et établir un système dans lequel ce n'était pas seulement, comme chez Kant, la simple forme de la représentation, mais aussi sa matière, son contenu en général, qui était déduite prétendument *a priori* du sujet. Il comptait, en cette affaire, tout à fait à juste titre, sur le manque de jugement et la niaiserie du public, qui prit de purs sophismes, de simples tours de prestidigitateur et un blabla absurde <*unsinnniges Wischiwaschi*> pour des démonstrations. Ainsi, il réussit à détourner de Kant l'attention du public, à l'attirer à lui et à donner à la philosophie allemande une direction qui fut par la suite prolongée par Schelling, et qui atteignit son but avec l'absurde pseudo-science <*Afterweisheit*> de Hegel.

Je reviens maintenant au grand défaut de Kant, que j'ai déjà mentionné plus haut, et qui consiste en ce qu'il n'a pas séparé comme il convenait la connaissance intuitive de la connaissance abstraite,]B C[ce qui a produit une confusion irrémédiable que nous devons à présent examiner de plus près.]C B[S'il avait séparé rigoureusement les représentations intuitives des simples concepts pensés *in abstracto*, il aurait distingué ces deux types de connaissances et il aurait su à chaque fois à laquelle des deux il avait affaire.]B Malheureusement, cela n'a pas été le cas, quoiqu'on n'ait pas encore entendu quelqu'un lui en faire reproche, ce qui le rend peut-être inattendu. Son «objet de l'expérience» <*Objekt der Erfahrung*> dont il parle constamment, l'ob-jet véritable des catégories, n'est pas la représentation intuitive, mais il n'est pas non plus le concept abstrait. Il est distinct des deux et pourtant il est l'un et l'autre tout à la fois. Bref, c'est un non-sens complet. Si incroyable que cela puisse paraître, le sens de la réflexion, ou du moins la bonne volonté a manqué à Kant pour être bien sûr de son fait en la matière et pour expliquer clairement, à soi-même et aux autres, si son « ob-jet de la représentation » est la représentation intuitive spatiale et temporelle (ma première classe de représentations)[64], ou si c'est simplement le concept abstrait. Aussi bizarre que cela puisse paraître, il n'a jamais qu'une vague idée d'un mélange des deux, et c'est de là que provient la confusion désastreuse que je dois maintenant mettre en lumière. À cette fin, je dois faire une revue générale de toute la Théorie des éléments[65].

L'ESTHÉTIQUE TRANSCENDANTALE est une œuvre si méritoire qu'à elle seule, elle eût suffi pour immortaliser le nom de Kant. B[Ses démonstrations possèdent une telle force de persuasion que je mets ses théorèmes au nombre des vérités inébranlables. Ils sont aussi, sans aucun doute, parmi les plus riches de conséquences, et l'on doit les regarder comme ce qu'il y a de plus rare au monde, à savoir comme une véritable et importante découverte en métaphysique.]B C[Ce que Kant prouve rigoureusement, à savoir que nous avons une conscience *a priori* d'une partie de nos connaissances, n'admet aucune autre explication que celle-ci : ces connaissances constituent les formes de notre intellect. Et ceci est, à vrai dire, moins l'explication que l'expression évidente du fait lui-même. Car « *a priori* » ne signifie rien d'autre que : « qui n'est pas acquis par la voie de l'expérience et qui, par conséquent, ne nous est pas venu du dehors ». Mais ce qui est présent dans l'intellect sans y être venu de l'extérieur constitue justement ce qui lui appartient originellement, son être propre. Or, ce qui est ainsi présent en lui-même consiste dans le mode général suivant lequel tous ses objets doivent se présenter à lui. Ce qui revient à dire que ce sont les formes de sa connaissance, à savoir le mode, déterminé une fois pour toutes, selon lequel il accomplit ses fonctions. Par conséquent, « connaissances *a priori* » et « formes propres de l'intellect » ne sont, au fond, que deux expressions pour une même chose et donc, en quelque sorte, deux synonymes.

De la doctrine de l'Esthétique transcendantale,]C je ne saurais par conséquent rien retrancher. Je voudrais seulement ajouter une chose. En effet, Kant n'est pas allé jusqu'au bout de sa pensée, en ne rejetant pas toute la méthode démonstrative d'Euclide[66], après qu'il eut pourtant dit, en A 87/B 120[67], que toute connaissance géométrique tire de l'intuition une évidence immédiate. Il est au plus haut point remarquable que même l'un des adversaires de Kant, et à vrai dire le plus pénétrant, G. E. Schulze, dans *Kritik der theoretischen Philosophie*, II, 241[68], tire la conclusion que de la doctrine kantienne serait sorti un tout autre traitement de la géométrie que celle qui est effectivement en usage. De là, il croit tirer une preuve apagogique contre Kant, alors qu'en réalité, c'est à la méthode euclidienne qu'il déclare la guerre, sans le savoir. Je me réfère ici au § 15 du livre I du présent ouvrage[69].

Après l'explication complète des FORMES universelles de toute intuition que Kant donne dans l'Esthétique transcendantale, on doit s'attendre à obtenir quand même quelques éclaircissements sur le CONTENU de l'intuition, sur la façon dont l'intuition EMPIRIQUE vient à notre conscience, sur la façon dont se produit en nous la connaissance de tout ce monde qui nous apparaît si réel et si important. Mais sur ce point, toute la doctrine de Kant ne contient à vrai dire rien de plus que cette affirmation souvent répétée, mais dépourvue de sens : « L'élément empirique de l'intuition nous est DONNÉ de l'extérieur. » — C'est pourquoi Kant, ici aussi, passe en une seule enjambée des FORMES PURES DE L'INTUITION à la *pensée*, à la LOGIQUE TRANSCENDANTALE. B[Tout au début de celle-ci (*Critique de la raison pure*, A 50/B 74)[70], où Kant ne peut s'abstenir de faire allusion à la teneur matérielle de l'intuition empirique, il fait son premier faux pas, il commet son πρῶτον ψεῦδος [premier faux pas][71]. « Notre connaissance, dit-il, possède deux sources, à savoir la réceptivité des impressions et la spontanéité du concept. La première est la faculté de recevoir des représentations, la seconde celle de connaître un ob-jet grâce à cette représentation ; par la première, un OB-JET nous est donné, par la seconde, il est pensé. » — C'est une erreur, car à suivre Kant, l'IMPRESSION <*Eindruck*>, pour laquelle nous n'avons qu'une simple réceptivité, qui donc provient du dehors et qui seule est à proprement parler « donnée », serait déjà une REPRÉSENTATION et même déjà un OB-JET. Mais l'impression n'est rien de plus qu'une simple SENSATION dans l'organe sensoriel, et ce n'est que grâce à l'application de l'ENTENDEMENT (c'est-à-dire de la loi de causalité) et des formes de l'intuition (espace et temps) que notre INTELLECT change cette simple SENSATION en une REPRÉSENTATION, laquelle se trouve désormais en tant QU'OBJET dans l'espace et le temps. Plus rien ne peut la distinguer de ce dernier (de l'ob-jet) sauf si l'on s'enquiert de la chose en soi. Mais hormis ce cas, elle lui est identique. J'ai exposé en détail ce processus dans ma dissertation sur le principe de raison, § 21[72]. Avec ce processus s'achève la besogne de l'entendement et de la connaissance intuitive, et elle ne requiert aucun concept et aucune pensée. C'est pourquoi les animaux possèdent aussi ce genre de représentations. Lorsque s'ajoutent les concepts, la pensée, à laquelle peut être en effet attribuée une spontanéité, alors on abandonne complètement la connaissance INTUITIVE, et c'est une tout autre classe de représentations qui vient à la conscience, à savoir les concepts non intuitifs, abstraits. C'est là l'activité de la RAISON, laquelle tire pourtant tout le contenu de sa pensée seulement de l'intuition qui la précède et de la comparaison de celle-ci avec d'autres intuitions et concepts[73]. Mais Kant met la pensée déjà dans l'intuition et établit ainsi les bases de la confusion irrémédiable entre la connaissance intuitive et abstraite, que je me suis occupé à dénoncer ici. Il fait de l'intuition, prise séparément, quelque chose d'étranger à l'entendement, purement sensible et donc complètement passif. Ce n'est que grâce à la pensée (à la catégorie de l'entendement) qu'un OBJET est conçu : il met donc LA PENSÉE DANS L'INTUITION. Mais d'autre part, l'objet de la PENSÉE est un objet singulier, réel. Ainsi, la pensée perd son caractère essentiel d'universalité et d'abstraction, et à la place des concepts universels on lui donne pour objet des choses singulières. Ainsi, Kant met de nouveau L'INTUITION DANS LA PENSÉE. De là provient]B la confusion irrémédiable dont nous avons parlé, et les conséquences de ce premier faux pas se prolongent dans toute la théorie de la connaissance. La confusion complète de la représentation intuitive avec la représentation abstraite s'y étend du début à la fin. Il en résulte un mélange des deux, que Kant présente comme l'objet de la connaissance tandis qu'il fait de l'entendement et de ses catégories les conditions de cet ob-jet. Il nomme EXPÉRIENCE cette connaissance. On a peine à croire qu'avec cet ob-jet de l'entendement, Kant ait pu concevoir, même pour lui-même, quelque chose de totalement déterminé et de vraiment clair. Je vais maintenant le démontrer, en examinant l'énorme contradiction qui traverse toute la Logique transcendantale et qui est la source véritable de l'obscurité qui l'enveloppe.

En effet, dans la *Critique de la raison pure*, en A 67-69/B 92-94[74]; B 122-123[75]; et plus loin B 135,139,153[76], Kant répète ces préceptes qu'il veut nous inculquer : l'entendement n'est pas la faculté de l'intuition, sa connaissance n'est pas intuitive, mais discursive ; l'entendement serait la faculté de juger (A 29/B 94)[77], et un jugement serait une connaissance médiate, une représentation de représentation (A 68/B 93)[78]; l'entendement serait la faculté de penser, et penser serait la connaissance par concepts (A 69/B 94)[79]; les catégories de l'entendement ne seraient d'aucune façon les conditions sous lesquelles des ob-jets sont donnés dans l'intuition (A 89/B 122)[80] et l'intuition n'aurait d'aucune manière besoin des fonctions de la pensée ; notre entendement ne pourrait que penser et non intuitionner (B 135,139[81]). En outre, dans les *Prolégomènes*, § 20, l'intuition, la perception <*perceptio*> n'appartiennent qu'aux seuls sens[82]; la fonction de jugement revient au seul entendement ; dans le § 22[83], les sens auraient pour destination d'intuitionner et l'entendement celle de penser, c'est-à-dire de juger. Pour finir, dans la *Critique de la raison pratique* (4e éd., p. 247 ; Rosenkranz, p. 281)[84], l'entendement est discursif, ses représentations sont des pensées et non des intuitions. Ce sont là les mots mêmes de Kant.

Il en découle que ce monde intuitif existerait pour nous même si nous n'avions pas d'entendement, qu'il pénètre dans notre tête d'une façon totalement obscure, ce que Kant indique fréquemment par son expression étrange : « l'intuition est DONNÉE », sans expliquer davantage cette expression indéterminée et métaphorique.

Or, tous les passages qu'on vient de citer sont contredits de la façon la plus criante par tout le reste de sa théorie de l'entendement, de ses catégories et de la possibilité de l'expérience, telle qu'il l'expose dans sa logique transcendantale. En effet, dans la *Critique de la raison pure* (A 79/B 105)[85] l'entendement grâce à ses catégories apporte l'unité dans le divers de l'INTUITION, et les concepts purs de l'entendement se rapportent *a priori* aux ob-jets de l'INTUITION. En A 94/B 126[86], les « catégories sont les conditions de l'expérience, que ce soit de l'INTUITION ou de la pensée qui s'y trouve ». En B 127[87], l'entendement est l'auteur de l'expérience. En B 128[88], les catégories déterminent l'INTUITION des ob-jets ; en B 130[89], tout ce que nous nous représentons comme lié dans l'objet (lequel est bien quelque chose d'intuitif et nullement abstrait) est d'abord lié par une opération de l'entendement. En B 135[90], l'entendement est de nouveau expliqué comme la faculté de lier *a priori* et de mettre le divers des représentations données sous l'unité de l'aperception. Mais, d'après l'usage qui prévaut partout, l'aperception n'est pas la pensée d'un concept, mais une INTUITION. En B 136[91], nous trouvons un principe suprême de la possibilité de toute intuition en rapport avec l'entendement. En B 144[92], l'unité vient dans l'INTUITION au moyen des catégories, grâce à l'entendement. En B 145[93], on trouve une explication très étrange de la pensée de l'entendement, pensée qui consiste en ce que l'entendement synthétise, lie et ordonne le divers de l'INTUITION. En B 161[94], on dit que l'expérience n'est possible que grâce aux catégories et consiste dans l'enchaînement des PERCEPTIONS, qui alors sont bien des intuitions. En B 159[95], les catégories sont dites des connaissances *a priori* des ob-jets de l'INTUITION en général.

Plus loin, même page, et en B 163 et 165[96], une doctrine essentielle de Kant est exposée : que L'ENTENDEMENT EST LA CONDITION DE POSSIBILITÉ PREMIÈRE DE LA NATURE, de sorte qu'il lui prescrit ses lois *a priori* et que ces dernières se règlent sur sa législation, etc. Mais la nature est bien quelque chose d'intuitif et non d'abstrait ; l'entendement devrait donc être une faculté d'intuition. En B 168[97], il est affirmé que les concepts d'entendement seraient les principes de la possibilité de l'expérience et que cette dernière serait la détermination des phénomènes dans l'espace et le temps en général — lesquels phénomènes existent donc bien dans l'intuition. Enfin, en A 189-211/B 232-256[98], se trouve la longue démonstration (dont j'ai montré amplement l'inexactitude dans ma dissertation sur le principe de raison, § 23[99]) établissant que la succession objective ainsi que la simultanéité des ob-jets de l'expérience ne sont pas perçus par les sens, mais introduits par le seul entendement dans la nature, laquelle n'est elle-même rendue possible que par cette opération. Or, à n'en pas douter, la nature, la suite des événements et la simultanéité des états sont quelque chose d'éminemment intuitif, et non un objet de pensée purement abstrait.

Je demande instamment à tous ceux qui partagent ma vénération à l'égard de Kant de concilier ces contradictions et de montrer que Kant a pensé quelque chose de parfaitement clair et déterminé dans sa doctrine de l'objet de l'expérience et dans la manière dont il est déterminé par l'activité de l'entendement et de ses douze fonctions. Je suis convaincu que la contradiction que j'ai prouvée, qui s'étend à travers toute la Logique transcendantale, est le véritable fondement de l'obscurité de l'exposition qui y règne. En effet, Kant était obscurément conscient de la contradiction et se débattait avec elle, mais il ne voulait ou ne pouvait pas la porter au niveau d'une claire conscience. Il se l'est donc dissimulée, à lui-même et à ses lecteurs, et l'a évitée par toutes sortes de chemins détournés. C'est peut-être aussi la raison pour laquelle il a fait de la faculté de connaître une machine si singulière, si compliquée, dotée de ces multiples rouages que sont les douze catégories, la synthèse transcendantale de l'imagination, le sens interne, l'unité transcendantale de l'aperception, en plus du schématisme des concepts purs de l'entendement, etc. Et en dépit de ce grand appareil, il n'entreprend pas même une fois une recherche en vue d'expliquer l'intuition du monde extérieur, qui est tout de même la fonction principale de notre connaissance. Cette question pressante est au contraire toujours éludée, d'une façon vraiment indigente, au moyen de cette même expression, dépourvue de sens et métaphorique : « l'intuition empirique nous est donnée ». En B 145[100], nous apprenons encore que cette dernière est donnée au moyen de l'objet : par conséquent, il doit être quelque chose de différent de l'intuition.

Si, à présent, nous nous efforçons de pénétrer la signification profonde de ce que Kant voulait dire, mais qu'il n'a pas lui-même clairement exprimée, nous trouvons alors que pour lui, un tel objet, distinct de l'INTUITION, mais qui n'est d'aucune façon un *concept*, est l'ob-jet véritable de l'entendement, et qu'il faut vraiment supposer, si étonnant cela soit-il, un tel ob-jet irreprésentable comme condition première de la transformation de l'intuition en expérience. Je pense que c'est un vieux préjugé, profondément enraciné, rebelle à toute investigation qui, chez Kant, constitue le fondement ultime de l'admission d'un tel OBJET ABSOLU, lequel est un objet en soi, i. e. sans aucun sujet. Ce n'est pas du tout l'OBJET INTUITIONNÉ, mais il est ajouté à l'intuition grâce au concept comme quelque chose qui correspond à l'intuition. C'est alors que l'intuition est expérience, qu'elle a une valeur et une vérité, choses qu'elle n'obtient que grâce à sa relation avec un concept (en opposition totale à notre présentation, selon laquelle le concept n'obtient une valeur et une vérité que de l'intuition). L'ajout de cet objet strictement irreprésentable à l'intuition est alors la fonction véritable des catégories. C[«Ce n'est que par l'intuition qu'est donné l'ob-jet, qui, ensuite, est pensé conformément à la catégorie» (*Critique de la raison pure*, A 399)[101].]C B[La chose apparaît d'une façon particulièrement claire dans un passage de B 125 : «Il s'agit maintenant de savoir s'il n'y a pas aussi antérieurement des concepts *a priori*, comme conditions sous lesquelles seulement quelque chose est NON PAS INTUITIONNÉ, mais bien PENSÉ comme OB-JET en général[102]», ce qu'il admet en effet. Ici apparaît clairement la source de l'erreur et de la confusion dont elle est enveloppée. Car l'OB-JET comme tel n'existe jamais que pour et dans l'INTUITION. Elle peut bien être accomplie grâce aux sens, ou, en leur absence, par l'imagination. À l'inverse, ce qui est PENSÉ est toujours un CONCEPT universel, non intuitif, qui peut toujours être le concept d'un ob-jet en général. Mais ce n'est que médiatement, par la médiation d'un concept, que la pensée se rapporte à des OB-JETS, qui, comme tels, sont et restent en eux-mêmes toujours INTUITIFS.

Car notre pensée ne sert pas à conférer de la réalité aux intuitions : elles la possèdent dans la mesure où elles en sont capables (de réalité empirique) par elles-mêmes. En revanche, la pensée sert à rassembler les caractères communs et les résultats de l'intuition afin de pouvoir les retenir et les manier plus facilement. Mais Kant impute les ob-jets eux-mêmes à la PENSÉE afin de rendre l'expérience et le monde dépendants de l'ENTENDEMENT, sans pour autant faire de ce dernier une faculté d'INTUITION. De ce point de vue, il sépare indubitablement l'intuition de la pensée, mais il fait des choses singulières en partie un ob-jet de l'intuition et en partie un ob-jet de la pensée. Mais, en fait, elles ne sont que le premier : notre intuition empirique est d'emblée OBJECTIVE, précisément parce qu'elle provient du *nexus* causal. Son ob-jet est constitué immédiatement par les choses, et non par des représentations distinctes d'elles. Les choses singulières sont intuitionnées comme telles dans l'entendement et grâce aux sens : l'impression UNILATÉRALE qui s'exerce sur eux est immédiatement complétée par l'imagination. À l'inverse, dès que nous passons à la PENSÉE, nous abandonnons les choses singulières, et avons affaire à des concepts généraux dépourvus de caractère intuitif, et cela même si, par après, nous appliquons aux choses singulières les résultats de notre pensée. Si nous gardons ces idées bien présentes à notre esprit, alors il devient clair qu'on ne peut admettre l'hypothèse suivante : que l'intuition des choses n'obtiendrait de réalité et ne deviendrait expérience que grâce à la pensée de ces mêmes choses, pensée utilisant les douze catégories. Au contraire, la réalité empirique, par conséquent l'expérience, se trouve elle-même déjà donnée dans l'intuition. Seulement, l'intuition ne peut se constituer que grâce à l'application de la connaissance du *nexus* causal, unique fonction de l'entendement, à la sensation donnée par les sens. L'intuition est donc effectivement intellectuelle, ce que justement Kant nie.

Outre les passages cités, l'idée de Kant que nous critiquons ici se trouve aussi exprimée, de façon on ne peut plus claire, dans la *Critique de la faculté de juger* (§ 36, tout au début)[103]; de même dans les *Premiers principes métaphysiques de la science de la nature* (dans la remarque annexée à la première définition de la «phénoménologie»[104]). Mais c'est dans l'ouvrage d'un kantien, à savoir dans le *Grundriss einer allgemeinen Logik* de Kiesewetter, troisième édition, partie II, p. 434 et partie II, § 52 et 53, et de même dans la *Denklehre in rein Deutschem Gewande* (1825) de Tieftrunk[105], qu'on la trouve exposée avec une naïveté que Kant s'était autorisée le moins possible sur ces points fâcheux. Cela montre clairement combien, pour tout penseur, des disciples inaptes à la réflexion personnelle deviennent les miroirs grossissants de ses défauts. Une fois sa théorie des catégories arrêtée, Kant se montre très prudent dans son exposition, tandis que ses disciples sont tout à fait effrontés et ainsi dévoilent ce que la chose contient d'erroné.

Il suit de ce qu'on vient de dire que l'ob-jet des catégories chez Kant n'est certes pas la chose en soi, mais c'en est néanmoins le plus proche parent: c'est]B l'OBJET EN SOI, un objet qui n'a besoin d'aucun sujet, une chose singulière, et qui pourtant n'est ni dans le temps ni dans l'espace, parce qu'elle n'est pas intuitive, un ob-jet de pensée et qui pourtant n'est pas un concept abstrait[106]. B[À dire vrai, Kant distingue donc trois termes: 1) la représentation; 2) l'ob-jet de la représentation; 3) la chose en soi. La représentation est l'affaire de la sensibilité, qui chez Kant, comprend, outre la sensation, les formes pures de l'intuition (l'espace et le temps). L'objet de la représentation est l'affaire de l'entendement, qui l'introduit PAR LA PENSÉE grâce à ses douze catégories. La chose en soi se trouve au-delà de toute connaissance possible (pour appuyer ce que j'avance, qu'on consulte les pages 108 et 109[107] de la première édition de la *Critique de la raison pure*). Or, la distinction de la représentation avec l'ob-jet de la représentation n'est pas fondée: cela, Berkeley l'avait déjà montré, et c'est ce qui ressort de tout mon exposé dans le livre I (en particulier du chap. 1 des *Compléments*) et même du point de vue résolument idéaliste de Kant lui-même dans la première édition. Mais si l'on ne voulait pas compter l'ob-jet de la représentation comme représentation et l'identifier avec elle, il fallait alors le tirer du côté de la chose en soi. Finalement, cela dépend du sens que l'on donne au mot «ob-jet». Mais c'est un point assuré que, pour un esprit clair, il est impossible de rien trouver en dehors de la représentation et de la chose en soi. L'insertion injustifiée de ce produit hybride, «l'ob-jet de la représentation», est la source des erreurs de Kant. Mais si on l'enlève, la doctrine des catégories comme concepts *a priori* s'effondre. En effet, les catégories ne contribuent en rien à l'intuition et ne doivent pas valoir pour la chose en soi. Elles nous servent uniquement à penser ces «ob-jets de la représentation» et, par là, à transformer la représentation en expérience. Car toute intuition est déjà expérience[108]. Or est empirique toute intuition qui provient de la sensation. Grâce à l'unique fonction de l'entendement (la connaissance *a priori* de la loi de causalité) cette sensation est rapportée à sa cause, qui, par ce moyen, se présente dans le temps et l'espace (formes de l'intuition pure) comme un ob-jet de l'expérience, un objet matériel, spatial, persistant pendant tout le cours du temps, mais qui néanmoins, en tant que tel, reste aussi toujours représentation, tout comme le temps et l'espace eux-mêmes. Si nous voulons aller au-delà de cette représentation, alors nous abordons la question de la chose en soi, question dont la réponse est le thème de toute mon œuvre comme celui de toute métaphysique en général. L'erreur de Kant, ici exposée, est liée au défaut de sa doctrine dont nous avons fait plus haut la critique, à savoir qu'il ne fournit aucune théorie de la genèse de l'intuition empirique, mais se contente de dire sans autre explication qu'elle est donnée. Il l'identifie avec la simple sensation à qui il n'attribue que les formes de l'intuition, l'espace et le temps, en les comprenant toutes deux sous la rubrique de la sensibilité. Mais ces matériaux ne donnent pas encore de quoi faire une représentation objective. Au contraire, celle-ci exige absolument qu'on rapporte l'impression à sa cause ; elle exige donc la loi de causalité et donc l'entendement. Car sans l'entendement, la sensation reste toujours subjective et elle ne projette aucun objet dans l'espace, même si l'espace est donné avec cette sensation. Mais chez Kant, il ne fallait pas que l'entendement soit utilisé pour l'intuition : il devait se contenter de PENSER, afin de rester dans les limites de la Logique transcendantale. À ce point se rattache de nouveau un autre défaut de Kant : afin d'établir l'apriorité, qu'il reconnaît à bon droit, de la loi de causalité, il m'a laissé le soin de conduire moi-même la seule preuve valable, à savoir celle qui se tire de la possibilité de l'intuition objective empirique. Au lieu de quoi, il donne une preuve manifestement fausse, comme je l'ai déjà montré dans ma dissertation sur le principe de raison, au § 23. — D'après ce qui précède, il est clair que « l'ob-jet de la représentation » de Kant (2) est formé par agglomération de ce qu'il a pris pour une part à la représentation (1) et pour l'autre à la chose en soi (3). Si l'expérience se produisait vraiment sous la seule condition que notre entendement utilise douze fonctions différentes, afin de PENSER, au moyen d'autant de concepts *a priori*, les ob-jets, lesquels n'auraient été préalablement qu'intuitionnés, alors chaque chose réelle aurait, en tant que telle, une quantité de déterminations qui seraient données *a priori*, et que, pour cette raison, on ne pourrait en aucune façon révoquer en pensée, tout comme le temps et l'espace. Elles appartiendraient d'une façon absolument essentielle à l'existence de la chose et néanmoins ne pourraient être déduites des propriétés de l'espace et du temps. Mais on ne peut constater l'existence que d'une seule de ces déterminations : la causalité. Elle fonde la matérialité, puisque l'essence de la matière réside dans l'agir et qu'elle est tout entière causalité (voir le tome II, chap. 4)[109]. Or seule la matérialité distingue la chose réelle de la chimère, laquelle n'est qu'une représentation. En effet, la matière, en tant que permanente, donne à la chose la permanence dans le temps selon sa matière, tandis que les formes changent en fonction de la causalité. Tout ce qui appartient par ailleurs à la chose est fait soit de déterminations spatiales ou temporelles, soit de ses propriétés empiriques, qui toutes se ramènent à son activité et sont donc des déterminations immédiates de la causalité. Mais la causalité entre déjà à titre de condition dans l'intuition empirique, laquelle est donc l'affaire de l'entendement qui rend possible l'intuition, mais qui, en dehors de la loi de causalité, ne contribue en rien à l'expérience et à sa possibilité.

Le contenu des vieilles ontologies n'est, outre ce que nous indiquons ici, rien de plus que les rapports des choses entre elles, ou avec notre réflexion et un *farrago* [fatras] de choses ramassées au hasard.

L'exposé de la doctrine des catégories révèle déjà son absence de fondement. Quel contraste, à cet égard, entre l'ESTHÉTIQUE transcendantale et l'ANALYTIQUE transcendantale! DANS LA PREMIÈRE, quelle clarté, quelle précision, quelle assurance, quelle ferme conviction qui s'expriment franchement et se communiquent infailliblement! Tout est lumineux, il ne reste pas le moindre recoin obscur: Kant sait ce qu'il veut et il sait qu'il a raison. DANS LA SECONDE, au contraire, tout est obscur, confus, flou, fluctuant, incertain, d'une exposition timorée, plein de faux-fuyants et de renvois à ce qui suit, ou même à des éléments inexprimés. Aussi, les deuxième et troisième sections[110] de la Déduction des concepts purs de l'entendement sont complètement changées dans la deuxième édition, parce que Kant n'en était pas lui-même satisfait. Elles ont pris une tout autre tournure que dans la première édition et n'en sont pas pour autant devenues plus claires. On y voit Kant s'y battre littéralement avec la vérité, afin de faire passer la sentence qu'il a arrêtée une fois pour toutes. Dans l'ESTHÉTIQUE transcendantale, tous ses théorèmes sont vraiment démontrés, à partir de faits de la conscience indubitables. Dans l'ANALYTIQUE transcendantale, au contraire, nous ne trouvons, à bien y regarder, que de pures affirmations: c'est ainsi et doit être tel. Ici comme partout ailleurs, l'exposé porte la marque de la pensée dont il sort, car le style est la physionomie de l'esprit. — On doit encore remarquer qu'à chaque fois qu'il veut apporter un exemple à l'appui de son explication du moment, Kant prend presque toujours celui de la catégorie de causalité, et alors ce qu'il dit s'y ajuste parfaitement — pour la bonne raison que la loi de causalité est la véritable, mais unique, forme de l'entendement et que les onze autres catégories ne sont que des fenêtres aveugles. La déduction des catégories est plus simple et moins embarrassée que dans la seconde. Kant se donne du mal pour expliquer comment l'entendement, en fonction de l'intuition donnée par la sensibilité, et au moyen de la pensée des catégories, produit l'expérience. Il nous fatigue à répéter les expressions : « recognition », « reproduction », « association », « appréhension », « unité transcendantale de l'aperception », et ne parvient pourtant pas à la clarté. Mais c'est une chose tout particulièrement remarquable que, dans cette discussion, pas une seule fois Kant n'effleure la question qui doit pourtant se poser en premier pour quiconque : le rapport de la sensation avec sa cause extérieure. S'il voulait ne lui accorder aucune valeur, il aurait dû en dénier expressément l'importance ; mais cela non plus, il ne le fait pas. Il tourne donc autour du pot, et tous les kantiens l'ont suivi. Le motif caché de cette attitude, c'est que Kant se réserve le *nexus* causal sous le nom de « fondement du phénomène » <*Grund der Erscheinung*> pour sa fausse déduction de la chose en soi, et que, secondement, le rapport à sa cause ferait de l'intuition une intuition intellectuelle, ce que Kant ne peut admettre. En outre, il semble que Kant ait craint que si l'on avait accordé une valeur au lien causal entre la sensation et l'objet, cela aurait fait aussitôt de ce dernier une chose en soi, et nous aurait conduit à l'empirisme de Locke. Mais cette difficulté disparaît si l'on réfléchit au fait que la loi de causalité est d'origine subjective, tout comme la sensation elle-même, et qu'en outre notre propre corps, dans la mesure où il apparaît dans l'espace, appartient déjà aux représentations. Mais la crainte que Kant éprouvait à l'endroit de l'idéalisme berkeleyien l'empêchait de donner sa caution à de telles thèses.

Kant affirme de manière répétée que l'opération essentielle de l'entendement, réalisée au moyen de ses douze catégories, est « la liaison du divers de l'intuition » <*die Verbindung des Mannigfaltigen der Anschauung*>. Cependant, il n'explique jamais ni ne montre de manière satisfaisante ce que serait ce divers avant sa liaison par l'entendement. Or le temps et l'espace dans ses trois dimensions sont des *continua* : toutes leurs parties ne sont pas originellement séparées, mais liées. Mais ils sont les formes générales de notre intuition. Ainsi donc, tout ce qui se présente en eux (tout ce qui est donné) se présente originellement comme un *continuum* : ses parties apparaissent déjà comme liées et ne nécessitent aucune liaison supplémentaire du divers. On pourrait vouloir interpréter cette unification <*Vereinigung*> du divers de l'intuition à peu près de la sorte : j'ai des impressions sensibles différentes d'un objet, et je ne les rapporte pourtant qu'à celui-là seul. Ainsi, par exemple, lorsque j'ai l'intuition d'une cloche, je reconnais que ce qui affecte mes yeux comme « jaune », mes mains comme « lisse » et « dur », mon oreille comme « sonore » n'est pourtant qu'un seul et même corps. Aussi cela est-il plutôt une conséquence de la connaissance *a priori* du lien causal (cette unique et véritable fonction de l'entendement), grâce à laquelle tous ces effets différents qui affectent mes divers organes sensoriels me conduisent néanmoins à leur unique cause commune, à savoir la constitution du corps qui se tient devant moi, en sorte que mon entendement, malgré la différence et la multiplicité des effets, appréhende l'unité de la cause comme un objet unique, dont c'est précisément la manière intuitive de se présenter. — Dans la belle récapitulation de sa doctrine qu'il donne dans la *Critique de la raison pure* (A 719-726 ou B 747-754)[111], Kant explique les catégories de la façon peut-être la plus claire de toute l'œuvre quand il dit qu'elles sont « la simple règle de la synthèse de ce que la perception peut donner *a posteriori* »[112]. Par là, il semble avoir en vue quelque chose qui ressemble à ce qui se passe dans la construction du triangle, où les angles donnent la règle de la jonction des côtés[113]. Du moins peut-on, avec cette image, s'expliquer du mieux possible ce que Kant dit de la fonction des catégories. La préface des *Premiers Principes métaphysiques de la science de la nature* comporte une longue remarque[114], qui fournit justement une explication des catégories et qui soutient qu'« elles ne différeraient des opérations de l'entendement dans les jugements qu'en ceci », que dans ces derniers le sujet et le prédicat peuvent toujours échanger leur place. Puis, toujours dans le même texte, le jugement en général est défini comme « une opération, grâce à laquelle seule des représentations données deviennent des connaissances d'un objet ». Il en suit que les animaux, parce qu'ils ne jugent pas, ne devraient non plus connaître aucun objet. Des OBJETS, il n'y a en général, d'après Kant, que de simples concepts, pas d'intuition. J'affirme au contraire : les objets n'existent jamais que pour l'intuition et les concepts ne sont jamais que des abstractions tirées de cette intuition.]B Par conséquent, la pensée abstraite doit se régler exactement sur le monde présent dans l'intuition. En effet, seul le rapport à l'intuition donne un contenu aux concepts, et nous ne pouvons supposer pour les concepts aucune autre forme déterminée *a priori* que la capacité de réflexion en général, dont l'essence consiste dans la formation des concepts, c'est-à-dire des représentations abstraites, non intuitives, ce qui constitue l'unique fonction de la RAISON comme je l'ai montré dans le livre I[115]. B[Je demande donc que nous jetions par-dessus bord onze des catégories pour ne conserver que la seule causalité, et que nous reconnaissions néanmoins que son activité constitue déjà la condition de l'intuition empirique, qui pour cette raison n'est pas simplement sensuelle, mais intellectuelle, et que l'ob-jet ainsi intuitionné, l'objet de l'expérience, ne ferait qu'un avec la représentation, de laquelle il faut encore distinguer la seule chose en soi.

Après avoir étudié, de façon répétée, la *Critique de la raison pure* à différentes époques de ma vie, une conviction s'est imposée à moi concernant l'origine de la Logique transcendantale. J'en fait part ici, comme d'un moyen très utile à sa compréhension. Le seul *aperçu* [en français dans le texte] selon lequel le temps et l'espace nous sont connus *a priori* est une découverte fondée sur une conception objective et une réflexion d'un individu supérieur. Réjoui par cette trouvaille heureuse, Kant voulut creuser un peu plus loin le filon, et son amour pour la symétrie architectonique lui a fourni le fil conducteur : il avait trouvé qu'il fallait établir l'INTUITION empirique sur la base d'une intuition pure *a priori* à titre de condition; de la même façon, pensait-il, certains CONCEPTS PURS viendraient fonder également, dans notre faculté de connaissance, et à titre de condition, les CONCEPTS empiriquement acquis, et la véritable pensée empirique ne serait possible que grâce à une pensée pure *a priori*, qui en soi n'aurait aucun ob-jet, mais devrait les prendre de l'intuition. De la sorte, comme l'ESTHÉTIQUE TRANSCENDANTALE établit un fondement *a priori* pour la mathématique, il faudrait fournir aussi un tel fondement pour la logique. Puis, de là, on donnait à l'ESTHÉTIQUE TRANSCENDANTALE un pendant symétrique : la LOGIQUE TRANSCENDANTALE. Dès lors, Kant ne fut plus impartial, il ne fut plus dans la disposition nécessaire à la pureté de la recherche et de la considération de ce qui se présente à la conscience. Il fut guidé par une présupposition, il suivit un dessein : trouver ce qu'il supposait, afin d'établir l'analogue de l'Esthétique transcendantale qu'il avait si heureusement découverte, une Logique transcendantale donc, qui lui réponde de manière symétrique, comme un deuxième étage. Arrivé à ce point, il se confia à la table des jugements, à partir de la laquelle il forma, tant bien que mal, la TABLE DES CATÉGORIES, comme doctrine des douze concepts purs *a priori*, lesquels devraient être la condition de notre PENSÉE de ces mêmes CHOSES dont l'INTUITION est conditionnée *a priori* par les deux formes de la sensibilité. À la SENSIBILITÉ PURE répondait donc à présent, de façon symétrique, un ENTENDEMENT PUR. Après cela, il s'engagea alors dans une autre considération, qui lui offrit un moyen pour rendre la chose plus plausible, en recourant au SCHÉMATISME des concepts purs de l'entendement, ce par où se trahit justement de la façon la plus évidente la marche de son procédé, dont il n'avait lui-même pas conscience. Puisqu'il avait en effet pour objectif de trouver, pour toute fonction empirique de la faculté de connaître, un analogue *a priori*, il s'aperçut qu'entre nos intuitions empiriques et notre pensée empirique accomplie dans des concepts abstraits, non intuitifs, se trouve encore un moyen terme (non pas toujours mais souvent) : en effet, de temps en temps, nous essayons de revenir des concepts abstraits à l'intuition ; mais nous ne faisons qu'essayer, à vrai dire, de nous persuader que notre pensée abstraite ne s'est pas écartée trop loin du sol ferme de l'intuition, qu'elle ne le survole pas, pour ainsi dire, ou bien qu'elle n'est pas devenue un simple verbiage. C'est à peu près comme si, marchant dans le noir, nous prenions de temps en temps le mur pour guide. Dans ce cas, nous retournons à l'intuition simplement sur le mode de l'essai momentané, en évoquant dans notre imagination une intuition qui correspond au concept qui nous occupe alors ; cependant cette intuition ne peut jamais être totalement adéquate à ce concept ; elle n'est que son REPRÉSENTANT provisoire. Sur ce point, j'ai déjà donné les arguments nécessaires dans ma dissertation sur le principe de raison, § 28. Par opposition à l'image parachevée propre à l'imagination <*Phantasie*>, Kant nomme cette image <*Phantasma*> éphémère un SCHÈME[116], dont il dit que c'est une sorte de monogramme <*Monogramm*> de la faculté d'imagination <*Einbildungskraft*>[117]. Il affirme que ce dernier occupe le milieu entre nos concepts acquis empiriquement par une abstraction de pensée et notre claire intuition, produite grâce aux sens. De la même façon, entre la faculté d'intuition *a priori* de la sensibilité pure et la faculté de penser *a priori* de l'entendement pur (et donc les catégories) se trouveraient de même des SCHÈMES DES PURS CONCEPTS A PRIORI DE L'ENTENDEMENT. Kant décrit en détail ces schèmes comme des monogrammes de la faculté d'imagination pure *a priori*, et attribue chacun d'eux à la catégorie qui lui correspond dans l'étonnant chapitre « Du schématisme des concepts purs de l'entendement » qui est connu comme un passage d'une extrême obscurité, parce que personne n'a jamais pu rien y comprendre. L'obscurité de ce chapitre se dissipe pourtant, si on le considère depuis le point de vue qui est donné ici, car, mieux que depuis tout autre, s'y montrent au grand jour les intentions qui guident la méthode de Kant, et son parti pris de trouver ce qui correspondrait à l'analogie et qui pourrait servir à la symétrie architectonique. C'est même ici le cas à un degré tel qu'on touche au comique. Car en admettant des schèmes des concepts purs (SANS CONTENU) *a priori* de l'entendement (catégories), analogues aux schèmes empiriques (ou représentants de nos concepts réels au moyen de l'imagination), Kant ne voit pas que le but de ces schèmes est ici complètement manqué. Car le but des schèmes dans la pensée empirique (réelle) ne se rapporte qu'au CONTENU MATÉRIEL de ces concepts. Puisqu'en effet ces derniers sont abstraits de l'intuition empirique, nous trouvons de l'aide pour nous orienter dans la pensée abstraite en jetant de temps en temps un rapide coup d'œil rétrospectif sur l'intuition d'où les concepts sont tirés, cela afin de nous assurer que notre pensée garde toujours un contenu réel. Mais cela suppose nécessairement que les concepts qui nous occupent soient sortis de l'intuition ; c'est un simple regard en arrière sur leur contenu matériel, un simple moyen de pallier notre faiblesse. Mais quand il s'agit de concepts *a priori*, comme ces derniers n'ont pas encore de contenu, il est nécessaire qu'un tel procédé n'ait plus cours. Car ces concepts *a priori* ne sont pas sortis de l'intuition, mais, à l'inverse, ils sortent de nous-mêmes et vont à sa rencontre, afin d'en recevoir d'abord un contenu. Ils n'ont donc rien encore à quoi on puisse les référer. Je m'attarde ici sur ce point parce qu'il éclaire la marche secrète de la philosophie kantienne. Elle tient en ceci : après avoir fait l'heureuse découverte des deux formes *a priori* de l'intuition, Kant s'est alors efforcé, en suivant le fil conducteur de l'analogie, de produire un analogue *a priori* pour chaque détermination de notre connaissance empirique. Enfin, dans le schématisme, il a étendu ce procédé jusqu'à un fait purement psychologique. Dans ce passage, l'apparente profondeur et la difficulté de l'exposition ont pour seul office de cacher au lecteur que son contenu réside dans une supposition non démontrée et purement arbitraire. Quant à celui qui finit par pénétrer le sens de cette exposition, il est alors facilement porté à considérer cette compréhension si difficilement acquise comme une conviction de la vérité de la chose. À l'inverse, si Kant, comme dans sa découverte des intuitions *a priori*, s'était comporté ici aussi de façon impartiale, en simple observateur, il aurait dû trouver que ce qui s'ajoute à l'intuition pure de l'espace et du temps, quand une intuition empirique s'en dégage, c'est d'une part la sensation, et de l'autre la connaissance de la causalité. Cette connaissance transforme la simple sensation en intuition objective empirique, et c'est justement pourquoi elle n'est pas empruntée à l'intuition, ni apprise par elle, mais existe *a priori*, et constitue précisément la forme et la fonction de l'entendement pur — forme unique, mais si riche de conséquence que toute notre connaissance empirique repose sur elle. — Si, comme on l'a souvent dit, la réfutation d'une erreur n'est complète que lorsqu'on démontre les modalités psychologiques de son origine, alors je pense avoir accompli ci-dessus une telle réfutation, eu égard à la doctrine kantienne des catégories et de leurs schèmes.]B

Après que Kant eut introduit de telles erreurs déjà dans les simples éléments fondamentaux de sa théorie de la faculté de la représentation, il s'est engagé dans des hypothèses diverses et très composites. À ces dernières appartient au premier chef l'unité synthétique de l'aperception, chose très bizarre, et très bizarrement exposée. « Le JE PENSE doit pouvoir accompagner toutes mes représentations[118]. » « Doit — pouvoir » : c'est un énoncé problématique-apodictique, c'est-à-dire, en clair, une proposition qui prend d'une main ce qu'elle donne de l'autre. Et que signifie cette proposition en équilibre instable ? Que tout représenter est un penser ? Certes non, sinon ce serait à désespérer : il n'y aurait alors plus de concepts abstraits, et encore moins d'intuition pure, libre de toute réflexion et de toute volonté, ce qui est le propre de l'intuition du beau, qui est la saisie la plus profonde de la véritable essence des choses, c'est-à-dire de leurs Idées platoniciennes. Dans cette hypothèse également, les animaux devraient soit être eux aussi doués de pensée, soit ne pas même avoir de faculté de représentation. — Ou bien cette proposition veut-elle dire quelque chose comme : pas d'objet sans sujet ? Kant se serait alors très mal exprimé en ce cas, et cela viendrait trop tard[119]. B[Si nous résumons les assertions de Kant, nous trouverons que ce qu'il comprend sous l'unité originairement synthétique de l'aperception est semblable au centre dépourvu d'extension de la sphère de toutes nos représentations, dont les rayons convergent vers lui. C'est ce que je nomme le sujet de la connaissance, le corrélat de toutes les représentations. C'est aussi ce que, dans le chap. 22 du tome II[120], j'ai décrit et expliqué en détail comme étant le foyer vers lequel convergent les rayons de l'activité cérébrale. Je n'en fais pas ici la démonstration, afin d'éviter de me répéter.]B

B[Je rejette toute la doctrine des catégories et je la mets au nombre des hypothèses sans fondement dont Kant a grevé la théorie de la connaissance. C'est ce qui ressort de la critique que j'en ai faite ci-dessus, et aussi de la démonstration des contradictions de la Logique transcendantale,]B qui se fondaient sur la confusion de la connaissance intuitive avec la connaissance abstraite. Cela ressort également de la démonstration du manque d'un concept clair et déterminé de l'essence de l'entendement et de la raison, au lieu de quoi nous n'avons trouvé dans les écrits de Kant, à propos de ces deux facultés de l'esprit, que des expressions décousues, désaccordées, insuffisantes et inexactes. Enfin, cela ressort des explications que j'ai données moi-même de ces mêmes facultés de l'esprit dans le tome I C[et ses *Compléments*, et plus en détail dans ma dissertation sur le principe de raison, § 21, 26 et 34[121].]C Ces explications sont très précises, très claires, elles résultent à l'évidence de la considération de l'essence de notre connaissance, en accord complet avec les concepts de ces deux facultés de connaissance, tels qu'ils se présentent, quoique confusément, dans l'usage et les écrits de tous les temps et tous les peuples. La défense de mes explications, contre l'exposition très différente qu'en donne Kant, est déjà réalisée pour une grande part avec la découverte des vices de cette exposition. — Or, la table des catégories, que Kant met au fondement de sa théorie de la pensée, et même de toute sa philosophie, a néanmoins, prise en soi et dans son ensemble, sa justesse propre. C'est pourquoi il m'incombe encore de montrer comment ces formes universelles de tous les jugements prennent naissance dans notre faculté de connaissance, et à les mettre en harmonie avec ma propre exposition de celle-ci. — Dans cette élucidation, je limiterai toujours le sens des concepts d'entendement et de raison à celui que j'ai donné dans mon explication, dont je suppose donc que le lecteur est familier.

Il y a une différence essentielle entre la méthode que je suis et celle de Kant : il part de la connaissance médiate, réfléchie tandis que je pars de la connaissance immédiate, intuitive. On peut le comparer à celui qui mesure la hauteur d'une tour à son ombre, et moi à celui qui y applique directement la règle graduée. B[C'est pourquoi la philosophie est pour lui une science À PARTIR DE concepts <*aus Begriffen*>[122], tandis que j'en fais une science EN concepts <*in Begriffen*>, à partir de la connaissance intuitive, seule source de toute évidence, et que je la saisis et la fixe dans des concepts universels.]B Il passe par-dessus tout ce monde qui nous entoure, monde intuitif, protéiforme, riche de signification, et s'en tient aux formes de la pensée abstraite. De là vient le présupposé fondamental, quoique jamais exprimé par lui : que la réflexion serait l'ectype de toute intuition, et que par conséquent tout ce qui est essentiel dans l'intuition devrait être exprimé dans la réflexion, et cela dans des formes et éléments très ramassés, et donc faciles à embrasser du regard. Ainsi, l'élément essentiel, régulier de la connaissance abstraite nous mettrait en main tous les fils qui mettent en mouvement devant nos yeux ce théâtre de marionnettes bigarré qu'est le monde intuitif. — Si seulement Kant avait énoncé clairement ce principe fondamental de sa méthode, puis l'avait suivi de façon conséquente, alors il aurait dû au moins séparer nettement l'élément intuitif de l'élément abstrait, et nous n'aurions pas à lutter avec des contradictions et des confusions irrémédiables. Mais à la façon dont il résout le problème, on voit qu'il n'avait qu'une vague idée, très peu claire, de ce principe fondamental de sa méthode. Voilà pourquoi, après avoir étudié à fond sa philosophie, on en est pourtant réduit à le deviner.

Maintenant, en ce qui concerne la méthode et la maxime fondamentale alléguée par Kant, si on la prend en elle-même, il s'y trouve beaucoup de bon, et c'est une pensée brillante. L'essence de toute science consiste d'emblée en ce que comprenons le divers infini des phénomènes intuitifs sous des concepts abstraits relativement peu nombreux, à partir desquels nous mettons en ordre un système qui nous permet de dominer complètement tous ces phénomènes par la connaissance, d'expliquer le passé et de déterminer l'avenir. Mais les sciences se partagent le vaste champ des phénomènes en fonction des classes particulières et diverses de ces derniers. C'était une pensée audacieuse et heureuse que d'isoler l'élément vraiment essentiel de ces concepts en tant que tels, abstraction faite de leur contenu, afin de faire apparaître, à partir des formes de toute pensée ainsi trouvées, ce qui est aussi l'essentiel dans toute connaissance intuitive, et donc dans le monde comme phénomène en général. Et puisqu'on avait trouvé que cet élément était *a priori*, en raison de la nécessité de ces formes de la pensée, il était donc d'origine subjective, et menait Kant précisément à ses fins. — Mais, arrivé à ce point, et avant d'aller plus loin, on aurait dû rechercher quel est le type de relation de la réflexion à la connaissance intuitive (ce qui à vrai dire suppose une élucidation des deux termes, négligée par Kant), et de quelle manière au juste la connaissance abstraite restitue et représente la connaissance intuitive:

est-ce d'une façon pure ? Ou bien est-elle déjà altérée et rendue en partie méconnaissable par l'introduction dans ses formes propres d'un élément étranger (la réflexion) ? Est-ce que la forme de la connaissance abstraite, réflexive, est déterminée davantage par la forme de la connaissance intuitive, ou par la constitution immuable inhérente à la connaissance réflexive elle-même, en sorte que ce qui est très hétérogène dans la connaissance intuitive, dès qu'il entre dans la connaissance réflexive, perd toute différence, et qu'inversement maintes différences que nous percevons dans le mode de connaissance réflexif proviennent de ce mode de connaissance lui-même, et n'annoncent aucunement des différences correspondantes dans la connaissance intuitive ? De cette enquête, il aurait résulté que la connaissance intuitive, quand elle entre dans la réflexion, subit presque autant de transformations que la nourriture quand elle entre dans l'organisme animal, lequel détermine lui-même les formes et les mélanges qu'elle doit prendre : leur composition ne permet plus du tout de reconnaître la constitution originelle de la nourriture. — Ou bien (car la comparaison est un peu forte), il en aurait du moins résulté que la réflexion ne se comporte nullement avec la connaissance intuitive comme le miroir de l'eau avec les objets qu'il reflète. Elle se comporte tout au plus comme l'ombre des objets par rapport à ces objets eux-mêmes, dont l'ombre reproduit un simple contour extérieur, mais unit dans une même forme ce qui est le plus divers, et présente ce qui est le plus différent au moyen du même contour, en sorte qu'il est impossible de reconstruire complètement et avec certitude les formes des choses si l'on part de lui.

La connaissance réflexive dans son ensemble, ou la raison, n'a qu'une forme principale, et c'est le concept abstrait : elle est propre à la raison elle-même et n'a aucune connexion immédiate avec le monde intuitif. C'est pourquoi il existe dans son intégralité pour les animaux sans l'aide de la raison ; il pourrait même être totalement différent sans que cette forme de la réflexion cesse pour autant de lui convenir. L'unification des concepts dans des jugements comporte cependant certaines formes déterminées et régies par des lois. Ces formes, trouvées par induction, constituent la table des jugements. Elles doivent, pour leur plus grande part, être dérivées du mode de connaissance abstrait lui-même, et donc immédiatement de la raison, particulièrement dans la mesure où elles résultent des quatre lois de la pensée (que j'ai appelées vérités métalogiques)[123], et du *dictum de omni et nullo*[124]. Parmi ces formes, d'autres se fondent sur le mode de connaissance intuitif, c'est-à-dire sur l'entendement. Mais ce n'est pas du tout une raison pour exiger autant de formes particulières de l'entendement : il faut déduire toutes ces formes sans exception de l'unique fonction que possède l'entendement, à savoir de la connaissance immédiate de la cause et de l'effet. Enfin, d'autres encore parmi ces formes naissent de la rencontre et de la liaison des modes de connaissance réflexif et intuitif, ou plus exactement de l'insertion de la dernière dans la première. Je vais maintenant examiner les figures du jugement chacune à part et montrer comment chacune d'elles surgit des sources dont nous venons de parler. D'où il suit qu'à l'évidence une déduction des catégories à partir d'elles n'est plus nécessaire et que l'hypothèse d'une telle déduction est tout aussi dénuée de fondement que son exposition a été jugée confuse et contradictoire.

1) Ce qu'on nomme QUANTITÉ des jugements

provient de l'essence des concepts en tant que tels. Elle trouve donc son fondement simplement dans la raison, et n'a aucune connexion immédiate avec l'entendement et la connaissance intuitive. — En effet, comme cela a été expliqué dans le premier livre[125], ce sont les concepts en tant que tels qui, essentiellement, possèdent une extension, une sphère, et le plus large, le plus indéterminé, inclut le plus étroit, le plus déterminé, lequel peut donc être éliminé. Et cette opération peut s'accomplir, soit en désignant généralement le concept le plus étroit comme une partie indéterminée du concept plus large, soit en le déterminant, et en le mettant complètement à part par l'attribution d'un nom particulier. Le jugement qui accomplit cette opération se nomme dans le premier cas un jugement particulier <*besonderes Urteil*>, dans le second un jugement universel <*allgemeines Urteil*>. Par exemple : une seule et même partie de la sphère du concept « arbre » peut être isolée au moyen d'un jugement particulier ou universel, à savoir comme suit : « certains arbres portent des noix de galle » ; ou ainsi : « tous les chênes portent des noix de galle ». — On voit que la différence entre ces deux opérations est très modeste, et qu'à vrai dire la possibilité de les distinguer dépend de la richesse lexicale de la langue. Malgré cela, Kant a expliqué que cette différence révélerait l'existence de deux opérations, fonctions, catégories de l'entendement pur fondamentalement différentes, grâce à quoi justement ce dernier déterminerait *a priori* l'expérience.

On peut enfin utiliser un concept afin d'arriver par lui à une représentation déterminée, singulière, intuitive, de laquelle, avec beaucoup d'autres, il a été lui-même tiré, ce qui a lieu grâce au jugement singulier <*das einzelne Urteil*>. Un tel jugement désigne seulement les limites de la connaissance abstraite par rapport à la connaissance intuitive, à laquelle on passe immédiatement à partir de ce jugement : « Cet arbre-ci porte des noix de galle. » Kant en a tiré aussi une catégorie particulière.

Après tout ce que nous avons dit, il n'est plus nécessaire de polémiquer là-dessus davantage.

2) De la même façon, la QUALITÉ des jugements reste strictement circonscrite au domaine de la raison et n'est pas une esquisse de je ne sais quelle loi de l'entendement, condition de possibilité de l'intuition, c'est-à-dire qu'elle ne donne aucune indication à ce sujet. La nature des concepts abstraits, qui constituent justement l'essence de la raison elle-même conçue de manière objective, comprend, comme cela a été démontré dans le premier livre[126], la possibilité de réunir et de diviser les sphères de ces concepts. C'est sur cette possibilité, en tant qu'elle est leur présupposé, que s'appuient les lois générales de la pensée, celles d'identité et de contradiction, auxquelles j'ai attribué une vérité MÉTALOGIQUE, parce qu'ils proviennent seulement de la raison et qu'on ne peut les expliquer davantage.

Ces lois commandent que ce qui a été séparé doit rester séparé, que ce qui a été uni doit rester uni, et que donc ce qui a été posé ne peut pas être en même temps supprimé. Elles supposent donc la possibilité de la liaison et de la séparation des sphères, c'est-à-dire précisément le jugement. Mais cette opération, d'après sa FORME, réside uniquement et exclusivement dans la raison, et cette forme, à la différence du CONTENU des jugements, n'est pas empruntée à la connaissance intuitive de l'entendement, dans laquelle, par conséquent, il ne faut lui chercher aucun corrélat ou analogue. Après que l'intuition a été produite par l'entendement et pour l'entendement, elle se trouve parfaitement achevée, et aucun doute ou aucune erreur ne peut l'affecter; elle ne connaît donc ni affirmation ni négation, car elle s'exprime elle-même, et à la différence de la connaissance abstraite de la raison, sa valeur et son contenu ne résident pas dans un simple rapport à quelque chose d'extérieur, en fonction du principe de la raison de la connaissance <*Satz vom Grunde des Erkennens*>[127]. Elle n'est donc que réalité, toute négation est étrangère à son essence; une telle négation ne peut être ajoutée que par la réflexion, et c'est pourquoi justement elle demeure toujours dans le domaine de la pensée abstraite.

Aux jugements affirmatifs et négatifs, Kant joint encore, en empruntant une chimère de la vieille scolastique, les jugement infinis[128] — bouche-trou habilement conçu, et qui n'a pas même besoin qu'on le réfute; c'est une fenêtre aveugle, semblable à toutes celles que Kant a pratiquées par amour pour la symétrie architectonique.

3) Sous le très vaste concept de relation, Kant a rassemblé trois propriétés des jugements totalement différentes que nous devons éclaircir chacune à part afin de connaître leur origine.

a) Le JUGEMENT HYPOTHÉTIQUE[129] en général est l'expression abstraite de cette forme la plus générale de toute notre connaissance: le principe de raison. J'ai montré déjà en 1813 dans ma dissertation sur ce principe qu'il possède quatre significations entièrement distinctes, et que dans chacune d'elles, il provient d'une autre faculté de connaissance, et concerne aussi une autre classe de représentations. Il en résulte assez clairement que l'origine du jugement hypothétique en général, cette forme universelle de la pensée, ne pourrait pas être simplement, comme le veut Kant, l'entendement et sa catégorie de causalité. La loi de causalité, qui, selon ma présentation, est la seule forme de la connaissance de l'entendement pur, n'est qu'une des formes du principe de raison, qui comprend toute connaissance pure ou *a priori*, et qui, à l'inverse, dans chacune de ses significations, s'exprime sous la forme d'un jugement hypothétique. — Or, nous voyons ici très clairement comment des connaissances qui ont une origine et une signification totalement différentes, quand elles sont pensées *in abstracto* par la raison, apparaissent néanmoins dans une seule et même forme de liaison des concepts et des jugements et qu'alors on ne peut plus les y distinguer. Si on veut les distinguer, on doit revenir à la connaissance intuitive, et abandonner complètement la connaissance abstraite. C'est pourquoi la voie qu'a empruntée Kant, et qui consistait à partir du point de vue de la connaissance abstraite pour trouver les éléments et les rouages internes de la connaissance intuitive, allait complètement à contresens. Au demeurant, l'ensemble de ma dissertation introductive sur le principe de raison doit être considéré comme une explication fondamentale de la signification de la forme hypothétique de jugement ; c'est pourquoi je ne m'attarde ici pas davantage.

b) La forme du JUGEMENT CATÉGORIQUE n'est rien d'autre que la forme du jugement en général au sens le plus étroit du terme. Car, en toute rigueur, on nomme « juger » seulement le fait de penser la liaison ou l'incompatibilité des sphères des concepts. C'est pourquoi les liaisons hypothétique et disjonctive ne sont pas vraiment des formes particulières de jugement. En effet, on les emploie seulement sur la base de jugements déjà formés, dans lesquels la liaison des concepts demeure invariablement la liaison catégorique. Elles relient de nouveau ces jugements : la forme hypothétique exprime leur dépendance mutuelle, la forme disjonctive leur incompatibilité. Mais de simples concepts ne possèdent qu'UN SEUL genre de rapports mutuels, à savoir ceux qui sont exprimés dans un jugement catégorique. La détermination la plus immédiate et les sous-espèces de ce rapport sont l'inclusion ou la séparation totale des sphères des concepts, c'est-à-dire par conséquent l'affirmation et la négation, d'où Kant a tiré des catégories, placées sous un titre complètement différent : celui de qualité. L'inclusion et la séparation ont à leur tour des sous-espèces, selon que les sphères sont totalement ou seulement en partie incluses l'une dans l'autre, modalité qui constitue la QUANTITÉ des jugements, d'où Kant a tiré à nouveau un titre de catégories tout particulier. Ainsi, Kant a séparé ce qui était très étroitement apparenté, identique même, les modifications aisément repérables des seules relations mutuelles possibles entre les concepts simples et, à l'inverse, il a réuni, sous ce titre de la Relation ce qui était très différent.

B[Les jugements catégoriques ont pour principe métalogique les lois de la pensée de l'identité et de la contradiction.]B Mais le FONDEMENT de la liaison des sphères de concepts, qui confère sa VÉRITÉ au jugement (lequel n'est précisément que cette liaison), peut avoir des genres très variés. Par conséquent, la vérité du jugement peut être soit logique, empirique, transcendantale, ou métalogique, comme cela a été démontré dans ma dissertation introductive (§ 30-33)[130]. Je n'ai pas besoin de le répéter ici. On peut voir par là combien les connaissances immédiates peuvent être différentes, lesquelles, au moyen de la liaison des sphères de deux concepts, se présentent toutes *in abstracto* comme sujet et prédicat. On voit aussi qu'on ne peut établir en aucune manière une seule et unique fonction de l'entendement qui leur corresponde et les produise toutes. Prenons, par exemple, les jugements suivants : « l'eau bout » ; « le sinus est la mesure de l'angle » ; « la volonté décide » ; « l'occupation distrait » ; « la distinction est difficile ». Ils expriment au moyen de la même forme logique différentes sortes de rapport. Cela nous donne une nouvelle confirmation de l'ampleur de l'absurdité du procédé consistant à se placer au point de vue de la connaissance abstraite pour analyser la connaissance intuitive. Au demeurant, à mon sens, le jugement catégorique ne peut provenir d'une véritable connaissance d'entendement que là où ce jugement exprime un rapport de causalité. C'est aussi le cas pour tous les jugements qui désignent une qualité physique. En effet, quand je dis « ce corps est lourd, dur, liquide, vert, acide, alcalin, organique, etc. », cela désigne toujours son action et donc une connaissance qui n'est possible que par l'entendement pur. Après avoir exprimé cette connaissance *in abstracto* au moyen du sujet et de l'objet, en autant de connaissances totalement différentes d'elle (par exemple, la subordination de concept très abstraits), on[131] a transporté en retour de nouveau à la connaissance intuitive les simples rapports de concepts. On a alors pensé que le sujet et le prédicat du jugement devaient avoir dans l'intuition un corrélat propre et particulier : la substance et l'accident[132]. Mais un peu plus bas, je montrerai clairement que le concept de substance ne possède pas d'autre vrai contenu que celui du concept de matière. Les accidents ont exactement la même signification que les modes d'action, en sorte que la prétendue connaissance de la substance et de l'accident est encore toujours la connaissance de la cause et de l'effet par l'entendement pur. La façon véritable dont est produite la représentation de la matière est expliquée en partie dans notre premier livre, § 4, et de façon plus compréhensible encore, dans la dissertation sur le principe de raison, à la fin du § 21[133]. Le reste, nous le verrons de façon encore plus précise quand nous examinerons le principe de permanence de la substance.

c) Les JUGEMENTS DISJONCTIFS proviennent de cette loi de pensée qu'est le principe du tiers exclus, lequel est une vérité métalogique. Ils sont donc la propriété de la raison pure, et n'ont pas leur origine dans l'entendement. Déduire de ces jugements la catégorie de communauté ou d'ACTION RÉCIPROQUE constitue un exemple particulièrement criant des violences que Kant se permet parfois à l'encontre de la vérité, simplement pour satisfaire son penchant pour la symétrie architectonique. Le caractère inadmissible de cette déduction a déjà été, à juste titre, blâmé et mis en évidence à partir de multiples raisons, en particulier par G. E. Schulze dans sa *Kritik der theoretischen Philosophie,* et par Berg dans son *Epikritik der Philosophie*[134]. — Quelle analogie réelle peut-il bien y avoir entre la détermination d'un concept mise en évidence par l'exclusion mutuelle des prédicats et la pensée de l'action réciproque ? Les deux choses sont même tout à fait opposées, puisque dans le jugement disjonctif la position réelle d'un des deux membres de la division se fait nécessairement en même temps que la suppression de l'autre. Au contraire, quand on se représente deux choses dans un rapport d'action réciproque, la position de l'une est justement la position nécessaire de l'autre, B[et *vice versa*. Par conséquent, le véritable analogue logique de l'action réciproque est, sans conteste, le *circulus vitiosus* [cercle vicieux], puisque dans ce cas-là, comme prétendument pour l'action réciproque, ce qui est fondé est à son tour fondement, et inversement. Et tout comme la logique réprouve le *circulus vitiosus,* le concept d'action réciproque doit être banni de la métaphysique.]B En effet, j'ai la très ferme intention de montrer maintenant qu'il n'y a pas d'action réciproque au sens propre du terme, et que ce concept — si apprécié son usage fût-il, en raison même de l'indétermination de la pensée — se montre néanmoins, lorsqu'on l'examine de plus près, vide, faux, inconsistant. Qu'on se rappelle d'abord ce qu'est la causalité en général, et que l'on consulte, pour s'aider, ma présentation de cette question dans ma dissertation introductive, § 20[135], B[et aussi dans mon écrit couronné sur la liberté de la volonté, chap. 3, p. 417[136], et enfin dans le quatrième chapitre de notre second tome[137].]B La causalité est la loi qui détermine dans le temps la place des ÉTATS de la matière qui se produisent. Quand on parle de causalité, il n'est question que de simples ÉTATS, et même à proprement parler, de simples CHANGEMENTS, et pas de la MATIÈRE en tant que telle, ni de permanence sans changement. La MATIÈRE en tant que telle n'est pas régie pas la loi de la causalité, puisqu'elle ne devient, ni ne passe. Ce n'est pas le cas non plus de la *chose* dans son intégralité, comme on le dit souvent, mais en revanche celui des seuls ÉTATS de la matière. De plus, la loi de causalité n'a rien à voir avoir la PERMANENCE <*Beharren*>. En effet, là où rien ne CHANGE, il n'y a pas d'ACTION, ni de causalité, mais un état de repos permanent. Si maintenant un tel état change, le nouveau qui en résulte est soit permanent, soit il ne l'est pas, et produit aussitôt un troisième état, et la nécessité avec laquelle cela se produit constitue précisément la loi de causalité, laquelle est une figure du principe de raison. Par conséquent, elle ne peut pas s'expliquer davantage, puisque le principe de raison est précisément le principe de toute explication et de toute nécessité. Il en résulte clairement que l'être-cause et l'être-effet <*das Ursach- und Wirkungsein*> se tiennent dans une liaison précise et une relation nécessaire avec le principe de raison. Dans la mesure où l'état A précède dans le temps l'état B, et où leur succession est une succession nécessaire, et non pas accidentelle (c'est-à-dire non pas un simple suivre <*Folgen*> mais un s'ensuivre <*Erfolgen*>) — dans cette mesure seulement, l'état A est cause, et l'état B, effet. Le concept d'ACTION RÉCIPROQUE implique que les deux termes sont à la fois cause et effet l'un par rapport à l'autre. Mais cela ne veut dire rien de moins que la chose suivante : chacun des deux termes est à la fois l'antérieur et le postérieur. C'est donc un non-sens. En effet, on ne peut pas admettre que deux ÉTATS soient simultanés et cependant simultanément nécessaires, car en tant qu'ils vont de pair et sont simultanés, il ne constituent qu'UN SEUL état. Certes, la présence constante de toutes ses déterminations est requise pour la permanence de cet état, mais alors, on ne parle plus du tout de changement et de causalité, mais de durée et de repos. Par là, on ne dit rien de plus que, si UNE détermination de l'état total change, le nouvel état qui en provient ne peut être durable, mais est cause de l'altération de toutes les autres déterminations du premier état, ce qui produit de nouveau un troisième état. Tout cela arrive seulement en fonction de la simple loi de causalité, et n'en fonde pas une nouvelle, celle de l'action réciproque.

J'affirme également d'une manière radicale qu'on ne peut produire aucun exemple pour justifier le concept d'ACTION RÉCIPROQUE. Tout ce que l'on pourrait donner pour tel est soit un état en repos, auquel on ne peut aucunement appliquer le concept de causalité, qui n'a de signification que pour les changements, soit c'est une succession alternative d'états homonymes se conditionnant mutuellement, à l'explication de laquelle la simple causalité suffit parfaitement. Un plateau de balance, mis en état d'équilibre par un poids équivalent, nous donne un exemple de la première sorte. Ici, il n'y a pas d'action, puisqu'il n'y a pas de changement. C'est un état en repos. La pesanteur s'exerce, également répartie, comme en tout corps placé en son centre de gravité, mais sa force ne peut se manifester par aucune action. Si l'on enlève l'UN des deux poids, cela donne un deuxième état, qui en cause aussitôt un troisième, la descente de l'autre plateau. Tout cela arrive selon la simple loi de la cause et de l'effet, et ne nécessite aucune catégorie particulière de l'entendement, pas même une appellation particulière. La combustion d'un feu donne un exemple de la seconde sorte. La liaison de l'oxygène avec le corps en combustion est la cause de la chaleur, et cette chaleur est à son tour la cause de réapparition de cette liaison chimique. Mais cela n'est rien d'autre qu'une chaîne de causes et d'effets, dont les maillons sont alternativement HOMONYMES. La combustion A a pour effet le calorique libre B ; ce dernier a pour effet la nouvelle combustion C (c'est-à-dire un nouvel effet, qui est homogène à la cause A, mais qui n'est pas individuellement le même) ; la combustion C a pour effet une nouvelle chaleur D (qui n'est pas réellement identique avec l'effet B, mais qui n'est la même que du point de vue du concept, c'est-à-dire qu'elle lui est HOMONYME). B[Avec sa théorie des déserts (*Ansichten der Natur*, t. II, p. 79)[138], Humboldt nous donne un exemple bien approprié de ce que l'on nomme communément action réciproque. En effet, il ne pleut pas dans les déserts de sable, mais il pleut sur les montagnes boisées qui les entourent. Ce n'est pas l'attraction exercée par les montagnes sur les nuages qui en est la cause. Les colonnes d'air chaud qui montent des étendues de sable empêchent les gouttelettes de vapeur de se condenser et poussent les nuages vers le haut. Sur la montagne, le flux d'air qui s'élève verticalement est plus faible. Les nuages descendent et le refroidissement de l'air provoque la précipitation. Ainsi, le manque de pluie et l'absence de plantes qui caractérisent les déserts tiennent dans l'action réciproque : il ne pleut pas parce que les plaines sableuses émettent plus de chaleur, et le désert ne se transforme pas en steppe ou en prairie, parce qu'il ne pleut pas. Mais, manifestement, nous avons ici de nouveau, comme dans l'exemple précédent, une succession de causes et d'effets homonymes, et en aucune façon quoi que ce soit qui serait essentiellement différent de la simple causalité. Il en va de la même façon pour]B l'oscillation du pendule, et même pour l'autoconservation du corps organique, où pareillement chaque état en cause un autre, qui est spécifiquement identique à celui dont il est l'effet, mais qui, pris individuellement, est un nouvel état. Seulement, la chose est ici plus compliquée : la chaîne ne consiste plus en maillons de deux espèces, mais d'espèces très nombreuses, en sorte qu'un maillon homogène ne revient qu'après l'apparition de bien d'autres maillons intermédiaires. Mais nous n'avons jamais devant les yeux qu'une application de l'unique et simple loi de la causalité, qui nous donne la règle de la suite des états, et non pas quelque chose qui devrait être conçu grâce à une nouvelle fonction de l'entendement bien particulière.

Ou bien est-ce que l'on voudrait par hasard, à l'appui du concept d'action réciproque, alléguer que l'action et la réaction s'équivalent ? Mais ce fait, je l'ai expliqué avec insistance dans ma dissertation sur le principe de raison : il consiste en ce que la cause et l'effet ne sont pas deux corps différents, mais deux états successifs des corps. Par suite, chacun des deux états implique aussi tous les corps qui y participent. L'effet, c'est-à-dire le nouvel état qui se produit, par exemple en cas de choc, s'étend donc aux deux corps dans une même proportion. Par conséquent, le corps soumis au choc subit un changement exactement proportionné à celui du corps qui en est l'auteur (pour chacun des corps en rapport avec sa masse et sa vitesse). S'il nous prend la fantaisie de nommer cela action réciproque, alors c'est toute action, sans exception, qui se trouve être une action réciproque, et c'est pourquoi il n'y a aucun concept nouveau qui intervient là-dedans, et encore moins une nouvelle fonction de l'entendement. Il n'y a là qu'un synonyme superflu de la causalité. B[Mais, d'une façon tout à fait inconsidérée, Kant soutient ce point de vue dans les *Premiers principes métaphysiques d'une science de la nature*, où la démonstration du quatrième théorème de la mécanique commence ainsi : « toute action extérieure dans le monde est une action réciproque[139] ». Comment alors se fait-il que, pour la simple causalité et pour l'action réciproque, des fonctions *a priori* différentes doivent être sises dans l'entendement, et même que la succession réelle des choses doive être possible et connaissable seulement au moyen de la causalité, et leur simultanéité seulement au moyen de l'action réciproque ? Si toute action était une action réciproque, succession et simultanéité seraient aussi la même chose, et ainsi tout ce qui est dans le monde serait simultané.]B C[— S'il y avait vraiment une action réciproque, alors le *perpetuum mobile* [mouvement perpétuel] serait aussi possible et même certain *a priori*. Au contraire, quand on affirme qu'il est impossible, on se fonde sur la conviction qu'il n'y a pas de véritable action réciproque, et aucune forme de l'entendement pour penser une telle chose.]C

Aristote lui aussi nie l'existence de l'action réciproque au sens propre du terme : il remarque qu'il est vrai que deux choses peuvent être réciproquement cause l'une de l'autre, mais seulement dans la mesure où l'on comprend l'une d'elles en un sens différent de l'autre. Par exemple, l'une agit sur l'autre comme motif, et cette dernière sur la première comme cause de son mouvement. En effet, nous trouvons à deux endroits les mêmes mots : *Physic., lib. II, c. 3* et *Metaph., lib. V, c. 2* : Ἔστι δέ τινα καὶ ἀλλήλων αἴτια· οἷον τὸ πονεῖν αἴτιον τῆς εὐεξίας, καὶ αὕτη τοῦ πονεῖν· ἀλλ' οὐ τὸν αὐτὸν τρόπον, ἀλλὰ τὸ μὲν ὡς τέλος, τὸ δὲ ὡς ἀρχὴ κινήσεως (*Sunt praeterea, quae sibi sunt mutuo causae, ut exercitium bonae habitudinis, et haec exercitii : at non eodem modo, sed haec ut finis, illud ut principium motus*) [Il y a même des choses qui sont causes l'une de l'autre, par exemple l'exercice du bon état du corps et celui-ci de l'exercice ; mais non au même sens ; l'une comme fin, l'autre comme principe du mouvement[140]]. Si Aristote admettait encore une véritable action réciproque, il l'aurait mentionnée ici, vu que, dans les deux passages, il s'occupe de recenser tous les genres possibles de causes. Dans les *Analyt. post., lib. II, c. 11*)[141], il parle d'un mouvement circulaire des causes et des effets, mais pas d'une action réciproque.

4) Les catégories de la MODALITÉ possèdent surtout cet avantage, que ce qui est exprimé par chacune d'elles correspond réellement à la forme du

jugement de laquelle il est tiré — ce qui n'est presque jamais le cas pour les autres catégories, puisqu'elles sont déduites des formes du jugement selon, le plus souvent, une contrainte arbitraire.

Il est absolument exact que les jugements problématique, assertorique et apodictique donnent lieu aux concepts du possible, du réel, et du nécessaire. Mais il n'est pas vrai que ces concepts sont des formes de la connaissance de l'entendement, qui seraient particulières, originelles, et non déductibles Au contraire, elles proviennent de la seule forme originelle de l'entendement et dont nous avons donc conscience *a priori*, c'est-à-dire du principe de raison. Et, à la vérité, c'est de celle-ci que provient immédiatement la connaissance de la NÉCESSITÉ. À l'inverse, ce n'est qu'en appliquant à cette connaissance la réflexion que naissent les concepts de hasard, de possibilité, d'impossibilité, de réalité. Par conséquent, tous ces concepts ne sont pas formés par UNE SEULE faculté de l'esprit (l'entendement), mais ils proviennent du conflit de la connaissance abstraite avec la connaissance intuitive, comme on va le voir immédiatement.

J'affirme qu'être nécessaire et « être conséquence d'une raison donnée » sont des concepts absolument réciproques et totalement identiques. Nous ne pouvons jamais connaître quelque chose comme nécessaire que dans la mesure où nous le considérons comme conséquence d'une raison donnée, et en dehors de cette dépendance, de cet être-posé par un autre <*Gesetzsein durch ein Anderes*> et de cette conséquence inévitable à partir de lui, le concept de nécessité ne renferme rien du tout. Il provient et tient donc son être de la seule et unique application du principe de raison. Par conséquent, il y a, conformément aux diverses formes de ce principe, une nécessité physique (l'effet à partir de la cause), une nécessité logique (par le principe de la connaissance <*Erkenntnisgrund*> dans les jugements analytiques, les syllogismes, etc.), une nécessité mathématique (selon la raison d'être <*Seinsgrund*> dans l'espace et le temps), et enfin une nécessité pratique, par quoi nous voulons désigner non pas une sorte d'être-déterminé par un prétendu impératif catégorique, mais, dans un caractère empirique donné, l'action qui se produit nécessairement par la présence de motifs. Or tout ce qui est nécessaire ne l'est que relativement à la présupposition d'un fondement dont il découle : la nécessité absolue est une contradiction. C[— Pour le reste, je renvoie au § 49 de ma dissertation sur le principe de raison[142].]C

L'opposé contradictoire, c'est-à-dire la négation de la nécessité, est la CONTINGENCE. Par conséquent, le contenu de ce concept est négatif. Il ne veut en effet rien dire de plus que ceci : manque de liaison exprimée au moyen du principe de raison. Par conséquent, le contingent n'est jamais que relatif. En effet, il est tel par rapport à quelque chose qui N'est PAS sa raison. Tout objet, quelle que soit son espèce, par exemple tout événement dans le monde réel, est toujours tout à la fois nécessaire et contingent : nécessaire par rapport à l'objet unique qui est sa cause, CONTINGENT par rapport à tout le reste. Car le contact de cet objet dans le temps et l'espace avec tout le reste n'est qu'une simple coïncidence, sans liaison nécessaire — d'où aussi les mots : CONTINGENT <*Zufall*>, σύμπτωμα, *contingens*. Une chose absolument nécessaire est donc aussi peu concevable qu'une chose totalement contingente. Car cette dernière serait précisément un objet qui ne se tiendrait avec aucun autre dans un rapport de conséquence à raison. Le caractère irreprésentable d'un tel objet exprime justement, en négatif, le contenu du principe de raison, qui devrait donc être d'abord renversé pour qu'on puisse penser une chose absolument contingente. Mais cette chose même aurait dès lors perdu toute signification, vu que le concept du contingent ne possède de signification qu'en relation avec ce principe, et qu'il signifie que deux objets ne se trouvent pas, l'un par rapport à l'autre, dans un rapport de raison à conséquence.

Dans la nature, dans la mesure où elle est une représentation intuitive, tout ce qui arrive est nécessaire, car tout provient de sa cause. Mais si nous considérons tel objet singulier par rapport à tout ce qui n'est pas sa cause, nous le connaissons alors comme contingent. Mais c'est là déjà une réflexion abstraite. Si maintenant, dans un objet de la nature, nous faisons en outre totalement abstraction de son rapport causal avec tout le reste, et donc de sa nécessité et de sa contingence, nous concevons par cette espèce de connaissance le concept de RÉALITÉ <*das Wirkliche*>, où l'on ne considère que l'EFFET <*Wirkung*>, sans s'enquérir des causes par rapport auxquelles on devrait nommer cet effet NÉCESSAIRE, et CONTINGENT par rapport à tout le reste. Tout cela repose finalement sur le fait que la modalité du jugement ne désigne pas moins la constitution objective des choses que le rapport de notre connaissance à elles. Mais puisque dans la nature tout provient d'une cause, tout EFFET est donc également NÉCESSAIRE, mais n'est tel que dans la mesure où il se trouve en CE temps, en CE lieu, car la détermination selon la loi de la causalité ne s'étend qu'à ce seul cas. Mais si nous abandonnons la nature intuitive et que nous passons à la pensée abstraite, alors nous pouvons, dans la réflexion, nous représenter toutes les lois de la nature, que nous connaissons partie *a priori*, partie *a posteriori*, et cette représentation abstraite comprend tout ce qui dans la nature se trouve en N'IMPORTE QUEL temps, en N'IMPORTE QUEL lieu, mais cela par abstraction de tout lieu et temps déterminés. Et ainsi, grâce à la réflexion, nous sommes entrés dans le vaste royaume de la POSSIBILITÉ. Ce qui, même ici, ne trouve pas sa place, est l'IMPOSSIBLE. Il est manifeste que possibilité et impossibilité n'existent que C[pour la réflexion,]C pour la connaissance abstraite de la raison, et pas pour la connaissance intuitive, même si cette dernière possède des formes pures qui fournissent à la raison les déterminations du possible et de l'impossible. Selon que les lois de la nature dont nous partons dans la pensée du possible et de l'impossible sont connues *a priori* ou *a posteriori*, la possibilité ou l'impossibilité est soit métaphysique, soit simplement physique.

Cette présentation, qui ne réclame pas de preuve, parce qu'elle s'appuie immédiatement sur la connaissance du principe de raison et sur le développement des concepts de nécessité, de réalité et de possibilité, suffit à montrer combien Kant manquait totalement de raison pour admettre trois fonctions particulières de l'entendement pour ces trois concepts, et qu'ici, une fois encore, il ne s'est laissé troubler par aucune considération dans la réalisation de sa symétrie architectonique.

À cela s'ajoute encore une très grosse erreur : en suivant sans doute les développements de la philosophie antérieure, il a confondu les concepts de nécessité et de hasard. En effet, cette philosophie antérieure s'est servie de l'abstraction jusqu'à en faire un emploi abusif. Il était manifeste que ce qui est posé par une raison en résulte inévitablement, c'est-à-dire ne peut pas ne pas être, et est donc nécessaire. Mais on s'en est tenu uniquement à cette dernière détermination et l'on a dit : est nécessaire ce qui ne peut pas être autrement, ou dont le contraire est impossible. Mais on n'a pas pris garde à la raison <*Grund*> ou à la racine <*Wurzel*> d'une telle nécessité[143]. On a négligé le caractère relatif de toute nécessité impliqué par là, et ainsi on a formé la fiction tout à fait impensable d'une NÉCESSITÉ ABSOLUE, c'est-à-dire de quelque chose dont l'existence serait aussi inévitable que la conséquence d'une raison, mais qui ne serait pas la conséquence d'une raison, et qui par conséquent ne dépendrait de rien — cette association de termes étant une absurde pétition, parce qu'elle contredit le principe de raison. On est parti de cette fiction, et l'on a expliqué, en allant diamétralement à l'opposé de la vérité, que tout ce qui est posé par une raison est contingent. C'est qu'en effet, on considérait le caractère relatif de sa nécessité et on la mettait en regard de cette nécessité ABSOLUE, cette chose prise d'on ne sait où, dont le concept se contredit lui-même*[144].

* Que l'on voie l'ouvrage de Christian Wolff, *Vernünftige Gedanken von Gott, der Welt und Seele*, § 577 à 579. — Il est étonnant qu'il tienne pour contingent seulement ce qui est nécessaire suivant le principe de raison du devenir (c'est-à-dire ce qui se produit suivant des causes) tandis qu'à l'inverse ce qui est nécessaire suivant les autres formes du principe de raison, il le reconnaisse aussi comme tel (par exemple ce qui suit de l'*essentia* ou définition, et donc les jugements analytiques, et aussi les vérités mathématiques). La raison qu'il avance, c'est que seule la loi de causalité donne une série infinie, tandis que les autres espèces de raisons donnent des séries finies. Mais ce n'est pas le cas pour les figures du principe de raison dans l'espace et le temps purs ; cela ne vaut que de la raison de la connaissance logique. Mais Wolff prenait la nécessité mathématique pour une raison de la connaissance logique. — Voir ma dissertation sur le principe de raison, § 50.

Cette détermination du contingent, aux fondements viciés, Kant lui-même la conserve et la donne pour une explication dans la *Critique de la raison pure* (B 289-291[145]; A 243/B 301[146]; A 419/B 447[147]; A 458/B 486[148]; A 450/B 488[149]). Dans cet ouvrage, il va jusqu'à se contredire lui-même d'une façon qui saute au yeux, en affirmant en B 301 : «tout contingent a une cause», et en ajoutant: «le contingent est ce dont le non-être est possible»[150]. Mais c'est ce qui a une cause, et dont le non-être est totalement impossible, qui est donc nécessaire. C[Au demeurant, l'origine de cette explication complètement fausse de la nécessité et du hasard se trouve déjà chez Aristote, à savoir dans le *De generatione et corruptione, lib. II, c. 9 et 11*), où le nécessaire est effectivement expliqué comme ce dont le non-être est impossible[151]. Au nécessaire s'oppose ce dont l'être est impossible, et entre les deux se trouve ce qui peut être ou ne pas être, donc ce qui naît et périt, et cela serait donc le contingent. D'après ce qu'on a dit plus haut, il est clair que cette explication, tout autant que celle d'Aristote, provient du fait que Kant s'en est tenu aux concepts abstraits, sans revenir au concret et à l'intuitif, où se trouve pourtant la source de tous les concepts abstraits, et au moyen duquel ils doivent être par conséquent sans cesse contrôlés. «Quelque chose dont le non-être est impossible» :]C voilà qui peut tout au plus se penser *in abstracto*, mais si nous rapportons cette pensée au concret, au réel, à l'intuitif, nous ne trouvons rien, pas même à titre de simple possibilité, pour l'illustrer — rien, si ce n'est justement la conséquence d'une raison donnée dont il a été déjà question, et dont la nécessité est cependant relative et conditionnée.

À cette occasion, j'ajoute encore quelques remarques à propos des concepts de la modalité. —

Puisque toute nécessité repose sur le principe de raison, et puisqu'elle est ainsi relative, tous les jugements APODICTIQUES sont donc originairement et selon leur signification dernière des jugements HYPOTHÉTIQUES. Ils seront CATÉGORIQUES seulement par l'adjonction d'une mineure ASSERTORIQUE, dans la conclusion donc. Si cette mineure est encore incertaine, et si cette incertitude est exprimée, alors il donne le jugement PROBLÉMATIQUE.

Ce qui, universellement (comme règle), est apodictique (une loi de la nature, par exemple), est toujours simplement problématique eu égard à un cas particulier, parce que la condition, qui subordonne le cas à la règle, doit effectivement se produire au préalable. Et à l'inverse, ce qui dans le particulier en tant que tel est nécessaire (apodictique) — par exemple ce changement particulier, que sa cause rend nécessaire — s'énonce de nouveau universellement et en général d'une façon simplement problématique, puisque la cause qui s'est produite ne valait que pour le cas particulier, et le jugement apodictique, toujours hypothétique, n'exprime jamais que des lois universelles, et non pas immédiatement les cas particuliers. — Tout cela trouve sa raison dans le fait que la possibilité existe seulement dans le domaine de la réflexion et pour la raison, le réel dans le domaine de l'intuition et pour l'entendement, et le nécessaire pour les deux. Cm[À dire vrai, même la distinction entre nécessaire, réel<*wirklich*> et possible n'existe qu'*in abstracto* et selon le concept. Dans le monde réel au contraire, tous les trois ne forment plus qu'un. En effet, tout ce qui arrive arrive NÉCESSAIREMENT parce qu'il arrive à partir de causes. Mais elles-mêmes ont des causes, en sorte que tous les processus du monde, grands comme petits, sont un enchaînement rigoureux de ce qui se produit nécessairement. Par conséquent, tout ce qui est réel est en même temps nécessaire, et dans la réalité <*in der Realität*> il n'y a pas de différence entre réalité <*Wirklichkeit*> et nécessité, car ce qui n'est pas arrivé, c'est-à-dire ce qui n'est pas devenu réel, n'était pas non plus possible. Puisque les causes sans lesquelles il n'aurait jamais pu se produire ne se sont pas produites, ni ne pouvaient se produire dans la grande chaîne des causes, c'était donc une chose impossible. Tout processus <*Vorgang*> est donc soit nécessaire, soit impossible. Tout cela cependant ne vaut que du monde réel empirique, c'est-à-dire du complexe <*Komplex*> des choses singulières, et donc de ce qui est absolument singulier en tant que tel. À l'inverse, si nous considérons les choses en général, en les saisissant *in abstracto*, alors nécessité, réalité et possibilité se séparent de nouveau : nous connaissons alors comme possible en général tout ce qui se conforme *a priori* aux lois appartenant à notre intellect. Nous connaissons ce qui correspond aux lois de la nature comme possible dans ce monde, même si cela ne s'est jamais produit réellement <*wirklich*>. Nous distinguons donc clairement le possible du réel <*das Wirkliche*>. Certes, le réel est toujours en lui-même aussi quelque chose de nécessaire, mais il n'est conçu comme tel que par celui qui connaît sa cause. Abstraction faite de cette dernière, il est et se nomme contingent.]Cm Cette considération nous donne la clé de cette *contentio* περὶ δυνάτων [dispute sur la nature du possible] entre le mégarique Diodore et le stoïcien Chrysippe, que Cicéron rapporte dans son ouvrage *de fato*[152], Diodore dit : « Seul ce qui est réel a été possible, et tout ce qui est réel est aussi nécessaire. » Chrysippe dit à l'inverse : « Il y a bien des choses possibles qui ne sont jamais devenues réelles, car seul le nécessaire devient réel. » — B[Nous pouvons nous expliquer la chose ainsi : la réalité est la conclusion d'un syllogisme, dont la possibilité donne les prémisses. Mais pour obtenir cette conclusion, ce n'est pas simplement la majeure, mais aussi la mineure qui est exigée : seule la conjonction des deux donne la complète possibilité. En effet, la majeure ne donne qu'une possibilité théorique, générale, *in abstracto*. Mais cette dernière, en elle-même, ne rend encore rien possible, c'est-à-dire capable de devenir réel. Cela demande encore la mineure, comme ce qui donne la possibilité pour le cas singulier, en le subordonnant à la règle. Par là, il parvient immédiatement à la réalité. Par exemple :

Majeure : Toutes les maisons (la mienne aussi par conséquent) peuvent brûler.

Mineure : Ma maison prend feu.

Conclusion : Ma maison brûle.

Toute proposition universelle, et donc toute majeure, ne détermine jamais les choses, au regard de la réalité, que sous un présupposé, et donc de façon hypothétique. Par exemple, le pouvoir de brûler a pour présupposé le fait de prendre feu. Ce présupposé est conféré à la mineure. C'est toujours la majeure qui charge le canon, mais ce n'est que si la mineure ajoute la mèche que le coup (la conclusion) s'ensuit. Cela vaut absolument de la relation entre possibilité et réalité. Puisque la conclusion, qui est l'expression de la réalité, suit toujours NÉCESSAIREMENT, il s'ensuit que tout ce qui est réel est aussi nécessaire. Nous pouvons le constater aussi au fait que « être nécessaire » signifie seulement ce qui est la conséquence d'une raison donnée. Dans la réalité, cette raison est une cause. Tout réel est donc nécessaire. Par suite, nous voyons ici coïncider les concepts du possible, du réel et du nécessaire. Ce n'est pas seulement le dernier qui suppose le premier; l'inverse aussi est vrai. Ce qui les distingue, c'est la limitation de notre intellect par la forme du temps, car le temps est l'intermédiaire entre la possibilité et la réalité. On peut, grâce à la connaissance de toutes ses causes, prendre une vue parfaite de la nécessité d'un événement singulier. Mais la coïncidence de toutes ces causes différentes et indépendantes les unes des autres nous apparaît comme contingente et leur indépendance les unes par rapport aux autres constitue précisément le concept de CONTINGENCE. Mais puisque néanmoins chacune d'elles est la conséquence nécessaire de SES causes, dont la chaîne est sans fin, on voit bien que la contingence n'est qu'un phénomène subjectif qui provient du caractère limité de l'horizon de notre entendement, et qu'elle est donc aussi subjective que l'horizon optique, où le ciel touche la terre.]B

Puisque la nécessité et la « conséquence d'une raison donnée » ne sont qu'une seule et même chose, elle doit également pour chaque figure du principe de raison apparaître comme une nécessité particulière, et avoir aussi son opposé selon la possibilité et l'impossibilité, laquelle ne se produit jamais que par application à l'objet de la considération abstraite de la raison. C'est pourquoi aux quatre genres de nécessité évoqués ci-dessus s'opposent autant de genres d'impossibilité : physique, logique, mathématique, pratique. On peut remarquer en outre que si l'on se tient strictement à l'intérieur du domaine des concepts abstraits, la possibilité dépend toujours du concept le plus général, la nécessité du concept le plus étroit. Par exemple : « un animal PEUT être un oiseau, un poisson, un amphibien, etc. » — « un rossignol DOIT être un oiseau, l'oiseau un animal, l'animal un organisme, l'organisme un corps ». —

La vraie raison de cela, c'est que la nécessité logique, dont le syllogisme est l'expression, va de l'universel au particulier, jamais l'inverse. — Dans la nature intuitive (représentations de la première classe) au contraire, chaque chose à vrai dire est nécessaire en raison de la loi de causalité. Seule la réflexion s'ajoutant à l'intuition peut la concevoir en même temps comme contingente, en la comparant avec ce qui n'est pas sa cause et aussi comme purement et simplement réelle, en faisant abstraction de toute liaison causale. Ce n'est, à vrai dire, que dans cette seule classe de représentations que trouve place le concept de RÉEL <*das Wirkliche*>, comme l'indique déjà la provenance de l'expression « concept de causalité ». — Dans la troisième classe de représentations, celle de l'intuition mathématique pure, règne une stricte nécessité, si l'on se tient strictement à l'intérieur de ses limites. La possibilité ne se produit ici encore que par rapport aux concepts de la réflexion. Par exemple, « un triangle *peut* être rectangle, isocèle, équilatéral ; il DOIT avoir trois angles dont la somme donne deux droits ». On n'en vient donc à la POSSIBILITÉ ici encore que par un passage de l'intuitif à l'abstrait.

Après cet exposé, qui suppose qu'on se rappelle à la fois ce qui a été dit dans ma dissertation sur le principe de raison et dans le premier livre du présent ouvrage, il ne restera, nous l'espérons, plus aucun doute sur l'origine véritable, aux espèces très différentes[153], de ces formes des jugements, dont la table est sous nos yeux, et pas plus sur le caractère inadmissible et complètement infondé du fait de supposer, pour l'expliquer, douze fonctions particulières de l'entendement. Ce dernier point, maintes observations particulières et très faciles à faire nous l'attestent. Ainsi, il faut un grand amour pour la symétrie et une grande confiance dans le fil conducteur qu'elle nous donne pour supposer qu'un jugement affirmatif, un jugement catégorique et un jugement assertorique seraient trois choses si fondamentalement différentes qu'elles nous autorisent à supposer, pour chacun d'eux, une fonction de l'entendement absolument propre.

B[Kant lui-même a trahi qu'il avait conscience du caractère intenable de sa doctrine des catégories : dans la troisième grande partie de l'Analyse des principes (*phenomena et noumena*)[154], il a retranché dans sa deuxième édition plusieurs longs passages appartenant à la première (*i. e.* A 241-242[155]; A 244-246[156], 248-53[157]), lesquels mettaient au jour trop ouvertement les défauts de sa doctrine. Par exemple, il dit lui-même, en A 241, qu'il n'a pas défini les catégories, particulièrement qu'il ne pouvait pas les définir, même s'il l'avait voulu, dans la mesure où elles ne sont susceptibles d'aucune définition ; il avait ici oublié qu'il avait dit, en A 82 : « Je me dispense à dessein de la définition des catégories, bien que je puisse être en sa possession[158]. » — Cela n'était donc — *sit venia verbo* [qu'on me passe l'expression][159] — que du vent. Mais il a laissé à sa place ce dernier passage. Et tous ces passages supprimés intentionnellement par la suite trahissent qu'on ne peut rien penser de clair dans la doctrine des catégories et que toute cette théorie repose sur des pieds d'argile.]B

Cette table des catégories est censée être le fil directeur suivant lequel il faut établir toute considération métaphysique ou scientifique (*Prolégomènes*, § 39)[160]. Et effectivement, cette table n'est pas seulement le fondement de toute la philosophie kantienne et le type <*Typus*> d'après lequel sa symétrie doit être réalisée, comme je l'ai déjà montré plus haut : elle est aussi devenue un véritable lit de Procuste, où Kant contraint à entrer toute considération possible, et ce par un acte de violence que je vais considérer maintenant d'encore un peu plus près. Mais qu'est-ce que ne devaient pas faire, dans une telle occasion, les *imitatores, servum pecus* [les imitateurs, troupeau servile[161]] ! On a vu ce que cela donnait. Cette violence s'exerce donc par le fait qu'on met de côté et qu'on oublie complètement la signification des expressions qui désignent les titres, les formes des jugements et catégories, et que l'on s'en tient seulement à ces expressions elles-mêmes. B[Celles-ci proviennent en partie d'Aristote, *Analyt. priora, I, 23* (περὶ ποιότητος καὶ ποσότητος τῶν τοῦ συλλογισμοῦ ὅρων :]B C[*de qualitate et quantitate terminorum syllogismi*) [sur la qualité et la quantité des termes du syllogisme[162]],]C mais elles sont choisies arbitrairement : on aurait pu désigner l'extension <*Umfang*> des concepts tout aussi bien autrement que par le mot QUANTITÉ, quoiqu'il soit mieux adapté à son objet que les autres titres des catégories. On a visiblement choisi le mot *qualité* seulement par habitude d'opposer la quantité à la qualité, car pour l'affirmation et la négation, le nom qualité est sans doute assez arbitrairement choisi. Mais Kant, dans toutes les considérations auquel il se livre, place sous chaque titre des catégories toute quantité dans l'espace et le temps, et toute qualité possible des choses (physique, morale, etc.), bien qu'il n'y ait pas le moindre point commun entre ces choses et ces titres des formes des jugements et de la pensée, hormis une dénomination contingente et arbitraire. On doit garder à l'esprit toute l'estime dont on est par ailleurs redevable à Kant, pour ne pas exprimer son mécontentement au sujet d'un tel procédé par des expressions sévères.— B[La table physiologique pure des principes généraux de la science de la nature[163] nous en livre d'emblée l'exemple suivant. Où a-t-on vu que la quantité des jugements ait quoi que ce soit de commun avec le fait que toute intuition possède une grandeur extensive[164] ? Qu'est-ce que la qualité des jugements a de commun avec le fait que toute sensation possède un degré[165] ? — La grandeur extensive repose bien plutôt sur le fait que l'espace est la forme de notre intuition externe, et la grandeur intensive n'est rien d'autre qu'une perception empirique et de surcroît toute subjective, formée à partir de la seule considération de la constitution de nos organes sensoriels. — Plus loin, sur la table qui pose le fondement de la psychologie rationnelle (*Critique de la raison pure*, A 344/ B 402[166]), on allègue de la SIMPLICITÉ de l'âme. Mais celle-ci est précisément une propriété quantitative, et qui n'a aucun rapport avec l'affirmation et la négation dans le jugement. Seulement, la quantité devait être remplie par l'UNITÉ de l'âme, laquelle est pourtant déjà comprise dans la simplicité. Ensuite, on fait entrer de force la modalité d'une façon ridicule : l'âme se trouverait en rapport avec des objets POSSIBLES ; mais le rapport appartient à la relation ; seulement, cette dernière est déjà prise par la substance.]B C[Puis les quatre Idées cosmologiques, qui sont le matériau des Antinomies, sont réduites aux titres des catégories[167]. Voir les précisions ci-dessous, à propos de la preuve des Antinomies.]C La table des CATÉGORIES DE LA LIBERTÉ dans la *Critique de la raison pratique* donne des exemples plus discordants encore, si la chose était possible[168]. — Il y a encore le premier livre de la *Critique de la faculté de juger*, qui traite du jugement de goût en suivant les quatre titres des catégories[169]. Enfin, les *Premiers principes métaphysiques d'une science de la nature*, qui sont adaptés à la table des catégories[170], ce qui a été peut-être justement la cause principale des erreurs qui sont de loin en loin mêlées à ce que cette œuvre importante comporte de vrai et d'excellent. Que l'on voie seulement à la fin du premier chapitre, comment l'unité, la multiplicité, la totalité des directions des lignes doivent correspondre aux catégories ainsi nommées selon la quantité des jugements[171].

Le principe de PERMANENCE DE LA SUBSTANCE est déduit de la catégorie de subsistance et d'inhérence. Mais nous ne connaissons la subsistance et l'inhérence que d'après la forme des jugements catégoriques, c'est-à-dire d'après la liaison de deux concepts comme sujet et prédicat. Avec quelle violence Kant a-t-il donc fait dépendre ce grand principe métaphysique de cette simple forme logique pure ! Seulement, la chose se produit ici aussi *pro forma* [pour la forme] et par égard pour la symétrie. La preuve qui est donnée ici pour ce principe met complètement de côté la prétendue origine de ce dernier à partir de l'entendement et de la catégorie, et elle est conduite à partir de l'intuition pure du temps. Mais cette preuve aussi est fausse. Il est faux d'affirmer qu'il y aurait une SIMULTANÉITÉ et une DURÉE dans le temps seul : ces représentations proviennent premièrement de l'union de l'espace avec le temps, comme je l'ai déjà montré dans la dissertation sur le principe de raison, § 18[172], et exposé plus en détail encore dans le § 4 du présent ouvrage. Je dois supposer connues ces deux discussions pour la bonne compréhension de ce qui suit. Il est faux d'affirmer que dans tout changement, le temps lui-même demeure. Au contraire, il est lui-même précisément ce qui s'écoule : un temps qui demeure est une contradiction. La preuve de Kant est intenable, malgré les sophismes avec lesquels il l'a étayée. Il tombe alors dans une contradiction palpable[173]. B[En effet, après avoir faussement fait de la SIMULTANÉITÉ un mode du temps (A 177/B 219)[174], il dit, tout à fait justement (A 183/ B 226) : « la SIMULTANÉITÉ n'est pas un mode du temps, puisqu'il n'y a pas dans le temps de parties simultanées, mais que toutes sont successives »[175]. — En vérité, l'espace tout aussi bien que le temps est implicitement contenu dans la simultanéité. Car, si deux choses sont simultanées, et que néanmoins elles n'en forment pas qu'une seule, alors c'est l'espace qui les distingue. Si deux états d'UNE SEULE chose sont simultanés (par exemple la lumière et la chaleur du fer), ce sont alors deux effets contemporains d'UNE SEULE chose, qui présuppose la matière, et celle-ci l'espace. Prise dans la stricte acception du terme, la simultanéité est une détermination purement négative, qui renferme seulement l'idée que deux choses ou états ne sont pas distincts par le temps, et que leur distinction doit être cherchée ailleurs. — Sans doute notre connaissance de la permanence de la substance, c'est-à-dire de la matière, doit reposer sur une vue *a priori*. Puisqu'elle est au-dessus de tout doute, elle ne peut par conséquent être élaborée à partir de l'expérience. Je la déduis de la façon suivante : le principe de toute naissance et de toute disparition, la loi de causalité, loi dont nous sommes conscients *a priori*, ne s'applique essentiellement qu'aux seuls *changements*, c'est-à-dire aux ÉTATS successifs de la matière. Il est donc limité à la forme mais ne touche pas à la MATIÈRE, laquelle par conséquent existe dans notre conscience comme le fondement de toutes choses, soumis ni à la naissance ni à la disparition, qui est toujours et toujours demeure. Dans notre premier livre, § 4, on trouve une analyse plus fouillée de la permanence de la substance, élaborée à partir de l'analyse de notre représentation intuitive du monde empirique.]B Il y est montré que l'essence de la MATIÈRE consiste dans l'UNION COMPLÈTE DE L'ESPACE AVEC LE TEMPS, laquelle union n'est possible qu'au moyen de la représentation de la causalité, et par suite seulement pour l'entendement. Ce dernier n'est rien que le corrélat subjectif de la causalité, et par conséquent la matière elle aussi n'est jamais connue que comme agissante <*wirkend*>, c'est-à-dire identifiée à la causalité. Son être et son action <*Wirken*> ne sont qu'une seule chose, comme le mot d'EFFECTIVITÉ <*Wirklichkeit*> l'indique déjà. Union intime de l'espace et du temps, causalité, matière et effectivité ne sont donc qu'une seule chose, et l'entendement en est le corrélat subjectif. La matière doit enfermer en elle les propriétés opposées des deux facteurs dont elle procède, et c'est la représentation de la causalité qui supprime la contradiction des deux termes, et rend leur coexistence concevable pour l'entendement, grâce auquel et pour lequel seul la matière existe, et dont tout le pouvoir consiste dans la connaissance de l'effet et de la cause. C'est pour lui que s'unissent dans la matière le flux instable du temps, se présentant comme changement <*Wechsel*> des accidents, avec l'immobilité rigide de l'espace, qui se présente comme la permanence de la substance. Car si la substance passait, tout comme les accidents, alors le phénomène serait complètement arraché à l'espace et il n'appartiendrait plus qu'au simple temps. Le monde de l'expérience serait dissous par la négation de la matière, par son annihilation. — L'ESPACE a donc part à la matière, c'est-à-dire à tous les phénomènes de l'effectivité : l'espace constitue l'opposé et le contraire du temps et par conséquent, en dehors de son union avec lui, il ne connaît aucun changement. C'est à partir de cette participation qu'on devrait expliquer et déduire le principe de permanence de la substance, et non pas à partir du simple temps, auquel Kant, pour servir ses fins, a tout à fait absurdement imputé la PERMANENCE[176].

Dans ma dissertation sur le principe de raison, § 23, j'ai montré de façon approfondie, à partir de la simple succession temporelle des événements, la fausseté de la preuve de l'apriorité et de la nécessité de la loi de causalité, preuve qui apparaît dans la suite du texte de Kant. Qu'il me soit donc permis ici de me contenter d'y renvoyer*[177]. Il en va exactement de même avec la preuve de l'action réciproque, concept dont j'ai même dû exposer l'inanité plus haut. — À propos de la modalité aussi, dont l'exposé des principes suit, j'ai déjà dit le nécessaire.

B[Dans la suite immédiate de l'Analytique transcendantale, j'aurais à critiquer encore maints passages isolés, mais je craindrais de fatiguer la patience du lecteur, et par conséquent je les abandonne à sa propre réflexion.]B Mais dans la *Critique de la raison pure*, c'est toujours l'erreur principale et fondamentale de Kant qui se présente à nous, erreur que j'ai amplement critiquée plus haut : la confusion totale de la connaissance abstraite, discursive, avec la connaissance intuitive. C'est elle qui répand sur

* On peut, si l'on veut, comparer ma réfutation de la preuve kantienne avec l'offensive que Feder, *Über Zeit, Raum und Kausalität*, § 28, avait précédemment menée contre elle, ainsi qu'avec celle de G. E. Schulze, *Kritik der theoretischen Philosophie*, t. 2, p. 422-442.

toute la théorie de la connaissance kantienne une obscurité persistante, et qui ne permet jamais au lecteur de savoir une bonne fois de quoi il est vraiment question, en sorte qu'au lieu de comprendre, il fait toujours des conjectures : il essaie de comprendre ce qu'on dit en l'appliquant tantôt à la pensée, tantôt à l'intuition, et il reste toujours dans l'hésitation. Cet incroyable manque de réflexion sur l'essence de la représentation intuitive et de la représentation abstraite nous conduit, B[comme je vais tout de suite l'expliquer, à l'affirmation monstrueuse que Kant énonce dans le chapitre « Sur la distinction de tous les objets en phénomènes et en noumènes »[178],]B à savoir que sans pensée, et donc sans concepts abstraits, il n'y aurait aucune connaissance d'objet, et que l'intuition, puisqu'elle n'est pas la pensée, ne serait pas non plus une connaissance, et ne serait rien d'autre en général qu'une simple affection de la sensibilité, une simple sensation ! Pis encore : une intuition sans concept serait totalement vide, tandis qu'un concept sans intuition serait encore quelque chose (A 253/B 309)[179]. C'est exactement le contraire de la vérité : car les concepts ne tiennent toute leur signification, tout leur contenu que de leur rapport à des représentations intuitives, C[à partir desquelles ils sont abstraits, desquelles ils sont tirés, c'est-à-dire formés en laissant de côté tout ce qui est inessentiel. Par conséquent, si]C B[on leur retire l'assise de l'intuition, ils sont vides, ils ne sont plus rien.]B Au contraire, les intuitions possèdent en elles-mêmes une signification immédiate et très importante, car en elles la volonté, la chose en soi s'objective : elles se représentent elles-mêmes, elles s'expriment elles-mêmes, elles n'ont pas un contenu simplement emprunté, comme les concepts. Car le principe de raison qui les régit comme loi de causalité ne détermine, en tant que tel, que leur place dans l'espace et le temps ; il ne conditionne pas leur contenu et leur signification, comme c'est le cas pour les concepts, où ce principe vaut comme raison de la connaissance[180]. Au demeurant, tout se passe comme si Kant avait ici justement pour intention de distinguer la représentation intuitive et la représentation abstraite : il blâme Leibniz et Locke, le premier pour avoir tout transformé en représentations abstraites, le second en représentations intuitives[181]. Mais il n'en sort pourtant aucune distinction, et même si Locke et Leibniz ont effectivement commis ces erreurs, il en incombe une troisième à Kant, qui englobe les deux précédentes : c'est d'avoir mélangé l'intuitif et l'abstrait à un point tel qu'ils ont donné naissance à un hybride monstrueux, à un non-sens, dont on ne peut se faire aucune représentation claire, et qui par conséquent ne pouvait que déconcerter les disciples, les tromper, et les faire se dresser les uns contre les autres.

Sans doute, la pensée et l'intuition se séparent plus encore que partout ailleurs B[dans le chapitre mentionné, « De la distinction entre tous les objets en phénomènes et noumènes ». Seulement, la façon dont est conduite cette distinction est fondamentalement fausse. Il est affirmé en effet (A 253/ B 309) : « Si je retranche d'une connaissance sensible toute la pensée (effectuée au moyen de catégories), il ne reste plus aucune connaissance d'un objet quelconque ; car par la simple intuition rien n'est pensé, et le fait qu'il y ait en moi cette affection de la sensibilité ne produit aucun rapport d'une telle représentation à quelque objet[182]. » — Cette phrase contient pour ainsi dire toutes les erreurs de Kant *in nuce*. En effet, elle montre au grand jour que Kant a conçu d'une façon erronée la relation entre sensation, intuition et pensée, et qu'après avoir identifié l'intuition, dont la forme doit pourtant être l'espace, selon ses trois dimensions, avec la pure sensation subjective dans les organes sensoriels, il fait de l'ajout de la pensée, différente de l'intuition, la condition primordiale de la connaissance d'un ob-jet. Je réponds à cela : les objets sont d'abord des ob-jets de l'intuition, non de la pensée, et toute connaissance d'OB-JETS est originellement et en soi intuition elle-même. Or l'intuition n'est d'aucune façon une simple sensation, mais en elle l'entendement se montre déjà à l'œuvre. La PENSÉE qui chez l'homme seul, mais pas chez les animaux, vient s'ajouter à l'intuition est une simple abstraction à partir d'elle. Elle ne donne aucune connaissance fondamentalement nouvelle, elle ne conditionne pas la position d'ob-jets qui n'existeraient pas précédemment. Elle se contente de changer la forme de la connaissance, cette dernière ayant déjà été obtenue grâce à l'intuition. En effet, elle en fait une connaissance abstraite en concepts. Par là, le caractère intuitif de cette connaissance est perdu, mais cela rend possible sa combinaison, qui élargit de façon incommensurable son utilisation. Au contraire, la MATIÈRE de notre pensée n'est faite de rien d'autre que de nos intuitions elles-mêmes ; ce n'est pas quelque chose qui ne serait pas compris dans l'intuition et qui ne serait produit que par la pensée. C'est pourquoi aussi la matière de tout ce qui se produit dans notre pensée doit se prouver dans l'intuition. Sinon, ce serait une pensée vide. Quelque multiples que soient les remaniements et les transformations que la pensée impose à cette matière, on doit pouvoir néanmoins la rétablir à partir de là, et reconduire à elle la pensée. Ainsi, on réduit de nouveau un morceau d'or à partir de toutes les décompositions, oxydations, sublimations et alliages qu'il a subis, et on l'obtient de nouveau à l'état natif, dans l'état initial. Il ne pourrait pas en être ainsi, si la pensée avait à ajouter quelque chose, voire l'essentiel à l'ob-jet.

Tout le chapitre qui suit (l'Amphibologie)[183] n'est qu'une critique de la philosophie leibnizienne. Cette critique, prise comme telle, est exacte dans son ensemble, même si sa forme n'est intégralement construite que par amour de la symétrie qui, ici aussi, fournit le fil conducteur. Afin de mettre en évidence l'analogie avec l'*Organon* d'Aristote, Kant établit une Topique transcendantale[184]. Elle consiste en ce qu'on doit considérer chaque concept d'après quatre points de vue, condition nécessaire pour trouver à quelle faculté de connaissance il appartient. Ces quatre points de vue sont admis de façon tout à fait arbitraire, et l'on aurait pu, avec autant de raison, en ajouter dix autres. Mais le nombre quatre correspond aux quatre titres des catégories, et c'est donc sous elles que les doctrines principales de Leibniz seront tant bien que mal réparties. En outre, par cette critique, on estampille pour ainsi dire du nom d'erreurs naturelles de la raison ce qui n'était chez Leibniz que de fausses abstractions — ce dernier, au lieu d'apprendre la doctrine des grands philosophes contemporains, Spinoza et Locke, ayant préféré débiter ses propres inventions bizarres.]B Enfin, il est dit dans le chapitre sur l'Amphibologie de la réflexion qu'il pourrait y avoir peut-être une intuition d'un genre complètement différent du nôtre, auquel nos catégories seraient néanmoins applicables. Par conséquent, les objets de cette intuition supposée seraient les *noumena*, c'est-à-dire des choses qu'on pourrait simplement PENSER. Mais, puisque l'intuition, qui donnerait sa signification à cette pensée, nous ferait défaut, et serait même tout à fait problématique, l'objet de cette pensée serait lui aussi une simple possibilité complètement indéterminée[185]. Plus haut j'ai montré, textes à l'appui, que Kant s'est mis dans une très grande contradiction avec lui-même en faisant des catégories tantôt une condition de la représentation intuitive, tantôt une fonction de la simple pensée abstraite. Elles apparaissent ici exclusivement sous la seconde signification, et tout se passe comme s'il voulait leur imputer seulement la pensée discursive[186]. Mais si telle est sa véritable intention, il devrait pourtant nécessairement, au début de la Logique transcendantale, avant de spécifier, si abondamment, les différentes fonctions de l'entendement, caractériser la pensée en général, puis la distinguer de l'intuition, et montrer quelle connaissance donne la simple intuition et quelle connaissance vient s'y ajouter dans la pensée. On aurait alors su de quoi il parle au juste. Ou bien, mieux encore, il en aurait parlé d'une façon complètement différente, c'est-à-dire en traitant d'abord de l'intuition, puis de la pensée, au lieu de toujours s'y prendre par un mélange des deux, ce qui est une absurdité. Alors il n'y aurait plus non plus cette lacune entre l'Esthétique transcendantale et la Logique transcendantale, lorsque après avoir exposé les formes pures de l'intuition, Kant se contente de se débarrasser de leur contenu, de la perception empirique dans son ensemble, avec cette expression : « elle est DONNÉE », sans se demander comment elle se réalise, SI C'EST AVEC OU SANS L'ENTENDEMENT. Au lieu de cela, il passe en une enjambée à la connaissance abstraite. Pas une seule fois il n'est question de la pensée en général, mais il va tout de suite à certaines formes de la pensée, et il ne dit pas un mot sur ce que seraient la pensée, le concept, sur la nature de la relation de l'abstraction et de la discursive au concret et à l'intuitif, sur la différence entre la connaissance des hommes et celle des animaux et sur l'essence de la raison[187].

Cette différence, complètement négligée par Kant, entre la connaissance abstraite et la connaissance concrète était justement celle que les philosophes antiques désignaient par les mots φαινόμενα et νοούμενα* [phénomènes et noumènes][188], mots dont l'opposition et l'incommensurabilité les occupèrent tellement : dans les philosophèmes des Éléates, dans la doctrine platonicienne des Idées, dans la dialectique des Mégariques, et plus tard dans la scolastique, lors de la querelle entre le nominalisme et le réalisme, dont le germe, développé tardivement, se trouvait déjà dans la divergence des tendances spirituelles de Platon et d'Aristote. Mais Kant, d'une façon irresponsable, a complètement négligé cette chose, pour la désignation de laquelle existaient déjà ces mots, φαινόμενα et νοούμενα ; il s'en est emparé, comme si l'on pouvait encore en faire ce qu'on voulait, afin de désigner par là ses choses en soi et ses phénomènes.

B[Après que j'ai dû critiquer la doctrine kantienne des catégories, comme lui-même critiqua celle d'Aristote, je veux ici, à titre de proposition, montrer une troisième voie pour atteindre ce qu'ils ont projeté. En effet, ce que tous deux cherchaient sous le nom de catégories, c'était à chaque fois les concepts

* Voir *Sext. Empir. Pyrrhon. hypotyp., lib. I, c. 13,* νοούμενα φαινομένοις ἀντετίθη 'Αναξαγόρας (*intelligibilia apparentibus opposuit Anaxagoras*).

les plus généraux, sous lesquels on devait subsumer les choses, si différentes fussent-elles, et grâce auxquels par conséquent tout ce qui existe serait enfin pensé. C'est justement la raison pour laquelle Kant a conçu les catégories comme les FORMES de toute pensée.

C[La logique est à la grammaire ce que le vêtement est au corps.]C Par conséquent, ces concepts suprêmes, cette basse <*Grundbass*> de la raison, qui constitue le fondement de toute pensée plus particulière, sans l'application de laquelle aucune pensée ne pourrait donc se produire, ne devraient-ils pas finalement résider dans les concepts qui, précisément en raison de leur extrême généralité (de leur transcendantalité), ne s'expriment pas dans des mots singuliers, mais dans des classes entières de mots ? En effet dans tout mot, quel qu'il soit, un de ces concepts est déjà pensé, et par conséquent, ne faudrait-il pas chercher leur appellation non pas dans le dictionnaire, mais dans la grammaire ? Enfin, ces concepts ne devraient-ils donc pas être différenciés selon que le mot qui les exprime est un substantif ou un adjectif, un verbe ou un adverbe, un pronom, une préposition ou une tout autre particule, en un mot selon les *partes orationis* [parties du discours] ? Car indiscutablement ces dernières désignent les formes que toute pensée suppose en premier lieu, et dans lesquelles elle se meut immédiatement. C'est justement pourquoi elles sont les formes essentielles de la langue, les composantes fondamentales de toute langue, en sorte que nous ne pourrions nous faire aucune idée d'une langue qui ne consisterait pas au moins en substantifs, adjectifs et verbes. Il faudrait alors subordonner ces formes fondamentales à celles de la pensée, lesquelles sont exprimées par les flexions de formes de la langue, et donc grâce à la déclinaison et à la conjugaison, ce qui explique qu'il n'est pas essentiel pour la question qui nous occupe de savoir si l'on s'aide de l'article ou du pronom pour les désigner. Nous voulons cependant prouver la chose un peu plus précisément, et poser de nouveau la question : quelles sont les formes de la pensée ?

1) La pensée tout entière consiste en jugements : les jugements sont les fils dont elle tisse toute sa toile. Car sans l'usage d'un verbe, notre pensée fait du sur-place, et toutes les fois que nous faisons usage d'un verbe, nous jugeons.

2) Tout jugement consiste dans la connaissance de la relation entre le sujet et le prédicat, qu'il divise ou réunit avec maintes restrictions. Il les réunit par la connaissance de l'identité réelle des deux termes, identité qui ne peut avoir lieu que pour des concepts convertibles ; par la connaissance que l'un est déjà impliqué dans l'autre, quoique la réciproque ne soit pas vraie (jugement affirmatif universel) ; enfin par la connaissance que l'un est quelquefois pensé dans l'autre (jugement affirmatif particulier). Les jugements négatifs suivent la marche inverse. Par suite, dans tout jugement on doit trouver un sujet, un prédicat et une copule, cette dernière étant affirmative ou négative, et cela même si chacun de ces termes n'est pas désigné par un mot particulier, comme c'est pourtant le cas le plus souvent. Souvent UN SEUL mot désigne à la fois le prédicat et la copule, comme dans « Cajus vieillit » ; parfois UN SEUL mot les désigne tous les trois, comme dans *concurritur*, c'est-à-dire « les armées en viennent aux mains ». Cela montre clairement que l'on ne doit pas chercher les formes de la pensée aussi directement et immédiatement dans les mots, ni même dans les parties du discours, vu que le même jugement peut

être exprimé dans des langues différentes, et jusque dans une même langue, au moyen de mots différents et même au moyen de parties de discours différentes, tandis que la pensée reste pourtant la même, et par conséquent sa forme aussi (car la pensée ne pourrait pas être la même avec une forme de la pensée elle-même différente). La tournure peut bien être différente pour une même pensée et une même forme de celle-ci, car ce n'est que l'habillage externe de la pensée, laquelle, au contraire, est inséparable de sa forme. La grammaire n'explique donc que l'habillage des formes de la pensée. Par conséquent, on peut déduire les parties du discours des formes de la pensée elle-même, formes indépendantes de toutes les langues. Exprimer ces formes, avec toutes leurs modifications, telle est la destination des parties du discours. Ces dernières sont leur instrument, leur vêtement, qui doit être suffisamment ajusté à leurs membres pour qu'ils puissent s'y faire reconnaître.

3) Ces formes de la pensée réelles, immuables, originelles, sont assurément celles de la TABLE LOGIQUE DES JUGEMENTS de Kant. Sauf qu'on y trouve des fenêtres aveugles, tracées par amour de la symétrie et pour celui de la table des catégories, qui doivent donc disparaître. On y trouve aussi un ordre erroné. Voici ce que cela pourrait donner :

a) QUALITÉ : affirmation et négation, c'est-à-dire liaison ou séparation des concepts : deux formes. La quantité dépend de la copule.

b) QUANTITÉ : le concept du sujet est compris tout entier ou en partie : totalité ou pluralité. Au premier cas appartiennent aussi les sujet individuels : « Socrate » veut dire : « tous les Socrate ». Il y a donc seulement deux formes. La quantité dépend du sujet.

c) MODALITÉ : elle a effectivement trois formes.

Elle détermine la qualité comme nécessaire, réelle ou contingente. La modalité dépend donc également de la copule.

Ces trois formes de la pensée proviennent des lois de la pensée (principe de contradiction et d'identité). Mais c'est à partir du principe de raison et du principe du tiers exclus que naît la

d) RELATION. Elle ne se présente que si l'on juge à propos de jugements déjà formés, et elle ne peut consister que dans deux choses : soit elle indique la dépendance d'un jugement par rapport à un autre (même dans leur pluralité), et par conséquent elle les relie dans le jugement HYPOTHÉTIQUE ; soit elle indique que des jugements s'excluent mutuellement, et par conséquent elle les sépare, dans le jugement DISJONCTIF. La relation dépend de la copule, qui ici sépare ou réunit des jugements déjà formés.

Les PARTIES DU DISCOURS et les formes grammaticales sont des manières d'exprimer les trois composantes du jugement, c'est-à-dire le sujet, le prédicat et la copule, tout comme leurs possibles relations, et donc les formes de la pensée qu'on vient de recenser et leurs déterminations et modifications immédiates. Le substantif, l'adjectif et le verbe sont donc les composantes fondamentales essentielles de la langue en général. C'est pourquoi on doit les trouver dans toutes les langues. On peut néanmoins imaginer une langue dans laquelle l'adjectif et le verbe seraient toujours confondus l'un avec l'autre, comme ils le sont parfois dans toutes les langues. On peut dire provisoirement : le substantif, l'article et le pronom sont destinés à l'expression du SUJET ; l'adjectif, l'adverbe, la préposition sont destinés à l'expression du PRÉDICAT ; le verbe est destiné à l'expression de la COPULE — verbe qui, à l'exception de *esse*, contient déjà le prédicat. La grammaire philosophique doit enseigner le mécanisme exact de l'expression des formes de la pensée, tout comme la logique les opérations accomplies avec les formes de la pensée elles-mêmes.]B

C[REMARQUE. Pour prévenir toute méprise et pour éclairer ce qu'on vient de dire, je mentionne l'ouvrage de S. Stern, *Vorläufige Grundlage zur Sprachphilosophie*, 1835[189], comme une tentative très malvenue de construire les catégories à partir des formes grammaticales. En effet, il a complètement confondu la pensée et l'intuition. Par conséquent, il a voulu déduire des formes grammaticales les prétendues « catégories de l'intuition » au lieu des catégories de la pensée, et il a donc mis en rapport direct les formes grammaticales avec l'INTUITION. Il est tombé dans la grande erreur consistant à affirmer que la LANGUE se rapporte immédiatement à l'INTUITION, au lieu qu'elle se rapporte immédiatement à la seule PENSÉE en tant que telle, et donc aux CONCEPTS ABSTRAITS. Ce n'est que par leur intermédiaire qu'elle se rapporte à l'intuition. Or quand l'intuition se rapporte aux concepts, cela provoque chez elle une transformation totale de la forme. Ce qui existe dans l'intuition, et donc aussi les relations qui proviennent du temps et de l'espace, est effectivement un objet de la pensée. Il doit donc y avoir aussi des formes de la langue pour l'exprimer, mais seulement *in abstracto*, comme concepts. Les matériaux les plus immédiats de la pensée sont toujours des concepts, et c'est à eux seuls que se rapportent les formes de la logique, jamais DIRECTEMENT à l'intuition. Cette dernière ne détermine jamais que la vérité matérielle des propositions, jamais leur vérité formelle, qui, en tant que telle, ne se conforme qu'aux règles logiques.]C

B[Je retourne à la philosophie kantienne et]B j'en viens à la DIALECTIQUE TRANSCENDANTALE. Elle s'ouvre par l'explication de la RAISON, cette faculté devant y jouer le rôle principal, puisque jusqu'à présent seuls la sensibilité et l'entendement étaient sur le devant de la scène. Dans ce qui précède, à propos des différentes explications de la raison produites par Kant, j'ai déjà dit aussi un mot de celle qu'il donne ici («la raison est la faculté des principes»). On apprend maintenant que toutes les connaissances *a priori* considérées jusqu'à présent, et qui rendent possible la mathématique et la science pure de la nature *<reine Naturwissenschaft>*, ne donnent que de simples RÈGLES, mais pas de PRINCIPES *<Prinzipien>*. En effet, elles proviennent des intuitions et des formes de la connaissance, et non pas de simples CONCEPTS, condition requise pour qu'on puisse parler de principe. Un tel principe doit donc être une connaissance par SIMPLES CONCEPTS et néanmoins SYNTHÉTIQUE. Mais cela est strictement impossible. De simples concepts ne peut rien provenir d'autre que des propositions ANALYTIQUES. Si des concepts doivent être liés synthétiquement et cependant *a priori*, alors cette liaison doit nécessairement s'effectuer par l'intermédiaire d'un troisième terme, c'est-à-dire par une intuition pure de la possibilité formelle de l'expérience tout comme les jugements synthétiques *a posteriori* s'effectuent par l'intermédiaire de l'intuition empirique. Par conséquent, un jugement synthétique *a priori* ne peut jamais provenir de simples concepts. En général, nous n'avons conscience *a priori* de rien d'autre que du principe de raison *<Satz vom Grund>*, sous ses figures variées et il est par conséquent impossible qu'il y ait d'autres jugements synthétiques *a priori* que ceux qui proviennent de ce qui donne un contenu à ce principe.

Cependant, Kant se présente finalement avec un prétendu « principe de la raison » <*Prinzip der Vernunft*> correspondant à son postulat, mais il ne se présente qu'avec ce SEUL principe, duquel découlent d'autres conséquences. B[Il s'agit en effet du principe que Chr. Wolff établit et explique dans *Cosmologia, sect. 1, c. 2,* § 93, et dans *Ontologia,* § 178[190]. Plus haut, sous le titre de l'*Amphibologie,* c'étaient tout bonnement les philosophèmes leibniziens qui étaient compris comme des erreurs naturelles et nécessaires de la raison, et critiquées en tant que telles. La même démarche se reproduit ici très exactement avec les philosophèmes de Wolff.]B Kant expose encore ce principe de la raison de façon peu claire, indéterminée, morcelée et brumeuse (A 307/B 361[191] et A 322/B 379). Le voici, clairement énoncé : « Lorsque le conditionné est donné, alors doit être donnée également la totalité de ses conditions, et avec elle l'INCONDITIONNÉ, qui seul permet à cette totalité d'être complète. » B[On aura un sentiment très vif de la vérité apparente de ce principe si l'on se représente les conditions et le conditionné comme les maillons d'une chaîne suspendue, mais dont l'extrémité supérieure n'est pas visible, et qui pourrait par conséquent se prolonger à l'infini. Puisque la chaîne ne tombe pas, mais tient, il doit donc y avoir en haut UN maillon qui est premier et fixé d'une manière ou d'une autre.]B C[Ou dit plus brièvement : pour la chaîne des causes qui nous renvoie à l'infini, la raison aimerait avoir un point d'ancrage. Cela lui serait commode.]C B[Mais nous ne voulons pas examiner le principe d'après des images, mais d'après lui-même.]B Il est assurément synthétique, car d'un point de vue analytique, on ne peut rien tirer d'autre du concept de conditionné que celui de condition. Mais il n'a pas de vérité *a priori*, ni *a posteriori* : il introduit subrepticement son apparence de vérité par un procédé très habile, que je dois à présent mettre au jour. Nous possédons immédiatement et *a priori* les connaissances qu'exprime le principe de raison sous ses quatre figures. C'est à ces connaissances immédiates que sont empruntées toutes les expressions abstraites du principe de raison. Eux-mêmes, et plus encore leurs conséquences, sont donc médiats. J'ai déjà expliqué plus haut comment la connaissance ABSTRAITE s'unit souvent à des connaissances INTUITIVES diverses en UNE SEULE forme ou UN SEUL concept, de telle sorte qu'il est alors impossible de les distinguer. La connaissance abstraite est donc à la connaissance intuitive ce qu'est l'ombre aux objets réels : elle restitue leur grande diversité sous la forme d'UN SEUL contour qui les comprend tous. Le prétendu principe de la raison a recours à une telle ombre. Pour tirer l'inconditionné du principe de raison, avec qui il est pourtant en contradiction totale, on abandonne habilement la connaissance immédiate, intuitive, du contenu du principe de raison sous ses figures particulières, et on ne se sert que des concepts abstraits qui en sont tirés et qui par elle seule ont une valeur et une signification. Ainsi, il peut introduire clandestinement comme il l'entend son inconditionné dans la vaste étendue de ces concepts. Son procédé apparaîtra de façon très évidente revêtu de la forme dialectique, par exemple ainsi : « Si le conditionné existe, son conditionné doit aussi être donné, et cela entièrement, donc dans son intégralité, donc la totalité de ses conditions, et par conséquent, quand elles forment une série, la série tout entière doit être donnée, par conséquent son premier commencement, donc l'inconditionné». — Ici apparaît déjà une erreur: il est faux que les conditions d'un conditionné puissent en tant que telles constituer une SÉRIE. Au contraire, la totalité des conditions de ce conditionné doit être comprise dans sa raison LA PLUS PROCHE, de laquelle il provient immédiatement, et qui, par là même, est sa raison SUFFISANTE. C'est le cas par exemple des déterminations d'un état qui est cause, puisqu'elles doivent toutes s'accomplir concurremment avant que l'effet ne se produise. Mais la série, par exemple la chaîne des causes, n'existe que si nous considérons ce qui auparavant était la condition comme étant à présent un conditionné. Mais à ce moment, toute l'opération reprend depuis le début, et le principe de raison et son exigence entrent de nouveau en scène. Cependant, pour un conditionné, cela ne peut jamais nous donner une véritable SÉRIE de conditions successives, qui n'existeraient que comme conditions et pour expliquer l'ultime conditionné: il s'agit toujours d'une série où alternent les conditionnés et les conditions. À chaque fois que l'on passe à un autre maillon, la chaîne est interrompue et l'exigence du principe de raison est totalement supprimée. Elle réapparaît quand la condition devient conditionnée. Le principe de raison SUFFISANTE requiert donc toujours la simple intégralité de la CAUSE LA PLUS PROCHE, jamais l'intégralité d'une SÉRIE. Mais ce concept d'intégralité de la condition laisse indéterminée la question de savoir si cette condition doit être simultanée ou successive. En optant pour la deuxième hypothèse, on en tire l'exigence d'une série intégrale de conditions qui se suivent les unes les autres. Ce n'est que par une abstraction arbitraire que l'on peut considérer une série de causes et d'effets comme une série de simples causes, qui n'existeraient qu'en vue du seul dernier effet, et qui seraient donc exigées comme sa raison SUFFISANTE. Un examen plus précis et plus réfléchi, et qui descend de la généralité indéterminée de l'abstraction vers le réel particulier et déterminé, révèle au contraire que l'exigence d'une raison SUFFISANTE aboutit à l'intégralité des déterminations de la cause PROCHAINE, et non pas à l'intégralité d'une série. L'exigence du principe de raison s'évanouit totalement à chaque fois que la raison suffisante est donnée. Mais elle réapparaît à chaque fois que cette raison est considérée comme une conséquence. Mais jamais elle ne requiert d'emblée une série de raisons. Or si, à l'inverse, au lieu d'aller aux choses mêmes, on reste à l'intérieur des concepts abstraits, alors ces différences s'évanouissent. On prend alors une chaîne où alternent les causes et les effets, ou les raisons logiques et les conséquences, pour une chaîne des simples causes ou raisons du dernier effet donné, et l'INTÉGRALITÉ DES CONDITIONS, par quoi une raison est SUFFISANTE, apparaît comme l'intégralité de cette supposée SÉRIE de simples raisons, qui n'existeraient qu'en vue de la dernière conséquence. C'est alors qu'entre en scène ce principe abstrait qu'est le principe de la raison, avec son impertinente exigence de l'inconditionné. Mais pour reconnaître la nullité de cette exigence, il n'est guère besoin d'une critique de la raison au moyen des Antinomies et de leur résolution, mais d'une simple critique de la raison comprise en mon sens, c'est-à-dire comme la recherche du rapport de la connaissance abstraite avec la connaissance intuitive immédiate, et cela en redescendant de la généralité indéterminée de celle-là au niveau de la solide déterminité de celle-ci. D'une telle recherche, il résulte alors que l'essence de la raison ne réside pas du tout dans l'exigence de l'inconditionné, car la raison, dès qu'elle procède avec une pleine circonspection, doit elle-même se rendre compte qu'un inconditionné est tout simplement une absurdité. La raison, en tant que faculté de connaissance, ne peut avoir affaire qu'à des objets. Mais tout objet pour un sujet est nécessairement et irrévocablement soumis et dévolu au principe de raison, aussi bien *a parte ante* qu'*a parte post*. La validité du principe de raison réside tellement dans la forme de la conscience qu'il est tout bonnement impossible de rien se représenter objectivement à propos de quoi on ne puisse exiger son Pourquoi et donc aucun *absolutum* absolu <*absolutes Absolutum*>, qui serait comme un mur aveugle devant nous. Tel ou tel peut bien trouver commode de s'arrêter n'importe où et de faire droit arbitrairement à un tel *absolutum*, mais cela ne peut rien opposer à cette certitude *a priori* inébranlable, pas même si l'on adopte un air grand seigneur. B[En réalité, tout le verbiage sur l'absolu, ce thème quasi unique des tentatives philosophiques postkantiennes, n'est rien d'autre que la preuve cosmologique *incognito*. En effet, à la suite du procès que lui a intenté Kant, cette dernière, déchue de tous ses droits et déclarée hors la loi, ne peut plus se montrer sous sa forme véritable. Elle se présente par conséquent sous toutes sortes de déguisements, tantôt élégamment drapée par l'intuition intellectuelle ou la pensée pure, tantôt vêtue des philosophèmes plus modestes, comme un vagabond douteux qui vit tantôt de mendicité, tantôt de chantage. Ces messieurs veulent absolument un *absolutum* ? Je vais alors leur en donner un que j'ai sous la main, qui correspond bien mieux que leurs figures brumeuses et verbeuses à tout ce qu'on peut exiger d'un tel absolu : c'est la matière. Elle n'a ni origine ni fin; elle est donc vraiment indépendante et *quod per se est et per se concipitur* [ce qui est en soi et est conçu par soi[192]]: tout sort de son sein et tout y retourne. Que peut-on exiger de plus d'un *absolutum*? — À l'inverse, on devrait demander à ceux sur qui aucune critique de la raison n'a de prise:

Seid ihr nicht wie die Weiber, die beständig
Zurück nur kommen auf ihr erstes Wort,
Wenn man Vernunft gesprochen stundenlang?

[N'êtes-vous pas comme les femmes, qui toujours
Reviennent à leur premier mot
Même si on leur parle raison des heures entières[193]?]

Que l'essence de la raison ne permet pas de fonder la régression à une cause inconditionnée, à un premier commencement, c'est ce que prouve aussi le fait que les religions primitives <*Urreligionen*> de l'humanité, le brahmanisme et le bouddhisme — lesquelles en outre comptent encore aujourd'hui sur terre le plus grand nombre de fidèles —, ne connaissent ni n'admettent de telles hypothèses, mais elles prolongent à l'infini la série des phénomènes qui se conditionnent mutuellement. Je renvoie ici plus bas, à la remarque qui suit la critique de la première Antinomie. On peut également sur ce point consulter Upham, *Doctrine of Buddhaism* (p. 9)[194], et de façon générale tout exposé authentique des religions asiatiques. Il ne faut pas identifier judaïsme et Raison.]B

Kant ne veut accorder à son prétendu principe de la Raison aucune valeur objective, mais simplement une nécessité subjective. Mais, même sous cette forme, il ne le déduit pas moins par un sophisme superficiel (A 307/B 364)[195] : puisque nous cherchons à subsumer toute vérité connue par nous sous une vérité plus générale, aussi longtemps que c'est possible, ceci n'est rien d'autre donc que déjà cette chasse à l'inconditionné, que nous présupposions. Mais en réalité, dans une telle quête nous ne faisons qu'appliquer la Raison, c'est-à-dire cette faculté de la connaissance abstraite et générale (laquelle distingue l'homme réfléchi, doué de parole et de pensée, de l'animal, esclave du présent), et nous l'utilisons intentionnellement afin de simplifier notre connaissance en lui offrant une vue d'ensemble. Car l'usage de la raison consiste en ceci : connaître le particulier par le général, le cas par la règle, et cette dernière par la règle plus générale, c'est-à-dire nous cherchons les points de vue le plus généraux. Grâce à une telle vue d'ensemble, notre connaissance est tellement facilitée et perfectionnée que c'est elle qui rend compte de l'importante différence qu'il y a entre la vie humaine et la vie animale, et aussi entre la vie de l'homme civilisé et celle du rustre. Or, la série des RAISONS DE LA CONNAISSANCE, qui n'existe que dans le domaine de l'abstrait, et donc de la Raison, s'achève toujours par l'indémontrable, c'est-à-dire par une représentation qui ne trouve plus de condition ultérieure selon cette forme du principe de raison. Elle s'achève donc dans la raison intuitive immédiate *a priori* ou *a posteriori* qui détermine la proposition située le plus haut dans la chaîne déductive. Dans ma dissertation sur le principe de raison, § 50, j'ai déjà montré que c'est ici que la série des raisons de la connaissance bascule dans la série des raisons du devenir ou de l'être. Mais vouloir se prévaloir de cette circonstance pour prouver l'existence d'un inconditionné selon la loi de la causalité, fût-ce à titre de simple exigence, n'est possible que si l'on n'a pas encore distingué les formes du principe de raison et qu'on les confond toutes en s'en tenant à leur expression abstraite. B[Mais Kant cherche à accréditer cette confusion, même par un simple jeu de mots sur les concepts d'*universalitas* et d'*universitas* (A 322/B 379)[196].]B — C'est donc une erreur fondamentale que de penser que notre recherche des raisons de la connaissance supérieures, des vérités les plus générales, aurait pour origine la présupposition d'un objet inconditionné quant à son existence, ou même qu'elle aurait quoi que ce soit de commun avec cela. Aussi, comment l'essence de la Raison pourrait-elle consister à présupposer quelque chose dont elle doit reconnaître l'absurdité dès qu'elle y réfléchit ? Au contraire, on peut prouver que l'origine de ce concept d'inconditionné ne se trouve jamais dans rien d'autre que dans la paresse de l'individu qui, par un tel procédé, veut se débarrasser de toutes les questions ultérieures, qu'elles proviennent de lui ou non, et aussi de toute justification.

Certes, Kant lui-même dénie toute valeur objective à ce prétendu principe de la Raison. Mais il le donne néanmoins pour une présupposition subjective nécessaire, instaurant ainsi dans notre connaissance un clivage irrémédiable, qu'il ne va pas tarder à accentuer. À cette fin (A 322/B 379)[197], il continue de développer ce principe de la Raison selon sa chère méthode architectonico-symétrique. Les trois catégories de la relation donnent trois espèces de raisonnements, dont chacun fournit le fil directeur pour la recherche d'un inconditionné particulier. Par conséquent, il y en a trois de nouveau : l'âme, le monde (comme objet en soi et totalité close) et Dieu. Ici, il faut remarquer tout de suite une grande contradiction dont Kant ne tient aucun compte parce qu'elle serait très dangereuse pour la symétrie : deux de ces inconditionnés sont eux-mêmes à leur tour conditionnés par le troisième, à savoir l'âme et le monde par Dieu, leur cause créatrice. Ils ne partagent donc en aucune façon avec lui le prédicat de l'inconditionnalité, dont il est pourtant question ici, mais seulement celui d'être déduits des principes de l'expérience en dehors de la possibilité de l'expérience.

Cela mis à part, nous trouvons de nouveau dans les trois inconditionnés, auxquels les lois essentielles de la raison doivent arriver, trois objets fondamentaux autour desquels a tourné toute la philosophie influencée par le christianisme, depuis la scolastique jusqu'à Christian Wolff. Chez tous ces philosophes, et maintenant encore, ces concepts sont devenus très familiers et courants pour la pure raison. Mais ce n'est pas du tout une raison pour établir qu'ils devraient procéder du développement de toute raison même sans une révélation, comme un produit particulier de son essence elle-même. Pour établir ce point, il faudrait recourir à une enquête historique et rechercher si les peuples antiques et les peuples non européens, en particulier les hindous et nombre des plus anciens philosophes grecs, étaient eux aussi vraiment parvenus à ces concepts. Ou bien, à la façon des Grecs qui retrouvaient partout leurs dieux, n'est-ce pas seulement nous qui, TROP libéralement, les leur attribuons, B[en traduisant, par un contresens complet, en notre « Dieu » le Brahmâ hindou et le *tien* chinois ? Au contraire, le véritable théisme ne se trouverait-il pas uniquement dans le judaïsme et dans les deux religions qui en sont sorties — raison pour laquelle les adeptes de ces dernières rassemblent les fidèles de toutes les autres religions sur Terre sous la dénomination de

« païens »]B — une expression qui, soit dit en passant, est très simpliste et grossière, et qui devrait être bannie au moins des écrits des savants, puisqu'elle identifie et met dans le même sac les Brahmanistes, Bouddhistes, Égyptiens, Grecs, Romains, Germains, Gaulois, Iroquois, Patagoniens, Caraïbes, Tahitiens, Australiens et d'autres encore. C'est une expression qui est bonne pour les curaillons, mais dans le monde des savants, on doit lui montrer aussitôt la porte. Elle peut aller en Angleterre et s'établir à Oxford. — B[Que le bouddhisme notamment,]B C[la religion qui sur Terre compte le plus grand nombre de croyants, ne comporte absolument aucun théisme, qu'elle s'en détourne avec horreur]C B[voilà une chose tout à fait certaine.]B C[Pour ce qui est de Platon, je pense qu'il est redevable aux Juifs de ses accès périodiques de théisme. C'est pourquoi Numenius (d'après *Clem. Alex. Strom.*, I, c. 22 ; Euseb. *praep. evang., XIII, 12 13*, et Suidas, article « Numenius »), l'appelait le *Moses graecisans* [le Moïse grécisant] : Τί γάϱ ἐστι Πλάτων, ἤ Μωσῆς ἀττιϰίζων [Qu'est-ce que Platon, sinon un Moïse grécisant[198] ?]. Et il lui fait le reproche d'avoir volé (ἀποσυλήσας) aux écrits de Moïse sa doctrine de Dieu et de la création. Clément d'Alexandrie revient souvent sur le fait que Platon a connu Moïse et en a tiré parti, par exemple dans les *Strom. I, 25. — V, c. 14*, § 90, etc. ; dans le *Paedagog.*, II, 10 et III, 11 ; et aussi dans la *Cohortatio ad gentes, c. 6*, où, après avoir, dans le chapitre précédent, gourmandé et moqué, à la manière d'un sermon, tous les philosophes grecs au motif qu'ils ne sont pas devenus juifs, il met à part Platon, en fait l'éloge, et, dans une jubilation triomphante, il proclame que ce même Platon, qui a appris sa géométrie des Égyptiens, son astronomie des Babyloniens, sa magie des Thraces et aussi beaucoup des Assyriens, a pareillement appris son théisme des Juifs : Οἶδά σου τοὺς διδασκάλους κἄν ἀποκρύπτειν ἐθέλης... δόξαν τὴν τοῦ θεοῦ παρ' αὐτῶν ὠφέλησαι τῶν 'Εβραίων (*Tuos magistros novi, licet eos celare velis, ... illa de Deo sententia suppedita tibi est ab Hebraeis*) [Je connais tes maîtres, quand même tu voudrais les dissimuler... l'opinion sur Dieu, ce sont les Hébreux qui te l'ont livrée[199]]. Voilà une émouvante scène de reconnaissance. — Mais je trouve une curieuse confirmation de la chose dans ce qui suit : d'après Plutarque (*in Mario*)[200] et, mieux encore, d'après Lactance (I, 3, 19[201]), Platon a rendu grâces à la nature d'être né humain et non pas animal, homme et non pas femme, grec et non pas barbare. Or, dans l'ouvrage d'Isaak Euchel, *Gebete der Juden*, traduit de l'hébreu (deuxième édition, 1799, p. 7[202]), on trouve une prière du matin où ils remercient et louent Dieu de ce que l'orant est né juif et non païen, homme libre et non esclave, homme et non femme.]C — Une telle enquête aurait dispensé Kant de la fâcheuse nécessité où il s'est mis à présent : il fait sortir ces trois concepts par voie de nécessité de la nature de la raison, et il explique pourtant qu'ils sont insoutenables, que la raison ne peut les fonder, et c'est pourquoi il fait de la raison un sophiste, lorsqu'il écrit en A 339/B 397 : « Ce sont des sophismes, non de l'homme, mais de la raison pure elle-même, et le plus sage de tous les hommes ne saurait s'en affranchir ; peut-être, à la vérité, après bien des efforts, parviendra-t-il à se préserver de l'erreur, mais non à se délivrer de l'apparence qui le poursuit et se joue de lui sans cesse[203]. » Cm[D'après cela, on devrait comparer les « Idées de la raison » kantiennes au foyer dans lequel les rayons convergents se réfléchissant dans un miroir concave viennent se rencontrer à quelques pouces de la surface. Ainsi, en vertu d'un processus inévitable de l'entendement, un ob-jet se présente ici même, lequel objet est une chose sans réalité.]Cm

Mais pour ces trois prétendues productions nécessaires de la raison pure théorétique, le nom d'IDÉES est très malheureusement choisi. Kant l'a pris à Platon, qui par là désignait les formes immuables, lesquelles, multipliées selon le temps et l'espace, deviennent visibles, mais d'une manière imparfaite, dans les choses innombrables, individuelles, périssables. Par suite, les Idées de Platon sont complètement intuitives, comme le mot même que Platon a choisi l'indique suffisamment, mot qu'on ne pourrait traduire adéquatement que par « intuitivités » <*Anschaulichkeiten*>, ou « visibilités » <*Sichtbarkeiten*>. Et Kant s'est approprié le mot afin de désigner ce qui réside si loin de toute intuition possible que même la pensée abstraite ne peut y atteindre qu'à moitié[204]. Le mot « Idée », que Platon introduisit le premier, a toujours conservé depuis tout ce temps, pendant vingt-deux siècles, la signification qu'il avait dans l'usage qu'en faisait Platon. En effet, ce ne sont pas seulement tous les philosophes de l'Antiquité, mais aussi tous les scolastiques et même les Pères de l'Église et les théologiens du Moyen Âge qui ont fait usage du mot dans sa seule signification platonicienne, c'est-à-dire au sens du mot latin d'*exemplar*, comme Suárez l'explique expressément dans sa vingt-cinquième dispute, sect. 1[205]. — Que, plus tard, la pauvreté de leur langue ait conduit les Anglais et les Français à en faire un usage déplacé, c'est là une chose assez fâcheuse, mais guère importante. Kant a donc fait un usage déplacé et absolument injustifiable du mot IDÉE en introduisant un nouveau sens, qui a été tiré du fil ténu du « ne-pas-être-objet-de-l'expérience » et qui possède ce caractère en commun avec les Idées de

Platon, mais aussi avec toutes les chimères possibles. B[Puisque l'usage déplacé qui a cours depuis quelques années ne pèse pas lourd face à l'autorité de maints siècles, je prends le mot « Idée » toujours dans sa signification antique, originelle,]B C[à savoir platonicienne.]C

La réfutation de la PSYCHOLOGIE RATIONNELLE est bien plus complète et plus approfondie dans la première édition de la *Critique de la raison pure* que dans la seconde et les suivantes. Par conséquent, c'est de celle-là qu'il faut absolument se servir ici. Dans son ensemble, cette réfutation a de grands mérites et beaucoup de vrai. Je suis pourtant convaincu que c'est simplement par amour pour la symétrie que Kant déduit de ce paralogisme, comme une conséquence nécessaire, le concept d'âme en appliquant l'exigence de l'inconditionné au concept de substance, première catégorie de la relation. Par suite, il affirme que dans toute raison spéculative naît le concept d'une âme. B[Si ce concept avait vraiment son origine dans la présupposition d'un sujet dernier de tous les prédicats d'une chose, il faudrait alors avoir admis une âme, tout aussi nécessairement, non seulement chez l'homme, mais aussi dans toute chose inanimée, puisqu'une telle chose requiert elle aussi un sujet dernier de ses prédicats. Mais, de manière générale, Kant se sert d'une expression tout à fait inadmissible, lorsqu'il parle d'une chose qui pourrait exister seulement comme sujet, et non comme prédicat (par exemple, *Critique de la raison pure*, A 323/B 412 ; *Prolégomènes*, § 4 et 47)[206] — il est vrai qu'on trouve un précédent déjà dans la *Métaphysique* d'Aristote, IV, chap. 8[207]. Rien n'existe comme sujet et prédicat, car cette expression appartient exclusivement à la logique et désigne la relation des concepts abstraits les uns envers les autres. Or, dans le monde intuitif, leurs corrélats ou représentants sont censés être la substance et l'accident. Mais alors nous n'avons pas besoin de chercher plus loin ce qui n'existe toujours que comme substance et jamais comme accident : nous l'avons immédiatement dans la matière. Elle est la substance de toutes les propriétés des choses, en tant que celles-ci sont ses accidents.]B Cm[Si l'on veut conserver l'expression de Kant que je viens de critiquer, on dira qu'elle est vraiment le sujet dernier de toute chose empiriquement donnée, c'est-à-dire ce qui reste après abstraction de toutes ses propriétés en tout genre : cela vaut pour l'homme comme pour l'animal, de la plante ou de la pierre, et c'est si évident que, pour ne pas le voir, cela exige une volonté déterminée de ne pas voir.]Cm Je vais bientôt montrer que la matière est vraiment le prototype du concept de substance. — Mais le sujet et le prédicat sont bien plutôt à la substance et à l'accident ce que le principe de raison suffisante en logique est au principe de causalité dans la nature, et la confusion ou l'identification des premiers est tout aussi inadmissible que celle des deux suivants. Mais Kant pousse cette dernière confusion et identification à un point extrême dans les *Prolégomènes*, § 46, et cela afin de faire naître le concept d'âme du sujet dernier de tous les prédicats et de la forme du syllogisme catégorique. Pour découvrir le caractère sophistique de ce paragraphe, on n'a besoin que de se souvenir du fait que sujet et prédicat sont des déterminations purement logiques, ne s'appliquant qu'à des concepts abstraits, et ce en fonction de leur relation au jugement. Au contraire, substance et accident appartiennent au monde intuitif et à son appréhension dans l'entendement. Mais on ne les y trouve qu'identiques avec la matière et la forme ou qualité. Disons tout de suite un peu plus à ce sujet.

L'opposition qui a donné l'occasion de supposer l'existence de deux substances fondamentalement différentes, le corps et l'âme, est en réalité celle de l'objectif et du subjectif. Lorsque l'homme se conçoit objectivement dans l'intuition externe, il trouve un être étendu dans l'espace et en général complètement corporel. Au contraire, s'il se conçoit dans la simple conscience de soi, d'une façon purement subjective donc, il trouve alors simplement quelque chose qui veut et représente, libre de toutes les formes de l'intuition, et donc aussi sans aucune des propriétés qui reviennent aux corps. Il forme alors le concept de l'âme comme on forme tous les concepts transcendants (nommés par Kant Idées) : il applique le principe de raison, la forme de tout objet, à ce qui n'est pas un objet, ici au sujet de la connaissance et du vouloir. C'est-à-dire qu'il considère la connaissance, la pensée et le vouloir comme des effets dont il cherche la cause, sans pouvoir supposer que le corps soit cette cause ; alors il pose une cause de ces effets totalement différente du corps. C'est de cette manière que le premier dogmatique et le dernier prouvent l'existence de l'âme, à savoir Platon déjà dans le *Phèdre* et Wolff encore : ils partent de la pensée et du vouloir comme effets qui les conduisent à cette cause. C'est d'abord de cette manière, par l'hypostase d'une cause correspondant à un effet, que le concept d'un être immatériel, simple, indestructible était né, et l'École l'a développé et l'a démontré à partir du concept de SUBSTANCE. Mais ce concept lui-même, elle l'avait auparavant formé expressément à cette fin, au moyen d'un artifice qu'il vaut la peine d'examiner dans ce qui suit.

Avec la première classe de représentations, à savoir le monde intuitif, réel, la représentation de la matière est elle aussi donnée, parce que la loi de causalité qui régit cette classe détermine le changement des états, lesquels supposent eux-mêmes quelque chose qui persiste et dont ils sont le changement. Plus haut, quand j'ai parlé du principe de permanence de la substance, j'ai montré, en me référant à des passages antérieurs, que la représentation de la matière naît ainsi : dans l'entendement, pour lequel seul la matière existe, la loi de causalité (sa forme de connaissance unique) unit intimement l'espace et le temps et ce qui, dans ce produit, revient à l'espace se présente comme la persistance de la MATIÈRE, ce qui revient au temps, comme changement des *états* de celle-ci. Prise purement pour elle-même, la matière ne peut être pensée qu'*in abstracto* ; elle ne peut être objet d'intuition, vu qu'elle apparaît à l'intuition toujours déjà revêtue d'une forme et d'une qualité. Or, le concept de SUBSTANCE est à son tour une abstraction, et donc un *genus* [genre] supérieur de ce concept de MATIÈRE. Il a été formé ainsi : du concept de matière, on n'a gardé que le prédicat de la permanence, tandis qu'on écartait en pensée toutes ses autres propriétés essentielles, telles l'extension, l'impénétrabilité, la divisibilité, etc. Comme tout *genus* plus général, le concept de SUBSTANCE A UNE COMPRÉHENSION MOINDRE que le concept de MATIÈRE ; mais, à la différence de tout autre *genus* plus général, il n'en possède pas pour autant UNE EXTENSION PLUS GRANDE : il ne comprend pas de *genera* subordonnées en plus de la matière. Cette dernière reste la seule vraie sous-espèce du concept de substance, le seul objet de démonstration, par quoi son contenu est réalisé et trouve une justification. Le but en vue duquel la raison produit partout ailleurs un concept plus général par abstraction — c'est-à-dire afin de penser en même temps dans ce concept différentes espèces subordonnées différant par leurs déterminations secondaires —, ce but n'a donc ici plus du tout lieu d'être. Par conséquent, ou bien cette abstraction a été entreprise sans aucun but et inutilement, ou bien c'était dans une arrière-pensée secrète. Or celle-ci apparaît en pleine lumière quand, sous le concept de substance, on coordonne à sa sous-espèce véritable, la matière, une seconde espèce, à savoir le concept d'une substance immatérielle, simple, indestructible : l'âme. Mais ce concept s'est insinué par le fait que dès la formation du concept supérieur de SUBSTANCE, on avait procédé d'une façon contraire à la loi et illogique. Dans son cours régulier la raison forme toujours un concept d'un genre plus général de cette unique façon : elle rapproche les uns des autres plusieurs concepts spécifiques, elle procède par voie comparative, discursivement, et, en laissant de côté leur différences pour ne retenir que leurs caractères communs, elle obtient un concept générique qui les inclut tous, mais possède une compréhension moindre. Il en découle que les concepts spécifiques doivent toujours précéder le concept générique. Mais dans le cas présent, c'est l'inverse qui se produit. Seul le concept de matière précédait le concept générique de SUBSTANCE. C'est ainsi sans raison et donc sans justification, inutilement, que le concept de substance a été formé à partir de celui de matière, en laissant de côté arbitrairement toutes ses déterminations à l'exception d'une seule. Ce n'est qu'après cela qu'à côté du concept de matière on a établi et insinué de la sorte cette fausse sous-espèce. Pour la former, on n'avait besoin de rien d'autre que d'une négation expresse de ce que l'on avait déjà auparavant laissé de côté tacitement dans le concept générique plus général, c'est-à-dire l'extension, l'impénétrabilité, la divisibilité. Le concept de SUBSTANCE fut donc formé afin d'être le véhicule de l'insinuation du concept de la substance immatérielle. Par conséquent, il est très loin de pouvoir valoir comme catégorie ou comme fonction nécessaire de l'entendement. Au contraire, il s'agit d'un concept complètement superflu, puisque son seul contenu véritable se trouve déjà dans le concept de matière. Celle-ci mise à part, il ne contient qu'un grand vide qu'on ne peut parvenir à combler, si ce n'est en insinuant parallèlement une autre espèce, celle de SUBSTANCE IMMATÉRIELLE — et c'est même à la seule fin d'admettre cette dernière que le concept de substance a été formé. C'est pourquoi, rigoureusement parlant, il faut absolument bannir ce concept, et mettre partout à sa place celui de matière.

Les catégories étaient un lit de Procuste pour toute chose possible, tandis que les trois espèces de syllogismes ne le sont que pour les trois « Idées ». Kant avait contraint l'Idée de l'âme à trouver son origine dans la forme du syllogisme catégorique. C'est maintenant au tour des représentations dogmatiques concernant le monde comme totalité <*das Weltganze*>, pour autant qu'il est pensé, comme objet en soi, entre deux limites, celle de l'infiniment petit (l'atome) et celle de l'infiniment grand (les limites du monde dans le temps et l'espace). Or, elles doivent dériver de la forme du syllogisme hypothétique. À cette fin, il n'est pas en soi nécessaire de recourir à une contrainte particulière. En effet, le jugement hypothétique tire sa forme du principe de raison, et, dans les faits, ce sont toutes ces « Idées », et pas seulement l'Idée cosmologique, qui naissent d'une application irréfléchie et inconditionnelle de ce principe, puis de sa mise à l'écart arbitraire. La chose se produit ainsi : selon ce principe, on ne recherche jamais que la dépendance d'un objet vis-à-vis d'un autre, et cela jusqu'à ce que, finalement, par fatigue, l'imagination façonne un terme à sa quête. Mais, ce faisant, on a perdu de vue que tout objet, que la série totale des objets, et que le principe de raison lui-même, se tiennent dans une dépendance bien plus étroite et bien plus grande : la dépendance à l'égard du sujet connaissant. Le principe de raison n'a donc de validité que pour les objets de ce sujet, c'est-à-dire pour ses représentations, dans la mesure où il se borne à déterminer leur place dans l'espace et dans le temps. La forme de la connaissance dont sont déduites ici les seules Idées cosmologiques, à savoir le principe de raison, est donc l'origine de toutes les hypostases ratiocinantes. Pour cette déduction, Kant n'avait donc, pour le coup, pas besoin de commettre de nouveau sophisme. Mais il avait d'autant plus besoin d'y recourir afin de classer ces Idées en fonction des quatre titres des catégories.

1) Au point de vue du temps et de l'espace, et donc des limites spatio-temporelles du monde, Kant considère témérairement les Idées cosmologiques comme déterminées par la catégorie de la QUANTITÉ, avec laquelle elles n'ont manifestement rien en commun, si ce n'est qu'en logique, il se trouve qu'on désigne la compréhension du concept de sujet dans un jugement par le mot QUANTITÉ, ce qui est une expression métaphorique, à la place de laquelle on aurait pu tout aussi bien choisir une autre. Mais

l'amour de Kant pour la symétrie n'a pas besoin de plus pour exploiter le hasard heureux de cette dénomination, et pour y rattacher les dogmes transcendants sur l'étendue du monde.

2) De façon plus téméraire encore, Kant rattache à la QUALITÉ, c'est-à-dire à l'affirmation et à la négation dans un jugement, les Idées transcendantes sur la matière, ce qui ne se fonde pas même sur une ressemblance fortuite de mots : car c'est bien à la quantité et non à la QUALITÉ de la matière que se rapporte sa divisibilité mécanique (mais non la divisibilité chimique). Mais, qui plus est, toute cette idée de divisibilité ne relève aucunement des suites nécessaires du principe de raison, duquel, en tant que contenu de la forme hypothétique, doivent découler pourtant toutes les Idées cosmologiques. Car l'affirmation, sur laquelle s'appuie ici Kant, qui veut que la relation des parties au tout soit celle de la condition au conditionné, qu'elle soit donc une relation conforme au principe de raison — cette affirmation est sophisme, subtil certes, mais dénué de fondement. Cette relation s'appuie au contraire sur le principe de contradiction. Car le tout n'est pas par les parties, ni les parties par le tout ; les deux termes sont nécessairement ensemble, parce qu'ils ne forment qu'une seule chose, et que leur séparation n'est qu'un acte arbitraire. Là-dessus, et d'après le principe de contradiction, se fonde le fait que si l'on révoque en pensée les parties, c'est le tout que l'on révoque aussi, et inversement. Mais cela ne se fonde d'aucune façon sur le fait que les parties comme RAISON conditionneraient le tout comme CONSÉQUENCE, et que par conséquent le principe de raison nous pousserait nécessairement à rechercher les parties ultimes, qui, comme raison du tout, nous permettraient de le

comprendre. — Voilà les difficultés considérables que résout ici l'amour pour la symétrie.

3) L'Idée de cause première du monde pourrait venir se ranger d'une façon tout à fait appropriée sous le titre de la RELATION. Mais Kant doit la réserver pour le quatrième titre, celui de la modalité, pour lequel sinon il ne resterait plus rien et il contraint alors cette Idée à s'y subordonner, en disant que le contingent (c'est-à-dire, selon son explication diamétralement opposée à la vérité: toute conséquence à partir d'une raison) devient nécessaire par la cause première. — C'est donc au profit de la symétrie qu'apparaît ici, à titre de troisième Idée, le concept de LIBERTÉ par quoi, à vrai dire, on n'entend pourtant que la seule Idée qui convienne ici, celle de cause du monde, comme la remarque à la Thèse du troisième conflit l'énonce clairement. Les troisième et quatrième conflits sont au fond tautologiques.

À propos de tout cela, je trouve et j'affirme que toute l'Antinomie n'est que du bluff sophistiqué, un simulacre de combat[208]. Seuls les énoncés[209] des ANTITHÈSES reposent vraiment sur les formes de notre faculté de connaissance, à savoir, exprimé objectivement, sur les lois de la nature nécessaires, connues *a priori*, et les plus universelles. Par conséquent, seules les preuves des antithèses sont conduites à partir de fondements <*Gründe*> objectifs. À l'inverse, les énoncés et les preuves des THÈSES n'ont qu'un fondement subjectif. Ils ne reposent que sur la seule faiblesse de l'individu ratiocinant, dont l'imagination est fatiguée par un *regressus* [régression] infini. Par conséquent, elle y met un terme au moyen de présuppositions arbitraires, qu'elle cherche à enjoliver au maximum. À cela s'ajoute encore qu'à cause de préjugés profondément et depuis longtemps enracinés, sa faculté de jugement est, en cet endroit, complètement paralysée. C'est pourquoi la preuve de la thèse dans tous les conflits n'est qu'un pur sophisme. Au contraire, la preuve de l'antithèse est une conséquence inévitable de la raison qui découle des lois du monde comme représentation, lois dont nous avons conscience *a priori*. Kant lui-même n'a pu qu'à grand-peine, artificiellement et sans que rien l'y autorise, soutenir la thèse, et lui faire livrer un combat truqué contre un adversaire doué d'une force qu'il tire de lui-même. Voici maintenant l'artifice principal et constant dont il fait ici usage : à la différence de ce que l'on fait quand on est conscient de la vérité de son principe, il ne met pas en avant le *nervus argumentationis* [nerf de l'argumentation], et ne le place pas sous nos yeux ainsi isolé, dénudé, clairement exprimé, comme on doit toujours le faire dans la mesure du possible. Au contraire, du côté de la thèse comme de l'antithèse, l'argumentation est établie en étant cachée et diluée dans un flot de phrases prolixes et interminables.

Les thèses et antithèses qui entrent ici en conflit rappellent le δίκαιος λόγος et l'ἄδικος λόγος que Socrate fait se combattre l'un l'autre dans *Les Nuées* d'Aristophane[210]. Cette ressemblance ne s'étend cependant qu'à la forme, mais pas au contenu, comme aimeraient bien l'affirmer ceux qui attribuent à ces questions, les plus spéculatives de la philosophie théorique, une influence sur la moralité, et qui par conséquent prennent sérieusement la thèse pour le δίκαιος et l'antithèse pour l'ἄδικος λόγος. Cependant, je ne vais pas ici m'abaisser à témoigner des égards à de tels petits esprits bornés et dévoyés. Ce n'est pas eux, mais la vérité que je vais honorer en montrant que seules les preuves avancées par Kant pour les Thèses sont des sophismes, tandis que celles qui sont avancées pour les Antithèses sont parfaitement franches, exactes et fondées sur des raisons objectives. — Je suppose que, pour toute cette preuve, le lecteur a sous les yeux l'Antinomie de Kant elle-même.

Supposons que la preuve de la Thèse dans le premier Conflit soit juste, alors elle prouverait trop, dans la mesure où elle serait applicable tout aussi bien au temps lui-même qu'au changement dans le temps, et par conséquent elle aurait prouvé que le temps lui-même doit avoir commencé, ce qui est absurde. Au demeurant, le sophisme consiste en ce qu'au lieu de l'absence de commencement de la série des états, objet premier de l'exposé, on substitue soudain son absence de fin (infinité) <*Endlosigkeit (Unendlichkeit)*> et qu'on prouve alors, ce dont personne ne doute, qu'elle est dans une contradiction logique avec l'achèvement <*Vollendetsein*>, et que cependant tout présent est la fin du passé. Mais on peut toujours PENSER la fin d'une série sans commencement, sans porter préjudice à son absence de commencement, et, inversement, on peut aussi PENSER le commencement d'une série sans fin. L'argument vraiment juste, c'est celui de l'Antithèse : les changements du monde présupposent EN AMONT, d'une façon absolument nécessaire, une série infinie de changements. Mais Kant n'avance rien du tout contre cela. Nous pouvons penser la possibilité que la série causale s'achève un jour dans un état de repos absolu, mais en aucune façon la possibilité d'un commencement absolu*[211].

* Que l'hypothèse de limites du monde dans le temps n'est pas du tout une pensée nécessaire, on peut aussi le prouver historiquement : les Hindous n'enseignent rien de tel dans la religion populaire, ni, à plus forte raison dans le *Véda*. Au contraire, ils s'efforcent d'exprimer l'infinité de ce monde phénoménal, de ce

À propos des limites spatiales du monde, Kant prouve que si on doit appeler ce monde un TOUT DONNÉ, il doit nécessairement avoir des limites. La conséquence est exacte, seulement c'était le membre précédent de la proposition qu'il fallait démontrer, et qui reste indémontré. Une totalité suppose des limites, et des limites supposent une totalité, mais toutes les deux ensemble sont ici présupposées arbitrairement. — Sur ce second point, l'Antithèse ne nous donne pas plus de preuve satisfaisante que pour le premier. En effet, la loi de causalité ne nous donne des déterminations nécessaires qu'au regard du temps, et non de l'espace, et si nous avons assurément la certitude *a priori* qu'aucun temps rempli ne peut avoir pour limite un temps vide qui le précède, et qu'aucun changement ne peut être le premier, nous n'avons en revanche aucune certitude qu'un espace plein ne peut être contigu à un espace vide. Dans cette mesure, il serait impossible de trancher *a priori* cette dernière question. Néan-

---

voile de *mâyâ* sans consistance et sans être, au moyen d'une chronologie monstrueuse, en montrant d'une façon très suggestive dans le mythe suivant la relativité de toute durée temporelle (Polier, *Mythologie des Indous*, vol. 2, p. 585). Les quatre âges, dans le dernier desquels nous vivons, comprennent à eux tous 4 320 000 ans. De telles périodes de quatre âges, chaque jour du Brahmâ créateur en comprend 1 000, et chacune de ses nuits, 1 000 également. Son année comporte 365 jours et autant de nuits. Il vit, toujours créant, pendant 100 de ses années. Et quand il meurt, un autre Brahmâ naît aussitôt, et ainsi de suite d'éternité en éternité. Le mythe particulier des *Purânas*, que Polier rapporte dans son ouvrage (t. 2, p. 594), exprime la même relativité du temps : un rajah, après avoir rendu visite à Vishnu pendant quelques instants dans son ciel, découvre, à son retour sur Terre, que plusieurs millions d'années se sont passées et qu'un nouvel âge a commencé, car chaque jour de Vishnu équivaut à 100 retours des quatre âges.

moins, la difficulté que nous éprouvons à penser le monde limité dans l'espace tient à ce que l'espace lui-même est nécessairement infini. Par conséquent, un monde fini et limité, quelque grand fût-il, ne possède, dans l'espace, qu'une grandeur infiniment petite. L'imagination voit un insurpassable scandale dans cette disproportion B[: elle ne lui laisse que le choix entre penser le monde soit comme infiniment grand, soit comme infiniment petit.]B Cm[Les philosophes antiques l'avaient déjà vu : Μητρόδωρος, ὁ καθηγητὴς 'Επικούρου, φησὶν ἄτοπον εἶναι ἐν μεγάλῳ πεδίῳ ἕνα στάχυν γεννηθῆναι, καὶ ἕνα κόσμον ἐν τῷ ἀπείρῳ (*Metrodorus, caput scholae Epicuri, absurdum ait, in magno campo spicam unam produci, et unum in infinito mundum*) [Métrodore, le maître de l'école d'Épicure, enseigne qu'il est absurde qu'un seul épi pousse dans un champ et qu'un seul monde se produise dans l'infini], *Stob. Ecl., I, c. 23.* — Par conséquent, beaucoup d'entre eux enseignèrent (comme c'est écrit juste à la suite), qu'il y a ἀπείρους κόσμους ἐν τῷ ἀπείρῳ (*infinitos mundos in infinito*) [une infinité de mondes dans l'infini[212]].]Cm. C'est aussi le sens de l'argument de Kant en faveur de l'Antithèse ; seulement, il l'a défiguré par un exposé scolastique et alambiqué. On pourrait utiliser le même argument contre les limites du monde dans le temps et dans l'espace si l'on ne disposait pas déjà d'un bien meilleur argument selon le fil conducteur de la causalité. B[De plus, quand on fait l'hypothèse d'un monde limité dans l'espace, on soulève la question insoluble de savoir de quel privilège a bénéficié la partie remplie de l'espace sur la partie infinie, demeurée vide. Giordano Bruno donne un exposé complet et très digne d'être lu des arguments pour et contre la finitude du monde dans le cinquième dialogue de son ouvrage *Del Infinito, universo e mondi*[213]. Du reste, Kant lui-même, dans son *Histoire naturelle et Théorie du ciel* (partie II, chap. 7)[214], affirme sérieusement et à partir de raisons objectives que le monde est infini dans l'espace. Aristote professe lui aussi la même doctrine en *Phys.* III, 4[215], dans un chapitre qui, avec les suivants, vaut la peine d'être lu en rapport avec cette Antinomie.]B

Dans le second Conflit, la Thèse commet immédiatement une *petitio principii* fort peu discrète, en commençant ainsi : « Toute substance COMPOSÉE est faite de parties simples[216]. » À partir de la composition, supposée ici arbitrairement, elle prouve évidemment très facilement les parties simples. Mais c'est justement le principe duquel elle dépend (« toute matière est composée ») qui reste indémontré, précisément parce qu'il s'agit d'une hypothèse sans fondement. En effet, au simple ne s'oppose pas le composé, mais l'étendu, ce qui possède des parties, qui est divisible. B[Mais à vrai dire, il est ici tacitement admis que les parties étaient là avant le tout,]B Cm[et qu'elles ont été rassemblées pour former le tout : car c'est cela que veut dire le mot « composé ».]Cm B[Néanmoins, on ne peut pas plus affirmer cela que le contraire.]B Cm[La divisibilité veut dire seulement la possibilité de décomposer en parties. Cela ne veut aucunement dire que le tout est composé de parties et qu'il a été formé à partir d'elles. La divisibilité affirme seulement les parties *a parte post* ; la composition les affirme *a parte ante*.]Cm B[Car entre les parties et le tout, il n'y a par essence aucune relation temporelle. Au contraire, parties et tout se conditionnent réciproquement et sont, dans cette mesure, toujours contemporains, car il n'y a d'étendue spatiale que si les deux existent. Par conséquent, ce que Kant dit dans la remarque à la Thèse, à savoir que « l'on ne devrait pas à strictement parler nommer l'espace un *compositum* mais un *totum*, etc.[217] », cela vaut tout aussi bien de la matière, vu que cette dernière n'est que l'espace devenu perceptible.]B — Au contraire, la divisibilité infinie de la matière, affirmée par l'Antithèse, découle *a priori* et incontestablement de celle de l'espace qu'elle remplit. On ne peut rien dire contre ce principe. Par conséquent, Kant lui aussi, en A 513/B 541[218], à un endroit où il parle sérieusement et en son nom propre, et non plus à titre de porte-parole de l'ἄδικος λόγος, le présente comme une vérité objective. De même, dans les *Premiers principes métaphysiques d'une science de la nature* (p. 108 de la première édition)[219], la proposition « la matière est divisible à l'infini » joue, à titre de vérité établie, le rôle de fer de lance de la preuve du premier théorème de la Mécanique, après avoir fait son apparition et été prouvé comme quatrième théorème de la Dynamique[220]. Mais ici, Kant gâte la preuve en faveur de l'Antithèse par une très grande confusion de l'exposé et une inutile débauche de mots, et cela dans l'intention retorse de faire en sorte que l'évidence de l'Antithèse ne fasse pas trop d'ombre aux sophismes de la Thèse. — B[Les atomes ne sont pas du tout une pensée nécessaire de la raison, mais une simple hypothèse pour expliquer les différences de poids spécifique des corps. Que nous puissions cependant l'expliquer par un autre moyen, mieux même et plus simplement que par l'atomistique, Kant lui-même l'a montré dans la Dynamique de ses *Premiers principes métaphysiques d'une science de la nature*, et avant lui Priestley, *On matter and spirit, sect. 1*)[221]. Déjà chez Aristote, *Phys.*, IV, 9[222], on trouve exprimée cette pensée fondamentale.]B

L'argument en faveur de la troisième Thèse est un

sophisme très subtil. C'est à vrai dire le prétendu principe de la Raison lui-même forgé par Kant, tout pur et inchangé. Cet argument entend prouver la finité <*Endlichkeit*> de la série des causes de la façon suivante : une cause, pour être SUFFISANTE, doit comporter la somme intégrale des conditions à partir desquelles est produit l'état suivant, l'effet. Cette intégralité <*Vollständigkeit*> des déterminations qui sont SIMULTANÉES dans l'état qui est la cause, l'argument la substitue ensuite à l'intégralité de la SÉRIE des causes qui ont amené cet état lui-même à l'existence effective. Et parce que l'intégralité présuppose l'achèvement <*Geschlossenheit*>, et l'achèvement la finité, l'argument en tire une cause première et inconditionnée fermant la série. Mais le tour de passe-passe est patent. Afin de comprendre l'état A comme cause suffisante de l'état B, je suppose qu'il comportait l'intégralité des déterminations qui sont ici requises et grâce à la réunion desquelles l'état B s'ensuit inévitablement. Par là, ma requête de l'état A comme cause SUFFISANTE est totalement satisfaite. Elle n'a aucune connexion immédiate avec la question de savoir comment l'état A lui-même est venu à l'existence effective. Au contraire, cette question relève d'une tout autre considération, où je regarde ce même état A non plus comme une cause, mais lui-même de nouveau commc un effet, ce dont je déduis un autre état qui doit se rapporter de nouveau à lui tout comme lui-même se rapporte à l'état B. Mais la supposition de la finité de la série des causes et des effets, et par suite celle d'un premier commencement, n'apparaît dans tout cela à aucun moment comme nécessaire. Elle l'est aussi peu que l'hypothèse d'un commencement du temps lui-même pour expliquer la présence de l'instant présent. Elle n'est introduite que par la paresse de l'individu qui s'adonne à la spéculation. C'est donc énoncer une proposition fausse et frauduleuse que d'affirmer que cette présupposition[223] réside dans l'hypothèse d'une cause comme RAISON SUFFISANTE, comme je l'ai montré en détail quand j'ai examiné le principe de la Raison de Kant, lequel coïncide avec cette thèse. Pour expliquer l'affirmation de cette thèse inexacte, Kant n'éprouve aucune honte, dans sa remarque à cette même Thèse, à donner comme exemple de commencement inconditionné le fait de se lever de sa chaise : comme s'il lui était possible de se lever sans motif, comme la bille de rouler sans cause ! Il fait appel aux philosophes de l'Antiquité (ce qui suggère qu'il sentait la faiblesse de la thèse), procédé dont je n'ai pas besoin de montrer l'absence de fondement en m'appuyant sur Ocellus Lucanus, les Éléates, etc., — sans parler des Hindous. Contre la démonstration de l'Antithèse, comme pour les précédentes, il n'y a rien à objecter.

Le quatrième Conflit est, comme je l'ai déjà remarqué, une véritable tautologie du troisième. De même, la preuve de la Thèse est fondamentalement identique à celle de la précédente. Elle affirme que tout conditionné suppose une SÉRIE intégrale de conditions, laquelle doit par conséquent s'achever avec l'inconditionné. C'est une *petitio principii*, qu'on doit absolument rejeter. Tout conditionné ne suppose rien d'autre que sa condition. Que cette dernière soit à son tour conditionnée, cela suscite un nouvel examen, qui n'est pas immédiatement contenu dans le premier.

C[On ne peut nier que l'Antinomie ne soit, dans une certaine mesure, qu'apparente. Cependant,]C B[il est remarquable qu'aucune partie de la philosophie kantienne n'ait rencontré si peu de contradiction, qu'aucune n'ait trouvé autant de reconnaissance que cette doctrine si paradoxale. Presque toutes les écoles philosophiques et les manuels l'ont tenue pour valide et l'ont répétée, voire remaniée, tandis que presque toutes les autres doctrines de Kant ont été contestées ; il est vrai qu'il n'y a jamais manqué d'esprits bancals capables même de critiquer l'Esthétique transcendantale. L'approbation unanime par laquelle, tout au contraire, a été accueillie l'Antinomie peut s'expliquer, au fond, par le fait que certaines personnes trouvent un contentement intérieur à considérer le point où l'entendement est censé s'arrêter si brutalement, après avoir buté sur quelque chose qui en même temps est et n'est pas. Ainsi, ils auraient vraiment devant les yeux le sixième artifice de Philadelphie, annoncé dans les *Anschlagszettel* de Lichtenberg[224].]B

La SOLUTION CRITIQUE du Conflit cosmologique qui suit n'a pas, si on s'enquiert de son sens véritable, celui que lui donne Kant, à savoir celui d'une solution du Conflit grâce à la démonstration que les deux parties, provenant d'hypothèses fausses, sont, dans le premier et le deuxième Conflit, toutes les deux inexactes, mais exactes toutes les deux dans les troisième et quatrième. Mais cette solution n'est, dans les faits, que la confirmation des antithèses et l'explication de leurs assertions.

Dans cette Solution, Kant commence par affirmer une chose manifestement inexacte, à savoir que les deux parties proviendraient de la présupposition, jouant le rôle de majeure, qu'avec le conditionné est donnée aussi la SÉRIE intégrale (et donc achevée) de ses conditions. Mais seule la THÈSE faisait de ce principe (qui n'est autre que le principe de la Raison de Kant) le fondement de ses affirmations. L'Antithèse, à l'inverse, le niait expressément d'une manière générale, et elle affirmait le contraire. De plus, Kant met encore à la charge des deux parties la présupposition suivante : le monde en lui-même est indépendant de son être-connu et de ses formes. Mais, ici encore, seule la Thèse fait cette présupposition. Au contraire, elle fonde si peu les affirmations de l'Antithèse qu'elle est même totalement inconciliable avec elles. Car le concept d'une série infinie contredit radicalement le fait qu'elle soit donnée totalement. Par conséquent, c'est une propriété essentielle de la série qu'elle n'existe jamais qu'en fonction du fait qu'on la parcoure, et non pas indépendamment de lui. Au contraire, dans la présupposition de limites déterminées réside également celle d'un tout, qui existe pour soi et indépendamment de la mise en œuvre de sa mesure. Ainsi donc, seule la Thèse fait la fausse présupposition d'un tout du monde existant en soi, c'est-à-dire donné avant toute connaissance, et auquel la connaissance viendrait simplement s'ajouter. L'Antithèse combat radicalement et dès l'origine cette présupposition, car l'infinité des séries, qu'elle n'a affirmé qu'en prenant le principe de raison pour guide, ne peut exister que dans la mesure où le *regressus* est mis en œuvre, et non pas indépendamment de lui. En effet, comme l'objet suppose en général le sujet, de même l'objet déterminé comme une chaîne INFINIE de conditions suppose nécessairement dans le sujet le mode de connaissance qui lui correspond, c'est-à-dire l'INCESSANTE REMONTÉE des maillons de cette chaîne. Mais c'est précisément ce que Kant nous donne comme solution du Conflit et qu'il répète si souvent : « l'infinité de la grandeur du monde n'est que PAR le *regressus*, et non pas AVANT ». Sa solution du Conflit n'est donc en vérité qu'une décision en faveur de l'Antithèse, dans laquelle se trouve déjà l'affirmation de cette vérité. Elle est ainsi totalement, laquelle est totalement inconciliable avec les affirmations de la Thèse. Si la Thèse avait affirmé que le monde consiste en séries infinies de raisons et de conséquences, et cela néanmoins indépendamment de la représentation et de sa série régressive, existant donc en soi et constituant par conséquent un tout donné, l'antithèse n'aurait pas contredit seulement la Thèse, mais aussi elle-même : car un infini ne peut jamais être totalement donné, ni une série INFINIE exister à moins d'être parcourue sans fin, ni un illimité constituer un tout. Cette présupposition appartient donc à la seule Thèse, tandis que Kant affirme qu'elle a induit en erreur les deux parties.

B[Aristote enseignait déjà qu'un infini ne peut jamais être donné *actu*, c'est-à-dire effectivement, mais simplement *potentia*. Οὐκ ἔστιν ἐνεργείᾳ εἶναι τὸ ἄπειρον... ἀλλ' ἀδύνατον τὸ ἐντελεχείᾳ ὂν ἄπειρον *(Infinitum non potest esse actu... sed impossibile, actu esse infinitum)* [il n'est pas d'infini en acte : il est impossible que l'infini soit en acte]. *Metaph., K, 10*[225]. — De plus : Κατ' ἐνέργειαν μὲν γὰρ οὐδέν ἐστιν ἄπειρον, δυνάμει δὲ ἐπὶ τὴν διαίρεσιν. *(Nihil enim actu infinitum est, sed potentia tantum, nempe divisione ipsa)* [En acte, en effet, rien n'est infini, et l'infini en puissance ne se trouve que dans la division]. *De generatione et corruptione*, I, 3[226]. — Il explique cela en détail en *Phys.* III, 5 et 6, où, pour ainsi dire, il donne très exactement la solution de l'ensemble des oppositions antinomiques. Il expose les antinomies selon sa manière concise, et dit alors : « cela nécessite un médiateur (διαιτήτου) », suite à quoi il donne la solution : l'infini du monde, dans l'espace comme dans le temps et dans la division, n'est jamais AVANT le *regressus* ou le *progressus*, mais EN lui. — Cette vérité réside donc déjà dans le concept de l'infini bien compris. On se trompe donc quand on veut penser l'infini (quelle que soit son espèce) comme quelque chose qui se trouve là, achevé, et indépendant du *regressus*.]B

Adoptant un procédé inverse, si l'on prend pour point de départ ce que Kant nous donne pour la solution du Conflit, on en tire précisément et directement l'affirmation de l'antithèse. En effet : si le monde n'est pas un tout inconditionné, s'il n'existe pas en soi mais seulement dans la représentation ; si ses séries de raisons et de conséquences n'existent pas AVANT le *regressus* des représentations, mais seulement PAR ce *regressus*, alors le monde ne peut contenir des séries déterminées et finies, parce que sa détermination et sa limitation devraient être indépendantes de la représentation qui ne fait que s'y ajouter. Toutes ses séries doivent donc être infinies, c'est-à-dire qu'aucune représentation ne doit pouvoir les épuiser.

En A 506/B 534 Kant veut prouver, à partir de la fausseté des deux parties, l'idéalité transcendantale du phénomène. Il commence ainsi : « Si le monde est un tout existant en soi, il est soit fini soit infini[227]. » — Mais cela est faux : un tout existant en soi ne peut absolument pas être infini. — Au contraire, on peut conclure à cette idéalité à partir de l'infinité de séries dans le monde de la façon suivante : si les séries des raisons et des conséquences dans le monde sont absolument sans fin, alors le monde ne peut être un tout donné indépendamment de la représentation, car un tel tout présuppose toujours des limites déterminées, comme à l'inverse des séries infinies un *regressus* infini. Par conséquent, l'infinité présupposée des séries est déterminée par la forme de la raison et de la conséquence, et cette forme par le mode de connaissance du sujet. Le monde, tel qu'il est connu, n'existe donc que dans la représentation du sujet.

Je ne peux statuer sur la question de savoir si Kant lui-même était conscient ou non que sa Résolution du Conflit était en fait une déclaration en faveur de l'Antithèse. Car cela dépend si ce que Schelling a appelé quelque part très justement le système d'accommodation[228] de Kant s'étend aussi loin, ou bien si l'esprit de Kant est ici déjà pris dans une accommodation inconsciente à son époque et à son environnement.

La solution de la troisième Antinomie, dont l'objet était l'Idée de liberté, mérite un examen particulier, dans la mesure où c'est pour nous un fait très remarquable qu'ici précisément, au moment de traiter de l'Idée de LIBERTÉ, Kant est forcé de parler en détail de la CHOSE EN SOI, qui jusqu'à présent n'avait été aperçue qu'au second plan. La chose est pour nous aisément explicable, après que nous avons reconnu la chose en soi comme VOLONTÉ. B[D'une façon générale, c'est ici que se trouve le point par où la philosophie de Kant conduit à la mienne, ou par où cette dernière provient de celle de Kant comme de sa souche. On s'en convaincra, si on fait une lecture attentive de la *Critique de la raison* pure en A 536-537/B 564-565[229]. Qu'on rapproche encore de ces passages l'Introduction de la *Critique de la faculté de juger*, p. XIX-XX de la troisième édition ou p. 13 de celle de Rosenkranz, où il est même dit: «Le concept de liberté peut représenter une chose en soi dans son objet <*Objekt*> (car c'est la volonté), mais pas dans l'intuition; au contraire, le concept de la nature peut représenter son ob-jet <*Gegen-*

stand> assurément dans l'intuition, mais pas comme chose en soi[230].» Mais qu'on lise tout particulièrement sur la question de la solution des Antinomies le § 53 des *Prolégomènes*[231], et qu'on réponde alors honnêtement à cette question: tout ce qui y est dit n'apparaît-il pas comme une énigme dont ma doctrine est la clé? Kant n'est pas allé jusqu'au bout de sa pensée: je n'ai fait qu'achever son œuvre. En conséquence, et puisqu'il n'y a entre eux qu'une différence de degré, j'ai appliqué au phénomène en général ce que Kant ne dit que du phénomène humain, à savoir que son être en soi est quelque chose d'absolument libre <*ein absolut Freies*>, c'est-à-dire une volonté. Mon œuvre montre combien était fructueuse cette vue associée à la doctrine kantienne de l'idéalité de l'espace, du temps et de la causalité.]B

Kant n'a jamais fait de la chose en soi l'objet d'une discussion particulière ou d'une déduction évidente. Mais, à chaque fois qu'il en a besoin, il la déduit aussitôt de ce raisonnement: le phénomène, le monde visible donc, doit avoir un fondement <*Grund*>, une cause intelligible, qui ne serait pas un phénomène et qui, par conséquent, n'appartiendrait à aucune expérience possible. Voilà la conclusion qu'il tire, après nous avoir inculqué sans relâche que les catégories, et donc celle de la causalité aussi, n'ont qu'un usage limité à l'expérience possible, qu'elles sont de simples formes de l'entendement qui servent à épeler les phénomènes du monde sensible, et qu'au-delà elles n'ont au contraire aucune signification, etc. Par conséquent, il réprouve avec la dernière rigueur leur application à des choses qui outrepassent l'expérience, et c'est à bon droit qu'il explique, pour le critiquer immédiatement, que tout le dogmatisme passé vient de la violation de cette loi. L'incroyable inconséquence dont Kant s'est ici rendu responsable a été vite remarquée par ses premiers contradicteurs et elle leur a servi pour conduire des attaques contre lesquelles sa philosophie ne pouvait opposer aucune résistance. B[Car il est vrai que nous appliquons la loi de causalité effectivement *a priori* et avant toute expérience aux changements ressentis par nos organes sensoriels, mais c'est précisément pourquoi cette loi est d'origine tout aussi subjective que ces sensations elles-mêmes, et qu'elle ne nous conduit pas à la chose en soi. La vérité est qu'en suivant la voie de la représentation, on ne peut jamais aller plus loin que la représentation : elle est un tout fermé, et elle n'a en son centre aucun fil qui conduise à l'être de la chose en soi, différent *toto genere* de la représentation. Si nous n'étions que des êtres doués de la faculté de représentation, la voie de la chose en soi nous serait totalement fermée. Seul l'autre versant de notre être propre peut nous donner des indications sur l'autre versant de l'être en soi des choses. J'ai emprunté cette voie.]B Les considérations suivantes permettent cependant d'améliorer le raisonnement, pourtant réprouvé par lui-même, que Kant a fait à propos de la chose en soi : Kant ne pose pas, comme la vérité l'exigeait, l'objet comme purement et simplement conditionné par le sujet et inversement, mais seulement la manière dont l'objet se phénoménalise, comme conditionné par les formes de la connaissance du sujet, lesquelles par conséquent reviennent *a priori* à la conscience. Or, ce qui, au contraire, n'est connu qu'*a posteriori* est pour Kant déjà un effet immédiat de la chose en soi, qui ne devient phénomène que par son passage à travers ces formes données *a priori*. Cette considération permet d'expliquer dans une certaine mesure comment a pu lui échapper que l'être-objet <*Objekt-sein*> en général appartient déjà à la forme du phénomène, qu'il est conditionné par l'être-sujet en général tout comme la manière dont l'objet se phénoménalise par les formes de la connaissance du sujet. Si donc une chose en soi doit être admise, elle ne peut absolument pas être un objet, tandis que Kant la présuppose toujours comme un tel objet, mais qu'elle doit se trouver dans un domaine différent *toto genere* de la représentation (du connaître et de l'être-connu), et ne peut par conséquent être déduite selon les lois de la liaison des objets entre eux.

B[Avec la démonstration de la chose en soi, il en a été pour Kant comme avec celle de l'apriorité de la loi de causalité : les deux doctrines sont exactes, mais l'argumentation est fausse. Elles relèvent donc des bonnes conclusions tirées de fausses prémisses. Je les ai conservées toutes deux, mais je les ai fondées d'une tout autre manière et sur des bases plus sûres.]B

Je n'ai pas insinué <*erschlichen*> ni déduit <*erschlossen*> la chose en soi selon des lois qui l'excluent <*ausschliessen*>[232], par le fait qu'elles appartiennent déjà à son phénomène ; je n'y suis pas non plus en général parvenu par des chemins détournés. Au contraire, je l'ai démontrée immédiatement, là où elle se trouve immédiatement, dans la volonté, qui se révèle immédiatement à chacun comme l'en-soi de son propre phénomène.

Et cette connaissance immédiate de la volonté propre est aussi ce qui, dans la conscience humaine, produit le concept de LIBERTÉ, parce que assurément la volonté comme créatrice du monde, comme chose en soi, est libre à l'égard du principe de raison, et par là, de toute nécessité. Elle est donc complètement indépendante, libre, et même toute-puissante. Néanmoins, cela ne vaut, selon la vérité, que de la volonté en soi, et non de ses phénomènes, les individus, qui sont déjà, en tant qu'ils sont ses phénomènes dans le temps, invariablement déterminés par la volonté elle-même. Mais dans la conscience commune, que n'éclaire pas la philosophie, la volonté est immédiatement confondue avec son phénomène, et ce qui revient seul à la première est attribué au second. C'est l'origine de l'apparence d'une liberté inconditionnée de l'individu. C'est précisément pourquoi Spinoza dit avec raison qu'une pierre lancée en l'air, si elle était douée de conscience, penserait voler selon son bon vouloir. Car s'il est vrai que la volonté, seule libre, est aussi l'en-soi de la pierre, en revanche, ici aussi, où elle se phénoménalise comme pierre, elle est, comme dans tous ses phénomènes, déjà totalement déterminée. Cependant, il a été déjà suffisamment question de tout cela dans la partie principale du présent ouvrage.

Kant méconnaît et néglige cette provenance immédiate du concept de liberté dans toute conscience humaine. C'est pourquoi, en A 533/B561, il met à l'origine de ce concept une spéculation très subtile : l'inconditionné, auquel la raison doit toujours tendre, donne lieu à l'hypostase du concept de liberté, et c'est sur cette Idée transcendante[233] de la liberté que doit se fonder en premier lieu également le concept pratique de la liberté. Dans la *Critique de la raison pratique*, § 6[234], et p. 185[235] de la 4e édition, p. 235 de celle de Rosenkranz, Kant déduit de nouveau néanmoins ce concept pratique de la liberté d'une autre manière, à savoir de ce qu'il serait présupposé par l'impératif catégorique. Ainsi, dans l'optique de cette présupposition, cette Idée spéculative ne serait que l'origine première du concept de liberté, tandis qu'ici ce concept obtiendrait vraiment une signification et une application. Cependant ce n'est le cas ni dans un cas ni dans l'autre. Car l'apparence d'une liberté complète de l'individu dans ses actions singulières est le plus profondément enracinée dans la conviction de l'homme le plus rustre, qui n'y a jamais réfléchi. Elle n'est donc fondée dans aucune spéculation, quoiqu'elle s'y trouve souvent entraînée. Au contraire, seuls les philosophes, et encore, les plus profonds, sont libérés de cette illusion, et aussi les auteurs ecclésiastiques les plus réfléchis et les plus éclairés[236].

Par suite de tout ce que nous avons dit, l'origine véritable du concept de liberté n'est pas essentiellement, et ce d'aucune façon, un raisonnement. Elle ne provient pas non plus de l'Idée spéculative d'une cause inconditionnée, ni du fait que l'impératif catégorique présupposerait ce concept. Elle provient immédiatement de la conscience, dans laquelle chacun se connaît, sans plus, comme VOLONTÉ, c'est-à-dire comme cela qui, en tant que chose en soi, n'a pas le principe de raison pour forme, qui en soi-même ne dépend de rien et dont au contraire dépend tout le reste. Mais on ne se saisit pas immédiatement, grâce à une critique et à une réflexion philosophiques, comme un phénomène, déjà entré dans le temps et déterminé par lui, de cette volonté, pour ainsi dire : acte de volonté, phénomène distinct de cette volonté de vivre elle-même. Par conséquent, au lieu de reconnaître toute son existence comme un acte de sa liberté, on la cherche au contraire dans ses actions singulières. B[Je renvoie ici à mon ouvrage couronné sur la liberté de la volonté.]B

Si Kant, comme il le prétend ici, et comme il semble l'avoir fait précédemment en d'autres occasions, avait simplement déduit la chose en soi, et en utilisant à cet effet, avec une grande inconséquence, un raisonnement qu'il avait lui-même totalement réprouvé — quel hasard extraordinaire serait-ce alors qu'ici, où pour la première fois il s'approche et éclaire de plus près la chose en soi, il y reconnaisse tout à coup la VOLONTÉ, la volonté libre qui ne se révèle qu'à travers les phénomènes temporels ! — Je suppose par conséquent, quoiqu'on ne puisse pas le prouver, que Kant, tout le temps qu'il parlait de la chose en soi, pensait confusément, dans les profondeurs les plus obscures de son esprit, toujours déjà à la volonté. B[On en trouve une preuve dans la préface de la deuxième édition de la *Critique de la raison pure*, en B XXVII-XXVIII (p. 677 des *Suppléments* de l'édition Rosenkranz)[237].]B

Du reste, c'est justement l'intention de résoudre le prétendu troisième Conflit qui donne à Kant l'occasion d'exprimer de la plus belle manière les pensées les plus profondes de toute sa philosophie. Ainsi, dans toute la sixième section[238] de l'Antinomie de la raison pure, et surtout dans la discussion sur l'opposition entre le caractère empirique et le caractère intelligible (A 534-550/B 562-578) que je mets au nombre des choses les plus remarquables qui aient été prononcées par un homme (comme explication supplémentaire de ce passage, on peut noter un passage similaire dans la *Critique de la raison pratique*, p. 169-179 de la 4e édition, ou p. 224 de celle de Rosenkranz)[239]. Il faut d'autant plus regretter pourtant que de telles vues ne se trouvent pas ici au bon endroit : d'abord, elles ne sont pas découvertes en suivant la méthode qu'indique l'exposition, et, par conséquent, il faudrait les déduire autrement que cela n'est fait ; ensuite, elles n'aboutissent pas non plus à la fin qui justifiait leur existence, à savoir la solution de la prétendue antinomie. On conclut du phénomène à son fondement intelligible par un usage inconséquent, déjà suffisamment blâmé, de la catégorie de causalité, en l'appliquant par-delà les phénomènes. Dans ce cas, on établit comme cette chose en soi la volonté humaine (que Kant, très mal à propos, intitule « raison », en violant d'une façon impardonnable tout usage linguistique), et on fait appel à un devoir <*Sollen*> inconditionné, l'impératif catégorique, qu'on se contente de postuler.

Au lieu de tout cela, le procédé simple et évident eût été de partir immédiatement de la volonté, et de prouver qu'elle est l'en-soi de notre propre phénomène, connu sans intermédiaire, puis de fournir l'exposition du caractère empirique et du caractère intelligible et de montrer comment toutes les actions, quoique nécessitées par des motifs, doivent être strictement et nécessairement imputées, que ce soit par leur auteur ou par un juge extérieur, à cet auteur lui-même et à lui seul, comme dépendant purement et simplement de lui, et que, par suite, ce dernier doit être reconnu coupable ou méritant selon la nature de ces actions. — Telle était précisément la bonne manière pour connaître ce qui n'est pas un phénomène, et que, par suite, on ne découvre pas non plus en suivant les lois du phénomène. C'est quelque chose qui néanmoins se manifeste, est connu et s'objective à travers le phénomène : c'est la volonté de vivre. Il aurait fallu alors l'exposer, seulement d'après une analogie, comme l'en-soi de tout phénomène. Mais alors, il aurait été vraiment impossible d'affirmer, comme en A 546/B 574[240], que dans la nature inanimée ou animale, il est impossible de concevoir aucune faculté conditionnée, si ce n'est de manière sensible ; ce qui, dans la langue de Kant, revient à dire que l'explication selon les lois de la causalité épuise même l'être le plus intime de tous ces phénomènes, ce qui par suite, d'une façon très inconséquente, leur retire la chose en soi. — À cause de cette erreur d'emplacement, et de la déduction détournée que l'exposition de la chose en soi a conservée chez Kant, c'est aussi tout le concept de cette dernière qui a été corrompu. Car la volonté, ou chose en soi, trouvée par la recherche d'une cause inconditionnée, entre avec le phénomène dans une relation de cause à effet. Mais cette relation ne trouve place qu'à l'intérieur du phénomène, par conséquent elle le présuppose déjà et ne peut le relier avec ce qui réside en dehors du phénomène et qui est différent de lui *toto genere*.

De plus, le but proposé, à savoir la Solution de la troisième Antinomie, n'est pas du tout atteint par la Décision[241] affirmant que les deux parties ont raison, chacune en un sens différent. Car la thèse tout comme l'antithèse ne parlent en aucune façon de la chose en soi, mais uniquement du phénomène, du monde objectif, du monde comme représentation. C'est ce monde, et rien d'autre, dont la Thèse veut montrer, au moyen du sophisme mis en évidence précédemment, qu'il contiendrait une cause inconditionnée, et c'est aussi ce même monde que nie, à bon droit, son Antithèse. Par conséquent, quelque remarquable en soi fût-elle, toute l'exposition qui est donnée ici pour justifier la thèse de la liberté transcendantale de la volonté, dans la mesure où elle est chose en soi, n'est pourtant ici, et de bout en bout, qu'une μετάβασις εἰς ἄλλο γένος [passage à un autre genre[242]]. Car la liberté transcendantale de la volonté, exposée ici, n'est d'aucune façon la causalité inconditionnée d'une cause, ce qu'affirme la Thèse, parce qu'une cause doit par essence être un phénomène, et pas quelque chose qui se trouve par-delà tout phénomène, et différent de lui *toto genere*.

Quand on parle de cause et d'effet, on ne peut

jamais solliciter la relation de la volonté à son phénomène (ou du caractère intelligible au caractère empirique), comme cela se produit ici, car c'est quelque chose de totalement différent de la relation causale. Ici encore, dans cette Solution de l'Antinomie, on a dit cependant, conformément à la vérité, que le caractère empirique de l'homme, comme celui de toute autre cause dans la nature, est invariablement déterminé, et que c'est conformément à lui, en fonction des influences extérieures, que les actions se produisent nécessairement. Par conséquent, en dépit de toute sa liberté transcendantale (c'est-à-dire de l'indépendance de la volonté en soi par rapport aux lois de connexion qui régissent son phénomène), aucun être humain n'a la faculté de commencer par soi-même une série d'actions, ce qui en revanche était affirmé par la Thèse[243]. La liberté aussi n'a donc aucune causalité, car seule la volonté est libre, laquelle se trouve en dehors de la nature ou du phénomène, qui n'est précisément que son objectivation, mais ne se tient pas dans une relation de causalité avec lui. En effet, cette relation ne se rencontre que dans les limites du phénomène. Elle présuppose donc déjà le phénomène, elle ne peut le contenir lui-même, ni être reliée à ce qui n'est expressément pas un phénomène. Le monde lui-même ne peut être expliqué qu'à partir de la volonté (puisqu'il n'existe justement que dans la mesure où elle apparaît), et non pas grâce à la causalité. Mais DANS LE MONDE, la causalité est le seul principe d'explication, tout s'y produit dans une stricte conformité avec les lois de la nature. La vérité se trouve donc intégralement du côté de l'Antithèse, qui se tient à ce dont il était question, et le principe explicatif qu'elle utilise, approprié à ce cas, n'a par conséquent besoin d'aucune apologie. À l'inverse, la

Thèse qui doit être tirée, par voie apologétique, commence par passer à tout autre chose que ce qui était en question, pour ensuite se servir d'un principe explicatif qui ne peut s'y appliquer.

Comme je l'ai déjà dit, le quatrième Conflit, en son sens le plus profond, est une tautologie du troisième. Dans sa Solution, Kant développe encore davantage le caractère insoutenable de la Thèse. En faveur de sa vérité, et de sa prétendue conciliation avec l'Antithèse, il n'apporte au contraire aucune raison, tout comme, à l'inverse, il se révèle incapable d'opposer quoi que ce soit à l'Antithèse. Ce n'est qu'à la façon d'une pétition qu'il introduit l'hypothèse de la Thèse. Cependant, il dit de lui-même qu'elle est une présupposition arbitraire (A 562/B 590)[244], dont l'objet pourrait bien, en lui-même, être impossible. Kant se contente de faire montre d'un effort totalement impuissant, pour lui ménager n'importe où une petite place sûre face à la puissance radicale de l'Antithèse, afin seulement de ne pas dévoiler la nullité totale de son allégation, si chère, d'une antinomie nécessaire dans la raison humaine.

Vient ensuite le chapitre sur l'idéal transcendantal qui, d'un coup, nous renvoie à la rigide scolastique du Moyen Âge. On croirait entendre Anselme de Canterbury lui-même. L'*ens realissimum*, le concept intégral <*Inbegriff*>[245] de toutes les réalités, le contenu de toute proposition affirmative, fait son entrée en scène, avec, naturellement, la prétention d'être une pensée nécessaire de la raison ! — Je dois, pour ma part, confesser que ma raison est incapable d'une telle pensée et qu'avec les mots qui la désignent, je ne parviens à concevoir rien de déterminé.

Je suis certain au demeurant que Kant a été poussé à écrire ce chapitre étrange et indigne de lui uniquement à cause de sa prédilection pour la symétrie architectonique. Les trois objets principaux de la philosophie scolastique (qu'en son sens large, comme on l'a dit, on peut faire aller jusqu'à Kant), à savoir l'âme, le monde et Dieu, devraient être déduits des trois majeures possibles des raisonnements, quoiqu'il est évident qu'ils sont sortis et ne pouvaient sortir que d'une pure et simple application inconditionnée du principe de raison. Or, après que l'âme a été forcée de rentrer dans les cadres du jugement catégorique, et comme le jugement hypothétique était utilisé pour le monde, il ne restait, pour la troisième Idée, que la majeure disjonctive. Heureusement, il se trouve qu'un travail préparatoire en ce sens avait été établi, d'abord de façon rudimentaire par Anselme de Canterbury, puis perfectionné[246] par Descartes : l'*ens realissimum* de la scolastique, avec la preuve ontologique de l'existence de Dieu. Il fut utilisé avec enthousiasme par Kant, sans doute également avec quelques réminiscences d'un travail de jeunesse antérieur en latin[247]. Cependant, le sacrifice que Kant fait, tout au long de ce chapitre, à son amour pour la symétrie architectonique est démesurément grand. En dépit de toute vérité, il fait de la représentation — grotesque, il faut bien le dire — du concept intégral de toutes les réalités possibles une pensée essentielle et nécessaire de la raison. B[Pour la déduire, Kant se saisit de la fausse prétention selon laquelle notre connaissance des choses singulières se produit au moyen d'une limitation conduite toujours plus avant de concepts plus généraux <*allgemeinere Begriffe*> et par suite, au moyen aussi d'une limitation d'un concept suprêmement général <*allerallgemeinster Begriff*>, qui contient toute réalité EN LUI. Ici, Kant se trouve avec sa propre doctrine dans une contradiction aussi grande qu'avec la vérité. En effet, notre connaissance suit un chemin exactement inverse qui part du singulier et s'élargit au général, et tous les concepts généraux proviennent, par abstraction, des choses réelles, singulières, connues intuitivement, laquelle abstraction peut être poursuivie jusqu'à un concept suprêmement général, qui, alors, comprend tout sous lui, mais presque rien EN LUI. Kant a donc ici tout juste renversé le procédé de notre faculté de connaissance, et c'est pourquoi il pourrait bien être accusé d'avoir donné occasion à une charlatanerie philosophique, devenue renommée à notre époque, qui au lieu de reconnaître les concepts pour des pensées abstraites des choses, met à l'inverse les concepts en premier, et ne voit dans les choses que des concepts concrets. Elle amène au marché le monde ainsi renversé en guise d'arlequinade philosophique, qui devait naturellement rencontrer un grand succès.]B

Si nous admettons par ailleurs que cette raison devrait, ou du moins pourrait, même sans révélation, parvenir au concept de Dieu, il est manifeste pourtant que cela n'arriverait qu'en suivant le fil conducteur de la causalité. C'est si clair qu'aucune preuve n'en est nécessaire. C'est pourquoi Chr. Wolff dit lui aussi (*Cosmologia generalis, praef. p. 1*) : *Sane in theologia naturali existentiam Numinis e principiis cosmologicis demonstramus. Contingentia universi et ordinis naturae, una cum impossibilate casus sunt scala, per quam a mundo hoc adspectabili ad Deum ascenditur* [C'est à bon droit que nous démontrons dans la théologie naturelle l'existence de l'être suprême d'après des principes cosmologiques. La contigence de l'univers et de l'ordre de la nature, jointe à l'impossibilité du pur hasard, constituent les degrés par lesquels on s'élève de ce monde des apparences vers Dieu[248]]. Cm[Et avant lui, Leibniz disait déjà: «Sans ce grand principe nous ne pourrions jamais prouver l'existence de Dieu» (*Théod.*, § 44)[249]. On trouve la même idée exprimée dans la controverse avec Clarke, § 126: «J'ose dire que sans ce grand principe on ne saurait venir à la preuve de l'existence de Dieu[250]».]Cm À l'inverse, la pensée qui est développée dans ce chapitre est si loin d'être une pensée essentielle et nécessaire de la raison, qu'il faut au contraire la regarder comme un vrai chef-d'œuvre parmi les rejetons monstrueux d'une époque qui, à cause de circonstances singulières, s'est fourvoyée dans des aberrations et des perversions les plus étranges, à l'instar de la scolastique, phénomène sans pareil dans l'histoire de l'humanité, et qui ne saurait revenir. Il est vrai que la scolastique, au moment où elle avait atteint son apogée, a développé la preuve principale de l'existence de Dieu à partir du concept de l'*ens realissimum*, et ne s'est servie qu'accessoirement, à côté d'elle, des autres preuves. Mais cela n'est qu'une méthode didactique, et ne prouve rien sur l'origine de la théologie dans l'esprit humain. Kant a ici pris ce procédé de la scolastique pour celui de la raison, chose qui, en général, lui est souvent arrivée. S'il était vrai que l'Idée de Dieu, sous la forme d'une Idée d'un être suprêmement réel <*eine Idee vom allerrealsten Wesen*>, provient, selon des lois essentielles de la raison, du syllogisme disjonctif, alors les philosophes de l'Antiquité auraient dû, eux aussi, trouver cette idée. Mais il n'y a pas trace d'*ens realissimum* chez aucun des philosophes antiques, même s'il est vrai que certains d'entre eux enseignent l'existence d'un créateur du monde, B[un δημιουργός [démiurge], mais uniquement comme celui qui donne la forme à une matière qui lui préexiste,]B et ils le déduisent uniquement d'après la loi de la causalité. Cm[Certes, Sextus Empiricus expose une argumentation de Cléanthe que quelques-uns considèrent comme la preuve ontologique (*adv. Math., IX,* § 88[251]). Il ne s'agit pourtant pas de cela, mais d'un simple raisonnement par analogie. En effet puisque l'expérience enseigne que sur terre un être est toujours supérieur à l'autre, et que l'homme, même s'il ferme la série en tant qu'être le plus supérieur, possède cependant encore beaucoup de défauts, il faut alors poser un être encore supérieur, et enfin un être suprêmement supérieur en tout (κράτιστον ἄριστον), et ce serait Dieu.]Cm

Au sujet maintenant de l'exposé de la réfutation de la théologie spéculative, qui vient ensuite, je dois seulement remarquer brièvement que, comme en général toute la critique des trois « Idées de la raison », et donc toute la Dialectique de la raison pure, elle est d'une certaine façon le but et la fin de tout l'ouvrage. Mais cette partie polémique, à la différence de la partie doctrinale qui précède (à savoir l'Esthétique et l'Analytique), n'a pas à vrai dire un intérêt tout universel, constant, et purement philosophique. Il est plutôt temporaire et local : il consiste dans son rapport avec les moments principaux de la philosophie qui a régné en Europe jusqu'à Kant. Ce fut néanmoins l'immortel mérite de Kant que de contribuer à son effondrement au moyen de cette polémique. Cm[Il a éliminé le théisme de la philosophie, puisqu'en elle, en tant que science et non comme doctrine de la foi, ne trouve place que ce qui est donné empiriquement ou établi par des preuves solides. Naturellement, j'entends ici la philosophie vraiment et sérieusement comprise, tendant à la vérité et à rien d'autre, et aucunement cette comédie philosophique des Universités où, comme précédemment, la théologie spéculative joue le rôle principal. On ne s'étonnera pas d'y voir aussi l'âme, ce personnage familier, s'y produire comme si de rien n'était. Car il s'agit de la philosophie pourvue de traitements et d'honoraires, voire barbée du titre de conseiller aulique, et qui, regardant fièrement depuis ses hauteurs, n'a pas une fois en quarante ans prêté attention aux gens insignifiants dont je suis, et se débarrasserait aussi de bon cœur du vieux Kant, et de ses critiques, afin de pouvoir chanter à pleins poumons les louanges de Leibniz.]Cm B[De plus, on doit remarquer que, comme Kant, de son propre aveu, a été poussé à élaborer sa théorie de l'apriorié du concept de causalité par le scepticisme de Hume eu égard à ce concept, de même peut-être la Critique de toute théologie spéculative[252] a eu pour cause occasionnelle la critique par Hume de toute théologie populaire, qu'il avait exposée dans son ouvrage si digne d'être lu, *Natural history of religion*, et dans les *Dialogues on natural religion*[253]. Peut-être Kant voulait-il en quelque sorte compléter ces ouvrages. Car l'écrit de Hume cité en premier est vraiment une critique de la théologie populaire, dont il veut montrer la misère, tandis qu'à l'inverse, il se réfère, plein de respect, à la théologie rationnelle ou spéculative comme à la seule vraie. Mais Kant découvre alors l'absence de fondement de cette dernière, tandis qu'au contraire il ne touche pas à la théologie populaire et lui donne même une forme anoblie, en en faisant une croyance qu'étaye un sentiment moral. Plus tard, les pseudo-philosophes le défigurèrent au profit de perceptions de la raison <*Vernunftvernehmungen*>, de consciences de Dieu <*Gottesebewusstseine*>, ou d'intuitions intellectuelles du supra-sensible <*intellektuelle Anschauungen des Übersinnlichen*>, de la divinité, et autres. À l'inverse, comme il démolissait de vieilles et vénérables erreurs, et qu'il connaissait le danger de cette entreprise, l'intention de Kant, à l'aide de la théologie morale, était seulement de les consolider par quelques faibles étais, afin de n'être pas atteint par l'effondrement, et de gagner le temps nécessaire pour prendre la fuite.

En ce qui concerne à présent le développement,]B une critique de la raison n'était pas du tout nécessaire à la réfutation de la preuve ONTOLOGIQUE de l'existence de Dieu, dans la mesure où il est très facile, même sans présupposer l'Esthétique et l'Analytique, de montrer clairement que cette preuve ontologique n'est rien de plus qu'un subtil jeu avec des concepts sans aucune force de persuasion. Déjà dans l'*Organon* d'Aristote, on trouve un chapitre qui permet de réfuter si parfaitement la preuve ontothéologique qu'on croirait qu'il a été écrit dans cette intention : il s'agit du septième chapitre du second livre des *Analyt. post*; entre autres choses, il y est affirmé expressément : τὸ δὲ εἶναι οὐκ οὐσία οὐδενίν, c'est-à-dire *existentia nunquam ad essentiam rei pertinet* [l'être n'est jamais la substance de quoi que ce soit[254]].

La réfutation de la preuve COSMOLOGIQUE est une application à un cas donné de la doctrine exposée jusque-là dans la *Critique*, et, par comparaison, ne suscite aucune objection. – La preuve PHYSICO-THÉOLOGIQUE n'est qu'une amplification de la preuve cosmologique, qu'elle présuppose, et ne trouve sa complète réfutation que dans la *Critique de la faculté de juger*. B[Sur ce sujet, je renvoie mon lecteur à la rubrique « Anatomie comparée » de mon ouvrage sur la *Volonté dans la nature*[255].

Comme on l'a dit, Kant, dans la critique de ces preuves, n'a affaire qu'à la théologie spéculative, et il se limite à l'École. S'il avait au contraire pris en considération aussi la vie et la théologie populaire, il aurait dû adjoindre aux trois preuves encore une quatrième, celle qui agit vraiment sur la populace, et que, dans le langage technique de Kant, on devrait appeler de la façon la plus adéquate la preuve KÉRAUNOLOGIQUE : c'est celle qui se fonde sur le sentiment du besoin, de l'impuissance, et de la dépendance de l'homme face aux forces de la nature infiniment supérieures, insondables et le plus souvent pourvoyeuses de désastres. À quoi s'ajoute la pente naturelle de l'homme à tout personnifier, et encore enfin l'espoir de s'assurer de quelque chose par des prières, des flatteries ou bien des offrandes. En effet, il y a, dans toute entreprise humaine, quelque chose qui n'est pas en notre pouvoir et qui échappe à nos calculs : le désir de se l'approprier est l'origine des dieux. *Primus in orbe Deos fecit timor* [c'est la crainte qui crée les dieux] : c'est un antique mot de Pétrone plein de vérité[256]. C'est cette preuve qui fait l'objet de la critique principale de Hume, lequel, dans les écrits mentionnés plus haut, apparaît vraiment comme le précurseur de Kant. — Or, ceux que Kant, par sa critique de la théologie spéculative, a mis dans un embarras durable, ce sont les professeurs de philosophie : comme ils sont appointés par des gouvernements chrétiens, ils ne peuvent pas laisser en plan le principal article de foi*. Mais comment

* Kant a dit : « Il est tout à fait absurde d'attendre de la raison des éclaircissements, et de lui prescrire cependant d'avance le

s'y prennent ces messieurs? — Ils affirment que l'existence de Dieu se comprend de soi-même. — Eh bien! Après que le monde ancien, au prix de sa conscience, a fait des prodiges pour la prouver, et que le monde moderne, au prix de son entendement, a allégué des preuves ontologique, cosmologique, et physicothéologique — voilà que cette existence, chez ces messieurs, se comprend de soi-même. Et c'est à partir d'un tel dieu se comprenant de soi-même qu'ils expliquent ensuite le monde. Voilà leur philosophie.

Jusqu'à Kant, un vrai dilemme s'était établi entre le matérialisme et le théisme, c'est-à-dire entre l'hypothèse qu'un hasard aveugle avait porté le monde à l'existence, et celle pour qui c'était une intelligence qui l'avait ordonné de l'extérieur, selon des fins et des concepts: *neque dabatur tertium* [point de troisième possibilité]. Par conséquent, l'athéisme et le matérialisme étaient la même chose. D'où le doute qu'il puisse exister un athée véritable, c'est-à-dire un homme qui puisse vraiment confier au hasard aveugle l'ordre de la nature, celui de la nature orga-

côté vers où elle doit nécessairement se tourner» (*Critique de la raison pure,* A 747/B 775). Voici, à l'opposé, la naïveté d'un professeur de philosophie de notre époque: «Si une philosophie dénie toute réalité aux idées fondamentales du christianisme, c'est qu'ou bien elle est fausse, ou bien MÊME SI ELLE EST VRAIE, ELLE N'EST POURTANT D'AUCUNE UTILITÉ» — *scilicet* pour les professeurs de philosophie. C'est feu le Professeur Bachmann qui, dans la *Jena'sche Literaturzeitung* (juillet 1840, n° 126) a divulgué aussi indiscrètement la maxime de tous ses collègues. Du reste, il vaut la peine de remarquer, comme caractéristique de la philosophie universitaire, comment ici la vérité, lorsqu'elle ne veut pas se soumettre et s'adapter, est mise à la porte sans précaution: «Dégage, vérité! nous n'avons pas BESOIN de toi. Te sommes-nous redevables de quoi que ce soit? Est-ce toi qui nous paies? — Alors dégage!»

nique compris, cet ordre où la conformité à des fins éclate partout. Qu'on voie par exemple les *Essays* de Bacon (*sermones fideles*), *essay 16, on Atheism*[257]. Il en va encore ainsi, selon l'opinion de la populace et des Anglais, qui, sur ces sujets, appartiennent complètement à la masse, même chez leurs savants les plus réputés. Que l'on voie seulement l'*Ostéologie comparée* de R. Owen (1855, préface, p. 11-12)[258], qui met encore en avant le vieux dilemme entre Démocrite et Épicure d'une part, et de l'autre une «intelligence», dans laquelle «la CONNAISSANCE d'un être tel que l'homme a existé avant que l'homme fît son apparition». C'est d'une INTELLIGENCE que toute finalité doit tirer son origine: il ne lui est jamais arrivé d'en douter, pas même en rêve. Pourtant le 5 septembre 1853, à l'Académie des sciences, lors d'une lecture publique qu'il a faite de cette préface quelque peu modifiée, il a dit, avec une naïveté candide, que «La téléologie, ou la théologie scientifique» (*Comptes rendus*, sept. 1853), est pour lui une seule et même chose! Si quelque chose dans la nature est conforme à des fins, alors c'est une production de l'intention, de la réflexion, de l'intelligence. Vraiment, qu'importe à un Anglais et à l'Académie des sciences la *Critique de la faculté de juger* ou même mon livre sur la *Volonté dans la nature*? Le regard de ces messieurs ne descend pas aussi bas. Ces *illustres confrères* méprisent la métaphysique et la *philosophie allemande* [en français dans le texte]: ils s'en tiennent à une philosophie du bon gros sens <*Rockenphilosophie*>[259]. Mais la valeur de ce jugement disjonctif, ce dilemme entre le matérialisme et le théisme, repose sur l'hypothèse que le monde étalé devant nous serait le monde des choses en soi, et que par suite, il n'y aurait pas d'autre ordre des choses que l'ordre empirique. Mais après que, grâce à Kant, le monde et son ordre furent devenus de simples phénomènes, dont les lois reposent en général sur les formes de notre intellect, il n'était plus nécessaire, pour expliquer l'existence et l'essence des choses et du monde, de recourir à une analogie avec les changements perçus ou effectués dans le monde, ni que ce que nous concevons comme moyen et fin se soit produit aussi par suite d'une telle connaissance. Ainsi donc, en éradiquant le fondement du théisme grâce à son importante distinction de la chose en soi et du phénomène, Kant ouvrait la voie à des explications de l'existence d'un tout autre genre et plus profondes.]B

Dans le chapitre sur le « But final de la dialectique naturelle de la raison »[260], Kant avance que les trois Idées transcendantales valent en tant que principes régulateurs pour le progrès de la connaissance de la nature. Mais il est peu probable que Kant puisse avoir soutenu sérieusement cette affirmation. Du moins, pour tout savant versé dans les sciences de la nature, son contraire est hors de doute : ces présupposés sont des entraves mortelles pour toute recherche sur la nature. B[Afin de le prouver par un exemple, qu'on se demande si l'hypothèse d'une âme, comme substance immatérielle, simple, pensante, a dû être profitable, ou si elle doit être nocive au dernier degré pour les vérités que Cabanis a exposées si précocement, ou pour les découvertes de Flourens, de Marshall Halls, et de Ch. Bells. Kant lui-même dit (*Prolégomènes*, § 44) que « les Idées de la raison s'opposent et font obstacle aux maximes de la connaissance rationnelle de la nature »[261].]B

Ce n'est certainement pas le moindre des mérites de Frédéric le Grand que sous son règne Kant ait pu se développer et que la *Critique de la raison pure* ait pu paraître. Sous tout autre régime, il aurait été beaucoup plus difficile qu'un professeur appointé eût l'audace d'une telle entreprise. Au successeur du grand roi, Kant dut déjà promettre de ne plus écrire[262].

B[Je pourrais m'estimer dispensé ici de faire la critique de la partie éthique de la philosophie kantienne, dans la mesure où je l'ai publiée, sous une forme plus complète et plus argumentée dans *Les deux problèmes fondamentaux de l'éthique*, vingt-deux ans après avoir écrit la présente critique. Néanmoins, ce qui a été conservé de la première édition et qui, déjà pour une raison d'exhaustivité ne pouvait être supprimé, peut servir d'introduction appropriée à cette critique plus tardive et bien plus argumentée, et à laquelle je renvoie donc une fois pour toutes le lecteur.]B

Conformément à l'amour pour la symétrie de Kant, la raison théorique devait avoir aussi un pendant. L'*intellectus practicus* de la scolastique, qui sort à son tour du νοῦς πρακτικός [intellect pratique] d'Aristote (*De anima*, III, 10 et *Polit.*, VII, c. 14[263] : ὁ μὲν γὰρ πρακτικός ἐστι λόγος, ὁ δὲ θεωρητικός [il y a d'une part la raison pratique, d'autre part la raison théorique]) met le mot à la disposition de Kant. Néanmoins, il désigne ici quelque chose de tout à fait différent. Ce n'est plus comme précédemment la raison tournée vers la technique. Ici la raison pratique apparaît comme la source et l'origine de la signification indéniablement éthique de l'action humaine, et comme celle aussi de toute vertu, de toute noblesse d'âme, de tout degré accessible de sainteté. Tout cela proviendrait donc de la simple RAISON et ne requerrait rien d'autre qu'elle. Agir raisonnablement et agir vertueusement, noblement, saintement, ce ne serait qu'une seule et même chose. Et agir égoïstement, méchamment, avec vice, ne serait qu'agir contre la raison. Cependant, les deux termes sont distingués à toutes les époques, chez tous les peuples, dans toutes les langues. On les tient pour deux choses totalement différentes, comme le font encore jusqu'à nos jours tous ceux qui ne savent rien du langage de la nouvelle scolastique, c'est-à-dire le monde entier à l'exception d'une poignée de savants allemands. Tous comprennent conduite vertueuse et vie raisonnable comme deux choses totalement distinctes. Si l'on affirmait du sublime fondateur de la religion chrétienne, B[dont la vie se présente à nous comme le modèle de toute vertu,]B qu'il a été l'homme LE PLUS RAISONNABLE D'ENTRE TOUS, on dirait que c'est une façon de parler indigne, voire blasphématoire. Ce serait presque comme si l'on disait que ses préceptes ne contiennent que les meilleures instructions pour une VIE TOTALEMENT RAISONNABLE. Ce n'est pas tout : quand un homme, conformément à ces préceptes, au lieu de ne penser qu'à soi et à anticiper ses propres besoins futurs, ne s'emploie qu'à soulager la misère plus grande qui frappe autrui, sans y réfléchir davantage, quand il distribue même tout son bien aux pauvres pour ensuite, dépouillé de toute ressource, s'en aller prêcher aussi aux autres la vertu qu'il pratique lui-même, chacun, avec raison, fait l'éloge d'une telle conduite. Mais qui se hasarde à la célébrer comme l'apogée de la RATIONALITÉ ? Et enfin, qui loue comme une action vraiment RAISONNABLE le fait que Arnold von Winkelried, avec une grandeur d'âme exubérante, ait concentré sur son propre corps les lances ennemies, pour donner à ses compatriotes la victoire et le salut ? — Au contraire, quand nous voyons un homme qui, depuis sa jeunesse, avec une rare réflexion, a pensé à se procurer de quoi vivre à l'aise, entretenir une femme et des enfants, avoir une bonne réputation auprès des gens, des marques d'honneur et des décorations ; un homme que ni l'attrait de jouissances présentes, ni la tentation de défier l'arrogance des puissants, ni le désir de venger des affronts blessants, ou des humiliations imméritées, ni la force d'attraction des occupations spirituelles inutiles, esthétiques ou philosophiques, ou des voyages vers des contrées intéressantes — celui que rien de tout cela ni rien de semblable ne peut distraire ou lui faire jamais perdre de vue son but, mais qui, avec une grande logique, ne poursuit que lui seul, qui osera nier qu'un tel philistin est un homme extraordinairement RAISONNABLE — même si d'aventure il s'était permis quelques procédés peu louables, mais sans danger ? Disons mieux encore : si un vaurien, avec une rouerie délibérée et selon un plan bien réfléchi, parvient à la richesse, aux honneurs et même au trône et à la couronne, puis avec une ruse très subtile, étrangle les États voisins, les soumet les uns après les autres et finalement devient le conquérant du monde, si en outre il ne se laisse détourner par aucun égard d'aucune sorte pour le droit et l'humanité, mais écrase et réduit en cendres, avec une logique implacable, tout ce qui s'oppose à son plan, précipite sans pitié des millions de personnes dans des malheurs de toutes sortes, dans le sang et la mort, n'oubliant cependant jamais de récompenser royalement et de toujours protéger ses partisans et ses sbires, et si, enfin, il parvient de la sorte à son but : qui ne voit qu'un tel homme a dû procéder d'une façon très raisonnable, que pour esquisser son plan il avait besoin d'un entendement puissant, et pour l'exécuter d'une complète maîtrise de la RAISON et très exactement de la RAISON PRATIQUE ? — Ou bien est-ce que par hasard même les préceptes que donne au prince l'homme sagace, logique, réfléchi et visionnaire qu'était Machiavel sont DÉRAISONNABLES* ?

Comme la méchanceté <*Bosheit*> va très bien de pair avec la raison, et que même elle ne devient terrifiante que par son union avec cette dernière, à l'inverse, on trouve aussi parfois la noblesse d'âme liée avec le défaut de raison. On peut en voir un exemple dans l'acte de Coriolan : après avoir, des années durant, employé toutes ses forces à assouvir sa vengeance contre les Romains, finalement, après que le moment fut enfin venu, il se laisse fléchir par les suppliques du Sénat et les pleurs de sa mère et de son épouse, abandonne la vengeance qu'il avait si longtemps et si péniblement préparée, et même, en s'attirant par là la juste colère des Volsques, meurt pour ces Romains dont il connaît l'ingratitude et qu'il a voulu châtier au prix de si grands efforts. — Enfin, pour être complet, mentionnons que la raison peut très bien s'unir avec le défaut d'entendement. C'est le cas lorsqu'on choisit une maxime inepte et

* Soit dit en passant, le problème de Machiavel était de répondre à la question suivante : comment le prince peut-il se maintenir INCONDITIONNELLEMENT sur le trône malgré ses ennemis de l'intérieur et de l'extérieur ? Son problème n'était donc pas du tout celui, éthique, de savoir si un prince, en tant qu'homme, doit ou non avoir un tel projet, mais seulement celui, politique, de savoir comment, *s'il* le veut, il peut le mettre à exécution. A cette fin, il nous en donne la solution, comme on écrit une méthode de jeu d'échecs dans laquelle il serait donc absurde de regretter l'absence d'une réponse à la question de savoir s'il est moralement en général recommandable de jouer au échecs. Il est tout aussi inopportun de reprocher à Machiavel l'immoralité de son œuvre que de reprocher à un maître d'armes de ne pas commencer son cours par une leçon de morale contre le meurtre et l'homicide.

qu'on s'y tient. La princesse Isabelle, C[fille de Philippe II,]C en a donné un exemple, elle qui fit vœu de ne pas changer de chemise tant qu'Ostende ne serait pas prise, et qui tint parole C[pendant trois ans]C. De ce travers relèvent en général tous les vœux, qui trouvent leur origine dans un défaut de prise en compte de la loi de causalité, c'est-à-dire dans un défaut d'entendement. Néanmoins, il est raisonnable de se conformer à ces vœux, si l'on possède un entendement suffisamment borné pour les former.

B[Conformément à ce qui vient d'être dit, nous voyons aussi les auteurs précédant immédiatement Kant opposer à la raison la conscience <*Gewissen*> comme siège des sentiments moraux <*moralische Regungen*>. Ainsi Rousseau dans le quatrième livre de l'*Émile*: « La RAISON nous trompe, mais la CONSCIENCE ne trompe jamais »; et un peu plus loin: « il est impossible d'expliquer par les conséquences de notre nature le principe immédiat de la CONSCIENCE indépendante de la RAISON même ». Et encore: « mes sentimens naturels parlaient pour l'intérêt commun, ma RAISON rapportait tout à moi. [...] On a beau vouloir établir la vertu par la RAISON seule, quelle solide base peut-on lui donner? » — Dans les *Rêveries du promeneur, prom. 4e*, il dit: « Dans toutes les questions de morale difficiles comme celle-ci je me suis toujours trouvé de les résoudre par le dictamen de ma CONSCIENCE, plutôt que par les lumières de ma RAISON[264]. » Déjà Aristote dit expressément (*Eth. magna, I, 5*[265]) que les vertus ont leur siège dans l'ἀλόγῳ μορίῳ τῆς ψυχῆς C[(*in parte irrationali animi*) [dans la partie irrationnelle]]C et non dans le λόγον ἔχοντι]B C[(*in parte rationali*) [dans la partie rationnelle]. D'accord avec Aristote, Stobée (*Ecl., II, c. 7*) dit, à propos des péripatéticiens: Τὴν ἠθικὴν ἀρετὴν ὑπολαμβάνουσι περὶ τὸ ἄλογον μέρος γίγνεσθαι τῆς ψυχῆς, ἐπειδὴ διμερῆ πρὸς τὴν παροῦσαν θεωρίαν ὑπέθεντο τὴν ψυχήν, τὸ μὲν λογικὸν [λόγον] ἔχουσαν, τὸ δ' ἄλογον. Καὶ περὶ μὲν τὸ λογικὸν τὴν καλοκἀγαθίαν γίγνεσθαι, καὶ τὴν φρόνησιν, καὶ τὴν ἀγχίνοιαν, καὶ σοφίαν, καὶ εὐμάθειαν, καὶ μνήμην, καὶ τας ὁμοίους· περὶ δὲ τὸ ἄλογον, σωφροσύνην, καὶ δικαιοσύνην, καὶ ἀνδρείαν, καὶ τὰς ἄλλας τὰς ἠθικὰς καλουμένας ἀρετάς (*Ethicam virtutem circa partem animae ratione carentem versari putant, cum duplicem ad hanc disquisitionem animam ponant ratione praeditam, et ea carentem. In parte vero ratione praedita collocant ingenuitatem, prudentiam, perspicacitatem, sapientiam, docilitatem, memoriam et reliqua; in parte vero ratione destitua temperantiam iustitiam, fortitudinem et reliquas virtutes, quas ethicas vocant*) [Ils pensent que la vertu éthique concerne la partie de l'âme privée de raison, en effet, ils supposent dans la présente considération que l'âme se compose de deux parties, d'une partie raisonnable et d'une autre déraisonnable. De la partie raisonnable relèvent : la noblesse de sentiment, la réflexion, la perspicacité, la sagesse, la mémoire et autres semblables qualités ; de la partie déraisonnable, en revanche, relèvent : la tempérance, la justice, la bravoure, et autres vertus que l'on dit éthiques[266].]C B[Et Cicéron (*De nat. Deor., III, c. 26-31*) explique en détail que la raison est le moyen et l'instrument nécessaire de tout méfait[267].]B

J'ai expliqué que la RAISON était la FACULTÉ DES CONCEPTS. C'est la classe des représentations générales, non intuitives, seulement symbolisées et fixées par des mots, cette classe tout à fait spécifique qui distingue l'homme de l'animal et fait de lui le maître de la terre. Quand l'animal est l'esclave du présent, il ne connaît pas d'autres motifs que ceux qui déterminent immédiatement ses sens, et par conséquent, quand ils se présentent à lui, il est attiré ou repoussé par eux tout aussi nécessairement que le fer par l'aimant. Au contraire, chez l'homme, la réflexion <*Besonnenheit*> est née parce qu'il est doué de raison. Elle lui permet, en regardant dans le passé et vers le futur, d'embrasser facilement sa vie et le cours du monde dans leur totalité ; elle le rend indépendant du présent, elle lui permet de s'atteler à une tâche délibérément, méthodiquement, avec circonspection, pour le bien ou pour le mal. Mais ce qu'il fait, il le fait avec une parfaite conscience de soi : il sait précisément comment sa volonté se décide, il sait toujours ce qu'elle choisit et quel autre choix était possible en fonction de la situation, et à partir de ce vouloir conscient de soi, il apprend à se connaître soi-même et se mire dans ses actes. Dans tous ces cas qui ont rapport à l'agir humain, il faut dire de la raison qu'elle est PRATIQUE. Elle est théorique seulement quand les objets dont elle s'occupe n'ont aucun rapport avec l'agir de celui qui les pense, mais un simple intérêt théorique, dont très peu d'hommes sont capables. Ce qui, en ce sens, s'appelle RAISON PRATIQUE correspond à peu près à ce que désigne le mot latin *prudentia* B[qui, selon Cicéron (*de nat. Deor., II, 22*)[268], est une contraction de *providentia*]B. À l'inverse, le mot *ratio*, quand on s'en sert à propos d'une faculté de l'esprit, signifie le plus souvent à proprement parler la raison théorique, même si les Anciens ne respectent pas rigoureusement la distinction. — Chez quasiment tous les hommes, la raison n'a presque exclusivement qu'une orientation pratique. Or, quand même celle-ci vient à manquer, la pensée perd sa maîtrise de l'agir, B[ce qui fait dire alors : *video meliora proboque, deterioria sequor* [je vois le bien, je l'approuve, et je fais le mal[269]], ou encore]B : « le matin, je fais des projets, et le soir je fais des sottises[270] ». Quand donc l'agir d'un homme n'est pas guidé par sa pensée, mais par l'impression du présent, presque comme chez l'animal, on dit alors de lui qu'il est DÉRAISONNABLE (sans par là lui faire reproche de vice moral), même si chez lui ce n'est pas à vrai dire la raison qui fait défaut, mais son application à l'agir. On pourrait dans cette mesure dire que sa raison est simplement théorique, et non pratique. Ce peut au demeurant être un homme très bon, tel celui qui ne peut pas voir un infortuné sans lui porter assistance, en faisant même des sacrifices, mais en ne payant pas ses propres dettes. Un tel caractère déraisonnable est absolument incapable de commettre de grands méfaits, car la préméditation, la dissimulation et la maîtrise de soi qui sont nécessaires pour de telles entreprises lui sont inaccessibles. Il parviendra néanmoins tout aussi difficilement à un haut degré de vertu, car même si incliné soit-il par sa nature à faire le bien, on ne peut cependant éviter les emportements vicieux et mauvais auxquels tout homme est soumis, et là où la raison, témoignant de son caractère pratique, ne leur oppose pas des maximes inébranlables et des préceptes solides, ils deviennent nécessairement des actes.

Enfin, la RAISON se montre PRATIQUE, au sens propre, dans les caractères vraiment raisonnables que pour cette raison on appelle communément des philosophes pratiques et qui se distinguent par leur exceptionnelle équanimité <*Gleichmut*> devant les événements fâcheux comme devant les réjouissants, leur égalité d'humeur, et la solidité avec laquelle ils tiennent bon dans les résolutions qu'ils ont prises. En fait, c'est la prédominance de la raison en eux, c'est-à-dire d'une connaissance plus abstraite qu'intuitive, et par conséquent de la capacité à embrasser toute la vie en général et dans son ensemble au moyen de concepts, qui leur a fait connaître, une fois pour toutes, la duperie de l'impression momentanée, l'inconsistance de toutes choses, la brièveté de la vie, la vacuité des jouissances, l'inconstance du sort et les grandes et petites perfidies du hasard. Par conséquent, rien d'imprévu ne leur arrive, et ce qu'ils savent *in abstracto* ne les étonne pas et ne les désarçonne pas quand ils le rencontrent dans la réalité et dans les choses singulières, comme c'est le cas pour les caractères qui ne sont pas aussi raisonnables et sur lesquels le présent, l'intuitif, le réel exerce un tel ascendant qu'ils mettent à l'arrière-plan de la conscience les concepts froids et gris, et, oubliant les préceptes et maximes, sont livrés aux affects et aux passions de toute sorte. J'ai déjà exposé à la fin du premier Livre, que, d'après moi, l'éthique stoïcienne, à l'origine, n'était rien d'autre qu'une méthode pour arriver à une vie vraiment raisonnable en ce sens. Horace lui aussi en fait l'éloge de façon insistante en de très nombreux endroits. Son *nil admirari*[271], tout comme le μηδὲν ἄγαν [rien de trop[272]] delphique appartiennent aussi à cette éthique. Il est tout à fait erroné de traduire *nil admirari* par « ne rien admirer ». Cette expression d'Horace relève moins du théorique que du pratique ; elle veut dire précisément ceci : « ne prise aucun objet inconditionnellement, ne t'amourache de rien, ne crois pas que la possession de quoi que ce soit puisse t'apporter le bonheur : tout désir inexprimable d'un objet n'est qu'une chimère qui te taquine, et dont on peut se défaire tout aussi bien, et beaucoup plus aisément, par une connaissance éclairée qu'en prenant possession de l'objet ». C[C'est dans ce sens que Cicéron utilise l'*admirari*, dans le *De Divinatione, II,* 2[273].]C B[Ce que Horace veut signifier, c'est donc l'ἀθαμβία [intrépidité], et l'ἀκατάπληξις [absence d'étonnement], ou l'ἀθαυμασία [impassibilité] que Démocrite déjà louait comme le plus grand des biens (voir *Clem. Alex. Strom., II, 21*, et cf. *Strabo, I*, p. 98 et 105[274]).]B — Il n'est pas vraiment question de vertu ou de vice quant à un tel usage de la rationalité dans la conduite. En revanche, la véritable prérogative que l'homme possède sur l'animal se fonde sur cet usage pratique de la raison. Ce n'est que de ce point de vue que cette prérogative a un sens, et qu'il est possible de parler d'une dignité de l'homme.

Dans tous les cas que nous avons exposés, et dans tous ceux qu'on peut concevoir, la différence entre une action raisonnable et une action déraisonnable se réduit à la question de savoir si les motifs sont des concepts abstraits ou des représentations intuitives. Par conséquent, l'explication que j'ai donnée de la raison s'accorde rigoureusement avec l'usage linguistique de tous les temps et de tous les peuples. Cet usage lui-même, on ne le tient pas pour quelque chose de contingent ou d'arbitraire : on voit bien qu'il provient justement de la différence, dont chacun a conscience, entre les différentes facultés spirituelles. Cet usage se règle sur cette conscience, sans pour autant l'élever à la clarté des définitions abstraites. B[Nos ancêtres n'ont pas fait les mots sans leur attribuer un sens déterminé, comme s'ils les tenaient prêts pour des philosophes qui devaient venir des siècles plus tard et déterminer ce qu'il faut penser par de tels mots. Au contraire, ils désignaient par là des concepts complètement déterminés. Les mots ne sont donc plus des objets trouvés, et leur donner un sens complètement différent de celui qu'ils avaient jusque-là, cela s'appelle en mésuser, instituer une licence selon laquelle tout mot pourrait être utilisé par quiconque en un sens arbitraire, ce qui produirait nécessairement une confusion sans limites. Locke déjà avait montré en détail que les plus grands désaccords en philosophie proviennent d'un mauvais usage des mots. Pour illustrer cette idée, que l'on jette seulement un œil sur le mésusage honteux auquel aujourd'hui des pseudo-philosophes à la pensée indigente se livrent avec les mots de substance, de conscience, de vérité, et autres semblables.]B Au sujet de la raison, même les assertions et les explications des philosophes de tous les temps, exception faite de celles des plus récents, ne s'accordent pas moins avec mon explication de ce privilège de l'homme que les concepts qui prévalent chez tous les peuples. Qu'on se réfère à ce que Platon, au quatrième livre de la *République*, et dans d'innombrables passages disséminés partout, nomme λόγιμον ou λογιστικὸν τῆς ψυχῆς [la partie raisonnable de l'âme], à ce que Cicéron dit dans le *De nat. Deor.*, III, 26-31, à ce que Leibniz et Locke ont dit sur ce sujet dans les passages déjà cités dans le livre I[275]. La liste des citations serait ici sans fin si l'on voulait montrer comment tous les philosophes avant Kant ont parlé de la raison, en son ensemble, dans mon sens, même s'ils n'ont pas su expliquer son essence avec une complète précision et clarté, au moyen de sa réduction à un seul point. B[Ce que, peu de temps avant l'apparition de Kant, on entendait par « raison », on peut en avoir un aperçu général par deux essais de Sulzer tirés du premier tome de ses écrits philosophiques mêlés : « Division du concept de raison » et « De l'influence réciproque de la raison et de la langue »[276].]B Lorsque au contraire on voit comment dans les livres on parle aujourd'hui de la raison, sous l'influence de l'erreur de Kant, qui après lui a fait boule de neige, on est amené à supposer que tous les sages de l'Antiquité réunis et tous les philosophes avant Kant étaient totalement dépourvus de raison : car les propriétés de la raison qu'on a découvertes de nos jours, ses perceptions et ses intuitions, ses sentiments et ses pressentiments immédiats, leur sont restées aussi étrangères que l'est pour nous le sixième sens des chauves-souris. Au demeurant, en ce qui me concerne, je dois confesser que, cette raison capable de percevoir ou de sentir immédiatement ou d'avoir une intuition intellectuelle du supra-sensible, de l'absolu et ses longues histoires[277], mon esprit limité est incapable de la saisir ou de se la représenter autrement que comme le sixième sens des chauves-souris. Mais à l'invention ou la découverte d'une telle raison capable de percevoir immédiatement tout ce qu'on veut, on doit décerner le titre de gloire d'être un *expédient*[278] incomparable pour se tirer d'affaire le plus facilement du monde, soi-même et ses idées fixes favorites, et cela en dépit de tous les Kant et de leurs critiques de la raison. Son invention et l'accueil qui lui a été fait font l'honneur de notre époque.

Ainsi, tous les philosophes de toutes les époques ont bien reconnu l'essentiel de la raison (τὸ λόγιμον, ἡ φρόνησις, *ratio*, raison, *reason*), même s'ils ne l'ont pas déterminé assez précisément, ni ne l'ont réduit à un seul point. En revanche, ils ne sont pas arrivés à une compréhension aussi claire de ce qu'est l'ENTENDEMENT (νοῦς, διάνοια, *intellectus*, esprit, intellect, *understanding*). Par conséquent, ils l'ont souvent confondu avec la raison, et c'est pourquoi ils ne sont parvenus à fournir aucune explication parfaitement complète, pure et simple de son essence. Chez les philosophes chrétiens, le concept de raison reçoit encore une signification supplémentaire, tout à fait étrangère à lui, par opposition à la révélation. À partir de là, beaucoup affirment alors, et justement, que la connaissance de l'obligation à la vertu est possible aussi à partir de la simple raison, c'est-à-dire sans même une révélation. Cette considération a eu une certaine influence même sur l'exposition et sur l'usage du terme que fait Kant. Seulement, cette opposition n'a à vrai dire qu'une signification positive, historique, et, par conséquent, c'est un élément étranger à la philosophie, duquel elle doit être tenue à l'écart.

On aurait pu s'attendre à ce que Kant, dans ses critiques de la raison théorique et pratique, fût parti d'une exposition de l'essence de la raison en général et, après avoir ainsi déterminé le genre, qu'il fût passé à l'explication de ses deux espèces en montrant comment une seule et même raison se manifeste de deux façons si différentes et pourtant se révèle comme identique en conservant la même caractéristique générale. Mais on ne trouve rien de tel. J'ai déjà montré combien sont insuffisantes, hésitantes et désaccordées les explications que, de temps à autre, Kant donne en passant dans la *Critique de la raison pure* de la faculté qu'il critique. On rencontre à l'improviste la raison PRATIQUE déjà dans la *Critique de la raison pure* et par après, dans la Critique qui lui est spécialement consacrée, elle s'y trouve comme une chose entendue, sans autre justification et sans que l'usage linguistique commun à toutes les époques et à tous les peuples et foulé aux pieds par Kant, ou les déterminations conceptuelles établies par les plus grands philosophes du passé, puissent avoir voix au chapitre. En gros, en se fondant sur ces passages isolés, on en tire que l'opinion de Kant est la suivante : la connaissance de principes *a priori* est le caractère essentiel de la raison ; puisque la connaissance de la valeur éthique de l'action n'est pas d'origine empirique, cette connaissance est donc elle aussi un *principium a priori* et provient par suite de la raison, qui, dans cette mesure, est alors PRATIQUE. — J'ai déjà suffisamment parlé du caractère erroné de cette explication de la raison. Abstraction faite de ce dernier point, il faut bien dire combien est superficiel et brouillon le procédé consistant à utiliser ici l'unique critière de l'indépendance par rapport à l'expérience afin de réunir des choses hétérogènes, en négligeant par là ce qui, entre elles, demeure un écart fondamental, incommensurable. Car même si l'on suppose, sans pour autant l'accorder, que la connaissance de la valeur éthique de l'action provient d'un impératif qui réside en nous, d'un DEVOIR <*Soll*> inconditionné, un tel devoir serait pourtant fondamentalement différent de ces FORMES GÉNÉRALES DE LA CONNAISSANCE dont Kant montre, dans la *Critique de la raison pure*, que nous en avons conscience *a priori*, conscience grâce à laquelle nous pouvons, par avance, exprimer une NÉCESSITÉ <*Muss*> inconditionnée, valable pour toute notre expérience possible. Mais la distinction entre cette NÉCESSITÉ, cette forme nécessaire de tout objet prédéterminée dans le sujet, et ce DEVOIR de la moralité est si considérable et si évidente qu'on peut bien considérer leur réunion sous le critère du mode de connaissance non empirique comme une image plaisante, mais pas comme une justification philosophique pour l'identification de leur origine.

Du reste, le lieu de naissance de cet enfant de la raison pratique, le DEVOIR ABSOLU <*absolutes Soll*> ou impératif catégorique, se trouve non pas dans la *Critique de la raison pratique*, mais déjà dans la *Critique de la raison pure* (A 802/B 830). Sa naissance est forcée, et elle ne réussit que grâce au forceps d'un PAR CONSÉQUENT hardi, téméraire, on pourrait même dire effronté, qui s'insinue entre deux propositions tout à fait étrangères l'une à l'autre et sans aucun lien afin de les unir comme une raison avec sa conséquence. En effet, Kant part de la proposition affirmant que nous sommes déterminés non seulement par les motifs intuitifs, mais encore par les motifs abstraits. Il l'exprime de la façon suivante : « En effet, ce n'est pas seulement ce qui excite, c'est-à-dire ce qui affecte immédiatement les sens, qui détermine l'arbitre humain ; nous avons au contraire un pouvoir de surmonter au moyen de représentations de ce qui est utile ou nuisible, même d'une manière plus éloignée, les impressions produites sur notre faculté sensible de désirer ; mais ces réflexions sur ce qui est désirable par rapport à tout notre état, c'est-à-dire sur ce qui est bon et utile, reposent sur la raison. » (Parfaitement exact : si seulement il pouvait parler toujours aussi raisonnablement de la raison !) « Celle-ci donne PAR CONSÉQUENT ! aussi des lois qui sont des impératifs, c'est-à-dire des lois objectives de la liberté, qui disent ce qui DOIT arriver, bien que peut-être cela n'arrive jamais[279]. » — Ainsi, sans aucune attestation supplémentaire, l'impératif catégorique fait son apparition dans le monde, dans le but de le diriger par son DEVOIR INCONDITIONNÉ <*unbedingtes Soll*> — ce cercle carré qui tient lieu de sceptre. Car dans le concept de DEVOIR, on ne considère essentiellement comme sa condition nécessaire que la menace d'une punition ou la promesse d'une récompense. Faute de quoi, on supprime ce concept et on lui ôte toute signification. Par conséquent, un DEVOIR INCONDITIONNÉ est une *contradictio in adjecto* [contradiction dans les termes]. J'ai dû blâmer cette erreur, quoiqu'elle fût au demeurant étroitement apparentée à ce qui est le grand mérite de Kant en matière d'éthique et qui consiste justement en ce qu'il l'a dégagée de tous les principes du monde de l'expérience, à savoir de toutes les doctrines ayant en vue, directement ou indirectement, le bonheur, et qu'il a montré que le royaume de la vertu n'est pas de ce monde. Ce mérite est d'autant plus grand que tous les philosophes antiques déjà, à l'exception du seul Platon, à savoir les péripatéticiens, les stoïciens, les épicuriens, en usant de procédés très variés, avaient voulu tantôt rendre la vertu et le bonheur mutuellement dépendants d'après le principe de raison, tantôt les identifier d'après le principe de contradiction. Le même reproche ne vaut pas moins pour tous les philosophes des Temps modernes jusqu'à Kant. Par conséquent, son mérite en la matière est très grand. Néanmoins, la justice exige qu'on rappelle par ailleurs que son exposition et ses développements souvent ne correspondent pas à l'orientation et à l'esprit de son éthique, comme nous allons le voir immédiatement, et qu'en outre, il n'est pas le seul à avoir purifié la vertu de tout principe de bonheur. Car Platon déjà, en particulier dans la *République*, ouvrage qui a la même orientation générale, enseigne expressément que la vertu doit être choisie pour elle seule, même si le malheur et le déshonneur étaient inévitablement liés à elle. Mais le christianisme plus encore prêche une vertu totalement désintéressée, qu'on ne pratique pas non plus à cause de la récompense qu'on trouvera dans une vie après la mort, mais tout à fait gratuitement par amour pour Dieu, dans la mesure où les œuvres ne justifient pas, mais la foi seule, que la vertu accompagne comme un simple symptôme. Par conséquent, la vertu se fait jour tout à fait gratuitement et d'elle-même. Qu'on lise Luther, *De libertate Christiana*[280]. Je n'entends absolument pas faire entrer en ligne de compte les Hindous, eux dont les livres saints nous décrivent partout l'espoir en une récompense de ses œuvres comme le chemin de l'obscurité, qui ne peut jamais nous mener à la félicité. La doctrine de la vertu de Kant n'apparaît pas aussi pure, ou bien plutôt l'exposition est restée loin en deçà de son esprit, jusqu'à tomber dans l'inconséquence. Quand il traite plus loin du bien SUPRÊME, nous trouvons la vertu mariée au bonheur. Ici, le devoir qui était au début tellement inconditionné finit pourtant par postuler après coup une condition, ce qui a pour but véritable de se délivrer de la contradiction interne qui adhère à lui et l'empêche de vivre. Certes, le bonheur qu'on trouve dans le bien suprême ne doit pas être à proprement parler le motif de la vertu. Il se tient pourtant là comme une clause secrète, dont la présence fait de tout le reste un simple contrat fictif : il n'est pas vraiment la récompense de la vertu, mais c'est pourtant un pourboire vers lequel la vertu, après un travail accompli, tend la main en cachette. On peut se convaincre de la chose en lisant la *Critique de la raison pratique* (p. 223-266 de la 4e édition, ou p. 264-295 de celle de Rosenkranz)[281]. Toute sa théologie morale porte aussi la marque de cette tendance : c'est précisément pourquoi la morale vient à s'anéantir elle-même. Car, je le répète, toute vertu qui est pratiquée en vue d'une récompense, quelle qu'elle soit, repose sur une forme ingénieuse, méthodique et prévoyante d'égoïsme.

Le contenu du devoir absolu, de la loi fondamentale de la raison pratique est le fameux : « Agis de telle sorte que la maxime de ta volonté puisse en même temps toujours valoir comme principe d'une législation universelle[282]. » — Ce principe impose la tâche, à celui qui cherche un principe régulateur pour sa propre volonté, d'en chercher un pour la volonté de tous. — Se pose alors la question de savoir comment on peut trouver quelque chose de tel. Manifestement, pour trouver la règle de ma conduite, je ne dois pas tenir compte que de moi seul, mais de l'ensemble des individus. Alors, à la place de mon propre bien-être, c'est celui de tous sans distinction qui devient mon but. Mais ce dernier reste toujours cependant le bien-être. Je trouve alors que tous peuvent trouver le bien-être mais seulement si chacun assigne l'égoïsme d'autrui comme borne au sien propre. Il en découle assurément que je ne dois entraver personne, parce que, ce principe étant pris dans son universalité, MOI aussi je ne serai pas entravé. Mais c'est précisément l'unique raison pourquoi, tandis que ne possédant pas encore de principe moral je le cherche au préalable, je peux souhaiter en faire une loi universelle. Mais, de la sorte, la source de ce principe éthique demeure l'aspiration au bien-être, c'est-à-dire l'égoïsme. Ce serait une excellente base pour la théorie de l'État, mais comme base de l'éthique, cela ne vaut rien. Car celui qui cherche à établir, selon l'exigence interne de ce principe moral, un principe régulateur pour la volonté de tous, celui-là a nécessairement besoin lui-même à son tour d'un principe régulateur, sinon tout lui serait indifférent. Mais ce principe régulateur ne peut être que l'égoïsme propre, puisque ce n'est que sur lui qu'influe le comportement d'autrui. Par conséquent, ce n'est qu'au moyen et du point de vue de l'égoïsme qu'on peut avoir une volonté en rapport avec l'agir d'autrui et qu'on n'est pas indifférent à lui. Kant lui-même l'avoue très naïvement, p. 123 de la *Critique de la raison pratique* (p. 192 de l'édition Rosenkranz) où il expose ainsi la recherche de la maxime pour la volonté de tous: «Si chacun voyait avec une parfaite indifférence les maux d'autrui, et SI TU FAISAIS PARTIE d'un tel ordre des choses, y serais-tu avec l'assentiment de ta volonté[283] ? » — *Quam temere in nosmet legem sancimus iniquam* [Avec quelle légèreté nous établissons contre nous-mêmes une loi rigoureuse][284] !, voilà quel serait le principe régulateur de la concorde recherchée. Il en va de même dans les *Fondements de la métaphysique des mœurs* (p. 56 de la troisième édition ; p. 50 de l'édition Rosenkranz) : « Une volonté qui déciderait de n'aider personne qui soit dans le besoin se contredirait elle-même ; il peut en effet survenir des cas où cet homme AIT BESOIN DE L'AMOUR ET DE LA SYMPATHIE D'AUTRUI, etc.[285]. » Ce principe de l'éthique, examiné en pleine lumière, n'est par conséquent rien d'autre qu'une expression indirecte et allusive de cette antique et simple maxime, *quod tibi fieri non vis, alteri ne feceris* [ne fais pas à autrui ce que tu ne voudrais pas qu'on te fît]. Il se rapporte donc d'abord et immédiatement à l'élément passif, à la douleur et ensuite seulement, par son moyen, à l'action. Par conséquent, comme nous l'avons dit, il serait très utile comme fil conducteur pour la fondation de l'ÉTAT, qui est destiné à empêcher qu'on SOUFFRE UNE INJUSTICE et devrait également procurer à tous et à chacun la plus grande somme de bien-être. Mais en éthique, où l'objet de l'enquête est le FAIRE comme FAIRE dans sa signification immédiate pour l'AGENT et non pas ses conséquences, la souffrance, ni son rapport avec autrui, ce point de vue est tout à fait inadmissible, dans la mesure où il nous reconduit au fond à un principe de bonheur et donc à l'égoïsme.

Par conséquent, nous ne pouvons pas non plus partager la joie que Kant trouve dans le fait que son principe de l'éthique n'est rien de matériel — c'est-à-dire rien qui pose un objet comme motif — mais quelque chose de purement formel, par quoi il correspond symétriquement aux lois formelles que la *Critique de la raison pure* nous a enseignées. À vrai dire, plutôt qu'une loi, c'est seulement la formule heuristique pour la loi. Mais, d'une part, nous avions déjà cette formule, exprimée de façon plus courte et plus claire, dans le *quod tibi fieri non vis, alteri ne feceris*. D'autre part, l'analyse de cette formule nous montre que ce n'est que le point de vue du bonheur personnel et rien d'autre qui lui donne son contenu, et que par conséquent elle ne peut servir que l'égoïsme raisonnable, à qui aussi toute constitution légale doit son origine.

Un autre défaut qui, parce qu'il choque la sensibilité de tout lecteur, a souvent été blâmé et tourné en ridicule par Schiller dans une épigramme : il s'agit de l'affirmation pédante qu'une action, pour être vraiment bonne et méritoire, devait être accomplie seulement par respect pour la loi reconnue et le concept du devoir, et d'après une maxime de la raison conçue *in abstracto*, mais aucunement par inclination, ni par un sentiment de bienveillance pour autrui, ni par l'effet de la tendre sympathie, par compassion ou par un mouvement du cœur, toutes choses qui (d'après la *Critique de la raison pratique*, p. 213 ; édition Rosenkranz, p. 257)[286] sont même très importunes pour les personnes qui pensent bien, en ce qu'elles troublent leurs maximes réfléchies ; en revanche, l'action doit se faire à contrecœur, en se contraignant pour l'accomplir. Qu'on se souvienne qu'en plus de cela, l'espoir d'une récompense ne doit pourtant exercer aucune influence et l'on mesure combien est absurde une telle exigence. Mais, qui plus est, elle est précisément contraire au véritable esprit de la vertu : ce qui fait le mérite d'une action, ce n'est pas l'action elle-même, mais la bonne volonté qu'on y met, l'amour dont elle procède et sans lequel elle n'est qu'une œuvre morte. Par conséquent, le christianisme aussi a raison quand il enseigne que toutes les œuvres extérieures sont sans valeur si elles ne procèdent pas de cette authentique intention qui réside dans la vraie bonne volonté et dans le pur amour et que ce ne sont pas les œuvres accomplies (*opera operata*) qui donnent le salut et la rédemption, mais la foi, l'authentique intention, que seul l'Esprit Saint confère, et non pas la volonté libre et réfléchie, n'ayant en vue que la loi. — Réclamer avec Kant que toute action vertueuse soit accomplie froidement, sans aucune voire contre toute inclination, en vertu d'un pur respect réfléchi pour la loi, ce serait comme affirmer que toute œuvre d'art véritable doit naître de l'application bien réfléchie de règles esthétiques. La première exigence est aussi absurde que la seconde. À la question, traitée déjà par Platon et Sénèque, de savoir si la vertu peut s'enseigner, on doit répondre par la négative. Finalement, il faudra bien se résoudre à considérer cela qui a aussi fourni son origine à la doctrine chrétienne de l'élection par la grâce <*Gnadewahl*>: que pour l'essentiel et dans son fond, la vertu, comme le génie en quelque sorte, est innée et que, comme tous les professeurs d'esthétique, de toutes leurs forces réunies, sont incapables d'inculquer à un seul la capacité des productions géniales, c'est-à-dire des œuvres d'art authentiques, de même tous les professeurs d'éthique et prêcheurs de vertu sont incapables de faire d'un caractère vil un caractère vertueux, noble — impossibilité beaucoup plus manifeste que celle de transformer le plomb en or. La recherche d'une éthique et de son principe suprême qui auraient une influence pratique, transformeraient et amélioreraient le genre humain est tout à fait semblable à la quête de la pierre philosophale. — À la fin de notre livre IV, il est parlé en détail de la possibilité d'une complète transformation de mentalité <*Sinnesänderung*> de l'homme (régénération <*Wiedergeburt*>) non pas au moyen d'une connaissance abstraite (éthique), mais d'une connaissance intuitive (grâce efficace <*Gnadenwirkung*>). Le contenu de ce livre me dispense en général de m'attarder plus longtemps sur ce point.

Que Kant n'a pas du tout pénétré la signification véritable du contenu éthique des actions, c'est ce que montre aussi enfin sa doctrine du bien suprême comme union nécessaire de la vertu et du bonheur, union qui consiste en ce que celle-là rendrait digne de celui-ci. On peut déjà ici faire à Kant le reproche, d'un point de vue logique, que le concept de dignité, constituant ici le critère, présuppose déjà une éthique lui servant de critère, et qu'il ne pouvait donc pas en provenir. Notre livre IV a montré que toute vertu authentique, quand elle a atteint son point le plus haut, conduit finalement à une complète résignation, dans laquelle s'achève tout vouloir. Au contraire, le bonheur est un vouloir satisfait. Vertu et bonheur sont donc fondamentalement inconciliables. Celui à qui mon exposition a paru claire n'a besoin d'aucune démonstration supplémentaire de l'absurdité complète du point de vue kantien sur le bien suprême. Et indépendamment de mon exposition positive, je n'ai pas à donner en outre une exposition négative.

L'amour de Kant pour la symétrie architectonique nous frappe aussi dans la *Critique de la raison pratique* : il a donné à celle-ci la facture d'ensemble de la *Critique de la raison pure* et appliqué de nouveau les mêmes titres et formes, avec un arbitraire qui saute aux yeux, particulièrement apparent dans la table des catégories de la liberté.

La DOCTRINE DU DROIT est une des œuvres les plus tardives de Kant. Sa faiblesse est telle que, malgré mon désaccord total, je tiens pour superflu de polémiquer contre elle : comme si elle n'était pas l'œuvre de ce grand homme, mais le produit d'un quelconque mortel, ses propres faiblesses doivent la faire mourir d'une mort naturelle. Pour ce qui est de la *Doctrine du droit*, j'abandonne donc la démarche négative pour aller à la positive et aux éléments de cette théorie, qui sont brièvement établis dans notre livre IV[287]. Simplement, quelques remarques générales sur la Doctrine du droit de Kant peuvent ici trouver place. Les défauts typiques de Kant et que j'ai blâmés dans mon examen de la *Critique de la raison pure* se trouvent dans la Doctrine du droit en une telle pléthore qu'on a souvent l'impression de lire une parodie satirique de la manière kantienne ou, du moins, de lire l'œuvre d'un kantien. Mais ses deux défauts principaux sont les suivants : Kant veut (et beaucoup l'ont voulu depuis) distinguer rigoureusement la doctrine du droit de l'éthique, sans pourtant faire dépendre le premier d'une législation positive, c'est-à-dire de contraintes arbitraires, mais en laissant subsister pour soi, pur et *a priori* le concept du droit. Seulement, la chose n'est pas possible. En effet, l'agir, en dehors de sa signification éthique et de son rapport physique à d'autres, et par là, à une contrainte extérieure, n'admet pas de troisième point de vue, pas même de façon hypothétique. Par suite, lorsque Kant dit : « le devoir de droit est celui qui PEUT être imposé par la contrainte », ce « PEUT » doit être compris comme physique : alors tout droit est positif et arbitraire, et réciproquement tout arbitraire qu'on parvient à imposer est droit. Ou bien alors ce « PEUT » doit être compris comme éthique et nous sommes reconduit au domaine de l'éthique. Le concept de droit oscille donc chez Kant entre le ciel et la terre et n'a pas de sol sur lequel il peut marcher. Chez moi, il appartient à l'éthique. En second lieu, la détermination du concept de droit est toute négative, et par là insuffisante*. « Le droit est ce qui s'accorde avec la coexistence des libertés individuelles selon une loi universelle ». — La liberté (ici la liberté empirique, c'est-à-dire physique, non la liberté morale de la volonté) signifie le fait de n'être pas entravé. C'est donc une simple négation. La coexistence a elle aussi la même signification : nous restons donc dans le domaine des simples négations et n'obtenons aucun concept positif. Nous ne voyons pas du tout de quoi il est précisément question, sauf si nous le savons déjà par une autre voie. — Ensuite, dans l'exposé, les conceptions les plus absurdes sont développées, comme celle d'après laquelle dans l'état de nature, c'est-à-dire en dehors de l'État, il n'y aurait pas de droit de propriété, ce qui veut proprement dire que tout droit serait positif. Ainsi, le droit naturel serait fondé sur le droit positif, au lieu qu'en l'occurrence ce devrait être le contraire. De plus, la justification de l'acquisition selon le droit par la prise de possession, l'obligation morale d'instituer une constitution civile, le fondement du droit

* Même si le concept de droit est, à proprement parler, un concept négatif, à la différence du concept d'injustice <*Unrecht*>, qui est le point de départ positif, l'explication de ces deux concepts ne peut cependant être de part en part négative.

pénal, etc., tout cela, comme je l'ai dit, ne mérite pas, à mes yeux, une réfutation spéciale. Cependant, ces erreurs de Kant ont eu elles aussi une influence largement néfaste. Elles ont jeté sur des vérités connues et exprimées depuis longtemps un trouble et une obscurité nouvelles ; elles ont donné lieu à des théories étranges, à beaucoup d'écrits et de disputes. À dire vrai, tout cela ne saurait durer. Déjà nous voyons comment la vérité et la saine raison se fraient de nouveau un chemin. De cette saine raison, le *Naturrecht* de J. C. F. Meister[288] témoigne particulièrement, à l'opposé de tant de théories alambiquées, même si je ne le considère pas pour autant comme un modèle d'une perfection accomplie.

Après tout ce qui précède, je peux être très bref aussi à propos de la *Critique de la faculté de juger*. On doit admirer comment Kant, à qui l'art est resté vraiment très étranger, qui, selon toute apparence, n'avait que peu de sensibilité pour le beau, qui du reste n'a vraisemblablement jamais eu l'occasion de voir une œuvre d'art importante et enfin semble même n'avoir eu aucune connaissance de cet autre géant, son frère, Goethe, le seul contemporain et compatriote qui soutienne la comparaison— on doit, dis-je, admirer comment, malgré tout, Kant a pu acquérir un mérite considérable et durable dans l'examen philosophique de l'art et du beau. Ce mérite consiste en ce que, malgré le grand nombre d'examens qui ont été faits à propos du beau et de l'art, on avait pourtant examiné à proprement parler la chose toujours du seul point de vue empirique et on avait cherché à établir à partir de faits quelle propriété distinguait l'objet appelé BEAU, quel qu'en soit le genre, de tout autre objet du même genre. En suivant cette voie, on est d'abord parvenu à des propositions très particulières, puis plus générales. On cherchait à distinguer l'authentique beauté artistique de l'inauthentique et à découvrir les critères de cette authenticité, qui pourraient ensuite trouver également un nouvel emploi comme règles. Ce qu'on trouve beau et ce qui ne l'est pas, ce qu'il faut par conséquent imiter, vers quoi on doit tendre et ce qu'il faut éviter, quelles règles, du moins négatives, respecter — bref, quel est le moyen d'exciter le plaisir esthétique, c'est-à-dire quelles sont les conditions inhérentes à l'OBJET propres à produire cet effet, voilà ce qu'était presque exclusivement le thème de tous les examens à propos de l'art. Aristote avait emprunté cette voie, et sur le même chemin nous trouvons encore, parmi nos contemporains, Home, Burke, Winckelmann, Lessing, Herder, etc. Il est vrai que la généralité des propositions esthétiques découvertes reconduisait aussi finalement au sujet, et l'on a remarqué que si l'effet dans le sujet avait été suffisamment connu, alors on aurait pu aussi déterminer *a priori* les causes de celui-ci inhérentes à l'objet, seul moyen de faire en sorte que cet examen puisse parvenir à la certitude d'une science. Cela donna parfois lieu à des explications psychologiques, mais c'est Alexander Baumgarten qui, en particulier, établit à cette fin une esthétique générale du beau où il partait du concept de perfection <*Vollkommenheit*> de la connaissance sensible, c'est-à-dire de la connaissance intuitive. Mais en même temps qu'il a établi ce concept, il a aussi rejeté la part subjective et est passé aux pratiques objectives qui se rapportent à la question. — Mais à Kant revint ici aussi le mérite d'avoir recherché sérieusement et de façon fouillée quelle est l'EXCITATION

ELLE-MÊME en raison de laquelle nous nommons BEAU l'objet qui la provoque, afin de trouver, dans la mesure du possible, quelles sont dans notre esprit ses composantes et ses conditions. Sa recherche pris par conséquent une direction toute subjective. Cette voie était manifestement la bonne, car pour expliquer un phénomène qui est donné dans ses effets, on doit d'abord connaître suffisamment l'effet lui-même afin de déterminer à fond la constitution de la cause. Kant a montré la bonne voie et grâce à une recherche provisoire, il a donné un exemple de la façon dont il faut à peu près procéder*:* c'est le mérite de Kant, mais, à proprement parler, il ne va pas plus loin. Car ce qu'il a livré ne peut pas être considéré comme une vérité objective et un réel acquis. Il a livré la méthode de cette recherche, il a ouvert le chemin, mais il a manqué le but.

Quand on considère la Critique de la faculté de juger esthétique, la première remarque qui s'impose à nous est que Kant y a conservé la méthode propre à toute sa philosophie et que j'ai examinée en détail plus haut : je veux dire le fait de partir de la connaissance abstraite pour fonder la connaissance intuitive, de sorte que la première lui sert en quelque sorte de *camera obscura* [chambre obscure] pour saisir la seconde et l'embrasser du regard. De même que dans la *Critique de la raison pure*, les formes des jugements devaient l'instruire sur la connaissance de la totalité de notre monde sensible, de même, dans cette Critique de la faculté de juger esthétique, il ne part pas du beau lui-même, du beau intuitif, immédiat, mais du JUGEMENT sur le beau, de ce qu'il nomme, en une expression fort laide, le jugement de goût. C'est lui son problème. Son attention a été particulièrement éveillée par le fait qu'un tel jugement est manifestement l'énoncé d'un processus subjectif, dont la validité est cependant d'une si grande universalité qu'elle semble toucher à une propriété de l'objet. Voilà ce qui l'a frappé, et non le beau lui-même. Il ne part jamais que des énoncés d'autrui, du jugement sur le beau et non pas du beau lui-même. Par conséquent, c'est comme s'il n'en avait qu'une connaissance par simple ouï-dire et non pas immédiate. Un aveugle doué d'une très grande capacité d'entendement pourrait presque aussi bien, à partir de l'audition d'énoncés précis sur les couleurs, combiner leur théorie. Et, effectivement, nous devons considérer les philosophèmes de Kant sur le beau presque exclusivement sous ce rapport. Nous trouverons alors que sa théorie est pleine de sens et qu'il fait ici et là des remarques générales pertinentes et véridiques. Mais sa propre solution du problème est tellement inadmissible, elle est tellement éloignée de la dignité de son objet qu'il ne peut nous venir à l'idée de la tenir pour une vérité objective. Par conséquent, je me considère même dispensé de la réfuter, et ici encore je renvoie à la partie positive de mon ouvrage.

À propos de la forme de l'ensemble de son livre, on doit remarquer qu'elle provient de l'idée selon laquelle la solution du problème du beau doit être trouvée dans le concept de FINALITÉ. Cette idée est déduite, ce qui n'est jamais difficile, comme nous l'ont montré les successeurs de Kant. C'est ainsi que naît la réunion baroque de la connaissance du beau avec celle de la finalité des corps naturels en UNE SEULE faculté de connaissance, nommée faculté de juger, et un traité sur deux objets différents dans un même livre. Avec ces trois facultés de connaissance, la raison, la FACULTÉ DE JUGER et l'entendement, maintes fantaisies symétrico-architectoniques sont entreprises ensuite. La prédilection de Kant pour ce genre de choses en général se montre dans ce livre à divers endroits, déjà dans le fait d'imposer de force à l'ensemble de l'ouvrage la division de la *Critique de la raison pure*, mais tout particulièrement dans l'Antinomie de la faculté de juger esthétique, qui est tirée par les cheveux. On pourrait aussi faire à Kant le reproche d'avoir commis une grande inconséquence en arguant du fait qu'après qu'il a été sans cesse répété dans la *Critique de la raison pure* que l'entendement est la faculté de juger, et après que les formes de ses jugements ont été érigées en pierre angulaire de toute la philosophie, une faculté de juger toute particulière vient alors s'y ajouter, totalement distincte de la première. Du reste, j'ai exposé dans la partie positive de mon écrit ce que je nomme faculté de juger, c'est-à-dire la capacité de transposer la connaissance intuitive dans la connaissance abstraite et d'appliquer celle-ci à celle-là à bon escient.

Ce qui, de loin, est le plus remarquable dans la Critique de la faculté de juger esthétique, c'est la théorie du sublime. Elle est incomparablement mieux réussie que celle du beau et ne se contente pas, comme celle-ci, d'indiquer la méthode générale de la recherche, mais encore une portion de la voie appropriée, en sorte que même si elle ne donne pas vraiment la solution du problème, elle s'en approche de très près.

Dans la Critique de la faculté de juger téléologique, on peut, en raison de la simplicité du thème, prendre connaissance peut-être mieux qu'en tout autre endroit du talent étrange de Kant lui permettant de tourner une pensée en tous sens, de l'exprimer de diverses manières, jusqu'à ce qu'en sorte un livre. Tout le propos de l'ouvrage se résume à ceci : quoique les corps les plus organisés nous apparaissent nécessairement comme s'ils étaient arrangés conformément à un concept de fin qui les précède, cela ne nous autorise pourtant pas à admettre la chose objectivement. B[Car notre intellect, à qui les choses sont données du dehors et médiatement, qui ne connaît donc jamais la nature intime des choses qui les fait naître et les maintient dans l'existence, mais simplement leur côté extérieur, cet intellect ne peut se faire que par analogie une idée d'une quelconque constitution propre aux produits organisés de la nature, en les comparant avec les œuvres humaines fabriquées intentionnellement et dont la constitution est déterminée grâce à une fin et au concept de cette fin. Cette analogie est suffisante pour nous rendre concevable l'accord de toutes leurs parties en vue du tout et pour nous donner par là même le fil conducteur pour les soumettre à investigation, mais ce n'est d'aucune manière une raison pour faire de l'analogie un fondement explicatif véritable de l'origine et de la réalité de tels corps. Car la nécessité qui fait que nous les concevons de la sorte est d'origine subjective. — Ainsi résumerais-je en gros la théorie de Kant sur ce sujet. Pour l'essentiel, elle avait été exposée déjà dans la *Critique de la raison pure*, en A 692-702/B 720-730[289]. Mais même dans la connaissance de CETTE vérité, nous trouvons en David Hume un précurseur de Kant digne d'éloge : lui aussi avait vigoureusement combattu cette hypothèse dans le deuxième chapitre de son *Dialogue sur la religion naturelle*. La différence entre la critique humienne de cette hypothèse et celle de Kant consiste pour l'essentiel en ce que Hume la critique comme une hypothèse fondée sur l'expérience, Kant au contraire comme une hypothèse *a priori*. Tous les deux ont raison et leurs exposés se complètent l'un l'autre. Nous trouvons l'essentiel de la théorie de Kant sur ce sujet déjà exprimée dans le commentaire par Simplicius de la *Physique* d'Aristote : ἡ δὲ πλάνη γέγονεν αὐτοῖς ἀπὸ τοῦ ἡγεῖσθαι, πάντα τὰ ἕνεκά του γινόμενα κατὰ προαίρεσιν γενέσθαι καὶ λογισμόν, τὰ δὲ φύσει μὴ οὕτως ὁρᾶν γινόμενα C[(*error iis ortus est ex eo, quod credebant, omnia, quae propter finem aliquem fierent, ex proposito et ratiocinio fieri, dum videbant naturae opera non ita fieri*) [Mais chez eux, l'erreur provenait de ce qu'ils croyaient que tout ce qui se produisait en vertu d'une fin ne pouvait reposer que sur un dessein et une réflexion, cependant, ils remarquaient aussi que les œuvres de la nature ne naissaient pas de la sorte]]C (*Schol. in Arist. ex. edit. Berol. p. 354*[290]).]B Dans cette affaire, Kant a parfaitement raison. Aussi était-il nécessaire qu'après avoir montré que, du point de vue de son existence, on ne peut appliquer à la nature en général le concept d'effet et de cause, Kant ait aussi montré que, du point de vue de sa constitution, on ne peut la penser comme un effet provenant de causes conduites par des motifs (concepts de fin). B[Quand on songe au caractère grandement spécieux de la preuve physico-théologique, que même Voltaire tenait pour irréfutable, il était donc de la plus grande importance de montrer que l'élément subjectif dans notre façon d'appréhender, pour lequel Kant revendique le temps, l'espace et la causalité, s'étend aussi à notre façon de juger les corps naturels, et que, par suite, l'obligation que nous ressentons de les penser comme prémédités selon des concepts de fin et donc comme produits d'une façon OÙ LA REPRÉSENTATION DE CES CORPS AURAIT PRÉCÉDÉ LEUR EXISTENCE, cette obligation a une origine tout aussi subjective que l'intuition de l'espace, qui se présente pourtant si objectivement, et par conséquent ne peut être érigée en norme de la vérité objective.]B La discussion par Kant de cette question est excellente, exceptés sa prolixité fatigante et son caractère répétitif. Il affirme à bon droit que jamais nous ne parviendrons à expliquer la constitution des corps organiques par de simples causes mécaniques, par quoi il comprend l'effet non intentionnel et régulier de toutes les forces universelles de la nature. Néanmoins, je trouve ici une nouvelle lacune. En effet, il dénie la possibilité d'une telle explication simplement du point de vue de la finalité et de l'intentionnalité apparente des corps ORGANIQUES. Seulement, nous trouvons que même là où cette intentionnalité n'a pas cours, les raisons explicatives qui proviennent d'UN SEUL domaine de la nature ne peuvent être transposées à un autre, mais que, dès que nous entrons dans un autre domaine, elles nous abandonnent, et à leur place interviennent de nouvelles lois fondamentales qu'il ne faut pas espérer expliquer à partir de celles du domaine précédent. Ainsi, le domaine particulier de la mécanique est régi par les lois de la pesanteur, de la cohésion, de la rigidité, de la fluidité, de l'élasticité, lesquelles, prises en soi (indépendamment de mon explication de toutes les forces naturelles comme degrés inférieurs de l'objectivation de la volonté), existent à titre de manifestations de forces qui ne nécessitent pas d'explication supplémentaire, mais qui elles-mêmes constituent les principes de toute explication ultérieure, laquelle n'existe que si on la reconduit à elles. Si nous quittons ce domaine pour en venir à celui des phénomènes de la chimie, de l'électricité, du magnétisme, de la cristallisation, alors il ne faut plus du tout faire usage de tels principes, puisque ces lois ne valent plus, que ces forces sont dominées par d'autres et que les phénomènes se produisent tout à l'inverse de ceux qui précédaient selon de nouvelles lois fondamentales, tout aussi originelles et inexplicables que les précédentes, c'est-à-dire irréductibles à des lois plus générales. Par exemple, on ne parviendra jamais, en se servant de ces lois propres au mécanisme, à expliquer même la simple dissolution d'un sel dans l'eau, ni à plus forte raison les phénomènes plus complexes de la chimie. Dans le livre II du présent ouvrage tout cela a déjà été exposé en détail. Une explication de ce genre aurait été, me semble-t-il, d'une grande utilité dans la Critique de la faculté de juger téléologique et aurait jeté une vive lumière sur ce qui y est dit. Cela aurait été particulièrement propice à expliquer l'excellente allusion de Kant, quand il affirme qu'une connaissance plus profonde de l'être en soi, dont les choses de la nature sont le phénomène, aurait retrouvé un seul et même principe ultime à la fois dans les effets mécaniques (conformes à des lois) et dans ceux qui sont apparemment intentionnels, ce principe pouvant servir de fondement explicatif commun aux deux domaines. J'espère avoir fourni un tel principe en faisant de la volonté la véritable chose en soi. Notre livre II et ses *Compléments*, tout comme mon ouvrage *Sur la volonté dans la nature*, qui suivent ces vues en général, ont peut-être rendu plus clair et plus profond notre aperçu sur la nature intime de la finalité apparente, de l'harmonie et de la concordance de la nature dans son ensemble. Par conséquent, je n'ai rien à dire de plus ici sur ce sujet. —

C[Que le lecteur intéressé par cette critique de la philosophie kantienne ne manque pas de lire, dans le deuxième traité du premier volume de mes *Parerga et Paralipomena*, le complément de cette critique que j'ai donné sous le titre : « Quelques éclaircissements supplémentaires sur la philosophie kantienne. »

Car on doit songer que mes écrits, si peu nombreux soient-ils, n'ont pas été composés tous ensemble, mais successivement, au cours d'une longue vie et à de vastes intervalles. Par suite, on ne peut pas s'attendre à ce que je rassemble en UN SEUL endroit tout ce que j'ai dit sur un objet.]C

Notes

ABRÉVIATIONS ET SIGLES UTILISÉS DANS LES NOTES

Schopenhauer

QR1 / QR2 : *De la quadruple racine du principe de raison suffisante* (versions 1813/1847), trad. F.-X. Chenet, Paris, Vrin, 1997.

SG1 : première édition (1813) de la *Quadruple racine du principe de raison suffisante*, in *Sämtliche Werke*, éd. P. Deussen, vol. III, Munich, Piper, 1912).

VC : *Sur la vue et les couleurs*, trad. M. Élie, Paris, Vrin, 1986.

VN : *De la volonté dans la nature*, trad. É. Sans, Paris, PUF, 1969.

PFE : *Les deux problèmes fondamentaux de l'éthique*, trad. C. Sommer, Paris, Gallimard, 2009.

LV : *Mémoire sur la liberté de la volonté, in* PFE.

FM : *Mémoire sur le fondement de la morale, in* PFE.

HN : *Arthur Schopenhauer. Der handschriftliche Nachlass*, éd. A. Hübscher, vol. I-V, Francfort-sur-le-Main, W. Kramer, 1966-1975 ; reprint DTV, Munich, 1985.

Autres

Ak. : *Kants gesammelte Schriften*, éd. *Preussische Akademie der Wissenschaften*, I-IX, Berlin, 1902 et suiv.

OP : Kant, *Œuvres philosophiques*, I-III, Paris, Gallimard, 1980-1986.

CFJ : Kant, *Critique de la faculté de juger* (*in* OP II).

CRP : Kant, *Critique de la raison pure* (*in* OP I).

CRPrat : Kant, *Critique de la raison pratique* (*in* OP II).

WA : *Martin Luthers Werke. Kritische Gesamtausgabe* [WA], Weimar, 1883-2005.
LO : Luther, *Œuvres*, Genève, Labor et Fides, 1957 et suiv.
KSA : Nietzsche, *Sämtliche Werke* (*Kritische Studienausgabe*), éd. G. Colli et M. Montinari, Berlin, DTV/de Gruyter, ²1988.

NOTE SUR LE TEXTE

1. *Die Welt als Wille und Vorstellung: vier Bücher nebst einem Anhange, der die Kritik der Kantischen Philosophie enthält*, Leipzig, Brockhaus, 1818 (postdaté à 1819) ; *Die Welt als Wille und Vorstellung. Zweite, durchgängig verbesserte und sehr vermehrte Auflage. Erster Band. Vier Bücher nebst einem Anhange, der die Kritik der Kantischen Philosophie enthält. Zweiter Band, welcher die Ergänzungen zu den vier Büchern des ersten Bandes enthält*, Leipzig, Brockhaus, 1844 ; *Die Welt als Wille und Vorstellung. Dritte, verbesserte und beträchtlich vermehrte Auflage. Erster Band. Vier Bücher nebst einem Anhange, der die Kritik der Kantischen Philosophie enthält. Zweiter Band, welcher die Ergänzungen zu den vier Büchern des ersten Bandes enthält*, Leipzig, Brockhaus, 1859. On trouve une reproduction fidèle du texte de la troisième édition dans l'édition dite « de dernière main » : *Arthur Schopenhauers Werke in fünf Bänden. Nach den Ausgaben letzter Hand*, éd. L. Lütkehaus, Bd. I/II, Zurich, Haffmans, 1988, 1991 (éd. poche) ; Francfort-sur-le-Main, Zweitausendeins, 2006 (*Standard-ausgabe* et *Vorzugsausgabe*). Cette édition a le grand mérite de revenir aux dernières éditions autorisées par Schopenhauer, mais écarte, conséquemment, toutes les variantes, additions ou gloses. Elle reproduit aussi les caractères grecs non accentués tels qu'ils figurent dans la troisième édition. Il existe également une reproduction à l'identique de la première

édition du *Monde*: *Die Welt als Wille und Vorstellung. Faksimiledruck der ersten Auflage von 1819 [1818]*, Francfort-sur-le-Main, Insel Verlag, 1987.

2. Les éditions allemandes du *Monde* postérieures à 1859 s'écartent toutes de la troisième édition, mais elles signalent et / ou intègrent, avec une précision inégale, et selon des options philologiques divergentes, les remaniements et les variantes des trois différentes éditions, ainsi que les ajouts ou gloses manuscrits. L'édition de la présente traduction s'est systématiquement appuyée sur les acquis historico-philologiques des éditions complètes, notamment : *Arthur Schopenhauers sämtliche Werke*, éd. P. Deussen, Munich, Piper, 1911-1942 (version électronique *Schopenhauer im Kontext*, éd. K. Worm, Berlin, InfoSoftWare, 2001, 2008) ; *Arthur Schopenhauer. Sämtliche Werke*, éd. J. Frauenstädt remaniée par A. Hübscher, Leipzig, Brockhaus, 1937-1941, Wiesbaden, Brockhaus, 1972 (texte Hübscher repris dans *Arthur Schopenhauer. Werke*, vol. I-X, Zurich, Diogenes, 1977, [2]1978) ; *Arthur Schopenhauer. Sämtliche Werke*, éd. W. von Löhneysen, vol. I-V, Francfort-sur-le-Main, Suhrkamp, 1986. À noter qu'une nouvelle édition historico-critique est en préparation à la *Schopenhauer-Forschungsstelle* de l'université de Mayence.

3. Voir les indications de Schopenhauer pour les titres courants (*Lettre à Brockhaus*, 22 juin 1860, *Gesammelte Briefe*, Bonn, Bouvier, 1978, 1987, 478-479), l'orthographe et la ponctuation (*Lettre à Brockhaus*, 27 janvier 1859, *GB*, 443 ; *Billet au typographe de Brockhaus*, 7 septembre 1843, *GB*, 203), les abréviations des titres latins (*Lettre à Brockhaus*, 30 juin 1859, *GB*, 455).

4. Il va de soi que nous n'avons pas hésité à consulter les traductions françaises précédentes, souvent élégantes, parfois approximatives, toujours méritantes : *Le monde comme volonté et comme représentation*, trad. J.-A. Cantacuzène, vol. I/II, Leipzig, Brockhaus (Paris, Didier ; Bucarest, Sotchek, 1886) ; *Le monde comme volonté et comme représentation*, trad. A. Burdeau, vol. I-III, Paris, Alcan, 1888-1890 (Paris, PUF, [8]1943) ; trad. A. Burdeau, revue et corrigée par R. Roos, Paris, PUF, 1966, [14]1996, Quadrige, 2004). Ont été également utiles la traduction italienne (*Il mondo come volontà e rappresentazione*, a cura di Ada Vigliana, trad. N. Palanga, G. Riconda, A. Vigliani, Milan, Mondadori, 1989, 2007) et les traductions

anglo-américaines (*The World as Will and Representation*, translated in two volumes by E. F. J. Payne, New York, Dover, 1966 ; *The World as Will and Presentation*, vol. 1, translated by R. E. Aquila, in collaboration with D. Carus, Pearson, Longmann, 2008).

5. Parmi les ouvrages et instruments de recherche utiles à cette tâche, voir J. Baumann, *Wolffsche Begriffsbestimmungen. Ein Hilfsbüchlein beim Studium Kants*, Leipzig, Dürr, 1910 ; B. Cassin (dir.), *Vocabulaire européen des philosophies*, Paris, Seuil/Le Robert, 2004 ; R. Eucken, *Geschichte der philosophischen Terminologie* (1879), Hildesheim, reprint Olms, 1964 ; J.-M. Fontanier, *Le vocabulaire latin de la philosophie de Cicéron à Heidegger*, Paris, Ellipses, 2002 ; E. Gilson, *Index scolastico-cartésien*, Paris, Alcan, 1912, rééd. Paris, Vrin, 1979 ; A. Lalande (éd.), *Vocabulaire technique et critique de la philosophie*, Paris, PUF, 1956 ; J. Ritter *et al.* (éd.), *Historisches Wörterbuch der Philosophie*, Stuttgart-Bâle, Schwabe & Co., 1971-2005 ; R. Eisler, *Kant-Lexikon*, éd. établie et augmentée par A.-D. Balmès et P. Osmo, Paris, Gallimard, 1994 ; J. Hamesse et C. Steel (éd.), *L'élaboration du vocabulaire philosophique au Moyen Âge*, Turnhout, Brepols, 2000. — Il va sans dire que pour comprendre et traduire la langue de Schopenhauer la consultation systématique du Grimm s'impose (*Deutsches Wörterbuch von Jakob et Wilhelm Grimm*, Leipzig, Hirzel, 1854- et suiv., XCI, Munich, reprint DTV, 1991, version électronique *Der digitale Grimm*, Francfort-sur-le-Main, Zweitausendeins, 2004), qui recense d'ailleurs certains termes forgés par Schopenhauer.

6. Le catalogue commenté de la bibliothèque est reproduit dans HN V. Le numéro donné entre crochets obliques indique le numéro de l'ouvrage dans le catalogue. Gwinner et Foucher de Careil ont estimé tous deux le nombre global des ouvrages de la bibliothèque à 3 000 volumes, c'est-à-dire 1 848 titres. Voir A. Hübscher, « Schopenhauer und das Buch », *in* HN V, p. VII-XXXVII ; S. Barbera, « La bibliothèque de Schopenhauer », in *Une philosophie du conflit. Études sur Schopenhauer*, Paris, PUF, 2004, p. 185-206.

7. *Immanuel Kants sämtliche Werke*, éd. K. Rosenkranz et F. W. Schubert, Leipzig, Voss, 1838-1842, 12 vol. Nous donnons le plus souvent la traduction des *Œuvres philosophiques* (abrégé en « OP »), Paris, Gallimard, 1980-1986, ainsi

que la pagination de l'*Akademie-Ausgabe* (Ak./vol./page), reproduite en marge de la plupart des éditions françaises (*Kants gesammelte Schriften, herausgegeben von der Preussischen Akademie der Wissenschaften*, Berlin, 1902-1923, 29 vol.).

8. *Platonis philosophi quae exstant graece ad editionem Henrici Stephani accurate expressa cum Marsilii Ficini interpretatione...*, vol. I-XII, Zweibrücken, 1781-1786, 1787, édition de référence jusqu'à celle de Bekker (1816-1818). Nous donnons le plus souvent la traduction des *Œuvres complètes*, trad. L. Robin et M.-J. Moreau, Paris, Gallimard, 1950.

PRÉFACES

1. Goethe, *Herrn Staatsminister von Voigt zur Feier des 27. September 1816*, in *Goethe. Sämtliche Werke*, éd. K. Eibl, Francfort-sur-le-Main, DKV, t. II, 1988, p. 581-582.

2. Pline l'Ancien, *Histoire naturelle*, VII, 1, 6-7, trad. R. Schilling, Paris, Les Belles Lettres, 1977, p. 39. HN V <1397>, p. 392.

3. Les affirmations de Schopenhauer sur le caractère « organique » de son système doivent être un peu tempérées par l'examen du texte. Tout d'abord, le premier livre doit être mis à part des trois autres : dans la terminologie des *Leçons de Berlin*, il s'agit d'une « théorie de la représentation », distincte du cœur de la doctrine, constituée par une « métaphysique » (c'est-à-dire d'une connaissance transphénoménale de la chose en soi), elle-même déclinée en trois parties : métaphysique de la nature (livre 2), métaphysique du beau (livre 3), métaphysique des mœurs (livre 4) (cf. « Ueber den Begriff der Metaphysik », in *Metaphysik der Natur. Philosophische Vorlesungen, II*, éd. Volker Spierling, Munich, Piper, 1984, p. 59 ; traduction par J.-P. Ferrand dans le *Cahier de l'Herne* consacré à Schopenhauer, Paris, 1998, p. 234 sq.). Ensuite, le caractère unitaire de la doctrine est un peu mis à mal par la doctrine de la négation de la volonté, qui apparaît, selon le titre du dernier chapitre, comme une « épiphilosophie », c'est-à-dire un prolongement ouvert, qui ouvre plus de questions nouvelles qu'il ne résout de problèmes. Enfin, les

livres II-III-IV font plus que répéter la même intuition (le monde est volonté) sous des angles variés : ils scandent les moments du procès d'autoconnaissance de la volonté, par quoi la volonté prend peu à peu conscience d'elle-même, jusqu'à la négation finale. On peut donc accorder que tout le livre n'est que la paraphrase d'une même pensée (« le monde est volonté ») à condition toutefois de ne pas gommer ce qui relève non pas certes d'une construction déductive, mais d'une progression dramatique aboutissant à la négation de la volonté.

4. La première édition du *Monde* (1819) était en effet dépourvue des paragraphes qui scandent les éditions suivantes. Pour une image de cette édition, cf. *Die Welt als Wille und Vorstellung. Faksimiledruck der ersten Auflage von 1819 [1818]*, Francfort-sur-le-Main, Insel, 1987.

5. Pour Schopenhauer, le rapport entre les philosophies et donc entre les philosophes est nécessairement conflictuel : puisque la vérité est unique, les prétentions d'un système philosophique se font toujours au détriment de celles d'un autre. « Chaque système philosophique, à peine venu au monde, songe déjà à la destruction de tous ses frères, comme un sultan asiatique le jour de son avènement. Car de même qu'il ne peut y avoir qu'*une* reine des abeilles dans la ruche, il ne peut y avoir qu'une philosophie à l'ordre du jour » (*Parerga*, II, § 3, trad. in *Schopenhauer, Philosophie et Science*, trad. Dietrich revue par A. Kremer-Marietti, Paris, Le Livre de Poche, 2001, p. 141).

6. Schopenhauer, *De la quadruple racine du principe de raison suffisante*, trad. F.-X. Chenet, Paris, Vrin, 1991. Dans cette première préface, Schopenhauer renvoie à la première édition de ce texte (1813), édition qui sera parfois assez profondément remaniée par la suite.

7. Schopenhauer, *Sur la vue et les couleurs*, in VC, trad. M. Élie, Paris, Vrin, p. 1986, p. 39 sq. Dans le premier chapitre de ce livre, Schopenhauer expose sa théorie de l'« intellectualité de l'intuition », c'est-à-dire les modalités de la constitution de la perception empirique à partir des données sensorielles. Le propos y est en substance le même que celui développé dans QR2, § 21. Sur l'intuition intellectuelle, cf. note 34, p. 976.

8. Schopenhauer a noté dès 1816 l'influence prépondérante

des *Upanishads* sur son système : « D'ailleurs je ne crois pas, je l'avoue, que ma doctrine aurait pu naître avant que les *Upanishads*, Platon et Kant aient pu jeter simultanément leurs rayons dans l'esprit d'un homme » (HN I, 422). La première « rencontre » de Schopenhauer avec l'Inde, avant même les *Upanishads*, peut être datée à 1810/11, rencontre documentée par ses notes prises lors du cours d'ethnographie d'A. H. Heeren à Göttingen (cf. U. App, « Schopenhauer's India Notes of 1811 », *Schopenhauer-Jahrbuch*, 87 [2006], p. 15-31). Le premier ouvrage orientaliste emprunté par Schopenhauer à Weimar (en même temps que l'*Opticks* de Newton) en 1813 est *Das Asiatische Magazin*, 1802, en 2 vol., édité par J. Klaproth ; du printemps 1813 au printemps 1814, Schopenhauer emprunte ensuite à la bibliothèque de Weimar l'ouvrage de Marie-Élisabeth de Polier, *Mythologie des Indous*, 2 vol., Rudolstadt et Paris, 1809 (rédigé à partir des travaux d'Antoine-Louis-Henri de Polier ; HN V <1166>), et le fameux *Oupnek'hat*. Il paraît acquis que G. F. Majer l'a introduit, dans le cercle de Weimar, à l'« Antiquité indienne » en 1813/14 (lettre de Schopenhauer à J. E. Erdmann, 9/4/1851 ; sur cet initiateur, cf. R. Merkel, « Schopenhauers Indien-Lehrer », *Schopenhauer-Jahrbuch* 32 [1945-48], p. 158-181), mais la nature de cette « introduction » est malaisée à préciser ; U. App (« Schopenhauer's Initial Encounter with Indian Thought », in *Schopenhauer-Jahrbuch*, 87 [2006], p. 35-76) conjecture, à partir d'un ensemble de notes de Schopenhauer (1813/14) avec des extraits de la traduction de la *Bhagavad-Gîtâ* par Majer, que ce sont ces notes qui attestent la première rencontre de Schopenhauer avec la pensée indienne proprement dite. Sans doute faut-il dire que ce sont plusieurs sources (*Bhagavad-Gîtâ*, Klaproth, Majer, Polier) qui, en convergeant, ont affermi l'intérêt de Schopenhauer ; mais c'est bien l'*Oupnek'hat*, « le plus grand présent de ce siècle » (t. I, § 63, p. 662), qui sera décisif dans la genèse du système et deviendra son livre de chevet (d'après Gwinner cité par Hübscher, HN V, 339) dont Schopenhauer écrira que sa lecture « était la consolation de ma vie et sera la consolation de ma mort » (*Parerga*, II, § 184). L'*Oupnek'hat* utilisé par Schopenhauer est une traduction latine faite par A. H. Anquetil-Duperron à partir d'une traduction persane de 50 *Upanishads* effectuée à Dehli, achevée en 1657 par des pandits de Bénarès pour le prince moghol Dara Sukoh : OUPNEK'HAT (ID EST, SECRETUM TEGENDUM) : OPUS IPSA IN INDIA RARISSIMUM, Continens antiquam et arcanam, seu THEOLOGICAM et PHILOSOPHICAM, doctrinam, è quatuor sacris INDORUM LIBRIS. RAK BEID, DJEDJR BEID, SAM BEID, ATHRBAN BEID, excerptam ; *Ad verbum, è* Persico *idiomate,* Samskreticis *vocabulis intermixto, in* Latinum *conversum ; Dissertationibus* [t. II = *et* notis] *difficiliora explanantibus, illustratum,* tomus I /II, Argentorati, Levrault frères (quai Malaquais), Paris, 1801/1802 ; HN V <1157>, BNF 4-O2K-438 (1) et (2). L'exemplaire personnel de Schopenhauer (Schopenhauer-Archiv 603/286), tiré de l'oubli en 1996 par U. App (« Oum. Das erste Wort von Schopenhauers Lieblingsbuch », in J. Stollberg (éd.), *« Das Tier, das du jetzt tötest, bist du selbst... ». Arthur Schopenhauer und Indien,* Francfort-sur-le-Main, Klostermann, 2006, p. 47-50), est très annoté et comporte un important index de termes sanskrits établi par Schopenhauer ; A. Hübscher s'était contenté d'indiquer deux gloses marginales dans HN V, 338. Or, le texte persan de l'*Oupnek'hat* est entremêlé avec des commentaires du philosophe Shankara (VIIIe siècle), représentant de l'*Advaita Vedânta* mais fortement imprégné de bouddhisme : son exégèse des *Upanishads* est marquée par l'idéalisme bouddhique du *Yogâcâra* ou *Vijñânavâda,* autrement dit, Schopenhauer, qui ne pouvait alors connaître cette influence bouddhique, avait sous les yeux, lorsqu'il lisait l'*Oupnek'hat,* un texte composite védico-bouddhique ; cf. U. App, « Schopenhauers Begegnung mit dem Buddhismus », in *Schopenhauer-Jahrbuch,* 79 (1998), p. 39-42. Signalons aussi que l'*Oupnek'hat* contient, outre la traduction latine de la glose persane, plusieurs appendices, annotations et commentaires d'Anquetil, notamment sur le kantisme et la philosophie indienne : *Oupnek'hat,* I, p. 711-724 (*Parergon. De Kantismo*). — Sur cette traduction d'Anquetil souvent contestée, cf. la position de Schopenhauer dans *Parerga* II, § 184 ; FM, § 22, n., *in* PFE) ; sur l'histoire du texte, la traduction d'Anquetil-Duperron et Schopenhauer, cf. M. Müller, *The Upanishads. Part I,* Londres, Clarendon Press, 1879 (reprint Motilal Banarsidass, Dehli, 1988), p. lvii-lxii (lviii-lix : « *This translation, though it attracted considerable interest among scholars, was written in so utterly unintelligible a style, that it required the lynxlike perspicacity of an intrepid philosopher, such as Schopenhauer, to discover a thread through such a labyrinth. Schopenhauer, however, not only found and followed such a thread, but he had the courage to proclaim to an incredulous age the vast treasures of thought which were lying buried beneath that fearful jargon* ») ; pour le détail et la provenance des *Upanishads* de l'*Oupnek'hat*, cf. U. W. Meyer, *Europäische Rezeption indischer Philosophie und Religion. Dargestellt am Beispiel von Arthur Schopenhauer*, Berne, Lang, 1994, p. 117 ; pour une liste des 40 *Upanishads* sur 250 accessibles en français à cette date : *Sept Upanishads*, trad. commentée, précédée d'une introduction générale aux *Upanishads* par J. Varenne, Paris, Seuil, 1981, p. 225-227 ; sur les sources upanishadiques et védantiques dans l'œuvre, cf. L. Kapani, « Schopenhauer et l'Inde », in *Journal asiatique*, 290/1 (2002), 163-292. (*C.S.*)

9. Horace, *Satires*, I, IX, v. 44, trad. F. Villeneuve, Paris, Les Belles Lettres, 1989, p. 98 : « <C'est un homme qui se livre> à peu de gens » (en parlant de Mécène, qui sélectionne avec précaution son entourage). HN V <1375>, p. 387.

10. Tout le passage est évidemment ironique.

11. Friedrich Heinrich Jacobi (1743-1819). Auteur notamment des *Lettres sur la doctrine de Spinoza* (1785), ouvrage dans lequel il fait de Lessing un spinoziste (ce qui déclenche à l'époque une énorme polémique ; voir plus loin dans le texte, et cf. *infra*, note 13), et du dialogue *David Hume* (1787). C'est surtout ce dernier ouvrage que vise Schopenhauer dans le *Monde*, dans lequel Jacobi fait de la raison une faculté d'intuition du suprasensible. Sur ce point, voir la présentation de Louis Guillermit *in* Jacobi, *David Hume et la croyance. Idéalisme et réalisme*, trad. L. Guillermit, Paris, Vrin, 2000, p. 59 sq.

12. Cette diatribe contre la philosophie universitaire se poursuivra dans le premier tome des *Parerga* (Ire partie, chap. III) : « Sur la philosophie universitaire ». On doit se rappeler à ce sujet que Schopenhauer avait un temps caressé l'idée de devenir lui-même professeur d'université (cf. *Correspondance complète*, trad. Chr. Jaedicke, Paris, Alive, 1996, lettres 58, 60). Mais sa tentative fut un cuisant échec : il avait inscrit (par défi ?) ses cours aux mêmes heures que ceux de Hegel. Son amphithéâtre restait donc presque vide. En 1822, il avoue : « Je n'ai finalement pas d'auditeurs et je n'ai pas donné de cours depuis un an et demi », mais il s'accroche encore à l'idée

de devenir professeur : « Je passerai sans doute le restant de mes jours [...] comme toujours occupé exclusivement avec mes études et mes pensées, jusqu'à ce qu'on m'offre une chaire » (*op. cit.*, lettre 80). L'échec de cette ambition explique sans doute en partie la violence de ses critiques contre la philosophie universitaire.

13. Allusion à la fameuse « querelle du panthéisme », déclenchée par les *Lettres sur la doctrine de Spinoza* (1785) de Jacobi. L'accusation de panthéisme (c'est-à-dire de spinozisme) valait celle d'athéisme. Kant lui-même ne fut pas épargné. Voir *Le crépuscule des Lumières : les documents de la « Querelle du panthéisme », 1780-1789*, Pierre-Henri Tavoillot (éd.), Paris, Le Cerf, 1995.

14. Fichte, Schelling, Hegel. « Schopenhauer ne veut jamais paraître, car il écrit pour lui-même et personne ne se plaît à être trompé, surtout pas un philosophe qui s'est même érigé cette loi : "Ne trompe personne, pas même toi ! Pas même en usant de cette tromperie obligeante et mondaine qu'entraîne presque toute conversation, et que les écrivains imitent quasiment à leur insu ; encore moins avec la tromperie plus consciente de la tribune, et les moyens artificiels de la rhétorique" » (« Schopenhauer éducateur », III, 2, in *Œuvres complètes*, t. I, Paris, Gallimard, 2000, p. 586.

15. Concept schellingien. Sur l'intuition intellectuelle chez Schopenhauer, cf. note 34, p. 976.

16. Caliban est un personnage de la *La Tempête* de William Shakespeare. Il s'agit d'un personnage monstrueux et vil, esclave du mage Prospero et fils de la sorcière Sycorax.

17. Pour qualifier ces « compléments » (*Ergänzungen*), ou « suppléments », Schopenhauer songe, dès 1828, à Malebranche : « Le meilleur titre pour les ajouts <*Zusätze*> dans la 2e édition serait "Éclaircissements <*Erläuterungen*>, développements, démonstrations, excursions". Je suis en cela l'exemple de Malebranche, qui ajouta les *Éclaircissements* à son ouvrage *Recherches de la vérité* [1674, 1675, 1678] » (HN III [1828], 513). La formule cependant qui reviendra le plus souvent pour désigner ces « éclaircissements » sera « considérations complémentaires » (*ergänzende Betrachtungen*) : HN IV/1 [1833], 139, 145, 159, 162, 164, 172, HN IV/1 [1834], 179, HN IV/1 [1841], 267, HN IV/1 [1842], 269. Ces « compléments » sont destinés à éclairer en détail les articulations du

système : « Dans les 4 livres de l'ouvrage lui-même, je présente successivement au lecteur les 4 façades principales de mon édifice ; mais dans les ajouts <*Zusätze*>, je fais avec lui le tour de l'édifice, nous regardons devant et derrière, et je lui montre comment, partout, les poutres et les chevrons s'enchevêtrent, tandis que nous faisons parfois quelques pas en avant comme en arrière, fixant nos regards tantôt en haut, tantôt en bas » (HN IV/1 [1834], 180). Schopenhauer considère par ailleurs, ici et dans la première version du passage (HN IV/1 [1841], 267), les deux tomes comme deux âges complémentaires de la vie intellectuelle, l'un donnant à l'autre ce qu'il n'a pas, ou plus ; cf. également les remarques sur les âges de la vie et la complémentarité jeunesse/vieillesse dans *Parerga et Paralipomena*, I, « Aphorismes sur la sagesse dans la vie », VI. (*C.S.*)

18. Le verre crown et le verre flint sont deux types de verres utilisés pour la fabrication de lentilles. Le premier se caractérise par sa faible, le second par sa grande dispersion chromatique.

19. Schopenhauer veut dire que Kant n'a eu au fond qu'un rôle négatif de destructeur des croyances empiriques, grâce à la position de son idéalisme : le phénomène n'est pas la chose en soi. Mais ce qu'est la chose en soi, c'est lui, Schopenhauer, qui l'a dit : la chose en soi est volonté. Ce rôle destructeur de la doctrine kantienne a été popularisé par le surnom de « brise-tout » donné à Kant par Mendelssohn (*Morgenstunden, oder über das Dasein Gottes*, in *Gesammelte Schriften*, éd. G. B. Mendelssohn, Leipzig, 1843, II, p. 235). Dans ses « Fragments sur l'histoire de la philosophie », Schopenhauer nomme lui aussi Kant « der Alleszermalmer » (*Parerga*, I, chap. 1, « Fragmente zur Geschichte der Philosophie », § 4). Sur le « mythe du *Alleszermalmer* », cf. L. Freuler, *Kant et la métaphysique spéculative*, Paris, Vrin, 1992, § 60, « Les deux sortes de réalités de la métaphysique et la naissance du mythe du "*Alleszermalmer*" », p. 275 sq.

20. Adage latin populaire.

21. Pétrarque, *Canzionere*, I, 7, v. 10, trad. de P. Blanc, Paris, Garnier, 1988, p. 485. HN V <1800>.

22. Gorgias et Hippias sont deux grands sophistes grecs, mis en scène et critiqués par Platon dans les dialogues portant leur nom.

23. Cette référence donnée par Schopenhauer ne renvoie

pas à l'opuscule de Pétrarque mentionné ici, mais à un ouvrage édité par Gabriel Giolito de Ferrari à Venise en 1549. Ce traité est une réécriture d'un traité plus ancien de Nicolas de Cuse qui met en scène deux personnages, Idyota et Sapienta. On trouve le texte dans une édition complète des œuvres latines de Pétrarque : Petrarca, *Opera Latina*, Basilea, Johann Amerbach, 1496. Cette version est accessible dans le cd-rom : *Petrarcae codices Latini : Datenbank lateinischer Handschriften des Franciscus Petrarca* / erstellt von Erwin Rauner. — Version 1.49 // Augsburg : ERV, 1998. À noter l'existence d'une édition italienne plus récente : Petrarca, *Varie opere filosofiche*, Giovanni Silvestri, Milan, 1824. Selon toute vraisemblance, Schopenhauer a eu accès à ce texte par son édition des œuvres de Pétrarque publiées à Berne par Joannes le Preux en 1604. HN V<1794>, p. 484.

LIVRE I

1. Rousseau, *La Nouvelle Héloïse* (1761), V, lettre 1 de Milord Edouard à Saint-Preux : « Sors de l'enfance, ami, réveille-toi. Ne livre point ta vie entière au long sommeil de la raison. L'âge s'écoule, il ne t'en reste plus que pour être sage », in *Œuvres complètes*, t. II, Paris, Gallimard, 1964, p. 523. HN V <462>, p. 140.

2. Le rapport du sujet avec l'objet est donc la forme générale de la représentation, que le § 7 qualifie de « *Grundform* », forme fondamentale. Chez Schopenhauer, temps, espace et causalité sont donc les trois grandes formes de la représentation, subordonnées à cette forme générale qu'est la distinction entre sujet et objet (cf. aussi le début et la fin du § 7, p. 114 et 129). Il faut noter aussi que la causalité se trouve ainsi mise sur le même plan que l'espace et le temps, ce qui découle de la réduction par Schopenhauer de toutes les catégories kantiennes à la seule causalité.

3. La formulation la plus célèbre de l'immatérialisme berkeleyen (*esse est percipi*) se trouve au § 3 des *Principes de la connaissance humaine*, in *Œuvres*, t. I, éd. G. Brykman, Paris, PUF, 1985, p. 320. HN V <69>, p. 16.

4. Vyâsa est un nom attribué à de nombreux auteurs des œuvres sanskrites fondamentales. Ainsi l'auteur des Védas auquel se rapporte ici Schopenhauer était nommé Veda-Vyâsa.

5. Sir William Jones, in *Asiatic Researches*, vol. IV, p. 164. Le recueil des *Asiatic Researches* a commencé à être publié à Londres à partir de 1806. Il s'agit d'une référence à l'article « Discourse on the Philosophy of the Asiatics », que Schopenhauer a emprunté à la bibliothèque de Dresde le 16 janvier 1816. HN V <1090>, p. 319.

6. L'opposition entre réalité empirique et idéalité transcendantale est reprise de la *Critique de la raison pure*, dans laquelle Kant montre que l'espace possède une « réalité empirique », c'est-à-dire une « valeur objective [...] par rapport à tout ce qui peut se présenter à nous extérieurement comme objet ». En effet, la proposition « toutes les choses, en tant que phénomènes externes, sont juxtaposées dans l'espace » vaut « universellement et sans limitation ». En revanche, on doit affirmer l'idéalité de l'espace « par rapport aux choses quand elles sont considérées [...] sans tenir compte de la constitution de notre sensibilité » (Ak. III, 56 ; CRP, *in* OP I, p. 789).

7. Sur la critique de l'« objet en soi », voir l'*Appendice* sur Kant, p. 863. Schopenhauer y fait la critique de cette expression qu'on trouve effectivement sous la plume de Kant dans la *Critique de la raison pure*.

8. Ce concept kantien apparaît ici sans aucune définition préalable. Il est vrai que la première préface avait prévenu le lecteur qu'il devait connaître l'œuvre de Kant avant de se lancer dans le *Monde*... (cf. p. 50). Le concept de chose en soi est d'un usage massif chez Schopenhauer, qui identifie chose en soi et volonté. Schopenhauer estime d'ailleurs que la principale découverte de Kant est la distinction de la chose en soi et du phénomène (cf. *Appendice*, p. 759).

9. Ce § 2 est difficilement intelligible sans être comparé au § 41 de la QR2 (§ 42 de la QR1) : « Le sujet ne se connaît que comme sujet voulant, mais pas comme sujet connaissant. Car le moi qui se représente, le sujet de la connaissance ne peut jamais devenir lui-même représentation ou objet, parce que, comme corrélat nécessaire de toutes les représentations, il est leur condition même » (QR1, trad. fr. p. 275).

10. QR2, § 22. Sur l'assimilation du corps à un « objet immédiat », on doit se reporter au § 21 de la première édition

(1813) de la *Quadruple racine* (QR1, p. 70). Au § 20, il est dit que le «sujet ne connaît immédiatement que par le sens interne», dont les représentations peuvent être dites «immédiatement présentes» (ce qui veut dire que ces représentations «sont connues dans le temps seulement», § 21). Dans la première édition de la QR, le corps est justement défini comme l'«objet immédiat» du sens interne: c'est le corps propre, le corps du sentiment intérieur. Dans la seconde édition (1847), Schopenhauer revient sur le concept d'«objet immédiat», pour souligner que «la signification de cette expression n'a qu'une valeur très impropre» (QR2, p. 221). En effet, «bien que la connaissance de ces sensations [celles que procure le corps propre] soit tout à fait immédiate, cela ne fait pas que, par là, le corps lui-même se présente comme objet; tout reste encore subjectif, c'est-à-dire sensation jusque-là» (p. 221). Schopenhauer met alors en évidence la contradiction entre l'immédiateté et l'objectivité du corps propre, et congédie la seconde caractéristique au privilège de la première: le corps propre, le corps subjectif connu par le sens interne n'est pas un objet immédiat, parce qu'il n'est pas un objet. Dans ce § 2, Schopenhauer conserve donc un concept qu'il a pourtant répudié dans la *Quadruple racine*. Pour comprendre cette différence, il faut se souvenir que ce premier livre repose sur l'abstraction de la volonté et qu'il ne s'attache qu'à un point de vue extérieur sur les choses (c'est-à-dire représentatif). Considéré comme représentation, notre corps est bien, comme le dit le § 2, un objet parmi les autres, qui est appréhendé selon les modalités qui sont décrites au § 6: c'est-à-dire quand ma main le touche, ou que mon œil le voit (cf. p. 106). C'est donc un objet, mais immédiat, dans la mesure où cet objet s'identifie à ma personne.

11. Cette corrélation du sujet de l'objet est d'une importance décisive pour la philosophie de Schopenhauer. La *Quadruple racine* l'expose en des termes très nets: «[...] de même qu'avec le sujet, l'objet se trouve aussitôt posé [...] et réciproquement, l'objet avec le sujet; et de même qu'être sujet signifie donc exactement la même chose qu'avoir un objet, et être objet, la même chose qu'être connu par un sujet; exactement de même, dès qu'un objet *déterminé de quelque façon que ce soit*, le sujet est posé *comme connaissant exactement de la même manière*. Il revient donc au même de dire que les

objets ont telles ou telles propriétés inhérentes particulières, ou que le sujet connaît de telle ou telle manière ; il revient au même de dire que les objets doivent être rangés dans telles classes, ou que le sujet a telles facultés distinctes de connaissances » (QR2, § 41, p. 277). Cette idée de corrélation du sujet et de l'objet, ici encore un peu générale, trouve d'importants prolongements dans la théorie esthétique, où Schopenhauer montre que la contemplation de l'Idée éternelle suppose, comme son corrélat, un sujet qui soit lui-même éternel (cf. notamment le § 34).

12. Temps et espace sont les formes de l'intuition pure, que Schopenhauer reprend de l'Esthétique transcendantale de Kant. Schopenhauer peut mettre la causalité sur le même plan que les formes de l'intuition, parce que, de toutes les catégories, il ne retient que celle de causalité (qu'il décline toutefois en cause *stricto sensu*, excitation et motif selon qu'il est question des corps inorganiques, des plantes, ou des animaux). Cf. QR2, § 20, p. 186.

13. « Toutes nos représentations sont entre elles dans une liaison soumise à une règle et dont la forme est *a priori* déterminable, liaison telle que rien de subsistant pour soi, rien d'indépendant, rien qui soit isolé et détaché ne peut être objet pour nous. C'est cette liaison qu'exprime, dans sa généralité, le principe de raison suffisante » (QR2, § 16, p. 168).

14. Le tableau suivant résume les quatre classes de représentations, avec pour chacune d'elles la forme du principe de raison qui lui correspond.

Classes de représentations	*Faculté*	*Formes du principe de raison*
1re classe : représentations empiriques	entendement (*Verstand*)	Causalité = « principe de raison suffisante du devenir » (*principium rationis sufficientis fiendi*)
2e classe : concepts	raison (*Vernunft*)	Raison logique = « principe de raison suffisante de la connaissance » (*principium rationis sufficientis cognoscendi*)

3e classe : intuitions *a priori* (espace et temps)	sensibilité pure	Lois de détermination spatio-temporelle = « principe de raison suffisante de l'être » (*principium rationis sufficientis essendi*)
4e classe : volonté (objet du sens interne)	conscience réflexive	Loi de motivation = « principe de raison suffisante de l'action » (*principium rationis sufficientis agendi*)

15. FM, § 6, *in* PFE. Pour la critique de la raison kantienne, voir plus bas l'*Appendice*, notamment l'examen de la Dialectique transcendantale, p. 865 sq.

16. Cf. l'Esthétique transcendantale de la *Critique de la raison pure* qui montre que l'espace et le temps sont des intuitions pures *a priori*, distinctes de tout contenu empirique (voir plus précisément les « expositions métaphysiques » du temps et de l'espace, aux §§ 2 et 4, CRP, *in* OP I, p. 784 et 791 ; Ak. III, 52 et 57).

17. Les quatre figures du principe de raison sont donc passées en revue ici : le principe de raison comme causalité déterminant les représentations empiriques, « principe de l'être » déterminant l'espace et le temps, loi de motivation pour les représentations du sens interne, et enfin raison logique pour les représentations abstraites (cf. *supra*, note 14).

18. De la *Quadruple racine* au *Monde*, Schopenhauer accentue la déficience ontique des phénomènes. Dans la QR, il fait de la relation la forme la plus générale du principe de raison : « [...] rien de subsistant pour soi, rien d'indépendant, rien qui soit isolé et détaché ne peut être objet pour nous : nos représentations sont, au contraire, toutes entre elles dans une liaison soumise à une règle et dont la forme est *a priori* déterminable. Cette liaison est une sorte de relation qu'exprime, dans sa généralité, le principe de raison suffisante. Cette loi qui règne sur toutes nos représentations est la racine du principe de raison suffisante » (QR2, § 16). Ici, il souligne que la mise en relation des phénomènes par le principe de raison fait se dissoudre leur substance, jusqu'à une forme de nihilisme phénoménal. Il y a ici un effet dramatique destiné à mettre en évidence que la réalité phénoménale manque d'être,

et qu'est donc nécessaire une démarche métaphysique pour passer du côté de l'être véritable, c'est-à-dire de la chose en soi, la volonté. Cette tension métaphysique est aussi présente chez Jacobi, qui avant Schopenhauer a fait le lien entre phénoménalité et néant : « tout ce qui est est néant (*Nichts*) » (*David Hume et la croyance. Idéalisme et réalisme*, trad. L. Guillermit, Paris, Vrin, 1999, p. 140).

19. Héraclite, in *Les présocratiques*, trad. J.-P. Dumont, Paris, Gallimard, 1988, p. 136 : « Héraclite dit quelque part que tout passe et que rien ne demeure ; et, comparant les existants au flux d'un fleuve, il dit que l'on ne saurait entrer deux fois dans le même fleuve » (d'après Platon, *Cratyle*, 402 a).

20. Sur la notion de « voile de *mâyâ* » chez Schopenhauer et ses sources indiennes, cf. D. Berger, « *The Veil of Maya* ». *Schopenhauer's System and Early Indian Thought*, Binghamton, GAP, 2004 ; U. W. Meyer, « Brahman — die Welt als Wille ? Mâyâ — die Welt als Vorstellung », *Europäische Rezeption indischer Philosophie und Religion, dargestellt am Beispiel von Arthur Schopenhauer*, Berne, Lang, 1994, p. 149-189.

21. Les Védas sont un ensemble de textes considérés comme sacrés par la religion hindoue. Ils sont divisés en quatre grands ensembles, le *Rig-Véda*, le *Yajur-Véda*, le *Sâma-Véda* et *l'Atharva-Véda*. Leur rédaction s'étend de 1800 av. J.-C. à 500 av. J.-C.

22. Nom des poèmes sacrés qui comprennent tout le corps de la théologie des Hindous. Il y a 18 *Purâna*, dont chacun traite de la création, la destruction et la rénovation des mondes, de la généalogie des dieux et des héros, des règnes des Manous, et des actions de leurs descendants. Ces poèmes appartiennent aux basses époques de la littérature sanskrite.

23. Cf. § 38 de la *Quadruple racine* qui expose la « raison de l'être dans le temps », fondement de l'arithmétique (QR2, p. 268).

24. Cf. § 39 de la *Quadruple racine* qui expose la « raison de l'être » dans l'espace, fondement de la géométrie (QR2, p. 268).

25. Le concept de « perceptibilité », avancé ici sans autre explication, renvoie au § 19 de la première édition de la *Quadruple racine*. Le temps et l'espace, ces formes de l'intuition, « ne sont *perceptibles* que si elles sont remplies. Mais leur *perceptibilité* c'est la *matière* » (QR1, § 19, p. 66).

Schopenhauer s'en explique au § 42, où il fait de la matière le corrélat objectif abstrait = X du sujet. Dans le *Monde*, il montre plus précisément que ce corrélat objectif abstrait, condition de la perception, est constitué par le travail de l'entendement qui lie ensemble la permanence de l'espace et le changement dans le temps. Ce mixte de permanence et de changement est une sorte d'agir pur qui n'est autre que la formule générale de la causalité. Ainsi, la matière est le produit du temps et de l'espace sous la forme de la causalité (cf. la table du chap. 4). Schopenhauer se réfère à l'exposé de ce § 4 à la fois dans l'*Appendice* (p. 881 sq.) et dans la QR2 (§ 18, p. 1218).

26. C'est-à-dire sur le corps. Sur l'objet immédiat, voir *supra*, note 10.

27. QR2, § 21, p. 190.

28. Cf. Sénèque, *Épîtres*, X, 81, 9, trad. H. Noblot, Paris, Les Belles Lettres, 1989, t. III, p. 93 : « Il y a des idées que le vocabulaire exprime avec une précision merveilleuse ; l'antique génie de la langue a traduit certains devoirs au moyen de notations saisissantes et d'une remarquable portée morale. » HN V <530>, p. 163.

29. Dans l'*Appendice* sur la philosophie kantienne, Schopenhauer montre que le concept de substance est tiré par un procédé d'abstraction du concept de matière (cf. p. 880-881 sq.). Il considère que le concept de matière doit remplacer celui de substance (p. 883).

30. Sur la permanence de la substance chez Kant, cf. l'*Appendice*, p. 850 sq.

31. Cette définition est tirée des *Premiers principes métaphysiques de la science de la nature*, chapitre I, définition 1, *in* OP II, p. 378 ; Ak. IV, 480.

32. Dans les *Premiers principes métaphysiques de la science de la nature*, Kant détermine le concept *a priori* de la matière selon ses caractère essentiels, qui sont généralement des formes du mouvement : « [...] quant à la détermination fondamentale d'une chose qui doit être objet des sens externes, il fallait que ce fût le mouvement ; car c'est par le mouvement seul que ces sens peuvent être affectés. C'est au mouvement que l'entendement ramène tous les prédicats de la matière qui appartiennent à la nature de celle-ci » (Ak. IV, 477 ; OP II, p. 375).

33. Dans la *Critique de la raison pure*, le jugement « tous les

corps sont pesants» est donné comme modèle de jugement synthétique, et assimilé à un jugement d'expérience, c'est-à-dire *a posteriori* (Ak. III, 34-35 ; CRP, *in* OP I, p. 766). Dans les *Premiers principes métaphysiques,* la pesanteur est définie comme «l'effort pour se mouvoir dans la direction de la plus grande gravitation», et rangée avec l'élasticité parmi «les seuls caractères universels qu'on puisse discerner *a priori* dans la matière» (Ak. IV, 518 ; OP II, p. 430).

34. On retrouve la même assertion au tout début de la dissertation sur la vision et les couleurs (cf. *Sur la vue et sur les couleurs,* § 1, Paris, Vrin, 1986, p. 39 ; SW III, p. 204), mais les développements les plus précis à ce sujet se trouvent dans le § 21 de la QR2. Le concept d'intuition intellectuelle est pris par Schopenhauer en un sens qui se démarque à la fois du sens kantien et de celui qu'il prend chez les postkantiens (et notamment chez Schelling; cf. l'ouvrage de X. Tilliette, *L'intuition intellectuelle de Kant à Hegel,* Paris, Vrin, 1998). En disant que l'intuition est intellectuelle, Schopenhauer veut souligner le fait que l'entendement est la condition de la genèse des représentations. La démonstration du caractère intellectuel de l'intuition empirique est conduite au § 21 de la QR2, qui montre plus précisément comment la catégorie de causalité est mise en œuvre par l'entendement pour transformer la sensation en intuition, afin de construire et situer l'objet dans l'espace. Si le but de la démarche se veut d'inspiration kantienne (montrer que l'entendement est condition des objets de l'expérience), elle s'écarte en fait très sensiblement de la lettre de la *Critique de la raison pure.* En effet, Schopenhauer prend l'«objet de l'expérience» comme synonyme d'«objet empirique», en laissant de côté toute la réflexion kantienne sur l'«objet transcendantal», condition d'une théorie de l'objet scientifique. En outre, il réduit toutes les catégories à une seule, la catégorie de causalité, à qui il fait jouer des rôles très différents, et peut-être contradictoires : il montre en effet que la causalité est ce qui relie *entre eux* les phénomènes, mais qu'elle s'applique aussi au donné préobjectif, à la sensation, dont l'entendement constitue la cause comme objet dans l'espace («l'office de l'entendement consistera toujours dans la connaissance immédiate des relations caudalites : d'abord de celles entre notre propre corps et les corps étrangers, d'où résulte la perception objective ; puis des rela-

tions mutuelles entre ces corps objectivement perçus», QR2, § 21, p. 214). Comme l'indique Schopenhauer, tout ce qui suit est un résumé des § 21 à 23 de la QR2.

35. L'analyse de ces différentes opérations réalisées par l'entendement, de mise en forme du donné sensible est détaillée aux p. 197 et suivantes du § 21 de la QR2.

36. Cf. § 23 de la QR2, «critique de la preuve kantienne de l'apriorité du concept de causalité» (p. 222 sq.).

37. L'interprétation de la doctrine de Fichte est développée dans le § 7 (p. 125 sq.).

38. QR2, § 16.

39. Sur la réalité empirique et l'idéalité transcendantale, cf. *supra*, note 36.

40. Les concepts de «raison de la connaissance» et de «raison du devenir» sont directement empruntés à la QR. La raison de la connaissance détermine les rapports entre les jugements (raison logique), la raison du devenir articule les rapports temporels entre les phénomènes (principe de causalité). Cf. le tableau donné *supra*, note 14.

41. Le sens de ce passage est le suivant: s'agissant des phénomènes qui constituent ce que nous appelons le monde (c'est-à-dire la réalité empirique), il est légitime de leur appliquer l'interrogation suscitée par le principe de raison. Mais il faut alors prendre la figure du principe de raison qui correspond à ce type d'objets (sauf à opérer la confusion que dénonce justement la *Quadruple racine*). Ainsi, face au monde, il est juste et légitime de se demander *pourquoi* il est ainsi. Mais alors, la réponse doit prendre la forme de la raison du devenir, c'est-à-dire montrer quelle est la *cause* antécédente. Ce que je vois du monde se présente de telle façon parce qu'il découle de telle ou telle cause antécédente. Mais cette requête du «pourquoi» devient illégitime quand, face au monde, on lui cherche une raison sous la forme d'une «raison de la connaissance», c'est-à-dire sous la forme d'un principe logique. Une telle démarche est pour Schopenhauer totalement illégitime, et ne peut mener qu'à des concepts absurdes, telle la «*causa sui*» chez Spinoza (la critique de la confusion entre raison du devenir et raison de la connaissance constitue le fil directeur du chapitre II de la QR2).

42. La citation de Kant est recomposée par Schopenhauer probablement à l'aide du passage A 224-6/B 272-4 de la *Cri-*

tique de la raison pure (OP I, p. 952-953). HN V <293>, p. 94.

43. Hobbes, *Léviathan*, I, 2, «De l'imagination», trad. G. Mairet, Paris, Gallimard, 2000, p. 79 sq. Dans la première édition du *Monde*, on trouve à la place de la phrase précédente: A[Dans mon traité sur le principe de raison, § 22, j'ai discuté de la façon dont le rêve se distingue de la réalité, et il en est résulté que le critère de cette distinction n'était autre que l'éveil tout empirique, la réapparition de l'objet immédiat dans la conscience.]A

44. Pour «*Véda*», «*Purânas*», «*mâyâ*», voir *supra*, notes 20, 21, 22.

45. Pindare, *Pythiques*, VIII, § 95, v. 136, trad. A. Puech, Paris, Les Belles Lettres, 1992, p. 124: «l'homme est le rêve d'une ombre». HN V <1348>, p. 381.

46. Sophocle, *Ajax*, v. 125-126, trad. P. Mazon revue et corrigée par J. Irigoin, Paris, Les Belles Lettres, 1989, t. II, p. 14. HN V <1353>, p. 382.

47. Shakespeare, *La Tempête*, in *Œuvres complètes*, t. II, Paris, Gallimard, 1959, trad. P. Leyris et E. Holland, IV, 1, p. 1515. HN V <1717>, p. 467.

48. Calderón, *La vie est un songe* (1635), trad. A. de Latour, Paris, Le Livre de Poche, 1996. HN V <1820>, p. 489.

49. Sur la notion d'«objet immédiat», voir *supra*, note 10.

50. Selon la *Quadruple racine*, il faut réserver le concept de cause au domaine de la physique. Causalité et motivation sont deux espèces distinctes du principe de raison. Cf. le tableau *supra*, note 14.

51. LV III, *in* PFE; VC, § 1, p. 39.

52. Schopenhauer évoque la théorie que Goethe développe dans *Zur Farbenlehre*, paru en 1810, qui propose une théorie des couleurs radicalement opposée au modèle newtonien, puisqu'elle rejette toute mathématisation de ces phénomènes. Schopenhauer, dans son propre ouvrage, partagera ce rejet, tout en adoptant un point de vue d'explication plus physiologique que celui de Goethe. En effet, pour Goethe, le «phénomène originaire» produisant la lumière colorée est constitué de la rencontre entre la lumière et l'obscurité dans un milieu trouble, ce qui engendre la lumière colorée («d'une part nous avons la lumière, la clarté, de l'autre les ténèbres, l'obscurité; nous plaçons un milieu trouble entre les deux. De ces opposi-

tions et avec l'aide de l'intermédiaire mentionné naissent les couleurs», *Traité des couleurs*, § 175, trad. H. Bideau, Paris, Triades, 1973, p. 108). Il s'agit bien entendu d'une critique de la théorie newtonienne, pour qui la lumière blanche n'est pas une donnée primitive, puisque l'expérience du prisme est susceptible de la décomposer en différentes couleurs. Schopenhauer se place du côté de Goethe dans sa critique de Newton, et plus généralement de la physique mathématique (cf. Ernst Cassirer, «Goethe und die mathematische Physik», in *Idee und Gestalt*, Darmstadt, Wissenschaftliche Buchgesellschaft, 1989). Mais Schopenhauer propose une explication sensiblement différente de celle de son aîné. Pour lui, en effet, la production de la couleur ne doit pas être considérée comme un phénomène objectif, résultant d'une polarité objective entre la lumière et l'obscurité. Cette polarité est un phénomène qu'on doit rapporter à la constitution de l'œil. La production de la couleur est donc traitée par Schopenhauer comme un processus physiologique, localisé dans la rétine, dont l'activité peut être qualitativement divisée (cf. le § 6 du traité *Sur la vue et les couleurs*, *in* VC, p. 66). Obscurité et couleur sont des modifications de l'œil. C'est donc l'activité de la rétine qui produit le spectre chromatique. On voit bien que la position de Schopenhauer quant à la production des couleurs le place sur une ligne à la fois subjectiviste et physiologiste qui s'oppose à la démarche objective de Goethe. L'opposition théorique de Schopenhauer avec Goethe n'est pas pour rien dans le refroidissement des leurs rapports. Schopenhauer s'en explique dans l'introduction de son traité d'optique, *in* VC, p. 36. Sur l'échange épistolaire entre Schopenhauer et Goethe au sujet de la théorie des couleurs, cf. *Correspondance complète*, lettres 28 à 33, trad. Chr. Jaedicke, Paris, Alive, 1996, p. 20 sq. Concernant la théorie schopenhauerienne des couleurs, il faut aussi se référer aux *Parerga*, où elle se trouve complétée (*Parerga*, II, § 104 sq., *in* VC, p. 153 sq.).

53. Sur la fréquentation, par Schopenhauer, de la *Statio Melancholicorum* de l'hôpital de la Charité à Berlin (1811-1813), cf. § 36, p. 395 et note 53.

54. Buffon, *Histoire naturelle* (1758), article «Renard», in *Œuvres*, Paris, Gallimard, 2007, p. 779.

55. Cf. § 12.

56. QR2, § 29 et suiv., p. 241 sq.

57. Schopenhauer donne des exemples au § 21 de la QR2, p. 200 sq. : « [...] si je touche une boule avec les doigts croisés, je crois en sentir deux par la raison que mon entendement qui remonte à la cause et la construit suivant les lois de l'espace, présupposant aux doigts la position naturelle, doit nécessairement attribuer à deux boules différentes les deux surfaces de la boule se trouvant en contact simultané avec les faces externes de l'index et du médius » ; « de même, un objet que je vois m'apparaîtra double si mes yeux, au lieu de fermer l'angle optique sur un seul point de cet objet en convergeant symétriquement, se dirigent vers lui chacun sous un angle différent ; autrement dit, si je louche ».

58. L'explication de cette illusion est développée dans la QR2, § 21, p. 207-208.

59. Cette notation est issue d'un souvenir du voyage que Schopenhauer fit à travers toute l'Europe de 1803 à 1805 avec ses parents, et notamment dans les Alpes françaises. On retrouve précisément cette observation dans son *Journal de voyage* : « vers le soir, vous atteignîmes Sallanches. [...] À l'extrémité de la vallée, on croit voir le mont Blanc tout près, bien qu'il se trouve à huit lieues d'ici », trad. D. Raymond, Paris, Mercure de France, 1989, p. 155. L'exemple du mont Blanc se retrouve au § 21 de la QR2 (p. 208).

60. Cf. QR2, p. 207. Ce sont précisément ces brouillards qui font que nous voyons les objets plus grands.

61. Cf. le début du § 1 (et *supra*, note 2) ainsi que la fin du § 7 : la division en objet et sujet est la « forme fondamentale » de la représentation.

62. C'est-à-dire à la QR.

63. La « philosophie de l'Identité » désigne la seconde époque de la pensée de Schelling, sa première époque s'achevant avec le *Système de l'idéalisme transcendantal* (1800). La philosophie de l'Identité place désormais l'opposition entre Nature et Moi sous la dépendance d'un sujet absolu, pensé comme Identité de l'objet et du sujet. Les grands titres de la philosophie de l'Identité sont : en 1801, l'*Exposition de mon système*, en 1802, le *Bruno ou Du principe divin et naturel des choses*, les *Expositions ultérieures* et les conférences sur *La philosophie de l'art*. Schopenhauer fait ici allusion à l'« intuition intellectuelle », ou « intuition rationnelle », comme le porte ici le texte de Schopenhauer, qui est chez Schelling l'organon de la

connaissance de l'identité (Schelling parle d'« intuition rationnelle », notamment dans les *Fernere Darstellung*, SW IV, 346 et 376). Sur l'intuition intellectuelle dans le sens que lui donne Schopenhauer, cf. *supra*, note 34. Ici il avoue son incompréhension face au concept d'intuition intellectuelle — ou plutôt il laisse clairement entendre qu'il ne s'agit que de verbiage. Dans la première édition de la QR, Schopenhauer est plus nuancé sur l'intuition intellectuelle : « [...] si l'on veut [...] dire qu'ils [le sujet et l'objet] ne font qu'un, je l'accorde [...]. Mais une intuition intellectuelle de leur identité absolue qui les placerait sous la catégorie de l'unité aurait l'avantage de laisser une seule grandeur à la place de deux grandeurs connues » (QR1, § 42, p. 113). Un peu avant, Schopenhauer précise toutefois que « si l'identité qu'affirme la philosophie de la nature entre le subjectif et l'objectif ne signifie rien que cette unité, je l'approuve entièrement ; je doute néanmoins qu'elle pense seulement cela, car, pour parvenir à ce résultat, il n'est besoin d'aucune intuition intellectuelle, mais seulement de réflexion » (QR1, p. 112) Ce que veut dire Schopenhauer, c'est que l'identité de l'objet et du sujet découle de la position du monisme métaphysique. Le sujet comme l'objet ne sont que des phénomènes d'une même volonté. Puisque sujet et objet sont identiques, on peut alors dire que la connaissance de l'objet par le sujet est autoconnaissance de la volonté. En ce sens, le principe d'identité du sujet et de l'objet constitue effectivement un des fondements de la métaphysique spéculative de Schopenhauer. C'est précisément cette idée d'une fusion du sujet et de l'objet, accompagnée d'une forme de passage à une vie supérieure de la conscience qui séduit le jeune Schopenhauer, lecteur des *Lettres sur le dogmatisme et le criticisme* de Schelling. On trouve, parmi les notes de lecture de Schopenhauer, une remarque très élogieuse, qui qualifie de « grande et pure vérité » (HN II, p. 309) ce que Schelling dit de l'intuition intellectuelle au début de sa *Huitième Lettre*. Le texte auquel Schopenhauer se rapporte est le suivant : « En nous tous est en effet présente une faculté merveilleuse, celle de nous retirer dans la partie la plus intime de nous-mêmes, hors de l'altération qu'implique le temps, et de recouvrer notre ipséité après l'avoir dépouillée de tout ce qui est venu s'y ajouter de l'extérieur afin d'intuitionner l'éternel en nous sous la figure de l'immutabilité. Cette intuition est l'expérience la plus intime, la plus proche, celle dont dépend tout ce que nous savons et croyons quant au monde suprasensible. C'est cette intuition qui tout d'abord nous persuade que quelque chose *est* au sens propre du terme, tandis que tout le reste se borne à *apparaître*, et c'est à cette apparence que nous *attribuons métaphoriquement* le mot: être. [...] Cette intuition intellectuelle survient à chaque fois que nous cessons d'être *objet* pour nous-mêmes, à chaque fois que, rentrée en soi-même, l'ipséité qui intuitionne est identique à l'intuitionné. Dans ce moment de l'intuition, le temps et la durée tendent à disparaître pour nous: ce n'est plus *nous* qui sommes dans le temps — ou plutôt au lieu du temps, la pure éternité absolue qui est *en nous*. Ce n'est pas nous qui nous perdons dans l'intuition du monde objectif, mais c'est ce monde qui est perdu dans notre intuition» (SW I, p. 318; Schelling, *Lettres sur le dogmatisme et le criticisme*, Huitième lettre, trad. J.-F. Courtine, in *Premiers Écrits*, Paris, Vrin, 1987, p. 189). On voit que cette description de l'intuition intellectuelle n'est pas très éloignée de celle de la contemplation esthétique dans le livre III, que caractérise l'indistinction du sujet et de l'objet, et l'élévation du sujet individuel temporel au stade de sujet pur, corrélat de l'Idée, et éternel. Il est d'ailleurs intéressant de noter que Schopenhauer éprouve pour l'intuition intellectuelle des *Lettres* beaucoup moins d'enthousiasme que Schelling lui-même: en effet, selon Schelling, l'intuition intellectuelle, fidèle à l'aspiration du dogmatisme conséquent qui «ne cherche pas le combat mais la soumission» (p. 153), et désireuse de se perdre dans les bras du monde, risque bien de sombrer dans le pur et simple néant. Car si l'intuition intellectuelle abolissait vraiment la dualité du sujet et de l'objet, alors il ne resterait plus que «l'extension infinie, sans retour sur soi-même» (p. 197). Or, la réflexion est une caractéristique essentielle de la vie humaine comme vie réfléchie. L'homme est un vivant qui réfléchit, et dans cette mesure, l'élargissement de la conscience que propose l'intuition intellectuelle, qui doit se payer de la disparition totale de la dualité entre le sujet et l'objet, est une promesse de *mort*: «[...] si je poursuivais l'intuition intellectuelle, je cesserais de vivre» (p. 197). Ce qui nous retient d'aller jusque-là (heureusement), c'est le retour de la réflexion, qui ressurgit comme un sursaut de la vie. Alors, «nous nous réveillons de l'intuition intellectuelle comme d'un état de mort» (p. 197). De ce point de vue, le désaccord entre Schelling et Schopenhauer semble total. En effet, ce dernier ne semble pas du tout sensible au risque existentiel que comporte l'intuition intellectuelle. C'est avec joie même que la conscience semble accueillir la perspective de son anéantissement comme une promesse de salut, de rédemption du monde.

64. Schopenhauer développe cette idée un peu plus loin dans le paragraphe.

65. La méthode dite « de construction » est utilisée par Schelling, notamment dans la philosophie de la nature. Elle met en scène un jeu d'oppositions qui se retrouvent à tous les niveaux des phénomènes naturels (cf. Schelling, « Sur la construction en philosophie », trad. Chr. Bonnet), *Philosophie*, n° 19, Paris, Minuit, p. 6-28). Kant avait le premier tenté une construction de la matière à partir de la répulsion et de l'attraction, considérées comme deux formes fondamentales (cf. le 2e chapitre des *Premiers Principes métaphysiques de la science de la nature*, *in* OP II, p. 430 sq.). La construction schellingienne est critiquée par Hegel comme un formalisme vide, fondé sur des analogies superficielles (cf. *Phénoménologie de l'Esprit*, préface, GW, 9, p. 37 ; trad. J. Hyppolite, Paris, Aubier, p. 43).

66. Passage supprimé : « … ennuyeuses. A[Sans doute ne faut-il voir là qu'une pure idiosyncrasie, en vertu de laquelle on ne saurait blâmer que mon esprit débile, mais jamais cette sagesse si puissante.]A / Les systèmes… »

67. Le traité introductif est la QR. Schopenhauer classe les philosophies en fonction de la forme du principe de raison qu'elles mettent en œuvre. La première classe, celle des philosophies de la nature, s'appuie sur la causalité physique (ou « raison du devenir »), la deuxième, celle des philosophies abstraites, sur la raison logique (ou « raison de la connaissance »), la troisième, celle des philosophies mathématiques, sur la « raison de l'être ». La dernière catégorie s'appuie sur la loi de motivation. On retrouve donc les quatre grandes figures du principe de raison. Cf. le tableau donné *supra*, note 14.

68. Le *Yi-king* ou *Ji-jing*, qu'on désigne traditionnellement par le nom de *Livre des mutations*, est un manuel chinois dont les origines remontent au début du premier millénaire avant J.-C. Il a été enrichi au fil du temps, pour faire partie des textes canoniques de l'enseignement de tradition confucéenne.

Sa finalité est de décrire les états du monde et leurs évolutions. Il s'appuie sur une structure mathématique, fondée elle-même sur l'opposition binaire entre le « Yin » et le « Yang ». Par une combinatoire complexe, le traité aboutit à une série de 64 états, et énonce toutes les transformations possibles entre eux. On trouve dans la bibliothèque de Schopenhauer un ouvrage consacré au *Yi-king* (édité sous le nom d'auteur de Confucius) : il s'agit de la compilation par Julius von Mohl de la traduction latine du Père Régis *et al.*, qu'il avait retrouvée à la bibliothèque de l'Observatoire et publiée à Stuttgart en 1834 : Confucius, *Yi-King. Antiquissimus Sinarum liber quem ex latina interpretatione P. Regis aliorumque ex Soc. Jesus P. P. ... edidit Julius Mohl*, deux tomes édités par Cotta à Stuttgart (1834) et Tübingen (1839). HN V <1109>. Du même compilateur Schopenhauer possédait la traduction partielle par le Père Lacharme du *Chi-king sive liber carminum*, retrouvée elle aussi dans la bibliothèque de l'Observatoire, et publiée par ses soins en 1830 à Stuttgart. HN V <1108>.

69. Épisode fameux des *Aventures du baron de Münchhausen*, compilées en 1786 par Bürger.

70. Il s'agit de la première occurrence du cerveau dans le *Monde*. Il apparaît incidemment, sans que son rôle soit aucunement justifié. On a ici un effet d'empilement des strates. Cet ajout, qui date en effet de 1859 (3e édition), est donc postérieur à l'addition des *Compléments* (1844), qui accentuent l'orientation empirique et physiologiste de la doctrine. Pour le rôle du cerveau dans la constitution de la perception, on se reportera surtout au chapitre 22, « Vue objective de l'intellect ».

71. Rappel des quatre figures du principe de raison.

72. Allusion à la fameuse doctrine du *clinamen* épicurien, rapportée par Lucrèce (*De natura rerum*, II, v. 216-219), qui explique la formation des corps par déviation aléatoire d'un atome.

73. Tout ce passage est une charge contre le réductionnisme matérialiste, qui se poursuivra dans le livre II, notamment au § 24 (p. 283) et au § 26 (p. 316).

74. « Sidéroxylon », étymologiquement « bois de fer », c'est-à-dire une contradiction dans les termes.

75. Cf. l'*Appendice* sur Kant, p. 883 sq.

76. Première apparition de ce concept qui donne le sous-titre du livre II, « L'objectivation de la volonté ». Comme sou-

vent chez Schopenhauer, l'introduction de nouveaux concepts ne s'accompagne pas nécessairement d'une définition. Sur le concept d'objectivation, cf. note 12, p. 1002.

77. Cf. Hésiode, *Théogonie,* v. 155 sq.

78. Passage supprimé : «... Fichte, A[qui apparut à notre époque, devint célèbre en l'espace d'une poignée d'années, puis fut oublié. Car je ne saurais admettre comme authentique idéalisme la méditation sceptique de Descartes sur la réalité du monde extérieur, idéalisme qu'il délaisse aussitôt par un faux-fuyant qu'on pourrait pardonner à l'époque, mais qui, en lui-même, est absurde ; de la sorte, il réprime cette pensée à moitié née qui, puisque la vie de la vérité y a au moins affleuré, continue d'exister, mais dotée de cette imperfection, dans les causes occasionnelles de Malebranche et dans l'harmonie préétablie de Leibniz. L'idéalisme authentique ne se trouve pas non plus dans l'aperçu, grand et vrai, de Berkeley, que l'objet n'est rien sans le sujet, c'est-à-dire que le monde objectif n'existe que dans notre représentation. Aussi, les deux philosophes ont affaire à un objet en soi : Descartes et ses successeurs à un monde objectif en soi, Berkeley à un Dieu objectif en soi. — Seul Fichte était donc l'authentique idéaliste]A ; à cet égard, il doit donc être distingué, malgré le manque total de valeur... » — On doit se rappeler que Schopenhauer a été l'auditeur du cours de Fichte de 1811-1812 (*Tatsache des Bewusstseins*). On trouve dans les manuscrits une longue transcription manuscrite (HN II). Mais le moins que l'on puisse dire est que l'élève est peu enthousiaste. Entre les remarques critiques, les marques d'incompréhension et les dessins dans la marge, il y a peu de place pour les appréciations positives. Il semble bien que le cours de Fichte soit alors passé « au-dessus de la tête » du jeune Schopenhauer. Lui est sans doute resté une impression favorable de son talent oratoire, qu'il mentionne dans ce paragraphe. Alors que Schopenhauer a été influencé par la philosophie de la nature de Schelling (comme il le reconnaît lui-même par exemple dans le § 27), il est difficile de trouver dans l'œuvre de Schopenhauer quelque chose qui ressemblerait à une réelle et profonde influence fichtéenne.

79. Cf. Platon, *Théétète,* 155 d, in *Œuvres philosophiques, op. cit.*, t. II, p. 103 : « je m'émerveille prodigieusement de ce qu'il peut y avoir ».

80. Fichte lui-même parle du Non-Moi comme d'un « produit absolu de l'activité du Moi » (SW I, 236 ; *Les principes de la doctrine de science*, 1794, 2e partie, § 4, in *Œuvres choisies de philosophie première*, trad. A. Philonenko, Paris, Vrin, p. 114). Cependant, Schopenhauer se fait une conception erronée du Non-Moi quand il en fait quelque chose d'extérieur au Moi, et quand il identifie l'activité productrice du Moi à l'opérativité d'une cause. Schopenhauer donne au Non-Moi un sens très peu technique : il en fait le synonyme de l'objet, ou encore du monde. Certes, il arrive à Fichte, par exemple dans sa lettre à Jacobi, d'identifier le Non-Moi avec le monde. Cependant, il faut aller plus loin que Schiller quand il disait que le « monde n'est pour Fichte qu'une balle qu'avait lancée le non-moi » si l'on veut comprendre ce que le Non-Moi veut dire. Car dans la « production » du Non-Moi par le Moi, ce dernier n'est pas extérieur à son « produit », il ne l'abandonne pas à son sort, mais tout au contraire le Non-Moi lui est si proche qu'il *s'oppose* à lui. Le conflit entre Moi et Non-Moi est donc une dimension intérieure au Moi, le résultat de sa limitation interne qui l'empêche de se poser comme activité pure.

81. QR 2, § 49.

82. Cette conception de la raison sépare Kant de Schopenhauer, en même temps qu'elle met en évidence la singularité de la pensée du *Monde*. Pour Kant, « notre connaissance vient de deux sources fondamentales de l'esprit, dont la première consiste à recevoir les représentations [...] et dont la seconde est le pouvoir de connaître un objet au moyen de ces représentations (la spontanéité des concepts) » (Ak. III, 74 ; A 50/B 74) ; CRP, p. 812 (introduction de la *Logique transcendantale*). Pour Schopenhauer, les concepts de la raison (ce que Kant nommerait l'entendement) ne procurent aucune connaissance dans la mesure où ils ne font que *traduire* la connaissance intuitive, seule véritable connaissance. La raison, comme faculté des concepts, n'est donc qu'un décalque de l'intuition.

83. Locke, *Essai sur l'entendement humain* (1690), livre II, chap. XI, § 10 et 11, trad. Coste, Paris, Vrin, rééd. 1989, p. 114 : « les animaux n'abstraient pas ». HN V <338>, p. 109.

84. Leibniz, *Nouveaux Essais sur l'entendement humain*, livre II, chap. XI, § 10 et 11. HN V <322>, p. 103.

85. Locke, *Essai sur l'entendement humain, op. cit.*, livre IV, chap. XVII, § 2 et 3, p. 558-559. HN V <338>, p. 109.

86. Cf., p. 865 sq., l'examen de la *Dialectique transcendantale.*

87. Berkeley, *Three Dialogues between Hylas and Philonous*, Londres, 1784, I, p. 160; *Trois Dialogues entre Hylas et Phylonous*, in *Œuvres*, t. I, sous la dir. de G. Brykman, Paris, PUF, 1987, p. 87. HN V <69>, p. 16.

88. QR2, § 28, p. 238.

89. Essai de 1748, réintitulé plus tard *Enquête sur l'entendement humain.* Cf. Hume, *Enquête sur l'entendement humain*, XII, 1, trad. A. Leroy revue et corrigée par M. Beyssade, Paris, GF, 1983, p. 231 sq. HN V <261>, p. 73.

90. Herder, *Eine Metakritik zur Kritik der Reinen Vernunft*, éd. Hartknoch, Francfort et Leipzig, 1799, I, p. 274. HN V <1488>. Cf. *Johann Gottfried Herder Werke*, Francfort-sur-le-Main, 1985 et suiv., vol. 8 (1998), p. 415.

91. C'est la définition qu'on trouve aussi au § 27 de la QR1 (p. 92). Dans la seconde édition (QR2, § 26) Schopenhauer parlera de « représentations tirées (*aus*) de représentations ».

92. Sur l'histoire de la figuration géométrique des concepts on peut se reporter à l'article d'Ernest Coumet, « Sur l'histoire des diagrammes logiques », in *Mathématiques et Sciences Humaines*, n° 60, 1977, p. 31-62. Ce passage de Schopenhauer est commenté en page 37.

93. Wilhelm Gottfried Ploucquet (1716-1790), philosophe, mathématicien et logicien, professeur de philosophie à l'université de Tübingen. Il est notamment l'auteur d'une *Abriss der theoretischen Philosophie* (1782).

94. Johann Heinrich Lambert (1728-1777), *Sechs Versuche einer Zeichenkunst in der Vernunftlehre*, in *Logische und philosophische Abhandlungen*, Berlin, 1782.

95. Leonhard Euler (1707-1783), *Lettres à une princesse d'Allemagne sur divers sujets de physique & de philosophie*, 3 vol., Saint-Péterbourg, 1768-1772. Schopenhauer possédait une traduction allemande de cet ouvrage. HN V <830>. Dans les lettres 101 à 108, Euler donne une présentation des fondements de la logique classique.

96. « Il est admis en logique que l'on peut quelquefois déduire une proposition d'une autre sans avoir recours à une troisième, ou, ce qui revient au même, sans employer le syllo-

gisme. Ainsi, d'une proposition universelle, soit affirmative, soit négative, on prétend tirer immédiatement la particulière correspondante : tout A est B, donc quelque A est B ; nul A n'est B, donc quelque A n'est pas B : c'est ce qu'on appelle une subalternation. On dit dans le même sens que toutes les propositions excepté les particulières négatives peuvent se convertir, c'est-à-dire que le sujet peut y prendre la place de l'attribut, et l'attribut celle du sujet : tout A est B, donc quelque B est A ; nul A n'est B, donc nul B n'est A ; quelque A est B, donc quelque B est A. Une troisième opération du même genre est la contraposition, limitée par Aristote à l'universelle affirmative : tout A est B, donc tout ce qui n'est pas B n'est pas A, ou plus brièvement, nul non-B n'est A. Plusieurs logiciens cependant admettent une contraposition de la particulière négative : quelque A n'est pas B, donc quelque non-B est A» (Jules Lachelier, « Étude sur la théorie du syllogisme », *Revue philosophique*, mai 1876, Paris, PUF).

97. Un syllogisme disjonctif suppose deux ensembles d'éléments exclusifs l'un de l'autre. Ex. : « tu ne peux à la fois étudier et t'amuser ; or tu t'amuses ; donc tu n'étudies pas ». Dans la figure 3 donnée par Schopenhauer, on peut lire ainsi que les angles sont soit obtus, soit droits, soit aigus.

98. Cf. *Appendice*, p. 835 sq.

99. Schopenhauer veut dire que les syllogismes de la première figure (ou « modes parfaits ») peuvent se représenter visuellement à l'aide de trois cercles inclus les uns dans les autres. Par exemple le syllogisme appelé « Barbara » : tout M est P, or tout S est M, donc tout S est P. Si j'énonce : « tout homme est mortel, or Socrate est un homme, donc Socrate est mortel », je peux me représenter visuellement l'emboîtement des concepts par celui de trois cercles, dont le plus grand correspondrait à l'ensemble « mortels », incluant le cercle « hommes », lui-même comprenant le cercle « Socrate » (limité à un seul élément).

100. Schopenhauer fait ici référence au premier traité d'harmonie qu'écrivit Rameau en 1722 (Rameau, *Traité d'harmonie*, Paris, Méridien Klincksieck, 1986).

101. Les vérités logique, empirique, métaphysique et métalogique sont définies respectivement aux § 32 à 35 de la QR1. La vérité logique est celle qui découle du rapport correct d'un jugement avec ses prémisses. La vérité métalogique découle

du fait que tel jugement respecte les principes fondamentaux du raisonnement (identité, contradiction, tiers exclu). Schopenhauer nomme vérité métaphysique celle qui découle de la détermination d'un jugement par les formes de la sensibilité ou les catégories de l'entendement. Dans la QR2, il remplace le concept de vérité métaphysique par celui de « vérité transcendantale » (§ 32).

102. Schopenhauer mettra en œuvre ce principe dans sa *Dialectica eristica* (Dialectique éristique) consignée dans HN III (trad. française : *L'art d'avoir toujours raison ou dialectique éristique*, trad. Plard, Strasbourg, Circé, 1990).

103. Ce qui est affirmé ou nié pour toute une classe est affirmé ou nié pour tout sous-ensemble de cette classe. Il s'agit de l'expression traditionnelle d'une règle énoncée dans les *Premiers Analytiques* d'Aristote, 24b, 28-30.

104. Sextus Empiricus, *Adversus mathematicos*, liv. VIII (112 sq.), in *Œuvres complètes*, t. II, trad. R. G. Bury, Londres, Loeb Classical Library, 1983, p. 292 sq. HN V <534>, p. 164.

105. Dans ce qu'on appelle traditionnellement l'*Organon* et qui comprend les *Catégories*, *De l'interprétation*, les *Premiers* et *Seconds Analytiques*, les *Topiques*, et les *Réfutations sophistiques*.

106. Sir W. Jones, *Asiatic Researches*, *op. cit.*, vol. IV, p. 163. Cf. note 5, p. 970.

107. Les sophismes cités ici par Schopenhauer font partie de la liste des sept paradoxes qu'on attribue à Euboulide, philosophe de l'école Mégarique, et contemporain d'Aristote. Cf. Diogène Laërce, *Vies et doctrines des philosophes illustres*, II, 108, éd. M.-O. Goulet-Cazé, Le Livre de Poche, p. 318 sq.

108. Un homme dit : « Ce que je dis est un mensonge. » Si l'homme dit un mensonge, il dit la vérité et réciproquement.

109. « Connaissez-vous cet homme masqué ? — Non. — Mais c'est votre père. Ainsi, vous ne connaissez pas votre père ? »

110. « Ce que vous n'avez pas perdu, vous l'avez. Mais vous n'avez pas perdu de cornes... Donc vous avez des cornes. »

111. Schopenhauer a vertement critiqué la théorie de Newton dans sa propre théorie des couleurs (cf. *Sur la vue et les couleurs*, § 8, « Rapport de la théorie ici édifiée à la théorie newtonienne », *in* VC, p. 69 sq.). Cf. note 52, p. 978.

112. Expression métaphorique de l'idée, propre à Schopen-

hauer, que la raison ne peut être une source de notre connaissance, comme l'affirmait pourtant Kant. Voir *supra*, note 82.

113. Cf. QR1, § 35.

114. Passage supprimé : « ... du cours de la nature A[(science à laquelle il faudrait donner le nom, désormais épave, de métaphysique, car "métaphysique de la nature" est déjà une tautologie)]A. »

115. Passage supprimé : « ... relève de l'expérience. A[Je fais ici entièrement abstraction de la philosophie, ainsi que de l'éthique, de la doctrine du droit et de l'esthétique qu'elle contient ; nous continuerons de voir par la suite qu'elle relève à un certain égard des sciences, mais que sur un point principal, elle s'en distingue tout à fait et coïncide davantage avec les beaux-arts.]A De manière générale... »

116. Schopenhauer fait référence ici à l'ouvrage de Schleiermacher intitulé *Grundlinien einer Kritik der bisherigen Sittenlehre* paru à Berlin en 1803. Il le cite à partir des œuvres complètes qu'il possédait (*Philosophische und vermischte Schriften*, Berlin, G. Reimer, 1838 ; HN V <491>, p. 149). On peut se rapporter à *Schleiermacher Schriften*, éd. A. Arndt, Francfort-sur-le-Main, Deutscher Klassiker Verlag, 1996, p. 213 sq.

117. Wilhelm Gottfried Tennemann (1761-1819), *Grundriss der Philosophie für den akademischen Unterricht* (11 volumes parus de 1798 à 1819), Leipzig, 1798, vol. I, p. 361. HN <552>, p. 177.

118. Application de la définition négative du sentiment donnée au § 11.

119. *Signatura rerum* : référence à l'ouvrage de J. Boehme *De signatura rerum* (1662), trad. P. Deghaye, Grasset, « Les Écritures Sacrées », Paris, 1995. Sur l'importance de la philosophie de Boehme, et son rapport à une philosophie de l'expression, cf. note 88, p. 1038.

120. Adriaen Van der Werff (1659-1722) fut un peintre, sculpteur et architecte néerlandais.

121. Balthasar Denner (1685-1747), peintre allemand.

122. Goethe, *Torquato Tasso*, in *Théâtre complet*, trad. H. Thomas, Paris, Gallimard, « Bibliothèque de la Pléiade », 1988, II, 1, p. 695. HN V <1451>, p. 406.

123. Sénèque, *De la clémence*, Introduction, I, 6, trad. mod. F. Préchac, Paris, Les Belles Lettres, 1990, p. 4. HN V <530>, p. 163.

124. C'est-à-dire au livre IV.

125. Schiller, « Gewissensskrupel », in *Schiller, Werke und Briefe*, sous la dir. de G. Kurscheidt, Francfort-sur-le-Main, DKV, 1992, p. 277 : « *Gerne dien'ich den Freunden, doch thu'ich es leider mit Neigung, / Und so wurmt es mir oft, daß ich nicht tugendhaft bin* » (« Je sers mes amis, mais hélas je le fais avec inclination / Et ainsi je me sens souvent tourmenté de la pensée que je ne suis pas vertueux »). HN V <1566>, p. 433.

126. Suárez, *Disputes métaphysiques (I à III)*, Disp. III, III, 3, trad. J.-P. Coujou, Paris, Vrin, 1998, p. 317 : « ces principes ne peuvent se réduire à un seul, mais <...> ils doivent être multiples, ou au minimum deux, tout au moins tant qu'ils sont des propositions immédiates et indémontrables a priori. <...> on ne peut inférer aucune conclusion d'un principe unique, ainsi qu'il est manifeste pour la dialectique ; effectivement la relation exige trois termes qui ne peuvent être contenus en un principe unique ; donc, la dernière résolution doit nécessairement être effectuée selon deux principes immédiats <...> afin de ne pas régresser à l'infini ». HN V <549>, p. 176.

127. Schopenhauer renvoie à ce passage dans le chapitre 7 (p. 1280).

128. Kant distingue plus exactement entre faculté de juger réfléchissante et faculté de juger déterminante, cette dernière est aussi dite subsumante. « La faculté de juger est en général le pouvoir de penser le particulier comme contenu sous l'universel. Si l'universel (la règle, le principe, la loi) est donné, alors la faculté de juger, qui subsume le particulier sous l'universel, *est déterminante* [...]. Mais si seul le particulier est donné, pour lequel la faculté de juger doit trouver l'universel, alors la faculté de juger est simplement *réfléchissante*. La faculté de juger déterminante sous des lois universelles transcendantales est seulement subsumante » (CFJ, *in* OP II, p. 933 ; Ak. V, 179).

129. *Evidenz*, du latin *videor*, voir.

130. C'est-à-dire l'espace et le temps purs.

131. La « raison de l'être » (*Seinsgrund*) est la figure de principe de raison s'agissant des relations spatio-temporelles (cf. QR2, § 35 et 36). Cf. le tableau récapitulatif donné *supra*, note 14.

132. Allusion à la formulation classique de la loi de la gravitation universelle de Newton, qui stipule que deux corps s'at-

tirent avec une force proportionnelle à chacune des masses, et inversement proportionnelle au carré de la distance qui les sépare.

133. «De la loi de causalité découlent deux *corollaires* importants qui lui doivent leur caractère authentique de connaissance *a priori*, qui sont placés par conséquent hors de tout doute et qui ne comportent aucune exception : ce sont les *lois d'inertie et de permanence de la substance.* La première énonce que tout état d'un corps, état de repos comme de mouvement, quel qu'il soit, doit persévérer et continuer éternellement, sans modification, sans diminution comme sans augmentation s'il ne survient pas une cause qui le modifie ou le supprime» (QR2, § 20, p. 182).

134. Les trois lois de Kepler décrivent les principales propriétés des mouvements des planètes autour du soleil. Il a montré en particulier que les planètes décrivent des ellipses dont le soleil occupe l'un des foyers. D'après la seconde loi, le rayon-vecteur reliant une planète au soleil balaie des aires égales en des temps égaux (loi posée dans l'*Astronomia nova* de Kepler, parue en 1609).

135. C'est-à-dire la trajectoire en ellipse.

136. Kant, *Premiers principes métaphysiques de la science de la nature*, trad. F. de Gandt, *in* OP II : «la connaissance rationnelle pure par les *concepts* seuls s'appelle métaphysique. [...] Ce qu'on appellera proprement science de la nature présuppose donc la métaphysique de la nature» (p. 366). HN V <287>, p. 78.

137. «La preuve que nous en avons une connaissance *a priori*, c'est la conscience de la certitude inébranlable avec laquelle quiconque, voyant disparaître un corps donné, que ce soit par des tours de prestidigitation, ou par division ou par l'action du feu, par volatilisation ou par quelque autre procédé, croit fermement à l'avance que, quoi qu'il ait pu arriver à la forme du corps, sa substance, c'est-à-dire sa matière, doit rester intacte et pouvoir être retrouvée quelque part» (QR2, § 20, p. 183).

138. «Notre entendement manque entièrement d'une forme sous laquelle il puisse concevoir la naissance ou la destruction de la matière ; car la loi de causalité qui est la forme unique sous laquelle nous puissions concevoir les changements en général ne se rapporte toujours qu'aux *états* des corps, nulle-

ment à l'existence qui *supporte* les changements, la *matière*» (QR2, § 20, p. 183).

139. Voir la critique qui en est faite dans l'*Appendice*, p. 850 sq.

140. Goethe, *Triomphe de la sensibilité*, *op. cit.* HN V <1451>, p. 406. Schopenhauer fait ici allusion au personnage du prince Oronaro qui est attiré par la nature et qui pourtant s'en détourne pour contempler sans cesse une tonnelle qui reproduit une nature factice.

141. Cf. QR2, § 6, p. 146 sq.

142. Cf. note 188, p. 1124.

143. Kepler, *Harmonices mundi libri* (1619), V. Il renvoie probablement à l'ouvrage *In primum Euclidis elementorum librum commentari*. Pour la traduction française, cf. Proclus, *Les Commentaires sur le premier livre des Éléments d'Euclide*, trad. P. V. Eecke, Paris, Desclée de Brouwer, 1948.

144. Aristote, *Seconds Analytiques*, I, 27, 87a <31>, trad. J. Tricot, Paris, Vrin, 1987, p. 142. C'est Schopenhauer qui souligne.

145. La célèbre expérience de Torricelli répond à un problème pratique : pourquoi, à l'aide d'une pompe aspirante, est-il impossible de faire monter l'eau au-delà de 10,33 mètres au-dessus du puits ? Torricelli émit l'hypothèse que la Terre baignait dans un océan d'air et en subissait donc la pression. Ce devait être celle-ci qui, s'exerçant sur la surface d'un puits, faisait monter l'eau dans le corps de la pompe. Il vérifia cette hypothèse en répétant l'expérience avec une colonne de mercure : pour que cette hypothèse fût confirmée, il fallait que la pression de l'air se révélât être une donnée constante. Et puisque le poids du mercure est environ 14 fois celui de l'eau, la hauteur de la colonne de mercure devait être d'environ 10,33/14, soit 76 cm. L'expérience réalisée démontra la validité de l'hypothèse.

146. Une corde est un segment joignant deux points distincts du cercle.

147. Le théorème de Pythagore établit que, dans un triangle rectangle, le carré de l'hypoténuse (côté opposé à l'angle droit) est égal à la somme des carrés des autres côtés. Schopenhauer affirme que la figure qu'il donne ici permet de «visualiser» en quelque sorte ce théorème — ce qui rejoint l'idée sur laquelle il revient sans cesse, à savoir que toute vérité scientifique peut

et doit être reconduite à un fondement intuitif. On peut évidemment critiquer la méthode visuelle proposée, en montrant par exemple qu'elle semble difficilement capable de rendre compte de l'universalité du théorème. Le triangle rectangle ici proposé reste un cas particulier.

148. Passage supprimé : « … voie analytique. A[C'est ainsi que le Professeur Thibaut à Göttingen, dans son *Grundriss der reinen Mathematik*, a produit des résultats considérables, même si on peut souhaiter qu'on remplace de façon encore plus décidée et continue la démonstration logique par l'évidence intuitive./Par ailleurs, le Professeur Schweins à Heidelberg (*Mathematik für den ersten wissenschaftlichen Unterricht*, 1810) s'est élevé contre le traitement euclidien des mathématiques et a tenté de s'en détacher. Or, je trouve que sa correction ne s'étend qu'à la présentation, mais non à la méthode même du traitement des mathématiques, laquelle est toujours euclidienne. Il a certes adopté, au lieu du mode de considération fragmentaire d'Euclide, un mode plus systématique, plus pragmatique, ce qui est tout à fait louable ; mais ensuite, il s'est défait de la forme rigoureuse d'Euclide, sans pour autant s'écarter le moins du monde de la méthode proprement dite d'Euclide, à savoir de la démonstration logique, où s'obtient l'évidence immédiate, raison pour laquelle les reproches formulés plus haut à l'encontre d'Euclide restent toujours et encore valables pour ce traité ; toujours et encore, la vérité entre par la porte de derrière, se produit *per accidens*, dans le cas présent, est aussitôt proclamée comme universellement valide, sans qu'un tel procédé fasse apparaître quelque légitimité, puisque le lien entre les conditions données dans le théorème et les rapports trouvés ensuite, n'est aucunement visible : la seule différence, c'est que les deux se trouvent maintenant ensemble, et qu'on conjecture sur le fait qu'il en sera toujours ainsi.]A/Pour améliorer la méthode… »

149. Karl Rudolf Kosack (1823-1869), *Beiträge zu einer systematischen Entwicklung der Geometrie aus der Anschauung*, Nordhausen, Eberhardtsche Buchdruckerei, 1852. HN V <966>, p. 285. Schopenhauer a reçu ce livre en cadeau de l'auteur lui-même, auquel il renvoya à titre de remerciement un exemplaire du *Monde*, accompagné d'une lettre chaleureuse (lettre du 2 mai 1852 ; cf. CC, p. 360).

150. Sur le concept de vérité métaphysique, cf. *supra*, note 101.

151. Passage supprimé: «... l'évidence immédiate. A[Il démontre les théorèmes suivants à partir de leur concordance avec les premiers et la contradiction de ces théorèmes avec leur contraire, et de cette manière, chaque théorème suivant à partir de la concordance avec le théorème antérieur et la contradiction de ce théorème avec son contraire.]A Mais les axiomes eux-mêmes... »

152. Cf. § 12, p. 167.

153. Schopenhauer fait ici allusion au tout début de l'*Éthique*, où Dieu est défini comme substance et «cause de soi». La critique de la *causa sui* est une constante de la pensée de Schopenhauer. Cf. notamment QR2, § 7, p. 151.

154. Schopenhauer passe du couple raison/conséquence (*Grund/Folge*) au couple cause/effet (*Ursache/Wirkung*). En effet, la raison est le genre dont la cause est l'espèce. Le principe de causalité est une des figures du principe de raison suffisante.

155. Dans toute cette page, Schopenhauer utilise assez habilement en faveur de sa thèse les modalités de la méthode expérimentale. Il montre que ce qu'on considère comme vérité scientifique (et plus précisément vérité de science de la nature) n'est qu'une hypothèse corroborée par la répétition d'expériences probantes. La vérité scientifique de la science de la nature n'est donc qu'un procédé contrôlé d'induction, sur la base d'un rapport intuitif au monde d'où se dégage une hypothèse.

156. Platon, *Théétète*, 199 b, in *Œuvres complètes*, *op. cit.*, t. II, p. 170-173.

157. Kant, CRP, A 294/B 350, «Dialectique transcendantale», Introduction, chap. 1, *in* OP I, p. 1012. HN V<293>, p. 94.

158. Cette exclamation doit se prendre en un sens ironique. Schopenhauer vient de décrire le raisonnement qui est selon lui à la base de la théorie newtonienne de la décomposition de la lumière blanche par le prisme en plusieurs faisceaux de lumière colorée. Or, il rejette vigoureusement cette théorie dans sa théorie de la vision. L'expression est aussi une allusion à Isaïe, 22, 13: «Mangeons et buvons, car demain nous mourrons!» et à Paul, 1 Co 15, 32: «Si les morts ne ressuscitent pas, mangeons et buvons, car demain nous mourrons.»

159. L'expression est susceptible de prendre deux sens. Selon le premier, péjoratif, on appelle qualité occulte une qualité que l'on imagine sans preuve, pour les besoins de la cause, afin de rendre raison de certains propriétés. C'est ce sens que caricature Molière avec la fameuse « vertu dormitive » du final dansé du *Malade imaginaire* : à la question : « Pourquoi l'opium fait-il dormir ? », l'impétrant répond : « Parce qu'il possède une vertu dormitive... » (« *Mihi a docto doctore / Demandatur causam et rationem quare / Opium facit dormire. / À quoi respondeo, / Quia est in eo / Vertus dormitiva, / Cujus est natura / Sensus assoupire* »). Le débat sur l'usage des qualités occultes en physique prit la forme d'une discussion sur l'usage des « formes substantielles ». La mécanique cartésienne, prônant l'explication des phénomènes par l'espace (la « figure ») et le mouvement, rejette par principe le recours aux entités de la scolastique, aux « formes substantielles », que Descartes considère comme inutiles à l'explication physique (voir par exemple *Les Météores*, AT VI, 239 ; *Lettre à Regius*, oct. 1642). Cependant, l'introduction d'un concept irréductible à la géométrie, celui de *force*, relance le débat autour de la notion de qualité occulte. Leibniz souligne que la force ressemble aux qualités scolastiques, et le *Discours de métaphysique* prône un « rétablissement nécessaire des formes substantielles » (titre du § 11) : « Cette force est quelque chose de différent de la grandeur de la figure et du mouvement, et on peut juger par là que tout ce qui est conçu dans les corps ne consiste pas uniquement dans l'étendue et dans ses modifications, comme nos modernes se le persuadent. Ainsi nous sommes encore obligés de rétablir quelques êtres ou formes qu'ils ont bannies » (§ 18, « De l'idée de force »). D'où un autre sens de « qualité occulte », que reprend Schopenhauer, et qui découle de la conception newtonienne de la force : la force peut être dite qualité occulte, parce que son existence est clairement attestée par la méthode expérimentale, quoique sa nature métaphysique demeure obscure. C'est le sens du célèbre « *hypotheses non fingo* » de Newton du « Scolie général » des *Principia* : Newton y affirme que l'explication physique de la gravitation ne repose sur aucune théorie positive quant à la nature de cette force, laquelle demeure une « qualité occulte » au sens où l'entend Schopenhauer, c'est-à-dire une nature supposée par la science, et que seule la métaphysique peut dévoiler (cf.

note 6, p. 1000). C'est précisément ce que fait la métaphysique schopenhauerienne, en montrant que la volonté est l'en-soi des phénomènes, y compris ceux qui relèvent des forces fondamentales postulées par la physique. On doit noter que, plus loin, Schopenhauer dit que les Idées sont assimilables aux « formes substantielles » : voir la note 54, p. 1009.

160. QR2, § 51, p. 291 sq.

161. Ce passage est évidemment essentiel pour comprendre la nature du projet philosophique de Schopenhauer. À l'horizon de la question « qu'est-ce que ? » (*Was ?*), dont Schopenhauer fait la question philosophique par excellence, se dessine la réponse que lui apporte le livre II du *Monde* : le monde est volonté. La question « pourquoi » est, quant à elle, prise comme synonyme d'une enquête fondée sur le principe de raison, qui est, en tant que telle, condamnée à regresser infiniment vers une cause première qu'elle n'atteint jamais. Voilà pourquoi les *Compléments* souligneront que la science ne peut jamais combler le besoin métaphysique de l'homme, qui le porte à s'enquérir non du pourquoi de la chose, mais de son essence. En outre — et c'est le résultat auquel aboutit tout ce paragraphe — l'enquête philosophique doit se fonder sur une base empirique, puisque les concepts ne sont pour Schopenhauer que le décalque affaibli, ou le résumé de l'expérience. C'est ainsi que la philosophie, expression conceptuelle de l'essence du monde, ne fait que répéter conceptuellement la vérité première de l'intuition. C'est une « image abstraite du monde ».

162. Sur le sentiment, cf. le § 11.

163. Schopenhauer se méprend sur la référence en invoquant le *De dignitate et augmentis scientiarum* (1623), liv. II, chap. 13 (HN V <43>), qui est en réalité une traduction latine amplifiée d'un ouvrage plus ancien, *The Two Bookes of Francis Bacon of The Proficience and Advancement of Learning Divine and Humane, to the King*, imprimé dès 1605. Pour la citation exacte, il faut se rapporter au *De sapientia veterum* (1609). Bacon, *La Sagesse des Anciens*, trad. J.-P. Cavaillé, Paris, Vrin, 1997, p. 84 : « Elle <Écho — l'épouse supposée de Pan qui symbolise la nature pour Bacon> est en fait la vraie philosophie qui restitue très fidèlement les voix du monde même et qui est écrite comme sous la dictée du monde. Elle n'est rien d'autre que son simulacre et son reflet, elle n'ajoute rien de propre, mais répète seulement et résonne. »

164. Sur l'examen de la *Critique de la raison pratique*, cf. p. 920 sq.

165. LV III, *in* PFE.

166. Cette propriété de la raison, qui selon Schopenhauer nous rend capables d'embrasser les trois dimensions du temps, sera d'une importance décisive dans le livre IV, et notamment au début du § 54, p. 529. Elle permet en effet de prendre une vue globale du cours de l'existence, ce qui est la condition préalable à son affirmation ou à son rejet, ce que Schopenhauer appelle la négation de la volonté.

167. Sur les degrés de connaissance, et en particulier sur la connaissance confuse, cf. Leibniz, *Discours de métaphysique*, § XIV.

168. Spinoza, *Éthique*, II, prop. 40, scolie 1, trad. Appuhn, Paris, GF, 1985 : « J'ajouterai quelques mots sur les causes d'où sont provenus les termes appelés *transcendantaux*, tels que Être, Chose, Quelque chose. Ces termes naissent de ce que le Corps humain, étant limité, est capable seulement de former distinctement en lui-même un certain nombre d'images à la fois [...] ; si ce nombre est dépassé, ces images commencent à se confondre ; et si le nombre des images distinctes, que le Corps est capable de former à la fois en lui-même, est dépassé de beaucoup, toutes se confondront entièrement entre elles. »

169. Homère, *Iliade*, XXIV, 521, trad. R. Flacelière, Paris, Gallimard, 1955, p. 527.

170. Stobée, *Eclogarum physicarum et ethicarum* (I et II), H. L. Heeren, Göttingen, Vandenhoeck et Ruprecht, 1792, vol. II, chap. 7, p. 114 et 138. HN V<1355>, p. 383.

171. Spinoza, *Éthique*, IV, prop. 20 (trad. Appuhn) : « Plus on s'efforce à chercher ce qui est utile (*quo magis unusquisque suum utile quaerere*), c'est-à-dire à conserver son être, plus on est doué de vertu ; et au contraire, dans la mesure où l'on omet de conserver ce qui est utile, c'est-à-dire son être, on est impuissant. »

172. Plutarque, *Sur les contradictions stoïciennes*, in *Œuvres morales*, t. XV, 1, trad. D. Babut, Paris, Les Belles Lettres, 2004, <14>, p. 43 : « Il faut acquérir l'intelligence ou bien une corde pour se pendre. »

173. Épictète, *Epictetae Philosophiae Monumenta*, éd. Schweighäuser, reprint Olms, Hildesheim, New York, 1977, vol. II, frgt. XXV, p. 73.

174. Cicéron, *Tusculanes*, IV, 7, in *Les stoïciens*, trad. É. Bréhier, Paris, Gallimard, 1962, p. 334; Épictète, *Manuel*, V, in *Les stoïciens*, *ibid.*, p. 1113.

175. Stobée, *Eclogarum physicarum et ethicarum* (I & II), H. L. Heeren, Göttingen, Vandenhoeck et Ruprecht, 1792, vol. II, chap. 7, p. 134. HN V <1355>, p. 383.

176. Dans les éditions récentes, le passage cité est en réalité en IV, 1 <42> ; cf. Épictète, *Entretiens*, trad. J. Souilhé, Paris, Les Belles Lettres, 1965, p. 8. HN V <163>, p. 40.

177. Stobée, *Eclogarum physicarum et ethicarum* (I & II), *op. cit.*, p. 104.

178. Diogène Laërce, *Vies et doctrines des philosophes illustres*, *op. cit.*, VII, 89, p. 847: « Chrysippe entend sous (le mot) nature, en conformité avec laquelle il faut vivre, à la fois la nature commune et de façon particulière la nature humaine. » HN V <138>, p. 34.

179. Horace, *Épîtres*, L. I, Ép. XVIII, v. 97-99, trad. F. Villeneuve, Paris, Les Belles Lettres, 1955, p. 122. HN V <1377>, p. 387.

180. Cf. livre IV, § 69.

181. Cette étonnante apologie de la figure christique doit être mise en rapport avec les analyses qui insistent sur la valeur salvifique de la souffrance: seule la traversée de la souffrance permet une authentique négation de la volonté, dans la mesure où la souffrance brise l'égoïsme de la volonté de vivre, et prépare la conversion finale, c'est-à-dire la négation de la volonté. Cf. par exemple le chapitre 49, p. 2142. Le chapitre 37 explique clairement la différence entre l'ataraxie stoïcienne et la résignation chrétienne, et montre la supériorité de cette dernière (p. 1835).

LIVRE II

1. Citation de la deuxième édition qui remplace: « *Dass ich erkenne was die Welt / Im Innersten zusammenhält, / Schau alle Wirkenskraft und Samen, / Und tu nicht mehr in Wörter kramen* » (Faust I, La Nuit, v. 382-384. trad. G. de Nerval, *in* Goethe, *Théâtre complet*, Paris, Gallimard, 1988: « Si enfin je

pouvais connaître tout ce que le monde cache en lui-même, et, sans m'attacher davantage à des mots inutiles, voir ce que la nature contient de secrète énergie et de semences éternelles ! »).

2. Heinrich Cornelius Agrippa von Nettesheim (1486-1535), *Epistulae*, V, 14, Lyon-24 septembre 1727 — citation extraite par Schopenhauer de l'ouvrage de J. Beaumont, *Historisch-Physiologisch- und Theologischer Tractat*, Halle, Neue Buchhandlung, 1721. HN V <975>.

3. Cf §1 et note 2, p. 969.

4. Cf. § 5, p. 94.

5. Les réflexions sur l'analogie des êtres naturels seront plus tard plus clairement fondées sur le monisme métaphysique : c'est parce qu'une seule et même volonté se manifeste dans tous les êtres naturels qu'on peut y découvrir des analogies. Le concept d'« unité de plan » est développé au § 27. Il est ici cité en français, car il s'agit d'une allusion aux travaux de Geoffroy Saint-Hilaire et Cuvier. Sur ces questions, cf. Piveteau, « Le débat entre Cuvier et Geoffroy Saint-Hilaire sur l'unité de plan et de composition », *Revue d'histoire des sciences et de leurs applications*, 3, 1950, p. 343-363.

6. Schopenhauer ici ne fait que s'inscrire dans la leçon des *Principia* de Newton, qui marquait bien la différence entre l'usage scientifique du concept de force, et la réflexion métaphysique sur son essence. Cf. le Scolie général des *Principia* de Newton : « Je n'ai pu encore parvenir à déduire des phénomènes la raison de ces propriétés de la gravité, et je n'imagine point d'hypothèses. Car tout ce qui ne se déduit point des phénomènes est une hypothèse ; et les hypothèses, soit métaphysiques, soit physiques, soit mécaniques, soit celles des qualités occultes, ne doivent pas être reçues dans la philosophie expérimentale » (trad. Mme du Châtelet, t. II, 1756, p. 180). Plus haut, Schopenhauer rappelait que la force, du point de vue de l'explication scientifique, reste une « qualité occulte » ; cf. note 159, p. 996.

7. Pour le lien entre le principe de raison, déterminant la forme de la phénoménalité, et le néant ontique des phénomènes, cf. § 3, p. 84-85.

8. Schopenhauer fait allusion à sa théorie de l'« intuition intellectuelle », c'est-à-dire celle de la constitution de la per-

ception grâce au travail de l'entendement à partir des impressions sensibles. Cf. note 34, p. 976.

9. Passage crucial de la doctrine. Il précise la voie d'accès à la métaphysique, c'est-à-dire à la connaissance de la chose en soi, la volonté. Le corps propre y joue un rôle déterminant, dans la mesure où il est susceptible d'une intuition spécifique, qui en révèle la dimension d'intériorité et d'affectivité. Le vocabulaire de Schopenhauer n'est pas très fixe : dans le livre I, il évoque le « sentiment » (*Gefühl*) au § 15 (p. 216) pour dire que la philosophie doit investir son champ. Dans les *Compléments*, Schopenhauer parle d'une « expérience interne » (*innere Erfahrung*), mais encore d'une « perception interne » (*innere Wahrnehmung* ; *innere Perzeption*) (respectivement, chap. 17 et 18, p. 1432 et 1459). Au chapitre 19 des *Compléments*, Schopenhauer soulignera plus nettement la dimension affective de l'expérience de la volonté (p. 1465).

10. On reconnaît ici le principe de la critique appliquée dans le livre I aux rapports entre la chose en soi (ici la volonté) et le phénomène : le rapport de causalité est une expression du principe de raison qui ne concerne que les rapports entre les phénomènes. Il ne peut articuler l'ordre du phénoménal et l'ordre du métaphysique.

11. Le fondement de la doctrine est un fait qui est d'emblée présenté comme double : l'identité de l'acte de la volonté (saisi par expérience intérieure) et de l'action du corps (saisi par expérience externe) : quand je veux lever mon bras et que mon bras se lève, je saisis à la fois un mouvement objectif, concomitant d'un sentiment subjectif qui peut prendre la forme de l'effort ou de la douleur. Cette dualité du fait primitif permet à Schopenhauer d'éviter d'enfermer la doctrine dans la sphère subjective, ce qui rendrait ensuite très difficile son passage à l'objectivité. Il ne faut pas oublier que la doctrine devra par la suite s'appliquer à des phénomènes tels que la pesanteur : la chute d'une pierre est une manifestation de la volonté. On doit aussi noter que les concepts de volonté et d'acte de la volonté vont très progressivement voir leur signification s'étendre jusqu'à prendre une dimension cosmique : la volonté devient chez Schopenhauer synonyme de nature naturante (chapitre 25, p. 1664), et l'acte de la volonté devient ainsi principe générateur de l'univers objectif. À l'extrême fin des *Compléments*, il est effectivement question de l'acte de volonté

(*Willensakt*) d'où naît le monde (*aus welchem die Welt entspringt*) (chapitre 50, p. 2158).

12. « Le corps tout entier n'est que la volonté objectivée » : le titre de ce livre II, « L'objectivation de la volonté », prend ici tout son sens. En effet, cette objectivation signifie l'entrée de la volonté, c'est-à-dire de la nature naturante, dans la sphère du visible, sa manifestation. L'objectivation est donc synonyme du processus de manifestation de la nature naturante, tandis que le concept d'objectité désigne en quelque sorte le produit de ce mouvement d'objectivation. Le corps est donc une objectité de la volonté, c'est-à-dire sa manifestation selon une forme spécifique que Schopenhauer qualifie ailleurs de « degré ». En effet, le processus d'objectivation est pensé par Schopenhauer selon une hiérarchie, où les phénomènes matériels occupent les degrés inférieurs, et l'homme le stade ultime.

13. Cf. QR1, § 21, p. 70. Il est à noter que dans la *seconde* édition (1847) de la *Quadruple racine*, Schopenhauer rectifie une définition de la première édition. Il maintient le qualificatif « immédiat » mais retire le terme d'objet. Il est clair, selon lui, que les deux membres de l'expression forment un quasi-oxymore : l'objet est précisément ce qui est médiat, c'est-à-dire médiatisé par les formes de l'objectivité. Or le corps dont il est ici question est celui des « sensations corporelles ». Mais, « bien que la connaissance de ces sensations soit tout à fait immédiate, cela ne fait pas que, par là, le corps lui-même se présente comme objet ; tout reste encore subjectif, c'est-à-dire sensation uniquement » (QR2, § 22, p. 221). Cf. aussi note 10, p. 970.

14. Schopenhauer assimile ici vouloir et faire. Il va jusqu'à dire que seule l'existence d'une action du corps témoigne d'un acte de la volonté. La logique de ce raisonnement est claire : elle a pour but de rendre possible la « remontée » de l'action phénoménale à la volonté pour des phénomènes auxquels nous n'avons qu'un accès extérieur. Ainsi, en présence de l'action du corps animal, pourrons-nous dire qu'il manifeste un acte de la volonté. L'ambiguïté touche alors la place de l'affectivité. La douleur est qualifiée de « non-vouloir » d'une impression pénible, c'est-à-dire qu'elle est une forme de rejet. Mais ce « non-vouloir » ne s'accompagne pas nécessairement d'une action du corps. Entre le vouloir, indissociablement du faire, et le « non-vouloir », lié à l'affectivité et à l'intériorité, il y a donc dissymétrie.

15. VN, p. 85 : « Il y a enfin une dernière preuve du fait que les parties de l'organisme qui ne dépendent pas directement du cerveau et n'obéissent pas à des motifs, à des facteurs volontaires, sont cependant animées et régies par la Volonté : c'est qu'elles participent par sympathie aux mouvements violents et exceptionnels de la Volonté, émotions et passions : l'accélération du rythme cardiaque dans la joie ou la peur, la rougeur qui monte au visage lors d'une humiliation, la pâleur dans l'épouvante ou dans une colère rentrée... »

16. QR2, § 29, p. 241 sq.

17. Le raisonnement déployé par Schopenhauer peut apparaître peu probant, et sa structure logique assez vague. Pour affirmer que l'essence de tous les phénomènes est la volonté, il semble ne faire appel qu'à une « analogie » avec notre propre volonté. Par ailleurs, il affirme que si nous voulons attribuer une véritable réalité aux phénomènes, nous n'avons rien d'autre à avancer sinon la volonté. Raisonnement qui ne vaut que si l'on admet la nécessité d'attribuer aux phénomènes un autre être que leur être-représenté, ce que conteste précisément l'idéalisme radical. Pour mieux saisir la portée de l'argumentation de Schopenhauer, il convient de se rappeler que le paragraphe précédent a explicitement exclu une démonstration logique de la thèse métaphyique : puisque le principe de raison ne s'applique qu'aux phénomènes, et pas à la volonté en tant que chose en soi, il serait vain de vouloir utiliser la logique ou le raisonnement déductif pour démontrer l'existence de la volonté, ou l'identité du monde et de la volonté. La doctrine de Schopenhauer est donc nécessairement condamnée à s'établir sur des bases si l'on peut dire « faibles », et à s'en remettre à un processus de confirmation progressive de la thèse centrale, par accumulation de faits permettant de l'étayer. D'où la tendance de Schopenhauer, surtout présente dans les *Compléments* et dans la *Volonté dans la nature*, à accumuler les confirmations sous forme des rapports d'expériences, de comptes rendus, d'analyses d'articles, etc. De façon plus nette, les *Compléments* (chapitre 17) utiliseront la comparaison avec le déchiffrement d'une écriture : le déchiffrement d'un texte incompréhensible suppose des essais répétés, qui trouvent à la fin leur confirmation dans le fait que l'ensemble du texte voit son sens éclairé. La confirmation est alors interne : l'interprétation sera tenue pour correcte si elle permet

de faire disparaître les contradictions entre les différentes parties du texte. De la même façon, la philosophie, comme déchiffrement du monde sensible, trouve sa confirmation dans une progressive mise en accord des phénomènes les plus divers.

18. Bacon, *De dignitate et augmentis scientiarum* (1623), in *The Works of Francis Bacon*, éd. Spedding, Hurd and Houghton, New York, 1864, vol. II, IV, p. 355 sq. HN V <43>, p. 11. Kepler, *Astronomia nova, seu physica coelestis tradita commentariis de motibus stellae Martis*, chap. XXX, 1609, p. 165.

19. Selon la QR, la motivation est une des figures du principe de raison. Expliquer une action par ses motifs est cependant n'en fournir qu'une explication contextuelle. Comme le dit bien la toute fin du livre II, la volonté sait bien ce qu'elle veut à tel endroit, à tel moment. Et pour rendre compte de l'action, il suffit alors de faire appel au principe de raison sous la forme du motif. Mais ce qui reste alors indéterminé, c'est « ce que je veux en général », et non pas ce que je veux en telle ou telle circonstance. Cette quintessence du vouloir de tout individu, et plus généralement de tout phénomène, est désignée chez Schopenhauer par le concept d'« Idée », dont le caractère intelligible est une espèce.

20. Schopenhauer, LV III, et FM , § 10, *in* PFE.

21. Le concept de phénomène est le pivot autour duquel tourne tout ce passage. Le rapport de l'acte de la volonté avec l'action du corps, présenté au § 18 comme une identité, l'est ici sous la forme d'un rapport d'expression : l'action du corps est l'expression, ou encore la manifestation d'un acte de la volonté. Or, ce même rapport d'expression permet d'articuler le caractère intelligible (qualifié de « volonté prise dans son ensemble », par opposition à l'acte de volonté ponctuel, c'est-à-dire la volition) avec, d'une part, le caractère empirique, et d'autre part le corps. En effet, le caractère empirique exprime ou manifeste le caractère intelligible — idée préfigurée par Kant qui établit entre le caractère empirique et le caractère intelligible un rapport de signifiant à signifié, en parlant de « signe sensible » (Ak. III, 370 ; CRP, A 546/B 574, p. 1177) à propos du premier. Quant au rapport expressif du caractère intelligible avec le corps, il s'explique par l'intention de faire de la philosophie une forme de déchiffrement du monde

sensible : la volonté s'exprime non seulement à travers les actions, mais aussi à travers la configuration corporelle des individus. D'où l'attention que Schopenhauer accorde aux considérations physiognomoniques. La théorie esthétique se coulera aisément dans le cadre général de cette philosophie de l'expression, en montrant que l'œuvre d'art exprime la volonté plus clairement que les phénomènes ordinaires.

22. Au § 18.

23. Le concept d'objectivation se superpose à la conception expressive de la phénoménalité dont Schopenhauer vient de poser les bases. On peut dire indifféremment que le phénomène exprime la volonté ou que la volonté s'objective en lui.

24. Johann Christian Reil (1759-1810), *Archiv für Physiologie*, VI, p. 153. Sur Reil, cf. *infra*, note 50.

25. Voir VN pour d'autres exemples.

26. VN, p. 66 sq et p. 91 sq.

27. Aristote, *Métaphysique*, Γ, 5, 1009 *b* 21, trad. J. Tricot, Paris, Vrin, 1986, vol. I, p. 221 : « Car, de même que, en tout temps, le mélange forme les membres souples, / Ainsi se présente la pensée chez l'homme ; car c'est la même chose / Que l'intelligence et que la nature des membres des hommes, / En tous les hommes et pour tout homme, car ce qui prédomine dans le corps fait la pensée. » Ce passage correspond au fragment XVI de Parménide. Cf. aussi *Les présocratiques*, trad. J.-P. Dumont, Paris, Gallimard, 1988, p. 270 : « Car tout comme chacun a son propre mélange, / Donnant leur qualité aux membres qui se meuvent, / De même l'intellect se rencontre chez l'homme. / Car la chose consciente et la chair <ou substance> / Dont nos membres sont faits, sont une même chose / En chacun comme en tout : l'en-plus est la pensée. »

28. Cf. § 8, la théorie de la raison comme faculté des concepts et reflet de l'intuition.

29. Cette affirmation sera rectifiée dans les *Compléments*, et en particulier dans le chapitre 18. Il y est en effet précisé que la connaissance de la volonté par « perception intime » reste subordonnée à la forme générale de la représentation, c'est-à-dire à la distinction du sujet et de l'objet, ainsi qu'à la forme du temps.

30. Voir la note précédente.

31. Suárez, *Disputationes metaphysicae*, disp. V, sect. III. HN V <549>, p. 176.

32. Schopenhauer précise la thèse du monisme de la volonté. La volonté est une et identique dans tous les phénomènes ; pour comprendre cette unité rigoureusement métaphysique, il convient de la distinguer de l'unité numérique, en tant qu'elle découle du principe d'individuation, donc de l'espace et du temps, et donc du principe de raison.

33. Au sujet de la liberté, Schopenhauer reprend la distinction kantienne entre deux niveaux d'analyse : le plan des phénomènes, le plan de la chose en soi. Concernant les phénomènes, Schopenhauer affirme l'existence d'un très rigoureux déterminisme, auquel l'homme lui-même est soumis. Cependant, si l'on passe cette fois au plan de la chose en soi, Schopenhauer affirme la liberté de la volonté (ce qui revient à dire qu'elle échappe par principe au principe de raison). C'est ce qui fonde en principe la possibilité de la conversion qu'évoque le livre IV, c'est-à-dire d'un changement radical de comportement que rien ne laisse prévoir et que rien n'explique. On doit encore ajouter que la liberté de la volonté dépasse chez Schopenhauer la sphère simplement humaine : en effet, la volonté est un principe cosmique, et sa liberté, s'agissant de phénomènes matériels, signifie alors que dans son essence elle est irréductible à l'explication scientifique, toujours fondée sur le principe de raison. En ce sens, la liberté de la volonté est synonyme de contingence absolue du principe métaphysique.

34. Ces considérations seront développées dans le livre IV, consacré à l'éthique de la négation de la volonté de vivre.

35. Dans ce passage, Schopenhauer amorce l'extension de la volonté à l'ensemble de la nature, en commençant, si l'on peut dire, par le plus facile, c'est-à-dire la conduite animale. En effet, les conduites instinctives constituent un point commun entre l'homme et l'animal Grâce à l'analyse de l'instinct, Schopenhauer veut montrer que l'intellect n'est qu'une fonction dérivée, dont la nature peut très bien se passer pour réaliser ses intentions. Dans les *Compléments*, l'analyse de l'instinct sexuel montrera que les choix conscients et réfléchis ne sont au fond que les moyens que se donne l'instinct animal pour réaliser son but, à savoir la perpétuation de l'espèce (cf. en particulier la « métaphysique de l'amour sexuel »).

36. Les sainfoins sont des plantes herbacées de la famille des fabacées. Les feuilles du sainfoin oscillant sont animées

de mouvements oscillatoires quand elles sont exposées au soleil.

37. Arbrisseau rampant de la famille des fabacées originaire du Brésil. Ses feuilles ont la particularité de pouvoir se replier au moindre choc.

38. Marshal Hall (1790-1857), *On the Diseases and Derangements of the Nervous System*, Londres-Paris-Leipzig, 1841, § 293 sq.

39. Passage supprimé : « ... besoin d'air. A[Je ne sais si cette méthode permet vraiment d'accomplir un suicide ; mais la possibilité se conçoit, et ce serait là]A un exemple frappant... »

40. Diogène Laërce, *Vies et doctrines des philosophes illustres*, VI, 76, sous la dir. de M.-O. Goulet-Gazé, Paris, Le Livre de Poche, 1999, p. 742-743. HN V <138>, p. 34.

41. Friedrich Benjamin Osiander (1759-1822), *Über den Selbstmord, seine Ursachen, Arten, Medic.-gerichtl. Untersuchung, und die Mittel gegen denselben*, Hanovre, 1813, p. 170-180.

42. Passage supprimé : « ... animal. A[Le fait que la cause de la respiration soit un motif, et non une excitation, c'est-à-dire qu'elle soit médiatisée et conditionnée par le connaître (le besoin d'air), trouve d'ailleurs confirmation en ceci qu'elle est conditionnée par l'activité cérébrale, c'est pourquoi]A l'acide cyanhydrique... »

43. LV III, *in* PFE.

44. Configuration corporelle.

45. Ce « dernier pas » qu'évoque Schopenhauer est naturellement le plus difficile à faire, car il consiste à faire franchir au concept de volonté le gouffre qui sépare la nature organique de la nature inorganique. Qu'on puisse, sur la base d'une équivalence entre volonté et instinct, parler de volonté animale, c'est ce qui est encore facilement admissible, mais qu'on puisse parler de « volonté du cuivre » ou de « volonté de l'eau » (chapitre 23), voilà qui est nettement plus difficile à admettre. Schopenhauer met en œuvre deux stratégies : d'abord le langage de l'analogie (l'analogie étant un procédé qu'il justifie en matière de morphologie, sur la base des travaux des naturalistes français, et sur le principe du monisme métaphysique), et ensuite l'emploi pour la nature inanimée de tout un registre sémantique anthropique.

46. Cf. VN, «Physiologie végétale», p. 115 sq., et «Astronomie physique», p. 135 sq.

47. Passage supprimé : «... et non elle-même. A[/ La volonté a cette propriété que pour elle, le nombre d'individus où s'expriment l'un quelconque de ses degrés d'objectivation, que ces individus se succèdent ou coexistent, est parfaitement indifférent ; leur nombre infini ne l'épuise jamais et, par ailleurs, UN SEUL phénomène contribue autant à son devenir visible que des milliers. Cette propriété, j'aimerais la désigner par un terme adéquat, certes étrange et indéterminé, voire souffrant d'une mauvaise réputation, mais convenant précisément à une propriété où la volonté comme chose en soi est tout à fait opposée à toutes les choses de la nature : c'est la MAGIE de la volonté. Car sous ce concept, on pense quelque chose qui, sans être une quelconque force de la nature, et sans donc être soumis aux lois de la nature et limité par elles, n'en exerce pas moins un pouvoir intime sur la nature, à l'instar justement du pouvoir manifesté par la volonté comme chose en soi ; c'est en effet à l'image d'un magicien qu'elle fait accéder à la visibilité des choses qui, pour nous, sont de la plus grande réalité, mais, pour elle, ne sont que des reflets de son essence — tout comme le reflet du soleil dans toutes les gouttes de rosée —, reflets qu'elle anime tous sans pour autant en perdre la moindre partie de sa force, et dont le nombre n'existe que pour le spectateur, mais non pour elle. — Cet usage du terme de MAGIE n'est d'ailleurs qu'une métaphore tout à fait incidente, à laquelle il convient de ne pas accorder d'importance outre mesure, et qu'il ne faut plus utiliser par la suite. /]A

48. Cette obscurité n'est que l'autre nom de la contingence, ou encore de la liberté. Ce qui échappe aux formes du principe de raison, ce n'est pas le pourquoi de telle chose, mais le simple fait qu'elle soit là. Cela, le principe de raison ne peut l'expliquer. Voilà pourquoi cette apparente simplicité du fait de l'existence masque une redoutable obscurité, qui n'est autre que celle de la contingence, ou de la liberté. Schopenhauer dira : «La liberté est un mystère» (cf. note 240, p. 1089).

49. G. L. Lesage, «Lucrèce newtonien», in *Mémoires de l'Académie royale des Sciences et Belles-Lettres de Berlin*, Berlin, 1784.

50. Johann Christian Reil (1759-1813), physiologue et

psychiatre allemand. Il a rédigé les *Archives de physiologie*, qui fut le premier journal de psychologie en Allemagne.

51. Schopenhauer reste toujours critique envers le matérialisme et le réductionnisme : le matérialisme est pour lui une philosophie où l'intellect s'oublie dans ses propres opérations. En effet, la matière n'est pas d'existence séparément du sujet, comme le rappelle le § 7, ou la fin du chapitre 1 (SW II, p. 30). En ce sens le matérialisme reconduit à l'idéalisme. Quant au réductionnisme, il est critiquable à deux points de vue : d'abord parce qu'il s'imagine pouvoir tout expliquer par le calcul, oubliant que le calcul ne détermine que des rapports, ce qui rend une telle connaissance purement relative ; ensuite, parce qu'il conduit à gommer la différence entre les ordres du réel. Or Schopenhauer a une vision nettement hiérarchisée et différenciée des phénomènes. Par exemple, il n'est pas vrai qu'on puisse réduire la vie à la mécanique dans la mesure où la première possède une propriété *sui generis* : la capacité à représenter. Le réductionnisme, qui prétend expliquer le supérieur (l'intellect, le vivant, l'organique) par l'inférieur (les mouvements des atomes par exemple) est donc inapte à rendre compte de ce grand mouvement par lequel la nature tout entière s'élève à la lumière de la représentation et finalement de l'intellect.

52. Schopenhauer, même s'il se démarque de l'explication goethéenne des couleurs (cf. note 37, p. 977), partage son opposition à Newton. Il faut noter du reste que la critique de l'optique newtonienne est un des points de ralliement de plusieurs auteurs que par ailleurs beaucoup d'aspects séparent, mais qui s'accordent au moins sur leur commune méfiance à l'égard du réductionnisme physico-mathématique. Parmi eux, on peut citer, outre Goethe, Schelling, Hegel, et Schopenhauer. Cf. M. Élie, *Lumière, couleurs et nature. L'optique et la physique de Goethe et de la Naturphilosophie*, Paris, Vrin, 1993, p. 45 sq. Cf. note 52, p. 978.

53. Rappel de l'interprétation de l'idéalisme fichtéen, telle qu'elle apparaît au § 7.

54. Suárez, *Disputationes metaphysicae*, disp. XV, I. HN V <549>, p. 176. Sur la question des « qualités occultes », version critique des « formes substantielles » de la scolastique, voir note 159, p. 996. La reprise du concept de « forme substantielle », traduction scolastique de tradition thomiste du « *to*

ti en einai » d'Aristote est pour le moins brutale. Plus loin dans le § 27, Schopenhauer dira que la forme substantielle d'Aristote désigne exactement ce qu'il nomme « degré d'objectivation de la volonté » (p. 295). Or, « degré d'objectivation » est la définition que Schopenhauer donne un peu plus loin du concept d'« Idée », dont il dit qu'il le reprend à son compte, à partir de sa signification platonicienne. Schopenhauer, avec une rapidité dont il est coutumier, amalgame donc les concepts de forme substantielle, d'Idée, de degré d'objectivation de la volonté pour désigner ce qui appelle aussi les prototypes des choses (fin du § 25, p. 296). Schopenhauer, sans s'arrêter aux nuances doctrinales, a toujours la même chose en vue : les Idées sont chez lui des représentations intuitives susceptibles de manifester l'essence de la chose singulière, ce qui fait qu'elle est ce qu'elle est, et se distingue par une qualité spécifique des choses qui relèvent d'une autre espèce. L'Idée est l'analogon sensible de l'universel conceptuel. La fleur peinte, c'est-à-dire la représentation de son Idée par l'artiste, manifeste l'essence de la fleur, sa « floralité » si l'on peut dire. Tel est le miracle que réalise le coup d'œil du génie : voir l'universel au sein du sensible, et le manifester par une œuvre d'art. Cet universel manifesté dans le sensible est un degré d'objectivation, car la volonté s'y manifeste plus ou moins clairement, avec plus ou moins de finesse de contenu : de même que les phénomènes s'ordonnent en une hiérarchie culminant dans la figure humaine, de même les Idées, qui en expriment la quintessence, suivent la même progression, tout comme les arts qui manifestent les Idées. L'art suprême est celui qui a pour objet privilégié l'Idée supérieure, celle de l'homme : c'est la tragédie.

55. QR2, § 40, p. 273 (trad. mod.). Cette classe « ne comporte qu'un seul objet ; c'est l'objet immédiat du sens interne, le *sujet du vouloir* ». Cette remarque de Schopenhauer indique bien toute la difficulté de l'entreprise : tenter de dépasser l'aporie à laquelle aboutit la science en s'appuyant sur la connaissance interne de la volonté. Il faut cependant noter que cette remarque ne va pas sans difficulté. Car Schopenhauer explique clairement que la volonté est sans raison. Or, expliquer la première classe de représentations par la quatrième n'est jamais que substituer une forme du principe de raison à une autre : c'est-à-dire substituer la motivation à la causalité. Pour aller jusqu'au bout de la pensée de Schopenhauer, il faut

donc encore montrer en quoi ce qu'on appelle « volonté » dans son sens le plus large se distingue de l'acte de volonté motivé, c'est-à-dire explicable par des raisons, l'acte de volonté intellectualisé.

56. Spinoza, Épître 58 (et non 62), in *Œuvres complètes*, Paris, Gallimard, 1954.

57. Augustin, *La Cité de Dieu*, livre XI, chap. 28, trad. C. Salles, in *Œuvres complètes*, t. II, Paris, Gallimard, 2000, p. 461. Schopenhauer souligne.

58. Leonhard Euler (1707-1783), *Lettres à une princesse allemande sur divers sujets de physique & de philosophie*, 3 vol., Saint-Pétersbourg, 1768-1772. Schopenhauer possédait une traduction allemande de cet ouvrage. HN V <830>. Il s'agit de la lettre 68 de la première partie du recueil, intitulée « Exposition plus détaillée de la dispute des philosophes sur la cause de la gravitation universelle » : « C'est comme un penchant naturel que tous les corps ont les uns pour les autres, en vertu duquel les corps s'efforcent de s'approcher mutuellement, comme s'ils étaient pourvus de quelque sentiment ou désir » (Euler, *Lettres à une princesse allemande*, Paris, Charpentier, 1843, p. 178).

59. « Il semble plus raisonnable d'attribuer l'attraction mutuelle des corps à une action que l'éther y exerce, quoique la manière nous soit inconnue, que de recourir à une qualité inintelligible. Les anciens philosophes se sont contentés d'expliquer les phénomènes du monde par ces sortes de qualités qu'ils ont nommées *occultes*, en disant, par exemple, que l'opium fait dormir par une qualité occulte qui le rend propre à procurer le sommeil ; c'était ne rien dire du tout, ou plutôt c'était vouloir cacher son ignorance : on devrait donc aussi regarder comme une qualité occulte l'attraction, en tant qu'on la donne pour une propriété essentielle des corps ; mais comme aujourd'hui l'on tâche de bannir de la philosophie toutes les qualités occultes, l'attraction considérée dans ce sens doit être aussi bannie » (*Lettres à une princesse allemande*, *op. cit.*, p. 179).

60. Sur le principe d'individuation, voir le § 23.

61. J. Scheffler (dit Angelus Silesius), *Le Pèlerin chérubinique* (1675), livre I, 8, trad. M. Renouard, Paris, Payot et Rivages, 2004, p. 55 : « Je sais que Dieu sans moi ne peut vivre

un instant. / Si j'étais réduit à néant Il rendrait l'âme aussitôt.»

62. Il s'agit d'une allusion à Pascal, et à son célèbre «roseau pensant»: «L'homme n'est qu'un roseau, le plus faible de la nature; mais c'est un roseau pensant. Il ne faut pas que l'univers entier s'arme pour l'écraser: une vapeur, une goutte d'eau, suffit pour le tuer. Mais quand l'univers l'écraserait, l'homme serait encore plus noble que ce qui le tue, puisqu'il sait qu'il meurt, et l'avantage que l'univers a sur lui; l'univers n'en sait rien» (*Pensées*, pensée 200, éd. Lafuma, Paris, Seuil, 1963, p. 528).

63. Diogène Laërce, *Vies et doctrines des philosophes illustres*, III, 12, § 13, *op. cit.*, 1999, p. 401. HN V <138>, p. 34.

64. Cf. p. 877.

65. Joseph Wenzel (1768-1808), *De structura cerebri hominis et brutorum*, chap. III, Tübingen, Cotta, 1812; Cuvier, *Leçons d'anatomie comparée*, leçon 9, art. 4-5, 5 vol., Paris, 1799-1805; Félix Vicq-d'Azir (1748-1794), *Histoire de l'Académie des sciences de Paris*, 1783, p. 470-483.

66. Passage important et problématique sur la question de l'individualité. Le processus d'objectivation de la volonté est ordonné en «degrés», qui marquent un progrès dans le sens de l'individualisation des phénomènes. En sorte qu'au degré suprême, celui de l'humanité, Idée et individu en viennent à coïncider. Dès lors, les individus ne seraient plus simplement distingués selon l'espace et le temps (c'est-à-dire d'un point de vue purement phénoménal), mais différenciés comme étant chacun une Idée (un caractère intelligible) spécifique. Cependant, dans une lettre tardive, Schopenhauer avoue finalement son impuissance à trancher cette question: quant à la question de savoir «jusqu'à quelle profondeur vont les racines de l'individualité dans la chose en soi», il s'agit d'un «problème que j'ai soulevé, mais que j'ai abandonné comme étant transcendant et donc insoluble» (*Correspondance complète, op. cit.*, p. 379; lettre du 21 août 1852). Cf. note 90, p. 1039.

67. L'exemple du cristal réapparaît au chapitre 23, p. 1622.

68. Cf. § 4, en particulier la p. 88.

69. Création d'un courant électrique par réaction chimique.

70. La reprise par Schopenhauer de l'occasionnalisme malebranchien est un intéressant exemple de sécularisation

d'un concept élaboré dans un cadre théologique. Chez Malebranche, toute causalité est occasionnelle en cela qu'elle est l'occasion de la manifestation de la puissance divine, qui seule agit. Chez Schopenhauer, toute cause est occasionnelle en cela qu'elle est l'occasion de la manifestation de la volonté, qui est la nature naturante. L'analyse vaut en particulier pour la causalité par motivation. Schopenhauer montre que l'explication du mouvement par les motifs que nous avons d'agir est toujours superficielle. Elle l'est d'abord parce qu'elle est toujours contextuelle : analyser mon action par ses motifs, c'est définir ce que je veux en fonction de telle situation, dans tel lieu, en tel temps. Bref, ce que laisse échapper l'analyse de l'action par la causalité par motivation, c'est ce que je veux « en général », et non pas ici et maintenant (sachant d'ailleurs que ces coordonnées spatio-temporelles ne sont que phénoménales, et donc ontiquement déficientes par rapport à ce qu'est la volonté en soi).

71. Malebranche, *De la recherche de la vérité* (1688), liv. VI, II, chap. 3, in *Œuvres*, t. I, Paris, Gallimard, 1979, p. 643 sq.

72. Première occurrence du mot dans le livre II. La lecture des quatre livres du *Monde* montre en effet que le concept de métaphysique y est rare, et n'apparaît, dans le premier livre (§ 9, p. 78), que pour qualifier la « vérité métaphysique », concept thématisé dans la première édition de la *Quadruple racine* (§ 33 de la QR1) et que la seconde transforme en « vérité transcendantale ». (Ce sens du concept de métaphysique n'est autre que celui que lui donnait Kant lui-même quand il parlait, dans l'*Esthétique transcendantale*, d'une « exposition métaphysique » des concepts de temps et d'espace. « Métaphysique » ici renvoie à l'élément *a priori* de la représentation.) C'est dire que dans la première édition du *Monde* (1819), qui se limitait aux seuls quatre premiers livres et à une première version de la *Critique de la philosophie kantienne*, l'essentiel de l'argumentation a pu être conduit à son terme sans que Schopenhauer ait éprouvé le besoin de se servir du concept de métaphysique (ce dernier ne faisant l'objet d'un traitement systématique et d'une problématisation spéciale que dans l'*Appendice*, avant de proliférer dans les *Compléments* de 1844). La situation semble changer du tout au tout peu après 1819 : dès la « Leçon sur le concept de métaphysique » des *Leçons de Berlin* (1820) (« Ueber den Begriff der Metaphysik », in *Metaphysik der Natur* (*Philoso-*

phische Vorlesungen, Teil II), Volker Spierling, Munich, Piper, 1984, p. 55-61. Traduction par J.-P. Ferrand dans le *Cahier de l'Herne* consacré à Schopenhauer, Paris, 1998, p. 234 sq.) Alors que son ouvrage était encore tout récent, Schopenhauer place toute sa doctrine sous l'unité du concept de métaphysique, reconnaissant par là même le caractère central de cette notion, comprise comme transphysique, c'est-à-dire connaissance de ce qui dépasse l'expérience. Cela est d'autant plus remarquable que le plan de ces *Leçons* suit très exactement celui du *Monde*, avec des analyses souvent reprises mot pour mot. Dans ces *Leçons*, parvenu à un moment qui correspond au début du livre II du *Monde*, Schopenhauer avertit qu'après avoir établi la théorie de la représentation, il « intitule "métaphysique" la seconde partie de <ses> considérations », c'est-à-dire l'ensemble correspondant aux trois derniers livres du *Monde*, rebaptisés « métaphysique de la nature », « métaphysique du beau » et « métaphysique des mœurs ». La coupure qui est ainsi instaurée entre la théorie de la représentation et la métaphysique correspond, comme dans le *Monde*, à l'apparition de l'énoncé fondamental : « le monde est volonté ». Du *Monde* aux *Leçons*, il n'y a donc pas de différence fondamentale, sauf une prise de conscience plus nette de la portée métaphysique de l'enquête philosophique — la théorie de la représentation (soit le livre I du *Monde*) apparaissant comme une propédeutique à la métaphysique.

73. Cf. § 26, p. 305-306.

74. Cette expression apparaît dans l'œuvre de Maine de Biran (cf. F. Azouvi, *Maine de Biran, ou la Science de l'Homme*, Paris, Vrin, 1995, p. 113).

75. L'engendrement d'êtres animés à partir d'une matière inanimée. Cf. la note 85, p. 1016.

76. Meckel, *Deutsches Archiv für Physiologie*, 1820, vol. V, p. 185.

77. Lamarck, *Philosophie zoologique ou Exposition des considérations relatives à l'histoire naturelle des animaux*, II, chap. 3, 180, p. 16 et p. 306 sq. *Philosophie zoologique*, éd. A. Pichot, Paris, GF, 1994.

78. Kant, CFJ ,§ 75, *in* OP II, p. 1197 : « Il est absurde pour les hommes [...] d'espérer que puisse naître un jour quelque Newton qui fasse comprendre la simple production d'un brin

d'herbe selon des lois de la nature qu'aucune intention n'a ordonnées. » HN V <289> et <290>, p. 87.

79. Sur l'expression « forme substantielle », cf. *supra*, note 54.

80. Sur l'unité de plan, cf. *supra*, note 5.

81. Sur l'école de Schelling, voir la note p. 354 des *Œuvres métaphyiques*, trad. J.-F. Courtine et E. Martineau, Paris, Gallimard, 1980. Schopenhauer retient deux idées essentielles de la philosophie de la nature de Schelling : d'une part, l'idée d'une analogie de tous les phénomènes, qu'il fonde sur le monisme de la volonté, d'autre part l'idée d'une dualité primitive, qui structure les phénomènes selon le principe d'une polarité universelle. Schelling a été effectivement l'un des grands promoteurs de cette idée, qu'il a empruntée à Kant, qui l'élabore dans les *Premiers principes de la philosophie de la nature*, à l'occasion de la construction du concept de matière. Goethe la reprend lui aussi à son compte dans la *Théorie des couleurs* : « Tout ce qui doit apparaître, se présenter à nous comme phénomène doit annoncer ou bien une dualité originelle susceptible d'être résolue, ou bien une unité originelle qui peut arriver à se scinder ; et le phénomène apparaîtra selon ce mode. Dissocier ce qui est uni, unir ce qui est dissocié, c'est la vie de la nature ; c'est l'éternelle systole et diastole » (§ 739, trad. fr. p. 250-251). Goethe traduit donc l'idée de polarité dans l'idée d'un mouvement d'expansion et de contraction. Schopenhauer, quant à lui, dramatise la polarité jusqu'à l'ériger dans ce § 27 en principe d'une universelle conflictualité, qui aboutit à la domination de l'Idée supérieure, comme dans l'organisme, où les Idées inorganiques, fondement du métabolisme de base, sont soumises à l'Idée supérieure, celle de l'individu justement, du moins jusqu'à ce qu'elles reprennent le dessus à la mort de l'individu. Sandro Barbera a insisté sur cette idée de conflictualité dans son ouvrage *Une philosophie du conflit. Études sur Schopenhauer*, trad. M.-F. Merger et O. Ponton, Paris, PUF, 2004. C'est justement la victoire de l'Idée supérieure qui explique et distingue deux phénomènes analogues : la cristallisation et l'ossification des os sont des phénomènes analogues, en ce qu'ils objectivent tous deux une même volonté, mais distincts dans la mesure où le second relève d'un processus organique, et donc d'une Idée supérieure au premier. Il faut noter qu'il ne s'agit pas

simplement d'une comparaison prise de l'extérieur, mais qu'il y a bien, du point de vue de la nature naturante elle-même, passage, progrès et tendance d'un phénomène au phénomène analogue, mais porté à un degré supérieur d'objectivation (ou de manifestation de l'Idée). Dans ce passage, Schopenhauer parle d'un passage à une « puissance supérieure ». Ce concept de puissance est emprunté là encore à Schelling. Schopenhauer n'en fera jamais grand usage, mais on peut du moins évoquer un passage des manuscrits qui en explicite l'origine mathématique, en disant que l'union de deux forces antagonistes donne une entité « qui est aux premières comme le carré ou le cube est au radical » (HN I, p. 365-368). Dans ce paragraphe, Schopenhauer fait donc flèche de tout bois pour illustrer une idée d'inspiration boehmienne : celle qui fait de l'univers une grande dynamique, mais une aspiration qui ne peut que se réaliser dramatiquement.

82. D'après le *Yi-king* ou *Livre des métamorphoses*. Cf. la note 68, p. 983.

83. Cf. note précédente.

84. Goethe, *Faust*, I, v. 1940, in *Théâtre complet*, trad. G. de Nerval, Paris, Gallimard, « Bibliothèque de la Pléiade », 1988, p. 1170 : « Qui veut reconnaître et détruire un être vivant commence par en chasser l'âme : alors il en a entre les mains toutes les parties ; mais, hélas ! que manque-t-il ? rien que le lien intellectuel. La chimie appelle cela *encheiresin naturae* ; elle se moque ainsi d'elle-même, et l'ignore. » HN V <1456>, p. 407. L'*encheiresin naturae*, c'est, étymologiquement, la « prise en main » de la nature. Dans cette tirade de Méphistophélès, Goethe critique le réductionnisme scientifique qui laisse échapper la substance spirituelle des choses. Hegel commentera le même passage dans sa *Philosophie de la nature* (cf. Hegel, *Encyclopédie des sciences philosophiques*, t. II, add. au § 246, trad. B. Bourgeois, Paris, Vrin, 2004, p. 344).

85. Schopenhauer reprend ici très rapidement l'idée de génération équivoque, c'est-à-dire ce qu'on appelle plus communément l'idée de génération spontanée. Cette théorie, qui fut invalidée par les travaux de Pasteur de 1859, mais qui à l'époque avait encore pour elle l'autorité de Geoffroy Saint-Hilaire et de Lamarck (dans sa *Philosophie zoologique*), défendait la possibilité de voir apparaître des organismes à partir de substances inorganiques (comme par exemple dans

le cas de la putréfaction). Schopenhauer reprend cette théorie, où il voit l'illustration de l'idée métaphysique d'une aspiration spontanée de la nature au stade supérieur de l'objectivation (dans le cas de génération spontanée, passage de l'inorganique à l'organique).

86. Bacon, *Sermones fideles* (1638), « De Fortuna », 38, in *Essais*, trad. M. Castelain, Paris, Aubier, 1979, p. 211.

87. Au chapitre xx, 77 de son *Aurora*, Boehme dit de nos corps qu'ils sont « demi-morts », car ils sont les prisons de l'âme, de même que nous sommes des anges à moitié morts (cf. A. Koyré, *La philosophie de Jacob Boehme*, Paris, Vrin, 1929, p. 11). Toute vie, en tant qu'Idée supérieure, est donc toujours menacée par les Idées inférieures des forces inorganiques, comme, au degré le plus bas, la matière elle-même est sans cesse tirée vers le bas par la gravité. C'est du moins ce qu'écrit Schopenhauer dans un feuillet manuscrit cité par l'édition Weiß, et traduit par S. Barbera : « Ce qui fait que cette impression est significative est le contraste entre la matière — qui s'est accrue à travers tous les degrés physiques, chimiques, végétatifs et animaux pour atteindre la forme humaine qui se déplace se dressant et se pliant selon les intentions les plus subtiles — et la gravité, qui, parce qu'elle est l'Idée la plus basse de toutes les autres, exerce un droit originel sur la matière et là aussi, en présence d'une Idée qui est très éloignée, elle n'y renonce pas, mais revendique ses droits sur cette forme, comme si elle voulait lui rappeler qu'elle aussi est toujours matière, même si elle a connu un accroissement à un niveau très élevé » (cité et traduit par S. Barbera, in *Une philosophie du conflit. Études sur Schopenhauer*, Paris, PUF, 2004, p. 108 ; le feuillet manuscrit a été édité par Otto Weiß, *in* Arthur Schopenhauer, *Die Welt als Wille und Vorstellung*, vol. I, Leipzig, Hesse & Becker, 1919, p. 785).

88. Aristote, *Métaphysique*, B 4, 1000 b1, trad. J. Tricot, Paris, Vrin, 1986, p. 152 : « Si en effet, la Haine n'existait pas dans les choses, tout serait un, comme dit Empédocle : quand les choses se furent réunies, "Alors s'éleva enfin la haine" ».

89. Plaute, *Asinaria*, acte II, scène 4, v. 95, in *Comédies*, trad. A. Ernout, Paris, Les Belles Lettres, 1967, t. I : « Quand on ne le connaît pas, l'homme n'est pas un homme, mais un loup pour l'homme. » (*Lupus est homo homini, non homo, quom qualis sit non novit.*) La formule est reprise par Hobbes

pour qualifier l'état de nature précontractuel. La même formule apparaît dans les *Tragiques*, d'Agrippa d'Aubigné (1552-1630) : « L'homme est en proie à l'homme, un loup à son pareil. »

90. Abraham Tremblay ou Trembley (1710-1784), *Mémoires pour servir à l'histoire d'un genre de polypes d'eau douce à bras en forme de cornes*, Leyde, 1744, t. II, p. 110, et t. III, p. 165. Tremblay fut le premier à s'intéresser à ces micro-organismes, chez qui il constata une étonnante capacité de régénération, comparable au phénomène du bouturage chez les plantes. Il entretint à ce sujet une importante correspondance avec Réaumur (1683-1757), qui couvrit une période de dix-sept ans (1740-1757). La question de la régénération fut extrêmement débattue au XVIIIe siècle, dans la suite des découvertes de Tremblay. Cf. l'article « Régénération » de l'*Encyclopédie* de Diderot et d'Alembert. Pour une synthèse moderne, cf. J. Roger, *Les sciences de la vie dans la pensée française au dix-huitième siècle*, Paris, Albin Michel, 1998.

91. Remarque faite à partir d'une lettre de William Howitt (1792-1879) extraite du *Weekly Journal* et parue dans le *Galignani's Messenger* du 17 novembre 1855. Il s'agit d'un journal rédigé en anglais et publié à Paris par Giovanni Antonio Galignani (1757-1821). En 1904, le journal devient le *Daily Messenger*.

92. D'après Washington Irving (1783-1859), *Bracebridge Hall* (1822), vol. I, p. 118. W. Irving est un écrivain américain. Sur l'influence de cet auteur en Allemagne, cf. Walter A., Reichart, « Washington Irving's influence in German Literature », *The Modern Language Review*, vol. 52, nº 4 (oct. 1957), p. 537-553.

93. Cf. § 21, p. 261. Dans l'expérience ici évoquée, le galvanisme supplante les affinités électives dans la mesure où il empêche la liaison de l'acide et des alcalis.

94. Le papier de tournesol est utilisé afin de déterminer le caractère acide ou basique d'une solution. Il devient rouge au contact d'un acide, et bleu au contact d'une base. Dans l'expérience ici rapportée, Schopenhauer souligne que le galvanisme empêche l'acide de former la réaction attendue avec le papier de tournesol, c'est-à-dire l'obtention de la couleur rouge.

95. Kant développe cette hypothèse dans son essai *Histoire*

générale de la nature et théorie du ciel (1755), II, chap. 7, Ak. I, p. 306 sq. ; OP I, p. 76 sq. Laplace développe une théorie similaire dans son ouvrage de 1796, *Exposition du système du monde*. Selon l'hypothèse de Kant, le système solaire s'est formé à partir d'une nébuleuse, qui tourne lentement sur elle-même, en s'aplatissant sous l'effet de la gravité ce qui a pour effet de former des étoiles et des planètes.

96. L'espace absolu est le cadre de référence ultime pour la théorie des mouvements.

97. On peut trouver cette explication au chapitre 2 des *Premiers principes métaphysiques de la science de la nature* (1786); Ak. IV, p. 496 sq.; Op II, p. 400 sq. HN V <287>, p. 78.

98. Ce passage est caractéristique de la conception pragmatique de l'intelligence chez Schopenhauer. La connaissance n'est donc, à l'origine du moins, qu'un moyen au service de la vie. Cette idée sera longuement développée dans le chapitre 19.

99. VN, p. 105 sq. ainsi que p. 125 sq.

100. Suárez, *Disputationes metaphysicae*, disp. XXIII, sect. 7 et 8. HN V <549>, p. 176.

101. Ce passage annonce assez clairement les grandes lignes des livres III et IV. L'expression « miroir du monde » sera amenée à jouer un rôle très important dans la suite de la doctrine.

102. Cf. livre III, § 52.

103. Ce passage relaie l'analyse de la raison comme faculté de réflexion conduite au § 16 du livre I. L'idée selon laquelle c'est la réflexion qui donne cohérence à la vie est amenée à jouer un rôle décisif dans la suite du texte. C'est en effet la saisie, nécessairement rétrospective, de la cohérence de notre vie qui conditionne le refus de cette vie même, c'est-à-dire la théorie de la négation de la volonté de vivre. Cf. le début du § 54, et les notes afférentes.

104. Schopenhauer veut dire que, dans l'harmonie, les parties intermédiaires, ou parties de remplissage (voix d'alto et de ténor), n'ont pas la même perfection de dessin que la voix de soprano, la plus audible, qui porte une mélodie bien dessinée, possédant une forme d'unité.

105. L'objet de ce paragraphe est d'examiner la question de la finalité, interne et externe. Le traitement de Schopenhauer

fait un peu plus loin référence à Kant, tandis que l'*Appendice* sur Kant ratifie la démonstration de la *Critique de la faculté de juger* visant à montrer que la finalité n'est qu'un jugement réfléchissant, où nous pensons la production de la nature par analogie avec les œuvres de l'industrie humaine (cf. p. 949 sq.). Dans ce paragraphe, Schopenhauer montre que le jugement réfléchissant, qui subordonne la multiplicité phénoménale à l'unité du concept, a en quelque sorte un pied dans la représentation et un autre dans la métaphysique. En effet, la diversité est étrangère à la volonté prise en soi. La finalité externe comme la finalité interne, qui supposent cette diversité, sont donc liées à l'ordre de la représentation, et donc de l'apparence phénoménale. Mais en même temps, le mouvement par lequel la finalité remonte à l'unité (de l'organisme ou de la nature) est métaphysiquement fondé puisqu'il se fonde sur l'idée du monisme métaphysique de la volonté. C'est en effet parce que la volonté est une qu'on peut constater la finalité interne et externe : la finalité interne, qui se traduit par l'interdépendance des parties organiques, manifeste l'unité de l'acte de volonté qui s'exprime dans le phénomène (cet acte de volonté étant assimilé à une Idée). De même, la finalité externe, qui se traduit par la dépendance mutuelle des êtres organiques et inorganiques, traduit l'unité métaphysique de la volonté. Cette dernière idée conduit Schopenhauer à nuancer fortement le tableau très confictuel qu'il brossait au précédent paragraphe, et à évoquer un *consensus naturae*, comme une forme d'« harmonie ». Il faut prendre d'ailleurs ce terme d'harmonie en un sens musical, comme le suggère le renvoi fait dans ce paragraphe à la métaphysique de la musique du livre III : pour Schopenhauer, l'harmonie musicale exprime précisément cette harmonie des phénomènes, qui, malgré leur autonomie, composent une partition cohérente. Pour sortir de la contradiction apparente entre ces deux modèles, l'un agonistique, l'autre harmonique, on peut montrer que l'opposition entre les phénomènes, leur lutte pour la survie, bien réelle, peut s'exprimer en termes de dépendance mutuelle : l'herbivore a besoin de l'herbe, le carnivore se nourrit de l'herbivore, etc. Et finalement, cette lutte pour la survie, qui se traduit phénoménalement par l'antagonisme, s'explique par le fait qu'aucun être ne peut vivre séparé des autres — traduction phénoménale de l'unité métaphysique de la volonté.

106. La notion d'acte de la volonté prend trois sens chez Schopenhauer : l'acte de la volonté au sens de la volition, c'est-à-dire situé dans le temps, et déterminé par un motif (donc par une forme du principe de raison) ; l'acte de la volonté comme Idée, c'est-à-dire degré d'objectivation de la volonté et archétype des phénomènes qui en dépendent ; enfin, l'acte de la volonté assimilé au principe générateur de l'univers objectif, à la *natura naturans* (chapitre 25, p. 1664). Cf. note 11, p. 1001. Pour le rapport entre l'acte de la volonté et la finalité, cf. *infra*, note 110.

107. Ce passage sur le développement temporel de l'Idée est à la fois crucial et problématique. En effet, la nécessité du développement temporel caractérise les Idées supérieures, celles des organismes développés dont l'essence, pour se manifester, doit en quelque sorte se dérouler dans le temps. Pour savoir quelle est l'Idée de la pierre, il suffit de la voir tomber : c'est la pesanteur. Pour connaître l'Idée de l'homme, il faut du temps, celui qui est nécessaire à manifester son caractère. C'est en quelque sorte comme si les Idées supérieures avaient besoin du temps pour exprimer leur contenu dans toute sa richesse.

108. Kant, CRP, Dialectique transcendantale, II, section 9, *in* OP I, p. 1155 à 1192, et Kant, *Critique de la raison pratique*, I, 3, Ak. V, 86, *in* OP II, p. 713 sq. Le passage auquel pense Schopenhauer est très certainement celui du § 46 de la première édition de sa dissertation sur le principe de raison : QR1, chap. 7 § 46, p. 116 sq.

109. Sur le caractère intelligible comme acte éternel de la volonté, cf. note 42, p. 1054.

110. VN, « Anatomie comparée » : « Si nous voulons comprendre l'action de la nature, nous ne devons pas essayer de le faire par comparaison avec nos œuvres. L'essence véritable de chaque figure d'animal est un acte de volonté [cf. *supra*, note 106] qui se situe en dehors de la représentation, et par conséquent de ses formes, espace et temps, qui pour cette raison ne connaît ni succession ni juxtaposition, mais possède la plus indivisible unité. Mais si notre représentation cérébrale saisit cette figure et même si le scalpel analyse sa structure interne, on voit apparaître à la lumière de la connaissance ce qui, originellement et en soi, est étranger à cette connaissance et à ses lois, mais doit se manifester en elle, selon ses formes

et ses lois. L'unité et l'indivisibilité originelles de cet acte de volonté, de cet être réellement métaphysique, apparaissent donc fragmentées dans une juxtaposition de parties et une succession de fonctions, qui toutefois se présentent comme intimement liées, car elles se rapportent étroitement l'une à l'autre, elles s'aident et se soutiennent mutuellement, elles sont l'une pour l'autre moyen et but. L'intellect qui appréhende ainsi ces choses tombe en admiration devant l'ordonnance des parties et la combinaison des fonctions, dont la profondeur l'étonne, parce que la manière dont il perçoit l'unité originelle qui se rétablit à partir de la multiplicité (laquelle a été créée par sa forme de connaissance), il l'applique ainsi, involontairement, à la genèse de cette forme animale. Voilà le sens de la grande théorie de Kant, selon laquelle c'est l'intellect qui introduit la finalité dans la nature, et qui s'extasie ensuite devant un miracle dont il est lui-même l'auteur» (trad. modifiée).

111. La même idée était exprimée au § 26, p. 299-300.

112. Schopenhauer veut dire que tel homme, placé dans des circonstances différentes, peut jouer honnêtement ou de façon malhonnête: honnêtement s'il est surveillé, de façon malhonnête s'il a le champ libre. Dans ce cas, c'est cette dernière conduite, et non la première, qui relève des circonstances, qui révèle son caractère intelligible.

113. Ce raisonnement fonde la critique de la théorie de l'adaptation graduelle des espèces vivantes aux conditions de vie. En effet, l'ajustement des phénomènes les uns aux autres doit être compris à partir *d'une unité et d'une contemporanéité métaphysiques*: il n'y a pas plus d'adaptation d'un organisme à un milieu préexistant qu'une adaptation de ce dernier à la créature qu'il doit abriter. Le milieu et la créature sont deux Idées qui, en tant qu'expressions d'un acte originel unique, sont contemporaines. C'est à cette contemporanéité métaphysique que renvoie l'harmonie dont il est plus haut question. L'image musicale est éclairante: comme en musique les différentes parties s'accordent *entre elles* parce qu'elles émanent d'une harmonie unique, de même les phénomènes naturels s'ajustent les uns aux autres puisqu'ils expriment un même acte originel de la volonté. Cette position métaphysique permet d'expliquer l'hostilité de Schopenhauer à toute théorie évolutionniste des espèces, en particulier dans la version qu'en

donne Lamarck dans sa *Philosophie zoologique*. Celui-ci n'apparaît que de façon fugitive dans le *Monde*, mais sa doctrine est discutée longuement dans la *Volonté dans la nature* au chapitre « Anatomie comparée ». Des remarques éparses du *Monde* on peut déjà tirer la substance du jugement porté sur Lamarck : il a eu le mérite (qu'il partage avec d'autres) de mettre en relief l'analogie de structure entre certains phénomènes naturels (chapitre 12, p. 1344). Mais il a péché par *défaut de métaphysique* : victime du contexte français, il se serait inscrit dans ce que Schopenhauer nomme le *naturalisme*, c'est-à-dire ce courant (chapitre 17, p. 1420) qui tend à établir une « physique sans métaphysique ».

114. Nom d'un mollusque appartenant à la famille des céphalopodes. « Le nautile ressemble si bien à une gondole et il sait si bien gouverner son petit vaisseau qu'on a cru qu'il avait enseigné à l'homme le grand art de naviguer. [...] Quand il veut avancer sur le flot, il élève une partie de ses bras et déploie une membrane fine et légère dont ils sont garnis, et qui fait admirablement bien l'office de voile » (Charles Bonnet, *Contemplation de la nature*, Virchaux et Cie, 1782).

115. « Sur la graine *Vallisneria spiralis* », *Comptes rendus de l'Académie des sciences*, n° 13, 1855.

LIVRE III

1. Platon, *Timée*, 27 d, in *Œuvres complètes*, trad. L. Robin et M.-J. Moreau, Paris, Gallimard, 1950, t. II, p. 443.

2. Ce point est essentiel : le passage de la connaissance des phénomènes à la connaissance des Idées n'est pas pour le sujet un simple changement d'objet, qui laisserait inchangé le sujet lui-même. Il n'y a pas de connaissance des Idées sans une réelle transformation du sujet lui-même, qui devient un « pur sujet de la connaissance ». La suite du livre développe ce point.

3. L'Idée est objectité de la volonté, c'est-à-dire, selon la définition du § 30, volonté devenue objet, ou représentation ; on peut encore qualifier cette objectité d'immédiate dans la mesure où elle manifeste plus directement l'essence de la

volonté que les phénomènes. Tout cela sera expliqué plus en détail au début du § 32.

4. Les deux passages attribués à Kant et, plus loin, à Platon, ne sont pas des citations, mais des prosopopées.

5. On peut remarquer que la doctrine de Kant se trouve ainsi résumée à l'idéalisme, laissant ainsi de côté la question pourtant explicitement revendiquée par Kant comme étant la question directrice de la critique : comment des jugements synthétiques *a priori* sont-ils possibles ?

6. La thèse de la convergence doctrinale de Platon et Kant est soutenue par Schopenhauer dès 1814 : « L'identité de ces deux grandes et profondes doctrines est une pensée infiniment fertile, qui doit devenir un des fondements principaux de ma philosophie » (HN I, p. 132). Dans le présent paragraphe, il réutilise des morceaux de ses manuscrits datant de cette année, notamment l'exemple de l'animal qui est donné un peu plus loin. Cf. HN I, § 228, p. 131 sq.

7. Citations non littérales ; cf. Platon, *Phédon*, 78 d ; *Timée*, 27 d.

8. L'adjectif « transcendantal » doit être considéré ici comme synonyme de « transcendant », c'est-à-dire qu'il qualifie ce qui dépasse les conditions de possibilité de la connaissance objective. La confusion entre « transcendant » et « transcendantal » est d'origine kantienne, puisque la *Dialectique* de la CRP oppose un usage empirique et un usage dit « transcendantal » des catégories (cf. par ex. Ak. III, 204, et l'article « Transcendantal » du *Kant-Lexikon*).

9. C'est Leibniz lui-même qui souligne les rapprochements possibles entre sa doctrine et celle de Platon ; cf. *Discours de Métaphysique*, XX.

10. Platon, *Phédon*, 69 c-d, in *Œuvres complètes*, *op. cit.*, t. I, p. 782.

11. Platon, *République*, VII, 535c, in *Œuvres complètes*, *op. cit.*, t. I, p. 1130.

12. F. Bouterweck, *Kant, ein Denkmal*, Hambourg, 1805 ; Johann Gottlieb Buhle (1763-1821), *Geschichte der neuern Philosophie seit der Epoche der Wiederherstellungen der Wissenschaften*, 6 vol., Göttingen, 1800-1804. On trouvera les notes de lecture de Schopenhauer sur Bouterweck et Buhle en HN I, p. 132.

13. Sur cette forme primitive, voir le § 1 du *Monde,* et la note de commentaire.

14. Plus loin (cf. note 19, p. 1052), Shopenhauer renverra sur ce point à Hobbes, lequel mentionne la conception de l'éternité comme un *nunc stans,* c'est-à-dire un présent perpétuel, et réfère cette idée à la tradition scolastique. En effet, selon Boèce, l'éternité est un *nunc stans,* un maintenant permanent. Cf. *De Trinitate* (IV, 69-77) : *nostrum* «*nunc*» *quasi currens tempus facit et sempernitatem, divinum vero* «*nunc*» *permanens neque movens sese atque consistens aeternitatem facit* («notre "maintenant" fait le temps qui court et la "sempiternité" ; tandis que le "maintenant" divin, permanent, immobile et constant, fait l'éternité»). Cf. aussi Albert le Grand, *Summa theologica,* I, tract. 5, quaest. 22, ainsi que Thomas d'Aquin : *nunc fluens facit tempus, nunc stans facit aeternitatem* (*Summa theologiae,* Ia, q. 10, a. 2, obj. 1). Le § 54 du livre IV développera cette idée d'un présent éternel de la contemplation d'un pur sujet supra-individuel (cf. p. 538). Dans le passage auquel renvoie la présente note, Schopenhauer tire les conclusions du principe qu'il a posé à la fin du § 30 : en toute rigueur, la connaissance des Idées suppose une «suppression de l'individualité dans le sujet connaissant». Ici, il est encore précisé que cette désindividualisation serait aussi une désincarnation. Voilà pourquoi la suite du texte insiste sur le fait que le sujet esthétique, le «pur sujet de la connaissance», ne doit pas éprouver les excitations auxquelles est soumis le sujet incarné : les sujets érotiques sont donc proscrits de cette esthétique désexualisée. Reste que cette désincarnation et cette désindividualisation radicale du sujet esthétique semblent difficiles à concevoir et à réaliser. C'est pourquoi Schopenhauer insistera sur le fait que la contemplation esthétique authentique ne se produit que dans de rares moments, où nous sommes transportés au-dessus de nous-mêmes. En ce sens, l'esthétique de Schopenhauer repose toujours sur une expérience du sublime.

15. Cf. Platon, *Timée,* 37 d-38 a, trad. A. Rivaud, Paris, Les Belles Lettres, 1985, p. 151 : «C'est pourquoi son auteur s'est préoccupé de fabriquer une certaine imitation mobile de l'éternité.»

16. Cette idée est notamment exposée au § 27. Voir en particulier sa toute fin, qui est ici directement reprise.

17. En 1821, le concept d'« intéressant » sera l'objet d'un développement systématique dans un passage remarquable des manuscrits (HN III, « Über das Interessante », p. 61). Schopenhauer y expose la différence entre le beau et l'intéressant, et montre que l'intéressant étant en rapport avec notre volonté, le beau, pris dans sa pureté, ne saurait être intéressant. Cette analyse est à mettre en rapport avec le § 40 consacré à l'attrayant (*das Reizende*), qui, comme le révulsant, est incompatible avec le beau, c'est-à-dire la contemplation désintéressée.

18. Lorsqu'il parle de « connaissance », Schopenhauer entend ici non seulement la connaissance scientifique mais ce qu'il appelle « connaissance intuitive », c'est-à-dire la perception. Dans le § 27, Schopenhauer fait de cette connaissance la propriété spécifique de l'animalité. Cette connaissance est étroitement liée aux besoins de l'animal, car elle va lui permettre de rechercher sa nourriture (alors que la plante, rivée à son milieu nutritif, n'en a pas besoin). Cette conception pragmatique de la connaissance en fait donc un instrument au service de la volonté. Ce que Schopenhauer ajoute ici est l'idée que la fonction pragmatique de la connaissance la destine à déterminer des relations, puisque c'est en établissant des relations entre les objets et mon corps, ou entre les objets eux-mêmes que la connaissance permet à l'individu de s'en servir à ses propres fins. Par exemple, la « connaissance intuitive », la perception, en déterminant la cause de l'impression sensible, me met en relation avec un objet dont je peux me servir, ou que je peux manger dans le cas de la recherche de la nourriture. Au niveau supérieur de la connaissance, c'est-à-dire au stade plus élaboré de la science, c'est en déterminant l'enchaînement des causes que je vais pouvoir trouver comment agir sur un objet pour provoquer à volonté tel ou tel phénomène. La connaissance de la loi de motivation va aussi me permettre d'influer sur la volonté de mes semblables en me servant des motifs susceptibles de les mettre en mouvement.

19. Schopenhauer tire une conséquence ontique de son analyse épistémologique : le caractère relationnel de la connaissance pragmatique la marque du sceau du non-être. On retrouve le même mouvement de pensée à la fin du § 3, qui montre que la soumission de tous les objets de la connaissance à la forme de la temporalité installe un « néant » en chacun

d'eux. Ce qui se dessine donc ici, c'est la nécessité d'un autre type de connaissance, une connaissance non relationnelle (celle des Idées) pour atteindre l'être véritable.

20. Ce passage de physiognomonie doit être compris à la lumière de la conception expressive de la phénoménalité : les Idées s'expriment dans le phénomène, et l'objet d'art ne fait que manifester plus clairement la signification que porte tout phénomène naturel. Ici, l'Apollon du Belvédère manifeste l'intellectualité de la partie supérieure de l'humanité. — Rappelons que l'Apollon dit « du Belvédère » est une copie romaine d'un original grec en bronze de la seconde moitié du IVe siècle av. J.-C. Il doit son nom au fait qu'il a été placé par le pape Jules II (1503-1513) dans la cour du palais du Belvédère, au Vatican. Winckelmann, dans ses *Pensées sur l'imitation des œuvres grecques en peinture et en sculpture* (1755), a fait de cette statue un modèle du beau, et une référence pour l'esthétique néo-classique dont il fut le théoricien.

21. Passage capital, qui est un des relais essentiels de la pensée spéculative de Schopenhauer. Dans le § 32, il est dit que l'Idée constitue encore un objet, et c'est pourquoi elle est qualifiée d'« objectité immédiate de la volonté ». Ici, la distinction sujet-objet, forme fondamentale de la représentation, semble dépassée au profit d'un acte de contemplation qui absorbe les deux termes. En effet, si l'on se place au point de vue métaphysique suprême, celui du monisme de la volonté, le sujet et l'objet sont une même chose : la volonté. Dès lors, on peut considérer la contemplation esthétique comme un acte d'autocontemplation, ou d'autoconnaissance de la volonté. Ce point est fortement souligné par le grand disciple de Schopenhauer, Hartmann, auteur de la *Philosophie de l'inconscient*, et sans doute un des meilleurs interprètes de la doctrine de son maître : « Il n'est pas exact que les Idées éternelles soient de simples *objets* pour un sujet éternel qui se tient en face d'elles ; cette séparation n'est pas vraie ; l'Idée éternelle est au contraire l'*unité éternelle inséparable* du sujet éternel et de ses objets éternels, l'Idée est un *acte d'intuition éternel intellectuel ou intelligible*, dans lequel le sujet et l'objet *sont abolis en tant que moments distinguables*, l'Idée est l'éternel *sujet-objet* » (« Le panthélisme de Schopenhauer », in *Das philosophische Dreigestirn des neunzehnten Jahrhunderts* »,

Berlin, Duncker, 1876, reprint: Dietmar Klotz, Eschborn, p. 96).

22. Cité en français dans le texte. La citation a été fréquemment attribuée sous cette forme à Bonaparte. On trouve une idée très semblable chez Thomas Paine, *The Age of Reason*, II, «Ancien Testament», Paris, Barrois, 1795 (reprint éd. Dover, 2004), p. 107: «*The sublime and the ridiculous are often so nearly related, that it is difficult to class them separately. One step above the sublime makes the ridiculous, and one step about the ridiculous makes the sublime again.*» HN V <1690>, p. 462.

23. Spinoza, *Éthique*, V, prop. 31, scolie: «L'Esprit est éternel, en tant qu'il conçoit les choses sous l'espèce de l'éternité.» Cf. HN I, p. 286: «La signification de ces paroles ne peut devenir claire qu'à la lumière de mes propres conceptions.» L'allusion à Spinoza est suggestive mais elle n'est guère développée. On pourrait dire, en s'inspirant de la formule spinoziste, que chez Schopenhauer le sujet de la connaissance est éternel, en tant qu'il contemple les choses sous l'aspect de l'éternité, c'est-à-dire sous forme d'Idées. C'est alors qu'il devient l'«œil éternel du monde». On trouve dans le Complément 41 une autre allusion à la connaissance du troisième genre, en rapport avec l'expérience de l'éternité (p. 1913). Cf. Henry Walter Brann, «Schopenhauer und Spinoza», in *Schopenhauer-Jahrbuch*, 1970, p. 138-152.

24. Passage essentiel sur l'identité du sujet et de l'objet, qui introduit le concept spéculatif d'autoconnaissance de la volonté. Cette expression doit s'entendre en son sens objectif et subjectif: dans la connaissance pure dont il est ici question, la volonté est tout à la fois objet de la connaissance (sous la forme de l'Idée contemplée) mais aussi sujet de la connaissance: c'est donc la volonté, prise comme un principe cosmique, qui se contemple elle-même dans la contemplation esthétique. Dans ses notes manuscrites de 1817, Schopenhauer écrit très clairement que sa philosophie «peut se résumer en une seule expression: le monde est la connaissance de soi de la volonté (*Selbsterkenntnis des Willens*)» (HN I, p. 462). Cette thèse est reprise dans le § 71 du *Monde* (cf. p. 751-752).

25. Byron, *Le Chevalier Harold*, III, 75, trad. R. Martin, Paris, Aubier bilingue, 1949, p. 207.

26. *Oupnek'hat (id est secretum tegendum)...*, t. I, trad. et éd.

Anquetil-Duperron, Paris, Levrault, 1801, p. 122. Cf. note 8, p. 963.

27. Sur le sens métaphysique de l'histoire, cf. le § 51 et le chapitre 38.

28. Carlo Gozzi (1720-1806), écrivain et dramaturge italien. Sa pièce la plus célèbre est *L'amour des trois oranges* (1761), qui a inspiré le compositeur Prokofiev. Schiller a traduit *Turandot*, dont Puccini fit un opéra.

29. « Esprit de la Terre » (*Geist der Erde*) est sans doute une allusion à Goethe, *Faust*, I. Dans la scène intitulée « La nuit », Faust invoque l'Esprit de la Terre, qui anime la nature : « Dans l'océan de la vie, et dans la tempête de l'action, je monte et je descends, je vais et je viens ! Naissance et tombe ! Mer éternelle, trame changeante, vie énergique, dont j'ourdis, au métier bourdonnant du temps, les tissus impérissables, vêtements animés de Dieu ! » (v. 501 sq., trad. G. de Nerval, *in* Goethe, *Théâtre complet*, Paris, Gallimard, 1988). S. Barbera (*Une philosophie du conflit. Études sur Schopenhauer*, Paris, PUF, 2004, p. 49) a justement noté que, dans les manuscrits de jeunesse, la volonté prend l'aspect de l'esprit de la Terre faustien : « Ne vois-tu pas l'Esprit de la Terre sur son trône ? À ses yeux un individu vaut l'autre, ou mieux personne n'a de valeur, sinon toute l'espèce [...] il ne doit y avoir ni trêve ni repos ; les instants où tu tournes les yeux vers un être meilleur, tu dois les arracher auparavant à son sceptre : il pousse sans cesse du besoin vers l'assouvissement, de l'assouvissement au besoin, afin que tu te nourrisses, te reproduises et que tu meures ; son souci n'est pas de conserver l'individu, ils peuvent mourir par milliers, pourvu qu'auparavant ils procréent de nouveaux milliers d'individus, afin que la vie [...] ne s'éteigne pas et que le tumulte continue » (HN II [1812-1813], p. 340, trad. S. Barbera).

30. La métaphore de la roue du temps est souvent présente chez Schopenhauer. Elle signifie à la fois le caractère répétitif de la succession des phénomènes, en même temps qu'elle figure un instrument de torture : la « roue d'Ixion » (cf. § 38, p. 403). Douleur et temporalité sont souvent associées chez Schopenhauer.

31. Schopenhauer oppose la philosophie d'Aristote à celle de Platon comme un modèle conceptuel de connaissance à un modèle intuitif. Or, la connaissance conceptuelle rentre dans

les cadres d'une connaissance selon le principe de raison. C'est donc une connaissance de type relationnel. « Une science déduite de *simples concepts*, cela serait la philosophie ! — Pourtant, toute la propriété des concepts n'est rien d'autre que ce qui a été soutiré à l'intuition, cette vraie source de tout discernement. Que le point de vue platonicien est le bon, et non celui d'Aristote, cela apparaît déjà de ce que la source de connaissance la plus éminente chez Platon sont les Idées, et qu'elles sont *intuitives*. Au contraire, la source de connaissance la plus éminente chez Aristote ce sont les *concepts* » (HN III, p. 207).

32. Sur l'« œil du monde », cf. *infra*, note 61.

33. Goethe, *Faust*, I, v. 348-349, trad. G. de Nerval, in *Théâtre complet*, *op. cit.*, p. 1135. HN V <1456>, p. 407.

34. La description du génie qui est faite ici soulève quelques interrogations, dans la mesure où son tempérament impétueux semble quelque peu étranger à la contemplation pure et calme que vient de décrire Schopenhauer. Cette difficulté est liée au problème récurrent chez Schopenhauer de l'articulation du sujet de la connaissance avec le sujet du vouloir.

35. Schopenhauer montre que la perception commune est naturellement inclinée à se fondre dans l'élément simplificateur du concept. La perception commune, à visée pragmatique, est naturellement portée à l'abstraction, puisque les relations abstraites ne font que résumer les relations que la perception pragmatique tisse entre les choses (l'établissement de ces relations entre les choses étant la condition de leur manipulation, cf. *supra*, note 18). Ce passage montre bien que, si Schopenhauer privilégie le rapport direct, intuitif avec le monde, il se montre parfaitement conscient du fait que sa doctrine ne saurait se résumer à un retour naïf à la perception commune des choses. Cette dernière est le lieu d'une substitution subreptice des relations aux choses, c'est-à-dire, à la limite, de la connaissance conceptuelle à la perception. Contempler esthétiquement une chose, c'est tenter de la voir pour elle-même, indépendamment de ses relations avec d'autres objets ou avec nos intérêts. C'est donc la contempler dans toute sa simplicité. Mais une telle simplicité est paradoxalement l'apanage du génie.

36. Le « principe de raison de l'être » désigne, dans le vocabulaire de la *Quadruple racine*, le principe de raison suffisante appliqué aux relations spatio-temporelles, et donc (c'est du

moins la thèse de Schopenhauer) à la mathématique (cf. QR2, § 37).

37. Pour Schopenhauer, toute connaissance profonde est de nature intuitive, et contemplative. Logique et mathématique ne font que tisser des relations abstraites entre les phénomènes, alors que la connaissance métaphysique pénètre l'essence du phénomène pour saisir la chose en soi qui s'y manifeste.

38. Le principe de raison suffisante de la connaissance est une des quatre figures du principe de raison. Il détermine l'articulation des jugements selon les principes logiques (cf. QR2, chap. V).

39. Vittorio Alfieri (1749-1803), *Vita, scritta da esso*, Londres, 1807. Cet ouvrage autobiographique suit un ordre chronologique. L'anecdote citée par Schopenhauer est rapportée dans les pages de l'année 1761.

40. Dans la légende antique, le roi Midas a été affublé d'oreilles d'âne parce qu'il avait jugé que le son de la flûte de Pan était plus agréable que celui de la lyre d'Apollon (cf. Ovide, *Métamorphoses*, XI, trad. G. Lafaye, Paris, Gallimard, 1992, p. 356-357).

41. Dans la théorie newtonienne, la lumière blanche se décompose en différentes couleurs. Le caractère homogène de ces différentes couleurs est montré par le fait que la lumière blanche peut être obtenue par recomposition de ces couleurs.

42. Ce mot est attribué à Gilles Personne de Roberval (1602-1675).

43. Ce passage est moins directement intelligible que le précédent, mais procède de la même logique. Il faut d'abord se souvenir que la causalité et la motivation sont deux figures du principe de raison. La cause rend raison de tel phénomène (la chute d'une pierre par exemple), le motif de tel comportement. L'homme prudent est bien celui qui agit en se guidant selon le principe de raison : c'est parce qu'il sait que le gel rend les routes glissantes qu'il évitera de prendre son vélo par grand froid ; c'est parce qu'il sait que telle personne est sensible à la flatterie qu'il n'hésitera pas à s'en servir pour obtenir ce qu'il veut, en mobilisant ainsi le mécanisme du déterminisme psychologique. Inversement, l'homme de génie, parce qu'il ne voit que l'essence des choses, et pas les relations entre elles, est indifférent à ces calculs. Cette analyse permet

ainsi à Schopenhauer de s'inscrire dans une longue tradition qui fait de l'homme de science le contraire même de l'homme « pratique ». Qu'on se souvienne par exemple du fameux texte de Platon qui met en scène la distraction de Thalès, tombant dans un puits (*Théétète*, 174 a).

44. De nouveau, le génie apparaît habité par de grandes affections et de grandes passions, ce qui semble contradictoire avec les descriptions du pur sujet de la connaissance. Cf. *supra*, note 34.

45. Horace, *Odes*, in *Odes et Épodes*, trad. F. Villeneuve, Paris, Les Belles Lettres, 1954, liv. III, IV, v. 5-6, p. 102.

46. Cf. Christoph Martin Wieland (1733-1813), *Oberon* (1780). L'ouvrage fut traduit en français notamment par le baron d'Holbach (1825) et mis en musique par Weber (1857). Réédition de la traduction du baron d'Holbach : *Obéron ou Les aventures de Huon de Bordeaux*, Paris, Le Pot cassé, 1928.

47. Cf. Sénèque, *De la tranquillité de l'âme*, XVII, 10 (Schopenhauer donne une référence erronée), in *Les stoïciens*, trad. É. Bréhier, Paris, Gallimard, 1962, p. 691 ; c'est une référence au chapitre 1 du problème XXX d'Aristote.

48. Cf. Platon, *République*, VII.

49. Platon, *Phèdre*, 245 a, in *Œuvres complètes*, *op. cit.*, t. I, p. 33 : « Une troisième sorte de possession et de délire est celle qui provient des Muses » ; cf. aussi 249 d, p. 39.

50. Cicéron, *De divinatione*, I, 37, 80, trad. J. Kany-Turpin, Paris, GF, 2004, p. 153.

51. Les vers cités se trouvent chez John Dryden : « Absalom and Achitophel », v. 163-164, in *Poèmes choisis*, trad. P. Legouis, Paris, Aubier, p. 227. Cf. A. Pope, *Essay on Man*, I, v. 225 : *Remembrance and Reflection — how ally'd ; / What thin partitions Sense from Thought divide !*

52. Cf. Goethe, *Torquato Tasso*, trad. H. Thomas, in *Théâtre complet*, *op. cit.*, 1988. HN V <1451>, p. 406. Ce drame de Goethe reprend en effet la vie du poète italien le Tasse, auteur de la *Jérusalem délivrée*, qui, après une précoce période de gloire, sombra peu à peu dans la folie après s'être épris d'une dame de la cour de Ferrare.

53. Schopenhauer a régulièrement fait des visites à deux patients de la section psychiatrique, la *Statio Melancholicorum* de l'hôpital de la Charité à Berlin entre 1811 et 1813. Cf. W. von Gwinner, *Schopenhauers Leben*, Leipzig, Brockhaus,

[2]1878, 105; Marcel Zentner, *Die Flucht ins Vergessen. Die Anfänge der Psychoanalyse Freuds bei Schopenhauer*, Darmstadt, WB, 1995, en part. les p. 1-46 et 193-208. Cf. aussi les réflexions sur le *Wahnsinn* dans HN I [1814], p. 87; HN I [1814], p. 156.

54. L'explication donnée par Schopenhauer a pu faire songer à une sorte d'anticipation des thèses freudiennes sur le refoulement. C'est encore plus net dans le chapitre 32. Dans les *Essais de psychanalyse appliquée*, Freud a explicitement reconnu en Schopenhauer un devancier de première importance. Pour les rapports entre Freud et Schopenhauer, voir la mise au point faite par P.-L. Assoun dans *Freud, la philosophie et les philosophes*, Paris, PUF, 1976. Cf. aussi M. Henry, « La question du refoulement », in *Présences de Schopenhauer*, dir. par R.-P. Droit, Paris, Le Livre de Poche, 1991, p. 269-286.

55. Cf. Goethe, *Matériaux pour l'histoire de la théorie des couleurs*, trad. M. Élie, Toulouse, PUM, 2003, p. 193 : « il [Galilée] rapporta de nouveau la doctrine de la nature à l'homme et, dès sa prime jeunesse, il montra que pour un génie, un cas en vaut mille ». HN V <1451>, p. 406.

56. Le concept de corrélation est primitivement utilisé pour penser la relation du sujet et de l'objet. La forme la plus générale de la représentation, « il n'y a d'objet que pour un sujet », peut se formuler aussi chez Schopenhauer en termes de corrélation : cela signifie que pour chaque classe d'objets, on doit trouver un « corrélat subjectif », c'est-à-dire une faculté de connaissance. Le § 4 explique ainsi que le corrélat subjectif du temps et de l'espace est la sensibilité pure, celui de la matière, l'entendement. Ici, de même, le corrélat subjectif de l'Idée est le pur sujet de la connaissance.

57. L'esthétique de Schopenhauer est dominée par un modèle cognitif et contemplatif. Le créateur est d'abord un contemplatif, spectateur des Idées. Voilà pourquoi il n'y pas de différence de nature mais de degré entre le spectateur et le créateur de l'œuvre d'art.

58. Cf. par ex. Épicure, *Lettre à Hérodote*, in *Lettres et maximes*, trad. M. Conche, Paris, PUF, 1987, p. 125 : « L'ataraxie est d'être délivré de toutes ces craintes. »

59. *Stilleben* (holl. *stilleven*, angl. *still-life*, 1695), qui s'impose au milieu du XVIIIe siècle en Allemagne, signifie littéralement « vie inanimée ».

60. L'idée spéculative d'une invitation à la contemplation venant de la nature elle-même est reprise au début du § 39 (p. 411, voir *infra*, notes 64 et 65). L'appel de la nature à la contemplation est une figure métaphorique de la tendance de la volonté à l'autocontemplation.

61. L'expression « œil du monde » se retrouve, avec des variantes, en plusieurs passages du *Monde* (cf. p. 386, 542, 1740, 1904). Cette expression remarquable est susceptible d'au moins deux niveaux de commentaire. D'abord, le sens même de l'expression renvoie à la matrice spéculative de la philosophie de Schopenhauer, à savoir l'idée d'une connaissance de la volonté par elle-même, qui prend ici la forme de la contemplation esthétique. Schopenhauer en parlant d'« œil du monde unique » veut souligner que tout individu entrant dans un état de contemplation artistique participe à l'autocontemplation de la volonté, et que la multiplicité des regards humains peuvent se réduire en fin de compte à ce regard unique que la volonté jette sur elle-même. Voilà pourquoi Schopenhauer souligne qu'il importe peu de savoir qui contemple ici : roi ou misérable, ce qui compte c'est la contemplation en tant que telle. Quant à l'expression elle-même, elle semble remonter à la tradition orphique. Cf. les notes de l'édition française de Giordano Bruno (*Œuvres complètes*, édition bilingue, t. III, *De la cause, du principe et de l'Un*, trad. L. Hersant, annoté par G. Aquilecchia, Paris, Les Belles Lettres, 1996, p. 349). Cf. Ficin, *Théologie platonicienne*, II, 10, trad. fr. R. Marcel, Paris, Les Belles Lettres, 1964, p. 104 : « *Quapropter divina mens cum sit infinitas, merito nominatur ab Orphicis ajvpeiron omma, id est, oculus infinitus.* » Cf. G. P. Valeriano, *Hieroglyphica*, XXXIII, § « Deus », Bâle, 1575, p. 234 c. : « *Deum illum optimum maximum, mundi oculum, patrem luminum a Jacobo nuncupatum…* » De façon plus significative, on peut montrer que cette métaphore oculaire intervient dans la philosophie spéculative de Schelling pour renvoyer au savoir absolu, à l'intuition intellectuelle où sujet et objet ne font plus qu'un dans l'autoconnaissance du principe suprême. Dans les *Fernere Darstellungen aus dem System der Philosophie* (*in* SW, IV, 333 sq.), l'image de l'*Auge der Welt* apparaît au § IV (p. 443 sq.). Cette interprétation spéculative de l'image oculaire suppose bien sûr l'identité du connaissant et du connu, de ce qui voit et de ce qui est vu. Cette idée est présente chez Schopenhauer

comme chez Schelling, et elle plonge ses racines dans une réappropriation de la philosophie des *Ennéades* de Plotin : « Jamais un œil ne verrait le soleil sans être devenu semblable au soleil, ni une âme ne verrait le beau sans être belle. Que tout être devienne donc d'abord divin et beau s'il veut contempler Dieu et le beau » (Plotin, *Première Ennéade*, 6, 9, trad. E. Bréhier, Paris, Les Belles Lettres, 1997, p. 145-147). Schopenhauer a pu lire dans le *Traité des couleurs* de Goethe ce quatrain d'inspiration plotinienne :

> *« Si l'œil n'était pas solaire*
> *Comment apercevrions-nous la lumière ?*
> *Si ne vivait pas en nous la force propre de Dieu*
> *Comment le divin pourrait-il nous ravir ? »*
> (Goethe, *Traité des couleurs*,
> trad. H. Bideau, Paris, Triades, 1973, p. 58.)

62. Ce passage sur le souvenir pur de toute subjectivité s'oppose à ce qui vient d'être dit au § 36, où la remémoration de souvenirs pénibles rendait nécessaire leur refoulement (cf. p. 398-399).

63. Allusion au jardin de Vauxhall, célèbre jardin public anglais, qui ferma définitivement en 1859.

64. Cette idée est déjà esquissée au § 38, p. 404-405. L'appel de la nature à la contemplation n'est pas une simple rêverie, mais l'esquisse de l'idée centrale de la métaphysique schopenhauerienne. En effet, la volonté comme principe universel peut être dite volonté de vivre dans l'exacte mesure où elle aspire à la représentation (seule le vivant étant capable de cette faculté). Et cette représentation lui permet finalement de se connaître elle-même. L'autoconnaissance de la volonté est donc ce vers quoi tend la nature tout entière, qui aspire à la lumière de la représentation. La « divagation » dont il est ici question n'est donc que la traduction poétique et encore provisoire de développements métaphysiques à venir. Cf. *supra*, note 60.

65. Augustin, *La Cité de Dieu*, in *Œuvres philosophiques*, t. II, Paris, Gallimard, 2000, p. 460 : « Quant à leurs formes, par lesquelles ils [*sc.* les végétaux] embellissent la structure de notre monde visible, ils les présentent à nos sens comme si, en échange de la connaissance qu'ils n'ont pas, ils voulaient se faire connaître. »

66. Le beau, *stricto sensu*, ne concerne que des objets qui

n'ont aucun rapport avec notre volonté individuelle. Ils ne sont ni excitants ni effrayants, ils ne suscitent ni l'attrait charnel ni la crainte. À l'inverse, l'expérience du sublime apparaît lorsque les objets contemplés ont un rapport avec notre volonté, et plus spécialement, dans la mesure où ils peuvent éveiller la crainte. Le sublime naît lorsque le sujet esthétique parvient en quelque sorte à s'élever au-dessus de l'excitation de la volonté : c'est donc une *Erhebung*, une élévation, d'où le terme *das Erhabene* (sublime). Mais, précise Schopenhauer, si l'objet se présente à nous dans un rapport d'hostilité vis-à-vis de nous, nous ne pourrons nous élever à la pure contemplation sans réprimer l'élan de la volonté qui, prise dans le réseau des relations, aurait tendance à agir comme une simple réponse à une situation d'agression (par la fuite). L'analyse du sublime chez Schopenhauer se rapproche donc de celle du sublime dynamique chez Kant : face à des phénomènes naturels immenses et hostiles qui lui font sentir son impuissance physique, l'homme découvre cependant en lui la présence d'une puissance supérieure à la nature elle-même, d'une force de nature raisonnable et morale. La nature est donc sublime « parce qu'elle élève l'imagination à la présentation des cas où l'esprit peut se rendre sensible la sublimité propre de sa destination, supérieure même à la nature » (CFJ, § 28, *in* OP II, p. 1032).

67. Ce passage est élaboré à partir d'un manuscrit de 1815 (HN I, p. 329). L'opposition de la volonté et de la connaissance (ou représentation) comme celle de la *lumière* et de la *chaleur* se retrouve assez tôt dans les manuscrits. En suivant le fil des analogies, Schopenhauer en donne plusieurs figures morphologiques : ici l'opposition de la tête et du sexe, ailleurs des racines et de la cime (« la *chaleur* est pour la *volonté* ce que la *lumière* est pour la *connaissance*. La racine des plantes a besoin d'obscurité et de chaleur. La cime a besoin de lumière », HN I, p. 282). Toutes ces séries d'oppositions (volonté/représentation ; chaleur/lumière ; obscurité/lumière) s'inscrivent dans une anthropologie qui reprend la conception platonicienne puis chrétienne d'un homme écartelé entre deux aspirations : l'une intellectuelle, qui le pousse vers la connaissance, les hauteurs de la contemplation et l'ascétisme, l'autre sensuelle, qui le fait retomber au niveau de la satisfaction des plaisirs sensibles. Dans la hiérarchie des sens, Schopenhauer

réservera évidemment la place la plus élevée au sens le plus éthéré, celui de la lumière : la vue.

68. Cf. Kant, CFJ, § 25-29.

69. Dans des termes qui font penser à ceux de la mystique, l'expérience esthétique est donc décrite comme un abandon de l'individualité, et l'exhaussement du sujet individuel au statut de sujet universel, transindividuel, et éternel de la connaissance. Cf. *supra*, note 61.

70. Shakespeare, *Hamlet*, acte III, scène 2, v. 60-64, in *Tragédies*, t. I, trad. J.-M. Déprats, Paris, Gallimard, 2002, p. 821.

71. L'esthétique de Schopenhauer reste dominée par un modèle naturaliste. Le but de l'art est toujours de manifester les Idées de la nature, même quand il s'agit d'artefacts : les œuvres architecturales n'échappent pas à cette règle. Le § 43 montrera qu'à travers la disposition des matériaux, elles expriment les Idées des forces physiques : pesanteur, résistance, cohésion, etc.

72. Sur l'assimilation de l'Idée avec la forme substantielle, cf. note 54, p. 1009.

73. Platon, *République*, X, 596 b, in *Œuvres complètes, op. cit.*, t. I, p. 1207 sq. ; *Parménide*, 130 sq., p. 198-199.

74. Aristote, *Métaphysique*, XII, 3, 1070 a 18, trad. J. Tricot, Paris, Vrin, 1986, p. 159.

75. Alcinoos, *Enseignement des doctrines de Platon*, 9, H163-164, trad. P. Louis, Paris, Les Belles Lettres, 1990, p. 21.

76. Platon fait de l'artiste le copieur de l'objet sensible, lui-même copie de l'Idée. Schopenhauer voit dans l'artiste celui qui est capable de contempler directement les Idées. C'est pourquoi, il reprend dans son principe la critique que Plotin adressait à son devancier : « Ainsi, à qui méprise les arts, sous prétexte qu'ils imitent dans leur production la nature, [...] il faut lui faire comprendre que les arts ne sont pas de simples imitations du monde visible, mais qu'ils marquent au contraire un élan vers les principes rationnels dont procède précisément la nature. [...] Ce n'est pas comme spectateur d'une réalité sensible que Phidias a sculpté Zeus, mais en le saisissant tel qu'en lui-même il fût apparu, pour peu qu'il eût voulu paraître aux yeux des hommes » (*Ennéades*, V, 8, 1, trad. P. Mathias, *in* Plotin, *Du Beau*, Paris, Presses Pocket, 1991, p. 73-74).

77. Cf. Platon, *Republique*, X, 601 d, in *Œuvres complètes, op. cit.*, t. 1, p. 1213 : « Pour chaque chose existent ces trois sortes d'art : l'art qui se servira de la chose, l'art qui la fabriquera, l'art qui l'imitera. »

78. Cf. § 4.

79. Cf. Platon, *Timée*, 48 e-49 a, in *Œuvres complètes, op. cit.*, t. II, p. 467-469 : « Nous avons distingué deux sortes d'être ; maintenant, il nous faut en faire voir encore une, un troisième genre. »

80. Sur le modèle agonistique, voir les développements du § 27, p. 319 sq.

81. Condamnation implicite du chef-d'œuvre de l'art baroque romain : le baldaquin de l'église Saint-Pierre de Rome réalisé par le Bernin.

82. Application du principe posé dans le § 42 : le plaisir esthétique repose pour partie sur l'expérience de la sérénité que procure la contemplation, et pour partie sur la connaissance de l'Idée qui se manifeste à travers l'œuvre d'art. La suite du texte montrera que, dans le cas de l'architecture, c'est surtout la dimension subjective du plaisir esthétique qui domine, puisque les Idées qui s'y manifestent ont un contenu assez limité.

83. Reprise de l'idée exprimée à la fin du § 38, p. 410.

84. Il s'agit des chevaux antiques de l'église Saint-Marc de Venise, rapportés de Constantinople au retour de la quatrième croisade.

85. Nom de l'une des collines de Rome, qui lui a été donné après la mise en place par le pape Sixte V de deux statues équestres antiques attribuées à l'époque à Phidias et Praxitèle.

86. Il s'agit des chevaux de la frise du Parthénon, rapportée en Grande-Bretagne par lord Elgin en 1801.

87. Il s'agit du bronze placé dans la *loggia del mercato nuovo*, œuvre de Pietro Tacca (1577-1640), d'après une œuvre grecque antique.

88. J. Boehme, *La signature des choses*, chap. 1, § 15 à 17, trad. P. Deghaye, Paris, Grasset, 1995, p. 50 (c'est Schopehauer qui souligne). L'influence de Boehme apparaît au § 12, à propos de la physiognomonie (cf. p. 171). Le texte du *De signatura rerum* développe l'idée d'une manifestation universelle de l'intérieur par l'extérieur, qui en est la signature, ou

caractère: « Tout le monde visible, extérieur, est une marque ou une figure du monde interne, spirituel. Tout ce qui est à l'intérieur [...] a aussi son *caractère* (*Character*) à l'extérieur: tout comme l'esprit de toute créature présente et manifeste grâce à son corps la figure intérieure de sa naissance il en va de même pour l'être éternel [...] l'extériorité est sa signature » (Jakob Böhme, *Sämtlichen Schriften*, 1730; fac-similé: Fromman, 1957, t. 6: *De signata rerum*, chap. 9, p. 96-97). Sur ce point, on peut mettre en évidence l'influence de Paracelse et, plus généralement, de la pensée de la Renaissance. Dans son étude sur Paracelse, A. Koyré rappelle que « la notion de la *signature* découle nécessairement de l'usage de la catégorie d'"expression". Elle domine toute la philosophie de la Renaissance » (*Paracelse*, Paris, Allia, réimp. 1997, p. 48). Chez Schopenhauer, la phénoménalité exprime les Idées et plus généralement la chose en soi. Les vues boehmiennes peuvent ainsi s'intégrer à la théorie esthétique.

89. Cette « grande parole », que Schopenhauer transpose ici par *Dieses Lebende bist du*, se trouve dans le *Chândogya-Upanishad*, VI, 8-16; *Oupnek'hat* I, p. 60 sq. (pour les références de l'édition utilisées par Schopenhauer, cf. note 8, p. 963). Le sixième chapitre du *Chândogya-Upanishad* rapporte l'entretien entre un maître Uddalaka et son fils Shvétakétu. Il l'incite à dépasser la pauvreté du monde phénoménal pour retrouver l'essence de toute chose. C'est à cette occasion que l'on trouve la célèbre formule, neuf fois répétée: « Et toi aussi, tu es Cela, Shvétakétu! » Cf. *Chândogya-Upanishad*, in *Sept Upanishads*, trad. J. Varenne, Paris, Seuil, 1981, X, p. 45. Sur cette formule, cf. L. Kapani, « Schopenhauer et son interprétation du "tu es cela" », *in* M. Hulin *et al.* (éd.), *L'Inde inspiratrice*, Presses Univ. de Strasbourg, 1996, p. 45-69; É. Osier, *in* Schopenhauer, *Sur la religion*, Paris, GF, 1996, p. 185, n. 213.

90. Ce problème esthétique découle de l'indécision de la doctrine de Schopenhauer quant au statut de l'Idée appliquée à l'individu humain. Pour les vivants en général, l'Idée est conçue comme le prototype ou archétype, le modèle dont dépend la mutiplicité des individus singuliers. Pour les vivants en général, l'Idée coïncide donc avec l'espèce, tandis que chaque individu humain, outre son humanité, manifeste une

singularité qui peut être considérée comme une Idée particulière (cf. § 26, p. 299, et la note 66, p. 1012).

91. Goethe, *Les affinités électives*, in *Romans*, trad. P. Colombier, Paris, Gallimard, 1954, I, 6, p. 182. HN V <1451>, p. 406.

92. Cf. § 27, notamment p. 320 sq.

93. Dans ce passage, Schopenhauer se dégage nettement du modèle mimétique : l'art ne copie pas la nature, puisque, à l'inverse, il remonte à l'original dont les phénomènes naturels ne sont que les traductions imparfaites (cf. *supra*, note 76). Schopenhauer rejoint ici l'idée centrale de l'essai de Moritz, *Sur l'imitation formatrice du beau*, qui, dès 1788, indiquait que l'artiste ne se contente pas d'intuitionner, mais se doit d'imiter la productivité de la nature et « de la surprendre dans son atelier secret » (Moritz, *Sur l'imitation formatrice du beau*, in *Le concept d'achevé en soi et autres écrits*, trad. Ph. Beck, Paris, PUF, 1995, p. 156). La faculté essentielle de l'artiste devient alors celle de la *Bildungskraft*, une faculté de formation, dont le modèle est la faculté de production de la nature elle-même (cf. T. Todorov, *Théories du symbole*, Paris, Seuil, p. 185 sq., et surtout l'introduction de Ph. Beck à sa traduction). Schopenhauer a sans doute été aussi influencé par les *Propylées* de Goethe, lus dans la période de formation (HN I, p. 307 et 310) : « [...] il nous apparaîtra [...] que nous ne saurions rivaliser avec la nature dans nos activités artistiques que pour autant que nous aurons appris d'elle, ne fût-ce qu'un tant soit peu, la manière dont elle produit ses œuvres » (Goethe, *Introduction aux* Propylées, in *Écrits sur l'art*, trad. J.-M. Schaeffer, Paris, GF, 1996, p. 150).

94. La référence à Empédocle, peu développée dans le *Monde*, apparaît cependant toujours en lien avec la pensée spéculative de Schopenhauer. En effet, la contemplation esthétique doit être conçue comme une figure de l'autocomplation de la volonté, qui est donc à la fois sujet et objet de la contemplation, connaissant et connu. Il n'est donc pas étonnant de voir apparaître la référence à Empédocle dans un des passages où s'énonce le plus clairement la pensée spéculative qui sous-tend le *Monde* (cf. § 71, p. 750, et la note 248, p. 1096).

95. Cf. Helvétius, *De l'esprit* (1758), disc. II, chap. 3 (reprint Paris, Fayard, 1988), p. 61 : « parce qu'il n'y a que le lapidaire

qui se connoisse en diamants bruts, et que l'esprit qui sente l'esprit».

96. Ajout manuscrit de Schopenhauer sur son exemplaire de la troisième édition: m[bien que le Socrate de Xénophon (Stobée, *Floril., vol. II, p. 384*) l'exprime]m.

97. Winckelmann, *Werke*, 1809-1820, Dresde, vol. I, p. 258.

98. § 26, p. 299.

99. Formulation qui tente d'éviter deux écueils: le premier serait l'affirmation de la participation de tous les individus à la même Idée (l'Idée d'humanité), auquel cas ils n'auraient d'individualité que par leurs caractéristiques phénoménales (spatio-temporelles) et donc inessentielles; le second écueil viendrait de l'identification de chaque individu avec une Idée particulière, auquel cas sa singularité serait métaphysiquement fondée, mais alors au risque de menacer l'ensemble de la théorie des Idées comme archétypes des choses sensibles, et avec elle toutes les pages où Schopenhauer affirme la radicale vacuité ontique du principe d'individuation (cf. § 23). Sur la question de l'individualité, cf. note 66, p. 1012.

100. Cf. Lessing, *Laokoon oder über die Grenzen der Malerei und Poesie*, 1766; *Laocoon*, trad. A. Courtin (révisée), Paris, Hermann, 1990, chap. 2, p. 50: «L'artiste voulait représenter la beauté la plus grande compatible avec la douleur physique. Celle-ci, dans toute sa violence déformatrice, ne pouvait s'allier avec celle-là. L'artiste était donc obligé de l'amoindrir, de modérer le cri en gémissement, non pas parce que le cri indique une âme basse, mais parce qu'il donne au visage un aspect repoussant.»

101. Voir aussi la toute fin du chapitre 36. Sur la question, voir *Le Laocoon. Histoire et réception*, éd. par É. Décultot *et al.*, n° 19 de la *Revue germanique internationale*, Paris, PUF, 2003.

102. Cf. Goethe, *Über Laokoon*, in *Propyläen*, Tübingen, Cotta, 1798, p. 8 (HN V <1460>, p. 410); «Sur Laocoon», in *Écrits sur l'art*, trad. J.-M. Schaeffer, «L'esprit et les formes», Paris, Klincksieck, 1983, p. 143 et sq. Par l'analyse de cette œuvre, Goethe cherche à promouvoir sa théorie organique de l'art, selon laquelle le principe fondamental d'une œuvre est l'unité dans la diversité. Goethe énumère donc dans cet article les qualités essentielles d'une œuvre d'art parfaite et se sert du Laocoon comme l'exemple d'une telle perfection. Le passage

auquel pense Schopenhauer est probablement celui-ci : « C'est la représentation de l'instant qui rend cette œuvre d'art extrêmement importante. Afin qu'une œuvre d'art plastique s'anime vraiment lorsqu'on la contemple, il est nécessaire de choisir un mouvement transitoire [...]. Je dirais que tel qu'il se présente actuellement, il est un éclair immobilisé, une vague pétrifiée au moment où elle afflue vers le rivage. »

103. *Die Horen*, année 1797, num. X: il s'agit d'un journal littéraire mensuel publié par l'éditeur Cotta et Schiller à Tübingen, et qui parut de 1795 à 1797. Aloys Hirt (1759-1837) fut historien de l'art et professeur à l'université de Berlin. Il s'inscrit dans la lignée ouverte par les travaux de Winckelmann.

104. Karl Ludwig Fernow (1763-1808), *Römische Studien*, Zurich, 1806, t. I, p. 426 sq. Fernow fut critique d'art et archéologue. Fernow était proche de la mère de Schopenhauer, qui écrivit peu après sa mort un texte relatant sa vie, texte repris dans l'édition de 1834 de ses *Œuvres complètes*.

105. Cf. Virgile, *Énéide*, II, 774, trad. J. Perret, Paris, Les Belles Lettres, 2002, p. 68, et III, 48, p. 77 : « ma voix s'arrêta dans ma gorge ». HN V <1409>, p. 396.

106. Homère, *Iliade*, XX, 48-53, in *Iliade et Odyssée*, trad. R. Flacelière, Paris, Gallimard, 1955 : « Athéna, debout, crie : tantôt hors du rempart, le long du grand fossé, tantôt sur le sommet des falaises sonores, la déesse répand une longue clameur. Et, de l'autre côté, de même, crie Arès, tel un noir ouragan ; il encourage à voix perçante les Troyens. »

107. Cf. Sophocle, *Philoctète*, in *Tragédies*, t. III, Paris, Les Belles Lettres, 1989. HN V <1352>, p. 382.

108. Schopenhauer fait probablement référence à la tragédie *Pizarro*, adaptée par Sheridan d'une pièce d'August von Kotzebue relatant la vie du conquistador du Pérou.

109. Schopenhauer en vient ainsi à remettre en cause la hiérarchie classiquement admise entre les arts, qui plaçait au sommet la peinture dite « d'histoire ». Si Schopenhauer insiste sur la valeur injustement méconnue de la peinture hollandaise, c'est pour soutenir, contre la hiérarchie classique, que la représentation historique n'a pas plus de valeur artistique que celle de la réalité quotidienne. La signification réelle de l'œuvre d'art, c'est-à-dire dans ce cas l'« Idée d'humanité », peut trouver à s'exprimer aussi bien dans une scène intérieure

que dans une scène de bataille. Les enjeux peuvent être matériellement différents, mais qu'il s'agisse de paysans se disputant au jeu de cartes, ou d'importants personnages se disputant des empires, la réalité humaine exprimée sera la même. Il y a des tableaux d'intérieur qui en disent plus long et mieux sur l'Idée d'humanité que les plus grandes compositions historiques de l'Académie.

110. Schopenhauer, conformément à sa préférence habituelle pour la connaissance intuitive, soutient que les Idées platoniciennes sont intuitivement perçues. Dans l'*Appendice* sur Kant, il propose même de les nommer des «intuitivités», ou «visibilités» (p. 877). Ce passage montre cependant qu'il est conscient que son interprétation ne cadre pas totalement avec les textes de Platon où il est question des Idées de relation (le grand, l'égal, etc.) qui effectivement ne peuvent être que des objets de l'intelligence. Les notes prises par Schopenhauer montrent qu'il connaissait le passage du *Timée* où il est question de «ces Formes que nous pouvons percevoir non par nos sens, mais par notre intellect seul» (*Timée*, 51 c, cité et traduit par L. Brisson, «La participation du sensible à l'intelligible chez Platon», in *Platon. Les formes intelligibles*, J.-L. Pradeau (dir.), Paris, PUF, 2001, p. 73). Schopenhauer note en marge que d'après ce passage les Idées «apparaissent comme des concepts» (HN II, p. 377). Inspiré par les vues néo-kantiennes, Cassirer écrit très justement que «chez Platon, ce sont les problèmes fondamentaux de la mathématique et de l'éthique, ce sont le semblable et le dissemblable, le pair et l'impair, le bien et le juste, qui constituent le prototype spécifique de la connaissance des Idées. [...] Mais c'est justement cette analyse des *relations* logiques et éthiques qui est éliminée par Schopenhauer de la fondation théorique des Idées» (Ernst Cassirer, *Das Erkenntnisproblem in der Philosophie und Wissenschaft der neueren Zeit*, t. III: *Die nachkantischen Systeme*, Berlin, B. Cassirer, [2]1923, p. 423; trad. fr.: *Le problème de la connaissance dans la philosophie et la science des temps modernes*, t. III, Paris, Le Cerf, 1999, p. 359).

111. Horace, *Épîtres*, L. I, *Ep.* XIX, v. 19, trad. F. Villeneuve, Paris, Les Belles Lettres, 1955, p. 127 HN V <1377>, p. 387.

112. Virgile, *Énéide*, I, v. 118, trad. J. Perret, Paris, Les Belles Lettres, 2002, p. 9. HN V <1409>, p. 396.

113. Dans son ouvrage *Vies des peintres, sculpteurs et archi-*

tectes modernes (*Vite de' pittori, scultori e architecti moderni*, 1672).

114. *Don Quichotte*, 2e partie, chap. LXVIII.

115. Ewald von Kleist (1715-1759), « Der Frühling », in *Gedichte*, Karlsruhe, Schmieder, 1819. HN V <1509>.

116. Homère, *Iliade* XIX, v. 91, in *Iliade et Odyssée, op. cit.*, p. 431.

117. Schopenhauer fait référence à un épisode rapporté par Tite-Live (*Histoire romaine*, livre II, 32) dans lequel il raconte comment, en 494 av. J.-C., le consul romain Ménénius Agrippa réussit à calmer la plèbe insurgée en lui racontant, quelque peu remaniée, la fable d'Ésope *L'estomac et les pieds*.

118. Cf. Goethe, *Triomphe de la sensibilité, op. cit.*, p. 439 sq. HN V <1451>, p. 406.

119. Cf. Gracián, *Le Criticon*, trad. E. Sollé, Paris, Allia, 1998 et 1999 (parties I et II) ; *Le Criticon*, trad. B. Pelegrin, Paris, Seuil, 2008. Schopenhauer a traduit un long extrait du *Criticón*, p. III, chap. 4 dans sa préface aux *Deux Problèmes fondamentaux de l'éthique* ; il a également fait une traduction remarquable, inédite de son vivant, de l'*Oraculo manual y arte de prudencia* de Gracián ; cf. HN IV/2, p. X-XIX et p. 131-284 (versions 1829 /1832).

120. Cervantes, *Don Quichotte*, éd. J. Canavaggio, Paris, Gallimard, 2001 (HN V <1823>) ; Swift, « Voyage à Lilliput », in *Voyages de Gulliver, Œuvres*, éd. E. Pons, Paris, Gallimard, 1965, p. 29 sq.

121. Shakespeare, *Hamlet*, II, 2, in *Tragédies, op. cit.*, p. 772. HN V <1717>, p. 467.

122. Johann Kaspar Lavater (1741-1810), *Physiognomische Fragmente zur Beförderung der Menschenkenntnis und Menschenliebe* (4 vol, 1775-1778), t. I, Leipzig, 1775. On peut voir cette gravure dans Lavater, *L'art de connaître les hommes par la physionomie*, Paris, Depélafoi libraire, 1820, p. 365.

123. *Iliade*, VIII, v. 485-486, in *Iliade et Odyssée, op. cit.*, p. 230.

124. Goethe, *Wilhelm Meister*, l. III, chap. 1, *op. cit.*, « Les années d'apprentissage » , p. 516. HN V <1451>, p. 406. Il s'agit d'un *Lied* chanté par Mignon, que Wilhelm traduit de l'italien : « Au troisième vers [le doux vent souffle du ciel bleu], le chant se faisait plus sourd et plus sombre. »

125. Horace, *Art poétique*, *v.* 373-374, in *Épîtres*, trad.

F. Villeneuve, Paris, Les Belles Lettres, 1989, p. 221. HN V <1377>, p. 387.

126. Goethe, *Faust*, I, v. 582-583, trad. G. de Nerval, in *Théâtre complet*, *op. cit.*, p. 1141.

127. Schiller, *An die Freunde*, v. 49-50, in *Schiller Werke und Briefe*, éd. G. Kurscheidt, Francfort-sur-le-Main, DKV, 1992, p. 207. HN V <1566>, p. 433.

128. Le statut du poète lyrique ne va pas sans quelque difficulté. En effet, Schopenhauer affirme que le propre de l'artiste génial est son objectivité supérieure, c'est-à-dire le fait qu'il est capable de s'arracher à la subjectivité pour considérer le monde en tant que pur sujet de la connaissance. Le chapitre 30 ira dans le même sens (p. 1734). Le poète lyrique, poète de la subjectivité, a donc un peu de mal à trouver sa place dans les cadres généraux de la théorie esthétique. Au fond, la question que pose le poète rejoint celle, beaucoup plus générale, de l'articulation chez l'individu du sujet du vouloir (qui nous enferme dans la subjectivité individuelle) et du sujet de la connaissance (qui nous ouvre à l'objectivité de la contemplation esthétique). Il faut noter l'importance de la question du poète lyrique dans la lecture que fait Nietzsche de l'esthétique de Schopenhauer: «[...] nous approchons du but proprement dit de notre enquête, laquelle vise à la connaissance du génie dionysiaque apollinien [...] l'esthétique a d'abord à résoudre ce problème: comment le “poète lyrique” est-il possible en tant qu'artiste? [...] *Schopenhauer*, qui ne s'est pas dissimulé la difficulté que le poète lyrique offre à la prise en considération philosophique de l'art, croit avoir trouvé une issue où il m'est impossible de le suivre. Il était pourtant le seul à qui sa profonde métaphysique de la musique mettait entre les mains le moyen d'écarter de manière décisive cette difficulté, comme je crois y être parvenu, dans son esprit et en son honneur» (Nietzsche, *La naissance de la tragédie*, in *Œuvres*, Paris, Gallimard, 2000, p. 32, 33 et 36).

129. Schopenhauer fait ici référence à l'anthologie de textes et de chants recueillis par Achim von Arnim et Clemens Brentano, *Des Knaben Wunderhorn. Alte deutsche Lieder*, Heidelberg, Mohr u. Zimmer/Francfort-sur-le-Main, Mohr, 1806-1808. HN V <1600>.

130. Cf. Goethe, *Gedichte*, in *Sämtliche Werke*, éd. K. Eibl,

Francfort-sur-le-Main, DKV, 1987-1988 : « Schäfers Klagelied » (1802), II, p. 56 ; « Willkommen und Abschied » (1775), I, p. 283 ; « An den Mond » (1779), I, p. 234 et 301 ; « Auf dem See » (1775), I, p. 169 et 297 ; « Herbstgefühl » (1775), I, p. 298. HN V <1457>, p. 407.

131. Johann Heinrich Voss (1751-1826), *Der Bleidecker*, in *Musenalmanach* (Almanach des Muses), 1778, p. 36. Poète, Voss se distingua aussi par ses traductions des grands classiques antiques, notamment l'*Iliade* et l'*Odyssée*. Il édita l'*Almanach des Muses* à partir de 1775.

132. QR2, chap. 7, § 42, p. 278.

133. Byron, *Le Chevalier Harold*, III, 72, trad. R. Martin, Paris, Aubier, 1949, p. 207.

134. Cf. livre I, § 27.

135. Voltaire, *Mahomet*, in *Les œuvres complètes de Voltaire*, Oxford, Voltaire Foundation, 2002, p. 299 : « Tu dois régner ; le monde est fait pour les tyrans. » HN V <571>, p. 181.

136. Samuel Johnson (1709-1784), poète et polygraphe anglais. Il est l'auteur d'observations sur *Macbeth* (1745) et d'une importante édition des pièces de Shakespeare (1765).

137. Calderón, *La vie est un songe* (1635), I, 1, trad. A. de Latour, Paris, Le Livre de Poche, 1996, p. 10. HN V <1820>, p. 489.

138. Héros des *Brigands* (1781) de Schiller. La pièce met en scène deux frères de milieu aristocratique, Karl et Franz Moor, ce dernier excluant par la ruse son frère de l'héritage paternel.

139. Pièce de Schiller, créée en 1803.

140. Pièce de Goethe, créée en 1774. Clavigo, déchiré entre son ambition et son amour pour Marie, par deux fois l'abandonne. Elle en meurt de désespoir.

141. Trilogie dramatique de Schiller, achevée en 1799, composée de *Le camp de Wallenstein*, *Les Piccolomini* et *La mort de Wallenstein*. Elle met en scène le généralissime Wallenstein, qui décide de nouer une alliance secrète avec les Suédois contre l'Empereur, ainsi que Max Piccolomini, promis à Thécla, la fille de Wallenstein, tiraillé entre son amour et la confiance qu'il porte à son père.

142. Deux personnages de *Wallenstein* de Schiller.

143. Leibniz, *Epistolae ad Diversos*, ep. 154, éd. Chr. Kortholt, Leipzig, 1734, I, p. 240. HN V <327>, p. 106. Cf. aussi

Leibniz, *Philosophischen Schriften*, éd. Gerhardt, VI, 605, et IV, 550-551.

144. Le mot « son » rend l'allemand *Ton*.

145. Citation non littérale ; cf. Platon, *Les Lois*, VII, 812 c, in *Œuvres complètes*, *op. cit.*, t. II, p. 898 : « [être capable] lorsque l'âme vient à être émue sous l'action de l'imitation mélodique, [de distinguer entre celle qui est de bonne qualité et celle qui est malsaine] ».

146. Aristote, *Problèmes*, XIX, « De l'Harmonie », trad. P. Louis, Paris, Les Belles Lettres, 1993, p. 29.

147. C'est effectivement la tierce qui distingue l'accord de *do* majeur (*do-mi-sol*) de l'accord de *do* mineur (*do-mi* bémol-*sol*).

148. On notera que, dans l'analyse de Schopenhauer, on peut distinguer ce qui relève de la structure musicale de ce qui relève de son expressivité. En effet, la musique peut être dite image du monde en ce que sa structure harmonique, c'est-à-dire l'étagement des voix, reproduit les strates des phénomèmes naturels : forces inorganiques, espèces animales, humanité. Par ailleurs, chaque voix exprime une modalité particulière de la volonté, en éveillant en nous-même comme son écho. La musique se fait alors langage des passions, dont elle exprime la quintessence.

149. Schopenhauer critique assez durement le caractère imitatif de la musique de Haydn, par exemple dans son oratorio *La Création* (voir plus loin dans le paragraphe). Il méprise tout autant la musique d'opéra quand elle se contente d'illustrer le livret. Il est même plus sévère encore dans les *Parerga* où il écrit qu'à strictement parler, l'opéra est une invention contraire à la musique, une concession faite au goût de ceux qui ne sont pas musiciens. La musique ne peut jamais illustrer, car elle est l'expression de la volonté elle-même, objectivation *immédiate* donc, tandis que le monde n'est qu'une objectivation *médiate* de la volonté. Ainsi, Schopenhauer se situe du côté des tenants de la « musique pure » ou « musique absolue », contre la « musique à programme ». Rappelons que l'idée de « musique absolue » fut particulièrement défendue dans le recueil d'articles de E. T. A. Hoffmann, *Kreisleriana* (1813), en lien avec le développement de la symphonie romantique. Cf. Dahlhaus, *Die Idee der absoluten Musik*, Kassel, Bärenreiter, 1978.

150. Cf. Sextus Empiricus, *Adversus Mathematicos*, liv. VII, § 94, in *Sextus Empiricus*, t. II, trad. R. G. Bury, Londres, Loeb Classical Library, 1983, p. 49 : « *All things are like unto number.* » HN V <534>, p. 164.

151. Schopenhauer évoque ici la question du « tempérament », un terme technique qu'on retrouve dans le titre du recueil de Bach : le « clavier bien tempéré ». Un clavier « bien tempéré » est un clavier accordé selon ce qu'on appelle le « tempérament égal » : cette opération a pour résultat de fausser imperceptiblement les intervalles de quinte afin de rendre les tierces plus justes, de telle sorte qu'on puisse y jouer dans les 24 tonalités du système tonal. C'est en fonction d'un tel « tempérament égal » que sont accordés couramment les instruments de musique modernes. Bach écrivit les 24 pièces de « clavier bien tempéré » dans 24 tonalités différentes, afin de montrer par l'exemple que ce nouveau système d'accord permettait de jouer toutes les tonalités. Sur un clavier accordé au « tempérament inégal », seules les tonalités les plus simples sont justes, tandis que les plus complexes sont affectées de distorsions qui les rendent difficilement audibles.

152. Ernst Florens Friedrich Chladni (1756-1827), *Die Akustik*, Breitkopf und Härtel, Leipzig, 1802 (trad. fr. : *Traité d'acoustique*, Paris, Courcier, 1809) ; *Kurze Übersicht der Schall- und Klanglehre*, Mainz, Schott's Söhne, 1827. HN V <113>.

153. Cf. Shakespeare, *Hamlet*, acte III, scène 2.

LIVRE IV

1. *Oupnek'hat (id est secretum tegendum)*, t. II, trad. et éd. Anquetil-Duperron, Paris, Levrault, 1802, p. 216. Sur l'*Oupnek'hat*, cf. note 8, p. 963.

2. Cf. Platon, *Apologie de Socrate*, 40 a.

3. Pour la critique du devoir absolu, cf. p. 936-937.

4. Ce passage est très important pour la structure spéculative du livre IV. Il indique que le monde comme représentation ainsi que l'agir humain constituent deux modalités du procès d'autoconnaissance de la volonté. Le livre III a montré

de quelle façon la représentation artistique présentait à la volonté son image quintessencée sous la forme des Idées. Le livre IV va montrer comment l'autoconnaissance de la volonté se poursuit à travers la réflexion humaine sur la signification éthique de nos actes, qui constituent le « miroir de la volonté » (§ 55, p. 572).

5. La liberté de la volonté dont il est ici question est à prendre selon une acception cosmique, où il ne s'agit pas exclusivement de la liberté humaine. Chez Schopenhauer, la « liberté de la volonté » est une notion qui prend toute l'extension du concept de volonté lui-même, c'est-à-dire une extension universelle : la liberté de la volonté est celle de la nature naturante, en tant qu'elle est irréductible au principe de raison. Dès lors, la volonté ne peut être qu'autonome, puisqu'il n'y a rien en dehors d'elle. L'hétéronomie qu'évoque ce passage est impossible, car contradictoire avec le monisme de la volonté. Sur la liberté, cf. note 240, p. 1129.

6. Julien l'Apostat, « Sur la mère des dieux », V, in *Discours de Julien l'Empereur*, in *Œuvres complètes*, t. II, Ire partie, trad. G. Rochefort, Paris, Les Belles Lettres, 1963, p. 107.

7. Coucouville-les-Nuées, c'est-à-dire la ville des coucous dans les nuées que deux Athéniens, fatigués de leur ville, décident de fonder chez les oiseaux (cf. Aristophane, *Les Oiseaux*, v. 819).

8. Allusion à la philosophie de l'histoire de Hegel (mais cette interprétation historicisante est contestable ; cf. Vieillard-Baron, « Temps et histoire chez Platon, Hegel et Heidegger », in *Le problème du temps*, Paris, Vrin, 1995, en part. p. 133 sq.). La critique de la philosophie de l'histoire se retrouve en plusieurs endroits du *Monde*, notamment au § 35, et dans le chapitre 38.

9. Ces concepts sont schellingiens. Cf. les *Recherches sur l'essence de la liberté humaine*, in *Œuvres métaphysiques*, trad. J.-F. Courtine et E. Martineau, Paris, Gallimard, 1980, p. 133 sq.

10. Passage essentiel, où Schopenhauer lie étroitement la raison au procès d'autoconnaissance de la volonté. La raison est en effet ce qui permet à l'homme de prendre conscience de son caractère, par retour réflexif sur ses propres actions. C'est cette prise de conscience réfléchie qui conditionne l'affirmation ou la négation de la volonté proprement humaines —

humaines car non instinctivement voulues. La suite du texte va développer cette idée.

11. Hormis une occurrence tout à fait incidente au § 27 (p. 325-326), le *Wille zum Leben* n'apparaît à aucun moment dans les trois premiers livres. Ce passage est donc décisif pour le sens de ce concept. On traduit communément ce concept par « vouloir-vivre ». Apparu dès 1874 dans l'ouvrage de Ribot (*La philosophie de Schopenhauer*, Paris, Alcan, 1874. Cf. en particulier les p. 116 sq.), repris dans la traduction de Cantacuzène (*Le monde comme volonté et comme représentation*, « traduit en français pour la première fois par J.-A. Cantacuzène », Leipzig, Brockhaus), le « vouloir-vivre » apparaît également dans la version de Burdeau (1888), ou l'on trouve tantôt « vouloir-vivre », tantôt « volonté de vivre », et parfois les deux dans une même phrase. Le *Vocabulaire technique et critique de la philosophie* de Lalande enregistre cet état de fait en proposant une double entrée pour *Wille zum Leben*: « volonté de vivre *ou* [sic] vouloir-vivre » (Lalande, *Vocabulaire technique et critique de la philosophie*, Paris, PUF, 1997, p. 1221). On plaidera ici pour une traduction par « volonté de vivre ». D'abord parce que Schopenhauer utilise, au moins une fois, le concept de *Lebenwollen*, que traduit exactement « vouloir-vivre ». Ensuite pour souligner la dimension intentionnelle : il s'agit bien d'une volonté de..., d'une volonté qui tend à la vie, d'un élan cosmique vers la vie. Ce n'est donc pas un simple vouloir-vivre, au sens d'un vouloir déjà vivant qui tendrait à se conserver égoïstement. Enfin, en traduisant *Wille* par « volonté » et *Wille zum Leben* par « volonté de vivre », on rend plus perceptible le fait que le *Wille zum Leben* range au même niveau que le principe ultime, c'est-à-dire la volonté, que l'un n'est au fond que l'explicitation de l'autre, comme le dit précisément le texte du début du § 54. Signalons enfin que la traduction par « volonté de vivre » correspond sans doute davantage à l'équivalent latin que Schopenhauer indiquait dans ses notes marginales à la *Cité de Dieu : voluntas vivendi* (HN II, p. 193). Le paragraphe qui se conclut par l'entrée en scène de la « volonté de vivre » montre bien que ce concept est intimement lié au mouvement par lequel la volonté accède à la conscience de soi. En effet, la vie vers laquelle tend la volonté se caractérise avant tout par sa capacité à représenter. De l'inorganique à l'organique, il y a ce saut qualitatif qui voit

l'apparition de la faculté de représentation, d'abord sous des formes très primaires, jusqu'à la conscience réfléchie humaine. Le *Wille zum Leben* possède donc trois sens, nettement distincts, et qui sont hiérarchisés selon les mêmes degrés que ceux du procès d'autoconnaissance de la volonté. En un premier sens, le *Wille zum Leben* renvoie à la pulsion d'autoconservation individuelle, égoïste ; en un deuxième sens, le *Wille zum Leben* est synonyme de principe cosmologique, d'élan universel vers la vie : la volonté veut donc la vie comme elle veut la lumière, c'est-à-dire la représentation, ou la connaissance pour se connaître elle-même. C'est ainsi que le *Lebenwollen* (vouloir-vivre) est tout aussi bien un *Erkennenwollen*, un « vouloir-connaître », comme Schopenhauer le dit explicitement (VN, p. 78). La représentation, en tant que propriété de la vie, permet donc cette « présentation du vouloir » dont parle le texte du § 54. Mais cette « présentation du vouloir » par la vie est encore susceptible d'une nouvelle dimension, dans la mesure où, par la raison, je peux dominer le cours de ma vie en la rassemblant tout entière dans une image abstraite. Ainsi faut-il, pour comprendre le texte du § 54, se rappeler un autre sens du concept de vie, à savoir cette « vie *in abstracto* », cette seconde vie qu'évoquait le § 16 du livre I (p. 221). Ainsi, finalement, *Wille zum Leben* veut dire *Wille zum Leben in abstracto* comme terme ultime de l'*Erkennenwollen* : conscience de soi de la volonté éclairée par la raison. Le terme de *Wille zum Leben* voit donc sa signification varier selon le contexte, depuis l'enfermement en soi de la simple conscience individuelle jusqu'à la conscience de soi rationnelle.

12. La certitude de l'existence qui est ici évoquée n'a rien à voir avec celle d'une quelconque survie individuelle. Ce que veut dire Schopenhauer, et qu'explicitera la suite du texte, c'est qu'au fond de l'affirmation vitale, qui porte chaque individu, on peut puiser le sentiment d'une éternité transindividuelle, qui n'est autre que celle de la vie universelle. C'est tout le sens de la reprise de la proposition spinoziste : nous sentons et nous expérimentons que nous sommes éternels (cf. note 29, p. 1053, à condition d'ajouter que le « nous » ne doit pas se comprendre comme l'addition des sujets individuels. Nous sommes éternels de l'éternité de la vie qui s'affirme par nous. Le principe du raisonnement est donc le même que pour

l'« œil éternel du monde » du livre III : par la contemplation, nous devenons pur sujet de la connaissance, un sujet transindividuel, et éternel (cf. note 61, p. 1034).

13. C'est une allusion à la théorie des plantes de Goethe, qui montre que « les différentes parties de la plante naissent d'un organe absolument semblable, lesquel, bien que restant toujours le même, est modifié et transformé par une progression » (*La métamorphose des plantes et autres récits botaniques*, trad. H. Bideau, Paris, Triades, 1999, p. 248). Le concept de « métamorphose » est lui aussi d'origine goethéenne.

14. Le concept de « puissance » est d'origine schellingienne. Il est déjà employé au § 27, p. 321 et 322 (cf. note 81, p. 1015).

15. Cette note doit se comprendre en référence au § 2 du *Monde*, qui s'appuie lui-même sur le § 41 de la *Quadruple racine*. Schopenhauer développe ici le thème du caractère inconnaissable du sujet de la connaissance.

16. QR2, § 19, p. 171 sq.

17. Cf. note 14, p. 1025.

18. Cf. Qo 1, 9 : « Ce qui fut, cela sera, / ce qui s'est fait se refera. »

19. Cf. Hobbes, *Leviathan, sive, De materia, forma et potestate civitatis ecclesiasticae et civilis* (1668), Amsterdam, 1670 (HN V <248>) ; *Léviathan*, Paris, Gallimard, 2000, p. 923, basé sur l'édition anglaise (1651) : « ils vont plutôt nous enseigner que l'éternité est la permanence du temps présent, un *nunc stans* (comme ils disent, dans les écoles), ce que ni eux-mêmes ni personne ne sauraient comprendre ». Cf. note 14, p. 1025.

20. *Conversations de Goethe avec Eckermann*, 2 mai 1824, trad. J. Chuzeville, Paris, Gallimard, 1949, p. 117.

21. Dans la mythologie romaine, nom du dieu de la mort, qui, dans la littérature poétique, prend la place du Thanatos grec.

22. Renvoi au § 62, qui traite du suicide.

23. Cf. livre I, § 2.

24. Pour cette expression, cf. § 36, p. 386, § 38, p. 406 ; chapitre 30, p. 1740, p. 1904.

25. *Oupnek'hat (id est secretum tegendum)*. Cf. note 8, p. 963.

26. Sur le rôle de la raison, voir le début du § 54, et les notes 4, p. 1048, 10, p. 1049, et 11, p. 1050.

27. On ne peut pas ne pas songer à l'éternel retour de Nietzsche, et notamment au § 341 du *Gai Savoir*: « Si cette pensée prenait barre sur toi, elle te transformerait peut-être, et peut-être t'anéantirait ; tu te demanderais à propos de tout : "Veux-tu cela ? le reveux-tu ? une fois ? toujours ? à l'infini ? Ou alors, ah !, comme il faudrait que tu l'aimes toi-même et que tu aimes la vie pour ne *plus désirer autre chose* que cette suprême et éternelle confirmation !" » (trad. A. Vialatte, Paris, Gallimard, 1988).

28. Goethe, « Grenzen der Menschheit », in *Goethe. Sämtliche Werke*, éd. K. Eibl, Francfort-sur-le-Main, DKV, 1987, t. I, p. 332. HN V <1457>, p. 407.

29. Ce passage qui décrit l'homme de l'affirmation de la volonté de vivre doit retenir l'attention, dans la mesure où l'on associe plus volontiers la doctrine de Schopenhauer à une forme de *taedium vitae*. Ici, l'affirmation de la volonté de vivre s'éclaire de la raison, qui permet de considérer sa propre vie individuelle comme une parcelle de la vie universelle qui traverse tous les vivants. Par suite, et à condition bien sûr de faire le deuil de son individualité, il est permis de donner une assise rationnelle au sentiment d'éternité encore confus qui nous habite. La référence qui est faite un peu plus loin à Spinoza sera développée dans le chapitre 41 (p. 1913), où Schopenhauer reprend à son compte la formule spinoziste : *sentimus experimurque nos aeternos esse* (*Éthique*, V, 23, scholie).

30. Cf. *Bhagavad-Gîtâ*, trad. S. Lévi et J.-T. Stickney, Paris, Librairie d'Amérique et d'Orient, Maisonneuve, 1976, § 11-31.

31. Goethe, *Prometheus*, v. 52-58, in *Goethe. Sämtliche Werke*, *op. cit.*, t. I, p. 204 (HN V <1451>, p. 406).

32. La négation ou suppression de la volonté est ici associée à la liberté de la volonté. Par liberté, il faut entendre ici le fait que la volonté se détermine sans raison (puisque le principe de raison détermine les quatre figures de la nécessité phénoménale). Pour Schopenhauer, ce qui est soumis au principe de raison ne peut pas être autre qu'il n'est, et n'est donc pas libre. Si la volonté choisit la voie de la négation, et si elle la choisit librement, cela suppose qu'elle le fasse sans raison. Par suite, on doit en toute rigueur distinguer l'action du *quiétif* de celle

du *motif*: la motivation est une des figures du principe de raison. Si la négation de la volonté manifeste sa liberté, il faut alors maintenir que le *quiétif* est tout autre chose qu'un motif déterminant une volition particulière. Ce n'est donc pas seulement le pendant du motif.

33. Au début de la préface à la première édition.

34. Cf. § 34, p. 375.

35. L'existence de tout être individuel est assimilable à un acte d'affirmation de la volonté comme nature naturante. Cette contradiction réside dans le fait que par l'ascétisme et la mortification de soi, l'individu devient manifestation de la négation de la volonté, alors même que son existence est la traduction de son affirmation.

36. Schopenhauer distingue deux sens de la liberté. Dans le premier, la liberté de la volonté est synonyme de son irréductibilité foncière au principe de raison : c'est sa contingence. En cela, cette liberté première est au principe de tous les phénomènes sans exception, lesquels sont déterminés par le principe de raison. Tous sont les phénomènes d'une volonté qui, comme nature naturante, est foncièrement libre, c'est-à-dire contingente. En un second sens, dérivé, on peut qualifier de libre l'être dont le phénomène échappe à la tutelle du principe de raison par la négation de la volonté de vivre.

37. Rappelons que la motivation est l'une des quatre figures du principe de raison (cf. QR2, § 40 sq.). La loi de causalité et celle de l'enchaînement logique sont deux autres figures.

38. Dans ce passage, Schopenhauer accorde donc une certaine forme de légitimité au sentiment du libre arbitre. Sauf que ce sentiment de liberté ne renvoie pas à une hypothétique liberté des actions individuelles : il renvoie à la liberté de la volonté elle-même, comme principe supra-individuel.

39. Joseph Priestley (1733-1804), *Disquisitions relating to Matter and Spirit* […] *bound with : The Doctrine of Philosophical Necessity*, Londres, J. Johnson, 1777. HN V <425>.

40. Kant, CRP, « Dialectique transcendantale », II, 2, sect. 9 (A 532-558/B 560-586), *in* OP I, p. 1166-1186. HN V <293>, p. 94 ; *Critique de la raison pratique*, I, L. I, *in* OP II, p. 722-729 (Ak. V, 94-100). HN V <294>, p. 94.

41. Cf. QR1, § 46.

42. Le caractère intelligible est défini comme un « un acte universel et intemporel de volonté *(einen ausser der Zeit lie-*

genden universalen Willensakt) dont tous les actes apparaissant dans le temps ne sont que la manifestation, le phénomène» (QR1, § 46). On retrouve la même idée dans le *Mémoire sur la liberté de la volonté*: «Cette voie nous conduit à chercher l'œuvre de notre *liberté* non plus, comme le sens commun, dans nos actes individuels, mais dans la totalité de l'existence et de l'essence de l'homme lui-même, qui doit être pensé comme son acte libre *(seine freie Tat)*» (LV, chap. V, trad. mod.). Ainsi, «en vertu de cette liberté, tous les actes de l'homme sont son propre ouvrage *(sein eigenes Werk)*, malgré la nécessité avec laquelle ces actes procèdent du caractère empirique lorsque celui-ci rencontre les motifs» (LV). On peut retracer la généalogie de cette idée depuis Kant, comme nous y invite Schopenhauer lui-même, qui affirme souscrire «sans réserve» (LV, chap. IV) à la doctrine du caractère intelligible de Kant. Chez Kant, le concept de caractère intelligible est mobilisé dans la *Critique de la raison pure* afin d'étayer la position de la liberté humaine. En effet, l'action humaine doit pouvoir être envisagée de deux points de vue différents: d'une part, comme cause de ses actions, l'être humain lui-même doit être considéré comme une cause naturelle. L'action de cette cause ne se fait pas au hasard: comme toute cause, elle possède un *caractère*, c'est-à-dire une *loi* de sa causalité. Si je connais cette loi — ici, le caractère empirique —, je peux connaître les règles de production de l'action, qui devient alors déterminée et prévisible, comme tout phénomène de la nature. Mais le caractère empirique, en tant que cause de certaines actions, est à son tour causé selon les lois naturelles, et par là, la liberté, c'est-à-dire la position d'une causalité vraiment première, devient insoutenable. Pour sauvegarder la liberté, il faut donc admettre, à côté du caractère empirique, un caractère intelligible, c'est-à-dire considérer que le sujet humain est bien cause de son action, mais selon une causalité non phénoménale: intelligible. Comme le dit la *Critique de la raison pure*, il faut donc considérer un «sujet agissant [...] <qui> ne serait soumis [...] à aucune condition de temps» et en qui «ne *naîtrait* ni ne *périrait* aucun acte» (Ak. III, 366; CRP, p. 1171-1172), et dont les actions seraient l'«effet d'une causalité non empirique, mais intelligible» (Ak. III, 370; CRP, p. 1176). Plus nettement, la *Critique de la raison pratique* souligne que le caractère intelligible, comme position d'une légalité de mon action, renvoie à des lois que je me donne à moi-même (autonomie) (Ak. V, 98 ; OP II, p. 98). La notion de caractère intelligible (comme loi de causalité nouménale de l'être humain par rapport à ses propres actes) rejoint donc l'idée d'autonomie morale (c'est-à-dire de la loi de la liberté que chaque être humain se donne à lui-même). Enfin, de façon plus radicale, le caractère intelligible apparaît sous la forme d'un choix de soi-même par soi-même. Ce choix de soi-même, la *Religion dans les limites de la raison* le qualifiera d'« acte *intelligible (intelligibile That)* précédant toute expérience » (Ak. VI, 39 ; OP III, p. 53), ou encore, d'un « acte de liberté *(Aktus der Freiheit)* » (Ak. VI, S. 21 ; OP III, p. 31). Approfondissant le lien entre liberté et acte, Fichte poursuivra cette analyse, en montrant que l'essence de la subjectivité comme liberté réside justement dans l'acte d'autoposition du Moi. Schelling, dans sa présentation du caractère intelligible dans les *Recherches sur l'essence de la liberté humaine*, s'inscrit donc explicitement dans la filiation kantienne et fichtéenne, et affirme ainsi que « l'essence de l'homme est essentiellement *son propre acte (seine eigne That)* », et que « l'acte par lequel sa vie est déterminée dans le temps n'appartient pas lui-même au temps, mais à l'éternité [...] comme un *acte éternel* de par sa nature *(eine der Natur nach ewige That)* » (SW VII, p. 385-386 ; Schelling, *Recherches sur l'essence de la liberté humaine*, in *Œuvres métaphysiques*, trad. J.-F. Courtine et E. Martineau, Paris, Gallimard, 1980, p. 168-169). Dans la QR1, § 46, ce passage de Schelling est qualifié d'« exposé explicatif très estimable » de la doctrine kantienne du caractère intelligible (QR1, § 46, p. 118).

43. Passage supprimé : A[de même que je renvoie à ce que j'ai dit sur cet objet dans le traité introductif, § 46, ainsi qu'un peu plus loin, dans le deuxième livre du présent écrit. Cela établi, les considérations qui vont suivre ici à ce propos peuvent servir à éclairer et à un peu plus élucider ce point important.

La conscience de soi la plus intime est le point où la chose en soi, la volonté, se transforme en phénomène, où elle devient connaissable, le point donc où toutes deux se rencontrent. Celle-là réside hors du domaine du principe de raison, donc hors du domaine de la nécessité, quand celle-ci y est en plein. Là où la philosophie n'a pas encore appris à les distinguer, elles se trouvent mêlées dans la pensée ; par suite, la liberté de la volonté en soi se trouve elle aussi transposée à son phénomène, c'est-à-dire à la volonté quand elle devient reconnaissable ; pour cette raison, ceux dont le jugement n'a pas encore été éclairé par la philosophie prennent le *liberum arbitrium indifferentiae* pour un état de fait immédiat de la conscience. Aussi en viennent-ils à affirmer dans un cas déterminé : « dans cette situation, cet homme peut agir de la sorte et aussi à l'inverse », tandis que leurs adversaires philosophes disent : « il ne peut pas agir autrement que, précisément, de la sorte ».

Dans un premier temps, le développement du concept de POUVOIR <*Können*>, qui, à proprement parler, possède une double signification, peut d'emblée éclairer le problème. Nous entendons, afin de simplifier ce rapport, l'expliquer tout d'abord à partir d'un exemple tiré de la nature inorganique. Pour qu'un changement se produise, c'est-à-dire pour qu'une cause entraîne un effet, il faut absolument au moins deux corps DIFFÉRENTS en qualité ou en mouvement : un corps seul, ou plusieurs corps ensemble à tous égards semblables ne produisent aucun changement. L'état, qui a pour nom cause, désigne donc une relation de corps différents, et les conditions constituant cette relation se trouvent nécessairement réparties dans chacun des deux. Par exemple, pour qu'un mouvement NAISSE, il faut absolument que l'un des corps provoque un mouvement et que l'autre puisse être mû. Pour qu'un feu se déclare, il faut absolument que l'un des corps soit de l'oxygène et que l'autre soit apparenté à l'oxygène. En l'occurrence, ce ne sera que la rencontre avec l'oxygène qui apprendra s'il l'est. Son POUVOIR-BRÛLER est donc doublement conditionné : premièrement, par sa constitution propre, deuxièmement, par celle du milieu qui l'entoure. « Il ne peut pas brûler » a donc un double sens. Cela peut signifier : « Il n'est pas inflammable », mais aussi : « Les conditions extérieures pour brûler (oxygène et température) ne sont pas présentes. » Ce que nous voyons ici à propos de la loi de la causalité vaut aussi pour celle de la motivation, laquelle est seulement la causalité passée par le moment de la connaissance ou bien transmise par la connaissance. « Cet homme ne peut pas faire ceci » signifie soit que les conditions extérieures pour une telle action, les motifs venant de l'extérieur donc, ou encore sa puissance <*Macht*> dirigée vers l'extérieur, font défaut, soit que lui-même n'est pas capable d'une telle action, quand bien même les conditions mentionnées précédemment seraient données. Mais on peut aussi l'exprimer ainsi : « il ne veut pas ». Car les conditions intérieures ne sont pas autre chose que son propre mode d'être <*Beschaffenheit*>, son essence <*Wesen*>, c'est-à-dire sa volonté. De même que les propriétés chimiques d'un corps ne se révèlent qu'une fois qu'on l'a testé avec de nombreux réactifs, de même que le poids de ce corps n'est connu qu'après avoir été mis en balance avec d'autres, de même aussi le POUVOIR <*Können*> INTÉRIEUR d'un homme, c'est-à-dire sa volonté, ne se révèle qu'après qu'il est entré en conflit avec les motifs (car les motifs ici, comme les réactifs plus haut, sont de simples causes occasionnelles), après que la sphère de son POUVOIR <*Können*> EXTÉRIEUR a été élargie à un espace d'exercice approprié, et cela d'autant plus et d'autant plus nettement que cette sphère l'est. Est-elle très étroite, cet homme est dans un cachot, seul ; ainsi ce pouvoir intérieur ne peut absolument pas devenir manifeste, aussi peu que les propriétés chimiques d'un corps isolé de l'air et de la lumière. Mais pour peu qu'un homme possède de la richesse, qu'il possède des envies, qu'il ait la connaissance de la misère de bien d'autres personnes, alors la sphère de son POUVOIR EXTÉRIEUR, que communément on appelle simplement pouvoir, est suffisamment vaste, si bien que l'on verra nécessairement s'il préfère satisfaire ses envies ou réduire la misère d'autrui. Par là se révèle quel est son POUVOIR INTÉRIEUR, c'est-à-dire sa volonté. Cependant il lui semble, à lui ainsi qu'aux autres juges non philosophes, qu'il pourrait faire ceci tout aussi bien que cela, et cette apparence provient tout d'abord de ce qu'ils s'attachent au concept abstrait d'homme et, voulant juger uniquement *a priori*, ne peuvent faire autrement, parce qu'une connaissance parfaite, donnant matière à des jugements analytiques, ne peut être obtenue que de concepts et non d'individus réels. Sous ces concepts, ils subsument l'individu et transposent ce qui vaut absolument pour l'homme, à savoir que dans un tel cas il pourrait agir des deux manières, à l'individu en lui attribuant un choix sans détermination (*liberum arbitrium indifferentiae*). S'il avait un tel choix, alors il devrait pouvoir agir aujourd'hui de telle manière et demain à l'inverse, dans des circonstances tout à fait semblables. Mais alors la volonté devrait être dans le temps, et alors elle n'est qu'un simple phénomène, à moins que le temps ne s'applique à la chose en soi, car le changement n'est possible que dans le temps et les conditions du pouvoir intérieur, c'est-à-dire de la volonté, s'en trouveraient nécessairement changées, puisqu'on accepte les conditions du pouvoir extérieur comme étant celles du pouvoir intérieur. Mais si la volonté comme chose en soi est bien hors du temps, ainsi que toute notre démonstration le rend nécessaire, alors seules les conditions du vouloir extérieur peuvent changer et jamais celles du pouvoir intérieur. Si la volonté de cet individu était donc telle qu'elle préfère la réduction des souffrances d'autrui à ses plaisirs particuliers alors il aurait agi hier, quand le pouvoir extérieur existait, de la même façon qu'aujourd'hui; s'il ne l'a pas fait hier alors il ne le fera très certainement pas aujourd'hui, car le pouvoir intérieur ne peut connaître de changement: cet homme ne le PEUT pas. Le résultat est donc indifférent à l'absence des conditions intérieures ou extérieures en vue de l'action désirée; dans les deux cas nous disons: l'individu ne PEUT pas accomplir cette action. Le terme propre aux conditions intérieures de l'action est le VOULOIR; souvent pourtant nous employons le terme de POUVOIR afin d'indiquer, par cette métaphore, ce que la nécessité de l'action <*Wirken*> de la volonté a en commun avec l'action <*Wirken*> de la nature. De même qu'il y a un certain degré de manifestation de la volonté qui se révèle selon des lois immuables dans chaque force de la nature, de même est-ce un degré semblable qui apparaît dans chaque individu de l'espèce humaine et d'où découlent ses actes selon une loi aussi implacablement conséquente, encore qu'il ne soit pas aussi facile que cela de l'appréhender ou de l'exprimer. — Ici se trouve aussi la raison pour laquelle nous exigeons du dramaturge que chacun des personnages qu'il met en scène soit rigoureusement conséquent et en accord avec lui-même et cela, jusqu'au bout. — En conséquence de ce qui vient d'être dit, toute dispute à propos de la liberté de l'agir individuel, du *liberum arbitrium indifferentiae*, tourne en fait autour de la question de savoir si la volonté est dans le temps ou pas. Si, en tant que chose en soi, elle se trouve hors du temps et de toute forme du principe de raison, comme le rendent nécessaire aussi bien la théorie de Kant que toute ma démonstration, alors non seulement l'individu doit agir toujours de la même manière dans la même situation, non seulement tout acte mauvais doit être le garant solide d'un nombre incalculable d'autres que l'individu DOIT accomplir et ne PEUT permettre, mais aussi on pourrait prévoir à l'avenir, comme une éclipse lunaire ou solaire, le comportement d'un homme, ainsi que le dit Kant, si seulement le caractère empirique et les motifs étaient donnés. De même que la nature est conséquente, de même l'est aussi le caractère : toute action singulière doit se conformer à lui, tout comme tout phénomène doit se conformer à la loi de la nature ; la cause, dans le deuxième cas, et les motifs, dans le premier, ne sont que des causes occasionnelles, ainsi qu'il a été montré dans le livre II. La volonté, dont le phénomène est la vie de l'homme tout entière, ne peut pas se renier et ce que l'homme veut en général il le voudra aussi toujours en particulier.]A

44. *Sur la liberté de la volonté humaine, in* PFE. Sur le rapport à Kant, et la reprise de la doctrine du caractère intelligible, cf. p. 68 sq. (fin du chap. IV et chap. V). Voir plus précisément les p. 80 et suiv.

45. Cf. § 10 du *Fondement de la morale*, « Doctrine kantienne du caractère intelligible et du caractère empirique » (*in* PFE).

46. Chapitre 19, III, p. 1472.

47. Ce passage manifeste la difficulté qu'a Schopenhauer à articuler ce qui relève du sujet de la connaissance (la représentation, l'intellect) et ce qui relève du sujet du vouloir (ici la décision). S'instaure au sein même du sujet individuel une sorte de clivage entre intellect et vouloir qui aboutit ainsi à faire du premier en quelque sorte le spectateur du second (y compris même s'agissant des actes que nous disons nôtres). C'est aussi la conséquence de la décision de Schopenhauer de disjoindre la liberté de la volonté et l'intelligence (dont les formes de la pensée sont régies par le principe de raison). D'où la difficulté à parler chez Schopenhauer d'une liberté individuelle : il semble que cette liberté se manifeste en nous, que nous en soyons les témoins, sans jamais pouvoir prétendre en être les auteurs. Le lien entre liberté et responsabilité individuelle est donc fragilisé. On trouve un passage similaire au chapitre 19, p. 1477.

48. *Critique de la raison pratique*, Ak. V, p. 99, OP II, p. 728-729 : « On peut donc accorder que, s'il nous était

possible de pénétrer la façon de penser d'un homme, telle qu'elle se révèle par des actes aussi bien internes qu'externes, assez profondément pour connaître chacun de ses mobiles, même le moindre, en même temps que toutes les occasions extérieures qui peuvent agir sur eux, nous pourrions calculer la conduite future de cet homme avec autant de certitude qu'une éclipse de lune ou de soleil, tout en continuant à déclarer que l'homme est libre. »

49. Cf. § 26, p. 308-309.

50. On est tenté de rapprocher cette déclaration du scolie de l'*Éthique*, III, 9 : « Nous ne nous efforçons à rien, ne voulons, n'appétons ni ne désirons aucune chose, parce que nous la jugeons bonne ; mais au contraire, nous jugeons qu'une chose est bonne parce que nous nous efforçons vers elle, la voulons, appétons et désirons » (Spinoza, *Œuvres*, t. III : *Éthique*, trad. Ch. Appuhn, Paris, GF, 1985, p. 145). Le rapprochement demeure toutefois assez fragile, puisque Spinoza affirme par ailleurs que « chacun appète ou a en aversion nécessairement par les lois de sa nature ce qu'il juge être bon ou mauvais » (*ibid.*, IV, 19, p. 237 ; sur ce point, voir J. Moreau, *Spinoza et le spinozisme*, Paris, PUF, 1971, p. 63). En outre, Schopenhauer ne pourrait que s'opposer à l'affirmation que « la volonté et l'entendement ne sont qu'une seule et même chose » (*Éthique*, II, 49, corollaire, *op. cit.*, p. 127). Cf. Bergson, *Essai sur les données immédiates de la conscience*, in *Œuvres* (édition du Centenaire), Paris, PUF, 1959, p. 105 : « L'intervention brusque de la volonté est comme un coup d'État dont notre intelligence aurait le pressentiment, et qu'elle légitime à l'avance par une délibération régulière. »

51. Cf. Aristote, *Grande morale*, 1186 a1 ; *Éthique à Eudème*, 1220 b (trad. V. Décarie, Paris, Vrin, 2001) : « Puisque le caractère, comme le signifie le mot, est ce qui reçoit son accroissement de l'habitude » ; *Éthique à Nicomaque*, 1103 a 15 (trad. R. Bodéüs, Paris, GF, 2004, p. 99) : « Mais si elle est morale, elle est le fruit de l'habitude. C'est même de là qu'elle tient son nom moyennant une petite modification du mot *ethos*. »

52. Stobée, *Eclogarum physicarum et ethicarum* (I & II), H. L. Heeren, Göttingen, Vandenhoeck & Ruprecht, 1792, vol. II, chap. 7. HN V <1355>, p. 383.

53. Dans ce passage, saint Paul évoque la « liberté de

l'élection divine, qui dépend de celui qui appelle et non des œuvres » ; plus loin, il est dit que Dieu « fait miséricorde à qui il veut, et endurcit qui il veut » (Rm 9, 11 et 18). L'interprétation de l'*Épître aux Romains* joue évidemment un rôle important dans l'élaboration de la doctrine protestante, à travers l'opposition de la justification par les œuvres avec la justification par la foi (cf. Oswald Bayer, « L'héritage paulinien chez Luther », in *Recherches de science religieuse*, 2006/3, p. 381-394). Rappelons que la traduction de l'*Épître aux Romains* par Luther, et en particulier celle de Rm 3, 28, a donné lieu à d'importants débats, puisque Luther a ajouté un mot qui n'était pas présent dans la traduction latine afin de donner plus de relief à la doctrine de la justification par la foi seule (*sola fide*). En insistant sur l'immutabilité du caractère, Schopenhauer reprend donc à son compte l'interprétation de tradition luthérienne (comme en témoigne d'ailleurs le recours à une mystérieuse « grâce » (par exemple dans le chapitre 49). Cf. note 244, p. 1091.

54. « Tu vas donc me dire : Qu'a-t-il encore à blâmer ? Qui résiste en effet à sa volonté ? Ô homme ! vraiment, qui es-tu pour disputer avec Dieu ? L'œuvre va-t-elle dire à celui qui l'a modelée : pourquoi m'as-tu faite ainsi ? Le potier n'est-il pas maître de son argile pour fabriquer de la même pâte un vase de luxe ou un vase ordinaire » (Rm 9, 20-21).

55. Goethe, *Iphigénie en Tauride*, IV, 5, in *Théâtre complet*, trad. J. Tardieu, Paris, Gallimard, p. 557. HN V <1451>, p. 406.

56. Sénèque, Lettre 81, 13, in *Lettres à Lucilius*, trad. H. Noblot, Paris, Les Belles Lettres, 1995, t. III, p. 95.

57. Diogène Laërce, *Vies et opinions des philosophes*, VII, 91, in *Les stoïciens*, trad. É. Bréhier, Paris, Gallimard, 1962, p. 45. HN V <138>, p. 34.

58. Suárez, *Disputationes metaphysicae* (1597), disp. XXIII, sect. 7 et 8. HN V <549>, p. 176.

59. Schopenhauer fait ici allusion à la doctrine de la justification par les œuvres, qui est évidemment l'option inverse de celle qui a été défendue par la réforme protestante (cf. plus haut la référence à l'Épître de saint Paul, p. 560). Cf. notes 53, p. 1061, et 244, p. 1091.

60. B[eine *vollkommene Wahlentscheidung*]B au lieu de A[eine *eigentliche Wahlbestimmung* <une véritable détermi-

nation du choix>]A. Dans la première édition, le passage se poursuit ainsi : A[...qu'on a d'ailleurs fréquemment considérée comme une liberté de la volonté dans les actes singuliers, alors qu'il n'est rien d'autre que la possibilité d'un conflit opposant plusieurs motifs dont le plus fort finit par déterminer la volonté avec nécessité ; en revanche, l'animal n'est pas déterminé par le motif le plus fort, mais toujours par le motif immédiatement présent. Car *in concreto*, ce n'est jamais qu'*un* seul motif qui agit à la fois, puisque les représentations intuitives se trouvent dans une étroite série temporelle. L'animal, qui n'a que ce type de représentations, est par conséquent toujours déterminé, sans réflexion et sans choix, par la représentation qui est présente sur le moment, dans le cas où elle constitue un motif pour sa volonté. Par suite, c'est seulement chez les animaux qu'on peut présenter intuitivement et immédiatement la nécessité de la détermination de la volonté par le motif, qui est semblable à celle de l'effet par la cause. En effet, dans ce cas, le motif se présente aux yeux du spectateur aussi immédiatement que son effet. Tandis que chez les hommes, les motifs sont toujours des représentations abstraites, auxquelles le spectateur ne peut prendre part, et même pour le sujet de l'action, la nécessité de son agir est cachée par leur conflit. Car ce n'est qu'*in abstracto* que plusieurs représentations, telles les jugements et les chaînes de conclusions, peuvent coexister dans la conscience et qu'elles peuvent ainsi agir l'une sur l'autre, en étant libres de toute détermination temporelle, jusqu'à ce que la plus forte l'emporte sur les autres, et détermine la volonté. C'est la DÉTERMINATION DU CHOIX <*Wahlbestimmung*> qui est le privilège de l'homme sur l'animal et qui se trouve aussi être l'un des facteurs qui rendent son existence tellement plus tourmentée que celle de l'animal, car, généralement, nos plus grandes douleurs ne se situent pas dans le présent, en tant que représentations intuitives ou sentiments immédiats, mais dans la raison, en tant que concepts abstraits, pensées dévorantes, dont l'animal est entièrement exempt, puisqu'il vit dans le présent seul. Cette distinction entre les décisions de la volonté <*Willensentscheidung*> animale et humaine, nous pouvons à présent l'expliciter à partir d'un exemple et cependant, dans le même temps défaire l'un des plus célèbres arguments contre la récessivité de la volonté, argument qui ne peut être défait qu'en partant de ce point précisément. Je pense à cet exemple farcesque et si fameux de l'âne entre deux bottes de foin et que l'on a attribué au philosophe scolastique Buridan, bien que l'on ne puisse le trouver dans aucun de ses écrits existants. C'est effectivement un argument lourd de sens contre la dépendance de la volonté auquel Descartes et Spinoza auraient dû accorder une plus grande attention lorsque tous deux ont identifié de manière erronée les décisions de la volonté avec le pouvoir d'affirmer et de nier (faculté de juger); Descartes, lui, en déduisait que la volonté, laquelle, chez lui, est libre dans l'indifférence, portait la responsabilité de toute erreur, Spinoza, en revanche, que la volonté est déterminée par les motifs comme le jugement par les raisons [note de Sch.: «*Cart. medit. 4. — Spin. Eth. p. II, prop. 48 et 49, caet.*»], ce dernier point possédant sa véracité. — Si, de même que deux raisons de la connaissance opposées et également fortes entraînent un doute absolu, une *suspensio judicii*, ou si de même que deux causes agissant l'une à l'encontre de l'autre annulent leur effet et qu'il s'ensuit un état d'équilibre <*Stillstand*> — si, de cette manière aussi, des motifs opposés peuvent s'annuler, alors soit la volonté doit nécessairement être libre dans le sens où l'entendent les non-philosophes, c'est-à-dire être déterminante sans raison, soit l'âne de Buridan est voué à mourir de faim entre deux bottes de foin parfaitement semblables parce que manque la raison qui le dirigerait de préférence vers l'une des deux. Mais si nous reportons notre regard sur la distinction que nous venons de définir entre le connaître animal et le connaître humain, alors nous savons que dans le pouvoir de connaissance irrationnel <*unvernünftig*> de l'animal, le conflit entre deux motifs s'excluant mutuellement n'est absolument pas possible et que l'on ne pourra jamais imputer à l'âne qu'en choisissant une botte foin, il aurait perdu l'autre: car, pour lui, seule une représentation est présente et peut agir en tant que motif: ici, celle-ci est la botte de foin sur laquelle se dirigent ses yeux et cette direction dépend de toute la série de mouvements qu'il a effectués auparavant et ainsi son action est-elle ici elle aussi nécessairement déterminée — Si maintenant, nous considérons au lieu de la connaissance irrationnelle la connaissance rationnelle, où les motifs abstraits agissent sur la réflexion, et où sont tout à fait possibles l'effet sur la volonté indépendamment du temps, la conscience de l'exclusion mutuelle lors du choix, le conflit qui en procède, et, enfin, le parfait équilibre des forces, alors l'équilibre ainsi établi sera bientôt aboli par une troisième réflexion venant s'ajouter, à savoir que, lorsqu'on n'aboutit pas à une décision, ce n'est pas seulement un seul objet du choix qui est perdu, mais bien tous les deux ; cette réflexion devient alors le motif d'un choix réellement aveugle, lequel choix est cependant si insupportable à la raison qu'elle exigera, poussée par la superstition, un verdict du destin, et qu'elle aura recours à une espèce quelconque du mantique, laquelle sera alors souvent inventée ad hoc ; ou alors, après avoir jugé elle-même qu'elle est inapte à la décision, la raison est écartée à dessein, la décision, à l'instar de la décision animale, étant alors confiée à une impression immédiate du présent, c'est-à-dire, au fond, laissée au hasard : si celui-ci est conçu comme destin, ce cas rejoint alors le premier.]A

61. Rappelons la loi de motivation, comme celle de causalité, constitue une des quatre figures du principe de raison (cf. QR2, chap. VII).

62. Cf. p. 573.

63. LV III, *in* PFE.

64. « La volonté étant beaucoup plus ample et plus étendue que l'entendement, je ne la contiens pas dans les mêmes limites, mais [...] je l'étends aussi aux choses que je n'entends pas ; auxquelles étant de soi indifférente, elle s'égare fort aisément, et choisit le mal pour le bien, ou le faux pour le vrai. Ce qui fait que je me trompe et que je pèche » (*Méditation quatrième*, AT IX, 46 ; *Œuvres philosophiques*, éd. Alquié, t. II, Paris, Garnier, p. 463.

65. Spinoza, *Éthique*, II, prop. 48, trad. Appuhn, *op. cit.* : « Il n'y a dans l'âme aucune volonté absolue ou libre ; mais l'âme est déterminée à vouloir ceci ou cela par une cause qui est aussi déterminée par une autre, et cette autre l'est à son tour par une autre, et ainsi à l'infini. »

66. Épictète, *Manuel*, V , in *Les stoïciens*, trad. É. Bréhier, *op. cit.*, p. 1113.

67. Sénèque, lettre 13, 4, in *Lettres à Lucilius*, trad. H. Noblot, Paris, Les Belles Lettres, 1995, t. III, p. 629.

68. C'est la reprise d'un très important passage du § 18, p. 244 sq. L'acte de la volonté et l'action du corps ne sont qu'une seule et même chose. Par suite, la vraie décision,

comme acte de la volonté, doit nécessairement se traduire en action (sinon il s'agit d'une simple velléité).

69. Cf. p. 568.

70. Cicéron, *Traité du destin*, chap. 12 et 13, trad. A. Yon, Paris, Les Belles Lettres, 1991, p. 14 et 15.

71. Deux points méritent d'être notés concernant ce passage. D'abord, il se raccroche au début du § 54, qui montre que la conscience de sa propre vie comme totalité cohérente, manifestation d'un caractère déterminé, n'est rendue possible que par la raison. Dès lors, il n'est pas étonnant d'y retrouver le registre métaphorique du miroir qui réapparaît à chaque fois qu'est abordée l'idée de la connaissance de soi de la volonté. On notera également qu'un tel passage invite à reconsidérer tous ceux où Schopenhauer parle d'une connaissance immédiate de la volonté. Ce qui apparaît de plus en plus nettement dans ce dernier livre, c'est que l'Idée de l'homme, ayant besoin de temps pour se manifester, ne peut être connue par l'individu que par récapitulation de sa conduite passée. Ainsi, le retour réflexif sur soi est rendu nécessaire à la connaissance de soi de la volonté, dans la mesure où cette volonté se connaît comme volonté humaine.

72. Le «caractère acquis» chez Schopenhauer ne suppose pas de modification de notre caractère empirique, qui reste invariable. Il n'est que la connaissance exacte de ce caractère, acquise par l'expérience.

73. Cf. Goethe, *Faust*, I, v. 1917 (*irrlichterlieren*).

74. Hobbes, *Léviathan*, chap. XVII, «Des causes, de la génération et de la définition de l'État», trad. G. Mairet, Paris, Gallimard, 2000, p. 281: «La cause finale [de l'institution de l'État] est la prévoyance de ce qui assure [la] prore préservation et plus de satisfaction dans la vie; autrement dit de sortir de ce misérable état de guerre qui est, comme on l'a montré, une conséquence nécessaire des passions naturelles qui animent les humains quand il n'y a pas de puissance visible pour les maintenir en respect.»

75. Tout ce passage est imprégné de morale stoïcienne. On peut relire en parallèle le § 16 du livre I, qui en reprend les grands thèmes.

76. Homère, *Iliade*, XVIII, v. 113, trad. R. Flacelière, Paris, Gallimard, 1955, p. 414.

77. Ovide, *Les remèdes à l'amour,* v. 293-294, trad. mod. H. Bornecque, Paris, Les Belles Lettres, 1961, p. 20.

78. Sur la *Sucht* chez Boehme, voir par exemple le *Mysterium Pansophicum,* I, «*das Nicht ist eine Sucht nach dem Etwas*». La «soif» et la «convoitise» boehmiennes s'inscrivent dans une vision dynamique du monde. «L'immense importance de Boehme est d'avoir introduit, dans la conception de Dieu, après la domination de la philosophie grecque et de la scolastique médiévale avec leur conception statique, un principe dynamique; d'avoir, autrement dit, vu une vie intérieure dans Dieu, un tragique propre à toute vie.» Ainsi, rompant définitivement avec l'esprit du Moyen Âge, «il ne conçoit déjà plus le monde comme un ordre éternellement statique ni comme un système hiérarchique et immobile. La vie du monde est une lutte, un devenir, un énorme processus, tout feu et dynamisme» (N. Berdiaeff, «L'*Ungrund* et la Liberté», *in* Jacob Boehme, *Mysterium Magnum,* t. I, Paris, Aubier, 1945, respectivement p. 11 et 9). On peut voir une influence de la vision boehmienne sur Schopenhauer en particulier dans ses descriptions d'une volonté tourmentée, douloureuse. Le concept de «tourment» (*Qual*), qui apparaît un peu plus bas (et de façon plus nette dans les § 63 et 65), est très présent chez Boehme (cf. l'entrée «Qual» de l'index analytique des *Sämtliche Werke,* t. XI, fac-similé: éd. W.-E. Peuckert, Stuttgart, Fromann-Holzboog, 1960). Cf. «Schopenhauer und Böhme», in *Schopenhauer-Jahrbuch,* 73 (1992), p. 12 sq.

79. Qo 1, 18. Le texte de la Vulgate dit *qui addit scientiam, addat* (aussi: *addit*) *et laborem;* mais on trouve une formulation proche de celle de Schopenhauer chez Spinoza, *Eth.*, IV, prop. 17, scol.

80. La même idée se trouvait exprimée dans le § 27, p. 324-325 (voir la note et la référence à Boehme).

81. Schopenhauer reprend ici le motif classique de la «course à la mort» (*cursus ad mortem*), qu'on trouve par ex. chez Sénèque, *Consol. ad Marciam,* XXI, 6: «Dès l'instant où l'on voit la lumière, on prend le chemin de la mort, on va vers le terme fatal»; Augustin, *De civ. Dei,* XIII, 10: «Dès l'instant où l'on commence à vivre en un corps destiné à mourir, il n'est aucun acte qui ne soit un acheminement vers la mort»; XIII, 10: «Le temps de cette vie n'est rien d'autre qu'une course à la mort <*cursus ad mortem*>»; et Luther dans son

commentaire de Gn 3, 15 (LO XVII, 173 [WA 42, 146]: «Aussitôt sortis du sein de notre mère, nous commençons à mourir.» Cf. aussi t. II, chap. 41, p. 1900 («tout ne dure qu'un instant et court à la mort»); chap. 46, p. 2046 («la vieillesse et la mort, auxquelles toute vie court nécessairement»).

82. Si le terme de soif (*Durst*), assez rare sous la plume de Schopenhauer (deux autres occurrences significatives au t. II, chap. 41, p. 1881 et 1899: «soif d'exister», *Durst nach Dasein*, ainsi que la «soif <*sitis*> de la vie» de Lucrèce, *De natura rerum*, III, 1082, cité à la fin du présent §), ne réfère pas explicitement à la soif (ou désir, *trsnâ*) bouddhique, ni à la soif néo-testamentaire (Jn 4, 13: «celui qui boit de cette eau aura encore soif»), sorte d'«hydropisie de l'âme» (*hydropisis animae*) selon la formule de Luther (WA 1, 363; *Œuvres*, t. I, p. 137), il occupe une fonction tout à fait similaire, comme prototype du désir, dans la doctrine schopenhauerienne de la volonté. Selon la deuxième «noble vérité» énoncée dans le *Sermon de Bénarès*, la triple soif (soif des plaisirs dont le plus brûlant est le plaisir sexuel, soif d'exister ou de perdurer, et parfois la soif de ne plus exister), cause de la souffrance (*dukha*) universelle, fait passer d'un objet à un autre dès que le désir est satisfait, faisant naître par là un désir nouveau, etc., perpétuant ainsi le flux circulaire et illusoire des existences (*samsâra*), le circuit de la génération et de la corruption: «Tout ce qui vit roule comme dans un cercle de naissance, de vieillesse, de maladie, de mort, de tristesse, de souffrance» (M. A. A. Leroux-Deshauterayes, «Recherches sur la religion de Fo, professée par les bonzes Ho-chang de la Chine», *Journal asiatique*, 7 (1825), p. 163, art. cité par Schopenhauer dans HN III, 305, et *De la volonté dans la nature*, «Sinologie», PUF, 187, n.). Chez Schopenhauer, l'individu, sujet du vouloir, fixé sur «la roue tournante d'Ixion» (§ 38, p. 403), passe d'un désir insatisfait à un autre: «[...] nous nous précipitons inlassablement d'un souhait à un autre et, bien que chaque satisfaction atteinte, si prometteuse fût-elle, ne parvienne à nous combler pour autant et ne tarde le plus souvent à se révéler comme une erreur honteuse, nous ne voulons comprendre que nous remplissons le tonneau des Danaïdes, et nous nous hâtons vers des souhaits toujours nouveaux» (§ 57, p. 602). Cet attachement aux objets éphémères et illusoires du vouloir avive la souffrance, cette «source inépuisable» (§ 57, p. 601) que chaque

être «porte dans lui-même»: abusé par le «voile de *mâyâ*», captif du *principium individuationis*, l'être «pris dans un élan véhément de sa volonté, laquelle est son origine et son essence, saisit les voluptés et les jouissances de la vie, s'y accroche fermement, et ne sait pas que c'est précisément par cet acte même de sa volonté qu'il saisit et embrasse aussi toutes les douleurs et tous les tourments de la vie dont la vue l'horripile» (§ 63, p. 657). Le «remède radical» (§ 65, p. 673) que Schopenhauer recommande pour éteindre cette soif procédant de l'attachement compulsionnel à ce «monde» voué à la mutabilité, ou à la vanité (*Nichtigkeit*) (cf. t. II, chap. 46), c'est, on le sait, la négation, ou anéantissement, de la volonté. (*C. S.*)

83. «Quand je m'y suis mis quelquefois, à considérer les diverses agitations des hommes et les périls et les peines où ils s'exposent, dans la cour, dans la guerre, d'où naissent tant de querelles, de passions, d'entreprises hardies et souvent mauvaises, etc., j'ai découvert que tout le malheur des hommes vient d'une seule chose, qui est de ne savoir pas demeurer en repos dans une chambre. Un homme qui a assez de bien pour vivre, s'il savait demeurer chez soi avec plaisir, n'en sortirait pas pour aller sur la mer ou au siège d'une place. On n'achètera une charge à l'armée si cher, que parce qu'on trouverait insupportable de ne bouger de la ville; et on ne recherche les conversations et les divertissements des jeux que parce qu'on ne peut demeurer chez soi avec plaisir» (Pascal, *Pensées*, nº 136 [139 Br.], éd. Lafuma, Paris, Seuil, 1963, p. 516).

84. Schopenhauer se souvient peut-être ici, et plus bas, du motif augustinien de la *molestia*: «je suis un poids pour moi-même» (*Confessions*, X, 28, 39).

85. Ainsi la vie humaine est-elle toujours manquée, puisque toujours oscillant entre le manque douloureux (le désir) et le manque du manque (l'ennui), plus douloureux encore. On peut évidemment rapprocher ce passage des analyses pascaliennes sur le divertissement, mais aussi du dernier chapitre de *Candide*: «Ces spectacles faisaient redoubler les dissertations; et quand on ne disputait pas, l'ennui était si excessif, que la vieille osa un jour leur dire: Je voudrais savoir lequel est le pire, ou d'être violée cent fois par des pirates nègres, d'avoir une fesse coupée, de passer par les baguettes chez les Bulgares, d'être fouetté et pendu dans un auto-da-fé, d'être disséqué, de ramer en galère, d'éprouver enfin toutes les

misères par lesquelles nous avons tous passé, ou bien de rester ici à ne rien faire ? C'est une grande question, dit Candide. Ce discours fit naître de nouvelles réflexions, et Martin surtout conclut que l'homme était né pour vivre dans les convulsions de l'inquiétude, ou dans la léthargie de l'ennui » (cf. Voltaire, *Romans et Contes*, Paris, Gallimard, 1979). À propos de l'oscillation pendulaire de la volonté, on peut rapprocher le passage de Schopenhauer de cet extrait des *Fragments posthumes* de Nietzsche : « Faiblesse de la volonté : c'est une image qui peut induire en erreur. Car il n'y a pas de volonté, et, par conséquent, ni faible, ni forte. La multiplicité et la désagrégation des impulsions, le manque d'un système les coordonnant donnent une "volonté faible" ; leur coordination sous la prédominance d'une seule impulsion donne la "volonté forte" ; dans le premier cas, c'est l'oscillation continuelle [*das Oscilleren*] et le manque de centre de gravité ; dans le second cas la précision et la clarté de la direction » (*FP* XIV, 14, 219).

86. Lucrèce, *De la nature*, II, 15, trad. A. Ernout, Paris, Les Belles Lettres, 1990, p. 42.

87. Cf. la célèbre « parabole des hérissons » (*Parerga*, II, § 396).

88. Juvénal, *Satires*, 10, 81, trad. P. de Labriolle et F. Villeneuve, Paris, Les Belles Lettres, 1996.

89. À rapprocher du § 40 du livre III, consacré à l'attrayant (*das Reizende*).

90. Homère, *Iliade*, XXI, v. 272, in *Iliade et Odyssée*, *op. cit.*, p. 462.

91. Homère, *Odyssée*, XI, v. 620, in *Iliade et Odyssée*, *op. cit.*, p. 711.

92. Sur le stoïcisme, voir en particulier le § 16 du livre I.

93. Horace, *Odes*, liv. II, III, v. 1-4, in *Odes et Épodes*, trad. F. Villeneuve, Paris, Les Belles Lettres, 1954, p. 59.

94. Cf. Platon, *Gorgias*, 493 d-494 b.

95. Lucrèce, *De la nature*, III, v. 1082, trad. A. Ernout, Paris, Les Belles Lettres, 1990, p. 125.

96. Lucrèce, *De la nature*, II, v. 1 sq., éd. citée, p. 42.

97. Cf. l'analyse du *Laocoon* au § 46. Schopenhauer accorde il est vrai une place privilégiée à la poésie tragique. Il ne faut tout de même pas en conclure à un pantragisme esthétique. Les tableaux cités au § 50 ne sont pas des exemples de peinture

tragique. La *Nuit* du Corrège, qui représente la Nativité, nous montre une scène plutôt heureuse. Reste que le sommet de l'art (la poésie, la musique) rejoint dans le tragique le sommet de l'éthique. À propos de la musique, on peut dire que, de même que la souffrance est inhérente à toute vie, toute musique manifeste cette souffrance vitale.

98. Cf. § 29, p. 355.

99. Schopenhauer réfère aux trois *guna* que sont *sattva*, *raja* et *tama* caractéristiques du monde phénoménal de la *mâyâ* mais dépendant du *brahman*: celui qui se libère des trois *guna* réalise le *brahman* et parvient à la délivrance (*moksha*).

100. Le tragi-comique de l'existence tient à l'alliance de la souffrance de l'existence, et à son côté mécanique. Cf. la fin du chapitre 28 (t. II, p. 1724). Voir sur ce thème les analyses de C. Rosset, in *Schopenhauer, philosophe de l'absurde*, Paris, PUF, p. 101.

101. Dans le chapitre 28, Schopenhauer décrira l'existence humaine comme celle d'un être manipulé par ses pulsions vitales, semblable à une marionnette (p. 1724). Notons que Hegel n'était pas si loin de l'intuition de Schopenhauer quand il écrivait dans la *Phénoménologie* qu'« à ce fleuve de la vie est indifférente la nature des roues qu'il fait tourner » (trad. J. Hyppolite, Paris, Aubier, t. I, p. 237).

102. Par la question de Hamlet (« être, ou ne pas être », acte III, scène 1), Schopenhauer reprend le fil de la « question fondamentale de la métaphysique » (« pourquoi y a-t-il quelque chose plutôt que rien ? »), dont le trajet passe par Leibniz (*Principes de la nature et de la grâce*, § 7), Hume (*Dialogues sur la religion naturelle*, IX, p. 166) et Kant (*Critique de la raison pure*, A 613 / B 641).

103. Extrait de la fameuse tirade de Hamlet :

To be, or not to be, that is the Question:
Whether 'tis Nobler in the minde to suffer
The Slings and Arrowes of outragious Fortune,
Or to take Armes against a Sea of troubles,
And by opposing end them: to dye, to sleepe
No more; and by a sleepe, to say we end
The Heart-ake, and the thousand Naturall shockes
That Flesh is heyre too? 'Tis a consummation
Devoutly to be wish'd.

« Être, ou ne pas être, c'est là la question. Y a-t-il plus de noblesse d'âme à subir la fronde et les flèches de la fortune outrageante, ou bien à s'armer contre une mer de douleurs et à l'arrêter par une révolte ? Mourir, dormir, rien de plus... et dire que par ce sommeil nous mettons fin aux maux du cœur et aux mille tortures naturelles qui sont le legs de la chair : c'est là un dénouement qu'on doit souhaiter avec ferveur » (*Hamlet*, III, 1, trad. F.-V. Hugo, Paris, GF, 1983). HN V <1717>, p. 467.

104. Cf. Hérodote, *Enquête*, VII, 46, in *Hérodote-Thucydide. Œuvres complètes*, trad. A. Barguet, Paris, Gallimard, 1964, p. 480 : « Il n'est pas d'homme si heureux [...] qui naisse assez heureux pour ne pas souhaiter, plus d'une fois, être mort plutôt qu'en vie. » HN V <1328>, p. 376.

105. Ugolin est un des héros damnés de la *Divine Comédie* de Dante. Affamé, il en est réduit à dévorer ses enfants (cf. les chants XXXII et XXXIII).

106. Cf. Leibniz, *Essai de Théodicée*, I, 8 : « S'il n'y avait pas le meilleur parmi tous les mondes possibles, Dieu n'en aurait produit aucun. »

107. On doit opposer ce sérieux enfantin de l'homme guidé par la volonté de vivre au véritable sérieux qui chez Schopenhauer a toujours trait à sa négation. Cf. par exemple la fin du livre III, qui annonce précisément qu'avec le livre IV on passe aux choses « sérieuses », c'est-à-dire à ce qui touche à la résignation du saint, au quiétif, à la négation de la volonté de vivre (p. 519-520). Sur le sérieux, voir aussi l'important développement du chapitre 31, qui montre que le sérieux du génie tient à son objectivité (t. II, p. 1754 sq).

108. Cf. le développement du § 26, p. 308-309.

109. « Ainsi donc, comme la faute d'un seul a entraîné sur tous les hommes une condamnation, de même, l'œuvre de justice d'un seul procure à tous une justification qui donne la vie. Comme en effet par la désobéissance d'un seul homme la multitude a été constituée pécheresse, ainsi par l'obéissance d'un seul la multitude sera-t-elle constituée juste » (RM 5, 18-19). Le chapitre 48 reviendra sur la chute d'Adam, qualifiée alors de « mythe » : l'identité de tout homme avec Adam (qui fait que chaque homme est marqué du péché originel) n'est que l'expression mythique de cette vérité philosophique qu'est la participation de tous les hommes à l'Idée d'humanité

(p. 2129). Dans le chapitre 48, Schopenhauer affirme aussi que tout homme peut être identique à Adam ou au Christ, selon qu'il choisit l'affirmation ou la négation de la volonté de vivre. L'idée d'une identification de l'homme avec le Christ pose toutefois un sérieux problème d'interprétation. En effet, elle semble suggérer l'idée que la négation de la volonté de vivre pourrait prendre le statut d'une forme de rédemption universelle. Certains passages du chapitre 38 semblent aller dans ce sens (p. 2096). La *Correspondance* nous livre sur cette question d'importants échanges entre Schopenhauer et Frauenstädt. Dans la lettre du 22 juillet 1852, nous lisons: «pourquoi la délivrance d'un individu n'est pas partagée par tous — c'est ce à quoi nous pourrons répondre lorsque nous saurons combien est profonde la racine de l'individualité» (*Correspondance complète, op. cit.*, p. 371). Le problème est que précisément Schopenhauer, de son propre aveu, n'a jamais pu trancher nettement cette dernière question: quant à la question de savoir «jusqu'à quelle profondeur vont les racines de l'individualité dans la chose en soi», il s'agit d'un «problème que j'ai soulevé, mais que j'ai abandonné comme étant transcendant et donc insoluble» (lettre du 21 août 1852, in *op. cit.*, p. 379).

110. Goethe, *Triomphe de la sensibilité*, IV, trad. J. Decour, in *Théâtre complet, op. cit.*, p. 470. HN V <1451>, p. 406.

111. Clément d'Alexandrie, *Stromates*, III (PG VIII, 1098-1214). HN V <648>, p. 208. Cf. également l'édition récente espagnole avec bibl.: Clemente de Alejandría, *Stromata II-III*, introducción, traducción y notas de Marcelo Merino Rodríguez, Ciudad Nueva, Madrid, 1998, bibl. 31-47.

112. Proclus, *Commentaire sur le Timée*, livre III [54, l. 28], trad. A. J. Festugière, Paris, Vrin, 1967, p. 86.

113. G. F. Schoemann, *De cupidine cosmogonico*, Greifswald, Kunike, 1852.

114. Cf. § 54, p. 544-545.

115. Dans les § 61 et 62, Schopenhauer traite de la justice humaine, qui dépend des institutions. La «justice éternelle» est abordée dans le § 63.

116. Et plus précisément depuis le § 27.

117. Hobbes, *Le Citoyen* (*De cive*), I («De la condition des hommes hors de la société civile»), trad. S. Sorbière, Paris, GF, 1982. Pour la formule *bellum omnium contra omnes*,

cf. *Léviathan*, I, 13, trad. G. Mairet, Paris, Gallimard, 2000, p. 227.

118. Cette idée de contradiction de la volonté avec soi apparaît au § 55, p. 551. Voir la note de commentaire.

119. C'est une caractéristique remarquable du la théorie schopenhauerienne que de se développer en référence avec une analyse du corps comme affirmation de la volonté. Plus bas, Schopenhauer montrera que le vol peut s'analyser comme cette invasion du corps d'autrui dans la sphère de mon propre corps, puisque la propriété dont me prive le vol découle de mon travail, et donc de mon activité corporelle. L'égoïsme, le vol, et l'injustice en général obéissent donc à une même logique d'expansion intrusive de la sphère de domination de mon corps.

120. Le cannibalisme est la forme concrète de l'autophagie de la volonté. Au § 63, Schopenhauer évoque une volonté qui « enfonce ses crocs dans sa propre chair » (p. 659).

121. C'est la conception classique de Locke (*Second Traité du gouvernement civil*).

122. *Lois de Manou* ou *Mânava-dharma-çastra*, livre IX, chap. 44, trad. Loisleur-Deslongchamp, Paris, 1830-1833.

123. La question des rapports du droit, du travail et de l'appropriation est assez délicate chez Kant. Cf. les analyses éclairantes de S. Goyard-Favre, *La philosophie kantienne du droit*, Paris, Vrin, 1996, p. 122 sq. Schopenhauer simplifie à l'excès la pensée de Kant, qui est certes subtile. Kant refuse de déduire le droit de propriété du travail (cf. *Doctrine du droit*, § 17, *in* OP III, p. 525 sq.). Mais il est conscient que la première occupation d'un terrain ne fournit qu'un support assez faible à ce droit. D'où une réflexion complexe, qui tend à montrer que l'acquisition par première occupation n'est qu'un droit provisoire, fondé cependant « conformément à l'Idée d'un état civil, c'est-à-dire en ayant en perspective cet état et sa concrétisation mais avant sa réalisation » (§ 15, p. 519).

124. Kant, *Métaphysique des mœurs*, I, 1, § 14, *in* OP III, p. 517 : « L'acte juridique de cette acquisition est l'occupation. »

125. C[*moralisch* <moralement>]C au lieu de B[*ethisch* <éthiquement>]B.

126. La primauté de l'injuste sur le juste doit être comparée à celle de la souffrance sur le plaisir (cf. § 58).

127. Schopenhauer s'oppose ici naturellement à Kant, qui

soutenait un devoir de véracité inconditionnel (cf. son opuscule *Sur un prétendu droit de mentir par humanité*, *in* OP III, p. 433 sq.).

128. Cf. note 125.

129. C'est-à-dire au § 65, p. 673 sq.

130. Cf. note 125.

131. *Ibid.*

132. Cf. Hobbes, *Léviathan*, chap. XIII, *op. cit.*, p. 227-228 : à l'état de nature « rien ne peut être injuste. Les notions du bon et du mauvais, du juste et de l'injuste n'ont pas leur place ici. Là où n'existe aucune puissance commune, il n'y a pas de loi ; là où il n'y a pas de loi, rien n'est injuste. »

133. Hobbes, *De principiis et ratiocinatione geometrarum*, Londres, 1666.

134. La conception schopenhauerienne rejoint la conception libérale de l'État. Gardien de l'ordre public, l'État a pour fonction essentielle de permettre la coexistence des individus, qui naturellement tendent à l'égoïsme, c'est-à-dire à tout ramener (y compris autrui et ses biens) à leurs propres intérêts. D'où le fait que l'État n'a rien à faire avec l'intention, mais avec le fait. Il ne prétend pas non plus changer la nature humaine. Son but est plutôt d'en contenir les débordements. Pour reprendre des termes contemporains, on pourrait dire que l'État schopenhauerien ne présuppose aucune conception positive du bien (il n'a pas d'idéal auquel les citoyens devraient correspondre). En fait, le présupposé de l'État schopenhauerien, c'est la souffrance, qui est au fond la seule chose positive, et son but est d'y mettre fin quand elle consiste en une atteinte à la personne ou aux biens d'autrui.

135. Cf. note 125.

136. *Ibid.*

137. Schopenhauer a bien vu que toute prétention étatique à la moralité conduit à une forme de contrôle social et de despotisme. « L'institution coercitive est alors l'État, dont l'unique but est de protéger les individus les uns contre les autres et la communauté contre les ennemis extérieurs. Certains philosophailleurs allemands de cette époque vénale voudraient détourner l'État de ce but et en faire une institution d'éducation et d'édification en matière de moralité : mais à l'arrière-plan de ce projet apparaît le but jésuitique de supprimer la liberté et le développement personnels de chaque individu singulier pour

faire de lui un simple rouage dans quelque machine chinoise politico-religieuse » (FM, § 17, *in* PFE, p. 189).

138. Aristote, *Les Politiques*, liv. III, chap. 9, <13&14>, trad. P. Pellegrin, Paris, GF, 1990, p. 237.

139. Hobbes, *Le Citoyen* (*De cive*), *op. cit.*, V, p. 133 sq. ; VII, p. 166 sq.

140. Cicéron, *Traité des lois*, livre III, 3, 8, trad. G. de Plinval, Paris, Les Belles Lettres, 1968, p. 85 : « le salut du peuple sera la loi suprême ». HN V <114>, p. 27.

141. Cf. Kant, *Doctrine du droit*, *in* OP III, p. 489-490 et p. 670-671. Les devoirs imparfaits sont des devoirs de vertu, tandis que les devoirs parfaits sont des devoirs de droit. Pour les seconds, une législation externe est possible, tandis qu'elle n'est pas possible pour les seconds. L'accomplissement des devoirs imparfaits constitue le mérite (p. 671). En agissant ainsi, on étend le concept du devoir au-delà de l'obligation juridique.

142. C[*Moral*]C au lieu de B[*Ethik*]B.

143. Cf. note 125.

144. Kant, *Métaphysique des mœurs*, I, I, section 2, § 15, Ak. VI, 264 ; OP III, p. 519.

145. Kant, *Métaphysique des mœurs*, I, Appendice, § 49, E, Ak. VI, 331 ; OP III, p. 600-605. La référence à la loi du talion se trouve en Ak. VI, 332 ; OP III, p. 602. Pour une critique de l'interprétation de Schopenhauer, cf. S. Goyard-Favre, « Droit naturel et loi civile dans la philosophie de Schopenhauer », *Les Études philosophiques*, n° 4, 1977, p. 451-474 (en particulier p. 470).

146. Paul, Rm 12, 19.

147. Cf. *Galignani's Messenger*, 4 juillet 1857. Cf. note 91, p. 1018.

148. Ajout manuscrit de Schopenhauer sur son exemplaire de la troisième édition : m[Si un prince souhaite gracier un criminel justement condamné, son ministre lui répondra que dans ce cas ce crime se répéterait bientôt.]m

149. Puffendorf, *De officio hominis et civis* (1673), livre II, chap. 13. HN V <429>, p. 131.

150. Hobbes, *Léviathan*, *op. cit.*, chap. XV, p. 248 sq., et XXVIII, p. 463 sq. HN V <248>, p. 70.

151. Cf. Anselm Ritter von Feuerbach (1775-1833), *Anti-Hobbes oder über die Grenzen der höchsten Gewalt und das Zwangsrecht der Bürger gegen den Oberherrn*, Erfurt, Hennings,

1798 (HN V <179>, p. 44). A. von Feuerbach, père de Ludwig, est également l'auteur du célèbre *Kaspar Hauser. Beispiel eines Verbrechens am Seelenleben des Menschen*, Ansbach, Dollfuss, 1832.

152. Schopenhauer cite l'édition « bipontine », ainsi appelée en référence à la ville de Deux-Ponts, en Bavière.

153. La référence exacte est Sénèque, *De la colère*, I, 19, 7, trad. A. Bourgery, Paris, Les Belles Lettres, 1971, p. 24. HN V <530>, p. 163.

154. Fragment (cité par Stobée in *Eclogae*, I, 4, 14) d'une tragédie perdue d'Euripide, *Mélanippe ou la Captive;* cf. Euripide, *Tragédies. Fragments*, <6>, trad. F. Jouan. et H. Van Looy, Paris, Les Belles Lettres, 2002, p. 381.

155. Il s'agit d'une reprise polémique de la fameuse idée hégélienne (empruntée à Schiller : « *Die Weltgeschichte ist das Weltgericht* », écrit-il dans le poème *Résignation*) selon laquel l'histoire du monde est le tribunal du monde (cf. M. Lavoie, « Hegel et le tribunal du monde », in *Laval théologique et philosophique*, vol. 40, n° 2, 1984, p. 175-185. Schopenhauer n'a jamais voulu accorder un rôle significatif à l'histoire : le temps n'apporte que le retour du même. Cf. chapitre 38.

156. Le jeune Nietzsche, qui paraphrase ce passage au chap. 1 de *La naissance de la tragédie* (KSA 1/28 ; *Œuvres*, t. I, Paris, Gallimard, « Bibliothèque de la Pléiade », 2000, p. 20), verra dans cette rupture du *principium individuationis* l'un des éléments constitutifs du « dionysiaque ». Il oppose l'apollinien (dont relève ce qui dépend du « principe d'individuation ») au dionysiaque, lequel se manifeste quand s'abolit le principe d'individuation et la subjectivité.

157. Cette notation anticipe les développements du § 67 sur la compassion, qui en font le fondement de la morale.

158. Terme boehmien. Voir la note 78, p. 1067. Cf. « Schopenhauer und Böhme », *Schopenhauer-Jahrbuch*, 73 (1992), p. 12 sq.

159. C[*Schuld* <la faute/le crime>]C au lieu de B[*Sünde* <le péché>]B dans la traduction de Calderón par Schopenhauer.

160. Calderón, *La vie est un songe* (1635), I, 1, trad. A. de Latour, Paris, Le Livre de Poche, 1996, p. 10.

161. C[*Schuld* <la faute/le crime>]C au lieu de B[*Sünde* <le péché>]B.

162. L'hindouisme admet quatre castes dont les brahmanes occupent l'échelon supérieur. Les intouchables constituent l'échelon inférieur de l'échelle sociale, en dessous des quatre castes. Les trois classes dites régénérées comprennent, outre les brahmanes, les kshatriya et les vaisyas.

163. Schopenhauer réfère à l'*Oupnek'hat* (*id est secretum tegendum*)..., t. I et II, trad. et éd. Anquetil-Duperron, Paris, Levrault, 1801-1802. Sur Schopenhauer et les *Upanishads*, cf. la note 8, p. 963.

164. Cf. note 89, p. 1039.

165. Homme de la dernière caste des Indiens. Les parias (ou « intouchables ») sont ainsi dits de la clochette qu'ils étaient autrefois obligés de porter, afin d'avertir les brahmanes de ne point s'exposer à être souillés par l'ombre d'un être abject. Les « chandâlas », ou « tschandalas » comme l'écrit Schopenhauer, sont une espèce de parias. Nietzsche utilise ce terme dans *Le crépuscule des idoles* (« Die "Verbesserer" der Menschheit », *in* KSA 6/98-102) et dans l'*Antéchrist*, aux chapitres 56 and 57 (KSA 6/239-244).

166. *Chândogya-Upanishad*, VIII, 15. Cf. note 8, p. 963.

167. Paul, Rm 12, 19 (déjà cité au § 62).

168. Montaigne, *Essais*, II, 12 (*Apologie de Raimond Sebond*), éd. Balasmo et Magnien, Paris, Gallimard, « Bibliothèque de la Pléiade », 2007. HN V <374>, p. 117.

169. QR2, § 29 sq., p. 241-264.

170. On a dans ce texte, pour parler comme Nietzsche, une véritable « généalogie de la morale », où les caractéristiques morales des êtres sont déterminées à partir de leur utilité par rapport aux aspirations de la volonté de vivre. On peut donc considérer que l'un des germes de la méthode philologico-généalogique de Nietzsche appliquée dans la *Première dissertation* de sa *Généalogie de la morale* se trouve dans ce § 65 où son « maître » entend reconduire à leur signification première, travestie au fil de l'histoire, les concepts galvaudés de *gut und böse*. Cf. aussi HN IV/1, 227.

171. Crochets de Schopenhauer.

172. Sur le thème du perpétuel midi, image du présent éternel, cf. le § 54, p. 539-540.

173. Cette description du regard rétrospectif du criminel sur le cours de sa vie est à mettre en rapport avec le début du § 54. L'exemple du criminel saisi par l'effroi devant le tableau

de son existence est un cas particulier de ce que permet généralement la raison, c'est-à-dire justement la totalisation de l'existence et la prise de conscience de l'unité du caractère empirique. Cf. notes 4, p. 1048, 10, p. 1049, et 11, p. 1050.

174. Dans le § 68, Schopenhauer reviendra sur l'importance de la souffrance, en ce qu'elle permet de briser la volonté de vivre.

175. « Comme la lumière se fait connaître elle-même et fait connaître les ténèbres, la vérité est norme d'elle-même et du faux » (*Éthique*, II, 43, scolie, trad. Appuhn, Paris, GF, 1985).

176. Sénèque, lettre 81, 13, in *Lettres à Lucilius*, trad. H. Noblot, Paris, Les Belles Lettres, 1995, t. III, p. 95.

177. Cf. note 125.

178. *La vie de Monsieur Pascal, écrite par Madame Périer, sa sœur*, in *Œuvres complètes*, éd. L. Lafuma, Paris, Seuil, 1963, p. 17 sq.

179. Schopenhauer répond ici à l'objection classique de la bonté des faibles, qui trouve son origine dans le fameux discours de Calliclès du *Gorgias* de Platon : « Le malheur est que ce sont, je crois, les faibles et le grand nombre auxquels est due l'institution des lois. Aussi instituent-ils ces lois par rapport à eux-mêmes et à leur avantage, louant ce qu'ils louent et blâmant ce qu'ils blâment. Ceux de leur semblables qui sont plus forts ou capables d'avoir le dessus, ils arrivent à les épouvanter, afin de les empêcher d'avoir ce dessus, et ils disent que c'est laid et injuste de l'emporter sur autrui, que c'est cela qui constitue l'injustice, de chercher à avoir plus que les autres ; car comme ils sont inférieurs, il leur suffit, je pense, d'avoir l'égalité ! » (*Œuvres complètes*, *op. cit.*, t. I, p. 426).

180. Héros de la mythologie grecque, fils de Pélops et père d'Égisthe. Il s'oppose à son frère Atrée, qui l'a évincé du trône d'Argos, et séduit son épouse Europê. Ayant découvert l'adultère, Atrée tue deux des fils de Thyeste et profite d'un banquet solennel pour lui faire manger leur chair. Le personnage de Thyeste est lié à l'histoire des Atrides, qui fait l'objet de l'*Orestie* d'Eschyle. Sénèque a écrit un *Thyeste*.

181. L'*agapè* est le concept grec, traduit par « charité » (*caritas*), qui, dans le Nouveau Testament, désigne l'amour chrétien. Les textes majeurs qui célèbrent l'*agapè* chrétienne sont l'hymne à l'amour de la première épître de saint Paul aux

Corinthiens (XIII) et la première épître dite «de Jean». En faisant référence à ces deux concepts, Schopenhauer situe sa doctrine de la compassion dans un contexte éminemment chrétien, comme va le montrer de plus en plus la suite du texte.

182. Dix-septième et dernier roi légendaire d'Athènes. Au cours de la guerre contre les Doriens, ayant appris par un oracle que l'avantage irait au peuple dont le chef serait tué, il alla volontairement à la mort.

183. Roi de Sparte, qui mourut en héros avec ses homme dans la défense du défilé des Thermopyles contre les Perses lors de la seconde guerre médique (cf. Hérodote, *Enquête*, VII, 204 sq.).

184. Marcius Atilius Regulus, consul de Rome (élu en 256 av. J.-C.) pendant la première guerre punique. Il est vaincu par les Carthaginois et fait prisonnier. Ses vainqueurs lui proposent de rentrer à Rome pour obtenir soit la cessation des combats, soit au moins un échange de prisonniers. Il donne sa parole d'honneur de rentrer à Carthage si sa mission échoue. Arrivé à Rome, il déconseille devant le Sénat le choix de l'une de ces deux options. Il retourne à Carthage, fidèle à sa parole, pour y mourir. L'histoire de Regulus est rapportée par Tite-Live, *Histoire de Rome*, livre XVIII (*Ab Urbe condita libri*). Cf. aussi Cicéron, *De officiis* (Des devoirs), III, 99 sq.

185. Publius Decius Mus, consul romain (élu en 340 av. J.-C.). Lors de la bataille de Veseris, livrée contre les Latins, il se dévoua aux dieux infernaux afin d'assurer la victoire, et se jeta au milieu des rangs ennemis pour y périr. Son histoire inspira à Rubens tout un cycle de peintures.

186. Héros légendaire de l'histoire de la Suisse. Il permit aux Confédérés de remporter la victoire sur les troupes du duc Léopold III d'Autriche lors de la bataille de Sempach en 1386. D'après la légende, les Suisses n'arrivaient pas à percer les lignes des fantassins ennemis. Winkelried se serait alors projeté sur les lances pour ouvrir une brèche après avoir demandé à ses camarades de veiller sur sa femme et ses enfants.

187. En effet, Kant manifeste une certaine méfiance, voire un rejet vis-à-vis du sentiment de compassion. La propension à la pitié, dit-il, est certes aimable, «mais elle n'a pas le caractère de dignité de la vertu» (*Observations sur le sen-*

timent du beau et du sublime, in OP I, p. 461-462; Ak. II, 215-28). « Le sentiment de pitié et de tendre sympathie, quand il précède la réflexion sur ce que doit être le devoir et qu'il devient un motif, importune les personnes bien intentionnées elles-mêmes, porte le trouble dans leurs maximes réfléchies, et leur fait souhaiter d'en être débarrassées et n'être soumises qu'à la raison législatrice (CPrat, *in* OP II, p. 752; Ak. V, 118).

188. *Éthique*, prop. 27, cor. III, scolie, *op. cit.*

189. Pétrarque, canzone 264, in *Canzionere, op. cit.*

190. Cf. Mt 19, 24: « Il est plus facile à un chameau de passer par un trou d'aiguille qu'à un riche d'entrer dans le Royaume des Cieux. » Cf. aussi Mc 10, 25; Lc 18, 25. Schopenhauer suit une autre leçon, *Ankertau* (câble).

191. Sur la négation de la volonté comme contradiction, cf. plus haut, la note 35, p. 1054.

192. La perspective d'un dépérissement de l'espèce humaine n'est pas développée par Schopenhauer. En revanche, elle apparaît beaucoup plus nettement chez son grand disciple, Eduard von Hartmann, et particulièrement dans sa *Philosophie de l'inconscient*, qui développe un grand tableau historique du vieillissement de l'humanité, et de son cheminement progressif vers l'aspiration à l'annihilation (cf. *Philosophie de l'inconscient*, t. II, trad. Nolen, 3e partie, « Métaphysique de l'inconscient », XIII, « Troisième stade de l'illusion », Paris, G. Baillière, 1877, p. 479 sq.).

193. Henry Thomas Colebrooke (1765-1837), « On the Vedas », in *Asiatic Researches*, vol. VIII (HN V <1090>), repris dans les *Miscellaneous Essays*, I, 88, du même auteur, Londres, W. H. Allen & Co., 1837 (HN V <1105>).

194. J. Scheffler (dit Angelus Silesius), *Le Pèlerin chérubinique* (1675), livre I, 275, trad. M. Renouard, Paris, Payot et Rivages, 2004, p. 122. Ce passage montre que la position de l'homme dans la nature chez Schopenhauer est assez proche de celle qu'elle occupe chez certains auteurs de la tradition chrétienne. L'homme est en effet celui qui, contemplant la nature, la récapitule dans son esprit, et qui peut, par sa conversion à Dieu, la porter tout entière vers Dieu, comme le suggère le passage du *Pèlerin chérubinique*. Ce faisant, l'homme participe à l'œuvre christique de rachat de la création tout entière. On trouve cette idée exprimée chez Érigène. « Le

Christ comme nouvel Adam cosmique réunifie ainsi successivement toutes les divisions de la nature ou dualités onto-cosmologiques imputables au péché originel, en unifiant en lui-même le paradis et le globe habité, le ciel et la terre, les natures sensibles et les natures intelligibles, puis en unissant toute la nature créée, qu'il récapitule en lui, avec la nature incréée, c'est-à-dire avec Dieu. La réunification des natures dans le Christ culmine donc dans une déification du cosmos tout entier, restitué à Dieu par le Christ» (Fr. Bertin, Introduction à sa traduction du livre II de la *Division de la nature*, Paris, PUF, 2000, p. 254). Chez Érigène, l'homme est défini comme le «creuset de toutes les créatures» (*officina omnium*), comme une récapitulation de toutes les créatures, en particulier dans la figure de l'Homme originel de l'état supralapsaire: «Si le récit de la Genèse raconte la création de l'homme après avoir raconté la création du monde sensible, en présentant l'homme comme une sorte de récapitulation de toutes les autres créatures (*veluti omnium conclusio*), c'est afin de nous faire comprendre que toutes les autres créatures [...] sont précontenues dans leur intégralité en lui (*in ipso universaliter comprehenduntur*)» (782 D, p. 117 de la trad.). Ou encore: «L'homme a manifestement été créé comme étant le terme final de toute la création récapitulée en lui» (785 D, p. 122). Chez Schopenhauer, on retrouve dans la figure du saint cette idée de récapitulation: le saint correspond au point où la nature se rassemble pour se nier, se convertir, c'est-à-dire retourner dans l'inconscient.

195. *Meister Eckhart*, éd. Franz Pfeiffer, Leipzig, Göschen, 1857, I, p. 459. HN V <656>, p. 210.

196. Cf. Rm 8, 9-24: «Car la création en attente aspire à la révélation des fils de Dieu: si elle fut assujettie à la vanité, — non qu'elle l'eût voulu, mais à cause de celui qui l'y a soumise —, c'est avec l'espérance d'être elle aussi libérée de la servitude de la corruption pour entrer dans la liberté de gloire des enfants de Dieu. Nous le savons en effet, toute la création jusqu'à ce jour gémit en travail d'enfantement. Et non pas elle seule: nous-mêmes qui possédons les prémices de l'Esprit, nous gémissons nous aussi intérieurement dans l'attente de la rédemption de notre corps.»

197. Chy Fa Hian, *Foé Koué Ki, ou Relations des royaumes*

bouddhiques, traduit du chinois par Abel Rémusat, Paris, Imprimerie Royale, 1836, p. 233.

198. Cf. Henry Thomas Colebrooke, *Miscellaneous Essays*, Londres, Allen & Co., 1837, « Sur la philosophie des Hindous », I, p. 259 (reprise d'un article paru initialement dans les *Asiatic Researches*, vol. I, p. 19-43). Ce fragment se retrouve aussi dans H. H. Wilson, *Sankhya Karika*, Londres, 1838, § 67, p. 184.

199. À la fin du § 15. Cf. note 163, p. 997.

200. Spinoza, *Éthique*, V, prop. 42, scolie, *op. cit.*

201. Marie-Élisabeth de Polier, *Mythologie des Indous*, 2 vol., Rudolstadt et Paris, 1809, p. 340. HN V <1166>. Cf. note 8, p. 963.

202. C[*in unseren Tagen* <de nos jours>]C au lieu de B[*ganz neuerlich* <très récemment>]B.

203. Gerhard Tersteegen (1697-1769), *Leben Heiliger Seelen*, Lentner, 1815. HN V <746>, p. 230; Reiz, *Geschichte der Wiedergeborenen* (1698-1717); Johann Arnold Kanne (1773-1824), « Leben der Beata Sturmin », in *Leben und aus dem Leben merkwürdiger und erweckter Christen aus der protestantischen Kirche*, Leipzig, Brockaus, 1842. HN V <676>, p. 215.

204. S. Bonaventure, *Vita Seraphici Patris S. Francisci*, Typis & Sumptibus Nasseanis, 1847. HN V <633>, p. 204; *Vie de saint François d'Assise*, éd. D. Vorreux, Paris, Éditions franciscaines, 1968; Chavin de Mallan, *Histoire de saint François d'Assise*, 1re éd. 1841.

205. Robert Spence Hardy, *Eastern Monachism : an account of the origin, laws, discipline... of the order of mendicants founded by Gôtama Buddha*, Londres, Partridge and Oakey, 1850. HN V <1122>, p. 328.

206. Jeanne-Marie Bouvier de La Mothe Guyon (1648-1717), *La vie de Mme Guyon écrite par elle-même*, t. I-III, Cologne, J. de la Pierre, 1720. HN V <672>, p. 214. Repris dans *La vie de Mme Guyon écrite par elle-même*, Paris, H. Champion, 2001. L'intérêt de Schopenhauer pour le quiétisme de Mme Guyon s'explique par l'importance qu'il accorde à la notion de grâce, dans la lignée de la tradition protestante. Sur les rapports entre le quiétisme français et Schopenhauer, on peut consulter Robert Spaemann, *Reflexion und Spontaneität : Studien über Fénelon*, Stuttgart, W. Kohlhammer,

1963; deuxième édition, augmentée, Stuttgart, Klett-Cotta, 1990.

207. Jean Maximilian Lucas, *La vie de Spinoza par un de ses disciples* (1719), *in* Spinoza, *Œuvres complètes*, Paris, Gallimard, 1954, p. 1340 sq.; Spinoza, *Tractatus de intellectus emendatione* (1677), trad. A. Lécrivain, Paris, GF, 2003, p. 66 sq.

208. Goethe, *Confession d'une belle âme*, in *Wilhelm Meister*, I, 6, in *Romans* de Goethe, trad. B. Briod, Paris, Gallimard, 1954, p. 718-777. HN V <1451>, p. 406; *Italienische Reise*, lettre de mai 1787 et lettres de juin 1787 à avril 1788. Saint Philippe Neri (1515-1594), fondateur de la congrégation de l'Oratoire, figure de la Réforme catholique entreprise avec le concile de Trente.

209. Sur les « vainqueurs du monde », cf. la toute fin du § 16, qui oppose le Christ ou les sages hindous au sage stoïcien.

210. Sur la manifestation de la liberté par la négation de la volonté, cf. plus loin p. 726-727.

211. En effet, Plutarque (dans ses *Vies des hommes illustres*) ou Tite-Live (dans son *Histoire de Rome*) se sont intéressés surtout aux grands hommes politiques et aux héros, c'est-à-dire précisément à ce que Schopenhauer considère comme des manifestations de l'intensification de la volonté de vivre.

212. Fénelon, *Explication des maximes des saints sur la vie intérieure* (1697).

213. Passage supprimé : « ... Augustin A[(qu'il ne cite sans doute, en tant qu'augustinien, que *honoris causa*)]A »

214. *Theologia Deutsch* [*Eyn deutsch Theologia*, anonyme, 1497, 1516 éd. partielle et préface de Luther, éd. complète 1518, 26 éd. au XVIe s.], éd. Pfeiffer, Stuttgart, Liesching, 1851 (HN V <750>, p. 231); *Une théologie germanique*, trad. du ms. de 1497 par J.-J. Anstelt, Paris, PUF, 1983; *Traduction de la Théologie germanique, faite sur les éditions originales de Luther*, Thionville, Le Fennec, 1994; *La théologie germanique 1497*, trad. P. Poiret, Grenoble, Millon, 2000. C'est cet écrit qui inaugure une « renaissance » de la mystique dans l'espace protestant du piétisme (1675-1730), tradition « souterraine » à laquelle Schopenhauer n'est pas étranger. La *Theologia deutsch* est rééditée en 1597 avec une préface du prépiétiste J. Arndt, autre relais important dans cette tradition (*Vom wahren Christentum* qui contient de longs extraits de Tauler, Paracelse,

Bernard, Bonaventure...). Un autre médiateur est ensuite Angelus Silesius dont les sources sont, à côté des auteurs cités, Thomas a Kempis, Ruysbroeck, Maximilian Sandaeus: *Pro Theologia mystica Clavis*, 1640. Parmi les admirateurs de Scheffler: G. Tersteegen, Zinzendorf et G. Arnold, *Historie und Beschreibung der mystischen Theologie*, 1703, avec des extraits de Denys, Bernard, Bonaventure, Eckhart, Tauler, Thomas a Kempis. Par ailleurs, Spener, Francke, Tersteegen, Arnold, font le lien avec la mystique espagnole (Molinos, sainte Thérèse, Jean de la Croix) et française (Mme Guyon). Il faut tenir compte également de l'influence très forte de J. Boehme dans le piétisme (par V. Weigel, Gichtel, Arnold. Ph. M. Hahn, les Petersen, Oetinger...). Pour un aperçu synthétique de cette généalogie avec réf., cf. G. Kaiser, *Pietismus und Patriotismus im literarischen Deutschland. Ein Beitrag zum Problem der Säkularisation*, Francfort-sur-le-Main, Athenäum, 1960, ^{2}1973, p. 10-11. (*C.S.*)

215. *Nachfolgung des armen Leben Christi* et le *Medulla animae* de Tauler sont regroupés dans *Das Buch von der geistigen Armut*, 1703. HN V <745>, p. 229.

216. Sur la conception schopenhauerienne du christianisme et le rapport entre AT et NT, cf. t. II, chap. 48 et la note 396, p. 2301.

217. *Oupnek'hat*, t. 2, Paris, Levrault, 1802, n°s 138, 144, 145, 146; M. E. de Polier, *Mythologie des Indous*, 2 vol., Rudolstadt et Paris, 1809, chap. 13, 14, 15, 16, 17 (HN V <1166>); *Das Asiatische Magazin*, 1802, chap. 6 et 12; *Hindu-Gesetzbuch oder Menu's Verordnungen nach Cullucas Erläuterung*, trad. all. J. C. Hüttner, Weimar, Industrie-Comptoir, 1797 (HN V <1127>); *Asiatic Researches* (20 vol. de 1788-1839). Sur ces références et la rencontre de Schopenhauer avec la pensée indienne, cf. note 8, p. 963.

218. Nom du Bouddha dans le bouddhisme chinois.

219. Un *sannyâsin* est un brahmane qui vit dans le *sannyâsa*, quatrième et dernier stade de la vie du brahmane orthodoxe. Les états précédents sont le *brâhmâchârya*, la période de formation, le *grihastha*, la vie mondaine et le *vânaprastha*, la période d'étude en ermite des écritures sacrées.

220. Horace, *Épîtres*, I, 2, 40; Kant, *Réponse à la question qu'est-ce que les Lumières?*, *in* OP II, p. 207 sq. (Ak. VIII, 35).

221. Jeanne-Marie Bouvier de La Mothe Guyon, *La vie de*

Mme Guyon écrite par elle-même, op. cit., t. II, p. 13. HN V <672>. Ce que dit Mme Guyon du « midi de la gloire » peut être rapproché de l'« éternel midi » que mentionne Schopenhauer dans le § 54, p. 540.

222. On retrouve ici à propos du saint le même problème qui affleure au livre III à propos du génie. Pour Schopenhauer, en effet, le génie est aussi doté d'une énergie intellectuelle supérieure, et sa contemplation suppose un effort. De même, l'état contemplatif du saint ne va pas sans une forme de lutte. On peut se demander si dans une telle lutte on ne peut pas voir une résurgence de la dualité fondamentale entre sujet de la connaissance et sujet du vouloir dont l'homme est le difficile espace de liaison.

223. **m**[Sur le δεύτερος πλοῦς, Stobée, *Florilegium*]**m**. Cette glose manuscrite figure sur l'exemplaire personnel de Schopenhauer (3e éd.). Cf. Stobée, éd. Thomas Gaisford, *Joannis Stobaei Florilegium*, 4 vol., 1823/1824, vol. II, p. 374 (fragment 59, 9). HN V <1356>, p. 383. Cf. aussi Platon, *Phédon*, 99 d.

224. Ce passage, en soulignant la soudaineté de la conversion de la volonté (de son affirmation à sa négation), prépare l'investissement par Schopenhauer du vocabulaire de la conversion par l'efficace de la grâce. D'un point de vue philosophique, le registre de la rupture est rendu nécessaire par sa conception de la conversion comme acte de la liberté. La liberté de la volonté, dont Schopenhauer dira plus loin qu'elle est un mystère (cf. note 240, p. 1089), se définit négativement comme ce qui échappe au principe de raison, c'est-à-dire comme contingence absolue. La conversion, comme manifestation de la liberté de la volonté, ne saurait donc aucunement résulter de la pratique des œuvres (d'où la condamnation par Schopenhauer des *opera operata*). Si c'était le cas, la liberté serait elle-même déterminée par les œuvres. Ce ne serait donc plus la liberté. Ainsi, la conversion de la volonté, comme acte de liberté, ne peut prendre que la figure d'une irruption soudaine, semblable à la fulguration de la grâce, qui vient déchirer le tissu des relations causales qui constituent l'ordre ordinaire des choses (c'est-à-dire des phénomènes).

225. La pièce de Goethe se termine par la scène finale de rédemption de Marguerite (la fameuse scène du cachot). Après avoir été séduite par Faust, après avoir perdu l'enfant né de

leur union et été emprisonnée, elle renonce à son amour pour Faust et s'en remet finalement à Dieu.

226. «Catholique» doit être ici pris dans son acception non pas religieuse, mais étymologique, «transformation catholique» signifiant transformation *totale.*

227. Matthias Claudius, *Der Wandsbecker Bote,* 8 vol., 1775-1812, ici vol. I, p. 115. HN V <1439>, p. 403.

228. J. K. Brucker, *Historia critica philosophiae,* 6 vol., Weidmanni et Reichii, 1743-1767, vol. IV, I, p. 10. HN V <88>, p. 22.

229. Chapitre 48, p. 2134.

230. Cf. *Vie de Benvenuto Cellini par lui même.*

231. Pseudonyme de Matthias Claudius cité plus haut.

232. Platon, *Phédon,* 116 e, in *Œuvres complètes, op. cit.,* t. I, p. 853.

233. Goethe, *Torquato Tasso,* III, 2, in *Théâtre complet, op. cit.,* p. 718-726. HN V <1451>, p. 406.

234. Schopenhauer fait allusion à la muse de Pétrarque, Laure, dont la mort soudaine plongea le poète dans un grand désarroi. Dans ses poèmes, Pétrarque joue avec le nom de Laura qu'il rapproche de Lauro (le laurier), qui est l'arbre en lequel se transforma Daphné, poursuivie par Apollon (cf. Ovide, *Métamorphoses*).

235. On peut poser la question de savoir quel est le sujet d'un tel acte de liberté. En effet, l'acte de négation de la volonté de vivre, comme acte de liberté, est finalement rapporté dans ce paragraphe à une forme de grâce, que les «œuvres» ne peuvent aucunement déterminer. L'acte de liberté manifeste la liberté de la volonté, on peut se demander si cette liberté est bien celle de l'invidu, où plutôt celle d'une volonté transindividuelle, qui, par un acte dont les fondements nous sont inaccessibles, décide sans raison de se renoncer. Dans *La liberté de la volonté,* Schopenhauer montre qu'en vertu de la doctrine kantienne du caractère intelligible, la liberté est un acte par lequel nous choisissons la totalité de nos actes. La liberté est choix total de soi-même. C'est pourquoi la responsabilité, plus profondément que sur les actes, porte sur le caractère (LV), qui est précisément ce qui caractérise l'ensemble de mes actes, et le style de mon existence tout entière. Dès lors, la responsabilité est totale : nous sommes coupables d'être nés. Mais dès lors, l'acte par lequel se fait en

nous la négation de la volonté, c'est-à-dire la régénération, est aussi mystérieux que l'acte par lequel nous posons originairement l'intégralité de nos actes, c'est-à-dire le choix de soi-même. Le recours par Schopenhauer au concept de « grâce », importé de la théologie chrétienne, laisse penser que subsiste au sein de la pensée de Schopenhauer comme l'analogue de la dualité entre la volonté de la créature et la volonté de Dieu — une volonté individuelle et une volonté transindividuelle qui l'engloberait. Mais pour aller plus loin, il faudrait trancher la question des racines ontiques de l'individualité, et l'on a déjà vu (note 66, p. 1012) que cette question était laissée par Schopenhauer sans réponse.

236. En fait, le désespéré qui se suicide n'accomplit pas vraiment son intention profonde ; en se supprimant lui-même, il ne va pas assez loin dans la négation de la volonté. Il semble y avoir là un paradoxe scandaleux : que pourrait-il faire de plus pour accomplir la négation de la volonté que de se nier lui-même ? Or, toute l'illusion réside dans le fait que le désespéré *veut* cette négation : la destruction de son être suppose encore la volonté de détruire, pour tel ou tel motif. Au fond, dans l'analyse de l'acte du désespéré, on en reste aux éléments constitutifs de l'acte de volonté ordinaire, à savoir l'acte de volonté motivé, une volonté individuelle qui se détermine à agir dans une direction en fonction de motifs. Que l'acte en question ait pour résultat la suppression physique de l'être ne change rien à l'affaire. Cet acte obéit au principe de raison : il est déterminé, et déterminé par le principe de motivation. Ce qui entraîne deux conséquences : il affirme la volonté de vivre au lieu de la nier, et il l'affirme sous la forme d'un acte déterminé, ce qui est contraire à la doctrine de la négation de la volonté de vivre, qui pose cet acte comme un acte de liberté, donc non déterminé par le principe de raison.

237. Dans l'hindouisme, manifestation de la divinité suprême sous la forme d'une trinité divine. La *trimûrti* est représentée soit par les dieux Brahmâ, Vishnu et Shiva assis ou debout côte à côte, soit par les têtes de ces trois divinités réunies en un seul corps.

238. Cf. *Breslauer Sammlung von Natur-und Medecin-Geschichten*, éd. J. Kanold, 1717 et suiv. (art. de l'été 1719, publié en 1721) ; *Nouvelles de la République des Lettres*, éd. P. Bayle 1684-1687, art. de février 1685 ; J. G. Zimmermann,

Betrachtungen über die Einsamkeit, 4 vol., Leipzig, Weidmanns Erben und Reich, 1784-1785, vol. I, chap. 3, p. 82 (HN V <610>) ; M. Houttuyn, *Sammlung für praktische Ärzte* ; C. W. Hufeland, *Journal der praktischen Arzneikunde und Wundarzneikunde* (1795 et suiv.) et *Bibliothek der praktischen Heilkunde* (1799 et suiv.) ; C. F. Nasse, *Zeitschrift für psychische Ärzte* (1818 et suiv.).

239. B[*inwiefern dieses* der Fall *gewesen sein mag* <dans quelle mesure cela avait pu être le cas>]B au lieu de A[*inwiefern dieses* wahr *gewesen sein mag* <dans quelle mesure cela avait pu être vrai>]A.

240. « La liberté est un mystère » : cette citation, reproduite par Schopenhauer au début et à la fin de son *Mémoire*, est attribuée par lui à Malebranche. Bien qu'il ne le précise pas, il l'a lue dans l'ouvrage de Helvétius, *De l'esprit* (voir le *Corpus des œuvres de philosophie en langue française*, t. 39, Paris, Fayard, 1988). Le développement d'Helvétius est tiré du *Discours I*, chap. IV, « De l'abus des mots » (*op. cit.*, p. 42 sq.). Helvétius y montre qu'« on ne peut donc se former aucune idée de ce mot de *liberté* appliqué à la volonté ; il faut la considérer comme un mystère ; s'écrier avec St. Paul, *O altitudo!* convenir que la Théologie seule peut discourir sur une pareille matière » (*ibid.*, p. 47-48). Certes, selon Helvétius, on peut se former une idée très claire de la liberté à condition de la définir « dans sa signification commune » (p. 46) comme « l'exercice libre de [la] puissance », ce qui n'est autre que la conception lockéenne de la liberté. Mais le concept de liberté s'obscurcit considérablement quand on cherche à définir ce que serait la liberté de la volonté : « [...] on ne pourroit entendre, par ce mot, que le pouvoir libre de vouloir ou de ne pas vouloir une chose ; mais ce pouvoir supposeroit qu'il peut y avoir des volontés sans motifs, et par conséquent des effets sans cause. [...] Or tout effet est nécessaire. En ce sens, on ne peut donc attacher aucune idée nette à ce mot de *liberté* » (p. 46-47). Ainsi pour Helvétius, en l'absence de toute signification claire, on ferait bien, afin d'éviter des disputes sans fin, parfois sanglantes (cf. p. 48), d'adopter le point de vue de Malebranche, et convenir, comme cet « habile théologien, dans sa *Prémotion physique*, que *la liberté étoit un mystère. Lorsqu'on me pousse sur cette question*, disoit-il, *je suis forcé de m'arrêter tout court* » (p. 46). La citation faite par Helvétius

n'est pas exacte. On trouve dans les *Réflexions sur la prémotion physique* de Malebranche (*in* Malebranche, *Œuvres*, t. XVI, éd. A. Robinet, Paris, Vrin, 1958) les affirmations suivantes : à propos de la question de la liberté divine, « il faut qu'un Théologien ait en vue les dogmes décidés : que convaincu de la faiblesse de l'esprit humain, il s'arrête tout court, pour peu qu'il appréhende de choquer quelques-uns de ces dogmes ; et surtout lorsque c'est un dogme aussi essentiel que celui de la liberté. [...] les attributs de l'Être infini [...] doivent être incompréhensibles à tout esprit fini » (*op. cit.*, p. 27-28). La liberté humaine n'est pas plus saisissable, car nous n'avons pas d'idée claire de notre âme : « ceux qui disputent sur la liberté voudraient qu'on leur donnât une idée claire de cette faculté de l'âme. Or cela n'est pas possible ; puisqu'on ne connaît la nature de l'âme même que par sentiment intérieur » (*ibid.*, p. 29). « Ainsi, quand on me demande ce qu'est la liberté, après avoir répondu en des termes généraux, que c'est le pouvoir de suspendre ou de donner son consentement, ou fait quelque réponse équivalente ; si l'on insiste, et qu'on veuille savoir précisément ce que c'est que ce pouvoir, cette activité de l'âme, ces actes immanents de la volonté, je réponds que c'est ce que chacun sent en soi » (p. 29-30). Plus loin, Malebranche peut affirmer que « nous ne comprendrons jamais clairement ce que nous sommes [...] l'âme, quoique finie, renferme bien des mystères qu'elle sent en elle-même, et qu'elle ne peut expliquer » (p. 131). La position de Schopenhauer constitue-t-elle une rupture par rapport à la doctrine kantienne ? Certaines formulations de Kant pourraient étayer le constat du caractère mystérieux de la liberté. On consultera la Remarque de la 3e partie, 2e section de *La Religion*, qui définit ce qu'est un mystère (Ak. VI, p. 137-138), et conclut que « le fondement insondable pour nous de cette propriété [la liberté] est un mystère (*Geheimnis*) parce qu'il ne nous est pas donné comme objet de connaissance » (Ak. VI, p. 138 ; OP III, p. 169). En fait, la position de Kant est ambivalente : « nous comprenons très bien ce qu'est la liberté d'un point de vue pratique (lorsqu'il est question du devoir), tandis qu'au point de vue théorique, en ce qui touche sa causalité (pour ainsi dire sa nature), nous ne pouvons même pas sans contradiction songer à vouloir la comprendre » (Ak. VI, p. 144 ; *La Religion*, *in* OP III, p. 176). Ou encore : « La liberté, propriété révélée à l'homme à partir de la déterminabilité de son arbitre par la loi morale inconditionnée, n'est pas un mystère, parce que sa connaissance peut être *communiquée* à chacun; mais le fondement insondable pour nous de cette propriété demeure un mystère» (Ak. VI, p. 138; OP III, p. 169). Ainsi, c'est bien en tant qu'elle se traduit en un impératif moral, comme législation de la raison, que la liberté est susceptible sinon d'être sondée jusque dans son fondement ultime, du moins d'être articulée selon les catégories (ce que fait la *Critique de la raison pratique*). Comme le dit bien Alexis Philonenko dans une note, «la persistance de la liberté comme mystère (Malebranche) s'explique par le fait que *c'est moins sa législation que sa décision transcendante*, voilée à nos yeux comme à notre intelligence, qui obscurcit nos réflexions» (OP III, p. 1369). On peut aussi citer Gerhard Krüger: «La loi est seulement "sue", mais elle n'est pas comprise positivement, c'est-à-dire de façon qui la pénètre (ni non plus dans sa possibilité). Au contraire, la possibilité de la liberté est compréhensible à partir de la loi» (*Critique et morale chez Kant*, trad. M. Regnier, Paris, Beauchesne, 1961, p. 230). Schopenhauer, qui rejette l'articulation rationnelle de la liberté comme législation de la raison, ne laisse donc subsister de la liberté kantienne que son caractère insondable et énigmatique.

241. Augustin, *Livre des 83 questions*, in *Œuvres de saint Augustin*, X, Paris, Desclée de Brouwer, 1952, question 66, p. 249.

242. Augustin, *Contre la seconde réponse de Julien*, in *Œuvres complètes de saint Augustin traduites pour la première fois en français*, dir. Raulx, Bar-le-Duc, L. Guérin & Cie, 1869, I, 47, p. 400-401.

243. Luther, *Du serf-arbitre* (1525), Paris, Gallimard, 2001. HN V <701>, p. 220.

244. Qu'en ce § 70 sur la négation de la volonté, au sommet donc de son système, Schopenhauer affirme qu'il voit dans la doctrine de la justification de Luther, dont il donne ici un long résumé, une «vérité qui concorde parfaitement» avec le «résultat» de ses propres considérations, doit retenir l'attention, d'autant plus que cette «concordance», pourtant explicitement énoncée, est volontiers négligée dans la recherche schopenhauerienne; laissons ici de côté la question de savoir si le diagnostic de Nietzsche, selon lequel le protestantisme est

le *peccatum originale* de la philosophie allemande et celle-ci une « théologie dissimulée » (*L'Antéchrist*, 10, KSA 6/176), s'applique aussi à Schopenhauer, et si la conceptualisation schopenhauerienne des « mystères du christianisme » que Luther aurait su conserver (t. II, chap. 17, p. 1406), conceptualisation démythologisante qui prétend ne garder d'une religion non pas ses « mythes », mais son « esprit », sa « tendance éthique » (chap. 48, p. 2122), son « essence », est légitime. Toujours est-il que Schopenhauer réaffirmera cette concordance au chap. 48 du tome II (p. 2098), en dépit de sa critique de la conception luthérienne du mariage et du refus du monachisme ascétique (p. 2126). Il faut d'ailleurs distinguer entre ce que Schopenhauer appelle le « dogme authentiquement évangélique », et le protestantisme contemporain, où il ne veut voir qu'une dégradation de ce dogme en « optimisme », « rationalisme » et « pélégianisme ». C'est, sans doute, le paulinisme augustinien de Luther (Paul : Rm, Ga, Hb alors considéré comme authentique ; Augustin antipélagien : *De spiritu et littera*, *De peccatorum meritis et remissione*, *Contra Julianum*, *De nuptiis et concupiscentia*) qui intéresse au premier chef Schopenhauer ; Luther revendique en effet la filiation, pour les « paradoxes » de sa théologie de la croix, de Paul, « vase et organe du Christ », et d'Augustin, « son interprète le plus fidèle » dans la *Controverse de Heidelberg* (1518) (WA 1, 353 ; *Œuvres*, Genève, L&F, t. I, p. 124). L'évocation simultanée, pour la doctrine de la justification, de Paul, d'Augustin et de Luther au chap. 48 (p. 2091) pourrait venir l'attester. Au cœur de la réappropriation schopenhauerienne se situe le traité *De servo arbitrio*, traité dont Schopenhauer cite plusieurs extraits dans son *Mémoire sur la liberté de la volonté*, IV. Schopenhauer ne pouvait, il est vrai, que souscrire à la leçon du *De servo arbitrio* (1525), réponse au *De libero arbitrio* (1524) d'Érasme. Contre l'identification de la liberté avec le libre arbitre et la coopération de l'homme au salut, la liberté consiste à reconnaître l'impuissance de la volonté essentiellement serve de la concupiscence, du « penchant au mal » comme le formule ici Schopenhauer, c'est-à-dire du péché lequel, comme néant, n'est pas la privation accidentelle d'un attribut, ou la corruption de la substance créée de l'homme, mais, comme mal radical et permanent (commentaire de Ps 32 [31], 2 dans *Les sept psaumes de la pénitence* [1517] : WA 1, 168 ; *Œuvres*, t. I,

p. 27), la privation de l'*esse gratia* : il est le propre de l'homme, sa *propria passio*, siégant dans « le tréfonds du cœur » (« ... *des Herzens Grund* ») ; *Vorrede zum Brief des Paulus an die Römer* (1522), in *Luther Deutsch*, vol. 5, Göttingen, Vandenhoeck & Ruprecht, 1991, p. 48 (WA DB 6-8 ; *Œuvres*, t. I, Paris, Gallimard, 1999, p. 1058. La justification se trouve donc non pas dans les œuvres peccamineuses (cf. *Controverse de Heidelberg*, thèse 39 : « Nous ne sommes pas maîtres de nos actes, mais nous en sommes serfs, depuis le commencement jusqu'à la fin. Contre les philosophes » ; thèse 40 : « Nous ne sommes pas rendus justes en accomplissant des œuvres justes, mais, rendus justes, nous accomplissons des œuvres justes. Contre les philosophes » (WA 1, 226 ; *Œuvres*, t. I, p. 98) ; *Cours sur l'Épître aux Romains* (WA 56, 3 ; *Œuvres*, t. XI, p. 19)...), mais dans la foi seule toujours donnée par la grâce de Dieu, le pécheur ne pouvant rien ajouter de sa propre initiative à ce don gratuit de Dieu (Paul, 2 Co 4, 7 ; 2 Co 3, 5 ; 2 Co 12, 9...), qui se destine à ce qui est humble, à ce qui n'est « rien », en quoi il est justement amour (cf. *probatio* de la thèse 28 de la *Controverse de Heidelberg* (WA 1, 365 ; *Œuvres*, t. I, p. 140) ; Rm 12, 16 ; 1 Co 1, 27-29). Or, la concordance avancée par Schopenhauer — qu'il résume ici par cette phrase : « Nous voyons en effet que la vertu authentique et la sainteté de l'intention <*Gesinnung*> n'ont pas leur source primordiale dans la faculté de vouloir et de délibérer <*überlegte Willkür*> (dans les œuvres), mais dans la connaissance (la foi) » (§ 70, p. 745-746) — implique toute une série de théologoumènes luthériens qui influent, à un degré plus ou moins fort, sur son système. Relevons pour notre contexte, au premier chef, la nouvelle conception luthérienne du péché et de la grâce dans sa doctrine de la justification. Dans sa description du mouvement de justification (§ 70, p. 746-747), Schopenhauer suit Luther qui lui-même est fidèle à Paul : dans Rm 5, 12-21, Paul, par référence à Gn 3, proclame que si le péché originel, et avec lui la mort (Rm 6, 23 ; Rm 6, 21) et la corruption (Rm 8, 21), est entré dans le monde par Adam qui s'est détourné de Dieu, c'est en effet le Christ qui accorde la grâce et la justice faisant retrouver la vie. L'homme, cet être dans la chair (Luther, *Préface à l'Épître de Paul aux Romains* [1522], *Œuvres*, t. I [Pl.], p. 1061 ; WA DB 7, 12), abrite comme une dynamique du péché originel qui l'éloigne de Dieu et le conduit à la perdition et à la mort éternelle ; mais par l'Esprit et par la destruction du « corps de péché », ce « corps mortel » (Rm 6, 16), il s'affranchit de la « servitude de la corruption » (Rm 8, 21) et « de la loi du péché et de la mort » (Rm 8, 2). L'homme paulinien s'arrache de la puissance (*dunamis*) du péché en recevant une nouvelle puissance, l'Esprit, qui donne la vie, car il est l'Esprit de Dieu, source unique de vie : « le don gratuit de Dieu, c'est la vie éternelle » (Rm 6, 23). Il importe de comprendre ce point également capital pour Schopenhauer : pour Luther, lecteur de Paul, la grâce n'est pas accordée en vertu des mérites et des œuvres (Ep 2, 8-9 : « Car c'est bien par la grâce que vous êtes sauvés, moyennant la foi. Ce salut ne vient pas de vous, il est un don de Dieu ; il ne vient pas des œuvres, car nul ne doit pouvoir se glorifier »), mais en raison des péchés (Rm 5, 20 : « où le péché s'est multiplié, la grâce a surabondé »). Eu égard à cette corrélation, la structure aliénante du péché est une qualité, une chance, un don divin (Rm 11, 32 : « Dieu a enfermé tous les hommes dans la désobéissance pour faire à tous miséricorde » ; cf. aussi Ga 3, 22). Ce mystère de la « miséricorde divine », révélé dans le « pardon des péchés », où Dieu triomphe en utilisant le péché au profit de l'homme, ouvre un « abîme de la richesse, de la sagesse et de la science de Dieu » dont les « décrets sont insondables » et les « voies incompréhensibles » (Rm 11, 33). L'abîme de cette sagesse divine, qui dévoile à l'homme ce dont elle le sauve, à savoir son péché, se manifeste par excellence dans la passion et dans la croix : « la preuve que Dieu nous aime, c'est que le Christ, alors que nous étions encore pécheurs, est mort pour nous » (Rm 5, 8). Il faut souligner que la « rémission » des péchés (*metanoia*) est toujours liée à une « conversion », c'est-à-dire à une transformation de l'esprit même qui « se retourne vers Dieu » (cf. Ac 3, 19 : « Repentez-vous donc et convertissez-vous, afin que vos péchés soient effacés » ; Lc 24, 47 cité par Schopenhauer au t. II, chap. 48, p. 2098 ; Mt 3, 2 ; Za 1, 3...). Car l'annonce du royaume de Dieu, et la promesse de rédemption, exige de se re-tourner vers Dieu et de s'engager dans une vie nouvelle. Dans Mc 1, 15, Jésus enjoint ses auditeurs à cette conversion : « Le temps est accompli et le Royaume de Dieu est tout proche : repentez-vous et croyez à l'Évangile » (cf. aussi Mt 4, 17). Le mouvement du péché (éloignement, aliénation, détour de Dieu : *aversio*) abrite la possibilité d'un autre mouvement, celui de la conversion et du retour à Dieu (*conversio*) par la rémission des péchés. Luther pense ce double mouvement avec son théologoumène de la simultanéité du péché et de la justice (WA 56, 70; *Œuvres*, t. XI, p. 103 sur Rm 7, 16: «je suis tout ensemble pécheur et juste»; cf. aussi WA 56, 272; *Œuvres*, t. XII, p. 26: «tout à la fois pécheur et juste»; cf. par ailleurs Qo 7, 21; 1 Jn 1, 8-9; Jb 14, 4). Cette doctrine luthérienne articule l'éloignement (*aversio*) de Dieu et le retour (*conversio*) à Dieu comme le mouvement de la justification. Luther pense le changement radical (rachat, rédemption; cf. Col 1, 14, Ep 1, 7) opérée par Dieu en l'homme, où la liberté de l'homme, ancrée dans le *Gewissen* devant (*coram*) Dieu, *passe* de l'état de péché à l'état de justice (et, finalement, de la haine à l'amour). Le pécheur doit mourir pour renaître. L'*homo vetus* pécheur doit s'anéantir pour revenir à Dieu, et cet anéantissement, comme transformation radicale, est l'œuvre de la grâce de Dieu. Ou, pour le dire avec les mots de Schopenhauer qui, dans ce § 70, suivent le résumé de la doctrine de la justification: «Nous avons ainsi, nous aussi, fait découler de la pénétration de plus en plus claire du *principium individuationis*, d'abord la libre justice, ensuite l'amour jusqu'à l'abolition totale de l'égoïsme, enfin la résignation ou négation de la volonté» (p. 747). — Cf. par ailleurs les références de Schopenhauer à Luther dans l'*Appendice* (p. 935) et dans les chap. 17 (p. 1406), 46 et surtout 48 (p. 2091, 2098, 2126) du tome II. La connaissance que Schopenhauer avait de Luther était directe; parmi les œuvres de Luther citées ou empruntées figurent *De libertate christiana*; *De servo arbitrio*; *Catech. Major*; *Comm. Gal.*; *Schmalkaldische Artikel*; *Vorrede zur Dt. Theologie*. Sa bibliothèque contenait *De servo arbitrio* (HN V <701>) et deux recueils (HN V <702>, <703>). Sur Schopenhauer et Luther, cf. également R. Malter, «Schopenhauers Verständnis der Theologie Martin Luthers», in *Schopenhauer-Jahrbuch*, 63 (1982), 22-53 (48, n. 44 liste des textes de Luther cités par Schopenhauer); M. Kossler, «Grenzbestimmungen der Vernunft bei Luther und Schopenhauer», *Schopenhauer-Jahrbuch*, 78 (1997), 11-29. (*C. S.*)

245. C'est-à-dire des «œuvres».

246. Cf. *Essai pour introduire en philosophie le concept de grandeurs négatives* (Ak. II, 171-172); CRP, *in* OP I. p. 1010; A 291-2/B 347-8. HN V <293>, p. 94.

247. Platon, *Sophiste*, 258 c-d, in *Œuvres philosophiques*, *op. cit.*, p. 322.

248. Sur la référence à Empédocle, cf. la note 94, p. 1040. C'est le principe empédoclien qui fonde la possibilité de la philosophie spéculative : quand je connais le monde par représentation, quand donc je me rapporte à cet objet en tant que sujet, cette dualité peut se résoudre en identité, puisque l'objet et le sujet sont identiques : l'un et l'autre sont la volonté. Le semblable n'est connu que par le semblable veut dire alors que par la représentation, qui rapporte un objet à un sujet, tous deux ontiquement identiques, la volonté se connaît elle-même.

249. Comment traduire ici *nichts, das Nichts* ? *Nichts = das negierte ichts* est dérivé du moyen-allemand *nihtes, nichtes* ; substantivé, *nichts = nicht irgend etwas, nicht irgend ein Ding = nihil* (*nihil = ne hilum* ; *nothing = no thing*). L'étymologie de « rien » (*rem, res*) est « chose » ; le mot désigne à l'origine le bien, la possession, la propriété. Si on ajoute la négation *ne* à « rien » (ne... rien), comme négation d'une chose (« aucune chose »), on obtient l'équivalent de *nihil*. « Néant » aurait pour origine *nec entem*, formé de la particule négative *nec* et de *ens*, participe présent de *esse* ; d'autres supposent à l'origine le latin tardif *ne gentem* = pas un être vivant, ce qui rapprocherait le terme du moyen-allemand *niht, niwiht* (*ni wiht*). Mais comme le *ne* négatif ne se trouve dans *rien* que par ellipse, néant est plus directement négatif, c'est pourquoi nous le choisissons le plus souvent. L'allemand *Nichtsein, Nichtseiendes* est l'équivalent de *non esse* ; nous le rendons par non-être, non-étant. (*C. S.*)

250. m[C'est là aussi la *prajña-pâramitâ* des bouddhistes, l'« au-delà de toute connaissance », c'est-à-dire le point où sujet et objet ne sont plus (voir Isaak Jakob Schmidt, *Über das Mahayana und das Pradschnâ-Pâramita*)]m : cette glose manuscrite figure en dessous de *Nichts* dans l'exemplaire personnel (3ᵉ éd.) de Schopenhauer — La doctrine schopenhauérienne du néant reconduit à la notion kantienne de *nihil privativum* dans le cadre de l'exposition de la quadruple notion de néant (*Critique de la raison pure*, B 347, cité par Schopenhauer) qui résume toute la tradition scolaire de la question (Leibniz, Wolff, Baumgarten), la notion kantienne étant déterminée elle-même par la doctrine aristotélicienne des trois

modes du non-être (*Mét.* XI, 11, 1067 b 25 ; XIV, 2, 1089 a 26 ; *Phys.* V, 1, 225 a 21) et par la notion de non-étant relatif de Platon (*Soph.* 258 d, cité par Schopenhauer). Mais le *Nichts* de Schopenhauer puise également à plusieurs sources extra-européennes, bouddhiques et védiques, repérables à partir de la première version du dernier paragraphe, rédigée en 1816 : «... comme les Indiens, qui mettent à sa place des mots dépourvus de sens, les brahmanes résorption dans l'esprit primordial <*Urgeist*> et les bouddhistes *nieban* (voir *Asiatick Researches* et *Oupnek'hat*)...» (HN I, 411-412). *Nieban* figurait aussi à la place de *nirvâna* dans la première édition de 1818/1819 comme le rappelle Schopenhauer dans sa note sur l'étymologie de *nirvâna* ajoutée en 1844 (t. II, chap. 41, p. 1947). Le *nieban* birman réfère à l'article de F. Buchanan dans *Asiatick Researches* VI (1799) ; cf. U. App, «Notes and Excerpts by Schopenhauer. Related to Volumes 1-9 of the *Asiatick Researches*», in *Schopenhauer-Jahrbuch*, 79 (1998), p. 11-33 ; *id.*, «Nichts. Das letzte Wort von Schopenhauers Hauptwerk», J. Stollberg (éd.), «*Das Tier, das du jetzt tötest, bist du selbst...*». *Arthur Schopenhauer und Indien*, Francfort-sur-le-Main, Klostermann, 2006, p. 51-60. Une autre source possible est M. A. A. Leroux-Deshauterayes, «Recherches sur la religion de Fo, professée par les bonzes Ho-chang de la Chine», *Journal asiatique*, 7 (1825), p. 150-173, art. cité dans HN III, p. 305-306 et *De la volonté dans la nature*, «Sinologie», Paris, PUF, p. 187, n. : ceux «qui entreprennent d'abolir entièrement la vie et la mort, doivent se livrer à la plus profonde contemplation» (p. 163), le quatrième degré étant de ceux «qui jouissent d'une véritable tranquillité d'esprit. Ceux-là possèdent l'avantage de ne plus rien imaginer. Ils ne tiennent plus à l'imagination ni au corps, ils se plongent dans le vide ; ils n'imaginent plus qu'il y ait des choses différentes et opposées entre elles ; ils entrent dans le néant ; les images ne font aucune impression chez eux ; ils se trouvent enfin dans un état où il n'y a ni imagination ni *inimagination*, et cet état s'appelle la délivrance totale et finale de l'être : c'est là cet heureux rivage où les philosophes s'empressent d'arriver» (p. 164) ; «Toutes les choses intelligibles ou compréhensibles ont leur racine dans leur néant ; si vous pouvez vous tenir à cette racine, vous pourrez être appelés sages» (p. 167) ; «j'ai posé la racine dans le néant» (p. 171 ; cité et souligné par

Schopenhauer en HN III, 305). Certains indianistes ont remarqué que le concept schopenhauérien de *Nichts* témoigne d'une compréhension remarquable pour l'époque du sens du *nirvâna* indien (G. Welbon, *The Buddhist Nirvana and its Western Interpreters*, Chicago, UCP, 1968, p. 165). — Une autre source est védique, mêlée à la notion de « conscience meilleure » (*das bessere Bewusstsein*) développée par Schopenhauer dès 1812 (HN I, 23) à partir de l'« intuition intellectuelle » de Schelling, et de Fichte, de Boehme, par opposition à la conscience empirique où l'ipséité apparaît comme origine de toute illusion, HN I, 18 (cf. U. App, « Nichts... », art. cité, p. 52-55 ; F.-X. Chenet, « Conscience *empirique* et conscience *meilleure* chez le jeune Schopenhauer », *in* J. Lefranc (éd.), *Schopenhauer*, Paris, L'Herne, 1997, p. 103-130) : dans l'*Oupnek'hat*, la résorption dans le *brahman*, la disparition de la dualité du « moi » et du « ceci », du « sujet » et de l'« objet », est commentée par Anquetil-Duperron dans sa dernière note (XLVIII ; *Oupnek'hat*, t. 2, p. 402) comme *nihil*, au-delà de l'être et de l'homme : ... *dualitas existentiae evanescit ; nec ens, nec homo ; ambobus unum factis, nihil existit. Hoc est* magna demersio, âtmaï *purus* » (cité par U. App, « Nihil... », art. cité, p. 56, n. 26) ; cf. aussi la note sur l'*Oupnek'hat*, note 8, p. 963. Il faut y ajouter, à partir de la note ms. sur le *Sûtra du diamant*, rédigée peu avant sa mort et reproduite plus haut, une autre source bouddhique importante qui, pour Schopenhauer, confirme rétrospectivement sa doctrine du néant. Dans le commentaire auquel réfère Schopenhauer, Schmidt note que la sagesse suprême (*prajña-pâramitâ*) est « au-delà » de toute relation sujet-objet, c'est-à-dire au-delà de toute représentation : « Ici, dans cet au-delà, rien ne se reflète <*spiegelt sich nichts*>, ici, il n'y a plus rien à connaître <*gibt es nichts mehr zu erkennen*>, ici, il n'y a plus aucune relation avec un quelconque objet, par suite, il n'y a pas non plus de moi ni de sujet ; ici se trouve l'être véritable immuable par opposition à l'être apparent des formes et des figures dans le monde des phénomènes » (I. J. Schmidt, « Über das Mahâjâna und Pradschnâ-Pâramita der Bauddhen », lu le 14 octobre 1836, *Mémoires de l'Académie impériale des sciences à St. Pétersbourg*, 4 (1840), 212-213 [123-228], HN V <1189>, p. 346 ; cité par U. App, « Nichts... », art. cité, p. 59-60) ; sur cette source, cf. la note 323 sur Schopenhauer et le bouddhisme, p. 2204. (*C. S.*)

APPENDICE

1. Voltaire, *Le siècle de Louis XIV*, chap. 32, in *Œuvres historiques*, éd. René Pomeau, Paris, Gallimard, 1987.

2. Goethe, *Poésie et Vérité. Souvenirs de ma vie*, trad. P. du Colombier, Paris, Aubier, 1992.

3. Ak. IV, 289; OP II, p. 58-59: «Que, sans faire tort à l'existence effective de choses extérieures, l'on puisse dire d'une multitude de leurs prédicats qu'ils n'appartiennent pas à ces choses en elles-mêmes, mais seulement à leurs phénomènes, et n'ont hors de nos représentations aucune existence propre, voilà qui était universellement admis et accordé bien avant l'époque de Locke, mais surtout par la suite. Font partie de ces prédicats la chaleur, le goût, la couleur, etc. Mais, lorsque, outre ceux-là, je mets aussi au nombre des simples phénomènes, pour des raisons importantes, les autres qualités des corps que l'on nomme premières, l'étendue, le lieu, et l'espace en général avec tout ce qui y est inhérent (impénétrabilité ou matérialité, forme, etc.), on ne peut invoquer là contre la moindre raison pour ne pas l'admettre.»

4. Ak. IV, 257; OP II, p. 19 sq.: «Depuis l'origine de la métaphysique, il ne s'est produit aucun événement qui ait pu être plus décisif à l'égard du destin de cette science que l'attaque portée contre elle par *David Hume*.»

5. Schopenhauer fait ici allusion à la «philosophie de l'Identité» de Schelling.

6. Cf. *République*, VII, 514 a et suiv.

7. Cf. le § 31 du livre III.

8. *God. Guil. Leibnitii Opera Philosophica*, éd. J. E. Erdmann, Sumtibus G. Eichleri, t. I, 1840, p. 147.

9. Giordano Bruno, *De la cause, du principe et de l'Un*, in *Œuvres complètes*, édition bilingue, t. III, trad. L. Hersant, annoté par G. Aquilecchia, Paris, Les Belles Lettres, 1996.

10. Goethe, *Faust*, «Prologue dans le ciel», v. 287-290, trad. G. de Nerval, in *Théâtre complet*, Paris, Gallimard, 1988, p. 1134. Méphistophélès s'adresse ici au Seigneur.

11. Passage supprimé: A[La soumission irréfléchie aux lois

du phénomène, leur élévation au rang de vérités éternelles, et par là celle du phénomène passager au rang d'essence véritable du monde, bref, le délire nocturne avait complètement dominé dans la scolastique, surtout dans la tardive, celle qu'on nomme philosophie moderne. Néanmoins, ce n'en est pas un caractère exclusif, puisqu'on doit pareillement en faire le reproche même aux philosophèmes des Grecs — exception faite pour ceux des Éléates peut-être, et pour ceux de Platon en partie. Kant, d'un coup, a mis un terme à tout cela. Pour mesurer toute l'importance de son mérite, on doit prendre la peine ingrate d'étudier cette scolastique ancienne et nouvelle, apparue sous des formes si nombreuses, en particulier au point où se déploie sa platitude dans ses dimensions les plus grandes : dans la philosophie leibnizo-wolffienne.]A

12. Faust, I, « La nuit », v. 359 : « *Habe nun, ach! Philosophie, / Juristerey und Medicin, / Und leider auch Theologie! / Durchaus studirt, mit heissem Bemühn. / Da steh'ich nun, ich armer Tor! / Und bin so klug als wie zuvor* » (« Philosophie, hélas ! Jurisprudence, médecine, et toi aussi triste théologie !... je vous ai donc étudiées à fond avec ardeur et patience : et maintenant me voici là, pauvre fou, tout aussi sage que devant », trad. G. de Nerval, in *Théâtre complet*, *op. cit.*).

13. Ak. IV, 265 ; OP II, p. 28-29 : « En ce qui concerne les *sources* d'une connaissance métaphysique, le concept de cette dernière implique déjà qu'elles ne peuvent être empiriques. Ses principes [...] ne doivent jamais être pris dans l'expérience : car elle doit être connaissance non point physique mais métaphysique, c'est-à-dire située au-delà de l'expérience. Ainsi, ni l'expérience externe, qui constitue la source de la physique proprement dite, ni l'expérience interne, qui est la base de la psychologie empirique, ne lui serviront de fondement. Elle est donc connaissance *a priori*, ou d'entendement pur et de raison pure. »

14. Voir note précédente.

15. Cf. *Prolégomènes*, § 1, et note précédente.

16. Horace, *Épîtres*, I, 1, 32, trad. F. Villeneuve, Paris, Les Belles Lettres, 1989, p. 38 : « Il est possible d'avancer jusqu'à un certain point, s'il n'est pas donné d'aller au-delà. »

17. Cf. les § 16, 17 et 18 de l'Analytique (CRP, p. 853-859).

18. Sur les concepts qui « donnent l'*unité* à [la] synthèse pure », cf. CRP, § 10, A 79/B 104, p. 833.

19. « D'autant qu'on conçoit mieux une chose, d'autant est-on plus déterminé à ne l'exprimer qu'en une seule façon », correspondance avec Élisabeth, lettre du 18 août 1645, in *Œuvres philosophiques*, éd. Alquié, t. III, Paris, GF, p. 595.

20. « *Decepit exemplar vitiis imitabile ; quodsi pallarem casu, biberent exsangue cuminum* » (« Faciles à imiter, les défauts d'un modèle nous égarent ; si par hasard je devenais pâle, on boirait le cumin qui rend exsangue », Horace, *Épîtres*, I, 19, 17-18, trad. F. Villeneuve, Paris, Les Belles Lettres, 1989, p. 126-127).

21. Jean Paul, *Kleine Nachschule zur ästhetischen Vorschule, Miserikordias-Vorlesung in der Böttigerwoche, vierte Viertelstunde :* « Höhere Würdigung des philosophischen Tollseins auf dem Katheder und des dichterischen auf dem Theater », in *Werke*, vol. V, éd. N. Miller, Munich, Hanser, 1987, p. 497 sq. Voir les remarques marginales de Schopenhauer *in* HN, V <1496>, p. 419.

22. Goethe, *Faust*, « Prologue dans le ciel », v. 2563-2566, trad. G. de Nerval, in *Théâtre complet, op. cit.*, p. 1134.

23. A 70/B 95, CRP, § 9, p. 826.

24. A 80/B 106, CRP, p. 834.

25. Cette dénomination de la Table des principes est propre aux *Prolégomènes*, § 20 (Ak. IV, 303 ; OP II, p. 76).

26. Il s'agit, pour les Analogies de l'expérience, du Principe de permanence de la substance, du Principe de succession dans le temps suivant la loi de causalité, et du Principe de la simultanéité, suivant la loi de l'action réciproque ou de la communauté. Pour les Postulats de la pensée empirique en général, du postulat de la possibilité, du postulat de la réalité et de celui de la nécessité.

27. Cf. les Paralogismes de la raison pure (A 341/B 399, CRP, p. 1046).

28. Cf. l'Antinomie de la raison pure (A 405/B 432 ; CRP, p. 1069).

29. Cf. l'Idéal de la raison pure (A 567/B 595 ; CRP, p. 1192).

30. Cette première édition est indiquée ici par « A », la cinquième édition est indiquée ici par « B ».

31. CRP, p. 776.

32. CRP, p. 1017 (« De la raison pure comme siège de l'apparence transcendantale).

33. CRP, p. 1038 (« Des Idées transcendantales »).

34. QR2, § 30 (« Vérité empirique »), § 31 (« Vérité transcendantale »), § 32 (« Vérité métalogique »), p. 243 sq.

35. La *Quadruple racine* soutient la thèse que la doctrine de la raison n'est rien d'autre que la logique, la raison étant la faculté de production des représentations abstraites (cf. le chapitre V, QR2, p. 234 sq.). « La RAISON n'a donc aucun contenu MATÉRIEL, mais un contenu purement FORMEL ; c'est là l'objet de la logique, qui ne se compose que des formes et des règles pour les opérations de la pensée. Ce contenu matériel, la raison [...] doit absolument le prendre du dehors dans les représentations intuitives [...]. C'est sur celles-ci que s'exercent ces fonctions en formant d'abord des CONCEPTS [...] L'activité de la raison se résume à cela et rien qu'à cela [...] » (QR2, § 34 « La raison », p. 251-252).

36. CRP, « De l'usage logique de la raison », p. 1019-1020. Schopenhauer évoque ici la distinction kantienne entre l'« inférence d'entendement » et l'« inférence de raison ». Les traducteurs notent que l'inférence d'entendement apparaît ici pour la première fois, alors que rien dans l'Analytique ne le préparait. Schopenhauer a été sensible à l'originalité de ce passage.

37. CRP, p. 1182 (« Éclaircissement de l'idée cosmologique d'une liberté en union avec la nécessité universelle de la nature »).

38. « La raison consiste précisément à pouvoir rendre compte de tous nos concepts, opinions et assertions, soit par des principes objectifs, soit, quand il ne s'agit que d'une simple apparence, par des principes subjectifs », CRP, p. 1226 (« De l'impossibilité d'une preuve cosmologique de l'existence de Dieu »).

39. « La raison n'a donc proprement pour objet que l'entendement et son emploi conforme à une fin ; et, de même que celui-ci relie par des concepts le divers dans l'objet, celle-là de son côté relie par des Idées le divers des concepts, en fixant une certaine unité collective pour but aux actes de l'entendement, qui sans cela se borneraient à l'unité distributive », CRP, p. 1248 (trad. mod.), « De l'usage régulateur des Idées de la raison pure ».

40. CRP, p. 1249-50 (« De l'usage régulateur des Idées de la raison pure »).

41. CRP, « De la logique en général », p. 812 : « La faculté de

produire soi-même des représentations, ou la *spontanéité* de la connaissance, est l'*entendement* » (trad. mod.).

42. CRP, « De l'usage logique de l'entendement en général », p. 826 : « Nous pouvons ramener tous les actes de l'entendement à des jugements, si bien que l'*entendement* en général peut être représenté comme une *faculté de juger*. Car il est d'après ce qui précède une faculté de penser. Penser est la connaissance par concepts » (trad. mod.).

43. CRP, § 17 « Le principe de l'unité synthétique de l'aperception est le principe suprême de tout usage de l'entendement », p. 856.

44. CRP, « De la faculté de juger transcendantale en général », p. 880.

45. CRP, « Représentation systématique de tous les principes synthétiques de l'entendement pur », p. 899 : « Qu'il y ait de façon générale quelque part des principes, il faut l'attribuer uniquement à l'entendement, qui n'est pas seulement la faculté des règles par rapport à ce qui arrive, mais même la source des principes, d'après laquelle tout (ce qui ne peut se présenter à nous qu'à titre d'objet) est nécessairement soumis à des règles, parce que sans elles les phénomènes ne comporteraient jamais la connaissance d'un objet qui leur corresponde. »

46. En A 299/ B 356.

47. Sur la différence entre *Grundsatz* et *Prinzip*, on se reportera à l'article « Principe » du *Kant-Lexikon* de R. Eisler (trad. A.-D. Balmès et P. Osmo), Paris, Gallimard, 1994, p. 848) qui conclut que « dans l'usage ordinaire de la notion, l'éventuelle distinction des termes s'efface ».

48. CRP, p. 900 (« Représentation systématique de tous les principes synthétiques de l'entendement pur »).

49. CRP, p. 1018 (« De la raison pure comme siège de l'apparence transcendantale »).

50. Sur le rapprochement de la « raison pratique » avec l'« intellect pratique », voir les remarques de Schopenhauer sur la *Critique de la raison pratique, infra*. La raison pratique n'est jamais pour lui qu'une reprise « moralisée » de l'« intellect pratique » de la scolastique. Cf. la mise au point de V. Delbos, dans une note p. 339-340 de sa *Philosophie pratique de Kant*, Paris, PUF, 1969. Delbos rappelle justement qu'à la différence de l'intellect pratique qui ne devient tel « qu'en vue de l'objet

désirable, qui lui est antérieur et qui seul est le premier moteur», la raison pure kantienne prétend être pratique «par elle-même et par sa loi propre, sans dépendre de la connaissance préalable d'un objet».

51. Nous traduisons *Gegenstand* par «ob-jet» afin de le distinguer de l'*Objekt* (traduit par «objet»). Un tel artifice de traduction n'est pas utile pour le texte de Kant, dans la mesure où l'usage de ces deux concepts y est quasiment identique. Mais Schopenhauer relève la distinction et l'exploite à des fins critiques. Il fallait donc la rendre dans la traduction.

52. Cf p. 768.

53. Il s'agit de l'énoncé célèbre *Esse est percipi* (être, c'est être perçu), formulé au tout début (§ 3) du livre I des *Principes de la connaissance humaine*.

54. Passage supprimé : A[Au lieu de faire de ce principe le fondement de ses affirmations, et de montrer que, par suite, l'objet DÉJÀ EN TANT QUE TEL est immédiatement dépendant du sujet, au lieu d'atteindre son but en s'engageant sur cette route droite et large qui s'ouvrait devant lui, Kant s'engage dans un chemin de traverse. En effet, il fait dépendre l'objet du sujet en se fondant non pas sur son simple être-connu en général, mais sur les modalités de son être-connu. Il montre avec peine comment le sujet anticipe <allusion aux Anticipations de la perception (CRP, p. 906)> tous les modes phénoménaux de l'objet et par conséquent tire de lui-même tout le «comment» <*Wie*> du phénomène, et ne laisse à l'objet qu'un «ce que c'est» <*Was*> totalement obscur. — Ce mode d'exposition a cependant en particulier le grand mérite de décrire la limite entre l'objet et le sujet qui est commune aux deux, et qui, par conséquent, peut être trouvée aussi bien en partant du domaine du sujet que de celui de l'objet. Mais elle comporte aussi un grand inconvénient, que nous allons immédiatement examiner.

Kant a choisi ce procédé indirect, et n'a pas pu se décider à dire : «pas d'objet sans sujet ; ce monde sensible en tant que tel n'est qu'une simple REPRÉSENTATION, en tant que telle dépendant du sujet, et ses lois ne donneront jamais de renseignements sur ce qui *n'est pas* représentation et N'EST *pas* dépendant» — que Kant ne l'ait pas dit, cela est incontestablement venu de ce qu'il craignait le reproche d'idéalisme, et le répudiait jusque dans son propre esprit, vu que l'idéalisme réduit le monde à de simple ombres, et ne laisse plus de place pour une chose en soi. Très tôt, il s'était soucié et inquiété de sauver la chose en soi, et ce faisant, il n'a conservé, à sa place, qu'un monstre répugnant qui lui a attiré ensuite bien des ennuis ; au lieu de quoi, s'il avait abandonné la chose en soi à son destin, quand il examinait la représentation en tant que telle, elle se serait découverte d'elle-même ensuite, selon une tout autre voie, sous sa vraie forme, comme volonté. Afin de prouver la totale dépendance de l'objet vis-à-vis du sujet, Kant a mis en œuvre un procédé indirect, en négligeant le direct, procédé qui a une ressemblance étonnante avec celui que Kant observe dans la preuve de l'apriorité de la loi de causalité. Là, en effet, au lieu de démontrer que cette loi est la condition de la possibilité de toute expérience en montrant que toute intuition empirique infère immédiatement de l'effet à sa cause, il veut le prouver par un détour pénible et sans fondement aucun à partir de la possibilité de la succession réelle. Qu'on se reporte à ce propos au traité préparatoire, § 24 <il s'agit de la *Quadruple racine*>. — Dans le cours de sa recherche, c'est à bon droit que Kant n'hésite pas à dire : « tous les objets d'une expérience possible pour nous ne sont pas autre chose que des phénomènes, c'est-à-dire de simples représentations qui, en tant que nous nous les représentons, n'ont point, en dehors de nos pensées, d'existence fondée en soi » (*Critique de la raison pure*, B 519) <passage extrait de la sixième section de la Dialectique transcendantale, « L'Idéalisme transcendantal comme clé pour la solution de la dialectique cosmologique », A 490/B 518, CRP, p. 1137 ; le texte est un peu coupé : « tous les objets d'une expérience possible pour nous ne sont pas autre chose que des phénomènes, c'est-à-dire de simples représentations qui, en tant que nous nous les représentons comme des êtres étendus ou comme des séries de changements, n'ont point, en dehors de nos pensées, d'existence fondée en soi »> ; — « Les objets de l'expérience n'ont aucune existence en dehors d'elle » <A 492/B 521, CRP, p. 1139 (*loc. cit.*). Le texte est un peu coupé : « Les objets de l'expérience ne sont JAMAIS donnés *en soi*, mais seulement dans l'expérience, et ils n'ont aucune existence en dehors d'elle »>. — « En eux-mêmes, les phénomènes, comme simples représentations, ne sont effectivement réels que dans la perception, laquelle n'est dans le fait rien d'autre que la réalité effective d'une représentation empirique, c'est-à-dire un phénomène» (*id.* B 521) <CRP, *loc. cit.*, p. 1139> — «puisque le monde n'existe pas du tout en soi (indépendamment de la série régressive de mes représentations» (B. 533) <Extrait de la septième section de la Dialectique transcendantale, «Solution critique du conflit cosmologique»; CRP, p. 1147-1148>. — «Les phénomènes ne sont rien en dehors de nos représentations» (B 535) <CRP, *loc. cit.*, p. 1149>. — En dépit de toutes ces affirmations, Kant n'a pas pu se résoudre, comme la logique le voulait, à placer au premier plan de sa philosophie, sans détour et bien visiblement, le principe «pas d'objet sans sujet» (principe duquel procède notre examen); au lieu de cela, il a pris ce détour malcommode qui l'a conduit à commettre des erreurs. C'est une nouvelle preuve du reproche que je formulais plus haut, à savoir que la majestueuse simplicité et la naïve franchise lui font défaut: il préfère ce qui est embrouillé, tortueux, embarrassé, à ce qui est simple, direct et d'amples proportions. Mais l'inconvénient de son procédé dans cette affaire capitale ressort de ce qui suit. Avec le seul principe «pas d'objet sans sujet», c'est tout le contenu essentiel de la philosophie critique qui est là D'UN SEUL COUP. Dès lors, tous les objets possibles sont déjà en tant que tels strictement dépendants du sujet; ce ne sont par conséquent pas des choses en soi, mais rien que des choses pour le sujet, des REPRÉSENTATIONS. Et cela ne vaut certes pas seulement des choses dans l'espace et le temps, mais de tous les objets possibles indistinctement, puisqu'ils n'existent que pour le sujet, c'est-à-dire ne sont que des représentations. Par conséquent, s'il doit y avoir une chose en soi, c'est-à-dire si le monde doit être encore autre chose qu'une *simple représentation*, alors cet en-soi du monde doit être quelque chose de différent *toto genere* de la représentation. Ce qu'il est, nous ne pouvons pas le déduire en appliquant la loi de liaison des représentations (le principe de raison), mais nous pouvons le tirer immédiatement de la conscience de nous-même, laquelle est aussi certes pour une part représentation, phénomène parmi les phénomènes, et participe de la nature, mais qui d'un autre côté se révèle immédiatement à la conscience comme quelque chose qui n'est nullement représentation, mais différent d'elle *toto genere*, à savoir comme *volonté*, et cette VOLONTÉ est l'en-soi du monde, ainsi qu'il a été suffisamment montré dans le présent ouvrage. — Mais

Kant néglige ce chemin direct et au lieu de montrer que l'objet est strictement dépendant du sujet, il emploie un procédé très pénible pour faire dépendre seulement les modalités de l'objectivité du mode de connaissance du sujet. Ce faisant, il n'obtient que ce résultat, que les choses en soi ne sont pas telles que nous les connaissons, mais il conserve toujours, comme chose en soi, un *objet*, une *représentation*, un *noumène*. Mais cela ne suffit pas: car aucun objet n'est inconditionné, ni ne peut être chose en soi, puisqu'il présuppose complètement un sujet. Or, de surcroît, Kant ne parvient à ce noumène comme chose en soi qu'au moyen d'une faute de logique, à savoir l'application du principe de raison par-delà le phénomène, application qu'il avait lui-même très justement réprouvée. C'est pourquoi il s'est attiré ensuite des critiques qui n'ont jamais pu être écartées, et sa philosophie est restée entachée d'une contradiction interne. — Les découvertes qu'il a faites, que les formes de tout phénomène résident déjà *a priori* dans la conscience, ont en elles-mêmes une grande valeur et elles auraient très bien servi d'explication complémentaire au principe fondamental «PAS D'OBJET SANS SUJET», comme j'ai voulu les considérer.

Si Kant avait pris ce principe général comme point de départ, il serait difficilement tombé dans la grande erreur, que j'ai déjà évoquée plus haut, consistant à ne pas séparer l'intuition du concept, ce dont il a résulté une confusion irrémédiable que nous allons maintenant examiner de plus près. Le principe «pas d'objet sans sujet» aurait pu facilement le conduire soit à séparer les objets en fonction de classes générales, soit du moins à distinguer nettement toutes les représentations intuitives des simples concepts pensés *in abstracto*: ainsi il aurait gardé les unes à part des autres et il aurait su à chaque fois avec lesquelles il avait à faire.]A

55. Schopenhauer fait ici allusion à la première édition de la *Critique de la philosophie kantienne.*

56. CRP, p. 1454 (trad. mod.).

57. Il s'agit de la première rédaction des Paralogismes (CRP, p. 1428 sq.).

58. Voir les lettres n° 157 (24 août 1837), n° 158 (25 septembre 1837) et n° 161 (12 juillet 1838) publiées dans la *Correspondance complète,* trad. Chr. Jaedicke, Paris, Alive, 1996.

59. « Ce qui l'a amené à le faire, c'était la crainte des hommes, due à une faiblesse de l'âge qui attaque non seulement la tête mais qui enlève aussi parfois au cœur cette résistance nécessaire pour mépriser, s'ils le méritent, les opinions et les intentions des contemporains ; sans quoi, il n'y a pas de grands hommes. On lui avait reproché que sa doctrine n'était qu'un nouvel idéalisme berkeleyien : ensuite le renversement des doctrines sacrées du vieux dogmatisme, notamment la psychologie rationnelle, avait fait scandale. À cela s'ajoutait de l'extérieur que le grand roi, l'ami des Lumières et le protecteur de la vérité venait de mourir et que son successeur, auquel K[ant] devait promettre de ne plus écrire, avait pris sa place. Kant s'était laissé intimider par tout cela et avait eu la faiblesse de faire quelque chose qui était indigne de sa personne » (lettre du 24 août 1837, in *Correspondance complète, op. cit.*, p. 214).

60. *Immanuel Kant's Sämtliche Werke*, éd. K. Rosenkranz et F. W. Schubert, Leipzig, Voss, 1838.

61. *Aenesidemus oder über die Fundamente der vom dem Herrn Professor Reinhold in Jena gelieferten Elementar-Philosophie*, éd. M. Frank, Hambourg, Meiner, 1996 ([1]1792). Schopenhauer fut l'élève de Schulze durant l'année 1809. Sur les rapports de Schopenhauer avec Schulze, on peut se reporter aux p. XII-XIV de l'introduction de M. Franck.

62. Schopenhauer expose ici sa propre théorie de la genèse de la représentation empirique, par transfert de la cause de la sensation en dehors de l'organisme et construction de l'objet dans l'espace par l'entendement. Voir ici le texte du § 21 de la *Quadruple racine* : « C'est l'entendement, en effet, qui, par sa forme propre, *a priori* par conséquent, c'est-à-dire *avant* toute expérience [...] conçoit la sensation corporelle donnée comme un *effet* [...] ; cet effet doit nécessairement avoir une *cause*. Il appelle, en même temps, à l'aide la forme du sens *externe*, *l'espace*, [...] pour transférer *(verlegen)* cette cause *en dehors* de l'organisme [...]. Au cours de cette opération, l'entendement [...] appelle à son secours toutes les données de la sensation [...] pour constuire *(konstruiren)* dans l'espace la *cause* de cette sensation conformément à elles » (QR1, trad. F.-X. Chenet (modifiée), p. 192).

63. Cf. Otto von Böhtlingk, *Indische Sprüche*, 2 vol., Saint-Pétersbourg, 1870-1873 (n° 2988).

64. Schopenhauer fait ici allusion à la division des repré-

sentations en quatre classes dans la *Quadruple racine*: les représentations empiriques (première classe), les concepts ou représentations abstraites (deuxième classe), les intuitions *a priori* (troisième classe), et le sujet de la volition (objet unique de la quatrième classe). Cf. note 14, p. 972.

65. C'est-à-dire de l'ensemble constitué par l'Esthétique et l'Analytique.

66. La critique de la méthode euclidienne, comme une perversion du caractère fondamentalement intuitif de l'évidence géométrique, est conduite par Schopenhauer au § 39 de la QR2, et au § 15 du MVR.

67. CRP, § 13, «Des principes de la déduction transcendantale en général», p. 844: «La géométrie va d'un pas sûr à travers de pures connaissances *a priori*, sans avoir besoin de demander à la philosophie un certificat à propos de l'origine pure et légitime de son concept fondamental d'espace. C'est que dans cette science l'usage du concept ne porte que sur le monde sensible extérieur, dont l'intuition a pour forme pure l'espace, et dans lequel donc toute connaissance géométrique a une évidence immédiate, puisqu'elle se fonde sur une intuition *a priori*, et que les objets sont donnés par la connaissance même *a priori* (selon la forme) dans l'intuition.»

68. Gottlob Ernst Schulze (1761-1833) *Kritik der theoretischen Philosophie*, 2 vol., Hambourg, Bohn, 1801. Cf. HN V <523>, p. 161.

69. Passage supprimé: A[On peut considérer l'Esthétique transcendantale comme l'examen séparé de ce que, dans le traité préparatoire, j'ai exposé à titre de troisième classe des représentations. Si Kant avait aussi examiné les trois autres classes en les séparant de la sorte, il aurait par suite nettement séparé l'intuition du concept, et enfin, là où (B 152-155) <Il s'agit du texte (version B) de la Déduction des concepts purs de l'entendement, § 24, «De l'application des catégories aux objets des sens en général» (CRP, p. 865 sq.)> il dit que nous ne nous connaîtrions nous-même que comme phénomène, il aurait aussi tiré au clair que ce que nous connaissons de nous-même, en dehors de l'intuition de notre corps, et qu'il nomme connaissance par le SENS INTERNE, n'est rien d'autre que la connaissance de notre vouloir individuel, lequel est la volonté de vivre elle-même, qui ne se manifeste pas immédiatement, mais seulement par des actes de volonté, et donc dans le

temps. En outre, il n'aurait pas eu besoin non plus de l'expression «sens interne», qui est une hypothèse tout à fait superflue et indémontrable, et qui, à vrai dire, comporte une contradiction. G. E. Schulze (dans sa *Kritik der theoretischen Philosophie*, t. 2, p. 643) a déjà justement blâmé cette hypothèse d'un sens interne, depuis devenue très en vogue, et réclamé son abandon. Seulement, contrairement à ce qu'il dit dans cet ouvrage, elle n'a pas été d'abord élaborée par Locke, mais a été introduite très anciennement déjà, peut-être d'abord par le Père de l'Église Augustin qui, dans le *De Libero Arbitrio* (II, 8), établit et explique le sens interne. On trouve même chez Aristote déjà (*De Anima*, III, 2) quelque chose qui s'en approche et qu'on doit interpréter en ce sens.]A

70. CRP, p. 811 («De la logique en général»).

71. Cf. Aristote, *Seconds Analytiques*, 66 a16.

72. QR2, § 21 («Apriorité du concept de causalité»), p. 190 sq.

73. Schopenhauer exploite ici encore les enseignements de la *Quadruple racine* sur la nature et les fonctions de la raison.

74. CRP, «De l'usage logique de l'entendement en général», p. 825: «L'entendement a été défini plus haut de manière simplement négative: une faculté de connaître non sensible. Or, nous ne pouvons, indépendamment de la sensibilité, avoir part à aucune intuition. L'entendement n'est donc pas un pouvoir d'intuition. Mais en dehors de l'intuition, il n'y a pas d'autre façon de connaître que par concepts. Donc la connaissance de tout entendement [...] est une connaissance par concepts, non intuitive, mais discursive.»

75. CRP, § 13, «Des principes d'une déduction transcendantale en général», p. 846-847: «Des phénomènes peuvent assurément être donnés dans l'intuition sans les fonctions de l'entendement. [...] Les phénomènes pourraient bien à la rigueur être de telle nature que l'entendement ne les trouvât point du tout conformes aux conditions de son unité [...]. Les phénomènes n'en offriraient pas moins des objets à notre intuition, puisque l'intuition n'a besoin en aucune manière des fonctions de la pensée.»

76. CRP, p. 855, 858, 868.

77. CRP, p. 826.

78. CRP, p. 825: «Le jugement est donc la connaissance

médiate d'un objet, par suite la représentation d'une représentation. »

79. CRP, p. 826.

80. CRP, § 13, p. 846 : « Les catégories de l'entendement pur, au contraire, ne nous représentent pas du tout les conditions sous lesquelles des objets sont donnés dans l'intuition. »

81. CRP, § 16, p. 855 : « Un entendement dans lequel tout le divers serait donné en même temps par la conscience de soi *intuitionnerait* ; le nôtre ne peut que *penser* et doit chercher l'intuition dans les sens. » Cf. aussi CRP, § 17, p. 858 : « ... l'entendement, qui pense seulement et n'intuitionne pas. »

82. *Prolégomènes*, § 20, *in* OP II, p. 72 : « À la base se trouve l'intuition dont j'ai conscience, c'est-à-dire la perception (*perceptio*) qui n'appartient qu'aux seuls sens. »

83. *Prolégomènes*, § 22, *in* OP II, p. 77-78 : « En somme, l'affaire des sens, c'est d'intuitionner ; celle de l'entendement, de penser. [...] penser n'est pas autre chose que juger. »

84. Ak. V, 137 ; OP II, p. 775.

85. CRP, § 10, « Des concepts purs de l'entendement ou des catégories », p. 834 : « La même fonction qui donne l'unité aux représentations diverses *dans un jugement*, donne aussi à la simple synthèse de représentations diverses *dans une intuition* l'unité qui, exprimée généralement, s'appelle le concept pur de l'entendement. Le même entendement donc [...] apporte aussi dans ses représentations, au moyen de l'unité synthétique du divers dans l'intuition en général, un contenu transcendantal, en raison de quoi ces représentations s'appellent de purs concepts de l'entendement, qui se rapportent *a priori* aux objets [...]. »

86. CRP, § 14, « Passage à la déduction transcendantale des catégories », p. 849 : « Les concepts *a priori* [...] doivent être reconnus comme conditions *a priori* de la possibilité des expériences soit de l'intuition qui s'y trouve, soit de la pensée. »

87. CRP, § 14, « Passage à la déduction transcendantale des catégories », p. 849 : « [...] l'entendement [est] par ces concepts mêmes auteur de l'expérience où se rencontrent ses objets. »

88. Les catégories « sont des concepts d'un objet en général, par lesquels l'intuition de cet objet est considérée comme *déterminée* à l'égard d'une des *fonctions logiques* du jugement », CRP, § 14, p. 850.

89. CRP, § 15, «De la possibilité de la liaison en général», p. 852: «Nous ne pouvons rien nous représenter comme lié dans l'objet, sans l'avoir auparavant lié nous-mêmes [...] de toutes les représentations, la *liaison* est la seule qui ne peut pas être donnée par les objets, mais qui ne peut être effectuée que par le sujet lui-même.»

90. CRP, § 16, «De l'unité originairement synthétique de l'aperception», p. 855.

91. CRP, § 17, p. 856: «Le principe suprême de la possibilité de toute intuition par rapport à la sensibilité était, d'après l'Esthétique transcendantale, que tout le divers de l'intuition fût soumis aux conditions formelles de l'espace et du temps. Le principe suprême de cette même possibilité par rapport à l'entendement est que tout le divers de l'intuition soit soumis aux conditions de l'unité originellement synthétique de l'aperception.»

92. CRP, § 21, p. 861: «[...] l'unité que l'entendement ajoute dans l'intuition au moyen des catégories.»

93. CRP, § 21, p. 862: «Tout le pouvoir [de l'entendement] consiste dans la pensée, c'est-à-dire dans l'acte de ramener à l'unité de l'aperception la synthèse du divers, qui lui a été donnée par ailleurs dans l'intuition, et qui par conséquent ne connaît rien par lui-même, mais ne fait que lier et ordonner la matière de la connaissance, l'intuition, qui doit lui être donnée par l'objet.»

94. CRP, § 26, p. 873-874: «[...] toute synthèse par laquelle la perception elle-même devient possible est soumise aux catégories, et comme l'expérience est une connaissance au moyen de perceptions liées entre elles, les catégories sont les conditions de la possibilité de l'expérience et valent donc aussi *a priori* pour tous les objets de l'expérience.»

95. CRP, § 26, p. 872: «[...] dans la *déduction transcendantale,* a été exposée la possibilité de ces catégories comme connaissance *a priori* des objets d'une intuition en général.»

96. CRP, § 26, p. 876: «Les catégories sont les concepts qui prescrivent *a priori* des lois aux phénomènes et par conséquent à la nature, comme l'ensemble de tous les phénomènes (*natura materialiter spectata*)», CRP, § 26, p. 875; «[...] toutes les perceptions possibles, par conséquent aussi tout ce qui peut jamais accéder à la conscience empirique, c'est-à-dire tous les phénomènes de la nature doivent être soumis quant à

leur liaison aux catégories, dont la nature (considérée simplement comme nature en général) dépend comme du fondement originaire de sa conformité nécessaire à la loi (comme *natura formaliter spectata*). »

97. CRP, § 27, p. 878-879 : « [Cette déduction] est la présentation des concepts purs de l'entendement (et avec eux de toute la connaissance théorique *a priori*), comme principes de la possibilité de l'expérience, mais de l'expérience regardée comme la *détermination* de phénomènes dans l'espace et le temps en général. »

98. Il s'agit de la Deuxième Analogie de l'expérience (CRP, p. 925-941).

99. QR2, § 23, « Critique de la preuve kantienne de l'apriorité du concept de causalité », p. 222 sq.

100. CRP, § 21, p. 862.

101. CRP, p. 1465 (trad. légèrement modifiée).

102. CRP, § 14, p. 848 (trad. légèrement modifiée ; les mots soulignés le sont par Schopenhauer).

103. Ak. V, 288 ; CFJ, § 36, *in* OP II, p. 1065 : « On peut lier immédiatement à la perception d'un objet — laquelle en contient les prédicats empiriques — le concept d'un objet en vue d'un jugement de connaissance, et, ainsi, produire un jugement d'expérience ; il aura pour fondement des concepts *a priori* de l'unité synthétique des divers éléments de l'intuition, afin que ce jugement puisse être pensé comme une détermination d'un objet. »

104. Ak. IV, 554 ; OP II, p. 478 : « Pour que la représentation du mouvement devienne une expérience, il faut en outre que quelque chose soit pensé par l'entendement : à la manière dont la représentation est inhérente au *sujet*, il faut que l'entendement ajoute la détermination d'un *objet* par cette représentation. »

105. Johann Gottfried Kiesewetter, *Grundriss einer reinen allgemeinen Logik nach kantischen Grundsätzen zum Gebrauch für Vorlesungen*, Berlin, F. T. Lagarde, 1802-1806 (voir la réimpression dans la série *Aetas Kantiana*, 144, Bruxelles, Culture et civilisation, 1973). Cf. HN V <309>, p. 101 ; Heinrich Tieftrunk (1760-1837), *Denklehre in rein deutschem Gewande*, Halle/Leipzig, Reinicke, 1825.

106. Passage supprimé : A[En revanche, si nous établissons un résumé général des déclarations les plus claires de Kant à

ce sujet, la véritable CHOSE EN SOI est bien cela qui se manifeste dans le temps, l'espace et toutes les formes de la connaissance, c'est-à-dire ce dont la manifestation est constituée par ces phénomènes, mais qui en soi-même n'est pas soumis à ces formes. Ainsi conçue, la chose en soi nous conduit d'elle-même à ce qui n'est absolument pas objet ou représentation, mais constitue l'essence du monde, pour autant qu'il N'EST PAS représentation : c'est, d'après mon exposé, la VOLONTÉ. La chose en soi de Kant, quand elle est conçue aussi clairement et généralement, conduit même à cela qui, parce qu'il réside hors du temps et de l'espace, doit être étranger à toute MULTIPLICITÉ, à ce qui au contraire détermine l'essence propre de toute chose. Cela nous conduit tout près des Idées de Platon, que nous avons reconnues comme les différents degrés de l'objectité adéquate de la volonté, comme cela est expliqué en détail dans les deuxième et troisième livres de notre ouvrage. — Seulement, Kant n'est pas allé aussi loin dans son exposition de la chose en soi ; il n'a pu fonder ses pensées que sur une signification peu claire de la chose en soi, et elle n'est jamais parvenue chez lui à une claire conscience. Dans la plupart des passages, il conclut à la chose en soi comme cause du phénomène en faisant un usage du principe de raison qu'il avait lui-même condamné comme transcendant, et alors la chose en soi coïncide avec ce funeste OBJET EN SOI, cette absurdité, que l'entendement doit ajouter par la pensée à l'intuition pour qu'elle devienne expérience. Il a hasardé l'idée de cet objet en soi dans sa déduction des catégories, et c'est précisément de cette absurdité que sont sorties toutes les contradictions que j'ai mises en évidence dans la Logique transcendantale. Cette absurdité fut aussi ce qui l'a empêché de parvenir à la claire connaissance que tout objet n'existe qu'en rapport avec le sujet, dont il est la représentation, toujours soit une intuition, soit un concept abstrait, non intuitif. D'où la totale confusion des deux et les contradictions mises en évidence qui lui sont liées, et auxquelles s'ajoute encore cette conséquence, découlant de cette confusion, que (d'après B 143) si l'intuition elle-même n'accède à la conscience que grâce aux catégories de l'entendement, et si l'entendement doit être effectivement la faculté de PENSER, alors nécessairement soit les animaux possèdent la pensée, soit ils sont même dépourvus de l'intuition. Mais à partir de cette affirmation contradictoire, apparaissant tout aussi souvent, que l'intuition serait DONNÉE, et que l'entendement et ses catégories n'y contribueraient pour rien, on peut déduire d'autre part que les catégories sont une hypostase superflue, sans fondement, inconsistante. Car en ce cas le monde intuitif existe de manière tout à fait achevée, indépendamment de l'entendement, et il ne reste aux catégories que la pensée abstraite. Mais alors cette dernière doit pourtant nécessairement se régler sur le monde intuitif, et non l'inverse, ce qui néanmoins nous a été dit aussi souvent. Ce n'est que si le monde comme INTUITION provenait de l'application des catégories que Kant serait en droit d'affirmer que la nature se règle sur l'entendement et sur ses lois. Mais si tout le monde intuitif est DONNÉ de manière tout à fait achevée, sans l'aide de l'entendement, alors à l'inverse la pensée doit se régler sur l'expérience, et l'entendement ne peut posséder aucun de ces concepts *a priori* indépendants, parce que alors il ne s'accorderait pas avec la nature, à moins de supposer une *harmonia praestabilita* entre l'entendement et la nature, ce qui est une hypothèse aussi superflue que dénuée de fondement, puisque la simple expérience intérieure donne à chacun la certitude que les concepts abstraits, grâce à la réflexion, sont produits conformément au monde intuitif. De nouveau se manifeste donc la contradiction des affirmations de Kant : ce sont les catégories qui déterminent la nature, l'expérience, et d'un autre côté l'entendement ne doit pourtant contribuer en rien à l'intuition.]A

107. CRP, p. 1413 : « Toutes les représentations ont, comme représentations, leur objet et peuvent être elles-mêmes à leur tour objet d'autres représentations. Les phénomènes sont les seuls objets qui peuvent nous être immédiatement donnés, et ce qui en eux se rapporte immédiatement à l'objet s'appelle intuition. Or, ces phénomènes ne sont pas des choses en soi, mais ils sont eux-mêmes des représentations, qui à leur tour ont leur objet, qui par conséquent ne peut plus être intuitionné par nous, et peut par suite être appelé l'objet non empirique, c'est-à-dire transcendantal = X. Le concept pur de cet objet transcendantal [...] est ce qui peut procurer à tous nos concepts empiriques en général un rapport à un objet, c'est-à-dire de la réalité objective. Or, ce concept ne peut contenir aucune intuition déterminée, et par conséquent il ne concer-

nera rien d'autre que cette unité qui doit se rencontrer dans un divers de la connaissance, en tant que ce divers est un rapport avec un objet. »

108. Dans tout ce qui suit, Schopenhauer reprend sa propre théorie de la genèse de la représentation intuitive, telle qu'elle est exposée dans la *Quadruple racine*, § 21 et suiv.

109. Cf. chapitre 4 : « Sur la connaissance *a priori* ».

110. A 95-130 ; CRP, p. 1402-1428.

111. CRP, « Discipline de la raison pure dans l'usage dogmatique », p. 1302-1307.

112. Cf. A 720/B 74 ; CRP, p. 1303 : « La matière des phénomènes par quoi des *choses* nous sont données dans l'espace et dans le temps, ne peut être représentée que dans la perception, par conséquent *a posteriori*. Le seul concept qui représente *a priori* ce contenu empirique des phénomènes, c'est le concept de la *chose* en général, et la connaissance synthétique que nous en avons *a priori* ne peut rien fournir de plus que la simple règle de la synthèse de ce que la perception peut donner *a posteriori*, mais jamais l'intuition de l'objet réel, parce que celle-ci doit être nécessairement empirique. »

113. Remarque assez inopportune de la part de Schopenhauer, puisque Kant, dans la suite du texte, s'efforce précisément de distinguer la synthèse catégorielle de la construction du concept mathématique de triangle (A721-22/B 749-50 ; CRP, p. 1304).

114. OP II, p. 372 sq.

115. Essentiellement dans le § 8 du *Monde*.

116. C'est l'objet du « Schématisme des concepts purs de l'entendement », A 137/B 176 ; CRP, p. 884.

117. Sur le monogramme de l'imagination, cf. A 142/B 181 ; CRP, p. 887.

118. Début du § 16 de la *Critique* (« De l'unité originairement synthétique de l'aperception »), B 131 ; CRP, p. 853.

119. Passage supprimé : A[malheureusement, Kant n'a jamais voulu s'avouer clairement cette vérité. — Or, celui qui n'est pas résolument décidé à trouver dans ce principe une profondeur presque sans fond, celui-là sera avec moi d'avis que le sens de ce principe, ou bien plutôt sa cause occasionnelle est que la conscience de l'unité individuelle de la personne accompagne toutes ses connaissances, puisque leur succession en dépend : en effet, dans la mesure où cette

succession est déterminée par la situation de la personne dans le monde, cette unité individuelle est donc comparable au fil sur lequel viennent se ranger, comme les perles sur un cordon, les perceptions successives ; c'est grâce à elle qu'elles tiennent ensemble et sont reliées à un seul et même cordon. — Cependant, on se souviendra, d'après le livre III du présent ouvrage, que l'immixtion de la conscience de la personne dans la connaissance doit être considérée comme une souillure de la connaissance par la volonté, dont la personne est la concrétion et le phénomène. Par conséquent, la connaissance ne se rapporte à la personne qu'aussi longtemps qu'elle est encore au service de la volonté. Mais cela doit cesser lorsque la connaissance esthétique se produit, dans laquelle seule nous nous trouvons parfaitement bien. Dans la connaissance esthétique, c'est-à-dire pure et libre de volonté, la conscience de la personnalité disparaît alors, se retire entièrement, par où l'individu qui connaît ainsi se transfigure en un sujet pur et, en même temps, l'objet ainsi contemplé en son Idée. C'est ainsi que je l'ai expliqué à cet endroit.]A

120. SW II, p. 359.

121. QR2, p. 190, 234, 246.

122. Cf. A 713/B 741 ; CRP, p. 1298 : « La connaissance *philosophique* est la *connaissance rationnelle* par *concepts*, et la connaissance *mathématique* la connaissance rationnelle par *construction* des concepts. »

123. QR2, § 33, p. 244-245 : « [...] les conditions formelles de toute pensée qui existent dans la raison peuvent servir de fondement à un jugement dont la vérité est alors d'une nature telle que je dois la caractériser, le plus adéquatement, en l'appelant *vérité métalogique*. [...] Il n'existe que quatre jugements de ce genre [...]. Ce sont les suivants : 1°) le sujet est égal à la somme des ses attributs ou a = a. 2°) Un attribut ne peut être à la fois affirmé ou nié d'un même sujet ou a — a = 0. 3°) De deux attributs contradictoirement opposés, l'un doit convenir à tout sujet. 4°) La vérité est la relation d'un jugement à quelque chose en dehors de lui comme raison suffisante de la connaissance. »

124. Cf. note 103, p. 989.

125. Cf. le § 9 du *Monde*.

126. *Ibid.*

127. Rappelons que le principe de raison de la connais-

sance est la seconde forme du principe de raison suffisante selon l'exposé de la *Quadruple racine* (cf. en particulier le § 29, QR2, p. 241).

128. Kant s'explique sur le sens des jugements infinis en A 72/B 97 ; CRP, § 9, « De la fonction logique de l'entendement dans les jugements », p. 828. Il fait remarquer que la nécessité d'admettre un jugement infini découle du caractère transcendantal de sa logique : la logique simplement formelle n'admet pas de tels jugements, puisqu'elle fait abstraction de tout contenu du prédicat. Schopenhauer, revenant à une conception traditionnelle, c'est-à-dire formelle, de la logique, ne pouvait que récuser de tels jugements.

129. On remarquera que Schopenhauer commence son examen par la relation hypothétique, tandis que Kant commence par la relation catégorique. Cela s'explique par la place éminente que Schopenhauer accorde à la forme hypothétique.

130. QR2, p. 242-246.

131. C'est toujours Kant qui est visé ici.

132. Ce sont les catégories qui dans la construction de Kant correspondent aux jugements catégoriques.

133. Cf. QR2, p. 219-220 : « Sous le concept de matière, nous concevons ce qui reste des corps quand on les dépouille de leur formes et de leurs qualités spécifiques [...]. Or ces formes et qualités que nous leur ôtons ne sont rien que le *mode d'action* particulier et spécialement déterminé des corps par lequel ils sont précisément différents les uns des autres. Donc, après ce dépouillement, ce qui reste c'est la *simple activité générale*, c'est l'action pure en tant qu'action, c'est la causalité même, conçue objectivement, elle est donc le reflet de notre propre entendement ; elle est l'image, projetée au dehors, de son unique fonction. »

134. Gottlob Ernst Schulze (1761-1833), *Kritik der theoretischen Philosophie*, 2 vol., Hambourg, Bohn, 1801. Cf. HN V <523>, p. 161 ; Franz Berg (1753-1821), *Epikritik der Philosophie*, Arnstadt/Rudolstadt, Klüger, 1805. Cf. HN V <67>, p. 15.

135. QR2, § 20, « Le principe de raison suffisante du devenir », p. 174 sq.

136. LV III, *in* PFE, p. 22 sq.

137. Chapitre 4 : « Sur la connaissance *a priori* » ; SW II, p. 46.

138. Alexander von Humboldt (1769-1859), *Ansichten der Natur* (voir la réimpression in *Studienausgabe*, Darmstadt, WB, 1987).

139. Ak. IV, 544; OP II, p. 467.

140. Aristote, *Physique*, I-IV, 195 a 8-11, trad. H. Carteron (modifiée), Paris, Les Belles Lettres, 1926. Même idée reprise effectivement dans la *Métaphysique*, livre V, 2, 1013 b 10, trad. J. Tricot, t. II, Paris, Vrin, 1991, p. 162.

141. Aristote, *Organon*, IV: *Les Seconds Analytiques*, trad. J. Tricot, Paris, Vrin, 1987.

142. QR2, p. 287-289.

143. Schopenhauer en appelle donc à la nécessité de ne pas perdre de vue ce qui distingue les différentes figures du principe de raison. La quadripartition de la *Dissertation* trouve ici une justification immédiate.

144. Wolff, *Vernünftige Gedanke von Gott, der Welt und der Seele des Menschen, auch allen Dingen überhaupt* (in *Gesammelte Werke, I. Abteilung, Bd. 2*), Hildesheim, Olms, 1983 (1720), p. 354-357. Le passage de la *Quadruple racine* est le suivant: «... suivant la loi de causalité, la condition est toujours elle-même conditionnée, et de la même façon [...] Il en va de même pour la raison d'être dans l'espace: tout espace relatif est une figure; il a des limites qui le mettent en relation avec d'autres espaces dont ces limites déterminent à leur tour la figure, et cela dans toutes les dimensions, *ad indefinitum* [...]. La série des raisons de la connaissance, en revanche, c'est-à-dire une suite de jugements dont chacun établit la vérité logique de l'autre, a toujours, quelque part, un terme; elle aboutit en effet à une vérité empirique, à une vérité transcendantale ou à une vérité métalogique» (QR2, p. 289-290).

145. CRP, «Remarque générale sur le système des principes», p. 966-967.

146. Cf. CRP, «Du principe de la distinction de tous les objets en général en phénomènes et noumènes», p. 975: «Le prétendu principe: Tout contingent a une cause, se présente, il est vrai, avec assez de gravité, comme s'il avait en lui-même sa dignité. Mais je demande: Qu'entendez-vous par contingent, et vous répondez: Ce dont la non-existence est possible. Je voudrais bien savoir à quoi vous voulez reconnaître la possibilité de la non-existence, si vous ne vous représentez pas une

succession, dans la série des phénomènes, et dans cette succession [...] un changement. »

147. CRP, « Système des idées cosmologiques », p. 1079 : « Le conditionné dans l'existence en général s'appelle le contingent, et l'inconditionné nécessaire. »

148. Cf. CRP, Remarque sur la thèse de la quatrième antinomie, p. 1112 et 1114 : « On a conclu [...] des changements dans le monde à la contingence empirique, c'est-à-dire la dépendance des ces changements à l'égard de causes empiriquement déterminantes, et l'on a obtenu une série ascendante de conditions empiriques, ce qui, effectivement, était tout à fait juste. »

149. Cf. CRP, Remarque sur la thèse de la quatrième antinomie, p. 1114 et 1116 : « La succession de déterminations opposées, c'est-à-dire le changement, ne prouve donc nullement la contingence suivant les concepts de l'entendement pur, et, par conséquent, elle ne peut conduire, suivant des concepts purs de l'entendement, à l'existence d'un être nécessaire. Le changement ne prouve que la contingence empirique, c'est-à-dire que, suivant la loi de causalité, le nouvel état ne peut aucunement avoir lieu sans une cause qui appartienne au temps précédent. Mais, de cette manière, cette cause, la regardât-on comme absolument nécessaire, doit se trouver dans le temps et faire partie de la série des phénomènes. »

150. Cf. note 146.

151. *De la génération et de la corruption*, 335 a 33-336 b2, trad. Ch. Mugler, Paris, Les Belles Lettres, 1966, p. 64-65 : « Car parmi les êtres, les uns existent de toute nécessité, tels les êtres éternels, alors que d'autres ne sauraient exister, de toute éternité. Pour les uns, il est impossible qu'ils ne soient pas, pour les autres, il est impossible qu'ils soient. » Cf. aussi 337 b 35-338 a, *ibid.*, p. 72 : « Ce qui existe en effet nécessairement ne peut pas ne pas exister. »

152. Cicéron, *Traité du destin*, trad. A. Yon, Paris, Les Belles Lettres, 1933, p. 9 sq.

153. Comme le dit la *Dissertation*, c'est donc une « quadruple racine ».

154. Analytique des Principes, « Du principe de la distinction de tous les objets en général en phénomènes et noumènes », CRP, p. 970 sq.

155. Passage où Kant reconnaît que « nous ne pouvions

définir les catégories, quand même nous l'aurions voulu» (CRP, p. 974).

156. Où il est dit que les catégories «ne peuvent être définies» (CRP, p. 976-977).

157. CRP, p. 979-980.

158. CRP, p. 836 (trad. légèrement modifiée).

159. D'après Pline le Jeune, *Lettres*, V, 6, 46 : «*venia sit dicto*» («soit dit sans offenser la divinité»).

160. Cf. Ak. IV, 325 ; OP II, p. 103 : «Ce système des catégories rend à son tour systématique tout traitement de chacun des objets de la raison pure, et il donne une indication indubitable, un fil directeur pour déterminer comment et selon quels points de recherche doit être conduite toute considération métaphysique, si elle doit être complète : car il épuise tous les moments de l'entendement sous lesquels tout autre concept doit être placé.»

161. Horace, *Épîtres* I, XIX, v. 19, trad. F. Villeneuve, Paris, Les Belles Lettres, 1934, p. 127.

162. Aristote, *Premiers Analytiques*, I, 24, 41 b 5, trad. mod. J. Tricot, Paris, Vrin, 1983, p. 123.

163. Schopenhauer suit ici la présentation des *Prolégomènes*, qui, au § 21, rapprochent la «Table logique des jugements», la «table transcendantale des concepts de l'entendement» et la «table physiologique pure des principes universels de la science de la nature» (Ak. IV, 303 ; OP II, p. 75, 76).

164. Principe des Axiomes de l'intuition (A 162/B 201 ; CRP, p. 902).

165. Principe des Anticipations de la perception (A166/B 20 ; CRP, p. 906).

166. «Des paralogismes de la raison pure», CRP, p. 1049.

167. Voir la table figurant dans le «Système des Idées cosmologiques», A 415/B 443 ; CRP, p. 1077.

168. Cf. la «Table des catégories de la liberté relatives aux concept du bien et du mal», Ak. V, 66 ; OP II, p. 688-689.

169. Ce sont les quatre moments de l'Analytique du beau, cf. OP II, p. 957 sq.

170. Cf. *Premiers principes métaphysiques de la science de la nature*, Ak. IV, 476 ; OP II, p. 374 : «C'est aux quatre classes de ces concepts, celle de la *grandeur*, de la *qualité*, de la *relation*, et enfin de la *modalité*, que doivent également se ramener toutes les déterminations du concept universel de matière en

général. » D'où les quatre grandes divisions : Phoronomie, Dynamique, Mécanique et Phénoménologie.

171. Cf. Ak. IV, 495, OP II, p. 399-400.

172. Cf. QR2, § 18, p. 170 : « SI LE TEMPS ÉTAIT LA FORME UNIQUE de ces représentations, il n'y aurait pas d'*existence* SIMULTANÉE et donc rien de PERMANENT et aucune DURÉE. Car le TEMPS ne peut être perçu que s'il est rempli et sa continuité ne l'est que par le CHANGEMENT de ce qui est rempli. La permanence d'un objet ne peut donc être connue que par contraste avec le CHANGEMENT d'autres objets coexistants. Mais la représentation de la COEXISTENCE est impossible dans le temps seul ; elle est conditionnée, pour l'autre moitié, par la représentation de l'*espace*, vu que, dans le temps seul, tout est SUCCESSIF et que dans l'espace tout est JUXTAPOSÉ ; elle ne peut donc résulter que de l'union du temps et de l'espace. Si, D'AUTRE PART, L'ESPACE ÉTAIT LA FORME UNIQUE des représentations [...] il n'y aurait pas de CHANGEMENT : car le changement ou la variation est une SUCCESSION d'états ; or la SUCCESSION n'est possible que dans le temps. »

173. Passage supprimé : A[Néanmoins, il est vrai sans doute que la permanence de la matière est connue *a priori* et nécessairement, mais cette connaissance parvient d'abord à la conscience sous une forme immédiate et intuitive. Elle ne peut être élevée à la connaissance médiate, abstraite, réflexive, que si on la tire de la vérité prouvée dans le passage de notre premier livre qu'on vient de citer, à savoir que...]A

174. Cf. B 219 ; CRP, p. 915 : « Les trois modes du temps sont la *permanence*, la *succession*, la *simultanéité*. »

175. CRP, p. 920.

176. Passage supprimé : A[On peut négativement développer le principe à partir de la loi de causalité, dont nous avons conscience *a priori*, et dont nous étendons toujours la validité aux seuls états, jamais à la matière.]A

177. Johann Georg Heinrich Feder, *Über Raum und Causalität, zur Prüfung der kantischen Philosophie*, Göttingen, J. C. Dieterich, 1787. Cf. HN V <173>, p. 43 ; Gottlob Ernst Schulze, *Kritik der theoretischen Philosophie*, Hambourg, Bohn, 1801, t. 2, p. 422-442.

178. A 235/B 295, CRP, p. 970.

179. Cf. CRP, p. 983 : « Si je retranche d'une connaissance

sensible toute la pensée (effectuée au moyen de catégories), il ne reste plus aucune connaissance d'un objet quelconque ; car par la simple intuition rien n'est pensé, et le fait qu'il y ait en moi cette affection de la sensibilité ne produit aucun rapport d'une telle représentation à quelque objet. Si en revanche je retranche toute l'intuition, il reste encore la forme de la pensée, c'est-à-dire la manière de déterminer un objet pour le divers d'une intuition possible. »

180. Passage supprimé : A[Cette confusion irrémédiable de la pensée et de l'intuition apparaît de façon très voyante dans la proposition (A 324) affirmant qu'« un *concept* a son *lieu* soit dans la *sensibilité*, soit dans *l'entendement* pur ».]A La citation n'est pas exacte : « qu'on me permette d'appeler *lieu transcendantal* la place que nous assignons à un concept, soit dans la sensibilité, soit dans l'entendement pur » ; CRP, « Remarque sur l'Amphibologie des concepts de la réflexion », p. 994.

181. Cf. A 271/B 327 ; CRP, « Remarque sur l'Amphibologie des concepts de la réflexion », p. 996 : « En un mot, Leibniz *intellectualisait* les phénomènes, de même que Locke [...] avait *sensualisé* tous les concepts de l'entendement. »

182. CRP, p. 983.

183. A 260/B 316 ; « De l'Amphibologie des concepts de la réflexion », CRP, p. 988 sq.

184. Cf. A 268/B 324 ; « Remarque sur l'Amphibologie des concepts de la réflexion », CRP, p. 994.

185. Cf. A 286-289/B 342-345 ; CRP, p. 1007-1009. Cf. A 287/B 344 ; CRP, p. 1008 : « ... le noumène signifie précisément le concept problématique d'un objet pour une tout autre intuition, et un tout autre entendement que le nôtre, qui par suite est lui-même un problème. Le concept du noumène n'est donc pas le concept d'un objet, mais la tâche inévitablement attachée à la limitation de notre sensibilité. »

186. Le noumène est défini comme « l'objet d'un concept auquel ne correspond aucune intuition qu'on puisse indiquer est = rien, c'est-à-dire un concept sans objet » (A 290/B 347, CRP, p. 1010).

187. Passage supprimé : A[Après avoir traité en détail des catégories et de ce qui en découle, Kant rafistole les catégories et l'intuition avec une absurdité supplémentaire, les schémas des concepts purs de l'entendement, dont personne ne peut

penser quelque chose de déterminé et de l'impossibilité desquels j'ai suffisamment parlé au § 29 du traité préparatoire.]A

188. Le texte exact est légèrement différent. Cf. Sextus Empiricus, *Esquisses pyrrhoniennes*, I, 13 [31-32], trad. P. Pellegrin, Paris, Seuil, 1997, p. 73-74 : « Or nous opposons soit des choses apparentes à des choses apparentes, soit des choses pensées à des choses pensées, soit les unes aux autres [...] des choses pensées à des choses apparentes comme Anaxagore. »

189. Sigismund Stern, *Vorläufige Grundlegung zu einer Sprachphilosophie*, Berlin, Bechtold und Hartje, 1835. Ouvrage annoté par Schopenhauer. HN V <545>, 175.

190. Christian Wolff, *Cosmologia generalis*, in *Gesammelte Werke*, éd. J. Ecole, Hildesheim, Olms, 1964, t. II/4. Du même : *Philosophia Prima sive Ontologia*, in *op. cit.*, t. II/3.

191. Cf. CRP, p. 1022 : « ... mais cette maxime logique ne peut devenir un principe de la raison pure qu'autant qu'on admet que, si le conditionné est donné, est donnée aussi (c'est-à-dire contenue dans l'objet et dans sa liaison) la série entière <*die ganze Reihe*> des conditions subordonnées, laquelle est par conséquent elle-même inconditionnée ». Cf. CRP, p. 1033 : « ... le concept transcendantal de la raison n'est donc que celui de la *totalité* des conditions pour un conditionné donné. Or, comme l'*inconditionné* seul rend possible la totalité <*Totalität*> des conditions, et que réciproquement la totalité des conditions est elle-même toujours inconditionnée, un concept pur de la raison peut être défini en général comme le concept de l'inconditionné, en tant qu'il contient un fondement de synthèse du conditionné. »

192. Spinoza, *Éthique*, I, définition 3, trad Ch. Appuhn, Paris, GF, 1985 : « ce qui est en soi et est conçu par soi ».

193. Schiller, *Mort de Wallenstein*, II, 3. Cf. note 141, p. 1046.

194. Edward Upham, *The History and Doctrine of Budhism, Popularly Illustrated*, Londres, 1829. HN V <1204>, p. 350.

195. Cf. CRP, p. 1022 : « ... la raison, dans son usage logique, cherche la condition universelle de son jugement (de la conclusion) et le raisonnement n'est lui-même autre chose qu'un jugement que nous formons en subsumant sa condition sous une règle générale (la majeure). Or, comme cette règle est soumise à son tour à la même tentative de la part de la

raison et qu'il faut ainsi chercher (par le moyen d'un prosyllogisme) la condition de la condition, aussi loin qu'il est possible d'aller, on voit bien que le principe propre de la raison en général dans son usage logique est de trouver, pour la connaissance conditionnée de l'entendement, l'inconditionné qui doit en achever l'unité. »

196. Cf. CRP, p. 1033 : « ... nous restreignons donc, dans la conclusion d'un raisonnement, un prédicat à un certain objet, après l'avoir préalablement pensé dans la majeure dans toute son extension sous une certaine condition. Cette quantité complète de l'extension, par rapport à une telle condition, s'appelle l'*universalité* <*universalitas*>. À cette universalité correspond dans la synthèse des intuitions la *totalité* <*universitas*> des conditions. Le concept transcendantal de la raison n'est donc que celui de la *totalité* des conditions pour un conditionné donné. Or, comme l'*inconditionné* seul rend possible la totalité <*Totalität*> des conditions, et que réciproquement la totalité des conditions est elle-même toujours inconditionnée, un concept pur de la raison peut être défini en général comme le concept de l'inconditionné, en tant qu'il contient un fondement de synthèse du conditionné. »

197. Cf. CRP, p. 1033 (suite du texte de la note précédente) : « ... or, autant l'entendement se représente d'espèces de rapports au moyen de catégories, autant il y aura aussi de concepts purs de la raison ; il y aura donc à chercher *en premier lieu* un *inconditionné* de la synthèse *catégorique* dans un *sujet*, *en second lieu* un *inconditionné* de la synthèse *hypothétique* des membres d'une série, *en troisième lieu* un *inconditionné* de la synthèse *disjonctive* des parties dans un système. »

198. « Suidas » est le nom traditionnellement attribué à l'auteur d'une encyclopédie grecque du IXe siècle.

199. Clément d'Alexandrie, *Protreptique*, trad. Cl. Mondésert, Le Cerf, 1976. —, *Stromates*, V, trad. P. Voulet, Paris, Le Cerf, 1981. —, *Stromates*, I, trad. M. Caster, Paris, Le Cerf, 1951. —, *Le Pédagogue*, II, trad. Cl. Mondésert, III. trad. Cl. Monsédert et Ch. Matray, Paris, Le Cerf, 1965 et 1970.

200. Plutarque, *Vies*, t. VI « Pyrrhos-Marius ; Lysandre-Sylla », trad. R. Flacelière, Paris, Les Belles Lettres, 1971.

201. Lactance, *Institutions divines*, trad. P. Monat, Paris, Le Cerf, 1986.

202. Isaac Euchel, *Gebete des Juden*, 1re éd. Königsberg, 1787, 2e éd., Berlin, 1799.

203. Ak. III, 261 ; CRP, « Des raisonnements dialectiques de la raison pure », p. 1045-1046.

204. Ak. III, 254; A 327/B 384; CRP, p. 1036: « J'entends par Idée un concept nécessaire de la raison auquel aucun objet qui lui corresponde ne peut être donné dans les sens. »

205. Suárez, *Disputaciones metafisicas*, XXV, « Sectio Prima: *An sit, quid sit, et ubi sit exemplar* », trad. espagnole avec l'original latin, Madrid, Biblioteca Hispanica de Filosofia, 1962, t. IV, p. 34 sq.

206. Cf. A 323/B 379; CRP, « Des Idées transcendantales », p. 1033: « Il y a en effet tout juste autant d'espèces de raisonnements, dont chacun par le moyen de prosyllogismes tend à l'inconditionné: la première, à un sujet qui ne soit plus lui-même prédicat, la seconde à une présupposition qui ne présuppose rien au-delà, la troisième à un agrégat des membres de la division qui ne laisse rien à demander de plus pour la division d'un concept. » Cf. B 411 ; CRP, « Des paralogismes de la raison pure », p. 1055:

« Dans le procédé de la psychologie rationnelle, domine un paralogisme qui est représenté par le syllogisme suivant:

Ce qui ne peut être pensé *que comme sujet n'existe aussi que comme sujet et est par conséquent substance;*

Or, un être pensant, considéré comme tel, ne peut être pensé *que comme sujet;*

Donc, il n'existe que comme sujet, c'est-à-dire comme substance. »

207. Aristote, *Métaphysique*, 1017 b 13 et suiv., trad. J. Tricot, Paris, Vrin, 1953: « Toutes les choses sont appelées substances parce qu'elles ne sont pas prédicats d'un sujet, mais que les autres sont prédicats d'elles. »

208. En parlant de simulacre de conflit, de *Scheinkampf*, Schopenhauer reprend et détourne la présentation de l'Antinomie de la raison pure, laquelle distingue justement trois « conflits <*Wiederstreite*> des Idées transcendantales ».

209. Pour chaque thèse et antithèse, le texte de Kant se présente comme la suite d'un énoncé et d'une preuve.

210. Aristophane, *Les Nuées*, trad. H. Van Daele, Paris, Les Belles Lettres, 1987, v. 889-957, p. 201-204.

211. Marie-Élisabeth de Polier, *Mythologie des Indous*,

Rudolstadt et Paris, Schoell, 1809, 2 vol. HN V <1166>, p. 340.

212. Stobée, *Eclogarum physicarum et ethicarum* (I et II), H. L. Heeren, Göttingen, Vandenhoeck et Ruprecht, 1792. HN V<1355>, p. 383.

213. Giordano Bruno, *De la cause, du principe et de l'Un*, in *Œuvres complètes*, éd. bilingue, t. III, trad. L. Hersant, annoté par G. Aquilecchia, Paris, Les Belles Lettres, 1996.

214. *Histoire générale de la nature et théorie du ciel*, II, chap. VII : « De la création dans toute l'étendue de son infinité, aussi bien selon l'espace que selon le temps », *in* OP I, p. 76 sq. (Ak. I, 306).

215. Aristote, *Physique*, trad. H. Carteron, Paris, Les Belles Lettres, 1926, t. I, p. 144 sq. Voir en particulier, pour l'explication de la masse 217 b 7 : « La grandeur et la petitesse d'une masse sensible ne se développent pas par une addition de quelque chose à la matière, mais parce que la matière est en puissance l'une et l'autre ; ainsi c'est la même chose qui est dense et rare, et pour ces deux qualités, il n'y a qu'une matière. D'autre part le dense est lourd, le rare léger. »

216. CRP, p. 1092 (souligné par Schopenhauer).

217. CRP, p. 1096.

218. CRP, p. 1153 : « Si le tout est donné dans l'intuition empirique, la régression va à l'infini dans la série de ses conditions internes. [...] Aussi l'on doit dire de la division d'une matière donnée entre ses limites (d'un corps) qu'elle va à l'infini. »

219. *Premiers principes métaphysiques de la science de la nature*, III (Mécanique), théorème I, *in* OP II, p. 457 ; Ak. IV, 537.

220. *Premiers principes métaphysiques de la science de la nature*, II (Dynamique), théorème 4 : « La matière est divisible à l'infini, et ce en parties dont chacune à son tour est matière », *in* OP II, p. 409 (Ak. IV, 509).

221. Joseph Priestley (1703-1804), *Disquisitions relating to Matter and Spirit*, 2e éd. augm., Birmingham, 1782, 2 vol.

222. Aristote, *Physique*, texte et trad. par H. Carteron, Paris, Les Belles Lettres, 1926, t. I, p. 98 sq.

223. Celle de la finité de la série.

224. Georg Christoph Lichtenberg (1742-1799), *Anschlagzettel im Namen von Philadelphia* (1777), in *Vermischte*

Schriften, vol. III, Göttingen, Dieterichsche Buchh., 1844, p. 187. HN V <1532>, 426.

225. Aristote, *Métaphysique*, 1166 b 10-20, trad. J. Tricot, Paris, Vrin : « [...] que l'infini [...] ne puisse exister en acte, c'est l'évidence, car alors toute partie quelconque de l'infini, prise à part, sera infinie : la quiddité de l'infini et l'infini sont, en effet, identiques, si l'infini est une substance et non l'attribut d'un sujet. L'infini sera donc, ou bien indivisible, ou bien divisible en parties toujours divisibles, s'il est partageable. Mais la même chose ne peut être plusieurs infinis, car, de même qu'une partie de l'air est air, une partie de l'infini sera infinie, si l'infini est substance et principe. L'infini est donc impartageable et indivisible. Mais c'est impossible pour un infini en acte ; nécessairement, il sera une certaine quantité. L'infini appartient donc à son sujet seulement par accident. »

226. Aristote, *De la génération et de la corruption*, trad. Ch. Mugler, Paris, Les Belles Lettres, 1966, p. 13.

227. Voici le raisonnement complet de Kant : « Si le monde est un tout existant, il est ou fini ou infini. Or, le premier cas aussi bien que le second sont faux (en vertu des preuves rapportées plus haut, de l'antithèse d'un côté, et de la thèse de l'autre). Il est donc faux aussi que le monde (l'ensemble de tous les phénomènes) soit un tout existant en soi. D'où il suit par conséquent que les phénomènes en général ne sont rien en dehors de nos représentations, et c'est précisément ce que nous voulions dire en parlant de leur idéalité transcendantale » (CRP, p. 1149).

228. Cf. *Du Moi comme principe de la philosophie*, § 15.

229. CRP, p. 1170-1171.

230. Schopenhauer modifie le texte original : « Le concept de nature représente assurément ses objets <*Gegenstände*> dans l'intuition, non pas comme choses en soi, mais comme simples phénomènes, alors que le concept de liberté représente assurément dans son objet <*Objekt*> une chose en soi, mais non dans l'intuition » (OP II, p. 928 ; Ak. V, 175).

231. Ak. IV, 343 ; OP II, p. 124 sq.

232. Schopenhauer joue ici avec l'allitération : *erschlichen/erschlossen/ausschliessen*.

233. Kant parle exactement de l'« idée *transcendantale* de la liberté » qui « fonde le concept pratique de celle-ci » (CRP, p. 1168). Mais en qualifiant cette liberté de « transcendante »,

Schopenhauer ne fait que rendre ici au terme de transcendantal sa signification pertinente pour le contexte. On sait que ce terme est d'un usage assez variable chez Kant.

234. Ak. V, 29; OP II, p. 641.

235. Ak. V, 104; OP II, p. 734 sq.

236. Passage supprimé: A[dans la mesure où ils expliquent qu'à cause de la corruption qui depuis le premier homme s'est étendue à tous les autres, la volonté est nécessairement tombée dans le péché, qu'elle n'est libre que pour le mal et non pour le bien, et que par elle-même, elle est totalement impuissante à la justification et à la réparation. Selon eux, la liberté de la volonté ne consiste qu'en la liberté de pécher (ainsi pour Luther et Melanchton), et le seul espoir de salut réside dans la foi et la grâce. Tout cela, nous l'avons suffisamment examiné à la fin du livre IV.]A

237. CRP, p. 746.

238. A 490/B 518; CRP, p. 1137: «L'idéalisme transcendantal comme clé pour la solution de la dialectique cosmologique.»

239. Ak. V, 94-100; CRP, p. 722-730 (depuis «Le concept de la causalité comme *nécessité naturelle*» jusque «Mais la liberté, en tant qu'elle doit être unie avec le mécanisme»).

240. CRP, «Éclaircissement de l'idée cosmologique d'une liberté en union avec la nécessité universelle de la nature», p. 1177: «Dans la nature inanimée ou purement animale, nous ne trouvons aucune raison de concevoir quelque faculté conditionnée autrement que de manière purement sensible» (trad. mod.).

241. Schopenhauer fait ici allusion à la septième section de l'Antinomie, intitulée «Décision critique du conflit cosmologique de la raison avec elle-même» (CRP, p. 1142).

242. Aristote, *Du ciel*, 268 b1, trad. J. Tricot, Paris, Vrin, 1949, p. 3.

243. Rappelons que c'est précisément ce qu'affirme la thèse selon laquelle la liberté est une «spontanéité des causes», qui «consiste à commencer *de soi* une série de phénomènes qui se déroule suivant les lois naturelles, par conséquent une liberté transcendantale» (CRP, p. 1104; Ak. III, 310, A447/B 476).

244. Ak. III, 380, CRP, p. 1189: «Par là, on montre donc seulement que la contingence universelle de toutes les choses de la nature et de toutes leurs conditions (empiriques) peut

très bien s'accorder avec la présupposition arbitraire d'une condition nécessaire, quoique purement intelligible, que par conséquent, il n'y a point de véritable contradiction entre ces assertions, et donc qu'elles peuvent être vraies *toutes les deux.* »

245. Pour la détermination de l'*Inbegriff* dans son rapport à l'Idéal de la raison pure, voir en particulier Ak. III, 385 (début de la seconde section « De l'Idéal transcendantal »).

246. En B « renouvelé ».

247. Il s'agit de l'*Unique fondement possible d'une démonstration possible de l'existence de Dieu* (1763), Ak. II ; OP I, p. 323 sq.

248. Wolff, *Cosmologia generalis*, in *Gesammelte Werke*, éd. J. École, Hildesheim, Olms, 1964, t. II/4.

249. Dans le § 44, livre I des *Essais de Théodicée*, Leibniz énonce les « deux grands principes de nos raisonnements » : le principe de contradiction, et le principe de raison déterminante. Ce dernier consiste en ce que « jamais rien n'arrive, sans qu'il y ait une cause, ou du moins une raison déterminante, c'est-à-dire quelque chose qui puisse servir à rendre raison *a priori* pourquoi cela est existant plutôt que non existant, et pourquoi cela est ainsi plutôt que de toute autre façon. Ce grand principe a lieu dans tous les événements, et on ne donnera jamais un exemple contraire ; et quoique le plus souvent ces raisons déterminantes ne nous soient pas assez connues, nous ne laissons pas d'entrevoir qu'il y en a. Sans ce grand principe, nous ne pourrions jamais prouver l'existence de Dieu ».

250. Cf. *Correspondance Leibniz-Clarke*, Paris, PUF, 1991.

251. *Adversus mathematicos*, IX, § 88, in *Sextus Empiricus*, t. II, trad. R. G. Bury, Londres, Loeb Classical Library, 1983. HN V <534>, p. 164.

252. Il s'agit de la septième et dernière section de l'Idéal de la raison pure (CRP, p. 1230).

253. Dans son deuxième chapitre de l'*Histoire naturelle de la religion*, Hume voit l'origine de la religion non pas dans la contemplation de la nature, mais dans le fait que l'esprit humain oscille continûment entre l'espoir et la crainte. En outre, Schopenhauer n'a pu qu'être sensible à certains passages des *Dialogues sur la religion naturelle* qui s'accordent avec sa description (cf. livre I, § 26-27) d'une nature conflictuelle, traversée par des conflits violents. La thèse humienne

de l'origine pratique de la religion s'accorde bien avec ce fil conducteur de la pensée de Schopenhauer, qui consiste en la reconduction de certaines opérations mentales ou facultés intellectuelles à leur origine pratique voire pragmatique. Notons par ailleurs que Schopenhauer avait proposé à un éditeur de traduire les textes de Hume sur la religion (lettre du 25 nov. 1824, in *Correspondance complète, op. cit.*, 1996, p. 124-126). Pour ce qui est de la théorie de la religion chez Schopenhauer, il faut se reporter au chapitre 17 (« Sur le besoin métaphysique de l'humanité ») et aux paragraphes 174-182 du tome II des *Parerga* consacrés à la religion (traduction française in Schopenhauer, *Sur la religion,* trad. E. Osier, Paris, GF, 1996).

254. Aristote, *Seconds Analytiques,* 92 b13, trad. Tricot, Paris, Vrin, 1962, p. 185.

255. VN, p. 91.

256. Pétrone, fragment 27, in *Le Satiricon,* trad. A. Ernout, Paris, Les Belles Lettres, 1969, p. 190. On trouve aussi l'expression au v. 661 de la *Thébaïde* du poète latin Stace.

257. Bacon, *Essais/Essays*, trad. M. Castelain, Paris, Aubier-Montaigne, 1979, p. 83 : « On lit dans l'Écriture : "l'insensé a dit dans son cœur : il n'y a point de Dieu", et non : "l'insensé a pensé dans son cœur" ; si bien qu'il se le répète par cœur en lui-même plutôt comme une chose qu'il souhaite qu'une chose qu'il puisse croire pleinement et dont il soit persuadé. »

258. Richard Owen (1804-1892), *Principes d'ostéologie comparée, ou Recherches sur l'archétype et les homologies du squelette vertébré,* Paris, G. Baillière, 1855.

259. L'expression est peut-être une allusion à J. G. Schmidt, *Die gestriegelte Rockenphilosophie,* Chemnitz, Stoesseln, 1718-1722 (reprint Acta Humanoria, VCH, 1988).

260. Ak. III, 442 ; A 669/B 697 ; CRP, p. 1266 sq. (il s'agit de la seconde division de l'*Appendice* à la Dialectique transcendantale).

261. Cf. Ak. IV, 331 ; OP II, p. 110 : « On doit encore remarquer que les idées de la raison, à la différence des catégories, ne nous sont pas utiles en quoi que ce soit pour l'usage de l'entendement par rapport à l'expérience, mais qu'on peut au contraire, à cet égard, s'en passer complètement et que, bien plus, elles s'opposent et font obstacle aux maximes de la

connaissance rationnelle de la nature, quoiqu'elles soient néamoins nécessaires pour une autre fin à déterminer. »

262. Passage supprimé : A[Je passe maintenant à la partie éthique de la philosophie de Kant, pour laquelle il ne sera pas nécessaire, en suivant le fil de ses œuvres, d'entrer aussi loin que précédemment dans le détail, partie parce qu'on peut réduire l'éthique de Kant à quelques principes généraux, et partie parce que la *Critique de raison pratique* est une œuvre incomparablement plus faible que la Critique théorique et qu'elle a été écrite alors que l'esprit de Kant commençait déjà à porter les traces de la vieillesse, dont les œuvres encore plus tardives sont, hélas, si fortement marquées. Par conséquent, je pourrai être beaucoup plus bref ici dans ma procédure négative en renvoyant à l'aspect positif, c'est-à-dire à la partie éthique de mon présent ouvrage : *est enim verum index sui et falsi.*]A

263. Aristote, *De l'âme*, III, 10 (433 a 14), trad. E. Barbotin, Paris, Les Belles Lettres, 1966, p. 90 ; *Politique*, VII, 14 (1333 a 25), trad. J. Aubonnet, Paris, Les Belles Lettres, 1986, p. 97.

264. Rousseau, *Émile*, in *Œuvres complètes*, IV, Paris, Gallimard, p. 594-595. Rousseau, *Rêveries*, IV, in *Œuvres complètes*, I, *ibid.*, p. 1028. Cité en français ; Schopenhauer souligne.

265. Cf. *Magna Moralia*, 1185 b 3-13.

266. Stobée, *Eclogarum physicarum et ethicarum* (I & II), H.L. Heeren, Göttingen, Vandenhoeck et Ruprecht, 1792, vol. II, chap. 7. HN V<1355>, p. 383.

267. Cicéron, *La nature des dieux (De natura deorum)*, trad. C. Auvray-Assayas, Paris, Les Belles Lettres, 2002.

268. *Ibid.*

269. Ovide, *Métamorphoses*, VII, 20 (phrase placée dans la bouche de Médée, qui agit sous l'emprise d'une passion incontrôlable).

270. « Nous tromper dans nos entreprises / C'est à quoi nous sommes sujets / Le matin je fais des projets / Et le long du jour des sottises » : cette citation apparaît au début de l'« Avertissement de l'auteur » placé par Voltaire au début de son conte *Memnon, ou la Sagesse humaine* (1750). Il poursuit : « ces petits vers conviennent assez à grand nombre de raisonneurs ». En effet, le conte raconte l'histoire de Memnon, jeune

homme qui se jure d'être parfaitement sage, et qui finit par tomber dans tous les travers qu'il s'était targué de pouvoir éviter (cf. Voltaire, *Romans et Contes*, Paris, Gallimard, « Bibliothèque de la Pléiade », 1979).

271. « N'être frappé par rien, voilà, peut-on dire, Numicius, l'unique et seul principe qui puisse nous donner et nous conserver le bonheur », *in* Horace, *Épîtres*, I, 6, v. 1-2, trad. F. Villeneuve, Paris, Les Belles Lettres, 1934, p. 62.

272. Inscription du temple d'Apollon à Delphes selon le *Charmide* de Platon 164 e-165 a, in *Œuvres complètes, op. cit.*, t. I, p. 269.

273. Cicéron, *Pour M. Tullius* ; *Discours contre Q. Caecilius* (dit *La Divination*) ; *Première action contre C. Verrès* ; *Seconde action contre C. Verrès* ; trad. H. de La Ville de Mirmont, Paris, Les Belles Lettres, 1984.

274. Clément d'Alexandrie, *Les Stromates*, II, trad. Cl. Mondésert, Paris, Le Cerf, 2006. Strabon, *Géographie*, t. I, trad. G. Aujac, Paris, Les Belles Lettres, 1969.

275. Cf. plus haut, livre I, fin du § 8, p. 136. Cicéron, *La nature des dieux (De natura deorum), op. cit.*

276. *Johann George Sulzers vermischte philosophische Schriften, aus den Jahrbüchern der Akademie der Wissenschaften zu Berlin gesammelt*, 1. Theil, Leipzig, Weidmanns Erben und Reich, 1782.

277. L'intuition du supra-sensible est une allusion à Jacobi (cf. note 11, p. 966). L'histoire de l'absolu renvoie à Hegel, dont Schopenhauer a coutume d'interpréter la dialectique comme un développement historique (cf. note 8, p. 1049).

278. En français dans le texte.

279. CRP, p. 1363, trad. légèrement modifiée.

280. Luther, *De la liberté du chrétien. Préfaces à la Bible*, trad. P. Büttgen, Paris, Seuil, 1996.

281. Ak. V 124-148 ; OP II, p. 759-788.

282. Ak. V, 30 ; CPrat, § 6, *in* OP II, p. 643.

283. Ak. V, 69 ; OP II, p. 692.

284. Horace, *Sermones*, I, 3, 67.

285. Ak. IV, 423 ; OP II, p. 288 (Schopenhauer glose un peu le texte).

286. Ak. V, 118 ; OP II, p. 735 : « Ce sentiment même de pitié et de tendre sympathie, quand il précède la considération du devoir et qu'il devient le principe déterminant, importune

les personnes bien intentionnées, porte le trouble dans leurs maximes réfléchies, et leur fait souhaiter d'en être débarrassées et n'être soumises qu'à la raison législatrice. »

287. Voir le § 62 du livre IV.

288. Johann Christian Friedrich Meister, *Lehrbuch des Natur-Rechts*, Francfort-sur-le-Main, Akad. Buchhandlung, 1809. HN V <365>.

289. OP I, p. 1283-1289.

290. Schopenhauer renvoie à l'édition de Christian-August Brandis, *Scholia graeca in Aristotelis Metaphysicam*, Berolinis Typis Academis, 1837.

Composition Interligne.
Impression CPI Bussière
à Saint-Amand (Cher), le 24 septembre 2009.
Dépôt légal : septembre 2009.
Numéro d'imprimeur : 092623/1.
ISBN 978-2-07-042905-9./Imprimé en France.

122674

Collins

SCRABBLE®

BRAND Crossword Game

DICTIONARY

S

1

Published by Collins
An imprint of HarperCollins Publishers
Westerhill Road
Bishopbriggs
Glasgow G64 2QT

Fourth edition 2020

10 9 8 7 6 5 4 3 2 1

ISBN 978-0-00-832017-1

www.harpercollins.co.uk/scrabble

Typeset by Davidson Publishing Solutions

Printed and bound in Great Britain by CPI Group (UK) Ltd, Croydon, CR0 4YY

A catalogue record for this book is available from the British Library.

If you would like to comment on any aspect of this book, please contact us at the given address or online.
E-mail: puzzles@harpercollins.co.uk
facebook.com/collinsdictionary
@collinsdict

EDITOR
Mary O'Neill

COMPUTING SUPPORT
Agnieszka Urbanowicz
Thomas Widmann

FOR THE PUBLISHER
Gerry Breslin
Sarah Woods

Contents

Abbreviations

adj	adjective
adv	adverb
Brit	British
conj	conjunction
det	determiner
E	East *or* eastern
eg	for example
esp	especially
interj	interjection
n	noun
N	North *or* northern
orig	originally
pl	plural
prep	preposition
pron	pronoun
S	South *or* southern
Scot	Scottish
sing	singular
usu	usually
vb	verb
W	West *or* western

Introduction

The *Collins Scrabble Dictionary* is the ideal reference book for people who play Scrabble for enjoyment, in a social or family setting. This dictionary includes all words of up to eight letters in length of the 279,000-plus words in *Collins Official Scrabble Words 2019*, the definitive Scrabble word list. The concise definitions in the *Scrabble Dictionary* allow players to check the meaning of words, as well as to use the book for settling arguments during games.

Because this dictionary is designed for family play, it does not include offensive terms. Such words are, on the other hand, included in the *Collins Official Scrabble Words 2019*, the complete word list for tournaments and club competitions, along with words of nine to fifteen letters.

How the word list is arranged

Words are listed in alphabetical order, although some inflected forms are included in the base form entry to save space. These appear in bold, after the base form. If the inflected form is created by the simple addition of a letter or letters, then only these letters are shown, for example:

ABET, -S, -TED, -TING

If there is some other spelling change, then the whole inflected form is shown:

ABATE, -D, -S, ABATING

Inflected forms also have a separate entry in the alphabetical list if another word interrupts the alphabetical sequence:

AGER, -S *n* something that ages
AGERATUM *n* tropical American plant with thick clusters of purplish-blue flowers
AGERS ▸**ager**

Therefore, you should first scan the alphabetical list to check for a word; if the word is not included as a full entry in the alphabetical list, it may well appear as an inflected form beside its base form.

A black triangle symbol (▸) is used to refer readers to another related entry in the dictionary. Inflected, derived and variant forms are referred back to the main entry in this way.

Special Scrabble words

To help family players learn and use some of the most useful words in the game, the *Collins Scrabble Dictionary* includes a number of special panel entries, drawing attention to more than 200 words of particular interest or utility. For the most part these are words which are less likely to form part of a novice player's natural vocabulary, and the emphasis is on particularly useful three-letter words, on high probability seven-letter bonus words, on words that are especially useful when you have either too many vowels on your rack or too many consonants, and on selected shorter words that use the high-value consonants **J**, **K**, **Q**, **X** and **Z**. But just for fun we have also featured a few of the unusual and exciting words of the kind that Scrabble players dream about. Realistically, you may well never get the chance to play words like **ZOOTAXY**, **TZADDIQ** and **QUETZAL**. But imagine the thrill (and the score!) if you did...

There are also paragraphs at the start of every letter section which offer advice on useful words beginning with that letter.

The *Collins Scrabble Dictionary* is designed to be useful to new players and Scrabble veterans alike – we hope you enjoy using it!

Forming words

The key to successful Scrabble is constant awareness of the opportunities for forming words on the board. The obvious way to play a new word is to place it so that it intersects with a word already on the board through a common letter:

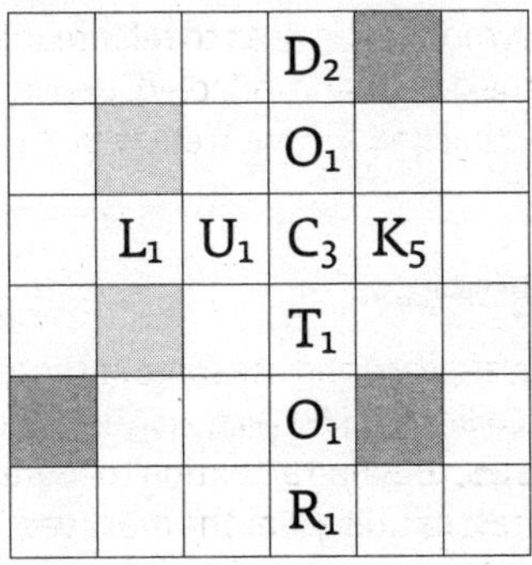

The common letter is known as a floater, in this case the floater being **C**. Skilful players are occasionally able to play through two or more floaters, whether the floating letters are adjacent or (even more difficult!) separated. A good deal of Scrabble skill revolves around using floaters, and on denying the use of floaters to your opponent.

Other methods of forming words, however, create more than one new word in the process, giving a higher score. The two main ways of doing this are 'hooking' and 'tagging'.

Hooking

Hooking involves 'hanging' one word on another – the word already on the board acts as a 'hook' on which the other word can be hung – changing the first word in the process. When you form a word by hooking, you add a letter to the beginning or end of a word on the board, transforming it into a longer word as you do so:

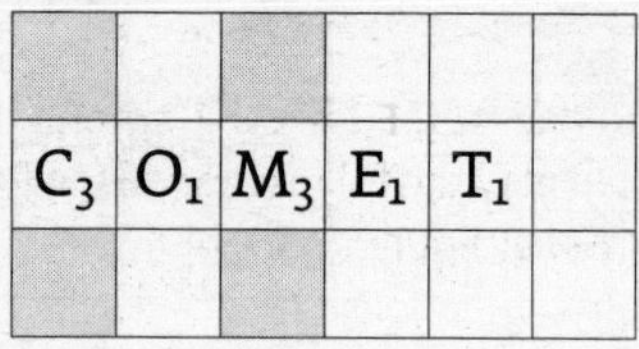

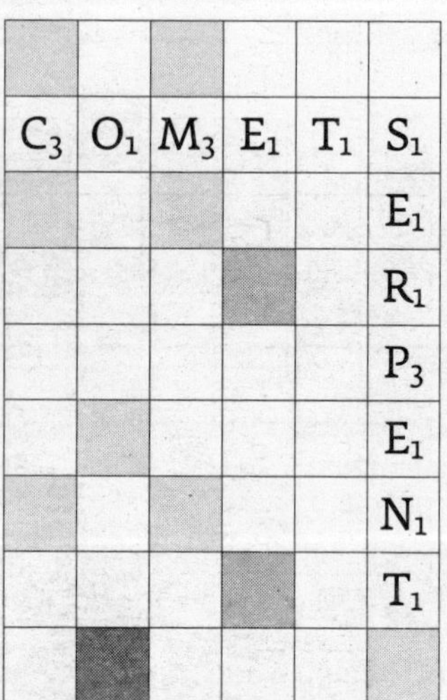

In this example, you get the points for **COMETS** as well as for **SERPENTS**. Plurals ending in **S** provide some of the most obvious – and useful – end-hooks. But there are plenty of other end-hooks as well. There are also lots of useful front-hooks.

Consider the following example:

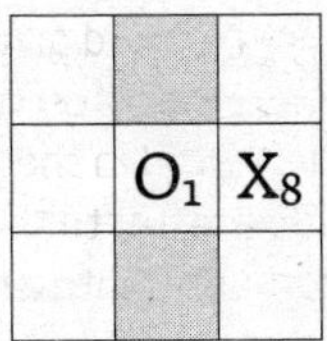

If you happened to have **C**,**E**,**F**,**I**,**K** and **L** among the letters on your rack, you could play the following, taking full advantage of the valuable **X** played by your opponent:

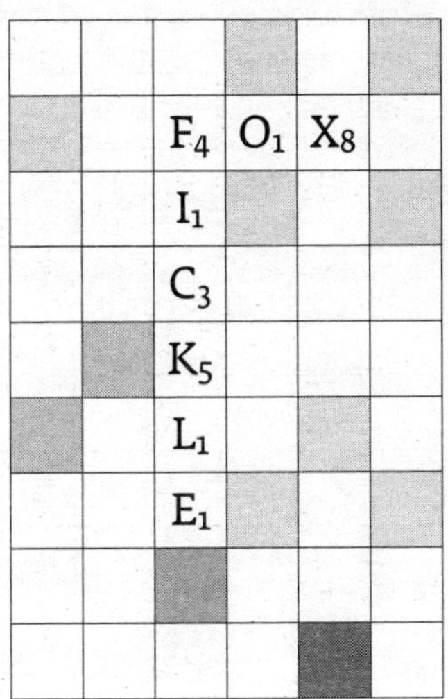

Here you get the 13 points for **FOX** as well as those for **FICKLE**. So you can see that hooking is generally a much more profitable method of word-formation than simply playing a word through one that is already on the board.

Obviously, not all words provide hooks. Some words cannot form other words by having a letter added to either their front or their back; these are known as 'blockers', as they prevent other players from adding words by hooking.

Tagging

Playing a word parallel to one already on the board, so that one or more tiles are in contact, is known as tagging. Tagging is more difficult than hooking because you need to form one additional word for each tile in contact with the word on the board. In most circumstances, these will be two-letter words, which is why these words are so vital to the game. The more two-letter words you know, the greater your opportunities for fitting words onto the board through tagging – and of running up some impressive scores! Very skilful players have even been known to make 7-letter parallel plays!

For example, consider the following situation (your opponent has started the game with **SHAM** and you have **E**,**E**,**H**,**I**,**S**,**T** and **X** on your rack):

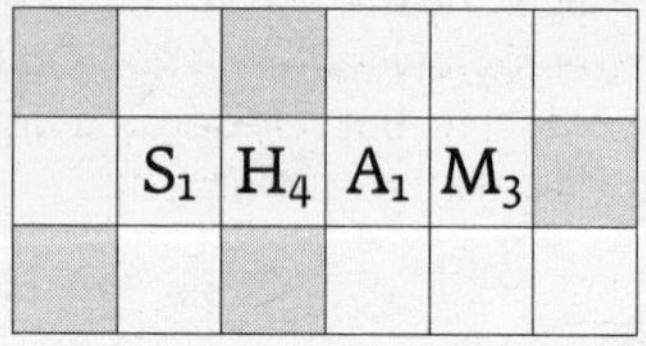

You could play **HEXES** so that it also forms **SH**, **HE**, **AX** and **ME** (all valid two-letter words), thus adding the scores for these three words to the points you make from **HEXES**:

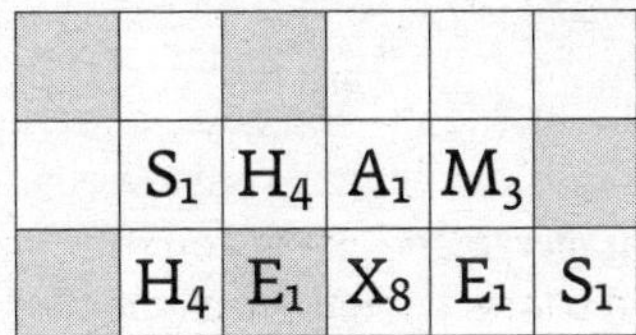

A particular advantage of tagging is that it allows you to benefit from valuable tiles twice in one go, as in the example above where **X** is used in both **HEXES** and **AX**.

Other word-forming techniques

There are other ways of forming new words from letters already on the board. For example, it is sometimes possible to 'infill' between existing letters, or to extend existing words at the front or back by adding more than one letter. Thus, if your opponent opens with **COVER**, placing the **C** on the double-letter square, you may be able to prefix it with **DIS** making **DISCOVER** and earning a triple-word score. But hooking and tagging are by far the most common techniques.

Two-letter words

Where many inexperienced Scrabble players go wrong is that they think the longer a word is, the better it is to know, as it's likely to score more. In fact, the key to a good Scrabble vocabulary is a good knowledge of short words.

The reason for that is you can use the short words to 'hook' the word you want to play on the board, allowing you to play parallel to another word, rather than always going through it crosswise. That way you will usually make more than one word each shot, gaining you a higher score.

8 POINTS = BAD PLAY

25 POINTS = GOOD PLAY

Notice how by using the same letters from your rack, you have scored seventeen more points. But notice also that little word **FA** which enabled you to fit the play in. And there we have the first, essential thing you have to know to improve your game: **all the allowable two-letter words**. Yes, all of them.

There are 127 of these to learn, but to make the list more manageable, you can divide them into three groups:

1 The ones you already know.

2 The ones you already know, but may not have realized were words.

3 The ones you probably don't know.

There are thirty-eight two-letter words which most people would know and which would appear in most dictionaries:

AH	AM	AN	AS	AT	AX	AY	BE	BY	DO	EH
GO	HA	HE	HI	HO	IF	IN	IS	IT	LA	LO
MA	ME	MY	NO	OF	OH	OK	ON	OR	OX	PA
SO	TO	UP	US	WE						

So straight away you only have eighty-nine new ones to learn. But it's not even as bad as that, because now we move on to the second group: the ones you know, but don't know you know.

These include:

Contractions

AD (advertisement)	**PO** (chamberpot)
MO (moment)	**RE** (regarding)
OP (operation)	**TA** (thank you)

Interjections and exclamations

AW	ER	EW	HM	MM	OI	OW
OY	SH	ST	UH	UM	UR	YA
YO						

Letters of the alphabet

AR	EF	EL	EM	EN	ES	EX

Then add in **ID** (a psychiatric term), **PI** (a Greek letter and mathematical term) and **YE** (the old form of **YOU**), and that's another thirty-one taken care of with no trouble at all.

Fifty-eight to go. These are the ones you probably don't know, so let's set them out where you can get the measure of them:

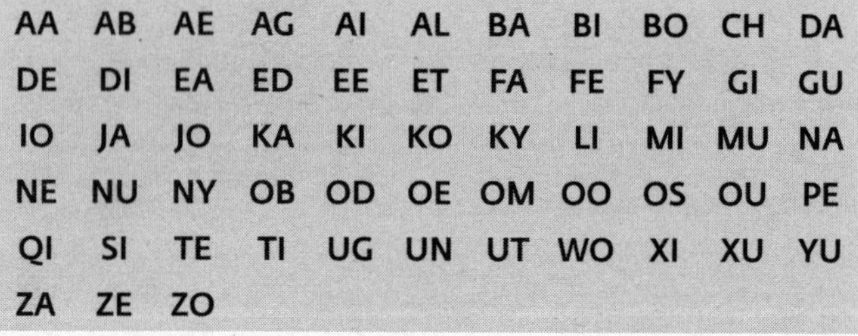

AA	AB	AE	AG	AI	AL	BA	BI	BO	CH	DA
DE	DI	EA	ED	EE	ET	FA	FE	FY	GI	GU
IO	JA	JO	KA	KI	KO	KY	LI	MI	MU	NA
NE	NU	NY	OB	OD	OE	OM	OO	OS	OU	PE
QI	SI	TE	TI	UG	UN	UT	WO	XI	XU	YU
ZA	ZE	ZO								

If all this looks a bit gobbledygookish, you may be surprised to know that even some of these are more familiar to you than you might realize. An **AB** is an abdominal muscle, as in toning up your abs and your pecs. **MU**, **NU** and **XI** are Greek letters. **OM** is what Buddhists chant as part of their prayers.

Having said that, it can't be denied that some of the definitions are genuinely obscure. To go from start to finish, **AA** is a word from Hawaiian, meaning a rough volcanic rock. And a **ZO** is a Himalayan cross-breed of a yak and a cow, also spelt **ZHO**, **DZO**, **DZHO** or **DSO**.

Now, where else but in Scrabble can you go from Hawaii to the Himalayas in one step? Have a look at the two-letter words every so often. Once you're happy with the first two groups (i.e. the common ones, the contractions, the interjections, the letters, plus **ID**, **PI** and **YE**), have a real go at mastering the unusual ones. They really are the essential first step to improving your game.

Aa

A forms a two-letter word when followed by any one of **A**, **B**, **D**, **E**, **G**, **H**, **I**, **L**, **M**, **N**, **R**, **S**, **T**, **W**, **X** and **Y** – 16 letters out of 26 – so it's a really useful tile. There are also a number of short high-scoring words beginning with **A**. **Axe** (10 points) and **adze** (14 points) are good examples, but don't forget their US variants, **ax** (9 points) and **adz** (13 points). Also remember their plurals and the verb form **axed** (12 points). **Aye** (6) and **ay** (5) are handy for tight corners.

AA, -S *n* volcanic rock
AAH, -ED, -ING, -S *vb* exclaim in pleasure
AAL, -S *n* Asian shrub or tree

An **aal** is an East Indian shrub, useful for getting rid of annoying multiples of A.

AALII, -S *n* bushy shrub

An **aalii** is a tropical shrub, great for getting rid of surplus As and Is.

AALS ▸ **aal**
AARDVARK *n* S African anteater with long ears and snout
AARDWOLF *n* nocturnal mammal
AARGH *same as* ▸ **argh**
AARRGH *same as* ▸ **argh**
AARRGHH *same as* ▸ **argh**
AARTI, -S *n* Hindu ceremony
AAS ▸ **aa**
AASVOGEL *n* South African bird of prey
AB, -S *n* abdominal muscle
ABA, -S *n* type of Syrian cloth
ABAC, -S *n* mathematical diagram
ABACA, -S *n* species of banana
ABACI ▸ **abacus**
ABACK *adv* towards the back; backwards
ABACS ▸ **abac**
ABACTOR, -S *n* cattle thief
ABACUS, ABACI, -ES *n* mathematical instrument
ABAFT *adv* by the rear of (a ship) ▹ *adj* closer to the stern
ABAKA, -S *n* abaca
ABALONE, -S *n* edible sea creature
ABAMP, -S *same as* ▸ **abampere**
ABAMPERE *n* cgs unit of current
ABAMPS ▸ **abamp**
ABAND, -ED, -ING, -S *vb* abandon
ABANDON, -S *vb* desert or leave ▹ *n* lack of inhibition
ABANDS ▸ **aband**
ABAPICAL *adj* away from or opposite the apex
ABAS ▸ **aba**
ABASE, -D, -S, ABASING *vb* humiliate or degrade (oneself)
ABASEDLY ▸ **abase**
ABASER, -S ▸ **abase**
ABASES ▸ **abase**
ABASH, -ES, -ING *vb* cause to feel ill at ease
ABASHED *adj* embarrassed and ashamed
ABASHES ▸ **abash**
ABASHING ▸ **abash**
ABASIA, -S *n* disorder affecting ability to walk
ABASING ▸ **abase**
ABASK *adv* in pleasant warmth
ABATABLE ▸ **abate**
ABATE, -D, -S, ABATING *vb* make or become less strong
ABATER, -S ▸ **abate**
ABATES ▸ **abate**
ABATING ▸ **abate**
ABATIS, -ES *n* rampart of felled trees
ABATOR, -S *n* person who effects an abatement
ABATTIS *same as* ▸ **abatis**
ABATTOIR *n* place where animals are killed for food
ABATTU *adj* dejected
ABATURE, -S *n* trail left by hunted stag
ABAXIAL *adj* facing away from the axis
ABAXILE *adj* away from the axis
ABAYA, -S *n* Arab outer garment
ABB, -S *n* yarn used in weaving
ABBA, -S *n* Coptic bishop
ABBACY, ABBACIES *n* office of abbot or abbess
ABBAS ▸ **abba**
ABBATIAL *adj* relating to abbot, abbess, or abbey
ABBE, -S *n* French abbot
ABBED *adj* displaying strong abdominal muscles
ABBES ▸ **abbe**
ABBESS, -ES *n* nun in charge of a convent
ABBEY, -S *n* dwelling place of monks or nuns
ABBOT, -S *n* head of an abbey of monks
ABBOTCY ▸ **abbot**
ABBOTS ▸ **abbot**
ABBS ▸ **abb**
ABCEE, -S *n* alphabet
ABDABS *n* highly nervous state
ABDICANT *n* one who abdicates
ABDICATE *vb* give up a responsibility
ABDOMEN, -S, ABDOMINA *n* part of the body
ABDUCE, -D, -S, ABDUCING *vb* abduct
ABDUCENS *n* as in **abducens nerve** cranial nerve
ABDUCENT *adj* (of a muscle) abducting
ABDUCES ▸ **abduce**
ABDUCING ▸ **abduce**
ABDUCT, -ED, -S *vb* carry off, kidnap
ABDUCTEE ▸ **abduct**
ABDUCTOR ▸ **abduct**

A

ABDUCTS ▸ **abduct**
ABEAM *adj* at right angles to a ship
ABEAR, -ING, -S, ABORE, ABORNING *vb* bear or behave
ABED *adv* in bed
ABEGGING *adj* in the act of begging
ABEIGH *adv* aloof
ABELE, -S *n* white poplar tree
ABELIA, -S *n* garden plant with pink or white flowers
ABELIAN ▸ **abelia**
ABELIAS ▸ **abelia**
ABELMOSK *n* tropical plant
ABER, -S *n* estuary
ABERRANT *adj* showing aberration ▹ *n* person whose behaviour is aberrant
ABERRATE *vb* deviate from what is normal
ABERS ▸ **aber**
ABESSIVE *n* grammatical case indicating absence
ABET, -S, -TED, -TING *vb* help in wrongdoing
ABETMENT ▸ **abet**
ABETS ▸ **abet**
ABETTAL, -S ▸ **abet**
ABETTED ▸ **abet**
ABETTER, -S ▸ **abet**
ABETTING ▸ **abet**
ABETTOR, -S ▸ **abet**
ABEYANCE *n* state of being suspended
ABEYANCY *n* abeyance
ABEYANT ▸ **abeyance**
ABFARAD, -S *n* unit of capacitance
ABHENRY, -S *n* unit of inductance
ABHOR, -RED, -S *vb* detest utterly
ABHORRER ▸ **abhor**
ABHORS ▸ **abhor**
ABID ▸ **abide**
ABIDANCE ▸ **abide**
ABIDE, ABID, ABIDDEN, -D, -S *vb* endure, put up with
ABIDER, -S ▸ **abide**
ABIDES ▸ **abide**
ABIDING, -S *adj* lasting ▹ *n* action of one who abides
ABIES, ABIETES *n* fir tree
ABIETIC *adj* as in **abietic acid** yellowish powder
ABIGAIL, -S *n* maid for a lady
ABILITY *n* competence, power
ABIOSIS, ABIOSES *n* absence of life
ABIOTIC ▸ **abiosis**
ABITUR, -S *n* German examination
ABJECT, -ED, -S *adj* utterly miserable ▹ *vb* throw down
ABJECTLY ▸ **abject**
ABJECTS ▸ **abject**
ABJOINT, -S *vb* cut off
ABJURE, -D, -S, ABJURING *vb* deny or renounce on oath
ABJURER, -S ▸ **abjure**
ABJURES ▸ **abjure**
ABJURING ▸ **abjure**
ABLATE, -D, -S, ABLATING *vb* remove by ablation
ABLATION *n* removal of an organ
ABLATIVE *n* case of nouns ▹ *adj* relating to the ablative case
ABLATOR, -S *n* heat shield of a space craft
ABLAUT, -S *n* vowel gradation
ABLAZE *adj* burning fiercely ▹ *adv* on fire
ABLE, -R, -S, -ST, ABLING *adj* capable, competent ▹ *vb* enable
ABLED *adj* having physical powers
ABLEGATE *n* papal envoy
ABLEISM, -S *n* discrimination against disabled people
ABLEIST, -S ▸ **ableism**
ABLER ▸ **able**
ABLES ▸ **able**
ABLEST ▸ **able**
ABLET, -S *n* freshwater fish
ABLING ▸ **able**
ABLINGS *adv* possibly
ABLINS *adv* Scots word meaning perhaps
ABLOOM *adj* in flower
ABLOW *adj* blooming
ABLUENT, -S *n* substance used for cleansing
ABLUSH *adj* blushing
ABLUTED *adj* washed thoroughly
ABLUTION *n* ritual washing of a priest's hands
ABLY *adv* competently or skilfully
ABMHO, -S *n* unit of electrical conductance
ABNEGATE *vb* deny to oneself
ABNORMAL *adj* not normal or usual ▹ *n* abnormal person or thing
ABOARD *adv* onto a vehicle ▹ *adj* onto a vehicle
ABODE, -D, -S, ABODING *n* home, dwelling ▹ *vb* forebode
ABOHM, -S *n* unit of resistance
ABOIDEAU *n* dyke with sluicegate
ABOIL *adj* boiling
ABOITEAU *same as* ▸ **aboideau**
ABOLISH *vb* do away with
ABOLLA, -E, -S *n* Roman cloak
ABOMA, -S *n* South American snake
ABOMASA ▸ **abomasum**
ABOMASAL ▸ **abomasum**
ABOMASI ▸ **abomasus**
ABOMASUM, ABOMASA *n* compartment of a stomach
ABOMASUS, ABOMASI *n* abomasum
ABOON *Scots word for* ▸ **above**
ABORAL *adj* away from the mouth
ABORALLY ▸ **aboral**
ABORD, -ED, -ING, -S *vb* accost
ABORE ▸ **abear**
ABORIGEN *n* aborigine
ABORIGIN *n* aborigine
ABORNE *adj* Shakespearean form of auburn
ABORNING ▸ **abear**
ABORT, -ED, -ING, -S *vb* terminate ▹ *n* termination or failure
ABORTEE, -S *n* woman having an abortion
ABORTER, -S ▸ **abort**
ABORTING ▸ **abort**
ABORTION *n* operation to end a pregnancy
ABORTIVE *adj* unsuccessful
ABORTS ▸ **abort**
ABORTUS *n* aborted fetus
ABOUGHT ▸ **aby**
ABOULIA, -S *same as* ▸ **abulia**
ABOULIC ▸ **aboulia**
ABOUND, -ED, -S *vb* be plentiful
ABOUT *adv* nearly, approximately
ABOUTS *prep* about
ABOVE, -S *adv* higher (than) ▹ *n* something that is above
ABRACHIA *n* condition of having no arms
ABRADANT ▸ **abrade**
ABRADE, -D, -S, ABRADING *vb* wear down by friction
ABRADER, -S ▸ **abrade**
ABRADES ▸ **abrade**
ABRADING ▸ **abrade**
ABRAID, -ED, -S *vb* awake
ABRAM *adj* auburn
ABRASAX *same as* ▸ **abraxas**
ABRASION *n* scraped area on the skin
ABRASIVE *adj* harsh and unpleasant ▹ *n* substance for cleaning

ABRAXAS *n* ancient charm composed of Greek letters
ABRAY, -ED, -ING, -S *vb* awake
ABRAZO, -S *n* embrace
ABREACT, -S *vb* alleviate through abreaction
ABREAST *adj* side by side
ABREGE, -S *n* abridgment
ABRI, -S *n* shelter or place of refuge, esp in wartime
ABRICOCK *n* apricot
ABRIDGE, -D, -S *vb* shorten by using fewer words
ABRIDGER ▸ **abridge**
ABRIDGES ▸ **abridge**
ABRIM *adj* full to the brim
ABRIN, -S *n* poisonous compound
ABRIS ▸ **abri**
ABROACH *adj* (of a cask, barrel, etc) tapped
ABROAD, -S *adv* in a foreign country ▹ *adj* in general circulation ▹ *n* foreign place
ABROGATE *vb* cancel (a law or agreement) formally
ABROOKE, -D, -S *vb* bear or tolerate
ABROSIA, -S *n* condition involving refusal to eat
ABRUPT, -ER, -S *adj* sudden, unexpected ▹ *n* abyss
ABRUPTLY ▸ **abrupt**
ABRUPTS ▸ **abrupt**
ABS ▸ **ab**
ABSCESS *n* inflamed swelling ▹ *vb* form a swelling
ABSCIND, -S *vb* cut off
ABSCISE, -D, -S *vb* separate or be separated by abscission
ABSCISIC *adj* as in **abscisic acid** type of acid
ABSCISIN *n* plant hormone
ABSCISS *same as* ▸ **abscissa**
ABSCISSA *n* cutting off
ABSCISSE *same as* ▸ **abscissa**
ABSCOND, -S *vb* leave secretly
ABSEIL, -ED, -S *vb* go down by a rope ▹ *n* instance of abseiling
ABSEILER *n* person who abseils
ABSEILS ▸ **abseil**
ABSENCE, -S *n* being away
ABSENT, -ED, -S *adj* not present ▹ *vb* stay away
ABSENTEE *n* person who is not present
ABSENTER ▸ **absent**
ABSENTLY *adv* in an absent-minded manner
ABSENTS ▸ **absent**
ABSEY, -S *n* alphabet
ABSINTH, -S *same as* ▸ **absinthe**
ABSINTHE *n* liqueur
ABSINTHS ▸ **absinth**
ABSIT, -S *n* leave from college
ABSOLUTE *adj* complete, perfect ▹ *n* something absolute
ABSOLVE, -D, -S *vb* declare to be free from sin
ABSOLVER ▸ **absolve**
ABSOLVES ▸ **absolve**
ABSONANT *adj* unnatural and unreasonable
ABSORB, -S *vb* soak up (a liquid)
ABSORBED *adj* engrossed
ABSORBER *n* thing that absorbs
ABSORBS ▸ **absorb**
ABSTAIN, -S *vb* choose not to do something
ABSTERGE *vb* cleanse
ABSTRACT *adj* existing as an idea ▹ *n* summary ▹ *vb* summarize
ABSTRICT *vb* release
ABSTRUSE *adj* not easy to understand
ABSURD, -ER, -S *adj* incongruous or ridiculous ▹ *n* conception of the world
ABSURDLY ▸ **absurd**
ABSURDS ▸ **absurd**
ABTHANE, -S *n* ancient Scottish church territory
ABUBBLE *adj* bubbling
ABULIA, -S *n* pathological inability to take decisions
ABULIC ▸ **abulia**
ABUNA, -S *n* male head of Ethiopian family
ABUNDANT *adj* plentiful
ABUNE *Scots word for* ▸ **above**
ABURST *adj* bursting
ABUSABLE ▸ **abuse**
ABUSAGE, -S *n* wrong use
ABUSE, -D, -S, ABUSING *vb* use wrongly ▹ *n* prolonged ill-treatment
ABUSER, -S ▸ **abuse**
ABUSES ▸ **abuse**
ABUSING ▸ **abuse**
ABUSION, -S *n* wrong use or deception
ABUSIVE *adj* rude or insulting
ABUT, -S, -TED, -TING *vb* be next to or touching
ABUTILON *n* shrub
ABUTMENT *n* construction supporting the end of a bridge
ABUTS ▸ **abut**
ABUTTAL, -S *same as* ▸ **abutment**
ABUTTED ▸ **abut**
ABUTTER, -S *n* owner of adjoining property
ABUTTING ▸ **abut**
ABUZZ *adj* noisy, busy with activity etc
ABVOLT, -S *n* unit of potential difference in the electromagnetic system
ABWATT, -S *n* unit of power
ABY, ABOUGHT, -ING, -S *vb* pay the penalty for

> Remember this word can be expanded to **baby** and **gaby** and also to **abye** and **abys**.

ABYE, -ING, -S *same as* ▸ **aby**
ABYING ▸ **aby**
ABYS ▸ **aby**
ABYSM, -S *archaic word for* ▸ **abyss**
ABYSMAL *adj* extremely bad, awful
ABYSMS ▸ **abysm**
ABYSS, -ES *n* very deep hole or chasm
ABYSSAL *adj* of the ocean depths
ABYSSES ▸ **abyss**
ACACIA, -S *n* tree or shrub
ACADEME, -S *n* place of learning
ACADEMIA *n* academic world
ACADEMIC *adj* of a university ▹ *n* lecturer at a university
ACADEMY *n* society for arts or sciences
ACAI, -S *n* berry
ACAJOU, -S *n* type of mahogany
ACALEPH, -S *n* invertebrate
ACALEPHE *n* acaleph
ACALEPHS ▸ **acaleph**
ACANTH, -S *n* acanthus
ACANTHA, -E, -S *n* thorn or prickle
ACANTHI ▸ **acanthus**
ACANTHIN *n* organic chemical
ACANTHS ▸ **acanth**
ACANTHUS, ACANTHI *n* prickly plant
ACAPNIA, -S *n* lack of carbon dioxide
ACARBOSE *n* diabetes medicine
ACARI ▸ **acarus**
ACARIAN ▸ **acarus**
ACARID, -S *n* small arachnid ▹ *adj* of these arachnids
ACARIDAN *same as* ▸ **acarid**
ACARIDS ▸ **acarid**
ACARINE, -S *n* acarid
ACAROID *adj* resembling a mite
ACARPOUS *adj* producing no fruit
ACARUS, ACARI *n* type of mite

A

ACATER, -S *n* buyer of provisions
ACATES *n* provisions
ACATOUR, -S *n* buyer of provisions
ACAUDAL *adj* having no tail
ACAUDATE *same as* ▸ **acaudal**
ACAULINE *adj* having no stem
ACAULOSE *same as* ▸ **acauline**
ACAULOUS *adj* having a short stem
ACCA, -S *n* academic
ACCABLE *adj* dejected or beaten
ACCAS ▸ **acca**
ACCEDE, -D, -S, ACCEDING *vb* consent or agree (to)
ACCEDER, -S ▸ **accede**
ACCEDES ▸ **accede**
ACCEDING ▸ **accede**
ACCEND, -ED, -S *vb* set alight
ACCENT, -ED, -S *n* style of pronunciation ▹ *vb* place emphasis on
ACCENTOR *n* songbird
ACCENTS ▸ **accent**
ACCEPT, -S *vb* receive willingly
ACCEPTED *adj* generally approved
ACCEPTEE *n* person who has been accepted
ACCEPTER ▸ **accept**
ACCEPTOR *n* person signing a bill of exchange
ACCEPTS ▸ **accept**
ACCESS, -ED, -ES *n* right to approach ▹ *vb* obtain data
ACCIDENT *n* mishap, often causing injury
ACCIDIA, -S *same as* ▸ **accidie**
ACCIDIE, -S *n* spiritual sloth
ACCINGE, -D, -S *vb* put a belt around
ACCITE, -D, -S, ACCITING *vb* summon
ACCLAIM, -S *vb* applaud, praise ▹ *n* enthusiastic approval
ACCLOY, -ED, -S *vb* choke or clog
ACCOAST, -S *vb* accost
ACCOIED ▸ **accoy**
ACCOIL, -S *n* welcome ▹ *vb* gather together
ACCOLADE *n* award ▹ *vb* give an award
ACCOMPT, -S *vb* account
ACCORAGE *vb* encourage
ACCORD, -ED, -S *n* agreement, harmony ▹ *vb* fit in with
ACCORDER ▸ **accord**
ACCORDS ▸ **accord**
ACCOST, -ED, -S *vb* approach and speak to ▹ *n* greeting
ACCOUNT, -S *n* report, description ▹ *vb* judge to be
ACCOURT, -S *vb* entertain
ACCOUTER *same as* ▸ **accoutre**
ACCOUTRE *vb* provide with equipment
ACCOY, ACCOIED, -ED, -ING, -S *vb* soothe
ACCOYLD *vb* past tense of accoil
ACCOYS ▸ **accoy**
ACCREDIT *vb* give official recognition to
ACCRETE, -D, -S *vb* grow together
ACCREW, -ED, -S *vb* accrue
ACCRUAL, -S *n* act of accruing
ACCRUE, -D, -S, ACCRUING *vb* increase gradually
ACCURACY *n* representation of truth
ACCURATE *adj* exact, correct
ACCURSE, -S *vb* curse
ACCURSED *adj* under a curse
ACCURSES ▸ **accurse**
ACCURST *same as* ▸ **accursed**
ACCUSAL, -S *n* accusation
ACCUSANT *n* person who accuses
ACCUSE, -S *vb* charge with wrongdoing
ACCUSED *n* person accused of a crime
ACCUSER, -S ▸ **accuse**
ACCUSES ▸ **accuse**
ACCUSING ▸ **accuse**
ACCUSTOM *vb* make used to
ACE, -D, -S, ACING *n* playing card with one symbol on it ▹ *adj* excellent ▹ *vb* serve an ace in racquet sports
ACEDIA, -S *same as* ▸ **accidie**
ACELDAMA *n* place with ill feeling
ACENTRIC *adj* without a centre ▹ *n* acentric chromosome or fragment
ACEQUIA, -S *n* irrigation ditch
ACER, -S *n* type of tree
ACERATE *same as* ▸ **acerated**
ACERATED *adj* having sharp points
ACERB, -ER, -EST *adj* bitter
ACERBATE *vb* embitter or exasperate
ACERBER ▸ **acerb**
ACERBEST ▸ **acerb**
ACERBIC *adj* harsh or bitter
ACERBITY *n* bitter speech or temper
ACEROLA, -S *n* cherry-like fruit
ACEROSE *adj* shaped like a needle
ACEROUS *same as* ▸ **acerose**
ACERS ▸ **acer**
ACERVATE *adj* growing in heaps or clusters
ACERVULI > **acervulus**
ACES ▸ **ace**
ACESCENT *adj* slightly sour or turning sour ▹ *n* something that is turning sour
ACETA ▸ **acetum**
ACETAL, -S *n* colourless liquid
ACETAMID *same as* > **acetamide**
ACETATE, -S *n* salt or ester of acetic acid
ACETATED *adj* combined with acetic acid
ACETATES ▸ **acetate**
ACETIC *adj* of or involving vinegar
ACETIFY *vb* become vinegar
ACETIN, -S *n* type of acetate
ACETONE, -S *n* colourless liquid used as a solvent
ACETONIC ▸ **acetone**
ACETOSE *same as* ▸ **acetous**
ACETOUS *adj* containing acetic acid
ACETOXYL *n* medicine used to treat acne
ACETUM, ACETA *n* solution that has dilute acetic acid as solvent
ACETYL, -S *n* type of monovalent radical
ACETYLIC ▸ **acetyl**
ACETYLS ▸ **acetyl**
ACH *interj* Scots expression of surprise
ACHAENIA > **achaenium**
ACHAGE, -S *n* pain
ACHAR, -S *n* spicy pickle made from mango
ACHARNE *adj* furiously violent
ACHARS ▸ **achar**
ACHARYA, -S *n* religious teacher and spiritual guide
ACHATES *same as* ▸ **acates**
ACHE, -D, -S *n* dull continuous pain ▹ *vb* be in or cause continuous dull pain
ACHENE, -S *n* type of fruit
ACHENIA ▸ **achenium**
ACHENIAL ▸ **achene**
ACHENIUM, ACHENIA *n* achene

ACHES ▸**ache**
ACHIER ▸**achy**
ACHIEST ▸**achy**
ACHIEVE, -D, -S *vb* gain by hard work or ability
ACHIEVER ▸**achieve**
ACHIEVES ▸**achieve**
ACHILLEA *n* type of plant with white, yellow, or purple flowers, often grown in gardens
ACHINESS ▸**achy**
ACHING, -S ▸**ache**
ACHINGLY ▸**ache**
ACHINGS ▸**aching**
ACHIOTE, -S *n* annatto
ACHIRAL *adj* of a tuber producing arrowroot
ACHKAN, -S *n* man's coat in India
ACHOLIA, -S *n* bile condition
ACHOO, -S *n* sound of a sneeze
ACHROMAT *n* lens designed to bring light of two wavelengths to the same focal point
ACHROMIC *adj* colourless
ACHY, ACHIER, ACHIEST *adj* affected by a continuous dull pain
ACICULA, -E, -S *n* needle-shaped part
ACICULAR ▸**acicula**
ACICULAS ▸**acicula**
ACICULUM *n* bristle that supports the appendages of some polychaetes
ACID, -ER, -EST, -S *n* corrosive compound that combines with a base to form a salt ▹*adj* containing acid
ACIDEMIA *n* abnormally high level of acid in blood
ACIDER ▸**acid**
ACIDEST ▸**acid**
ACIDIC *adj* containing acid
ACIDIER ▸**acidy**
ACIDIEST ▸**acidy**
ACIDIFY *vb* convert into acid
ACIDITY *n* quality of being acid
ACIDLY ▸**acid**
ACIDNESS ▸**acid**
ACIDOSIS, ACIDOSES *n* abnormal increase in the acidity of the blood and bodily fluids
ACIDOTIC ▸**acidosis**
ACIDS ▸**acid**
ACIDURIA *n* abnormally high level of acid in urine
ACIDY, ACIDIER, ACIDIEST *adj* resembling or containing acid
ACIERAGE *n* iron-plating of metal
ACIERATE *vb* change (iron) into steel
ACIFORM *adj* shaped like a needle
ACINAR *adj* of small sacs
ACING ▸**ace**
ACINI ▸**acinus**
ACINIC ▸**acinus**
ACINOSE ▸**acinus**
ACINOUS ▸**acinus**
ACINUS, ACINI *n* parts of a gland
ACKEE, -S *n* tropical tree
ACKER, -S *same as* ▸**acca**
ACKNOW, ACKNEW, -N, -S *vb* recognize
ACKNOWNE *adj* aware
ACKNOWS ▸**acknow**
ACLINIC *adj* unbending
ACMATIC *adj* highest or ultimate
ACME, -S *n* highest point of achievement or excellence
ACMIC *same as* ▸**acmatic**
ACMITE, -S *n* chemical with pyramid-shaped crystals
ACNE, -S *n* pimply skin disease
ACNED *adj* marked by acne
ACNES ▸**acne**
ACNODAL ▸**acnode**
ACNODE, -S *n* mathematical term
ACOCK *adv* cocked
ACOELOUS *adj* not having a stomach
ACOEMETI *n* order of monks
ACOLD *adj* feeling cold
ACOLYTE, -S *n* follower or attendant
ACOLYTH, -S *n* acolyte
ACONITE, -S *n* poisonous plant with hoodlike flowers
ACONITIC ▸**aconite**
ACONITUM *same as* ▸**aconite**
ACORN, -S *n* nut of the oak tree
ACORNED *adj* covered with acorns
ACORNS ▸**acorn**
ACOSMISM *n* belief that no world exists outside the mind
ACOSMIST ▸**acosmism**
ACOUCHI, -S *n* South American rodent with a white-tipped tail
ACOUCHY *same as* ▸**acouchi**
ACOUSTIC *adj* of sound and hearing
ACQUAINT *vb* make familiar, inform
ACQUEST, -S *n* something acquired
ACQUIGHT *vb* acquit
ACQUIRAL ▸**acquire**
ACQUIRE, -D, -S *vb* gain, get
ACQUIREE *n* one who acquires
ACQUIRER ▸**acquire**
ACQUIRES ▸**acquire**
ACQUIS *n* as in **acquis communautaire** European Union laws
ACQUIST, -S *n* acquisition
ACQUIT, -S *vb* pronounce (someone) innocent
ACQUITE, -S *vb* acquit
ACQUITS ▸**acquit**
ACRASIA, -S *n* lack of willpower
ACRASIN, -S *n* chemical
ACRATIC ▸**acrasia**
ACRAWL *adv* crawling
ACRE, -S *n* measure of land, 4840 square yards (4046.86 square metres)
ACREAGE, -S *n* land area in acres ▹*adj* of or relating to a large allotment of land, esp in a rural area
ACRED *adj* having acres of land
ACRES ▸**acre**
ACRID, -ER, -EST *adj* pungent, bitter
ACRIDIN, -S *n* acridine
ACRIDINE *n* colourless crystalline solid
ACRIDINS ▸**acridin**
ACRIDITY ▸**acrid**
ACRIDLY ▸**acrid**
ACRIMONY *n* bitterness and resentment felt about something
ACRO, -S *n* event where acrobatic skiing moves are performed to music
ACROBAT, -S *n* person skilled in gymnastic feats requiring agility and balance
ACRODONT *adj* (of reptile teeth) fused at the base to the jawbones ▹*n* acrodont reptile
ACROGEN, -S *n* flowerless plant
ACROLECT *n* most correct form of language
ACROLEIN *n* colourless or yellowish flammable poisonous pungent liquid
ACROLITH *n* wooden sculpture with the head, hands, and feet in stone
ACROMIA ▸**acromion**
ACROMIAL ▸**acromion**

A

ACROMION, ACROMIA *n* outermost edge of the spine of the shoulder blade
ACRONIC *adj* acronical
ACRONYM, -S *n* word formed from the initial letters of other words, such as NASA
ACROS ▸ **acro**
ACROSOME *n* structure in reproductive cell
ACROSS *adv* from side to side (of)
ACROSTIC *n* lines of writing in which the first or last letters of each line spell a word or saying
ACROTER, -S *n* plinth
ACROTIC *adj* of a surface
ACROTISM *n* absence of pulse
ACRYLATE *n* chemical compound in plastics and resins
ACRYLIC, -S *adj* (synthetic fibre, paint, etc) made from acrylic acid ▹ *n* man-made fibre used for clothes and blankets
ACRYLYL, -S *n* type of monovalent group
ACT, -ED, -S *n* thing done ▹ *vb* do something
ACTA *pl n* minutes of meeting
ACTABLE ▸ **act**
ACTANT, -S *n* grammatical term
ACTED ▸ **act**
ACTIN, -S *n* protein
ACTINAL *adj* part of a jellyfish
ACTING, -S *n* art of an actor ▹ *adj* temporarily performing the duties of
ACTINIA, -E, -S *n* type of sea anemone
ACTINIAN *n* sea anemone
ACTINIAS ▸ **actinia**
ACTINIC *adj* (of radiation) producing a photochemical effect
ACTINIDE *n* member of the actinide series
ACTINISM ▸ **actinic**
ACTINIUM *n* radioactive chemical element
ACTINOID *adj* having a radiate form, as a sea anemone or starfish ▹ *n* member of the actinide series
ACTINON, -S *same as* ▸ **actinide**
ACTINS ▸ **actin**
ACTION, -ED, -S *n* process of doing something ▹ *vb* put into effect
ACTIONER *n* film with a fast-moving plot, usually containing scenes of violence
ACTIONS ▸ **action**
ACTIVATE *vb* make active
ACTIVE, -S *adj* moving, working ▹ *n* active form of a verb
ACTIVELY ▸ **active**
ACTIVES ▸ **active**
ACTIVISE *same as* ▸ **activize**
ACTIVISM *n* taking direct or militant action to achieve a political or social end
ACTIVIST ▸ **activism**
ACTIVITY *n* state of being active
ACTIVIZE *vb* make active
ACTON, -S *n* jacket
ACTOR, -S *n* person who acts in a play, film, etc
ACTORISH ▸ **actor**
ACTORLY *adj* characteristic of an actor
ACTORS ▸ **actor**
ACTRESS *n* woman who acts in a play, film, broadcast, etc
ACTRESSY *adj* exaggerated and affected in manner
ACTS ▸ **act**
ACTUAL *adj* existing in reality
ACTUALLY *adv* really, indeed
ACTUALS *pl n* commercial commodities that can be bought and used
ACTUARY *n* statistician who calculates insurance risks
ACTUATE, -D, -S *vb* start up (a device)
ACTUATOR ▸ **actuate**
ACTURE, -S *n* action
ACUATE, -D, -S, ACUATING *adj* sharply pointed ▹ *vb* sharpen
ACUITY, ACUITIES *n* keenness of vision or thought
ACULEATE *adj* cutting ▹ *n* insect, such as a bee, with a sting
ACULEUS, ACULEI *n* prickle or spine, such as the thorn of a rose
ACUMEN, -S *n* ability to make good judgments
ACUPOINT *n* points on the body stimulated with acupuncture or acupressure
ACUSHLA, -S *n* Irish endearment
ACUTANCE *n* physical rather than subjective measure of the sharpness of a photographic image
ACUTE, -R, -S, -ST *adj* severe ▹ *n* accent over a letter to indicate the quality or length of its sound, as over e in café
ACUTELY ▸ **acute**
ACUTER ▸ **acute**
ACUTES ▸ **acute**
ACUTEST ▸ **acute**
ACYCLIC *adj* not cyclic
ACYL, -S *n* member of the monovalent group of atoms RCO-
ACYLATE, -D, -S *vb* add acyl group to
ACYLOIN, -S *n* organic chemical compound
ACYLS ▸ **acyl**
AD, -S *n* advertisement
ADAGE, -S *n* wise saying, proverb
ADAGIAL ▸ **adage**
ADAGIO, -S *adv* (to be played) slowly and gracefully ▹ *n* movement or piece to be performed slowly
ADAMANCE *n* being adamant
ADAMANCY *n* being adamant
ADAMANT, -S *adj* unshakable in determination or purpose ▹ *n* any extremely hard or apparently unbreakable substance
ADAMSITE *n* yellow poisonous crystalline solid that readily sublimes
ADAPT, -ED, -ING, -S *vb* alter for new use or new conditions
ADAPTER, -S *same as* ▸ **adaptor**
ADAPTING ▸ **adapt**
ADAPTION *n* adaptation
ADAPTIVE ▸ **adapt**
ADAPTOR, -S *n* device for connecting several electrical appliances to a single socket
ADAPTS ▸ **adapt**
ADAW, -ED, -ING, -S *vb* subdue
ADAXIAL *adj* facing the axis
ADAYS *adv* daily
ADBOT, -S *n* spyware that collects information about a person to display targeted adverts
ADD, -ED, -S *vb* combine (numbers or quantities)
ADDABLE ▸ **add**
ADDAX, -ES *n* antelope
ADDEBTED *adj* indebted
ADDED ▸ **add**
ADDEDLY ▸ **add**
ADDEEM, -ED, -S *vb* adjudge

ADDEND, -S *n* any of a set of numbers that is to be added
ADDENDA ▸ **addendum**
ADDENDS ▸ **addend**
ADDENDUM, ADDENDA *n* addition
ADDER, -S *n* small poisonous snake
ADDIBLE *adj* addable
ADDICT, -ED, -S *n* person who is unable to stop doing or taking something ▹ *vb* cause (someone or oneself) to become dependent (on something)
ADDIES ▸ **addy**
ADDING, -S *n* act or instance of addition ▹ *adj* of, for, or relating to addition
ADDIO, -S *interj* farewell ▹ *n* cry of addio
ADDITION *n* adding
ADDITIVE *n* something added, esp to a foodstuff, to improve it or prevent deterioration ▹ *adj* characterized or produced by addition
ADDITORY *adj* adding to something
ADDLE, -D, -S, ADDLING *vb* become muddled ▹ *adj* indicating a muddled state
ADDOOM, -ED, -S *vb* adjudge
ADDORSED *adj* back to back
ADDRESS, ADDREST *n* place where a person lives ▹ *vb* mark the destination, as on an envelope
ADDS ▸ **add**
ADDUCE, -D, -S, ADDUCING *vb* mention something as evidence or proof
ADDUCENT ▸ **adduce**
ADDUCER, -S ▸ **adduce**
ADDUCES ▸ **adduce**
ADDUCING ▸ **adduce**
ADDUCT, -ED, -S *vb* draw towards medial axis ▹ *n* compound
ADDUCTOR *n* muscle that adducts
ADDUCTS ▸ **adduct**
ADDY, ADDIES *n* email address
ADEEM, -ED, -ING, -S *vb* cancel
ADELGID, -S *n* type of small sap-feeding insect
ADENINE, -S *n* chemical
ADENITIS *n* inflammation of a gland or lymph node
ADENOID *adj* of or resembling a gland
ADENOIDS *pl n* tissue at the back of the throat
ADENOMA, -S *n* tumour occurring in glandular tissue
ADENOSIS, ADENOSES *n* disease of glands
ADENYL, -S *n* enzyme
ADENYLIC *adj* as in **adenylic acid** nucleotide consisting of adenine, ribose or deoxyribose, and a phosphate group
ADENYLS ▸ **adenyl**
ADEPT, -ER, -EST, -S *n* very skilful (person) ▹ *adj* proficient in something requiring skill
ADEPTLY ▸ **adept**
ADEPTS ▸ **adept**
ADEQUACY ▸ **adequate**
ADEQUATE *adj* sufficient, enough
ADERMIN, -S *n* vitamin
ADESPOTA *n* anonymous writings
ADESSIVE *n* grammatical case denoting place
ADHAN, -S *n* call to prayer
ADHARMA, -S *n* wickedness
ADHERE, -D, -S, ADHERING *vb* stick (to)
ADHEREND *n* something attached by adhesive
ADHERENT *n* devotee, follower ▹ *adj* sticking or attached
ADHERER, -S ▸ **adhere**
ADHERES ▸ **adhere**
ADHERING ▸ **adhere**
ADHESION *n* sticking (to)
ADHESIVE *n* substance used to stick things together ▹ *adj* able to stick to things
ADHIBIT, -S *vb* administer or apply
ADIEU, -S, -X *n* goodbye

> Very useful when you want to say goodbye to a surplus of vowels. And remember its plural can be either **adieus** or **adieux**.

ADIOS, -ES *sentence substitute* Spanish for goodbye ▹ *n* goodbye
ADIPIC *adj* as in **adipic acid** crystalline solid used in the preparation of nylon
ADIPOSE *adj* of or containing fat ▹ *n* animal fat
ADIPOSIS, ADIPOSES *n* obesity
ADIPOUS *adj* made of fat
ADIPSIA, -S *n* complete lack of thirst
ADIT, -S *n* shaft into a mine, for access or drainage
ADJACENT *adj* near or next (to) ▹ *n* side lying between a specified angle and a right angle in a right-angled triangle
ADJIGO, -S *n* SW Australian yam plant with edible tubers
ADJOIN, -ED, -S *vb* be next to
ADJOINT, -S *n* type of mathematical matrix
ADJOURN, -S *vb* close (a court) at the end of a session
ADJUDGE, -D, -S *vb* declare (to be)
ADJUNCT, -S *n* something incidental added to something else
ADJURE, -D, -S, ADJURING *vb* command (to do)
ADJURER, -S ▸ **adjure**
ADJURES ▸ **adjure**
ADJURING ▸ **adjure**
ADJUROR, -S ▸ **adjure**
ADJUST, -ED, -S *vb* adapt to new conditions
ADJUSTER ▸ **adjust**
ADJUSTOR ▸ **adjust**
ADJUSTS ▸ **adjust**
ADJUTAGE *n* nozzle
ADJUTANT *n* army officer in charge of routine administration
ADJUVANT *adj* aiding or assisting ▹ *n* something that aids or assists
ADLAND, -S *n* advertising industry and the people who work in it
ADMAN, ADMEN *n* man who works in advertising
ADMASS, -ES *n* mass advertising
ADMEN ▸ **adman**
ADMIN, -S *n* administration
ADMIRAL, -S *n* highest naval rank
ADMIRE, -D, -S *vb* regard with esteem and approval
ADMIRER, -S ▸ **admire**
ADMIRES ▸ **admire**
ADMIRING ▸ **admire**
ADMIT, -S, -TED *vb* confess, acknowledge
ADMITTEE *n* one who admits
ADMITTER ▸ **admit**
ADMIX, -ED, -ES, -ING, -T *vb* mix or blend
ADMONISH *vb* reprove sternly
ADNATE *adj* growing closely attached to an adjacent part or organ
ADNATION ▸ **adnate**
ADNEXA *pl n* organs adjoining the uterus
ADNEXAL ▸ **adnexa**

A

ADNOUN, -S *n* adjective used as a noun
ADO, -S *n* fuss, trouble
ADOBE, -S *n* sun-dried brick
ADOBO, -S *n* Philippine dish
ADONIS *n* beautiful young man
ADONISE, -D, -S *vb* adorn
ADONIZE, -D, -S *vb* adorn
ADOORS *adv* at the door
ADOPT, -ING, -S *vb* take (someone else's child) as one's own
ADOPTED *adj* having been adopted
ADOPTEE, -S *n* one who has been adopted
ADOPTER, -S *n* person who adopts
ADOPTING ▸ **adopt**
ADOPTION ▸ **adopt**
ADOPTIVE *adj* related by adoption
ADOPTS ▸ **adopt**
ADORABLE *adj* very attractive
ADORABLY ▸ **adorable**
ADORE, -D, -S *vb* love intensely
ADORER, -S ▸ **adore**
ADORES ▸ **adore**
ADORING *adj* displaying intense love
ADORN, -ED, -ING, -S *vb* decorate, embellish
ADORNER, -S ▸ **adorn**
ADORNING ▸ **adorn**
ADORNS ▸ **adorn**
ADOS ▸ **ado**
ADOWN *adv* down
ADOZE *adv* asleep
ADPRESS *vb* press together
ADRAD *adj* afraid
ADRATE, -S *n* price or tariff that businesses pay to advertise
ADREAD, -ED, -S *vb* dread
ADRED *adj* filled with dread
ADRENAL, -S *adj* near the kidneys ▹ *n* adrenal gland
ADRIFT *adv* drifting
ADROIT, -ER *adj* quick and skilful
ADROITLY ▸ **adroit**
ADRY *adj* dry
ADS ▸ **ad**
ADSCRIPT *n* serf
ADSORB, -ED, -S *vb* condense to form a thin film
ADSORBER ▸ **adsorb**
ADSORBS ▸ **adsorb**
ADSPEAK, -S *n* kind of language or jargon used in advertising or in advertisements
ADSUKI, -S *same as* ▸ **adzuki**
ADSUM *sentence substitute* I am present
ADUKI, -S *same as* ▸ **adzuki**
ADULARIA *n* white or colourless glassy variety of orthoclase
ADULATE, -D, -S *vb* flatter or praise obsequiously
ADULATOR ▸ **adulate**
ADULT, -S *adj* fully grown, mature ▹ *n* adult person or animal
ADULTLY ▸ **adult**
ADULTS ▸ **adult**
ADUMBRAL *adj* shadowy
ADUNC *adj* hooked
ADUNCATE *adj* hooked
ADUNCITY *n* quality of being hooked
ADUNCOUS *adj* hooked
ADUST, -ED, -ING, -S *vb* dry up or darken by heat
ADVANCE, -S *vb* go or bring forward ▹ *n* forward movement ▹ *adj* done or happening before an event
ADVANCED *adj* at a late stage in development
ADVANCER ▸ **advance**
ADVANCES ▸ **advance**
ADVECT, -ED, -S *vb* move horizontally in air
ADVENE, -D, -S, ADVENING *vb* add as extra
ADVENT, -S *n* arrival
ADVERB, -S *n* word that adds information about a verb, adjective, or other adverb
ADVERSE, -R *adj* unfavourable
ADVERT, -ED, -S *n* advertisement ▹ *vb* draw attention (to)
ADVEW, -ED, -ING, -S *vb* look at
ADVICE, -S *n* recommendation as to what to do
ADVISE, -S *vb* offer advice to
ADVISED *adj* considered, thought-out
ADVISEE, -S *n* person receiving advice
ADVISER, -S *n* person who offers advice, eg on careers to students or school pupils
ADVISES ▸ **advise**
ADVISING ▸ **advise**
ADVISOR, -S *same as* ▸ **adviser**
ADVISORY *adj* giving advice ▹ *n* statement giving advice or a warning
ADVOCAAT *n* liqueur with a raw egg base
ADVOCACY *n* active support of a cause or course of action
ADVOCATE *vb* propose or recommend ▹ *n* person who publicly supports a cause
ADVOWSON *n* right of presentation to a vacant benefice
ADWARD, -ED, -S *vb* award
ADWARE, -S *n* computer software
ADWOMAN, ADWOMEN *n* woman working in advertising
ADYNAMIA *n* loss of vital power or strength, esp as the result of illness
ADYNAMIC ▸ **adynamia**
ADYTUM, ADYTA *n* sacred place in ancient temples
ADZ *same as* ▸ **adze**

> This is the American spelling of **adze**, and is one of the essential short words to know for using the Z.

ADZE, -D, -S, ADZING *n* woodworking tool ▹ *vb* use an adze
ADZELIKE *adj* like an adze
ADZES ▸ **adze**
ADZING ▸ **adze**
ADZUKI, -S *n* type of plant
AE *determiner* one
AECIA ▸ **aecium**
AECIAL ▸ **aecium**
AECIDIA ▸ **aecidium**
AECIDIAL ▸ **aecidium**
AECIDIUM, AECIDIA *same as* ▸ **aecium**
AECIUM, AECIA *n* area of some fungi
AEDES *n* type of mosquito which transmits yellow fever and dengue
AEDICULE *n* door or a window framed by columns and a pediment
AEDILE, -S *n* magistrate of ancient Rome
AEDINE *adj* of a species of mosquito
AEFALD *adj* single
AEFAULD *adj* single
AEGIRINE *n* green mineral
AEGIRITE *n* green mineral
AEGIS, -ES *n* sponsorship, protection
AEGLOGUE *n* eclogue
AEGROTAT *n* certificate allowing a candidate to pass an examination missed through illness
AEMULE, -D, -S, AEMULING *vb* emulate
AENEOUS *adj* brass-coloured or greenish-gold

A

AENEUS, -ES *n* aquarium fish
AEOLIAN *adj* of or relating to the wind
AEON, -S *n* immeasurably long period of time

This little word gets played when you have too many vowels. And it has a partner **eoan**, meaning of the dawn: but beware, unlike **aeon**, it does not take a plural S.

AEONIAN *adj* everlasting
AEONIC ▸ **aeon**
AEONS ▸ **aeon**
AEQUORIN *n* type of protein

This word for a kind of protein secreted by jellyfish is one of the most frequently played 8-letter words using the Q: it's not easy to spot but can give a good score for a difficult-looking rack!

AERADIO, -S *n* radio system for pilots
AERATE, -D, -S, AERATING *vb* put gas into (a liquid), as when making a fizzy drink
AERATION ▸ **aerate**

This means the act of aerating, and while its face value is low, its combination of common letters make it one of the most frequently played of all 8-letter bonus words, scoring you an extra 50 points.

AERATOR, -S ▸ **aerate**
AERIAL, -S *adj* in, from, or operating in the air ▹ *n* metal pole, wire, etc, for receiving or transmitting radio or TV signals
AERIALLY ▸ **aerial**
AERIALS ▸ **aerial**
AERIE, -S *a variant spelling (esp US) of* ▸ **eyrie**

This word for an eagle's nest is a great one for dealing with a surplus of vowels. And it has several variants: **aery**, **aiery**, **ayrie**, **eyrie** and **eyry**.

AERIED *adj* in a very high place
AERIER ▸ **aery**
AERIES ▸ **aerie**
AERIEST ▸ **aery**
AERIFIED ▸ **aerify**
AERIFIES ▸ **aerify**
AERIFORM *adj* having the form of air
AERIFY, AERIFIED, AERIFIES *vb* change or cause to change into a gas
AERILY ▸ **aery**
AERO, -S *n* aerodynamic vehicle or component
AEROBAT, -S *n* person who does stunt flying
AEROBE, -S *n* organism that requires oxygen to survive
AEROBIA ▸ **aerobium**
AEROBIC *adj* designed for or relating to aerobics
AEROBICS *n* exercises designed to increase the amount of oxygen in the blood
AEROBIUM, AEROBIA *same as* ▸ **aerobe**
AEROBOMB *n* bomb dropped from aircraft
AEROBOT, -S *n* unmanned aircraft used esp in space exploration
AEROBUS *n* monorail suspended by an overhead cable
AERODART *n* metal arrow dropped from an aircraft as a weapon
AERODUCT *n* air duct
AERODYNE *n* aircraft that derives its lift from aerodynamic forces
AEROFOIL *n* part of an aircraft, such as the wing, designed to give lift
AEROGEL, -S *n* colloid
AEROGRAM *n* airmail letter on a single sheet of paper that seals to form an envelope
AEROLITE *n* stony meteorite consisting of silicate minerals

An **aerolite** is a type of meteorite, and is important because the chance to play this 8-letter bonus word comes up very frequently.

AEROLITH *n* meteorite
AEROLOGY *n* study of the atmosphere, particularly its upper layers
AERONAUT *n* person who flies in a lighter-than-air craft, esp the pilot or navigator
AERONOMY *n* science of the earth's upper atmosphere
AEROS ▸ **aero**
AEROSAT, -S *n* communications satellite
AEROSOL, -S *n* pressurized can from which a substance can be dispensed as a fine spray
AEROSTAT *n* lighter-than-air craft, such as a balloon
AEROTONE *n* bath incorporating air jets for massage
AERUGO, -S *(esp of old bronze) another name for* > **verdigris**
AERY, AERIER, AERIEST *adj* lofty, insubstantial, or visionary
AESC, -ES *n* rune
AESCULIN *n* chemical in horse-chestnut bark
AESIR *pl n* Norse gods
AESTHETE *n* person who has or affects an extravagant love of art
AESTIVAL *adj* of or occurring in summer
AETATIS *adj* at the age of
AETHER, -S *same as* ▸ **ether**
AETHERIC ▸ **aether**
AETHERS ▸ **aether**
AFALD *adj* single
AFAR, -S *adv* at, from, or to a great distance ▹ *n* great distance
AFARA, -S *n* African tree
AFARS ▸ **afar**
AFAWLD *adj* single
AFEAR, -ING, -S *vb* frighten
AFEARD *an archaic or dialect word for* ▸ **afraid**
AFEARED *same as* ▸ **afeard**
AFEARING ▸ **afear**
AFEARS ▸ **afear**
AFEBRILE *adj* without fever
AFF *adv* off
AFFABLE *adj* friendly and easy to talk to
AFFABLY ▸ **affable**
AFFAIR *n* event or happening
AFFAIRE, -S *n* love affair
AFFAIRS *pl n* personal or business interests
AFFEAR, -D, -ED, -S *vb* frighten
AFFEARE, -S *vb* frighten
AFFEARED ▸ **affear**
AFFEARES ▸ **affeare**
AFFEARS ▸ **affear**
AFFECT, -S *vb* act on, influence ▹ *n* emotion associated with an idea or set of ideas
AFFECTED *adj* displaying affectation
AFFECTER ▸ **affect**
AFFECTS ▸ **affect**
AFFEER, -ED, -S *vb* assess
AFFERENT *adj* directing inwards to a body part, esp the brain or spinal cord ▹ *n* nerve that conveys impulses towards an organ of the body

A

AFFIANCE *vb* bind (a person or oneself) in a promise of marriage ▷*n* solemn pledge, esp a marriage contract
AFFIANT, -S *n* person who makes an affidavit
AFFICHE, -S *n* poster
AFFIED ▸**affy**
AFFIES ▸**affy**
AFFINAL ▸**affine**
AFFINE, -S *adj* involving transformations which preserve collinearity ▷*n* relation by marriage
AFFINED *adj* closely related
AFFINELY ▸**affine**
AFFINES ▸**affine**
AFFINITY *n* close connection or liking
AFFIRM, -ED, -S *vb* declare to be true
AFFIRMER ▸**affirm**
AFFIRMS ▸**affirm**
AFFIX, -ED, -ES, -ING *vb* attach or fasten ▷*n* word or syllable added to a word to change its meaning
AFFIXAL ▸**affix**
AFFIXED ▸**affix**
AFFIXER, -S ▸**affix**
AFFIXES ▸**affix**
AFFIXIAL ▸**affix**
AFFIXING ▸**affix**
AFFLATED *adj* inspired
AFFLATUS *n* supposed divine inspiration, esp in poetry
AFFLICT, -S *vb* give pain or grief to
AFFLUENT *adj* having plenty of money ▷*n* tributary stream
AFFLUX, -ES *n* flowing towards a point
AFFOGATO *n* dessert made by pouring espresso over ice cream
AFFOORD, -S *vb* consent
AFFORCE, -D, -S *vb* strengthen
AFFORD, -ED, -S *vb* have enough money to buy
AFFOREST *vb* plant trees on
AFFRAP, -S *vb* strike
AFFRAY, -ED, -S *n* noisy fight, brawl ▷*vb* frighten
AFFRAYER ▸**affray**
AFFRAYS ▸**affray**
AFFRET, -S *n* furious attack
AFFRIGHT *vb* frighten ▷*n* sudden terror
AFFRONT, -S *n* insult ▷*vb* hurt someone's pride or dignity
AFFRONTE *adj* facing
AFFRONTS ▸**affront**
AFFUSION *n* baptizing of a person by pouring water onto his or her head
AFFY, AFFIED, AFFIES, -DE, -ING *vb* trust
AFGHAN, -S *n* type of blanket
AFGHANI, -S *n* monetary unit of Afghanistan
AFGHANS ▸**afghan**
AFIELD *adj* away from one's usual surroundings or home
AFIRE *adj* on fire
AFLAJ ▸**falaj**
AFLAME *adj* burning
AFLOAT *adj* floating ▷*adv* floating
AFLUTTER *adv* in or into a nervous or excited state
AFOCAL *adj* relating to a method for transferring an image without bringing it into focus
AFOOT *adj* happening, in operation ▷*adv* happening
AFORE *adv* before
AFOUL *adj* in or into a state of difficulty, confusion, or conflict (with)
AFRAID *adj* frightened
AFREET, -S *n* powerful evil demon or giant monster
AFRESH *adv* again, anew
AFRIT, -S *same as* ▸**afreet**
AFRO, -S *n* bush-like frizzy hairstyle
AFRONT *adv* in front
AFROS ▸**afro**
AFT *adv* at or towards the rear of a ship or aircraft ▷*adj* at or towards the rear of a ship or aircraft
AFTER *adv* at a later time
AFTEREYE *vb* gaze at someone or something that has passed
AFTERS *n* sweet course of a meal
AFTERSUN *n* moisturizing lotion applied to the skin to soothe sunburn and avoid peeling
AFTERTAX *adj* after tax has been paid
AFTMOST *adj* furthest towards rear
AFTOSA, -S *n* foot-and-mouth disease
AG, -S *n* agriculture
AGA, -S *n* title of respect
AGACANT *adj* irritating
AGACANTE *adj* irritating
AGACERIE *n* coquetry
AGAIN *adv* once more
AGAINST *prep* in opposition or contrast to
AGALLOCH *another name for* ▸**eaglewood**
AGALWOOD *n* eaglewood
AGAMA, -S *n* small lizard
AGAMETE, -S *n* reproductive cell
AGAMI, -S *n* South American bird
AGAMIC *adj* asexual
AGAMID, -S *same as* ▸**agama**
AGAMIS ▸**agami**
AGAMOID, -S *n* lizard of the agamid type
AGAMONT, -S *another name for* ▸**schizont**
AGAMOUS *adj* without sex
AGAPE, AGAPAE, AGAPAI, -S *adj* (of the mouth) wide open ▷*n* love feast among the early Christians
AGAPEIC ▸**agape**
AGAPES ▸**agape**
AGAR, -S *n* jelly-like substance obtained from seaweed and used as a thickener in food
AGARIC, -S *n* type of fungus
AGAROSE, -S *n* gel used in chemistry
AGARS ▸**agar**
AGARWOOD *n* aromatic wood of an Asian tree
AGAS ▸**aga**
AGAST, -ED, -ING, -S *adj* aghast ▷*vb* terrify or be terrified
AGATE, -S *n* semiprecious form of quartz with striped colouring ▷*adv* on the way
AGATISE, -D, -S *same as* ▸**agatize**
AGATIZE, -D, -S *vb* turn into agate
AGATOID *adj* like agate
AGAVE, -S *n* tropical plant
AGAZE *adj* gazing at something
AGAZED *adj* amazed
AGE, -S *n* length of time a person or thing has existed ▷*vb* make or grow old
AGED *adj* old
AGEDLY ▸**aged**
AGEDNESS ▸**aged**
AGEE *adj* awry, crooked, or ajar ▷*adv* awry
AGEING, -S *n* fact or process of growing old ▷*adj* becoming or appearing older
AGEISM, -S *n* discrimination against people on the grounds of age
AGEIST, -S ▸**ageism**
AGELAST, -S *n* someone who never laughs

A

AGELESS *adj* apparently never growing old
AGELONG *adj* lasting for a very long time
AGEMATE, -S *n* person the same age as another person
AGEN *archaic form of* ▸ **again**
AGENCY, AGENCIES *n* organization providing a service
AGENDA, -S *n* list of things to be dealt with, esp at a meeting
AGENDER *adj* of a person who does not identify with a gender
AGENDUM, -S *same as* ▸ **agenda**
AGENE, -S *n* chemical used to whiten flour
AGENESES ▸ **agenesis**
AGENESIA *n* imperfect development
AGENESIS, AGENESES *n* (of an animal or plant) imperfect development
AGENETIC ▸ **agenesis**
AGENISE, -D, -S *same as* ▸ **agenize**
AGENIZE, -D, -S *vb* whiten using agene
AGENT, -ED, -S *n* person acting on behalf of another ▹ *vb* act as an agent
AGENTIAL ▸ **agent**
AGENTING ▸ **agent**
AGENTIVE *adj* denoting a case of noun etc indicating the agent described by the verb ▹ *n* agentive case
AGENTRY *n* acting as agent
AGENTS ▸ **agent**
AGER, -S *n* something that ages
AGERATUM *n* tropical American plant with thick clusters of purplish-blue flowers
AGERS ▸ **ager**
AGES ▸ **age**
AGEUSIA, -S *n* lack of the sense of taste
AGGADA, -S, AGGADOT, AGGADOTH *n* explanation in Jewish literature
AGGADAH, -S *same as* ▸ **aggada**
AGGADAS ▸ **aggada**
AGGADIC *adj* of aggada
AGGADOT ▸ **aggada**
AGGADOTH ▸ **aggada**
AGGER *n* rampart
AGGERS *adj* aggressive
AGGIE, -S *n* American agricultural student
AGGRACE, -D, -S, AGRASTE *vb* add grace to
AGGRADE, -D, -S *vb* build up by the deposition of sediment
AGGRATE, -D, -S *vb* gratify
AGGRESS *vb* attack first or begin a quarrel
AGGRI *adj* of African beads
AGGRIEVE *vb* grieve
AGGRO, -S *n* aggressive behaviour
AGGRY *adj* of African beads
AGHA, -S *same as* ▸ **aga**
AGHAST *adj* overcome with amazement or horror
AGILA, -S *n* eaglewood
AGILE, -R, -ST *adj* nimble, quick-moving
AGILELY ▸ **agile**
AGILER ▸ **agile**
AGILEST ▸ **agile**
AGILITY ▸ **agile**
AGIN *prep* against, opposed to
AGING, -S *same as* ▸ **ageing**
AGINNER, -S *n* someone who is against something
AGIO, -S *n* difference between the nominal and actual values of a currency
AGIOTAGE *n* business of exchanging currencies
AGISM, -S *same as* ▸ **ageism**
AGIST, -ED, -ING, -S *vb* care for and feed (cattle or horses) for payment
AGISTER, -S *n* person who grazes cattle for money
AGISTING ▸ **agist**
AGISTOR, -S *n* person who grazes cattle for money
AGISTS ▸ **agist**
AGITA, -S *n* acid indigestion
AGITABLE ▸ **agitate**
AGITANS *adj* as in **paralysis agitans** Parkinson's disease
AGITAS ▸ **agita**
AGITATE, -D, -S *vb* disturb or excite
AGITATO *adv* (to be performed) in an agitated manner
AGITATOR *n* person who agitates for or against a cause, etc
AGITPOP, -S *n* use of pop music to promote political propaganda
AGITPROP *n* political agitation and propaganda
AGLARE *adj* glaring
AGLEAM *adj* glowing
AGLEE *same as* ▸ **agley**
AGLET, -S *n* metal tag
AGLEY *adj* awry
AGLIMMER *adj* glimmering
AGLITTER *adj* sparkling, glittering
AGLOO, -S *same as* ▸ **aglu**
AGLOSSAL ▸ **aglossia**
AGLOSSIA *n* congenital absence of the tongue
AGLOW *adj* glowing
AGLU, -S *n* breathing hole made in ice by a seal
AGLY *Scots word for* ▸ **wrong**
AGLYCON, -S *n* chemical compound
AGLYCONE *same as* ▸ **aglycon**
AGLYCONS ▸ **aglycon**
AGMA, -S *n* symbol used to represent a velar nasal consonant
AGMINATE *adj* gathered or clustered together
AGNAIL, -S *another name for* ▸ **hangnail**
AGNAME, -S *n* name additional to first name and surname
AGNAMED *adj* having an agname
AGNAMES ▸ **agname**
AGNATE, -S *adj* related through a common male ancestor ▹ *n* descendant by male links from a common male ancestor
AGNATHAN *n* type of jawless eel-like aquatic vertebrate
AGNATIC ▸ **agnate**
AGNATION ▸ **agnate**
AGNISE, -D, -S, AGNISING *vb* acknowledge
AGNIZE, -D, -S, AGNIZING *vb* acknowledge
AGNOMEN, -S, AGNOMINA *n* name used by ancient Romans
AGNOSIA, -S *n* loss of power to recognize familiar objects
AGNOSIC ▸ **agnosia**
AGNOSTIC *n* person who believes that it is impossible to know whether God exists ▹ *adj* of agnostics
AGO *adv* in the past
AGOG *adj* eager or curious
AGOGE, -S *n* ancient Greek melodic form
AGOGIC, -S *n* musical accent
AGOING *adj* moving
AGON, -ES, -S *n* ancient Greek festival
AGONAL *adj* of agony
AGONE *an archaic word for* ▸ **ago**
AGONES ▸ **agon**
AGONIC *adj* forming no angle

A

AGONIES ▸ **agony**
AGONISE, -D, -S *same as* ▸ **agonize**
AGONISM, -S *n* struggle between opposing forces
AGONIST, -S *n* any muscle that is opposed in action by another muscle
AGONIZE, -D, -S *vb* worry greatly
AGONS ▸ **agon**
AGONY, AGONIES *n* extreme physical or mental pain
AGOOD *adv* seriously or earnestly
AGORA, -E, -S *n* place of assembly in ancient Greece
AGOROT *pl n* Israeli coins
AGOROTH *same as* ▸ **agorot**
AGOUTA, -S *n* Haitian rodent
AGOUTI, -ES, -S *n* rodent
AGOUTY *same as* ▸ **agouti**
AGRAFE, -S *same as* ▸ **agraffe**
AGRAFFE, -S *n* loop and hook fastening
AGRAPHA ▸ **agraphon**
AGRAPHIA *n* loss of the ability to write, resulting from a brain lesion
AGRAPHIC ▸ **agraphia**
AGRAPHON, AGRAPHA *n* saying of Jesus not in Gospels
AGRARIAN *adj* of land or agriculture ▹ *n* person who favours the redistribution of landed property
AGRASTE ▸ **aggrace**
AGRAVIC *adj* of zero gravity
AGREE, -ING, -S *vb* be of the same opinion
AGREED *adj* determined by common consent
AGREEING ▸ **agree**
AGREES ▸ **agree**
AGREGE, -S *n* winner in examination for university teaching post
AGREMENS *n* amenities
AGREMENT *n* diplomatic approval of a country
AGRESTAL *adj* (of uncultivated plants such as weeds) growing on cultivated land
AGRESTIC *adj* rural
AGRIA, -S *n* appearance of pustules
AGRIMONY *n* yellow-flowered plant with bitter-tasting fruits
AGRIN, -S *adv* grinning ▹ *n* type of protein
AGRISE, -D, -S, AGRISING *vb* fill with fear
AGRIZE, -D, -S, AGRIZING *vb* fill with fear
AGRO, -S *n* student of agriculture
AGROLOGY *n* scientific study of soils and their potential productivity
AGRONOMY *n* science of soil management and crop production
AGROS ▸ **agro**
AGROUND *adv* onto the bottom of shallow water ▹ *adj* on the ground or bottom, as in shallow water
AGRYPNIA *n* inability to sleep
AGRYZE, -D, -S, AGRYZING *vb* fill with fear
AGS ▸ **ag**
AGUACATE *n* avocado
AGUE, -S *n* periodic fever with shivering
AGUED *adj* suffering from fever
AGUELIKE ▸ **ague**
AGUES ▸ **ague**
AGUEWEED *n* N American plant with clusters of pale blue-violet or white flowers
AGUISE, -D, -S, AGUISING *vb* dress
AGUISH ▸ **ague**
AGUISHLY ▸ **ague**
AGUISING ▸ **aguise**
AGUIZE, -D, -S, AGUIZING *vb* dress
AGUNA, AGUNOT, AGUNOTH *n* (in Jewish law) woman whose husband will not grant her a divorce
AGUNAH *same as* ▸ **aguna**
AGUNOT ▸ **aguna**
AGUNOTH ▸ **aguna**
AGUTI, -S *n* agouti
AGYRIA, -S *n* brain disease
AH, -ED, -ING, -S *interj* exclamation expressing surprise, joy etc ▹ *vb* say ah
AHA *interj* exclamation of triumph or surprise
AHCHOO *interj* sound made by someone sneezing
AHEAD *adv* in front
AHEAP *adv* in a heap
AHED ▸ **ah**
AHEIGHT *adv* at height
AHEM *interj* clearing of the throat in order to attract attention
AHEMERAL *adj* not constituting a full 24-hour day
AHENT *adv* behind
AHI, -S *n* yellowfin tuna

A very useful one to catch!

AHIGH *adv* at height
AHIMSA, -S *n* the law of reverence for every form of life
AHIND *adv* behind
AHING ▸ **ah**
AHINT *adv* behind
AHIS ▸ **ahi**
AHOLD *adv* holding
AHORSE *adv* on horseback
AHOY *interj* hail used to call a ship
AHS ▸ **ah**
AHULL *adv* with sails furled
AHUNGRY *adj* very hungry
AHURU, -S *n* type of small pink cod of SW Pacific waters
AI, -S *n* shaggy-coated slow-moving animal of South America
AIA, -S *n* female servant in E Asia
AIBLINS *Scots word for* ▸ **perhaps**
AID, -ED, -ING, -S *n* assistance or support ▹ *vb* help financially or in other ways
AIDA, -S *n* cotton fabric with a natural mesh
AIDANCE, -S *n* help
AIDANT, -S *adj* helping ▹ *n* helper
AIDAS ▸ **aida**
AIDE, -S *n* assistant
AIDED ▸ **aid**
AIDER, -S ▸ **aid**
AIDES ▸ **aide**
AIDFUL *adj* helpful
AIDING ▸ **aid**
AIDLESS *adj* without help
AIDMAN, AIDMEN *n* military medical assistant
AIDOI *adj* of the genitals
AIDOS *Greek word for* ▸ **shame**
AIDS ▸ **aid**
AIERY, AIERIES *n* eyrie
AIGA, -S *n* Māori word for family
AIGHT *adv* all right
AIGLET, -S *same as* ▸ **aglet**
AIGRET, -S *same as* ▸ **aigrette**
AIGRETTE *n* long plume worn on hats or as a headdress, esp one of long egret feathers
AIGUILLE *n* rock mass or mountain peak shaped like a needle
AIKIDO, -S *n* Japanese self-defence
AIKONA *interj* South African expression meaning no
AIL, -ED, -S *vb* trouble, afflict

AILANTO, -S *n* Asian tree
AILED ▸ **ail**
AILERON, -S *n* movable flap on an aircraft wing which controls rolling
AILETTE, -S *n* shoulder armour
AILING *adj* sickly
AILMENT, -S *n* illness
AILS ▸ **ail**
AIM, -ED, -ING, -S *vb* point (a weapon or missile) or direct (a blow or remark) at a target ▹ *n* aiming
AIMER, -S ▸ **aim**
AIMFUL *adj* with purpose or intention
AIMFULLY ▸ **aimful**
AIMING ▸ **aim**
AIMLESS *adj* having no purpose
AIMS ▸ **aim**
AIN, -S *variant of* ▸ **ayin**
AINE *adj* French word for elder (male)

> Though it doesn't score much, it is useful to remember when you have too many vowels. And it can be extended to **ainee**, the feminine form.

AINEE *adj* French word for elder (female)
AINGA, -S *n* Māori word for village
AINS ▸ **ain**
AINSELL, -S *n* Scots word meaning own self
AIOLI, -S *n* garlic mayonnaise
AIR, -ED *n* mixture of gases forming the earth's atmosphere ▹ *vb* make known publicly
AIRBAG, -S *n* safety device in a car
AIRBALL, -S *n* missed shot in basketball ▹ *vb* throw an airball
AIRBASE, -S *n* centre from which military aircraft operate
AIRBOARD *n* inflatable body board
AIRBOAT, -S *n* boat
AIRBORNE *adj* carried by air
AIRBOUND *adj* heading into the air
AIRBRICK *n* brick with holes in it, put into the wall of a building for ventilation
AIRBRUSH *n* atomizer that sprays paint by compressed air ▹ *vb* paint using an airbrush
AIRBURST *n* explosion of a bomb, shell, etc, in the air ▹ *vb* (of a bomb, shell, etc) to explode in the air
AIRBUS, -ES *n* commercial passenger aircraft
AIRCHECK *n* recording of a radio broadcast
AIRCOACH *n* bus travelling to and from an airport
AIRCON, -S *n* air conditioner
AIRCRAFT *n* any machine that flies, such as an aeroplane
AIRCREW, -S *n* crew of an aircraft
AIRDATE, -S *n* date of a programme broadcast
AIRDRAWN *adj* imaginary
AIRDROME *same as* > **aerodrome**
AIRDROP, -S *n* delivery of supplies by parachute ▹ *vb* deliver (supplies, etc) by an airdrop
AIRED ▸ **air**
AIRER, -S *n* device on which clothes are hung to dry
AIRFARE, -S *n* money for an aircraft ticket
AIRFIELD *n* place where aircraft can land and take off
AIRFLOW, -S *n* flow of air past a moving object
AIRFOIL, -S *same as* ▸ **aerofoil**
AIRFRAME *n* body of an aircraft, excluding its engines
AIRGAP, -S *n* gap between parts in an electrical machine
AIRGLOW, -S *n* faint light in the night sky
AIRGRAPH *n* photographic reduction of a letter for sending airmail
AIRGUN, -S *n* gun fired by compressed air
AIRHEAD, -S *n* stupid person
AIRHOLE, -S *n* hole that allows the passage of air
AIRIER ▸ **airy**
AIRIEST ▸ **airy**
AIRILY *adv* in a light-hearted and casual manner
AIRINESS *n* quality or condition of being fresh, light, or breezy
AIRING, -S *n* exposure to air for drying or ventilation
AIRLESS *adj* stuffy
AIRLIFT, -S *n* transport of troops or cargo by aircraft when other routes are blocked ▹ *vb* transport by airlift
AIRLIKE ▸ **air**
AIRLINE, -S *n* company providing scheduled flights for passengers and cargo
AIRLINER *n* large passenger aircraft
AIRLINES ▸ **airline**
AIRLOCK, -S *n* air bubble blocking the flow of liquid in a pipe
AIRMAIL, -S *n* system of sending mail by aircraft ▹ *adj* of, used for, or concerned with airmail ▹ *vb* send by airmail
AIRMAN, AIRMEN *n* member of an air force
AIRN, -ED, -ING, -S *Scots word for* ▸ **iron**
AIRPARK, -S *n* car park at airport
AIRPLANE *same as* > **aeroplane**
AIRPLAY, -S *n* broadcast performances of a record on radio
AIRPORT, -S *n* airfield for civilian aircraft, with facilities for aircraft maintenance and passengers
AIRPOST, -S *n* system of delivering mail by air
AIRPOWER *n* strength of a nation's air force
AIRPROOF *vb* make something airtight
AIRPROX *n* near collision involving aircraft
AIRS *pl n* manners put on to impress people
AIRSCAPE *n* picture or view of sky
AIRSCREW *n* aircraft propeller
AIRSHAFT *n* shaft for ventilation
AIRSHED, -S *n* air over a particular geographical area
AIRSHIP, -S *n* lighter-than-air self-propelled aircraft
AIRSHOT, -S *n* shot that misses the ball completely
AIRSHOW, -S *n* occasion when an air base is open to the public
AIRSICK *adj* nauseated from travelling in an aircraft
AIRSIDE, -S *n* part of an airport nearest the aircraft
AIRSOME *adj* cold
AIRSPACE *n* atmosphere above a country, regarded as its territory
AIRSPEED *n* speed of an aircraft relative to the air in which it moves

A

AIRSTOP, -S *n* helicopter landing-place
AIRSTRIP *n* cleared area where aircraft can take off and land
AIRT, -ED, -ING, -S *n* point of the compass ▷ *vb* direct
AIRTH, -ED, -ING, -S *same as* ▶ **airt**
AIRTIGHT *adj* sealed so that air cannot enter
AIRTIME, -S *n* time period on radio and TV
AIRTING ▶ **airt**
AIRTRAM, -S *n* cable car
AIRTS ▶ **airt**
AIRVAC, -S *n* evacuation by air ambulance
AIRWARD *adj* into air
AIRWARDS *adv* into air
AIRWAVE, -S *n* radio wave used in radio and television broadcasting
AIRWAY, -S *n* air route used regularly by aircraft
AIRWISE *adv* towards the air
AIRWOMAN, AIRWOMEN ▶ **airman**
AIRY, AIRIER, AIRIEST *adj* well-ventilated
AIS ▶ **ai**
AISLE, -S *n* passageway separating seating areas, rows of shelves, etc
AISLED ▶ **aisle**
AISLES ▶ **aisle**
AISLEWAY *n* aisle
AISLING, -S *Irish word for* ▶ **dream**
AIT, -S *n* islet, esp in a river
AITCH, -ES *n* letter *h* or the sound represented by it
AITS ▶ **ait**
AITU, -S *n* half-human half-divine being

> This demigod is often played to dispose of an excess of vowels.

AIVER, -S *n* working horse
AIYEE *interj* expressing alarm
AIZLE, -S *n* Scots word for hot ashes
AJAR *adv* (of a door) partly open ▷ *adj* not in harmony
AJEE *same as* ▶ **agee**

> This Scots word meaning ajar is often useful for disposing of the J. It has an alternative spelling **agee**.

AJI, -ES, -S *n* type of spicy pepper
AJIVA, -S *n* Jainist term for non-living thing
AJOWAN, -S *n* plant related to caraway
AJUGA, -S *n* garden plant
AJUTAGE, -S *n* nozzle
AJWAN, -S *n* plant related to caraway
AKA, -S *n* type of New Zealand vine

> One of the key short words when it comes to using the K.

AKARYOTE *n* cell without a nucleus
AKAS ▶ **aka**
AKATEA, -S *n* New Zealand vine with white flowers
AKE, -D, -S, AKING *vb* old spelling of ache
AKEAKE, -S *n* New Zealand tree
AKEBIA, -S *n* E Asian climbing plant
AKED ▶ **ake**
AKEDAH, -S *n* binding of Isaac in Bible
AKEE, -S *same as* ▶ **ackee**
AKELA, -S *n* adult leader of a pack of Cub Scouts
AKENE, -S *same as* ▶ **achene**
AKENIAL ▶ **achene**
AKES ▶ **ake**
AKHARA, -S *n* (in India) gymnasium
AKIMBO *adj* as in **with arms akimbo** with hands on hips and elbows projecting outwards
AKIN *adj* related by blood
AKINESES ▶ **akinesis**
AKINESIA *n* loss of power to move
AKINESIS, AKINESES *same as* ▶ **akinesia**
AKINETIC ▶ **akinesia**
AKING ▶ **ake**
AKIRAHO, -S *n* small New Zealand shrub with white flowers
AKITA, -S *n* large dog
AKKAS *slang word for* ▶ **money**
AKRASIA, -S *n* weakness of will
AKRATIC ▶ **akrasia**
AKVAVIT, -S *same as* ▶ **aquavit**
AL, -S *same as* ▶ **aal**
ALA, -E *n* winglike structure
ALAAP, -S *n* part of raga in Indian music
ALACHLOR *n* type of herbicide
ALACK *archaic or poetic word for* ▶ **alas**
ALACRITY *n* speed, eagerness
ALAE ▶ **ala**
ALAIMENT *old spelling of* > **allayment**
ALALIA, -S *n* complete inability to speak
ALAMEDA, -S *n* public walk lined with trees
ALAMO, -S *n* poplar tree
ALAMODE, -S *n* soft light silk used for shawls and dresses, esp in the 19th century
ALAMORT *adj* exhausted and downcast
ALAMOS ▶ **alamo**
ALAN, -S *n* member of ancient European nomadic people
ALAND, -S *vb* come onto land
ALANE *Scots word for* ▶ **alone**
ALANG, -S *n* type of grass in Malaysia
ALANIN, -S *n* alanine
ALANINE, -S *n* chemical
ALANINS ▶ **alanin**
ALANNAH, -S *interj* term of endearment ▷ *n* cry of alannah
ALANS ▶ **alan**
ALANT, -S *n* flowering plant used in herbal medicine
ALANYL, -S *n* chemical found in proteins
ALAP, -S *n* Indian vocal music without words
ALAPA, -S *n* part of raga in Indian music
ALAPS ▶ **alap**
ALAR *adj* relating to, resembling, or having wings or alae
ALARM, -ED, -S *n* sudden fear caused by awareness of danger ▷ *vb* fill with fear
ALARMING ▶ **alarm**
ALARMISM ▶ **alarmist**
ALARMIST *n* person who alarms others needlessly ▷ *adj* causing needless alarm
ALARMS ▶ **alarm**
ALARUM, -ED, -S *n* alarm, esp a call to arms ▷ *vb* raise the alarm
ALARY *adj* of, relating to, or shaped like wings
ALAS *adv* unfortunately, regrettably
ALASKA, -S *n* dessert made of cake and ice cream
ALASTOR, -S *n* avenging demon
ALASTRIM *n* form of smallpox
ALATE, -S *adj* having wings or winglike extensions ▷ *n* winged insect
ALATED *adj* having wings
ALATES ▶ **alate**
ALATION, -S *n* state of having wings

ALAY, -ED, -ING, -S *vb* allay
ALB, -S *n* long white robe worn by a Christian priest
ALBA, -S *n* song of lament
ALBACORE *n* tuna found in warm seas, eaten for food
ALBAS ▸ **alba**
ALBATA, -S *n* variety of German silver consisting of nickel, copper, and zinc
ALBE *old word for* ▸ **albeit**
ALBEDO, -ES, -S *n* ratio of the intensity of light
ALBEE *archaic form of* ▸ **albeit**
ALBEIT *conj* even though
ALBERGO, ALBERGHI *n* Italian word for inn
ALBERT, -S *n* watch chain
ALBICORE *n* species of tuna
ALBINAL ▸ **albino**
ALBINESS *n* female albino
ALBINIC ▸ **albino**
ALBINISM ▸ **albino**
ALBINO, -S *n* person or animal with white skin and hair and pink eyes
ALBITE, -S *n* type of mineral
ALBITIC ▸ **albite**
ALBITISE *same as* ▸ **albitize**
ALBITIZE *vb* turn into albite
ALBIZIA, -S *n* mimosa
ALBIZZIA *n* mimosa
ALBS ▸ **alb**
ALBUGO, -S *n* opacity of the cornea
ALBUM, -S *n* book with blank pages for keeping photographs or stamps in
ALBUMEN, -S *same as* ▸ **albumin**
ALBUMIN, -S *n* protein found in blood plasma, egg white, milk, and muscle
ALBUMOSE *the US name for* ▸ **proteose**
ALBUMS ▸ **album**
ALBURNUM *former name for* ▸ **sapwood**
ALCADE, -S *same as* ▸ **alcalde**
ALCAHEST *same as* ▸ **alkahest**
ALCAIC, -S *n* verse consisting of strophes with four tetrametric lines
ALCAIDE, -S *n* commander of a fortress or castle
ALCALDE, -S *n* (in Spain and Spanish America) the mayor or chief magistrate in a town
ALCATRAS *n* pelican
ALCAYDE, -S *n* alcaide
ALCAZAR, -S *n* Moorish palace or fortress
ALCHEMIC ▸ **alchemy**
ALCHEMY *n* medieval form of chemistry
ALCHERA, -S *n* mythical Golden Age
ALCHYMY *old spelling of* ▸ **alchemy**
ALCID, -S *n* bird of the auk family
ALCIDINE *adj* relating to a family of sea birds including the auks, guillemots, and puffins
ALCIDS ▸ **alcid**
ALCO, -S *same as* ▸ **alko**
ALCOHOL, -S *n* colourless flammable liquid present in intoxicating drinks
ALCOLOCK *n* breath-alcohol ignition-interlock device
ALCOOL, -S *n* form of pure grain spirit distilled in Quebec
ALCOPOP, -S *n* alcoholic drink that tastes like a soft drink
ALCORZA, -S *n* Spanish sweet
ALCOS ▸ **alco**
ALCOVE, -S *n* recess in the wall of a room
ALCOVED *adj* with or in an alcove
ALCOVES ▸ **alcove**
ALDEA, -S *n* Spanish village
ALDEHYDE *n* one of a group of chemical compounds derived from alcohol by oxidation
ALDER, -S *n* tree related to the birch
ALDERFLY *n* insect with large broad-based hind wings, which produces aquatic larvae
ALDERMAN, ALDERMEN *n* formerly, senior member of a local council
ALDERN *adj* made of alder wood
ALDERS ▸ **alder**
ALDICARB *n* crystalline compound used as a pesticide
ALDOL, -S *n* colourless or yellowish oily liquid
ALDOLASE *n* enzyme present in the body
ALDOLS ▸ **aldol**
ALDOSE, -S *n* type of sugar
ALDOXIME *n* oxime formed by reaction between hydroxylamine and an aldehyde
ALDRIN, -S *n* brown to white poisonous crystalline solid
ALE, -S *n* kind of beer
ALEATORY *adj* dependent on chance
ALEBENCH *n* bench at alehouse
ALEC, -S *same as* ▸ **aleck**
ALECK, -S *n* irritatingly oversmart person
ALECOST, -S *another name for* ▸ **costmary**
ALECS ▸ **alec**
ALEE *adj* on or towards the lee
ALEF, -S *n* first letter of Hebrew alphabet
ALEFT *adv* at or to left
ALEGAR, -S *n* malt vinegar
ALEGGE, -D, -S, ALEGGING *vb* alleviate
ALEHOUSE *n* public house
ALEMBIC, -S *n* anything that distils
ALENCON, -S *n* elaborate lace worked on a hexagonal mesh
ALENGTH *adv* at length
ALEPH, -S *n* first letter in the Hebrew alphabet
ALEPINE, -S *n* type of cloth
ALERCE, -S *n* wood of the sandarac tree
ALERION, -S *n* eagle in heraldry
ALERT, -ED, -ER, -EST, -ING, -S *adj* watchful, attentive ▹ *n* warning of danger ▹ *vb* warn of danger
ALERTLY ▸ **alert**
ALERTS ▸ **alert**
ALES ▸ **ale**
ALETHIC *adj* of philosophical concepts
ALEURON, -S *n* outer layer of seeds
ALEURONE *same as* ▸ **aleuron**
ALEURONS ▸ **aleuron**
ALEVIN, -S *n* young fish, esp a young salmon or trout
ALEW, -S *n* cry to call hunting hounds
ALEWIFE, ALEWIVES *n* North American fish
ALEWS ▸ **alew**
ALEXIA, -S *n* disorder of the central nervous system
ALEXIC ▸ **alexia**
ALEXIN, -S *n* protein in blood serum
ALEXINE, -S *same as* ▸ **alexin**
ALEXINIC ▸ **alexin**
ALEXINS ▸ **alexin**
ALEYE, -D, -S, ALEYING *vb* allay
ALF, -S *n* uncultivated Australian
ALFA, -S *n* type of grass

A

ALFAKI, -S *same as* ▸ **alfaqui**
ALFALFA, -S *n* kind of plant used to feed livestock
ALFAQUI, -S *n* expert in Muslim law
ALFAQUIN *same as* ▸ **alfaqui**
ALFAQUIS ▸ **alfaqui**
ALFAS ▸ **alfa**
ALFEREZ *n* Spanish standard-bearer
ALFORJA, -S *n* saddlebag made of leather or canvas
ALFREDO *adj* cooked with a cheese and egg sauce
ALFRESCO *adj* in the open air ▹ *adv* in the open air
ALFS ▸ **alf**
ALGA, -E, -S *n* multicellular organism
ALGAL ▸ **alga**
ALGAROBA *same as* > **algarroba**
ALGAS ▸ **alga**
ALGATE *adv* anyway
ALGATES *adv* anyway
ALGEBRA, -S *n* branch of mathematics using symbols to represent numbers
ALGERINE *n* soft striped woollen cloth
ALGESES ▸ **algesis**
ALGESIA, -S *n* capacity to feel pain
ALGESIC ▸ **algesia**
ALGESIS, ALGESES *n* feeling of pain
ALGETIC ▸ **algesia**
ALGICIDE *n* any substance that kills algae
ALGID *adj* chilly or cold
ALGIDITY ▸ **algid**
ALGIN, -S *n* seaweed solution
ALGINATE *n* salt or ester of alginic acid
ALGINIC *adj* as in **alginic acid** powdery substance extracted from kelp
ALGINS ▸ **algin**
ALGOID *adj* resembling or relating to algae
ALGOLOGY *n* branch of biology concerned with the study of algae
ALGOR, -S *n* chill
ALGORISM *n* Arabic or decimal system of counting
ALGORS ▸ **algor**
ALGUACIL *n* Spanish law officer
ALGUAZIL *n* Spanish law officer
ALGUM, -S *n* type of wood mentioned in Bible
ALIAS, -ED, -ES *adv* also known as ▹ *n* false name ▹ *vb* give or assume an alias
ALIASING *n* error in a vision or sound signal
ALIBI, -ED, -ES, -ING, -S *n* plea of being somewhere else when a crime was committed ▹ *vb* provide someone with an alibi
ALIBLE *adj* nourishing
ALICANT, -S *n* wine from Alicante in Spain
ALIDAD, -S *same as* ▸ **alidade**
ALIDADE, -S *n* surveying instrument
ALIDADS ▸ **alidad**
ALIEN, -ED, -ING, -S *adj* foreign ▹ *n* foreigner ▹ *vb* transfer (property, etc) to another
ALIENAGE ▸ **alien**
ALIENATE *vb* cause to become hostile
ALIENED ▸ **alien**
ALIENEE, -S *n* person to whom a transfer of property is made
ALIENER, -S ▸ **alien**
ALIENING ▸ **alien**
ALIENISM *n* old term for the study of mental illness
ALIENIST *n* old term for psychiatrist specializing in the legal aspects of mental illness
ALIENLY ▸ **alien**
ALIENOR, -S *n* person who transfers property to another
ALIENS ▸ **alien**
ALIF, -S *n* first letter of Arabic alphabet
ALIFORM *adj* wing-shaped
ALIFS ▸ **alif**
ALIGARTA *n* alligator
ALIGHT, -ED, -S *vb* step out of (a vehicle) ▹ *adj* on fire ▹ *adv* on fire
ALIGN, -ED, -ING, -S *vb* bring (a person or group) into agreement with the policy of another
ALIGNER, -S ▸ **align**
ALIGNING ▸ **align**
ALIGNS ▸ **align**
ALIKE *adj* like, similar ▹ *adv* in the same way
ALIMENT, -S *n* something that nourishes the body ▹ *vb* support or sustain
ALIMONY *n* allowance paid under a court order to a separated or divorced spouse
ALINE, -D, -S, ALINING *a rare spelling of* ▸ **align**
ALINER, -S ▸ **aline**
ALINES ▸ **aline**
ALINING ▸ **aline**
ALIPED, -S *n* bat-like creature ▹ *adj* having digits connected by a membrane
ALIQUANT *adj* denoting or belonging to a number that is not an exact divisor of a given number
ALIQUOT, -S *adj* of or denoting an exact divisor of a number ▹ *n* exact divisor
ALISMA, -S *n* marsh plant
ALISON, -S *same as* ▸ **alyssum**
ALIST *adj* leaning over
ALIT *rare past tense and past participle of* ▸ **alight**
ALIUNDE *adj* from a source under consideration
ALIVE *adj* living, in existence
ALIYA, -S *same as* ▸ **aliyah**
ALIYAH, -S, ALIYOT, ALIYOTH *n* immigration to the Holy Land
ALIYAS ▸ **aliya**
ALIYOS *n* remission of sin in Jewish faith
ALIYOT ▸ **aliyah**
ALIYOTH ▸ **aliyah**
ALIZARI, -S *n* madder plant from Middle East
ALIZARIN *n* brownish-yellow powder or orange-red crystalline solid
ALIZARIS ▸ **alizari**
ALKAHEST *n* hypothetical universal solvent sought by alchemists
ALKALI, -ES, -S *n* substance which combines with acid and neutralizes it to form a salt
ALKALIC *adj* geological term
ALKALIES ▸ **alkali**
ALKALIFY *vb* make or become alkaline
ALKALIN *adj* alkaline
ALKALINE *adj* having the properties of or containing an alkali
ALKALIS ▸ **alkali**
ALKALISE *same as* ▸ **alkalize**
ALKALIZE *vb* make alkaline
ALKALOID *n* any of a group of organic compounds containing nitrogen
ALKANE, -S *n* saturated hydrocarbon
ALKANET, -S *n* European plant whose roots yield a red dye
ALKANNIN *same as* ▸ **alkanet**
ALKENE, -S *n* unsaturated hydrocarbon

ALKIE *same as* ▸ **alky**
ALKIES ▸ **alky**
ALKINE, -S *n* alkyne
ALKO, -S *n* slang word for alcoholic
ALKOXIDE *n* chemical compound containing oxygen
ALKOXY *adj* of a type of chemical compound containing oxygen
ALKY, ALKIES *n* slang word for alcoholic
ALKYD, -S *n* synthetic resin
ALKYL, -S *n* type of monovalent radical
ALKYLATE *vb* add alkyl group to a compound
ALKYLIC ▸ **alkyl**
ALKYLS ▸ **alkyl**
ALKYNE, -S *n* any unsaturated aliphatic hydrocarbon
ALL, -S *adj* whole quantity or number (of) ▹ *adv* wholly, entirely ▹ *n* entire being, effort, or property
ALLANITE *n* rare black or brown mineral
ALLATIVE *n* word in grammatical case denoting movement towards
ALLAY, -ED, -S *vb* reduce (fear or anger)
ALLAYER, -S ▸ **allay**
ALLAYING ▸ **allay**
ALLAYS ▸ **allay**
ALLEDGE, -D, -S *vb* allege
ALLEE, -S *n* avenue
ALLEGE, -S, ALLEGING *vb* state without proof
ALLEGED *adj* stated but not proved
ALLEGER, -S ▸ **allege**
ALLEGES ▸ **allege**
ALLEGGE, -D, -S *vb* alleviate
ALLEGING ▸ **allege**
ALLEGORY *n* story with an underlying meaning as well as the literal one
ALLEGRO, -S *adv* (to be played) in a brisk lively manner ▹ *n* piece or passage to be performed in a brisk lively manner
ALLEL, -S *n* form of gene
ALLELE, -S *n* variant form of a gene
ALLELIC ▸ **allele**
ALLELISM ▸ **allele**
ALLELS ▸ **allel**
ALLELUIA *n* song of praise to God
ALLERGEN *n* substance capable of causing an allergic reaction
ALLERGIC *adj* having or caused by an allergy ▹ *n* person suffering from an allergy
ALLERGIN *n* allergen
ALLERGY *n* extreme sensitivity to a substance, which causes the body to react to it
ALLERION *n* eagle in heraldry
ALLEY, -S *n* narrow street or path
ALLEYCAT *n* homeless cat that roams in back streets
ALLEYED *adj* having alleys
ALLEYS ▸ **alley**
ALLEYWAY *n* narrow passage with buildings or walls on both sides
ALLHEAL, -S *n* plant with reputed healing powers
ALLIABLE *adj* able to form an alliance
ALLIAK, -S *n* Inuit sledge
ALLIANCE *n* state of being allied
ALLICE, -S *n* species of fish
ALLICIN, -S *n* chemical found in garlic
ALLIED *adj* joined, as by treaty, agreement, or marriage
ALLIES ▸ **ally**
ALLIGATE *vb* join together
ALLIS, -ES *n* species of fish
ALLIUM, -S *n* type of plant
ALLNESS *n* being all
ALLNIGHT *adj* lasting all night
ALLOBAR, -S *n* form of element
ALLOCATE *vb* assign to someone or for a particular purpose
ALLOD, -S *same as* ▸ **allodium**
ALLODIA ▸ **allodium**
ALLODIAL *adj* (of land) held as an allodium
ALLODIUM, ALLODIA *n* lands held free from rent or services due to an overlord
ALLODS ▸ **allod**
ALLOGAMY *n* cross-fertilization in flowering plants
ALLOMONE *n* chemical substance secreted by certain animals
ALLONGE, -D, -S *n* paper extension to bill of exchange ▹ *vb* (in fencing) lunge
ALLONS *interj* French word meaning let's go
ALLONYM, -S *n* name assumed by a person
ALLOPATH *n* person who practises or is skilled in allopathy
ALLOSAUR *n* any large carnivorous bipedal dinosaur common in North America in late Jurassic times
ALLOT, -S, -TED *vb* assign as a share or for a particular purpose
ALLOTTEE *n* person to whom something is allotted
ALLOTTER *n* person who allots
ALLOTYPE *n* type of specimen that differs from the original type
ALLOTYPY *n* existence of allotypes
ALLOVER, -S *n* fabric completely covered with a pattern
ALLOW, -ED, -ING, -S *vb* permit
ALLOXAN, -S *n* chemical found in uric acid
ALLOY, -ED, -ING, -S *n* mixture of two or more metals ▹ *vb* mix (metals)
ALLOZYME *n* different form of an enzyme
ALLS ▸ **all**
ALLSEED, -S *n* type of plant
ALLSORTS *pl n* assorted sweets
ALLSPICE *n* spice made from the berries of a tropical American tree
ALLUDE, -D, -S, ALLUDING *vb* refer indirectly to
ALLURE, -D, -S *n* attractiveness ▹ *vb* entice or attract
ALLURER, -S ▸ **allure**
ALLURES ▸ **allure**
ALLURING *adj* extremely attractive
ALLUSION *n* indirect reference
ALLUSIVE *adj* containing or full of allusions
ALLUVIA ▸ **alluvium**
ALLUVIAL *adj* of or relating to alluvium ▹ *n* soil consisting of alluvium
ALLUVION *n* wash of the sea or of a river
ALLUVIUM, ALLUVIA *n* fertile soil deposited by flowing water
ALLY, ALLIES, -ING *vb* unite or be united, esp formally, as by treaty, confederation, or marriage ▹ *n* country, person, or group allied with another

A

ALLYL, -S *n* type of monovalent hydrocarbon
ALLYLIC ▸ **allyl**
ALLYLS ▸ **allyl**
ALLYOU *pron* all of you
ALMA, -S *same as* ▸ **almah**
ALMAGEST *n* medieval treatise concerning alchemy or astrology
ALMAH, -S *n* (in Egypt) female entertainer
ALMAIN, -S *n* German dance
ALMANAC, -S *n* yearly calendar with detailed information on anniversaries, phases of the moon, etc
ALMANACK *same as* ▸ **almanac**
ALMANACS ▸ **almanac**
ALMAS ▸ **alma**
ALME, -S *same as* ▸ **almeh**
ALMEH, -S *n* (in Egypt) female entertainer
ALMEMAR, -S *n* area in a synagogue
ALMERY, ALMERIES *n* cupboard for church vessels
ALMES ▸ **alme**
ALMIGHTY *adj* all-powerful ▹ *adv* extremely
ALMIRAH, -S *n* cupboard
ALMNER, -S *n* almoner
ALMOND, -S *n* edible oval-shaped nut which grows on a small tree
ALMONDY *adj* containing or resembling almond
ALMONER, -S *n* formerly, a hospital social worker
ALMONRY *n* house of an almoner, usually the place where alms were given
ALMOST *adv* very nearly
ALMOUS *Scots word for* ▸ **alms**
ALMS *pl n* gifts to the poor
ALMSMAN, ALMSMEN *n* person who gives or receives alms
ALMUCE, -S *n* fur-lined hood or cape
ALMUD, -S *n* Spanish unit of measure
ALMUDE, -S *same as* ▸ **almud**
ALMUDS ▸ **almud**
ALMUG, -S *n* type of wood mentioned in Bible
ALNAGE, -S *n* measurement in ells
ALNAGER, -S *n* inspector of cloth
ALNAGES ▸ **alnage**
ALNICO, -S *n* alloy including iron, nickel, and cobalt
ALOCASIA *n* type of tropical plant
ALOD, -S *n* feudal estate with no superior
ALODIA ▸ **alodium**
ALODIAL ▸ **alodium**
ALODIUM, ALODIA, -S *same as* ▸ **allodium**
ALODS ▸ **alod**
ALOE *n* plant with fleshy spiny leaves
ALOED *adj* containing aloes
ALOES *another name for* > **eaglewood**
ALOETIC, -S ▸ **aloe**
ALOFT *adv* in the air ▹ *adj* in or into a high or higher place
ALOGIA, -S *n* inability to speak
ALOGICAL *adj* without logic
ALOHA, -S *a Hawaiian word for* ▸ **hello**
ALOIN, -S *n* crystalline compound
ALONE *adv* without anyone or anything else
ALONELY ▸ **alone**
ALONG *adv* forward
ALONGST *adv* along
ALOO, -S *n* (in Indian cookery) potato
ALOOF *adj* distant or haughty in manner
ALOOFLY ▸ **aloof**
ALOOS ▸ **aloo**
ALOPECIA *n* loss of hair
ALOPECIC ▸ **alopecia**
ALOUD *adv* in an audible voice ▹ *adj* in a normal voice
ALOW *adj* in or into the lower rigging of a vessel, near the deck
ALOWE *Scots word for* ▸ **ablaze**
ALP, -S *n* high mountain
ALPACA, -S *n* Peruvian llama
ALPACCA, -S *same as* ▸ **alpaca**
ALPEEN, -S *n* Irish cudgel
ALPHA, -S *n* first letter in the Greek alphabet
ALPHABET *n* set of letters used in writing a language
ALPHAS ▸ **alpha**
ALPHORN, -S *n* wind instrument
ALPHOSIS *n* absence of skin pigmentation, as in albinism
ALPHYL, -S *n* univalent radical
ALPINE, -S *adj* of high mountains ▹ *n* mountain plant
ALPINELY ▸ **alpine**
ALPINES ▸ **alpine**
ALPINISM ▸ **alpinist**
ALPINIST *n* mountain climber
ALPS ▸ **alp**
ALREADY *adv* before the present time
ALRIGHT *adj* all right
ALS ▸ **al**
ALSIKE, -S *n* clover native to Europe and Asia
ALSO *adv* in addition, too
ALSOON *same as* ▸ **alsoone**
ALSOONE *adv* as soon
ALT, -S *n* octave directly above the treble staff
ALTAR, -S *n* table used for Communion in Christian churches
ALTARAGE *n* donations placed on altar for priest
ALTARS ▸ **altar**
ALTER, -ED, -ING, -S *vb* make or become different
ALTERANT *n* alternative
ALTERED ▸ **alter**
ALTERER, -S ▸ **alter**
ALTERING ▸ **alter**
ALTERITY *n* quality of being different
ALTERN *adj* alternate
ALTERNAT *n* practice of deciding precedence by lot
ALTERNE, -S *n* neighbouring but different plant group
ALTERS ▸ **alter**
ALTESSE, -S *n* French word for highness
ALTEZA, -S *n* Spanish word for highness
ALTEZZA, -S *n* Italian word for highness
ALTHAEA, -S *n* type of plant
ALTHEA, -S *same as* ▸ **althaea**
ALTHO *conj* short form of although
ALTHORN, -S *n* valved brass musical instrument
ALTHOUGH *conj* despite the fact that; even though
ALTITUDE *n* height above sea level
ALTO, -S *n* (singer with) the highest adult male voice ▹ *adj* denoting an instrument, singer, or voice with this range
ALTOIST, -S *n* person who plays the alto saxophone
ALTOS ▸ **alto**
ALTRICES *pl n* altricial birds
ALTRUISM *n* unselfish concern for the welfare of others
ALTRUIST ▸ **altruism**
ALTS ▸ **alt**
ALU, -S *same as* ▸ **aloo**
ALUDEL, -S *n* pear-shaped vessel

ALULA, -E, -S *n* tuft of feathers
ALULAR ▸ **alula**
ALULAS ▸ **alula**
ALUM, -S *n* double sulphate of aluminium and potassium
ALUMIN, -S *same as* ▸ **alumina**
ALUMINA, -S *n* aluminium oxide
ALUMINE, -S *n* French word for alumina
ALUMINIC *adj* of aluminium
ALUMINS ▸ **alumin**
ALUMINUM *same as* > **aluminium**
ALUMISH *adj* like alum
ALUMIUM, -S *old name for* > **aluminium**
ALUMNA, -E *n* female graduate of a school, college, etc
ALUMNUS, ALUMNI *n* graduate of a college
ALUMROOT *n* North American plant
ALUMS ▸ **alum**
ALUNITE, -S *n* white, grey, or reddish mineral
ALURE, -S *n* area behind battlements
ALUS ▸ **alu**
ALVAR, -S *n* area of exposed limestone
ALVEARY *n* beehive
ALVEATED *adj* with vaults like beehive
ALVEOLAR *adj* articulated with the alveoli ▹ *n* alveolar consonant
ALVEOLE, -S *n* alveolus
ALVEOLUS, ALVEOLI *n* sockets in which the roots of teeth are embedded
ALVINE *adj* of or relating to the intestines or belly
ALWAY *same as* ▸ **always**
ALWAYS *adv* at all times
ALYSSUM, -S *n* garden plant with small yellow or white flowers
AM *vb* form of the present tense of *be*
AMA, -S *n* vessel for water
AMABILE *adj* sweet
AMADAVAT *same as* ▸ **avadavat**
AMADODA *pl n* grown men
AMADOU, -S *n* spongy substance made from fungi
AMAH, -S *n* (in the East, formerly) a nurse or maidservant
AMAIN *adv* with great strength, speed, or haste
AMAKHOSI ▸ **inkhosi**
AMAKOSI ▸ **inkhosi**
AMALGAM, -S *n* blend or combination
AMANDINE *n* protein found in almonds
AMANDLA, -S *n* political slogan calling for power to the Black population
AMANITA, -S *n* type of fungus
AMANITIN *n* poison from amanita
AMARACUS *n* marjoram
AMARANT, -S *n* amaranth
AMARANTH *n* imaginary flower that never fades
AMARANTS ▸ **amarant**
AMARELLE *n* variety of sour cherry that has pale red fruit and colourless juice
AMARETTO, AMARETTI *n* Italian liqueur with a flavour of almonds
AMARNA *adj* pertaining to the reign of the Pharaoh Akhenaton
AMARONE, -S *n* strong dry red Italian wine
AMAS ▸ **ama**
AMASS, -ED, -ES, -ING *vb* collect or accumulate
AMASSER, -S ▸ **amass**
AMASSES ▸ **amass**
AMASSING ▸ **amass**
AMATE, -D, -S, AMATING *vb* match
AMATEUR, -S *n* person who engages in a sport or activity as a pastime rather than as a profession ▹ *adj* not professional
AMATING ▸ **amate**
AMATIVE *a rare word for* ▸ **amorous**
AMATOL, -S *n* explosive mixture
AMATORY *adj* relating to love
AMAUT, -S *n* hooded coat worn by Inuit women
AMAUTI, -S *same as* ▸ **amaut**
AMAUTIK, -S *same as* ▸ **amaut**
AMAUTIS ▸ **amauti**
AMAUTS ▸ **amaut**
AMAZE, -D, -S *vb* surprise greatly, astound
AMAZEDLY ▸ **amaze**
AMAZES ▸ **amaze**
AMAZING *adj* causing wonder or astonishment
AMAZON, -S *n* any tall, strong, or aggressive woman
AMBACH, -ES *same as* ▸ **ambatch**
AMBAGE, -S *n* ambiguity
AMBAN, -S *n* Chinese official
AMBARI, -S *same as* ▸ **ambary**
AMBARIES ▸ **ambary**
AMBARIS ▸ **ambari**
AMBARY, AMBARIES *n* tropical Asian plant that yields a fibre similar to jute
AMBASSY *n* embassy
AMBATCH *n* tree or shrub
AMBEER, -S *n* saliva coloured by tobacco juice
AMBER, -S *n* clear yellowish fossil resin ▹ *adj* brownish-yellow
AMBERED *adj* fixed in amber
AMBERIER ▸ **ambery**
AMBERINA *n* type of glassware
AMBERITE *n* powder like amber
AMBEROID *n* synthetic amber
AMBEROUS *adj* like amber
AMBERS ▸ **amber**
AMBERY, AMBERIER *adj* like amber
AMBIANCE *same as* ▸ **ambience**
AMBIENCE *n* atmosphere of a place
AMBIENT, -S *adj* surrounding ▹ *n* ambient music
AMBIT, -S *n* limits or boundary
AMBITION *n* desire for success
AMBITS ▸ **ambit**
AMBITTY *adj* crystalline and brittle
AMBIVERT *n* person who is intermediate between an extrovert and an introvert
AMBLE, -D, -S *vb* walk at a leisurely pace ▹ *n* leisurely walk or pace
AMBLER, -S ▸ **amble**
AMBLES ▸ **amble**
AMBLING, -S *n* walking at a leisurely pace
AMBO, -NES, -S *n* early Christian pulpit
AMBOINA, -S *same as* ▸ **amboyna**
AMBONES ▸ **ambo**
AMBOS ▸ **ambo**
AMBOYNA, -S *n* mottled curly-grained wood
AMBRIES ▸ **ambry**
AMBROID, -S *same as* ▸ **amberoid**
AMBROSIA *n* anything delightful to taste or smell
AMBRY, AMBRIES *n* cupboard in the wall of a church

A

AMBSACE, -S *n* double ace, the lowest throw at dice
AMBULANT *adj* moving about from place to place
AMBULATE *vb* wander about or move from one place to another
AMBUSH, -ED, -ES *n* act of waiting in a concealed position to make a surprise attack ▷ *vb* attack from a concealed position
AMBUSHER ▸ **ambush**
AMBUSHES ▸ **ambush**
AME, -S *n* soul
AMEARST *old form of* ▸ **amerce**
AMEBA, -E, -S *same as* ▸ **amoeba**
AMEBAN ▸ **ameba**
AMEBAS ▸ **ameba**
AMEBEAN *same as* ▸ **amoebean**
AMEBIC ▸ **ameba**
AMEBOID *same as* ▸ **amoeboid**
AMEER, -S *n* (formerly) the ruler of Afghanistan
AMEERATE *n* country ruled by an ameer
AMEERS ▸ **ameer**
AMEIOSIS, AMEIOSES *n* absence of pairing of chromosomes during meiosis
AMELCORN *n* variety of wheat
AMELIA, -S *n* congenital absence of arms or legs
AMEN, -ED, -ING, -S *n* term used at the end of a prayer or religious statement ▷ *vb* say amen
AMENABLE *adj* likely or willing to cooperate
AMENABLY ▸ **amenable**
AMENAGE, -D, -S *vb* tame
AMEND, -ED, -ING *vb* make small changes
AMENDE, -S *n* public apology
AMENDED ▸ **amend**
AMENDER, -S ▸ **amend**
AMENDES ▸ **amende**
AMENDING ▸ **amend**
AMENDS *n* recompense for injury, insult, etc
AMENE *adj* pleasant
AMENED ▸ **amen**
AMENING ▸ **amen**
AMENITY *n* useful or enjoyable feature
AMENS ▸ **amen**
AMENT, -S *n* catkin
AMENTA ▸ **amentum**
AMENTAL ▸ **amentum**
AMENTIA, -S *n* old word for congenital mental disability
AMENTS ▸ **ament**
AMENTUM, AMENTA *same as* ▸ **ament**
AMERCE, -D, -S, AMERCING *vb* punish by a fine
AMERCER, -S ▸ **amerce**
AMERCES ▸ **amerce**
AMERCING ▸ **amerce**
AMES ▸ **ame**
AMESACE, -S *same as* ▸ **ambsace**
AMETHYST *n* bluish-violet variety of quartz used as a gemstone ▷ *adj* purple or violet
AMI *n* male friend
AMIA, -S *n* species of fish
AMIABLE *adj* friendly, pleasant-natured
AMIABLY ▸ **amiable**
AMIANTUS *n* amianthus
AMIAS ▸ **amia**
AMICABLE *adj* friendly
AMICABLY ▸ **amicable**
AMICE, -S *n* item of clothing
AMICUS, AMICI *n* Latin for friend
AMID *prep* in the middle of, among ▷ *n* amide
AMIDASE, -S *n* enzyme
AMIDE, -S *n* type of organic compound
AMIDIC ▸ **amide**
AMIDIN, -S *n* form of starch
AMIDINE, -S *n* crystalline compound
AMIDINS ▸ **amidin**
AMIDMOST *adv* in the middle
AMIDO *adj* containing amide
AMIDOGEN *n* chemical compound derived from ammonia
AMIDOL, -S *n* chemical used in developing photographs
AMIDONE, -S *n* pain-killing drug
AMIDS *same as* ▸ **amid**
AMIDSHIP *adj* in the middle of a ship
AMIDST *same as* ▸ **amid**
AMIE, -S *n* female friend
AMIGA, -S *n* Spanish female friend
AMIGO, -S *n* friend
AMILDAR, -S *n* manager in India
AMIN, -S *same as* ▸ **amine**
AMINE, -S *n* chemical
AMINIC ▸ **amine**
AMINITY *n* amenity
AMINO, -S *n* type of organic compound present in amino acids
AMINS ▸ **amin**
AMIR, -S *n* (formerly) the ruler of Afghanistan
AMIRATE, -S ▸ **amir**
AMIRS ▸ **amir**
AMIS, -ES *archaic form of* ▸ **amice**
AMISS, -ES *adv* wrongly, badly ▷ *adj* wrong, faulty ▷ *n* evil deed
AMISSING *adj* missing
AMITIES ▸ **amity**
AMITOSIS, AMITOSES *n* unusual form of cell division
AMITOTIC ▸ **amitosis**
AMITROLE *n* pesticide
AMITY, AMITIES *n* friendship
AMLA, -S *n* species of Indian tree
AMMAN, -S *same as* ▸ **amtman**
AMMETER, -S *n* instrument for measuring electric current
AMMINE, -S *n* chemical compound
AMMINO *adj* containing ammonia molecules
AMMIRAL, -S *old word for* ▸ **admiral**
AMMO, -S *n* ammunition
AMMOCETE *n* ammocoete
AMMOLITE *n* fossilized ammonite shell
AMMON, -S *n* Asian wild sheep
AMMONAL, -S *n* explosive
AMMONATE *same as* ▸ **ammine**
AMMONIA, -S *n* strong-smelling alkaline gas containing hydrogen and nitrogen
AMMONIAC *n* strong-smelling gum resin obtained from the stems of a N Asian plant
AMMONIAS ▸ **ammonia**
AMMONIC *adj* of ammonia
AMMONIFY *vb* treat or impregnate with ammonia or a compound of ammonia
AMMONITE *n* fossilized spiral shell of an extinct sea creature
AMMONIUM *n* type of monovalent chemical group
AMMONO *adj* using ammonia
AMMONOID *n* type of fossil
AMMONS ▸ **ammon**
AMMOS ▸ **ammo**
AMNESIA, -S *n* loss of memory
AMNESIAC ▸ **amnesia**

AMNESIAS ▸ **amnesia**
AMNESIC, -S ▸ **amnesia**
AMNESTIC *adj* relating to amnesia
AMNESTY *n* general pardon for offences against a government ▹ *vb* overlook or forget (an offence)
AMNIA ▸ **amnion**
AMNIC *adj* relating to amnion
AMNIO, -S *n* amniocentesis
AMNION, AMNIA, -S *n* innermost of two membranes enclosing an embryo
AMNIONIC ▸ **amnion**
AMNIONS ▸ **amnion**
AMNIOS ▸ **amnio**
AMNIOTE, -S *n* group of animals
AMNIOTIC *adj* of or relating to the amnion
AMOEBA, -E, -S *n* microscopic single-celled animal able to change its shape
AMOEBAN ▸ **amoeba**
AMOEBAS ▸ **amoeba**
AMOEBEAN *same as* > **amoebaean**
AMOEBIC ▸ **amoeba**
AMOEBOID *adj* of, related to, or resembling amoebae
AMOK, -S *n* frenzied state
AMOKURA, -S *n* type of sea bird
AMOLE, -S *n* American plant
AMOMUM, -S *n* plant of ginger family
AMONG *prep* in the midst of
AMONGST *same as* ▸ **among**
AMOOVE, -D, -S, AMOOVING *vb* stir someone's emotions
AMORAL *adj* without moral standards
AMORALLY ▸ **amoral**
AMORANCE *n* condition of being in love
AMORANT ▸ **amorance**
AMORCE, -S *n* small percussion cap
AMORET, -S *n* sweetheart
AMORETTO, AMORETTI *n* (esp in painting) a small chubby naked boy representing a cupid
AMORINO, AMORINI *same as* ▸ **amoretto**
AMORISM, -S ▸ **amorist**
AMORIST, -S *n* lover or a writer about love
AMOROSO, -S *adv* (to be played) lovingly ▹ *n* sherry
AMOROUS *adj* feeling, showing, or relating to love
AMORT *adj* in low spirits
AMORTISE *same as* ▸ **amortize**
AMORTIZE *vb* pay off (a debt) gradually by periodic transfers to a sinking fund
AMOSITE, -S *n* form of asbestos
AMOTION, -S *n* act of removing
AMOUNT, -ED, -S *n* extent or quantity ▹ *vb* be equal or add up to
AMOUR, -S *n* love affair
AMOVE, -D, -S, AMOVING *vb* stir someone's emotions
AMOWT, -S *same as* ▸ **amaut**
AMP, -ED, -ING, -S *n* ampere ▹ *vb* excite or become excited
AMPACITY *n* ampere capacity of a conductor
AMPASSY *n* ampersand
AMPED ▸ **amp**
AMPERAGE *n* strength of an electric current measured in amperes
AMPERE, -S *n* basic unit of electric current
AMPHIBIA *n* class of amphibians
AMPHIOXI > **amphioxus**
AMPHIPOD *n* type of marine or freshwater crustacean with a flat body
AMPHORA, -E, -S *n* two-handled ancient Greek or Roman jar
AMPHORAL ▸ **amphora**
AMPHORAS ▸ **amphora**
AMPHORIC *adj* resembling the sound of blowing into a bottle
AMPING ▸ **amp**
AMPLE, -R, -ST *adj* more than sufficient
AMPLEXUS *n* mating in amphibians
AMPLIFY *vb* increase the strength of (a current or sound signal)
AMPLY *adv* fully or generously
AMPOULE, -S *n* small sealed glass vessel
AMPS ▸ **amp**
AMPUL, -S *n* ampoule
AMPULE, -S *same as* ▸ **ampoule**
AMPULLA, -E *n* dilated end part of certain tubes in the body
AMPULLAR ▸ **ampulla**
AMPULS ▸ **ampul**
AMPUTATE *vb* cut off (a limb or part of a limb) for medical reasons
AMPUTEE, -S *n* person who has had a limb amputated
AMREETA, -S *same as* ▸ **amrita**
AMRIT, -S *n* liquid used in the Amrit Ceremony
AMRITA, -S *n* ambrosia of the gods that bestows immortality
AMRITS ▸ **amrit**
AMTMAN, -S *n* magistrate in parts of Europe
AMTRAC, -S *n* amphibious tracked vehicle
AMTRACK, -S *same as* ▸ **amtrac**
AMTRACS ▸ **amtrac**
AMTRAK, -S *same as* ▸ **amtrac**
AMU, -S *n* unit of mass
AMUCK, -S *same as* ▸ **amok**
AMULET, -S *n* something carried or worn as a protection against evil
AMULETIC ▸ **amulet**
AMULETS ▸ **amulet**
AMUS ▸ **amu**
AMUSABLE *adj* capable of being amused
AMUSE, -D, -S *vb* cause to laugh or smile
AMUSEDLY ▸ **amuse**
AMUSER, -S ▸ **amuse**
AMUSES ▸ **amuse**
AMUSETTE *n* type of light cannon
AMUSIA, -S *n* inability to recognize musical tones
AMUSIC ▸ **amusia**
AMUSING *adj* mildly entertaining
AMUSIVE *adj* deceptive
AMYGDAL, -S *n* almond
AMYGDALA *n* almond-shaped part, such as a tonsil or a lobe of the cerebellum
AMYGDALE *n* small hole in volcanic rock filled with minerals
AMYGDALS ▸ **amygdal**
AMYGDULE *same as* ▸ **amygdale**
AMYL, -S *n* chemical compound
AMYLASE, -S *n* enzyme
AMYLENE, -S *another name (no longer in technical usage) for* ▸ **pentene**
AMYLIC *adj* of or derived from amyl
AMYLOGEN *n* soluble part of starch
AMYLOID, -S *n* complex protein ▹ *adj* starchlike
AMYLOSE, -S *n* type of chemical

A

AMYLS ▸**amyl**
AMYLUM, -S *another name for* ▸**starch**
AMYTAL, -S *n* as in **sodium amytal** type of sedative
AN *adj* form of *a* used before vowels ▹*n* additional condition
ANA, -S *adv* in equal quantities ▹*n* collection of reminiscences
ANABAENA *n* type of freshwater alga
ANABAS *n* type of fish
ANABASIS, ANABASES *n* military expedition to the interior of a country
ANABATIC *adj* (of air currents) rising upwards, esp up slopes
ANABLEPS *n* type of tropical freshwater fish with eyes adapted for seeing both in air and water
ANABOLIC *adj* of or relating to anabolism
ANACONDA *n* large S American snake
ANADEM, -S *n* garland for the head
ANAEMIA, -S *n* deficiency in the number of red blood cells
ANAEMIC *adj* having anaemia
ANAEROBE *n* organism that does not require oxygen
ANAGEN, -S *n* phase of hair growth
ANAGLYPH *n* type of stereoscopic picture
ANAGOGE, -S *n* allegorical interpretation
ANAGOGIC ▸**anagoge**
ANAGOGY *same as* ▸**anagoge**
ANAGRAM, -S *n* word or phrase made by rearranging the letters of another word or phrase
ANAL *adj* of the anus
ANALCIME *same as* ▸**analcite**
ANALCITE *n* white, grey, or colourless zeolite mineral
ANALECTA *same as* ▸**analects**
ANALECTS *pl n* selected literary passages from one or more works
ANALEMMA *n* scale shaped like a figure of eight
ANALGIA, -S *same as* ▸**analgesia**
ANALLY ▸**anal**
ANALOG, -S *same as* ▸**analogue**
ANALOGA ▸**analogon**
ANALOGIC ▸**analogy**
ANALOGON, ANALOGA *n* analogue
ANALOGS ▸**analog**
ANALOGUE *n* something that is similar in some respects to something else ▹*adj* displaying information by means of a dial
ANALOGY *n* similarity in some respects
ANALYSE, -D *vb* make an analysis of (something)
ANALYSER ▸**analyse**
ANALYSIS, ANALYSES *n* separation of a whole into its parts for study and interpretation
ANALYST, -S *n* person skilled in analysis
ANALYTE, -S *n* substance that is being analysed
ANALYTIC *adj* relating to analysis ▹*n* analytical logic
ANALYZE, -D, -S *same as* ▸**analyse**
ANALYZER ▸**analyze**
ANALYZES ▸**analyze**
ANAN *interj* expression of failure to understand
ANANA *n* pineapple

> More than two As on your rack is bad news, but there are a number of short words that use three As, of which this word is one.

ANANAS, -ES *n* plant related to the pineapple
ANANDA, -S *n* Buddhist principle of extreme happiness
ANANKE, -S *n* unalterable necessity
ANAPAEST *n* metrical foot of three syllables, the first two short, the last long
ANAPEST, -S *same as* ▸**anapaest**
ANAPHASE *n* third stage of mitosis
ANAPHOR, -S *n* word referring back to a previous word
ANAPHORA *n* use of a word that has the same reference as a word used previously
ANAPHORS ▸**anaphor**
ANARCH, -S *n* instigator or personification of anarchy
ANARCHAL ▸**anarchy**
ANARCHIC ▸**anarchy**
ANARCHS ▸**anarch**
ANARCHY *n* lawlessness and disorder
ANAS ▸**ana**
ANASARCA *n* accumulation of fluid within subcutaneous connective tissue
ANATA, -S *n* Buddhist belief
ANATASE, -S *n* rare blue or black mineral
ANATEXIS, ANATEXES *n* partial melting of rocks
ANATHEMA *n* detested person or thing
ANATMAN, -S *same as* ▸**anata**
ANATOMIC ▸**anatomy**
ANATOMY *n* science of the structure of the body
ANATOXIN *n* bacterial toxin used in inoculation
ANATROPY *n* plant ovule inverted by a bending of the stalk
ANATTA, -S *n* annatto
ANATTO, -S *same as* ▸**annatto**
ANAXIAL *adj* asymmetrical
ANBURY, ANBURIES *n* soft spongy tumour occurring in horses and oxen
ANCE *dialect form of* ▸**once**
ANCESTOR *n* person from whom one is descended
ANCESTRY *n* lineage or descent
ANCHO, -S *n* chili pepper
ANCHOR, -ED *n* heavy hooked device to fasten a ship to the sea bottom ▹*vb* fasten with or as if with an anchor
ANCHORET *n* anchorite
ANCHORS *pl n* brakes of a motor vehicle
ANCHOS ▸**ancho**
ANCHOVY *n* small strong-tasting fish
ANCHUSA, -S *n* Eurasian plant
ANCHUSIN *same as* ▸**alkanet**
ANCIENT, -S *adj* dating from very long ago ▹*n* member of a civilized nation in the ancient world, esp a Greek, Roman, or Hebrew
ANCILE, ANCILIA *n* mythical Roman shield
ANCILLA, -E, -S *n* Latin word for servant
ANCLE, -S *old spelling of* ▸**ankle**
ANCOME, -S *n* inflammation
ANCON *n* projecting bracket
ANCONAL ▸**ancon**
ANCONE, -S *same as* ▸**ancon**
ANCONEAL ▸**ancon**
ANCONES ▸**ancone**

ANCONOID ▸ **ancon**
ANCORA *adv* Italian for encore
ANCRESS *n* female anchorite
AND, -S *n* additional matter or problem
ANDANTE, -S *adv* (to be played) moderately slowly ▹ *n* passage or piece to be performed moderately slowly
ANDESINE *n* feldspar mineral of the plagioclase series
ANDESITE *n* fine-grained tan or grey volcanic rock
ANDESYTE *n* andesite
ANDIRON, -S *n* iron stand for supporting logs in a fireplace
ANDRO, -S *n* type of hormone
ANDROGEN *n* type of steroid
ANDROID, -S *n* robot resembling a human ▹ *adj* resembling a human being
ANDROS ▸ **andro**
ANDS ▸ **and**
ANDVILE, -S *old form of* ▸ **anvil**
ANE, -S *Scots word for* ▸ **one**
ANEAR, -ED, -ING, -S *adv* nearly ▹ *vb* approach
ANEATH *Scots word for* ▸ **beneath**
ANECDOTA *pl n* unpublished writings
ANECDOTE *n* short amusing account of an incident
ANECHOIC *adj* having a low degree of reverberation of sound
ANELACE, -S *same as* ▸ **anlace**
ANELE, -D, -S, ANELING *vb* anoint, esp to give extreme unction to
ANELLI *pl n* pasta shaped like small rings
ANEMIA, -S *n* anaemia
ANEMIC *same as* ▸ **anaemic**
ANEMONE, -S *n* plant with white, purple, or red flowers
ANEMOSIS, ANEMOSES *n* cracking in timber caused by wind affecting growing tree
ANENST *dialect word for* ▸ **against**
ANENT *prep* lying against
ANERGIA, -S *n* anergy
ANERGIC ▸ **anergy**
ANERGY, ANERGIES *n* lack of energy
ANERLY *Scots word for* ▸ **only**
ANEROID, -S *adj* not containing a liquid ▹ *n* barometer that does not contain liquid
ANES ▸ **ane**
ANESTRA ▸ **anestrum**
ANESTRI ▸ **anestrus**
ANESTRUM, ANESTRA *n* anestrus
ANESTRUS, ANESTRI *same as* > **anoestrus**
ANETHOL, -S *n* substance derived from oil of anise
ANETHOLE *n* white water-soluble crystalline substance with a liquorice-like odour
ANETHOLS ▸ **anethol**
ANETIC *adj* medically soothing
ANEURIN, -S *a less common name for* ▸ **thiamine**
ANEURISM *same as* ▸ **aneurysm**
ANEURYSM *n* permanent swelling of a blood vessel
ANEW *adv* once more
ANGA, -S *n* part in Indian music
ANGAKOK, -S *n* Inuit shaman
ANGARIA, -S *n* species of shellfish
ANGARY, ANGARIES *n* right to use the property of a neutral state during a war
ANGAS ▸ **anga**
ANGEKKOK *n* Inuit shaman
ANGEKOK, -S *n* Inuit shaman
ANGEL, -ED, -ING, -S *n* spiritual being believed to be an attendant or messenger of God ▹ *vb* provide financial support for
ANGELIC *adj* very kind, pure, or beautiful
ANGELICA *n* aromatic plant
ANGELING ▸ **angel**
ANGELS ▸ **angel**
ANGELUS *n* series of prayers
ANGER, -ED, -ING, -S *n* fierce displeasure or extreme annoyance ▹ *vb* make (someone) angry
ANGERLY *adv* old form of angrily
ANGERS ▸ **anger**
ANGICO, -S *n* South American tree
ANGINA, -S *n* heart disorder causing sudden severe chest pains
ANGINAL ▸ **angina**
ANGINAS ▸ **angina**
ANGINOSE ▸ **angina**
ANGINOUS ▸ **angina**
ANGIOMA, -S *n* tumour consisting of a mass of blood vessels or lymphatic vessels
ANGKLUNG *n* Asian musical instrument
ANGLE, -D, -S *n* space between or shape formed by two lines or surfaces that meet ▹ *vb* bend or place (something) at an angle
ANGLEDUG *n* earthworm
ANGLEPOD *n* American wild flower
ANGLER, -S *n* person who fishes with a hook and line
ANGLES ▸ **angle**
ANGLICE *adv* in English
ANGLIFY *same as* > **anglicize**
ANGLING, -S *n* art or sport of fishing with a hook and line
ANGLIST, -S *same as* > **anglicist**
ANGLO, -S *n* White inhabitant of the US not of Latin extraction
ANGOLA *same as* ▸ **angora**
ANGORA, -S *n* variety of goat, cat, or rabbit with long silky hair
ANGRIER ▸ **angry**
ANGRIES ▸ **angry**
ANGRIEST ▸ **angry**
ANGRILY ▸ **angry**
ANGRY, ANGRIER, ANGRIES, ANGRIEST *adj* full of anger ▹ *n* angry person
ANGST, -S *n* feeling of anxiety
ANGSTIER ▸ **angsty**
ANGSTROM *n* unit of length used to measure wavelengths
ANGSTS ▸ **angst**
ANGSTY, ANGSTIER *adj* displaying angst
ANGUINE *adj* of, relating to, or similar to a snake
ANGUIPED *adj* having snakes for legs ▹ *n* mythological Persian creature with snakes for legs
ANGUISH *n* great mental pain ▹ *vb* afflict or be afflicted with anguish
ANGULAR *adj* (of a person) lean and bony
ANGULATE *adj* having angles or an angular shape ▹ *vb* make or become angular
ANGULOSE *same as* ▸ **angulous**
ANGULOUS *adj* having angles

ANHEDRAL *n* downward inclination of an aircraft wing in relation to the lateral axis
ANHINGA, -S *n* type of bird
ANI, -S *n* tropical bird
ANICCA, -S *n* Buddhism belief
ANICONIC *adj* (of images of deities, symbols, etc) not portrayed in a human or animal form
ANICUT, -S *n* dam in India
ANIGH *adv* near
ANIGHT *adv* at night
ANIL, -S *n* West Indian shrub
ANILE *adj* of or like a feeble old woman
ANILIN, -S *n* aniline
ANILINE, -S *n* colourless oily liquid
ANILINS ▶ **anilin**
ANILITY ▶ **anile**
ANILS ▶ **anil**
ANIMA, -S *n* feminine principle as present in the male unconscious
ANIMACY *n* state of being animate
ANIMAL, -S *n* living creature capable of voluntary motion, esp one other than a human being ▷ *adj* of animals
ANIMALIC ▶ **animal**
ANIMALLY *adv* physically
ANIMALS ▶ **animal**
ANIMAS ▶ **anima**
ANIMATE, -S *vb* give life to ▷ *adj* having life
ANIMATED *adj* interesting and lively
ANIMATER *same as* ▶ **animator**
ANIMATES ▶ **animate**
ANIMATI ▶ **animato**
ANIMATIC *n* animated film sequence
ANIMATO, ANIMATI, -S *n* piece of music performed in a lively manner
ANIMATOR *n* person who makes animated cartoons
ANIMATOS ▶ **animato**
ANIME, -S *n* type of Japanese animation
ANIMI ▶ **animus**
ANIMISM, -S *n* belief that natural objects possess souls
ANIMIST, -S ▶ **animism**
ANIMUS, ANIMI, -ES *n* hatred, animosity
ANION, -S *n* ion with negative charge
ANIONIC ▶ **anion**
ANIONS ▶ **anion**
ANIRIDIA *n* absence of the iris, due to a congenital condition or an injury
ANIRIDIC ▶ **aniridia**
ANIS ▶ **ani**
ANISE, -S *n* plant with liquorice-flavoured seeds
ANISEED, -S *n* liquorice-flavoured seeds of the anise plant
ANISES ▶ **anise**
ANISETTE *n* liquorice-flavoured liqueur made from aniseed
ANISIC ▶ **anise**
ANISOLE, -S *n* colourless pleasant-smelling liquid used as a solvent
ANKER, -S *n* old liquid measure for wine
ANKERITE *n* greyish to brown mineral that resembles dolomite
ANKERS ▶ **anker**
ANKH, -S *n* ancient Egyptian symbol
ANKLE, -D, -S, ANKLING *n* joint between the foot and leg ▷ *vb* move
ANKLET, -S *n* ornamental chain worn round the ankle
ANKLING ▶ **ankle**
ANKLONG, -S *n* Asian musical instrument
ANKLUNG, -S *n* Asian musical instrument
ANKUS, -ES *n* stick used, esp in India, for goading elephants
ANKUSH, -ES *n* Indian weapon
ANKYLOSE *vb* (of bones in a joint, etc) to fuse or stiffen by ankylosis
ANLACE, -S *n* medieval short dagger with a broad tapering blade
ANLAGE, -N, -S *n* organ or part in the earliest stage of development
ANLAS, -ES *same as* ▶ **anlace**
ANN, -S *n* old Scots word for a widow's pension
ANNA, -S *n* former Indian coin worth one sixteenth of a rupee
ANNAL, -S *n* recorded events of one year
ANNALISE *vb* record in annals
ANNALIST ▶ **annal**
ANNALIZE *vb* record in annals
ANNALS ▶ **annal**
ANNAS ▶ **anna**
ANNAT, -S *n* old Scots word for a widow's pension
ANNATES *pl n* money paid to the Pope
ANNATS ▶ **annat**
ANNATTA, -S *n* annatto
ANNATTO, -S *n* tropical tree
ANNEAL, -ED, -S *vb* toughen by heating and slow cooling ▷ *n* act of annealing
ANNEALER ▶ **anneal**
ANNEALS ▶ **anneal**
ANNELID, -S *n* type of worm with a segmented body
ANNEX, -ED, -ING *vb* seize (territory)
ANNEXE, -S *n* extension to a building
ANNEXED ▶ **annex**
ANNEXES ▶ **annexe**
ANNEXING ▶ **annex**
ANNEXION *n* old form of annexation
ANNEXURE *n* something that is added
ANNICUT, -S *n* dam in India
ANNO *adv* Latin for in the year
ANNONA, -S *n* American tree or shrub
ANNOTATE *vb* add notes to (a written work)
ANNOUNCE *vb* make known publicly
ANNOY, -ED, -S *vb* irritate or displease
ANNOYER, -S ▶ **annoy**
ANNOYING *adj* causing irritation or displeasure
ANNOYS ▶ **annoy**
ANNS ▶ **ann**
ANNUAL, -S *adj* happening once a year ▷ *n* plant that completes its life cycle in a year
ANNUALLY ▶ **annual**
ANNUALS ▶ **annual**
ANNUITY *n* fixed sum paid every year
ANNUL, -LED, -S *vb* declare (something, esp a marriage) invalid
ANNULAR, -S *adj* ring-shaped ▷ *n* ring finger
ANNULATE *adj* having, composed of, or marked with rings ▷ *n* annelid
ANNULET, -S *n* moulding in the form of a ring
ANNULI ▶ **annulus**
ANNULLED ▶ **annul**
ANNULOSE *adj* having a body formed of a series of rings
ANNULS ▶ **annul**

A

ANNULUS, ANNULI *n* area between two concentric circles
ANOA, -S *n* type of small cattle
ANOBIID, -S *n* any type of beetle
ANODAL ▶ **anode**
ANODALLY ▶ **anode**
ANODE, -S *n* positive electrode in a battery, valve, etc
ANODIC ▶ **anode**
ANODISE, -D, -S *same as* ▶ **anodize**
ANODISER *same as* ▶ **anodizer**
ANODISES ▶ **anodise**
ANODIZE, -D, -S *vb* coat (metal) with a protective oxide film by electrolysis
ANODIZER *n* something that anodizes
ANODIZES ▶ **anodize**
ANODYNE, -S *n* something that relieves pain or distress ▷ *adj* relieving pain or distress
ANODYNIC ▶ **anodyne**
ANOESIS, ANOESES *n* feeling without understanding
ANOESTRA > **anoestrus**
ANOESTRI > **anoestrus**

This is the plural of **anoestrus**, a period of inactivity between periods of oestrus. It is one of the most frequently played of all 8-letter bonuses, and the same combination of letters yields no fewer than six other words: **arsonite**, **notaires**, **notaries**, **notarise**, **rosinate** and **senorita**. It is well worth becoming acquainted with commonly occurring multiple-choice letter combinations like this, as it gives your game great flexibility.

ANOETIC ▶ **anoesis**
ANOINT, -ED, -S *vb* smear with oil as a sign of consecration
ANOINTER ▶ **anoint**
ANOINTS ▶ **anoint**
ANOLE, -S *n* type of lizard
ANOLYTE, -S *n* part of electrolyte around anode
ANOMALY *n* something that deviates from the normal, irregularity
ANOMIC ▶ **anomie**
ANOMIE, -S *n* lack of social or moral standards
ANOMY *same as* ▶ **anomie**
ANON *adv* in a short time, soon
ANONYM, -S *n* anonymous person or publication
ANONYMA, -S *n* main vessel in the arterial network
ANONYMS ▶ **anonym**
ANOOPSIA *n* squint in which the eye turns upwards
ANOPIA, -S *n* inability to see
ANOPSIA, -S *n* squint in which the eye turns upwards
ANORAK, -S *n* light waterproof hooded jacket
ANORETIC *n* anorectic
ANOREXIA *n* psychological disorder characterized by fear of becoming fat and refusal to eat
ANOREXIC ▶ **anorexia**
ANOREXY *old name for* ▶ **anorexia**
ANORTHIC *another word for* > **triclinic**
ANOSMIA, -S *n* loss of the sense of smell
ANOSMIC ▶ **anosmia**
ANOTHER *adj* one more
ANOUGH *adj* enough
ANOUROUS *adj* having no tail
ANOVULAR *adj* without ovulation
ANOW *adj* old form of enough
ANOXEMIA *same as* > **anoxaemia**
ANOXEMIC ▶ **anoxemia**
ANOXIA, -S *n* lack or absence of oxygen
ANOXIC ▶ **anoxia**
ANS *pl n* as in **ifs and ans** things that might have happened, but which did not
ANSA, -E *n* either end of Saturn's rings
ANSATE *adj* having a handle or handle-like part
ANSATED *adj* ansate
ANSATZ, -ES *n* (in mathematics) assumption made to help solve a problem
ANSERINE *adj* of or resembling a goose ▷ *n* chemical compound
ANSEROUS *same as* ▶ **anserine**
ANSWER, -ED, -S *n* reply to a question, request, letter, etc ▷ *vb* give an answer (to)
ANSWERER ▶ **answer**
ANSWERS ▶ **answer**
ANT, -S *n* small insect living in highly organized colonies
ANTA, -E, -S *n* pilaster
ANTACID, -S *n* substance that counteracts acidity ▷ *adj* having the properties of this substance
ANTAE ▶ **anta**
ANTALGIC *n* pain-relieving drug
ANTAR, -S *old word for* ▶ **cave**
ANTARA, -S *n* South American panpipes
ANTARS ▶ **antar**
ANTAS ▶ **anta**
ANTBEAR, -S *n* aardvark
ANTBIRD, -S *n* South American bird
ANTE, -D, -ED, -ING, -S *n* player's stake in poker ▷ *vb* place (one's stake) in poker
ANTEATER *n* mammal which feeds on ants by means of a long snout
ANTECEDE *vb* go before, as in time, order, etc
ANTED ▶ **ante**
ANTEDATE *vb* precede in time ▷ *n* earlier date
ANTEED ▶ **ante**
ANTEFIX, -A *n* carved ornament
ANTEING ▶ **ante**
ANTELOPE *n* deerlike mammal with long legs and horns
ANTENATI *pl n* people born before certain date
ANTENNA, -E, -S *n* insect's feeler
ANTENNAL ▶ **antenna**
ANTENNAS ▶ **antenna**
ANTEPAST *n* appetizer
ANTERIOR *adj* the front
ANTEROOM *n* small room leading into a larger one, often used as a waiting room
ANTES ▶ **ante**
ANTETYPE *n* earlier form
ANTEVERT *vb* displace (an organ or part) by tilting it forward
ANTHELIA > **anthelion**
ANTHELIX *n* prominent curved fold of cartilage just inside the outer rim of the external ear
ANTHEM, -ED, -S *n* song of loyalty, esp to a country ▷ *vb* provide with an anthem
ANTHEMIA > **anthemion**
ANTHEMIC ▶ **anthem**
ANTHEMIS *n* genus of herbs of Mediterranean and SW Asia
ANTHEMS ▶ **anthem**
ANTHER, -S *n* part of a flower's stamen containing pollen

A

ANTHERAL ▸**anther**
ANTHERID *n* antheridium
ANTHERS ▸**anther**
ANTHESIS, ANTHESES *n* time when a flower begins reproductive cycle
ANTHILL, -S *n* mound near an ants' nest
ANTHODIA > **anthodium**
ANTHOID *adj* resembling a flower
ANTHRAX *n* dangerous disease of cattle and sheep, communicable to humans
ANTHRO, -S *n* short for anthropology
ANTI, -S *adj* opposed (to) ▹*n* opponent of a party, policy, or attitude
ANTIACNE *adj* inhibiting the development of acne
ANTIAIR *adj* countering attack by aircraft or missile
ANTIAR, -S *another name for* ▸**upas**
ANTIARIN *n* poison derived from antiar
ANTIARS ▸**antiar**
ANTIATOM *n* atom composed of antiparticles
ANTIBIAS *adj* countering bias
ANTIBODY *n* protein produced in the blood, which destroys bacteria
ANTIBOSS *adj* acting against bosses
ANTIBUG *adj* acting against computer bugs
ANTIC *n* actor in a ludicrous or grotesque part ▹*adj* fantastic
ANTICAL *adj* position of plant parts
ANTICAR *n* opposed to cars
ANTICISE *same as* ▸**anticize**
ANTICITY *adj* opposed to cities
ANTICIZE *vb* play absurdly
ANTICK, -ED, -S *vb* perform antics
ANTICKE, -S *archaic form of* ▸**antique**
ANTICKED ▸**antick**
ANTICKES ▸**anticke**
ANTICKS ▸**antick**
ANTICLY *adv* grotesquely
ANTICOLD *adj* preventing or fighting the common cold
ANTICOUS *adj* on the part of a flower furthest from the stem
ANTICS *pl n* absurd acts or postures
ANTICULT *n* organization that is opposed to religious cults
ANTIDORA > **antidoron**
ANTIDOTE *n* substance that counteracts a poison ▹*vb* counteract with an antidote
ANTIDRUG *adj* intended to discourage illegal drug use
ANTIDUNE *n* type of sand hill or inclined bedding plane
ANTIENT, -S *old spelling of* ▸**ancient**
ANTIFA, -S *n* antifascist organization
ANTIFAT *adj* acting to remove or prevent fat
ANTIFLU *adj* acting against influenza
ANTIFOAM *adj* allowing gas to escape rather than form foam
ANTIFOG *adj* preventing the buildup of moisture on a surface
ANTIFUR *adj* opposed to the wearing of fur garments
ANTIGANG *adj* designed to restrict the activities of criminal gangs
ANTIGAY *adj* hostile to homosexuals
ANTIGEN, -S *n* substance causing the blood to produce antibodies
ANTIGENE *n* antigen
ANTIGENS ▸**antigen**
ANTIGUN *adj* opposed to the possession of guns
ANTIHERO *n* central character in a book, film, etc, who lacks the traditional heroic virtues
ANTIJAM *adj* preventing jamming
ANTIKING *n* rival to an established king
ANTILEAK *adj* preventing leaks
ANTILEFT *adj* opposed to the left wing in politics
ANTILIFE *adj* opposed to living in harmony with the natural order
ANTILOCK *adj* designed to prevent overbraking
ANTILOG, -S *n* number whose logarithm to a given base is a given number
ANTILOGY *n* contradiction in terms
ANTIMALE *adj* opposed to men
ANTIMAN *adj* opposed to men
ANTIMASK *n* interlude in a masque
ANTIMERE *n* body part or organ that mirrors a similar structure on the other side
ANTIMINE *adj* designed to counteract landmines
ANTIMONY *n* brittle silvery-white metallic element
ANTIMUON *n* antiparticle of a muon
ANTING, -S *n* rubbing of ants by birds on their feathers
ANTINODE *n* point of amplitude of displacement of opposite value to a node
ANTINOME *n* opposite
ANTINOMY *n* contradiction between two laws or principles that are reasonable in themselves
ANTINUKE *same as* > **antinuker**
ANTIPHON *n* hymn sung in alternate parts by two groups of singers
ANTIPILL *adj* (of a material) not forming pills
ANTIPODE *n* exact or direct opposite
ANTIPOLE *n* opposite pole
ANTIPOPE *n* pope set up in opposition to the one chosen by church laws
ANTIPYIC *n* drug acting against suppuration
ANTIQUE, -D, -S *n* object of an earlier period, valued for its beauty, workmanship, or age ▹*adj* made in an earlier period ▹*vb* give an antique appearance to
ANTIQUER *n* collector of antiques
ANTIQUES ▸**antique**
ANTIQUEY *adj* having the appearance of an antique
ANTIRED *adj* of a particular colour of antiquark
ANTIRIOT *adj* designed for the control of crowds
ANTIROCK *adj* designed to prevent a vehicle from rocking
ANTIROLL *adj* designed to prevent a vehicle from tilting
ANTIRUST *adj* (of a product or procedure) effective against rust ▹*n* substance or device that prevents rust
ANTIS ▸**anti**
ANTISAG *adj* preventing sagging
ANTISERA > **antiserum**
ANTISHIP *adj* designed for attacking ships
ANTISKID *adj* intended to prevent skidding
ANTISLIP *adj* acting to prevent slipping

ANTISMOG *adj* reducing smog
ANTISNOB *n* person opposed to snobbery
ANTISPAM *adj* intended to prevent spam
ANTISTAT *n* substance preventing static electricity
ANTITANK *adj* (of weapons) designed to destroy military tanks
ANTITAX *adj* opposed to taxation
ANTITHET *n* example of antithesis
ANTITYPE *n* something foreshadowed by a type or symbol
ANTIVAX *adj* opposed to vaccination
ANTIWAR *adj* opposed to war
ANTIWEAR *adj* preventing wear
ANTIWEED *adj* killing or preventing weeds
ANTLER, -S *n* branched horn of a male deer
ANTLERED *adj* having antlers
ANTLERS ▸ **antler**
ANTLIA, -E *n* butterfly proboscis
ANTLIATE *adj* relating to antlia
ANTLIKE *adj* of or like an ant or ants
ANTLION, -S *n* type of insect resembling a dragonfly
ANTONYM, -S *n* word that means the opposite of another
ANTONYMY *n* use of antonyms
ANTPITTA *n* S American bird whose diet consists mainly of ants
ANTRA ▸ **antrum**
ANTRAL ▸ **antrum**
ANTRE, -S *n* cavern or cave
ANTRORSE *adj* directed or pointing upwards or forwards
ANTRUM, ANTRA, -S *n* natural cavity, esp in a bone
ANTS ▸ **ant**
ANTSY, ANTSIER, ANTSIEST *adj* restless, nervous, and impatient
ANURA *pl n* order of animals that comprises frogs and toads
ANURAL *adj* without a tail
ANURAN, -S *n* type of amphibian
ANURESIS, ANURESES *n* inability to urinate
ANURETIC ▸ **anuresis**
ANURIA, -S *n* result of a kidney disorder
ANURIC ▸ **anuria**
ANUROUS *adj* lacking a tail
ANUS, -ES *n* opening at the end of the alimentary canal, through which faeces are discharged
ANVIL, -ED, -ING, -LED, -S *n* heavy iron block on which metals are hammered into particular shapes ▹ *vb* forge on an anvil
ANVILTOP *n* type of cloud formation
ANXIETY *n* state of being anxious
ANXIOUS *adj* worried and tense
ANY *adj* one or some, no matter which ▹ *adv* at all
ANYBODY *n* any person at random
ANYHOW *adv* anyway
ANYMORE *adv* at present
ANYON, -S *n* type of elementary particle
ANYONE, -S *pron* any person ▹ *n* any person at random
ANYONS ▸ **anyon**
ANYPLACE *adv* in, at, or to any unspecified place
ANYROAD *a northern English dialect word for* ▸ **anyway**
ANYTHING *pron* any object, event, or action whatever ▹ *n* any thing at random
ANYTIME *adv* at any time
ANYWAY *adv* at any rate, nevertheless
ANYWAYS *nonstandard word for* ▸ **anyway**
ANYWHEN *adv* at any time
ANYWHERE *adv* in, at, or to any place
ANYWISE *adv* in any way or manner
ANZIANI *pl n* Italian word for councillors
AORIST, -S *n* tense of the verb in classical Greek
AORISTIC ▸ **aorist**
AORISTS ▸ **aorist**
AORTA, -E, -S *n* main artery of the body, carrying oxygen-rich blood from the heart
AORTAL ▸ **aorta**
AORTAS ▸ **aorta**
AORTIC ▸ **aorta**
AORTITIS *n* inflammation of the aorta
AOUDAD, -S *n* wild mountain sheep
APACE *adv* swiftly
APACHE, -S *n* Parisian gangster or ruffian
APADANA, -S *n* ancient Persian palace hall
APAGE *interj* Greek word meaning go away
APAGOGE, -S *n* reduction to absurdity
APAGOGIC ▸ **apagoge**
APAID ▸ **apay**
APANAGE, -S *same as* ▸ **appanage**
APANAGED *adj* having apanage
APANAGES ▸ **apanage**
APAREJO, -S *n* kind of packsaddle made of stuffed leather cushions
APART *adv* to pieces or in pieces
APATETIC *adj* of or relating to coloration that disguises and protects an animal
APATHY, APATHIES *n* lack of interest or enthusiasm
APATITE, -S *n* pale green to purple mineral, found in igneous rocks
APAY, APAID, -D, -ING, -S *vb* old word meaning satisfy
APE, -D, -S, APING *n* tailless monkey such as the chimpanzee or gorilla ▹ *vb* imitate
APEAK *adj* in a vertical or almost vertical position
APED ▸ **ape**
APEDOM, -S *n* state of being an ape
APEEK *adv* nautical word meaning vertically
APEHOOD, -S *n* state of being ape
APELIKE ▸ **ape**
APEMAN, APEMEN *n* primate thought to have been the forerunner of humans
APEPSIA, -S *n* digestive disorder
APEPSY, APEPSIES *n* apepsia
APER, -S *n* person who apes
APERCU, -S *n* outline
APERIENT *adj* having a mild laxative effect ▹ *n* mild laxative
APERIES ▸ **apery**
APERITIF *n* alcoholic drink taken before a meal
APERS ▸ **aper**
APERT *adj* open
APERTURE *n* opening or hole
APERY, APERIES *n* imitative behaviour

A

APES ▸ **ape**
APETALY > **apetalous**
APEX, -ES *n* highest point
APGAR *n* as in **apgar score** system for determining the condition of an infant at birth
APHAGIA, -S *n* refusal or inability to swallow
APHAKIA, -S *n* absence of the lens of an eye
APHANITE *n* type of fine-grained rock, such as a basalt
APHASIA, -S *n* disorder of the central nervous system
APHASIAC ▸ **aphasia**
APHASIAS ▸ **aphasia**
APHASIC, -S ▸ **aphasia**
APHELIA ▸ **aphelion**
APHELIAN ▸ **aphelion**
APHELION, APHELIA *n* point of a planet's orbit that is farthest from the sun
APHESIS, APHESES *n* gradual disappearance of an unstressed vowel at the beginning of a word
APHETIC ▸ **aphesis**
APHETISE *vb* lose a vowel at the beginning of a word
APHETIZE *vb* lose a vowel at the beginning of a word
APHICIDE *n* substance for killing aphids
APHID, -S *n* small insect which sucks the sap from plants
APHIDES ▸ **aphis**
APHIDIAN ▸ **aphid**
APHIDS ▸ **aphid**
APHIS, APHIDES *n* type of aphid such as the blackfly
APHOLATE *n* type of pesticide
APHONIA, -S *n* loss of the voice caused by damage to the vocal tract
APHONIC, -S *adj* affected with aphonia ▹ *n* person affected with aphonia
APHONIES ▸ **aphony**
APHONOUS ▸ **aphonia**
APHONY, APHONIES *same as* ▸ **aphonia**
APHORISE *same as* ▸ **aphorize**
APHORISM *n* short clever saying expressing a general truth
APHORIST ▸ **aphorism**
APHORIZE *vb* write or speak in aphorisms
APHOTIC *adj* characterized by or growing in the absence of light
APHTHA, -E *n* small ulceration
APHTHOUS ▸ **aphtha**
APHYLLY > **aphyllous**
APIAN *adj* of, relating to, or resembling bees
APIARIAN *adj* of or relating to the breeding and care of bees ▹ *n* apiarist
APIARIES ▸ **apiary**
APIARIST *n* beekeeper
APIARY, APIARIES *n* place where bees are kept
APICAL, -S *adj* of, at, or being an apex ▹ *n* sound made with the tip of the tongue
APICALLY ▸ **apical**
APICALS ▸ **apical**
APICES *plural of* ▸ **apex**
APICIAN *adj* of fine or dainty food
APICULUS, APICULI *n* short sharp point
APIECE *adv* each
APIEZON *adj* as in **apiezon oil** oil left by distillation
APIMANIA *n* extreme enthusiasm for bees
APING ▸ **ape**
APIOL, -S *n* substance derived from parsley seeds
APIOLOGY *n* study of bees
APIOLS ▸ **apiol**
APISH *adj* stupid or foolish
APISHLY ▸ **apish**
APISM, -S *n* behaviour like an ape
APLANAT, -S *n* aplanatic lens
APLASIA, -S *n* congenital absence of an organ
APLASTIC *adj* relating to or characterized by aplasia
APLENTY *adv* in plenty
APLITE, -S *n* type of igneous rock
APLITIC ▸ **aplite**
APLOMB, -S *n* calm self-possession
APLUSTRE *n* stern ornament on an ancient Greek ship
APNEA, -S *same as* ▸ **apnoea**
APNEAL ▸ **apnea**
APNEAS ▸ **apnea**
APNEIC ▸ **apnea**
APNEUSIS, APNEUSES *n* gasping inhalation followed by short exhalation
APNOEA, -S *n* temporary inability to breathe
APNOEAL ▸ **apnoea**
APNOEAS ▸ **apnoea**
APNOEIC ▸ **apnoea**
APO, -S *n* type of protein
APOAPSIS, APOAPSES *n* point in an orbit furthest from the object orbited
APOCARP, -S *n* apocarpous gynoecium or fruit
APOCARPY *n* presence of many carpels
APOCOPE, -S *n* omission of the final sound or sounds of a word
APOCOPIC ▸ **apocope**
APOCRINE *adj* denoting a type of glandular secretion
APOD, -S *n* animal without feet
APODAL *adj* (of snakes, eels, etc) without feet
APODE, -S *n* animal without feet
APODOSIS, APODOSES *n* consequent of a conditional statement
APODOUS *same as* ▸ **apodal**
APODS ▸ **apod**
APOGAEIC ▸ **apogee**
APOGAMIC ▸ **apogamy**
APOGAMY *n* type of reproduction in some ferns
APOGEAL ▸ **apogee**
APOGEAN ▸ **apogee**
APOGEE, -S *n* point of moon's orbit
APOGEIC ▸ **apogee**
APOGRAPH *n* exact copy
APOLLO, -S *n* strikingly handsome youth
APOLOG, -S *same as* ▸ **apologue**
APOLOGAL ▸ **apologue**
APOLOGIA *n* formal written defence of a cause
APOLOGS ▸ **apolog**
APOLOGUE *n* allegory or moral fable
APOLOGY *n* expression of regret for wrongdoing
APOLUNE, -S *n* point in a lunar orbit
APOMICT, -S *n* organism, esp a plant, produced by apomixis
APOMIXIS, APOMIXES *n* type of asexual reproduction
APOOP *adv* on the poop deck
APOPHONY *n* change in the quality of vowels
APOPHYGE *n* outward curve at each end of the shaft of a column, adjoining the base or capital
APOPLAST *n* nonprotoplasmic component of a plant
APOPLEX *vb* afflict with apoplexy

APOPLEXY *n* stroke
APORETIC ▸**aporia**
APORIA, -S *n* doubt, real or professed, about what to do or say
APORT *adj* on or towards the port side
APOS ▸**apo**
APOSITIA *n* unwillingness to eat
APOSITIC ▸**apositia**
APOSPORY *n* development of the gametophyte from the sporophyte without the formation of spores
APOSTACY *same as* ▸**apostasy**
APOSTASY *n* abandonment of one's religious faith or other belief
APOSTATE *n* person who has abandoned his or her religion, political party, or cause ▹*adj* guilty of apostasy
APOSTIL, -S *n* marginal note
APOSTLE, -S *n* one of the twelve disciples chosen by Christ to preach His gospel
APOTHECE *n* obsolete word for shop
APOTHEGM *n* short cryptic remark containing some general or generally accepted truth; maxim
APOTHEM, -S *n* geometrical term
APOZEM, -S *n* medicine dissolved in water
APP, -S *n* application program
APPAID ▸**appay**
APPAIR, -ED, -S *vb* old form of impair
APPAL, -S *vb* dismay, terrify
APPALL, -ED, -S *same as* ▸**appal**
APPALS ▸**appal**
APPALTO, APPALTI *n* Italian word for contact
APPANAGE *n* land granted by a king for the support of a younger son
APPARAT, -S *n* Communist Party organization
APPAREL, -S *n* clothing ▹*vb* clothe, adorn, etc
APPARENT *adj* readily seen, obvious ▹*n* heir apparent
APPAY, APPAID, -D, -ING, -S *old word for* ▸**satisfy**
APPEACH *old word for* ▸**accuse**
APPEAL, -ED, -S *vb* make an earnest request ▹*n* earnest request
APPEALER ▸**appeal**
APPEALS ▸**appeal**
APPEAR, -ED, -S *vb* become visible or present
APPEARER ▸**appear**
APPEARS ▸**appear**
APPEASE, -D, -S *vb* pacify (a person) by yielding to his or her demands
APPEASER ▸**appease**
APPEASES ▸**appease**
APPEL, -S *n* stamp of the foot, used to warn of one's intent to attack
APPELLEE *n* person who is accused or appealed against
APPELLOR *n* person initiating a law case
APPELS ▸**appel**
APPEND, -ED, -S *vb* join on, add
APPENDIX *n* separate additional material at the end of a book
APPENDS ▸**append**
APPERIL, -S *old word for* ▸**peril**
APPERILL *old word for* ▸**peril**
APPERILS ▸**apperil**
APPESTAT *n* part of the brain that regulates hunger and satiety
APPETENT *adj* eager
APPETISE *vb* stimulate the appetite
APPETITE *n* desire for food or drink
APPETIZE *vb* stimulate the appetite
APPLAUD, -S *vb* show approval of by clapping one's hands
APPLAUSE *n* approval shown by clapping one's hands
APPLE, -S *n* round firm fleshy fruit that grows on trees
APPLET, -S *n* computing program
APPLEY, APPLIEST *adj* resembling or tasting like an apple
APPLIED *adj* (of a skill, science, etc) put to practical use
APPLIER, -S ▸**apply**
APPLIES ▸**apply**
APPLIEST ▸**appley**
APPLIQUE *n* decoration or trimming of one material sewn or otherwise fixed onto another ▹*vb* sew or fix (a decoration) on as an appliqué
APPLY, APPLIES, -ING *vb* make a formal request
APPOINT, -S *vb* assign to a job or position
APPORT, -S *n* production of objects at a seance
APPOSE, -D, -S, APPOSING *vb* place side by side or near to each other
APPOSER, -S ▸**appose**
APPOSES ▸**appose**
APPOSING ▸**appose**
APPOSITE *adj* suitable, apt
APPRAISE *vb* estimate the value or quality of
APPRESS *vb* press together
APPRISE, -D, -S *vb* make aware (of)
APPRISER ▸**apprise**
APPRISES ▸**apprise**
APPRIZE, -D, -S *same as* ▸**apprise**
APPRIZER ▸**apprize**
APPRIZES ▸**apprize**
APPRO, -S *n* approval
APPROACH *vb* come near or nearer (to) ▹*n* approaching or means of approaching
APPROOF, -S *old word for* ▸**trial**
APPROS ▸**appro**
APPROVAL *n* consent
APPROVE, -D, -S *vb* consider good or right
APPROVER ▸**approve**
APPROVES ▸**approve**
APPS ▸**app**
APPUI, -S *n* support
APPUIED ▸**appuy**
APPUIS ▸**appui**
APPULSE, -S *n* close approach of two celestial bodies
APPUY, APPUIED, -ED, -ING, -S *vb* support
APRACTIC ▸**apraxia**
APRAXIA, -S *n* disorder of the central nervous system
APRAXIC ▸**apraxia**
APRES *prep* French word for after
APRICATE *vb* bask in sun
APRICOCK *old word for* ▸**apricot**
APRICOT, -S *n* yellowish-orange juicy fruit like a small peach ▹*adj* yellowish-orange
APRON, -ED, -ING, -S *n* garment worn over the front of the body to protect the clothes ▹*vb* equip with an apron
APRONFUL *n* amount held in an apron
APRONING ▸**apron**
APRONS ▸**apron**
APROPOS *adv* appropriate(ly)
APROTIC *adj* (of solvents) neither accepting nor donating hydrogen ions

A

APSARAS *n* Hindu water sprite
APSE, -S *n* arched or domed recess, esp in a church
APSIDAL ▸ **apsis**
APSIS, APSIDES *n* points in the elliptical orbit of a planet or satellite
APSO, -S *n* Tibetan terrier
APT, -ED, -ER, -EST, -ING, -S *adj* having a specified tendency ▹ *vb* be fitting
APTAMER, -S *n* artificially created DNA or RNA molecule
APTED ▸ **apt**
APTER ▸ **apt**
APTERAL *adj* (esp of a classical temple) not having columns at the sides
APTERIA ▸ **apterium**
APTERISM ▸ **apterous**
APTERIUM, APTERIA *n* bare patch on the skin of a bird
APTEROUS *adj* (of insects) without wings, as silverfish and springtails
APTERYX *n* kiwi (the bird)
APTEST ▸ **apt**
APTING ▸ **apt**
APTITUDE *n* natural ability
APTLY ▸ **apt**
APTNESS ▸ **apt**
APTOTE, -S *n* noun without inflections
APTOTIC ▸ **aptote**
APTS ▸ **apt**
APYRASE, -S *n* enzyme
APYRETIC ▸ **apyrexia**
APYREXIA *n* absence of fever
AQUA, -E, -S *n* water

This Latin word for water, together with its plural **aquae** or **aquas**, comes up over and over again.

AQUACADE *same as* ▸ **aquashow**
AQUAE ▸ **aqua**
AQUAFABA *n* vegan substitute for egg whites
AQUAFARM *vb* cultivate fish or shellfish
AQUAFER, -S *n* aquifer
AQUAFIT, -S *n* type of aerobic exercise done in water
AQUALUNG *n* mouthpiece attached to air cylinders, worn for underwater swimming
AQUANAUT *n* person who lives and works underwater
AQUARIA ▸ **aquarium**
AQUARIAL ▸ **aquarium**
AQUARIAN *n* person who keeps an aquarium
AQUARIST *n* curator of an aquarium
AQUARIUM, AQUARIA *n* tank in which fish and other underwater creatures are kept
AQUAS ▸ **aqua**
AQUASHOW *n* exhibition of swimming and diving, often accompanied by music
AQUATIC *adj* living in or near water ▹ *n* marine or freshwater animal or plant
AQUATICS *pl n* water sports
AQUATINT *n* print like a watercolour, produced by etching copper ▹ *vb* etch (a block, etc) in aquatint
AQUATONE *n* fitness exercise in water
AQUAVIT, -S *n* grain- or potato-based spirit
AQUEDUCT *n* structure carrying water across a valley or river
AQUEOUS *adj* of, like, or containing water
AQUIFER, -S *n* deposit of rock containing water used to supply wells
AQUILINE *adj* (of a nose) curved like an eagle's beak
AQUILON, -S *n* name for the north wind
AQUIVER *adv* quivering
AR, -S *n* letter R
ARAARA, -S *another name for* ▸ **trevally**
ARABA, -S *n* Asian carriage

This is one of the short words that can help you deal with a surplus of As.

ARABESK, -S *same as* > **arabesque**
ARABIC *adj* as in **gum arabic** gum exuded by certain acacia trees
ARABICA, -S *n* high-quality coffee bean
ARABIN, -S *n* essence of gum arabic
ARABIS *n* type of plant
ARABISE, -D, -S *vb* make or become Arab
ARABIZE, -D, -S *vb* make or become Arab
ARABLE, -S *adj* suitable for growing crops on ▹ *n* arable land or farming
ARACEOUS *same as* ▸ **aroid**
ARACHIS *n* Brazilian plant
ARACHNID *n* eight-legged invertebrate, such as a spider, scorpion, tick, or mite
ARAHUANA *n* tropical freshwater fish
ARAISE, -D, -S, ARAISING *vb* old form of raise
ARAK, -S *same as* ▸ **arrack**
ARALIA, -S *n* type of plant
ARAME, -S *n* Japanese edible seaweed
ARAMID, -S *n* synthetic fibre
ARANCINI *pl n* fried rice balls with a savoury filling
ARANEID, -S *n* member of the spider family
ARANEOUS *adj* like a spider's web
ARAPAIMA *n* very large primitive freshwater teleost fish that occurs in tropical S America
ARAPONGA *n* South American bird with a bell-like call
ARAPUNGA *same as* ▸ **araponga**
ARAR, -S *n* African tree
ARAROBA, -S *n* Brazilian leguminous tree
ARARS ▸ **arar**
ARAWANA, -S *n* tropical freshwater fish
ARAYSE, -D, -S, ARAYSING *vb* old form of raise
ARB, -S *short for* > **arbitrage**
ARBA, -S *n* Asian carriage
ARBALEST *n* large medieval crossbow, usually cocked by mechanical means
ARBALIST *same as* ▸ **arbalest**
ARBAS ▸ **arba**
ARBELEST *n* arbalest
ARBITER, -S *n* person empowered to judge in a dispute
ARBITRAL *adj* of or relating to arbitration
ARBLAST, -S *n* arbalest
ARBOR, -ES, -S *n* revolving shaft or axle in a machine
ARBOREAL *adj* of or living in trees
ARBORED *adj* having arbors
ARBORES ▸ **arbor**
ARBORET, -S *n* old name for an area planted with shrubs
ARBORETA > **arboretum**
ARBORETS ▸ **arboret**
ARBORIO, -S *n* as in **arborio rice** variety of round-grain rice used for making risotto
ARBORISE *same as* ▸ **arborize**
ARBORIST *n* specialist in the cultivation of trees
ARBORIZE *vb* give or take on a treelike branched appearance
ARBOROUS *adj* of trees

ARBORS ▸**arbor**
ARBOUR, -S *n* glade sheltered by trees
ARBOURED *adj* having arbours
ARBOURS ▸**arbour**
ARBS ▸**arb**
ARBUSCLE *n* small tree
ARBUTE, -S *old name for* ▸**arbutus**
ARBUTEAN ▸**arbutus**
ARBUTES ▸**arbute**
ARBUTUS *n* evergreen shrub with strawberry-like berries
ARC, -ED, -KED, -S *n* part of a circle or other curve ▹*vb* form an arc
ARCADE, -D, -S *n* covered passageway lined with shops ▹*vb* provide with an arcade
ARCADIA, -S *n* traditional idealized rural setting
ARCADIAN *n* person who leads a rural life
ARCADIAS ▸**arcadia**
ARCADING ▸**arcade**
ARCANA, -S *n* either of the two divisions of a pack of tarot cards
ARCANE *adj* mysterious and secret
ARCANELY ▸**arcane**
ARCANIST *n* person with secret knowledge
ARCANUM, -S *n* profound secret or mystery known only to initiates
ARCATURE *n* small-scale arcade
ARCED ▸**arc**
ARCH, -ES, -EST, -INGS *n* curved structure supporting a bridge or roof ▹*vb* (cause to) form an arch ▹*adj* superior, knowing
ARCHAEA *n* order of prokaryotic microorganisms
ARCHAEAL *same as* ▸**archaean**
ARCHAEAN, ARCHEAN *n* type of microorganism
ARCHAEI ▸**archaeus**
ARCHAEON *same as* ▸**archaean**
ARCHAEUS, ARCHAEI *n* spirit believed to inhabit a living thing
ARCHAIC *adj* ancient
ARCHAISE *same as* ▸**archaize**
ARCHAISM *n* archaic word or phrase
ARCHAIST ▸**archaism**
ARCHAIZE *vb* give an archaic appearance or character to, as by the use of archaisms
ARCHDUKE *n* duke of specially high rank
ARCHEAN *same as* ▸**archaean**
ARCHED *adj* provided with or spanned by an arch or arches
ARCHEI ▸**archeus**
ARCHER, -S *n* person who shoots with a bow and arrow
ARCHERY *n* art or sport of shooting with a bow and arrow
ARCHES ▸**arch**
ARCHEST ▸**arch**
ARCHEUS, ARCHEI *n* spirit believed to inhabit a living thing
ARCHFOE, -S *n* chief enemy
ARCHFOOL *n* very foolish person
ARCHI ▸**arco**
ARCHIL, -S *a variant spelling of* ▸**orchil**
ARCHINE, -S *n* Russian unit of length
ARCHING *n* arched part
ARCHINGS ▸**arch**
ARCHIVAL ▸**archive**
ARCHIVE, -D, -S *n* collection of records or documents ▹*vb* store (documents, data, etc) in an archive or other repository
ARCHLET, -S *n* small arch
ARCHLIKE *adj* like an arch
ARCHLUTE *n* old bass lute
ARCHLY ▸**arch**
ARCHNESS ▸**arch**
ARCHON, -S *n* (in ancient Athens) one of the nine chief magistrates
ARCHWAY, -S *n* passageway under an arch
ARCHWISE *adv* like an arch
ARCIFORM *adj* shaped like an arch
ARCING, -S *n* formation of an arc
ARCKED ▸**arc**
ARCKING, -S *n* formation of an arc
ARCMIN, -S *n* 1/60 of a degree of an angle
ARCO, ARCHI, -S *adv* musical direction meaning with bow ▹*n* bow of a stringed instrument
ARCOLOGY *n* architecture blending buildings with the natural environment
ARCOS ▸**arco**
ARCS ▸**arc**
ARCSEC, -S *n* 1/3600 of a degree of an angle
ARCSINE, -S *n* trigonometrical function
ARCTIC, -S *adj* very cold ▹*n* high waterproof overshoe with buckles
ARCTIID, -S *n* type of moth
ARCTOID *adj* like a bear
ARCUATE *adj* shaped or bent like an arc or bow
ARCUATED *same as* ▸**arcuate**
ARCUS, -ES *n* circle around the cornea of the eye
ARD, -S *n* primitive plough
ARDEB, -S *n* unit of dry measure
ARDENCY ▸**ardent**
ARDENT *adj* passionate
ARDENTLY ▸**ardent**
ARDOR, -S *same as* ▸**ardour**
ARDOUR, -S *n* passion
ARDRI, -S *n* Irish high king
ARDRIGH, -S *n* Irish high king
ARDRIS ▸**ardri**
ARDS ▸**ard**
ARDUOUS *adj* hard to accomplish, strenuous
ARE, -S *n* unit of measure, 100 square metres ▹*vb* form of the present tense of *be*
AREA, -E, -S *n* part or region
AREACH, -ED, -ES, ARRAUGHT *vb* old form of reach
AREAD, -ING, -S, ARED, AREDD *vb* old word meaning declare
AREAE ▸**area**
AREAL ▸**area**
AREALLY ▸**area**
AREAR, -S *n* old form of arrear
AREAS ▸**area**
AREAWAY, -S *n* passageway
ARECA, -S *n* type of palm tree
ARED ▸**aread**
AREDD ▸**aread**
AREDE, -S, AREDING *vb* old word meaning declare
AREFY, AREFIED, AREFIES, -ING *vb* dry up
AREG *a plural of* ▸**erg**
AREIC *adj* relating to area
ARENA, -S *n* seated enclosure for sports events
ARENE, -S *n* aromatic hydrocarbon
ARENITE, -S *n* any arenaceous rock
ARENITIC ▸**arenite**
ARENOSE *adj* sandy
ARENOUS *adj* sandy
AREOLA, -E, -S *n* small circular area

A

AREOLAR ▸ **areola**
AREOLAS ▸ **areola**
AREOLATE ▸ **areola**
AREOLE, -S *n* space outlined on a surface
AREOLOGY *n* study of the planet Mars
AREPA, -S *n* Colombian cornmeal cake
ARERE *adv* old word meaning backwards
ARES ▸ **are**
ARET, -S *vb* old word meaning entrust
ARETE, -S *n* sharp ridge separating two glacial valleys
ARETHUSA *n* N American orchid
ARETS ▸ **aret**
ARETT, -ED, -ING, -S *vb* old word meaning entrust
AREW *adv* old word meaning in a row
ARF, -S *n* barking sound
ARGAL, -S *same as* ▸ **argali**
ARGALA, -S *n* Indian stork
ARGALI, -S *n* wild sheep
ARGALS ▸ **argal**
ARGAN, -S *n* Moroccan tree
ARGAND, -S *n* lamp with a hollow circular wick
ARGANS ▸ **argan**
ARGEMONE *n* prickly poppy
ARGENT, -S *n* silver
ARGENTAL *adj* of or containing silver
ARGENTIC *adj* of or containing silver in the divalent or trivalent state
ARGENTS ▸ **argent**
ARGENTUM *an obsolete name for* ▸ **silver**
ARGH *interj* cry of pain
ARGHAN, -S *n* agave plant
ARGIL, -S *n* clay, esp potters' clay
ARGINASE *n* type of enzyme
ARGININE *n* essential amino acid
ARGLE, -D, -S, ARGLING *vb* quarrel
ARGOL, -S *n* chemical compound
ARGON, -S *n* inert gas found in the air
ARGONAUT *n* paper nautilus
ARGONON, -S *n* inert gas
ARGONS ▸ **argon**
ARGOSY, ARGOSIES *n* large merchant ship
ARGOT, -S *n* slang or jargon
ARGOTIC ▸ **argot**
ARGOTS ▸ **argot**
ARGUABLE *adj* capable of being disputed
ARGUABLY *adv* it can be argued that
ARGUE, -D, -S, ARGUING *vb* try to prove by giving reasons
ARGUER, -S ▸ **argue**
ARGUES ▸ **argue**
ARGUFIED ▸ **argufy**
ARGUFIER ▸ **argufy**
ARGUFY, ARGUFIED, ARGUFIES *vb* argue or quarrel, esp over something trivial
ARGUING ▸ **argue**
ARGULUS, ARGULI *n* parasite on fish
ARGUMENT *n* quarrel
ARGUS, -ES *n* any of various brown butterflies
ARGUTE *adj* shrill or keen
ARGUTELY ▸ **argute**
ARGYLE, -S *adj* with a diamond-shaped pattern ▹ *n* sock with this pattern
ARGYLL, -S *n* sock with diamond pattern
ARGYRIA, -S *n* staining of skin by exposure to silver
ARGYRITE *n* mineral containing silver sulphide
ARHAT, -S *n* Buddhist who has achieved enlightenment
ARIA, -S *n* elaborate song for solo voice, esp one from an opera
ARIARY, ARIARIES *n* currency of Madagascar
ARIAS ▸ **aria**
ARID, -ER, -EST *adj* parched, dry
ARIDITY ▸ **arid**
ARIDLY ▸ **arid**
ARIDNESS ▸ **arid**
ARIEL, -S *n* type of Arabian gazelle
ARIETTA, -S *n* short aria
ARIETTE, -S *same as* ▸ **arietta**
ARIGHT *adv* rightly
ARIKI, -S *n* first-born male or female in a notable family
ARIL, -S *n* appendage on certain seeds
ARILED *adj* having an aril
ARILLARY *adj* having an aril
ARILLATE > **arillated**
ARILLI ▸ **arillus**
ARILLODE *n* structure in certain seeds
ARILLOID *adj* of or like an aril
ARILLUS, ARILLI *n* aril
ARILS ▸ **aril**
ARIOSE *adj* songlike
ARIOSO, ARIOSI, -S *n* recitative with the lyrical quality of an aria
ARIOT *adv* riotously
ARIPPLE *adv* in ripples
ARISE, -N, -S, ARISING, AROSE *vb* come about
ARISH, -ES *n* field that has been mown
ARISING ▸ **arise**
ARISTA, -E, -S *n* stiff bristle
ARISTATE ▸ **arista**
ARISTO, -S *n* aristocrat
ARK, -ED, -ING, -S *n* boat built by Noah, which survived the Flood ▹ *vb* place in an ark
ARKITE, -S *n* passenger in ark
ARKOSE, -S *n* type of sandstone
ARKOSIC ▸ **arkose**
ARKS ▸ **ark**
ARLE, -D, -S, ARLING *vb* make a down payment
ARM, -S *n* limbs from the shoulder to the wrist ▹ *vb* supply with weapons
ARMADA, -S *n* large number of warships
ARMAGNAC *n* dry brown brandy
ARMAMENT *n* military weapons
ARMATURE *n* revolving structure in an electric motor or generator
ARMBAND, -S *n* band worn on the arm
ARMCHAIR *n* upholstered chair with side supports for the arms ▹ *adj* taking no active part
ARMED *adj* equipped with or supported by arms, armour, etc
ARMER, -S ▸ **arm**
ARMERIA, -S *n* generic name for the plant thrift
ARMERS ▸ **armer**
ARMET, -S *n* close-fitting medieval visored helmet with a neck guard
ARMFUL, -S, ARMSFUL *n* as much as can be held in the arms
ARMGAUNT *adj* word in Shakespeare of uncertain meaning
ARMGUARD *n* covering to protect the arm
ARMHOLE, -S *n* opening in a garment through which the arm passes
ARMIES ▸ **army**
ARMIGER, -S *n* person entitled to bear heraldic arms
ARMIGERO *n* armiger
ARMIGERS ▸ **armiger**

ARMIL, -S *n* bracelet
ARMILLA, -E, -S *n* bracelet
ARMILS ▸ **armil**
ARMING, -S *n* act of taking arms or providing with arms
ARMLESS ▸ **arm**
ARMLET, -S *n* band worn round the arm
ARMLIKE ▸ **arm**
ARMLOAD, -S *n* amount carried in the arms
ARMLOCK, -S *vb* grip someone's arms
ARMOIRE, -S *n* large cabinet
ARMONICA *n* glass harmonica
ARMOR, -ING, -S *same as* ▸ **armour**
ARMORED *same as* ▸ **armoured**
ARMORER, -S *same as* ▸ **armourer**
ARMORIAL *adj* of or relating to heraldry or heraldic arms ▹ *n* book of coats of arms
ARMORIES ▸ **armory**
ARMORING ▸ **armor**
ARMORIST *n* heraldry expert
ARMORS ▸ **armor**
ARMORY, ARMORIES *same as* ▸ **armoury**
ARMOUR, -S *n* metal clothing formerly worn to protect the body in battle ▹ *vb* equip or cover with armour
ARMOURED *adj* having a protective covering
ARMOURER *n* maker, repairer, or keeper of arms or armour
ARMOURS ▸ **armour**
ARMOURY *n* place where weapons are stored
ARMOZEEN *n* material used for clerical gowns
ARMOZINE *n* material used for clerical gowns
ARMPIT, -S *n* hollow under the arm at the shoulder
ARMREST, -S *n* part of a chair or sofa that supports the arm
ARMS ▸ **arm**
ARMSFUL ▸ **armful**
ARMURE, -S *n* silk or wool fabric with a small cobbled pattern
ARMY, ARMIES *n* military land forces of a nation
ARMYWORM *n* caterpillar of a widely distributed noctuid moth
ARNA, -S *n* Indian water buffalo
ARNATTO, -S *n* annatto
ARNICA, -S *n* temperate or Arctic plant
ARNOTTO, -S *n* annatto
ARNUT, -S *n* plant with edible tubers
AROBA, -S *n* Asian carriage
AROHA, -S *n* love, compassion, or affection
AROID, -S *n* type of plant
AROINT, -ED, -S *vb* drive away
AROLLA, -S *n* European pine tree
AROMA, -S *n* pleasant smell
AROMATIC *adj* having a distinctive pleasant smell ▹ *n* something, such as a plant or drug, that gives off a fragrant smell
AROSE ▸ **arise**
AROUND *adv* on all sides (of)
AROUSAL, -S ▸ **arouse**
AROUSE, -D, -S, AROUSING *vb* stimulate, make active
AROUSER, -S ▸ **arouse**
AROUSES ▸ **arouse**
AROUSING ▸ **arouse**
AROW *adv* in a row
AROWANA, -S *n* tropical freshwater fish
AROYNT, -ED, -S *vb* old word meaning to drive away
ARPA, -S *n* website concerned with structure of the internet
ARPEGGIO *n* notes of a chord played or sung in quick succession
ARPEN, -S *n* old French measure of land
ARPENT, -S *n* former French unit of length
ARQUEBUS *n* portable long-barrelled gun dating from the 15th century
ARRACK, -S *n* alcoholic drink distilled from grain or rice
ARRAH *interj* Irish exclamation
ARRAIGN, -S *vb* bring (a prisoner) before a court to answer a charge
ARRANGE, -D, -S *vb* plan
ARRANGER ▸ **arrange**
ARRANGES ▸ **arrange**
ARRANT *adj* utter, downright
ARRANTLY ▸ **arrant**
ARRAS, -ES *n* tapestry wall-hanging
ARRASED *adj* having an arras
ARRASENE *n* material used in embroidery
ARRASES ▸ **arras**
ARRAUGHT ▸ **areach**
ARRAY, -ED, -ING, -S *n* impressive display or collection ▹ *vb* arrange in order
ARRAYAL, -S ▸ **array**
ARRAYED ▸ **array**
ARRAYER, -S ▸ **array**
ARRAYING ▸ **array**
ARRAYS ▸ **array**
ARREAR *n* singular of arrears
ARREARS *pl n* money owed
ARRECT *adj* pricked up
ARREEDE, -S *vb* old word meaning declare
ARREST, -ED, -S *vb* take (a person) into custody ▹ *n* act of taking a person into custody
ARRESTEE *n* arrested person
ARRESTER *n* person who arrests
ARRESTOR *n* person or thing that arrests
ARRESTS ▸ **arrest**
ARRET, -S *n* judicial decision
ARRHIZAL *adj* without roots
ARRIAGE, -S *n* Scottish feudal service
ARRIBA *interj* exclamation of pleasure or approval
ARRIDE, -D, -S, ARRIDING *vb* old word meaning gratify
ARRIERE *adj* French word meaning old-fashioned
ARRIERO, -S *n* Spanish word for mule driver
ARRIS, -ES *n* sharp edge at the meeting of two surfaces
ARRISH, -ES *n* corn stubble
ARRIVAL, -S *n* arriving
ARRIVE, -D, -S, ARRIVING *vb* reach a place or destination
ARRIVER, -S ▸ **arrive**
ARRIVES ▸ **arrive**
ARRIVING ▸ **arrive**
ARROBA, -S *n* unit of weight in Spanish-speaking countries
ARROCES ▸ **arroz**
ARROGANT *adj* proud and overbearing
ARROGATE *vb* claim or seize without justification
ARROW, -ING, -S *n* pointed shaft shot from a bow
ARROWED *adj* having an arrow pattern
ARROWIER ▸ **arrowy**
ARROWING ▸ **arrow**
ARROWS ▸ **arrow**
ARROWY, ARROWIER *adj* like an arrow

A

ARROYO, -S *n* usually dry stream bed
ARROZ, ARROCES, -ES *n* Spanish word for rice, used in name of various dishes
ARS ▸ **ar**
ARSENAL, -S *n* place where arms and ammunition are made or stored
ARSENATE *n* salt or ester of arsenic acid
ARSENIC, -S *n* toxic grey element ▹ *adj* of or containing arsenic
ARSENIDE *n* compound in which arsenic is the most electronegative element
ARSENITE *n* salt or ester of arsenous acid
ARSENO *adj* containing arsenic
ARSENOUS *same as* > **arsenious**
ARSES ▸ **arsis**
ARSHEEN, -S *n* old measure of length in Russia
ARSHIN, -S *n* old measure of length in Russia
ARSHINE, -S *n* old measure of length in Russia
ARSHINS ▸ **arshin**
ARSINE, -S *n* colourless poisonous gas
ARSINO *adj* containing arsine
ARSIS, ARSES *n* long or stressed syllable in a metrical foot
ARSON, -S *n* crime of intentionally setting property on fire
ARSONIST ▸ **arson**
ARSONITE *n* person committing arson
ARSONOUS *adj* of arson
ARSONS ▸ **arson**
ART, -S *n* creation of works of beauty, esp paintings or sculpture
ARTAL *a plural of* ▸ **rotl**
ARTEFACT *n* something made by human beings
ARTEL, -S *n* cooperative union
ARTERIAL *adj* of an artery ▹ *n* major road
ARTERY, ARTERIES *n* one of the tubes carrying blood from the heart
ARTESIAN *adj* as in **artesian well** sunken well receiving water from a higher altitude
ARTFUL *adj* cunning, wily
ARTFULLY ▸ **artful**
ARTHOUSE *n* cinema which shows artistic films
ARTI, -S *n* ritual performed in homes and temples
ARTIC, -S *n* articulated vehicle
ARTICLE, -D, -S *n* written piece in a magazine or newspaper ▹ *vb* bind by a written contract
ARTICS ▸ **artic**
ARTIER ▸ **arty**
ARTIES ▸ **arty**
ARTIEST ▸ **arty**
ARTIFACT *same as* ▸ **artefact**
ARTIFICE *n* clever trick
ARTIGI, -S *n* kind of hooded coat worn in Canada
ARTILY ▸ **arty**
ARTINESS ▸ **arty**
ARTIS ▸ **arti**
ARTISAN, -S *n* skilled worker, craftsman or craftswoman
ARTIST, -S *n* person who produces works of art, esp paintings or sculpture
ARTISTE, -S *n* professional entertainer such as a singer or dancer
ARTISTIC *adj* of or characteristic of art or artists
ARTISTRY *n* artistic skill
ARTISTS ▸ **artist**
ARTLESS *adj* free from deceit or cunning
ARTMAKER *n* person who creates art
ARTS ▸ **art**
ARTSIE *n* arts student
ARTSIER ▸ **artsy**
ARTSIES ▸ **artsy**
ARTSIEST ▸ **artsy**
ARTSMAN, ARTSMEN *old word for* > **craftsman**
ARTSY, ARTSIER, ARTSIES, ARTSIEST *adj* interested in the arts ▹ *n* person interested in the arts
ARTWORK, -S *n* all the photographs and illustrations in a publication
ARTY, ARTIER, ARTIES, ARTIEST *adj* having an affected interest in art ▹ *n* person interested in art
ARUANA, -S *n* tropical freshwater fish
ARUGOLA, -S *n* salad plant
ARUGULA, -S *another name for* ▸ **rocket**
ARUHE, -S *n* edible root of a fern
ARUM, -S *n* type of plant
ARUSPEX *variant spelling of* ▸ **haruspex**
ARVAL *adj* of ploughed land
ARVEE, -S *n* short for recreational vehicle (RV)
ARVICOLE *n* water rat
ARVO, -S *n* afternoon
ARY *dialect form of* ▸ **any**
ARYL, -S *n* an aromatic group
ARYTHMIA *n* any variation
ARYTHMIC ▸ **arythmia**
AS, -AR *adv* used to indicate amount or extent in comparisons ▹ *n* ancient Roman unit of weight
ASANA, -S *n* any of various postures in yoga
ASAR ▸ **as**
ASARUM, -S *n* dried strong-scented root
ASBESTIC ▸ **asbestos**
ASBESTOS *n* fibrous mineral which does not burn
ASBESTUS *n* asbestos
ASCARED *adj* afraid
ASCARID, -S *n* type of parasitic nematode
ASCARIS *n* ascarid
ASCAUNT *adv* old word meaning slantwise
ASCEND, -ED, -S *vb* go or move up
ASCENDER *n* part of some lower-case letters that extends above the body of the letter
ASCENDS ▸ **ascend**
ASCENT, -S *n* act of ascending
ASCESIS, ASCESES *n* exercise of self-discipline
ASCETIC, -S *adj* abstaining from worldly pleasures and comforts ▹ *n* person who abstains from worldly comforts and pleasures
ASCI ▸ **ascus**
ASCIAN, -S *n* person living in the tropics
ASCIDIA ▸ **ascidium**
ASCIDIAN *n* type of minute marine invertebrate, such as the sea squirt
ASCIDIUM, ASCIDIA *n* part of a plant that is shaped like a pitcher
ASCITES *n* accumulation of serous fluid in the peritoneal cavity
ASCITIC ▸ **ascites**
ASCOCARP *n* (in some ascomycetous fungi) a globular structure containing the asci
ASCON, -S *n* type of sponge having an oval shape and a thin body wall
ASCONCE *adv* old form of askance

ASCONOID *adj* like an ascon
ASCONS ▸ **ascon**
ASCORBIC *adj* as in **ascorbic acid** vitamin present in citrus fruits, tomatoes, and green vegetables
ASCOT, -S *n* type of cravat
ASCRIBE, -D, -S *vb* attribute, as to a particular origin
ASCUS, ASCI *n* saclike structure in fungi
ASDIC, -S *an early form of* ▸ **sonar**
ASEA *adv* towards the sea
ASEISMIC *adj* denoting a region free of earthquakes
ASEITY, ASEITIES *n* existence derived from itself, having no other source
ASEPSIS, ASEPSES *n* aseptic condition
ASEPTATE *adj* not divided into cells or sections by septa
ASEPTIC, -S *adj* free from harmful bacteria ▹ *n* aseptic substance
ASEXUAL *adj* without biological sex
ASH, -ED, -ES, -ING *n* powdery substance left when something is burnt ▹ *vb* reduce to ashes
ASHAKE *adv* shaking
ASHAME, -S, ASHAMING *vb* make ashamed
ASHAMED *adj* feeling shame
ASHAMES ▸ **ashame**
ASHAMING ▸ **ashame**
ASHCAKE, -S *n* cornmeal bread
ASHCAN, -S *n* large metal dustbin
ASHED ▸ **ash**
ASHEN *adj* pale with shock
ASHERY, ASHERIES *n* place where ashes are made
ASHES ▸ **ash**
ASHET, -S *n* shallow oval dish or large plate
ASHFALL, -S *n* dropping of ash from a volcano
ASHIER ▸ **ashy**
ASHIEST ▸ **ashy**
ASHINE *adv* old word meaning shining
ASHINESS ▸ **ashy**
ASHING ▸ **ash**
ASHIVER *adv* shivering
ASHKEY, -S *n* winged fruit of the ash
ASHLAR, -ED, -S *n* block of hewn stone ▹ *vb* build with ashlars
ASHLER, -ED, -S *same as* ▸ **ashlar**
ASHLESS ▸ **ash**
ASHMAN, ASHMEN *n* man who shovels ashes
ASHORE *adv* towards or on land ▹ *adj* on land, having come from the water
ASHPAN, -S *n* pan or tray to catch ashes
ASHPLANT *n* walking stick made from an ash sapling
ASHRAF *pl n* descendants of Mohammed
ASHRAM, -S *n* religious retreat where a Hindu holy man lives
ASHRAMA, -S *n* stage in Hindu spiritual life
ASHRAMS ▸ **ashram**
ASHTANGA *n* type of yoga
ASHTRAY, -S *n* receptacle for tobacco ash and cigarette butts
ASHY, ASHIER, ASHIEST *adj* pale greyish
ASIAGO, -S *n* type of cheese
ASIDE, -S *adv* one side ▹ *n* remark not meant to be heard by everyone present
ASINICO, -S *n* old Spanish word for fool
ASININE *adj* stupid, idiotic
ASK, -ED, -S *vb* say (something) in a form that requires an answer
ASKANCE, -D, -S *adv* with an oblique glance ▹ *vb* turn aside
ASKANT, -ED, -S *same as* ▸ **askance**
ASKARI, -S *n* (in East Africa) a soldier or policeman or policewoman
ASKED ▸ **ask**
ASKER, -S ▸ **ask**
ASKESIS, ASKESES *n* practice of self-discipline
ASKEW *adj* one side, crooked
ASKING, -S ▸ **ask**
ASKLENT *Scots word for* ▸ **aslant**
ASKOS, ASKOI *n* ancient Greek vase
ASKS ▸ **ask**
ASLAKE, -D, -S, ASLAKING *vb* slake
ASLANT *adv* at a slant (to), slanting (across)
ASLEEP *adj* sleeping
ASLOPE *adj* sloping
ASLOSH *adj* awash
ASMEAR *adj* smeared
ASOCIAL, -S *n* person who avoids social contact
ASP, -S *n* small poisonous snake
ASPARKLE *adv* sparkling
ASPARTIC *adj* as in **aspartic acid** nonessential amino acid that is a component of proteins
ASPECT, -ED, -S *n* feature or element ▹ *vb* look at
ASPEN, -S *n* kind of poplar tree ▹ *adj* trembling
ASPER, -S *n* former Turkish monetary unit
ASPERATE *adj* (of plant parts) having a rough surface due to a covering of short stiff hairs ▹ *vb* make rough
ASPERGE, -D, -S *vb* sprinkle
ASPERGER ▸ **asperge**
ASPERGES ▸ **asperge**
ASPERITY *n* roughness of temper
ASPEROUS *same as* ▸ **asperate**
ASPERS ▸ **asper**
ASPERSE, -D, -S *vb* spread false rumours about
ASPERSER ▸ **asperse**
ASPERSES ▸ **asperse**
ASPERSOR ▸ **asperse**
ASPHALT, -S *n* black hard tar-like substance used for road surfaces etc ▹ *vb* cover with asphalt
ASPHERIC *adj* not spherical ▹ *n* lens that is not completely spherical
ASPHODEL *n* plant with clusters of yellow or white flowers
ASPHYXIA *n* suffocation
ASPHYXY *vb* smother, suffocate
ASPIC, -S *n* savoury jelly used to coat meat, eggs, fish, etc
ASPICK, -S *old word for* ▸ **asp**
ASPICS ▸ **aspic**
ASPIDIUM, ASPIDIA *n* variety of fern
ASPINE, -S *old word for* ▸ **aspen**
ASPIRANT *n* person who aspires ▹ *adj* aspiring or striving
ASPIRATA *n* rough stop
ASPIRATE *vb* pronounce with an *h* sound ▹ *n* *h* sound ▹ *adj* (of a stop) pronounced with a forceful and audible expulsion of breath
ASPIRE, -D, -S *vb* yearn (for), hope (to do or be)
ASPIRER, -S ▸ **aspire**
ASPIRES ▸ **aspire**
ASPIRIN, -S *n* drug used to relieve pain and fever
ASPIRING ▸ **aspire**
ASPIRINS ▸ **aspirin**
ASPIS, -ES *n* horned viper
ASPISH *adj* like an asp

A

ASPORT, -ED, -S *vb* old word meaning take away
ASPOUT *adv* spouting
ASPRAWL *adv* sprawling
ASPREAD *adv* spreading
ASPRO, -S *n* associate professor at an academic institution
ASPROUT *adv* sprouting
ASPS ▸**asp**
ASQUAT *adv* squatting
ASQUINT *adj* with a glance from the corner of the eye
ASRAMA, -S *n* stage in Hindu spiritual life
ASS, -ES *n* donkey
ASSAGAI, -S *same as* ▸**assegai**
ASSAI, -S *adv* (usually preceded by a musical direction) very ▹*n* Brazilian palm tree
ASSAIL, -ED, -S *vb* attack violently
ASSAILER ▸**assail**
ASSAILS ▸**assail**
ASSAIS ▸**assai**
ASSAM, -S *n* (in Malaysia) tamarind as used in cooking
ASSART, -ED, -S *vb* clear ground for cultivation
ASSASSIN *n* person who murders a prominent person
ASSAULT, -S *n* violent attack ▹*vb* attack violently
ASSAY, -ED, -S *n* analysis of a substance ▹*vb* make such an analysis
ASSAYER, -S ▸**assay**
ASSAYING ▸**assay**
ASSAYS ▸**assay**
ASSEGAAI *same as* ▸**assegai**
ASSEGAI, -S *n* slender spear used in S Africa ▹*vb* spear with an assegai
ASSEMBLE *vb* collect or congregate
ASSEMBLY *n* assembled group
ASSENT, -ED, -S *n* agreement or consent ▹*vb* agree or consent
ASSENTER *n* person supporting another's nomination
ASSENTOR *n* voter legally required to endorse the nomination of a candidate
ASSENTS ▸**assent**
ASSERT, -ED, -S *vb* declare forcefully
ASSERTER ▸**assert**
ASSERTOR ▸**assert**
ASSERTS ▸**assert**
ASSES ▸**ass**
ASSESS, -ED, -ES *vb* judge the worth or importance of
ASSESSOR *n* person who values property for taxation or insurance purposes
ASSET, -S *n* valuable or useful person or thing
ASSEVER, -S *vb* old form of asseverate
ASSEZ *adv* (as part of a musical direction) fairly
ASSIEGE, -D, -S *vb* old form of besiege
ASSIENTO *n* former slave trade treaty between Britain and Spain
ASSIGN, -ED, -S *vb* appoint (someone) to a job or task ▹*n* person to whom property is assigned
ASSIGNAT *n* paper money issued in France by the Constituent Assembly in 1789
ASSIGNED ▸**assign**
ASSIGNEE *n* person to whom some right, interest, or property is transferred
ASSIGNER ▸**assign**
ASSIGNOR *n* person who transfers or assigns property
ASSIGNS ▸**assign**
ASSIST, -ED, -S *vb* give help or support ▹*n* pass by a player which enables another player to score a goal
ASSISTER ▸**assist**
ASSISTOR ▸**assist**
ASSISTS ▸**assist**
ASSIZE, -D, -S, ASSIZING *n* sitting of a legislative assembly
ASSIZER, -S *n* weights and measures official
ASSIZES ▸**assize**
ASSIZING ▸**assize**
ASSLIKE ▸**ass**
ASSOIL, -ED, -S *vb* absolve
ASSONANT > **assonance**
ASSONATE *vb* show assonance
ASSORT, -S *vb* arrange or distribute equally
ASSORTED *adj* consisting of various types mixed together
ASSORTER ▸**assort**
ASSORTS ▸**assort**
ASSOT, -S, -TED *vb* old word meaning make infatuated
ASSOTT *vb* besot
ASSOTTED ▸**assot**
ASSUAGE, -D, -S *vb* relieve (pain, grief, thirst, etc)
ASSUAGER ▸**assuage**
ASSUAGES ▸**assuage**
ASSUME, -S *vb* take to be true without proof
ASSUMED *adj* false
ASSUMER, -S ▸**assume**
ASSUMES ▸**assume**
ASSUMING *adj* expecting too much ▹*n* action of one who assumes
ASSURE, -S, ASSURING *vb* promise or guarantee
ASSURED, -S *adj* confident ▹*n* beneficiary under a life assurance policy
ASSURER, -S ▸**assure**
ASSURES ▸**assure**
ASSURING ▸**assure**
ASSUROR, -S ▸**assure**
ASSWAGE, -D, -S *old spelling of* ▸**assuage**
ASTABLE *adj* not stable
ASTANGA, -S *same as* ▸**ashtanga**
ASTARE *adv* staring
ASTART, -ED, -S *old word for* ▸**start**
ASTASIA, -S *n* inability to stand
ASTATIC *adj* not static
ASTATIDE *n* binary compound of astatine with a more electropositive element
ASTATINE *n* radioactive nonmetallic element
ASTATKI, -S *n* fuel derived from petroleum
ASTEISM, -S *n* use of irony
ASTELIC ▸**astely**
ASTELY, ASTELIES *n* lack of central cylinder in plants
ASTER, -S *n* plant with daisy-like flowers
ASTERIA, -S *n* gemstone with starlike light effect
ASTERID, -S *n* variety of flowering plant
ASTERISK *n* star-shaped symbol (*) used in printing or writing to indicate a footnote, etc ▹*vb* mark with an asterisk
ASTERISM *n* three asterisks arranged in a triangle to draw attention to the text that follows
ASTERN *adv* at or towards the stern of a ship ▹*adj* at or towards the stern of a ship
ASTERNAL *adj* not connected or joined to the sternum
ASTEROID *n* any of the small planets that orbit the sun between Mars and Jupiter

▷ *adj* of, relating to, or belonging to the class *Asteroidea*

Be especially aware of this word because its combination of common letters makes it one of the most often played 8-letter bonus words.

ASTERS ▸ **aster**
ASTERT, -ED, -S *vb* start
ASTHANGA *n* type of yoga
ASTHENIA *n* abnormal loss of strength
ASTHENIC *adj* of, relating to, or having asthenia ▷ *n* person having long limbs and a small trunk
ASTHENY *same as* ▸ **asthenia**
ASTHMA, -S *n* illness causing difficulty in breathing
ASTHORE, -S *n* Irish endearment
ASTIGMIA *n* defect of a lens resulting in the formation of distorted images
ASTILBE, -S *n* type of plant
ASTIR *adj* out of bed
ASTOMOUS *adj* having no mouth
ASTONE, -D, -S, ASTONING *same as* ▸ **astonish**
ASTONIED *adj* stunned
ASTONIES ▸ **astony**
ASTONING ▸ **astone**
ASTONISH *vb* surprise greatly
ASTONY, ASTONIES *same as* ▸ **astonish**
ASTOOP *adv* stooping
ASTOUND, -S *vb* overwhelm with amazement
ASTRAGAL *n* small convex moulding, usually with a semicircular cross section
ASTRAL, -S *adj* of stars ▷ *n* oil lamp
ASTRALLY ▸ **astral**
ASTRALS ▸ **astral**
ASTRAND *adv* on shore
ASTRAY *adv* off the right path
ASTRICT, -S *vb* bind, confine, or constrict
ASTRIDE *adv* with a leg on either side (of) ▷ *adj* with a leg on either side
ASTRINGE *vb* cause contraction
ASTROID, -S *n* hypocycloid having four cusps
ASTRUT *adv* old word meaning in a protruding way
ASTUCITY *n* quality of being astute
ASTUN, -NED, -S *vb* old form of astonish
ASTUTE, -R, -ST *adj* perceptive or shrewd
ASTUTELY ▸ **astute**
ASTUTER ▸ **astute**
ASTUTEST ▸ **astute**
ASTYLAR *adj* without columns or pilasters
ASUDDEN *adv* old form of suddenly
ASUNDER *adv* into parts or pieces ▷ *adj* into parts or pieces
ASURA, -S *n* demon in Hindu mythology
ASWARM *adj* filled, esp with moving things
ASWAY *adv* swaying
ASWIM *adv* floating
ASWING *adv* swinging
ASWIRL *adv* swirling
ASWOON *adv* swooning
ASYLA ▸ **asylum**
ASYLEE, -S *n* person who is granted asylum
ASYLUM, ASYLA, -S *n* refuge or sanctuary
ASYNDETA > **asyndeton**
ASYNERGY *same as* > **asynergia**
ASYSTOLE *n* absence of heartbeat
AT, -S *n* Laotian monetary unit worth one hundredth of a kip
ATAATA, -S *n* grazing marine gastropod
ATABAL, -S *n* N African drum
ATABEG, -S *n* Turkish ruler
ATABEK, -S *same as* ▸ **atabeg**
ATABRIN, -S *n* drug formerly used for treating malaria
ATABRINE *same as* ▸ **atabrin**
ATABRINS ▸ **atabrin**
ATACTIC *adj* attribute of a polymer
ATAGHAN, -S *a variant of* ▸ **yataghan**
ATALAYA, -S *n* watchtower in Spain
ATAMAN, -S *n* elected leader of the Cossacks
ATAMASCO *n* N American lily
ATAP, -S *n* palm tree of S Asia
ATARAXIA *n* calmness or peace of mind
ATARAXIC *same as* > **ataractic**
ATARAXY *same as* ▸ **ataraxia**
ATAVIC ▸ **atavism**
ATAVISM, -S *n* recurrence of a trait present in distant ancestors
ATAVIST, -S ▸ **atavism**
ATAXIA, -S *n* lack of muscular coordination
ATAXIC, -S ▸ **ataxia**
ATAXY, ATAXIES *same as* ▸ **ataxia**
ATCHIEVE *same as* ▸ **achieve**
ATE ▸ **eat**
ATEBRIN, -S *n* drug formerly used to treat malaria
ATECHNIC *adj* without technical ability ▷ *n* person with no technical ability
ATELIC *adj* of action without end
ATELIER, -S *n* workshop, artist's studio
ATEMOYA, -S *n* tropical fruit tree
ATENOLOL *n* type of beta-blocker
ATES *n* shop selling confectionery
ATHAME, -S *n* witch's ceremonial knife
ATHANASY *n* absence of death
ATHANOR, -S *n* alchemist's furnace
ATHEISE, -D, -S *vb* speak atheistically
ATHEISM, -S *n* belief that there is no God
ATHEIST, -S ▸ **atheism**
ATHEIZE, -D, -S *vb* speak atheistically
ATHELING *n* (in Anglo-Saxon England) a prince of any of the royal dynasties
ATHENEUM *same as* > **athenaeum**
ATHEOUS *adj* without a belief in god
ATHERINE *n* small fish
ATHEROMA *n* fatty deposit on or within an artery
ATHETISE *vb* reject as not genuine
ATHETIZE *vb* reject as not genuine
ATHETOID > **athetosis**
ATHIRST *adj* having an eager desire
ATHLETA, -S *same as* ▸ **athlete**
ATHLETE, -S *n* person trained in or good at athletics
ATHLETIC *adj* physically fit or strong
ATHODYD, -S *another name for* ▸ **ramjet**
ATHRILL *adv* feeling thrills
ATHROB *adv* throbbing
ATHWART *adv* transversely
ATIGI, -S *n* type of parka worn by the Inuit in Canada

A

ATILT *adj* in a tilted or inclined position
ATIMY, ATIMIES *n* loss of honour
ATINGLE *adv* tingling
ATISHOO, -S *n* sound of a sneeze
ATLAS, ATLANTES, -ES *n* book of maps
ATLATL, -S *n* Native American throwing stick
ATMA, -S *same as* ▸ **atman**
ATMAN, -S *n* personal soul or self
ATMAS ▸ **atma**
ATMOLOGY *n* study of aqueous vapour
ATMOLYSE *vb* separate gases by filtering
ATMOLYZE *vb* separate gases by filtering
ATMOS, -ES *n* (short for) atmosphere
ATOC, -S *n* skunk
ATOCIA, -S *n* inability to have children
ATOCS ▸ **atoc**
ATOK, -S *n* skunk
ATOKAL *adj* having no children
ATOKE, -S *n* part of a worm
ATOKOUS *adj* having no children
ATOKS ▸ **atok**
ATOLL, -S *n* ring-shaped coral reef enclosing a lagoon
ATOM, -S *n* smallest unit of matter which can take part in a chemical reaction
ATOMIC *adj* of or using atomic bombs or atomic energy
ATOMICAL ▸ **atomic**
ATOMICS *n* science of atoms
ATOMIES ▸ **atomy**
ATOMISE, -D, -S *same as* ▸ **atomize**
ATOMISER *same as* ▸ **atomizer**
ATOMISES ▸ **atomise**
ATOMISM, -S *n* ancient philosophical theory
ATOMIST, -S ▸ **atomism**
ATOMIZE, -D, -S *vb* reduce to atoms or small particles
ATOMIZER *n* device for discharging a liquid in a fine spray
ATOMIZES ▸ **atomize**
ATOMS ▸ **atom**
ATOMY, ATOMIES *n* atom or minute particle
ATONABLE ▸ **atone**
ATONAL *adj* (of music) not written in an established key
ATONALLY ▸ **atonal**
ATONE, -D, -S, ATONING *vb* make amends (for sin or wrongdoing)
ATONER, -S ▸ **atone**
ATONES ▸ **atone**
ATONIA, -S *n* lack of normal muscle tone
ATONIC, -S *adj* carrying no stress ▹ *n* unaccented or unstressed syllable
ATONIES ▸ **atony**

> The plural of **atony**, this is another of the most frequently played 7-letter bonus words that it is essential to know.

ATONING ▸ **atone**
ATONY, ATONIES *n* lack of normal tone or tension, as in muscles
ATOP *adv* on top
ATOPIC *adj* of or relating to hypersensitivity to certain allergens
ATOPY, ATOPIES *n* tendency to be hypersensitive to certain allergens
ATRAMENT *n* old word meaning black liquid
ATRAZINE *n* white crystalline compound
ATREMBLE *adv* trembling
ATRESIA, -S *n* absence of or unnatural narrowing of a body channel
ATRESIC ▸ **atresia**
ATRETIC ▸ **atresia**
ATRIA ▸ **atrium**
ATRIAL ▸ **atrium**
ATRIP *adj* (of an anchor) no longer caught on the bottom
ATRIUM, ATRIA, -S *n* upper chamber of either half of the heart
ATROCITY *n* wickedness
ATROPHIA *n* wasting disease
ATROPHIC ▸ **atrophy**
ATROPHY *n* wasting away of an organ or part ▹ *vb* (cause to) waste away
ATROPIA, -S *n* atropine
ATROPIN, -S *same as* ▸ **atropine**
ATROPINE *n* poisonous alkaloid obtained from deadly nightshade
ATROPINS ▸ **atropin**
ATROPISM *n* condition caused by using belladonna
ATROPOUS *adj* growing straight
ATS ▸ **at**
ATT *n* old Siamese coin
ATTABOY, -S *sentence substitute* expression of approval or exhortation
ATTACH, -ES *vb* join, fasten, or connect
ATTACHE *n* specialist attached to a diplomatic mission
ATTACHED *adj* fond of
ATTACHER ▸ **attach**
ATTACHES ▸ **attach**
ATTACK, -ED, -S *vb* launch a physical assault (against) ▹ *n* act of attacking
ATTACKER ▸ **attack**
ATTACKS ▸ **attack**
ATTAGIRL *humorous feminine version of* ▸ **attaboy**
ATTAIN, -ED, -S *vb* achieve or accomplish (a task or aim)
ATTAINER ▸ **attain**
ATTAINS ▸ **attain**
ATTAINT, -S *vb* pass judgment of death ▹ *n* dishonour
ATTAP, -S *n* palm tree of South Asia
ATTAR, -S *n* fragrant oil made from roses
ATTASK, -ED, -S, -T *old word for* > **criticize**
ATTEMPER *vb* modify by blending
ATTEMPT, -S *vb* try, make an effort ▹ *n* effort or endeavour
ATTEND, -ED, -S *vb* be present at
ATTENDEE *n* person who is present at a specified event
ATTENDER ▸ **attend**
ATTENDS ▸ **attend**
ATTENT, -S *old word for* > **attention**
ATTENTAT *n* attempt
ATTENTS ▸ **attent**
ATTERCOP *n* spider
ATTEST, -S *vb* affirm the truth of, be proof of
ATTESTED *adj* (of cattle) certified to be free from a disease, such as tuberculosis
ATTESTER ▸ **attest**
ATTESTOR ▸ **attest**
ATTESTS ▸ **attest**
ATTIC, -S *n* space or room within the roof of a house
ATTICISE *same as* ▸ **atticize**
ATTICISM *n* elegant, simple, and clear expression
ATTICIST ▸ **atticism**
ATTICIZE *vb* conform or adapt to the norms of Attica
ATTICS ▸ **attic**
ATTIRE, -D, -S *n* fine or formal clothes ▹ *vb* dress, esp in fine elegant clothes
ATTIRING ▸ **attire**
ATTITUDE *n* way of thinking and behaving

ATTONCE *adv* old word for at once
ATTONE, -D, -S, ATTONING *vb* old word meaning appease
ATTORN, -ED, -S *vb* acknowledge a new owner of land as one's landlord
ATTORNEY *n* person legally appointed to act for another
ATTORNS ▸ **attorn**
ATTRACT, -S *vb* arouse the interest or admiration of
ATTRAP, -S *vb* adorn
ATTRIST, -S *vb* old word meaning to sadden
ATTRIT, -S *vb* wear down or dispose of gradually
ATTRITE, -D, -S *vb* wear down
ATTRITS ▸ **attrit**
ATTUENT *adj* carrying out attuition
ATTUITE, -D, -S *vb* perceive by attuition
ATTUNE, -D, -S, ATTUNING *vb* adjust or accustom (a person or thing)
ATUA, -S *n* spirit or demon
ATWAIN *adv* old word meaning into two parts
ATWEEL *Scots word for* ▸ **well**
ATWEEN *an archaic or Scots word for* ▸ **between**
ATWITTER *adv* twittering
ATWIXT *old word for* ▸ **between**
ATYPIC *adj* not typical
ATYPICAL *adj* not typical
AUA, -S *n* yellow-eye mullet

This Māori word for a kind of mullet is very often played to balance a rack by getting rid of a surplus of vowels.

AUBADE, -S *n* song or poem greeting the dawn
AUBERGE, -S *n* inn or tavern
AUBRETIA *same as* > **aubrietia**
AUBRIETA *same as* > **aubrietia**
AUBURN, -S *adj* (of hair) reddish-brown ▹ *n* moderate reddish-brown colour
AUCEPS, -ES *n* old word meaning person who catches hawks
AUCTION, -S *n* public sale in which articles are sold to the highest bidder ▹ *vb* sell by auction
AUCUBA, -S *n* Japanese laurel
AUDACITY > **audacious**
AUDAD, -S *n* wild African sheep
AUDIAL *adj* of sound
AUDIBLE, -D, -S *adj* loud enough to be heard ▹ *n* audible change of tactics in American football ▹ *vb* call an audible
AUDIBLY ▸ **audible**
AUDIENCE *n* group of spectators or listeners
AUDIENT, -S *n* person who hears
AUDILE, -S *n* person with a faculty for auditory imagery ▹ *adj* of or relating to such a person
AUDING, -S *n* practice of listening to try to understand
AUDIO, -S *adj* of sound or hearing ▹ *n* sound
AUDISM, -S *n* prejudice against deaf people
AUDIST, -S *n* person prejudiced against deaf people
AUDIT, -ED, -S *n* official examination of business accounts ▹ *vb* examine (business accounts) officially
AUDITEE, -S *n* one who is audited
AUDITING *n* act of auditing
AUDITION *n* test of a performer's ability for a particular role or job ▹ *vb* test or be tested in an audition
AUDITIVE *n* person who learns primarily by listening
AUDITOR, -S *n* person qualified to audit accounts
AUDITORY *adj* of or relating to hearing
AUDITS ▸ **audit**
AUE *interj* Māori exclamation

A Māori exclamation, so useful for getting rid of surplus vowels. But, unlike **aua**, it does not take an S.

AUF, -S *old word for* ▸ **oaf**
AUFGABE, -S *n* word used in psychology to mean task
AUFS ▸ **auf**
AUGEND, -S *n* number to which a number is added
AUGER, -S *n* tool for boring holes
AUGH *interj* expressing frustration
AUGHT, -S *adv* in any least part ▹ *n* less common word for nought
AUGITE, -S *n* black or greenish-black mineral
AUGITIC ▸ **augite**
AUGMENT, -S *vb* increase or enlarge ▹ *n* vowel prefix forming a past tense
AUGUR, -ED, -ING, -S *vb* be a sign of (future events) ▹ *n* religious official who interpreted omens
AUGURAL ▸ **augur**
AUGURED ▸ **augur**
AUGURER, -S *old word for* ▸ **augur**
AUGURIES ▸ **augury**
AUGURING ▸ **augur**
AUGURS ▸ **augur**
AUGURY, AUGURIES *n* foretelling of the future
AUGUST, -ER, -S *adj* dignified and imposing ▹ *n* auguste
AUGUSTE, -S *n* type of circus clown
AUGUSTER ▸ **august**
AUGUSTES ▸ **auguste**
AUGUSTLY ▸ **august**
AUGUSTS ▸ **august**
AUK, -S *n* sea bird with short wings
AUKLET, -S *n* type of small auk
AUKS ▸ **auk**
AULA, -S *n* hall
AULARIAN *n* Oxford University student belonging to a hall
AULAS ▸ **aula**
AULD, -ER, -EST *a Scots word for* ▸ **old**
AULIC *adj* relating to a royal court
AULNAGE, -S *n* measurement in ells
AULNAGER *n* inspector of cloth
AULNAGES ▸ **aulnage**
AULOS, AULOI *n* ancient Greek pipe
AUMAIL, -ED, -S *old word for* ▸ **enamel**
AUMBRY, AUMBRIES *same as* ▸ **ambry**
AUMIL, -S *n* manager in India
AUNE, -S *n* old French measure of length
AUNT, -S *n* father's or mother's sister
AUNTER, -S *old word for* > **adventure**
AUNTHOOD ▸ **aunt**
AUNTIE, -S *n* aunt
AUNTLIER ▸ **auntly**
AUNTLIKE ▸ **aunt**
AUNTLY, AUNTLIER *adj* of or like an aunt
AUNTS ▸ **aunt**
AUNTY *same as* ▸ **auntie**

A

AURA, -E, -S *n* distinctive air or quality of a person or thing
AURAL *adj* of or using the ears or hearing
AURALITY ▸ **aural**
AURALLY ▸ **aural**
AURAR *plural of* ▸ **eyrir**
AURAS ▸ **aura**
AURATE, -S *n* salt of auric acid
AURATED *adj* combined with auric acid
AURATES ▸ **aurate**
AUREATE *adj* covered with gold, gilded
AUREI ▸ **aureus**
AUREITY *n* attributes of gold
AURELIA, -S *n* large jellyfish
AURELIAN *n* person who studies butterflies and moths
AURELIAS ▸ **aurelia**
AUREOLA, -E, -S *same as* ▸ **aureole**
AUREOLE, -D, -S *n* halo ▹ *vb* encircle
AURES ▸ **auris**
AUREUS, AUREI *n* gold coin of the Roman Empire
AURIC *adj* of or containing gold in the trivalent state
AURICLE, -S *n* upper chamber of the heart
AURICLED ▸ **auricle**
AURICLES ▸ **auricle**
AURICULA *n* alpine primrose with leaves shaped like a bear's ear
AURIFIED ▸ **aurify**
AURIFIES ▸ **aurify**
AURIFORM *adj* shaped like an ear
AURIFY, AURIFIED, AURIFIES *vb* turn into gold
AURIS, AURES *n* medical word for ear
AURIST, -S *n* former name for an audiologist
AUROCHS *n* recently extinct European wild ox
AURORA, -E, -S *n* bands of light seen in the sky
AURORAL ▸ **aurora**
AURORAS ▸ **aurora**
AUROREAN *adj* of dawn
AUROUS *adj* of or containing gold, esp in the monovalent state
AURUM, -S *n* gold
AUSFORM, -S *vb* temper steel
AUSPEX *same as* ▸ **augur**
AUSPICE, -S *n* patronage or guidance
AUSTERE, -R *adj* stern or severe
AUSTRAL, -S *adj* southern ▹ *n* former monetary unit of Argentina
AUSUBO, -S *n* tropical tree
AUTACOID *n* any natural internal secretion, esp one that exerts an effect similar to a drug
AUTARCH, -S *n* absolute ruler
AUTARCHY *n* absolute power or autocracy
AUTARKIC ▸ **autarky**
AUTARKY *n* policy of economic self-sufficiency
AUTECISM > **autecious**
AUTEUR, -S *n* director
AUTHOR, -ED, -S *n* writer of a book etc ▹ *vb* write or originate
AUTISM, -S *n* disorder characterized by lack of response to people and difficulty in communicating with them
AUTIST, -S *n* autistic person
AUTISTIC ▸ **autism**
AUTISTS ▸ **autist**
AUTO, -ED, -ING, -S *n* automobile ▹ *vb* travel in an automobile
AUTOBAHN *n* German motorway
AUTOBANK *n* automated teller machine
AUTOBODY *n* body of a motor vehicle
AUTOBUS *n* motor bus
AUTOCADE *another name for* > **motorcade**
AUTOCAR, -S *n* motor car
AUTOCARP *n* fruit produced through self-fertilization
AUTOCARS ▸ **autocar**
AUTOCOID *n* hormone
AUTOCRAT *n* ruler with absolute authority
AUTOCUE, -S *n* electronic television prompting device
AUTODIAL *vb* dial a telephone number automatically
AUTODYNE *adj* using the same elements and valves as oscillator and detector ▹ *n* autodyne circuit
AUTOED ▸ **auto**
AUTOGAMY *n* self-fertilization in flowering plants
AUTOGENY *n* hypothetical process by which living organisms first arose on earth from nonliving matter
AUTOGIRO *n* self-propelled aircraft resembling a helicopter but with an unpowered rotor
AUTOGYRO *same as* ▸ **autogiro**
AUTOHARP *n* zither-like musical instrument
AUTOING ▸ **auto**
AUTOLOAD *vb* load automatically
AUTOLOGY *n* study of oneself
AUTOLYSE *vb* undergo or cause to undergo autolysis
AUTOLYZE *same as* ▸ **autolyse**
AUTOMAN, AUTOMEN *n* car manufacturer
AUTOMAT, -S *n* vending machine
AUTOMATA > **automaton**
AUTOMATE *vb* make (a manufacturing process) automatic
AUTOMATS ▸ **automat**
AUTOMEN ▸ **automan**
AUTONOMY *n* self-government
AUTONYM, -S *n* writing published under the real name of an author
AUTOPEN, -S *n* mechanical device used to produce imitation signatures
AUTOPSIA *n* autopsy
AUTOPSIC ▸ **autopsy**
AUTOPSY *n* examination of a body to determine the cause of death
AUTOPTIC ▸ **autopsy**
AUTOPUT, -S *n* motorway in the former Yugoslavia
AUTOS ▸ **auto**
AUTOSAVE *n* computer facility for automatically saving data ▹ *vb* save (computer data) automatically
AUTOSOME *n* type of chromosome
AUTOTEST *n* motor race in which standard cars are driven round a circuit
AUTOTOMY *n* casting off by an animal of a part of its body, to facilitate escape when attacked
AUTOTUNE *n* software that changes a recording of a vocal track
AUTOTYPE *n* photographic process for producing prints in black and white, using a carbon pigment ▹ *vb* process using autotype

AUTOTYPY ▸ **autotype**
AUTOVAC, -S *n* vacuum pump in a car petrol tank
AUTUMN, -S *n* season between summer and winter
AUTUMNAL *adj* of, occurring in, or characteristic of autumn
AUTUMNS ▸ **autumn**
AUTUMNY *adj* like autumn
AUTUNITE *n* yellowish fluorescent radioactive mineral
AUXESIS, AUXESES *n* increase in cell size without division
AUXETIC, -S *n* something that promotes growth
AUXILIAR *old word for* > **auxiliary**
AUXIN, -S *n* plant hormone that promotes growth
AUXINIC ▸ **auxin**
AUXINS ▸ **auxin**
AUXOCYTE *n* any cell undergoing meiosis
AVA, -S *adv* at all ▹ *n* Polynesian shrub
AVADAVAT *n* Asian weaverbird with usu red plumage, often kept as a cagebird
AVAIL, -ED, -ING, -S *vb* be of use or advantage (to) ▹ *n* use or advantage
AVAILE, -S *old word for* ▸ **lower**
AVAILED ▸ **avail**
AVAILES ▸ **availe**
AVAILFUL *old word for* ▸ **useful**
AVAILING ▸ **avail**
AVAILS ▸ **avail**
AVAL *adj* of a grandparent
AVALE, -D, -S, AVALING *old word for* ▸ **lower**
AVANT *prep* before
AVANTI *interj* forward!
AVANTIST *n* proponent of the avant-garde
AVARICE, -S *n* greed for wealth
AVAS ▸ **ava**
AVAST *sentence substitute* stop! cease!
AVATAR, -S *n* appearance of a god in animal or human form
AVAUNT, -ED, -S *sentence substitute* go away! depart! ▹ *vb* go away; depart
AVE, -S *n* expression of welcome or farewell
AVEL, -S *a variant of* ▸ **ovel**
AVELLAN *adj* of hazelnuts
AVELLANE *same as* ▸ **avellan**
AVELS ▸ **avel**
AVENGE, -D, -S, AVENGING *vb* take revenge in retaliation for (harm done) or on behalf of (a person harmed)
AVENGER, -S ▸ **avenge**
AVENGES ▸ **avenge**
AVENGING ▸ **avenge**
AVENIR, -S *n* future
AVENS, -ES *n* any of several temperate or Arctic rosaceous plants
AVENTAIL *n* front flap of a helmet
AVENTRE, -D, -S *old word for* ▸ **thrust**
AVENTURE *old form of* > **adventure**
AVENUE, -S *n* wide street
AVER, -RED, -RING, -S *vb* state to be true
AVERAGE, -D, -S *n* typical or normal amount or quality ▹ *adj* usual or typical ▹ *vb* calculate the average of
AVERAGER *n* average adjuster
AVERAGES ▸ **average**
AVERMENT ▸ **aver**
AVERRED ▸ **aver**
AVERRING ▸ **aver**
AVERS ▸ **aver**
AVERSE *adj* disinclined or unwilling
AVERSELY ▸ **averse**
AVERSION *n* strong dislike
AVERSIVE *n* tool or technique intended to repel animals etc
AVERT, -ED, -ING, -S *vb* turn away
AVERTER, -S ▸ **avert**
AVERTING ▸ **avert**
AVERTS ▸ **avert**
AVES ▸ **ave**
AVGAS, -ES, -SES *n* aviation fuel
AVIAN, -S *adj* of or like a bird ▹ *n* bird
AVIANISE *same as* ▸ **avianize**
AVIANIZE *vb* modify microorganisms in a chicken embryo
AVIANS ▸ **avian**
AVIARIES ▸ **aviary**
AVIARIST *n* person who keeps an aviary
AVIARY, AVIARIES *n* large cage or enclosure for birds
AVIATE, -D, -S, AVIATING *vb* pilot or fly in an aircraft
AVIATIC *adj* pertaining to aviation
AVIATING ▸ **aviate**
AVIATION *n* art of flying aircraft
AVIATOR, -S *n* pilot of an aircraft
AVIATRIX ▸ **aviator**
AVICULAR *adj* of small birds
AVID, -ER, -EST *adj* keen or enthusiastic
AVIDIN, -S *n* protein found in egg-white
AVIDITY *n* quality or state of being avid
AVIDLY ▸ **avid**
AVIDNESS ▸ **avid**
AVIETTE, -S *n* aeroplane driven by human strength
AVIFAUNA *n* all the birds in a particular region
AVIFORM *adj* like a bird
AVIGATOR *another word for* ▸ **aviator**
AVINE *adj* of birds
AVION, -S *n* aeroplane
AVIONIC ▸ **avionics**
AVIONICS *n* science and technology of electronics applied to aeronautics and astronautics
AVIONS ▸ **avion**
AVISE, -D, -S, AVISING *old word for* ▸ **advise**
AVISO, -S *n* boat carrying messages
AVITAL *adj* of a grandfather
AVIZE, -D, -S, AVIZING *old word for* ▸ **advise**
AVO, -S *n* Macao currency unit
AVOCADO, -S *n* pear-shaped tropical fruit with a leathery green skin and yellowish-green flesh
AVOCET, -S *n* long-legged wading bird
AVODIRE, -S *n* African tree
AVOID, -ED, -ING, -S *vb* prevent from happening
AVOIDANT *adj* (of behaviour) demonstrating a tendency to avoid intimacy or interaction with others
AVOIDED ▸ **avoid**
AVOIDER, -S ▸ **avoid**
AVOIDING ▸ **avoid**
AVOIDS ▸ **avoid**
AVOISION *n* nonpayment of tax
AVOS ▸ **avo**
AVOSET, -S *n* avocet
AVOUCH, -ED, -ES *vb* vouch for
AVOUCHER ▸ **avouch**
AVOUCHES ▸ **avouch**
AVOURE, -S *old word for* ▸ **avowal**

A

AVOW, -ING, -S *vb* state or affirm
AVOWABLE ▸ **avow**
AVOWABLY ▸ **avow**
AVOWAL, -S ▸ **avow**
AVOWED *adj* openly declared
AVOWEDLY ▸ **avowed**
AVOWER, -S ▸ **avow**
AVOWING ▸ **avow**
AVOWRY, AVOWRIES *old word for* ▸ **avowal**
AVOWS ▸ **avow**
AVOYER, -S *n* former Swiss magistrate
AVRUGA, -S *n* herring roe
AVULSE, -D, -S, AVULSING *vb* take away by force
AVULSION *n* forcible tearing away of a bodily structure or part
AVYZE, -D, -S, AVYZING *old word for* ▸ **advise**
AW *variant of* ▸ **all**
AWA *adv* away
AWAIT, -ED, -ING, -S *vb* wait for
AWAITER, -S ▸ **await**
AWAITING ▸ **await**
AWAITS ▸ **await**
AWAKE, -D, -S, AWOKE, AWOKEN *vb* emerge or rouse from sleep ▹ *adj* not sleeping
AWAKEN, -ED, -S *vb* awake
AWAKENER ▸ **awaken**
AWAKENS ▸ **awaken**
AWAKES ▸ **awake**
AWAKING, -S *n* emergence from sleep
AWANTING *adj* missing
AWARD, -ED, -ING, -S *vb* give (something, such as a prize) formally ▹ *n* something awarded, such as a prize
AWARDEE, -S ▸ **award**
AWARDER, -S ▸ **award**
AWARDING ▸ **award**
AWARDS ▸ **award**
AWARE, -R, -ST *adj* having knowledge, informed
AWARN, -ED, -ING, -S *vb* old form of warn
AWASH *adv* washed over by water ▹ *adj* washed over by water
AWATCH *adv* watching
AWATO, -S *n* New Zealand caterpillar
AWAVE *adv* in waves
AWAY, -S *adv* from a place ▹ *adj* not present ▹ *n* game played or won at an opponent's ground
AWAYDAY, -S *n* day trip taken for pleasure
AWAYES *old word for* ▸ **away**
AWAYNESS ▸ **away**
AWAYS ▸ **away**
AWDL, -S *n* traditional Welsh poem
AWE, -D, -ING, -S, AWING *n* wonder and respect mixed with dread ▹ *vb* fill with awe
AWEARIED *old word for* ▸ **weary**
AWEARY *old form of* ▸ **weary**
AWEATHER *adj* towards the weather
AWED ▸ **awe**
AWEE *adv* for a short time
AWEEL *interj* Scots word meaning well
AWEIGH *adj* (of an anchor) no longer hooked onto the bottom
AWEING ▸ **awe**
AWELESS ▸ **awe**
AWES ▸ **awe**
AWESOME *adj* inspiring awe
AWETO, -S *n* New Zealand caterpillar
AWFUL, -LER *adj* very bad or unpleasant ▹ *adv* very
AWFULLY *adv* in an unpleasant way
AWFY *adv* (Scots) awfully, extremely
AWHAPE, -D, -S, AWHAPING *old word for* ▸ **amaze**
AWHATO, -S *n* New Zealand caterpillar
AWHEEL *adv* on wheels
AWHEELS *same as* ▸ **awheel**
AWHETO, -S *n* New Zealand caterpillar
AWHILE *adv* for a brief time
AWHIRL *adv* whirling
AWING ▸ **awe**
AWK, -S *n* type of programming language

This provides a useful high-scoring outlet for what can be the awkward letters W and K.

AWKWARD *adj* clumsy or ungainly
AWL, -S *n* pointed tool for piercing wood, leather, etc
AWLBIRD, -S *n* woodpecker
AWLESS ▸ **awe**
AWLS ▸ **awl**
AWLWORT, -S *n* type of aquatic plant
AWMOUS *Scots word for* ▸ **alms**
AWMRIE, -S *n* cupboard for church vessels
AWMRY *n* cupboard for church vessels
AWN, -S *n* bristles on grasses
AWNED ▸ **awn**
AWNER, -S *n* machine for removing awns
AWNIER ▸ **awny**
AWNIEST ▸ **awny**
AWNING, -S *n* canvas roof supported by a frame to give protection against the weather
AWNINGED *adj* sheltered with awning
AWNINGS ▸ **awning**
AWNLESS ▸ **awn**
AWNS ▸ **awn**
AWNY, AWNIER, AWNIEST *adj* having awns
AWOKE ▸ **awake**
AWOKEN ▸ **awake**
AWOL, -S *n* person who is absent without leave
AWORK *adv* old word meaning at work
AWRACK *adv* in wrecked condition
AWRONG *adv* old word meaning wrongly
AWRY *adj* with a twist to one side, askew
AWSOME *adj* old form of awesome
AX *same as* ▸ **axe**
AXAL *adj* of an axis
AXE, -D, AXING *n* tool with a sharp blade for felling trees or chopping wood ▹ *vb* dismiss (employees), restrict (expenditure), or terminate (a project)
AXEBIRD, -S *n* nightjar
AXED ▸ **axe**
AXEL, -S *n* ice-skating movement
AXELIKE *adj* like an axe in form
AXELS ▸ **axel**
AXEMAN, AXEMEN *n* man who wields an axe, esp to cut down trees
AXENIC *adj* (of a biological culture) free from other microorganisms
AXES ▸ **axis**
AXIAL *adj* forming or of an axis
AXIALITY ▸ **axial**
AXIALLY ▸ **axial**
AXIL, -S *n* angle where the stalk of a leaf joins a stem
AXILE *adj* of, relating to, or attached to the axis
AXILEMMA *same as* ▸ **axolemma**
AXILLA, -E, -S *n* area under a bird's wing
AXILLAR, -S *same as* ▸ **axillary**

A

AXILLARY *adj* of, relating to, or near the armpit ▷ *n* one of the feathers growing from the axilla of a bird's wing
AXILLAS ▸ **axilla**
AXILS ▸ **axil**
AXING ▸ **axe**
AXINITE, -S *n* crystalline substance
AXIOLOGY *n* theory of values, moral or aesthetic
AXIOM, -S *n* generally accepted principle
AXION, -S *n* type of hypothetical elementary particle
AXIS, AXES, -ES *n* imaginary line round which a body can rotate
AXISED *adj* having an axis
AXISES ▸ **axis**
AXITE, -S *n* type of gunpowder
AXLE, -S *n* shaft on which a wheel or pair of wheels turns
AXLED *adj* having an axle
AXLES ▸ **axle**
AXLETREE *n* bar fixed across the underpart of a wagon or carriage
AXLIKE ▸ **ax**
AXMAN, AXMEN *same as* ▸ **axeman**
AXOID, -S *n* type of curve
AXOLEMMA *n* membrane that encloses the axon of a nerve cell
AXOLOTL, -S *n* aquatic salamander of central America
AXON, -S *n* threadlike extension of a nerve cell
AXONAL ▸ **axon**
AXONE, -S *same as* ▸ **axon**
AXONEMAL ▸ **axoneme**
AXONEME, -S *n* part of cell consisting of proteins
AXONES ▸ **axone**
AXONIC ▸ **axon**
AXONS ▸ **axon**
AXOPLASM *n* part of cell
AXSEED, -S *n* crown vetch
AY, -S *adv* ever ▷ *n* expression of agreement
AYAH, -S *n* Indian or Malay maidservant or nursemaid in former British Empire
AYAYA, -S *n* type of Inuit singing
AYE, -S *n* affirmative vote or voter ▷ *adv* always
AYELP *adv* yelping
AYENBITE *old word for* ▸ **remorse**
AYES ▸ **aye**
AYGRE *old word for* ▸ **eager**
AYIN, -S *n* 16th letter in the Hebrew alphabet
AYONT *adv* beyond
AYRE, -S *old word for* ▸ **air**
AYRIE, -S *old word for* ▸ **eyrie**
AYS ▸ **ay**
AYU, -S *n* small Japanese fish

> This comes up quite often, being an extension of both **ay** and **yu**, showing how important it is to know those little 'hook' words.

AYURVEDA *n* ancient medical treatise on the art of healing and prolonging life
AYUS ▸ **ayu**
AYWORD, -S *n* old word meaning byword
AZALEA, -S *n* garden shrub grown for its showy flowers
AZAN, -S *n* call to prayer
AZERTY *n* European version of keyboard
AZIDE, -S *n* type of chemical compound
AZIDO *adj* containing an azide
AZIMUTH, -S *n* arc of the sky between the zenith and the horizon
AZINE, -S *n* organic compound
AZIONE, -S *n* musical drama
AZLON, -S *n* fibre made from protein
AZO *adj* of the divalent group -N:N-

> **Azo** is a chemical term you will want to play often, but it does not take an S. It takes an N to form **azon**.

AZOIC *adj* without life
AZOLE, -S *n* organic compound
AZOLLA, -S *n* tropical water fern
AZON, -S *n* type of drawing paper
AZONAL *adj* not divided into zones
AZONIC *adj* not confined to a zone
AZONS ▸ **azon**
AZOTE, -D, -S *an obsolete name for* ▸ **nitrogen**
AZOTEMIA *same as* > **azotaemia**
AZOTEMIC > **azotaemia**
AZOTES ▸ **azote**
AZOTH, -S *n* panacea postulated by Paracelsus
AZOTIC *adj* of, containing, or concerned with nitrogen
AZOTISE, -D, -S *same as* ▸ **azotize**
AZOTIZE, -D, -S *vb* combine or treat with nitrogen or a nitrogen compound
AZOTOUS *adj* containing nitrogen
AZOTURIA *n* presence of excess nitrogen in urine
AZUKI, -S *same as* ▸ **adzuki**
AZULEJO, -S *n* Spanish porcelain tile

> An **azulejo** is a kind of brightly coloured tile, beautiful in its combination of the J and Z.

AZURE, -S *n* (of) the colour of a clear blue sky ▷ *adj* deep blue
AZUREAN *adj* azure
AZURES ▸ **azure**
AZURIES ▸ **azury**
AZURINE, -S *n* blue dye
AZURITE, -S *n* azure-blue mineral associated with copper deposits
AZURN *old word for* ▸ **azure**
AZURY, AZURIES *adj* bluish ▷ *n* bluish colour
AZYGIES ▸ **azygy**
AZYGOS, -ES *n* biological structure not in a pair
AZYGOUS *adj* developing or occurring singly
AZYGY, AZYGIES *n* state of not being joined in a pair
AZYM, -S *n* unleavened bread
AZYME, -S *same as* ▸ **azym**
AZYMITE, -S *n* member of a church using unleavened bread in the Eucharist
AZYMOUS *adj* unleavened
AZYMS ▸ **azym**

B

Bb

B forms a two-letter word before every vowel except **U** – and with **Y** as well. With a **B** in your rack, you can play lots of short words that will give you relatively high scores. The best of these are **box** (12 points), **bez** (14 points) and **biz** (14 points), but don't forget **bay** (8), **by** (7), **bow** (8), **boy** (8), **buy** (8) and **bye** (8).

BA, -S *n* symbol for the soul in Ancient Egyptian religion
BAA, -ED *vb* the characteristic bleating sound of a sheep ▷ *n* cry made by a sheep
BAAING, -S ▸ **baa**
BAAL, -IM, -S *n* any false god or idol
BAALEBOS *n* master of the house
BAALIM ▸ **baal**
BAALISM, -S ▸ **baal**
BAALS ▸ **baal**
BAASKAAP *same as* ▸ **baaskap**
BAASKAP, -S *n* (formerly in South Africa) control by White people of other ethnic groups
BAASSKAP *same as* ▸ **baaskap**
BABA, -S *n* small cake of leavened dough
BABACO, -S *n* greenish-yellow egg-shaped fruit
BABACU, -S *n* type of Brazilian palm tree
BABALAS *adj* South African word for drunk
BABAS ▸ **baba**
BABASSU, -S *n* Brazilian palm tree with hard edible nuts
BABBELAS *same as* ▸ **babalas**
BABBITRY *same as* ▸ **babbitt**
BABBITT, -S *vb* line (a bearing) or face (a surface) with a similar soft alloy
BABBLE, -D, -S *vb* talk excitedly or foolishly ▷ *n* muddled or foolish speech
BABBLER, -S *n* person who babbles
BABBLES ▸ **babble**
BABBLIER ▸ **babbly**
BABBLING ▸ **babble**
BABBLY, BABBLIER ▸ **babble**
BABE, -S *n* baby
BABEL, -S *n* confused mixture of noises or voices
BABELDOM ▸ **babel**
BABELISH ▸ **babel**
BABELISM ▸ **babel**
BABELS ▸ **babel**
BABES ▸ **babe**
BABESIA, -E, -S *n* parasite causing infection in cattle
BABICHE, -S *n* thongs or lacings of rawhide
BABIED ▸ **baby**
BABIER ▸ **baby**
BABIES ▸ **baby**
BABIEST ▸ **baby**
BABIRUSA *n* Indonesian wild pig with an almost hairless skin and huge curved canine teeth
BABKA, -S *n* cake
BABLAH, -S *n* type of acacia
BABOO, -S *same as* ▸ **babu**
BABOOL, -S *n* type of acacia
BABOON, -S *n* large monkey with a pointed face and a long tail
BABOOS ▸ **baboo**
BABOOSH *same as* ▸ **babouche**
BABOUCHE *n* Middle-Eastern slipper
BABU, -S *n* title or form of address used in India
BABUCHE, -S *same as* ▸ **babouche**
BABUDOM, -S ▸ **babu**
BABUISM, -S ▸ **babu**
BABUL, -S *n* N African and Indian tree with small yellow flowers
BABUS ▸ **babu**
BABUSHKA *n* headscarf tied under the chin, worn by Russian peasant women
BABY, BABIED, BABIER, BABIES, BABIEST, -ING *n* very young child or animal ▷ *adj* comparatively small of its type ▷ *vb* treat as a baby
BABYCINO *same as* > **babyccino**
BABYDOLL *n* woman's short nightdress
BABYFOOD *n* puréed food for babies
BABYHOOD ▸ **baby**
BABYING ▸ **baby**
BABYISH ▸ **baby**
BABYLIKE *adj* like a baby
BABYMOON *n* early period of new parenthood
BABYSIT, BABYSAT, -S *vb* look after a child in its parents' absence
BAC, -S *n* baccalaureate
BACALAO, -S *n* dried salt cod
BACALHAU *same as* ▸ **bacalao**
BACCA, -E, -S *n* berry
BACCALA, -S *same as* ▸ **bacalao**
BACCARA, -S *same as* ▸ **baccarat**
BACCARAT *n* card game involving gambling
BACCARE *same as* ▸ **backare**
BACCAS ▸ **bacca**
BACCATE, -D *adj* like a berry in form, texture, etc
BACCHANT *n* priest or votary of Bacchus
BACCHIAC ▸ **bacchius**
BACCHIAN *same as* ▸ **bacchic**
BACCHIC *adj* riotously jovial
BACCHIUS, BACCHII *n* metrical foot of one short syllable followed by two long ones
BACCIES ▸ **baccy**
BACCO, -ES, -S *n* tobacco
BACCY, BACCIES *n* tobacco

BACH, -ED, -ES, -ING, -S *same as* ▸ **batch**
BACHA, -S *n* Indian English word for young child
BACHATA, -S *n* type of dance music originating in the Dominican Republic
BACHCHA, -S *n* Indian English word for young child
BACHED ▸ **bach**
BACHELOR *n* unmarried man
BACHES ▸ **bach**
BACHING ▸ **bach**
BACHS ▸ **bach**
BACILLAR *same as* > **bacillary**
BACILLUS, BACILLI *n* rod-shaped bacterium
BACK, -S *n* rear part of the human body, from the neck to the pelvis ▹ *vb* (cause to) move backwards ▹ *adj* situated behind ▹ *adv* at, to, or towards the rear
BACKACHE *n* ache or pain in one's back
BACKARE *interj* instruction to keep one's distance; back off
BACKBAND *n* back support
BACKBAR, -S *n* area behind a bar where bottles are stored
BACKBEAT *n* beat in music not usually accented
BACKBEND *n* gymnastic exercise in which the trunk is bent backwards until the hands touch the floor
BACKBITE, BACKBIT *vb* talk spitefully about an absent person
BACKBOND *n* legal document
BACKBONE *n* spinal column
BACKBURN *vb* clear an area of bush by creating a fire ▹ *n* act or result of backburning
BACKCAST *n* backward casting of fishing rod ▹ *vb* cast a fishing rod backwards
BACKCHAT *n* impudent replies
BACKCOMB *vb* comb (the hair) towards the roots to give more bulk to a hairstyle
BACKDATE *vb* make (a document) effective from a date earlier than its completion
BACKDOOR *adj* secret, underhand, or obtained through influence
BACKDOWN *n* abandonment of an earlier claim
BACKDROP *vb* provide a backdrop to (something)
BACKED *adj* having a back or backing
BACKER, -S *n* person who gives financial support
BACKET, -S *n* shallow box
BACKFALL *n* fall onto the back
BACKFAT, -S *n* layer of fat in animals between the skin and muscle
BACKFILE *n* archives of a newspaper or magazine
BACKFILL *vb* refill an excavated trench, esp (in archaeology) at the end of an investigation ▹ *n* soil used to do this
BACKFIRE *vb* (of a plan) fail to have the desired effect ▹ *n* (in an engine) explosion of unburnt gases in the exhaust system
BACKFIT, -S *vb* overhaul nuclear power plant
BACKFLIP *n* backwards somersault
BACKFLOW *n* reverse flow
BACKHAND *n* stroke played with the back of the hand facing the direction of the stroke ▹ *adv* with a backhand stroke ▹ *vb* play (a shot) backhand
BACKHAUL *vb* transmit data
BACKHOE, -D, -S *n* digger ▹ *vb* dig with a backhoe
BACKIE, -S *n* ride on the back of someone's bicycle
BACKING, -S *n* support
BACKLAND *n* undeveloped land behind a property
BACKLASH *n* sudden and adverse reaction ▹ *vb* create a sudden and adverse reaction
BACKLESS *adj* (of a dress) low-cut at the back
BACKLIFT *n* backward movement of bat
BACKLINE *n* defensive players in a sports team as a unit
BACKLIST *n* publisher's previously published books that are still available ▹ *vb* put on a backlist
BACKLIT *adj* illuminated from behind
BACKLOAD *n* load for lorry on return journey ▹ *vb* load a lorry for a return journey
BACKLOG, -S *n* accumulation of things to be dealt with
BACKLOT, -S *n* area outside a film or television studio used for outdoor filming
BACKMOST *adj* furthest back
BACKOUT, -S *n* instance of withdrawing (from an agreement, etc)
BACKPACK *n* large pack carried on the back ▹ *vb* go hiking with a backpack
BACKREST *n* support for the back of something
BACKROOM *n* place where research or planning is done, esp secret research in wartime
BACKRUSH *n* seaward return of wave
BACKS ▸ **back**
BACKSAW, -S *n* small handsaw
BACKSEAT *n* seat at the back, esp of a vehicle
BACKSET, -S *n* reversal ▹ *vb* attack from the rear
BACKSEY, -S *n* sirloin
BACKSIDE *n* buttocks
BACKSLAP *vb* demonstrate effusive joviality
BACKSLID > **backslide**
BACKSPIN *n* backward spin given to a ball to reduce its speed at impact
BACKSTAB *vb* attack deceitfully
BACKSTAY *n* stay leading aft from the upper part of a mast to the deck or stern
BACKSTOP *n* screen or fence to prevent balls leaving the playing area ▹ *vb* provide with backing or support
BACKTALK *n* argumentative discourse
BACKUP, -S *n* support or reinforcement
BACKVELD *n* (in South Africa) remote sparsely populated area
BACKWALL *n* rear wall
BACKWARD *same as* > **backwards**
BACKWASH *n* water washed backwards by the motion of a boat ▹ *vb* remove oil from (combed wool)
BACKWIND *vb* direct airflow into the back of a sail
BACKWOOD > **backwoods**
BACKWORD *n* act or an instance of failing to keep a promise or commitment
BACKWORK *n* work carried out under the ground
BACKWRAP *n* back support

B

B

BACKYARD *n* yard at the back of a house, etc
BACLAVA, -S *same as* ▸ **baklava**
BACLOFEN *n* drug used to treat stroke victims
BACON, -S *n* salted or smoked pig meat
BACONER, -S *n* pig that weighs between 83 and 101 kg, from which bacon is cut
BACONS ▸ **bacon**
BACRONYM *same as* > **backronym**
BACS ▸ **bac**
BACTERIA *pl n* large group of microorganisms
BACTERIC ▸ **bacteria**
BACTERIN *n* vaccine prepared from bacteria
BACULA ▸ **baculum**
BACULINE *adj* relating to flogging
BACULITE *n* fossil
BACULUM, BACULA, -S *n* bony support in the penis of certain mammals
BAD, -DER, -DEST, -S *adj* not good ▹ *n* unfortunate or unpleasant events collectively ▹ *adv* badly
BADDIE, -S *n* bad character in a story, film, etc, esp an opponent of the hero
BADDISH ▸ **bad**
BADDY *same as* ▸ **baddie**
BADE ▸ **bid**
BADGE, -D, -S, BADGING *n* emblem worn to show membership, rank, etc ▹ *vb* put a badge on
BADGER, -ED, -S *n* nocturnal burrowing mammal ▹ *vb* pester or harass
BADGERLY *adj* resembling a badger
BADGERS ▸ **badger**
BADGES ▸ **badge**
BADGING ▸ **badge**
BADINAGE *n* playful and witty conversation ▹ *vb* engage in badinage
BADIOUS *adj* chestnut; brownish-red
BADLAND ▸ **badlands**
BADLANDS *pl n* any deeply eroded barren area
BADLY *adv* poorly
BADMAN, BADMEN *n* hired gunman, outlaw, or criminal
BADMASH *n* evil-doer ▹ *adj* naughty or bad
BADMEN ▸ **badman**
BADMOUTH *vb* speak unfavourably about (someone or something)
BADNESS ▸ **bad**
BADS ▸ **bad**
BADWARE, -S *n* software designed to harm a computer system
BAE, -S *n* sweetheart
BAEL, -S *n* type of spiny Indian tree
BAES ▸ **bae**
BAETYL, -S *n* magical meteoric stone
BAFF, -ED, -ING, -S *vb* strike ground with a golf club
BAFFIES *pl n* slippers
BAFFING ▸ **baff**
BAFFLE, -D, -S *vb* perplex or puzzle ▹ *n* device to limit or regulate the flow of fluid, light, or sound
BAFFLER, -S ▸ **baffle**
BAFFLES ▸ **baffle**
BAFFLING *adj* impossible to understand
BAFFS ▸ **baff**
BAFFY *n* obsolete golf club
BAFT, -S *n* coarse fabric
BAG, -GED, -S *n* flexible container with an opening at one end ▹ *vb* put into a bag
BAGARRE, -S *n* brawl
BAGASS *same as* ▸ **bagasse**
BAGASSE, -S *n* pulp of sugar cane or similar plants
BAGEL, -ED, -ING, -LED, -S *n* hard ring-shaped bread roll ▹ *vb* win a tennis set by six games to love
BAGFUL, -S, BAGSFUL *n* amount (of something) that can be held in a bag
BAGGAGE, -S *n* suitcases packed for a journey
BAGGED ▸ **bag**
BAGGER, -S *n* person who packs groceries
BAGGIE, -S *n* plastic bag
BAGGIER ▸ **baggy**
BAGGIES ▸ **baggie**
BAGGIEST ▸ **baggy**
BAGGILY ▸ **baggy**
BAGGING, -S *n* act of putting in a bag
BAGGIT, -S *n* salmon which has not yet spawned
BAGGY, BAGGIER, BAGGIEST *adj* hanging loosely
BAGH, -S *n* (in India and Pakistan) a garden
BAGHOUSE *n* dust-filtering chamber
BAGHS ▸ **bagh**
BAGIE, -S *n* turnip
BAGLESS *adj* (esp of a vacuum cleaner) not containing a bag
BAGLIKE ▸ **bag**
BAGMAN, BAGMEN *n* travelling salesman
BAGNETTE *variant of* ▸ **baguette**
BAGNIO, -S *n* bathing-house
BAGPIPE, -D *vb* play the bagpipes
BAGPIPER ▸ **bagpipes**
BAGPIPES *pl n* musical wind instrument with reed pipes and an inflatable bag
BAGS ▸ **bag**
BAGSFUL ▸ **bagful**
BAGUET, -S *same as* ▸ **baguette**
BAGUETTE *n* narrow French stick loaf
BAGUIO, -S *n* hurricane
BAGWASH *n* laundry that washes clothes without drying or pressing them
BAGWIG, -S *n* 18th-century wig with hair pushed back into a bag
BAGWORM, -S *n* type of moth
BAH *interj* expression of contempt or disgust
BAHADA, -S *same as* ▸ **bajada**
BAHADUR, -S *n* title formerly conferred by the British on distinguished Indians
BAHOOKIE *n* Scottish informal word for the buttocks
BAHT, -S *n* standard monetary unit of Thailand, divided into 100 satang
BAHU, -S *n* (in India) daughter-in-law
BAHUT, -S *n* decorative cabinet
BAIDAR, -S *same as* ▸ **baidarka**
BAIDARKA *n* narrow hunting boat
BAIDARS ▸ **baidar**
BAIL, -ED, -ING, -S *n* money deposited with a court as security for a person's reappearance ▹ *vb* pay bail for (a person)
BAILABLE *adj* eligible for release on bail
BAILBOND *n* document guaranteeing a prisoner released on bail will attend court
BAILED ▸ **bail**
BAILEE, -S *n* person to whom the possession of goods is transferred under a bailment
BAILER, -S ▸ **bail**

BAILEY, -S *n* outermost wall or court of a castle
BAILIE, -S *n* (in Scotland) a municipal magistrate
BAILIFF, -S *n* sheriff's officer who serves writs and summonses
BAILING ▸ **bail**
BAILLI, -S *n* magistrate
BAILLIE, -S *variant of* ▸ **bailie**
BAILLIS ▸ **bailli**
BAILMENT *n* contractual delivery of goods in trust to a person for a specific purpose
BAILOR, -S *n* owner of goods entrusted to another under a bailment
BAILOUT, -S *n* instance of helping (a person, organization, etc) out of a predicament
BAILS ▸ **bail**
BAILSMAN, BAILSMEN *n* one standing bail for another
BAININ, -S *n* Irish collarless jacket made of white wool
BAINITE, -S *n* mixture of iron and iron carbide found in incompletely hardened steels
BAIRN, -S *n* child
BAIRNISH ▸ **bairn**
BAIRNLY ▸ **bairn**
BAIRNS ▸ **bairn**
BAISA, -S *n* small unit of currency in Oman
BAIT, -ED, -S *n* piece of food on a hook or in a trap to attract fish or animals ▹ *vb* put a piece of food on or in (a hook or trap)
BAITER, -S ▸ **bait**
BAITFISH *n* small fish used as bait
BAITH *adj* both
BAITING, -S *n* act of placing bait
BAITS ▸ **bait**
BAIZA, -S *n* Omani unit of currency
BAIZE, -D, -S, BAIZING *n* woollen fabric used to cover billiard and card tables ▹ *vb* line or cover with such fabric
BAJADA, -S *n* sloping surface formed from rock deposits
BAJAN, -S *n* freshman at Aberdeen University
BAJRA, -S *n* Indian millet
BAJREE, -S *variant of* ▸ **bajra**
BAJRI, -S *variant of* ▸ **bajra**
BAJU, -S *n* Malay jacket
BAKE, -D, -N, -S *vb* cook by dry heat as in an oven ▹ *n* party at which the main dish is baked
BAKELITE *n* tradename for a class of resin
BAKEMEAT *n* pie
BAKEN ▸ **bake**
BAKEOFF, -S *n* baking competition
BAKER, -S *n* person whose business is to make or sell bread, cakes, etc
BAKERIES ▸ **bakery**
BAKERS ▸ **baker**
BAKERY, BAKERIES *n* place where bread, cakes, etc are baked or sold
BAKES ▸ **bake**
BAKESHOP *n* bakery
BAKEWARE *n* dishes for baking
BAKGAT *adj* fine, excellent, marvellous
BAKING, -S *n* process of cooking bread, cakes, etc ▹ *adj* (esp of weather) very hot and dry
BAKKIE, -S *n* small truck
BAKLAVA, -S *n* rich pastry of Middle Eastern origin
BAKLAWA, -S *same as* ▸ **baklava**
BAKSHISH *same as* > **baksheesh**
BAL, -S *n* balmoral
BALADIN, -S *n* dancer
BALADINE *n* female dancer
BALADINS ▸ **baladin**
BALAFON, -S *n* type of W African xylophone
BALANCE, -S *n* stability of mind or body ▹ *vb* weigh in a balance
BALANCED *adj* having weight equally distributed
BALANCER *n* person or thing that balances
BALANCES ▸ **balance**
BALAS, -ES *n* red variety of spinel, used as a gemstone
BALATA, -S *n* tropical American tree yielding a latex-like sap
BALAYAGE *vb* highlight hair by painting dye onto sections
BALBOA, -S *n* standard currency unit of Panama
BALCONET *n* small balcony
BALCONY *n* platform on the outside of a building with a rail along the outer edge
BALD, -ED, -ER, -EST, -S *adj* having little or no hair on the scalp ▹ *vb* make bald
BALDHEAD *n* person without dreadlocks
BALDIE, -S *same as* ▸ **baldy**
BALDIER ▸ **baldy**
BALDIES ▸ **baldie**
BALDIEST ▸ **baldy**
BALDING *adj* becoming bald
BALDISH ▸ **bald**
BALDLY ▸ **bald**
BALDNESS ▸ **bald**
BALDPATE *n* type of duck
BALDRIC, -S *n* wide silk sash or leather belt worn across the body
BALDRICK *same as* ▸ **baldric**
BALDRICS ▸ **baldric**
BALDS ▸ **bald**
BALDY, BALDIER, BALDIEST *adj* bald ▹ *n* bald person
BALE, -D, -S *same as* ▸ **bail**
BALEEN, -S *n* whalebone
BALEFIRE *n* bonfire
BALEFUL *adj* vindictive or menacing
BALER, -S ▸ **bail**
BALES ▸ **bale**
BALING, -S *n* act of baling
BALISAUR *n* badger-like animal
BALISE, -S *n* electronic beacon used on a railway
BALISTA, -E, -S *same as* ▸ **ballista**
BALK, -ED, -S *vb* stop short, esp suddenly or unexpectedly ▹ *n* roughly squared heavy timber beam
BALKER, -S ▸ **balk**
BALKIER ▸ **balky**
BALKIEST ▸ **balky**
BALKILY ▸ **balky**
BALKING, -S ▸ **balk**
BALKLINE *n* line delimiting the balk area on a snooker table
BALKS ▸ **balk**
BALKY, BALKIER, BALKIEST *adj* inclined to stop abruptly and unexpectedly
BALL, -ED *n* round or nearly round object, esp one used in games ▹ *vb* form into a ball
BALLAD, -ED, -S *n* narrative poem or song ▹ *vb* sing or write a ballad
BALLADE, -S *n* verse form
BALLADED ▸ **ballad**
BALLADES ▸ **ballade**
BALLADIC ▸ **ballad**
BALLADIN *same as* ▸ **baladin**
BALLADRY *n* ballad poetry or songs
BALLADS ▸ **ballad**
BALLAN, -S *n* species of fish
BALLANT, -S *vb* write a ballad
BALLAST, -S *n* substance used to stabilize a ship when it is not carrying cargo ▹ *vb* give stability to

B

BALLAT, -ED, -S *vb* write a ballad
BALLBOY, -S *n* boy who retrieves balls during a tennis, football, etc, match
BALLCLAY *n* clay suitable for ceramics
BALLCOCK *n* device for regulating the flow of a liquid into a tank
BALLED ▶ **ball**
BALLER, -S *n* ball-game player
BALLET, -ED, -S *n* classical style of expressive dancing based on conventional steps ▷ *vb* sing ballads
BALLETIC ▶ **ballet**
BALLETS ▶ **ballet**
BALLGAME *n* any game played with a ball
BALLGIRL *n* girl who retrieves balls during a tennis, football, etc, match
BALLGOWN *n* long formal dress
BALLHAWK *n* skilled basketball player ▷ *vb* act as a ballhawk
BALLIER ▶ **bally**
BALLIES ▶ **bally**
BALLIEST ▶ **bally**
BALLING, -S *n* formation of a ball
BALLISTA *n* ancient catapult for hurling stones, etc
BALLIUM, -S *same as* ▶ **bailey**
BALLON, -S *n* light, graceful quality
BALLONET *n* air or gas compartment in a nonrigid airship
BALLONNE *n* bouncing step
BALLONS ▶ **ballon**
BALLOON, -S *n* inflatable rubber bag used as a plaything or decoration ▷ *vb* fly in a balloon
BALLOT, -ED, -S *n* method of voting ▷ *vb* vote or ask for a vote from
BALLOTEE ▶ **ballot**
BALLOTER ▶ **ballot**
BALLOTS ▶ **ballot**
BALLOW, -S *n* heavy club
BALLPARK *n* stadium used for baseball games
BALLPEEN *adj* as in **ballpeen hammer** type of hammer
BALLROOM *n* large hall for dancing
BALLS *n* plural of ball
BALLUTE, -S *n* inflatable balloon parachute
BALLY, BALLIER, BALLIES, BALLIEST *adj* euphemism for bloody ▷ *n* exaggerated fuss
BALLYARD *n* baseball ground
BALLYHOO *n* exaggerated fuss ▷ *vb* advertise or publicize by sensational or blatant methods
BALLYRAG *same as* ▶ **bullyrag**
BALM, -ED, -ING, -S *n* aromatic substance used for healing and soothing ▷ *vb* apply balm to
BALMIER ▶ **balmy**
BALMIEST ▶ **balmy**
BALMILY ▶ **balmy**
BALMING ▶ **balm**
BALMLIKE ▶ **balm**
BALMORAL *n* laced walking shoe
BALMS ▶ **balm**
BALMY, BALMIER, BALMIEST *adj* (of weather) mild and pleasant
BALNEAL *adj* of or relating to baths or bathing
BALNEARY *same as* ▶ **balneal**
BALONEY, -S *n* foolish talk; nonsense
BALOO, -S *n* bear
BALS ▶ **bal**
BALSA, -S *n* very light wood from a tropical American tree
BALSAM, -ED, -S *n* type of fragrant balm ▷ *vb* embalm
BALSAMIC ▶ **balsam**
BALSAMS ▶ **balsam**
BALSAMY *adj* sweet-smelling
BALSAS ▶ **balsa**
BALTI, -S *n* spicy Indian dish served in a metal dish
BALTIC *adj* very cold
BALTIS ▶ **balti**
BALU, -S *same as* ▶ **baloo**
BALUN, -S *n* electrical device
BALUS ▶ **balu**
BALUSTER *n* set of posts supporting a rail ▷ *adj* (of a shape) swelling at the base and rising in a concave curve to a narrow stem or neck
BAM, -MED, -MING, -S *vb* cheat
BAMBI, -S *n* born-again middle-aged biker
BAMBINO, BAMBINI, -S *n* young child, esp an Italian one
BAMBIS ▶ **bambi**
BAMBOO, -S *n* tall treelike tropical grass with hollow stems
BAMMED ▶ **bam**
BAMMER, -S ▶ **bam**
BAMMING ▶ **bam**
BAMPOT, -S *n* fool
BAMS ▶ **bam**
BAN, -I, -NED *vb* prohibit or forbid officially ▷ *n* unit of currency in Romania and Moldova
BANAK, -S *n* type of Central American tree
BANAL, -ER, -EST *adj* ordinary and unoriginal
BANALISE ▶ **banal**
BANALITY ▶ **banal**
BANALIZE ▶ **banal**
BANALLY ▶ **banal**
BANANA *n* yellow crescent-shaped fruit
BANANAS *adj* crazy
BANAUSIC *adj* merely mechanical
BANC, -S *n* as in **in banc** sitting as a full court
BANCO, -S *n* call made in gambling games
BANCS ▶ **banc**
BAND, -ED, -S *n* group of musicians playing together ▷ *vb* unite
BANDA, -S *n* African thatched hut
BANDAGE, -D, -S *n* piece of material used to cover a wound or wrap an injured limb ▷ *vb* cover with a bandage
BANDAGER ▶ **bandage**
BANDAGES ▶ **bandage**
BANDAID *adj* (of a solution or remedy) temporary
BANDANA, -S *same as* ▶ **bandanna**
BANDANNA *n* large brightly coloured handkerchief or neckerchief
BANDAR, -S *n* species of monkey
BANDARI, -S *n* Indian English word for female monkey
BANDARS ▶ **bandar**
BANDAS ▶ **banda**
BANDBOX *n* lightweight usually cylindrical box for hats
BANDEAU, -S, -X *n* narrow ribbon worn round the head
BANDED ▶ **band**
BANDEIRA *n* 17th-century Portuguese slave-hunting expedition in Brazil
BANDELET *n* moulding round top of column
BANDER, -S ▶ **band**

BANDEROL *same as* > **banderole**
BANDERS ▸ **bander**
BANDFISH *n* Mediterranean fish with an elongated body
BANDH, -S *n* (in India) a general strike
BANDIED ▸ **bandy**
BANDIER ▸ **bandy**
BANDIES ▸ **bandy**
BANDIEST ▸ **bandy**
BANDING, -S *n* practice of grouping schoolchildren according to ability
BANDIT, -S, -TI *n* robber, esp a member of an armed gang
BANDITO, -S *n* Mexican bandit
BANDITRY ▸ **bandit**
BANDITS ▸ **bandit**
BANDITTI ▸ **bandit**
BANDLIKE *adj* like a band
BANDMATE *n* fellow member of band
BANDOG, -S *n* ferocious dog
BANDOOK, -S *same as* ▸ **bundook**
BANDORA, -S *same as* ▸ **bandore**
BANDORE, -S *n* 16th-century musical instrument
BANDPASS *n* range of frequencies transmitted through a bandpass filter
BANDROL, -S *same as* > **banderole**
BANDS ▸ **band**
BANDSAW, -S *n* power saw with continuous blade ▷ *vb* cut with a bandsaw
BANDSMAN, BANDSMEN *n* player in a musical band
BANDSTER *n* binder of wheat sheaves
BANDURA, -S *n* type of lute
BANDY, BANDIED, BANDIER, BANDIES, BANDIEST *adj* having legs curved outwards at the knees ▷ *vb* exchange (words) in a heated manner
BANDYING ▸ **bandy**
BANDYMAN, BANDYMEN *n* carriage or cart
BANE, -D, -S, BANING *n* person or thing that causes misery or distress ▷ *vb* cause harm or distress to (someone)
BANEFUL *adj* destructive, poisonous, or fatal
BANES ▸ **bane**
BANG, -ED, -ING, -S *vb* make a short explosive noise
BANGALAY *n* Australian tree valued for its hard red wood
BANGALOW *n* Australian palm tree native to New South Wales and Queensland
BANGED ▸ **bang**
BANGER, -S *n* old decrepit car
BANGING ▸ **bang**
BANGKOK, -S *n* type of straw hat
BANGLE, -D, -S *n* bracelet worn round the arm or the ankle
BANGS ▸ **bang**
BANGSTER *n* ruffian
BANGTAIL *n* horse's tail cut straight across but not through the bone
BANI ▸ **ban**
BANIA, -S *same as* ▸ **banyan**
BANIAN, -S *same as* ▸ **banyan**
BANIAS ▸ **bania**
BANING ▸ **bane**
BANISH, -ED, -ES *vb* send (someone) into exile
BANISHER ▸ **banish**
BANISHES ▸ **banish**
BANISTER *same as* > **bannister**
BANJAX, -ED, -ES *vb* ruin; destroy

> Meaning to ruin or destroy, this is a great word to remember, with its high-scoring combination of J and X.

BANJO, -ES, -S *n* guitar-like musical instrument with a circular body
BANJOIST ▸ **banjo**
BANJOS ▸ **banjo**
BANK, -ED, -S *n* institution offering services such as the safekeeping and lending of money ▷ *vb* deposit (cash or cheques) in a bank
BANKABLE *adj* likely to ensure financial success
BANKBOOK *n* record of deposits, withdrawals, and interest held by depositors at certain banks
BANKCARD *n* card guaranteeing payment of cheque
BANKED ▸ **bank**
BANKER, -S *n* manager or owner of a bank
BANKERLY *adj* like a banker
BANKERS ▸ **banker**
BANKET, -S *n* gold-bearing conglomerate found in South Africa
BANKING, -S ▸ **bank**
BANKIT, -S *same as* > **banquette**
BANKNOTE *n* piece of paper money
BANKROLL *n* roll of currency notes ▷ *vb* provide the capital for
BANKRUPT *n* person declared by a court to be unable to pay his or her debts ▷ *adj* financially ruined ▷ *vb* make bankrupt
BANKS ▸ **bank**
BANKSIA, -S *n* Australian evergreen tree or shrub
BANKSIDE *n* riverside
BANKSMAN, BANKSMEN *n* crane driver's helper
BANKSTER *n* banker whose illegal practices have been exposed
BANLIEUE *n* suburb of a city
BANNABLE ▸ **ban**
BANNED ▸ **ban**
BANNER, -ED, -S *n* long strip of cloth displaying a slogan, advertisement, etc ▷ *vb* (of a newspaper headline) to display (a story) prominently ▷ *adj* outstandingly successful
BANNERET *n* small banner
BANNEROL *same as* > **banderole**
BANNERS ▸ **banner**
BANNET, -S *n* bonnet
BANNING, -S *n* act of banning
BANNOCK, -S *n* round flat cake made from oatmeal or barley
BANNS *pl n* public declaration, esp in a church, of an intended marriage
BANOFFEE *n* filling for a pie, consisting of toffee and banana
BANOFFI, -S *same as* ▸ **banoffee**
BANQUET, -S *n* elaborate formal dinner ▷ *vb* hold or take part in a banquet
BANS *same as* ▸ **banns**
BANSELA, -S *same as* ▸ **bonsela**
BANSHEE, -S *n* (in Irish folklore) female spirit whose wailing warns of a coming death
BANSHIE, -S *same as* ▸ **banshee**
BANT, -ED, -S *n* string ▷ *vb* tie with string
BANTAM, -S *n* small breed of chicken
BANTED ▸ **bant**

B

BANTENG, -S *n* wild ox
BANTER, -ED, -S *vb* tease jokingly ▷ *n* teasing or joking conversation
BANTERER ▶ **banter**
BANTERS ▶ **banter**
BANTIES ▶ **banty**
BANTING, -S ▶ **bant**
BANTLING *n* young child
BANTS ▶ **bant**
BANTY, BANTIES *n* bantam
BANXRING *n* tree-shrew
BANYA, -S *n* traditional Russian steam bath
BANYAN, -S *n* Indian tree
BANYAS ▶ **banya**
BANZAI, -S *interj* patriotic cheer, battle cry, or salutation
BAO, -S *n* steamed dumpling
BAOBAB, -S *n* African tree with a thick trunk and angular branches
BAOS ▶ **bao**
BAP, -S *n* large soft bread roll
BAPTISE, -D, -S *same as* ▶ **baptize**
BAPTISER ▶ **baptise**
BAPTISES ▶ **baptise**
BAPTISIA *n* species of wild flower
BAPTISM, -S *n* Christian religious ceremony
BAPTIST, -S *n* one who baptizes
BAPTIZE, -D, -S *vb* perform baptism on
BAPTIZER ▶ **baptize**
BAPTIZES ▶ **baptize**
BAPU, -S *n* spiritual father
BAR, -RED, -S *n* rigid usually straight length of metal, wood, etc, longer than it is wide or thick ▷ *vb* fasten or secure with a bar
BARACAN, -S *same as* ▶ **barracan**
BARATHEA *n* fabric made of silk and wool or cotton and rayon, used esp for coats
BARAZA, -S *n* place where public meetings are held
BARB, -ED, -ING, -S *n* cutting remark ▷ *vb* provide with a barb or barbs
BARBAL *adj* of a beard
BARBARIC *adj* cruel or brutal
BARBASCO *n* S American plant
BARBATE, -D *adj* having tufts of long hairs
BARBE, -S *n* Waldensian missionary
BARBECUE *n* grill on which food is cooked over hot charcoal, usu outdoors ▷ *vb* cook (food) on a barbecue
BARBED ▶ **barb**
BARBEL, -S *n* long thin growth that hangs from the jaws of certain fishes, such as the carp
BARBELL, -S *n* long metal rod to which heavy discs are attached at each end for weightlifting
BARBELS ▶ **barbel**
BARBEQUE *same as* ▶ **barbecue**
BARBER, -ED, -S *n* person who cuts men's hair and shaves beards ▷ *vb* cut the hair of
BARBERRY *n* shrub with orange or red berries
BARBERS ▶ **barber**
BARBES ▶ **barbe**
BARBET, -S *n* type of small tropical bird
BARBETTE *n* earthen platform inside a parapet
BARBICAN *n* walled defence to protect a gate or drawbridge of a fortification
BARBICEL *n* minute hook on the barbule of a feather
BARBIE, -S *short for* ▶ **barbecue**
BARBING ▶ **barb**
BARBITAL *same as* > **barbitone**
BARBLESS ▶ **barb**
BARBOLA, -S *n* creation of small models of flowers, etc from plastic paste
BARBOT, -S *same as* ▶ **burbot**
BARBOTTE *same as* ▶ **burbot**
BARBS ▶ **barb**
BARBULE, -S *n* very small barb
BARBUT, -S *n* open-faced helmet
BARBWIRE *n* barbed wire
BARBY *same as* ▶ **barbecue**
BARCA, -S *n* boat
BARCHAN, -S *n* crescent-shaped shifting sand dune
BARCHANE *same as* ▶ **barchan**
BARCHANS ▶ **barchan**
BARCODE, -S *n* machine-readable code printed on goods
BARCODED *adj* having a barcode
BARCODES ▶ **barcode**
BARD, -ING, -S *n* poet ▷ *vb* place a piece of pork fat on
BARDE, -D, -S *same as* ▶ **bard**
BARDIC ▶ **bard**
BARDIE, -S *n* type of Australian grub
BARDIER ▶ **bardy**
BARDIES ▶ **bardie**
BARDIEST ▶ **bardy**
BARDING ▶ **bard**
BARDISM, -S ▶ **bard**
BARDLING *n* inferior poet
BARDO, -S *n* (in Tibetan Buddhism) the state of the soul between its death and its rebirth
BARDS ▶ **bard**
BARDSHIP ▶ **bard**
BARDY, BARDIER, BARDIEST ▶ **bard**
BARE, -D, -R, -S, -ST, BARING *adj* unclothed, naked ▷ *vb* uncover
BAREBACK *adv* (of horse-riding) without a saddle ▷ *vb* ride bareback
BAREBOAT *n* boat chartered without crew, provisions, etc
BAREBONE *n* computer casing containing bare essentials
BARED ▶ **bare**
BAREFIT *same as* ▶ **barefoot**
BAREFOOT *adv* with the feet uncovered
BAREGE, -S *n* light silky gauze fabric made of wool ▷ *adj* made of such a fabric
BAREGINE *n* curative ingredient in thermal waters
BAREHAND *vb* handle with bare hands
BAREHEAD *adv* with head uncovered
BARELAND *adj* as in **bareland croft** refers to a croft with no croft house
BARELY *adv* only just
BARENESS ▶ **bare**
BARER ▶ **bare**
BARES ▶ **bare**
BARESARK *another word for* ▶ **berserk**
BAREST ▶ **bare**
BARF, -ED, -ING, -S *vb* vomit ▷ *n* act of vomiting
BARFI, -S *n* type of Indian dessert
BARFING ▶ **barf**
BARFIS ▶ **barfi**
BARFLY, BARFLIES *n* person who frequents bars
BARFS ▶ **barf**
BARFUL *adj* presenting difficulties
BARGAIN, -S *n* agreement establishing what each party will give, receive, or perform in a transaction ▷ *vb* negotiate the terms of an agreement
BARGE, -D, -S, BARGING *n* flat-bottomed boat used to

transport freight ▷ *vb* push violently
BARGEE, -S *n* person in charge of a barge
BARGEESE ▸ **bargoose**
BARGELLO *n* zigzag tapestry stitch
BARGEMAN, BARGEMEN *same as* ▸ **bargee**
BARGES ▸ **barge**
BARGEST, -S *same as* ▸ **barghest**
BARGHEST *n* mythical goblin in the shape of a dog
BARGING ▸ **barge**
BARGOON, -S *Canadian word for* ▸ **bargain**
BARGOOSE, BARGEESE *n* type of goose; sheldrake
BARGUEST *same as* ▸ **barghest**
BARHOP, -S *vb* visit several bars in succession
BARIC *adj* of or containing barium
BARILLA, -S *n* impure mixture of sodium carbonate and sodium sulphate
BARING ▸ **bare**
BARISH *adj* quite thinly covered
BARISTA, -S *n* person who makes and sells coffee in a coffee bar
BARITE, -S *n* colourless or white mineral
BARITONE *n* (singer with) the second lowest adult male voice ▷ *adj* relating to or denoting a baritone
BARIUM, -S *n* soft white metallic element
BARK, -ED, -S *vb* (of a dog) make its typical loud abrupt cry
BARKAN, -S *same as* ▸ **barchan**
BARKED ▸ **bark**
BARKEEP, -S *n* barkeeper
BARKEN, -ED, -S *vb* become dry with a bark-like outer layer
BARKER, -S *n* person at a fairground who calls loudly to passers-by in order to attract customers
BARKHAN, -S *same as* ▸ **barchan**
BARKIER ▸ **barky**
BARKIEST ▸ **barky**
BARKING *adj* mad
BARKLESS ▸ **bark**
BARKLIKE *adj* like a dog's bark
BARKS ▸ **bark**
BARKY, BARKIER, BARKIEST *adj* having the texture or appearance of bark
BARLEDUC *n* French preserve made of currants
BARLESS ▸ **bar**
BARLEY, -S *n* tall grasslike plant cultivated for grain ▷ *sentence substitute* cry for truce or respite from the rules of a game
BARLOW, -S *n* type of strong knife
BARM, -S *n* yeasty froth on fermenting malt liquors
BARMAID, -S *n* woman who serves in a pub
BARMAN, BARMEN *same as* > **bartender**
BARMIE *same as* ▸ **barmy**
BARMIER ▸ **barmy**
BARMIEST ▸ **barmy**
BARMILY ▸ **barmy**
BARMKIN, -S *n* protective wall around castle
BARMPOT, -S *n* foolish or deranged person
BARMS ▸ **barm**
BARMY, BARMIER, BARMIEST *adj* mad
BARN, -ED, -ING, -S *n* large building on a farm used for storing grain ▷ *vb* keep in a barn
BARNACLE *n* shellfish that lives attached to rocks, ship bottoms, etc
BARNED ▸ **barn**
BARNET, -S *n* hair
BARNEY, -ED, -S *n* noisy fight or argument ▷ *vb* argue or quarrel
BARNIER ▸ **barny**
BARNIEST ▸ **barny**
BARNING ▸ **barn**
BARNLIKE ▸ **barn**
BARNS ▸ **barn**
BARNWOOD *n* aged and weathered boards, esp those salvaged from dismantled barns
BARNY, BARNIER, BARNIEST *adj* reminiscent of a barn
BARNYARD *n* yard adjoining a barn
BAROCCO, -S *same as* ▸ **baroque**
BAROCK, -S *same as* ▸ **baroque**
BAROGRAM *n* record of atmospheric pressure traced by a barograph or similar instrument
BAROLO, -S *n* red Italian wine
BAROMETZ *n* fern whose woolly rhizomes resemble a lamb
BARON, -S *n* member of the lowest rank of nobility
BARONAGE *n* barons collectively
BARONESS *n* woman holding the rank of baron
BARONET, -S *n* commoner who holds the lowest hereditary British title
BARONG, -S *n* broad-bladed cleaver-like knife used in the Philippines
BARONIAL *adj* of, relating to, or befitting a baron or barons
BARONIES ▸ **barony**
BARONNE, -S *n* baroness
BARONS ▸ **baron**
BARONY, BARONIES *n* domain or rank of a baron
BAROQUE, -S *n* style of art, architecture, or music ▷ *adj* ornate in style
BAROSAUR *n* large dinosaur
BAROSTAT *n* device for maintaining constant pressure, such as one used in an aircraft cabin
BAROUCHE *n* type of horse-drawn carriage
BARP, -S *n* hillock or bank of stones
BARQUE, -S *n* sailing ship, esp one with three masts
BARRA, -S *n* barramundi
BARRABLE ▸ **bar**
BARRACAN *n* thick, strong fabric
BARRACE, -S *n* record of teams entering a sports contest
BARRACK *vb* criticize loudly or shout against (a team or speaker)
BARRACKS *pl n* building used to accommodate military personnel
BARRAGE, -D, -S *n* continuous delivery of questions, complaints, etc ▷ *vb* attack or confront with a barrage
BARRANCA *n* ravine or precipice
BARRANCO *same as* ▸ **barranca**
BARRAS ▸ **barra**
BARRAT, -ED, -S *n* fraudulent dealings ▷ *vb* quarrel
BARRATER *same as* ▸ **barrator**
BARRATOR *n* person guilty of barratry

B

BARRATRY *n* (formerly) the vexatious stirring up of quarrels or bringing of lawsuits
BARRATS ▸ **barrat**
BARRE, -ED, -ING, -S *n* rail at hip height used for ballet practice ▹ *vb* execute guitar chords by laying the index finger over some or all of the strings ▹ *adv* by using the barre
BARRED ▸ **bar**
BARREED ▸ **barre**
BARREING ▸ **barre**
BARREL, -ED, -S *n* cylindrical container with rounded sides and flat ends ▹ *vb* put in a barrel
BARREN, -ER *adj* (of a woman or female animal) incapable of producing offspring
BARRENLY ▸ **barren**
BARRENS *pl n* (in North America) a stretch of land that is sparsely vegetated
BARRES ▸ **barre**
BARRET, -S *n* small flat cap resembling a biretta
BARRETOR *n* quarrelsome person
BARRETRY *same as* ▸ **barratry**
BARRETS ▸ **barret**
BARRETTE *n* clasp or pin for holding hair in place
BARRICO, -S *n* small container for liquids
BARRIE *adj* very good
BARRIER, -S *n* anything that prevents access, progress, or union ▹ *vb* create or form a barrier
BARRIES ▸ **barry**
BARRING, -S ▸ **bar**
BARRIO, -S *n* Spanish-speaking quarter in a town or city, esp in the US
BARRIQUE *n* wine barrel made of oak
BARRO *adj* embarrassing
BARROOM, -S *n* room or building where alcoholic drinks are served over a counter
BARROW, -S *n* wheelbarrow
BARRULET *n* narrow band across heraldic shield
BARRY, BARRIES *n* mistake or blunder
BARS ▸ **bar**
BARSTOOL *n* high stool in bar
BARTEND, -S *vb* serve drinks from a bar
BARTER, -ED, -S *vb* trade (goods) in exchange for other goods ▹ *n* trade by the exchange of goods
BARTERER ▸ **barter**
BARTERS ▸ **barter**
BARTISAN *same as* ▸ **bartizan**
BARTIZAN *n* small turret projecting from a wall, parapet, or tower
BARTON, -S *n* farmyard
BARTSIA, -S *n* type of semiparasitic plant
BARWARE, -S *n* glasses, etc used in a bar
BARWOOD, -S *n* red wood from small African tree
BARYE, -S *n* unit of pressure
BARYON, -S *n* elementary particle that has a mass greater than or equal to that of the proton
BARYONIC *adj* of or relating to a baryon
BARYONS ▸ **baryon**
BARYTA, -S *same as* ▸ **barite**
BARYTE, -S *same as* ▸ **barite**
BARYTIC ▸ **baryta**
BARYTON, -S *n* bass viol with sympathetic strings as well as its six main strings
BARYTONE *adj* having the last syllable unaccented ▹ *n* word in which the last syllable is unaccented
BARYTONS ▸ **baryton**
BAS ▸ **ba**
BASAL *adj* of, at, or constituting a base
BASALLY ▸ **basal**
BASALT, -S *n* dark volcanic rock
BASALTES *n* unglazed black stoneware
BASALTIC ▸ **basalt**
BASALTS ▸ **basalt**
BASAN, -S *n* sheepskin tanned in bark
BASANITE *n* black basaltic rock
BASANS ▸ **basan**
BASANT, -S *n* Pakistani spring festival
BASCINET *same as* ▸ **basinet**
BASCULE, -S *n* drawbridge that operates by a counterbalanced weight
BASE, -D, -R, -ST, BASING *n* bottom or supporting part of anything ▹ *vb* use as a basis (for) ▹ *adj* dishonourable or immoral
BASEBALL *n* type of team ball game
BASEBAND *n* transmission technique using a narrow range of frequencies
BASEBORN *adj* born of humble parents
BASED ▸ **base**
BASEEJ *pl n* Iranian volunteer militia
BASELARD *n* short sword
BASELESS *adj* not based on fact
BASELINE *n* value or starting point on an imaginary scale with which other things are compared
BASELOAD *n* constant part of an electrical power supply
BASELY ▸ **base**
BASEMAN, BASEMEN *n* fielder positioned near a base
BASEMENT *n* partly or wholly underground storey of a building
BASEN *Spenserian spelling of* ▸ **basin**
BASENESS ▸ **base**
BASENJI, -S *n* small breed of dog
BASEPATH *n* diamond-shaped path between bases on a baseball field
BASER ▸ **base**
BASES ▸ **basis**
BASEST ▸ **base**
BASH, -ED, -ES *vb* hit violently or forcefully ▹ *n* heavy blow
BASHAW, -S *n* important or pompous person
BASHED ▸ **bash**
BASHER, -S ▸ **bash**
BASHES ▸ **bash**
BASHFUL *adj* shy or modest
BASHING, -S ▸ **bash**
BASHLESS *adj* not ashamed
BASHLIK, -S *n* Caucasian hood
BASHLYK, -S *same as* ▸ **bashlik**
BASHMENT *same as* > **dancehall**
BASHO *n* grand tournament in sumo wrestling
BASHTAG, -S *n* (on Twitter) hashtag used for abusive comments
BASIC, -S *adj* of or forming a base or basis ▹ *n* fundamental principle, fact, etc
BASICITY *n* state of being a base
BASICS ▸ **basic**
BASIDIA ▸ **basidium**
BASIDIAL ▸ **basidium**

BASIDIUM, BASIDIA *n* spore-forming structure in fungi
BASIFIED ▸ **basify**
BASIFIER ▸ **basify**
BASIFY, BASIFIED, BASIFIES *vb* make basic
BASIJ *same as* ▸ **baseej**
BASIL, -S *n* aromatic herb used in cooking
BASILAR *adj* of or situated at a base
BASILARY *same as* ▸ **basilar**
BASILECT *n* debased dialect
BASILIC ▸ **basilica**
BASILICA *n* rectangular church with a rounded end and two aisles
BASILISK *n* legendary serpent said to kill by its breath or glance
BASILS ▸ **basil**
BASIN, -S *n* round open container
BASINAL ▸ **basin**
BASINED ▸ **basin**
BASINET, -S *n* close-fitting medieval helmet of light steel usually with a visor
BASINFUL *n* amount a basin will hold
BASING ▸ **base**
BASINS ▸ **basin**
BASION, -S *n* (in anatomy) midpoint on the forward border of the foramen magnum
BASIS, BASES *n* fundamental principles etc from which something is started or developed
BASK, -ED, -ING, -S *vb* lie in or be exposed to something, esp pleasant warmth
BASKET, -S *n* container made of interwoven strips of wood or cane
BASKETRY *n* art or practice of making baskets
BASKETS ▸ **basket**
BASKING ▸ **bask**
BASKS ▸ **bask**
BASMATI, -S *n* variety of long-grain rice with slender aromatic grains
BASNET, -S *same as* ▸ **basinet**
BASOCHE, -S *n* society of medieval French lawyers who performed comic plays
BASON, -S *same as* ▸ **basin**
BASOPHIL *adj* (of cells or cell contents) easily stained by basic dyes ▹ *n* basophil cell, esp a leucocyte
BASQUE, -D, -S *n* tight-fitting bodice for women
BASQUINE *n* tight-fitting bodice
BASS, -ED, -ES, -EST, -ING *n* (singer with) the lowest adult male voice ▹ *adj* relating to or denoting a bass ▹ *vb* speak or sing in a low pitch
BASSE *same as* ▸ **bass**
BASSED ▸ **bass**
BASSER, -S *n* someone who plays bass guitar or double bass
BASSES ▸ **bass**
BASSEST ▸ **bass**
BASSET, -ED, -S *n* breed of hound ▹ *vb* (of rock) protrude through earth's surface
BASSETT, -S *same as* ▸ **basset**
BASSI ▸ **basso**
BASSIER ▸ **bassy**
BASSIEST ▸ **bassy**
BASSINET *n* wickerwork or wooden cradle or pram, usually hooded
BASSING ▸ **bass**
BASSIST, -S *n* player of a double bass, esp in a jazz band
BASSLINE *n* (in jazz, rock, and pop music) part played by the bass guitar
BASSLY ▸ **bass**
BASSNESS ▸ **bass**
BASSO, BASSI, -S *n* singer with a bass voice
BASSOON, -S *n* low-pitched woodwind instrument
BASSOS ▸ **basso**
BASSWOOD *n* N American linden tree
BASSY, BASSIER, BASSIEST *adj* manifesting strong bass tones
BAST, -S *n* fibrous material used for making rope, matting, etc
BASTA *interj* enough; stop
BASTE, -D, -S *vb* moisten (meat) during cooking with hot fat
BASTER, -S ▸ **baste**
BASTES ▸ **baste**
BASTI, -S *n* (in India) a slum inhabited by poor people
BASTIDE, -S *n* small isolated house in France
BASTILE, -S *same as* ▸ **bastille**
BASTILLE *n* prison
BASTING, -S *n* loose temporary stitches
BASTION, -S *n* projecting part of a fortification
BASTIS ▸ **basti**
BASTLE, -S *n* fortified house
BASTO, -S *n* ace of clubs in certain card games
BASTS ▸ **bast**
BASUCO, -S *n* illegal cocaine-based drug
BAT, -S, -TED *n* any of various types of club used to hit the ball in certain sports ▹ *vb* strike with or as if with a bat
BATABLE ▸ **bat**
BATARD, -S *n* canoe made of birchbark
BATATA, -S *n* sweet potato
BATAVIA, -S *n* variety of lettuce with smooth pale green leaves
BATBOY, -S *n* boy who works at baseball games
BATCH, -ED, -ES *n* group of people or things dealt with at the same time ▹ *vb* group (items) for efficient processing
BATCHER, -S ▸ **batch**
BATCHES ▸ **batch**
BATCHING ▸ **batch**
BATE, -D, -S, BATING *vb* (of hawks) to jump violently from a perch or the falconer's fist
BATEAU, -X *n* light flat-bottomed boat used on rivers in Canada and the northern US
BATED ▸ **bate**
BATELESS ▸ **bate**
BATELEUR *n* African bird of prey with a short tail and long wings
BATEMENT *n* reduction
BATES ▸ **bate**
BATFISH *n* type of angler fish with a flattened scaleless body
BATFOWL, -S *vb* catch birds by temporarily blinding them with light
BATGIRL, -S *n* girl who works at baseball games
BATH, -S *n* large container in which to wash the body ▹ *vb* wash in a bath
BATHCUBE *n* cube of soluble scented material for use in a bath
BATHE, -D, -S *vb* swim in open water for pleasure
BATHER ▸ **bathe**
BATHERS *pl n* swimming costume
BATHES ▸ **bathe**

B

BATHETIC *adj* containing or displaying bathos
BATHING, -S *n* act of bathing
BATHLESS ▸ **bath**
BATHMAT, -S *n* mat to stand on after a bath
BATHMIC ▸ **bathmism**
BATHMISM *n* growth-force
BATHORSE *n* officer's packhorse
BATHOS, -ES *n* sudden change from a serious subject to a trivial one
BATHROBE *n* loose-fitting garment for wear before or after a bath or swimming
BATHROOM *n* room with a bath, sink, and usu a toilet
BATHS ▸ **bath**
BATHTUB, -S *n* bath, esp one not permanently fixed
BATHYAL *adj* relating to an ocean depth of between 200 and 2000 metres
BATIK, -ED, -ING, -S *n* process of printing fabric using wax to cover areas not to be dyed ▹ *vb* treat material with this process
BATING ▸ **bate**
BATISTE, -S *n* fine plain-weave cotton fabric: used esp for shirts and dresses
BATLER, -S *n* flat piece of wood for beating clothes, etc before washing
BATLET, -S *same as* ▸ **batler**
BATLIKE ▸ **bat**
BATMAN, BATMEN *n* officer's servant in the armed forces
BATOLOGY *n* study of brambles
BATON, -ED, -ING, -S *n* thin stick used by the conductor of an orchestra ▹ *vb* carry or wave a baton
BATOON, -ED, -S *same as* ▸ **baton**
BATS ▸ **bat**
BATSMAN, BATSMEN *n* person who bats or specializes in batting
BATSWING *adj* in the form of the wing of a bat
BATT, -S *same as* ▸ **bat**
BATTA, -S *n* soldier's allowance
BATTALIA *n* arrangement of army prepared for battle
BATTAS ▸ **batta**
BATTEAU, -X *same as* ▸ **bateau**
BATTED ▸ **bat**
BATTEL, -ED, -S *vb* make fertile
BATTELER ▸ **battel**
BATTELS ▸ **battel**
BATTEN, -ED, -S *n* strip of wood fixed to something, esp to hold it in place ▹ *vb* strengthen or fasten with battens
BATTENER ▸ **batten**
BATTENS ▸ **batten**
BATTER, -S *vb* hit repeatedly ▹ *n* mixture of flour, eggs, and milk, used in cooking
BATTERED *adj* subjected to persistent physical violence
BATTERER *n* person who batters someone
BATTERIE *n* movement in ballet involving the legs beating together
BATTERO, -S *n* heavy club
BATTERS ▸ **batter**
BATTERY *n* device that produces electricity in a torch, radio, etc ▹ *adj* kept in series of cages for intensive rearing
BATTIER ▸ **batty**
BATTIES ▸ **batty**
BATTIEST ▸ **batty**
BATTIK, -S *same as* ▸ **batik**
BATTILL, -S *vb* fatten an animal
BATTILY *adv* in an eccentric or crazy manner
BATTING, -S *n* act of hitting with a bat
BATTLE, -D, -S, BATTLING *n* fight between large armed forces ▹ *vb* struggle
BATTLEAX *same as* > **battleaxe**
BATTLED ▸ **battle**
BATTLER, -S ▸ **battle**
BATTLES ▸ **battle**
BATTLING ▸ **battle**
BATTS ▸ **batt**
BATTU *adj* (in ballet) involving a beating movement
BATTUE, -S *n* beating of woodland or cover to force game to flee in the direction of hunters
BATTUTA, -S *n* (in music) a beat
BATTUTO, -S *n* (in Italian cookery) selection of chopped herbs
BATTY, BATTIER, BATTIES, BATTIEST *adj* eccentric or crazy ▹ *n* person's bottom
BATWING *adj* shaped like the wings of a bat, as a black tie, collar, etc
BATWOMAN, BATWOMEN *n* female servant in any of the armed forces
BAUBEE, -S *same as* ▸ **bawbee**
BAUBLE, -S, BAUBLING *n* trinket of little value
BAUCHLE, -D, -S *vb* shuffle along
BAUD, -S *n* unit used to measure the speed of transmission of electronic data
BAUDEKIN *old variant of* > **baldachin**
BAUDRIC, -S *same as* ▸ **baldric**
BAUDRICK *same as* ▸ **baldric**
BAUDRICS ▸ **baudric**
BAUDRONS *n* name for a cat
BAUDS ▸ **baud**
BAUERA, -S *n* small evergreen Australian shrub
BAUHINIA *n* type of climbing or shrubby plant
BAUK, -ED, -ING, -S *same as* ▸ **balk**
BAULK, -ED, -ING, -S *same as* ▸ **balk**
BAULKER, -S ▸ **baulk**
BAULKIER ▸ **baulky**
BAULKILY ▸ **baulky**
BAULKING ▸ **baulk**
BAULKS ▸ **baulk**
BAULKY, BAULKIER *same as* ▸ **balky**
BAUR, -S *n* humorous anecdote; joke
BAUSOND *adj* (of animal) dappled with white spots
BAUXITE, -S *n* claylike substance that is the chief source of aluminium
BAUXITIC ▸ **bauxite**
BAVAROIS *n* cold dessert consisting of a rich custard set with gelatine
BAVIN, -ED, -ING, -S *n* bundle of brushwood or firewood ▹ *vb* bind (brushwood or firewood) into bavins
BAWBEE, -S *n* former Scottish silver coin
BAWBLE, -S *same as* ▸ **bauble**
BAWCOCK, -S *n* fine fellow
BAWDKIN, -S *same as* > **baldachin**
BAWDRIC, -S *n* heavy belt to support sword
BAWK, -S *n* type of Atlantic seabird
BAWL, -ED, -S *vb* shout or weep noisily ▹ *n* loud shout or cry
BAWLER, -S ▸ **bawl**
BAWLEY, -S *n* small fishing boat

BAWLING, -S ▸ **bawl**
BAWLS ▸ **bawl**
BAWN, -S *n* fortified enclosure
BAWNEEN, -S *same as* ▸ **bainin**
BAWNS ▸ **bawn**
BAWR, -S *same as* ▸ **baur**
BAWSUNT *adj* black and white in colour
BAWTIE, -S *n* name for a dog
BAWTY *same as* ▸ **bawtie**
BAXTER, -S *old variant of* ▸ **baker**
BAY, -ED, -ER, -EST, -ING, -S *n* wide semicircular indentation of a shoreline ▹ *vb* howl in deep tones ▹ *adj* (esp of horses) of a reddish brown colour
BAYADEER *same as* ▸ **bayadere**
BAYADERE *n* dancing girl, esp one serving in a Hindu temple ▹ *adj* (of fabric, etc) having horizontal stripes
BAYAMO, -S *n* Cuban strong wind
BAYARD, -S *n* bay horse
BAYBERRY *n* tropical American tree that yields an oil used in making bay rum
BAYE, -S *vb* bathe
BAYED ▸ **bay**
BAYER ▸ **bay**
BAYES ▸ **baye**
BAYEST ▸ **bay**
BAYFRONT *n* shoreline of a bay
BAYING ▸ **bay**
BAYLE, -S *n* barrier
BAYMAN, BAYMEN *n* fisherman
BAYNODDY *n* person who fishes in a bay
BAYONET, -S *n* sharp blade that can be fixed to the end of a rifle ▹ *vb* stab with a bayonet
BAYOU, -S *n* (in the southern US) a sluggish marshy tributary of a lake or river
BAYS ▸ **bay**
BAYSIDE, -S *n* shore of a bay
BAYT, -ED, -ING, -S *same as* ▸ **bate**
BAYWOOD, -S *n* light soft wood of a tropical American mahogany tree
BAYYAN, -S *n* Islamic declaration
BAZAAR, -S *n* sale in aid of charity
BAZAR, -S *same as* ▸ **bazaar**
BAZAZZ, -ES *same as* ▸ **pizzazz**
BAZOO, -S *a US slang word for* ▸ **mouth**
BAZOOKA, -S *n* portable rocket launcher that fires an armour-piercing projectile
BAZOOS ▸ **bazoo**
BAZOUKI, -S *same as* ▸ **bouzouki**
BAZZ, -ED, -ES, -ING *vb* throw (an object)
BAZZAZZ *same as* ▸ **pizzazz**
BAZZED ▸ **bazz**
BAZZES ▸ **bazz**
BAZZING ▸ **bazz**
BDELLIUM *n* African or W Asian tree that yields a gum resin
BE *vb* exist or live
BEACH, -ED, -ES, -ING *n* area of sand or pebbles on a shore ▹ *vb* run or haul (a boat) onto a beach
BEACHBOY *n* male lifeguard on beach
BEACHED ▸ **beach**
BEACHES ▸ **beach**
BEACHIER ▸ **beachy**
BEACHING ▸ **beach**
BEACHY, BEACHIER *adj* with gentle sandy slopes
BEACON, -ED, -S *n* fire or light on a hill or tower, used as a warning ▹ *vb* guide or warn
BEAD, -ED, -S *n* small piece of plastic, wood, etc, pierced for threading ▹ *vb* decorate with beads
BEADER, -S *n* person making things with beads
BEADIER ▸ **beady**
BEADIEST ▸ **beady**
BEADILY ▸ **beady**
BEADING, -S *n* strip of moulding used for edging furniture
BEADLE, -S *n* (formerly) a minor parish official who acted as an usher
BEADLIKE ▸ **bead**
BEADMAN, BEADMEN *same as* ▸ **beadsman**
BEADROLL *n* list of persons for whom prayers are to be offered
BEADS ▸ **bead**
BEADSMAN, BEADSMEN *n* person who prays for another's soul, esp one paid or fed for doing so
BEADWORK *same as* ▸ **beading**
BEADY, BEADIER, BEADIEST *adj* small, round, and glittering
BEAGLE, -D, -S *n* small hound with short legs and drooping ears ▹ *vb* hunt with beagles, normally on foot
BEAGLER, -S *n* person who hunts with beagles
BEAGLES ▸ **beagle**
BEAGLING ▸ **beagle**
BEAK, -S *n* projecting horny jaws of a bird
BEAKED ▸ **beak**
BEAKER, -S *n* large drinking cup
BEAKIER ▸ **beaky**
BEAKIEST ▸ **beaky**
BEAKLESS ▸ **beak**
BEAKLIKE ▸ **beak**
BEAKS ▸ **beak**
BEAKY, BEAKIER, BEAKIEST ▸ **beak**
BEAL, -S *n* infected sore
BEALING, -S *n* infected sore
BEALS ▸ **beal**
BEAM, -ED, -S *n* broad smile ▹ *vb* smile broadly
BEAMER, -S *n* full-pitched ball bowled at the batsman's head
BEAMIER ▸ **beamy**
BEAMIEST ▸ **beamy**
BEAMILY ▸ **beam**
BEAMING, -S ▸ **beam**
BEAMISH *adj* smiling
BEAMLESS ▸ **beam**
BEAMLET, -S *n* small beam
BEAMLIKE ▸ **beam**
BEAMS ▸ **beam**
BEAMY, BEAMIER, BEAMIEST ▸ **beam**
BEAN, -ED, -ING, -S *n* seed or pod of various plants, eaten as a vegetable or used to make coffee etc ▹ *vb* strike on the head
BEANBAG, -S *n* small cloth bag filled with dried beans and thrown in games
BEANBALL *n* baseball intended to hit batter's head
BEANED ▸ **bean**
BEANERY *n* cheap restaurant
BEANIE, -S *n* close-fitting woollen hat
BEANING ▸ **bean**
BEANLIKE ▸ **bean**
BEANO, -S *n* celebration or party
BEANPOLE *n* pole used to support bean plants
BEANS ▸ **bean**
BEANY *same as* ▸ **beanie**
BEAR, -ED, -S, BORNE *vb* support or hold up (something) ▹ *vb* lower the price of (a security) ▹ *n* type of omnivorous mammal

B

B

BEARABLE *adj* endurable
BEARABLY ▸ **bearable**
BEARBINE *n* type of bindweed
BEARCAT, -S *n* lesser panda
BEARD, -ED, -ING, -S *n* hair growing on the lower parts of a person's face ▹ *vb* oppose boldly
BEARDIE, -S *n* another name for bearded loach
BEARDIER ▸ **beardy**
BEARDIES ▸ **beardie**
BEARDING ▸ **beard**
BEARDS ▸ **beard**
BEARDY, BEARDIER *adj* having a beard
BEARE, -S *same as* ▸ **bear**
BEARED ▸ **bear**
BEARER, -S *n* person who carries, presents, or upholds something
BEARES ▸ **beare**
BEARHUG, -S *n* wrestling hold in which the arms are locked tightly round an opponent's chest and arms ▹ *vb* hold an opponent in a bearhug
BEARING, -S ▸ **bear**
BEARISH *adj* like a bear
BEARLIKE ▸ **bear**
BEARPAW, -S *n* paw of a bear
BEARS ▸ **bear**
BEARSKIN *n* tall fur helmet worn by some British soldiers
BEARWARD *n* bear keeper
BEARWOOD *another name for* ▸ **cascara**
BEAST, -ED, -ING, -S *n* large wild animal ▹ *vb* torture someone using excessive physical exercise
BEASTIE, -S *n* small animal
BEASTILY *same as* > **bestially**
BEASTING ▸ **beast**
BEASTLY *adj* unpleasant or disagreeable ▹ *adv* extremely
BEASTS ▸ **beast**
BEAT, -EN, -S *vb* strike with a series of violent blows ▹ *n* stroke or blow ▹ *adj* totally exhausted
BEATABLE ▸ **beat**
BEATBOX *n* drum machine simulated by a human voice ▹ *vb* simulate a drum machine with a human voice
BEATDOWN *n* heavy defeat
BEATEN ▸ **beat**
BEATER, -S *n* device used for beating
BEATH, -ED, -ING, -S *vb* dry; heat
BEATIER ▸ **beaty**
BEATIEST ▸ **beaty**
BEATIFIC *adj* displaying great happiness
BEATIFY *vb* take first step towards making (a dead person) a saint
BEATING, -S ▸ **beat**
BEATLESS ▸ **beat**
BEATNIK, -S *n* young person in the late 1950s who rebelled against conventional attitudes etc
BEATS ▸ **beat**
BEATY, BEATIER, BEATIEST *adj* (of music) having a strong rhythm
BEAU, -S, -X *n* boyfriend or admirer
BEAUCOUP *n* large amount
BEAUFET, -S *same as* ▸ **buffet**
BEAUFFET *same as* ▸ **buffet**
BEAUFIN, -S *same as* ▸ **biffin**
BEAUISH *adj* vain and showy
BEAUS ▸ **beau**
BEAUT, -ER, -EST, -S *n* person or thing that is outstanding or distinctive ▹ *adj* good or excellent ▹ *interj* exclamation of joy or pleasure
BEAUTIED ▸ **beauty**
BEAUTIES ▸ **beauty**
BEAUTIFY *vb* make beautiful
BEAUTS ▸ **beaut**
BEAUTY, BEAUTIED, BEAUTIES *n* combination of all the qualities of a person or thing that delight the senses and mind ▹ *interj* expression of approval or agreement ▹ *vb* make beautiful
BEAUX ▸ **beau**
BEAUXITE *same as* ▸ **bauxite**
BEAVER, -ED, -S *n* amphibious rodent with a big flat tail ▹ *vb* work steadily or assiduously
BEAVERY *n* place for keeping beavers
BEBEERU, -S *n* tropical American tree
BEBLOOD, -S *vb* stain with blood
BEBOP, -PED, -S *same as* ▸ **bop**
BEBOPPER ▸ **bebop**
BEBOPS ▸ **bebop**
BEBUNG, -S *n* vibrato effect on clavichord
BECALL, -ED, -S *vb* use insulting words about someone
BECALM, -S *vb* make calm
BECALMED *adj* (of a sailing ship) motionless through lack of wind
BECALMS ▸ **becalm**
BECAME ▸ **become**
BECAP, -PED, -S *vb* put cap on
BECARPET *vb* lay carpet on
BECASSE, -S *n* woodcock
BECAUSE *conj* on account of the fact that; on account of being; since
BECHALK, -S *vb* mark with chalk
BECHAMEL *n* thick white sauce flavoured with onion and seasoning
BECHANCE *vb* happen (to)
BECHARM, -S *vb* delight
BECK, -ED, -ING, -S *n* stream ▹ *vb* attract someone's attention by nodding or gesturing
BECKE, -S *same as* ▸ **beak**
BECKED ▸ **beck**
BECKES ▸ **becke**
BECKET, -S *n* clevis forming part of one end of a sheave
BECKING ▸ **beck**
BECKON, -ED, -S *vb* summon with a gesture ▹ *n* summoning gesture
BECKONER ▸ **beckon**
BECKONS ▸ **beckon**
BECKS ▸ **beck**
BECLAMOR *vb* clamour excessively
BECLASP, -S *vb* embrace
BECLOAK, -S *vb* dress in cloak
BECLOG, -S *vb* put clogs on
BECLOTHE *vb* put clothes on
BECLOUD, -S *vb* cover or obscure with a cloud
BECLOWN, -S *vb* clown around
BECOME, BECAME, -S *vb* come to be
BECOMING *adj* attractive or pleasing ▹ *n* any process of change
BECOWARD *vb* make cowardly
BECRAWL, -S *vb* crawl all over
BECRIME, -D, -S *vb* make someone guilty of a crime
BECROWD, -S *vb* crowd with something
BECRUST, -S *vb* cover with crust
BECUDGEL *vb* arm with cudgel
BECURL, -ED, -S *vb* curl
BECURSE, -D, -S, BECURST *vb* curse

B

BED, -DED, -S *n* piece of furniture on which to sleep ▷ *vb* plant in a bed
BEDABBLE *vb* dabble; moisten
BEDAD *interj* by God (oath)
BEDAGGLE *vb* soil by trailing through dirt
BEDAMN, -ED, -S *vb* damn
BEDARKEN *vb* make dark
BEDASH, -ED, -ES *vb* sprinkle with liquid
BEDAUB, -ED, -S *vb* smear with something sticky or dirty
BEDAWIN, -S *same as* ▶ **bedouin**
BEDAZE, -D, -S, BEDAZING *vb* daze
BEDAZZLE *vb* dazzle or confuse, as with brilliance
BEDBATH, -S *n* washing of a sick person in bed
BEDBOARD *n* base of bed
BEDBUG, -S *n* small blood-sucking wingless insect that infests dirty houses
BEDCHAIR *n* adjustable chair to support invalid in bed
BEDCOVER *n* cover for bed
BEDDED ▶ **bed**
BEDDER, -S *n* (at some universities) college servant employed to keep students' rooms in order
BEDDING, -S ▶ **bed**
BEDE, -S *n* prayer
BEDEAFEN *vb* deafen
BEDECK, -ED, -S *vb* cover with decorations
BEDEGUAR *n* growth found on rosebushes
BEDEL, -S *archaic spelling of* ▶ **beadle**
BEDELL, -S *same as* ▶ **beadle**
BEDELS ▶ **bedel**
BEDEMAN, BEDEMEN *same as* ▶ **beadsman**
BEDERAL, -S *same as* ▶ **bedral**
BEDES ▶ **bede**
BEDESMAN, BEDESMEN *same as* ▶ **beadsman**
BEDEVIL, -S *vb* harass, confuse, or torment
BEDEW, -ED, -ING, -S *vb* wet or cover with or as if with drops of dew
BEDFAST *an archaic word for* > **bedridden**
BEDFRAME *n* framework of bed
BEDGOWN, -S *n* night dress
BEDHEAD, -S *n* untidy state of hair, esp caused by sleeping
BEDIAPER *vb* put a nappy on
BEDIDE ▶ **bedye**
BEDIGHT, -S *vb* array or adorn ▷ *adj* adorned or bedecked
BEDIM, -MED, -S *vb* make dim
BEDIMPLE *vb* form dimples in
BEDIMS ▶ **bedim**
BEDIRTY *vb* make dirty
BEDIZEN, -S *vb* dress or decorate gaudily
BEDLAM, -S *n* noisy confused situation
BEDLAMER *n* young harp seal
BEDLAMP, -S *n* bedside light
BEDLAMS ▶ **bedlam**
BEDLESS ▶ **bed**
BEDLIKE *adj* like a bed
BEDLINER *n* lining for the bed of a truck
BEDMAKER *n* person who makes beds
BEDMATE, -S *n* person who shares a bed
BEDOTTED *adj* scattered; strewn
BEDOUIN, -S *n* member of any of the nomadic tribes of Arabs
BEDPAN, -S *n* shallow bowl used as a toilet by bedridden people
BEDPLATE *n* heavy metal platform or frame to which an engine or machine is attached
BEDPOST, -S *n* vertical support on a bedstead
BEDQUILT *n* padded bed cover
BEDRAIL, -S *n* rail along the side of a bed connecting the headboard with the footboard
BEDRAL, -S *n* minor church official
BEDRAPE, -D, -S *vb* adorn
BEDRENCH *vb* drench
BEDREST, -S *n* rest in bed, eg to recover from illness
BEDRID *same as* > **bedridden**
BEDRITES ▶ **bedrite**
BEDRIVEL *vb* drivel around
BEDROCK, -S *n* solid rock beneath the surface soil
BEDROLL, -S *n* portable roll of bedding
BEDROOM, -S *n* room used for sleeping
BEDROP, -S, -T *vb* drop on
BEDRUG, -S *vb* drug excessively
BEDS ▶ **bed**
BEDSHEET *n* sheet for bed
BEDSIDE, -S *n* area beside a bed ▷ *adj* placed at or near the side of the bed
BEDSIT, -S *n* furnished sitting room with a bed
BEDSKIRT *n* drapery round the edge of a bed
BEDSOCK, -S *n* sock worn in bed
BEDSONIA *n* bacterium causing diseases such as trachoma
BEDSORE, -S *n* ulcer on the skin, caused by a lengthy period of lying in bed due to illness
BEDSTAND *n* bedside table
BEDSTEAD *n* framework of a bed
BEDSTRAW *n* plant with small white or yellow flowers
BEDTICK, -S *n* case containing stuffing in mattress
BEDTIME, -S *n* time when one usually goes to bed
BEDU *adj* relating to beduins
BEDUCK, -ED, -S *vb* duck under water
BEDUIN, -S *variant of* ▶ **bedouin**
BEDUMB, -ED, -S *vb* make dumb
BEDUNCE, -D, -S *vb* cause to look or feel foolish
BEDUNG, -ED, -S *vb* spread with dung
BEDUST, -ED, -S *vb* cover with dust
BEDWARD *adj* towards bed
BEDWARDS *adv* towards bed
BEDWARF, -S *vb* hamper growth of
BEDYE, BEDYDE, -D, -ING, -S *vb* dye
BEE, -S *n* insect that makes wax and honey
BEEBEE, -S *n* air rifle
BEEBREAD *n* mixture of pollen and nectar prepared by worker bees and fed to the larvae
BEECH, -ES *n* tree with a smooth greyish bark
BEECHEN ▶ **beech**
BEECHES ▶ **beech**
BEECHIER ▶ **beechy**
BEECHNUT *n* small brown triangular edible nut of the beech tree
BEECHY, BEECHIER ▶ **beech**
BEEDI *n* Indian cigarette

B

BEEDIE, -S *same as* ▸ **beedi**
BEEF, -ED, -ING, -S, BEEVES *n* flesh of a cow, bull, or ox ▹ *vb* complain
BEEFALO, -S *n* cross between cow and buffalo
BEEFCAKE *n* muscular man as displayed in photographs
BEEFED ▸ **beef**
BEEFIER ▸ **beefy**
BEEFIEST ▸ **beefy**
BEEFILY ▸ **beefy**
BEEFING ▸ **beef**
BEEFLESS ▸ **beef**
BEEFS ▸ **beef**
BEEFWOOD *n* any of various trees that produce very hard wood
BEEFY, BEEFIER, BEEFIEST *adj* like beef
BEEGAH, -S *same as* ▸ **bigha**
BEEHIVE, -S *n* structure in which bees live
BEEHIVED *adj* (esp of a hairstyle) shaped like a beehive
BEEHIVES ▸ **beehive**
BEELIKE ▸ **bee**
BEELINE, -D, -S *n* most direct route between two places ▹ *vb* make a beeline for (something)
BEEN *vb* past participle of *be*
BEENAH, -S *n* understanding; insight
BEENTO, -S *n* person who has resided in Britain ▹ *adj* of, relating to, or characteristic of such a person
BEEP, -ED, -ING, -S *n* high-pitched sound, like that of a car horn ▹ *vb* (cause to) make this noise
BEEPER, -S ▸ **beep**
BEEPING ▸ **beep**
BEEPS ▸ **beep**
BEER, -S *n* alcoholic drink brewed from malt and hops
BEERAGE, -S *n* brewing industry
BEERFEST *n* beer festival
BEERHALL *n* large public room where beer is consumed
BEERIER ▸ **beery**
BEERIEST ▸ **beery**
BEERILY ▸ **beery**
BEERMAT, -S *n* small mat put under a glass of beer
BEERNUT, -S *n* coated peanut eaten as a snack
BEERS ▸ **beer**
BEERSIES *pl n* (NZ) beers
BEERY, BEERIER, BEERIEST *adj* smelling or tasting of beer
BEES ▸ **bee**
BEESOME *same as* ▸ **bisson**
BEESTING *adj* as in **beesting lips** of lips, pouting
BEESTUNG *adj* as in **beestung lips** of lips, pouting
BEESWAX *n* wax secreted by bees, used in polishes etc ▹ *vb* polish with such wax
BEESWING *n* light filmy crust that forms in port wine
BEET, -ED, -ING, -S *n* plant with an edible root and leaves ▹ *vb* improve or make better
BEETFLY *n* type of fly which is a common pest of beets and mangel-wurzels
BEETING ▸ **beet**
BEETLE, -D, -S *n* insect with a hard wing cover on its back ▹ *vb* scuttle or scurry
BEETLER, -S *n* one who operates a beetling machine
BEETLES ▸ **beetle**
BEETLING ▸ **beetle**
BEETROOT *n* type of beet plant with a dark red root
BEETS ▸ **beet**
BEEVES ▸ **beef**
BEEYARD, -S *n* place where bees are kept
BEEZER, -S *n* person or chap ▹ *adj* excellent
BEFALL, -EN, -S, BEFELL *vb* happen to (someone)
BEFANA, -S *n* Italian gift-bearing good fairy
BEFELD *archaic past participle of* ▸ **befall**
BEFELL ▸ **befall**
BEFFANA, -S *same as* ▸ **befana**
BEFINGER *vb* mark by handling
BEFINNED *adj* with fins
BEFIT, -S, -TED *vb* be appropriate or suitable for
BEFLAG, -S *vb* decorate with flags
BEFLEA, -ED, -S *vb* infest with fleas
BEFLECK, -S *vb* fleck
BEFLOWER *vb* decorate with flowers
BEFLUM, -S *vb* fool; deceive
BEFOAM, -ED, -S *vb* cover with foam
BEFOG, -GED, -S *vb* surround with fog
BEFOOL, -ED, -S *vb* make a fool of
BEFORE *adv* indicating something earlier in time, in front of, or preferred to ▹ *prep* preceding in space or time
BEFOUL, -ED, -S *vb* make dirty or foul
BEFOULER ▸ **befoul**
BEFOULS ▸ **befoul**
BEFRET, -S *vb* fret about something
BEFRIEND *vb* become friends with
BEFRINGE *vb* decorate with fringe
BEFUDDLE *vb* confuse, muddle, or perplex
BEG, -GED, -S *vb* solicit (money, food, etc), esp in the street
BEGAD *interj* emphatic exclamation
BEGALL, -ED, -S *vb* make sore by rubbing
BEGAN ▸ **begin**
BEGAR, -S *n* compulsory labour
BEGAT *archaic past tense of* ▸ **beget**
BEGAZE, -D, -S, BEGAZING *vb* gaze about or around
BEGEM, -MED, -S *vb* decorate with gems
BEGET, -S, BEGOT, BEGOTTEN *vb* cause or create
BEGETTER ▸ **beget**
BEGGAR, -ED, -S *n* person who begs, esp one who lives by begging ▹ *vb* be beyond the resources of
BEGGARLY *adj* meanly inadequate
BEGGARS ▸ **beggar**
BEGGARY *n* extreme poverty or need
BEGGED ▸ **beg**
BEGGING, -S ▸ **beg**
BEGHARD, -S *n* member of a 13th century Christian brotherhood
BEGIFT, -ED, -S *vb* give gift or gifts to
BEGILD, -ED, -S, BEGILT *vb* gild
BEGIN, BEGAN, -S, BEGUN *vb* start
BEGINNE, -S *same as* > **beginning**
BEGINNER *n* person who has just started learning to do something
BEGINNES ▸ **beginne**
BEGINS ▸ **begin**
BEGIRD, -ED, -S, BEGIRT *vb* surround
BEGIRDLE *vb* surround with girdle
BEGIRDS ▸ **begird**

B

BEGIRT ▸ **begird**
BEGLAD, -S *vb* make glad
BEGLAMOR *same as* > **beglamour**
BEGLOOM, -S *vb* make gloomy
BEGNAW, -ED, -S *vb* gnaw at
BEGO, -ES, -ING, -NE, BEWENT *vb* harass; beset
BEGONIA, -S *n* tropical plant with waxy flowers
BEGORAH *same as* ▸ **begorra**
BEGORED *adj* smeared with gore
BEGORRA *interj* emphatic exclamation, regarded as a characteristic utterance of Irish people
BEGORRAH *same as* ▸ **begorra**
BEGOT ▸ **beget**
BEGOTTEN ▸ **beget**
BEGRIM, -S *same as* ▸ **begrime**
BEGRIME, -D, -S *vb* make dirty
BEGRIMS ▸ **begrim**
BEGROAN, -S *vb* groan at
BEGRUDGE *vb* envy (someone) the possession of something
BEGS ▸ **beg**
BEGUILE, -D, -S *vb* cheat or mislead
BEGUILER ▸ **beguile**
BEGUILES ▸ **beguile**
BEGUIN, -S *another name for* ▸ **beghard**
BEGUINE, -S *n* S American dance
BEGUINS ▸ **beguin**
BEGULF, -ED, -S *vb* overwhelm
BEGUM, -S *n* Muslim woman of high rank
BEGUN ▸ **begin**
BEGUNK, -ED, -S *vb* delude; trick
BEHALF, BEHALVES *n* interest, part, benefit, or respect
BEHAPPEN *vb* befall
BEHATTED *adj* wearing a hat
BEHAVE, -D, -S, BEHAVING *vb* act or function in a particular way
BEHAVER, -S ▸ **behave**
BEHAVES ▸ **behave**
BEHAVING ▸ **behave**
BEHAVIOR *same as* > **behaviour**
BEHEAD, -ED, -S *vb* remove the head from
BEHEADAL ▸ **behead**
BEHEADED ▸ **behead**
BEHEADER ▸ **behead**
BEHEADS ▸ **behead**
BEHELD ▸ **behold**
BEHEMOTH *n* huge person or thing
BEHEST, -S *n* order or earnest request
BEHIGHT, -S *vb* entrust
BEHIND, -S *adv* indicating position to the rear, lateness, responsibility, etc ▹ *n* buttocks ▹ *prep* in or to a position further back than ▹ *adj* in a position further back
BEHOLD, BEHELD, -S *vb* look (at)
BEHOLDEN *adj* indebted or obliged
BEHOLDER ▸ **behold**
BEHOLDS ▸ **behold**
BEHOOF, -S *n* advantage or profit
BEHOOVE, -D, -S *same as* ▸ **behove**
BEHOTE, -S, BEHOTING *same as* ▸ **behight**
BEHOVE, -D, -S, BEHOVING *vb* be necessary or fitting for
BEHOVELY *adj* useful
BEHOVES ▸ **behove**
BEHOVING ▸ **behove**
BEHOWL, -ED, -S *vb* howl at
BEIGE, -R, -S, -ST *adj* pale brown ▹ *n* very light brown
BEIGEL, -S *same as* ▸ **bagel**
BEIGER ▸ **beige**
BEIGES ▸ **beige**
BEIGEST ▸ **beige**
BEIGIER ▸ **beigy**
BEIGIEST ▸ **beigy**
BEIGNE, -S *variant of* ▸ **beignet**
BEIGNET, -S *n* square deep-fried pastry served hot and sprinkled with icing sugar
BEIGY, BEIGIER, BEIGIEST ▸ **beige**
BEIN, -ED, -ING, -S *adj* financially comfortable ▹ *vb* fill
BEING, -S ▸ **be**
BEINING ▸ **bein**
BEINKED *adj* daubed with ink
BEINNESS ▸ **bein**
BEINS ▸ **bein**
BEJADE, -D, -S, BEJADING *vb* jade; tire
BEJANT, -S *same as* ▸ **bajan**
BEJESUIT *vb* convert to Jesuitism
BEJEWEL, -S *vb* decorate with or as if with jewels
BEJUMBLE *vb* jumble up
BEKAH, -S *n* half shekel
BEKISS, -ED, -ES *vb* smother with kisses
BEKNAVE, -D, -S *vb* treat as a knave
BEKNIGHT *vb* esteem
BEKNOT, -S *vb* tie a knot or knots in
BEKNOWN *adj* known about
BEL, -S *n* unit for comparing two power levels or measuring the intensity of a sound
BELABOR, -S *same as* ▸ **belabour**
BELABOUR *vb* attack verbally or physically
BELACE, -D, -S, BELACING *vb* decorate with lace
BELADY, BELADIED, BELADIES *vb* call a lady
BELAH, -S *n* Australian tree which yields a useful timber
BELAMIES ▸ **belamy**
BELAMOUR *n* beloved person
BELAMY, BELAMIES *n* close friend
BELAR, -S *same as* ▸ **belah**
BELATE, -S, BELATING *vb* cause to be late
BELATED *adj* late or too late
BELATES ▸ **belate**
BELATING ▸ **belate**
BELAUD, -ED, -S *vb* praise highly
BELAY, -ED, -ING, -S *vb* secure a line to a pin or cleat ▹ *n* attachment (of a climber) to a mountain
BELAYER, -S ▸ **belay**
BELAYING ▸ **belay**
BELAYS ▸ **belay**
BELCH, -ED, -ES, -ING *vb* expel wind from the stomach noisily through the mouth ▹ *n* act of belching
BELCHER, -S ▸ **belch**
BELCHES ▸ **belch**
BELCHING ▸ **belch**
BELDAM, -S *n* old woman, esp an ugly or malicious one
BELDAME, -S *same as* ▸ **beldam**
BELDAMS ▸ **beldam**
BELEAP, -ED, -S, -T *vb* leap over
BELEE, -D, -ING, -S *vb* put on sheltered side
BELFRIED *adj* with a belfry
BELFRY, BELFRIES *n* part of a tower where bells are hung
BELGA, -S *n* former Belgian monetary unit worth five francs
BELGARD, -S *n* kind gaze

B

BELGAS ▸ **belga**
BELIE, -D, -S, BELYING *vb* show to be untrue
BELIEF, -S *n* faith or confidence
BELIER, -S ▸ **belie**
BELIES ▸ **belie**
BELIEVE, -D, -S *vb* accept as true or real
BELIEVER ▸ **believe**
BELIEVES ▸ **believe**
BELIKE *adv* perhaps
BELIQUOR *vb* cause to be drunk
BELITTLE *vb* treat as having little value or importance
BELIVE *adv* speedily
BELL, -ED, -S *n* hollow cup-shaped instrument that emits a ringing sound when struck ▷ *vb* utter (such a sound)
BELLBIND *n* bindweed-type climber
BELLBIRD *n* Australasian bird with bell-like call
BELLBOY, -S *n* man or boy employed to carry luggage and answer calls for service
BELLBUOY *n* buoy with a bell
BELLCAST *adj* relating to a style of roof with a bell shape
BELLCOTE *n* small roofed structure for bell
BELLE, -S *n* beautiful woman, esp the most attractive woman at a function
BELLED ▸ **bell**
BELLEEK, -S *n* kind of thin fragile porcelain with a lustrous glaze
BELLES ▸ **belle**
BELLETER *n* person who makes bells
BELLHOP, -S *same as* ▸ **bellboy**
BELLIED ▸ **belly**
BELLIES ▸ **belly**
BELLING, -S ▸ **bell**
BELLINI, -S *n* Prosecco and peach cocktail
BELLMAN, BELLMEN *n* man who rings a bell, esp (formerly) a town crier
BELLOCK, -S *vb* shout
BELLOW, -ED *vb* make a low deep cry like that of a bull ▷ *n* loud deep roar
BELLOWER ▸ **bellow**
BELLOWS *pl n* instrument for pumping a stream of air into something
BELLPULL *n* handle, rope, or cord pulled to operate a doorbell or servant's bell
BELLS ▸ **bell**
BELLWORT *n* N American plant with slender bell-shaped yellow flowers
BELLY, BELLIED, BELLIES *n* part of the body of a vertebrate which contains the intestines ▷ *vb* (cause to) swell out
BELLYFUL *n* more than one can tolerate
BELLYING ▸ **belly**
BELON, -S *n* type of oyster
BELONG, -ED, -S *vb* be the property of
BELONGER *n* native-born Caribbean
BELONGS ▸ **belong**
BELONS ▸ **belon**
BELOVE, -S, BELOVING *vb* love
BELOVED, -S *adj* dearly loved ▷ *n* person dearly loved
BELOVES ▸ **belove**
BELOVING ▸ **belove**
BELOW *adv* at or to a position lower than, under ▷ *prep* at or to a position lower than
BELOWS *same as* ▸ **bellows**
BELS ▸ **bel**
BELT, -ED, -S *n* band of cloth, leather, etc, worn usu around the waist ▷ *vb* fasten with a belt
BELTER, -S *n* outstanding person or event
BELTING, -S *n* material used to make a belt or belts ▷ *adj* excellent
BELTLESS ▸ **belt**
BELTLIKE *adj* like a belt
BELTLINE *n* line separating car's windows from main body
BELTMAN, BELTMEN *n* (formerly) a member of a beach life-saving team
BELTS ▸ **belt**
BELTWAY, -S *n* people and institutions located in the area bounded by the Washington Beltway
BELUGA, -S *n* large white sturgeon
BELYING ▸ **belie**
BEMA, -S, -TA *n* speaker's platform in the assembly in ancient Athens
BEMAD, -DED, -S *vb* cause to become mad
BEMADAM, -S *vb* call a person madam
BEMADDED ▸ **bemad**
BEMADDEN *vb* cause to become mad
BEMADS ▸ **bemad**
BEMAS ▸ **bema**
BEMATA ▸ **bema**
BEMAUL, -ED, -S *vb* maul
BEMAZED *adj* amazed
BEMBEX, -ES *n* type of wasp
BEMBIX, -ES *same as* ▸ **bembex**
BEMEAN, -ED, -S, -T *a less common word for* ▸ **demean**
BEMEDAL, -S *vb* decorate with medals
BEMETE, -D, -S, BEMETING *vb* measure
BEMINGLE *vb* mingle
BEMIRE, -D, -S, BEMIRING *vb* soil with or as if with mire
BEMIST, -ED, -S *vb* cloud with mist
BEMIX, -ED, -ES, -ING, -T *vb* mix thoroughly
BEMOAN, -ED, -S *vb* express sorrow or dissatisfaction about
BEMOANER ▸ **bemoan**
BEMOANS ▸ **bemoan**
BEMOCK, -ED, -S *vb* mock
BEMOIL, -ED, -S *vb* soil with mud
BEMOUTH, -S *vb* endow with a mouth
BEMUD, -DED, -S *vb* cover with mud
BEMUDDLE *vb* confound
BEMUDS ▸ **bemud**
BEMUFFLE *vb* muffle up
BEMURMUR *vb* murmur at
BEMUSE, -S *vb* confuse
BEMUSED *adj* puzzled or confused
BEMUSES ▸ **bemuse**
BEMUSING ▸ **bemuse**
BEMUZZLE *vb* put muzzle on
BEN, -S *n* mountain peak ▷ *adv* in ▷ *adj* inner
BENADRYL *n* tradename of an antihistamine drug used in sleeping tablets
BENAME, -D, -S, BENAMING *an archaic word for* ▸ **name**
BENCH, -ED, -ES, -ING *n* long seat ▷ *vb* put a person on a bench
BENCHER, -S *n* member of the governing body of one of the Inns of Court
BENCHES ▸ **bench**
BENCHIER ▸ **benchy**
BENCHING ▸ **bench**
BENCHTOP *adj* for use at bench ▷ *n* flat surface area
BENCHY, BENCHIER *adj* (of a hillside) hollowed out in benches
BEND, -ED, -S *vb* (cause to) form a curve ▷ *n* curved part

BENDABLE ▸ **bend**
BENDAY, -ED, -S *vb* (printing) reproduce using Benday technique
BENDED ▸ **bend**
BENDEE, -S *same as* ▸ **bendy**
BENDER, -S *n* makeshift shelter
BENDIER ▸ **bendy**
BENDIEST ▸ **bendy**
BENDING, -S *n* curving action
BENDLET, -S *n* narrow diagonal stripe on heraldic shield
BENDS ▸ **bend**
BENDWAYS *same as* ▸ **bendwise**
BENDWISE *adv* diagonally
BENDY, BENDIER, BENDIEST, -S *adj* flexible or pliable ▹ *n* okra
BENE, -S *n* blessing
BENEATH *prep* below ▹ *adv* below
BENEDICK *n* recently married man
BENEDICT *n* newly married man
BENEFACT *vb* be benefactor to
BENEFIC *adj* rare word for beneficent
BENEFICE *n* church office providing its holder with an income ▹ *vb* provide with a benefice
BENEFIT, -S *n* something that improves or promotes ▹ *vb* do or receive good
BENEMPT *a past participle of* ▸ **bename**
BENES ▸ **bene**
BENET, -S, -TED *vb* trap (something) in a net
BENGA, -S *n* type of Kenyan popular music featuring guitars
BENI, -S *n* sesame plant
BENIGHT, -S *vb* shroud in darkness
BENIGN, -ER *adj* showing kindliness
BENIGNLY ▸ **benign**
BENIS ▸ **beni**
BENISEED *n* sesame
BENISON, -S *n* blessing, esp a spoken one
BENITIER *n* basin for holy water
BENJAMIN *same as* ▸ **benzoin**
BENNE, -S *another name for* ▸ **sesame**
BENNET, -S *n* Eurasian and N African plant with yellow flowers
BENNI, -S *n* sesame
BENNIES ▸ **benny**
BENNIS ▸ **benni**
BENNY, BENNIES *n* US word for a man's overcoat
BENOMYL, -S *n* fungicide
BENS ▸ **ben**
BENT, -S *adj* not straight ▹ *n* personal inclination, propensity, or aptitude
BENTHAL ▸ **benthos**
BENTHIC ▸ **benthos**
BENTHOAL ▸ **benthos**
BENTHON, -S *same as* ▸ **benthos**
BENTHOS *n* animals and plants living at the bottom of a sea or lake
BENTIER ▸ **benty**
BENTIEST ▸ **benty**
BENTO, -S *n* thin lightweight box used in Japanese cuisine
BENTS ▸ **bent**
BENTWOOD *n* wood bent in moulds, used mainly for furniture ▹ *adj* made from such wood
BENTY, BENTIER, BENTIEST *adj* covered with bentgrass
BENUMB, -ED, -S *vb* make numb or powerless
BENZAL, -S *n* transparent crystalline substance
BENZENE, -S *n* flammable poisonous liquid used as a solvent, insecticide, etc
BENZIDIN *same as* > **benzidine**
BENZIL, -S *n* yellow compound radical
BENZIN, -S *same as* ▸ **benzine**
BENZINE, -S *n* volatile liquid used as a solvent
BENZINS ▸ **benzin**
BENZOATE *n* any salt or ester of benzoic acid
BENZOIC *adj* of, containing, or derived from benzoic acid or benzoin
BENZOIN, -S *n* gum resin used in ointments, perfume, etc
BENZOL, -S *n* crude form of benzene
BENZOLE, -S *same as* ▸ **benzol**
BENZOLS ▸ **benzol**
BENZOYL, -S *n* type of monovalent radical
BENZYL, -S *n* molecular fragment of certain alcohols and solvents
BENZYLIC ▸ **benzyl**
BENZYLS ▸ **benzyl**
BEPAINT, -S *vb* dye; paint
BEPAT, -S, -TED *vb* pat
BEPEARL, -S *vb* decorate with pearls
BEPELT, -ED, -S *vb* pelt energetically
BEPEPPER *vb* shower with small missiles
BEPESTER *vb* pester persistently
BEPIMPLE *vb* form pimples on
BEPITY, BEPITIED, BEPITIES *vb* feel great pity for
BEPLUMED *adj* decorated with feathers
BEPOMMEL *vb* beat vigorously
BEPOWDER *vb* cover with powder
BEPRAISE *vb* praise highly
BEPROSE, -D, -S *vb* (of poetry) reduce to prose
BEPUFF, -ED, -S *vb* puff up
BEQUEATH *vb* dispose of (property) as in a will
BEQUEST, -S *n* legal gift of money or property by someone who has died
BERAKE, -D, -S, BERAKING *vb* rake thoroughly
BERASCAL *vb* accuse of being rascal
BERATE, -D, -S, BERATING *vb* scold harshly
BERAY, -ED, -ING, -S *vb* soil; defile
BERBER, -S *same as* ▸ **berbere**
BERBERE, -S *n* hot-tasting Ethiopian paste
BERBERIN *same as* > **berberine**
BERBERIS *n* shrub with red berries
BERBERS ▸ **berber**
BERBICE *n* as in **berbice chair** large armchair with long arms that can be folded inwards to act as leg rests
BERCEAU, -X *n* arched trellis for climbing plants
BERCEUSE *n* lullaby
BERE, -S *n* barley
BEREAVE, -N, -S *vb* deprive (of) something or someone valued, esp through death
BEREAVED *adj* having recently lost a close friend or relative through death
BEREAVEN ▸ **bereave**
BEREAVER ▸ **bereave**
BEREAVES ▸ **bereave**
BEREFT *adj* deprived
BERES ▸ **bere**
BERET, -S *n* round flat close-fitting brimless cap

B

BERETTA, -S *n* type of pistol
BERG, -S *n* iceberg
BERGALL, -S *n* fish of the wrasse family
BERGAMA, -S *n* type of Turkish rug
BERGAMOT *n* small Asian tree, the fruit of which yields an oil used in perfumery
BERGEN, -S *n* large rucksack with a capacity of over 50 litres
BERGENIA *n* evergreen ground-covering plant
BERGENS ▸ **bergen**
BERGERE, -S *n* type of French armchair
BERGFALL *n* avalanche
BERGHAAN *same as* ▸ **bergmehl**
BERGMEHL *n* light powdery variety of calcite
BERGS ▸ **berg**
BERGYLT, -S *n* large northern marine food fish
BERHYME, -D, -S *vb* mention in poetry
BERIBERI *n* disease caused by dietary deficiency of thiamine
BERIMBAU *n* Brazilian single-stringed bowed instrument, used to accompany capoeira
BERIME, -D, -S, BERIMING *same as* ▸ **berhyme**
BERINGED *adj* wearing a ring or rings
BERK, -S *n* stupid person
BERKO *adj* berserk
BERKS ▸ **berk**
BERLEY, -ED, -S *n* bait scattered on water to attract fish ▹ *vb* scatter (bait) on water
BERLIN, -S *n* fine wool yarn used for tapestry work, etc
BERLINE, -S *same as* ▸ **berlin**
BERLINS ▸ **berlin**
BERM, -ED, -ING, -S *n* narrow grass strip between the road and the footpath in a residential area ▹ *vb* create a berm
BERME, -S *same as* ▸ **berm**
BERMED ▸ **berm**
BERMES ▸ **berme**
BERMING ▸ **berm**
BERMS ▸ **berm**
BERMUDAS *pl n* close-fitting shorts that come down to the knees
BERNICLE *n* barnacle goose
BEROB, -BED, -S *vb* rob
BEROBED *adj* wearing a robe
BEROBS ▸ **berob**
BEROUGED *adj* wearing rouge
BERRET, -S *same as* ▸ **beret**
BERRETTA *same as* ▸ **biretta**
BERRIED ▸ **berry**
BERRIES ▸ **berry**
BERRIGAN *n* Australian tree with hanging branches
BERRY, BERRIED, BERRIES *n* small soft stoneless fruit ▹ *vb* bear or produce berries
BERRYING ▸ **berry**
BERSEEM, -S *n* Mediterranean clover grown as a forage crop and to improve the soil
BERSERK, -S *adj* frenziedly violent or destructive ▹ *n* fearsome Norse warrior
BERTH, -ED, -S *n* bunk in a ship or train ▹ *vb* dock (a ship)
BERTHA, -S *n* wide deep capelike collar, often of lace, usually to cover up a low neckline
BERTHAGE *n* place for mooring boats
BERTHAS ▸ **bertha**
BERTHE, -S *n* type of lace collar
BERTHED ▸ **berth**
BERTHES ▸ **berthe**
BERTHING *n* act of berthing
BERTHS ▸ **berth**
BERYL, -S *n* hard transparent mineral
BERYLINE ▸ **beryl**
BERYLLIA *n* beryllium oxide
BERYLS ▸ **beryl**
BES, -ES *variant of* ▸ **beth**
BESAINT, -S *vb* give saint status to
BESANG ▸ **besing**
BESAT ▸ **besit**
BESAW ▸ **besee**
BESCORCH *vb* scorch badly
BESCOUR, -S *vb* scour thoroughly
BESCRAWL *vb* cover with scrawls
BESCREEN *vb* conceal with screen
BESEE, BESAW, -ING, -N, -S *vb* provide for; mind
BESEECH, BESOUGHT *vb* ask earnestly
BESEEING ▸ **besee**
BESEEKE, -S *archaic form of* ▸ **beseech**
BESEEM, -ED, -S *vb* be suitable for
BESEEMLY *adj* becoming; suitable
BESEEMS ▸ **beseem**
BESEEN ▸ **besee**
BESEES ▸ **besee**
BESES ▸ **bes**
BESET, -S *vb* trouble or harass constantly
BESETTER ▸ **beset**
BESHADOW *vb* darken with shadow
BESHAME, -D, -S *vb* cause to feel shame
BESHINE, -S, BESHONE *vb* illuminate
BESHIVER *vb* shatter
BESHONE ▸ **beshine**
BESHOUT, -S *vb* shout about
BESHREW, -S *vb* wish evil on
BESHROUD *vb* cover with a shroud
BESIDE *prep* at, by, or to the side of
BESIDES *prep* in addition ▹ *adv* in addition
BESIEGE, -D, -S *vb* surround with military forces
BESIEGER ▸ **besiege**
BESIEGES ▸ **besiege**
BESIGH, -ED, -S *vb* sigh for
BESING, BESANG, -S, BESUNG *vb* sing about joyfully
BESIT, BESAT, -S *vb* suit; fit
BESLAVE, -D, -S *vb* treat as slave
BESLAVER *vb* fawn over
BESLAVES ▸ **beslave**
BESLIME, -D, -S *vb* cover with slime
BESMEAR, -S *vb* smear over
BESMILE, -D, -S *vb* smile on
BESMIRCH *vb* tarnish (someone's name or reputation)
BESMOKE, -D, -S *vb* blacken with smoke
BESMOOTH *vb* smooth
BESMUDGE *vb* blacken
BESMUT, -S *vb* blacken with smut
BESMUTCH *same as* ▸ **besmirch**
BESMUTS ▸ **besmut**
BESNOW, -ED, -S *vb* cover with snow
BESOGNIO *n* worthless person
BESOIN, -S *n* need
BESOM, -ED, -ING, -S *n* broom made of twigs ▹ *vb* sweep with a besom
BESONIAN *same as* ▸ **bezonian**
BESOOTHE *vb* soothe
BESORT, -ED, -S *vb* fit
BESOT, -S *vb* make stupid or muddled
BESOTTED *adj* infatuated
BESOUGHT ▸ **beseech**

BESOULED *adj* having a soul
BESPAKE ▸ **bespeak**
BESPAT ▸ **bespit**
BESPATE ▸ **bespit**
BESPEAK, BESPAKE, -S, BESPOKEN *vb* indicate or suggest
BESPEED, BESPED, -S *vb* get on with (doing something)
BESPICE, -D, -S *vb* flavour with spices
BESPIT, BESPAT, BESPATE, -S *vb* cover with spittle
BESPOKE *adj* (esp of a suit) made to the customer's specifications
BESPOKEN ▸ **bespeak**
BESPORT, -S *vb* amuse oneself
BESPOT, -S *vb* mark with spots
BESPOUSE *vb* marry
BESPOUT, -S *vb* speak pretentiously
BESPREAD *vb* cover (a surface) with something
BESPRENT *adj* sprinkled over
BEST, -ED, -ING, -S *adj* most excellent of a particular group etc ▹ *adv* in a manner surpassing all others ▹ *n* utmost effort ▹ *vb* defeat
BESTAD *Spenserian form of* ▸ **bestead**
BESTADDE *Spenserian form of* ▸ **bestead**
BESTAIN, -S *vb* stain
BESTAR, -S *vb* decorate with stars
BESTEAD, -S *vb* serve; assist ▹ *adj* beset (by)
BESTED ▸ **best**
BESTEST *adj* best
BESTI, -S *Indian English word for* ▸ **shame**
BESTIAL, -S *adj* brutal or savage
BESTIARY *n* medieval collection of descriptions of animals
BESTICK, -S, BESTUCK *vb* cover with sharp points
BESTIE, -S *n* best friend
BESTILL, -S *vb* cause to be still
BESTING ▸ **best**
BESTIR, -S *vb* cause (oneself) to become active
BESTIS ▸ **besti**
BESTORM, -S *vb* assault
BESTOW, -ED, -S *vb* present (a gift) or confer (an honour)
BESTOWAL ▸ **bestow**
BESTOWED ▸ **bestow**
BESTOWER ▸ **bestow**
BESTOWS ▸ **bestow**
BESTREAK *vb* streak
BESTREW, -N, -S *vb* scatter or lie scattered over (a surface)
BESTRIDE, BESTRID, BESTRODE *vb* have or put a leg on either side of
BESTROW, -N, -S *same as* ▸ **bestrew**
BESTS ▸ **best**
BESTUCK ▸ **bestick**
BESTUD, -S *vb* set with, or as with studs
BESUITED *adj* wearing a suit
BESUNG ▸ **besing**
BESWARM, -S *vb* swarm over
BET, -S, -TED *n* wager between two parties predicting different outcomes of an event ▹ *vb* predict
BETA, -S *n* second letter in the Greek alphabet, a consonant, transliterated as *b*
BETACISM *vb* type of speech impediment
BETAINE, -S *n* sweet-tasting alkaloid that occurs in the sugar beet
BETAKE, -N, -S, BETAKING, BETOOK *vb* as in **betake oneself** go
BETAS ▸ **beta**
BETATRON *n* type of particle accelerator for producing high-energy beams of electrons
BETATTER *vb* make ragged
BETAXED *adj* burdened with taxes
BETCHA *interj* bet you
BETE, -D, -S, BETING *same as* ▸ **beet**
BETEEM, -ED, -S *vb* accord
BETEEME, -S *same as* ▸ **beteem**
BETEEMED ▸ **beteem**
BETEEMES ▸ **beteeme**
BETEEMS ▸ **beteem**
BETEL, -S *n* Asian climbing plant, the leaves and nuts of which can be chewed
BETELNUT *n* seed of the betel palm
BETELS ▸ **betel**
BETES ▸ **bete**
BETH, -S *n* second letter of the Hebrew alphabet, transliterated as *b*
BETHANK, -S *vb* thank
BETHEL, -S *n* seaman's chapel
BETHESDA *n* church building of certain Christian denominations
BETHINK, -S *vb* cause (oneself) to consider or meditate
BETHORN, -S *vb* cover with thorns
BETHRALL *vb* make a slave of
BETHS ▸ **beth**
BETHUMB, -S *vb* (of books) wear by handling
BETHUMP, -S *vb* thump hard
BETHWACK *vb* strike hard with flat object
BETIDE, BETID, -D, -S, BETIDING, BETIGHT *vb* happen (to)
BETIME, -D, -S, BETIMING *vb* befall
BETING ▸ **bete**
BETISE, -S *n* folly or lack of perception
BETITLE, -D, -S *vb* give title to
BETOIL, -ED, -S *vb* tire through hard work
BETOKEN, -S *vb* indicate or signify
BETON, -S *n* concrete
BETONIES ▸ **betony**
BETONS ▸ **beton**
BETONY, BETONIES *n* North American plant
BETOOK ▸ **betake**
BETOSS, -ED, -ES *vb* toss about
BETRAY, -ED, -S *vb* hand over or expose (one's nation, friend, etc) treacherously to an enemy
BETRAYAL ▸ **betray**
BETRAYED ▸ **betray**
BETRAYER ▸ **betray**
BETRAYS ▸ **betray**
BETREAD, -S, BETROD *vb* tread over
BETRIM, -S *vb* decorate
BETROD ▸ **betread**
BETROTH, -S *vb* promise to marry or to give in marriage
BETS ▸ **bet**
BETTA, -S *n* fighting fish
BETTED ▸ **bet**
BETTER, -ED, -S *adj* more excellent than others ▹ *adv* in a more excellent manner ▹ *vb* improve upon
BETTIES ▸ **betty**
BETTING, -S ▸ **bet**
BETTONG, -S *n* short-nosed rat kangaroo
BETTOR, -S *n* person who bets
BETTY, BETTIES *n* type of short crowbar
BETWEEN *adv* indicating position in the middle,

B

alternatives, etc ▷ *prep* at a point intermediate to two other points in space, time, etc

B

BETWIXT *adv* between
BEUNCLED *adj* having many uncles
BEURRE, -S *n* butter
BEVATRON *n* proton synchrotron at the University of California
BEVEL, -ED, -ING, -LED, -S *n* slanting edge ▷ *vb* slope
BEVELER, -S ▸ **bevel**
BEVELING ▸ **bevel**
BEVELLED ▸ **bevel**
BEVELLER ▸ **bevel**
BEVELS ▸ **bevel**
BEVER, -ED, -ING, -S *n* snack ▷ *vb* have a snack
BEVERAGE *n* drink
BEVERED ▸ **bever**
BEVERING ▸ **bever**
BEVERS ▸ **bever**
BEVIES ▸ **bevy**
BEVOMIT, -S *vb* vomit over
BEVOR, -S *n* armour protecting lower part of face
BEVUE, -S *n* careless error
BEVVY, BEVVIED, BEVVIES, -ING *n* alcoholic drink ▷ *vb* drink alcohol
BEVY, BEVIES *n* flock or group
BEWAIL, -ED, -S *vb* express great sorrow over
BEWAILER ▸ **bewail**
BEWAILS ▸ **bewail**
BEWARE, -D, -S, BEWARING *vb* be on one's guard (against)
BEWEARY *vb* cause to be weary
BEWEEP, -S, BEWEPT *vb* express grief through weeping
BEWENT ▸ **bego**
BEWEPT ▸ **beweep**
BEWET, -S, -TED *vb* make wet
BEWIG, -GED, -S *vb* adorn with a wig
BEWILDER *vb* confuse utterly
BEWINGED *adj* having wings
BEWITCH *vb* attract and fascinate
BEWORM, -ED, -S *vb* fill with worms
BEWORRY *vb* beset with worry
BEWRAP, -S, -T *vb* wrap up
BEWRAY, -ED, -S *an obsolete word for* ▸ **betray**
BEWRAYER ▸ **bewray**
BEWRAYS ▸ **bewray**
BEY, -S *n* title in the Ottoman Empire

> A **bey** was an official in the Ottoman empire. If someone plays this remember that you can of course put an O in front of it to make **obey**.

BEYLIC, -S *n* province ruled over by a bey
BEYLIK, -S *same as* ▸ **beylic**
BEYOND, -S *prep* at or to a point on the other side of ▷ *adv* at or to the far side of something ▷ *n* unknown, esp life after death
BEYS ▸ **bey**
BEZ, -ES *n* part of deer's horn

> This word for the tine of a deer's horn is one of the essential short words for using the Z.

BEZANT, -S *n* medieval Byzantine gold coin
BEZAZZ, -ES *another word for* ▸ **pizzazz**
BEZEL, -S *n* sloping edge of a cutting tool
BEZES ▸ **bez**
BEZIL, -S *archaic word for* > **alcoholic**
BEZIQUE, -S *n* card game for two or more players

> This card game played with two decks of cards combines the Q and Z and would make a wonderful bonus word.

BEZOAR, -S *n* hard mass, such as a stone or hairball, in the stomach and intestines of animals
BEZONIAN *n* knave or rascal
BEZZANT, -S *same as* ▸ **bezant**
BEZZAZZ *same as* ▸ **bezazz**
BEZZIE, -S *n* best friend
BEZZLE, -D, -S, BEZZLING *vb* waste (money)
BEZZY *same as* ▸ **bezzie**
BHAGEE, -S *same as* ▸ **bhaji**
BHAI, -S *n* Indian form of address for a man
BHAJAN, -S *n* singing of devotional songs and hymns
BHAJEE, -S *same as* ▸ **bhaji**
BHAJI, -A, -S *n* Indian deep-fried savoury of chopped vegetables in spiced batter
BHAKTA, -S *n* Hindu term for devotee of God
BHAKTI, -S *n* loving devotion to God leading to nirvana
BHANG, -S *n* preparation of Indian hemp
BHANGRA, -S *n* Punjabi folk music combined with elements of Western pop music
BHANGS ▸ **bhang**
BHARAL, -S *n* wild Himalayan sheep
BHAT, -S *n* currency of Thailand
BHAVAN, -S *n* (in India) a large house or building
BHAWAN, -S *same as* ▸ **bhavan**
BHEESTIE *same as* ▸ **bhishti**
BHEESTY *same as* ▸ **bhishti**
BHEL, -S *same as* ▸ **bael**
BHELPURI *n* Indian dish of puffed rice and vegetables
BHELS ▸ **bhel**
BHIKHU, -S *n* fully ordained Buddhist monk
BHINDI, -S *same as* ▸ **bindhi**
BHISHTI, -S *n* (formerly in India) a water-carrier
BHISTEE, -S *same as* ▸ **bhishti**
BHISTI, -S *same as* ▸ **bhishti**
BHISTIE, -S *same as* ▸ **bhishti**
BHISTIS ▸ **bhisti**
BHOONA, -S *same as* ▸ **bhuna**
BHOOT, -S *same as* ▸ **bhut**
BHUNA, -S *n* Indian sauce
BHUT, -S *n* Hindu term for type of ghost
BI *short for* ▸ **bisexual**
BIACETYL *n* liquid with strong odour
BIALI, -S *same as* ▸ **bialy**
BIALIES ▸ **bialy**
BIALIS ▸ **biali**
BIALY, BIALIES, -S *n* type of bagel
BIANNUAL *adj* occurring twice a year ▷ *n* something that happens biannually
BIAS, -ES *n* mental tendency, esp prejudice ▷ *vb* cause to have a bias ▷ *adj* slanting obliquely ▷ *adv* obliquely
BIASED ▸ **bias**
BIASEDLY ▸ **bias**
BIASES ▸ **bias**
BIASING, -S ▸ **bias**
BIASNESS ▸ **bias**
BIASSED *same as* ▸ **biased**
BIASSES *same as* ▸ **biases**
BIASSING *same as* ▸ **biasing**
BIATHLON *n* contest combining skiing with rifle shooting
BIAXAL *same as* ▸ **biaxial**
BIAXIAL *adj* (esp of a crystal) having two axes

BIB, -BED, -S *vb* drink
BIBASIC *adj* with two bases
BIBATION *n* drinking to excess
BIBB, -S *n* wooden support on a mast for the trestletrees
BIBBED ▸ **bib**
BIBBER, -S *n* drinker
BIBBERY *n* drinking to excess
BIBBING, -S *n* act of bibbing
BIBBLE, -S *n* pebble
BIBBS ▸ **bibb**
BIBCOCK, -S *n* tap with a nozzle bent downwards
BIBE, -S *n* (in Newfoundland folklore) spirit whose wailing warns of a coming death
BIBELOT, -S *n* attractive or curious trinket
BIBES ▸ **bibe**
BIBFUL, -S *n* as in **spill a bibful** divulge secrets
BIBIMBAP *n* Korean rice dish
BIBLE, -S *n* any book containing the sacred writings of a religion
BIBLESS ▸ **bib**
BIBLICAL *adj* of, occurring in, or referring to the Bible
BIBLIKE ▸ **bib**
BIBLIST, -S *same as* > **biblicist**
BIBS ▸ **bib**
BIBULOUS *adj* addicted to alcohol
BICARB, -S *n* bicarbonate of soda
BICAUDAL *adj* having two tails
BICCY, BICCIES *n* biscuit
BICE, -S *n* medium blue colour
BICEP *same as* ▸ **biceps**
BICEPS, -ES *n* muscle with two origins, esp the muscle that flexes the forearm
BICES ▸ **bice**
BICHIR, -S *n* African freshwater fish with an elongated body
BICHORD *adj* having two strings for each note
BICHROME *adj* having two colours
BICKER, -ED, -S *vb* argue over petty matters ▹ *n* petty squabble
BICKERER ▸ **bicker**
BICKERS ▸ **bicker**
BICKIE, -S *short for* ▸ **biscuit**
BICOLOR, -S *same as* ▸ **bicolour**
BICOLOUR *adj* two-coloured
BICONVEX *adj* (of a lens) having convex faces on both sides
BICORN, -S *adj* having two horns or hornlike parts
BICORNE, -S *same as* ▸ **bicorn**
BICORNS ▸ **bicorn**
BICRON, -S *n* billionth part of a metre
BICUSPID *adj* having two points ▹ *n* bicuspid tooth
BICYCLE, -D, -S *n* vehicle with two wheels, one behind the other, pedalled by the rider ▹ *vb* ride a bicycle
BICYCLER ▸ **bicycle**
BICYCLES ▸ **bicycle**
BICYCLIC *adj* of, forming, or formed by two circles, cycles, etc
BID, BADE, -DEN, -S *vb* offer (an amount) in attempting to buy something ▹ *n* offer of a specified amount, as at an auction
BIDARKA, -S *same as* ▸ **baidarka**
BIDARKEE *same as* ▸ **bidarka**
BIDDABLE *adj* obedient
BIDDABLY ▸ **biddable**
BIDDEN ▸ **bid**
BIDDER, -S ▸ **bid**
BIDDIES ▸ **biddy**
BIDDING, -S ▸ **bid**
BIDDY, BIDDIES *n* woman, esp an old gossipy one
BIDE, -D, -S *vb* stay or continue
BIDENT, -S *n* instrument with two prongs
BIDENTAL *n* sacred place where lightning has struck
BIDENTS ▸ **bident**
BIDER, -S ▸ **bide**
BIDES ▸ **bide**
BIDET, -S *n* low basin for washing the genital area
BIDI, -S *same as* ▸ **beedi**
BIDING, -S ▸ **bide**
BIDIS ▸ **bidi**
BIDON, -S *n* oil drum
BIDS ▸ **bid**
BIELD, -ED, -ING, -S *n* shelter ▹ *vb* shelter or take shelter
BIELDIER ▸ **bieldy**
BIELDING ▸ **bield**
BIELDS ▸ **bield**
BIELDY, BIELDIER *adj* sheltered
BIEN *adv* well
BIENNALE *n* event occurring every two years
BIENNIA ▸ **biennium**
BIENNIAL *adj* occurring every two years ▹ *n* plant that completes its life cycle in two years
BIENNIUM, BIENNIA *n* period of two years
BIER, -S *n* stand on which a body or coffin rests before burial
BIFACE, -S *n* prehistoric stone tool
BIFACIAL *adj* having two faces or surfaces
BIFF, -ED, -ING, -S *n* blow with the fist ▹ *vb* give (someone) such a blow
BIFFER, -S *n* someone, such as a sportsperson, who has a reputation for hitting hard
BIFFIES ▸ **biffy**
BIFFIN, -S *n* variety of red cooking apple
BIFFING ▸ **biff**
BIFFINS ▸ **biffin**
BIFFO, -S *n* fighting or aggressive behaviour ▹ *adj* aggressive
BIFFS ▸ **biff**
BIFFY, BIFFIES *n* outdoor toilet
BIFID *adj* divided into two by a cleft in the middle
BIFIDA ▸ **bifidum**
BIFIDITY ▸ **bifid**
BIFIDLY ▸ **bifid**
BIFIDUM, BIFIDA, -S *n* type of bacterium
BIFIDUS *n* bacterium of the human digestive system
BIFILAR *adj* having two parallel threads, as in the suspension of certain measuring instruments
BIFLEX *adj* bent or flexed in two places
BIFOCAL *adj* having two different focuses
BIFOCALS *pl n* spectacles with lenses permitting near and distant vision
BIFOLD, -S *n* something folded in two places
BIFORATE *adj* having two openings, pores, or perforations
BIFORKED *adj* two-pronged
BIFORM *adj* having or combining the characteristics of two forms, as a centaur
BIFORMED *same as* ▸ **biform**
BIFTAH, -S *same as* ▸ **bifter**
BIFTER, -S *n* cigarette
BIG, -GED, -GER, -GEST, -S *adj* of considerable size, height, number, or capacity ▹ *adv* on a grand scale ▹ *vb* build
BIGA, -E *n* chariot drawn by two horses

B

BIGAMIES ▸ **bigamy**
BIGAMIST ▸ **bigamy**
BIGAMOUS ▸ **bigamy**
BIGAMY, BIGAMIES *n* crime of marrying a person while still legally married to someone else
BIGARADE *n* Seville orange
BIGAROON *same as* ▸ **bigarreau**
BIGEMINY *n* heart complaint
BIGENER, -S *n* hybrid between individuals of different genera
BIGEYE, -S *n* type of red marine fish
BIGFOOT, BIGFEET, -S *n* yeti ▹ *vb* throw one's weight around
BIGG, -S *n* type of barley
BIGGED ▸ **big**
BIGGER ▸ **big**
BIGGEST ▸ **big**
BIGGETY *adj* conceited
BIGGIE, -S *n* something big or important
BIGGIN, -S *n* plain close-fitting cap
BIGGING, -S ▸ **big**
BIGGINS ▸ **biggin**
BIGGISH ▸ **big**
BIGGITY *adj* conceited
BIGGON, -S *same as* ▸ **biggin**
BIGGS ▸ **bigg**
BIGGY *same as* ▸ **biggie**
BIGHA, -S *n* in India, unit for measuring land
BIGHEAD, -S *n* conceited person
BIGHORN, -S *n* large wild mountain sheep
BIGHT, -ED, -ING, -S *n* long curved shoreline ▹ *vb* fasten or bind with a bight
BIGLY ▸ **big**
BIGMOUTH *n* noisy, indiscreet, or boastful person
BIGNESS ▸ **big**
BIGNONIA *n* tropical American climbing shrub
BIGOS, -ES *n* Polish stew
BIGOT, -S *n* person who is intolerant, esp regarding religion or race
BIGOTED ▸ **bigot**
BIGOTRY *n* attitudes, behaviour, or way of thinking of a bigot
BIGOTS ▸ **bigot**
BIGS ▸ **big**
BIGSTICK *adj* of or relating to irresistible military strength
BIGTIME *adj* important
BIGUINE, -S *same as* ▸ **beguine**
BIGWIG, -S *n* important person
BIHOURLY *adj* occurring every two hours
BIJOU, -S, -X *adj* (of a house) small but elegant ▹ *n* something small and delicately worked

A **bijou** is a French word for a jewel, and it is indeed a jewel to play, getting rid of awkward letters for a good score. And remember that the plural can be **bijous** or **bijoux**.

BIJUGATE *adj* (of compound leaves) having two pairs of leaflets
BIJUGOUS *same as* ▸ **bijugate**
BIJURAL *adj* relating to two coexisting legal systems
BIJWONER *same as* ▸ **bywoner**
BIKE, -D, -S *same as* ▸ **bicycle**
BIKER, -S *n* person who rides a motorcycle
BIKES ▸ **bike**
BIKEWAY, -S *n* cycle lane
BIKIE, -S *n* member of a motorcycle gang
BIKING, -S ▸ **bike**
BIKINI, -S *n* woman's brief two-piece swimming costume
BIKINIED ▸ **bikini**
BIKINIS ▸ **bikini**
BIKKIE, -S *slang word for* ▸ **biscuit**
BILABIAL *adj* of, relating to, or denoting a speech sound articulated using both lips ▹ *n* bilabial speech sound
BILANDER *n* small two-masted cargo ship
BILAYER, -S *n* part of cell membrane
BILBERRY *n* bluish-black edible berry
BILBIES ▸ **bilby**
BILBO, -ES, -S *n* (formerly) a sword with a marked temper and elasticity
BILBOA, -S *same as* ▸ **bilbo**
BILBOES ▸ **bilbo**
BILBOS ▸ **bilbo**
BILBY, BILBIES *n* Australian marsupial with long pointed ears and grey fur
BILE, -D, -S, BILING *n* bitter yellow fluid secreted by the liver ▹ *vb* boil
BILEVEL, -S *n* hairstyle with two different lengths
BILGE, -D, -S, BILGING *n* nonsense ▹ *vb* (of a vessel) to take in water at the bilge
BILGIER ▸ **bilgy**
BILGIEST ▸ **bilgy**
BILGING ▸ **bilge**
BILGY, BILGIER, BILGIEST ▸ **bilge**
BILIAN, -S *n* type of tree used for its wood
BILIARY *adj* of bile, the ducts that convey bile, or the gall bladder ▹ *n* disease found in dogs
BILIMBI, -S *n* type of fruit-bearing tree
BILINEAR *adj* of or referring to two lines
BILING ▸ **bile**
BILIOUS *adj* sick, nauseous
BILK, -ED, -ING, -S *vb* cheat, esp by not paying ▹ *n* swindle or cheat
BILKER, -S ▸ **bilk**
BILKING ▸ **bilk**
BILKS ▸ **bilk**
BILL, -ED, -S *n* money owed for goods or services supplied ▹ *vb* send or present an account for payment to (a person)
BILLABLE *adj* that can be charged to a client
BILLBOOK *n* business record of bills received, paid, etc
BILLBUG, -S *n* type of weevil
BILLED ▸ **bill**
BILLER, -S *n* stem of a plant
BILLET, -ED, -S *vb* assign a lodging to (a soldier) ▹ *n* accommodation for a soldier in civil lodgings
BILLETEE ▸ **billet**
BILLETER ▸ **billet**
BILLETS ▸ **billet**
BILLFISH *n* type of fish with elongated jaws, such as the spearfish and marlin
BILLFOLD *n* small folding case, usually of leather, for holding paper money, documents, etc
BILLHEAD *n* printed form for making out bills
BILLHOOK *n* tool with a hooked blade, used for chopping etc
BILLIARD *n* (modifier) of or relating to billiards
BILLIE *same as* ▸ **billy**
BILLIES ▸ **billy**
BILLING, -S *n* prominence given in programmes, advertisements, etc, to performers or acts

BILLION, -S *n* one thousand million ▷ *determiner* amounting to a billion
BILLMAN, BILLMEN *n* person who uses a billhook
BILLON, -S *n* alloy consisting of gold or silver and a base metal
BILLOW, -ED, -S *n* large sea wave ▷ *vb* rise up or swell out
BILLOWY *adj* full of or forming billows
BILLS ▸ **bill**
BILLY, BILLIES *n* metal can or pot for cooking on a camp fire
BILLYBOY *n* type of river barge
BILLYCAN *same as* ▸ **billy**
BILLYO *n* as in **like billyo** phrase used to emphasize or intensify something
BILLYOH *same as* ▸ **billyo**
BILOBAR *same as* ▸ **bilobate**
BILOBATE *adj* divided into or having two lobes
BILOBED *same as* ▸ **bilobate**
BILSTED, -S *n* American gum tree
BILTONG, -S *n* strips of dried meat
BIMA, -S *same as* ▸ **bema**
BIMAH, -S *same as* ▸ **bema**
BIMANAL *same as* ▸ **bimanous**
BIMANOUS *adj* having two hands as opposed to four feet
BIMANUAL *adj* using or requiring both hands
BIMAS ▸ **bima**
BIMBASHI *n* Turkish military official
BIMBETTE *n* derogatory term for an attractive but empty-headed young woman
BIMBLE *n* as in **bimble box** type of dense Australian tree
BIMBO, -ES, -S *n* derogatory term for an attractive but empty-headed young person
BIMENSAL *adj* occurring every two months
BIMESTER *n* period of two months
BIMETAL, -S *n* material made from two sheets of metal
BIMETHYL *another word for* ▸ **ethane**
BIMINI, -S *n* type of awning for a yacht
BIMODAL *adj* having two modes
BIMORPH, -S *n* assembly of piezoelectric crystals
BIN, -NED, -NING, -S *n* container for rubbish or for storing grain, coal, etc ▷ *vb* put in a rubbish bin
BINAL *adj* twofold
BINARIES ▸ **binary**
BINARISM *n* state of being binary
BINARY, BINARIES *adj* composed of, relating to, or involving two ▷ *n* something composed of two parts or things
BINATE *adj* occurring in two parts or in pairs
BINATELY ▸ **binate**
BINAURAL *adj* relating to, having, or hearing with both ears
BIND, -S *vb* make secure with or as if with a rope ▷ *n* annoying situation
BINDABLE ▸ **bind**
BINDER, -S *n* firm cover for holding loose sheets of paper together
BINDERY *n* bookbindery
BINDHI, -S *same as* ▸ **bindi**
BINDI, -S *n* decorative dot worn in the middle of the forehead, esp by Hindu women
BINDING, -S ▸ **bind**
BINDIS ▸ **bindi**
BINDLE, -S *n* small packet
BINDS ▸ **bind**
BINDWEED *n* plant that twines around a support
BINE, -S *n* climbing or twining stem of various plants
BINER, -S *n* clip used by climbers
BINES ▸ **bine**
BING, -S *n* heap or pile, esp of spoil from a mine
BINGE, -D, -S *n* bout of excessive indulgence ▷ *vb* indulge in a binge
BINGEING *n* act of indulging in a binge
BINGER, -S ▸ **binge**
BINGES ▸ **binge**
BINGIES ▸ **bingy**
BINGING, -S *n* act of indulging in a binge
BINGLE, -D, -S, BINGLING *n* minor crash or upset, as in a car or on a surfboard ▷ *vb* layer (hair)
BINGO, -ED, -ES, -ING, -S *n* gambling game ▷ *sentence substitute* cry by the winner of a game of bingo ▷ *vb* (in Scrabble) play all seven of one's tiles in a single turn
BINGS ▸ **bing**
BINGY, BINGIES *Australian slang for* ▸ **stomach**
BINIOU, -S *n* small high-pitched Breton bagpipe
BINIT, -S *n* (computing) early form of bit
BINK, -S *n* ledge
BINMAN, BINMEN *another name for* ▸ **dustman**
BINNACLE *n* box holding a ship's compass
BINNED ▸ **bin**
BINNING ▸ **bin**
BINOCLE, -S *n* binocular-style telescope
BINOCS > **binocular**
BINOMIAL *adj* consisting of two terms ▷ *n* mathematical expression consisting of two terms, such as $3x+2y$
BINS ▸ **bin**
BIO, -S *short for* > **biography**
BIOASSAY *n* method of determining the effect of a change to substance ▷ *vb* subject to a bioassay
BIOBANK, -S *n* large store of human samples for medical research
BIOBLAST *same as* ▸ **bioplast**
BIOCHIP, -S *n* small glass or silicon plate containing an array of biochemical molecules or structures
BIOCIDAL ▸ **biocide**
BIOCIDE, -S *n* substance used to destroy living things
BIOCLEAN *adj* free from harmful bacteria
BIOCYCLE *n* cycling of chemicals through the biosphere
BIODATA *n* information regarding an individual's education and work history
BIODOT, -S *n* temperature-sensitive device stuck to the skin in order to monitor stress
BIOETHIC > **bioethics**
BIOFACT, -S *n* item of biological information
BIOFILM, -S *n* thin layer of living organisms
BIOFUEL, -S *n* gaseous, liquid, or solid substance of biological origin used as a fuel ▷ *vb* fuel (a vehicle, etc) using biofuel

B

B

BIOG, -S *short form of* > **biography**
BIOGAS, -ES *n* gaseous fuel produced by the fermentation of organic waste
BIOGEN, -S *n* hypothetical protein
BIOGENIC *adj* originating from a living organism
BIOGENS ▸ **biogen**
BIOGENY *n* principle that a living organism must originate from a parent form similar to itself
BIOGRAPH *vb* write biography of
BIOGS ▸ **biog**
BIOHERM, -S *n* mound of material laid down by sedentary marine organisms
BIOLOGIC *adj* of or relating to biology ▹ *n* drug that is derived from a living organism
BIOLOGY *n* study of living organisms
BIOLYSIS, BIOLYSES *n* death and dissolution of a living organism
BIOLYTIC ▸ **biolysis**
BIOMASS *n* total number of living organisms in a given area
BIOME, -S *n* major ecological community
BIOMETER *n* device for measuring natural radiation
BIOMETRY *n* analysis of biological data
BIOMORPH *n* form or pattern resembling living thing
BIONIC *adj* having a part of the body that is operated electronically
BIONICS *n* study of biological functions to create electronic versions
BIONOMIC > **bionomics**
BIONOMY *n* laws of life
BIONT, -S *n* living thing
BIONTIC ▸ **biont**
BIONTS ▸ **biont**
BIOPHOR, -S *n* hypothetical material particle
BIOPHORE *same as* ▸ **biophor**
BIOPHORS ▸ **biophor**
BIOPIC, -S *n* film based on the life of a famous person
BIOPLASM *n* living matter
BIOPLAST *n* very small unit of bioplasm
BIOPLAY, -S *n* play based on the life of a famous person
BIOPSIC ▸ **biopsy**
BIOPSY, BIOPSIED, BIOPSIES *n* examination of tissue from a living body ▹ *vb* perform a biopsy on
BIOPTIC ▸ **biopsy**
BIOS ▸ **bio**
BIOSCOPE *n* kind of early film projector
BIOSCOPY *n* examination of a body to determine whether it is alive
BIOSOLID *n* residue from treated sewage
BIOTA, -S *n* plant and animal life of a particular region or period
BIOTECH, -S *n* biotechnology
BIOTIC, -S *adj* of or relating to living organisms ▹ *n* living organism
BIOTICAL *same as* ▸ **biotic**
BIOTICS ▸ **biotic**
BIOTIN, -S *n* vitamin of the B complex, abundant in egg yolk and liver
BIOTITE, -S *n* black or dark green mineral of the mica group
BIOTITIC ▸ **biotite**
BIOTOPE, -S *n* small area that supports its own distinctive community
BIOTOXIN *n* toxic substance produced by a living organism
BIOTRON, -S *n* climate-control chamber
BIOTROPH *n* parasitic organism, esp a fungus
BIOTYPE, -S *n* group of genetically identical plants within a species, produced by apomixis
BIOTYPIC ▸ **biotype**
BIOVULAR *adj* (of twins) from two separate eggs
BIOWASTE *n* organic or biodegradable waste
BIPACK, -S *n* obsolete filming process
BIPAROUS *adj* producing offspring in pairs
BIPARTED *adj* divided into two parts
BIPARTY *adj* involving two parties
BIPED, -S *n* animal with two feet ▹ *adj* having two feet
BIPEDAL *adj* having two feet
BIPEDS ▸ **biped**
BIPHASIC *adj* having two phases
BIPHENYL *n* white or colourless crystalline solid used as a heat-transfer agent
BIPLANE, -S *n* aeroplane with two sets of wings, one above the other
BIPOD, -S *n* two-legged support or stand
BIPOLAR *adj* having two poles
BIPRISM, -S *n* prism having a highly obtuse angle to facilitate beam splitting
BIRACIAL *adj* for, representing, or including members of two races
BIRADIAL *adj* showing both bilateral and radial symmetry, as certain sea anemones
BIRAMOSE *same as* ▸ **biramous**
BIRAMOUS *adj* divided into two parts, as the appendages of crustaceans
BIRCH, -ED, -ES *n* tree with thin peeling bark ▹ *vb* flog with a birch
BIRCHEN ▸ **birch**
BIRCHES ▸ **birch**
BIRCHING *n* act of birching
BIRCHIR, -S *same as* ▸ **bichir**
BIRD, -ED, -S *n* creature with feathers and wings, most types of which can fly ▹ *vb* hunt for birds
BIRDBATH *n* small basin or trough for birds to bathe in, usually in a garden
BIRDCAGE *n* wire or wicker cage in which captive birds are kept
BIRDCALL *n* characteristic call or song of a bird
BIRDDOG, -S *n* dog used or trained to retrieve game birds
BIRDED ▸ **bird**
BIRDER, -S *n* birdwatcher
BIRDFARM *n* place where birds are kept
BIRDFEED *n* food for birds
BIRDIE, -D, -S *n* score of one stroke under par for a hole ▹ *vb* play (a hole) in one stroke under par
BIRDING, -S ▸ **bird**
BIRDLIFE *n* birds collectively
BIRDLIKE ▸ **bird**
BIRDLIME *n* sticky substance smeared on twigs to catch small birds ▹ *vb* smear (twigs) with birdlime to catch (small birds)
BIRDMAN, BIRDMEN *n* man concerned with birds, such as a fowler or ornithologist

BIRDS ▸ **bird**
BIRDSEED *n* mixture of various kinds of seeds for feeding cage birds
BIRDSEYE *n* type of primrose
BIRDSHOT *n* small pellets designed for shooting birds
BIRDSONG *n* musical call of a bird or birds
BIRDWING *n* type of butterfly
BIREME, -S *n* ancient galley having two banks of oars
BIRETTA, -S *n* stiff square cap worn by the Catholic clergy
BIRIANI, -S *same as* ▸ **biryani**
BIRIYANI *same as* ▸ **biriani**
BIRK, -S *n* birch tree ▹ *adj* consisting or made of birch
BIRKEN *adj* relating to the birch tree
BIRKIE, -R, -S, -ST *n* spirited or lively person ▹ *adj* lively
BIRKS ▸ **birk**
BIRL, -ED, -S *same as* ▸ **burl**
BIRLE, -S *same as* ▸ **burl**
BIRLED ▸ **birl**
BIRLER, -S ▸ **birl**
BIRLES ▸ **birle**
BIRLING, -S ▸ **birl**
BIRLINN, -S *n* small Scottish book
BIRLS ▸ **birl**
BIRO, -S *n* tradename of a kind of ballpoint pen
BIRR, -ED, -ING, -S *vb* make or cause to make a whirring sound ▹ *n* whirring sound
BIRRETTA *same as* ▸ **biretta**
BIRRING ▸ **birr**
BIRROTCH *n* plural of birr, Ethiopian monetary unit
BIRRS ▸ **birr**
BIRSE, -D, -S, BIRSING *n* bristle ▹ *vb* bruise
BIRSIER ▸ **birsy**
BIRSIEST ▸ **birsy**
BIRSING ▸ **birse**
BIRSLE, -D, -S, BIRSLING *vb* roast
BIRSY, BIRSIER, BIRSIEST *adj* bristly
BIRTH, -ED, -S *n* process of bearing young ▹ *vb* give birth to
BIRTHDAY *n* anniversary of the day of one's birth
BIRTHDOM *n* birthright
BIRTHED ▸ **birth**
BIRTHER, -S *n* person who believes Barack Obama was not born in the USA
BIRTHING ▸ **birth**
BIRTHS ▸ **birth**
BIRYANI, -S *n* Indian rice-based dish
BIS *adv* twice ▹ *sentence substitute* encore! again!
BISCACHA *same as* ▸ **viscacha**
BISCOTTO, BISCOTTI *n* small Italian biscuit
BISCUIT, -S *n* small flat dry sweet or plain cake ▹ *adj* pale brown
BISCUITY *adj* reminiscent of biscuit
BISE, -S *n* cold dry northerly wind
BISECT, -ED, -S *vb* divide into two equal parts
BISECTOR *n* straight line or plane that bisects an angle
BISECTS ▸ **bisect**
BISERIAL *adj* in two rows
BISES ▸ **bise**
BISEXUAL *adj* sexually attracted to both men and women ▹ *n* bisexual person
BISH, -ES *n* mistake
BISHOP, -ED, -S *n* clergyman or clergywoman who governs a diocese ▹ *vb* make a bishop
BISK, -S *a less common spelling of* ▸ **bisque**
BISMAR, -S *n* type of weighing scale
BISMARCK *n* type of pastry
BISMARS ▸ **bismar**
BISMUTH, -S *n* pinkish-white metallic element
BISNAGA, -S *n* type of cactus
BISOM, -S *same as* ▸ **besom**
BISON, -S *same as* ▸ **buffalo**
BISQUE, -S *n* thick rich soup made from shellfish
BISSON, -ED, -S *adj* blind ▹ *vb* cause to be blind
BIST *a form of the second person singular of* ▸ **be**
BISTABLE *adj* (of an electronic system) having two stable states ▹ *n* bistable system
BISTATE *adj* involving two states
BISTER, -S *same as* ▸ **bistre**
BISTERED ▸ **bister**
BISTERS ▸ **bister**
BISTORT, -S *n* Eurasian plant with a spike of small pink flowers
BISTOURY *n* long surgical knife with a narrow blade
BISTRE, -S *n* water-soluble pigment
BISTRED ▸ **bistre**
BISTRES ▸ **bistre**
BISTRO, -S *n* small restaurant
BISTROIC ▸ **bistro**
BISTROS ▸ **bistro**
BIT, -S *n* small piece, portion, or quantity
BITABLE ▸ **bite**
BITCH, -ED, -ES *n* female dog, fox, or wolf ▹ *vb* complain or grumble
BITCHEN *same as* ▸ **bitching**
BITCHERY *n* spiteful talk
BITCHES ▸ **bitch**
BITCHIER ▸ **bitchy**
BITCHILY ▸ **bitchy**
BITCHING *adj* wonderful or excellent
BITCHY, BITCHIER *adj* spiteful or malicious
BITCOIN, -S *n* type of digital currency
BITE, -S, BITTEN *vb* grip, tear, or puncture the skin, as with the teeth or jaws ▹ *n* act of biting
BITEABLE ▸ **bite**
BITER, -S ▸ **bite**
BITES ▸ **bite**
BITESIZE *adj* small enough to put in the mouth whole
BITEWING *n* dental X-ray film
BITING, -S ▸ **bite**
BITINGLY ▸ **bite**
BITINGS ▸ **biting**
BITLESS *adj* without a bit
BITMAP, -S *n* picture created by colour or shading on a visual display unit ▹ *vb* create a bitmap of
BITO, -S *n* African and Asian tree
BITONAL *adj* consisting of black and white tones
BITOS ▸ **bito**
BITOU *n* as in **bitou bush** type of sprawling woody shrub
BITRATE, -S *n* rate of data processing
BITS ▸ **bit**
BITSER, -S *n* mongrel dog
BITSIER ▸ **bitsy**
BITSIEST ▸ **bitsy**
BITSTOCK *n* handle or stock of a tool into which a drilling bit is fixed
BITSY, BITSIER, BITSIEST *adj* very small
BITT, -ED, -S *n* strong post on the deck of a ship for securing lines ▹ *vb* secure (a line) by means of a bitt
BITTACLE *same as* ▸ **binnacle**
BITTE *interj* you're welcome
BITTED ▸ **bitt**
BITTEN ▸ **bite**

B

BITTER, -ED, -ER *adj* having a sharp unpleasant taste ▷ *n* beer with a slightly bitter taste ▷ *adv* very ▷ *vb* make or become bitter
BITTERLY ▶ **bitter**
BITTERN, -S *n* wading marsh bird with a booming call
BITTERS *pl n* bitter-tasting spirits flavoured with plant extracts
BITTIE, -S *n* small piece
BITTIER ▶ **bitty**
BITTIES ▶ **bittie**
BITTIEST ▶ **bitty**
BITTILY *adv* in a disjointed way
BITTING, -S ▶ **bitt**
BITTOCK, -S *n* small amount
BITTOR, -S *n* bittern
BITTOUR, -S *same as* ▶ **bittor**
BITTS ▶ **bitt**
BITTUR, -S *same as* ▶ **bittor**
BITTY, BITTIER, BITTIEST *adj* lacking unity, disjointed
BITUMED *adj* covered with bitumen
BITUMEN, -S *n* black sticky substance obtained from tar or petrol
BITURBO, -S *n* engine with two turbochargers
BITWISE *adj* relating to an operator in a programming language that manipulates bits
BIUNIQUE *adj* relating to a one-to-one correspondence
BIVALENT *adj* associated together in pairs ▷ *n* structure consisting of two homologous chromosomes
BIVALVE, -S *adj* (of a marine mollusc) with two hinged segments to its shell ▷ *n* sea creature with a shell consisting of two hinged valves
BIVALVED ▶ **bivalve**
BIVALVES ▶ **bivalve**
BIVIA ▶ **bivium**
BIVINYL, -S *another word for* ▶ **butadiene**
BIVIOUS *adj* offering a choice of two different ways
BIVIUM, BIVIA *n* parting of ways
BIVOUAC, -S *n* temporary camp in the open air ▷ *vb* camp in a bivouac
BIVVY, BIVVIED, BIVVIES, -ING *n* small tent or shelter ▷ *vb* camp in a bivouac
BIWEEKLY *adv* every two weeks ▷ *n* periodical published every two weeks
BIYEARLY *adv* every two years
BIZ, -ZES *n* business
BIZARRE, -S *adj* odd or unusual ▷ *n* bizarre thing
BIZARRO, -S *n* bizarre person
BIZAZZ, -ES *same as* ▶ **pizazz**
BIZCACHA *same as* ▶ **viscacha**
BIZE, -S *n* dry, cold wind in France
BIZJET, -S *n* small jet plane used by businesspeople
BIZNAGA, -S *same as* ▶ **bisnaga**
BIZONAL ▶ **bizone**
BIZONE, -S *n* place comprising two zones
BIZZAZZ *n* combination of energy and style
BIZZES ▶ **biz**
BIZZIES ▶ **bizzy**
BIZZO, -S *n* empty and irrelevant talk or ideas
BIZZY, BIZZIES *n* policeman or policewoman
BLAB, -BED, -S *vb* reveal (secrets) indiscreetly
BLABBER, -S *vb* talk without thinking ▷ *n* person who blabs
BLABBIER ▶ **blabby**
BLABBING ▶ **blab**
BLABBY, BLABBIER *adj* talking too much; indiscreet
BLABS ▶ **blab**
BLACK, -ED, -ER, -EST, -S *adj* of the darkest colour, like coal ▷ *n* darkest colour ▷ *vb* make black
BLACKBOY *n* grass tree
BLACKCAP *n* brownish-grey warbler, the male of which has a black crown
BLACKED ▶ **black**
BLACKEN, -S *vb* make or become black
BLACKER ▶ **black**
BLACKEST ▶ **black**
BLACKFIN *n* type of tuna
BLACKFLY *n* type of black aphid that infests beans, sugar beet, and other plants
BLACKGUM *n* US tree
BLACKING *n* preparation for giving a black finish to shoes, metals, etc
BLACKISH ▶ **black**
BLACKLEG *n* person who continues to work during a strike ▷ *vb* refuse to join a strike
BLACKLY ▶ **black**
BLACKOUT *n* extinguishing of all light as a precaution against an air attack
BLACKS ▶ **black**
BLACKTIP *n* shark of coastal tropical waters
BLACKTOP *n* bituminous mixture used for paving
BLAD, -DED, -DING, -S *same as* ▶ **blaud**
BLADDER, -S *n* sac in the body where urine is held
BLADDERY *adj* like a bladder
BLADDING ▶ **blad**
BLADE, -S *n* cutting edge of a weapon or tool
BLADED ▶ **blade**
BLADER, -S *n* person skating with in-line skates
BLADES ▶ **blade**
BLADIER ▶ **blady**
BLADIEST ▶ **blady**
BLADING, -S *n* act or instance of skating with in-line skates
BLADS ▶ **blad**
BLADY, BLADIER, BLADIEST *adj* as in **blady grass** coarse leafy Australasian grass
BLAE, -R, -ST *adj* bluish-grey
BLAES *n* hardened clay or shale
BLAEST ▶ **blae**
BLAFF, -ED, -ING, -S *n* West Indian stew ▷ *vb* make a barking noise
BLAG, -GED, -S *vb* obtain by wheedling or cadging ▷ *n* robbery, esp with violence
BLAGGER, -S ▶ **blag**
BLAGGING ▶ **blag**
BLAGS ▶ **blag**
BLAGUE, -S *n* pretentious but empty talk
BLAGUER, -S ▶ **blague**
BLAGUES ▶ **blague**
BLAGUEUR *n* bluffer
BLAH, -ED, -ER, -EST, -ING, -S *n* worthless or silly talk ▷ *adj* uninteresting ▷ *vb* talk nonsense or boringly
BLAIN, -S *n* blister, blotch, or sore on the skin
BLAISE *same as* ▶ **blaes**
BLAIZE *same as* ▶ **blaes**
BLAM, -MED, -MING, -S *n* representation of the sound of a bullet being fired ▷ *vb* make the noise of a bullet being fired
BLAMABLE ▶ **blame**
BLAMABLY ▶ **blame**
BLAME, -S, BLAMING *vb* consider (someone) responsible ▷ *n* responsibility for something that is wrong

BLAMED *euphemistic word for* ▸**damned**
BLAMEFUL *adj* deserving blame
BLAMER, -S ▸**blame**
BLAMES ▸**blame**
BLAMING ▸**blame**
BLAMMED ▸**blam**
BLAMMING ▸**blam**
BLAMS ▸**blam**
BLANCH, -ED, -ES *vb* become white or pale
BLANCHER ▸**blanch**
BLANCHES ▸**blanch**
BLANCO, -ED, -S *n* whitening substance ▹*vb* whiten (something) with blanco
BLAND, -ED, -ER, -EST, -ING, -S *adj* dull and uninteresting ▹*n* bland thing ▹*vb* as in **bland out** become bland
BLANDISH *vb* persuade by mild flattery
BLANDLY ▸**bland**
BLANDS ▸**bland**
BLANK, -ED, -ER, -EST, -S *adj* not written on ▹*n* empty space ▹*vb* cross out, blot, or obscure
BLANKET, -S *n* large thick cloth used as covering for a bed ▹*adj* applying to a wide group of people, situations, conditions, etc ▹*vb* cover as with a blanket
BLANKETY *n* euphemism for any taboo word
BLANKIE, -S *n* child's security blanket
BLANKING ▸**blank**
BLANKLY ▸**blank**
BLANKS ▸**blank**
BLANKY *same as* ▸**blankie**
BLANQUET *n* variety of pear
BLARE, -D, -S, BLARING *vb* sound loudly and harshly ▹*n* loud harsh noise
BLARNEY, -S *n* flattering talk ▹*vb* cajole with flattery
BLART, -ED, -ING, -S *vb* sound loudly and harshly
BLASE *adj* indifferent or bored through familiarity
BLASH, -ED, -ES, -ING *n* splash ▹*vb* splash (something) with liquid
BLASHIER ▸**blashy**
BLASHING ▸**blash**
BLASHY, BLASHIER *adj* windy and rainy
BLAST, -S *n* explosion ▹*vb* blow up (a rock etc) with explosives ▹*interj* expression of annoyance
BLASTED *adv* extreme or extremely ▹*adj* blighted or withered
BLASTEMA *n* mass of animal cells that will regenerate a lost organ or tissue
BLASTER, -S ▸**blast**
BLASTIE, -S *n* ugly creature
BLASTIER ▸**blasty**
BLASTIES ▸**blastie**
BLASTING *n* distortion of sound caused by overloading certain components of a radio system
BLASTOFF *n* launching of a rocket
BLASTOID *n* extinct echinoderm found in fossil form
BLASTOMA *n* tumour composed of embryonic tissue that has not yet developed a specialized function
BLASTS ▸**blast**
BLASTULA *n* early form of an animal embryo
BLASTY, BLASTIER *adj* gusty
BLAT, -S, -TED, -TING *vb* cry out or bleat like a sheep
BLATANCY ▸**blatant**
BLATANT *adj* glaringly obvious
BLATE, -D, -R, -S, -ST, BLATING *adj* shy; ill at ease ▹*vb* babble (something)
BLATHER, -S *vb* speak foolishly ▹*n* foolish talk
BLATING ▸**blate**
BLATS ▸**blat**
BLATT, -S *n* newspaper
BLATTANT *same as* ▸**blatant**
BLATTED ▸**blat**
BLATTER, -S *vb* prattle
BLATTING ▸**blat**
BLATTS ▸**blatt**
BLAUBOK, -S *n* South African antelope
BLAUD, -ED, -ING, -S *vb* slap
BLAW, -ED, -ING, -N, -S *vb* blow
BLAWORT, -S *n* harebell
BLAWS ▸**blaw**
BLAY, -S *n* small river fish
BLAZAR, -S *n* type of active galaxy
BLAZE, -D, BLAZING *n* strong fire or flame ▹*vb* burn or shine brightly
BLAZER, -S *n* lightweight jacket, often in the colours of a school etc
BLAZERED ▸**blazer**
BLAZERS ▸**blazer**
BLAZES *pl n* hell
BLAZING ▸**blaze**
BLAZON, -ED, -S *vb* proclaim publicly ▹*n* coat of arms
BLAZONER ▸**blazon**
BLAZONRY *n* art or process of describing heraldic arms in proper form
BLAZONS ▸**blazon**
BLEACH, -ED, -ES *vb* make or become white or colourless ▹*n* bleaching agent
BLEACHER ▸**bleach**
BLEACHES ▸**bleach**
BLEAK, -ER, -EST, -S *adj* exposed and barren ▹*n* type of fish found in slow-flowing rivers
BLEAKISH ▸**bleak**
BLEAKLY ▸**bleak**
BLEAKS ▸**bleak**
BLEAKY *same as* ▸**bleak**
BLEAR, -ED, -ER, -EST, -ING, -S *vb* make (eyes or sight) dim with or as if with tears ▹*adj* bleary
BLEARIER ▸**bleary**
BLEARILY ▸**bleary**
BLEARING ▸**blear**
BLEARS ▸**blear**
BLEARY, BLEARIER *adj* with eyes dimmed, as by tears or tiredness
BLEAT, -ED, -S *vb* (of a sheep, goat, or calf) utter its plaintive cry ▹*n* cry of sheep, goats, and calves
BLEATER, -S ▸**bleat**
BLEATING ▸**bleat**
BLEATS ▸**bleat**
BLEB, -S *n* fluid-filled blister on the skin
BLEBBIER ▸**blebby**
BLEBBING *n* formation of bleb
BLEBBY, BLEBBIER ▸**bleb**
BLEBS ▸**bleb**
BLECH *interj* expressing disgust
BLED ▸**bleed**
BLEE, -S *n* complexion; hue
BLEED, BLED, -S *vb* lose or emit blood
BLEEDER, -S *n* despicable person
BLEEDING ▸**bleed**
BLEEDS ▸**bleed**
BLEEP, -ED, -ING, -S *n* high-pitched signal or beep ▹*vb* make such a noise
BLEEPER, -S *n* small portable radio receiver that makes a bleeping signal
BLEEPING ▸**bleep**
BLEEPS ▸**bleep**
BLEES ▸**blee**

B

BLELLUM, -S *n* babbler; blusterer
BLEMISH *n* defect or stain ▷ *vb* spoil or tarnish
BLENCH, -ED, -ES *vb* shy away, as in fear
BLENCHER ▶ **blench**
BLENCHES ▶ **blench**
BLEND, -ED, -S *vb* mix or mingle (components or ingredients) ▷ *n* mixture
BLENDE, -S *n* mineral consisting mainly of zinc sulphide
BLENDED ▶ **blend**
BLENDER, -S *n* electrical appliance for puréeing vegetables etc
BLENDES ▶ **blende**
BLENDING ▶ **blend**
BLENDS ▶ **blend**
BLENNY, BLENNIES *n* small fish with a tapering scaleless body
BLENT *a past participle of* ▶ **blend**
BLERT, -S *n* foolish person
BLESBOK, -S *n* S African antelope
BLESBUCK *same as* ▶ **blesbok**
BLESS, -ES, BLEST *vb* make holy by means of a religious rite
BLESSED *adj* made holy
BLESSER, -S ▶ **bless**
BLESSES ▶ **bless**
BLESSING ▶ **bless**
BLEST ▶ **bless**
BLET, -S, -TED, -TING *n* state of decay in certain fruits, due to overripening ▷ *vb* go soft
BLETHER, -S *same as* ▶ **blather**
BLETS ▶ **blet**
BLETTED ▶ **blet**
BLETTING ▶ **blet**
BLEUATRE *adj* blueish
BLEW ▶ **blow**
BLEWART, -S *same as* ▶ **blawort**
BLEWITS *n* type of edible fungus with a pale brown cap and a bluish stalk
BLEY, -S *same as* ▶ **blay**
BLIGHT, -ED, -S *n* person or thing that spoils or prevents growth ▷ *vb* cause to suffer a blight
BLIGHTER *n* irritating person
BLIGHTS ▶ **blight**
BLIGHTY *n* home country; home leave
BLIKSEM *interj* South African expression of surprise
BLIMBING *same as* ▶ **bilimbi**
BLIMEY *interj* exclamation of surprise or annoyance
BLIMP, -ED, -ING, -S *n* small airship ▷ *vb* swell out
BLIMPERY *n* complacent or reactionary behaviour
BLIMPING ▶ **blimp**
BLIMPISH *adj* complacent and reactionary
BLIMPS ▶ **blimp**
BLIMY *same as* ▶ **blimey**
BLIN, -NED, -NING, -S *Scots word for* ▶ **blind**
BLIND, -ED, -EST, -S *adj* unable to see ▷ *vb* deprive of sight ▷ *n* covering for a window
BLINDAGE *n* (esp formerly) a protective screen or structure, as over a trench
BLINDED ▶ **blind**
BLINDER, -S *n* outstanding performance
BLINDEST ▶ **blind**
BLINDGUT *same as* ▶ **caecum**
BLINDING *n* sand or grit spread over a road surface to fill up cracks ▷ *adj* making one blind or as if blind
BLINDLY ▶ **blind**
BLINDS ▶ **blind**
BLING, -ED, -ER, -EST, -S *adj* flashy ▷ *n* ostentatious jewellery ▷ *vb* make ostentatious or flashy
BLINGIER ▶ **blingy**
BLINGING *adj* flashy and expensive
BLINGS ▶ **bling**
BLINGY, BLINGIER *same as* ▶ **bling**
BLINI *pl n* Russian pancakes made of buckwheat flour and yeast
BLINIS *same as* ▶ **blini**
BLINK, -ED, -S *vb* close and immediately reopen (the eyes) ▷ *n* act of blinking
BLINKARD *n* something that twinkles
BLINKED ▶ **blink**
BLINKER *vb* provide (a horse) with blinkers ▷ *n* flashing light for sending messages
BLINKERS *same as* ▶ **blinker**
BLINKING *adv* extreme or extremely
BLINKS ▶ **blink**
BLINNED ▶ **blin**
BLINNING ▶ **blin**
BLINS ▶ **blin**
BLINTZ *n* thin pancake folded over a filling usually of apple, cream cheese, or meat
BLINTZE, -S *same as* ▶ **blintz**
BLINY *same as* ▶ **blini**
BLIP, -PED, -PING, -S *n* spot of light on a radar screen indicating the position of an object ▷ *vb* produce such a noise
BLIPVERT *n* very short television advertisement
BLISS, -ED, -ES, -ING *n* perfect happiness ▷ *vb* make or become perfectly happy
BLISSFUL *adj* serenely joyful or glad
BLISSING ▶ **bliss**
BLIST *archaic form of* ▶ **blessed**
BLISTER, -S *n* small bubble on the skin ▷ *vb* (cause to) have blisters
BLISTERY ▶ **blister**
BLIT, -S, -TED, -TING *vb* move (a block of data) in a computer's memory
BLITE, -S *n* type of herb
BLITHE, -ST *adj* casual and indifferent
BLITHELY ▶ **blithe**
BLITHER, -S *same as* ▶ **blether**
BLITHEST ▶ **blithe**
BLITS ▶ **blit**
BLITTED ▶ **blit**
BLITTER, -S *n* circuit that transfers large amounts of data within a computer's memory
BLITTING ▶ **blit**
BLITZ, -ED, -ES, -ING *n* violent and sustained attack by aircraft ▷ *vb* attack suddenly and intensively
BLITZER, -S ▶ **blitz**
BLITZES ▶ **blitz**
BLITZING ▶ **blitz**
BLIVE *same as* ▶ **belive**
BLIZZARD *n* blinding storm of wind and snow ▷ *vb* (of weather) be stormy with wind and snow
BLOAT, -ING, -S *vb* cause to swell, as with liquid or air ▷ *n* abnormal distention of the abdomen in cattle, sheep, etc
BLOATED *adj* swollen, as with a liquid, air, or wind
BLOATER, -S *n* salted smoked herring
BLOATING ▶ **bloat**
BLOATS ▶ **bloat**
BLOB, -BED, -BING, -S *n* soft mass or drop ▷ *vb* put blobs, as of ink or paint, on
BLOBBIER ▶ **blob**

B

BLOBBING ▸ **blob**
BLOBBY ▸ **blob**
BLOBS ▸ **blob**
BLOC, -S *n* people or countries combined by a common interest
BLOCK, -ED, -S *n* large solid piece of wood, stone, etc ▹ *vb* obstruct or impede by introducing an obstacle
BLOCKADE *n* sealing off of a place to prevent the passage of goods ▹ *vb* impose a blockade on
BLOCKAGE *n* act of blocking or state of being blocked
BLOCKED ▸ **block**
BLOCKER, -S *n* person or thing that blocks
BLOCKIE, -S *n* owner of a small property, esp a farm
BLOCKIER ▸ **blocky**
BLOCKIES ▸ **blockie**
BLOCKING *n* interruption of anode current in a valve
BLOCKISH *adj* lacking vivacity or imagination
BLOCKS ▸ **block**
BLOCKY, BLOCKIER *adj* like a block, esp in shape and solidity
BLOCS ▸ **bloc**
BLOG, -GED, -S *n* journal written on-line and accessible to users of the internet ▹ *vb* write a blog
BLOGGER, -S ▸ **blog**
BLOGGIER ▸ **bloggy**
BLOGGING ▸ **blog**
BLOGGY, BLOGGIER *adj* characteristic of a blog
BLOGPOST *n* single posting made as part of a blog
BLOGRING *n* group of blogs joined in a ring
BLOGROLL *n* list of blogs
BLOGS ▸ **blog**
BLOKART, -S *n* single-seat three-wheeled vehicle propelled by the wind
BLOKE, -S *n* man
BLOKEDOM *n* state of being a bloke
BLOKEISH *adj* denoting or exhibiting the characteristics believed typical of an ordinary man
BLOKES ▸ **bloke**
BLOKEY, BLOKIER, BLOKIEST *same as* ▸ **blokeish**
BLOKISH *same as* ▸ **blokeish**
BLONCKET *adj* blue-grey
BLOND, -S *adj* (of men's hair) of a light colour ▹ *n* person, esp a man, having light-coloured hair and skin
BLONDE, -R, -S, -ST *n* fair-haired (person) ▹ *adj* (of hair) fair
BLONDINE *vb* dye hair blonde
BLONDING *n* act or an instance of dyeing hair blonde
BLONDISH ▸ **blond**
BLONDS ▸ **blond**
BLOOD, -S *n* red fluid that flows around the body ▹ *vb* initiate (a person) to war or hunting
BLOODED *adj* (of horses, cattle, etc) of good breeding
BLOODFIN *n* silvery red-finned S American freshwater fish, popular in aquariums
BLOODIED ▸ **bloody**
BLOODIER ▸ **bloody**
BLOODIES ▸ **bloody**
BLOODILY ▸ **bloody**
BLOODING ▸ **blood**
BLOODRED *adj* having a deep red colour
BLOODS ▸ **blood**
BLOODY, BLOODIED, BLOODIER, BLOODIES *adj* covered with blood ▹ *adv* extreme or extremely ▹ *vb* stain with blood
BLOOEY *adj* out of order; faulty
BLOOIE *same as* ▸ **blooey**
BLOOK, -S *n* book published on a blog
BLOOM, -S *n* blossom on a flowering plant ▹ *vb* (of flowers) open
BLOOMED *adj* (of a lens) coated to reduce light lost by reflection
BLOOMER *n* stupid mistake
BLOOMERS *pl n* woman's baggy underwear
BLOOMERY *n* place in which malleable iron is produced directly from iron ore
BLOOMIER ▸ **bloomy**
BLOOMING *n* act of blooming
BLOOMS ▸ **bloom**
BLOOMY, BLOOMIER *adj* having a fine whitish coating on the surface
BLOOP, -ED, -ING, -S *vb* (baseball) hit a ball into air beyond infield
BLOOPER, -S *n* stupid mistake
BLOOPIER ▸ **bloopy**
BLOOPING ▸ **bloop**
BLOOPS ▸ **bloop**
BLOOPY, BLOOPIER *adj* (in baseball) relating to a ball hit into the air beyond the infield
BLOOSME, -D, -S *archaic form of* ▸ **blossom**
BLORE, -S *n* strong blast of wind
BLOSSOM, -S *n* flowers of a plant ▹ *vb* (of plants) flower
BLOSSOMY *adj* full of blossoms
BLOT, -S, -TED *n* spot or stain ▹ *vb* cause a blemish in or on
BLOTCH, -ED, -ES *n* discoloured area or stain ▹ *vb* become or cause to become marked by such discoloration
BLOTCHY *adj* covered in or marked by blotches
BLOTLESS ▸ **blot**
BLOTS ▸ **blot**
BLOTTED ▸ **blot**
BLOTTER, -S *n* sheet of blotting paper
BLOTTIER ▸ **blotty**
BLOTTING *n* blot analysis
BLOTTO *adj* extremely drunk
BLOTTY, BLOTTIER *adj* covered in blots
BLOUBOK, -S *same as* ▸ **blaubok**
BLOUSE, -D, -S, BLOUSING *n* woman's shirtlike garment ▹ *vb* hang or cause to hang in full loose folds
BLOUSIER ▸ **blousy**
BLOUSILY ▸ **blousy**
BLOUSING ▸ **blouse**
BLOUSON, -S *n* short loose jacket with a tight waist
BLOUSY, BLOUSIER *adj* loose; blouse-like
BLOVIATE *vb* discourse at length
BLOW, BLEW, -ED, -N, -S *vb* (of air, the wind, etc) move ▹ *n* hard hit
BLOWBACK *n* gases escaping to the rear
BLOWBALL *n* dandelion seed head
BLOWBY, -S *n* leakage of gas past the piston of an engine at maximum pressure
BLOWDART *n* dart from a blowpipe
BLOWDOWN *n* accidental burst of a cooling pipe in a nuclear reactor
BLOWED ▸ **blow**
BLOWER, -S *n* mechanical device, such as a fan, that blows

B

BLOWFISH *a popular name for* ▸**puffer**
BLOWFLY *n* fly that lays its eggs in meat
BLOWGUN, -S *same as* ▸**blowpipe**
BLOWHARD *n* boastful person ▹*adj* blustering or boastful
BLOWHOLE *n* nostril of a whale
BLOWIE, -S *n* bluebottle
BLOWIER ▸**blowy**
BLOWIES ▸**blowie**
BLOWIEST ▸**blowy**
BLOWING, -S *n* moving of air
BLOWKART *n* land vehicle with a sail
BLOWLAMP *another name for* >**blowtorch**
BLOWN ▸**blow**
BLOWOFF, -S *n* discharge of a surplus fluid
BLOWOUT, -S *n* sudden loss of air in a tyre
BLOWPIPE *n* long tube from which darts etc are shot by blowing
BLOWS ▸**blow**
BLOWSE, -S *n* large, red-faced woman
BLOWSED *same as* ▸**blowsy**
BLOWSES ▸**blowse**
BLOWSIER ▸**blowsy**
BLOWSILY ▸**blowsy**
BLOWSY, BLOWSIER *adj* fat, untidy, and red-faced
BLOWTUBE *n* tube for blowing air or oxygen into a flame to intensify its heat
BLOWUP, -S *n* fit of temper
BLOWY, BLOWIER, BLOWIEST *adj* windy
BLOWZE, -S *variant of* ▸**blowse**
BLOWZED *same as* ▸**blowsy**
BLOWZES ▸**blowze**
BLOWZIER ▸**blowzy**
BLOWZILY ▸**blowzy**
BLOWZY, BLOWZIER *same as* ▸**blowsy**
BLUB, -BED, -BING, -S *a slang word for* ▸**blubber**
BLUBBER, -S *vb* sob without restraint ▹*adj* swollen or fleshy ▹*n* fat of whales, seals, etc
BLUBBERY *adj* of, containing, or like blubber
BLUBBING ▸**blub**
BLUBS ▸**blub**
BLUCHER, -S *n* high shoe with laces over the tongue
BLUD, -S *n* slang term for a friend
BLUDE, -S *Scots form of* ▸**blood**
BLUDGE, -D, -S, BLUDGING *vb* evade work ▹*n* easy task
BLUDGEON *n* short thick club ▹*vb* hit with a bludgeon
BLUDGER, -S *n* person who scrounges
BLUDGES ▸**bludge**
BLUDGING ▸**bludge**
BLUDIE, -R, -ST *Scots form of* ▸**bloody**
BLUDS ▸**blud**
BLUDY *same as* ▸**bludie**
BLUE, -D, -R, -ST *n* colour of a clear unclouded sky ▹*adj* of the colour blue ▹*vb* make or become blue
BLUEBACK *n* type of salmon
BLUEBALL *n* type of European herb
BLUEBEAT *n* type of West Indian pop music of the 1960s
BLUEBELL *n* flower with blue bell-shaped flowers
BLUEBILL *another name for* ▸**scaup**
BLUEBIRD *n* North American songbird with a blue plumage
BLUEBOOK *n* (in Britain) a government publication, usually the report of a commission
BLUEBUCK *same as* ▸**blaubok**
BLUEBUSH *n* blue-grey herbaceous Australian shrub
BLUECAP, -S *another name for* ▸**bluetit**
BLUECOAT *n* person who wears blue uniform
BLUED ▸**blue**
BLUEFIN, -S *another name for* ▸**tunny**
BLUEFISH *n* type of bluish marine food and game fish
BLUEGILL *n* common N American sunfish, an important freshwater food and game fish
BLUEGOWN *n* in past, pauper, recipient of blue gown on king's birthday
BLUEGUM, -S *n* widely cultivated Australian tree
BLUEHEAD *n* type of fish
BLUEING, -S ▸**blue**
BLUEISH *same as* ▸**bluish**
BLUEJACK *n* type of oak tree
BLUEJAY, -S *n* N American jay
BLUELINE *n* blue-toned photographic proof
BLUELY ▸**blue**
BLUENESS ▸**blue**
BLUENOSE *n* puritanical or prudish person
BLUER ▸**blue**
BLUES *pl n* type of music
BLUESIER ▸**bluesy**
BLUESMAN, BLUESMEN *n* blues musician
BLUEST ▸**blue**
BLUESTEM *n* type of tall grass
BLUESY, BLUESIER ▸**blues**
BLUET, -S *n* N American plant with small four-petalled blue flowers
BLUETICK *n* fast-running dog
BLUETIT, -S *n* small European bird
BLUETS ▸**bluet**
BLUETTE, -S *n* short, brilliant piece of music
BLUEWEED *n* Eurasian weed with blue flowers and pink buds
BLUEWING *n* type of duck
BLUEWOOD *n* type of Mexican shrub
BLUEY, -S, BLUIER, BLUIEST *adj* bluish ▹*n* informal Australian word meaning blanket
BLUFF, -ED, -EST, -ING, -S *vb* pretend to be confident in order to influence (someone) ▹*n* act of bluffing ▹*adj* good-naturedly frank and hearty
BLUFFER, -S ▸**bluff**
BLUFFEST ▸**bluff**
BLUFFING ▸**bluff**
BLUFFLY ▸**bluff**
BLUFFS ▸**bluff**
BLUGGY, BLUGGIER *same as* ▸**bloody**
BLUID, -S *Scots word for* ▸**blood**
BLUIDIER ▸**bluidy**
BLUIDS ▸**bluid**
BLUIDY, BLUIDIER ▸**bluid**
BLUIER ▸**bluey**
BLUIEST ▸**bluey**
BLUING, -S ▸**blue**
BLUISH *adj* slightly blue
BLUME, -D, -S, BLUMING *Scots word for* ▸**bloom**
BLUNDER, -S *n* clumsy mistake ▹*vb* make a blunder
BLUNGE, -D, -S, BLUNGING *vb* mix clay with water
BLUNGER, -S *n* large vat in which the contents are mixed by rotating arms
BLUNGES ▸**blunge**
BLUNGING ▸**blunge**

BLUNK, -ED, -ING, -S *vb* ruin; botch
BLUNKER, -S ▸ **blunk**
BLUNKING ▸ **blunk**
BLUNKS ▸ **blunk**
BLUNT, -ED, -ER, -EST, -ING, -S *adj* not having a sharp edge or point ▹ *vb* make less sharp
BLUNTISH ▸ **blunt**
BLUNTLY ▸ **blunt**
BLUNTS ▸ **blunt**
BLUR, -RED, -RING, -S *vb* make or become vague or less distinct ▹ *n* something vague, hazy, or indistinct
BLURB, -ED, -ING, -S *n* promotional description, as on the jacket of a book ▹ *vb* describe or recommend in a blurb
BLURBIST *n* writer of blurbs
BLURBS ▸ **blurb**
BLURRED ▸ **blur**
BLURRIER ▸ **blurry**
BLURRILY ▸ **blur**
BLURRING ▸ **blur**
BLURRY, BLURRIER ▸ **blur**
BLURS ▸ **blur**
BLURT, -ED, -S *vb* utter suddenly and involuntarily
BLURTER, -S ▸ **blurt**
BLURTING ▸ **blurt**
BLURTS ▸ **blurt**
BLUSH, -ED, -ES *vb* become red in the face, esp from embarrassment or shame ▹ *n* reddening of the face
BLUSHER, -S *n* cosmetic for giving the cheeks a rosy colour
BLUSHES ▸ **blush**
BLUSHET, -S *n* modest young woman
BLUSHFUL ▸ **blush**
BLUSHING ▸ **blush**
BLUSTER, -S *vb* speak loudly or in a bullying way ▹ *n* empty threats or protests
BLUSTERY *adj* (of wind) noisy or gusty
BLYPE, -S *n* piece of skin peeled off after sunburn
BO, -S *interj* exclamation uttered to startle or surprise someone ▹ *n* fellow, buddy
BOA, -S *n* large nonvenomous snake
BOAB, -S *short for* ▸ **baobab**
BOAK, -ED, -ING, -S *same as* ▸ **boke**
BOAR, -S *n* uncastrated male pig
BOARD, -ED, -S *n* long flat piece of sawn timber ▹ *vb* go aboard (a train, aeroplane, etc)
BOARDER, -S *n* person who pays rent for accommodation in someone else's home
BOARDIES *pl n* board shorts
BOARDING *n* act of embarking on an aircraft, train, ship, etc
BOARDMAN, BOARDMEN *n* man who carries a sandwich board
BOARDS ▸ **board**
BOARFISH *n* type of spiny-finned marine fish with a compressed body, a long snout, and large eyes
BOARISH *adj* coarse, cruel, or sensual
BOARS ▸ **boar**
BOART, -S *same as* ▸ **bort**
BOAS ▸ **boa**
BOAST, -ED, -S *vb* speak too proudly about one's talents etc ▹ *n* bragging statement
BOASTER, -S ▸ **boast**
BOASTFUL *adj* tending to boast
BOASTING ▸ **boast**
BOASTS ▸ **boast**
BOAT, -ED, -S *n* small vehicle for travelling across water ▹ *vb* travel in a boat
BOATABLE *adj* able to be carried by boat
BOATBILL *n* nocturnal tropical American wading bird with a broad flattened bill
BOATED ▸ **boat**
BOATEL, -S *n* waterside hotel catering for boating people
BOATER, -S *n* flat straw hat
BOATFUL, -S ▸ **boat**
BOATHOOK *n* hooked pole used for fending off other vessels or obstacles
BOATIE, -S *n* boating enthusiast
BOATING, -S *n* rowing, sailing, or cruising in boats as a form of recreation
BOATLIFT *n* evacuation by boat
BOATLIKE ▸ **boat**
BOATLOAD *n* amount of cargo or number of people held by a boat or ship
BOATMAN, BOATMEN *n* man who works on, hires out, or repairs boats
BOATNECK *n* wide open neck on garment
BOATPORT *n* enclosure for boats
BOATS ▸ **boat**
BOATSMAN, BOATSMEN *same as* ▸ **boatman**
BOATTAIL *n* type of blackbird
BOATYARD *n* place where boats are kept, repaired, etc
BOB, -BED, -BING, -S *vb* move or cause to move up and down repeatedly ▹ *n* short abrupt movement, as of the head
BOBA, -S *n* type of Chinese tea
BOBAC, -S *same as* ▸ **bobak**
BOBAK, -S *n* type of marmot
BOBAS ▸ **boba**
BOBBED ▸ **bob**
BOBBER, -S *n* type of float for fishing
BOBBERY *n* mixed pack of hunting dogs ▹ *adj* noisy or excitable
BOBBIES ▸ **bobby**
BOBBIN, -S *n* reel on which thread is wound
BOBBINET *n* netted fabric of hexagonal mesh, made on a lace machine
BOBBING ▸ **bob**
BOBBINS ▸ **bobbin**
BOBBISH *adj* cheery
BOBBLE, -D, -S, BOBBLING *n* small ball of material, usu for decoration ▹ *vb* (of a ball) to bounce erratically because of an uneven playing surface
BOBBLIER ▸ **bobbly**
BOBBLING ▸ **bobble**
BOBBLY, BOBBLIER *adj* (of fabric) covered in small balls; worn
BOBBY, BOBBIES *n* policeman or policewoman
BOBBYSOX *pl n* bobbysocks
BOBCAT, -S *n* N American feline
BOBECHE, -S *n* candle drip-catcher
BOBFLOAT *n* small buoyant float, usually consisting of a quill stuck through a piece of cork
BOBLET, -S *n* two-person bobsleigh
BOBO, -S *n* rich person who holds bohemian values
BOBOL, -LED, -S *n* type of fraud ▹ *vb* commit a bobol
BOBOLINK *n* American songbird
BOBOLLED ▸ **bobol**
BOBOLS ▸ **bobol**
BOBOS ▸ **bobo**
BOBOTIE, -S *n* dish of curried mince

B

BOBOWLER *n* large moth
BOBS ▸ **bob**
BOBSKATE *n* child's skate with two parallel blades
BOBSLED, -S *same as* > **bobsleigh**
BOBSTAY, -S *n* stay between a bowsprit and the stem of a vessel
BOBTAIL, -S *n* docked tail ▹ *adj* having the tail cut short ▹ *vb* dock the tail of
BOBWHEEL *n* poetic device
BOBWHITE *n* brown N American quail
BOBWIG, -S *n* type of short wig
BOCACCIO *n* edible American fish
BOCAGE, -S *n* wooded countryside characteristic of northern France
BOCCA, -S *n* mouth
BOCCE, -S *same as* ▸ **boccie**
BOCCI, -S *same as* ▸ **boccie**
BOCCIA, -S *same as* ▸ **boccie**
BOCCIE, -S *n* Italian version of bowls
BOCCIS ▸ **bocci**
BOCK, -ED, -ING, -S *a variant spelling of* ▸ **boke**
BOCKEDY *adj* (of a structure, piece of furniture, etc) unsteady
BOCKING ▸ **bock**
BOCKS ▸ **bock**
BOD, -S *n* person
BODACH, -S *n* old man
BODDLE, -S *same as* ▸ **bodle**
BODE, -D, -S *vb* portend or presage
BODEFUL *adj* portentous
BODEGA, -S *n* shop in a Spanish-speaking country that sells wine
BODEMENT ▸ **bode**
BODES ▸ **bode**
BODGE, -D, -S, BODGING *vb* make a mess of
BODGER, -S *adj* worthless or second-rate
BODGES ▸ **bodge**
BODGIE, -R, -S, -ST *n* unruly or uncouth young man, esp in the 1950s ▹ *adj* inferior
BODGING ▸ **bodge**
BODHI, -S *n* as in **bodhi tree** holy tree of Buddhists
BODHRAN, -S *n* shallow one-sided drum popular in Irish and Scottish folk music
BODICE, -S *n* upper part of a dress
BODIED ▸ **body**
BODIES ▸ **body**
BODIKIN, -S *n* little body
BODILESS *adj* having no body or substance
BODILY *adj* relating to the body ▹ *adv* by taking hold of the body
BODING, -S ▸ **bode**
BODINGLY ▸ **bode**
BODINGS ▸ **boding**
BODKIN, -S *n* blunt large-eyed needle
BODLE, -S *n* small obsolete Scottish coin
BODRAG, -S *n* enemy attack
BODS ▸ **bod**
BODY, BODIED, BODIES, -ING *n* entire physical structure of an animal or human ▹ *vb* give form to
BODYLINE *n* (in cricket) fast bowling aimed at the batsman's body
BODYMAN, BODYMEN *n* person who repairs car bodies
BODYSIDE *n* side of a body of a vehicle
BODYSUIT *n* one-piece undergarment for a baby
BODYSURF *vb* ride a wave by lying on it without a surfboard
BODYWASH *n* liquid soap for use in the shower or bath
BODYWORK *n* outer shell of a motor vehicle
BOEHMITE *n* type of grey, red, or brown mineral
BOEP, -S *n* South African word for a big belly
BOERBUL, -S *n* crossbred mastiff used esp as a watchdog
BOERBULL *same as* ▸ **boerbul**
BOERBULS ▸ **boerbul**
BOERTJIE *South African word for* ▸ **friend**
BOET, -S *n* brother
BOEUF, -S *n* as in **boeuf bourgignon** type of beef casserole
BOFF, -ED, -ING, -S *n* boffin ▹ *vb* hit
BOFFIN, -S *n* scientist or expert
BOFFING ▸ **boff**
BOFFINS ▸ **boffin**
BOFFINY *adj* like a boffin
BOFFO, -S *n* boffin
BOFFOLA, -S *n* great success
BOFFOS ▸ **boffo**
BOFFS ▸ **boff**
BOG, -GED, -GING, -S *n* wet spongy ground ▹ *vb* mire or delay
BOGAN, -S *n* youth who dresses and behaves rebelliously
BOGART, -ED, -S *vb* monopolize or keep to oneself selfishly
BOGBEAN, -S *same as* ▸ **buckbean**
BOGEY, -ED, -ING, -S *n* evil or mischievous spirit ▹ *vb* play (a hole) in one stroke over par
BOGEYISM *n* demonization
BOGEYMAN, BOGEYMEN *n* frightening person, real or imaginary, used as a threat, esp to children
BOGEYS ▸ **bogey**
BOGGARD, -S *same as* ▸ **boggart**
BOGGART, -S *n* ghost or poltergeist
BOGGED ▸ **bog**
BOGGER, -S *n* lavatory
BOGGIER ▸ **boggy**
BOGGIEST ▸ **boggy**
BOGGING ▸ **bog**
BOGGISH ▸ **bog**
BOGGLE, -D, -S, BOGGLING *vb* be surprised, confused, or alarmed
BOGGLER, -S ▸ **boggle**
BOGGLES ▸ **boggle**
BOGGLING ▸ **boggle**
BOGGY, BOGGIER, BOGGIEST ▸ **bog**
BOGHEAD *adj* relating to variety of coal from which paraffin can be derived
BOGHOLE, -S *n* natural hole of wet spongy ground
BOGIE, -D, -ING, -S *same as* ▸ **bogey**
BOGLAND, -S *n* area of wetland
BOGLE, -D, -S, BOGLING *n* rhythmic dance performed to ragga music ▹ *vb* perform such a dance
BOGMAN, BOGMEN *n* body of a person found preserved in a peat bog
BOGOAK, -S *n* oak or other wood found preserved in peat bogs; bogwood
BOGONG, -S *n* large nocturnal Australian moth
BOGS ▸ **bog**
BOGUE, -S *n* type of Mediterranean fish
BOGUS *adj* not genuine
BOGUSLY ▸ **bogus**

BOGWOOD, -S *same as* ▸ **bogoak**
BOGY *same as* ▸ **bogey**
BOGYISM, -S *same as* ▸ **bogeyism**
BOGYMAN, BOGYMEN *same as* ▸ **bogeyman**
BOH, -S *same as* ▸ **bo**
BOHEA, -S *n* black Chinese tea
BOHEMIA, -S *n* area frequented by unconventional (esp creative) people
BOHEMIAN *adj* unconventional in lifestyle or appearance ▹ *n* person, esp an artist or writer, who lives an unconventional life
BOHEMIAS ▸ **bohemia**
BOHO, -S *short for* ▸ **bohemian**
BOHRIUM, -S *n* element artificially produced in minute quantities
BOHS ▸ **boh**
BOIL, -ED, -S *vb* change from a liquid to a vapour so quickly that bubbles are formed ▹ *n* state or action of boiling
BOILABLE ▸ **boil**
BOILED ▸ **boil**
BOILER, -S *n* piece of equipment which provides hot water
BOILERY *n* place where water is boiled to extract salt
BOILING, -S *adj* very hot ▹ *n* sweet
BOILOFF, -S *n* quantity of liquefied gases lost in evaporation
BOILOVER *n* surprising result in a sporting event, esp in a horse race
BOILS ▸ **boil**
BOING, -ED, -ING, -S *vb* rebound making a noise
BOINK, -ED, -ING, -S *same as* ▸ **boing**
BOISERIE *n* finely crafted wood-carving
BOITE, -S *n* artist's portfolio
BOK, -S *n* S African antelope

> This useful K word, meaning an antelope, can take quite a number of front extensions, forming words like **blesbok**, **bontbok**, **reitbok**, **rhebok**, and even, if you are lucky, **jambok** or **sjambok**.

BOKE, -D, -S, BOKING *vb* retch or vomit ▹ *n* retch
BOKEH, -S *n* blurred area of an image
BOKES ▸ **boke**
BOKING ▸ **boke**
BOKKEN, -S *n* wooden practice sword in kendo
BOKO, -S *slang word for* ▸ **nose**
BOKS ▸ **bok**
BOLA *n* missile used by gauchos and Indians of South America
BOLAR *adj* relating to clay
BOLAS, -ES *same as* ▸ **bola**
BOLD, -ED, -ER, -EST, -ING, -S *adj* confident and fearless ▹ *n* boldface ▹ *vb* be or make bold
BOLDEN, -ED, -S *vb* make bold
BOLDER ▸ **bold**
BOLDEST ▸ **bold**
BOLDFACE *n* weight of type characterized by thick heavy lines ▹ *vb* print in boldface
BOLDING ▸ **bold**
BOLDLY ▸ **bold**
BOLDNESS ▸ **bold**
BOLDS ▸ **bold**
BOLE, -S *n* tree trunk
BOLERO, -S *n* (music for) traditional Spanish dance
BOLES ▸ **bole**
BOLETE, -S *same as* ▸ **boletus**
BOLETUS, BOLETI *n* type of fungus
BOLIDE, -S *n* large exceptionally bright meteor that often explodes
BOLINE, -S *n* (in Wicca) a knife
BOLIVAR, -S *n* standard monetary unit of Venezuela, equal to 100 céntimos
BOLIVIA, -S *n* type of woollen fabric
BOLL, -ED, -EN, -ING, -S *n* rounded seed capsule of cotton, flax, etc ▹ *vb* form into a boll
BOLLARD, -S *n* short thick post used to prevent the passage of motor vehicles
BOLLED ▸ **boll**
BOLLEN ▸ **boll**
BOLLING ▸ **boll**
BOLLS ▸ **boll**
BOLLWORM *n* any of various moth caterpillars that feed on and destroy cotton bolls
BOLO, -S *n* large single-edged knife, originating in the Philippines
BOLOGNA, -S *n* type of sausage
BOLONEY, -S *a variant spelling of* ▸ **baloney**
BOLOS ▸ **bolo**
BOLSHIE, -R, -S *adj* difficult or rebellious ▹ *n* any political radical
BOLSHY *same as* ▸ **bolshie**
BOLSON, -S *n* desert valley surrounded by mountains, with a shallow lake at the centre
BOLSTER, -S *vb* support or strengthen ▹ *n* long narrow pillow
BOLT, -ED, -S, BOULTERS *n* sliding metal bar for fastening a door etc ▹ *vb* run away suddenly
BOLTER, -S ▸ **bolt**
BOLTHEAD *n* glass receptacle used in chemistry
BOLTHOLE *n* place of escape from danger
BOLTING, -S ▸ **bolt**
BOLTLESS ▸ **bolt**
BOLTLIKE ▸ **bolt**
BOLTONIA *n* N American plant with daisy-like flowers with white, violet, or pinkish rays
BOLTROPE *n* rope sewn to the foot or luff of a sail to strengthen it
BOLTS ▸ **bolt**
BOLUS, -ES *same as* ▸ **bole**
BOMA, -S *n* enclosure set up to protect a camp, herd of animals, etc
BOMB, -ED, -S *n* container fitted with explosive material ▹ *vb* attack with bombs
BOMBABLE ▸ **bomb**
BOMBARD, -S *vb* attack with heavy gunfire or bombs ▹ *n* ancient type of cannon that threw stone balls
BOMBARDE *n* alto wind instrument similar to the oboe
BOMBARDS ▸ **bombard**
BOMBAST, -S *n* pompous language ▹ *vb* speak pompous language
BOMBAX, -ES *n* type of S American tree
BOMBE, -S *n* dessert of ice cream lined or filled with custard, cake crumbs, etc ▹ *adj* (of furniture) having a projecting swollen shape
BOMBED ▸ **bomb**
BOMBER, -S *n* aircraft that drops bombs
BOMBES ▸ **bombe**

B

B

BOMBESIN *n* hormone found in brain
BOMBING, -S ▸ **bomb**
BOMBLET, -S *n* small bomb
BOMBLOAD *n* quantity of bombs carried at one time
BOMBO, -S *same as* ▸ **bumbo**
BOMBORA, -S *n* submerged reef
BOMBOS ▸ **bombo**
BOMBS ▸ **bomb**
BOMBSITE *n* area where the buildings have been destroyed by bombs
BOMBYCID *n* type of moth of the silkworm family
BOMBYX, -ES *n* type of moth
BOMMIE, -S *n* outcrop of coral reef
BON *adj* good
BONA *pl n* goods
BONACI, -S *n* type of fish
BONAMANO, BONAMANI *n* gratuity
BONAMIA, -S *n* parasite
BONANZA, -S *n* sudden good luck or wealth
BONASSUS *same as* ▸ **bonasus**
BONASUS *n* European bison
BONBON, -S *n* sweet
BONCE, -S *n* head
BOND, -S *n* something that binds, fastens or holds together ▹ *vb* bind
BONDABLE ▸ **bond**
BONDAGE, -S *n* slavery
BONDAGER ▸ **bondage**
BONDAGES ▸ **bondage**
BONDED *adj* consisting of, secured by, or operating under a bond or bonds
BONDER, -S *same as* > **bondstone**
BONDING, -S *n* process by which individuals become emotionally attached to one another
BONDLESS ▸ **bond**
BONDMAID *n* unmarried female serf or slave
BONDMAN, BONDMEN *same as* ▸ **bondsman**
BONDS ▸ **bond**
BONDSMAN, BONDSMEN *n* person bound by bond to act as surety for another
BONDUC, -S *n* type of North American tree
BONE, -D, -S *n* any of the hard parts in the body that form the skeleton ▹ *vb* remove the bones from (meat for cooking etc)
BONEBED, -S *n* site where dinosaur fossils are found
BONED ▸ **bone**
BONEFISH *n* type of silvery marine game fish occurring in warm shallow waters
BONEHEAD *n* stupid or obstinate person
BONELESS ▸ **bone**
BONELIKE *adj* like bone
BONEMEAL *n* product of dried and ground animal bones, used as a fertilizer or in stock feeds
BONER, -S *n* blunder
BONES ▸ **bone**
BONESET, -S *n* N American plant with flat clusters of small white flowers
BONEY, -ER, -EST *same as* ▸ **bony**
BONEYARD *an informal name for a* ▸ **cemetery**
BONEYER ▸ **boney**
BONEYEST ▸ **boney**
BONFIRE, -S *n* large outdoor fire
BONG, -ED, -ING, -S *n* deep reverberating sound, as of a large bell ▹ *vb* make a deep reverberating sound
BONGO, -ES, -S *n* small drum played with the fingers
BONGOIST *n* bongo player
BONGOS ▸ **bongo**
BONGRACE *n* shade for face
BONGS ▸ **bong**
BONHAM, -S *n* piglet
BONHOMIE *n* cheerful friendliness
BONIATO, -S *n* sweet potato
BONIBELL *same as* > **bonnibell**
BONIE *same as* ▸ **bonny**
BONIER ▸ **bony**
BONIEST ▸ **bony**
BONIFACE *n* pub landlord
BONINESS ▸ **bony**
BONING, -S ▸ **bone**
BONISM, -S *n* doctrine that the world is good, although not the best of all possible worlds
BONIST, -S ▸ **bonism**
BONITO, -ES, -S *n* small tuna-like marine food fish
BONJOUR *interj* hello
BONK, -ED, -S *vb* hit
BONKERS *adj* crazy
BONKING, -S ▸ **bonk**
BONKS ▸ **bonk**
BONNE, -S *n* housemaid or female servant
BONNET, -ED, -S *n* metal cover over a vehicle's engine ▹ *vb* place a bonnet on
BONNIE *same as* ▸ **bonny**
BONNIER ▸ **bonny**
BONNIES ▸ **bonny**
BONNIEST ▸ **bonny**
BONNILY ▸ **bonny**
BONNOCK, -S *n* thick oatmeal cake
BONNY, BONNIER, BONNIES, BONNIEST *adj* beautiful ▹ *adv* agreeably or well ▹ *n* beautiful person
BONOBO, -S *n* type of anthropoid ape of central W Africa
BONSAI *n* ornamental miniature tree or shrub
BONSELA, -S *n* small gift of money
BONSELLA *same as* ▸ **bonsela**
BONSOIR *interj* good evening
BONSPELL *same as* ▸ **bonspiel**
BONSPIEL *n* curling match
BONTBOK, -S *n* antelope found in S Africa
BONTEBOK *n* S African antelope
BONUS, -ED, -ES, -SED, -SES *n* something given, paid, or received above what is due or expected ▹ *vb* (in Scrabble) play all seven of one's tiles in a single turn
BONUSING *n* (in Scrabble) act of playing all seven of one's tiles in a single turn
BONUSSED ▸ **bonus**
BONUSSES ▸ **bonus**
BONXIE, -S *n* great skua
BONY, BONIER, BONIEST *adj* having many bones
BONZA *same as* ▸ **bonzer**
BONZE, -S *n* Chinese or Japanese Buddhist priest or monk
BONZER *adj* excellent
BONZES ▸ **bonze**
BOO, -ED, -S *interj* shout of disapproval ▹ *vb* shout 'boo' to show disapproval
BOOAI, -S *same as* ▸ **boohai**
BOOAY, -S *same as* ▸ **boohai**
BOOB, -ED, -ING, -S *n* foolish mistake ▹ *vb* make a foolish mistake ▹ *adj* of poor quality, similar to that provided in prison
BOOBHEAD *n* repeat offender in a prison
BOOBIE *same as* ▸ **booby**
BOOBIES ▸ **booby**
BOOBING ▸ **boob**
BOOBIRD, -S *n* person who boos

BOOBISH *adj* doltish
BOOBOO, -S *n* blunder
BOOBOOK, -S *n* small spotted Australian brown owl
BOOBOOS ▸ **booboo**
BOOBS ▸ **boob**
BOOBY, BOOBIES *n* foolish person
BOOBYISH ▸ **booby**
BOOBYISM ▸ **booby**
BOOCOO, -S *same as* ▸ **beaucoup**
BOODIE *n* type of kangaroo
BOODIED ▸ **boody**
BOODIES ▸ **boody**
BOODLE, -D, -S, BOODLING *n* money or valuables that are counterfeit or used as a bribe ▹ *vb* give or receive money corruptly or illegally
BOODLER, -S ▸ **boodle**
BOODLES ▸ **boodle**
BOODLING ▸ **boodle**
BOODY, BOODIED, BOODIES, -ING *vb* sulk
BOOED ▸ **boo**
BOOFHEAD *n* stupid person
BOOFY, BOOFIER, BOOFIEST *adj* muscular and strong but stupid
BOOGALOO *n* type of dance performed to rock and roll music ▹ *vb* dance a boogaloo
BOOGER, -S *n* dried mucus from the nose
BOOGEY, -ED, -S *same as* ▸ **boogie**
BOOGIE, -D, -S *vb* dance to fast pop music ▹ *n* session of dancing to pop music
BOOGY, -ING *same as* ▸ **boogie**
BOOGYMAN, BOOGYMEN *same as* ▸ **bogeyman**
BOOH, -ED, -ING, -S *same as* ▸ **boo**
BOOHAI, -S *n* as in **up the boohai** thoroughly lost
BOOHED ▸ **booh**
BOOHING ▸ **booh**
BOOHOO, -ED, -S *vb* sob or pretend to sob noisily ▹ *n* distressed or pretended sobbing
BOOHS ▸ **booh**
BOOING, -S *n* act of booing
BOOJUM, -S *n* American tree
BOOK, -ED, -S *n* number of pages bound together between covers ▹ *vb* reserve (a place, passage, etc) in advance
BOOKABLE ▸ **book**
BOOKBAG, -S *n* bag for books
BOOKCASE *n* piece of furniture containing shelves for books
BOOKED ▸ **book**
BOOKEND, -S *n* one of a pair of supports for holding books upright ▹ *vb* occur or be located on either side (of something)
BOOKER, -S ▸ **book**
BOOKFUL, -S ▸ **book**
BOOKIE, -S *short for* > **bookmaker**
BOOKIER ▸ **booky**
BOOKIES ▸ **bookie**
BOOKIEST ▸ **booky**
BOOKING, -S *n* reservation, as of a table or seat
BOOKISH *adj* fond of reading
BOOKLAND *n* common land given to private owner
BOOKLESS ▸ **book**
BOOKLET, -S *n* thin book with paper covers
BOOKLICE > **booklouse**
BOOKLIKE *adj* like a book
BOOKLORE *n* knowledge or beliefs gleaned from books
BOOKMAN, BOOKMEN *n* learned person
BOOKMARK *n* address for a website stored on a computer so that the user can easily return to the site ▹ *vb* identify and store (a website) so that one can return to it quickly and easily
BOOKMEN ▸ **bookman**
BOOKOO, -S *same as* ▸ **boocoo**
BOOKRACK *n* rack for holding books
BOOKREST *n* stand for supporting open book
BOOKS ▸ **book**
BOOKSHOP *n* shop where books are sold
BOOKSIE *same as* ▸ **booksy**
BOOKSY, BOOKSIER *adj* inclined to be bookish or literary
BOOKWORK *n* academic study
BOOKWORM *n* person devoted to reading
BOOKY, BOOKIER, BOOKIEST *adj* bookish
BOOL, -ED, -ING, -S *n* bowling ball ▹ *vb* play bowls
BOOM, -ED, -S *vb* make a loud deep echoing sound ▹ *n* loud deep echoing sound
BOOMBOX *n* portable stereo system
BOOMBURB *n* large suburb that is growing quickly
BOOMED ▸ **boom**
BOOMER, -S *n* large male kangaroo
BOOMIER ▸ **boomy**
BOOMIEST ▸ **boomy**
BOOMING, -S ▸ **boom**
BOOMKIN, -S *n* short boom projecting from the deck of a ship
BOOMLET, -S *n* small boom in business, birth rate, etc
BOOMS ▸ **boom**
BOOMTOWN *n* town that is enjoying sudden prosperity or has grown rapidly
BOOMY, BOOMIER, BOOMIEST *adj* characterized by heavy bass sound
BOON, -EST, -S *n* something useful, helpful, or beneficial ▹ *adj* useful, helpful, or beneficial
BOONDOCK *adj* of or relating to the boondocks
BOONER, -S *n* derogatory term for a young working-class person from Canberra
BOONEST ▸ **boon**
BOONGARY *n* tree kangaroo of NE Queensland, Australia
BOONIES *short form of* > **boondocks**
BOONLESS ▸ **boon**
BOONS ▸ **boon**
BOOR, -S *n* rude or insensitive person
BOORD, -S *obsolete spelling of* ▸ **board**
BOORDE, -S *obsolete spelling of* ▸ **board**
BOORDS ▸ **boord**
BOORISH *adj* ill-mannered, clumsy, or insensitive
BOORKA, -S *same as* ▸ **burka**
BOORS ▸ **boor**
BOORTREE *same as* ▸ **bourtree**
BOOS ▸ **boo**
BOOSE, -D, -S, BOOSING *same as* ▸ **booze**
BOOST, -ED, -ING, -S *n* encouragement or help ▹ *vb* improve
BOOSTER, -S *n* small additional injection of a vaccine
BOOSTING ▸ **boost**
BOOSTS ▸ **boost**
BOOT, -ING, -S *n* outer covering for the foot that extends above the ankle ▹ *vb* kick
BOOTABLE ▸ **boot**

B

B

BOOTCUT *adj* (of trousers) slightly flared at the bottom of the legs
BOOTED *adj* wearing boots
BOOTEE, -S *n* baby's soft shoe
BOOTERY *n* shop where boots and shoes are sold
BOOTH, -S *n* small partly enclosed cubicle
BOOTHOSE *n* stocking worn with boots
BOOTHS ▸ **booth**
BOOTIE *n* Royal Marine
BOOTIES ▸ **booty**
BOOTIKIN *n* small boot
BOOTING ▸ **boot**
BOOTJACK *n* device that grips the heel of a boot to enable the foot to be withdrawn easily
BOOTLACE *n* strong lace for fastening a boot
BOOTLAST *n* foot shape placed in boots or shoes to keep their shape
BOOTLEG, -S *adj* produced, distributed, or sold illicitly ▹ *vb* make, carry, or sell (illicit goods) ▹ *n* something made or sold illicitly
BOOTLESS *adj* of little or no use
BOOTLICK *vb* seek favour by servile or ingratiating behaviour
BOOTS ▸ **boot**
BOOTY, BOOTIES *n* valuable articles obtained as plunder
BOOZE, -D, -S *n* alcoholic drink ▹ *vb* drink alcohol, esp in excess
BOOZER, -S *n* person who is fond of drinking
BOOZES ▸ **booze**
BOOZEY *same as* ▸ **boozy**
BOOZIER ▸ **boozy**
BOOZIEST ▸ **boozy**
BOOZILY ▸ **boozy**
BOOZING, -S ▸ **booze**
BOOZY, BOOZIER, BOOZIEST *adj* inclined to or involving excessive drinking of alcohol
BOP, -PED, -PING, -S *vb* dance to pop music ▹ *n* form of jazz with complex rhythms and harmonies
BOPEEP, -S *n* quick look; peek
BOPPED ▸ **bop**
BOPPER, -S ▸ **bop**
BOPPIER ▸ **boppy**
BOPPIEST ▸ **boppy**
BOPPING ▸ **bop**
BOPPISH *same as* ▸ **boppy**
BOPPY, BOPPIER, BOPPIEST *adj* resembling or suggesting bebop
BOPS ▸ **bop**
BOR, -S *n* neighbour
BORA, -S *n* Aboriginal ceremony
BORACES ▸ **borax**
BORACHIO *n* pig's skin wine carrier
BORACIC *same as* ▸ **boric**
BORACITE *n* white mineral that forms salt deposits of magnesium borate
BORAGE, -S *n* Mediterranean plant with star-shaped blue flowers
BORAK, -S *n* rubbish
BORAL, -S *n* type of fine powder
BORANE, -S *n* any compound of boron and hydrogen
BORAS ▸ **bora**
BORATE, -D, -S, BORATING *n* salt or ester of boric acid ▹ *vb* treat with borax, boric acid, or borate
BORAX, BORACES, -ES *n* soluble white mineral occurring in alkaline soils and salt deposits
BORAZON, -S *n* extremely hard form of boron nitride
BORD, -S *obsolete spelling of* ▸ **board**
BORDAR, -S *n* smallholder who held cottage in return for menial work
BORDE, -S *obsolete spelling of* ▸ **board**
BORDEAUX *adj* any of several wines produced around Bordeaux
BORDER, -ED, -S *n* dividing line between political or geographical regions ▹ *vb* provide with a border
BORDERER *n* person who lives in a border area, esp the border between England and Scotland
BORDERS ▸ **border**
BORDES ▸ **borde**
BORDS ▸ **bord**
BORDURE, -S *n* outer edge of a shield, esp when decorated distinctively
BORE, -D, -S *vb* make (someone) weary by being dull
BOREAL *adj* of or relating to the north or the north wind
BOREALIS *adj* as in **aurora borealis** lights seen around the North Pole
BOREAS, -ES *n* name for the north wind
BORECOLE *another name for* ▸ **kale**
BORED ▸ **bore**
BOREDOM, -S *n* state of being bored
BOREE, -S *same as* ▸ **myall**
BOREEN, -S *n* country lane or narrow road
BOREES ▸ **boree**
BOREHOLE *n* hole driven into the ground to obtain geological information, release water, etc
BOREL, -S *adj* unlearned ▹ *n* boring tool
BORER, -S *n* machine or hand tool for boring holes
BORES ▸ **bore**
BORESOME *adj* boring
BORGO, -S *n* small attractive medieval village
BORIC *adj* of or containing boron
BORIDE, -S *n* compound in which boron is the most electronegative element
BORING, -S *n* act or process of making or enlarging a hole ▹ *adj* dull
BORINGLY ▸ **boring**
BORINGS ▸ **boring**
BORK, -ED, -S *vb* dismiss from a job unfairly
BORKING, -S *n* act of incorrectly configuring a device
BORKS ▸ **bork**
BORLOTTI *pl n* as in **borlotti bean** variety of kidney bean
BORM, -ED, -ING, -S *vb* smear with paint, oil, etc
BORN *adj* possessing certain qualities from birth
BORNA *n* as in **borna disease** viral disease found in mammals, esp horses
BORNE ▸ **bear**
BORNEOL, -S *n* white solid terpene alcohol
BORNITE, -S *n* type of mineral
BORNITIC ▸ **bornite**
BORNYL, -S *n* as in **bornyl alcohol** white solid alcohol from a Malaysian tree
BORON, -S *n* element used in hardening steel
BORONIA, -S *n* Australian aromatic flowering shrub
BORONIC ▸ **boron**
BORONS ▸ **boron**
BOROUGH, -S *n* town or district with its own council
BORREL *adj* ignorant

BORRELIA *n* type of bacterium
BORRELL *same as* ▶ **borrel**
BORROW, -ED, -S *vb* obtain (something) temporarily
BORROWER ▶ **borrow**
BORROWS ▶ **borrow**
BORS ▶ **bor**
BORSCH, -ES *same as* ▶ **borscht**
BORSCHT, -S *n* Russian soup based on beetroot
BORSHCH *same as* ▶ **borscht**
BORSHT, -S *same as* ▶ **borscht**
BORSIC, -S *n* composite material used in aviation
BORSTAL, -S *n* (formerly in Britain) prison for young criminals
BORSTALL *same as* ▶ **borstal**
BORSTALS ▶ **borstal**
BORT, -S *n* inferior grade of diamond used for cutting and drilling
BORTIER ▶ **borty**
BORTIEST ▶ **borty**
BORTS ▶ **bort**
BORTSCH *same as* ▶ **borscht**
BORTY, BORTIER, BORTIEST ▶ **bort**
BORTZ, -ES *same as* ▶ **bort**
BORZOI, -S *n* tall dog with a long silky coat
BOS ▶ **bo**
BOSBOK, -S *same as* ▶ **bushbuck**
BOSCAGE, -S *n* mass of trees and shrubs
BOSCHBOK *same as* ▶ **bushbuck**
BOSH, -ES *n* empty talk, nonsense
BOSHBOK, -S *same as* ▶ **bushbuck**
BOSHES ▶ **bosh**
BOSHTA *same as* ▶ **boshter**
BOSHTER *adj* excellent
BOSHVARK *same as* > **boschvark**
BOSIE, -S *n* (in cricket) another term for googly
BOSK, -S *n* small wood of bushes and small trees
BOSKAGE, -S *same as* ▶ **boscage**
BOSKER *adj* excellent
BOSKET, -S *n* clump of small trees or bushes
BOSKIER ▶ **bosky**
BOSKIEST ▶ **bosky**
BOSKS ▶ **bosk**
BOSKY, BOSKIER, BOSKIEST *adj* containing or consisting of bushes or thickets
BOSOM, -ED, -ING, -S *n* chest of a person ▷ *adj* very dear ▷ *vb* embrace
BOSOMIER ▶ **bosomy**
BOSOMING ▶ **bosom**
BOSOMS ▶ **bosom**
BOSOMY, BOSOMIER *adj* (of a woman) having large breasts
BOSON, -S *n* type of elementary particle
BOSONIC ▶ **boson**
BOSONS ▶ **boson**
BOSQUE, -S *same as* ▶ **bosk**
BOSQUET, -S *same as* ▶ **bosket**
BOSS, -ED, -ER, -ES, -EST *n* raised knob or stud ▷ *vb* employ, supervise, or be in charge of ▷ *adj* excellent
BOSSBOY, -S *n* Black African foreman of a gang of workers
BOSSDOM, -S *n* bosses collectively
BOSSED ▶ **boss**
BOSSER ▶ **boss**
BOSSES ▶ **boss**
BOSSEST ▶ **boss**
BOSSET, -S *n* either of the rudimentary antlers found in young deer
BOSSIER ▶ **bossy**
BOSSIES ▶ **bossy**
BOSSIEST ▶ **bossy**
BOSSILY ▶ **bossy**
BOSSING, -S *n* act of shaping malleable metal
BOSSISM, -S *n* domination of political organizations by bosses
BOSSY, BOSSIER, BOSSIES, BOSSIEST *same as* ▶ **boss**
BOSTANGI *n* imperial Turkish guard
BOSTHOON *n* boor
BOSTON, -S *n* card game for four, played with two packs
BOSTRYX *n* phenomenon in which flowers develop on one side only
BOSUN, -S *same as* > **boatswain**
BOT, -TED, -TING *vb* scrounge
BOTA, -S *n* leather container
BOTANIC, -S *same as* > **botanical**
BOTANICA *n* botany
BOTANICS ▶ **botanic**
BOTANIES ▶ **botany**
BOTANISE *same as* ▶ **botanize**
BOTANIST ▶ **botany**
BOTANIZE *vb* collect or study plants
BOTANY, BOTANIES *n* study of plants
BOTARGO, -S *n* relish consisting of the roe of mullet or tuna, salted and pressed into rolls
BOTAS ▶ **bota**
BOTCH, -ED, -ES *vb* spoil through clumsiness ▷ *n* badly done piece of work or repair
BOTCHER, -S ▶ **botch**
BOTCHERY *n* instance of botching
BOTCHES ▶ **botch**
BOTCHIER ▶ **botchy**
BOTCHILY ▶ **botchy**
BOTCHING ▶ **botch**
BOTCHY, BOTCHIER *adj* clumsily done or made
BOTE, -S *n* compensation given for injury or damage to property
BOTEL, -S *same as* ▶ **boatel**
BOTES ▶ **bote**
BOTFLY, BOTFLIES *n* type of stout-bodied hairy fly
BOTH *pron* two considered together ▷ *adj* two considered together ▷ *determiner* two
BOTHAN, -S *n* unlicensed drinking house
BOTHER, -ED, -S *vb* take the time or trouble ▷ *n* trouble, fuss, or difficulty ▷ *interj* exclamation of slight annoyance
BOTHIE *same as* ▶ **bothy**
BOTHIES ▶ **bothy**
BOTHOLE, -S *n* hole made by the larva of the botfly
BOTHRIUM, BOTHRIA *n* groove-shaped sucker on tapeworm
BOTHY, BOTHIES *n* hut used for temporary shelter
BOTHYMAN, BOTHYMEN *n* man who lives in bothy
BOTNET, -S *n* network of infected computers
BOTONE *adj* having lobes at the ends
BOTONEE *same as* ▶ **botone**
BOTONNEE *same as* ▶ **botone**
BOTOXED *adj* indicating someone who has had Botox treatment
BOTRYOID *adj* shaped like a bunch of grapes
BOTRYOSE *same as* ▶ **botryoid**
BOTRYTIS *n* type of fungus which causes plant diseases
BOTS *n* digestive disease of horses and some other animals

B

BOTT, -S *same as* ▸ **bot**
BOTTARGA *same as* ▸ **botargo**
BOTTE, -S *n* thrust or hit
BOTTED ▸ **bot**
BOTTEGA, -S *n* workshop; studio
BOTTES ▸ **botte**
BOTTIES ▸ **botty**
BOTTINE, -S *n* light boot for women or children
BOTTING ▸ **bot**
BOTTLE, -D, -S *n* container for holding liquids ▹ *vb* put in a bottle
BOTTLER, -S *n* exceptional person or thing
BOTTLES ▸ **bottle**
BOTTLING ▸ **bottle**
BOTTOM, -ED, -S *n* lowest, deepest, or farthest removed part of a thing ▹ *adj* lowest or last ▹ *vb* provide with a bottom
BOTTOMER *n* pit worker
BOTTOMRY *n* loan in which a ship's owner pledges the ship as security
BOTTOMS ▸ **bottom**
BOTTONY *same as* ▸ **botone**
BOTTS ▸ **bott**
BOTTY, BOTTIES *n* diminutive for bottom
BOTULIN, -S *n* potent toxin which causes botulism
BOTULISM *n* severe food poisoning
BOUBOU, -S *n* long flowing garment
BOUCHE, -S *n* notch cut in top corner of shield
BOUCHEE, -S *n* small pastry case filled with a savoury mixture
BOUCHES ▸ **bouche**
BOUCLE, -S *n* looped yarn giving a knobbly effect ▹ *adj* of or designating such a yarn or fabric
BOUCLEE, -S *n* support for a cue in billiards using the hand
BOUCLES ▸ **boucle**
BOUDERIE *n* sulkiness
BOUDIN, -S *n* French version of a black pudding
BOUDOIR, -S *n* woman's bedroom or private sitting room
BOUFFANT *adj* (of a hairstyle) having extra height through backcombing ▹ *n* bouffant hair style
BOUFFE, -S *n* type of light or satirical opera common in France during the 19th century
BOUGE, -D, -S, BOUGING *vb* move
BOUGET, -S *n* budget
BOUGH, -S *n* large branch of a tree
BOUGHED ▸ **bough**
BOUGHPOT *n* container for displaying boughs
BOUGHS ▸ **bough**
BOUGHT, -S *n* curve
BOUGHTEN *archaic past participle of* ▸ **buy**
BOUGHTS ▸ **bought**
BOUGIE, -S *n* medical instrument
BOUGING ▸ **bouge**
BOUILLI, -S *n* stew
BOUILLON *n* thin clear broth or stock
BOUK, -S *n* bulk; volume
BOULDER, -S *n* large rounded rock ▹ *vb* convert into boulders
BOULDERY *adj* covered in boulders
BOULE *same as* ▸ **boulle**
BOULES *n* game popular in France
BOULLE, -S *adj* relating to a type of marquetry much used on French furniture from the 17th century ▹ *n* something ornamented with such marquetry
BOULT, -ED, -S *same as* ▸ **bolt**
BOULTER ▸ **boult**
BOULTERS ▸ **bolt**
BOULTING ▸ **boult**
BOULTS ▸ **boult**
BOUN, -ED, -ING, -S *vb* prepare to go out
BOUNCE, -D, -S *vb* (of a ball etc) rebound from an impact ▹ *n* act of rebounding
BOUNCER, -S *n* person employed at a nightclub etc to remove unwanted people
BOUNCES ▸ **bounce**
BOUNCIER ▸ **bouncy**
BOUNCILY ▸ **bouncy**
BOUNCING *adj* vigorous and robust
BOUNCY, BOUNCIER *adj* lively, exuberant, or self-confident
BOUND, -ING *vb* jump suddenly ▹ *n* sudden jump ▹ *adj* certain
BOUNDARY *n* dividing line that indicates the farthest limit
BOUNDED *adj* (of a set) having a bound
BOUNDEN *adj* morally obligatory
BOUNDER, -S *n* morally reprehensible person
BOUNDING ▸ **bound**
BOUNDS *pl n* limit
BOUNED ▸ **boun**
BOUNING ▸ **boun**
BOUNS ▸ **boun**
BOUNTIED ▸ **bounty**
BOUNTIES ▸ **bounty**
BOUNTREE *another name for* ▸ **bourtree**
BOUNTY, BOUNTIES *n* generosity
BOUQUET, -S *n* bunch of flowers
BOURBON, -S *n* whiskey made from maize
BOURD, -ED, -ING, -S *n* prank ▹ *vb* jest or joke
BOURDER, -S *n* prankster
BOURDING ▸ **bourd**
BOURDON, -S *n* 16-foot organ stop of the stopped diapason type
BOURDS ▸ **bourd**
BOURG, -S *n* French market town, esp one beside a castle
BOURGEON *same as* ▸ **burgeon**
BOURGS ▸ **bourg**
BOURKHA, -S *same as* ▸ **burka**
BOURLAW, -S *same as* ▸ **byrlaw**
BOURN, -S *n* (in S Britain) stream
BOURNE, -S *same as* ▸ **bourn**
BOURNS ▸ **bourn**
BOURREE, -S *n* traditional French dance in fast duple time
BOURRIDE *n* Mediterranean fish soup
BOURSE, -S *n* stock exchange of continental Europe, esp Paris
BOURSIER *n* stock-exchange worker
BOURSIN, -S *n* tradename of a smooth white creamy cheese, often flavoured with garlic
BOURTREE *n* elder tree
BOUSE, -D, -S, BOUSING *vb* raise or haul with a tackle
BOUSIER ▸ **bousy**
BOUSIEST ▸ **bousy**
BOUSING ▸ **bouse**
BOUSOUKI *same as* ▸ **bouzouki**
BOUSY, BOUSIER, BOUSIEST *adj* drunken; boozy
BOUT, -S *n* period of activity or illness
BOUTADE, -S *n* outburst

BOUTIQUE *n* small clothes shop
BOUTON, -S *n* knob-shaped contact between nerve fibres
BOUTONNE *adj* reserved or inhibited
BOUTONS ▸ **bouton**
BOUTS ▸ **bout**
BOUVIER, -S *n* large powerful dog
BOUZOUKI *n* Greek stringed musical instrument
BOVATE, -S *n* obsolete measure of land
BOVID, -S *n* type of ruminant
BOVINE, -S *n* domesticated bovine mammal
BOVINELY ▸ **bovine**
BOVINES ▸ **bovine**
BOVINITY ▸ **bovine**
BOVVER, -S *n* rowdiness, esp caused by gangs of teenage youths
BOW, -S *vb* lower (one's head) or bend (one's knee or body) as a sign of respect or shame ▹ *n* movement made when bowing
BOWAT, -S *n* lamp
BOWBENT *adj* bent; bow-like
BOWED *adj* lowered, bent forward, or curved
BOWEL, -ED, -ING, -LED, -S *n* intestine, esp the large intestine ▹ *vb* remove the bowels
BOWER, -ED, -ING, -S *n* shady leafy shelter ▹ *vb* surround as with a bower
BOWERIES ▸ **bowery**
BOWERING ▸ **bower**
BOWERS ▸ **bower**
BOWERY, BOWERIES *n* farm
BOWES *poetic plural form of* ▸ **bough**
BOWET, -S *same as* ▸ **bowat**
BOWFIN, -S *n* N American freshwater fish
BOWFRONT *adj* having a front that curves outwards
BOWGET, -S *obsolete variant of* ▸ **budget**
BOWHEAD, -S *n* type of large-mouthed Arctic whale
BOWHUNT, -S *vb* hunt using a bow and arrows
BOWIE *n* as in **bowie knife** type of hunting knife
BOWING, -S *n* musical technique
BOWINGLY ▸ **bowing**
BOWINGS ▸ **bowing**
BOWKNOT, -S *n* decorative knot usually having two loops and two loose ends
BOWL, -ED *n* round container with an open top ▹ *vb* roll smoothly along the ground
BOWLDER, -S *same as* ▸ **boulder**
BOWLED ▸ **bowl**
BOWLEG, -S *n* leg curving outwards like a bow between the ankle and the thigh
BOWLER, -S *n* player who sends (a ball) towards the batsman
BOWLESS ▸ **bow**
BOWLFUL, -S *same as* ▸ **bowl**
BOWLIKE ▸ **bow**
BOWLINE, -S *n* line used to keep the sail taut against the wind
BOWLING, -S *n* game in which bowls are rolled at a group of pins
BOWLLIKE ▸ **bowl**
BOWLS *n* game involving biased wooden bowls and a small bowl (the jack)
BOWMAN, BOWMEN *n* archer
BOWNE, -D, -S, BOWNING *same as* ▸ **boun**
BOWPOT, -S *same as* ▸ **boughpot**
BOWR, -S *n* muscle
BOWS ▸ **bow**
BOWSAW, -S *n* saw with a thin blade in a bow-shaped frame
BOWSE, -D, -S, BOWSING *same as* ▸ **bouse**
BOWSER, -S *n* tanker containing fuel for aircraft, military vehicles, etc
BOWSES ▸ **bowse**
BOWSEY, -S *same as* ▸ **bowsie**
BOWSHOT, -S *n* distance an arrow travels from the bow
BOWSIE, -S *n* low-class, mean or obstreperous person
BOWSING ▸ **bowse**
BOWSMAN, BOWSMEN *n* man who hunts using a bow and arrows
BOWSPRIT *n* spar projecting from the bow of a sailing ship
BOWWOOD, -S *n* tree of the mulberry family, native to south-central US
BOWWOW, -ED, -S *n* imitation of the bark of a dog ▹ *vb* make a noise like a dog
BOWYANG, -S *n* band worn round trouser leg below knee
BOWYER, -S *n* person who makes or sells archery bows
BOX, -ED, -ES *n* container with a firm flat base and sides ▹ *vb* put into a box
BOXBALL, -S *n* street ball game
BOXBERRY *n* fruit of the partridgeberry or wintergreen
BOXBOARD *n* tough paperboard made from wood and wastepaper pulp: used for making boxes, etc
BOXCAR, -S *n* closed railway freight van
BOXED ▸ **box**
BOXEN *adj* made of boxwood
BOXER, -S *n* person who participates in the sport of boxing
BOXES ▸ **box**
BOXFISH *another name for* ▸ **trunkfish**
BOXFUL, -S *same as* ▸ **box**
BOXHAUL, -S *vb* method for bringing a square-rigged ship onto a new tack
BOXIER ▸ **boxy**
BOXIEST ▸ **boxy**
BOXILY ▸ **boxy**
BOXINESS ▸ **boxy**
BOXING, -S *n* sport of fighting with the fists
BOXLA, -S *n* type of lacrosse played indoors
BOXLIKE ▸ **box**
BOXPLOT, -S *n* (in statistics) type of graph
BOXROOM, -S *n* small room in which boxes, cases, etc may be stored
BOXTHORN *n* matrimony vine
BOXTY, BOXTIES *n* type of Irish potato pancake
BOXWOOD, -S *n* hard yellow wood of the box tree, used to make tool handles, etc
BOXY, BOXIER, BOXIEST *adj* squarish or chunky
BOY, -ED, -ING, -S *n* male child ▹ *vb* act the part of a boy in a play
BOYAR, -S *n* member of an old order of Russian nobility
BOYARD, -S *same as* ▸ **boyar**
BOYARISM ▸ **boyar**
BOYARS ▸ **boyar**
BOYAU, -X *n* connecting trench
BOYCHICK *same as* ▸ **boychik**

BOYCHIK, -S *n* young boy
BOYCOTT, -S *vb* refuse to deal with (an organization or country) ▷ *n* instance of boycotting
BOYED ▶ **boy**
BOYF, -S *n* boyfriend
BOYG, -S *n* troll-like mythical creature
BOYHOOD, -S *n* state or time of being a boy
BOYING ▶ **boy**
BOYISH *adj* of or like a boy in looks, behaviour, or character
BOYISHLY ▶ **boyish**
BOYKIE, -S *n* chap or fellow
BOYLA, -S *n* Australian Aboriginal word for magician
BOYO, -S *n* boy or young man: often used in direct address
BOYS ▶ **boy**
BOYSY, BOYSIER, BOYSIEST *adj* suited to or typical of boys or young men
BOZO, -S *n* man, esp a stupid one
BOZZETTO, BOZZETTI *n* small sketch of planned work
BRA *same as* > **brassiere**
BRAAI, -ED, -ING, -S *vb* grill or roast (meat) over open coals
BRAATA *n* small portion added to a purchase to encourage the customer to return
BRAATAS *same as* ▶ **braata**
BRABBLE, -D, -S *rare word for* ▶ **squabble**
BRABBLER ▶ **brabble**
BRABBLES ▶ **brabble**
BRACCATE *adj* (of birds) having feathered legs
BRACCIO, BRACCIA *n* former unit of measurement; length of man's arm
BRACE, -D *n* object fastened to something to straighten or support it ▷ *vb* steady or prepare (oneself) for something unpleasant
BRACELET *n* ornamental chain or band for the wrist
BRACER, -S *n* person or thing that braces
BRACERO, -S *n* Mexican World War II labourer
BRACERS ▶ **bracer**
BRACES *pl n* pair of straps worn over the shoulders for holding up the trousers
BRACH, -ES, -S *n* female dog
BRACHAH, -S, BRACHOT *n* blessing
BRACHES ▶ **brach**
BRACHET, -S *same as* ▶ **brach**
BRACHIA ▶ **brachium**
BRACHIAL *adj* of or relating to the arm or to an armlike part or structure ▷ *n* brachial part or structure
BRACHIUM, BRACHIA *n* arm, esp the upper part
BRACHOT ▶ **brachah**
BRACHS ▶ **brach**
BRACING, -S *adj* refreshing and invigorating ▷ *n* system of braces used to strengthen or support
BRACIOLA, BRACIOLE *n* Italian meat roulade
BRACK, -S *same as* > **barmbrack**
BRACKEN, -S *n* large fern
BRACKET, -S *n* pair of characters used to enclose a section of writing ▷ *vb* put in brackets
BRACKISH *adj* (of water) slightly salty
BRACKS ▶ **brack**
BRACONID *n* type of fly with parasitic larva
BRACT, -S *n* leaf at the base of a flower
BRACTEAL ▶ **bract**
BRACTED ▶ **bract**
BRACTLET *variant of* > **bracteole**
BRACTS ▶ **bract**
BRAD, -DED, -DING, -S *n* small tapered nail with a small head
BRADAWL, -S *n* small boring tool
BRADDED ▶ **brad**
BRADDING ▶ **brad**
BRADOON, -S *same as* ▶ **bridoon**
BRADS ▶ **brad**
BRAE, -S *n* hill or slope
BRAEHEID *n* summit of a hill or slope
BRAES ▶ **brae**
BRAG, -GED, -GEST, -S *vb* speak arrogantly and boastfully ▷ *n* boastful talk or behaviour ▷ *adj* boastful
BRAGGART *n* person who boasts loudly ▷ *adj* boastful
BRAGGED ▶ **brag**
BRAGGER, -S ▶ **brag**
BRAGGEST ▶ **brag**
BRAGGIER ▶ **braggy**
BRAGGING ▶ **brag**
BRAGGY, BRAGGIER *adj* boastful
BRAGLY ▶ **brag**
BRAGS ▶ **brag**
BRAHMA, -S *n* breed of domestic fowl
BRAHMAN, -S *n* member of highest Hindu caste
BRAHMANI *n* woman of the highest Hindu caste
BRAHMANS ▶ **brahman**
BRAHMAS ▶ **brahma**
BRAHMIN, -S *same as* ▶ **brahman**
BRAID, -EST, -S *vb* interweave (hair, thread, etc) ▷ *n* length of hair etc that has been braided ▷ *adj* broad ▷ *adv* broadly
BRAIDE *adj* given to deceit
BRAIDED *adj* flowing in several shallow interconnected channels
BRAIDER, -S ▶ **braid**
BRAIDEST ▶ **braid**
BRAIDING *n* braids collectively
BRAIDS ▶ **braid**
BRAIL, -ED, -ING, -S *n* one of several lines fastened to a fore-and-aft sail to aid in furling it ▷ *vb* furl (a fore-and-aft sail) using brails
BRAILLE, -D, -S *n* system of writing for the blind ▷ *vb* print or write using this method
BRAILLER *n* device for producing text in braille
BRAILLES ▶ **braille**
BRAILS ▶ **brail**
BRAIN, -ED, -ING, -S *n* soft mass of nervous tissue in the head ▷ *vb* hit (someone) hard on the head
BRAINBOX *n* skull
BRAINED ▶ **brain**
BRAINIAC *n* highly intelligent person
BRAINIER ▶ **brainy**
BRAINILY ▶ **brainy**
BRAINING ▶ **brain**
BRAINISH *adj* impulsive
BRAINPAN *n* skull
BRAINS ▶ **brain**
BRAINY, BRAINIER *adj* clever
BRAIRD, -ED, -S *vb* appear as shoots
BRAISE, -D, -S, BRAISING *vb* cook slowly in a covered pan with a little liquid
BRAIZE, -S *n* sea bream
BRAK, -S *n* crossbred dog ▷ *adj* (of water) slightly salty
BRAKE, -D, -S *n* device for slowing a vehicle ▷ *vb* apply a brake

BRAKEAGE ▸ **brake**
BRAKED ▸ **brake**
BRAKEMAN, BRAKEMEN *n* crew member of a goods or passenger train
BRAKES ▸ **brake**
BRAKIER ▸ **braky**
BRAKIEST ▸ **braky**
BRAKING, -S *n* act of braking
BRAKS ▸ **brak**
BRAKY, BRAKIER, BRAKIEST *adj* brambly
BRALESS ▸ **bra**
BRAMBLE, -D, -S *n* Scots word for blackberry ▹ *vb* pick blackberries
BRAMBLY ▸ **bramble**
BRAME, -S *n* powerful feeling of emotion
BRAN, -NED, -NING, -S *n* husks of cereal grain ▹ *vb* clean with water in which bran has been boiled
BRANCARD *n* couch on shafts, carried between two horses
BRANCH, -ED, -ES *n* secondary stem of a tree ▹ *vb* (of stems, roots, etc) divide, then develop in different directions
BRANCHER *n* young bird learning to fly
BRANCHES ▸ **branch**
BRANCHIA *n* gill in aquatic animals
BRANCHY ▸ **branch**
BRAND, -S *n* particular product ▹ *vb* mark with a brand
BRANDADE *n* French puréed fish dish
BRANDED *adj* identifiable as being the product of a particular company
BRANDER, -S ▸ **brand**
BRANDIED ▸ **brandy**
BRANDIES ▸ **brandy**
BRANDING ▸ **brand**
BRANDISE *n* three-legged metal stand for cooking pots
BRANDISH *vb* wave (a weapon etc) in a threatening way ▹ *n* threatening or defiant flourish
BRANDS ▸ **brand**
BRANDY, BRANDIED, BRANDIES *n* alcoholic spirit distilled from wine ▹ *vb* give brandy to
BRANE, -S *n* hypothetical component of string theory
BRANGLE, -D, -S *vb* quarrel noisily
BRANK, -ED, -ING *vb* walk with swaggering gait
BRANKIER ▸ **branky**
BRANKING ▸ **brank**
BRANKS *pl n* (formerly) iron bridle used to restrain scolding women
BRANKY, BRANKIER *adj* ostentatious
BRANLE, -S *n* old French country dance performed in a linked circle
BRANNED ▸ **bran**
BRANNER, -S *n* person or machine that treats metal with bran
BRANNIER ▸ **branny**
BRANNING ▸ **bran**
BRANNY, BRANNIER *adj* having the appearance or texture of bran
BRANS ▸ **bran**
BRANSLE, -S *another word for* ▸ **brantle**
BRANT, -S *n* type of small goose
BRANTAIL *n* singing bird with red tail
BRANTLE, -S *n* French country dance
BRANTS ▸ **brant**
BRAP *interj* exclamation used to imitate a burst of gunfire
BRAS, -ES *archaic form of* ▸ **brass**
BRASCO, -S *n* lavatory
BRASERO, -S *n* metal grid for burning coals
BRASES ▸ **bras**
BRASH, -ED, -ER, -ES, -EST, -ING *adj* offensively loud, showy, or self-confident ▹ *n* loose rubbish, such as broken rock, hedge clippings, etc ▹ *vb* assault
BRASHIER ▸ **brashy**
BRASHING ▸ **brash**
BRASHLY ▸ **brash**
BRASHY, BRASHIER *adj* loosely fragmented
BRASIER, -S *same as* ▸ **brazier**
BRASIL, -S *same as* ▸ **brazil**
BRASILIN *same as* ▸ **brazilin**
BRASILS ▸ **brasil**
BRASS, -ED, -ES, -ING *n* alloy of copper and zinc ▹ *vb* make irritated or annoyed
BRASSAGE *n* amount charged by government for making coins
BRASSARD *n* identifying armband or badge
BRASSART *same as* ▸ **brassard**
BRASSED ▸ **brass**
BRASSES ▸ **brass**
BRASSET, -S *same as* ▸ **brassart**
BRASSICA *n* any plant of the cabbage and turnip family
BRASSIE, -S *n* former type of golf club
BRASSIER ▸ **brassy**
BRASSIES ▸ **brassie**
BRASSILY ▸ **brassy**
BRASSING ▸ **brass**
BRASSISH ▸ **brass**
BRASSY, BRASSIER *vb* showy and vulgar
BRAST, -ING, -S *same as* ▸ **burst**
BRAT, -S *n* unruly child
BRATCHET *n* hunting dog
BRATLING *n* small badly behaved child
BRATPACK *n* group of precocious and successful young actors, writers, etc
BRATS ▸ **brat**
BRATTICE *n* partition of wood or treated cloth used to control ventilation in a mine ▹ *vb* fit with a brattice
BRATTIER ▸ **bratty**
BRATTISH *same as* ▸ **brattice**
BRATTLE, -D, -S *vb* make a rattling sound
BRATTY, BRATTIER ▸ **brat**
BRAUNCH *old variant of* ▸ **branch**
BRAUNITE *n* brown or black mineral
BRAVA, -S *n* professional assassin
BRAVADO, -S *n* showy display of self-confidence ▹ *vb* behave with bravado
BRAVAS ▸ **brava**
BRAVE, -D, -S, -ST, BRAVING *adj* having or showing courage, resolution, and daring ▹ *n* Native American warrior ▹ *vb* confront with resolution or courage
BRAVELY ▸ **brave**
BRAVER, -S ▸ **brave**
BRAVERY ▸ **brave**
BRAVES ▸ **brave**
BRAVEST ▸ **brave**
BRAVI ▸ **bravo**
BRAVING ▸ **brave**
BRAVO, BRAVI, -ED, -ES, -ING, -S *interj* well done! ▹ *n* cry of 'bravo' ▹ *vb* cry or shout 'bravo'
BRAVURA, -S, BRAVURE *n* display of boldness or daring
BRAW, -ER, -EST *adj* fine or excellent, esp in appearance or dress
BRAWL, -ED, -S *n* noisy fight ▹ *vb* fight noisily

B

B

BRAWLER, -S ▸ **brawl**
BRAWLIE, -R *adj* in good health
BRAWLING ▸ **brawl**
BRAWLS ▸ **brawl**
BRAWLY ▸ **braw**
BRAWN, -S *n* physical strength
BRAWNED ▸ **brawn**
BRAWNIER ▸ **brawny**
BRAWNILY ▸ **brawny**
BRAWNS ▸ **brawn**
BRAWNY, BRAWNIER *adj* muscular and strong
BRAWS *pl n* fine apparel
BRAXY, BRAXIES *n* acute and usually fatal bacterial disease of sheep
BRAY, -ED, -ING, -S *vb* (of a donkey) utter its loud harsh sound ▹ *n* donkey's loud harsh sound
BRAYER, -S ▸ **bray**
BRAYING ▸ **bray**
BRAYS ▸ **bray**
BRAZA, -S *n* Spanish unit of measurement
BRAZE, -D, -S, BRAZING *vb* join (two metal surfaces) with brass ▹ *n* high-melting solder or alloy used in brazing
BRAZEN, -ED, -S *adj* shameless and bold ▹ *vb* face and overcome boldly or shamelessly
BRAZENLY ▸ **brazen**
BRAZENRY *adj* audacity
BRAZENS ▸ **brazen**
BRAZER, -S ▸ **braze**
BRAZES ▸ **braze**
BRAZIER, -S *n* portable container for burning charcoal or coal
BRAZIERY ▸ **brazier**
BRAZIL, -S *n* red wood used for cabinetwork
BRAZILIN *n* pale yellow soluble crystalline solid
BRAZILS ▸ **brazil**
BRAZING ▸ **braze**
BREACH, -ED, -ES *n* breaking of a promise, obligation, etc ▹ *vb* break (a promise, law, etc)
BREACHER ▸ **breach**
BREACHES ▸ **breach**
BREAD, -ED, -ING, -S *n* food made by baking a mixture of flour and water or milk ▹ *vb* cover (food) with breadcrumbs before cooking
BREADBIN *n* container for bread
BREADBOX *n* airtight container for bread, cakes, etc
BREADED ▸ **bread**
BREADIER ▸ **bready**
BREADING ▸ **bread**
BREADNUT *n* type of Central American and Carbbean tree
BREADS ▸ **bread**
BREADTH, -S *n* extent of something from side to side
BREADY, BREADIER *adj* having the appearance or texture of bread
BREAK, -S, BROKEN *vb* separate into pieces ▹ *n* act of breaking
BREAKAGE *n* act or result of breaking
BREAKER, -S *n* large wave
BREAKING ▸ **break**
BREAKOFF *n* act or an instance of breaking off or stopping
BREAKOUT *n* escape, esp from prison or confinement
BREAKS ▸ **break**
BREAKUP, -S *n* separation or disintegration
BREAM, -ED, -ING, -S *n* Eurasian freshwater fish ▹ *vb* clean debris (from the bottom of a vessel)
BREARE, -S *same as* ▸ **brier**
BREASKIT *same as* ▸ **brisket**
BREAST, -ED, -S *n* either of the milk-secreting glands on a woman's chest ▹ *vb* reach the summit of
BREATH, -S *n* taking in and letting out of air during breathing
BREATHE, -S *vb* take in oxygen and give out carbon dioxide
BREATHED *adj* denoting a speech sound in which the vocal cords do not vibrate
BREATHER *n* short rest
BREATHES ▸ **breathe**
BREATHS ▸ **breath**
BREATHY *adj* (of the speaking voice) accompanied by an audible emission of breath
BRECCIA, -S *n* type of rock
BRECCIAL ▸ **breccia**
BRECCIAS ▸ **breccia**
BRECHAM, -S *n* straw horse-collar
BRECHAN, -S *same as* ▸ **brecham**
BRED, -S *n* person who lives in a small remote place
BREDE, -D, -S, BREDING *archaic spelling of* ▸ **braid**
BREDIE, -S *n* meat and vegetable stew
BREDING ▸ **brede**
BREDREN, -S *same as* ▸ **brethren**
BREDRIN, -S *same as* ▸ **brethren**
BREDS ▸ **bred**
BREE, -S *n* broth, stock, or juice
BREECH, -ED *n* lower part ▹ *vb* fit (a gun) with a breech
BREECHES *pl n* trousers extending to just below the knee
BREED, -S *vb* produce new or improved strains of (domestic animals or plants) ▹ *n* group of animals etc within a species that have certain clearly defined characteristics
BREEDER, -S *n* person who breeds plants or animals
BREEDING ▸ **breed**
BREEDS ▸ **breed**
BREEKS *pl n* trousers
BREEM *same as* ▸ **breme**
BREENGE, -D, -S *vb* lunge forward ▹ *n* violent movement
BREER, -ED, -ING, -S *another word for* ▸ **braird**
BREES ▸ **bree**
BREESE, -S *same as* ▸ **breeze**
BREEST, -S *same as* ▸ **breast**
BREEZE, -D, -S, BREEZING *n* gentle wind ▹ *vb* move quickly or casually
BREEZIER ▸ **breezy**
BREEZILY ▸ **breezy**
BREEZING ▸ **breeze**
BREEZY, BREEZIER *adj* windy
BREGMA, -S, -TA, -TE *n* point on the top of the skull
BREHON, -S *n* (formerly) judge in Ireland
BREI, -ING, -S *vb* speak with a uvular r, esp in Afrikaans
BREID, -S *n* bread
BREIING ▸ **brei**
BREINGE, -D, -S *same as* ▸ **breenge**
BREIS ▸ **brei**
BREIST, -S *Scot word for* ▸ **breast**
BREKKIE *same as* ▸ **brekky**
BREKKY, BREKKIES *slang word for* > **breakfast**
BRELOQUE *n* charm attached to watch chain
BREME *adj* well-known
BREN, -NING, -S *n* type of machine gun ▹ *vb* burn
BRENNE, -S *vb* burn
BRENNING ▸ **bren**
BRENS ▸ **bren**
BRENT, -ER, -EST, -S *n* type of goose ▹ *adj* steep

BRER, -S *n* brother: usually prefixed to a name
BRERE, -S *same as* ▸ **brier**
BRERS ▸ **brer**
BRESAOLA *n* (in Italian cookery) air-dried, salted beef
BRETESSE *another word for* ▸ **brattice**
BRETHREN ▸ **brother**
BRETON, -S *n* hat with an upturned brim and a rounded crown
BRETTICE *same as* ▸ **brattice**
BREVE, -S *n* accent placed over a vowel to indicate shortness
BREVET, -ED, -S *n* document entitling a commissioned officer to hold temporarily a higher military rank ▹ *vb* promote by brevet
BREVETCY ▸ **brevet**
BREVETE *adj* patented
BREVETED ▸ **brevet**
BREVETS ▸ **brevet**
BREVIARY *n* book of prayers to be recited daily by a Roman Catholic priest
BREVIATE *n* summary
BREVIER, -S *n* (formerly) size of printer's type approximately equal to 8 point
BREVIS, -ES *same as* ▸ **brewis**
BREVITY *n* shortness
BREW, -ED, -S *vb* make (beer etc) by steeping, boiling, and fermentation ▹ *n* beverage produced by brewing
BREWAGE, -S *n* product of brewing
BREWED ▸ **brew**
BREWER, -S ▸ **brew**
BREWERY *n* place where beer, etc is brewed
BREWING, -S *n* quantity of a beverage brewed at one time
BREWIS, -ES *n* bread soaked in broth, gravy, etc
BREWPUB, -S *n* pub that incorporates a brewery on its premises
BREWS ▸ **brew**
BREWSKI, -S *n* beer
BREWSTER *n* person, particularly a woman, who brews
BREY, -ED, -ING, -S *same as* ▸ **brei**
BRIAR, -S *n* S European shrub with a hard woody root (briarroot)
BRIARD, -S *n* medium-sized dog
BRIARED ▸ **briar**
BRIARIER ▸ **briary**
BRIARS ▸ **briar**
BRIARY, BRIARIER *adj* resembling or containing briar
BRIBABLE ▸ **bribe**
BRIBE, -D, -S, BRIBING *vb* offer or give something to someone to gain favour, influence, etc ▹ *n* something given or offered as a bribe
BRIBEE, -S *n* one who is bribed
BRIBER, -S ▸ **bribe**
BRIBERY *n* process of giving or taking bribes
BRIBES ▸ **bribe**
BRIBING ▸ **bribe**
BRICHT, -ER *Scot word for* ▸ **bright**
BRICK, -ED, -S *n* (rectangular block of) baked clay used in building ▹ *vb* build, enclose, or fill with bricks
BRICKBAT *n* blunt criticism
BRICKED ▸ **brick**
BRICKEN *adj* made of brick
BRICKIE, -S *n* bricklayer
BRICKIER ▸ **bricky**
BRICKIES ▸ **brickie**
BRICKING ▸ **brick**
BRICKLE, -S *variant of* ▸ **brittle**
BRICKS ▸ **brick**
BRICKY, BRICKIER *vb* resembling brick
BRICOLE, -S *n* billiards shot
BRIDAL, -S *adj* of a bride or a wedding ▹ *n* wedding or wedding feast
BRIDALLY ▸ **bridal**
BRIDALS ▸ **bridal**
BRIDE, -D, -S, BRIDING *n* woman who has just been or is about to be married ▹ *vb* act as a bride
BRIDEMAN, BRIDEMEN *n* bridegroom's attendant
BRIDES ▸ **bride**
BRIDGE, -D, -S *n* structure for crossing a river etc ▹ *vb* build a bridge over (something)
BRIDGING *n* timber struts fixed between floor or roof joists
BRIDIE, -S *n* semicircular pie containing meat and onions
BRIDING ▸ **bride**
BRIDLE, -D, -S, BRIDLING *n* headgear for controlling a horse ▹ *vb* show anger or indignation
BRIDLER, -S ▸ **bridle**
BRIDLES ▸ **bridle**
BRIDLING ▸ **bridle**
BRIDOON, -S *n* horse's bit: small snaffle used in double bridles
BRIE, -S *same as* ▸ **bree**
BRIEF, -ED, -EST *adj* short in duration ▹ *n* condensed statement or written synopsis ▹ *vb* give information and instructions to (a person)
BRIEFER, -S ▸ **brief**
BRIEFEST ▸ **brief**
BRIEFING *n* meeting for giving out detailed information or instructions
BRIEFLY ▸ **brief**
BRIEFS *pl n* men's or women's underpants without legs
BRIER, -S *same as* ▸ **briar**
BRIERED ▸ **brier**
BRIERIER ▸ **briery**
BRIERS ▸ **brier**
BRIERY, BRIERIER ▸ **brier**
BRIES ▸ **brie**
BRIG, -S *n* two-masted square-rigged ship
BRIGADE, -D, -S *n* army unit smaller than a division ▹ *vb* organize into a brigade
BRIGALOW *n* type of acacia tree
BRIGAND, -S *n* bandit
BRIGHT, -ER *adj* emitting or reflecting much light ▹ *adv* brightly
BRIGHTEN *vb* make or become bright or brighter
BRIGHTER ▸ **bright**
BRIGHTLY ▸ **bright**
BRIGHTS *pl n* high beam of the headlights of a motor vehicle
BRIGS ▸ **brig**
BRIGUE, -D, -S *vb* solicit
BRIGUING ▸ **brigue**
BRIK, -S *n* Tunisian pastry
BRIKI, -S *same as* ▸ **cezve**
BRIKS ▸ **brik**
BRILL, -ER, -EST, -S *n* type of European flatfish popular as a food fish ▹ *adj* brilliant
BRILLO, -S *n* tradename for a type of scouring pad impregnated with a detergent
BRILLS ▸ **brill**
BRIM, -MED, -MING, -S *n* upper rim of a vessel ▹ *vb* fill or be full to the brim
BRIMFUL *adj* completely filled with
BRIMFULL *same as* ▸ **brimful**
BRIMING, -S *n* phosphorescence of sea

B

BRIMLESS ▸ **brim**
BRIMMED ▸ **brim**
BRIMMER, -S *n* vessel, such as a glass or bowl, filled to the brim
BRIMMING ▸ **brim**
BRIMS ▸ **brim**
BRIN, -S *n* thread of silk from silkworm
BRINDED *adj* streaky or patchy
BRINDISI *n* song sung in celebration
BRINDLE, -S *n* brindled animal
BRINDLED *adj* brown or grey streaked with a darker colour
BRINDLES ▸ **brindle**
BRINE, -D, -S, BRINING *n* salt water ▹ *vb* soak in or treat with brine
BRINER, -S ▸ **brine**
BRINES ▸ **brine**
BRING, -S, BROUGHT, BRUNG *vb* carry, convey, or take to a designated place or person
BRINGER, -S ▸ **bring**
BRINGING ▸ **bring**
BRINGS ▸ **bring**
BRINIER ▸ **briny**
BRINIES ▸ **briny**
BRINIEST ▸ **briny**
BRINING ▸ **brine**
BRINISH ▸ **brine**
BRINJAL, -S *n* dark purple tropical fruit, cooked and eaten as a vegetable
BRINK, -S *n* edge of a steep place
BRINKMAN, BRINKMEN *n* one who goes in for brinkmanship
BRINKS ▸ **brink**
BRINNY, BRINNIES *n* stone, esp when thrown
BRINS ▸ **brin**
BRINY, BRINIER, BRINIES, BRINIEST *adj* very salty ▹ *n* sea
BRIO, -S *n* liveliness
BRIOCHE, -S *n* soft roll or loaf made from a very light yeast dough, sometimes mixed with currants
BRIONY, BRIONIES *same as* ▸ **bryony**
BRIOS ▸ **brio**
BRIQUET, -S *same as* > **briquette**
BRIS, -ES, -SES *n* ritual circumcision of male babies
BRISANCE *n* shattering effect or power of an explosion or explosive
BRISANT ▸ **brisance**
BRISE *n* type of jump
BRISES ▸ **bris**
BRISK, -ED, -ER, -EST, -ING, -S *adj* lively and quick ▹ *vb* enliven
BRISKEN, -S *vb* make or become more lively or brisk
BRISKER ▸ **brisk**
BRISKEST ▸ **brisk**
BRISKET, -S *n* beef from the breast of a cow
BRISKIER ▸ **brisky**
BRISKING ▸ **brisk**
BRISKISH ▸ **brisk**
BRISKLY ▸ **brisk**
BRISKS ▸ **brisk**
BRISKY, BRISKIER *another word for* ▸ **brisk**
BRISLING *same as* ▸ **sprat**
BRISS *same as* ▸ **bris**
BRISSES ▸ **bris**
BRISTLE, -D, -S *n* short stiff hair ▹ *vb* (cause to) stand up like bristles
BRISTLY ▸ **bristle**
BRISTOL *n* as in **bristol board** type of heavy cardboard
BRISURE, -S *n* mark of cadency in heraldry
BRIT, -S *n* young of a herring, sprat, or similar fish
BRITCHES *same as* ▸ **breeches**
BRITH, -S *same as* ▸ **bris**
BRITS ▸ **brit**
BRITSKA, -S *same as* ▸ **britzka**
BRITT, -S *n* young herring or sprat
BRITTLE, -D, -R, -S *adj* hard but easily broken ▹ *vb* make brittle ▹ *n* crunchy sweet made with treacle and nuts
BRITTLY ▸ **brittle**
BRITTS ▸ **britt**
BRITZKA, -S *n* long horse-drawn carriage
BRITZSKA *same as* ▸ **britzka**
BRIZE, -S *same as* ▸ **breeze**
BRO, -S *n* family member
BROACH, -ED, -ES *vb* introduce (a topic) for discussion ▹ *n* spit for roasting meat
BROACHER ▸ **broach**
BROACHES ▸ **broach**
BROAD, -ER, -EST, -S *adj* having great breadth or width ▹ *n* broad part of something
BROADAX *same as* ▸ **broadaxe**
BROADAXE *n* broad-bladed axe
BROADEN, -S *vb* make or become broad or broader
BROADER ▸ **broad**
BROADEST ▸ **broad**
BROADISH ▸ **broad**
BROADLY ▸ **broad**
BROADS ▸ **broad**
BROADWAY *n* wide road
BROAST, -ED, -S *vb* cook by broiling and roasting
BROCADE, -D, -S *n* rich fabric woven with a raised design ▹ *vb* weave with such a design
BROCAGE, -S *another word for* > **brokerage**
BROCARD, -S *n* basic principle of civil law
BROCATEL *n* heavy upholstery brocade
BROCCOLI *n* type of cabbage with greenish flower heads
BROCH, -S *n* (in Scotland) a circular dry-stone tower large enough to serve as a fortified home
BROCHAN, -S *n* type of thin porridge
BROCHE, -D, -S, BROCHING *adj* woven with a raised design, as brocade
BROCHO, -S *same as* ▸ **brachah**
BROCHS ▸ **broch**
BROCHURE *n* booklet that contains information about a product or service
BROCK, -S *n* badger
BROCKAGE *same as* > **brokerage**
BROCKED *adj* having different colours
BROCKET, -S *n* small tropical American deer with small unbranched antlers
BROCKIT *same as* ▸ **brocked**
BROCKRAM *another word for* ▸ **breccia**
BROCKS ▸ **brock**
BROCOLI, -S *same as* ▸ **broccoli**
BROD, -DED, -DING, -S *vb* prod
BRODDLE, -D, -S *vb* poke or pierce (something)
BRODEKIN *another word for* ▸ **buskin**
BRODKIN, -S *same as* ▸ **brodekin**
BRODS ▸ **brod**
BROEKIES *pl n* underpants
BROG, -GED, -GING, -S *vb* prick with an awl
BROGAN, -S *n* heavy laced, usually ankle-high, work boot
BROGGED ▸ **brog**

BROGGING ▸ **brog**
BROGH, -S *same as* ▸ **broch**
BROGS ▸ **brog**
BROGUE, -S *n* gentle accent
BROGUERY ▸ **brogue**
BROGUES ▸ **brogue**
BROGUISH ▸ **brogue**
BROIDER, -S *archaic word for* > **embroider**
BROIDERY *n* old form of embroidery
BROIL, -ED, -ING, -S *vb* cook by direct heat under a grill ▹ *n* process of broiling
BROILER, -S *n* young tender chicken for roasting
BROILING ▸ **broil**
BROILS ▸ **broil**
BROKAGE, -S *another word for* > **brokerage**
BROKE, -D, -S *vb* negotiate or deal
BROKEN ▸ **break**
BROKENLY ▸ **break**
BROKER, -ED, -S *n* agent who buys or sells goods, securities, etc ▹ *vb* act as a broker (in)
BROKERY *n* work done by a broker
BROKES ▸ **broke**
BROKING, -S ▸ **broke**
BROLGA, -S *n* large grey Australian crane with a trumpeting call
BROLLY, BROLLIES *n* umbrella
BROMAL, -S *n* synthetic liquid formerly used medicinally
BROMANCE *n* close friendship between two men
BROMATE, -D, -S *same as* > **brominate**
BROME, -S *n* type of grass
BROMELIA *n* type of plant
BROMELIN *n* protein-digesting enzyme found in pineapple
BROMES ▸ **brome**
BROMIC *adj* of or containing bromine in the trivalent or pentavalent state
BROMID, -S *same as* ▸ **bromide**
BROMIDE, -S *n* chemical compound used in medicine and photography
BROMIDIC *adj* ordinary
BROMIDS ▸ **bromid**
BROMIN, -S *same as* ▸ **bromine**
BROMINE, -S *n* dark red liquid element that gives off a pungent vapour
BROMINS ▸ **bromin**
BROMISE, -D, -S *same as* ▸ **bromize**
BROMISM, -S *n* bromine poisoning
BROMIZE, -D, -S *vb* treat with bromine
BROMMER, -S *n* S African word for bluebottle
BROMO, -S *n* something that contains bromide
BRONC, -S *same as* ▸ **bronco**
BRONCHI ▸ **bronchus**
BRONCHIA *pl n* bronchial tubes
BRONCHO, -S *same as* ▸ **bronco**
BRONCHUS, BRONCHI *n* either of the two branches of the windpipe
BRONCO, -S *n* (in the US) wild or partially tamed pony
BRONCS ▸ **bronc**
BROND, -S *n* old form of brand
BRONDE, -R, -S, -ST *adj* in a shade between blonde and brunette ▹ *n* woman with bronde hair
BRONDS ▸ **brond**
BRONZE, -D, -S *n* alloy of copper and tin ▹ *adj* made of, or coloured like, bronze ▹ *vb* (esp of the skin) make or become brown
BRONZEN *adj* made of or the colour of bronze
BRONZER, -S *n* cosmetic applied to the skin to simulate a sun tan
BRONZES ▸ **bronze**
BRONZIER ▸ **bronzy**
BRONZIFY *vb* cause to become colour of bronze
BRONZING *n* blue pigment
BRONZITE *n* type of orthopyroxene often having a metallic or pearly sheen
BRONZY, BRONZIER ▸ **bronze**
BROO, -S *n* brow of hill
BROOCH, -ED, -ES *n* ornament with a pin, worn fastened to clothes ▹ *vb* decorate with a brooch
BROOD, -ED, -S *n* number of birds produced at one hatching ▹ *vb* (of a bird) sit on or hatch eggs
BROODER, -S *n* structure used for rearing young chickens or other fowl
BROODIER ▸ **broody**
BROODILY ▸ **broody**
BROODING ▸ **brood**
BROODS ▸ **brood**
BROODY, BROODIER *adj* moody and sullen
BROOK, -ED, -ING, -S *n* small stream ▹ *vb* bear or tolerate
BROOKIE, -S *n* brook trout
BROOKING ▸ **brook**
BROOKITE *n* reddish-brown to black mineral
BROOKLET *n* small brook
BROOKS ▸ **brook**
BROOL, -S *n* low roar
BROOM, -ED, -ING, -S *n* long-handled sweeping brush ▹ *vb* sweep with a broom
BROOMIER ▸ **broomy**
BROOMING ▸ **broom**
BROOMS ▸ **broom**
BROOMY, BROOMIER *adj* covered with growth of broom
BROOS ▸ **broo**
BROOSE, -S *n* race at country wedding
BROS ▸ **bro**
BROSE, -S *n* oatmeal or pease porridge, sometimes with butter or fat added
BROSY, BROSIER, BROSIEST *adj* smeared with porridge
BROTH, -S *n* soup, usu containing vegetables
BROTHA, -S *n* informal term for an African-American man
BROTHER, BRETHREN, -S *n* boy or man with the same parents as another person ▹ *interj* exclamation of amazement, disgust, surprise, disappointment, etc ▹ *vb* treat someone like a brother
BROTHIER ▸ **brothy**
BROTHS ▸ **broth**
BROTHY, BROTHIER *adj* having appearance or texture of broth
BROUGH, -S *same as* ▸ **broch**
BROUGHAM *n* horse-drawn closed carriage with a raised open driver's seat in front
BROUGHS ▸ **brough**
BROUGHT ▸ **bring**
BROUGHTA *same as* ▸ **braata**
BROUHAHA *n* loud confused noise
BROUZE, -S *same as* ▸ **broose**
BROW, -S *n* part of the face (from the eyes to the hairline)
BROWBAND *n* strap of a horse's bridle that goes across the forehead

B

BROWBEAT *vb* frighten (someone) with threats
BROWBONE *n* bone of the brow
BROWED *adj* having a brow
BROWLESS ▸ **brow**
BROWN, -ED, -EST, -S *n* colour of earth or wood ▹ *adj* (of bread) made from wheatmeal or wholemeal flour ▹ *vb* make or become brown
BROWNER, -S *n* brown object
BROWNEST ▸ **brown**
BROWNIE, -S *n* small square nutty chocolate cake
BROWNIER ▸ **browny**
BROWNIES ▸ **brownie**
BROWNING *n* substance used to darken gravies
BROWNISH ▸ **brown**
BROWNOUT *n* dimming or reduction in the use of electric lights in a city
BROWNS ▸ **brown**
BROWNY, BROWNIER ▸ **brown**
BROWS ▸ **brow**
BROWSE, -D, -S *vb* look through in a casual manner ▹ *n* instance of browsing
BROWSER, -S *n* software package that enables a user to read hypertext, esp on the internet
BROWSES ▸ **browse**
BROWSIER ▸ **browsy**
BROWSING ▸ **browse**
BROWST, -S *n* brewing (of ale, tea)
BROWSY, BROWSIER ▸ **browse**
BRR *same as* ▸ **brrr**

This is useful if your consonant-heavy rack is giving you the shivers. And if you are even colder, **brrr** is available.

BRRR *interj* used to suggest shivering
BRU, -S *South African word for* ▸ **friend**
BRUCELLA *n* type of bacterium
BRUCHID, -S *n* type of beetle
BRUCIN, -S *same as* ▸ **brucine**
BRUCINE, -S *n* bitter poisonous alkaloid resembling strychnine
BRUCINS ▸ **brucin**
BRUCITE, -S *n* white translucent mineral
BRUCKLE *adj* brittle
BRUGH, -S *n* large house
BRUHAHA, -S *same as* ▸ **brouhaha**
BRUILZIE *same as* ▸ **brulzie**
BRUIN, -S *n* name for a bear, used in children's tales, fables, etc
BRUISE, -D, -S *n* discoloured area on the skin caused by an injury ▹ *vb* cause a bruise on
BRUISER, -S *n* strong tough person
BRUISES ▸ **bruise**
BRUISING *adj* causing bruises, as by a blow ▹ *n* bruise or bruises
BRUIT, -ED, -ING, -S *vb* report ▹ *n* abnormal sound heard within the body
BRUITER, -S ▸ **bruit**
BRUITING ▸ **bruit**
BRUITS ▸ **bruit**
BRULE, -S *n* archaic short word for a person of mixed Canadian Indian and White ancestry
BRULOT, -S *n* coffee-based alcoholic drink, served flaming
BRULYIE, -S *same as* ▸ **brulzie**
BRULZIE, -S *n* noisy dispute
BRUMAL *adj* of, characteristic of, or relating to winter
BRUMBY, BRUMBIES *n* wild horse
BRUME, -S *n* heavy mist or fog
BRUMMER, -S *same as* ▸ **brommer**
BRUMOUS ▸ **brume**
BRUNCH, -ED, -ES *n* breakfast and lunch combined ▹ *vb* eat brunch
BRUNCHER ▸ **brunch**
BRUNCHES ▸ **brunch**
BRUNET, -S *n* boy or man with dark brown hair
BRUNETTE *n* girl or woman with dark brown hair
BRUNG ▸ **bring**
BRUNIZEM *n* prairie soil
BRUNT, -ED, -ING, -S *n* main force or shock of a blow, attack, etc ▹ *vb* suffer the main force or shock of a blow, attack, etc
BRUS ▸ **bru**
BRUSH, -ES *n* device made of bristles, wires, etc ▹ *vb* clean, scrub, or paint with a brush
BRUSHED *adj* treated with a brushing process
BRUSHER, -S ▸ **brush**
BRUSHES ▸ **brush**
BRUSHIER ▸ **brushy**
BRUSHING ▸ **brush**
BRUSHOFF *n* abrupt dismissal or rejection
BRUSHUP, -S *n* the act or an instance of tidying one's appearance
BRUSHY, BRUSHIER *adj* like a brush
BRUSK, -ER, -EST *same as* ▸ **brusque**
BRUSQUE, -R *adj* blunt or curt in manner or speech
BRUSSELS *adj* as in **brussels sprout** small cabbage-like vegetable
BRUSSEN *adj* bold
BRUST, -ING, -S *same as* ▸ **burst**
BRUT, -S *adj* (of champagne or sparkling wine) very dry ▹ *n* very dry champagne
BRUTAL *adj* cruel and vicious
BRUTALLY ▸ **brutal**
BRUTE, -S, -ST *n* brutal person ▹ *adj* wholly instinctive or physical, like an animal
BRUTELY ▸ **brute**
BRUTER, -S *n* diamond cutter
BRUTES ▸ **brute**
BRUTEST ▸ **brute**
BRUTIFY *less common word for* ▸ **brutalize**
BRUTING, -S *n* diamond cutting
BRUTISH *adj* of or like an animal
BRUTISM, -S *n* stupidity; vulgarity
BRUTS ▸ **brut**
BRUX, -ED, -ES, -ING *vb* grind one's teeth
BRUXISM, -S *n* habit of grinding the teeth, esp unconsciously
BRYOLOGY *n* branch of botany concerned with the study of bryophytes
BRYONY, BRYONIES *n* wild climbing hedge plant
BRYOZOAN *n* type of aquatic invertebrate which forms colonies of polyps
BUAT, -S *same as* ▸ **bowat**
BUAZE, -S *n* fibrous African plant
BUB, -S *n* youngster
BUBA, -S *another name for* ▸ **yaws**
BUBAL, -S *n* any of various antelopes
BUBALE, -S *n* large antelope
BUBALINE *adj* (of antelopes) related to or resembling the bubal

BUBALIS *same as* ▶ **bubal**
BUBALS ▶ **bubal**
BUBAS ▶ **buba**
BUBBA, -S *n* ordinary American person
BUBBE, -S *n* Yiddish word for grandmother
BUBBIE *same as* ▶ **bubbe**
BUBBLE, -D, -S, BUBBLING *n* ball of air in a liquid or solid ▷ *vb* form bubbles
BUBBLER, -S *n* drinking fountain
BUBBLES ▶ **bubble**
BUBBLIER ▶ **bubbly**
BUBBLIES ▶ **bubbly**
BUBBLING ▶ **bubble**
BUBBLY, BUBBLIER, BUBBLIES *adj* excited and lively ▷ *n* champagne
BUBINGA, -S *n* reddish-brown wood from African tree
BUBKES *n* very small amount
BUBKIS *n* nothing
BUBO, -ES *n* inflammation and swelling of a lymph node, esp in the armpit or groin
BUBOED ▶ **bubo**
BUBOES ▶ **bubo**
BUBONIC ▶ **bubo**
BUBS ▶ **bub**
BUBU, -S *same as* ▶ **boubou**
BUBUKLE, -S *n* red spot on skin
BUBUS ▶ **bubu**
BUCARDO, -S *n* type of Spanish mountain goat, recently extinct
BUCATINI *pl n* pasta in the shape of long tubes
BUCCAL *adj* of or relating to the cheek
BUCCALLY ▶ **buccal**
BUCCINA, -S *n* curved Roman horn
BUCELLAS *n* type of Portuguese white wine
BUCHU, -S *n* S African shrub whose leaves are used as an antiseptic and diuretic
BUCK, -ED, -S *n* male of the goat, hare, kangaroo, rabbit, and reindeer ▷ *vb* (of a horse etc) jump with legs stiff and back arched
BUCKAROO *n* cowboy
BUCKAYRO *same as* ▶ **buckaroo**
BUCKBEAN *n* type of marsh plant with white or pink flowers
BUCKED ▶ **buck**
BUCKEEN, -S *n* (in Ireland) poor young man who aspires to the habits and dress of the wealthy
BUCKER, -S ▶ **buck**
BUCKEROO *same as* ▶ **buckaroo**
BUCKERS ▶ **bucker**
BUCKET, -ED, -S *n* open-topped roughly cylindrical container ▷ *vb* rain heavily
BUCKEYE, -S *n* N American tree with erect clusters of white or red flowers and prickly fruits
BUCKHORN *n* horn from a buck, used for knife handles, etc
BUCKIE, -S *n* whelk or its shell
BUCKING, -S ▶ **buck**
BUCKISH ▶ **buck**
BUCKLE, -D, -S *n* clasp for fastening a belt or strap ▷ *vb* fasten or be fastened with a buckle
BUCKLER, -S *n* small round shield worn on the forearm ▷ *vb* defend
BUCKLES ▶ **buckle**
BUCKLING *another name for* ▶ **bloater**
BUCKO, -ES, -S *n* lively young fellow: often a term of address
BUCKRAKE *n* large rake attached to tractor
BUCKRAM, -S *n* cotton or linen cloth stiffened with size, etc ▷ *vb* stiffen with buckram
BUCKS ▶ **buck**
BUCKSAW, -S *n* woodcutting saw
BUCKSHEE *adj* free
BUCKSHOT *n* large lead pellets used for shooting game
BUCKSKIN *n* skin of a male deer ▷ *adj* greyish-yellow
BUCKSOM *same as* ▶ **buxom**
BUCKTAIL *n* in fishing, fly with appearance of minnow
BUCKU, -S *same as* ▶ **buchu**
BUCOLIC, -S *adj* of the countryside or country life ▷ *n* pastoral poem
BUD, -DED, -S *n* swelling on a plant that develops into a leaf or flower ▷ *vb* produce buds
BUDDER, -S ▶ **bud**
BUDDHA, -S *n* person who has achieved a state of perfect enlightenment
BUDDIED ▶ **buddy**
BUDDIER ▶ **buddy**
BUDDIES ▶ **buddy**
BUDDIEST ▶ **buddy**
BUDDING, -S ▶ **bud**
BUDDLE, -D, -S, BUDDLING *n* sloping trough in which ore is washed ▷ *vb* wash (ore) in a buddle
BUDDLEIA *n* shrub with long spikes of purple flowers
BUDDLES ▶ **buddle**
BUDDLING ▶ **buddle**
BUDDY, BUDDIED, BUDDIER, BUDDIES, BUDDIEST, -ING *n* friend ▷ *vb* act as a friend to ▷ *adj* friendly
BUDGE, -D, -S, BUDGING *vb* move slightly ▷ *n* lambskin dressed for the fur to be worn on the outer side
BUDGER, -S ▶ **budge**
BUDGEREE *adj* good
BUDGERO, -S *same as* ▶ **budgerow**
BUDGEROW *n* barge used on the Ganges
BUDGERS ▶ **budger**
BUDGES ▶ **budge**
BUDGET, -ED, -S *n* financial plan for a period of time ▷ *vb* plan the expenditure of (money or time) ▷ *adj* cheap
BUDGETER ▶ **budget**
BUDGETS ▶ **budget**
BUDGIE, -S *n* short form of budgerigar
BUDGING ▶ **budge**
BUDLESS ▶ **bud**
BUDLIKE ▶ **bud**
BUDMASH *same as* ▶ **badmash**
BUDO, -S *n* combat and spirit in martial arts
BUDS ▶ **bud**
BUDWOOD, -S *n* branch with buds that is used for grafting
BUDWORM, -S *n* pest that eats tree leaves and buds
BUFF, -ED, -EST, -S *n* soft flexible undyed leather ▷ *adj* dull yellowish-brown ▷ *vb* clean or polish with soft material
BUFFA, -S *n* female comic part in an opera
BUFFABLE ▶ **buff**
BUFFALO, -S *n* member of the cattle tribe ▷ *vb* confuse
BUFFAS ▶ **buffa**
BUFFE ▶ **buffo**
BUFFED ▶ **buff**
BUFFEL *adj* as in **buffel grass** grass used for pasture in Africa, India, and Australia
BUFFER, -ED, -S *vb* protect from shock

B

BUFFEST ▸ **buff**
BUFFET, -ED, -S *n* counter where drinks and snacks are served ▹ *vb* knock against or about
BUFFETER ▸ **buffet**
BUFFETS ▸ **buffet**
BUFFI ▸ **buffo**
BUFFIER ▸ **buffy**
BUFFIEST ▸ **buffy**
BUFFING, -S *n* act of polishing
BUFFO, BUFFE, BUFFI, -S *n* (in Italian opera of the 18th century) comic part, esp one for a bass
BUFFOON, -S *n* clown or fool
BUFFOS ▸ **buffo**
BUFFS ▸ **buff**
BUFFY, BUFFIER, BUFFIEST *adj* having appearance or texture of buff
BUFO, -S *n* type of toad
BUG, -GED, -S *n* insect ▹ *vb* irritate
BUGABOO, -S *n* imaginary source of fear
BUGBANE, -S *n* European plant whose flowers are reputed to repel insects
BUGBEAR, -S *n* thing that causes obsessive anxiety
BUGEYE, -S *n* oyster-dredging boat
BUGGAN, -S *n* evil spirit
BUGGANE, -S *same as* ▸ **buggan**
BUGGANS ▸ **buggan**
BUGGED ▸ **bug**
BUGGIER ▸ **buggy**
BUGGIES ▸ **buggy**
BUGGIEST ▸ **buggy**
BUGGIN, -S *same as* ▸ **buggan**
BUGGING, -S ▸ **bug**
BUGGINS ▸ **buggin**
BUGGY, BUGGIER, BUGGIES, BUGGIEST *n* light horse-drawn carriage ▹ *adj* infested with bugs
BUGLE, -D, -S, BUGLING *n* instrument like a small trumpet ▹ *vb* play or sound (on) a bugle
BUGLER, -S ▸ **bugle**
BUGLES ▸ **bugle**
BUGLET, -S *n* small bugle
BUGLING ▸ **bugle**
BUGLOSS *n* hairy Eurasian plant with clusters of blue flowers
BUGONG, -S *same as* ▸ **bogong**
BUGOUT, -S *n* act of running away
BUGS ▸ **bug**
BUGSEED, -S *n* form of tumbleweed
BUGSHA, -S *same as* ▸ **buqsha**
BUGWORT, -S *another name for* ▸ **bugbane**
BUHL, -S *same as* ▸ **boulle**
BUHLWORK *n* woodwork with decorative inlay
BUHR, -S *same as* ▸ **burr**
BUHUND, -S *n* type of Norwegian dog
BUIBUI, -S *n* black cloth worn as a shawl by Muslim women
BUIK, -S *same as* ▸ **book**
BUILD, -ED, -S, BUILT *vb* make, construct, or form by joining parts or materials ▹ *n* shape of the body
BUILDER, -S *n* person who constructs houses and other buildings
BUILDING ▸ **build**
BUILDOUT *n* expansion, development, or growth
BUILDS ▸ **build**
BUILDUP, -S *n* gradual approach to a climax or critical point
BUILT ▸ **build**
BUIRDLY *adj* well-built
BUIST, -ED, -ING, -S *vb* brand sheep with identification mark
BUKE, -S *same as* ▸ **book**
BUKKAKE, -S *n* Japanese noodle dish
BUKSHEE, -S *n* person in charge of paying wages
BUKSHI, -S *same as* ▸ **bukshee**
BULB, -ED, -ING, -S *n* onion-shaped root which grows into a flower or plant ▹ *vb* form into the shape of a bulb
BULBAR *adj* of or relating to a bulb, esp the medulla oblongata
BULBED ▸ **bulb**
BULBEL, -S *same as* ▸ **bulbil**
BULBIL, -S *n* small bulblike organ growing on plants such as the onion and tiger lily
BULBING ▸ **bulb**
BULBLET, -S *n* small bulb at base of main bulb
BULBOUS *adj* round and fat
BULBS ▸ **bulb**
BULBUL, -S *n* songbird of tropical Africa and Asia
BULGAR, -S *same as* ▸ **bulgur**
BULGE, -D, -S *n* swelling on a normally flat surface ▹ *vb* swell outwards
BULGER, -S ▸ **bulge**
BULGES ▸ **bulge**
BULGHUR, -S *same as* ▸ **bulgur**
BULGIER ▸ **bulgy**
BULGIEST ▸ **bulgy**
BULGINE, -S *same as* ▸ **bullgine**
BULGING *adj* curving outwards
BULGUR, -S *n* kind of dried cracked wheat
BULGY, BULGIER, BULGIEST ▸ **bulge**
BULIMIA, -S *n* eating disorder
BULIMIAC *n* person who has bulimia
BULIMIAS ▸ **bulimia**
BULIMIC, -S ▸ **bulimia**
BULIMIES ▸ **bulimy**
BULIMUS *n* terrestrial mollusc
BULIMY, BULIMIES *same as* ▸ **bulimia**
BULK, -ED, -S *n* volume, size, or magnitude of something ▹ *vb* cohere or cause to cohere in a mass
BULKAGE, -S ▸ **bulk**
BULKED ▸ **bulk**
BULKER, -S *n* ship that carries bulk cargo
BULKHEAD *n* partition in a ship or aeroplane
BULKIER ▸ **bulky**
BULKIEST ▸ **bulky**
BULKILY ▸ **bulky**
BULKING, -S *n* expansion of excavated material to a greater volume
BULKS ▸ **bulk**
BULKY, BULKIER, BULKIEST *adj* very large and massive, esp so as to be unwieldy
BULL, -ED, -S *n* male bovine animal ▹ *vb* raise the price of (a security)
BULLA, -E *n* leaden seal affixed to a papal bull
BULLACE, -S *n* small Eurasian tree of which the damson is the cultivated form
BULLAE ▸ **bulla**
BULLARY *n* boilery for preparing salt
BULLATE *adj* puckered or blistered in appearance
BULLBARS *pl n* large protective metal grille on the front of some vehicles

BULLBAT, -S *another name for* **> nighthawk**
BULLCOOK *n* casual or odd job worker in a camp
BULLDOG, -S *n* thickset dog with a broad head and a muscular body
BULLDOZE *vb* demolish or flatten with a bulldozer
BULLDUST *n* fine dust
BULLED ▸ bull
BULLER, -ED, -S *vb* make bubbling sound
BULLET, -ED, -S *n* small piece of metal fired from a gun ▹ *vb* move extremely quickly
BULLETIN *n* short official report or announcement ▹ *vb* make known by bulletin
BULLETS ▸ bullet
BULLEY, -S *n* fishing boat with two masts
BULLFROG *n* large American frog with a deep croak
BULLGINE *n* steam locomotive
BULLHEAD *n* type of small northern mainly marine fish
BULLHORN *n* portable loudspeaker having a built-in amplifier and microphone
BULLIED ▸ bully
BULLIER ▸ bully
BULLIES ▸ bully
BULLIEST ▸ bully
BULLING, -S *n* act of raising the price of a security
BULLION, -S *n* gold or silver in the form of bars
BULLISH *adj* like a bull
BULLNECK *n* enlarged neck
BULLNOSE *n* rounded exterior angle, as where two walls meet
BULLOCK, -S *n* young bull ▹ *vb* work hard and long
BULLOCKY *n* driver of a team of bullocks ▹ *adj* resembling a bullock
BULLOSA *adj* as in **epidermolysis bullosa** type of genetic skin disorder
BULLOUS *adj* blistered
BULLPEN, -S *n* large cell where prisoners are confined together temporarily
BULLPOUT *n* type of fish
BULLRING *n* arena for staging bullfights
BULLRUSH *same as* **▸ bulrush**
BULLS ▸ bull
BULLSEYE *n* central disc of a target
BULLSHOT *n* cocktail of vodka and beef stock
BULLWEED *n* knapweed
BULLWHIP *n* long tapering heavy whip, esp one of plaited rawhide ▹ *vb* whip with a bullwhip
BULLY, BULLIED, BULLIER, BULLIES, BULLIEST *n* person who repeatedly intimidates another person ▹ *vb* repeatedly intimidate another person ▹ *adj* dashing
BULLYBOY *n* ruffian or tough, esp a hired one
BULLYING *n* act of threatening another person
BULLYISM ▸ bully
BULLYRAG *vb* bully, esp by means of cruel practical jokes
BULNBULN *another name for* **▸ lyrebird**
BULRUSH *n* tall stiff reed
BULRUSHY *adj* full of bulrushes
BULSE, -S *n* purse or bag for diamonds
BULWADDY *same as* **> bullwaddy**
BULWARK, -S *n* wall used as a fortification ▹ *vb* defend or fortify with or as if with a bulwark
BUM, -MED, -MEST, -MING, -S *n* loafer or idler ▹ *vb* get by begging ▹ *adj* of poor quality
BUMALO *same as* **▸ bummalo**
BUMALOTI *same as* **> bummaloti**
BUMBAG, -S *n* small bag attached to a belt and worn round the waist
BUMBAZE, -D, -S *vb* confuse; bewilder
BUMBLE, -D, -S *vb* speak, do, or move in a clumsy way ▹ *n* blunder or botch
BUMBLER, -S ▸ bumble
BUMBLES ▸ bumble
BUMBLING ▸ bumble
BUMBO, -S *n* African tree
BUMBOAT, -S *n* any small boat used for ferrying goods to a ship at anchor or at a mooring
BUMBOS ▸ bumbo
BUMELIA, -S *n* thorny shrub
BUMF, -S *n* official documents or forms
BUMFLUFF *n* soft and fluffy growth of hair on the chin of an adolescent
BUMFS ▸ bumf
BUMKIN, -S *same as* **▸ bumpkin**
BUMMALO, -S *n* Bombay duck
BUMMAREE *n* dealer at Billingsgate fish market
BUMMED ▸ bum
BUMMEL, -S *n* stroll
BUMMER, -S *n* unpleasant or disappointing experience
BUMMEST ▸ bum
BUMMING ▸ bum
BUMMLE, -D, -S, BUMMLING *Scots variant of* **▸ bumble**
BUMMOCK, -S *n* submerged mass of ice projecting downwards
BUMP, -ED, -S *vb* knock or strike with a jolt ▹ *n* dull thud from an impact or collision
BUMPER, -ED, -S *n* bar on the front and back of a vehicle ▹ *adj* unusually large or abundant ▹ *vb* toast with a full drinking glass
BUMPH, -S *same as* **▸ bumf**
BUMPIER ▸ bumpy
BUMPIEST ▸ bumpy
BUMPILY ▸ bumpy
BUMPING, -S ▸ bump
BUMPKIN, -S *n* awkward simple country person
BUMPS ▸ bump
BUMPY, BUMPIER, BUMPIEST *adj* having an uneven surface
BUMS ▸ bum
BUMSTER *adj* (of trousers) cut very low at the hips
BUMSTERS *pl n* trousers cut very low at the hips
BUMWAD, -S *n* type of sketching paper
BUN, -S *n* small sweet bread roll or cake
BUNA, -S *n* synthetic rubber
BUNBURY *vb* make up a story to avoid an unwanted engagement
BUNCE, -D, -S, BUNCING *n* windfall; boom ▹ *vb* charge someone too much money
BUNCH, -ED *n* number of things growing, fastened, or grouped together ▹ *vb* group or be grouped together in a bunch
BUNCHER, -S *n* person who groups things together
BUNCHES *pl n* hair tied into two sections
BUNCHIER ▸ bunchy
BUNCHILY ▸ bunchy

B

BUNCHING ▸ **bunch**
BUNCHY, BUNCHIER *adj* composed of or resembling bunches
BUNCING ▸ **bunce**
BUNCO, -ED, -ES, -ING, -S *n* swindle, esp one by confidence tricksters ▹ *vb* swindle
BUNCOMBE *same as* ▸ **bunkum**
BUNCOS ▸ **bunco**
BUND, -E, -ED, -ING, -S *n* (in Germany) confederation ▹ *vb* form into an embankment
BUNDH, -S *same as* ▸ **bandh**
BUNDIED ▸ **bundy**
BUNDIES ▸ **bundy**
BUNDING ▸ **bund**
BUNDIST, -S ▸ **bund**
BUNDLE, -D, -S *n* number of things gathered loosely together ▹ *vb* cause to go roughly or unceremoniously
BUNDLER, -S ▸ **bundle**
BUNDLES ▸ **bundle**
BUNDLING ▸ **bundle**
BUNDOOK, -S *n* rifle
BUNDS ▸ **bund**
BUNDT, -S *n* type of sweet cake
BUNDU, -S *n* largely uninhabited wild region far from towns
BUNDWALL *n* concrete or earth wall surrounding a storage tank
BUNDY, BUNDIED, BUNDIES, -ING *n* time clock at work ▹ *vb* register arrival or departure from work on a time clock
BUNFIGHT *n* tea party
BUNG, -ED, -ING, -S *n* stopper for a cask etc ▹ *vb* close with a bung
BUNGALOW *n* one-storey house
BUNGED ▸ **bung**
BUNGEE, -S *n* strong elastic cable
BUNGER, -S *n* firework
BUNGEY, -S *same as* ▸ **bungee**
BUNGHOLE *n* hole in a cask or barrel through which liquid can be drained
BUNGIE, -S *same as* ▸ **bungee**
BUNGING ▸ **bung**
BUNGLE, -D, -S *vb* spoil through incompetence ▹ *n* blunder or muddle
BUNGLER, -S ▸ **bungle**
BUNGLES ▸ **bungle**
BUNGLING ▸ **bungle**
BUNGS ▸ **bung**
BUNGWALL *n* Australian fern with an edible rhizome
BUNGY *same as* ▸ **bungee**
BUNHEAD, -S *n* ballerina
BUNIA, -S *same as* ▸ **bunnia**
BUNION, -S *n* inflamed swelling on the big toe
BUNJE, -S *same as* ▸ **bungee**
BUNJEE, -S *same as* ▸ **bungee**
BUNJES ▸ **bunje**
BUNJIE, -S *same as* ▸ **bungee**
BUNJY *same as* ▸ **bungee**
BUNK, -ED, -ING, -S *n* narrow shelflike bed ▹ *vb* prepare to sleep
BUNKER, -ED, -S *n* sand-filled hollow forming an obstacle on a golf course ▹ *vb* drive (the ball) into a bunker
BUNKIE, -S *n* short for bunkhouse
BUNKING ▸ **bunk**
BUNKMATE *n* person who sleeps in the same quarters as another
BUNKO, -ED, -ING, -S *same as* ▸ **bunco**
BUNKS ▸ **bunk**
BUNKUM, -S *n* nonsense
BUNN, -S *same as* ▸ **bun**
BUNNET, -S *same as* ▸ **bonnet**
BUNNIA, -S *n* Hindu shopkeeper
BUNNIES ▸ **bunny**
BUNNS ▸ **bunn**
BUNNY, BUNNIES *n* child's word for a rabbit
BUNODONT *adj* (of the teeth of certain mammals) having cusps that are separate and rounded
BUNRAKU, -S *n* Japanese puppet theatre
BUNS ▸ **bun**
BUNSEN, -S *n* as in **bunsen burner** gas burner used in scientific labs
BUNT, -ED, -S *vb* (of an animal) butt (something) with the head or horns ▹ *n* act or an instance of bunting
BUNTAL, -S *n* straw obtained from leaves of the talipot palm
BUNTED ▸ **bunt**
BUNTER, -S *n* batter who deliberately taps ball lightly
BUNTIER ▸ **bunty**
BUNTIEST ▸ **bunty**
BUNTING, -S *n* decorative flags
BUNTLINE *n* one of several lines fastened to the foot of a square sail
BUNTS ▸ **bunt**
BUNTY, BUNTIER, BUNTIEST ▸ **bunt**
BUNYA, -S *n* tall dome-shaped Australian coniferous tree
BUNYIP, -S *n* legendary monster said to live in swamps and lakes
BUOY, -ED, -ING, -S *n* floating marker anchored in the sea ▹ *vb* prevent from sinking
BUOYAGE, -S *n* system of buoys
BUOYANCE *same as* ▸ **buoyancy**
BUOYANCY *n* ability to float in a liquid or to rise in a fluid
BUOYANT *adj* able to float
BUOYED ▸ **buoy**
BUOYING ▸ **buoy**
BUOYS ▸ **buoy**
BUPKES *same as* ▸ **bubkes**
BUPKIS *same as* ▸ **bubkis**
BUPKUS *same as* ▸ **bubkes**
BUPLEVER *n* type of plant
BUPPIE, -S *n* affluent young Black person
BUPPY *variant of* ▸ **buppie**
BUQSHA, -S *n* former Yemeni coin
BUR, -S *same as* ▸ **burr**
BURA, -S *same as* ▸ **buran**
BURAN, -S *n* blizzard, with the wind blowing from the north and reaching gale force
BURAS ▸ **bura**
BURB, -S *n* suburb
BURBLE, -D, -S *vb* make a bubbling sound ▹ *n* bubbling or gurgling sound
BURBLER, -S ▸ **burble**
BURBLES ▸ **burble**
BURBLIER ▸ **burbly**
BURBLING ▸ **burble**
BURBLY, BURBLIER *adj* burbling
BURBOT, -S *n* freshwater fish of the cod family that has barbels around its mouth
BURBS ▸ **burb**
BURD, -S *Scots form of* ▸ **bird**
BURDASH *n* fringed sash worn over coat
BURDEN, -ED, -S *n* heavy load ▹ *vb* put a burden on
BURDENER ▸ **burden**
BURDENS ▸ **burden**
BURDIE, -S *Scots form of* ▸ **birdie**

BURDIZZO *n* surgical instrument
BURDOCK, -S *n* weed with prickly burrs
BURDS ▸ **burd**
BUREAU, -S, -X *n* office that provides a service
BURET, -S *same as* ▸ **burette**
BURETTE, -S *n* glass tube for dispensing known volumes of fluids
BURFI, -S *same as* ▸ **barfi**
BURG, -S *n* fortified town
BURGAGE, -S *n* type of tenure of land or tenement in a town or city
BURGANET *same as* ▸ **burgonet**
BURGEE, -S *n* triangular or swallow-tailed flag flown from the mast of a merchant ship
BURGEON, -S *vb* develop or grow rapidly ▹ *n* bud of a plant
BURGER, -S *n* hamburger
BURGESS *n* (in England) citizen of a borough
BURGH, -S *n* Scottish borough
BURGHAL ▸ **burgh**
BURGHER, -S *n* citizen
BURGHS ▸ **burgh**
BURGHUL, -S *same as* ▸ **bulgur**
BURGLAR, -S *n* person who enters a building to commit a crime, esp theft ▹ *vb* burgle
BURGLARY *n* crime of entering a building as a trespasser to commit theft or another offence
BURGLE, -D, -S, BURGLING *vb* break into (a house, shop, etc)
BURGONET *n* light 16th-century helmet, usually made of steel, with hinged cheekpieces
BURGOO, -S *n* porridge
BURGOUT, -S *same as* ▸ **burgoo**
BURGRAVE *n* military governor of a German town or castle, esp in the 12th and 13th centuries
BURGS ▸ **burg**
BURGUNDY *adj* dark-purplish red
BURHEL, -S *same as* ▸ **bharal**
BURIAL, -S *n* burying of a dead body
BURIED ▸ **bury**
BURIER, -S *n* person or thing that buries
BURIES ▸ **bury**
BURIN, -S *n* steel chisel used for engraving metal, wood, or marble
BURINIST ▸ **burin**
BURINS ▸ **burin**
BURITI, -S *n* type of palm tree
BURK, -S *same as* ▸ **berk**
BURKA, -S *same as* ▸ **burqa**
BURKE, -D, -S, BURKING *vb* suppress or silence
BURKER, -S ▸ **burke**
BURKES ▸ **burke**
BURKHA, -S *n* all-enveloping garment worn by some Muslim women
BURKING ▸ **burke**
BURKINI, -S *n* swimming costume covering the whole body apart from the face, hands, and feet
BURKITE, -S *n* murderer
BURKS ▸ **burk**
BURL, -ED, -ING, -S *n* small knot or lump in wool ▹ *vb* remove the burls from (cloth)
BURLAP, -S *n* coarse fabric woven from jute, hemp, or the like
BURLED ▸ **burl**
BURLER, -S ▸ **burl**
BURLESK, -S *same as* > **burlesque**
BURLETTA *n* type of comic opera
BURLEY, -ED, -S *same as* ▸ **berley**
BURLIER ▸ **burly**
BURLIEST ▸ **burly**
BURLIKE *adj* like a bur
BURLILY ▸ **burly**
BURLING ▸ **burl**
BURLS ▸ **burl**
BURLY, BURLIER, BURLIEST *adj* (of a person) broad and strong
BURN, -ED, -S, -T *vb* be or set on fire ▹ *n* injury or mark caused by fire or exposure to heat
BURNABLE ▸ **burn**
BURNED ▸ **burn**
BURNER, -S *n* part of a stove or lamp that produces the flame
BURNET, -S *n* type of rose
BURNIE, -S *n* sideburn
BURNING, -S ▸ **burn**
BURNISH *vb* make smooth and shiny by rubbing ▹ *n* shiny finish
BURNOOSE *same as* ▸ **burnous**
BURNOUS *n* long circular cloak with a hood, worn esp by Arabs
BURNOUSE *same as* ▸ **burnous**
BURNOUT, -S *n* failure of a mechanical device from excessive heating
BURNS ▸ **burn**
BURNSIDE *n* land along side of burn
BURNT ▸ **burn**
BUROO, -S *n* informal Scottish or Irish name for an unemployment benefit office
BURP, -ED, -ING, -S *n* belch ▹ *vb* belch
BURPEE, -S *n* type of physical exercise movement
BURPING ▸ **burp**
BURPS ▸ **burp**
BURQA, -S *n* garment worn by some Muslim women in public

> This garment illustrates the fact that Q doesn't always have to be followed by U. It has several variants including **burka** and **burkha**.

BURQUINI *n* swimming costume covering the whole body apart from the face, hands, and feet
BURR, -ED, -ING, -S *n* small rotary file ▹ *vb* form a rough edge on (a workpiece)
BURRAMYS *n* very rare Australian mountain pigmy possum
BURRATA, -S *n* type of Italian cheese
BURRED ▸ **burr**
BURREL, -S *same as* ▸ **bharal**
BURRELL, -S *variant of* ▸ **bharal**
BURRELS ▸ **burrel**
BURRER, -S *n* person who removes burrs
BURRFISH *n* type of fish with sharp spines
BURRHEL, -S *same as* ▸ **bharal**
BURRIER ▸ **burry**
BURRIEST ▸ **burry**
BURRING ▸ **burr**
BURRITO, -S *n* tortilla folded over a filling of minced beef, chicken, cheese, or beans
BURRO, -S *n* donkey, esp one used as a pack animal
BURROW, -ED, -S *n* hole dug in the ground by a rabbit etc ▹ *vb* dig holes in the ground
BURROWER ▸ **burrow**
BURROWS ▸ **burrow**
BURRS ▸ **burr**

BURRY, BURRIER, BURRIEST *adj* full of or covered in burs
BURS ▸ **bur**
BURSA, -E, -S *n* small fluid-filled sac that reduces friction between movable parts of the body
BURSAL ▸ **bursa**
BURSAR, -S *n* treasurer of a school, college, or university
BURSARY *n* scholarship
BURSAS ▸ **bursa**
BURSATE ▸ **bursa**
BURSE, -S *n* flat case used at Mass as a container for the corporal
BURSEED, -S *n* type of plant
BURSERA *adj* of a type of gum tree
BURSES ▸ **burse**
BURSICON *n* hormone produced by the insect brain
BURSITIS *n* inflammation of a bursa, esp one in the shoulder joint
BURST, -ED, -EN, -ING, -S *vb* break or cause to break open or apart suddenly and noisily ▹ *n* sudden breaking open or apart ▹ *adj* broken apart
BURSTER, -S ▸ **burst**
BURSTIER ▸ **bursty**
BURSTING ▸ **burst**
BURSTONE *same as* ▸ **buhrstone**
BURSTS ▸ **burst**
BURSTY, BURSTIER *adj* occurring or happening in sudden bursts; irregular
BURTHEN, -S *archaic word for* ▸ **burden**
BURTON, -S *n* type of hoisting tackle
BURWEED, -S *n* any of various plants that bear burs, such as the burdock
BURY, BURIED, BURIES, -ING *vb* place in a grave
BUS, -ED, -ES, -SED, -SES *n* large motor vehicle for carrying passengers between stops ▹ *vb* travel by bus
BUSBAR, -S *n* electrical conductor
BUSBIES ▸ **busby**
BUSBOY, -S *n* waiter's assistant
BUSBY, BUSBIES *n* tall fur hat worn by some soldiers
BUSED ▸ **bus**
BUSERA, -S *n* Ugandan alcoholic drink made from millet
BUSES ▸ **bus**
BUSGIRL, -S *n* waiter's assistant
BUSH, -ES *n* dense woody plant, smaller than a tree ▹ *vb* fit a bush to (a casing or bearing)
BUSHBABY *n* small African tree-living mammal with large eyes
BUSHBUCK *n* small nocturnal spiral-horned antelope of Africa
BUSHED *adj* extremely tired
BUSHEL, -ED, -S *n* obsolete unit of measure equal to 8 gallons ▹ *vb* alter or mend (a garment)
BUSHELER ▸ **bushel**
BUSHELS ▸ **bushel**
BUSHER, -S ▸ **bush**
BUSHES ▸ **bush**
BUSHFIRE *n* uncontrolled fire in the bush
BUSHFLY *n* small black Australian fly
BUSHGOAT *n* S African antelope
BUSHIDO, -S *n* feudal code of the Japanese samurai
BUSHIE *same as* ▸ **bushy**
BUSHIER ▸ **bushy**
BUSHIES ▸ **bushy**
BUSHIEST ▸ **bushy**
BUSHILY ▸ **bushy**
BUSHING, -S *same as* ▸ **bush**
BUSHLAND *n* land characterized by natural vegetation
BUSHLESS ▸ **bush**
BUSHLIKE ▸ **bush**
BUSHLOT, -S *n* small wooded area of land
BUSHMAN, BUSHMEN *n* person who lives or travels in the bush
BUSHMEAT *n* meat taken from any animal native to African forests
BUSHMEN ▸ **bushman**
BUSHPIG, -S *n* wild brown or black forest pig of tropical Africa and Madagascar
BUSHTIT, -S *n* small grey active North American songbird
BUSHVELD *n* bushy countryside
BUSHWA, -S *n* nonsense
BUSHWAH, -S *same as* ▸ **bushwa**
BUSHWALK *vb* hike through bushland
BUSHWAS ▸ **bushwa**
BUSHY, BUSHIER, BUSHIES, BUSHIEST *adj* (of hair) thick and shaggy ▹ *n* person who lives in the bush
BUSIED ▸ **busy**
BUSIER ▸ **busy**
BUSIES ▸ **busy**
BUSIEST ▸ **busy**
BUSILY *adv* in a busy manner
BUSINESS *n* purchase and sale of goods and services
BUSING, -S *n* act of transporting by bus from one area to another
BUSK, -ED, -S *vb* act as a busker ▹ *n* strip of whalebone, wood, steel, etc, inserted into the front of a corset
BUSKER, -S ▸ **busk**
BUSKET, -S *n* bouquet
BUSKIN, -S *n* (formerly) sandal-like covering
BUSKINED *adj* relating to tragedy
BUSKING, -S ▸ **busk**
BUSKINS ▸ **buskin**
BUSKS ▸ **busk**
BUSKY *same as* ▸ **bosky**
BUSLOAD, -S *n* number of people bus carries
BUSMAN, BUSMEN *n* person who drives a bus
BUSS *archaic or dialect word for* ▸ **kiss**
BUSSED ▸ **bus**
BUSSES ▸ **bus**
BUSSING, -S *n* act of transporting by bus from one area to another
BUSSU, -S *n* type of palm tree
BUST, -ED, -S *n* chest of a human being ▹ *adj* broken ▹ *vb* burst or break
BUSTARD, -S *n* type of bird
BUSTED ▸ **bust**
BUSTEE, -S *same as* ▸ **basti**
BUSTER, -S *n* person or thing destroying something as specified
BUSTI, -S *same as* ▸ **basti**
BUSTIC, -S *n* type of small American tree
BUSTIER, -S *n* close-fitting strapless women's top
BUSTIEST ▸ **busty**
BUSTING, -S ▸ **bust**
BUSTIS ▸ **busti**
BUSTLE, -D, -S *vb* hurry with a show of activity or energy ▹ *n* energetic and noisy activity
BUSTLER, -S ▸ **bustle**
BUSTLES ▸ **bustle**
BUSTLINE *n* shape or size of woman's bust
BUSTLING ▸ **bustle**
BUSTS ▸ **bust**

BUSTY, BUSTIEST *adj* (of a woman) having a prominent bust
BUSULFAN *n* drug used to treat cancer
BUSUUTI, -S *n* garment worn by Ugandan women
BUSY, BUSIED, BUSIER, BUSIES, BUSIEST, -ING *adj* actively employed ▷ *vb* keep (someone, esp oneself) busy
BUSYBODY *n* meddlesome or nosy person
BUSYING ▸ **busy**
BUSYNESS ▸ **busy**
BUSYWORK *n* unproductive work
BUT, -S *prep* except ▷ *adv* only ▷ *n* outer room of a two-roomed cottage: usually the kitchen
BUTANE, -S *n* gas used for fuel
BUTANOIC *adj* as in **butanoic acid** kind of acid
BUTANOL, -S *n* colourless substance
BUTANONE *n* colourless soluble flammable liquid used mainly as a solvent for resins
BUTCH, -ES, -EST *adj* markedly or aggressively masculine ▷ *n* strong, rugged man
BUTCHER, -S *n* person who slaughters animals or sells their meat ▷ *vb* kill and prepare (animals) for meat
BUTCHERY *n* senseless slaughter
BUTCHES ▸ **butch**
BUTCHEST ▸ **butch**
BUTCHING *n* dialect word for butchering
BUTE, -S *n* drug used in veterinary medicine
BUTENE, -S *n* pungent colourless gas
BUTEO, -S *n* type of American hawk
BUTES ▸ **bute**
BUTLE, -D, -S, BUTLING *vb* act as butler
BUTLER, -ED, -S *n* chief male servant ▷ *vb* act as a butler
BUTLERY *n* butler's room
BUTLES ▸ **butle**
BUTLING ▸ **butle**
BUTMENT, -S *same as* ▸ **abutment**
BUTOH, -S *n* style of contemporary Japanese dance
BUTS ▸ **but**
BUTSUDAN *n* (in Buddhism) small household altar
BUTT, -ED, -ING, -S *n* thicker or blunt end of something, such as the end of the stock of a rifle ▷ *vb* strike or push with the head or horns
BUTTALS *n* abuttal
BUTTE, -S *n* isolated steep flat-topped hill
BUTTED ▸ **butt**
BUTTER, -ED, -S *n* edible fatty yellow solid made form cream ▷ *vb* put butter on
BUTTERY *n* (in some universities) room in which food and drink are sold to students ▷ *adj* containing, like, or coated with butter
BUTTES ▸ **butte**
BUTTIES ▸ **butty**
BUTTING ▸ **butt**
BUTTLE, -D, -S, BUTTLING *vb* act as butler
BUTTOCK, -S *n* either of the two fleshy masses that form the human rump ▷ *vb* perform a kind of wrestling manoeuvre on a person
BUTTON, -ED *n* small disc or knob sewn to clothing ▷ *vb* fasten with buttons
BUTTONER ▸ **button**
BUTTONS *n* page boy
BUTTONY *adj* having a lot of buttons
BUTTRESS *n* structure to support a wall ▷ *vb* support with, or as if with, a buttress
BUTTS ▸ **butt**
BUTTY, BUTTIES *n* sandwich
BUTTYMAN, BUTTYMEN *n* coalmine worker
BUTUT, -S *n* Gambian monetary unit worth one hundredth of a dalasi
BUTYL, -S *n* substituent group of a certain carbon compound
BUTYLATE *vb* introduce butyl into (compound)
BUTYLENE *same as* ▸ **butene**
BUTYLS ▸ **butyl**
BUTYRAL, -S *n* type of resin
BUTYRATE *n* any salt or ester of butyric acid
BUTYRIC *adj* as in **butyric acid** type of acid
BUTYRIN, -S *n* colourless liquid found in butter
BUTYROUS *adj* butyraceous
BUTYRYL, -S *n* radical of butyric acid
BUVETTE, -S *n* roadside café
BUXOM, -ER, -EST *adj* (of a woman) healthily plump
BUXOMLY ▸ **buxom**
BUY, -S *vb* acquire by paying money for ▷ *n* thing acquired through payment
BUYABLE, -S ▸ **buy**
BUYBACK, -S *n* repurchase by a company of some or all of its shares from an early investor
BUYER, -S *n* customer
BUYING, -S *n* as in **panic buying** the buying up of large quantities of something feared to be scarce
BUYOFF, -S *n* purchase
BUYOUT, -S *n* purchase of a company
BUYS ▸ **buy**
BUZKASHI *n* team sport played in Afghanistan
BUZUKI, -A, -S *same as* ▸ **bouzouki**
BUZZ, -ED, -ES *n* rapidly vibrating humming sound ▷ *vb* make a humming sound
BUZZARD, -S *n* bird of prey of the hawk family
BUZZBAIT *n* fishing lure with small blades that stir the water
BUZZCUT, -S *n* very short haircut
BUZZED ▸ **buzz**
BUZZER, -S *n* electronic device that produces a buzzing sound as a signal
BUZZES ▸ **buzz**
BUZZIER ▸ **buzzy**
BUZZIEST ▸ **buzzy**
BUZZING, -S ▸ **buzz**
BUZZKILL *n* someone or something that spoils the enjoyment of others
BUZZSAW, -S *n* power-operated circular saw
BUZZWIG, -S *n* bushy wig
BUZZWORD *n* vogue word in a certain community or among a particular group
BUZZY, BUZZIER, BUZZIEST *adj* making a buzzing sound
BWANA, -S *n* (in E Africa) master, often used as a respectful form of address
BWAZI, -S *same as* ▸ **buaze**
BY, -S *prep* indicating agent, nearness, movement past, etc ▷ *adv* near ▷ *n* pass to the next round
BYCATCH *n* unwanted fish and sea animals caught along with the desired kind
BYCOKET, -S *n* former Italian high-crowned hat

B

B

BYDE, -D, -S, BYDING *same as* ▸ **bide**
BYE, -S *n* situation where a player or team wins a round by having no opponent ▹ *interj* goodbye ▹ *sentence substitute* goodbye
BYELAW, -S *n* rule made by a local authority
BYES ▸ **bye**
BYGONE, -S *adj* past ▹ *n* article from a former time
BYKE, -D, -S, BYKING *n* wasp's nest ▹ *vb* swarm
BYLANDER *same as* ▸ **bilander**
BYLANE, -S *n* side lane or alley off a road
BYLAW, -S *n* rule made by a local authority
BYLINE, -D, -S, BYLINING *n* line under the title of a newspaper or magazine article giving the author's name ▹ *vb* give a byline to
BYLINER, -S ▸ **byline**
BYLINES ▸ **byline**
BYLINING ▸ **byline**
BYLIVE *same as* ▸ **belive**
BYNAME, -S *n* nickname
BYNEMPT *archaic past participle of* ▸ **bename**
BYPASS, -ED, -ES, BYPAST *n* main road built to avoid a city ▹ *vb* go round or avoid
BYPATH, -S *n* little-used path or track, esp in the country
BYPLACE, -S *n* private place
BYPLAY, -S *n* secondary action or talking carried on apart while the main action proceeds
BYRE, -S *n* shelter for cows
BYREMAN, BYREMEN *n* man who works in byre
BYRES ▸ **byre**
BYRL, -ED, -ING, -S *same as* ▸ **birl**
BYRLADY *interj* short for By Our Lady
BYRLAKIN *interj* By Our Ladykin
BYRLAW, -S *same as* ▸ **bylaw**
BYRLED ▸ **byrl**
BYRLING ▸ **byrl**
BYRLS ▸ **byrl**
BYRNIE, -S *n* archaic word for coat of mail
BYROAD, -S *n* secondary or side road
BYROOM, -S *n* private room
BYS ▸ **by**
BYSSAL *adj* of mollusc's byssus
BYSSI ▸ **byssus**
BYSSINE *adj* made from flax
BYSSOID *adj* consisting of fine fibres
BYSSUS, BYSSI, -ES *n* mass of threads that attaches an animal to a hard surface
BYSTREET *n* obscure or secondary street
BYTALK, -S *n* trivial conversation
BYTE, -S *n* group of bits processed as one unit of data
BYWAY, -S *n* minor road
BYWONER, -S *n* poor tenant-farmer
BYWORD, -S *n* person or thing regarded as a perfect example of something
BYWORK, -S *n* work done outside usual working hours
BYZANT, -S *same as* ▸ **bezant**

Cc

C can be a tricky letter to use, especially as it only forms a single two-letter word **ch**. But if you remember this, you won't waste time racking your brains for two-letter words. There are, however, plenty of good three-letter words beginning with **C**. **Cox** scores 12 points, while **caw**, **cow** and **coy** are each worth 8 and **caz**, **coz** and **cuz** are worth 14. It's also a good idea to remember the short words starting with **C** that don't contain any vowels: **cly** and **cwm** as well as **ch**.

CAA, -ED, -ING, -S *a Scot word for* ▸ **call**
CAATINGA *n* Brazilian semi-arid scrub forest
CAB, -BED, -BING, -S *n* taxi ▹ *vb* take a taxi
CABA *same as* ▸ **cabas**
CABAL, -LED, -S *n* small group of political plotters ▹ *vb* form a cabal
CABALA, -S *a variant spelling of* ▸ **kabbalah**
CABALISM ▸ **cabala**
CABALIST ▸ **cabala**
CABALLED ▸ **cabal**
CABALLER ▸ **cabal**
CABALS ▸ **cabal**
CABANA, -S *n* tent used as a dressing room by the sea
CABARET, -S *n* dancing and singing show in a nightclub
CABAS *n* small bag
CABBAGE, -D, -S *n* vegetable with a large head of green leaves ▹ *vb* steal
CABBAGEY ▸ **cabbage**
CABBAGY *adj* resembling cabbage
CABBALA, -S *a variant spelling of* ▸ **kabbalah**
CABBALAH *same as* ▸ **cabbala**
CABBALAS ▸ **cabbala**
CABBED ▸ **cab**
CABBIE, -S *n* taxi driver
CABBING ▸ **cab**
CABBY *same as* ▸ **cabbie**
CABER, -S *n* tree trunk tossed in competition at Highland games
CABERNET *n* type of grape, or the red wine made from it
CABERS ▸ **caber**
CABESTRO *n* halter made from horsehair
CABEZON, -S *n* large fish
CABEZONE *same as* ▸ **cabezon**
CABEZONS ▸ **cabezon**
CABILDO, -S *n* Spanish municipal council
CABIN, -ED, -ING, -S *n* compartment in a ship or aircraft ▹ *vb* confine in a small space
CABINET, -S *n* piece of furniture with drawers or shelves
CABINING ▸ **cabin**
CABINS ▸ **cabin**
CABLE, -D, -S *n* strong thick rope; a wire or bundle of wires that conduct electricity ▹ *vb* (esp formerly) send (someone) a message by cable
CABLER, -S *n* cable broadcasting company
CABLES ▸ **cable**
CABLET, -S *n* small cable
CABLEWAY *n* transport system involving cars, buckets, etc, suspended on cables
CABLING, -S ▸ **cable**
CABMAN, CABMEN *n* driver of a cab
CABOB, -BED, -S *vb* roast on a skewer
CABOC, -S *n* type of Scottish cheese
CABOCEER *n* indigenous African appointed to deal with European slave traders
CABOCHED *adj* in heraldry, with the face exposed, but neck concealed
CABOCHON *n* smooth domed gem, polished but unfaceted
CABOCS ▸ **caboc**
CABOMBA, -S *n* type of aquatic plant
CABOODLE *n* lot, bunch, or group
CABOOSE, -S *n* guard's van on a train
CABOSHED *same as* ▸ **caboched**
CABOTAGE *n* coastal navigation or shipping, esp within the borders of one country
CABOVER, -S *n* truck or lorry in which the cab is over the engine
CABRE *adj* heraldic term designating an animal rearing
CABRESTA *variant of* ▸ **cabestro**
CABRESTO *variant of* ▸ **cabestro**
CABRETTA *n* soft leather obtained from the skins of certain South American or African sheep
CABRIE, -S *n* pronghorn antelope
CABRILLA *n* type of food fish occurring in warm seas around Florida and the Caribbean
CABRIO, -S *short for* > **cabriolet**
CABRIOLE *n* type of furniture leg featuring a tapering curve
CABRIOS ▸ **cabrio**
CABRIT, -S *n* pronghorn antelope
CABS ▸ **cab**
CABSTAND *n* taxi-rank
CACAFOGO *same as* > **cacafuego**
CACAO, -S *same as* ▸ **cocoa**
CACHACA, -S *n* white Brazilian rum made from sugar cane

C

CACHALOT *n* sperm whale
CACHE, -D, -S, CACHING *n* hidden store of weapons or treasure ▷ *vb* store in a cache
CACHEPOT *n* ornamental container for a flowerpot
CACHES ▸ **cache**
CACHET, -ED, -S *n* prestige, distinction ▷ *vb* apply a commemorative design to an envelope, as a first-day cover
CACHEXIA *n* generally weakened condition of body or mind
CACHEXIC ▸ **cachexia**
CACHEXY *same as* ▸ **cachexia**
CACHING ▸ **cache**
CACHOLOT *same as* ▸ **cachalot**
CACHOU, -S *same as* ▸ **catechu**
CACHUCHA *n* graceful Spanish solo dance in triple time
CACIQUE, -S *n* Native American chief in a Spanish-speaking region
CACK, -ED, -ING, -S *n* slang word for nonsense ▷ *vb* slang word for defecate
CACKIER ▸ **cacky**
CACKIEST ▸ **cacky**
CACKING ▸ **cack**
CACKLE, -D, -S, CACKLING *vb* laugh shrilly ▷ *n* cackling noise
CACKLER, -S ▸ **cackle**
CACKLES ▸ **cackle**
CACKLING ▸ **cackle**
CACKS ▸ **cack**
CACKY, CACKIER, CACKIEST *adj* dirty or worthless
CACODOXY *n* heterodoxy
CACODYL, -S *n* oily poisonous liquid with a strong garlic smell
CACOEPY *n* bad or mistaken pronunciation
CACOLET, -S *n* seat fitted to the back of a mule
CACOLOGY *n* bad choice of words
CACOMIXL *n* carnivorous mammal
CACONYM, -S *n* erroneous name
CACONYMY ▸ **caconym**
CACOON, -S *n* large seed of the sword-bean
CACTI ▸ **cactus**
CACTOID *adj* resembling a cactus
CACTUS, CACTI, -ES *n* fleshy desert plant with spines but no leaves
CACUMEN, -S, CACUMINA *n* apex
CAD, -S *n* dishonourable man
CADAGA, -S *n* eucalyptus tree
CADAGI, -S *same as* ▸ **cadaga**
CADASTER *n* register of ownership, boundaries, and value of property
CADASTRE *same as* ▸ **cadaster**
CADAVER, -S *n* corpse
CADDICE, -S *same as* ▸ **caddis**
CADDIE, -D, -S, CADDYING *n* person who carries a golfer's clubs ▷ *vb* act as a caddie
CADDIS, -ES *n* type of coarse woollen yarn, braid, or fabric
CADDISED *adj* trimmed with a type of ribbon
CADDISES ▸ **caddis**
CADDISH ▸ **cad**
CADDY *same as* ▸ **caddie**
CADDYING ▸ **caddie**
CADDYSS *same as* ▸ **caddis**
CADE, -S *n* juniper tree ▷ *adj* (of a young animal) left by its mother and reared by humans
CADEAU, -X *n* present
CADEE, -S *old form of* ▸ **cadet**
CADELLE, -S *n* type of beetle that feeds on flour, grain, and other stored foods
CADENCE, -D, -S *n* rise and fall in the pitch of the voice ▷ *vb* modulate musically
CADENCY *same as* ▸ **cadence**
CADENT *adj* having cadence
CADENZA, -S *n* complex solo passage in a piece of music
CADES ▸ **cade**
CADET, -S *n* young person training for the armed forces or police
CADGE, -D, -S, CADGING *vb* get (something) by taking advantage of someone's generosity
CADGER, -S *n* person who cadges
CADGES ▸ **cadge**
CADGIER ▸ **cadgy**
CADGIEST ▸ **cadgy**
CADGING ▸ **cadge**
CADGY, CADGIER, CADGIEST *adj* cheerful
CADI, -S *n* judge in a Muslim community
CADIE, -S *n* messenger
CADIS ▸ **cadi**
CADMIC ▸ **cadmium**
CADMIUM, -S *n* bluish-white metallic element used in alloys
CADRANS *n* instrument used in gem cutting
CADRE, -S *n* group of people trained to form the core of a political or military unit
CADS ▸ **cad**
CADUAC, -S *n* windfall
CADUCEAN ▸ **caduceus**
CADUCEUS, CADUCEI *n* mythical staff carried by Hermes (Mercury)
CADUCITY *n* perishableness
CADUCOUS *adj* (of parts of a plant or animal) shed during the life of the organism
CAECA ▸ **caecum**
CAECAL ▸ **caecum**
CAECALLY ▸ **caecum**
CAECITIS *n* inflammation of the caecum
CAECUM, CAECA *n* pouch at the beginning of the large intestine
CAEOMA, -S *n* aecium in some rust fungi that has no surrounding membrane
CAERULE *same as* ▸ **cerule**
CAESAR, -S *n* any emperor, autocrat, dictator, or other powerful ruler
CAESE *interj* Shakespearean interjection
CAESIOUS *adj* having a waxy bluish-grey coating
CAESIUM, -S *n* silvery-white metallic element used in photocells
CAESTUS *same as* ▸ **cestus**
CAESURA, -E, -S *n* pause in a line of verse
CAESURAL ▸ **caesura**
CAESURAS ▸ **caesura**
CAESURIC ▸ **caesura**
CAF, -S *n* short for cafeteria
CAFARD, -S *n* feeling of severe depression
CAFE, -S *n* small or inexpensive restaurant serving light refreshments
CAFF, -S *n* café
CAFFEIN, -S *same as* ▸ **caffeine**
CAFFEINE *n* stimulant found in tea and coffee
CAFFEINS ▸ **caffein**
CAFFEISM *n* addiction to caffeine
CAFFILA, -S *n* caravan train
CAFFS ▸ **caff**
CAFILA, -S *same as* ▸ **caffila**
CAFS ▸ **caf**

CAFTAN, -S *same as* ▸ **kaftan**
CAFTANED *adj* wearing caftan
CAFTANS ▸ **caftan**
CAG, -S *same as* ▸ **cagoule**
CAGANER, -S *n* figure of a squatting defecating person
CAGE, -D, -S, CAGING *n* enclosure of bars or wires, for keeping animals or birds ▹ *vb* confine in a cage
CAGEFUL, -S *n* amount which fills a cage to capacity
CAGELIKE ▸ **cage**
CAGELING *n* bird kept in a cage
CAGER, -S *n* basketball player
CAGES ▸ **cage**
CAGEWORK *n* something constructed as if from the bars of a cage
CAGEY, CAGIER, CAGIEST *adj* reluctant to go into details
CAGILY ▸ **cagey**
CAGINESS ▸ **cagy**
CAGING ▸ **cage**
CAGMAG, -S *adj* done shoddily ▹ *vb* chat idly
CAGOT, -S *n* member of a class of French outcasts
CAGOUL, -S *same as* ▸ **cagoule**
CAGOULE, -S *n* lightweight hooded waterproof jacket
CAGOULS ▸ **cagoul**
CAGS ▸ **cag**
CAGY *same as* ▸ **cagey**
CAGYNESS ▸ **cagy**
CAHIER, -S *n* notebook
CAHOOT, -S *n* partnership
CAHOUN, -S *n* type of S American palm tree
CAHOW, -S *n* Bermuda petrel
CAID, -S *n* Moroccan district administrator
CAILLACH *same as* > **cailleach**
CAILLE, -S *n* quail
CAIMAC, -S *same as* ▸ **caimacam**
CAIMACAM *n* Turkish governor of a sanjak
CAIMACS ▸ **caimac**
CAIMAN, -S *same as* ▸ **cayman**
CAIN, -S *n* (in Scotland and Ireland) payment in kind
CAIQUE, -S *n* long narrow light rowing skiff used on the Bosporus
CAIRD, -S *n* travelling tinker
CAIRN, -S *n* mound of stones erected as a memorial or marker
CAIRNED *adj* marked by a cairn
CAIRNIER ▸ **cairny**
CAIRNS ▸ **cairn**
CAIRNY, CAIRNIER *adj* covered with cairns
CAISSON, -S *n* watertight enclosure pumped dry to enable construction work to be done
CAITIFF, -S *n* cowardly or base person ▹ *adj* cowardly
CAITIVE, -S *n* captive
CAJAPUT, -S *same as* ▸ **cajuput**
CAJEPUT, -S *same as* ▸ **cajuput**
CAJOLE, -D, -S, CAJOLING *vb* persuade by flattery
CAJOLER, -S ▸ **cajole**
CAJOLERY ▸ **cajole**
CAJOLES ▸ **cajole**
CAJOLING ▸ **cajole**
CAJON, -ES *n* Peruvian wooden box used as a drum
CAJUN *n* music of the Cajun people
CAJUPUT, -S *n* small tree or shrub
CAKE, -D, -S *n* sweet food baked from a mixture of flour, eggs, etc ▹ *vb* form into a hardened mass or crust
CAKEAGE, -S *n* charge in a restaurant for serving cake brought in from outside
CAKEBOX *n* box for a cake
CAKED ▸ **cake**
CAKEHOLE *n* slang word for mouth
CAKES ▸ **cake**
CAKEWALK *n* dance based on a march with the prize of a cake for the best performers ▹ *vb* perform the cakewalk
CAKEY ▸ **cake**
CAKIER ▸ **caky**
CAKIEST ▸ **caky**
CAKINESS ▸ **cake**
CAKING, -S ▸ **cake**
CAKY, CAKIER, CAKIEST ▸ **cake**
CAL, -S *n* short for calorie
CALABASH *n* type of large round gourd
CALABAZA *n* variety of squash
CALADIUM *n* type of tropical plant
CALALOO, -S *same as* ▸ **calalu**
CALALU, -S *n* edible leaves of various plants
CALAMAR, -S *n* any member of the squid family
CALAMARI *n* squid cooked for eating, esp cut into rings and fried in batter
CALAMARS ▸ **calamar**
CALAMARY *variant of* ▸ **calamari**
CALAMATA *same as* ▸ **kalamata**
CALAMI ▸ **calamus**
CALAMINE *n* pink powder consisting chiefly of zinc oxide, used in skin lotions and ointments ▹ *vb* apply calamine
CALAMINT *n* aromatic Eurasian plant with clusters of purple or pink flowers
CALAMITE *n* type of extinct treelike plant related to the horsetails
CALAMITY *n* disaster
CALAMUS, CALAMI *n* tropical Asian palm
CALANDO *adv* (to be performed) with gradually decreasing tone and speed
CALANTHE *n* type of orchid
CALASH, -ES *n* horse-drawn carriage with low wheels and a folding top
CALATHEA *n* S American plant often grown as a greenhouse or house plant for its variegated leaves
CALATHI ▸ **calathus**
CALATHOS *same as* ▸ **calathus**
CALATHUS, CALATHI *n* vase-shaped basket represented in ancient Greek art, used as a symbol of fruitfulness
CALCANEA > **calcaneum**
CALCANEI > **calcaneus**
CALCAR, -IA, -S *n* spur or spurlike process
CALCEATE *vb* to shoe
CALCED *adj* wearing shoes
CALCES ▸ **calx**
CALCIC *adj* of, containing, or concerned with lime or calcium
CALCIFIC *adj* forming or causing to form lime or chalk
CALCIFY *vb* harden by the depositing of calcium salts
CALCINE, -D, -S *vb* oxidize (a substance) by heating
CALCITE, -S *n* colourless or white form of calcium carbonate
CALCITIC ▸ **calcite**
CALCIUM, -S *n* silvery-white metallic element
CALCRETE *another name for* ▸ **caliche**
CALCSPAR *another name for* ▸ **calcite**
CALCTUFA *another name for* ▸ **tufa**

C

CALCTUFF *another name for* ▸**tufa**
CALCULAR *adj* relating to calculus
CALCULUS, CALCULI *n* branch of mathematics dealing with infinitesimal changes to a variable number or quantity
CALDARIA > **caldarium**
CALDERA, -S *n* large basin-shaped crater at the top of a volcano
CALDRON, -S *same as* ▸**cauldron**
CALECHE, -S *a variant of* ▸**calash**
CALEFY, CALEFIED, CALEFIES *vb* make warm
CALENDAL ▸**calends**
CALENDAR *n* chart showing a year divided up into months, weeks, and days ▹*vb* enter in a calendar
CALENDER *n* machine in which paper or cloth is smoothed by passing it between rollers ▹*vb* smooth in such a machine
CALENDRY *n* place where calendering is carried out
CALENDS *pl n* first day of each month in the ancient Roman calendar
CALESA, -S *n* horse-drawn buggy
CALF, -S, CALVES *n* young cow, bull, elephant, whale, or seal
CALFHOOD *n* state of being a calf
CALFLESS ▸**calf**
CALFLICK *another word for* ▸**cowlick**
CALFLIKE ▸**calf**
CALFS ▸**calf**
CALFSKIN *n* fine leather made from the skin of a calf
CALIBER, -S *same as* ▸**calibre**
CALIBRE, -S *n* person's ability or worth
CALIBRED ▸**calibre**
CALIBRES ▸**calibre**
CALICES ▸**calix**
CALICHE, -S *n* bed of sand or clay in arid regions
CALICLE, -S *same as* ▸**calycle**
CALICO, -ES, -S *n* white cotton fabric
CALID *adj* warm
CALIDITY ▸**calid**
CALIF, -S *same as* ▸**caliph**
CALIFATE *same as* > **caliphate**
CALIFONT *n* gas water heater
CALIFS ▸**calif**
CALIGO, -ES, -S *n* speck on the cornea causing poor vision
CALIMA, -S *n* Saharan dust-storm
CALIPASH *n* greenish glutinous edible part of the turtle
CALIPEE, -S *n* edible part of the turtle found next to the lower shell
CALIPER, -S *same as* ▸**calliper**
CALIPH, -S *n* Muslim ruler
CALIPHAL ▸**caliph**
CALIPHS ▸**caliph**
CALISAYA *n* bark of a type of tropical tree from which quinine is extracted
CALIVER, -S *n* type of musket
CALIX, CALICES, -ES *n* cup
CALK, -ED, -S *same as* ▸**caulk**
CALKER, -S ▸**calk**
CALKIN, -S *same as* ▸**calk**
CALKING, -S ▸**calk**
CALKINS ▸**calkin**
CALKS ▸**calk**
CALL, -ED, -S *vb* name ▹*n* cry, shout
CALLA, -S *n* S African plant with a white funnel-shaped spathe enclosing a yellow spadix
CALLABLE *adj* (of a security) subject to redemption before maturity
CALLAIS *n* type of green stone
CALLALOO *n* leafy green vegetable
CALLALOU *n* crabmeat soup
CALLAN, -S *same as* ▸**callant**
CALLANT, -S *n* youth
CALLAS ▸**calla**
CALLBACK *n* telephone call made in response to an earlier call
CALLBOY, -S *n* person who notifies actors when it is time to go on stage
CALLED ▸**call**
CALLEE, -S *n* computer function being used
CALLER, -S *n* person or thing that calls, esp a person who makes a brief visit ▹*adj* (of food, esp fish) fresh
CALLET, -S *n* scold
CALLID *adj* cunning
CALLING, -S *n* vocation, profession
CALLIOPE *n* steam organ
CALLIPEE *same as* ▸**calipee**
CALLIPER *n* metal splint for supporting the leg ▹*vb* measure the dimensions of (an object) with callipers
CALLOP, -S *n* edible Australian freshwater fish
CALLOSE, -S *n* carbohydrate found in plants
CALLOUS *adj* showing no concern for other people's feelings ▹*vb* make or become callous
CALLOUT, -S *n* inset text within a printed article
CALLOW, -ER, -S *adj* young and inexperienced ▹*n* someone young and inexperienced
CALLOWLY *adj* in a manner suggesting immaturity or inexperience
CALLOWS ▸**callow**
CALLS ▸**call**
CALLTIME *n* time available for making calls on a mobile phone
CALLUNA, -S *n* type of heather
CALLUS, -ED, -ES *n* area of thick hardened skin ▹*vb* produce or cause to produce a callus
CALM, -ED, -ER, -EST, -S *adj* not agitated or excited ▹*n* peaceful state ▹*vb* make or become calm
CALMANT, -S *n* sedative
CALMED ▸**calm**
CALMER ▸**calm**
CALMEST ▸**calm**
CALMIER ▸**calmy**
CALMIEST ▸**calmy**
CALMING, -S ▸**calm**
CALMLY ▸**calm**
CALMNESS ▸**calm**
CALMS ▸**calm**
CALMY, CALMIER, CALMIEST *adj* tranquil
CALO, -S *n* military servant
CALOMEL, -S *n* colourless tasteless powder
CALORIC, -S *adj* of heat or calories ▹*n* hypothetical fluid formerly postulated as the embodiment of heat
CALORIE, -S *n* unit of measurement for the energy value of food
CALORISE *same as* ▸**calorize**
CALORIST *n* believer in caloric theory
CALORIZE *vb* coat (a ferrous metal) by spraying with aluminium powder and then heating
CALORY *same as* ▸**calorie**
CALOS ▸**calo**
CALOTTE, -S *n* skullcap worn by Roman Catholic clergy

CALOTYPE *n* early photographic process
CALOYER, -S *n* monk of the Greek Orthodox Church, esp of the Basilian Order
CALP, -S *n* type of limestone
CALPA, -S *n* Hindu unit of time
CALPAC, -S *n* large black brimless hat
CALPACK, -S *same as* ▸ **calpac**
CALPACS ▸ **calpac**
CALPAIN, -S *n* type of enzyme
CALPAS ▸ **calpa**
CALPS ▸ **calp**
CALQUE, -D, -S, CALQUING *same as* ▸ **caulk**
CALS ▸ **cal**
CALTHA, -S *n* marsh marigold
CALTHROP *same as* ▸ **caltrop**
CALTRAP, -S *same as* ▸ **caltrop**
CALTROP, -S *n* floating Asian plant
CALUMBA, -S *n* Mozambiquan root used for medicinal purposes
CALUMET, -S *n* peace pipe
CALUMNY *n* false or malicious statement ▹ *vb* make a false or malicious statement about (a person)
CALUTRON *n* device used for the separation of isotopes
CALVADOS *n* type of apple brandy
CALVARIA *n* top part of the skull of vertebrates
CALVARY *n* representation of Christ's crucifixion
CALVE, -D, CALVING *vb* give birth to a calf
CALVER, -ED, -S *vb* prepare fish for cooking
CALVES ▸ **calf**
CALVING ▸ **calve**
CALX, CALCES, -ES *n* powdery metallic oxide formed when an ore or mineral is roasted
CALYCATE ▸ **calyx**
CALYCEAL *adj* resembling a calyx
CALYCES ▸ **calyx**
CALYCINE *adj* relating to, belonging to, or resembling a calyx
CALYCLE, -S *n* cup-shaped structure, as in the coral skeleton
CALYCLED ▸ **calycle**
CALYCLES ▸ **calycle**
CALYCOID *adj* resembling a calyx
CALYCULE *n* bracts surrounding the base of the calyx
CALYCULI > **calyculus**
CALYPSO, -S *n* West Indian song with improvised topical lyrics
CALYPTER *n* alula
CALYPTRA *n* membranous hood covering the spore-bearing capsule of mosses and liverworts
CALYX, CALYCES, -ES *n* outer leaves that protect a flower bud
CALZONE, -S, CALZONI *n* folded pizza filled with cheese, tomatoes, etc
CAM, -MED, -MING, -S *n* device that converts a circular motion to a to-and-fro motion ▹ *vb* furnish (a machine) with a cam
CAMA *n* hybrid offspring of a camel and a llama
CAMAIEU, -X *n* cameo
CAMAIL, -S *n* covering of chain mail
CAMAILED ▸ **camail**
CAMAILS ▸ **camail**
CAMAN, -S *n* wooden stick used to hit the ball in shinty
CAMARON, -S *n* shrimp
CAMAS, -ES *same as* ▸ **camass**
CAMASH, -ES *same as* ▸ **camass**
CAMASS, -ES *n* type of North American plant
CAMBER, -ED, -S *n* slight upward curve to the centre of a surface ▹ *vb* form or be formed with a surface that curves upwards to its centre
CAMBIA ▸ **cambium**
CAMBIAL ▸ **cambium**
CAMBISM, -S ▸ **cambist**
CAMBIST, -S *n* dealer or expert in foreign exchange
CAMBIUM, CAMBIA, -S *n* meristem that increases the girth of stems and roots
CAMBOGE, -S *n* type of gum resin
CAMBOGIA *another name for* ▸ **gamboge**
CAMBOOSE *n* cabin built as living quarters for a gang of lumber workers
CAMBREL, -S *a variant of* ▸ **gambrel**
CAMBRIC, -S *n* fine white linen fabric
CAMCORD, -S *vb* film with a camcorder
CAME ▸ **come**
CAMEL, -S *n* humped mammal
CAMELEER *n* camel-driver
CAMELEON *same as* > **chameleon**
CAMELIA, -S *same as* ▸ **camellia**
CAMELID, -S *adj* of or relating to camels ▹ *n* any animal of the camel family
CAMELINE *n* material made from camel hair
CAMELISH ▸ **camel**
CAMELLIA *n* evergreen ornamental shrub with white, pink, or red flowers
CAMELOID *n* member of the camel family
CAMELOT, -S *n* supposedly idyllic period or age
CAMELRY *n* troops mounted on camels
CAMELS ▸ **camel**
CAMEO, -ED, -ING, -S *n* brooch or ring with a profile head carved in relief ▹ *vb* appear in a brief role
CAMERA, -E, -S *n* apparatus used for taking still or moving images
CAMERAL *adj* of or relating to a judicial or legislative chamber
CAMERAS ▸ **camera**
CAMES *pl n* pieces of lead used in lattice windows
CAMESE, -S *same as* ▸ **camise**
CAMI *n* camisole
CAMION, -S *n* lorry, or, esp formerly, a large dray
CAMIS *n* light robe
CAMISA, -S *n* smock
CAMISADE *same as* ▸ **camisado**
CAMISADO *n* (formerly) an attack made under cover of darkness
CAMISAS ▸ **camisa**
CAMISE, -S *n* loose light shirt, smock, or tunic originally worn in the Middle Ages
CAMISIA, -S *n* surplice
CAMISOLE *n* woman's bodice-like garment
CAMLET, -S *n* tough waterproof cloth
CAMMED ▸ **cam**
CAMMIE, -S *n* webcam award
CAMMING ▸ **cam**
CAMO, -S *n* short for camouflage

C

CAMOGIE, -S *n* form of hurling played by women
CAMOMILE *n* aromatic plant, used to make herbal tea
CAMOODI, -S *a Caribbean name for* ▶ **anaconda**
CAMORRA, -S *n* secret criminal group
CAMOS ▶ **camo**
CAMOTE, -S *n* type of sweet potato
CAMP, -ED, -EST, -S *vb* stay in a camp ▷ *adj* consciously artificial ▷ *n* (place for) temporary lodgings consisting of tents, huts, or cabins
CAMPAGNA, CAMPAGNE *same as* > **champaign**
CAMPAIGN *n* series of coordinated activities designed to achieve a goal ▷ *vb* take part in a campaign
CAMPANA, -S *n* bell or bell shape
CAMPED ▶ **camp**
CAMPER, -S *n* person who lives or temporarily stays in a tent, cabin, etc
CAMPERY *n* campness
CAMPEST ▶ **camp**
CAMPFIRE *n* outdoor fire in a camp
CAMPHANE *n* one of the terpene hydrocarbons
CAMPHENE *n* colourless crystalline insoluble terpene
CAMPHINE *n* type of solvent
CAMPHIRE *an archaic name for* ▶ **henna**
CAMPHOL, -S *another word for* ▶ **borneol**
CAMPHONE *n* combined mobile phone and digital camera
CAMPHOR, -S *n* aromatic crystalline substance
CAMPI ▶ **campo**
CAMPIER ▶ **campy**
CAMPIEST ▶ **campy**
CAMPILY ▶ **campy**
CAMPING ▶ **camp**
CAMPINGS ▶ **camp**
CAMPION, -S *n* red, pink, or white wild flower
CAMPLE, -D, -S, CAMPLING *vb* argue
CAMPLY ▶ **camp**
CAMPNESS ▶ **camp**
CAMPO, CAMPI, -S *n* level or undulating savanna country
CAMPONG, -S *n* in Malaysia, a village
CAMPOREE *n* local meeting or assembly of Scouts
CAMPOS ▶ **campo**
CAMPOUT, -S *n* camping trip
CAMPS ▶ **camp**
CAMPSITE *n* area on which holiday makers may pitch a tent
CAMPUS, -ED, -ES *n* grounds of a university or college ▷ *vb* restrict a student to campus, as a punishment
CAMPY, CAMPIER, CAMPIEST *adj* consciously artificial
CAMS ▶ **cam**
CAMSHAFT *n* part of an engine consisting of a rod to which cams are fixed
CAMSHO *adj* crooked
CAMSHOCH *same as* ▶ **camsho**
CAMSTANE *same as* ▶ **camstone**
CAMSTONE *n* limestone used for whitening stone doorsteps
CAMUS, -ES *n* type of loose robe
CAMWOOD, -S *n* W African leguminous tree
CAN, -NED, -S, COULD *vb* be able to ▷ *vb* put (food etc) into a can ▷ *n* metal container for food or liquids
CANADA, -S *n* canada goose
CANAIGRE *n* southern US dock, the root of which yields a substance used in tanning
CANAILLE *n* masses or rabble
CANAKIN, -S *same as* ▶ **cannikin**
CANAL, -ED, -ING, -LED, -S *n* artificial waterway ▷ *vb* dig a canal through
CANALISE *same as* ▶ **canalize**
CANALIZE *vb* give direction to
CANALLED ▶ **canal**
CANALLER *n* canal boat worker
CANALS ▶ **canal**
CANAPE, -S *n* small piece of bread or toast with a savoury topping
CANARD, -S *n* false report
CANARY, CANARIED, CANARIES *n* small yellow songbird often kept as a pet ▷ *vb* perform a dance called the canary
CANASTA, -S *n* card game like rummy, played with two packs
CANASTER *n* coarsely broken dried tobacco leaves
CANBANK, -S *n* container for receiving cans for recycling
CANCAN, -S *n* lively high-kicking dance performed by a female group
CANCEL, -ED, -S *vb* stop (something that has been arranged) from taking place ▷ *n* new leaf or section of a book replacing a defective one
CANCELER ▶ **cancel**
CANCELLI *pl n* any lattice-like structures
CANCELS ▶ **cancel**
CANCER, -S *n* serious disease resulting from a malignant growth or tumour
CANCERED *adj* affected by cancer
CANCERS ▶ **cancer**
CANCHA, -S *n* toasted maize
CANCRINE *adj* crab-like
CANCROID *adj* resembling a cancerous growth ▷ *n* skin cancer, esp one of only moderate malignancy
CANDELA, -S *n* unit of luminous intensity
CANDENT *adj* emitting light as a result of being heated to a high temperature
CANDID, -ER, -S *adj* honest and straightforward ▷ *n* unposed photograph
CANDIDA, -S *n* yeastlike parasitic fungus
CANDIDAL ▶ **candida**
CANDIDAS ▶ **candida**
CANDIDER ▶ **candid**
CANDIDLY ▶ **candid**
CANDIDS ▶ **candid**
CANDIE *n* South Indian unit of weight
CANDIED *adj* coated with sugar
CANDIES ▶ **candy**
CANDIRU, -S *n* parasitic freshwater catfish of the Amazon region
CANDLE, -D, -S, CANDLING *n* stick of wax enclosing a wick, burned to produce light ▷ *vb* test by holding up to a candle
CANDLER, -S ▶ **candle**
CANDLES ▶ **candle**
CANDLING ▶ **candle**
CANDOCK, -S *n* type of water lily, or horsetail
CANDOR, -S *same as* ▶ **candour**
CANDOUR, -S *n* honesty and straightforwardness
CANDY, CANDIES, -ING *n* sweet or sweets ▷ *vb* make sweet

CANDYMAN, CANDYMEN *n* itinerant seller of toffee
CANE, -D, -S *n* stem of the bamboo or similar plant ▷ *vb* beat with a cane
CANEGRUB *n* Australian grub that feeds on sugarcane
CANEH, -S *n* Hebrew unit of length
CANELLA, -S *n* fragrant cinnamon-like inner bark of a W Indian tree, used as a spice and in medicine
CANEPHOR *n* sculpted figure carrying a basket on its head
CANER, -S ▶ **cane**
CANES ▶ **cane**
CANEWARE *n* type of unglazed stoneware
CANFIELD *n* gambling game adapted from a type of patience
CANFUL, -S, CANSFUL *n* amount a can will hold
CANG, -S *same as* ▶ **cangue**
CANGLE, -D, -S, CANGLING *vb* wrangle
CANGS ▶ **cang**
CANGUE, -S *n* (formerly in China) a wooden collar worn as a punishment
CANID, -S *n* animal of the dog family
CANIER ▶ **cany**
CANIEST ▶ **cany**
CANIKIN, -S *same as* ▶ **cannikin**
CANINE, -S *adj* of or like a dog ▷ *n* sharp pointed tooth between the incisors and the molars
CANING, -S *n* beating with a cane as a punishment
CANINITY ▶ **canine**
CANISTEL *n* Caribbean fruit
CANISTER *n* metal container ▷ *vb* put into canisters
CANITIES *n* grey hair
CANKER, -ED, -S *n* ulceration, ulcerous disease ▷ *vb* infect or become infected with or as if with canker
CANKERY *adj* like a canker
CANKLE, -S *n* thickened ankle on an overweight person
CANN, -S *vb* direct a ship's steering
CANNA, -S *n* type of tropical plant
CANNABIC ▶ **cannabis**
CANNABIN *n* greenish-black poisonous resin obtained from the Indian hemp plant
CANNABIS *n* Asian plant with tough fibres
CANNACH, -S *n* cotton grass
CANNAE *vb* can not
CANNAS ▶ **canna**
CANNED ▶ **can**
CANNEL, -S *n* type of dull coal
CANNELON *n* type of meat loaf
CANNELS ▶ **cannel**
CANNER, -S *n* person or organization whose job is to can foods
CANNERY *n* factory where food is canned
CANNIBAL *n* person who eats human flesh
CANNIE *same as* ▶ **canny**
CANNIER ▶ **canny**
CANNIEST ▶ **canny**
CANNIKIN *n* small can, esp one used as a drinking vessel
CANNILY ▶ **canny**
CANNING, -S *n* act of putting food in a can
CANNOLI, -S *n* Sicilian pudding of pasta shells filled with sweetened ricotta
CANNON, -ED, -S *n* gun of large calibre ▷ *vb* collide (with)
CANNONRY *n* volley of artillery fire
CANNONS ▶ **cannon**
CANNOT *vb* can not
CANNS ▶ **cann**
CANNULA, -E, -S *n* narrow tube for insertion into a bodily cavity
CANNULAR *adj* shaped like a cannula
CANNULAS ▶ **cannula**
CANNY, CANNIER, CANNIEST *adj* shrewd, cautious ▷ *adv* quite
CANOE, -D, -S *n* light narrow open boat propelled by a paddle or paddles ▷ *vb* use a canoe
CANOEING ▶ **canoe**
CANOEIST ▶ **canoe**
CANOEMAN, CANOEMEN *n* man who canoes
CANOER, -S ▶ **canoe**
CANOES ▶ **canoe**
CANOLA, -S *n* cooking oil extracted from a variety of rapeseed
CANON, -S *n* priest serving in a cathedral
CANONESS *n* woman belonging to any one of several religious orders
CANONIC *same as* > **canonical**
CANONISE *same as* ▶ **canonize**
CANONIST *n* specialist in canon law
CANONIZE *vb* declare (a person) officially to be a saint
CANONRY *n* office, benefice, or status of a canon
CANONS ▶ **canon**
CANOODLE *vb* kiss and cuddle
CANOPIC *adj* of ancient Egyptian vase
CANOPY, CANOPIED, CANOPIES *n* covering above a bed, door, etc ▷ *vb* cover with or as if with a canopy
CANOROUS *adj* tuneful
CANS ▶ **can**
CANSFUL ▶ **canful**
CANSO, -S *n* love song
CANST *vb* form of 'can' used with the pronoun *thou* or its relative form
CANSTICK *n* candlestick
CANT, -ED, -EST, -S *n* insincere talk ▷ *vb* use cant ▷ *adj* oblique
CANTAL, -S *n* French cheese
CANTALA, -S *n* tropical American plant, the agave
CANTALS ▶ **cantal**
CANTAR, -S *variant form of* ▶ **kantar**
CANTATA, -S *n* musical work consisting of arias, duets, and choruses
CANTATE, -S *n* 98th psalm sung as a nonmetrical hymn
CANTDOG, -S *same as* ▶ **canthook**
CANTED ▶ **cant**
CANTEEN, -S *n* restaurant attached to a workplace or school
CANTER, -ED, -S *vb* move at gait between trot and gallop
CANTEST ▶ **cant**
CANTHAL ▶ **canthus**
CANTHARI > **cantharus**
CANTHI ▶ **canthus**
CANTHIC *adj* relating to the canthus
CANTHOOK *n* wooden pole with a hook used for handling logs
CANTHUS, CANTHI *n* inner or outer corner or angle of the eye
CANTIC ▶ **cant**
CANTICLE *n* short hymn with words from the Bible
CANTICO, -S *vb* dance as part of an act of worship
CANTICOY *same as* ▶ **cantico**
CANTICUM *n* canticle

C

C

CANTIER ▸ **canty**
CANTIEST ▸ **canty**
CANTILY ▸ **canty**
CANTINA, -S *n* bar or wine shop, esp in a Spanish-speaking country
CANTING, -S ▸ **cant**
CANTION, -S *n* song
CANTLE, -D, -S, CANTLING *n* back part of a saddle that slopes upwards ▹ *vb* set up, or stand, on high
CANTLET, -S *n* piece
CANTLING ▸ **cantle**
CANTO, -S *same as* ▸ **cantus**
CANTON, -ED, -S *n* political division of a country, esp Switzerland ▹ *vb* divide into cantons
CANTONAL ▸ **canton**
CANTONED ▸ **canton**
CANTONS ▸ **canton**
CANTOR, -S *n* man employed to lead services in a synagogue
CANTORIS *adj* (in antiphonal music) to be sung by the cantorial side of a choir
CANTORS ▸ **cantor**
CANTOS ▸ **canto**
CANTRAIP *n* witch's spell or charm
CANTRAP, -S *same as* ▸ **cantraip**
CANTRED, -S *n* district comprising a hundred villages
CANTREF, -S *same as* ▸ **cantred**
CANTRIP, -S *n* magic spell ▹ *adj* (of an effect) produced by black magic
CANTS ▸ **cant**
CANTUS, -ES *n* medieval form of church singing
CANTY, CANTIER, CANTIEST *adj* lively
CANULA, -E, -S *same as* ▸ **cannula**
CANULAR *adj* shaped like a cannula
CANULAS ▸ **canula**
CANULATE *same as* ▸ **cannulate**
CANVAS, -ED, -ES *n* heavy coarse cloth ▹ *vb* cover with, or be applied to, canvas
CANVASER ▸ **canvas**
CANVASES ▸ **canvas**
CANVASS *vb* try to get votes or support (from) ▹ *n* canvassing
CANY, CANIER, CANIEST *adj* cane-like
CANYON, -S *n* deep narrow valley
CANZONA, -S *n* type of 16th- or 17th-century contrapuntal music
CANZONE, -S, CANZONI *n* Provençal or Italian lyric, often in praise of love or beauty
CANZONET *n* short, cheery, or lively Italian song
CANZONI ▸ **canzone**
CAP, -PED, -S *n* soft close-fitting covering for the head ▹ *vb* cover or top with something
CAPA, -S *n* type of Spanish cloak
CAPABLE, -R *adj* having the ability (for)
CAPABLY ▸ **capable**
CAPACITY *n* ability to contain, absorb, or hold ▹ *adj* of the maximum amount or number possible
CAPAS ▸ **capa**
CAPCOM, -S *n* flight controller who communicates with the crew of a spacecraft
CAPE, -D, -S, CAPING *n* short cloak ▹ *vb* cut and remove the hide of an animal
CAPEESH *same as* ▸ **capisce**
CAPELAN, -S *another word for* ▸ **capelin**
CAPELET, -S *n* small cape
CAPELIKE *adj* like a cape
CAPELIN, -S *n* type of small marine food fish
CAPELINE *n* cap-shaped bandage to cover the head or an amputation stump
CAPELINS ▸ **capelin**
CAPELLET *n* wen-like swelling on a horse
CAPER, -ED, -ING *n* high-spirited prank ▹ *vb* skip about
CAPERER, -S ▸ **caper**
CAPERING ▸ **caper**
CAPERS *pl n* pickled flower buds of a Mediterranean shrub used in sauces
CAPES ▸ **cape**
CAPESKIN *n* soft leather obtained from the skins of a type of lamb or sheep having hairlike wool ▹ *adj* made of this leather
CAPEWORK *n* use of the cape by the matador in bullfighting
CAPEX, -ES *n* capital expenditure
CAPFUL, -S *n* quantity held by a (usually bottle) cap
CAPH, -S *n* letter of the Hebrew alphabet
CAPI ▸ **capo**
CAPIAS, -ES *n* (formerly) a writ directing the arrest of a named person
CAPICHE *interj* do you understand?
CAPING ▸ **cape**
CAPISCE *interj* expression meaning *do you understand?*
CAPISH *interj* do you understand?
CAPITA ▸ **caput**
CAPITAL, -S *n* chief city of a country ▹ *adj* involving or punishable by death
CAPITAN, -S *another name for* ▸ **hogfish**
CAPITANO, CAPITANI *n* chief; captain
CAPITANS ▸ **capitan**
CAPITATE *n* largest of the bones of the human wrist
CAPITAYN *n* captain
CAPITOL, -S *n* (in America) building housing the state legislature
CAPITULA ▸ **capitulum**
CAPIZ, -ES *n* bivalve shell of a mollusc
CAPLE, -S *n* horse
CAPLESS ▸ **cap**
CAPLET, -S *n* medicinal tablet, usually oval in shape, coated in a soluble substance
CAPLIKE *adj* like a cap
CAPLIN, -S *same as* ▸ **capelin**
CAPMAKER ▸ **cap**
CAPO, CAPI, -S *n* device used to raise the pitch of a stringed instrument
CAPOEIRA *n* Brazilian combination of martial art and dance
CAPON, -S *n* cock fowl fattened for eating
CAPONATA *n* Sicilian antipasto relish
CAPONIER *n* covered passageway built across a ditch as a military defence
CAPONISE *same as* ▸ **caponize**
CAPONIZE *vb* make (a cock) into a capon
CAPONS ▸ **capon**
CAPORAL, -S *n* strong coarse dark tobacco
CAPOS ▸ **capo**
CAPOT, -S, -TED *n* winning of all the tricks by one player ▹ *vb* score a capot (against)
CAPOTE, -S *n* long cloak or soldier's coat, usually with a hood

CAPOTS ▸ **capot**
CAPOTTED ▸ **capot**
CAPOUCH *same as* ▸ **capuche**
CAPPED ▸ **cap**
CAPPER, -S ▸ **cap**
CAPPING, -S ▸ **cap**
CAPRATE, -S *n* any salt of capric acid
CAPRESE, -S *n* salad of mozzarella, basil, and tomatoes
CAPRI *adj* as in **capri pants** women's tight-fitting trousers
CAPRIC *adj* (of a type of acid) smelling of goats
CAPRICCI > **capriccio**
CAPRICE, -S *same as* > **capriccio**
CAPRID, -S *n* any member of the goat family
CAPRIFIG *n* wild variety of fig of S Europe and SW Asia
CAPRIFY *vb* induce figs to ripen
CAPRINE *adj* of or resembling a goat
CAPRIOLE *n* upward but not forward leap made by a horse ▹ *vb* perform a capriole
CAPRIS *pl n* women's tight fitting trousers
CAPROATE *n* any salt of caproic acid
CAPROCK, -S *n* layer of rock that overlies a salt dome
CAPROIC *adj* as in **caproic acid** oily acid found in milk
CAPRYLIC *variant of* ▸ **capric**
CAPS ▸ **cap**
CAPSICIN *n* liquid or resin extracted from capsicum
CAPSICUM *n* kind of pepper used as a vegetable or as a spice
CAPSID, -S *n* outer protein coat of a mature virus
CAPSIDAL ▸ **capsid**
CAPSIDS ▸ **capsid**
CAPSIZAL ▸ **capsize**
CAPSIZE, -D, -S *vb* (of a boat) overturn accidentally
CAPSOMER *n* one of the units making up a viral capsid
CAPSTAN, -S *n* rotating cylinder round which a ship's rope is wound
CAPSTONE *n* one of a set of slabs on the top of a wall, building, etc
CAPSULAR *adj* relating to a capsule
CAPSULE, -D, -S *n* soluble gelatine case containing a dose of medicine ▹ *adj* very concise ▹ *vb* contain within a capsule
CAPTAIN, -S *n* commander of a ship or civil aircraft ▹ *vb* be captain of
CAPTAN, -S *n* type of fungicide
CAPTCHA, -S *n* test in which the user of a website has to decipher a distorted image
CAPTION, -S *n* title or explanation accompanying an illustration ▹ *vb* provide with a caption
CAPTIOUS *adj* tending to make trivial criticisms
CAPTIVE, -D, -S *n* person kept in confinement ▹ *adj* kept in confinement ▹ *vb* take prisoner
CAPTOR, -S *n* person who captures a person or animal
CAPTURE, -D, -S *vb* take by force ▹ *n* capturing
CAPTURER ▸ **capture**
CAPTURES ▸ **capture**
CAPUCCIO *n* hood
CAPUCHE, -S *n* large hood or cowl, esp that worn by Capuchin friars
CAPUCHED *adj* hooded
CAPUCHES ▸ **capuche**
CAPUCHIN *n* S American monkey with thick hair on the top of its head
CAPUERA, -S *variant of* ▸ **capoeira**
CAPUL, -S *same as* ▸ **caple**
CAPUT, CAPITA *n* main or most prominent part of an organ or structure
CAPYBARA *n* very large S American rodent
CAR, -S *n* motor vehicle designed to carry a small number of people
CARABAO, -S *n* water buffalo
CARABID, -S *n* type of beetle
CARABIN, -S *same as* ▸ **carbine**
CARABINE *same as* ▸ **carbine**
CARABINS ▸ **carabin**
CARACAL, -S *n* lynx with reddish fur, which inhabits deserts of N Africa and S Asia
CARACARA *n* carrion-eating bird of S North, Central, and S America
CARACK, -S *same as* ▸ **carrack**
CARACOL, -S *same as* ▸ **caracole**
CARACOLE *n* half turn to the right or left ▹ *vb* execute a half turn to the right or left
CARACOLS ▸ **caracol**
CARACT, -S *n* sign or symbol
CARACUL, -S *n* fur from the skins of newly born lambs of the karakul sheep
CARAFE, -S *n* glass bottle
CARAGANA *n* pea tree
CARAGEEN *same as* > **carrageen**
CARAMBA *interj* Spanish interjection similar to 'wow!'
CARAMEL, -S *n* chewy sweet made from sugar and milk ▹ *vb* turn into caramel
CARANGID *n* type of marine fish
CARANNA, -S *n* gumlike substance
CARAP, -S *n* crabwood
CARAPACE *n* hard upper shell of tortoises and crustaceans
CARAPAX *n* carapace
CARAPS ▸ **carap**
CARASSOW *same as* ▸ **curassow**
CARAT, -S *n* unit of weight of precious stones
CARATE, -S *n* tropical disease
CARATS ▸ **carat**
CARAUNA, -S *same as* ▸ **caranna**
CARAVAN, -S *n* large enclosed vehicle for living in ▹ *vb* travel or have a holiday in a caravan
CARAVEL, -S *n* two- or three-masted sailing ship
CARAWAY, -S *n* plant whose seeds are used as a spice
CARB, -S *n* carbohydrate
CARBAMIC *adj* as in **carbamic acid** hypothetical compound known only in carbamate salts
CARBAMYL *n* radical from carbamic acid
CARBARN, -S *n* streetcar depot
CARBARYL *n* organic compound of the carbamate group
CARBEEN, -S *n* Australian eucalyptus tree
CARBENE, -S *n* type of divalent free radical
CARBIDE, -S *n* compound of carbon with a metal
CARBIES ▸ **carby**
CARBINE, -S *n* light automatic rifle
CARBINOL *same as* ▸ **methanol**
CARBO, -S *n* carbohydrate

CARBOLIC *adj* as in **carbolic acid** phenol, when it is used as a disinfectant
CARBON, -S *n* nonmetallic element
CARBONIC *adj* containing carbon
CARBONS ▸ **carbon**
CARBONYL *n* the divalent group =CO
CARBORA, -S *n* former name for the koala
CARBORNE *adj* travelling by car
CARBOS ▸ **carbo**
CARBOXYL *adj* as in **carboxyl group** functional group in organic acids
CARBOY, -S *n* large bottle with a protective casing
CARBOYED ▸ **carboy**
CARBOYS ▸ **carboy**
CARBS ▸ **carb**
CARBURET *vb* combine with carbon
CARBY, CARBIES *n* short for carburettor
CARCAJOU *a North American name for* > **wolverine**
CARCAKE, -S *n* (formerly, in Scotland) a cake traditionally made for Shrove Tuesday
CARCANET *n* jewelled collar or necklace
CARCASE, -D, -S *same as* ▸ **carcass**
CARCASS *n* dead body of an animal ▹ *vb* make a carcass of
CARCEL, -S *n* French unit of light
CARCERAL *adj* relating to prison
CARD, -ED, -S *n* piece of thick stiff paper or cardboard ▹ *vb* comb out fibres of wool or cotton before spinning
CARDAMOM *n* spice obtained from the seeds of a tropical plant
CARDAMON *same as* ▸ **cardamom**
CARDAMUM *same as* ▸ **cardamom**
CARDAN *n* as in **cardan joint** type of universal joint
CARDCASE *n* small case for holding business cards
CARDECU, -S *n* old French coin (a quarter of a crown)
CARDECUE *same as* ▸ **cardecu**
CARDECUS ▸ **cardecu**
CARDED ▸ **card**
CARDER, -S ▸ **card**
CARDI, -S *n* cardigan
CARDIA, -E, -S *n* lower oesophageal sphincter
CARDIAC, -S *adj* of the heart ▹ *n* person with a heart disorder
CARDIAE ▸ **cardia**
CARDIAS ▸ **cardia**
CARDIE, -S *short for* ▸ **cardigan**
CARDIGAN *n* knitted jacket
CARDINAL *n* high-ranking clergyman of the RC Church ▹ *adj* fundamentally important
CARDING, -S ▸ **card**
CARDIO, -S *adj* exercising heart ▹ *n* cardiovascular exercise
CARDIOID *n* heart-shaped curve
CARDIOS ▸ **cardio**
CARDIS ▸ **cardi**
CARDITIC ▸ **carditis**
CARDITIS *n* inflammation of the heart
CARDON, -S *n* variety of cactus
CARDOON, -S *n* thistle-like S European plant
CARDS ▸ **card**
CARDUUS *n* thistle
CARDY *same as* ▸ **cardie**
CARE, -D, -S *vb* be concerned ▹ *n* careful attention, caution
CAREEN, -ED, -S *vb* tilt over to one side
CAREENER ▸ **careen**
CAREENS ▸ **careen**
CAREER, -ED, -S *n* series of jobs that a person has through their life ▹ *vb* rush in an uncontrolled way ▹ *adj* having chosen to dedicate his or her life to a particular occupation
CAREERER ▸ **career**
CAREERS ▸ **career**
CAREFREE *adj* without worry or responsibility
CAREFUL *adj* cautious in attitude or action
CARELESS *adj* done or acting with insufficient attention
CARELINE *n* telephone service set up by a company or other organization
CAREME, -S *n* period of Lent
CARER, -S *n* person who looks after someone who is ill or old, often a relative
CARES ▸ **care**
CARESS, -ED, -ES *n* gentle affectionate touch or embrace ▹ *vb* touch gently and affectionately
CARESSER ▸ **caress**
CARESSES ▸ **caress**
CARET, -S *n* proofreading symbol
CARETAKE, CARETOOK *vb* work as a caretaker
CARETS ▸ **caret**
CAREWARE *n* computer software licensed in exchange for a donation to charity
CAREWORN *adj* showing signs of worry
CAREX, CARICES *n* any member of the sedge family
CARFARE, -S *n* fare that a passenger is charged for a ride on a bus, etc
CARFAX, -ES *n* place where principal roads or streets intersect
CARFOX, -ES *same as* ▸ **carfax**
CARFUL, -S *n* maximum number of people a car will hold
CARGEESE ▸ **cargoose**
CARGO, -ED, -ES, -ING, -S *n* goods carried by a ship, aircraft, etc ▹ *vb* load
CARGOOSE, CARGEESE *n* crested grebe
CARGOS ▸ **cargo**
CARHOP, -S *n* waiter or waitress at a drive-in restaurant ▹ *vb* work as a carhop
CARIACOU *n* type of deer
CARIAMA, -S *another word for* ▸ **seriema**
CARIBE, -S *n* piranha
CARIBOO, -S *same as* ▸ **caribou**
CARIBOU, -S *n* large N American reindeer
CARICES ▸ **carex**
CARIED *adj* (of teeth) decayed
CARIERE, -S *obsolete word for* ▸ **career**
CARIES *n* tooth decay
CARILLON *n* set of bells played by keyboard or mechanically ▹ *vb* play a carillon
CARINA, -E, -S *n* keel-like part or ridge
CARINAL *adj* keel-like
CARINAS ▸ **carina**
CARINATE *adj* having a keel or ridge
CARING, -S *adj* feeling or showing care and compassion for other people ▹ *n* practice or profession of providing social or medical care
CARINGLY ▸ **caring**

CARINGS ▸ **caring**
CARIOCA, -S *n* Brazilian dance similar to the samba
CARIOLE, -S *n* small open two-wheeled horse-drawn vehicle
CARIOSE *same as* ▸ **carious**
CARIOUS *adj* (of teeth or bone) affected with caries
CARITAS *n* divine love; charity
CARJACK, -S *vb* attack (a car driver) to rob them or to steal the car
CARJACOU *variation of* ▸ **cariacou**
CARK, -ED, -ING, -S *vb* break down
CARL, -S *another word for* ▸ **churl**
CARLE, -S *same as* ▸ **carl**
CARLESS ▸ **car**
CARLIN, -S *same as* ▸ **carling**
CARLINE, -S *same as* ▸ **carling**
CARLING, -S *n* fore-and-aft beam in a vessel
CARLINS ▸ **carlin**
CARLISH *adj* churlish
CARLOAD, -S *n* amount that can be carried by a car
CARLOCK, -S *n* type of Russian isinglass
CARLOT, -S *n* boor
CARLS ▸ **carl**
CARMAKER *n* car manufacturing company
CARMAN, CARMEN *n* man who drives a car or cart
CARMINE, -S *adj* vivid red ▹ *n* vivid red colour, sometimes with a purplish tinge
CARN, -S *n* cairn
CARNAGE, -S *n* extensive slaughter of people
CARNAL, -S *adj* of a physical or sensual nature ▹ *vb* act in a carnal manner
CARNALLY ▸ **carnal**
CARNALS ▸ **carnal**
CARNAUBA *n* Brazilian fan palm tree
CARNEOUS *adj* fleshy
CARNET, -S *n* type of customs licence
CARNEY, -ED, -S *same as* ▸ **carny**
CARNIE *same as* ▸ **carny**
CARNIED ▸ **carny**
CARNIER ▸ **carny**
CARNIES ▸ **carny**
CARNIEST ▸ **carny**
CARNIFEX *n* executioner
CARNIFY *vb* be altered so as to resemble skeletal muscle
CARNIVAL *n* festive period with processions, music, and dancing in the street
CARNOSE *adj* fleshy
CARNS ▸ **carn**
CARNY, CARNIED, CARNIER, CARNIES, CARNIEST, -ING *vb* coax or cajole or act in a wheedling manner ▹ *n* person who works in a carnival ▹ *adj* sly
CARNYX, -ES *n* bronze Celtic war trumpet
CAROACH *same as* ▸ **caroche**
CAROB, -S *n* pod of a Mediterranean tree, used as a chocolate substitute
CAROCH *same as* ▸ **caroche**
CAROCHE, -S *n* stately ceremonial carriage used in the 16th and 17th centuries
CAROL, -ED, -LED, -S *n* joyful Christmas hymn ▹ *vb* sing carols
CAROLER, -S ▸ **carol**
CAROLI ▸ **carolus**
CAROLING ▸ **carol**
CAROLLED ▸ **carol**
CAROLLER ▸ **carol**
CAROLS ▸ **carol**
CAROLUS, CAROLI *n* any of several coins struck in the reign of a king called Charles
CAROM, -ED, -ING, -S *n* shot in which the cue ball is caused to contact one object ball after another ▹ *vb* carambole
CAROMEL, -S *vb* turn into caramel
CAROMING ▸ **carom**
CAROMS ▸ **carom**
CARON, -S *n* inverted circumflex
CAROTENE *n* orange-red hydrocarbons found in many plants
CAROTID, -S *n* either of the two arteries supplying blood to the head ▹ *adj* of either of these arteries
CAROTIN, -S *same as* ▸ **carotene**
CAROUSAL *n* merry drinking party
CAROUSE, -D, -S *vb* have a merry drinking party
CAROUSEL *n* revolving conveyor belt for luggage or photographic slides
CAROUSER ▸ **carouse**
CAROUSES ▸ **carouse**
CARP, -ED, -S *n* large freshwater fish ▹ *vb* complain, find fault
CARPAL, -IA, -S *n* wrist bone
CARPALE, -S *same as* ▸ **carpal**
CARPALIA ▸ **carpal**
CARPALS ▸ **carpal**
CARPED ▸ **carp**
CARPEL, -S *n* female reproductive organ of a flowering plant
CARPER, -S ▸ **carp**
CARPET, -ED, -S *n* heavy fabric for covering floors ▹ *vb* cover with a carpet
CARPHONE *n* (formerly) phone designed for use in a car
CARPI ▸ **carpus**
CARPING, -S *adj* tending to make petty complaints ▹ *n* petty complaint
CARPLIKE *adj* like a carp
CARPOOL, -S *vb* share the use of a single car to travel to work or school
CARPORT, -S *n* shelter for a car, consisting of a roof supported by posts
CARPS ▸ **carp**
CARPUS, CARPI *n* set of eight bones of the wrist
CARR, -S *n* area of bog or fen in which scrub has become established
CARRACK, -S *n* galleon used as a merchantman
CARRACT, -S *same as* ▸ **carrack**
CARRAT, -S *same as* ▸ **carat**
CARRAWAY *same as* ▸ **caraway**
CARRECT, -S *same as* ▸ **carrack**
CARREL, -S *n* small individual study room or private desk
CARRELL, -S *same as* ▸ **carrel**
CARRELS ▸ **carrel**
CARRIAGE *n* one of the sections of a train for passengers
CARRICK *n* as in **carrick bend** type of knot
CARRIED ▸ **carry**
CARRIER, -S *n* person or thing that carries something
CARRIES ▸ **carry**
CARRIOLE *same as* ▸ **cariole**
CARRION, -S *n* dead and rotting flesh
CARRITCH *n* catechism
CARROCH *variant of* ▸ **caroche**
CARROM, -ED, -S *same as* ▸ **carom**
CARRON *n* as in **carron oil** ointment of limewater and linseed oil

C

CARROT, -S *n* long tapering orange root vegetable
CARROTIN *n* carotene
CARROTS ▸ **carrot**
CARROTY *adj* (of hair) reddish-orange
CARRS ▸ **carr**
CARRY, CARRIED, CARRIES, -ING *vb* take from one place to another
CARRYALL *n* light four-wheeled horse-drawn carriage usually designed to carry four passengers
CARRYCOT *n* light portable bed for a baby, with handles and a hood
CARRYING ▸ **carry**
CARRYON, -S *n* fuss or commotion
CARRYOUT *n* hot cooked food bought in a shop for consumption elsewhere
CARS ▸ **car**
CARSE, -S *n* riverside area of flat fertile alluvium
CARSEY, -S *slang word for* ▸ **toilet**
CARSHARE *same as* ▸ **carpool**
CARSICK *adj* nauseated from riding in a car
CARSPIEL *n* curling match which has a car as a prize
CART, -ED, -ING, -S *n* open two-wheeled horse-drawn vehicle ▹ *vb* carry, usu with some effort
CARTA, -S *n* charter
CARTABLE ▸ **cart**
CARTAGE, -S *n* process or cost of carting
CARTAS ▸ **carta**
CARTE, -S *n* fencing position
CARTED ▸ **cart**
CARTEL, -S *n* association of competing firms formed to fix prices
CARTER, -S ▸ **cart**
CARTES ▸ **carte**
CARTFUL, -S *n* amount a cart can hold
CARTING ▸ **cart**
CARTLOAD *n* amount a cart can hold
CARTON, -ED, -S *n* container made of cardboard or waxed paper ▹ *vb* enclose (goods) in a carton
CARTOON, -S *n* humorous or satirical drawing ▹ *vb* depict in a cartoon
CARTOONY *adj* of or like a cartoon
CARTOP *adj* designed to be transported on top of a vehicle
CARTOUCH *same as* ▸ **cartouche**
CARTROAD *n* road for carts to drive on
CARTS ▸ **cart**
CARTWAY, -S *n* way by which carts travel
CARUCAGE *n* tax due on a carucate
CARUCATE *n* area of land an oxen team could plough in a year
CARUNCLE *n* fleshy outgrowth on the heads of certain birds, such as a cock's comb
CARVE, -D, -S *vb* cut to form an object
CARVEL, -S *same as* ▸ **caravel**
CARVEN *an archaic or literary past participle of* ▸ **carve**
CARVER, -S *n* carving knife
CARVERY *n* restaurant where customers pay a set price for unrestricted helpings
CARVES ▸ **carve**
CARVIES ▸ **carvy**
CARVING, -S *n* figure or design produced by carving stone or wood
CARVY, CARVIES *n* caraway seed
CARWASH *n* drive-through structure containing automated equipment for washing cars
CARYATIC ▸ **caryatid**
CARYATID *n* supporting column in the shape of a female figure
CARYOTIN *variant of* ▸ **karyotin**
CASA, -S *n* house
CASABA, -S *n* kind of winter muskmelon
CASAS ▸ **casa**
CASAVA, -S *same as* ▸ **cassava**
CASBAH, -S *n* citadel of a N African city
CASCABEL *n* knoblike protrusion on a type of cannon
CASCABLE *same as* ▸ **cascabel**
CASCADE, -D, -S *n* waterfall ▹ *vb* flow or fall in a cascade
CASCARA, -S *n* bark of a N American shrub, used as a laxative
CASCHROM *n* wooden hand-plough
CASCO, -S *n* Argentinian homestead
CASE, -D, -S *n* instance, example ▹ *vb* inspect (a building) with the intention of burgling it
CASEASE, -S *n* proteolytic enzyme
CASEATE, -D, -S *vb* undergo caseation
CASEBOOK *n* book in which records of legal or medical cases are kept
CASED ▸ **case**
CASEFY, CASEFIED, CASEFIES *vb* make or become similar to cheese
CASEIC *adj* relating to cheese
CASEIN, -S *n* phosphoprotein forming the basis of cheese
CASELAW, -S *n* law established by previous cases
CASELOAD *n* number of cases that a worker deals with at any one time
CASEMAN, CASEMEN *n* in printing, a person who sets and corrects type
CASEMATE *n* armoured compartment in a ship or fortification in which guns are mounted
CASEMEN ▸ **caseman**
CASEMENT *n* window that is hinged on one side
CASEMIX *n* mix or type of patients treated by a hospital or medical unit
CASEOSE, -S *n* peptide produced by the peptic digestion of casein
CASEOUS *adj* of or like cheese
CASERN, -S *n* (formerly) a billet or accommodation for soldiers in a town
CASERNE, -S *same as* ▸ **casern**
CASERNS ▸ **casern**
CASES ▸ **case**
CASETTE, -S *variant of* ▸ **cassette**
CASEVAC, -S *vb* evacuate (a casualty) from a combat zone, usu by air
CASEWORK *n* social work based on close study
CASEWORM *n* caddis worm
CASH, -ED, -ES, -ING *n* banknotes and coins ▹ *adj* of, for, or paid in cash ▹ *vb* obtain cash for
CASHABLE ▸ **cash**
CASHAW, -S *n* winter squash
CASHBACK *n* discount offered in return for immediate payment

CASHBOOK *n* journal in which cash receipts and payments are recorded
CASHBOX *n* box for holding cash
CASHED ▸ **cash**
CASHES ▸ **cash**
CASHEW, -S *n* edible kidney-shaped nut
CASHIER, -S *n* person responsible for handling cash in a bank, shop, etc ⊳ *vb* dismiss with dishonour from the armed forces
CASHING ▸ **cash**
CASHLESS *adj* using credit cards or electronic money transfers instead of coins or banknotes
CASHMERE *n* fine soft wool obtained from goats
CASHOO, -S *n* catechu
CASIMERE *same as* > **cassimere**
CASIMIRE *variant of* > **cassimere**
CASING, -S *n* protective case, covering
CASINO, CASINI, -S *n* public building or room where gambling games are played
CASITA, -S *n* small house
CASK, -ED, -ING, -S *n* large barrel ⊳ *vb* put into a cask
CASKET, -ED, -S *n* small box for valuables ⊳ *vb* put into a casket
CASKIER ▸ **casky**
CASKIEST ▸ **casky**
CASKING ▸ **cask**
CASKS ▸ **cask**
CASKY, CASKIER, CASKIEST *adj* (of wine) having a musty smell due to resting too long in the cask
CASPASE, -S *n* type of enzyme
CASQUE, -S *n* helmet or a helmet-like process or structure
CASQUED ▸ **casque**
CASQUES ▸ **casque**
CASSABA, -S *same as* ▸ **casaba**
CASSATA, -S *n* ice cream usually containing nuts and candied fruit
CASSAVA, -S *n* starch obtained from the roots of a tropical American plant, used to make tapioca
CASSENA, -S *same as* ▸ **cassina**
CASSENE, -S *same as* ▸ **cassina**
CASSETTE *n* (formerly) plastic container for magnetic tape
CASSIA, -S *n* tropical plant whose pods yield a mild laxative
CASSIE, -S *n* type of thorny shrub
CASSINA, -S *n* American tree
CASSINE, -S *same as* ▸ **cassina**
CASSINO, -S *n* card game for two to four players
CASSIOPE *n* type of evergreen shrub
CASSIS, -ES *n* blackcurrant cordial
CASSOCK, -S *n* long tunic, usu black, worn by priests
CASSONE, -S *n* highly decorated Italian dowry chest
CASSPIR, -S *n* armoured military vehicle
CAST, -S *n* actors in a play or film collectively ⊳ *vb* select (an actor) to play a part in a play or film
CASTABLE *adj* able to be cast
CASTANET > **castanets**
CASTAWAY *n* shipwrecked person ⊳ *adj* shipwrecked or put adrift ⊳ *vb* cause (a ship, person, etc) to be shipwrecked or abandoned
CASTE, -S *n* any of the hereditary classes into which Hindu society is divided
CASTED *adj* having a caste
CASTEISM *n* belief in, and adherence to, the caste system
CASTELLA > **castellum**
CASTER, -S *n* person or thing that casts
CASTERED *adj* having casters
CASTERS ▸ **caster**
CASTES ▸ **caste**
CASTING, -S ▸ **cast**
CASTLE, -S *n* large fortified building ⊳ *vb* (in chess) make a move involving king and rook
CASTLED *adj* like a castle in construction
CASTLES ▸ **castle**
CASTLING *n* (in chess) act of castling
CASTOCK, -S *n* kale stalk
CASTOFF, -S *n* person or thing that has been discarded or abandoned
CASTOR, -S *same as* ▸ **caster**
CASTORY *n* dye derived from beaver pelts
CASTRAL *adj* relating to camps
CASTRATE *vb* remove the testicles of
CASTRATO, CASTRATI *n* male singer who retains a soprano or alto voice
CASTS ▸ **cast**
CASUAL, -S *adj* careless, nonchalant ⊳ *n* occasional worker
CASUALLY ▸ **casual**
CASUALS ▸ **casual**
CASUALTY *n* person killed or injured in an accident or war
CASUIST, -S *n* person who attempts to resolve moral dilemmas
CASUS *n* event
CAT, -S, -TED, -TING *n* small domesticated furry mammal ⊳ *vb* flog with a cat-'o-nine-tails
CATACOMB *n* underground burial place
CATAGEN, -S *n* phase of hair growth
CATALASE *n* enzyme that catalyses the decomposition of hydrogen peroxide
CATALO, -ES, -S *same as* ▸ **cattalo**
CATALOG, -S *same as* > **catalogue**
CATALOS ▸ **catalo**
CATALPA, -S *n* tree of N America and Asia with bell-shaped whitish flowers
CATALYSE *vb* speed up (a chemical reaction) by a catalyst
CATALYST *n* substance that speeds up a chemical reaction without itself changing
CATALYZE *same as* ▸ **catalyse**
CATAPAN, -S *n* governor in the Byzantine Empire
CATAPHOR *n* word that refers to or stands for another word used later
CATAPULT *n* Y-shaped device with a loop of elastic, used by children for firing stones ⊳ *vb* shoot forwards or upwards violently
CATARACT *n* eye disease in which the lens becomes opaque
CATARRH, -S *n* excessive mucus in the nose and throat, during or following a cold
CATASTA, -S *n* platform on which slaves were presented for sale
CATATONY *another word for* > **catatonia**

C

C

CATAWBA, -S *n* type of red North American grape
CATBIRD, -S *n* North American songbird
CATBOAT, -S *n* sailing vessel
CATBRIAR *same as* ▸**catbrier**
CATBRIER *n* greenbrier
CATCALL, -S *n* derisive whistle or cry ▹*vb* utter such a call (at)
CATCH, -ES, CAUGHT *vb* seize, capture ▹*n* device for fastening a door, window, etc
CATCHALL *n* something designed to cover a variety of situations
CATCHCRY *n* well-known much-used phrase, perhaps associated with a particular group
CATCHED *rarely used past tense of* ▸**catch**
CATCHEN *archaic form of* ▸**catch**
CATCHER, -S *n* person or thing that catches, esp in a game or sport
CATCHES ▸**catch**
CATCHFLY *n* type of plant with sticky calyxes and stems on which insects are trapped
CATCHIER ▸**catchy**
CATCHILY *adv* in a pleasant or catchy way
CATCHING ▸**catch**
CATCHT *same as* ▸**catched**
CATCHUP, -S *a variant spelling (esp US) of* ▸**ketchup**
CATCHY, CATCHIER *adj* (of a tune) pleasant and easily remembered
CATCLAW, -S *n* type of shrub; black bead
CATCON, -S *n* catalytic converter
CATE *n* delicacy
CATECHIN *n* soluble yellow solid substance found in mahogany wood
CATECHOL *n* colourless crystalline phenol found in resins and lignins
CATECHU, -S *n* astringent resinous substance
CATEGORY *n* class, group
CATELOG, -S *obsolete word for* > **catalogue**
CATENA, -E, -S *n* connected series, esp of patristic comments on the Bible
CATENANE *n* type of chemical compound
CATENARY *n* curve assumed by a heavy uniform flexible cord hanging freely from two points ▹*adj* of, resembling, relating to, or constructed using a catenary or suspended chain
CATENAS ▸**catena**
CATENATE *vb* arrange or be arranged in a series of chains or rings
CATENOID *n* geometrical surface generated by rotating a catenary about its axis
CATER, -ED, -S *vb* provide what is needed or wanted, esp food or services
CATERAN, -S *n* (formerly) a member of a band of brigands in the Scottish highlands
CATERED ▸**cater**
CATERER, -S *n* person whose job is to provide food for social events
CATERESS *n* female caterer
CATERING *n* supplying of food for a social event
CATERS ▸**cater**
CATES *pl n* choice dainty food
CATFACE, -S *n* deformity of the surface of a tree trunk, caused by fire or disease
CATFALL, -S *n* line used as a tackle for hoisting an anchor to the cathead
CATFIGHT *n* fight, especially between two women
CATFISH *vb* create a false identity online to lure someone into a relationship
CATFLAP, -S *n* small flap in a door to let a cat go through
CATFOOD, -S *n* food for cats
CATGUT, -S *n* strong cord used to string musical instruments and sports rackets
CATHEAD, -S *n* fitting at the bow of a vessel for securing the anchor when raised
CATHECT, -S *vb* invest mental or emotional energy in
CATHEDRA *n* bishop's throne
CATHETER *n* tube inserted into a body cavity to drain fluid
CATHETUS *n* straight line or radius perpendicular to another line or radius
CATHEXIS, CATHEXES *n* concentration of psychic energy on a single goal
CATHISMA *n* short hymn used as a response
CATHODAL ▸**cathode**
CATHODE, -S *n* negative electrode, by which electrons leave a circuit
CATHODIC ▸**cathode**
CATHOLE, -S *n* hole in a ship through which ropes are passed
CATHOLIC *adj* (of tastes or interests) covering a wide range ▹*n* member of the Roman Catholic Church
CATHOOD, -S *n* state of being a cat
CATION, -S *n* positively charged ion
CATIONIC ▸**cation**
CATIONS ▸**cation**
CATJANG, -S *n* tropical shrub
CATKIN, -S *n* drooping flower spike of certain trees
CATLIKE ▸**cat**
CATLIN, -S *same as* ▸**catling**
CATLING, -S *n* long double-edged surgical knife for amputations
CATLINS ▸**catlin**
CATMINT, -S *n* Eurasian plant with scented leaves that attract cats
CATNAP, -S *vb* doze ▹*n* short sleep or doze
CATNAPER ▸**catnap**
CATNAPS ▸**catnap**
CATNEP, -S *same as* ▸**catmint**
CATNIP, -S *same as* ▸**catmint**
CATOLYTE *n* part of the electrolyte that surrounds the cathode in an electrolytic cell
CATS ▸**cat**
CATSKIN, -S *n* skin or fur of a cat
CATSPAW, -S *n* person used by another as a tool
CATSUIT, -S *n* one-piece usually close-fitting trouser suit
CATSUP, -S *a variant (esp US) of* ▸**ketchup**
CATTABU, -S *n* cross between common cattle and zebu
CATTAIL, -S *n* reed mace
CATTALO, -S *n* hardy breed of cattle
CATTED ▸**cat**
CATTERY *n* place where cats are bred or looked after
CATTIE *same as* ▸**catty**
CATTIER ▸**catty**
CATTIES ▸**catty**

CATTIEST ▸**catty**
CATTILY ▸**catty**
CATTING ▸**cat**
CATTISH ▸**cat**
CATTLE *pl n* domesticated cows and bulls
CATTLEYA *n* tropical American orchid cultivated for its purplish-pink or white showy flowers
CATTY, CATTIER, CATTIES, CATTIEST *adj* spiteful ▹*n* unit of weight, used esp in China
CATWALK, -S *n* narrow pathway or platform
CATWORKS *n* machinery on a drilling platform
CATWORM, -S *n* type of carnivorous worm
CAUCUS, -ED, -ES *n* local committee or faction of a political party ▹*vb* hold a caucus
CAUDA, -E *n* tail of an animal
CAUDAD *adv* towards the tail or posterior part
CAUDAE ▸**cauda**
CAUDAL *adj* at or near an animal's tail
CAUDALLY ▸**caudal**
CAUDATE, -S *adj* having a tail or a tail-like appendage ▹*n* lizard-like amphibian
CAUDATED *same as* ▸**caudate**
CAUDATES ▸**caudate**
CAUDEX, -ES, CAUDICES *n* thickened persistent stem base of some herbaceous perennial plants
CAUDICLE *n* stalk to which an orchid's pollen masses are attached
CAUDILLO *n* (in Spanish-speaking countries) a military or political leader
CAUDLE, -D, -S, CAUDLING *n* hot spiced wine drink made with gruel, formerly used medicinally ▹*vb* make such a drink
CAUDRON, -S *Spenserian spelling of* ▸**cauldron**
CAUF, CAUVES *n* cage for holding live fish in the water
CAUGHT ▸**catch**
CAUK, -S *n* type of barite
CAUKER, -S *n* one who caulks
CAUKS ▸**cauk**
CAUL, -S *n* membrane sometimes covering a child's head at birth
CAULD, -ER, -EST, -S *a Scot word for* ▸**cold**
CAULDRON *n* large pot used for boiling
CAULDS ▸**cauld**
CAULES ▸**caulis**
CAULICLE *n* small stalk or stem
CAULINE *adj* relating to or growing from a plant stem
CAULIS, CAULES *n* main stem of a plant
CAULK, -ED, -S *vb* fill in (cracks) with paste etc
CAULKER, -S ▸**caulk**
CAULKING ▸**caulk**
CAULKS ▸**caulk**
CAULOME, -S *n* plant's stem structure, considered as a whole
CAULS ▸**caul**
CAUM, -ED, -ING, -S *same as* ▸**cam**
CAUP, -S *n* type of quaich
CAURI, -S *n* former coin of Guinea
CAUSA, -E *n* reason or cause
CAUSABLE ▸**cause**
CAUSAE ▸**causa**
CAUSAL, -S *adj* of or being a cause ▹*n* something that suggests a cause
CAUSALLY ▸**causal**
CAUSALS ▸**causal**
CAUSE, -D, -S, CAUSING *n* something that produces a particular effect ▹*vb* be the cause of
CAUSEN *old infinitive of* ▸**cause**
CAUSER, -S ▸**cause**
CAUSERIE *n* informal talk or conversational piece of writing
CAUSERS ▸**causer**
CAUSES ▸**cause**
CAUSEWAY *n* raised path or road across water or marshland
CAUSEY, -S *n* cobbled street ▹*vb* cobble
CAUSEYED ▸**causey**
CAUSEYS ▸**causey**
CAUSING ▸**cause**
CAUSTIC, -S *adj* capable of burning by chemical action ▹*n* caustic substance
CAUTEL, -S *n* craftiness
CAUTER, -S *n* cauterizing instrument
CAUTERY *n* coagulation of blood or destruction of body tissue by cauterizing
CAUTION, -S *n* care, esp in the face of danger ▹*vb* warn, advise
CAUTIOUS *adj* showing caution
CAUVES ▸**cauf**
CAVA, -S *n* Spanish sparkling wine
CAVALERO *n* cavalier
CAVALIER *adj* showing haughty disregard ▹*n* gallant gentleman
CAVALLA, -S *n* type of tropical fish
CAVALLY *same as* ▸**cavalla**
CAVALRY *n* part of the army
CAVAS ▸**cava**
CAVASS, -ES *n* Turkish armed police officer
CAVATINA, CAVATINE *n* solo song resembling a simple aria
CAVE, -D, -S *n* hollow in the side of a hill or cliff ▹*vb* hollow out
CAVEAT, -ED, -S *n* warning ▹*vb* introduce a caveat
CAVEATOR *n* person who enters a caveat
CAVEATS ▸**caveat**
CAVED ▸**cave**
CAVEFISH *n* small N American freshwater fish
CAVEL, -S *n* drawing of lots among miners for an easy and profitable place at the coalface
CAVELIKE *adj* resembling a cave
CAVELS ▸**cavel**
CAVEMAN, CAVEMEN *n* prehistoric cave dweller
CAVEOLA, -E *n* pit in a cell membrane
CAVEOLAR ▸**caveola**
CAVER, -S ▸**cave**
CAVERN, -ED, -S *n* large cave ▹*vb* shut in or as if in a cavern
CAVERS ▸**caver**
CAVES ▸**cave**
CAVESSON *n* kind of hard noseband, used (esp formerly) in breaking a horse in
CAVETTO, CAVETTI, -S *n* concave moulding, shaped to a quarter circle in cross section
CAVIAR, -S *n* salted sturgeon roe, regarded as a delicacy
CAVIARE, -S *same as* ▸**caviar**
CAVIARIE *same as* ▸**caviar**
CAVIARS ▸**caviar**
CAVICORN *adj* (of sheep, goats, etc) having hollow horns as distinct from the solid antlers of deer ▹*n* sheep, goat, etc with hollow horns
CAVIE *n* hen coop

C

CAVIER, -S *same as* ▸ **caviar**
CAVIES ▸ **cavy**
CAVIL, -ED, -ING, -LED, -S *vb* make petty objections ▹ *n* petty objection
CAVILER, -S ▸ **cavil**
CAVILING ▸ **cavil**
CAVILLED ▸ **cavil**
CAVILLER ▸ **cavil**
CAVILS ▸ **cavil**
CAVING, -S *n* sport of exploring caves
CAVITARY *adj* containing cavities
CAVITATE *vb* form cavities or bubbles
CAVITIED ▸ **cavity**
CAVITY, CAVITIES *n* hollow space
CAVORT, -ED, -S *vb* skip about
CAVORTER ▸ **cavort**
CAVORTS ▸ **cavort**
CAVY, CAVIES *n* type of small rodent
CAW, -ED, -S *n* cry of a crow, rook, or raven ▹ *vb* make this cry
CAWING, -S ▸ **caw**
CAWK, -S *same as* ▸ **cauk**
CAWKER, -S *n* metal projection on a horse's shoe to prevent slipping
CAWKS ▸ **cawk**
CAWS ▸ **caw**
CAXON, -S *n* type of wig
CAY, -S *n* low island or bank composed of sand and coral fragments
CAYENNE, -S *n* very hot condiment
CAYENNED *adj* seasoned with cayenne
CAYENNES ▸ **cayenne**
CAYMAN, -S *n* S American reptile similar to an alligator
CAYS ▸ **cay**
CAYUSE, -S *n* small pony used by Native Americans
CAZ *short for* ▸ **casual**

> **Caz** is slang for casual, and is one of the essential short words for using the Z.

CAZH *adj* casual
CAZIQUE, -S *same as* ▸ **cacique**

> This word means a Native American chief, and its plural **caziques** was once played as a 9-timer (that is, a word spanning two triple-word squares) earning the highest score for a single word ever officially recorded in a game of Scrabble, 392 points.

CEAS *same as* ▸ **caese**
CEASE, -D, -S *vb* bring or come to an end
CEASING, -S ▸ **cease**
CEAZE, -D, -S, CEAZING *obsolete spelling of* ▸ **seize**
CEBID, -S *n* any member of the Cebidae family of New World monkeys
CEBOID, -S *same as* ▸ **cebid**
CECA ▸ **cecum**
CECAL ▸ **cecum**
CECALLY ▸ **cecum**
CECILS *pl n* fried meatballs
CECITIES ▸ **cecity**
CECITIS *n* inflammation of the c(a)ecum
CECITY, CECITIES *n* rare word for blindness
CECROPIA *n* large North American moth
CECROPIN *n* antimicrobial peptide originally derived from the cecropia moth
CECUM, CECA *same as* ▸ **caecum**
CEDAR, -S *n* evergreen coniferous tree ▹ *adj* made of the wood of a cedar tree
CEDARED *adj* covered with cedars
CEDARIER ▸ **cedary**
CEDARN *adj* relating to cedar
CEDARS ▸ **cedar**
CEDARY, CEDARIER *adj* like cedar
CEDE, -D, -S, CEDING *vb* surrender (territory or legal rights)
CEDER, -S ▸ **cede**
CEDES ▸ **cede**
CEDI, -S *n* standard monetary unit of Ghana, divided into 100 pesewas
CEDILLA, -S *n* character placed under a *c* in some languages
CEDING ▸ **cede**
CEDIS ▸ **cedi**
CEDRATE, -S *n* citron
CEDRINE *adj* relating to cedar
CEDULA, -S *n* form of identification in Spanish-speaking countries
CEE, -S *n* third letter of the alphabet
CEIBA, -S *n* type of tropical tree
CEIL, -ED, -S *vb* line (a ceiling) with plaster, boarding, etc
CEILER, -S ▸ **ceil**
CEILI, -S *variant spelling of* ▸ **ceilidh**
CEILIDH, -S *n* social gathering for singing and dancing
CEILING, -S *n* inner upper surface of a room ▹ *vb* make a ceiling
CEILIS ▸ **ceili**
CEILS ▸ **ceil**
CEINTURE *n* belt
CEL, -S *short for* > **celluloid**
CELADON, -S *n* type of porcelain having a greyish-green glaze: mainly Chinese
CELEB, -S *n* celebrity
CELERIAC *n* variety of celery with a large turnip-like root
CELERIES ▸ **celery**
CELERITY *n* swiftness
CELERY, CELERIES *n* vegetable with long green crisp edible stalks
CELESTA, -S *n* instrument like a small piano
CELESTE, -S *same as* ▸ **celesta**
CELIAC, -S *same as* ▸ **coeliac**
CELIBACY ▸ **celibate**
CELIBATE *adj* unmarried, esp because of a religious vow ▹ *n* celibate person
CELL, -S *n* smallest unit of an organism that is able to function independently
CELLA, -E *n* inner room of a classical temple
CELLAR, -ED, -S *n* underground room for storage ▹ *vb* store in a cellar
CELLARER *n* monastic official responsible for food, drink, etc
CELLARET *n* case, cabinet, or sideboard with compartments for holding wine bottles
CELLARS ▸ **cellar**
CELLED *adj* cellular
CELLI ▸ **cello**
CELLING, -S *n* formation of cells
CELLIST, -S ▸ **cello**
CELLMATE *n* person with whom a prisoner shares a prison cell
CELLO, CELLI, -S *n* large low-pitched instrument of the violin family
CELLOSE, -S *n* disaccharide obtained by the hydrolysis of cellulose by cellulase
CELLS ▸ **cell**
CELLULAR *adj* of or consisting of cells ▹ *n* cellular phone
CELLULE, -S *n* very small cell

CELOM, -ATA, -S *same as* ▸**coelom**
CELOMIC ▸**celom**
CELOMS ▸**celom**
CELOSIA, -S *same as* >**cockscomb**
CELOTEX *n* tradename for a type of insulation board
CELS ▸**cel**
CELT, -S *n* stone or metal axelike instrument with a bevelled edge
CEMBALO, CEMBALI, -S *n* harpsichord
CEMBRA, -S *n* Swiss pine
CEMENT, -ED, -S *n* powder mixed with water and sand to make mortar or concrete ▹*vb* join, bind, or cover with cement
CEMENTA ▸**cementum**
CEMENTED ▸**cement**
CEMENTER ▸**cement**
CEMENTS ▸**cement**
CEMENTUM, CEMENTA *n* thin bonelike tissue that covers the dentine in the root of a tooth
CEMETERY *n* place where dead people are buried
CEMITARE *obsolete spelling of* ▸**scimitar**
CENACLE, -S *n* supper room, esp one on an upper floor
CENDRE *adj* ash-blond
CENOBITE *same as* >**coenobite**
CENOTAPH *n* monument honouring soldiers who died in a war
CENOTE, -S *n* natural well formed by the collapse of an overlying limestone crust
CENOZOIC *adj* of or relating to the most recent geological era
CENS *n* type of annual property rent
CENSE, -D, -S, CENSING *vb* burn incense near or before (an altar, shrine, etc)
CENSER, -S *n* container for burning incense
CENSES ▸**cense**
CENSING ▸**cense**
CENSOR, -ED, -S *n* person authorized to prohibit anything considered obscene or objectionable ▹*vb* ban or cut parts of (a film, book, etc)
CENSUAL ▸**census**
CENSURE, -D, -S *n* severe disapproval ▹*vb* criticize severely
CENSURER ▸**censure**
CENSURES ▸**censure**
CENSUS, -ED, -ES *n* official count of a population ▹*vb* conduct a census
CENT, -S *n* hundredth part of a monetary unit such as the dollar or euro
CENTAGE, -S *n* rate per hundred
CENTAI ▸**centas**
CENTAL, -S *n* unit of weight equal to 100 pounds (45.3 kilograms)
CENTARE, -S *same as* ▸**centiare**
CENTAS, CENTAI *n* former monetary unit of Lithuania
CENTAUR, -S *n* mythical creature
CENTAURY *n* plant with purplish-pink flowers
CENTAVO, -S *n* monetary unit in many Latin American countries
CENTER, -ED, -S *same as* ▸**centre**
CENTESIS, CENTESES *n* surgical puncturing of part of the body with a hollow needle, to extract fluid
CENTIARE *n* unit of area equal to one square metre
CENTILE, -S *n* (in statistics) another word for percentile
CENTIME, -S *n* monetary unit worth one hundredth of a franc
CENTIMO, -S *n* monetary unit of Costa Rica, Paraguay, Peru, and Venezuela
CENTINEL *obsolete variant of* ▸**sentinel**
CENTNER, -S *n* unit of weight equivalent to 100 pounds (45.3 kilograms)
CENTO, -NES, -S *n* piece of writing composed of quotations from other authors
CENTOIST *n* one who composes centos
CENTONEL *obsolete variant of* ▸**sentinel**
CENTONES ▸**cento**
CENTOS ▸**cento**
CENTRA ▸**centrum**
CENTRAL, -S *adj* of, at, or forming the centre ▹*n* workplace serving as a telecommunications facility
CENTRE, -S *n* middle point or part ▹*vb* put in the centre of something
CENTRED *adj* mentally and emotionally confident, focused, and well-balanced
CENTRES ▸**centre**
CENTRIC *adj* being central or having a centre
CENTRIES ▸**centry**
CENTRING *n* temporary structure used to support an arch during construction
CENTRISM ▸**centrist**
CENTRIST *n* person favouring political moderation
CENTRODE *n* locus produced by plotting the course of two bodies in relative motion
CENTROID *n* centre of mass of an object of uniform density, esp of a geometric figure
CENTRUM, CENTRA, -S *n* main part or body of a vertebra
CENTRY, CENTRIES *obsolete variant of* ▸**sentry**
CENTS ▸**cent**
CENTU *n* former Lithuanian money unit
CENTUM, -S *adj* denoting or belonging to certain Indo-European languages ▹*n* hundred
CENTUPLE *n* one hundredfold
CENTURY *n* period of 100 years
CEORL, -S *n* freeman of the lowest class in Anglo-Saxon England
CEORLISH ▸**ceorl**
CEORLS ▸**ceorl**
CEP, -S *another name for* ▸**porcino**
CEPAGE, -S *n* grape variety or type of wine
CEPE, -S *another spelling of* ▸**cep**
CEPHALAD *adv* towards the head or anterior part
CEPHALIC *adj* of or relating to the head ▹*n* remedy for pains in the head
CEPHALIN *n* phospholipid, similar to lecithin, that occurs in the nerve tissue and brain
CEPHEID, -S *n* type of variable star with a regular cycle of variations in luminosity
CEPS ▸**cep**
CERAMAL, -S *same as* ▸**cermet**
CERAMIC *n* hard brittle material ▹*adj* made of ceramic
CERAMICS *n* art of producing ceramic objects

C

CERAMIDE *n* class of compounds used as moisturizers
CERAMIST ▸ **ceramics**
CERASIN, -S *n* meta-arabinic acid
CERASTES *n* type of venomous snake, esp the horned viper
CERATE, -S *n* hard ointment or medicated paste
CERATED *adj* (of certain birds, such as the falcon) having a cere
CERATES ▸ **cerate**
CERATIN, -S *same as* ▸ **keratin**
CERATOID *adj* having the shape or texture of animal horn
CERCAL *adj* of or relating to a tail
CERCARIA *n* one of the larval forms of trematode worms
CERCI ▸ **cercus**
CERCIS, -ES *n* type of tree or shrub
CERCLAGE *n* treatment of a malfunctioning cervix by means of a suture in early pregnancy
CERCOPID *n* froghopper or spittlebug
CERCUS, CERCI *n* one of a pair of sensory appendages on some insects and other arthropods
CERE, -D, -S, CERING *n* soft waxy swelling at the base of the upper beak of a parrot ▹ *vb* wrap in a cerecloth
CEREAL, -S *n* grass plant with edible grain, such as oat or wheat
CEREBRA ▸ **cerebrum**
CEREBRAL *same as* > **cacuminal**
CEREBRIC ▸ **cerebrum**
CEREBRUM, CEREBRA *n* main part of the brain
CERED ▸ **cere**
CEREMENT *n* any burial clothes
CEREMONY *n* formal act or ritual
CEREOUS *adj* waxlike
CERES ▸ **cere**
CERESIN, -S *n* white wax extracted from ozocerite
CERESINE *same as* ▸ **ceresin**
CERESINS ▸ **ceresin**
CEREUS, -ES *n* type of tropical American cactus
CERGE, -S *n* large altar candle
CERIA, -S *n* ceric oxide
CERIC *adj* of or containing cerium in the tetravalent state
CERING ▸ **cere**
CERIPH, -S *same as* ▸ **serif**
CERISE, -S *adj* cherry-red ▹ *n* moderate to dark red colour
CERITE, -S *n* hydrous silicate of cerium
CERIUM, -S *n* steel-grey metallic element
CERMET, -S *n* material consisting of a metal matrix with ceramic particles disseminated through it
CERNE, -D, -S, CERNING *obsolete variant of* ▸ **encircle**
CERNUOUS *adj* (of some flowers or buds) drooping
CERO, -S *n* type of large food fish
CEROC, -S *n* dance combining many styles, including jive and salsa
CEROON, -S *n* hide-covered bale
CEROS ▸ **cero**
CEROTIC *adj* as in **cerotic acid** white insoluble odourless wax
CEROTYPE *n* process for preparing a printing plate
CEROUS *adj* of or containing cerium in the trivalent state
CERRADO, -S *n* vast area of tropical savanna in Brazil
CERRIAL *adj* relating to the cerris
CERRIS, -ES *n* Turkey oak
CERT, -S *n* certainty
CERTAIN *adj* positive and confident
CERTES *adv* with certainty
CERTIE *n* as in **by my certie** assuredly
CERTIFY *vb* confirm, attest to
CERTS ▸ **cert**
CERTY *n* as in **by my certy** assuredly
CERULE *adj* sky-blue
CERULEAN *n* deep blue colour
CERULEIN *n* type of dyestuff
CERUMEN, -S *n* wax secreted by glands in the external ear
CERUSE, -S *n* white lead
CERUSITE *same as* > **cerussite**
CERVELAS *n* French garlicky pork sausage
CERVELAT *n* smoked sausage made from pork and beef
CERVEZA, -S *n* Spanish word for beer
CERVICAL *adj* of or relating to the neck or cervix
CERVICES ▸ **cervix**
CERVICUM *n* flexible region between the prothorax and head in insects
CERVID, -S *n* type of ruminant mammal characterized by the presence of antlers
CERVINE *adj* resembling or relating to a deer
CERVIX, CERVICES, -ES *n* narrow entrance of the womb
CESAREAN *variant of* > **caesarean**
CESARIAN *US variant of* > **caesarean**
CESIOUS *same as* ▸ **caesious**
CESIUM, -S *same as* ▸ **caesium**
CESS, -ED, -ES, -ING *n* any of several special taxes, such as a land tax in Scotland ▹ *vb* tax or assess for taxation
CESSE *obsolete variant of* ▸ **cease**
CESSED ▸ **cess**
CESSER, -S *n* coming to an end of a term interest or annuity
CESSES ▸ **cess**
CESSING ▸ **cess**
CESSION, -S *n* ceding
CESSPIT, -S *same as* ▸ **cesspool**
CESSPOOL *n* covered tank or pit for collecting and storing sewage or waste water
CESTA, -S *n* in jai alai, the basket used to throw and catch the pelota
CESTI ▸ **cestus**
CESTODE, -S *n* type of parasitic flatworm such as the tapeworms
CESTOI ▸ **cestos**
CESTOID, -S *adj* (esp of tapeworms and similar animals) ribbon-like in form ▹ *n* ribbon-like worm
CESTOS, CESTOI, -ES *same as* ▸ **cestus**
CESTUI, -S *n* legal term to designate a person
CESTUS, CESTI, -ES *n* girdle of Aphrodite
CESURA, -E, -S *a variant spelling of* ▸ **caesura**
CESURAL ▸ **cesura**
CESURAS ▸ **cesura**
CESURE, -S *same as* ▸ **caesura**

CETACEAN *n* fish-shaped sea mammal such as a whale or dolphin ▷ *adj* relating to these mammals
CETANE, -S *n* colourless liquid hydrocarbon, used as a solvent
CETE, -S *n* group of badgers
CETERACH *n* scale-fern
CETES ▸ **cete**
CETOLOGY *n* branch of zoology concerned with the study of whales (cetaceans)
CETYL, -S *n* univalent alcohol radical
CETYWALL *n* valerian
CEVICHE, -S *n* Peruvian seafood dish
CEZVE, -S *n* small metal pot for brewing coffee
CH *pron* obsolete form of I
CHA, -S *n* tea
CHABLIS *n* dry white French wine
CHABOUK, -S *n* type of whip
CHABUK, -S *same as* ▸ **chabouk**
CHACE, -D, -S, CHACING *obsolete variant of* ▸ **chase**
CHACHKA, -S *n* cheap trinket
CHACING ▸ **chace**
CHACK, -ED, -ING, -S *vb* bite
CHACMA, -S *n* type of baboon with coarse greyish hair, living in S and E Africa
CHACO, -ES, -S *same as* ▸ **shako**
CHACONNE *n* musical form consisting of a set of variations on a repeated melodic bass line
CHACOS ▸ **chaco**
CHAD, -S *n* small pieces removed during the punching of holes in punch cards, printer paper, etc
CHADAR, -S *same as* ▸ **chuddar**
CHADARIM ▸ **cheder**
CHADARS ▸ **chadar**
CHADDAR, -S *same as* ▸ **chuddar**
CHADDOR, -S *same as* ▸ **chuddar**
CHADLESS *adj* (of a keypunch) not producing chads
CHADO, -S *n* Japanese tea ceremony
CHADOR, -S *same as* ▸ **chuddar**
CHADOS ▸ **chado**
CHADRI *n* shroud which covers the body from head to foot
CHADS ▸ **chad**
CHAEBOL, -S *n* large, usually family-owned, business group in South Korea
CHAETA, -E *n* the chitinous bristles on the body of annelids
CHAETAL ▸ **chaeta**
CHAFE, -D, -S, CHAFING *vb* make sore or worn by rubbing
CHAFER, -S *n* large beetle
CHAFES ▸ **chafe**
CHAFF, -ED, -S *n* grain husks ▷ *vb* tease good-naturedly
CHAFFER, -S *vb* haggle
CHAFFERY *n* bargaining
CHAFFIER ▸ **chaffy**
CHAFFING ▸ **chaff**
CHAFFRON *same as* ▸ **chamfron**
CHAFFS ▸ **chaff**
CHAFFY, CHAFFIER ▸ **chaff**
CHAFING ▸ **chafe**
CHAFT, -S *n* jaw
CHAGAN, -S *n* Mongolian royal or imperial title
CHAGRIN, -S *n* annoyance and disappointment ▷ *vb* embarrass and annoy
CHAI, -S *n* tea, esp as made in India with added spices
CHAIN, -ED, -ING, -S *n* flexible length of connected metal links ▷ *vb* restrict or fasten with or as if with a chain
CHAINE, -S *adj* (of a dance turn) producing a full rotation for every two steps taken ▷ *vb* produce a full rotation for every two steps taken
CHAINED ▸ **chain**
CHAINER, -S *n* person who chains
CHAINES ▸ **chaine**
CHAINING ▸ **chain**
CHAINLET *n* small chain
CHAINMAN, CHAINMEN *n* person who does the chaining in a survey
CHAINS ▸ **chain**
CHAINSAW *n* motor-driven saw with teeth linked in a continuous chain ▷ *vb* operate a chainsaw
CHAIR, -ED, -ING, -S *n* seat with a back, for one person ▷ *vb* preside over (a meeting)
CHAIRMAN, CHAIRMEN *n* person in charge of a company's board of directors or a meeting ▷ *vb* act as chairman of
CHAIRS ▸ **chair**
CHAIS ▸ **chai**
CHAISE, -S *n* light horse-drawn carriage
CHAKRA, -S *n* (in yoga) any of the seven major energy centres in the body
CHAL, -S *n* in Romany, person or fellow
CHALAH, -S, CHALOT, CHALOTH *same as* ▸ **challah**
CHALAN, -ED, -S *vb* (in India) to cause an accused person to appear before a magistrate ▷ *n* invoice, pass, or voucher
CHALAZA, -E, -S *n* one of a pair of spiral threads holding the yolk of a bird's egg in position
CHALAZAL ▸ **chalaza**
CHALAZAS ▸ **chalaza**
CHALAZIA > **chalazion**
CHALCID, -S *n* type of tiny insect
CHALDER, -S *n* former Scottish dry measure
CHALDRON *n* unit of capacity equal to 36 bushels
CHALEH, -S *same as* ▸ **challah**
CHALET, -S *n* kind of Swiss wooden house with a steeply sloping roof
CHALICE, -S *n* large goblet
CHALICED *adj* (of plants) having cup-shaped flowers
CHALICES ▸ **chalice**
CHALK, -ED, -ING, -S *n* soft white rock consisting of calcium carbonate ▷ *vb* draw or mark with chalk
CHALKIER ▸ **chalky**
CHALKING ▸ **chalk**
CHALKPIT *n* quarry for chalk
CHALKS ▸ **chalk**
CHALKY, CHALKIER ▸ **chalk**
CHALLA, -S *same as* ▸ **challah**
CHALLAH, -S, CHALLOT, CHALLOTH *n* type of bread
CHALLAN, -S *same as* ▸ **chalan**
CHALLAS ▸ **challa**
CHALLIE, -S *same as* ▸ **challis**
CHALLIS *n* lightweight plain-weave fabric
CHALLOT ▸ **challah**
CHALLOTH ▸ **challah**
CHALLY *same as* ▸ **challis**
CHALONE, -S *n* any internal secretion that inhibits a physiological process or function
CHALONIC ▸ **chalone**

CHALOT ▸ **chalah**
CHALOTH ▸ **chalah**
CHALS ▸ **chal**
CHALUPA, -S *n* Mexican dish
CHALUTZ *n* member of an organization of immigrants to Israeli agricultural settlements
CHAM, -S *an archaic word for* ▸ **khan**
CHAMADE, -S *n* (formerly) a signal by drum or trumpet inviting an enemy to a parley
CHAMBER *n* hall used for formal meetings ▹ *vb* act lasciviously
CHAMBERS *pl n* judge's room for hearing private cases not taken in open court
CHAMBRAY *n* smooth light fabric of cotton, linen, etc, with white weft and a coloured warp
CHAMBRE *adj* (of wine) at room temperature
CHAMELOT *same as* ▸ **camlet**
CHAMETZ *n* leavened food which may not be eaten during Passover
CHAMFER, -S *same as* ▸ **chase**
CHAMFRON *n* piece of armour for a horse's head
CHAMISA, -S *n* American shrub
CHAMISAL *n* place overgrown with chamiso
CHAMISAS ▸ **chamisa**
CHAMISE, -S *same as* ▸ **chamiso**
CHAMISO, -S *n* four-wing saltbush
CHAMLET, -S *same as* ▸ **camlet**
CHAMMY, CHAMMIED, CHAMMIES *same as* ▸ **chamois**
CHAMOIS *n* small mountain antelope or a piece of leather from its skin, used for polishing ▹ *vb* polish with a chamois
CHAMOIX *same as* ▸ **chamois**
CHAMP, -ED, -ING, -S *vb* chew noisily
CHAMPAC, -S *n* type of tree
CHAMPACA *same as* ▸ **champac**
CHAMPACS ▸ **champac**
CHAMPAK, -S *same as* ▸ **champac**
CHAMPART *n* granting of land to a person for a portion of the crops
CHAMPAS *n* champagne
CHAMPED ▸ **champ**
CHAMPER ▸ **champ**
CHAMPERS *n* champagne
CHAMPIER ▸ **champy**
CHAMPING ▸ **champ**
CHAMPION *n* overall winner of a competition ▹ *vb* support ▹ *adj* excellent ▹ *adv* very well
CHAMPS ▸ **champ**
CHAMPY, CHAMPIER *adj* (of earth) churned up (by cattle, for example)
CHAMS ▸ **cham**
CHANA, -S *n* (in Indian cookery) chickpeas
CHANCE, -D, -S, CHANCING *n* likelihood, probability ▹ *vb* risk, hazard
CHANCEL, -S *n* part of a church containing the altar and choir
CHANCER, -S *n* unscrupulous or dishonest opportunist
CHANCERY *n* Lord Chancellor's court, now a division of the High Court of Justice
CHANCES ▸ **chance**
CHANCEY *same as* ▸ **chancy**
CHANCIER ▸ **chancy**
CHANCILY ▸ **chancy**
CHANCING ▸ **chance**
CHANCRE, -S *n* small hard growth
CHANCY, CHANCIER *adj* uncertain, risky
CHANDLER *n* dealer, esp in ships' supplies
CHANFRON *same as* ▸ **chamfron**
CHANG, -S *n* loud discordant noise
CHANGA *interj* in Indian English, an expression of approval or agreement
CHANGE, -D, -S, CHANGING *n* becoming different ▹ *vb* make or become different
CHANGER, -S ▸ **change**
CHANGES ▸ **change**
CHANGEUP *n* type of baseball pitch
CHANGING ▸ **change**
CHANGS ▸ **chang**
CHANK, -S *n* shell of several types of sea conch, used to make bracelets
CHANNEL, -S *n* band of broadcasting frequencies ▹ *vb* direct or convey through a channel
CHANNER, -S *n* gravel
CHANOYO, -S *a variant of* ▸ **chado**
CHANOYU, -S *same as* ▸ **chado**
CHANSON, -S *n* song
CHANT, -ED, -ING, -S *vb* utter or sing (a slogan or psalm) ▹ *n* rhythmic or repetitious slogan
CHANTAGE *n* blackmail
CHANTED ▸ **chant**
CHANTER, -S *n* (on bagpipes) pipe on which the melody is played
CHANTEY, -S *the usual US spelling of* ▸ **shanty**
CHANTIE *n* chamber pot
CHANTIES ▸ **chanty**
CHANTING ▸ **chant**
CHANTOR, -S *same as* ▸ **chanter**
CHANTRY *n* endowment for the singing of Masses for the founder
CHANTS ▸ **chant**
CHANTY, CHANTIES *same as* ▸ **shanty**
CHAO *n* Vietnamese rice porridge
CHAOLOGY *n* study of chaos theory
CHAORDIC *adj* combining elements of chaos and order
CHAOS, -ES *n* complete disorder or confusion
CHAOTIC ▸ **chaos**
CHAP, -PED, -PING, -S *n* man or boy ▹ *vb* (of the skin) to make or become raw and cracked, esp by exposure to cold
CHAPATI, -S *n* (in Indian cookery) flat thin unleavened bread
CHAPATTI *same as* ▸ **chapati**
CHAPBOOK *n* book of popular ballads, stories, etc, formerly sold by chapmen or pedlars
CHAPE, -S *n* metal tip or trimming for a scabbard
CHAPEAU, -S, -X *n* hat
CHAPEL, -S *n* place of worship with its own altar, within a church
CHAPELRY *n* district legally assigned to and served by an Anglican chapel
CHAPELS ▸ **chapel**
CHAPERON *n* older or married woman who supervises a young unmarried woman ▹ *vb* act as a chaperon to
CHAPES ▸ **chape**
CHAPESS *n* woman
CHAPITER *same as* ▸ **capital**

CHAPKA, -S *same as* ▸**czapka**
CHAPLAIN *n* clergyman or clergywoman attached to a chapel, military body, or institution
CHAPLESS *adj* lacking a lower jaw
CHAPLET, -S *n* garland for the head ▹*vb* create a garland
CHAPMAN, CHAPMEN *n* travelling pedlar
CHAPPAL, -S *n* one of a pair of sandals, usually of leather, worn in India
CHAPPATI *same as* ▸**chapati**
CHAPPED ▸**chap**
CHAPPESS *same as* ▸**chapess**
CHAPPIE, -S *n* man or boy
CHAPPIER ▸**chappy**
CHAPPIES ▸**chappie**
CHAPPING ▸**chap**
CHAPPY, CHAPPIER *adj* (of skin) chapped
CHAPS ▸**chap**
CHAPT *adj* chapped
CHAPTER, -S *n* division of a book ▹*vb* divide into chapters
CHAPTREL *n* capital of a pillar supporting an arch
CHAQUETA *n* South American cowboy jacket
CHAR, -RED, -RING, -S *vb* blacken by partial burning ▹*n* charwoman
CHARA *n* type of green freshwater algae
CHARACID *same as* ▸**characin**
CHARACIN *n* type of small carnivorous freshwater fish of Central and S America and Africa
CHARACT, -S *n* distinctive mark
CHARADE *n* absurd pretence
CHARADES *n* game in which teams act out each syllable of a word or phrase
CHARANGA *n* type of orchestra used in performing traditional Cuban music
CHARANGO *n* Andean ten-stringed mandolin
CHARCOAL *n* black substance formed by partially burning wood ▹*adj* very dark grey ▹*vb* write, draw, or blacken with charcoal
CHARD, -S *n* variety of beet
CHARE, -D, -S, CHARING *same as* ▸**char**
CHARET, -S *obsolete variant of* ▸**chariot**
CHARETTE *n* public brainstorming session
CHARGE, -D, -S *vb* ask as a price ▹*n* price charged
CHARGER, -S *n* device for charging an accumulator
CHARGES ▸**charge**
CHARGING *n* act of charging
CHARIDEE *n* jocular spelling of charity, as pronounced in a mid-Atlantic accent
CHARIER ▸**chary**
CHARIEST ▸**chary**
CHARILY *adv* cautiously
CHARING ▸**chare**
CHARIOT, -S *n* two-wheeled horse-drawn vehicle ▹*vb* ride in a chariot
CHARISM, -S *same as* ▸**charisma**
CHARISMA *n* person's power to attract or influence people
CHARISMS ▸**charism**
CHARITY *n* organization that gives help, such as money or food, to those in need
CHARK, -ED, -ING, -S *vb* char
CHARKA, -S *same as* ▸**charkha**
CHARKED ▸**chark**
CHARKHA, -S *n* (in India) a spinning wheel, esp for cotton
CHARKING ▸**chark**
CHARKS ▸**chark**
CHARLADY *same as* >**charwoman**
CHARLEY, -S *n* as in **charley horse** muscle stiffness after strenuous exercise
CHARLIE, -S *n* fool
CHARLIER *n* as in **charlier shoe** special light horseshoe
CHARLIES ▸**charlie**
CHARLOCK *n* weed with hairy leaves and yellow flowers
CHARM, -S *n* attractive quality ▹*vb* attract, delight
CHARMED *adj* delighted or fascinated
CHARMER, -S *n* attractive person
CHARMFUL *adj* highly charming or enchanting
CHARMING *adj* attractive
CHARMS ▸**charm**
CHARNECO *n* type of sweet wine
CHARNEL, -S *adj* ghastly ▹*n* ghastly thing
CHAROSET *n* dish eaten at Passover
CHARPAI, -S *same as* ▸**charpoy**
CHARPIE, -S *n* lint pieces used to make surgical dressings
CHARPOY, -S *n* type of bedstead
CHARQUI, -S *n* meat, esp beef, cut into strips and dried
CHARQUID ▸**charqui**
CHARQUIS ▸**charqui**
CHARR, -S *same as* ▸**char**
CHARRED ▸**char**
CHARRIER ▸**charry**
CHARRING ▸**char**
CHARRO, -S *n* Mexican cowboy
CHARRS ▸**charr**
CHARRY, CHARRIER *adj* of or relating to charcoal
CHARS ▸**char**
CHART, -ED, -ING, -S *n* graph, table, or diagram showing information ▹*vb* plot the course of
CHARTA, -S *n* charter
CHARTED ▸**chart**
CHARTER, -S *n* document granting or demanding certain rights ▹*vb* hire by charter
CHARTING ▸**chart**
CHARTISM *n* historical reform movement in Britain
CHARTIST *n* supporter of chartism
CHARTS ▸**chart**
CHARY, CHARIER, CHARIEST *adj* wary, careful
CHAS ▸**cha**
CHASE, -D, -S *vb* run after quickly in order to catch or drive away ▹*n* chasing, pursuit
CHASER, -S ▸**chase**
CHASES ▸**chase**
CHASING, -S ▸**chase**
CHASM, -S *n* deep crack in the earth ▹*vb* create a chasm
CHASMAL ▸**chasm**
CHASMED ▸**chasm**
CHASMIC ▸**chasm**
CHASMIER ▸**chasmy**
CHASMS ▸**chasm**
CHASMY, CHASMIER *adj* full of chasms
CHASSE, -D, -ED, -S *n* one of a series of gliding steps in ballet ▹*vb* perform either of these steps

C

CHASSEUR *n* member of a unit specially trained and equipped for swift deployment ▷ *adj* designating or cooked in a sauce consisting of white wine and mushrooms
CHASSIS *n* frame, wheels, and mechanical parts of a vehicle
CHASTE, -R, -ST *adj* pure and modest
CHASTELY ▸ **chaste**
CHASTEN, -S *vb* subdue by criticism
CHASTER ▸ **chaste**
CHASTEST ▸ **chaste**
CHASTISE *vb* scold severely
CHASTITY *n* state of being chaste
CHASUBLE *n* long sleeveless robe worn by a priest when celebrating Mass
CHAT, -S, -TED, -TING *n* informal conversation ▷ *vb* have an informal conversation
CHATBOT, -S *n* computer program that simulates conversation with human users over the internet
CHATCHKA *variant of* > **tchotchke**
CHATCHKE *same as* > **tchotchke**
CHATEAU, -S, -X *n* French castle
CHATLINE *n* telephone service enabling callers to join in general conversation with each other
CHATON, -S *n* in jewellery, a stone with a reflective metal foil backing
CHATROOM *n* site on the internet where users have group discussions by email
CHATS ▸ **chat**
CHATTA, -S *n* umbrella
CHATTED ▸ **chat**
CHATTEL, -S *n* item of movable personal property
CHATTER, -S *vb* speak quickly and continuously about unimportant things ▷ *n* idle talk
CHATTERY *adj* tending to chatter
CHATTI, -S *n* (in India) earthenware pot
CHATTIER ▸ **chatty**
CHATTIES ▸ **chatty**
CHATTILY ▸ **chatty**
CHATTING ▸ **chat**
CHATTIS ▸ **chatti**
CHATTY, CHATTIER, CHATTIES *adj* (of a person) fond of friendly, informal conversation ▷ *n* (in India) earthenware pot
CHAUFE, -D, -S, CHAUFING *obsolete variant of* ▸ **chafe**
CHAUFER, -S *same as* ▸ **chauffer**
CHAUFES ▸ **chaufe**
CHAUFF, -ED, -S *obsolete variant of* ▸ **chafe**
CHAUFFER *n* small portable heater or stove
CHAUFFS ▸ **chauff**
CHAUFING ▸ **chaufe**
CHAUMER, -S *n* chamber
CHAUNCE, -D, -S *archaic variant of* ▸ **chance**
CHAUNGE, -D, -S *archaic variant of* ▸ **change**
CHAUNT, -ED, -S *a less common variant of* ▸ **chant**
CHAUNTER ▸ **chaunt**
CHAUNTRY *same as* ▸ **chantry**
CHAUNTS ▸ **chaunt**
CHAUSSES *n* tight-fitting medieval garment covering the feet and legs, usually made of chain mail
CHAUVIN, -S *n* chauvinist
CHAV, -S *n* insulting word for a young working-class person who wears casual sports clothes
CHAVE *vb* old dialect term for "I have"
CHAVETTE *n* insulting word for a young working-class woman who wears casual sports clothes
CHAVISH ▸ **chav**
CHAVS ▸ **chav**
CHAVVY, CHAVVIER *adj* relating to or like a chav
CHAW, -ED, -ING, -S *vb* chew (tobacco), esp without swallowing it ▷ *n* something chewed, esp a plug of tobacco
CHAWDRON *n* entrails
CHAWED ▸ **chaw**
CHAWER, -S ▸ **chaw**
CHAWING ▸ **chaw**
CHAWK, -S *n* jackdaw
CHAWS ▸ **chaw**
CHAY, -S *n* plant of the madder family
CHAYA, -S *same as* ▸ **chay**
CHAYOTE, -S *n* tropical climbing plant
CHAYROOT *n* root of the chay plant
CHAYS ▸ **chay**
CHAZAN, -IM, -S *same as* ▸ **cantor**
CHAZZAN, -S *variant of* ▸ **chazan**
CHAZZEN, -S *same as* ▸ **chazzan**
CHE *pron* dialectal form meaning 'I'
CHEAP, -ED, -ER, -EST, -ING, -S *adj* costing relatively little ▷ *adv* at very little cost ▷ *n* bargain ▷ *vb* take the cheapest option
CHEAPEN, -S *vb* lower the reputation of
CHEAPER ▸ **cheap**
CHEAPEST ▸ **cheap**
CHEAPIE, -S *n* something inexpensive
CHEAPING ▸ **cheap**
CHEAPISH ▸ **cheap**
CHEAPLY ▸ **cheap**
CHEAPO, -S *n* very cheap and possibly shoddy thing
CHEAPS ▸ **cheap**
CHEAPY *same as* ▸ **cheapie**
CHEAT, -ED, -S *vb* act dishonestly to gain profit or advantage ▷ *n* person who cheats
CHEATER, -S ▸ **cheat**
CHEATERY *n* cheating
CHEATING ▸ **cheat**
CHEATS ▸ **cheat**
CHEBEC, -S *n* type of boat
CHECHAKO *same as* > **cheechako**
CHECHIA, -S *n* Berber skullcap
CHECK, -ED, -S *vb* examine or investigate ▷ *n* control designed to ensure accuracy
CHECKBOX *n* small clickable box on a computer screen
CHECKED ▸ **check**
CHECKER *same as* ▸ **chequer**
CHECKERS *n* game for two players using a checkerboard and small pieces
CHECKIER ▸ **checky**
CHECKING *n* act of checking
CHECKOFF *n* paying of an employee's union dues straight from their salary
CHECKOUT *n* counter in a supermarket, where customers pay
CHECKROW *n* row of plants, esp corn ▷ *vb* plant in checkrows
CHECKS ▸ **check**
CHECKSUM *n* digit attached to the end of a message to verify data
CHECKUP, -S *n* thorough medical examination

CHECKY, CHECKIER *adj* having squares of alternating tinctures or furs
CHEDARIM *same as* ▸**chadarim**
CHEDDAR, -S *n* type of smooth hard yellow or whitish cheese
CHEDDARY *adj* like cheddar cheese
CHEDDITE *n* type of explosive
CHEDER, CHADARIM, -S *n* Jewish religious education
CHEDITE, -S *same as* ▸**cheddite**
CHEEK, -ED, -ING, -S *n* either side of the face below the eye ▹*vb* speak impudently to
CHEEKFUL *n* quantity that can be held in a cheek
CHEEKIER ▸**cheeky**
CHEEKILY ▸**cheeky**
CHEEKING ▸**cheek**
CHEEKS ▸**cheek**
CHEEKY, CHEEKIER *adj* impudent, disrespectful
CHEEP, -ED, -ING, -S *n* young bird's high-pitched cry ▹*vb* utter a cheep
CHEEPER, -S ▸**cheep**
CHEEPING ▸**cheep**
CHEEPS ▸**cheep**
CHEER, -ED *vb* applaud or encourage with shouts ▹*n* shout of applause or encouragement
CHEERER, -S ▸**cheer**
CHEERFUL *adj* having a happy disposition
CHEERIER ▸**cheery**
CHEERILY ▸**cheery**
CHEERING *n* act of cheering
CHEERIO, -S *interj* goodbye ▹*n* small red cocktail sausage ▹*sentence substitute* farewell greeting
CHEERLED > **cheerlead**
CHEERLY *adv* cheerfully
CHEERO, -S *same as* ▸**cheerio**
CHEERS *interj* drinking toast ▹*sentence substitute* drinking toast
CHEERY, CHEERIER *adj* cheerful
CHEESE, -D, -S, CHEESING *n* food made from coagulated milk curd ▹*vb* stop
CHEESIER ▸**cheesy**
CHEESILY ▸**cheesy**
CHEESING ▸**cheese**
CHEESY, CHEESIER *adj* like cheese
CHEETAH, -S *n* large fast-running spotted African wild cat
CHEEWINK *same as* ▸**chewink**
CHEF, -ED, -FED, -FING, -ING, -S *n* cook in a restaurant ▹*vb* work as a chef
CHEFDOM, -S *n* state or condition of being a chef
CHEFED ▸**chef**
CHEFFED ▸**chef**
CHEFFIER ▸**cheffy**
CHEFFING ▸**chef**
CHEFFY, CHEFFIER *adj* relating to or characteristic of chefs
CHEFING ▸**chef**
CHEFS ▸**chef**
CHEGOE, -S *same as* ▸**chigger**
CHEKA, -S *n* secret police set up in Russia in 1917
CHEKIST, -S *n* member of the cheka
CHELA, -E, -S *n* disciple of a religious teacher
CHELATE, -D, -S *n* coordination compound ▹*adj* of or possessing chelae ▹*vb* form a chelate
CHELATOR ▸**chelate**
CHELIPED *n* (on a arthropod) either of two legs which each carry a claw
CHELLUP, -S *n* noise
CHELOID, -S *a variant spelling of* ▸**keloid**
CHELONE, -S *n* hardy N American plant
CHELP, -ED, -ING, -S *vb* (esp of women or children) to chatter or speak out of turn
CHEM, -S *n* chemistry
CHEMIC, -S *vb* bleach ▹*n* chemist
CHEMICAL *n* substance used in or resulting from a reaction involving changes to atoms or molecules ▹*adj* of chemistry or chemicals
CHEMICS ▸**chemic**
CHEMISE, -S *n* woman's loose-fitting slip
CHEMISM, -S *n* chemical action
CHEMIST, -S *n* shop selling medicines and cosmetics
CHEMMY, CHEMMIES *n* gambling card game
CHEMO, -S *n* short form of chemotherapy
CHEMS ▸**chem**
CHEMURGY *n* branch of chemistry
CHENAR, -S *n* oriental plane tree
CHENET, -S *another word for* ▸**genip**
CHENILLE *n* (fabric of) thick tufty yarn
CHENIX, -ES *n* ancient measure, slightly more than a quart
CHENOPOD *n* plant of the beetroot family
CHEQUE, -S *n* written order to one's bank to pay money from one's account
CHEQUER *n* piece used in Chinese chequers ▹*vb* make irregular in colour or character
CHEQUERS *n* game of draughts
CHEQUES ▸**cheque**
CHEQUIER ▸**chequy**
CHEQUING *adj* as in **chequing account** (in Canada) account against which cheques can be drawn
CHEQUY, CHEQUIER *same as* ▸**checky**
CHER *adj* dear or expensive
CHERE *feminine variant of* ▸**cher**
CHERISH *vb* cling to (an idea or feeling)
CHEROOT, -S *n* cigar with both ends cut flat
CHERRY, CHERRIED, CHERRIER, CHERRIES *n* small red or black fruit with a stone ▹*adj* deep red ▹*vb* cheer
CHERT, -S *n* microcrystalline form of silica
CHERTIER ▸**cherty**
CHERTS ▸**chert**
CHERTY, CHERTIER ▸**chert**
CHERUB, -IM, -S *n* angel, often represented as a winged child
CHERUBIC ▸**cherub**
CHERUBIM ▸**cherub**
CHERUBIN *n* cherub ▹*adj* cherubic
CHERUBS ▸**cherub**
CHERUP, -ED, -S *same as* ▸**chirrup**
CHERVIL, -S *n* aniseed-flavoured herb
CHESHIRE *n* breed of American pig
CHESIL, -S *n* gravel or shingle
CHESNUT, -S *rare variant of* ▸**chestnut**
CHESS, -ES *n* board game for two players
CHESSEL, -S *n* mould used in cheese-making
CHESSES ▸**chess**
CHESSMAN, CHESSMEN *n* piece used in chess

C

C

CHEST, -ED, -ING, -S *n* front of the body, from neck to waist ▷ *vb* hit with the chest, as with a ball in football
CHESTFUL *n* amount a chest will hold
CHESTIER ▶ **chesty**
CHESTILY ▶ **chesty**
CHESTING ▶ **chest**
CHESTNUT *n* reddish-brown edible nut ▷ *adj* (of hair or a horse) reddish-brown
CHESTS ▶ **chest**
CHESTY, CHESTIER *adj* symptomatic of chest disease
CHETAH, -S *same as* ▶ **cheetah**
CHETH, -S *same as* ▶ **heth**
CHETNIK, -S *n* member of a Serbian nationalist paramilitary group
CHETRUM, -S *n* monetary unit in Bhutan
CHEVAL *n* as in **cheval glass** full-length mirror that can swivel
CHEVALET *n* bridge of a stringed musical instrument
CHEVEN, -S *n* chub
CHEVEREL *n* kid or goatskin leather
CHEVERIL *same as* ▶ **cheverel**
CHEVERON *same as* ▶ **chevron**
CHEVERYE *same as* ▶ **chiefery**
CHEVET, -S *n* semicircular or polygonal east end of a church
CHEVIED ▶ **chevy**
CHEVIES ▶ **chevy**
CHEVILLE *n* peg of a stringed musical instrument
CHEVIN, -S *same as* ▶ **cheven**
CHEVIOT, -S *n* type of British sheep reared for its wool
CHEVRE, -S *n* any cheese made from goats' milk
CHEVRET, -S *n* type of goats' cheese
CHEVRON, -S *n* V-shaped pattern ▷ *vb* make a chevron
CHEVRONY *adj* in heraldry, bearing chevrons
CHEVY, CHEVIED, CHEVIES, -ING *same as* ▶ **chivy**
CHEW, -ED, -ING, -S *vb* grind (food) between the teeth ▷ *n* act of chewing
CHEWABLE ▶ **chew**
CHEWED ▶ **chew**
CHEWER, -S ▶ **chew**
CHEWET, -S *n* type of meat pie
CHEWIE *n* chewing gum
CHEWIER ▶ **chewy**
CHEWIES ▶ **chewy**
CHEWIEST ▶ **chewy**
CHEWING ▶ **chew**
CHEWINK, -S *n* towhee
CHEWS ▶ **chew**
CHEWY, CHEWIER, CHEWIES, CHEWIEST *adj* requiring a lot of chewing ▷ *n* dog's rubber toy
CHEZ *prep* at the home of
CHHERTUM *same as* ▶ **chetrum**
CHI, -S *n* 22nd letter of the Greek alphabet

> **Chi** is a letter of the Greek alphabet. It can also be spelt **khi**.

CHIA, -S *n* plant of the mint family
CHIACK, -ED, -S *vb* tease or banter ▷ *n* good-humoured banter
CHIANTI, -S *n* dry red Italian wine
CHIAO, -S *n* Chinese coin equal to one tenth of one yuan
CHIAS ▶ **chia**
CHIASM, -S *same as* ▶ **chiasma**
CHIASMA, -S *n* biological term
CHIASMAL ▶ **chiasma**
CHIASMAS ▶ **chiasma**
CHIASMI ▶ **chiasmus**
CHIASMIC ▶ **chiasma**
CHIASMS ▶ **chiasm**
CHIASMUS, CHIASMI *n* reversal of the order of words in the second of two parallel phrases
CHIASTIC ▶ **chiasmus**
CHIAUS, -ED, -ES *same as* ▶ **chouse**
CHIB, -BED, -BING, -S *vb* in Scots English, stab or slash with a sharp weapon ▷ *n* sharp weapon
CHIBOL, -S *n* spring onion
CHIBOUK, -S *n* Turkish tobacco pipe with an extremely long stem
CHIBS ▶ **chib**
CHIC, -ER, -EST, -S *adj* stylish, elegant ▷ *n* stylishness, elegance
CHICA, -S *n* Spanish young girl
CHICANA, -S *n* female chicano
CHICANE, -D, -S *n* obstacle in a motor-racing circuit ▷ *vb* deceive or trick by chicanery
CHICANER ▶ **chicane**
CHICANES ▶ **chicane**
CHICANO, -S *n* American citizen of Mexican origin
CHICAS ▶ **chica**
CHICCORY *a variant spelling of* ▶ **chicory**
CHICER ▶ **chic**
CHICEST ▶ **chic**
CHICH, -ES *another word for* ▶ **chickpea**
CHICHA, -S *n* Andean drink made from fermented maize
CHICHES ▶ **chich**
CHICHI, -ER, -S *adj* affectedly pretty or stylish ▷ *n* quality of being affectedly pretty or stylish
CHICK, -S *n* baby bird
CHICKEE, -S *n* open-sided, thatched building on stilts
CHICKEN, -S *n* domestic fowl ▷ *adj* cowardly ▷ *vb* lose one's nerve
CHICKORY *same as* ▶ **chicory**
CHICKPEA *n* edible yellow pealike seed
CHICKS ▶ **chick**
CHICLE, -S *n* gumlike substance obtained from the sapodilla
CHICLY ▶ **chic**
CHICNESS ▶ **chic**
CHICO, -S *n* spiny chenopodiaceous shrub
CHICON, -S *same as* ▶ **chicory**
CHICORY *n* plant whose leaves are used in salads
CHICOS ▶ **chico**
CHICOT, -S *n* dead tree
CHICS ▶ **chic**
CHIDE, CHID, CHIDDEN, -D, -S, CHODE *vb* rebuke, scold
CHIDER, -S ▶ **chide**
CHIDES ▶ **chide**
CHIDING, -S ▶ **chide**
CHIEF, -ER, -EST, -S *n* head of a group of people ▷ *adj* most important
CHIEFDOM *n* any tribal social group led by a chief
CHIEFER ▶ **chief**
CHIEFERY *n* lands belonging to a chief
CHIEFESS *n* female chief
CHIEFEST ▶ **chief**
CHIEFLY *adv* especially ▷ *adj* of or relating to a chief or chieftain
CHIEFRY *same as* ▶ **chiefery**
CHIEFS ▶ **chief**
CHIEL, -S *n* young man
CHIELD, -S *same as* ▶ **chiel**
CHIELS ▶ **chiel**

CHIFFON, -S *n* fine see-through fabric ▷ *adj* made of chiffon
CHIFFONY *adj* like chiffon
CHIGETAI *n* variety of the Asiatic wild ass of Mongolia
CHIGGER, -S *n* parasitic larva of various mites
CHIGNON, -S *n* knot of hair pinned up at the back of the head ▷ *vb* make a chignon
CHIGOE, -S *same as* ▸ **chigger**
CHIGRE, -S *same as* ▸ **chigger**
CHIK, -S *n* slatted blind
CHIKARA, -S *n* Indian seven-stringed musical instrument
CHIKHOR, -S *same as* ▸ **chukar**
CHIKOR, -S *same as* ▸ **chukar**
CHIKS ▸ **chik**
CHILD, -ED, -ING, -REN, -S *n* young human being, boy or girl ▷ *vb* give birth
CHILDBED *n* condition of giving birth to a child
CHILDE, -S *n* young man of noble birth
CHILDED ▸ **child**
CHILDER *dialect variant of* ▸ **children**
CHILDES ▸ **childe**
CHILDING ▸ **child**
CHILDISH *adj* immature, silly
CHILDLY ▸ **child**
CHILDREN ▸ **child**
CHILDS ▸ **child**
CHILE, -S *a variant spelling of* ▸ **chilli**
CHILI, -ES, -S *same as* ▸ **chilli**
CHILIAD, -S *n* group of one thousand
CHILIASM *n* belief in the Second Coming of Christ
CHILIAST ▸ **chiliasm**
CHILIDOG *n* hot dog served with chilli sauce
CHILIES ▸ **chili**
CHILIS ▸ **chili**
CHILL, -ED, -EST, -S *n* feverish cold ▷ *vb* make (something) cool or cold ▷ *adj* unpleasantly cold
CHILLADA *n* spicy Mexican dish made of fried vegetables and pulses
CHILLAX *vb* take rest or recreation, as from work
CHILLED ▸ **chill**
CHILLER, -S *n* cooling or refrigerating device
CHILLEST ▸ **chill**
CHILLI, -ES, -S *n* small red or green hot-tasting capsicum pod, used in cooking
CHILLIER ▸ **chilly**
CHILLIES ▸ **chilli**
CHILLILY ▸ **chilly**
CHILLING ▸ **chill**
CHILLIS ▸ **chilli**
CHILLS ▸ **chill**
CHILLUM, -S *n* short pipe used for smoking
CHILLY, CHILLIER *adj* moderately cold
CHILOPOD *n* type of arthropod of the class which includes the centipedes
CHIMAERA *same as* ▸ **chimera**
CHIMAR, -S *same as* ▸ **chimere**
CHIMB, -S *same as* ▸ **chime**
CHIMBLEY *same as* ▸ **chimney**
CHIMBLY *same as* ▸ **chimney**
CHIMBS ▸ **chimb**
CHIME, -D, -S, CHIMING *n* musical ringing sound of a bell or clock ▷ *vb* make a musical ringing sound
CHIMENEA *n* freestanding outdoor fireplace
CHIMER, -S ▸ **chime**
CHIMERA, -S *n* unrealistic hope or idea
CHIMERE, -S *n* gown worn by bishops
CHIMERIC *same as* ▸ **chimera**
CHIMERID *n* fish of the genus Chimaera
CHIMERS ▸ **chimer**
CHIMES ▸ **chime**
CHIMINEA *n* free-standing outdoor fireplace with a rounded body
CHIMING ▸ **chime**
CHIMLA, -S *same as* ▸ **chimney**
CHIMLEY, -S *same as* ▸ **chimney**
CHIMNEY, -S *n* hollow vertical structure for carrying away smoke from a fire ▷ *vb* climb two vertical, parallel, chimney-like rock faces
CHIMO *interj* Inuit greeting and toast
CHIMP, -S *n* chimpanzee
CHIN, -NED, -NING, -S *n* part of the face below the mouth ▷ *vb* hit someone in the chin
CHINA, -S *n* fine earthenware or porcelain
CHINAMAN, CHINAMEN *n* type of ball bowled in cricket
CHINAMPA *n* in Mesoamerican agriculture, an artificially created island used for growing crops
CHINAR, -S *same as* ▸ **chenar**
CHINAS ▸ **china**
CHINBONE *n* front part of the mandible which forms the chin
CHINCH, -ED, -ES *n* (S US) bedbug ▷ *vb* be frugal or miserly
CHINCHY *adj* tightfisted
CHINDIT, -S *n* Allied soldier fighting behind the Japanese lines in Burma during World War II
CHINE, -D, -S, CHINING *same as* ▸ **chime**
CHINESE *adj* of or relating to China
CHING, -S *n* high-pitched ring or chime
CHINING ▸ **chine**
CHINK, -ED, -ING, -S *n* small narrow opening ▷ *vb* make a light ringing sound
CHINKARA *n* Indian gazelle
CHINKED ▸ **chink**
CHINKIER ▸ **chinky**
CHINKING ▸ **chink**
CHINKS ▸ **chink**
CHINKY, CHINKIER ▸ **chink**
CHINLESS *adj* having a receding chin
CHINNED ▸ **chin**
CHINNING ▸ **chin**
CHINO *n* durable cotton twill cloth
CHINOIS *n* conical sieve
CHINONE, -S *n* benzoquinone
CHINOOK, -S *n* wind found in the Rocky Mountains
CHINOS *pl n* trousers made of a kind of hard-wearing cotton
CHINS ▸ **chin**
CHINSE, -D, -S, CHINSING *vb* fill the seams of a boat
CHINTS, -ES *obsolete variant of* ▸ **chintz**
CHINTZ, -ES *n* printed cotton fabric with a glazed finish
CHINTZY *adj* of or covered with chintz
CHINWAG, -S *n* chat
CHIP, -PED, -S *n* strip of potato, fried in deep fat ▷ *vb* break small pieces from
CHIPMUCK *another word for* ▸ **chipmunk**
CHIPMUNK *n* small squirrel-like N American rodent with a striped back
CHIPOTLE *n* dried chilli pepper

CHIPPED ▶ **chip**
CHIPPER, -S *vb* chirp or chatter ▷ *adj* cheerful, lively
CHIPPIE *same as* ▶ **chippy**
CHIPPIER ▶ **chippy**
CHIPPIES ▶ **chippy**
CHIPPING ▶ **chip**
CHIPPY, CHIPPIER, CHIPPIES *n* fish-and-chip shop ▷ *adj* resentful or oversensitive about being perceived as inferior
CHIPS ▶ **chip**
CHIPSET, -S *n* highly integrated circuit on the motherboard of a computer
CHIRAGRA *n* gout occurring in the hands
CHIRAL > **chirality**
CHIRK, -ED, -ER, -EST, -ING, -S *vb* creak, like a door ▷ *adj* spritely; high-spirited
CHIRL, -ED, -ING, -S *vb* warble
CHIRM, -ED, -ING, -S *n* chirping of birds ▷ *vb* (esp of a bird) to chirp
CHIRO, -S *n* informal name for chiropractor
CHIRP, -ED, -S *vb* (of a bird or insect) make a short high-pitched sound ▷ *n* chirping sound
CHIRPER, -S ▶ **chirp**
CHIRPIER ▶ **chirpy**
CHIRPILY ▶ **chirpy**
CHIRPING *n* act of chirping
CHIRPS ▶ **chirp**
CHIRPY, CHIRPIER *adj* lively and cheerful
CHIRR, -ED, -ING, -S *vb* (esp of certain insects, such as crickets) to make a shrill trilled sound ▷ *n* sound of chirring
CHIRRE, -S *same as* ▶ **chirr**
CHIRRED ▶ **chirr**
CHIRREN *pl n* dialect form of children
CHIRRES ▶ **chirre**
CHIRRING ▶ **chirr**
CHIRRS ▶ **chirr**
CHIRRUP, -S *vb* (of some birds) to chirp repeatedly ▷ *n* chirruping sound
CHIRRUPY *adj* making chirping sounds
CHIRT, -ED, -ING, -S *vb* squirt
CHIRU, -S *n* Tibetan antelope
CHIS ▶ **chi**
CHISEL, -S *n* metal tool with a sharp end for shaping wood or stone ▷ *vb* carve or form with a chisel
CHISELED *same as* > **chiselled**
CHISELER ▶ **chisel**
CHISELS ▶ **chisel**
CHIT, -S, -TED, -TING *n* short official note, such as a receipt ▷ *vb* sprout
CHITAL, -S *n* type of deer
CHITCHAT *n* chat, gossip ▷ *vb* gossip
CHITIN, -S *n* outer layer of the bodies of arthropods
CHITLIN, -S *n* pig intestine cooked and served as a dish
CHITLING > **chitlings**
CHITLINS ▶ **chitlin**
CHITON, -S *n* (in ancient Greece and Rome) a loose woollen tunic
CHITOSAN *n* polysaccharide derived from chitin
CHITS ▶ **chit**
CHITTED ▶ **chit**
CHITTER, -S *vb* twitter or chirp
CHITTIER ▶ **chitty**
CHITTIES ▶ **chitty**
CHITTING ▶ **chit**
CHITTY, CHITTIER, CHITTIES *adj* childish ▷ *vb* sprout
CHIV, -S, -VED, -VING *n* knife ▷ *vb* stab (someone)
CHIVALRY *n* courteous behaviour, esp by men towards women
CHIVAREE *n* charivari ▷ *vb* perform a chivaree
CHIVARI *same as* > **charivari**
CHIVE, -D, CHIVING *n* small Eurasian plant ▷ *vb* file or cut off
CHIVES *same as* ▶ **chive**
CHIVIED ▶ **chivy**
CHIVIES ▶ **chivy**
CHIVING ▶ **chive**
CHIVS ▶ **chiv**
CHIVVED ▶ **chiv**
CHIVVIED ▶ **chivvy**
CHIVVIES ▶ **chivvy**
CHIVVING ▶ **chiv**
CHIVVY, CHIVVIED, CHIVVIES *same as* ▶ **chivy**
CHIVY, CHIVIED, CHIVIES, -ING *vb* harass or nag ▷ *n* hunt
CHIZ, -ZED, -ZES, -ZING *n* cheat ▷ *vb* cheat
CHIZZ *same as* ▶ **chiz**
CHIZZED ▶ **chiz**
CHIZZES ▶ **chiz**
CHIZZING ▶ **chiz**
CHLAMYS *n* woollen cloak worn by ancient Greek soldiers
CHLOASMA *n* patches of darker colour on a person's skin
CHLORAL, -S *n* colourless oily liquid with a pungent odour
CHLORATE *n* type of chemical salt
CHLORDAN *same as* > **chlordane**
CHLORIC *adj* of or containing chlorine in the pentavalent state
CHLORID, -S *n* type of chlorine compound
CHLORIDE *n* compound of chlorine and another substance
CHLORIDS ▶ **chlorid**
CHLORIN, -S *same as* ▶ **chlorine**
CHLORINE *n* strong-smelling greenish-yellow gaseous element, used to disinfect water
CHLORINS ▶ **chlorin**
CHLORITE *n* any of a group of green soft secondary minerals
CHLOROUS *adj* of or containing chlorine in the trivalent state
CHOANA, -E *n* posterior nasal aperture
CHOBDAR, -S *n* in India and Nepal, king's macebearer or attendant
CHOC, -S *short form of* > **chocolate**
CHOCCY, CHOCCIER, CHOCCIES *n* chocolate ▷ *adj* made of, tasting of, smelling of, or resembling chocolate
CHOCHO, -S *same as* ▶ **chayote**
CHOCK, -ED, -ING, -S *n* block or wedge used to prevent a heavy object from moving ▷ *vb* secure by a chock ▷ *adv* as closely or tightly as possible
CHOCKER *adj* full up
CHOCKERS *adj* Australian term meaning full up, packed
CHOCKFUL *adj* filled to capacity
CHOCKIE, -R, -S *n* chocolate ▷ *adj* like chocolate
CHOCKING ▶ **chock**
CHOCKO, -S *same as* ▶ **choco**
CHOCKS ▶ **chock**
CHOCKY *n* chocolate ▷ *adj* like chocolate
CHOCO, -S *n* member of the Australian army

CHOCS ▸ **choc**
CHOCTAW, -S *n* movement in ice-skating
CHODE ▸ **chide**
CHOENIX *same as* ▸ **chenix**
CHOG, -S *n* core of a piece of fruit
CHOICE, -R, -S, -ST *n* choosing ▹ *adj* of high quality
CHOICELY ▸ **choice**
CHOICER ▸ **choice**
CHOICES ▸ **choice**
CHOICEST ▸ **choice**
CHOIL, -S *n* end of a knife blade next to the handle
CHOIR, -ED, -ING, -S *n* organized group of singers, esp in church ▹ *vb* sing in chorus
CHOIRBOY *n* boy who sings in a church choir
CHOIRED ▸ **choir**
CHOIRING ▸ **choir**
CHOIRMAN, CHOIRMEN *n* man who sings in a choir
CHOIRS ▸ **choir**
CHOKE, -S, CHOKING *vb* hinder or stop the breathing of (a person) by strangling or smothering ▹ *n* device found in a petrol engine
CHOKED *adj* disappointed or angry
CHOKER, -S *n* tight-fitting necklace
CHOKES ▸ **choke**
CHOKEY, -S, CHOKIER, CHOKIEST *n* slang word for prison ▹ *adj* involving, caused by, or causing choking
CHOKIDAR *n* in India, a gatekeeper
CHOKIER ▸ **chokey**
CHOKIES ▸ **choky**
CHOKIEST ▸ **chokey**
CHOKING ▸ **choke**
CHOKO, -S *n* pear-shaped fruit of a tropical American vine, eaten as a vegetable
CHOKRA, -S *n* in India, a boy or young man
CHOKRI, -S *n* in India, a girl or young woman
CHOKY, CHOKIES *same as* ▸ **chokey**
CHOLA, -S *n* young Mexican-American gang member
CHOLATE, -S *n* salt of cholic acid
CHOLEMIA *same as* > **cholaemia**
CHOLENT, -S *n* meal prepared on Friday and left to cook until eaten for Sabbath lunch
CHOLER, -S *n* bad temper
CHOLERA, -S *n* serious infectious disease
CHOLERIC *adj* bad-tempered
CHOLERS ▸ **choler**
CHOLI, -S *n* short-sleeved bodice, as worn by Indian women
CHOLIAMB *n* imperfect iambic trimeter, with a spondee as the last foot
CHOLIC *adj* as in **cholic acid** crystalline acid found in bile
CHOLINE, -S *n* colourless viscous soluble alkaline substance present in animal tissues
CHOLIS ▸ **choli**
CHOLLA, -S *n* type of spiny cactus
CHOLLERS *pl n* jowls or cheeks
CHOLO, -S *n* young Mexican-American gang member
CHOLTRY *n* caravanserai
CHOMETZ *same as* ▸ **chametz**
CHOMMIE, -S *n* (in informal South African English) friend
CHOMP, -ED, -ING, -S *vb* chew noisily ▹ *n* act or sound of chewing in this manner
CHOMPER, -S ▸ **chomp**
CHOMPING ▸ **chomp**
CHOMPS ▸ **chomp**
CHON, -S *n* North and South Korean monetary unit
CHONDRAL *adj* of or relating to cartilage
CHONDRE, -S *another word for* > **chondrule**
CHONDRI ▸ **chondrus**
CHONDRIN *n* resilient translucent bluish-white substance that forms the matrix of cartilage
CHONDRUS, CHONDRI *n* cartilage
CHONS ▸ **chon**
CHOOF, -ED, -ING, -S *vb* go away
CHOOK, -ED, -ING, -S *n* hen or chicken ▹ *vb* make the sound of a hen of chicken
CHOOKIE, -S *same as* ▸ **chook**
CHOOKING ▸ **chook**
CHOOKS ▸ **chook**
CHOOM, -S *n* Englishman
CHOON, -S *n* slang term for music that one likes
CHOOSE, -S, CHOOSING, CHOSEN *vb* select from a number of alternatives
CHOOSER, -S ▸ **choose**
CHOOSES ▸ **choose**
CHOOSEY *same as* ▸ **choosy**
CHOOSIER ▸ **choosy**
CHOOSILY *adv* in a fussy or choosy way
CHOOSING ▸ **choose**
CHOOSY, CHOOSIER *adj* fussy, hard to please
CHOP, -PED, -S *vb* cut with a blow from an axe or knife ▹ *n* cutting or sharp blow
CHOPIN, -S *same as* ▸ **chopine**
CHOPINE, -S *n* sandal-like shoe popular in the 18th century
CHOPINS ▸ **chopin**
CHOPPED ▸ **chop**
CHOPPER, -S *n* helicopter ▹ *vb* travel by helicopter
CHOPPIER ▸ **choppy**
CHOPPILY ▸ **choppy**
CHOPPING ▸ **chop**
CHOPPY, CHOPPIER *adj* (of the sea) fairly rough
CHOPS ▸ **chop**
CHORAGI ▸ **choragus**
CHORAGIC ▸ **choragus**
CHORAGUS, CHORAGI *n* leader of a chorus
CHORAL, -S *adj* of a choir
CHORALE, -S *n* slow stately hymn tune
CHORALLY ▸ **choral**
CHORALS ▸ **choral**
CHORD, -S *n* straight line joining two points on a curve ▹ *vb* provide (a melodic line) with chords
CHORDA, -E *n* in anatomy, a cord
CHORDAL ▸ **chord**
CHORDATE *n* type of animal which includes the vertebrates
CHORDED ▸ **chord**
CHORDING *n* distribution of chords throughout a piece of harmony
CHORDS ▸ **chord**
CHORE, -D, -S, CHORING *n* routine task ▹ *vb* carry out chores
CHOREA, -S *n* disorder of the nervous system
CHOREAL ▸ **chorea**
CHOREAS ▸ **chorea**
CHOREBOY *n* boy who does chores
CHORED ▸ **chore**
CHOREE, -S *n* trochee
CHOREGI ▸ **choregus**
CHOREGIC ▸ **choregus**
CHOREGUS, CHOREGI *n* in ancient Greece, the producer and financier of a dramatist's works

C

CHOREIC ▸**chorea**
CHOREMAN, CHOREMEN *n* handyman
CHOREOID *adj* resembling chorea
CHORES ▸**chore**
CHOREUS *same as* ▸**choree**
CHORIA ▸**chorion**
CHORIAL ▸**chorion**
CHORIAMB *n* metrical foot used in classical verse
CHORIC *adj* in the manner of a chorus
CHORINE, -S *n* young woman in a chorus line
CHORING ▸**chore**
CHORIOID *same as* ▸**choroid**
CHORION, CHORIA, -S *n* outer membrane forming a sac around an embryo
CHORISIS, CHORISES *n* multiplication of leaves etc by branching or splitting
CHORISM, -S ▸**chorisis**
CHORIST, -S *n* choir member
CHORIZO, -S *n* kind of highly seasoned pork sausage of Spain or Mexico
CHOROID, -S *adj* resembling the chorion, esp in being vascular ▷*n* vascular membrane of the eyeball
CHORRIE, -S *n* dilapidated old car
CHORTEN, -S *n* Buddhist shrine
CHORTLE, -D, -S *vb* chuckle in amusement ▷*n* amused chuckle
CHORTLER ▸**chortle**
CHORTLES ▸**chortle**
CHORUS, -ED, -ES *n* large choir ▷*vb* sing or say together
CHOSE, -S *n* item of property
CHOSEN ▸**choose**
CHOSES ▸**chose**
CHOTA *adj* (in British Empire Indian usage) small
CHOTT, -S *a variant spelling of* ▸**shott**
CHOU, -X *n* type of cabbage
CHOUGH, -S *n* large black Eurasian and N African bird of the crow family
CHOULTRY *same as* ▸**choltry**
CHOUNTER *same as* ▸**chunter**
CHOUSE, -D, -S, CHOUSING *vb* cheat
CHOUSER, -S ▸**chouse**
CHOUSES ▸**chouse**
CHOUSH, -ES *n* Turkish messenger
CHOUSING ▸**chouse**
CHOUT, -S *n* blackmail
CHOUX ▸**chou**
CHOW, -ED, -ING, -S *n* thick-coated dog with a curled tail, orig from China ▷*vb* eat
CHOWCHOW *same as* ▸**chow**
CHOWDER, -S *n* thick soup containing clams or fish ▷*vb* make a chowder of
CHOWDOWN *n* act of eating a lot of food
CHOWED ▸**chow**
CHOWING ▸**chow**
CHOWK, -S *n* marketplace or market area
CHOWRI, -ES, -S *n* fly-whisk
CHOWRY *same as* ▸**chowri**
CHOWS ▸**chow**
CHOWSE, -D, -S, CHOWSING *same as* ▸**chouse**
CHOWTIME *n* mealtime
CHRESARD *n* amount of water present in the soil that is available to plants
CHRISM, -S *n* consecrated oil used for anointing in some churches
CHRISMA ▸**chrismon**
CHRISMAL *n* chrism container
CHRISMON, CHRISMA *n* monogram and symbol of Christ's name
CHRISMS ▸**chrism**
CHRISOM, -S *same as* ▸**chrism**
CHRISTEN *vb* baptize
CHRISTIE *same as* ▸**christy**
CHRISTOM *same as* ▸**chrisom**
CHRISTY *n* skiing turn for stopping or changing direction quickly
CHROMA, -S *n* attribute of a colour
CHROMATE *n* any salt or ester of chromic acid
CHROME, -D, -S *n* anything plated with chromium ▷*vb* plate with chromium ▷*adj* of or having the appearance of chrome
CHROMEL, -S *n* nickel-based alloy
CHROMENE *n* chemical compound
CHROMES ▸**chrome**
CHROMIC *adj* of or containing chromium in the trivalent state
CHROMIDE *n* any member of the cichlid family of fish
CHROMIER ▸**chromy**
CHROMING ▸**chrome**
CHROMISE *same as* ▸**chromize**
CHROMITE *n* brownish-black mineral which is the only commercial source of chromium
CHROMIUM *n* grey metallic element used in steel alloys and for electroplating
CHROMIZE *vb* chrome-plate
CHROMO, -S *n* picture produced by lithography
CHROMOLY *n* type of steel alloy
CHROMOS ▸**chromo**
CHROMOUS *adj* of or containing chromium in the divalent state
CHROMY, CHROMIER ▸**chrome**
CHROMYL, -S *n* type of divalent radical
CHRONAXY *same as* ▸**chronaxie**
CHRONIC, -S *adj* (of an illness) lasting a long time ▷*n* chronically ill patient
CHRONON, -S *n* unit of time
CHTHONIC *same as* ▸**chthonian**
CHUB, -S *n* European freshwater fish of the carp family
CHUBASCO *n* in Mexico, a hurricane
CHUBBIER ▸**chubby**
CHUBBILY ▸**chubby**
CHUBBY, CHUBBIER *adj* plump and round
CHUBS ▸**chub**
CHUCK, -ED, -ING, -S *vb* throw ▷*n* cut of beef from the neck to the shoulder
CHUCKER, -S *n* person who throws something
CHUCKIE, -S *n* small stone
CHUCKING ▸**chuck**
CHUCKLE, -D, -S *vb* laugh softly ▷*n* soft laugh
CHUCKLER ▸**chuckle**
CHUCKLES ▸**chuckle**
CHUCKS ▸**chuck**
CHUCKY *same as* ▸**chuckie**
CHUDDAH, -S *same as* ▸**chuddar**
CHUDDAR, -S *n* large shawl or veil
CHUDDER, -S *same as* ▸**chuddar**
CHUDDIES *pl n* underpants
CHUDDY *n* chewing gum
CHUFA, -S *n* type of sedge
CHUFF, -ER, -EST, -ING, -S *vb* (of a steam engine) move while making a puffing

sound ▷*n* puffing sound of or as if of a steam engine ▷*adj* boorish
CHUFFED *adj* very pleased
CHUFFER ▸**chuff**
CHUFFEST ▸**chuff**
CHUFFIER ▸**chuffy**
CHUFFING ▸**chuff**
CHUFFS ▸**chuff**
CHUFFY, CHUFFIER *adj* boorish and surly
CHUG, -GED, -S *n* short dull sound like the noise of an engine ▷*vb* operate or move with this sound
CHUGALUG *vb* gulp down a drink in one go
CHUGGED ▸**chug**
CHUGGER, -S ▸**chug**
CHUGGING *n* act of drinking a liquid quickly
CHUGS ▸**chug**
CHUKAR, -S *n* common Indian partridge
CHUKKA, -S *n* period of play in polo
CHUKKAR, -S *same as* ▸**chukka**
CHUKKAS ▸**chukka**
CHUKKER, -S *same as* ▸**chukka**
CHUKOR, -S *same as* ▸**chukar**
CHUM, -MED, -MING, -S *n* close friend ▷*vb* be or become an intimate friend (of)
CHUMASH *n* printed book containing one of the Five Books of Moses
CHUMLEY, -S *same as* ▸**chimney**
CHUMMAGE *n* formerly, fee paid by a prisoner for sole occupancy of a cell
CHUMMED ▸**chum**
CHUMMIER ▸**chummy**
CHUMMIES ▸**chummy**
CHUMMILY ▸**chummy**
CHUMMING ▸**chum**
CHUMMY, CHUMMIER, CHUMMIES *adj* friendly ▷*n* chum
CHUMP, -ED, -S *n* stupid person ▷*vb* chew noisily
CHUMPING *n* collecting wood for bonfires on Guy Fawkes Day
CHUMPS ▸**chump**
CHUMS ▸**chum**
CHUMSHIP *n* friendship
CHUNDER, -S *vb* slang word for vomit ▷*n* slang word for vomit
CHUNK, -ED, -S *n* thick solid piece ▷*vb* break up into chunks
CHUNKIER ▸**chunky**
CHUNKILY ▸**chunky**
CHUNKING *n* mnemonic technique involving grouping together of a number of items
CHUNKS ▸**chunk**
CHUNKY, CHUNKIER *adj* (of a person) broad and heavy
CHUNNEL, -S *n* rail tunnel linking England and France
CHUNNER, -S *same as* ▸**chunter**
CHUNTER, -S *vb* mutter or grumble incessantly in a meaningless fashion
CHUPATI, -S *same as* ▸**chupatti**
CHUPATTI *variant spelling of* ▸**chapati**
CHUPATTY *same as* ▸**chupatti**
CHUPPA, -S *variant of* ▸**chuppah**
CHUPPAH, -S, CHUPPOT, CHUPPOTH *n* canopy under which a marriage is performed
CHUPPAS ▸**chuppa**
CHUPPOT ▸**chuppah**
CHUPPOTH ▸**chuppah**
CHUR *interj* expression of agreement
CHURCH, -ED, -ES *n* building for public Christian worship ▷*vb* bring someone to church for special ceremonies
CHURCHLY *adj* appropriate to, associated with, or suggestive of church life and customs
CHURCHY *adj* like a church, church service, etc
CHURIDAR *n* as in **churidar pyjamas** long tight-fitting trousers, worn by Indian men and women
CHURINGA *n* sacred amulet of the native Australians
CHURL, -S *n* surly ill-bred person
CHURLISH *adj* surly and rude
CHURLS ▸**churl**
CHURN, -ED, -S *n* machine in which cream is shaken to make butter ▷*vb* stir (cream) vigorously to make butter
CHURNER, -S ▸**churn**
CHURNING *n* quantity of butter churned at any one time
CHURNS ▸**churn**
CHURR, -ED, -ING, -S *same as* ▸**chirr**
CHURRO, -S *n* Spanish dough stick snack
CHURRS ▸**churr**
CHURRUS *n* hemp resin
CHUSE, -D, -S, CHUSING *obsolete variant of* ▸**choose**
CHUT, -S *interj* expression of surprise or annoyance ▷*n* such an expression
CHUTE, -D, -S, CHUTING *n* steep slope down which things may be slid ▷*vb* descend by a chute
CHUTIST, -S ▸**chute**
CHUTNEE, -S *same as* ▸**chutney**
CHUTNEY, -S *n* pickle made from fruit, vinegar, spices, and sugar
CHUTS ▸**chut**
CHUTZPA, -S *same as* ▸**chutzpah**
CHUTZPAH *n* unashamed self-confidence
CHUTZPAS ▸**chutzpa**
CHYACK, -ED, -S *same as* ▸**chiack**
CHYLDE *archaic word for* ▸**child**
CHYLE, -S *n* milky fluid formed in the small intestine during digestion
CHYLIFY *vb* be turned into chyle
CHYLOUS ▸**chyle**
CHYLURIA *n* presence of chyle in urine
CHYME, -S *n* partially digested food that leaves the stomach
CHYMIC, -S *same as* ▸**chemic**
CHYMIFY *vb* form into chyme
CHYMIST, -S *same as* ▸**chemist**
CHYMOSIN *another name for* ▸**rennin**
CHYMOUS ▸**chyme**
CHYND *adj* chined
CHYPRE, -S *n* perfume made from sandalwood
CHYRON, -S *n* caption superimposed on a TV screen
CHYTRID, -S *n* variety of fungus
CIABATTA, CIABATTE *n* type of bread made with olive oil
CIAO *an informal word for* ▸**hello**
CIBATION *n* feeding
CIBOL, -S *same as* ▸**chibol**
CIBORIUM, CIBORIA *n* goblet-shaped lidded vessel used to hold consecrated wafers in Holy Communion

C

CIBOULE, -S *same as* ▸ **chibol**
CICADA, -E, -S *n* large insect that makes a high-pitched drone
CICALA, -S, CICALE *same as* ▸ **cicada**
CICATRIX *n* scar
CICELY, CICELIES *n* type of plant
CICERO, -S *n* measure for type that is somewhat larger than the pica
CICERONE, CICERONI *n* person who guides and informs sightseers ▹ *vb* act as a cicerone
CICEROS ▸ **cicero**
CICHLID, -S *n* type of tropical freshwater fish popular in aquariums
CICHLOID ▸ **cichlid**
CICINNUS *n* scorpioid cyme
CICLATON *n* rich material of silk and gold
CICOREE, -S *same as* ▸ **chicory**
CICUTA, -S *n* spotted hemlock
CICUTINE *same as* ▸ **coniine**
CID, -S *n* leader
CIDARIS *n* sea urchin
CIDE, -D, -S, CIDING *Shakespearean variant of* ▸ **decide**
CIDER, -S *n* alcoholic drink made from fermented apple juice
CIDERIER ▸ **cidery**
CIDERKIN *n* weak type of cider
CIDERS ▸ **cider**
CIDERY, CIDERIER *adj* like cider
CIDES ▸ **cide**
CIDING ▸ **cide**
CIDS ▸ **cid**
CIEL, -ED, -INGS, -S *same as* ▸ **ceil**
CIELING *same as* ▸ **ceiling**
CIELINGS ▸ **ciel**
CIELS ▸ **ciel**
CIERGE, -S *same as* ▸ **cerge**
CIG, -S *same as* > **cigarette**
CIGAR, -S *n* roll of cured tobacco leaves for smoking
CIGARET, -S *same as* > **cigarette**
CIGARS ▸ **cigar**
CIGGIE, -S *same as* > **cigarette**
CIGGY *same as* > **cigarette**
CIGS ▸ **cig**
CILANTRO *same as* > **coriander**
CILIA ▸ **cilium**
CILIARY *adj* of or relating to cilia
CILIATE, -S *n* type of protozoan
CILIATED ▸ **ciliate**
CILIATES ▸ **ciliate**
CILICE, -S *n* haircloth fabric or garment
CILIUM, CILIA *n* short thread projecting from a cell that causes movement
CILL, -S *a variant spelling (used in the building industry) for* ▸ **sill**
CIMAR, -S *same as* ▸ **cymar**
CIMBALOM *n* type of dulcimer, esp of Hungary
CIMELIA *pl n* (especially, ecclesiastical) treasures
CIMEX, CIMICES *n* type of heteropterous insect, esp the bedbug
CIMIER, -S *n* crest of a helmet
CIMINITE *n* type of igneous rock
CIMOLITE *n* clayey, whitish mineral
CINCH, -ED, -ES *n* easy task ▹ *vb* fasten a girth around (a horse)
CINCHING ▸ **cinch**
CINCHONA *same as* ▸ **calisaya**
CINCT *adj* encircled
CINCTURE *n* something, such as a belt or girdle, that goes around another thing ▹ *vb* encircle
CINDER, -ED, -S *n* piece of material that will not burn, left after burning coal ▹ *vb* burn to cinders
CINDERY *adj* covered in cinders
CINE, -S *n* as in **cine camera** camera able to film moving pictures
CINEAST, -S *same as* ▸ **cineaste**
CINEASTE *n* enthusiast for films
CINEASTS ▸ **cineast**
CINEMA, -S *n* place for showing films
CINEOL, -S *n* colourless oily liquid with a camphor-like odour and a spicy taste
CINEOLE, -S *same as* ▸ **cineol**
CINEOLS ▸ **cineol**
CINEPLEX *n* large cinema complex
CINERARY *adj* of (someone's) ashes
CINEREA, -S *n* grey matter of the brain and nervous system
CINEREAL *adj* ashy
CINEREAS ▸ **cinerea**
CINERIN, -S *n* either of two organic compounds used as insecticides
CINES ▸ **cine**
CINGULA ▸ **cingulum**
CINGULAR *adj* ring-shaped
CINGULUM, CINGULA *n* girdle-like part of certain structures
CINNABAR *n* heavy red mineral containing mercury
CINNAMIC ▸ **cinnamon**
CINNAMON *n* spice obtained from the bark of an Asian tree
CINNAMYL *n* univalent radical of cinnamic compounds
CINQ, -S *n* number five
CINQUAIN *n* stanza of five lines
CINQUE, -S *n* number five in cards, dice, etc
CION, -S *same as* ▸ **scion**
CIOPPINO *n* Italian rich fish stew
CIPAILLE *n* type of pie traditional in Quebec
CIPHER, -ED, -S *n* system of secret writing ▹ *vb* put (a message) into secret writing
CIPHERER ▸ **cipher**
CIPHERS ▸ **cipher**
CIPHONY *n* ciphered telephony
CIPOLIN, -S *n* Italian marble with alternating white and green streaks
CIPPUS, CIPPI *n* pillar bearing an inscription
CIRCA *prep* approximately, about
CIRCAR, -S *n* in India, part of a province
CIRCITER *prep* around, about
CIRCLE, -D, -S *n* perfectly round geometric figure, line, or shape ▹ *vb* move in a circle (round)
CIRCLER, -S ▸ **circle**
CIRCLES ▸ **circle**
CIRCLET, -S *n* circular ornament worn on the head
CIRCLING ▸ **circle**
CIRCLIP, -S *n* type of fastener
CIRCS *pl n* circumstances
CIRCUIT, -S *n* complete route or course, esp a circular one ▹ *vb* make or travel in a circuit around (something)
CIRCUITY *n* (of speech, reasoning, etc) a

roundabout or devious quality
CIRCULAR *adj* in the shape of a circle ▷ *n* letter for general distribution
CIRCUS, -ES *n* travelling company of acrobats, clowns, performing animals, etc
CIRCUSSY *adj* like a circus
CIRCUSY *adj* like a circus
CIRE, -S *adj* (of fabric) treated with a heat or wax process to make it smooth ▷ *n* such a surface on a fabric
CIRL, -S *n* bird belonging to the bunting family
CIRQUE, -S *n* steep-sided semicircular hollow found in mountainous areas
CIRRATE *adj* bearing or resembling cirri
CIRRI ▸ **cirrus**
CIRRIPED *same as* > **cirripede**
CIRROSE *same as* ▸ **cirrate**
CIRROUS *same as* ▸ **cirrate**
CIRRUS, CIRRI, -ES *n* high wispy cloud
CIRSOID *adj* resembling a varix
CIS *adj* having two groups of atoms on the same side of a double bond
CISCO, -ES, -S *n* whitefish, esp the lake herring of cold deep lakes of North America
CISELEUR *n* person who is expert in ciselure
CISELURE *n* art or process of chasing metal
CISLUNAR *adj* of or relating to the space between the earth and the moon
CISSIER ▸ **cissy**
CISSIES ▸ **cissy**
CISSIEST ▸ **cissy**
CISSING, -S *n* appearance of pinholes, craters, etc, in paintwork
CISSOID, -S *n* type of geometric curve
CISSUS, -ES *n* type of climbing plant
CISSY, CISSIER, CISSIES, CISSIEST *same as* ▸ **sissy**
CIST, -S *n* wooden box for holding ritual objects used in ancient Rome and Greece
CISTED ▸ **cist**
CISTERN, -S *n* water tank, esp one that holds water for flushing a toilet
CISTERNA *n* sac or partially closed space containing body fluid, esp lymph or cerebrospinal fluid
CISTERNS ▸ **cistern**
CISTIC *adj* cist-like
CISTRON, -S *n* section of a chromosome that encodes a single polypeptide chain
CISTS ▸ **cist**
CISTUS, -ES *n* type of plant
CISTVAEN *n* pre-Christian stone coffin or burial chamber
CIT, -S *n* pejorative term for a town dweller
CITABLE ▸ **cite**
CITADEL, -S *n* fortress in a city
CITAL, -S *n* court summons
CITATION *n* commendation for bravery
CITATOR, -S *n* legal publication
CITATORY ▸ **citation**
CITE, -D, -S, CITING *vb* quote, refer to
CITEABLE ▸ **cite**
CITED ▸ **cite**
CITER, -S ▸ **cite**
CITES ▸ **cite**
CITESS, -ES *n* female cit
CITHARA, -S *n* ancient stringed musical instrument
CITHER, -S *same as* ▸ **cittern**
CITHERN, -S *same as* ▸ **cittern**
CITHERS ▸ **cither**
CITHREN, -S *same as* ▸ **cithara**
CITIED *adj* having cities
CITIES ▸ **city**
CITIFY, CITIFIED, CITIFIES *vb* cause to conform to or adopt the customs, habits, or dress of city people
CITING ▸ **cite**
CITIZEN, -S *n* native or naturalized member of a state or nation
CITO *adv* swiftly
CITOLA, -S *n* type of medieval stringed instrument
CITOLE, -S *a rare word for* ▸ **cittern**
CITRAL, -S *n* volatile liquid with a lemon-like odour
CITRANGE *n* type of acidic and aromatic orange
CITRATE, -S *n* any salt or ester of citric acid
CITRATED *adj* treated with a citrate
CITRATES ▸ **citrate**
CITREOUS *adj* of a greenish-yellow colour
CITRIC *adj* of or derived from citrus fruits or citric acid
CITRIN, -S *n* vitamin P
CITRINE, -S *n* brownish-yellow variety of quartz: a gemstone
CITRININ *n* type of mycotoxin
CITRINS ▸ **citrin**
CITRON, -S *n* lemon-like fruit of a small Asian tree
CITROUS *same as* ▸ **citrus**
CITRUS, -ES *n* type of tropical or subtropical tree or shrub
CITRUSSY *adj* having or resembling the taste or colour of a citrus fruit
CITRUSY *same as* ▸ **citrussy**
CITS ▸ **cit**
CITTERN, -S *n* medieval stringed instrument
CITY, CITIES *n* large or important town
CITYFY, CITYFIED, CITYFIES *same as* ▸ **citify**
CITYWARD *adv* towards a city
CITYWIDE *adj* occurring throughout a city
CIVE, -S *same as* ▸ **chive**
CIVET, -S *n* spotted catlike African mammal
CIVIC *adj* of a city or citizens
CIVICISM *n* principle of civil government
CIVICS *n* study of the rights and responsibilities of citizenship
CIVIE, -S *same as* ▸ **civvy**
CIVIL *adj* relating to the citizens of a state
CIVILIAN *adj* not belonging to the armed forces ▷ *n* person who is not a member of the armed forces or police
CIVILISE *same as* ▸ **civilize**
CIVILIST *n* civilian
CIVILITY *n* polite or courteous behaviour
CIVILIZE *vb* refine or educate (a person)
CIVILLY ▸ **civil**
CIVILS *n* civil engineering
CIVISM, -S *n* good citizenship
CIVVY, CIVVIES *n* civilian
CIZERS *archaic spelling of* ▸ **scissors**
CLABBER, -S *vb* cover with mud
CLACH, -ED, -ES, -ING, -S *n* stone ▷ *vb* kill by stoning
CLACHAN, -S *n* small village
CLACHED ▸ **clach**
CLACHES ▸ **clach**
CLACHING ▸ **clach**
CLACHS ▸ **clach**

C

CLACK, -ED, -ING, -S *n* sound made by two hard objects striking each other ▷ *vb* make this sound
CLACKBOX *n* casing enclosing a clack
CLACKED ▶ **clack**
CLACKER, -S *n* object that makes a clacking sound
CLACKING ▶ **clack**
CLACKS ▶ **clack**
CLAD, -S *vb* bond a metal to (another metal), esp to form a protective coat
CLADDAGH *n* Irish ring
CLADDED *adj* covered with cladding
CLADDER, -S ▶ **clad**
CLADDIE, -S *another name for* ▶ **korari**
CLADDING ▶ **clad**
CLADE, -S *n* group of organisms sharing a common ancestor
CLADISM, -S ▶ **cladist**
CLADIST, -S *n* proponent of cladistics
CLADODE, -S *n* stem resembling and functioning as a leaf
CLADS ▶ **clad**
CLAES *Scots word for* ▶ **clothes**
CLAFOUTI *same as* > **clafoutis**
CLAG, -GED, -GING, -S *n* sticky mud ▷ *vb* stick, as mud
CLAGGIER ▶ **claggy**
CLAGGING ▶ **clag**
CLAGGY, CLAGGIER *adj* stickily clinging, as mud
CLAGS ▶ **clag**
CLAIM, -ED, -ING, -S *vb* assert as a fact ▷ *n* assertion that something is true
CLAIMANT *n* person who makes a claim
CLAIMED ▶ **claim**
CLAIMER, -S ▶ **claim**
CLAIMING ▶ **claim**
CLAIMS ▶ **claim**
CLAM, -MED, -MING, -S *n* edible shellfish with a hinged shell ▷ *vb* gather clams
CLAMANCY *n* urgency
CLAMANT *adj* noisy
CLAMBAKE *n* picnic, often by the sea, at which clams, etc, are baked
CLAMBE *old variant of* ▶ **climb**
CLAMBER, -S *vb* climb awkwardly ▷ *n* climb performed in this manner
CLAME, -S *archaic variant of* ▶ **claim**
CLAMLIKE ▶ **clam**
CLAMMED ▶ **clam**
CLAMMER, -S *n* person who gathers clams
CLAMMIER ▶ **clammy**
CLAMMILY ▶ **clammy**
CLAMMING ▶ **clam**
CLAMMY, CLAMMIER *adj* unpleasantly moist and sticky
CLAMOR, -ED, -S *same as* ▶ **clamour**
CLAMORER ▶ **clamor**
CLAMORS ▶ **clamor**
CLAMOUR, -S *n* loud protest ▷ *vb* make a loud noise or outcry
CLAMP, -ED, -S *n* tool with movable jaws for holding things together tightly ▷ *vb* fasten with a clamp
CLAMPER, -S *n* spiked metal frame fastened to the sole of a shoe ▷ *vb* tread heavily
CLAMPING *n* act of clamping
CLAMPS ▶ **clamp**
CLAMS ▶ **clam**
CLAMWORM *the US name for the* ▶ **ragworm**
CLAN, -S *n* group of families with a common ancestor
CLANG, -ED, -S *vb* make a loud ringing metallic sound ▷ *n* ringing metallic sound
CLANGBOX *n* device fitted to a jet-engine to change the direction of thrust
CLANGED ▶ **clang**
CLANGER, -S *n* obvious mistake
CLANGING ▶ **clang**
CLANGOR, -S *same as* ▶ **clangour**
CLANGOUR *n* loud continuous clanging sound ▷ *vb* make or produce a loud resonant noise
CLANGS ▶ **clang**
CLANK, -ED, -S *n* harsh metallic sound ▷ *vb* make such a sound
CLANKIER ▶ **clanky**
CLANKING ▶ **clank**
CLANKS ▶ **clank**
CLANKY, CLANKIER *adj* making clanking sounds
CLANNISH *adj* (of a group) tending to exclude outsiders
CLANS ▶ **clan**
CLANSHIP *n* association of families under the leadership of a chieftain
CLANSMAN, CLANSMEN *n* man belonging to a clan
CLAP, -PED, -S, -T *vb* applaud by hitting the palms of one's hands sharply together ▷ *n* act or sound of clapping
CLAPDISH *same as* > **clackdish**
CLAPNET, -S *n* net that can be closed instantly by pulling a string
CLAPPED ▶ **clap**
CLAPPER, -S *n* piece of metal inside a bell ▷ *vb* make a sound like a clapper
CLAPPING ▶ **clap**
CLAPS ▶ **clap**
CLAPT ▶ **clap**
CLAPTRAP *n* foolish or pretentious talk
CLAQUE, -S *n* group of people hired to applaud
CLAQUER, -S *same as* ▶ **claqueur**
CLAQUES ▶ **claque**
CLAQUEUR *n* member of a claque
CLARAIN, -S *n* one of the four major lithotypes of banded coal
CLARENCE *n* closed four-wheeled horse-drawn carriage, having a glass front
CLARET, -ED, -S *n* dry red wine from Bordeaux ▷ *adj* purplish-red ▷ *vb* drink claret
CLARIES ▶ **clary**
CLARIFY *vb* make (a matter) clear and unambiguous
CLARINET *n* keyed woodwind instrument with a single reed
CLARINO, CLARINI, -S *adj* relating to a high passage for the trumpet in 18th-century music ▷ *n* high register of the trumpet
CLARION, -S *n* obsolete high-pitched trumpet ▷ *adj* clear and ringing ▷ *vb* proclaim loudly
CLARITY *n* clearness
CLARKIA, -S *n* N American plant cultivated for its red, purple, or pink flowers
CLARO, -ES, -S *n* mild light-coloured cigar
CLARSACH *n* Celtic harp of Scotland and Ireland
CLART, -ED, -ING *vb* to dirty
CLARTIER ▶ **clarty**
CLARTING ▶ **clart**
CLARTS *pl n* lumps of mud, esp on shoes
CLARTY, CLARTIER *adj* dirty, esp covered in mud

C

CLARY, CLARIES *n* European plant with aromatic leaves and blue flowers
CLASH, -ED, -ES *vb* come into conflict ▷ *n* fight, argument
CLASHER, -S ▸ **clash**
CLASHES ▸ **clash**
CLASHING ▸ **clash**
CLASP, -ED, -S *n* device for fastening things ▷ *vb* grasp or embrace firmly
CLASPER, -S ▸ **clasp**
CLASPING ▸ **clasp**
CLASPS ▸ **clasp**
CLASPT *old inflection of* ▸ **clasp**
CLASS, -ED *n* group of people sharing a similar social position ▷ *vb* place in a class
CLASSER, -S ▸ **class**
CLASSES ▸ **classis**
CLASSIC, -S *adj* being a typical example of something ▷ *n* author, artist, or work of art of recognized excellence
CLASSICO *adj* (of Italian wines) coming from the centre of a specific wine-growing region
CLASSICS ▸ **classic**
CLASSIER ▸ **classy**
CLASSIFY *vb* divide into groups with similar characteristics
CLASSILY ▸ **classy**
CLASSING ▸ **class**
CLASSIS, CLASSES *n* governing body of elders or pastors
CLASSISM *n* belief that people from certain social or economic classes are superior to others
CLASSIST ▸ **classism**
CLASSMAN, CLASSMEN *n* graduate of Oxford University with a classed honours degree
CLASSON, -S *n* elementary atomic particle
CLASSY, CLASSIER *adj* stylish and elegant
CLAST, -S *n* fragment of a clastic rock
CLASTIC, -S *adj* composed of fragments ▷ *n* clast
CLASTS ▸ **clast**
CLAT, -S, -TED, -TING *n* irksome or troublesome task ▷ *vb* scrape
CLATCH, -ED, -ES *vb* move making a squelching sound
CLATS ▸ **clat**
CLATTED ▸ **clat**
CLATTER, -S *n* rattling noise ▷ *vb* make a rattling noise, as when hard objects hit each other
CLATTERY *adj* making a clattering sound
CLATTING ▸ **clat**
CLAUCHT, -S *vb* seize by force
CLAUGHT, -S *same as* ▸ **claucht**
CLAUSAL ▸ **clause**
CLAUSE, -S *n* section of a legal document
CLAUSTRA > **claustrum**
CLAUSULA *n* type of cadence in polyphony
CLAUT, -ED, -ING, -S *same as* ▸ **clat**
CLAVATE *adj* shaped like a club with the thicker end uppermost
CLAVATED *same as* ▸ **clavate**
CLAVE, -S *n* one of a pair of hardwood sticks struck together to make a hollow sound
CLAVECIN *n* harpsichord
CLAVER, -ED, -S *vb* talk idly ▷ *n* idle talk
CLAVES ▸ **clave**
CLAVI ▸ **clavus**
CLAVICLE *n* bone connecting the shoulder blade to the breastbone
CLAVIE, -S *n* tar-barrel traditionally set alight in Moray in Scotland on Hogmanay
CLAVIER, -S *n* any keyboard instrument
CLAVIES ▸ **clavie**
CLAVIGER *n* key- or club-bearer
CLAVIS *n* key
CLAVUS, CLAVI *n* corn on the toe
CLAW, -ED, -ING, -S *n* sharp hooked nail of a bird or beast ▷ *vb* tear with claws or nails
CLAWBACK *n* recovery of a sum of money
CLAWED ▸ **claw**
CLAWER, -S ▸ **claw**
CLAWING ▸ **claw**
CLAWLESS ▸ **claw**
CLAWLIKE *adj* resembling a claw or claws
CLAWS ▸ **claw**
CLAXON, -S *same as* ▸ **klaxon**
CLAY, -ED, -ING, -S *n* fine-grained earth used to make bricks and pottery ▷ *vb* cover or mix with clay
CLAYBANK *n* dull brownish-orange colour
CLAYED ▸ **clay**
CLAYEY, CLAYIER, CLAYIEST ▸ **clay**
CLAYING ▸ **clay**
CLAYISH ▸ **clay**
CLAYLIKE ▸ **clay**
CLAYMORE *n* large two-edged sword formerly used by Scottish Highlanders
CLAYPAN, -S *n* layer of stiff impervious clay situated just below the surface of the ground
CLAYS ▸ **clay**
CLAYWARE *n* pottery
CLEAN, -ED, -EST, -S *adj* free from dirt or impurities ▷ *vb* make (something) free from dirt ▷ *adv* completely
CLEANER, -S *n* person or thing that removes dirt
CLEANEST ▸ **clean**
CLEANING *n* act of cleaning something
CLEANISH *adj* quite clean
CLEANLY *adv* easily or smoothly ▷ *adj* habitually clean or neat
CLEANOUT *n* act or instance of cleaning (something) out
CLEANS ▸ **clean**
CLEANSE, -D, -S *vb* make clean
CLEANSER *n* cleansing agent, such as a detergent
CLEANSES ▸ **cleanse**
CLEANUP, -S *n* process of cleaning up or eliminating something
CLEAR, -ED, -EST, -S *adj* free from doubt or confusion ▷ *adv* in a clear or distinct manner ▷ *vb* make or become clear
CLEARAGE *n* clearance
CLEARCUT *n* act of felling all trees in area
CLEARED ▸ **clear**
CLEARER, -S ▸ **clear**
CLEAREST ▸ **clear**
CLEARING *n* treeless area in a wood
CLEARLY *adv* in a clear, distinct, or obvious manner
CLEAROUT *n* act or instance of removing (things or material)
CLEARS ▸ **clear**
CLEARWAY *n* stretch of road on which motorists may stop in an emergency
CLEAT, -ED, -ING, -S *n* wedge ▷ *vb* supply or support with a cleat or cleats

C

CLEAVAGE *n* division or split
CLEAVE, -D, -S, CLOVEN *vb* split apart ▷ *n* split
CLEAVER *n* butcher's heavy knife with a square blade
CLEAVERS *n* plant with small white flowers and sticky fruits
CLEAVES ▸ **cleave**
CLEAVING ▸ **cleave**
CLECHE *adj* (in heraldry) voided so that only a narrow border is visible
CLECK, -ED, -S *vb* (of birds) to hatch ▷ *n* piece of gossip
CLECKIER ▸ **clecky**
CLECKING ▸ **cleck**
CLECKS ▸ **cleck**
CLECKY, CLECKIER ▸ **cleck**
CLEEK, -ED, -ING, -IT, -S *n* large hook, such as one used to land fish ▷ *vb* seize
CLEEP, -ED, -ING, -S *same as* ▸ **clepe**
CLEEVE, -S *n* cliff
CLEF, -S *n* symbol at the beginning of a stave to show the pitch
CLEFT, -ED, -ING, -S *vb* split ▷ *n* opening
CLEG, -S *another name for a* ▸ **horsefly**
CLEIDOIC *adj* as in **cleidoic egg** egg of birds and insects
CLEIK, -S *same as* ▸ **cleek**
CLEM, -MED, -MING, -S *vb* be hungry or cause to be hungry
CLEMATIS *n* climbing plant with large colourful flowers
CLEMENCY *n* kind or lenient treatment
CLEMENT *adj* (of weather) mild
CLEMMED ▸ **clem**
CLEMMING ▸ **clem**
CLEMS ▸ **clem**
CLENCH, -ED, -ES *vb* close or squeeze (one's teeth or fist) tightly ▷ *n* firm grasp or grip
CLENCHER ▸ **clench**
CLENCHES ▸ **clench**
CLEOME, -S *n* type of herbaceous or shrubby plant
CLEPE, -D, -S, CLEPING, CLEPT *vb* call by the name of
CLERGY, CLERGIES *n* priests and ministers as a group
CLERIC, -S *n* member of the clergy
CLERICAL *adj* of clerks or office work
CLERICS ▸ **cleric**
CLERID, -S *n* beetle that preys on other insects
CLERIHEW *n* form of comic or satiric verse
CLERISY *n* learned or educated people
CLERK, -ED, -ING, -S *n* employee who keeps records, files, and accounts ▷ *vb* work as a clerk
CLERKDOM ▸ **clerk**
CLERKED ▸ **clerk**
CLERKESS *n* female office clerk
CLERKING ▸ **clerk**
CLERKISH ▸ **clerk**
CLERKLY *adj* of or like a clerk ▷ *adv* in the manner of a clerk
CLERKS ▸ **clerk**
CLERUCH, -S *n* settler in a cleruchy
CLERUCHY *n* type of colony of ancient Athens
CLEUCH, -S *same as* ▸ **clough**
CLEUGH, -S *same as* ▸ **clough**
CLEVE, -S *same as* ▸ **cleeve**
CLEVEITE *n* crystalline variety of the mineral uraninite
CLEVER, -ER *adj* intelligent, quick at learning
CLEVERLY ▸ **clever**
CLEVES ▸ **cleve**
CLEVIS, -ES *n* type of fastening used in agriculture
CLEW, -ED, -ING, -S *n* ball of thread, yarn, or twine ▷ *vb* coil or roll into a ball
CLICHE, -S *n* expression or idea that is no longer effective because of overuse ▷ *vb* use a cliché (in speech or writing)
CLICHED ▸ **cliche**
CLICHEED ▸ **cliche**
CLICHES ▸ **cliche**
CLICK, -ED, -S *n* short sharp sound ▷ *vb* make this sound
CLICKER, -S ▸ **click**
CLICKET, -S *vb* make a click
CLICKING ▸ **click**
CLICKS ▸ **click**
CLIED ▸ **cly**
CLIENT, -S *n* person who uses the services of a professional person or company
CLIENTAL ▸ **client**
CLIENTS ▸ **client**
CLIES ▸ **cly**
CLIFF, -S *n* steep rock face, esp along the sea shore ▷ *vb* scale a cliff
CLIFFED ▸ **cliff**
CLIFFIER ▸ **cliffy**
CLIFFS ▸ **cliff**
CLIFFTOP *n* top of a cliff
CLIFFY, CLIFFIER ▸ **cliff**
CLIFT, -S *same as* ▸ **cliff**
CLIFTED ▸ **clift**
CLIFTIER ▸ **clifty**
CLIFTS ▸ **clift**
CLIFTY, CLIFTIER ▸ **clift**
CLIMATAL ▸ **climate**
CLIMATE, -D, -S *n* typical weather conditions of an area ▷ *vb* acclimatize
CLIMATIC ▸ **climate**
CLIMAX, -ED, -ES *n* most intense point of an experience, series of events, or story ▷ *vb* reach a climax
CLIMB, -ED, -S *vb* go up, ascend ▷ *n* climbing
CLIMBER, -S *n* person or thing that climbs
CLIMBING ▸ **climb**
CLIMBS ▸ **climb**
CLIME, -S *n* place or its climate
CLINAL ▸ **cline**
CLINALLY ▸ **cline**
CLINAMEN *n* bias
CLINCH, -ED, -ES *vb* settle (an argument or agreement) decisively ▷ *n* movement in which one competitor holds on to the other to avoid punches
CLINCHER *n* something decisive
CLINCHES ▸ **clinch**
CLINE, -S *n* variation within a species
CLING, -ED, -ING, -S, CLUNG *vb* hold tightly or stick closely ▷ *n* tendency of cotton fibres in a sample to stick to each other
CLINGER, -S ▸ **cling**
CLINGIER ▸ **clingy**
CLINGING ▸ **cling**
CLINGS ▸ **cling**
CLINGY, CLINGIER ▸ **cling**
CLINIC, -S *n* building where outpatients receive medical treatment or advice
CLINICAL *adj* of a clinic
CLINICS ▸ **clinic**
CLINIQUE *same as* ▸ **clinic**
CLINK, -ED, -ING, -S *n* light sharp metallic sound ▷ *vb* make a light sharp metallic sound
CLINKER, -S *n* fused coal left over in a fire or furnace ▷ *vb* form clinker during burning
CLINKING ▸ **clink**
CLINKS ▸ **clink**
CLINT, -S *n* section of a limestone pavement separated from others by fissures

CLIP, -PED, -S *vb* cut with shears or scissors ▷ *n* short extract of a film
CLIPART, -S *n* large collection of simple drawings stored in a computer
CLIPE, -D, -S, CLIPING *same as* ▸ **clype**
CLIPPED ▸ **clip**
CLIPPER *n* fast commercial sailing ship
CLIPPERS *pl n* tool for clipping
CLIPPIE, -S *n* bus conductress
CLIPPING ▸ **clip**
CLIPS ▸ **clip**
CLIPT *old inflection of* ▸ **clip**
CLIQUE, -D, -S, CLIQUING *n* small exclusive group ▷ *vb* form a clique
CLIQUEY, CLIQUIER *adj* exclusive, confined to a small group
CLIQUING ▸ **clique**
CLIQUISH ▸ **clique**
CLIQUISM ▸ **clique**
CLIQUY *same as* ▸ **cliquey**
CLITELLA > **clitellum**
CLITHRAL *same as* > **cleithral**
CLITIC, -S *adj* (of a word) incapable of being stressed ▷ *n* clitic word
CLITORAL ▸ **clitoris**
CLITORIC ▸ **clitoris**
CLITORIS *n* small sensitive organ at the front of the vulva
CLITTER, -S *vb* make a shrill noise
CLIVERS *same as* ▸ **cleavers**
CLIVIA, -S *n* plant belonging to the Amaryllid family
CLOACA, -E, -S *n* body cavity in most animals
CLOACAL ▸ **cloaca**
CLOACAS ▸ **cloaca**
CLOAK, -ED, -ING, -S *n* loose sleeveless outer garment ▷ *vb* cover or conceal
CLOAM, -S *adj* made of clay or earthenware ▷ *n* clay or earthenware pots, dishes, etc, collectively
CLOBBER, -S *vb* hit ▷ *n* belongings, esp clothes
CLOCHARD *n* tramp
CLOCHE, -S *n* cover to protect young plants
CLOCK, -ED, -S *n* instrument for showing the time ▷ *vb* record (time) with a stopwatch
CLOCKER, -S ▸ **clock**
CLOCKING ▸ **clock**
CLOCKS ▸ **clock**
CLOD, -DED, -DING, -S *n* lump of earth ▷ *vb* pelt with clods
CLODDIER ▸ **cloddy**
CLODDING ▸ **clod**
CLODDISH ▸ **clod**
CLODDY, CLODDIER ▸ **clod**
CLODLY ▸ **clod**
CLODPATE *n* dull or stupid person
CLODPOLE *same as* ▸ **clodpate**
CLODPOLL *same as* ▸ **clodpate**
CLODS ▸ **clod**
CLOFF, -S *n* cleft of a tree
CLOG, -GED, -S *vb* obstruct ▷ *n* wooden or wooden-soled shoe
CLOGGER, -S *n* clogmaker
CLOGGIER ▸ **cloggy**
CLOGGILY ▸ **clog**
CLOGGING ▸ **clog**
CLOGGY, CLOGGIER ▸ **clog**
CLOGS ▸ **clog**
CLOISON, -S *n* partition
CLOISTER *n* covered pillared arcade, usu in a monastery ▷ *vb* confine or seclude in or as if in a monastery
CLOKE, -D, -S, CLOKING *same as* ▸ **cloak**
CLOMB *a past tense and past participle of* ▸ **climb**
CLOMP, -ED, -ING, -S *same as* ▸ **clump**
CLON, -S *same as* ▸ **clone**
CLONAL ▸ **clone**
CLONALLY ▸ **clone**
CLONE, -D, -S *n* animal or plant produced artificially from the cells of another animal or plant ▷ *vb* produce as a clone
CLONER, -S ▸ **clone**
CLONES ▸ **clone**
CLONIC ▸ **clonus**
CLONING, -S ▸ **clone**
CLONISM, -S *n* series of clonic spasms
CLONK, -ED, -ING, -S *vb* make a loud dull thud ▷ *n* loud thud
CLONKIER ▸ **clonky**
CLONKING ▸ **clonk**
CLONKS ▸ **clonk**
CLONKY, CLONKIER *same as* ▸ **clunky**
CLONS ▸ **clon**
CLONUS, -ES *n* type of convulsion
CLOOP, -S *n* sound made when a cork is drawn from a bottle
CLOOT, -S *n* hoof
CLOOTIE *adj* as in **clootie dumpling** kind of dumpling
CLOOTS ▸ **cloot**
CLOP, -PED, -PING, -S *vb* make a sound as of a horse's hooves ▷ *n* sound of this nature
CLOQUE, -S *n* fabric with an embossed surface
CLOSABLE ▸ **close**
CLOSE, -D, -S, -ST *vb* shut ▷ *n* end, conclusion ▷ *adj* near ▷ *adv* closely, tightly
CLOSELY ▸ **close**
CLOSEOUT *n* termination of an account on which the margin is exhausted
CLOSER, -S ▸ **close**
CLOSES ▸ **close**
CLOSEST ▸ **close**
CLOSET, -ED, -S *n* cupboard ▷ *adj* private, secret ▷ *vb* shut (oneself) away in private
CLOSEUP, -S *n* photo taken close to subject
CLOSING, -S ▸ **close**
CLOSURE, -D, -S *n* closing ▷ *vb* (in a deliberative body) to end (debate) by closure
CLOT, -S, -TED *n* soft thick lump formed from liquid ▷ *vb* form soft thick lumps
CLOTBUR, -S *n* burdock
CLOTE, -S *n* burdock
CLOTH, -S *n* (piece of) woven fabric
CLOTHE, -D *vb* put clothes on
CLOTHES *pl n* garments
CLOTHIER *n* maker or seller of clothes or cloth
CLOTHING ▸ **clothe**
CLOTHS ▸ **cloth**
CLOTPOLL *same as* ▸ **clodpoll**
CLOTS ▸ **clot**
CLOTTED ▸ **clot**
CLOTTER, -S *vb* to clot
CLOTTIER ▸ **clotty**
CLOTTING ▸ **clot**
CLOTTISH ▸ **clot**
CLOTTY, CLOTTIER *adj* full of clots
CLOTURE, -D, -S *n* closure in the US Senate ▷ *vb* end (debate) in the US Senate by cloture
CLOU, -S *n* crux; focus
CLOUD, -ED, -S *n* mass of condensed water vapour floating in the sky ▷ *vb* become cloudy
CLOUDAGE *n* mass of clouds
CLOUDED ▸ **cloud**

C

C

CLOUDIER ▸ **cloudy**
CLOUDILY ▸ **cloudy**
CLOUDING ▸ **cloud**
CLOUDLET *n* small cloud
CLOUDS ▸ **cloud**
CLOUDY, CLOUDIER *adj* having a lot of clouds
CLOUGH, -S *n* gorge or narrow ravine
CLOUR, -ED, -ING, -S *vb* to thump or dent
CLOUS ▸ **clou**
CLOUT, -ED, -ING, -S *n* hard blow ▹ *vb* hit hard
CLOUTER, -S ▸ **clout**
CLOUTING ▸ **clout**
CLOUTS ▸ **clout**
CLOVE, -S *n* tropical evergreen myrtaceous tree
CLOVEN ▸ **cleave**
CLOVER, -S *n* plant with three-lobed leaves
CLOVERED *adj* covered with clover
CLOVERS ▸ **clover**
CLOVERY *adj* like clover
CLOVES ▸ **clove**
CLOVIS *n* as in **clovis point** flint projectile dating from the 10th millennium BC
CLOW, -ED, -ING, -S *n* clove ▹ *vb* rake with a fork
CLOWDER, -S *n* collective term for a group of cats
CLOWED ▸ **clow**
CLOWING ▸ **clow**
CLOWN, -ED, -S *n* comic entertainer in a circus ▹ *vb* behave foolishly
CLOWNERY ▸ **clown**
CLOWNING ▸ **clown**
CLOWNISH ▸ **clown**
CLOWNS ▸ **clown**
CLOWS ▸ **clow**
CLOY, -ED, -S *vb* cause weariness through an excess of something initially pleasurable
CLOYE, -S *vb* to claw
CLOYED ▸ **cloy**
CLOYES ▸ **cloye**
CLOYING *adj* sickeningly sweet
CLOYLESS *adj* not cloying
CLOYMENT *n* satiety
CLOYS ▸ **cloy**
CLOYSOME *adj* cloying
CLOZE, -S *adj* as in **cloze test** test of the ability to understand text
CLUB, -BED, -S *n* association of people with common interests ▹ *vb* hit with a club
CLUBABLE *same as* > **clubbable**
CLUBBED ▸ **club**
CLUBBER, -S *n* person who regularly frequents nightclubs
CLUBBIER ▸ **clubby**
CLUBBILY ▸ **clubby**
CLUBBING ▸ **club**
CLUBBISH *adj* clubby
CLUBBISM *n* advantage gained through membership of a club or clubs
CLUBBIST ▸ **clubbism**
CLUBBY, CLUBBIER *adj* sociable, esp effusively so
CLUBFACE *n* face of golf club
CLUBFOOT, CLUBFEET *n* congenital deformity of the foot
CLUBHAND *n* congenital deformity of the hand
CLUBHAUL *vb* force (a sailing vessel) onto a new tack, esp in an emergency
CLUBHEAD *n* head of golf club
CLUBLAND *n* area of London which contains most of the famous clubs
CLUBLIKE *adj* like a club
CLUBMAN, CLUBMEN *n* man who is an enthusiastic member of a club or clubs
CLUBMATE *n* friend or contemporary in the same club
CLUBMEN ▸ **clubman**
CLUBMOSS *n* type of green moss-like plant
CLUBROOM *n* room in which a club meets
CLUBROOT *n* disease of cabbages
CLUBRUSH *n* any rush of the genus Scirpus
CLUBS ▸ **club**
CLUCK, -ED, -ING, -S *n* low clicking noise made by a hen ▹ *vb* make this noise
CLUCKER, -S *n* chicken
CLUCKIER ▸ **clucky**
CLUCKING ▸ **cluck**
CLUCKS ▸ **cluck**
CLUCKY, CLUCKIER *adj* wishing to have a baby
CLUDGIE, -S *n* toilet
CLUE, -D, -ING, -S, CLUING *n* something that helps to solve a mystery or puzzle ▹ *vb* help solve a mystery or puzzle
CLUELESS *adj* stupid
CLUES ▸ **clue**
CLUEY, CLUIER, CLUIEST *adj* (Australian) well-informed and adroit
CLUING ▸ **clue**
CLUMBER, -S *n* type of thickset spaniel
CLUMP, -ED, -ERS, -ING, -S *n* small group of things or people ▹ *vb* walk heavily
CLUMPER *vb* walk heavily
CLUMPERS ▸ **clump**
CLUMPET, -S *n* large chunk of floating ice
CLUMPIER ▸ **clumpy**
CLUMPING ▸ **clump**
CLUMPISH ▸ **clump**
CLUMPS ▸ **clump**
CLUMPY, CLUMPIER ▸ **clump**
CLUMSIER ▸ **clumsy**
CLUMSILY ▸ **clumsy**
CLUMSY, CLUMSIER *adj* lacking skill or physical coordination
CLUNCH, -ES *n* hardened clay
CLUNG ▸ **cling**
CLUNK, -ED, -ING, -S *n* dull metallic sound ▹ *vb* make such a sound
CLUNKER, -S *n* dilapidated old car or other machine
CLUNKIER ▸ **clunky**
CLUNKING ▸ **clunk**
CLUNKS ▸ **clunk**
CLUNKY, CLUNKIER *adj* making a clunking noise
CLUPEID, -S *n* type of fish
CLUPEOID *n* type of soft-finned fish
CLUSIA, -S *n* tree of the tropical American genus Clusia
CLUSTER, -S *n* small close group ▹ *vb* gather in clusters
CLUSTERY *adj* full of clusters
CLUTCH, -ED, -ES *vb* grasp tightly ▹ *n* mechanical device
CLUTCHY *adj* (of a person) tending to cling
CLUTTER, -S *vb* scatter objects about (a place) untidily ▹ *n* untidy mess
CLUTTERY *adj* full of clutter
CLY, CLIED, CLIES, -ING *vb* steal or seize

A little word meaning to seize or steal, this can be useful when you are short of vowels.

CLYPE, -D, -S, CLYPING *vb* tell tales ▹ *n* person who tells tales
CLYPEAL ▸ **clypeus**
CLYPEATE ▸ **clypeus**
CLYPED ▸ **clype**
CLYPEI ▸ **clypeus**
CLYPES ▸ **clype**

CLYPEUS, CLYPEI *n* cuticular plate on the head of some insects
CLYPING ▸ **clype**
CLYSTER, -S *a former name for an* ▸ **enema**
CNEMIAL ▸ **cnemis**
CNEMIS, CNEMIDES *n* shin or tibia
CNIDA, -E *n* stinging organ in jellyfish
COACH, -ED, -ES *n* long-distance bus ▹ *vb* train, teach
COACHDOG *n* Dalmatian dog
COACHED ▸ **coach**
COACHEE, -S *n* person who receives training from a coach
COACHER, -S ▸ **coach**
COACHES ▸ **coach**
COACHIER ▸ **coachy**
COACHIES ▸ **coachy**
COACHING ▸ **coach**
COACHMAN, COACHMEN *n* driver of a horse-drawn coach or carriage
COACHY, COACHIER, COACHIES *n* coachman ▹ *adj* resembling or pertaining to a coach
COACT, -ED, -ING, -S *vb* act together
COACTION *n* any relationship between organisms within a community
COACTIVE ▸ **coaction**
COACTOR, -S ▸ **coact**
COACTS ▸ **coact**
COADIES ▸ **coady**
COADMIRE *vb* admire together
COADMIT, -S *vb* admit together
COADY, COADIES *n* sauce made from molasses
COAEVAL, -S *n* contemporary
COAGENCY *n* joint agency
COAGENT, -S ▸ **coagency**
COAGULUM, COAGULA *n* any coagulated mass
COAITA, -S *n* spider monkey
COAL, -ED, -ING, -S *n* black rock consisting mainly of carbon, used as fuel ▹ *vb* take in, or turn into coal
COALA, -S *same as* ▸ **koala**
COALBALL *n* in coal, nodule containing petrified plant or animal remains
COALBIN, -S *n* bin for holding coal
COALBOX *n* box for holding coal
COALDUST *n* dust from coal
COALED ▸ **coal**
COALER, -S *n* ship, train, etc, used to carry or supply coal
COALESCE *vb* come together, merge
COALFACE *n* exposed seam of coal in a mine
COALFISH *n* type of dark-coloured food fish occurring in northern seas
COALHOLE *n* small coal cellar
COALIER ▸ **coaly**
COALIEST ▸ **coaly**
COALIFY *vb* turn into coal
COALING ▸ **coal**
COALISE, -D, -S *vb* form a coalition
COALIZE, -D, -S *same as* ▸ **coalise**
COALLESS *adj* without coal
COALMAN, COALMEN *n* man who delivers coal
COALMINE *n* mine from which coal is extracted
COALPIT, -S *n* pit from which coal is extracted
COALS ▸ **coal**
COALSACK *n* dark nebula near the constellation Cygnus
COALSHED *n* shed in which coal is stored
COALY, COALIER, COALIEST ▸ **coal**
COALYARD *n* yard in which coal is stored
COAMING, -S *n* raised frame round a ship's hatchway for keeping out water
COANCHOR *vb* co-present a TV programme
COANNEX *vb* annex with something else
COAPPEAR *vb* appear jointly
COAPT, -ED, -ING, -S *vb* secure
COARB, -S *n* spiritual successor
COARSE, -R, -ST *adj* rough in texture
COARSELY ▸ **coarse**
COARSEN, -S *vb* make or become coarse
COARSER ▸ **coarse**
COARSEST ▸ **coarse**
COARSISH ▸ **coarse**
COASSIST *vb* assist jointly
COASSUME *vb* assume jointly
COAST, -ED, -S *n* place where the land meets the sea ▹ *vb* move by momentum, without the use of power
COASTAL ▸ **coast**
COASTED ▸ **coast**
COASTER, -S *n* small mat placed under a glass
COASTING ▸ **coast**
COASTS ▸ **coast**
COAT, -S *n* outer garment with long sleeves ▹ *vb* cover with a layer
COATE, -S *same as* ▸ **quote**
COATED *adj* covered with an outer layer, film, etc
COATEE, -S *n* short coat, esp for a baby
COATER, -S *n* machine that applies a coating to something
COATES ▸ **coate**
COATI, -S *n* type of omnivorous mammal
COATING, -S *n* covering layer
COATIS ▸ **coati**
COATLESS *adj* without a coat
COATLIKE *adj* like a coat
COATRACK *n* rack for hanging coats on
COATROOM *n* cloakroom
COATS ▸ **coat**
COATTAIL *n* long tapering tail at the back of a man's tailored coat
COATTEND *vb* attend jointly
COATTEST *vb* attest jointly
COAUTHOR *n* person who shares the writing of a book, article, etc, with another ▹ *vb* be the joint author of (a book, article, etc)
COAX, -ED, -ES *vb* persuade gently
COAXAL *same as* ▸ **coaxial**
COAXED ▸ **coax**
COAXER, -S ▸ **coax**
COAXES ▸ **coax**
COAXIAL *adj* (of a cable) transmitting by means of two concentric conductors separated by an insulator
COAXING, -S *n* act of coaxing
COB, -BED, -BING, -S *n* stalk of an ear of maize ▹ *vb* beat
COBAEA, -S *n* tropical climbing shrub
COBALT, -S *n* brittle silvery-white metallic element
COBALTIC *adj* of or containing cobalt, esp in the trivalent state
COBALTS ▸ **cobalt**
COBB, -S *same as* ▸ **cob**
COBBED ▸ **cob**

C

C

COBBER, -S *n* friend
COBBIER ▸ **cobby**
COBBIEST ▸ **cobby**
COBBING ▸ **cob**
COBBLE, -D, -S *n* cobblestone ▹ *vb* pave (a road) with cobblestones
COBBLER, -S *n* shoe mender
COBBLERY *n* shoemaking or shoemending
COBBLES ▸ **cobble**
COBBLING ▸ **cobble**
COBBS ▸ **cobb**
COBBY, COBBIER, COBBIEST *adj* short and stocky
COBIA, -S *n* large dark-striped game fish
COBLE, -S *n* small single-masted flat-bottomed fishing boat
COBLOAF *n* round loaf of bread
COBNUT, -S *another name for* ▸ **hazelnut**
COBRA, -S *n* venomous hooded snake of Asia and Africa
COBRIC ▸ **cobra**
COBS ▸ **cob**
COBURG, -S *n* rounded loaf with a cross cut on the top
COBWEB, -S *n* spider's web
COBWEBBY ▸ **cobweb**
COBWEBS ▸ **cobweb**
COBZA, -S *n* Romanian lute
COCA, -S *n* S American shrub
COCAIN, -S *same as* ▸ **cocaine**
COCAINE, -S *n* drug used illegally as a narcotic and as an anaesthetic
COCAINS ▸ **cocain**
COCAS ▸ **coca**
COCCAL ▸ **coccus**
COCCI ▸ **coccus**
COCCIC ▸ **coccus**
COCCID, -S *n* type of homopterous insect
COCCIDIA > **coccidium**
COCCIDS ▸ **coccid**
COCCO, -S *n* taro
COCCOID, -S ▸ **coccus**
COCCOS ▸ **cocco**
COCCOUS ▸ **coccus**
COCCUS, COCCI *n* any spherical or nearly spherical bacterium
COCCYX, COCCYGES, -ES *n* bone at the base of the spinal column
COCH, -ES *obsolete variant of* ▸ **coach**
COCHAIR, -S *vb* chair jointly
COCHES ▸ **coch**
COCHIN, -S *n* large breed of domestic fowl
COCHLEA, -E, -S *n* spiral tube in the internal ear
COCHLEAR *adj* of or relating to the cochlea ▹ *n* spoonful
COCHLEAS ▸ **cochlea**
COCINERA *n* in Mexico, a female cook
COCK, -ED, -ING, -S *n* male bird, esp of domestic fowl ▹ *vb* draw back (the hammer of a gun) to firing position
COCKADE, -S *n* feather or rosette worn on a hat as a badge
COCKADED ▸ **cockade**
COCKADES ▸ **cockade**
COCKAPOO *n* cross between a cocker spaniel and a poodle
COCKATOO *n* crested parrot of Australia or the East Indies
COCKBILL *vb* tilt up one end of
COCKBIRD *n* male bird
COCKBOAT *n* any small boat
COCKCROW *n* daybreak
COCKED ▸ **cock**
COCKER, -ED, -S *n* devotee of cockfighting ▹ *vb* pamper or spoil by indulgence
COCKEREL *n* young domestic cock
COCKERS ▸ **cocker**
COCKET, -S *n* document issued by a customs officer
COCKEYE, -S *n* eye affected with strabismus or one that squints
COCKEYED *adj* crooked, askew
COCKEYES ▸ **cockeye**
COCKIER ▸ **cocky**
COCKIES ▸ **cocky**
COCKIEST ▸ **cocky**
COCKILY ▸ **cocky**
COCKING ▸ **cock**
COCKISH *adj* wanton
COCKLE, -D, -S, COCKLING *n* edible shellfish ▹ *vb* fish for cockles
COCKLER, -S *n* person employed to gather cockles
COCKLES ▸ **cockle**
COCKLIKE *adj* resembling a cock
COCKLING ▸ **cockle**
COCKLOFT *n* small loft, garret, or attic
COCKNEY, -S *n* native of London, esp of its East End ▹ *adj* characteristic of cockneys or their dialect
COCKNIFY *same as* > **cockneyfy**
COCKPIT, -S *n* pilot's compartment in an aircraft
COCKS ▸ **cock**
COCKSHOT *another name for* ▸ **cockshy**
COCKSHUT *n* dusk
COCKSHY *n* target aimed at in throwing games
COCKSIER ▸ **cocksy**
COCKSPUR *n* spur on the leg of a cock
COCKSURE *adj* overconfident, arrogant
COCKSY, COCKSIER *adj* cocky
COCKTAIL *n* mixed alcoholic drink
COCKY, COCKIER, COCKIES, COCKIEST *adj* conceited and overconfident ▹ *n* farmer whose farm is regarded as small or of little account
COCO, -S *n* coconut palm
COCOA, -S *n* powder made from the seed of the cacao tree
COCOANUT *same as* ▸ **coconut**
COCOAS ▸ **cocoa**
COCOBOLA *n* type of rosewood
COCOBOLO *same as* ▸ **cocobola**
COCOMAT, -S *n* mat made from coconut fibre
COCONUT, -S *n* large hard fruit of a type of palm tree
COCOON, -ED, -S *n* silky protective covering of a silkworm ▹ *vb* wrap up tightly for protection
COCOONER *n* person who retreats to a secure family environment
COCOONS ▸ **cocoon**
COCOPAN, -S *n* (in South Africa) a small wagon running on narrow-gauge railway lines used in mines
COCOPLUM *n* tropical shrub or its fruit
COCOS ▸ **coco**
COCOTTE, -S *n* small fireproof dish in which individual portions of food are cooked
COCOYAM, -S *n* food plant of West Africa with edible underground stem
COCREATE *vb* create jointly
COCTILE *adj* made by exposing to heat
COCTION, -S *n* boiling
COCURATE *vb* curate jointly
COD, -DED, -DING, -S *n* large food fish of the North Atlantic ▹ *adj* having the

character of an imitation or parody ▷ *vb* make fun of
CODA, -S *n* final part of a musical composition
CODABLE *adj* capable of being coded
CODAS ▶ **coda**
CODDED ▶ **cod**
CODDER, -S *n* cod fisherman or fishing boat
CODDING ▶ **cod**
CODDLE, -D, -S, CODDLING *vb* pamper, overprotect ▷ *n* stew made from ham and bacon scraps
CODDLER, -S ▶ **coddle**
CODDLES ▶ **coddle**
CODDLING ▶ **coddle**
CODE, -D, -S *n* system by which messages can be communicated secretly or briefly ▷ *vb* put into code
CODEBOOK *n* book containing the means to decipher a code
CODEBTOR *n* fellow debtor
CODEC, -S *n* set of electrical equipment
CODED ▶ **code**
CODEIA, -S *n* codeine
CODEIN, -S *same as* ▶ **codeine**
CODEINA, -S *obsolete variant of* ▶ **codeine**
CODEINE, -S *n* drug used as a painkiller
CODEINS ▶ **codein**
CODELESS *adj* lacking a code
CODEN, -S *n* identification code assigned to a publication
CODENAME *same as* ▶ **codeword**
CODENS ▶ **coden**
CODER, -S *n* person or thing that codes
CODERIVE *vb* derive jointly
CODERS ▶ **coder**
CODES ▶ **code**
CODESIGN *vb* design jointly
CODETTA, -S *n* short coda
CODEWORD *n* (esp in military use) a word used to identify a classified plan, operation, etc
CODEX, -ES, CODICES *n* volume of manuscripts of an ancient text
CODFISH *n* cod
CODGER, -S *n* old man
CODICES ▶ **codex**
CODICIL, -S *n* addition to a will
CODIFIED ▶ **codify**
CODIFIER ▶ **codify**
CODIFY, CODIFIED, CODIFIES *vb* organize (rules or procedures) systematically
CODILLA, -S *n* coarse tow of hemp and flax
CODILLE, -S *n* in the card game ombre, term indicating that the game is won
CODING, -S ▶ **code**
CODIRECT *vb* direct jointly
CODIST, -S *n* codifier
CODLIN, -S *same as* ▶ **codling**
CODLING, -S *n* young cod
CODLINS ▶ **codlin**
CODOLOGY *n* art or practice of bluffing or deception
CODOMAIN *n* set of values that a function is allowed to take
CODON, -S *n* part of a DNA molecule
CODPIECE *n* bag covering the male genitals, attached to the breeches
CODRIVE, -N, -S, CODROVE *vb* take alternate turns driving a car with another person
CODRIVER *n* one of two drivers who take turns to drive a car
CODRIVES ▶ **codrive**
CODROVE ▶ **codrive**
CODS ▶ **cod**
COED, -S *adj* educating boys and girls together ▷ *n* school or college that educates boys and girls together
COEDIT, -ED, -S *vb* edit (a book, newspaper, etc) jointly
COEDITOR ▶ **coedit**
COEDITS ▶ **coedit**
COEDS ▶ **coed**
COEFFECT *n* secondary effect
COEHORN, -S *n* type of small artillery mortar
COELIAC, -S *adj* of or relating to the abdomen ▷ *n* person who has coeliac disease
COELOM, -S *n* body cavity of many multicellular animals
COELOME, -S *same as* ▶ **coelom**
COELOMIC ▶ **coelom**
COELOMS ▶ **coelom**
COEMBODY *vb* embody jointly
COEMPLOY *vb* employ together
COEMPT, -ED, -S *vb* buy up something in its entirety
COENACLE *same as* ▶ **cenacle**
COENACT, -S *vb* enact jointly
COENAMOR *vb* enamour jointly
COENDURE *vb* endure together
COENOBIA > **coenobium**
COENURE, -S *variant form of* ▶ **coenurus**
COENURUS, COENURI *n* encysted larval form of a type of tapeworm with many encapsulated heads
COENZYME *n* type of nonprotein organic molecule
COEQUAL, -S *n* equal ▷ *adj* of the same size, rank, etc
COEQUATE *vb* equate together
COERCE, -D, -S, COERCING *vb* compel, force
COERCER, -S ▶ **coerce**
COERCES ▶ **coerce**
COERCING ▶ **coerce**
COERCION *n* act or power of coercing
COERCIVE ▶ **coerce**
COERECT, -S *vb* erect together
COESITE, -S *n* polymorph of silicon dioxide
COEVAL, -S *n* contemporary ▷ *adj* contemporary
COEVALLY ▶ **coeval**
COEVALS ▶ **coeval**
COEVOLVE *vb* evolve together
COEXERT, -S *vb* exert together
COEXIST, -S *vb* exist together, esp peacefully despite differences
COEXTEND *vb* extend or cause to extend equally in space or time
COFACTOR *n* type of nonprotein substance
COFF, -ED, -ING, -S, COFT *vb* buy
COFFEE, -S *n* drink made from the roasted and ground seeds of a tropical shrub ▷ *adj* medium-brown
COFFER, -ED, -S *n* chest, esp for storing valuables ▷ *vb* store
COFFIN, -ED, -S *n* box in which a corpse is buried or cremated ▷ *vb* place in or as in a coffin
COFFING ▶ **coff**
COFFINS ▶ **coffin**
COFFLE, -D, -S, COFFLING *n* (esp formerly) line of slaves,

beasts, etc, fastened together ▷ *vb* fasten together in a coffle
COFFRET, -S *n* small coffer
COFFS ▶ coff
COFIRING *n* combustion of two different types of fuel at the same time
COFOUND, -S *vb* found jointly
COFT ▶ coff
COG, -GED, -S *n* one of the teeth on the rim of a gearwheel ▷ *vb* roll (cast-steel ingots) to convert them into blooms
COGENCE, -S ▶ cogent
COGENCY ▶ cogent
COGENER, -S *n* thing of the same kind
COGENT *adj* forcefully convincing
COGENTLY ▶ cogent
COGGED ▶ cog
COGGER, -S *n* deceiver
COGGIE, -S *n* quaich or drinking cup
COGGING, -S ▶ cog
COGGLE, -D, -S, COGGLING *vb* wobble or rock
COGGLIER ▶ coggly
COGGLING ▶ coggle
COGGLY, COGGLIER ▶ coggle
COGIE, -S *same as* **▶ coggie**
COGITATE *vb* think deeply about
COGITO, -S *n* philosophical theory
COGNAC, -S *n* French brandy
COGNATE, -S *adj* derived from a common original form ▷ *n* cognate word or language
COGNISE, -D, -S *same as* **▶ cognize**
COGNISER ▶ cognise
COGNISES ▶ cognise
COGNIZE, -D, -S *vb* perceive, become aware of, or know
COGNIZER ▶ cognize
COGNIZES ▶ cognize
COGNOMEN *n* nickname
COGNOSCE *vb* in Scots law, to give judgment upon
COGNOVIT *n* in law, a defendant's confession that the case against him or her is just
COGON, -S *n* type of coarse tropical grass used for thatching
COGS ▶ cog
COGUE, -S *n* wooden pail or drinking vessel
COGWAY, -S *n* rack railway
COGWHEEL *same as* **> gearwheel**
COHAB, -S *n* cohabitor
COHABIT, -S *vb* live together as spouses without being married
COHABS ▶ cohab
COHEAD, -ED, -S *vb* head jointly
COHEIR, -S *n* person who inherits jointly with others
COHEN, -S *same as* **▶ kohen**
COHERE, -D, -S, COHERING *vb* hold or stick together
COHERENT *adj* logical and consistent
COHERER, -S *n* electrical component
COHERES ▶ cohere
COHERING ▶ cohere
COHESION *n* sticking together
COHESIVE *adj* sticking together to form a whole
COHIBIT, -S *vb* restrain
COHO, -ES, -S *n* type of Pacific salmon
COHOBATE *vb* redistil (a distillate), esp by allowing it to mingle with the remaining matter
COHOE *same as* **▶ coho**
COHOES ▶ coho
COHOG, -S *n* quahog, an edible clam
COHOLDER *n* joint holder
COHORN, -S *same as* **▶ coehorn**
COHORT, -S *n* band of associates
COHOS ▶ coho
COHOSH, -ES *n* type of North American plant
COHOST, -ED, -S *vb* host jointly
COHUNE, -S *n* tropical feather palm
COIF, -FED, -FING, -ING, -S *vb* arrange the hair of ▷ *n* close-fitting cap worn in the Middle Ages
COIFED *adj* wearing a coif
COIFFE, -S *vb* coiffure
COIFFED ▶ coif
COIFFES ▶ coiffe
COIFFEUR *n* hairdresser
COIFFING ▶ coif
COIFFURE *n* hairstyle ▷ *vb* dress or arrange (the hair)
COIFING ▶ coif
COIFS ▶ coif
COIGN, -ED, -ING, -S *vb* wedge ▷ *n* quoin
COIGNE, -S *same as* **▶ coign**
COIGNED ▶ coign
COIGNES ▶ coigne
COIGNING ▶ coign
COIGNS ▶ coign
COIL, -ED, -ING, -S *vb* wind in loops ▷ *n* something coiled
COILER, -S ▶ coil
COILING ▶ coil
COILS ▶ coil
COIN, -ED, -S *n* piece of metal money ▷ *vb* invent (a word or phrase)
COINABLE ▶ coin
COINAGE, -S *n* coins collectively
COINCIDE *vb* happen at the same time
COINED ▶ coin
COINER, -S ▶ coin
COINFECT *vb* infect at same time as other infection
COINFER, -S *vb* infer jointly
COINHERE *vb* inhere together
COINING, -S ▶ coin
COINMATE *n* fellow inmate
COINOP *adj* (of a machine) operated by putting a coin in a slot
COINS ▶ coin
COINSURE *vb* insure jointly
COINTER, -S *vb* inter together
COINVENT *vb* invent jointly
COINVEST *vb* invest jointly
COIR, -S *n* coconut fibre, used for matting
COISTREL *n* knave
COISTRIL *same as* **▶ coistrel**
COIT, -S *n* buttocks
COJOIN, -ED, -S *vb* conjoin
COKE, -D *n* solid fuel left after gas has been distilled from coal ▷ *vb* become or convert into coke
COKELIKE ▶ coke
COKERNUT *same as* **▶ coconut**
COKES, -ES *n* fool
COKIER ▶ coky
COKIEST ▶ coky
COKING, -S *n* act of coking
COKY, COKIER, COKIEST *adj* like coke
COL, -S *n* high mountain pass
COLA, -S *n* dark brown fizzy soft drink
COLANDER *n* perforated bowl for straining or rinsing foods
COLAS ▶ cola
COLBY, COLBIES, -S *n* type of mild-tasting hard cheese
COLCHICA > colchicum
COLD, -ER, -EST, -S *adj* lacking heat ▷ *n* lack of heat

COLDCOCK *vb* knock to the ground
COLDER ▶ **cold**
COLDEST ▶ **cold**
COLDIE, -S *n* cold can or bottle of beer
COLDISH ▶ **cold**
COLDLY ▶ **cold**
COLDNESS ▶ **cold**
COLDS ▶ **cold**
COLE, -S *same as* ▶ **cabbage**
COLEAD, -S, COLED *vb* lead together
COLEADER ▶ **colead**
COLEADS ▶ **colead**
COLED ▶ **colead**
COLES ▶ **cole**
COLESEED *n* seeds or plants of the cole
COLESLAW *n* salad dish of shredded raw cabbage in a dressing
COLESSEE *n* joint lessee
COLESSOR *n* joint lessor
COLETIT, -S *n* coal tit
COLEUS, -ES *n* Old World plant
COLEWORT *same as* ▶ **cabbage**
COLEY, -S *same as* ▶ **coalfish**
COLIBRI, -S *n* hummingbird
COLIC, -S *n* severe pains in the stomach and bowels
COLICIN, -S *n* bactericidal protein
COLICINE *n* antibacterial protein
COLICINS ▶ **colicin**
COLICKY *adj* relating to or suffering from colic
COLICS ▶ **colic**
COLIES ▶ **coly**
COLIFORM *n* type of bacteria of the intestinal tract
COLIN, -S *n* quail
COLINEAR *same as* > **collinear**
COLINS ▶ **colin**
COLISEUM *n* large building, such as a stadium or theatre, used for entertainments, sports, etc
COLISTIN *n* polymyxin antibiotic
COLITIC ▶ **colitis**
COLITIS *n* inflammation of the colon
COLL, -ED, -S *vb* embrace
COLLAB, -S *n* collaboration
COLLAGE, -D, -S *n* type of art form ▷ *vb* make a collage
COLLAGEN *n* protein found in cartilage and bone that yields gelatine when boiled
COLLAGES ▶ **collage**
COLLAPSE *vb* fall down suddenly ▷ *n* collapsing
COLLAR, -ED, -S *n* part of a garment round the neck ▷ *vb* seize, arrest
COLLARD, -S *n* variety of the cabbage with a crown of edible leaves
COLLARED ▶ **collar**
COLLARET *n* small collar
COLLARS ▶ **collar**
COLLATE, -D, -S *vb* gather together, examine, and put in order
COLLATOR *n* person or machine that collates texts or manuscripts
COLLECT, -S *vb* gather together ▷ *n* short prayer
COLLED ▶ **coll**
COLLEEN, -S *n* girl or young woman
COLLEGE, -S *n* place of higher education
COLLEGER *n* member of a college
COLLEGES ▶ **college**
COLLEGIA > **collegium**
COLLET, -ED, -S *n* (in a jewellery setting) a band or coronet-shaped claw that holds an individual stone ▷ *vb* mount in a collet
COLLIDE, -D, -S *vb* crash together violently
COLLIDER *n* particle accelerator in which beams of particles are made to collide
COLLIDES ▶ **collide**
COLLIE *n* silky-haired sheepdog
COLLIED ▶ **colly**
COLLIER, -S *n* coal miner
COLLIERY *n* coal mine
COLLIES ▶ **colly**
COLLING, -S *n* embrace
COLLINS *n* type of cocktail
COLLOGUE *vb* confer confidentially
COLLOID, -S *n* suspension of particles in a solution ▷ *adj* relating to the gluelike material found in certain degenerating tissues
COLLOP, -S *n* small slice of meat
COLLOQUE *vb* converse
COLLOQUY *n* conversation or conference
COLLS ▶ **coll**
COLLUDE, -D, -S *vb* act in collusion
COLLUDER ▶ **collude**
COLLUDES ▶ **collude**
COLLUVIA > **colluvium**
COLLY, COLLIED, COLLIES, -ING *n* soot or grime, such as coal dust ▷ *vb* begrime
COLLYRIA > **collyrium**
COLOBI ▶ **colobus**
COLOBID, -S *n* type of African monkey
COLOBOMA *n* structural defect of the eye, esp in the choroid, retina, or iris
COLOBUS, COLOBI *n* type of Old World monkey
COLOCATE *vb* locate together
COLOG, -S *n* logarithm of the reciprocal of a number
COLOGNE, -S *n* mild perfume
COLOGNED ▶ **cologne**
COLOGNES ▶ **cologne**
COLOGS ▶ **colog**
COLON, -S *n* punctuation mark (:)
COLONE, -S *variant of* ▶ **colon**
COLONEL, -S *n* senior commissioned army or air-force officer
COLONES ▶ **colone**
COLONI ▶ **colonus**
COLONIAL *n* inhabitant of a colony ▷ *adj* of or inhabiting a colony or colonies
COLONIC, -S *adj* of or relating to the colon ▷ *n* irrigation of the colon
COLONIES ▶ **colony**
COLONISE *same as* ▶ **colonize**
COLONIST *n* settler in a colony
COLONIZE *vb* make into a colony
COLONS ▶ **colon**
COLONUS, COLONI *n* ancient Roman farmer
COLONY, COLONIES *n* people who settle in a new country but remain ruled by their homeland
COLOPHON *n* publisher's symbol on a book
COLOR, -S *same as* ▶ **colour**
COLORADO *adj* (of a cigar) of middling colour and strength
COLORANT *n* any substance that imparts colour, such as a pigment, dye, or ink
COLORED *same as* ▶ **coloured**
COLORER, -S ▶ **color**
COLORFUL ▶ **color**
COLORIER ▶ **colory**
COLORING ▶ **colour**
COLORISE *same as* > **colourize**

C

C

COLORISM ▸ **color**
COLORIST ▸ **color**
COLORIZE *same as* > **colourize**
COLORMAN, COLORMEN *same as* > **colourman**
COLORS ▸ **color**
COLORWAY *variant of* > **colourway**
COLORY, COLORIER *adj* full of color
COLOSSAL *adj* very large
COLOSSUS, COLOSSI *n* huge statue
COLOTOMY *n* colonic incision
COLOUR, -S *n* appearance of things as a result of reflecting light ▷ *vb* apply colour to
COLOURED *adj* having colour
COLOURER ▸ **colour**
COLOURS ▸ **colour**
COLOURY *adj* possessing colour
COLPITIS *another name for* > **vaginitis**
COLS ▸ **col**
COLT, -ED, -ING, -S *n* young male horse ▷ *vb* to fool
COLTAN, -S *n* metallic ore
COLTED ▸ **colt**
COLTER, -S *same as* ▸ **coulter**
COLTHOOD *n* state of being a colt
COLTING ▸ **colt**
COLTISH *adj* inexperienced
COLTS ▸ **colt**
COLTWOOD *n* plant mentioned in Spenser's Faerie Queene
COLUBRID *n* type of snake such as the grass snake and whip snakes
COLUGO, -S *n* flying lemur
COLUMBIC *another word for* ▸ **niobic**
COLUMEL, -S *n* in botany, the central column in a capsule
COLUMN, -S *n* pillar ▷ *vb* create a column
COLUMNAL *n* part of the stem of a crinoid
COLUMNAR ▸ **column**
COLUMNEA *n* flowering plant
COLUMNED ▸ **column**
COLUMNS ▸ **column**
COLURE, -S *n* either of two great circles on the celestial sphere
COLY, COLIES *n* S African arboreal bird
COLZA, -S *n* Eurasian plant with bright yellow flowers
COMA, -E, -S *n* state of deep unconsciousness
COMADE ▸ **comake**
COMAE ▸ **coma**
COMAKE, COMADE, -S, COMAKING *vb* make together
COMAKER, -S ▸ **comake**
COMAKES ▸ **comake**
COMAKING ▸ **comake**
COMAL ▸ **coma**
COMANAGE *vb* manage jointly
COMARB, -S *same as* ▸ **coarb**
COMART, -S *n* covenant
COMAS ▸ **coma**
COMATE, -S *adj* having tufts of hair ▷ *n* companion
COMATIC ▸ **coma**
COMATIK, -S *variant of* ▸ **komatik**
COMATOSE *adj* in a coma
COMATULA *same as* > **comatulid**
COMB, -ED, -ING, -S *n* toothed implement for arranging the hair ▷ *vb* use a comb on
COMBAT, -ED, -S *vb* fight, struggle ▷ *n* fight or struggle
COMBATER ▸ **combat**
COMBATS ▸ **combat**
COMBE, -S *same as* ▸ **comb**
COMBED ▸ **comb**
COMBER, -S *n* long curling wave
COMBES ▸ **combe**
COMBI, -S *n* combination boiler
COMBIER ▸ **comby**
COMBIES ▸ **comby**
COMBIEST ▸ **comby**
COMBINE, -S *vb* join together ▷ *n* association of people or firms for a common purpose
COMBINED *n* competitive event consisting of two skiing competitions
COMBINER ▸ **combine**
COMBINES ▸ **combine**
COMBING ▸ **comb**
COMBINGS *pl n* loose hair or fibres removed by combing, esp from animals
COMBIS ▸ **combi**
COMBLE, -S *n* apex; zenith
COMBLESS *adj* without a comb
COMBLIKE *adj* resembling a comb
COMBO, -S *n* small group of jazz musicians
COMBOVER *n* hairstyle in which thinning hair is combed over the scalp
COMBS ▸ **comb**
COMBUST, -S *vb* burn
COMBWISE *adv* in the manner of a comb
COMBY, COMBIER, COMBIES, COMBIEST *adj* comb-like ▷ *n* combination boiler
COME, CAME, -S, -TH *vb* move towards a place, arrive
COMEBACK *n* return to a former position ▷ *vb* return, esp to the memory
COMEDDLE *vb* mix
COMEDIAN *n* entertainer who tells jokes
COMEDIC *adj* of or relating to comedy
COMEDIES ▸ **comedy**
COMEDIST *n* writer of comedies
COMEDO, -S *the technical name for* > **blackhead**
COMEDOWN *n* decline in status ▷ *vb* come to a place regarded as lower
COMEDY, COMEDIES *n* humorous play, film, or programme
COMELIER ▸ **comely**
COMELILY ▸ **comely**
COMELY, COMELIER *adj* nice-looking
COMEMBER *n* fellow member
COMEOVER *n* person who has come from Britain to the Isle of Man to settle
COMER, -S *n* person who comes
COMES ▸ **come**
COMET, -S *n* heavenly body with a long luminous tail
COMETARY ▸ **comet**
COMETH ▸ **come**
COMETHER *n* coaxing; allure
COMETIC ▸ **comet**
COMETS ▸ **comet**
COMFIER ▸ **comfy**
COMFIEST ▸ **comfy**
COMFILY *adv* in a manner suggestive of or promoting comfort
COMFIT, -S *n* sugar-coated sweet
COMFORT, -S *n* physical ease or wellbeing ▷ *vb* soothe, console
COMFREY, -S *n* tall plant with bell-shaped flowers
COMFY, COMFIER, COMFIEST *adj* comfortable

COMIC, -S *adj* humorous, funny ▷ *n* comedian
COMICAL *adj* amusing
COMICE, -S *n* kind of pear
COMICS ▶ **comic**
COMING, -S ▶ **come**
COMINGLE *same as* > **commingle**
COMINGS ▶ **coming**
COMIQUE, -S *n* comic actor
COMITAL *adj* relating to a count or earl
COMITIA, -S *n* ancient Roman assembly
COMITIAL ▶ **comitia**
COMITIAS ▶ **comitia**
COMITY, COMITIES *n* friendly politeness, esp between different countries
COMIX *n* comic books in general
COMM *n* as in **comm badge** small wearable badge-shaped radio transmitter and receiver
COMMA, -S, -TA *n* punctuation mark (,)
COMMAND, -S *vb* order ▷ *n* authoritative instruction that something must be done
COMMANDO *n* (member of) a military unit trained for swift raids in enemy territory
COMMANDS ▶ **command**
COMMAS ▶ **comma**
COMMATA ▶ **comma**
COMMENCE *vb* begin
COMMEND, -S *vb* praise
COMMENT, -S *n* remark ▷ *vb* make a comment
COMMER, -S *same as* ▶ **comer**
COMMERCE *n* buying and selling, trade ▷ *vb* to trade
COMMERE, -S *n* female compere
COMMERGE *vb* merge together
COMMERS ▶ **commer**
COMMIE, -S *adj* communist
COMMIS *n* apprentice waiter or chef ▷ *adj* (of a waiter or chef) apprentice
COMMISH *n* commissioner
COMMIT, -S *vb* perform (a crime or error)
COMMIX, -ED, -ES, -T *a rare word for* ▶ **mix**
COMMO, -S *short for* > **communist**
COMMODE, -S *n* seat with a hinged flap concealing a chamber pot
COMMODO *same as* ▶ **comodo**
COMMON, -ED *adj* occurring often ▷ *n* area of grassy land belonging to a community ▷ *vb* sit at table with strangers
COMMONER *n* person who does not belong to the nobility
COMMONEY *n* playing marble of a common sort
COMMONLY *adv* usually
COMMONS *n* people not of noble birth viewed as forming a political order
COMMOS ▶ **commo**
COMMOT, -S *n* in medieval Wales, a division of land
COMMOTE, -S *same as* ▶ **commot**
COMMOTS ▶ **commot**
COMMOVE, -D, -S *vb* disturb
COMMS *pl n* communications
COMMUNAL *adj* shared
COMMUNE, -D, -S *n* group of people who live together and share everything ▷ *vb* feel very close (to)
COMMUNER ▶ **commune**
COMMUNES ▶ **commune**
COMMUTE, -D, -S *vb* travel daily to and from work ▷ *n* journey made by commuting
COMMUTER *n* person who commutes to and from work
COMMUTES ▶ **commute**
COMMY *same as* ▶ **commie**
COMODO *adv* (to be performed) at a convenient relaxed speed
COMORBID *adj* (of illness) happening at same time as other illness
COMOSE *another word for* ▶ **comate**
COMOUS *adj* hairy
COMP, -ED, -S *n* person who sets and corrects type ▷ *vb* set or correct type
COMPACT, -S *adj* closely packed ▷ *n* small flat case containing a mirror and face powder ▷ *vb* pack closely together
COMPADRE *n* masculine friend
COMPAGE *obsolete form of* ▶ **compages**
COMPAGES *n* structure or framework
COMPAND, -S *vb* (of a transmitter signal) to compress before, and expand after, transmission
COMPANY *n* business organization ▷ *vb* associate or keep company with someone
COMPARE, -D, -S *vb* examine (things) and point out the resemblances or differences
COMPARER ▶ **compare**
COMPARES ▶ **compare**
COMPART, -S *vb* divide into parts
COMPAS *n* rhythm in flamenco
COMPASS *n* instrument for showing direction ▷ *vb* encircle or surround
COMPAST *adj* rounded
COMPEAR, -S *vb* in Scots law, to appear in court
COMPED ▶ **comp**
COMPEER, -S *n* person of equal rank, status, or ability ▷ *vb* to equal
COMPEL, -S *vb* force (to be or do)
COMPEND, -S *n* compendium
COMPER, -S *n* person who regularly enters competitions
COMPERE, -D, -S *n* person who presents a stage, radio, or television show ▷ *vb* be the compere of
COMPERS ▶ **comper**
COMPESCE *vb* curb
COMPETE, -D, -S *vb* try to win or achieve (a prize, profit, etc)
COMPILE, -D, -S *vb* collect and arrange (information), esp to make a book
COMPILER *n* person who compiles information
COMPILES ▶ **compile**
COMPING, -S *n* act of comping
COMPITAL *adj* pertaining to crossroads
COMPLAIN *vb* express resentment or displeasure
COMPLEAT *an archaic spelling of* ▶ **complete**
COMPLECT *vb* interweave or entwine
COMPLETE *adj* thorough, absolute ▷ *vb* finish
COMPLEX *adj* made up of parts ▷ *n* whole made up of parts ▷ *vb* form a complex
COMPLICE *n* associate or accomplice
COMPLIED ▶ **comply**
COMPLIER ▶ **comply**
COMPLIES ▶ **comply**

COMPLIN, -S *same as* ▸ **compline**
COMPLINE *n* last service of the day in the Roman Catholic Church
COMPLINS ▸ **complin**
COMPLISH *vb* accomplish
COMPLOT, -S *n* plot or conspiracy ▹ *vb* plot together
COMPLY, COMPLIED, COMPLIES *vb* act in accordance (with)
COMPO, -S *n* mixture of materials, such as mortar, plaster, etc ▹ *adj* intended to last for several days
COMPONE *same as* ▸ **compony**
COMPONY *adj* made up of alternating metal and colour, colour and fur, or fur and metal
COMPORT, -S *vb* behave (oneself) in a specified way
COMPOS ▸ **compo**
COMPOSE, -S *vb* put together
COMPOSED *adj* calm
COMPOSER *n* person who writes music
COMPOSES ▸ **compose**
COMPOST, -S *n* decayed plants used as a fertilizer ▹ *vb* make (vegetable matter) into compost
COMPOT, -S *same as* ▸ **compote**
COMPOTE, -S *n* fruit stewed with sugar
COMPOTS ▸ **compot**
COMPOUND *adj* (thing, esp chemical) made up of two or more combined parts or elements ▹ *vb* combine or make by combining ▹ *n* fenced enclosure containing buildings
COMPRESS *vb* squeeze together ▹ *n* pad applied to stop bleeding or cool inflammation
COMPRINT *vb* print jointly
COMPRISE *vb* be made up of or make up
COMPRIZE *same as* ▸ **comprise**
COMPS ▸ **comp**
COMPT, -ED, -ING, -S *obsolete variant of* ▸ **count**
COMPTER, -S *n* formerly, a prison
COMPTING ▸ **compt**
COMPTS ▸ **compt**
COMPULSE *vb* compel
COMPUTE, -D, -S *vb* calculate, esp using a computer ▹ *n* calculation
COMPUTER *n* electronic machine that stores and processes data
COMPUTES ▸ **compute**
COMRADE, -S *n* fellow member of a union or socialist political party
COMS *pl n* one-piece woollen undergarment with long sleeves and legs
COMSAT, -S *n* communications satellite
COMSYMP, -S *n* disparaging term for a person sympathetic to communism
COMTE, -S *n* European noble
COMUS, -ES *n* wild party
CON, -NED, -S *vb* deceive, swindle ▹ *n* convict ▹ *prep* with
CONACRE, -D, -S *n* farming land let for a season or for eleven months ▹ *vb* let conacre
CONARIA ▸ **conarium**
CONARIAL ▸ **conarium**
CONARIUM, CONARIA *n* pineal gland
CONATION *n* psychological element that tends towards activity or change
CONATIVE *adj* aspect of some verbs indicating the effort of the agent in performing the verb
CONATUS *n* effort or striving of natural impulse
CONCAUSE *n* shared cause
CONCAVE, -D, -S *adj* curving inwards ▹ *vb* make concave
CONCEAL, -S *vb* cover and hide
CONCEDE, -D, -S *vb* admit to be true
CONCEDER ▸ **concede**
CONCEDES ▸ **concede**
CONCEDO *interj* I allow; I concede (a point)
CONCEIT, -S *n* too high an opinion of oneself ▹ *vb* like or be able to bear (something, such as food or drink)
CONCEITY *adj* full of conceit
CONCEIVE *vb* imagine, think
CONCENT, -S *n* concord, as of sounds, voices, etc
CONCEPT, -S *n* abstract or general idea
CONCEPTI > **conceptus**
CONCEPTS ▸ **concept**
CONCERN, -S *n* anxiety, worry ▹ *vb* worry (someone)
CONCERT, -S *n* musical entertainment
CONCERTO, CONCERTI *n* large-scale composition for a solo instrument and orchestra
CONCERTS ▸ **concert**
CONCETTO, CONCETTI *n* conceit, ingenious thought
CONCH, -S *same as* ▸ **concha**
CONCHA, -E, -S *n* any bodily organ or part resembling a shell in shape
CONCHAL ▸ **concha**
CONCHAS ▸ **concha**
CONCHATE *adj* shell-shaped
CONCHE, -D, -S, CONCHING *n* machine used to make chocolate ▹ *vb* use a conche
CONCHIE, -S *n* conscientious objector
CONCHING ▸ **conche**
CONCHO, -S *n* American metal ornament
CONCHOID *n* type of plane curve
CONCHOS ▸ **concho**
CONCHS ▸ **conch**
CONCHY *same as* ▸ **conchie**
CONCISE, -D, -R, -S *adj* brief and to the point ▹ *vb* mutilate
CONCLAVE *n* secret meeting
CONCLUDE *vb* decide by reasoning
CONCOCT, -S *vb* make up (a story or plan)
CONCOLOR *adj* of a single colour
CONCORD, -S *n* state of peaceful agreement, harmony ▹ *vb* agree
CONCOURS *n* contest
CONCRETE *n* mixture of cement, sand, stone, and water, used in building ▹ *vb* cover with concrete ▹ *adj* made of concrete
CONCREW, -S *vb* grow together
CONCUPY *n* concupiscence
CONCUR, -S *vb* agree
CONCUSS *vb* injure (the brain) by a fall or blow
COND *old inflection of* ▸ **con**
CONDEMN, -S *vb* express disapproval of
CONDENSE *vb* make shorter
CONDER, -S *n* person who directs the steering of a vessel
CONDIE, -S *n* culvert; tunnel
CONDIGN *adj* (esp of a punishment) fitting
CONDO, -ES, -S *n* condominium

CONDOLE, -D, -S *vb* express sympathy with someone in grief, pain, etc
CONDOLER ▸**condole**
CONDOLES ▸**condole**
CONDONE, -D, -S *vb* overlook or forgive (wrongdoing)
CONDONER ▸**condone**
CONDONES ▸**condone**
CONDOR, -ES, -S *n* large vulture of S America
CONDOS ▸**condo**
CONDUCE, -D, -S *vb* lead or contribute (to a result)
CONDUCER ▸**conduce**
CONDUCES ▸**conduce**
CONDUCT, -S *n* management of an activity ▹*vb* carry out (a task)
CONDUCTI > **conductus**
CONDUCTS ▸**conduct**
CONDUIT, -S *n* channel or tube for fluid or cables
CONDYLAR ▸**condyle**
CONDYLE, -S *n* rounded projection on the articulating end of a bone
CONE, -D, -S, CONING *n* object with a circular base, tapering to a point ▹*vb* shape like a cone or part of a cone
CONELESS *adj* not bearing cones
CONELIKE *adj* like a cone
CONELRAD *n* US defence and information system for use in the event of air attack
CONENOSE *n* bloodsucking bug of the genus Triatoma
CONEPATE *same as* ▸**conepatl**
CONEPATL *n* skunk
CONES ▸**cone**
CONEY, -S *same as* ▸**cony**
CONF, -S *n* online forum
CONFAB, -S *n* conversation ▹*vb* converse
CONFECT, -S *vb* prepare by combining ingredients
CONFER, -S *vb* discuss together
CONFEREE *n* person who takes part in a conference
CONFERS ▸**confer**
CONFERVA *n* type of threadlike green alga typically occurring in fresh water
CONFESS *vb* admit (a fault or crime)
CONFEST *adj* admitted
CONFETTI *n* small pieces of coloured paper thrown at weddings
CONFETTO *n* sweetmeat
CONFIDE, -D, -S *vb* tell someone (a secret)
CONFIDER ▸**confide**
CONFIDES ▸**confide**
CONFINE, -S *vb* keep within bounds ▹*n* limit
CONFINED *adj* enclosed or restricted
CONFINER ▸**confine**
CONFINES ▸**confine**
CONFIRM, -S *vb* prove to be true
CONFIT, -S *n* preserve
CONFIX, -ED, -ES *vb* fasten
CONFLATE *vb* combine or blend into a whole
CONFLICT *n* disagreement ▹*vb* be incompatible
CONFLUX *n* merging or following together, especially of rivers
CONFOCAL *adj* having a common focus or common foci
CONFORM, -S *vb* comply with accepted standards or customs
CONFOUND *vb* astound, bewilder
CONFRERE *n* colleague
CONFRONT *vb* come face to face with
CONFS ▸**conf**
CONFUSE, -S *vb* mix up
CONFUSED *adj* lacking a clear understanding of something
CONFUSES ▸**confuse**
CONFUTE, -D, -S *vb* prove wrong
CONFUTER ▸**confute**
CONFUTES ▸**confute**
CONGA, -ED, -ING, -S *n* dance performed by a number of people in single file ▹*vb* dance the conga
CONGE, -D, -ING, -S *n* permission to depart or dismissal, esp when formal ▹*vb* take one's leave
CONGEAL, -S *vb* (of a liquid) become thick and sticky
CONGED ▸**conge**
CONGEE, -D, -S *same as* ▸**conge**
CONGEING ▸**conge**
CONGENER *n* member of a class, group, or other category, esp any animal of a specified genus
CONGENIC *adj* (of inbred animal cells) genetically identical except for a single gene locus
CONGER, -S *n* large sea eel
CONGES ▸**conge**
CONGEST, -S *vb* crowd or become crowded to excess
CONGIARY *n* Roman emperor's gift to the people or soldiers
CONGIUS, CONGII *n* unit of liquid measure equal to 1 imperial gallon
CONGLOBE *vb* gather into a globe or ball
CONGO, -ES, -S *same as* ▸**congou**
CONGOU, -S *n* kind of black tea from China
CONGRATS *sentence substitute* congratulations
CONGREE, -D, -S *vb* agree
CONGREET *vb* (of two or more people) to greet one another
CONGRESS *n* formal meeting for discussion
CONGRUE, -D, -S *vb* agree
CONI ▸**conus**
CONIA, -S *same as* ▸**coniine**
CONIC *adj* having the shape of a cone
CONICAL *adj* cone-shaped
CONICINE *same as* ▸**coniine**
CONICITY ▸**conical**
CONICS *n* branch of geometry
CONIDIA ▸**conidium**
CONIDIAL ▸**conidium**
CONIDIAN ▸**conidium**
CONIDIUM, CONIDIA *n* asexual spore formed at the tip of a specialized filament in certain types of fungi
CONIES ▸**cony**
CONIFER, -S *n* cone-bearing tree, such as the fir or pine
CONIFORM *adj* cone-shaped
CONIINE, -S *n* colourless poisonous soluble liquid alkaloid found in hemlock
CONIMA, -S *n* gum resin from the conium hemlock tree
CONIN, -S *same as* ▸**coniine**
CONINE, -S *same as* ▸**coniine**
CONING ▸**cone**
CONINS ▸**conin**
CONIOSIS, CONIOSES *n* any disease or condition caused by dust inhalation
CONIUM, -S *n* N temperate umbelliferous plant, esp hemlock
CONJECT, -S *vb* conjecture
CONJEE, -D, -S *n* gruel of boiled rice and water ▹*vb* prepare as, or in, a conjee

C

CONJOIN, -S *vb* join or become joined
CONJOINT *adj* united, joint, or associated
CONJUGAL *adj* of marriage
CONJUNCT *adj* joined ▷ *n* one of the propositions or formulas in a conjunction
CONJUNTO *n* style of Mexican music
CONJURE, -D, -S *vb* perform tricks that appear to be magic
CONJURER *same as* ▸ **conjuror**
CONJURES ▸ **conjure**
CONJUROR *n* person who performs magic tricks for people's entertainment
CONJURY *n* magic
CONK, -ED, -ING, -S *n* nose ▷ *vb* strike (someone) on the head or nose
CONKER *n* nut of the horse chestnut
CONKERS *n* game played with conkers tied on strings
CONKIER ▸ **conky**
CONKIEST ▸ **conky**
CONKING ▸ **conk**
CONKOUT, -S *n* time when a machine stops working
CONKS ▸ **conk**
CONKY, CONKIER, CONKIEST *adj* affected by the timber disease, conk
CONLANG, -S *n* artificially constructed language
CONMAN, CONMEN *n* person who uses confidence tricks to swindle or defraud
CONN, -S *same as* ▸ **con**
CONNATE *adj* existing in a person or thing from birth
CONNE, -S *same as* ▸ **con**
CONNECT, -S *vb* join together
CONNED ▸ **con**
CONNER, -S *same as* ▸ **conder**
CONNES ▸ **conne**
CONNIE, -S *n* tram or bus conductor
CONNING, -S ▸ **con**
CONNIVE, -D, -S *vb* allow (wrongdoing) by ignoring it
CONNIVER ▸ **connive**
CONNIVES ▸ **connive**
CONNOR, -S *n* type of saltwater fish
CONNOTE, -D, -S *vb* imply or suggest
CONNS ▸ **conn**
CONODONT *n* toothlike fossil derived from an eel-like animal
CONOID, -S *n* geometric surface ▷ *adj* conical, cone-shaped
CONOIDAL *same as* ▸ **conoid**
CONOIDIC ▸ **conoid**
CONOIDS ▸ **conoid**
CONQUER, -S *vb* defeat
CONQUEST *n* conquering
CONQUIAN *same as* ▸ **cooncan**
CONS ▸ **con**
CONSEIL, -S *n* advice
CONSENT, -S *n* agreement, permission ▷ *vb* permit, agree to
CONSERVE *vb* protect from harm, decay, or loss ▷ *n* jam containing large pieces of fruit
CONSIDER *vb* regard as
CONSIGN, -S *vb* put somewhere
CONSIST, -S *vb* be composed (of)
CONSOL *n* consolidated annuity, a British government bond
CONSOLE, -D, -S *vb* comfort in distress ▷ *n* panel of controls for electronic equipment
CONSOLER ▸ **console**
CONSOLES ▸ **console**
CONSOLS *pl n* irredeemable British government securities
CONSOMME *n* thin clear meat soup
CONSORT, -S *vb* keep company (with) ▷ *n* spouse of a monarch
CONSPIRE *vb* plan a crime together in secret
CONSPUE, -D, -S *vb* spit on with contempt
CONSTANT *adj* continuous ▷ *n* unvarying quantity
CONSTATE *vb* affirm
CONSTER, -S *obsolete variant of* ▸ **construe**
CONSTRUE *vb* interpret ▷ *n* something that is construed, such as a piece of translation
CONSUL, -S *n* official representing a state in a foreign country
CONSULAR *n* anyone of consular rank
CONSULS ▸ **consul**
CONSULT, -S *vb* go to for advice or information
CONSULTA *n* official planning meeting
CONSULTS ▸ **consult**
CONSUME, -D, -S *vb* eat or drink
CONSUMER *n* person who buys goods or uses services
CONSUMES ▸ **consume**
CONSUMPT *n* quantity used up; consumption
CONTACT, -S *n* communicating ▷ *vb* get in touch with ▷ *interj* (formerly) call made by the pilot to indicate the engine is ready for starting
CONTAGIA > **contagium**
CONTAIN, -S *vb* hold or be capable of holding
CONTANGO *n* postponement of payment for and delivery of stock ▷ *vb* arrange such a postponement of payment
CONTE, -S *n* tale or short story, esp of adventure
CONTECK, -S *n* contention
CONTEMN, -S *vb* regard with contempt
CONTEMPO *adj* contemporary
CONTEMPT *n* dislike and disregard
CONTEND, -S *vb* deal with
CONTENT, -S *n* meaning or substance of a piece of writing ▷ *adj* satisfied with things as they are ▷ *vb* make (someone) content
CONTES ▸ **conte**
CONTESSA *n* Italian countess
CONTEST, -S *n* competition or struggle ▷ *vb* dispute, object to
CONTEXT, -S *n* circumstances of an event or fact
CONTINUA > **continuum**
CONTINUE *vb* (cause to) remain in a condition or place
CONTINUO *n* continuous bass part, usu played on a keyboard instrument
CONTLINE *n* space between the bilges of stowed casks
CONTO, -S *n* former Portuguese monetary unit worth 1000 escudos
CONTORNO, CONTORNI *n* in Italy, side dish of salad or vegetables
CONTORT, -S *vb* twist out of shape
CONTOS ▸ **conto**
CONTOUR, -S *n* outline ▷ *vb* shape so as to form or follow the contour of something
CONTRA, -S *n* counter-argument

CONTRACT *n* (document setting out) a formal agreement ▷ *vb* make a formal agreement (to do something)
CONTRAIL *n* aeroplane's vapour trail
CONTRAIR *adj* contrary
CONTRARY *n* complete opposite ▷ *adj* opposed, completely different ▷ *adv* in opposition
CONTRAS ▶ **contra**
CONTRAST *n* obvious difference ▷ *vb* compare in order to show differences
CONTRAT, -S *old form of* ▶ **contract**
CONTRATE *adj* (of gears) having teeth set at a right angle to the axis
CONTRATS ▶ **contrat**
CONTRIST *vb* make sad
CONTRITE *adj* sorry and apologetic
CONTRIVE *vb* make happen
CONTROL, -S *n* power to direct something ▷ *vb* have power over
CONTROLE *adj* officially registered
CONTROLS ▶ **control**
CONTROUL *obsolete variant of* ▶ **control**
CONTUND, -S *vb* pummel
CONTUSE, -D, -S *vb* injure (the body) without breaking the skin
CONURBAN *adj* relating to an urban region
CONURBIA *n* conurbations considered collectively
CONURE, -S *n* small American parrot
CONUS, CONI *n* any of several cone-shaped structures
CONVECT, -S *vb* circulate hot air by convection
CONVENE, -D, -S *vb* gather or summon for a formal meeting
CONVENER *n* person who calls a meeting
CONVENES ▶ **convene**
CONVENOR *same as* ▶ **convener**
CONVENT, -S *n* building where nuns live ▷ *vb* summon
CONVERGE *vb* meet or join
CONVERSE *vb* have a conversation ▷ *n* opposite or contrary ▷ *adj* reversed or opposite
CONVERSO *n* medieval Spanish Jew converting to Catholicism
CONVERT, -S *vb* change in form, character, or function ▷ *n* person who has converted to a different belief or religion
CONVEX, -ED, -ES *adj* curving outwards ▷ *vb* make convex
CONVEXLY ▶ **convex**
CONVEY, -ED, -S *vb* communicate (information)
CONVEYAL *n* act or means of conveying
CONVEYED ▶ **convey**
CONVEYER *same as* ▶ **conveyor**
CONVEYOR *n* person or thing that conveys
CONVEYS ▶ **convey**
CONVICT, -S *vb* declare guilty ▷ *n* person serving a prison sentence ▷ *adj* convicted
CONVINCE *vb* persuade by argument or evidence
CONVIVE, -D, -S *vb* feast together
CONVO, -S *n* conversation
CONVOKE, -D, -S *vb* call together
CONVOKER ▶ **convoke**
CONVOKES ▶ **convoke**
CONVOLVE *vb* wind or roll together
CONVOS ▶ **convo**
CONVOY, -ED, -S *n* group of vehicles or ships travelling together ▷ *vb* escort while in transit
CONVULSE *vb* (of part of the body) undergo violent spasms
CONWOMAN, CONWOMEN *n* woman who uses confidence tricks to swindle or defraud
CONY, CONIES *n* rabbit
COO, -ED, -S *vb* (of a dove or pigeon) make a soft murmuring sound ▷ *n* sound of cooing ▷ *interj* exclamation of surprise, awe, etc
COOCOO *old spelling of* ▶ **cuckoo**
COOED ▶ **coo**
COOEE, -D, -ING, -S *interj* call to attract attention ▷ *vb* utter this call ▷ *n* calling distance
COOER, -S ▶ **coo**
COOEY, -ED, -ING, -S *same as* ▶ **cooee**
COOF, -S *n* unintelligent person
COOING, -S ▶ **coo**
COOINGLY ▶ **coo**
COOINGS ▶ **cooing**
COOK, -ED, -S *vb* prepare (food) by heating ▷ *n* person who cooks food
COOKABLE *adj* able to be cooked ▷ *n* something that can be cooked
COOKBOOK *n* book containing recipes and instructions for cooking
COOKED ▶ **cook**
COOKER, -S *n* apparatus for cooking heated by gas or electricity
COOKERY *n* art of cooking
COOKEY, -S *same as* ▶ **cookie**
COOKIE, -S *n* biscuit
COOKING, -S ▶ **cook**
COOKLESS *adj* devoid of a cook
COOKMAID *n* maid who assists a cook
COOKOFF, -S *n* cookery competition
COOKOUT, -S *n* party where a meal is cooked and eaten out of doors
COOKROOM *n* room in which food is cooked
COOKS ▶ **cook**
COOKSHOP *n* shop that sells cookery equipment
COOKTOP, -S *n* flat unit for cooking in saucepans or the top part of a stove
COOKWARE *n* cooking utensils
COOKY *same as* ▶ **cookie**
COOL, -ED, -EST, -S *adj* moderately cold ▷ *vb* make or become cool ▷ *n* coolness
COOLABAH *n* Australian tree that grows along rivers, with smooth bark and long narrow leaves
COOLAMON *n* shallow dish of wood or bark, used for carrying water
COOLANT, -S *n* fluid used to cool machinery while it is working
COOLDOWN *n* gentle stretching exercises after strenuous activity
COOLED ▶ **cool**
COOLER, -S *n* container for making or keeping things cool
COOLEST ▶ **cool**
COOLIBAH *same as* ▶ **coolabah**

C

C

COOLIBAR *same as* ▸ **coolabah**
COOLING, -S *n* as in **regenerative cooling** method of cooling rocket combustion chambers
COOLISH ▸ **cool**
COOLIST, -S *n* person who does not believe in global warming
COOLLY ▸ **cool**
COOLNESS ▸ **cool**
COOLS ▸ **cool**
COOLTH, -S *n* coolness
COOM, -ED, -ING, -S *n* waste material ▹ *vb* blacken
COOMB, -S *n* short valley or deep hollow
COOMBE, -S *same as* ▸ **coomb**
COOMBS ▸ **coomb**
COOMED ▸ **coom**
COOMIER ▸ **coomy**
COOMIEST ▸ **coomy**
COOMING ▸ **coom**
COOMS ▸ **coom**
COOMY, COOMIER, COOMIEST *adj* grimy
COON, -S *n* raccoon
COONCAN, -S *n* card game for two players, similar to rummy
COONDOG, -S *n* dog trained to hunt raccoons
COONS ▸ **coon**
COONSKIN *n* pelt of a raccoon
COONTIE, -S *n* evergreen plant of S Florida
COONTY *same as* ▸ **coontie**
COOP, -ED, -ING, -S *n* cage or pen for poultry ▹ *vb* confine in a restricted area
COOPER, -ED, -S *n* person who makes or repairs barrels ▹ *vb* make or mend (barrels, casks, etc)
COOPERY *same as* > **cooperage**
COOPING ▸ **coop**
COOPS ▸ **coop**
COOPT, -ED, -ING, -S *vb* add (someone) to a group by the agreement of the existing members
COOPTION ▸ **coopt**
COOPTS ▸ **coopt**
COORIE, -D, -S *same as* ▸ **courie**
COOS ▸ **coo**
COOSEN, -ED, -S *same as* ▸ **cozen**
COOSER, -S *n* stallion
COOSIN, -ED, -S *same as* ▸ **cozen**
COOST *Scots form of* ▸ **cast**
COOT, -S *n* small black water bird
COOTCH, -ED, -ES *n* hiding place ▹ *vb* hide
COOTER, -S *n* type of freshwater turtle
COOTIE, -S *n* body louse
COOTIKIN *n* gaiter
COOTS ▸ **coot**
COP, -PED, -PING, -S *same as* ▸ **copper**
COPAIBA, -S *n* resin obtained from certain tropical trees
COPAIVA, -S *same as* ▸ **copaiba**
COPAL, -S *n* resin used in varnishes
COPALM, -S *n* aromatic resin
COPALS ▸ **copal**
COPARENT *n* fellow parent
COPASTOR *n* fellow pastor
COPATRON *n* fellow patron
COPAY, -S *n* amount payable for treatment by person with medical insurance
COPE, -D, -S *vb* deal successfully (with) ▹ *n* large ceremonial cloak worn by some Christian priests
COPECK, -S *same as* ▸ **kopeck**
COPED ▸ **cope**
COPEMATE *n* partner
COPEN, -S *n* shade of blue
COPEPOD, -S *n* type of minute crustacean
COPER, -ED, -ING, -S *n* horse-dealer ▹ *vb* smuggle liquor to deep-sea fishermen
COPES ▸ **cope**
COPIABLE *n* able to be copied
COPIED ▸ **copy**
COPIER, -S *n* machine that copies
COPIES ▸ **copy**
COPIHUE, -S *n* Chilean bellflower
COPILOT, -S *n* second pilot of an aircraft ▹ *vb* act as a copilot
COPING, -S *n* sloping top row of a wall
COPIOUS *adj* abundant, plentiful
COPITA, -S *n* tulip-shaped sherry glass
COPLANAR *adj* lying in the same plane
COPLOT, -S *vb* plot together
COPOUT, -S *n* act of avoiding responsibility
COPPED ▸ **cop**
COPPER, -ED, -S *n* soft reddish-brown metal ▹ *adj* reddish-brown ▹ *vb* coat or cover with copper
COPPERAH *same as* ▸ **copra**
COPPERAS *n* ferrous sulphate
COPPERED ▸ **copper**
COPPERS ▸ **copper**
COPPERY *adj* like copper
COPPICE, -S *n* small group of trees growing close together ▹ *vb* trim back (trees or bushes) to form a coppice
COPPICED ▸ **coppice**
COPPICES ▸ **coppice**
COPPIES ▸ **coppy**
COPPIN, -S *n* ball of thread
COPPING ▸ **cop**
COPPINS ▸ **coppin**
COPPLE, -S *n* hill rising to a point
COPPRA, -S *same as* ▸ **copra**
COPPY, COPPIES *n* small wooden stool
COPRA, -S *n* dried oil-yielding kernel of the coconut
COPRAH, -S *same as* ▸ **copra**
COPRAS ▸ **copra**
COPREMIA *same as* > **copraemia**
COPREMIC *same as* > **copraemic**
COPRINCE *n* fellow prince
COPROSMA *n* Australasian shrub sometimes planted for ornament
COPS ▸ **cop**
COPSE, -D, -S, COPSING *same as* ▸ **coppice**
COPSHOP, -S *n* police station
COPSIER ▸ **copsy**
COPSIEST ▸ **copsy**
COPSING ▸ **copse**
COPSY, COPSIER, COPSIEST *adj* having copses
COPTER, -S *n* helicopter
COPULA, -E, -S *n* verb used to link the subject and complement of a sentence
COPULAR ▸ **copula**
COPULAS ▸ **copula**
COPURIFY *vb* purify together
COPY, COPIED, COPIES *n* thing made to look exactly like another ▹ *vb* make a copy of
COPYABLE ▸ **copy**
COPYBOOK *n* book of specimens for imitation
COPYBOY, -S *n* formerly, in journalism, boy who carried copy and ran errands

COPYCAT, -S *n* person who imitates or copies someone ▹ *vb* imitate with great attention to detail
COPYDESK *n* desk where newspaper copy is edited
COPYEDIT *vb* prepare text for printing by styling, correcting, etc
COPYGIRL *n* female copyboy
COPYHOLD *n* tenure less than freehold of land in England evidenced by a copy of the Court roll
COPYING, -S *n* act of copying
COPYISM, -S *n* slavish copying
COPYIST, -S *n* person who makes written copies
COPYLEFT *n* permission to use something free of charge ▹ *vb* use copyright law to make (work, esp software) free to use
COPYREAD *vb* subedit
COQUET, -S *vb* behave flirtatiously
COQUETRY *n* flirtation
COQUETS ▸ **coquet**
COQUETTE *n* woman who flirts
COQUI, -S *n* type of tree-dwelling frog
COQUILLA *n* type of South American nut
COQUILLE *n* any dish, esp seafood, served in a scallop shell
COQUINA, -S *n* soft limestone
COQUIS ▸ **coqui**
COQUITO, -S *n* Chilean palm tree yielding edible nuts and a syrup
COR, -S *interj* exclamation of surprise, amazement, or admiration ▹ *n* Hebrew measure of dry weight
CORACLE, -S *n* small round boat of wicker covered with skins
CORACOID *n* paired ventral bone of the pectoral girdle in vertebrates
CORAGGIO *interj* exhortation to hold one's nerve
CORAL, -S *n* hard substance formed from the skeletons of very small sea animals ▹ *adj* orange-pink
CORALLUM, CORALLA *n* skeleton of any zoophyte
CORALS ▸ **coral**
CORAM *prep* before, in the presence of
CORAMINE *n* type of stimulant
CORANACH *same as* ▸ **coronach**
CORANTO, -S *same as* ▸ **courante**
CORBAN, -S *n* gift to God
CORBE, -S *obsolete variant of* ▸ **corbel**
CORBEAU, -S *n* blackish green colour
CORBEIL, -S *n* carved ornament in the form of a basket of fruit, flowers, etc
CORBEL, -ED, -S *n* stone or timber support sticking out of a wall ▹ *vb* lay (a stone or brick) so that it forms a corbel
CORBES ▸ **corbe**
CORBIE, -S *n* raven or crow
CORBINA, -S *n* type of North American whiting
CORBY *same as* ▸ **corbie**
CORCASS *n* in Ireland, marshland
CORD *n* thin rope or thick string ▹ *adj* (of fabric) ribbed ▹ *vb* bind or furnish with a cord or cords
CORDAGE, -S *n* lines and rigging of a vessel
CORDATE *adj* heart-shaped
CORDED *adj* tied or fastened with cord
CORDELLE *vb* to tow
CORDER, -S ▸ **cord**
CORDIAL, -S *adj* warm and friendly ▹ *n* drink with a fruit base
CORDINER *n* shoemaker
CORDING, -S ▸ **cord**
CORDITE, -S *n* explosive used in guns and bombs
CORDLESS *adj* powered by an internal battery rather than a power cable
CORDLIKE ▸ **cord**
CORDOBA, -S *n* standard monetary unit of Nicaragua
CORDON, -ED, -S *n* chain of police, soldiers, etc, guarding an area ▹ *vb* put or form a cordon (around)
CORDOVAN *n* fine leather made principally from horsehide
CORDS *pl n* trousers made of corduroy
CORDUROY *n* cotton fabric with a velvety ribbed surface
CORDWAIN *an archaic name for* ▸ **cordovan**
CORDWOOD *n* wood that has been cut into lengths of four feet so that it can be stacked in cords
CORE, -D, -S, CORING *n* central part of certain fruits, containing the seeds ▹ *vb* remove the core from
COREDEEM *vb* redeem together
COREGENT *n* joint regent
COREIGN, -S *vb* reign jointly
CORELATE *same as* ▸ **correlate**
CORELESS ▸ **core**
CORELLA, -S *n* white Australian cockatoo
COREMIUM, COREMIA *n* spore-producing organ of certain fungi
CORER, -S ▸ **core**
CORES ▸ **core**
CORF, CORVES *n* wagon or basket used formerly in mines
CORGI, -S *n* short-legged sturdy dog
CORIA ▸ **corium**
CORIES ▸ **cory**
CORING ▸ **core**
CORIOUS *adj* leathery
CORIUM, CORIA, -S *n* deep inner layer of the skin
CORIVAL, -S *same as* ▸ **corrival**
CORIXID, -S *n* type of water bug
CORK, -S *n* thick light bark of a Mediterranean oak ▹ *vb* seal with a cork ▹ *adj* made of cork
CORKAGE, -S *n* restaurant's charge for serving wine bought elsewhere
CORKED *adj* (of wine) spoiled through having a decayed cork
CORKER, -S *n* splendid or outstanding person or thing
CORKIER ▸ **corky**
CORKIEST ▸ **corky**
CORKING *adj* excellent
CORKIR, -S *n* lichen from which red or purple dye is made
CORKLIKE ▸ **cork**
CORKS ▸ **cork**
CORKTREE *n* type of evergreen oak tree
CORKWING *n* type of greenish or bluish European fish
CORKWOOD *n* type of small tree of the southeastern US, with very lightweight porous wood
CORKY, CORKIER, CORKIEST *same as* ▸ **corked**
CORM, -S *n* bulblike underground stem of certain plants

CORMEL, -S *n* new small corm arising from the base of a fully developed one
CORMIDIA > **cormidium**
CORMLET, -S *n* small corm
CORMLIKE *adj* resembling a corm
CORMOID *adj* like a corm
CORMOUS ▸ **corm**
CORMS ▸ **corm**
CORMUS, -ES *n* corm
CORN, -ING, -S *n* cereal plant such as wheat or oats ▷ *vb* feed (animals) with corn, esp oats
CORNACRE *same as* ▸ **conacre**
CORNAGE, -S *n* rent fixed according to the number of horned cattle pastured
CORNBALL *n* person given to mawkish or unsophisticated behaviour
CORNCAKE *n* kind of cornmeal flatbread
CORNCOB, -S *n* core of an ear of maize, to which the kernels are attached
CORNCRIB *n* ventilated building for the storage of unhusked maize
CORNEA, -E, -S *n* transparent membrane covering the eyeball
CORNEAL ▸ **cornea**
CORNEAS ▸ **cornea**
CORNED *adj* preserved in salt or brine
CORNEL, -S *n* type of plant such as the dogwood and dwarf cornel
CORNEOUS *adj* horny
CORNER, -ED, -S *n* area or angle where two converging lines or surfaces meet ▷ *vb* force into a difficult or inescapable position
CORNET, -S *n* former cavalry officer
CORNETCY *n* commission or rank of a cornet
CORNETS ▸ **cornet**
CORNETT, -S *n* musical instrument
CORNETTO, CORNETTI *same as* ▸ **cornett**
CORNETTS ▸ **cornett**
CORNFED *adj* fed on corn
CORNFLAG *n* gladiolus
CORNFLY *n* small fly
CORNHUSK *n* outer protective covering of an ear of maize
CORNI ▸ **corno**
CORNICE, -D, -S *n* decorative moulding round the top of a wall ▷ *vb* furnish or decorate with or as if with a cornice
CORNICHE *n* coastal road, esp one built into the face of a cliff
CORNICLE *n* wax-secreting organ on an aphid's abdomen
CORNIER ▸ **corny**
CORNIEST ▸ **corny**
CORNIFIC *adj* producing horns
CORNIFY *vb* turn soft tissue hard
CORNILY ▸ **corny**
CORNING ▸ **corn**
CORNIST, -S *n* horn-player
CORNLAND *n* land suitable for growing corn or grain
CORNLOFT *n* loft for storing corn
CORNMEAL *n* meal made from maize
CORNMILL *n* flour mill
CORNMOTH *n* moth whose larvae feed on grain
CORNO, CORNI *n* French horn
CORNPIPE *n* musical instrument made from a stalk of corn etc
CORNPONE *n* American corn bread
CORNRENT *n* rent for land that is paid in corn
CORNROW, -S *n* hairstyle in which the hair is plaited in close parallel rows ▷ *vb* style the hair in a cornrow
CORNS ▸ **corn**
CORNSILK *n* threads on an ear of maize
CORNU, -A *n* part or structure resembling a horn or having a hornlike pattern
CORNUAL ▸ **cornu**
CORNUS, -ES *n* any member of the genus Cornus, such as dogwood
CORNUTE *adj* having or resembling cornua
CORNUTED *same as* ▸ **cornute**
CORNWORM *n* cornmoth larva
CORNY, CORNIER, CORNIEST *adj* unoriginal or excessively sentimental
COROCORE *same as* ▸ **corocoro**
COROCORO *n* South Asian vessel fitted with outriggers
CORODY, CORODIES *n* feudal law
COROLLA, -S *n* petals of a flower collectively
CORONA, -E, -S *n* ring of light round the moon or sun
CORONACH *n* dirge or lamentation for the dead
CORONAE ▸ **corona**
CORONAL, -S *n* circlet for the head ▷ *adj* of or relating to a corona or coronal
CORONARY *adj* of the arteries surrounding the heart ▷ *n* coronary thrombosis
CORONAS ▸ **corona**
CORONATE *vb* to crown
CORONEL, -S *n* iron head of a tilting spear
CORONER, -S *n* official responsible for the investigation of deaths
CORONET, -S *n* small crown
CORONIAL *adj* relating to a coroner
CORONIS *n* symbol used in Greek writing
CORONIUM *n* highly ionized iron and nickel seen as a green line in the solar coronal spectrum
CORONOID *adj* crown-shaped
COROTATE *vb* rotate together
COROZO, -S *n* tropical American palm whose seeds yield a useful oil
CORPORA ▸ **corpus**
CORPORAL *n* noncommissioned officer in an army ▷ *adj* of the body
CORPORAS *n* communion cloth
CORPS *n* military unit with a specific function
CORPSE, -D, -S, CORPSING *n* dead body ▷ *vb* laugh or cause to laugh involuntarily or inopportunely while on stage
CORPSMAN, CORPSMEN *n* medical orderly or stretcher-bearer
CORPUS, CORPORA, -ES *n* collection of writings, esp by a single author
CORRADE, -D, -S *vb* erode by the abrasive action of rock particles
CORRAL, -S *n* enclosure for cattle or horses ▷ *vb* put in a corral
CORREA, -S *n* Australian evergreen shrub with large showy tubular flowers
CORRECT, -S *adj* free from error, true ▷ *vb* put right

CORRETTO *n* espresso containing alcohol
CORRIDA, -S *the Spanish word for* > **bullfight**
CORRIDOR *n* passage in a building or train
CORRIE, -S *same as* ▸ **cirque**
CORRIVAL *a rare word for* ▸ **rival**
CORRODE, -D, -S *vb* eat or be eaten away by chemical action or rust
CORRODER ▸ **corrode**
CORRODES ▸ **corrode**
CORRODY *same as* ▸ **corody**
CORRUPT, -S *adj* open to or involving bribery ▹ *vb* make corrupt
CORS ▸ **cor**
CORSAC, -S *n* type of fox of central Asia
CORSAGE, -S *n* small bouquet worn on the bodice of a dress
CORSAIR, -S *n* pirate
CORSE, -S *n* corpse
CORSELET *n* one-piece undergarment combining a corset and bra
CORSES ▸ **corse**
CORSET, -ED, -S *n* women's undergarment ▹ *vb* dress or enclose in, or as in, a corset
CORSETRY *n* making of or dealing in corsets
CORSETS ▸ **corset**
CORSEY, -S *n* pavement or pathway
CORSITE, -S *n* type of rock
CORSIVE, -S *n* corrodent
CORSLET, -S *same as* ▸ **corselet**
CORSNED, -S *n* ordeal to discover innocence or guilt
CORSO, -S *n* promenade
CORTEGE, -S *n* funeral procession
CORTEX, -ES, CORTICES *n* outer layer of the brain or other internal organ
CORTICAL ▸ **cortex**
CORTICES ▸ **cortex**
CORTILE, CORTILI *n* open, internal courtyard
CORTIN, -S *n* adrenal cortex extract
CORTINA, -S *n* weblike part of certain mushrooms
CORTINS ▸ **cortin**
CORTISOL *n* principal glucocorticoid secreted by the adrenal cortex
CORULER, -S *n* joint ruler
CORUNDUM *n* hard mineral used as an abrasive
CORVEE, -S *n* day's unpaid labour owed by a feudal vassal to their lord
CORVES ▸ **corf**
CORVET, -ED, -S *same as* ▸ **curvet**
CORVETTE *n* lightly armed escort warship ▹ *vb* participate in social activities with fellow Corvette car enthusiasts
CORVID, -S *n* any member of the crow family
CORVINA, -S *same as* ▸ **corbina**
CORVINE *adj* of, relating to, or resembling a crow
CORVUS, -ES *n* type of ancient hook
CORY, CORIES *n* catfish belonging to the South American Corydoras genus
CORYBANT *n* wild attendant of the goddess Cybele
CORYLUS *n* hazel genus
CORYMB, -S *n* flat-topped flower cluster
CORYMBED ▸ **corymb**
CORYMBS ▸ **corymb**
CORYPHE, -S *n* coryphaeus
CORYPHEE *n* leading dancer of a corps de ballet
CORYPHES ▸ **coryphe**
CORYZA, -S *n* acute inflammation in the nose
CORYZAL ▸ **coryza**
CORYZAS ▸ **coryza**
COS *same as* ▸ **cosine**
COSCRIPT *vb* script jointly
COSE, -D, -S, COSING *vb* get cosy
COSEC, -S *same as* ▸ **cosecant**
COSECANT *n* ratio of the hypotenuse to the opposite side in a right-angled triangle
COSECH, -S *n* hyperbolic cosecant
COSECS ▸ **cosec**
COSED ▸ **cose**
COSES ▸ **cose**
COSET, -S *n* mathematical set
COSEY, -S *n* tea cosy
COSH, -ED, -ES, -ING *n* heavy blunt weapon ▹ *vb* hit with a cosh
COSHER, -ED, -S *vb* pamper or coddle
COSHERER ▸ **cosher**
COSHERS ▸ **cosher**
COSHERY *n* Irish chief's right to lodge at their tenants' houses
COSHES ▸ **cosh**
COSHING ▸ **cosh**
COSIE *same as* ▸ **cosy**
COSIED ▸ **cosy**
COSIER, -S *n* cobbler
COSIES ▸ **cosy**
COSIEST ▸ **cosy**
COSIGN, -ED, -S *vb* sign jointly
COSIGNER ▸ **cosign**
COSIGNS ▸ **cosign**
COSILY ▸ **cosy**
COSINE, -S *n* trigonometric function
COSINESS ▸ **cosy**
COSING ▸ **cose**
COSMEA, -S *n* plant of the genus Cosmos
COSMESIS, COSMESES *n* aesthetic covering on a prosthesis to make it look more natural
COSMETIC *n* preparation used to improve the appearance of a person's skin ▹ *adj* improving the appearance only
COSMIC *adj* of the whole universe
COSMICAL *same as* ▸ **cosmic**
COSMID, -S *n* segment of DNA
COSMIN, -S *same as* ▸ **cosmine**
COSMINE, -S *n* substance resembling dentine
COSMINS ▸ **cosmin**
COSMISM, -S *n* Russian cultural and philosophical movement
COSMIST, -S ▸ **cosmism**
COSMOID *adj* having two inner bony layers and a cosmine outer layer
COSMOS, -ES *n* universe
COSPLAY, -S *n* recreational activity in which people interact while dressed as fictional characters
COSS, -ES *another name for* ▸ **kos**
COSSACK, -S *n* Slavonic warrior-peasant
COSSES ▸ **coss**
COSSET, -ED, -S *vb* pamper ▹ *n* any pet animal, esp a lamb
COSSIE, -S *n* informal name for a swimming costume
COST, -ED, -S *n* amount of money, time, labour, etc, required for something ▹ *vb* have as its cost
COSTA, -E *n* riblike part, such as the midrib of a plant leaf

C

COSTAL, -S *n* strengthening rib of an insect's wing
COSTALLY ▸ **costal**
COSTALS ▸ **costal**
COSTAR, -S *n* actor who shares the billing with another ▹ *vb* share the billing with another actor
COSTARD, -S *n* English variety of apple tree
COSTARS ▸ **costar**
COSTATE *adj* having ribs
COSTATED *same as* ▸ **costate**
COSTE, -S *vb* draw near
COSTEAN, -S *vb* mine for lodes
COSTED ▸ **cost**
COSTER, -S *n* person who sells fruit, vegetables etc from a barrow
COSTES ▸ **coste**
COSTING, -S *n* as in **marginal costing** method of cost accounting
COSTIVE *adj* having or causing constipation
COSTLESS ▸ **cost**
COSTLY, COSTLIER *adj* expensive
COSTMARY *n* herbaceous Asian plant
COSTREL, -S *n* flask, usually of earthenware or leather
COSTS ▸ **cost**
COSTUME, -D, -S *n* style of dress of a particular place or time, or for a particular activity ▹ *vb* provide with a costume
COSTUMER *same as* > **costumier**
COSTUMES ▸ **costume**
COSTUMEY *adj* (stage) costume-like; unrealistic
COSTUS, -ES *n* Himalayan herb with an aromatic root
COSY, COSIED, COSIES, COSIEST, -ING *adj* warm and snug ▹ *n* cover for keeping things warm ▹ *vb* make oneself snug and warm
COT, -S, -TED, -TING *n* baby's bed with high sides ▹ *vb* entangle or become entangled
COTAN, -S *same as* > **cotangent**
COTE, -D, -S, COTING *same as* ▸ **cot**
COTEAU, -S, -X *n* hillside
COTED ▸ **cote**
COTELINE *n* kind of muslin
COTENANT *n* person who holds property jointly or in common with others
COTERIE, -S *n* exclusive group, clique
COTES ▸ **cote**
COTH, -S *n* hyperbolic cotangent
COTHURN, -S *same as* > **cothurnus**
COTHURNI > **cothurnus**
COTHURNS ▸ **cothurn**
COTIDAL *adj* (of a line on a tidal chart) joining points at which high tide occurs simultaneously
COTIJA, -S *n* salty Mexican cheese
COTILLON *same as* > **cotillion**
COTING ▸ **cote**
COTINGA, -S *n* tropical bird
COTININE *n* substance used to indicate presence of nicotine
COTISE, -D, -S, COTISING *same as* ▸ **cottise**
COTLAND, -S *n* grounds that belong to a cotter
COTQUEAN *n* coarse woman
COTS ▸ **cot**
COTT, -S *same as* ▸ **cot**
COTTA, -E, -S *n* short form of surplice
COTTABUS *n* ancient Greek game involving throwing wine into a vessel
COTTAE ▸ **cotta**
COTTAGE, -S *n* small house in the country
COTTAGER *n* person who lives in a cottage
COTTAGES ▸ **cottage**
COTTAGEY *adj* resembling a cottage
COTTAR, -S *n* cottage-dwelling peasant
COTTAS ▸ **cotta**
COTTED ▸ **cot**
COTTER, -ED, -S *n* pin or wedge used to secure machine parts ▹ *vb* secure (two parts) with a cotter
COTTID, -S *n* type of fish typically with a large head, tapering body, and spiny fins
COTTIER, -S *same as* ▸ **cotter**
COTTING ▸ **cot**
COTTISE, -D, -S *n* type of heraldic decoration ▹ *vb* (in heraldry) decorate with a cottise
COTTOID *adj* resembling a fish of the genus Cottus
COTTON, -ED, -S *n* white downy fibre covering the seeds of a tropical plant ▹ *vb* take a liking
COTTONY *adj* like cotton
COTTOWN, -S *Scots variant of* ▸ **cotton**
COTTS ▸ **cott**
COTTUS, -ES *n* type of fish with four yellowish knobs on its head
COTURNIX *n* variety of quail
COTWAL, -S *n* Indian police officer
COTYLE, COTYLAE, -S *n* cuplike cavity
COTYLOID *adj* shaped like a cup ▹ *n* small bone forming part of the acetabular cavity in some mammals
COTYPE, -S *n* type specimen in biological study
COUCAL, -S *n* type of ground-living bird of Africa, S Asia, and Australia, with long strong legs
COUCH, -ED, -ES *n* piece of upholstered furniture for seating more than one person ▹ *vb* express in a particular way
COUCHANT *adj* in a lying position
COUCHE *adj* in heraldry (of a shield), tilted
COUCHED ▸ **couch**
COUCHEE, -S *n* reception held late at night
COUCHER, -S ▸ **couch**
COUCHES ▸ **couch**
COUCHING *n* method of embroidery
COUDE, -S *adj* relating to the construction of a reflecting telescope ▹ *n* type of reflecting telescope
COUGAN, -S *n* drunk and rowdy person
COUGAR, -S *n* puma
COUGH, -ED, -ING, -S *vb* expel air from the lungs abruptly and noisily ▹ *n* act or sound of coughing
COUGHER, -S ▸ **cough**
COUGHING ▸ **cough**
COUGHS ▸ **cough**
COUGUAR, -S *same as* ▸ **cougar**
COULD ▸ **can**
COULDEST *same as* ▸ **couldst**
COULDST *vb* form of 'could' used with the pronoun *thou* or its relative form
COULEE, -S *n* flow of molten lava
COULIS *n* thin purée of vegetables or fruit
COULISSE *n* timber grooved to take a sliding panel

COULOIR, -S *n* deep gully on a mountain side, esp in the French Alps
COULOMB, -S *n* SI unit of electric charge
COULTER, -S *n* blade at the front of a ploughshare
COUMARIC ▸ **coumarin**
COUMARIN *n* white vanilla-scented crystalline ester
COUMAROU *n* tonka bean tree, or its seed
COUNCIL, -S *n* group meeting for discussion or consultation ▹ *adj* of or by a council
COUNSEL, -S *n* advice or guidance ▹ *vb* give guidance to
COUNT, -ED, -S *vb* say numbers in order ▹ *n* counting
COUNTER, -S *n* long flat surface in a bank or shop ▹ *vb* oppose, retaliate against ▹ *adv* in the opposite direction
COUNTESS *n* woman holding the rank of count or earl
COUNTIAN *n* dweller in a given county
COUNTIES ▸ **county**
COUNTING *n* act or instance of saying numbers in order
COUNTROL *obsolete variant of* ▸ **control**
COUNTRY *n* nation
COUNTS ▸ **count**
COUNTY, COUNTIES *n* (in some countries) division of a country ▹ *adj* upper-class
COUP, -ED, -ING, -S *n* successful action ▹ *vb* turn or fall over
COUPE, -S *n* sports car with two doors and a sloping fixed roof
COUPED ▸ **coup**
COUPEE, -S *n* dance movement
COUPER, -S *n* dealer
COUPES ▸ **coupe**
COUPING ▸ **coup**
COUPLE, -D, -S *n* two people who are married or romantically involved ▹ *vb* connect, associate
COUPLER, -S *n* mechanical device
COUPLES ▸ **couple**
COUPLET, -S *n* two consecutive lines of verse
COUPLING *n* device for connecting things, such as railway carriages
COUPON, -S *n* piece of paper entitling the holder to a discount or gift
COUPS ▸ **coup**
COUPURE, -S *n* entrenchment made by besieged forces behind a breach
COUR, -ING, -S *obsolete variant of* ▸ **cover**
COURAGE, -S *n* ability to face danger or pain without fear
COURANT, -S *n* courante ▹ *adj* (of an animal) running
COURANTE *n* old dance in quick triple time
COURANTO *same as* ▸ **courante**
COURANTS ▸ **courant**
COURB, -ED, -ING, -S *vb* to bend
COURD *obsolete variant of* ▸ **covered**
COURE, -D, -S *obsolete variant of* ▸ **cover**
COURIE, -D, -S *vb* nestle or snuggle
COURIER, -S *n* person employed to look after holiday-makers ▹ *vb* send (a parcel, letter, etc) by courier
COURIES ▸ **courie**
COURING ▸ **cour**
COURLAN, -S *another name for* ▸ **limpkin**
COURS ▸ **cour**
COURSE, -D *n* series of lessons or medical treatment ▹ *vb* (of liquid) run swiftly
COURSER, -S *n* swift horse
COURSES *another word for* ▸ **menses**
COURSING *n* hunting with hounds trained to hunt game by sight
COURT, -ED, -ING, -S *n* body which decides legal cases ▹ *vb* try to gain the love of
COURTER, -S *n* suitor
COURTESY *n* politeness, good manners
COURTIER *n* attendant at a royal court
COURTING ▸ **court**
COURTLET *n* small court
COURTLY *adj* ceremoniously polite
COURTS ▸ **court**
COUSCOUS *n* type of semolina used in North African cookery
COUSIN, -S *n* child of one's uncle or aunt
COUSINLY ▸ **cousin**
COUSINRY *n* collective term for cousins
COUSINS ▸ **cousin**
COUTA, -S *n* traditional Australian sailing boat
COUTEAU, -X *n* large two-edged knife used formerly as a weapon
COUTER, -S *n* armour designed to protect the elbow
COUTH, -ER, -EST, -S *adj* refined ▹ *n* refinement
COUTHIE, -R *adj* sociable
COUTHS ▸ **couth**
COUTHY *same as* ▸ **couthie**
COUTIL, -S *n* type of tightly woven twill cloth
COUTILLE *same as* ▸ **coutil**
COUTILS ▸ **coutil**
COUTURE, -S *n* high-fashion designing and dressmaking ▹ *adj* relating to high fashion design and dress-making
COUVADE, -S *n* custom in certain cultures relating to childbirth
COUVERT, -S *another word for* ▸ **cover**
COUZIN, -S *n* South African word for a friend
COVALENT > **covalency**
COVARY, COVARIED, COVARIES *vb* vary together maintaining a certain mathematical relationship
COVE, -D, -S *n* small bay or inlet ▹ *vb* form an architectural cove in
COVELET, -S *n* small cove
COVEN, -S *n* meeting of witches
COVENANT *n* contract ▹ *vb* agree by a covenant
COVENS ▸ **coven**
COVENT, -S *same as* ▸ **convent**
COVER, -ED, -S *vb* place something over, to protect or conceal ▹ *n* anything that covers
COVERAGE *n* amount or extent covered
COVERALL *n* thing that covers something entirely
COVERED ▸ **cover**
COVERER, -S ▸ **cover**
COVERING *another word for* ▸ **cover**
COVERLET *n* bed cover
COVERLID *same as* ▸ **coverlet**
COVERS ▸ **cover**
COVERSED *adj* as in **coversed sine** obsolete function in trigonometry

COVERT, -ER, -S *adj* concealed, secret ▷ *n* thicket giving shelter to game birds or animals
COVERTLY ▶ **covert**
COVERTS ▶ **covert**
COVERUP, -S *n* concealment of a mistake, crime, etc
COVES ▶ **cove**
COVET, -ED, -ING, -S *vb* long to possess (what belongs to someone else)
COVETER, -S ▶ **covet**
COVETING ▶ **covet**
COVETISE *n* covetousness
COVETOUS *adj* jealously longing to possess something
COVETS ▶ **covet**
COVEY, -S *n* small flock of grouse or partridge
COVIN, -S *n* conspiracy between two or more persons
COVINE, -S *n* conspiracy between people to injure someone else
COVING, -S *same as* ▶ **cove**
COVINOUS *adj* deceitful
COVINS ▶ **covin**
COVYNE, -S *same as* ▶ **covin**
COW, -ED, -ING, -S *n* mature female of certain mammals ▷ *vb* intimidate, subdue
COWAGE, -S *n* tropical climbing plant
COWAL, -S *n* shallow lake or swampy depression supporting vegetation
COWAN, -S *n* drystone waller
COWARD, -ED, -S *n* person who lacks courage ▷ *vb* show (someone) up to be a coward
COWARDLY *adj* of or characteristic of a coward
COWARDRY *n* cowardice
COWARDS ▶ **coward**
COWBANE, -S *n* poisonous marsh plant
COWBELL, -S *n* bell hung around a cow's neck
COWBERRY *n* evergreen shrub of N temperate and Arctic regions
COWBIND, -S *n* any of various bryony plants, esp the white bryony
COWBIRD, -S *n* American oriole with a dark plumage and short bill
COWBOY, -ED, -S *n* (in the US) ranch worker who herds and tends cattle ▷ *vb* work or behave as a cowboy
COWED ▶ **cow**
COWEDLY ▶ **cow**
COWER, -ED, -ING, -S *vb* cringe in fear
COWFISH *n* type of trunkfish with hornlike spines over the eyes
COWFLAP, -S *n* cow dung
COWFLOP, -S *n* foxglove
COWGIRL, -S *n* female cowboy
COWGRASS *n* red clover
COWHAGE, -S *same as* ▶ **cowage**
COWHAND, -S *same as* ▶ **cowboy**
COWHEARD *same as* ▶ **cowherd**
COWHEEL, -S *n* heel of a cow, used as cooking ingredient
COWHERB, -S *n* European plant with clusters of pink flowers
COWHERD, -S *n* person employed to tend cattle
COWHIDE, -D, -S *n* hide of a cow ▷ *vb* lash with a cowhide whip
COWHOUSE *n* byre
COWIER ▶ **cowy**
COWIEST ▶ **cowy**
COWING ▶ **cow**
COWINNER *n* joint winner
COWISH, -ES *adj* cowardly ▷ *n* N American plant with an edible root
COWITCH *another name for* ▶ **cowage**
COWK, -ED, -ING, -S *vb* retch or feel nauseated
COWL, -S *same as* ▶ **cowling**
COWLED *adj* wearing a cowl
COWLICK, -S *n* tuft of hair over the forehead
COWLIKE *adj* like a cow
COWLING, -S *n* cover on an engine
COWLS ▶ **cowl**
COWMAN, COWMEN *n* man who owns cattle
COWORKER *n* fellow worker
COWP, -ED, -ING, -S *same as* ▶ **coup**
COWPAT, -S *n* pool of cow dung
COWPEA, -S *n* type of tropical climbing plant
COWPED ▶ **cowp**
COWPIE, -S *n* cowpat
COWPING ▶ **cowp**
COWPLOP, -S *n* cow dung
COWPOKE, -S *n* cowboy
COWPOX, -ES *n* disease of cows
COWPS ▶ **cowp**
COWPUNK, -S *n* music that combines country music and punk
COWRIE, -S *n* brightly marked sea shell
COWRITE, -S, COWROTE *vb* write jointly
COWRITER ▶ **cowrite**
COWRITES ▶ **cowrite**
COWROTE ▶ **cowrite**
COWRY *same as* ▶ **cowrie**
COWS ▶ **cow**
COWSHED, -S *n* byre
COWSKIN, -S *same as* ▶ **cowhide**
COWSLIP, -S *n* small yellow wild European flower
COWTOWN, -S *n* rural town in a cattle-raising area
COWTREE, -S *n* South American tree that produces latex
COWY, COWIER, COWIEST *adj* cowlike
COX, -ED, -ES, -ING *n* coxswain ▷ *vb* act as cox of (a boat)
COXA, -E *n* technical name for the hipbone or hip joint
COXAL ▶ **coxa**
COXALGIA *n* pain in the hip joint
COXALGIC ▶ **coxalgia**
COXALGY *same as* ▶ **coxalgia**
COXCOMB, -S *same as* > **cockscomb**
COXED ▶ **cox**
COXES ▶ **cox**
COXIB, -S *n* anti-inflammatory drug
COXIER ▶ **coxy**
COXIEST ▶ **coxy**
COXINESS ▶ **coxy**
COXING ▶ **cox**
COXITIS *n* inflammation of the hip joint
COXLESS ▶ **cox**
COXSWAIN *n* person who steers a rowing boat
COXY, COXIER, COXIEST *adj* cocky
COY, -ED, -ER, -EST, -ING, -S *adj* affectedly shy or modest ▷ *vb* caress
COYAU, -S *n* type of steep roof
COYDOG, -S *n* cross between a coyote and a dog
COYED ▶ **coy**
COYER ▶ **coy**
COYEST ▶ **coy**
COYING ▶ **coy**
COYISH ▶ **coy**
COYISHLY ▶ **coy**

COYLY ▸ **coy**
COYNESS ▸ **coy**
COYOTE, -S *n* prairie wolf of N America
COYPOU, -S *same as* ▸ **coypu**
COYPU, -S *n* beaver-like aquatic rodent
COYS ▸ **coy**
COYSTREL *same as* ▸ **coistrel**
COYSTRIL *same as* ▸ **coistrel**
COZ, -ZES *archaic word for* ▸ **cousin**

Coz is an old word for **cousin**, and a good one to know for using the Z.

COZE, -D, -S, COZING *vb* to chat
COZEN, -ED, -ING, -S *vb* cheat, trick
COZENAGE ▸ **cozen**
COZENED ▸ **cozen**
COZENER, -S ▸ **cozen**
COZENING ▸ **cozen**
COZENS ▸ **cozen**
COZES ▸ **coze**
COZEY, -S *n* tea cosy
COZIE *same as* ▸ **cozey**
COZIED ▸ **cozy**
COZIER, -S *n* cobbler
COZIES ▸ **cozy**
COZIEST ▸ **cozy**
COZILY ▸ **cozy**
COZINESS ▸ **cozy**
COZING ▸ **coze**
COZY, COZIED, COZIES, COZIEST, -ING *same as* ▸ **cosy**
COZZES ▸ **coz**
COZZIE, -S *n* swimming costume
CRAAL, -ED, -ING, -S *n* enclosure for livestock ▹ *vb* enclose in a craal
CRAB, -BED, -BING, -S *n* edible shellfish with ten legs, the first pair modified into pincers ▹ *vb* catch crabs
CRABBER, -S *n* crab fisherman
CRABBIER ▸ **crabby**
CRABBILY ▸ **crabby**
CRABBING ▸ **crab**
CRABBIT *adj* Scots word meaning bad-tempered
CRABBY, CRABBIER *adj* bad-tempered
CRABLIKE *adj* resembling a crab
CRABMEAT *n* edible flesh of a crab
CRABS ▸ **crab**
CRABWISE *adv* (of motion) sideways
CRABWOOD *n* tropical American tree
CRACHACH *pl n* (in Wales) elitists
CRACK, -S *vb* break or split partially ▹ *n* sudden sharp noise ▹ *adj* first-rate, excellent
CRACKED *adj* damaged by cracking
CRACKER *n* thin dry biscuit
CRACKERS *adj* mad
CRACKET, -S *n* low stool, often one with three legs
CRACKIE *n* small mongrel dog
CRACKIER ▸ **cracky**
CRACKIES ▸ **cracky**
CRACKING *adj* very fast
CRACKJAW *adj* difficult to pronounce ▹ *n* word or phrase that is difficult to pronounce
CRACKLE, -D, -S *vb* make small sharp popping noises ▹ *n* crackling sound
CRACKLY *adj* making a cracking sound
CRACKNEL *n* type of hard plain biscuit
CRACKPOT *adj* eccentric ▹ *n* eccentric person
CRACKS ▸ **crack**
CRACKUP, -S *n* collapse
CRACKY, CRACKIER, CRACKIES *adj* full of cracks ▹ *n* something that is full of cracks
CRACOWE, -S *n* medieval shoe with a sharply pointed toe
CRADLE, -D, -S *n* baby's bed on rockers ▹ *vb* hold gently as if in a cradle
CRADLER, -S ▸ **cradle**
CRADLES ▸ **cradle**
CRADLING *n* framework of iron or wood, esp as used in the construction of a ceiling
CRAFT, -ED, -ING, -S *n* occupation requiring skill with the hands ▹ *vb* make skilfully
CRAFTER, -S *n* person doing craftwork
CRAFTIER ▸ **crafty**
CRAFTILY ▸ **crafty**
CRAFTING ▸ **craft**
CRAFTS ▸ **craft**
CRAFTY, CRAFTIER *adj* skilled in deception
CRAG, -S *n* steep rugged rock
CRAGFAST *adj* stranded on a crag
CRAGGED *same as* ▸ **craggy**
CRAGGER, -S *n* member of a carbon reduction action group
CRAGGIER ▸ **craggy**
CRAGGILY ▸ **craggy**
CRAGGY, CRAGGIER *adj* having many crags
CRAGS ▸ **crag**
CRAGSMAN, CRAGSMEN *n* rock climber
CRAIC, -S *n* Irish word meaning fun
CRAIG, -S *a Scot word for* ▸ **crag**
CRAKE, -D, -S, CRAKING *n* bird of the rail family, such as the corncrake ▹ *vb* to boast
CRAM, -MED, -S *vb* force into too small a space ▹ *n* act or condition of cramming
CRAMBE, -S *n* any plant of the genus Crambe
CRAMBO, -ES, -S *n* word game
CRAME, -S *n* merchant's booth or stall
CRAMESY *same as* ▸ **cramoisy**
CRAMFULL *adj* very full
CRAMMED ▸ **cram**
CRAMMER, -S *n* person or school that prepares pupils for an examination
CRAMMING *n* act of cramming
CRAMOISY *adj* of a crimson colour ▹ *n* crimson cloth
CRAMP, -ING, -S *n* painful muscular contraction ▹ *vb* affect with a cramp
CRAMPED *adj* closed in
CRAMPER, -S *n* spiked metal plate used as a brace for the feet in throwing the stone
CRAMPET, -S *n* cramp iron
CRAMPIER ▸ **crampy**
CRAMPING ▸ **cramp**
CRAMPIT, -S *same as* ▸ **crampet**
CRAMPON, -S *n* spiked plate strapped to a boot for climbing on ice ▹ *vb* climb using crampons
CRAMPOON *same as* ▸ **crampon**
CRAMPS ▸ **cramp**
CRAMPY, CRAMPIER *adj* affected with cramp
CRAMS ▸ **cram**
CRAN, -S *n* unit of capacity used for measuring fresh herring, equal to 37.5 gallons
CRANAGE, -S *n* use of a crane
CRANCH, -ED, -ES *vb* to crunch

C

CRANE, -D, -S, CRANING *n* machine for lifting and moving heavy weights ▷ *vb* stretch (one's neck) to see something
CRANEFLY *n* fly with long legs, slender wings, and a narrow body
CRANES ▸ **crane**
CRANIA ▸ **cranium**
CRANIAL *adj* of or relating to the skull
CRANIATE *adj* having a skull or cranium ▷ *n* vertebrate
CRANING ▸ **crane**
CRANIUM, CRANIA, -S *n* skull
CRANK, -ED, -ER, -EST, -ING, -S *n* arm projecting at right angles from a shaft ▷ *vb* turn with a crank ▷ *adj* (of a sailing vessel) easily keeled over by the wind
CRANKIER ▸ **cranky**
CRANKILY ▸ **cranky**
CRANKING ▸ **crank**
CRANKISH *adj* somewhat eccentric or bad-tempered
CRANKLE, -D, -S *vb* bend or wind
CRANKLY *adj* vigorously
CRANKOUS *adj* fretful
CRANKPIN *n* short cylindrical pin in a crankshaft, to which the connecting rod is attached
CRANKS ▸ **crank**
CRANKY, CRANKIER *same as* ▸ **crankish**
CRANNIED ▸ **cranny**
CRANNIES ▸ **cranny**
CRANNOG, -S *n* ancient Celtic lake or bog dwelling
CRANNOGE *same as* ▸ **crannog**
CRANNOGS ▸ **crannog**
CRANNY, CRANNIED, CRANNIES *n* narrow opening ▷ *vb* become full of crannies
CRANS ▸ **cran**
CRANTS, -ES *n* garland carried in front of a maiden's bier
CRAP *n* slang word for rubbish, nonsense
CRAPAUD, -S *n* frog or toad
CRAPE, -D, -S, CRAPING *same as* ▸ **crepe**
CRAPIER ▸ **crapy**
CRAPIEST ▸ **crapy**
CRAPING ▸ **crape**
CRAPLE, -S *same as* ▸ **grapple**
CRAPOLA, -S *n* slang word for rubbish, nonsense
CRAPPIE, -S *n* N American freshwater fish
CRAPPIER ▸ **crappy**
CRAPPIES ▸ **crappie**
CRAPPY, CRAPPIER *adj* slang word for worthless, of poor quality
CRAPS *pl n* game using two dice
CRAPY, CRAPIER, CRAPIEST ▸ **crape**
CRARE, -S *n* type of trading vessel
CRASES ▸ **crasis**
CRASH, -ED, -ES *n* collision involving a vehicle or vehicles ▷ *vb* (cause to) collide violently with a vehicle, a stationary object, or the ground ▷ *adj* requiring or using great effort in order to achieve results quickly
CRASHER, -S ▸ **crash**
CRASHES ▸ **crash**
CRASHING *adj* extreme
CRASHPAD *n* place to sleep or live temporarily
CRASIS, CRASES *n* fusion or contraction of two adjacent vowels into one
CRASS, -ER, -EST *adj* stupid and insensitive
CRASSLY ▸ **crass**
CRATCH, -ES *n* rack for holding fodder for cattle, etc
CRATE, -D, -S, CRATING *n* large wooden container for packing goods ▷ *vb* put in a crate
CRATEFUL ▸ **crate**
CRATER, -ED, -S *n* bowl-shaped opening at the top of a volcano ▷ *vb* make or form craters
CRATES ▸ **crate**
CRATHUR, -S *same as* ▸ **cratur**
CRATING ▸ **crate**
CRATON, -S *n* stable part of the earth's continental crust
CRATONIC ▸ **craton**
CRATONS ▸ **craton**
CRATUR, -S *n* whisky or whiskey
CRAUNCH *same as* ▸ **crunch**
CRAUNCHY ▸ **craunch**
CRAVAT, -S *n* man's scarf worn like a tie ▷ *vb* wear a cravat
CRAVATE, -S *same as* ▸ **cravat**
CRAVATS ▸ **cravat**
CRAVE, -D, -S *vb* desire intensely
CRAVEN, -ED, -ER, -S *adj* cowardly ▷ *n* coward ▷ *vb* make cowardly
CRAVENLY ▸ **craven**
CRAVENS ▸ **craven**
CRAVER, -S ▸ **crave**
CRAVES ▸ **crave**
CRAVING, -S *n* intense desire or longing
CRAW, -S *n* pouchlike part of a bird's oesophagus
CRAWDAD, -S *n* crayfish
CRAWFISH *same as* ▸ **crayfish**
CRAWL, -ED, -S *vb* move on one's hands and knees ▷ *n* crawling motion or pace
CRAWLER, -S *n* servile flatterer
CRAWLIER ▸ **crawly**
CRAWLING *n* defect in freshly applied paint or varnish characterized by bare patches and ridging
CRAWLS ▸ **crawl**
CRAWLWAY *n* in a mine, low passageway that can only be negotiated by crawling
CRAWLY, CRAWLIER *adj* feeling like creatures are crawling on one's skin
CRAWS ▸ **craw**
CRAY, -EST, -S *n* crayfish ▷ *adj* crazy
CRAYER, -S *same as* ▸ **crare**
CRAYEST ▸ **cray**
CRAYFISH *n* edible shellfish like a lobster
CRAYON, -ED, -S *n* stick or pencil of coloured wax or clay ▷ *vb* draw or colour with a crayon
CRAYONER ▸ **crayon**
CRAYONS ▸ **crayon**
CRAYS ▸ **cray**
CRAYTHUR *variant of* ▸ **cratur**
CRAZE, -S *n* short-lived fashion or enthusiasm ▷ *vb* make mad
CRAZED *adj* wild and uncontrolled
CRAZES ▸ **craze**
CRAZIER ▸ **crazy**
CRAZIES ▸ **crazy**
CRAZIEST ▸ **crazy**
CRAZILY ▸ **crazy**
CRAZING, -S *n* act of crazing
CRAZY, CRAZIER, CRAZIES, CRAZIEST *adj* ridiculous ▷ *n* crazy person
CREACH, -S *same as* ▸ **creagh**
CREAGH, -S *n* foray
CREAK, -ED, -ING, -S *n* harsh squeaking sound

▷ *vb* make or move with a harsh squeaking sound
CREAKIER ▶ **creaky**
CREAKILY ▶ **creak**
CREAKING ▶ **creak**
CREAKS ▶ **creak**
CREAKY, CREAKIER ▶ **creak**
CREAM, -ED, -ING, -S *n* fatty part of milk ▷ *vb* beat to a creamy consistency
CREAMER, -S *n* powdered milk substitute for use in coffee
CREAMERY *n* place where dairy products are made or sold
CREAMIER ▶ **creamy**
CREAMILY ▶ **creamy**
CREAMING ▶ **cream**
CREAMS ▶ **cream**
CREAMY, CREAMIER *adj* resembling cream in colour, taste, or consistency
CREANCE, -S *n* long light cord used in falconry
CREANT *adj* formative
CREASE, -D, -S, CREASING *n* line made by folding or pressing ▷ *vb* crush or line
CREASER, -S ▶ **crease**
CREASES ▶ **crease**
CREASIER ▶ **creasy**
CREASING ▶ **crease**
CREASOTE *same as* ▶ **creosote**
CREASY, CREASIER ▶ **crease**
CREATE, -D, -S, CREATING *vb* make, cause to exist
CREATIC *adj* relating to flesh or meat
CREATIN, -S *same as* ▶ **creatine**
CREATINE *n* metabolite involved in biochemical reactions
CREATING ▶ **create**
CREATINS ▶ **creatin**
CREATION *n* creating or being created
CREATIVE *adj* imaginative or inventive ▷ *n* person who is creative professionally
CREATOR, -S *n* person who creates
CREATRIX ▶ **creator**
CREATURE *n* animal, person, or other being
CRECHE, -S *n* place where small children are looked after
CRED, -S *n* short for credibility
CREDAL ▶ **creed**
CREDENCE *n* belief in the truth or accuracy of a statement
CREDENDA > **credendum**
CREDENT *adj* believing or believable
CREDENZA *n* type of small sideboard
CREDIBLE *adj* believable
CREDIBLY ▶ **credible**
CREDIT, -ED *n* system of allowing customers to receive goods and pay later ▷ *vb* enter as a credit in an account
CREDITOR *n* person to whom money is owed
CREDITS *pl n* list of people responsible for the production of a film, programme, or record
CREDO, -S *n* creed
CREDS ▶ **cred**
CREE, -ING, -S *vb* soften grain by boiling or soaking
CREED, -S *n* statement or system of (Christian) beliefs or principles
CREEDAL ▶ **creed**
CREEDS ▶ **creed**
CREEING ▶ **cree**
CREEK, -S *n* narrow inlet or bay
CREEKIER ▶ **creeky**
CREEKS ▶ **creek**
CREEKY, CREEKIER *adj* abounding in creeks
CREEL, -ED, -ING, -S *n* wicker basket used by anglers ▷ *vb* to fish using creels
CREEP, -ED, -ING, -S, CREPT *vb* move quietly and cautiously ▷ *n* creeping movement
CREEPAGE *n* imperceptible movement
CREEPED ▶ **creep**
CREEPER, -S *n* creeping plant ▷ *vb* train a plant to creep
CREEPIE, -S *n* low stool
CREEPIER ▶ **creepy**
CREEPIES ▶ **creepie**
CREEPILY ▶ **creepy**
CREEPING ▶ **creep**
CREEPS ▶ **creep**
CREEPY, CREEPIER *adj* causing a feeling of fear or disgust
CREES ▶ **cree**
CREESE, -D, -S, CREESING *same as* ▶ **kris**
CREESH, -ED, -ES *vb* lubricate
CREESHY *adj* greasy
CREESING ▶ **creese**
CREM, -S *n* crematorium
CREMAINS *pl n* cremated remains of a body
CREMANT *adj* (of wine) moderately sparkling
CREMATE, -D, -S *vb* burn (a corpse) to ash
CREMATOR *n* furnace for cremating corpses
CREME, -S *n* cream
CREMINI, -S *n* variety of mushroom
CREMONA, -S *same as* ▶ **cromorna**
CREMOR, -S *n* cream
CREMOSIN *adj* crimson
CREMS ▶ **crem**
CREMSIN *same as* ▶ **cremosin**
CRENA, -S *n* cleft or notch
CRENATE *adj* having a scalloped margin, as certain leaves
CRENATED *same as* ▶ **crenate**
CRENEL, -ED, -S *n* opening formed in the top of a wall having slanting sides ▷ *vb* crenellate
CRENELLE *same as* ▶ **crenel**
CRENELS ▶ **crenel**
CRENSHAW *n* variety of melon
CREODONT *n* type of extinct Tertiary mammal, the ancestor of modern carnivores
CREOLE, -S *n* language developed from a mixture of languages ▷ *adj* of or relating to a creole
CREOLIAN *n* Creole
CREOLISE *vb* (of a pidgin language) to become the native language of a speech community
CREOLIST *n* student of creole languages
CREOLIZE *same as* ▶ **creolise**
CREOSOL, -S *n* insoluble oily liquid
CREOSOTE *n* dark oily liquid made from coal tar and used for preserving wood ▷ *vb* treat with creosote
CREPANCE *n* injury to a horse's hind leg caused by being struck by the shoe of the other hind foot
CREPE, -D, -S, CREPING *n* fabric or rubber with a crinkled texture ▷ *vb* crimp or frizz
CREPERIE *n* eating establishment that specializes in pancakes
CREPES ▶ **crepe**
CREPEY *same as* ▶ **crepy**
CREPIER ▶ **crepy**

C

C

CREPIEST ▸ **crepy**
CREPING ▸ **crepe**
CREPITUS *n* crackling chest sound heard in pneumonia and other lung diseases
CREPON, -S *n* thin material made of fine wool and/or silk
CREPS *pl n* slang term for training shoes
CREPT ▸ **creep**
CREPY, CREPIER, CREPIEST *adj* (esp of the skin) having a dry wrinkled appearance like crepe
CRESCENT *n* (curved shape of) the moon as seen in its first or last quarter ▷ *adj* crescent-shaped
CRESCIVE *adj* increasing
CRESOL, -S *n* aromatic compound
CRESS, -ES *n* plant with strong-tasting leaves, used in salads
CRESSET, -S *n* metal basket mounted on a pole
CRESSY, CRESSIER ▸ **cress**
CREST, -ED, -S *n* top of a mountain, hill, or wave ▷ *vb* come to or be at the top of
CRESTA *adj* as in **cresta run** high-speed tobogganing down a steep narrow passage
CRESTAL, -S ▸ **crystal**
CRESTED ▸ **crest**
CRESTING *same as* ▸ **crest**
CRESTON, -S *n* hogback
CRESTS ▸ **crest**
CRESYL, -S *n* tolyl
CRESYLIC *adj* of, concerned with, or containing creosote or cresol
CRESYLS ▸ **cresyl**
CRETIC, -S *n* metrical foot
CRETIN, -S *n* insulting term for a stupid person
CRETISM, -S *n* lying
CRETONNE *n* heavy printed cotton fabric used in furnishings
CRETONS *pl n* spread made from pork fat and onions
CREUTZER *n* former copper and silver coin of Germany or Austria
CREVALLE *n* any fish of the family Carangidae
CREVASSE *n* deep open crack in a glacier ▷ *vb* make a break or fissure in (a dyke, wall, etc)
CREVETTE *n* shrimp
CREVICE, -S *n* narrow crack or gap in rock
CREVICED ▸ **crevice**
CREVICES ▸ **crevice**
CREW, -ED, -ING, -S *n* people who work on a ship or aircraft ▷ *vb* serve as a crew member (on)
CREWCUT, -S *n* very short haircut
CREWE, -S *n* type of pot
CREWED ▸ **crew**
CREWEL, -S *n* fine worsted yarn used in embroidery ▷ *vb* embroider in crewel
CREWES ▸ **crewe**
CREWING ▸ **crew**
CREWLESS *adj* lacking a crew
CREWMAN, CREWMEN *n* member of a ship's crew
CREWMATE *n* colleague on the crew of a boat or ship
CREWMEN ▸ **crewman**
CREWNECK *n* plain round neckline in sweaters
CREWS ▸ **crew**
CRIA, -S *n* baby llama, alpaca, or vicuna
CRIANT *adj* garish
CRIAS ▸ **cria**
CRIB, -BED, -BING, -S *n* piece of writing stolen from elsewhere ▷ *vb* copy (someone's work) dishonestly
CRIBBAGE *n* card game for two to four players
CRIBBED ▸ **crib**
CRIBBER, -S ▸ **crib**
CRIBBING ▸ **crib**
CRIBBLE, -D, -S *vb* to sift
CRIBELLA > **cribellum**
CRIBLE, -S *adj* dotted ▷ *n* method of engraving with holes or dots
CRIBRATE *adj* sievelike
CRIBROSE *adj* pierced with holes
CRIBROUS *same as* ▸ **cribrose**
CRIBS ▸ **crib**
CRIBWORK *same as* ▸ **crib**
CRICETID *n* any member of the family Cricetidae, such as the hamster and vole
CRICK, -ED, -ING, -S *n* muscle spasm or cramp in the back or neck ▷ *vb* cause a crick in
CRICKET, -S *n* outdoor sport ▷ *vb* play cricket
CRICKEY *same as* ▸ **crikey**
CRICKING ▸ **crick**
CRICKS ▸ **crick**
CRICKY *same as* ▸ **crikey**
CRICOID, -S *adj* of or relating to part of the larynx ▷ *n* this cartilage
CRIED ▸ **cry**
CRIER, -S *n* (formerly) official who made public announcements
CRIES ▸ **cry**
CRIKEY *interj* expression of surprise
CRIM, -S *short for* ▸ **criminal**
CRIME, -D, -S, CRIMING *n* unlawful act ▷ *vb* charge with a crime
CRIMEFUL *adj* criminal
CRIMEN, CRIMINA *n* crime
CRIMES ▸ **crime**
CRIMINA ▸ **crimen**
CRIMINAL *n* person guilty of a crime ▷ *adj* of crime
CRIMINE *interj* expression of surprise
CRIMING ▸ **crime**
CRIMINI *same as* ▸ **crimine**
CRIMINIS *n* as in **particeps criminis** accomplice in crime
CRIMINY *interj* cry of surprise
CRIMMER, -S *a variant spelling of* ▸ **krimmer**
CRIMP, -ED, -ING, -S *vb* fold or press into ridges ▷ *n* act or result of crimping
CRIMPER, -S ▸ **crimp**
CRIMPIER ▸ **crimpy**
CRIMPING ▸ **crimp**
CRIMPLE, -D, -S *vb* crumple, wrinkle, or curl
CRIMPS ▸ **crimp**
CRIMPY, CRIMPIER ▸ **crimp**
CRIMS ▸ **crim**
CRIMSON, -S *adj* deep purplish-red ▷ *n* deep or vivid red colour ▷ *vb* make or become crimson
CRINAL *adj* relating to the hair
CRINATE *adj* having hair
CRINATED *same as* ▸ **crinate**
CRINE, -D, -S, CRINING *vb* to shrivel
CRINGE, -D, -S, CRINGING *vb* flinch in fear ▷ *n* act of cringing
CRINGER, -S ▸ **cringe**
CRINGES ▸ **cringe**
CRINGEY, CRINGIER *adj* causing the urge to cringe
CRINGING ▸ **cringe**
CRINGLE, -S *n* eye at the edge of a sail
CRINGY *same as* ▸ **cringey**
CRINING ▸ **crine**
CRINITE, -S *adj* covered with soft hairs or tufts ▷ *n* sedimentary rock
CRINKLE, -D, -S *n* wrinkle, crease, or fold ▷ *vb* become slightly creased or folded

CRINKLY *adj* wrinkled ▷ *n* derogatory term for an old person
CRINOID, -S *n* type of primitive echinoderm
CRINOSE *adj* hairy
CRINUM, -S *n* type of mostly tropical plant
CRIOLLO, -S *n* native or inhabitant of Latin America of European descent ▷ *adj* of, relating to, or characteristic of a criollo or criollos
CRIOS, -ES *n* multicoloured woven woollen belt
CRIPE *variant of* ▸ **cripes**
CRIPES *interj* expression of surprise
CRIPPLE, -D, -S *vb* make lame or disabled
CRIPPLER ▸ **cripple**
CRIPPLES ▸ **cripple**
CRIS *variant of* ▸ **kris**
CRISE *n* crisis
CRISES ▸ **crisis**
CRISIC *adj* relating to a crisis
CRISIS, CRISES *n* crucial stage, turning point
CRISP, -EST, -ING, -S *adj* fresh and firm ▷ *n* very thin slice of potato fried till crunchy ▷ *vb* make or become crisp
CRISPATE *adj* having a curled or waved appearance
CRISPED *same as* ▸ **crispate**
CRISPEN, -S *vb* make crisp
CRISPER, -S *n* compartment in a refrigerator
CRISPEST ▸ **crisp**
CRISPIER ▸ **crispy**
CRISPIES *pl n* as in **rice crispies** puffed grains of rice, eaten esp as breakfast cereal
CRISPILY ▸ **crispy**
CRISPIN, -S *n* cobbler
CRISPING ▸ **crisp**
CRISPINS ▸ **crispin**
CRISPLY ▸ **crisp**
CRISPS ▸ **crisp**
CRISPY, CRISPIER *adj* hard and crunchy
CRISSA ▸ **crissum**
CRISSAL ▸ **crissum**
CRISSUM, CRISSA *n* area or feathers surrounding the cloaca of a bird
CRISTA, -E *n* structure resembling a ridge or crest
CRISTATE *adj* having a crest
CRIT, -S *abbreviation of* > **criticism**
CRITERIA > **criterion**
CRITH, -S *n* unit of weight for gases
CRITIC, -S *n* professional judge of any of the arts
CRITICAL *adj* very important or dangerous
CRITICS ▸ **critic**
CRITIQUE *n* critical essay ▷ *vb* review critically
CRITS ▸ **crit**
CRITTER, -S *a dialect word for* ▸ **creature**
CRITTUR, -S *same as* ▸ **critter**
CRIVENS *interj* expression of surprise
CRIVVENS *same as* ▸ **crivens**
CROAK, -ED, -ING, -S *vb* (of a frog or crow) give a low hoarse cry ▷ *n* low hoarse sound
CROAKER, -S *n* animal, bird, etc, that croaks
CROAKIER ▸ **croaky**
CROAKILY ▸ **croak**
CROAKING ▸ **croak**
CROAKS ▸ **croak**
CROAKY, CROAKIER ▸ **croak**
CROC, -S *short for* > **crocodile**
CROCEATE *adj* saffron-coloured
CROCEIN, -S *n* any one of a group of red or orange acid azo dyes
CROCEINE *same as* ▸ **crocein**
CROCEINS ▸ **crocein**
CROCEOUS *adj* saffron-coloured
CROCHE, -S *n* knob at the top of a deer's horn
CROCHET, -S *vb* make by looping and intertwining yarn with a hooked needle ▷ *n* work made in this way
CROCI ▸ **crocus**
CROCINE *adj* relating to the crocus
CROCK, -ING, -S *n* earthenware pot or jar ▷ *vb* become or cause to become weak or disabled
CROCKED *adj* injured
CROCKERY *n* dishes
CROCKET, -S *n* carved ornament in the form of a curled leaf or cusp
CROCKING ▸ **crock**
CROCKPOT *n* tradename for a brand of slow cooker
CROCKS ▸ **crock**
CROCOITE *n* rare orange secondary mineral
CROCS ▸ **croc**
CROCUS, CROCI, -ES *n* flowering plant
CROFT, -ED, -S *n* small farm worked by one family in Scotland ▷ *vb* farm land as a croft
CROFTER, -S *n* owner or tenant of a small farm, esp in Scotland or northern England
CROFTING *n* system or occupation of working land in crofts
CROFTS ▸ **croft**
CROG, -GED, -GING, -S *vb* ride on a bicycle as a passenger
CROGGIES ▸ **croggy**
CROGGING ▸ **crog**
CROGGY, CROGGIES *n* ride on a bicycle as a passenger
CROGS ▸ **crog**
CROJIK, -S *n* triangular sail
CROMACK, -S *same as* ▸ **crummock**
CROMB, -ED, -ING, -S *same as* ▸ **crome**
CROMBEC, -S *n* African Old World warbler with colourful plumage
CROMBED ▸ **cromb**
CROMBING ▸ **cromb**
CROMBS ▸ **cromb**
CROME, -D, -S, CROMING *n* hook ▷ *vb* use a crome
CROMLECH *n* circle of prehistoric standing stones
CROMORNA *n* one of the reed stops in an organ
CROMORNE *variant of* ▸ **cromorna**
CRON, -S *n* computer application that schedules tasks chronologically
CRONE, -S *n* witchlike old woman
CRONET, -S *n* hair which grows over the top of a horse's hoof
CRONIES ▸ **crony**
CRONISH ▸ **crone**
CRONK, -ER, -EST *adj* unfit
CRONS ▸ **cron**
CRONY, CRONIES *n* close friend
CRONYISM *n* appointing friends to high-level posts
CROODLE, -D, -S *vb* nestle close
CROOK, -ER, -EST, -ING, -S *n* dishonest person ▷ *vb* bend or curve ▷ *adj* informal Australian word meaning ill
CROOKED *adj* bent or twisted
CROOKER ▸ **crook**
CROOKERY *n* illegal or dishonest activity

CROOKEST ▸ **crook**
CROOKING ▸ **crook**
CROOKS ▸ **crook**
CROOL, -ED, -ING, -S *vb* spoil
CROON, -ED, -ING, -S *vb* sing, hum, or speak in a soft low tone ▹ *n* soft low singing or humming
CROONER, -S ▸ **croon**
CROONIER ▸ **croony**
CROONING ▸ **croon**
CROONS ▸ **croon**
CROONY, CROONIER *adj* singing like a crooner
CROOVE, -S *n* animal enclosure
CROP, -PED, -PING, -S *n* cultivated plant ▹ *vb* cut very short
CROPFUL, -S *n* quantity that can be held in the craw
CROPFULL *adj* satiated ▹ *n* amount that a crop can take
CROPFULS ▸ **cropful**
CROPLAND *n* land on which crops are grown
CROPLESS *adj* without crops
CROPPED ▸ **crop**
CROPPER, -S *n* person who cultivates or harvests a crop
CROPPIE *same as* ▸ **croppy**
CROPPIES ▸ **croppy**
CROPPING ▸ **crop**
CROPPY, CROPPIES *n* rebel in the Irish rising of 1798
CROPS ▸ **crop**
CROPSICK *adj* sick from excessive food or drink
CROQUET, -S *n* game played on a lawn in which balls are hit through hoops ▹ *vb* drive away a ball by hitting one's own when the two are in contact
CROQUIS *n* rough sketch
CRORE, -S *n* (in Indian English) ten million
CROSIER, -S *n* staff carried by bishops as a symbol of pastoral office ▹ *vb* bear or carry such a staff
CROSS, -ED, -ES, -EST, CROST *vb* move or go across (something) ▹ *n* structure, symbol, or mark of two intersecting lines ▹ *adj* angry, annoyed
CROSSARM *n* in mining, horizontal bar on which a drill is mounted
CROSSBAR *n* horizontal bar across goalposts or on a bicycle ▹ *vb* provide with crossbars
CROSSBIT > **crossbite**
CROSSBOW *n* weapon consisting of a bow fixed across a wooden stock
CROSSCUT *vb* cut across ▹ *adj* cut across ▹ *n* transverse cut or course
CROSSE *n* light staff used in playing lacrosse
CROSSED ▸ **cross**
CROSSER, -S ▸ **cross**
CROSSES ▸ **cross**
CROSSEST ▸ **cross**
CROSSING *n* place where a street may be crossed safely
CROSSISH ▸ **cross**
CROSSLET *n* cross having a smaller cross near the end of each arm
CROSSLY ▸ **cross**
CROSSPLY *adj* having layers of fabric with cords running diagonally
CROSSTIE *n* railway sleeper
CROSSWAY *same as* > **crossroad**
CROST ▸ **cross**
CROSTATA *n* type of fruit tart
CROSTINO, CROSTINI *n* piece of toasted bread served with a savoury topping
CROTAL, -S *n* any of various lichens used in dyeing wool
CROTALA ▸ **crotalum**
CROTALE, -S *n* type of small cymbal
CROTALS ▸ **crotal**
CROTALUM, CROTALA *n* ancient castanet-like percussion instrument
CROTCH, -ES *n* part of the body between the tops of the legs
CROTCHED ▸ **crotch**
CROTCHES ▸ **crotch**
CROTCHET *n* musical note half the length of a minim
CROTON, -S *n* type of shrub or tree, the seeds of which yield croton oil
CROTONIC *adj* as in **crotonic acid** type of colourless acid
CROTONS ▸ **croton**
CROTTLE, -S *same as* ▸ **crotal**
CROUCH, -ED, -ES *vb* bend low with the legs and body close ▹ *n* this position
CROUP, -ED, -ING, -S *n* throat disease of children, with a cough ▹ *vb* have croup
CROUPADE *n* leap by a horse, pulling the hind legs towards the belly
CROUPE, -S *same as* ▸ **croup**
CROUPED ▸ **croup**
CROUPER, -S *obsolete variant of* ▸ **crupper**
CROUPES ▸ **croupe**
CROUPIER *n* person who collects bets and pays out winnings at a gambling table in a casino
CROUPILY ▸ **croup**
CROUPING ▸ **croup**
CROUPON, -S *n* type of highly polished flexible leather
CROUPOUS ▸ **croup**
CROUPS ▸ **croup**
CROUPY ▸ **croup**
CROUSE *adj* lively, confident, or saucy
CROUSELY ▸ **crouse**
CROUT, -S *n* sauerkraut
CROUTE, -S *n* small round of toasted bread on which a savoury mixture is served
CROUTON, -S *n* small piece of fried or toasted bread served in soup
CROUTS ▸ **crout**
CROW, -ED, -S *n* large black bird with a harsh call ▹ *vb* (of a cock) make a shrill squawking sound
CROWBAIT *n* worn-out horse
CROWBAR, -S *n* iron bar used as a lever ▹ *vb* use a crowbar to lever (something)
CROWBOOT *n* type of Inuit boot made of fur and leather
CROWD, -ED, -ING, -S *n* large group of people or things ▹ *vb* gather together in large numbers
CROWDER, -S ▸ **crowd**
CROWDIE, -S *n* porridge of meal and water
CROWDING ▸ **crowd**
CROWDS ▸ **crowd**
CROWDY *same as* ▸ **crowdie**
CROWEA, -S *n* Australian shrub with pink flowers
CROWED ▸ **crow**
CROWER, -S ▸ **crow**
CROWFOOT, CROWFEET *n* type of plant
CROWING, -S *n* act of crowing
CROWLIKE *adj* like a crow
CROWN, -ED, -S *n* monarch's headdress of gold and jewels ▹ *vb* put a crown on the head of (someone) to proclaim him or her monarch
CROWNER, -S *n* promotional label

CROWNET, -S *n* coronet
CROWNING *n* coronation
CROWNLET *n* small crown
CROWNS ▸ **crown**
CROWS ▸ **crow**
CROWSTEP *n* set of steps to the top of a gable on a building
CROZE, -S *n* recess cut at the end of a barrel or cask to receive the head
CROZER, -S *n* machine which cuts grooves in cask staves
CROZES ▸ **croze**
CROZIER, -S *same as* ▸ **crosier**
CROZZLED *adj* blackened or burnt at the edges
CRU *n* (in France) a vineyard, group of vineyards, or wine-producing region
CRUBEEN, -S *n* pig's trotter
CRUCES ▸ **crux**
CRUCIAL *adj* very important
CRUCIAN, -S *n* European fish
CRUCIATE *adj* shaped or arranged like a cross ▹ *n* cruciate ligament
CRUCIBLE *n* pot in which metals are melted
CRUCIFER *n* type of plant with four petals arranged like a cross
CRUCIFIX *n* model of Christ on the Cross
CRUCIFY *vb* put to death by fastening to a cross
CRUCK, -S *n* wooden timber supporting the end of certain roofs
CRUD, -DED, -DING, -S *n* sticky or encrusted substance ▹ *interj* expression of disgust, disappointment, etc ▹ *vb* cover with a sticky or encrusted substance
CRUDDIER ▸ **cruddy**
CRUDDING ▸ **crud**
CRUDDLE, -D, -S *vb* curdle
CRUDDY, CRUDDIER *adj* dirty or unpleasant
CRUDE, -R, -S, -ST *adj* rough and simple ▹ *n* crude oil
CRUDELY ▸ **crude**
CRUDER ▸ **crude**
CRUDES ▸ **crude**
CRUDEST ▸ **crude**
CRUDIER ▸ **crudy**
CRUDIEST ▸ **crudy**
CRUDITES *pl n* selection of raw vegetables often served with a variety of dips before a meal
CRUDITY ▸ **crude**
CRUDO, -S *n* sliced raw seafood
CRUDS ▸ **crud**
CRUDY, CRUDIER, CRUDIEST *adj* raw
CRUE, -S *obsolete variant of* ▸ **crew**
CRUEL, -ER, -EST, -LER *adj* delighting in others' pain
CRUELLS *same as* ▸ **cruels**
CRUELLY ▸ **cruel**
CRUELS *n* disease of cattle and sheep
CRUELTY *n* deliberate infliction of pain or suffering
CRUES ▸ **crue**
CRUET, -S *n* small container for salt, pepper, etc, at table
CRUFT, -S *n* redundant technical hardware
CRUISE, -D, -S, CRUISING *n* sea trip for pleasure ▹ *vb* sail from place to place for pleasure
CRUISER, -S *n* fast warship
CRUISES ▸ **cruise**
CRUISEY *same as* ▸ **cruisy**
CRUISIE, -S *same as* ▸ **cruizie**
CRUISIER ▸ **cruisy**
CRUISIES ▸ **cruisie**
CRUISING ▸ **cruise**
CRUISY, CRUISIER *adj* relaxed or easy-going
CRUIVE, -S *n* animal enclosure
CRUIZIE, -S *n* oil lamp
CRULLER, -S *n* light sweet ring-shaped cake, fried in deep fat
CRUMB, -ED, -ING *n* small fragment of bread or other dry food ▹ *vb* prepare or cover (food) with breadcrumbs ▹ *adj* (esp of pie crusts) made with a mixture of biscuit crumbs, sugar, etc
CRUMBER, -S ▸ **crumb**
CRUMBIER ▸ **crumby**
CRUMBING ▸ **crumb**
CRUMBLE, -D, -S *vb* break into fragments ▹ *n* pudding of stewed fruit with a crumbly topping
CRUMBLY *adj* easily crumbled or crumbling
CRUMBS *interj* expression of dismay or surprise
CRUMBUM, -S *n* rogue
CRUMBY, CRUMBIER *adj* full of crumbs
CRUMEN, -S *n* deer's larmier or tear-pit
CRUMENAL *n* purse
CRUMENS ▸ **crumen**
CRUMHORN *n* medieval woodwind instrument of bass pitch
CRUMMACK *same as* ▸ **crummock**
CRUMMIE *n* cow with a crumpled horn
CRUMMIER ▸ **crummy**
CRUMMIES ▸ **crummy**
CRUMMILY *adv* in a manner suggestive of or indicating poor quality
CRUMMOCK *n* stick with a crooked head
CRUMMY, CRUMMIER, CRUMMIES *adj* of poor quality ▹ *n* lorry that carries loggers to work from their camp
CRUMP, -ED, -ER, -EST, -ING, -S *vb* thud or explode with a loud dull sound ▹ *n* crunching, thudding, or exploding noise ▹ *adj* crooked
CRUMPET, -S *n* round soft yeast cake, eaten buttered
CRUMPIER ▸ **crumpy**
CRUMPING ▸ **crump**
CRUMPLE, -D, -S *vb* crush, crease ▹ *n* untidy crease or wrinkle
CRUMPLY ▸ **crumple**
CRUMPS ▸ **crump**
CRUMPY, CRUMPIER *adj* crisp
CRUNCH, -ED, -ES *vb* bite or chew with a noisy crushing sound ▹ *n* crunching sound
CRUNCHER ▸ **crunch**
CRUNCHES ▸ **crunch**
CRUNCHY ▸ **crunch**
CRUNK, -S *n* form of hip-hop music originating in the Southern US
CRUNKED *adj* excited or intoxicated
CRUNKLE, -D, -S *Scots variant of* ▸ **crinkle**
CRUNKS ▸ **crunk**
CRUNODAL ▸ **crunode**
CRUNODE, -S *n* mathematical term
CRUOR, -ES, -S *n* blood clot
CRUPPER, -S *n* strap that passes from the back of a saddle under a horse's tail
CRURA ▸ **crus**
CRURAL *adj* of or relating to the leg or thigh
CRUS, CRURA *n* leg, esp from the knee to the foot
CRUSADE, -D, -S *n* medieval Christian war to recover the Holy Land from the Muslims ▹ *vb* take part in a crusade

CRUSADER ▸ **crusade**
CRUSADES ▸ **crusade**
CRUSADO, -S *n* former gold or silver coin of Portugal
CRUSE, -S *n* small earthenware jug or pot
CRUSET, -S *n* goldsmith's crucible
CRUSH, -ED, -ES *vb* compress so as to injure, break, or crumple ▹ *n* dense crowd
CRUSHER, -S ▸ **crush**
CRUSHES ▸ **crush**
CRUSHING *n* act or instance of compressing so as to injure or break
CRUSIAN, -S *variant of* ▸ **crucian**
CRUSIE, -S *same as* ▸ **cruizie**
CRUSILY *adj* (in heraldry) strewn with crosses
CRUST, -ED, -ING, -S *n* hard outer part of something, esp bread ▹ *vb* cover with or form a crust
CRUSTA, -E, -S *n* hard outer layer
CRUSTAL *adj* of or relating to the earth's crust
CRUSTAS ▸ **crusta**
CRUSTATE *adj* covered with a crust
CRUSTED ▸ **crust**
CRUSTIER ▸ **crusty**
CRUSTIES ▸ **crusty**
CRUSTILY ▸ **crusty**
CRUSTING ▸ **crust**
CRUSTOSE *adj* having a crustlike appearance
CRUSTS ▸ **crust**
CRUSTY, CRUSTIER, CRUSTIES *adj* having a crust ▹ *n* scruffy type of punk or hippy whose lifestyle involves travelling and squatting
CRUSY *same as* ▸ **cruizie**
CRUTCH, -ED, -ES *n* long sticklike support with a rest for the armpit ▹ *vb* support or sustain (a person or thing) as with a crutch
CRUVE, -S *same as* ▸ **cruive**
CRUX, CRUCES, -ES *n* crucial or decisive point
CRUZADO, -S *same as* ▸ **crusado**
CRUZEIRO *n* former monetary unit of Brazil, replaced by the cruzeiro real
CRUZIE, -S *same as* ▸ **cruizie**
CRWTH, -S *n* ancient stringed instrument of Celtic origin

This old Celtic musical instrument makes a fine tune when your rack is all consonants.

CRY, CRIED, CRIES *vb* shed tears ▹ *n* fit of weeping
CRYBABY *n* person, esp a child, who cries too readily
CRYER, -S *same as* ▸ **crier**
CRYING, -S ▸ **cry**
CRYINGLY ▸ **cry**
CRYINGS ▸ **crying**
CRYOBANK *n* place for storing genetic material at low temperature
CRYOGEN, -S *n* substance used to produce low temperatures
CRYOGENY *n* cryogenic science
CRYOLITE *n* white or colourless mineral
CRYONIC *adj* relating to or involving cryonics
CRYONICS *n* practice of freezing a human corpse in the hope of restoring it to life in the future
CRYOSTAT *n* apparatus for maintaining a constant low temperature
CRYOTRON *n* switch working at the temperature of liquid helium
CRYPT, -S *n* vault under a church, esp one used as a burial place
CRYPTAL ▸ **crypt**
CRYPTIC *adj* obscure in meaning, secret
CRYPTO, -S *n* person who is a secret member of an organization or sect
CRYPTON, -S *n* krypton
CRYPTOS ▸ **crypto**
CRYPTS ▸ **crypt**
CRYSTAL, -S *n* symmetrically shaped solid formed naturally ▹ *adj* bright and clear
CSARDAS *n* type of Hungarian folk dance
CTENE, -S *n* locomotor organ found in ctenophores (or comb jellies)
CTENIDIA > **ctenidium**
CTENOID *adj* toothed like a comb, as the scales of perches
CUATRO, -S *n* four-stringed guitar
CUB, -BED, -S *n* young wild animal such as a bear or fox ▹ *adj* young or inexperienced ▹ *vb* give birth to cubs
CUBAGE, -S *same as* ▸ **cubature**
CUBANE, -S *n* rare octahedral hydrocarbon
CUBATURE *n* determination of the cubic contents of something
CUBBED ▸ **cub**
CUBBIER ▸ **cubby**
CUBBIES ▸ **cubby**
CUBBIEST ▸ **cubby**
CUBBING, -S ▸ **cub**
CUBBISH ▸ **cub**
CUBBY, CUBBIER, CUBBIES, CUBBIEST *n* cubbyhole ▹ *adj* short and plump
CUBE, -D, -S, CUBING *n* object with six equal square sides ▹ *vb* cut into cubes
CUBEB, -S *n* SE Asian woody climbing plant with brownish berries
CUBED ▸ **cube**
CUBELIKE *adj* like a cube
CUBER, -S ▸ **cube**
CUBES ▸ **cube**
CUBHOOD, -S *n* state of being a cub
CUBIC, -S *adj* having three dimensions ▹ *n* cubic equation
CUBICA, -S *n* fine shalloon-like fabric
CUBICAL *adj* of or related to volume
CUBICAS ▸ **cubica**
CUBICITY *n* property of being cubelike
CUBICLE, -S *n* enclosed part of a large room, screened for privacy
CUBICLY ▸ **cubic**
CUBICS ▸ **cubic**
CUBICULA > **cubiculum**
CUBIFORM *adj* having the shape of a cube
CUBING ▸ **cube**
CUBISM, -S *n* style of art in which objects are represented by geometrical shapes
CUBIST, -S ▸ **cubism**
CUBISTIC ▸ **cubism**
CUBISTS ▸ **cubist**
CUBIT, -S *n* old measure of length based on the length of the forearm
CUBITAL *adj* of or relating to the forearm
CUBITI ▸ **cubitus**
CUBITS ▸ **cubit**
CUBITUS, CUBITI *n* elbow
CUBLESS *adj* having no cubs
CUBOID, -S *adj* shaped like a cube ▹ *n* geometric solid whose six faces are rectangles
CUBOIDAL *same as* ▸ **cuboid**

CUBOIDS ▸ **cuboid**
CUBS ▸ **cub**
CUCKING *adj* as in **cucking stool** stool in which suspected witches were tested
CUCKOO, -ED, -S *n* migratory bird ▹ *vb* repeat over and over
CUCUMBER *n* long green-skinned fleshy fruit used in salads
CUCURBIT *n* type of tropical or subtropical creeping plant
CUD, -S *n* partially digested food chewed by a ruminant
CUDBEAR, -S *another name for* ▸ **orchil**
CUDDEN, -S *n* young coalfish
CUDDIE *same as* ▸ **cuddy**
CUDDIES ▸ **cuddy**
CUDDIN, -S *same as* ▸ **cudden**
CUDDLE, -D, -S, CUDDLING *n* hug ▹ *vb* hold close
CUDDLER, -S ▸ **cuddle**
CUDDLES ▸ **cuddle**
CUDDLIER ▸ **cuddly**
CUDDLING ▸ **cuddle**
CUDDLY, CUDDLIER ▸ **cuddle**
CUDDY, CUDDIES *n* small cabin in a boat
CUDGEL, -ED, -S *n* short thick stick used as a weapon ▹ *vb* use a cudgel
CUDGELER ▸ **cudgel**
CUDGELS ▸ **cudgel**
CUDGERIE *n* type of large tropical tree with light-coloured wood
CUDS ▸ **cud**
CUDWEED, -S *n* type of temperate plant
CUE, -D, -S, CUING *n* signal to an actor or musician to begin speaking or playing ▹ *vb* give a cue to
CUEING, -S ▸ **cue**
CUEIST, -S *n* snooker or billiards player
CUES ▸ **cue**
CUESTA, -S *n* long low ridge with a steep scarp slope and a gentle back slope
CUFF, -ED, -ING, -S *n* end of a sleeve ▹ *vb* hit with an open hand
CUFFABLE *n* able to be folded down at the ankle
CUFFED ▸ **cuff**
CUFFIN, -S *n* man
CUFFING ▸ **cuff**
CUFFINS ▸ **cuffin**
CUFFLE, -D, -S, CUFFLING *vb* scuffle
CUFFLESS *adj* having no cuff(s)
CUFFLING ▸ **cuffle**
CUFFLINK *n* detachable fastener for shirt cuff
CUFFO *adv* free of charge
CUFFS ▸ **cuff**
CUIF, -S *same as* ▸ **coof**
CUING ▸ **cue**
CUIRASS *n* piece of armour, of leather or metal covering the chest and back ▹ *vb* equip with a cuirass
CUISH, -ES *same as* ▸ **cuisse**
CUISINE, -S *n* style of cooking
CUISSE, -S *n* piece of armour for the thigh
CUISSER, -S *same as* ▸ **cooser**
CUISSES ▸ **cuisse**
CUIT, -S *n* ankle
CUITER, -ED, -S *vb* pamper
CUITIKIN *n* gaiter
CUITS ▸ **cuit**
CUITTLE, -D, -S *vb* wheedle
CUKE, -S *n* cucumber
CULCH, -ES *n* the basis of an oyster bed
CULCHIE, -R, -S *n* rough or unsophisticated country-dweller from outside Dublin ▹ *adj* rough or unsophisticated
CULET, -S *n* flat face at the bottom of a gem
CULEX, -ES, CULICES *n* type of mosquito
CULICID, -S *n* type of dipterous insect
CULICINE *n* any member of the genus Culex containing mosquitoes
CULINARY *adj* of kitchens or cookery
CULL, -ED, -S *vb* choose, gather ▹ *n* culling
CULLAY, -S *n* soapbark tree
CULLED ▸ **cull**
CULLER, -S *n* person employed to cull animals
CULLET, -S *n* waste glass for melting down to be reused
CULLIED ▸ **cully**
CULLIES ▸ **cully**
CULLING, -S ▸ **cull**
CULLION, -S *n* rascal
CULLIS, -ES *same as* ▸ **coulisse**
CULLS ▸ **cull**
CULLY, CULLIED, CULLIES, -ING *n* pal ▹ *vb* to trick
CULLYISM *n* state of being a dupe
CULM, -ED, -ING, -S *n* coal-mine waste ▹ *vb* form a culm or grass stem
CULMEN, CULMINA *n* summit
CULMING ▸ **culm**
CULMS ▸ **culm**
CULOTTE ▸ **culottes**
CULOTTES *pl n* women's knee-length trousers cut to look like a skirt
CULPA, -E *n* act of neglect
CULPABLE *adj* deserving blame
CULPABLY ▸ **culpable**
CULPAE ▸ **culpa**
CULPRIT, -S *n* person guilty of an offence or misdeed
CULSHIE, -R, -S *n* rough or unsophisticated country-dweller from outside Dublin ▹ *adj* rough or unsophisticated
CULT, -S *n* specific system of worship ▹ *adj* very popular among a limited group of people
CULTCH, -ES *same as* ▸ **culch**
CULTER, -S *same as* ▸ **coulter**
CULTI ▸ **cultus**
CULTIC *adj* of or relating to a religious cult
CULTIER ▸ **culty**
CULTIEST ▸ **culty**
CULTIGEN *n* cultivated species of plant that did not come from a wild type
CULTISH *adj* intended to appeal to a small group of fashionable people
CULTISM, -S ▸ **cult**
CULTIST, -S ▸ **cult**
CULTIVAR *n* cultivated plant produced from a natural species
CULTLIKE *adj* resembling a cult
CULTRATE *adj* shaped like a knife blade
CULTS ▸ **cult**
CULTURAL *adj* of or relating to artistic or social pursuits
CULTURE, -S *n* ideas, customs, and art of a particular society ▹ *vb* grow (bacteria) for study
CULTURED *adj* showing good taste or manners
CULTURES ▸ **culture**
CULTUS, CULTI, -ES *another word for* ▸ **cult**
CULTY, CULTIER, CULTIEST *same as* ▸ **cultish**
CULVER, -S *an archaic or poetic name for* ▸ **pigeon**
CULVERIN *n* long-range medium to heavy cannon used during the 15th, 16th, and 17th centuries

C

C

CULVERS ▸ **culver**
CULVERT, -S *n* drain under a road or railway ▹ *vb* direct water through a culvert
CUM *prep* with
CUMACEAN *n* type of small marine crustacean
CUMARIC ▸ **cumarin**
CUMARIN, -S *same as* ▸ **coumarin**
CUMARONE *variant spelling of* > **coumarone**
CUMBENT *adj* lying down
CUMBER, -ED, -S *vb* obstruct or hinder ▹ *n* hindrance or burden
CUMBERER ▸ **cumber**
CUMBERS ▸ **cumber**
CUMBIA, -S *n* Colombian style of music
CUMBROUS *adj* awkward because of size, weight, or height
CUMBUNGI *n* type of tall Australian marsh plant
CUMEC, -S *n* unit of volumetric rate of flow
CUMIN, -S *n* sweet-smelling seeds of a Mediterranean plant, used in cooking
CUMMER, -S *n* gossip
CUMMIN, -S *same as* ▸ **cumin**
CUMQUAT, -S *same as* ▸ **kumquat**
CUMSHAW, -S *n* (used, esp formerly, by beggars in Chinese ports) a present or tip
CUMULATE *vb* accumulate ▹ *adj* heaped up
CUMULET, -S *n* variety of domestic fancy pigeon
CUMULI ▸ **cumulus**
CUMULOSE *adj* full of heaps
CUMULOUS *adj* resembling or consisting of cumulus clouds
CUMULUS, CUMULI *n* thick white or dark grey cloud
CUNABULA *n* cradle
CUNDY, CUNDIES *n* sewer
CUNEAL *same as* > **cuneiform**
CUNEATE *adj* wedge-shaped: cuneate leaves are attached at the narrow end
CUNEATED *same as* ▸ **cuneate**
CUNEATIC *adj* cuneiform
CUNEI ▸ **cuneus**
CUNETTE, -S *n* small trench dug in the main ditch of a fortification
CUNEUS, CUNEI *n* small wedge-shaped area of the cerebral cortex
CUNIFORM *same as* > **cuneiform**
CUNIT, -S *n* one hundred cubic feet
CUNJEVOI *n* plant of tropical Asia and Australia
CUNNER, -S *n* fish of the wrasse family
CUNNING, -S *adj* clever at deceiving ▹ *n* cleverness at deceiving
CUP, -PED, -S *n* small bowl-shaped drinking container with a handle ▹ *vb* form (one's hands) into the shape of a cup
CUPBOARD *n* piece of furniture or alcove with a door, for storage ▹ *vb* store in a cupboard
CUPCAKE, -S *n* small cake baked in a cup-shaped foil or paper case
CUPEL, -ED, -ING, -LED, -S *n* refractory pot in which gold or silver is refined ▹ *vb* refine (gold or silver) by means of cupellation
CUPELER, -S ▸ **cupel**
CUPELING ▸ **cupel**
CUPELLED ▸ **cupel**
CUPELLER ▸ **cupel**
CUPELS ▸ **cupel**
CUPFUL, -S, CUPSFUL *n* amount a cup will hold
CUPGALL, -S *n* gall found on oakleaves
CUPHEAD, -S *n* type of bolt or rivet with a cup-shaped head
CUPID, -S *n* figure representing the Roman god of love
CUPIDITY *n* greed for money or possessions
CUPIDS ▸ **cupid**
CUPLIKE ▸ **cup**
CUPMAN, CUPMEN *n* drinking companion
CUPOLA, -ED, -S *n* domed roof or ceiling ▹ *vb* provide with a cupola
CUPOLAR ▸ **cupola**
CUPOLAS ▸ **cupola**
CUPPA, -S *n* cup of tea
CUPPED ▸ **cup**
CUPPER, -S *same as* ▸ **cuppa**
CUPPIER ▸ **cuppy**
CUPPIEST ▸ **cuppy**
CUPPING, -S ▸ **cup**
CUPPY, CUPPIER, CUPPIEST *adj* cup-shaped
CUPREOUS *adj* of copper
CUPRIC *adj* of or containing copper in the divalent state
CUPRITE, -S *n* red secondary mineral
CUPROUS *adj* of or containing copper in the monovalent state
CUPRUM, -S *an obsolete name for* ▸ **copper**
CUPS ▸ **cup**
CUPSFUL ▸ **cupful**
CUPULA, -E *n* dome-shaped structure
CUPULAR *same as* ▸ **cupulate**
CUPULATE *adj* shaped like a small cup
CUPULE, -S *n* cup-shaped part or structure
CUR, -S *n* mongrel dog
CURABLE *adj* capable of being cured
CURABLY ▸ **curable**
CURACAO, -S *n* orange-flavoured liqueur
CURACIES ▸ **curacy**
CURACOA, -S *same as* ▸ **curacao**
CURACY, CURACIES *n* work or position of a curate
CURAGH, -S *same as* ▸ **currach**
CURARA, -S *same as* ▸ **curare**
CURARE, -S *n* poisonous resin of a S American tree
CURARI, -S *same as* ▸ **curare**
CURARINE *n* alkaloid extracted from curare, used as a muscle relaxant in surgery
CURARIS ▸ **curari**
CURARISE *same as* ▸ **curarize**
CURARIZE *vb* paralyse or treat with curare
CURASSOW *n* gallinaceous ground-nesting bird
CURAT, -S *n* cuirass
CURATE, -D, -S, CURATING *n* clergyman or clergywoman who assists a parish priest ▹ *vb* be in charge of (an art exhibition or museum)
CURATION *n* work of a curator
CURATIVE *n* something able to cure ▹ *adj* able to cure
CURATOR, -S *n* person in charge of a museum or art gallery
CURATORY ▸ **curator**
CURATRIX *n* female curator
CURATS ▸ **curat**
CURB, -ED, -S *n* something that restrains ▹ *vb* control, restrain

CURBABLE *adj* capable of being restrained
CURBED ▸ **curb**
CURBER, -S ▸ **curb**
CURBING, -S *the US spelling of* ▸ **kerbing**
CURBLESS *adj* having no restraint
CURBS ▸ **curb**
CURBSIDE *n* pavement
CURCH, -ES *n* woman's plain cap or kerchief
CURCHEF, -S *same as* ▸ **curch**
CURCHES ▸ **curch**
CURCULIO *n* type of American weevil
CURCUMA, -S *n* type of tropical Asian tuberous plant
CURCUMIN *n* yellow dye derived from turmeric
CURD, -ED, -ING, -S *n* coagulated milk, used to make cheese ▹ *vb* turn into or become curd
CURDIER ▸ **curdy**
CURDIEST ▸ **curdy**
CURDING ▸ **curd**
CURDLE, -D, -S, CURDLING *vb* turn into curd, coagulate
CURDLER, -S ▸ **curdle**
CURDLES ▸ **curdle**
CURDLING ▸ **curdle**
CURDS ▸ **curd**
CURDY, CURDIER, CURDIEST ▸ **curd**
CURE, -D, -S *vb* get rid of (an illness or problem) ▹ *n* (treatment causing) curing of an illness or person
CURELESS ▸ **cure**
CURER, -S ▸ **cure**
CURES ▸ **cure**
CURET, -S *same as* ▸ **curette**
CURETTE, -D, -S *n* surgical instrument for scraping tissue from body cavities ▹ *vb* scrape with a curette
CURF, -S *n* type of limestone
CURFEW, -S *n* law ordering people to stay inside after a specific time
CURFS ▸ **curf**
CURIA, -E, -S *n* papal court and government of the Roman Catholic Church
CURIAL ▸ **curia**
CURIAS ▸ **curia**
CURIE, -S *n* standard unit of radioactivity
CURIET, -S *n* cuirass
CURING, -S *n* act of curing
CURIO, -S *n* rare or unusual object valued as a collector's item
CURIOSA *pl n* curiosities
CURIOUS *adj* eager to learn or know
CURITE, -S *n* oxide of uranium and lead
CURIUM, -S *n* radioactive element artificially produced from plutonium
CURL, -ED, -S *n* curved piece of hair ▹ *vb* make (hair) into curls or (of hair) grow in curls
CURLER, -S *n* pin or small tube for curling hair
CURLEW, -S *n* long-billed wading bird
CURLI *pl n* curled hairlike processes on the surface of the E. coli bacterium
CURLICUE *n* ornamental curl or twist ▹ *vb* curl or twist elaborately, as in curlicues
CURLIER ▸ **curly**
CURLIES *pl n* as in **have by the short and curlies** have completely in one's power
CURLIEST ▸ **curly**
CURLILY ▸ **curly**
CURLING, -S *n* game like bowls, played with heavy stones on ice
CURLS ▸ **curl**
CURLY, CURLIER, CURLIEST *adj* tending to curl
CURLYCUE *same as* ▸ **curlicue**
CURN, -S *n* grain (of corn etc)
CURNEY *same as* ▸ **curny**
CURNIER ▸ **curny**
CURNIEST ▸ **curny**
CURNS ▸ **curn**
CURNY, CURNIER, CURNIEST *adj* granular
CURPEL, -S *same as* ▸ **crupper**
CURR, -ED, -ING, -S *vb* purr
CURRACH, -S *a Scot or Irish name for* ▸ **coracle**
CURRAGH, -S *same as* ▸ **currach**
CURRAN, -S *n* black bun
CURRANT, -S *n* small dried grape
CURRANTY ▸ **currant**
CURRED ▸ **curr**
CURRENCY *n* money in use in a particular country
CURRENT, -S *adj* of the immediate present ▹ *n* flow of water or air in one direction
CURRICLE *n* two-wheeled open carriage drawn by two horses side by side
CURRIE *same as* ▸ **curry**
CURRIED ▸ **curry**
CURRIER, -S *n* person who curries leather
CURRIERY *n* trade, work, or place of occupation of a currier
CURRIES ▸ **curry**
CURRING ▸ **curr**
CURRISH *adj* of or like a cur
CURRS ▸ **curr**
CURRY, CURRIED, CURRIES, -ING *n* Indian dish of meat or vegetables in a hot spicy sauce ▹ *vb* prepare (food) with curry powder
CURS ▸ **cur**
CURSAL ▸ **cursus**
CURSE, -S *vb* swear (at) ▹ *n* swearword
CURSED, -ER ▸ **curse**
CURSEDLY ▸ **curse**
CURSER, -S ▸ **curse**
CURSES ▸ **curse**
CURSI ▸ **cursus**
CURSILLO *n* short religious retreat
CURSING, -S ▸ **curse**
CURSITOR *n* clerk in the Court of Chancery
CURSIVE, -S *n* handwriting done with joined letters ▹ *adj* of handwriting or print in which letters are joined in a flowing style
CURSOR, -ES, -S *n* movable point of light that shows a specific position on a visual display unit
CURSORY *adj* quick and superficial
CURST *same as* ▸ **cursed**
CURSUS, CURSI *n* Neolithic parallel earthworks
CURT, -ER, -EST *adj* brief and rather rude
CURTAIL, -S *vb* cut short
CURTAIN *n* piece of cloth hung at a window or opening as a screen ▹ *vb* provide with curtains
CURTAINS *pl n* death or ruin
CURTAL, -S *adj* cut short ▹ *n* animal whose tail has been docked
CURTALAX *same as* ▸ **curtalaxe**
CURTALS ▸ **curtal**
CURTANA, -S *n* unpointed sword displayed at a coronation as an emblem of mercy
CURTATE *adj* shortened
CURTAXE, -S *same as* ▸ **curtalaxe**
CURTER ▸ **curt**
CURTEST ▸ **curt**

C

CURTESY *n* widower's life interest in his wife's estate
CURTLY ▸ **curt**
CURTNESS ▸ **curt**
CURTSEY, -S *same as* ▸ **curtsy**
CURTSY, CURTSIED, CURTSIES *n* woman's gesture of respect ▹ *vb* make a curtsy
CURULE *adj* (in ancient Rome) of the highest rank, esp one entitled to use a curule chair
CURVATE *adj* curved
CURVATED *same as* ▸ **curvate**
CURVE, -D, -S, CURVING *n* continuously bending line with no straight parts ▹ *vb* form or move in a curve
CURVEDLY ▸ **curve**
CURVES ▸ **curve**
CURVET, -ED, -S *n* horse's low leap with all four feet off the ground ▹ *vb* make such a leap
CURVEY *same as* ▸ **curvy**
CURVIER ▸ **curvy**
CURVIEST ▸ **curvy**
CURVING ▸ **curve**
CURVITAL *adj* relating to curvature
CURVITY *n* curvedness
CURVY, CURVIER, CURVIEST ▸ **curve**
CUSCUS, -ES *n* large Australian nocturnal possum
CUSEC, -S *n* unit of flow equal to 1 cubic foot per second
CUSH, -ES *n* cushion
CUSHAT, -S *n* wood pigeon
CUSHAW, -S *same as* ▸ **cashaw**
CUSHES ▸ **cush**
CUSHIE, -S *same as* ▸ **cushat**
CUSHIER ▸ **cushy**
CUSHIES ▸ **cushie**
CUSHIEST ▸ **cushy**
CUSHILY ▸ **cushy**
CUSHION, -S *n* bag filled with soft material, to make a seat more comfortable ▹ *vb* lessen the effects of
CUSHIONY *adj* like a cushion
CUSHTY *interj* exclamation of pleasure, agreement, approval, etc
CUSHY, CUSHIER, CUSHIEST *adj* easy
CUSK, -S *n* type of food fish of northern coastal waters, with a single long dorsal fin
CUSP, -S *n* pointed end, esp on a tooth
CUSPAL ▸ **cusp**
CUSPATE *adj* having a cusp or cusps
CUSPATED *same as* ▸ **cuspate**
CUSPED *same as* ▸ **cuspate**
CUSPID, -S *n* tooth having one point
CUSPIDAL *same as* > **cuspidate**
CUSPIDES ▸ **cuspis**
CUSPIDOR *another word (esp US) for* ▸ **spittoon**
CUSPIDS ▸ **cuspid**
CUSPIER ▸ **cuspy**
CUSPIEST ▸ **cuspy**
CUSPIS, CUSPIDES *n* in anatomy, tapering structure
CUSPLIKE *adj* like a cusp
CUSPS ▸ **cusp**
CUSPY, CUSPIER, CUSPIEST *adj* (of a computer program) well-designed and user-friendly
CUSS, -ES, -ING *n* curse, oath ▹ *vb* swear (at)
CUSSED *adj* obstinate
CUSSEDLY ▸ **cussed**
CUSSER, -S *same as* ▸ **cooser**
CUSSES ▸ **cuss**
CUSSING ▸ **cuss**
CUSSO, -S *n* tree of the rose family
CUSSWORD *n* swearword
CUSTARD, -S *n* sweet yellow sauce made from milk and eggs
CUSTARDY *adj* like custard
CUSTOCK, -S *same as* ▸ **castock**
CUSTODE, -S *n* custodian
CUSTODY *n* protective care
CUSTOM *n* long-established activity or action ▹ *adj* made to the specifications of an individual customer
CUSTOMED *adj* accustomed
CUSTOMER *n* person who buys goods or services
CUSTOMS *n* duty charged on imports or exports
CUSTOS *n* superior in the Franciscan religious order
CUSTREL, -S *n* knave
CUSTUMAL *another word for* > **customary**
CUSUM, -S *n* analysis technique used in statistics
CUT, -S *vb* open up, penetrate, wound, or divide with a sharp instrument
CUTAWAY, -S *adj* (of a drawing or model) having part of the outside omitted to reveal the inside ▹ *n* man's coat cut diagonally from the front waist to the back of the knees
CUTBACK, -S *n* decrease or reduction
CUTBANK, -S *n* steep banking at a bend in a river
CUTBLOCK *n* area where logging is permitted
CUTCH, -ES *same as* ▸ **catechu**
CUTCHA *adj* crude
CUTCHERY *same as* > **cutcherry**
CUTCHES ▸ **cutch**
CUTDOWN, -S *n* decrease
CUTE, -R, -ST *adj* appealing or attractive
CUTELY ▸ **cute**
CUTENESS ▸ **cute**
CUTER ▸ **cute**
CUTES ▸ **cutis**
CUTESIE *same as* ▸ **cutesy**
CUTESIER ▸ **cutesy**
CUTEST ▸ **cute**
CUTESY, CUTESIER *adj* affectedly cute or coy
CUTEY, -S *same as* ▸ **cutie**
CUTGLASS *adj* (of an accent) upper-class
CUTGRASS *n* any grass of the genus Leersia
CUTICLE, -S *n* skin at the base of a fingernail or toenail
CUTICULA *n* cuticle
CUTIE, -S *n* person regarded as appealing or attractive, esp a girl or woman
CUTIKIN, -S *same as* ▸ **cuitikin**
CUTIN, -S *n* waxy waterproof substance
CUTINISE *same as* ▸ **cutinize**
CUTINIZE *vb* become or cause to become covered or impregnated with cutin
CUTINS ▸ **cutin**
CUTIS, CUTES, -ES *a technical name for the* ▸ **skin**
CUTLAS, -ES *same as* ▸ **cutlass**
CUTLASS *n* curved one-edged sword formerly used by sailors
CUTLER, -S *n* maker of cutlery
CUTLERY *n* knives, forks, and spoons
CUTLET, -S *n* small piece of meat like a chop
CUTLETTE *n* flat croquette of minced meat
CUTLINE, -S *n* caption
CUTOFF, -S *n* limit or termination
CUTOUT, -S *n* something that has been cut out from something else

CUTOVER, -S *n* transitional period in IT system changeover
CUTPURSE *n* pickpocket
CUTS ▸ **cut**
CUTSCENE *n* non-interactive scene in a computer game
CUTTABLE *adj* capable of being cut
CUTTAGE, -S *n* propagation by using parts taken from growing plants
CUTTER, -S *n* person or tool that cuts
CUTTIER ▸ **cutty**
CUTTIES ▸ **cutty**
CUTTIEST ▸ **cutty**
CUTTING, -S ▸ **cut**
CUTTLE, -D, -S, CUTTLING *vb* to whisper
CUTTO, -ES *n* large knife
CUTTOE *same as* ▸ **cutto**
CUTTOES ▸ **cutto**
CUTTY, CUTTIER, CUTTIES, CUTTIEST *adj* short or cut short ▹ *n* something cut short
CUTUP, -S *n* joker or prankster
CUTWATER *n* forward part of the stem of a vessel, which cuts through the water
CUTWORK, -S *n* type of openwork embroidery
CUTWORM, -S *n* caterpillar of various types of moth
CUVEE, -S *n* individual batch or blend of wine
CUVETTE, -S *n* shallow dish or vessel for holding liquid
CUZ, -ES, -ZES *n* cousin

> **Cuz** is another word for **cousin**, great for using the Z.

CUZZIE, -S *n* close friend or family member
CWM, -S *same as* ▸ **cirque**

> **Cwm** is a Welsh word meaning a valley, a useful one to remember because it doesn't contain any vowels.

CWTCH, -ED, -ES, -ING *vb* cuddle or be cuddled

> This delightful Welsh word meaning to cuddle is not likely to come up, but it might just help you out of a tight spot one day when your rack is all consonants.

CYAN, -S *n* highly saturated green-blue ▹ *adj* of this colour
CYANAMID *same as* > **cyanamide**
CYANATE, -S *n* any salt or ester of cyanic acid
CYANIC *adj* as in **cyanic acid** colourless poisonous volatile liquid acid
CYANID, -S *same as* ▸ **cyanide**
CYANIDE, -D, -S *n* extremely poisonous chemical compound ▹ *vb* treat with cyanide
CYANIDS ▸ **cyanid**
CYANIN, -S *same as* ▸ **cyanine**
CYANINE, -S *n* blue dye used in photography
CYANINS ▸ **cyanin**
CYANISE, -D, -S *vb* turn into cyanide
CYANITE, -S *a variant spelling of* ▸ **kyanite**
CYANITIC ▸ **cyanite**
CYANIZE, -D, -S *same as* ▸ **cyanise**
CYANO *adj* containing cyanogen
CYANOGEN *n* poisonous colourless flammable gas
CYANOSE *same as* ▸ **cyanosis**
CYANOSED *adj* affected by cyanosis
CYANOSIS, CYANOSES *n* blueness of the skin, caused by a deficiency of oxygen in the blood
CYANOTIC ▸ **cyanosis**
CYANS ▸ **cyan**
CYANURET *n* cyanide
CYANURIC *adj* as in **cyanuric acid** type of acid
CYATHI ▸ **cyathus**
CYATHIUM, CYATHIA *n* inflorescence of the type found on the poinsettia
CYATHUS, CYATHI *n* ancient measure of wine
CYBER *adj* involving computers
CYBERPET *n* electronic toy that simulates the activities of a pet
CYBERWAR *n* information warfare
CYBORG, -S *n* (in science fiction) a living being enhanced by computer implants
CYBRID, -S *n* cytoplasmic hybrid
CYCAD, -S *n* type of tropical or subtropical plant
CYCAS, -ES *n* palm tree of the genus Cycas
CYCASIN, -S *n* glucoside, toxic to mammals, occurring in cycads
CYCLAMEN *n* plant with red, pink, or white flowers ▹ *adj* of a dark reddish-purple colour
CYCLAMIC *adj* as in **cyclamic acid** type of acid
CYCLASE, -S *n* enzyme which acts as a catalyst in the formation of a cyclic compound
CYCLE, -D, -S *vb* ride a bicycle ▹ *n* bicycle
CYCLECAR *n* any light car with an engine capacity of 1100cc or less
CYCLED ▸ **cycle**
CYCLER, -S *same as* ▸ **cyclist**
CYCLERY *n* business dealing in bicycles and bicycle accessories
CYCLES ▸ **cycle**
CYCLEWAY *n* path or way designed, and reserved for, cyclists
CYCLIC *adj* recurring or revolving in cycles
CYCLICAL *n* short-term trend, of which reversal is expected ▹ *adj* cyclic
CYCLICLY ▸ **cyclic**
CYCLIN, -S *n* type of protein
CYCLING, -S ▸ **cycle**
CYCLINS ▸ **cyclin**
CYCLISE, -D, -S *same as* ▸ **cyclize**
CYCLIST, -S *n* person who rides a bicycle
CYCLITOL *n* alicyclic compound
CYCLIZE, -D, -S *vb* be cyclical
CYCLO, -S *n* type of rickshaw
CYCLOID, -S *adj* resembling a circle ▹ *n* mathematical curve
CYCLONAL ▸ **cyclone**
CYCLONE, -S *n* violent wind moving round a central area
CYCLONIC ▸ **cyclone**
CYCLOPES ▸ **cyclops**
CYCLOPIC ▸ **cyclops**
CYCLOPS, CYCLOPES *n* type of copepod characterized by having one eye
CYCLOS ▸ **cyclo**
CYCLOSIS, CYCLOSES *n* circulation of cytoplasm or cell organelles, such as food vacuoles in some protozoans
CYCLUS, -ES *n* cycle
CYDER, -S *same as* ▸ **cider**
CYESIS, CYESES *the technical name for* > **pregnancy**

C

CYGNET, -S *n* young swan
CYLICES ▸ **cylix**
CYLIKES ▸ **cylix**
CYLINDER *n* solid or hollow body with straight sides and circular ends
CYLIX, CYLICES, CYLIKES *a variant of* ▸ **kylix**
CYMA, -E, -S *n* moulding with a double curve, part concave and part convex
CYMAR, -S *n* woman's short fur-trimmed jacket, popular in the 17th and 18th centuries
CYMAS ▸ **cyma**
CYMATIA ▸ **cymatium**
CYMATICS *n* therapy involving sound waves directed at the body
CYMATIUM, CYMATIA *n* top moulding of a classical cornice or entablature
CYMBAL, -S *n* percussion instrument
CYMBALER ▸ **cymbal**
CYMBALO, -S *another name for* ▸ **dulcimer**
CYMBALOM *same as* ▸ **cimbalom**
CYMBALOS ▸ **cymbalo**
CYMBALS ▸ **cymbal**
CYMBIDIA > **cymbidium**
CYMBLING *same as* ▸ **cymling**
CYME, -S *n* type of flower cluster
CYMENE, -S *n* colourless insoluble liquid
CYMES ▸ **cyme**
CYMLIN, -S *same as* ▸ **cymling**
CYMLING, -S *n* pattypan squash
CYMLINS ▸ **cymlin**
CYMOGENE *n* mixture of volatile flammable hydrocarbons
CYMOID *adj* resembling a cyme or cyma
CYMOL, -S *same as* ▸ **cymene**
CYMOSE *adj* having the characteristics of a cyme
CYMOSELY ▸ **cymose**
CYMOUS *adj* relating to a cyme
CYNANCHE *n* any disease characterized by inflammation and swelling of the throat
CYNIC, -S *n* person who believes that people always act selfishly ▹ *adj* of or relating to Sirius, the Dog Star
CYNICAL *adj* believing that people always act selfishly
CYNICISM *n* attitude or beliefs of a cynic
CYNICS ▸ **cynic**
CYNODONT *n* carnivorous mammal-like reptile
CYNOSURE *n* centre of attention
CYPHER, -ED, -S *same as* ▸ **cipher**
CYPRES, -ES *n* legal doctrine
CYPRESS *n* evergreen tree with dark green leaves
CYPRIAN, -S *n* licentious or profligate person
CYPRID, -S *n* cypris
CYPRIDES ▸ **cypris**
CYPRIDS ▸ **cyprid**
CYPRINE, -S *adj* relating to carp ▹ *n* type of silicate mineral
CYPRINID *n* type of mainly freshwater fish, usu with toothless jaws
CYPRIS, CYPRIDES *n* member of the genus Cypris (small bivalve freshwater crustaceans)
CYPRUS, -ES *same as* ▸ **cypress**
CYPSELA, -E *n* dry one-seeded fruit of the daisy and related plants
CYST, -S *n* (abnormal) sac in the body containing fluid or soft matter
CYSTEIN, -S *same as* ▸ **cysteine**
CYSTEINE *n* sulphur-containing amino acid
CYSTEINS ▸ **cystein**
CYSTIC *adj* of, relating to, or resembling a cyst
CYSTID, -S *n* cystidean
CYSTINE, -S *n* sulphur-containing amino acid
CYSTITIS *n* inflammation of the bladder
CYSTOID, -S *adj* resembling a cyst or bladder ▹ *n* tissue mass that resembles a cyst but lacks an outer membrane
CYSTS ▸ **cyst**
CYTASE, -S *n* cellulose-dissolving enzyme
CYTASTER *another word for* ▸ **aster**
CYTE, -S *n* biological cell
CYTIDINE *n* nucleoside formed by the condensation of cytosine and ribose
CYTISI ▸ **cytisus**
CYTISINE *n* poisonous alkaloid found in laburnum seeds
CYTISUS, CYTISI *n* any plant of the broom genus, Cytisus
CYTODE, -S *n* mass of protoplasm without a nucleus
CYTOGENY *n* origin and development of plant cells
CYTOID *adj* resembling a cell
CYTOKINE *n* type of protein that carries signals to neighbouring cells
CYTOLOGY *n* study of plant and animal cells
CYTON, -S *n* main part of a neuron
CYTOSINE *n* white crystalline pyrimidine occurring in nucleic acids
CYTOSOL, -S *n* solution in a biological cell
CYTOSOME *n* body of a cell excluding its nucleus
CZAPKA, -S *n* leather and felt peaked military helmet of Polish origin
CZAR, -S *same as* ▸ **tsar**
CZARDAS *n* Hungarian national dance of alternating slow and fast sections
CZARDOM, -S ▸ **czar**
CZAREVNA *a variant spelling (esp US) of* ▸ **tsarevna**
CZARINA, -S *variant spelling (esp US) of* ▸ **tsarina**
CZARISM, -S *a variant spelling (esp US) of* ▸ **tsarism**
CZARIST, -S *n* supporter of the czar
CZARITSA *n* Russian empress
CZARITZA *same as* ▸ **czarina**
CZARS ▸ **czar**

Dd

D forms a two-letter word before every vowel except **U**. There are plenty of good three-letter words beginning with **D**, particularly those with a **Y** or **W**: **day**, **dye** and **dew** are worth 7 points each, for example. And don't forget **dex**, **dox** and **dux** for 11 points each and the invaluable **dzo** for 13 points.

DA, -S *n* Burmese knife
DAAL, -S *n* (in Indian cookery) split pulses
DAB, -BED, -BING, -S *vb* pat lightly ▷ *n* small amount of something soft or moist
DABBA, -S *n* in Indian cookery, round metal box used to transport hot food
DABBED ▶ **dab**
DABBER, -S *n* pad used by printers for applying ink by hand
DABBING ▶ **dab**
DABBITY *n* temporary tattoo
DABBLE, -D, -S, DABBLING *vb* be involved in something superficially
DABBLER, -S ▶ **dabble**
DABBLES ▶ **dabble**
DABBLING ▶ **dabble**
DABCHICK *n* type of small grebe
DABS ▶ **dab**
DABSTER, -S *n* incompetent or amateurish worker
DACE, -S *n* small European freshwater fish
DACHA, -S *n* country cottage in Russia
DACITE, -S *n* volcanic rock
DACK, -ED, -ING, -S *vb* remove the trousers from (someone) by force
DACKER, -ED, -S *vb* walk slowly
DACKING ▶ **dack**
DACKS ▶ **dack**
DACOIT, -S *n* (in India and Myanmar) a member of a gang of armed robbers
DACOITY *n* (in India and Myanmar) robbery by an armed gang
DACRON, -S *n* US tradename for a synthetic polyester fibre or fabric
DACTYL, -S *n* metrical foot of three syllables, one long followed by two short
DACTYLAR *adj* poetry term
DACTYLI ▶ **dactylus**
DACTYLIC *same as* ▶ **dactyl**
DACTYLS ▶ **dactyl**
DACTYLUS, DACTYLI *n* tip of a squid's tentacular club
DAD, -DED, -DING, -S *n* father ▷ *vb* act or treat as a father
DADA, -S *n* nihilistic artistic movement of the early 20th century
DADAISM, -S *same as* ▶ **dada**
DADAIST, -S ▶ **dada**
DADAS ▶ **dada**
DADBOD, -S *n* untoned male physique
DADDED ▶ **dad**
DADDIES ▶ **daddy**
DADDING ▶ **dad**
DADDLE, -D, -S, DADDLING *vb* walk unsteadily
DADDOCK, -S *n* core of a dead tree
DADDY, DADDIES *n* father
DADGUM *mild form of* ▶ **damned**
DADO, -ED, -ES, -ING, -S *n* lower part of an interior wall decorated differently from the upper part ▷ *vb* provide with a dado
DADS ▶ **dad**
DAE, -ING, -S *a Scot word for* ▶ **do**
DAEDAL *adj* skilful or intricate
DAEDALIC *same as* > **daedalian**
DAEING ▶ **dae**
DAEMON, -ES, -S *same as* ▶ **demon**
DAEMONIC ▶ **daemon**
DAEMONS ▶ **daemon**
DAES ▶ **dae**
DAFF, -ED, -S *vb* frolic
DAFFIER ▶ **daffy**
DAFFIES ▶ **daffy**
DAFFIEST ▶ **daffy**
DAFFILY ▶ **daffy**
DAFFING, -S ▶ **daff**
DAFFODIL *n* yellow trumpet-shaped flower that blooms in spring ▷ *adj* brilliant yellow
DAFFS ▶ **daff**
DAFFY, DAFFIER, DAFFIES, DAFFIEST *adj* daft ▷ *n* daffodil
DAFT, -ER, -EST *adj* foolish or crazy
DAFTAR, -S *Indian word for* ▶ **office**
DAFTER ▶ **daft**
DAFTEST ▶ **daft**
DAFTIE, -S *n* foolish person
DAFTLY ▶ **daft**
DAFTNESS ▶ **daft**
DAG, -GED, -S *n* character ▷ *vb* cut daglocks from sheep
DAGABA, -S *n* shrine for Buddhist relics
DAGGED ▶ **dag**
DAGGER, -ED, -S *n* short weapon with pointed blade ▷ *vb* stab with a dagger
DAGGIER ▶ **daggy**
DAGGIEST ▶ **daggy**
DAGGING, -S ▶ **dag**
DAGGLE, -D, -S, DAGGLING *vb* trail through water
DAGGY, DAGGIER, DAGGIEST *adj* amusing
DAGLOCK, -S *n* dung-caked lock of wool around the hindquarters of a sheep
DAGOBA, -S *n* dome-shaped Buddhist shrine
DAGS ▶ **dag**
DAGWOOD, -S *n* European shrub
DAH, -S *n* long sound used in Morse code

D

DAHABEAH *n* houseboat used on the Nile
DAHABIAH *same as* ▸**dahabeah**
DAHABIEH *n* Egyptian houseboat
DAHABIYA *n* Egyptian houseboat
DAHL, -S *same as* ▸**dhal**
DAHLIA, -S *n* brightly coloured garden flower
DAHLS ▸**dahl**
DAHOON, -S *n* evergreen shrub
DAHS ▸**dah**
DAIDLE, -D, -S, DAIDLING *vb* waddle about
DAIDZEIN *n* type of protein
DAIKER, -ED, -S *vb* walk slowly
DAIKO, -S *n* Japanese drum
DAIKON, -S *another name for* ▸**mooli**
DAIKOS ▸**daiko**
DAILY, DAILIES *adj* occurring every day or every weekday ▷ *adv* every day ▷ *n* daily newspaper
DAIMEN *adj* occasional
DAIMIO, -S *same as* ▸**daimyo**
DAIMOKU, -S *n* Nichiren Buddhist chant
DAIMON, -S *same as* ▸**demon**
DAIMONES *pl n* disembodied souls
DAIMONIC ▸**daimon**
DAIMONS ▸**daimon**
DAIMYO, -S *n* magnate in Japan from the 11th to the 19th century
DAINE, -D, -S, DAINING *vb* condescend
DAINT, -S *adj* dainty ▷ *n* dainty
DAINTIER ▸**dainty**
DAINTIES ▸**dainty**
DAINTILY ▸**dainty**
DAINTS ▸**daint**
DAINTY, DAINTIER, DAINTIES *adj* delicate or elegant ▷ *n* small cake or sweet
DAIQUIRI *n* iced drink containing rum, lime juice, and sugar
DAIRY, DAIRIES *n* place for the processing or sale of milk and its products ▷ *adj* of milk or its products
DAIRYING *n* business of producing, processing, and selling dairy products
DAIRYMAN, DAIRYMEN *n* man employed to look after cows
DAIS, -ES *n* raised platform in a hall, used by a speaker
DAISHIKI *n* upper garment
DAISIED ▸**daisy**
DAISY, DAISIES *n* small wild flower with a yellow centre and white petals
DAK *n* system of mail delivery or passenger transport

A **dak** is an old mail or transport system, often useful for disposing of the K.

DAKER, -ED, -ING, -S *vb* walk slowly
DAKERHEN *n* European bird
DAKERING ▸**daker**
DAKERS ▸**daker**
DAKOIT, -S *same as* ▸**dacoit**
DAKOITI, -S *same as* ▸**dakoit**
DAKOITS ▸**dakoit**
DAKOITY *n* armed robbery
DAKS *an informal name for* ▸**trousers**
DAL, -S *same as* > **decalitre**
DALAPON, -S *n* herbicide
DALASI, -S *n* standard monetary unit of The Gambia, divided into 100 bututs
DALE, -S *n* (esp in N England) valley
DALED, -S *same as* ▸**daleth**
DALEDH, -S *n* letter of Hebrew alphabet
DALEDS ▸**daled**
DALES ▸**dale**
DALESMAN, DALESMEN *n* person living in a dale, esp in the dales of N England
DALETH, -S *n* fourth letter of the Hebrew alphabet
DALGYTE, -S *another name for* ▸**bilby**
DALI, -S *n* type of tree
DALLES, DALLE *pl n* stretch of a river between high rock walls, with rapids and dangerous currents
DALLIED ▸**dally**
DALLIER, -S ▸**dally**
DALLIES ▸**dally**
DALLOP, -S *n* semisolid lump
DALLY, DALLIED, DALLIES, -ING *vb* waste time
DALMAHOY *n* bushy wig
DALMATIC *n* wide-sleeved tunic-like vestment open at the sides, worn by deacons and bishops
DALS ▸**dal**
DALT, -S *n* foster child
DALTON, -S *n* atomic mass unit
DALTONIC > **daltonism**
DALTONS ▸**dalton**
DALTS ▸**dalt**
DAM, -MED, -MING, -S *n* barrier built across a river to create a lake ▷ *vb* build a dam across (a river)
DAMAGE, -D *vb* harm, spoil ▷ *n* harm to a person or thing
DAMAGER, -S ▸**damage**
DAMAGES *pl n* money awarded as compensation for injury or loss
DAMAGING ▸**damage**
DAMAN, -S *n* the Syrian rock hyrax
DAMAR, -S *same as* ▸**dammar**
DAMASK, -ED, -S *n* fabric with a pattern woven into it, used for tablecloths etc ▷ *vb* ornament (metal) by etching or inlaying, usually with gold or silver
DAMASKIN *vb* decorate metal
DAMASKS ▸**damask**
DAMASSIN *n* patterned damask
DAMBOARD *n* draughtboard
DAMBROD, -S *n* draughtboard
DAME, -S *n* woman
DAMEHOOD *n* state of being a dame
DAMES ▸**dame**
DAMEWORT *n* sweet-scented perennial plant with mauve or white flowers
DAMFOOL, -S *adj* foolish ▷ *n* foolish person
DAMIANA, -S *n* herbal medicine
DAMMAR, -S *n* any of various resins obtained from SE Asian trees
DAMME *interj* exclamation of surprise
DAMMED ▸**dam**
DAMMER, -S *same as* ▸**dammar**
DAMMING ▸**dam**
DAMMIT *interj* exclamation of surprise
DAMN, -ING, -S *interj* exclamation of annoyance ▷ *adj* extreme(ly) ▷ *vb* condemn as bad or worthless
DAMNABLE *adj* annoying
DAMNABLY *adv* in a detestable manner
DAMNDEST *n* utmost
DAMNED, -ER *adj* condemned to hell ▷ *adv* extreme or extremely
DAMNER, -S *n* person who damns

DAMNEST, -S *same as* > **damnedest**
DAMNIFY *vb* cause loss or damage to (a person)
DAMNING ▸ **damn**
DAMNS ▸ **damn**
DAMOISEL *same as* ▸ **damsel**
DAMOSEL, -S *same as* ▸ **damsel**
DAMOZEL, -S *n* young girl or unmarried woman
DAMP, -ED, -EST, -S *adj* slightly wet ▹ *n* slight wetness, moisture ▹ *vb* make damp
DAMPEN, -ED, -S *vb* reduce the intensity of
DAMPENER ▸ **dampen**
DAMPENS ▸ **dampen**
DAMPER, -S *n* movable plate to regulate the draught in a fire
DAMPEST ▸ **damp**
DAMPIER ▸ **dampy**
DAMPIEST ▸ **dampy**
DAMPING, -S *n* moistening or wetting
DAMPISH ▸ **damp**
DAMPLY ▸ **damp**
DAMPNESS ▸ **damp**
DAMPS ▸ **damp**
DAMPY, DAMPIER, DAMPIEST *adj* damp
DAMS ▸ **dam**
DAMSEL, -S *n* young woman
DAMSON, -S *n* small blue-black plumlike fruit
DAN, -S *n* in judo, any of the 10 black-belt grades of proficiency
DANAZOL, -S *n* synthetic male hormone
DANCE, -D, -S *vb* move the feet and body rhythmically in time to music ▹ *n* series of steps and movements in time to music
DANCER, -S ▸ **dance**
DANCES ▸ **dance**
DANCETTE *another name for* ▸ **chevron**
DANCETTY *adj* having a zigzag pattern
DANCEY, DANCIER, DANCIEST *adj* of, relating to, or resembling dance music
DANCICAL *n* type of dance show set to pop music
DANCIER ▸ **dancey**
DANCIEST ▸ **dancey**
DANCING, -S ▸ **dance**
DANCY *adj* (of music) appropriate for dancing
DANDER, -ED, -S *n* stroll ▹ *vb* stroll
DANDIER ▸ **dandy**
DANDIES ▸ **dandy**
DANDIEST ▸ **dandy**
DANDIFY *vb* dress like or cause to resemble a dandy
DANDILY ▸ **dandy**
DANDLE, -D, -S, DANDLING *vb* move (a child) up and down on one's knee
DANDLER, -S ▸ **dandle**
DANDLES ▸ **dandle**
DANDLING ▸ **dandle**
DANDRIFF *same as* ▸ **dandruff**
DANDRUFF *n* loose scales of dry dead skin shed from the scalp
DANDY, DANDIER, DANDIES, DANDIEST *n* man who is overconcerned with the elegance of his appearance ▹ *adj* very good
DANDYISH ▸ **dandy**
DANDYISM ▸ **dandy**
DANEGELD *n* tax levied in Anglo-Saxon England to provide protection from Viking invaders
DANEGELT *same as* ▸ **danegeld**
DANELAGH *same as* ▸ **danelaw**
DANELAW, -S *n* Danish law in parts of Anglo-Saxon England
DANEWEED *n* dwarf elder
DANEWORT *n* dwarf elder
DANG, -ED, -EST, -ING, -S *vb* euphemism for damn, meaning condemn ▹ *adj* euphemism for damn, meaning extreme(ly)
DANGER, -ED, -S *n* state of being vulnerable to injury, loss, or evil ▹ *vb* in archaic usage, endanger
DANGEST ▸ **dang**
DANGING ▸ **dang**
DANGLE, -D, -S, DANGLING *vb* hang loosely ▹ *n* act of dangling or something that dangles
DANGLER, -S ▸ **dangle**
DANGLES ▸ **dangle**
DANGLIER ▸ **dangly**
DANGLING ▸ **dangle**
DANGLY, DANGLIER ▸ **dangle**
DANGS ▸ **dang**
DANIO, -S *n* type of tropical freshwater fish
DANISH, -ES *n* sweet pastry
DANK, -ER, -EST, -S *adj* unpleasantly damp and chilly ▹ *n* unpleasant damp and chilliness
DANKISH ▸ **dank**
DANKLY ▸ **dank**
DANKNESS ▸ **dank**
DANKS ▸ **dank**
DANNY, DANNIES *n* hand (used esp when addressing children)
DANS ▸ **dan**
DANSAK, -S *n* type of Indian dish
DANSEUR, -S *n* male ballet dancer
DANSEUSE *n* female ballet dancer
DANT, -ED, -ING, -S *vb* intimidate
DANTON, -ED, -S *same as* ▸ **daunton**
DANTS ▸ **dant**
DAP, -PED, -PING, -S *vb* engage in type of fly fishing
DAPHNE, -S *n* ornamental Eurasian shrub
DAPHNIA, -S *n* type of water flea
DAPHNID, -S *n* water flea
DAPPED ▸ **dap**
DAPPER, -ER, -S *adj* (of a man) neat in appearance ▹ *n* fisherman or -woman who uses a bobbing bait
DAPPERLY ▸ **dapper**
DAPPERS ▸ **dapper**
DAPPING ▸ **dap**
DAPPLE, -D, -S, DAPPLING *vb* mark or become marked with spots or patches of a different colour ▹ *n* mottled or spotted markings ▹ *adj* marked with dapples or spots
DAPS ▸ **dap**
DAPSONE, -S *n* antimicrobial drug
DAQUIRI, -S *n* rum cocktail
DARAF, -S *n* unit of elastance equal to a reciprocal farad
DARB, -S *n* something excellent
DARBAR, -S *n* hall in Sikh temple
DARBIES *pl n* handcuffs
DARBS ▸ **darb**
DARCY, DARCIES, -S *n* unit expressing the permeability coefficient of rock
DARE, -D, -S *vb* be courageous enough to try (to do something) ▹ *n* challenge to do something risky
DAREFUL *adj* daring
DARER, -S ▸ **dare**
DARES ▸ **dare**
DARESAY *vb* venture to say
DARG, -S *n* day's work

D

DARGA, -S *n* Muslim shrine
DARGAH, -S *n* tomb of a Muslim saint
DARGAS ▶ **darga**
DARGLE, -S *n* wooded hollow
DARGS ▶ **darg**
DARI, -S *n* variety of sorghum
DARIC, -S *n* gold coin of ancient Persia

D

DARING, -S *adj* willing to take risks ▷ *n* courage to do dangerous things
DARINGLY ▶ **daring**
DARINGS ▶ **daring**
DARIOLE, -S *n* small cup-shaped mould
DARIS ▶ **dari**
DARK, -ED, -ER, -EST, -ING, -S *adj* having little or no light ▷ *n* absence of light ▷ *vb* in archaic usage, darken
DARKEN, -ED, -S *vb* make or become dark or darker
DARKENER ▶ **darken**
DARKENS ▶ **darken**
DARKER ▶ **dark**
DARKEST ▶ **dark**
DARKING ▶ **dark**
DARKISH ▶ **dark**
DARKLE, -D, -S *vb* grow dark
DARKLIER ▶ **darkly**
DARKLING *adj* in the dark or night
DARKLY, DARKLIER ▶ **dark**
DARKMANS *n* slang term for night-time
DARKNESS ▶ **dark**
DARKNET, -S *n* covert communication network on the internet
DARKROOM *n* darkened room for processing photographic film
DARKS ▶ **dark**
DARKSOME *adj* dark or darkish
DARLING, -S *n* much-loved person ▷ *adj* much-loved
DARN, -S *vb* mend (a garment) with a series of interwoven stitches ▷ *n* patch of darned work
DARNDEST *n* utmost
DARNED, -ER *adj* damned
DARNEL, -S *n* weed that grows in grain fields
DARNER, -S ▶ **darn**
DARNEST, -S *same as* ▶ **darndest**
DARNING, -S ▶ **darn**
DARNS ▶ **darn**
DAROGHA, -S *n* in India, manager
DARRAIGN *same as* ▶ **deraign**
DARRAIN, -S *vb* clear of guilt
DARRAINE *vb* clear of guilt
DARRAINS ▶ **darrain**
DARRAYN, -S *vb* clear of guilt
DARRE, -D, -S, DARRING *vb* archaic spelling of dare
DARSHAN, -S *n* Hindu blessing
DART, -ED *n* small narrow pointed missile ▷ *vb* move or direct quickly and suddenly
DARTER, -S *n* type of aquatic bird
DARTING ▶ **dart**
DARTITIS *n* nervous twitching while playing darts
DARTLE, -D, -S, DARTLING *vb* move swiftly
DARTRE, -S *n* skin disease
DARTROUS *adj* having a skin disease
DARTS *n* game in which darts are thrown at a dartboard
DARZI, -S *n* tailor in India
DAS ▶ **da**
DASH, -ED, -ES *vb* move quickly ▷ *n* sudden quick movement
DASHCAM, -S *n* video camera on a vehicle's dashboard
DASHED ▶ **dash**
DASHEEN, -S *another name for* ▶ **taro**
DASHEKI, -S *n* upper garment
DASHER, -S *n* one of the boards surrounding an ice-hockey rink
DASHES ▶ **dash**
DASHI, -S *n* clear stock made from dried fish and kelp
DASHIER ▶ **dashy**
DASHIEST ▶ **dashy**
DASHIKI, -S *n* large loose-fitting buttonless upper garment
DASHING *adj* stylish and attractive
DASHIS ▶ **dashi**
DASHPOT, -S *n* device for damping vibrations
DASHY, DASHIER, DASHIEST *adj* showy
DASSIE, -S *n* type of hoofed rodent-like animal
DASTARD, -S *n* contemptible sneaking coward
DASTARDY *n* cowardice
DASYPOD, -S *n* armadillo
DASYURE, -S *n* small marsupial of Australia, New Guinea, and adjacent islands
DATA *n* information consisting of observations, measurements, or facts
DATABANK *n* store of a large amount of information
DATABASE *n* store of information in a form that can be easily handled by a computer ▷ *vb* put data into a database
DATABLE ▶ **date**
DATABUS *n* computing term
DATACARD *n* smart card
DATAFLOW *n* as in **dataflow architecture** means of arranging computer data processing
DATAGRAM *n* (in computing) self-contained unit of data transmitted in a packet-switched network
DATAL, -S *adj* slow-witted ▷ *n* day labour
DATALLER *n* worker paid by the day
DATALS ▶ **datal**
DATARIA, -S *n* Roman Catholic office
DATARY, DATARIES *n* head of the dataria
DATCHA, -S *same as* ▶ **dacha**
DATE, -S *n* specified day of the month ▷ *vb* mark with the date
DATEABLE ▶ **date**
DATEBOOK *n* list of forthcoming events
DATED *adj* old-fashioned
DATEDLY ▶ **dated**
DATELESS ▶ **date**
DATELINE *n* information about the place and time an article was written
DATER, -S *n* person who dates
DATES ▶ **date**
DATING, -S *n* any of several techniques for establishing the age of objects
DATIVAL ▶ **dative**
DATIVE, -S *adj* denoting a grammatical case ▷ *n* grammatical case
DATIVELY ▶ **dative**
DATIVES ▶ **dative**
DATO, -S *n* chief of any of certain Muslim tribes in the Philippine Islands
DATOLITE *n* colourless mineral
DATOS ▶ **dato**
DATTO, -S *n* Datsun car
DATUM, -S *n* single piece of information in the form of a fact or statistic
DATURA, -S *n* type of plant

DATURIC ▸**datura**
DATURINE *n* poisonous alkaloid
DAUB, -ED, -S *vb* smear or spread quickly or clumsily ▹*n* crude or badly done painting
DAUBE, -S *n* braised meat stew
DAUBED ▸**daub**
DAUBER, -S ▸**daub**
DAUBERY *n* act or an instance of daubing
DAUBES ▸**daube**
DAUBIER ▸**dauby**
DAUBIEST ▸**dauby**
DAUBING, -S ▸**daub**
DAUBRY, DAUBRIES *n* unskilful painting
DAUBS ▸**daub**
DAUBY, DAUBIER, DAUBIEST ▸**daub**
DAUD, -ED, -ING, -S *n* lump or chunk of something ▹*vb* (in dialect) whack
DAUGHTER *n* female child ▹*adj* denoting a cell, chromosome, etc produced by the division of one of its own kind
DAULT, -S *n* foster child
DAUNDER, -S *vb* stroll
DAUNER, -ED, -S *vb* stroll
DAUNT, -ED, -S *vb* intimidate
DAUNTER, -S ▸**daunt**
DAUNTING *adj* intimidating or worrying
DAUNTON, -S *vb* dishearten
DAUNTS ▸**daunt**
DAUPHIN, -S *n* (formerly) eldest son of the king of France
DAUPHINE *n* wife of a dauphin
DAUPHINS ▸**dauphin**
DAUR, -ED, -ING, -S *a Scot word for* ▸**dare**
DAUT, -ED, -ING, -S *vb* fondle
DAUTIE, -S *n* darling
DAUTING ▸**daut**
DAUTS ▸**daut**
DAVEN, -ED, -ING, -S *vb* pray
DAVIDIA, -S *n* Chinese shrub
DAVIES ▸**davy**
DAVIT, -S *n* crane, usu one of a pair, at a ship's side, for lowering and hoisting a lifeboat
DAVY, DAVIES *n* miner's safety lamp
DAW, -ED, -EN, -ING, -S *n* archaic, dialect, or poetic name for a jackdaw ▹*vb* old word for dawn

This is another name for a **jackdaw**. It is worth remembering that not only does this little word take D, K, N, S and T at the back, to make **dawd**, **dawk**, **dawn**, **daws** and **dawt**, but you can put an A on the front of it to make **adaw**.

DAWAH, -S *n* practice of educating non-Muslims about the message of Islam
DAWBAKE, -S *n* foolish or slow-witted person
DAWBRY, DAWBRIES *n* unskilful painting
DAWCOCK, -S *n* male jackdaw
DAWD, -ED, -ING, -S *vb* thump
DAWDLE, -D, -S *vb* walk slowly, lag behind
DAWDLER, -S ▸**dawdle**
DAWDLES ▸**dawdle**
DAWDLING *n* act or instance of lagging behind
DAWDS ▸**dawd**
DAWED ▸**daw**
DAWEN ▸**daw**
DAWING ▸**daw**
DAWISH ▸**daw**
DAWK, -S *same as* ▸**dak**
DAWN, -ED, -S *n* daybreak ▹*vb* begin to grow light
DAWNER, -ED, -S *vb* stroll
DAWNEY *adj* (of a person) dull or slow
DAWNING, -S ▸**dawn**
DAWNLIKE ▸**dawn**
DAWNS ▸**dawn**
DAWS ▸**daw**
DAWT, -ED, -ING, -S *vb* fondle
DAWTIE, -S *n* darling
DAWTING ▸**dawt**
DAWTS ▸**dawt**
DAY *n* period of 24 hours
DAYAN, -IM, -S *n* senior rabbi, esp one who sits in a religious court
DAYBED, -S *n* narrow bed for day use
DAYBOAT, -S *n* small sailing boat with no sleeping accommodation
DAYBOOK, -S *n* book in which transactions are recorded as they occur
DAYBOY, -S *n* boy who attends a boarding school but returns home each evening
DAYBREAK *n* time in the morning when light first appears
DAYCARE, -S *n* care provided during the working day for people who might be at risk if left on their own
DAYCH, -ED, -ES, -ING *vb* thatch
DAYDREAM *n* pleasant fantasy indulged in while awake ▹*vb* indulge in idle fantasy
DAYFLY, DAYFLIES *another name for* ▸**mayfly**
DAYGIRL, -S *n* girl who attends a boarding school but returns home each evening
DAYGLO *n* fluorescent colours
DAYGLOW, -S *n* fluorescent colours
DAYLIGHT *n* light from the sun
DAYLILY *n* any of various plants having lily-like flowers
DAYLIT ▸**daylight**
DAYLONG *adv* lasting the entire day
DAYMARE, -S *n* bad dream during the day
DAYMARK, -S *n* navigation aid
DAYNT, -S *adj* dainty ▹*n* thing or condition that is extravagant or best
DAYPACK, -S *n* small rucksack
DAYROOM, -S *n* communal living room in a residential institution
DAYS *adv* during the day, esp regularly
DAYSACK, -S *n* rucksack
DAYSAIL, -S *vb* take day trip on a sailing boat or yacht
DAYSHELL *n* thistle
DAYSIDE, -S *n* side of a planet nearest the sun
DAYSMAN, DAYSMEN *n* umpire
DAYSTAR, -S *a poetic word for* ▸**sun**
DAYTALE, -S *n* day labour
DAYTALER *n* worker paid by the day
DAYTALES ▸**daytale**
DAYTIME, -S *n* time from sunrise to sunset
DAYWEAR, -S *n* clothes for everyday or informal wear
DAYWORK, -S *n* daytime work
DAZE, -D, -S, DAZING *vb* stun, by a blow or shock ▹*n* state of confusion or shock
DAZEDLY ▸**daze**
DAZER, -S ▸**daze**
DAZES ▸**daze**

D

DAZING ▸ **daze**
DAZZLE, -D, -S, DAZZLING *vb* impress greatly ▹ *n* bright light that dazzles
DAZZLER, -S ▸ **dazzle**
DAZZLES ▸ **dazzle**
DAZZLING ▸ **dazzle**
DE *prep* of or from
DEACON, -ED, -S *n* ordained minister ranking immediately below a priest ▹ *vb* make a deacon of
DEACONRY *n* office or status of a deacon
DEACONS ▸ **deacon**
DEAD, -ED, -EST, -ING, -S *adj* no longer alive ▹ *n* period during which coldness or darkness is most intense ▹ *adv* extremely ▹ *vb* in archaic usage, die or kill
DEADBEAT *n* lazy useless person
DEADBOLT *n* bolt operated without a spring
DEADBOY, -S *same as* ▸ **deadman**
DEADED ▸ **dead**
DEADEN, -ED, -S *vb* make less intense
DEADENER ▸ **deaden**
DEADENS ▸ **deaden**
DEADER, -S ▸ **dead**
DEADEST ▸ **dead**
DEADEYE, -S *n* either of two disclike blocks used to tighten a shroud on a boat
DEADFALL *n* type of trap using a heavy weight to crush prey
DEADHEAD *n* person who does not pay on a bus, at a game, etc ▹ *vb* cut off withered flowers from (a plant)
DEADING ▸ **dead**
DEADLIER ▸ **deadly**
DEADLIFT *vb* weightlifting term
DEADLINE *n* time limit ▹ *vb* put a time limit on an action, decision, etc
DEADLOCK *n* point in a dispute at which no agreement can be reached ▹ *vb* bring or come to a deadlock
DEADLY, DEADLIER *adj* likely to cause death ▹ *adv* extremely
DEADMAN, DEADMEN *n* item used in construction
DEADNESS ▸ **dead**
DEADPAN, -S *adv* showing no emotion or expression ▹ *adj* deliberately emotionless ▹ *n* deadpan expression or manner
DEADS ▸ **dead**
DEADWOOD *n* dead trees or branches
DEAERATE *vb* remove air from
DEAF, -ER, -EST *adj* unable to hear
DEAFEN, -ED, -S *vb* make deaf, esp temporarily
DEAFER ▸ **deaf**
DEAFEST ▸ **deaf**
DEAFISH ▸ **deaf**
DEAFLY ▸ **deaf**
DEAFNESS ▸ **deaf**
DEAIR, -ED, -ING, -S *vb* remove air from
DEAL, -ING, -S, -T *n* agreement or transaction ▹ *vb* inflict (a blow) on ▹ *adj* of fir or pine
DEALATE, -S *adj* (of insects) having lost their wings after mating ▹ *n* insect that has shed its wings
DEALATED *same as* ▸ **dealate**
DEALATES ▸ **dealate**
DEALBATE *adj* bleached
DEALER, -S *n* person whose business involves buying and selling
DEALFISH *n* long thin fish
DEALIGN, -S *vb* fall out of agreement with (a political party)
DEALING ▸ **deal**
DEALINGS *pl n* transactions or business relations
DEALS ▸ **deal**
DEALT ▸ **deal**
DEAN, -ED, -ING, -S *n* chief administrative official of a college or university faculty ▹ *vb* punish (a student) by sending them to the dean
DEANER, -S *n* shilling
DEANERY *n* office or residence of a dean
DEANING ▸ **dean**
DEANS ▸ **dean**
DEANSHIP ▸ **dean**
DEAR, -ER, -S *n* someone regarded with affection ▹ *adj* much-loved
DEARE, -D, -S, DEARING *vb* harm
DEARER ▸ **dear**
DEARES ▸ **deare**
DEAREST, -S *n* term of affection
DEARIE *same as* ▸ **deary**
DEARIES ▸ **deary**
DEARING ▸ **deare**
DEARLING *n* darling
DEARLY *adv* very much
DEARN, -ED, -ING, -S *vb* hide
DEARNESS ▸ **dear**
DEARNFUL *adj* secret
DEARNING ▸ **dearn**
DEARNLY ▸ **dearn**
DEARNS ▸ **dearn**
DEARS ▸ **dear**
DEARTH, -S *n* inadequate amount, scarcity
DEARY, DEARIES *n* term of affection: now often sarcastic or facetious
DEASH, -ED, -ES, -ING *vb* remove ash from
DEASIL, -S *adv* in the direction of the apparent course of the sun ▹ *n* motion in this direction
DEASIUL, -S *n* motion towards the sun
DEASOIL, -S *n* motion towards the sun
DEATH, -S *n* permanent end of life in a person or animal
DEATHBED *n* bed where a person is about to die or has just died
DEATHCUP *n* poisonous fungus
DEATHFUL *adj* murderous
DEATHIER ▸ **deathy**
DEATHLY *adv* like death ▹ *adj* resembling death
DEATHS ▸ **death**
DEATHY, DEATHIER ▸ **death**
DEAVE, -D, -S, DEAVING *vb* deafen
DEAW, -ED, -ING, -S *n* archaic spelling of dew ▹ *vb* cover with dew
DEAWIE ▸ **deaw**
DEAWING ▸ **deaw**
DEAWS ▸ **deaw**
DEAWY ▸ **deaw**
DEB, -S *n* debutante
DEBACLE, -S *n* disastrous failure
DEBAG, -GED, -S *vb* remove the trousers from (someone) by force
DEBAR, -RED, -S *vb* prevent, bar
DEBARK, -ED, -S *vb* remove the bark from (a tree)
DEBARKER ▸ **debark**
DEBARKS ▸ **debark**
DEBARRED ▸ **debar**
DEBARS ▸ **debar**
DEBASE, -D, -S, DEBASING *vb* lower in value, quality, or character
DEBASER, -S ▸ **debase**
DEBASES ▸ **debase**
DEBASING ▸ **debase**

D

DEBATE, -D, -S *n* discussion ▷ *vb* discuss formally
DEBATER, -S ▶ **debate**
DEBATES ▶ **debate**
DEBATING *n* act of debating
DEBAUCH *vb* make (someone) bad or corrupt ▷ *n* instance or period of extreme dissipation
DEBBY, DEBBIER, DEBBIES, DEBBIEST *n* debutante ▷ *adj* of, or resembling a debutante
DEBE, -S *n* tin
DEBEAK, -ED, -S *vb* remove part of the beak of poultry
DEBEARD, -S *vb* remove beard from mussel
DEBEL, -LED, -S *vb* beat in war
DEBES ▶ **debe**
DEBILE *adj* lacking strength
DEBILITY *n* weakness, infirmity
DEBIT, -ED, -ING, -S *n* sum owing entered on the left side of an account ▷ *vb* charge (an account) with a debt
DEBITOR, -S *n* person in debt
DEBITS ▶ **debit**
DEBONAIR *adj* charming and refined
DEBONE, -D, -S, DEBONING *vb* remove bones from
DEBONER, -S ▶ **debone**
DEBONES ▶ **debone**
DEBONING ▶ **debone**
DEBOSH, -ED, -ES *vb* debauch
DEBOSS, -ED, -ES *vb* carve a design into
DEBOUCH *vb* move out from a narrow place to a wider one ▷ *n* outlet or passage, as for the exit of troops
DEBOUCHE *same as* ▶ **debouch**
DEBRIDE, -D, -S *vb* remove dead tissue from
DEBRIEF, -S *vb* receive a report from (a soldier, diplomat, etc) after an event
DEBRIS *n* fragments of something destroyed
DEBRUISE *vb* (in heraldry) overlay or partly cover
DEBS ▶ **deb**
DEBT, -S *n* something owed, esp money
DEBTED *adj* in debt
DEBTEE, -S *n* person owed a debt
DEBTLESS ▶ **debt**
DEBTOR, -S *n* person who owes money
DEBTS ▶ **debt**
DEBUD, -DED, -S *same as* ▶ **disbud**
DEBUG, -GED, -S *vb* find and remove defects in (a computer program) ▷ *n* something that locates and removes defects in a device, system, etc
DEBUGGER ▶ **debug**
DEBUGS ▶ **debug**
DEBUNK, -ED, -S *vb* expose the falseness of
DEBUNKER ▶ **debunk**
DEBUNKS ▶ **debunk**
DEBUR, -S *vb* remove burs from (a piece of machined metal)
DEBURR, -ED, -S *vb* remove burrs from (a workpiece)
DEBURS ▶ **debur**
DEBUS, -ED, -ES, -ING, -SED, -SES *vb* unload (goods) or (esp of troops) to alight from a motor vehicle
DEBUT, -ED, -ING, -S *n* first public appearance of a performer ▷ *vb* make a debut
DEBUTANT *n* person making a first appearance in a particular capacity
DEBUTED ▶ **debut**
DEBUTING ▶ **debut**
DEBUTS ▶ **debut**
DEBYE, -S *n* unit of electric dipole moment
DECAD, -S *n* ten years
DECADAL ▶ **decade**
DECADE, -S *n* period of ten years
DECADENT *adj* characterized by decay or decline, as in being self-indulgent or morally corrupt ▷ *n* decadent person
DECADES ▶ **decade**
DECADS ▶ **decad**
DECAF, -S *n* decaffeinated coffee ▷ *adj* decaffeinated
DECAFF, -S *n* decaffeinated coffee
DECAFS ▶ **decaf**
DECAGON, -S *n* geometric figure with ten faces
DECAGRAM *n* ten grams
DECAL, -ED, -ING, -LED, -S *vb* transfer (a design) by decalcomania
DECALOG, -S *same as* > **decalogue**
DECALS ▶ **decal**
DECAMP, -ED, -S *vb* depart secretly or suddenly
DECAN, -S *n* one of three divisions of a sign of the zodiac
DECANAL *adj* of or relating to a dean or deanery
DECANE, -S *n* liquid alkane hydrocarbon
DECANI *adj* to be sung by the decanal side of a choir
DECANOIC *adj* as in **decanoic acid** white crystalline insoluble carboxylic acid
DECANS ▶ **decan**
DECANT, -ED, -S *vb* pour (a liquid) from one container to another
DECANTER *n* stoppered bottle for wine or spirits
DECANTS ▶ **decant**
DECAPOD, -S *n* creature, such as a crab, with five pairs of walking limbs ▷ *adj* of, relating to, or belonging to these creatures
DECARB, -ED, -S *vb* decoke
DECARE, -S *n* ten ares or 1000 square metres
DECAY, -ED, -ING, -S *vb* become weaker or more corrupt ▷ *n* process of decaying
DECAYER, -S ▶ **decay**
DECAYING ▶ **decay**
DECAYS ▶ **decay**
DECCIE, -S *n* decoration
DECEASE, -S *n* death
DECEASED *adj* dead ▷ *n* dead person
DECEASES ▶ **decease**
DECEDENT *n* deceased person
DECEIT, -S *n* behaviour intended to deceive
DECEIVE, -D, -S *vb* mislead by lying
DECEIVER ▶ **deceive**
DECEIVES ▶ **deceive**
DECEMVIR *n* member of a board of ten magistrates in Ancient Rome
DECENARY *adj* of or relating to a tithing
DECENCY *n* conformity to the prevailing standards of what is right
DECENNIA > **decennium**
DECENT *adj* (of a person) polite and morally acceptable
DECENTER *vb* put out of centre
DECENTLY ▶ **decent**
DECENTRE *vb* put out of centre
DECERN, -ED, -S *vb* decree or adjudge
DECIARE, -S *n* one tenth of an are or 10 square metres

D

D

DECIBEL, -S *n* unit for measuring the intensity of sound
DECIDE, -S, DECIDING *vb* (cause to) reach a decision
DECIDED *adj* unmistakable
DECIDER, -S *n* thing that determines who wins a match or championship
DECIDES ▸ **decide**
DECIDING ▸ **decide**
DECIDUA, -E, -S *n* membrane lining the uterus of some mammals during pregnancy
DECIDUAL ▸ **decidua**
DECIDUAS ▸ **decidua**
DECIGRAM *n* tenth of a gram
DECILE, -S *n* one of nine values of a variable divided into ten equal groups
DECIMAL, -S *n* fraction written in the form of a dot followed by one or more numbers ▹ *adj* relating to or using powers of ten
DECIMATE *vb* destroy or kill a large proportion of
DECIME, -S *n* former French coin
DECIPHER *vb* work out the meaning of (something illegible or in code)
DECISION *n* judgment, conclusion, or resolution
DECISIVE *adj* having a definite influence
DECISORY *adj* deciding
DECK, -S *n* area of a ship that forms a floor ▹ *vb* dress or decorate
DECKED *adj* having a wooden deck or platform
DECKEL, -S *same as* ▸ **deckle**
DECKER, -S ▸ **deck**
DECKHAND *n* seafarer assigned various duties on the deck of a ship
DECKING, -S *n* wooden platform in a garden
DECKLE, -D, -S *n* frame used to contain pulp on the mould in the making of handmade paper
DECKLESS *adj* without a deck
DECKO, -ED, -ING, -S *n* look ▹ *vb* have a look
DECKS ▸ **deck**
DECLAIM, -S *vb* speak loudly and dramatically
DECLARE, -D, -S *vb* state firmly and forcefully
DECLARER *n* person who declares
DECLARES ▸ **declare**
DECLASS *vb* lower in social status or position
DECLASSE *adj* having lost social standing or status
DECLAW, -ED, -S *vb* remove claws from
DECLINAL *adj* bending down ▹ *n* action of politely refusing or declining
DECLINE, -D, -S *vb* become smaller, weaker, or less important ▹ *n* gradual weakening or loss
DECLINER ▸ **decline**
DECLINES ▸ **decline**
DECLUTCH *vb* disengage the clutch of a motor vehicle
DECO *adj* as in **art deco** style of art, jewellery, design, etc
DECOCT, -ED, -S *vb* extract the essence from (a substance) by boiling
DECODE, -D, -S *vb* convert from code into ordinary language
DECODER, -S ▸ **decode**
DECODES ▸ **decode**
DECODING *n* act of decoding
DECOKE, -D, -S, DECOKING *n* decarbonize
DECOLOR, -S *vb* bleach
DECOLOUR *vb* deprive of colour, as by bleaching
DECOMMIT *vb* withdraw from a commitment or agreed course of action
DECOR, -S *n* style in which a room or house is decorated
DECORATE *vb* make more attractive by adding something ornamental
DECOROUS *adj* polite, calm, and sensible in behaviour
DECORS ▸ **decor**
DECORUM, -S *n* polite and socially correct behaviour
DECOS *pl n* decorations
DECOUPLE *vb* separate two joined entities or subsystems
DECOY, -ED, -ING, -S *n* person or thing used to lure someone into danger ▹ *vb* lure away by means of a trick
DECOYER, -S ▸ **decoy**
DECOYING ▸ **decoy**
DECOYS ▸ **decoy**
DECREASE *vb* make or become less ▹ *n* lessening, reduction
DECREE, -D, -S *n* law made by someone in authority ▹ *vb* order by decree
DECREER, -S ▸ **decree**
DECREES ▸ **decree**
DECREET, -S *n* final judgment or sentence of a court
DECREPIT *adj* weakened or worn out by age or long use
DECRETAL *n* papal decree ▹ *adj* of or relating to a decretal or a decree
DECREW, -ED, -S *vb* archaic word for decrease
DECRIAL, -S ▸ **decry**
DECRIED ▸ **decry**
DECRIER, -S ▸ **decry**
DECRIES ▸ **decry**
DECROWN, -S *vb* depose
DECRY, DECRIED, DECRIES, -ING *vb* express disapproval of
DECRYPT, -S *vb* decode (a message)
DECTET, -S *n* ten musicians
DECUBITI > **decubitus**
DECUMAN, -S *n* large wave
DECUPLE, -D, -S *vb* increase by ten times ▹ *n* amount ten times as large as a given reference ▹ *adj* increasing tenfold
DECURIA, -S *n* group of ten
DECURIES ▸ **decury**
DECURION *n* local councillor
DECURVE, -S *vb* curve downwards
DECURVED *adj* bent or curved downwards
DECURVES ▸ **decurve**
DECURY, DECURIES *n* (in ancient Rome) a body of ten men
DEDAL *same as* ▸ **daedal**
DEDALIAN *adj* of Daedalus
DEDANS *n* open gallery at the server's end of the court
DEDENDUM, DEDENDA *n* radial distance between the pitch circle and root of a gear tooth
DEDICANT *n* person who dedicates
DEDICATE *vb* commit (oneself or one's time) wholly to a special purpose or cause
DEDIMUS *n* legal term
DEDUCE, -D, -S, DEDUCING *vb* reach (a conclusion) by reasoning from evidence
DEDUCT, -ED, -S *vb* subtract
DEE, -ING, -S *a Scot word for* ▸ **die**
DEED, -ED, -ER, -EST, -ING, -S *n* something that is done ▹ *vb* convey or transfer (property) by deed ▹ *adj* Scots form of dead

DEEDFUL *adj* full of exploits
DEEDIER ▸ **deedy**
DEEDIEST ▸ **deedy**
DEEDILY ▸ **deedy**
DEEDING ▸ **deed**
DEEDLESS *adj* without exploits
DEEDS ▸ **deed**
DEEDY, DEEDIER, DEEDIEST *adj* hard-working
DEEING ▸ **dee**
DEEJAY, -ED, -S *n* disc jockey ▹ *vb* work or act as a disc jockey
DEEK *interj* look at!
DEELY *adj* as in **deely boppers** hairband with two bobbing antennae-like attachments
DEEM, -ED, -ING, -S, DEMPT *vb* consider, judge
DEEMSTER *n* title of one of the two justices in the Isle of Man
DEEN, -S *n* din
DEEP, -ER, -EST, -S *adj* extending or situated far down, inwards, backwards, or sideways ▹ *n* any deep place on land or under water
DEEPEN, -ED, -S *vb* make or become deeper or more intense
DEEPENER ▸ **deepen**
DEEPENS ▸ **deepen**
DEEPER ▸ **deep**
DEEPEST ▸ **deep**
DEEPFELT *adj* sincere
DEEPIE, -S *n* 3D film
DEEPLY ▸ **deep**
DEEPMOST *adj* deepest
DEEPNESS ▸ **deep**
DEEPS ▸ **deep**
DEER, -S *n* large wild animal, the male of which has antlers
DEERE, -S *adj* serious ▹ *n* deer
DEERFLY *n* insect related to the horsefly
DEERHORN *n* horn of a deer
DEERLET, -S *n* ruminant mammal
DEERLIKE *adj* like a deer
DEERS ▸ **deer**
DEERSKIN *n* hide of a deer
DEERWEED *n* forage plant
DEERYARD *n* gathering place for deer
DEES ▸ **dee**
DEET, -S *n* insect-repellent
DEEV, -S *n* mythical monster
DEEVE, -D, -S, DEEVING *vb* deafen
DEEVS ▸ **deev**
DEEWAN, -S *n* chief of a village in India
DEF, -FER, -FEST *adj* very good
DEFACE, -D, -S, DEFACING *vb* deliberately spoil the appearance of
DEFACER, -S ▸ **deface**
DEFACES ▸ **deface**
DEFACING ▸ **deface**
DEFAME, -D, -S, DEFAMING *vb* attack the good reputation of
DEFAMER, -S ▸ **defame**
DEFAMES ▸ **defame**
DEFAMING ▸ **defame**
DEFANG, -ED, -S *vb* remove the fangs of
DEFAST *adj* defaced
DEFASTE *adj* defaced
DEFAT, -S, -TED *vb* remove fat from
DEFAULT, -S *n* failure to do something ▹ *vb* fail to fulfil an obligation
DEFEAT, -ED, -S *vb* win a victory over ▹ *n* defeating
DEFEATER ▸ **defeat**
DEFEATS ▸ **defeat**
DEFECATE *vb* discharge waste from the body
DEFECT, -ED, -S *n* imperfection, blemish ▹ *vb* desert one's cause or country to join the opposing forces
DEFECTOR ▸ **defect**
DEFECTS ▸ **defect**
DEFENCE, -D, -S *n* resistance against attack ▹ *vb* provide with defence
DEFEND, -ED, -S *vb* protect from harm or danger
DEFENDER ▸ **defend**
DEFENDS ▸ **defend**
DEFENSE, -D, -S *same as* ▸ **defence**
DEFER, -S *vb* delay (something) until a future time
DEFERENT *adj* conveying outwards, down, or away ▹ *n* type of circle in the Ptolemaic system
DEFERRAL *same as* > **deferment**
DEFERRED *adj* withheld over a certain period
DEFERRER ▸ **defer**
DEFERS ▸ **defer**
DEFFER ▸ **def**
DEFFEST ▸ **def**
DEFFLY *archaic form of* ▸ **deftly**
DEFFO *interj* definitely: an expression of agreement or consent
DEFI, -S *n* challenge
DEFIANCE *n* open resistance or disobedience
DEFIANT *adj* marked by resistance or bold opposition, as to authority
DEFICIT, -S *n* amount by which a sum of money is too small
DEFIED ▸ **defy**
DEFIER, -S ▸ **defy**
DEFIES ▸ **defy**
DEFILADE *n* protection provided by obstacles against enemy crossfire from the rear, or observation ▹ *vb* provide protection for by defilade
DEFILE, -D, -S, DEFILING *vb* treat (something sacred or important) without respect ▹ *n* narrow valley or pass
DEFILER, -S ▸ **defile**
DEFILES ▸ **defile**
DEFILING ▸ **defile**
DEFINE, -D, -S, DEFINING *vb* state precisely the meaning of
DEFINER, -S ▸ **define**
DEFINES ▸ **define**
DEFINING ▸ **define**
DEFINITE *adj* firm, clear, and precise ▹ *n* something that is firm, clear, and precise
DEFIS ▸ **defi**
DEFLATE, -D, -S *vb* (cause to) collapse through the release of air
DEFLATER ▸ **deflate**
DEFLATES ▸ **deflate**
DEFLATOR ▸ **deflate**
DEFLEA, -ED, -S *vb* remove fleas from
DEFLECT, -S *vb* (cause to) turn aside from a course
DEFLEX, -ED, -ES *vb* turn downwards
DEFLUENT *adj* running downwards
DEFO *interj* (slang) definitely
DEFOAM, -ED, -S *vb* remove foam from
DEFOAMER ▸ **defoam**
DEFOAMS ▸ **defoam**
DEFOCUS *vb* put out of focus
DEFOG, -GED, -S *vb* clear of vapour
DEFOGGER ▸ **defog**
DEFOGS ▸ **defog**
DEFORCE, -D, -S *vb* withhold (property, esp land) wrongfully or by force from the rightful owner
DEFORCER ▸ **deforce**
DEFORCES ▸ **deforce**
DEFOREST *vb* clear of trees

D

DEFORM, -S *vb* put out of shape or spoil the appearance of
DEFORMED *adj* disfigured or misshapen
DEFORMER ▸ **deform**
DEFORMS ▸ **deform**
DEFOUL, -ED, -S *vb* defile
DEFRAG, -S *vb* defragment
DEFRAUD, -S *vb* cheat out of money, property, etc
DEFRAY, -ED, -S *vb* provide money for (costs or expenses)
DEFRAYAL ▸ **defray**
DEFRAYED ▸ **defray**
DEFRAYER ▸ **defray**
DEFRAYS ▸ **defray**
DEFREEZE, DEFROZE, DEFROZEN *vb* defrost
DEFRIEND *vb* remove (a person) from the list of one's friends on a social networking website
DEFROCK, -S *vb* deprive (a priest) of priestly status
DEFROST, -S *vb* make or become free of ice
DEFROZE ▸ **defreeze**
DEFROZEN ▸ **defreeze**
DEFT, -ER, -EST *adj* quick and skilful in movement
DEFTLY ▸ **deft**
DEFTNESS ▸ **deft**
DEFUEL, -ED, -S *vb* remove fuel from
DEFUNCT, -S *adj* no longer existing or operative ▹ *n* deceased person
DEFUND, -ED, -S *vb* stop funds to
DEFUSE, -D, -S, DEFUSING *vb* remove the fuse of (an explosive device)
DEFUSER, -S ▸ **defuse**
DEFUSES ▸ **defuse**
DEFUSING ▸ **defuse**
DEFUZE, -D, -S, DEFUZING *same as* ▸ **defuse**
DEFY, DEFIED, DEFIES, -ING *vb* resist openly and boldly
DEG, -GED, -GING, -S *vb* water (a plant, etc)
DEGAGE *adj* unconstrained in manner
DEGAME, -S *n* tree of South and Central America
DEGAMI, -S *same as* ▸ **degame**
DEGAS, -ES, -SED, -SES *vb* remove gas from (a container, vacuum tube, liquid, adsorbent, etc)
DEGASSER ▸ **degas**
DEGASSES ▸ **degas**
DEGAUSS *n* demagnetize
DEGENDER *vb* remove reference to gender from
DEGERM, -ED, -S *vb* remove germs from
DEGGED ▸ **deg**
DEGGING ▸ **deg**
DEGLAZE, -D, -S *vb* dilute meat sediments in (a pan) in order to make a sauce or gravy
DEGOUT, -ED, -S *n* disgust ▹ *vb* cover (something) with gouts or drops of something
DEGRADE, -D, -S *vb* reduce to dishonour or disgrace
DEGRADER ▸ **degrade**
DEGRADES ▸ **degrade**
DEGRAS *n* emulsion used for dressing hides
DEGREASE *vb* remove grease from
DEGREE, -S *n* stage in a scale of relative amount or intensity
DEGREED *adj* having a degree
DEGREES ▸ **degree**
DEGS ▸ **deg**
DEGU, -S *n* small S American rodent
DEGUM, -MED, -S *vb* remove gum from
DEGUS ▸ **degu**
DEGUST, -ED, -S *vb* taste, esp with care or relish
DEHAIR, -ED, -S *vb* remove hair
DEHISCE, -D, -S *vb* (of the seed capsules of some plants) to burst open spontaneously
DEHORN, -ED, -S *vb* remove or prevent the growth of the horns of (cattle, sheep, or goats)
DEHORNER ▸ **dehorn**
DEHORNS ▸ **dehorn**
DEHORS *prep* apart from
DEHORT, -ED, -S *vb* dissuade
DEHORTER ▸ **dehort**
DEHORTS ▸ **dehort**
DEI ▸ **deus**
DEICE, -D, -S, DEICING *vb* free or be freed of ice
DEICER, -S ▸ **deice**
DEICES ▸ **deice**
DEICIDAL ▸ **deicide**
DEICIDE, -S *n* act of killing a god
DEICING ▸ **deice**
DEICTIC, -S *adj* proving by direct argument ▹ *n* term whose reference depends on the context
DEID, -ER, -EST, -S *a Scot word for* ▸ **dead**
DEIF, -ER, -EST *a Scot word for* ▸ **deaf**
DEIFIC *adj* making divine or exalting to the position of a god
DEIFICAL *adj* divine
DEIFIED ▸ **deify**
DEIFIER, -S ▸ **deify**
DEIFIES ▸ **deify**
DEIFORM *adj* having the form or appearance of a god
DEIFY, DEIFIED, DEIFIES, -ING *vb* treat or worship as a god
DEIGN, -ED, -ING, -S *vb* agree (to do something), but as if doing someone a favour
DEIL, -S *a Scot word for* ▸ **devil**
DEINDEX *vb* cause to become no longer index-linked
DEIONISE *same as* ▸ **deionize**
DEIONIZE *vb* remove ions from (water, etc), esp by ion exchange
DEISEAL, -S *n* clockwise motion
DEISHEAL *n* clockwise motion
DEISM, -S *n* belief in God but not in divine revelation
DEIST, -S ▸ **deism**
DEISTIC ▸ **deism**
DEISTS ▸ **deist**
DEITY, DEITIES *n* god or goddess
DEIXIS, DEIXES, -ES *n* use or reference of a deictic word
DEJECT, -S *vb* have a depressing effect on ▹ *adj* downcast
DEJECTA *pl n* waste products excreted from the body
DEJECTED *adj* unhappy
DEJECTS ▸ **deject**
DEJEUNE, -S *n* lunch
DEJEUNER *n* lunch
DEJEUNES ▸ **dejeune**
DEKAGRAM *n* ten grams
DEKALOGY *n* series of ten related works
DEKARE, -S *n* unit of measurement equal to ten ares
DEKE, -D, -ING, -S, DEKING *vb* make a deceptive movement ▹ *n* deceptive movement
DEKKO, -ED, -ING, -S *n* look ▹ *vb* have a look
DEL, -S *n* differential operator
DELAINE, -S *n* sheer wool or wool and cotton fabric
DELAPSE, -D, -S *vb* be inherited

DELATE, -D, -S, DELATING *vb* (formerly) to bring a charge against
DELATION ▸ **delate**

This means the act of informing against someone, and is an important word to know because its combination of common letters make it one of the 8-letter bonus words that comes up most often.

DELATOR, -S ▸ **delate**
DELAY, -ED, -ING, -S *vb* put off to a later time ▹ *n* act of delaying
DELAYER, -S ▸ **delay**
DELAYING ▸ **delay**
DELAYS ▸ **delay**
DELE, -D, -ING, -S *n* sign indicating that typeset matter is to be deleted ▹ *vb* mark (matter to be deleted) with a dele
DELEAD, -ED, -S *vb* remove lead from
DELEAVE, -D, -S *vb* separate copies
DELEBLE *adj* able to be deleted
DELED ▸ **dele**
DELEGACY *n* elected standing committee at some British universities
DELEGATE *n* person chosen to represent others, esp at a meeting ▹ *vb* entrust (duties or powers) to someone
DELEING ▸ **dele**
DELENDA *pl n* items for deleting
DELES ▸ **dele**
DELETE, -D, -S, DELETING *vb* remove (something written or printed)
DELETION *n* act of deleting or fact of being deleted
DELETIVE ▸ **delete**
DELETORY ▸ **delete**
DELF, -S *n* kind of earthenware
DELFT, -S *n* tin-glazed earthenware, typically having blue designs on white
DELI, -S *n* delicatessen
DELIBATE *vb* taste
DELIBLE *adj* able to be deleted
DELICACY *n* being delicate
DELICATE *adj* fine or subtle in quality or workmanship ▹ *n* delicacy
DELICE, -S *n* delicacy
DELICT, -S *n* wrongful act for which the person injured has the right to a civil remedy
DELIGHT, -S *n* (source of) great pleasure ▹ *vb* please greatly
DELIME, -D, -S, DELIMING *vb* remove lime from
DELIMIT, -S *vb* mark or lay down the limits of
DELINK, -ED, -S *vb* remove or break a link
DELIRIUM, DELIRIA *n* state of excitement and mental confusion, often with hallucinations
DELIS ▸ **deli**
DELISH *adj* delicious
DELIST, -ED, -S *vb* remove from a list
DELIVER, -S *vb* carry (goods etc) to a destination
DELIVERY *n* delivering
DELL, -S *n* small wooded hollow
DELLIER ▸ **delly**
DELLIES ▸ **delly**
DELLIEST ▸ **delly**
DELLS ▸ **dell**
DELLY, DELLIER, DELLIES, DELLIEST *n* delicatessen ▹ *adj* full of dells
DELO, -S *an informal word for* ▸ **delegate**
DELOPE, -D, -S, DELOPING *vb* shoot into the air
DELOS ▸ **delo**
DELOUSE, -D, -S *vb* rid (a person or animal) of lice
DELOUSER ▸ **delouse**
DELOUSES ▸ **delouse**
DELPH, -S *n* kind of earthenware
DELPHIC *adj* obscure or ambiguous
DELPHIN, -S *n* fatty substance from dolphin oil
DELPHS ▸ **delph**
DELS ▸ **del**
DELT, -S *n* deltoid muscle
DELTA, -S *n* fourth letter in the Greek alphabet
DELTAIC ▸ **delta**
DELTAS ▸ **delta**
DELTIC ▸ **delta**
DELTOID, -S *n* muscle acting to raise the arm ▹ *adj* shaped like a Greek capital delta
DELTS ▸ **delt**
DELUBRUM, DELUBRA *n* shrine
DELUDE, -D, -S, DELUDING *vb* deceive
DELUDER, -S ▸ **delude**
DELUDES ▸ **delude**
DELUDING ▸ **delude**
DELUGE, -D, -S, DELUGING *n* great flood ▹ *vb* flood
DELUSION *n* mistaken idea or belief
DELUSIVE ▸ **delusion**
DELUSORY ▸ **delusion**
DELUSTER *same as* ▸ **delustre**
DELUSTRE *vb* remove the lustre from
DELUXE *adj* rich, elegant, superior, or sumptuous
DELVE, -D, -S, DELVING *vb* research deeply (for information)
DELVER, -S ▸ **delve**
DELVES ▸ **delve**
DELVING ▸ **delve**
DEMAGOG, -S *same as* > **demagogue**
DEMAGOGY *n* demagoguery
DEMAIN, -S *n* demesne
DEMAINE, -S *n* demesne
DEMAINS ▸ **demain**
DEMAN, -NED, -S *vb* reduce the workforce of (a plant, industry, etc)
DEMAND, -ED, -S *vb* request forcefully ▹ *n* forceful request
DEMANDER ▸ **demand**
DEMANDS ▸ **demand**
DEMANNED ▸ **deman**
DEMANS ▸ **deman**
DEMARCHE *n* move, step, or manoeuvre, esp in diplomatic affairs
DEMARK, -ED, -S *vb* demarcate
DEMARKET *vb* discourage consumers from buying
DEMARKS ▸ **demark**
DEMAST, -ED, -S *vb* remove the mast from
DEMAYNE, -S *n* demesne
DEME, -S *n* (in preclassical Greece) the territory inhabited by a tribe
DEMEAN, -ED, -S *vb* lower (oneself) in dignity, status, or character
DEMEANE *n* demesne
DEMEANED ▸ **demean**
DEMEANES *n* demesne
DEMEANOR *same as* > **demeanour**
DEMEANS ▸ **demean**
DEMENT, -S *vb* deteriorate mentally, esp because of old age
DEMENTED *adj* mad
DEMENTI, -S *n* denial
DEMENTIA *n* state of serious mental deterioration
DEMENTIS ▸ **dementi**
DEMENTS ▸ **dement**
DEMERARA *n* brown crystallized cane sugar from

the Caribbean and nearby countries
DEMERGE, -D, -S *vb* separate a company from another
DEMERGER *n* separation of two or more companies which have previously been merged
DEMERGES ▸ **demerge**
DEMERIT, -S *n* fault, disadvantage ▹ *vb* deserve
DEMERSAL *adj* living or occurring on the bottom of a sea or a lake
DEMERSE, -D, -S *vb* immerse
DEMES ▸ **deme**
DEMESNE, -S *n* land surrounding a house
DEMETON, -S *n* insecticide
DEMIC *adj* of population
DEMIES ▸ **demy**
DEMIGOD, -S *n* being who is part mortal, part god
DEMIJOHN *n* large bottle with a short neck, often encased in wicker
DEMILUNE *n* outwork in front of a fort, shaped like a crescent moon
DEMINER, -S *n* person who removes mines
DEMINING *n* act of removing mines
DEMISE, -D, -S, DEMISING *n* eventual failure (of something successful) ▹ *vb* transfer for a limited period
DEMISS *adj* humble
DEMISSLY ▸ **demiss**
DEMIST, -ED, -S *vb* remove condensation from (a windscreen)
DEMISTER *n* device in a motor vehicle to free the windscreen of condensation
DEMISTS ▸ **demist**
DEMIT, -S, -TED *vb* resign (an office, position, etc)
DEMIURGE *n* (in the philosophy of Plato) the creator of the universe
DEMIVEG *n* person who eats poultry and fish, but no red meat ▹ *adj* denoting a person who eats poultry and fish, but no red meat
DEMIVOLT *n* half turn on the hind legs
DEMO, -ED, -ING *n* demonstration, organized expression of public opinion ▹ *vb* demonstrate
DEMOB, -BED, -S *vb* demobilize
DEMOCRAT *n* advocate of democracy
DEMODE *adj* out of fashion
DEMODED *adj* out of fashion
DEMOED ▸ **demo**
DEMOI ▸ **demos**
DEMOING ▸ **demo**
DEMOLISH *vb* knock down or destroy (a building)
DEMOLOGY *n* demography
DEMON, -S *n* evil spirit
DEMONESS *n* female demon
DEMONIAC *adj* appearing to be possessed by a devil ▹ *n* person possessed by an evil spirit or demon
DEMONIAN *adj* of a demon
DEMONIC *adj* evil
DEMONISE *same as* ▸ **demonize**
DEMONISM *n* study of demons
DEMONIST ▸ **demonism**
DEMONIZE *vb* make into a demon
DEMONRY ▸ **demon**
DEMONS ▸ **demon**
DEMONYM, -S *n* name for the inhabitants of a place
DEMOS, DEMOI, -ES *n* people of a nation regarded as a political unit
DEMOTE, -D, -S, DEMOTING *vb* reduce in status or rank
DEMOTIC, -S *adj* of the common people ▹ *n* demotic script of ancient Egypt
DEMOTING ▸ **demote**
DEMOTION ▸ **demote**
DEMOTIST ▸ **demotic**
DEMOUNT, -S *vb* remove (a motor, gun, etc) from its mounting or setting
DEMPSTER *same as* ▸ **deemster**
DEMPT ▸ **deem**
DEMUR, -RED, -S *vb* raise objections or show reluctance ▹ *n* act of demurring
DEMURE, -D, -R, -S, -ST, DEMURING *adj* quiet, reserved, and rather shy ▹ *vb* archaic for look demure ▹ *n* archaic for demure look
DEMURELY ▸ **demure**
DEMURER ▸ **demure**
DEMURES ▸ **demure**
DEMUREST ▸ **demure**
DEMURING ▸ **demure**
DEMURRAL *n* act of demurring
DEMURRED ▸ **demur**
DEMURRER *n* any objection raised
DEMURS ▸ **demur**
DEMY, DEMIES *n* size of printing paper, 17½ by 22½ inches (444.5 × 571.5 mm)
DEMYSHIP *n* scholarship at Oxford University
DEN, -NED, -NING, -S *n* home of a wild animal ▹ *vb* live in or as if in a den
DENAR, -I, -S *n* standard monetary unit of Macedonia, divided into 100 deni
DENARIES ▸ **denary**
DENARIUS, DENARII *n* ancient Roman silver coin, often called a penny in translation
DENARS ▸ **denar**
DENARY, DENARIES *same as* ▸ **denarius**
DENATURE *vb* change the nature of
DENAY, -ED, -ING, -S *vb* deny
DENAZIFY *vb* free or declare (people, institutions, etc) freed from Nazi influence or ideology
DENCH *adj* excellent
DENDRITE *n* threadlike extension of a nerve cell
DENDROID *adj* freely branching ▹ *n* something that branches freely
DENDRON, -S *same as* ▸ **dendrite**
DENE, -S *n* narrow wooded valley
DENET, -S, -TED *vb* remove from the former Net Book Agreement
DENGUE, -S *n* viral disease transmitted by mosquitoes
DENI, -S *n* monetary unit of Macedonia
DENIABLE *adj* able to be denied
DENIABLY ▸ **deniable**
DENIAL, -S *n* statement that something is not true
DENIED ▸ **deny**
DENIER, -S *n* unit of weight used to measure the fineness of nylon or silk
DENIES ▸ **deny**
DENIM *n* hard-wearing cotton fabric, usu blue
DENIMED *adj* wearing denim
DENIMS *pl n* jeans or overalls made of denim
DENIS ▸ **deni**
DENIZEN, -S *n* inhabitant ▹ *vb* make a denizen
DENNED ▸ **den**

DENNET, -S *n* carriage for one horse
DENNING ▸ **den**
DENOTATE *vb* denote
DENOTE, -D, -S, DENOTING *vb* be a sign of
DENOTIVE ▸ **denote**
DENOUNCE *vb* speak vehemently against
DENS ▸ **den**
DENSE, -R, -ST *adj* closely packed
DENSELY ▸ **dense**
DENSER ▸ **dense**
DENSEST ▸ **dense**
DENSIFY *vb* make or become dense
DENSITY *n* degree to which something is filled or occupied
DENT, -ED, -ING, -S *n* hollow in the surface of something, made by hitting it ▹ *vb* make a dent in
DENTAL, -S *adj* of teeth or dentistry ▹ *n* dental consonant
DENTALIA > **dentalium**
DENTALLY ▸ **dental**
DENTALS ▸ **dental**
DENTARIA *n* botanical term
DENTARY *n* lower jawbone with teeth
DENTATE *adj* having teeth or toothlike notches
DENTATED *adj* having teeth
DENTED ▸ **dent**
DENTEL, -S *n* architectural term
DENTELLE *n* bookbinding term
DENTELS ▸ **dentel**
DENTEX, -ES *n* large predatory fish
DENTICLE *n* small tooth or toothlike part, such as any of the placoid scales of sharks
DENTIL, -S *n* architectural ornament
DENTILED ▸ **dentil**
DENTILS ▸ **dentil**
DENTIN, -S *same as* ▸ **dentine**
DENTINAL ▸ **dentine**
DENTINE, -S *n* hard dense tissue forming the bulk of a tooth
DENTING ▸ **dent**
DENTINS ▸ **dentin**
DENTIST, -S *n* person qualified to practise dentistry
DENTOID *adj* resembling a tooth
DENTS ▸ **dent**
DENTURAL ▸ **denture**
DENTURE, -S *n* false tooth
DENUDATE *adj* denuded ▹ *vb* denude
DENUDE, -D, -S, DENUDING *vb* remove the covering or protection from
DENUDER, -S ▸ **denude**
DENUDES ▸ **denude**
DENUDING ▸ **denude**
DENY, DENIED, DENIES, -ING *vb* declare to be untrue
DEODAND, -S *n* thing forfeited to charity because it has caused a death
DEODAR, -S *n* Himalayan cedar with drooping branches
DEODARA, -S *same as* ▸ **deodar**
DEODARS ▸ **deodar**
DEODATE, -S *n* offering to God
DEONTIC, -S *adj* of or relating to such ethical concepts as obligation and permissibility
DEORBIT, -S *vb* go out of orbit
DEOXY *adj* having less oxygen than a specified related compound
DEP, -S *n* small shop where newspapers, sweets, soft drinks, etc are sold
DEPAINT, -S *vb* depict
DEPART, -S *vb* leave
DEPARTED *adj* dead ▹ *n* dead person
DEPARTEE ▸ **depart**
DEPARTER ▸ **depart**
DEPARTS ▸ **depart**
DEPECHE, -D, -S *n* message ▹ *vb* dispatch; rid oneself of
DEPEINCT *vb* paint
DEPEND, -ED, -S *vb* put trust (in)
DEPEOPLE *vb* reduce population
DEPERM, -ED, -S *vb* demagnetize
DEPICT, -ED, -S *vb* produce a picture of
DEPICTER ▸ **depict**
DEPICTOR ▸ **depict**
DEPICTS ▸ **depict**
DEPILATE *vb* remove the hair from
DEPLANE, -D, -S *vb* disembark from an aeroplane
DEPLETE, -D, -S *vb* use up
DEPLETER ▸ **deplete**
DEPLETES ▸ **deplete**
DEPLORE, -D, -S *vb* condemn strongly
DEPLORER ▸ **deplore**
DEPLORES ▸ **deplore**
DEPLOY, -ED, -S *vb* get (troops or resources) ready for immediate action
DEPLOYER ▸ **deploy**
DEPLOYS ▸ **deploy**
DEPLUME, -D, -S *vb* deprive of feathers
DEPOLISH *vb* remove the polish from
DEPONE, -D, -S, DEPONING *vb* declare (something) under oath
DEPONENT *n* person who makes a statement on oath ▹ *adj* having a passive form but active meaning
DEPONES ▸ **depone**
DEPONING ▸ **depone**
DEPORT, -ED, -S *vb* remove forcibly from a country
DEPORTEE *n* person deported or awaiting deportation
DEPORTER ▸ **deport**
DEPORTS ▸ **deport**
DEPOSAL, -S *n* deposition; giving of testimony under oath
DEPOSE, -D, -S, DEPOSING *vb* remove from an office or position of power
DEPOSER, -S ▸ **depose**
DEPOSES ▸ **depose**
DEPOSING ▸ **depose**
DEPOSIT, -S *vb* put down ▹ *n* sum of money paid into a bank account
DEPOT, -S *n* building where goods or vehicles are kept when not in use ▹ *adj* (of a drug) designed for gradual release
DEPRAVE, -S *vb* make morally bad
DEPRAVED *adj* morally bad
DEPRAVER ▸ **deprave**
DEPRAVES ▸ **deprave**
DEPRENYL *n* drug combating effects of ageing
DEPRESS *vb* make sad
DEPRIME, -D, -S *vb* remove the primer from a device
DEPRIVAL ▸ **deprive**
DEPRIVE, -S *vb* prevent from (having or enjoying)
DEPRIVED *adj* lacking adequate living conditions, education, etc
DEPRIVER ▸ **deprive**
DEPRIVES ▸ **deprive**
DEPS ▸ **dep**
DEPSIDE, -S *n* organic chemical compound
DEPTH, -S *n* distance downwards, backwards, or inwards

DEPURANT *adj* purifying
DEPURATE *vb* cleanse or purify or to be cleansed or purified
DEPUTE, -D, -S, DEPUTING *vb* appoint (someone) to act on one's behalf ▷ *n* deputy
DEPUTIES ▶ **deputy**
DEPUTING ▶ **depute**
DEPUTISE *same as* ▶ **deputize**
DEPUTIZE *vb* act as deputy
DEPUTY, DEPUTIES *n* person appointed to act on behalf of another
DEQUEUE, -D, -S *vb* remove (an item) from a queue of computing tasks
DERACINE *adj* uprooted from their usual environment ▷ *n* person who has been uprooted from their usual environment
DERAIGN, -S *vb* contest (a claim, suit, etc)
DERAIL, -ED, -S *vb* cause (a train) to go off the rails
DERAILER *same as* ▶ **derail**
DERAILS ▶ **derail**
DERANGE, -D, -S *vb* disturb the order or arrangement of
DERANGER ▶ **derange**
DERANGES ▶ **derange**
DERAT, -S, -TED *vb* remove rats from
DERATE, -D, -S *vb* assess the value of some types of property at a lower rate than others for local taxation
DERATING ▶ **derate**
DERATION *vb* end rationing of (food, petrol, etc)
DERATS ▶ **derat**
DERATTED ▶ **derat**
DERAY, -ED, -ING, -S *vb* go mad
DERBY, DERBIES *n* bowler hat
DERE, -D, -S, DERING *vb* injure
DERECHO, -S *n* long, fast-moving line of severe storms
DERED ▶ **dere**
DERELICT *adj* unused and falling into ruins ▷ *n* social outcast, vagrant
DERES ▶ **dere**
DERHAM, -S *same as* ▶ **dirham**
DERIDE, -D, -S, DERIDING *vb* treat with contempt or ridicule
DERIDER, -S ▶ **deride**
DERIDES ▶ **deride**
DERIDING ▶ **deride**
DERIG, -GED, -S *vb* remove equipment, eg from stage set
DERING ▶ **dere**
DERINGER *same as* ▶ **derringer**
DERISION *n* act of deriding
DERISIVE *adj* mocking, scornful
DERISORY *adj* too small or inadequate to be considered seriously
DERIVATE *n* derivative ▷ *vb* derive (something)
DERIVE, -D, -S, DERIVING *vb* take or develop (from)
DERIVER, -S ▶ **derive**
DERIVES ▶ **derive**
DERIVING ▶ **derive**
DERM, -S *same as* ▶ **derma**
DERMA, -S *n* beef or fowl intestine used as a casing for certain dishes, esp kishke
DERMAL *adj* of or relating to the skin
DERMAS ▶ **derma**
DERMATIC *adj* of skin
DERMIC ▶ **dermis**
DERMIS, -ES *another name for* ▶ **corium**
DERMOID, -S *adj* of or resembling skin ▷ *n* congenital cystic tumour whose walls are lined with epithelium
DERMS ▶ **derm**
DERN, -ED, -ING, -S *n* concealment ▷ *vb* keep hidden
DERNFUL *adj* sorrowful
DERNIER *adj* last
DERNIES ▶ **derny**
DERNING ▶ **dern**
DERNLY *adv* sorrowfully
DERNS ▶ **dern**
DERNY, DERNIES, -S *n* bicycle with a small motor
DERO, -S *n* tramp or derelict
DEROGATE *vb* detract from ▷ *adj* debased or degraded
DEROS ▶ **dero**
DERRICK, -S *n* simple crane ▷ *vb* raise or lower the jib of (a crane)
DERRIERE *n* backside
DERRIES ▶ **derry**
DERRIS, -ES *n* E Indian woody climbing plant
DERRO, -S *n* vagrant
DERRY, DERRIES *n* derelict house, esp one used by tramps
DERTH, -S *same as* ▶ **dearth**
DERV, -S *n* diesel oil, when used for road transport
DERVISH *n* member of a Muslim religious order noted for a frenzied whirling dance
DERVS ▶ **derv**
DESALT, -ED, -S *vb* desalinate
DESALTER ▶ **desalt**
DESALTS ▶ **desalt**
DESAND, -ED, -S *vb* remove sand from
DESCALE, -D, -S *vb* remove a hard coating from inside (a kettle or pipe)
DESCALER *n* something that removes limescale
DESCALES ▶ **descale**
DESCANT, -S *n* tune played or sung above a basic melody ▷ *adj* denoting the highest member in a family of musical instruments ▷ *vb* compose or perform a descant (for a piece of music)
DESCEND, -S *vb* move down (a slope etc)
DESCENT, -S *n* descending
DESCHOOL *vb* educate by means other than a school
DESCRIBE *vb* give an account of (something or someone) in words
DESCRIED ▶ **descry**
DESCRIER ▶ **descry**
DESCRIES ▶ **descry**
DESCRIVE *vb* describe
DESCRY, DESCRIED, DESCRIES *vb* catch sight of
DESEED, -ED, -S *vb* remove the seeds from (eg a fruit)
DESEEDER *n* person who deseeds
DESEEDS ▶ **deseed**
DESELECT *vb* refuse to select (an MP) for re-election
DESERT, -ED, -S *n* region with little or no vegetation because of low rainfall ▷ *vb* abandon (a person or place) without intending to return
DESERTER ▶ **desert**
DESERTIC *adj* (of soil) developing in hot climates
DESERTS ▶ **desert**
DESERVE, -D, -S *vb* be entitled to or worthy of
DESERVER ▶ **deserve**
DESERVES ▶ **deserve**
DESEX, -ED, -ES, -ING *vb* desexualize
DESHI, -S *same as* ▶ **desi**
DESI, -S *adj* (in Indian English) indigenous or local ▷ *n* (in Indian English) indigenous or local person
DESIGN, -ED, -S *vb* work out the structure or form of (something), by making a sketch or plans ▷ *n* preliminary drawing
DESIGNEE *n* person designated to do something

DESIGNER *n* person who draws up original sketches or plans from which things are made ▷ *adj* designed by a well-known designer
DESIGNS ▶ **design**
DESILVER *vb* remove silver from
DESINE, -D, -S, DESINING *same as* ▶ **design**
DESINENT > **desinence**
DESINES ▶ **desine**
DESINING ▶ **desine**
DESIRE, -D, -S, DESIRING *vb* want very much ▷ *n* wish, longing
DESIRER, -S ▶ **desire**
DESIRES ▶ **desire**
DESIRING ▶ **desire**
DESIROUS *adj* having a desire for
DESIS ▶ **desi**
DESIST, -ED, -S *vb* stop (doing something)
DESK, -S *n* piece of furniture with a writing surface and drawers
DESKFAST *n* breakfast eaten at one's desk at work
DESKILL, -S *vb* mechanize or computerize (a job) thereby reducing the skill required to do it
DESKING, -S *n* desks and related furnishings in a given space, eg an office
DESKMAN, DESKMEN *n* police officer in charge in police station
DESKNOTE *n* small computer
DESKS ▶ **desk**
DESKTOP, -S *adj* (of a computer) small enough to use at a desk ▷ *n* computer small enough to use at a desk
DESMAN, -S *n* either of two molelike amphibious mammals
DESMID, -S *n* type of mainly unicellular freshwater green alga
DESMINE, -S *n* type of mineral
DESMOID, -S *adj* resembling a tendon or ligament ▷ *n* very firm tumour of connective tissue
DESNOOD, -S *vb* remove the snood of a turkey poult to reduce the risk of cannibalism
DESOLATE *adj* uninhabited and bleak ▷ *vb* deprive of inhabitants
DESORB, -ED, -S *vb* change from an adsorbed state to a gaseous or liquid state
DESORBER *n* something that desorbs
DESORBS ▶ **desorb**
DESOXY *same as* ▶ **deoxy**
DESPAIR, -S *n* total loss of hope ▷ *vb* lose hope
DESPATCH *same as* ▶ **dispatch**
DESPIGHT *obsolete form of* ▶ **despite**
DESPISAL ▶ **despise**
DESPISE, -D, -S *vb* regard with contempt
DESPISER ▶ **despise**
DESPISES ▶ **despise**
DESPITE, -D, -S *prep* in spite of ▷ *n* contempt ▷ *vb* show contempt for
DESPOIL, -S *vb* plunder
DESPOND, -S *vb* lose heart or hope
DESPOT, -S *n* person in power who acts unfairly or cruelly
DESPOTAT *n* despot's domain
DESPOTIC ▶ **despot**
DESPOTS ▶ **despot**
DESSE, -S *n* desk
DESSERT, -S *n* sweet course served at the end of a meal
DESSES ▶ **desse**
DESTAIN, -S *vb* remove stain from
DESTINE, -S *vb* set apart or appoint
DESTINED *adj* certain to be or to do something
DESTINES ▶ **destine**
DESTINY *n* future marked out for a person or thing
DESTOCK, -S *vb* reduce the amount of stock
DESTREAM *vb* take (pupils) out of classes that are organized by ability
DESTRESS *vb* make or become less stressed
DESTRIER *an archaic word for* ▶ **warhorse**
DESTROY, -S *vb* ruin, demolish
DESTRUCT *vb* destroy intentionally for safety ▷ *n* act of destructing ▷ *adj* capable of self-destruction
DESUGAR, -S *vb* remove sugar from
DESULFUR *same as* > **desulphur**
DESYATIN *n* Russian unit of area
DESYNE, -D, -S, DESYNING *same as* ▶ **design**
DETACH, -ES *vb* disengage and separate
DETACHED *adj* (of a house) not joined to another house
DETACHER ▶ **detach**
DETACHES ▶ **detach**
DETAIL, -S *n* individual piece of information ▷ *vb* list fully
DETAILED *adj* having many details
DETAILER ▶ **detail**
DETAILS ▶ **detail**
DETAIN, -ED, -S *vb* delay (someone)
DETAINEE ▶ **detain**
DETAINER *n* wrongful withholding of the property of another person
DETAINS ▶ **detain**
DETANGLE *vb* remove tangles from (esp hair)
DETASSEL *vb* remove top part of corn plant
DETECT, -ED, -S *vb* notice
DETECTER ▶ **detect**
DETECTOR *n* instrument used to find something
DETECTS ▶ **detect**
DETENT, -S *n* mechanism to check movement in one direction only
DETENTE, -S *n* easing of tension between nations
DETENTS ▶ **detent**
DETENU, -S *n* prisoner
DETENUE, -S *n* female prisoner
DETENUS ▶ **detenu**
DETER, -RED, -S *vb* discourage (someone) from doing something by instilling fear or doubt
DETERGE, -D, -S *vb* wash or wipe away
DETERGER *n* detergent
DETERGES ▶ **deterge**
DETERRED ▶ **deter**
DETERRER ▶ **deter**
DETERS ▶ **deter**
DETEST, -ED, -S *vb* dislike intensely
DETESTER ▶ **detest**
DETESTS ▶ **detest**
DETHATCH *vb* remove dead grass from lawn
DETHRONE *vb* remove from a throne or position of power
DETICK, -ED, -S *vb* remove ticks from
DETICKER ▶ **detick**
DETICKS ▶ **detick**
DETINUE, -S *n* action brought by a plaintiff to recover goods wrongfully detained
DETONATE *vb* explode

DETORT, -ED, -S *vb* twist or distort
DETOUR, -ED, -S *n* route that is not the most direct one ▷ *vb* deviate or cause to deviate from a direct route or course of action
DETOX, -ED, -ES, -ING *n* treatment to rid the body of poisonous substances ▷ *vb* undergo treatment to rid the body of poisonous substances
DETOXIFY *vb* remove poison from
DETOXING ▸ **detox**
DETRACT, -S *vb* make (something) seem less good
DETRAIN, -S *vb* leave or cause to leave a railway train, as passengers, etc
DETRAQUE *n* insane person
DETRITAL ▸ **detritus**
DETRITUS *n* loose mass of stones and silt worn away from rocks
DETRUDE, -D, -S *vb* force down or thrust away or out
DETRUSOR *n* muscle in the wall of the bladder
DETUNE, -D, -S, DETUNING *vb* change pitch of (stringed instrument)
DEUCE, -S, DEUCING *vb* score deuce in tennis ▷ *n* score of forty all
DEUCED *adj* damned
DEUCEDLY ▸ **deuced**
DEUCES ▸ **deuce**
DEUCING ▸ **deuce**
DEUDDARN *n* two-tiered Welsh dresser
DEUS, DEI, DI *n* god
DEUTERIC *adj* (of mineral) formed by metasomatic changes
DEUTERON *n* nucleus of a deuterium atom, consisting of one proton and one neutron
DEUTON, -S *old form of* ▸ **deuteron**
DEUTZIA, -S *n* shrub with clusters of pink or white flowers
DEV, -S *same as* ▸ **deva**

> **Dev** is a Sanskrit word for a good spirit; related words are **deev** and **deva**

DEVA, -S *n* (in Hinduism and Buddhism) divine being or god
DEVALL, -ED, -S *vb* stop
DEVALUE, -D, -S *vb* reduce the exchange value of (a currency)
DEVAS ▸ **deva**
DEVEIN, -ED, -S *vb* remove vein from
DEVEL, -ED, -ING, -LED, -S *same as* ▸ **devvel**
DEVELOP, -S *vb* grow or bring to a later, more elaborate, or more advanced stage
DEVELOPE *old form of* ▸ **develop**
DEVELOPS ▸ **develop**
DEVELS ▸ **devel**
DEVERBAL *n* word deriving from verb
DEVEST, -ED, -S *variant spelling of* ▸ **divest**
DEVI, -S *n* Hindu goddess
DEVIANCE *n* act or state of being deviant
DEVIANCY *same as* ▸ **deviance**
DEVIANT, -S *adj* (person) deviating from what is considered acceptable behaviour ▷ *n* person whose behaviour deviates from what is considered to be acceptable
DEVIATE, -D, -S *vb* differ from others in belief or thought
DEVIATOR ▸ **deviate**
DEVICE, -S *n* machine or tool used for a specific task
DEVIL, -ED, -ING, -LED, -S *n* evil spirit ▷ *vb* prepare (food) with a highly flavoured spiced mixture
DEVILDOM *n* domain of evil spirits
DEVILED ▸ **devil**
DEVILESS *n* female devil
DEVILET, -S *n* young devil
DEVILING ▸ **devil**
DEVILISH *adj* cruel or unpleasant ▷ *adv* extremely
DEVILISM *n* doctrine of devil
DEVILKIN *n* small devil
DEVILLED ▸ **devil**
DEVILRY *n* mischievousness
DEVILS ▸ **devil**
DEVILTRY *same as* ▸ **devilry**
DEVIOUS *adj* insincere and dishonest
DEVIS ▸ **devi**
DEVISAL, -S *n* act of inventing, contriving, or devising
DEVISE, -D, -S, DEVISING *vb* work out (something) in one's mind ▷ *n* disposition of property by will
DEVISEE, -S *n* person to whom property, esp realty, is devised by will
DEVISER, -S ▸ **devise**
DEVISES ▸ **devise**
DEVISING ▸ **devise**
DEVISOR, -S *n* person who devises property, esp realty, by will
DEVLING, -S *n* young devil
DEVO, -S *n* short for devolution
DEVOICE, -D, -S *vb* make (a voiced speech sound) voiceless
DEVOID *adj* completely lacking (in)
DEVOIR, -S *n* duty
DEVOLVE, -D, -S *vb* pass to a successor or substitute
DEVON, -S *n* bland processed meat in sausage form, eaten cold in slices
DEVONIAN *adj* denoting the fourth period of the Palaeozoic era
DEVONS ▸ **devon**
DEVORE, -S *n* velvet fabric with a raised pattern
DEVOS ▸ **devo**
DEVOT, -S *n* devotee
DEVOTE, -S, DEVOTING *vb* apply or dedicate to a particular purpose
DEVOTED *adj* showing loyalty or devotion
DEVOTEE, -S *n* person who is very enthusiastic about something
DEVOTES ▸ **devote**
DEVOTING ▸ **devote**
DEVOTION *n* strong affection for or loyalty to someone or something
DEVOTS ▸ **devot**
DEVOUR, -ED, -S *vb* eat greedily
DEVOURER ▸ **devour**
DEVOURS ▸ **devour**
DEVOUT, -ER *adj* deeply religious
DEVOUTLY ▸ **devout**
DEVS ▸ **dev**
DEVVEL, -S *vb* strike with blow
DEW, -ED, -ING, -S *n* drops of water that form on the ground at night from vapour in the air ▷ *vb* moisten with or as with dew
DEWAN, -S *n* (formerly in India) the chief or finance minister of a state ruled by an Indian prince
DEWANI, -S *n* post of dewan
DEWANNY *same as* ▸ **dewani**
DEWANS ▸ **dewan**
DEWAR, -S *n* type of vacuum flask

DEWATER, -S *vb* remove water from
DEWAX, -ED, -ES, -ING *vb* remove wax from
DEWBERRY *n* type of bramble with blue-black fruits
DEWCLAW, -S *n* nonfunctional claw on a dog's leg
DEWDROP, -S *n* drop of dew
DEWED ▸**dew**
DEWFALL, -S *n* formation of dew
DEWFULL *obsolete form of* ▸**due**
DEWIER ▸**dewy**
DEWIEST ▸**dewy**
DEWILY ▸**dewy**
DEWINESS ▸**dewy**
DEWING ▸**dew**
DEWITT, -ED, -S *vb* kill, esp hang unlawfully
DEWLAP, -S *n* loose fold of skin hanging under the throat in dogs, cattle, etc
DEWLAPT ▸**dewlap**
DEWLESS ▸**dew**
DEWOOL, -ED, -S *vb* remove wool from
DEWORM, -ED, -S *vb* rid of worms
DEWORMER ▸**deworm**
DEWORMS ▸**deworm**
DEWPOINT *n* temperature at which water droplets form in the air
DEWS ▸**dew**
DEWY, DEWIER, DEWIEST *adj* moist with or as with dew
DEX, -ES *n* dextroamphetamine
DEXTER, -S *adj* of or on the right side of a shield, etc, from the bearer's point of view ▹*n* small breed of beef cattle
DEXTRAL, -S *n* right-handed person
DEXTRAN, -S *n* polysaccharide compound
DEXTRIN, -S *n* sticky substance obtained from starch
DEXTRINE *same as* ▸**dextrin**
DEXTRINS ▸**dextrin**
DEXTRO *adj* dextrorotatory or rotating to the right
DEXTROSE *n* glucose occurring in fruit, honey, and the blood of animals
DEXTROUS *same as* >**dexterous**
DEY, -S *n* title given to commanders or governors of the Janissaries of Algiers
DEZINC, -ED, -S *vb* remove zinc from
DHABA, -S *n* roadside café in India
DHAK, -S *n* tropical Asian tree
DHAL, -S *n* curry made from lentils or beans
DHAMMA, -S *variant of* ▸**dharma**
DHANSAK, -S *n* any of a variety of Indian dishes
DHARMA, -S *n* moral law or behaviour
DHARMIC ▸**dharma**
DHARNA, -S *n* (in India) a method of obtaining justice
DHIKR, -S *n* Sufi religious ceremony
DHIMMI, -S *n* non-Muslim living in a state governed by sharia law
DHOBI, -S *n* (in India, Malaya, East Africa, etc, esp formerly) a washerman
DHOL, -S *n* type of Indian drum
DHOLAK, -S *n* type of two-headed drum
DHOLE, -S *n* fierce canine mammal
DHOLL, -S *same as* ▸**dhal**
DHOLS ▸**dhol**
DHOOLY, DHOOLIES *same as* ▸**doolie**
DHOORA, -S *same as* ▸**durra**
DHOOTI, -S *same as* ▸**dhoti**
DHOOTIE, -S *same as* ▸**dhoti**
DHOOTIS ▸**dhooti**
DHOTI, -S *n* long loincloth worn by men in India
DHOURRA, -S *same as* ▸**durra**
DHOW, -S *n* Arab sailing ship
DHURNA, -S *same as* ▸**dharna**
DHURRA, -S *same as* ▸**durra**
DHURRIE, -S *same as* ▸**durrie**
DHUTI, -S *same as* ▸**dhoti**
DHYANA, -S *n* type of Hindu meditation
DI ▸**deus**
DIABASE, -S *n* altered dolerite
DIABASIC ▸**diabase**
DIABETES *n* disorder in which an abnormal amount of urine containing an excess of sugar is excreted
DIABETIC *n* person who has diabetes ▹*adj* of or having diabetes
DIABLE, -S *n* type of sauce
DIABLERY *same as* >**diablerie**
DIABLES ▸**diable**
DIABOLIC *adj* of the Devil
DIABOLO, -S *n* game using a spinning top and a cord fastened to two sticks
DIACETYL *n* aromatic compound
DIACID, -S *n* lead plaster
DIACIDIC *adj* capable of neutralizing two protons with one molecule
DIACIDS ▸**diacid**
DIACONAL *adj* of or associated with a deacon or the diaconate
DIACT, -S *same as* ▸**diactine**
DIACTINE *adj* two-rayed ▹*n* two-rayed sponge spicule
DIACTS ▸**diact**
DIADEM, -ED, -S *n* crown ▹*vb* adorn or crown with or as with a diadem
DIADOCHI *pl n* six generals who fought for control of the Alexandrian Empire
DIADOCHY *n* replacement of one element in a crystal by another
DIADROM, -S *n* complete course of pendulum
DIAGLYPH *n* figure cut into stone
DIAGNOSE *vb* determine by diagnosis
DIAGONAL *adj* from corner to corner ▹*n* diagonal line
DIAGRAM, -S *n* sketch showing the form or workings of something ▹*vb* show in or as if in a diagram
DIAGRAPH *n* device for enlarging or reducing maps, plans, etc
DIAGRID, -S *n* diagonal structure network
DIAL, -ED, -LED, -S *n* face of a clock or watch ▹*vb* operate the dial or buttons on a telephone in order to contact (a number)
DIALECT, -S *n* form of a language spoken in a particular area
DIALED ▸**dial**
DIALER, -S ▸**dial**
DIALING, -S ▸**dial**
DIALIST, -S *n* dial-maker
DIALLAGE *n* green or brownish-black variety of the mineral augite
DIALLED ▸**dial**
DIALLEL, -S *n* interbreeding among a group of parents ▹*adj* (of lines) not parallel, meeting, or intersecting
DIALLER, -S ▸**dial**
DIALLING ▸**dial**
DIALLIST *same as* ▸**dialist**

DIALOG, -ED, -S *same as* ▸**dialogue**
DIALOGER ▸**dialog**
DIALOGIC ▸**dialogue**
DIALOGS ▸**dialog**
DIALOGUE *n* conversation between two people, esp in a book, film, or play ▹*vb* put into the form of a dialogue
DIALS ▸**dial**
DIALYSE, -D *vb* separate by dialysis
DIALYSER *n* machine that performs dialysis
DIALYSIS, DIALYSES *n* filtering of blood through a membrane to remove waste products
DIALYTIC ▸**dialysis**
DIALYZE, -D, -S *same as* ▸**dialyse**
DIALYZER *same as* ▸**dialyser**
DIALYZES ▸**dialyze**
DIAMANTE *adj* decorated with artificial jewels or sequins ▹*n* fabric so covered
DIAMETER *n* (length of) a straight line through the centre of a circle or sphere
DIAMIDE, -S *n* compound containing two amido groups
DIAMIN, -S *same as* ▸**diamine**
DIAMINE, -S *n* any chemical compound containing two amino groups in its molecules
DIAMINS ▸**diamin**
DIAMOND, -S *n* exceptionally hard precious stone ▹*adj* (of an anniversary) the sixtieth ▹*vb* stud or decorate with diamonds
DIAMYL *adj* with two amyl groups
DIANDRY *n* practice of having two husbands
DIANE *adj* as in **steak diane** kind of steak
DIANODAL *adj* going through a node
DIANOIA, -S *n* perception and experience regarded as lower modes of knowledge
DIANTHUS *n* type of widely cultivated Eurasian plant
DIAPASE, -S *same as* ▸**diapason**
DIAPASON *n* either of two stops found throughout the range of a pipe organ
DIAPAUSE *vb* undergo diapause ▹*n* period of suspended development and growth
DIAPENTE *n* (in classical Greece) the interval of a perfect fifth
DIAPER, -ED, -S *n* nappy ▹*vb* decorate with a geometric pattern
DIAPHONE *n* set of all realizations of a given phoneme in a language
DIAPHONY *n* style of two-part polyphonic singing
DIAPIR, -S *n* type of geologic formation
DIAPIRIC ▸**diapir**
DIAPIRS ▸**diapir**
DIAPSID, -S *n* reptile with two holes in rear of skull
DIARCH *adj* (of a vascular bundle) having two strands of xylem
DIARCHAL ▸**diarchy**
DIARCHIC ▸**diarchy**
DIARCHY *n* government by two states, individuals, etc
DIARIAL ▸**diary**
DIARIAN ▸**diary**
DIARIES ▸**diary**
DIARISE, -D, -S *same as* ▸**diarize**
DIARIST, -S *n* person who writes a diary
DIARIZE, -D, -S *vb* record in diary
DIARRHEA *same as* >**diarrhoea**
DIARY, DIARIES *n* (book for) a record of daily events, appointments, or observations
DIASCIA, -S *n* S African plant, usu with pink flowers
DIASCOPE *n* optical projector used to display transparencies
DIASPORA *n* dispersion or spreading of a people
DIASPORE *n* white, yellowish, or grey mineral
DIASTASE *n* enzyme that converts starch into sugar
DIASTEM, -S *same as* ▸**diastema**
DIASTEMA *n* abnormal space, fissure, or cleft in a bodily organ or part
DIASTEMS ▸**diastem**
DIASTER, -S *n* stage in cell division
DIASTOLE *n* dilation of the chambers of the heart
DIASTRAL ▸**diaster**
DIASTYLE *adj* having columns about three diameters apart ▹*n* diastyle building
DIATOM, -S *n* microscopic unicellular alga
DIATOMIC *adj* containing two atoms
DIATOMS ▸**diatom**
DIATONIC *adj* of a regular major or minor scale
DIATREME *n* volcanic vent produced by an eruption of gas
DIATRETA >**diatretum**
DIATRIBE *n* bitter critical attack
DIATRON, -S *n* circuit that uses diodes
DIAXON, -S *n* bipolar cell
DIAZEPAM *n* minor tranquillizer used to treat epilepsy
DIAZIN, -S *same as* ▸**diazine**
DIAZINE, -S *n* organic compound
DIAZINON *n* type of insecticide
DIAZINS ▸**diazin**
DIAZO, -ES, -S *adj* relating to a method for reproducing documents ▹*n* document produced by this method
DIAZOLE, -S *n* type of organic compound
DIAZOS ▸**diazo**
DIB, -BED, -BING, -S *vb* fish by allowing the bait to bob and dip on the surface
DIBASIC *adj* (of an acid) containing two acidic hydrogen atoms
DIBBED ▸**dib**
DIBBER, -S *same as* ▸**dibble**
DIBBING ▸**dib**
DIBBLE, -D, -S, DIBBLING *n* small gardening tool ▹*vb* make a hole in (the ground) with a dibble
DIBBLER, -S ▸**dibble**
DIBBLES ▸**dibble**
DIBBLING ▸**dibble**
DIBBS *n* money
DIBBUK, -IM, -S *variant spelling of* ▸**dybbuk**
DIBS ▸**dib**
DIBUTYL *adj* with two butyl groups
DICACITY *n* playful teasing
DICAMBA, -S *n* type of weedkiller
DICAST, -S *n* juror in ancient Athens
DICASTIC ▸**dicast**
DICASTS ▸**dicast**
DICE, -D, -S *n* small cube with numbered sides ▹*vb* cut (food) into small cubes
DICELIKE *adj* like dice
DICENTRA *n* Asian or N American ornamental plant
DICER, -S ▸**dice**

DICES ▸**dice**
DICEY, DICIER, DICIEST *adj* dangerous or risky
DICH *interj* archaic expression meaning "may it do"
DICHASIA > **dichasium**
DICHORD, -S *n* two-stringed musical instrument
DICHOTIC *adj* relating to or involving the stimulation of each ear simultaneously by different sounds
DICHROIC *adj* having or consisting of only two colours
DICHT, -ED, -ING, -S *vb* wipe
DICIER ▸**dicey**
DICIEST ▸**dicey**
DICING, -S ▸**dice**
DICK, -S *n* fellow
DICKENS *n* euphemism for devil
DICKER, -ED, -S *vb* trade (goods) by bargaining ▹*n* petty bargain or barter
DICKERER *n* person who dickers
DICKERS ▸**dicker**
DICKEY, -S *same as* ▸**dicky**
DICKIE *same as* ▸**dicky**
DICKIER ▸**dicky**
DICKIES ▸**dicky**
DICKIEST ▸**dicky**
DICKS ▸**dick**
DICKTY, DICKTIER *same as* ▸**dicty**
DICKY, DICKIER, DICKIES, DICKIEST *n* false shirt front ▹*adj* shaky or weak
DICLINY > **diclinous**
DICOT, -S *n* type of flowering plant
DICOTYL, -S *n* type of flowering plant
DICROTAL *same as* ▸**dicrotic**
DICROTIC *adj* having or relating to a double pulse for each heartbeat
DICT, -ED, -ING, -S *vb* dictate
DICTA ▸**dictum**
DICTATE, -D, -S *vb* say aloud for someone else to write down ▹*n* authoritative command
DICTATOR *n* ruler who has complete power
DICTED ▸**dict**
DICTIER ▸**dicty**
DICTIEST ▸**dicty**
DICTING ▸**dict**
DICTION, -S *n* manner of pronouncing words and sounds
DICTS ▸**dict**
DICTUM, DICTA, -S *n* formal statement
DICTY, DICTIER, DICTIEST *adj* conceited; snobbish
DICYCLIC *adj* having the perianth arranged in two whorls
DICYCLY ▸**dicyclic**
DID ▸**do**
DIDACT, -S *n* instructive person
DIDACTIC *adj* intended to instruct
DIDACTS ▸**didact**
DIDACTYL *adj* having only two toes on each foot ▹*n* animal with only two toes on each foot
DIDAKAI, -S *same as* ▸**didicoy**
DIDAKEI, -S *same as* ▸**didicoy**
DIDAPPER *n* small grebe
DIDDER, -ED, -S *vb* shake with fear
DIDDICOY *same as* ▸**didicoy**
DIDDIER ▸**diddy**
DIDDIES ▸**diddy**
DIDDIEST ▸**diddy**
DIDDLE, -D, -S, DIDDLING *vb* swindle
DIDDLER, -S ▸**diddle**
DIDDLES ▸**diddle**
DIDDLEY, -S *n* worthless amount
DIDDLIES ▸**diddly**
DIDDLING ▸**diddle**
DIDDLY, DIDDLIES *n* worthless amount
DIDDUMS *interj* expression of sympathy, esp to a child
DIDDY, DIDDIER, DIDDIES, DIDDIEST *n* Scots word for a foolish person ▹*adj* foolish
DIDICOI, -S *same as* ▸**didicoy**
DIDICOY, -S *n* (in Britain) a person who lives like a Roma but is not a true one
DIDIE *same as* ▸**didy**
DIDIES ▸**didy**
DIDO, -ES, -S *n* antic
DIDRACHM *n* two-drachma piece
DIDST *form of the past tense of* ▸**do**
DIDY, DIDIES *n* (US) child's word for nappy
DIDYMIUM *n* metallic mixture once thought to be an element
DIDYMO, -S *n* class of algae
DIDYMOUS *adj* in pairs or in two parts
DIDYNAMY *n* (of stamens) being in two unequal pairs
DIE, -D, -ING, -S *vb* cease all biological activity permanently ▹*n* shaped block used to cut or form metal
DIEB, -S *n* N African jackal
DIEBACK, -S *n* disease of trees and shrubs ▹*vb* (of plants) to suffer from dieback
DIEBS ▸**dieb**
DIECIOUS *same as* > **dioecious**
DIED ▸**die**
DIEDRAL, -S *same as* ▸**dihedral**
DIEDRE, -S *n* large shallow groove or corner in a rock face
DIEGESIS, DIEGESES *n* utterance of fact
DIEGETIC *adj* relating to a factual narrative
DIEHARD, -S *n* person who resists change
DIEING ▸**die**
DIEL, -S *n* 24-hour period ▹*adj* of or lasting for any 24-hour period
DIELDRIN *n* highly toxic insecticide
DIELS ▸**diel**
DIELYTRA *n* genus of herbaceous plants
DIEMAKER *n* one who makes dies
DIENE, -S *n* type of hydrocarbon
DIEOFF, -S *n* process of dying in large numbers
DIERESIS, DIERESES *same as* > **diaeresis**
DIERETIC ▸**dieresis**
DIES ▸**die**
DIESEL, -ED, -S *vb* drive diesel-fuelled vehicle ▹*n* diesel engine
DIESIS, DIESES *n* (in ancient Greek theory) any interval smaller than a whole tone
DIESTER, -S *n* synthetic lubricant
DIESTOCK *n* device holding the dies used to cut an external screw thread
DIESTRUM *another word for* > **dioestrus**
DIESTRUS *same as* > **dioestrus**
DIET, -ED, -S *n* food that a person or animal regularly eats ▹*vb* follow a special diet so as to lose weight ▹*adj* (of food) suitable for a weight-reduction diet
DIETARY *adj* of or relating to a diet ▹*n* regulated diet
DIETED ▸**diet**
DIETER, -S ▸**diet**

D

DIETETIC *adj* prepared for special dietary requirements
DIETHER, -S *n* chemical compound
DIETHYL, -S *adj* as in **diethyl ether** ether
DIETINE, -S *n* low-ranking diet
DIETING, -S ▸ **diet**
DIETIST, -S *another word for* ▸ **dietitian**
DIETS ▸ **diet**
DIF, -S *same as* ▸ **diff**
DIFF, -S *n* (slang) difference
DIFFER, -ED, -S *vb* be unlike
DIFFORM *adj* irregular in form
DIFFRACT *vb* cause to undergo diffraction
DIFFS ▸ **diff**
DIFFUSE, -D, -S *vb* spread over a wide area ▹ *adj* widely spread
DIFFUSER *n* person or thing that diffuses
DIFFUSES ▸ **diffuse**
DIFFUSOR *same as* ▸ **diffuser**
DIFS ▸ **dif**
DIG, -GING, -S *vb* cut into, break up, and turn over or remove (earth), esp with a spade ▹ *n* digging
DIGAMIES ▸ **digamy**
DIGAMIST ▸ **digamy**
DIGAMMA, -S *n* letter of the Greek alphabet
DIGAMOUS ▸ **digamy**
DIGAMY, DIGAMIES *n* second marriage
DIGERATI *pl n* people who earn large amounts of money through internet-related business
DIGEST, -ED, -S *vb* subject to a process of digestion ▹ *n* shortened version of a book, report, or article
DIGESTER *n* apparatus or vessel, such as an autoclave, in which digestion is carried out
DIGESTIF *n* something, esp a drink, taken as an aid to digestion, either before or after a meal
DIGESTOR *same as* ▸ **digester**
DIGESTS ▸ **digest**
DIGGABLE *adj* that can be dug
DIGGED *a past tense of* ▸ **dig**
DIGGER, -S *n* machine used for digging
DIGGING ▸ **dig**
DIGGINGS *pl n* material that has been dug out
DIGHT, -ED, -ING, -S *vb* adorn or equip, as for battle
DIGICAM, -S *n* digital camera
DIGIPACK *n* (esp formerly) type of packaging for a CD or DVD
DIGIT, -S *n* finger or toe
DIGITAL, -S *adj* displaying information as numbers ▹ *n* one of the keys on the manuals of an organ or piano, etc
DIGITATE *adj* (of leaves) having leaflets in the form of a spread hand
DIGITISE *same as* ▸ **digitize**
DIGITIZE *vb* transcribe (data) into a digital form for processing by a computer
DIGITRON *n* type of tube for displaying information
DIGITS ▸ **digit**
DIGITULE *n* any small finger-like process
DIGLOT, -S *n* bilingual book
DIGLYPH, -S *n* ornament in Doric frieze with two grooves
DIGNIFY *vb* add distinction to
DIGNITY *n* serious, calm, and controlled behaviour or manner
DIGONAL *adj* of or relating to a symmetry operation
DIGOXIN, -S *n* glycoside extracted from the leaves of the woolly foxglove
DIGRAPH, -S *n* two letters used to represent a single sound
DIGRESS *vb* depart from the main subject in speech or writing
DIGS ▸ **dig**
DIGYNIAN *adj* relating to plant class Digynia
DIGYNOUS *another word for* ▸ **digynian**
DIHEDRA ▸ **dihedron**
DIHEDRAL *adj* having or formed by two intersecting planes ▹ *n* figure formed by two intersecting planes
DIHEDRON, DIHEDRA *n* figure formed by two intersecting planes
DIHYBRID *n* offspring of two individuals that differ with respect to two pairs of genes
DIHYDRIC *adj* (of an alcohol) containing two hydroxyl groups per molecule
DIKA, -S *n* wild mango
DIKAST, -S *same as* ▸ **dicast**
DIKDIK, -S *n* small African antelope
DIKE, -D, -S, DIKING *same as* ▸ **dyke**
DIKER, -S *n* builder of dikes
DIKES ▸ **dike**
DIKETONE *n* as in **diphenylene diketone** compound used in dye manufacture, aka anthraquinone
DIKING ▸ **dike**
DIKKOP, -S *n* type of brownish shore bird with a large head and eyes
DIKTAT, -S *n* dictatorial decree
DILATANT *adj* tending to dilate ▹ *n* something, such as a catheter, that causes dilation
DILATATE *same as* ▸ **dilate**
DILATE, -D, -S, DILATING *vb* make or become wider or larger
DILATER, -S *same as* ▸ **dilator**
DILATES ▸ **dilate**
DILATING ▸ **dilate**
DILATION ▸ **dilate**
DILATIVE ▸ **dilate**
DILATOR, -S *n* something that dilates an object
DILATORY *adj* tending or intended to waste time
DILEMMA, -S *n* situation offering a choice between two undesirable alternatives
DILEMMIC ▸ **dilemma**
DILIGENT *adj* careful and persevering in carrying out duties
DILL, -ED, -S *n* sweet-smelling herb ▹ *vb* flavour with dill
DILLI, -S *n* dilly bag; small bag, esp one made of plaited grass and used for carrying food
DILLIER ▸ **dilly**
DILLIES ▸ **dilly**
DILLIEST ▸ **dilly**
DILLING, -S ▸ **dill**
DILLIS ▸ **dilli**
DILLS ▸ **dill**
DILLWEED *n* dill plant or its foliage
DILLY, DILLIER, DILLIES, DILLIEST *adj* foolish ▹ *n* person or thing that is remarkable
DILSCOOP *n* type of shot in cricket in which the ball goes over the wicketkeeper's head
DILUENT, -S *adj* causing dilution or serving to dilute ▹ *n* substance used for or causing dilution

DILUTE, -D, -S, DILUTING *vb* make (a liquid) less concentrated, esp by adding water ▷ *adj* (of a liquid) thin and watery
DILUTEE, -S ▶ **dilute**
DILUTER, -S ▶ **dilute**
DILUTES ▶ **dilute**
DILUTING ▶ **dilute**
DILUTION *n* act of diluting or state of being diluted
DILUTIVE *adj* having effect of decreasing earnings per share
DILUTOR, -S *n* thing intended to have a diluting effect
DILUVIA ▶ **diluvium**
DILUVIAL *adj* of a flood, esp the great Flood described in the Old Testament
DILUVIAN *same as* ▶ **diluvial**
DILUVION *same as* ▶ **diluvium**
DILUVIUM, DILUVIA *n* glacial drift
DIM, -MED, -MEST, -S *adj* badly lit ▷ *vb* make or become dim
DIMBLE, -S *n* wooded hollow; dingle
DIMBO, -ES, -S *n* unintelligent person
DIME, -S *n* coin of the US and Canada, worth ten cents
DIMER, -S *n* type of molecule
DIMERIC *adj* of a dimer
DIMERISE *same as* ▶ **dimerize**
DIMERISM ▶ **dimerous**
DIMERIZE *vb* react or cause to react to form a dimer
DIMEROUS *adj* consisting of or divided into two segments, as the tarsi of some insects
DIMERS ▶ **dimer**
DIMES ▶ **dime**
DIMETER, -S *n* type of verse
DIMETHYL *n* ethane
DIMETRIC *adj* of, relating to, or shaped like a quadrilateral
DIMINISH *vb* make or become smaller, fewer, or less
DIMITY, DIMITIES *n* light strong cotton fabric with woven stripes or squares
DIMLY ▶ **dim**
DIMMABLE *adj* that can be dimmed
DIMMED ▶ **dim**
DIMMER, -S ▶ **dim**
DIMMEST ▶ **dim**
DIMMING, -S *n* as in **global dimming** decrease in the amount of sunlight reaching the earth
DIMMISH ▶ **dim**
DIMNESS ▶ **dim**
DIMORPH, -S *n* either of two forms of a substance that exhibits dimorphism
DIMOUT, -S *n* reduction of lighting
DIMP, -S *n* in Northern English dialect, a cigarette butt
DIMPLE, -D, -S, DIMPLING *n* small natural dent, esp in the cheeks or chin ▷ *vb* produce dimples by smiling
DIMPLIER ▶ **dimply**
DIMPLING ▶ **dimple**
DIMPLY, DIMPLIER ▶ **dimple**
DIMPS ▶ **dimp**
DIMPSY, DIMPSIES *n* twilight
DIMS ▶ **dim**
DIMWIT, -S *n* stupid person
DIMYARY *adj* with two adductor muscles
DIN, -NED, -NING, -S *n* loud unpleasant confused noise ▷ *vb* instil (something) into someone by constant repetition
DINAR, -S *n* monetary unit
DINARCHY *same as* ▶ **diarchy**
DINARS ▶ **dinar**
DINDLE, -D, -S, DINDLING *another word for* ▶ **dinnle**
DINE, -D, -S *vb* eat dinner
DINER, -S *n* person eating a meal
DINERIC *adj* of or concerned with the interface between immiscible liquids
DINERO, -S *n* money
DINERS ▶ **diner**
DINES ▶ **dine**
DINETTE, -S *n* alcove or small area for use as a dining room
DINFUL *adj* noisy
DING, -S *n* small dent in a vehicle ▷ *vb* ring or cause to ring, esp with tedious repetition
DINGBAT, -S *n* any unnamed object
DINGDONG *n* sound of a bell or bells ▷ *vb* make such a sound
DINGE, -D, DINGING *n* dent ▷ *vb* make a dent in (something)
DINGER, -S *n* (in baseball) home run
DINGES, -ES *n* jocular word for something whose name is unknown or forgotten
DINGEY, -S *same as* ▶ **dinghy**
DINGHY, DINGHIES *n* small boat, powered by sails, oars, or a motor ▷ *vb* ignore or avoid a person or event
DINGIED ▶ **dingy**
DINGIER ▶ **dingy**
DINGIES ▶ **dingy**
DINGIEST ▶ **dingy**
DINGILY ▶ **dingy**
DINGING ▶ **dinge**
DINGLE, -S *n* small wooded hollow or valley
DINGO, -ED, -ES, -ING, -S *n* Australian wild dog ▷ *vb* act in a cowardly manner
DINGS ▶ **ding**
DINGUS, -ES *same as* ▶ **dinges**
DINGY, DINGIED, DINGIER, DINGIES, DINGIEST, -ING *adj* lacking light ▷ *vb* ignore or avoid a person or event
DINIC, -S *n* remedy for vertigo
DINING, -S *n* act of dining
DINITRO *adj* containing two nitro groups
DINK, -ED, -ER, -EST, -ING, -S *adj* neat or neatly dressed ▷ *vb* carry (a second person) on a horse, bicycle, etc ▷ *n* ball struck delicately
DINKEY, -S *n* small locomotive
DINKIE, -S *n* affluent married childless person ▷ *adj* designed for or appealing to dinkies
DINKIER ▶ **dinky**
DINKIES ▶ **dinkie**
DINKIEST ▶ **dinky**
DINKING ▶ **dink**
DINKLY, DINKLIER *adj* neat
DINKS ▶ **dink**
DINKUM, -S *n* truth or genuineness
DINKY, DINKIER, DINKIEST *adj* small and neat
DINMONT, -S *n* neutered sheep
DINNA *vb* a Scots word for do not
DINNAE *vb* (Scots) do not
DINNED ▶ **din**
DINNER, -ED, -S *vb* dine ▷ *n* main meal of the day
DINNING ▶ **din**
DINNLE, -D, -S, DINNLING *vb* shake
DINO, -S *n* dinosaur
DINOSAUR *n* type of extinct prehistoric reptile, many of which were of gigantic size
DINS ▶ **din**
DINT, -ED, -ING, -S *variant of* ▶ **dent**

DINTLESS ▸ **dint**
DINTS ▸ **dint**
DIOBOL, -S *n* ancient Greek coin
DIOBOLON *same as* ▸ **diobol**
DIOBOLS ▸ **diobol**
DIOCESAN *adj* of or relating to a diocese ▹ *n* bishop of a diocese
DIOCESE, -S *n* district over which a bishop has control
DIODE, -S *n* semiconductor device
DIOECIES ▸ **dioecy**
DIOECISM > **dioecious**
DIOECY, DIOECIES *n* state of being dioecious
DIOICOUS *same as* > **dioecious**
DIOL, -S *n* any of a class of alcohols that have two hydroxyl groups in each molecule
DIOLEFIN *n* type of polymer
DIOLS ▸ **diol**
DIOPSIDE *n* colourless or pale-green pyroxene mineral
DIOPTASE *n* green glassy mineral
DIOPTER, -S *same as* ▸ **dioptre**
DIOPTRAL ▸ **dioptre**
DIOPTRE, -S *n* unit for measuring the refractive power of a lens
DIOPTRIC *adj* of or concerned with dioptrics
DIORAMA, -S *n* miniature three-dimensional scene
DIORAMIC ▸ **diorama**
DIORISM, -S *n* definition; clarity
DIORITE, -S *n* dark coarse-grained igneous plutonic rock
DIORITIC ▸ **diorite**
DIOTA, -S *n* type of ancient vase
DIOXAN, -S *n* colourless insoluble toxic liquid
DIOXANE, -S *same as* ▸ **dioxan**
DIOXANS ▸ **dioxan**
DIOXID, -S *same as* ▸ **dioxide**
DIOXIDE, -S *n* oxide containing two oxygen atoms per molecule
DIOXIDS ▸ **dioxid**
DIOXIN, -S *n* poisonous chemical by-product of certain weedkillers
DIP, -PED, -S, -T *vb* plunge quickly or briefly into a liquid ▹ *n* dipping
DIPCHICK *same as* ▸ **dabchick**
DIPHASE *adj* of, having, or concerned with two phases
DIPHASIC *same as* ▸ **diphase**
DIPHENYL *another name for* ▸ **biphenyl**
DIPHONE, -S *n* combination of two speech sounds
DIPLEGIA *n* paralysis of corresponding parts on both sides of the body
DIPLEGIC ▸ **diplegia**
DIPLEX *adj* permitting simultaneous transmission in both directions
DIPLEXER *n* device that enables the simultaneous transmission of more than one signal
DIPLOE, -S *n* spongy bone separating the two layers of compact bone of the skull
DIPLOGEN *n* heavy hydrogen
DIPLOIC *adj* relating to diploe
DIPLOID, -S *adj* denoting a cell or organism with pairs of homologous chromosomes ▹ *n* diploid cell or organism
DIPLOIDY ▸ **diploid**
DIPLOMA, -S *vb* bestow diploma on ▹ *n* qualification awarded by a college on successful completion of a course
DIPLOMAT *n* official engaged in diplomacy
DIPLON, -S *another name for* ▸ **deuteron**
DIPLONT, -S *n* animal or plant that has the diploid number of chromosomes in its somatic cells
DIPLOPIA *n* visual defect in which a single object is seen in duplicate
DIPLOPIC ▸ **diplopia**
DIPLOPOD *n* type of arthropod such as the millipede
DIPLOSIS, DIPLOSES *n* doubling of the haploid number of chromosomes
DIPLOZOA *n* type of parasitic worm
DIPNET, -S *vb* fish using fishing net on pole
DIPNOAN, -S *n* lungfish
DIPNOOUS *adj* having lungs and gills
DIPODIC ▸ **dipody**
DIPODY, DIPODIES *n* metrical unit consisting of two feet
DIPOLAR ▸ **dipole**
DIPOLE, -S *n* two equal but opposite electric charges or magnetic poles separated by a small distance
DIPPABLE ▸ **dip**
DIPPED ▸ **dip**
DIPPER, -S *n* ladle used for dipping
DIPPIER ▸ **dippy**
DIPPIEST ▸ **dippy**
DIPPING, -S ▸ **dip**
DIPPY, DIPPIER, DIPPIEST *adj* odd, eccentric, or crazy
DIPROTIC *adj* having two hydrogen atoms
DIPS ▸ **dip**
DIPSAS, DIPSADES *n* type of snake
DIPSO, -S *n* dipsomaniac or alcoholic
DIPSTICK *n* notched rod dipped into a container to measure the level of a liquid
DIPT ▸ **dip**
DIPTERA, -S *n* order of insects with two wings
DIPTERAL *adj* having a double row of columns
DIPTERAN *n* dipterous insect ▹ *adj* having two wings or winglike parts
DIPTERAS ▸ **diptera**
DIPTEROI ▸ **dipteros**
DIPTERON *same as* ▸ **dipteran**
DIPTEROS, DIPTEROI *n* Greek building with double columns
DIPTYCA, -S *same as* ▸ **diptych**
DIPTYCH, -S *n* painting on two hinged panels
DIQUARK, -S *n* particle in physics
DIQUAT, -S *n* type of herbicide
DIRAM, -S *n* money unit of Tajikistan
DIRDAM, -S *same as* ▸ **dirdum**
DIRDUM, -S *n* tumult
DIRE, -R, -ST *adj* disastrous, urgent, or terrible
DIRECT, -ED, -ER, -S *adj* (of a route) shortest, straight ▹ *adv* in a direct manner ▹ *vb* lead and organize
DIRECTLY *adv* in a direct manner
DIRECTOR *n* person or thing that directs or controls
DIRECTS ▸ **direct**
DIREFUL *same as* ▸ **dire**
DIRELY ▸ **dire**
DIREMPT, -S *vb* separate with force
DIRENESS ▸ **dire**
DIRER ▸ **dire**

DIREST ▸ **dire**
DIRGE, -S *n* slow sad song of mourning
DIRGEFUL ▸ **dirge**
DIRGES ▸ **dirge**
DIRHAM, -S *n* standard monetary unit of Morocco
DIRHEM, -S *same as* ▸ **dirham**
DIRIGE, -S *n* dirge
DIRIGENT *adj* directing
DIRIGES ▸ **dirige**
DIRIGISM *same as* > **dirigisme**
DIRIMENT *adj* (of an impediment to marriage in canon law) totally invalidating
DIRK, -ED, -ING, -S *n* dagger, formerly worn by Scottish Highlanders ▹ *vb* stab with a dirk
DIRKE, -S *variant of* ▸ **dirk**
DIRKED ▸ **dirk**
DIRKES ▸ **dirke**
DIRKING ▸ **dirk**
DIRKS ▸ **dirk**
DIRL, -ED, -ING, -S *vb* tingle; vibrate
DIRNDL, -S *n* full gathered skirt
DIRT, -ED, -ING, -S *vb* soil ▹ *n* unclean substance, filth
DIRTBAG, -S *n* filthy person
DIRTBALL *n* insulting word for a contemptible person
DIRTED ▸ **dirt**
DIRTIED ▸ **dirty**
DIRTIER ▸ **dirty**
DIRTIES ▸ **dirty**
DIRTIEST ▸ **dirty**
DIRTILY ▸ **dirty**
DIRTING ▸ **dirt**
DIRTS ▸ **dirt**
DIRTY, DIRTIED, DIRTIER, DIRTIES, DIRTIEST, -ING *adj* covered or marked with dirt ▹ *vb* make dirty
DIS *same as* ▸ **diss**
DISA, -S *n* type of orchid
DISABLE, -S *vb* make ineffective, unfit, or incapable
DISABLED *adj* lacking a physical power, such as the ability to walk
DISABLER ▸ **disable**
DISABLES ▸ **disable**
DISABUSE *vb* rid (someone) of a mistaken idea
DISADORN *vb* deprive of ornamentation
DISAGREE *vb* argue or have different opinions
DISALLOW *vb* reject as untrue or invalid
DISALLY *vb* separate
DISANNEX *vb* disunite
DISANNUL *vb* cancel
DISAPPLY *vb* make (law) invalid
DISARM, -ED, -S *vb* deprive of weapons
DISARMER ▸ **disarm**
DISARMS ▸ **disarm**
DISARRAY *n* confusion and lack of discipline ▹ *vb* throw into confusion
DISAS ▸ **disa**
DISASTER *n* occurrence that causes great distress or destruction
DISAVOW, -S *vb* deny connection with or responsibility for
DISBAND, -S *vb* (cause to) cease to function as a group
DISBAR, -S *vb* deprive (a barrister) of the right to practise
DISBARK, -S *same as* > **disembark**
DISBARS ▸ **disbar**
DISBENCH *vb* remove from bench
DISBOSOM *vb* disclose
DISBOUND *adj* unbound
DISBOWEL *vb* disembowel
DISBUD, -S *vb* remove superfluous buds from (a plant, esp a fruit tree)
DISBURSE *vb* pay out
DISC, -ED, -ING, -S *n* flat circular object ▹ *vb* work (land) with a disc harrow
DISCAGE, -D, -S *vb* release from cage
DISCAL *adj* relating to or resembling a disc
DISCANDY *vb* melt; dissolve
DISCANT, -S *same as* ▸ **descant**
DISCARD, -S *vb* get rid of (something or someone) as useless or undesirable ▹ *n* person or thing that has been cast aside
DISCASE, -D, -S *vb* remove case from
DISCED ▸ **disc**
DISCEPT, -S *vb* discuss
DISCERN, -S *vb* see or be aware of (something) clearly
DISCERP, -S *vb* divide
DISCI ▸ **discus**
DISCIDE, -D, -S *vb* split
DISCINCT *adj* loosely dressed, without belt
DISCING ▸ **disc**
DISCIPLE *vb* teach ▹ *n* follower of the doctrines of a teacher, esp Jesus Christ
DISCLAIM *vb* deny (responsibility for or knowledge of something)
DISCLESS *adj* having no disc
DISCLIKE ▸ **disc**
DISCLOSE, DISCLOST *vb* make known
DISCO, -ED, -ES, -ING, -S *vb* go to a disco ▹ *n* nightclub where people dance to amplified pop records
DISCOER, -S ▸ **disco**
DISCOES ▸ **disco**
DISCOID, -S *adj* like a disc ▹ *n* disclike object
DISCOING ▸ **disco**
DISCOLOR *same as* > **discolour**
DISCORD, -S *n* lack of agreement or harmony between people ▹ *vb* disagree
DISCOS ▸ **disco**
DISCOUNT *vb* take no account of something ▹ *n* deduction from the full price of something
DISCOURE *vb* discover
DISCOVER *vb* be the first to find or to find out about
DISCREET *adj* careful to avoid embarrassment, esp by keeping confidences secret
DISCRETE *adj* separate, distinct
DISCROWN *vb* deprive of a crown
DISCS ▸ **disc**
DISCURE, -D, -S *old form of* ▸ **discover**
DISCUS, DISCI, -ES *n* object thrown in sports competitions
DISCUSS *vb* consider (something) by talking it over
DISDAIN, -S *n* feeling of superiority and dislike ▹ *vb* refuse with disdain
DISEASE, -S *vb* make uneasy ▹ *n* illness, sickness
DISEASED *adj* having or affected with disease
DISEASES ▸ **disease**
DISEDGE, -D, -S *vb* render blunt
DISENDOW *vb* take away an endowment from
DISENROL *vb* remove from register
DISEUR, -S *same as* ▸ **diseuse**
DISEUSE, -S *n* (esp formerly) an actress who presents dramatic recitals

D

D

DISFAME, -D, -S *n* discredit ▷ *vb* throw into disrepute or remove fame (from)
DISFAVOR *same as* > **disfavour**
DISFLESH *vb* reduce flesh of
DISFORM, -S *vb* change form of
DISFROCK *another word for* ▶ **unfrock**
DISGAVEL *vb* deprive of quality of gavelkind
DISGEST, -S *vb* digest
DISGORGE *vb* empty out, discharge
DISGOWN, -S *vb* remove gown from
DISGRACE *n* condition of shame, loss of reputation, or dishonour ▷ *vb* bring shame upon (oneself or others)
DISGRADE *vb* degrade
DISGUISE *vb* change the appearance to conceal the identity ▷ *n* mask, costume, or manner that disguises
DISGUST, -S *n* great loathing or distaste ▷ *vb* sicken, fill with loathing
DISH, -ES *n* shallow container used for holding or serving food ▷ *vb* put into a dish
DISHABIT *vb* dislodge
DISHABLE *obsolete form of* ▶ **disable**
DISHDASH *same as* > **dishdasha**
DISHED *adj* shaped like a dish
DISHELM, -S *vb* remove helmet from
DISHERIT *vb* disinherit
DISHES ▶ **dish**
DISHEVEL *vb* disarrange (the hair or clothes) of (someone)
DISHFUL, -S *n* the amount that a dish is able to hold
DISHIER ▶ **dishy**
DISHIEST ▶ **dishy**
DISHING, -S ▶ **dish**
DISHLIKE ▶ **dish**
DISHMOP, -S *n* mop for cleaning dishes
DISHOARD *vb* put previously withheld (money) into circulation
DISHOME, -D, -S *vb* deprive of home
DISHONOR *same as* > **dishonour**
DISHORN, -S *vb* remove horns from
DISHORSE *vb* dismount
DISHOUSE *vb* deprive of home
DISHPAN, -S *n* large pan for washing dishes, pots, etc
DISHRAG, -S *n* dishcloth
DISHWARE *n* tableware
DISHY, DISHIER, DISHIEST *adj* good-looking
DISINTER *vb* dig up
DISINURE *vb* render unaccustomed
DISJECT, -S *vb* break apart
DISJOIN, -S *vb* disconnect or become disconnected
DISJOINT *vb* take apart or come apart at the joints ▷ *adj* (of two sets) having no members in common
DISJUNCT *adj* not united or joined ▷ *n* one of the propositions or formulas in a disjunction
DISJUNE, -D, -S *n* breakfast ▷ *vb* breakfast
DISK, -ED, -ING, -S *same as* ▶ **disc**
DISKER, -S *n* person who breaks up earth with a type of farm implement
DISKETTE *n* floppy disk
DISKING ▶ **disk**
DISKLESS ▶ **disk**
DISKLIKE ▶ **disk**
DISKS ▶ **disk**
DISLEAF, -S *vb* remove leaf or leaves from
DISLEAL *archaic form of* ▶ **disloyal**
DISLEAVE *variant of* ▶ **disleaf**
DISLIKE, -D, -S *vb* consider unpleasant or disagreeable ▷ *n* feeling of not liking something or someone
DISLIKEN *vb* render dissimilar to
DISLIKER ▶ **dislike**
DISLIKES ▶ **dislike**
DISLIMB, -S *vb* remove limbs from
DISLIMN, -S *vb* efface
DISLINK, -S *vb* disunite
DISLOAD, -S *vb* unload
DISLODGE *vb* remove (something) from a previously fixed position
DISLOIGN *vb* put at a distance
DISLOYAL *adj* not loyal, deserting one's allegiance
DISMAL, -ER *adj* gloomy and depressing
DISMALLY ▶ **dismal**
DISMALS *pl n* gloomy state of mind
DISMAN, -S *vb* remove men from
DISMASK, -S *vb* remove mask from
DISMAST, -S *vb* break off the mast or masts of (a sailing vessel)
DISMAY, -ED, -S *vb* fill with alarm or depression ▷ *n* alarm mixed with sadness
DISMAYD *adj* word used by Spenser meaning misshapen
DISMAYED ▶ **dismay**
DISMAYL, -S *vb* remove a coat of mail from
DISMAYS ▶ **dismay**
DISME, -S *old form of* ▶ **dime**
DISMISS *vb* remove (an employee) from a job ▷ *sentence substitute* order to end an activity or give permission to disperse
DISMODED *adj* no longer fashionable
DISMOUNT *vb* get off a horse or bicycle ▷ *n* act of dismounting
DISNEST, -S *vb* remove from a nest
DISOBEY, -S *vb* neglect or refuse to obey
DISODIUM *n* compound containing two sodium atoms
DISOMIC *adj* having an extra chromosome in the haploid state
DISOMY, DISOMIES ▶ **disomic**
DISORBED *adj* thrown out of orbit
DISORDER *n* state of untidiness and disorganization ▷ *vb* upset the order of
DISOWN, -ED, -S *vb* deny any connection with (someone)
DISOWNER ▶ **disown**
DISOWNS ▶ **disown**
DISPACE, -D, -S *vb* move or travel about
DISPARK, -S *vb* release
DISPART, -S *vb* separate
DISPATCH *vb* send off to a destination or to perform a task ▷ *n* official communication or report, sent in haste
DISPATHY *obsolete spelling of* ▶ **dyspathy**
DISPEACE *n* absence of peace
DISPEL, -S *vb* destroy or remove
DISPENCE *same as* ▶ **dispense**
DISPEND, -S *vb* spend
DISPENSE *vb* distribute in portions

DISPERSE *vb* scatter over a wide area ▷ *adj* of or consisting of the particles in a colloid or suspension
DISPIRIT *vb* make downhearted
DISPLACE *vb* move from the usual location
DISPLANT *vb* displace
DISPLAY, -S *vb* make visible or noticeable ▷ *n* displaying
DISPLE, -D, -S, DISPLING *vb* punish
DISPLODE *obsolete word for* ▸ **explode**
DISPLUME *vb* remove feathers from
DISPONE, -D, -S *vb* transfer ownership
DISPONEE *vb* person whom something is disponed to
DISPONER ▸ **dispone**
DISPONES ▸ **dispone**
DISPONGE *same as* ▸ **dispunge**
DISPORT, -S *vb* indulge (oneself) in pleasure ▷ *n* amusement
DISPOSAL *n* getting rid of something
DISPOSE, -S *vb* place in a certain order
DISPOSED *adj* willing or eager
DISPOSER ▸ **dispose**
DISPOSES ▸ **dispose**
DISPOST, -S *vb* remove from post
DISPRAD *old form of* ▸ **dispread**
DISPREAD *vb* spread out
DISPRED, -S *old spelling of* ▸ **dispread**
DISPRIZE *vb* scorn
DISPROOF *n* facts that disprove something
DISPROVE *vb* show (an assertion or claim) to be incorrect
DISPUNGE *vb* expunge
DISPURSE *another word for* ▸ **disburse**
DISPUTE, -D, -S *n* disagreement, argument ▷ *vb* argue about (something)
DISPUTER ▸ **dispute**
DISPUTES ▸ **dispute**
DISQUIET *n* feeling of anxiety ▷ *vb* make (someone) anxious ▷ *adj* uneasy or anxious
DISRANK, -S *vb* demote
DISRATE, -D, -S *vb* punish (an officer) by lowering in rank
DISROBE, -D, -S *vb* undress
DISROBER ▸ **disrobe**
DISROBES ▸ **disrobe**
DISROOT, -S *vb* uproot
DISRUPT, -S *vb* interrupt the progress of
DISS, -ED, -ES, -ING *vb* treat (a person) with contempt
DISSAVE, -D, -S *vb* spend savings
DISSAVER *n* person who dissaves
DISSAVES ▸ **dissave**
DISSEAT, -S *vb* unseat
DISSECT, -S *vb* cut something open to examine it
DISSED ▸ **diss**
DISSEISE *vb* deprive of seisin
DISSEIZE *same as* ▸ **disseise**
DISSENT, -S *vb* disagree ▷ *n* disagreement
DISSERT, -S *n* give or make a dissertation; dissertate
DISSERVE *vb* do a disservice to
DISSES ▸ **diss**
DISSEVER *vb* break off or become broken off
DISSIGHT *n* eyesore
DISSING ▸ **diss**
DISSOLVE *vb* (cause to) become liquid ▷ *n* scene filmed or televised by dissolving
DISSUADE *vb* deter (someone) by persuasion from doing something
DISTAFF, -S, DISTAVES *n* rod on which wool etc is wound for spinning
DISTAIN, -S *vb* stain; tarnish
DISTAL *adj* (of a bone, limb, etc) situated farthest from the point of attachment
DISTALLY ▸ **distal**
DISTANCE *n* space between two points
DISTANT *adj* far apart
DISTASTE *n* dislike, disgust
DISTAVES ▸ **distaff**
DISTEND, -S *vb* (of part of the body) swell
DISTENT, -S *adj* bloated; swollen ▷ *n* breadth; distension
DISTHENE *n* bluish-green mineral
DISTICH, -S *n* unit of two verse lines
DISTIL, -S *vb* subject to or obtain by distillation
DISTILL, -S *same as* ▸ **distil**
DISTILS ▸ **distil**
DISTINCT *adj* not the same
DISTOME, -S *n* parasitic flatworm
DISTORT, -S *vb* misrepresent (the truth or facts)
DISTRACT *vb* draw the attention of (a person) away from something
DISTRAIL *n* trail made by aircraft flying through cloud
DISTRAIN *vb* seize (personal property) to enforce payment of a debt
DISTRAIT *adj* absent-minded or preoccupied
DISTRESS *n* extreme unhappiness ▷ *vb* upset badly
DISTRICT *n* area of land regarded as an administrative or geographical unit ▷ *vb* divide into districts
DISTRIX *n* splitting of the ends of hairs
DISTRUST *vb* regard as untrustworthy ▷ *n* feeling of suspicion or doubt
DISTUNE, -D, -S *vb* cause to be out of tune
DISTURB, -S *vb* intrude on
DISTYLE, -S *n* temple with two columns
DISULFID *same as* > **disulfide**
DISUNION ▸ **disunite**
DISUNITE *vb* cause disagreement among
DISUNITY *n* dissension or disagreement
DISUSAGE *n* disuse
DISUSE, -S, DISUSING *vb* stop using ▷ *n* state of being no longer used
DISUSED *adj* no longer used
DISUSES ▸ **disuse**
DISUSING ▸ **disuse**
DISVALUE *vb* belittle
DISVOUCH *vb* dissociate oneself from
DISYOKE, -D, -S *vb* unyoke
DIT, -S, -TED, -TING, -TIT *vb* stop something happening ▷ *n* short sound used in the spoken representation of telegraphic codes
DITA, -S *n* tropical shrub
DITAL, -S *n* key for raising pitch of lute string
DITAS ▸ **dita**
DITCH, -ED, -ES, -ING *n* narrow channel dug in the earth for drainage or irrigation ▷ *vb* abandon
DITCHER, -S ▸ **ditch**
DITCHES ▸ **ditch**
DITCHING ▸ **ditch**
DITE, -D, -S, DITING *vb* set down in writing
DITHECAL *adj* having two thecae
DITHEISM *n* belief in two equal gods

DITHEIST ▸ **ditheism**
DITHER, -ED, -S *vb* be uncertain or indecisive ▹ *n* state of indecision or agitation
DITHERER ▸ **dither**
DITHERS ▸ **dither**
DITHERY ▸ **dither**
DITHIOL, -S *n* chemical compound
DITING ▸ **dite**
DITOKOUS *adj* producing two eggs
DITONE, -S *n* interval of two tones
DITS ▸ **dit**
DITSY, DITSIER, DITSIEST *same as* ▸ **ditzy**
DITT, -S *same as* ▸ **dit**
DITTANY *n* aromatic plant
DITTAY, -S *n* accusation; charge
DITTED ▸ **dit**
DITTIED ▸ **ditty**
DITTIES ▸ **ditty**
DITTING ▸ **dit**
DITTIT ▸ **dit**
DITTO, -ED, -ING, -S *n* same ▹ *adv* in the same way ▹ *sentence substitute* used to avoid repeating or to confirm agreement with an immediately preceding sentence ▹ *vb* copy
DITTS ▸ **ditt**
DITTY, DITTIED, DITTIES, -ING *vb* set to music ▹ *n* short simple poem or song
DITZ, -ES *n* silly scatterbrained person
DITZY, DITZIER, DITZIEST *adj* silly and scatterbrained
DIURESIS, DIURESES *n* excretion of an unusually large quantity of urine
DIURETIC *n* drug that increases the flow of urine ▹ *adj* acting to increase the flow of urine
DIURNAL, -S *adj* happening during the day or daily ▹ *n* service book containing all the canonical hours except matins
DIURON, -S *n* type of herbicide
DIV, -S *n* dividend
DIVA, -S *n* distinguished female singer
DIVAGATE *vb* digress or wander
DIVALENT *n* element that can unite with two atoms ▹ *adj* having two valencies or a valency of two
DIVAN, -S *n* low backless bed
DIVAS ▸ **diva**
DIVE, -D, -S *vb* plunge headfirst into water ▹ *n* diving
DIVEBOMB *vb* bomb while making steep dives
DIVED ▸ **dive**
DIVER *n* person who works or explores underwater
DIVERGE, -D, -S *vb* separate and go in different directions
DIVERS *adj* various ▹ *determiner* various
DIVERSE, -D, -S *vb* turn away ▹ *adj* having variety, assorted
DIVERSLY ▸ **divers**
DIVERT, -ED, -S *vb* change the direction of
DIVERTER ▸ **divert**
DIVERTS ▸ **divert**
DIVES ▸ **dive**
DIVEST, -ED, -S *vb* strip (of clothes)
DIVI, -ED, -S *alternative spelling of* ▸ **divvy**
DIVIDANT *adj* distinct
DIVIDE, -S, DIVIDING *vb* separate into parts ▹ *n* division, split
DIVIDED *adj* split
DIVIDEND *n* sum of money representing part of the profit made, paid by a company to its shareholders
DIVIDER *n* screen used to divide a room into separate areas
DIVIDERS *pl n* compasses with two pointed arms, used for measuring or dividing lines
DIVIDES ▸ **divide**
DIVIDING ▸ **divide**
DIVIDIVI *n* tropical tree
DIVIDUAL *adj* divisible
DIVIED ▸ **divi**
DIVINE, -D, -S, -ST, DIVINING *adj* of God or a god ▹ *vb* discover (something) by intuition or guessing ▹ *n* priest who is learned in theology
DIVINELY ▸ **divine**
DIVINER, -S ▸ **divine**
DIVINES ▸ **divine**
DIVINEST ▸ **divine**
DIVING, -S ▸ **dive**
DIVINIFY *vb* give divine status to
DIVINING ▸ **divine**
DIVINISE *same as* ▸ **divinize**
DIVINITY *n* study of religion
DIVINIZE *vb* make divine
DIVIS ▸ **divi**
DIVISIM *adv* separately
DIVISION *n* dividing, sharing out
DIVISIVE *adj* tending to cause disagreement
DIVISOR, -S *n* number to be divided into another number
DIVNA *vb* do not
DIVO, -S *n* male diva
DIVORCE, -D, -S *n* legal ending of a marriage ▹ *vb* legally end one's marriage (to)
DIVORCEE *n* person who is divorced
DIVORCER ▸ **divorce**
DIVORCES ▸ **divorce**
DIVOS ▸ **divo**
DIVOT, -S *n* small piece of turf
DIVS ▸ **div**
DIVULGE, -D, -S *vb* make known, disclose
DIVULGER ▸ **divulge**
DIVULGES ▸ **divulge**
DIVULSE, -D, -S *vb* tear apart
DIVVY, DIVVIED, DIVVIER, DIVVIES, DIVVIEST, -ING *vb* divide and share ▹ *adj* dialect word for stupid
DIVYING *alternative present participle of* ▸ **divvy**
DIWAN, -S *same as* ▸ **dewan**
DIXI *interj* I have spoken
DIXIE, -S *n* large metal pot for cooking, brewing tea, etc
DIXIT, -S *n* statement
DIXY *same as* ▸ **dixie**
DIYA, -S *n* small oil lamp, usu made from clay
DIZAIN, -S *n* ten-line poem
DIZEN, -ED, -ING, -S *archaic word for* ▸ **bedizen**
DIZYGOUS *another word for* ▸ **dizygotic**
DIZZARD, -S *n* dunce
DIZZIED ▸ **dizzy**
DIZZIER ▸ **dizzy**
DIZZIES ▸ **dizzy**
DIZZIEST ▸ **dizzy**
DIZZILY ▸ **dizzy**
DIZZY, DIZZIED, DIZZIER, DIZZIES, DIZZIEST, -ING *adj* having or causing a whirling sensation ▹ *vb* make dizzy
DJEBEL, -S *a variant spelling of* ▸ **jebel**
DJELLABA *n* kind of loose cloak with a hood, worn by men esp in North Africa and the Middle East
DJEMBE, -S *n* W African drum
DJIBBA, -S *same as* ▸ **jubbah**
DJIBBAH, -S *same as* ▸ **jubbah**
DJIBBAS ▸ **djibba**

DJIN, -S *same as* ▸ **jinn**
DJINNI, DJINN, DJINNS *same as* ▸ **jinni**
DJINNY *same as* ▸ **jinni**
DJINS ▸ **djin**
DO, DID, -EN, -ES, -EST, -ETH, -ING, -NE, -S *vb* perform or complete (a deed or action) ▹ *n* party, celebration
DOAB, -S *n* alluvial land between two converging rivers
DOABLE *adj* capable of being done
DOABS ▸ **doab**
DOAT, -ED, -S *same as* ▸ **dote**
DOATER, -S ▸ **doat**
DOATING, -S ▸ **doat**
DOATS ▸ **doat**
DOB, -BED, -BING, -S *vb* as in **dob in** inform against or report
DOBBER, -S *n* informant or traitor
DOBBIE *same as* ▸ **dobby**
DOBBIES ▸ **dobby**
DOBBIN, -S *n* name for a horse
DOBBING ▸ **dob**
DOBBINS ▸ **dobbin**
DOBBY, DOBBIES *n* attachment to a loom, used in weaving small figures
DOBCHICK *same as* ▸ **dabchick**
DOBE, -S *same as* ▸ **adobe**
DOBHASH *n* interpreter
DOBLA, -S *n* medieval Spanish gold coin, probably worth 20 maravedis
DOBLON, -ES, -S *a variant spelling of* ▸ **doubloon**
DOBRA, -S *n* standard monetary unit of São Tomé e Principe
DOBRO, -S *n* type of acoustic guitar
DOBS ▸ **dob**
DOBSON, -S *n* larva of dobsonfly
DOC, -S *same as* ▸ **doctor**
DOCENT, -S *n* voluntary worker who acts as a guide
DOCETIC *adj* believing that the humanity of Christ was apparent and not real
DOCHMIAC ▸ **dochmius**
DOCHMIUS, DOCHMII *n* five-syllable foot
DOCHT ▸ **dow**
DOCIBLE *adj* easily tamed
DOCILE, -R, -ST *adj* (of a person or animal) easily controlled
DOCILELY ▸ **docile**
DOCILER ▸ **docile**
DOCILEST ▸ **docile**
DOCILITY ▸ **docile**
DOCIMASY *n* close examination
DOCK, -ED, -S *n* enclosed area of water where ships are loaded, unloaded, or repaired ▹ *vb* bring or be brought into dock
DOCKAGE, -S *n* charge levied upon a vessel for using a dock
DOCKED ▸ **dock**
DOCKEN, -S *n* something of no value or importance
DOCKER, -S *n* person employed to load and unload ships
DOCKET, -ED, -S *n* label on a delivery, stating contents, delivery instructions, etc ▹ *vb* fix a docket to (a package or other delivery)
DOCKHAND *n* dock labourer
DOCKING, -S ▸ **dock**
DOCKISE, -D, -S *same as* ▸ **dockize**
DOCKIZE, -D, -S *vb* convert into docks
DOCKLAND *n* area around the docks
DOCKS ▸ **dock**
DOCKSIDE *n* area next to dock
DOCKYARD *n* place where ships are built or repaired
DOCO, -S *n* (slang) documentary
DOCQUET, -S *same as* ▸ **docket**
DOCS ▸ **doc**
DOCTOR, -ED, -S *n* person licensed to practise medicine ▹ *vb* alter in order to deceive
DOCTORAL ▸ **doctor**
DOCTORED ▸ **doctor**
DOCTORLY ▸ **doctor**
DOCTORS ▸ **doctor**
DOCTRESS *same as* > **doctoress**
DOCTRINE *n* body of teachings of a religious, political, or philosophical group
DOCU, -S *n* documentary film
DOCUMENT *n* piece of paper providing an official record of something ▹ *vb* record or report (something) in detail
DOCUS ▸ **docu**
DOCUSOAP *n* reality television programme in the style of a documentary
DOD, -DED, -DING, -S *vb* clip
DODDARD, -S *adj* archaic word for missing branches; rotten ▹ *n* tree missing its top branches through rot
DODDED ▸ **dod**
DODDER, -ED, -S *vb* move unsteadily ▹ *n* type of rootless parasitic plant
DODDERER ▸ **dodder**
DODDERS ▸ **dodder**
DODDERY ▸ **dodder**
DODDIER ▸ **doddy**
DODDIES ▸ **doddy**
DODDIEST ▸ **doddy**
DODDING ▸ **dod**
DODDLE, -S *n* something easily accomplished
DODDY, DODDIER, DODDIES, DODDIEST *n* bad mood ▹ *adj* sulky
DODGE, -D, -S *vb* avoid (a blow, being seen, etc) by moving suddenly ▹ *n* cunning or deceitful trick
DODGEM, -S *n* bumper car
DODGER, -S *n* person who evades a responsibility or duty
DODGERY *n* deception
DODGES ▸ **dodge**
DODGIER ▸ **dodgy**
DODGIEST ▸ **dodgy**
DODGING, -S ▸ **dodge**
DODGY, DODGIER, DODGIEST *adj* dangerous, risky
DODKIN, -S *n* coin of little value
DODMAN, -S *n* snail
DODO, -ES, -S *n* large flightless extinct bird
DODOISM, -S ▸ **dodo**
DODOS ▸ **dodo**
DODS ▸ **dod**
DOE *n* female deer, hare, or rabbit
DOEK, -S *n* square of cloth worn on the head by women
DOEN ▸ **do**
DOER, -S *n* active or energetic person
DOES ▸ **do**
DOESKIN, -S *n* skin of a deer, lamb, or sheep
DOEST ▸ **do**
DOETH ▸ **do**
DOF *informal South African word for* ▸ **stupid**
DOFF, -ED, -ING, -S *vb* take off or lift (one's hat) in polite greeting
DOFFER, -S ▸ **doff**
DOFFING ▸ **doff**
DOFFS ▸ **doff**
DOG, -S *n* domesticated four-legged mammal ▹ *vb* follow (someone) closely

DOGATE, -S *n* office of doge
DOGBANE, -S *n* N American plant
DOGBERRY *n* any of certain plants that have berry-like fruits
DOGBOLT, -S *n* bolt on cannon
DOGCART, -S *n* light horse-drawn two-wheeled cart
DOGDOM, -S *n* world of dogs
DOGE, -S *n* (formerly) chief magistrate of Venice or Genoa
DOGEAR, -ED, -S *vb* fold down the corner of (a page) ▷ *n* folded-down corner of a page
DOGEATE, -S *n* office of doge
DOGEDOM, -S *n* domain of doge
DOGES ▸ **doge**
DOGESHIP ▸ **doge**
DOGEY, -S *same as* ▸ **dogie**
DOGFACE, -S *n* WW2 US soldier
DOGFIGHT *vb* fight in confused way ▷ *n* close-quarters combat between fighter aircraft
DOGFISH *n* small shark
DOGFOOD, -S *n* food for a dog
DOGFOX, -ES *n* male fox
DOGGED, -ER *adj* stubbornly determined
DOGGEDLY ▸ **dogged**
DOGGER, -S *n* Dutch fishing vessel with two masts
DOGGEREL *n* poorly written poetry, usu comic
DOGGERS ▸ **dogger**
DOGGERY *n* surly behaviour
DOGGESS *n* female dog
DOGGIE *same as* ▸ **doggy**
DOGGIER ▸ **doggy**
DOGGIES ▸ **doggy**
DOGGIEST ▸ **doggy**
DOGGING, -S ▸ **dog**
DOGGISH *adj* of or like a dog
DOGGO *adv* in hiding and keeping quiet
DOGGONE, -D, -R, -S *interj* exclamation of annoyance, disappointment, etc ▷ *vb* damn ▷ *adj* damnedest
DOGGREL, -S *same as* ▸ **doggerel**
DOGGY, DOGGIER, DOGGIES, DOGGIEST *n* child's word for a dog ▷ *adj* of or like a dog
DOGHOLE, -S *n* squalid dwelling place
DOGHOUSE *n* kennel
DOGIE, -S *n* motherless calf
DOGLEG, -S *n* sharp bend ▷ *vb* go off at an angle ▷ *adj* of or with the shape of a dogleg
DOGLIKE ▸ **dog**
DOGMA, -S, -TA *n* doctrine or system of doctrines proclaimed by authority as true
DOGMAN, DOGMEN *n* person who directs a crane whilst riding on an object being lifted by it
DOGMAS ▸ **dogma**
DOGMATA ▸ **dogma**
DOGMATIC *adj* habitually stating one's opinions forcefully or arrogantly
DOGMEN ▸ **dogman**
DOGNAP, -ED, -S *vb* carry off and hold (a dog), usually for ransom
DOGNAPER ▸ **dognap**
DOGNAPS ▸ **dognap**
DOGPILE, -S *n* pile of bodies formed by people jumping on top of each other
DOGREL, -S *n* doggerel
DOGS ▸ **dog**
DOGSBODY *n* person who carries out boring tasks for others ▷ *vb* act as a dogsbody
DOGSHIP, -S *n* condition of being a dog
DOGSHOW, -S *n* competition in which dogs are judged
DOGSKIN, -S *n* leather from dog's skin
DOGSLED, -S *n* sleigh drawn by dogs
DOGSLEEP *n* feigned sleep
DOGSTAIL *n* type of grass
DOGTAIL, -S *same as* ▸ **dogstail**
DOGTOOTH, DOGTEETH *n* medieval carved ornament
DOGTOWN, -S *n* community of prairie dogs
DOGTROT, -S *n* gently paced trot
DOGVANE, -S *n* light windvane mounted on the side of a vessel
DOGWATCH *n* either of two watches aboard ship, from four to six pm or from six to eight pm
DOGWOOD, -S *n* type of tree or shrub
DOGY *same as* ▸ **dogie**
DOH, -S *n* in tonic sol-fa, first degree of any major scale ▷ *interj* exclamation of annoyance when something goes wrong

This is one of the very useful short words denoting a note of the musical scale.

DOHYO, -S *n* sumo wrestling ring
DOILED *same as* ▸ **doilt**
DOILIED *adj* having a doily
DOILIES ▸ **doily**
DOILT, -ER, -EST *adj* foolish
DOILY, DOILIES *n* decorative lacy paper mat, laid on a plate
DOING ▸ **do**
DOINGS *pl n* deeds or actions
DOIT, -S *n* former small copper coin of the Netherlands
DOITED *adj* foolish or childish, as from senility
DOITIT *same as* ▸ **doited**
DOITKIN, -S *same as* ▸ **doit**
DOITS ▸ **doit**
DOJO, -S *n* room or hall for the practice of martial arts
DOL, -S *n* unit of pain intensity, as measured by dolorimetry
DOLCE, -S, DOLCI *n* dessert ▷ *adv* (to be performed) gently and sweetly
DOLCETTO *n* variety of grape
DOLCI ▸ **dolce**
DOLDRUMS *pl n* depressed state of mind
DOLE, -D, -S, DOLING *n* money received from the state while unemployed ▷ *vb* distribute in small quantities
DOLEFUL *adj* dreary, unhappy
DOLENT *adj* sad
DOLENTE *adv* (to be performed) in a sorrowful manner
DOLERITE *n* dark igneous rock such as augite
DOLES ▸ **dole**
DOLESOME *same as* ▸ **doleful**
DOLIA ▸ **dolium**
DOLICHOS *n* tropical vine
DOLINA, -S *same as* ▸ **doline**
DOLINE, -S *n* depression of the ground surface formed in limestone regions
DOLING ▸ **dole**
DOLIUM, DOLIA *n* genus of molluscs
DOLL, -ED, -ING, -S *n* small model of a human being, used as a toy ▷ *vb* as in **doll up** dress up

DOLLAR, -S *n* standard monetary unit of many countries
DOLLARED *adj* flagged with a dollar sign
DOLLARS ▸ **dollar**
DOLLDOM, -S ▸ **doll**
DOLLED ▸ **doll**
DOLLHOOD ▸ **doll**
DOLLIED ▸ **dolly**
DOLLIER, -S *n* person who operates a dolly
DOLLIES ▸ **dolly**
DOLLING ▸ **doll**
DOLLISH ▸ **doll**
DOLLOP, -ED, -S *n* lump (of food) ▹ *vb* serve out (food)
DOLLS ▸ **doll**
DOLLY, DOLLIED, DOLLIES, -ING *adj* attractive and unintelligent ▹ *n* wheeled support for a camera ▹ *vb* wheel a camera on a dolly
DOLMA, -DES, -S *n* vine leaf stuffed with a filling of meat and rice
DOLMAN, -S *n* long Turkish outer robe
DOLMAS ▸ **dolma**
DOLMEN, -S *n* prehistoric monument
DOLMENIC ▸ **dolmen**
DOLMENS ▸ **dolmen**
DOLOMITE *n* mineral consisting of calcium magnesium carbonate
DOLOR, -S *same as* ▸ **dolour**
DOLOROSO *adv* (to be performed) in a sorrowful manner
DOLOROUS *adj* sad, mournful
DOLORS ▸ **dolor**
DOLOS, -SE *n* knucklebone of a sheep, buck, etc, used esp by diviners
DOLOUR, -S *n* grief or sorrow
DOLPHIN, -S *n* sea mammal of the whale family
DOLS ▸ **dol**
DOLT, -S *n* stupid person
DOLTISH ▸ **dolt**
DOLTS ▸ **dolt**
DOM, -S *n* title given to various monks and to certain of the canons regular
DOMAIN, -S *n* field of knowledge or activity
DOMAINAL ▸ **domain**
DOMAINE, -S *n* French estate
DOMAINS ▸ **domain**
DOMAL *adj* of a house
DOMANIAL ▸ **domain**
DOMATIUM, DOMATIA *n* plant cavity inhabited by commensal insects or mites or, occasionally, microorganisms
DOME, -D, -S, DOMING *n* rounded roof built on a circular base ▹ *vb* cover with or as if with a dome
DOMELIKE ▸ **dome**
DOMES ▸ **dome**
DOMESDAY *same as* ▸ **doomsday**
DOMESTIC *adj* of one's own country or a specific country ▹ *n* person whose job is to do housework in someone else's house
DOMETT, -S *n* wool and cotton cloth
DOMIC *adj* dome-shaped
DOMICAL ▸ **dome**
DOMICIL, -S *same as* ▸ **domicile**
DOMICILE *n* place where one lives ▹ *vb* establish or be established in a dwelling place
DOMICILS ▸ **domicil**
DOMIER ▸ **domy**
DOMIEST ▸ **domy**
DOMINANT *adj* having authority or influence ▹ *n* dominant allele or character
DOMINATE *vb* control or govern
DOMINE, -S *n* clergyman or clergywoman
DOMINEE, -S *n* minister of the Dutch Reformed Church
DOMINEER *vb* act with arrogance or tyranny
DOMINEES ▸ **dominee**
DOMINES ▸ **domine**
DOMING ▸ **dome**
DOMINICK *n* breed of chicken
DOMINIE, -S *n* minister, clergyman or clergywoman: also used as a term of address
DOMINION *same as* ▸ **dominium**
DOMINIUM *n* ownership or right to possession of property, esp realty
DOMINO, -S *n* small rectangular block marked with dots, used in dominoes
DOMINOES *n* game in which dominoes with matching halves are laid together
DOMINOS ▸ **domino**
DOMOIC *adj* as in **domoic acid** kind of amino acid
DOMS ▸ **dom**
DOMY, DOMIER, DOMIEST *adj* having a dome or domes
DON, -NED, -NING, -S *vb* put on (clothing) ▹ *n* member of the teaching staff at a university or college
DONA, -S *n* Spanish lady
DONAH, -S *n* woman
DONAIR, -S *same as* ▸ **doner**
DONARY, DONARIES *n* thing given for holy use
DONAS ▸ **dona**
DONATARY *n* recipient
DONATE, -D, -S, DONATING *vb* give, esp to a charity or organization
DONATION *n* donating
DONATISM *n* doctrine and beliefs relating to an early Christian sect
DONATIVE *n* gift or donation ▹ *adj* of or like a donation
DONATOR, -S ▸ **donate**
DONATORY *n* recipient
DONDER, -ED, -S *vb* beat (someone) up ▹ *n* wretch
DONE ▸ **do**
DONEE, -S *n* person who receives a gift
DONEGAL, -S *n* type of tweed
DONENESS *n* extent to which something is cooked
DONER, -S *n* doner kebab, dish of grilled meat served in pitta bread
DONG, -ED, -ING, -S *n* deep reverberating sound of a large bell ▹ *vb* (of a bell) to make a deep reverberating sound
DONGA, -S *n* steep-sided gully created by soil erosion
DONGED ▸ **dong**
DONGING ▸ **dong**
DONGLE, -S *n* electronic device
DONGOLA, -S *n* leather tanned using a particular method
DONGS ▸ **dong**
DONING, -S *n* act of giving blood
DONJON, -S *n* heavily fortified central tower of a castle
DONKEY, -S *n* long-eared member of the horse family
DONKO, -S *n* tearoom or cafeteria in a factory, wharf area, etc
DONNA, -S *n* Italian lady
DONNARD *same as* ▸ **donnert**
DONNART *same as* ▸ **donnert**
DONNAS ▸ **donna**

DONNAT, -S *n* lazy person
DONNE, -S *same as* ▸**donnee**
DONNED ▸**don**
DONNEE, -S *n* subject or theme
DONNERD *adj* stupid
DONNERED *same as* ▸**donnert**
DONNERT *adj* stunned
DONNES ▸**donne**
DONNIES ▸**donny**
DONNIKER *same as* >**donnicker**
DONNING ▸**don**
DONNISH *adj* serious and academic
DONNISM, -S *n* loftiness
DONNOT, -S *n* lazy person
DONNY, DONNIES *same as* ▸**danny**
DONOR, -S *n* person who gives blood or organs for medical use
DONS ▸**don**
DONSHIP, -S *n* state or condition of being a don
DONSIE, -R, -ST *adj* rather unwell
DONSY *same as* ▸**donsie**
DONUT, -S, -TED *same as* ▸**doughnut**
DONZEL, -S *n* man of high birth
DOO, -S *a Scot word for* ▸**dove**
DOOB, -S *n* type of Indian grass
DOOBIE, -S *same as* ▸**doob**
DOOBREY, -S *n* thingumabob
DOOBRIE, -S *same as* ▸**doobrey**
DOOBRY *n* thing whose name is unknown or forgotten
DOOBS ▸**doob**
DOOCE, -D, -S, DOOCING *vb* dismiss (an employee) because of comments they have posted on the internet
DOOCOT, -S *n* dovecote
DOODAD, -S *same as* ▸**doodah**
DOODAH, -S *n* unnamed thing
DOODIES ▸**doody**
DOODLE, -D, -S, DOODLING *vb* scribble or draw aimlessly ▹*n* shape or picture drawn aimlessly
DOODLER, -S ▸**doodle**
DOODLES ▸**doodle**
DOODLING ▸**doodle**
DOODOO, -S *n* excrement
DOODY, DOODIES *same as* ▸**doodoo**
DOOFER, -S *n* thingamajig
DOOFUS, -ES *n* slow-witted or stupid person
DOOK, -ED, -ING, -S *n* wooden plug driven into a wall to hold a nail, screw, etc ▹*vb* dip or plunge
DOOKET, -S *n* dovecote
DOOKING ▸**dook**
DOOKS ▸**dook**
DOOL, -S *n* boundary marker
DOOLALLY *adj* out of one's mind
DOOLAN, -S *n* Roman Catholic
DOOLE, -S *same as* ▸**dool**
DOOLEE, -S *same as* ▸**doolie**
DOOLES ▸**doole**
DOOLIE, -S *n* enclosed couch on poles for carrying passengers
DOOLS ▸**dool**
DOOLY *same as* ▸**doolie**
DOOM, -ED, -ING, -S *n* death or a terrible fate ▹*vb* destine or condemn to death or a terrible fate
DOOMFUL ▸**doom**
DOOMIER ▸**doomy**
DOOMIEST ▸**doomy**
DOOMILY ▸**doomy**
DOOMING ▸**doom**
DOOMS ▸**doom**
DOOMSDAY *n* day on which the Last Judgment will occur
DOOMSMAN, DOOMSMEN *n* pessimist
DOOMSTER *n* person habitually given to predictions of impending disaster or doom
DOOMY, DOOMIER, DOOMIEST *adj* despondent or pessimistic
DOON *same as* ▸**down**
DOONA, -S *n* large quilt used as a bed cover
DOOR, -S *n* hinged or sliding panel for closing the entrance to a building, room, etc
DOORBELL *n* device for visitors to announce presence at a door
DOORCASE *same as* >**doorframe**
DOORED *adj* having a door
DOORJAMB *n* vertical post forming one side of a door frame
DOORKNOB *n* knob for opening and closing a door
DOORLESS ▸**door**
DOORLIKE *adj* like a door
DOORMAN, DOORMEN *n* man employed to be on duty at the entrance to a large public building
DOORMAT, -S *n* mat for wiping dirt from shoes before going indoors
DOORMEN ▸**doorman**
DOORN, -S *n* thorn
DOORNAIL *n* as in **dead as a doornail** dead beyond any doubt
DOORNS ▸**doorn**
DOORPOST *same as* ▸**doorjamb**
DOORS ▸**door**
DOORSILL *n* horizontal member of wood, stone, etc, forming the bottom of a doorframe
DOORSMAN, DOORSMEN *n* doorkeeper
DOORSTEP *n* step in front of a door
DOORSTOP *n* object which prevents a door from closing or striking a wall
DOORWAY, -S *n* opening into a building or room
DOORYARD *n* yard in front of the front or back door of a house
DOOS, -ES ▸**doo**
DOOSRA, -S *n* type of delivery in cricket
DOOWOP, -S *n* style of singing in harmony
DOOZER, -S *same as* ▸**doozy**
DOOZIE, -S *same as* ▸**doozy**
DOOZY *n* something excellent
DOP, -PED, -S *n* small drink ▹*vb* fail to reach the required standard in (an examination, course, etc)
DOPA, -S *n* precursor to dopamine
DOPAMINE *n* chemical found in the brain that acts as a neurotransmitter
DOPANT, -S *n* element or compound used to dope a semiconductor
DOPAS ▸**dopa**
DOPATTA, -S *n* headscarf
DOPE, -D, -S, -ST *n* additive used to improve the properties of something ▹*vb* apply a dopant ▹*adj* excellent
DOPER, -S *n* person who administers dope
DOPES ▸**dope**
DOPEST ▸**dope**
DOPESTER *n* person who makes predictions, esp in sport or politics
DOPEY, DOPIER, DOPIEST *adj* half-asleep, drowsy

DOPIAZA, -S *n* Indian meat or fish dish cooked in onion sauce
DOPIER ▸ **dopey**
DOPIEST ▸ **dopey**
DOPILY ▸ **dopey**
DOPINESS ▸ **dopey**
DOPING, -S ▸ **dope**
DOPPED ▸ **dop**
DOPPER, -S *n* member of an Afrikaner church which practises a strict Calvinism
DOPPIE, -S *n* cartridge case
DOPPING, -S ▸ **dop**
DOPPIO, -S *n* double measure, esp of espresso coffee
DOPS ▸ **dop**
DOPY *same as* ▸ **dopey**
DOR, -RED, -RING, -S *n* European dung beetle ▹ *vb* mock
DORAD, -S *n* South American river fish
DORADO, -S *n* large marine percoid fish
DORADS ▸ **dorad**
DORB, -S *same as* ▸ **dorba**
DORBA, -S *n* stupid, inept, or clumsy person
DORBS ▸ **dorb**
DORBUG, -S *n* type of beetle
DORE, -S *n* walleye fish
DOREE, -S *n* type of fish
DORES ▸ **dore**
DORHAWK, -S *n* nightjar
DORIC *adj* rustic
DORIDOID *n* shell-less mollusc
DORIES ▸ **dory**
DORIS *n* woman
DORISE, -D, -S, DORISING *same as* ▸ **dorize**
DORIZE, -D, -S, DORIZING *vb* become Doric
DORK, -S *n* stupid person
DORKIER ▸ **dorky**
DORKIEST ▸ **dorky**
DORKISH *adj* stupid or contemptible
DORKS ▸ **dork**
DORKY, DORKIER, DORKIEST ▸ **dork**
DORLACH, -S *n* quiver of arrows
DORM, -S *same as* ▸ **dormitory**
DORMANCY ▸ **dormant**
DORMANT, -S *n* supporting beam ▹ *adj* temporarily quiet, inactive, or not being used
DORMER, -S *n* window that sticks out from a sloping roof
DORMERED *adj* having dormer windows
DORMERS ▸ **dormer**
DORMICE ▸ **dormouse**
DORMIE *adj* (in golf) leading by as many holes as there are left
DORMIENT *adj* dormant
DORMIN, -S *n* hormone found in plants
DORMOUSE, DORMICE *n* small mouselike rodent with a furry tail
DORMS ▸ **dorm**
DORMY *same as* ▸ **dormie**
DORNECK, -S *same as* ▸ **dornick**
DORNICK, -S *n* heavy damask cloth
DORNOCK, -S *n* type of coarse fabric
DORP, -S *n* small town
DORPER, -S *n* breed of sheep
DORPS ▸ **dorp**
DORR, -S *same as* ▸ **dor**
DORRED ▸ **dor**
DORRING ▸ **dor**
DORRS ▸ **dorr**
DORS ▸ **dor**
DORSA ▸ **dorsum**
DORSAD *adj* towards the back or dorsal aspect
DORSAL, -S *adj* of or on the back ▹ *n* dorsal fin
DORSALLY ▸ **dorsal**
DORSALS ▸ **dorsal**
DORSE, -S *n* type of small fish
DORSEL, -S *another word for* ▸ **dossal**
DORSER, -S *n* hanging tapestry
DORSES ▸ **dorse**
DORSUM, DORSA *n* the back
DORT, -ED, -ING, -S *vb* sulk
DORTER, -S *n* dormitory
DORTIER ▸ **dorty**
DORTIEST ▸ **dorty**
DORTING ▸ **dort**
DORTOUR, -S *same as* ▸ **dorter**
DORTS ▸ **dort**
DORTY, DORTIER, DORTIEST *adj* haughty, or sullen
DORY, DORIES *n* spiny-finned edible sea fish
DORYMAN, DORYMEN *n* person who fishes from a small boat called a dory
DOS ▸ **do**
DOSA, -I, -S *n* Indian pancake made from rice flour
DOSAGE, -S *same as* ▸ **dose**
DOSAI ▸ **dosa**
DOSAS ▸ **dosa**
DOSE, -D, -S, DOSING *n* specific quantity of a medicine taken at one time ▹ *vb* give a dose to
DOSEH, -S *n* former Egyptian religious ceremony
DOSER, -S ▸ **dose**
DOSES ▸ **dose**
DOSH, -ES *n* money
DOSHA, -S *n* (in Hinduism) any of the three energies believed to be in the body
DOSHES ▸ **dosh**
DOSING ▸ **dose**
DOSOLOGY *same as* ▸ **dosiology**
DOSS, -ED, -ES, -ING *vb* sleep, esp in a dosshouse ▹ *n* bed, esp in a dosshouse
DOSSAL, -S *n* ornamental hanging used in churches
DOSSED ▸ **doss**
DOSSEL, -S *same as* ▸ **dossal**
DOSSER, -S *n* bag or basket for carrying objects on the back
DOSSERET *n* stone above column supporting an arch
DOSSERS ▸ **dosser**
DOSSES ▸ **doss**
DOSSIER, -S *n* collection of documents about a subject or person
DOSSIL, -S *n* lint for dressing wound
DOSSING ▸ **doss**
DOST *a singular form of the present tense (indicative mood) of* ▸ **do**
DOT, -S, -TED, -TING *n* small round mark ▹ *vb* mark with a dot
DOTAGE, -S *n* weakness as a result of old age
DOTAL *adj* of a dowry
DOTANT, -S *another word for* ▸ **dotard**
DOTARD, -S *n* person who is feeble-minded through old age
DOTARDLY *adj* like a dotard
DOTARDS ▸ **dotard**
DOTATION *n* act of giving a dowry
DOTCOM, -S *n* company that does most of its business on the internet
DOTE, -D, -S *vb* love to an excessive or foolish degree
DOTER, -S ▸ **dote**
DOTES ▸ **dote**
DOTH *a singular form of the present tense of* ▸ **do**
DOTIER ▸ **doty**
DOTIEST ▸ **doty**
DOTING, -S ▸ **dote**

DOTINGLY ▸ **dote**
DOTINGS ▸ **doting**
DOTISH *adj* foolish
DOTS ▸ **dot**
DOTTED ▸ **dot**
DOTTEL, -S *same as* ▸ **dottle**
DOTTER, -S ▸ **dot**
DOTTEREL *n* rare kind of plover
DOTTERS ▸ **dotter**
DOTTIER ▸ **dotty**
DOTTIEST ▸ **dotty**
DOTTILY ▸ **dotty**
DOTTING ▸ **dot**
DOTTLE, -R, -S, -ST *n* tobacco left in a pipe after smoking ▹ *adj* relating to dottle
DOTTLED *adj* foolish
DOTTLER ▸ **dottle**
DOTTLES ▸ **dottle**
DOTTLEST ▸ **dottle**
DOTTREL, -S *same as* ▸ **dotterel**
DOTTY, DOTTIER, DOTTIEST *adj* rather eccentric
DOTY, DOTIER, DOTIEST *adj* (of wood) rotten
DOUANE, -S *n* customs house
DOUANIER *n* customs officer

This is a French word for a customs official; it's not easy to see in play, but its combination of common letters makes it one of the 8-letter bonus words that comes up most often.

DOUAR, -S *same as* ▸ **duar**
DOUBLE, -D, -S, DOUBLING *adj* as much again in number, amount, size, etc ▹ *adv* twice over ▹ *n* twice the number, amount, size, etc ▹ *vb* make or become twice as much or as many
DOUBLER, -S ▸ **double**
DOUBLES ▸ **double**
DOUBLET, -S *n* man's close-fitting jacket, with or without sleeves
DOUBLING ▸ **double**
DOUBLOON *n* former Spanish gold coin
DOUBLURE *n* decorative lining of vellum or leather, etc, on the inside of a book cover
DOUBLY *adv* in a greater degree, quantity, or measure
DOUBT, -ED, -ING, -S *n* uncertainty about the truth, facts, or existence of something ▹ *vb* question the truth of
DOUBTER, -S ▸ **doubt**
DOUBTFUL *adj* unlikely ▹ *n* person who is undecided or uncertain about an issue
DOUBTING ▸ **doubt**
DOUBTS ▸ **doubt**
DOUC, -S *n* Old World monkey
DOUCE, -R, -ST *adj* quiet
DOUCELY ▸ **douce**
DOUCER ▸ **douce**
DOUCEST ▸ **douce**
DOUCET, -S *n* former flute-like instrument
DOUCEUR, -S *n* gratuity, tip, or bribe
DOUCHE, -D, -S *n* stream of water onto or into the body ▹ *vb* cleanse or treat by means of a douche
DOUCHING *n* act of douching
DOUCINE, -S *n* type of moulding for cornice
DOUCS ▸ **douc**
DOUGH, -S *n* thick mixture used for making bread etc
DOUGHBOY *n* infantryman, esp in World War I
DOUGHIER ▸ **doughy**
DOUGHNUT *n* small cake of sweetened dough fried in deep fat ▹ *vb* surround a speaker to give the impression that Parliament is crowded
DOUGHS ▸ **dough**
DOUGHT ▸ **dow**
DOUGHTY *adj* brave and determined
DOUGHY, DOUGHIER *adj* resembling dough in consistency, colour, etc
DOUK, -ED, -ING, -S *same as* ▸ **dook**
DOULA, -S *n* woman who supports families during pregnancy and childbirth
DOULEIA, -S *same as* ▸ **dulia**

This word refers to the inferior veneration accorded to saints and angels, as distinct from **latria**, the veneration accorded to God alone, and is another of the few 7-letter words that use all five vowels. It's surprising how often you want to do this!

DOUM, -S *n* as in **doum palm** variety of palm tree
DOUMA, -S *same as* ▸ **duma**
DOUMS ▸ **doum**
DOUN *same as* ▸ **down**
DOUP, -S *n* bottom
DOUPIONI *n* type of fabric
DOUPS ▸ **doup**
DOUR, -ER, -EST *adj* sullen and unfriendly
DOURA, -S *same as* ▸ **durra**
DOURAH, -S *same as* ▸ **durra**
DOURAS ▸ **doura**
DOURER ▸ **dour**
DOUREST ▸ **dour**
DOURINE, -S *n* infectious disease of horses
DOURLY ▸ **dour**
DOURNESS ▸ **dour**
DOUSE, -D, -S, DOUSING *vb* drench with water or other liquid ▹ *n* immersion
DOUSER, -S ▸ **douse**
DOUSES ▸ **douse**
DOUSING ▸ **douse**
DOUT, -ED, -ING, -S *vb* extinguish
DOUTER, -S ▸ **dout**
DOUTING ▸ **dout**
DOUTS ▸ **dout**
DOUX *adj* sweet
DOUZEPER *n* distinguished person
DOVE, -D, -S, DOVING *vb* be semi-conscious ▹ *n* bird with a heavy body, small head, and short legs
DOVECOT, -S *same as* ▸ **dovecote**
DOVECOTE *n* structure for housing pigeons
DOVECOTS ▸ **dovecot**
DOVED ▸ **dove**
DOVEISH *adj* dovelike
DOVEKEY, -S *same as* ▸ **dovekie**
DOVEKIE, -S *n* small short-billed auk
DOVELET, -S *n* small dove
DOVELIKE ▸ **dove**
DOVEN, -ED, -ING, -S *vb* pray
DOVER, -ED, -ING, -S *vb* doze ▹ *n* doze
DOVES ▸ **dove**
DOVETAIL *n* joint containing wedge-shaped tenons ▹ *vb* fit together neatly
DOVIE, -R, -ST *Scots word for* ▸ **stupid**
DOVING ▸ **dove**
DOVISH, -LY ▸ **dove**
DOW, DOCHT, DOUGHT, -ED, -ING, -S *vb* archaic word meaning be of worth
DOWABLE *adj* capable of being endowed
DOWAGER, -S *n* widow possessing property or a title obtained from her husband
DOWAR, -S *same as* ▸ **duar**
DOWD, -S *n* woman who wears unfashionable clothes

DOWDIER ▸ **dowdy**
DOWDIES ▸ **dowdy**
DOWDIEST ▸ **dowdy**
DOWDILY ▸ **dowdy**
DOWDS ▸ **dowd**
DOWDY, DOWDIER, DOWDIES, DOWDIEST *adj* dull and old-fashioned ▹ *n* dowdy woman
DOWDYISH ▸ **dowdy**
DOWDYISM ▸ **dowdy**
DOWED ▸ **dow**
DOWEL, -ED, -LED, -S *n* wooden or metal peg used as a fastener ▹ *vb* join pieces of wood using dowels
DOWELING *n* joining of two pieces of wood using dowels
DOWELLED ▸ **dowel**
DOWELS ▸ **dowel**
DOWER, -ED, -ING, -S *n* life interest in a part of her husband's estate allotted to a widow by law ▹ *vb* endow
DOWERIES ▸ **dowery**
DOWERING ▸ **dower**
DOWERS ▸ **dower**
DOWERY, DOWERIES *same as* ▸ **dowry**
DOWF *adj* dull; listless
DOWFNESS ▸ **dowf**
DOWIE, -R, -ST *adj* dull and dreary
DOWING ▸ **dow**
DOWL, -S *n* fluff
DOWLAS, -ES *n* coarse fabric
DOWLE, -S *same as* ▸ **dowl**
DOWLIER ▸ **dowly**
DOWLIEST ▸ **dowly**
DOWLNE, -S *n* obsolete word meaning down (feathers)
DOWLNEY ▸ **dowlne**
DOWLS ▸ **dowl**
DOWLY, DOWLIER, DOWLIEST *adj* dull
DOWN, -ED, -ING *adv* indicating movement to or position in a lower place ▹ *adj* depressed, unhappy ▹ *vb* drink quickly ▹ *n* soft fine feathers
DOWNA *obsolete Scots form of* ▸ **cannot**
DOWNBEAT *adj* gloomy ▹ *n* first beat of a bar
DOWNBOW, -S *n* (in music) a downward stroke of the bow across the strings
DOWNCAST *adj* sad, dejected ▹ *n* ventilation shaft
DOWNCOME *same as* > **downcomer**
DOWNCRY *vb* denigrate or disparage
DOWNED ▸ **down**
DOWNER, -S *n* depressing experience
DOWNFALL *n* sudden loss of success or power
DOWNFLOW *n* something that flows down
DOWNHAUL *n* line for hauling down a sail or for increasing the tension at its luff
DOWNHILL *adj* going or sloping down ▹ *adv* towards the bottom of a hill ▹ *n* downward slope
DOWNHOLE *adj* (in the oil industry) denoting any piece of equipment that is used in the well itself
DOWNIER ▸ **downy**
DOWNIES ▸ **downy**
DOWNIEST ▸ **downy**
DOWNILY *adv* in a manner resembling or indicating a layer of soft fine feathers or hairs
DOWNING ▸ **down**
DOWNLAND *same as* ▸ **downs**
DOWNLESS ▸ **down**
DOWNLIKE ▸ **down**
DOWNLINK *n* satellite transmission channel
DOWNLOAD *vb* transfer data from one computer to another ▹ *n* file transferred in such a way
DOWNLOW, -S *n* as in **on the downlow** not widely known
DOWNMOST *adj* lowest
DOWNPIPE *n* pipe for carrying rainwater from a roof gutter to the ground or to a drain
DOWNPLAY *vb* play down
DOWNPOUR *n* heavy fall of rain
DOWNRATE *vb* reduce in value or importance
DOWNRUSH *n* instance of rushing down
DOWNS *pl n* low grassy hills, esp in S England
DOWNSIDE *n* disadvantageous aspect of a situation
DOWNSIZE *vb* reduce the number of people employed by (a company)
DOWNSPIN *n* sudden downturn
DOWNTICK *n* small decrease
DOWNTIME *n* time during which a computer or other machine is not working
DOWNTOWN *n* central or lower part of a city, esp the main commercial area ▹ *adv* towards, to, or into this area ▹ *adj* of, relating to, or situated in the downtown area
DOWNTROD *adj* downtrodden
DOWNTURN *n* drop in the success of an economy or a business
DOWNVOTE *vb* publicly disapprove of a social media post
DOWNWARD *same as* > **downwards**
DOWNWARP *n* wide depression in the earth's surface
DOWNWASH *n* downward deflection of an airflow, esp one caused by an aircraft wing
DOWNWIND *adj* in the same direction towards which the wind is blowing
DOWNY, DOWNIER, DOWNIES, DOWNIEST *adj* covered with soft fine hair or feathers ▹ *n* as in **the downy** bed
DOWNZONE *vb* reduce density of housing in area
DOWP, -S *same as* ▸ **doup**
DOWRY, DOWRIES *n* property brought by a woman to her husband at marriage
DOWS ▸ **dow**
DOWSABEL *n* sweetheart
DOWSE, -D, -S *same as* ▸ **douse**
DOWSER, -S ▸ **dowse**
DOWSES ▸ **dowse**
DOWSET, -S *same as* ▸ **doucet**
DOWSING, -S *n* act of dowsing
DOWT, -S *n* cigarette butt
DOX, -ED, -ES, -ING *vb* publish someone's personal information on the internet
DOXAPRAM *n* drug used to stimulate the respiration
DOXASTIC *adj* of or relating to belief ▹ *n* branch of logic that studies the concept of belief
DOXED ▸ **dox**
DOXES ▸ **dox**
DOXIE *same as* ▸ **doxy**
DOXIES ▸ **doxy**
DOXING ▸ **dox**
DOXOLOGY *n* short hymn of praise to God

D

DOXY, DOXIES *n* opinion or doctrine, esp concerning religious matters
DOY, -S *n* beloved person: used esp as an endearment
DOYEN, -S *n* senior member of a group, profession, or society
DOYENNE, -S ▶ **doyen**
DOYENS ▶ **doyen**
DOYLEY, -S *same as* ▶ **doily**
DOYLY, DOYLIES *same as* ▶ **doily**
DOYS ▶ **doy**
DOZE, -S *vb* sleep lightly or briefly ▷ *n* short sleep
DOZED *adj* (of timber or rubber) rotten or decayed
DOZEN, -ED, -ING, -S *n* set of twelve ▷ *vb* stun
DOZENTH, -S ▶ **dozen**
DOZER, -S ▶ **doze**
DOZES ▶ **doze**
DOZIER ▶ **dozy**
DOZIEST ▶ **dozy**
DOZILY ▶ **dozy**
DOZINESS ▶ **dozy**
DOZING, -S ▶ **doze**
DOZY, DOZIER, DOZIEST *adj* feeling sleepy
DRAB, -BEST, -S *adj* dull and dreary ▷ *n* light olive-brown colour
DRABBER *adj* more drab
DRABBEST ▶ **drab**
DRABBET, -S *n* yellowish-brown fabric of coarse linen
DRABBIER ▶ **drabby**
DRABBISH *adj* slightly drab
DRABBLE, -D, -S *vb* make or become wet or dirty
DRABBLER *n* part fixed to bottom of sail
DRABBLES ▶ **drabble**
DRABBY, DRABBIER *adj* slightly drab
DRABETTE *n* type of rough linen fabric
DRABLER, -S *same as* ▶ **drabbler**
DRABLY ▶ **drab**
DRABNESS ▶ **drab**
DRABS ▶ **drab**
DRAC *same as* ▶ **drack**
DRACAENA *n* type of tropical plant often cultivated as a house plant for its decorative foliage
DRACENA, -S *same as* ▶ **dracaena**
DRACHM, -S *same as* ▶ **dram**
DRACHMA, -E, -I, -S *n* former monetary unit of Greece
DRACHMS ▶ **drachm**
DRACK *adj* (esp of a woman) unattractive
DRACO *n* as in **draco lizard** flying lizard
DRACONE, -S *n* large container towed by a ship
DRACONIC *same as* ▶ **draconian**
DRAD *archaic past of* ▶ **dread**
DRAFF, -S *n* residue of husks used as a food for cattle
DRAFFIER ▶ **draffy**
DRAFFISH *adj* worthless
DRAFFS ▶ **draff**
DRAFFY, DRAFFIER ▶ **draff**
DRAFT, -ED, -ING, -S *same as* ▶ **draught**
DRAFTEE, -S *n* conscript
DRAFTER, -S ▶ **draft**
DRAFTIER ▶ **drafty**
DRAFTILY ▶ **drafty**
DRAFTING ▶ **draft**
DRAFTS ▶ **draft**
DRAFTY, DRAFTIER *same as* ▶ **draughty**
DRAG, -GED, -GING, -S *vb* pull with force, esp along the ground ▷ *n* person or thing that slows up progress
DRAGEE, -S *n* sweet made of a nut, fruit, etc, coated with a hard sugar icing
DRAGGED ▶ **drag**
DRAGGER, -S ▶ **drag**
DRAGGIER ▶ **draggy**
DRAGGING ▶ **drag**
DRAGGLE, -D, -S *vb* make or become wet or dirty by trailing on the ground
DRAGGY, DRAGGIER *adj* slow or boring
DRAGLINE *same as* ▶ **dragrope**
DRAGNET, -S *n* net used to scour the bottom of a pond or river
DRAGOMAN, DRAGOMEN *n* (in some Middle Eastern countries) professional interpreter or guide
DRAGON, -S *n* mythical fire-breathing monster like a huge lizard
DRAGONET *n* type of small spiny-finned fish with a flat head and a slender brightly coloured body
DRAGONNE *adj* dragonlike
DRAGONS ▶ **dragon**
DRAGOON, -S *n* heavily armed cavalryman ▷ *vb* coerce, force
DRAGROPE *n* rope used to drag military equipment, esp artillery
DRAGS ▶ **drag**
DRAGSMAN, DRAGSMEN *n* carriage driver
DRAGSTER *n* car specially built or modified for drag racing
DRAGWAY, -S *n* race course for drag racing
DRAIL, -ED, -ING, -S *n* weighted hook used in trolling ▷ *vb* fish with a drail
DRAIN, -ED, -ING, -S *n* pipe or channel that carries off water or sewage ▷ *vb* draw off or remove liquid from
DRAINAGE *n* system of drains
DRAINED ▶ **drain**
DRAINER, -S *n* person or thing that drains
DRAINING ▶ **drain**
DRAINS ▶ **drain**
DRAISENE *same as* ▶ **draisine**
DRAISINE *n* light rail vehicle
DRAKE, -S *n* male duck
DRAM, -MED, -MING, -S *n* small amount of a strong alcoholic drink, esp whisky ▷ *vb* drink a dram
DRAMA, -S *n* serious play for theatre, television, or radio
DRAMADY *same as* ▶ **dramedy**
DRAMAS ▶ **drama**
DRAMATIC *adj* of or like drama
DRAMEDY *n* television or film drama in which there are important elements of comedy
DRAMMACH *n* oatmeal mixed with cold water
DRAMMED ▶ **dram**
DRAMMING ▶ **dram**
DRAMMOCK *same as* ▶ **drammach**
DRAMS ▶ **dram**
DRAMSHOP *n* bar
DRANGWAY *n* narrow lane
DRANK ▶ **drink**
DRANT, -ED, -ING, -S *vb* drone
DRAP, -PED, -PING, -S *a Scot word for* ▶ **drop**
DRAPABLE ▶ **drape**
DRAPE, -D, DRAPING *vb* cover with material, usu in folds ▷ *n* piece of cloth hung at a window or opening as a screen
DRAPER, -S *n* person who sells fabrics and sewing materials
DRAPERY *n* fabric or clothing arranged and draped
DRAPES *pl n* material hung at an opening or window to

shut out light or to provide privacy
DRAPET, -S *n* cloth
DRAPEY, DRAPIEST *adj* hanging in loose folds
DRAPIER, -S *n* draper
DRAPIEST ▸ drapey
DRAPING ▸ drape
DRAPPED ▸ drap
DRAPPIE, -S *n* little drop
DRAPPING ▸ drap
DRAPPY *n* drop (of liquid)
DRAPS ▸ drap
DRASTIC, -S *n* strong purgative ▹ *adj* strong and severe
DRAT, -S, -TING *interj* exclamation of annoyance ▹ *vb* curse
DRATTED *adj* wretched
DRATTING ▸ drat
DRAUGHT *vb* make preliminary plan ▹ *n* current of cold air, esp in an enclosed space ▹ *adj* (of an animal) used for pulling heavy loads
DRAUGHTS *n* game for two players using a draughtboard and 12 draughtsmen each
DRAUGHTY *adj* exposed to draughts of air
DRAUNT, -ED, -S *same as* **▸ drant**
DRAVE *archaic past of* **▸ drive**
DRAW, -N, -S, DREW *vb* sketch (a figure, picture, etc) with a pencil or pen ▹ *n* attraction
DRAWABLE ▸ draw
DRAWBACK *n* disadvantage ▹ *vb* move backwards
DRAWBAR, -S *n* strong metal bar on a tractor, locomotive, etc
DRAWBORE *n* hole bored through tenon
DRAWCARD *n* performer certain to attract a large audience
DRAWCORD *n* cord for drawing tight eg round a hood
DRAWDOWN *n* decrease
DRAWEE, -S *n* person or organization on which payment is drawn
DRAWER *n* sliding box-shaped part of a piece of furniture, used for storage
DRAWERS *pl n* undergarment worn on the lower part of the body
DRAWING, -S ▸ draw
DRAWL, -ED, -S *vb* speak slowly, with long vowel sounds ▹ *n* drawling manner of speech
DRAWLER, -S ▸ drawl
DRAWLIER ▸ drawly
DRAWLING ▸ drawl
DRAWLS ▸ drawl
DRAWLY, DRAWLIER ▸ drawl
DRAWN ▸ draw
DRAWS ▸ draw
DRAWTUBE *n* type of tube used in a telescope
DRAY, -ED, -ING, -S *vb* pull using cart ▹ *n* low cart used for carrying heavy loads
DRAYAGE, -S *n* act of transporting something a short distance
DRAYED ▸ dray
DRAYING ▸ dray
DRAYMAN, DRAYMEN *n* driver of a dray
DRAYS ▸ dray
DREAD, -ED, -EST, -ING, -S *vb* anticipate with apprehension or fear ▹ *n* great fear ▹ *adj* awesome
DREADER, -S ▸ dread
DREADEST ▸ dread
DREADFUL *n* cheap, often lurid or sensational book or magazine ▹ *adj* very disagreeable or shocking
DREADING ▸ dread
DREADLY ▸ dread
DREADS ▸ dread
DREAM, -ED, -S, -T *n* imagined events experienced while asleep ▹ *vb* see imaginary pictures in the mind while asleep ▹ *adj* ideal
DREAMER, -S *n* person who dreams habitually
DREAMERY *n* dream world
DREAMFUL ▸ dream
DREAMIER ▸ dreamy
DREAMILY ▸ dreamy
DREAMING ▸ dream
DREAMS ▸ dream
DREAMT ▸ dream
DREAMY, DREAMIER *adj* vague or impractical
DREAR, -ER, -EST, -S *same as* **▸ dreary**
DREARE, -S *obsolete form of* **▸ drear**
DREARER ▸ drear
DREARES ▸ dreare
DREAREST ▸ drear
DREARIER ▸ dreary
DREARIES ▸ dreary
DREARILY ▸ dreary
DREARING *n* sorrow
DREARS ▸ drear
DREARY, DREARIER, DREARIES *adj* dull, boring ▹ *n* dreary thing or person
DRECK, -S *n* rubbish
DRECKIER ▸ drecky
DRECKISH *adj* like rubbish
DRECKS ▸ dreck
DRECKY, DRECKIER ▸ dreck
DREDGE, -D, -S, DREDGING *vb* clear or search (a river bed or harbour) by removing silt or mud
DREDGER, -S *n* machine used to remove mud from a river bed or harbour
DREDGES ▸ dredge
DREDGING ▸ dredge
DREE, -D, -ING, -R, -S, -ST *vb* endure ▹ *adj* dreary
DREG *n* small quantity
DREGGIER ▸ dreggy
DREGGISH *adj* foul
DREGGY, DREGGIER *adj* like or full of dregs
DREGS *pl n* solid particles that settle at the bottom of some liquids
DREICH, -ER *adj* dreary
DREIDEL, -S *n* spinning top
DREIDL, -S *same as* **▸ dreidel**
DREIGH, -ER *same as* **▸ dreich**
DREK, -S *same as* **▸ dreck**
DREKKY, DREKKIER ▸ drek
DREKS ▸ drek
DRENCH, -ED, -ES *vb* make completely wet ▹ *n* act or an instance of drenching
DRENCHER ▸ drench
DRENCHES ▸ drench
DRENT *obsolete word for* **▸ drenched**
DREPANID *n* type of moth of the superfamily which comprises the hook-tip moths
DRERE, -S *obsolete form of* **▸ drear**
DRESS, -ED, -ES, DREST *n* one-piece garment for a woman or girl ▹ *vb* put clothes on ▹ *adj* suitable for a formal occasion
DRESSAGE *n* training of a horse to perform manoeuvres in response to the rider's body signals
DRESSED ▸ dress
DRESSER, -S *n* piece of furniture with shelves and with cupboards
DRESSES ▸ dress
DRESSIER ▸ dressy
DRESSILY ▸ dressy
DRESSING *n* sauce for salad
DRESSY, DRESSIER *adj* (of clothes) elegant
DREST ▸ dress

DREVILL, -S *n* offensive person
DREW ▸ **draw**
DREY, -S *n* squirrel's nest
DRIB, -BED, -BING, -S *vb* flow in drops
DRIBBER, -S ▸ **drib**
DRIBBING ▸ **drib**
DRIBBLE, -D, -S *vb* (allow to) flow in drops ▹ *n* small quantity of liquid falling in drops
DRIBBLER ▸ **dribble**
DRIBBLES ▸ **dribble**
DRIBBLET *same as* ▸ **driblet**
DRIBBLY ▸ **dribble**
DRIBLET, -S *n* small amount
DRIBS ▸ **drib**
DRICE, -S *n* pellets of frozen carbon dioxide
DRICKSIE *same as* ▸ **druxy**
DRIED ▸ **dry**
DRIEGH *adj* tedious
DRIER, -S ▸ **dry**
DRIES ▸ **dry**
DRIEST ▸ **dry**
DRIFT, -ED, -S *vb* be carried along by currents of air or water ▹ *n* something piled up by the wind or current
DRIFTAGE *n* act of drifting
DRIFTED ▸ **drift**
DRIFTER, -S *n* person who moves aimlessly from place to place or job to job
DRIFTIER ▸ **drifty**
DRIFTING *n* act of drifting
DRIFTNET *n* fishing net that drifts with the tide
DRIFTPIN *same as* ▸ **drift**
DRIFTS ▸ **drift**
DRIFTY, DRIFTIER ▸ **drift**
DRILL, -ED, -S *n* tool or machine for boring holes ▹ *vb* bore a hole in (something) with or as if with a drill
DRILLER, -S ▸ **drill**
DRILLING *n* type of hard-wearing cloth
DRILLS ▸ **drill**
DRILY *adv* in a dry manner
DRINK, DRANK, -ING, -S *vb* swallow (a liquid) ▹ *n* (portion of) a liquid suitable for drinking
DRINKER, -S *n* person who drinks
DRINKING ▸ **drink**
DRINKS ▸ **drink**
DRIP, -PED, -PING, -S, -T *vb* (let) fall in drops ▹ *n* falling of drops of liquid
DRIPLESS ▸ **drip**
DRIPPED ▸ **drip**
DRIPPER, -S ▸ **drip**
DRIPPIER ▸ **drippy**
DRIPPILY ▸ **drippy**
DRIPPING ▸ **drip**
DRIPPY, DRIPPIER *adj* mawkish, insipid, or inane
DRIPS ▸ **drip**
DRIPT ▸ **drip**
DRISHEEN *n* pudding made of sheep's intestines filled with meal and sheep's blood
DRIVABLE ▸ **drive**
DRIVE, -N, -S *vb* guide the movement of (a vehicle) ▹ *n* journey by car, van, etc
DRIVEL, -ED, -S *n* foolish talk ▹ *vb* speak foolishly
DRIVELER ▸ **drivel**
DRIVELS ▸ **drivel**
DRIVEN ▸ **drive**
DRIVER, -S *n* person who drives a vehicle
DRIVES ▸ **drive**
DRIVEWAY *n* path for vehicles connecting a building to a public road
DRIVING, -S ▸ **drive**
DRIZZLE, -D, -S *n* very light rain ▹ *vb* rain lightly
DRIZZLY ▸ **drizzle**
DROGER, -S *n* W Indian boat
DROGHER, -S *same as* ▸ **droger**
DROGUE, -S *n* any funnel-like device used as a sea anchor
DROGUET, -S *n* woollen fabric
DROICH, -S *n* dwarf
DROICHY *adj* dwarfish
DROID, -S *same as* ▸ **android**
DROIL, -ED, -ING, -S *vb* carry out boring menial work
DROIT, -S *n* legal or moral right or claim
DROKE, -S *n* small group of trees
DROLE, -R, -S, -ST *adj* amusing ▹ *n* scoundrel
DROLL, -ED, -ER, -EST, -ING, -S *vb* speak wittily ▹ *adj* quaintly amusing
DROLLERY *n* humour
DROLLEST ▸ **droll**
DROLLING ▸ **droll**
DROLLISH *adj* somewhat droll
DROLLS ▸ **droll**
DROLLY ▸ **droll**
DROME, -S *same as* > **aerodrome**
DROMIC *adj* relating to running track
DROMICAL *same as* ▸ **dromic**
DROMOI ▸ **dromos**
DROMON, -S *same as* ▸ **dromond**
DROMOND, -S *n* sailing vessel of the 12th to 15th centuries
DROMONS ▸ **dromon**
DROMOS, DROMOI *n* Greek passageway
DRONE, -D, -S, DRONING *n* male bee ▹ *vb* make a monotonous low dull sound
DRONER, -S ▸ **drone**
DRONES ▸ **drone**
DRONGO, -ES, -S *n* tropical songbird
DRONIER ▸ **drony**
DRONIEST ▸ **drony**
DRONING ▸ **drone**
DRONISH ▸ **drone**
DRONKLAP *n* South African word for a drunkard
DRONY, DRONIER, DRONIEST *adj* monotonous
DROOB, -S *n* pathetic person
DROOG, -S *n* ruffian
DROOGISH ▸ **droog**
DROOGS ▸ **droog**
DROOK, -ED, -ING, -S *same as* ▸ **drouk**
DROOKIT *same as* ▸ **droukit**
DROOKS ▸ **drook**
DROOL, -ED, -ING, -S *vb* show excessive enthusiasm (for)
DROOLIER ▸ **drooly**
DROOLING ▸ **drool**
DROOLS ▸ **drool**
DROOLY, DROOLIER *adj* tending to drool
DROOME, -S *obsolete form of* ▸ **drum**
DROOP, -ED, -S *vb* hang downwards loosely ▹ *n* act or state of drooping
DROOPIER ▸ **droopy**
DROOPILY ▸ **droopy**
DROOPING ▸ **droop**
DROOPS ▸ **droop**
DROOPY, DROOPIER *adj* hanging or sagging downwards
DROP, -PED, -PING, -S, -T *vb* (allow to) fall vertically ▹ *n* small quantity of liquid forming a round shape
DROPDOWN *n* menu on a computer screen, beneath a selected item
DROPFLY *n* (angling) artificial fly
DROPHEAD *adj* as in **drophead coupe** two-door car with a folding roof and sloping back
DROPKICK *n* kick in which a ball is dropped and then kicked

DROPLET, -S *n* very small drop of liquid
DROPLIKE *adj* like a drop
DROPLOCK *adj* as in **droplock loan** type of bank loan ▷ *n* type of bank loan
DROPOUT, -S *n* person who rejects conventional society
DROPPED ▸ **drop**
DROPPER, -S *n* small tube with a rubber part at one end
DROPPING ▸ **drop**
DROPPLE, -S *n* trickle
DROPS ▸ **drop**
DROPSEED *n* type of grass
DROPSHOT *n* type of tennis shot
DROPSIED ▸ **dropsy**
DROPSY, DROPSIES *n* illness in which watery fluid collects in the body
DROPT ▸ **drop**
DROPTOP, -S *n* convertible car
DROPWISE *adv* in form of a drop
DROPWORT *n* Eurasian plant with cream-coloured flowers, related to the rose
DROSERA, -S *n* insectivorous plant
DROSHKY *n* four-wheeled carriage, formerly used in Russia
DROSKY, DROSKIES *same as* ▸ **droshky**
DROSS, -ES *n* scum formed on the surfaces of molten metals
DROSSY, DROSSIER ▸ **dross**
DROSTDY, -S *n* office of landdrost
DROUGHT, -S *n* prolonged shortage of rainfall
DROUGHTY ▸ **drought**
DROUK, -ED, -ING, -S *vb* drench
DROUKIT *adj* drenched
DROUKS ▸ **drouk**
DROUTH, -S *same as* ▸ **drought**
DROUTHY *adj* thirsty or dry
DROVE, -D, -S *vb* drive livestock ▷ *n* moving crowd
DROVER, -S *n* person who drives sheep or cattle
DROVES ▸ **drove**
DROVING, -S ▸ **drove**
DROW, -S *n* sea fog
DROWN, -ED, -ING, -S *vb* die or kill by immersion in liquid
DROWND, -ED, -S *dialect form of* ▸ **drown**
DROWNED ▸ **drown**
DROWNER, -S ▸ **drown**
DROWNING ▸ **drown**
DROWNS ▸ **drown**
DROWS ▸ **drow**
DROWSE, -D, -S, DROWSING *vb* be sleepy, dull, or sluggish ▷ *n* state of being drowsy
DROWSIER ▸ **drowsy**
DROWSILY ▸ **drowsy**
DROWSING ▸ **drowse**
DROWSY, DROWSIER *adj* feeling sleepy
DRUB, -BED, -BING, -S *vb* beat as with a stick ▷ *n* blow, as from a stick
DRUBBER, -S ▸ **drub**
DRUBBING ▸ **drub**
DRUBS ▸ **drub**
DRUCKEN *adj* drunken
DRUDGE, -D, -S, DRUDGING *n* person who works hard at uninteresting tasks ▷ *vb* work at such tasks
DRUDGER, -S ▸ **drudge**
DRUDGERY *n* uninteresting work that must be done
DRUDGES ▸ **drudge**
DRUDGING ▸ **drudge**
DRUDGISM ▸ **drudge**
DRUG, -GED, -GING, -S *n* substance used in the treatment or prevention of disease ▷ *vb* give a drug to (a person or animal) to cause sleepiness or unconsciousness
DRUGGER, -S *n* druggist
DRUGGET, -S *n* coarse fabric used as a protective floor-covering, etc
DRUGGIER ▸ **druggy**
DRUGGING ▸ **drug**
DRUGGIST *n* pharmacist
DRUGGY, DRUGGIER ▸ **drug**
DRUGLESS *adj* having no drugs
DRUGS ▸ **drug**
DRUID, -S *n* member of an ancient order of priests in the pre-Christian era
DRUIDESS ▸ **druid**
DRUIDIC ▸ **druid**
DRUIDISM ▸ **druid**
DRUIDRY ▸ **druid**
DRUIDS ▸ **druid**
DRUM, -MED, -S *n* percussion instrument ▷ *vb* play (music) on a drum
DRUMBEAT *n* sound made by beating a drum
DRUMBLE, -D, -S *vb* be inactive
DRUMFIRE *n* heavy, rapid, and continuous gunfire, the sound of which resembles rapid drumbeats
DRUMFISH *n* one of several types of fish that make a drumming sound
DRUMHEAD *n* part of a drum that is struck
DRUMLIER ▸ **drumly**
DRUMLIKE ▸ **drum**
DRUMLIN, -S *n* streamlined mound of glacial drift
DRUMLY, DRUMLIER *adj* dismal; dreary
DRUMMED ▸ **drum**
DRUMMER, -S *n* person who plays a drum or drums
DRUMMIES ▸ **drummy**
DRUMMING *n* act of drumming
DRUMMOCK *same as* ▸ **drammock**
DRUMMY, DRUMMIES *n* (in South Africa) drum majorette
DRUMROLL *n* continued repeated sound of drum
DRUMS ▸ **drum**
DRUNK, -ER, -EST, -S *adj* intoxicated with alcoholic drink ▷ *n* drunk person
DRUNKARD *n* person who frequently gets drunk
DRUNKEN *adj* drunk or frequently drunk
DRUNKER ▸ **drunk**
DRUNKEST ▸ **drunk**
DRUNKISH *adj* rather drunk
DRUNKS ▸ **drunk**
DRUPE, -S *n* fleshy fruit with a stone, such as the peach or cherry
DRUPEL, -S *same as* ▸ **drupelet**
DRUPELET *n* small drupe, usually one of a number forming a compound fruit
DRUPELS ▸ **drupel**
DRUPES ▸ **drupe**
DRUSE, -S *n* aggregate of small crystals within a cavity
DRUSEN *pl n* small deposits of material on the retina
DRUSES ▸ **druse**
DRUSY, DRUSIER, DRUSIEST *adj* made of tiny crystals
DRUTHER *n* preference
DRUTHERS *n* preference
DRUXY, DRUXIER, DRUXIEST *adj* (of wood) having decayed white spots
DRY, DRIED, DRIES, DRIEST, -EST, -S *adj* lacking moisture ▷ *vb* make or become dry
DRYABLE ▸ **dry**
DRYAD, -ES, -S *n* wood nymph

D

DRYADIC ▸ **dryad**
DRYADS ▸ **dryad**
DRYAS *n* alpine plant with white flowers
DRYBEAT, -S *vb* beat severely
DRYER, -S ▸ **dry**
DRYEST ▸ **dry**
DRYING, -S ▸ **dry**
DRYISH *adj* fairly dry
DRYLAND, -S *n* arid area
DRYLOT, -S *n* livestock enclosure
DRYLY *same as* ▸ **drily**
DRYMOUTH *n* condition of insufficient saliva
DRYNESS ▸ **dry**
DRYPOINT *n* copper engraving technique using a hard steel needle
DRYS ▸ **dry**
DRYSTONE *adj* (of a wall) made without mortar
DRYSUIT, -S *n* waterproof rubber suit for wearing in esp cold water
DRYWALL, -S *n* wall built without mortar ▹ *vb* build a wall without mortar
DRYWELL, -S *n* type of sewage disposal system
DSO, -S *same as* ▸ **zho**

A **dso** is a kind of Himalayan ox; the other forms are **dzo**, **zho**, **dzho** and **zo** and it's worth remembering all of them.

DSOBO, -S *same as* ▸ **zobo**
DSOMO, -S *same as* ▸ **zhomo**
DSOS ▸ **dso**
DUAD, -S *a rare word for* ▸ **pair**
DUAL, -LED, -LING, -S *adj* having two parts, functions, or aspects ▹ *n* dual number ▹ *vb* make (a road) into a dual carriageway
DUALIN, -S *n* explosive substance
DUALISE, -D, -S *same as* ▸ **dualize**
DUALISM, -S *n* state of having two distinct parts
DUALIST, -S ▸ **dualism**
DUALITY *n* state or quality of being two or in two parts
DUALIZE, -D, -S *vb* cause to have two parts
DUALLED ▸ **dual**
DUALLIE, -S *n* pickup truck with dual rear tyres
DUALLING ▸ **dual**
DUALLY ▸ **dual**
DUALS ▸ **dual**
DUAN, -S *n* poem
DUAR, -S *n* Arab camp
DUARCHY *same as* ▸ **diarchy**
DUARS ▸ **duar**
DUATHLON *n* athletic contest in which each athlete competes in running and cycling events
DUB, -BED, -S *vb* give (a person or place) a name or nickname ▹ *n* style of reggae record production
DUBBER, -S ▸ **dub**
DUBBIN, -ED, -S *n* thick grease applied to leather to soften and waterproof it ▹ *vb* apply dubbin to
DUBBING, -S ▸ **dub**
DUBBINS ▸ **dubbin**
DUBBO, -S *adj* stupid ▹ *n* stupid person
DUBIETY *n* state of being doubtful
DUBIOUS *adj* feeling or causing doubt
DUBITATE *vb* doubt
DUBNIUM, -S *n* chemical element
DUBONNET *n* dark purplish-red colour
DUBS ▸ **dub**
DUBSTEP, -S *n* genre of electronic music
DUCAL *adj* of a duke
DUCALLY ▸ **ducal**
DUCAT, -S *n* former European gold or silver coin
DUCATOON *n* former silver coin
DUCATS ▸ **ducat**
DUCDAME *interj* Shakespearean nonsense word
DUCE, -S, DUCI *n* leader
DUCHESS *n* woman who holds the rank of duke ▹ *vb* overwhelm with flattering attention
DUCHESSE *n* type of satin
DUCHY, DUCHIES *n* territory of a duke or duchess
DUCI ▸ **duce**
DUCK, -ED, -S *n* water bird ▹ *vb* move (the head or body) quickly downwards
DUCKBILL *n* duck-billed platypus
DUCKED ▸ **duck**
DUCKER, -S ▸ **duck**
DUCKFOOT *adj* as in **duckfoot quote** chevron-shaped quotation mark
DUCKIE *same as* ▸ **ducky**
DUCKIER ▸ **ducky**
DUCKIES ▸ **ducky**
DUCKIEST ▸ **ducky**
DUCKING, -S ▸ **duck**
DUCKISH *n* twilight
DUCKLING *n* baby duck
DUCKMOLE *another word for* ▸ **duckbill**
DUCKPIN, -S *n* short bowling pin
DUCKS ▸ **duck**
DUCKTAIL *n* Teddy boy's hairstyle
DUCKWALK *vb* walk in a squatting posture
DUCKWEED *n* type of small stemless aquatic plant
DUCKY, DUCKIER, DUCKIES, DUCKIEST *n* darling or dear ▹ *adj* delightful
DUCT, -ED, -S *vb* convey via a duct ▹ *n* tube, pipe, or channel through which liquid or gas is conveyed
DUCTAL ▸ **duct**
DUCTED ▸ **duct**
DUCTILE *adj* (of a metal) able to be shaped into sheets or wires
DUCTING, -S ▸ **duct**
DUCTLESS ▸ **duct**
DUCTS ▸ **duct**
DUCTULE, -S *n* small duct
DUCTWORK *n* system of ducts
DUD, -S *n* ineffectual person or thing ▹ *adj* bad or useless
DUDDER, -ED, -S *n* door-to-door salesperson ▹ *vb* tremble or shudder
DUDDERY *n* place where old clothes are sold
DUDDIE, -R, -S, -ST *adj* ragged ▹ *n* friend or a chum
DUDDY *same as* ▸ **duddie**
DUDE, -D, -S, DUDING *vb* dress fashionably ▹ *n* man
DUDEEN, -S *n* clay pipe with a short stem
DUDENESS *n* state of being a dude
DUDES ▸ **dude**
DUDETTE, -S *n* woman who behaves like a dude
DUDGEON, -S *n* anger or resentment
DUDHEEN, -S *n* type of pipe
DUDING ▸ **dude**
DUDISH ▸ **dude**
DUDISHLY ▸ **dude**
DUDISM, -S *n* being a dude
DUDS ▸ **dud**
DUE, -D, DUING *vb* supply with ▹ *adj* expected or scheduled to be present or arrive ▹ *n* something that is owed or required ▹ *adv* directly or exactly

DUECENTO *n* thirteenth century (in Italian art)
DUED ▸**due**
DUEFUL *adj* proper
DUEL, -ED, -LED, -S *n* formal fight with deadly weapons between two people ▹*vb* fight in a duel
DUELER, -S ▸**duel**
DUELING, -S ▸**duel**
DUELIST, -S ▸**duel**
DUELLED ▸**duel**
DUELLER, -S ▸**duel**
DUELLI ▸**duello**
DUELLING ▸**duel**
DUELLIST ▸**duel**
DUELLO, DUELLI, -S *n* art of duelling
DUELS ▸**duel**
DUELSOME *adj* given to duelling
DUENDE, -S *n* Spanish goblin
DUENESS ▸**due**
DUENNA, -S *n* (esp in Spain) elderly woman acting as chaperone to a young woman
DUES *pl n* membership fees
DUET, -ED, -ING, -S, -TED, -TING *n* piece of music for two performers ▹*vb* perform a duet
DUETT, -S *same as* ▸**duet**
DUETTED ▸**duet**
DUETTI ▸**duetto**
DUETTING ▸**duet**
DUETTINO *n* simple duet
DUETTIST ▸**duet**
DUETTO, DUETTI, -S *same as* ▸**duet**
DUETTS ▸**duett**
DUFF, -ED, -EST, -S *adj* broken or useless ▹*vb* change the appearance of or give a false appearance to (old or stolen goods) ▹*n* mishit golf shot
DUFFEL, -S *n* heavy woollen cloth with a thick nap
DUFFER, -S *n* dull or incompetent person
DUFFEST ▸**duff**
DUFFING, -S ▸**duff**
DUFFLE, -S *same as* ▸**duffel**
DUFFS ▸**duff**
DUFUS, -ES *same as* ▸**doofus**
DUG, -S *Scottish word for* ▸**dog**
DUGITE, -S *n* medium-sized Australian venomous snake
DUGONG, -S *n* whalelike mammal of tropical waters
DUGOUT, -S *n* (at a sports ground) covered bench where managers and substitutes sit
DUGS ▸**dug**
DUH *interj* ironic response to a question or statement

This word provides a useful front hook to **uh**.

DUHKHA, -S *same as* ▸**dukkha**
DUI ▸**duo**
DUIKER, -S *n* small African antelope
DUING ▸**due**
DUIT, -S *n* former Dutch coin
DUKA, -S *n* shop
DUKE, -D, DUKING *vb* fight with fists ▹*n* nobleman of the highest rank
DUKEDOM, -S *n* title, rank, or position of a duke
DUKELING *n* low-ranking duke
DUKERY, DUKERIES *n* duke's domain
DUKES *pl n* fists
DUKESHIP ▸**duke**
DUKING ▸**duke**
DUKKA, -S *n* mix of ground roast nuts and spices
DUKKAH, -S *same as* ▸**dukka**
DUKKAS ▸**dukka**
DUKKHA, -S *n* Buddhist belief that all things are suffering
DULCE, -S *n* sweet food or drink
DULCET, -S *adj* (of a sound) soothing or pleasant ▹*n* soft organ stop
DULCETLY ▸**dulcet**
DULCETS ▸**dulcet**
DULCIAN, -S *n* precursor to the bassoon
DULCIANA *n* sweet-toned organ stop, controlling metal pipes of narrow scale
DULCIANS ▸**dulcian**
DULCIFY *vb* make pleasant or agreeable
DULCIMER *n* tuned percussion instrument
DULCINEA *n* female sweetheart
DULCITE, -S *n* sweet substance
DULCITOL *another word for* ▸**dulcite**
DULCOSE, -S *another word for* ▸**dulcite**
DULE, -S *n* suffering; misery
DULIA, -S *n* veneration accorded to saints
DULL, -ED, -ER, -EST, -ING, -S *adj* not interesting ▹*vb* make or become dull
DULLARD, -S *n* dull or stupid person
DULLED ▸**dull**
DULLER ▸**dull**
DULLEST ▸**dull**
DULLIER ▸**dully**
DULLIEST ▸**dully**
DULLING ▸**dull**
DULLISH ▸**dull**
DULLNESS ▸**dull**
DULLS ▸**dull**
DULLY, DULLIER, DULLIEST ▸**dull**
DULNESS ▸**dull**
DULOSIS, DULOSES *n* behaviour where one species of ant forces members of another to work for them
DULOTIC ▸**dulosis**
DULSE, -S *n* seaweed with large red edible fronds
DULY *adv* in a proper manner
DUM *adj* steamed
DUMA, -S *n* elective legislative assembly established by Tsar Nicholas II
DUMAIST, -S *n* member of duma
DUMAS ▸**duma**
DUMB, -ED, -ER, -EST, -ING, -S *vb* silence ▹*adj* lacking the power to speak
DUMBBELL *n* short bar with a heavy ball or disc at each end, used for physical exercise
DUMBCANE *n* West Indian aroid plant
DUMBED ▸**dumb**
DUMBER ▸**dumb**
DUMBEST ▸**dumb**
DUMBHEAD *n* dunce
DUMBING ▸**dumb**
DUMBLY ▸**dumb**
DUMBNESS ▸**dumb**
DUMBO, -S *n* slow-witted unintelligent person
DUMBS ▸**dumb**
DUMBSHOW *n* actions performed without words in a play
DUMBSIZE *vb* reduce the number in a workforce to the point it becomes ineffective
DUMDUM, -S *n* soft-nosed bullet
DUMELA *sentence substitute* hello
DUMFOUND *same as* ▸**dumbfound**
DUMKA, -S, DUMKY *n* Slavonic lyrical song
DUMMERER *n* archaic word for a person who pretends they cannot speak

D

D

DUMMIED ▸ **dummy**
DUMMIER ▸ **dummy**
DUMMIES ▸ **dummy**
DUMMIEST ▸ **dummy**
DUMMKOPF *n* stupid person
DUMMY, DUMMIED, DUMMIER, DUMMIES, DUMMIEST, -ING *n* figure representing the human form ▹ *adj* imitation, substitute ▹ *vb* prepare an imitation of (a proposed book, page, etc)
DUMOSE *adj* bushlike
DUMOSITY ▸ **dumose**
DUMOUS *same as* ▸ **dumose**
DUMP, -ED *vb* drop or let fall in a careless manner ▹ *n* place where waste materials are left
DUMPBIN, -S *n* unit in a bookshop displaying a particular publisher's books
DUMPCART *n* cart for dumping without handling
DUMPED ▸ **dump**
DUMPEE, -S *n* person dumped from a relationship
DUMPER, -S ▸ **dump**
DUMPIER ▸ **dumpy**
DUMPIES ▸ **dumpy**
DUMPIEST ▸ **dumpy**
DUMPILY ▸ **dumpy**
DUMPING, -S ▸ **dump**
DUMPISH *same as* ▸ **dumpy**
DUMPLE, -D, -S *vb* form into dumpling shape
DUMPLING *n* small ball of dough cooked and served with stew
DUMPS *pl n* state of melancholy or depression
DUMPSITE *n* location of dump
DUMPSTER *n* refuse skip
DUMPY, DUMPIER, DUMPIES, DUMPIEST *n* dumpy person ▹ *adj* short and plump
DUN, -NED, -NER, -NEST, -NING, -S *adj* brownish-grey ▹ *vb* demand payment from (a debtor) ▹ *n* demand for payment
DUNAM, -S *n* unit of area measurement
DUNCE, -S *n* person who is stupid or slow to learn
DUNCEDOM ▸ **dunce**
DUNCERY *n* duncelike behaviour
DUNCES ▸ **dunce**
DUNCH, -ED, -ES, -ING *vb* push against gently
DUNCICAL *adj* duncelike
DUNCISH *adj* duncelike
DUNDER, -S *n* cane juice lees
DUNE, -S *n* mound or ridge of drifted sand
DUNELAND *n* land characterized by dunes
DUNELIKE ▸ **dune**
DUNES ▸ **dune**
DUNG, -ED, -ING, -S *n* faeces from animals such as cattle ▹ *vb* cover (ground) with manure
DUNGAREE *n* coarse cotton fabric used chiefly for work clothes, etc
DUNGED ▸ **dung**
DUNGEON, -S *vb* hold captive in dungeon ▹ *n* underground prison cell
DUNGER, -S *n* old decrepit car
DUNGHEAP *n* pile of dung
DUNGHILL *n* heap of dung
DUNGIER ▸ **dungy**
DUNGIEST ▸ **dungy**
DUNGING ▸ **dung**
DUNGMERE *n* cesspool
DUNGS ▸ **dung**
DUNGY, DUNGIER, DUNGIEST ▸ **dung**
DUNITE, -S *n* ultrabasic igneous rock
DUNITIC ▸ **dunite**
DUNK, -ED, -S *vb* dip (a biscuit or bread) in a drink or soup before eating it
DUNKER, -S ▸ **dunk**
DUNKING, -S *n* act of dunking
DUNKS ▸ **dunk**
DUNLIN, -S *n* small sandpiper
DUNNAGE, -S *n* loose material used for packing cargo
DUNNAKIN *n* lavatory
DUNNART, -S *n* type of insectivorous marsupial
DUNNED ▸ **dun**
DUNNER ▸ **dun**
DUNNESS ▸ **dun**
DUNNEST ▸ **dun**
DUNNIER ▸ **dunny**
DUNNIES ▸ **dunny**
DUNNIEST ▸ **dunny**
DUNNING ▸ **dun**
DUNNINGS ▸ **dunning**
DUNNISH ▸ **dun**
DUNNITE, -S *n* explosive containing ammonium picrate
DUNNO *vb* slang for don't know
DUNNOCK, -S *n* hedge sparrow
DUNNY, DUNNIER, DUNNIES, DUNNIEST *n* in Australia, toilet ▹ *adj* like or relating to a dunny
DUNS ▸ **dun**
DUNSH, -ED, -ES, -ING *same as* ▸ **dunch**
DUNT, -ED, -ING, -S *n* blow ▹ *vb* strike or hit
DUO, DUI, -S *same as* ▸ **duet**
DUODENA ▸ **duodenum**
DUODENAL ▸ **duodenum**
DUODENUM, DUODENA *n* first part of the small intestine, just below the stomach
DUOLOG, -S *same as* ▸ **duologue**
DUOLOGUE *n* (in drama) conversation between only two speakers
DUOMO, DUOMI, -S *n* cathedral in Italy
DUOPOLY *n* situation when control of a commodity is vested in two producers or suppliers
DUOPSONY *n* two rival buyers controlling sellers
DUOS ▸ **duo**
DUOTONE, -S *n* process for producing halftone illustrations
DUP, -PED, -PING, -S *vb* open
DUPABLE ▸ **dupe**
DUPATTA, -S *n* scarf worn in India
DUPE, -D, -S *vb* deceive or cheat ▹ *n* person who is easily deceived
DUPER, -S ▸ **dupe**
DUPERIES ▸ **dupery**
DUPERS ▸ **duper**
DUPERY, DUPERIES ▸ **dupe**
DUPES ▸ **dupe**
DUPING, -S *n* act of duping
DUPION, -S *n* silk fabric made from the threads of double cocoons
DUPLE *adj* having two beats in a bar
DUPLET, -S *n* pair of electrons shared between two atoms in a covalent bond
DUPLEX, -ED, -ES *vb* duplicate ▹ *n* apartment on two floors ▹ *adj* having two parts
DUPLEXER *n* telecommunications system
DUPLEXES ▸ **duplex**
DUPLY, DUPLIED, DUPLIES, -ING *vb* give a second reply
DUPONDII > **dupondius**

DUPPED ▸**dup**
DUPPIES ▸**duppy**
DUPPING ▸**dup**
DUPPY, DUPPIES *n* spirit or ghost
DUPS ▸**dup**
DURA, -S *same as* ▸**durra**
DURABLE *adj* long-lasting
DURABLES *pl n* goods that require infrequent replacement
DURABLY ▸**durable**
DURAL, -S *n* alloy of aluminium and copper
DURAMEN, -S *another name for* > **heartwood**
DURANCE, -S *n* imprisonment
DURANT, -S *n* tough, leathery cloth
DURAS ▸**dura**
DURATION *n* length of time that something lasts
DURATIVE *adj* denoting an aspect of verbs that includes the imperfective and the progressive ▹*n* durative aspect of a verb
DURBAR, -S *n* (formerly) the court of a native ruler or a governor in India
DURDUM, -S *same as* ▸**dirdum**
DURE, -D, -S *vb* endure
DUREFUL *adj* lasting
DURES ▸**dure**
DURESS, -ES *n* compulsion by use of force or threats
DURESSE *same as* ▸**duress**
DURESSES ▸**duress**
DURGAH, -S *same as* ▸**dargah**
DURGAN, -S *n* dwarf
DURGY, DURGIER, DURGIEST *adj* dwarflike
DURIAN, -S *n* SE Asian tree whose very large oval fruits have a hard spiny rind and an evil smell
DURING *prep* throughout or within the limit of (a period of time)
DURION, -S *same as* ▸**durian**
DURMAST, -S *n* large Eurasian oak tree with lobed leaves
DURN, -ING, -S *same as* ▸**darn**
DURNDEST *same as* > **darnedest**
DURNED, -ER ▸**durn**
DURNING ▸**durn**
DURNS ▸**durn**
DURO, -S *n* silver peso of Spain or Spanish America
DUROC, -S *n* breed of pig
DUROS ▸**duro**
DUROY, -S *n* coarse woollen fabric
DURR, -S *same as* ▸**durra**
DURRA, -S *n* Old World variety of sorghum
DURRIE *n* cotton carpet made in India, often in rectangular pieces fringed at the ends
DURRIES ▸**durry**
DURRS ▸**durr**
DURRY, DURRIES *n* cigarette
DURST *a past tense of* ▸**dare**
DURUKULI *n* S American monkey
DURUM, -S *n* variety of wheat
DURZI, -S *n* Indian tailor
DUSH, -ED, -ES, -ING *vb* strike hard
DUSK, -ED, -ER, -EST, -ING, -S *n* time just before nightfall, when it is almost dark ▹*adj* shady ▹*vb* make or become dark
DUSKEN, -ED, -S *vb* grow dark
DUSKER ▸**dusk**
DUSKEST ▸**dusk**
DUSKIER ▸**dusky**
DUSKIEST ▸**dusky**
DUSKILY ▸**dusky**
DUSKING ▸**dusk**
DUSKISH ▸**dusk**
DUSKLY ▸**dusk**
DUSKNESS ▸**dusk**
DUSKS ▸**dusk**
DUSKY, DUSKIER, DUSKIEST *adj* dark in colour
DUST, -ED, -S *n* small dry particles of earth, sand, or dirt ▹*vb* remove dust from (furniture) by wiping
DUSTBALL *n* ball of dust
DUSTBIN, -S *n* large container for household rubbish
DUSTCART *n* truck for collecting household rubbish
DUSTCOAT *n* light, loose-fitting long coat
DUSTED ▸**dust**
DUSTER, -S *n* cloth used for dusting
DUSTHEAP *n* accumulation of refuse
DUSTIER ▸**dusty**
DUSTIEST ▸**dusty**
DUSTILY ▸**dusty**
DUSTING, -S ▸**dust**
DUSTLESS ▸**dust**
DUSTLIKE ▸**dust**
DUSTMAN, DUSTMEN *n* man whose job is to collect household rubbish
DUSTOFF, -S *n* casualty evacuation helicopter
DUSTPAN, -S *n* short-handled shovel
DUSTRAG, -S *n* cloth for dusting
DUSTS ▸**dust**
DUSTUP, -S *n* quarrel, fight, or argument
DUSTY, DUSTIER, DUSTIEST *adj* covered with dust
DUTCH, -ES *n* wife
DUTCHMAN, DUTCHMEN *n* piece of wood, metal, etc, used to repair or patch faulty workmanship
DUTEOUS *adj* dutiful or obedient
DUTIABLE *adj* (of goods) requiring payment of duty
DUTIED *adj* liable for duty
DUTIES ▸**duty**
DUTIFUL *adj* doing what is expected
DUTY, DUTIES *n* work or a task performed as part of one's job
DUUMVIR, -I, -S *n* one of two coequal magistrates or officers
DUVET, -S *same as* ▸**doona**
DUVETINE *same as* ▸**duvetyn**
DUVETS ▸**duvet**
DUVETYN, -S *n* soft napped velvety fabric of cotton, silk, wool, or rayon
DUVETYNE *same as* ▸**duvetyn**
DUVETYNS ▸**duvetyn**
DUX, -ES *n* (in Scottish and certain other schools) the top pupil in a class or school

A **dux** is a leader, and is often useful for disposing of the X.

DUXELLES *n* paste of mushrooms and onions
DUXES ▸**dux**
DUYKER, -S *same as* ▸**duiker**
DVANDVA, -S *n* class of compound words
DVORNIK, -S *n* Russian doorkeeper
DWAAL, -S *n* state of absent-mindedness
DWALE, -S *n* deadly nightshade
DWALM, -ED, -ING, -S *vb* faint
DWAM, -MED, -MING, -S *n* stupor or daydream ▹*vb* faint or fall ill

DWANG, -S *n* short piece of wood inserted in a timber-framed wall
DWARF, -ED, -ER, -EST, -ING, -S, DWARVES *adj* undersized ▷ *n* person who is smaller than average ▷ *vb* cause (someone or something) to seem small by being much larger
DWARFISH ▸ **dwarf**
DWARFISM *n* condition of being a dwarf
DWARFS ▸ **dwarf**
DWARVES ▸ **dwarf**
DWAUM, -ED, -ING, -S *same as* ▸ **dwam**
DWEEB, -S *n* stupid or uninteresting person
DWEEBIER ▸ **dweeby**
DWEEBISH ▸ **dweeb**
DWEEBS ▸ **dweeb**
DWEEBY, DWEEBIER *adj* like or typical of a dweeb
DWELL, -ED, -ING, -S, DWELT *vb* live, reside ▷ *n* regular pause in the operation of a machine
DWELLER, -S ▸ **dwell**
DWELLING ▸ **dwell**
DWELLS ▸ **dwell**
DWELT ▸ **dwell**
DWILE, -S *n* floor cloth
DWINDLE, -D, -S *vb* grow less in size, strength, or number
DWINE, -D, -S, DWINING *vb* languish
DYABLE ▸ **dye**
DYAD, -S *n* operator that is the unspecified product of two vectors
DYADIC, -S *adj* of or relating to a dyad ▷ *n* sum of a particular number of dyads
DYADS ▸ **dyad**
DYARCHAL ▸ **dyarchy**
DYARCHIC ▸ **dyarchy**
DYARCHY *same as* ▸ **diarchy**
DYBBUK, -IM, -S *n* (in Jewish folklore) the body of a person possessed by the soul of a dead sinner
DYE, -D, -S *n* colouring substance ▷ *vb* colour (hair or fabric) by applying a dye
DYEABLE ▸ **dye**
DYED ▸ **dye**
DYEING, -S ▸ **dye**
DYELINE, -S *same as* ▸ **diazo**
DYER, -S ▸ **dye**
DYES ▸ **dye**
DYESTER, -S *n* dyer
DYESTUFF *n* substance that can be used as a dye or from which a dye can be obtained
DYEWEED, -S *n* plant that produces dye
DYEWOOD, -S *n* any wood from which dyes and pigments can be obtained
DYEWORKS *n* place where dye is made
DYING, -S ▸ **die**
DYINGLY ▸ **die**
DYINGS ▸ **dying**
DYKE, -D, -S, DYKING *n* wall built to prevent flooding ▷ *vb* protect with a dyke
DYNAMIC *adj* full of energy, ambition, and new ideas ▷ *n* energetic or driving force
DYNAMICS *n* branch of mechanics concerned with motions of bodies
DYNAMISE *same as* ▸ **dynamize**
DYNAMISM *n* great energy and enthusiasm
DYNAMIST ▸ **dynamism**
DYNAMITE *n* explosive made of nitroglycerine ▷ *vb* blow (something) up with dynamite
DYNAMIZE *vb* cause to be dynamic
DYNAMO, -S *n* device for converting mechanical energy into electrical energy
DYNAST, -S *n* hereditary ruler
DYNASTIC ▸ **dynasty**
DYNASTS ▸ **dynast**
DYNASTY *n* sequence of hereditary rulers
DYNATRON *n* as in **dynatron oscillator** type of oscillator
DYNE, -S *n* cgs unit of force
DYNEIN, -S *n* class of proteins
DYNEL, -S *n* trade name for synthetic fibre
DYNES ▸ **dyne**
DYNODE, -S *n* electrical component
DYSCHROA *n* discolouration of skin
DYSGENIC *adj* referring to the degeneration of a race or strain
DYSLALIA *n* defective speech characteristic of those affected by aphasia
DYSLEXIA *n* disorder causing impaired ability to read
DYSLEXIC ▸ **dyslexia**
DYSLOGY *n* uncomplimentary remarks
DYSMELIA *n* condition of missing or stunted limbs
DYSMELIC ▸ **dysmelia**
DYSODIL, -S *n* yellow or green mineral
DYSODILE *same as* ▸ **dysodil**
DYSODILS ▸ **dysodil**
DYSODYLE *same as* ▸ **dysodil**
DYSPATHY *n* dislike
DYSPEPSY *same as* > **dyspepsia**
DYSPHAGY *same as* > **dysphagia**
DYSPNEA, -S *same as* ▸ **dyspnoea**
DYSPNEAL ▸ **dyspnea**
DYSPNEAS ▸ **dyspnea**
DYSPNEIC ▸ **dyspnea**
DYSPNOEA *n* difficulty in breathing or in catching the breath
DYSPNOIC ▸ **dyspnoea**
DYSTAXIA *n* lack of muscular coordination resulting in shaky limb movements and unsteady gait
DYSTAXIC *adj* relating to or affected by dystaxia
DYSTOCIA *n* abnormal, slow, or difficult childbirth
DYSTONIA *n* neurological disorder
DYSTONIC ▸ **dystonia**
DYSTOPIA *n* imaginary place where everything is as bad as it can be
DYSURIA, -S *n* difficult or painful urination
DYSURIC ▸ **dysuria**
DYSURY, DYSURIES *same as* ▸ **dysuria**
DYTISCID *n* type of carnivorous aquatic beetle with large flattened back legs used for swimming
DYVOUR, -S *n* debtor
DYVOURY *n* bankruptcy
DZEREN, -S *n* Chinese yellow antelope
DZHO, -S *same as* ▸ **zho**
DZO, -S *a variant spelling of* ▸ **zo**

Ee

E is the most common tile in the game and, while it is only worth one point, as the most frequent letter in English it is extremely useful, especially when it comes to forming bonus words scoring an extra 50 points. Many words contain two or more **E**s, so, unlike many tiles, it does no harm to have two **E**s on your rack and even three can be manageable. Keep in mind three-letter words formed by an **E** on either side of a consonant, like **eye**, **ewe** and **eve** (6 points each), and **eke** (7). **E** can also be handy for getting rid of double consonants: think of words like **egg** or **ebb** (each 5 points). **E** also combines well with **K**: as well as **eke**, we have **elk** and **eek** (both 7), and **ewk** (10). If you have an **X** on your rack, **E** offers you all kinds of options: just think of all the words that begin with **ex-**, like **exhaust** (17), which will give you a 50-point bonus if you use all of your tiles to form it. And don't forget **ex** itself, a nice little word that earns you 9 points, and also the very useful **exo** for 10 points. Just as important are **jee** for 10 points, **zee** for 12 points and **zed** for 13 points.

EA, -S *n* river
EACH *pron* every (one) taken separately ▷ *determiner* every (one) of two or more considered individually ▷ *adv* for, to, or from each one
EADISH, -ES *n* aftermath
EAGER, -ER, -EST, -S *adj* showing or feeling great desire, keen ▷ *n* eagre
EAGERLY ▸ **eager**
EAGERS ▸ **eager**
EAGLE, -D, -S, EAGLING *n* bird of prey ▷ *vb* in golf, score two strokes under par for a hole
EAGLET, -S *n* young eagle
EAGLING ▸ **eagle**
EAGRE, -S *n* tidal bore, esp of the Humber or Severn estuaries
EALE, -D, -S, EALING *n* beast in Roman legend ▷ *vb* to ail
EAN, -ED, -ING, -S *vb* give birth
EANLING, -S *n* newborn lamb
EANS ▸ **ean**
EAR, -S *n* organ of hearing, esp the external part of it ▷ *vb* (of cereal plants) to develop such parts
EARACHE, -S *n* pain in the ear
EARBALL, -S *n* device used in acupressure
EARBASH *vb* talk incessantly
EARBOB, -S *n* earring
EARBUD, -S *n* small earphone
EARCON, -S *n* sound representing object or event
EARD, -ED, -ING, -S *vb* bury
EARDROP *n* pendant earring
EARDROPS *pl n* liquid medication for inserting into the external ear
EARDRUM, -S *n* part of the ear which enables one to hear sounds
EARDS ▸ **eard**
EARED *adj* having an ear or ears
EARFLAP, -S *n* either of two pieces of fabric or fur attached to a cap
EARFUL, -S *n* scolding or telling-off
EARHOLE, -S *n* the external opening of the ear
EARING, -S *n* line fastened to a corner of a sail for reefing
EARL, -S *n* British nobleman ranking next below a marquess
EARLAP, -S *same as* ▸ **earflap**
EARLDOM, -S *n* rank, title, or dignity of an earl or countess
EARLESS ▸ **ear**
EARLIER ▸ **early**
EARLIES ▸ **early**
EARLIEST ▸ **early**
EARLIKE ▸ **ear**
EARLOBE, -S *n* fleshy lower part of the outer ear
EARLOCK, -S *n* curl of hair close to ear
EARLS ▸ **earl**
EARLSHIP *n* title or position of earl
EARLY, EARLIER, EARLIES, EARLIEST *adv* before the expected or usual time ▷ *adj* occurring or arriving before the correct or expected time ▷ *n* something which is early
EARMARK, -S *vb* set (something) aside for a specific purpose ▷ *n* distinguishing mark
EARMUFF, -S *n* item of clothing for keeping the ears warm
EARN, -ED, -ING, -S, -T *vb* obtain by work or merit
EARNER, -S ▸ **earn**
EARNEST, -S *adj* serious and sincere ▷ *n* part payment given in advance
EARNING ▸ **earn**

EARNINGS *pl n* money earned
EARNS ▸ **earn**
EARNT ▸ **earn**
EARPHONE *n* receiver for a radio etc, held to or put in the ear
EARPICK, -S *n* instrument for removing ear wax
EARPIECE *n* earphone in a telephone receiver
EARPLUG, -S *n* piece of soft material placed in the ear to keep out water or noise
EARRING, -S *n* ornament for the lobe of the ear
EARS ▸ **ear**
EARSHOT, -S *n* hearing range
EARST *adv* first; previously
EARSTONE *n* calcium carbonate crystal in the ear
EARTH, -ED, -ING, -S *n* planet that we live on ▹ *vb* connect (a circuit) to earth
EARTHEN *adj* made of baked clay or earth
EARTHIER ▸ **earthy**
EARTHILY ▸ **earthy**
EARTHING ▸ **earth**
EARTHLY *adj* conceivable or possible ▹ *n* chance
EARTHMAN, EARTHMEN *n* (esp in science fiction) an inhabitant or native of the earth
EARTHNUT *n* perennial umbelliferous plant of Europe and Asia, with edible dark brown tubers
EARTHPEA *n* peanut; groundnut
EARTHS ▸ **earth**
EARTHSET *n* setting of the earth below the lunar horizon
EARTHWAX *n* ozocerite
EARTHY, EARTHIER *adj* coarse or crude
EARWAX, -ES *nontechnical name for* ▸ **cerumen**
EARWIG, -S *n* small insect with a pincer-like tail ▹ *vb* eavesdrop
EARWIGGY *adj* like an earwig
EARWIGS ▸ **earwig**
EARWORM, -S *n* irritatingly catchy tune
EAS ▸ **ea**
EASE, -D, -S *n* freedom from difficulty, discomfort, or worry ▹ *vb* give bodily or mental ease to
EASEFUL *adj* characterized by or bringing ease
EASEL, -S *n* frame to support an artist's canvas or a blackboard
EASELED *adj* mounted on easel
EASELESS ▸ **ease**
EASELS ▸ **easel**
EASEMENT *n* right of a landowner to make limited use of a neighbour's land
EASER, -S ▸ **ease**
EASES ▸ **ease**
EASIED ▸ **easy**
EASIER ▸ **easy**
EASIES ▸ **easy**
EASIEST ▸ **easy**
EASILY *adv* without difficulty
EASINESS *n* quality or condition of being easy to accomplish, do, obtain, etc
EASING, -S *n* as in **quantitative easing** increasing the supply of money to stimulate the economy
EASLE, -S *n* hot ash
EASSEL *adv* easterly
EASSIL *adv* easterly
EAST, -ED, -S *n* (direction towards) the part of the horizon where the sun rises ▹ *adj* in the east ▹ *adv* in, to, or towards the east ▹ *vb* move or turn east
EASTER, -S *n* most important festival of the Christian Church
EASTERLY *adj* of or in the east ▹ *adv* towards the east ▹ *n* wind from the east
EASTERN *adj* situated in or towards the east
EASTERS ▸ **easter**
EASTING, -S *n* net distance eastwards made by a vessel moving towards the east
EASTLAND *n* land in east
EASTLIN *adj* easterly
EASTLING *adj* easterly
EASTLINS *adv* eastward
EASTMOST *adj* furthest east
EASTS ▸ **east**
EASTWARD *same as* > **eastwards**
EASY, EASIED, EASIER, EASIES, EASIEST, -ING *adj* not needing much work or effort ▹ *vb* stop rowing
EAT, ATE, -EN, -S *vb* take (food) into the mouth and swallow it
EATABLE *adj* fit or suitable for eating
EATABLES *pl n* food
EATAGE, -S *n* grazing rights
EATCHE, -S *n* adze
EATEN ▸ **eat**
EATER, -S ▸ **eat**
EATERIE *same as* ▸ **eatery**
EATERIES ▸ **eatery**
EATERS ▸ **eater**
EATERY, EATERIES *n* restaurant or eating house
EATH *adj* easy
EATHE *same as* ▸ **eath**
EATHLY ▸ **eath**
EATING, -S ▸ **eat**
EATS ▸ **eat**
EAU, -S, -X *same as* ▸ **ea**
EAVE, -S, EAVING *vb* give cover under the eaves of a building
EAVED *adj* having eaves
EAVES ▸ **eave**
EAVING ▸ **eave**
EBAUCHE, -S *n* rough sketch
EBAYER, -S *n* any person who uses eBay
EBAYING, -S *n* buying or selling using eBay
EBB, -ED, -ING, -S *vb* (of tide water) flow back ▹ *n* flowing back of the tide
EBBET, -S *n* type of newt
EBBING ▸ **ebb**
EBBLESS ▸ **ebb**
EBBS ▸ **ebb**
EBENEZER *n* chapel
EBENISTE *n* cabinetmaker
EBIONISE *same as* ▸ **ebionize**
EBIONISM *n* doctrine that the poor shall be saved
EBIONIZE *vb* preach ebionism
EBON, -S *poetic word for* ▸ **ebony**
EBONICS *n* dialect used by African-Americans
EBONIES ▸ **ebony**
EBONISE, -D, -S *same as* ▸ **ebonize**
EBONIST, -S *n* carver of ebony
EBONITE, -S *another name for* > **vulcanite**
EBONIZE, -D, -S *vb* stain or otherwise finish in imitation of ebony
EBONS ▸ **ebon**
EBONY, EBONIES *n* hard black wood ▹ *adj* deep black
EBOOK, -S *n* book in electronic form
EBRIATE *adj* drunk
EBRIATED *same as* ▸ **ebriate**
EBRIETY *n* drunkenness
EBRIOSE *adj* drunk
EBURNEAN *adj* made of ivory
ECAD, -S *n* organism whose form has been affected by its environment

ECARTE, -S *n* card game for two, played with 32 cards and king high
ECAUDATE *adj* tailless
ECBOLE, -S *n* digression
ECBOLIC, -S *adj* inducing labour ▷ *n* drug or agent that induces labour
ECCE *interj* behold
ECCLESIA *n* (in formal Church usage) a congregation
ECCO *interj* look there
ECCRINE *adj* of or denoting glands that secrete externally
ECCRISIS, ECCRISES *n* excrement
ECCRITIC *n* purgative
ECDEMIC *adj* not indigenous or endemic
ECDYSES ▸ **ecdysis**
ECDYSIAL ▸ **ecdysis**
ECDYSIS, ECDYSES *n* shedding of the cuticle in arthropods or the outer epidermal layer in reptiles
ECDYSON, -S *same as* ▸ **ecdysone**
ECDYSONE *n* hormone secreted by the prothoracic gland of insects
ECDYSONS ▸ **ecdyson**
ECESIC ▸ **ecesis**
ECESIS, -ES *n* establishment of a plant in a new environment
ECH *same as* ▸ **eche**
ECHAPPE, -S *n* leap in ballet
ECHARD, -S *n* water that is present in the soil but cannot be utilized by plants
ECHE, -D, -S, ECHING *vb* eke out
ECHELLE, -S *n* ladder; scale
ECHELON, -S *n* level of power or responsibility ▷ *vb* assemble in echelon
ECHES ▸ **eche**
ECHIDNA, -E, -S *n* Australian spiny egg-laying mammal
ECHINATE *adj* covered with spines, bristles, or bristle-like outgrowths
ECHING ▸ **eche**
ECHINI ▸ **echinus**
ECHINOID *n* type of echinoderm of the class which includes the sea urchins and sand dollars
ECHINUS, ECHINI *n* ovolo moulding between the shaft and the abacus of a Doric column
ECHIUM, -S *n* type of Eurasian and African plant
ECHIURAN *n* spoonworm
ECHO, -ED, -ES, -ING, -S *n* repetition of sounds by reflection of sound waves off a surface ▷ *vb* repeat or be repeated as an echo
ECHOER, -S ▸ **echo**
ECHOES ▸ **echo**
ECHOEY, ECHOIER, ECHOIEST *adj* producing echoes
ECHOGRAM *n* record made by echography
ECHOIC *adj* characteristic of or resembling an echo
ECHOIER ▸ **echoey**
ECHOIEST ▸ **echoey**
ECHOING ▸ **echo**
ECHOISE, -D, -S *same as* ▸ **echoize**
ECHOISM, -S *n* onomatopoeia as a source of word formation
ECHOIST, -S ▸ **echoism**
ECHOIZE, -D, -S *vb* repeat like echo
ECHOLESS ▸ **echo**
ECHOS ▸ **echo**
ECHT *adj* real
ECLAIR, -S *n* finger-shaped pastry filled with cream and covered with chocolate
ECLAMPSY *same as* > **eclampsia**
ECLAT, -S *n* brilliant success
ECLECTIC *adj* selecting from various styles, ideas, or sources ▷ *n* person who takes an eclectic approach
ECLIPSE, -D *n* temporary obscuring of one star or planet by another ▷ *vb* surpass or outclass
ECLIPSER ▸ **eclipse**
ECLIPSIS, ECLIPSES *same as* ▸ **ellipsis**
ECLIPTIC *n* apparent path of the sun ▷ *adj* of or relating to an eclipse
ECLOGITE *n* rare coarse-grained basic rock
ECLOGUE, -S *n* pastoral or idyllic poem, usually in the form of a conversation or soliloquy
ECLOSE, -D, -S, ECLOSING *vb* emerge
ECLOSION *n* emergence of an insect larva from the egg or an adult from the pupal case
ECO, -S *n* ecology activist
ECOCIDAL ▸ **ecocide**
ECOCIDE, -S *n* total destruction of an area of the natural environment
ECOD *same as* ▸ **egad**
ECOFREAK *n* environmentalist
ECOGIFT, -S *n* donation of land for environmental purposes
ECOLODGE *n* eco-friendly tourist accommodation
ECOLOGIC ▸ **ecology**
ECOLOGY *n* study of the links between living things and their environment
ECOMAP, -S *n* diagram showing the links between an individual and their community
ECONOBOX *n* fuel efficient utility vehicle
ECONOMIC *adj* of economics
ECONOMY *n* system of interrelationship of money, industry, and employment in a country ▷ *adj* denoting a class of air travel that is cheaper than first-class
ECONUT, -S *n* derogatory term for a keen environmentalist
ECORCHE, -S *n* anatomical figure without the skin
ECOS ▸ **eco**
ECOSTATE *adj* with no ribs or nerves
ECOTAGE, -S *n* sabotage for ecological motives
ECOTONAL ▸ **ecotone**
ECOTONE, -S *n* zone between two major ecological communities
ECOTOPIA *n* ecologically ideal area or society
ECOTOUR, -S *n* holiday taking care not to damage environment ▷ *vb* take an ecotour
ECOTOXIC *adj* harmful to animals, plants or the environment
ECOTYPE, -S *n* organisms within a species that have adapted to a particular environment
ECOTYPIC ▸ **ecotype**
ECOZONE, -S *n* large area with an ecosystem
ECRASEUR *n* surgical device consisting of a heavy wire loop
ECRU, -S *adj* pale creamy-brown ▷ *n* greyish-yellow to a light greyish colour
ECSTASIS, ECSTASES *same as* ▸ **ecstasy**
ECSTASY *n* state of intense delight

E

ECSTATIC *adj* in a trancelike state of great rapture or delight ▷ *n* person who has periods of intense trancelike joy
ECTASES ▸ **ectasis**
ECTASIA, -S *n* distension or dilation of a duct, vessel, or hollow viscus
ECTASIS, ECTASES *same as* ▸ **ectasia**
ECTATIC ▸ **ectasia**
ECTHYMA, -S *n* local inflammation of the skin
ECTODERM *n* outer germ layer of an animal embryo
ECTOGENE *n* type of gene
ECTOGENY *n* (of bacteria, etc) development outside the host
ECTOMERE *n* any of the blastomeres that later develop into ectoderm
ECTOPIA, -S *n* congenital displacement of an organ or part
ECTOPIC ▸ **ectopia**
ECTOPY, ECTOPIES *same as* ▸ **ectopia**
ECTOSARC *n* ectoplasm of an amoeba or any other protozoan
ECTOZOA ▸ **ectozoon**
ECTOZOAN *same as* ▸ **ectozoon**
ECTOZOIC ▸ **ectozoon**
ECTOZOON, ECTOZOA *n* parasitic organism that lives on the outside of its host
ECTROPIC > **ectropion**
ECTYPAL ▸ **ectype**
ECTYPE, -S *n* copy as distinguished from a prototype
ECU, -S *n* any of various former French gold or silver coins
ECUELLE, -S *n* covered soup bowl with handles
ECUMENE, -S *n* inhabited area of the world
ECUMENIC *adj* tending to promote unity among Churches
ECURIE, -S *n* team of motor-racing cars
ECUS ▸ **ecu**
ECZEMA, -S *n* skin disease causing intense itching
ED, -S *n* editor
EDACIOUS *adj* devoted to eating
EDACITY ▸ **edacious**
EDAMAME, -S *n* immature soybeans boiled in the pod
EDAPHIC *adj* of or relating to the physical and chemical conditions of the soil
EDDIED ▸ **eddy**
EDDIES ▸ **eddy**
EDDISH, -ES *n* pasture grass
EDDO, -ES *same as* ▸ **taro**
EDDY, EDDIED, EDDIES, -ING *n* circular movement of air, water, etc ▷ *vb* move with a circular motion
EDEMA, -S, -TA *same as* ▸ **oedema**
EDENIC *adj* delightful, like the Garden of Eden
EDENTAL *adj* having few or no teeth
EDENTATE *n* mammal with few or no teeth, such as an armadillo or a sloth ▷ *adj* denoting such a mammal
EDGE, -D, -S *n* border or line where something ends or begins ▷ *vb* provide an edge or border for
EDGEBONE *n* aitchbone
EDGED ▸ **edge**
EDGELESS ▸ **edge**
EDGER, -S ▸ **edge**
EDGES ▸ **edge**
EDGEWAYS *adv* with the edge forwards or uppermost
EDGEWISE *same as* ▸ **edgeways**
EDGIER ▸ **edgy**
EDGIEST ▸ **edgy**
EDGILY ▸ **edgy**
EDGINESS ▸ **edgy**
EDGING, -S *n* anything placed along an edge to finish it ▷ *adj* relating to or used for making an edge
EDGY, EDGIER, EDGIEST *adj* nervous or irritable
EDH, -S *n* character of the runic alphabet
EDIBLE *adj* fit to be eaten
EDIBLES *pl n* articles fit to eat
EDICT, -S *n* order issued by an authority
EDICTAL ▸ **edict**
EDICTS ▸ **edict**
EDIFICE, -S *n* large building
EDIFIED ▸ **edify**
EDIFIER, -S ▸ **edify**
EDIFY, EDIFIED, EDIFIES *vb* improve morally by instruction
EDIFYING ▸ **edify**
EDILE, -S *variant spelling of* ▸ **aedile**
EDIT, -ED, -S *vb* prepare (a book, film, etc) for publication or broadcast ▷ *n* act of editing
EDITABLE ▸ **edit**
EDITED ▸ **edit**
EDITING, -S ▸ **edit**
EDITION, -S *n* number of copies of a new publication printed at one time ▷ *vb* produce multiple copies of (an original work of art)
EDITOR, -S *n* person who edits
EDITRESS *n* female editor
EDITRIX *n* female editor
EDITS ▸ **edit**
EDS ▸ **ed**
EDUCABLE *adj* capable of being trained or educated ▷ *n* person with learning difficulties who is capable of being educated
EDUCATE, -S *vb* teach
EDUCATED *adj* having an education, esp a good one
EDUCATES ▸ **educate**
EDUCATOR *n* person who educates
EDUCE, -D, -S, EDUCING *vb* evolve or develop
EDUCIBLE ▸ **educe**
EDUCING ▸ **educe**
EDUCT, -S *n* substance separated from a mixture without chemical change
EDUCTION *n* something educed
EDUCTIVE ▸ **educe**
EDUCTOR, -S ▸ **educe**
EDUCTS ▸ **educt**
EE, -N *Scots word for* ▸ **eye**
EECH, -ED, -ES, -ING *same as* ▸ **eche**
EEEW *interj* exclamation of disgust
EEJIT, -S *Scots and Irish word for* ▸ **idiot**
EEK *interj* indicating shock or fright
EEL, -S *n* snakelike fish
EELFARE, -S *n* young eel
EELGRASS *n* type of submerged marine plant with grasslike leaves
EELIER ▸ **eely**
EELIEST ▸ **eely**
EELING, -S *n* practice of catching eels
EELLIKE *adj* resembling an eel
EELPOUT, -S *n* marine eel-like blennioid fish
EELS ▸ **eel**
EELWORM, -S *n* any of various nematode worms
EELWRACK *n* grasslike plant growing in seawater
EELY, EELIER, EELIEST ▸ **eel**
EEN ▸ **ee**
EENSY, EENSIER, EENSIEST *adj* very small
EERIE, -R, -ST *adj* uncannily frightening or disturbing

EERILY ▸ **eerie**
EERINESS ▸ **eerie**
EERY *same as* ▸ **eerie**
EEVEN, -S *n* evening
EEVN, -S *n* evening
EEVNING, -S *n* evening
EEVNS ▸ **eevn**
EEW *interj* exclamation of disgust
EF, -S *n* letter F
EFF, -ED, -S *vb* use bad language
EFFABLE *adj* capable of being expressed in words
EFFACE, -D, -S, EFFACING *vb* remove by rubbing
EFFACER, -S ▸ **efface**
EFFACES ▸ **efface**
EFFACING ▸ **efface**
EFFECT, -ED *n* change or result caused by someone or something ▹ *vb* cause to happen, accomplish
EFFECTER ▸ **effect**
EFFECTOR *n* nerve ending that terminates in a muscle or gland
EFFECTS *pl n* personal belongings
EFFED ▸ **eff**
EFFEIR, -ED, -S *vb* suit
EFFENDI, -S *n* (in the Ottoman Empire) a title of respect
EFFERE, -D, -S, EFFERING *same as* ▸ **effeir**
EFFERENT *adj* carrying or conducting outwards ▹ *n* type of nerve
EFFERES ▸ **effere**
EFFERING ▸ **effere**
EFFETE *adj* powerless, feeble
EFFETELY ▸ **effete**
EFFICACY *n* quality of being successful in producing an intended result
EFFIERCE *vb* archaic word meaning make fierce
EFFIGIAL ▸ **effigy**
EFFIGY, EFFIGIES *n* image or likeness of a person
EFFING, -S ▸ **eff**
EFFLUENT *n* liquid discharged as waste ▹ *adj* flowing out or forth
EFFLUVIA > **effluvium**
EFFLUX, -ES *same as* > **effluence**
EFFORCE, -D, -S *vb* force
EFFORT, -S *n* physical or mental exertion
EFFRAIDE *archaic form of* ▸ **afraid**
EFFRAY, -S *archaic form of* ▸ **affray**
EFFS ▸ **eff**
EFFULGE, -D, -S *vb* radiate
EFFUSE, -D, -S, EFFUSING *vb* pour or flow out ▹ *adj* (esp of an inflorescence) spreading out loosely
EFFUSION *n* unrestrained outburst
EFFUSIVE *adj* openly emotional, demonstrative
EFS ▸ **ef**
EFT, -S *n* dialect or archaic name for a newt ▹ *adv* again
EFTEST *adj* nearest at hand
EFTS ▸ **eft**
EFTSOONS, EFTSOON *adv* soon afterwards
EGAD, -S *n* mild oath or expression of surprise
EGAL *adj* equal
EGALITE, -S *n* equality
EGALITY *n* equality
EGALLY ▸ **egal**
EGENCE, -S *n* need
EGENCY, EGENCIES *same as* ▸ **egence**
EGER, -S *same as* ▸ **eagre**
EGEST, -ED, -ING, -S *vb* excrete (waste material)
EGESTA *pl n* anything egested, as waste material from the body
EGESTED ▸ **egest**
EGESTING ▸ **egest**
EGESTION ▸ **egest**
EGESTIVE ▸ **egest**
EGESTS ▸ **egest**
EGG, -ED, -ING, -S *n* object laid by birds and other creatures, containing a developing embryo ▹ *vb* urge or incite, esp to daring or foolish acts
EGGAR, -S *same as* ▸ **egger**
EGGCORN, -S *n* misspelling caused by the mishearing of a word
EGGCUP, -S *n* cup for holding a boiled egg
EGGED ▸ **egg**
EGGER, -S *n* moth with brown body and wings
EGGERIES ▸ **eggery**
EGGERS ▸ **egger**
EGGERY, EGGERIES *n* place where eggs are laid
EGGFRUIT *n* fruit of eggplant
EGGHEAD, -S *n* intellectual person
EGGIER ▸ **eggy**
EGGIEST ▸ **eggy**
EGGING ▸ **egg**
EGGLER, -S *n* egg dealer: sometimes itinerant
EGGLESS ▸ **egg**
EGGLIKE *adj* like an egg
EGGMASS *n* intelligentsia
EGGNOG, -S *n* drink made of raw eggs, milk, sugar, spice, and brandy or rum
EGGPLANT *n* dark purple tropical fruit, cooked and eaten as a vegetable
EGGS ▸ **egg**
EGGSHELL *n* hard covering round the egg of a bird or animal ▹ *adj* (of paint) having a very slight sheen
EGGWASH *n* beaten egg for brushing on pastry
EGGWHISK *same as* > **eggbeater**
EGGY, EGGIER, EGGIEST *adj* soaked in or tasting of egg
EGIS, -ES *rare spelling of* ▸ **aegis**
EGLATERE *archaic name for* > **eglantine**
EGLOMISE *n* gilding
EGMA, -S *mispronunciation of* ▸ **enigma**
EGO, -S *n* conscious mind of an individual
EGOISM, -S *n* excessive concern for one's own interests
EGOIST, -S *n* person who is preoccupied with their own interests
EGOISTIC ▸ **egoist**
EGOISTS ▸ **egoist**
EGOITY, EGOITIES *n* essence of the ego
EGOLESS *adj* without an ego
EGOMANIA *n* obsessive concern with one's own needs and desires
EGOS ▸ **ego**
EGOSURF, -S *vb* search for one's own name on the internet
EGOTISE, -D, -S *same as* ▸ **egotize**
EGOTISM, -S *n* concern only for one's own interests and feelings
EGOTIST, -S *n* conceited boastful person
EGOTIZE, -D, -S *vb* talk or write in self-important way
EGRESS, -ED, -ES *same as* ▸ **emersion**
EGRET, -S *n* lesser white heron
EGYPTIAN *n* type of typeface
EH, -ED, -ING, -S *interj* exclamation of surprise or inquiry ▹ *vb* say 'eh'
EIDE ▸ **eidos**
EIDENT *adj* diligent
EIDER, -S *n* Arctic duck

EIDETIC, -S *adj* (of images) exceptionally vivid, allowing detailed recall of something ▷ *n* person with eidetic ability
EIDOLA ▶ **eidolon**
EIDOLIC ▶ **eidolon**
EIDOLON, EIDOLA, -S *n* unsubstantial image
EIDOS, EIDE *n* intellectual character of a culture or a social group
EIGHT, -S *n* one more than seven
EIGHTEEN *n* eight and ten
EIGHTH, -S *n* number eight in a series ▷ *adj* coming after the seventh and before the ninth
EIGHTHLY *same as* ▶ **eighth**
EIGHTHS ▶ **eighth**
EIGHTIES ▶ **eighty**
EIGHTS ▶ **eight**
EIGHTVO, -S *another word for* ▶ **octavo**
EIGHTY, EIGHTIES *n* eight times ten
EIGNE *adj* firstborn
EIK, -ED, -ING, -S *variant form of* ▶ **eke**
EIKON, -ES, -S *variant spelling of* ▶ **icon**
EIKS ▶ **eik**
EILD, -S *n* old age
EILDING, -S *n* fuel
EILDS ▶ **eild**
EINA *interj* exclamation of pain
EINE *pl n* eyes
EINKORN, -S *n* variety of wheat of Greece and SW Asia
EINSTEIN *n* scientific genius
EIRACK, -S *n* young hen
EIRENIC *variant spelling of* ▶ **irenic**
EIRENICS *n* theology concerned with unity among churches
EISEL, -S *n* vinegar
EISELL, -S *same as* ▶ **eisel**
EISELS ▶ **eisel**
EISH *interj* South African exclamation
EISWEIN, -S *n* wine made from grapes frozen on the vine
EITHER *pron* one or the other (of two) ▷ *adv* likewise ▷ *determiner* one or the other (of two)
EJECT, -ED, -ING, -S *vb* force out, expel
EJECTA *pl n* matter thrown out by a volcano or during a meteorite impact
EJECTED ▶ **eject**
EJECTING ▶ **eject**
EJECTION ▶ **eject**
EJECTIVE *adj* relating to or causing ejection ▷ *n* ejective consonant
EJECTOR, -S *n* person or thing that ejects
EJECTS ▶ **eject**
EJIDO, -S *n* communal farmland in Mexico
EKE, -D, -S, EKING *vb* increase, enlarge, or lengthen
EKISTIC ▶ **ekistics**
EKISTICS *n* science or study of human settlements
EKKA, -S *n* type of one-horse carriage
EKLOGITE *same as* ▶ **eclogite**
EKPWELE, -S *n* former monetary unit of Equatorial Guinea
EKTEXINE *n* in pollen and spores, the outer of the two layers that make up the exine
EKUELE *same as* ▶ **ekpwele**
EL, -S *n* American elevated railway
ELAIN, -S *same as* ▶ **triolein**
ELAN, -S *n* style and vigour
ELANCE, -D, -S, ELANCING *vb* throw a lance
ELAND, -S *n* large antelope of southern Africa
ELANET, -S *n* bird of prey
ELANS ▶ **elan**
ELAPHINE *adj* of or like a red deer
ELAPID, -S *n* mostly tropical type of venomous snake
ELAPINE *adj* of or like an elapid
ELAPSE, -D, -S, ELAPSING *vb* (of time) pass by
ELASTANE *n* synthetic fibre that is able to return to its original shape after being stretched
ELASTASE *n* enzyme that digests elastin
ELASTIC, -S *adj* resuming normal shape after distortion ▷ *n* tape or fabric containing interwoven strands of flexible rubber
ELASTIN, -S *n* fibrous scleroprotein
ELATE, -S, ELATING *vb* fill with high spirits, exhilaration, pride or optimism
ELATED *adj* extremely happy and excited
ELATEDLY ▶ **elated**
ELATER, -S *n* elaterid beetle
ELATERID *n* type of beetle of the family which constitutes the click beetles
ELATERIN *n* white crystalline substance found in elaterium, used as a purgative
ELATERS ▶ **elater**
ELATES ▶ **elate**
ELATING ▶ **elate**
ELATION, -S *n* feeling of great happiness and excitement
ELATIVE, -S *adj* denoting a grammatical case in Finnish and other languages ▷ *n* elative case
ELBOW, -ED, -S *n* joint between the upper arm and the forearm ▷ *vb* shove or strike with the elbow
ELBOWING *n* act of elbowing
ELBOWS ▶ **elbow**
ELCHEE, -S *n* ambassador
ELCHI, -S *same as* ▶ **elchee**
ELD, -S *n* old age
ELDER, -S *adj* older ▷ *n* older person
ELDERLY *adj* (fairly) old
ELDERS ▶ **elder**
ELDEST, -S *n* oldest child
ELDIN, -S *n* fuel
ELDING, -S *same as* ▶ **eldin**
ELDINS ▶ **eldin**
ELDORADO *n* place of great riches or fabulous opportunity
ELDRESS *n* woman elder
ELDRICH *same as* ▶ **eldritch**
ELDRITCH *adj* weird, uncanny
ELDS ▶ **eld**
ELECT, -ED, -ING, -S *vb* choose by voting ▷ *adj* appointed but not yet in office
ELECTEE, -S *n* someone who is elected
ELECTING ▶ **elect**
ELECTION *n* choosing of representatives by voting
ELECTIVE *adj* chosen by election ▷ *n* optional course or hospital placement undertaken by a medical student
ELECTOR, -S *n* someone who has the right to vote in an election
ELECTRET *n* permanently polarized dielectric material
ELECTRIC *adj* produced by, transmitting, or powered by electricity ▷ *n* electric train, car, etc

ELECTRO, -S *vb* (in printing) make a metallic copy of a page
ELECTRON *n* elementary particle in all atoms that has a negative electrical charge
ELECTROS ▸ **electro**
ELECTRUM *n* alloy of gold (55–88 per cent) and silver used for jewellery and ornaments
ELECTS ▸ **elect**
ELEGANCE *n* dignified grace in appearance, movement, or behaviour
ELEGANCY *same as* ▸ **elegance**
ELEGANT *adj* pleasing or graceful in dress, style, or design
ELEGIAC, -S *adj* mournful or plaintive ▹ *n* elegiac couplet or stanza
ELEGIAST *n* writer of elegies
ELEGIES ▸ **elegy**
ELEGISE, -D, -S *same as* ▸ **elegize**
ELEGIST, -S ▸ **elegize**
ELEGIT, -S *n* writ delivering debtor's property to plaintiff
ELEGIZE, -D, -S *vb* compose an elegy or elegies (in memory of)
ELEGY, ELEGIES *n* mournful poem, esp a lament for the dead
ELEMENT, -S *n* component part
ELEMI, -S *n* fragrant resin obtained from various tropical trees
ELENCH, -S *n* refutation in logic
ELENCHI ▸ **elenchus**
ELENCHIC ▸ **elenchus**
ELENCHS ▸ **elench**
ELENCHUS, ELENCHI *n* refutation of an argument by proving the contrary of its conclusion
ELENCTIC *adj* refuting an argument by proving the falsehood of its conclusion
ELEPHANT *n* huge four-footed thick-skinned animal with ivory tusks and a long trunk
ELEVATE, -S *vb* raise in rank or status
ELEVATED *adj* higher than normal ▹ *n* railway that runs on an elevated structure
ELEVATES ▸ **elevate**
ELEVATOR *n* lift for carrying people
ELEVEN, -S *n* one more than ten
ELEVENTH *n* number eleven in a series ▹ *adj* coming after the tenth in numbering or counting order, position, time, etc
ELEVON, -S *n* aircraft control surface usually fitted to tailless or delta-wing aircraft
ELF, -ED, -ING, -S, ELVES *n* (in folklore) small mischievous fairy ▹ *vb* entangle (esp hair)
ELFHOOD, -S ▸ **elf**
ELFIN, -S *adj* small and delicate ▹ *n* young elf
ELFING ▸ **elf**
ELFINS ▸ **elfin**
ELFISH, -ES *adj* of, relating to, or like an elf or elves ▹ *n* supposed language of elves
ELFISHLY ▸ **elfish**
ELFLAND, -S *another name for* > **fairyland**
ELFLIKE ▸ **elf**
ELFLOCK, -S *n* lock of hair
ELFS ▸ **elf**
ELHI *adj* informal word for or relating to elementary high school
ELIAD, -S *n* glance
ELICHE, -S *n* pasta in the form of spirals
ELICIT, -ED, -S *vb* bring about (a response or reaction)
ELICITOR ▸ **elicit**
ELICITS ▸ **elicit**
ELIDE, -D, -S, ELIDING *vb* omit (a vowel or syllable) from a spoken word
ELIDIBLE ▸ **elide**
ELIDING ▸ **elide**
ELIGIBLE *adj* meeting the requirements or qualifications needed ▹ *n* eligible person or thing
ELIGIBLY ▸ **eligible**
ELINT, -S *n* electronic intelligence
ELISION, -S *n* omission of a syllable or vowel from a spoken word
ELITE, -S *n* most powerful, rich, or gifted members of a group ▹ *adj* of, relating to, or suitable for an elite
ELITISM, -S *n* belief that society should be ruled by a small group of superior people
ELITIST, -S ▸ **elitism**
ELIXIR, -S *n* legendary liquid
ELK, -S *n* large deer of N Europe and Asia
ELKHORN *n* as in **elkhorn fern** fern with a large leaf like an elk's horn
ELKHOUND *n* powerful breed of dog
ELKS ▸ **elk**
ELL, -S *n* obsolete unit of length
ELLAGIC *adj* of an acid derived from gallnuts
ELLIPSE *n* oval shape
ELLIPSIS, ELLIPSES *n* omission of letters or words in a sentence
ELLIPTIC *adj* relating to or having the shape of an ellipse
ELLOPS, -ES *same as* ▸ **elops**
ELLS ▸ **ell**
ELLWAND, -S *n* stick for measuring lengths
ELM, -S *n* tree with serrated leaves
ELMEN *adj* of or relating to elm trees
ELMIER ▸ **elmy**
ELMIEST ▸ **elmy**
ELMS ▸ **elm**
ELMWOOD, -S *n* wood from an elm tree
ELMY, ELMIER, ELMIEST *adj* of or relating to elm trees
ELOCUTE, -D, -S *vb* speak as if practising elocution
ELODEA, -S *n* type of American plant
ELOGE, -S *same as* ▸ **eulogy**
ELOGIES ▸ **elogy**
ELOGIST, -S ▸ **elogy**
ELOGIUM, -S *same as* ▸ **eulogy**
ELOGY, ELOGIES *same as* ▸ **eulogy**
ELOIGN, -ED, -S *vb* remove (oneself, one's property, etc) to a distant place
ELOIGNER ▸ **eloign**
ELOIGNS ▸ **eloign**
ELOIN, -ED, -ING, -S *same as* ▸ **eloign**
ELOINER, -S ▸ **eloin**
ELOINING ▸ **eloin**
ELOINS ▸ **eloin**
ELONGATE *vb* make or become longer ▹ *adj* long and narrow
ELOPE, -D, -S, ELOPING *vb* (of two people) run away secretly to get married
ELOPER, -S ▸ **elope**
ELOPES ▸ **elope**
ELOPING ▸ **elope**
ELOPS, -ES *n* type of fish
ELOQUENT *adj* (of speech or writing) fluent and persuasive

ELPEE, -S *n* LP, long-playing record
ELS ▸**el**
ELSE *adv* in addition or more
ELSEWISE *adv* otherwise
ELSHIN, -S *n* cobbler's awl
ELSIN, -S *variant of* ▸**elshin**
ELT, -S *n* young female pig
ELTCHI, -S *variant of* ▸**elchee**
ELTS ▸**elt**
ELUANT, -S *same as* ▸**eluent**
ELUATE, -S *n* solution of adsorbed material obtained during the process of elution
ELUDE, -D, -S, ELUDING *vb* escape from by cleverness or quickness
ELUDER, -S ▸**elude**
ELUDES ▸**elude**
ELUDIBLE *adj* able to be eluded
ELUDING ▸**elude**
ELUENT, -S *n* solvent used for eluting
ELUSION, -S ▸**elude**
ELUSIVE *adj* difficult to catch or remember
ELUSORY *adj* avoiding the issue
ELUTE, -D, -S, ELUTING *vb* wash out (a substance) by the action of a solvent
ELUTION, -S ▸**elute**
ELUTOR, -S ▸**elute**
ELUVIA ▸**eluvium**
ELUVIAL ▸**eluvium**
ELUVIATE *vb* remove material suspended in water in a layer of soil by the action of rainfall
ELUVIUM, ELUVIA, -S *n* mass of sand, silt, etc
ELVAN, -S *n* type of rock
ELVANITE *variant of* ▸**elvan**
ELVANS ▸**elvan**
ELVEN *adj* like an elf
ELVER, -S *n* young eel
ELVES ▸**elf**
ELVISH, -ES *same as* ▸**elfish**
ELVISHLY ▸**elvish**
ELYSIAN *adj* delightful, blissful
ELYTRA ▸**elytron**
ELYTRAL ▸**elytron**
ELYTROID ▸**elytron**
ELYTRON, ELYTRA *n* either of the horny front wings of beetles and some other insects
ELYTROUS ▸**elytron**
ELYTRUM *same as* ▸**elytron**
EM, -S *n* square of a body of any size of type, used as a unit of measurement
EMACIATE *vb* become or cause to become abnormally thin
EMACS, -EN *n* powerful computer program
EMAIL, -ED, -S *n* electronic mail ▹ *vb* send a message by electronic mail
EMAILER, -S ▸**email**
EMAILING ▸**email**
EMAILS ▸**email**
EMANANT ▸**emanate**
EMANATE, -D, -S *vb* issue, proceed from a source
EMANATOR ▸**emanate**
EMBACE, -S, EMBACING *variant of* ▸**embase**
EMBAIL, -ED, -S *vb* enclose in a circle
EMBALE, -D, -S, EMBALING *vb* bind
EMBALL, -ED, -S *vb* enclose in a circle
EMBALM, -ED, -S *vb* preserve (a corpse) from decay by the use of chemicals etc
EMBALMER ▸**embalm**
EMBALMS ▸**embalm**
EMBANK, -ED, -S *vb* protect, enclose, or confine with an embankment
EMBANKER ▸**embank**
EMBANKS ▸**embank**
EMBAR, -RED, -S *vb* close in with bars
EMBARGO *n* order by a government prohibiting trade with a country ▹ *vb* put an embargo on
EMBARK, -ED, -S *vb* board a ship or aircraft
EMBARRAS *n* embarrassment
EMBARRED ▸**embar**
EMBARS ▸**embar**
EMBASE, -D, -S, EMBASING, EMBASTE *vb* degrade or debase
EMBASSY *n* offices or official residence of an ambassador
EMBASTE ▸**embase**
EMBATHE, -D, -S *vb* bathe with water
EMBATTLE *vb* deploy (troops) for battle
EMBAY, -ED, -ING, -S *vb* form into a bay
EMBAYLD *archaic past form of* ▸**embail**
EMBAYS ▸**embay**
EMBED, -DED, -S *vb* fix firmly in something solid ▹ *n* journalist accompanying an active military unit
EMBER, -S *n* glowing piece of wood or coal in a dying fire
EMBEZZLE *vb* steal money that has been entrusted to one
EMBIGGEN *vb* make bigger
EMBITTER *vb* make (a person) resentful or bitter
EMBLAZE, -D, -S *vb* cause to light up
EMBLAZER ▸**emblaze**
EMBLAZES ▸**emblaze**
EMBLAZON *vb* decorate with bright colours
EMBLEM, -ED, -S *n* object or design that symbolizes a quality, type, or group ▹ *vb* represent or signify
EMBLEMA *n* mosaic decoration
EMBLEMED ▸**emblem**
EMBLEMS ▸**emblem**
EMBLIC, -S *n* type of Indian tree
EMBLOOM, -S *vb* adorn with blooms
EMBODIED ▸**embody**
EMBODIER ▸**embody**
EMBODY, EMBODIED, EMBODIES *vb* be an example or expression of
EMBOG, -GED, -S *vb* sink down into a bog
EMBOGUE, -D, -S *vb* go out through a narrow channel or passage
EMBOIL, -ED, -S *vb* enrage or be enraged
EMBOLDEN *vb* encourage (someone)
EMBOLI ▸**embolus**
EMBOLIC *adj* of or relating to an embolus or embolism
EMBOLIES ▸**emboly**
EMBOLISE *same as* ▸**embolize**
EMBOLISM *n* blocking of a blood vessel by a blood clot or air bubble
EMBOLIZE *vb* cause embolism in (a blood vessel)
EMBOLUS, EMBOLI *n* material that blocks a blood vessel
EMBOLY, EMBOLIES *n* infolding of an outer layer of cells so as to form a pocket in the surface
EMBORDER *vb* edge or border
EMBOSK, -ED, -S *vb* hide or cover
EMBOSOM, -S *vb* enclose or envelop, esp protectively
EMBOSS, -ES, EMBOST *vb* create a decoration that stands out on (a surface)
EMBOSSED *adj* (of a design or pattern) standing out from a surface
EMBOSSER ▸**emboss**

EMBOSSES ▸ **emboss**
EMBOST ▸ **emboss**
EMBOUND, -S *vb* surround or encircle
EMBOW, -ED, -ING, -S *vb* design or create (a structure) in the form of an arch or vault
EMBOWEL, -S *vb* bury or embed deeply
EMBOWER, -S *vb* enclose in or as in a bower
EMBOWING ▸ **embow**
EMBOWS ▸ **embow**
EMBOX, -ED, -ES, -ING *vb* put in a box
EMBRACE, -D, -S *vb* clasp in the arms, hug ▹ *n* act of embracing
EMBRACER ▸ **embrace**
EMBRACES ▸ **embrace**
EMBRAID, -S *vb* braid or interweave
EMBRASOR *n* one who embraces
EMBRAVE, -D, -S *vb* adorn or decorate
EMBREAD, -S *vb* braid
EMBROIL, -S *vb* involve (a person) in problems
EMBROWN, -S *vb* make or become brown
EMBRUE, -D, -S, EMBRUING *variant spelling of* ▸ **imbrue**
EMBRUTE, -D, -S *variant of* ▸ **imbrute**
EMBRYO, -S *n* unborn creature in the early stages of development
EMBRYOID ▸ **embryo**
EMBRYON, -S *variant of* ▸ **embryo**
EMBRYOS ▸ **embryo**
EMBUS, -ED, -ES, -ING, -SED, -SES *vb* cause (troops) to board a transport vehicle
EMBUSIED ▸ **embusy**
EMBUSIES ▸ **embusy**
EMBUSING ▸ **embus**
EMBUSQUE *n* man who avoids military conscription by obtaining a government job
EMBUSSED ▸ **embus**
EMBUSSES ▸ **embus**
EMBUSY, EMBUSIED, EMBUSIES *vb* keep occupied
EMCEE, -D, -ING, -S *n* master of ceremonies ▹ *vb* act as master of ceremonies (for or at)
EMDASH, -ES *n* long dash in punctuation
EME, -S *n* uncle
EMEER, -S *variant of* ▸ **emir**
EMEERATE *variant of* ▸ **emirate**
EMEERS ▸ **emeer**
EMEND, -ED, -ING, -S *vb* remove errors from
EMENDALS *pl n* funds put aside for repairs
EMENDATE *vb* make corrections
EMENDED ▸ **emend**
EMENDER, -S ▸ **emend**
EMENDING ▸ **emend**
EMENDS ▸ **emend**
EMERALD, -S *n* bright green precious stone ▹ *adj* bright green
EMERAUDE *archaic variant of* ▸ **emerald**
EMERG, -S *n* part of a hospital dealing with emergencies
EMERGE, -D, -S *vb* come into view
EMERGENT *adj* coming into being or notice ▹ *n* aquatic plant with stem and leaves above the water
EMERGES ▸ **emerge**
EMERGING ▸ **emerge**
EMERGS ▸ **emerg**
EMERIED ▸ **emery**
EMERIES ▸ **emery**
EMERITA, -E, -S *adj* retired, but retaining an honorary title ▹ *n* woman who is retired, but retains an honorary title
EMERITUS, EMERITI *adj* retired, but retaining an honorary title ▹ *n* man who is retired, but retains an honorary title
EMEROD, -S *n* haemorrhoid
EMEROID, -S *variant of* ▸ **emerod**
EMERSE *same as* ▸ **emersed**
EMERSED *adj* protruding above the surface of the water
EMERSION *n* act or an instance of emerging
EMERY, EMERIED, EMERIES, -ING *n* hard mineral used for smoothing and polishing ▹ *vb* apply emery to
EMES ▸ **eme**
EMESIS, EMESES, -ES *technical name for* ▸ **vomiting**
EMETIC, -S *n* substance that causes vomiting ▹ *adj* causing vomiting
EMETICAL *same as* ▸ **emetic**
EMETICS ▸ **emetic**
EMETIN, -S *same as* ▸ **emetine**
EMETINE, -S *n* white bitter poisonous alkaloid
EMETINS ▸ **emetin**
EMEU, -S *variant of* ▸ **emu**
EMEUTE, -S *n* uprising or rebellion
EMIC, -S *adj* of or relating to a significant linguistic unit ▹ *n* emic viewpoint or approach
EMICANT ▸ **emicate**
EMICATE, -D, -S *vb* twinkle
EMICS ▸ **emic**
EMICTION *n* passing of urine
EMICTORY ▸ **emiction**
EMIGRANT *n* person who leaves one place or country, esp a native country, to settle in another
EMIGRATE *vb* go and settle in another country
EMIGRE, -S *n* someone who has left his or her native country for political reasons
EMIGREE, -S *n* female emigre
EMIGRES ▸ **emigre**
EMINENCE *n* position of superiority or fame
EMINENCY *same as* ▸ **eminence**
EMINENT *adj* distinguished, well-known
EMIR, -S *n* Muslim ruler
EMIRATE, -S *n* emir's country
EMIRS ▸ **emir**
EMISSARY *n* agent sent on a mission by a government ▹ *adj* (of veins) draining blood from sinuses in the dura mater to veins outside the skull
EMISSILE *adj* able to be emitted
EMISSION *n* act of giving out heat, light, a smell, etc
EMISSIVE ▸ **emission**
EMIT, -S, -TED, -TING *vb* give out
EMITTER, -S *n* person or thing that emits
EMITTING ▸ **emit**
EMLETS *pl n* as in **blood-drop emlets** Chilean plant
EMMA, -S *n* former communications code for the letter A
EMMARBLE *vb* decorate with marble
EMMAS ▸ **emma**
EMMER, -S *n* variety of wheat
EMMESH, -ED, -ES *variant of* ▸ **enmesh**

EMMET, -S *n* tourist or holiday-maker
EMMEW, -ED, -ING, -S *vb* restrict
EMMOVE, -D, -S, EMMOVING *vb* cause emotion in
EMMY, -S *n* award for outstanding television performances and productions

E

EMO, -S *n* type of music
EMOCORE, -S *n* punk rock with lyrics that deal with emotional subjects
EMODIN, -S *n* type of chemical compound
EMOJI, -S *n* digital icon used in electronic communication
EMONG *variant of* ▸ **among**
EMONGES *variant of* ▸ **among**
EMONGEST *variant of* ▸ **amongst**
EMONGST *variant of* ▸ **amongst**
EMOS ▸ **emo**
EMOTE, -D, -S, EMOTING *vb* display exaggerated emotion, as if acting
EMOTER, -S ▸ **emote**
EMOTES ▸ **emote**
EMOTICON *n* any of several combinations of symbols used in email and texting
EMOTING ▸ **emote**
EMOTION, -S *n* strong feeling
EMOTIVE *adj* tending to arouse emotion
EMOVE, -D, -S, EMOVING *vb* cause to feel emotion
EMPACKET *vb* wrap up
EMPAIRE, -D, -S *variant of* ▸ **impair**
EMPALE, -D, -S, EMPALING *less common spelling of* ▸ **impale**
EMPALER, -S ▸ **empale**
EMPALES ▸ **empale**
EMPALING ▸ **empale**
EMPANADA *n* Spanish meat-filled pastry
EMPANEL, -S *vb* enter on a list (names of persons to be summoned for jury service)
EMPARE, -D, -S, EMPARING *archaic variant of* ▸ **impair**
EMPARL, -ED, -S *variant of* ▸ **imparl**
EMPART, -ED, -S *variant of* ▸ **impart**
EMPATHIC *adj* of or relating to empathy
EMPATHY *n* ability to understand someone else's feelings
EMPATRON *vb* treat in the manner of a patron
EMPAYRE, -D, -S *archaic variant of* ▸ **impair**
EMPEACH *variant of* ▸ **impeach**
EMPEOPLE *vb* bring people into
EMPERCE, -D, -S *archaic variant of* ▸ **empierce**
EMPERIES ▸ **empery**
EMPERISE *variant of* ▸ **emperize**
EMPERISH *vb* damage or harm
EMPERIZE *vb* act like an emperor
EMPEROR, -S *n* ruler of an empire
EMPERY, EMPERIES *n* dominion or power
EMPHASIS, EMPHASES *n* special importance or significance
EMPHATIC *adj* showing emphasis ▹ *n* emphatic consonant, as used in Arabic
EMPIERCE *vb* pierce or cut
EMPIGHT, -S *adj* attached or positioned ▹ *vb* attach or position
EMPIRE, -S *n* group of territories under the rule of one state or person
EMPIRIC, -S *n* person who relies on empirical methods
EMPLACE, -D, -S *vb* put in place or position
EMPLANE, -D, -S *vb* board or put on board an aeroplane
EMPLEACH *variant of* ▸ **impleach**
EMPLONGE *variant of* ▸ **implunge**
EMPLOY, -ED, -S *vb* engage or make use of the services of (a person) in return for money ▹ *n* state of being employed
EMPLOYE, -S *same as* ▸ **employee**
EMPLOYED ▸ **employ**
EMPLOYEE *n* person who is hired to work for someone in return for payment
EMPLOYER *n* person or organization that employs someone
EMPLOYES ▸ **employe**
EMPLOYS ▸ **employ**
EMPLUME, -D, -S *vb* put a plume on
EMPOISON *vb* embitter or corrupt
EMPOLDER *variant spelling of* ▸ **impolder**
EMPORIUM, EMPORIA *n* large general shop
EMPOWER, -S *vb* enable, authorize
EMPRESS *n* woman who rules an empire
EMPRESSE *adj* keen; zealous
EMPRISE, -S *n* chivalrous or daring enterprise
EMPRIZE, -S *variant of* ▸ **emprise**
EMPT, -ED, -ING, -S *vb* empty
EMPTIED ▸ **empty**
EMPTIER, -S ▸ **empty**
EMPTIES ▸ **empty**
EMPTIEST ▸ **empty**
EMPTILY ▸ **empty**
EMPTING ▸ **empt**
EMPTINGS *variant of* ▸ **emptins**
EMPTINS *pl n* liquid leavening agent made from potatoes
EMPTION, -S *n* process of buying something
EMPTS ▸ **empt**
EMPTY, EMPTIED, EMPTIES, EMPTIEST *adj* containing nothing ▹ *vb* make or become empty ▹ *n* empty container, esp a bottle
EMPTYING ▸ **empty**
EMPTYSIS, EMPTYSES *n* act of spitting up blood
EMPURPLE *vb* make or become purple
EMPUSA, -S *n* goblin in Greek mythology
EMPUSE, -S *variant of* ▸ **empusa**
EMPYEMA, -S *n* collection of pus in a body cavity
EMPYEMIC ▸ **empyema**
EMPYESIS, EMPYESES *n* pus-filled boil on the skin
EMPYREAL *variant of* ▸ **empyrean**
EMPYREAN *n* heavens or sky ▹ *adj* of or relating to the sky or the heavens
EMS ▸ **em**
EMU, -S *n* large Australian flightless bird with long legs
EMULATE, -D, -S *vb* attempt to equal or surpass by imitating
EMULATOR ▸ **emulate**
EMULE, -D, -S, EMULING *variant of* ▸ **emulate**
EMULGE, -D, -S, EMULGING *vb* remove liquid from
EMULGENT ▸ **emulge**
EMULGES ▸ **emulge**
EMULGING ▸ **emulge**

EMULING ▸ **emule**
EMULOUS *adj* desiring or aiming to equal or surpass another
EMULSIFY *vb* (of two liquids) join together
EMULSIN, -S *n* enzyme that is found in almonds
EMULSION *n* light-sensitive coating on photographic film ▷ *vb* paint with emulsion paint
EMULSIVE ▸ **emulsion**
EMULSOID *n* sol with a liquid disperse phase
EMULSOR, -S *n* device that emulsifies
EMUNGE, -D, -S, EMUNGING *vb* clean or clear out
EMURE, -D, -S, EMURING *variant of* ▸ **immure**
EMUS ▸ **emu**
EMYD, -S *n* freshwater tortoise or terrapin
EMYDE, -S *same as* ▸ **emyd**
EMYDS ▸ **emyd**
EMYS *n* freshwater tortoise or terrapin
EN *n* unit of measurement, half the width of an em
ENABLE, -D, -S, ENABLING *vb* provide (a person) with the means (to do something)
ENABLER, -S ▸ **enable**
ENABLES ▸ **enable**
ENABLING ▸ **enable**
ENACT, -ED, -ING, -S *vb* establish by law
ENACTION ▸ **enact**
ENACTIVE ▸ **enact**
ENACTOR, -S ▸ **enact**
ENACTORY ▸ **enact**
ENACTS ▸ **enact**
ENACTURE ▸ **enact**
ENALLAGE *n* act of using one grammatical form in the place of another
ENAMEL, -ED, -S *n* glasslike coating applied to metal etc to preserve the surface ▷ *vb* cover with enamel
ENAMELER ▸ **enamel**
ENAMELS ▸ **enamel**
ENAMINE, -S *n* type of unsaturated compound
ENAMOR, -S *same as* ▸ **enamour**
ENAMORED *same as* > **enamoured**
ENAMORS ▸ **enamor**
ENAMOUR, -S *vb* inspire with love
ENARCH, -ED, -ES *variant of* ▸ **inarch**
ENARGITE *n* sulphide of copper and arsenic
ENARM, -ED, -ING, -S *vb* provide with arms
ENATE, -S *adj* growing out or outwards ▷ *n* relative on the mother's side
ENATIC *adj* related on one's mother's side
ENATION, -S ▸ **enate**
ENAUNTER *conj* in case that
ENCAENIA *n* festival of dedication or commemoration
ENCAGE, -D, -S, ENCAGING *vb* confine in or as in a cage
ENCALM, -ED, -S *vb* becalm, settle
ENCAMP, -ED, -S *vb* set up in a camp
ENCARPUS *n* decoration of fruit or flowers on a frieze
ENCASE, -D, -S, ENCASING *vb* enclose or cover completely
ENCASH, -ED, -ES *vb* exchange (a cheque) for cash
ENCASING ▸ **encase**
ENCASTRE *adj* (of a beam) fixed at the ends
ENCAVE, -D, -S, ENCAVING *variant of* ▸ **incave**
ENCEINTE *n* boundary wall enclosing a defended area
ENCHAFE, -D, -S *vb* heat up
ENCHAIN, -S *vb* bind with chains
ENCHANT, -S *vb* delight and fascinate
ENCHARGE *vb* give into the custody of
ENCHARM, -S *vb* enchant
ENCHASE, -D, -S *less common word for* ▸ **chase**
ENCHASER ▸ **enchase**
ENCHASES ▸ **enchase**
ENCHEER, -S *vb* cheer up
ENCHORIC *same as* > **enchorial**
ENCIERRO *n* Spanish bull run
ENCINA, -S *n* type of oak
ENCINAL ▸ **encina**
ENCINAS ▸ **encina**
ENCIPHER *vb* convert (a message, document, etc) from plain text into code or cipher
ENCIRCLE *vb* form a circle around
ENCLASP, -S *vb* clasp
ENCLAVE, -D, -S *n* part of a country entirely surrounded by another ▷ *vb* hold in an enclave
ENCLISIS, ENCLISES *n* state of being enclitic
ENCLITIC *adj* relating to a monosyllabic word treated as a suffix ▷ *n* enclitic word or linguistic form
ENCLOSE, -D, -S *vb* surround completely
ENCLOSER ▸ **enclose**
ENCLOSES ▸ **enclose**
ENCLOTHE *vb* clothe
ENCLOUD, -S *vb* hide with clouds
ENCODE, -D, -S *vb* convert (a message) into code
ENCODER, -S ▸ **encode**
ENCODES ▸ **encode**
ENCODING *n* act of encoding
ENCOLOUR *vb* give a colour to
ENCOLPIA > **encolpion**
ENCOLURE *n* mane of a horse
ENCOMIA ▸ **encomium**
ENCOMION *variant of* ▸ **encomium**
ENCOMIUM, ENCOMIA *n* formal expression of praise
ENCORE, -D, -S, ENCORING *interj* again, once more ▷ *n* extra performance due to enthusiastic demand ▷ *vb* demand an extra or repeated performance
ENCRADLE *vb* put in a cradle
ENCRATY *n* control of one's desires, actions, etc
ENCREASE *variant form of* ▸ **increase**
ENCRINAL > **encrinite**
ENCRINIC > **encrinite**
ENCROACH *vb* intrude gradually on a person's rights or land
ENCRUST, -S *vb* cover with a layer of something
ENCRYPT, -S *vb* put (a message) into code
ENCUMBER *vb* hinder or impede
ENCYCLIC *n* letter sent by the Pope to all bishops
ENCYST, -S *vb* enclose or become enclosed by a cyst, thick membrane, or shell
ENCYSTED ▸ **encyst**
ENCYSTS ▸ **encyst**
END, -ED, -S *n* furthest point or part ▷ *vb* bring or come to a finish
ENDAMAGE *vb* cause injury to
ENDAMEBA *same as* > **endamoeba**
ENDANGER *vb* put in danger
ENDARCH *adj* having the first-formed xylem internal to that formed later

E

ENDARCHY *n* state of being endarch
ENDART, -ED, -S *variant of* ▸ **indart**
ENDASH, -ES *n* short dash in punctuation
ENDBRAIN *n* part of the brain
ENDCAP, -S *n* display placed at the end of a shop aisle
ENDEAR, -ED, -S *vb* cause to be liked

E

ENDEAVOR *same as* > **endeavour**
ENDED ▸ **end**
ENDEIXIS, ENDEIXES *n* sign or mark
ENDEMIAL *same as* ▸ **endemic**
ENDEMIC, -S *adj* present within a particular area or group of people ▹ *n* endemic disease or plant
ENDEMISM ▸ **endemic**
ENDER, -S ▸ **end**
ENDERMIC *adj* (of a medicine) acting by absorption through the skin
ENDERON, -S *variant of* ▸ **andiron**
ENDERS ▸ **ender**
ENDEW, -ED, -ING, -S *variant of* ▸ **endue**
ENDEXINE *n* inner layer of an exine
ENDGAME, -S *n* closing stage of a game of chess
ENDGATE, -S *n* tailboard of a vehicle
ENDING, -S *n* last part or conclusion of something
ENDIRON, -S *variant of* ▸ **andiron**
ENDITE, -D, -S, ENDITING *variant of* ▸ **indict**
ENDIVE, -S *n* curly-leaved plant used in salads
ENDLANG *variant of* ▸ **endlong**
ENDLEAF, -S *n* endpaper in a book
ENDLESS *adj* having no end
ENDLONG *adv* lengthways or on end
ENDMOST *adj* nearest the end
ENDNOTE, -S *n* note at the end of a section of writing
ENDOCARP *n* inner layer of a fruit
ENDOCAST *n* cast made of the inside of a cranial cavity to show the size and shape of a brain
ENDODERM *n* inner germ layer of an animal embryo
ENDODYNE *same as* ▸ **autodyne**
ENDOGAMY *n* marriage within one's own tribe or similar unit
ENDOGEN, -S *n* plant that increases in size by internal growth
ENDOGENY *n* development by internal growth
ENDOPOD, -S *n* inner branch of a two-branched crustacean
ENDORSE, -D, -S *vb* give approval to
ENDORSEE *n* person in whose favour a negotiable instrument is endorsed
ENDORSER ▸ **endorse**
ENDORSES ▸ **endorse**
ENDORSOR ▸ **endorse**
ENDOSARC *same as* > **endoplasm**
ENDOSMOS *same as* > **endosmose**
ENDOSOME *n* sac within a biological cell
ENDOSS, -ED, -ES *vb* endorse
ENDOSTEA > **endosteum**
ENDOW, -ED, -ING, -S *vb* provide permanent income for
ENDOWER, -S ▸ **endow**
ENDOWING ▸ **endow**
ENDOWS ▸ **endow**
ENDOZOA ▸ **endozoon**
ENDOZOIC *adj* (of a plant) living within an animal
ENDOZOON, ENDOZOA *variant of* ▸ **entozoon**
ENDPAPER *n* either of two leaves pasted to the inside of the cover of a book
ENDPLATE *n* any usually flat platelike structure at the end of something
ENDPLAY, -S *n* technique in card games ▹ *vb* force (an opponent) to make a particular lead near the end of a hand
ENDPOINT *n* point at which anything is complete
ENDRIN, -S *n* type of insecticide
ENDS ▸ **end**
ENDSHIP, -S *n* small village
ENDUE, -D, -S, ENDUING *vb* invest or provide, as with some quality or trait
ENDURE, -D, -S *vb* bear (hardship) patiently
ENDURER, -S ▸ **endure**
ENDURES ▸ **endure**
ENDURING *adj* long-lasting
ENDURO, -S *n* long-distance race for vehicles
ENDWAYS *adv* having the end forwards or upwards ▹ *adj* vertical or upright
ENDWISE *same as* ▸ **endways**
ENDYSIS, ENDYSES *n* formation of new layers of integument after ecdysis
ENDZONE, -S *n* (in American football) area at either end of the playing field
ENE, -S *variant of* ▸ **even**
ENEMA, -S, -TA *n* medicine that helps to empty the bowels
ENEMY, ENEMIES *n* hostile person or nation, opponent ▹ *adj* of or belonging to an enemy
ENERGIC ▸ **energy**
ENERGID, -S *n* nucleus and cytoplasm in a syncytium
ENERGIES ▸ **energy**
ENERGISE *same as* ▸ **energize**
ENERGIZE *vb* give vigour to
ENERGY, ENERGIES *n* capacity for intense activity
ENERVATE *vb* deprive of strength or vitality ▹ *adj* deprived of strength or vitality
ENERVE, -D, -S, ENERVING *vb* enervate
ENES ▸ **ene**
ENEW, -ED, -ING, -S *vb* force a bird into water
ENFACE, -D, -S, ENFACING *vb* write, print, or stamp (something) on the face of (a document)
ENFANT, -S *n* French child
ENFEEBLE *vb* weaken
ENFELON, -S *vb* infuriate
ENFEOFF, -S *vb* invest (a person) with possession of a freehold estate in land
ENFESTED *adj* made bitter
ENFETTER *vb* fetter
ENFEVER, -S *vb* make feverish
ENFIERCE *vb* make ferocious
ENFILADE *n* burst of gunfire sweeping from end to end along a line of troops ▹ *vb* attack with an enfilade
ENFILED *adj* passed through
ENFIRE, -D, -S, ENFIRING *vb* set alight
ENFIX, -ED, -ES, -ING *variant of* ▸ **infix**
ENFLAME, -D, -S *variant of* ▸ **inflame**
ENFLESH *vb* make flesh

ENFLOWER *vb* put flowers on
ENFOLD, -ED, -S *vb* cover by wrapping something around
ENFOLDER ▸**enfold**
ENFOLDS ▸**enfold**
ENFORCE, -D, -S *vb* impose obedience (to a law etc)
ENFORCER ▸**enforce**
ENFORCES ▸**enforce**
ENFOREST *vb* make into a forest
ENFORM, -ED, -S *variant of* ▸**inform**
ENFRAME, -D, -S *vb* put inside a frame
ENFREE, -D, -S *vb* release, make free
ENFREEZE, ENFROZE, ENFROZEN *vb* freeze
ENFROSEN *archaic past participle of* ▸**enfreeze**
ENFROZE ▸**enfreeze**
ENFROZEN ▸**enfreeze**
ENG, -S *another name for* ▸**agma**
ENGAGE, -S *vb* take part, participate ▹*adj* (of an artist) morally or politically committed to some ideology
ENGAGED *adj* pledged to be married
ENGAGEE *adj* (of a female artist) morally or politically committed to some ideology
ENGAGER, -S ▸**engage**
ENGAGES ▸**engage**
ENGAGING *adj* charming
ENGAOL, -ED, -S *vb* put into gaol
ENGENDER *vb* produce, cause to occur
ENGILD, -ED, -S, ENGILT *vb* cover with or as if with gold
ENGINE, -D, -S, ENGINING *n* any machine which converts energy into mechanical work ▹*vb* put an engine in
ENGINEER *n* person trained in any branch of engineering ▹*vb* plan in a clever manner
ENGINER, -S ▸**engine**
ENGINERY *n* collection or assembly of engines
ENGINES ▸**engine**
ENGINING ▸**engine**
ENGINOUS *adj* ingenious or clever
ENGIRD, -ED, -S, ENGIRT *vb* surround
ENGIRDLE *variant of* ▸**engird**
ENGIRDS ▸**engird**
ENGIRT ▸**engird**
ENGLISH *vb* put spin on a billiard ball
ENGLOBE, -D, -S *vb* surround as if in a globe
ENGLOOM, -S *vb* make dull or dismal
ENGLUT, -S *vb* devour ravenously
ENGOBE, -S *n* liquid put on pottery before glazing
ENGORE, -D, -S, ENGORING *vb* pierce or wound
ENGORGE, -D, -S *vb* clog with blood
ENGORING ▸**engore**
ENGOULED *adj* (in heraldry) with ends coming from the mouths of animals
ENGRACE, -D, -S *vb* give grace to
ENGRAFF, -S *variant of* ▸**engraft**
ENGRAFT, -S *vb* graft (a shoot, bud, etc) onto a stock
ENGRAIL, -S *vb* decorate or mark with small carved notches
ENGRAIN, -S *variant spelling of* ▸**ingrain**
ENGRAM, -S *n* physical basis of an individual memory in the brain
ENGRAMMA *variant of* ▸**engram**
ENGRAMME *variant of* ▸**engram**
ENGRAMS ▸**engram**
ENGRASP, -S *vb* grasp or seize
ENGRAVE, -D, -N, -S *vb* carve (a design) onto a hard surface
ENGRAVER ▸**engrave**
ENGRAVES ▸**engrave**
ENGRIEVE *vb* grieve
ENGROOVE *vb* put a groove in
ENGROSS *vb* occupy the attention of (a person) completely
ENGS ▸**eng**
ENGUARD, -S *vb* protect or defend
ENGULF, -ED, -S *vb* cover or surround completely
ENGULPH, -S *variant of* ▸**engulf**
ENHALO, -ED, -ES, -S *vb* surround with or as if with a halo
ENHANCE, -D, -S *vb* increase in quality, value, or attractiveness
ENHANCER ▸**enhance**
ENHANCES ▸**enhance**
ENHEARSE *variant of* ▸**inhearse**
ENHUNGER *vb* cause to be hungry
ENHYDROS *n* piece of chalcedony that contains water
ENIAC, -S *n* early type of computer built in the 1940s
ENIGMA, -S, -TA *n* puzzling thing or person
ENISLE, -D, -S, ENISLING *vb* put on or make into an island
ENJAMB, -ED, -S *vb* (of a line of verse) run over into the next line
ENJOIN, -ED, -S *vb* order (someone) to do something
ENJOINER ▸**enjoin**
ENJOINS ▸**enjoin**
ENJOY, -ED, -ING, -S *vb* take joy in
ENJOYER, -S ▸**enjoy**
ENJOYING ▸**enjoy**
ENJOYS ▸**enjoy**
ENKERNEL *vb* put inside a kernel
ENKINDLE *vb* set on fire
ENLACE, -D, -S, ENLACING *vb* bind or encircle with or as with laces
ENLARD, -ED, -S *vb* put lard on
ENLARGE, -D, -S *vb* make or grow larger
ENLARGEN *variant of* ▸**enlarge**
ENLARGER *n* optical instrument for making enlarged photographs
ENLARGES ▸**enlarge**
ENLEVE *adj* having been abducted
ENLIGHT, -S, ENLIT *vb* light up
ENLINK, -ED, -S *vb* link together
ENLIST, -ED, -S *vb* enter the armed forces
ENLISTEE ▸**enlist**
ENLISTER ▸**enlist**
ENLISTS ▸**enlist**
ENLIT ▸**enlight**
ENLIVEN, -S *vb* make lively or cheerful
ENLOCK, -ED, -S *vb* lock or secure
ENLUMINE *vb* illuminate
ENMESH, -ED, -ES *vb* catch or involve in or as if in a net or snare
ENMEW, -ED, -ING, -S *variant of* ▸**emmew**
ENMITY, ENMITIES *n* ill will, hatred
ENMOSSED *adj* having a covering of moss
ENMOVE, -D, -S, ENMOVING *variant of* ▸**emmove**

E

E

ENNAGE, -S *n* number of ens in printed matter
ENNEAD, -S *n* group or series of nine
ENNEADIC ▸**ennead**
ENNEADS ▸**ennead**
ENNEAGON *another name for* ▸**nonagon**
ENNOBLE, -D, -S *vb* make noble, elevate
ENNOBLER ▸**ennoble**
ENNOBLES ▸**ennoble**
ENNOG, -S *n* back alley
ENNUI, -ED, -S, ENNUYED, ENNUYING *n* boredom, dissatisfaction ▹*vb* bore
ENNUYE *adj* bored
ENNUYED ▸**ennui**
ENNUYEE *same as* ▸**ennuye**
ENNUYING ▸**ennui**
ENODAL *adj* having no nodes
ENOKI, -S *variant of* >**enokitake**
ENOL, -S *n* type of organic compound
ENOLASE, -S *n* type of enzyme
ENOLIC ▸**enol**
ENOLOGY *usual US spelling of* ▸**oenology**
ENOLS ▸**enol**
ENOMOTY *n* division of the Spartan army in ancient Greece
ENOPHILE *n* lover of wine
ENORM *variant of* ▸**enormous**
ENORMITY *n* great wickedness
ENORMOUS *adj* very big, vast
ENOSIS, ENOSES, -ES *n* union of Greece and Cyprus
ENOUGH, -S *adj* as much or as many as necessary ▹*n* sufficient quantity ▹*adv* sufficiently
ENOUNCE, -D, -S *vb* enunciate
ENOW, -S *archaic word for* ▸**enough**
ENPLANE, -D, -S *vb* board an aircraft
ENPRINT, -S *n* standard photographic print
ENQUEUE, -D, -S *vb* add (an item) to a queue of computing tasks
ENQUIRE, -D, -S *same as* ▸**inquire**
ENQUIRER ▸**enquire**
ENQUIRES ▸**enquire**
ENQUIRY ▸**enquire**
ENRACE, -D, -S, ENRACING *vb* bring in a race of people
ENRAGE, -D, -S, ENRAGING *vb* make extremely angry
ENRANGE, -D, -S *vb* arrange, organize
ENRANK, -ED, -S *vb* put in a row
ENRAPT >**enrapture**
ENRAUNGE *archaic variant of* ▸**enrange**
ENRAVISH *vb* enchant
ENRHEUM, -S *vb* pass a cold on to
ENRICH, -ED, -ES *vb* improve in quality
ENRICHER ▸**enrich**
ENRICHES ▸**enrich**
ENRIDGED *adj* ridged
ENRING, -ED, -S *vb* put a ring round
ENRIVEN *adj* ripped
ENROBE, -D, -S, ENROBING *vb* dress in or as if in a robe
ENROBER, -S ▸**enrobe**
ENROBES ▸**enrobe**
ENROBING ▸**enrobe**
ENROL, -S *vb* (cause to) become a member
ENROLL, -ED, -S *same as* ▸**enrol**
ENROLLEE ▸**enrol**
ENROLLER ▸**enrol**
ENROLLS ▸**enroll**
ENROLS ▸**enrol**
ENROOT, -ED, -S *vb* establish (plants) by fixing their roots in the earth
ENROUGH, -S *vb* roughen
ENROUND, -S *vb* encircle
ENS, ENTIA *n* being or existence in the most general abstract sense
ENSAMPLE *n* example ▹*vb* make an example
ENSATE *adj* shaped like a sword
ENSCONCE *vb* settle firmly or comfortably
ENSCROLL *variant of* ▸**inscroll**
ENSEAL, -ED, -S *vb* seal up
ENSEAM, -ED, -S *vb* put a seam on
ENSEAR, -ED, -S *vb* dry
ENSEMBLE *n* all the parts of something taken together ▹*adv* all together or at once ▹*adj* (of a film or play) involving several separate but often interrelated story lines
ENSERF, -ED, -S *vb* enslave
ENSEW, -ED, -ING, -S *variant of* ▸**ensue**
ENSHEATH *variant of* >**insheathe**
ENSHELL, -S *variant of* ▸**inshell**
ENSHIELD *vb* protect
ENSHRINE *vb* cherish or treasure
ENSHROUD *vb* cover or hide as with a shroud
ENSIFORM *adj* shaped like a sword blade
ENSIGN, -ED, -S *n* military officer ▹*vb* mark with a sign
ENSIGNCY ▸**ensign**
ENSIGNED ▸**ensign**
ENSIGNS ▸**ensign**
ENSILAGE *n* process of ensiling green fodder ▹*vb* make into silage
ENSILE, -D, -S, ENSILING *vb* store and preserve (green fodder) in an enclosed pit or silo
ENSKY, ENSKIED, ENSKIES, -ED, -ING *vb* put in the sky
ENSLAVE, -D, -S *vb* make a slave of (someone)
ENSLAVER ▸**enslave**
ENSLAVES ▸**enslave**
ENSNARE, -D, -S *vb* catch in or as if in a snare
ENSNARER ▸**ensnare**
ENSNARES ▸**ensnare**
ENSNARL, -S *vb* become tangled in
ENSORCEL *vb* enchant
ENSOUL, -ED, -S *vb* endow with a soul
ENSPHERE *vb* enclose in or as if in a sphere
ENSTAMP, -S *vb* imprint with a stamp
ENSTEEP, -S *vb* soak in water
ENSTYLE, -D, -S *vb* give a name to
ENSUE, -D, -S *vb* come next, result
ENSUING *adj* following subsequently or in order
ENSUITE, -S *n* bathroom attached to another room
ENSURE, -D, -S, ENSURING *vb* make certain or sure
ENSURER, -S ▸**ensure**
ENSURES ▸**ensure**
ENSURING ▸**ensure**
ENSWATHE *vb* bind or wrap
ENSWEEP, -S, ENSWEPT *vb* sweep across
ENTAIL, -ED, -S *vb* bring about or impose inevitably ▹*n* restriction imposed by entailing an estate
ENTAILER ▸**entail**
ENTAILS ▸**entail**
ENTAME, -D, -S, ENTAMING *vb* make tame
ENTAMEBA *same as* >**entamoeba**
ENTAMED ▸**entame**

ENTAMES ▸ **entame**
ENTAMING ▸ **entame**
ENTANGLE *vb* catch or involve in or as if in a tangle
ENTASES ▸ **entasis**
ENTASIA, -S *same as* ▸ **entasis**
ENTASIS, ENTASES *n* slightly convex curve given to the shaft of a structure
ENTASTIC *adj* (of a disease) characterized by spasms
ENTAYLE, -D, -S *variant of* ▸ **entail**
ENTELLUS *n* langur of S Asia
ENTENDER *vb* make more tender
ENTENTE, -S *n* friendly understanding between nations
ENTER, -ED, -S *vb* come or go in
ENTERA ▸ **enteron**
ENTERAL *same as* ▸ **enteric**
ENTERATE *adj* with an intestine separate from the outer wall of the body
ENTERED ▸ **enter**
ENTERER, -S ▸ **enter**
ENTERIC, -S *adj* intestinal ▹ *n* infectious disease of the intestines
ENTERING ▸ **enter**
ENTERON, ENTERA, -S *n* alimentary canal
ENTERS ▸ **enter**
ENTETE *adj* obsessed
ENTETEE *variant of* ▸ **entete**
ENTHALPY *n* property of a thermodynamic system
ENTHETIC *adj* (esp of infectious diseases) introduced into the body from without
ENTHRAL, -S *vb* hold the attention of
ENTHRALL *same as* ▸ **enthral**
ENTHRALS ▸ **enthral**
ENTHRONE *vb* place (someone) on a throne
ENTHUSE, -D, -S *vb* (cause to) show enthusiasm
ENTIA ▸ **ens**

> This means entities, and because of the common letters it uses is one of the most frequently played 5-letter words, at least towards the end of the game.

ENTICE, -D, -S *vb* attract by exciting hope or desire, tempt
ENTICER, -S ▸ **entice**
ENTICES ▸ **entice**
ENTICING ▸ **entice**
ENTIRE, -S *adj* including every detail, part, or aspect of something ▹ *n* state of being entire
ENTIRELY *adv* without reservation or exception
ENTIRES ▸ **entire**
ENTIRETY *n* state of being entire or whole
ENTITIES ▸ **entity**
ENTITLE, -D, -S *vb* give a right to
ENTITY, ENTITIES *n* separate distinct thing
ENTODERM *same as* ▸ **endoderm**
ENTOIL, -ED, -S *archaic word for* ▸ **ensnare**
ENTOMB, -ED, -S *vb* place (a corpse) in a tomb
ENTOMIC *adj* denoting or relating to insects
ENTOPIC *adj* situated in its normal place or position
ENTOPTIC *adj* (of visual sensation) resulting from structures within the eye itself
ENTOTIC *adj* of or relating to the inner ear
ENTOZOA ▸ **entozoon**
ENTOZOAL ▸ **entozoon**
ENTOZOAN *same as* ▸ **entozoon**
ENTOZOIC *adj* of or relating to an entozoon
ENTOZOON, ENTOZOA *n* internal parasite
ENTRAIL *vb* twist or entangle
ENTRAILS *pl n* intestines
ENTRAIN, -S *vb* board or put aboard a train
ENTRALL *variant of* ▸ **entrails**
ENTRANCE *n* way into a place ▹ *vb* delight ▹ *adj* necessary in order to enter something
ENTRANT, -S *n* person who enters a university, contest, etc
ENTRAP, -S *vb* trick into difficulty etc
ENTREAT, -S *vb* ask earnestly
ENTREATY *n* earnest request
ENTREE, -S *n* dish served before a main course
ENTREMES *variant of* > **entremets**
ENTRENCH *vb* establish firmly
ENTREPOT *n* warehouse for commercial goods
ENTRESOL *another name for* > **mezzanine**
ENTREZ *interj* enter
ENTRIES ▸ **entry**
ENTRISM, -S *variant of* ▸ **entryism**
ENTRIST, -S ▸ **entrism**
ENTROLD *adj* word used by Spenser meaning surrounded
ENTROPIC ▸ **entropy**
ENTROPY *n* lack of organization
ENTRUST, -S *vb* put into the care or protection of
ENTRY, ENTRIES *n* entrance ▹ *adj* necessary in order to enter something
ENTRYISM *n* joining a political party to change its principles
ENTRYIST ▸ **entryism**
ENTRYWAY *n* entrance passage
ENTS *pl n* (college) entertainments
ENTWINE, -D, -S *vb* twist together or around
ENTWIST, -S *vb* twist together or around
ENUF *common intentional literary misspelling of* ▸ **enough**
ENURE, -D, -S, ENURING *variant spelling of* ▸ **inure**
ENURESIS, ENURESES *n* involuntary discharge of urine, esp during sleep
ENURETIC ▸ **enuresis**
ENURING ▸ **enure**
ENURN *same as* ▸ **inurn**
ENURNED *same as* ▸ **inurned**
ENURNING *same as* ▸ **inurning**
ENURNS *same as* ▸ **inurns**
ENVASSAL *vb* make a vassal of
ENVAULT, -S *vb* enclose in a vault; entomb
ENVEIGLE *same as* ▸ **inveigle**
ENVELOP, -S *vb* wrap up, enclose
ENVELOPE *n* folded gummed paper cover for a letter
ENVELOPS ▸ **envelop**
ENVENOM, -S *vb* fill or impregnate with venom
ENVIABLE *adj* arousing envy, fortunate
ENVIABLY ▸ **enviable**
ENVIED ▸ **envy**
ENVIER, -S ▸ **envy**
ENVIES ▸ **envy**
ENVIOUS *adj* full of envy
ENVIRO, -S *n* environmentalist

E

ENVIRON *vb* encircle or surround
ENVIRONS *pl n* surrounding area, esp of a town
ENVIROS ▸ **enviro**
ENVISAGE *vb* conceive of as a possibility
ENVISION *vb* conceive of as a possibility, esp in the future
ENVOI, -S *same as* ▸ **envoy**
ENVOY, -S *n* messenger
ENVY, ENVIED, ENVIES *n* feeling of discontent aroused by another's good fortune ▹ *vb* grudge (another's good fortune, success, or qualities)
ENVYING, -S ▸ **envy**
ENWALL, -ED, -S *vb* wall in
ENWALLOW *vb* sink or plunge
ENWALLS ▸ **enwall**
ENWHEEL, -S *archaic word for* ▸ **encircle**
ENWIND, -S, ENWOUND *vb* wind or coil around
ENWOMB, -ED, -S *vb* enclose in or as if in a womb
ENWOUND ▸ **enwind**
ENWRAP, -S, -T *vb* wrap or cover up
ENWREATH *vb* surround or encircle with or as with a wreath or wreaths
ENZIAN, -S *n* gentian violet
ENZONE, -D, -S, ENZONING *vb* enclose in a zone
ENZOOTIC *adj* (of diseases) affecting animals within a limited region ▹ *n* enzootic disease
ENZYM, -S *same as* ▸ **enzyme**
ENZYME, -S *n* complex protein that acts as a catalyst
ENZYMIC ▸ **enzyme**
ENZYMS ▸ **enzym**
EOAN *adj* of or relating to the dawn
EOBIONT, -S *n* hypothetical chemical precursor of a living cell
EOCENE *adj* of, denoting, or formed in the second epoch of the Tertiary period
EOHIPPUS *n* extinct dog-sized ancestor of the horse
EOLIAN *adj* of or relating to the wind

6-letter words tend to be among the least known and least used, because they leave you at the mercy of the tile bag without scoring that extra 50 points you would get for using all 7 letters. This word, meaning relating to the wind, often comes in useful for dumping a surplus of vowels. Its alternative spelling **aeolian** is even better for this, and what's more will get you a bonus!

EOLIENNE *n* type of fine cloth
EOLIPILE *variant of* > **aeolipile**
EOLITH, -S *n* stone used as a primitive tool in Eolithic times
EOLITHIC ▸ **eolith**
EOLITHS ▸ **eolith**
EOLOPILE *variant of* > **aeolipile**
EON, -S *n* two or more eras
EONIAN *adj* of or relating to an eon
EONISM, -S *n* adoption of female dress and behaviour by a male
EONS ▸ **eon**
EORL, -S *n* Anglo-Saxon nobleman
EOSIN, -S *n* red crystalline water-insoluble derivative of fluorescein
EOSINE, -S *same as* ▸ **eosin**
EOSINIC ▸ **eosin**
EOSINS ▸ **eosin**
EOTHEN *adv* from the East
EPACRID, -S *n* type of heath-like plant
EPACRIS *n* genus of the epacrids
EPACT, -S *n* difference in time between the solar year and the lunar year
EPAGOGE, -S *n* inductive reasoning
EPAGOGIC ▸ **epagoge**
EPANODOS *n* return to main theme after a digression
EPARCH, -S *n* bishop or metropolitan in charge of an eparchy
EPARCHY *n* diocese of the Eastern Christian Church
EPATANT *adj* startling or shocking
EPATER, -ED, -S *vb* shock conventional people
EPAULE, -S *n* shoulder of a fortification
EPAULET, -S *same as* > **epaulette**
EPAXIAL *adj* above the axis
EPAZOTE, -S *n* type of herb
EPEE, -S *n* straight-bladed sword used in fencing
EPEEIST, -S *n* one who uses or specializes in using an epee
EPEES ▸ **epee**
EPEIRA, -S *same as* ▸ **epeirid**
EPEIRIC *adj* in, of, or relating to a continent
EPEIRID, -S *n* type of spider
EPENDYMA *n* membrane lining the ventricles of the brain and the central canal of the spinal cord
EPERDU *adj* distracted
EPERDUE *adj* distracted
EPERGNE, -S *n* ornamental centrepiece for a table
EPHA, -S *same as* ▸ **ephah**
EPHAH, -S *n* Hebrew unit of dry measure
EPHAS ▸ **epha**
EPHEBE, -S, EPHEBI *n* (in ancient Greece) youth about to enter full citizenship
EPHEBIC ▸ **ephebe**
EPHEBOS, EPHEBOI *same as* ▸ **ephebe**
EPHEBUS *same as* ▸ **ephebe**
EPHEDRA, -S *n* gymnosperm shrub
EPHEDRIN *same as* > **ephedrine**
EPHELIS *n* freckle
EPHEMERA *n* something transitory or short-lived
EPHOD, -S *n* embroidered vestment worn by priests
EPHOR, -I, -S *n* one of a board of senior magistrates in several ancient Greek states
EPHORAL ▸ **ephor**
EPHORATE ▸ **ephor**
EPHORI ▸ **ephor**
EPHORS ▸ **ephor**
EPIBLAST *n* outermost layer of an embryo, which becomes the ectoderm at gastrulation
EPIBLEM, -S *n* outermost cell layer of a root
EPIBOLIC ▸ **epiboly**
EPIBOLY *n* process that occurs during gastrulation in vertebrates
EPIC, -S *n* long poem, book, or film about heroic events or actions ▹ *adj* very impressive or ambitious
EPICAL ▸ **epic**
EPICALLY ▸ **epic**
EPICALYX *n* small sepal-like bracts in some flowers
EPICARP, -S *n* outermost layer of the pericarp of fruits
EPICEDE, -S *same as* > **epicedium**

EPICEDIA > **epicedium**
EPICENE, -S *adj* having the characteristics of both sexes; hermaphroditic ▹ *n* epicene person or creature
EPICIER, -S *n* grocer
EPICISM, -S *n* style or trope characteristic of epics
EPICIST, -S *n* writer of epics
EPICLIKE *adj* resembling or reminiscent of an epic
EPICOTYL *n* part of an embryo plant stem above the cotyledons but beneath the terminal bud
EPICS ▸ **epic**
EPICURE, -S *n* person who enjoys good food and drink
EPICYCLE *n* (in the Ptolemaic system) a small circle, around which a planet was thought to revolve
EPIDEMIC *n* widespread occurrence of a disease ▹ *adj* (esp of a disease) affecting many people in an area
EPIDERM, -S *same as* > **epidermis**
EPIDOTE, -S *n* green mineral
EPIDOTIC ▸ **epidote**
EPIDURAL *n* spinal anaesthetic injected to relieve pain during childbirth ▹ *adj* on or over the outermost membrane covering the brain and spinal cord
EPIFAUNA *n* animals that live on the surface of the seabed
EPIFOCAL *adj* situated or occurring at an epicentre
EPIGAEAL *same as* ▸ **epigeal**
EPIGAEAN *same as* ▸ **epigeal**
EPIGAMIC *adj* denoting an animal feature that attracts the opposite sex
EPIGEAL *adj* of or relating to a form of seed germination
EPIGEAN *same as* ▸ **epigeal**
EPIGEIC *same as* ▸ **epigeal**
EPIGENE *adj* formed or taking place at or near the surface of the earth
EPIGENIC *adj* pertaining to the theory of the gradual development of the embryo
EPIGEOUS *same as* ▸ **epigeal**
EPIGON, -S *same as* ▸ **epigone**
EPIGONE, -S, EPIGONI *n* inferior follower or imitator
EPIGONIC ▸ **epigone**
EPIGONS ▸ **epigon**
EPIGONUS *same as* ▸ **epigone**
EPIGRAM, -S *n* short witty remark or poem
EPIGRAPH *n* quotation at the start of a book
EPIGYNY > **epigynous**
EPILATE, -D, -S *vb* remove hair from
EPILATOR *n* electrical appliance for plucking unwanted hair
EPILEPSY *n* disorder of the nervous system causing loss of consciousness and sometimes convulsions
EPILOG, -S *same as* ▸ **epilogue**
EPILOGIC ▸ **epilogue**
EPILOGS ▸ **epilog**
EPILOGUE *n* short speech or poem at the end of a literary work, esp a play
EPIMER, -S *n* isomer
EPIMERE, -S *n* dorsal part of the mesoderm of a vertebrate embryo
EPIMERIC > **epimerism**
EPIMERS ▸ **epimer**
EPIMYSIA > **epimysium**
EPINAOS, EPINAOI *n* rear vestibule
EPINASTY *n* increased growth of the upper surface of a plant part
EPINOSIC *adj* unhealthy
EPIPHANY *n* moment of great or sudden revelation
EPIPHYTE *n* plant that grows on another plant but is not parasitic on it
EPIPLOA ▸ **epiploon**
EPIPLOIC ▸ **epiploon**
EPIPLOON, EPIPLOA *n* greater omentum
EPIPOLIC > **epipolism**
EPISCIA, -S *n* creeping plant
EPISCOPE *n* optical device that projects an enlarged image
EPISCOPY *n* area overseen
EPISEMON *n* emblem
EPISODAL *same as* ▸ **episodic**
EPISODE, -S *n* incident in a series of incidents
EPISODIC *adj* occurring at irregular intervals
EPISOMAL *adj* of or like an episome
EPISOME, -S *n* unit of genetic material (DNA) in bacteria that can be replicated
EPISPERM *n* protective outer layer of certain seeds
EPISPORE *n* outer layer of certain spores
EPISTASY *same as* > **epistasis**
EPISTLE, -D, -S *n* letter, esp of an apostle ▹ *vb* preface
EPISTLER *n* writer of an epistle or epistles
EPISTLES ▸ **epistle**
EPISTOME *n* area between the mouth and antennae of crustaceans
EPISTYLE *n* lowest part of an entablature that bears on the columns
EPITAPH, -S *n* commemorative inscription on a tomb ▹ *vb* compose an epitaph
EPITASIS, EPITASES *n* (in classical drama) part of a play in which the main action develops
EPITAXES ▸ **epitaxis**
EPITAXIC ▸ **epitaxy**
EPITAXIS, EPITAXES *same as* ▸ **epitaxy**
EPITAXY *n* growth of a thin layer on the surface of a crystal
EPITHECA *n* outer and older layer of the cell wall of a diatom
EPITHEM, -A, -S *n* external topical application
EPITHET, -S *n* descriptive word or name ▹ *vb* name
EPITOME, -S *n* typical example
EPITOMIC ▸ **epitome**
EPITONIC *adj* undergoing too great a strain
EPITOPE, -S *n* site on an antigen at which a specific antibody becomes attached
EPITRITE *n* metrical foot with three long syllables and one short one
EPIZOA ▸ **epizoon**
EPIZOAN, -S *same as* ▸ **epizoon**
EPIZOIC *adj* (of an animal or plant) growing or living on the exterior of a living animal
EPIZOISM ▸ **epizoic**
EPIZOITE *n* organism that lives on an animal but is not parasitic on it
EPIZOON, EPIZOA *n* animal that lives on the body of another animal
EPIZOOTY *n* animal disease
EPOCH, -S *n* period of notable events
EPOCHA, -S *same as* ▸ **epoch**
EPOCHAL ▸ **epoch**
EPOCHAS ▸ **epocha**
EPOCHS ▸ **epoch**

EPODE, -S *n* part of a lyric ode that follows the strophe and the antistrophe
EPODIC ▸ **epode**
EPONYM, -S *n* name derived from the name of a real or mythical person
EPONYMIC ▸ **eponym**
EPONYMS ▸ **eponym**
EPONYMY *n* derivation of names of places, etc, from those of persons
EPOPEE, -S *n* epic poem
EPOPOEIA *same as* ▸ **epopee**
EPOPT, -S *n* one initiated into mysteries
EPOS, -ES *n* body of poetry in which the tradition of a people is conveyed
EPOXIDE, -S *n* chemical compound
EPOXY, EPOXIED, EPOXIES, -ED, -ING *adj* of or containing a specific type of chemical compound ▹ *n* epoxy resin ▹ *vb* glue with epoxy resin
EPRIS *adj* enamoured
EPRISE *feminine form of* ▸ **epris**
EPSILON, -S *n* fifth letter of the Greek alphabet
EPSOMITE *n* sulphate of magnesium
EPUISE *adj* exhausted
EPUISEE *feminine form of* ▸ **epuise**
EPULARY *adj* of or relating to feasting
EPULIS, EPULIDES, -ES *n* swelling of the gum
EPULOTIC *n* scarring
EPURATE, -D, -S *vb* purify
EPYLLION, EPYLLIA *n* miniature epic
EQUABLE *adj* even-tempered
EQUABLY ▸ **equable**
EQUAL, -ED, -ING, -LED, -S *adj* identical in size, quantity, degree, etc ▹ *n* person or thing equal to another ▹ *vb* be equal to
EQUALI *pl n* pieces for a group of instruments of the same kind
EQUALING ▸ **equal**
EQUALISE *same as* ▸ **equalize**
EQUALITY *n* state of being equal
EQUALIZE *vb* make or become equal
EQUALLED ▸ **equal**
EQUALLY ▸ **equal**
EQUALS ▸ **equal**
EQUANT, -S *n* circle in which a planet was formerly believed to move
EQUATE, -D, -S, EQUATING *vb* make or regard as equivalent
EQUATION *n* mathematical statement that two expressions are equal

A rack that contains Q and a jumble of vowels can look unpromising, but if you mentally affix the U to the Q and then look for likely letter strings you will soon arrive at ATION, from where it is only a short step to this useful 8-letter word, one of the most frequently played bonuses containing Q.

EQUATIVE *adj* (in grammar) denoting the equivalence or identity of two terms
EQUATOR, -S *n* imaginary circle round the earth
EQUERRY *n* attendant to a member of a royal family
EQUES *n* (in ancient Rome) horseman
EQUID, -S *n* any animal of the horse family
EQUINAL *same as* ▸ **equine**
EQUINE, -S *adj* of or like a horse ▹ *n* any animal of the horse family
EQUINELY ▸ **equine**
EQUINES ▸ **equine**
EQUINIA, -S *n* glanders
EQUINITY *n* horse-like nature
EQUINOX *n* time of year when day and night are of equal length
EQUIP, -PED, -S *vb* provide with supplies, components, etc
EQUIPAGE *n* horse-drawn carriage, esp one elegantly equipped and attended by liveried footmen ▹ *vb* equip
EQUIPE, -S *n* (esp in motor racing) team
EQUIPPED ▸ **equip**
EQUIPPER ▸ **equip**
EQUIPS ▸ **equip**
EQUISETA > **equisetum**
EQUITANT *adj* having the base folded around the stem
EQUITES *pl n* cavalry
EQUITY, EQUITIES *n* fairness
EQUIVOKE *same as* > **equivoque**
ER *interj* sound made when hesitating in speech
ERA, -S *n* period of time considered as distinctive
ERADIATE *less common word for* ▸ **radiate**
ERAS ▸ **era**
ERASABLE ▸ **erase**
ERASE, -D, -S, ERASING *vb* destroy all traces of
ERASER, -S *n* object for erasing something written
ERASES ▸ **erase**
ERASING ▸ **erase**
ERASION, -S *n* act of erasing

This means the act of erasing: not an exciting word, but its combination of common letters makes it one of the most frequently played 7-letter bonus words.

ERASURE, -S *n* erasing
ERATHEM, -S *n* stratum of rocks representing a specific geological era
ERBIA, -S *n* oxide of erbium
ERBIUM, -S *n* metallic element of the lanthanide series
ERE, -D, -S, ERING *prep* before ▹ *vb* plough
ERECT, -ED, -ING, -S *vb* build ▹ *adj* upright
ERECTER, -S *same as* ▸ **erector**
ERECTILE *adj* capable of becoming erect
ERECTING ▸ **erect**
ERECTION *n* act of erecting or the state of being erected
ERECTIVE *adj* tending to erect
ERECTLY ▸ **erect**
ERECTOR, -S *n* any muscle that raises a part or makes it erect
ERECTS ▸ **erect**
ERED ▸ **ere**
ERELONG *adv* before long
EREMIC *adj* of or relating to deserts
EREMITAL ▸ **eremite**
EREMITE, -S *n* Christian hermit
EREMITIC ▸ **eremite**
EREMURUS, EREMURI *n* type of herb
ERENOW *adv* long before the present
EREPSIN, -S *n* mixture of proteolytic enzymes secreted by the small intestine
ERES ▸ **ere**
ERETHIC ▸ **erethism**
ERETHISM *n* abnormally high degree of irritability or sensitivity in any part of the body
EREV, -S *n* day before

EREWHILE *adv* short time ago
ERF, ERVEN *n* plot of land marked off for building purposes
ERG, -S *same as* > **ergometer**
ERGASTIC *adj* consisting of the non-living by-products of protoplasmic activity
ERGATE, -S *n* worker ant
ERGATIVE *adj* denoting a verb that takes the same noun as either direct object or subject ▷ *n* ergative verb
ERGATOID ▸ **ergate**
ERGO, -S *same as* > **ergometer**
ERGODIC *adj* of or relating to the probability that any state will recur
ERGOGRAM *n* tracing produced by an ergograph
ERGON, -S *n* work
ERGOS ▸ **ergo**
ERGOT, -S *n* fungal disease of cereal
ERGOTIC ▸ **ergot**
ERGOTISE *same as* ▸ **ergotize**
ERGOTISM *n* ergot poisoning
ERGOTIZE *vb* inflict ergotism upon
ERGOTS ▸ **ergot**
ERGS ▸ **erg**
ERHU, -S *n* Chinese two-stringed violin
ERIACH, -S *same as* ▸ **eric**
ERIC, -S *n* (in old Irish law) fine paid by a murderer to the family of his or her victim
ERICA, -S *n* genus of plants including heathers
ERICK, -S *same as* ▸ **eric**
ERICOID *adj* (of leaves) small and tough, resembling those of heather
ERICS ▸ **eric**
ERIGERON *n* type of plant
ERING ▸ **ere**
ERINGO, -ES, -S *same as* ▸ **eryngo**
ERINITE, -S *n* arsenate of copper
ERINUS, -ES *n* type of plant
ERIONITE *n* common form of zeolite
ERISTIC, -S *adj* of, relating, or given to controversy or logical disputation ▷ *n* person who engages in logical disputes
ERK, -S *n* aircraftman or naval rating
ERLANG, -S *n* unit of traffic intensity in a telephone system
ERLKING, -S *n* malevolent spirit who carries off children
ERM *interj* expression of hesitation
ERMELIN, -S *n* ermine
ERMINE, -S *n* stoat in northern regions
ERMINED *adj* clad in the fur of the ermine
ERMINES ▸ **ermine**
ERN, -ED, -ING, -S *archaic variant of* ▸ **earn**
ERNE, -S *n* fish-eating (European) sea eagle
ERNED ▸ **ern**
ERNES ▸ **erne**
ERNING ▸ **ern**
ERNS ▸ **ern**
ERODABLE ▸ **erode**
ERODE, -D, -S, ERODING *vb* wear away
ERODENT, -S ▸ **erode**
ERODES ▸ **erode**
ERODIBLE ▸ **erode**
ERODING ▸ **erode**
ERODIUM, -S *n* type of geranium
EROS, -ES *n* love
EROSE *adj* jagged or uneven, as though gnawed or bitten
EROSELY ▸ **erose**
EROSES ▸ **eros**
EROSIBLE *adj* able to be eroded
EROSION, -S *n* wearing away of rocks or soil
EROSIVE ▸ **erosion**
EROTEMA, -S *n* rhetorical question
EROTEME, -S *same as* ▸ **erotema**
EROTESIS, EROTESES *same as* ▸ **erotema**
EROTETIC *adj* pertaining to a rhetorical question
ERR, -ED, -S *vb* make a mistake
ERRABLE *adj* capable of making a mistake
ERRANCY *n* state or an instance of erring or a tendency to err
ERRAND, -S *n* short trip to do something for someone
ERRANT, -S *adj* behaving in a manner considered to be unacceptable ▷ *n* knight-errant
ERRANTLY ▸ **errant**
ERRANTRY *n* way of life of a knight errant
ERRANTS ▸ **errant**
ERRATA ▸ **erratum**
ERRATIC, -S *adj* irregular or unpredictable ▷ *n* rock that has been transported by glacial action
ERRATUM, ERRATA *n* error in writing or printing
ERRED ▸ **err**
ERRHINE, -S *adj* causing nasal secretion ▷ *n* errhine drug or agent
ERRING, -S ▸ **err**
ERRINGLY ▸ **err**
ERRINGS ▸ **erring**
ERROR, -S *n* mistake, inaccuracy, or misjudgment
ERRORIST *n* one who makes errors
ERRORS ▸ **error**
ERRS ▸ **err**
ERS, -ES *same as* ▸ **ervil**
ERSATZ, -ES *adj* made in imitation ▷ *n* ersatz substance or article
ERSES ▸ **ers**
ERST *adv* long ago
ERUCIC *adj* as in **erucic acid** crystalline fatty acid
ERUCT, -ED, -ING, -S *vb* belch
ERUCTATE *same as* ▸ **eruct**
ERUCTED ▸ **eruct**
ERUCTING ▸ **eruct**
ERUCTS ▸ **eruct**
ERUDITE, -S *adj* having great academic knowledge ▷ *n* erudite person
ERUGO, -S *n* verdigris
ERUMPENT *adj* bursting out or developing as though bursting through
ERUPT, -ED, -ING, -S *vb* eject (steam, water, or volcanic material) violently
ERUPTION ▸ **erupt**
ERUPTIVE *adj* erupting or tending to erupt ▷ *n* type of volcanic rock
ERUPTS ▸ **erupt**
ERUV, -IM, -IN, -S *n* area within which certain activities forbidden to be done on the Sabbath are permitted
ERVEN ▸ **erf**
ERVIL, -S *n* type of vetch
ERYNGIUM *n* type of temperate and subtropical plant
ERYNGO, -ES, -S *n* type of plant with toothed or lobed leaves
ERYTHEMA *n* patchy inflammation of the skin
ERYTHRON *n* red blood cells and their related tissues
ES, -ES *n* letter S
ESCALADE *n* assault by the use of ladders, esp on a fortification ▷ *vb* gain

access to (a place) by the use of ladders
ESCALADO *n* escalade
ESCALATE *vb* increase in extent or intensity
ESCALIER *n* staircase
ESCALLOP *another word for* ▸**scallop**
ESCALOP, -S *another word for* ▸**scallop**
ESCALOPE *n* thin slice of meat, esp veal
ESCALOPS ▸**escalop**
ESCAPADE *n* mischievous adventure
ESCAPADO *n* escaped criminal
ESCAPE, -D, -S, ESCAPING *vb* get free (of) ▹*n* act of escaping
ESCAPEE, -S *n* person who has escaped
ESCAPER, -S ▸**escape**
ESCAPES ▸**escape**
ESCAPING ▸**escape**
ESCAPISM *n* taking refuge in fantasy to avoid unpleasant reality
ESCAPIST ▸**escapism**
ESCAR, -S *same as* ▸**esker**
ESCARGOT *n* variety of edible snail, usually eaten with a sauce made of melted butter and garlic
ESCAROLE *n* variety of endive with broad leaves, used in salads
ESCARP, -ED, -S *n* inner side of the ditch separating besiegers and besieged ▹*vb* make into a slope
ESCARS ▸**escar**
ESCHALOT *another name for a* ▸**shallot**
ESCHAR, -S *n* dry scab or slough
ESCHEAT, -S *n* possessions that become state property in the absence of an heir ▹*vb* attain such property
ESCHEW, -ED, -S *vb* abstain from, avoid
ESCHEWAL ▸**eschew**
ESCHEWED ▸**eschew**
ESCHEWER ▸**eschew**
ESCHEWS ▸**eschew**
ESCOLAR, -S *n* slender spiny-finned fish
ESCORT, -ED, -S *n* people following another person for protection or as an honour ▹*vb* act as an escort to
ESCOT, -ED, -ING, -S, -TED *vb* maintain
ESCRIBE, -D, -S *vb* make a mathematical drawing
ESCROC, -S *n* conman
ESCROL, -S *same as* ▸**escroll**
ESCROLL, -S *n* scroll
ESCROLS ▸**escrol**
ESCROW, -ED, -S *n* item delivered to a third party pending fulfilment of a condition ▹*vb* place (money, a document, etc) in escrow
ESCUAGE, -S *(in medieval Europe) another word for* ▸**scutage**
ESCUDO, -S *n* former monetary unit of Portugal
ESCULENT *adj* edible ▹*n* any edible substance
ESERINE, -S *n* crystalline alkaloid
ESES ▸**es**
ESILE, -S *n* vinegar
ESKAR, -S *same as* ▸**esker**
ESKER, -S *n* long ridge of gravel, sand, etc
ESKY, ESKIES *n* portable insulated container
ESLOIN, -ED, -S *same as* ▸**eloign**
ESLOYNE, -D, -S *same as* ▸**eloign**
ESNE, -S *n* household slave
ESNECY, ESNECIES *n* inheritance law
ESNES ▸**esne**
ESOPHAGI > **esophagus**
ESOTERIC *adj* understood by only a small number of people with special knowledge
ESOTERY ▸**esoteric**
ESPADA, -S *n* sword
ESPALIER *n* shrub or fruit tree trained to grow flat ▹*vb* train (a plant) on an espalier
ESPANOL *n* Spanish person
ESPARTO, -S *n* grass of S Europe and N Africa
ESPECIAL *adj* special
ESPIAL, -S *n* act or fact of being seen or discovered
ESPIED ▸**espy**
ESPIEGLE *adj* playful
ESPIER, -S ▸**espy**
ESPIES ▸**espy**
ESPOIR, -S *n* category of wrestler
ESPOUSAL *n* adoption or support
ESPOUSE, -D, -S *vb* adopt or give support to (a cause etc)
ESPOUSER ▸**espouse**
ESPOUSES ▸**espouse**
ESPRESSO *n* strong coffee made by forcing steam or boiling water through ground coffee beans
ESPRIT, -S *n* spirit, liveliness, or wit
ESPUMOSO *n* sparkling wine
ESPY, ESPIED, ESPIES, -ING *vb* catch sight of
ESQUIRE, -D, -S *n* courtesy title placed after a man's name ▹*vb* escort
ESQUISSE *n* sketch
ESS, -ES *n* letter S
ESSAY, -ED, -ING, -S *n* short literary composition ▹*vb* attempt
ESSAYER, -S ▸**essay**
ESSAYING ▸**essay**
ESSAYISH ▸**essay**
ESSAYIST *n* person who writes essays
ESSAYS ▸**essay**
ESSE *n* existence
ESSENCE, -S *n* most important feature of a thing which determines its identity
ESSES ▸**ess**
ESSIVE, -S *n* grammatical case
ESSOIN, -ED, -S *n* excuse ▹*vb* excuse for not appearing in court
ESSOINER ▸**essoin**
ESSOINS ▸**essoin**
ESSONITE *variant spelling of* > **hessonite**
ESSOYNE, -S *same as* ▸**essoin**
EST, -S *n* treatment intended to help people towards psychological growth
ESTACADE *n* defensive arrangement of stakes
ESTANCIA *n* (in Spanish America) a large estate or cattle ranch
ESTATE, -D, -S, ESTATING *n* landed property ▹*vb* provide with an estate
ESTEEM, -ED, -S *n* high regard ▹*vb* think highly of
ESTER, -S *n* chemical compound
ESTERASE *n* any of a group of enzymes that hydrolyse esters
ESTERIFY *vb* change or cause to change into an ester
ESTERS ▸**ester**
ESTHESES ▸**esthesis**
ESTHESIA *US spelling of* > **aesthesia**
ESTHESIS, ESTHESES *n* esthesia
ESTHETE, -S *US spelling of* ▸**aesthete**

ESTHETIC ▸ **esthete**
ESTIMATE *vb* calculate roughly ▹ *n* approximate calculation
ESTIVAL *usual US spelling of* ▸ **aestival**
ESTIVATE *usual US spelling of* > **aestivate**
ESTOC, -S *n* short stabbing sword
ESTOILE, -S *n* heraldic star with wavy points
ESTOP, -PED, -S *vb* preclude by estoppel
ESTOPPEL *n* rule precluding a person from denying the truth of a statement of facts
ESTOPS ▸ **estop**
ESTOVER *same as* ▸ **estovers**
ESTOVERS *pl n* right allowed by law to tenants of land to cut timber, esp for fuel and repairs
ESTRADE, -S *n* dais or raised platform
ESTRAGON *another name for* ▸ **tarragon**
ESTRAL *US spelling of* ▸ **oestral**
ESTRANGE *vb* separate and live apart from (one's spouse)
ESTRAY, -ED, -S *n* stray domestic animal of unknown ownership ▹ *vb* stray
ESTREAT, -S *n* true copy of or extract from a court record ▹ *vb* send an extract of the court record
ESTREPE, -D, -S *vb* lay waste
ESTRICH *n* obsolete word for ostrich
ESTRIDGE *same as* ▸ **estrich**
ESTRIN, -S *US spelling of* ▸ **oestrin**
ESTRIOL, -S *usual US spelling of* ▸ **oestriol**
ESTRO, -S *n* poetic inspiration
ESTROGEN *usual US spelling of* > **oestrogen**
ESTRONE, -S *usual US spelling of* ▸ **oestrone**
ESTROS ▸ **estro**
ESTROUS ▸ **estrus**
ESTRUAL ▸ **estrus**
ESTRUM, -S *usual US spelling of* ▸ **oestrum**
ESTRUS, -ES *usual US spelling of* ▸ **oestrus**
ESTS ▸ **est**
ESTUARY *n* mouth of a river
ESURIENT *adj* greedy
ET *dialect past tense of* ▸ **eat**
ETA, -S *n* seventh letter in the Greek alphabet
ETACISM, -S *n* pronunciation of eta as a long vowel sound
ETAERIO, -S *n* aggregate fruit

This strange-looking word is a type of fruit, and because it uses the commonest letters it is, along with **otarine**, the most frequently played of all bonus words.

ETAGE, -S *n* floor in a multi-storey building
ETAGERE, -S *n* stand with open shelves for displaying ornaments, etc
ETAGES ▸ **etage**
ETALAGE, -S *n* display
ETALON, -S *n* device used in spectroscopy
ETAMIN, -S *same as* ▸ **etamine**
ETAMINE, -S *n* cotton or worsted fabric of loose weave
ETAMINS ▸ **etamin**
ETAPE, -S *n* public storehouse
ETAS ▸ **eta**
ETAT, -S *n* state
ETATISM, -S *same as* ▸ **etatisme**
ETATISME *n* authoritarian control by the state
ETATISMS ▸ **etatism**
ETATIST ▸ **etatisme**
ETATISTE ▸ **etatisme**
ETATS ▸ **etat**
ETCETERA *n* number of other items
ETCH, -ED, -ES *vb* wear away or cut the surface of (metal, glass, etc) with acid
ETCHANT, -S *n* any acid or corrosive used for etching
ETCHED ▸ **etch**
ETCHER, -S ▸ **etch**
ETCHES ▸ **etch**
ETCHING, -S *n* picture printed from an etched metal plate
ETEN, -S *n* giant
ETERNAL, -S *adj* without beginning or end ▹ *n* eternal thing
ETERNE *archaic or poetic word for* ▸ **eternal**
ETERNISE *same as* ▸ **eternize**
ETERNITY *n* infinite time
ETERNIZE *vb* make eternal
ETESIAN, -S *adj* (of NW winds) recurring annually in the summer in the E Mediterranean ▹ *n* etesian wind
ETH, -S *same as* ▸ **edh**
ETHAL, -S *n* cetyl alcohol
ETHANAL, -S *n* colourless volatile pungent liquid
ETHANE, -S *n* odourless flammable gas
ETHANOIC *adj* as in **ethanoic acid** acetic acid
ETHANOL, -S *same as* ▸ **alcohol**
ETHANOYL *n* type of acyl group or radical
ETHE *adj* easy
ETHENE, -S *same as* ▸ **ethylene**
ETHEPHON *n* synthetic plant-growth regulator
ETHER, -S *n* colourless anaesthetic
ETHERCAP *n* spider
ETHEREAL *adj* extremely delicate
ETHERIAL *same as* ▸ **ethereal**
ETHERIC ▸ **ether**
ETHERIFY *vb* change (a compound, such as an alcohol) into an ether
ETHERION *n* gas formerly believed to exist in air
ETHERISE *same as* ▸ **etherize**
ETHERISH ▸ **ether**
ETHERISM *n* addiction to ether
ETHERIST ▸ **etherism**
ETHERIZE *vb* subject (a person) to the anaesthetic influence of ether fumes
ETHERS ▸ **ether**
ETHIC *n* moral principle
ETHICAL, -S *adj* of or based on a system of moral beliefs ▹ *n* drug available only by prescription
ETHICIAN ▸ **ethics**
ETHICISE *same as* ▸ **ethicize**
ETHICISM ▸ **ethics**
ETHICIST ▸ **ethics**
ETHICIZE *vb* make or consider as ethical
ETHICS *n* code of behaviour
ETHINYL, -S *same as* ▸ **ethynyl**
ETHION, -S *n* type of pesticide
ETHIOPS *n* dark-coloured chemical compound
ETHMOID, -S *adj* denoting or relating to a specific bone of the skull ▹ *n* ethmoid bone
ETHNARCH *n* ruler of a people or province, as in parts of the Roman and Byzantine Empires
ETHNE ▸ **ethnos**

E

E

ETHNIC, -S *adj* relating to a people or group that shares a culture, religion, or language ▷ *n* member of an ethnic group, esp a minority group
ETHNICAL *same as* ▶ **ethnic**
ETHNICS ▶ **ethnic**
ETHNONYM *n* name of ethnic group
ETHNOS, ETHNE, -ES *n* ethnic group
ETHOGRAM *n* description of animal's behaviour
ETHOLOGY *n* study of the behaviour of animals in their normal environment
ETHONONE *another name for* ▶ **ketene**
ETHOS, -ES *n* distinctive spirit and attitudes of a people, culture, etc
ETHOXIDE *n* any of a class of saltlike compounds
ETHOXY, ETHOXIES *same as* ▶ **ethoxyl**
ETHOXYL, -S *n* univalent radical
ETHS ▶ **eth**
ETHYL, -S *adj* type of chemical hydrocarbon group
ETHYLATE *same as* ▶ **ethoxide**
ETHYLENE *n* poisonous gas used as an anaesthetic and as fuel
ETHYLIC ▶ **ethyl**
ETHYLS ▶ **ethyl**
ETHYNE, -S *another name for* > **acetylene**
ETHYNYL, -S *n* univalent radical
ETIC, -S *adj* relating to linguistic terms analysed without regard to structural function ▷ *n* etic approach or viewpoint
ETIOLATE *vb* become pale and weak
ETIOLIN, -S *n* yellow pigment
ETIOLOGY *n* study of the causes of diseases
ETNA, -S *n* container used to heat liquids
ETOILE, -S *n* star
ETOUFFEE *n* spicy Cajun stew
ETOURDI *adj* foolish
ETOURDIE *feminine form of* ▶ **etourdi**
ETRANGER *n* foreigner
ETRENNE, -S *n* New Year's gift
ETRIER, -S *n* short portable ladder or set of webbing loops
ETTERCAP *n* spider
ETTIN, -S *n* giant
ETTLE, -D, -S, ETTLING *vb* intend
ETUDE, -S *n* short musical composition for a solo instrument
ETUI, -S *n* small usually ornamented case
ETWEE, -S *same as* ▶ **etui**

E is a very desirable letter, but sometimes you can have too much of even this good thing. This word for a needle-case, a variant of **etui**, can help you dispose of a few of them.

ETYMA ▶ **etymon**
ETYMIC ▶ **etymon**
ETYMON, ETYMA, -S *n* earliest form of a word or morpheme from which another is derived
ETYPIC *adj* unable to conform to type
ETYPICAL *same as* ▶ **etypic**
EUCAIN, -S *same as* ▶ **eucaine**
EUCAINE, -S *n* crystalline optically active substance
EUCAINS ▶ **eucain**
EUCALYPT *n* myrtaceous tree
EUCARYON *same as* > **eukaryote**
EUCARYOT *same as* > **eukaryote**
EUCHARIS *n* S American plant cultivated for its large white fragrant flowers
EUCHRE, -D, -S, EUCHRING *n* US and Canadian card game ▷ *vb* prevent (a player) from making their contracted tricks
EUCLASE, -S *n* brittle green gem
EUCRITE, -S *n* type of stony meteorite
EUCRITIC ▶ **eucrite**
EUCYCLIC *adj* (of plants) having the same number of leaves in each whorl
EUDAEMON *same as* ▶ **eudemon**
EUDAIMON *same as* ▶ **eudaemon**

This word for a benevolent spirit is difficult to spot in play, but is one of those high-probability 8-letter bonus words using many vowels that are well worth special attention. It has variant spellings **eudaemon** and **eudemon**.

EUDEMON, -S *n* benevolent spirit or demon
EUGARIE, -S *another name for* ▶ **pipi**
EUGE *interj* well done!
EUGENIA, -S *n* plant of the clove family
EUGENIC ▶ **eugenics**
EUGENICS *n* study of methods of improving the human race
EUGENISM ▶ **eugenics**
EUGENIST ▶ **eugenics**
EUGENOL, -S *n* oily liquid used in perfumery
EUGH, -S *archaic form of* ▶ **yew**
EUGHEN *archaic form of* ▶ **yew**
EUGHS ▶ **eugh**
EUGLENA, -S *n* type of freshwater unicellular organism
EUGLENID *same as* ▶ **euglena**
EUK, -ED, -ING, -S *vb* itch
EUKARYON *same as* > **eukaryote**
EUKARYOT *same as* > **eukaryote**
EUKED ▶ **euk**
EUKING ▶ **euk**
EUKS ▶ **euk**
EULACHAN *same as* ▶ **eulachon**
EULACHON *n* salmonoid food fish
EULOGIA, -E, -S *n* blessed bread

This is one of the few 7-letter words using all the vowels. What's more, it can take a plural in E as well as S, giving **eulogiae**, which can be great for getting you out of vowel trouble.

EULOGIES ▶ **eulogy**
EULOGISE *same as* ▶ **eulogize**
EULOGIST ▶ **eulogize**
EULOGIUM *same as* ▶ **eulogy**
EULOGIZE *vb* praise (a person or thing) highly in speech or writing
EULOGY, EULOGIES *n* speech or writing in praise of a person
EUMERISM *n* collection of similar parts
EUMONG, -S *same as* ▶ **eumung**
EUMUNG, -S *n* any of various Australian acacias
EUNUCH, -S *n* castrated man
EUOI *n* cry of Bacchic frenzy

This is a cry expressing Bacchic frenzy, and is forever coming in useful to dispose of a surplus of vowels. It has the less commonly played but still useful variants **evoe**, **evhoe** and **evohe**.

EUONYMIN *n* extract derived from the bark of the euonymus
EUONYMUS *n* type of N temperate tree or shrub
EUOUAE, -S *n* musical term

This word is remarkable in that it contains no consonants. You will be surprised at how often you will be glad to play it!

EUPAD, -S *n* antiseptic powder
EUPATRID *n* (in ancient Greece) hereditary noble or landowner
EUPEPSIA *n* good digestion
EUPEPSY *same as* ▸**eupepsia**
EUPEPTIC ▸**eupepsia**
EUPHENIC *adj* of or pertaining to biological improvement
EUPHOBIA *n* fear of good news
EUPHON, -S *n* glass harmonica
EUPHONIA *same as* ▸**euphony**
EUPHONIC *adj* denoting or relating to euphony
EUPHONS ▸**euphon**
EUPHONY *n* pleasing sound
EUPHORIA *n* sense of elation
EUPHORIC ▸**euphoria**
EUPHORY *same as* ▸**euphoria**
EUPHOTIC *adj* denoting the part of a sea or lake with enough light to enable photosynthesis
EUPHRASY *same as* > **eyebright**
EUPHROE, -S *n* wooden block through which the lines of a crowfoot are rove
EUPHUISE *same as* ▸**euphuize**
EUPHUISM *n* artificial prose style of the Elizabethan period
EUPHUIST ▸**euphuism**
EUPHUIZE *vb* write in euphuism
EUPLOID, -S *adj* having chromosomes in an exact multiple of the haploid number ▹*n* euploid cell or individual
EUPLOIDY ▸**euploid**
EUPNEA, -S *same as* ▸**eupnoea**
EUPNEIC ▸**eupnoea**
EUPNOEA, -S *n* normal relaxed breathing
EUPNOEIC ▸**eupnoea**
EUREKA, -S *n* exclamation of triumph at finding something
EURIPUS, EURIPI *n* strait or channel with a strong current or tide
EURO, -S *n* unit of the single currency of the European Union
EUROBOND *n* bond issued in a eurocurrency
EUROCRAT *n* member, esp a senior member, of the administration of the European Union
EUROKIES ▸**euroky**
EUROKOUS ▸**euroky**
EUROKY, EUROKIES *n* ability of an organism to live under different conditions
EUROLAND *n* area containing the countries using the euro
EURONOTE *n* form of euro-commercial paper consisting of short-term negotiable bearer notes
EUROPIUM *n* silvery-white element of the lanthanide series
EUROPOP, -S *n* type of pop music by European artists
EUROS ▸**euro**
EUROZONE *n* area containing the countries using the euro
EURYBATH *n* organism that can live at different depths underwater
EURYOKY *same as* ▸**euroky**
EURYTHMY *n* dancing style in which the rhythm of music is expressed through body movements
EUSOCIAL *adj* using division of labour
EUSOL, -S *n* solution of eupad in water
EUSTACY ▸**eustatic**
EUSTASY ▸**eustatic**
EUSTATIC *adj* denoting worldwide changes in sea level
EUSTELE, -S *n* central cylinder of a seed plant
EUSTRESS *n* type of stress that is beneficial
EUSTYLE, -S *n* building with columns optimally spaced
EUTAXIA, -S *n* condition of being easily melted
EUTAXIES ▸**eutaxy**
EUTAXITE *n* banded volcanic rock
EUTAXY, EUTAXIES *n* good order
EUTECTIC *adj* having the lowest freezing point possible for the mixture ▹*n* eutectic mixture
EUTEXIA, -S *same as* ▸**eutaxia**
EUTHYMIA *n* pleasant state of mind
EUTROPHY > **eutrophic**
EUTROPIC ▸**eutropy**
EUTROPY *n* chemical structure
EUXENITE *n* rare brownish-black mineral
EVACUANT *adj* serving to promote excretion ▹*n* evacuant agent
EVACUATE *vb* send (someone) away from a place of danger
EVACUEE, -S *n* person evacuated from a place of danger
EVADABLE ▸**evade**
EVADE, -D, -S, EVADING *vb* get away from or avoid
EVADER, -S ▸**evade**
EVADES ▸**evade**
EVADIBLE ▸**evade**
EVADING ▸**evade**
EVALUATE *vb* find or judge the value of
EVANESCE *vb* fade gradually from sight
EVANGEL, -S *n* gospel of Christianity
EVANGELY *n* gospel
EVANISH *poetic word for* ▸**vanish**
EVASIBLE ▸**evasion**
EVASION, -S *n* act of evading something by cunning or illegal means
EVASIVE *adj* not straightforward
EVE, -S *n* evening or day before some special event
EVECTION *n* irregularity in the moon's motion caused by perturbations of the sun and planets
EVEJAR, -S *n* nightjar
EVEN, -ED, -EST *adj* flat or smooth ▹*adv* equally ▹*vb* make even ▹*n* eve
EVENER, -S ▸**even**
EVENEST ▸**even**

E

EVENFALL *n* early evening
EVENING *n* end of the day or early part of the night ▷ *adj* of or in the evening
EVENINGS *adv* in the evening, esp regularly
EVENLY ▸ **even**
EVENNESS ▸ **even**
EVENS *adv* (of a bet) winning the same as the amount staked if successful
EVENSONG *n* evening prayer
EVENT, -ED, -S *n* anything that takes place ▷ *vb* take part or ride (a horse) in eventing
EVENTER, -S ▸ **eventing**
EVENTFUL *adj* full of exciting incidents
EVENTIDE *n* evening
EVENTING *n* riding competitions, usu involving cross-country, jumping, and dressage
EVENTIVE *adj* relating to an event
EVENTS ▸ **event**
EVENTUAL *adj* ultimate
EVER *adv* at any time
EVERMORE *adv* for all time to come
EVERNET, -S *n* hypothetical form of internet
EVERSION ▸ **evert**
EVERT, -ED, -ING, -S *vb* turn (some bodily part) outwards or inside out
EVERTOR, -S *n* any muscle that turns a part outwards
EVERTS ▸ **evert**
EVERY *adj* each without exception
EVERYDAY *adj* usual or ordinary ▷ *n* ordinary day
EVERYMAN, EVERYMEN *n* ordinary person; common person
EVERYONE *pron* every person
EVERYWAY *adv* in every way
EVES ▸ **eve**
EVET, -S *n* eft
EVHOE *interj* cry of Bacchic frenzy
EVICT, -ED, -ING, -S *vb* legally expel (someone) from his or her home
EVICTEE, -S ▸ **evict**
EVICTING ▸ **evict**
EVICTION ▸ **evict**
EVICTOR, -S ▸ **evict**
EVICTS ▸ **evict**
EVIDENCE *n* ground for belief ▷ *vb* demonstrate, prove
EVIDENT, -S *adj* easily seen or understood ▷ *n* item of evidence
EVIL, -ER, -EST, -LER, -LEST, -S *n* wickedness ▷ *adj* harmful ▷ *adv* in an evil manner
EVILDOER *n* wicked person
EVILER ▸ **evil**
EVILEST ▸ **evil**
EVILLER ▸ **evil**
EVILLEST ▸ **evil**
EVILLY ▸ **evil**
EVILNESS ▸ **evil**
EVILS ▸ **evil**
EVINCE, -D, -S, EVINCING *vb* make evident
EVINCIVE ▸ **evince**
EVIRATE, -D, -S *vb* deprive of strength or vigour
EVITABLE *adj* able to be avoided
EVITATE, -D, -S *archaic word for* ▸ **avoid**
EVITE, -D, -S, EVITING *archaic word for* ▸ **avoid**
EVO, -S *informal word for* ▸ **evening**
EVOCABLE ▸ **evoke**
EVOCATE, -D, -S *vb* evoke
EVOCATOR *n* person or thing that evokes
EVOE *interj* cry of Bacchic frenzy
EVOHE *interj* cry of Bacchic frenzy
EVOKE, -D, -S, EVOKING *vb* call or summon up (a memory, feeling, etc)
EVOKER, -S ▸ **evoke**
EVOKES ▸ **evoke**
EVOKING ▸ **evoke**
EVOLUE, -S *n* colonial term for an African educated according to European principles
EVOLUTE, -D, -S *n* geometric curve ▷ *adj* having the margins rolled outwards ▷ *vb* evolve
EVOLVE, -D, -S, EVOLVING *vb* develop gradually
EVOLVENT *adj* evolving ▷ *n* involute curve
EVOLVER, -S ▸ **evolve**
EVOLVES ▸ **evolve**
EVOLVING ▸ **evolve**
EVONYMUS *same as* ▸ **euonymus**
EVOS ▸ **evo**
EVOVAE, -S *n* mnemonic used in sacred music
EVULGATE *vb* make public
EVULSE, -D, -S, EVULSING *vb* extract by force
EVULSION *n* act of extracting by force
EVZONE, -S *n* soldier in an elite Greek infantry regiment
EW *interj* expression of disgust
EWE, -S *n* female sheep
EWER, -S *n* large jug with a wide mouth
EWES ▸ **ewe**
EWEST *Scots word for* ▸ **near**
EWFTES *Spenserian plural of* ▸ **eft**
EWGHEN *archaic form of* ▸ **yew**
EWHOW *interj* expression of pity or regret
EWK, -ED, -ING, -S *vb* itch

> **Ewk** is a dialect word for **itch**. It's a handy little word and a good one to remember in case you end up with both K and W, and remember that it's a verb, so you can have **ewks**, **ewked** and **ewking**. It's also worth knowing its variants **euk**, **yeuk**, **youk**, **yuck** and **yuke**!

EWT, -S *archaic form of* ▸ **newt**
EX, -ED, -ES, -ING *prep* not including ▷ *n* former spouse, significant other, etc ▷ *vb* cross out or delete
EXABYTE, -S *n* very large unit of computer memory
EXACT, -ED, -EST, -S *adj* correct and complete in every detail ▷ *vb* demand (payment or obedience)
EXACTA, -S *n* horse-racing bet
EXACTED ▸ **exact**
EXACTER, -S ▸ **exact**
EXACTEST ▸ **exact**
EXACTING *adj* making rigorous or excessive demands
EXACTION *n* act of obtaining or demanding money as a right
EXACTLY *adv* precisely, in every respect ▷ *interj* just so! precisely!
EXACTOR, -S ▸ **exact**
EXACTS ▸ **exact**
EXACUM, -S *n* type of tropical plant
EXAHERTZ *n* very large unit of frequency
EXALT, -ING, -S *vb* praise highly
EXALTED *adj* high or elevated in rank, position, dignity, etc
EXALTER, -S ▸ **exalt**
EXALTING ▸ **exalt**
EXALTS ▸ **exalt**

EXAM, -S *n* examination
EXAMEN, -S *n* examination of conscience
EXAMETRE *n* ten to the power of eighteen metres
EXAMINE, -D, -S *vb* look at closely
EXAMINEE *n* person who sits an exam
EXAMINER ▸ **examine**
EXAMINES ▸ **examine**
EXAMPLAR *archaic form of* ▸ **exemplar**
EXAMPLE, -D, -S *n* specimen typical of its group
EXAMS ▸ **exam**
EXANTHEM *same as* > **exanthema**
EXAPTED *adj* biologically adapted
EXAPTIVE *adj* involving biological adaptation
EXARATE *adj* (of the pupa of some insects) having legs, wings, antennae, etc, free and movable
EXARCH, -S *n* head of certain autonomous Orthodox Christian Churches ▹ *adj* (of a xylem strand) having the first-formed xylem external to that formed later
EXARCHAL ▸ **exarch**
EXARCHS ▸ **exarch**
EXARCHY *same as* > **exarchate**
EXCAMB, -ED, -S *vb* exchange
EXCAVATE *vb* unearth buried objects from (a piece of land) methodically to learn about the past
EXCEED, -ED, -S *vb* be greater than
EXCEEDER ▸ **exceed**
EXCEEDS ▸ **exceed**
EXCEL, -LED, -S *vb* be superior to
EXCEPT, -ED, -S *prep* other than, not including ▹ *vb* leave out; omit; exclude
EXCEPTOR ▸ **except**
EXCEPTS ▸ **except**
EXCERPT, -S *n* passage taken from a book, speech, etc ▹ *vb* take a passage from a book, speech, etc
EXCERPTA > **excerptum**
EXCERPTS ▸ **excerpt**
EXCESS, -ED, -ES *n* state or act of exceeding the permitted limits ▹ *vb* make (a position) redundant
EXCHANGE *vb* give or receive (something) in return for something else ▹ *n* act of exchanging
EXCHEAT, -S *same as* ▸ **escheat**
EXCIDE, -D, -S, EXCIDING *vb* cut out
EXCIMER, -S *n* excited dimer which would remain dissociated in the ground state
EXCIPLE, -S *n* part of a lichen
EXCISE, -D, -S, EXCISING *n* tax on goods produced for the home market ▹ *vb* cut out or away
EXCISION ▸ **excise**
EXCITANT *adj* able to excite or stimulate ▹ *n* something able to excite
EXCITE, -S *vb* arouse to strong emotion
EXCITED *adj* emotionally aroused, esp to pleasure or agitation
EXCITER, -S *n* person or thing that excites
EXCITES ▸ **excite**
EXCITING *adj* causing excitement
EXCITON, -S *n* excited electron bound to the hole produced by its excitation
EXCITOR, -S *n* type of nerve
EXCLAIM, -S *vb* speak suddenly, cry out
EXCLAVE, -S *n* territory owned by a country, but surrounded by another
EXCLUDE, -D, -S *vb* keep out, leave out
EXCLUDEE ▸ **exclude**
EXCLUDER ▸ **exclude**
EXCLUDES ▸ **exclude**
EXCRETA *n* excrement
EXCRETAL ▸ **excreta**
EXCRETE, -D, -S *vb* discharge (waste matter) from the body
EXCRETER ▸ **excrete**
EXCRETES ▸ **excrete**
EXCUBANT *adj* keeping guard
EXCUDIT *sentence substitute* (named person) made this
EXCURSE, -D, -S *vb* wander
EXCURSUS *n* incidental digression from the main topic
EXCUSAL, -S ▸ **excuse**
EXCUSE, -D, -S, EXCUSING *n* explanation offered to justify (a fault etc) ▹ *vb* put forward a reason or justification for (a fault etc)
EXCUSER, -S ▸ **excuse**
EXCUSES ▸ **excuse**
EXCUSING ▸ **excuse**
EXCUSIVE *adj* excusing
EXEAT, -S *n* leave of absence from school or some other institution
EXEC, -S *n* executive
EXECRATE *vb* feel and express loathing and hatred of (someone or something)
EXECS ▸ **exec**
EXECUTE, -D, -S *vb* put (a condemned person) to death
EXECUTER ▸ **execute**
EXECUTES ▸ **execute**
EXECUTOR *n* person appointed to perform the instructions of a will
EXECUTRY *n* condition of being an executor
EXED ▸ **ex**
EXEDRA, -E, -S *n* building, room, portico, or apse containing a continuous bench
EXEEM, -ED, -ING, -S *same as* ▸ **exeme**
EXEGESIS, EXEGESES *n* explanation of a text, esp of the Bible
EXEGETE, -S *n* person who practises exegesis
EXEGETIC *adj* of or relating to exegesis
EXEME, -D, -S, EXEMING *vb* set free
EXEMPLA ▸ **exemplum**
EXEMPLAR *n* person or thing to be copied, model
EXEMPLE, -S *same as* ▸ **example**
EXEMPLUM, EXEMPLA *n* anecdote that supports a moral point
EXEMPT, -ED, -S *adj* not subject to an obligation etc ▹ *vb* release from an obligation etc ▹ *n* person who is exempt from an obligation, tax, etc
EXEQUIAL ▸ **exequy**
EXEQUY, EXEQUIES *n* funeral rite

Meaning a funeral rite, this word combines X and Q. Even better is its plural **exequies**, which would earn an extra 50 points for using all your tiles.

EXERCISE *n* activity to train the body or mind ▹ *vb* make use of
EXERGIES ▸ **exergy**
EXERGUAL ▸ **exergue**
EXERGUE, -S *n* space on the reverse of a coin or medal

EXERGY, EXERGIES *n* maximum amount of useful work obtainable from a system
EXERT, -ED, -ING, -S *vb* use (influence, authority, etc) forcefully or effectively
EXERTION ▸ **exert**
EXERTIVE ▸ **exert**
EXERTS ▸ **exert**
EXES ▸ **ex**
EXEUNT *vb* (they) go out
EXFIL, -LED, -S *vb* exfiltrate
EXHALANT *adj* emitting a vapour or liquid ▹ *n* organ or vessel that emits a vapour or liquid
EXHALE, -D, -S, EXHALING *vb* breathe out
EXHALENT *same as* ▸ **exhalant**
EXHALES ▸ **exhale**
EXHALING ▸ **exhale**
EXHAUST, -S *vb* tire out ▹ *n* gases ejected from an engine as waste products
EXHEDRA, -E *same as* ▸ **exedra**
EXHIBIT, -S *vb* display to the public ▹ *n* object exhibited to the public
EXHORT, -ED, -S *vb* urge earnestly
EXHORTER ▸ **exhort**
EXHORTS ▸ **exhort**
EXHUMATE *same as* ▸ **exhume**
EXHUME, -D, -S, EXHUMING *vb* dig up (something buried, esp a corpse)
EXHUMER, -S ▸ **exhume**
EXHUMES ▸ **exhume**
EXHUMING ▸ **exhume**
EXIES *n* hysterics
EXIGEANT *adj* exacting
EXIGENCE *same as* ▸ **exigency**
EXIGENCY *n* urgent demand or need
EXIGENT, -S *adj* urgent ▹ *n* emergency
EXIGIBLE *adj* liable to be exacted or required
EXIGUITY ▸ **exiguous**
EXIGUOUS *adj* scanty or meagre
EXILABLE ▸ **exile**
EXILE, -D, -S, EXILING *n* prolonged, usu enforced, absence from one's country ▹ *vb* expel from one's country
EXILER, -S ▸ **exile**
EXILES ▸ **exile**
EXILIAN ▸ **exile**
EXILIC ▸ **exile**
EXILING ▸ **exile**
EXILITY *n* poverty or meagreness
EXIMIOUS *adj* select and distinguished
EXINE, -S *n* outermost coat of a pollen grain or a spore
EXING ▸ **ex**
EXIST, -ED, -S *vb* have being or reality
EXISTENT *adj* in existence ▹ *n* person or a thing that exists
EXISTING ▸ **exist**
EXISTS ▸ **exist**
EXIT, -ED, -ING, -S *n* way out ▹ *vb* go out
EXITANCE *n* measure of the ability of a surface to emit radiation
EXITED ▸ **exit**
EXITING ▸ **exit**
EXITLESS ▸ **exit**
EXITS ▸ **exit**
EXO *informal word for* > **excellent**

Exo is an informal Australian way of saying excellent. This is a great little word as it allows you to combine X with two of the most common tiles in the game, E and O.

EXOCARP, -S *same as* ▸ **epicarp**
EXOCRINE *adj* relating to a gland, such as the sweat gland, that secretes externally through a duct ▹ *n* exocrine gland
EXOCYTIC *adj* outside biological cell
EXODE, -S *n* exodus
EXODERM, -S *same as* ▸ **ectoderm**
EXODES ▸ **exode**
EXODIC ▸ **exode**
EXODIST, -S ▸ **exodus**
EXODOS, EXODOI *n* processional song performed at the end of a play
EXODUS, -ES *n* departure of a large number of people
EXOERGIC *adj* (of a nuclear reaction) occurring with evolution of energy
EXOGAMIC ▸ **exogamy**
EXOGAMY *n* act of marrying a person from another tribe, clan, etc
EXOGEN, -S *n* type of plant
EXOGENIC *adj* formed or occurring on the earth's surface
EXOGENS ▸ **exogen**
EXOME, -S *n* part of the genome consisting of exons
EXOMION, -S *same as* ▸ **exomis**
EXOMIS, -ES *n* sleeveless jacket
EXON, -S *n* one of the officers who command the Yeomen of the Guard
EXONEREE *n* person who has been exonerated
EXONIC ▸ **exon**
EXONS ▸ **exon**
EXONUMIA *n* objects of interest to numismatists that are not coins, such as medals and tokens
EXONYM, -S *n* name given to a place by foreigners
EXOPHAGY *n* (among cannibals) custom of eating only members of other tribes
EXOPLASM *another name for* > **ectoplasm**
EXOPOD, -S *same as* > **exopodite**
EXORABLE *adj* able to be persuaded or moved by pleading
EXORCISE *same as* ▸ **exorcize**
EXORCISM ▸ **exorcize**
EXORCIST ▸ **exorcize**
EXORCIZE *vb* expel (evil spirits) by prayers and religious rites
EXORDIA ▸ **exordium**
EXORDIAL ▸ **exordium**
EXORDIUM, EXORDIA *n* introductory part or beginning, esp of an oration or discourse
EXOSMIC > **exosmosis**
EXOSMOSE *same as* > **exosmosis**
EXOSPORE *n* outer layer of the spores of some algae and fungi
EXOTERIC *adj* intelligible to or intended for more than a select or initiated minority
EXOTIC, -S *adj* having a strange allure or beauty ▹ *n* non-native plant
EXOTICA *pl n* (collection of) exotic objects
EXOTICS ▸ **exotic**
EXOTISM, -S *n* something exotic
EXOTOXIC ▸ **exotoxin**
EXOTOXIN *n* toxin produced by a microorganism and secreted into the surrounding medium
EXPAND, -S *vb* make or become larger

EXPANDED *adj* (of printer's type) wider than usual for a particular height
EXPANDER *n* device for exercising and developing the muscles of the body
EXPANDOR *same as* ▸ **expander**
EXPANDS ▸ **expand**
EXPANSE, -S *n* uninterrupted wide area
EXPAT, -S *n* short for expatriate
EXPECT, -ED, -S *vb* regard as probable
EXPECTER *n* person who expects
EXPECTS ▸ **expect**
EXPEDITE *vb* hasten the progress of ▹ *adj* unimpeded or prompt
EXPEL, -LED, -S *vb* drive out with force
EXPELLEE ▸ **expel**
EXPELLER ▸ **expel**
EXPELS ▸ **expel**
EXPEND, -ED, -S *vb* spend, use up
EXPENDER ▸ **expend**
EXPENDS ▸ **expend**
EXPENSE, -D, -S *n* cost ▹ *vb* treat as an expense
EXPERT, -ED, -S *n* person with extensive skill or knowledge in a particular field ▹ *adj* skilful or knowledgeable ▹ *vb* experience
EXPERTLY ▸ **expert**
EXPERTS ▸ **expert**
EXPIABLE *adj* capable of being expiated or atoned for
EXPIATE, -D, -S *vb* make amends for
EXPIATOR ▸ **expiate**
EXPIRANT *n* one who expires
EXPIRE, -D, -S, EXPIRING *vb* finish or run out
EXPIRER, -S ▸ **expire**
EXPIRES ▸ **expire**
EXPIRIES ▸ **expiry**
EXPIRING ▸ **expire**
EXPIRY, EXPIRIES *n* end, esp of a contract period
EXPLAIN, -S *vb* make clear and intelligible
EXPLANT, -S *vb* transfer (living tissue) from its natural site to a new site or to a culture medium ▹ *n* piece of tissue treated in this way
EXPLICIT *adj* precisely and clearly expressed ▹ *n* word used to indicate the end of a book
EXPLODE, -D, -S *vb* burst with great violence, blow up
EXPLODER ▸ **explode**
EXPLODES ▸ **explode**
EXPLOIT, -S *vb* take advantage of for one's own purposes ▹ *n* notable feat or deed
EXPLORE, -D, -S *vb* investigate
EXPLORER ▸ **explore**
EXPLORES ▸ **explore**
EXPO, -S *n* exposition, large public exhibition
EXPONENT *n* person who advocates an idea, cause, etc ▹ *adj* offering a declaration, explanation, or interpretation
EXPORT, -ED, -S *n* selling or shipping of goods to a foreign country ▹ *vb* sell or ship (goods) to a foreign country
EXPORTER ▸ **export**
EXPORTS ▸ **export**
EXPOS ▸ **expo**
EXPOSAL, -S ▸ **expose**
EXPOSE, -S, EXPOSING *vb* uncover or reveal ▹ *n* bringing of a crime, scandal, etc to public notice
EXPOSED *adj* not concealed
EXPOSER, -S ▸ **expose**
EXPOSES ▸ **expose**
EXPOSING ▸ **expose**
EXPOSIT, -S *vb* state
EXPOSOME *n* collection of environmental factors which can affect a person's health
EXPOSURE *n* exposing
EXPOUND, -S *vb* explain in detail
EXPRESS *vb* put into words ▹ *adj* explicitly stated ▹ *n* fast train or bus stopping at only a few stations ▹ *adv* by express delivery
EXPRESSO *variant of* ▸ **espresso**
EXPUGN, -ED, -S *vb* storm
EXPULSE, -D, -S *vb* expel
EXPUNCT, -S *vb* expunge
EXPUNGE, -D, -S *vb* delete, erase, blot out
EXPUNGER ▸ **expunge**
EXPUNGES ▸ **expunge**
EXPURGE, -D, -S *vb* purge
EXSCIND, -S *vb* cut off or out
EXSECANT *n* trigonometric function
EXSECT, -ED, -S *vb* cut out
EXSERT, -ED, -S *vb* thrust out ▹ *adj* protruded or stretched out from (something)
EXTANT *adj* still existing
EXTASY, EXTASIES *same as* ▸ **ecstasy**
EXTATIC *same as* ▸ **ecstatic**
EXTEND, -ED, -S *vb* draw out or be drawn out, stretch
EXTENDER *n* person or thing that extends
EXTENDS ▸ **extend**
EXTENSE, -S *adj* extensive ▹ *n* extension; expanse
EXTENSOR *n* muscle that extends a part of the body
EXTENT, -S *n* range over which something extends, area
EXTERIOR *n* part or surface on the outside ▹ *adj* of, on, or coming from the outside
EXTERN, -S *n* person with an official connection to an institution but not residing in it
EXTERNAL *adj* of, situated on, or coming from the outside ▹ *n* external circumstance or aspect, esp one that is superficial or inessential
EXTERNAT *n* day school
EXTERNE, -S *same as* ▸ **extern**
EXTERNS ▸ **extern**
EXTINCT, -S *adj* having died out ▹ *vb* extinguish
EXTINE, -S *same as* ▸ **exine**
EXTIRP, -ED, -S *vb* extirpate
EXTOL, -S *vb* praise highly
EXTOLD *archaic past participle of* ▸ **extol**
EXTOLL, -ED, -S *same as* ▸ **extol**
EXTOLLER ▸ **extol**
EXTOLLS ▸ **extoll**
EXTOLS ▸ **extol**
EXTORT, -ED, -S *vb* get (something) by force or threats
EXTORTER ▸ **extort**
EXTORTS ▸ **extort**
EXTRA, -S *adj* more than is usual, expected or needed ▹ *n* additional person or thing ▹ *adv* unusually or exceptionally
EXTRACT, -S *vb* pull out by force ▹ *n* something extracted, such as a passage from a book etc
EXTRADOS *n* outer curve or surface of an arch or vault
EXTRAIT, -S *n* extract
EXTRANET *n* intranet modified to allow outside access
EXTRAS ▸ **extra**

E

EXTREAT, -S *n* extraction ▷ *vb* extract or eliminate (something)
EXTREMA ▸ **extremum**
EXTREMAL *n* clause in a recursive definition
EXTREME, -R, -S *adj* of a high or the highest degree or intensity ▷ *n* either of the two limits of a scale or range
EXTREMUM, EXTREMA *n* extreme point
EXTROPY *n* supposition that human life will expand throughout the universe via technology
EXTRORSE *adj* turned or opening outwards or away from the axis
EXTRUDE, -D, -S *vb* squeeze or force out
EXTRUDER ▸ **extrude**
EXTRUDES ▸ **extrude**
EXTUBATE *vb* remove tube from hollow organ
EXUDATE, -S *same as* > **exudation**
EXUDE, -D, -S, EXUDING *vb* (of a liquid or smell) seep or flow out slowly and steadily
EXUL, -LED, -LING, -S *vb* exile; banish
EXULT, -ED, -ING, -S *vb* be joyful or jubilant
EXULTANT *adj* elated or jubilant, esp because of triumph or success
EXULTED ▸ **exult**
EXULTING ▸ **exult**
EXULTS ▸ **exult**
EXURB, -S *n* residential area beyond suburbs
EXURBAN ▸ **exurbia**
EXURBIA, -S *n* region outside the suburbs of a city
EXURBS ▸ **exurb**
EXUVIA, -E *n* cast-off exoskeleton of animal
EXUVIAL ▸ **exuvia**
EXUVIATE *vb* shed (a skin or similar outer covering)
EXUVIUM *n* cast-off exoskeleton of animal
EYALET, -S *n* province of Ottoman Empire
EYAS, -ES *n* nestling hawk or falcon
EYASS, -ES *same as* ▸ **eyas**
EYE, -D, -ING, -S, EYING *n* organ of sight ▷ *vb* look at carefully or warily
EYEABLE *adj* pleasant to look at
EYEBALL, -S *n* ball-shaped part of the eye ▷ *vb* eye
EYEBANK, -S *n* place in which corneas are stored
EYEBAR, -S *n* bar with flattened ends with holes for connecting pins
EYEBATH, -S *n* small cup for applying medication to the eye
EYEBEAM, -S *n* glance
EYEBLACK *another name for* ▸ **mascara**
EYEBLINK *n* very small amount of time
EYEBOLT, -S *n* type of threaded bolt
EYEBROW, -S *n* line of hair on the bony ridge above the eye ▷ *vb* equip with artificial eyebrows
EYECUP, -S *same as* ▸ **eyebath**
EYED ▸ **eye**
EYEDNESS ▸ **eye**
EYEDROPS *n* medicine applied to the eyes in drops
EYEFOLD, -S *n* fold of skin above eye
EYEFUL, -S *n* view
EYEGLASS *n* lens for aiding defective vision
EYEHOLE, -S *n* hole through which something is passed
EYEHOOK, -S *n* hook attached to a ring at the extremity of a rope or chain
EYEING ▸ **eye**
EYELASH *n* short hair that grows out from the eyelid
EYELESS ▸ **eye**
EYELET, -ED, -S *n* small hole for a lace or cord to be passed through ▷ *vb* supply with an eyelet or eyelets
EYELEVEL *adj* level with a person's eyes
EYELIAD, -S *same as* ▸ **oeillade**
EYELID, -S *n* fold of skin that covers the eye when it is closed
EYELIFT, -S *n* cosmetic surgery for eyes
EYELIKE ▸ **eye**
EYELINE, -S *n* line of sight
EYELINER *n* cosmetic used to outline the eyes
EYELINES ▸ **eyeline**
EYEN *pl n* eyes
EYEPATCH *n* material worn over an injured eye
EYEPIECE *n* lens in a microscope, telescope, etc, into which the person using it looks
EYEPOINT *n* position of a lens at which the sharpest image is obtained
EYER, -S *n* someone who eyes
EYES ▸ **eye**
EYESHADE *n* opaque or tinted translucent visor
EYESHINE *n* reflection of light from animal eye at night
EYESHOT, -S *n* range of vision
EYESIGHT *n* ability to see
EYESOME *adj* attractive
EYESORE, -S *n* ugly object
EYESPOT, -S *n* small area of pigment
EYESTALK *n* movable stalk bearing a compound eye at its tip
EYESTONE *n* device for removing foreign body from eye
EYETOOTH, EYETEETH *n* either of the two canine teeth in the upper jaw
EYEWASH *n* nonsense
EYEWATER *n* lotion for the eyes
EYEWEAR, -S *n* spectacles; glasses
EYEWINK, -S *n* wink of the eye; instant
EYING ▸ **eye**
EYLIAD, -S *same as* ▸ **oeillade**
EYNE *poetic plural of* ▸ **eye**
EYOT, -S *n* island
EYRA, -S *n* reddish-brown variety of the jaguarondi
EYRE, -S *n* obsolete circuit court
EYRIE, -S *n* nest of an eagle
EYRIR *n* Icelandic monetary unit
EYRY *same as* ▸ **eyrie**
EZINE, -S *n* magazine available only in electronic form

F is a useful letter in Scrabble: it begins three two-letter words (**fa**, **fe** and **fy**). There are also quite a few words that combine **F** with **X** or **Z**, allowing high scores, particularly if you can hit a bonus square with them. **Fax**, **fix** and **fox** are good examples (13 points each), and don't forget **fez** and **fiz** (15 points each). **Fay**, **fey**, **fly**, **foy** and **fry** can also be useful (9 each).

FA, -S *same as* ▸ **fah**
FAA, -ING, -N, -S *Scot word for* ▸ **fall**
FAB, -BER, -BEST, -S *adj* excellent ▹ *n* fabrication
FABBY, FABBIER, FABBIEST *same as* ▸ **fab**
FABLE, -S *n* story with a moral ▹ *vb* relate or tell (fables)
FABLED *adj* made famous in legend
FABLER, -S ▸ **fable**
FABLES ▸ **fable**
FABLET, -S *n* large smartphone able to perform many of the functions of a tablet computer
FABLIAU, -X *n* comic usually ribald verse tale
FABLING, -S ▸ **fable**
FABRIC, -S *n* knitted or woven cloth ▹ *vb* build
FABRIQUE *n* (in Quebec) group of laypersons who hold church property in trust for the parish
FABS ▸ **fab**
FABULAR *adj* relating to fables
FABULATE *vb* make up fables
FABULISE *vb* make up fables
FABULISM *n* literary technique of placing fantastical elements in mundane settings
FABULIST *n* person who invents or recounts fables
FABULIZE *vb* make up fables
FABULOUS *adj* excellent
FABURDEN *n* early form of counterpoint
FACADE, -S *n* front of a building
FACE, -D, -S *n* front of the head ▹ *vb* look or turn towards
FACEABLE ▸ **face**
FACEBAR, -S *n* wrestling hold
FACEBOOK *vb* search for (someone) on the Facebook website
FACED ▸ **face**
FACEDOWN *vb* confront and force (someone or something) to back down
FACELESS *adj* impersonal, anonymous
FACELIFT *n* cosmetic surgery for the face
FACEMAIL *n* computer-generated face that delivers messages on screen
FACEMAN, FACEMEN *n* miner who works at the coalface
FACEMASK *n* protective mask for the face
FACEMEN ▸ **faceman**
FACEOFF, -S *n* when opposing skaters compete for the puck at the start of an ice hockey game
FACEPALM *vb* bring one's palm to one's face in dismay
FACER, -S *n* difficulty or problem
FACES ▸ **face**
FACET, -ED, -S, -TED *n* aspect ▹ *vb* cut facets in (a gemstone)
FACETE *adj* witty and humorous
FACETED ▸ **facet**
FACETELY ▸ **facete**
FACETIAE *pl n* humorous or witty sayings
FACETIME *vb* talk with (someone) via the FaceTime application
FACETING *n* act of faceting
FACETS ▸ **facet**
FACETTED ▸ **facet**
FACEUP *adj* with the face or surface exposed
FACIA, -E, -S *same as* ▸ **fascia**
FACIAL, -S *adj* of or relating to the face ▹ *n* beauty treatment for the face
FACIALLY ▸ **facial**
FACIALS ▸ **facial**
FACIAS ▸ **facia**
FACIEND, -S *n* multiplicand
FACIES *n* general form and appearance
FACILE *adj* (of a remark, argument, etc) superficial
FACILELY ▸ **facile**
FACILITY *n* skill
FACING, -S *n* lining or covering for decoration or reinforcement
FACONNE, -S *adj* denoting a fabric with the design woven in ▹ *n* such a fabric
FACT, -S *n* event or thing known to have happened or existed
FACTA ▸ **factum**
FACTFUL ▸ **fact**
FACTICE, -S *n* soft rubbery material
FACTION, -S *n* (dissenting) minority group within a larger body
FACTIOUS *adj* of or producing factions
FACTIS, -ES *variant of* ▸ **factice**
FACTIVE *adj* giving rise to the presupposition that a sentence is true
FACTOID, -S *n* piece of unreliable information believed to be true
FACTOR, -ED, -S *n* element contributing to a result ▹ *vb* engage in the business of a factor
FACTORY *n* building where goods are manufactured

FACTOTUM *n* person employed to do all sorts of work
FACTS ▸ **fact**
FACTUAL *adj* concerning facts rather than opinions or theories
FACTUM, FACTA, -S *n* something done, deed
FACTURE, -S *n* construction
FACULA, -E *n* any of the bright areas on the sun's surface
FACULAR ▸ **facula**
FACULTY *n* physical or mental ability
FAD, -S *n* short-lived fashion
FADABLE ▸ **fade**
FADAISE, -S *n* silly remark
FADDIER ▸ **faddy**
FADDIEST ▸ **faddy**
FADDISH ▸ **fad**
FADDISM, -S ▸ **fad**
FADDIST, -S ▸ **fad**
FADDLE, -D, -S, FADDLING *vb* mess around, toy with
FADDY, FADDIER, FADDIEST *adj* unreasonably fussy, particularly about food
FADE, -D, -S *vb* (cause to) lose brightness, colour, or strength ▹ *n* act or an instance of fading
FADEAWAY *n* fading to the point of disappearance
FADED ▸ **fade**
FADEDLY ▸ **fade**
FADEIN, -S *n* gradual appearance of image on film
FADELESS *adj* not subject to fading
FADEOUT, -S *n* gradual disappearance of image on film
FADER, -S ▸ **fade**
FADES ▸ **fade**
FADEUR, -S *n* blandness, insipidness
FADGE, -D, -S, FADGING *vb* agree ▹ *n* package of wool in a wool-bale
FADIER ▸ **fady**
FADIEST ▸ **fady**
FADING, -S *n* variation in strength of received radio signals
FADLIKE ▸ **fad**
FADO, -S *n* type of melancholy Portuguese folk song
FADS ▸ **fad**
FADY, FADIER, FADIEST *adj* faded
FAE *Scot word for* ▸ **from**
FAECAL *adj* of, relating to, or consisting of faeces
FAECES *pl n* waste matter discharged from the body
FAENA, -S *n* matador's final actions before the kill
FAERIE, -S *n* land of fairies
FAERY *same as* ▸ **faerie**
FAFF, -ED, -ING, -S *vb* dither or fuss
FAFFIER ▸ **faffy**
FAFFIEST ▸ **faffy**
FAFFING ▸ **faff**
FAFFS ▸ **faff**
FAFFY, FAFFIER, FAFFIEST *adj* awkward and time-consuming to do or use
FAG, -GED, -S *n* tiresome work ▹ *vb* work hard
FAGGING, -S ▸ **fag**
FAGGOT, -ED, -S *n* ball of chopped liver, herbs, and bread ▹ *vb* collect into a bundle or bundles
FAGGOTY *adj* like a faggot
FAGGY ▸ **fag**
FAGIN, -S *n* criminal
FAGOT, -ED, -S *same as* ▸ **faggot**
FAGOTER, -S ▸ **fagot**
FAGOTING *same as* > **faggoting**
FAGOTS ▸ **fagot**
FAGOTTO, FAGOTTI, -S *n* bassoon
FAGS ▸ **fag**
FAH, -S *n* (in tonic sol-fa) fourth degree of any major scale
FAHLBAND *n* thin bed of schistose rock impregnated with metallic sulphides
FAHLERZ *n* copper ore
FAHLORE, -S *n* copper ore
FAHS ▸ **fah**
FAIBLE, -S *variant of* ▸ **foible**
FAIENCE, -S *n* tin-glazed earthenware
FAIK, -ED, -ING, -S *vb* grasp
FAIKES *n* sandy rock
FAIKING ▸ **faik**
FAIKS ▸ **faik**
FAIL, -ED, -S *vb* be unsuccessful ▹ *n* instance of not passing an exam or test
FAILING, -S *n* weak point ▹ *prep* in the absence of
FAILLE, -S *n* soft light ribbed fabric of silk, rayon, or taffeta
FAILOVER *n* automatic transfer to a backup computer system in the event of a primary system failure
FAILS ▸ **fail**
FAILURE, -S *n* act or instance of failing
FAIN, -ED, -ER, -EST, -ING, -S *adv* gladly ▹ *adj* willing or eager ▹ *vb* desire
FAINE, -S *variant of* ▸ **fain**
FAINEANT *n* lazy person ▹ *adj* indolent
FAINED ▸ **fain**
FAINER ▸ **fain**
FAINES ▸ **faine**
FAINEST ▸ **fain**
FAINING ▸ **fain**
FAINITES *interj* cry for truce or respite from the rules of a game
FAINLY ▸ **fain**
FAINNE, -S *n* badge worn by advocates of the Irish language
FAINNESS ▸ **fain**
FAINS ▸ **fain**
FAINT, -ED, -EST, -ING, -S *adj* lacking clarity, brightness, or volume ▹ *vb* lose consciousness temporarily ▹ *n* temporary loss of consciousness
FAINTER, -S ▸ **faint**
FAINTEST ▸ **faint**
FAINTIER ▸ **fainty**
FAINTING ▸ **faint**
FAINTISH ▸ **faint**
FAINTLY ▸ **faint**
FAINTS ▸ **faint**
FAINTY, FAINTIER ▸ **faint**
FAIR, -ED, -ER, -EST, -S *adj* unbiased and reasonable ▹ *adv* fairly ▹ *n* travelling entertainment ▹ *vb* join together to form a smooth shape
FAIRGOER *n* person attending fair
FAIRIER ▸ **fairy**
FAIRIES ▸ **fairy**
FAIRIEST ▸ **fairy**
FAIRILY ▸ **fairy**
FAIRING, -S *n* structure fitted round part of a vehicle to reduce drag
FAIRISH *adj* moderately good, well, etc
FAIRLEAD *n* block or ring through which a line is rove
FAIRLY *adv* moderately
FAIRNESS ▸ **fair**
FAIRS ▸ **fair**
FAIRWAY, -S *n* area between the tee and the green
FAIRY, FAIRIER, FAIRIES, FAIRIEST *n* imaginary small creature ▹ *adj* of or relating to a fairy or fairies
FAIRYDOM ▸ **fairy**
FAIRYISM ▸ **fairy**
FAITH, -S *n* strong belief, esp without proof

FAITHED *adj* having faith or a faith
FAITHER, -S *Scot word for* ▸ **father**
FAITHFUL *adj* loyal
FAITHING *n* practising a faith
FAITHS ▸ **faith**
FAITOR, -S *n* traitor, impostor
FAITOUR, -S *n* impostor
FAIX *interj* have faith
FAJITAS, FAJITA *pl n* Mexican dish
FAKE, -D, -S, -ST, FAKING *vb* cause something not genuine to appear so by fraud ▹ *n* person, thing, or act that is not genuine ▹ *adj* not genuine
FAKEER, -S *same as* ▸ **fakir**
FAKEMENT *n* something false, counterfeit
FAKER, -S ▸ **fake**
FAKERIES ▸ **fakery**
FAKERS ▸ **faker**
FAKERY, FAKERIES ▸ **fake**
FAKES ▸ **fake**
FAKEST ▸ **fake**
FAKEY, -S, FAKIER, FAKIEST *adj* (of a skateboarding manoeuvre) travelling backwards ▹ *n* skateboarding position in which the skateboarder faces backwards
FAKIE, -S *same as* ▸ **fakey**
FAKIER ▸ **fakey**
FAKIES ▸ **fakie**
FAKIEST ▸ **fakey**
FAKING ▸ **fake**
FAKIR, -S *n* Muslim who spurns worldly possessions
FAKIRISM ▸ **fakir**
FAKIRS ▸ **fakir**
FALAFEL, -S *n* ball or cake made from chickpeas
FALAJ, AFLAJ *n* kind of irrigation channel in ancient Oman
FALBALA, -S *n* gathered flounce, frill, or ruffle
FALCADE, -S *n* movement of a horse
FALCATE *adj* shaped like a sickle
FALCATED *same as* ▸ **falcate**
FALCES ▸ **falx**
FALCHION *n* short and slightly curved medieval sword broader towards the point
FALCON, -S *n* small bird of prey
FALCONER *n* person who breeds or trains hawks or who follows the sport of falconry
FALCONET *n* type of small falcon
FALCONRY *n* art of training falcons
FALCONS ▸ **falcon**
FALCULA, -E, -S *n* sharp curved claw, esp of a bird
FALDAGE, -S *n* feudal right
FALDERAL *n* showy but worthless trifle ▹ *vb* sing nonsense words
FALDEROL *same as* ▸ **falderal**
FALDETTA *n* Maltese woman's garment with a stiffened hood
FALL, -EN, -S *vb* drop through the force of gravity ▹ *n* falling
FALLACY *n* false belief
FALLAL, -S *n* showy ornament, trinket, or article of dress
FALLAWAY *n* friendship that has been withdrawn
FALLBACK *n* something that recedes or retreats
FALLEN ▸ **fall**
FALLER, -S *n* any device that falls or operates machinery by falling
FALLFISH *n* large N American freshwater fish resembling the chub
FALLIBLE *adj* (of a person) liable to make mistakes
FALLIBLY ▸ **fallible**
FALLING, -S ▸ **fall**
FALLOFF, -S *n* decline or drop
FALLOUT, -S *n* radioactive particles spread as a result of a nuclear explosion ▹ *vb* disagree and quarrel ▹ *sentence substitute* order to leave a parade or disciplinary formation
FALLOW, -ED, -ER, -S *adj* (of land) ploughed but left unseeded to regain fertility ▹ *n* land treated in this way ▹ *vb* leave (land) unseeded after ploughing and harrowing it
FALLS ▸ **fall**
FALSE, -D, -R, -S, -ST, FALSING *adj* not true or correct ▹ *adv* in a false or dishonest manner ▹ *vb* falsify
FALSELY ▸ **false**
FALSER ▸ **false**
FALSERS *n* colloquial term for false teeth
FALSES ▸ **false**
FALSEST ▸ **false**
FALSETTO *n* voice pitched higher than one's natural range
FALSIE, -S *n* pad used to enlarge breast shape
FALSIFY *vb* alter fraudulently
FALSING ▸ **false**
FALSISH ▸ **false**
FALSISM, -S ▸ **false**
FALSITY *n* state of being false
FALTBOAT *n* collapsible boat made of waterproof material stretched over a light framework
FALTER, -ED, -S *vb* be hesitant, weak, or unsure ▹ *n* uncertainty or hesitancy in speech or action
FALTERER ▸ **falter**
FALTERS ▸ **falter**
FALX, FALCES *n* sickle-shaped anatomical structure
FAME, -D, -S, FAMING *n* state of being widely recognized ▹ *vb* make known or famous
FAMELESS ▸ **fame**
FAMES ▸ **fame**
FAMILIAL *adj* of or relating to the family
FAMILIAR *adj* well-known ▹ *n* demon supposed to attend a witch
FAMILIES ▸ **family**
FAMILISM *n* beliefs of a mystical Christian religious sect
FAMILIST *adj* relating to familism
FAMILLE, -S *n* type of Chinese porcelain
FAMILY, FAMILIES *n* group of parents and their children ▹ *adj* suitable for parents and children together
FAMINE, -S *n* severe shortage of food
FAMING ▸ **fame**
FAMISH, -ES *vb* be or make very hungry or weak
FAMISHED *adj* very hungry
FAMISHES ▸ **famish**
FAMOUS, -ED, -ES *adj* very well-known ▹ *vb* make famous
FAMOUSLY *adv* excellently
FAMULUS, FAMULI *n* (formerly) the attendant of a sorcerer or scholar
FAN, -NED, -S *n* object used to create a current of air ▹ *vb* blow or cool with a fan

F

FANAL, -S *n* lighthouse
FANATIC, -S *n* person who is excessively enthusiastic about something ▷ *adj* excessively enthusiastic
FANBASE, -S *n* body of admirers
FANBOY, -S *n* obsessive fan of a subject or hobby
FANCIED *adj* imaginary
FANCIER, -S *n* person interested in plants or animals
FANCIES ▸ **fancy**
FANCIEST ▸ **fancy**
FANCIFUL *adj* not based on fact
FANCIFY *vb* make more beautiful
FANCILY ▸ **fancy**
FANCY, FANCIES, FANCIEST, -ING *adj* elaborate, not plain ▷ *n* sudden irrational liking or desire ▷ *vb* suppose; imagine
FAND, -ED, -ING, -S *vb* try
FANDANGO *n* lively Spanish dance
FANDED ▸ **fand**
FANDING ▸ **fand**
FANDOM, -S *n* collectively, the fans of a sport, pastime or person
FANDS ▸ **fand**
FANE, -S *n* temple or shrine
FANEGA, -S *n* Spanish unit of measurement
FANEGADA *n* Spanish unit of land area
FANEGAS ▸ **fanega**
FANES ▸ **fane**
FANFARE, -D, -S *n* tune played on brass instruments ▷ *vb* perform a fanfare
FANFARON *n* braggart
FANFIC, -S *n* fiction based on work by other authors
FANFOLD, -S *vb* fold (paper) like a fan
FANG, -ED, -ING, -S *n* snake's tooth which injects poison ▷ *vb* seize
FANGA, -S *same as* ▸ **fanega**
FANGED ▸ **fang**
FANGING ▸ **fang**
FANGIRL, -S *n* enthusiastic female devotee of something
FANGLE, -D, -S, FANGLING *vb* fashion
FANGLESS ▸ **fang**
FANGLIKE ▸ **fang**
FANGLING ▸ **fangle**
FANGO, -S *n* mud from thermal springs in Italy
FANGS ▸ **fang**
FANION, -S *n* small flag used by surveyors
FANJET, -S *same as* ▸ **turbofan**
FANK, -ED, -ING, -S *n* sheep pen ▷ *vb* put sheep in a pen
FANKLE, -D, -S, FANKLING *vb* entangle ▷ *n* tangle
FANKS ▸ **fank**
FANLIGHT *n* semicircular window over a door or window
FANLIKE ▸ **fan**
FANNED ▸ **fan**
FANNEL, -S *n* ecclesiastical vestment
FANNELL, -S *variant of* ▸ **fannel**
FANNELS ▸ **fannel**
FANNER, -S ▸ **fan**
FANNING, -S ▸ **fan**
FANO, -S *same as* ▸ **fanon**
FANON, -S *n* collar-shaped vestment
FANOS ▸ **fano**
FANS ▸ **fan**
FANSITE, -S *n* website aimed at fans of a celebrity, film, etc
FANSUB, -S *n* fan-produced subtitling of films
FANTAD, -S *n* nervous, agitated state
FANTAIL, -S *n* small New Zealand bird with a tail like a fan
FANTASIA *n* musical composition of an improvised nature
FANTASIE *same as* ▸ **fantasy**
FANTASM, -S *archaic spelling of* ▸ **phantasm**
FANTAST, -S *n* dreamer or visionary
FANTASY *n* far-fetched notion ▷ *adj* of a type of competition ▷ *vb* fantasize
FANTEEG, -S *n* nervous, agitated state
FANTIGUE *variant of* ▸ **fanteeg**
FANTOD, -S *n* crotchety or faddish behaviour
FANTOM, -S *archaic spelling of* ▸ **phantom**
FANTOOSH *adj* pretentious
FANUM, -S *n* temple
FANWISE *adj* like a fan
FANWORT, -S *n* aquatic plant
FANZINE, -S *n* magazine produced by fans
FAP *adj* drunk
FAQIR, -S *same as* ▸ **fakir**

> Meaning a Hindu ascetic, this is one of those invaluable words allowing you to play the Q without a U. It can also be spelt **fakeer**, **fakir** and **faquir**.

FAQUIR, -S *variant of* ▸ **faqir**
FAR, -RED, -RING, -S, -THER, -THEST *adv* at, to, or from a great distance ▷ *adj* remote in space or time ▷ *vb* go far
FARAD, -S *n* unit of electrical capacitance
FARADAIC *same as* ▸ **faradic**
FARADAY, -S *n* quantity of electricity
FARADIC *adj* of an intermittent asymmetric alternating current
FARADISE *same as* ▸ **faradize**
FARADISM *n* therapeutic use of faradic currents
FARADIZE *vb* treat (an organ or part) with faradic currents
FARADS ▸ **farad**
FARAND *adj* pleasant or attractive in manner or appearance
FARANG, -S *n* Thai for a foreigner
FARAWAY *adj* very distant
FARAWAYS *same as* ▸ **faraway**
FARCE, -D, -S *n* boisterous comedy ▷ *vb* enliven (a speech, etc) with jokes
FARCER, -S *same as* ▸ **farceur**
FARCES ▸ **farce**
FARCEUR, -S *n* writer of or performer in farces
FARCEUSE *n* female farceur
FARCI *adj* (of food) stuffed
FARCICAL *adj* ludicrous
FARCIE *same as* ▸ **farci**
FARCIED *adj* afflicted with farcy
FARCIES ▸ **farcy**
FARCIFY *vb* turn into a farce
FARCIN, -S *n* equine disease
FARCING, -S ▸ **farce**
FARCINS ▸ **farcin**
FARCY, FARCIES *n* form of glanders, a bacterial disease of horses
FARD, -ED, -S *n* paint for the face, esp white paint ▷ *vb* paint (the face) with fard
FARDAGE, -S *n* material laid beneath or between cargo
FARDED ▸ **fard**
FARDEL, -S *n* bundle or burden
FARDEN, -S *n* farthing
FARDING, -S ▸ **fard**

FARDS ▸**fard**
FARE, -D, -S, FARING *n* charge for a passenger's journey ▹*vb* get on (as specified)
FAREBOX *n* box where money for bus fares is placed
FARED ▸**fare**
FARER, -S ▸**fare**
FARES ▸**fare**
FAREWELL *interj* goodbye ▹*n* act of saying goodbye and leaving ▹*vb* say goodbye ▹*adj* parting or closing
FARFAL, -S *same as* ▸**felafel**
FARFALLE *n* pasta in bow shapes
FARFALS ▸**farfal**
FARFEL, -S *same as* ▸**felafel**
FARFET *adj* far-fetched
FARINA, -S *n* flour or meal made from any kind of cereal grain
FARING ▸**fare**
FARINHA, -S *n* cassava meal
FARINOSE *adj* similar to or yielding farina
FARL, -S *n* thin cake of oatmeal, often triangular in shape
FARLE, -S *same as* ▸**farl**
FARLS ▸**farl**
FARM, -S *n* area of land for growing crops or rearing livestock ▹*vb* cultivate (land)
FARMABLE ▸**farm**
FARMED *adj* (of fish or game) reared on a farm
FARMER, -S *n* person who owns or runs a farm
FARMERY *n* farm buildings
FARMHAND *n* person who is hired to work on a farm
FARMING, -S *n* business or skill of agriculture
FARMLAND *n* land that is used for or suitable for farming
FARMOST *adj* most distant
FARMS ▸**farm**
FARMWIFE *n* woman who works on a farm
FARMWORK *n* tasks carried out on a farm
FARMYARD *n* small area of land enclosed by or around the farm buildings
FARNESOL *n* type of alcohol
FARNESS ▸**far**
FARO, -S *n* gambling game
FAROLITO *n* votive candle
FAROS ▸**faro**
FAROUCHE *adj* sullen or shy
FARRAGO, -S *n* jumbled mixture of things
FARRAND *variant of* ▸**farand**
FARRANT *variant of* ▸**farand**
FARRED ▸**far**
FARREN, -S *n* allotted ground
FARRIER, -S *n* person who shoes horses
FARRIERY *n* art, work, or establishment of a farrier
FARRING ▸**far**
FARRO, -S *n* variety of wheat
FARROW, -ED, -S *n* litter of piglets ▹*vb* (of a sow) give birth ▹*adj* (of a cow) not calving in a given year
FARRUCA, -S *n* flamenco dance performed by men
FARS ▸**far**
FARSE, -D, -S, FARSING *vb* insert into
FARSIDE, -S *n* part of the Moon facing away from the Earth
FARSING ▸**farse**
FART, -ED, -ING, -S *n* emission of gas from the anus ▹*vb* emit gas from the anus
FARTHEL, -S *same as* ▸**farl**
FARTHER ▸**far**
FARTHEST ▸**far**
FARTHING *n* former British coin equivalent to a quarter of a penny
FARTING ▸**fart**
FARTLEK, -S *n* in sport, another name for interval training
FARTS ▸**fart**
FAS ▸**fa**
FASCES *pl n* (in ancient Rome) a bundle of rods containing an axe
FASCI ▸**fascio**
FASCIA, -E, -S *n* outer surface of a dashboard
FASCIAL ▸**fascia**
FASCIAS ▸**fascia**
FASCIATE *adj* (of stems and branches) abnormally flattened due to coalescence
FASCICLE *same as* >**fascicule**
FASCINE, -S *n* bundle of long sticks used in construction
FASCIO, FASCI *n* political group
FASCIOLA *n* band
FASCIOLE *n* band
FASCISM, -S *n* right-wing totalitarian political system
FASCISMO, FASCISMI *Italian word for* ▸**fascism**
FASCISMS ▸**fascism**
FASCIST, -S *n* adherent or practitioner of fascism ▹*adj* characteristic of or relating to fascism
FASCISTA, FASCISTI *Italian word for* ▸**fascist**
FASCISTS ▸**fascist**
FASCITIS *same as* >**fasciitis**
FASH, -ED, -ES, -ING *n* worry ▹*vb* trouble
FASHERY *n* difficulty, trouble
FASHES ▸**fash**
FASHING ▸**fash**
FASHION, -S *n* style popular at a particular time ▹*vb* form or make into a particular shape
FASHIONY *adj* fashionable, trendy
FASHIOUS *adj* troublesome
FAST, -ED, -EST, -S *adj* (capable of) acting or moving quickly ▹*adv* quickly ▹*vb* go without food, esp for religious reasons ▹*n* period of fasting
FASTBACK *n* car having a back that forms one continuous slope from roof to rear
FASTBALL *n* ball pitched at the pitcher's top speed
FASTED ▸**fast**
FASTEN, -ED, -S *vb* make or become firmly fixed or joined
FASTENER ▸**fasten**
FASTENS ▸**fasten**
FASTER, -S ▸**fast**
FASTEST ▸**fast**
FASTI *pl n* in ancient Rome, business days
FASTIE, -S *n* deceitful act
FASTING, -S ▸**fast**
FASTISH ▸**fast**
FASTLY ▸**fast**
FASTNESS *n* fortress, safe place
FASTS ▸**fast**
FASTUOUS *adj* arrogant
FAT, -S, -TED, -TER, -TEST, -TING *adj* having excess flesh on the body ▹*n* extra flesh on the body ▹*vb* fatten
FATAL *adj* causing death or ruin
FATALISM *n* belief that all events are predetermined
FATALIST ▸**fatalism**
FATALITY *n* death caused by an accident or disaster
FATALLY *adv* resulting in death or disaster
FATBACK, -S *n* fat from the upper part of a side of pork
FATBERG, -S *n* large mass of fat in a sewer

F

FATBIRD, -S *n* nocturnal bird
FATE, -S, FATING *n* power supposed to predetermine events ▷ *vb* predetermine
FATED *adj* destined
FATEFUL *adj* having important, usu disastrous, consequences
FATES ▸ **fate**
FATHEAD, -S *n* stupid person
FATHER, -ED, -S *n* male parent ▷ *vb* be the father of (offspring)
FATHERLY *adj* kind or protective, like a father
FATHERS ▸ **father**
FATHOM, -ED, -S *n* unit of length ▷ *vb* understand
FATHOMER ▸ **fathom**
FATHOMS ▸ **fathom**
FATIDIC *adj* prophetic
FATIGATE *vb* fatigue
FATIGUE, -D, -S *n* extreme physical or mental tiredness ▷ *vb* tire out
FATING ▸ **fate**
FATLESS ▸ **fat**
FATLIKE ▸ **fat**
FATLING, -S *n* young farm animal fattened for killing
FATLY ▸ **fat**
FATNESS ▸ **fat**
FATS ▸ **fat**
FATSIA, -S *n* type of shrub
FATSO, -ES, -S *n* disparaging term for a fat person
FATSTOCK *n* livestock fattened and ready for market
FATTED ▸ **fat**
FATTEN, -ED, -S *vb* (cause to) become fat
FATTENER ▸ **fatten**
FATTENS ▸ **fatten**
FATTER ▸ **fat**
FATTEST ▸ **fat**
FATTIER ▸ **fatty**
FATTIES ▸ **fatty**
FATTIEST ▸ **fatty**
FATTILY ▸ **fatty**
FATTING ▸ **fat**
FATTISH ▸ **fat**
FATTISM, -S *n* discrimination on the basis of weight
FATTIST, -S ▸ **fattism**
FATTRELS *n* ends of ribbon
FATTY, FATTIER, FATTIES, FATTIEST *adj* containing fat ▷ *n* insulting word for a fat person
FATUITY *n* foolish thoughtlessness
FATUOUS *adj* foolish
FATWA, -ED, -ING, -S *n* religious decree issued by a Muslim leader ▷ *vb* issue a fatwa
FATWAH, -ED, -S *same as* ▸ **fatwa**
FATWAING ▸ **fatwa**
FATWAS ▸ **fatwa**
FATWOOD, -S *n* wood used for kindling
FAUBOURG *n* suburb or quarter, esp of a French city
FAUCAL, -S *adj* of or relating to the fauces
FAUCES *n* area of the mouth
FAUCET, -S *n* tap
FAUCETRY *n* art or practice of making faucets
FAUCETS ▸ **faucet**
FAUCHION *n* short sword
FAUCHON, -S *variant of* ▸ **fauchion**
FAUCIAL *same as* ▸ **faucal**
FAUGH *interj* exclamation of disgust, scorn, etc
FAULD, -S *n* piece of armour
FAULT, -ED, -ING, -S *n* responsibility for something wrong ▷ *vb* criticize or blame
FAULTFUL ▸ **fault**
FAULTIER ▸ **faulty**
FAULTILY ▸ **faulty**
FAULTING ▸ **fault**
FAULTS ▸ **fault**
FAULTY, FAULTIER *adj* badly designed or not working properly
FAUN, -S *n* (in Roman legend) mythological creature
FAUNA, -E, -S *n* animals of a given place or time
FAUNAL ▸ **fauna**
FAUNALLY ▸ **fauna**
FAUNAS ▸ **fauna**
FAUNIST, -S ▸ **fauna**
FAUNLIKE ▸ **faun**
FAUNS ▸ **faun**
FAUNULA, -E *n* fauna of a small single environment
FAUNULE, -S *same as* ▸ **faunula**
FAUR, -ER, -EST *Scot word for* ▸ **far**
FAURD *adj* favoured
FAURER ▸ **faur**
FAUREST ▸ **faur**
FAUSTIAN *adj* of or relating to Faust, esp reminiscent of his bargain with the devil
FAUT, -ED, -ING, -S *Scot word for* ▸ **fault**
FAUTEUIL *n* armchair, the sides of which are not upholstered
FAUTING ▸ **faut**
FAUTOR, -S *n* patron
FAUTS ▸ **faut**
FAUVE, -S *adj* of the style of the Fauve art movement ▷ *n* member of the Fauve art movement
FAUVETTE *n* singing bird, warbler
FAUVISM, -S ▸ **fauve**
FAUVIST, -S *n* artist following the Fauve style of painting
FAUX *adj* false
FAVA, -S *n* type of bean
FAVE, -R, -S, -ST *short for* > **favourite**
FAVEL, -S *adj* (of a horse) dun-coloured ▷ *n* fallow-coloured horse
FAVELA, -S *n* (in Brazil) a shanty or shantytown
FAVELL *variant of* ▸ **favel**
FAVELLA, -S *n* group of spores
FAVELS ▸ **favel**
FAVER ▸ **fave**
FAVES ▸ **fave**
FAVEST ▸ **fave**
FAVICON, -S *n* icon displayed before a website's URL
FAVISM, -S *n* type of anaemia
FAVONIAN *adj* of or relating to the west wind
FAVOR, -ED, -ING, -S *same as* ▸ **favour**
FAVORER, -S ▸ **favour**
FAVORING ▸ **favor**
FAVORITE *same as* > **favourite**
FAVORS ▸ **favor**
FAVOSE *same as* > **faveolate**
FAVOUR, -ED, -S *n* approving attitude ▷ *vb* prefer
FAVOURER ▸ **favour**
FAVOURS ▸ **favour**
FAVOUS *adj* resembling honeycomb
FAVRILE, -S *n* type of iridescent glass
FAVUS, -ES *n* infectious fungal skin disease
FAW, -S *n* gypsy

A **faw** is a gypsy, a good word for taking advantage of a nearby bonus square.

FAWN, -ED, -S *n* young deer ▷ *adj* light yellowish-brown ▷ *vb* seek attention from (someone) by insincere flattery
FAWNER, -S ▸ **fawn**
FAWNIER ▸ **fawny**
FAWNIEST ▸ **fawny**
FAWNING, -S ▸ **fawn**
FAWNLIKE ▸ **fawn**
FAWNS ▸ **fawn**
FAWNY, FAWNIER, FAWNIEST *adj* of a fawn colour

FAWS ▸ **faw**
FAX, -ED, -ES, -ING *n* electronic system ▹ *vb* send (a document) by this system
FAXABLE *adj* able to be faxed
FAXED ▸ **fax**
FAXES ▸ **fax**
FAXING ▸ **fax**
FAY, -ED, -ER, -EST, -ING, -S *n* fairy or sprite ▹ *adj* of or resembling a fay ▹ *vb* fit or be fitted closely or tightly

A **fay** is a fairy, but it can also be a verb meaning to fit directly. It has a variant **fey**. Both are useful high-scoring short words.

FAYALITE *n* rare brown or black mineral
FAYED ▸ **fay**
FAYENCE, -S *variant of* ▸ **faience**
FAYER ▸ **fay**
FAYEST ▸ **fay**
FAYING ▸ **fay**
FAYNE, -D, -S, FAYNING *archaic spelling of* ▸ **feign**
FAYRE, -S *pseudo-archaic spelling of* ▸ **fair**
FAYS ▸ **fay**
FAZE, -S, FAZING *vb* disconcert or fluster
FAZED *adj* worried or disconcerted
FAZENDA, -S *n* large estate or ranch
FAZES ▸ **faze**
FAZING ▸ **faze**
FE, -S *n* variant of Hebrew letter *pe*, transliterated as *f*
FEAGUE, -D, -S, FEAGUING *vb* whip or beat
FEAL, -ED, -ING, -S *vb* conceal
FEALTY, FEALTIES *n* (in feudal society) subordinate's loyalty
FEAR, -ED, -ING, -S *n* distress or alarm caused by impending danger or pain ▹ *vb* be afraid of (something or someone)
FEARE, -S *n* companion
FEARED ▸ **fear**
FEARER, -S ▸ **fear**
FEARES ▸ **feare**
FEARFUL *adj* feeling fear
FEARING ▸ **fear**
FEARLESS ▸ **fear**
FEARS ▸ **fear**
FEARSOME *adj* terrifying
FEART *adj* (Scots) afraid
FEASANCE *n* performance of an act
FEASE, -D, -S, FEASING *vb* perform an act
FEASIBLE *adj* able to be done, possible
FEASIBLY ▸ **feasible**
FEASING ▸ **fease**
FEAST, -ED, -ING, -S *n* lavish meal ▹ *vb* eat a feast
FEASTER, -S ▸ **feast**
FEASTFUL *adj* festive
FEASTING ▸ **feast**
FEASTS ▸ **feast**
FEAT, -ED, -ER, -EST, -ING, -S *n* remarkable, skilful, or daring action ▹ *adj* neat ▹ *vb* make neat
FEATEOUS *adj* neat
FEATER ▸ **feat**
FEATEST ▸ **feat**
FEATHER, -S *n* one of the barbed shafts forming the plumage of birds ▹ *vb* fit or cover with feathers
FEATHERY ▸ **feather**
FEATING ▸ **feat**
FEATLY, FEATLIER ▸ **feat**
FEATOUS *variant of* ▸ **feateous**
FEATS ▸ **feat**
FEATUOUS *variant of* ▸ **feateous**
FEATURE, -S *n* part of the face, such as the eyes ▹ *vb* have as a feature or be a feature in
FEATURED *adj* having features as specified
FEATURES ▸ **feature**
FEAZE, -D, -S, FEAZING *same as* ▸ **feeze**
FEBLESSE *n* feebleness
FEBRIFIC *adj* causing or having a fever
FEBRILE *adj* very active and nervous
FECAL *same as* ▸ **faecal**
FECES *same as* ▸ **faeces**
FECHT, -ING, -S *Scot word for* ▸ **fight**
FECHTER, -S ▸ **fecht**
FECHTING ▸ **fecht**
FECHTS ▸ **fecht**
FECIAL, -S *adj* heraldic
FECIT *vb* (he or she) made it
FECKLESS *adj* ineffectual or irresponsible
FECKLY *adv* dialect word meaning mostly
FECULA, -E, -S *n* type of starch
FECULENT *adj* filthy, scummy, muddy, or foul
FECUND *adj* fertile
FED, -S *n* FBI agent
FEDARIE, -S *n* accomplice
FEDAYEE, -N *n* (in Arab states) a commando
FEDELINI *n* type of pasta
FEDERACY *n* alliance
FEDERAL, -S *adj* of a system of governance ▹ *n* supporter of federal union or federation
FEDERARY *variant of* ▸ **fedarie**
FEDERATE *vb* unite in a federation ▹ *adj* federal
FEDEX, -ED, -ES, -ING *vb* send by FedEx
FEDORA, -S *n* soft hat with a brim
FEDS ▸ **fed**
FEE, -ING, -S *n* charge paid to be allowed to do something ▹ *vb* pay a fee to
FEEB, -S *n* contemptible person
FEEBLE, -D, -R, -S, -ST, FEEBLING *adj* lacking physical or mental power ▹ *vb* make feeble
FEEBLISH ▸ **feeble**
FEEBLY ▸ **feeble**
FEEBS ▸ **feeb**
FEED, -ING, -INGS, -S *vb* give food to ▹ *n* act of feeding
FEEDABLE ▸ **feed**
FEEDBACK *n* information received in response to something done
FEEDBAG, -S *n* any bag in which feed for livestock is sacked
FEEDBOX *n* trough, manger
FEEDER, -S *n* baby's bib
FEEDHOLE *n* small hole through which cable etc is inserted
FEEDING ▸ **feed**
FEEDINGS ▸ **feed**
FEEDLOT, -S *n* area where livestock are fattened rapidly
FEEDPIPE *n* pipe through which something is supplied to a machine or system
FEEDS ▸ **feed**
FEEDYARD *n* place where cattle are kept and fed
FEEING ▸ **fee**
FEEL, -S *vb* have a physical or emotional sensation of ▹ *n* act of feeling
FEELBAD *adj* inducing depression
FEELER, -S *n* organ of touch in some animals
FEELESS ▸ **fee**
FEELGOOD *adj* causing or characterized by a feeling of self-satisfaction
FEELING, -S ▸ **feel**
FEELS ▸ **feel**
FEEN, -S *n* in Irish dialect, an informal word for 'man'
FEER, -ED, -S *vb* make a furrow

FEERIE, -S *n* fairyland
FEERIN, -S *n* furrow
FEERING, -S ▸ **feer**
FEERINS ▸ **feerin**
FEERS ▸ **feer**
FEES ▸ **fee**
FEESE, -D, -S, FEESING *vb* perturb
FEET ▸ **foot**
FEETLESS ▸ **foot**
FEEZE, -D, -S, FEEZING *vb* beat ▹ *n* rush
FEG, -S *same as* ▸ **fig**
FEGARY, FEGARIES *variant of* ▸ **vagary**
FEGS ▸ **feg**
FEH, -S *same as* ▸ **fe**
FEHM, -E *n* medieval German court
FEHMIC ▸ **fehm**
FEHS ▸ **feh**
FEIGN, -ED, -ING, -S *vb* pretend
FEIGNER, -S ▸ **feign**
FEIGNING ▸ **feign**
FEIGNS ▸ **feign**
FEIJOA, -S *n* evergreen myrtaceous shrub of S America
FEIJOADA *n* Brazilian stew of black beans, meat and vegetables
FEIJOAS ▸ **feijoa**
FEINT, -ED, -ER, -EST, -ING *n* sham attack meant to distract an opponent ▹ *vb* make a feint ▹ *adj* printing term meaning ruled with faint lines
FEINTS *pl n* leavings of the second distillation of Scotch malt whisky
FEIRIE, -R, -ST *adj* nimble
FEIS *n* Irish music and dance festival
FEIST, -S *n* small aggressive dog
FEISTIER ▸ **feisty**
FEISTILY ▸ **feisty**
FEISTS ▸ **feist**
FEISTY, FEISTIER *adj* showing courage or spirit
FELAFEL, -S *same as* ▸ **falafel**
FELDGRAU *n* ordinary German soldier (from uniform colour)
FELDSHER *n* (in Russia) a medical doctor's assistant
FELDSPAR *n* hard mineral that is the main constituent of igneous rocks
FELICIA, -S *n* type of African herb
FELICITY *n* happiness
FELID, -S *n* any animal belonging to the cat family
FELINE, -S *adj* of cats ▹ *n* member of the cat family
FELINELY ▸ **feline**
FELINES ▸ **feline**
FELINITY ▸ **feline**
FELL, -ED, -EST, -S *vb* cut or knock down ▹ *adj* cruel or deadly
FELLA, -S *nonstandard variant of* ▸ **fellow**
FELLABLE ▸ **fell**
FELLAH, -IN, -S *n* peasant in Arab countries
FELLAS ▸ **fella**
FELLED ▸ **fell**
FELLER, -S *n* person or thing that fells
FELLEST ▸ **fell**
FELLIES ▸ **felly**
FELLING, -S ▸ **fell**
FELLNESS ▸ **fell**
FELLOE, -S *n* (segment of) the rim of a wheel
FELLOW, -ED, -S *n* man or boy ▹ *adj* in the same group or condition ▹ *vb* join as a companion
FELLOWLY *adj* friendly, companionable
FELLOWS ▸ **fellow**
FELLS ▸ **fell**
FELLY, FELLIES *same as* ▸ **felloe**
FELON, -S *n* (formerly) person guilty of a felony ▹ *adj* evil
FELONIES ▸ **felony**
FELONOUS *adj* wicked
FELONRY *n* felons collectively
FELONS ▸ **felon**
FELONY, FELONIES *n* serious crime
FELSIC *adj* relating to igneous rock
FELSITE, -S *n* any fine-grained igneous rock
FELSITIC ▸ **felsite**
FELSPAR, -S *same as* ▸ **feldspar**
FELSTONE *same as* ▸ **felsite**
FELT, -ED, -S *n* matted fabric ▹ *vb* become matted
FELTER, -ED, -S *vb* mat together
FELTIER ▸ **felty**
FELTIEST ▸ **felty**
FELTING, -S *n* felted material
FELTLIKE ▸ **felt**
FELTS ▸ **felt**
FELTY, FELTIER, FELTIEST ▸ **felt**
FELUCCA, -S *n* narrow lateen-rigged vessel
FELWORT, -S *n* type of plant
FEM, -S *n* type of igneous rock
FEMALE, -S *adj* of the sex which bears offspring ▹ *n* female person or animal
FEMALITY ▸ **female**
FEME, -S *n* woman or wife
FEMERALL *n* ventilator or smoke outlet on a roof
FEMERELL *n* ventilator or smoke outlet in a roof
FEMES ▸ **feme**
FEMETARY *variant of* ▸ **fumitory**
FEMICIDE *n* killing of a woman or girl
FEMINACY *n* feminine character
FEMINAL *adj* feminine, female
FEMINIE, -S *n* women collectively
FEMININE *adj* having qualities traditionally regarded as suitable for, or typical of, women ▹ *n* short for feminine noun
FEMINISE *same as* ▸ **feminize**
FEMINISM *n* advocacy of equal rights for women
FEMINIST *n* person who advocates equal rights for women ▹ *adj* of, relating to, or advocating feminism
FEMINITY ▸ **feminal**
FEMINIZE *vb* make or become feminine
FEMITER, -S *variant of* ▸ **fumitory**
FEMME, -S *n* woman or wife
FEMMY, FEMMIER, FEMMIEST *adj* markedly or exaggeratedly feminine
FEMORA ▸ **femur**
FEMORAL *adj* of the thigh
FEMS ▸ **fem**
FEMUR, FEMORA, -S *n* thighbone
FEN, -S *n* low-lying flat marshy land
FENAGLE, -D, -S *variant of* ▸ **finagle**
FENCE, -D, -S *n* barrier of posts linked by wire or wood ▹ *vb* enclose with or as if with a fence
FENCER, -S *n* person who fights with a sword
FENCEROW *n* uncultivated land flanking a fence
FENCERS ▸ **fencer**
FENCES ▸ **fence**
FENCIBLE *n* person who undertook military service in defence of their homeland only
FENCING, -S *n* sport of fighting with swords

FEND, -ED, -ING, -S *vb* give support (to someone, esp oneself) ▷ *n* shift or effort
FENDER, -S *n* low metal frame in front of a fireplace
FENDERED *adj* having a fender
FENDERS ▸ **fender**
FENDIER ▸ **fendy**
FENDIEST ▸ **fendy**
FENDING ▸ **fend**
FENDS ▸ **fend**
FENDY, FENDIER, FENDIEST *adj* thrifty
FENESTRA *n* small opening in or between bones
FENI, -S *n* Goan alcoholic drink
FENING, -A, -S *n* small currency unit of Bosnia-Herzegovina
FENIS ▸ **feni**
FENITAR, -S *variant of* ▸ **fumitory**
FENKS *n* whale blubber
FENLAND, -S ▸ **fen**
FENMAN, FENMEN ▸ **fen**
FENNEC, -S *n* type of nocturnal desert fox
FENNEL, -S *n* fragrant plant
FENNIER ▸ **fenny**
FENNIES ▸ **fenny**
FENNIEST ▸ **fenny**
FENNING *same as* ▸ **fening**
FENNISH ▸ **fen**
FENNY, FENNIER, FENNIES, FENNIEST *adj* boggy or marshy ▷ *n* feni
FENS ▸ **fen**
FENT, -S *n* piece of waste fabric
FENTANYL *n* narcotic drug used in medicine to relieve pain
FENTHION *n* type of pesticide
FENTS ▸ **fent**
FENURON, -S *n* type of herbicide
FEOD, -S *same as* ▸ **feud**
FEODAL ▸ **feod**
FEODARY ▸ **feod**
FEODS ▸ **feod**
FEOFF, -ED, -ING, -S *same as* ▸ **fief**
FEOFFEE, -S *n* (in feudal society) a vassal granted a fief by their lord
FEOFFER, -S ▸ **feoff**
FEOFFING ▸ **feoff**
FEOFFOR, -S ▸ **feoff**
FEOFFS ▸ **feoff**
FER *same as* ▸ **far**
FERACITY > **feracious**
FERAL, -S *adj* wild ▷ *n* person who displays such tendencies and appearance
FERBAM, -S *n* powder used as a fungicide
FERE, -R, -S, -ST *n* companion ▷ *adj* fierce
FERETORY *n* shrine, usually portable, for a saint's relics
FERIA, -E, -S *n* weekday on which no feast occurs
FERIAL *adj* of or relating to a feria
FERIAS ▸ **feria**
FERINE *same as* ▸ **feral**
FERITY, FERITIES ▸ **feral**
FERLIE *same as* ▸ **ferly**
FERLY, FERLIED, FERLIER, FERLIES, FERLIEST, -ING *adj* wonderful ▷ *n* wonder ▷ *vb* wonder
FERM, -S *variant of* ▸ **farm**
FERMATA, -S, FERMATE *another word for* ▸ **pause**
FERMENT, -S *n* any agent that causes fermentation ▷ *vb* (cause to) undergo fermentation
FERMI, -S *n* unit of length
FERMION, -S *n* type of particle
FERMIS ▸ **fermi**
FERMIUM, -S *n* chemical element
FERMS ▸ **ferm**
FERN, -S *n* flowerless plant with fine fronds
FERNALLY *n* seedless plant that is not a true fern
FERNBIRD *n* small brown and white New Zealand swamp bird with a fernlike tail
FERNERY *n* place where ferns are grown
FERNIER ▸ **ferny**
FERNIEST ▸ **ferny**
FERNING, -S *n* production of a fern-like pattern
FERNINST *same as* ▸ **fornenst**
FERNLESS ▸ **fern**
FERNLIKE ▸ **fern**
FERNS ▸ **fern**
FERNSHAW *n* fern thicket
FERNY, FERNIER, FERNIEST ▸ **fern**
FEROCITY > **ferocious**
FERRATE, -S *n* type of salt
FERREL, -ED, -S *variant of* ▸ **ferrule**
FERREOUS *adj* containing or resembling iron
FERRET, -ED, -S *n* tamed polecat ▷ *vb* hunt with ferrets
FERRETER ▸ **ferret**
FERRETS ▸ **ferret**
FERRETY *adj* like a ferret
FERRIAGE *n* transportation by ferry
FERRIC *adj* of or containing iron
FERRIED ▸ **ferry**
FERRIES ▸ **ferry**
FERRITE, -S *n* type of ceramic compound
FERRITIC ▸ **ferrite**
FERRITIN *n* type of protein
FERROUS *adj* of or containing iron in the divalent state
FERRUGO, -S *n* disease affecting plants
FERRULE, -D, -S *n* metal cap to strengthen the end of a stick ▷ *vb* equip (a stick, etc) with a ferrule
FERRUM, -S *Latin word for* ▸ **iron**
FERRY, FERRIED, FERRIES, -ING *n* boat for transporting people and vehicles ▷ *vb* carry by ferry
FERRYMAN, FERRYMEN *n* someone who provides a ferry service
FERTILE, -R *adj* capable of producing young, crops, or vegetation
FERULA, -E, -S *n* large Mediterranean plant
FERULE, -D, -S, FERULING *same as* ▸ **ferrule**
FERVENCY *another word for* ▸ **fervour**
FERVENT *adj* intensely passionate and sincere
FERVID, -ER *same as* ▸ **fervent**
FERVIDLY ▸ **fervid**
FERVOR, -S *same as* ▸ **fervour**
FERVOUR, -S *n* intensity of feeling
FES ▸ **fe**
FESCUE, -S *n* pasture and lawn grass with stiff narrow leaves
FESS, -ED, -ING *vb* confess
FESSE, -S *n* horizontal band across a shield
FESSED ▸ **fess**
FESSES ▸ **fesse**
FESSING ▸ **fess**
FESSWISE *adv* in heraldry, with a horizontal band across the shield
FEST, -S *n* event at which the emphasis is on a particular activity
FESTA, -S *n* festival
FESTAL, -S *adj* festive ▷ *n* festivity
FESTALLY ▸ **festal**
FESTALS ▸ **festal**

F

FESTAS ▸ **festa**
FESTER, -ED, -S *vb* grow worse and increasingly hostile ▹ *n* small ulcer or sore containing pus
FESTIER ▸ **festy**
FESTIEST ▸ **festy**
FESTIVAL *n* organized series of special events or performances
FESTIVE *adj* of or like a celebration
FESTOON, -S *vb* hang decorations in loops ▹ *n* decorative chain
FESTS ▸ **fest**
FESTY, FESTIER, FESTIEST *adj* dirty
FET, -S, -TED, -TING *vb* fetch
FETA, -S *n* white salty Greek cheese
FETAL *adj* of, relating to, or resembling a fetus
FETAS ▸ **feta**
FETATION *n* state of pregnancy
FETCH, -ED, -ES *vb* go after and bring back ▹ *n* ghost or apparition of a living person
FETCHER, -S *n* person or animal that fetches
FETCHES ▸ **fetch**
FETCHING *adj* attractive
FETE, -D, -S, FETING *n* gala, bazaar, etc, usu held outdoors ▹ *vb* honour or entertain regally
FETERITA *n* type of sorghum
FETES ▸ **fete**
FETIAL, -ES, -S *n* ancient Roman herald ▹ *adj* of or relating to the fetiales
FETIALIS *n* priest in ancient Rome
FETIALS ▸ **fetial**
FETICH, -ES *same as* ▸ **fetish**
FETICHE *variant of* ▸ **fetich**
FETICHES ▸ **fetich**
FETICIDE *n* destruction of a fetus in the uterus
FETID, -ER, -EST *adj* stinking
FETIDITY ▸ **fetid**
FETIDLY ▸ **fetid**
FETING ▸ **fete**
FETISH, -ES *n* irrational devotion (to an object, activity, etc)
FETLOCK, -S *n* projection behind and above a horse's hoof
FETOLOGY *n* branch of medicine concerned with the fetus in the uterus
FETOR, -S *n* offensive stale or putrid odour
FETS ▸ **fet**
FETT, -S *variant of* ▸ **fet**
FETTA, -S *variant of* ▸ **feta**
FETTED ▸ **fet**
FETTER, -ED, -S *n* chain or shackle for the foot ▹ *vb* restrict
FETTERER ▸ **fetter**
FETTERS ▸ **fetter**
FETTING ▸ **fet**
FETTLE, -D, -S *same as* ▸ **fettling**
FETTLER, -S *n* person employed to maintain railway tracks
FETTLES ▸ **fettle**
FETTLING *n* refractory material used to line the hearth of puddling furnaces
FETTS ▸ **fett**
FETUS, -ES *n* embryo of a mammal in the later stages of development
FETWA, -S *variant of* ▸ **fatwa**
FEU, -ED, -ING, -S *n* (in Scotland) type of rent ▹ *vb* grant land to a person who pays a feu
FEUAR, -S *n* tenant of a feu
FEUD, -ED, -S *n* long bitter hostility between two people or groups ▹ *vb* carry on a feud
FEUDAL *adj* of or like feudalism
FEUDALLY ▸ **feudal**
FEUDARY *n* holder of land through feudal right
FEUDED ▸ **feud**
FEUDING, -S ▸ **feud**
FEUDIST, -S *n* person who takes part in a feud or quarrel
FEUDS ▸ **feud**
FEUED ▸ **feu**
FEUING ▸ **feu**
FEUS ▸ **feu**
FEUTRE, -D, -S, FEUTRING *vb* place in a resting position
FEVER, -ING, -S *n* (illness causing) high body temperature ▹ *vb* affect with or as if with fever
FEVERED ▸ **fever**
FEVERFEW *n* bushy European plant with white flower heads, formerly used medicinally
FEVERING ▸ **fever**
FEVERISH *adj* suffering from fever
FEVEROUS *same as* ▸ **feverish**
FEVERS ▸ **fever**
FEW, -ER, -EST, -S *adj* not many ▹ *n* as in **the few** small number of people considered as a class
FEWMET, -S *variant of* ▸ **fumet**
FEWNESS ▸ **few**
FEWS ▸ **few**
FEWTER, -ED, -S *variant of* ▸ **feutre**
FEWTRILS *n* trifles, trivia
FEY, -ED, -ER, -EST, -ING, -S *adj* whimsically strange ▹ *vb* clean out
FEYLY ▸ **fey**
FEYNESS ▸ **fey**
FEYS ▸ **fey**
FEZ, -ES, -ZES *n* brimless tasselled cap, orig from Turkey
FEZZED *adj* wearing a fez
FEZZES ▸ **fez**
FEZZY ▸ **fez**
FIACRE, -S *n* small four-wheeled horse-drawn carriage
FIANCE, -S *n* man engaged to be married
FIANCEE, -S *n* woman who is engaged to be married
FIANCES ▸ **fiance**
FIAR *n* property owner
FIARS *n* legally fixed price of corn
FIASCO, FIASCHI, -ES, -S *n* ridiculous or humiliating failure
FIAT, -ED, -ING, -S *n* arbitrary order ▹ *vb* issue a fiat
FIAUNT, -S *n* fiat
FIB, -BED, -BING, -S *n* trivial lie ▹ *vb* tell a lie
FIBBER, -S ▸ **fib**
FIBBERY ▸ **fib**
FIBBING ▸ **fib**
FIBER, -S *same as* ▸ **fibre**
FIBERED ▸ **fibre**
FIBERISE *same as* ▸ **fiberize**
FIBERIZE *vb* break into fibres
FIBERS ▸ **fiber**
FIBRANNE *n* synthetic fabric
FIBRATE, -S *n* drug used to lower fat levels in the body
FIBRE, -S *n* thread that can be spun into yarn
FIBRED ▸ **fibre**
FIBRES ▸ **fibre**
FIBRIL, -S *n* small fibre
FIBRILAR ▸ **fibril**
FIBRILLA *same as* ▸ **fibril**
FIBRILS ▸ **fibril**
FIBRIN, -S *n* white insoluble elastic protein
FIBRO, -S *n* mixture of cement and asbestos fibre
FIBROID, -S *adj* (of structures or tissues) containing or resembling fibres ▹ *n* benign tumour

composed of fibrous connective tissue
FIBROIN, -S *n* tough elastic protein
FIBROMA, -S *n* type of benign tumour
FIBROS ▸ **fibro**
FIBROSE, -D, -S *vb* become fibrous
FIBROSIS *n* formation of an abnormal amount of fibrous tissue
FIBROTIC ▸ **fibrosis**
FIBROUS *adj* consisting of, containing, or resembling fibres
FIBS ▸ **fib**
FIBSTER, -S *n* fibber
FIBULA, -E, -S *n* slender outer bone of the lower leg
FIBULAR ▸ **fibula**
FIBULAS ▸ **fibula**
FICAIN, -S *n* cysteine proteinase isolated from the latex of figs
FICE, -S *n* small aggressive dog
FICHE, -S *n* film for storing publications in miniature
FICHU, -S *n* woman's shawl or scarf
FICIN, -S *n* enzyme
FICKLE, -D, -R, -S, -ST, FICKLING *adj* changeable, inconstant ▹ *vb* puzzle
FICKLY ▸ **fickle**
FICO, -ES, -S *n* worthless trifle
FICTILE *adj* moulded or capable of being moulded from clay
FICTION, -S *n* literary works of the imagination
FICTIVE *adj* of, relating to, or able to create fiction
FICTOR, -S *n* sculptor
FICUS, -ES *n* type of plant
FID, -S *n* spike for separating strands of rope in splicing
FIDDIOUS *vb* treat someone as Coriolanus, in the eponymous play, dealt with Aufidius
FIDDLE, -D, -S *n* violin ▹ *vb* play the violin
FIDDLER, -S *n* person who plays the fiddle
FIDDLES ▸ **fiddle**
FIDDLEY, -S *n* area of a vessel
FIDDLIER ▸ **fiddly**
FIDDLING *adj* trivial ▹ *n* act of fiddling
FIDDLY, FIDDLIER *adj* awkward to do or use
FIDEISM, -S *n* theological doctrine
FIDEIST, -S ▸ **fideism**
FIDELITY *n* faithfulness
FIDES *n* faith or trust
FIDGE, -D, -S, FIDGING *obsolete word for* ▸ **fidget**
FIDGET, -ED, -S *vb* move about restlessly ▹ *n* person who fidgets
FIDGETER ▸ **fidget**
FIDGETS ▸ **fidget**
FIDGETY ▸ **fidget**
FIDGING ▸ **fidge**
FIDIBUS *n* spill for lighting a candle or pipe
FIDO, -S *n* generic term for a dog
FIDS ▸ **fid**
FIDUCIAL *adj* used as a standard of reference or measurement
FIE, -ST *same as* ▸ **fey**
FIEF, -S *n* land granted by a lord in return for war service
FIEFDOM, -S *n* (in Feudal Europe) the property owned by a lord
FIEFS ▸ **fief**
FIELD, -ED, -ING, -S *n* piece of land used for pasture or growing crops ▹ *vb* stop, catch, or return (the ball) as a fielder
FIELDER, -S *n* (in certain sports) player whose task is to field the ball
FIELDING ▸ **field**
FIELDS ▸ **field**
FIEND, -S *n* evil spirit
FIENDISH *adj* of or like a fiend
FIENDS ▸ **fiend**
FIENT, -S *n* fiend
FIER, -S *same as* ▸ **fere**
FIERCE, -R, -ST *adj* wild or aggressive
FIERCELY ▸ **fierce**
FIERCER ▸ **fierce**
FIERCEST ▸ **fierce**
FIERE, -S *same as* ▸ **fere**
FIERIER ▸ **fiery**
FIERIEST ▸ **fiery**
FIERILY ▸ **fiery**
FIERS ▸ **fier**
FIERY, FIERIER, FIERIEST *adj* consisting of or like fire
FIEST ▸ **fie**
FIESTA, -S *n* religious festival, carnival
FIFE, -D, -S, FIFING *n* small high-pitched flute ▹ *vb* play (music) on a fife
FIFER, -S ▸ **fife**
FIFES ▸ **fife**
FIFI, -S *n* mountaineering hook
FIFING ▸ **fife**
FIFIS ▸ **fifi**
FIFTEEN, -S *n* five and ten
FIFTH, -S *n* number five in a series ▹ *adj* of or being number five in a series
FIFTHLY *same as* ▸ **fifth**
FIFTHS ▸ **fifth**
FIFTIES ▸ **fifty**
FIFTIETH *adj* being the number of *fifty* in order ▹ *n* one of 50 equal or parts
FIFTY, FIFTIES *n* five times ten
FIFTYISH ▸ **fifty**
FIG, -GED, -GING, -S *n* soft pear-shaped fruit ▹ *vb* dress (up) or rig (out)
FIGEATER *n* large beetle
FIGGED ▸ **fig**
FIGGERY *n* adornment, ornament
FIGGIER ▸ **figgy**
FIGGIEST ▸ **figgy**
FIGGING ▸ **fig**
FIGGY, FIGGIER, FIGGIEST *adj* tasting like figs
FIGHT, -ING, -S, FOUGHT, FOUGHTEN *vb* struggle (against) in battle or physical combat ▹ *n* aggressive conflict between two (groups of) people
FIGHTER, -S *n* boxer
FIGHTING ▸ **fight**
FIGHTS ▸ **fight**
FIGJAM, -S *n* very conceited person
FIGLIKE *adj* like a fig
FIGMENT, -S *n* fantastic notion, invention, or fabrication
FIGO, -S *variant of* ▸ **fico**
FIGS ▸ **fig**
FIGTREE, -S *n* tree that produces figs
FIGULINE *adj* of or resembling clay ▹ *n* article made of clay
FIGURAL *adj* composed of or relating to human or animal figures
FIGURANT *n* ballet dancer who does group work but no solo roles
FIGURATE *adj* exhibiting or produced by figuration
FIGURE, -S, FIGURING *n* numerical symbol ▹ *vb* calculate (sums or amounts)
FIGURED *adj* decorated with a design
FIGURER, -S ▸ **figure**
FIGURES ▸ **figure**
FIGURINE *n* statuette
FIGURING ▸ **figure**
FIGURIST *n* user of numbers

F

FIGWORT, -S *n* N temperate plant
FIKE, -D, -S, FIKING *vb* fidget
FIKERY, FIKERIES *n* fuss
FIKES ▸ **fike**
FIKIER ▸ **fiky**
FIKIEST ▸ **fiky**
FIKING ▸ **fike**
FIKISH *adj* fussy
FIKY, FIKIER, FIKIEST *adj* fussy
FIL *same as* ▸ **fils**
FILA ▸ **filum**
FILABEG, -S *variant of* ▸ **filibeg**
FILACER, -S *n* formerly, English legal officer
FILAGREE *same as* ▸ **filigree**
FILAMENT *n* fine wire in a light bulb that gives out light
FILANDER *n* species of kangaroo
FILAR *adj* of thread
FILAREE, -S *n* type of storksbill, a weed
FILARIA, -E *n* type of parasitic nematode worm
FILARIAL ▸ **filaria**
FILARIAN ▸ **filaria**
FILARIID *adj* of or relating to a family of threadlike roundworms
FILASSE, -S *n* vegetable fibre such as jute
FILATORY *n* machine for making threads
FILATURE *n* act or process of spinning silk, etc, into threads
FILAZER, -S *variant of* ▸ **filacer**
FILBERD, -S *variant of* ▸ **filbert**
FILBERT, -S *n* hazelnut
FILCH, -ED, -ES, -ING *vb* steal (small amounts)
FILCHER, -S ▸ **filch**
FILCHES ▸ **filch**
FILCHING ▸ **filch**
FILE, -D, -S, FILING *n* box or folder used to keep documents in order ▹ *vb* place (a document) in a file
FILEABLE ▸ **file**
FILECARD *n* type of brush with sharp steel bristles, used for cleaning the teeth of a file
FILED ▸ **file**
FILEFISH *n* tropical fish with a narrow body
FILEMOT, -S *n* type of brown colour
FILENAME *n* codified name of a file a computer system
FILER, -S ▸ **file**
FILES ▸ **file**
FILET, -ED, -ING, -S *variant of* ▸ **fillet**
FILFOT, -S *variant of* ▸ **fylfot**
FILIAL *adj* of or befitting a son or daughter
FILIALLY ▸ **filial**
FILIATE, -D, -S *vb* fix judicially the paternity of (a child)
FILIBEG, -S *n* kilt worn by Scottish Highlanders
FILICIDE *n* act of killing one's own son or daughter
FILIFORM *adj* having the form of a thread
FILIGREE *n* delicate ornamental work of gold or silver wire ▹ *adj* made of filigree ▹ *vb* decorate with or as if with filigree
FILII ▸ **filius**

> This plural of **filius**, a Latin word for son, is the only 5-letter word that lets you get rid of three Is!

FILING ▸ **file**
FILINGS *pl n* shavings removed by a file
FILIOQUE *n* theological term found in the Nicene Creed
FILISTER *same as* > **fillister**
FILIUS, FILII *n* son
FILK, -S *n* parodic type of folk music with science fiction lyrics
FILL, -ED, -S *vb* make or become full
FILLABLE ▸ **fill**
FILLE, -S *n* girl
FILLED ▸ **fill**
FILLER, -S *n* substance that fills a gap or increases bulk
FILLES ▸ **fille**
FILLET, -ED, -S *n* boneless piece of meat or fish ▹ *vb* remove the bones from
FILLETER *n* person who fillets
FILLETS ▸ **fillet**
FILLIBEG *same as* ▸ **filibeg**
FILLIES ▸ **filly**
FILLING, -S *n* substance that fills a gap or cavity ▹ *adj* (of food) substantial and satisfying
FILLIP, -ED, -S *n* something that adds stimulation or enjoyment ▹ *vb* stimulate or excite
FILLO, -S *variant of* ▸ **filo**
FILLS ▸ **fill**
FILLY, FILLIES *n* young female horse
FILM, -ED, -S *n* projected images creating the illusion of movement ▹ *vb* photograph with a video camera ▹ *adj* connected with films or the cinema
FILMABLE ▸ **film**
FILMCARD *n* cinema loyalty card
FILMDOM, -S *n* cinema industry
FILMED ▸ **film**
FILMER, -S *n* film-maker
FILMFEST *n* film festival
FILMGOER *n* person who goes regularly to the cinema
FILMI *adj* of or relating to Indian films
FILMIC *adj* of or suggestive of films or the cinema
FILMIER ▸ **filmy**
FILMIEST ▸ **filmy**
FILMILY ▸ **filmy**
FILMING, -S *n* act of photographing with a video camera
FILMISH ▸ **film**
FILMLAND *n* cinema industry
FILMLESS ▸ **film**
FILMLIKE ▸ **film**
FILMS ▸ **film**
FILMSET, -S *vb* set (type matter) by filmsetting
FILMY, FILMIER, FILMIEST *adj* very thin, delicate
FILO, -S *n* type of flaky Greek pastry in very thin sheets
FILOSE *adj* resembling a thread or threadlike process
FILS *n* monetary unit of Bahrain, Iraq, Jordan, and Kuwait
FILTER, -ED, -S *n* device permitting fluid to pass but retaining solids ▹ *vb* remove impurities from (a substance) with a filter
FILTERER ▸ **filter**
FILTERS ▸ **filter**
FILTH, -S *n* disgusting dirt
FILTHIER ▸ **filthy**
FILTHILY ▸ **filthy**
FILTHS ▸ **filth**
FILTHY, FILTHIER *adj* characterized by or full of filth ▹ *adv* extremely
FILTRATE *n* filtered gas or liquid ▹ *vb* remove impurities with a filter
FILTRE *adj* as in **cafe filtre** a strong black filtered coffee
FILUM, FILA *n* any threadlike structure or part
FIMBLE, -S *n* male plant of the hemp
FIMBRIA, -E *n* fringe or fringelike margin or border

FIMBRIAL ▸**fimbria**
FIN, -NED, -NING, -S *n* any of the appendages of some aquatic animals ▹*vb* provide with fins
FINABLE *adj* liable to a fine
FINAGLE, -D, -S *vb* get or achieve by craftiness or trickery
FINAGLER ▸**finagle**
FINAGLES ▸**finagle**
FINAL *adj* at the end ▹*n* deciding contest
FINALE, -S *n* concluding part of a performance
FINALIS *n* musical finishing note
FINALISE *same as* ▸**finalize**
FINALISM *n* doctrine that final causes determine the course of all events
FINALIST *n* competitor in a final
FINALITY *n* condition or quality of being final or settled
FINALIZE *vb* put into final form
FINALLY *adv* after a long delay
FINALS *pl n* deciding part of a competition
FINANCE, -D, -S *vb* provide or obtain funds for ▹*n* system of money, credit, and investment
FINBACK, -S *another name for* ▸**rorqual**
FINCA, -S *n* Spanish villa
FINCH, -ES *n* small songbird with a short strong beak
FINCHED *adj* with streaks or spots on the back
FINCHES ▸**finch**
FIND, -S *vb* discover by chance ▹*n* person or thing found, esp when valuable
FINDABLE ▸**find**
FINDER, -S *n* small telescope fitted to a larger one
FINDING, -S ▸**find**
FINDRAM, -S *variant of* ▸**finnan**
FINDS ▸**find**
FINE, -D, -S *adj* very good ▹*n* payment imposed as a penalty ▹*vb* impose a fine on
FINEABLE *same as* ▸**finable**
FINED ▸**fine**
FINEER, -ED, -S *variant of* ▸**veneer**
FINEISH ▸**fine**
FINELESS ▸**fine**
FINELY *adv* into small pieces
FINENESS *n* state or quality of being fine
FINER, -S ▸**fine**
FINERIES ▸**finery**
FINERS ▸**finer**
FINERY, FINERIES *n* showy clothing
FINES ▸**fine**
FINESPUN *adj* spun or drawn out to a fine thread
FINESSE, -D, -S *n* delicate skill ▹*vb* bring about with finesse
FINESSER ▸**finesse**
FINESSES ▸**finesse**
FINEST, -S *n* (in the US) police of a particular city
FINFISH *n* fish with fins, as opposed to shellfish
FINFOOT, -S *n* type of aquatic bird
FINGAN, -S *variant of* ▸**finjan**
FINGER, -S *n* one of the four long jointed parts of the hand ▹*vb* touch or handle with the fingers
FINGERED *adj* marked or dirtied by handling
FINGERER ▸**finger**
FINGERS ▸**finger**
FINI *n* end; finish
FINIAL, -S *n* ornament at the apex of a gable or spire
FINIALED *adj* having a finial or finials
FINIALS ▸**finial**
FINICAL *another word for* ▸**finicky**
FINICKIN *variant of* ▸**finicky**
FINICKY *adj* excessively particular, fussy
FINIKIN *variant of* ▸**finicky**
FINIKING *variant of* ▸**finicky**
FINING, -S *n* process of removing bubbles from molten glass
FINIS, -ES *n* end; finish
FINISH, -ES *vb* bring to an end, stop ▹*n* end, last part
FINISHED *adj* perfected
FINISHER *n* craftsperson who carries out the final tasks in a manufacturing process
FINISHES ▸**finish**
FINITE, -S *adj* having limits in space, time, or size ▹*n* verb limited by person, number, tense or mood
FINITELY ▸**finite**
FINITES ▸**finite**
FINITISM *n* mathematical philosophy which rejects infinite quantities
FINITIST *n* one who believes in or advocates finitism
FINITO *adj* finished
FINITUDE ▸**finite**
FINJAN, -S *n* small, handleless coffee cup
FINK, -ED, -ING, -S *n* strikebreaker ▹*vb* inform (on someone), as to the police
FINLESS ▸**fin**
FINLIKE ▸**fin**
FINLIT, -S *n* understanding of the concepts associated with finance
FINMARK, -S *n* former monetary unit of Finland
FINNAC, -S *variant of* ▸**finnock**
FINNACK, -S *variant of* ▸**finnock**
FINNACS ▸**finnac**
FINNAN, -S *n* smoked haddock
FINNED ▸**fin**
FINNER, -S *another name for* ▸**rorqual**
FINNESKO *n* reindeer-skin boot
FINNICKY *variant of* ▸**finicky**
FINNIER ▸**finny**
FINNIEST ▸**finny**
FINNING ▸**fin**
FINNMARK *n* former Finnish monetary unit
FINNOCK, -S *n* young sea trout on its first return to fresh water
FINNSKO *variant of* ▸**finnesko**
FINNY, FINNIER, FINNIEST *adj* relating to or containing many fishes
FINO, -S *n* very dry sherry
FINOCHIO *same as* ▸**finocchio**
FINOS ▸**fino**
FINS ▸**fin**
FINSKO *variant of* ▸**finnesko**
FINTECH, -S *n* financial services technology
FIORD, -S *same as* ▸**fjord**
FIORIN, -S *n* type of temperate perennial grass
FIPPENCE *n* fivepence
FIPPLE, -S *n* wooden plug forming a flue in the end of a pipe
FIQH, -S *n* Islamic jurisprudence
FIQUE, -S *n* hemp
FIR, -S *n* pyramid-shaped tree
FIRE, -D, -S *n* state of combustion producing heat, flames, and smoke ▹*vb* operate (a weapon) so that a bullet or missile is released
FIREABLE ▸**fire**

FIREARM, -S *n* rifle, pistol, or shotgun
FIREBACK *n* ornamental iron slab against the back wall of a hearth
FIREBALL *n* ball of fire at the centre of an explosion
FIREBASE *n* artillery base from which heavy fire is directed at the enemy
FIREBIRD *n* any of various songbirds having a bright red plumage, esp the Baltimore oriole
FIREBOAT *n* motor vessel with fire-fighting apparatus
FIREBOMB *n* bomb that is designed to cause fires ▷ *vb* detonate such a bomb
FIREBOX *n* furnace chamber of a boiler in a steam locomotive
FIREBRAT *n* type of small primitive wingless insect
FIREBUG, -S *n* person who deliberately sets fire to property
FIREBUSH *n* as in **Chilean firebush** South American shrub with scarlet flowers
FIRECLAY *n* heat-resistant clay used in the making of firebricks, furnace linings, etc
FIRED ▸ **fire**
FIREDAMP *n* explosive gas, composed mainly of methane, formed in mines
FIREDOG, -S *n* either of two metal stands supporting logs in a fire
FIREFANG *vb* become overheated through decomposition
FIREFLY *n* beetle that glows in the dark
FIREHALL *n* US and Canadian word for fire station
FIREHOSE *n* hose used to extinguish fires
FIRELESS ▸ **fire**
FIRELIT *adj* lit by firelight
FIRELOCK *n* obsolete type of gunlock with a priming mechanism ignited by sparks
FIREMAN, FIREMEN *n* man who puts out fires and rescues people
FIREMARK *n* plaque indicating that a building is insured
FIREMEN ▸ **fireman**
FIREPAN, -S *n* metal container for a fire in a room
FIREPINK *n* wildflower belonging to the pink family
FIREPIT, -S *n* hole dug in the ground for a fire
FIREPLUG *n* US and New Zealand name for a fire hydrant
FIREPOT, -S *n* Chinese fondue-like cooking pot
FIRER, -S ▸ **fire**
FIREREEL *n* fire engine
FIREROOM *n* stokehold
FIRERS ▸ **firer**
FIRES ▸ **fire**
FIRESHIP *n* vessel set alight and directed among enemy warships
FIRESIDE *n* hearth
FIRETRAP *n* building that would burn easily or one without fire escapes
FIREWALL *n* appliance that prevents unauthorized access to a computer network from the internet ▷ *vb* protect (a computer system) or block (unwanted access) with a firewall
FIREWEED *n* first vegetation growing in burnt-over areas
FIREWOOD *n* wood for burning
FIREWORK *n* device ignited to produce colourful sparks and explosions
FIREWORM *n* cranberry worm
FIRIE, -S *n* in Australian English, informal word for a firefighter
FIRING, -S *n* discharge of a firearm
FIRK, -ED, -ING, -S *vb* beat
FIRKIN, -S *n* small wooden barrel or similar container
FIRKING ▸ **firk**
FIRKINS ▸ **firkin**
FIRKS ▸ **firk**
FIRLOT, -S *n* unit of measurement for grain
FIRM, -ED, -EST, -ING, -S *adj* not soft or yielding ▷ *adv* in an unyielding manner ▷ *vb* make or become firm ▷ *n* business company
FIRMAN, -S *n* edict of an Oriental sovereign
FIRMED ▸ **firm**
FIRMER, -S ▸ **firm**
FIRMEST ▸ **firm**
FIRMING ▸ **firm**
FIRMLESS *adj* unstable
FIRMLY ▸ **firm**
FIRMNESS ▸ **firm**
FIRMS ▸ **firm**
FIRMWARE *n* fixed form of software programmed into a read-only memory
FIRN, -S *another name for* ▸ **neve**
FIRRIER ▸ **firry**
FIRRIEST ▸ **firry**
FIRRING, -S *n* wooden battens used in building construction
FIRRY, FIRRIER, FIRRIEST *adj* of, relating to, or made from fir trees
FIRS ▸ **fir**
FIRST *adj* earliest in time or order ▷ *n* person or thing coming before all others ▷ *adv* before anything else
FIRSTLY *adv* coming before other points, questions, etc
FIRSTS *pl n* saleable goods of the highest quality
FIRTH, -S *n* narrow inlet of the sea, esp in Scotland
FIRWOOD, -S *n* wood of the fir tree
FISC, -S *n* state or royal treasury
FISCAL, -S *adj* of government finances, esp taxes ▷ *n* (in some countries) a public prosecutor
FISCALLY ▸ **fiscal**
FISCALS ▸ **fiscal**
FISCS ▸ **fisc**
FISGIG, -S *variant of* ▸ **fishgig**
FISH, -ED, -ES *n* cold-blooded vertebrate with gills, that lives in water ▷ *vb* try to catch fish
FISHABLE ▸ **fish**
FISHBALL *n* fried ball of flaked fish and mashed potato
FISHBOAT *n* boat used for fishing
FISHBOLT *n* bolt used for fastening a fishplate to a rail
FISHBONE *n* bone of a fish
FISHBOWL *n* goldfish bowl
FISHCAKE *n* mixture of flaked fish and mashed potatoes formed into a flat circular shape
FISHED ▸ **fish**
FISHER, -S *n* fisherman
FISHERY *n* area of the sea used for fishing
FISHES ▸ **fish**
FISHEYE, -S *n* type of lens
FISHFUL *adj* teeming with fish
FISHGIG, -S *n* pole with barbed prongs for impaling fish
FISHHOOK *n* sharp hook used in angling, esp one with a barb
FISHIER ▸ **fishy**

FISHIEST ▸ **fishy**
FISHIFY *vb* change into fish
FISHILY ▸ **fishy**
FISHING, -S *n* job or pastime of catching fish
FISHKILL *n* mass killing of fish by pollution
FISHLESS ▸ **fish**
FISHLIKE ▸ **fish**
FISHLINE *n* line used on a fishing-rod
FISHMEAL *n* ground dried fish used as feed for farm animals or as a fertilizer
FISHNET, -S *n* open mesh fabric resembling netting
FISHPOLE *n* boom arm for a microphone
FISHPOND ▸ **fish**
FISHSKIN *n* skin of a fish
FISHTAIL *n* nozzle placed over a Bunsen burner to produce a fanlike flame ▹ *vb* slow an aeroplane by swerving the tail
FISHWAY, -S *n* fish ladder
FISHWIFE *n* derogatory term for a coarse scolding woman
FISHWORM *n* worm used as fishing bait
FISHY, FISHIER, FISHIEST *adj* of or like fish
FISK, -ED, -ING, -S *vb* frisk
FISNOMIE *n* physiognomy
FISSATE ▸ **fissile**
FISSILE *adj* capable of undergoing nuclear fission
FISSION, -S *n* splitting
FISSIPED *adj* having toes separated from one another ▹ *n* fissiped animal
FISSIVE ▸ **fissile**
FISSLE, -D, -S, FISSLING *vb* rustle
FISSURAL ▸ **fissure**
FISSURE, -D, -S *n* long narrow cleft or crack ▹ *vb* crack or split apart
FIST, -ED, -S *n* clenched hand ▹ *vb* hit with the fist
FISTFUL, -S *n* quantity that can be held in a fist or hand
FISTIANA *n* world of boxing
FISTIC *adj* of or relating to fisticuffs or boxing
FISTICAL ▸ **fistic**
FISTIER ▸ **fisty**
FISTIEST ▸ **fisty**
FISTING, -S *n* act of fisting
FISTMELE *n* measurement of the height of the string of a braced bow
FISTNOTE *n* note in printed text preceded by the fist symbol
FISTS ▸ **fist**
FISTULA, -E, -S *n* long narrow ulcer
FISTULAR *same as* > **fistulous**
FISTULAS ▸ **fistula**
FISTY, FISTIER, FISTIEST ▸ **fist**
FIT, -S, -TED, -TEST, -TING, -TINGS *vb* be appropriate or suitable for ▹ *adj* appropriate ▹ *n* way in which something fits
FITCH, -ES *n* fur of the polecat or ferret
FITCHE *adj* pointed
FITCHEE *variant of* ▸ **fitche**
FITCHES ▸ **fitch**
FITCHET, -S *same as* ▸ **fitch**
FITCHEW, -S *archaic name for* ▸ **polecat**
FITCHY *variant of* ▸ **fitche**
FITFUL *adj* occurring in irregular spells
FITFULLY ▸ **fitful**
FITLY, FITLIER, FITLIEST *adv* in a proper manner or place or at a proper time
FITMENT, -S *n* accessory attached to a machine
FITNA, -S *n* state of trouble or chaos
FITNESS *n* state of being fit
FITS ▸ **fit**
FITT, -S *n* song
FITTABLE ▸ **fit**
FITTE, -S *variant of* ▸ **fitt**
FITTED ▸ **fit**
FITTER, -S ▸ **fit**
FITTES ▸ **fitte**
FITTEST ▸ **fit**
FITTING ▸ **fit**
FITTINGS ▸ **fit**
FITTS ▸ **fitt**
FIVE *n* one more than four
FIVEFOLD *adj* having five times as many or as much ▹ *adv* by five times as many or as much
FIVEPIN ▸ **fivepins**
FIVEPINS *n* bowling game played esp in Canada
FIVER, -S *n* five-pound note
FIVES *n* ball game resembling squash
FIX, -ES *vb* make or become firm, stable, or secure ▹ *n* difficult situation
FIXABLE ▸ **fix**
FIXATE, -D, -S, FIXATING *vb* become or cause to become fixed
FIXATIF, -S *variant of* ▸ **fixative**
FIXATING ▸ **fixate**
FIXATION *n* obsessive interest in something
FIXATIVE *n* liquid used to preserve or hold things in place ▹ *adj* serving or tending to fix
FIXATURE *n* something that holds an object in place
FIXED *adj* attached or placed so as to be immovable
FIXEDLY ▸ **fixed**
FIXER, -S *n* solution used to make a photographic image permanent
FIXES ▸ **fix**
FIXING *n* means of attaching one thing to another
FIXINGS *pl n* apparatus or equipment
FIXIT, -S *n* solution to a complex problem ▹ *adj* that fixes things
FIXITIES ▸ **fixity**
FIXITS ▸ **fixit**
FIXITY, FIXITIES *n* state of being fixed
FIXIVE ▸ **fix**
FIXT *adj* fixed
FIXTURE, -S *n* permanently fitted piece of household equipment
FIXURE, -S *n* firmness
FIZ *variant of* ▸ **fizz**
FIZGIG, -S *vb* inform on someone to the police
FIZZ, -ED, -ES, -ING, -INGS *vb* make a hissing or bubbling noise ▹ *n* hissing or bubbling noise
FIZZEN, -S *variant of* ▸ **foison**
FIZZER, -S *n* anything that fizzes
FIZZES ▸ **fizz**
FIZZGIG, -S *variant of* ▸ **fishgig**
FIZZIER ▸ **fizzy**
FIZZIEST ▸ **fizzy**
FIZZILY *adv* in a fizzy manner
FIZZING ▸ **fizz**
FIZZINGS ▸ **fizz**
FIZZLE, -D, -S, FIZZLING *vb* make a weak hissing or bubbling sound ▹ *n* hissing or bubbling sound
FIZZY, FIZZIER, FIZZIEST ▸ **fizz**
FJELD, -S *n* high rocky plateau
FJORD, -S *n* long narrow inlet of the sea between cliffs
FJORDIC ▸ **fjord**
FJORDS ▸ **fjord**
FLAB, -S *n* unsightly body fat
FLABBIER ▸ **flabby**
FLABBILY ▸ **flabby**
FLABBY, FLABBIER *adj* having flabby flesh
FLABELLA > **flabellum**
FLABS ▸ **flab**

FLACCID *adj* soft and limp
FLACK, -ED, -ING, -S *vb* flutter
FLACKER, -S *vb* flutter like a bird
FLACKERY ▸ **flack**
FLACKET, -S *n* flagon ▹ *vb* flap or flutter about
FLACKING ▸ **flack**
FLACKS ▸ **flack**
FLACON, -S *n* small stoppered bottle or flask
FLAFF, -ED, -ING, -S *vb* flap
FLAFFER, -S *vb* flutter
F **FLAFFING** ▸ **flaff**
FLAFFS ▸ **flaff**
FLAG, -GED, -GING, -S *n* piece of cloth attached to a pole as an emblem or signal ▹ *vb* mark with a flag or sticker
FLAGELLA > **flagellum**
FLAGGED ▸ **flag**
FLAGGER, -S ▸ **flag**
FLAGGIER ▸ **flaggy**
FLAGGING ▸ **flag**
FLAGGY, FLAGGIER *adj* drooping
FLAGLESS ▸ **flag**
FLAGMAN, FLAGMEN *n* person who has charge of a flag
FLAGON, -S *n* wide bottle
FLAGPOLE *n* pole for a flag
FLAGRANT *adj* openly outrageous
FLAGS ▸ **flag**
FLAGSHIP *n* admiral's ship
FLAIL, -ED, -ING, -S *vb* wave about wildly ▹ *n* tool formerly used for threshing grain by hand
FLAIR, -S *n* natural ability
FLAK, -S *n* anti-aircraft fire
FLAKE, -D, -S, FLAKING *n* small thin piece, esp chipped off something ▹ *vb* peel off in flakes
FLAKER, -S ▸ **flake**
FLAKES ▸ **flake**
FLAKEY *same as* ▸ **flaky**
FLAKIER ▸ **flaky**
FLAKIES *n* dandruff
FLAKIEST ▸ **flaky**
FLAKILY ▸ **flaky**
FLAKING ▸ **flake**
FLAKS ▸ **flak**
FLAKY, FLAKIER, FLAKIEST *adj* like or made of flakes
FLAM, -MED, -MING, -S *n* falsehood, deception, or sham ▹ *vb* cheat or deceive
FLAMBE, -S *vb* cook or serve (food) in flaming brandy ▹ *adj* (of food) served in flaming brandy
FLAMBEAU *n* burning torch, as used in night processions
FLAMBEE, -D, -S *same as* ▸ **flambe**
FLAMBES ▸ **flambe**
FLAME, -D, -S *n* luminous burning gas coming from burning material ▹ *vb* burn brightly
FLAMELET ▸ **flame**
FLAMEN, -S, FLAMINES *n* (in ancient Rome) type of priest
FLAMENCO *n* rhythmical Spanish dance accompanied by a guitar and vocalist
FLAMENS ▸ **flamen**
FLAMEOUT *n* failure of an aircraft jet engine in flight due to extinction of the flame ▹ *vb* (of a jet engine) to fail in flight or to cause (a jet engine) to fail in flight
FLAMER, -S ▸ **flame**
FLAMES ▸ **flame**
FLAMFEW, -S *n* fantastic trifle
FLAMIER ▸ **flamy**
FLAMIEST ▸ **flamy**
FLAMINES ▸ **flamen**
FLAMING *adj* burning with flames ▹ *adv* extremely
FLAMINGO *n* large pink wading bird with a long neck and legs
FLAMM, -S *variant of* ▸ **flam**
FLAMMED ▸ **flam**
FLAMMING ▸ **flam**
FLAMMS ▸ **flamm**
FLAMMULE *n* small flame
FLAMS ▸ **flam**
FLAMY, FLAMIER, FLAMIEST ▸ **flame**
FLAN, -S *n* open sweet or savoury tart
FLANCARD *n* armour covering a horse's flank
FLANCH, -ED, -ES *variant of* ▸ **flaunch**
FLANE, -D, FLANING *vb* walk idly, saunter
FLANERIE *n* aimless strolling or lounging
FLANES *n* arrows
FLANEUR, -S *n* idler or loafer
FLANGE, -S *n* projecting rim or collar ▹ *vb* attach or provide (a component) with a flange
FLANGED ▸ **flange**
FLANGER, -S ▸ **flange**
FLANGES ▸ **flange**
FLANGING *n* act of flanging
FLANING ▸ **flane**
FLANK, -ED, -ING, -S *n* part of the side between the hips and ribs ▹ *vb* be at or move along the side of
FLANKEN, -S *n* cut of beef
FLANKER, -S *n* one of a detachment of soldiers guarding the flanks
FLANKING ▸ **flank**
FLANKS ▸ **flank**
FLANNEL, -S *n* small piece of cloth for washing the face ▹ *vb* talk evasively
FLANNEN, -S *adj* made of flannel
FLANNIE, -S *same as* ▸ **flanny**
FLANNY *n* shirt made of flannel
FLANS ▸ **flan**
FLAP, -PED, -PING, -S *vb* move back and forwards or up and down ▹ *n* action or sound of flapping
FLAPERON *n* control flap on aircraft wing
FLAPJACK *n* chewy biscuit made with oats
FLAPLESS ▸ **flap**
FLAPLIKE *adj* like a flap
FLAPPED ▸ **flap**
FLAPPER, -S *n* (in the 1920s) an unconventional young woman
FLAPPIER ▸ **flappy**
FLAPPING ▸ **flap**
FLAPPY, FLAPPIER *adj* loose
FLAPS ▸ **flap**
FLARE, -D, FLARING *vb* blaze with a sudden unsteady flame ▹ *n* sudden unsteady flame
FLARES *pl n* trousers with legs that widen below the knee
FLAREUP, -S *n* outbreak of something
FLARIER ▸ **flary**
FLARIEST ▸ **flary**
FLARING ▸ **flare**
FLARY, FLARIER, FLARIEST *adj* flare-like
FLASER, -S *n* type of sedimentary structure in rock
FLASH, -ED, -ES, -EST *n* sudden burst of light or flame ▹ *adj* vulgarly showy ▹ *vb* emit or reflect light suddenly or intermittently
FLASHER, -S ▸ **flash**
FLASHES ▸ **flash**
FLASHEST ▸ **flash**
FLASHGUN *n* type of electronic flash for a camera
FLASHIER ▸ **flashy**
FLASHILY ▸ **flashy**

FLASHING *n* watertight material used to cover joins in a roof
FLASHY, FLASHIER *adj* showy in a vulgar way
FLASK, -S *n* flat bottle
FLASKET, -S *n* long shallow basket
FLASKS ▸ **flask**
FLAT, -S, -TED, -TEST, -TING *adj* level and horizontal ▹ *adv* in or into a flat position ▹ *n* flat surface ▹ *vb* live in a flat
FLATBACK *n* flat-backed ornament, designed for viewing from front
FLATBED, -S *n* type of printing machine
FLATBOAT *n* flat-bottomed boat for transporting goods on a canal
FLATBROD *n* flatbread made with rye
FLATCAP, -S *n* Elizabethan man's hat
FLATCAR, -S *n* flatbed
FLATETTE *n* very small flat
FLATFEET ▸ **flatfoot**
FLATFISH *n* sea fish, such as the sole, which has a flat body
FLATFOOT, FLATFEET *n* flattening of the instep arch
FLATFORM *n* thick, level sole on a shoe
FLATHEAD *n* common Australian flatfish
FLATIRON *n* (formerly) an iron for pressing clothes that was heated by being placed on a stove
FLATLAND *n* land notable for its levelness
FLATLET, -S *n* small flat
FLATLINE *vb* flat line on medical equipment monitoring one's vital signs
FLATLING *adv* in a flat or prostrate position ▹ *adj* with the flat side, as of a sword
FLATLONG *adv* prostrate
FLATLY ▸ **flat**
FLATMATE *n* person with whom one shares a flat
FLATNESS ▸ **flat**
FLATPACK *n* pieces packed into a flat box for home assembly
FLATPICK *vb* play (a guitar, etc) by plucking individual strings with a plectrum
FLATS ▸ **flat**
FLATTED ▸ **flat**
FLATTEN, -S *vb* make or become flat or flatter
FLATTER, -S *vb* praise insincerely
FLATTERY *n* excessive or insincere praise
FLATTEST ▸ **flat**
FLATTIE, -S *n* flat tyre
FLATTING ▸ **flat**
FLATTISH *adj* somewhat flat
FLATTOP, -S *n* informal name for an aircraft carrier
FLATTY *n* flat shoe
FLATUOUS ▸ **flatus**
FLATUS, -ES *n* gas generated in the alimentary canal
FLATWARE *n* cutlery
FLATWASH *n* laundry that can be ironed mechanically
FLATWAYS *adv* with the flat or broad side down or in contact with another surface
FLATWISE *same as* ▸ **flatways**
FLATWORK *n* laundry that can be ironed mechanically
FLATWORM *n* worm, such as a tapeworm, with a flattened body
FLAUGHT, -S *vb* flutter
FLAUNCH *n* cement or mortar slope to throw off water ▹ *vb* cause to slope in this manner
FLAUNE, -S *variant of* ▸ **flam**
FLAUNT, -ED, -S *vb* display (oneself or one's possessions) arrogantly ▹ *n* act of flaunting
FLAUNTER ▸ **flaunt**
FLAUNTS ▸ **flaunt**
FLAUNTY *adj* characterized by or inclined to ostentatious display
FLAUTA, -S *n* tortilla rolled around a filling
FLAUTIST *n* flute player
FLAVA, -S *n* individual style
FLAVANOL *n* type of flavonoid
FLAVAS ▸ **flava**
FLAVIN, -S *n* heterocyclic ketone
FLAVINE, -S *same as* ▸ **flavin**
FLAVINS ▸ **flavin**
FLAVONE, -S *n* crystalline compound occurring in plants
FLAVONOL *n* flavonoid said to offer protection against heart disease
FLAVOR, -ED, -S *same as* ▸ **flavour**
FLAVORER ▸ **flavor**
FLAVORS ▸ **flavor**
FLAVORY *adj* flavoursome
FLAVOUR, -S *n* distinctive taste ▹ *vb* give flavour to
FLAVOURY *adj* flavoursome
FLAW, -ED, -ING, -S *n* imperfection or blemish ▹ *vb* make or become blemished, defective, or imperfect
FLAWIER ▸ **flawy**
FLAWIEST ▸ **flawy**
FLAWING ▸ **flaw**
FLAWLESS ▸ **flaw**
FLAWN, -S *variant of* ▸ **flam**
FLAWS ▸ **flaw**
FLAWY, FLAWIER, FLAWIEST ▸ **flaw**
FLAX, -ES *n* plant grown for its stem fibres and seeds
FLAXEN *adj* (of hair) pale yellow
FLAXES ▸ **flax**
FLAXIER ▸ **flaxy**
FLAXIEST ▸ **flaxy**
FLAXLIKE *adj* like flax
FLAXSEED *n* seed of the flax plant, which yields linseed oil
FLAXY, FLAXIER, FLAXIEST *same as* ▸ **flaxen**
FLAY, -ED, -ING, -S *same as* ▸ **fley**
FLAYER, -S ▸ **flay**
FLAYING ▸ **flay**
FLAYS ▸ **flay**
FLAYSOME *adj* frightening
FLEA, -S *n* small bloodsucking insect
FLEABAG, -S *n* dirty or unkempt person, esp a woman
FLEABANE *n* as in **Canadian fleabane** small plant thought to ward off fleas
FLEABITE *n* bite of a flea
FLEADH, -S *n* festival of Irish music, dancing, and culture
FLEAM, -S *n* lancet used for letting blood
FLEAPIT, -S *n* shabby cinema or theatre
FLEAS ▸ **flea**
FLEASOME *adj* having fleas
FLEAWORT *n* type of plant
FLECHE, -S *n* slender spire
FLECK, -ED, -ING, -S *n* small mark, streak, or speck ▹ *vb* speckle
FLECKER, -S *same as* ▸ **fleck**
FLECKIER ▸ **flecky**
FLECKING ▸ **fleck**
FLECKS ▸ **fleck**
FLECKY, FLECKIER ▸ **fleck**
FLECTION *n* act of bending or the state of being bent
FLED ▸ **flee**
FLEDGE, -D, -S, FLEDGING *vb* feed and care for (a young bird) until it is able to fly
FLEDGIER ▸ **fledgy**
FLEDGING ▸ **fledge**

F

FLEDGY, FLEDGIER *adj* feathery or feathered
FLEE, FLED, -ING, -S *vb* run away (from)
FLEECE, -D, -S, FLEECING *n* sheep's coat of wool ▷ *vb* defraud or overcharge
FLEECER, -S ▸ **fleece**
FLEECES ▸ **fleece**
FLEECH, -ED, -ES *vb* flatter
FLEECIE, -S *n* person who collects fleeces for baling
FLEECIER ▸ **fleecy**
FLEECIES ▸ **fleecie**
F
FLEECILY ▸ **fleecy**
FLEECING ▸ **fleece**
FLEECY, FLEECIER *adj* made of or like fleece ▷ *n* person who collects fleeces after shearing and prepares them for baling
FLEEING ▸ **flee**
FLEEK *n* as in **on fleek** stylish, on trend
FLEEKS *n* as in **on fleeks** stylish, on trend
FLEER, -ED, -ING, -S *vb* grin or laugh at ▷ *n* derisory glance or grin
FLEERER, -S ▸ **fleer**
FLEERING ▸ **fleer**
FLEERS ▸ **fleer**
FLEES ▸ **flee**
FLEET, -ED, -EST, -S *n* number of warships organized as a unit ▷ *adj* swift in movement ▷ *vb* move rapidly
FLEETER, -S *n* person who sails with a fleet of ships
FLEETEST ▸ **fleet**
FLEETING *adj* rapid and soon passing
FLEETLY ▸ **fleet**
FLEETS ▸ **fleet**
FLEG, -GED, -GING, -S *vb* scare
FLEHMEN, -S *vb* (of mammal) grimace
FLEISHIG *same as* ▸ **fleishik**
FLEISHIK *adj* containing or derived from meat or meat products
FLEME, -D, -S, FLEMIT *vb* drive out
FLEMING *n* inhabitant of Flanders or a Flemish-speaking Belgian
FLEMISH *vb* stow (a rope) in a Flemish coil
FLEMIT ▸ **fleme**
FLENCH, -ED, -ES *same as* ▸ **flense**
FLENCHER ▸ **flench**
FLENCHES ▸ **flench**
FLENSE, -D, -S, FLENSING *vb* strip (a whale, seal, etc) of (its blubber or skin)
FLENSER, -S ▸ **flense**
FLENSES ▸ **flense**
FLENSING ▸ **flense**
FLESH, -ED, -ES, -ING *n* soft part of a human or animal body ▷ *vb* remove flesh from
FLESHER, -S *n* person or machine that fleshes hides or skins
FLESHES ▸ **flesh**
FLESHIER ▸ **fleshy**
FLESHILY ▸ **fleshy**
FLESHING ▸ **flesh**
FLESHLY *adj* fleshy; fat
FLESHPOT *n* pot in which meat is cooked
FLESHY, FLESHIER *adj* plump
FLETCH, -ED, -ES *same as* ▸ **fledge**
FLETCHER *n* person who makes arrows
FLETCHES ▸ **fletch**
FLETTON, -S *n* type of brick
FLEUR, -S *n* flower emblem used in heraldry
FLEURET, -S *same as* > **fleurette**
FLEURON, -S *n* decorative piece of pastry
FLEURS ▸ **fleur**
FLEURY *same as* ▸ **flory**
FLEW ▸ **fly**
FLEWED *adj* having large flews
FLEWS *pl n* upper lip of a bloodhound or similar dog
FLEX, -ED, -ES, -ING *n* flexible insulated electric cable ▷ *vb* bend
FLEXAGON *n* hexagon made from a single pliable strip of triangles
FLEXED ▸ **flex**
FLEXES ▸ **flex**
FLEXI, -S *n* flexitime
FLEXIBLE *adj* easily bent
FLEXIBLY ▸ **flexible**
FLEXILE *same as* ▸ **flexible**
FLEXING ▸ **flex**
FLEXION, -S *n* act of bending a joint or limb
FLEXIS ▸ **flexi**
FLEXO, -S *n* flexography
FLEXOR, -S *n* type of muscle
FLEXOS ▸ **flexo**
FLEXTIME *same as* > **flexitime**
FLEXUOSE *same as* ▸ **flexuous**
FLEXUOUS *adj* full of bends or curves
FLEXURAL ▸ **flexure**
FLEXURE, -S *n* act of flexing or the state of being flexed
FLEXWING *n* collapsible fabric wing used in hang gliding
FLEY, -ED, -ING, -S *vb* be afraid or cause to be afraid
FLIBBERT *n* small piece or bit
FLIC, -S *n* French police officer
FLICHTER *vb* flutter
FLICK, -ED, -ING, -S *vb* touch or move in a quick movement ▷ *n* tap or quick stroke
FLICKER, -S *vb* shine unsteadily or intermittently ▷ *n* unsteady brief light
FLICKERY *adj* flickering
FLICKING ▸ **flick**
FLICKS ▸ **flick**
FLICS ▸ **flic**
FLIED ▸ **fly**
FLIER, -S ▸ **fly**
FLIES ▸ **fly**
FLIEST ▸ **fly**
FLIGHT, -ED, -S *n* journey by air ▷ *vb* cause (a ball, dart, etc) to float slowly or deceptively towards its target
FLIGHTY *adj* frivolous and fickle
FLIM, -S *n* five-pound note
FLIMFLAM *n* nonsense ▷ *vb* deceive
FLIMP, -ED, -ING, -S *vb* steal
FLIMS ▸ **flim**
FLIMSIER ▸ **flimsy**
FLIMSIES ▸ **flimsy**
FLIMSILY ▸ **flimsy**
FLIMSY, FLIMSIER, FLIMSIES *adj* not strong or substantial ▷ *n* thin paper used for making carbon copies
FLINCH, -ED, -ES *same as* ▸ **flense**
FLINCHER ▸ **flinch**
FLINCHES ▸ **flinch**
FLINDER, -S *n* fragment ▷ *vb* scamper about flutteringly
FLING, -ING, -S, FLUNG *vb* throw, send, or move forcefully or hurriedly ▷ *n* spell of self-indulgent enjoyment
FLINGER, -S ▸ **fling**
FLINGING ▸ **fling**
FLINGS ▸ **fling**
FLINKITE *n* anhydrous phosphate
FLINT, -ED, -ING, -S *n* hard grey stone ▷ *vb* fit or provide with a flint
FLINTIER ▸ **flinty**
FLINTIFY *vb* turn to flint
FLINTILY ▸ **flinty**
FLINTING ▸ **flint**
FLINTS ▸ **flint**
FLINTY, FLINTIER *adj* cruel

FLIP, -PED, -PEST, -S *vb* throw (something small or light) carelessly ▷ *n* snap or tap ▷ *adj* flippant
FLIPBOOK *n* book of drawings made to seem animated by flipping pages
FLIPFLOP *n* rubber sandal
FLIPPANT *adj* treating serious things lightly
FLIPPED ▸ **flip**
FLIPPER, -S *n* limb of a sea animal adapted for swimming
FLIPPEST ▸ **flip**
FLIPPIER ▸ **flippy**
FLIPPING *n* act or instance of flipping
FLIPPY, FLIPPIER *adj* (of clothes) moving to and fro as the wearer walks
FLIPS ▸ **flip**
FLIPSIDE *n* reverse or opposite side
FLIR, -S *n* forward looking infrared radar
FLIRT, -ED, -ING, -S *vb* behave as if physically attracted to someone ▷ *n* person who flirts
FLIRTER, -S ▸ **flirt**
FLIRTIER ▸ **flirty**
FLIRTING ▸ **flirt**
FLIRTISH ▸ **flirt**
FLIRTS ▸ **flirt**
FLIRTY, FLIRTIER ▸ **flirt**
FLISK, -ED, -ING, -S *vb* skip
FLISKIER ▸ **flisky**
FLISKING ▸ **flisk**
FLISKS ▸ **flisk**
FLISKY, FLISKIER ▸ **flisk**
FLIT, -S, -TED, -TING *vb* move lightly and rapidly ▷ *n* act of flitting
FLITCH, -ED, -ES *n* side of pork salted and cured ▷ *vb* cut (a tree trunk) into pieces of timber
FLITE, -D, -S, FLITING *vb* scold or rail at ▷ *n* dispute or scolding
FLITS ▸ **flit**
FLITT, -S *adj* fleet ▷ *vb* to flit
FLITTED ▸ **flit**
FLITTER, -S ▸ **flit**
FLITTERN *n* bark of young oak tree
FLITTERS ▸ **flitter**
FLITTING ▸ **flit**
FLITTS ▸ **flitt**
FLIVVER, -S *n* old, cheap, or battered car
FLIX, -ED, -ES, -ING *n* fur ▷ *vb* have fur
FLIXWEED *n* plant of the mustard family
FLOAT, -ED *vb* rest on the surface of a liquid ▷ *n* object used to help someone or something float
FLOATAGE *same as* ▸ **flotage**
FLOATANT *n* substance used in fly-fishing, to help dry flies to float
FLOATCUT *adj* as in **floatcut file** file with rows of parallel teeth
FLOATED ▸ **float**
FLOATEL, -S *same as* ▸ **flotel**
FLOATER, -S *n* person or thing that floats
FLOATIER ▸ **floaty**
FLOATING *adj* moving about, changing
FLOATS *pl n* footlights
FLOATY, FLOATIER *adj* filmy and light
FLOB, -BED, -BING, -S *vb* spit
FLOC, -S *same as* ▸ **flock**
FLOCCED ▸ **floc**
FLOCCI ▸ **floccus**
FLOCCING ▸ **floc**
FLOCCOSE *adj* consisting of or covered with woolly tufts or hairs
FLOCCULE *n* small aggregate of flocculent material
FLOCCULI > **flocculus**
FLOCCUS, FLOCCI *n* downy or woolly covering ▷ *adj* (of a cloud) having the appearance of woolly tufts
FLOCK, -ED, -ING, -S *n* number of animals of one kind together ▷ *vb* gather in a crowd ▷ *adj* (of wallpaper) with a velvety raised pattern
FLOCKIER ▸ **flocky**
FLOCKING ▸ **flock**
FLOCKS ▸ **flock**
FLOCKY, FLOCKIER ▸ **flock**
FLOCS ▸ **floc**
FLOE, -S *n* sheet of floating ice
FLOG, -GED, -S *vb* beat with a whip or stick
FLOGGER, -S ▸ **flog**
FLOGGING ▸ **flog**
FLOGS ▸ **flog**
FLOKATI, -S *n* Greek hand-woven shaggy woollen rug
FLONG, -S *n* material used for making moulds in stereotyping
FLOOD, -ED, -S *n* overflow of water onto a normally dry area ▷ *vb* cover or become covered with water
FLOODER, -S ▸ **flood**
FLOODING *n* submerging of land under water
FLOODLIT *adj* illuminated with a floodlight
FLOODS ▸ **flood**
FLOODWAY *n* conduit for floodwater
FLOOEY *adj* awry
FLOOIE *same as* ▸ **flooey**
FLOOR, -ED, -ING, -S *n* lower surface of a room ▷ *vb* knock down
FLOORAGE *n* area of floor
FLOORED ▸ **floor**
FLOORER, -S *n* coup de grâce
FLOORING ▸ **floor**
FLOORPAN *n* bottom part of a motor vehicle's interior
FLOORS ▸ **floor**
FLOP, -PED, -PING, -S *vb* bend, fall, or collapse loosely or carelessly ▷ *n* failure
FLOPOVER *n* TV visual effect of page being turned
FLOPPED ▸ **flop**
FLOPPER, -S ▸ **flop**
FLOPPIER ▸ **floppy**
FLOPPIES ▸ **floppy**
FLOPPILY ▸ **floppy**
FLOPPING ▸ **flop**
FLOPPY, FLOPPIER, FLOPPIES *adj* hanging downwards, loose ▷ *n* floppy disk
FLOPS ▸ **flop**
FLOR, -S *n* type of yeast
FLORA, -E, -S *n* plants of a given place or time
FLORAL, -S *adj* consisting of or decorated with flowers ▷ *n* class of perfume
FLORALLY ▸ **floral**
FLORALS ▸ **floral**
FLORAS ▸ **flora**
FLOREAT, FLOREANT *vb* may (a person, institution, etc) flourish
FLORENCE *n* type of fennel
FLORET, -S *n* part of a composite flower head
FLORID, -ER *adj* with a red or flushed complexion
FLORIDLY ▸ **florid**
FLORIER ▸ **flory**
FLORIEST ▸ **flory**
FLORIGEN *n* hypothetical plant hormone
FLORIN, -S *n* former British and Australian coin
FLORIST, -S *n* seller of flowers
FLORS ▸ **flor**
FLORUIT, -S *prep* (he or she) flourished in ▷ *n* such a period in a person's life
FLORULA, -E *n* flora of a small single environment
FLORULE, -S *same as* ▸ **florula**

FLORY, FLORIER, FLORIEST *adj* containing a fleur-de-lys
FLOSCULE *n* floret
FLOSH, -ES *n* hopper-shaped box
FLOSS, -ED, -ES, -ING *n* fine silky fibres ▷ *vb* clean (between the teeth) with dental floss
FLOSSER, -S ▶ **floss**
FLOSSES ▶ **floss**
FLOSSIE *variant of* ▶ **flossy**
FLOSSIER ▶ **flossy**
FLOSSILY ▶ **flossy**
FLOSSING ▶ **floss**
FLOSSY, FLOSSIER *adj* consisting of or resembling floss
FLOTA, -S *n* formerly, Spanish commercial fleet
FLOTAGE, -S *n* act or state of floating
FLOTANT *adj* in heraldry, flying in the air
FLOTAS ▶ **flota**
FLOTE, -D, -S, FLOTING *n* aquatic perennial grass ▷ *vb* skim (eg milk)
FLOTEL, -S *n* (in the oil industry) rig or boat used as accommodation
FLOTES ▶ **flote**
FLOTILLA *n* small fleet or fleet of small ships
FLOTING ▶ **flote**
FLOTSAM, -S *n* floating wreckage
FLOUNCE, -D, -S *vb* go with emphatic movements ▷ *n* flouncing movement
FLOUNCY ▶ **flounce**
FLOUNDER *vb* move with difficulty, as in mud ▷ *n* edible flatfish
FLOUR, -ED, -ING, -S *n* powder made by grinding grain, esp wheat ▷ *vb* sprinkle with flour
FLOURIER ▶ **floury**
FLOURING ▶ **flour**
FLOURISH *vb* be active, successful, or widespread ▷ *n* dramatic waving motion
FLOURS ▶ **flour**
FLOURY, FLOURIER ▶ **flour**
FLOUSE, -D, -S, FLOUSING *vb* splash
FLOUSH, -ED, -ES *variant of* ▶ **flouse**
FLOUSING ▶ **flouse**
FLOUT, -ED, -ING, -S *vb* deliberately disobey (a rule, law, etc)
FLOUTER, -S ▶ **flout**
FLOUTING ▶ **flout**
FLOUTS ▶ **flout**
FLOW, -ED, -ING, -S *vb* (of liquid) move in a stream ▷ *n* act, rate, or manner of flowing
FLOWABLE *adj* capable of flowing
FLOWAGE, -S *n* act of overflowing or the state of having overflowed
FLOWED ▶ **flow**
FLOWER, -S *n* part of a plant that produces seeds ▷ *vb* produce flowers, bloom
FLOWERED *adj* decorated with a floral design
FLOWERER *n* plant that flowers at a specified time or in a specified way
FLOWERET *another name for* ▶ **floret**
FLOWERS ▶ **flower**
FLOWERY *adj* decorated with a floral design
FLOWING ▶ **flow**
FLOWN ▶ **fly**
FLOWS ▶ **flow**
FLOX *adj* as in **flox silk** type of silk
FLU, -S *n* any of various viral infections
FLUATE, -S *n* fluoride
FLUB, -BED, -BING, -S *vb* bungle
FLUBBER, -S ▶ **flub**
FLUBBING ▶ **flub**
FLUBDUB, -S *n* bunkum
FLUBS ▶ **flub**
FLUE, -S *n* passage or pipe for smoke or hot air
FLUED *adj* having a flue
FLUELLEN *n* type of plant
FLUELLIN *same as* ▶ **fluellen**
FLUENCE, -S ▶ **fluency**
FLUENCY *n* quality of being fluent
FLUENT, -S *adj* able to speak or write with ease ▷ *n* variable quantity in fluxions
FLUENTLY ▶ **fluent**
FLUENTS ▶ **fluent**
FLUERIC *adj* of or relating to fluidics
FLUERICS *pl n* fluidics
FLUES ▶ **flue**
FLUEWORK *n* collectively, organ stops
FLUEY, FLUIER, FLUIEST *adj* involved in, caused by, or like influenza
FLUFF, -ED, -ING, -S *n* soft fibres ▷ *vb* make or become soft and puffy
FLUFFER, -S *n* person employed on a railway to clear the tracks
FLUFFIER ▶ **fluffy**
FLUFFILY ▶ **fluffy**
FLUFFING ▶ **fluff**
FLUFFS ▶ **fluff**
FLUFFY, FLUFFIER *adj* of, resembling, or covered with fluff
FLUGEL, -S *n* grand piano or harpsichord
FLUID, -S *n* substance able to flow and change its shape ▷ *adj* able to flow or change shape easily
FLUIDAL ▶ **fluid**
FLUIDIC ▶ **fluidics**
FLUIDICS *n* study and use of the flow of fluids in tubes
FLUIDIFY *vb* make fluid
FLUIDISE *same as* ▶ **fluidize**
FLUIDITY *n* state of being fluid
FLUIDIZE *vb* make fluid
FLUIDLY ▶ **fluid**
FLUIDRAM *n* British imperial measure
FLUIDS ▶ **fluid**
FLUIER ▶ **fluey**
FLUIEST ▶ **fluey**
FLUISH ▶ **flu**
FLUKE, -D, -S, FLUKING *n* accidental stroke of luck ▷ *vb* gain, make, or hit by a fluke
FLUKEY *same as* ▶ **fluky**
FLUKIER ▶ **fluky**
FLUKIEST ▶ **fluky**
FLUKILY ▶ **fluky**
FLUKING ▶ **fluke**
FLUKY, FLUKIER, FLUKIEST *adj* done or gained by an accident
FLUME, -D, -S, FLUMING *n* narrow sloping channel for water ▷ *vb* transport (logs) in a flume
FLUMMERY *n* silly or trivial talk
FLUMMOX *vb* puzzle or confuse
FLUMP, -ED, -ING, -S *vb* move or fall heavily
FLUNG ▶ **fling**
FLUNK, -ED, -ING, -S *vb* fail ▷ *n* low grade below the pass standard
FLUNKER, -S ▶ **flunk**
FLUNKEY, -S *same as* ▶ **flunky**
FLUNKIE *same as* ▶ **flunky**
FLUNKIES ▶ **flunky**
FLUNKING ▶ **flunk**
FLUNKS ▶ **flunk**
FLUNKY, FLUNKIES *n* servile person
FLUOR, -S *same as* ▶ **fluorspar**
FLUORENE *n* white insoluble crystalline solid

FLUORIC *adj* of, concerned with, or produced from fluorine or fluorspar
FLUORID, -S *same as* ▸ **fluoride**
FLUORIDE *n* compound containing fluorine
FLUORIDS ▸ **fluorid**
FLUORIN, -S *same as* ▸ **fluorine**
FLUORINE *n* toxic yellow gas: most reactive of all the elements
FLUORINS ▸ **fluorin**
FLUORITE *same as* ▸ **fluorspar**
FLUORS ▸ **fluor**
FLURR, -ED, -ING, -S *vb* scatter
FLURRIED ▸ **flurry**
FLURRIES ▸ **flurry**
FLURRING ▸ **flurr**
FLURRS ▸ **flurr**
FLURRY, FLURRIED, FLURRIES *n* sudden commotion ▷ *vb* confuse
FLUS ▸ **flu**
FLUSH, -ED, -ES, -EST *vb* blush or cause to blush ▷ *n* blush ▷ *adj* level with the surrounding surface ▷ *adv* so as to be level
FLUSHER, -S ▸ **flush**
FLUSHES ▸ **flush**
FLUSHEST ▸ **flush**
FLUSHIER ▸ **flushy**
FLUSHING *n* extra feeding given to ewes before mating to increase the lambing percentage
FLUSHY, FLUSHIER *adj* ruddy
FLUSTER, -S *vb* make nervous or upset ▷ *n* nervous or upset state
FLUSTERY *adj* flustered
FLUTE, -S *n* wind instrument ▷ *vb* utter in a high-pitched tone
FLUTED *adj* having decorative grooves
FLUTER, -S *n* craftsperson who makes flutes or fluting
FLUTES ▸ **flute**
FLUTEY, -ER, FLUTIER, FLUTIEST *adj* resembling a flute in sound
FLUTINA, -S *n* type of accordion
FLUTING, -S *n* design of decorative grooves
FLUTIST, -S *same as* ▸ **flautist**
FLUTTER, -S *vb* wave rapidly ▷ *n* flapping movement
FLUTTERY *adj* flapping rapidly
FLUTY ▸ **flute**
FLUVIAL *adj* of rivers
FLUX, -ED, -ES, -ING *n* constant change or instability ▷ *vb* make or become fluid
FLUXGATE *n* type of magnetometer
FLUXING ▸ **flux**
FLUXION, -S *n* rate of change of a function
FLUXIVE ▸ **flux**
FLUYT, -S *n* Dutch sailing ship
FLY, FLEW, FLIED, FLIES, FLIEST, FLOWN, -EST *vb* move through the air on wings or in an aircraft ▷ *n* fastening at the front of trousers ▷ *adj* sharp and cunning
FLYABLE ▸ **fly**
FLYAWAY, -S *adj* (of hair) very fine and soft ▷ *n* person who is frivolous or flighty
FLYBACK, -S *n* item of electrical equipment
FLYBANE, -S *n* type of campion
FLYBELT, -S *n* strip of tsetse-infested land
FLYBLOW, FLYBLEW, -S *vb* contaminate ▷ *n* egg or young larva of a blowfly
FLYBLOWN *adj* covered with blowfly eggs
FLYBLOWS ▸ **flyblow**
FLYBOAT, -S *n* any small swift boat
FLYBOOK, -S *n* small case or wallet for storing artificial flies
FLYBOY, -S *n* air force pilot
FLYBY, -S *n* flight past a particular position or target
FLYER, -S ▸ **fly**
FLYEST ▸ **fly**
FLYHAND, -S *n* device on a printing press
FLYING, -S ▸ **fly**
FLYLEAF *n* blank leaf at the beginning or end of a book
FLYLESS ▸ **fly**
FLYLINE, -S *n* type of line used in fly fishing
FLYMAKER *n* person who makes fishing flies
FLYMAN, FLYMEN *n* stagehand
FLYOFF, -S *n* all water transferred from the earth to the atmosphere
FLYOVER, -S *n* road passing over another by a bridge
FLYPAPER *n* paper with a sticky poisonous coating, used to kill flies
FLYPAST, -S *n* ceremonial flight of aircraft over a given area
FLYPE, -D, -S, FLYPING *vb* fold back
FLYPITCH *n* area for unlicensed stalls at markets
FLYSCH, -ES *n* type of marine sedimentary facies
FLYSHEET *n* part of tent
FLYSPECK *n* small speck of the excrement of a fly ▷ *vb* mark with flyspecks
FLYSPRAY *n* insecticide sprayed from an aerosol
FLYTE, -D, -S *same as* ▸ **flite**
FLYTIER, -S *n* person who makes their own fishing flies
FLYTING, -S ▸ **flyte**
FLYTRAP, -S *n* any of various insectivorous plants
FLYWAY, -S *n* usual route used by birds when migrating
FLYWHEEL *n* heavy wheel regulating the speed of a machine
FOAL, -ED, -S *n* young of a horse or related animal ▷ *vb* give birth to a foal
FOALFOOT *n* coltsfoot
FOALING, -S *n* act of flanging
FOALS ▸ **foal**
FOAM, -ED, -S *n* mass of small bubbles on a liquid ▷ *vb* produce foam
FOAMABLE ▸ **foam**
FOAMED ▸ **foam**
FOAMER, -S *n* (possibly obsessive) enthusiast
FOAMIER ▸ **foamy**
FOAMIEST ▸ **foamy**
FOAMILY ▸ **foamy**
FOAMING, -S ▸ **foam**
FOAMLESS ▸ **foam**
FOAMLIKE ▸ **foam**
FOAMS ▸ **foam**
FOAMY, FOAMIER, FOAMIEST *adj* of, resembling, consisting of, or covered with foam
FOB, -BED, -BING, -S *n* short watch chain ▷ *vb* cheat
FOCACCIA *n* flat Italian bread made with olive oil and yeast
FOCAL *adj* of or at a focus
FOCALISE *same as* ▸ **focalize**
FOCALIZE *less common word for* ▸ **focus**
FOCALLY ▸ **focal**
FOCUS, FOCI, -ED, -ES, -ING, -SED, -SES *n* point at which light or sound waves converge ▷ *vb* bring or come into focus

F

FOCUSER, -S ▸ **focus**
FOCUSES ▸ **focus**
FOCUSING ▸ **focus**
FOCUSSED ▸ **focus**
FOCUSSES ▸ **focus**
FODDER, -ED, -S *n* feed for livestock ▹ *vb* supply (livestock) with fodder
FODDERER ▸ **fodder**
FODDERS ▸ **fodder**
FODGEL *adj* buxom
FOE, -S *n* enemy, opponent
FOEDARIE *variant of* ▸ **fedarie**
FOEFIE *adj* as in **foefie slide** rope along which a person may traverse
FOEHN, -S *same as* ▸ **fohn**
FOEMAN, FOEMEN *n* enemy in war
FOEN *same as* ▸ **foe**
FOES ▸ **foe**
FOETAL *same as* ▸ **fetal**
FOETID, -ER *same as* ▸ **fetid**
FOETIDLY ▸ **foetid**
FOETOR, -S *same as* ▸ **fetor**
FOETUS, -ES *same as* ▸ **fetus**
FOG, -GED, -S *n* mass of condensed water vapour in the lower air ▹ *vb* cover with steam
FOGASH, -ES *n* type of Hungarian pike perch
FOGBOUND *adj* prevented from operating by fog
FOGBOW, -S *n* faint arc of light sometimes seen in a fog bank
FOGDOG, -S *n* spot sometimes seen in fog near the horizon
FOGEY, -S *n* old-fashioned person
FOGEYDOM ▸ **fogey**
FOGEYISH ▸ **fogey**
FOGEYISM ▸ **fogey**
FOGEYS ▸ **fogey**
FOGFRUIT *n* wildflower of the verbena family
FOGGAGE, -S *n* grass grown for winter grazing
FOGGED ▸ **fog**
FOGGER, -S *n* device that generates a fog
FOGGIER ▸ **foggy**
FOGGIEST ▸ **foggy**
FOGGILY ▸ **fog**
FOGGING, -S *n* act of fogging
FOGGY, FOGGIER, FOGGIEST ▸ **fog**
FOGHORN, -S *n* large horn sounded to warn ships in fog
FOGIE, -S *variant of* ▸ **fogey**
FOGLE, -S *n* silk handkerchief
FOGLESS ▸ **fog**
FOGLIGHT *n* motor-vehicle light used in fog
FOGMAN, FOGMEN *n* person in charge of railway fog-signals
FOGOU, -S *n* subterranean building found in Cornwall
FOGRAM, -S *n* fogey
FOGS ▸ **fog**
FOGY *same as* ▸ **fogey**
FOGYDOM, -S ▸ **fogy**
FOGYISH ▸ **fogy**
FOGYISM, -S ▸ **fogy**
FOH *interj* expression of disgust
FOHN, -S *n* type of warm dry wind
FOIBLE, -S *n* minor weakness or slight peculiarity
FOID, -S *n* rock-forming mineral similar to feldspar
FOIL, -ED, -S *vb* ruin (someone's plan) ▹ *n* metal in a thin sheet, esp for wrapping food
FOILABLE ▸ **foil**
FOILED ▸ **foil**
FOILING, -S ▸ **foil**
FOILIST, -S *n* person who fences with a foil
FOILS ▸ **foil**
FOILSMAN, FOILSMEN *n* person who uses or specializes in using a foil
FOIN, -ED, -ING, -S *n* thrust or lunge with a weapon ▹ *vb* thrust with a weapon
FOISON, -S *n* plentiful supply or yield
FOIST, -ED, -ING, -S *vb* force or impose on
FOISTER, -S ▸ **foist**
FOISTING ▸ **foist**
FOISTS ▸ **foist**
FOLACIN, -S *n* folic acid
FOLATE, -S *n* folic acid
FOLD, -ED, -ING, -S *vb* bend so that one part covers another ▹ *n* folded piece or part
FOLDABLE ▸ **fold**
FOLDAWAY *adj* (of a bed) able to be folded and put away when not in use
FOLDBACK *n* (in multitrack recording) a process for returning a signal to a performer instantly
FOLDBOAT *another name for* ▸ **faltboat**
FOLDED ▸ **fold**
FOLDER, -S *n* piece of folded cardboard for holding loose papers
FOLDEROL *same as* ▸ **falderal**
FOLDERS ▸ **folder**
FOLDING, -S ▸ **fold**
FOLDOUT, -S *another name for* ▸ **gatefold**
FOLDS ▸ **fold**
FOLDUP, -S *n* something that folds up
FOLEY, -S *n* footsteps editor
FOLIA ▸ **folium**
FOLIAGE, -S *n* leaves
FOLIAGED *adj* having foliage
FOLIAGES ▸ **foliage**
FOLIAR *adj* of or relating to a leaf or leaves
FOLIATE, -S *adj* relating to, possessing, or resembling leaves ▹ *vb* ornament with foliage or with leaf forms such as foils
FOLIATED *adj* ornamented with or made up of foliage or foils
FOLIATES ▸ **foliate**
FOLIC *adj* as in **folic acid** any of a group of vitamins of the B complex
FOLIE, -S *n* madness
FOLIO, -ED, -ING, -S *n* sheet of paper folded in half to make two leaves of a book ▹ *adj* of or made in the largest book size ▹ *vb* number the leaves of (a book) consecutively
FOLIOLE, -S *n* part of a compound leaf
FOLIOS ▸ **folio**
FOLIOSE *adj* (of a tree) leaf-bearing
FOLIOUS *adj* foliose
FOLIUM, FOLIA, -S *n* plane geometrical curve
FOLK, -S *n* people in general ▹ *adj* traditional to the common people of a country
FOLKIE, -R, -S, -ST *n* devotee of folk music ▹ *adj* of or relating to folk music
FOLKISH ▸ **folk**
FOLKLAND *n* former type of land tenure
FOLKLIFE *n* traditional customs, arts, crafts, and other forms of cultural expression of a people
FOLKLIKE ▸ **folk**
FOLKLORE *n* traditional beliefs and stories of a people
FOLKMOOT *n* (in early medieval England) an assembly of the people of a district, town, or shire
FOLKMOT, -S *same as* ▸ **folkmoot**
FOLKMOTE *same as* ▸ **folkmoot**

FOLKMOTS ▸**folkmot**
FOLKS ▸**folk**
FOLKSIER ▸**folksy**
FOLKSILY ▸**folksy**
FOLKSONG *n* traditional song
FOLKSY, FOLKSIER *adj* simple and unpretentious
FOLKTALE *n* tale or legend from an oral tradition
FOLKWAY *singular form of* ▸**folkways**
FOLKWAYS *pl n* traditional and customary ways of living
FOLKY *same as* ▸**folkie**
FOLLES ▸**follis**
FOLLICLE *n* small cavity in the body, esp one from which a hair grows
FOLLIED ▸**folly**
FOLLIES ▸**folly**
FOLLIS, FOLLES *n* Roman coin
FOLLOW, -ED, -S *vb* go or come after
FOLLOWER *n* disciple or supporter
FOLLOWS ▸**follow**
FOLLOWUP *n* further action
FOLLY, FOLLIED, FOLLIES, -ING *n* foolishness ▹*vb* behave foolishly
FOMENT, -ED, -S *vb* encourage or stir up (trouble)
FOMENTER ▸**foment**
FOMENTS ▸**foment**
FOMES, FOMITES *n* any material that may harbour pathogens
FOMITE *same as* ▸**fomes**
FOMITES ▸**fomes**
FON, -NED, -NING, -S *vb* compel
FOND, -ED, -ER, -EST, -ING, -S *adj* tender, loving ▹*n* background of a design, as in lace ▹*vb* dote
FONDA, -S *n* Spanish hotel
FONDANT, -S *n* (sweet made from) flavoured paste of sugar and water ▹*adj* (of a colour) soft
FONDAS ▸**fonda**
FONDED ▸**fond**
FONDER ▸**fond**
FONDEST ▸**fond**
FONDING ▸**fond**
FONDLE, -D, -S, FONDLING *vb* caress
FONDLER, -S ▸**fondle**
FONDLES ▸**fondle**
FONDLING ▸**fondle**
FONDLY ▸**fond**
FONDNESS ▸**fond**
FONDS ▸**fond**
FONDU, -S *n* ballet movement
FONDUE, -D, -S, FONDUING *n* Swiss dish ▹*vb* cook and serve (food) as a fondue
FONDUS ▸**fondu**
FONE, -S *n* informal spelling of telephone
FONLY *adv* foolishly
FONNED ▸**fon**
FONNING ▸**fon**
FONS ▸**fon**
FONT, -S *n* bowl in a church for baptismal water
FONTAL ▸**font**
FONTANEL *n* soft membraneous gap in an infant's skull
FONTANGE *n* type of tall headdress
FONTINA, -S *n* mild Italian cheese
FONTLET, -S ▸**font**
FONTS ▸**font**
FOO, -S *n* temporary computer variable or file
FOOBAR *same as* ▸**fubar**
FOOD, -S *n* what one eats; solid nourishment
FOODBANK *n* charity which distributes food to the needy
FOODERY *n* restaurant
FOODFUL *adj* supplying abundant food
FOODIE, -S *n* gourmet
FOODISM, -S *n* enthusiasm for and interest in good food
FOODLAND *n* land on which food is produced
FOODLESS ▸**food**
FOODOIR, -S *n* book or blog that combines a personal memoir with recipes
FOODS ▸**food**
FOODSHED *n* the area through which food is transported from farm to consumer
FOODWAYS *pl n* customs and traditions relating to food and its preparation
FOODY *same as* ▸**foodie**
FOOFARAW *n* vulgar ornamentation
FOOL, -ED, -S *n* person lacking sense or judgment ▹*vb* deceive (someone)
FOOLERY *n* foolish behaviour
FOOLFISH *n* orange filefish or winter flounder
FOOLING, -S ▸**fool**
FOOLISH *adj* unwise, silly, or absurd
FOOLS ▸**fool**
FOOLSCAP *n* size of paper, 34.3 x 43.2 centimetres
FOOS ▸**foo**
FOOSBALL *n* US and Canadian name for table football
FOOT, FEET, -ED *n* part of the leg below the ankle ▹*vb* kick
FOOTAGE, -S *n* amount of film used
FOOTBAG, -S *n* type of sport
FOOTBALL *n* game played by two teams kicking a ball in an attempt to score goals
FOOTBAR, -S *n* any bar used by the foot
FOOTBATH *n* vessel for bathing the feet
FOOTBED, -S *n* insole in a boot or shoe
FOOTBOY, -S *n* boy servant
FOOTED ▸**foot**
FOOTER, -ED, -S *n* person who goes on foot ▹*vb* potter
FOOTFALL *n* sound of a footstep
FOOTGEAR *another name for* ▸**footwear**
FOOTHILL *n* lower slope of a mountain or a relatively low hill at the foot of a mountain
FOOTHOLD *n* secure position from which progress may be made
FOOTIE, -S *same as* ▸**footy**
FOOTIER ▸**footy**
FOOTIES ▸**footie**
FOOTIEST ▸**footy**
FOOTING, -S *n* basis or foundation
FOOTLE, -D, -S *vb* loiter aimlessly ▹*n* foolishness
FOOTLER, -S ▸**footle**
FOOTLES ▸**footle**
FOOTLESS ▸**foot**
FOOTLIKE ▸**foot**
FOOTLING *adj* trivial ▹*n* trifle
FOOTLONG *n* type of extra-long frankfurter
FOOTMAN, FOOTMEN *n* male servant in uniform
FOOTMARK *n* mark or trace of mud, wetness, etc, left by a person's foot on a surface
FOOTMEN ▸**footman**
FOOTMUFF *n* muff used to keep the feet warm
FOOTNOTE *n* note printed at the foot of a page ▹*vb* supply (a page, book, etc) with footnotes
FOOTPACE *n* normal or walking pace
FOOTPAD, -S *n* highwayman, on foot rather than horseback
FOOTPAGE *n* errand-boy

FOOTPATH *n* narrow path for walkers only
FOOTPOST *n* post delivered on foot
FOOTPUMP *n* pump operated with the foot
FOOTRA, -S *variant of* ▸ **foutra**
FOOTRACE *n* race run on foot
FOOTRAS ▸ **footra**
FOOTREST *n* something that provides a support for the feet, such as a low stool, rail, etc

F

FOOTROPE *n* part of a boltrope to which the foot of a sail is stitched
FOOTRULE *n* rigid measure, one foot in length
FOOTS *pl n* sediment that accumulates at the bottom of a vessel
FOOTSAL, -S *n* type of indoor football with five players on each side
FOOTSIE, -S *n* flirtation involving the touching together of feet
FOOTSLOG *vb* march
FOOTSORE *adj* having sore or tired feet, esp from much walking
FOOTSTEP *n* step in walking
FOOTSY *variant of* ▸ **footsie**
FOOTWALL *n* rocks on the lower side of an inclined fault plane or mineral vein
FOOTWAY, -S *n* way or path for pedestrians
FOOTWEAR *n* anything worn to cover the feet
FOOTWELL *n* part of a car in which the foot pedals are located
FOOTWORK *n* skilful use of the feet, as in sport or dancing
FOOTWORN *adj* footsore
FOOTY, FOOTIER, FOOTIEST *n* football ▹ *adj* mean
FOOZLE, -D, -S, FOOZLING *vb* bungle (a shot) ▹ *n* bungled shot
FOOZLER, -S ▸ **foozle**
FOOZLES ▸ **foozle**
FOOZLING ▸ **foozle**
FOP, -PED, -PING, -S *n* man excessively concerned with fashion ▹ *vb* act like a fop
FOPLING, -S *n* vain affected dandy
FOPPED ▸ **fop**
FOPPERY *n* clothes, affectations, etc, of or befitting a fop
FOPPING ▸ **fop**
FOPPISH ▸ **fop**
FOPS ▸ **fop**
FOR *prep* indicating benefit, receipt, timespan, distance, etc
FORA ▸ **forum**
FORAGE, -D, -S, FORAGING *vb* search about (for) ▹ *n* food for cattle or horses
FORAGER, -S ▸ **forage**
FORAGES ▸ **forage**
FORAGING ▸ **forage**
FORAM, -S *n* marine protozoan
FORAMEN, -S, FORAMINA *n* natural hole
FORAMS ▸ **foram**
FORANE *adj* as in **vicar forane** type of Roman Catholic priest
FORAY, -ED, -ING, -S *n* brief raid or attack ▹ *vb* raid or ravage (a town, district, etc)
FORAYER, -S ▸ **foray**
FORAYING ▸ **foray**
FORAYS ▸ **foray**
FORB, -S *n* any herbaceous plant that is not a grass
FORBAD ▸ **forbid**
FORBADE ▸ **forbid**
FORBEAR, FORBARE, -S, FORBORNE *vb* cease or refrain (from doing something)
FORBID, FORBAD, FORBADE, -S *vb* prohibit, refuse to allow
FORBIDAL ▸ **forbid**
FORBIDS ▸ **forbid**
FORBODE, -D, -S *vb* obsolete word meaning forbid ▹ *n* obsolete word meaning forbidding
FORBORE *past tense of* ▸ **forbear**
FORBORNE ▸ **forbear**
FORBS ▸ **forb**
FORBY *adv* besides
FORBYE *same as* ▸ **forby**
FORCAT, -S *n* convict or galley slave
FORCE, -S, FORCING *n* strength or power ▹ *vb* compel, make (someone) do something
FORCED *adj* compulsory
FORCEDLY ▸ **forced**
FORCEFUL *adj* emphatic and confident
FORCEOUT *n* play in baseball in which a runner is forced to run to next base and is put out
FORCEPS, FORCIPES *pl n* surgical pincers
FORCER, -S ▸ **force**
FORCES ▸ **force**
FORCIBLE *adj* involving physical force or violence
FORCIBLY ▸ **forcible**
FORCING ▸ **force**
FORCIPES ▸ **forceps**
FORD, -ED, -ING, -S *n* shallow place where a river may be crossed ▹ *vb* cross (a river) at a ford
FORDABLE ▸ **ford**
FORDED ▸ **ford**
FORDID ▸ **fordo**
FORDING ▸ **ford**
FORDLESS ▸ **ford**
FORDO, FORDID, -ES, -ING, -NE *vb* destroy
FORDONNE *vb* as in **from fordonne** fordone
FORDS ▸ **ford**
FORE, -S *adj* in, at, or towards the front ▹ *n* front part ▹ *interj* golfer's shouted warning
FOREARM, -S *n* arm from the wrist to the elbow ▹ *vb* prepare beforehand
FOREBAY, -S *n* reservoir or canal
FOREBEAR *n* ancestor
FOREBITT *n* post at a ship's foremast for securing cables
FOREBODE *vb* warn of or indicate (an event, result, etc) in advance
FOREBODY *n* part of a ship forward of the foremast
FOREBOOM *n* boom of a foremast
FOREBY *variant of* ▸ **forby**
FOREBYE *variant of* ▸ **forby**
FORECAR, -S *n* vehicle attached to a motorcycle
FORECAST *vb* predict (weather, events, etc) ▹ *n* prediction
FOREDATE *vb* antedate
FOREDECK *n* deck between the bridge and the forecastle
FOREDO, FOREDID, -ES, -NE *same as* ▸ **fordo**
FOREDOOM *vb* doom or condemn beforehand
FOREFACE *n* muzzle of an animal
FOREFEEL, FOREFELT *vb* have a premonition of
FOREFEET ▸ **forefoot**
FOREFELT ▸ **forefeel**
FOREFEND *same as* ▸ **forfend**
FOREFOOT, FOREFEET *n* either of the front feet of an animal
FOREGO, -ES *same as* ▸ **forgo**

FOREGOER ▸**forego**
FOREGOES ▸**forego**
FOREGONE *adj* gone or completed
FOREGUT, -S *n* anterior part of the digestive tract of vertebrates
FOREHAND *n* stroke played with the palm of the hand facing forward ▹*adj* (of a stroke) made with the wrist facing the direction of play ▹*adv* with a forehand stroke ▹*vb* play (a shot) forehand
FOREHEAD *n* part of the face above the eyebrows
FOREHENT *vb* seize in advance
FOREHOCK *n* foreleg cut of bacon or pork
FOREHOOF *n* front hoof
FOREIGN *adj* not of, or in, one's own country
FOREKING *n* previous king
FOREKNOW, FOREKNEW *vb* know in advance
FOREL, -LED, -S *vb* cover (a book) with parchment
FORELADY *n* forewoman of a jury
FORELAID ▸**forelay**
FORELAIN ▸**forelie**
FORELAND *n* headland, cape, or coastal promontory
FORELAY, FORELAID, -S *archaic word for* ▸**ambush**
FORELEG, -S *n* either of the front legs of an animal
FORELEND, FORELENT *vb* give up
FORELIE, FORELAIN, -S *vb* lie in front of
FORELIFT *vb* lift up in front
FORELIMB *n* front or anterior limb
FORELLED ▸**forel**
FORELOCK *n* lock of hair over the forehead ▹*vb* secure (a bolt) by means of a forelock
FORELS ▸**forel**
FOREMAN, FOREMEN *n* person in charge of a group of workers
FOREMAST *n* mast nearest the bow of a ship
FOREMEAN *vb* intend in advance
FOREMEN ▸**foreman**
FOREMILK *n* first milk drawn from a cow's udder prior to milking
FOREMOST *adv* first in time, place, or importance ▹*adj* first in time, place, or importance
FORENAME *n* first name
FORENOON *n* morning
FORENSIC *adj* used in or connected with courts of law
FOREPART *n* first or front part in place, order, or time
FOREPAST *adj* bygone
FOREPAW, -S *n* either of the front feet of a land mammal
FOREPEAK *n* interior part of a vessel that is furthest forward
FOREPLAN *vb* plan in advance
FORERAN ▸**forerun**
FORERANK *n* first rank
FOREREAD *vb* foretell
FORERUN, FORERAN, -S *vb* serve as a herald for
FORES ▸**fore**
FORESAID *less common word for* > **aforesaid**
FORESAIL *n* main sail on the foremast of a ship
FORESAW ▸**foresee**
FORESAY, -S *vb* foretell
FORESEE, FORESAW, -N, -S *vb* see or know beforehand
FORESEER ▸**foresee**
FORESEES ▸**foresee**
FORESHEW *variant of* ▸**foreshow**
FORESHIP *n* fore part of a ship
FORESHOW *vb* indicate in advance
FORESIDE *n* front or upper side or part
FORESKIN *n* fold of skin covering the tip of the penis
FORESLOW *variant of* ▸**forslow**
FOREST, -ED, -S *n* large area with a thick growth of trees ▹*vb* create a forest (in)
FORESTAL ▸**forest**
FORESTAY *n* adjustable stay used on ships
FORESTED ▸**forest**
FORESTER *n* person skilled in forestry
FORESTRY *n* science of planting and caring for trees
FORESTS ▸**forest**
FORETELL, FORETOLD *vb* tell or indicate beforehand
FORETIME *n* time already gone
FORETOLD ▸**foretell**
FORETOP, -S *n* platform at the top of the foremast
FOREVER, -S *adv* without end ▹*n* very long time
FOREWARD *n* vanguard ▹*vb* guard (something) in front
FOREWARN *vb* warn beforehand
FOREWENT *past tense of* ▸**forego**
FOREWIND *n* favourable wind
FOREWING *n* either wing of the anterior pair of an insect's two pairs of wings
FOREWORD *n* introduction to a book
FOREWORN *same as* ▸**forworn**
FOREX, -ES *n* foreign exchange
FOREYARD *n* yard for supporting the foresail of a square-rigger
FORFAIR, -S *vb* perish
FORFAIRN *adj* worn out
FORFAIRS ▸**forfair**
FORFAULT *variant of* ▸**forfeit**
FORFEIT, -S *n* thing lost or given up as a penalty for a fault or mistake ▹*vb* lose as a forfeit ▹*adj* lost as a forfeit
FORFEND, -S *vb* protect or secure
FORFEX, -ES *n* pair of pincers, esp the paired terminal appendages of an earwig
FORGAT *past tense of* ▸**forget**
FORGAVE ▸**forgive**
FORGE, -D, -S *n* place where metal is worked, smithy ▹*vb* make a fraudulent imitation of (something)
FORGEMAN, FORGEMEN ▸**forge**
FORGER, -S ▸**forge**
FORGERY *n* illegal copy of something
FORGES ▸**forge**
FORGET, -S *vb* fail to remember
FORGING, -S *n* process of producing a metal component by hammering
FORGIVE, FORGAVE, -N, -S *vb* cease to blame or hold resentment against, pardon
FORGIVER ▸**forgive**
FORGIVES ▸**forgive**
FORGO, -ES, -ING, -NE *vb* do without or give up
FORGOER, -S ▸**forgo**
FORGOES ▸**forgo**
FORGOING ▸**forgo**
FORGONE ▸**forgo**
FORGOT *past tense of* ▸**forget**
FORHAILE *vb* distress
FORHENT, -S *variant of* ▸**forehent**
FORHOO, -ED, -S *vb* forsake
FORHOOIE *variant of* ▸**forhoo**

FORHOOS ▸**forhoo**
FORHOW, -ED, -S *variant of* ▸**forhoo**
FORINSEC *adj* foreign
FORINT, -S *n* standard monetary unit of Hungary
FORJUDGE *vb* deprive of a right by the judgment of a court
FORK, -ING, -S, -SFUL *n* tool for eating food ▹*vb* pick up, dig, etc with a fork
FORKBALL *n* method of pitching in baseball
FORKED *adj* having a fork or forklike parts
FORKEDLY ▸**forked**
FORKER, -S ▸**fork**
FORKFUL, -S ▸**fork**
FORKHEAD *n* forked head of a rod
FORKIER ▸**forky**
FORKIEST ▸**forky**
FORKING ▸**fork**
FORKLESS ▸**fork**
FORKLIFT *n* vehicle for loading goods on wooden pallets
FORKLIKE ▸**fork**
FORKS ▸**fork**
FORKSFUL ▸**fork**
FORKTAIL *n* bird belonging to the flycatcher family
FORKY, FORKIER, FORKIEST *adj* forked
FORLANA, -S *n* Venetian dance
FORLEND, -S, FORLENT *variant of* ▸**forelend**
FORLESE, -S, FORLORE *vb* lose, forsake
FORLORN, -S *adj* lonely and unhappy ▹*n* forsaken person
FORM, -ED, -S *n* shape or appearance ▹*vb* give a (particular) shape to or take a (particular) shape
FORMABLE ▸**form**
FORMABLY ▸**form**
FORMAL, -S *adj* of or characterized by conventions of behaviour ▹*n* woman's evening gown
FORMALIN *n* solution of formaldehyde in water
FORMALLY ▸**formal**
FORMALS ▸**formal**
FORMANT, -S *n* any of several frequency ranges
FORMAT, -ED, -S *n* size and shape of a publication ▹*vb* arrange in a format
FORMATE, -S *n* type of salt or ester of formic acid ▹*vb* fly aircraft in formation
FORMATED ▸**format**
FORMATES ▸**formate**
FORMATS ▸**format**
FORME, -S *n* type matter assembled and ready for printing
FORMED ▸**form**
FORMEE, -S *n* type of heraldic cross
FORMER, -S *adj* of an earlier time, previous ▹*n* person or thing that forms or shapes
FORMERLY *adv* in the past
FORMERS ▸**former**
FORMES ▸**forme**
FORMFUL *adj* imaginative
FORMIATE *variant of* ▸**formate**
FORMIC *adj* of, relating to, or derived from ants
FORMICA, -S *n* tradename for any of various laminated plastic sheets
FORMING, -S ▸**form**
FORMLESS *adj* without a definite shape or form
FORMOL, -S *same as* ▸**formalin**
FORMS ▸**form**
FORMULA, -E, -S *n* written form of a scientific or mathematical rule
FORMULAR *adj* of or relating to formulas ▹*n* model or set form
FORMULAS ▸**formula**
FORMWORK *n* arrangement of wooden boards to shape concrete
FORMYL, -S *n* the monovalent group CHO-
FORNENST *prep* situated against or facing towards
FORNENT *variant of* ▸**fornenst**
FORNICAL ▸**fornix**
FORNIX, FORNICES *n* any archlike structure
FORPET, -S *n* quarter of a peck (measure)
FORPINE, -D, -S *vb* waste away
FORPIT, -S *variant of* ▸**forpet**
FORRAD, -ER, -S *adv* forward ▹*n* forward
FORRAY, -ED, -S *archaic variant of* ▸**foray**
FORREN *adj* foreign
FORRIT *adv* forward(s)
FORSAID ▸**forsay**
FORSAKE, -S *vb* withdraw support or friendship from
FORSAKEN *adj* completely deserted or helpless
FORSAKER ▸**forsake**
FORSAKES ▸**forsake**
FORSAY, FORSAID, -S *vb* renounce
FORSLACK *vb* be neglectful
FORSLOE, -D, -S *variant of* ▸**forslow**
FORSLOW, -S *vb* hinder
FORSOOK *past tense of* ▸**forsake**
FORSOOTH *adv* indeed
FORSPEAK, FORSPOKE *vb* bewitch
FORSPEND, FORSPENT *vb* exhaust
FORSPOKE ▸**forspeak**
FORSWATT *adj* sweat-covered
FORSWEAR, FORSWORE *vb* renounce or reject
FORSWINK *vb* exhaust through toil
FORSWORE ▸**forswear**
FORSWORN *past participle of* ▸**forswear**
FORSWUNK *adj* overworked
FORT, -ING, -S *n* fortified building or place ▹*vb* fortify
FORTE *n* thing at which a person excels ▹*adv* loudly
FORTED ▸**fort**
FORTES ▸**fortis**
FORTH *adv* forwards, out, or away ▹*prep* out of
FORTHINK *vb* regret
FORTHY *adv* therefore
FORTIES ▸**forty**
FORTIETH *adj* being the number of *forty* in order ▹*n* one of 40 equal parts
FORTIFY *vb* make (a place) defensible, as by building walls
FORTING ▸**fort**
FORTIS, FORTES *adj* (of a consonant) articulated with considerable muscular tension ▹*n* type of consonantal pronunciation
FORTLET, -S ▸**fort**
FORTRESS *n* large fort or fortified town ▹*vb* protect with or as if with a fortress
FORTS ▸**fort**
FORTUITY *n* chance or accidental occurrence
FORTUNE, -D, -S *n* luck, esp when favourable ▹*vb* befall
FORTY, FORTIES *n* four times ten
FORTYISH ▸**forty**
FORUM, FORA, -S *n* meeting or medium for open discussion or debate
FORWARD *same as* ▸**forwards**
FORWARDS *adv* towards or at a place further ahead in space or time

FORWARN, -S *archaic word for* ▸ **forbid**
FORWASTE *vb* lay waste
FORWEARY *vb* exhaust
FORWENT *past tense of* ▸ **forgo**
FORWHY *adv* for what reason
FORWORN *adj* weary
FORZA, FORZE *n* force
FORZANDO, FORZANDI *another word for* > **sforzando**
FORZATO, FORZATI, -S *variant of* ▸ **forzando**
FORZE ▸ **forza**
FOSS *same as* ▸ **fosse**
FOSSA, -E, -S *n* anatomical depression, trench, or hollow area
FOSSATE *adj* having cavities or depressions
FOSSE, -S *n* ditch or moat, esp one dug as a fortification
FOSSED *adj* having a ditch or moat
FOSSES ▸ **fosse**
FOSSETTE *n* small depression or fossa, as in a bone
FOSSICK, -S *vb* search, esp for gold or precious stones
FOSSIL, -S *n* hardened remains of an animal or plant preserved in rock ▹ *adj* of, like, or being a fossil
FOSSOR, -S *n* grave digger
FOSSULA, -E *n* small fossa
FOSTER, -ED, -S *vb* promote the growth or development of ▹ *adj* of or involved in fostering a child
FOSTERER ▸ **foster**
FOSTERS ▸ **foster**
FOSTRESS *n* female fosterer
FOTHER, -ED, -S *vb* stop a leak in a ship's hull
FOU, -ER, -EST, -S *adj* full ▹ *n* bushel
FOUAT, -S *n* succulent pink-flowered plant
FOUD, -S *n* sheriff in Orkney and Shetland
FOUDRIE, -S *n* foud's district or office
FOUDS ▸ **foud**
FOUER ▸ **fou**
FOUEST ▸ **fou**
FOUET, -S *n* archaic word for a whip
FOUETTE, -S *n* step in ballet
FOUGADE, -S *n* booby-trapped pit or type of mine
FOUGASSE *n* type of bread made with olive oil
FOUGHT ▸ **fight**
FOUGHTEN ▸ **fight**
FOUGHTY *adj* musty
FOUL, -ED, -ER, -EST, -S *adj* loathsome or offensive ▹ *n* violation of the rules ▹ *vb* make dirty or polluted
FOULARD, -S *n* soft light fabric
FOULDER, -S *vb* flash like lightning
FOULE, -S *n* type of woollen cloth
FOULED ▸ **foul**
FOULER ▸ **foul**
FOULES ▸ **foule**
FOULEST ▸ **foul**
FOULIE, -S *n* bad mood
FOULING, -S ▸ **foul**
FOULLY ▸ **foul**
FOULMART *n* polecat
FOULNESS *n* state or quality of being foul
FOULS ▸ **foul**
FOUMART, -S *former name for the* ▸ **polecat**
FOUND, -ED, -ING, -S *vb* set up or establish (an institution, etc)
FOUNDER, -S *vb* break down or fail ▹ *n* person who establishes an institution, etc
FOUNDING ▸ **found**
FOUNDRY *n* place where metal is melted and cast
FOUNDS ▸ **found**
FOUNT, -S *same as* ▸ **font**
FOUNTAIN *n* jet of water
FOUNTFUL *adj* full of springs
FOUNTS ▸ **fount**
FOUR, -S *n* one more than three
FOURBALL *n* type of golf match for two pairs
FOURCHEE *n* type of heraldic cross
FOUREYED *adj* wearing spectacles
FOURFOLD *adj* having four times as many or as much ▹ *adv* by four times as many or as much
FOURGON, -S *n* long covered wagon
FOURPLAY *n* supply of television, internet, landline and mobile phone services by one provider
FOURPLEX *n* building that contains four separate dwellings
FOURS ▸ **four**
FOURSES *n* snack eaten at four o'clock
FOURSOME *n* group of four people
FOURTEEN *n* four and ten
FOURTH, -S *n* number four in a series ▹ *adj* of or being number four in a series
FOURTHLY ▸ **fourth**
FOURTHS ▸ **fourth**
FOUS ▸ **fou**
FOUSSA, -S *n* Madagascan civet-like animal
FOUSTY, FOUSTIER *archaic variant of* ▸ **fusty**
FOUTER, -ED, -S *same as* ▸ **footer**
FOUTH, -S *n* abundance
FOUTRA, -S *n* fig; expression of contempt
FOUTRE, -D, -S, FOUTRING *vb* footer
FOVEA, -E, -S *n* any small pit in the surface of a bodily organ or part
FOVEAL ▸ **fovea**
FOVEAS ▸ **fovea**
FOVEATE ▸ **fovea**
FOVEATED ▸ **fovea**
FOVEOLA, -E, -S *n* small fovea
FOVEOLAR ▸ **foveola**
FOVEOLAS ▸ **foveola**
FOVEOLE, -S *same as* ▸ **foveola**
FOVEOLET *same as* ▸ **foveola**
FOWL, -ED, -S *n* domestic cock or hen ▹ *vb* hunt or snare wild birds
FOWLER, -S ▸ **fowling**
FOWLING, -S *n* shooting or trapping of birds for sport or as a livelihood
FOWLPOX *n* viral infection of poultry and other birds
FOWLS ▸ **fowl**
FOWTH, -S *variant of* ▸ **fouth**
FOX, -ED, -ES *n* reddish-brown bushy-tailed animal of the dog family ▹ *vb* perplex or deceive
FOXBERRY *n* lingonberry
FOXED ▸ **fox**
FOXES ▸ **fox**
FOXFIRE, -S *n* glow emitted by certain fungi
FOXFISH *n* type of shark
FOXGLOVE *n* tall plant with purple or white flowers
FOXHOLE, -S *n* small pit dug for protection
FOXHOUND *n* dog bred for hunting foxes
FOXHUNT, -S *n* hunting of foxes with hounds ▹ *vb* hunt foxes with hounds
FOXIE, -S *n* fox terrier
FOXIER ▸ **foxy**
FOXIES ▸ **foxie**
FOXIEST ▸ **foxy**
FOXILY ▸ **foxy**

FOXINESS ▸**foxy**
FOXING, -S *n* piece of leather used on part of the upper of a shoe
FOXLIKE ▸**fox**
FOXSHARK *n* thresher shark
FOXSHIP, -S *n* cunning
FOXSKIN, -S *adj* made from the skin of a fox ▹*n* skin of a fox
FOXTAIL, -S *n* type of grass
FOXTROT, -S *n* ballroom dance with slow and quick steps ▹*vb* perform this dance
FOXY, FOXIER, FOXIEST *adj* of or like a fox, esp in craftiness
FOY, -S *n* loyalty

This unusual word for loyalty can be a good scorer.

FOYBOAT, -S *n* small rowing boat
FOYER, -S *n* entrance hall in a theatre, cinema, or hotel
FOYLE, -D, -S, FOYLING *variant of* ▸**foil**
FOYNE, -D, -S, FOYNING *variant of* ▸**foin**
FOYS ▸**foy**
FOZIER ▸**fozy**
FOZIEST ▸**fozy**
FOZINESS ▸**fozy**
FOZY, FOZIER, FOZIEST *adj* spongy
FRA, -S *n* brother: a title given to an Italian monk or friar
FRAB, -BED, -BING, -S *vb* nag
FRABBIT *adj* peevish
FRABJOUS *adj* splendid
FRABS ▸**frab**
FRACAS, -ES *n* noisy quarrel
FRACK, -ED, -S *adj* bold ▹*vb* release oil or gas from rock by fracking
FRACKER, -S *n* individual or company which engages in fracking
FRACKING *n* method of releasing oil or gas from rock
FRACKS ▸**frack**
FRACT, -ED, -ING, -S *vb* break
FRACTAL, -S *n* mathematically repeating structure ▹*adj* of, relating to, or involving such a process
FRACTED ▸**fract**
FRACTI ▸**fractus**
FRACTING ▸**fract**
FRACTION *n* numerical quantity that is not a whole number ▹*vb* divide
FRACTS ▸**fract**
FRACTUR, -S *variant of* ▸**fraktur**
FRACTURE *n* breaking, esp of a bone ▹*vb* break
FRACTURS ▸**fractur**
FRACTUS, FRACTI *n* ragged-shaped cloud formation
FRAE *Scot word for* ▸**from**
FRAENUM, FRAENA, -S *n* fold of membrane or skin that supports an organ
FRAG, -GED, -S *vb* kill or wound (a fellow soldier or superior officer) deliberately
FRAGGING ▸**frag**
FRAGILE, -R *adj* easily broken or damaged
FRAGMENT *n* piece broken off ▹*vb* break into pieces
FRAGOR, -S *n* sudden sound
FRAGRANT *adj* sweet-smelling
FRAGS ▸**frag**
FRAIL, -ER, -EST, -S *adj* physically weak ▹*n* rush basket for figs or raisins
FRAILISH ▸**frail**
FRAILLY ▸**frail**
FRAILS ▸**frail**
FRAILTEE *variant of* ▸**frailty**
FRAILTY *n* physical or moral weakness
FRAIM, -S *n* stranger
FRAISE, -D, -S, FRAISING *n* neck ruff worn during the 16th century ▹*vb* provide a rampart with a palisade
FRAKTUR, -S *n* style of typeface
FRAMABLE ▸**frame**
FRAME, -D, -S *n* structure giving shape or support ▹*vb* put together, construct
FRAMER, -S ▸**frame**
FRAMES ▸**frame**
FRAMING, -S *n* frame, framework, or system of frames
FRAMPAL *same as* ▸**frampold**
FRAMPLER *n* quarrelsome person
FRAMPOLD *adj* peevish
FRANC, -S *n* monetary unit
FRANCISE *same as* ▸**francize**
FRANCIUM *n* radioactive metallic element
FRANCIZE *vb* make French
FRANCO *adj* post-free
FRANCS ▸**franc**
FRANION, -S *n* lover, paramour
FRANK, -ED, -EST, -ING, -S *adj* honest and straightforward in speech or attitude ▹*n* official mark on a letter permitting delivery ▹*vb* put such a mark on (a letter)
FRANKER, -S ▸**frank**
FRANKEST ▸**frank**
FRANKING ▸**frank**
FRANKLIN *n* (in 14th- and 15th-century England) a landholder of free but not noble birth
FRANKLY *adv* in truth
FRANKS ▸**frank**
FRANKUM, -S *n* spruce resin
FRANTIC *adj* distracted with rage, grief, joy, etc
FRANZY, FRANZIER *adj* irritable
FRAP, -PED, -PING, -S *vb* lash down or together
FRAPE, -D, -S, FRAPING *adj* tightly bound ▹*vb* alter information on a person's social networking profile
FRAPEAGE *n* act of altering information on a person's social networking profile
FRAPED ▸**frape**
FRAPES ▸**frape**
FRAPING ▸**frape**
FRAPPANT *adj* striking, vivid
FRAPPE, -S *adj* (of drinks) chilled ▹*n* type of drink
FRAPPED ▸**frap**
FRAPPEE *same as* ▸**frappe**
FRAPPES ▸**frappe**
FRAPPING ▸**frap**
FRAPS ▸**frap**
FRAS ▸**fra**
FRASCATI *n* dry or semisweet white wine from the Lazio region of Italy
FRASS, -ES *n* refuse left by insects and insect larvae
FRAT, -S *n* member of a fraternity
FRATCH, -ES *n* quarrel
FRATCHY *adj* quarrelsome
FRATE, FRATI *n* friar
FRATER, -S *n* mendicant friar or a lay brother in a monastery or priory
FRATERY ▸**frater**
FRATI ▸**frate**
FRATRY, FRATRIES ▸**frater**
FRATS ▸**frat**
FRAU, -S *n* married German woman
FRAUD, -S *n* (criminal) deception, swindle
FRAUDFUL ▸**fraud**
FRAUDS ▸**fraud**
FRAUGHAN *n* small shrub
FRAUGHT, -S *adj* tense or anxious ▹*vb* archaic word for load ▹*n* archaic word for freight

FRAULEIN *n* unmarried German woman
FRAUS ▸**frau**
FRAUTAGE *n* cargo
FRAWZEY, -S *n* celebration
FRAY, -ED, -S *n* noisy quarrel or conflict ▹*vb* make or become ragged at the edge
FRAYING, -S ▸**fray**
FRAYS ▸**fray**
FRAZIL, -S *n* small pieces of ice that form in turbulently moving water
FRAZZLE, -D, -S *n* exhausted state ▹*vb* tire out
FREAK, -ED, -ING, -S *n* abnormal person or thing ▹*adj* abnormal ▹*vb* streak with colour
FREAKERY *n* as in **control freakery** obsessive need to be in control of events
FREAKFUL *variant of* ▸**freakish**
FREAKIER ▸**freaky**
FREAKILY ▸**freaky**
FREAKING ▸**freak**
FREAKISH *adj* of, related to, or characteristic of a freak
FREAKOUT *n* heightened emotional state
FREAKS ▸**freak**
FREAKY, FREAKIER *adj* weird, peculiar
FRECKLE, -S *n* small brown spot on the skin ▹*vb* mark or become marked with freckles
FRECKLED ▸**freckle**
FRECKLES ▸**freckle**
FRECKLY ▸**freckle**
FREDAINE *n* escapade
FREE, -D, -ING, -S, -ST *adj* able to act at will, not compelled or restrained ▹*vb* release, liberate
FREEBEE, -S *variant of* ▸**freebie**
FREEBIE, -S *n* something provided without charge ▹*adj* without charge
FREEBOOT *vb* act as a freebooter
FREEBORN *adj* not born in slavery
FREED ▸**free**
FREEDMAN, FREEDMEN *n* man freed from slavery
FREEDOM, -S *n* being free
FREEFALL *adj* as in **freefall parachuting** parachuting in which the jumper manoeuvres in free fall before opening the parachute
FREEFORM *n* irregular flowing shape, often used in industrial or fabric design ▹*adj* freely flowing, spontaneous
FREEGAN, -S *n* person who avoids buying consumer goods
FREEHAND *adj* drawn without guiding instruments
FREEHOLD *n* tenure of land for life without restrictions ▹*adj* of or held by freehold
FREEING ▸**free**
FREEKEH, -S *n* type of cereal
FREELOAD *vb* act as a freeloader
FREELY ▸**free**
FREEMAN, FREEMEN *n* person who has been given the freedom of a city
FREEMIUM *n* free service with paid additional options
FREENESS ▸**free**
FREEPOST *adj* (of post) able to be posted without charge
FREER, -S *n* liberator
FREERIDE *n* extreme form of skiing, snowboarding, or mountain biking
FREERS ▸**freer**
FREES ▸**free**
FREESIA, -S *n* plant with fragrant tubular flowers
FREEST ▸**free**
FREET, -S *n* omen or superstition
FREETIER ▸**freety**
FREETS ▸**freet**
FREETY, FREETIER *adj* superstitious
FREEWARE *n* computer software that may be distributed and used without payment
FREEWAY, -S *n* motorway
FREEWILL *n* apparent human ability to make choices that are not externally determined
FREEZE, -S, FREEZING, FROZE, FROZEN *vb* turn from liquid to solid by the reduction of temperature ▹*n* period of very cold weather
FREEZER, -S *n* insulated cabinet for cold-storage of perishable foods
FREEZES ▸**freeze**
FREEZING ▸**freeze**
FREIGHT, -S *n* commercial transport of goods ▹*vb* send by freight
FREIT, -S *variant of* ▸**freet**
FREITIER ▸**freity**
FREITS ▸**freit**
FREITY, FREITIER *adj* superstitious
FREMD, -S *n* strange person or thing
FREMIT, -S *same as* ▸**fremd**
FREMITUS *n* vibration felt by a hand placed on the body
FRENA ▸**frenum**
FRENCH, -ED, -ES *vb* cut (food) into thin strips
FRENEMY *n* supposed friend who behaves in a treacherous manner
FRENETIC *adj* uncontrolled, excited ▹*n* madman
FRENNE, -S *variant of* ▸**fremd**
FRENULA ▸**frenulum**
FRENULAR ▸**frenulum**
FRENULUM, FRENULA *n* group of bristles on the hind wing of some moths
FRENUM, FRENA, -S *same as* ▸**fraenum**
FRENZIED *adj* filled with or as if with frenzy
FRENZIES ▸**frenzy**
FRENZILY ▸**frenzy**
FRENZY, FRENZIES *n* wild excitement or agitation ▹*vb* make frantic
FREON, -S *n* tradename for an aerosol refrigerant
FREQUENT *adj* happening often ▹*vb* visit habitually
FRERE, -S *n* friar
FRESCADE *n* shady place or cool walk
FRESCO, -ED, -ES, -S *n* watercolour painting done on wet plaster ▹*vb* paint a fresco
FRESCOER ▸**fresco**
FRESCOES ▸**fresco**
FRESCOS ▸**fresco**
FRESH, -ED, -ES, -EST, -ING *adj* newly made, acquired, etc ▹*adv* recently ▹*vb* freshen
FRESHEN, -S *vb* make or become fresh or fresher
FRESHER, -S *n* first-year student
FRESHES ▸**fresh**
FRESHEST ▸**fresh**
FRESHET, -S *n* sudden overflowing of a river
FRESHIE, -S *n* new Indian immigrant to the UK
FRESHING ▸**fresh**
FRESHISH ▸**fresh**
FRESHLY ▸**fresh**
FRESHMAN, FRESHMEN *same as* ▸**fresher**
FRESNEL, -S *n* unit of frequency
FRET, -S, -TED, -TING *vb* be worried ▹*n* worried state
FRETFUL *adj* irritable

FRETLESS ▸ **fret**
FRETS ▸ **fret**
FRETSAW, -S *n* fine saw with a narrow blade, used for fretwork
FRETSOME *adj* vexing
FRETTED ▸ **fret**
FRETTER, -S ▸ **fret**
FRETTIER ▸ **fretty**
FRETTING ▸ **fret**
FRETTY, FRETTIER *adj* decorated with frets
FRETWORK *n* decorative carving in wood
FRIABLE *adj* easily crumbled
FRIAND, -S *n* small almond cake
FRIANDE, -S *variant of* ▸ **friand**
FRIANDS ▸ **friand**
FRIAR, -S *n* member of a male Roman Catholic religious order
FRIARIES ▸ **friary**
FRIARLY ▸ **friar**
FRIARS ▸ **friar**
FRIARY, FRIARIES *n* house of friars
FRIB, -S *n* piece of wool removed from a fleece during classing
FRIBBLE, -D, -S *vb* fritter away ▹ *n* wasteful or frivolous person or action ▹ *adj* frivolous
FRIBBLER ▸ **fribble**
FRIBBLES ▸ **fribble**
FRIBS ▸ **frib**
FRICADEL *variant of* > **frikkadel**
FRICANDO *n* larded and braised veal fillet
FRICHT, -ED, -S *vb* frighten
FRICOT, -S *n* Acadian stew of potatoes, meat or fish
FRICTION *n* resistance met with by a body moving over another
FRIDGE, -D, -S, FRIDGING *n* apparatus in which food and drinks are kept cool ▹ *vb* archaic word for chafe
FRIED ▸ **fry**
FRIEND, -ED, -S *n* person whom one knows well and likes ▹ *vb* befriend
FRIENDLY *adj* showing or expressing liking ▹ *n* match played for its own sake and not as part of a competition
FRIENDS ▸ **friend**
FRIER, -S *same as* ▸ **fryer**
FRIES ▸ **fry**
FRIEZE, -D, -S, FRIEZING *n* ornamental band on a wall ▹ *vb* give a nap to (cloth)
FRIG, -ES, -GED, -GING, -S *vb* behave foolishly or aimlessly ▹ *n* fridge
FRIGATE, -S *n* medium-sized fast warship
FRIGES ▸ **frig**
FRIGGED ▸ **frig**
FRIGGER, -S ▸ **frig**
FRIGGING ▸ **frig**
FRIGHT, -ED, -S *n* sudden fear or alarm
FRIGHTEN *vb* scare or terrify
FRIGHTS ▸ **fright**
FRIGID, -ER *adj* formal or stiff in temperament
FRIGIDLY ▸ **frigid**
FRIGOT, -S *variant of* ▸ **frigate**
FRIGS ▸ **frig**
FRIJOL, -ES *n* variety of bean
FRIJOLE *variant of* ▸ **frijol**
FRIJOLES ▸ **frijol**
FRILL, -ED, -ING, -S *n* gathered strip of fabric attached at one edge ▹ *vb* adorn or fit with a frill or frills
FRILLER, -S ▸ **frill**
FRILLERY *n* fabric or clothing arranged in frills
FRILLIER ▸ **frilly**
FRILLIES *pl n* flimsy women's underwear
FRILLING ▸ **frill**
FRILLS ▸ **frill**
FRILLY, FRILLIER *adj* with a frill or frills
FRINGE, -D, -S *n* hair cut short and hanging over the forehead ▹ *vb* decorate with a fringe ▹ *adj* (of theatre) unofficial or unconventional
FRINGIER ▸ **fringy**
FRINGING *n* act of fringing
FRINGY, FRINGIER *adj* having a fringe
FRIPON, -S *n* rogue
FRIPPER, -S *n* dealer in old clothes
FRIPPERY *n* useless ornamentation
FRIPPET, -S *n* frivolous or flamboyant young woman
FRIS, -ES *same as* ▸ **friska**
FRISBEE, -S *n* tradename of a light plastic disc for throwing in a game
FRISE *n* fabric with a long normally uncut nap used for upholstery and rugs
FRISEE, -S *n* endive
FRISES ▸ **fris**
FRISETTE *n* curly or frizzed fringe, often an artificial hairpiece, worn by women on the forehead
FRISEUR, -S *n* hairdresser
FRISK, -ED, -ING, -S *vb* move or leap playfully ▹ *n* playful movement
FRISKA, -S *n* (in Hungarian music) the fast movement of a piece
FRISKED ▸ **frisk**
FRISKER, -S ▸ **frisk**
FRISKET, -S *n* part of a hand printing press
FRISKFUL ▸ **frisk**
FRISKIER ▸ **frisky**
FRISKILY ▸ **frisky**
FRISKING ▸ **frisk**
FRISKS ▸ **frisk**
FRISKY, FRISKIER *adj* lively or high-spirited
FRISSON, -S *n* shiver of fear or excitement
FRIST, -ED, -ING, -S *archaic word for* ▸ **postpone**
FRISURE, -S *n* styling the hair into curls
FRIT, -S, -TED, -TING *n* basic materials for making glass, glazes for pottery, etc ▹ *vb* fuse (materials) in making frit
FRITES *pl n* chipped potatoes
FRITFLY *n* type of small black fly
FRITH, -S *same as* ▸ **firth**
FRITS ▸ **frit**
FRITT, -S *same as* ▸ **frit**
FRITTATA *n* flat thick Italian omelette
FRITTED ▸ **frit**
FRITTER, -S *n* piece of food fried in batter ▹ *vb* waste or squander
FRITTING ▸ **frit**
FRITTS ▸ **fritt**
FRITURE, -S *archaic word for* ▸ **fritter**
FRITZ, -ED, -ING *n* as in **on the fritz** in a state of disrepair ▹ *vb* (of an appliance, etc) become broken or start malfunctioning
FRIULANO *n* type of Italian cheese
FRIVOL, -ED, -S *vb* behave frivolously
FRIVOLER ▸ **frivol**
FRIVOLS ▸ **frivol**
FRIZ *variant of* ▸ **frizz**
FRIZADO, -S *n* fine frieze-like fabric
FRIZE, -D, -S, FRIZING *n* coarse woollen fabric ▹ *vb* freeze
FRIZER, -S *n* person who gives nap to cloth
FRIZES ▸ **frize**
FRIZETTE *same as* ▸ **frisette**

FRIZING ▸**frize**
FRIZZ, -ED, -ES, -ING *vb* form (hair) into stiff wiry curls ▷*n* hair that has been frizzed
FRIZZER, -S ▸**frizz**
FRIZZES ▸**frizz**
FRIZZIER ▸**frizzy**
FRIZZIES *n* condition of having frizzy hair
FRIZZILY ▸**frizzy**
FRIZZING ▸**frizz**
FRIZZLE, -D, -S *vb* cook or heat until crisp and shrivelled ▷*n* tight curl
FRIZZLER ▸**frizzle**
FRIZZLES ▸**frizzle**
FRIZZLY ▸**frizzle**
FRIZZY, FRIZZIER *adj* (of the hair) in tight crisp wiry curls
FRO, -S *adv* away ▷*n* afro
FROCK, -ED, -S *n* dress ▷*vb* invest (a person) with the office or status of a cleric
FROCKING *n* coarse material suitable for making frocks or work clothes
FROCKS ▸**frock**
FROE, -S *n* cutting tool
FROG, -S *n* type of amphibian
FROGBIT, -S *n* floating aquatic Eurasian plant
FROGEYE, -S *n* plant disease
FROGEYED *adj* affected by frogeye
FROGEYES ▸**frogeye**
FROGFISH *n* type of angler fish
FROGGED *adj* decorated with frogging
FROGGERY *n* place where frogs are kept
FROGGIER ▸**froggy**
FROGGING *n* decorative fastening of looped braid on a coat
FROGGY, FROGGIER *adj* like a frog
FROGLET, -S *n* young frog
FROGLIKE ▸**frog**
FROGLING *n* young frog
FROGMAN, FROGMEN *n* swimmer with equipment for working under water
FROGS ▸**frog**
FROIDEUR *n* coldness
FROING, -S *n* as in **toing and froing** going back and forth
FROISE, -S *n* kind of pancake
FROLIC, -S *vb* run and play in a lively way ▷*n* lively and merry behaviour ▷*adj* full of merriment or fun
FROLICKY *adj* frolicsome
FROLICS ▸**frolic**
FROM *prep* indicating the point of departure, source, etc
FROMAGE, -S *n* as in **fromage frais** low-fat soft cheese
FROMENTY *same as* ▸**frumenty**
FROND, -S *n* long leaf or leaflike part of a fern, palm, or seaweed
FRONDAGE *n* fronds collectively
FRONDED *adj* having fronds
FRONDENT *adj* leafy
FRONDEUR *n* 17th-century French rebel
FRONDOSE *adj* leafy or like a leaf
FRONDOUS *adj* leafy or like a leaf
FRONDS ▸**frond**
FRONS, FRONTES *n* plate on the head of some insects
FRONT, -ED, -EST, -ING, -S *n* fore part ▷*adj* of or at the front ▷*vb* face (onto)
FRONTAGE *n* facade of a building
FRONTAL, -S *adj* of, at, or in the front ▷*n* decorative hanging for the front of an altar
FRONTED ▸**front**
FRONTER, -S *n* front side
FRONTES ▸**frons**
FRONTEST ▸**front**
FRONTIER *n* area of a country bordering on another
FRONTING ▸**front**
FRONTLET *n* small decorative loop worn on a woman's forehead
FRONTMAN, FRONTMEN *n* nominal leader who lacks real power or authority
FRONTON, -S *n* wall against which pelota or jai alai is played
FRONTOON *variant of* ▸**fronton**
FRONTS ▸**front**
FRORE *adj* very cold or frosty
FROREN *variant of* ▸**frore**
FRORN *variant of* ▸**frore**
FRORNE *variant of* ▸**frore**
FRORY *adj* frozen
FROS ▸**fro**
FROSH, -ES *n* freshman
FROST, -S *n* white frozen dew or mist ▷*vb* become covered with frost
FROSTBIT > **frostbite**
FROSTED, -S *adj* (of glass) having a rough surface to make it opaque ▷*n* type of ice cream dish
FROSTIER ▸**frosty**
FROSTILY ▸**frosty**
FROSTING *n* sugar icing
FROSTNIP *n* milder form of frostbite
FROSTS ▸**frost**
FROSTY, FROSTIER *adj* characterized or covered by frost
FROTH, -ED, -S *n* mass of small bubbles ▷*vb* foam
FROTHER, -S ▸**froth**
FROTHERY *n* anything insubstantial, like froth
FROTHIER ▸**frothy**
FROTHILY ▸**froth**
FROTHING *n* act of frothing
FROTHS ▸**froth**
FROTHY, FROTHIER ▸**froth**
FROTTAGE *n* act or process of taking a rubbing from a rough surface for a work of art
FROUFROU *n* swishing sound, as made by a long silk dress
FROUGHY *adj* rancid
FROUNCE, -D, -S *vb* wrinkle
FROUZIER ▸**frouzy**
FROUZILY *adv* in a frouzy manner
FROUZY, FROUZIER *same as* ▸**frowzy**
FROW, -S *same as* ▸**froe**
FROWARD *adj* obstinate
FROWARDS *same as* ▸**froward**
FROWIE, -R, -ST *variant of* ▸**froughy**
FROWN, -ED, -ING, -S *vb* wrinkle one's brows in worry, anger, or thought ▷*n* frowning expression
FROWNER, -S ▸**frown**
FROWNIER ▸**frowny**
FROWNING ▸**frown**
FROWNS ▸**frown**
FROWNY, FROWNIER *adj* displaying a frown
FROWS ▸**frow**
FROWSIER ▸**frowsy**
FROWSILY *adv* in a frowsy manner
FROWST, -ED, -S *n* hot and stale atmosphere ▷*vb* abandon oneself to such an atmosphere
FROWSTER ▸**frowst**
FROWSTS ▸**frowst**
FROWSTY *adj* stale or musty
FROWSY, FROWSIER *same as* ▸**frowzy**
FROWY *variant of* ▸**froughy**
FROWZIER ▸**frowzy**
FROWZILY ▸**frowzy**
FROWZY, FROWZIER *adj* dirty or unkempt

FROZE ▸ **freeze**
FROZEN ▸ **freeze**
FROZENLY ▸ **freeze**
FRUCTAN, -S *n* type of polymer of fructose
FRUCTED *adj* fruit-bearing
FRUCTIFY *vb* (cause to) bear fruit
FRUCTIVE *adj* fruitful
FRUCTOSE *n* crystalline sugar occurring in many fruits
FRUG, -GED, -GING, -S *vb* perform the frug, a 1960s dance
FRUGAL *adj* thrifty, sparing
FRUGALLY ▸ **frugal**
FRUGGED ▸ **frug**
FRUGGING ▸ **frug**
FRUGS ▸ **frug**
FRUICT, -S *obsolete variant of* ▸ **fruit**
FRUIT, -ED, -ING, -S *n* part of a plant containing seeds ▹ *vb* bear fruit
FRUITAGE *n* process, state, or season of producing fruit
FRUITED ▸ **fruit**
FRUITER, -S *n* fruit grower
FRUITERY *n* fruitage
FRUITFUL *adj* useful or productive
FRUITIER ▸ **fruity**
FRUITILY ▸ **fruity**
FRUITING ▸ **fruit**
FRUITION *n* fulfilment of something worked for or desired
FRUITIVE *adj* enjoying
FRUITLET *n* small fruit
FRUITS ▸ **fruit**
FRUITY, FRUITIER *adj* of or like fruit
FRUMENTY *n* kind of porridge made from hulled wheat boiled with milk, sweetened, and spiced
FRUMP, -ED, -ING, -S *n* dowdy woman ▹ *vb* mock or taunt
FRUMPIER ▸ **frumpy**
FRUMPILY ▸ **frumpy**
FRUMPING ▸ **frump**
FRUMPISH *same as* ▸ **frumpy**
FRUMPLE, -D, -S *vb* wrinkle or crumple
FRUMPS ▸ **frump**
FRUMPY, FRUMPIER *adj* (of a woman, clothes, etc) dowdy or unattractive
FRUSH, -ED, -ES, -ING *vb* break into pieces
FRUST, -S *n* fragment
FRUSTA ▸ **frustum**
FRUSTS ▸ **frust**
FRUSTULE *n* hard siliceous cell wall of a diatom
FRUSTUM, FRUSTA, -S *n* part of a solid
FRUTEX, FRUTICES *n* shrub
FRUTIFY *vb* malapropism for notify
FRY, FRIED, FRIES *vb* cook or be cooked in fat or oil ▹ *n* dish of fried food
FRYABLE ▸ **fry**
FRYBREAD *n* Native American fried bread
FRYER, -S *n* person or thing that fries
FRYING, -S ▸ **fry**
FRYPAN, -S *n* long-handled shallow pan used for frying
FUB, -BED, -BING, -S *vb* cheat
FUBAR *adj* irreparably damaged or bungled
FUBBED ▸ **fub**
FUBBERY *n* cheating
FUBBIER ▸ **fubby**
FUBBIEST ▸ **fubby**
FUBBING ▸ **fub**
FUBBY, FUBBIER, FUBBIEST *adj* chubby
FUBS ▸ **fub**
FUBSY, FUBSIER, FUBSIEST *adj* short and stout
FUCHSIA, -S *n* ornamental shrub
FUCHSIN, -S *n* greenish crystalline substance
FUCHSINE *same as* ▸ **fuchsin**
FUCHSINS ▸ **fuchsin**
FUCHSITE *n* form of mica
FUCI ▸ **fucus**
FUCOID, -S *n* type of seaweed
FUCOIDAL *n* type of seaweed
FUCOIDS ▸ **fucoid**
FUCOSE, -S *n* aldose
FUCOUS *same as* ▸ **fucoidal**
FUCUS, FUCI, -ES *n* type of seaweed
FUCUSED *adj* archaic word meaning made up with cosmetics
FUCUSES ▸ **fucus**
FUD, -S *n* rabbit's tail
FUDDIER ▸ **fuddy**
FUDDIES ▸ **fuddy**
FUDDIEST ▸ **fuddy**
FUDDLE, -D, -S, FUDDLING *vb* cause to be intoxicated or confused ▹ *n* confused state
FUDDLER, -S ▸ **fuddle**
FUDDLES ▸ **fuddle**
FUDDLING ▸ **fuddle**
FUDDY, FUDDIER, FUDDIES, FUDDIEST *n* old-fashioned person ▹ *adj* old-fashioned
FUDGE, -D, -S, FUDGING *n* soft caramel-like sweet ▹ *vb* make (an issue) less clear deliberately ▹ *interj* mild exclamation of annoyance
FUDGIER ▸ **fudgy**
FUDGIEST ▸ **fudgy**
FUDGING ▸ **fudge**
FUDGY, FUDGIER, FUDGIEST *adj* resembling or containing fudge
FUDS ▸ **fud**
FUEHRER, -S *n* leader: applied esp to Adolf Hitler
FUEL, -ED, -ING, -LED, -LING, -S *n* substance burned or treated to produce heat or power ▹ *vb* provide with fuel
FUELER, -S ▸ **fuel**
FUELING ▸ **fuel**
FUELLED ▸ **fuel**
FUELLER, -S ▸ **fuel**
FUELLING ▸ **fuel**
FUELS ▸ **fuel**
FUELWOOD *n* any wood used as a fuel
FUERO, -S *n* Spanish code of laws
FUFF, -ED, -ING, -S *vb* puff
FUFFIER ▸ **fuffy**
FUFFIEST ▸ **fuffy**
FUFFING ▸ **fuff**
FUFFS ▸ **fuff**
FUFFY, FUFFIER, FUFFIEST *adj* puffy
FUG, -GED, -GING, -S *n* hot stale atmosphere ▹ *vb* sit in a fug
FUGACITY *n* property of a gas that expresses its tendency to escape or expand
FUGAL *adj* of, relating to, or in the style of a fugue
FUGALLY ▸ **fugal**
FUGATO, -S *adj* in the manner or style of a fugue ▹ *n* movement, section, or piece in this style
FUGGED ▸ **fug**
FUGGIER ▸ **fuggy**
FUGGIEST ▸ **fuggy**
FUGGILY ▸ **fug**
FUGGING ▸ **fug**
FUGGY, FUGGIER, FUGGIEST ▸ **fug**
FUGHETTA *n* short fugue
FUGIE, -S *n* runaway
FUGIO, -S *n* former US copper coin
FUGITIVE *n* person who flees, esp from arrest or pursuit ▹ *adj* fleeing
FUGLE, -D, -S, FUGLING *vb* act as a fugleman

FUGLEMAN, FUGLEMEN *n* (formerly) a soldier used as an example for those learning drill
FUGLES ▸**fugle**
FUGLING ▸**fugle**
FUGS ▸**fug**
FUGU, -S *n* puffer fish

U is not normally a desirable letter to have on your rack unless you happen to have the Q, and two Us can be trouble. This Japanese fish can help you out.

FUGUE, -D, -S, FUGUING *n* type of musical composition ▹*vb* be in a dreamlike, altered state of consciousness
FUGUIST, -S *n* composer of fugues
FUGUS ▸**fugu**
FUHRER, -S *same as* ▸**fuehrer**
FUJI, -S *n* type of African music
FULCRA ▸**fulcrum**
FULCRATE ▸**fulcrum**
FULCRUM, FULCRA, -S *n* pivot about which a lever turns
FULFIL, -S *vb* achieve (a desire or promise)
FULFILL, -S *same as* ▸**fulfil**
FULFILS ▸**fulfil**
FULGENCY ▸**fulgent**
FULGENT *adj* shining brilliantly
FULGID *same as* ▸**fulgent**
FULGOR, -S *n* brilliance
FULGOUR, -S *variant of* ▸**fulgor**
FULGURAL >**fulgurate**
FULHAM, -S *n* loaded die
FULL, -ED, -EST, -ING, -S *adj* containing as much or as many as possible ▹*adv* completely ▹*vb* clean, shrink, and press cloth
FULLAGE, -S *n* price charged for fulling cloth
FULLAM, -S *variant of* ▸**fulham**
FULLAN, -S *variant of* ▸**fulham**
FULLBACK *n* defensive player
FULLED ▸**full**
FULLER, -ED, -S *n* person who fulls cloth for a living ▹*vb* forge (a groove) or caulk (a riveted joint) with a fuller
FULLERY *n* place where fulling is carried out
FULLEST ▸**full**
FULLFACE *n* in printing, a letter that takes up full body size
FULLING ▸**full**
FULLISH ▸**full**
FULLNESS ▸**full**
FULLS ▸**full**
FULLY *adv* greatest degree or extent
FULMAR, -S *n* Arctic sea bird
FULMINE, -D, -S *vb* fulminate
FULMINIC *adj* as in **fulminic acid**, unstable volatile acid
FULNESS ▸**full**
FULSOME, -R *adj* distastefully excessive or insincere
FULVID *variant of* ▸**fulvous**
FULVOUS *adj* of a dull brownish-yellow colour
FUM, -S *n* phoenix, in Chinese mythology
FUMADO, -ES, -S *n* salted, smoked fish
FUMAGE, -S *n* hearth money
FUMARASE *n* enzyme
FUMARATE *n* salt of fumaric acid
FUMARIC *adj* as in **fumaric acid** colourless crystalline acid
FUMAROLE *n* vent in or near a volcano from which hot gases, esp steam, are emitted
FUMATORY *n* chamber where insects and fungi are destroyed by fumigation
FUMBLE, -D, -S, FUMBLING *vb* handle awkwardly ▹*n* act of fumbling
FUMBLER, -S ▸**fumble**
FUMBLES ▸**fumble**
FUMBLING ▸**fumble**
FUME, -S, FUMING *vb* be very angry
FUMED *adj* (of wood) having been exposed to ammonia fumes
FUMELESS ▸**fume**
FUMELIKE ▸**fume**
FUMER, -S ▸**fume**
FUMEROLE *variant of* ▸**fumarole**
FUMERS ▸**fumer**
FUMES ▸**fume**
FUMET, -S *n* liquor from cooking fish, meat, or game
FUMETTE, -S *variant of* ▸**fumet**
FUMETTO, FUMETTI, -S *n* speech balloon in a comic or cartoon
FUMIER ▸**fumy**
FUMIEST ▸**fumy**
FUMIGANT *n* substance used for fumigating
FUMIGATE *vb* disinfect with fumes
FUMING ▸**fume**
FUMINGLY ▸**fume**
FUMITORY *n* chiefly European plant with spurred flowers, formerly used medicinally
FUMOSITY ▸**fume**
FUMOUS ▸**fume**
FUMS ▸**fum**
FUMULUS, FUMULI *n* smokelike cloud
FUMY, FUMIER, FUMIEST ▸**fume**
FUN, -NED, -NER, -NEST, -NING, -S *n* enjoyment or amusement ▹*vb* trick ▹*adj* providing amusement or entertainment
FUNBOARD *n* type of surfboard
FUNCKIA, -S *n* type of plant resembling the lily
FUNCTION *n* purpose something exists for ▹*vb* operate or work
FUNCTOR, -S *n* performer of a function
FUND, -ED *n* stock of money for a special purpose ▹*vb* provide money to
FUNDABLE ▸**fund**
FUNDED ▸**fund**
FUNDER, -S ▸**fund**
FUNDI, -S *n* expert or boffin
FUNDIC ▸**fundus**
FUNDIE, -S *n* fundamentalist Christian
FUNDING, -S ▸**fund**
FUNDIS ▸**fundi**
FUNDLESS ▸**fund**
FUNDS *pl n* money that is readily available
FUNDUS *n* base of an organ
FUNDY *n* fundamentalist
FUNEBRAL *variant of* >**funebrial**
FUNEBRE *adj* funereal or mournful
FUNERAL, -S *n* ceremony of burying or cremating a dead person
FUNERARY *adj* of or for a funeral
FUNEREAL *adj* gloomy or sombre
FUNEST *adj* lamentable
FUNFAIR, -S *n* entertainment with machines to ride on and stalls
FUNFEST, -S *n* enjoyable time
FUNG, -S *same as* ▸**funk**
FUNGAL, -S *adj* of, derived from, or caused by a fungus or fungi ▹*n* fungus or fungal infection

FUNGI ▸ **fungus**
FUNGIBLE *n* goods replaceable by similar goods of equal quantity or weight ▹ *adj* having the quality of fungibles
FUNGIC ▸ **fungus**
FUNGO, -ED, -ES, -ING, -S *n* in baseball, act of tossing and hitting the ball ▹ *vb* toss and hit a ball
FUNGOID, -S *adj* resembling a fungus
FUNGOING ▸ **fungo**
F
FUNGOS ▸ **fungo**
FUNGOUS *adj* appearing and spreading quickly like a fungus
FUNGS ▸ **fung**
FUNGUS, FUNGI, -ES *n* plant such as a mushroom or mould
FUNHOUSE *n* amusing place at fairground
FUNICLE, -S *n* stalk that attaches an ovule to the wall of the ovary
FUNICULI > **funiculus**
FUNK, -ED, -ING, -S *n* style of dance music with a strong beat ▹ *vb* avoid (doing something) through fear
FUNKER, -S ▸ **funk**
FUNKHOLE *n* dugout
FUNKIA, -S *n* hosta
FUNKIER ▸ **funky**
FUNKIEST ▸ **funky**
FUNKILY ▸ **funky**
FUNKING ▸ **funk**
FUNKS ▸ **funk**
FUNKSTER *n* performer or fan of funk music
FUNKY, FUNKIER, FUNKIEST *adj* (of music) having a strong beat
FUNNED ▸ **fun**
FUNNEL, -ED, -S *n* cone-shaped tube ▹ *vb* (cause to) move through or as if through a funnel
FUNNER ▸ **fun**
FUNNEST ▸ **fun**
FUNNIER ▸ **funny**
FUNNIES *pl n* comic strips in a newspaper
FUNNIEST ▸ **funny**
FUNNILY ▸ **funny**
FUNNING ▸ **fun**
FUNNY, FUNNIER, FUNNIEST *adj* comical, humorous ▹ *n* joke or witticism
FUNNYMAN, FUNNYMEN *n* comedian
FUNPLEX *n* large amusement centre
FUNS ▸ **fun**
FUNSTER, -S *n* funnyman or funnywoman
FUR, -S *n* soft hair of a mammal ▹ *vb* cover or become covered with fur
FURACITY > **furacious**
FURAL, -S *n* furfural
FURAN, -S *n* colourless flammable toxic liquid heterocyclic compound
FURANE, -S *variant of* ▸ **furan**
FURANOSE *n* simple sugar containing a furan ring
FURANS ▸ **furan**
FURBALL, -S *n* ball of fur regurgitated by an animal
FURBELOW *n* flounce, ruffle, or other ornamental trim ▹ *vb* put a furbelow on (a garment)
FURBISH *vb* smarten up
FURCA, -E *n* any forklike structure, esp in insects
FURCAL ▸ **furca**
FURCATE, -D, -S *vb* divide into two parts ▹ *adj* forked, branching
FURCRAEA *n* plant belonging to the Agave family
FURCULA, -E *n* any forklike part or organ
FURCULAR ▸ **furcula**
FURCULUM *same as* ▸ **furcula**
FURDER *same as* ▸ **further**
FUREUR, -S *n* rage or anger
FURFAIR, -S *variant of* ▸ **furfur**
FURFUR, -ES, -S *n* scurf or scaling of the skin
FURFURAL *n* colourless liquid used as a solvent
FURFURAN *same as* ▸ **furan**
FURFURES ▸ **furfur**
FURFUROL *variant of* ▸ **furfural**
FURFURS ▸ **furfur**
FURIBUND *adj* furious
FURIES ▸ **fury**
FURIOSO, -S *adv* in a frantically rushing manner ▹ *n* passage or piece to be performed in this way
FURIOUS *adj* very angry
FURKID, -S *n* companion animal
FURL, -ED, -ING, -S *vb* roll up and fasten (a sail, umbrella, or flag) ▹ *n* act or an instance of furling
FURLABLE ▸ **furl**
FURLANA, -S *variant of* ▸ **forlana**
FURLED ▸ **furl**
FURLER, -S ▸ **furl**
FURLESS ▸ **fur**
FURLIKE *adj* like fur
FURLING ▸ **furl**
FURLONG, -S *n* unit of length
FURLOUGH *n* leave of absence ▹ *vb* grant a furlough to
FURLS ▸ **furl**
FURMENTY *same as* ▸ **frumenty**
FURMETY *same as* ▸ **frumenty**
FURMITY *same as* ▸ **frumenty**
FURNACE, -D, -S *n* enclosed chamber containing a very hot fire ▹ *vb* burn in a furnace
FURNISH *vb* provide with furniture
FUROL, -S *variant of* ▸ **furfural**
FUROLE, -S *variant of* ▸ **furfural**
FUROLS ▸ **furol**
FUROR, -S *same as* ▸ **furore**
FURORE, -S *n* very excited or angry reaction
FURORS ▸ **furor**
FURPHY, FURPHIES *n* rumour or fictitious story
FURPIECE *n* item of clothing made of or decorated with fur
FURR, -S *vb* furrow
FURRED *same as* ▸ **furry**
FURRIER, -S *n* dealer in furs
FURRIERY *n* occupation of a furrier
FURRIES ▸ **furry**
FURRIEST ▸ **furry**
FURRILY ▸ **furry**
FURRINER *n* dialect rendering of foreigner
FURRING, -S ▸ **fur**
FURROW, -ED, -S *n* trench made by a plough ▹ *vb* make or become wrinkled
FURROWER ▸ **furrow**
FURROWS ▸ **furrow**
FURROWY *adj* having furrows
FURRS ▸ **furr**
FURRY, FURRIES, FURRIEST *adj* like or covered with fur or something furlike ▹ *n* child's fur-covered toy animal
FURS ▸ **fur**
FURTH *adv* out
FURTHER, -S *adv* in addition ▹ *adj* more distant ▹ *vb* promote

FURTHEST *adv* to the greatest degree ▷ *adj* most distant
FURTIVE *adj* sly and secretive
FURUNCLE *technical name for* ▸ **boil**
FURY, FURIES *n* wild anger
FURZE, -S *n* gorse
FURZY, FURZIER, FURZIEST ▸ **furze**
FUSAIN, -S *n* fine charcoal pencil
FUSARIUM, FUSARIA *n* type of fungus
FUSAROL, -S *variant of* ▸ **fusarole**
FUSAROLE *n* type of architectural moulding
FUSAROLS ▸ **fusarol**
FUSBALL, -S *same as* ▸ **foosball**
FUSC *adj* dark or dark-brown
FUSCOUS *adj* of a brownish-grey colour
FUSE, -D, -S, FUSING *n* cord containing an explosive for detonating a bomb ▷ *vb* (cause to) fail as a result of a blown fuse
FUSEE, -S *n* (in early clocks and watches) a spirally grooved spindle
FUSEL, -S *n* mixture of amyl alcohols, propanol, and butanol
FUSELAGE *n* body of an aircraft
FUSELESS ▸ **fuse**
FUSELIKE ▸ **fuse**
FUSELS ▸ **fusel**
FUSES ▸ **fuse**
FUSHION, -S *n* spirit
FUSIBLE *adj* capable of being melted
FUSIBLY ▸ **fusible**
FUSIDIC *adj* as in **fusidic acid** kind of acid
FUSIFORM *adj* elongated and tapering at both ends
FUSIL, -S *n* light flintlock musket
FUSILE *adj* easily melted
FUSILEER *same as* ▸ **fusilier**
FUSILIER *n* soldier of certain regiments
FUSILLI, -S *n* spiral-shaped pasta
FUSILS ▸ **fusil**
FUSING ▸ **fuse**
FUSION, -S *n* melting ▷ *adj* of a style of cooking
FUSIONAL ▸ **fusion**
FUSIONS ▸ **fusion**
FUSK, -ED, -ING, -S *vb* obtain data from (a website) by using a fusker
FUSKER, -ED, -S *vb* obtain data from (a website) by using hacking software
FUSKING ▸ **fusk**
FUSKS ▸ **fusk**
FUSS, -ED, -ES, -ING *n* needless activity or worry ▷ *vb* make a fuss
FUSSBALL *same as* ▸ **foosball**
FUSSED ▸ **fuss**
FUSSER, -S ▸ **fuss**
FUSSES ▸ **fuss**
FUSSIER ▸ **fussy**
FUSSIEST ▸ **fussy**
FUSSILY ▸ **fussy**
FUSSING ▸ **fuss**
FUSSPOT, -S *n* person who is difficult to please and complains often
FUSSY, FUSSIER, FUSSIEST *adj* inclined to fuss
FUST, -ED, -ING, -S *vb* become mouldy
FUSTET, -S *n* wood of the Venetian sumach shrub
FUSTIAN, -S *n* (formerly) a hard-wearing fabric of cotton mixed with flax or wool ▷ *adj* cheap
FUSTIC, -S *n* large tropical American tree
FUSTIER ▸ **fusty**
FUSTIEST ▸ **fusty**
FUSTILY ▸ **fusty**
FUSTING ▸ **fust**
FUSTOC, -S *variant of* ▸ **fustic**
FUSTS ▸ **fust**
FUSTY, FUSTIER, FUSTIEST *adj* stale-smelling
FUSUMA, -S *n* Japanese sliding door
FUTCHEL, -S *n* timber support in a carriage
FUTHARC, -S *same as* ▸ **futhark**
FUTHARK, -S *n* phonetic alphabet consisting of runes
FUTHORC, -S *same as* ▸ **futhark**
FUTHORK, -S *same as* ▸ **futhark**
FUTILE, -R, -ST *adj* unsuccessful or useless
FUTILELY ▸ **futile**
FUTILER ▸ **futile**
FUTILEST ▸ **futile**
FUTILITY *n* lack of effectiveness or success
FUTON, -S *n* Japanese-style bed
FUTSAL, -S *n* form of association football
FUTTOCK, -S *n* one of the ribs in the frame of a wooden vessel
FUTURAL *adj* relating to the future
FUTURE *n* time to come ▷ *adj* yet to come or be
FUTURES *pl n* type of commodity trading
FUTURISM *n* early 20th-century artistic movement
FUTURIST ▸ **futurism**
FUTURITY *n* future
FUTZ, -ED, -ES, -ING *vb* fritter time away
FUZE, -D, -S, FUZING *same as* ▸ **fuse**
FUZEE, -S *same as* ▸ **fusee**
FUZELESS *adj* without a fuze
FUZES ▸ **fuze**
FUZIL, -S *variant of* ▸ **fusil**
FUZING ▸ **fuze**
FUZZ, -ED, -ES, -ING *n* mass of fine or curly hairs or fibres ▷ *vb* make or become fuzzy
FUZZBALL *n* ball of fuzz
FUZZBOX *n* device that distorts sound
FUZZED ▸ **fuzz**
FUZZES ▸ **fuzz**
FUZZIER ▸ **fuzzy**
FUZZIEST ▸ **fuzzy**
FUZZILY ▸ **fuzzy**
FUZZING ▸ **fuzz**
FUZZLE, -D, -S, FUZZLING *vb* make drunk
FUZZTONE *n* device distorting electric guitar sound
FUZZY, FUZZIER, FUZZIEST *adj* of, like, or covered with fuzz
FY *interj* exclamation of disapproval
FYCE, -S *variant of* ▸ **fice**
FYKE, -D, -S, FYKING *n* fish trap ▷ *vb* catch fish in this manner
FYLE, -S *variant of* ▸ **file**
FYLFOT, -S *rare word for* ▸ **swastika**
FYNBOS, -ES *n* area of low-growing, evergreen vegetation
FYRD, -S *n* militia of an Anglo-Saxon shire
FYTTE, -S *n* song

F

Gg

Only three two-letter words begin with **G** (**gi**, **go** and **gu**). Knowing these will save you worrying about other possibilities. There are quite a few short words beginning with **G** that use **Y**, which can prove very useful. These include **gay**, **gey** and **guy** (7 points each), as well as **gym** and **gyp** (9 points each). And don't forget the very useful **gox** for 11 points.

G

GAB, -BED, -BING, -S *vb* talk or chatter ▷ *n* mechanical device
GABBA, -S *n* type of electronic dance music
GABBARD, -S *same as* ▸ **gabbart**
GABBART, -S *n* Scottish sailing barge
GABBAS ▸ **gabba**
GABBED ▸ **gab**
GABBER, -S ▸ **gab**
GABBIER ▸ **gabby**
GABBIEST ▸ **gabby**
GABBING ▸ **gab**
GABBLE, -D, -S, GABBLING *vb* speak rapidly and indistinctly ▷ *n* rapid indistinct speech
GABBLER, -S ▸ **gabble**
GABBLES ▸ **gabble**
GABBLING ▸ **gabble**
GABBRO, -S *n* dark basic plutonic igneous rock
GABBROIC ▸ **gabbro**
GABBROID *adj* gabbro-like
GABBROS ▸ **gabbro**
GABBY, GABBIER, GABBIEST *adj* talkative
GABELLE, -S *n* salt tax levied until 1790
GABELLED ▸ **gabelle**
GABELLER *n* person who collects the gabelle
GABELLES ▸ **gabelle**
GABFEST, -S *n* prolonged gossiping or conversation
GABIES ▸ **gaby**
GABION, -S *n* cylindrical metal container filled with stones
GABIONED ▸ **gabion**
GABIONS ▸ **gabion**
GABLE, -S *n* triangular upper part of a wall between sloping roofs
GABLED ▸ **gable**
GABLES ▸ **gable**
GABLET, -S *n* small gable
GABLING ▸ **gable**
GABNASH *n* chatter
GABOON, -S *n* dark wood
GABS ▸ **gab**
GABY, GABIES *n* unintelligent person
GACH, -ED, -ES, -ING *vb* behave boastfully
GACHER, -S *n* person who gaches
GACHES ▸ **gach**
GACHING ▸ **gach**
GAD, -DED, -DING, -S *vb* go about in search of pleasure ▷ *n* carefree adventure
GADABOUT *n* pleasure-seeker
GADARENE *adj* headlong
GADDED ▸ **gad**
GADDER, -S ▸ **gad**
GADDI, -S *n* cushion on an Indian prince's throne
GADDING ▸ **gad**
GADDIS ▸ **gaddi**
GADE, -S *same as* ▸ **gad**
GADFLY, GADFLIES *n* fly that bites cattle
GADGE, -S *n* man
GADGET, -S *n* small mechanical device or appliance
GADGETRY *n* gadgets
GADGETS ▸ **gadget**
GADGETY *adj* characterized by gadgets
GADGIE, -S *n* fellow
GADI, -S *n* Indian throne
GADID, -S *n* type of marine fish
GADIS ▸ **gadi**
GADJE, -S *same as* ▸ **gadgie**
GADJO, -S *same as* ▸ **gorgio**
GADLING, -S *n* vagabond
GADMAN, GADMEN *n* person who drives horses at the plough
GADOID, -S *adj* of the cod family of marine fishes ▷ *n* gadoid fish
GADROON, -S *n* type of decorative moulding
GADS ▸ **gad**
GADSMAN, GADSMEN *n* person who uses a gad when driving animals
GADSO *n* archaic expression of surprise
GADWALL, -S *n* type of duck related to the mallard
GADZOOKS *interj* mild oath
GAE, -D, -ING, -N, -S *Scot word for* ▸ **go**
GAFF, -ED, -S *n* stick with an iron hook for landing large fish ▷ *vb* hook or land (a fish) with a gaff
GAFFE, -S *n* social blunder
GAFFED ▸ **gaff**
GAFFER, -S *n* foreman or boss
GAFFES ▸ **gaffe**
GAFFING, -S ▸ **gaff**
GAFFS ▸ **gaff**
GAFFSAIL *n* quadrilateral fore-and-aft sail on a sailing vessel
GAG, -GED, -GING, -S *vb* choke or retch ▷ *n* cloth etc put into or tied across the mouth
GAGA *adj* senile
GAGAKU, -S *n* type of traditional Japanese music
GAGE, -D, -S, GAGING *vb* gauge ▷ *n* (formerly) an object thrown down as a challenge to fight
GAGEABLE ▸ **gage**
GAGEABLY ▸ **gage**
GAGED ▸ **gage**
GAGER, -S *same as* ▸ **gauger**
GAGES ▸ **gage**
GAGGED ▸ **gag**

GAGGER, -S *n* person or thing that gags
GAGGERY *n* practice of telling jokes
GAGGING ▸ **gag**
GAGGLE, -D, -S, GAGGLING *n* disorderly crowd ▹ *vb* (of geese) to cackle
GAGING ▸ **gage**
GAGMAN, GAGMEN *n* person who writes gags for a comedian
GAGS ▸ **gag**
GAGSTER, -S *n* standup comedian
GAHNITE, -S *n* dark green mineral
GAID, -S *same as* ▸ **gad**
GAIETY, GAIETIES *n* cheerfulness
GAIJIN *n* (in Japan) a foreigner
GAILLARD *same as* ▸ **galliard**
GAILY *adv* merrily
GAIN, -ED, -EST, -ING *vb* acquire or obtain ▹ *n* profit or advantage ▹ *adj* straight or near
GAINABLE ▸ **gain**
GAINED ▸ **gain**
GAINER, -S *n* person or thing that gains
GAINEST ▸ **gain**
GAINFUL *adj* useful or profitable
GAINING ▸ **gain**
GAININGS *pl n* profits or earnings
GAINLESS ▸ **gain**
GAINLY, GAINLIER *adj* graceful or well-formed ▹ *adv* conveniently or suitably
GAINS *pl n* profits or winnings
GAINSAY, GAINSAID, -S *vb* deny or contradict
GAINST *short for* ▸ **against**
GAIR, -S *n* strip of green grass on a hillside
GAIRFOWL *same as* ▸ **garefowl**
GAIRS ▸ **gair**
GAIT, -ED, -ING, -S *n* manner of walking ▹ *vb* teach (a horse) a particular gait
GAITA, -S *n* type of bagpipe
GAITED ▸ **gait**
GAITER, -S *n* cloth or leather covering for the lower leg
GAITERED *adj* wearing gaiters
GAITERS ▸ **gaiter**
GAITING ▸ **gait**
GAITS ▸ **gait**
GAITT, -S *Scots word for* ▸ **gate**
GAJO, -S *same as* ▸ **gorgio**
GAL, -S *n* girl
GALA, -S *n* festival
GALABEA, -S *same as* ▸ **djellaba**
GALABEAH *same as* ▸ **djellaba**
GALABEAS ▸ **galabea**
GALABIA, -S *same as* ▸ **djellaba**
GALABIAH *same as* ▸ **djellaba**
GALABIAS ▸ **galabia**
GALABIEH *same as* ▸ **djellaba**
GALABIYA *same as* ▸ **djellaba**
GALACTIC *adj* of the Galaxy or other galaxies
GALAGE, -S *same as* ▸ **galosh**
GALAGO, -S *another name for* ▸ **bushbaby**
GALAH, -S *n* Australian cockatoo
GALANGA, -S *same as* > **galingale**
GALANGAL *same as* > **galingale**
GALANGAS ▸ **galanga**
GALANT, -S *n* 18th-century style of music
GALANTY *n* as in **galanty show** pantomime shadow play
GALAPAGO *n* tortoise
GALAS ▸ **gala**
GALATEA, -S *n* strong twill-weave cotton fabric
GALAVANT *same as* > **gallivant**
GALAX, -ES *n* coltsfoot
GALAXY, GALAXIES *n* system of stars
GALBANUM *n* bitter aromatic gum resin
GALE, -D, -S, GALING *n* strong wind ▹ *vb* be very stormy
GALEA, -E, -S *n* part or organ shaped like a helmet
GALEATE ▸ **galea**
GALEATED ▸ **galea**
GALED ▸ **gale**
GALENA, -S *n* soft bluish-grey mineral
GALENIC ▸ **galena**
GALENITE *same as* ▸ **galena**
GALENOID *adj* pertaining to galena
GALERE, -S *n* group of people having a common interest
GALES ▸ **gale**
GALETTE, -S *n* type of savoury pancake
GALILEE, -S *n* type of porch or chapel
GALING ▸ **gale**
GALIOT, -S *n* small swift galley
GALIPOT, -S *n* resin obtained from several species of pine
GALIVANT *same as* > **gallivant**
GALL, -ED, -S *n* impudence ▹ *vb* annoy
GALLABEA *same as* ▸ **djellaba**
GALLABIA *same as* ▸ **djellaba**
GALLANT, -S *adj* brave and noble ▹ *n* man who tried to impress with fashionable clothes or daring acts ▹ *vb* court or flirt (with)
GALLATE, -S *n* salt of gallic acid
GALLEASS *n* three-masted lateen-rigged galley
GALLED ▸ **gall**
GALLEIN, -S *n* type of dyestuff
GALLEON, -S *n* large three-masted sailing ship
GALLERIA *n* central court through several storeys of a shopping centre
GALLERY *n* room or building for displaying works of art ▹ *vb* tunnel; form an underground gallery
GALLET, -ED, -S *vb* use mixture to support a roof-slate
GALLETA, -S *n* low-growing, coarse grass
GALLETED ▸ **gallet**
GALLETS ▸ **gallet**
GALLEY, -S *n* kitchen of a ship or aircraft
GALLFLY *n* any of several small insects
GALLIARD *n* spirited dance in triple time for two persons, popular in the 16th and 17th centuries ▹ *adj* lively
GALLIASS *same as* ▸ **galleass**
GALLIC *adj* of or containing gallium in the trivalent state
GALLICA, -S *n* variety of rose
GALLICAN *adj* favouring restriction of papal control of the French church
GALLICAS ▸ **gallica**
GALLIED ▸ **gally**
GALLIER ▸ **gally**
GALLIES ▸ **gally**
GALLIEST ▸ **gally**
GALLING *adj* annoying or bitterly humiliating

GALLIOT, -S *same as* ▸**galiot**
GALLIPOT *same as* ▸**galipot**
GALLISE, -D, -S *vb* use method to increase the quantity of wine produced
GALLIUM, -S *n* soft grey metallic element
GALLIVAT *n* armed vessel formerly used in Asian waters
GALLIZE, -D, -S *same as* ▸**gallise**
GALLNUT, -S *n* type of plant gall that resembles a nut
GALLOCK *adj* left-handed
GALLON, -S *n* liquid measure of eight pints, equal to 4.55 litres
GALLOON, -S *n* narrow band of cord, gold braid, etc
GALLOOT, -S *same as* ▸**galoot**
GALLOP, -ED, -S *n* horse's fastest pace ▹*vb* go or ride at a gallop
GALLOPER ▸**gallop**
GALLOPS ▸**gallop**
GALLOUS *adj* of or containing gallium in the divalent state
GALLOW, -ED *vb* frighten
GALLOWAY *n* breed of hornless beef cattle
GALLOWED ▸**gallow**
GALLOWS *n* wooden structure used for hanging criminals
GALLS ▸**gall**
GALLUMPH *same as* ▸**galumph**
GALLUS, -ES *adj* bold ▹*n* suspender for trousers
GALLUSED *adj* held up by galluses
GALLUSES ▸**gallus**
GALLY, GALLIED, GALLIER, GALLIES, GALLIEST, -ING *vb* frighten ▹*adj* (of land) damp or barren
GALOCHE, -D, -S *same as* ▸**galosh**
GALOOT, -S *n* clumsy or uncouth person
GALOP, -ED, -ING, -PED, -S *n* 19th-century dance in quick duple time ▹*vb* dance a galop
GALOPADE *same as* ▸**galop**
GALOPED ▸**galop**
GALOPIN, -S *n* boy who ran errands for a cook
GALOPING ▸**galop**
GALOPINS ▸**galopin**
GALOPPED ▸**galop**
GALOPS ▸**galop**
GALORE, -S *adv* in abundance ▹*adj* in abundance ▹*n* abundance
GALOSH, -ED, -ES *n* waterproof overshoe ▹*vb* cover with galoshes
GALOSHE *same as* ▸**galosh**
GALOSHED ▸**galosh**
GALOSHES ▸**galosh**
GALOWSES *Shakespearean plural for* ▸**gallows**
GALS ▸**gal**
GALTONIA *n* type of bulbous plant with waxy white flowers and a fragrant scent
GALUMPH, -S *vb* leap or move about clumsily
GALUT, -S *same as* ▸**galuth**
GALUTH, -S *n* exile of Jews from Palestine
GALUTS ▸**galut**
GALVANIC *adj* of or producing an electric current generated by chemical means
GALVO, -S *n* instrument for measuring electric current
GALYAC, -S *same as* ▸**galyak**
GALYAK, -S *n* smooth glossy fur
GAM, -MED, -MING, -S *n* school of whales ▹*vb* (of whales) form a school
GAMA, -S *n* tall perennial grass
GAMASH, -ES *n* type of gaiter
GAMAY, -S *n* red grape variety
GAMB, -S *n* in heraldry, the whole foreleg of a beast
GAMBA, -S *n* second-largest member of the viol family
GAMBADE, -S *same as* ▸**gambado**
GAMBADO, -S *n* leap or gambol; caper ▹*vb* perform a gambado
GAMBAS ▸**gamba**
GAMBE, -S *same as* ▸**gamb**
GAMBESON *n* garment worn under mail in the Middle Ages
GAMBET, -S *n* tattler
GAMBETTA *n* redshank
GAMBIA, -S *same as* ▸**gambier**
GAMBIER, -S *n* astringent resinous substance
GAMBIR, -S *same as* ▸**gambier**
GAMBIST, -S *n* person who plays the (viola da) gamba
GAMBIT, -ED, -S *n* opening move intended to secure an advantage ▹*vb* sacrifice a chess piece to gain a better position
GAMBLE, -D, -S *vb* play games of chance to win money ▹*n* risky undertaking
GAMBLER, -S ▸**gamble**
GAMBLES ▸**gamble**
GAMBLING ▸**gamble**
GAMBO, -ES, -S *n* farm cart
GAMBOGE, -S *n* gum resin
GAMBOGIC ▸**gamboge**
GAMBOL, -ED, -S *vb* jump about playfully, frolic ▹*n* frolic
GAMBOS ▸**gambo**
GAMBREL, -S *n* hock of a horse or similar animal
GAMBROON *n* type of linen cloth
GAMBS ▸**gamb**
GAMBUSIA *n* small fish that feeds on mosquito larvae
GAME, -D, -S, -ST *n* amusement or pastime ▹*vb* play games ▹*adj* brave
GAMEBAG, -S *n* bag for carrying hunted game birds
GAMEBOOK *n* book containing a range of possible strategies for a game
GAMECOCK *n* cock bred and trained for fighting
GAMED ▸**game**
GAMEFISH *n* fish caught for sport
GAMEFOWL *n* cock bred for cockfighting
GAMELAN, -S *n* type of percussion orchestra
GAMELIKE ▸**game**
GAMELY *adv* in a brave or sporting manner
GAMENESS *n* courage or bravery
GAMEPLAY *n* plot of a computer or video game or the way that it is played
GAMER, -S *n* person who plays computer games
GAMES ▸**game**
GAMESHOW *n* TV show in which games are played by contestants
GAMESIER ▸**gamesy**
GAMESMAN, GAMESMEN *n* one who practises gamesmanship
GAMESOME *adj* full of merriment
GAMEST ▸**game**
GAMESTER *n* someone who plays games
GAMESY, GAMESIER *adj* sporty
GAMETAL ▸**gamete**

GAMETE, -S *n* reproductive cell
GAMETIC ▸**gamete**
GAMEY, GAMIER, GAMIEST *adj* having the smell or flavour of game
GAMGEE *n* as in **gamgee tissue** type of wound-dressing
GAMIC *adj* (esp of reproduction) requiring the fusion of gametes
GAMIER ▸**gamey**
GAMIEST ▸**gamey**
GAMIFY, GAMIFIED, GAMIFIES *vb* add gamelike elements to a task to encourage participation
GAMILY ▸**gamey**
GAMIN, -S *n* street urchin
GAMINE, -S *n* slim boyish young woman
GAMINESS ▸**gamey**
GAMING, -S *n* playing games
GAMINS ▸**gamin**
GAMMA, -S *n* third letter of the Greek alphabet
GAMMADIA > **gammadion**
GAMMAS ▸**gamma**
GAMMATIA > **gammation**
GAMME, -S *n* musical scale
GAMMED ▸**gam**
GAMMER, -S *n* dialect word for an old woman
GAMMES ▸**gamme**
GAMMIER ▸**gammy**
GAMMIEST ▸**gammy**
GAMMING ▸**gam**
GAMMOCK, -S *vb* clown around
GAMMON, -ED, -S *n* cured or smoked ham ▹*vb* score a double victory in backgammon over
GAMMONER ▸**gammon**
GAMMONS ▸**gammon**
GAMMY, GAMMIER, GAMMIEST *adj* (of the leg) lame
GAMODEME *n* isolated breeding population
GAMONE, -S *n* chemical used by gametes
GAMP, -S *n* umbrella
GAMPISH *adj* bulging
GAMPS ▸**gamp**
GAMS ▸**gam**
GAMUT, -S *n* whole range or scale (of music, emotions, etc)
GAMY *same as* ▸**gamey**
GAMYNESS ▸**gamy**
GAN, -NED, -NING, -S *vb* go
GANACHE, -S *n* rich icing or filling
GANCH, -ED, -ES, -ING *vb* impale
GANDER, -ED, -S *n* male goose ▹*vb* look
GANDY *adj* as in **gandy dancer** railway track maintenance worker
GANE ▸**go**
GANEF, -S *n* unscrupulous opportunist
GANEV, -S *same as* ▸**ganef**
GANG, -ED, -S *n* (criminal) group ▹*vb* become or act as a gang
GANGBO, -S *n* order restricting the activities of a gang member
GANGED ▸**gang**
GANGER, -S *n* foreman of a gang of labourers
GANGING, -S ▸**gang**
GANGLAND *n* criminal underworld
GANGLE, -D, -S *vb* move awkwardly
GANGLIA ▸**ganglion**
GANGLIAL ▸**ganglion**
GANGLIAR ▸**ganglion**
GANGLIER ▸**gangly**
GANGLING *adj* lanky and awkward
GANGLION, GANGLIA *n* group of nerve cells
GANGLY, GANGLIER *same as* ▸**gangling**
GANGPLOW *n* plough designed to produce parallel furrows
GANGREL, -S *n* wandering beggar
GANGRENE *n* decay of body tissue as a result of disease or injury ▹*vb* become or cause to become affected with gangrene
GANGS ▸**gang**
GANGSMAN, GANGSMEN *n* foreman
GANGSTA, -S *n* member of a street gang
GANGSTER *n* member of a criminal gang
GANGUE, -S *n* valueless material in an ore
GANGWAY, -S *same as* > **gangplank**
GANISTER *n* type of sedimentary rock
GANNED ▸**gan**
GANNET, -S *n* large sea bird
GANNETRY *n* gannets' breeding-place
GANNETS ▸**gannet**
GANNING ▸**gan**
GANOF, -S *same as* ▸**ganef**
GANOID, -S *adj* of the scales of certain fishes ▹*n* ganoid fish
GANOIN, -S *n* the outer layer of fish scales
GANOINE, -S *same as* ▸**ganoin**
GANOINS ▸**ganoin**
GANS ▸**gan**
GANSEY, -S *n* jersey or pullover
GANT, -ED, -ING, -S *vb* yawn
GANTLET, -S *n* section of a railway where two tracks overlap ▹*vb* make railway tracks form a gantlet
GANTLINE *n* line rove through a sheave for hoisting men or gear
GANTLOPE *same as* ▸**gauntlet**
GANTRY, GANTRIES *n* structure supporting something
GANTS ▸**gant**
GANYMEDE *n* potboy
GANZFELD *n* type of experiment used in parapsychology
GAOL, -ED, -ING, -S *same as* ▸**jail**
GAOLBIRD *n* person who is or has been confined to gaol, esp repeatedly
GAOLED ▸**gaol**
GAOLER, -S ▸**gaol**
GAOLING ▸**gaol**
GAOLLESS *adj* without a gaol
GAOLS ▸**gaol**
GAP, -PED, -S *n* break or opening
GAPE, -D *vb* stare in wonder ▹*n* act of gaping
GAPER, -S *n* person or thing that gapes
GAPES *n* disease of young domestic fowl
GAPESEED *n* person who stares, mouth agape, at something
GAPEWORM *n* type of parasitic worm that lives in the trachea of birds
GAPIER ▸**gapy**
GAPIEST ▸**gapy**
GAPING, -S *adj* wide open ▹*n* state of having a gaping mouth
GAPINGLY ▸**gaping**
GAPINGS ▸**gaping**
GAPLESS ▸**gap**
GAPO, -S *n* forest near a river, flooded in the rainy season

GAPOSIS *n* gap between closed fastenings on a garment
GAPPED ▸ **gap**
GAPPER, -S *n* person taking a year out of education
GAPPIER ▸ **gappy**
GAPPIEST ▸ **gappy**
GAPPING, -S *n* the act of taking a gap year
GAPPY, GAPPIER, GAPPIEST ▸ **gap**
GAPS ▸ **gap**
GAPY, GAPIER, GAPIEST ▸ **gape**
GAR, -RED, -RING, -S *same as* ▸ **garpike**
GARAGE, -D, -S *n* building used to house cars ▹ *vb* put or keep a car in a garage
GARAGEY, GARAGIER *adj* (of music) in a garage style
GARAGING *n* accommodation for housing a motor vehicle
GARAGIST *n* person who runs a garage
GARB, -ED, -ING, -S *n* clothes ▹ *vb* clothe
GARBAGE, -S *n* rubbish
GARBAGEY ▸ **garbage**
GARBAGY *adj* like garbage
GARBANZO *another name for* ▸ **chickpea**
GARBE, -S *n* in heraldry, a wheat-sheaf
GARBED ▸ **garb**
GARBES ▸ **garbe**
GARBING ▸ **garb**
GARBLE, -S, GARBLING *vb* jumble (a story, quotation, etc), esp unintentionally ▹ *n* act of garbling
GARBLED *adj* (of a story etc) jumbled and confused
GARBLER, -S ▸ **garble**
GARBLES ▸ **garble**
GARBLESS ▸ **garb**
GARBLING ▸ **garble**
GARBO, -S *n* dustman
GARBOARD *n* bottommost plank of a vessel's hull
GARBOIL, -S *n* confusion or disturbance
GARBOS ▸ **garbo**
GARBS ▸ **garb**
GARBURE, -S *n* thick soup from Bearn in France
GARCINIA *n* tropical tree
GARCON, -S *n* waiter
GARDA, -I *n* member of the Irish police force
GARDANT, -S *same as* ▸ **guardant**
GARDEN, -ED, -S *n* piece of land for growing flowers, fruit, or vegetables ▹ *vb* cultivate a garden
GARDENER *n* person who works in or takes care of a garden as an occupation or pastime
GARDENIA *n* large fragrant white waxy flower
GARDENS ▸ **garden**
GARDYLOO *n* act of throwing slops from a window
GARE, -S *n* filth ▹ *adj* greedy; covetous
GAREFOWL *n* great auk
GARES ▸ **gare**
GARFISH *same as* ▸ **garpike**
GARGANEY *n* small Eurasian duck, closely related to the mallard
GARGET, -S *n* inflammation of the mammary gland
GARGETY ▸ **garget**
GARGLE, -D, -S, GARGLING *vb* wash the throat ▹ *n* liquid used for gargling
GARGLER, -S ▸ **gargle**
GARGLES ▸ **gargle**
GARGLING ▸ **gargle**
GARGOYLE *n* waterspout carved in the form of a grotesque face, esp on a church ▹ *vb* provide with gargoyles
GARI, -S *n* thinly sliced pickled ginger
GARIAL, -S *same as* ▸ **gavial**
GARIGUE, -S *n* open shrubby vegetation of dry Mediterranean regions
GARIS ▸ **gari**
GARISH, -ED, -ES *adj* crudely bright or colourful ▹ *vb* heal
GARISHLY ▸ **garish**
GARJAN, -S *same as* ▸ **gurjun**
GARLAND, -S *n* wreath of flowers worn or hung as a decoration ▹ *vb* decorate with garlands
GARLIC, -S *n* pungent bulb of a plant of the onion family
GARLICKY *adj* containing or resembling the taste or odour of garlic
GARLICS ▸ **garlic**
GARMENT, -S *n* article of clothing ▹ *vb* cover or clothe
GARMS *pl n* clothing
GARNER, -ED, -S *vb* collect or store ▹ *n* place for storage or safekeeping
GARNET, -S *n* red semiprecious stone
GARNI *adj* garnished
GARNISH *vb* decorate (food) ▹ *n* decoration for food
GAROTE, -D, -S, GAROTING *same as* ▸ **garrotte**
GAROTTE, -D, -S *same as* ▸ **garrotte**
GAROTTER ▸ **garotte**
GAROTTES ▸ **garotte**
GAROUPA, -S *in Chinese and SE Asian cookery, another name for* ▸ **groper**
GARPIKE, -S *n* primitive freshwater bony fish
GARRAN, -S *same as* ▸ **garron**
GARRE, -S *vb* compel
GARRED ▸ **gar**
GARRES ▸ **garre**
GARRET, -S *n* attic in a house
GARRETED *adj* living in a garret
GARRETS ▸ **garret**
GARRIGUE *same as* ▸ **garigue**
GARRING ▸ **gar**
GARRISON *n* troops stationed in a town or fort ▹ *vb* station troops in
GARRON, -S *n* small sturdy pony
GARROT, -S *n* goldeneye duck
GARROTE, -D, -S *same as* ▸ **garrotte**
GARROTER ▸ **garrote**
GARROTES ▸ **garrote**
GARROTS ▸ **garrot**
GARROTTE *n* Spanish method of execution by strangling ▹ *vb* kill by this method
GARRYA, -S *n* catkin-bearing evergreen shrub
GARS ▸ **gar**
GART *vb* compel
GARTER, -ED, -S *n* band used to hold up a sock or stocking ▹ *vb* secure with a garter
GARTH, -S *n* courtyard surrounded by a cloister
GARUDA, -S *n* Hindu god
GARUM, -S *n* fermented fish sauce
GARVEY, -S *n* small flat-bottomed yacht
GARVIE, -S *n* sprat
GARVOCK, -S *n* sprat
GAS, -ES, -SED, -SES *n* airlike substance that is not liquid or solid ▹ *vb* poison or render unconscious with gas
GASAHOL, -S *n* mixture of petrol and alcohol used as fuel
GASALIER *same as* ▸ **gasolier**

GASBAG, -S *n* person who talks too much ▷ *vb* talk in a voluble way
GASCON, -S *n* boaster
GASEITY *n* state of being gaseous
GASELIER *same as* ▶ **gasolier**
GASEOUS *adj* of or like gas
GASES ▶ **gas**
GASFIELD *n* area in which natural gas is found underground
GASH, -ED, -ER, -ES, -EST, -ING *vb* make a long deep cut in ▷ *n* long deep cut ▷ *adj* witty
GASHFUL *adj* full of gashes
GASHING ▶ **gash**
GASHLY, GASHLIER *adv* wittily ▷ *adj* hideous; ghastly
GASHOUSE *n* gasworks
GASIFIED ▶ **gasify**
GASIFIER ▶ **gasify**
GASIFIES ▶ **gasify**
GASIFORM *adj* in a gaseous form
GASIFY, GASIFIED, GASIFIES *vb* change into a gas
GASKET, -S *n* type of seal
GASKETED *adj* having a gasket
GASKETS ▶ **gasket**
GASKIN, -S *n* lower part of a horse's thigh
GASKING, -S *same as* ▶ **gasket**
GASKINS ▶ **gaskin**
GASLESS ▶ **gas**
GASLIGHT *vb* manipulate (a person) by presenting them with lies until they doubt their sanity
GASLIT *adj* lit by gas
GASMAN, GASMEN *n* man employed by a gas company
GASOGENE *n* siphon bottle
GASOHOL, -S *n* mixture of petrol and alcohol used as fuel
GASOLENE *same as* ▶ **gasoline**
GASOLIER *n* branched hanging fitting for gaslights
GASOLINE *n* petrol
GASP, -ED, -S *vb* draw in breath sharply or with difficulty ▷ *n* convulsive intake of breath
GASPER, -S *n* person who gasps
GASPIER ▶ **gaspy**
GASPIEST ▶ **gaspy**
GASPING, -S ▶ **gasp**
GASPS ▶ **gasp**
GASPY, GASPIER, GASPIEST ▶ **gasp**
GASSED ▶ **gas**
GASSER, -S *n* drilling or well that yields natural gas
GASSES ▶ **gas**
GASSIER ▶ **gassy**
GASSIEST ▶ **gassy**
GASSILY ▶ **gassy**
GASSING, -S ▶ **gas**
GASSY, GASSIER, GASSIEST *adj* filled with gas
GAST, -ED, -ING, -S *vb* frighten
GASTER, -ED, -S *vb* frighten
GASTFULL *adj* dismal
GASTHAUS *n* guest house
GASTIGHT *adj* not allowing gas to enter or escape
GASTING ▶ **gast**
GASTNESS *n* dread
GASTRAEA *n* hypothetical primeval form posited by Haeckel
GASTRAL *adj* relating to the stomach
GASTREA, -S *same as* ▶ **gastraea**
GASTRIC *adj* of the stomach
GASTRIN, -S *n* polypeptide hormone
GASTRULA *n* saclike animal embryo
GASTS ▶ **gast**
GASWORKS *n* plant where coal gas is made
GAT, -S *n* pistol or revolver
GATCH, -ED, -ES, -ING *vb* behave boastfully
GATCHER, -S *n* person who gatches
GATCHES ▶ **gatch**
GATCHING ▶ **gatch**
GATE, -D, -S, GATING, GATINGS *n* movable barrier, usu hinged, in a wall or fence ▷ *vb* provide with a gate or gates
GATEAU, -S, -X *n* rich elaborate cake
GATED ▶ **gate**
GATEFOLD *n* oversize page in a book or magazine that is folded in
GATELEG, -S *n* table having hinged legs that swing out
GATELESS ▶ **gate**
GATELIKE ▶ **gate**
GATEMAN, GATEMEN *n* gatekeeper
GATEPOST *n* post on which a gate is hung
GATER, -S *variant of* ▶ **gator**
GATES ▶ **gate**
GATEWAY, -S *n* entrance with a gate
GATH, -S *n* (in Indian music) second section of a raga
GATHER, -ED, -S *vb* assemble ▷ *n* act of gathering
GATHERER ▶ **gather**
GATHERS ▶ **gather**
GATHS ▶ **gath**
GATING ▶ **gate**
GATINGS ▶ **gate**
GATLING *n* as in **gatling gun** kind of machine-gun
GATOR, -S *shortened form of* ▶ **alligator**
GATS ▶ **gat**
GATVOL *adj* in South African English, fed up
GAU, -S *n* district set up by the Nazi Party
GAUCH *vb* behave boastfully
GAUCHE, -D, -S, -ST, GAUCHING *adj* socially awkward ▷ *vb* make gauche
GAUCHELY ▶ **gauche**
GAUCHER, -S *n* gauche person
GAUCHES ▶ **gauche**
GAUCHEST ▶ **gauche**
GAUCHING ▶ **gauche**
GAUCHO, -S *n* S American cowboy
GAUCIE *variant of* ▶ **gaucy**
GAUCY, GAUCIER, GAUCIEST *adj* plump or jolly
GAUD, -ED, -ING, -S *n* article of cheap finery ▷ *vb* decorate gaudily
GAUDERY *n* cheap finery or display
GAUDGIE, -S *same as* ▶ **gadgie**
GAUDIER ▶ **gaudy**
GAUDIES ▶ **gaudy**
GAUDIEST ▶ **gaudy**
GAUDILY ▶ **gaudy**
GAUDING ▶ **gaud**
GAUDS ▶ **gaud**
GAUDY, GAUDIER, GAUDIES, GAUDIEST *adj* vulgarly bright or colourful ▷ *n* festival held at some schools and colleges
GAUFER, -S *n* wafer
GAUFFER, -S *same as* ▶ **goffer**
GAUFRE, -S *same as* ▶ **gaufer**
GAUGE, -D, -S *vb* estimate or judge ▷ *n* measuring instrument ▷ *adj* of a pressure measurement
GAUGER, -S *n* person or thing that gauges
GAUGES ▶ **gauge**
GAUGING, -S ▶ **gauge**
GAUJE, -S *same as* ▶ **gadgie**

GAULT, -S *n* stiff compact clay or thick heavy clayey soil
GAULTER, -S *n* person who digs gault
GAULTS ▸ **gault**
GAUM, -ED, -ING, -S *vb* understand
GAUMIER ▸ **gaumy**
GAUMIEST ▸ **gaumy**
GAUMING ▸ **gaum**
GAUMLESS *variant spelling of* ▸ **gormless**
GAUMS ▸ **gaum**
GAUMY, GAUMIER, GAUMIEST *adj* clogged
GAUN ▸ **go**
GAUNCH, -ED, -ES *same as* ▸ **ganch**
GAUNT, -ED, -ER, -EST, -ING, -S *adj* lean and haggard ▹ *vb* yawn
GAUNTLET *n* heavy glove with a long cuff ▹ *vb* run (or cause to run) the gauntlet
GAUNTLY ▸ **gaunt**
GAUNTREE *same as* ▸ **gantry**
GAUNTRY *same as* ▸ **gantry**
GAUNTS ▸ **gaunt**
GAUP, -ED, -ING, -S *same as* ▸ **gawp**
GAUPER, -S ▸ **gaup**
GAUPING ▸ **gaup**
GAUPS ▸ **gaup**
GAUPUS, -ES *same as* ▸ **gawpus**
GAUR, -S *n* large wild member of the cattle tribe
GAUS ▸ **gau**
GAUSS, -ES *n* cgs unit of magnetic flux density
GAUSSIAN *adj* denoting the mathematical principles of K F Gauss
GAUZE, -S *n* transparent loosely woven fabric
GAUZIER ▸ **gauzy**
GAUZIEST ▸ **gauzy**
GAUZILY ▸ **gauzy**
GAUZY, GAUZIER, GAUZIEST *adj* resembling gauze
GAVAGE, -S *n* forced feeding by means of a tube
GAVE ▸ **give**
GAVEL, -ED, -ING, -LED, -S *n* small hammer banged on a table ▹ *vb* use a gavel to restore order
GAVELMAN, GAVELMEN *n* gavelkind tenant
GAVELOCK *n* iron crowbar
GAVELS ▸ **gavel**
GAVIAL, -S *n* as in **false gavial** small crocodile
GAVOT, -S *same as* ▸ **gavotte**
GAVOTTE, -D, -S *n* old formal dance ▹ *vb* dance a gavotte
GAW, -S *n* as in **weather gaw** partial rainbow
GAWCY, GAWCIER, GAWCIEST *same as* ▸ **gaucy**
GAWD, -S *same as* ▸ **gaud**
GAWK, -ED, -ING, -S *vb* stare stupidly
GAWKER, -S ▸ **gawk**
GAWKIER ▸ **gawky**
GAWKIES ▸ **gawky**
GAWKIEST ▸ **gawky**
GAWKILY ▸ **gawky**
GAWKING ▸ **gawk**
GAWKISH *same as* ▸ **gawky**
GAWKS ▸ **gawk**
GAWKY, GAWKIER, GAWKIES, GAWKIEST *adj* clumsy or awkward ▹ *n* clumsy or awkward person
GAWMOGE, -S *n* clownish person
GAWP, -ED, -ING, -S *vb* stare stupidly
GAWPER, -S ▸ **gawp**
GAWPING ▸ **gawp**
GAWPS ▸ **gawp**
GAWPUS, -ES *n* silly person
GAWS ▸ **gaw**
GAWSIE, -R, -ST *same as* ▸ **gaucy**
GAWSY *same as* ▸ **gaucy**
GAY, -ER, -EST, -S *adj* carefree and merry ▹ *n* homosexual person
GAYAL, -S *n* type of ox
GAYDAR, -S *n* supposed ability to recognize if another person is homosexual
GAYER ▸ **gay**
GAYEST ▸ **gay**
GAYETY, GAYETIES *same as* ▸ **gaiety**
GAYLY ▸ **gay**
GAYNESS ▸ **gay**
GAYS ▸ **gay**
GAYSOME *adj* full of merriment
GAYWINGS *n* flowering wintergreen
GAZABO, -ES, -S *n* fellow or companion
GAZAL, -S *same as* ▸ **ghazal**
GAZANG, -ED, -S *vb* inconvenience a buyer by declining to sell a house just before the purchase is completed
GAZANIA, -S *n* S African plant
GAZAR, -S *n* type of silk cloth
GAZE, -D, -S *vb* look fixedly ▹ *n* fixed look
GAZEBO, -ES, -S *n* summerhouse with a good view
GAZED ▸ **gaze**
GAZEFUL *adj* gazing
GAZELLE, -S *n* small graceful antelope
GAZEMENT *n* view
GAZER, -S ▸ **gaze**
GAZES ▸ **gaze**
GAZETTE, -D, -S *n* official publication containing announcements ▹ *vb* announce or report (facts or an event) in a gazette
GAZIER ▸ **gazy**
GAZIEST ▸ **gazy**
GAZING, -S ▸ **gaze**
GAZOGENE *same as* ▸ **gasogene**
GAZON, -S *n* sod used to cover a parapet in a fortification
GAZOO, -S *n* kazoo
GAZOOKA, -S *same as* ▸ **gazoo**
GAZOON, -S *same as* ▸ **gazon**
GAZOOS ▸ **gazoo**
GAZPACHO *n* Spanish soup made from tomatoes, peppers, etc, and served cold
GAZUMP, -ED, -S *vb* raise the price of a property after verbally agreeing it with (a prospective buyer) ▹ *n* act or an instance of gazumping
GAZUMPER ▸ **gazump**
GAZUMPS ▸ **gazump**
GAZUNDER *vb* reduce an offer on a property immediately before purchase ▹ *n* act or instance of gazundering
GAZY, GAZIER, GAZIEST *adj* prone to gazing
GEAL, -ED, -ING, -S *vb* congeal
GEALOUS *Spenserian spelling of* ▸ **jealous**
GEALOUSY *Spenserian spelling of* ▸ **jealousy**
GEALS ▸ **geal**
GEAN, -S *n* white-flowered tree
GEAR, -ED, -S *n* set of toothed wheels used to change direction or speed ▹ *vb* prepare or organize for something
GEARBOX *n* case enclosing a set of gears in a motor vehicle
GEARCASE *n* protective casing for gears

GEARE, -S *Spenserian spelling of* ▸ **jeer**
GEARED ▸ **gear**
GEARES ▸ **geare**
GEARHEAD *n* part in engine gear system
GEARING, -S *n* system of gears designed to transmit motion
GEARLESS ▸ **gear**
GEARS ▸ **gear**
GEASON *adj* wonderful
GEAT, -S *n* in casting, the channel which leads to a mould
GEBUR, -S *n* tenant farmer
GECK, -ED, -ING, -S *vb* beguile
GECKO, -ES, -S *n* small tropical lizard
GECKS ▸ **geck**
GED, -S *Scots word for* ▸ **pike**
GEDACT, -S *n* flutelike stopped metal diapason organ pipe
GEDDIT *interj* exclamation meaning *do you understand it?*
GEDECKT, -S *same as* ▸ **gedact**
GEDS ▸ **ged**
GEE, -D, -ING, -S *interj* mild exclamation of surprise, admiration, etc ▹ *vb* move (an animal, esp a horse) ahead
GEEBUNG, -S *n* Australian tree or shrub
GEED ▸ **gee**
GEEGAW, -S *same as* ▸ **gewgaw**
GEEING ▸ **gee**
GEEK, -S *n* person skilled in a specific subject
GEEKDOM, -S ▸ **geek**
GEEKED *adj* highly excited
GEEKERY *n* preoccupation with, or great knowledge about, a specialized subject
GEEKIER ▸ **geeky**
GEEKIEST ▸ **geeky**
GEEKISH *adj* of or like a geek
GEEKISM, -S *n* preoccupation with subjects generally considered unfashionable or boring
GEEKS ▸ **geek**
GEEKY, GEEKIER, GEEKIEST *adj* of or like a geek
GEELBEK, -S *n* edible marine fish
GEEP, -S *n* cross between a goat and a sheep
GEEPOUND *another name for* ▸ **slug**
GEEPS ▸ **geep**
GEES ▸ **gee**
GEESE ▸ **goose**
GEEST, -S *n* area of heathland in N Germany and adjacent areas
GEEZ *interj* expression of surprise
GEEZAH, -S *variant spelling of* ▸ **geezer**
GEEZER, -S *n* man
GEFILTE *adj* as in **gefilte fish** dish of fish stuffed with various ingredients
GEFUFFLE *same as* > **kerfuffle**
GEFULLTE *adj* as in **gefullte fish** dish of fish stuffed with various ingredients
GEGGIE, -S *Scottish, esp Glaswegian, slang word for the* ▸ **mouth**
GEISHA, -S *n* (in Japan) professional female companion for men
GEIST, -S *n* spirit
GEIT, -ED, -ING, -S *n* border on clothing ▹ *vb* put a border on (an article of clothing)
GEL, -LED, -LING, -S *n* jelly-like substance ▹ *vb* form a gel
GELABLE *adj* capable of forming a gel
GELADA, -S *n* NE African baboon
GELANDE *adj* as in **gelande jump** jump made in downhill skiing
GELANT, -S *same as* ▸ **gellant**
GELASTIC *adj* relating to laughter
GELATE, -D, -S, GELATING *vb* form a gel
GELATI, -S *n* layered dessert
GELATIN, -S *same as* ▸ **gelatine**
GELATINE *n* substance made by boiling animal bones
GELATING ▸ **gelate**
GELATINS ▸ **gelatin**
GELATION *n* act or process of freezing a liquid
GELATIS ▸ **gelati**
GELATO, -S *n* Italian frozen dessert, similar to ice cream
GELCAP, -S *n* medicine enclosed in gelatine
GELCOAT, -S *n* thin layer of gel or resin applied to the surface
GELD, -ED, -S *vb* emasculate; weaken ▹ *n* tax on land in Anglo-Saxon and Norman England
GELDER, -S ▸ **geld**
GELDING, -S ▸ **geld**
GELDS ▸ **geld**
GELEE, -S *n* jelly
GELID, -ER, -EST *adj* very cold, icy, or frosty
GELIDITY ▸ **gelid**
GELIDLY ▸ **gelid**
GELLANT, -S *n* compound that forms a solid structure
GELLED ▸ **gel**
GELLIES ▸ **gelly**
GELLING ▸ **gel**
GELLY, GELLIES *same as* > **gelignite**
GELOSY, GELOSIES *Spenserian spelling of* ▸ **jealousy**
GELS ▸ **gel**
GELSEMIA > **gelsemium**
GELT, -S *n* money
GEM, -MED, -MING, -S *n* precious stone or jewel ▹ *vb* set or ornament with gems
GEMATRIA *n* numerology of the Hebrew language and alphabet
GEMCLIP, -S *n* paperclip
GEMEL, -S *n* in heraldry, parallel bars
GEMFISH *n* Australian food fish with a delicate flavour
GEMINAL *adj* occurring in pairs
GEMINATE *adj* combined in pairs ▹ *vb* arrange or be arranged in pairs
GEMINI *n* expression of surprise
GEMINIES ▸ **geminy**
GEMINOUS *adj* in pairs
GEMINY, GEMINIES *n* pair
GEMLIKE ▸ **gem**
GEMMA, -E *n* reproductive structure in liverworts, mosses, etc
GEMMAN, GEMMEN *dialect form of* > **gentleman**
GEMMATE, -D, -S *adj* (of some plants and animals) having gemmae ▹ *vb* produce or reproduce by gemmae
GEMMED ▸ **gem**
GEMMEN ▸ **gemman**
GEMMEOUS *adj* gem-like
GEMMERY *n* gems collectively
GEMMIER ▸ **gemmy**
GEMMIEST ▸ **gemmy**
GEMMILY ▸ **gem**
GEMMING ▸ **gem**
GEMMULE, -S *n* result of asexual reproduction by sponges
GEMMY, GEMMIER, GEMMIEST ▸ **gem**

G

GEMOLOGY *n* branch of mineralogy that is concerned with gems and gemstones
GEMONY *same as* ▸ **jiminy**
GEMOT, -S *n* (in Anglo-Saxon England) a legal or administrative assembly
GEMOTE, -S *same as* ▸ **gemot**
GEMOTS ▸ **gemot**
GEMS ▸ **gem**
GEMSBOK, -S *same as* ▸ **oryx**
GEMSBUCK *same as* ▸ **oryx**
GEMSHORN *n* type of medieval flute
GEMSTONE *n* precious or semiprecious stone, esp one which has been cut and polished
GEN, -NED, -NING *n* information ▹ *vb* gain information
GENA, -S *n* cheek
GENAL ▸ **gena**
GENAPPE, -S *n* smooth worsted yarn used for braid, etc
GENAS ▸ **gena**
GENDARME *n* member of the French police force
GENDER, -ED, -S *n* state of being male or female ▹ *vb* assign a gender to
GENE, -S *n* part of a cell
GENERA ▸ **genus**
GENERAL, -S *adj* common or widespread ▹ *n* very senior army officer ▹ *vb* act as a general
GENERALE *singular form of* ▸ **generalia**
GENERALS ▸ **general**
GENERANT *n* something that generates
GENERATE *vb* produce or bring into being
GENERIC, -S *adj* of a class, group, or genus ▹ *n* drug, food product, etc that does not have a trademark
GENEROUS *adj* free in giving
GENES ▸ **gene**
GENESIS, GENESES *n* beginning or origin
GENET, -S *n* type of agile catlike mammal
GENETIC *adj* of genes or genetics
GENETICS *n* study of heredity and variation in organisms
GENETRIX *n* female progenitor
GENETS ▸ **genet**
GENETTE, -S *same as* ▸ **genet**
GENEVA, -S *n* gin
GENIAL *adj* cheerful and friendly
GENIALLY ▸ **genial**
GENIC *adj* of or relating to a gene or genes
GENIE, -S *n* (in fairy tales) magical wish-granting servant
GENII ▸ **genius**
GENIP, -S *same as* ▸ **genipap**
GENIPAP, -S *n* evergreen Caribbean tree
GENIPAPO *n* tropical American tree
GENIPAPS ▸ **genipap**
GENIPS ▸ **genip**
GENISTA, -S *n* any member of the broom family
GENITAL *adj* of the reproductive organs
GENITALS *pl n* external reproductive organs
GENITIVE *n* grammatical case indicating possession ▹ *adj* denoting such a grammatical case
GENITOR, -S *n* biological father
GENITRIX *same as* ▸ **genetrix**
GENITURE *n* birth
GENIUS, GENII, -ES *n* (person with) an exceptional ability
GENIZAH, -S, GENIZOT, GENIZOTH *n* repository for sacred objects which may not be destroyed
GENLOCK, -S *n* generator locking device ▹ *vb* activate a genlock
GENNAKER *n* type of sail for boats
GENNED ▸ **gen**
GENNEL, -S *same as* ▸ **ginnel**
GENNET, -S *n* female donkey or ass
GENNIES ▸ **genny**
GENNING ▸ **gen**
GENNY, GENNIES *same as* ▸ **genoa**
GENOA, -S *n* large triangular jib sail
GENOCIDE *n* murder of a race of people
GENOGRAM *n* expanded family tree
GENOISE, -S *n* rich sponge cake
GENOM, -S *same as* ▸ **genome**
GENOME, -S *n* all genetic material within an organism
GENOMIC ▸ **genome**
GENOMICS *n* branch of molecular genetics concerned with the study of genomes
GENOMS ▸ **genom**
GENOTYPE *n* genetic constitution of an organism ▹ *vb* determine the genotype of
GENRE, -S *n* style of literary, musical, or artistic work
GENRO, -S *n* group of Japanese statesmen
GENS, GENTES *n* (in ancient Rome) a group of aristocratic families
GENSENG, -S *same as* ▸ **ginseng**
GENT *n* gentleman
GENTEEL *adj* affectedly proper and polite
GENTES ▸ **gens**
GENTIAN, -S *n* mountain plant with deep blue flowers
GENTIER ▸ **genty**
GENTIEST ▸ **genty**
GENTIL *adj* gentle
GENTILE, -S *n* non-Jewish person ▹ *adj* used to designate a place or the inhabitants of a place
GENTILIC *adj* tribal
GENTLE, -D, -R, -S, -ST, GENTLING *adj* mild or kindly ▹ *vb* tame or subdue (a horse) ▹ *n* maggot, esp when used as bait in fishing
GENTLY ▸ **gentle**
GENTOO, -S *n* grey-backed penguin
GENTRICE *n* high birth
GENTRIES ▸ **gentry**
GENTRIFY *vb* cause a neighbourhood to appeal to the middle classes
GENTRY, GENTRIES *n* term for people just below the nobility in social rank
GENTS *n* men's public toilet
GENTY, GENTIER, GENTIEST *adj* neat
GENU, -A *n* any knee-like bend in a structure or part
GENUINE *adj* not fake, authentic
GENUS, GENERA, -ES *n* group of animals or plants
GEO, -S *n* (esp in Shetland) a small fjord or gully
GEOCACHE *vb* search for hidden containers using GPS as a recreational activity
GEOCARPY *n* ripening of fruits below ground, as occurs in the peanut

GEOCODE, -D, -S *vb* assign geographical coordinates to a physical location using a digital code
GEODATA *n* information about geographical location held in a digital format
GEODE, -S *n* cavity within a rock mass or nodule
GEODESIC *adj* of the geometry of curved surfaces ▷ *n* shortest line between two points on a curve
GEODESY *n* study of the shape and size of the earth
GEODETIC *same as* ▶ **geodesic**
GEODIC ▶ **geode**
GEODUCK, -S *n* king clam
GEOFACT, -S *n* rock shaped by natural forces
GEOGENY *same as* ▶ **geogony**
GEOGNOST ▶ **geognosy**
GEOGNOSY *n* early form of geology
GEOGONIC ▶ **geogony**
GEOGONY *n* science of the earth's formation
GEOID, -S *n* hypothetical surface
GEOIDAL ▶ **geoid**
GEOIDS ▶ **geoid**
GEOLATRY *n* worship of the earth
GEOLOGER ▶ **geology**
GEOLOGIC ▶ **geology**
GEOLOGY *n* study of the earth
GEOMANCY *n* prophecy made from casting down a handful of earth
GEOMANT, -S *n* geomancer
GEOMETER *n* person who is practised in or who studies geometry
GEOMETRY *n* branch of mathematics dealing with points, lines, curves, and surfaces
GEOMYOID *adj* relating to burrowing rodents of the genus Geomys
GEOPHAGY *n* practice of eating earth, clay, chalk, etc, found in some primitive tribes
GEOPHONE *n* device for recording seismic movement
GEOPHYTE *n* perennial plant that propagates by means of buds below the soil surface
GEOPONIC *adj* of or relating to agriculture, esp as a science
GEOPROBE *n* probing device used for sampling soil
GEORGIC, -S *adj* agricultural ▷ *n* poem about rural or agricultural life
GEOS ▶ **geo**
GEOTAG, -S *n* geographical co-ordinates digitally applied to data ▷ *vb* apply a geotag to data
GEOTAXIS, GEOTAXES *n* movement of an organism in response to the stimulus of gravity
GEOTHERM *n* line or surface within or on the earth connecting points of equal temperature
GER, -S *n* portable Mongolian dwelling
GERAH, -S *n* ancient Hebrew unit of weight
GERANIAL *n cis-* isomer of citral
GERANIOL *n* type of alcohol with an odour of roses
GERANIUM *n* cultivated plant with red, pink, or white flowers
GERARDIA *n* any plant of the genus Gerardia
GERBE, -S *same as* ▶ **garbe**
GERBERA, -S *n* type of plant
GERBES ▶ **gerbe**
GERBIL, -S *n* burrowing desert rodent of Asia and Africa
GERBILLE *same as* ▶ **gerbil**
GERBILS ▶ **gerbil**
GERE, -S *Spenserian spelling of* ▶ **gear**
GERENT, -S *n* person who rules or manages
GERENUK, -S *n* slender antelope
GERES ▶ **gere**
GERLE, -S *Spenserian spelling of* ▶ **girl**
GERM, -ED, -ING, -S *n* microbe, esp one causing disease ▷ *vb* sprout
GERMAIN, -S *same as* ▶ **germen**
GERMAINE *same as* ▶ **germen**
GERMAINS ▶ **germain**
GERMAN, -S *n* type of dance ▷ *adj* having the same parents as oneself
GERMANE *adj* relevant
GERMANIC *adj* of or containing germanium in the tetravalent state
GERMANS ▶ **german**
GERMED ▶ **germ**
GERMEN, -S, GERMINA *n* cells that gives rise to the germ cells
GERMFREE ▶ **germ**
GERMIER ▶ **germy**
GERMIEST ▶ **germy**
GERMIN, -S *same as* ▶ **germen**
GERMINA ▶ **germen**
GERMINAL *adj* of or in the earliest stage of development
GERMING ▶ **germ**
GERMINS ▶ **germin**
GERMLIKE ▶ **germ**
GERMS ▶ **germ**
GERMY, GERMIER, GERMIEST *adj* full of germs
GERNE, -D, -S, GERNING *vb* grin
GERONIMO *interj* shout given by US paratroopers as they jump into battle
GERONTIC *adj* of or relating to the senescence of an organism
GEROPIGA *n* grape syrup used to sweeten inferior port wines
GERS ▶ **ger**
GERT *adv* in dialect, great or very big
GERTCHA *interj* get out of here!
GERUND, -S *n* noun formed from a verb
GESNERIA *n* S American plant grown for its bright flowers
GESSE, -D, -S, GESSING *Spenserian spelling of* ▶ **guess**
GESSO, -ES *n* plaster used for painting or in sculpture ▷ *vb* apply gesso to
GESSOED ▶ **gesso**
GESSOES ▶ **gesso**
GEST, -S *n* notable deed or exploit
GESTALT, -S *n* perceptual pattern or structure
GESTANT *adj* laden
GESTAPO, -S *n* any secret state police organization
GESTATE, -D, -S *vb* carry (young) in the uterus during pregnancy
GESTE, -S *same as* ▶ **gest**
GESTIC *adj* consisting of gestures
GESTICAL ▶ **gestic**
GESTS ▶ **gest**
GESTURAL ▶ **gesture**
GESTURE, -D, -S *n* movement to convey meaning ▷ *vb* gesticulate
GESTURER ▶ **gesture**

G

GESTURES ▸ **gesture**
GET, -S, GOT *vb* obtain or receive
GETA, -S *n* type of Japanese wooden sandal
GETABLE ▸ **get**
GETAS ▸ **geta**
GETAWAY, -S *n* used in escape
GETOUT, -S *n* excuse to get out of doing something
GETS ▸ **get**
GETTABLE ▸ **get**
GETTER, -ED, -S *n* person or thing that gets ▹ *vb* remove (a gas) by the action of a getter
GETTING, -S ▸ **get**
GETUP, -S *n* outfit
GEUM, -S *n* type of herbaceous plant
GEWGAW, -S *n* showy but valueless trinket ▹ *adj* showy and valueless
GEWGAWED *adj* decorated gaudily
GEWGAWS ▸ **gewgaw**
GEY, -ER, -EST *adv* extremely ▹ *adj* gallant
GEYAN *adv* somewhat
GEYER ▸ **gey**
GEYEST ▸ **gey**
GEYSER, -ED, -S *n* spring that discharges steam and hot water ▹ *vb* erupt like a geyser
GHARIAL, -S *same as* ▸ **gavial**
GHARRI, -S *same as* ▸ **gharry**
GHARRIES ▸ **gharry**
GHARRIS ▸ **gharri**
GHARRY, GHARRIES *n* (in India) horse-drawn vehicle
GHAST, -ED, -ING, -S *vb* terrify
GHASTFUL *adj* dismal
GHASTING ▸ **ghast**
GHASTLY *adj* unpleasant ▹ *adv* unhealthily
GHASTS ▸ **ghast**
GHAT, -S *n* (in India) steps leading down to a river
GHAUT, -S *n* small cleft in a hill
GHAZAL, -S *n* Arabic love poem
GHAZEL, -S *same as* ▸ **ghazal**
GHAZI, -ES, -S *n* Muslim fighter against infidels
GHEE, -S *n* (in Indian cookery) clarified butter
GHERAO, -ED, -ES, -S *n* form of industrial action in India ▹ *vb* trap an employer in his or her office, to indicate the workforce's discontent
GHERKIN, -S *n* small pickled cucumber
GHESSE, -D, -S, GHESSING, GHEST *Spenserian spelling of* ▸ **guess**
GHETTO, -ED, -ES, -S *n* slum area inhabited by a deprived minority ▹ *vb* ghettoize
GHI, -S *same as* ▸ **ghee**
GHIBLI, -S *n* fiercely hot wind of North Africa
GHILGAI, -S *same as* ▸ **gilgai**
GHILLIE, -D, -S *n* (in Scotland) attendant for hunting or fishing ▹ *vb* act as a ghillie
GHIS ▸ **ghi**
GHOST, -ED, -ING, -S *n* disembodied spirit of a dead person ▹ *vb* ghostwrite
GHOSTIER ▸ **ghosty**
GHOSTING ▸ **ghost**
GHOSTLY *adj* frightening in appearance or effect
GHOSTS ▸ **ghost**
GHOSTY, GHOSTIER *adj* pertaining to ghosts
GHOUL, -S *n* person with morbid interests
GHOULIE, -S *n* goblin
GHOULISH *adj* of or relating to ghouls
GHOULS ▸ **ghoul**
GHRELIN, -S *n* hormone that stimulates appetite
GHUBAR *adj* as in **ghubar numeral** type of numeral
GHYLL, -S *same as* ▸ **gill**
GI, -S *n* white suit worn in martial arts
GIAMBEUX *n* jambeaux; leg armour
GIANT, -S *n* mythical being of superhuman size ▹ *adj* huge
GIANTESS *same as* ▸ **giant**
GIANTISM *same as* ▸ **gigantism**
GIANTLY *adj* giantlike
GIANTRY *n* collective term for giants
GIANTS ▸ **giant**
GIARDIA, -S *n* species of parasite
GIB, -BED, -BING, -S *n* metal wedge, pad, or thrust bearing ▹ *vb* fasten or supply with a gib
GIBBER, -ED, -S *vb* speak or utter rapidly and unintelligibly ▹ *n* boulder
GIBBET, -ED, -S *n* gallows for displaying executed criminals ▹ *vb* put to death by hanging on a gibbet
GIBBING ▸ **gib**
GIBBON, -S *n* agile tree-dwelling ape of S Asia
GIBBOSE *same as* ▸ **gibbous**
GIBBOUS *adj* (of the moon) between half and fully illuminated
GIBBSITE *n* mineral consisting of hydrated aluminium oxide
GIBE, -D, -S, GIBING *vb* make jeering or scoffing remarks (at) ▹ *n* derisive or provoking remark
GIBEL, -S *n* Prussian carp
GIBER, -S ▸ **gibe**
GIBES ▸ **gibe**
GIBING ▸ **gibe**
GIBINGLY ▸ **gibe**
GIBLET ▸ **giblets**
GIBLETS *pl n* gizzard, liver, heart, and neck of a fowl
GIBLI, -S *same as* ▸ **ghibli**
GIBS ▸ **gib**
GIBSON, -S *n* martini garnished with onion
GIBUS, -ES *n* collapsible top hat
GID, -S *n* disease of sheep
GIDDAP *interj* exclamation used to make a horse go faster
GIDDAY *interj* expression of greeting
GIDDIED ▸ **giddy**
GIDDIER ▸ **giddy**
GIDDIES ▸ **giddy**
GIDDIEST ▸ **giddy**
GIDDILY ▸ **giddy**
GIDDUP *same as* ▸ **giddyup**
GIDDY, GIDDIED, GIDDIER, GIDDIES, GIDDIEST, -ING *adj* having or causing a feeling of dizziness ▹ *vb* make giddy
GIDDYAP *same as* ▸ **giddyup**
GIDDYING ▸ **giddy**
GIDDYUP *interj* exclamation used to make a horse go faster
GIDGEE, -S *n* small acacia tree
GIDJEE, -S *same as* ▸ **gidgee**
GIDS ▸ **gid**
GIE, -D, -ING, -N, -S *Scot word for* ▸ **give**
GIF, -S *n* file held in GIF format
GIFT, -S *n* present ▹ *vb* make a present of
GIFTABLE *adj* suitable as gift ▹ *n* something suitable as gift
GIFTED *adj* talented
GIFTEDLY ▸ **gifted**
GIFTEE, -S *n* person given a gift

GIFTING, -S *n* act of gifting
GIFTLESS ▶ **gift**
GIFTS ▶ **gift**
GIFTSHOP *n* shop selling articles suitable for gifts
GIFTWARE *n* anything that may be given as a present
GIFTWRAP *vb* wrap (a gift) in decorative wrapping paper
GIG, -GED, -GING, -S *n* single performance by pop or jazz musicians ▷ *vb* play a gig or gigs
GIGA, -S, GIGHE *same as* ▶ **gigue**
GIGABIT, -S *n* unit of information in computing
GIGABYTE *n* one thousand and twenty-four megabytes
GIGAFLOP *n* measure of computer processing speed
GIGANTIC *adj* enormous
GIGAS ▶ **giga**
GIGATON, -S *n* unit of explosive force
GIGAVOLT *n* billion volts
GIGAWATT *n* unit of power equal to 1 billion watts
GIGGED ▶ **gig**
GIGGING ▶ **gig**
GIGGIT, -ED, -S *vb* move quickly
GIGGLE, -D, -S *vb* laugh nervously or foolishly ▷ *n* such a laugh
GIGGLER, -S ▶ **giggle**
GIGGLES ▶ **giggle**
GIGGLIER ▶ **giggly**
GIGGLING ▶ **giggle**
GIGGLY, GIGGLIER ▶ **giggle**
GIGHE ▶ **giga**
GIGLET, -S *n* flighty girl
GIGLOT, -S *same as* ▶ **giglet**
GIGMAN, GIGMEN *n* one who places great importance on respectability
GIGOT, -S *n* leg of lamb or mutton
GIGS ▶ **gig**
GIGUE, -S *n* piece of music incorporated into the classical suite
GILA, -S *n* large venomous brightly coloured lizard
GILBERT, -S *n* unit of magnetomotive force
GILCUP, -S *same as* ▶ **giltcup**
GILD, -ED, -S *vb* put a thin layer of gold on
GILDEN *adj* gilded
GILDER, -S ▶ **gild**
GILDHALL *same as* > **guildhall**
GILDING, -S ▶ **gild**
GILDS ▶ **gild**
GILDSMAN, GILDSMEN ▶ **gild**
GILET, -S *n* waist- or hip-length garment
GILGAI, -S *n* natural water hole
GILGIE, -S *n* type of freshwater crayfish
GILL, -ING *n* radiating structure beneath the cap of a mushroom ▷ *vb* catch (fish) or (of fish) to be caught in a gill net
GILLAROO *n* type of brown trout
GILLED ▶ **gill**
GILLER, -S ▶ **gill**
GILLET, -S *n* mare
GILLIE, -D *n* (in Scotland) attendant for hunting or fishing ▷ *vb* act as a gillie
GILLIES ▶ **gilly**
GILLING ▶ **gill**
GILLION, -S *n* (no longer in technical use) one thousand million
GILLNET, -S *n* net designed to catch fish by the gills ▷ *vb* fish using a gillnet
GILLS *pl n* breathing organs in fish and other water creatures
GILLY, GILLIES, -ING *vb* act as a gillie
GILLYVOR *n* type of carnation
GILPEY, -S *n* mischievous, frolicsome boy or girl
GILPY, GILPIES *same as* ▶ **gilpey**
GILT, -S *n* young sow
GILTCUP, -S *n* buttercup
GILTHEAD *n* type of fish
GILTS ▶ **gilt**
GILTWOOD *adj* made of wood and gilded
GIMBAL, -ED *vb* support on gimbals
GIMBALS *pl n* set of pivoted rings
GIMCRACK *adj* showy but cheap ▷ *n* cheap showy trifle or gadget
GIMEL, -S *n* third letter of the Hebrew alphabet
GIMLET, -ED, -S *n* small tool ▷ *adj* penetrating or piercing ▷ *vb* make holes in (wood) using a gimlet
GIMMAL, -S *n* ring composed of interlocking rings ▷ *vb* provide with gimmals
GIMME, -S *interj* give me! ▷ *n* term used in shot putt
GIMMER, -S *n* year-old ewe
GIMMES ▶ **gimme**
GIMMICK, -S *n* something designed to attract attention ▷ *vb* make gimmicky
GIMMICKY ▶ **gimmick**
GIMMIE, -S *n* very short putt in golf
GIMMOR, -S *n* mechanical device
GIMP, -ED, -ING, -S *n* tapelike trimming of silk, wool, or cotton, often stiffened with wire ▷ *vb* slang term for limp
GIMPIER ▶ **gimpy**
GIMPIEST ▶ **gimpy**
GIMPING ▶ **gimp**
GIMPS ▶ **gimp**
GIMPY, GIMPIER, GIMPIEST *same as* ▶ **gammy**
GIN, -NED, -S *n* spirit flavoured with juniper berries ▷ *vb* free (cotton) of seeds with an engine
GINCH, -ES *same as* ▶ **gitch**
GING, -S *n* child's catapult
GINGAL, -S *n* type of musket mounted on a swivel
GINGALL, -S *same as* ▶ **gingal**
GINGALS ▶ **gingal**
GINGE, -S *n* person with ginger hair
GINGELEY *same as* ▶ **gingili**
GINGELI, -S *same as* ▶ **gingili**
GINGELLI *same as* ▶ **gingili**
GINGELLY *same as* ▶ **gingili**
GINGELY *same as* ▶ **gingili**
GINGER, -ED, -S *n* root of a tropical plant, used as a spice ▷ *adj* light reddish-brown ▷ *vb* add the spice ginger to (a dish)
GINGERLY *adv* cautiously ▷ *adj* cautious
GINGERS ▶ **ginger**
GINGERY *adj* like or tasting of ginger
GINGES ▶ **ginge**
GINGHAM, -S *n* cotton cloth, usu checked or striped
GINGILI, -S *n* oil obtained from sesame seeds
GINGILLI *same as* ▶ **gingili**
GINGIVA, -E *same as* ▶ **gum**
GINGIVAL ▶ **gingiva**
GINGKO, -ES, -S *same as* ▶ **ginkgo**
GINGLE, -S *same as* ▶ **jingle**
GINGLYMI > **ginglymus**
GINGS ▶ **ging**
GINHOUSE *n* building where cotton is ginned
GINK, -S *n* man or boy

GINKGO, -ES, -S *n* ornamental Chinese tree
GINKS ▶ **gink**
GINN *same as* ▶ **jinn**
GINNED ▶ **gin**
GINNEL, -S *n* narrow passageway between buildings
GINNER, -S ▶ **gin**
GINNERY *another word for* ▶ **ginhouse**
GINNIER ▶ **ginny**
GINNIEST ▶ **ginny**
GINNING, -S ▶ **gin**
GINNY, GINNIER, GINNIEST *adj* relating to the spirit gin
GINS ▶ **gin**
GINSENG, -S *n* (root of) a plant
GINSHOP, -S *n* tavern
GIO, -S *same as* ▶ **geo**
GIOCOSO *adv* (of music) to be expressed joyfully or playfully
GIOS ▶ **gio**
GIP, -PED, -PING, -S *same as* ▶ **gyp**
GIPON, -S *another word for* ▶ **jupon**
GIPPED ▶ **gip**
GIPPER, -S ▶ **gip**
GIPPIES ▶ **gippy**
GIPPING ▶ **gip**
GIPPY, GIPPIES *n* starling
GIPS ▶ **gip**
GIPSEN, -S *obsolete word for* ▶ **gypsy**
GIPSY, GIPSIED, GIPSIES, -ING *n* member of a nomadic people ▷ *vb* live like a gipsy
GIPSYDOM ▶ **gipsy**
GIPSYING ▶ **gipsy**
GIPSYISH ▶ **gipsy**
GIPSYISM *n* gipsy custom
GIRAFFE, -S *n* African ruminant mammal
GIRAFFID *adj* giraffe-like ▷ *n* member of the Giraffidae family
GIRASOL, -S *n* type of opal
GIRASOLE *same as* ▶ **girasol**
GIRASOLS ▶ **girasol**
GIRD, -ED, -S *vb* put a belt round ▷ *n* blow or stroke
GIRDER, -S *n* large metal beam
GIRDING, -S ▶ **gird**
GIRDLE, -D, -S, GIRDLING *n* woman's elastic corset ▷ *vb* surround or encircle
GIRDLER, -S *n* person or thing that girdles
GIRDLES ▶ **girdle**
GIRDLING ▶ **girdle**
GIRDS ▶ **gird**
GIRKIN, -S *same as* ▶ **gherkin**
GIRL, -S *n* female child
GIRLHOOD *n* state or time of being a girl
GIRLIE, -S *adj* suited to young women ▷ *n* little girl
GIRLIER ▶ **girly**
GIRLIES ▶ **girlie**
GIRLIEST ▶ **girly**
GIRLISH *adj* of or like a girl in looks, behaviour, innocence, etc
GIRLOND, -S *obsolete word for* ▶ **garland**
GIRLS ▶ **girl**
GIRLY, GIRLIER, GIRLIEST *same as* ▶ **girlie**
GIRN, -ED, -ING, -S *vb* snarl
GIRNEL, -S *n* large chest for storing meal
GIRNER, -S ▶ **girn**
GIRNIE, -R, -ST *adj* peevish
GIRNING ▶ **girn**
GIRNS ▶ **girn**
GIRO, -S *n* system of transferring money
GIROLLE, -S *n* chanterelle mushroom
GIRON, -S *n* part of a heraldic shield
GIRONIC ▶ **giron**
GIRONNY *adj* divided into segments from the fesse point
GIRONS ▶ **giron**
GIROS ▶ **giro**
GIROSOL, -S *same as* ▶ **girasol**
GIRR, -S *same as* ▶ **gird**
GIRSH, -ES *n* currency unit of Saudi Arabia
GIRT, -ED, -ING, -S *vb* gird; bind
GIRTH, -ED, -ING, -S *n* measurement round something ▷ *vb* fasten a girth on (a horse)
GIRTING ▶ **girt**
GIRTLINE *n* gantline
GIRTS ▶ **girt**
GIS ▶ **gi**
GISARME, -S *n* long-shafted battle-axe
GISMO, -S *same as* ▶ **gizmo**
GIST, -S *n* substance or main point of a matter
GIT, -S, -TED, -TING *vb* dialect version of get
GITANA, -S *n* female gypsy
GITANO, -S *n* male gypsy
GITCH, -ES *n* underwear
GITE, -S *n* self-catering holiday cottage for let in France
GITS ▶ **git**
GITTED ▶ **git**
GITTERN, -S *n* obsolete medieval instrument ▷ *vb* play the gittern
GITTIN *n* Jewish divorce
GITTING ▶ **git**
GIUST, -ED, -ING, -S *same as* ▶ **joust**
GIUSTO *adv* as observed strictly
GIUSTS ▶ **giust**
GIVABLE ▶ **give**
GIVE, GAVE, -S *vb* present (something) to another person ▷ *n* resilience or elasticity
GIVEABLE ▶ **give**
GIVEAWAY *n* something that reveals hidden feelings or intentions ▷ *adj* very cheap or free
GIVEBACK *n* reduction in wages in return for some other benefit, in time of recession
GIVED *same as* ▶ **gyved**
GIVEN, -S *n* assumed fact
GIVER, -S ▶ **give**
GIVES ▶ **give**
GIVING, -S ▶ **give**
GIZMO, -S *n* device
GIZZ, -ES *n* wig
GIZZARD, -S *n* part of a bird's stomach
GIZZEN, -ED, -S *vb* (of wood) to warp
GIZZES ▶ **gizz**
GJETOST, -S *n* type of Norwegian cheese
GJU, -S *n* type of violin used in Shetland

> This unusual word for a Shetland fiddle is great for disposing of awkward letters for a good score.

GLABELLA *n* elevation of the frontal bone above the nose
GLABRATE *same as* ▶ **glabrous**
GLABROUS *adj* without hair or a similar growth
GLACE, -D, -ED, -ING, -S *adj* preserved in a thick sugary syrup ▷ *vb* ice or candy (cakes, fruits, etc)
GLACIAL, -S *adj* of ice or glaciers ▷ *n* ice age
GLACIATE *vb* cover or become covered with glaciers or masses of ice
GLACIER, -S *n* slow-moving mass of ice
GLACIS, -ES *n* slight incline
GLAD, -DED, -DER, -DEST, -DING, -S *adj* pleased and happy ▷ *vb* become glad ▷ *n* gladiolus

GLADDEN, -S *vb* make glad
GLADDER ▶ **glad**
GLADDEST ▶ **glad**
GLADDIE, -S *n* gladiolus
GLADDING ▶ **glad**
GLADDON, -S *n* stinking iris
GLADE, -S *n* open space in a forest
GLADFUL *adj* full of gladness
GLADIATE *adj* shaped like a sword
GLADIER ▶ **glady**
GLADIEST ▶ **glady**
GLADIOLA *same as* > **gladiolus**
GLADIOLE *same as* > **gladiolus**
GLADIOLI > **gladiolus**
GLADIUS *n* short sword used by Roman legionaries
GLADLY, GLADLIER ▶ **glad**
GLADNESS ▶ **glad**
GLADS ▶ **glad**
GLADSOME *adj* joyous or cheerful
GLADWRAP *n* in New Zealand English, thin film for wrapping food ▷ *vb* cover with gladwrap
GLADY, GLADIER, GLADIEST ▶ **glade**
GLAIK, -S *n* prank
GLAIKET *same as* ▶ **glaikit**
GLAIKIT *adj* foolish
GLAIKS ▶ **glaik**
GLAIR, -ED, -ING, -S *n* white of egg ▷ *vb* apply glair to (something)
GLAIRE, -S *same as* ▶ **glair**
GLAIRED ▶ **glair**
GLAIRES ▶ **glaire**
GLAIRIER ▶ **glairy**
GLAIRIN, -S *n* viscous mineral deposit
GLAIRING ▶ **glair**
GLAIRINS ▶ **glairin**
GLAIRS ▶ **glair**
GLAIRY, GLAIRIER ▶ **glair**
GLAIVE, -S *archaic word for* ▶ **sword**
GLAIVED *adj* armed with a sword
GLAIVES ▶ **glaive**
GLAM, -MED, -MER, -MEST, -MING, -S *n* magical illusion ▷ *vb* make oneself look glamorous ▷ *adj* glamorous
GLAMMIER ▶ **glammy**
GLAMMING ▶ **glam**
GLAMMY, GLAMMIER *adj* glamorous
GLAMOR, -ED, -S *same as* ▶ **glamour**
GLAMOUR, -S *n* alluring charm or fascination ▷ *vb* bewitch
GLAMPING *n* camping with luxurious physical comforts
GLAMS ▶ **glam**
GLANCE, -D, -S, GLANCING *vb* look rapidly or briefly ▷ *n* brief look
GLANCER, -S *n* log or pole used to protect trees from damage
GLANCES ▶ **glance**
GLANCING ▶ **glance**
GLAND, -S *n* organ that produces and secretes substances
GLANDERS *n* highly infectious bacterial disease of horses, sometimes transmitted to humans
GLANDES ▶ **glans**
GLANDS ▶ **gland**
GLANDULE *n* small gland
GLANS, GLANDES *n* any small rounded body or glandlike mass
GLARE, -D, -S *vb* stare angrily ▷ *n* angry stare ▷ *adj* smooth and glassy
GLAREAL *adj* (of a plant) growing in cultivated land
GLARED ▶ **glare**
GLAREOUS *adj* resembling the white of an egg
GLARES ▶ **glare**
GLARIER ▶ **glary**
GLARIEST ▶ **glary**
GLARING *adj* conspicuous
GLARY, GLARIER, GLARIEST ▶ **glare**
GLASNOST *n* policy of openness and accountability, esp, formerly, in the USSR
GLASS, -ED, -ING *n* hard brittle substance ▷ *vb* cover with, enclose in, or fit with glass
GLASSEN *adj* glassy
GLASSES *pl n* pair of lenses for correcting faulty vision
GLASSFUL *n* amount held by a full glass
GLASSIE *same as* ▶ **glassy**
GLASSIER ▶ **glassy**
GLASSIES ▶ **glassy**
GLASSIFY *vb* turn into glass
GLASSILY ▶ **glassy**
GLASSINE *n* glazed translucent paper used for book jackets
GLASSING ▶ **glass**
GLASSMAN, GLASSMEN *n* man whose work is making or selling glassware
GLASSY, GLASSIER, GLASSIES *adj* like glass ▷ *n* glass marble
GLAUCOMA *n* eye disease
GLAUCOUS *adj* covered with a bluish waxy or powdery bloom
GLAUM, -ED, -ING, -S *vb* snatch
GLAUR, -S *n* mud or mire
GLAURIER ▶ **glaury**
GLAURS ▶ **glaur**
GLAURY, GLAURIER ▶ **glaur**
GLAZE, -D, -S *vb* fit or cover with glass ▷ *n* transparent coating
GLAZEN *adj* glazed
GLAZER, -S ▶ **glaze**
GLAZES ▶ **glaze**
GLAZIER, -S *n* person who fits windows with glass
GLAZIERY ▶ **glazier**
GLAZIEST ▶ **glazy**
GLAZILY ▶ **glaze**
GLAZING, -S *n* surface of a glazed object
GLAZY, GLAZIEST ▶ **glaze**
GLEAM, -ED, -S *n* small beam or glow of light ▷ *vb* emit a gleam
GLEAMER, -S *n* mirror used to cheat in card games
GLEAMIER ▶ **gleamy**
GLEAMING ▶ **gleam**
GLEAMS ▶ **gleam**
GLEAMY, GLEAMIER ▶ **gleam**
GLEAN, -ED, -ING, -S *vb* gather (facts etc) bit by bit
GLEANER, -S ▶ **glean**
GLEANING ▶ **glean**
GLEANS ▶ **glean**
GLEAVE, -S *same as* ▶ **sword**
GLEBA, -E *n* mass of spores
GLEBE, -S *n* land granted to a member of the clergy
GLEBIER ▶ **gleby**
GLEBIEST ▶ **gleby**
GLEBOUS *adj* gleby
GLEBY, GLEBIER, GLEBIEST *adj* relating to a glebe
GLED, -S *n* kite
GLEDE, -S *same as* ▶ **gled**
GLEDGE, -D, -S, GLEDGING *vb* glance sideways
GLEDS ▶ **gled**
GLEE, -ING, -S *n* triumph and delight ▷ *vb* be full of glee
GLEED, -S *n* burning ember or hot coal
GLEEFUL *adj* merry or joyful
GLEEING ▶ **glee**
GLEEK, -ED, -ING, -S *vb* jeer
GLEEMAN, GLEEMEN *n* minstrel
GLEENIE, -S *n* guinea fowl
GLEES ▶ **glee**
GLEESOME *adj* full of glee

G

GLEG, -GER, -GEST *adj* quick
GLEGLY ▸ **gleg**
GLEGNESS ▸ **gleg**
GLEI, -S *same as* ▸ **gley**
GLEN, -S *n* deep narrow valley, esp in Scotland
GLENLIKE ▸ **glen**
GLENOID, -S *adj* resembling or having a shallow cavity ▹ *n* shallow cavity
GLENS ▸ **glen**
GLENT, -ED, -ING, -S *same as* ▸ **glint**
GLEY, -ED, -S *n* bluish-grey compact sticky soil ▹ *vb* squint
GLEYING, -S ▸ **gley**
GLEYS ▸ **gley**
GLIA, -S *n* web of tissue that supports nerve cells
GLIADIN, -S *n* protein of cereals with a high proline content
GLIADINE *same as* ▸ **gliadin**
GLIADINS ▸ **gliadin**
GLIAL ▸ **glia**
GLIAS ▸ **glia**
GLIB, -BED, -BER, -BEST, -BING, -S *adj* fluent but insincere or superficial ▹ *vb* render glib, smooth, or slippery
GLIBBERY *adj* slippery
GLIBBEST ▸ **glib**
GLIBBING ▸ **glib**
GLIBLY ▸ **glib**
GLIBNESS ▸ **glib**
GLIBS ▸ **glib**
GLID, -DER, -DEST *adj* moving smoothly and easily
GLIDDERY *adj* slippery
GLIDDEST ▸ **glid**
GLIDE, -D, -S, GLODE *vb* move easily and smoothly ▹ *n* smooth easy movement
GLIDER, -S *n* flying phalanger
GLIDES ▸ **glide**
GLIDING, -S *n* sport of flying gliders
GLIFF, -ING, -S *n* slap
GLIFT, -S *n* moment
GLIKE, -S *same as* ▸ **gleek**
GLIM, -S *n* light or lamp
GLIME, -D, -S, GLIMING *vb* glance sideways
GLIMMER, -S *vb* shine faintly, flicker ▹ *n* faint gleam
GLIMMERY *adj* glimmering, shimmery
GLIMPSE, -D, -S *n* brief or incomplete view ▹ *vb* catch a glimpse of
GLIMPSER ▸ **glimpse**
GLIMPSES ▸ **glimpse**
GLIMS ▸ **glim**
GLINT, -ED, -ING, -S *vb* gleam brightly ▹ *n* bright gleam
GLINTIER ▸ **glinty**
GLINTING ▸ **glint**
GLINTS ▸ **glint**
GLINTY, GLINTIER ▸ **glint**
GLIOMA, -S, -TA *n* tumour of the brain and spinal cord
GLIOSIS, GLIOSES *n* process leading to scarring in the nervous system
GLISK, -S *n* glimpse
GLISSADE *n* gliding step in ballet ▹ *vb* perform a glissade
GLISSE, -S *n* type of dance step
GLISTEN, -S *vb* gleam by reflecting light ▹ *n* gleam or gloss
GLISTER, -S *archaic word for* ▸ **glitter**
GLIT, -S *n* slimy matter
GLITCH, -ES *n* small problem that stops something from working
GLITCHY ▸ **glitch**
GLITS ▸ **glit**
GLITTER, -S *vb* shine with bright flashes ▹ *n* sparkle or brilliance
GLITTERY ▸ **glitter**
GLITZ, -ED, -ES, -ING *n* ostentatious showiness ▹ *vb* make something more attractive
GLITZIER ▸ **glitzy**
GLITZILY ▸ **glitzy**
GLITZING ▸ **glitz**
GLITZY, GLITZIER *adj* showily attractive
GLOAM, -S *n* dusk
GLOAMING *n* twilight
GLOAMS ▸ **gloam**
GLOAT, -ED, -S *vb* regard one's own good fortune with pleasure ▹ *n* act of gloating
GLOATER, -S ▸ **gloat**
GLOATING *n* act of gloating
GLOATS ▸ **gloat**
GLOB, -S *n* rounded mass of thick fluid
GLOBAL *adj* worldwide
GLOBALLY ▸ **global**
GLOBATE *adj* shaped like a globe
GLOBATED *same as* ▸ **globate**
GLOBBY, GLOBBIER *adj* thick and lumpy
GLOBE, -D, -S, GLOBING *n* sphere with a map of the earth on it ▹ *vb* form or cause to form into a globe
GLOBI ▸ **globus**
GLOBIER ▸ **globy**
GLOBIEST ▸ **globy**
GLOBIN, -S *n* protein component
GLOBING ▸ **globe**
GLOBINS ▸ **globin**
GLOBOID, -S *adj* shaped approximately like a globe ▹ *n* globoid body
GLOBOSE *adj* spherical or approximately spherical ▹ *n* globose object
GLOBOUS *same as* ▸ **globose**
GLOBS ▸ **glob**
GLOBULAR *adj* shaped like a globe or globule ▹ *n* globular star cluster
GLOBULE, -S *n* small round drop
GLOBULET *n* small globule
GLOBULIN *n* simple protein found in living tissue
GLOBUS, GLOBI *n* any spherelike structure
GLOBY, GLOBIER, GLOBIEST *adj* round
GLOCHID, -S *n* barbed spine on a plant
GLODE ▸ **glide**
GLOGG, -S *n* hot alcoholic mixed drink
GLOIRE, -S *n* glory
GLOM, -MED, -MING, -S *vb* attach oneself to or associate oneself with
GLOMERA ▸ **glomus**
GLOMMED ▸ **glom**
GLOMMING ▸ **glom**
GLOMS ▸ **glom**
GLOMUS, GLOMERA *n* small anastomosis in an artery or vein
GLONOIN, -S *n* nitroglycerin
GLOOM, -ED, -ING, -S *n* melancholy or depression ▹ *vb* look sullen or depressed
GLOOMFUL ▸ **gloom**
GLOOMIER ▸ **gloomy**
GLOOMILY ▸ **gloomy**
GLOOMING ▸ **gloom**
GLOOMS ▸ **gloom**
GLOOMY, GLOOMIER *adj* despairing or sad
GLOOP, -ED, -ING, -S *vb* cover with a viscous substance
GLOOPIER ▸ **gloopy**
GLOOPING ▸ **gloop**
GLOOPS ▸ **gloop**
GLOOPY, GLOOPIER ▸ **gloop**
GLOP, -PED, -PING, -S *vb* cover with a viscous substance
GLOPPIER ▸ **gloppy**

GLOPPING ▸ **glop**
GLOPPY, GLOPPIER ▸ **glop**
GLOPS ▸ **glop**
GLORIA, -S *n* silk, wool, cotton, or nylon fabric
GLORIED ▸ **glory**
GLORIES ▸ **glory**
GLORIFY *vb* make (something) seem more worthy than it is
GLORIOLE *another name for a* ▸ **halo**
GLORIOSA *n* bulbous African tropical plant
GLORIOUS *adj* brilliantly beautiful
GLORY, GLORIED, GLORIES, -ING *n* praise or honour ▹ *vb* triumph or exalt
GLOSS, -ED, -ES, -ING *n* surface shine or lustre ▹ *vb* make glossy
GLOSSA, -E, -S *n* paired tonguelike lobe in the labium of an insect
GLOSSAL ▸ **glossa**
GLOSSARY *n* list of special or technical words with definitions
GLOSSAS ▸ **glossa**
GLOSSED ▸ **gloss**
GLOSSEME *n* smallest meaningful unit of a language, such as stress, form, etc
GLOSSER, -S ▸ **gloss**
GLOSSES ▸ **gloss**
GLOSSIER ▸ **glossy**
GLOSSIES ▸ **glossy**
GLOSSILY ▸ **glossy**
GLOSSINA *n* tsetse fly
GLOSSING ▸ **gloss**
GLOSSIST *same as* > **glossator**
GLOSSY, GLOSSIER, GLOSSIES *adj* smooth and shiny ▹ *n* expensively produced magazine
GLOST, -S *n* lead glaze used for pottery
GLOTTAL *adj* of the glottis
GLOTTIC *adj* of or relating to the tongue or the glottis
GLOTTIS *n* vocal cords and the space between them
GLOUT, -ED, -ING, -S *vb* look sullen
GLOVE, -S *n* covering for the hand
GLOVEBOX *n* small compartment in a car for miscellaneous articles
GLOVED ▸ **glove**
GLOVER, -S *n* person who makes or sells gloves
GLOVES ▸ **glove**
GLOVING, -S ▸ **glove**
GLOW, -ED, -S *vb* emit light and heat without flames ▹ *n* glowing light
GLOWER, -ED, -S *n* scowl ▹ *vb* stare angrily
GLOWFLY *n* firefly
GLOWING *adj* full of praise
GLOWLAMP *n* small light consisting of two or more electrodes in an inert gas
GLOWS ▸ **glow**
GLOWWORM *n* European beetle which produces a greenish light
GLOXINIA *n* tropical plant with large bell-shaped flowers
GLOZE, -D, -S *vb* explain away ▹ *n* flattery or deceit
GLOZING, -S ▸ **gloze**
GLUCAGON *n* hormone that releases glucose into the blood
GLUCAN, -S *n* any polysaccharide consisting of a polymer of glucose
GLUCINA, -S *n* oxide of glucinum
GLUCINIC > **glucinium**
GLUCINUM *same as* > **glucinium**
GLUCONIC *adj* as in **gluconic acid** acid that occurs naturally in fruit
GLUCOSE, -S *n* kind of sugar found in fruit
GLUCOSIC ▸ **glucose**
GLUE, -D, -ING, -S, GLUIER, GLUIEST, GLUING *n* natural or synthetic sticky substance ▹ *vb* fasten with glue
GLUEBALL *n* hypothetical composite subatomic particle
GLUED ▸ **glue**
GLUEING ▸ **glue**
GLUEISH *same as* ▸ **gluish**
GLUELIKE ▸ **glue**
GLUEPOT, -S *n* container for holding glue
GLUER, -S ▸ **glue**
GLUES ▸ **glue**
GLUEY ▸ **glue**
GLUG, -GED, -GING, -S *n* word representing a gurgling sound ▹ *vb* drink noisily, taking big gulps
GLUHWEIN *n* mulled wine
GLUIER ▸ **glue**
GLUIEST ▸ **glue**
GLUILY ▸ **glue**
GLUINESS ▸ **glue**
GLUING ▸ **glue**
GLUISH *adj* having the properties of glue
GLUM, -MER, -MEST *adj* sullen or gloomy
GLUME, -S *n* one of a pair of dry membranous bracts in grasses
GLUMELLA *n* palea
GLUMES ▸ **glume**
GLUMLY ▸ **glum**
GLUMMER ▸ **glum**
GLUMMEST ▸ **glum**
GLUMNESS ▸ **glum**
GLUMPIER ▸ **glumpy**
GLUMPILY ▸ **glumpy**
GLUMPISH ▸ **glumpy**
GLUMPS *n* state of sulking
GLUMPY, GLUMPIER *adj* sullen
GLUMS *n* gloomy feelings
GLUNCH, -ED, -ES *vb* look sullen
GLUON, -S *n* hypothetical particle
GLURGE, -S *n* stories supposed to be true but often fabricated
GLUT, -S, -TED, -TING *n* excessive supply ▹ *vb* oversupply
GLUTAEAL ▸ **glutaeus**
GLUTAEUS, GLUTAEI *same as* ▸ **gluteus**
GLUTAMIC *adj* as in **glutamic acid** nonessential amino acid that plays a part in nitrogen metabolism
GLUTCH, -ED, -ES *vb* swallow
GLUTE, -S *same as* ▸ **gluteus**
GLUTEAL ▸ **gluteus**
GLUTEI ▸ **gluteus**
GLUTELIN *n* water-insoluble plant protein found in cereals
GLUTEN, -S *n* protein found in cereal grain
GLUTENIN *n* type of protein
GLUTENS ▸ **gluten**
GLUTES ▸ **glute**
GLUTEUS, GLUTEI *n* any of the three muscles of the buttock
GLUTS ▸ **glut**
GLUTTED ▸ **glut**
GLUTTING ▸ **glut**
GLUTTON, -S *n* greedy person
GLUTTONY *n* practice of eating too much
GLYCAN, -S *n* polysaccharide
GLYCEMIA *US spelling of* > **glycaemia**
GLYCEMIC ▸ **glycemia**
GLYCERIA *n* manna grass
GLYCERIC *adj* of, containing, or derived from glycerol
GLYCERIN *same as* ▸ **glycerol**

G

GLYCEROL *n* colourless odourless syrupy liquid
GLYCERYL *n* (something) derived from glycerol
GLYCIN, -S *same as* ▸ **glycine**
GLYCINE, -S *n* nonessential amino acid
GLYCINS ▸ **glycin**
GLYCOGEN *n* starchlike carbohydrate stored in the liver and muscles of humans and animals
GLYCOL, -S *n* another name (not in technical usage) for a diol
GLYCOLIC ▸ **glycol**
GLYCOLS ▸ **glycol**
GLYCONIC *n* verse consisting of a spondee, choriamb and pyrrhic
GLYCOSE, -S *n* any of various monosaccharides
GLYCOSYL *n* glucose-derived radical
GLYCYL, -S *n* radical of glycine
GLYPH, -S *n* carved channel or groove
GLYPHIC ▸ **glyph**
GLYPHS ▸ **glyph**
GLYPTAL, -S *n* alkyd resin
GLYPTIC *adj* of or relating to engraving or carving
GLYPTICS *n* art of engraving precious stones
GNAMMA *variant of* ▸ **namma**
GNAR, -RED, -RING, -S *same as* ▸ **gnarl**
GNARL, -ING, -S *n* any knotty protuberance or swelling on a tree ▹ *vb* knot or cause to knot
GNARLED *adj* rough, twisted, and knobbly
GNARLIER ▸ **gnarly**
GNARLING ▸ **gnarl**
GNARLS ▸ **gnarl**
GNARLY, GNARLIER *adj* good
GNARR, -S *same as* ▸ **gnarl**
GNARRED ▸ **gnar**
GNARRING ▸ **gnar**
GNARRS ▸ **gnarr**
GNARS ▸ **gnar**
GNASH, -ED, -ES, -ING *vb* grind (the teeth) together ▹ *n* act of gnashing the teeth
GNASHER *n* tooth
GNASHERS *pl n* teeth, esp false ones
GNASHES ▸ **gnash**
GNASHING ▸ **gnash**
GNAT, -S *n* small biting two-winged fly
GNATHAL *same as* ▸ **gnathic**
GNATHIC *adj* of or relating to the jaw
GNATHION *n* lowest point of the midline of the lower jaw: a reference point in craniometry
GNATHITE *n* appendage of an arthropod that is specialized for grasping or chewing
GNATLIKE ▸ **gnat**
GNATLING *n* small gnat
GNATS ▸ **gnat**
GNATTY, GNATTIER *adj* infested with gnats
GNATWREN *n* small bird of the gnatcatcher family
GNAW, -ED, -N, -S *vb* bite or chew steadily ▹ *n* act or an instance of gnawing
GNAWABLE ▸ **gnaw**
GNAWED ▸ **gnaw**
GNAWER, -S ▸ **gnaw**
GNAWING, -S ▸ **gnaw**
GNAWN ▸ **gnaw**
GNAWS ▸ **gnaw**
GNEISS, -ES *n* coarse-grained metamorphic rock
GNEISSIC ▸ **gneiss**
GNOCCHI *n* dumplings
GNOME, GNOMAE, -S *n* imaginary creature like a little old man
GNOMIC *adj* of pithy sayings
GNOMICAL *same as* ▸ **gnomic**
GNOMISH ▸ **gnome**
GNOMIST, -S *n* writer of pithy sayings
GNOMON, -S *n* stationary arm on a sundial
GNOMONIC ▸ **gnomon**
GNOMONS ▸ **gnomon**
GNOSIS, GNOSES *n* supposedly revealed knowledge of spiritual truths
GNOSTIC, -S *adj* of, relating to, or possessing knowledge ▹ *n* one who knows
GNOW, -S *n* Australian wild bird
GNU, -S *n* ox-like S African antelope
GO, GANE, GAUN, -ES, -NE, -S *vb* move to or from a place ▹ *n* attempt
GOA, -S *n* Tibetan gazelle
GOAD, -ED, -ING, -S *vb* provoke (someone) to take some kind of action, usu in anger ▹ *n* spur or provocation
GOADLIKE ▸ **goad**
GOADS ▸ **goad**
GOADSMAN, GOADSMEN *n* person who uses a goad
GOADSTER *n* goadsman
GOAF, -S *n* waste left in old mine workings
GOAL, -ED, -ING, -S *n* posts through which the ball or puck has to move to score ▹ *vb* in rugby, to convert a try into a goal
GOALBALL *n* game played with a ball that emits sound
GOALED ▸ **goal**
GOALIE, -S *n* goalkeeper
GOALING ▸ **goal**
GOALLESS ▸ **goal**
GOALPOST *n* one of the two posts marking the limit of a goal
GOALS ▸ **goal**
GOALWARD *adv* towards a goal
GOANNA, -S *n* large Australian lizard
GOARY *variant spelling of* ▸ **gory**
GOAS ▸ **goa**
GOAT, -S *n* sure-footed ruminant animal with horns
GOATEE, -S *n* pointed tuft-like beard
GOATEED ▸ **goatee**
GOATEES ▸ **goatee**
GOATFISH *n* red mullet
GOATHERD *n* person who looks after a herd of goats
GOATIER ▸ **goaty**

> This means more like a goat: it may seem a silly sort of word but because it uses such common letters the chance to play it as a bonus comes up very frequently.

GOATIES ▸ **goaty**
GOATIEST ▸ **goaty**
GOATISH *adj* of, like, or relating to a goat
GOATLIKE ▸ **goat**
GOATLING *n* young goat
GOATS ▸ **goat**
GOATSE, -S *n* deliberately offensive image placed maliciously into a website
GOATSKIN *n* leather made from the skin of a goat
GOATWEED *n* plant of the genus Capraria
GOATY, GOATIER, GOATIES, GOATIEST *n* pointed tuft-like beard ▹ *adj* resembling a goat
GOB, -BED, -BING, -S *n* lump of a soft substance ▹ *vb* spit
GOBAN, -S *n* board on which go is played
GOBANG, -S *n* Japanese board-game
GOBANS ▸ **goban**

GOBAR *adj* as in **gobar numeral** kind of numeral
GOBBED ▸ **gob**
GOBBET, -S *n* lump, esp of food
GOBBI ▸ **gobbo**
GOBBIER ▸ **gobby**
GOBBIEST ▸ **gobby**
GOBBING ▸ **gob**
GOBBLE, -D, -S, GOBBLING *vb* eat hastily and greedily ▹ *n* rapid gurgling cry of the male turkey ▹ *interj* imitation of this sound
GOBBLER, -S *n* turkey
GOBBLES ▸ **gobble**
GOBBLING ▸ **gobble**
GOBBO, GOBBI *n* hunchback
GOBBY, GOBBIER, GOBBIEST *adj* loudmouthed and offensive
GOBI, -S *n* (in Indian cookery) cauliflower
GOBIES ▸ **goby**
GOBIID, -S *n* member of the genus Gobius
GOBIOID, -S *n* type of spiny-finned fish
GOBIS ▸ **gobi**
GOBLET, -S *n* drinking cup without handles
GOBLIN, -S *n* (in folklore) small malevolent creature
GOBO, -ES, -S *n* shield placed around a microphone
GOBONEE *same as* ▸ **gobony**
GOBONY *adj* in heraldry, composed of a row of small, alternately coloured, squares
GOBOS ▸ **gobo**
GOBS ▸ **gob**
GOBURRA, -S *n* kookaburra
GOBY, GOBIES *n* small spiny-finned fish
GOD, -DED, -DING, -S *n* spirit or being worshipped as having supernatural power ▹ *vb* deify
GODCHILD *n* child for whom a person stands as godparent
GODDED ▸ **god**
GODDEN, -S *n* evening greeting
GODDESS *n* female divinity
GODDING ▸ **god**
GODET, -S *n* triangular piece of material inserted into a garment
GODETIA, -S *n* plant with showy flowers
GODETS ▸ **godet**
GODHEAD, -S *n* essential nature and condition of being a god
GODHOOD, -S *n* state of being divine
GODLESS *adj* wicked or unprincipled
GODLIER ▸ **godly**
GODLIEST ▸ **godly**
GODLIKE *adj* resembling or befitting a god or God
GODLILY ▸ **godly**
GODLING, -S *n* little god
GODLY, GODLIER, GODLIEST *adj* devout or pious
GODOWN, -S *n* (in East Asia and India) warehouse
GODROON, -S *same as* ▸ **gadroon**
GODS ▸ **god**
GODSEND, -S *n* something unexpected but welcome
GODSHIP, -S *n* divinity
GODSO *same as* ▸ **gadso**
GODSON, -S *n* male godchild
GODSPEED *n* expression of one's good wishes for a person's success and safety
GODWARD *adv* towards God
GODWARDS *same as* ▸ **godward**
GODWIT, -S *n* shore bird with long legs and an upturned bill
GOE *same as* ▸ **go**
GOEL, -S *n* in Jewish law, blood-avenger
GOER, -S *n* person who attends something regularly
GOES ▸ **go**
GOEST *vb* archaic 2nd person sing present of go
GOETH *vb* archaic 3rd person sing present of go
GOETHITE *n* black, brown, or yellow mineral
GOETIC ▸ **goety**
GOETY, GOETIES *n* witchcraft
GOEY, GOIER, GOIEST *adj* go-ahead
GOFER, -S *n* employee or assistant performing menial tasks
GOFF, -ED, -ING, -S *obsolete variant of* ▸ **golf**
GOFFER, -ED, -S *vb* press pleats into (a frill) ▹ *n* ornamental frill made by pressing pleats
GOFFING ▸ **goff**
GOFFS ▸ **goff**
GOGGA, -S *n* any small insect
GOGGLE, -D, -S, GOGGLING *vb* (of the eyes) bulge ▹ *n* fixed or bulging stare
GOGGLER, -S *n* big-eyed scad
GOGGLES ▸ **goggle**
GOGGLIER ▸ **goggly**
GOGGLING ▸ **goggle**
GOGGLY, GOGGLIER ▸ **goggle**
GOGLET, -S *n* long-necked water-cooling vessel
GOGO, -S *n* disco
GOHONZON *n* (in Nichiren Buddhism) paper scroll to which devotional chanting is directed
GOIER ▸ **goey**
GOIEST ▸ **goey**
GOING, -S ▸ **go**
GOITER, -S *same as* ▸ **goitre**
GOITERED ▸ **goiter**
GOITERS ▸ **goiter**
GOITRE, -S *n* swelling of the thyroid gland in the neck
GOITRED ▸ **goitre**
GOITRES ▸ **goitre**
GOITROUS ▸ **goitre**
GOJI, -S *same as* > **wolfberry**
GOLCONDA *n* source of wealth or riches, esp a mine
GOLD, -ER, -EST, -S *n* yellow precious metal ▹ *adj* made of gold
GOLDARNS ▸ **goldarn**
GOLDBUG, -S *n* American beetle with a bright metallic lustre
GOLDEN, -ED, -ER, -S *adj* made of gold ▹ *vb* gild
GOLDENLY ▸ **golden**
GOLDENS ▸ **golden**
GOLDER ▸ **gold**
GOLDEST ▸ **gold**
GOLDEYE, -S *n* N American fish
GOLDFISH *n* orange fish kept in ponds or aquariums
GOLDIER ▸ **goldy**
GOLDIES ▸ **goldy**
GOLDIEST ▸ **goldy**
GOLDISH ▸ **gold**
GOLDLESS ▸ **gold**
GOLDS ▸ **gold**
GOLDSIZE *n* adhesive used to fix gold leaf to a surface
GOLDTAIL *n* as in **goldtail moth** European moth with white wings and a soft white furry body with a yellow tail tuft
GOLDTONE *adj* gold-coloured ▹ *n* photographic image printed on a glass-plate with a painted golden backing
GOLDURNS ▸ **goldurn**
GOLDWORK *n* gold objects collectively

G

GOLDY, GOLDIER, GOLDIES, GOLDIEST *adj* gold-like ▷ *n* goldfinch
GOLE, -S *obsolete spelling of* ▸ **goal**
GOLEM, -S *n* (in Jewish legend) artificially created human
GOLES ▸ **gole**
GOLF, -ED, -S *n* outdoor sport ▷ *vb* play golf
GOLFER, -S *n* person who plays golf
GOLFIANA *n* collection of golfing memorabilia
GOLFING, -S ▸ **golf**
GOLFS ▸ **golf**
GOLGOTHA *n* place of burial
GOLIARD, -S *n* one of a number of wandering scholars
GOLIARDY ▸ **goliard**
GOLIAS, -ED, -ES *vb* behave outrageously
GOLIATH, -S *n* giant
GOLLAN, -S *n* yellow flower
GOLLAND, -S *same as* ▸ **gollan**
GOLLANS ▸ **gollan**
GOLLAR, -ED, -S *same as* ▸ **goller**
GOLLER, -ED, -S *vb* roar
GOLLIED ▸ **golly**
GOLLIES ▸ **golly**
GOLLOP, -ED, -S *vb* eat or drink (something) quickly or greedily
GOLLOPER ▸ **gollop**
GOLLOPS ▸ **gollop**
GOLLY, GOLLIED, GOLLIES, -ING *interj* exclamation of mild surprise ▷ *vb* spit
GOLOSH, -ED, -ES *same as* ▸ **galosh**
GOLOSHE *same as* ▸ **galosh**
GOLOSHED ▸ **golosh**
GOLOSHES ▸ **golosh**
GOLP, -S *same as* ▸ **golpe**
GOLPE, -S *n* in heraldry, a purple circle
GOLPS ▸ **golp**
GOMBEEN, -S *n* usury
GOMBO, -S *same as* ▸ **gumbo**
GOMBRO, -S *same as* ▸ **gumbo**
GOMBROON *n* Persian and Chinese pottery and porcelain wares
GOMBROS ▸ **gombro**
GOMER, -S *n* unwanted hospital patient
GOMERAL, -S *same as* ▸ **gomeril**
GOMEREL, -S *same as* ▸ **gomeril**
GOMERIL, -S *n* Scots word for a slow-witted person
GOMERS ▸ **gomer**
GOMOKU, -S *another word for* ▸ **gobang**
GOMPA, -S *n* Tibetan monastery
GOMUTI, -S *n* E Indian feather palm
GOMUTO, -S *same as* ▸ **gomuti**
GON, -S *n* geometrical grade
GONAD, -S *n* organ producing reproductive cells
GONADAL ▸ **gonad**
GONADIAL ▸ **gonad**
GONADIC ▸ **gonad**
GONADS ▸ **gonad**
GONCH, -ES *same as* ▸ **gitch**
GONDELAY *same as* ▸ **gondola**
GONDOLA, -S *n* long narrow boat used in Venice
GONE ▸ **go**
GONEF, -S *same as* ▸ **ganef**
GONENESS *n* faintness from hunger
GONER, -S *n* person or thing beyond help or recovery
GONFALON *n* banner hanging from a crossbar
GONFANON *same as* ▸ **gonfalon**
GONG, -ED, -ING, -S *n* rimmed metal disc ▷ *vb* sound a gong
GONGLIKE ▸ **gong**
GONGS ▸ **gong**
GONGSTER *n* person who strikes a gong
GONGYO, -S *n* Buddhist ceremony
GONIA ▸ **gonion**
GONIDIA ▸ **gonidium**
GONIDIAL ▸ **gonidium**
GONIDIC ▸ **gonidium**
GONIDIUM, GONIDIA *n* green algal cell in the thallus of a lichen
GONIF, -S *same as* ▸ **ganef**
GONIFF, -S *same as* ▸ **ganef**
GONIFS ▸ **gonif**
GONION, GONIA *n* point or apex of the angle of the lower jaw
GONIUM *n* immature reproductive cell
GONK, -S *n* stuffed toy, often used as a mascot
GONNA *vb* going to
GONOCYTE *n* any cell which may potentially undergo meiosis
GONODUCT *n* duct leading from a gonad to the exterior, through which gametes pass
GONOF, -S *same as* ▸ **ganef**
GONOPH, -S *same as* ▸ **ganef**
GONOPOD, -S *n* either of the reproductive organs of insects
GONOPORE *n* external pore in insects, earthworms, etc, through which the gametes are extruded
GONOSOME *n* individuals, collectively, in a colonial animal that are involved with reproduction
GONS ▸ **gon**
GONYS, -ES *n* lower outline of a bird's bill
GONZO, -S *adj* wild or crazy ▷ *n* wild or crazy person
GOO, -S *n* sticky substance
GOOBER, -S *another name for* ▸ **peanut**
GOOBY, GOOBIES *n* spittle
GOOD, -S *adj* giving pleasure ▷ *n* benefit
GOODBY, -S *same as* ▸ **goodbye**
GOODBYE, -S *n* expression used on parting ▷ *interj* expression used on parting ▷ *sentence substitute* farewell
GOODBYS ▸ **goodby**
GOODIE *same as* ▸ **goody**
GOODIER ▸ **goody**
GOODIES ▸ **goody**
GOODIEST ▸ **goody**
GOODISH ▸ **good**
GOODLY, GOODLIER *adj* considerable
GOODMAN, GOODMEN *n* husband
GOODNESS *n* quality of being good ▷ *interj* exclamation of surprise
GOODS ▸ **good**
GOODSIRE *n* grandfather
GOODTIME *adj* wildly seeking pleasure
GOODWIFE *n* mistress of a household
GOODWILL *n* kindly feeling
GOODY, GOODIER, GOODIES, GOODIEST *n* hero in a book or film ▷ *interj* child's exclamation of pleasure ▷ *adj* smug and sanctimonious
GOODYEAR *n* euphemistic term for the Devil
GOOEY, GOOIER, GOOIEST *adj* sticky and soft
GOOF, -ED, -ING, -S *n* mistake ▷ *vb* make a mistake
GOOFBALL *n* barbiturate sleeping pill
GOOFED ▸ **goof**

GOOFIER ▶ **goofy**
GOOFIEST ▶ **goofy**
GOOFILY ▶ **goofy**
GOOFING ▶ **goof**
GOOFS ▶ **goof**
GOOFUS, -ES *n* slow-witted or stupid person
GOOFY, GOOFIER, GOOFIEST *adj* silly or ridiculous
GOOG, -S *n* egg
GOOGLE, -D, -S, GOOGLING *vb* search on the internet using a search engine
GOOGLIES ▶ **googly**
GOOGLING ▶ **google**
GOOGLY, GOOGLIES *n* ball that spins unexpectedly on the bounce
GOOGOL, -S *n* number shown as one followed by 100 zeros
GOOGS ▶ **goog**
GOOIER ▶ **gooey**
GOOIEST ▶ **gooey**
GOOILY ▶ **gooey**
GOOINESS *n* quality of being gooey
GOOKY, GOOKIER, GOOKIEST *adj* sticky and messy
GOOL, -S *n* corn marigold
GOOLD, -S *Scots word for* ▶ **gold**
GOOLS ▶ **gool**
GOOMBAH, -S *n* patron or mentor
GOOMBAY, -S *n* Bahamian soft drink
GOON, -S *n* person hired to commit violent acts
GOONDA, -S *n* (in India) habitual criminal
GOONERY *n* behaviour typical of goons
GOONEY, -S *n* albatross
GOONIE, -S *Scots word for a* ▶ **gown**
GOONIER ▶ **goony**
GOONIES ▶ **goonie**
GOONIEST ▶ **goony**
GOONS ▶ **goon**
GOONY, GOONIER, GOONIEST ▶ **goon**
GOOP, -S *n* rude or ill-mannered person
GOOPED *adj* as in **gooped up** sticky with goop
GOOPIER ▶ **goopy**
GOOPIEST ▶ **goopy**
GOOPS ▶ **goop**
GOOPY, GOOPIER, GOOPIEST ▶ **goop**
GOOR, -S *same as* ▶ **gur**
GOORAL, -S *same as* ▶ **goral**
GOORIE, -S *same as* ▶ **kuri**
GOOROO, -S *same as* ▶ **guru**
GOORS ▶ **goor**
GOORY *same as* ▶ **kuri**
GOOS ▶ **goo**
GOOSE, GEESE, -D, -S, GOOSING *n* web-footed bird like a large duck ▷ *vb* prod (someone) playfully in the bottom
GOOSEGOB *n* gooseberry
GOOSEGOG *n* gooseberry
GOOSERY *n* place for keeping geese
GOOSES ▶ **goose**
GOOSEY, -S *same as* ▶ **goosy**
GOOSIER ▶ **goosy**
GOOSIES ▶ **goosy**
GOOSIEST ▶ **goosy**
GOOSING ▶ **goose**
GOOSY, GOOSIER, GOOSIES, GOOSIEST *adj* of or like a goose ▷ *n* goose
GOPAK, -S *n* Russian peasant dance
GOPHER, -ED, -S *n* American burrowing rodent ▷ *vb* burrow
GOPIK, -S *n* money unit of Azerbaijan
GOPURA, -S *n* gateway tower of an Indian temple
GOPURAM, -S *same as* ▶ **gopura**
GOPURAS ▶ **gopura**
GOR, -S *interj* God! ▷ *n* seagull
GORA, -S *n* (in Indian English) White or fair-skinned male
GORAL, -S *n* small S Asian goat antelope
GORAMY, GORAMIES *same as* ▶ **gourami**
GORAS ▶ **gora**
GORBELLY *n* large belly
GORBLIMY *same as* > **gorblimey**
GORCOCK, -S *n* male of the red grouse
GORCROW, -S *n* carrion crow
GORDITA, -S *n* small thick tortilla
GORE, -D, -S *n* blood from a wound ▷ *vb* pierce with horns
GOREFEST *n* film featuring excessive depictions of bloodshed
GORES ▶ **gore**
GORGE, -D, -S, GORGING *n* deep narrow valley ▷ *vb* eat greedily
GORGEDLY ▶ **gorge**
GORGEOUS *adj* strikingly beautiful or attractive
GORGER, -S ▶ **gorge**
GORGERIN *another name for* ▶ **necking**
GORGERS ▶ **gorger**
GORGES ▶ **gorge**
GORGET, -S *n* collar-like piece of armour
GORGETED ▶ **gorget**
GORGETS ▶ **gorget**
GORGIA, -S *n* improvised sung passage
GORGING ▶ **gorge**
GORGIO, -S *n* word used by Roma people for a non-Roma
GORGON, -S *n* terrifying or repulsive woman
GORHEN, -S *n* female red grouse
GORI, -S *n* (in Indian English) White or fair-skinned female
GORIER ▶ **gory**
GORIEST ▶ **gory**
GORILLA, -S *n* largest of the apes, found in Africa
GORILY ▶ **gory**
GORINESS ▶ **gory**
GORING, -S ▶ **gore**
GORIS ▶ **gori**
GORM, -ED, -ING, -S *n* foolish person ▷ *vb* understand
GORMAND, -S *same as* ▶ **gourmand**
GORMED ▶ **gorm**
GORMIER ▶ **gormy**
GORMIEST ▶ **gormy**
GORMING ▶ **gorm**
GORMLESS *adj* stupid
GORMS ▶ **gorm**
GORMY, GORMIER, GORMIEST *adj* gormless
GORP, -ED, -ING, -S *same as* ▶ **gawp**
GORS ▶ **gor**
GORSE, -S *n* prickly yellow-flowered shrub
GORSEDD, -S *n* meeting held daily before an eisteddfod
GORSES ▶ **gorse**
GORSIER ▶ **gorsy**
GORSIEST ▶ **gorsy**
GORSOON, -S *n* young boy
GORSY, GORSIER, GORSIEST ▶ **gorse**
GORY, GORIER, GORIEST *adj* horrific or bloodthirsty
GOS ▶ **go**
GOSH *interj* exclamation of mild surprise or wonder
GOSHAWK, -S *n* large hawk
GOSHT, -S *n* Indian meat dish
GOSLET, -S *n* pygmy goose
GOSLING, -S *n* young goose

G

GOSPEL, -S *n* any of the first four books of the New Testament ▷ *adj* denoting a kind of religious music ▷ *vb* teach the gospel
GOSPELER *same as* **> gospeller**
GOSPELLY *adj* like gospel music
GOSPELS ▸ gospel
GOSPODA ▸ gospodin
GOSPODAR *n* hospodar
GOSPODIN, GOSPODA *n* Russian title of address, often indicating respect
GOSPORT, -S *n* aeroplane communication device
GOSS, -ED, -ING *vb* spit
GOSSAMER *n* very fine fabric
GOSSAN, -S *n* oxidized portion of a mineral vein in rock
GOSSE, -S *variant of* **▸ gorse**
GOSSED ▸ goss
GOSSES ▸ gosse
GOSSIB, -S *n* gossip
GOSSING ▸ goss
GOSSIP, -ED, -S *n* idle talk, esp about other people ▷ *vb* engage in gossip
GOSSIPER ▸ gossip
GOSSIPRY *n* idle talk
GOSSIPS ▸ gossip
GOSSIPY *adj* tending to gossip
GOSSOON, -S *n* boy, esp a servant boy
GOSSYPOL *n* toxic crystalline pigment that is a constituent of cottonseed oil
GOSTER, -ED, -S *vb* laugh uncontrollably
GOT ▸ get
GOTCH, -ES *same as* **▸ gitch**
GOTCHA, -S *adj* as in **gotcha lizard** Australian name for a crocodile
GOTCHES ▸ gotch
GOTCHIES *pl n* underwear
GOTH, -S *n* aficionado of Goth music and fashion
GOTHIC, -S *adj* of or relating to a literary style ▷ *n* family of heavy script typefaces
GOTHIER ▸ gothy
GOTHIEST ▸ gothy
GOTHITE, -S *same as* **▸ goethite**
GOTHS ▸ goth
GOTHY, GOTHIER, GOTHIEST *adj* characteristic of Gothic clothing or music
GOTTA *vb* got to
GOTTEN *past participle of* **▸ get**
GOUACHE, -S *n* (painting using) watercolours mixed with glue
GOUGE, -D, -S, GOUGING *vb* scoop or force out ▷ *n* hole or groove
GOUGER, -S *n* person or tool that gouges
GOUGERE, -S *n* choux pastry flavoured with cheese
GOUGERS ▸ gouger
GOUGES ▸ gouge
GOUGING ▸ gouge
GOUJEERS *same as* **▸ goodyear**
GOUJON, -S *n* small strip of food
GOUK, -S *same as* **▸ gowk**
GOULASH *n* rich stew seasoned with paprika
GOURA, -S *n* large, crested ground pigeon found in New Guinea
GOURAMI, -S *n* large SE Asian labyrinth fish
GOURAS ▸ goura
GOURD, -S *n* fleshy fruit of a climbing plant
GOURDE, -S *n* standard monetary unit of Haiti
GOURDFUL *n* as much as a gourd will hold
GOURDIER ▸ gourdy
GOURDS ▸ gourd
GOURDY, GOURDIER *adj* (of horses) swollen-legged
GOURMAND *n* person who is very keen on food and drink
GOURMET, -S *n* connoisseur of food and drink
GOUSTY, GOUSTIER *adj* dismal
GOUT, -S *n* drop or splash (of something)
GOUTFLY *n* fly whose larvae infect crops
GOUTIER ▸ gouty
GOUTIEST ▸ gouty
GOUTILY ▸ gouty
GOUTS ▸ gout
GOUTTE, -S *n* heraldic device
GOUTWEED *n* Eurasian plant with white flowers and creeping underground stems
GOUTWORT *n* bishop's weed
GOUTY, GOUTIER, GOUTIEST *adj* afflicted with the disease gout
GOV, -S *n* boss
GOVERN, -ED, -S *vb* rule, direct, or control ▷ *n* ability to be governed
GOVERNOR *n* official governing a province or state
GOVERNS ▸ govern
GOVS ▸ gov
GOWAN, -S *n* any of various flowers growing in fields
GOWANED ▸ gowan
GOWANS ▸ gowan
GOWANY ▸ gowan
GOWD, -ER, -EST, -S *Scots word for* **▸ gold**
GOWF, -ED, -ING, -S *vb* strike
GOWFER, -S ▸ gowf
GOWFING ▸ gowf
GOWFS ▸ gowf
GOWK, -S *n* stupid person
GOWL, -ED, -ING, -S *n* substance in the corner of the eyes after sleep ▷ *vb* howl
GOWLAN, -S *same as* **▸ gollan**
GOWLAND, -S *same as* **▸ gollan**
GOWLANS ▸ gowlan
GOWLED ▸ gowl
GOWLING ▸ gowl
GOWLS ▸ gowl
GOWN, -ED, -ING, -S *n* woman's long formal dress ▷ *vb* supply with or dress in a gown
GOWNBOY, -S *n* foundationer schoolboy who wears a gown
GOWNED ▸ gown
GOWNING ▸ gown
GOWNMAN, GOWNMEN *n* professional person who wears a gown
GOWNS ▸ gown
GOWNSMAN, GOWNSMEN *same as* **▸ gownman**
GOWPEN, -S *n* pair of cupped hands
GOX, -ES *n* gaseous oxygen

> **Gox** is gaseous oxygen, especially useful if you can use it to hit a bonus square.

GOYLE, -S *n* ravine
GOZZAN, -S *same as* **▸ gossan**
GRAAL, -S *n* holy grail
GRAB, -BED, -BING, -S *vb* grasp suddenly, snatch ▷ *n* sudden snatch
GRABBER, -S ▸ grab
GRABBIER ▸ grabby
GRABBING ▸ grab
GRABBLE, -D, -S *vb* scratch or feel about with the hands
GRABBLER ▸ grabble
GRABBLES ▸ grabble

GRABBY, GRABBIER *adj* greedy or selfish
GRABEN, -S *n* elongated trough of land
GRABS ▸ **grab**
GRACE, -D, -S, GRACING, GRASTE *n* beauty and elegance ▹ *vb* honour
GRACEFUL *adj* having beauty of movement, style, or form
GRACES ▸ **grace**
GRACILE *adj* gracefully thin or slender
GRACILIS, GRACILES *n* thin muscle on the inner thigh
GRACING ▸ **grace**
GRACIOSO *n* clown in Spanish comedy
GRACIOUS *adj* kind and courteous ▹ *interj* expression of mild surprise or wonder
GRACKLE, -S *n* American songbird with a dark iridescent plumage
GRAD, -S *n* graduate
GRADABLE *adj* capable of being graded ▹ *n* word of this kind
GRADATE, -D, -S *vb* change or cause to change imperceptibly
GRADATIM *adv* step by step
GRADDAN, -S *vb* dress corn
GRADE, -D, -S, GRADING *n* place on a scale of quality, rank, or size ▹ *vb* arrange in grades
GRADELY *adj* fine
GRADER, -S *n* person or thing that grades
GRADES ▸ **grade**
GRADIENT *n* (degree of) slope ▹ *adj* sloping uniformly
GRADIN, -S *n* ledge above or behind an altar
GRADINE, -S *same as* ▸ **gradin**
GRADING, -S ▸ **grade**
GRADINO, GRADINI *n* step above an altar
GRADINS ▸ **gradin**
GRADS ▸ **grad**
GRADUAL, -S *adj* occurring or moving in small stages ▹ *n* antiphon or group of several antiphons
GRADUAND *n* person who is about to graduate
GRADUATE *vb* receive a degree or diploma ▹ *n* holder of a degree
GRADUS, -ES *n* book of études or other musical exercises
GRAECISE *same as* ▸ **graecize**
GRAECIZE *vb* make or become like the ancient Greeks
GRAFF, -ED, -ING, -S *same as* ▸ **graft**
GRAFFITI *pl n* words or drawings scribbled or sprayed on walls etc
GRAFFITO *n* instance of graffiti
GRAFFS ▸ **graff**
GRAFT, -ED, -S *n* surgical transplant of skin or tissue ▹ *vb* transplant (living tissue) surgically
GRAFTAGE *n* in horticulture, the art of grafting
GRAFTED ▸ **graft**
GRAFTER, -S ▸ **graft**
GRAFTING ▸ **graft**
GRAFTS ▸ **graft**
GRAHAM, -S *n* cracker made of graham flour
GRAIL, -S *n* any desired ambition or goal
GRAILE, -S *same as* ▸ **grail**
GRAILS ▸ **grail**
GRAIN, -ED, -S *n* seedlike fruit of a cereal plant ▹ *vb* paint in imitation of the grain of wood or leather
GRAINAGE *n* duty paid on grain
GRAINE, -S *n* eggs of the silkworm
GRAINED ▸ **grain**
GRAINER, -S ▸ **grain**
GRAINES ▸ **graine**
GRAINIER ▸ **grainy**
GRAINING *n* pattern or texture of the grain of wood, leather, etc
GRAINS ▸ **grain**
GRAINY, GRAINIER *adj* resembling, full of, or composed of grain
GRAIP, -S *n* long-handled gardening fork
GRAITH, -ED, -S *vb* clothe
GRAITHLY ▸ **graith**
GRAITHS ▸ **graith**
GRAKLE, -S *same as* ▸ **grackle**
GRALLOCH *n* entrails of a deer ▹ *vb* disembowel (a deer killed in a hunt)
GRAM, -MES, -S *n* metric unit of mass
GRAMA, -S *n* type of grass
GRAMARY *same as* ▸ **gramarye**
GRAMARYE *n* magic, necromancy, or occult learning
GRAMAS ▸ **grama**
GRAMASH *n* type of gaiter
GRAME, -S *n* sorrow
GRAMERCY *interj* many thanks
GRAMES ▸ **grame**
GRAMMA, -S *n* pasture grass of the South American plains
GRAMMAGE *n* weight of paper expressed as grams per square metre
GRAMMAR, -S *n* branch of linguistics
GRAMMAS ▸ **gramma**
GRAMME *same as* ▸ **grame**
GRAMMES ▸ **gram**
GRAMOCHE *same as* ▸ **gramash**
GRAMP, -S *n* grandfather
GRAMPA, -S *variant of* ▸ **grandpa**
GRAMPIES ▸ **grampy**
GRAMPS ▸ **gramp**
GRAMPUS *n* dolphin-like mammal
GRAMPY, GRAMPIES *n* grandfather
GRAMS ▸ **gram**
GRAN, -S *n* grandmother
GRANA ▸ **granum**
GRANARY *n* storehouse for grain
GRAND, -ER, -EST, -S *adj* large or impressive, imposing ▹ *n* thousand pounds or dollars
GRANDAD, -S *n* grandfather
GRANDAM, -S *n* archaic word for grandmother
GRANDAME *same as* ▸ **grandam**
GRANDAMS ▸ **grandam**
GRANDDAD *same as* ▸ **grandad**
GRANDDAM *same as* ▸ **grandam**
GRANDE *feminine form of* ▸ **grand**
GRANDEE, -S *n* Spanish nobleman of the highest rank
GRANDER ▸ **grand**
GRANDEST ▸ **grand**
GRANDEUR *n* magnificence
GRANDKID *n* grandchild
GRANDLY ▸ **grand**
GRANDMA, -S *n* grandmother
GRANDPA, -S *n* grandfather
GRANDS ▸ **grand**
GRANDSIR *same as* > **grandsire**
GRANDSON *n* male grandchild
GRANFER, -S *n* grandfather

G

GRANGE, -S *n* country house with farm buildings
GRANGER, -S *n* keeper or member of a grange
GRANGES ▸**grange**
GRANITA, -S *n* Italian iced drink
GRANITE, -S *n* very hard igneous rock
GRANITIC ▸**granite**
GRANNAM, -S *n* old woman
GRANNIE *same as* ▸**granny**
GRANNIED ▸**granny**
GRANNIES ▸**granny**
GRANNOM, -S *n* type of caddis fly esteemed as a bait by anglers
GRANNY, GRANNIED, GRANNIES *n* grandmother ▹*vb* defeat without conceding a single point
GRANOLA, -S *n* muesli-like breakfast cereal
GRANS ▸**gran**
GRANT, -ED, -ING, -S *vb* consent to fulfil (a request) ▹*n* money provided by a government for a specific purpose
GRANTEE, -S *n* person to whom a grant is made
GRANTER, -S ▸**grant**
GRANTING ▸**grant**
GRANTOR, -S *n* person who makes a grant
GRANTS ▸**grant**
GRANULAR *adj* of or like grains
GRANULE, -S *n* small grain
GRANUM, GRANA, -S *n* membrane layer in a chloroplast
GRAPE, -D, GRAPING *n* small juicy green or purple berry ▹*vb* grope
GRAPERY *n* building where grapes are grown
GRAPES *n* abnormal growth on the fetlock of a horse
GRAPEY ▸**grape**
GRAPH, -ED, -ING, -S *n* type of graph ▹*vb* draw or represent in a graph
GRAPHEME *n* smallest meaningful contrastive unit in a writing system
GRAPHENE *n* layer of graphite one atom thick
GRAPHIC *adj* vividly descriptive
GRAPHICS *pl n* diagrams, graphs, etc, esp as used on a television programme or computer screen
GRAPHING ▸**graph**
GRAPHITE *n* soft black form of carbon, used in pencil leads
GRAPHIUM *n* stylus (for writing)
GRAPHS ▸**graph**
GRAPIER ▸**grapy**
GRAPIEST ▸**grapy**
GRAPING ▸**grape**
GRAPLE, -S *same as* ▸**grapple**
GRAPLIN, -S *same as* ▸**grapnel**
GRAPLINE *same as* ▸**grapnel**
GRAPLINS ▸**graplin**
GRAPNEL, -S *n* device with several hooks
GRAPPA, -S *n* type of spirit
GRAPPLE, -D, -S *vb* try to cope with (something difficult) ▹*n* grapnel
GRAPPLER ▸**grapple**
GRAPPLES ▸**grapple**
GRAPY, GRAPIER, GRAPIEST ▸**grape**
GRASP, -ED, -S *vb* grip something firmly ▹*n* grip or clasp
GRASPER, -S ▸**grasp**
GRASPING *adj* greedy or avaricious
GRASPS ▸**grasp**
GRASS, -ED, -ES, -ING *n* common type of plant ▹*vb* cover with grass
GRASSER, -S *n* police informant
GRASSES ▸**grass**
GRASSIER ▸**grassy**
GRASSILY ▸**grassy**
GRASSING ▸**grass**
GRASSUM, -S *n* in Scots law, sum paid when taking a lease
GRASSY, GRASSIER *adj* covered with, containing, or resembling grass
GRASTE *archaic past participle of* ▸**grace**
GRAT ▸**greet**
GRATE, -D, -S *vb* rub into small bits on a rough surface ▹*n* framework of metal bars for holding fuel in a fireplace
GRATEFUL *adj* feeling or showing gratitude
GRATER, -S *n* tool with a sharp surface for grating food
GRATES ▸**grate**
GRATIFY *vb* satisfy or please ▹*adj* giving one satisfaction or pleasure
GRATIN, -S *n* crust of browned breadcrumbs
GRATINE *adj* cooked au gratin
GRATINEE *vb* cook au gratin
GRATING, -S *adj* harsh or rasping ▹*n* framework of metal bars covering an opening
GRATINS ▸**gratin**
GRATIS *adj* free, for nothing
GRATTOIR *n* scraper made of flint
GRATUITY *n* money given for services rendered, tip
GRAUNCH *vb* crush or destroy
GRAUPEL, -S *n* soft hail or snow pellets
GRAV, -S *n* unit of acceleration
GRAVAMEN *n* that part of an accusation weighing most heavily against an accused
GRAVE, -D, -N, -S, -ST *n* hole for burying a corpse ▹*adj* causing concern ▹*vb* cut, carve, sculpt, or engrave ▹*adv* to be performed in a solemn manner
GRAVEL, -ED, -S *n* mixture of small stones and coarse sand ▹*vb* cover with gravel
GRAVELLY *adj* like gravel
GRAVELS ▸**gravel**
GRAVELY ▸**grave**
GRAVEN ▸**grave**
GRAVER, -S *n* any of various tools
GRAVES ▸**grave**
GRAVEST ▸**grave**
GRAVID *adj* pregnant
GRAVIDA, -E, -S *n* pregnant woman
GRAVIDLY ▸**gravid**
GRAVIES ▸**gravy**
GRAVING, -S ▸**grave**
GRAVIS *adj* as in **myasthenia gravis** chronic muscle-weakening disease
GRAVITAS *n* seriousness or solemnity
GRAVITON *n* postulated quantum of gravitational energy
GRAVITY *n* force of attraction
GRAVLAKS *same as* ▸**gravlax**
GRAVLAX *n* dry-cured salmon
GRAVS ▸**grav**
GRAVURE, -S *n* method of intaglio printing
GRAVY, GRAVIES *n* juices from meat in cooking

GRAWLIX *n* sequence of symbols used in text to replace profanity
GRAY, -ED, -ER, -EST, -ING, -S *same as* ▸ **grey**
GRAYBACK *same as* ▸ **greyback**
GRAYED ▸ **gray**
GRAYER ▸ **gray**
GRAYEST ▸ **gray**
GRAYFISH *n* dogfish
GRAYFLY *n* trumpet fly
GRAYHEAD *n* one with grey hair
GRAYHEN, -S *n* female of the black grouse
GRAYING ▸ **gray**
GRAYISH ▸ **gray**
GRAYLAG, -S *same as* ▸ **greylag**
GRAYLE, -S *n* holy grail
GRAYLING *n* fish of the salmon family
GRAYLIST *vb* hold (someone) in suspicion, without actually excluding him or her from a particular activity
GRAYLY ▸ **gray**
GRAYMAIL *n* tactic to avoid prosecution in an espionage case
GRAYNESS ▸ **grey**
GRAYOUT, -S *n* impairment of vision due to lack of oxygen
GRAYS ▸ **gray**
GRAZABLE ▸ **graze**
GRAZE, -D, -S *vb* feed on grass ▹ *n* slight scratch or scrape
GRAZER, -S ▸ **graze**
GRAZES ▸ **graze**
GRAZIER, -S *n* person who feeds cattle for market
GRAZING, -S *n* land on which grass for livestock is grown
GRAZIOSO *adv* (of music) to be played gracefully
GREASE, -D, -S, GREASING *n* soft melted animal fat ▹ *vb* apply grease to
GREASER, -S *n* mechanic, esp of motor vehicles
GREASES ▸ **grease**
GREASIER ▸ **greasy**
GREASIES ▸ **greasy**
GREASILY ▸ **greasy**
GREASING ▸ **grease**
GREASY, GREASIER, GREASIES *adj* covered with or containing grease ▹ *n* shearer
GREAT, -ER, -S *adj* large in size or number ▹ *n* distinguished person
GREATEN, -S *vb* make or become great
GREATER ▸ **great**
GREATEST *n* most outstanding individual in a given field
GREATLY ▸ **great**
GREATS ▸ **great**
GREAVE, GREAVING *n* piece of armour for the shin ▹ *vb* grieve
GREAVED ▸ **greave**
GREAVES *pl n* residue left after the rendering of tallow
GREAVING ▸ **greave**
GREBE, -S *n* diving water bird
GREBO, -ES, -S *same as* ▸ **greebo**
GRECE, -S *n* flight of steps
GRECIAN, -S *same as* ▸ **grece**
GRECISE, -D, -S *same as* ▸ **graecize**
GRECIZE, -D, -S *same as* ▸ **graecize**
GRECQUE, -S *n* ornament of Greek origin
GREE, -ING, -S *n* superiority or victory ▹ *vb* come or cause to come to agreement or harmony
GREEBO, -ES, -S *n* unkempt or dirty-looking rock music fan
GREECE, -S *same as* ▸ **grece**
GREED, -S *n* excessive desire for food, wealth, etc
GREEDIER ▸ **greedy**
GREEDILY ▸ **greedy**
GREEDS ▸ **greed**
GREEDY, GREEDIER *adj* having an excessive desire for something
GREEGREE *same as* ▸ **grigri**
GREEING ▸ **gree**
GREEK, -ED, -ING *vb* represent text as grey lines on a computer screen
GREEN, -ED, -EST, -S *adj* of a colour between blue and yellow ▹ *n* colour between blue and yellow ▹ *vb* make or become green
GREENBUG *n* common name for Schizaphis graminum
GREENED ▸ **green**
GREENER, -S *n* recent immigrant
GREENERY *n* vegetation
GREENEST ▸ **green**
GREENEYE *n* small slender fish with pale green eyes
GREENFLY *n* green aphid, a common garden pest
GREENIE, -S *n* conservationist
GREENIER ▸ **greeny**
GREENIES ▸ **greenie**
GREENING *n* process of making or becoming more aware of environmental considerations
GREENISH ▸ **green**
GREENLET *n* type of insectivorous songbird
GREENLIT *adj* given permission to proceed
GREENLY ▸ **green**
GREENS ▸ **green**
GREENTH, -S *n* greenness
GREENWAY *n* linear open space, with pedestrian and cycle paths
GREENY, GREENIER ▸ **green**
GREES ▸ **gree**
GREESE, -S, GREESING *same as* ▸ **grece**
GREET, GRAT, -ED, -S, GRUTTEN *vb* meet with expressions of welcome ▹ *n* weeping
GREETE, -S *same as* ▸ **greet**
GREETED ▸ **greet**
GREETER, -S *n* person who greets people
GREETES ▸ **greete**
GREETING *n* act or words of welcoming on meeting
GREETS ▸ **greet**
GREFFIER *n* registrar
GREGALE, -S *n* northeasterly wind occurring in the Mediterranean
GREGATIM *adv* in flocks or crowds
GREGE, -D, -S, GREGING *vb* make heavy
GREGO, -S *n* short, thick jacket
GREIGE, -S *adj* (of a fabric or material) not yet dyed ▹ *n* unbleached or undyed cloth or yarn
GREIN, -ED, -ING, -S *vb* desire fervently
GREISEN, -S *n* light-coloured metamorphic rock
GREISLY *same as* ▸ **grisly**
GREMIAL, -S *n* type of cloth used in Mass
GREMLIN, -S *n* imaginary being
GREMMIE, -S *n* young surfer
GREMMY *same as* ▸ **gremmie**
GREN, -NED, -NING, -S *same as* ▸ **grin**
GRENACHE *n* variety of grape
GRENADE, -S *n* small bomb

GRENNED ▸**gren**
GRENNING ▸**gren**
GRENS ▸**gren**
GRESE, -S *same as* ▸**grece**
GRESSING *same as* ▸**grece**
GREVE, -S *same as* ▸**greave**
GREW, -ED, -ING, -S *vb* shudder
GREWSOME *archaic or US spelling of* ▸**gruesome**
GREX, -ES *n* group of plants
GREY, -ED, -ER, -EST, -S *adj* of a colour between black and white ▹*n* grey colour ▹*vb* become or make grey
GREYBACK *n* any of various animals having a grey back, such as the grey whale and the hooded crow
GREYED ▸**grey**
GREYER ▸**grey**
GREYEST ▸**grey**
GREYHEAD *n* one having grey hair
GREYHEN, -S *n* female of the black grouse
GREYING, -S ▸**grey**
GREYISH ▸**grey**
GREYLAG, -S *n* large grey goose
GREYLIST *vb* hold (someone) in suspicion, without actually excluding him or her from a particular activity
GREYLY ▸**grey**
GREYNESS ▸**grey**
GREYS ▸**grey**
GRIBBLE, -S *n* type of small marine crustacean
GRICE, -D, -S *vb* collect objects concerned with railways ▹*n* object collected or place visited by a railway enthusiast
GRICER, -S ▸**grice**
GRICES ▸**grice**
GRICING, -S ▸**grice**
GRID, -DED, -DING, -S *n* network of horizontal and vertical lines, bars, etc ▹*vb* form a grid pattern
GRIDDER, -S *n* American football player
GRIDDING ▸**grid**
GRIDDLE, -D, -S *n* flat iron plate for cooking ▹*vb* cook (food) on a griddle
GRIDE, -D, -S, GRIDING *vb* grate or scrape harshly ▹*n* harsh or piercing sound
GRIDELIN *n* greyish violet colour
GRIDES ▸**gride**
GRIDING ▸**gride**
GRIDIRON *n* frame of metal bars for grilling food ▹*vb* cover with parallel lines
GRIDLOCK *n* situation where traffic is not moving ▹*vb* (of traffic) to obstruct (an area)
GRIDS ▸**grid**
GRIECE, -D, -S *same as* ▸**grece**
GRIEF, -S *n* deep sadness
GRIEFER, -S *n* online gamer who spoils the game for others on purpose
GRIEFFUL *adj* stricken with grief
GRIEFS ▸**grief**
GRIESIE *same as* ▸**grisy**
GRIESLY *same as* ▸**grisy**
GRIESY *same as* ▸**grisy**
GRIEVANT *n* any person with a grievance
GRIEVE, -D, -S *vb* (cause to) feel grief ▹*n* farm manager or overseer
GRIEVER, -S ▸**grieve**
GRIEVES ▸**grieve**
GRIEVING ▸**grieve**
GRIEVOUS *adj* very severe or painful
GRIFF, -S *n* information
GRIFFE, -S *n* carved ornament at the base of a column
GRIFFIN, -S *n* mythical monster
GRIFFON, -S *same as* ▸**griffin**
GRIFFS ▸**griff**
GRIFT, -ED, -ING, -S *vb* swindle
GRIFTER, -S ▸**grift**
GRIFTING ▸**grift**
GRIFTS ▸**grift**
GRIG, -GED, -GING, -S *n* lively person ▹*vb* fish for grigs
GRIGRI, -S *n* African talisman, amulet, or charm
GRIGS ▸**grig**
GRIKE, -S *n* fissure in rock
GRILL, -ING, -S *n* device on a cooker ▹*vb* cook under a grill
GRILLADE *n* grilled food
GRILLAGE *n* arrangement of beams and crossbeams used as a foundation on soft ground
GRILLE, -S *n* grating over an opening
GRILLED *adj* cooked on a grill or gridiron
GRILLER, -S ▸**grill**
GRILLERY *n* place where food is grilled
GRILLES ▸**grille**
GRILLING ▸**grill**
GRILLION *n* extremely large but unspecified number, quantity, or amount ▹*determiner* amounting to a grillion
GRILLS ▸**grill**
GRILSE, -S *n* salmon on its first return from the sea to fresh water
GRIM, -MER, -MEST *adj* stern
GRIMACE, -D, -S *n* ugly or distorted facial expression ▹*vb* make a grimace
GRIMACER ▸**grimace**
GRIMACES ▸**grimace**
GRIME, -D, -S, GRIMING *n* ingrained dirt ▹*vb* make very dirty
GRIMIER ▸**grimy**
GRIMIEST ▸**grimy**
GRIMILY ▸**grime**
GRIMING ▸**grime**
GRIMLY ▸**grim**
GRIMMER ▸**grim**
GRIMMEST ▸**grim**
GRIMNESS ▸**grim**
GRIMOIRE *n* textbook of sorcery and magic
GRIMY, GRIMIER, GRIMIEST ▸**grime**
GRIN, -NED, -S *vb* smile broadly, showing the teeth ▹*n* broad smile
GRINCH, -ES *n* person whose attitude has a depressing effect
GRIND, -ING, -S *vb* crush or rub to a powder ▹*n* hard work
GRINDED *obsolete past participle of* ▸**grind**
GRINDER, -S *n* device for grinding substances
GRINDERY *n* place in which tools and cutlery are sharpened
GRINDING ▸**grind**
GRINDS ▸**grind**
GRINNED ▸**grin**
GRINNER, -S ▸**grin**
GRINNING ▸**grin**
GRINS ▸**grin**
GRIOT, -S *n* (in W Africa) member of a caste recording tribal history
GRIP, -PED, -PING, -S *n* firm hold or grasp ▹*vb* grasp or hold tightly
GRIPE, -D, -S *vb* complain persistently ▹*n* complaint
GRIPER, -S ▸**gripe**
GRIPES ▸**gripe**
GRIPEY, GRIPIER, GRIPIEST *adj* causing gripes

GRIPING, -S *n* act of griping
GRIPLE *same as* ▸ **gripple**
GRIPMAN, GRIPMEN *n* cable-car operator
GRIPPE, -S *former name for* ▸ **influenza**
GRIPPED ▸ **grip**
GRIPPER, -S ▸ **grip**
GRIPPES ▸ **grippe**
GRIPPIER ▸ **grippy**
GRIPPING ▸ **grip**
GRIPPLE, -S *adj* greedy ▷ *n* hook
GRIPPY, GRIPPIER *adj* having grip
GRIPS ▸ **grip**
GRIPSACK *n* travel bag
GRIPT *archaic variant of* ▸ **gripped**
GRIPTAPE *n* rough tape for sticking to a surface to provide a greater grip
GRIPY *same as* ▸ **gripey**
GRIS *same as* ▸ **grece**
GRISE, -D, -S, GRISING *vb* shudder
GRISELY *same as* ▸ **grisly**
GRISEOUS *adj* streaked or mixed with grey
GRISES ▸ **grise**
GRISETTE *n* (formerly) a young French working-class woman
GRISGRIS *same as* ▸ **grigri**
GRISING ▸ **grise**
GRISKIN, -S *n* lean part of a loin of pork
GRISLED *another word for* ▸ **grizzled**
GRISLY, GRISLIER, GRISLIES *adj* horrifying or ghastly ▷ *n* large American bear
GRISON, -S *n* type of mammal
GRISSINI *pl n* thin crisp breadsticks
GRISSINO *n* Italian breadstick
GRIST, -S *n* grain for grinding
GRISTER, -S *n* device for grinding grain
GRISTLE, -S *n* tough stringy animal tissue found in meat
GRISTLY ▸ **gristle**
GRISTS ▸ **grist**
GRISY *adj* grim
GRIT, -S, -TED, -TEST *n* rough particles of sand ▷ *vb* spread grit on (an icy road etc) ▷ *adj* great
GRITH, -S *n* security or peace guaranteed for a period of time
GRITLESS ▸ **grit**
GRITS ▸ **grit**
GRITTED ▸ **grit**
GRITTER, -S *n* vehicle that spreads grit on the roads
GRITTEST ▸ **grit**
GRITTIER ▸ **gritty**
GRITTILY ▸ **gritty**
GRITTING *n* spreading grit on road surfaces
GRITTY, GRITTIER *adj* courageous and tough
GRIVET, -S *n* E African monkey
GRIZ, -ZES *n* grizzly bear
GRIZE, -S *same as* ▸ **grece**
GRIZZES ▸ **griz**
GRIZZLE, -S *vb* whine or complain ▷ *n* grey colour
GRIZZLED *adj* grey-haired
GRIZZLER ▸ **grizzle**
GRIZZLES ▸ **grizzle**
GRIZZLY *n* large American bear ▷ *adj* somewhat grey
GROAN, -ED, -S *n* deep sound of grief or pain ▷ *vb* utter a groan
GROANER, -S *n* person or thing that groans
GROANFUL *adj* sad
GROANING ▸ **groan**
GROANS ▸ **groan**
GROAT *n* fourpenny piece
GROATS *pl n* hulled and crushed grain of various cereals
GROCER, -S *n* shopkeeper selling foodstuffs
GROCERY *n* business or premises of a grocer
GROCKED *same as* ▸ **grokked**
GROCKING *same as* ▸ **grokking**
GROCKLE, -S *n* tourist in SW England
GRODY, GRODIER, GRODIEST *adj* unpleasant
GROG, -GED, -GING, -S *n* spirit, usu rum, and water ▷ *vb* drink grog
GROGGERY *n* grogshop
GROGGIER ▸ **groggy**
GROGGILY ▸ **groggy**
GROGGING ▸ **grog**
GROGGY, GROGGIER *adj* faint, shaky, or dizzy
GROGRAM, -S *n* coarse fabric
GROGS ▸ **grog**
GROGSHOP *n* drinking place, esp one of disreputable character
GROIN, -ED, -ING, -S *n* place where the legs join the abdomen ▷ *vb* provide or construct with groins
GROK, -KED, -KING, -S *vb* understand completely and intuitively
GROKED *same as* ▸ **grokked**
GROKING *same as* ▸ **grokking**
GROKKED ▸ **grok**
GROKKING ▸ **grok**
GROKS ▸ **grok**
GROMA, -S *n* Roman surveying instrument
GROMET, -S *same as* ▸ **grommet**
GROMMET, -S *n* ring or eyelet
GROMWELL *n* hairy flowering plant
GRONE, -D, -S, GRONING *obsolete word for* ▸ **groan**
GROOF, -S *n* face, or front of the body
GROOLY, GROOLIER *adj* gruesome
GROOM, -ED, -S *n* person who looks after horses ▷ *vb* make or keep one's clothes and appearance neat and tidy
GROOMER, -S ▸ **groom**
GROOMING ▸ **groom**
GROOMS ▸ **groom**
GROOVE, -D, -S, GROOVING *n* long narrow channel in a surface
GROOVER, -S *n* device that makes grooves
GROOVES ▸ **groove**
GROOVIER ▸ **groovy**
GROOVILY ▸ **groovy**
GROOVING ▸ **groove**
GROOVY, GROOVIER *adj* attractive or exciting
GROPE, -D, -S, GROPING *vb* feel about or search uncertainly ▷ *n* instance of groping
GROPER, -S *n* type of large fish of warm and tropical seas
GROPES ▸ **grope**
GROPING ▸ **grope**
GROSBEAK *n* finch with a large powerful bill
GROSCHEN *n* former Austrian monetary unit worth one hundredth of a schilling
GROSER, -S *n* gooseberry
GROSERT, -S *another word for* ▸ **groser**
GROSET, -S *another word for* ▸ **groser**
GROSS, -ED, -ES, -EST, -ING *adj* flagrant ▷ *n* twelve dozen ▷ *vb* make as total revenue before deductions ▷ *interj* exclamation indicating disgust
GROSSART *another word for* ▸ **groser**

GROSSED ▸ **gross**
GROSSER, -S ▸ **gross**
GROSSES ▸ **gross**
GROSSEST ▸ **gross**
GROSSING ▸ **gross**
GROSSLY ▸ **gross**
GROSZ, -E, -Y *n* Polish monetary unit
GROT, -S *n* rubbish
GROTTIER ▸ **grotty**
GROTTO, -ES, -S *n* small picturesque cave
GROTTOED *adj* having a grotto
GROTTOES ▸ **grotto**
GROTTOS ▸ **grotto**
GROTTY, GROTTIER *adj* nasty or in bad condition
GROUCH, -ED, -ES *vb* grumble or complain ▹ *n* person who is always complaining
GROUCHY *adj* bad-tempered
GROUF, -S *same as* ▸ **groof**
GROUGH, -S *n* natural channel or fissure in a peat moor
GROUND, -S *n* surface of the earth ▹ *adj* on or of the ground ▹ *vb* base or establish
GROUNDED *adj* sensible and down-to-earth
GROUNDEN *obsolete variant of* ▸ **ground**
GROUNDER *n* (in baseball) ball that travels along the ground
GROUNDS ▸ **ground**
GROUP, -ED, -S *n* number of people or things regarded as a unit ▹ *vb* place or form into a group
GROUPAGE *n* gathering people or objects into a group or groups
GROUPED ▸ **group**
GROUPER, -S *n* large edible sea fish
GROUPIE, -S *n* ardent fan of a celebrity or of a sport or activity
GROUPING *n* set of people or organizations who act or work together to achieve a shared aim
GROUPIST *n* follower of a group
GROUPLET *n* small group
GROUPOID *n* magma
GROUPS ▸ **group**
GROUPY *same as* ▸ **groupie**
GROUSE, -D, -S, -ST, GROUSING *n* stocky game bird ▹ *vb* grumble or complain ▹ *adj* fine or excellent
GROUSER, -S ▸ **grouse**
GROUSES ▸ **grouse**
GROUSEST ▸ **grouse**
GROUSING ▸ **grouse**
GROUT, -ED, -ING *n* thin mortar ▹ *vb* fill up with grout
GROUTER, -S ▸ **grout**
GROUTIER ▸ **grouty**
GROUTING ▸ **grout**
GROUTS *pl n* sediment or grounds
GROUTY, GROUTIER *adj* sullen or surly
GROVE, -S *n* small group of trees
GROVED ▸ **grove**
GROVEL, -ED, -S *vb* behave humbly in order to win a superior's favour
GROVELER ▸ **grovel**
GROVELS ▸ **grovel**
GROVES ▸ **grove**
GROVET, -S *n* wrestling hold
GROVY, GROVIER, GROVIEST *adj* like a grove
GROW, -N, -S *vb* develop physically
GROWABLE *adj* able to be cultivated
GROWER, -S *n* person who grows plants
GROWING, -S ▸ **grow**
GROWL, -ED, -ING, -S *vb* make a low rumbling sound ▹ *n* growling sound
GROWLER, -S *n* person, animal, or thing that growls
GROWLERY *n* place to retreat to, alone, when ill-humoured
GROWLIER ▸ **growly**
GROWLING ▸ **growl**
GROWLS ▸ **growl**
GROWLY, GROWLIER ▸ **growl**
GROWN ▸ **grow**
GROWNUP, -S *n* adult
GROWS ▸ **grow**
GROWTH, -S *n* growing ▹ *adj* of or relating to growth
GROWTHY *adj* rapid-growing
GROYNE, -S *n* wall built out from the shore to control erosion
GROZING *adj* as in **grozing iron** iron for smoothing joints between lead pipes
GRR *interj* expressing anger or annoyance
GRRL, -S *n* as in **riot grrl** young woman who enjoys feminist punk rock

This slang term for a young woman who likes feminist punk can come in useful when you are short of vowels. And it can also be spelt **grrrl**.

GRRRL, -S *same as* ▸ **grrl**
GRUB, -BED, -BING, -S *n* legless insect larva ▹ *vb* search carefully for something
GRUBBER, -S *n* person who grubs
GRUBBIER ▸ **grubby**
GRUBBILY ▸ **grubby**
GRUBBING ▸ **grub**
GRUBBLE, -D, -S *same as* ▸ **grabble**
GRUBBY, GRUBBIER *adj* dirty
GRUBS ▸ **grub**
GRUBWORM *another word for* ▸ **grub**
GRUDGE, -D, -S *vb* be unwilling to give or allow ▹ *n* resentment ▹ *adj* planned or carried out in order to settle a grudge
GRUDGER, -S ▸ **grudge**
GRUDGES ▸ **grudge**
GRUDGING ▸ **grudge**
GRUE, -D, -ING, -S, GRUING *n* shiver or shudder ▹ *vb* shiver or shudder
GRUEL, -ED, -LED, -S *n* thin porridge ▹ *vb* subject to exhausting experiences
GRUELER, -S ▸ **gruel**
GRUELING *same as* ▸ **gruelling**
GRUELLED ▸ **gruel**
GRUELLER ▸ **gruel**
GRUELS ▸ **gruel**
GRUES ▸ **grue**
GRUESOME *adj* causing horror and disgust
GRUFE, -S *same as* ▸ **groof**
GRUFF, -ED, -ER, -EST, -ING, -S *adj* rough or surly in manner or voice ▹ *vb* talk gruffly
GRUFFIER ▸ **gruffy**
GRUFFILY ▸ **gruffy**
GRUFFING ▸ **gruff**
GRUFFISH ▸ **gruff**
GRUFFLY ▸ **gruff**
GRUFFS ▸ **gruff**
GRUFFY, GRUFFIER *adj* gruff
GRUFTED *adj* dirty
GRUGRU, -S *n* tropical American palm
GRUIFORM *adj* relating to an order of birds, including cranes and bustards
GRUING ▸ **grue**

GRUM, -MER, -MEST *adj* surly
GRUMBLE, -D, -S *vb* complain ▷ *n* complaint
GRUMBLER ▶ **grumble**
GRUMBLES ▶ **grumble**
GRUMBLY ▶ **grumble**
GRUME, -S *n* clot
GRUMLY ▶ **grum**
GRUMMER ▶ **grum**
GRUMMEST ▶ **grum**
GRUMMET, -S *same as* ▶ **grommet**
GRUMNESS ▶ **grum**
GRUMOSE *same as* ▶ **grumous**
GRUMOUS *adj* (esp of plant parts) consisting of granular tissue
GRUMP, -ED, -ING, -S *n* surly or bad-tempered person ▷ *vb* complain or grumble
GRUMPH, -ED, -S *vb* grunt
GRUMPHIE *n* pig
GRUMPHS ▶ **grumph**
GRUMPHY *same as* ▶ **grumphie**
GRUMPIER ▶ **grumpy**
GRUMPIES ▶ **grumpy**
GRUMPILY ▶ **grumpy**
GRUMPING ▶ **grump**
GRUMPISH *same as* ▶ **grumpy**
GRUMPS ▶ **grump**
GRUMPY, GRUMPIER, GRUMPIES *adj* bad-tempered ▷ *n* bad-tempered person
GRUND *n* as in **grund mail** payment for right of burial
GRUNDIES *pl n* men's underpants
GRUNGE, -S *n* style of rock music with a fuzzy guitar sound
GRUNGER, -S *n* fan of grunge music
GRUNGES ▶ **grunge**
GRUNGEY *adj* messy or dirty
GRUNGY, GRUNGIER *adj* squalid or seedy
GRUNION, -S *n* Californian marine fish that spawns on beaches
GRUNT, -ED, -ING, -S *vb* make a low short gruff sound, like a pig ▷ *n* pig's sound
GRUNTER, -S *n* person or animal that grunts, esp a pig
GRUNTING ▶ **grunt**
GRUNTLE, -D, -S *vb* grunt or groan
GRUNTS ▶ **grunt**
GRUSHIE *adj* healthy and strong
GRUTCH, -ED, -ES *vb* grudge
GRUTTEN ▶ **greet**
GRUYERE, -S *n* hard flat whole-milk cheese with holes
GRYCE, -S *same as* ▶ **grice**
GRYDE, -D, -S, GRYDING *same as* ▶ **gride**
GRYESY *adj* grey
GRYFON, -S *same as* ▶ **griffin**
GRYKE, -S *same as* ▶ **grike**
GRYPE, -S *same as* ▶ **gripe**
GRYPHON, -S *same as* ▶ **griffin**
GRYPT *archaic form of* ▶ **gripped**
GRYSBOK, -S *n* small antelope
GRYSELY *same as* ▶ **grisly**
GRYSIE *same as* ▶ **grisy**
GU, -S *same as* ▶ **gju**
GUACHARO *another name for* ▶ **oilbird**
GUACO, -S *n* any of several plants used as an antidote to snakebite
GUAIAC, -S *same as* ▶ **guaiacum**
GUAIACOL *n* yellowish creosote-like liquid
GUAIACS ▶ **guaiac**
GUAIACUM *n* tropical American evergreen tree
GUAIOCUM *same as* ▶ **guaiacum**
GUAN, -S *n* type of bird of Central and S America
GUANA, -S *another word for* ▶ **iguana**
GUANACO, -S *n* S American animal related to the llama
GUANAS ▶ **guana**
GUANASE, -S *n* type of enzyme
GUANAY, -S *n* type of cormorant
GUANGO, -S *n* rain tree
GUANIDIN *same as* ▶ **guanidine**
GUANIN, -S *same as* ▶ **guanine**
GUANINE, -S *n* white almost insoluble compound
GUANINS ▶ **guanin**
GUANO, -S *n* dried sea-bird manure
GUANS ▶ **guan**
GUANXI, -S *n* Chinese social concept
GUANYLIC *adj* as in **guanylic acid** nucleotide consisting of guanine, ribose or deoxyribose, and a phosphate group
GUAR, -S *n* Indian plant
GUARACHA *same as* ▶ **huarache**
GUARACHE *same as* ▶ **huarache**
GUARACHI *same as* ▶ **huarache**
GUARANA, -S *n* type of shrub native to Venezuela
GUARANI, -S *n* standard monetary unit of Paraguay
GUARANTY *n* pledge of responsibility for fulfilling another person's obligations in case of default
GUARD, -ING, -S *vb* watch over to protect or to prevent escape ▷ *n* person or group that guards
GUARDAGE *n* state of being in the care of a guardian
GUARDANT *adj* (of a beast) shown full face ▷ *n* guardian
GUARDDOG *n* dog trained to protect premises
GUARDED *adj* cautious or noncommittal
GUARDEE, -S *n* guardsman
GUARDER, -S ▶ **guard**
GUARDIAN *n* keeper or protector ▷ *adj* protecting or safeguarding
GUARDING ▶ **guard**
GUARDS ▶ **guard**
GUARISH *vb* heal
GUARS ▶ **guar**
GUAVA, -S *n* yellow-skinned tropical American fruit
GUAYULE, -S *n* bushy shrub of the southwestern US
GUB, -BED, -BING, -S *n* Scots word for mouth ▷ *vb* hit or defeat
GUBBAH, -S *same as* ▶ **gub**
GUBBED ▶ **gub**
GUBBING ▶ **gub**
GUBBINS *n* object of little or no value
GUBS ▶ **gub**
GUCK, -S *n* slimy matter
GUCKIER ▶ **gucky**
GUCKIEST ▶ **gucky**
GUCKS ▶ **guck**
GUCKY, GUCKIER, GUCKIEST *adj* slimy and mucky
GUDDLE, -D, -S, GUDDLING *vb* catch (fish) with the hands ▷ *n* muddle
GUDE *Scots word for* ▶ **good**
GUDEMAN, GUDEMEN *n* male householder
GUDES *n* goods
GUDESIRE *n* grandfather
GUDEWIFE *n* female householder

GUDGEON, -S *n* small freshwater fish ▷ *vb* trick or cheat
GUE, -S *same as* ▶ **gju**
GUELDER *adj* as in **guelder rose** kind of shrub
GUENON, -S *n* slender Old World monkey
GUERDON, -S *n* reward or payment ▷ *vb* give a guerdon to
GUEREZA, -S *n* handsome colobus monkey
GUERIDON *n* small ornately carved table
GUERILLA *same as* ▶ **guerrilla**
GUERITE, -S *n* turret used by a sentry
GUERNSEY *n* seaman's knitted woollen sweater
GUES ▶ **gue**
GUESS, -ED, -ES, -ING *vb* estimate or draw a conclusion without proper knowledge ▷ *n* estimate or conclusion reached by guessing
GUESSER, -S ▶ **guess**
GUESSES ▶ **guess**
GUESSING ▶ **guess**
GUEST, -ED, -ING, -S *n* person entertained at another's expense ▷ *vb* appear as a visiting player or performer
GUESTEN, -S *vb* stay as a guest in someone's house
GUESTING ▶ **guest**
GUESTS ▶ **guest**
GUFF, -S *n* nonsense
GUFFAW, -ED, -S *n* crude noisy laugh ▷ *vb* laugh in this way
GUFFIE, -S *Scots word for* ▶ **pig**
GUFFS ▶ **guff**
GUGA, -S *n* gannet chick
GUGGLE, -D, -S, GUGGLING *vb* drink making a gurgling sound
GUGLET, -S *same as* ▶ **goglet**
GUICHET, -S *n* grating, hatch, or small opening in a wall
GUID *Scot word for* ▶ **good**
GUIDABLE ▶ **guide**
GUIDAGE, -S *n* guidance
GUIDANCE *n* leadership, instruction, or advice
GUIDE, -D, -S *n* person who conducts tour expeditions ▷ *vb* act as a guide for
GUIDER, -S ▶ **guide**
GUIDES ▶ **guide**
GUIDEWAY *n* track controlling the motion of something
GUIDING, -S ▶ **guide**
GUIDON, -S *n* small pennant
GUIDS *pl n* possessions
GUILD, -S *n* organization or club
GUILDER, -S *n* former monetary unit of the Netherlands
GUILDRY *n* in Scotland, corporation of merchants
GUILDS ▶ **guild**
GUILE, -D, -S, GUILING *n* cunning or deceit ▷ *vb* deceive
GUILEFUL ▶ **guile**
GUILER, -S *n* deceiver
GUILES ▶ **guile**
GUILING ▶ **guile**
GUILT, -ED, -ING, -S *n* fact or state of having done wrong ▷ *vb* make (a person) feel guilty
GUILTIER ▶ **guilty**
GUILTILY ▶ **guilty**
GUILTING ▶ **guilt**
GUILTS ▶ **guilt**
GUILTY, GUILTIER *adj* responsible for an offence or misdeed
GUIMBARD *n* Jew's harp
GUIMP, -S *same as* ▶ **guimpe**
GUIMPE, -D, -S, GUIMPING *n* short blouse worn under a pinafore dress ▷ *vb* make with gimp
GUIMPS ▶ **guimp**
GUINEA, -S *n* former British monetary unit
GUINEP, -S *n* type of tropical American tree
GUIPURE, -S *n* heavy lace
GUIRO, -S *n* percussion instrument made from a hollow gourd
GUISARD, -S *n* guiser
GUISE, -D, -S *n* false appearance ▷ *vb* disguise or be disguised in fancy dress
GUISER, -S *n* mummer, esp at Christmas or Halloween revels
GUISES ▶ **guise**
GUISING, -S ▶ **guise**
GUITAR, -S *n* stringed instrument
GUITGUIT *n* bird belonging to the family Coerebidae
GUIZER, -S *same as* ▶ **guiser**
GUL, -S *n* design used in oriental carpets
GULA, -S *n* gluttony
GULAG, -S *n* forced-labour camp
GULAR, -S *adj* of or situated in the throat or oesophagus ▷ *n* throat or oesophagus
GULAS ▶ **gula**
GULCH, -ED, -ES, -ING *n* deep narrow valley ▷ *vb* swallow fast
GULDEN, -S *same as* ▶ **guilder**
GULE *Scots word for* ▶ **marigold**
GULES *n* red in heraldry
GULET, -S *n* wooden Turkish sailing boat
GULF, -ED, -ING, -S *n* large deep bay ▷ *vb* swallow up
GULFIER ▶ **gulfy**
GULFIEST ▶ **gulfy**
GULFING ▶ **gulf**
GULFLIKE ▶ **gulf**
GULFS ▶ **gulf**
GULFWEED *n* type of brown seaweed
GULFY, GULFIER, GULFIEST ▶ **gulf**
GULL, -ED, -ING, -S *n* long-winged sea bird ▷ *vb* cheat or deceive
GULLABLE *same as* ▶ **gullible**
GULLABLY ▶ **gullable**
GULLED ▶ **gull**
GULLER, -S *n* deceiver
GULLERY *n* breeding-place for gulls
GULLET, -S *n* muscular tube from the mouth to the stomach
GULLEY, -ED, -S *same as* ▶ **gully**
GULLIBLE *adj* easily tricked
GULLIBLY ▶ **gullible**
GULLIED ▶ **gully**
GULLIES ▶ **gully**
GULLING ▶ **gull**
GULLISH *adj* stupid
GULLS ▶ **gull**
GULLWING *adj* (of vehicle door) opening upwards
GULLY, GULLIED, GULLIES, -ING *n* channel cut by running water ▷ *vb* make (channels) in (the ground, sand, etc)
GULOSITY *n* greed or gluttony
GULP, -ED, -ING, -S *vb* swallow hastily ▷ *n* gulping
GULPER, -S ▶ **gulp**
GULPH, -S *archaic word for* ▶ **gulf**
GULPIER ▶ **gulpy**
GULPIEST ▶ **gulpy**
GULPING ▶ **gulp**
GULPS ▶ **gulp**
GULPY, GULPIER, GULPIEST ▶ **gulp**

G

GULS ▸ **gul**
GULY *adj* relating to gules
GUM, -MED, -S *n* firm flesh in which the teeth are set ▹ *vb* stick with gum
GUMBALL, -S *n* round piece of chewing gum
GUMBO, -S *n* mucilaginous pods of okra
GUMBOIL, -S *n* abscess on the gum
GUMBOOT *n* rubber boot
GUMBOOTS *pl n* Wellington boots
GUMBOS ▸ **gumbo**
GUMBOTIL *n* sticky clay formed by the weathering of glacial drift
GUMDROP, -S *n* hard jelly-like sweet
GUMLANDS *pl n* infertile land where kauri once grew
GUMLESS ▸ **gum**
GUMLIKE ▸ **gum**
GUMLINE, -S *n* line where gums meet teeth
GUMMA, -S, -TA *n* rubbery tumour
GUMMED ▸ **gum**
GUMMER, -S *n* punch-cutting tool
GUMMI, -S *n* gelatin-based flavoured sweet
GUMMIER ▸ **gummy**
GUMMIES ▸ **gummy**
GUMMIEST ▸ **gummy**
GUMMILY ▸ **gummy**
GUMMING, -S ▸ **gum**
GUMMIS ▸ **gummi**
GUMMITE, -S *n* orange or yellowish amorphous secondary mineral
GUMMOSE, -S *same as* ▸ **gummous**
GUMMOSIS *n* abnormal production of gum in trees
GUMMOUS *adj* resembling or consisting of gum
GUMMY, GUMMIER, GUMMIES, GUMMIEST *adj* toothless ▹ *n* type of small crustacean-eating shark
GUMNUT, -S *n* hardened seed container of the gumtree
GUMP, -ED, -ING, -S *vb* guddle
GUMPHION *n* funeral banner
GUMPING ▸ **gump**
GUMPS ▸ **gump**
GUMPTION *n* resourcefulness
GUMS ▸ **gum**
GUMSHOE, -D, -S *n* waterproof overshoe ▹ *vb* act stealthily
GUMTREE, -S *n* any of various trees that yield gum
GUMWEED, -S *n* any of several yellow-flowered plants
GUMWOOD, -S *same as* ▸ **gumtree**
GUN, -NED, -NEN, -S *n* weapon with a tube from which missiles are fired ▹ *vb* cause (an engine) to run at high speed
GUNBOAT, -S *n* small warship
GUNDIES ▸ **gundy**
GUNDOG, -S *n* dog trained to work with a hunter or gamekeeper
GUNDY, GUNDIES *n* toffee
GUNFIGHT *n* fight between persons using firearms ▹ *vb* fight with guns
GUNFIRE, -S *n* repeated firing of guns
GUNFLINT *n* piece of flint in a flintlock's hammer used to strike the spark that ignites the charge
GUNG *adj* as in **gung ho** extremely or excessively enthusiastic about something
GUNGE, -D, -S, GUNGING *n* sticky unpleasant substance ▹ *vb* block or encrust with gunge
GUNGIER ▸ **gungy**
GUNGIEST ▸ **gungy**
GUNGING ▸ **gunge**
GUNGY, GUNGIER, GUNGIEST ▸ **gunge**
GUNHOUSE *n* on a warship, an armoured rotatable enclosure for guns
GUNITE, -S *n* mortar sprayed in a very dense concrete layer
GUNK, -ED, -ING, -S *n* slimy or filthy substance ▹ *vb* cover with gunk
GUNKHOLE *vb* make a series of short boat excursions
GUNKIER ▸ **gunky**
GUNKIEST ▸ **gunky**
GUNKING ▸ **gunk**
GUNKS ▸ **gunk**
GUNKY, GUNKIER, GUNKIEST ▸ **gunk**
GUNLAYER *n* person who aims a ship's gun
GUNLESS ▸ **gun**
GUNLOCK, -S *n* mechanism in some firearms
GUNMAKER *n* person who makes guns
GUNMAN, GUNMEN *n* armed criminal
GUNMETAL *n* alloy of copper, tin, and zinc ▹ *adj* dark grey
GUNNAGE, -S *n* number of guns carried by a warship
GUNNED ▸ **gun**
GUNNEL, -S *same as* ▸ **gunwale**
GUNNEN ▸ **gun**
GUNNER, -S *n* artillery soldier
GUNNERA, -S *n* type of herbaceous plant
GUNNERS ▸ **gunner**
GUNNERY *n* use or science of large guns
GUNNIES ▸ **gunny**
GUNNING, -S ▸ **gun**
GUNNY, GUNNIES *n* strong coarse fabric used for sacks
GUNNYBAG *same as* > **gunnysack**
GUNPAPER *n* cellulose nitrate explosive made by treating paper with nitric acid
GUNPLAY, -S *n* use of firearms, as by criminals
GUNPOINT *n* muzzle of a gun
GUNPORT, -S *n* porthole or other opening for a gun
GUNROOM, -S *n* the mess allocated to junior officers
GUNS ▸ **gun**
GUNSEL, -S *n* criminal who carries a gun
GUNSHIP, -S *n* ship or helicopter armed with heavy guns
GUNSHOT, -S *n* shot or range of a gun
GUNSIGHT *n* device on a gun which helps the user to aim
GUNSMITH *n* person who manufactures or repairs firearms, esp portable guns
GUNSTICK *n* ramrod
GUNSTOCK *n* wooden handle to which the barrel of a rifle is attached
GUNSTONE *n* cannonball
GUNTER, -S *n* type of gaffing
GUNWALE, -S *n* top of a ship's side
GUNYAH, -S *n* hut or shelter in the bush
GUP, -S *n* gossip
GUPPY, GUPPIES *n* small colourful aquarium fish
GUPS ▸ **gup**
GUQIN, -S *n* type of Chinese zither

GUR, -S *n* unrefined cane sugar
GURAMI, -S *same as* ▸ **gourami**
GURDIES ▸ **gurdy**
GURDWARA *n* Sikh place of worship
GURDY, GURDIES *n* winch on a fishing boat
GURGE, -D, -S, GURGING *vb* swallow up
GURGLE, -D, -S *n* bubbling noise ▹ *vb* (of water) to make low bubbling noises when flowing
GURGLET, -S *same as* ▸ **goglet**
GURGLIER ▸ **gurgly**
GURGLING ▸ **gurgle**
GURGLY, GURGLIER *adj* making gurgling sounds
GURGOYLE *same as* ▸ **gargoyle**
GURJUN, -S *n* S or SE Asian tree that yields a resin
GURL, -ED, -ING, -S *vb* snarl
GURLET, -S *n* type of pickaxe
GURLIER ▸ **gurly**
GURLIEST ▸ **gurly**
GURLING ▸ **gurl**
GURLS ▸ **gurl**
GURLY, GURLIER, GURLIEST *adj* stormy
GURN, -ED, -ING, -S *variant spelling of* ▸ **girn**
GURNARD, -S *n* spiny armour-headed sea fish
GURNED ▸ **gurn**
GURNET, -S *same as* ▸ **gurnard**
GURNEY, -S *n* wheeled stretcher for transporting hospital patients
GURNING ▸ **gurn**
GURNS ▸ **gurn**
GURRAH, -S *n* type of coarse muslin
GURRIER, -S *n* low-class tough ill-mannered person
GURRY, GURRIES *n* dog-fight
GURS ▸ **gur**
GURSH, -ES *n* unit of currency in Saudi Arabia
GURU, -S *n* Hindu or Sikh religious teacher or leader
GURUDOM, -S *n* state of being a guru
GURUISM, -S ▸ **guru**
GURUS ▸ **guru**
GURUSHIP ▸ **guru**
GUS ▸ **gu**
GUSH, -ED, -ES, -ING *vb* flow out suddenly and profusely ▹ *n* sudden copious flow
GUSHER, -S *n* spurting oil well
GUSHES ▸ **gush**
GUSHIER ▸ **gushy**
GUSHIEST ▸ **gushy**
GUSHILY ▸ **gushy**
GUSHING ▸ **gush**
GUSHY, GUSHIER, GUSHIEST *adj* displaying excessive sentimentality
GUSLA, -S *n* Balkan single-stringed musical instrument
GUSLAR, -S *n* player of the gusla
GUSLAS ▸ **gusla**
GUSLE, -S *same as* ▸ **gusla**
GUSLI, -S *n* Russian harp-like musical instrument
GUSSET, -S *n* piece of material sewn into a garment to strengthen it ▹ *vb* put a gusset in (a garment)
GUSSETED ▸ **gusset**
GUSSETS ▸ **gusset**
GUSSIE *n* young pig
GUSSY, GUSSIED, GUSSIES, -ING *vb* dress elaborately
GUST, -ED, -ING, -S *n* sudden blast of wind ▹ *vb* blow in gusts
GUSTABLE *n* anything that can be tasted
GUSTED ▸ **gust**
GUSTFUL *adj* tasty
GUSTIE *adj* tasty
GUSTIER ▸ **gusty**
GUSTIEST ▸ **gusty**
GUSTILY ▸ **gusty**
GUSTING ▸ **gust**
GUSTLESS *adj* tasteless
GUSTO, -ES, -S *n* enjoyment or zest
GUSTS ▸ **gust**
GUSTY, GUSTIER, GUSTIEST *adj* windy and blustery
GUT, -TED, -TING *n* intestine ▹ *vb* remove the guts from ▹ *adj* basic or instinctive
GUTCHER, -S *n* grandfather
GUTFUL, -S *n* bellyful
GUTLESS *adj* cowardly
GUTLIKE ▸ **gut**
GUTROT, -S *n* upset stomach
GUTS, -ED, -ES, -ING *vb* devour greedily
GUTSER, -S *n* as in **come a gutser** fall heavily to the ground
GUTSES ▸ **guts**
GUTSFUL, -S *n* bellyful
GUTSIER ▸ **gutsy**
GUTSIEST ▸ **gutsy**
GUTSILY ▸ **gutsy**
GUTSING ▸ **guts**
GUTSY, GUTSIER, GUTSIEST *adj* courageous
GUTTA, -E, -S *n* small drop-like ornament
GUTTATE, -S *adj* covered with small drops or drop-like markings ▹ *vb* exude droplets of liquid
GUTTATED *same as* ▸ **guttate**
GUTTATES ▸ **guttate**
GUTTED ▸ **gut**
GUTTER, -ED, -S *n* shallow channel for carrying away water ▹ *vb* (of a candle) burn unsteadily
GUTTERY *adj* vulgar
GUTTIER ▸ **gutty**
GUTTIES ▸ **gutty**
GUTTIEST ▸ **gutty**
GUTTING ▸ **gut**
GUTTLE, -D, -S, GUTTLING *vb* eat greedily
GUTTLER, -S ▸ **guttle**
GUTTLES ▸ **guttle**
GUTTLING ▸ **guttle**
GUTTURAL *adj* (of a sound) produced at the back of the throat ▹ *n* guttural consonant
GUTTY, GUTTIER, GUTTIES, GUTTIEST *n* urchin or delinquent ▹ *adj* courageous
GUTZER, -S *n* bad fall
GUV, -S *informal name for* ▸ **governor**
GUY, -ED, -ING, -S *n* man or boy ▹ *vb* make fun of
GUYLE, -D, -S, GUYLING *same as* ▸ **guile**
GUYLER, -S ▸ **guyle**
GUYLES ▸ **guyle**
GUYLINE, -S *n* guy rope
GUYLINER *n* eyeliner worn by men
GUYLINES ▸ **guyline**
GUYLING ▸ **guyle**
GUYOT, -S *n* flat-topped submarine mountain
GUYS ▸ **guy**
GUYSE, -S *same as* ▸ **guise**
GUZZLE, -D, -S, GUZZLING *vb* eat or drink greedily
GUZZLER, -S *n* person or thing that guzzles
GUZZLES ▸ **guzzle**
GUZZLING ▸ **guzzle**
GWEDUC, -S *same as* ▸ **geoduck**
GWEDUCK, -S *same as* ▸ **geoduck**
GWEDUCS ▸ **gweduc**

GWINE *dialect form of* ▸ **going**
GWINIAD, -S *n* powan
GWYNIAD, -S *n* type of freshwater white fish
GYAL, -S *same as* ▸ **gayal**
GYAN, -S *n* (in Indian English) knowledge
GYBE, -D, -S, GYBING *vb* (of a sail) swing suddenly from one side to the other ▹ *n* instance of gybing
GYELD, -S *n* guild
GYLDEN *adj* golden
GYM, -S *n* gymnasium
GYMBAL, -S *same as* ▸ **gimbal**
GYMKHANA *n* horse-riding competition
GYMMAL, -S *same as* ▸ **gimmal**
GYMNASIA > **gymnasium**
GYMNASIC > **gymnasium**
GYMNAST, -S *n* expert in gymnastics
GYMNIC *adj* gymnastic
GYMP, -ED, -ING, -S *same as* ▸ **gimp**
GYMPIE, -S *n* tall tree with stinging hairs on its leaves
GYMPING ▸ **gymp**
GYMPS ▸ **gymp**
GYMS ▸ **gym**
GYMSLIP, -S *n* tunic or pinafore formerly worn by schoolgirls
GYMSUIT, -S *n* costume worn for gymnastics
GYNAE, -S *adj* gynaecological ▹ *n* gynaecology
GYNAECEA > **gynaeceum**
GYNAECIA > **gynaecium**
GYNAES ▸ **gynae**
GYNANDRY *n* hermaphroditism
GYNARCHY *n* government by women
GYNECIA ▸ **gynecium**
GYNECIC *adj* relating to the female sex
GYNECIUM, GYNECIA *same as* > **gynoecium**
GYNECOID *same as* > **gynaecoid**
GYNIATRY *n* gynaecology: medicine concerned with diseases in women
GYNIE, -S *n* gynaecology
GYNNEY, -S *n* guinea hen
GYNNY, GYNNIES *same as* ▸ **gynney**
GYNO, -S *n* gynaecologist
GYNOECIA > **gynoecium**
GYNOS ▸ **gyno**
GYNY *n* gynaecology
GYOZA, -S *n* Japanese fried dumpling
GYP, -PED, -PING, -S *vb* swindle, cheat, or defraud ▹ *n* act of cheating

This little word, meaning to swindle, can be useful when you are short of vowels.

GYPLURE, -S *n* synthetic version of a gypsy moth pheromone
GYPO, -S *n* small-scale independent logger
GYPPED ▸ **gyp**
GYPPER, -S ▸ **gyp**
GYPPIE *same as* ▸ **gippy**
GYPPIES ▸ **gyppy**
GYPPING ▸ **gyp**
GYPPY, GYPPIES *same as* ▸ **gippy**
GYPS ▸ **gyp**
GYPSEIAN *adj* relating to gypsies
GYPSEOUS ▸ **gypsum**
GYPSIED ▸ **gypsy**
GYPSIES ▸ **gypsy**
GYPSTER, -S *n* swindler
GYPSUM, -S *n* chalklike mineral
GYPSY, GYPSIED, GYPSIES, -ING *n* member of a nomadic people ▹ *vb* live like a gypsy
GYPSYDOM ▸ **gypsy**
GYPSYING ▸ **gypsy**
GYPSYISH ▸ **gypsy**
GYPSYISM *n* state of being a gypsy
GYRAL *adj* having a circular, spiral, or rotating motion
GYRALLY ▸ **gyral**
GYRANT *adj* gyrating
GYRASE, -S *n* topoisomerase enzyme
GYRATE, -D, -S, GYRATING *vb* rotate or spiral about a point or axis ▹ *adj* curved or coiled into a circle
GYRATION *n* act or process of gyrating
GYRATOR, -S *n* electronic circuit that inverts the impedance
GYRATORY ▸ **gyrate**
GYRE, -D, -S, GYRING *n* circular or spiral movement or path ▹ *vb* whirl
GYRENE, -S *n* nickname for a member of the US Marine Corps
GYRES ▸ **gyre**
GYRI ▸ **gyrus**
GYRING ▸ **gyre**
GYRO, -S *n* gyrocompass
GYROCAR, -S *n* two-wheeled car
GYRODYNE *n* aircraft with rotor
GYROIDAL *adj* spiral
GYROLITE *n* silicate
GYRON, -S *same as* ▸ **giron**
GYRONIC ▸ **gyron**
GYRONNY *same as* ▸ **gironny**
GYRONS ▸ **gyron**
GYROS ▸ **gyro**
GYROSE *adj* marked with sinuous lines
GYROSTAT *same as* > **gyroscope**
GYROUS *adj* gyrose
GYRUS, GYRI, -ES *n* convolution
GYTE, -S *n* spoilt child
GYTRASH *n* spirit that haunts lonely roads
GYTTJA, -S *n* sediment on lake bottom
GYVE, -D, -S, GYVING *vb* shackle or fetter ▹ *n* fetters

Hh

H forms a two-letter word in front of every vowel except **U** (and you can make **uh** with **U**), making it a versatile tile when you want to form words in more than one direction. It also goes with **M** to make **hm**. As **H** is worth 4 points on its own, you can earn some very high scores by doing this: even **ha**, **he**, **hi** and **ho** will give 5 points each. There are lots of good short words beginning with **H**, like **haw**, **hew**, **how**, **hay**, **hey** and **hoy** (9 each), while **hyp** can be useful if you are short of vowels. More high-scoring words with **H** include **haj**, **hex** and **hox** for 13 points each, and never forget the invaluable **zho** for 15 points.

HA *interj* exclamation of triumph, surprise, or scorn
HAAF, -S *n* fishing ground off the Shetland and Orkney Islands
HAAR, -S *n* cold sea mist or fog off the North Sea
HABANERA *n* slow Cuban dance in duple time
HABANERO *n* variety of chilli pepper
HABDABS *n* highly nervous state
HABDALAH *n* prayer at end of Jewish sabbath
HABENDUM *n* part of a deed defining the limits of ownership
HABILE *adj* skilful
HABIT, -ING, -S *n* established way of behaving ▷ *vb* clothe
HABITAN, -S *same as* ▸ **habitant**
HABITANT *n* person who lives in a place
HABITAT, -S *n* natural home of an animal or plant
HABITED *adj* dressed in a habit
HABITING ▸ **habit**
HABITS ▸ **habit**
HABITUAL *adj* done regularly and repeatedly ▷ *n* person with a habit
HABITUDE *n* habit or tendency
HABITUE, -S *n* frequent visitor to a place
HABITUS *n* general physical state
HABLE *old form of* ▸ **able**
HABOOB, -S *n* sandstorm
HABU, -S *n* large venomous snake
HACEK, -S *n* pronunciation symbol in Slavonic language
HACHIS *n* hash
HACHURE, -D, -S *n* shading drawn on a map to indicate steepness of a hill ▷ *vb* mark or show by hachures
HACIENDA *n* ranch or large estate in Latin America
HACK, -ED, -S *vb* cut or chop violently ▷ *n* (inferior) writer or journalist ▷ *adj* unoriginal or of a low standard
HACKABLE ▸ **hack**
HACKBOLT *n* shearwater
HACKBUT, -S *another word for* ▸ **arquebus**
HACKED ▸ **hack**
HACKEE, -S *n* chipmunk
HACKER, -S *n* computer enthusiast
HACKERY *n* journalism
HACKETTE *n* informal, derogatory term for female journalist
HACKIE, -S *n* US word meaning cab driver
HACKING, -S ▸ **hack**
HACKLE, -D, HACKLING *same as* ▸ **heckle**
HACKLER, -S ▸ **hackle**
HACKLES *pl n* hairs which rise in response to emotion
HACKLET, -S *n* kittiwake
HACKLIER ▸ **hackly**
HACKLING ▸ **hackle**
HACKLY, HACKLIER *adj* rough or jagged
HACKMAN, HACKMEN *n* taxi driver
HACKNEY, -S *n* taxi ▷ *vb* make commonplace and banal by too frequent use
HACKS ▸ **hack**
HACKSAW, -N, -S *n* small saw for cutting metal ▷ *vb* cut with a hacksaw
HACKWORK *n* dull repetitive work
HAD, -DEN, -DING, -S *vb* Scots form of hold
HADAL *adj* denoting very deep zones of the oceans
HADARIM ▸ **heder**
HADAWAY *sentence substitute* exclamation urging the hearer to refrain from delay
HADDEN ▸ **had**
HADDEST *same as* ▸ **hadst**
HADDIE, -S *n* finnan haddock
HADDING ▸ **had**
HADDOCK, -S *n* edible sea fish of N Atlantic
HADE, -D, -S, HADING *n* angle made to the vertical by the plane of a fault or vein ▷ *vb* incline from the vertical
HADEDAH, -S *n* large grey-green S African ibis
HADES ▸ **hade**
HADING ▸ **hade**
HADITH, -S *n* body of legend about Mohammed and his followers
HADJ, -ES *same as* ▸ **hajj**
HADJEE, -S *same as* ▸ **hadji**
HADJES ▸ **hadj**
HADJI, -S *same as* ▸ **hajji**
HADROME, -S *n* part of xylem
HADRON, -S *n* type of elementary particle

HADRONIC ▸ **hadron**
HADRONS ▸ **hadron**
HADS ▸ **had**
HADST *singular form of the past tense (indicative mood) of* ▸ **have**
HAE, -D, -ING, -N, -S *Scot variant of* ▸ **have**
HAEM, -S *n* red organic pigment containing ferrous iron
HAEMAL *adj* of the blood
HAEMATAL *same as* ▸ **haemal**
HAEMATIC *n* agent that stimulates the production of red blood cells
HAEMATIN *n* dark bluish or brownish pigment
HAEMIC *same as* ▸ **haematic**
HAEMIN, -S *n* haematin chloride
HAEMOID *same as* > **haematoid**
HAEMONY *n* plant mentioned in Milton's poetry
HAEMS ▸ **haem**
HAEN ▸ **hae**
HAEREDES ▸ **haeres**
HAEREMAI *interj* Māori expression of welcome ▹ *n* act of saying 'haeremai'
HAERES, HAEREDES *same as* ▸ **heres**
HAES ▸ **hae**
HAET, -S *n* whit
HAFF, -S *n* lagoon
HAFFET, -S *n* side of head
HAFFIT, -S *same as* ▸ **haffet**
HAFFLIN, -S *same as* ▸ **halfling**
HAFFS ▸ **haff**
HAFIZ, -ES *n* title for a person who knows the Koran by heart
HAFNIUM, -S *n* metallic element found in zirconium ores
HAFT, -ED, -ING, -S *n* handle of an axe, knife, or dagger ▹ *vb* provide with a haft
HAFTARA, -S *same as* ▸ **haftarah**
HAFTARAH, HAFTAROS, HAFTAROT *n* short reading from the Prophets
HAFTARAS ▸ **haftara**
HAFTAROS ▸ **haftarah**
HAFTAROT ▸ **haftarah**
HAFTED ▸ **haft**
HAFTER, -S ▸ **haft**
HAFTING ▸ **haft**
HAFTORAH, HAFTOROS, HAFTOROT *same as* ▸ **haftarah**
HAFTS ▸ **haft**
HAG, -GED, -GING, -S *n* ugly old woman ▹ *vb* hack
HAGADIC *same as* ▸ **haggadic**
HAGADIST *same as* > **haggadist**
HAGBERRY *same as* > **hackberry**
HAGBOLT, -S *same as* ▸ **hackbolt**
HAGBORN *adj* born of a witch
HAGBUSH *same as* ▸ **arquebus**
HAGBUT, -S *same as* ▸ **arquebus**
HAGDEN, -S *same as* ▸ **hackbolt**
HAGDON, -S *same as* ▸ **hackbolt**
HAGDOWN, -S *same as* ▸ **hackbolt**
HAGFISH *n* any of various primitive eel-like vertebrates
HAGG, -S *n* boggy place
HAGGADA, -S *same as* ▸ **haggadah**
HAGGADAH, HAGGADOT *n* book containing the order of service of the traditional Jewish Passover meal
HAGGADAS ▸ **haggada**
HAGGADIC ▸ **haggadah**
HAGGADOT ▸ **haggadah**
HAGGARD, -S *adj* looking tired and ill ▹ *n* hawk that has reached maturity before being caught
HAGGED ▸ **hag**
HAGGING ▸ **hag**
HAGGIS, -ES *n* Scottish dish
HAGGISH ▸ **hag**
HAGGLE, -D, -S *vb* bargain or wrangle over a price
HAGGLER, -S ▸ **haggle**
HAGGLES ▸ **haggle**
HAGGLING *n* act of haggling
HAGGS ▸ **hagg**
HAGLET, -S *same as* ▸ **hacklet**
HAGLIKE ▸ **hag**
HAGRIDE, -S, HAGRODE *vb* torment or obsess
HAGRIDER ▸ **hagride**
HAGRIDES ▸ **hagride**
HAGRODE ▸ **hagride**
HAGS ▸ **hag**
HAH, -S *same as* ▸ **ha**
HAHA, -S *n* wall or other boundary marker that is set in a ditch
HAHNIUM, -S *n* transuranic element
HAHS ▸ **hah**
HAICK, -S *same as* ▸ **haik**
HAIDUK, -S *n* rural brigand
HAIK, -A, -S *n* Arab's outer garment
HAIKAI *same as* ▸ **haiku**
HAIKS ▸ **haik**
HAIKU, -S *n* Japanese verse form in 17 syllables
HAIL, -ED, -ING, -S *n* (shower of) small pellets of ice ▹ *vb* fall as or like hail ▹ *sentence substitute* exclamation of greeting
HAILER, -S ▸ **hail**
HAILIER ▸ **haily**
HAILIEST ▸ **haily**
HAILING ▸ **hail**
HAILS ▸ **hail**
HAILSHOT *n* small scattering shot
HAILY, HAILIER, HAILIEST ▸ **hail**
HAIMISH *same as* ▸ **heimish**
HAIN, -ED, -S *vb* Scots word meaning save
HAINCH, -ED, -ES *Scots form of* ▸ **haunch**
HAINED ▸ **hain**
HAINING, -S ▸ **hain**
HAINS ▸ **hain**
HAINT, -S *same as* ▸ **haunt**
HAIQUE, -S *same as* ▸ **haik**
HAIR, -ING, -S *n* threadlike growth on the skin ▹ *vb* provide with hair
HAIRBALL *n* mass of hair that forms in the stomach of animals
HAIRBAND *n* band worn around head to control hair
HAIRBELL *same as* ▸ **harebell**
HAIRCAP, -S *n* type of moss
HAIRCUT, -S *n* act or an instance of cutting the hair
HAIRDO, -S *n* hairstyle
HAIRED *adj* with hair
HAIRGRIP *n* small bent clasp used to fasten the hair
HAIRIER ▸ **hairy**
HAIRIEST ▸ **hairy**
HAIRIF, -S *another name for* ▸ **cleavers**
HAIRILY *adv* in a hairy manner
HAIRING ▸ **hair**
HAIRLESS *adj* having little or no hair ▹ *n* as in **Mexican hairless** small breed of hairless dog
HAIRLIKE ▸ **hair**
HAIRLINE *n* edge of hair at the top of the forehead ▹ *adj* very fine or narrow
HAIRLOCK *n* lock of hair
HAIRNET, -S *n* any of several kinds of light netting worn over the hair

HAIRPIN, -S *n* U-shaped wire used to hold the hair in place
HAIRS ▸ **hair**
HAIRST, -ED, -S *Scots form of* ▸ **harvest**
HAIRTAIL *n* spiny-finned fish
HAIRWING *n* fishing lure tied with hair
HAIRWORK *n* thing made from hair
HAIRWORM *n* any of various hairlike nematode worms
HAIRY, HAIRIER, HAIRIEST *adj* covered with hair
HAITH *interj* Scots oath
HAJ, -ES *same as* ▸ **hadj**

A **haj** is a Muslim pilgrimage to Mecca, and one of the key words to remember for using the J. It can also be spelt **hadj** or **hajj**, and one who makes a haj is called a **hadjee**, **hadji**, **haji** or **hajji**.

H

HAJI, -S *same as* ▸ **hajji**
HAJJ, -ES *n* pilgrimage a Muslim makes to Mecca
HAJJAH, -S *n* Muslim woman who has made a pilgrimage to Mecca
HAJJES ▸ **hajj**
HAJJI, -S *n* Muslim who has made a pilgrimage to Mecca
HAKA, -S *n* ceremonial Māori dance with chanting
HAKAM, -S *n* text written by a rabbi
HAKARI, -S *n* Māori ritual feast
HAKAS ▸ **haka**
HAKE, -S *n* edible sea fish of N hemisphere
HAKEA, -S *n* Australian tree or shrub with hard woody fruit
HAKEEM, -S *same as* ▸ **hakim**
HAKES ▸ **hake**
HAKIM, -S *n* Muslim judge, ruler, or administrator
HAKU, -S *in New Zealand English, same as* ▸ **kingfish**
HALACHA, -S, HALACHOT *n* Jewish religious law
HALACHIC ▸ **halacha**
HALACHOT ▸ **halacha**
HALAKAH, -S *same as* ▸ **halacha**
HALAKHA, -S, HALAKHOT, HALAKOTH *same as* ▸ **halacha**
HALAKHAH *same as* ▸ **halacha**
HALAKHAS ▸ **halakha**
HALAKHIC ▸ **halakhah**
HALAKHOT ▸ **halakha**
HALAKIC ▸ **halakha**
HALAKIST ▸ **halakha**
HALAKOTH ▸ **halakha**
HALAL, -LED, -S *n* meat from animals slaughtered according to Muslim law ▹ *adj* of or relating to such meat ▹ *vb* kill (animals) in this way
HALALA, -S *n* money unit in Saudi Arabia
HALALAH, -S *same as* ▸ **halala**
HALALAS ▸ **halala**
HALALLED ▸ **halal**
HALALS ▸ **halal**
HALATION *n* bright ring surrounding a light source
HALAVAH, -S *same as* ▸ **halvah**
HALAZONE *n* type of disinfectant
HALBERD, -S *n* spear with an axe blade
HALBERT, -S *same as* ▸ **halberd**
HALCYON, -S *adj* peaceful and happy ▹ *n* mythological bird
HALE, -D, -S, -ST, HALING *adj* healthy, robust ▹ *vb* pull or drag
HALENESS ▸ **hale**
HALER, -S, -U *same as* ▸ **heller**
HALES ▸ **hale**
HALEST ▸ **hale**
HALF, -S *n* either of two equal parts ▹ *adj* denoting one of two equal parts ▹ *adv* to the extent of half
HALFA, -S *n* African grass
HALFBACK *n* player positioned immediately behind the forwards
HALFBEAK *n* type of fish with a short upper jaw and a protruding lower jaw
HALFEN *same as* ▸ **half**
HALFLIFE *n* time taken for half of the atoms in a radioactive material to undergo decay
HALFLIN, -S *same as* ▸ **halfling**
HALFLING *n* person only half-grown
HALFLINS ▸ **halflin**
HALFNESS ▸ **half**
HALFPACE *n* landing on staircase
HALFPIPE *n* U-shaped object used in skateboarding stunts
HALFS ▸ **half**
HALFTIME *n* rest period between the two halves of a game
HALFTONE *n* illustration showing lights and shadows by means of very small dots ▹ *adj* relating to, used in, or made by halftone
HALFWAY *adj* at or to half the distance
HALFWIT, -S *n* foolish or stupid person
HALIBUT, -S *n* large edible flatfish of N Atlantic
HALICORE *n* dugong
HALID, -S *same as* ▸ **halide**
HALIDE, -S *n* binary compound
HALIDOM, -S *n* holy place or thing
HALIDOME *same as* ▸ **halidom**
HALIDOMS ▸ **halidom**
HALIDS ▸ **halid**
HALIER, -OV, -S *n* former currency unit of Slovakia
HALIMOT, -S *n* court held by lord
HALIMOTE *same as* ▸ **halimot**
HALIMOTS ▸ **halimot**
HALING ▸ **hale**
HALIOTIS *n* type of shellfish
HALITE, -S *n* colourless or white mineral
HALITOUS ▸ **halitus**
HALITUS *n* vapour
HALL, -S *n* entrance passage
HALLAH, -S, HALLOT *variant spelling of* ▸ **challah**
HALLAL, -S *same as* ▸ **halal**
HALLALI, -S *n* bugle call
HALLALOO *same as* ▸ **halloo**
HALLALS ▸ **hallal**
HALLAN, -S *n* partition in cottage
HALLEL, -S *n* (in Judaism) section of the liturgy
HALLIAN, -S *same as* ▸ **hallion**
HALLIARD *same as* ▸ **halyard**
HALLING, -S *n* Norwegian country dance
HALLION, -S *n* lout
HALLMARK *n* typical feature ▹ *vb* stamp with a hallmark
HALLO, -ED, -ES, -ING, -S *same as* ▸ **halloo**
HALLOA, -ED, -S *same as* ▸ **halloo**
HALLOED ▸ **hallo**
HALLOES ▸ **hallo**
HALLOING ▸ **hallo**

HALLOO, -ED, -S *interj* shout used to call hounds at a hunt ▷ *sentence substitute* shout to attract attention, esp to call hounds at a hunt ▷ *n* shout of "halloo" ▷ *vb* shout (something) to (someone)
HALLOS ▶ **hallo**
HALLOT ▶ **hallah**
HALLOTH *same as* ▶ **challah**
HALLOUMI *n.* salty white sheep's cheese from Greece or Turkey, usually eaten grilled
HALLOW, -S *vb* consecrate or set apart as being holy
HALLOWED *adj* regarded as holy
HALLOWER ▶ **hallow**
HALLOWS ▶ **hallow**
HALLS ▶ **hall**
HALLUCAL ▶ **hallux**
HALLUX, HALLUCES *n* first digit on the hind foot of an animal
HALLWAY, -S *n* entrance area
HALLYON, -S *same as* ▶ **hallion**
HALM, -S *same as* ▶ **haulm**
HALMA, -S *n* board game
HALMS ▶ **halm**
HALO, -ED, -ES, -ING, -S *n* ring of light round the head of a sacred figure ▷ *vb* surround with a halo
HALOGEN, -S *n* any of a group of nonmetallic elements
HALOID, -S *adj* resembling or derived from a halogen ▷ *n* compound containing halogen atoms in its molecules
HALOING ▶ **halo**
HALOLIKE ▶ **halo**
HALON, -S *n* any of a class of chemical compounds
HALOS ▶ **halo**
HALOSERE *n* plant community that originates and develops in conditions of high salinity
HALOUMI, -S *same as* ▶ **halloumi**
HALSE, -D, -S, HALSING *vb* embrace
HALSER, -S ▶ **halse**
HALSES ▶ **halse**
HALSING ▶ **halse**
HALT, -ED, -S *vb* come or bring to a stop ▷ *n* temporary stop ▷ *adj* lame
HALTER, -ED, -S *n* strap round a horse's head with a rope to lead it with ▷ *vb* put a halter on (a horse)
HALTERE, -S *n* one of a pair of modified hind wings in dipterous insects
HALTERED ▶ **halter**
HALTERES ▶ **haltere**
HALTERS ▶ **halter**
HALTING, -S ▶ **halt**
HALTLESS ▶ **halt**
HALTS ▶ **halt**
HALUTZ, -IM *variant spelling of* ▶ **chalutz**
HALVA, -S *same as* ▶ **halvah**
HALVAH, -S *n* E Mediterranean, Middle Eastern, or Indian sweetmeat
HALVAS ▶ **halva**
HALVE, -D, -S *vb* divide in half
HALVER, -S ▶ **halve**
HALVES ▶ **halve**
HALVING, -S *n* act of halving
HALWA, -S *n* type of sweet Indian dish
HALYARD, -S *n* rope for raising a ship's sail or flag
HAM, -MED, -MING, -S *n* smoked or salted meat from a pig's thigh ▷ *vb* overact
HAMADA, -S *n* rocky plateau in desert
HAMAL, -S *n* (in Middle Eastern countries) a porter or servant
HAMARTIA *n* flaw in character which leads to the downfall of the protagonist in a tragedy
HAMATE, -S *adj* hook-shaped ▷ *n* small bone in the wrist
HAMATSA, -S *n* Native Canadian dance
HAMAUL, -S *same as* ▶ **hamal**
HAMBLE, -D, -S, HAMBLING *vb* mutilate
HAMBONE, -D, -S *vb* strike body to provide percussion
HAMBURG, -S *same as* > **hamburger**
HAME, -D, -S, HAMING *n* Scots word for home ▷ *vb* to home
HAMEWITH *adv* Scots word meaning homewards
HAMFAT, -S *n* mediocre performer
HAMING ▶ **hame**
HAMLET, -S *n* small village
HAMMADA, -S *same as* ▶ **hamada**
HAMMAL, -S *same as* ▶ **hamal**
HAMMAM, -S *n* bathing establishment
HAMMED ▶ **ham**
HAMMER, -ED, -S *n* tool ▷ *vb* hit (as if) with a hammer
HAMMERER ▶ **hammer**
HAMMERS ▶ **hammer**
HAMMIER ▶ **hammy**
HAMMIES ▶ **hammy**
HAMMIEST ▶ **hammy**
HAMMILY ▶ **hammy**
HAMMING ▶ **ham**
HAMMOCK, -S *same as* ▶ **hummock**
HAMMY, HAMMIER, HAMMIES, HAMMIEST *adj* (of an actor) overacting or tending to overact ▷ *n* hamstring
HAMOSE *adj* shaped like a hook
HAMOUS *same as* ▶ **hamose**
HAMPER, -ED, -S *vb* make it difficult for (someone or something) to move or progress ▷ *n* large basket with a lid
HAMPERER ▶ **hamper**
HAMPERS ▶ **hamper**
HAMPSTER *same as* ▶ **hamster**
HAMS ▶ **ham**
HAMSTER, -S *n* small rodent with a short tail and cheek pouches
HAMULAR ▶ **hamulus**
HAMULATE ▶ **hamulus**
HAMULI ▶ **hamulus**
HAMULOSE ▶ **hamulus**
HAMULOUS ▶ **hamulus**
HAMULUS, HAMULI *n* biological attribute
HAMZA, -S *n* sign used in Arabic to represent the glottal stop
HAMZAH, -S *same as* ▶ **hamza**
HAMZAS ▶ **hamza**
HAN *archaic inflected form of* ▶ **have**
HANAP, -S *n* medieval drinking cup
HANAPER, -S *n* small wickerwork basket
HANAPS ▶ **hanap**
HANCE, -S *same as* ▶ **haunch**
HANCH, -ED, -ES, -ING *vb* try to bite
HAND, -ED, -ING, -S *n* part of the body at the end of the arm ▷ *vb* pass, give
HANDAX, -E, -ES *n* small axe held in one hand
HANDBAG *n* woman's small bag
HANDBAGS *pl n* incident in which people threaten to fight

H

HANDBALL *n* game in which two teams try to throw a ball into their opponent's goal ▷ *vb* pass (the ball) with a blow of the fist
HANDBELL *n* bell rung by hand, esp one of a tuned set used in musical performance
HANDBILL *n* small printed notice
HANDBOOK *n* small reference or instruction book
HANDCAR, -S *n* small railway vehicle
HANDCART *n* simple cart pushed or pulled by hand, used for transporting goods
HANDCLAP *n* act of clapping hands
HANDCUFF *n* one of a linked pair of metal rings for locking round wrists ▷ *vb* put handcuffs on
HANDED ▸ **hand**
HANDER, -S ▸ **hand**
HANDFAST *n* agreement, esp of marriage, confirmed by a handshake ▷ *vb* betroth or marry (two persons or another person) by joining the hands
HANDFEED, HANDFED *vb* feed (a person or an animal) by hand
HANDFUL, -S, HANDSFUL *n* amount that can be held in the hand
HANDGRIP *n* covering on the handle of a racket or club
HANDGUN, -S *n* firearm such as a pistol
HANDHELD *adj* held in position by the hand ▷ *n* computer that can be held in the hand
HANDHOLD *n* object, crevice, etc, that can be used as a grip or support, as in climbing
HANDICAP *n* hindrance or disadvantage ▷ *vb* make it difficult for (someone) to do something
HANDIER ▸ **handy**
HANDIEST ▸ **handy**
HANDILY *adv* in a handy way or manner
HANDING ▸ **hand**
HANDISM, -S *n* discrimination against left- or right-handed people
HANDJAR, -S *n* Persian dagger
HANDKNIT *n* garment knitted by hand
HANDLE, -D, -S *n* part of an object that is held so that it can be used ▷ *vb* hold, feel, or move with the hands
HANDLER, -S *n* person who controls an animal
HANDLES ▸ **handle**
HANDLESS ▸ **hand**
HANDLIKE ▸ **hand**
HANDLINE *n* hand-operated fishing line
HANDLING *n* act or an instance of picking up, turning over, or touching something
HANDLIST *n* rough list
HANDLOOM *n* weaving device operated by hand
HANDMADE *adj* made by hand, not by machine
HANDMAID *n* person or thing that serves as a useful but subordinate purpose
HANDOFF, -S *n* (in rugby) act of warding off an opposing player
HANDOUT, -S *n* clothing, food, or money given to a needy person
HANDOVER *n* transfer or surrender
HANDPASS *vb* pass the ball by striking it with the hand
HANDPICK *vb* choose or select with great care, as for a special job or purpose
HANDPLAY *n* fighting with fists
HANDRAIL *n* rail alongside a stairway, to provide support
HANDROLL *n* large dried-seaweed cone filled with cold rice and other ingredients
HANDS ▸ **hand**
HANDSAW, -S *n* any saw for use in one hand only
HANDSEL, -S *n* gift for good luck ▷ *vb* give a handsel to (a person)
HANDSET, -S *n* telephone mouth- and earpiece in a single unit
HANDSEWN *adj* sewn by hand
HANDSFUL ▸ **handful**
HANDSIER ▸ **handsy**
HANDSOME *adj* (esp of a man) good-looking ▷ *n* term of endearment for a beloved person
HANDSY, HANDSIER *adj* engaging in unwanted physical contact
HANDWORK *n* work done by hand rather than by machine
HANDWRIT > **handwrite**
HANDY, HANDIER, HANDIEST *adj* convenient, useful
HANDYMAN, HANDYMEN *n* man who is good at making or repairing things
HANEPOOT *n* variety of muscat grape
HANG, -ED, -S, HUNG *vb* attach or be attached at the top with the lower part free
HANGABLE *adj* suitable for hanging
HANGAR, -ED, -S *n* large shed for storing aircraft ▷ *vb* put in a hangar
HANGBIRD *n* any bird, esp the Baltimore oriole, that builds a hanging nest
HANGDOG, -S *adj* guilty, ashamed ▷ *n* furtive or sneaky person
HANGED ▸ **hang**
HANGER, -S *n* curved piece of wood, wire, etc with a hook
HANGFIRE *n* failure to fire
HANGI, -S *n* Māori oven
HANGING, -S ▸ **hang**
HANGIS ▸ **hangi**
HANGMAN, HANGMEN *n* man who executes people by hanging
HANGNAIL *n* piece of skin partly torn away from the base or side of a fingernail
HANGNEST *same as* ▸ **hangbird**
HANGOUT, -S *n* place where one lives or that one frequently visits
HANGOVER *n* headache and nausea as a result of drinking too much alcohol
HANGRY, HANGRIER *adj* irritable as a result of feeling hungry
HANGS ▸ **hang**
HANGTAG, -S *n* attached label
HANGUL, -S *n* alphabetic scheme used in Korean
HANGUP, -S *n* emotional or psychological or problem
HANIWA, -S *n* Japanese funeral offering
HANJAR, -S *same as* ▸ **handjar**
HANK, -ED, -ING, -S *n* coil, esp of yarn ▷ *vb* attach (a sail) to a stay by hanks
HANKER, -ED, -S *vb* desire intensely
HANKERER ▸ **hanker**
HANKERS ▸ **hanker**

HANKIE *same as* ▸ **hanky**
HANKIES ▸ **hanky**
HANKING ▸ **hank**
HANKS ▸ **hank**
HANKY, HANKIES *n* handkerchief
HANSA, -S *same as* ▸ **hanse**
HANSE, -S *n* medieval guild of merchants
HANSEL, -ED, -S *same as* ▸ **handsel**
HANSES ▸ **hanse**
HANSOM, -S *n* two-wheeled one-horse carriage
HANT, -ED, -ING, -S *same as* ▸ **haunt**
HANTLE, -S *n* good deal
HANTS ▸ **hant**
HANUKIAH *n* candelabrum having nine branches that is lit during the festival of Hanukkah
HANUMAN, -S *n* type of monkey
HAO, -S *n* monetary unit of Vietnam
HAOMA, -S *n* type of ritual drink
HAOS ▸ **hao**
HAP, -PED, -PING, -S *n* luck ▹ *vb* cover up
HAPAX, -ES *n* word that appears once in a work of literature
HAPHTARA *same as* ▸ **haftarah**
HAPKIDO, -S *n* Korean martial art
HAPLESS *adj* unlucky
HAPLITE, -S *variant of* ▸ **aplite**
HAPLITIC ▸ **haplite**
HAPLOID, -S *adj* denoting a cell or organism with unpaired chromosomes ▹ *n* haploid cell or organism
HAPLOIDY ▸ **haploid**
HAPLONT, -S *n* organism with a haploid number of chromosomes
HAPLOPIA *n* normal single vision
HAPLOSIS, HAPLOSES *n* production of a haploid number of chromosomes during meiosis
HAPLY *archaic word for* ▸ **perhaps**
HAPPED ▸ **hap**
HAPPEN, -ED, -S *vb* take place, occur
HAPPI, -S *n* type of loose Japanese coat
HAPPIED ▸ **happy**
HAPPIER ▸ **happy**
HAPPIES ▸ **happy**
HAPPIEST ▸ **happy**
HAPPILY ▸ **happy**
HAPPING ▸ **hap**
HAPPIS ▸ **happi**
HAPPOSHU *n* beer-like Japanese drink
HAPPY, HAPPIED, HAPPIER, HAPPIES, HAPPIEST, -ING *adj* feeling or causing joy ▹ *vb* make happy
HAPS ▸ **hap**
HAPTEN, -S *n* incomplete antigen
HAPTENE, -S *same as* ▸ **hapten**
HAPTENIC ▸ **haptene**
HAPTENS ▸ **hapten**
HAPTERON *n* organ of attachment in some aquatic plants
HAPTIC *adj* relating to or based on the sense of touch
HAPTICAL *same as* ▸ **haptic**
HAPTICS *n* science of sense of touch
HAPU, -S *n* subtribe
HAPUKA, -S *another name for* ▸ **groper**
HAPUKU, -S *same as* ▸ **hapuka**
HAPUS ▸ **hapu**
HAQUETON *same as* > **hacqueton**
HARAAM *same as* ▸ **haram**
HARAKEKE *in New Zealand English, another name for* ▸ **flax**
HARAM, -S *n* anything that is forbidden by Islamic law
HARAMBEE *n* work chant used on the E African coast ▹ *interj* cry of harambee
HARAMS ▸ **haram**
HARANGUE *vb* address angrily or forcefully ▹ *n* angry or forceful speech
HARASS, -ES *vb* annoy or trouble constantly
HARASSED ▸ **harass**
HARASSER ▸ **harass**
HARASSES ▸ **harass**
HARBOR, -ED, -S *same as* ▸ **harbour**
HARBORER ▸ **harbor**
HARBORS ▸ **harbor**
HARBOUR, -S *n* sheltered port ▹ *vb* maintain secretly in the mind
HARD, -ER, -EST *adj* firm, solid, or rigid ▹ *adv* with great energy or effort
HARDASS *n* tough person
HARDBACK *n* book with a stiff cover ▹ *adj* of or denoting a hardback
HARDBAG, -S *n* rigid container on a motorcycle
HARDBAKE *n* almond toffee
HARDBALL *n* as in **play hardball** act in a ruthless or uncompromising way
HARDBEAM *same as* ▸ **hornbeam**
HARDBODY *n* attractive person with a muscular physique
HARDBOOT *n* type of skiing boot
HARDCASE *n* tough person ▹ *adj* relating to a container that has a rigid structure
HARDCORE *n* style of rock music with short fast songs and little melody
HARDEDGE *n* style of painting in which vividly coloured subjects are clearly delineated ▹ *adj* of, relating to, or denoting this style of painting
HARDEN, -S *vb* make or become hard ▹ *n* rough fabric made from hards
HARDENED *adj* toughened by experience
HARDENER *n* person or thing that hardens
HARDENS ▸ **harden**
HARDER ▸ **hard**
HARDEST ▸ **hard**
HARDFACE *n* uncompromising person
HARDHACK *n* woody plant
HARDHAT, -S *n* hat made of a hard material for protection ▹ *adj* typical of construction workers
HARDHEAD *same as* > **hardheads**
HARDIER ▸ **hardy**
HARDIES ▸ **hardy**
HARDIEST ▸ **hardy**
HARDILY *adv* in a hardy manner
HARDISH ▸ **hard**
HARDLINE *adj* uncompromising
HARDLY *adv* scarcely or not at all
HARDMAN, HARDMEN *n* tough, ruthless, or violent man
HARDNESS *n* quality or condition of being hard
HARDNOSE *n* tough person
HARDOKE, -S *n* burdock
HARDPACK *n* rigid backpack
HARDPAN, -S *n* hard impervious layer of clay below the soil

HARDROCK *adj* concerned with extracting minerals other than coal ▷ *n* tough uncompromising man
HARDS *pl n* coarse fibres and other refuse from flax and hemp
HARDSET *adj* in difficulties
HARDSHIP *n* suffering
HARDTACK *n* kind of hard saltless biscuit, formerly eaten by sailors
HARDTAIL *n* mountain bike with no rear suspension
HARDTOP, -S *n* car equipped with a metal or plastic roof
HARDWARE *n* metal tools or implements
HARDWIRE *vb* instal permanently in computer
HARDWOOD *n* wood of a broad-leaved tree such as oak or ash
HARDY, HARDIER, HARDIES, HARDIEST *adj* able to stand difficult conditions ▷ *n* any blacksmith's tool made with a square shank
HARE, -D, -S, HARING *n* animal like a large rabbit, with longer ears and legs ▷ *vb* run (away) quickly
HAREBELL *n* blue bell-shaped flower
HARED ▸ **hare**
HARELD, -S *n* long-tailed duck
HARELIKE ▸ **hare**
HARELIP, -S *n* slight split in the upper lip
HARES ▸ **hare**
HAREWOOD *n* sycamore wood that has been stained for use in furniture making
HARIANA, -S *n* Indian breed of cattle
HARICOT, -S *n* variety of French bean
HARIGALS *same as* > **harigalds**
HARIJAN, -S *n* member of an Indian caste
HARING ▸ **hare**
HARIRA, -S *n* Moroccan soup
HARISH *adj* like hare
HARISSA, -S *n* hot paste
HARK, -ED, -ING, -S *vb* listen
HARKEN, -ED, -S *same as* ▸ **hearken**
HARKENER ▸ **harken**
HARKENS ▸ **harken**
HARKING ▸ **hark**
HARKS ▸ **hark**
HARL, -ED, -S *same as* ▸ **herl**
HARLING, -S ▸ **harl**
HARLS ▸ **harl**
HARM, -ED, -ING, -S *vb* injure physically, mentally, or morally ▷ *n* physical, mental, or moral injury
HARMALA, -S *n* African plant
HARMALIN *n* chemical derived from harmala
HARMAN, -S *n* constable
HARMED ▸ **harm**
HARMEL, -S *same as* ▸ **harmala**
HARMER, -S ▸ **harm**
HARMFUL *adj* causing or tending to cause harm
HARMIN, -S *same as* ▸ **harmalin**
HARMINE, -S *same as* ▸ **harmalin**
HARMING ▸ **harm**
HARMINS ▸ **harmin**
HARMLESS *adj* safe to use, touch, or be near
HARMONIC *adj* of harmony ▷ *n* overtone of a musical note produced when that note is played
HARMONY *n* peaceful agreement and cooperation
HARMOST, -S *n* Spartan governor
HARMOSTY *n* office of a harmost
HARMS ▸ **harm**
HARN, -S *n* coarse linen
HARNESS *n* arrangement of straps for attaching a horse to a cart or plough ▷ *vb* put a harness on
HARNS ▸ **harn**
HARO, -S *interj* cry meaning alas
HAROSET, -S *n* Jewish dish eaten at Passover
HAROSETH *same as* ▸ **haroset**
HAROSETS ▸ **haroset**
HARP, -ED, -ING, -S *n* large triangular stringed instrument ▷ *vb* play the harp
HARPER, -S ▸ **harp**
HARPIES ▸ **harpy**
HARPIN *n* type of protein
HARPING ▸ **harp**
HARPINGS *pl n* wooden members used for strengthening the bow of a vessel
HARPINS *same as* ▸ **harpings**
HARPIST, -S ▸ **harp**
HARPOON, -S *n* barbed spear attached to a rope for hunting whales ▷ *vb* spear with a harpoon
HARPS ▸ **harp**
HARPY, HARPIES *n* nasty or bad-tempered woman
HARRIDAN *n* nagging or vicious woman
HARRIED ▸ **harry**
HARRIER, -S *n* cross-country runner
HARRIES ▸ **harry**
HARROW, -ED, -S *n* implement used to break up lumps of soil ▷ *vb* draw a harrow over
HARROWER ▸ **harrow**
HARROWS ▸ **harrow**
HARRUMPH *vb* clear or make the noise of clearing the throat
HARRY, HARRIED, HARRIES, -ING *vb* keep asking (someone) to do something
HARSH, -ED, -ER, -ES, -EST, -ING *adj* severe and difficult to cope with ▷ *vb* ruin or end a state of elation
HARSHEN, -S *vb* make harsh
HARSHER ▸ **harsh**
HARSHES ▸ **harsh**
HARSHEST ▸ **harsh**
HARSHING ▸ **harsh**
HARSHLY ▸ **harsh**
HARSLET, -S *same as* ▸ **haslet**
HART, -S *n* adult male deer
HARTAL, -S *n* (in India) closing shops or suspending work
HARTBEES *same as* > **hartbeest**
HARTELY *archaic spelling of* ▸ **heartily**
HARTEN, -ED, -S *same as* ▸ **hearten**
HARTS ▸ **hart**
HARUMPH, -S *same as* ▸ **harrumph**
HARUSPEX *n* priest in ancient Rome
HARVEST, -S *n* (season for) the gathering of crops ▷ *vb* gather (a ripened crop)
HAS ▸ **have**
HASH, -ED, -ES, -ING *n* dish of diced cooked meat and vegetables reheated ▷ *vb* chop into small pieces
HASHEESH *same as* ▸ **hashish**
HASHES ▸ **hash**
HASHIER ▸ **hashy**
HASHIEST ▸ **hashy**
HASHING, -S ▸ **hash**

HASHISH *n* illegal drug made from the cannabis plant
HASHMARK *n* character (#)
HASHTAG, -S *n* word or phrase used to denote the topic of a Twitter post
HASHY, HASHIER, HASHIEST ▸ **hash**
HASK, -S *n* archaic name for a basket for transporting fish
HASLET, -S *n* loaf of cooked minced pig's offal, eaten cold
HASP, -ED, -ING, -S *n* type of fastening ▹ *vb* secure (a door, window, etc) with a hasp
HASS, -ES *n* as in **white hass** oatmeal pudding made with sheep's gullet
HASSAR, -S *n* South American catfish
HASSEL, -S *variant of* ▸ **hassle**
HASSES ▸ **hass**
HASSIUM, -S *n* chemical element
HASSLE, -D, -S, HASSLING *n* trouble, bother ▹ *vb* bother or annoy
HASSOCK, -S *n* cushion for kneeling on in church
HASSOCKY *adj* full of hassocks
HAST *singular form of the present tense (indicative mood) of* ▸ **have**
HASTA *Spanish for* ▸ **until**
HASTATE *adj* shaped like a spear
HASTATED *same as* ▸ **hastate**
HASTE, -D, -S *n* (excessive) quickness ▹ *vb* hasten
HASTEFUL ▸ **haste**
HASTEN, -ED, -S *vb* (cause to) hurry
HASTENER ▸ **hasten**
HASTENS ▸ **hasten**
HASTES ▸ **haste**
HASTIER ▸ **hasty**
HASTIEST ▸ **hasty**
HASTILY ▸ **hasty**
HASTING, -S ▸ **haste**
HASTY, HASTIER, HASTIEST *adj* (too) quick
HAT, -S, -TED *n* covering for the head, often with a brim ▹ *vb* supply (a person) with a hat or put a hat on (someone)
HATABLE ▸ **hate**
HATBAND, -S *n* band or ribbon around a hat
HATBOX, -ES *n* box or case for a hat or hats
HATBRUSH *n* brush for hats
HATCH, -ED, -ES *vb* (cause to) emerge from an egg ▹ *n* hinged door covering an opening in a floor or wall
HATCHECK *n* cloakroom
HATCHED ▸ **hatch**
HATCHEL, -S *same as* ▸ **heckle**
HATCHER, -S ▸ **hatch**
HATCHERY *n* place where eggs are hatched under artificial conditions
HATCHES ▸ **hatch**
HATCHET, -S *n* small axe
HATCHETY *adj* like a hatchet
HATCHING ▸ **hatch**
HATCHWAY *n* opening in the deck of a ship
HATE, -D, -S, HATING *vb* dislike intensely ▹ *n* intense dislike
HATEABLE ▸ **hate**
HATED ▸ **hate**
HATEFUL *adj* causing or deserving hate
HATELESS ▸ **hate**
HATER, -S ▸ **hate**
HATERENT *same as* ▸ **hatred**
HATERS ▸ **hater**
HATES ▸ **hate**
HATFUL, -S, HATSFUL *n* amount a hat will hold
HATGUARD *n* string to keep a hat from blowing off
HATH *form of the present tense (indicative mood) of* ▸ **have**
HATHA *n* as in **hatha yoga** form of yoga
HATING ▸ **hate**
HATLESS ▸ **hat**
HATLIKE ▸ **hat**
HATMAKER *n* maker of hats
HATPEG, -S *n* peg to hang hat on
HATPIN, -S *n* pin used to secure a woman's hat to her hair
HATRACK, -S *n* rack for hanging hats on
HATRED, -S *n* intense dislike
HATS ▸ **hat**
HATSFUL ▸ **hatful**
HATSTAND *n* frame or pole equipped with hooks or arms for hanging up hats, coats, etc
HATTED ▸ **hat**
HATTER, -ED, -S *n* person who makes and sells hats ▹ *vb* annoy
HATTERIA *n* species of reptile
HATTERS ▸ **hatter**
HATTING, -S ▸ **hat**
HATTOCK, -S *n* small hat
HAUBERK, -S *n* long sleeveless coat of mail
HAUBOIS *same as* ▸ **hautboy**
HAUD, -ING, -S, HUDDEN *Scot word for* ▸ **hold**
HAUF, -S *Scot word for* ▸ **half**
HAUGH, -S *n* low-lying often alluvial riverside meadow
HAUGHT *same as* ▸ **haughty**
HAUGHTY *adj* proud, arrogant
HAUL, -ED, -S *vb* pull or drag with effort ▹ *n* hauling
HAULAGE, -S *n* (charge for) transporting goods
HAULBACK *n* (in lumbering) line used to bring a cable back
HAULD, -S *Scots word for* ▸ **hold**
HAULED ▸ **haul**
HAULER, -S *same as* ▸ **haulier**
HAULIER, -S *n* firm or person that transports goods by road
HAULING, -S *n* act of hauling
HAULM, -S *n* stalks of beans, peas, or potatoes collectively
HAULMIER ▸ **haulmy**
HAULMS ▸ **haulm**
HAULMY, HAULMIER *adj* having haulms
HAULOUT, -S *n* act of hauling a boat out of water
HAULS ▸ **haul**
HAULST *same as* ▸ **halse**
HAULT *same as* ▸ **haughty**
HAULYARD *same as* ▸ **halyard**
HAUN, -S *n* Scot word for hand
HAUNCH, -ED, -ES *n* human hip or fleshy hindquarter of an animal ▹ *vb* cause (an animal) to come down on its haunches
HAUNS ▸ **haun**
HAUNT, -S *vb* visit in the form of a ghost ▹ *n* place visited frequently
HAUNTED *adj* frequented by ghosts
HAUNTER, -S ▸ **haunt**
HAUNTING *adj* memorably beautiful or sad
HAUNTS ▸ **haunt**
HAURIANT *adj* rising
HAURIENT *same as* ▸ **hauriant**
HAUSE, -D, -S, HAUSING *same as* ▸ **halse**

H

HAUSEN, -S *n* variety of sturgeon
HAUSES ▸ **hause**
HAUSFRAU *n* German housewife
HAUSING ▸ **hause**
HAUT, -ER, -EST *same as* ▸ **haughty**
HAUTBOIS *same as* ▸ **hautboy**
HAUTBOY, -S *n* type of strawberry
HAUTE *adj* French word meaning high
HAUTER ▸ **haut**
HAUTEST ▸ **haut**
HAUTEUR, -S *n* haughtiness
HAUYNE, -S *n* blue mineral containing calcium
HAVARTI, -S *n* Danish cheese
HAVDALAH *n* ceremony at the end of the Sabbath
HAVDOLOH *same as* ▸ **havdalah**
HAVE, HAS, -S *vb* possess, hold
HAVELOCK *n* cap flap covering the back of the neck
HAVEN, -ED, -ING, -S *n* place of safety ▹ *vb* secure or shelter in or as if in a haven
HAVEOUR, -S *same as* ▸ **havior**
HAVER, -ED, -ING, -S *vb* talk nonsense ▹ *n* nonsense
HAVEREL, -S *n* fool
HAVERING ▸ **haver**
HAVERS ▸ **haver**
HAVES ▸ **have**
HAVILDAR *n* noncommissioned officer in the Indian army, equivalent in rank to sergeant
HAVING, -S ▸ **have**
HAVIOR, -S *same as* ▸ **haviour**
HAVIOUR, -S *n* possession
HAVOC, -KED, -S *n* disorder and confusion ▹ *vb* lay waste
HAVOCKER ▸ **havoc**
HAVOCS ▸ **havoc**
HAW, -ED, -ING, -S *n* hawthorn berry ▹ *vb* make an inarticulate utterance
HAWALA, -S *n* Middle Eastern system of money transfer
HAWBUCK, -S *n* bumpkin
HAWEATER *n* resident of Manitoulin Island, Ontario
HAWED ▸ **haw**
HAWFINCH *n* European finch with a stout bill and brown plumage with black-and-white wings
HAWING ▸ **haw**
HAWK, -ED, -S *n* bird of prey ▹ *vb* offer (goods) for sale in the street or door-to-door
HAWKBELL *n* bell fitted to a hawk's leg
HAWKBILL *same as* > **hawksbill**
HAWKBIT, -S *n* any of three perennial plants
HAWKED ▸ **hawk**
HAWKER, -S *n* travelling salesperson
HAWKEY, -S *same as* ▸ **hockey**
HAWKEYED *adj* having extremely keen sight
HAWKEYS ▸ **hawkey**
HAWKIE, -S *n* cow with white stripe on face
HAWKING, -S *another name for* ▸ **falconry**
HAWKISH *adj* favouring the use of force rather than diplomacy
HAWKIT *adj* having a white streak
HAWKLIKE ▸ **hawk**
HAWKMOTH *n* narrow-winged moth
HAWKNOSE *n* hooked nose
HAWKS ▸ **hawk**
HAWKSHAW *n* private detective
HAWKWEED *n* hairy plant with clusters of dandelion-like flowers
HAWM, -ED, -ING, -S *vb* be idle and relaxed
HAWS ▸ **haw**
HAWSE, -D, -S, HAWSING *vb* of boats, pitch violently when at anchor
HAWSER, -S *n* large rope used on a ship
HAWSES ▸ **hawse**
HAWSING ▸ **hawse**
HAWTHORN *n* thorny shrub or tree
HAY, -ED, -S *n* grass cut and dried as fodder ▹ *vb* cut, dry, and store (grass, clover, etc) as fodder
HAYBAND, -S *n* rope made by twisting hay together
HAYBOX, -ES *n* airtight box used to keep partially cooked food warm
HAYCOCK, -S *n* pile of hay left until dry enough to move
HAYED ▸ **hay**
HAYER, -S *n* person who makes hay
HAYEY, HAYIER, HAYIEST ▸ **hay**
HAYFIELD *n* field of hay
HAYFORK, -S *n* long-handled fork
HAYIER ▸ **hayey**
HAYIEST ▸ **hayey**
HAYING, -S ▸ **hay**
HAYLAGE, -S *n* type of hay for animal fodder
HAYLE, -S *n* welfare
HAYLOFT, -S *n* loft for storing hay
HAYMAKER *n* person who helps to cut, turn, toss, spread, or carry hay
HAYMOW, -S *n* part of a barn where hay is stored
HAYRACK, -S *n* rack for holding hay for feeding to animals
HAYRAKE, -S *n* large rake used to collect hay
HAYRICK, -S *same as* ▸ **haystack**
HAYRIDE, -S *n* pleasure trip in hay wagon
HAYS ▸ **hay**
HAYSEED, -S *n* seeds or fragments of grass or straw
HAYSEL, -S *n* season for making hay
HAYSTACK *n* large pile of stored hay
HAYWARD, -S *n* parish officer in charge of enclosures and fences
HAYWIRE, -S *adj* (of things) not functioning properly ▹ *n* wire for binding hay
HAZAN, -IM, -S *same as* ▸ **cantor**
HAZARD, -ED, -S *n* something that could be dangerous ▹ *vb* put in danger
HAZARDER ▸ **hazard**
HAZARDRY *n* taking of risks
HAZARDS ▸ **hazard**
HAZE, -D, -S *n* mist, often caused by heat ▹ *vb* make or become hazy
HAZEL, -S *n* small tree producing edible nuts ▹ *adj* (of eyes) greenish-brown
HAZELHEN *n* type of grouse
HAZELLY ▸ **hazel**
HAZELNUT *n* nut of a hazel shrub, which has a smooth shiny hard shell
HAZELS ▸ **hazel**
HAZER, -S ▸ **haze**
HAZES ▸ **haze**
HAZIER ▸ **hazy**
HAZIEST ▸ **hazy**
HAZILY ▸ **hazy**

HAZINESS ▸ **hazy**
HAZING, -S ▸ **haze**
HAZMAT, -S *n* hazardous material
HAZY, HAZIER, HAZIEST *adj* not clear, misty
HAZZAN, -IM, -S *same as* ▸ **cantor**
HE, -S *pron* male person or animal ▹ *n* male person or animal ▹ *interj* expression of amusement or derision
HEAD *n* upper or front part of the body ▹ *adj* chief, principal ▹ *vb* be at the top or front of
HEADACHE *n* continuous pain in the head
HEADACHY *adj* suffering from, caused by, or likely to cause a headache
HEADAGE, -S *n* payment to farmer based on animals owned
HEADBAND *n* ribbon or band worn around the head
HEADBANG *vb* nod one's head violently to the beat of loud rock music
HEADCASE *n* foolish or crazy person
HEADED *adj* having a head or heads
HEADEND, -S *n* facility from which cable television is transmitted
HEADER, -S *n* striking a ball with the head
HEADFAST *n* mooring rope at the bows of a ship
HEADFISH *same as* ▸ **sunfish**
HEADFUL, -S *n* amount head will hold
HEADGATE *n* gate used to control the flow of water at the upper end of a lock or conduit
HEADGEAR *n* hats collectively
HEADHUNT *vb* recruit employee from another company
HEADIER ▸ **heady**
HEADIEST ▸ **heady**
HEADILY ▸ **heady**
HEADING, -S *same as* ▸ **head**
HEADLAMP *same as* > **headlight**
HEADLAND *n* area of land jutting out into the sea
HEADLESS *adj* without a head
HEADLIKE ▸ **head**
HEADLINE *n* title at the top of a newspaper article, esp on the front page
HEADLOCK *n* wrestling hold
HEADLONG *adj* with the head first ▹ *adv* with the head foremost
HEADMAN, HEADMEN *n* chief or leader
HEADMARK *n* characteristic
HEADMEN ▸ **headman**
HEADMOST *less common word for* ▸ **foremost**
HEADNOTE *n* note at book chapter head
HEADPIN, -S *another word for* ▸ **kingpin**
HEADPOND *n* artificial pond behind a dam
HEADRACE *n* channel that carries water to a water wheel, turbine, etc
HEADRAIL *n* end of the table from which play is started, nearest the baulkline
HEADREST *n* support for the head, as on a dentist's chair or car seat
HEADRIG, -S *n* edge of ploughed field
HEADRING *n* African head decoration
HEADROOM *n* space above person's head in a vehicle
HEADROPE *n* rope round an animal's head
HEADS *adv* with the side of a coin with a head on it uppermost
HEADSAIL *n* any sail set forward of the foremast
HEADSET, -S *n* pair of headphones
HEADSHIP *n* position or state of being a leader, esp the head teacher of a school
HEADSHOT *n* photo of person's head
HEADSMAN, HEADSMEN *n* (formerly) an executioner who beheaded condemned persons
HEADSTAY *n* rope from mast to bow on ship
HEADWALL *n* steep slope at the head of a glacial cirque
HEADWARD *same as* > **headwards**
HEADWAY, -S *same as* ▸ **headroom**
HEADWIND *n* wind blowing against the course of an aircraft or ship
HEADWORD *n* key word placed at the beginning of a line, paragraph, etc, as in a dictionary entry
HEADWORK *n* intellectual labour
HEADY, HEADIER, HEADIEST *adj* intoxicating or exciting
HEAL, -ED, -S *vb* make or become well
HEALABLE ▸ **heal**
HEALD, -ED, -ING, -S *same as* ▸ **heddle**
HEALED ▸ **heal**
HEALEE, -S *n* person who is being healed
HEALER, -S ▸ **heal**
HEALING, -S ▸ **heal**
HEALS ▸ **heal**
HEALSOME *Scots word for* > **wholesome**
HEALTH, -S *n* normal (good) condition of someone's body ▹ *interj* exclamation wishing someone good health as part of a toast
HEALTHY *adj* having good health
HEAME *old form of* ▸ **home**
HEAP, -ED, -S *n* pile of things one on top of another ▹ *vb* gather into a pile
HEAPER, -S ▸ **heap**
HEAPIER ▸ **heapy**
HEAPIEST ▸ **heapy**
HEAPING *adj* (of a spoonful) heaped
HEAPS ▸ **heap**
HEAPY, HEAPIER, HEAPIEST *adj* having many heaps
HEAR, -S *vb* perceive (a sound) by ear
HEARABLE ▸ **hear**
HEARD, -S *same as* ▸ **herd**
HEARE, -S *old form of* ▸ **hair**
HEARER, -S ▸ **hear**
HEARES ▸ **heare**
HEARIE *old form of* ▸ **hairy**
HEARING, -S ▸ **hear**
HEARKEN, -S *vb* listen
HEARS ▸ **hear**
HEARSAY, -S *n* gossip, rumour
HEARSE, -D, -S, HEARSING *n* funeral car used to carry a coffin ▹ *vb* put in hearse
HEARSIER ▸ **hearsy**
HEARSING ▸ **hearse**
HEARSY, HEARSIER *adj* like a hearse
HEART, -ED, -ING *n* organ that pumps blood round the body ▹ *vb* (of vegetables) form a heart
HEARTEN, -S *vb* encourage, make cheerful
HEARTH, -S *n* floor of a fireplace
HEARTIER ▸ **hearty**
HEARTIES ▸ **hearty**

HEARTILY *adv* thoroughly or vigorously
HEARTING ▸ **heart**
HEARTLET *n* little heart
HEARTLY *adv* vigorously
HEARTPEA *same as* > **heartseed**
HEARTS *n* card game
HEARTY, HEARTIER, HEARTIES *adj* substantial, nourishing ▹ *n* comrade, esp a sailor
HEAST, -S *same as* ▸ **hest**
HEASTE, -S *same as* ▸ **hest**
HEASTS ▸ **heast**
HEAT, -S *vb* make or become hot ▹ *n* state of being hot
HEATABLE ▸ **heat**
HEATED *adj* angry and excited
HEATEDLY ▸ **heated**
HEATER, -S *n* device for supplying heat
HEATH, -S *n* area of open uncultivated land
HEATHEN, -S *n* person who does not believe in an established religion ▹ *adj* of or relating to heathen peoples
HEATHER, -S *n* low-growing plant ▹ *adj* of a heather colour
HEATHERY ▸ **heather**
HEATHIER ▸ **heathy**
HEATHS ▸ **heath**
HEATHY, HEATHIER ▸ **heath**
HEATING, -S *n* device or system for supplying heat
HEATLESS ▸ **heat**
HEATS ▸ **heat**
HEATSPOT *n* spot on skin produced by heat
HEATWAVE *n* prolonged period of unusually hot weather
HEAUME, -S *n* large helmet reaching the shoulders
HEAVE, -D, -S, HOVEN *vb* lift with effort ▹ *n* heaving
HEAVEN, -S *n* place believed to be the home of God
HEAVENLY *adj* of or like heaven
HEAVENS ▸ **heaven**
HEAVER, -S ▸ **heave**
HEAVES ▸ **heave**
HEAVIER ▸ **heavy**
HEAVIES ▸ **heavy**
HEAVIEST ▸ **heavy**
HEAVILY ▸ **heavy**
HEAVING, -S ▸ **heave**
HEAVY, HEAVIER, HEAVIES, HEAVIEST *adj* of great weight ▹ *n* person hired to threaten violence
HEAVYISH *n* rather heavy
HEAVYSET *adj* stockily built
HEBDOMAD *n* number seven or a group of seven
HEBE, -S *n* any of various flowering shrubs
HEBEN, -S *old form of* ▸ **ebony**
HEBENON, -S *n* source of poison
HEBENS ▸ **heben**
HEBES ▸ **hebe**
HEBETANT *adj* causing dullness
HEBETATE *adj* (of plant parts) having a blunt or soft point ▹ *vb* make or become blunted
HEBETIC *adj* of or relating to puberty
HEBETUDE *n* mental dullness or lethargy
HEBONA, -S *same as* ▸ **hebenon**
HEBRAISE *same as* ▸ **hebraize**
HEBRAIZE *vb* become or cause to become Hebrew or Hebraic
HECATOMB *n* sacrifice of 100 oxen
HECH *interj* expression of surprise
HECHT, -ING, -S *same as* ▸ **hight**
HECK, -S *interj* mild exclamation of surprise, irritation, etc ▹ *n* frame for obstructing the passage of fish in a river
HECKLE, -D, -S, HECKLING *vb* interrupt with comments, questions, or taunts ▹ *n* instrument for combing flax or hemp
HECKLER, -S ▸ **heckle**
HECKLES ▸ **heckle**
HECKLING ▸ **heckle**
HECKS ▸ **heck**
HECKUVA *adj* heck of a
HECTARE, -S *n* one hundred ares
HECTIC, -S *adj* rushed or busy ▹ *n* hectic fever or flush
HECTICAL *same as* ▸ **hectic**
HECTICLY ▸ **hectic**
HECTICS ▸ **hectic**
HECTOR, -ED, -S *vb* bully ▹ *n* blustering bully
HECTORER ▸ **hector**
HECTORLY ▸ **hector**
HECTORS ▸ **hector**
HEDARIM *same as* ▸ **hadarim**
HEDDLE, -D, -S, HEDDLING *n* frame on a loom ▹ *vb* pass thread through a heddle
HEDER, HADARIM, -S *variant spelling of* ▸ **cheder**
HEDERA, -S *n* ivy
HEDERAL ▸ **hedera**
HEDERAS ▸ **hedera**
HEDERS ▸ **heder**
HEDGE, -D, -S *n* row of bushes forming a barrier or boundary ▹ *vb* be evasive or noncommittal
HEDGEHOG *n* small mammal with a protective covering of spines
HEDGEHOP *vb* (of an aircraft) to fly close to the ground, as in crop spraying
HEDGEPIG *same as* ▸ **hedgehog**
HEDGER, -S ▸ **hedge**
HEDGEROW *n* bushes forming a hedge
HEDGERS ▸ **hedger**
HEDGES ▸ **hedge**
HEDGIER ▸ **hedgy**
HEDGIEST ▸ **hedgy**
HEDGING, -S ▸ **hedge**
HEDGY, HEDGIER, HEDGIEST ▸ **hedge**
HEDONIC ▸ **hedonism**
HEDONICS *n* branch of psychology concerned with the study of pleasant and unpleasant sensations
HEDONISM *n* doctrine that pleasure is the most important thing in life
HEDONIST ▸ **hedonism**
HEED, -ED, -ING, -S *n* careful attention ▹ *vb* pay careful attention to
HEEDER, -S ▸ **heed**
HEEDFUL ▸ **heed**
HEEDIER ▸ **heedy**
HEEDIEST ▸ **heedy**
HEEDING ▸ **heed**
HEEDLESS *adj* taking no notice
HEEDS ▸ **heed**
HEEDY, HEEDIER, HEEDIEST *adj* heedful; attentive
HEEHAW, -ED, -S *interj* representation of the braying sound of a donkey ▹ *vb* make braying sound
HEEL, -ED, -S *n* back part of the foot ▹ *vb* repair the heel of (a shoe)
HEELBALL *n* mixture of beeswax and lampblack used by shoemakers
HEELBAR, -S *n* small shop where shoes are repaired
HEELED ▸ **heel**
HEELER, -S *n* dog that herds cattle by biting at their heels

HEELING, -S ▸ **heel**
HEELLESS ▸ **heel**
HEELPOST *n* post for carrying the hinges of a door or gate
HEELS ▸ **heel**
HEELTAP, -S *n* layer of leather, etc, in the heel of a shoe
HEEZE, -D, -S, HEEZING *Scots word for* ▸ **hoist**
HEEZIE, -S *n* act of lifting
HEEZING ▸ **heeze**
HEFT, -ED, -ING, -S *vb* assess the weight of (something) by lifting ▹ *n* weight
HEFTE *same as* ▸ **heave**
HEFTED ▸ **heft**
HEFTER, -S ▸ **heft**
HEFTIER ▸ **hefty**
HEFTIEST ▸ **hefty**
HEFTILY ▸ **hefty**
HEFTING ▸ **heft**
HEFTS ▸ **heft**
HEFTY, HEFTIER, HEFTIEST *adj* large, heavy, or strong
HEGARI, -S *n* African sorghum
HEGEMON, -S *n* person in authority
HEGEMONY *n* political domination
HEGIRA, -S *n* emigration escape or flight
HEGUMEN, -S *n* head of a monastery of the Eastern Church
HEGUMENE *n* head of Greek nunnery
HEGUMENS ▸ **hegumen**
HEGUMENY *n* office of hegumen
HEH, -S *interj* exclamation of surprise or inquiry
HEID, -S *Scot word for* ▸ **head**
HEIDUC, -S *n* Hungarian guerilla warrior
HEIFER, -S *n* young cow
HEIGH *same as* ▸ **hey**
HEIGHT, -S *n* distance from base to top
HEIGHTEN *vb* make or become higher or more intense
HEIGHTH, -S *obsolete form of* ▸ **height**
HEIGHTS ▸ **height**
HEIL, -ED, -ING, -S *vb* give a German greeting
HEIMISH *adj* comfortable
HEINIE, -S *n* buttocks
HEINOUS *adj* evil and shocking
HEIR, -ED, -ING, -S *n* person entitled to inherit property or rank ▹ *vb* inherit
HEIRDOM, -S *n* succession by right of blood
HEIRED ▸ **heir**
HEIRESS *n* woman who inherits or expects to inherit great wealth
HEIRING ▸ **heir**
HEIRLESS ▸ **heir**
HEIRLOOM *n* object that has belonged to a family for generations
HEIRS ▸ **heir**
HEIRSHIP *n* state or condition of being an heir
HEISHI *n* Native American shell jewellery
HEIST, -ED, -ING, -S *n* robbery ▹ *vb* steal or burgle
HEISTER, -S ▸ **heist**
HEISTING ▸ **heist**
HEISTS ▸ **heist**
HEITIKI, -S *n* Māori neck ornament of greenstone
HEJAB, -S *same as* ▸ **hijab**
HEJIRA, -S *same as* ▸ **hegira**
HEJRA, -S *same as* ▸ **hegira**
HEKETARA *n* small shrub that has flowers with white petals and yellow centres
HEKTARE, -S *same as* ▸ **hectare**
HELCOID *adj* having ulcers
HELD ▸ **hold**
HELE, -D, -S, HELING *vb* as in **hele in** insert (cuttings, etc) into soil
HELENIUM *n* plant with daisy-like yellow or variegated flowers
HELES ▸ **hele**
HELIAC *same as* ▸ **heliacal**
HELIACAL *adj* as in **heliacal rising** rising of a celestial object at approximately the same time as the rising of the sun
HELIAST, -S *n* ancient Greek juror
HELIBUS *n* helicopter carrying passengers
HELICAL *adj* spiral
HELICASE *n* enzyme vital to all living organisms
HELICES ▸ **helix**
HELICITY *n* projection of the spin of an elementary particle on the direction of propagation
HELICOID *adj* shaped like a spiral ▹ *n* any surface resembling that of a screw thread
HELICON, -S *n* bass tuba
HELICOPT *vb* transport using a helicopter
HELIDECK *n* landing deck for helicopters on ships, oil platforms, etc
HELILIFT *vb* transport by helicopter
HELIMAN, HELIMEN *n* helicopter pilot
HELING ▸ **hele**
HELIO, -S *n* instrument for sending messages in Morse code
HELIODOR *n* clear yellow form of beryl used as a gemstone
HELIOS ▸ **helio**
HELIOSIS, HELIOSES *n* bad effect of overexposure to the sun
HELIPAD, -S *n* place for helicopters to land and take off
HELIPORT *n* airport for helicopters
HELISKI, -S *vb* ski down a mountain after ascending it by helicopter
HELISTOP *n* landing place for helicopter
HELITACK *n* use of helicopters to extinguish a forest fire
HELIUM, -S *n* very light colourless odourless gas
HELIX, HELICES, -ES *n* spiral
HELL, -ED, -ING, -S *n* believed to be where wicked people go when they die ▹ *vb* act wildly
HELLBENT *adj* intent
HELLBOX *n* (in printing) container for broken type
HELLCAT, -S *n* spiteful fierce-tempered woman
HELLED ▸ **hell**
HELLER, -S *n* monetary unit of the Czech Republic and Slovakia
HELLERI, -S *n* Central American fish
HELLERS ▸ **heller**
HELLERY *n* wild or mischievous behaviour
HELLFIRE *n* torment of hell, imagined as eternal fire
HELLHOLE *n* unpleasant or evil place
HELLICAT *n* evil creature
HELLIER, -S *n* slater
HELLING ▸ **hell**
HELLION, -S *n* rough or rowdy person, esp a child
HELLISH *adj* very unpleasant ▹ *adv* (intensifier) extremely
HELLKITE *n* bird of prey from hell

HELLO, -ED, -ES, -ING, -S *interj* expression of greeting or surprise ▷ *n* act of saying 'hello' ▷ *sentence substitute* expression of greeting ▷ *vb* say hello
HELLOVA *same as* ▶ **helluva**
HELLS ▶ **hell**
HELLUVA *adj* extremely good
HELLWARD *adj* towards hell
HELM, -ED, -ING, -S *n* tiller or wheel for steering a ship ▷ *vb* direct or steer
HELMER, -S *n* film director
HELMET, -S *n* hard hat worn for protection
HELMETED ▶ **helmet**
HELMETS ▶ **helmet**
HELMING ▶ **helm**
HELMINTH *n* any parasitic worm, esp a nematode or fluke
HELMLESS ▶ **helm**
HELMS ▶ **helm**
HELMSMAN, HELMSMEN *n* person at the helm who steers the ship
HELO, -S *n* helicopter
HELOT, -S *n* serf or slave
HELOTAGE *same as* ▶ **helotism**
HELOTISM *n* condition or quality of being a helot
HELOTRY *n* serfdom or slavery
HELOTS ▶ **helot**
HELP, -ED, -S *vb* make something easier, better, or quicker for (someone) ▷ *n* assistance or support
HELPABLE ▶ **help**
HELPDESK *n* place where advice is given by telephone
HELPED ▶ **help**
HELPER, -S ▶ **help**
HELPFUL *adj* giving help
HELPING, -S *n* single portion of food
HELPLESS *adj* weak or incapable
HELPLINE *n* telephone line set aside for callers to contact an organization for help with a problem
HELPMATE *n* companion and helper, esp a spouse
HELPMEET *less common word for* ▶ **helpmate**
HELPS ▶ **help**
HELVE, -D, -S, HELVING *n* handle of a hand tool such as an axe or pick ▷ *vb* fit a helve to (a tool)
HEM, -MED, -MING, -S *n* bottom edge of a garment ▷ *vb* provide with a hem
HEMAGOG, -S *same as* > **hemagogue**
HEMAL *same as* ▶ **haemal**
HEMATAL *same as* ▶ **hemal**
HEMATEIN *same as* > **haematein**
HEMATIC, -S *same as* ▶ **haematic**
HEMATIN, -S *same as* ▶ **haematin**
HEMATINE *n* red dye
HEMATINS ▶ **hematin**
HEMATITE *n* red, grey, or black mineral
HEMATOID *same as* > **haematoid**
HEMATOMA *same as* > **haematoma**
HEME, -S *same as* ▶ **haem**
HEMIC *same as* ▶ **haematic**
HEMIN, -S *same as* ▶ **haemin**
HEMINA, -S *n* old liquid measure
HEMINS ▶ **hemin**
HEMIOLA, -S *n* rhythmic device
HEMIOLIA *same as* ▶ **hemiola**
HEMIOLIC ▶ **hemiola**
HEMIONE, -S *same as* ▶ **hemionus**
HEMIONUS *n* Asian wild ass
HEMIOPIA *n* defective vision seeing only halves of things
HEMIOPIC ▶ **hemiopia**
HEMIPOD, -S *same as* ▶ **hemipode**
HEMIPODE *n* button quail
HEMIPODS ▶ **hemipod**
HEMIPTER *n* insect with beaklike mouthparts
HEMLINE, -S *n* level to which the hem of a skirt hangs
HEMLOCK, -S *n* poisonous plant
HEMMED ▶ **hem**
HEMMER, -S *n* attachment on a sewing machine for hemming
HEMMING ▶ **hem**
HEMOCOEL *same as* > **haemocoel**
HEMOCYTE *same as* > **haemocyte**
HEMOID *same as* > **haematoid**
HEMOLYSE *vb* break down so that haemoglobin is released
HEMOLYZE *vb* undergo or make undergo hemolysis
HEMOSTAT *same as* > **haemostat**
HEMP, -S *n* Asian plant with tough fibres
HEMPEN ▶ **hemp**
HEMPIE *variant of* ▶ **hempy**
HEMPIER ▶ **hempy**
HEMPIES ▶ **hempy**
HEMPIEST ▶ **hempy**
HEMPLIKE ▶ **hemp**
HEMPS ▶ **hemp**
HEMPSEED *n* seed of hemp
HEMPWEED *n* climbing weed
HEMPY, HEMPIER, HEMPIES, HEMPIEST *adj* of or like hemp ▷ *n* rogue
HEMS ▶ **hem**
HEN, -NED, -NING, -S *n* female domestic fowl ▷ *vb* lose one's courage
HENBANE, -S *n* poisonous plant with sticky hairy leaves
HENBIT, -S *n* European plant with small dark red flowers
HENCE *adv* from this time ▷ *interj* begone! away!
HENCH, -ER, -EST *adj* fit and muscular
HENCHMAN, HENCHMEN *n* person employed by someone powerful to carry out orders
HENCOOP, -S *n* cage for poultry
HEND, -ED, -ING, -S *vb* seize
HENEQUEN *n* agave plant native to Yucatán
HENEQUIN *same as* ▶ **henequen**
HENGE, -S *n* monument from the Neolithic and Bronze Ages
HENHOUSE *n* coop for hens
HENIQUEN *same as* ▶ **henequen**
HENIQUIN *same as* ▶ **heniquen**
HENLEY, -S *n* type of sweater
HENLIKE ▶ **hen**
HENNA, -ED, -ING, -S *n* reddish dye made from a shrub or tree ▷ *vb* dye (the hair) with henna
HENNED ▶ **hen**
HENNER, -S *n* challenge
HENNERY *n* place or farm for keeping poultry
HENNIER ▶ **henny**
HENNIES ▶ **henny**
HENNIEST ▶ **henny**
HENNIN, -S *n* former women's hat
HENNING ▶ **hen**
HENNINS ▶ **hennin**
HENNISH ▶ **hen**
HENNY, HENNIER, HENNIES, HENNIEST *adj* like a hen ▷ *n* cock that looks like a hen

HENOTIC *adj* acting to reconcile
HENPECK, -S *vb* (of a woman) to harass or torment (a man)
HENRY, HENRIES, -S *n* unit of electrical inductance
HENS ▶ **hen**
HENT, -ED, -ING, -S *vb* seize ▷ *n* anything that has been grasped, esp by the mind
HEP, -PER, -PEST, -S *same as* ▶ **hip**
HEPAR, -S *n* compound containing sulphur
HEPARIN, -S *n* polysaccharide present in most body tissues
HEPARS ▶ **hepar**
HEPATIC, -S *adj* of the liver ▷ *n* any of various drugs for use in treating diseases of the liver
HEPATICA *n* woodland plant with white, mauve, or pink flowers
HEPATICS ▶ **hepatic**
HEPATISE *same as* ▶ **hepatize**
HEPATITE *n* mineral containing sulphur
HEPATIZE *vb* turn into liver
HEPATOMA *n* cancer of liver
HEPCAT, -S *n* person who is hep
HEPPER ▶ **hep**
HEPPEST ▶ **hep**
HEPS ▶ **hep**
HEPSTER, -S *same as* ▶ **hipster**
HEPT *archaic spelling of* ▶ **heaped**
HEPTAD, -S *n* group or series of seven
HEPTAGON *n* geometric figure with seven sides
HEPTANE, -S *n* alkane found in petroleum
HEPTARCH > **heptarchy**
HEPTOSE, -S *n* any monosaccharide with seven carbon atoms per molecule
HER *pron* refers to anything personified as feminine ▷ *adj* belonging to her ▷ *determiner* of, belonging to, or associated with her
HERALD, -ED, -S *n* person who announces important news ▷ *vb* signal the approach of
HERALDIC *adj* of or relating to heraldry
HERALDRY *n* study of coats of arms and family trees
HERALDS ▶ **herald**
HERB, -S *n* plant used for flavouring in cookery, and in medicine
HERBAGE, -S *n* herbaceous plants collectively
HERBAGED *adj* with grass growing on it
HERBAGES ▶ **herbage**
HERBAL, -S *adj* of or relating to herbs, usually culinary or medicinal herbs ▷ *n* book describing and listing the properties of plants
HERBAR, -S *same as* ▶ **herbary**
HERBARIA > **herbarium**
HERBARS ▶ **herbar**
HERBARY *n* herb garden
HERBED *adj* flavoured with herbs
HERBELET *same as* ▶ **herblet**
HERBIER ▶ **herby**
HERBIEST ▶ **herby**
HERBIST, -S *same as* > **herbalist**
HERBLESS ▶ **herb**
HERBLET, -S *n* little herb
HERBLIKE ▶ **herb**
HERBOSE *same as* ▶ **herbous**
HERBOUS *adj* with abundance of herbs
HERBS ▶ **herb**
HERBY, HERBIER, HERBIEST *adj* abounding in herbs
HERCULES *n* as in **hercules beetle** very large tropical American beetle
HERD, -ED, -S *n* group of animals feeding and living together ▷ *vb* collect into a herd
HERDBOY, -S *n* boy who looks after herd
HERDED ▶ **herd**
HERDEN, -S *n* type of coarse cloth
HERDER, -S *same as* ▶ **herdsman**
HERDESS *n* female herder
HERDIC, -S *n* small horse-drawn carriage
HERDING, -S *n* act of herding
HERDLIKE ▶ **herd**
HERDMAN, HERDMEN *same as* ▶ **herdsman**
HERDS ▶ **herd**
HERDSMAN, HERDSMEN *n* man who looks after a herd of animals
HERDWICK *n* hardy breed of sheep
HERE, -S *adv* in, at, or to this place or point ▷ *n* this place
HEREAT *adv* because of this
HEREAWAY *same as* > **hereabout**
HEREBY *adv* by means of or as a result of this
HEREDES ▶ **heres**
HEREDITY *n* passing on of characteristics from one generation to another
HEREFROM *adv* from here
HEREIN *adv* in this place, matter, or document
HEREINTO *adv* into this place, circumstance, etc
HERENESS *n* state of being here
HEREOF *adv* of or concerning this
HEREON *archaic word for* ▶ **hereupon**
HERES, HEREDES ▶ **here**
HERESY, HERESIES *n* opinion contrary to accepted opinion or belief
HERETIC, -S *n* person who holds unorthodox opinions
HERETO *adv* this place, matter, or document
HERETRIX *n* in Scots law, female inheritor
HEREUNTO *archaic word for* ▶ **hereto**
HEREUPON *adv* following immediately after this
HEREWITH *adv* with this
HERIED ▶ **hery**
HERIES ▶ **hery**
HERIOT, -S *n* (in medieval England) a death duty paid to the lord
HERISSE *adj* with bristles
HERISSON *n* spiked beam used as fortification
HERITAGE *n* something inherited
HERITOR, -S *n* person who inherits
HERITRIX ▶ **heritor**
HERL, -S *n* barb or barbs of a feather
HERLING, -S *n* Scots word for a type of fish
HERLS ▶ **herl**
HERM, -S *n* (in ancient Greece) a stone head of Hermes
HERMA, -E, -I *same as* ▶ **herm**
HERMAEAN *adj* type of statue
HERMAI ▶ **herma**
HERMETIC *adj* sealed so as to be airtight
HERMIT, -S *n* person living in solitude, esp for religious reasons
HERMITIC ▶ **hermit**

HERMITRY *n* life as hermit
HERMITS ▸**hermit**
HERMS ▸**herm**
HERN, -S *archaic or dialect word for* ▸**heron**
HERNIA, -E, -S *n* medical problem
HERNIAL ▸**hernia**
HERNIAS ▸**hernia**
HERNIATE *n* form hernia
HERNS ▸**hern**
HERNSHAW *same as* ▸**heronshaw**
HERO, -ES, -S *n* principal character in a film, book, etc
HEROIC *adj* courageous
HEROICAL *same as* ▸**heroic**
HEROICLY ▸**heroic**
HEROICS *pl n* extravagant behaviour
HEROIN, -S *n* highly addictive illegal drug derived from morphine
HEROINE, -S *n* principal female character in a novel, play, etc
HEROINS ▸**heroin**
HEROISE, -D, -S *same as* ▸**heroize**
HEROISM, -S *n* great courage and bravery
HEROIZE, -D, -S *vb* make into hero
HERON, -S *n* long-legged wading bird
HERONRY *n* colony of breeding herons
HERONS ▸**heron**
HERONSEW *same as* ▸**heronshaw**
HEROON, -S *n* temple or monument dedicated to a hero
HEROS ▸**hero**
HEROSHIP ▸**hero**
HERPES, -ES *n* any of several inflammatory skin diseases
HERPETIC *adj* of or relating to herpes ▹*n* person suffering from herpes
HERPTILE *adj* denoting, relating to, or characterizing both reptiles and amphibians
HERRIED ▸**herry**
HERRIES ▸**herry**
HERRING, -S *n* important food fish of northern seas
HERRY, HERRIED, HERRIES, -ING *vb* harry
HERS *pron* something belonging to her
HERSALL, -S *n* rehearsal
HERSE, -S *n* harrow
HERSED *adj* arranged like a harrow
HERSELF *pron* feminine singular reflexive form
HERSES ▸**herse**
HERSHIP, -S *n* act of plundering
HERSTORY *n* history from a female point of view or as it relates to women
HERTZ, -ES *n* unit of frequency
HERY, HERIED, HERIES, -ING *vb* praise
HERYE, -D, -S *same as* ▸**hery**
HERYING ▸**hery**
HES ▸**he**
HESITANT *adj* undecided or wavering
HESITATE *vb* be slow or uncertain in doing something
HESP, -ED, -ING, -S *same as* ▸**hasp**
HESPERID *n* species of butterfly
HESPING ▸**hesp**
HESPS ▸**hesp**
HESSIAN, -S *n* coarse jute fabric
HESSITE, -S *n* black or grey metallic mineral
HEST, -S *archaic word for* ▸**behest**
HET *adj* Scots word for hot
HETAIRIA *n* society
HETE, -S, HETING *same as* ▸**hight**
HETH, -S *n* eighth letter of the Hebrew alphabet
HETHER *same as* ▸**hither**
HETHS ▸**heth**
HETING ▸**hete**
HETMAN, -S, HETMEN *another word for* ▸**ataman**
HEUCH, -S *Scots word for* ▸**crag**
HEUCHERA *n* N American plant with heart-shaped leaves and mostly red flowers
HEUCHS ▸**heuch**
HEUGH, -S *same as* ▸**heuch**
HEUREKA, -S *same as* ▸**eureka**
HEURETIC *same as* ▸**heuristic**
HEURISM, -S *n* use of logic
HEVEA, -S *n* rubber-producing South American tree
HEW, -ED, -N, -S *vb* cut with an axe
HEWABLE ▸**hew**
HEWED ▸**hew**
HEWER, -S ▸**hew**
HEWGH *interj* sound made to imitate the flight of an arrow
HEWING, -S ▸**hew**
HEWN ▸**hew**
HEWS ▸**hew**
HEX, -ED, -ES *adj* of or relating to hexadecimal notation ▹*n* evil spell ▹*vb* bewitch

This word meaning to bewitch is a really useful one for using the X.

HEXACT, -S *n* part of a sponge with six rays
HEXAD, -S *n* group or series of six
HEXADE, -S *same as* ▸**hexad**
HEXADIC ▸**hexad**
HEXADS ▸**hexad**
HEXAFOIL *n* pattern with six lobes
HEXAGLOT *n* book written in six languages
HEXAGON, -S *n* geometrical figure with six sides
HEXAGRAM *n* star formed by extending the sides of a regular hexagon to meet at six points
HEXAMINE *n* fuel for camping stoves
HEXANE, -S *n* liquid alkane existing in five isomeric forms
HEXANOIC *adj* as in **hexanoic acid** insoluble oily carboxylic acid found in coconut and palm oils and in milk
HEXAPLA, -S *n* edition of the Old Testament
HEXAPLAR ▸**hexapla**
HEXAPLAS ▸**hexapla**
HEXAPOD, -S *n* six-footed arthropod
HEXAPODY *n* verse measure consisting of six metrical feet
HEXARCH *adj* (of a plant) with six veins
HEXARCHY *n* alliance of six states
HEXED ▸**hex**
HEXENE, -S *same as* ▸**hexylene**
HEXER, -S ▸**hex**
HEXEREI, -S *n* witchcraft
HEXERS ▸**hexer**
HEXES ▸**hex**
HEXING, -S ▸**hex**
HEXONE, -S *n* colourless insoluble liquid ketone
HEXOSAN, -S *n* form of polysaccharide
HEXOSE, -S *n* monosaccharide, such as glucose

HEXYL, -S *adj* of or consisting of a specific group of atoms
HEXYLENE *n* chemical compound similar to ethylene
HEXYLIC ▸ **hexyl**
HEXYLS ▸ **hexyl**
HEY, -ED, -ING, -S *interj* expression of surprise or for catching attention ▹ *vb* perform a country dance
HEYDAY, -S *n* time of greatest success, prime
HEYDEY, -S *variant of* ▸ **heyday**
HEYDUCK, -S *same as* ▸ **haiduk**
HEYED ▸ **hey**
HEYING ▸ **hey**
HEYS ▸ **hey**
HI *interj* hello
HIANT *adj* gaping
HIATAL ▸ **hiatus**
HIATUS, -ES *n* pause or interruption in continuity
HIBACHI, -S *n* portable brazier for heating and cooking food
HIBERNAL *adj* of or occurring in winter
HIBISCUS *n* tropical plant with large brightly coloured flowers
HIC *interj* representation of the sound of a hiccup
HICATEE, -S *same as* ▸ **hiccatee**
HICCATEE *n* tortoise of West Indies
HICCOUGH *same as* ▸ **hiccup**
HICCUP, -ED, -S *n* spasm of the breathing organs ▹ *vb* make a hiccup
HICCUPY *adj* tending to hiccup
HICK, -ER, -EST, -S *n* unsophisticated country person ▹ *adj* unsophisticated
HICKEY, -S *n* object or gadget
HICKIE, -S *same as* ▸ **hickey**
HICKISH ▸ **hick**
HICKORY *n* N American nut-bearing tree
HICKS ▸ **hick**
HICKWALL *n* green woodpecker
HICKYMAL *n* titmouse
HID ▸ **hide**
HIDABLE ▸ **hide**
HIDAGE, -S *n* former tax on land
HIDALGA, -S *n* Spanish noblewoman
HIDALGO, -S *n* member of the lower nobility in Spain
HIDDEN ▸ **hide**
HIDDENLY ▸ **hide**
HIDDER, -S *n* young ram
HIDE, HID, HIDDEN, -D, -S *vb* put (oneself or an object) somewhere difficult to see or find ▹ *n* place of concealment, esp for a bird-watcher
HIDEAWAY *n* private place
HIDED ▸ **hide**
HIDELESS ▸ **hide**
HIDEOUS *adj* ugly, revolting
HIDEOUT, -S *n* hiding place
HIDER, -S ▸ **hide**
HIDES ▸ **hide**
HIDING, -S ▸ **hide**
HIDLING *n* hiding place
HIDLINGS *adv* in secret
HIDLINS *same as* ▸ **hidlings**
HIDROSIS, HIDROSES *n* any skin disease affecting the sweat glands
HIDROTIC ▸ **hidrosis**
HIE, -D, -ING, -S, HYING *vb* hurry
HIELAMAN *n* Australian Aboriginal shield
HIELAND *adj* characteristic of Highlanders
HIEMAL *less common word for* ▸ **hibernal**
HIEMS *n* winter
HIERARCH *n* person in a position of high-priestly authority
HIERATIC *adj* of or relating to priests ▹ *n* hieratic script of ancient Egypt
HIERURGY *n* performance of religious drama or music
HIES ▸ **hie**
HIGGLE, -D, -S, HIGGLING *less common word for* ▸ **haggle**
HIGGLER, -S ▸ **higgle**
HIGGLES ▸ **higgle**
HIGGLING ▸ **higgle**
HIGH, -ED, -EST, -ING, -S *adj* being a relatively great distance from top to bottom; tall ▹ *adv* at or to a height ▹ *n* high place or level ▹ *vb* hie
HIGHBALL *n* tall drink of whisky with soda water or ginger ale and ice ▹ *vb* move at great speed
HIGHBORN *adj* of noble or aristocratic birth
HIGHBOY, -S *n* tall chest of drawers in two sections
HIGHBRED *adj* of noble breeding
HIGHBROW *n* intellectual and serious person ▹ *adj* concerned with serious, intellectual subjects
HIGHBUSH *adj* (of bush) growing tall ▹ *n* tall-growing bush
HIGHED ▸ **high**
HIGHER, -ED, -S *n* advanced level of the Scottish Certificate of Education ▹ *vb* raise up
HIGHEST ▸ **high**
HIGHING ▸ **high**
HIGHISH ▸ **high**
HIGHJACK *same as* ▸ **hijack**
HIGHLAND *n* relatively high ground
HIGHLIFE *n* African music genre
HIGHLY *adv* extremely
HIGHMAN, HIGHMEN *n* dice weighted to make it fall in particular way
HIGHMOST *adj* highest
HIGHNESS *n* condition of being high or lofty
HIGHRISE *n* tall building
HIGHROAD *n* main road
HIGHS ▸ **high**
HIGHSPOT *n* highlight
HIGHT, -ED, -S, HOTE, HOTEN *vb* archaic word for name or call
HIGHTAIL *vb* go or move in a great hurry
HIGHTED ▸ **hight**
HIGHTH, -S *old form of* ▸ **height**
HIGHTING *n* oath
HIGHTOP, -S *n* top of ship's mast
HIGHTS ▸ **hight**
HIGHVELD *n* high-altitude grassland region of E South Africa
HIGHWAY, -S *n* main road
HIJAB, -S *n* covering for the head and face
HIJACK, -ED, -S *vb* seize control of (an aircraft or other vehicle) while travelling ▹ *n* instance of hijacking
HIJACKER ▸ **hijack**
HIJACKS ▸ **hijack**
HIJINKS *n* lively enjoyment
HIJRA, -S *same as* ▸ **hijrah**
HIJRAH, -S *same as* ▸ **hegira**
HIJRAS ▸ **hijra**
HIKE, -D, -S *n* long walk in the country, esp for pleasure ▹ *vb* go for a long walk
HIKER, -S ▸ **hike**
HIKES ▸ **hike**

H

HIKING, -S *n* sport of taking long walks in the country
HIKOI, -ED, -ING, -S *n* walk or march, esp a Māori protest march ▷ *vb* take part in such a march
HILA ▶ **hilum**
HILAR ▶ **hilus**
HILARITY *n* mirth and merriment
HILCH, -ED, -ES, -ING *vb* hobble
HILD *same as* ▶ **hold**
HILDING, -S *n* coward
HILI ▶ **hilus**
HILL, -ED, -ING, -S *n* raised part of the earth's surface ▷ *vb* form into a hill or mound
HILLER, -S ▶ **hill**
HILLFOLK *n* people living in the hills
HILLFORT *n* fortified hilltop
HILLIER ▶ **hilly**
HILLIEST ▶ **hilly**
HILLING, -S ▶ **hill**
HILLMEN *same as* ▶ **hillfolk**
HILLO, -ED, -ES, -ING, -S *same as* ▶ **hello**
HILLOA, -ED, -S *same as* ▶ **halloa**
HILLOCK, -S *n* small hill
HILLOCKY *adj* having hillocks
HILLOED ▶ **hillo**
HILLOES ▶ **hillo**
HILLOING ▶ **hillo**
HILLOS ▶ **hillo**
HILLS ▶ **hill**
HILLSIDE *n* side of a hill
HILLTOP, -S *n* top of hill
HILLY, HILLIER, HILLIEST ▶ **hill**
HILT, -ED, -ING, -S *n* handle of a sword or knife ▷ *vb* supply with a hilt
HILTLESS ▶ **hilt**
HILTS ▶ **hilt**
HILUM, HILA *n* scar on a seed
HILUS, HILI *rare word for* ▶ **hilum**
HIM, -S *pron* refers to a male person or animal ▷ *n* male person
HIMATION, HIMATIA *n* (in ancient Greece) a cloak draped around the body
HIMBO, -S *n* derogatory term for an attractive but empty-headed man
HIMS ▶ **him**
HIMSELF *pron* masculine singular reflexive form
HIN, -S *n* Hebrew unit of capacity
HINAHINA *same as* ▶ **mahoe**
HINAU, -S *n* New Zealand tree
HIND, -MOST, -S *adj* situated at the back ▷ *n* female deer
HINDCAST *vb* test (a mathematical model)
HINDER, -ED, -S *vb* get in the way of ▷ *adj* situated at the back
HINDERER ▶ **hinder**
HINDERS ▶ **hinder**
HINDFOOT, HINDFEET *n* back foot
HINDGUT, -S *n* part of the vertebrate digestive tract
HINDHEAD *n* back of head
HINDLEG, -S *n* back leg
HINDMILK *n* breast milk produced after the first part of feeding
HINDMOST ▶ **hind**
HINDS ▶ **hind**
HINDWARD *adj* at back
HINDWING *n* back wing
HING, -S *n* asafoetida
HINGE, -D, -S, HINGING *n* device for holding two parts so one can swing freely ▷ *vb* depend (on)
HINGER, -S *n* tool for making hinges
HINGES ▶ **hinge**
HINGING ▶ **hinge**
HINGS ▶ **hing**
HINKY, HINKIER, HINKIEST *adj* strange
HINNIE *n* sweetheart
HINNY, HINNIED, HINNIES, -ING *n* offspring of a male horse and a female donkey ▷ *vb* whinny
HINS ▶ **hin**
HINT, -ED, -S *n* indirect suggestion ▷ *vb* suggest indirectly
HINTER, -S ▶ **hint**
HINTING, -S ▶ **hint**
HINTS ▶ **hint**
HIOI, -S *n* New Zealand plant of the mint family
HIP, -PER, -PEST, -S, -T *n* either side of the body between the pelvis and the thigh ▷ *adj* aware of or following the latest trends ▷ *interj* exclamation used to introduce cheers
HIPBONE, -S *n* either of the bones that form the sides of the pelvis
HIPLESS ▶ **hip**
HIPLIKE ▶ **hip**
HIPLINE, -S *n* widest part of a person's hips
HIPLY ▶ **hip**
HIPNESS ▶ **hip**
HIPPARCH *n* (in ancient Greece) a cavalry commander
HIPPED *adj* having a hip or hips
HIPPEN, -S *n* baby's nappy
HIPPER ▶ **hip**
HIPPEST ▶ **hip**
HIPPIC *adj* of horses
HIPPIE *same as* ▶ **hippy**
HIPPIER ▶ **hippy**
HIPPIES ▶ **hippy**
HIPPIEST ▶ **hippy**
HIPPIN, -S *same as* ▶ **hippen**
HIPPING, -S *same as* ▶ **hippen**
HIPPINS ▶ **hippin**
HIPPISH *adj* in low spirits
HIPPO, -S *n* hippopotamus
HIPPURIC *adj* as in **hippuric acid** crystalline solid excreted in the urine of mammals
HIPPUS, -ES *n* spasm of eye
HIPPY, HIPPIER, HIPPIES, HIPPIEST *n* person whose behaviour implies a rejection of values ▷ *adj* having large hips
HIPPYDOM ▶ **hippy**
HIPPYISH *adj* pertaining to or like a hippy
HIPS ▶ **hip**
HIPSHOT *adj* having a dislocated hip
HIPSTER *n* enthusiast of modern jazz
HIPSTERS *pl n* trousers cut so that the top encircles the hips
HIPT ▶ **hip**
HIRABLE ▶ **hire**
HIRAGANA *n* Japanese system of writing
HIRAGE, -S *n* fee for hiring
HIRCINE *adj* of or like a goat, esp in smell
HIRE, -D, -S *vb* pay to have temporary use of ▷ *n* hiring
HIREABLE ▶ **hire**
HIREAGE, -S *same as* ▶ **hirage**
HIRED ▶ **hire**
HIREE, -S *n* hired person
HIRELING *n* derogatory term for a person who works only for wages
HIRER, -S ▶ **hire**
HIRES ▶ **hire**
HIRING, -S ▶ **hire**
HIRLING, -S *n* Scots word for a type of fish
HIRPLE, -D, -S, HIRPLING *vb* limp ▷ *n* limping gait

HIRRIENT *n* trilled sound
HIRSEL, -ED, -S *vb* sort into groups
HIRSLE, -D, -S, HIRSLING *vb* wriggle or fidget
HIRSTIE *adj* dry
HIRSUTE *adj* hairy
HIRUDIN, -S *n* anticoagulant
HIS *adj* belonging to him
HISH, -ED, -ES, -ING *same as* ▸ **hiss**
HISN *dialect form of* ▸ **his**
HISPID *adj* covered with stiff hairs or bristles
HISS, -ED, -ES *n* sound like that of a long *s* (as an expression of contempt) ▹ *vb* utter a hiss ▹ *interj* exclamation of derision or disapproval
HISSELF *dialect form of* ▸ **himself**
HISSER, -S ▸ **hiss**
HISSES ▸ **hiss**
HISSIER ▸ **hissy**
HISSIES ▸ **hissy**
HISSIEST ▸ **hissy**
HISSING, -S ▸ **hiss**
HISSY, HISSIER, HISSIES, HISSIEST *n* temper tantrum ▹ *adj* sound similar to a hiss
HIST, -ED, -ING, -S *interj* exclamation used to attract attention ▹ *vb* make hist sound
HISTAMIN *variant of* > **histamine**
HISTED ▸ **hist**
HISTIDIN *variant of* > **histidine**
HISTIE *same as* ▸ **hirstie**
HISTING ▸ **hist**
HISTIOID *same as* ▸ **histoid**
HISTOGEN *n* obsolete botanical term
HISTOID *adj* (esp of a tumour)
HISTONE, -S *n* any of a group of proteins present in cell nuclei
HISTORIC *adj* famous or significant in history
HISTORY *n* (record or account of) past events
HISTRIO, -S *n* actor
HISTRION *same as* ▸ **histrio**
HISTRIOS ▸ **histrio**
HISTS ▸ **hist**
HIT, -S, -TING *vb* strike, touch forcefully ▹ *n* hitting
HITCH, -ED, -ES, -ING *n* minor problem ▹ *vb* obtain (a lift) by hitchhiking
HITCHER, -S ▸ **hitch**
HITCHES ▸ **hitch**
HITCHIER ▸ **hitchy**
HITCHILY ▸ **hitch**
HITCHING ▸ **hitch**
HITCHY, HITCHIER ▸ **hitch**
HITHE, -S *n* small harbour
HITHER, -ED, -S *adv* or towards this place ▹ *vb* come
HITHERTO *adv* until this time
HITHES ▸ **hithe**
HITLESS ▸ **hit**
HITMAKER *n* successful performer or producer of popular music
HITMAN, HITMEN *n* professional killer
HITS ▸ **hit**
HITTABLE ▸ **hit**
HITTER, -S *n* boxer who has a hard punch rather than skill or finesse
HITTING ▸ **hit**
HIVE, -D, HIVING *n* structure in which social bees live and rear their young ▹ *vb* cause (bees) to collect or (of bees) to collect inside a hive
HIVELESS ▸ **hive**
HIVELIKE ▸ **hive**
HIVEMIND *n* people who share their knowledge with one another, producing either collective intelligence or conformity
HIVER, -S *n* person who keeps beehives
HIVES *n* allergic reaction
HIVEWARD *adj* towards hive
HIVING ▸ **hive**
HIYA *sentence substitute* informal term of greeting
HIZEN, -S *n* type of Japanese porcelain
HIZZ, -ED, -ES, -ING *same as* ▸ **hiss**
HIZZONER *n* nickname for mayor
HM *interj* sound made to express hesitation or doubt
HMM *same as* ▸ **hm**

> This variant of **hm**, like its shorter form, can be useful when you have a shortage of vowels.

HMMM *interj* expressing thoughtful consideration
HO, -ING, -S *interj* imitation or representation of the sound of a deep laugh ▹ *n* cry of 'ho' ▹ *vb* halt
HOA, -ED, -ING, -S *same as* ▸ **ho**
HOACTZIN *same as* ▸ **hoatzin**
HOAED ▸ **hoa**
HOAGIE, -S *n* sandwich made with long bread roll
HOAGY *same as* ▸ **hoagie**
HOAING ▸ **hoa**
HOAR, -ED, -ING, -S *adj* covered with hoarfrost ▹ *vb* make hoary
HOARD, -ED, -S *n* store hidden away for future use ▹ *vb* save or store
HOARDER, -S ▸ **hoard**
HOARDING *n* large board for displaying advertisements
HOARDS ▸ **hoard**
HOARED ▸ **hoar**
HOARHEAD *n* person with white hair
HOARIER ▸ **hoary**
HOARIEST ▸ **hoary**
HOARILY ▸ **hoary**
HOARING ▸ **hoar**
HOARS ▸ **hoar**
HOARSE, -R, -ST *adj* (of a voice) rough and unclear
HOARSELY ▸ **hoarse**
HOARSEN, -S *vb* make or become hoarse
HOARSER ▸ **hoarse**
HOARSEST ▸ **hoarse**
HOARY, HOARIER, HOARIEST *adj* grey or white(-haired)
HOAS ▸ **hoa**
HOAST, -ED, -ING, -S *n* cough ▹ *vb* cough
HOASTMAN, HOASTMEN *n* shipper of coal
HOASTS ▸ **hoast**
HOATZIN, -S *n* South American bird
HOAX, -ED, -ES, -ING *n* deception or trick ▹ *vb* deceive or play a trick upon
HOAXER, -S ▸ **hoax**
HOAXES ▸ **hoax**
HOAXING ▸ **hoax**
HOB, -BED, -BING, -S *n* flat top part of a cooker ▹ *vb* cut or form with a hob
HOBBER, -S *n* machine used in making gears
HOBBIES ▸ **hobby**
HOBBING ▸ **hob**
HOBBISH *adj* like a clown
HOBBIT, -S *n* one of an imaginary race of half-size people
HOBBITRY ▸ **hobbit**
HOBBITS ▸ **hobbit**
HOBBLE, -D, -S, HOBBLING *vb* walk lamely ▹ *n* strap, rope, etc, used to hobble a horse
HOBBLER, -S ▸ **hobble**
HOBBLES ▸ **hobble**

HOBBLING ▶**hobble**
HOBBY, HOBBIES *n* activity pursued in one's spare time
HOBBYISM ▶**hobby**
HOBBYIST ▶**hobby**
HOBDAY, -S *vb* alleviate a breathing problem in certain horses
HOBDAYED ▶**hobday**
HOBDAYS ▶**hobday**
HOBJOB, -S *vb* do odd jobs
HOBLIKE ▶**hob**
HOBNAIL, -S *n* short nail with a large head for protecting soles ▷*vb* provide with hobnails
HOBNOB, -S *vb* be on friendly terms (with)
HOBNOBBY *adj* tending to hobnob
HOBNOBS ▶**hobnob**
HOBO, -ED, -ES, -ING, -S *n* tramp or vagrant ▷*vb* live as hobo
HOBODOM, -S ▶**hobo**
HOBOED ▶**hobo**
HOBOES ▶**hobo**
HOBOING ▶**hobo**
HOBOISM, -S ▶**hobo**
HOBOS ▶**hobo**
HOBS ▶**hob**
HOC *adj* Latin for this
HOCK, -ED, -ING, -S *n* joint in the leg of an animal corresponding to a human ankle ▷*vb* pawn
HOCKER, -S ▶**hock**
HOCKEY, -S *n* team sport
HOCKING ▶**hock**
HOCKLE, -D, -S, HOCKLING *vb* spit
HOCKS ▶**hock**
HOCKSHOP *n* pawnshop
HOCUS, -ED, -ES, -ING, -SED, -SES *vb* take in
HOD, -DED, -DING, -S *n* open wooden box attached to a pole ▷*vb* bob up and down
HODAD, -S *n* person who pretends to be a surfer
HODADDY *same as* ▶**hodad**
HODADS ▶**hodad**
HODDED ▶**hod**
HODDEN, -S *n* coarse homespun cloth
HODDIN, -S *same as* ▶**hodden**
HODDING ▶**hod**
HODDINS ▶**hoddin**
HODDLE, -D, -S, HODDLING *vb* waddle
HODJA, -S *n* respectful Turkish form of address
HODMAN, HODMEN *n* hod carrier
HODS ▶**hod**
HOE, -D, -ING, -S *n* long-handled tool used for loosening soil or weeding ▷*vb* scrape or weed with a hoe
HOECAKE, -S *n* maize cake
HOED ▶**hoe**
HOEDOWN, -S *n* boisterous square dance
HOEING ▶**hoe**
HOELIKE ▶**hoe**
HOER, -S ▶**hoe**
HOES ▶**hoe**
HOG, -GED, -S *n* castrated male pig ▷*vb* take more than one's share of
HOGAN, -S *n* wooden dwelling covered with earth
HOGBACK, -S *n* narrow ridge of steeply inclined rock strata
HOGEN, -S *n* strong alcoholic drink
HOGFISH *n* type of fish
HOGG, -S *same as* ▶**hog**
HOGGED ▶**hog**
HOGGER, -S ▶**hog**
HOGGEREL *n* year-old sheep
HOGGERS ▶**hogger**
HOGGERY *n* hogs collectively
HOGGET, -S *n* young sheep that has yet to be sheared
HOGGIN, -S *n* finely sifted gravel
HOGGING, -S *same as* ▶**hoggin**
HOGGINS ▶**hoggin**
HOGGISH *adj* selfish, gluttonous, or dirty
HOGGS ▶**hogg**
HOGH, -S *n* ridge of land
HOGHOOD, -S *n* condition of being hog
HOGHS ▶**hogh**
HOGLIKE ▶**hog**
HOGMANAY *n* New Year's Eve
HOGMANE, -S *n* short stiff mane
HOGMENAY *variant of* ▶**hogmanay**
HOGNOSE, -S *n* as in **hognose snake** puff adder
HOGNOSED *adj* as in **hognosed skunk** any of several American skunks having a broad snoutlike nose
HOGNOSES ▶**hognose**
HOGNUT, -S *another name for* ▶**pignut**
HOGS ▶**hog**
HOGSHEAD *n* large cask
HOGTIE, -D, -S, HOGTYING *vb* tie together the legs or the arms and legs of
HOGWARD, -S *n* person looking after hogs
HOGWASH *n* nonsense
HOGWEED, -S *n* any of several umbelliferous plants
HOH, -ED, -ING, -S *same as* ▶**ho**
HOHA *adj* bored or annoyed
HOHED ▶**hoh**
HOHING ▶**hoh**
HOHS ▶**hoh**
HOI, -ED, -ING, -S *same as* ▶**hoy**
HOICK, -ED, -ING *vb* raise abruptly and sharply
HOICKS, -ED, -ES *interj* cry used to encourage hounds to hunt ▷*vb* shout hoicks
HOIDEN, -ED, -S *same as* ▶**hoyden**
HOIED ▶**hoi**
HOIING ▶**hoi**
HOIK, -ED, -ING, -S *same as* ▶**hoick**
HOING ▶**ho**
HOIS ▶**hoi**
HOISE, -D, -S, HOISING *same as* ▶**hoist**
HOISIN, -S *n* Chinese sweet spicy sauce
HOISING ▶**hoise**
HOISINS ▶**hoisin**
HOIST, -ED, -ING, -S *vb* raise or lift up ▷*n* device for lifting things
HOISTER, -S ▶**hoist**
HOISTING ▶**hoist**
HOISTMAN, HOISTMEN *n* person operating a hoist
HOISTS ▶**hoist**
HOISTWAY *n* shaft for a hoist
HOKA, -S *n* red cod
HOKE, -D, -S, HOKING *vb* overplay (a part, etc)
HOKEY, HOKIER, HOKIEST *adj* corny
HOKI, -S *n* fish of New Zealand waters
HOKIER ▶**hokey**
HOKIEST ▶**hokey**
HOKILY ▶**hokey**
HOKINESS ▶**hokey**
HOKING ▶**hoke**
HOKIS ▶**hoki**
HOKKU *same as* ▶**haiku**
HOKONUI, -S *n* illicit whisky
HOKUM, -S *n* rubbish, nonsense
HOKYPOKY *n* trickery
HOLARCHY *n* system composed of interacting holons

HOLARD, -S *n* amount of water contained in soil
HOLD, HELD, -S *vb* keep or support in or with the hands or arms ▷ *n* act or way of holding
HOLDABLE ▸ **hold**
HOLDALL, -S *n* large strong travelling bag
HOLDBACK *n* part of a horse harness
HOLDDOWN *n* control function in a computer
HOLDEN *past participle of* ▸ **hold**
HOLDER, -S *n* person or thing that holds
HOLDFAST *n* act of gripping strongly
HOLDING, -S ▸ **hold**
HOLDOUT, -S *n* (in US English) someone or thing that refuses to change
HOLDOVER *n* official who continues in office after his or her term has expired
HOLDS ▸ **hold**
HOLDUP, -S *n* robbery, esp an armed one
HOLE, -D, -S *n* area hollowed out in a solid ▷ *vb* make holes in
HOLELESS ▸ **hole**
HOLES ▸ **hole**
HOLESOM *same as* ▸ **holesome**
HOLESOME *same as* > **wholesome**
HOLEY, -ER, -EST *adj* full of holes
HOLIBUT, -S *same as* ▸ **halibut**
HOLIDAY, -S *n* time spent away from home for rest or recreation ▷ *vb* spend a holiday
HOLIER ▸ **holy**
HOLIES ▸ **holy**
HOLIEST ▸ **holy**
HOLILY *adv* in a holy, devout, or sacred manner
HOLINESS *n* state of being holy
HOLING, -S ▸ **hole**
HOLISM, -S *n* view that a whole is greater than the sum of its parts
HOLIST, -S ▸ **holism**
HOLISTIC *adj* considering the complete person, physically and mentally
HOLISTS ▸ **holist**
HOLK, -ED, -ING, -S *vb* dig
HOLLA, -ED, -ING, -S *same as* ▸ **hollo**
HOLLAND, -S *n* coarse linen cloth, used esp for furnishing
HOLLAS ▸ **holla**
HOLLER, -ED, -S *n* shout, yell ▷ *vb* shout or yell
HOLLIDAM *same as* ▸ **halidom**
HOLLIES ▸ **holly**
HOLLO, -ED, -ES, -ING, -S *interj* cry for attention, or of encouragement ▷ *vb* shout
HOLLOA, -ED, -S *same as* ▸ **hollo**
HOLLOED ▸ **hollo**
HOLLOES ▸ **hollo**
HOLLOING ▸ **hollo**
HOLLOO, -ED, -S *same as* ▸ **halloo**
HOLLOS ▸ **hollo**
HOLLOW, -ED, -ER, -S *adj* having a hole or space inside ▷ *n* cavity or space ▷ *vb* form a hollow in
HOLLOWLY ▸ **hollow**
HOLLOWS ▸ **hollow**
HOLLY, HOLLIES *n* evergreen tree with prickly leaves and red berries
HOLM, -S *n* island in a river, lake, or estuary
HOLME, -S *same as* ▸ **holm**
HOLMIA, -S *n* oxide of holmium
HOLMIC *adj* of or containing holmium
HOLMIUM, -S *n* silver-white metallic element
HOLMS ▸ **holm**
HOLO, -S *n* short for hologram
HOLOCENE *adj* of the most recent epoch of the Quaternary period
HOLOGAMY *n* condition of having gametes like ordinary cells
HOLOGRAM *n* three-dimensional photographic image
HOLOGYNY *n* inheritance of genetic traits through females only
HOLON, -S *n* autonomous self-reliant unit, esp in manufacturing
HOLONIC ▸ **holon**
HOLONS ▸ **holon**
HOLOPTIC *adj* with eyes meeting at the front
HOLOS ▸ **holo**
HOLOTYPE *n* original specimen from which a description of a new species is made
HOLOZOIC *adj* (of animals) obtaining nourishment by feeding on plants or other animals
HOLP *past tense of* ▸ **help**
HOLPEN *past participle of* ▸ **help**
HOLS *pl n* holidays
HOLSTEIN *n* breed of cattle
HOLSTER, -S *n* leather case for a pistol, hung from a belt ▷ *vb* return (a pistol) to its holster
HOLT, -S *n* otter's lair
HOLUBTSI *pl n* cabbage rolls
HOLY, HOLIER, HOLIES, HOLIEST *adj* of God or a god ▷ *n* sacred place
HOLYDAM, -S *same as* ▸ **halidom**
HOLYDAME *same as* ▸ **halidom**
HOLYDAMS ▸ **holydam**
HOLYDAY, -S *n* day on which a religious festival is observed
HOLYTIDE *n* time for special religious observance
HOM, -S *n* sacred plant of the Parsees and ancient Persians
HOMA, -S *same as* ▸ **hom**
HOMAGE, -D, -S, HOMAGING *n* show of respect or honour towards someone or something ▷ *vb* render homage to
HOMAGER, -S ▸ **homage**
HOMAGES ▸ **homage**
HOMAGING ▸ **homage**
HOMALOID *n* geometrical plane
HOMAS ▸ **homa**
HOMBRE, -S *slang word for* ▸ **man**
HOMBURG, -S *n* man's soft felt hat
HOME, -D, -S *n* place where one lives ▷ *adj* of one's home, birthplace, or native country ▷ *adv* to or at home ▷ *vb* direct towards (a point or target)
HOMEBIRD *n* person who is reluctant to leave their home
HOMEBODY *n* person whose life and interests are centred on the home
HOMEBOY, -S *n* close friend
HOMEBRED *adj* raised or bred at home ▷ *n* animal bred at home
HOMEBREW *n* home-made beer
HOMED ▸ **home**
HOMEFELT *adj* felt personally
HOMEGIRL ▸ **homeboy**

H

HOMELAND *n* country from which a person's ancestors came
HOMELESS *adj* having nowhere to live ▷ *pl n* people who have nowhere to live
HOMELIER ▸ **homely**
HOMELIKE ▸ **home**
HOMELILY ▸ **homely**
HOMELY, HOMELIER *adj* simple, ordinary, and comfortable
HOMELYN, -S *n* species of ray
HOMEMADE *adj* made at home
HOMEOBOX *adj* of genes that regulate cell development
HOMEOSIS, HOMEOSES *n* process of one part coming to resemble another
HOMEOTIC ▸ **homeosis**
HOMEPAGE *n* main page of website
HOMEPORT *n* port where vessel is registered
HOMER, -ED, -ING, -S *n* homing pigeon ▷ *vb* score a home run in baseball
HOMERIC *adj* grand or heroic
HOMERING ▸ **homer**
HOMEROOM *n* common room at school
HOMERS ▸ **homer**
HOMES ▸ **home**
HOMESICK *adj* sad because missing one's home and family
HOMESITE *n* site for building house
HOMESPUN *adj* (of philosophies or opinions) plain and unsophisticated ▷ *n* cloth made at home or made of yarn spun at home
HOMESTAY *n* period spent living as a guest in someone's home
HOMETOWN *n* town where one lives or was born
HOMEWARD *adj* going home ▷ *adv* towards home
HOMEWARE *n* crockery, furniture, and furnishings with which a house, room, etc, is furnished
HOMEWORK *n* school work done at home
HOMEY, -S *same as* ▸ **homy**
HOMICIDE *n* killing of a human being
HOMIE, -S *short for* ▸ **homeboy**
HOMIER ▸ **homy**
HOMIES ▸ **homie**
HOMIEST ▸ **homy**
HOMILIES ▸ **homily**
HOMILIST ▸ **homily**
HOMILY, HOMILIES *n* speech telling people how they should behave
HOMINES ▸ **homo**
HOMINESS ▸ **homy**
HOMING, -S *adj* relating to the ability to return home after travelling ▷ *n* ability to return home after travelling
HOMINIAN *same as* ▸ **hominid**
HOMINID, -S *n* humankind or any extinct forerunner of humankind ▷ *adj* of or belonging to this family
HOMINIES ▸ **hominy**
HOMININ, -S *n* member of a zoological family
HOMININE *adj* characteristic of humans
HOMININS ▸ **hominin**
HOMINISE *same as* ▸ **hominize**
HOMINIZE *vb* make suitable for humans
HOMINOID *n* humanlike animal ▷ *adj* of or like a human
HOMINY, HOMINIES *n* coarsely ground maize
HOMME, -S *French word for* ▸ **man**
HOMMOCK, -S *same as* ▸ **hummock**
HOMMOS, -ES *same as* ▸ **hummus**
HOMO, HOMINES, -S *n* homogenized milk
HOMODONT *adj* (of most nonmammalian vertebrates) having teeth that are all of the same type
HOMODYNE *adj* of strengthened radio waves
HOMOGAMY *n* simultaneous maturation of all the anthers and stigmas of a flower
HOMOGENY *n* similarity in structure of individuals or parts because of common ancestry
HOMOGONY *n* condition in a plant of having stamens and styles of the same length in all the flowers
HOMOLOG, -S *same as* > **homologue**
HOMOLOGY *n* condition of being homologous
HOMONYM, -S *n* word that is spelt the same as another
HOMONYMY *n* the quality of being pronounced or spelt in the same way
HOMOS ▸ **homo**
HOMOTONY > **homotonic**
HOMOTYPE *n* something with same structure as something else
HOMOTYPY ▸ **homotype**
HOMS ▸ **hom**
HOMUNCLE *n* homunculus
HOMY, HOMIER, HOMIEST *adj* like a home
HON, -S *short for* ▸ **honey**
HONAN, -S *n* silk fabric of rough weave
HONCHO, -ED, -ES, -S *n* person in charge ▷ *vb* supervise or be in charge of
HOND, -S *old form of* ▸ **hand**
HONDA, -S *n* loop used to make a lasso
HONDLE, -D, -S, HONDLING *vb* negotiate on price
HONDS ▸ **hond**
HONE, -D, -S, HONING *vb* sharpen ▷ *n* fine whetstone used for sharpening edged tools and knives
HONER, -S ▸ **hone**
HONES ▸ **hone**
HONEST, -ER *adj* truthful and moral
HONESTLY *adv* in an honest manner ▷ *interj* expression of disgust, surprise, etc
HONESTY *n* quality of being honest
HONEWORT *n* European plant that has clusters of small white flowers
HONEY, -ED, -ING, -S *n* edible substance made by bees; term of endearment ▷ *vb* sweeten with or as if with honey
HONEYBEE *n* bee widely domesticated as a source of honey and beeswax
HONEYBUN *n* term of endearment
HONEYDEW *n* sugary substance produced by aphids and similar insects
HONEYED ▸ **honey**
HONEYFUL *adj* full of honey
HONEYING ▸ **honey**
HONEYPOT *n* container for honey
HONEYS ▸ **honey**
HONG, -ING, -S *n* (in China) a factory, warehouse, etc ▷ *vb* archaic form of hang
HONGI, -ED, -ES, -ING, -S *n* Māori greeting in which

people touch noses ▷ *vb* touch noses
HONGING ▸ **hong**
HONGIS ▸ **hongi**
HONGS ▸ **hong**
HONIED *same as* ▸ **honeyed**
HONIEDLY ▸ **honey**
HONING ▸ **hone**
HONK, -ED, -ING, -S *n* sound made by a car horn ▷ *vb* (cause to) make this sound
HONKER, -S *n* person or thing that honks
HONKING ▸ **honk**
HONKS ▸ **honk**
HONKY *n* derogatory term for a White person or White people collectively
HONOR, -ED, -ING *same as* ▸ **honour**
HONORAND *n* person being honoured
HONORARY *adj* held or given only as an honour
HONORED ▸ **honor**
HONOREE, -S *same as* ▸ **honorand**
HONORER, -S ▸ **honour**
HONORING ▸ **honor**
HONORS *same as* ▸ **honours**
HONOUR, -ED, -S *n* sense of honesty and fairness ▷ *vb* give praise and attention to
HONOUREE *n* person who is honoured
HONOURER ▸ **honour**
HONOURS ▸ **honour**
HONS ▸ **hon**
HOO *interj* expression of joy, excitement, etc
HOOCH, -ES *n* alcoholic drink, esp illicitly distilled spirits
HOOCHIE, -S *n* immoral woman
HOOD, -ING, -S *n* head covering, often attached to a coat or jacket ▷ *vb* cover with or as if with a hood
HOODED *adj* (of a garment) having a hood
HOODIA, -S *n* any of several southern African succulent plants
HOODIE, -S *n* hooded sweatshirt
HOODIER ▸ **hoody**
HOODIES ▸ **hoodie**
HOODIEST ▸ **hoody**
HOODING ▸ **hood**
HOODLESS ▸ **hood**
HOODLIKE ▸ **hood**
HOODLUM, -S *n* violent criminal, gangster
HOODMAN, HOODMEN *n* blindfolded person in blind man's buff
HOODMOLD *n* moulding over door or window
HOODOO, -ED, -S *n* (cause of) bad luck ▷ *vb* bring bad luck to
HOODS ▸ **hood**
HOODWINK *vb* trick, deceive
HOODY, HOODIER, HOODIEST ▸ **hood**
HOOEY, -S *n* nonsense ▷ *interj* nonsense
HOOF, -ING, -S, HOOVES *n* horny covering of the foot of a horse, deer, etc ▷ *vb* kick or trample with the hooves
HOOFBEAT *n* sound made by hoof on the ground
HOOFED *adj* having a hoof or hoofs
HOOFER, -S *n* professional dancer
HOOFING ▸ **hoof**
HOOFLESS ▸ **hoof**
HOOFLIKE ▸ **hoof**
HOOFROT, -S *n* disease of hoof
HOOFS ▸ **hoof**
HOOK, -S *n* curved object used to hang, hold, or pull something ▷ *vb* fasten or catch (as if) with a hook
HOOKA, -S *same as* ▸ **hookah**
HOOKAH, -S *n* oriental pipe
HOOKAS ▸ **hooka**
HOOKED *adj* bent like a hook
HOOKER, -S *n* person or thing that hooks
HOOKEY, -S *same as* ▸ **hooky**
HOOKIER ▸ **hooky**
HOOKIES ▸ **hooky**
HOOKIEST ▸ **hooky**
HOOKING, -S *n* act of hooking
HOOKLESS ▸ **hook**
HOOKLET, -S *n* little hook
HOOKLIKE ▸ **hook**
HOOKNOSE *n* nose with a pronounced outward and downward curve
HOOKS ▸ **hook**
HOOKUP, -S *n* contact of an aircraft with the hose of a tanker aircraft
HOOKWORM *n* blood-sucking worm with hooked mouthparts
HOOKY, HOOKIER, HOOKIES, HOOKIEST *n* truancy, usually from school ▷ *adj* hooklike
HOOLEY, -S *n* lively party
HOOLICAN *same as* > **hoolachan**
HOOLIE, -S *same as* ▸ **hooley**
HOOLIER ▸ **hooly**
HOOLIES ▸ **hoolie**
HOOLIEST ▸ **hooly**
HOOLIGAN *n* rowdy young person
HOOLOCK, -S *n* Indian gibbon
HOOLY, HOOLIER, HOOLIEST *adj* careful or gentle
HOON, -ED, -ING, -S *n* loutish youth who drives irresponsibly ▷ *vb* drive irresponsibly
HOOP, -ED, -ING, -S *n* rigid circular band ▷ *vb* surround with or as if with a hoop
HOOPER, -S *rare word for* ▸ **cooper**
HOOPING ▸ **hoop**
HOOPLA, -S *n* fairground game
HOOPLESS ▸ **hoop**
HOOPLIKE ▸ **hoop**
HOOPOE, -S *n* bird with a pinkish-brown plumage
HOOPOO, -S *same as* ▸ **hoopoe**
HOOPS ▸ **hoop**
HOOPSTER *n* basketball player
HOOR, -S *n* unpleasant or difficult thing
HOORAH, -ED, -S *same as* ▸ **hurrah**
HOORAY, -ED, -S *same as* ▸ **hurrah**
HOORD, -S *same as* ▸ **hoard**
HOOROO, -ED, -S *n* cheer of joy or victory ▷ *vb* shout "hooroo"
HOORS ▸ **hoor**
HOOSEGOW *slang word for* ▸ **jail**
HOOSGOW, -S *same as* ▸ **jail**
HOOSH, -ED, -ES, -ING *vb* shoo away
HOOT, -ED, -ING *n* sound of a car horn ▷ *vb* sound (a car horn) ▷ *interj* exclamation of impatience or dissatisfaction
HOOTCH, -ES *same as* ▸ **hooch**
HOOTED ▸ **hoot**
HOOTER, -S *n* device that hoots
HOOTIER ▸ **hooty**
HOOTIEST ▸ **hooty**
HOOTING ▸ **hoot**
HOOTS *same as* ▸ **hoot**
HOOTY, HOOTIER, HOOTIEST ▸ **hoot**
HOOVE, -D, HOOVING *same as* ▸ **heave**

HOOVEN ▸**hoove**
HOOVER, -ED, -S *vb* vacuum-clean (a carpet, furniture, etc)
HOOVES ▸**hoof**
HOOVING ▸**hoove**
HOP, -PED, -S *vb* jump on one foot ▹*n* instance of hopping
HOPAK, -S *n* type of Ukrainian dance
HOPBIND, -S *n* stalk of the hop
HOPBINE, -S *same as* ▸**hopbind**
HOPDOG, -S *n* species of caterpillar
HOPE, -D, -S, HOPING *vb* want (something) to happen or be true ▹*n* expectation of something desired
HOPEFUL, -S *adj* having, expressing, or inspiring hope ▹*n* person considered to be on the brink of success
HOPELESS *adj* having or offering no hope
HOPER, -S ▸**hope**
HOPES ▸**hope**
HOPFIELD *n* field where hops are grown
HOPING ▸**hope**
HOPINGLY ▸**hope**
HOPLITE, -S *n* (in ancient Greece) a heavily armed infantryman
HOPLITIC ▸**hoplite**
HOPPED ▸**hop**
HOPPER, -S *n* container for storing substances
HOPPIER ▸**hoppy**
HOPPIEST ▸**hoppy**
HOPPING, -S ▸**hop**
HOPPLE, -D, -S, HOPPLING *same as* ▸**hobble**
HOPPLER, -S ▸**hopple**
HOPPLES ▸**hopple**
HOPPLING ▸**hopple**
HOPPUS *adj* as in **hoppus foot** unit of volume for round timber
HOPPY, HOPPIER, HOPPIEST *adj* tasting of hops
HOPS ▸**hop**
HOPSACK, -S *n* roughly woven fabric
HOPTOAD, -S *n* toad
HORA, -S *n* traditional Israeli or Romanian circle dance
HORAH, -S *same as* ▸**hora**
HORAL *less common word for* ▸**hourly**
HORARY *adj* relating to the hours
HORAS ▸**hora**
HORDE, -D, -S, HORDING *n* large crowd ▹*vb* form, move in, or live in a horde
HORDEIN, -S *n* simple protein, rich in proline, that occurs in barley
HORDEOLA > **hordeolum**
HORDES ▸**horde**
HORDING ▸**horde**
HORDOCK, -S *same as* ▸**hardoke**
HORE *same as* ▸**hoar**
HORIZON, -S *n* apparent line that divides the earth and the sky
HORK, -ED, -ING, -S *vb* spit
HORKEY, -S *same as* ▸**hockey**
HORKING ▸**hork**
HORKS ▸**hork**
HORLICKS *n* as in **make a horlicks** make a mistake or a mess
HORME, -S *n* (in Jungian psychology) fundamental vital energy
HORMESES ▸**hormes**
HORMESIS *n* beneficial effect of exposure to a very small amount of a toxic substance
HORMETIC *adj* relating to hormesis
HORMIC ▸**horme**
HORMONAL ▸**hormone**
HORMONE, -S *n* substance secreted by certain glands
HORMONIC ▸**hormone**
HORN, -S *n* one of a pair of bony growths ▹*vb* provide with a horn or horns
HORNBEAK *n* garfish
HORNBEAM *n* tree with smooth grey bark
HORNBILL *n* bird with a bony growth on its large beak
HORNBOOK *n* page of religious text with flattened cow horn over it
HORNBUG, -S *n* stag beetle
HORNED *adj* having a horn, horns, or hornlike parts
HORNER, -S *n* dealer in horn
HORNET, -S *n* large wasp with a severe sting
HORNFELS *n* hard fine-grained metamorphic rock
HORNFISH *n* fish of the needlefish family
HORNFUL, -S *n* amount a horn will hold
HORNGELD *n* feudal rent based on number of cattle
HORNIER ▸**horny**
HORNIEST ▸**horny**
HORNILY ▸**horny**
HORNING, -S ▸**horn**
HORNISH *adj* like horn
HORNIST, -S *n* horn player
HORNITO, -S *n* small vent in volcano
HORNLESS ▸**horn**
HORNLET, -S *n* small horn
HORNLIKE ▸**horn**
HORNPIPE *n* (music for) a solo dance, traditionally performed by sailors
HORNPOUT *n* catfish
HORNS ▸**horn**
HORNTAIL *n* wasplike insect
HORNWORK *n* bastion in fortifications
HORNWORM *n* caterpillar of hawk moth
HORNWORT *n* aquatic plant
HORNY, HORNIER, HORNIEST *adj* of or like horn
HOROEKA, -S *n* New Zealand tree
HOROKAKA *n* low-growing New Zealand plant with fleshy leaves and pink or white flowers
HOROLOGE *rare word for* > **timepiece**
HOROLOGY *n* art of making clocks and watches or of measuring time
HOROPITO *n* New Zealand plant
HOROPTER *n* locus of points in space that have the same disparity as fixation
HORRENT *adj* bristling
HORRIBLE *adj* disagreeable, unpleasant ▹*n* horrible thing
HORRIBLY *adv* in a horrible manner
HORRID, -ER *adj* disagreeable, unpleasant
HORRIDLY ▸**horrid**
HORRIFIC *adj* causing horror
HORRIFY *vb* cause to feel horror or shock
HORROR *n* (thing or person causing) terror or hatred ▹*adj* having a frightening subject
HORRORS *pl n* fit of depression or anxiety ▹*interj* expression of dismay, sometimes facetious
HORS *adv* as in **hors d'oeuvre** appetizer
HORSE, -D, -S *n* large animal with hooves, a mane, and a

tail ▷ *vb* provide with a horse
HORSEBOX *n* trailer used for transporting horses
HORSECAR *n* streetcar drawn by horses
HORSED ▶ **horse**
HORSEFLY *n* large bloodsucking fly
HORSEMAN, HORSEMEN *n* person skilled in riding
HORSEPOX *n* viral infection of horses
HORSES ▶ **horse**
HORSEWAY *n* road for horses
HORSEY, HORSIER, HORSIEST *adj* very keen on horses
HORSIE, -S *n* child's word for a horse
HORSIER ▶ **horsey**
HORSIES ▶ **horsie**
HORSIEST ▶ **horsey**
HORSILY ▶ **horsey**
HORSING, -S ▶ **horse**
HORST, -S *n* ridge of land
HORSTE, -S *variant of* ▶ **horst**
HORSTS ▶ **horst**
HORSY *same as* ▶ **horsey**
HOS ▶ **ho**
HOSANNA, -S *interj* exclamation of praise to God ▷ *n* act of crying "hosanna" ▷ *vb* cry hosanna
HOSANNAH *same as* ▶ **hosanna**
HOSANNAS ▶ **hosanna**
HOSE, -D, -N, -S, HOSING *n* flexible pipe for conveying liquid ▷ *vb* water with a hose
HOSEL, -S *n* socket in head of golf club
HOSELIKE ▶ **hose**
HOSELS ▶ **hosel**
HOSEMAN, HOSEMEN *n* fireman in charge of hose
HOSEN ▶ **hose**
HOSEPIPE *n* hose
HOSER, -S *n* person who swindles or deceives others
HOSES ▶ **hose**
HOSEY, -ED, -ING, -S *vb* claim possession
HOSIER, -S *n* person who sells stockings, etc
HOSIERY *n* stockings, socks, and tights collectively
HOSING ▶ **hose**
HOSPICE, -S *n* nursing home for the terminally ill
HOSPITAL *n* place where people who are ill are looked after and treated
HOSPITIA > **hospitium**
HOSPODAR *n* (formerly) the governor or prince of Moldavia or Wallachia under Ottoman rule
HOSS, -ES *n* horse
HOST, -ED, -S *n* person who entertains guests ▷ *vb* be the host of
HOSTA, -S *n* ornamental plant
HOSTAGE, -S *n* person who is illegally held prisoner
HOSTAS ▶ **hosta**
HOSTED ▶ **host**
HOSTEL, -ED, -S *n* building providing accommodation ▷ *vb* stay in hostels
HOSTELER *same as* > **hosteller**
HOSTELRY *n* inn, pub
HOSTELS ▶ **hostel**
HOSTESS *n* woman who receives and entertains guests ▷ *vb* act as hostess
HOSTIE, -S *n* informal Australian word for an air hostess
HOSTILE, -S *adj* unfriendly ▷ *n* hostile person
HOSTING, -S ▶ **host**
HOSTLER, -S *another name (esp Brit) for* ▶ **ostler**
HOSTLESS *adj* lacking a host
HOSTLY ▶ **host**
HOSTRY, HOSTRIES *n* lodging
HOSTS ▶ **host**
HOT, -S, -TED, -TEST *adj* having a high temperature ▷ *vb* make or become hot
HOTBED, -S *n* any place encouraging a particular activity
HOTBLOOD *n* type of horse
HOTBOX, -ES *n* container maintained at a high temperature to heat its contents
HOTCAKE, -S *n* pancake
HOTCH, -ED, -ES, -ING *vb* jog
HOTCHPOT *n* collecting of property so that it may be redistributed in equal shares
HOTDOG, -S *vb* perform a series of manoeuvres in skiing, etc
HOTE ▶ **hight**
HOTEL, -S *n* establishment providing lodging and meals
HOTELDOM *n* hotel business
HOTELIER *n* owner or manager of a hotel
HOTELING *n* office practice in which desk space is booked in advance by an employee as required
HOTELMAN, HOTELMEN *n* hotel owner
HOTELS ▶ **hotel**
HOTEN ▶ **hight**
HOTFOOT, -S *adv* quickly and eagerly ▷ *vb* move quickly
HOTHEAD, -S *n* excitable or fiery person
HOTHOUSE *n* greenhouse
HOTLINE, -S *n* direct telephone link for emergency use
HOTLINER *n* person running a phone-in radio programme
HOTLINES ▶ **hotline**
HOTLINK, -S *n* area on website connecting to another site
HOTLY ▶ **hot**
HOTNESS ▶ **hot**
HOTPLATE *n* heated metal surface on an electric cooker
HOTPOT, -S *n* casserole topped with potatoes
HOTPRESS *vb* subject (paper, cloth, etc) to heat and pressure
HOTROD, -S *n* car with a modified engine for increased power
HOTS ▶ **hot**
HOTSHOT, -S *n* important person or expert, esp when showy
HOTSPOT, -S *n* place where wireless broadband is provided
HOTSPUR, -S *n* impetuous or fiery person
HOTTED ▶ **hot**
HOTTER, -ED, -S *vb* simmer
HOTTEST ▶ **hot**
HOTTIE, -S *n* attractive person
HOTTING, -S *n* stealing fast cars to put on a show of skilful driving
HOTTISH *adj* fairly hot
HOTTY *same as* ▶ **hottie**
HOUDAH, -S *same as* ▶ **howdah**
HOUDAN, -S *n* breed of light domestic fowl
HOUF, -ED, -ING, -S *same as* ▶ **howf**
HOUFF, -ED, -ING, -S *same as* ▶ **howf**
HOUFING ▶ **houf**
HOUFS ▶ **houf**
HOUGH, -ED, -ING, -S *n* in Scotland, a cut of meat

corresponding to shin ▷ *vb* hamstring (cattle, horses, etc)
HOUHERE, -S *n* small evergreen New Zealand tree
HOUMMOS *same as* ▶ **hummus**
HOUMOUS *same as* ▶ **hummus**
HOUMUS, -ES *same as* ▶ **hummus**
HOUND, -ED, -ING, -S *n* hunting dog ▷ *vb* pursue relentlessly
HOUNDER, -S ▶ **hound**
HOUNDING ▶ **hound**
HOUNDS ▶ **hound**
HOUNGAN, -S *n* voodoo priest
HOUR *n* twenty-fourth part of a day, sixty minutes
HOURI, -S *n* any of the nymphs of paradise
HOURLIES ▶ **hourly**
HOURLONG *adj* lasting an hour
HOURLY, HOURLIES *adv* (happening) every hour ▷ *adj* of, occurring, or done once every hour ▷ *n* something that is done by the hour
HOURS *pl n* indefinite time
HOUSE, -D, -S *n* building used as a home ▷ *vb* give accommodation to
HOUSEBOY *n* male domestic servant
HOUSED ▶ **house**
HOUSEFLY *n* common fly often found in houses
HOUSEFUL *n* full amount or number that can be accommodated in a particular house
HOUSEL, -ED, -S *vb* give the Eucharist to (someone)
HOUSEMAN, HOUSEMEN *n* junior hospital doctor
HOUSER, -S ▶ **house**
HOUSES ▶ **house**
HOUSESIT, HOUSESAT *vb* live in and look after a house during the absence of its owner or owners
HOUSETOP *n* rooftop
HOUSEY, HOUSIER, HOUSIEST *adj* of or like house music
HOUSING, -S *n* (providing of) houses
HOUSLING *adj* of sacrament ▷ *n* growing of the climbing stem of the hop into a dense mass
HOUT, -ED, -S *same as* ▶ **hoot**
HOUTING, -S *n* type of fish
HOUTS ▶ **hout**
HOVE, -D, -S, HOVING *vb* swell
HOVEA, -S *n* Australian plant with purple flowers
HOVED ▶ **hove**
HOVEL, -ED, -ING, -LED, -S *n* small dirty house or hut ▷ *vb* shelter or be sheltered in a hovel
HOVELLER *n* person working on boat
HOVELS ▶ **hovel**
HOVEN ▶ **heave**
HOVER, -ED, -ING, -S *vb* (of a bird etc) remain suspended in one place in the air ▷ *n* act of hovering
HOVERER, -S ▶ **hover**
HOVERFLY *n* hovering wasp-like fly
HOVERING ▶ **hover**
HOVERS ▶ **hover**
HOVES ▶ **hove**
HOVING ▶ **hove**
HOW, -S *adv* in what way, by what means ▷ *n* the way a thing is done ▷ *sentence substitute* supposed Native American greeting
HOWBE *same as* ▶ **howbeit**
HOWBEIT *adv* in archaic usage, however
HOWDAH, -S *n* canopied seat on an elephant's back
HOWDIE *n* midwife
HOWDY, HOWDIED, HOWDIES, -ING *vb* greet someone
HOWE, -S *n* depression in the earth's surface
HOWEVER *adv* nevertheless
HOWF, -ED, -ING, -S *n* haunt, esp a public house ▷ *vb* visit a place frequently
HOWFF, -ED, -ING, -S *vb* visit a place frequently
HOWFING ▶ **howf**
HOWFS ▶ **howf**
HOWITZER *n* large gun firing shells at a steep angle
HOWK, -ED, -ING, -S *vb* dig (out or up)
HOWKER, -S ▶ **howk**
HOWKING ▶ **howk**
HOWKS ▶ **howk**
HOWL, -ED, -S *n* loud wailing cry ▷ *vb* utter a howl
HOWLBACK *same as* > **howlround**
HOWLED ▶ **howl**
HOWLER, -S *n* stupid mistake
HOWLET, -S *another word for* ▶ **owl**
HOWLING, -S *adj* great ▷ *n* act of wailing
HOWLS ▶ **howl**
HOWRE, -S *same as* ▶ **hour**
HOWS ▶ **how**
HOWSO *same as* > **howsoever**
HOWZAT *interj* cry in cricket appealing for dismissal of batsman
HOWZIT *informal word for* ▶ **hello**
HOX, -ED, -ES, -ING *vb* hamstring

> This is a word found in Shakespeare's plays, and it means to cut a horse's hamstring. It's one of the many short words with X that can get you a high score.

HOY, -ED, -ING, -S *interj* cry used to attract someone's attention ▷ *n* freight barge ▷ *vb* drive animal with cry
HOYA, -S *n* any of various E Asian or Australian plants
HOYDEN, -ED, -S *n* wild or boisterous girl ▷ *vb* behave like a hoyden
HOYED ▶ **hoy**
HOYING ▶ **hoy**
HOYLE, -S *n* archer's mark used as a target
HOYS ▶ **hoy**
HRYVNA, -S *n* standard monetary unit of Ukraine
HRYVNIA, -S *same as* ▶ **hryvna**
HRYVNYA, -S *same as* ▶ **hryvna**
HUANACO, -S *same as* ▶ **guanaco**
HUAQUERO *n* Central American tomb robber
HUARACHE *n* Mexican sandal
HUARACHO *same as* ▶ **huarache**
HUB, -S *n* centre of a wheel, through which the axle passes
HUBBIES ▶ **hubby**
HUBBLY, HUBBLIER *adj* having an irregular surface
HUBBUB, -S *n* confused noise of many voices
HUBBUBOO *same as* ▶ **hubbub**
HUBBUBS ▶ **hubbub**
HUBBY, HUBBIES *n* husband
HUBCAP, -S *n* metal disc that protects the hub of a wheel
HUBLESS *adj* without a hub

HUBRIS, -ES *n* pride, arrogance
HUBS ▸ **hub**
HUCK, -ED, -ING, -S *same as* ▸ **huckaback**
HUCKERY *adj* ugly
HUCKING ▸ **huck**
HUCKLE, -D, -S, HUCKLING *n* hip or haunch ▷ *vb* force out or arrest roughly
HUCKS ▸ **huck**
HUCKSTER *n* person using aggressive methods of selling ▷ *vb* peddle
HUDDEN ▸ **haud**
HUDDLE, -D, -S, HUDDLING *vb* hunch (oneself) through cold or fear ▷ *n* small group
HUDDLER, -S ▸ **huddle**
HUDDLES ▸ **huddle**
HUDDLING ▸ **huddle**
HUDDUP *interj* get up
HUDNA, -S *n* truce or ceasefire for a fixed duration
HUDUD, -S *n* set of laws and punishments in the Koran
HUE, -S *n* colour, shade
HUED *adj* having a hue or colour as specified
HUELESS ▸ **hue**
HUER, -S *n* pilchard fisherman
HUES ▸ **hue**
HUFF, -ED, -S *n* passing mood of anger or resentment ▷ *vb* blow or puff heavily
HUFFER, -S ▸ **huffing**
HUFFIER ▸ **huffy**
HUFFIEST ▸ **huffy**
HUFFILY ▸ **huff**
HUFFING, -S *n* practice of inhaling fumes for intoxicating effects
HUFFISH ▸ **huff**
HUFFKIN, -S *n* type of muffin
HUFFS ▸ **huff**
HUFFY, HUFFIER, HUFFIEST ▸ **huff**
HUG, -GED, -GING, -S *vb* clasp tightly in the arms, usu with affection ▷ *n* tight or fond embrace
HUGE, -R, -ST *adj* very big
HUGELY *adv* very much
HUGENESS ▸ **huge**
HUGEOUS *same as* ▸ **huge**
HUGER ▸ **huge**
HUGEST ▸ **huge**
HUGGABLE ▸ **hug**
HUGGED ▸ **hug**
HUGGER, -S ▸ **hug**
HUGGIER ▸ **huggy**
HUGGIEST ▸ **huggy**
HUGGING ▸ **hug**
HUGGY, HUGGIER, HUGGIEST *adj* sensitive and caring
HUGS ▸ **hug**
HUGY *same as* ▸ **huge**
HUH *interj* exclamation of derision or inquiry
HUHU, -S *n* type of hairy New Zealand beetle
HUI, -S *n* meeting of Māori people
HUIA, -S *n* extinct bird of New Zealand
HUIC *interj* in hunting, a call to hounds
HUIPIL, -ES, -S *n* Mayan woman's blouse
HUIS ▸ **hui**
HUISACHE *n* American tree
HUISSIER *n* doorkeeper
HUITAIN, -S *n* verse of eighteen lines
HULA, -S *n* swaying Hawaiian dance
HULE, -S *same as* ▸ **ule**
HULK, -ED, -S *n* body of an abandoned ship ▷ *vb* move clumsily
HULKIER ▸ **hulky**
HULKIEST ▸ **hulky**
HULKING *adj* bulky, unwieldy
HULKS ▸ **hulk**
HULKY, HULKIER, HULKIEST *same as* ▸ **hulking**
HULL, -ED, -ING, -S *n* main body of a boat ▷ *vb* remove the hulls from
HULLER, -S ▸ **hull**
HULLIER ▸ **hully**
HULLIEST ▸ **hully**
HULLING ▸ **hull**
HULLO, -ED, -ES, -ING, -S *same as* ▸ **hello**
HULLOA, -ED, -S *same as* ▸ **halloa**
HULLOED ▸ **hullo**
HULLOES ▸ **hullo**
HULLOING ▸ **hullo**
HULLOO, -ED, -S *same as* ▸ **halloo**
HULLOS ▸ **hullo**
HULLS ▸ **hull**
HULLY, HULLIER, HULLIEST *adj* having husks
HUM, -MED, -S *vb* make a low continuous vibrating sound ▷ *n* humming sound
HUMA, -S *n* mythical bird
HUMAN, -S *adj* of or typical of people ▷ *n* human being
HUMANE, -R, -ST *adj* kind or merciful
HUMANELY ▸ **humane**
HUMANER ▸ **humane**
HUMANEST ▸ **humane**
HUMANISE *same as* ▸ **humanize**
HUMANISM *n* belief in human effort rather than religion
HUMANIST ▸ **humanism**
HUMANITY *n* human race
HUMANIZE *vb* make human or humane
HUMANLY *adv* by human powers or means
HUMANOID *adj* resembling a human being in appearance ▷ *n* (in science fiction) a robot or creature resembling a human being
HUMANS ▸ **human**
HUMAS ▸ **huma**
HUMATE, -S *n* decomposed plants used as fertilizer
HUMBLE, -D, -S, -ST *adj* conscious of one's failings ▷ *vb* cause to feel humble, humiliate
HUMBLER, -S ▸ **humble**
HUMBLES ▸ **humble**
HUMBLEST ▸ **humble**
HUMBLING ▸ **humble**
HUMBLY ▸ **humble**
HUMBUG, -S *n* hard striped peppermint sweet ▷ *vb* cheat or deceive (someone)
HUMBUZZ *n* type of beetle
HUMDRUM, -S *adj* ordinary, dull ▷ *n* monotonous routine, task, or person
HUMECT, -ED, -S *vb* make moist
HUMEFY, HUMEFIED, HUMEFIES *same as* ▸ **humify**
HUMERAL, -S *adj* of or relating to the humerus ▷ *n* silk shawl worn by a priest at High Mass; humeral veil
HUMERUS, HUMERI *n* bone from the shoulder to the elbow
HUMF, -ED, -ING, -S *same as* ▸ **humph**
HUMHUM, -S *n* Indian cotton cloth
HUMIC *adj* of, derived from, or resembling humus
HUMICOLE *n* any plant that thrives on humus
HUMID, -ER, -EST *adj* damp and hot
HUMIDEX *n* system of measuring discomfort
HUMIDIFY *vb* make the air in (a room) more humid or damp
HUMIDITY *n* dampness
HUMIDLY ▸ **humid**

H

HUMIDOR, -S *n* humid place for storing cigars, tobacco, etc
HUMIFY, HUMIFIED, HUMIFIES *vb* convert or be converted into humus
HUMILITY *n* quality of being humble
HUMINT, -S *n* human intelligence
HUMITE, -S *n* mineral containing magnesium
HUMITURE *n* measure of both humidity and temperature
HUMLIE, -S *n* hornless cow
HUMMABLE ▸ **hum**
HUMMAUM, -S *same as* ▸ **hammam**
HUMMED ▸ **hum**
HUMMEL, -S *adj* (of cattle) hornless ▹ *vb* remove horns from
HUMMER, -S ▸ **hum**
HUMMING, -S ▸ **hum**
HUMMLE *adj* as in **hummle bonnet** type of Scottish cap
HUMMOCK, -S *n* very small hill ▹ *vb* form into a hummock or hummocks
HUMMOCKY *adj* having hummocks
HUMMUM, -S *same as* ▸ **hammam**
HUMMUS, -ES *n* creamy dip
HUMOGEN, -S *n* type of fertilizer
HUMOR, -ED, -ING, -S *same as* ▸ **humour**
HUMORAL *adj* denoting or relating to a type of immunity
HUMORED ▸ **humor**
HUMORESK *n* humorous musical composition
HUMORFUL ▸ **humor**
HUMORING ▸ **humor**
HUMORIST *n* writer or entertainer who uses humour in his or her work
HUMOROUS *adj* amusing, esp in a witty or clever way
HUMORS ▸ **humor**
HUMOUR, -ED, -S *n* ability to say or perceive things that are amusing ▹ *vb* be kind and indulgent to
HUMOUS, -ES *same as* ▸ **humus**
HUMP, -ED, -ING, -S *n* raised piece of ground ▹ *vb* carry or heave
HUMPBACK *same as* > **hunchback**
HUMPED ▸ **hump**
HUMPEN, -S *n* old German drinking glass
HUMPER, -S ▸ **hump**
HUMPH, -ED, -ING, -S *interj* exclamation of annoyance or scepticism ▹ *vb* exclaim humph
HUMPIER ▸ **humpy**
HUMPIES ▸ **humpy**
HUMPIEST ▸ **humpy**
HUMPING ▸ **hump**
HUMPLESS ▸ **hump**
HUMPLIKE ▸ **hump**
HUMPS ▸ **hump**
HUMPTY, HUMPTIES *n* low padded seat
HUMPY, HUMPIER, HUMPIES, HUMPIEST *adj* full of humps ▹ *n* primitive hut
HUMS ▸ **hum**
HUMSTRUM *n* medieval musical instrument
HUMUS, -ES *n* decomposing matter in the soil
HUMUSY, HUMUSIER *adj* like humus
HUMVEE, -S *n* military vehicle
HUN, -S *n* member of any of several nomadic peoples
HUNCH, -ED, -ES, -ING *n* feeling or suspicion not based on facts ▹ *vb* draw (one's shoulders) up or together
HUNDRED, -S *n* ten times ten ▹ *adj* amounting to a hundred
HUNG ▸ **hang**
HUNGAN, -S *same as* ▸ **houngan**
HUNGER, -ED, -S *n* discomfort or weakness from lack of food ▹ *vb* want very much
HUNGERLY *adj* hungry
HUNGERS ▸ **hunger**
HUNGOVER *adj* suffering from hangover
HUNGRIER ▸ **hungry**
HUNGRILY ▸ **hungry**
HUNGRY, HUNGRIER *adj* desiring food
HUNH *same as* ▸ **huh**
HUNK *n* large piece
HUNKER, -ED *vb* squat
HUNKERS *pl n* haunches
HUNKIER ▸ **hunky**
HUNKIEST ▸ **hunky**
HUNKS, -ES *n* grumpy old person
HUNKY, HUNKIER, HUNKIEST *adj* excellent
HUNNISH ▸ **hun**
HUNS ▸ **hun**
HUNT, -S *vb* seek out and kill (wild animals) for food or sport ▹ *n* hunting
HUNTABLE ▸ **hunt**
HUNTAWAY *n* sheepdog trained to drive sheep by barking
HUNTED *adj* harassed and worn
HUNTEDLY ▸ **hunt**
HUNTER, -S *n* person or animal that hunts wild animals
HUNTING, -S *n* pursuit and killing or capture of wild animals
HUNTRESS *same as* ▸ **hunter**
HUNTS ▸ **hunt**
HUNTSMAN, HUNTSMEN *n* man who hunts wild animals, esp foxes
HUP, -PED, -PING, -S *vb* cry hup to get a horse to move
HUPIRO, -S *in New Zealand English, same as* > **stinkwood**
HUPPAH, -S, HUPPOT *variant spelling of* ▸ **chuppah**
HUPPED ▸ **hup**
HUPPING ▸ **hup**
HUPPOT ▸ **huppah**
HUPPOTH *same as* ▸ **huppot**
HUPS ▸ **hup**
HURCHEON *same as* ▸ **urchin**
HURDEN, -S *same as* ▸ **harden**
HURDIES *pl n* buttocks or haunches
HURDLE, -D, -S, HURDLING *n* light barrier for jumping over in some races ▹ *vb* jump over (something)
HURDLER, -S ▸ **hurdle**
HURDLES ▸ **hurdle**
HURDLING ▸ **hurdle**
HURDS *same as* ▸ **hards**
HURL, -ED, -S *vb* throw or utter forcefully ▹ *n* act or an instance of hurling
HURLBAT, -S *same as* ▸ **whirlbat**
HURLED ▸ **hurl**
HURLER, -S ▸ **hurl**
HURLEY, -S *n* another word for the game of hurling
HURLIES ▸ **hurly**
HURLING, -S *n* Irish game like hockey
HURLS ▸ **hurl**
HURLY, HURLIES *n* wheeled barrow
HURRA, -ED, -ING, -S *same as* ▸ **hurrah**
HURRAH, -ED, -S *interj* exclamation of joy or applause ▹ *n* cheer of joy or victory ▹ *vb* shout "hurrah"

HURRAING ▸**hurra**
HURRAS ▸**hurra**
HURRAY, -ED, -S *same as* ▸**hurrah**
HURRIED *adj* done quickly or too quickly
HURRIER, -S ▸**hurry**
HURRY, HURRIES *vb* (cause to) move or act very quickly ▹*n* doing something or the need to do something quickly
HURRYING ▸**hurry**
HURST, -S *n* wood
HURT, -ING, -S *vb* cause physical or mental pain to ▹*n* physical or mental pain ▹*adj* injured or pained
HURTER, -S ▸**hurt**
HURTFUL *adj* unkind
HURTING ▸**hurt**
HURTLE, -D, -S, HURTLING *vb* move quickly or violently
HURTLESS *adj* uninjured
HURTLING ▸**hurtle**
HURTS ▸**hurt**
HUSBAND, -S *n* man to whom one is married ▹*vb* use economically
HUSH, -ES, -ING *vb* make or be silent ▹*n* stillness or silence ▹*interj* plea or demand for silence
HUSHABY *interj* used in quietening a baby or child to sleep ▹*n* lullaby ▹*vb* quieten to sleep
HUSHABYE *same as* ▸**hushaby**
HUSHED ▸**hush**
HUSHEDLY ▸**hush**
HUSHER, -ED, -S *same as* ▸**usher**
HUSHES ▸**hush**
HUSHFUL *adj* quiet
HUSHIER ▸**hushy**
HUSHIEST ▸**hushy**
HUSHING ▸**hush**
HUSHY, HUSHIER, HUSHIEST *adj* secret
HUSK, -ED, -S *n* outer covering of certain seeds and fruits ▹*vb* remove the husk from
HUSKER, -S ▸**husk**
HUSKIER ▸**husky**
HUSKIES ▸**husky**
HUSKIEST ▸**husky**
HUSKILY ▸**husky**
HUSKING, -S ▸**husk**
HUSKLIKE ▸**husk**
HUSKS ▸**husk**
HUSKY, HUSKIER, HUSKIES, HUSKIEST *adj* slightly hoarse ▹*n* Arctic sledge dog with thick hair and a curled tail
HUSO, -S *n* sturgeon
HUSS, -ES *n* flesh of the European dogfish
HUSSAR, -S *n* lightly armed cavalry soldier
HUSSES ▸**huss**
HUSSIF, -S *n* sewing kit
HUSTINGS *pl n* political campaigns and speeches before an election
HUSTLE, -D, -S, HUSTLING *vb* push about, jostle ▹*n* lively activity or bustle
HUSTLER, -S ▸**hustle**
HUSTLES ▸**hustle**
HUSTLING ▸**hustle**
HUSWIFE, -S, HUSWIVES *same as* > **housewife**
HUT, -S, -TED *n* small house, shelter, or shed ▹*vb* equip with huts
HUTCH, -ED, -ES, -ING *n* cage for pet rabbits etc ▹*vb* store or keep in or as if in a hutch
HUTCHIE, -S *n* temporary shelter
HUTCHING ▸**hutch**
HUTIA, -S *n* rodent of West Indies
HUTLIKE ▸**hut**
HUTMENT, -S *n* number or group of huts
HUTS ▸**hut**
HUTTED ▸**hut**
HUTTING, -S ▸**hut**
HUTZPA, -S *same as* ▸**hutzpah**
HUTZPAH, -S *variant spelling of* ▸**chutzpah**
HUTZPAS ▸**hutzpa**
HUZOOR, -S *n* person of rank in India
HUZZA, -ED, -ING, -S *same as* ▸**huzzah**
HUZZAH, -ED, -S *archaic word for* ▸**hurrah**
HUZZAING ▸**huzza**
HUZZAS ▸**huzza**
HWAN *another name for* ▸**won**
HWYL, -S *n* emotional fervour, as in the recitation of poetry

> This Welsh word can come in very useful for dealing with a consonant-heavy rack.

HYACINE, -S *same as* ▸**hyacinth**
HYACINTH *n* sweet-smelling spring flower that grows from a bulb
HYAENA, -S *same as* ▸**hyena**
HYAENIC ▸**hyaena**
HYALIN, -S *n* glassy translucent substance
HYALINE, -S *adj* clear and translucent, with no fibres or granules ▹*n* glassy transparent surface
HYALINS ▸**hyalin**
HYALITE, -S *n* clear and colourless variety of opal in globular form
HYALOGEN *n* insoluble substance in body structures
HYALOID, -S *adj* clear and transparent ▹*n* delicate transparent membrane
HYBRID, -S *n* offspring of two plants or animals of different species ▹*adj* of mixed origin
HYBRIS, -ES *same as* ▸**hubris**
HYDATID, -S *n* cyst containing tapeworm larvae
HYDATOID *adj* watery
HYDRA, -E, -S *n* mythical many-headed water serpent
HYDRACID *n* acid, such as hydrochloric acid, that does not contain oxygen
HYDRAE ▸**hydra**
HYDRAGOG *n* drug that removes water
HYDRANT, -S *n* outlet from a water main with a nozzle for a hose
HYDRANTH *n* polyp in a colony of hydrozoan coelenterates
HYDRANTS ▸**hydrant**
HYDRAS ▸**hydra**
HYDRASE, -S *n* enzyme that removes water
HYDRATE, -S *n* chemical compound of water with another substance ▹*vb* treat or impregnate with water
HYDRATED *adj* (of a compound) chemically bonded to water molecules
HYDRATES ▸**hydrate**
HYDRATOR ▸**hydrate**
HYDREMIA *same as* > **hydraemia**
HYDRIA, -E *n* (in ancient Greece and Rome) a large water jar
HYDRIC *adj* of or containing hydrogen
HYDRID, -S *same as* ▸**hydroid**
HYDRIDE, -S *n* compound of hydrogen with another element
HYDRIDS ▸**hydrid**

H

HYDRILLA *n* aquatic plant used as an oxygenator in aquaria and pools
HYDRO, -S *n* hotel offering facilities for hydropathy ▷ *adj* short for hydroelectric
HYDROGEL *n* gel in which the liquid constituent is water
HYDROGEN *n* light flammable colourless gas that combines with oxygen to form water
HYDROID, -S *adj* of an order of colonial hydrozoan coelenterates ▷ *n* hydroid colony or individual
HYDROMA, -S *same as* ▶ **hygroma**
HYDROMEL *n* another word for 'mead' (the drink)
HYDRONIC *adj* using hot water in heating system
HYDROPIC ▶ **hydropsy**
HYDROPS *n* anaemia in a fetus
HYDROPSY *same as* ▶ **dropsy**
HYDROS ▶ **hydro**
HYDROSKI *n* hydrofoil used on some seaplanes to provide extra lift when taking off
HYDROSOL *n* sol that has water as its liquid phase
HYDROUS *adj* containing water
HYDROXY *adj* of a type of chemical compound
HYDROXYL *n* the monovalent group –OH or the ion OH^-
HYDROZOA > **hydrozoon**
HYDYNE, -S *n* type of rocket fuel
HYE, -D, -ING, -S *same as* ▶ **hie**
HYEN, -S *same as* ▶ **hyena**
HYENA, -S *n* scavenging doglike mammal of Africa and S Asia
HYENIC ▶ **hyena**
HYENINE *adj* of hyenas
HYENOID *adj* of or like hyenas
HYENS ▶ **hyen**
HYES ▶ **hye**
HYETAL *adj* of or relating to rain, rainfall, or rainy regions
HYGEIST, -S *same as* > **hygienist**
HYGGE, -S *n* Danish practice that promotes wellbeing
HYGIEIST *same as* > **hygienist**
HYGIENE, -S *n* principles of health and cleanliness
HYGIENIC *adj* promoting health or cleanliness
HYGROMA, -S *n* swelling soft tissue that occurs over a joint
HYING ▶ **hie**
HYKE, -S *same as* ▶ **haik**
HYLA, -S *n* type of tropical American tree frog
HYLDING, -S *same as* ▶ **hilding**
HYLE, -S *n* wood
HYLEG, -S *n* dominant planet when someone is born
HYLES ▶ **hyle**
HYLIC *adj* solid
HYLICISM *n* materialism
HYLICIST ▶ **hylicism**
HYLISM, -S *same as* ▶ **hylicism**
HYLIST, -S ▶ **hylism**
HYLOBATE *n* gibbon
HYLOIST, -S *n* materialist
HYLOZOIC > **hylozoism**
HYMEN, -S *n* membrane partly covering the vaginal opening
HYMENAL ▶ **hymen**
HYMENEAL *adj* of or relating to marriage ▷ *n* wedding song or poem
HYMENEAN *n* wedding song
HYMENIA ▶ **hymenium**
HYMENIAL ▶ **hymenium**
HYMENIUM, HYMENIA *n* (in some fungi) a layer of cell-producing spores
HYMENS ▶ **hymen**
HYMN, -ED, -ING, -S *n* Christian song of praise sung to God or a saint ▷ *vb* express (praises, thanks, etc) by singing hymns
HYMNAL, -S *n* book of hymns ▷ *adj* of, relating to, or characteristic of hymns
HYMNARY *same as* ▶ **hymnal**
HYMNBOOK *n* book containing the words and music of hymns
HYMNED ▶ **hymn**
HYMNIC ▶ **hymn**
HYMNING ▶ **hymn**
HYMNIST, -S *n* person who composes hymns
HYMNLESS ▶ **hymn**
HYMNLIKE ▶ **hymn**
HYMNODY *n* composition or singing of hymns
HYMNS ▶ **hymn**
HYNDE, -S *same as* ▶ **hind**
HYOID, -S *adj* of or relating to the hyoid bone ▷ *n* horseshoe-shaped bone
HYOIDAL *adj* of or relating to the hyoid bone
HYOIDEAN *same as* ▶ **hyoidal**
HYOIDS ▶ **hyoid**
HYOSCINE *n* colourless viscous liquid alkaloid
HYP, -PED, -PING, -S *n* short for hypotenuse ▷ *vb* offend
HYPALGIA *n* reduced ability to feel pain
HYPATE, -S *n* string of lyre
HYPE, -D, -RS, -S *n* intensive or exaggerated publicity or sales promotion ▷ *vb* promote (a product) using intensive or exaggerated publicity
HYPER, -ER, -EST *n* excitable person ▷ *adj* excitable
HYPERGOL *n* type of fuel
HYPERNYM *n* superordinate
HYPERON, -S *n* any baryon that is not a nucleon
HYPEROPE *n* person with hyperopia
HYPERS ▶ **hype**
HYPES ▶ **hype**
HYPESTER *n* person who gives a product intense publicity
HYPHA, -E *n* any of the filaments in the mycelium of a fungus
HYPHAL ▶ **hypha**
HYPHEMIA *n* bleeding inside eye
HYPHEN, -ED, -S *n* punctuation mark (-) ▷ *vb* hyphenate
HYPHENIC ▶ **hyphen**
HYPHENS ▶ **hyphen**
HYPHY, HYPHIES *n* type of hip-hop music
HYPING, -S ▶ **hype**
HYPNIC, -S *n* sleeping drug
HYPNOID *adj* of or relating to a state resembling sleep
HYPNONE, -S *n* sleeping drug
HYPNOSIS, HYPNOSES *n* artificially induced state of relaxation
HYPNOTEE *n* person being hypnotized
HYPNOTIC *adj* of or (as if) producing hypnosis ▷ *n* drug that induces sleep
HYPNUM, -S *n* species of moss
HYPO, -ED, -ING, -S *vb* inject with a hypodermic syringe

HYPOACID *adj* abnormally acidic
HYPOBOLE *n* act of anticipating objection
HYPOCIST *n* type of juice
HYPODERM *n* layer of thick-walled tissue in some plants
HYPOED ▸ **hypo**
HYPOGAEA > **hypogaeum**
HYPOGEA ▸ **hypogeum**
HYPOGEAL *adj* occurring or living below the surface of the ground
HYPOGEAN ▸ **hypogeum**
HYPOGENE *adj* formed, taking place, or originating beneath the surface of the earth
HYPOGEUM, HYPOGEA *n* underground vault, esp one used for burials
HYPOGYNY *adj* having the gynoecium above the other floral parts
HYPOID, -S *adj* as in **hypoid gear** type of gear ▹ *n* hypoid gear
HYPOING ▸ **hypo**
HYPONEA, -S *same as* ▸ **hypopnea**
HYPONOIA *n* underlying meaning
HYPONYM, -S *n* word whose meaning is included as part of another
HYPONYMY ▸ **hyponym**
HYPOPNEA *same as* > **hypopnoea**
HYPOPYON *n* pus in eye
HYPOS ▸ **hypo**
HYPOTHEC *n* charge on property in favour of a creditor
HYPOXIA, -S *n* deficiency in oxygen delivery
HYPOXIC ▸ **hypoxia**
HYPPED ▸ **hyp**
HYPPING ▸ **hyp**
HYPS ▸ **hyp**
HYPURAL *adj* below the tail
HYRACES ▸ **hyrax**
HYRACOID *n* hyrax
HYRAX, HYRACES, -ES *n* type of hoofed rodent-like animal of Africa and Asia
HYSON, -S *n* Chinese green tea
HYSSOP, -S *n* sweet-smelling herb used in folk medicine
HYSTERIA *n* state of uncontrolled excitement, anger, or panic
HYSTERIC *adj* of or suggesting hysteria
HYTE *adj* crazy
HYTHE, -S *same as* ▸ **hithe**

H

The letter **I** can prove a difficult tile to use effectively in Scrabble. It's one of the most common tiles in the game, so you often end up with two or more on your rack, but it can be hard to get rid of. Where **I** does come in very useful, though, is in the number of everyday short words that can be formed from it, which are very helpful when you need to form short words in addition to the main word that you want to play. These words include **in**, **is**, **it** (2 points each), **id** (3) and **if** (5). Other handy words are **icy** (8), **ivy** (9) and **imp** (7). Don't forget the three-letter words that use **K**: **ilk**, **ink** and **irk** (7 each), while **iwi** for 6 points can be very useful in getting rid of a surplus of **I**s.

IAMB, -S *n* metrical foot of two syllables
IAMBI ▸ **iambus**
IAMBIC, -S *adj* written in a type of metrical unit ▹ *n* iambic foot, line, or stanza
IAMBIST, -S *n* one who writes iambs
IAMBS ▸ **iamb**
IAMBUS, IAMBI, -ES *same as* ▸ **iamb**
IANTHINE *adj* violet
IATRIC *adj* relating to medicine or physicians
IATRICAL *same as* ▸ **iatric**
IBADAH, IBADAT *n* following of Islamic beliefs and practices
IBERIS, -ES *n* plant with white or purple flowers
IBEX, -ES, IBICES *n* wild goat
IBIDEM *adv* in the same place
IBIS, -ES *n* large wading bird with long legs
IBOGAINE *n* dopamine blocker
IBRIK, -S *same as* ▸ **cezve**
ICE, -S *n* water in the solid state, formed by freezing liquid water ▹ *vb* form or cause to form ice
ICEBALL, -S *n* ball of ice
ICEBERG, -S *n* large floating mass of ice
ICEBLINK *n* yellowish-white reflected glare in the sky over an ice field
ICEBOAT, -S *n* boat that breaks up bodies of ice in water ▹ *vb* pilot an iceboat
ICEBOUND *adj* covered or made immobile by ice
ICEBOX, -ES *n* refrigerator
ICECAP, -S *n* mass of ice permanently covering an area
ICED *adj* covered with icing
ICEFALL, -S *n* part of a glacier
ICEFIELD *n* very large flat expanse of ice floating in the sea; large ice floe
ICEFISH *vb* fish through a hole in the ice on a lake
ICEHOUSE *n* building for storing ice
ICEKHANA *n* motor race on a frozen lake
ICELESS ▸ **ice**
ICELIKE ▸ **ice**
ICEMAKER *n* device for making ice
ICEMAN, ICEMEN *n* person who sells or delivers ice
ICEPACK, -S *n* bag or folded cloth containing ice
ICER, -S *n* person who ices cakes
ICES ▸ **ice**
ICESCAPE *n* landscape covered in ice
ICESTONE *n* cryolite
ICEWINE, -S *n* dessert wine made from grapes that have frozen before being harvested
ICEWORM, -S *n* small worm found in glaciers
ICH, -ED, -ES, -ING, -S *archaic form of* ▸ **eke**

A Shakespearean spelling of **eke**, this is a useful little word worth remembering because of its unusual combination of letters and relatively high score.

ICHABOD *interj* the glory has departed
ICHED ▸ **ich**
ICHES ▸ **ich**
ICHING ▸ **ich**
ICHNITE, -S *n* trace fossil
ICHOR, -S *n* fluid said to flow in the veins of the gods
ICHOROUS ▸ **ichor**
ICHORS ▸ **ichor**
ICHS ▸ **ich**
ICHTHIC *same as* ▸ **ichthyic**
ICHTHYIC *adj* of, relating to, or characteristic of fishes
ICHTHYS *n* early Christian emblem
ICICLE, -S *n* tapering spike of ice
ICICLED *adj* covered with icicles
ICICLES ▸ **icicle**
ICIER ▸ **icy**
ICIEST ▸ **icy**
ICILY *adv* in an icy or reserved manner
ICINESS *n* condition of being icy or very cold
ICING, -S *n* mixture used to decorate cakes
ICK, -S *interj* expression of disgust

An interjection expressing disgust, this is one of the highest-scoring 3-letter words beginning with I. It does not take an S, but it does take a Y to make **icky**.

ICKER, -S *n* ear of corn
ICKIER ▸ **icky**
ICKIEST ▸ **icky**
ICKILY ▸ **icky**
ICKINESS ▸ **icky**
ICKLE, -R, -ST *ironically childish word for* ▸ **little**
ICKS ▸ **ick**
ICKY, ICKIER, ICKIEST *adj* sticky
ICON, -ES, -S *n* picture of Christ or another religious figure
ICONIC *adj* relating to the character of an icon
ICONICAL *same as* ▸ **iconic**
ICONIFY *vb* render as an icon
ICONISE, -D, -S *same as* ▸ **iconize**
ICONIZE, -D, -S *vb* render as an icon
ICONS ▸ **icon**
ICTAL ▸ **ictus**
ICTERIC, -S ▸ **icterus**
ICTERID, -S *n* bird of the oriole family
ICTERINE ▸ **icterid**
ICTERUS *n* yellowing of plant leaves
ICTIC ▸ **ictus**
ICTUS, -ES *n* metrical or rhythmic stress in verse feet
ICY, ICIER, ICIEST *adj* very cold
ID, -S *n* mind's instinctive unconscious energies
IDANT, -S *n* chromosome
IDE *n* silver orfe fish
IDEA, -S *n* plan or thought formed in the mind
IDEAED ▸ **idea**
IDEAL, -S *adj* most suitable ▹ *n* conception of something that is perfect
IDEALESS ▸ **idea**
IDEALISE *same as* ▸ **idealize**
IDEALISM *n* tendency to seek perfection in everything
IDEALIST ▸ **idealism**
IDEALITY ▸ **ideal**
IDEALIZE *vb* regard or portray as perfect or nearly perfect
IDEALLY ▸ **ideal**
IDEALOGY *corruption of* ▸ **ideology**
IDEALS ▸ **ideal**
IDEAS ▸ **idea**
IDEATA ▸ **ideatum**
IDEATE, -D, -S, IDEATING *vb* form or have an idea of
IDEATION ▸ **ideate**
IDEATIVE ▸ **ideate**
IDEATUM, IDEATA *n* objective reality
IDEE, -S *n* idea
IDEM *adj* same
IDENT, -S *n* short visual image that works as a logo
IDENTIC *adj* having the same intention regarding another power
IDENTIFY *vb* prove or recognize as being a certain person or thing
IDENTITY *n* state of being a specified person or thing
IDENTS ▸ **ident**
IDEOGRAM *n* symbol that directly represents a concept or thing
IDEOLOGY *n* body of ideas and beliefs of a group, nation, etc
IDES *n* specific date of each month in the Roman calendar
IDIOCY, IDIOCIES *n* utter stupidity
IDIOGRAM *another name for* > **karyogram**
IDIOLECT *n* variety or form of a language used by an individual
IDIOM, -S *n* group of words with special meaning
IDIOT, -S *n* foolish or stupid person
IDIOTCY *same as* ▸ **idiocy**
IDIOTIC *adj* of or resembling an idiot
IDIOTISH *same as* ▸ **idiotic**
IDIOTISM *archaic word for* ▸ **idiocy**
IDIOTS ▸ **idiot**
IDIOTYPE *n* unique part of antibody
IDLE, -D, -S, -ST, IDLING *adj* not doing anything ▹ *vb* spend (time) doing very little
IDLEHOOD ▸ **idle**
IDLENESS ▸ **idle**
IDLER, -S *n* person who idles
IDLES ▸ **idle**
IDLESSE, -S ▸ **idle**
IDLEST ▸ **idle**
IDLING ▸ **idle**
IDLY ▸ **idle**
IDOCRASE *n* green, brown, or yellow mineral
IDOL, -S *n* object of excessive devotion
IDOLA ▸ **idolum**
IDOLATER ▸ **idolatry**
IDOLATOR *n* one who worships idols
IDOLATRY *n* worship of idols
IDOLISE, -D, -S *same as* ▸ **idolize**
IDOLISER ▸ **idolise**
IDOLISES ▸ **idolise**
IDOLISM, -S ▸ **idol**
IDOLIST, -S ▸ **idolize**
IDOLIZE, -D, -S *vb* love or admire excessively
IDOLIZER ▸ **idolize**
IDOLIZES ▸ **idolize**
IDOLON *n* mental picture
IDOLS ▸ **idol**
IDOLUM, IDOLA *n* mental picture
IDONEITY ▸ **idoneous**
IDONEOUS *adj* appropriate
IDS ▸ **id**
IDYL, -S *same as* ▸ **idyll**
IDYLIST, -S *same as* ▸ **idyllist**
IDYLL, -S *n* scene or time of great peace and happiness
IDYLLIAN *same as* ▸ **idyllic**
IDYLLIC *adj* of or relating to an idyll
IDYLLIST *n* writer of idylls
IDYLLS ▸ **idyll**
IDYLS ▸ **idyl**
IF, -S *n* uncertainty or doubt
IFF *conj* in logic, a shortened form of if and only if

> This word is one of the highest-scoring 3-letter words beginning with I, and of course provides a useful extension to **if**.

IFFIER ▸ **iffy**
IFFIEST ▸ **iffy**
IFFILY *adv* in an iffy manner
IFFINESS ▸ **iffy**
IFFY, IFFIER, IFFIEST *adj* doubtful, uncertain
IFS ▸ **if**
IFTAR, -S *n* meal eaten by Muslims
IGAD *same as* ▸ **egad**
IGAPO, -S *n* flooded forest
IGARAPE, -S *n* canoe route
IGG, -ED, -ING, -S *vb* antagonize
IGLOO, -S *n* Inuit house
IGLU, -S *same as* ▸ **igloo**
IGNARO, -ES, -S *n* ignoramus
IGNATIA, -S *n* dried seed
IGNEOUS *adj* (of rock) formed as molten rock cools
IGNIFY, IGNIFIED, IGNIFIES *vb* turn into fire
IGNITE, -D, -S, IGNITING *vb* catch fire or set fire to
IGNITER, -S *n* person or thing that ignites
IGNITES ▸ **ignite**
IGNITING ▸ **ignite**
IGNITION *n* system that ignites the fuel-and-air mixture to start an engine
IGNITOR, -S *same as* ▸ **igniter**
IGNITRON *n* mercury-arc rectifier controlled by a subsidiary electrode

IGNOBLE, -R *adj* dishonourable
IGNOBLY ▸ **ignoble**
IGNOMIES ▸ **ignomy**
IGNOMINY *n* humiliating disgrace
IGNOMY, IGNOMIES *Shakespearean variant of* ▸ **ignominy**
IGNORAMI > **ignoramus**
IGNORANT *adj* lacking knowledge ▹ *n* ignorant person
IGNORE, -D, -S, IGNORING *vb* refuse to notice, disregard deliberately ▹ *n* disregard
IGNORER, -S ▸ **ignore**
IGNORES ▸ **ignore**
IGNORING ▸ **ignore**
IGUANA, -S *n* large tropical American lizard
IGUANIAN ▸ **iguana**
IGUANID, -S *same as* ▸ **iguana**
IHRAM, -S *n* white robes worn by Muslim pilgrims to Mecca
IJTIHAD, -S *n* effort of deriving a legal ruling from the Koran
IKAN, -S *n* (in Malaysia) fish
IKAT, -S *n* method of creating patterns in fabric
IKEBANA, -S *n* Japanese art of flower arrangement
IKON, -S *same as* ▸ **icon**
ILEA ▸ **ileum**

This is the plural of **ileum**, part of the small intestine, and is often useful as a rack-balancing play when you have too many vowels.

ILEAC *adj* of or relating to the ileum
ILEAL *same as* ▸ **ileac**
ILEITIS *n* inflammation of the ileum
ILEUM, ILEA *n* lowest part of the small intestine
ILEUS, -ES *n* obstruction of the intestine
ILEX, -ES, ILICES *n* any of a genus of trees or shrubs that includes holly
ILIA ▸ **ilium**
ILIAC *adj* of or relating to the ilium
ILIACUS, ILIACI *n* muscle near the ilium
ILIAD, -S *n* epic poem
ILIAL ▸ **ilium**
ILICES ▸ **ilex**
ILIUM, ILIA *n* part of the hipbone
ILK, -S *n* type ▹ *determiner* each
ILKA *same as* ▸ **ilk**
ILKADAY, -S *n* every day
ILKS ▸ **ilk**
ILL, -ER, -EST, -S *adj* not in good health ▹ *n* evil, harm ▹ *adv* badly
ILLAPSE, -D, -S *vb* slide in
ILLATION *rare word for* > **inference**
ILLATIVE *adj* of or relating to illation ▹ *n* illative case
ILLEGAL, -S *adj* against the law ▹ *n* person who entered or attempted to enter a country illegally
ILLER ▸ **ill**
ILLEST ▸ **ill**
ILLIAD, -S *n* wink
ILLICIT *adj* illegal
ILLINIUM *n* type of radioactive element
ILLIPE, -S *n* Asian tree
ILLIQUID *adj* (of an asset) not easily convertible into cash
ILLISION *n* act of striking against
ILLITE, -S *n* clay mineral of the mica group
ILLITIC ▸ **illite**
ILLNESS *n* disease or indisposition
ILLOGIC, -S *n* reasoning characterized by lack of logic
ILLS ▸ **ill**
ILLTH, -S *n* condition of poverty or misery
ILLUDE, -D, -S, ILLUDING *vb* trick or deceive
ILLUME, -D, -S, ILLUMING *vb* illuminate
ILLUMINE *vb* throw light in or into
ILLUMING ▸ **illume**
ILLUPI, -S *same as* ▸ **illipe**
ILLUSION *n* deceptive appearance or belief
ILLUSIVE *same as* ▸ **illusory**
ILLUSORY *adj* seeming to be true, but actually false
ILLUVIA ▸ **illuvium**
ILLUVIAL ▸ **illuvium**
ILLUVIUM, ILLUVIA *n* material washed down from one soil layer to a lower one
ILLY *adv* badly
ILMENITE *n* black mineral found in igneous rocks as layered deposits and in veins
IMAGE, -D, -S *n* mental picture of someone or something ▹ *vb* picture in the mind
IMAGER, -S *n* device that produces images
IMAGERY *n* images collectively, esp in the arts
IMAGES ▸ **image**
IMAGINAL *adj* of, relating to, or resembling an imago
IMAGINE, -D *vb* form a mental image of ▹ *sentence substitute* exclamation of surprise
IMAGINER ▸ **imagine**
IMAGINES ▸ **imago**
IMAGING, -S ▸ **image**
IMAGISM, -S *n* poetic movement
IMAGIST, -S ▸ **imagism**
IMAGO, IMAGINES, -ES, -S *n* mature adult insect
IMAM, -S *n* leader of prayers in a mosque
IMAMATE, -S *n* region or territory governed by an imam
IMAMS ▸ **imam**
IMARET, -S *n* (in Turkey) a hospice for pilgrims or travellers
IMARI, -S *n* Japanese porcelain
IMAUM, -S *same as* ▸ **imam**
IMBALM, -ED, -S *same as* ▸ **embalm**
IMBALMER ▸ **imbalm**
IMBALMS ▸ **imbalm**
IMBAR, -RED, -S *vb* bar in
IMBARK, -ED, -S *vb* cover in bark
IMBARRED ▸ **imbar**
IMBARS ▸ **imbar**
IMBASE, -D, -S, IMBASING *vb* degrade
IMBATHE, -D, -S *vb* bathe
IMBECILE *n* stupid person ▹ *adj* stupid or senseless
IMBED, -DED, -S *same as* ▸ **embed**
IMBIBE, -D, -S, IMBIBING *vb* drink (alcoholic drinks)
IMBIBER, -S ▸ **imbibe**
IMBIBES ▸ **imbibe**
IMBIBING ▸ **imbibe**
IMBITTER *same as* ▸ **embitter**
IMBIZO, -S *n* meeting in S Africa
IMBLAZE, -D, -S *vb* depict heraldically
IMBODY, IMBODIED, IMBODIES *same as* ▸ **embody**
IMBOLDEN *same as* ▸ **embolden**
IMBORDER *vb* enclose in a border
IMBOSK, -ED, -S *vb* conceal
IMBOSOM, -S *vb* hold in one's heart
IMBOSS, -ED, -ES *same as* ▸ **emboss**

IMBOWER, -S *vb* enclose in a bower
IMBRAST *Spenserian past participle of* ▸ **embrace**
IMBREX, IMBRICES *n* curved tile
IMBROWN, -S *vb* make brown
IMBRUE, -D, -S, IMBRUING *vb* stain, esp with blood
IMBRUTE, -D, -S *vb* reduce to a bestial state
IMBUE, -D, -S, IMBUING *vb* fill or inspire with (ideals or principles)
IMBURSE, -D, -S *vb* pay
IMID, -S *n* immunomodulatory drug
IMIDE, -S *n* any of a class of organic compounds
IMIDIC ▸ **imide**
IMIDO ▸ **imide**
IMIDS ▸ **imid**
IMINE, -S *n* any of a class of organic compounds
IMINO ▸ **imine**
IMIPENEM *n* drug used to destroy bacteria
IMITABLE ▸ **imitate**
IMITANCY *n* tendency to imitate
IMITANT, -S *same as* > **imitation**
IMITATE, -D, -S *vb* take as a model
IMITATOR ▸ **imitate**
IMMANE *adj* monstrous
IMMANELY ▸ **immane**
IMMANENT *adj* present within and throughout something
IMMANITY ▸ **immane**
IMMANTLE *vb* cover with a mantle
IMMASK, -ED, -S *vb* disguise
IMMATURE *n* young animal ▹ *adj* not fully developed
IMMENSE, -R *adj* extremely large
IMMERGE, -D, -S *archaic word for* ▸ **immerse**
IMMERSE, -S *vb* involve deeply, engross
IMMERSED *adj* sunk or submerged
IMMERSER ▸ **immerse**
IMMERSES ▸ **immerse**
IMMESH, -ED, -ES *variant of* ▸ **enmesh**
IMMEW, -ED, -ING, -S *vb* confine
IMMIES ▸ **immy**
IMMINENT *adj* about to happen
IMMINGLE *vb* blend or mix together
IMMINUTE *adj* reduced
IMMIT, -S, -TED *vb* insert
IMMIX, -ED, -ES, -ING *vb* mix in
IMMOBILE *adj* not moving
IMMODEST *adj* behaving in an indecent or improper manner
IMMOLATE *vb* kill as a sacrifice
IMMOMENT *adj* of no value
IMMORAL *adj* morally wrong, corrupt
IMMORTAL *adj* living forever ▹ *n* person whose fame will last for all time
IMMOTILE *adj* not capable of moving spontaneously and independently
IMMUNE, -R, -S, -ST *adj* protected against a specific disease ▹ *n* immune person or animal
IMMUNISE *same as* ▸ **immunize**
IMMUNITY *n* ability to resist disease
IMMUNIZE *vb* make immune to a disease
IMMURE, -D, -S, IMMURING *vb* imprison
IMMY, IMMIES *n* image-orthicon camera
IMP, -ED, -S *n* (in folklore) creature with magical powers ▹ *vb* method of repairing the wing of a hawk or falcon
IMPACT, -ED, -S *n* strong effect ▹ *vb* have a strong effect on
IMPACTER ▸ **impact**
IMPACTOR ▸ **impact**
IMPACTS ▸ **impact**
IMPAINT, -S *vb* paint
IMPAIR, -ED, -S *vb* weaken or damage
IMPAIRER ▸ **impair**
IMPAIRS ▸ **impair**
IMPALA, -S *n* southern African antelope
IMPALE, -D, -S, IMPALING *vb* pierce with a sharp object
IMPALER, -S ▸ **impale**
IMPALES ▸ **impale**
IMPALING ▸ **impale**
IMPANATE *adj* embodied in bread
IMPANEL, -S *variant spelling (esp US) of* ▸ **empanel**
IMPANNEL *same as* ▸ **impanel**
IMPARITY *less common word for* > **disparity**
IMPARK, -ED, -S *vb* make into a park
IMPARL, -ED, -S *vb* parley
IMPART, -ED, -S *vb* communicate (information)
IMPARTER ▸ **impart**
IMPARTS ▸ **impart**
IMPASSE, -S *n* situation in which progress is impossible
IMPASTE, -D, -S *vb* apply paint thickly to
IMPASTO, -S *n* technique of applying paint thickly ▹ *vb* apply impasto
IMPAVE, -D, -S, IMPAVING *vb* set in a pavement
IMPAVID *adj* fearless
IMPAVING ▸ **impave**
IMPAWN, -ED, -S *vb* pawn
IMPEACH *vb* charge with a serious crime against the state
IMPEARL, -S *vb* adorn with pearls
IMPED ▸ **imp**
IMPEDE, -D, -S, IMPEDING *vb* hinder in action or progress
IMPEDER, -S ▸ **impede**
IMPEDES ▸ **impede**
IMPEDING ▸ **impede**
IMPEDOR, -S *n* component that offers impedance
IMPEL, -LED, -S *vb* push or force (someone) to do something
IMPELLER *n* vaned rotating disc of a centrifugal pump, compressor, etc
IMPELLOR *same as* ▸ **impeller**
IMPELS ▸ **impel**
IMPEND, -ED, -S *vb* be about to happen
IMPERIA ▸ **imperium**
IMPERIAL *adj* of or like an empire or emperor ▹ *n* wine bottle holding the equivalent of eight normal bottles
IMPERIL, -S *vb* put in danger
IMPERIUM, IMPERIA *n* supreme power of Roman consuls and emperors
IMPETIGO *n* contagious skin disease
IMPETUS *n* incentive, impulse
IMPHEE, -S *n* African sugar cane
IMPI, -ES, -S *n* group of Zulu warriors
IMPIETY *n* lack of respect or religious reverence
IMPING, -S ▸ **imp**
IMPINGE, -D, -S *vb* affect or restrict
IMPINGER ▸ **impinge**

IMPINGES ▸ **impinge**
IMPINGS ▸ **imping**
IMPIOUS *adj* showing a lack of respect or reverence
IMPIS ▸ **impi**
IMPISH *adj* mischievous
IMPISHLY ▸ **impish**
IMPLANT, -S *n* something put into someone's body ▹ *vb* put (something) into someone's body
IMPLATE, -D, -S *vb* sheathe
IMPLEACH *vb* intertwine
IMPLEAD, -S *vb* sue or prosecute
IMPLED ▸ **implead**
IMPLEDGE *vb* pledge
IMPLETE, -D, -S *vb* fill
IMPLEX, -ES *n* part of an arthropod
IMPLICIT *adj* expressed indirectly
IMPLIED *adj* hinted at or suggested
IMPLIES ▸ **imply**
IMPLODE, -D, -S *vb* collapse inwards
IMPLORE, -D, -S *vb* beg earnestly
IMPLORER ▸ **implore**
IMPLORES ▸ **implore**
IMPLUNGE *vb* submerge
IMPLUVIA > **impluvium**
IMPLY, IMPLIES, -ING *vb* indicate by hinting, suggest
IMPOCKET *vb* put in a pocket
IMPOLDER *vb* make into a polder
IMPOLICY *n* act or an instance of being injudicious or impolitic
IMPOLITE *adj* showing bad manners
IMPONE, -D, -S, IMPONING *vb* impose
IMPONENT *n* person who imposes a duty, etc
IMPONES ▸ **impone**
IMPONING ▸ **impone**
IMPOROUS *adj* not porous
IMPORT, -ED, -S *vb* bring in (goods) from another country ▹ *n* something imported
IMPORTER ▸ **import**
IMPORTS ▸ **import**
IMPOSE, -D, -S *vb* force the acceptance of
IMPOSER, -S ▸ **impose**
IMPOSES ▸ **impose**
IMPOSEX *n* acquisition by female organisms of male characteristics
IMPOSING *adj* grand, impressive
IMPOST, -ED, -S *n* tax, esp a customs duty ▹ *vb* classify (imported goods) according to the duty payable on them
IMPOSTER ▸ **impost**
IMPOSTOR *n* person who cheats or swindles by pretending to be someone else
IMPOSTS ▸ **impost**
IMPOT, -S *n* slang term for the act of imposing
IMPOTENT *adj* powerless ▹ *n* one who is impotent
IMPOTS ▸ **impot**
IMPOUND, -S *vb* take legal possession of, confiscate
IMPOWER, -S *less common spelling of* ▸ **empower**
IMPREGN, -S *vb* impregnate
IMPRESA, -S *n* heraldic device
IMPRESE, -S *same as* ▸ **impresa**
IMPRESS *vb* affect strongly, usu favourably ▹ *n* impressing
IMPRESSE *n* heraldic device
IMPREST, -S *n* fund of cash used to pay incidental expenses
IMPRIMIS *adv* in the first place
IMPRINT, -S *n* mark made by printing or stamping ▹ *vb* produce (a mark) by printing or stamping
IMPRISON *vb* put in prison
IMPRO, -S *n* short for improvisation
IMPROPER *adj* indecent
IMPROS ▸ **impro**
IMPROV, -S *n* improvisational comedy
IMPROVE, -D, -S *vb* make or become better
IMPROVER ▸ **improve**
IMPROVES ▸ **improve**
IMPROVS ▸ **improv**
IMPS ▸ **imp**
IMPUDENT *adj* cheeky, disrespectful
IMPUGN, -ED, -S *vb* challenge the truth or validity of
IMPUGNER ▸ **impugn**
IMPUGNS ▸ **impugn**
IMPULSE, -D, -S *vb* give an impulse to ▹ *n* sudden urge to do something
IMPUNITY *n* exemption or immunity from punishment or recrimination
IMPURE, -R, -ST *adj* having dirty or unwanted substances mixed in
IMPURELY ▸ **impure**
IMPURER ▸ **impure**
IMPUREST ▸ **impure**
IMPURITY *n* impure element or thing
IMPURPLE *vb* colour purple
IMPUTE, -D, -S, IMPUTING *vb* attribute responsibility to
IMPUTER, -S ▸ **impute**
IMPUTES ▸ **impute**
IMPUTING ▸ **impute**
IMSHI *interj* go away!
IMSHY *same as* ▸ **imshi**
IN, -S *prep* indicating position inside, state or situation, etc ▹ *adv* indicating position inside, entry into, etc ▹ *adj* fashionable ▹ *n* way of approaching or befriending a person ▹ *vb* take in
INACTION *n* act of doing nothing
INACTIVE *adj* idle
INANE, -R, -S, -ST *adj* senseless, silly ▹ *n* something that is inane
INANELY ▸ **inane**
INANER ▸ **inane**
INANES ▸ **inane**
INANEST ▸ **inane**
INANGA, -S *n* common type of New Zealand grass tree
INANITY *n* lack of intelligence or imagination
INAPT, -ER, -EST *adj* not apt or fitting
INAPTLY ▸ **inapt**
INARABLE *adj* not arable
INARCH, -ED, -ES *vb* graft (a plant)
INARM, -ED, -ING, -S *vb* embrace
INASMUCH *conj* as in **inasmuch as**, in view of the fact that
INAURATE *adj* gilded ▹ *vb* cover in gold
INBEING, -S *n* existence in something else
INBENT *adj* bent inwards
INBOARD *adj* (of a boat's engine) inside the hull ▹ *adv* within the sides of or towards the centre of a vessel or aircraft
INBOARDS *same as* ▸ **inboard**
INBORN *adj* existing from birth, natural
INBOUND, -S *vb* pass into the playing area from outside it ▹ *adj* coming in
INBOX, -ES *n* folder which stores in-coming email messages

INBREAK, -S *n* breaking in
INBRED, -S *n* inbred person or animal ▷ *adj* produced as a result of inbreeding
INBREED, -S *vb* breed from closely related individuals
INBRING, -S *vb* bring in
INBUILT *adj* present from the start
INBURST, -S *n* irruption ▷ *vb* burst in
INBY *adv* into the house or an inner room ▷ *adj* located near or nearest to the house
INBYE *adv* near the house
INCAGE, -D, -S, INCAGING *vb* confine in or as in a cage
INCANT, -ED, -S *vb* chant (a spell)
INCASE, -D, -S, INCASING *variant spelling of* ▸ **encase**
INCAVE, -D, -S, INCAVING *vb* hide
INCAVI ▸ **incavo**
INCAVING ▸ **incave**
INCAVO, INCAVI *n* incised part of a carving
INCEDE, -D, -S, INCEDING *vb* advance
INCENSE, -D, -S *vb* make very angry ▷ *n* substance that gives off a perfume when burned
INCENSER *n* incense burner
INCENSES ▸ **incense**
INCENSOR *n* incense burner
INCENT, -ED, -S *vb* provide incentive
INCENTER *same as* ▸ **incentre**
INCENTRE *n* centre of an inscribed circle
INCENTS ▸ **incent**
INCEPT, -ED, -S *vb* (of organisms) to ingest (food) ▷ *n* rudimentary organ
INCEPTOR ▸ **incept**
INCEPTS ▸ **incept**
INCH, -ED, -ES, -ING *n* unit of length ▷ *vb* move slowly and gradually
INCHASE, -D, -S *same as* ▸ **enchase**
INCHED ▸ **inch**
INCHER, -S *n* something measuring given amount of inches
INCHES ▸ **inch**
INCHING ▸ **inch**
INCHMEAL *adv* gradually
INCHOATE *adj* just begun and not yet properly developed ▷ *vb* begin
INCHPIN, -S *n* cervine sweetbread
INCHTAPE *n* measuring tape marked out in inches
INCHWORM *n* larva of a type of moth
INCIDENT *n* something that happens ▷ *adj* related (to) or dependent (on)
INCIPIT, -S *n* Latin introductory phrase
INCISAL *adj* relating to the cutting edge of incisors and cuspids
INCISE, -D, -S, INCISING *vb* cut into with a sharp tool
INCISION *n* cut, esp one made during a surgical operation
INCISIVE *adj* direct and forceful
INCISOR, -S *n* front tooth, used for biting into food
INCISORY ▸ **incisor**
INCISURE *n* incision or notch in an organ or part
INCITANT *n* something that incites
INCITE, -D, -S, INCITING *vb* stir up, provoke
INCITER, -S ▸ **incite**
INCITES ▸ **incite**
INCITING ▸ **incite**
INCIVIL *archaic form of* ▸ **uncivil**
INCIVISM *n* neglect of a citizen's duties
INCLASP, -S *vb* clasp
INCLE, -S *same as* ▸ **inkle**
INCLINE, -S *vb* lean, slope ▷ *n* slope
INCLINED *adj* having a disposition
INCLINER ▸ **incline**
INCLINES ▸ **incline**
INCLIP, -S *vb* embrace
INCLOSE, -D, -S *less common spelling of* ▸ **enclose**
INCLOSER ▸ **inclose**
INCLOSES ▸ **inclose**
INCLUDE, -S *vb* have as part of the whole
INCLUDED *adj* (of the stamens or pistils of a flower) not protruding beyond the corolla
INCLUDES ▸ **include**
INCOG, -S *n* incognito
INCOME, -S *n* amount of money earned
INCOMER, -S *n* person who comes to a place in which they were not born
INCOMES ▸ **income**
INCOMING *adj* coming in ▷ *n* act of coming in
INCONIE *adj* fine or delicate
INCONNU, -S *n* whitefish of Arctic waters
INCONNUE *n* unknown woman
INCONNUS ▸ **inconnu**
INCONY *adj* fine or delicate
INCORPSE *vb* incorporate
INCREASE *vb* make or become greater in size, number, etc ▷ *n* rise in number, size, etc
INCREATE *adj* (esp of gods) never having been created
INCROSS *n* variation produced by inbreeding ▷ *vb* produce by inbreeding
INCRUST, -S *same as* ▸ **encrust**
INCUBATE *vb* (of a bird) hatch (eggs) by sitting on them
INCUBI ▸ **incubus**
INCUBOUS *adj* having overlapping leaves
INCUBUS, INCUBI *n* (in folklore) type of demon
INCUDAL ▸ **incus**
INCUDATE ▸ **incus**
INCUDES ▸ **incus**
INCULT *adj* (of land) uncultivated
INCUMBER *less common spelling of* ▸ **encumber**
INCUR, -RED, -S *vb* cause (something unpleasant) to happen
INCURVE, -D, -S *vb* curve or cause to curve inwards
INCUS, INCUDES *n* bone in the ear of mammals
INCUSE, -D, -S, INCUSING *n* design stamped or hammered onto a coin ▷ *vb* impress (a design) in a coin ▷ *adj* stamped or hammered onto a coin
INCUT, -S *adj* cut or etched in ▷ *n* indent in rock used as a foothold
INDABA, -S *n* (among South Africans) a meeting to discuss a serious topic
INDAGATE *vb* investigate
INDAMIN, -S *same as* ▸ **indamine**
INDAMINE *n* organic base used in the production of the dye safranine
INDAMINS ▸ **indamin**
INDART, -ED, -S *vb* dart in
INDEBTED *adj* owing gratitude for help or favours
INDECENT *adj* morally offensive
INDEED *adv* really, certainly ▷ *interj* expression of indignation or surprise
INDEEDY *interj* indeed

INDENE, -S *n* colourless liquid hydrocarbon
INDENT, -ED, -S *vb* make a dent in
INDENTER ▸ **indent**
INDENTOR ▸ **indent**
INDENTS ▸ **indent**
INDEVOUT *adj* not devout
INDEW, -ED, -ING, -S *same as* ▸ **indue**
INDEX, -ED, -ES, -ING *n* alphabetical list of subjects dealt with in a book ▹ *vb* provide (a book) with an index
INDEXAL ▸ **index**
INDEXED ▸ **index**
INDEXER, -S ▸ **index**
INDEXES ▸ **index**
INDEXING ▸ **index**
INDIA, -S *n* code word for the letter I
INDICAN, -S *n* compound secreted in the urine
INDICANT *n* something that indicates
INDICATE *vb* be a sign or symptom of
INDICES *plural of* ▸ **index**
INDICIA ▸ **indicium**
INDICIAL ▸ **indicium**
INDICIUM, INDICIA *n* notice
INDICT, -ED, -S *vb* formally charge with a crime
INDICTEE ▸ **indict**
INDICTER ▸ **indict**
INDICTOR ▸ **indict**
INDICTS ▸ **indict**
INDIE, -S *adj* (of rock music) released by an independent record label ▹ *n* independent record company
INDIGEN, -S *same as* ▸ **indigene**
INDIGENE *n* indigenous person, animal, or thing
INDIGENS ▸ **indigen**
INDIGENT *adj* extremely poor ▹ *n* impoverished person
INDIGEST *n* undigested mass ▹ *vb* suffer indigestion
INDIGN *adj* undeserving
INDIGNLY ▸ **indign**
INDIGO, -ES, -S *adj* deep violet-blue ▹ *n* dye of this colour
INDIGOID *adj* of, concerned with, or resembling indigo or its blue colour ▹ *n* any of a number of synthetic dyes or pigments related in chemical structure to indigo
INDIGOS ▸ **indigo**
INDIRECT *adj* done or caused by someone or something else
INDITE, -D, -S, INDITING *vb* write
INDITER, -S ▸ **indite**
INDITES ▸ **indite**
INDITING ▸ **indite**
INDIUM, -S *n* soft silvery-white metallic element
INDOCILE *adj* difficult to discipline or instruct
INDOL, -S *same as* ▸ **indole**
INDOLE, -S *n* crystalline heterocyclic compound
INDOLENT *adj* lazy
INDOLES ▸ **indole**
INDOLS ▸ **indol**
INDOOR *adj* inside a building
INDOORS *adj* inside or into a building
INDORSE, -D, -S *variant spelling of* ▸ **endorse**
INDORSEE *n* the person to whom a note or bill is indorsed
INDORSER ▸ **indorse**
INDORSES ▸ **indorse**
INDORSOR ▸ **indorse**
INDOW, -ED, -ING, -S *archaic variant of* ▸ **endow**
INDOXYL, -S *n* water-soluble crystalline compound
INDRAFT, -S *same as* > **indraught**
INDRAWN *adj* drawn or pulled in
INDRENCH *vb* submerge
INDRI *same as* ▸ **indris**
INDRIS, -ES *n* large lemuroid primate
INDUCE, -D, -S, INDUCING *vb* persuade or influence
INDUCER, -S ▸ **induce**
INDUCES ▸ **induce**
INDUCIAE *n* time limit for a defendant to appear in court
INDUCING ▸ **induce**
INDUCT, -ED, -S *vb* formally install (someone) in office
INDUCTEE *n* military conscript
INDUCTOR *n* device designed to create inductance in an electrical circuit
INDUCTS ▸ **induct**
INDUE, -D, -S, INDUING *variant spelling of* ▸ **endue**
INDULGE, -D, -S *vb* allow oneself pleasure
INDULGER ▸ **indulge**
INDULGES ▸ **indulge**
INDULIN, -S *same as* ▸ **induline**
INDULINE *n* any of a class of blue dyes obtained from aniline and aminoazobenzene
INDULINS ▸ **indulin**
INDULT, -S *n* type of faculty granted by the Holy See
INDUNA, -S *n* (in South Africa) a Black African overseer
INDURATE *vb* make or become hard or callous ▹ *adj* hardened, callous, or unfeeling
INDUSIA ▸ **indusium**
INDUSIAL ▸ **indusium**
INDUSIUM, INDUSIA *n* outgrowth on the undersurface of fern leaves
INDUSTRY *n* manufacture of goods
INDUVIAE *pl n* withered leaves
INDUVIAL ▸ **induviae**
INDWELL, -S, INDWELT *vb* (of a spirit, principle, etc) to inhabit
INDYREF, -S *n* independence referendum
INEARTH, -S *poetic word for* ▸ **bury**
INEDIBLE *adj* not fit to be eaten
INEDIBLY ▸ **inedible**
INEDITA *pl n* unpublished writings
INEDITED *adj* not edited
INEPT, -ER, -EST *adj* clumsy, lacking skill
INEPTLY ▸ **inept**
INEQUITY *n* injustice or unfairness
INERM *adj* without thorns
INERMOUS *same as* ▸ **inerm**
INERRANT *same as* > **inerrable**
INERT, -ER, -EST, -S *n* inert thing ▹ *adj* without the power of motion or resistance
INERTIA, -E, -S *n* feeling of unwillingness to do anything

This is not the easiest of words to see in play, but its combination of common letters makes it one of the most frequently played 7-letter bonuses, while its plurals, which can be **inertiae** or **inertias**, are among the 8-letter bonus words that come up most often.

INERTIAL ▸**inertia**
INERTIAS ▸**inertia**
INERTLY ▸**inert**
INERTS ▸**inert**
INESSIVE *n* grammatical case in Finnish
INEXACT *adj* not exact or accurate
INEXPERT *n* unskilled person ▹*adj* lacking skill
INFALL, -S *vb* move towards (something) under the influence of gravity
INFAME, -D, -S, INFAMING *vb* defame
INFAMIES ▸**infamy**
INFAMING ▸**infame**
INFAMISE *same as* ▸**infamize**
INFAMIZE *vb* make infamous
INFAMOUS *adj* well-known for something bad
INFAMY, INFAMIES *n* state of being infamous
INFANCY *n* early childhood
INFANT, -S *n* very young child ▹*adj* of, relating to, or designed for young children
INFANTA, -S *n* (formerly) daughter of a king of Spain or Portugal
INFANTE, -S *n* (formerly) any son of a king of Spain or Portugal, except the heir to the throne
INFANTRY *n* soldiers who fight on foot
INFANTS ▸**infant**
INFARCT, -S *n* localized area of dead tissue ▹*vb* obstruct the blood supply to part of a body
INFARE, -S *vb* enter
INFAUNA, -E, -S *n* animals that live in ocean and river beds
INFAUNAL ▸**infauna**
INFAUNAS ▸**infauna**
INFAUST *adj* unlucky
INFECT, -ED, -S *vb* affect with a disease ▹*adj* contaminated or polluted with or as if with a disease
INFECTER ▸**infect**
INFECTOR ▸**infect**
INFECTS ▸**infect**
INFECUND *less common word for* ▸**infertile**
INFEED, -S *n* action of supplying a machine with a material
INFEFT, -ED, -S *vb* give possession of heritable property
INFELT *adj* heartfelt
INFEOFF, -S *same as* ▸**enfeoff**
INFER, -RED, -S *vb* work out from evidence
INFERE *adv* together
INFERIAE *pl n* offerings made to the spirits of the dead
INFERIOR *adj* lower in quality, position, or status ▹*n* person of lower position or status
INFERNAL *adj* of hell
INFERNO, -S *n* intense raging fire
INFERRED ▸**infer**
INFERRER ▸**infer**
INFERS ▸**infer**
INFEST, -ED, -S *vb* inhabit or overrun in unpleasantly large numbers
INFESTER ▸**infest**
INFESTS ▸**infest**
INFICETE *adj* not witty
INFIDEL, -S *n* person with no religion ▹*adj* of unbelievers or unbelief
INFIELD, -S *n* area of the field near the pitch
INFIGHT, -S, INFOUGHT *vb* box at close quarters
INFILL, -ED, -S *vb* fill in ▹*n* act of filling or closing gaps in something
INFIMUM, INFIMA, -S *n* greatest lower bound
INFINITE *adj* without any limit or end ▹*n* something without any limit or end
INFINITY *n* endless space, time, or number
INFIRM, -ED, -ER, -S *vb* make infirm ▹*adj* physically or mentally weak
INFIRMLY ▸**infirm**
INFIRMS ▸**infirm**
INFIX, -ED, -ES, -ING *vb* fix firmly in ▹*n* affix inserted into the middle of a word
INFIXION ▸**infix**
INFLAME, -D, -S *vb* make angry or excited
INFLAMER ▸**inflame**
INFLAMES ▸**inflame**
INFLATE, -D, -S *vb* expand by filling with air or gas
INFLATER ▸**inflate**
INFLATES ▸**inflate**
INFLATOR ▸**inflate**
INFLATUS *n* act of breathing in
INFLECT, -S *vb* change (the voice) in tone or pitch
INFLEXED *adj* curved or bent inwards and downwards towards the axis
INFLICT, -S *vb* impose (something unpleasant) on
INFLIGHT *adj* provided during flight in an aircraft
INFLOW, -S *n* something, such as liquid or gas, that flows in ▹*vb* flow in
INFLUENT *adj* flowing in ▹*n* something flowing in, esp a tributary
INFLUX, -ES *n* arrival or entry of many people or things
INFO, -S *n* information
INFOBAHN *same as* ▸**internet**
INFOLD, -ED, -S *variant spelling of* ▸**enfold**
INFOLDER ▸**infold**
INFOLDS ▸**infold**
INFORCE, -D, -S *same as* ▸**enforce**
INFORM, -ED, -S *vb* tell ▹*adj* without shape
INFORMAL *adj* relaxed and friendly
INFORMED ▸**inform**
INFORMER *n* person who informs to the police
INFORMS ▸**inform**
INFOS ▸**info**
INFOTECH *n* information technology
INFOUGHT ▸**infight**
INFRA *adv* (esp in textual annotation) below
INFRACT, -S *vb* violate or break (a law, an agreement, etc)
INFRARED *adj* of or using rays below the red end of the visible spectrum ▹*n* infrared part of the spectrum
INFRINGE *vb* break (a law or agreement)
INFRUGAL *adj* wasteful
INFULA *same as* ▸**infulae**
INFULAE *pl n* two ribbons hanging from a bishop's mitre
INFUSE, -D, -S, INFUSING *vb* fill (with an emotion or quality)
INFUSER, -S *n* any device used to make an infusion
INFUSES ▸**infuse**
INFUSING ▸**infuse**
INFUSION *n* infusing
INFUSIVE ▸**infusion**
INFUSORY *adj* containing infusoria ▹*n* infusorian, a tiny water-dwelling mammal
ING, -S *n* meadow near a river
INGAN, -S *Scots word for* ▸**onion**

INGATE, -S *n* entrance
INGATHER *vb* gather together or in (a harvest)
INGENER, -S *Shakespearean form of* ▸ **engineer**
INGENIUM *n* genius
INGENU, -S *n* artless or inexperienced boy or young man
INGENUE, -S *n* inexperienced girl or young woman
INGENUS ▸ **ingenu**
INGEST, -ED, -S *vb* take (food or liquid) into the body
INGESTA *pl n* nourishment taken through the mouth
INGESTED ▸ **ingest**
INGESTS ▸ **ingest**
INGINE, -S *n* genius
INGLE, -S *n* fire in a room or a fireplace
INGLOBE, -D, -S *vb* shape as a sphere
INGO, -ES *n* revelation
INGOING, -S *same as* ▸ **ingo**
INGOT, -ED, -ING, -S *n* oblong block of cast metal ▹ *vb* shape (metal) into ingots
INGRAFT, -S *variant spelling of* ▸ **engraft**
INGRAIN, -S *vb* impress deeply on the mind or nature ▹ *adj* (of carpets) made of fibre that is dyed before being spun ▹ *n* carpet made from ingrained yarn
INGRAM, -S *adj* ignorant ▹ *n* ignorant person
INGRATE, -S *n* ungrateful person ▹ *adj* ungrateful
INGRESS *n* entrance
INGROOVE *vb* cut a groove into
INGROSS *archaic form of* ▸ **engross**
INGROUND *adj* sunk into ground ▹ *vb* fix (something) in the ground or in a foundation
INGROUP, -S *n* highly cohesive and relatively closed social group
INGROWN *adj* grown abnormally into the flesh
INGROWTH *n* act of growing inwards
INGRUM, -S *adj* ignorant ▹ *n* ignorant person
INGS ▸ **ing**
INGUINAL *adj* of or relating to the groin
INGULF, -ED, -S *variant spelling of* ▸ **engulf**
INGULPH, -S *archaic form of* ▸ **engulf**
INHABIT, -S *vb* live in
INHALANT *n* medical preparation inhaled to help breathing problems ▹ *adj* inhaled for its soothing or therapeutic effect
INHALE, -D, -S, INHALING *vb* breathe in (air, smoke, etc)
INHALER, -S *n* container for an inhalant
INHALES ▸ **inhale**
INHALING ▸ **inhale**
INHAUL, -S *n* line for hauling in a sail
INHAULER *same as* ▸ **inhaul**
INHAULS ▸ **inhaul**
INHAUST, -S *vb* drink in
INHEARSE *vb* bury
INHERCE, -D, -S *same as* ▸ **inhearse**
INHERE, -D, -S, INHERING *vb* be an inseparable part (of)
INHERENT *adj* existing as an inseparable part
INHERES ▸ **inhere**
INHERING ▸ **inhere**
INHERIT, -S *vb* receive (money etc) from someone who has died
INHESION *less common word for* > **inherence**
INHIBIN, -S *n* peptide hormone
INHIBIT, -S *vb* restrain (an impulse or desire)
INHOLDER *n* inhabitant
INHOOP, -ED, -S *vb* confine
INHUMAN *adj* cruel or brutal
INHUMANE *adj* not humane
INHUMATE *vb* bury
INHUME, -D, -S, INHUMING *vb* inter
INHUMER, -S ▸ **inhume**
INHUMES ▸ **inhume**
INHUMING ▸ **inhume**
INIA ▸ **inion**
INIMICAL *adj* unfavourable or hostile
INION, INIA, -S *n* most prominent point at the back of the head
INIQUITY *n* injustice or wickedness
INISLE, -D, -S, INISLING *vb* put on or make into an island
INITIAL, -S *adj* first, at the beginning ▹ *n* first letter, esp of a person's name ▹ *vb* sign with one's initials
INITIATE *vb* begin or set going ▹ *n* recently initiated person ▹ *adj* initiated
INJECT, -ED, -S *vb* put (a fluid) into the body with a syringe
INJECTOR ▸ **inject**
INJECTS ▸ **inject**
INJELLY *vb* place in jelly
INJERA, -S *n* white Ethiopian flatbread, similar to a crepe
INJOINT, -S *vb* join
INJUNCT, -S *vb* issue a legal injunction against (a person)
INJURE, -D, -S, INJURING *vb* hurt physically or mentally
INJURER, -S ▸ **injure**
INJURES ▸ **injure**
INJURIES ▸ **injury**
INJURING ▸ **injure**
INJURY, INJURIES *n* physical hurt
INK, -ED, -ING, -S *n* coloured liquid used for writing or printing ▹ *vb* mark in ink (something already marked in pencil)
INKBERRY *n* North American holly tree
INKBLOT, -S *n* abstract patch of ink
INKED ▸ **ink**
INKER, -S ▸ **ink**
INKHORN, -S *n* (formerly) a small portable container for ink
INKHOSI, AMAKHOSI, AMAKOSI, -S *n* Zulu clan chief
INKIER ▸ **inky**
INKIEST ▸ **inky**
INKINESS ▸ **inky**
INKING ▸ **ink**
INKJET, -S *adj* of a method of printing ▹ *n* inkjet printer
INKLE, -D, -S *n* kind of linen tape used for trimmings ▹ *vb* hint
INKLESS ▸ **ink**
INKLIKE ▸ **ink**
INKLING, -S *n* slight idea or suspicion
INKOSI, -S *same as* ▸ **inkhosi**
INKPAD, -S *n* pad used for rubber-stamping or fingerprinting
INKPOT, -S *n* ink-bottle
INKS ▸ **ink**
INKSPOT, -S *n* ink stain
INKSTAIN *n* stain made by ink
INKSTAND *n* stand or tray for holding writing tools and containers for ink
INKSTONE *n* stone used in making ink
INKWELL, -S *n* small container for ink
INKWOOD, -S *n* type of tree
INKY, INKIER, INKIEST *adj* dark or black
INLACE, -D, -S, INLACING *variant spelling of* ▸ **enlace**

INLAID ▸ **inlay**
INLAND, -S *adv* in or towards the interior of a country ▹ *adj* of or in the interior of a country or region ▹ *n* interior of a country or region
INLANDER ▸ **inland**
INLANDS ▸ **inland**
INLAY, INLAID, -ING, -S *n* inlaid substance or pattern ▹ *vb* decorate by inserting wooden pieces
INLAYER, -S ▸ **inlay**
INLAYING ▸ **inlay**
INLAYS ▸ **inlay**
INLET, -S *n* water extending from the sea into the land ▹ *vb* insert or inlay
INLIER, -S *n* outcrop of rocks surrounded by younger rocks
INLOCK, -ED, -S *vb* lock up
INLY *adv* inwardly
INLYING *adj* situated within or inside
INMATE, -S *n* person living in an institution such as a prison
INMESH, -ED, -ES *variant spelling of* ▸ **enmesh**
INMOST *adj* innermost
INN, -ED, -S *n* pub or small hotel, esp in the country ▹ *vb* stay at an inn
INNAGE, -S *n* type of measurement
INNARDS *pl n* internal organs
INNATE *adj* being part of someone's nature, inborn
INNATELY ▸ **innate**
INNATIVE *adj* native
INNED ▸ **inn**
INNER, -S *adj* happening or located inside ▹ *n* red innermost ring on a target
INNERLY ▸ **inner**
INNERS ▸ **inner**
INNERVE, -D, -S *vb* supply with nervous energy
INNING, -S *n* division of baseball match
INNIT *interj* isn't it
INNLESS *adj* without inns
INNOCENT *adj* not guilty of a crime ▹ *n* innocent person, esp a child
INNOVATE *vb* introduce new ideas or methods
INNS ▸ **inn**
INNUENDO *n* indirect reference to something rude or unpleasant
INNYARD, -S *n* courtyard of an inn
INOCULUM, INOCULA *n* substance used in giving an inoculation
INORB, -ED, -ING, -S *vb* enclose in or as if in an orb
INORNATE *adj* simple
INOSINE, -S *n* type of molecule making up cell
INOSITE, -S *same as* ▸ **inositol**
INOSITOL *n* cyclic alcohol
INOTROPE *n* drug for controlling muscular contractions
INPHASE *adj* in the same phase
INPOUR, -ED, -S *vb* pour in
INPUT, -S, -TED *n* resources put into a project etc ▹ *vb* enter (data) in a computer
INPUTTER ▸ **input**
INQILAB, -S *n* (in India, Pakistan, etc) revolution
INQUERE, -D, -S *Spenserian form of* ▸ **inquire**
INQUEST, -S *n* official inquiry into a sudden death
INQUIET, -S *vb* disturb
INQUIRE, -D, -S *vb* seek information or ask (about)
INQUIRER ▸ **inquire**
INQUIRES ▸ **inquire**
INQUIRY *n* question
INRO *n* Japanese seal-box
INROAD, -S *n* invasion or hostile attack
INRUN, -S *n* slope down which ski jumpers ski
INRUSH, -ES *n* sudden and overwhelming inward flow
INS ▸ **in**
INSANE, -R, -ST *adj* severely mentally ill
INSANELY ▸ **insane**
INSANER ▸ **insane**
INSANEST ▸ **insane**
INSANIE, -S *n* insanity
INSANITY *n* state of being insane
INSCAPE, -S *n* essential inner nature of a person, etc
INSCIENT *adj* ignorant
INSCONCE *vb* fortify
INSCRIBE *vb* write or carve words on
INSCROLL *vb* write on a scroll
INSCULP, -S *vb* engrave
INSCULPT *adj* engraved
INSEAM, -ED, -S *vb* contain
INSECT, -S *n* small animal with six legs
INSECTAN ▸ **insect**
INSECTS ▸ **insect**
INSECURE *adj* anxious, not confident
INSEEM, -ED, -S *vb* cover with grease
INSERT, -S *vb* put inside or include ▹ *n* something inserted
INSERTED *adj* (of a muscle) attached to the bone that it moves
INSERTER ▸ **insert**
INSERTS ▸ **insert**
INSET, -S, -TED *n* small picture inserted within a larger one ▹ *vb* place in or within ▹ *adj* decorated with something inserted
INSETTER ▸ **inset**
INSHEATH *vb* sheathe
INSHELL, -S *vb* retreat, as into a shell
INSHIP, -S *vb* travel or send by ship
INSHORE *adj* close to the shore ▹ *adv* towards the shore
INSHRINE *variant spelling of* ▸ **enshrine**
INSIDE, -S *prep* in or to the interior of ▹ *adj* on or of the inside ▹ *adv* on, in, or to the inside, indoors ▹ *n* inner side, surface, or part
INSIDER, -S *n* someone who has privileged knowledge
INSIDES ▸ **inside**
INSIGHT, -S *n* deep understanding
INSIGNE *same as* ▸ **insignia**
INSIGNIA *n* badge or emblem of honour or office
INSINEW, -S *vb* connect or strengthen, as with sinews
INSIPID *adj* lacking interest, spirit, or flavour
INSIST, -ED, -S *vb* demand or state firmly
INSISTER ▸ **insist**
INSISTS ▸ **insist**
INSNARE, -D, -S *less common spelling of* ▸ **ensnare**
INSNARER ▸ **insnare**
INSNARES ▸ **insnare**
INSOFAR *adv* to the extent
INSOLATE *vb* expose to sunlight, as for bleaching
INSOLE, -S *n* inner sole of a shoe or boot
INSOLENT *n* insolent person ▹ *adj* rude and disrespectful
INSOLES ▸ **insole**
INSOMNIA *n* inability to sleep
INSOMUCH *adv* such an extent
INSOOTH *adv* indeed
INSOUL, -ED, -S *variant of* ▸ **ensoul**

INSOURCE *vb* subcontract work to a company under the same general ownership
INSPAN, -S *vb* harness (animals) to (a vehicle)
INSPECT, -S *vb* check closely or officially
INSPHERE *variant spelling of* ▸ **ensphere**
INSPIRE, -S *vb* fill with enthusiasm, stimulate
INSPIRED *adj* brilliantly creative
INSPIRER ▸ **inspire**
INSPIRES ▸ **inspire**
INSPIRIT *vb* fill with vigour
INSPO, -S *n* source of inspiration
INSTABLE *less common word for* ▸ **unstable**
INSTAL, -S *same as* ▸ **install**
INSTALL, -S *vb* put in and prepare (equipment) for use
INSTALS ▸ **instal**
INSTANCE *n* particular example ▹ *vb* mention as an example
INSTANCY *n* quality of being urgent or imminent
INSTANT, -S *n* very brief time ▹ *adj* happening at once
INSTAR, -S *vb* decorate with stars ▹ *n* stage in the development of an insect
INSTATE, -D, -S *vb* place in a position or office
INSTEAD *adv* as a replacement or substitute
INSTEP, -S *n* part of the foot
INSTIL, -S *vb* introduce (an idea etc) gradually into someone's mind
INSTILL, -S *same as* ▸ **instil**
INSTILS ▸ **instil**
INSTINCT *n* inborn tendency to behave in a certain way ▹ *adj* animated or impelled (by)
INSTRESS *vb* create or sustain
INSTROKE *n* inward stroke
INSTRUCT *vb* order to do something
INSUCKEN *adj* of a sucken
INSULA, -E *n* pyramid-shaped area of the brain
INSULANT *n* insulation
INSULAR, -S *adj* not open to new ideas, narrow-minded ▹ *n* islander
INSULATE *vb* reduce the transfer of electricity, heat, or sound by lining with nonconducting material
INSULIN, -S *n* hormone produced in the pancreas
INSULSE *adj* stupid
INSULT, -ED, -S *vb* behave rudely to, offend ▹ *n* insulting remark or action
INSULTER ▸ **insult**
INSULTS ▸ **insult**
INSURANT *n* holder of an insurance policy
INSURE, -S, INSURING *vb* protect by insurance
INSURED, -S *adj* covered by insurance ▹ *n* those covered by an insurance policy
INSURER, -S *n* person or company that sells insurance
INSURES ▸ **insure**
INSURING ▸ **insure**
INSWATHE *vb* bind or wrap
INSWEPT *adj* narrowed towards the front
INSWING, -S *n* movement of a bowled ball
INTACT *adj* not changed or damaged in any way
INTACTLY ▸ **intact**
INTAGLIO, INTAGLI *n* (gem carved with) an engraved design
INTAKE, -S *n* amount or number taken in
INTARSIA *n* mosaic of inlaid wood
INTEGER, -S *n* positive or negative whole number or zero
INTEGRAL *adj* being an essential part of a whole ▹ *n* sum of a large number of very small quantities
INTEGRIN *n* protein that acts as a signal receptor between cells
INTEL, -S *n* US military intelligence
INTEND, -S *vb* propose or plan (to do something)
INTENDED *adj* planned or future ▹ *n* person whom one is to marry
INTENDER ▸ **intend**
INTENDS ▸ **intend**
INTENSE, -R *adj* of great strength or degree
INTENT, -S *n* intention ▹ *adj* paying close attention
INTENTLY ▸ **intent**
INTENTS ▸ **intent**
INTER, -RED, -S *vb* bury (a dead body)
INTERACT *vb* act on or in close relation with each other
INTERAGE *adj* between different ages
INTERBED *vb* lie between strata of different minerals
INTERCOM *n* internal communication system with loudspeakers
INTERCUT *another word for* ▸ **crosscut**
INTERESS *vb* interest
INTEREST *n* desire to know or hear more about something ▹ *vb* arouse the interest of
INTERIM, -S *adj* temporary, provisional, or intervening ▹ *n* intervening time ▹ *adv* meantime
INTERIOR *n* inside ▹ *adj* inside, inner
INTERLAP *less common word for* ▸ **overlap**
INTERLAY *vb* insert (layers) between ▹ *n* material, such as paper, placed between a printing plate and its base
INTERMAT *n* patch of seabed devoid of vegetation
INTERMIT *vb* suspend (activity) or (of activity) to be suspended temporarily or at intervals
INTERMIX *vb* mix together
INTERN, -ED, -S *vb* imprison, esp during a war ▹ *n* trainee doctor in a hospital
INTERNAL *adj* of or on the inside ▹ *n* medical examination of the inside of the body
INTERNE, -S *same as* ▸ **intern**
INTERNED ▸ **intern**
INTERNEE *n* person who is interned
INTERNES ▸ **interne**
INTERNET *n* worldwide computer network
INTERNS ▸ **intern**
INTERRED ▸ **inter**
INTERREX *n* person who governs during an interregnum
INTERROW *adj* occurring between rows
INTERS ▸ **inter**
INTERSEX *n* condition of having characteristics intermediate between those of a male and a female
INTERTIE *n* short roofing timber
INTERVAL *n* time between two particular moments or events
INTERWAR *adj* of or happening in the period between World War I and World War II
INTERWEB *same as* ▸ **internet**

INTHRAL, -S *archaic form of* ▸**enthral**
INTHRALL *archaic form of* ▸**enthral**
INTHRALS ▸**inthral**
INTHRONE *archaic form of* ▸**enthrone**
INTI, -S *n* former monetary unit of Peru
INTIFADA *n* Palestinian uprising against Israel in the West Bank and Gaza Strip
INTIL *Scot form of* ▸**into**
INTIMA, -E, -S *n* innermost layer of an organ or part
INTIMACY *n* close or warm friendship
INTIMAE ▸**intima**
INTIMAL ▸**intima**
INTIMAS ▸**intima**
INTIMATE *adj* having a close personal relationship ▹*n* close friend ▹*vb* hint at or suggest
INTIME *adj* intimate
INTIMISM *n* school of impressionist painting
INTIMIST ▸**intimism**
INTIMITY *n* intimacy
INTINE, -S *n* inner wall of a pollen grain or a spore
INTIRE *archaic form of* ▸**entire**
INTIS ▸**inti**
INTITLE, -D, -S *archaic form of* ▸**entitle**
INTITULE *vb* (in Britain) to entitle (an act of parliament)
INTO *prep* indicating motion towards the centre, result of a change, etc
INTOED *adj* having inward-turning toes
INTOMB, -ED, -S *same as* ▸**entomb**
INTONACO *n* wet plaster surface on which frescoes are painted
INTONATE *vb* pronounce with a rise and fall of the voice
INTONE, -D, -S, INTONING *vb* speak or recite in an unvarying tone of voice
INTONER, -S ▸**intone**
INTONES ▸**intone**
INTONING ▸**intone**
INTORT, -ED, -S *vb* twist inward
INTOWN *adj* infield
INTRA *prep* within
INTRADA, -S *n* prelude
INTRADAY *adj* occurring within one day
INTRADOS *n* inner curve or surface of an arch or vault
INTRANET *n* internal network that makes use of internet technology
INTRANT, -S *n* one who enters
INTREAT, -S *archaic spelling of* ▸**entreat**
INTRENCH *less common spelling of* ▸**entrench**
INTREPID *adj* fearless, bold
INTRIGUE *vb* make interested or curious ▹*n* secret plotting
INTRINCE *adj* intricate
INTRO, -S *n* introduction
INTROFY *vb* increase the wetting properties
INTROIT, -S *n* short prayer said or sung
INTROLD *variant of* ▸**entrold**
INTROMIT *vb* enter or insert or allow to enter or be inserted
INTRON, -S *n* stretch of DNA
INTRONIC *adj* of or like an intron
INTRONS ▸**intron**
INTRORSE *adj* turned inwards or towards the axis
INTROS ▸**intro**
INTRUDE, -D, -S *vb* come in or join in without being invited
INTRUDER *n* person who enters a place without permission
INTRUDES ▸**intrude**
INTRUST, -S *same as* ▸**entrust**
INTUBATE *vb* insert a tube or cannula into (a hollow organ)
INTUIT, -ED, -S *vb* know or discover by intuition
INTURN, -S *n* inward turn
INTURNED *adj* turned inward
INTURNS ▸**inturn**
INTUSE, -S *n* contusion
INTWINE, -D, -S *less common spelling of* ▸**entwine**
INTWIST, -S *vb* twist together
INUKSHUK *n* stone used by Inuit people to mark a location
INUKSUK, INUKSUIT, -S *same as* ▸**inukshuk**
INULA, -S *n* plant of the elecampane genus
INULASE, -S *n* enzyme
INULIN, -S *n* fructose polysaccharide
INUNDANT ▸**inundate**
INUNDATE *vb* flood
INURBANE *adj* not urbane
INURE, -D, -S, INURING *vb* cause to accept or become hardened to
INURN, -ED, -ING, -S *vb* place (esp cremated ashes) in an urn
INUST *adj* burnt in
INUSTION ▸**inust**
INUTILE *adj* useless
INVADE, -D, -S, INVADING *vb* enter (a country) by military force
INVADER, -S ▸**invade**
INVADES ▸**invade**
INVADING ▸**invade**
INVALID, -S *n* disabled or chronically ill person ▹*vb* dismiss from active service because of illness or injury ▹*adj* having no legal force
INVAR, -S *n* alloy made from iron and nickel
INVASION *n* invading
INVASIVE *adj* of or relating to an invasion, intrusion, etc
INVEAGLE *archaic form of* ▸**inveigle**
INVECKED *same as* ▸**invected**
INVECTED *adj* bordered with small convex curves
INVEIGH, -S *vb* criticize strongly
INVEIGLE *vb* coax by cunning or trickery
INVENIT *sentence substitute* (he or she) designed it
INVENT, -ED, -S *vb* think up or create (something new)
INVENTER *same as* ▸**inventor**
INVENTOR *n* person who invents, esp as a profession
INVENTS ▸**invent**
INVERITY *n* untruth
INVERSE, -D, -S *vb* make something opposite or contrary in effect ▹*adj* reversed in effect, sequence, direction, etc ▹*n* exact opposite
INVERT, -ED, -S *vb* turn upside down or inside out
INVERTER *n* any device for converting a direct current into an alternating current
INVERTIN *same as* ▸**invertase**
INVERTOR *same as* ▸**inverter**
INVERTS ▸**invert**
INVEST, -ED, -S *vb* spend (money, time, etc) with the expectation of profit
INVESTOR ▸**invest**
INVESTS ▸**invest**

INVEXED *adj* concave
INVIABLE *adj* not viable, esp financially
INVIABLY ▸ **inviable**
INVIOUS *adj* without paths or roads
INVIRILE *adj* unmanly
INVISCID *adj* not viscid
INVITAL *adj* not vital
INVITE, -D, -S *vb* request the company of ▷ *n* invitation
INVITEE, -S *n* one who is invited
INVITER, -S ▸ **invite**
INVITES ▸ **invite**
INVITING *adj* tempting, attractive ▷ *n* old word for invitation
INVOCATE *archaic word for* ▸ **invoke**
INVOICE, -D, -S *n* bill for goods or services ▷ *vb* present (a customer) with an invoice
INVOKE, -D, -S, INVOKING *vb* put (a law or penalty) into operation
INVOKER, -S ▸ **invoke**
INVOKES ▸ **invoke**
INVOKING ▸ **invoke**
INVOLUTE *adj* complex, intricate, or involved ▷ *n* curve described by the free end of a thread as it is wound around another curve ▷ *vb* become involute
INVOLVE, -D, -S *vb* include as a necessary part
INVOLVER ▸ **involve**
INVOLVES ▸ **involve**
INWALL, -ED, -S *vb* surround with a wall
INWARD *adj* directed towards the middle ▷ *adv* towards the inside or middle ▷ *n* inward part
INWARDLY *adv* within the private thoughts or feelings
INWARDS *adv* towards the inside or middle of something
INWEAVE, -D, -S, INWOVE, INWOVEN *vb* weave together
INWICK, -ED, -S *vb* perform a type of curling stroke
INWIND, -S, INWOUND *vb* wind or coil around
INWIT, -S *n* conscience
INWITH *adv* within
INWITS ▸ **inwit**
INWORK, -ED, -S *vb* work in
INWORN *adj* worn in
INWOUND ▸ **inwind**
INWOVE ▸ **inweave**
INWOVEN ▸ **inweave**
INWRAP, -S, -T *less common spelling of* ▸ **enwrap**
INYALA, -S *n* antelope
IO, -S *interj* exclamation of triumph ▷ *n* cry of 'io'
IODATE, -D, -S, IODATING *same as* ▸ **iodize**
IODATION ▸ **iodate**
IODIC *adj* of or containing iodine
IODID, -S *same as* ▸ **iodide**
IODIDE, -S *n* chemical compound
IODIDS ▸ **iodid**
IODIN, -S *same as* ▸ **iodine**
IODINATE *vb* cause to combine with iodine
IODINE, -S *n* bluish-black element
IODINS ▸ **iodin**
IODISE, -D, -S, IODISING *same as* ▸ **iodize**
IODISER, -S ▸ **iodise**
IODISES ▸ **iodise**
IODISING ▸ **iodise**
IODISM, -S *n* poisoning caused by iodine or its compounds
IODIZE, -D, -S, IODIZING *vb* treat with iodine
IODIZER, -S ▸ **iodize**
IODIZES ▸ **iodize**
IODIZING ▸ **iodize**
IODOFORM *n* yellow crystalline insoluble volatile solid
IODOPHOR *n* substance in which iodine is combined with an agent that renders it soluble
IODOPSIN *n* violet light-sensitive pigment in the retina
IODOUS *adj* of or containing iodine
IODURET, -S *n* iodide
IODYRITE *n* silver iodide
IOLITE, -S *n* grey or violet-blue dichroic mineral
ION, -S *n* electrically charged atom
IONIC *adj* of or in the form of ions
IONICITY *n* ionic character
IONICS *pl n* study of ions
IONISE, -D, -S, IONISING *same as* ▸ **ionize**
IONISER, -S *same as* ▸ **ionizer**
IONISES ▸ **ionise**
IONISING ▸ **ionise**
IONIUM, -S *n* naturally occurring radioisotope of thorium
IONIZE, -D, -S, IONIZING *vb* change into ions
IONIZER, -S *n* person or thing that ionizes
IONIZES ▸ **ionize**
IONIZING ▸ **ionize**
IONOGEN, -S *n* compound that exists as ions when dissolved
IONOMER, -S *n* type of thermoplastic
IONONE, -S *n* yellowish liquid mixture
IONS ▸ **ion**
IOPANOIC *adj* as in **iopanoic acid** type of acid containing iodine
IOS ▸ **io**
IOTA, -S *n* ninth letter in the Greek alphabet

This word for a Greek letter is another of those that come in handy when you are trying to rid your rack of too many vowels.

IOTACISM *n* pronunciation tendency in Modern Greek
IOTAS ▸ **iota**
IPECAC, -S *n* type of S American shrub
IPOMOEA, -S *n* convolvulaceous plant
IPPON, -S *n* winning point awarded in a judo or karate competition
IRACUND *adj* easily angered
IRADE, -S *n* written edict of a Muslim ruler
IRATE, -R, -ST *adj* very angry
IRATELY ▸ **irate**
IRATER ▸ **irate**
IRATEST ▸ **irate**
IRE, -D, -S, IRING *vb* anger ▷ *n* anger
IREFUL ▸ **ire**
IREFULLY ▸ **ire**
IRELESS ▸ **ire**
IRENIC *adj* tending to conciliate or promote peace
IRENICAL *same as* ▸ **irenic**
IRENICON *variant spelling of* ▸ **eirenicon**
IRENICS *n* branch of theology
IRES ▸ **ire**
IRID, -S *n* type of iris
IRIDAL ▸ **irid**
IRIDEAL ▸ **irid**
IRIDES ▸ **iris**
IRIDIAL ▸ **irid**
IRIDIAN ▸ **irid**
IRIDIC *adj* of or containing iridium
IRIDISE, -D, -S *vb* make iridescent
IRIDIUM, -S *n* very hard corrosion-resistant metal
IRIDIZE, -D, -S *vb* make iridescent

IRIDS ▸ **irid**
IRING ▸ **ire**
IRIS, IRIDES, -ED, -ES, -ING *n* part of the eye ▹ *vb* display iridescence
IRISATE, -D, -S *vb* make iridescent
IRISCOPE *n* instrument that displays the prismatic colours
IRISED ▸ **iris**
IRISES ▸ **iris**
IRISING ▸ **iris**
IRITIC ▸ **iritis**
IRITIS, -ES *n* inflammation of the iris of the eye

Since a plague of Is tends to afflict every Scrabble player's rack at regular intervals, it is well worth knowing words like this one, which use several of the wretched letter!

IRK, -ED, -ING, -S *vb* irritate, annoy
IRKSOME *adj* irritating, annoying
IROKO, -S *n* tropical African hardwood tree
IRON, -ED, -S *n* strong silvery-white metallic element ▹ *adj* made of iron ▹ *vb* smooth (clothes or fabric) with an iron
IRONBARK *n* Australian eucalyptus with hard rough bark
IRONCLAD *adj* covered or protected with iron ▹ *n* large wooden 19th-century warship with armoured plating
IRONE, -S *n* fragrant liquid

You may surprise your opponent by adding an E to **iron** if you know this word for a kind of aromatic oil.

IRONED ▸ **iron**
IRONER, -S ▸ **iron**
IRONES ▸ **irone**
IRONIC *adj* using irony
IRONICAL *same as* ▸ **ironic**
IRONIER ▸ **irony**
IRONIES ▸ **irony**
IRONIEST ▸ **irony**
IRONING, -S *n* clothes to be ironed
IRONISE, -D, -S *same as* ▸ **ironize**
IRONIST, -S ▸ **ironize**
IRONIZE, -D, -S *vb* use or indulge in irony
IRONLESS ▸ **iron**
IRONLIKE ▸ **iron**
IRONMAN, IRONMEN *n* very strong man
IRONNESS ▸ **iron**
IRONS ▸ **iron**
IRONSIDE *n* person with great stamina or resistance
IRONWARE *n* domestic articles made of iron
IRONWEED *n* plant with purplish leaves
IRONWOOD *n* any of various trees, such as hornbeam, with exceptionally hard wood
IRONWORK *n* work done in iron, esp decorative work
IRONY, IRONIER, IRONIES, IRONIEST *n* grammatical device ▹ *adj* of, resembling, or containing iron
IRREAL *adj* unreal
IRRIGATE *vb* supply (land) with water by artificial channels or pipes
IRRISION *n* mockery
IRRISORY *adj* mocking
IRRITANT *adj* causing irritation ▹ *n* something that annoys or irritates
IRRITATE *vb* annoy, anger
IRRUPT, -ED, -S *vb* enter forcibly or suddenly
IS *vb* form of the present tense of *be*
ISABEL, -S *n* brown yellow colour
ISABELLA *same as* ▸ **isabel**
ISABELS ▸ **isabel**
ISAGOGE, -S *n* academic introduction
ISAGOGIC > **isagogics**
ISARITHM *n* line on a map connecting places with the same population density
ISATIN, -S *n* yellowish-red crystalline compound
ISATINE, -S *same as* ▸ **isatin**
ISATINIC ▸ **isatin**
ISATINS ▸ **isatin**
ISBA, -S *n* log hut
ISCHEMIA *same as* > **ischaemia**
ISCHEMIC > **ischaemia**
ISCHIA ▸ **ischium**
ISCHIAL ▸ **ischium**
ISCHIUM, ISCHIA *n* part of the hipbone
ISCHURIA *n* retention of urine
ISH, -ES *n* issue

An **ish** is a word for an issue in Scots law. If you have I, S and H on your rack, remember that as well as adding **ish** to the end of many words, you can also play those letters as a word in its own right.

ISIT *sentence substitute* expression used in response to a statement
ISLAND, -ED, -S *n* piece of land surrounded by water ▹ *vb* cause to become an island
ISLANDER *n* person who lives on an island
ISLANDS ▸ **island**
ISLE, -D, -S, ISLING *vb* make an isle of ▹ *n* island
ISLELESS *adj* without islands
ISLEMAN, ISLEMEN *n* islander
ISLES ▸ **isle**
ISLESMAN, ISLESMEN *same as* ▸ **isleman**
ISLET, -S *n* small island
ISLETED *adj* having islets
ISLETS ▸ **islet**
ISLING ▸ **isle**
ISM, -S *n* doctrine, system, or practice

While **ism** can be added to the ends of many words as a suffix, it's worth remembering as a word in its own right.

ISMATIC *adj* following fashionable doctrines
ISMS ▸ **ism**
ISNA *vb* is not
ISNAE *same as* ▸ **isna**
ISO, -S *n* short segment of film that can be replayed easily
ISOAMYL, -S *n* as in **isoamyl acetate** colourless volatile compound
ISOBAR, -S *n* line on a map connecting areas of equal atmospheric pressure
ISOBARE, -S *same as* ▸ **isobar**
ISOBARIC *adj* having equal atmospheric pressure
ISOBARS ▸ **isobar**
ISOBASE, -S *n* line connecting points of equal land upheaval
ISOBATH, -S *n* line on a map connecting points of equal depth of water
ISOBRONT *n* line connecting points of simultaneous storm development
ISOBUTYL *n* as in **methyl isobutyl ketone** colourless insoluble liquid ketone used as a solvent for organic compounds
ISOCHASM *n* line connecting points of equal aurorae frequency

I

ISOCHEIM *n* line on a map connecting places with the same mean winter temperature
ISOCHIME *same as* ▸**isocheim**
ISOCHOR, -S *n* line on a graph showing variation of a fluid's temperature and pressure
ISOCHORE *same as* ▸**isochor**
ISOCHORS ▸**isochor**
ISOCHRON *n* line on an isotope ratio diagram
ISOCLINE *same as* > **isoclinal**
ISOCRACY *n* form of government in which all people have equal powers
ISOCRYME *n* line connecting points of equal winter temperature
ISODICON, ISODICA *n* short anthem
ISODOMON, ISODOMA *n* masonry formed of uniform blocks, with courses are of equal height
ISODOMUM *same as* ▸**isodomon**
ISODONT, -S *n* animal in which the teeth are of similar size
ISODOSE, -S *n* dose of radiation applied in radiotherapy
ISOETES *n* quillwort
ISOFORM, -S *n* protein similar in function but not form to another
ISOGAMIC ▸**isogamy**
ISOGAMY *n* fusion of similar gametes
ISOGENIC *same as* > **isogenous**
ISOGENY > **isogenous**
ISOGLOSS *n* line drawn on a linguistic map
ISOGON, -S *n* equiangular polygon
ISOGONAL *same as* ▸**isogonic**
ISOGONE, -S *same as* ▸**isogonic**
ISOGONIC *adj* having, making, or involving equal angles ▷*n* imaginary line connecting points on the earth's surface having equal magnetic declination
ISOGONS ▸**isogon**
ISOGONY ▸**isogonic**
ISOGRAFT *vb* grafting tissue from a donor genetically identical to the recipient
ISOGRAM, -S *same as* ▸**isopleth**
ISOGRAPH *n* line connecting points of the same linguistic usage
ISOGRIV, -S *n* line on a map connecting points of equal angular bearing
ISOHEL, -S *n* line on a map connecting places with equal sunshine
ISOHYET, -S *n* line on a map connecting places with equal rainfall
ISOKONT, -S *same as* > **isokontan**
ISOLABLE ▸**isolate**
ISOLATE, -D, -S *vb* place apart or alone ▷*n* isolated person or group
ISOLATOR ▸**isolate**
ISOLEAD, -S *n* line on a ballistic graph
ISOLEX, -ES *n* line on map showing where a particular word is used
ISOLINE, -S *same as* ▸**isopleth**
ISOLOG > **isologous**
ISOLOGS > **isologous**
ISOLOGUE > **isologous**
ISOMER, -S *n* compound that has the same molecular formula as another
ISOMERE, -S *same as* ▸**isomer**
ISOMERIC ▸**isomer**
ISOMERS ▸**isomer**
ISOMETRY *n* distance-preserving injective map between metric spaces
ISOMORPH *n* substance or organism that exhibits isomorphism
ISONOME, -S *n* line on a map showing equal abundance of a species
ISONOMIC ▸**isonomy**
ISONOMY *n* equality before the law of the citizens of a state
ISOPACH, -S *n* line on a map connecting places with equal rock thickness
ISOPHONE *n* isogloss marking off an area in which a particular feature of pronunciation is found
ISOPHOTE *n* line on a diagram of a celestial object joining points of equal brightness
ISOPLETH *n* line on a map connecting places with the same amount of some geographical phenomenon
ISOPOD, -S *n* type of crustacean ▷*adj* of this type of crustacean
ISOPODAN ▸**isopod**
ISOPODS ▸**isopod**
ISOPRENE *n* colourless volatile liquid with a penetrating odour
ISOS ▸**iso**
ISOSPIN, -S *n* number used to classify elementary particles
ISOSPORY *n* condition of having spores of only one kind
ISOSTACY *n* state of balance in earth's crust
ISOSTASY *same as* ▸**isostacy**
ISOTACH, -S *n* line on a map connecting points of equal wind speed
ISOTHERE *n* line on a map linking places with the same mean summer temperature
ISOTHERM *n* line on a map connecting points of equal temperature
ISOTONE, -S *n* atom with same number of neutrons as another
ISOTONIC *adj* (of two or more muscles) having equal tension
ISOTOPE, -S *n* atom with same atomic number as another
ISOTOPIC ▸**isotope**
ISOTOPY ▸**isotope**
ISOTRON, -S *n* device for separating small quantities of isotopes
ISOTROPY > **isotropic**
ISOTYPE, -S *n* pictorial presentation of statistical information
ISOTYPIC ▸**isotype**
ISOZYME, -S *n* variant of an enzyme
ISOZYMIC ▸**isozyme**
ISSEI, -S *n* first-generation Japanese immigrant
ISSUABLE *adj* capable of issuing or being issued
ISSUABLY ▸**issuable**
ISSUANCE *n* act of issuing
ISSUANT *adj* emerging or issuing
ISSUE, -D, -S, ISSUING *n* topic of interest or discussion ▷*vb* make (a statement etc) publicly
ISSUER, -S ▸**issue**
ISSUES ▸**issue**
ISSUING ▸**issue**
ISTANA, -S *n* (in Malaysia) a royal palace
ISTHMI ▸**isthmus**

ISTHMIAN *n* inhabitant of an isthmus ▷ *adj* relating to or situated in an isthmus
ISTHMIC ▶ **isthmus**
ISTHMOID ▶ **isthmus**
ISTHMUS, ISTHMI *n* narrow strip of land connecting two areas of land
ISTLE, -S *n* fibre obtained from various agave and yucca trees
IT *pron* refers to a nonhuman, animal, plant, or inanimate object ▷ *n* player whose turn it is to catch the others in children's games
ITA, -S *n* type of palm
ITACISM, -S *n* pronunciation of the Greek letter eta
ITACONIC *adj* as in **itaconic acid**, white colourless crystalline carboxylic acid
ITALIC, -S *adj* (of printing type) sloping to the right ▷ *n* style of printing type
ITAS ▶ **ita**
ITCH, -ED, -ES *n* skin irritation causing a desire to scratch ▷ *vb* have an itch
ITCHIER ▶ **itchy**
ITCHIEST ▶ **itchy**
ITCHILY ▶ **itch**
ITCHING, -S ▶ **itch**
ITCHWEED *n* white hellebore
ITCHY, ITCHIER, ITCHIEST ▶ **itch**
ITEM, -ED, -ING, -S *n* single thing in a list or collection ▷ *adv* likewise ▷ *vb* itemize
ITEMISE, -D, -S *same as* ▶ **itemize**
ITEMISER ▶ **itemise**
ITEMISES ▶ **itemise**
ITEMIZE, -D, -S *vb* make a list of
ITEMIZER ▶ **itemize**
ITEMIZES ▶ **itemize**
ITEMS ▶ **item**
ITERANCE ▶ **iterate**
ITERANT ▶ **iterate**
ITERATE, -D, -S *vb* repeat
ITERUM *adv* again
ITHER *Scot word for* ▶ **other**
ITS *pron* belonging to it ▷ *adj* of or belonging to it
ITSELF *pron* reflexive form of *it*
IURE *adv* by law
IVIED *adj* covered with ivy
IVIES ▶ **ivy**
IVORIED ▶ **ivory**
IVORIER ▶ **ivory**
IVORIES *pl n* keys of a piano
IVORIEST ▶ **ivory**
IVORIST, -S *n* worker in ivory
IVORY, IVORIER, IVORIEST *n* bony substance forming the tusks of elephants ▷ *adj* yellowish-white
IVRESSE, -S *n* drunkenness
IVY, IVIES *n* evergreen climbing plant
IVYLEAF *adj* as in **ivyleaf geranium** type of geranium plant
IVYLIKE ▶ **ivy**
IWI *n* Māori tribe

> This Māori word for a tribe is a great one for getting rid of an awkward combination of letters.

IWIS *archaic word for* > **certainly**
IXIA, -S *n* southern African plant
IXNAY *interj* nix
IXODID, -S *n* hard-bodied tick
IXORA, -S *n* flowering shrub
IXTLE, -S *same as* ▶ **istle**
IZAR, -S *n* long garment worn by Muslim women
IZARD, -S *n* type of goat-antelope
IZARS ▶ **izar**
IZVESTIA *n* news
IZZARD, -S *n* letter Z
IZZAT, -S *n* honour or prestige

J, being worth 8 points on its own, is a good tile for scoring well with, especially as it combines well with **Z** to make **jiz** and with **X** to make great words like **jeux**, **jinx** and **jynx**. However, **J** is a difficult letter when it comes to making bonus words scoring that extra 50 points, so you will normally want to play it off fairly quickly. There are two two-letter words that begin with **J**: **ja** and **jo**. As **J** has such a high value, look out for double- and triple-letter squares when playing these. There are plenty of good three-letter words starting with **J**: **jab** (12 points), **jak** (14), **jam** (12), **jar** (10), **jaw** (13), **jay** (13), **jet** (10), **jib** (12), **jig** (11), **job** (12), **jog** (11), **jot** (10), **joy** (13), **jug** (11) and **jut** (10).

JA *interj* yes ▷ *sentence substitute* yes
JAB, -BED, -BING, -S *vb* poke sharply ▷ *n* quick punch or poke
JABBER, -ED, -S *vb* talk rapidly or incoherently ▷ *n* rapid or incoherent talk
JABBERER ▶**jabber**
JABBERS ▶**jabber**
JABBING ▶**jab**
JABBLE, -D, -S, JABBLING *vb* ripple
JABERS *interj* Irish exclamation
JABIRU, -S *n* large white-and-black Australian stork
JABOT, -S *n* frill or ruffle on the front of a blouse or shirt
JABS ▶**jab**
JACAL, -ES, -S *n* Mexican daub hut
JACAMAR, -S *n* tropical American bird with an iridescent plumage
JACANA, -S *n* long-legged long-toed bird
JACARE, -S *another name for* ▶**cayman**
JACCHUS *n* small monkey
JACENT *adj* lying
JACINTH, -S *another name for* ▶**hyacinth**
JACINTHE *n* hyacinth
JACINTHS ▶**jacinth**
JACK, -ED *n* device for raising a motor vehicle or other heavy object ▷ *vb* lift or push (an object) with a jack
JACKAL, -S *n* doglike wild animal of Africa and Asia ▷ *vb* behave like a jackal
JACKAROO *same as* ▶**jackeroo**
JACKASS *n* fool
JACKBOOT *n* high military boot ▷ *vb* oppress
JACKDAW, -S *n* Eurasian bird of the crow family
JACKED ▶**jack**
JACKEEN, -S *n* slick self-assertive lower-class Dubliner
JACKER, -S *n* labourer
JACKEROO *n* young male management trainee on a sheep or cattle station ▷ *vb* work as a jackeroo
JACKERS ▶**jacker**
JACKET, -S *n* short coat ▷ *vb* put a jacket on (someone or something)
JACKETED ▶**jacket**
JACKETS ▶**jacket**
JACKFISH *n* small pike fish
JACKING, -S ▶**jack**
JACKLEG, -S *n* unskilled worker
JACKLING *n* particular way of winning the ball in rugby
JACKMAN, JACKMEN *n* retainer
JACKPOT, -S *n* largest prize that may be won in a game ▷ *vb* accumulate stake money in a prize fund
JACKROLL *vb* gang-rape
JACKS *n* type of game
JACKSTAY *n* object to which a sail edge is fastened along a yard
JACOBIN, -S *n* variety of fancy pigeon
JACOBUS *n* English gold coin
JACONET, -S *n* light cotton fabric
JACQUARD *n* fabric in which the design is incorporated into the weave
JACULATE *vb* hurl
JACUZZI, -S *n* type of bath or pool
JADE, -S, JADING *n* semiprecious stone ▷ *adj* bluish-green ▷ *vb* exhaust or make exhausted from work or use
JADED *adj* tired and unenthusiastic
JADEDLY ▶**jaded**
JADEITE, -S *n* usually green or white mineral
JADELIKE ▶**jade**
JADERY, JADERIES *n* shrewishness
JADES ▶**jade**
JADING ▶**jade**
JADISH ▶**jade**
JADISHLY ▶**jade**
JADITIC ▶**jade**
JAEGER, -S *n* German or Austrian marksman
JAFFA, -S *n* (in cricket) well-bowled ball
JAG, -GING, -S *n* period of uncontrolled indulgence in an activity ▷ *vb* cut unevenly
JAGA, -ED, -ING, -S *n* guard ▷ *vb* guard or watch
JAGER, -S *same as* ▶**jaeger**
JAGG, -S *same as* ▶**jag**
JAGGARY *same as* ▶**jaggery**
JAGGED, -ER ▶**jag**

JAGGEDLY ▸**jag**
JAGGER, -S *n* pedlar
JAGGERY *n* coarse brown sugar
JAGGHERY *same as* ▸**jaggery**
JAGGIER ▸**jaggy**
JAGGIES ▸**jaggy**
JAGGIEST ▸**jaggy**
JAGGING ▸**jag**
JAGGS ▸**jagg**
JAGGY, JAGGIER, JAGGIES, JAGGIEST *adj* prickly ▹*n* jagged computer image
JAGHIR, -S *n* Indian regional governance
JAGHIRE, -S *n* Indian regional governance
JAGHIRS ▸**jaghir**
JAGIR, -S *n* Indian regional governance
JAGLESS ▸**jag**
JAGRA, -S *n* Hindu festival
JAGS ▸**jag**
JAGUAR, -S *n* large S American spotted cat
JAI *interj* victory (to)
JAIL, -ED, -ING, -S *n* prison ▹*vb* send to prison
JAILABLE ▸**jail**
JAILBIRD *n* person who has often been in prison
JAILED ▸**jail**
JAILER, -S *n* person in charge of a jail
JAILING ▸**jail**
JAILLESS ▸**jail**
JAILOR, -S *same as* ▸**jailer**
JAILS ▸**jail**
JAK, -S *same as* ▸**jack**
JAKE, -R, -ST *adj* slang word meaning all right
JAKES, -ES *n* toilet; lavatory
JAKEST ▸**jake**
JAKEY, -S *n* derogatory Scots word for a homeless alcoholic person
JAKFRUIT *same as* >**jackfruit**
JAKS ▸**jak**
JALABIB ▸**jilbab**
JALAP, -S *n* Mexican convolvulaceous plant
JALAPENO *n* very hot type of green chilli pepper, used esp in Mexican cookery
JALAPIC ▸**jalap**
JALAPIN, -S *n* purgative resin
JALAPS ▸**jalap**
JALEBI, -S *n* type of Asian sweet fried snack
JALFREZI *adj* (in Indian cookery) stir-fried with green peppers, onions, and green chillies ▹*n* curry made with green peppers, onions, and green chillies
JALLEBI, -S *same as* ▸**jalebi**
JALOP, -S *same as* ▸**jalap**
JALOPIES ▸**jalopy**
JALOPPY *same as* ▸**jalopy**
JALOPS ▸**jalop**
JALOPY, JALOPIES *n* old car
JALOUSE, -D, -S *vb* suspect
JALOUSIE *n* window blind or shutter constructed from angled slats of wood, plastic, etc
JAM, -MED, -S *vb* pack tightly into a place ▹*n* fruit preserve or hold-up of traffic
JAMAAT, -S *n* Islamic council
JAMADAR, -S *n* Indian army officer
JAMB, -ED, -ING, -S *n* side post of a door or window frame ▹*vb* climb up a crack in rock
JAMBART, -S *same as* ▸**greave**
JAMBE, -S *same as* ▸**jamb**
JAMBEAU, -S, -X, JAMBEUX *another word for* ▸**greave**
JAMBED ▸**jamb**
JAMBEE, -S *n* light cane
JAMBER, -S *same as* ▸**greave**
JAMBES ▸**jambe**
JAMBEUX ▸**jambeau**
JAMBIER, -S *n* greave
JAMBING ▸**jamb**
JAMBIYA, -S *n* curved dagger
JAMBIYAH *same as* ▸**jambiya**
JAMBIYAS ▸**jambiya**
JAMBO *sentence substitute* E African salutation
JAMBOK, -S *same as* ▸**sjambok**
JAMBOLAN *n* Asian tree
JAMBONE, -S *n* type of play in the card game euchre
JAMBOOL, -S *same as* ▸**jambolan**
JAMBOREE *n* large gathering or celebration
JAMBS ▸**jamb**
JAMBU, -S *same as* ▸**jambolan**
JAMBUL, -S *same as* ▸**jambolan**
JAMBUS ▸**jambu**
JAMDANI, -S *n* patterned muslin
JAMES, -ES *n* jemmy
JAMJAR, -S *n* container for preserves
JAMLIKE ▸**jam**
JAMMABLE ▸**jam**
JAMMED ▸**jam**
JAMMER, -S ▸**jam**
JAMMIER ▸**jammy**
JAMMIES *informal word for* ▸**pyjamas**
JAMMIEST ▸**jammy**
JAMMING, -S ▸**jam**
JAMMY, JAMMIER, JAMMIEST *adj* lucky
JAMON *n* as in **jamon serrano** cured ham from Spain
JAMPAN, -S *n* type of sedan chair used in India
JAMPANEE *n* jampan bearer
JAMPANI, -S *same as* ▸**jampanee**
JAMPANS ▸**jampan**
JAMPOT, -S *n* container for preserves
JAMS ▸**jam**
JANE, -S *n* girl or woman
JANGLE, -D, -S, JANGLING *vb* (cause to) make a harsh ringing noise ▹*n* harsh ringing noise
JANGLER, -S ▸**jangle**
JANGLES ▸**jangle**
JANGLIER ▸**jangly**
JANGLING ▸**jangle**
JANGLY, JANGLIER *adj* making a jangling sound
JANIFORM *adj* with two faces
JANISARY *same as* >**janissary**
JANITOR, -S *n* caretaker of a school or other building
JANITRIX ▸**janitor**
JANIZAR, -S *same as* >**janissary**

This is an old word for a Turkish soldier, combining J and Z. If your opponent plays it, remember that you can add not only an S to it to form the plural, but also a Y, making the variant spelling **janizary**.

JANIZARY *same as* >**janissary**
JANKER, -S *n* device for transporting logs
JANN, -S *n* lesser jinn
JANNEY, -ED, -S *vb* act as a disguised reveller at Christmas
JANNIED ▸**janny**
JANNIES ▸**janny**
JANNOCK, -S *same as* ▸**jonnock**
JANNS ▸**jann**
JANNY, JANNIED, JANNIES, -ING *n* janitor ▹*vb* work as a janitor
JANSKY, -S *n* unit of flux density
JANTEE *archaic version of* ▸**jaunty**

JANTY, JANTIER, JANTIES, JANTIEST *n* petty officer ▷ *adj* (in archaic usage) jaunty
JAP, -PED, -PING, -S *vb* splash
JAPAN, -NED, -S *n* very hard varnish, usu black ▷ *vb* cover with this varnish ▷ *adj* relating to or varnished with japan
JAPANISE *same as* ▸ **japanize**
JAPANIZE *vb* make Japanese
JAPANNED ▸ **japan**
JAPANNER ▸ **japan**
JAPANS ▸ **japan**
JAPE, -D, -S, JAPING, JAPINGS *n* joke or prank ▷ *vb* joke or jest (about)
JAPER, -S ▸ **jape**
JAPERIES ▸ **japery**
JAPERS ▸ **japer**
JAPERY, JAPERIES ▸ **jape**
JAPES ▸ **jape**
JAPING ▸ **jape**
JAPINGLY ▸ **jape**
JAPINGS ▸ **jape**
JAPONICA *n* shrub with red flowers
JAPPED ▸ **jap**
JAPPING ▸ **jap**
JAPS ▸ **jap**
JAR, -RED, -S *n* wide-mouthed container ▷ *vb* have a disturbing or unpleasant effect
JARARACA *n* South American snake
JARARAKA *same as* ▸ **jararaca**
JARFUL, -S, JARSFUL *same as* ▸ **jar**
JARGON, -ED, -S *n* specialized technical language ▷ *vb* use or speak in jargon
JARGONEL *n* pear
JARGONS ▸ **jargon**
JARGONY *adj* full of jargon
JARGOON, -S *same as* ▸ **jargon**
JARHEAD, -S *n* US Marine
JARINA, -S *n* South American palm tree
JARK, -S *n* seal or pass
JARKMAN, JARKMEN *n* forger of passes or licences
JARKS ▸ **jark**
JARL, -S *n* Scandinavian chieftain or noble
JARLDOM, -S ▸ **jarl**
JARLS ▸ **jarl**
JAROOL, -S *n* Indian tree
JAROSITE *n* yellow to brown mineral
JAROVISE *same as* ▸ **jarovize**
JAROVIZE *vb* vernalize
JARP, -ED, -ING, -S *vb* strike or smash
JARRAH, -S *n* Australian eucalypt yielding valuable timber
JARRED ▸ **jar**
JARRING, -S ▸ **jar**
JARS ▸ **jar**
JARSFUL ▸ **jarful**
JARTA, -S *n* heart
JARUL, -S *variant of* ▸ **jarool**
JARVEY, -S *n* hackney coachman
JARVIE, -S *same as* ▸ **jarvey**
JASEY, -S *n* wig
JASIES ▸ **jasy**
JASMIN, -S *same as* ▸ **jasmine**
JASMINE, -S *n* shrub with sweet-smelling yellow or white flowers
JASMINS ▸ **jasmin**
JASP, -S *another word for* ▸ **jasper**
JASPE, -S *adj* resembling jasper ▷ *n* subtly striped woven fabric
JASPER, -S *n* variety of quartz
JASPERY *adj* resembling jasper
JASPES ▸ **jaspe**
JASPIS, -ES *archaic word for* ▸ **jasper**
JASPS ▸ **jasp**
JASS, -ES *obsolete variant of* ▸ **jazz**
JASSID, -S *n* leafhopper
JASY, JASIES *n* wig
JATAKA, -S *n* text describing the birth of Buddha
JATO, -S *n* jet-assisted takeoff
JATROPHA *n* poisonous shrub of C America used primarily as a biofuel
JAUK, -ED, -ING, -S *vb* dawdle
JAUNCE, -D, -S, JAUNCING *vb* prance
JAUNDICE *n* disease marked by yellowness of the skin ▷ *vb* distort (the judgment, etc) adversely
JAUNSE, -D, -S, JAUNSING *same as* ▸ **jaunce**
JAUNT, -ED, -ING, -S *n* short journey for pleasure ▷ *vb* make such a journey
JAUNTEE *old spelling of* ▸ **jaunty**
JAUNTIE *old spelling of* ▸ **jaunty**
JAUNTIER ▸ **jaunty**
JAUNTIES ▸ **jaunty**
JAUNTILY ▸ **jaunty**
JAUNTING ▸ **jaunt**
JAUNTS ▸ **jaunt**
JAUNTY, JAUNTIER, JAUNTIES *adj* sprightly and cheerful ▷ *n* master-at-arms on a naval ship
JAUP, -ED, -ING, -S *same as* ▸ **jarp**
JAVA, -S *n* coffee or a variety of it
JAVEL, -S *adj* as in **javel water** bleach or disinfectant
JAVELIN, -S *n* light spear thrown in sports competitions ▷ *vb* spear with a javelin
JAVELINA *n* collared peccary
JAVELINS ▸ **javelin**
JAVELLE *adj* as in javelle water, a bleach and antiseptic
JAVELS ▸ **javel**
JAW, -ED, -S *n* one of the bones in which the teeth are set ▷ *vb* talk lengthily
JAWAN, -S *n* (in India) a soldier
JAWARI, -S *n* variety of sorghum
JAWBONE, -D, -S *n* lower jaw of a person or animal ▷ *vb* try to persuade by virtue of one's high office or position
JAWBONER ▸ **jawbone**
JAWBONES ▸ **jawbone**
JAWBOX, -ES *n* metal sink

> This Scots word for a metal sink combines the J and X, and of course its plural **jawboxes**, earning an extra 50 points, would be even better.

JAWED ▸ **jaw**
JAWFALL, -S *n* depression
JAWHOLE, -S *n* cesspit
JAWING, -S ▸ **jaw**
JAWLESS ▸ **jaw**
JAWLIKE ▸ **jaw**
JAWLINE, -S *n* outline of the jaw
JAWS ▸ **jaw**
JAY, -S *n* type of bird
JAYBIRD, -S *n* jay
JAYCEE, -S *n* member of a Junior Chamber of Commerce
JAYGEE, -S *n* lieutenant junior grade in the US army
JAYS ▸ **jay**
JAYVEE, -S *n* junior varsity sports team
JAYWALK, -S *vb* cross or walk in a street recklessly or illegally

JAZERANT *n* coat of metal plates sewn onto cloth
JAZY, JAZIES *n* wig

This means a wig and is a wonderfully useful little word, combining J and Z for a high score.

JAZZ, -ED, -ES, -ING *n* kind of music ▷ *vb* play or dance to jazz music
JAZZBO, -S *n* jazz musician or fan
JAZZED ▸ **jazz**
JAZZER, -S ▸ **jazz**
JAZZES ▸ **jazz**
JAZZIER ▸ **jazzy**
JAZZIEST ▸ **jazzy**
JAZZILY ▸ **jazzy**
JAZZING ▸ **jazz**
JAZZLIKE ▸ **jazz**
JAZZMAN ▸ **jazz**
JAZZMEN ▸ **jazz**
JAZZY, JAZZIER, JAZZIEST *adj* flashy or showy
JEALOUS *adj* fearful of losing (something) to a rival
JEALOUSE *vb* be jealous of
JEALOUSY *n* state of or an instance of feeling jealous
JEAN *n* tough twill-weave cotton fabric
JEANED *adj* wearing jeans
JEANETTE *n* light jean cloth
JEANS *pl n* casual denim trousers
JEAT, -S *n* jet
JEBEL, -S *n* hill or mountain in an Arab country
JEDI, -S *n* person claiming to live according to the Jedi philosophy
JEE, -D, -ING, -S *variant of* ▸ **gee**
JEEL, -ED, -ING, -S *vb* make into jelly
JEELIE *same as* ▸ **jeely**
JEELIED ▸ **jeely**
JEELIES ▸ **jeely**
JEELING ▸ **jeel**
JEELS ▸ **jeel**
JEELY, JEELIED, JEELIES, -ING *n* jelly ▷ *vb* make into jelly
JEEP, -ED, -ING, -S *n* small military four-wheel drive road vehicle ▷ *vb* travel in a jeep
JEEPERS *interj* mild exclamation of surprise
JEEPING ▸ **jeep**
JEEPNEY, -S *n* Filipino bus converted from a jeep
JEEPS ▸ **jeep**
JEER, -ED, -S *vb* scoff or deride ▷ *n* cry of derision
JEERER, -S ▸ **jeer**
JEERING, -S ▸ **jeer**
JEERS ▸ **jeer**
JEES ▸ **jee**
JEESLY *same as* ▸ **jeezly**
JEEZ *interj* expression of surprise or irritation
JEEZE *same as* ▸ **jeez**
JEEZELY *same as* ▸ **jeezly**
JEEZLY *adj* used as an intensifier
JEFE, -S *n* (in Spanish-speaking countries) a military or political leader
JEFF, -ED, -ING, -S *vb* downsize or close down (an organization)
JEGGINGS *pl n* women's leggings designed to look like tight denim jeans
JEHAD, -S *same as* ▸ **jihad**
JEHADEEN *same as* ▸ **jihadeen**
JEHADI, -S *same as* ▸ **jihadi**
JEHADISM *same as* ▸ **jihadism**
JEHADIST ▸ **jehadism**
JEHADS ▸ **jehad**
JEHU, -S *n* fast driver
JEJUNA ▸ **jejunum**
JEJUNAL ▸ **jejunum**
JEJUNE *adj* simple or naive
JEJUNELY ▸ **jejune**
JEJUNITY ▸ **jejune**
JEJUNUM, JEJUNA, -S *n* part of the small intestine
JELAB, -S *same as* ▸ **jellaba**
JELL, -ED, -ING, -S *vb* form into a jelly-like substance
JELLABA, -S *n* loose robe with a hood
JELLABAH *same as* ▸ **jellaba**
JELLABAS ▸ **jellaba**
JELLED ▸ **jell**
JELLIED ▸ **jelly**
JELLIES ▸ **jelly**
JELLIFY *vb* make into or become jelly
JELLING ▸ **jell**
JELLO, -S *n* (in US English) type of dessert
JELLS ▸ **jell**
JELLY, JELLIED, JELLIES, -ING *n* fruit-flavoured clear dessert set with gelatine ▷ *vb* jellify
JELUTONG *n* Malaysian tree
JEMADAR, -S *n* native officer serving as a mercenary in India
JEMBE, -S *n* hoe
JEMIDAR, -S *same as* ▸ **jemadar**
JEMIMA, -S *n* boot with elastic sides
JEMMY, JEMMIED, JEMMIER, JEMMIES, JEMMIEST, -ING *n* short steel crowbar used by burglars ▷ *vb* prise (something) open with a jemmy ▷ *adj* neat
JENNET, -S *n* female donkey or ass
JENNY, JENNIES *same as* ▸ **jennet**
JEOFAIL, -S *n* oversight in legal pleading
JEON, -S *n* Korean pancake
JEOPARD, -S *vb* put in jeopardy
JEOPARDY *n* danger ▷ *vb* put in jeopardy
JERBIL, -S *variant spelling of* ▸ **gerbil**
JERBOA, -S *n* small mouselike rodent with long hind legs
JEREED, -S *same as* ▸ **jerid**
JEREMIAD *n* long mournful complaint
JEREPIGO *n* sweet fortified wine similar to port
JERID, -S *n* wooden javelin
JERK, -ED, -S *vb* move or throw abruptly ▷ *n* sharp or abruptly stopped movement
JERKER, -S ▸ **jerk**
JERKIER ▸ **jerky**
JERKIES ▸ **jerky**
JERKIEST ▸ **jerky**
JERKILY ▸ **jerky**
JERKIN, -S *n* sleeveless jacket
JERKING, -S ▸ **jerk**
JERKINS ▸ **jerkin**
JERKS ▸ **jerk**
JERKY, JERKIER, JERKIES, JERKIEST *adj* characterized by jerks ▷ *n* type of cured meat
JEROBOAM *n* wine bottle holding the equivalent of four normal bottles
JERQUE, -D, -S, JERQUING *vb* search for contraband

To **jerque** is to search a vessel for stolen goods, and if you have the right additional letters to make **jerqued**, **jerquer**, **jerques** or **jerquing**, using all your letters, you would get a really great score.

JERQUER, -S ▸ **jerque**
JERQUES ▸ **jerque**
JERQUING ▸ **jerque**
JERREED, -S *variant spelling of* ▸ **jerid**
JERRICAN *n* five-gallon fuel can

JERRID, -S *n* blunt javelin
JERRY, JERRIES *short for* ▸**jeroboam**
JERRYCAN *n* flat-sided can used for storing or transporting liquids, esp motor fuel
JERSEY, -S *n* knitted jumper
JERSEYED ▸**jersey**
JERSEYS ▸**jersey**
JESS, -ED, -ES, -ING *n* short leather strap used in falconry ▹*vb* put jesses on (a hawk or falcon)
JESSAMY *n* fop
JESSANT *adj* emerging
JESSE *same as* ▸**jess**
JESSED ▸**jess**
JESSES ▸**jess**
JESSING ▸**jess**
JEST, -ED, -S *vb* joke ▹*n* something done or said for amusement
JESTBOOK *n* book of amusing stories
JESTED ▸**jest**
JESTEE, -S *n* person about whom a joke is made
JESTER, -S *n* professional clown at court
JESTFUL ▸**jest**
JESTING, -S ▸**jest**
JESTS ▸**jest**
JESUS *n* French paper size
JET, -S, -TED, -TING *n* aircraft driven by jet propulsion ▹*vb* fly by jet aircraft
JETBEAD, -S *n* ornamental shrub
JETE, -S *n* dance step
JETFOIL, -S *n* type of hydrofoil that is propelled by water jets
JETLAG, -S *n* tiredness caused by crossing timezones in jet flight
JETLIKE ▸**jet**
JETLINER *n* commercial airliner powered by jet engines
JETON, -S *n* gambling chip
JETPACK, -S *n* wearable harness with jets, used for transport
JETPORT, -S *n* airport for jet planes
JETS ▸**jet**
JETSAM, -S *n* goods thrown overboard to lighten a ship
JETSOM, -S *same as* ▸**jetsam**
JETSON, -S *archaic form of* ▸**jetsam**
JETTED ▸**jet**
JETTIED ▸**jetty**
JETTIER ▸**jetty**
JETTIES ▸**jetty**
JETTIEST ▸**jetty**
JETTING ▸**jet**
JETTISON *vb* abandon
JETTON, -S *n* counter or token
JETTY, JETTIED, JETTIER, JETTIES, JETTIEST, -ING *n* small pier ▹*adj* of or resembling jet, esp in colour or polish ▹*vb* equip with a cantilevered floor
JETWAY, -S *n* tradename of device used in airports
JEU, -X *n* game

> **Jeu** is the French word for game or play. The plural form, **jeux**, is a great little word, using both J and X, particularly if you can play it on a double- or triple-word square.

JEUNE *adj* young
JEUX ▸**jeu**
JEWEL, -ED, -ING, -LED, -S *n* precious or semiprecious stone ▹*vb* fit or decorate with a jewel or jewels
JEWELER, -S *same as* ▸**jeweller**
JEWELING ▸**jewel**
JEWELLED ▸**jewel**
JEWELLER *n* dealer in jewels
JEWELRY *same as* ▸**jewellery**
JEWELS ▸**jewel**
JEWFISH *n* freshwater catfish
JEWIE, -S *n* jewfish
JEZAIL, -S *n* Afghan musket

> A **jezail** is a kind of Afghan musket, and if you have an S to go with it, earning the extra 50 points, so much the better.

JEZEBEL, -S *n* shameless or scheming woman
JHALA, -S *n* Indian musical style
JHATKA, -S *n* slaughter of animals for food according to Sikh law
JIAO, -S *n* Chinese currency unit
JIB, -S *same as* ▸**jibe**
JIBB, -ED, -S *same as* ▸**jibe**
JIBBA, -S *n* long, loose coat worn by Muslim men
JIBBAH, -S *same as* ▸**jubbah**
JIBBAS ▸**jibba**
JIBBED ▸**jibb**
JIBBER, -ED, -S *variant of* ▸**gibber**
JIBBING, -S ▸**jibb**
JIBBONS *pl n* spring onions
JIBBOOM, -S *n* spar forming an extension of the bowsprit
JIBBS ▸**jibb**
JIBE, -D, -S, JIBING *vb* taunt or jeer ▹*n* insulting or taunting remark
JIBER, -S ▸**jibe**
JIBES ▸**jibe**
JIBING ▸**jibe**
JIBINGLY ▸**jibe**
JIBS ▸**jib**
JICAMA, -S *n* pale brown turnip
JIFF, -S *same as* ▸**jiffy**
JIFFIES ▸**jiffy**
JIFFS ▸**jiff**
JIFFY, JIFFIES *n* very short period of time
JIG, -GED, -S *n* type of lively dance ▹*vb* dance a jig
JIGGER, -ED, -S *n* small whisky glass ▹*vb* interfere or alter
JIGGIER ▸**jiggy**
JIGGIEST ▸**jiggy**
JIGGING, -S ▸**jig**
JIGGISH ▸**jig**
JIGGLE, -D, -S, JIGGLING *vb* move up and down with short jerky movements ▹*n* short jerky motion
JIGGLIER ▸**jiggly**
JIGGLING ▸**jiggle**
JIGGLY, JIGGLIER ▸**jiggle**
JIGGY, JIGGIER, JIGGIEST *adj* resembling a jig
JIGLIKE ▸**jig**
JIGOT, -S *same as* ▸**gigot**
JIGS ▸**jig**
JIGSAW, -ED, -N, -S *n* type of game ▹*vb* cut with a jigsaw
JIHAD, -S *n* Islamic holy war against unbelievers
JIHADEEN *pl n* jihadists
JIHADI, -S *n* person who takes part in a jihad
JIHADISM *n* Islamic fundamentalist movement that favours jihads
JIHADIST ▸**jihadism**
JIHADS ▸**jihad**
JILBAB, JALABIB, -S *n* long robe worn by Muslim women
JILGIE, -S *n* freshwater crayfish
JILL, -S *variant spelling of* ▸**gill**
JILLAROO *n* female jackeroo
JILLET, -S *n* flighty or capricious woman
JILLION, -S *n* extremely large number or amount
JILLS ▸**jill**
JILT, -ED, -ING, -S *vb* leave or reject (one's lover) ▹*n* woman who jilts a lover

JILTER, -S ▸**jilt**
JILTING ▸**jilt**
JILTS ▸**jilt**
JIMCRACK *same as* ▸**gimcrack**
JIMINY *interj* expression of surprise
JIMJAMS, JIMJAM *pl n* state of nervous tension, excitement, or anxiety
JIMMIE *same as* ▸**jimmy**
JIMMIED ▸**jimmy**
JIMMIES ▸**jimmy**
JIMMINY *interj* expression of surprise
JIMMY, JIMMIED, JIMMIES, -ING *same as* ▸**jemmy**
JIMP, -ER, -EST *adj* handsome
JIMPIER ▸**jimpy**
JIMPIEST ▸**jimpy**
JIMPLY *adv* neatly
JIMPNESS ▸**jimp**
JIMPSON *same as* ▸**jimson**
JIMPY, JIMPIER, JIMPIEST *adj* neat and tidy
JIMSON, -S *n* as in **jimson weed** type of poisonous plant
JIN, -S *n* Chinese unit of weight
JINGAL, -S *n* swivel-mounted gun
JINGALL, -S *same as* ▸**jingal**
JINGALS ▸**jingal**
JINGBANG *n* entirety of something
JINGKO, -ES *same as* ▸**gingko**
JINGLE, -D, -S, JINGLING *n* catchy verse or song used in an advert ▹*vb* (cause to) make a gentle ringing sound
JINGLER, -S ▸**jingle**
JINGLES ▸**jingle**
JINGLET, -S *n* sleigh-bell clapper
JINGLIER ▸**jingly**
JINGLING ▸**jingle**
JINGLY, JINGLIER ▸**jingle**
JINGO, -ES *n* loud and bellicose patriot; chauvinism
JINGOISH ▸**jingo**
JINGOISM *n* aggressive nationalism
JINGOIST ▸**jingoism**
JINJILI, -S *n* type of sesame
JINK, -ED, -ING, -S *vb* move quickly or jerkily in order to dodge someone ▹*n* jinking movement
JINKER, -ED, -S *n* vehicle for transporting timber ▹*vb* carry or transport in a jinker
JINKING ▸**jink**
JINKS ▸**jink**
JINN ▸**jinni**
JINNE *interj* South African exclamation
JINNEE *same as* ▸**jinni**
JINNI, JINN, -S, JINNS *n* spirit in Muslim mythology
JINS ▸**jin**
JINX, -ED, -ES, -ING *n* person or thing bringing bad luck ▹*vb* be or put a jinx on
JIPIJAPA *n* plant whose leaves are used for making panama hats
JIPYAPA, -S *same as* ▸**jipijapa**
JIRBLE, -D, -S, JIRBLING *vb* pour carelessly
JIRD, -S *n* gerbil
JIRGA, -S *n* Afghan council
JIRKINET *n* bodice
JIRRE *same as* ▸**jinne**
JITNEY, -S *n* small cheap bus
JITTER, -ED, -S *vb* be anxious or nervous
JITTERY *adj* nervous
JIUJITSU *variant spelling of* ▸**jujitsu**
JIUJUTSU *same as* ▸**jujitsu**
JIVE, -D, -S, -ST, JIVING *n* lively dance of the 1940s and '50s ▹*vb* dance the jive ▹*adj* pertaining to or indicative of jive
JIVEASS *adj* misleading or phoney ▹*n* person who loves fun and excitement
JIVED ▸**jive**
JIVER, -S ▸**jive**
JIVES ▸**jive**
JIVEST ▸**jive**
JIVEY, JIVIER, JIVIEST *adj* jazzy; lively
JIVING ▸**jive**
JIVY *same as* ▸**jivey**
JIZ *n* wig

> When you find yourself with J and Z but nothing else that looks promising, there may well be an I on the board around which you can form **jiz**, which means a wig.

JIZZ, -ES *n* term for the characteristics that identify a particular species of bird or plant
JNANA, -S *n* type of yoga
JO *n* Scots word for sweetheart
JOANNA, -S *n* piano
JOANNES *same as* ▸**johannes**
JOB, -BED, -S *n* occupation or paid employment ▹*vb* work at casual jobs
JOBATION *n* scolding
JOBBED ▸**job**
JOBBER, -S *n* person who jobs
JOBBERY *n* practice of making private profit out of a public office
JOBBIE, -S *n* referring to a thing usually specified in the preceding part of a sentence
JOBBING, -S *adj* doing individual jobs for payment ▹*n* act of seeking work
JOBE, -D, -S, JOBING *vb* scold
JOBLESS *pl n* as in **the jobless** unemployed people ▹*adj* unemployed
JOBNAME, -S *n* title of position
JOBS ▸**job**
JOBSHARE *n* arrangement in which two people divide the duties for one job between them
JOCK, -S *n* athlete
JOCKDOM, -S *n* world of male athletes
JOCKETTE *n* female athlete
JOCKEY, -ED, -S *n* person who rides horses in races ▹*vb* ride (a horse) in a race
JOCKIER ▸**jocky**
JOCKIEST ▸**jocky**
JOCKISH *adj* macho
JOCKNEY, -S *n* the Scots dialect influenced by cockney speech patterns
JOCKO, -S *n* chimpanzee
JOCKS ▸**jock**
JOCKY, JOCKIER, JOCKIEST *adj* indicating or appropriate to a male athlete
JOCO, -S *adj* relaxed ▹*n* joke
JOCOSE, -R, -ST *adj* playful or humorous
JOCOSELY ▸**jocose**
JOCOSER ▸**jocose**
JOCOSEST ▸**jocose**
JOCOSITY ▸**jocose**
JOCULAR *adj* fond of joking
JOCUND, -ER *adj* merry or cheerful
JOCUNDLY ▸**jocund**
JODEL, -LED, -S *same as* ▸**yodel**
JODHPUR *n* as in **jodphur boots** ankle-length leather riding boots
JODHPURS *pl n* riding breeches
JOE, -S *same as* ▸**jo**
JOEY, -S *n* young kangaroo
JOG, -GED, -S *vb* run at a gentle pace, esp for exercise ▹*n* slow run
JOGGER, -S *n* person who runs at a jog for exercise

JOGGING, -S ▸**jog**
JOGGLE, -D, -S, JOGGLING *vb* shake or move jerkily ▹*n* act of joggling
JOGGLER, -S ▸**joggle**
JOGGLES ▸**joggle**
JOGGLING ▸**joggle**
JOGPANTS *pl n* trousers worn for jogging
JOGS ▸**jog**
JOGTROT, -S *n* easy bouncy gait ▹*vb* move at a jogtrot
JOHANNES *n* Portuguese gold coin minted in the early 18th century
JOHN, -S *n* toilet
JOHNBOAT *n* small flat-bottomed boat
JOHNNIE *same as* ▸**johnny**
JOHNNY, JOHNNIES *n* chap
JOHNS ▸**john**
JOIN, -ED, -S *vb* become a member (of) ▹*n* place where two things are joined
JOINABLE ▸**join**
JOINDER, -S *n* act of joining, esp in legal contexts
JOINED ▸**join**
JOINER, -S *n* maker of finished woodwork
JOINERY *n* joiner's work
JOINING, -S ▸**join**
JOINS ▸**join**
JOINT, -S *adj* shared by two or more ▹*n* place where bones meet but can move ▹*vb* divide meat into joints
JOINTED *adj* having a joint or joints
JOINTER, -S *n* tool for pointing mortar joints
JOINTING ▸**joint**
JOINTLY ▸**joint**
JOINTS ▸**joint**
JOINTURE *n* provision made by a husband for his spouse after his death
JOIST, -ED, -ING, -S *n* horizontal beam ▹*vb* construct (a floor, roof, etc) with joists
JOJOBA, -S *n* shrub of SW North America
JOKE, -D, -S *n* thing said or done to cause laughter ▹*vb* make jokes
JOKER, -S *n* person who jokes
JOKES ▸**joke**
JOKESOME ▸**joke**
JOKESTER *n* person who makes jokes
JOKEY, JOKIER, JOKIEST *adj* intended as a joke
JOKILY ▸**joke**
JOKINESS ▸**joke**
JOKING, -S *n* act of joking
JOKINGLY ▸**joke**
JOKINGS ▸**joking**
JOKOL *Shetland word for* ▸**yes**
JOKY *same as* ▸**jokey**
JOL, -LED, -LING, -S *n* party ▹*vb* have a good time
JOLE, -D, -S, JOLING *vb* knock
JOLL, -S *variant of* ▸**jole**
JOLLED ▸**jol**
JOLLER, -S *n* person who has a good time
JOLLEY, -S *same as* ▸**jolly**
JOLLEYER ▸**jolley**
JOLLEYS ▸**jolley**
JOLLIED ▸**jolly**
JOLLIER, -S *n* joker
JOLLIES ▸**jolly**
JOLLIEST ▸**jolly**
JOLLIFY *vb* be or cause to be jolly
JOLLILY ▸**jolly**
JOLLING ▸**jol**
JOLLITY *n* condition of being jolly
JOLLOF *adj* as in jollof rice, a W African dish made from rice and meat or fish
JOLLOP, -S *n* cream or unguent
JOLLS ▸**joll**
JOLLY, JOLLIED, JOLLIES, JOLLIEST, -ING *adj* full of good humour ▹*adv* extremely ▹*vb* try to make or keep (someone) cheerful ▹*n* festivity or celebration
JOLLYER, -S ▸**jolly**
JOLLYING ▸**jolly**
JOLS ▸**jol**
JOLT, -ED, -S *n* unpleasant surprise or shock ▹*vb* surprise or shock
JOLTER, -S ▸**jolt**
JOLTHEAD *n* fool
JOLTIER ▸**jolty**
JOLTIEST ▸**jolty**
JOLTILY ▸**jolt**
JOLTING, -S *n* act of jolting
JOLTS ▸**jolt**
JOLTY, JOLTIER, JOLTIEST ▸**jolt**
JOMO, -S *same as* ▸**zo**
JOMON, -S *n* particular era in Japanese history
JOMOS ▸**jomo**
JONCANOE *n* Jamaican ceremony
JONES, -ED, -ES, -ING *vb* desire
JONG, -S *n* friend, often used in direct address
JONGLEUR *n* (in medieval France) an itinerant minstrel
JONGS ▸**jong**
JONNOCK *adj* genuine ▹*adv* honestly
JONQUIL, -S *n* fragrant narcissus
JONTY, JONTIES *n* petty officer
JOOK, -ED, -ING, -S *vb* poke or puncture (the skin) ▹*n* jab or the resulting wound
JOOKERY *n* mischief
JOOKING ▸**jook**
JOOKS ▸**jook**
JOR, -S *n* movement in Indian music
JORAM, -S *same as* ▸**jorum**
JORDAN, -S *n* chamber pot
JORDELOO *same as* ▸**gardyloo**
JORS ▸**jor**
JORUM, -S *n* large drinking bowl or vessel or its contents
JOSEPH, -S *n* woman's floor-length riding coat
JOSH, -ED, -ES *vb* tease ▹*n* teasing or bantering joke
JOSHER, -S ▸**josh**
JOSHES ▸**josh**
JOSHING, -S *n* act of joshing
JOSKIN, -S *n* bumpkin
JOSS, -ES *n* Chinese deity
JOSSER, -S *n* unintelligent person
JOSSES ▸**joss**
JOSTLE, -D, -S, JOSTLING *vb* knock or push against ▹*n* act of jostling
JOSTLER, -S ▸**jostle**
JOSTLES ▸**jostle**
JOSTLING ▸**jostle**
JOT, -S, -TED *vb* write briefly ▹*n* very small amount
JOTA, -S *n* Spanish dance
JOTS ▸**jot**
JOTTED ▸**jot**
JOTTER, -S *n* notebook
JOTTIER ▸**jotty**
JOTTIEST ▸**jotty**
JOTTING, -S ▸**jot**
JOTTY, JOTTIER, JOTTIEST ▸**jot**
JOTUN, -S *n* giant
JOTUNN, -S *same as* ▸**jotun**
JOTUNS ▸**jotun**
JOUAL, -S *n* nonstandard variety of Canadian French
JOUGS *pl n* iron ring for restraining an offender
JOUK, -ED, -ING, -S *vb* duck or dodge ▹*n* sudden evasive movement
JOUKERY *same as* ▸**jookery**
JOUKING ▸**jouk**
JOUKS ▸**jouk**
JOULE, -D, -S, JOULING *n* unit of work or energy ▹*vb* knock

JOUNCE, -D, -S, JOUNCING *vb* shake or jolt or cause to shake or jolt ▷ *n* jolting movement
JOUNCIER ▶ **jouncy**
JOUNCING ▶ **jounce**
JOUNCY, JOUNCIER ▶ **jounce**
JOUR, -S *n* day
JOURNAL, -S *n* daily newspaper or magazine ▷ *vb* record in a journal
JOURNEY, -S *n* act of travelling from one place to another ▷ *vb* travel
JOURNO, -S *n* journalist
JOURS ▶ **jour**
JOUST, -ED, -S *n* combat between two knights ▷ *vb* fight on horseback using lances
JOUSTER, -S ▶ **joust**
JOUSTING *n* act of jousting
JOUSTS ▶ **joust**
JOVIAL *adj* happy and cheerful
JOVIALLY ▶ **jovial**
JOVIALTY ▶ **jovial**
JOW, -ED, -ING, -S *vb* ring (a bell)
JOWAR, -S *n* variety of sorghum
JOWARI, -S *same as* ▶ **jowar**
JOWARS ▶ **jowar**
JOWED ▶ **jow**
JOWING ▶ **jow**
JOWL, -ING, -S *n* lower jaw ▷ *vb* knock
JOWLED ▶ **jowl**
JOWLER, -S *n* dog with prominent jowls
JOWLIER ▶ **jowly**
JOWLIEST ▶ **jowly**
JOWLING ▶ **jowl**
JOWLS ▶ **jowl**
JOWLY, JOWLIER, JOWLIEST ▶ **jowl**
JOWS ▶ **jow**
JOY, -ED, -ING, -S *n* feeling of great delight or pleasure ▷ *vb* feel joy
JOYANCE, -S *n* joyous feeling or festivity
JOYED ▶ **joy**
JOYFUL *adj* feeling or bringing great joy
JOYFULLY ▶ **joyful**
JOYING ▶ **joy**
JOYLESS *adj* feeling or bringing no joy
JOYOUS *adj* extremely happy and enthusiastic
JOYOUSLY ▶ **joyous**
JOYPAD, -S *n* computer games console
JOYRIDE, -S, JOYRODE *n* drive in a car one has stolen ▷ *vb* take such a ride
JOYRIDER ▶ **joyride**
JOYRIDES ▶ **joyride**
JOYRODE ▶ **joyride**
JOYS ▶ **joy**
JOYSTICK *n* control device for an aircraft or computer
JUBA, -S *n* lively African-American dance
JUBATE *adj* possessing a mane
JUBBAH, -S *n* long loose outer garment with wide sleeves
JUBE, -S *n* part of a church or cathedral
JUBHAH, -S *same as* ▶ **jubbah**
JUBILANT *adj* feeling or expressing great joy
JUBILATE *vb* have or express great joy
JUBILE, -S *same as* ▶ **jubilee**
JUBILEE, -S *n* special anniversary, esp 25th or 50th
JUBILES ▶ **jubile**
JUCO, -S *n* junior college in America
JUD, -S *n* large block of coal
JUDAS, -ES *n* peephole
JUDDER, -ED, -S *vb* vibrate violently ▷ *n* violent vibration
JUDDERY *adj* shaky
JUDGE, -D, -S *n* public official ▷ *vb* act as a judge
JUDGER, -S ▶ **judge**
JUDGES ▶ **judge**
JUDGEY *adj* tending to be judgmental
JUDGIER ▶ **judgy**
JUDGIEST ▶ **judgy**
JUDGING, -S *n* act of judging
JUDGMENT *n* opinion reached after careful thought
JUDGY, JUDGIER, JUDGIEST *adj* tending to be judgmental
JUDICARE *n* (in Canada) state-paid legal services
JUDICIAL *adj* of or by a court or judge
JUDIES ▶ **judy**
JUDO, -S *n* type of sport
JUDOGI, -S *n* white two-piece cotton costume
JUDOIST, -S ▶ **judo**
JUDOKA, -S *n* competitor or expert in judo
JUDOS ▶ **judo**
JUDS ▶ **jud**
JUDY, JUDIES *n* woman
JUG, -GED, -GING, -GINGS, -S *n* container for liquids ▷ *vb* stew or boil (meat, esp hare) in an earthenware container
JUGA ▶ **jugum**
JUGAAD, -S *n* (in Indian English) problem-solving
JUGAL, -S *adj* of or relating to the zygomatic bone ▷ *n* cheekbone
JUGATE *adj* having parts arranged in pairs
JUGFUL, -S, JUGSFUL *same as* ▶ **jug**
JUGGED ▶ **jug**
JUGGING ▶ **jug**
JUGGINGS ▶ **jug**
JUGGINS *n* silly person
JUGGLE, -D, -S, JUGGLING *vb* throw and catch (objects) to keep them in the air ▷ *n* act of juggling
JUGGLER, -S *n* person who juggles, esp a professional entertainer
JUGGLERY ▶ **juggle**
JUGGLES ▶ **juggle**
JUGGLING ▶ **juggle**
JUGHEAD, -S *n* clumsy person
JUGLET, -S *n* small jug
JUGS ▶ **jug**
JUGSFUL ▶ **jugful**
JUGULA ▶ **jugulum**
JUGULAR, -S *n* one of three large veins of the neck
JUGULATE *vb* check (a disease) by extreme measures or remedies
JUGULUM, JUGULA *n* lower throat
JUGUM, JUGA, -S *n* part of an insect's forewing
JUICE, -D, -S, JUICING *n* liquid part of vegetables, fruit, or meat ▷ *vb* extract juice from fruits and vegetables
JUICER, -S *n* kitchen appliance
JUICES ▶ **juice**
JUICIER ▶ **juicy**
JUICIEST ▶ **juicy**
JUICILY ▶ **juicy**
JUICING ▶ **juice**
JUICY, JUICIER, JUICIEST *adj* full of juice
JUJITSU, -S *n* Japanese martial art
JUJU, -S *n* W African magic charm or fetish
JUJUBE, -S *n* chewy sweet made of flavoured gelatine
JUJUISM, -S ▶ **juju**
JUJUIST, -S ▶ **juju**
JUJUS ▶ **juju**
JUJUTSU, -S *same as* ▶ **jujitsu**

J

JUKE, -D, -S, JUKING *vb* dance or play dance music
JUKEBOX *n* coin-operated music box
JUKED ▸**juke**
JUKES ▸**juke**
JUKING ▸**juke**
JUKSKEI, -S *n* type of game
JUKU, -S *n* Japanese martial art
JULEP, -S *n* sweet alcoholic drink
JULIENNE *adj* (of vegetables or meat) cut into thin shreds ▹*n* clear soup containing thinly shredded vegetables ▹*vb* cut into thin pieces
JULIET, -S *n* code word for the letter J
JUMAR, -ED, -ING, -RED, -S *n* climbing tool ▹*vb* climb (up a fixed rope) using jumars
JUMART, -S *n* mythical offspring of a bull and a mare
JUMBAL, -S *same as* ▸**jumble**
JUMBIE, -S *n* Caribbean ghost
JUMBLE, -D, -S, JUMBLING *n* confused heap or state ▹*vb* mix in a disordered way
JUMBLER, -S ▸**jumble**
JUMBLES ▸**jumble**
JUMBLIER ▸**jumbly**
JUMBLING ▸**jumble**
JUMBLY, JUMBLIER ▸**jumble**
JUMBO, -S *adj* very large ▹*n* large jet airliner
JUMBOISE *same as* ▸**jumboize**
JUMBOIZE *vb* extend (a ship) by inserting a part between the bow and stern
JUMBOS ▸**jumbo**
JUMBUCK, -S *n* sheep
JUMBY *n* Caribbean ghost
JUMELLE, -S *n* paired objects
JUMP, -ED, -S *vb* leap or spring into the air using the leg muscles ▹*n* act of jumping
JUMPABLE ▸**jump**
JUMPED ▸**jump**
JUMPER, -S *n* sweater or pullover
JUMPIER ▸**jumpy**
JUMPIEST ▸**jumpy**
JUMPILY ▸**jumpy**
JUMPING, -S ▸**jump**
JUMPOFF, -S *n* round in a showjumping contest
JUMPROPE *n* rope held in the hands and jumped over
JUMPS ▸**jump**
JUMPSHOT *n* type of shot in basketball in which a player jumps to reach the basket
JUMPSIES *pl n* game involving jumping over a straight rope
JUMPSUIT *n* one-piece garment of combined trousers and jacket or shirt
JUMPY, JUMPIER, JUMPIEST *adj* nervous
JUN *variant of* ▸**chon**
JUNCATE, -S *same as* ▸**junket**
JUNCO, -ES, -S *n* North American bunting
JUNCTION *n* place where routes, railway lines, or roads meet
JUNCTURE *n* point in time, esp a critical one
JUNCUS, -ES *n* type of rush
JUNGLE, -S *n* tropical forest of dense tangled vegetation
JUNGLED *adj* covered with jungle
JUNGLES ▸**jungle**
JUNGLI, -S *n* uncultured person
JUNGLIER ▸**jungly**
JUNGLIS ▸**jungli**
JUNGLIST *n* jungle-music enthusiast
JUNGLY, JUNGLIER ▸**jungle**
JUNIOR, -ED, -S *adj* of lower standing ▹*n* junior person ▹*vb* work as a junior
JUNIPER, -S *n* evergreen shrub with purple berries
JUNK, -ED, -ING, -S *n* discarded or useless objects ▹*vb* discard as junk
JUNKANOO *n* Bahamian ceremony
JUNKED ▸**junk**
JUNKER, -S *n* (formerly) young German nobleman
JUNKET, -ED, -S *n* excursion by public officials ▹*vb* (of a public official, committee, etc) to go on a junket
JUNKETER ▸**junket**
JUNKETS ▸**junket**
JUNKIE, -S *n* slang word for person addicted to something
JUNKIER ▸**junky**
JUNKIES ▸**junkie**
JUNKIEST ▸**junky**
JUNKING ▸**junk**
JUNKMAN, JUNKMEN *n* man who trades in discarded items
JUNKS ▸**junk**
JUNKY, JUNKIER, JUNKIEST *adj* of low quality
JUNKYARD *n* place where junk is stored or collected for sale
JUNTA, -S *n* military officers holding power in a country
JUNTO, -S *same as* ▸**junta**
JUPATI, -S *n* type of palm tree
JUPE, -S *n* sleeveless jacket
JUPON, -S *n* short sleeveless padded garment
JURA ▸**jus**
JURAL *adj* of or relating to law or to the administration of justice
JURALLY ▸**jural**
JURANT, -S *n* person taking oath
JURASSIC *adj* of the second period of the Mesozoic era
JURAT, -S *n* statement at the foot of an affidavit
JURATORY *adj* of, relating to, or expressed in an oath
JURATS ▸**jurat**
JURE, -S *adv* by legal right ▹*n* legal right
JUREL, -S *n* edible fish
JURES ▸**jure**
JURIDIC *same as* >**juridical**
JURIED ▸**jury**
JURIES ▸**jury**
JURIST, -S *n* expert in law
JURISTIC *adj* of or relating to jurists
JURISTS ▸**jurist**
JUROR, -S *n* member of a jury
JURY, JURIED, JURIES, -ING *n* group of people sworn to deliver a verdict in a court of law ▹*adj* makeshift ▹*vb* evaluate by jury
JURYLESS ▸**jury**
JURYMAN, JURYMEN *n* member of a jury, esp a man
JURYMAST *n* replacement mast
JURYMEN ▸**juryman**
JUS, JURA *n* right, power, or authority
JUSSIVE, -S *n* mood of verbs used for giving orders; imperative
JUST, -ED, -EST, -ING *adv* very recently ▹*adj* fair or impartial in action or judgment ▹*vb* joust
JUSTER, -S ▸**just**
JUSTEST ▸**just**
JUSTICE, -S *n* quality of being just
JUSTICER *n* magistrate
JUSTICES ▸**justice**
JUSTIFY *vb* prove right or reasonable
JUSTING ▸**just**

J

JUSTLE, -D, -S, JUSTLING *less common word for* ▸**jostle**
JUSTLY ▸**just**
JUSTNESS ▸**just**
JUSTS *same as* ▸**joust**
JUT, -S, -TED, -TING *vb* project or stick out ▹*n* something that juts out
JUTE, -S *n* plant fibre, used for rope, canvas, etc
JUTELIKE ▸**jute**
JUTES ▸**jute**
JUTS ▸**jut**
JUTTED ▸**jut**
JUTTIED ▸**jutty**
JUTTIER ▸**jutty**
JUTTIES ▸**jutty**
JUTTIEST ▸**jutty**
JUTTING ▸**jut**
JUTTY, JUTTIED, JUTTIER, JUTTIES, JUTTIEST, -ING *vb* project beyond ▹*adj* characterized by jutting
JUVE, -S *same as* ▸**juvenile**
JUVENAL, -S *variant spelling (esp US) of* ▸**juvenile**
JUVENILE *adj* young ▹*n* young person or child
JUVES ▸**juve**
JUVIE, -S *n* juvenile detention centre
JYMOLD *adj* having a hinge
JYNX, -ES *n* wryneck

This unusual word, another name for the bird known as a wryneck, is unique in combining J, Y and X without using any vowels.

J

Kk

Worth 5 points, **K** is a valuable tile to have in your rack. However, it's not the most useful tile for forming bonus words scoring that extra 50 points, so, as with the **J**, you will normally want to play it off fairly quickly. There are four two-letter words beginning with **K**: **ka**, **ki**, **ko** and **ky**. When it comes to three-letter words, remember **keg** (8 points), **ken** (7), **key** (10), **kex** (14), **kid** (8), **kin** (7), **kip** (9) and **kit** (7). Other three-letter words with **K** well worth remembering are **jak** (14) and **zek** (16).

KA, -ING, -S *n* (in ancient Egypt) type of spirit ▷ *vb* (in archaic usage) help
KAAL *adj* naked
KAAMA, -S *n* large African antelope with lyre-shaped horns
KAAS *n* Dutch cabinet or wardrobe
KAB, -S *variant spelling of* ▸ **cab**
KABAB, -BED, -S *same as* ▸ **kebab**
KABADDI, -S *n* type of game
KABAKA, -S *n* any of the former rulers of the Baganda people
KABALA, -S *same as* ▸ **kabbalah**
KABALISM ▸ **kabala**
KABALIST ▸ **kabala**
KABAR, -S *archaic form of* ▸ **caber**
KABAYA, -S *n* tunic
KABBALA, -S *same as* ▸ **kabbalah**
KABBALAH *n* ancient Jewish mystical tradition
KABBALAS ▸ **kabbala**
KABELE, -S *same as* ▸ **kebele**
KABELJOU *n* large fish that is an important food fish of South African waters
KABIKI, -S *n* fruit tree found in India
KABLOOEY *interj* expressing alarming or surprising abruptness
KABLOOIE *same as* ▸ **kablooey**
KABLOONA *n* (among Canadian Inuits) person who is not Inuit
KABOB, -BED, -S *same as* ▸ **kebab**
KABOCHA, -S *n* type of Japanese pumpkin
KABOODLE *same as* ▸ **caboodle**
KABOOM, -S *n* loud echoing explosive sound
KABS ▸ **kab**
KABUKI, -S *n* form of Japanese drama
KACCHA, -S *n* trousers worn traditionally by Sikhs
KACHA *adj* crude
KACHAHRI *n* Indian courthouse
KACHCHA *same as* ▸ **kacha**
KACHERI, -S *same as* ▸ **kachahri**
KACHINA, -S *n* type of supernatural being
KACHORI, -S *n* balls of fried dough with various fillings, eaten as a snack
KACK *same as* ▸ **cack**
KADAI, -S *same as* ▸ **karahi**
KADDISH *n* ancient Jewish liturgical prayer
KADE, -S *same as* ▸ **ked**
KADI, -S *variant spelling of* ▸ **cadi**
KAE, -D, -ING, -S *n* dialect word for jackdaw or jay ▷ *vb* (in archaic usage) help
KAF, -S *n* letter of the Hebrew alphabet
KAFFIR, -S *n* Southern African variety of sorghum
KAFFIYAH *same as* ▸ **kaffiyeh**
KAFFIYEH *same as* ▸ **keffiyeh**
KAFILA, -S *n* caravan
KAFIR, -S *same as* ▸ **kaffir**
KAFS ▸ **kaf**
KAFTAN, -S *n* long loose Eastern garment
KAFUFFLE *n* commotion or disorder
KAGO, -S *n* Japanese sedan chair
KAGOOL, -S *variant spelling of* ▸ **cagoule**
KAGOS ▸ **kago**
KAGOUL, -S *variant spelling of* ▸ **cagoule**
KAGOULE, -S *same as* ▸ **kagoul**
KAGOULS ▸ **kagoul**
KAGU, -S *n* crested nocturnal bird
KAHAL, -S *n* Jewish community
KAHAWAI, -S *n* food and game fish of New Zealand
KAHUNA, -S *n* Hawaiian priest, shaman, or expert
KAI, -S *n* food
KAIAK, -ED, -ING, -S *same as* ▸ **kayak**
KAID, -S *n* North African chieftain or leader
KAIE, -S *archaic form of* ▸ **key**
KAIF, -S *same as* ▸ **kif**
KAIK, -S *same as* ▸ **kainga**
KAIKA, -S *same as* ▸ **kainga**
KAIKAI, -S *n* food
KAIKAS ▸ **kaika**
KAIKS ▸ **kaik**
KAIL, -S *same as* ▸ **kale**
KAILYARD *same as* ▸ **kaleyard**
KAIM, -S *same as* ▸ **kame**
KAIMAKAM *n* Turkish governor
KAIMS ▸ **kaim**
KAIN, -S *variant spelling of* ▸ **cain**

KAING ▸ **ka**
KAINGA, -S *n* (in New Zealand) a Māori village or small settlement
KAINIT, -S *same as* ▸ **kainite**
KAINITE, -S *n* white mineral
KAINITS ▸ **kainit**
KAINS ▸ **kain**
KAIS ▸ **kai**
KAISER, -S *n* German or Austro-Hungarian emperor
KAISERIN *n* empress
KAISERS ▸ **kaiser**
KAIZEN, -S *n* type of philosophy
KAJAWAH, -S *n* type of seat or pannier used on a camel
KAJEPUT, -S *n* variety of Australian melaleuca
KAKA, -S *n* parrot of New Zealand
KAKAPO, -S *n* nocturnal New Zealand parrot
KAKARIKI *n* green-feathered New Zealand parrot
KAKAS ▸ **kaka**
KAKEMONO *n* Japanese wall hanging
KAKI, -S *n* Asian persimmon tree
KAKIEMON *n* type of 17th century Japanese porcelain
KAKIS ▸ **kaki**
KAKIVAK, -S *n* fish spear used by Inuit people
KAKODYL, -S *variant spelling of* ▸ **cacodyl**
KAKURO, -S *n* crossword-style puzzle with numbers
KALAM, -S *n* discussion and debate
KALAMATA *n* as in **kalamata olive** aubergine-coloured Greek olive
KALAMDAN *n* Persian box in which to keep pens
KALAMS ▸ **kalam**
KALE, -S *n* cabbage with crinkled leaves
KALENDAR *variant form of* ▸ **calendar**
KALENDS *same as* ▸ **calends**
KALES ▸ **kale**
KALEWIFE *n* Scots word for a female vegetable or cabbage seller
KALEYARD *n* vegetable garden
KALI, -S *another name for* ▸ **saltwort**
KALIAN, -S *another name for* ▸ **hookah**
KALIF, -S *variant spelling of* ▸ **caliph**
KALIFATE *same as* > **caliphate**
KALIFS ▸ **kalif**
KALIMBA, -S *n* musical instrument
KALINITE *n* alum
KALIPH, -S *variant spelling of* ▸ **caliph**
KALIS ▸ **kali**
KALIUM, -S *n* Latin for potassium
KALLIDIN *n* type of peptide
KALMIA, -S *n* evergreen ericaceous shrub
KALONG, -S *n* fruit bat
KALOOKI, -S *n* card game
KALOOKIE *same as* ▸ **kalooki**
KALOOKIS ▸ **kalooki**
KALOTYPE *variant spelling of* ▸ **calotype**
KALPA, -S *n* period in Hindu cosmology
KALPAC, -S *same as* ▸ **calpac**
KALPAK, -S *variant spelling of* ▸ **calpac**
KALPAS ▸ **kalpa**
KALPIS, -ES *n* Greek water jar
KALUKI, -S *same as* ▸ **kalooki**
KALUMPIT *n* type of Filipino fruit tree or its fruit
KALYPTRA *n* Greek veil
KAM *Shakespearean word for* ▸ **crooked**
KAMA, -S *n* large African antelope with lyre-shaped horns
KAMAAINA *n* Hawaiian local
KAMACITE *n* alloy of iron and nickel, occurring in meteorites
KAMAHI, -S *n* hardwood tree
KAMALA, -S *n* East Indian tree
KAMAS ▸ **kama**
KAME, -S *n* irregular mound of gravel, sand, etc
KAMEES, -ES *same as* ▸ **kameez**
KAMEEZ, -ES *n* long tunic
KAMELA, -S *same as* ▸ **kamala**
KAMERAD, -S *interj* shout of surrender ▹ *vb* surrender
KAMES ▸ **kame**
KAMI *n* divine being or spiritual force in Shinto
KAMICHI, -S *n* South American bird
KAMIK, -S *n* traditional Inuit boot
KAMIKAZE *n* Japanese pilot who performed a suicide mission ▹ *adj* undertaken in the knowledge that it will kill the person performing it
KAMIKS ▸ **kamik**
KAMILA, -S *same as* ▸ **kamala**
KAMIS, -ES *same as* ▸ **kameez**
KAMME *same as* ▸ **kam**
KAMOKAMO *n* kind of marrow found in New Zealand
KAMOTIK, -S *n* type of Inuit sledge
KAMOTIQ, -S *same as* ▸ **kamotik**
KAMPONG, -S *n* (in Malaysia) village
KAMSEEN, -S *same as* ▸ **khamsin**
KAMSIN, -S *same as* ▸ **kamseen**
KANA, -S *n* Japanese syllabary
KANAE, -S *n* grey mullet
KANAKA, -S *n* Australian word for any native of the South Pacific
KANAS ▸ **kana**
KANBAN, -S *n* just-in-time manufacturing process
KANDY, KANDIES *same as* ▸ **candie**
KANE, -S *n* Hawaiian man or boy
KANEH, -S *n* 6-cubit Hebrew measure
KANES ▸ **kane**
KANG, -S *n* Chinese heatable platform
KANGA, -S *n* piece of gaily decorated thin cotton cloth
KANGAROO *n* Australian marsupial ▹ *vb* (of a car) move forward with sudden jerks
KANGAS ▸ **kanga**
KANGHA, -S *n* comb traditionally worn by Sikhs
KANGS ▸ **kang**
KANJI, -S *n* Japanese writing system
KANS, -ES *n* Indian wild sugar cane
KANT, -ED, -ING, -S *archaic spelling of* ▸ **cant**
KANTAR, -S *n* unit of weight
KANTED ▸ **kant**
KANTELA, -S *same as* ▸ **kantele**
KANTELE, -S *n* Finnish stringed instrument
KANTEN, -S *same as* ▸ **agar**
KANTHA, -S *n* Bengali embroidered quilt
KANTIKOY *vb* dance ceremonially

KANTING ▸**kant**
KANTS ▸**kant**
KANUKA, -S *n* New Zealand myrtaceous tree
KANZU, -S *n* long garment
KAOLIANG *n* any of various E Asian varieties of sorghum
KAOLIN, -S *n* fine white clay
KAOLINE, -S *same as* ▸**kaolin**
KAOLINIC ▸**kaolin**
KAOLINS ▸**kaolin**
KAON, -S *n* type of meson
KAONIC ▸**kaon**
KAONS ▸**kaon**
KAPA, -S *n* Hawaiian cloth made from beaten mulberry bark
KAPEYKA, KAPEEK *n* small currency unit of Belarus
KAPH, -S *n* 11th letter of the Hebrew alphabet
KAPOK, -S *n* fluffy fibre
KAPOW, -S *n* sharp explosive sound
KAPPA, -S *n* tenth letter in the Greek alphabet

K

KAPU, -S *n* (in Hawaii) system of rules for daily life
KAPUKA, -S *same as* > **broadleaf**
KAPUS ▸**kapu**
KAPUT *adj* ruined or broken
KAPUTT *same as* ▸**kaput**
KARA, -S *n* steel bangle traditionally worn by Sikhs
KARAHI, -S *n* type of wok
KARAISM, -S *n* beliefs and doctrines of a Jewish sect
KARAIT, -S *same as* ▸**krait**
KARAKA, -S *n* New Zealand tree
KARAKIA, -S *n* prayer
KARAKUL, -S *n* sheep of central Asia
KARAMU, -S *n* small New Zealand tree
KARANGA, -S *n* call or chant of welcome, sung by a female elder ▷ *vb* perform a karanga
KARAOKE, -S *n* form of entertainment
KARAS ▸**kara**
KARAT, -S *n* measure of the proportion of gold in an alloy
KARATE, -S *n* Japanese system of unarmed combat
KARATEKA *n* competitor or expert in karate
KARATES ▸**karate**
KARATS ▸**karat**
KAREAREA *n* New Zealand falcon
KARENGO, -S *n* edible type of Pacific seaweed
KARITE, -S *n* shea tree
KARK, -ED, -ING, -S *variant spelling of* ▸**cark**
KARMA, -S *n* person's actions affecting his or her fate in the next reincarnation
KARMIC ▸**karma**
KARN, -S *old word for* ▸**cairn**
KARO, -S *n* small New Zealand tree or shrub
KAROO, -S *n* high arid plateau
KARORO, -S *n* large seagull
KAROS ▸**karo**
KAROSHI, -S *n* (in Japan) death caused by overwork
KAROSS, -ES *n* type of blanket
KARRI, -S *n* Australian eucalypt
KARROO, -S *same as* ▸**karoo**
KARSEY, -S *variant spelling of* ▸**khazi**
KARSIES ▸**karsy**
KARST, -S *n* geological term
KARSTIC ▸**karst**
KARSTIFY *vb* become karstic
KARSTS ▸**karst**
KARSY, KARSIES *variant spelling of* ▸**khazi**
KART, -S *n* light low-framed vehicle
KARTER, -S ▸**kart**
KARTING, -S ▸**kart**
KARTS ▸**kart**
KARYON, -S *n* nucleus of a cell
KARYOTIN *less common word for* > **chromatin**
KARZY, KARZIES *variant spelling of* ▸**khazi**
KAS ▸**ka**
KASBAH, -S *n* citadel of any of various North African cities
KASHA, -S *n* dish originating in Eastern Europe
KASHER, -ED, -S *vb* make fit for use
KASHMIR, -S *variant spelling of* ▸**cashmere**
KASHRUS *same as* ▸**kashruth**
KASHRUT, -S *same as* ▸**kashruth**
KASHRUTH *n* condition of being fit for ritual use in general
KASHRUTS ▸**kashrut**
KASME *interj* (in Indian English) I swear
KAT, -S *same as* ▸**khat**
KATA, -S *n* form of exercise
KATAKANA *n* system of Japanese syllabic writing
KATAL, -S *n* SI unit of catalytic activity
KATANA, -S *n* Japanese samurai sword
KATAS ▸**kata**
KATCHINA *variant spelling of* ▸**kachina**
KATCINA, -S *variant spelling of* ▸**kachina**
KATHAK, -S *n* form of dancing
KATHODAL ▸**kathode**
KATHODE, -S *variant spelling of* ▸**cathode**
KATHODIC ▸**kathode**
KATHUMP, -S *n* sound of a dull heavy blow
KATI, -S *variant spelling of* ▸**catty**
KATION, -S *variant spelling of* ▸**cation**
KATIPO, -S *n* small poisonous New Zealand spider
KATIS ▸**kati**
KATORGA, -S *n* type of labour camp
KATS ▸**kat**
KATSINA, -M, -S *n* (among the Hopi) doll representing spirit messengers
KATSURA, -S *n* Asian tree
KATTI, -S *variant spelling of* ▸**catty**
KATYDID, -S *n* large green grasshopper of N America
KAUGH, -S *same as* ▸**kiaugh**
KAUMATUA *n* senior member of a tribe
KAUPAPA, -S *n* strategy, policy, or cause
KAURI, -S *n* large NZ conifer
KAURIES ▸**kaury**
KAURIS ▸**kauri**
KAURU, -S *n* edible stem of the cabbage tree
KAURY, KAURIES *variant spelling of* ▸**kauri**
KAVA, -S *n* Polynesian shrub
KAVAKAVA *same as* ▸**kava**
KAVAL, -S *n* type of flute played in the Balkans
KAVAS ▸**kava**
KAVASS, -ES *n* armed Turkish constable
KAW, -ED, -ING, -S *variant spelling of* ▸**caw**
KAWA, -S *n* protocol or etiquette
KAWAII, -S *n* (in Japan) quality of being lovable or cute

KAWAKAWA *n* aromatic shrub or small tree of New Zealand
KAWAS ▸ **kawa**
KAWAU, -S *n* New Zealand name for black shag
KAWED ▸ **kaw**
KAWING ▸ **kaw**
KAWS ▸ **kaw**
KAY, -S *n* name of the letter K
KAYAK, -ED, -S *n* Inuit canoe ▹ *vb* travel by kayak
KAYAKER, -S ▸ **kayak**
KAYAKING ▸ **kayak**
KAYAKS ▸ **kayak**
KAYLE *n* one of a set of ninepins
KAYLES *pl n* ninepins
KAYLIED *adj* intoxicated or drunk
KAYO, -ED, -ES, -S *another term for* ▸ **knockout**
KAYOING, -S ▸ **kayo**
KAYOS ▸ **kayo**
KAYS ▸ **kay**
KAZACHKI *same as* ▸ **kazachok**
KAZACHOC *n* Ukrainian folk dance
KAZACHOK *n* Russian folk dance
KAZATSKI *same as* ▸ **kazachok**
KAZATSKY *same as* ▸ **kazachok**
KAZATZKA *same as* ▸ **kazachok**
KAZI, -S *variant spelling of* ▸ **khazi**
KAZOO, -S *n* musical instrument
KBAR, -S *n* kilobar
KEA, -S *n* large brownish-green parrot of NZ
KEASAR, -S *archaic variant of* ▸ **kaiser**
KEAVIE, -S *n* archaic or dialect word for a type of crab
KEB, -BED, -BING, -S *vb* Scots word meaning miscarry or reject a lamb
KEBAB, -BED, -S *n* food grilled on a skewer ▹ *vb* skewer
KEBAR, -S *n* Scots word for beam or rafter
KEBBED ▸ **keb**
KEBBIE, -S *n* Scots word for shepherd's crook
KEBBING ▸ **keb**
KEBBOCK, -S *n* Scots word for a cheese
KEBBUCK, -S *same as* ▸ **kebbock**
KEBELE, -S *n* Ethiopian local council
KEBLAH, -S *same as* ▸ **kiblah**
KEBOB, -BED, -S *same as* ▸ **kebab**
KEBS ▸ **keb**
KECK, -ED, -ING *vb* retch or feel nausea
KECKLE, -D, -S *Scots variant of* ▸ **cackle**
KECKLING ▸ **keckle**
KECKS, -ES *pl n* trousers
KECKSY, KECKSIES *n* dialect word meaning hollow plant stalk
KED, -S *n* as in **sheep ked** sheep tick
KEDDAH, -S *same as* ▸ **kheda**
KEDGE, -D, -S, KEDGING *vb* move (a ship) using cable attached to an anchor ▹ *n* light anchor used for kedging
KEDGER, -S *n* small anchor
KEDGEREE *n* dish of fish with rice and eggs
KEDGERS ▸ **kedger**
KEDGES ▸ **kedge**
KEDGIER ▸ **kedgy**
KEDGIEST ▸ **kedgy**
KEDGING ▸ **kedge**
KEDGY, KEDGIER, KEDGIEST *adj* dialect word for happy or lively
KEDS ▸ **ked**
KEECH, -ES *n* old word for lump of fat
KEEF, -S *same as* ▸ **kif**
KEEK, -ED, -ING, -S *Scot word for* ▸ **peep**
KEEKER, -S ▸ **keek**
KEEKING ▸ **keek**
KEEKS ▸ **keek**
KEEL, -ED, -S *n* part of a ship ▹ *vb* mark with a stain
KEELAGE, -S *n* fee charged by certain ports
KEELBOAT *n* river boat with a shallow draught and a keel
KEELED ▸ **keel**
KEELER, -S *n* bargeman
KEELHALE *same as* ▸ **keelhaul**
KEELHAUL *vb* reprimand (someone) harshly
KEELIE, -S *n* kestrel
KEELING, -S ▸ **keel**
KEELLESS ▸ **keel**
KEELMAN, KEELMEN *n* bargeman
KEELS ▸ **keel**
KEELSON, -S *n* part of a ship
KEEMA, -S *n* (in Indian cookery) minced meat
KEEN, -ED, -EST, -S *adj* eager or enthusiastic ▹ *vb* wail over the dead ▹ *n* lament for the dead
KEENER, -S ▸ **keen**
KEENEST ▸ **keen**
KEENING, -S ▸ **keen**
KEENLY ▸ **keen**
KEENNESS ▸ **keen**
KEENO, -S *same as* ▸ **keno**
KEENS ▸ **keen**
KEEP, -S, KEPT *vb* have or retain possession of ▹ *n* cost of food and everyday expenses
KEEPABLE ▸ **keep**
KEEPER, -S *n* person who looks after animals in a zoo
KEEPING, -S ▸ **keep**
KEEPNET, -S *n* cylindrical net used to keep fish alive
KEEPS ▸ **keep**
KEEPSAKE *n* gift treasured for the sake of the giver
KEEPSAKY *adj* superficially attractive
KEESHOND *n* breed of dog of the spitz type
KEESTER, -S *same as* ▸ **keister**
KEET, -S *short for* ▸ **parakeet**
KEEVE, -S *n* tub or vat
KEF, -S *same as* ▸ **kif**
KEFFEL, -S *dialect word for* ▸ **horse**
KEFFIYAH *same as* ▸ **kaffiyeh**
KEFFIYEH *n* cotton headdress worn by Arabs
KEFIR, -S *n* effervescent drink
KEFS ▸ **kef**
KEFTEDES *n* Greek dish of meatballs cooked with herbs and onions
KEFUFFLE *same as* > **kerfuffle**
KEG, -GED, -GING, -S *n* small metal beer barrel ▹ *vb* put in kegs
KEGELER, -S *same as* ▸ **kegler**
KEGGED ▸ **keg**
KEGGER, -S ▸ **keg**
KEGGING ▸ **keg**
KEGLER, -S *n* participant in a game of tenpin bowling
KEGLING, -S *n* bowling
KEGS ▸ **keg**
KEHUA, -S *n* ghost or spirit
KEIGHT ▸ **ketch**
KEIR, -S *same as* ▸ **kier**
KEIREN, -S *n* type of track cycling event
KEIRETSU *n* group of Japanese businesses
KEIRIN, -S *n* cycling race originating in Japan

KEIRS ▸ **keir**
KEISTER, -S *n* rump
KEITLOA, -S *n* type of rhinoceros
KEKENO, -S *n* New Zealand fur seal
KEKS *same as* ▸ **kecks**
KEKSYE, -S *same as* ▸ **kex**
KELEP, -S *n* large ant found in Central and South America
KELIM, -S *same as* ▸ **kilim**
KELL, -S *dialect word for* ▸ **hairnet**
KELLAUT, -S *same as* ▸ **khilat**
KELLIES ▸ **kelly**
KELLS ▸ **kell**
KELLY, KELLIES *n* part of a drill system
KELOID, -S *n* type of scar tissue
KELOIDAL ▸ **keloid**
KELOIDS ▸ **keloid**
KELP, -ED, -ING, -S *n* large brown seaweed ▹ *vb* burn seaweed to make a type of ash
KELPER, -S *n* Falkland Islander
KELPFISH *n* type of fish that lives among kelp
KELPIE, -S *n* Australian sheepdog
KELPING ▸ **kelp**
KELPS ▸ **kelp**
KELPY *same as* ▸ **kelpie**
KELSON, -S *same as* ▸ **keelson**
KELT, -S *n* salmon that has recently spawned
KELTER, -S *same as* ▸ **kilter**
KELTIE *variant spelling of* ▸ **kelty**
KELTIES ▸ **kelty**
KELTS ▸ **kelt**
KELTY, KELTIES *n* old Scots word for a drink imposed on someone not thought to be drinking enough
KELVIN, -S *n* SI unit of temperature
KEMB, -ED, -ING, -S *old word for* ▸ **comb**
KEMBLA, -S *n* small change
KEMBO, -ED, -ING, -S *same as* ▸ **kimbo**
KEMBS ▸ **kemb**
KEMP, -ED, -S *n* coarse hair or strand of hair ▹ *vb* dialect word meaning to compete or try to come first
KEMPER, -S ▸ **kemp**
KEMPIER ▸ **kempy**
KEMPIEST ▸ **kempy**
KEMPING, -S ▸ **kemp**
KEMPLE, -S *n* variable Scottish measure for hay or straw
KEMPS ▸ **kemp**
KEMPT *adj* (of hair) tidy
KEMPY, KEMPIER, KEMPIEST ▸ **kemp**
KEN, -NED, -S *vb* know ▹ *n* range of knowledge or perception
KENAF, -S *another name for* ▸ **ambary**
KENCH, -ES *n* bin for salting and preserving fish
KENDO, -S *n* Japanese sport of fencing using wooden staves
KENDOIST *n* person who practises kendo
KENDOS ▸ **kendo**
KENNED ▸ **ken**
KENNEL, -ED, -S *n* hutlike shelter for a dog ▹ *vb* put or go into a kennel
KENNER, -S ▸ **ken**
KENNET, -S *n* old word for a small hunting dog
KENNETT, -S *vb* spoil or destroy ruthlessly
KENNING, -S ▸ **ken**
KENO, -S *n* game of chance similar to bingo
KENOSIS, KENOSES *n* Christ's renunciation of certain divine attributes
KENOTIC, -S ▸ **kenosis**
KENOTRON *n* signal-amplifying device
KENS ▸ **ken**
KENSPECK *adj* Scots for easily seen or recognized
KENT, -ED, -ING, -S *dialect word for* ▸ **punt**
KENTE, -S *n* brightly coloured handwoven cloth
KENTED ▸ **kent**
KENTES ▸ **kente**
KENTIA, -S *n* plant name
KENTING ▸ **kent**
KENTS ▸ **kent**
KEP, -PED, -PEN, -PING, -PIT, -S, KIPPEN *vb* catch
KEPHALIC *variant spelling of* ▸ **cephalic**
KEPHALIN *same as* ▸ **cephalin**
KEPHIR, -S *same as* ▸ **kefir**
KEPI, -S *n* French military cap with a flat top and a horizontal peak
KEPPED ▸ **kep**
KEPPEN ▸ **kep**
KEPPING ▸ **kep**
KEPPIT ▸ **kep**
KEPS ▸ **kep**
KEPT ▸ **keep**
KERAMIC *rare variant of* ▸ **ceramic**
KERAMICS *rare variant of* ▸ **ceramics**
KERATIN, -S *n* fibrous protein found in the hair and nails
KERATOID *adj* resembling horn
KERATOMA *n* horny growth on the skin
KERATOSE *adj* (esp of certain sponges) having a horny skeleton
KERB, -ED, -S *n* edging to a footpath ▹ *vb* provide with or enclose with a kerb
KERBAYA, -S *n* blouse worn by Malay women
KERBED ▸ **kerb**
KERBING, -S *n* material used for a kerb
KERBS ▸ **kerb**
KERBSIDE *n* edge of a pavement where it drops to the level of the road
KERCHIEF *n* piece of cloth worn over the head or round the neck
KERCHOO *interj* atishoo
KEREL, -S *n* chap or fellow
KERERU, -S *n* New Zealand pigeon
KERF, -ED, -ING, -S *n* cut made by a saw, an axe, etc ▹ *vb* cut
KERKY, KERKIER, KERKIEST *adj* stupid
KERMA, -S *n* quantity of radiation
KERMES, -ES *n* dried bodies of female scale insects
KERMESS *same as* ▸ **kermis**
KERMESSE *same as* ▸ **kermis**
KERMIS, -ES *n* (formerly) annual country festival or carnival
KERMODE, -S *n* type of black bear found in Canada
KERN, -S *n* projection of a printed character ▹ *vb* furnish (a typeface) with a kern
KERNE, -D, -S *same as* ▸ **kern**
KERNEL, -ED, -S *n* seed of a nut, cereal, or fruit stone ▹ *vb* form kernels
KERNELLY *adj* with or like kernels
KERNELS ▸ **kernel**
KERNES ▸ **kerne**
KERNING, -S *n* provision of kerns in printing
KERNISH *adj* resembling an armed foot soldier or peasant

K

KERNITE, -S *n* light soft colourless or white mineral
KERNS ▸**kern**
KERO, -S *short for* ▸**kerosene**
KEROGEN, -S *n* material that produces hydrocarbons when heated
KEROS ▸**kero**
KEROSENE *n* liquid mixture distilled from petroleum and used as a fuel or solvent
KEROSINE *same as* ▸**kerosene**
KERPLUNK *vb* land noisily
KERRIA, -S *n* type of shrub with yellow flowers
KERRY, KERRIES *n* breed of dairy cattle
KERSEY, -S *n* smooth woollen cloth
KERVE, -D, -S, KERVING *dialect word for* ▸**carve**
KERYGMA, -S *n* Christian gospel
KESAR, -S *old variant of* ▸**kaiser**
KESH, -ES *n* beard and uncut hair traditionally worn by Sikhs
KEST, -ING, -S *old form of* ▸**cast**
KESTREL, -S *n* type of small falcon
KESTS ▸**kest**
KET, -S *n* dialect word for carrion
KETA, -S *n* type of salmon
KETAINE *adj* in poor taste
KETAMINE *n* drug used in medicine as an anaesthetic
KETAS ▸**keta**
KETCH, KEIGHT, -ES, -ING *n* two-masted sailing vessel ▹*vb* (in archaic usage) catch
KETCHUP, -S *n* thick cold sauce, usu made of tomatoes
KETCHUPY *adj* like ketchup
KETE, -S *n* basket woven from flax
KETENE, -S *n* colourless irritating toxic gas
KETES ▸**kete**
KETMIA, -S *n* as in **bladder ketmia** plant with pale yellow flowers
KETO *adj* as in **keto form** form of tautomeric compounds
KETOL, -S *n* nitrogenous substance
KETONE, -S *n* type of organic solvent
KETONIC ▸**ketone**
KETOSE *n* any monosaccharide that contains a ketone group
KETOSIS, KETOSES *n* high concentration of ketone bodies in the blood
KETOTIC ▸**ketosis**
KETOXIME *n* oxime formed by reaction between hydroxylamine and a ketone
KETS ▸**ket**
KETTLE, -D, -S, KETTLING *n* container used for boiling water ▹*vb* contain a public protest in an enclosed space
KETUBAH, -S, KETUBOT, KETUBOTH *n* Jewish marriage contract
KEVEL, -S *n* strong bitt or bollard for securing heavy hawsers
KEVIL, -S *old variant of* ▸**kevel**
KEWL, -ER, -EST *nonstandard variant spelling of* ▸**cool**
KEWPIE, -S *n* type of brightly coloured doll
KEX, -ES *n* any of several hollow-stemmed umbelliferous plants

This is another of the great high-scoring 3-letter words that use X.

KEY, -ED, -EST *n* device for operating a lock by moving a bolt ▹*adj* of great importance ▹*vb* enter (text) using a keyboard
KEYBOARD *n* set of keys on a piano, computer, etc ▹*vb* enter (text) using a keyboard
KEYBUGLE *n* bugle with keys
KEYCARD, -S *n* electronic card used as a key
KEYED ▸**key**
KEYER, -S *n* device that keys signals or information into a device or computing system
KEYEST ▸**key**
KEYFRAME *n* image used to show the start and end of animation sequence
KEYHOLE, -S *n* opening for inserting a key into a lock
KEYING, -S ▸**key**
KEYLESS ▸**key**
KEYLINE, -S *n* outline image on artwork or plans to show where it is to be placed
KEYNOTE, -D, -S *adj* central or dominating ▹*n* dominant idea of a speech etc ▹*vb* deliver a keynote address to (a political convention, etc)
KEYNOTER *n* person delivering a keynote address
KEYNOTES ▸**keynote**
KEYPAD, -S *n* small panel with a set of buttons
KEYPAL, -S *n* person one regularly exchanges emails with for fun
KEYPRESS *n* single depression of a keyboard key
KEYPUNCH *n* keyboard device to transfer data onto punched cards ▹*vb* transfer (data) onto punched cards
KEYRING, -S *n* metal ring for keeping keys together
KEYS *interj* children's cry for truce
KEYSET, -S *n* set of computer keys used for a particular purpose
KEYSTER, -S *same as* ▸**keister**
KEYSTONE *n* most important part of a process, organization, etc ▹*vb* project or provide with a distorted image
KEYWAY, -S *n* engineering device
KEYWORD, -S *n* word or phrase used to find something on a computer
KGOTLA, -S *n* (in South African English) meeting place
KHADDAR, -S *n* cotton cloth
KHADI, -S *same as* ▸**khaddar**
KHAF, -S *n* letter of the Hebrew alphabet
KHAKI, -S *adj* dull yellowish-brown ▹*n* fabric of this colour used for military uniforms
KHALAT, -S *same as* ▸**khilat**
KHALIF, -S *variant spelling of* ▸**caliph**
KHALIFA, -S *same as* ▸**caliph**
KHALIFAH *same as* ▸**caliph**
KHALIFAS ▸**khalifa**
KHALIFAT *same as* ▸**caliphate**
KHALIFS ▸**khalif**
KHAMSEEN *same as* ▸**khamsin**
KHAMSIN, -S *n* hot southerly wind
KHAN, -S *n* title of respect in Afghanistan and central Asia
KHANATE, -S *n* territory ruled by a khan
KHANDA, -S *n* double-edged sword
KHANGA, -S *same as* ▸**kanga**

K

KHANJAR, -S *n* type of dagger
KHANS ▸ **khan**
KHANSAMA *same as* ▸ **khansamah**
KHANUM, -S *feminine form of* ▸ **khan**
KHAPH, -S *n* letter of the Hebrew alphabet
KHARIF, -S *n* crop harvested at the beginning of winter
KHAT, -S *n* white-flowered evergreen shrub
KHAYA, -S *n* type of African tree
KHAYAL, -S *n* kind of Indian classical vocal music
KHAYAS ▸ **khaya**
KHAZEN, -IM, -S *same as* ▸ **chazan**
KHAZI, -S *n* lavatory
KHEDA, -S *n* enclosure used to capture wild elephants
KHEDAH, -S *same as* ▸ **kheda**
KHEDAS ▸ **kheda**
KHEDIVA, -S *n* khedive's wife
KHEDIVAL ▸ **khedive**
KHEDIVAS ▸ **khediva**
KHEDIVE, -S *n* viceroy of Egypt under Ottoman suzerainty
KHET, -S *n* Thai district
KHETH, -S *same as* ▸ **heth**
KHETS ▸ **khet**
KHI, -S *n* letter of the Greek alphabet

> This is a letter of the Greek alphabet, also spelt **chi**. It is worth remembering as one of the higher-scoring 3-letter words starting with K.

KHILAFAT *same as* ▸ **caliphate**
KHILAT, -S *n* (in the Middle East) gift given to someone as a mark of honour
KHILIM, -S *same as* ▸ **kilim**
KHIMAR, -S *n* type of headscarf worn by Muslim women
KHIRKAH, -S *n* dervish's woollen or cotton outer garment
KHIS ▸ **khi**
KHODJA, -S *same as* ▸ **khoja**
KHOJA, -S *n* teacher in a Muslim school
KHOR, -S *n* watercourse
KHOTBAH, -S *same as* ▸ **khutbah**
KHOTBEH, -S *same as* ▸ **khutbah**
KHOUM, -S *n* Mauritanian monetary unit
KHUD, -S *n* Indian ravine
KHURTA, -S *same as* ▸ **kurta**
KHUSKHUS *n* aromatic perennial Indian grass whose roots are woven into mats, fans, and baskets
KHUTBAH, -S *n* sermon in a Mosque, especially on a Friday
KI, -S *n* vital energy
KIAAT, -S *n* tropical African leguminous tree
KIACK, -S *n* N American fish of the herring family
KIANG, -S *n* variety of wild ass
KIAUGH, -S *n* (in Scots) anxiety
KIBBE, -S *n* Middle Eastern dish
KIBBEH, -S *same as* ▸ **kibbe**
KIBBES ▸ **kibbe**
KIBBI, -S *same as* ▸ **kibbe**
KIBBITZ *same as* ▸ **kibitz**
KIBBLE, -D, -S, KIBBLING *n* bucket used in wells or in mining for hoisting ▹ *vb* grind into small pieces
KIBBUTZ *n* communal farm or factory in Israel
KIBE, -S *n* chilblain
KIBEI, -S *n* someone of Japanese ancestry born in the US and educated in Japan
KIBES ▸ **kibe**
KIBIBYTE *n* two to the power of ten bytes
KIBITKA, -S *n* (in Russia) covered sledge or wagon
KIBITZ, -ED, -ES *vb* interfere or offer unwanted advice
KIBITZER ▸ **kibitz**
KIBITZES ▸ **kibitz**
KIBLA, -S *same as* ▸ **kiblah**
KIBLAH, -S *n* direction of Mecca
KIBLAS ▸ **kibla**
KIBOSH, -ED, -ES *vb* put a stop to
KICK, -ED, -S *vb* drive, push, or strike with the foot ▹ *n* thrust or blow with the foot
KICKABLE ▸ **kick**
KICKBACK *n* money paid illegally for favours done ▹ *vb* have a strong reaction
KICKBALL *n* children's ball game or the large ball used in it
KICKBOX *vb* box with hands and feet
KICKDOWN *n* method of changing gear in a car with automatic transmission
KICKED ▸ **kick**
KICKER, -S *n* person or thing that kicks
KICKFLIP *n* type of skateboarding manoeuvre ▹ *vb* perform a kickflip in skateboarding
KICKIER ▸ **kicky**
KICKIEST ▸ **kicky**
KICKING, -S *n* act of kicking
KICKOFF, -S *n* kick that starts a game of football
KICKOUT, -S *n* (in basketball) instance of kicking the ball
KICKS ▸ **kick**
KICKSHAW *n* valueless trinket
KICKUP, -S *n* fuss
KICKY, KICKIER, KICKIEST *adj* excitingly unusual and different
KID, -DED, -S *n* child ▹ *vb* tease or deceive (someone) ▹ *adj* younger
KIDDER, -S ▸ **kid**
KIDDIE *same as* ▸ **kiddy**
KIDDIED ▸ **kiddy**
KIDDIER, -S *n* old word for a market trader
KIDDIES ▸ **kiddy**
KIDDING, -S *n* act of kidding
KIDDISH ▸ **kid**
KIDDLE, -S *n* device for catching fish in a river or in the sea
KIDDO, -ES, -S *n* very informal term of address for a young person
KIDDUSH *n* (in Judaism) special blessing
KIDDY, KIDDIED, KIDDIES, -ING *n* affectionate word for a child ▹ *vb* tease or deceive
KIDEL, -S *same as* ▸ **kiddle**
KIDGE *dialect word for* ▸ **lively**
KIDGIE, -R, -ST *adj* dialect word for friendly and welcoming
KIDGLOVE *adj* overdelicate or overrefined
KIDLET, -S *n* humorous word for small child
KIDLIKE ▸ **kid**
KIDLING, -S *n* young kid
KIDLIT, -S *n* children's literature
KIDNAP, -ED, -S *vb* seize and hold (a person) to ransom
KIDNAPEE ▸ **kidnap**
KIDNAPER ▸ **kidnap**
KIDNAPS ▸ **kidnap**
KIDNEY, -S *n* either of the pair of organs that produce urine
KIDOLOGY *n* practice of bluffing or deception

KIDS ▸ **kid**
KIDSKIN, -S *n* soft smooth leather
KIDULT, -S *n* adult interested in entertainments intended for children ▹ *adj* aimed at or suitable for kidults, or both children and adults
KIDVID, -S *n* informal word for children's video or television
KIEF, -S *same as* ▸ **kif**
KIEKIE, -S *n* climbing bush plant of New Zealand
KIELBASA *n* Polish sausage
KIELBASI *same as* ▸ **kielbasa**
KIELBASY *same as* ▸ **kielbasa**
KIER, -S *n* vat in which cloth is bleached
KIERIE, -S *n* South African cudgel
KIERS ▸ **kier**
KIESTER, -S *same as* ▸ **keister**
KIEV, -S *n* type of chicken dish
KIEVE, -S *same as* ▸ **keeve**
KIEVS ▸ **kiev**
KIF, -S *n* marijuana
KIFF *adj* South African slang for excellent
KIFS ▸ **kif**
KIGHT, -S *n* archaic spelling of kite, the bird of prey
KIKOI, -S *n* piece of cotton cloth
KIKUMON, -S *n* emblem of the imperial family of Japan
KIKUYU, -S *n* type of grass
KILD *old spelling of* ▸ **killed**
KILERG, -S *n* 1000 ergs
KILEY, -S *same as* ▸ **kylie**
KILIKITI *n* Polynesian version of cricket
KILIM, -S *n* pileless woven rug
KILL, -ED, -S *vb* cause the death of ▹ *n* act of killing
KILLABLE ▸ **kill**
KILLADAR *n* fort commander or governor
KILLAS, -ES *n* Cornish clay slate
KILLCOW, -S *n* important person
KILLCROP *n* ever-hungry baby, thought to be a fairy changeling
KILLDEE, -S *same as* ▸ **killdeer**
KILLDEER *n* large brown-and-white North American plover with a noisy cry
KILLDEES ▸ **killdee**
KILLED ▸ **kill**
KILLER, -S *n* person or animal that kills, esp habitually
KILLICK, -S *n* small anchor, esp one made of a heavy stone
KILLIE, -S *same as* > **killifish**
KILLING, -S *adj* very tiring ▹ *n* sudden financial success
KILLJOY, -S *n* person who spoils others' pleasure
KILLOCK, -S *same as* ▸ **killick**
KILLOGIE *n* sheltered place in front of a kiln
KILLS ▸ **kill**
KILLUT, -S *same as* ▸ **khilat**
KILN, -ED, -ING, -S *n* type of oven ▹ *vb* fire or process in a kiln
KILO, -S *n* code word for the letter *k*
KILOBAR, -S *n* 1000 bars
KILOBASE *n* unit of measurement for DNA and RNA equal to 1000 base pairs
KILOBAUD *n* 1000 baud
KILOBIT, -S *n* 1024 bits
KILOBYTE *n* 1024 units of information
KILOGRAM *n* one thousand grams
KILOGRAY *n* 1000 gray
KILOMOLE *n* 1000 moles
KILOPOND *n* informal unit of gravitational force
KILORAD, -S *n* 1000 rads
KILOS ▸ **kilo**
KILOTON, -S *n* one thousand tons
KILOVOLT *n* one thousand volts
KILOWATT *n* one thousand watts
KILP, -S *dialect form of* ▸ **kelp**
KILT, -S *n* knee-length pleated tartan skirt-like garment ▹ *vb* put pleats in (cloth)
KILTED ▸ **kilt**
KILTER, -S *n* working order or alignment
KILTIE, -S *n* someone wearing a kilt
KILTING, -S ▸ **kilt**
KILTLIKE ▸ **kilt**
KILTS ▸ **kilt**
KILTY *same as* ▸ **kiltie**
KIMBO, -ED, -ING, -S *vb* place akimbo
KIMCHEE, -S *same as* ▸ **kimchi**
KIMCHI, -S *n* Korean dish
KIMMER, -S *same as* ▸ **cummer**
KIMONO, -S *n* loose wide-sleeved Japanese robe
KIMONOED ▸ **kimono**
KIMONOS ▸ **kimono**
KIN, -S *n* person's relatives collectively ▹ *adj* related by blood
KINA, -S *n* standard monetary unit of Papua New Guinea
KINAKINA *same as* ▸ **quinine**
KINARA, -S *n* African candle holder
KINAS ▸ **kina**
KINASE, -S *n* type of enzyme
KINCHIN, -S *old slang word for* ▸ **child**
KINCOB, -S *n* fine silk fabric
KIND, -ED, -EST, -ING, -S *adj* considerate, friendly, and helpful ▹ *n* class or group with common characteristics ▹ *vb* old word for beget or father
KINDA *adv* very informal shortening of kind of
KINDED ▸ **kind**
KINDER, -S *adj* more kind ▹ *n* kindergarten or nursery school
KINDEST ▸ **kind**
KINDIE *same as* ▸ **kindy**
KINDIES ▸ **kindy**
KINDING ▸ **kind**
KINDLE, -D, -S *vb* set (a fire) alight
KINDLER, -S ▸ **kindle**
KINDLES ▸ **kindle**
KINDLESS *adj* heartless
KINDLIER ▸ **kindly**
KINDLILY ▸ **kindly**
KINDLING *n* dry wood or straw for starting fires
KINDLY, KINDLIER *adj* having a warm-hearted nature ▹ *adv* in a considerate way
KINDNESS *n* quality of being kind
KINDRED, -S *adj* having similar qualities ▹ *n* blood relationship
KINDS ▸ **kind**
KINDY, KINDIES *n* kindergarten
KINE, -S *pl n* cows or cattle ▹ *n* Japanese pestle
KINEMA, -S *same as* ▸ **cinema**
KINES ▸ **kine**
KINESES ▸ **kinesis**
KINESIC *adj* of or relating to kinesics
KINESICS *n* study of the role of body movements in communication

KINESIS, KINESES *n* movement of an organism
KINETIC *adj* relating to or caused by motion
KINETICS *n* branch of mechanics concerned with the study of bodies in motion
KINETIN, -S *n* plant hormone
KINFOLK, -S *another word for* ▸ **kinsfolk**
KING, -ED, -ING, -S *n* male ruler of a monarchy ▹ *vb* make king
KINGBIRD *n* any of several large American flycatchers
KINGBOLT *n* pivot bolt that connects the body of a horse-drawn carriage to the front axle
KINGCUP, -S *n* yellow-flowered plant
KINGDOM, -S *n* state ruled by a king or queen
KINGED ▸ **king**
KINGFISH *n* food and game fish occurring in warm American Atlantic coastal waters
KINGHOOD ▸ **king**
KINGING ▸ **king**
KINGKLIP *n* edible eel-like marine fish of S Africa
KINGLE, -S *n* Scots word for a type of hard rock
KINGLESS ▸ **king**
KINGLET, -S *n* king of a small or insignificant territory
KINGLIER ▸ **kingly**
KINGLIKE ▸ **king**
KINGLING *n* minor king
KINGLY, KINGLIER *adj* appropriate to a king ▹ *adv* in a manner appropriate to a king
KINGPIN, -S *n* most important person in an organization
KINGPOST *n* vertical post connecting the apex of a triangular roof truss to the tie beam
KINGS ▸ **king**
KINGSHIP *n* position or authority of a king
KINGSIDE *n* side of the chessboard on which a particular king is at the start of a game
KINGWOOD *n* hard fine-grained violet-tinted wood of a Brazilian leguminous tree
KININ, -S *n* type of polypeptide
KINK, -ED, -ING, -S *n* twist or bend in rope, wire, hair, etc ▹ *vb* form or cause to form a kink
KINKAJOU *n* arboreal mammal of Central and South America
KINKED ▸ **kink**
KINKIER ▸ **kinky**
KINKIEST ▸ **kinky**
KINKILY ▸ **kinky**
KINKING ▸ **kink**
KINKLE, -S *n* little kink
KINKS ▸ **kink**
KINKY, KINKIER, KINKIEST *adj* tightly curled or looped
KINLESS *adj* without any relatives
KINO, -S *same as* ▸ **keno**
KINONE, -S *n* benzoquinone
KINOS ▸ **kino**
KINRED, -S *old form of* ▸ **kindred**
KINS ▸ **kin**
KINSFOLK *pl n* one's family or relatives
KINSHIP, -S *n* blood relationship
KINSMAN, KINSMEN *n* relative
KIORE, -S *n* small brown rat native to New Zealand
KIOSK, -S *n* small booth
KIP, -PED, -PING, -S *vb* sleep ▹ *n* sleep or slumber
KIPE, -S *n* dialect word for a basket for catching fish
KIPP, -S *uncommon variant of* ▸ **kip**
KIPPA, -S *n* skullcap worn by male Jews
KIPPAGE, -S *n* Scots word for a state of anger or excitement
KIPPAH, -S *same as* ▸ **kippa**
KIPPAS ▸ **kippa**
KIPPED ▸ **kip**
KIPPEN ▸ **kep**
KIPPER, -S *n* cleaned, salted, and smoked herring ▹ *vb* cure (a herring) by salting and smoking it
KIPPERED *adj* (of fish, esp herring) having been cleaned, salted, and smoked
KIPPERER ▸ **kipper**
KIPPERS ▸ **kipper**
KIPPING ▸ **kip**
KIPPS ▸ **kipp**
KIPS ▸ **kip**
KIPSKIN, -S *same as* ▸ **kip**
KIPUNJI, -S *n* Tanzanian species of monkey
KIR, -S *n* drink made from dry white wine and cassis
KIRANA, -S *n* small family-owned shop in India
KIRBEH, -S *n* leather bottle
KIRBY *n* as in **kirby grip** type of hairgrip
KIRIGAMI *n* art, originally Japanese, of folding and cutting paper into decorative shapes
KIRIMON, -S *n* Japanese imperial crest
KIRK, -ED, -S *Scot word for* ▸ **church**
KIRKING, -S ▸ **kirk**
KIRKMAN, KIRKMEN *n* member or strong upholder of the Kirk
KIRKS ▸ **kirk**
KIRKTON, -S *n* village or town with a parish church
KIRKWARD *adv* towards the church
KIRKYARD *n* churchyard
KIRMESS *same as* ▸ **kermis**
KIRN, -ED, -ING, -S *dialect word for* ▸ **churn**
KIRPAN, -S *n* short sword traditionally carried by Sikhs
KIRRI, -S *n* Hottentot stick
KIRS ▸ **kir**
KIRSCH, -ES *n* cherry brandy
KIRTAN, -S *n* devotional singing
KIRTLE, -D, -S *n* woman's skirt or dress ▹ *vb* dress with a kirtle
KIS ▸ **ki**
KISAN, -S *n* peasant or farmer
KISH, -ES *n* graphite formed on the surface of molten iron
KISHKA, -S *same as* ▸ **kishke**
KISHKE, -S *n* stuffed beef or fowl intestine, boiled and roasted
KISKADEE *n* large flycatcher of tropical America
KISMAT, -S *same as* ▸ **kismet**
KISMET, -S *n* fate or destiny
KISMETIC ▸ **kismet**
KISMETS ▸ **kismet**
KISS, -ED, -ES, -ING *vb* touch with the lips in affection or greeting ▹ *n* touch with the lips
KISSABLE ▸ **kiss**
KISSABLY ▸ **kiss**
KISSED ▸ **kiss**
KISSEL, -S *n* Russian dessert
KISSER, -S *n* mouth or face
KISSES ▸ **kiss**
KISSIER ▸ **kissy**
KISSIEST ▸ **kissy**
KISSING, -S ▸ **kiss**
KISSY, KISSIER, KISSIEST *adj* showing exaggerated affection

KIST, -ED, -ING, -S *n* large wooden chest ▷ *vb* place in a coffin
KISTFUL, -S ▸ **kist**
KISTING ▸ **kist**
KISTS ▸ **kist**
KISTVAEN *n* stone tomb
KIT, -S, -TED, -TING *n* outfit or equipment for a specific purpose ▷ *vb* fit or provide
KITBAG, -S *n* bag for a soldier's or traveller's belongings
KITCHEN, -S *n* room used for cooking ▷ *vb* (in archaic usage) provide with food
KITE, -D, -S *n* light frame covered with a thin material ▷ *vb* soar and glide
KITELIKE ▸ **kite**
KITENGE, -S *n* thick cotton cloth
KITER, -S ▸ **kite**
KITES ▸ **kite**
KITH, -S *n* one's friends and acquaintances
KITHARA, -S *variant of* ▸ **cithara**
KITHE, -D, -S, KITHING *same as* ▸ **kythe**
KITHS ▸ **kith**
KITING, -S ▸ **kite**
KITLING, -S *dialect word for* ▸ **kitten**
KITS ▸ **kit**
KITSCH, -ES *n* art or literature with popular sentimental appeal ▷ *n* object or art that is tawdry, vulgarized, sentimental or pretentious
KITSCHY ▸ **kitsch**
KITSET, -S *n* New Zealand word for furniture supplied in pieces
KITTED ▸ **kit**
KITTEL, -S *n* white garment worn for certain Jewish rituals or burial
KITTEN, -ED, -S *n* young cat ▷ *vb* (of cats) give birth
KITTENY *adj* like a kitten
KITTIES ▸ **kitty**
KITTING ▸ **kit**
KITTLE, -D, -R, -S, -ST, KITTLING *adj* capricious and unpredictable ▷ *vb* be troublesome or puzzling to (someone)
KITTLIER ▸ **kittly**
KITTLING ▸ **kittle**
KITTLY, KITTLIER *Scots word for* ▸ **ticklish**
KITTUL, -S *n* type of palm from which jaggery sugar comes
KITTY, KITTIES *n* communal fund
KITUL, -S *same as* ▸ **kittul**
KIVA, -S *n* large room in a Pueblo village
KIWI, -S *n* New Zealand flightless bird with a long beak and no tail
KLANG, -S *n* (in music) kind of tone
KLAP, -PED, -PING, -S *vb* slap or spank
KLATCH, -ES *n* gathering, especially over coffee
KLATSCH *same as* ▸ **klatch**
KLAVERN, -S *n* local Ku Klux Klan group
KLAVIER, -S *same as* ▸ **clavier**
KLAXON, -ED, -S *n* loud horn used on emergency vehicles ▷ *vb* hoot with a klaxon
KLEAGLE, -S *n* person with a particular rank in the Ku Klux Klan
KLEENEX *n* tradename for a kind of tissue
KLEFTIKO *n* type of Greek lamb dish
KLEPHT, -S *n* group of Greeks
KLEPHTIC ▸ **klepht**
KLEPHTS ▸ **klepht**
KLEPTO, -S *n* compulsive thief
KLETT, -S *n* lightweight climbing boot
KLEZMER, -S *n* Jewish folk musician
KLICK, -S *n* kilometre
KLIEG, -S *n* as in **klieg light** intense carbon-arc light
KLIK, -S *US military slang word for* > **kilometre**
KLINKER, -S *n* type of brick used in paving
KLIPDAS *n* rock hyrax
KLISTER, -S *n* type of ski dressing for improving grip on snow
KLONDIKE *same as* ▸ **klondyke**
KLONDYKE *n* rich source of something ▷ *vb* transfer (bulk loads of fish) to factory ships at sea for processing
KLONG, -S *n* type of canal in Thailand
KLOOCH, -ES *same as* > **kloochman**
KLOOF, -S *n* mountain pass or gorge
KLOOTCH *same as* > **kloochman**
KLUDGE, -D, -S, KLUDGING *n* untidy solution ▷ *vb* cobble something together
KLUDGEY ▸ **kludge**
KLUDGIER ▸ **kludgy**
KLUDGING ▸ **kludge**
KLUDGY, KLUDGIER ▸ **kludge**
KLUGE, -D, -S, KLUGING *same as* ▸ **kludge**
KLUTZ, -ES *n* clumsy or stupid person
KLUTZY, KLUTZIER ▸ **klutz**
KLYSTRON *n* electron tube for the amplification of microwaves
KNACK, -ING, -S *n* skilful way of doing something ▷ *vb* dialect word for crack or snap
KNACKED *adj* broken or worn out
KNACKER, -S *n* buyer of old horses for killing ▷ *vb* exhaust
KNACKERY *n* slaughterhouse for horses
KNACKIER ▸ **knacky**
KNACKING ▸ **knack**
KNACKISH *adj* old word meaning cunning or artful
KNACKS ▸ **knack**
KNACKY, KNACKIER *adj* old or dialect word for cunning or artful
KNAG, -S *n* knot in wood
KNAGGY, KNAGGIER *adj* knotty
KNAGS ▸ **knag**
KNAIDEL, -S *same as* ▸ **kneidel**
KNAP, -PED, -PING, -S *n* crest of a hill ▷ *vb* hit, hammer, or chip
KNAPPER, -S ▸ **knap**
KNAPPING ▸ **knap**
KNAPPLE, -D, -S *old word for* ▸ **nibble**
KNAPS ▸ **knap**
KNAPSACK *n* soldier's or traveller's bag worn strapped on the back
KNAPWEED *n* plant with purplish thistle-like flowers
KNAR, -RING, -S *old spelling of* ▸ **gnar**
KNARL, -S *old spelling of* ▸ **gnarl**
KNARLIER ▸ **knarly**
KNARLS ▸ **knarl**
KNARLY, KNARLIER *same as* ▸ **gnarly**
KNARRED ▸ **knar**
KNARRIER ▸ **knarry**
KNARRING ▸ **knar**

KNARRY, KNARRIER ▸ **knar**
KNARS ▸ **knar**
KNAUR, -S *variant form of* ▸ **knur**
KNAVE, -S *n* jack at cards
KNAVERY *n* dishonest behaviour
KNAVES ▸ **knave**
KNAVISH ▸ **knave**
KNAWE, -S *same as* ▸ **knawel**
KNAWEL, -S *n* type of Old World plant
KNAWES ▸ **knawe**
KNEAD, -ED, -ING, -S *vb* work (dough) into a smooth mixture with the hands
KNEADER, -S ▸ **knead**
KNEADING ▸ **knead**
KNEADS ▸ **knead**
KNEE, -D, -ING, -S *n* joint between thigh and lower leg ▹ *vb* strike or push with the knee
KNEECAP, -S *nontechnical name for* ▸ **patella**

K

KNEED ▸ **knee**
KNEEHOLE *n* space for the knees, esp under a desk
KNEEING ▸ **knee**
KNEEJERK *adj* (of a reply or reaction) automatic and predictable
KNEEL, -ED, -ING, -S, KNELT *vb* fall or rest on one's knees ▹ *n* act or position of kneeling
KNEELER, -S ▸ **kneel**
KNEELIKE *adj* like a knee
KNEELING ▸ **kneel**
KNEELS ▸ **kneel**
KNEEPAD, -S *n* protective covering for the knee
KNEEPAN, -S *another word for* ▸ **patella**
KNEEROOM *n* space to put one's knees
KNEES ▸ **knee**
KNEESIES *n* flirtatious touching of knees under table
KNEESOCK *n* type of sock that comes up to the knee
KNEIDEL, -S *n* (in Jewish cookery) small dumpling
KNELL, -ED, -ING, -S *n* sound of a bell, esp at a funeral or death ▹ *vb* ring a knell
KNELT ▸ **kneel**
KNESSET, -S *n* parliament or assembly
KNEVELL, -S *vb* old Scots word meaning beat
KNEW ▸ **know**
KNICKER *n* woman's or girl's undergarment
KNICKERS *pl n* woman's or girl's undergarment
KNICKS *pl n* knickers
KNIFE, -D, -S, KNIVES *n* sharp-edged blade with a handle ▹ *vb* cut or stab with a knife
KNIFEMAN, KNIFEMEN *n* man who is armed with a knife
KNIFER, -S ▸ **knife**
KNIFES ▸ **knife**
KNIFING, -S ▸ **knife**
KNIGHT, -ED, -S *n* man who has been given a knighthood ▹ *vb* award a knighthood to
KNIGHTLY *adj* of, resembling, or appropriate for a knight
KNIGHTS ▸ **knight**
KNISH, -ES *n* type of dish
KNIT, -S, -TED, -TING *vb* make (a garment) by interlocking a series of loops in wool or other yarn ▹ *n* fabric made by knitting
KNITBONE *n* comfrey
KNITCH, -ES *dialect word for* ▸ **bundle**
KNITS ▸ **knit**
KNITTED ▸ **knit**
KNITTER, -S ▸ **knit**
KNITTING ▸ **knit**
KNITTLE, -S *n* old word for string or cord
KNITWEAR *n* knitted clothes, such as sweaters
KNIVE, -D, KNIVING *rare variant of* ▸ **knife**
KNIVES ▸ **knife**
KNIVING ▸ **knive**
KNOB, -BED, -BING, -S *n* rounded projection, such as a switch on a radio ▹ *vb* supply with knobs
KNOBBER, -S *n* two-year-old male deer
KNOBBIER ▸ **knobby**
KNOBBING ▸ **knob**
KNOBBLE, -S *n* small knob ▹ *vb* dialect word meaning strike
KNOBBLED *same as* ▸ **knobbly**
KNOBBLES ▸ **knobble**
KNOBBLY *adj* covered with small bumps
KNOBBY, KNOBBIER ▸ **knob**
KNOBLIKE ▸ **knob**
KNOBS ▸ **knob**
KNOCK, -ED, -ING, -S *vb* give a blow or push to ▹ *n* blow or rap
KNOCKER, -S *n* metal fitting for knocking on a door
KNOCKING ▸ **knock**
KNOCKOFF *n* informal word for a cheap, often illegal, copy of something
KNOCKOUT *n* blow that renders an opponent unconscious ▹ *vb* render (someone) unconscious
KNOCKS ▸ **knock**
KNOLL, -ED, -ING, -S *n* small rounded hill ▹ *vb* (in archaic or dialect usage) knell
KNOLLER, -S ▸ **knoll**
KNOLLIER ▸ **knolly**
KNOLLING ▸ **knoll**
KNOLLS ▸ **knoll**
KNOLLY, KNOLLIER ▸ **knoll**
KNOP, -S *n* knob, esp an ornamental one
KNOPPED ▸ **knop**
KNOPS ▸ **knop**
KNOSP, -S *n* budlike architectural feature
KNOT, -S, -TED, -TING *n* type of fastening ▹ *vb* tie with or into a knot
KNOTHEAD *n* stupid person
KNOTHOLE *n* hole in a piece of wood where a knot has been
KNOTLESS ▸ **knot**
KNOTLIKE ▸ **knot**
KNOTS ▸ **knot**
KNOTTED ▸ **knot**
KNOTTER, -S ▸ **knot**
KNOTTIER ▸ **knotty**
KNOTTILY ▸ **knotty**
KNOTTING ▸ **knot**
KNOTTY, KNOTTIER *adj* full of knots
KNOTWEED *n* type of plant with small flowers and jointed stems
KNOTWORK *n* ornamentation consisting of a mass of intertwined and knotted cords
KNOUT, -ED, -ING, -S *n* stout whip ▹ *vb* whip
KNOW, KNEW, -S *vb* be or feel certain of the truth of (information etc)
KNOWABLE ▸ **know**
KNOWE, -S *same as* ▸ **knoll**
KNOWER, -S ▸ **know**
KNOWES ▸ **knowe**
KNOWHOW, -S *n* ingenuity, knack, or skill
KNOWING, -S ▸ **know**
KNOWN, -S *n* fact or something that is known
KNOWS ▸ **know**
KNUB, -S *dialect word for* ▸ **knob**

KNUBBIER ▸ **knubby**
KNUBBLE, -D, -S *vb* dialect word for beat or pound using one's fists
KNUBBLY *adj* having small lumps or protuberances
KNUBBY, KNUBBIER *adj* knub
KNUBS ▸ **knub**
KNUCKLE, -D, -S *n* bone at the finger joint ▹ *vb* rub with the knuckles
KNUCKLER *n* type of pitch in baseball
KNUCKLES ▸ **knuckle**
KNUCKLY ▸ **knuckle**
KNUR, -S *n* knot or protuberance in a tree trunk or in wood
KNURL, -ED, -ING, -S *n* small ridge, often one of a series ▹ *vb* impress with a series of fine ridges or serrations
KNURLIER ▸ **knurly**
KNURLING ▸ **knurl**
KNURLS ▸ **knurl**
KNURLY, KNURLIER *rare word for* ▸ **gnarled**
KNURR, -S *same as* ▸ **knur**
KNURS ▸ **knur**
KNUT, -S *n* dandy
KO *n* (in New Zealand) traditional digging tool
KOA, -S *n* Hawaiian leguminous tree
KOALA, -S *n* tree-dwelling Australian marsupial with dense grey fur
KOAN, -S *n* (in Zen Buddhism) problem that admits no logical solution
KOAS ▸ **koa**
KOB, -S *n* any of several species of antelope
KOBAN, -S *n* old oval-shaped Japanese gold coin
KOBANG, -S *same as* ▸ **koban**
KOBANS ▸ **koban**
KOBO, -S *n* Nigerian monetary unit
KOBOLD, -S *n* mischievous household sprite
KOBOS ▸ **kobo**
KOBS ▸ **kob**
KOCHIA, -S *n* any of several plants whose foliage turns dark red
KOEKOEA, -S *n* long-tailed cuckoo of New Zealand
KOEL, -S *n* any of several parasitic cuckoos
KOFF, -S *n* Dutch masted merchant vessel
KOFTA, -S *n* Indian dish
KOFTGAR, -S *n* (in India) person skilled at inlaying steel with gold
KOFTGARI *n* ornamental Indian metalwork
KOFTGARS ▸ **koftgar**
KOFTWORK *same as* ▸ **koftgari**
KOGAL, -S *n* (in Japan) trendy teenage girl
KOHA, -S *n* gift or donation, esp of cash
KOHANIM ▸ **kohen**
KOHAS ▸ **koha**
KOHEKOHE *n* New Zealand tree with large glossy leaves and reddish wood
KOHEN, KOHANIM *n* member of the Jewish priestly caste
KOHL, -S *n* cosmetic powder
KOHLRABI *n* type of cabbage with an edible stem
KOHLS ▸ **kohl**
KOI, -S *n* any of various ornamental forms of the common carp
KOINE, -S *n* common language among speakers of different languages
KOIS ▸ **koi**
KOJI, -S *n* Japanese steamed rice
KOKA, -S *n* former type of score in judo
KOKAKO, -S *n* type of crow
KOKAM, -S *same as* ▸ **kokum**
KOKANEE, -S *n* type of freshwater salmon
KOKAS ▸ **koka**
KOKER, -S *n* Guyanese sluice
KOKIRI, -S *n* type of rough-skinned New Zealand triggerfish
KOKOBEH *adj* (of certain fruit) having a rough skin
KOKOPU, -S *n* any of several small freshwater fish of New Zealand
KOKOWAI, -S *n* type of clay
KOKRA, -S *n* type of wood
KOKUM, -S *n* tropical tree
KOLA, -S *n* as in **kola nut** caffeine-containing seed used in medicine and soft drinks
KOLACKY *n* sweet bun with a fruit, jam, or nut filling
KOLAS ▸ **kola**
KOLBASI, -S *same as* ▸ **kolbassi**
KOLBASSA *same as* ▸ **kielbasa**
KOLBASSI *n* type of sausage
KOLHOZ, -ES, -Y *same as* ▸ **kolkhoz**
KOLINSKI *same as* ▸ **kolinsky**
KOLINSKY *n* Asian mink
KOLKHOS, -Y *same as* ▸ **kolkhoz**
KOLKHOZ, -Y *n* (formerly) collective farm in the Soviet Union
KOLKOZ, -ES, -Y *same as* ▸ **kolkhoz**
KOLO, -S *n* Serbian folk dance
KOMATIK, -S *n* type of sledge
KOMBU, -S *n* dark brown seaweed
KOMISSAR *same as* > **commissar**
KOMITAJI *n* rebel or revolutionary
KOMONDOR *n* large powerful dog of an ancient Hungarian breed, originally used for sheep herding
KON, -D, -NING, -S *old word for* ▸ **know**
KONAKI, -S *same as* ▸ **koneke**
KONBU, -S *same as* ▸ **kombu**
KOND ▸ **kon**
KONDO, -S *n* (in Uganda) thief or armed robber
KONEKE, -S *n* type of farm vehicle
KONFYT, -S *n* South African fruit preserve
KONGONI *n* E African hartbeest
KONINI, -S *n* edible dark purple berry
KONK, -ED, -ING, -S *same as* ▸ **conk**
KONNING ▸ **kon**
KONS ▸ **kon**
KOODOO, -S *same as* ▸ **kudu**
KOOK, -ED, -ING, -S *n* eccentric person ▹ *vb* dialect word for vanish
KOOKIE *same as* ▸ **kooky**
KOOKIER ▸ **kooky**
KOOKIEST ▸ **kooky**
KOOKILY ▸ **kooky**
KOOKING ▸ **kook**
KOOKS ▸ **kook**
KOOKUM, -S *same as* ▸ **kokum**
KOOKY, KOOKIER, KOOKIEST *adj* crazy, eccentric, or foolish
KOOLAH, -S *old form of* ▸ **koala**
KOORI, -ES, -S *n* Australian Aborigine
KOP, -S *n* prominent isolated hill or mountain in southern Africa

KOPECK, -S *n* former Russian monetary unit
KOPEK, -S *same as* ▸ **kopeck**
KOPH, -S *n* 19th letter in the Hebrew alphabet
KOPIYKA, -S, KOPIYKY, KOPIYOK *n* monetary unit of Ukraine
KOPJE, -S *n* small hill
KOPPA, -S *n* consonantal letter in the Greek alphabet
KOPPIE, -S *same as* ▸ **kopje**
KOPS ▸ **kop**
KOR, -S *n* ancient Hebrew unit of capacity
KORA, -S *n* West African instrument
KORAI ▸ **kore**
KORARI, -S *n* native New Zealand flax plant
KORAS ▸ **kora**
KORAT, -S *n* as in **korat cat** rare blue-grey breed of cat
KORE, KORAI, -S *n* ancient Greek statue of a young woman wearing clothes
KORERO, -ED, -S *n* talk or discussion ▹ *vb* speak or converse
KORES ▸ **kore**
KORFBALL *n* game similar to basketball, in which each team consists of six men and six women
KORIMAKO *another name for* ▸ **bellbird**
KORKIR, -S *n* variety of lichen used in dyeing
KORMA, -S *n* type of mild Indian dish
KORO, -S *n* elderly Māori man
KOROMIKO *n* flowering New Zealand shrub
KORORA, -S *n* small New Zealand penguin
KOROS ▸ **koro**
KOROWAI, -S *n* decorative woven cloak worn by a Māori chief
KORS ▸ **kor**
KORU, -S *n* stylized curved pattern used esp in carving
KORUNA, KORUN, -S, KORUNY *n* standard monetary unit of the Czech Republic and Slovakia
KORUS ▸ **koru**
KOS, -ES *n* Indian unit of distance
KOSHER, -ED, -S *adj* conforming to Jewish religious law ▹ *n* kosher food ▹ *vb* prepare in accordance with Jewish dietary rules
KOSMOS, -ES *variant form of* ▸ **cosmos**
KOSS, -ES *same as* ▸ **kos**
KOTARE, -S *n* small greenish-blue kingfisher
KOTCH, -ED, -ES, -ING *vb* South African slang for vomit
KOTO, -S *n* Japanese stringed instrument
KOTOW, -ED, -ING, -S *same as* ▸ **kowtow**
KOTOWER, -S ▸ **kotow**
KOTOWING ▸ **kotow**
KOTOWS ▸ **kotow**
KOTTABOS *same as* ▸ **cottabus**
KOTUKU, -S *n* type of white heron
KOTWAL, -S *n* senior police officer or magistrate in an Indian town
KOULAN, -S *same as* ▸ **kulan**
KOUMIS, -ES *same as* ▸ **kumiss**
KOUMISS *same as* ▸ **kumiss**
KOUMYS, -ES *same as* ▸ **kumiss**
KOUMYSS *same as* ▸ **kumiss**
KOUPREY, -S *n* large wild SE Asian ox
KOURA, -S *n* New Zealand freshwater crayfish
KOURBASH *same as* ▸ **kurbash**
KOUROS, KOUROI *n* ancient Greek statue of a young man
KOUSKOUS *same as* ▸ **couscous**
KOUSSO, -S *n* Abyssinian tree
KOW, -S *old variant of* ▸ **cow**

> This dialect variant of **cow** scores well for a 3-letter word, and can be a good one to form when playing in more than one direction.

KOWHAI, -S *n* New Zealand tree
KOWS ▸ **kow**
KOWTOW, -ED, -S *vb* be servile (towards) ▹ *n* act of kowtowing
KOWTOWER ▸ **kowtow**
KOWTOWS ▸ **kowtow**
KRAAL, -ED, -ING, -S *n* S African village surrounded by a strong fence ▹ *adj* denoting or relating to the tribal aspects of the Black African way of life ▹ *vb* enclose (livestock) in a kraal
KRAB, -S *same as* > **karabiner**
KRAFT, -S *n* strong wrapping paper
KRAI, -S *n* administrative division of Russia
KRAIT, -S *n* brightly coloured venomous snake of S and SE Asia
KRAKEN, -S *n* legendary sea monster
KRAMERIA *another name for* ▸ **rhatany**
KRANG, -S *n* dead whale from which the blubber has been removed
KRANS, -ES *n* sheer rock face
KRANTZ, -ES *same as* ▸ **krans**
KRANZ, -ES *same as* ▸ **krans**
KRATER, -S *same as* ▸ **crater**
KRAUT, -S *n* sauerkraut
KRAY, -S *same as* ▸ **krai**
KREASOTE *same as* ▸ **creosote**
KREATINE *same as* ▸ **creatine**
KREEP, -S *n* lunar substance
KREESE, -D, -S, KREESING *same as* ▸ **kris**
KREMLIN, -S *n* citadel of any Russian city
KRENG, -S *same as* ▸ **krang**
KREOSOTE *same as* ▸ **creosote**
KREPLACH *pl n* small filled dough casings usually served in soup
KREPLECH *same as* ▸ **kreplach**
KREUTZER *n* any of various former copper and silver coins of Germany or Austria
KREUZER, -S *same as* ▸ **kreutzer**
KREWE, -S *n* club taking part in New Orleans carnival parade
KRILL, -S *n* small shrimplike sea creature
KRIMMER, -S *n* tightly curled light grey fur
KRIS, -ED, -ES, -ING *n* type of Malayan and Indonesian knife ▹ *vb* stab or slash with a kris
KROMESKY *n* croquette consisting of a piece of bacon wrapped round minced meat or fish
KRONA, KRONOR, KRONUR *n* standard monetary unit of Sweden
KRONE, -N, -R *n* standard monetary unit of Norway and Denmark
KRONOR ▸ **krona**

KRONUR ▸ **krona**
KROON, -I, -S *n* standard monetary unit of Estonia
KRUBI, -S *n* aroid plant with an unpleasant smell
KRUBUT, -S *same as* ▸ **krubi**
KRULLER, -S *variant spelling of* ▸ **cruller**
KRUMHORN *variant spelling of* ▸ **crumhorn**
KRUMKAKE *n* Scandinavian biscuit
KRUMPER, -S ▸ **krumping**
KRUMPING *n* type of aggressive dance
KRUNK, -S *n* style of hip-hop music
KRUNKED *same as* ▸ **crunked**
KRUNKS ▸ **krunk**
KRYOLITE *variant spelling of* ▸ **cryolite**
KRYOLITH *same as* ▸ **cryolite**
KRYPSIS, KRYPSES *n* idea that Christ made secret use of his divine attributes
KRYPTON, -S *n* colourless gas
KRYTRON, -S *n* type of fast electronic gas-discharge switch
KSAR, -S *old form of* ▸ **tsar**
KUBASA, -S *same as* ▸ **kielbasa**
KUBIE, -S *n* Ukrainian roll filled with kielbasa
KUCCHA, -S *same as* ▸ **kaccha**
KUCHCHA *same as* ▸ **kacha**
KUCHEN, -S *n* breadlike cake
KUDLIK, -S *n* Inuit soapstone seal-oil lamp
KUDO *variant of* ▸ **kudos**
KUDOS, -ES *n* fame or credit
KUDU, -S *n* African antelope with spiral horns
KUDZU, -S *n* hairy leguminous climbing plant
KUE, -S *n* name of the letter Q
KUEH *n* (in Malaysia) any cake of Malay, Chinese, or Indian origin
KUES ▸ **kue**
KUFI, -S *n* cap for Muslim man
KUFIYAH, -S *same as* ▸ **keffiyeh**
KUGEL, -S *n* baked pudding in traditional Jewish cooking
KUIA, -S *n* Māori female elder or elderly woman
KUKRI, -S *n* heavy, curved knife used by Gurkhas
KUKU, -S *n* mussel
KULA, -S *n* ceremonial gift exchange among islanders in the W Pacific
KULAK, -I, -S *n* (formerly) property-owning Russian peasant
KULAN, -S *n* Asiatic wild ass
KULAS ▸ **kula**
KULBASA, -S *same as* ▸ **kielbasa**
KULFI, -S *n* Indian dessert
KULTUR, -S *n* German civilization
KUMARA, -S *n* tropical root vegetable with yellow flesh
KUMARI, -S *n* (in Indian English) maiden
KUMBALOI *pl n* worry beads
KUMERA, -S *same as* ▸ **kumara**
KUMIKUMI *same as* ▸ **kamokamo**
KUMIS, -ES *same as* ▸ **kumiss**
KUMISS, -ES *n* drink made from fermented mare's or other milk
KUMITE, -S *n* freestyle sparring or fighting
KUMKUM, -S *n* red pigment used by Hindu women to make a mark on the forehead
KUMMEL, -S *n* German liqueur
KUMQUAT, -S *n* citrus fruit resembling a tiny orange
KUMYS, -ES *same as* ▸ **kumiss**
KUNA, KUNE *n* standard monetary unit of Croatia
KUNEKUNE *n* feral pig
KUNJOOS *adj* (in Indian English) mean or stingy
KUNKAR, -S *n* type of limestone
KUNKUR, -S *same as* ▸ **kunkar**
KUNZITE, -S *n* variety of the mineral spodumene
KURBASH *vb* whip with a hide whip
KURGAN, -S *n* Russian burial mound
KURI, -S *n* mongrel dog
KURRE, -S *old variant of* ▸ **cur**
KURSAAL, -S *n* public room at a health resort
KURTA, -S *n* long loose garment
KURTOSIS, KURTOSES *n* measure of the concentration of a distribution around its mean
KURU, -S *n* degenerative disease of the nervous system

This word for a kind of sickness found in New Guinea can give you something to play when you have two Us to dispose of.

KURUSH, -ES *n* small currency unit of Turkey
KURVEY, -ED, -S *vb* (in old South African English) transport goods by ox cart
KURVEYOR ▸ **kurvey**
KURVEYS ▸ **kurvey**
KUSSO, -S *variant spelling of* ▸ **kousso**
KUTA, -S *n* (in Indian English) male dog
KUTCH, -ES *same as* ▸ **catechu**
KUTCHA *adj* makeshift or not solid
KUTCHES ▸ **kutch**
KUTI, -S *n* (in Indian English) female dog
KUTU, -S *n* body louse
KUVASZ, -OK *n* breed of dog from Hungary
KUZU, -S *same as* ▸ **kudzu**

A Japanese climbing plant, this can be a great word for getting a high score out of a difficult rack.

KVAS, -ES *same as* ▸ **kvass**
KVASS, -ES *n* alcoholic drink
KVELL, -ED, -ING, -S *vb* US word meaning be happy
KVETCH, -ED, -ES *vb* complain or grumble
KVETCHER ▸ **kvetch**
KVETCHES ▸ **kvetch**
KVETCHY *adj* tending to grumble or complain
KWACHA, -S *n* standard monetary unit of Zambia
KWAITO, -S *n* type of South African pop music
KWANZA, -S *n* standard monetary unit of Angola
KWELA, -S *n* type of pop music
KY *pl n* Scots word for cows
KYACK, -S *n* type of pannier
KYAK, -S *same as* ▸ **kayak**
KYANG, -S *same as* ▸ **kiang**
KYANISE, -D, -S *same as* ▸ **kyanize**
KYANITE, -S *n* grey, green, or blue mineral
KYANITIC ▸ **kyanite**
KYANIZE, -D, -S *vb* treat (timber) with corrosive sublimate
KYAR, -S *same as* ▸ **coir**
KYAT, -S *n* standard monetary unit of Myanmar

KYBO, -S *n* temporary lavatory used when camping
KYBOSH, -ED, -ES *same as* ▸ **kibosh**
KYDST ▸ **kythe**
KYE, -S *n* Korean fundraising meeting
KYLE, -S *n* narrow strait or channel
KYLICES ▸ **kylix**
KYLIE, -S *n* type of boomerang
KYLIKES ▸ **kylix**
KYLIN, -S *n* (in Chinese art) mythical animal
KYLIX, KYLICES, KYLIKES, -ES *n* drinking vessel used in ancient Greece
KYLLOSIS, KYLLOSES *n* club foot
KYLOE, -S *n* breed of beef cattle
KYMOGRAM *n* image or other visual record created by a kymograph
KYND, -ED, -ING, -S *old variant of* ▸ **kind**
KYNDE, -S *old variant of* ▸ **kind**
KYNDED ▸ **kynd**
KYNDES ▸ **kynde**
KYNDING ▸ **kynd**
KYNDS ▸ **kynd**
KYNE *pl n* archaic word for cows
KYOGEN, -S *n* type of Japanese drama
KYPE, -S *n* hook on the lower jaw of a mature male salmon
KYPHOSIS, KYPHOSES *n* backward curvature of the thoracic spine
KYPHOTIC ▸ **kyphosis**
KYRIE, -S *n* type of prayer
KYRIELLE *n* verse form of French origin characterized by repeated lines or words
KYRIES ▸ **kyrie**
KYTE, -S *n* belly
KYTHE, KYDST, -D, -S, KYTHING *vb* appear
KYU, -S *n* (in judo) one of the five student grades

This means a novice grade in judo, and its unusual combination of letters makes it a useful word to remember when you have an unpromising set of letters on your rack.

K

Ll

L can be a difficult letter to use well, especially when you need to play short words. Just three two-letter words begin with **L**: **la**, **li** and **lo**. Knowing this will save you valuable time in a game, especially when you are trying to fit words into a crowded board. There aren't very many three-letter words either, but don't forget common words like **lab** (5 points), **law** (6), **lay** (6), **low** (6) and **lye** (6). Try to remember the three-letter words that combine **L** with **X**: **lax**, **lex**, **lox** and **lux** (10 points each). These are particularly useful towards the end of a game if you have an **X** but little opportunity to play it. There is also the very useful **luz** for 12 points.

LA, -S *n* the sixth note of the musical scale
LAAGER, -ED, -S *n* (in Africa) a camp defended by a circular formation of wagons ▷ *vb* form (wagons) into a laager
LAARI, -S *same as* ▶ **lari**
LAB, -S *n* laboratory
LABARUM, LABARA, -S *n* standard carried in Christian processions
LABDA, -S *same as* ▶ **lambda**
LABDANUM *n* dark resinous juice obtained from various rockroses
LABDAS ▶ **labda**
LABEL, -ED, -ING, -LED, -S *n* piece of card fixed to an object ▷ *vb* give a label to
LABELER, -S ▶ **label**
LABELING ▶ **label**
LABELLA ▶ **labellum**
LABELLED ▶ **label**
LABELLER ▶ **label**
LABELLUM, LABELLA *n* lip-like part of certain plants
LABELS ▶ **label**
LABIA ▶ **labium**
LABIAL, -S *adj* of the lips ▷ *n* speech sound that involves the lips
LABIALLY ▶ **labial**
LABIALS ▶ **labial**
LABIATE, -S *n* plant with a two-lipped flower
LABIATED *adj* having a lip
LABIATES ▶ **labiate**
LABILE *adj* (of a compound) prone to chemical change
LABILITY ▶ **labile**
LABIS, -ES *n* spoon used to give the Eucharist to communicants
LABIUM, LABIA *n* lip or liplike structure
LABLAB, -S *n* twining leguminous plant
LABNEH, -S *n* Mediterranean soft cheese
LABOR, -ING, -S *same as* ▶ **labour**
LABORED *same as* ▶ **laboured**
LABORER, -S *same as* ▶ **labourer**
LABORING ▶ **labor**
LABORISM *same as* > **labourism**
LABORIST *same as* > **labourist**
LABORITE *n* adherent of the Labour party
LABORS ▶ **labor**
LABOUR, -S *n* physical work or exertion ▷ *vb* work hard
LABOURED *adj* uttered or done with difficulty
LABOURER *n* person who labours, esp someone doing manual work for wages
LABOURS ▶ **labour**
LABRA ▶ **labrum**
LABRADOR *n* large retriever dog with a usu gold or black coat
LABRAL *adj* of or like a lip
LABRET, -S *n* piece of bone or shell
LABRID, -S *same as* ▶ **labroid**
LABROID, -S *n* type of fish ▷ *adj* of or relating to such fish
LABROSE *adj* thick-lipped
LABRUM, LABRA, -S *n* lip or liplike part
LABRUSCA *n* grape variety
LABRYS, -ES *n* type of axe
LABS ▶ **lab**
LABURNUM *n* ornamental tree with yellow hanging flowers
LAC, -S *same as* ▶ **lakh**
LACE, -D, -S *n* delicate fabric ▷ *vb* fasten with shoelaces, cords, etc
LACEBARK *n* small evergreen tree
LACED ▶ **lace**
LACELESS ▶ **lace**
LACELIKE ▶ **lace**
LACER, -S ▶ **lace**
LACERANT *adj* painfully distressing
LACERATE *vb* tear (flesh) ▷ *adj* having edges that are jagged or torn
LACERS ▶ **lacer**
LACERTID *n* type of lizard
LACES ▶ **lace**
LACET, -S *n* braided work in lace
LACEWING *n* any of various neuropterous insects
LACEWOOD *n* wood of sycamore tree
LACEWORK *n* work made from lace
LACEY *same as* ▶ **lacy**
LACHES, -ES *n* unreasonable delay in pursuing a legal remedy
LACIER ▶ **lacy**
LACIEST ▶ **lacy**
LACILY ▶ **lacy**
LACINESS ▶ **lacy**
LACING, -S ▶ **lace**
LACINIA, -E *n* narrow fringe on petal

LACK, -ED, -ING, -S *n* shortage of something needed ▷ *vb* need
LACKADAY *another word for* ▸ **alas**
LACKED ▸ **lack**
LACKER, -ED, -S *variant spelling of* ▸ **lacquer**
LACKEY, -ED, -S *n* servile follower ▷ *vb* act as a lackey (to)
LACKING ▸ **lack**
LACKLAND *n* fool
LACKS ▸ **lack**
LACMUS, -ES *n* old form of litmus
LACONIC *adj* using only a few words, terse
LACONISM *n* economy of expression
LACQUER, -S *n* hard varnish for wood or metal ▷ *vb* apply lacquer to
LACQUEY, -S *same as* ▸ **lackey**
LACRIMAL *adj* of tears or the glands which produce them ▷ *n* bone near tear gland
LACROSSE *n* sport in which teams catch and throw a ball using long sticks with a pouched net
LACRYMAL *same as* ▸ **lacrimal**
LACS ▸ **lac**
LACTAM, -S *n* any of a group of inner amides
LACTARY *adj* relating to milk
LACTASE, -S *n* any of a group of enzymes that hydrolyse lactose to glucose and galactose
LACTATE, -D, -S *vb* secrete milk ▷ *n* ester or salt of lactic acid
LACTEAL, -S *adj* of or like milk ▷ *n* any of the lymphatic vessels that convey chyle from the small intestine to the blood
LACTEAN *another word for* ▸ **lacteous**
LACTEOUS *adj* milky
LACTIC *adj* of or derived from milk
LACTIFIC *adj* yielding milk
LACTITOL *n* type of artificial sweetener
LACTONE, -S *n* any of a class of organic compounds
LACTONIC ▸ **lactone**
LACTOSE, -S *n* white crystalline sugar found in milk
LACUNA, -E, -S *n* gap or missing part, esp in a document or series
LACUNAL ▸ **lacuna**
LACUNAR, -S *n* ceiling, soffit, or vault having coffers ▷ *adj* having a lacuna
LACUNARY ▸ **lacuna**
LACUNAS ▸ **lacuna**
LACUNATE ▸ **lacuna**
LACUNE, -S *n* hiatus
LACUNOSE ▸ **lacuna**
LACY, LACIER, LACIEST *adj* fine, like lace
LAD, -S *n* boy or young man
LADANUM, -S *same as* ▸ **labdanum**
LADDER, -ED, -S *n* frame of two poles connected by horizontal steps for climbing ▷ *vb* cause to have a line of undone stitches
LADDERY *adj* (of tights) laddered
LADDIE, -S *n* familiar term for a male, esp a young man
LADDIER ▸ **laddy**
LADDIES ▸ **laddie**
LADDIEST ▸ **laddy**
LADDISH *adj* behaving in a macho or immature manner
LADDISM, -S *n* laddish attitudes and behaviour
LADDY, LADDIER, LADDIEST *adj* laddish
LADE, -D, -S *vb* put cargo on board ▷ *n* watercourse
LADEN, -ED, -ING, -S *adj* loaded ▷ *vb* load with cargo
LADER, -S ▸ **lade**
LADES ▸ **lade**
LADETTE, -S *n* young woman who behaves like a young man
LADHOOD, -S ▸ **lad**
LADIES *n* women's public toilet
LADIFY, LADIFIED, LADIFIES *same as* ▸ **ladyfy**
LADING, -S ▸ **lade**
LADINO, -S *n* Italian variety of white clover
LADLE, -D, -S, LADLING *n* long-handled spoon with a large bowl ▷ *vb* serve out
LADLEFUL ▸ **ladle**
LADLER, -S *n* person who serves with a ladle
LADLES ▸ **ladle**
LADLING ▸ **ladle**
LADRON, -S *same as* ▸ **ladrone**
LADRONE, -S *n* thief
LADRONS ▸ **ladron**
LADS ▸ **lad**
LADY *n* woman of good breeding or high rank ▷ *adj* female
LADYBIRD *n* small red beetle with black spots
LADYBUG, -S *same as* ▸ **ladybird**
LADYCOW, -S *another word for* ▸ **ladybird**
LADYFIED ▸ **ladyfy**
LADYFIES ▸ **ladyfy**
LADYFISH *n* type of game fish
LADYFLY *another word for* ▸ **ladybird**
LADYFY, LADYFIED, LADYFIES *vb* make a lady of (someone)
LADYHOOD ▸ **lady**
LADYISH ▸ **lady**
LADYISM, -S ▸ **lady**
LADYKIN, -S *n* endearing form of lady
LADYLIKE *adj* polite and dignified
LADYLOVE *n* beloved woman
LADYNESS *n* state of being a lady
LADYPALM *n* small palm, grown indoors
LADYSHIP *n* title of a peeress
LAER, -ED, -ING, -S *another word for* ▸ **laager**
LAESIE *old form of* ▸ **lazy**
LAETARE, -S *n* fourth Sunday of Lent
LAETRILE *n* drug used to treat cancer
LAEVO *adj* on the left
LAEVULIN *n* polysaccharide occurring in the tubers of certain helianthus plants
LAG, -GED, -S *vb* go too slowly, fall behind ▷ *n* delay between events
LAGAN, -S *n* goods or wreckage on the sea bed
LAGENA, -S *n* bottle with a narrow neck
LAGEND, -S *same as* ▸ **lagan**
LAGER, -ED, -ING, -S *n* light-bodied beer ▷ *vb* ferment into lager
LAGGARD, -S *n* person who lags behind ▷ *adj* sluggish, slow
LAGGED ▸ **lag**
LAGGEN, -S *n* spar of a barrel
LAGGER, -S *n* person who lags pipes
LAGGIN, -S *same as* ▸ **laggen**
LAGGING, -S ▸ **lag**
LAGGINS ▸ **laggin**
LAGNAPPE *same as* ▸ **lagniappe**
LAGOON, -S *n* water cut off from the sea by reefs or sand bars

LAGOONAL ▸**lagoon**
LAGOONS ▸**lagoon**
LAGS ▸**lag**
LAGUNA, -S *n* lagoon
LAGUNE, -S *same as* ▸**lagoon**
LAH, -S *n* (in tonic sol-fa) sixth degree of any major scale
LAHAL, -S *n* game played by native peoples of the Pacific Northwest
LAHAR, -S *n* landslide of volcanic debris and water
LAHS ▸**lah**
LAIC, -S *adj* laical ▹*n* layman
LAICAL *adj* secular
LAICALLY ▸**laic**
LAICH, -S *n* low-lying piece of land
LAICISE, -D, -S *same as* ▸**laicize**
LAICISM, -S ▸**laic**
LAICITY *n* state of being laical
LAICIZE, -D, -S *vb* remove ecclesiastical status from
LAICS ▸**laic**
LAID, -ED, -ING, -S *Scots form of* ▸**load**
LAIDLY, LAIDLIER *adj* very ugly
LAIDS ▸**laid**
LAIGH, -ER, -EST, -S *adj* low-lying ▹*n* area of low-lying ground
LAIK, -ED, -ING, -S *vb* play (a game, etc)
LAIKA, -S *n* type of small dog
LAIKED ▸**laik**
LAIKER, -S ▸**laik**
LAIKING ▸**laik**
LAIKS ▸**laik**
LAIN ▸**lie**
LAIPSE, -D, -S, LAIPSING *vb* beat soundly
LAIR, -ED, -ING, -S *n* resting place of an animal ▹*vb* retreat to or rest in a lair
LAIRAGE, -S *n* accommodation for farm animals
LAIRD, -S *n* Scottish landowner
LAIRDLY *adj* pertaining to lairds
LAIRDS ▸**laird**
LAIRED ▸**lair**
LAIRIER ▸**lairy**
LAIRIEST ▸**lairy**
LAIRING ▸**lair**
LAIRISE, -D, -S *same as* ▸**lairize**
LAIRIZE, -D, -S *vb* show off
LAIRS ▸**lair**
LAIRY, LAIRIER, LAIRIEST *adj* gaudy or flashy
LAISSE, -S *n* type of rhyme scheme
LAITANCE *n* white film forming on drying concrete
LAITH *Scots form of* ▸**loath**
LAITHLY *same as* ▸**laidly**
LAITY, LAITIES *n* non-clergy
LAKE, -D, -S *n* expanse of water entirely surrounded by land ▹*vb* take time away from work
LAKEBED, -S *n* bed of lake
LAKED ▸**lake**
LAKEFILL *n* area of land on a filled lake
LAKEHEAD *n* shore of a lake farthest from the outlet
LAKELAND *n* countryside with a lot of lakes
LAKELET, -S *n* small lake
LAKELIKE ▸**lake**
LAKEPORT *n* port on lake
LAKER, -S *n* lake cargo vessel
LAKES ▸**lake**
LAKESIDE *n* area at edge of lake
LAKEVIEW *adj* having a view of a lake
LAKEWARD *same as* > **lakewards**
LAKH, -S *n* (in India) 100 000, esp referring to this sum of rupees
LAKIER ▸**laky**
LAKIEST ▸**laky**
LAKIN, -S *short form of* ▸**ladykin**
LAKING, -S ▸**lake**
LAKINS ▸**lakin**
LAKISH *adj* similar to poetry of Lake poets
LAKSA, -S *n* (in Malaysia) Chinese dish of rice noodles in curry or hot soup
LAKY, LAKIER, LAKIEST *adj* of the reddish colour of the pigment lake
LALANG, -S *n* coarse weedy Malaysian grass
LALDIE, -S *n* great gusto
LALDY *same as* ▸**laldie**
LALIQUE, -S *n* ornamental glass
LALL, -ED, -S *vb* make bad 'l' or 'r' sounds
LALLAN, -S *n* literary version of the English spoken in Lowland Scotland
LALLAND, -S *same as* ▸**lallan**
LALLANS ▸**lallan**
LALLED ▸**lall**
LALLING, -S ▸**lall**
LALLS ▸**lall**
LALLYGAG *vb* loiter aimlessly
LAM, -MED, -S *vb* attack vigorously
LAMA, -S *n* Buddhist priest in Tibet or Mongolia
LAMANTIN *another word for* ▸**manatee**
LAMAS ▸**lama**
LAMASERY *n* monastery of lamas
LAMB, -ED, -S *n* young sheep ▹*vb* give birth to a lamb or lambs
LAMBADA, -S *n* type of Brazilian dance
LAMBAST, -S *vb* beat or thrash
LAMBASTE *same as* ▸**lambast**
LAMBASTS ▸**lambast**
LAMBDA, -S *n* 11th letter of the Greek alphabet
LAMBDOID *adj* having the shape of the Greek letter lambda
LAMBED ▸**lamb**
LAMBENCY ▸**lambent**
LAMBENT *adj* (of a flame) flickering softly
LAMBER, -S *n* person that attends to lambing ewes
LAMBERT, -S *n* cgs unit of illumination, equal to 1 lumen per square centimetre
LAMBIE, -S *same as* ▸**lambkin**
LAMBIER ▸**lamby**
LAMBIES ▸**lambie**
LAMBIEST ▸**lamby**
LAMBING, -S *n* birth of lambs at the end of winter
LAMBKILL *n* N American dwarf shrub
LAMBKIN, -S *n* young lamb
LAMBLIKE ▸**lamb**
LAMBLING *n* small lamb
LAMBOYS *n* skirt-like piece of armour made from metal strips
LAMBS ▸**lamb**
LAMBSKIN *n* skin of a lamb, usually with the wool still on, used to make coats, slippers, etc
LAMBY, LAMBIER, LAMBIEST *adj* lamb-like
LAME, -R, -S, -ST, LAMING *adj* having an injured or disabled leg or foot ▹*vb* make lame ▹*n* fabric interwoven with gold or silver threads
LAMED, -S *n* 12th letter in the Hebrew alphabet

L

LAMEDH, -S *same as* ▸**lamed**
LAMEDS ▸**lamed**
LAMELLA, -E, -S *n* thin layer, plate, etc, like the calcified layers of which bone is formed
LAMELLAR ▸**lamella**
LAMELLAS ▸**lamella**
LAMELY ▸**lame**
LAMENESS ▸**lame**
LAMENT, -S *vb* feel or express sorrow (for) ▹*n* passionate expression of grief
LAMENTED *adj* grieved for
LAMENTER ▸**lament**
LAMENTS ▸**lament**
LAMER ▸**lame**
LAMES ▸**lame**
LAMEST ▸**lame**
LAMETER, -S *Scots form of* ▸**lamiger**
LAMIA, -E, -S *n* female monster with a snake's body and a woman's head
LAMIGER, -S *n* disabled person
LAMINA, -E, -S *n* thin plate, esp of bone or mineral
LAMINAL, -S *n* consonant articulated with blade of tongue
LAMINAR ▸**lamina**
LAMINARY ▸**lamina**
LAMINAS ▸**lamina**
LAMINATE *vb* make (a sheet of material) by sticking together thin sheets ▹*n* laminated sheet ▹*adj* composed of lamina
LAMING ▸**lame**
LAMININ, -S *n* type of protein
LAMINOSE ▸**lamina**
LAMINOUS ▸**lamina**
LAMISH *adj* rather lame
LAMISTER *n* fugitive
LAMITER, -S *same as* ▸**lameter**
LAMMED ▸**lam**
LAMMER, -S *Scots word for* ▸**amber**
LAMMIE *same as* ▸**lammy**
LAMMIES ▸**lammy**
LAMMIGER *same as* ▸**lamiger**
LAMMING, -S ▸**lam**
LAMMY, LAMMIES *n* thick woollen jumper
LAMP, -ED, -S *n* device which produces light from electricity, oil, or gas ▹*vb* go quickly with long steps
LAMPAD, -S *n* candlestick
LAMPAS, -ES *n* swelling of the mucous membrane of the hard palate of horses
LAMPASSE *same as* ▸**lampas**
LAMPED ▸**lamp**
LAMPER, -S *n* lamprey
LAMPERN, -S *n* migratory European lamprey
LAMPERS ▸**lamper**
LAMPHOLE *n* hole in ground for lowering lamp into sewer
LAMPING, -S ▸**lamp**
LAMPION, -S *n* oil-burning lamp
LAMPLESS *adj* without a lamp
LAMPLIT *adj* lit by lamps
LAMPOON, -S *n* humorous satire ridiculing someone ▹*vb* satirize or ridicule
LAMPPOST *n* post supporting a lamp in the street
LAMPREY, -S *n* eel-like fish with a round sucking mouth
LAMPS ▸**lamp**
LAMPUKA, -S *same as* ▸**lampuki**
LAMPUKI, -S *n* type of fish
LAMPYRID *n* firefly
LAMS ▸**lam**
LAMSTER, -S *n* fugitive
LANA, -S *n* wood from genipap tree
LANAI, -S *Hawaiian word for* ▸**veranda**
LANAS ▸**lana**
LANATE *adj* having or consisting of a woolly covering of hairs
LANATED *same as* ▸**lanate**
LANCE, -D, -S, LANCING *n* long spear used by a mounted soldier ▹*vb* pierce (a boil or abscess) with a lancet
LANCEGAY *n* kind of ancient spear
LANCELET *n* type of marine invertebrate
LANCER *n* formerly, cavalry soldier armed with a lance
LANCERS *n* quadrille for eight or sixteen couples
LANCES ▸**lance**
LANCET, -S *n* pointed two-edged surgical knife
LANCETED *adj* having one or more lancet arches or windows
LANCETS ▸**lancet**
LANCH, -ED, -ES, -ING *obsolete form of* ▸**launch**
LANCIERS *pl n* type of dance
LANCING ▸**lance**
LAND *n* solid part of the earth's surface ▹*vb* come or bring to earth after a flight, jump, or fall
LANDAU, -S *n* four-wheeled carriage with two folding hoods
LANDDROS *n* sheriff
LANDE, -S *n* type of moorland in SW France
LANDED *adj* possessing or consisting of lands
LANDER, -S *n* spacecraft which lands on a planet or other body
LANDES ▸**lande**
LANDFALL *n* ship's first landing after a voyage
LANDFAST *adj* (of ice) attached to the shore
LANDFILL *n* disposing of rubbish by covering it with earth
LANDFORM *n* any natural feature of the earth's surface, such as valleys and mountains
LANDGRAB *n* sudden attempt to establish ownership of something
LANDING, -S *n* floor area at the top of a flight of stairs
LANDLADY *n* woman who owns and leases property
LANDLER, -S *n* Austrian country dance
LANDLESS ▸**land**
LANDLINE *n* telecommunications cable laid over land
LANDLORD *n* person who rents out land, houses, etc
LANDMAN, LANDMEN *n* person who lives and works on land
LANDMARK *n* prominent object in or feature of a landscape
LANDMASS *n* large continuous area of land
LANDMEN ▸**landman**
LANDMINE *n* type of bomb laid on or just under the surface of the ground ▹*vb* lay (an area) with landmines
LANDRACE *n* white very long-bodied lop-eared breed of pork pig
LANDRAIL *n* type of bird
LANDS *pl n* holdings in land
LANDSIDE *n* part of an airport farthest from the aircraft
LANDSKIP *another word for* ▸**landscape**
LANDSLID ▸**landslide**

LANDSLIP *same as* > **landslide**
LANDSMAN, LANDSMEN *n* person who works or lives on land, as distinguished from a seaman
LANDWARD *same as* > **landwards**
LANDWASH *n* part of the shore between the high-water mark and the sea
LANDWIND *n* wind that comes from the land
LANE, -S *n* narrow road
LANELY *Scots form of* ▸ **lonely**
LANES ▸ **lane**
LANEWAY, -S *n* lane
LANG, -EST *Scot word for* ▸ **long**
LANGAHA, -S *n* type of Madagascan snake
LANGAR, -S *n* dining hall in a gurdwara
LANGER *adj* comparative form of lang
LANGERED *adj* drunk
LANGEST ▸ **lang**
LANGLAUF *n* cross-country skiing
LANGLEY, -S *n* unit of solar radiation
LANGRAGE *n* shot consisting of scrap iron packed into a case, formerly used in naval warfare
LANGREL, -S *same as* ▸ **langrage**
LANGSHAN *n* breed of chicken
LANGSPEL *n* type of Scandinavian stringed instrument
LANGSPIL *n* type of Scandinavian stringed instrument
LANGSYNE *adv* long ago ▹ *n* times long past, esp those fondly remembered
LANGUAGE *n* system of sounds, symbols, etc for communicating thought ▹ *vb* express in language
LANGUE, -S *n* language considered as an abstract system
LANGUED *adj* having a tongue
LANGUES ▸ **langue**
LANGUET, -S *n* anything resembling a tongue
LANGUID *adj* lacking energy
LANGUISH *vb* suffer neglect or hardship
LANGUOR, -S *n* dreamy relaxation
LANGUR, -S *n* type of arboreal Old World monkey
LANIARD, -S *same as* ▸ **lanyard**
LANIARY *adj* adapted for tearing ▹ *n* tooth adapted for tearing
LANITAL, -S *n* fibre used in production of synthetic wool
LANK, -ED, -ER, -EST, -ING, -S *adj* straight and limp ▹ *vb* become lank
LANKIER ▸ **lanky**
LANKIEST ▸ **lanky**
LANKILY ▸ **lanky**
LANKING ▸ **lank**
LANKLY ▸ **lank**
LANKNESS ▸ **lank**
LANKS ▸ **lank**
LANKY, LANKIER, LANKIEST *adj* tall and thin
LANNER, -S *n* large falcon
LANNERET *n* male or tercel of the lanner falcon
LANNERS ▸ **lanner**
LANOLIN, -S *n* grease from sheep's wool used in ointments etc
LANOLINE *same as* ▸ **lanolin**
LANOLINS ▸ **lanolin**
LANOSE *same as* ▸ **lanate**
LANOSITY ▸ **lanose**
LANT, -S *n* stale urine
LANTANA, -S *n* shrub with orange or yellow flowers
LANTERN, -S *n* light in a transparent protective case ▹ *vb* supply with a lantern
LANTHORN *archaic word for* ▸ **lantern**
LANTS ▸ **lant**
LANTSKIP *another word for* > **landscape**
LANUGO, -S *n* layer of fine hairs, esp the covering of the human fetus before birth
LANX *n* dish; plate
LANYARD, -S *n* neck cord to hold a knife or whistle
LAOGAI, -S *n* forced labour camp in China
LAP, -PED, -S *n* part between the waist and knees when sitting ▹ *vb* overtake so as to be one or more circuits ahead
LAPBOARD *n* flat board that can be used on the lap as a makeshift table or desk
LAPDOG, -S *n* small pet dog
LAPEL, -S *n* part of the front of a coat or jacket folded back towards the shoulders
LAPELED ▸ **lapel**
LAPELLED ▸ **lapel**
LAPELS ▸ **lapel**
LAPFUL, -S *same as* ▸ **lap**
LAPHELD *adj* small enough to be used on one's lap
LAPIDARY *adj* of or relating to stones ▹ *n* person who cuts, polishes, sets, or deals in gemstones
LAPIDATE *vb* pelt with stones
LAPIDES ▸ **lapis**
LAPIDIFY *vb* change into stone
LAPIDIST *n* cutter and engraver of precious stones
LAPILLUS, LAPILLI *n* small piece of lava thrown from a volcano
LAPIN, -S *n* rabbit fur
LAPIS, LAPIDES, -ES *n* as in **lapis lazuli** brilliant blue mineral gemstone
LAPJE, -S *same as* ▸ **lappie**
LAPPED ▸ **lap**
LAPPEL, -S *same as* ▸ **lapel**
LAPPER, -ED, -S *n* one that laps ▹ *vb* curdle
LAPPET, -S *n* small hanging flap
LAPPETED ▸ **lappet**
LAPPETS ▸ **lappet**
LAPPIE, -S *n* rag
LAPPING, -S ▸ **lap**
LAPS ▸ **lap**
LAPSABLE ▸ **lapse**
LAPSANG, -S *n* Chinese tea
LAPSE, -D, -S, LAPSING *n* temporary drop in a standard ▹ *vb* drop in standard
LAPSER, -S ▸ **lapse**
LAPSES ▸ **lapse**
LAPSIBLE ▸ **lapse**
LAPSING ▸ **lapse**
LAPSTONE *n* device used by a cobbler on which leather is beaten
LAPSUS *n* lapse or error
LAPTOP, -S *adj* small enough to fit on a user's lap ▹ *n* small computer
LAPTRAY, -S *n* tray with a cushioned underside
LAPWING, -S *n* plover with a tuft of feathers on the head
LAPWORK, -S *n* work with lapping edges
LAR, -S *n* boy or young man
LARBOARD *n* port (side of a ship)
LARCENER ▸ **larceny**
LARCENY *n* theft
LARCH, -ES *n* deciduous coniferous tree
LARCHEN *adj* of larch
LARCHES ▸ **larch**

LARD, -ED, -ING, -S *n* soft white pig fat ▷ *vb* insert strips of bacon in before cooking
LARDER, -S *n* storeroom for food
LARDERER *n* person in charge of larder
LARDERS ▸ **larder**
LARDIER ▸ **lardy**
LARDIEST ▸ **lardy**
LARDING ▸ **lard**
LARDLIKE ▸ **lard**
LARDON, -S *n* strip or cube of fat or bacon used in larding meat
LARDOON, -S *same as* ▸ **lardon**
LARDS ▸ **lard**
LARDY, LARDIER, LARDIEST *adj* fat
LARE, -S *another word for* ▸ **lore**
LAREE, -S *n* Asian fish-hook
LARES ▸ **lare**
LARGANDO *adv* (music) growing slower and more marked
LARGE, -R, -S, -ST *adj* great in size, number ▷ *n* formerly, musical note
LARGELY *adv* principally
LARGEN, -ED, -S *another word for* ▸ **enlarge**
LARGER ▸ **large**
LARGES ▸ **large**
LARGESS *same as* ▸ **largesse**
LARGESSE *n* generous giving, esp of money
LARGEST ▸ **large**
LARGISH *adj* fairly large
LARGO, -S *adv* in a slow and dignified manner ▷ *n* performance piece in a slow manner
LARI, -S *n* monetary unit of Georgia
LARIAT, -ED, -S *n* lasso ▷ *vb* tether with lariat
LARIGAN, -S *n* type of tanned moccasin boot
LARINE *adj* of, relating to, or resembling a gull
LARIS ▸ **lari**
LARK, -ED, -ING, -S *n* small brown songbird ▷ *vb* frolic
LARKER, -S ▸ **lark**
LARKIER ▸ **larky**
LARKIEST ▸ **larky**
LARKING ▸ **lark**
LARKISH ▸ **lark**
LARKS ▸ **lark**
LARKSOME *adj* mischievous
LARKSPUR *n* plant with spikes of blue, pink, or white flowers with spurs
LARKY, LARKIER, LARKIEST *adj* frolicsome
LARMIER, -S *n* pouch under lower eyelid of deer
LARN, -ED, -ING, -S, -T *vb* learn
LARNAX, LARNAKES *n* terracotta coffin
LARNED ▸ **larn**
LARNEY, LARNIER, LARNIEST *adj* (of clothes) smart
LARNING ▸ **larn**
LARNS ▸ **larn**
LARNT ▸ **larn**
LAROID *adj* relating to Larus genus of gull family
LARRIGAN *n* knee-high oiled leather moccasin boot worn by trappers, etc
LARRIKIN *n* mischievous or unruly person
LARRUP, -ED, -S *vb* beat or flog
LARRUPER ▸ **larrup**
LARRUPS ▸ **larrup**
LARS ▸ **lar**
LARUM, -S *archaic word for* ▸ **alarm**
LARVA, -E, -S *n* immature insect
LARVAL ▸ **larva**
LARVAS ▸ **larva**
LARVATE *adj* masked; concealed
LARVATED *same as* ▸ **larvate**
LARYNGAL *adj* laryngeal ▷ *n* sound articulated in the larynx
LARYNX, LARYNGES, -ES *n* part of the throat containing the vocal cords
LAS ▸ **la**
LASAGNA, -S *same as* ▸ **lasagne**
LASAGNE, -S *n* sheet pasta
LASCAR, -S *n* East Indian seaman
LASE, -D, -S *vb* to be capable of acting as a laser
LASER, -ED, -ING, -S *n* device producing a very narrow intense beam of light ▷ *vb* use a laser on (something), esp as part of medical treatment
LASES ▸ **lase**
LASH, -ED, -ES, -ING *n* eyelash ▷ *vb* hit with a whip
LASHER, -S ▸ **lash**
LASHES ▸ **lash**
LASHING ▸ **lash**
LASHINGS *pl n* great amount of
LASHINS *variant of* ▸ **lashings**
LASHKAR, -S *n* troop of Indian men with weapons
LASHLESS *adj* (of a whip) without a lash
LASING, -S ▸ **lase**
LASKET, -S *n* loop at the foot of a sail onto which an extra sail may be fastened
LASQUE, -S *n* flat-cut diamond
LASS, -ES *n* girl or young woman
LASSI, -S *n* cold drink made of yoghurt or buttermilk, flavoured with sugar, salt, or spice
LASSIE, -S *n* little lass
LASSIS ▸ **lassi**
LASSLORN *adj* abandoned by a young woman
LASSO, -ED, -ES, -S *n* rope with a noose ▷ *vb* catch with a lasso
LASSOCK, -S *another word for* ▸ **lass**
LASSOED ▸ **lasso**
LASSOER, -S ▸ **lasso**
LASSOES ▸ **lasso**
LASSOING *n* act of lassoing
LASSOS ▸ **lasso**
LASSU, -S *n* slow part of csárdás folk dance
LASSY *n* short for molasses
LAST, -ED, -S *adv* coming at the end or after all others ▷ *adj* only remaining ▷ *n* last person or thing ▷ *vb* continue
LASTAGE, -S *n* space for storing goods in ship
LASTBORN *n* last child to be born
LASTED ▸ **last**
LASTER, -S ▸ **last**
LASTING, -S *adj* remaining effective for a long time ▷ *n* strong durable fabric used for shoe uppers, etc
LASTLY *adv* at the end or at the last point
LASTS ▸ **last**
LAT, -I, -S *n* former coin of Latvia
LATAH, -S *n* psychological condition
LATAKIA, -S *n* Turkish tobacco
LATCH, -ED, -ES, -ING *n* fastening for a door with a bar and lever ▷ *vb* fasten with a latch
LATCHET, -S *n* shoe fastening
LATCHING ▸ **latch**
LATCHKEY *n* key for an outside door or gate, esp one that lifts a latch

LATE *adj* after the normal or expected time ▷ *adv* after the normal or expected time
LATED *archaic word for* ▸ **belated**
LATEEN, -S *adj* of a rig with a triangular sail bent to a yard hoisted to the head of a low mast
LATEENER *n* lateen-rigged ship
LATEENS ▸ **lateen**
LATELY *adv* in recent times
LATEN, -ED, -ING, -S *vb* become or cause to become late
LATENCE, -S ▸ **latent**
LATENCY ▸ **latent**
LATENED ▸ **laten**
LATENESS ▸ **late**
LATENING ▸ **laten**
LATENS ▸ **laten**
LATENT, -S *adj* hidden and not yet developed ▷ *n* fingerprint that is not visible to the eye
LATENTLY ▸ **latent**
LATENTS ▸ **latent**
LATER *adv* afterwards
LATERAD *adv* towards the side
LATERAL, -S *adj* of or relating to the side or sides ▷ *n* lateral object, part, passage, or movement ▷ *vb* pass laterally
LATERISE *same as* ▸ **laterize**
LATERITE *n* any of a group of deposits consisting of residual insoluble ferric and aluminium oxides
LATERIZE *vb* develop into a laterite
LATEST, -S *n* the most recent news
LATEWAKE *n* vigil held over a dead body
LATEWOOD *n* wood formed later in tree's growing season
LATEX, -ES, LATICES *n* milky fluid found in some plants
LATH, -S *n* thin strip of wood ▷ *vb* attach laths to
LATHE, -D, -S *n* machine for turning wood or metal while it is being shaped ▷ *vb* shape, bore, or cut a screw thread in or on (a workpiece) on a lathe
LATHEE, -S *same as* ▸ **lathi**
LATHEN *adj* covered with laths
LATHER, -ED, -S *n* froth of soap and water ▷ *vb* make frothy
LATHERER ▸ **lather**
LATHERS ▸ **lather**
LATHERY ▸ **lather**
LATHES ▸ **lathe**
LATHI, -S *n* long heavy wooden stick used as a weapon in India
LATHIER ▸ **lathy**
LATHIEST ▸ **lathy**
LATHING, -S ▸ **lathe**
LATHIS ▸ **lathi**
LATHLIKE ▸ **lath**
LATHS ▸ **lath**
LATHWORK *n* work made of laths
LATHY, LATHIER, LATHIEST *adj* resembling a lath, esp in being tall and thin
LATHYRUS *n* genus of climbing plant
LATI ▸ **lat**
LATICES ▸ **latex**
LATIGO, -ES, -S *n* strap on horse's saddle
LATILLA, -S *n* stick making up part of ceiling
LATINA, -S *n* US female of Latin American origin
LATINISE *same as* ▸ **latinize**
LATINITY *n* facility in the use of Latin
LATINIZE *vb* translate into Latin
LATINO, -S *n* US male of Latin American origin
LATISH *adv* rather late ▷ *adj* rather late
LATITANT *adj* concealed
LATITAT, -S *n* writ presuming that person accused was hiding
LATITUDE *n* angular distance measured in degrees N or S of the equator
LATKE, -S *n* crispy Jewish pancake
LATOSOL, -S *n* type of deep, well-drained soil
LATRANT *adj* barking
LATRIA, -S *n* adoration that may be offered to God alone
LATRINE, -S *n* toilet in a barracks
LATRON, -S *n* bandit
LATS ▸ **lat**
LATTE, -S *n* coffee with hot milk
LATTEN, -S *n* metal or alloy, esp brass, made in thin sheets
LATTER, -S *adj* second of two ▷ *n* second of two people or things
LATTERLY *adv* recently
LATTERS ▸ **latter**
LATTES ▸ **latte**
LATTICE, -S *n* framework of intersecting strips of wood ▷ *vb* adorn with a lattice
LATTICED ▸ **lattice**
LATTICES ▸ **lattice**
LATTIN, -S *n* brass alloy beaten into a thin sheet
LATU, -S *n* type of edible Asian seaweed
LAUAN, -S *n* type of wood used in furniture-making
LAUCH, -ING, -S, LEUCH, LEUCHEN, LEUGH, LEUGHEN *Scots form of* ▸ **laugh**
LAUD, -ED, -ING *vb* praise or glorify ▷ *n* praise or glorification
LAUDABLE *adj* praiseworthy
LAUDABLY ▸ **laudable**
LAUDANUM *n* opium-based sedative
LAUDATOR *n* one who praises highly
LAUDED ▸ **laud**
LAUDER, -S ▸ **laud**
LAUDING ▸ **laud**
LAUDS *n* traditional morning prayer of the Western Church
LAUF, -S *n* run in bobsleighing
LAUGH, -ED, -S *vb* make sounds with the voice expressing amusement ▷ *n* act of laughing
LAUGHER, -S ▸ **laugh**
LAUGHFUL ▸ **laugh**
LAUGHIER ▸ **laughy**
LAUGHING ▸ **laugh**
LAUGHS ▸ **laugh**
LAUGHTER *n* sound or action of laughing
LAUGHY, LAUGHIER *adj* laughing a lot
LAUNCE, -D, -S, LAUNCING *old form of* ▸ **lance**
LAUNCH, -ED, -ES *vb* put into the water for the first time ▷ *n* launching
LAUNCHER *n* device for launching projectiles
LAUNCHES ▸ **launch**
LAUNCING ▸ **launce**
LAUND, -S *n* open grassy space
LAUNDER, -S *vb* wash and iron ▷ *n* water trough
LAUNDRY *n* clothes for washing
LAUNDS ▸ **laund**
LAURA, -E, -S *n* group of monastic cells
LAUREATE *adj* crowned with laurel leaves as a sign of honour ▷ *n* person

honoured with an award for art or science ▷ *vb* crown with laurel
LAUREL, -ED, -S *n* glossy-leaved shrub, bay tree ▷ *vb* crown with laurel
LAURIC *adj* as in **lauric acid** dodecanoic acid
LAURYL, -S *n* as in **lauryl alcohol** crystalline solid used to make detergents
LAUWINE, -S *n* avalanche
LAV, -S *short for* ▸ **lavatory**
LAVA, -S *n* molten rock thrown out by volcanoes
LAVABO, -ES, -S *n* ritual washing of priest's hands at Mass
LAVAFORM *n* in form of lava
LAVAGE, -S *n* washing out of a hollow organ
LAVAL *adj* of or relating to lava
LAVALAVA *n* draped skirtlike garment worn by Polynesians
LAVALIER *n* decorative pendant worn on chain
LAVALIKE ▸ **lava**
LAVANDIN *n* hybrid of two varieties of the lavender plant
LAVAS ▸ **lava**
LAVASH, -ES *n* Armenian flat bread
LAVATERA *n* type of plant closely resembling the mallow
LAVATION *n* act or process of washing
LAVATORY *n* toilet
LAVE, -D, -S, LAVING *archaic word for* ▸ **wash**
LAVEER, -ED, -S *vb* (in sailing) tack
LAVEMENT *n* washing with injections of water
LAVENDER *n* shrub with fragrant flowers ▷ *adj* bluish-purple
LAVER, -S *n* priest's basin for ritual ablutions
LAVEROCK *Scot and northern English dialect word for* ▸ **skylark**
LAVERS ▸ **laver**
LAVES ▸ **lave**
LAVING ▸ **lave**
LAVISH, -ED, -ES *adj* prolific ▷ *vb* give or spend generously
LAVISHER ▸ **lavish**
LAVISHES ▸ **lavish**
LAVISHLY ▸ **lavish**
LAVOLT, -ED, -S *same as* ▸ **lavolta**
LAVOLTA, -S *n* old Italian dance ▷ *vb* dance the lavolta
LAVOLTED ▸ **lavolt**
LAVOLTS ▸ **lavolt**
LAVRA, -S *same as* ▸ **laura**
LAVROCK, -S *same as* ▸ **laverock**
LAVS ▸ **lav**
LAVVY, LAVVIES *n* lavatory
LAW, -ED, -ER, -EST, -S *n* rule binding on a community ▷ *vb* prosecute ▷ *adj* (in archaic usage) low
LAWBOOK, -S *n* book on subject of law
LAWCOURT *n* court of law
LAWED ▸ **law**
LAWER ▸ **law**
LAWEST ▸ **law**
LAWFARE, -S *n* use of the law by a country against its enemies
LAWFUL *adj* allowed by law
LAWFULLY ▸ **lawful**
LAWGIVER *n* giver of a code of laws
LAWIN, -S *n* bill or reckoning
LAWINE, -S *n* avalanche
LAWING, -S *same as* ▸ **lawin**
LAWINS ▸ **lawin**
LAWK *interj* used to show surprise
LAWKS *same as* ▸ **lawk**
LAWLAND, -S *same as* ▸ **lowland**
LAWLESS *adj* breaking the law
LAWLIKE ▸ **law**
LAWMAKER *same as* ▸ **lawgiver**
LAWMAN, LAWMEN *n* officer of the law
LAWN, -ING, -S *n* area of tended and mown grass ▷ *vb* create or make into a lawn
LAWNED *adj* having a lawn
LAWNIER ▸ **lawny**
LAWNIEST ▸ **lawny**
LAWNING ▸ **lawn**
LAWNS ▸ **lawn**
LAWNY, LAWNIER, LAWNIEST ▸ **lawn**
LAWS ▸ **law**
LAWSUIT, -S *n* court case
LAWYER, -ED, -S *n* professional legal expert ▷ *vb* act as lawyer
LAWYERLY *adj* like a lawyer
LAWYERS ▸ **lawyer**
LAX, -ED, -ER, -ES, -EST, -ING *adj* not strict ▷ *vb* make lax, loosen
LAXATION *n* act of making lax or the state of being lax
LAXATIVE *adj* (medicine) inducing the emptying of the bowels ▷ *n* medicine that induces the emptying of the bowels
LAXATOR, -S *n* muscle that loosens body part
LAXED ▸ **lax**
LAXER ▸ **lax**
LAXES ▸ **lax**
LAXEST ▸ **lax**
LAXING ▸ **lax**
LAXISM, -S ▸ **laxist**
LAXIST, -S *n* lenient or tolerant person
LAXITY, LAXITIES ▸ **lax**
LAXLY ▸ **lax**
LAXNESS ▸ **lax**
LAY, -S *vb* put in horizontal position
LAYABOUT *n* lazy person ▷ *vb* hit out with violent and repeated blows in all directions
LAYAWAY, -S *n* merchandise reserved for future delivery
LAYBACK, -S *n* technique for climbing cracks ▷ *vb* use layback technique
LAYDEEZ *pl n* jocular spelling of ladies
LAYER, -ED, -S *n* single thickness of some substance ▷ *vb* form a layer
LAYERAGE *n* covering stem or branch with soil to encourage new roots
LAYERED ▸ **layer**
LAYERING *n* act of arranging something in layers
LAYERS ▸ **layer**
LAYETTE, -S *n* clothes for a newborn baby
LAYIN, -S *n* basketball score
LAYING, -S ▸ **lay**
LAYINS ▸ **layin**
LAYLOCK, -S *old form of* ▸ **lilac**
LAYMAN, LAYMEN *n* person who is not a member of the clergy
LAYOFF, -S *n* act of suspending employees
LAYOUT, -S *n* arrangement, esp of printing matter
LAYOVER, -S *n* break in a journey
LAYS ▸ **lay**
LAYSHAFT *n* auxiliary shaft in a gearbox
LAYSTALL *n* place where waste is deposited
LAYTIME, -S *n* time allowed for loading cargo
LAYUP, -S *n* period of incapacity through illness

LAYWOMAN, LAYWOMEN *n* woman who is not a member of the clergy
LAZAR, -S *archaic word for* ▸ **leper**
LAZARET, -S *same as* > **lazaretto**
LAZARS ▸ **lazar**
LAZE, -D, -S, LAZING *vb* be idle or lazy ▹ *n* time spent lazing
LAZIED ▸ **lazy**
LAZIER ▸ **lazy**
LAZIES ▸ **lazy**
LAZIEST ▸ **lazy**
LAZILY ▸ **lazy**
LAZINESS ▸ **lazy**
LAZING ▸ **laze**
LAZO, -ED, -ES, -ING, -S *another word for* ▸ **lasso**
LAZULI, -S *n* lapis lazuli
LAZULITE *n* blue mineral
LAZURITE *n* rare blue mineral consisting of a sodium-calcium-aluminium silicate
LAZY, LAZIED, LAZIER, LAZIES, LAZIEST, -ING *vb* laze ▹ *adj* not inclined to work or exert oneself
LAZYISH ▸ **lazy**
LAZZO, LAZZI *n* comic routine in the commedia dell'arte
LEA, -S *n* meadow
LEACH, -ED, -ES, -ING *vb* remove by passing a liquid through ▹ *n* act or process of leaching
LEACHATE *n* water that carries salts dissolved out of materials through which it has percolated
LEACHED ▸ **leach**
LEACHER, -S ▸ **leach**
LEACHES ▸ **leach**
LEACHIER ▸ **leachy**
LEACHING ▸ **leach**
LEACHY, LEACHIER *adj* porous
LEAD, -S, LED *vb* guide or conduct ▹ *n* first or most prominent place ▹ *adj* acting as a leader or lead
LEADABLE *n* able to be led
LEADED *adj* (of windows) made from many small panes of glass held together by lead strips
LEADEN, -ED, -S *adj* heavy or sluggish ▹ *vb* become or cause to become leaden
LEADENLY ▸ **leaden**
LEADENS ▸ **leaden**
LEADER, -S *n* person who leads
LEADIER ▸ **leady**
LEADIEST ▸ **leady**
LEADING, -S ▸ **lead**
LEADLESS *adj* without lead
LEADMAN, LEADMEN *n* man who leads
LEADOFF, -S *n* initial move
LEADS ▸ **lead**
LEADSMAN, LEADSMEN *n* sailor who takes soundings with a lead line
LEADWORK *n* maintenance work involving lead pipes, etc
LEADWORT *n* type of tropical or subtropical shrub with red, blue, or white flowers
LEADY, LEADIER, LEADIEST *adj* like lead
LEAF, -ED, -ING, -S, LEAVES *n* flat usu green blade attached to the stem of a plant ▹ *vb* turn (pages) cursorily
LEAFAGE, -S *n* leaves of plants
LEAFBUD, -S *n* bud producing leaves rather than flowers
LEAFED ▸ **leaf**
LEAFERY *n* foliage
LEAFIER ▸ **leafy**
LEAFIEST ▸ **leafy**
LEAFING ▸ **leaf**
LEAFLESS ▸ **leaf**
LEAFLET, -S *n* sheet of printed matter for distribution ▹ *vb* distribute leaflets (to)
LEAFLIKE ▸ **leaf**
LEAFMOLD *n* fungus on decayed leaves
LEAFROLL *n* viral disease of potatoes
LEAFS ▸ **leaf**
LEAFWORM *n* cotton plant pest
LEAFY, LEAFIER, LEAFIEST *adj* covered with leaves
LEAGUE, -D, -S, LEAGUING *n* association promoting the interests of its members
LEAGUER, -S *vb* harass; beset ▹ *n* encampment, esp of besiegers
LEAGUES ▸ **league**
LEAGUING ▸ **league**
LEAK, -ED, -ING, -S *n* hole or defect that allows the escape or entrance of liquid, gas, radiation, etc ▹ *vb* let liquid etc in or out
LEAKAGE, -S *n* act or instance of leaking
LEAKED ▸ **leak**
LEAKER, -S ▸ **leak**
LEAKIER ▸ **leaky**
LEAKIEST ▸ **leaky**
LEAKILY ▸ **leaky**
LEAKING ▸ **leak**
LEAKLESS ▸ **leak**
LEAKS ▸ **leak**
LEAKY, LEAKIER, LEAKIEST *adj* leaking
LEAL, -ER, -EST *adj* loyal
LEALLY ▸ **leal**
LEALTY, LEALTIES ▸ **leal**
LEAM, -ED, -ING, -S *vb* shine
LEAN, -ED, -EST, -S, -T *vb* rest (against) ▹ *adj* thin but healthy-looking ▹ *n* lean part of meat
LEANER, -S ▸ **lean**
LEANEST ▸ **lean**
LEANING, -S ▸ **lean**
LEANLY ▸ **lean**
LEANNESS ▸ **lean**
LEANS ▸ **lean**
LEANT ▸ **lean**
LEANY *old form of* ▸ **lean**
LEAP, -ED, -ING, -S, -T, LEPT *vb* make a sudden powerful jump ▹ *n* sudden powerful jump
LEAPER, -S ▸ **leap**
LEAPFROG *n* game in which a player vaults over another bending down ▹ *vb* play leapfrog
LEAPING ▸ **leap**
LEAPROUS *old form of* ▸ **leprous**
LEAPS ▸ **leap**
LEAPT ▸ **leap**
LEAR, -ED, -ING, -S *vb* instruct
LEARE, -S *same as* ▸ **lear**
LEARED ▸ **lear**
LEARES ▸ **leare**
LEARIER ▸ **leary**
LEARIEST ▸ **leary**
LEARING ▸ **lear**
LEARN, -ED, -ING, -S, -T *vb* gain skill or knowledge by study, practice, or teaching
LEARNER, -S *n* someone who is learning something
LEARNING ▸ **learn**
LEARNS ▸ **learn**
LEARNT ▸ **learn**
LEARS ▸ **lear**
LEARY, LEARIER, LEARIEST *same as* ▸ **leery**
LEAS ▸ **lea**
LEASABLE ▸ **lease**
LEASE, -D, -S *n* contract by which land or property is rented for a stated time ▹ *vb* let or rent by lease
LEASER, -S ▸ **lease**
LEASES ▸ **lease**

LEASH, -ED, -ES, -ING *n* lead for a dog ▷ *vb* control by a leash
LEASING, -S ▸ **lease**
LEASOW, -ED, -S *vb* pasture
LEASOWE, -S *same as* ▸ **leasow**
LEASOWED ▸ **leasow**
LEASOWES ▸ **leasowe**
LEASOWS ▸ **leasow**
LEAST, -S *n* smallest amount ▷ *adj* smallest ▷ *n* smallest one ▷ *adv* in the smallest degree
LEASURE, -S *old form of* ▸ **leisure**
LEAT, -S *n* trench or ditch that conveys water to a mill wheel
LEATHER, -S *n* material made from treated animal skins ▷ *adj* of leather ▷ *vb* beat or thrash
LEATHERN *adj* made of or resembling leather
LEATHERS ▸ **leather**
LEATHERY *adj* like leather, tough
LEATS ▸ **leat**
LEAVE, LEAVING *vb* go away from ▷ *n* permission to be absent
LEAVED *adj* with leaves
LEAVEN, -ED, -S *n* substance that causes dough to rise ▷ *vb* raise with leaven
LEAVENER *n* person or thing that leavens
LEAVENS ▸ **leaven**
LEAVER, -S ▸ **leave**
LEAVES ▸ **leaf**
LEAVIER ▸ **leavy**
LEAVIEST ▸ **leavy**
LEAVING ▸ **leave**
LEAVINGS *pl n* something remaining, such as refuse
LEAVY, LEAVIER, LEAVIEST *same as* ▸ **leafy**
LEAZE, -S *same as* ▸ **lease**
LEBBEK, -S *n* type of timber tree
LEBEN, -S *n* semiliquid food made from curdled milk
LECANORA *n* type of lichen
LECCY, LECCIES *n* electricity
LECHAIM, -S *interj* drinking toast ▷ *n* drink for a toast
LECHAYIM *same as* ▸ **lechaim**
LECHWE, -S *n* African antelope
LECITHIN *n* yellow-brown compound found in plant and animal tissues
LECTERN, -S *n* reading desk
LECTIN, -S *n* type of protein
LECTION, -S *n* variant reading of a passage in a text
LECTOR, -S *n* university lecturer
LECTRESS *n* female reader
LECTURE, -D, -S *n* informative talk ▷ *vb* give a talk
LECTURER *n* person who lectures, esp in a university or college
LECTURES ▸ **lecture**
LECTURN, -S *old form of* ▸ **lectern**
LECYTHI ▸ **lecythus**
LECYTHIS *n* genus of very tall trees
LECYTHUS, LECYTHI *n* (in ancient Greece) a vase with a narrow neck
LED ▸ **lead**
LEDDEN, -S *n* language; speech
LEDE, -S *n* introductory part of a news story
LEDGE, -S *n* narrow shelf
LEDGED ▸ **ledge**
LEDGER, -ED, -S *n* book of debit and credit accounts ▷ *vb* fish using a wire trace while the bait floats freely and the weight sinks
LEDGES ▸ **ledge**
LEDGY, LEDGIER, LEDGIEST ▸ **ledge**
LEDUM, -S *n* evergreen shrub
LEE, -D, -ING *n* sheltered side ▷ *vb* (Scots) lie
LEEAR, -S *Scots form of* ▸ **liar**
LEEBOARD *n* board lowered along the lee side of a vessel to reduce drift
LEECH, -ED, -ES, -ING *n* bloodsucking worm ▷ *vb* use leeches to suck the blood of
LEECHDOM *n* remedy
LEECHED ▸ **leech**
LEECHEE, -S *same as* ▸ **litchi**
LEECHES ▸ **leech**
LEECHING ▸ **leech**
LEED ▸ **lee**
LEEING ▸ **lee**
LEEK, -S *n* vegetable with a long bulb and thick stem
LEEP, -ED, -ING, -S *vb* boil; scald
LEER, -ED, -S *vb* look or grin at in a sneering manner ▷ *n* sneering look or grin
LEERIER ▸ **leery**
LEERIEST ▸ **leery**
LEERILY ▸ **leery**
LEERING, -S ▸ **leer**
LEERS ▸ **leer**
LEERY, LEERIER, LEERIEST *adj* suspicious or wary (of)
LEES *pl n* sediment of wine
LEESE, -S, LEESING *old form of* ▸ **loose**
LEET, -S *n* shortlist
LEETLE *form of* ▸ **little**
LEETS ▸ **leet**
LEEWARD *n* lee side ▷ *adv* towards this side ▷ *adj* towards where the wind blows
LEEWARDS *adv* towards the lee side
LEEWAY, -S *n* room for free movement within limits
LEEZE *adj* as in **leeze me** Scots for lief is me, an expression of affection
LEFT, -ER, -EST, -S *adj* on the opposite side from right ▷ *n* left side
LEFTE *old past tense of* ▸ **lift**
LEFTER ▸ **left**
LEFTEST ▸ **left**
LEFTIE *same as* ▸ **lefty**
LEFTIES ▸ **lefty**
LEFTISH ▸ **left**
LEFTISM, -S ▸ **leftist**
LEFTIST, -S *adj* of the political left ▷ *n* supporter of the political left
LEFTMOST ▸ **left**
LEFTOVER *n* unused portion of food or material ▷ *adj* left as an unused portion
LEFTS ▸ **left**
LEFTWARD *same as* ▸ **leftwards**
LEFTWING *adj* of or relating to the leftist faction of a party, etc
LEFTY, LEFTIES *n* left-winger
LEG, -GED, -S *n* limb on which a person or animal walks, runs, or stands
LEGACY, LEGACIES *n* thing left in a will
LEGAL, -S *adj* established or permitted by law ▷ *n* legal expert
LEGALESE *n* conventional language in which legal documents are written
LEGALISE *same as* ▸ **legalize**
LEGALISM *n* strict adherence to the letter of the law
LEGALIST ▸ **legalism**
LEGALITY *n* state or quality of being legal or lawful
LEGALIZE *vb* make legal
LEGALLY ▸ **legal**
LEGALS ▸ **legal**
LEGATARY *n* legatee

LEGATE, -D, -S, LEGATING *n* messenger or representative, esp from the Pope ▷ *vb* leave as legacy
LEGATEE, -S *n* recipient of a legacy
LEGATES ▸ **legate**
LEGATINE ▸ **legate**
LEGATING ▸ **legate**
LEGATION *n* diplomatic minister and his or her staff
LEGATO, -S *adv* smoothly ▷ *n* playing with no gaps between notes
LEGATOR, -S *n* person who gives a legacy or makes a bequest
LEGATOS ▸ **legato**
LEGEND, -S *n* traditional story
LEGENDRY ▸ **legend**
LEGENDS ▸ **legend**
LEGER, -ING, -S *variant of* ▸ **ledger**
LEGERITY *n* agility
LEGERS ▸ **leger**
LEGES ▸ **lex**
LEGGE, -S *vb* lighten or lessen
LEGGED ▸ **leg**
LEGGER, -S *n* person who moves barge through tunnel using legs
LEGGES ▸ **legge**
LEGGIE, -S *n* leg spin bowler
LEGGIER ▸ **leggy**
LEGGIERO *adj* light; delicate
LEGGIES ▸ **leggie**
LEGGIEST ▸ **leggy**
LEGGIN, -S *same as* ▸ **legging**
LEGGING, -S *n* extra outer covering for the lower leg
LEGGINS ▸ **leggin**
LEGGISM, -S *n* blacklegging
LEGGO *sentence substitute* let go!
LEGGY, LEGGIER, LEGGIEST *adj* having long legs
LEGHOLD, -S *n* type of animal trap that clamps down on the animal's leg
LEGHORN, -S *n* Italian wheat straw woven into hats
LEGIBLE *adj* easily read
LEGIBLY ▸ **legible**
LEGION, -S *n* large military force ▷ *adj* very large or numerous
LEGIONED *adj* arranged in legions
LEGIONS ▸ **legion**
LEGIST, -S *n* legal mind
LEGIT, -S *n* legitimate drama ▷ *adj* legitimate
LEGITIM, -S *n* inheritance due to children from father
LEGITS ▸ **legit**
LEGLAN, -S *same as* ▸ **leglin**
LEGLEN, -S *same as* ▸ **leglin**
LEGLESS *adj* without legs
LEGLET, -S *n* leg jewellery
LEGLIKE ▸ **leg**
LEGLIN, -S *n* milk-pail
LEGMAN, LEGMEN *n* newsman who reports from the scene
LEGONG, -S *n* Indonesian dance
LEGROOM, -S *n* space to put one's legs
LEGS ▸ **leg**
LEGSIDE, -S *n* part of a cricket field to the left of a right-handed batsman as they face the bowler
LEGUAAN, -S *n* S African lizard
LEGUAN, -S *same as* ▸ **leguaan**
LEGUME, -S *n* pod of a plant of the pea or bean family
LEGUMIN, -S *n* protein from leguminous plants
LEGWEAR, -S *n* clothing for legs
LEGWORK, -S *n* work that involves travelling on foot or as if on foot
LEHAIM, -S *same as* ▸ **lechaim**
LEHAYIM, -S *same as* ▸ **lehaim**
LEHR, -S *n* long tunnel-shaped oven used for annealing glass
LEHUA, -S *n* flower of Hawaii
LEI, -S *n* Hawaiian garland
LEIDGER, -S *same as* ▸ **ledger**
LEIGER, -S *same as* ▸ **ledger**
LEIPOA, -S *n* Australian bird
LEIR, -ED, -ING, -S *same as* ▸ **lear**
LEIS ▸ **lei**
LEISH, -ER, -EST *adj* agile
LEISLER, -S *n* small bat
LEISTER, -S *n* pronged fishing spear ▷ *vb* spear with a leister
LEISURE, -D, -S *n* time for relaxation or hobbies ▷ *vb* have leisure
LEK, -KED, -S, -U *n* bird display area ▷ *vb* gather at lek
LEKE *old form of* ▸ **leak**
LEKGOTLA *n* meeting place for village assemblies, court cases, and meetings of village leaders
LEKKED ▸ **lek**
LEKKER *adj* attractive or nice
LEKKING, -S ▸ **lek**
LEKS ▸ **lek**
LEKU ▸ **lek**
LEKVAR, -S *n* prune or apricot pie filling
LEKYTHOS, LEKYTHI, LEKYTHOI *n* Greek flask
LEKYTHUS *same as* ▸ **lekythos**
LEMAN, -S *n* beloved
LEME, -D, -S, LEMING *same as* ▸ **leam**
LEMEL, -S *n* metal filings
LEMES ▸ **leme**
LEMING ▸ **leme**
LEMMA, -S, -TA *n* word in its citation form
LEMME *vb* (short for) let me
LEMMING, -S *n* rodent of Arctic regions
LEMNISCI > **lemniscus**
LEMON, -ED, -ING, -S *n* yellow oval fruit ▷ *adj* pale-yellow ▷ *vb* flavour with lemon
LEMONADE *n* lemon-flavoured soft drink, often fizzy
LEMONED ▸ **lemon**
LEMONIER ▸ **lemony**
LEMONING ▸ **lemon**
LEMONISH ▸ **lemon**
LEMONS ▸ **lemon**
LEMONY, LEMONIER *adj* like a lemon
LEMPIRA, -S *n* monetary unit of Honduras
LEMUR, -S *n* animal like a small monkey
LEMURES *pl n* spirits of the dead
LEMURIAN *same as* ▸ **lemuroid**
LEMURINE *same as* ▸ **lemuroid**
LEMUROID *adj* relating to the superfamily which includes the lemurs ▷ *n* animal that resembles or is closely related to a lemur
LEMURS ▸ **lemur**
LEND, -S, LENT *vb* give temporary use of
LENDABLE ▸ **lend**
LENDER, -S ▸ **lend**
LENDING, -S ▸ **lend**
LENDS ▸ **lend**
LENES ▸ **lenis**
LENG, -ED, -ER, -EST, -ING, -S *vb* linger ▷ *adj* long
LENGTH, -S *n* extent or measurement from end to end
LENGTHEN *vb* make or become longer

L

LENGTHS ▸ **length**
LENGTHY *adj* very long
LENIENCE ▸ **lenient**
LENIENCY ▸ **lenient**
LENIENT, -S *adj* tolerant, not strict or severe ▹ *n* lenient person
LENIFY, LENIFIED, LENIFIES *vb* make lenient
LENIS, LENES *adj* pronounced with little muscular tension ▹ *n* consonant like this
LENITE, -D, -S, LENITING *vb* undergo lenition
LENITIES ▸ **lenity**
LENITING ▸ **lenite**
LENITION *n* weakening of consonant sound
LENITIVE *adj* soothing or alleviating of pain or distress ▹ *n* lenitive drug
LENITY, LENITIES *n* mercy or clemency
LENO, -S *n* weave in which the warp yarns are twisted in pairs between the weft
LENS, -ES *n* piece of glass or similar material with one or both sides curved
LENSE *same as* ▸ **lens**
LENSED *adj* incorporating a lens
LENSES ▸ **lens**
LENSING, -S *n* materials which colour and diffuse light
LENSLESS ▸ **lens**
LENSLIKE *adj* like a lens
LENSMAN, LENSMEN *n* camera operator
LENT ▸ **lend**
LENTANDO *adv* slowing down
LENTEN *adj* of or relating to Lent
LENTI ▸ **lento**
LENTIC *adj* of, relating to, or inhabiting still water
LENTICEL *n* any of numerous pores in the stem of a woody plant
LENTICLE *n* lens-shaped layer of mineral or rock embedded in a matrix of different constitution
LENTIGO *technical name for a* ▸ **freckle**
LENTIL, -S *n* edible seed
LENTISC, -S *same as* ▸ **lentisk**
LENTISK, -S *n* mastic tree
LENTO, LENTI, -S *adv* slowly ▹ *n* movement or passage performed slowly
LENTOID, -S *adj* lentiform ▹ *n* lentiform object
LENTOR, -S *n* lethargy
LENTOS ▸ **lento**
LENTOUS *adj* lethargic
LENVOY, -S *another word for* ▸ **envoy**
LEONE, -S *n* monetary unit of Sierra Leone
LEONINE *adj* like a lion
LEOPARD, -S *n* large spotted animal of the cat family
LEOTARD, -S *n* tight-fitting garment covering the upper body
LEP, -PED, -PING, -S *dialect word for* ▸ **leap**
LEPER, -S *n* person with leprosy
LEPID *adj* amusing
LEPIDOTE *adj* covered with scales, scaly leaves, or spots ▹ *n* lepidote person, creature, or thing
LEPORID, -S *adj* of the family of mammals including rabbits and hares ▹ *n* any animal belonging to this family
LEPORINE *adj* of, relating to, or resembling a hare
LEPPED ▸ **lep**
LEPPING ▸ **lep**
LEPRA, -S *n* leprosy
LEPROSE *adj* having or denoting a whitish scurfy surface
LEPROSY *n* disease attacking the nerves and skin
LEPROTIC *adj* relating to leprosy
LEPROUS *adj* having leprosy
LEPS ▸ **lep**
LEPT ▸ **leap**
LEPTA ▸ **lepton**
LEPTIN, -S *n* protein that regulates the amount of fat in the body
LEPTOME, -S *n* tissue of plant conducting food
LEPTON, LEPTA, -S *n* any of a group of elementary particles with weak interactions
LEPTONIC ▸ **lepton**
LEPTONS ▸ **lepton**
LEQUEAR, -S *same as* ▸ **lacunar**
LERE, -D, -S, LERING *same as* ▸ **lear**
LERNAEAN *adj* relating to Lerna, the swamp in which dwelt the Hydra
LERP, -S *n* crystallized honeydew
LESBIAN, -S *n* homosexual woman ▹ *adj* of homosexual women
LESBIC *adj* relating to lesbians
LESION, -ED, -S *n* change in an organ of the body caused by injury ▹ *vb* cause lesions
LESS, -ES *n* smaller amount ▹ *adj* smaller in extent, degree, or duration ▹ *pron* smaller part or quantity ▹ *adv* smaller extent or degree ▹ *prep* after deducting, minus
LESSEE, -S *n* person to whom a lease is granted
LESSEN, -ED, -S *vb* make or become smaller or not as much
LESSER *adj* not as great in quantity, size, or worth
LESSES ▸ **less**
LESSON, -ED, -S *n* class or single period of instruction in a subject ▹ *vb* censure or punish
LESSOR, -S *n* person who grants a lease of property
LEST, -ED, -ING, -S *conj* so as to prevent any possibility that ▹ *vb* listen
LESULA, -S *n* species of monkey inhabiting forests in DR Congo
LET, -S, -TED, LUITEN *n* act of letting property ▹ *vb* obstruct
LETCHED ▸ **letch**
LETCHES ▸ **letch**
LETCHING ▸ **letch**
LETDOWN, -S *n* disappointment
LETHAL, -S *adj* deadly ▹ *n* weapon, etc capable of causing death
LETHALLY ▸ **lethal**
LETHALS ▸ **lethal**
LETHARGY *n* sluggishness or dullness
LETHE, -S *n* forgetfulness
LETHEAN ▸ **lethe**
LETHEE, -S *n* life-blood
LETHES ▸ **lethe**
LETHIED *adj* forgetful
LETOUT, -S *n* circumstance that serves as an excuse not to do something
LETS ▸ **let**
LETTABLE ▸ **let**
LETTED ▸ **let**
LETTER *n* written message ▹ *vb* put letters on
LETTERED *adj* learned
LETTERER ▸ **letter**
LETTERN, -S *another word for* ▸ **lectern**
LETTERS *pl n* literary knowledge

L

LETTING, -S ▶ **let**

LETTRE, -S *n* letter

LETTUCE, -S *n* plant with large green leaves used in salads

LETUP, -S *n* lessening or abatement

LEU *n* monetary unit of Romania

LEUCEMIA *same as* > **leukaemia**

LEUCEMIC *adj* of or like leucemia

LEUCH ▶ **lauch**

LEUCHEN ▶ **lauch**

LEUCIN, -S *same as* ▶ **leucine**

LEUCINE, -S *n* essential amino acid

LEUCINS ▶ **leucin**

LEUCISM, -S *n* condition causing pale discolouration of hair or skin

LEUCITE, -S *n* grey or white mineral

LEUCITIC ▶ **leucite**

LEUCO *n* as in **leuco base** colourless compound

LEUCOMA, -S *n* white opaque scar of the cornea

LEUCON, -S *n* type of sponge

LEUCOSES ▶ **leucosis**

LEUCOSIN *n* albumin in cereal grains

LEUCOSIS, LEUCOSES *same as* > **leukaemia**

LEUCOTIC *adj* of or relating to leucosis

LEUD, -ES, -S *Scots word for* ▶ **breadth**

LEUGH ▶ **lauch**

LEUGHEN ▶ **lauch**

LEUKEMIA *same as* > **leukaemia**

LEUKEMIC ▶ **leukemia**

LEUKOMA, -S *same as* ▶ **leucoma**

LEUKON, -S *n* white blood cell count

LEUKOSIS, LEUKOSES *n* abnormal growth of white blood cells

LEUKOTIC ▶ **leukosis**

LEV, -A, -S *n* monetary unit of Bulgaria

LEVANT, -ED, -S *n* leather made from the skins of goats, sheep, or seals ▷ *vb* bolt or abscond

LEVANTER *n* easterly wind in the W Mediterranean area, esp in the late summer

LEVANTS ▶ **levant**

LEVATOR, -S *n* muscle that raises a part of the body

LEVE, -S *adj* darling ▷ *adv* gladly

LEVEE, -D, -ING, -S *n* natural or artificial river embankment ▷ *vb* go to the reception of

LEVEL, -ED, -ING, -LED, -S *adj* horizontal ▷ *vb* make even or horizontal ▷ *n* horizontal line or surface

LEVELER, -S *same as* ▶ **leveller**

LEVELING ▶ **level**

LEVELLED ▶ **level**

LEVELLER *n* person or thing that levels

LEVELLY ▶ **level**

LEVELS ▶ **level**

LEVER, -ED, -ING, -S *n* handle used to operate machinery ▷ *vb* prise or move with a lever

LEVERAGE *n* action or power of a lever ▷ *vb* borrow capital required

LEVERED ▶ **lever**

LEVERET, -S *n* young hare

LEVERING ▶ **lever**

LEVERS ▶ **lever**

LEVES ▶ **leve**

LEVIABLE *adj* (of taxes, tariffs, etc) liable to be levied

LEVIED ▶ **levy**

LEVIER, -S ▶ **levy**

LEVIES ▶ **levy**

LEVIGATE *vb* grind into a fine powder or a smooth paste ▷ *adj* having a smooth polished surface

LEVIN, -S *archaic word for* > **lightning**

LEVIRATE *n* practice, required by Old Testament law, of marrying the widow of one's brother

LEVIS *n* jeans

LEVITATE *vb* rise or cause to rise into the air

LEVITE, -S *n* Christian clergyman or clergywoman

LEVITIC ▶ **levite**

LEVITY, LEVITIES *n* fickleness

LEVO *adj* anticlockwise

LEVODOPA *n* substance occurring naturally in the body and used to treat Parkinson's disease

LEVOGYRE *n* counterclockwise spiral

LEVS ▶ **lev**

LEVULIN, -S *n* substance obtained from certain bulbs

LEVULOSE *n* fructose

LEVY, LEVIED, LEVIES, -ING *vb* impose and collect (a tax) ▷ *n* imposition or collection of taxes

LEW *adj* tepid

LEWDSBY *another word for* ▶ **lewdster**

LEWDSTER *n* lewd person

LEWIS, -ES *n* lifting device for heavy stone or concrete blocks

LEWISIA, -S *n* type of herb

LEWISITE *n* colourless oily poisonous liquid

LEWISSON *same as* ▶ **lewis**

LEX, LEGES, -ES *n* system or body of laws

LEXEME, -S *n* minimal meaningful unit of language

LEXEMIC ▶ **lexeme**

LEXES ▶ **lex**

LEXICA ▶ **lexicon**

LEXICAL *adj* relating to the vocabulary of a language

LEXICON, LEXICA, -S *n* dictionary

LEXIGRAM *n* figure or symbol that represents a word

LEXIS, -ES *n* totality of vocabulary in a language

LEY, -S *n* land under grass

LEYLANDI *same as* > **leylandii**

LEYS ▶ **ley**

LI *n* Chinese measurement of distance

LIABLE *adj* legally obliged or responsible

LIAISE, -D, -S, LIAISING *vb* establish and maintain communication

LIAISON, -S *n* communication and contact between groups

LIANA, -S *n* climbing plant

LIANE, -S *same as* ▶ **liana**

LIANG, -S *n* Chinese unit of weight

LIANOID ▶ **liana**

LIAR, -S *n* person who tells lies

LIARD, -S *adj* grey ▷ *n* former small coin

LIARS ▶ **liar**

LIART *Scots form of* ▶ **liard**

LIAS, -ES *n* lowest series of rocks of the Jurassic system

LIASSIC *adj* relating to the earliest epoch of the Jurassic period

LIATRIS *n* North American plant with white flowers

LIB, -BED, -BING, -S *n* informal word for liberation ▷ *vb* geld

LIBANT *adj* touching lightly

LIBATE, -D, -S, LIBATING *vb* offer as gift to the gods

LIBATION *n* drink poured as an offering to the gods

LIBATORY ▸ **libate**
LIBBARD, -S *another word for* ▸ **leopard**
LIBBED ▸ **lib**
LIBBER, -S *n* liberationist
LIBBING ▸ **lib**
LIBECCIO *n* strong westerly or southwesterly wind blowing onto the W coast of Corsica
LIBEL, -ED, -ING, -LED, -S *n* published statement falsely damaging a person's reputation ▹ *vb* falsely damage the reputation of
LIBELANT *same as* > **libellant**
LIBELED ▸ **libel**
LIBELEE, -S *same as* ▸ **libellee**
LIBELER, -S ▸ **libel**
LIBELING ▸ **libel**
LIBELIST ▸ **libel**
LIBELLED ▸ **libel**
LIBELLEE *n* person against whom a libel has been filed in an ecclesiastical court
LIBELLER ▸ **libel**
LIBELOUS ▸ **libel**
LIBELS ▸ **libel**
L
LIBER, -S, LIBRI *n* tome or book
LIBERAL, -S *adj* having social and political views that favour progress and reform ▹ *n* person with such views
LIBERATE *vb* set free
LIBERO, -S *another name for* ▸ **sweeper**
LIBERS ▸ **liber**
LIBERTY *n* freedom
LIBIDO, -S *n* psychic energy
LIBKEN, -S *n* lodging
LIBLAB, -S *n* 19th century British liberal
LIBRA, -E, -S *n* ancient Roman unit of weight
LIBRAIRE *n* bookseller
LIBRARY *n* room or building where books are kept
LIBRAS ▸ **libra**
LIBRATE, -D, -S *vb* oscillate or waver
LIBRETTO, LIBRETTI *n* words of an opera
LIBRI ▸ **liber**
LIBS ▸ **lib**
LICE ▸ **louse**
LICENCE, -D, -S *n* document giving official permission ▹ *vb* (in the US) give permission to
LICENCEE *same as* ▸ **licensee**
LICENCER ▸ **licence**
LICENCES ▸ **licence**
LICENSE, -D, -S *vb* grant or give a licence for
LICENSEE *n* holder of a licence
LICENSER ▸ **license**
LICENSES ▸ **license**
LICENSOR ▸ **license**
LICENTE *adj* permitted; allowed
LICH, -ES *n* dead body
LICHANOS *n* note played using forefinger
LICHEE, -S *same as* ▸ **litchi**
LICHEN, -S *n* small flowerless plant forming a crust on rocks, trees, etc ▹ *vb* cover with lichen
LICHENED ▸ **lichen**
LICHENIN *n* complex polysaccharide occurring in certain species of moss
LICHENS ▸ **lichen**
LICHES ▸ **lich**
LICHGATE *n* roofed gate to a churchyard
LICHI, -S *same as* ▸ **litchi**
LICHT, -ED, -ER, -EST, -ING, -S *Scot word for* ▸ **light**
LICHTLY *vb* treat discourteously
LICHTS ▸ **licht**
LICHWAKE *n* night vigil over a dead body
LICHWAY, -S *n* path used to carry coffin into church
LICIT *adj* lawful, permitted
LICITLY ▸ **licit**
LICK, -ED, -S *vb* pass the tongue over ▹ *n* licking
LICKER, -S ▸ **lick**
LICKING, -S *n* beating
LICKS ▸ **lick**
LICKSPIT *n* flattering or servile person
LICORICE *same as* > **liquorice**
LICTOR, -S *n* one of a group of ancient Roman officials
LID, -S *n* movable cover
LIDAR, -S *n* radar-type instrument
LIDDED ▸ **lid**
LIDDING, -S *n* lids
LIDGER, -S *variant form of* ▸ **ledger**
LIDLESS *adj* having no lid or top
LIDO, -S *n* open-air centre for swimming and water sports
LIDS ▸ **lid**
LIE, LAIN, -S *vb* make a false statement ▹ *n* falsehood
LIED, -ER *n* setting for solo voice and piano of a poem
LIEF, -ER, -EST, -S, LOOR *adv* gladly ▹ *adj* ready ▹ *n* beloved person
LIEFLY ▸ **lief**
LIEFS ▸ **lief**
LIEGE, -S *adj* bound to give or receive feudal service ▹ *n* lord
LIEGEDOM ▸ **liege**
LIEGEMAN, LIEGEMEN *n* (formerly) the subject of a sovereign or feudal lord
LIEGER, -S *same as* ▸ **ledger**
LIEGES ▸ **liege**
LIEN, -S *n* right to hold another's property until a debt is paid
LIENABLE *adj* that can be subject of a lien
LIENAL *adj* of or relating to the spleen
LIENEE, -S *n* person against whom a lien has been placed
LIENOR, -S *n* person who holds a lien
LIENS ▸ **lien**
LIENTERY *n* passage of undigested food in the faeces
LIER, -S *n* person who lies down
LIERNE, -S *n* short secondary rib that connects intersections of the primary ribs
LIERS ▸ **lier**
LIES ▸ **lie**
LIEU, -S *n* stead
LIEVE, -R, -S, -ST *same as* ▸ **leve**
LIFE, LIVES *n* state of living beings
LIFEBELT *n* ring filled with air, used to keep a person afloat when in danger of drowning
LIFEBOAT *n* boat used for rescuing people at sea
LIFEBUOY *n* any of various kinds of buoyant device for keeping people afloat
LIFECARE *n* care of person's health and welfare
LIFEFUL *adj* full of life
LIFEHACK *n* action that simplifies a task or reduces frustration in everyday life ▹ *vb* perform a lifehack
LIFEHOLD *adj* (of land) held while one is alive
LIFELESS *adj* dead
LIFELIKE *adj* closely resembling or representing life
LIFELINE *n* means of contact or support
LIFELONG *adj* lasting all of a person's life

LIFER, -S *n* prisoner sentenced to imprisonment for life
LIFES *pl n* as in **still lifes** paintings or drawings of inanimate objects
LIFESOME *adj* full of life
LIFESPAN *n* period of time during which a person or animal may be expected to live
LIFETIME *n* length of time a person is alive
LIFEWAY, -S *n* way of life
LIFEWORK *n* work to which a person has devoted their life
LIFT, -ED, -ING, -S *vb* move upwards in position, status, volume, etc ▷ *n* cage raised and lowered in a vertical shaft
LIFTABLE ▶ **lift**
LIFTBACK *n* hatchback
LIFTBOY, -S *n* person who operates a lift
LIFTED ▶ **lift**
LIFTER, -S ▶ **lift**
LIFTGATE *n* rear opening of hatchback
LIFTING ▶ **lift**
LIFTMAN, LIFTMEN *same as* ▶ **liftboy**
LIFTOFF, -S *n* moment a rocket leaves the ground ▷ *vb* (of a rocket) to leave its launch pad
LIFTS ▶ **lift**
LIFULL *obsolete form of* ▶ **lifeful**
LIG, -GED, -S *n* function with free entertainment and refreshments ▷ *vb* attend such a function
LIGAMENT *n* band of tissue joining bones
LIGAN, -S *same as* ▶ **lagan**
LIGAND, -S *n* atom, molecule, radical, or ion forming a complex with a central atom
LIGANS ▶ **ligan**
LIGASE, -S *n* any of a class of enzymes
LIGATE, -D, -S, LIGATING *vb* tie up or constrict (something) with a ligature
LIGATION ▶ **ligate**
LIGATIVE ▶ **ligate**
LIGATURE *n* link, bond, or tie ▷ *vb* bind with a ligature
LIGER, -S *n* hybrid offspring of a female tiger and a male lion
LIGGE, -S *obsolete form of* ▶ **lie**
LIGGED ▶ **lig**
LIGGER, -S ▶ **lig**
LIGGES ▶ **ligge**
LIGGING, -S ▶ **lig**
LIGHT, -ED, -EST, -ING, -S *n* electromagnetic radiation by which things are visible ▷ *adj* bright ▷ *vb* ignite ▷ *adv* with little luggage
LIGHTEN, -S *vb* make less dark
LIGHTER, -S *n* device for lighting cigarettes etc ▷ *vb* convey in a type of flat-bottomed barge
LIGHTEST ▶ **light**
LIGHTFUL *adj* full of light
LIGHTING ▶ **light**
LIGHTISH ▶ **light**
LIGHTLY *adv* in a light way ▷ *vb* belittle
LIGHTS ▶ **light**
LIGNAGE, -S *another word for* ▶ **lineage**
LIGNAN, -S *n* beneficial substance found in plants
LIGNE, -S *n* unit of measurement
LIGNEOUS *adj* of or like wood
LIGNES ▶ **ligne**
LIGNIFY *vb* become woody with the deposition of lignin in cell walls
LIGNIN, -S *n* complex polymer occurring in certain plant cell walls making the plant rigid
LIGNITE, -S *n* woody textured rock used as fuel
LIGNITIC ▶ **lignite**
LIGNOSE, -S *n* explosive compound
LIGNUM, -S *n* wood
LIGROIN, -S *n* volatile fraction of petroleum
LIGROINE *same as* ▶ **ligroin**
LIGROINS ▶ **ligroin**
LIGS ▶ **lig**
LIGULA, -E, -S *same as* ▶ **ligule**
LIGULAR ▶ **ligula**
LIGULAS ▶ **ligula**
LIGULATE *adj* having the shape of a strap
LIGULE, -S *n* membranous outgrowth between the leaf blade and sheath
LIGULOID ▶ **ligula**
LIGURE, -S *n* any of the 12 precious stones used in the breastplates of high priests
LIKABLE *adj* easy to like
LIKABLY ▶ **likable**
LIKE, -D, -S, -ST *adj* similar ▷ *vb* find enjoyable ▷ *n* favourable feeling, desire, or preference
LIKEABLE *same as* ▶ **likable**
LIKEABLY *same as* ▶ **likably**
LIKED ▶ **like**
LIKELY, LIKELIER *adj* tending or inclined ▷ *adv* probably
LIKEN, -ED, -ING, -S *vb* compare
LIKENESS *n* resemblance
LIKENING ▶ **liken**
LIKENS ▶ **liken**
LIKER, -S ▶ **like**
LIKES ▶ **like**
LIKEST ▶ **like**
LIKEWAKE *same as* ▶ **lykewake**
LIKEWALK *same as* ▶ **lykewake**
LIKEWISE *adv* similarly
LIKIN, -S *n* historically, Chinese tax
LIKING, -S *n* fondness
LIKINS ▶ **likin**
LIKUTA *n* coin in the former Zaïre
LILAC, -S *n* shrub with pale mauve flowers ▷ *adj* light-purple
LILIED *adj* decorated with lilies
LILIES ▶ **lily**
LILL, -ED, -ING, -S *obsolete form of* ▶ **loll**
LILLIPUT *adj* tiny ▷ *n* tiny person or being
LILLS ▶ **lill**
LILO, -S *n* inflatable mattress
LILT, -ED, -S *n* musical quality in speech ▷ *vb* speak with a lilt
LILTING ▶ **lilt**
LILTS ▶ **lilt**
LILY, LILIES *n* plant which has large, often white, flowers
LILYLIKE *adj* resembling a lily
LIMA, -S *n* type of edible bean
LIMACEL, -S *n* small shell inside some kinds of slug
LIMACES ▶ **limax**
LIMACINE *adj* relating to slugs
LIMACON, -S *n* heart-shaped curve
LIMAIL, -S *same as* ▶ **lemel**
LIMAN, -S *n* lagoon
LIMAS ▶ **lima**
LIMATION *n* polishing
LIMAX, LIMACES *n* slug
LIMB, -ED, -ING, -S *n* arm, leg, or wing ▷ *vb* dismember
LIMBA, -S *n* type of African tree
LIMBATE *adj* having an edge or border of a different colour from the rest

LIMBEC, -S *obsolete form of* ▸ **alembic**
LIMBECK, -S *obsolete form of* ▸ **alembic**
LIMBECS ▸ **limbec**
LIMBED ▸ **limb**
LIMBER, -ED, -S *vb* loosen stiff muscles by exercising ▹ *adj* pliant or supple ▹ *n* part of a gun carriage
LIMBERER ▸ **limber**
LIMBERLY ▸ **limber**
LIMBERS ▸ **limber**
LIMBI ▸ **limbus**
LIMBIC ▸ **limbus**
LIMBIER ▸ **limby**
LIMBIEST ▸ **limby**
LIMBING ▸ **limb**
LIMBLESS ▸ **limb**
LIMBMEAL *adv* piece by piece
LIMBO, -ED, -ES, -ING, -S *n* region between Heaven and Hell for the unbaptized ▹ *vb* perform a Caribbean dance that entails passing under a bar while leaning backwards
LIMBOUS *adj* with overlapping edges
LIMBS ▸ **limb**
LIMBUS, LIMBI, -ES *n* border
LIMBY, LIMBIER, LIMBIEST *adj* with long legs, stem, branches, etc
LIME, -D *n* calcium compound used as a fertilizer or in making cement ▹ *vb* spread a calcium compound upon (land) ▹ *adj* having the flavour of lime fruit
LIMEADE, -S *n* drink made from sweetened lime juice and plain or carbonated water
LIMED ▸ **lime**
LIMEKILN *n* kiln in which calcium carbonate is burned to produce quicklime
LIMELESS ▸ **lime**
LIMELIT > **limelight**
LIMEN, -S, LIMINA *another term for* > **threshold**
LIMEPIT, -S *n* pit containing lime in which hides are placed to remove the hair
LIMERICK *n* humorous verse of five lines
LIMES, LIMITES *n* fortified boundary of the Roman Empire
LIMEWASH *n* mixture of lime and water used to whitewash walls, ceilings, etc
LIMEY, -S *n* British person ▹ *adj* British
LIMIER ▸ **limy**
LIMIEST ▸ **limy**
LIMINA ▸ **limen**
LIMINAL *adj* relating to the point beyond which a sensation becomes too faint to be experienced
LIMINESS ▸ **limy**
LIMING, -S ▸ **lime**
LIMIT, -ING, -S *n* ultimate extent, degree, or amount of something ▹ *vb* restrict or confine
LIMITARY *adj* of, involving, or serving as a limit
LIMITED, -S *adj* having a limit ▹ *n* limited train, bus, etc
LIMITER, -S *n* thing that limits something
LIMITES ▸ **limes**
LIMITING ▸ **limit**
LIMITS ▸ **limit**
LIMMA, -S *n* semitone
LIMMER, -S *n* scoundrel
LIMN, -ED, -ING, -S *vb* represent in drawing or painting
LIMNAEID *n* type of snail
LIMNED ▸ **limn**
LIMNER, -S ▸ **limn**
LIMNETIC *adj* of the open water of lakes down to the depth of light penetration
LIMNIC *adj* relating to lakes
LIMNING ▸ **limn**
LIMNS ▸ **limn**
LIMO, -S *short for* > **limousine**
LIMONENE *n* liquid optically active terpene with a lemon-like odour
LIMONITE *n* common brown, black, or yellow amorphous secondary mineral
LIMONIUM *n* sea plant with funnel-shaped flowers
LIMOS ▸ **limo**
LIMOSIS, LIMOSES *n* excessive hunger
LIMOUS *adj* muddy
LIMP, -ED, -EST, -S *vb* walk with an uneven step ▹ *n* limping walk ▹ *adj* without firmness or stiffness
LIMPA, -S *n* type of rye bread
LIMPED ▸ **limp**
LIMPER, -S ▸ **limp**
LIMPEST ▸ **limp**
LIMPET, -S *n* shellfish which sticks to rocks ▹ *adj* denoting weapons that are magnetically attached to their targets
LIMPID *adj* clear or transparent
LIMPIDLY ▸ **limpid**
LIMPING, -S ▸ **limp**
LIMPKIN, -S *n* rail-like wading bird
LIMPLY ▸ **limp**
LIMPNESS ▸ **limp**
LIMPS ▸ **limp**
LIMPSEY *same as* ▸ **limpsy**
LIMPSY, LIMPSIER *adj* limp
LIMULI ▸ **limulus**
LIMULOID *n* type of crab
LIMULUS, LIMULI *n* horseshoe crab
LIMY, LIMIER, LIMIEST *adj* of, like, or smeared with birdlime
LIN, -NED, -NING, -S *vb* cease
LINABLE ▸ **line**
LINAC, -S *n* linear accelerator
LINAGE, -S *n* number of lines in written or printed matter
LINALOL, -S *same as* ▸ **linalool**
LINALOOL *n* optically active colourless fragrant liquid
LINCH, -ES *n* ledge
LINCHET, -S *another word for* ▸ **linch**
LINCHPIN *n* pin to hold a wheel on its axle
LINCTURE *n* medicine taken by licking
LINCTUS *n* cough medicine
LIND, -S *variant of* ▸ **linden**
LINDANE, -S *n* white poisonous crystalline powder
LINDEN, -S *n* large tree with heart-shaped leaves and fragrant yellowish flowers
LINDIED ▸ **lindy**
LINDIES ▸ **lindy**
LINDS ▸ **lind**
LINDWORM *n* wingless serpent-like dragon
LINDY, LINDIED, LINDIES, -ING *n* lively dance ▹ *vb* perform the lindy
LINE, -D, -S *n* long narrow mark ▹ *vb* mark with lines
LINEABLE ▸ **line**
LINEAGE, -S *n* descent from an ancestor
LINEAL *adj* in direct line of descent
LINEALLY ▸ **lineal**
LINEAR *adj* of or in lines
LINEARLY ▸ **linear**
LINEATE *adj* marked with lines
LINEATED *same as* ▸ **lineate**

L

LINEBRED *adj* having an ancestor that is common to sire and dam
LINECUT, -S *n* method of relief printing
LINED ▸ **line**
LINELESS ▸ **line**
LINELIKE ▸ **line**
LINEMAN, LINEMEN *same as* ▸ **linesman**
LINEMATE *n* ice hockey player on the same line as another
LINEMEN ▸ **lineman**
LINEN, -S *n* cloth or thread made from flax
LINENIER ▸ **lineny**
LINENS ▸ **linen**
LINENY, LINENIER *adj* like linen
LINER, -S *n* large passenger ship
LINES ▸ **line**
LINESMAN, LINESMEN *n* (in some sports) an official who helps the referee or umpire
LINEUP, -S *n* row or arrangement of people or things
LINEY ▸ **line**
LING, -S *n* slender food fish
LINGA, -S *same as* ▸ **lingam**
LINGAM, -S *n* (in Sanskrit) masculine gender
LINGAS ▸ **linga**
LINGCOD, -S *n* type of food fish
LINGEL, -S *n* shoemaker's thread
LINGER, -ED, -S *vb* delay or prolong departure
LINGERER ▸ **linger**
LINGERIE *n* women's underwear or nightwear
LINGERS ▸ **linger**
LINGIER ▸ **lingy**
LINGIEST ▸ **lingy**
LINGLE, -S *same as* ▸ **lingel**
LINGO, -ES, -S *n* foreign or unfamiliar language or jargon
LINGOT, -S *n* ingot
LINGS ▸ **ling**
LINGSTER *n* person able to communicate with aliens
LINGUA, -E, -S *n* any tongue-like structure
LINGUAL, -S *adj* of the tongue ▹ *n* lingual consonant
LINGUAS ▸ **lingua**
LINGUICA *n* Portuguese sausage
LINGUINE *n* kind of pasta in the shape of thin flat strands
LINGUINI *same as* ▸ **linguine**
LINGUISA *same as* ▸ **linguica**
LINGUIST *n* person skilled in foreign languages
LINGULA, -E, -S *n* small tongue
LINGULAR ▸ **lingula**
LINGULAS ▸ **lingula**
LINGY, LINGIER, LINGIEST *adj* heather-covered
LINHAY, -S *n* farm building with an open front
LINIER ▸ **liny**
LINIEST ▸ **liny**
LINIMENT *n* medicated liquid rubbed on the skin to relieve pain or stiffness
LININ, -S *n* network of viscous material in the nucleus of a cell
LINING, -S *n* layer of cloth attached to the inside of a garment etc
LININS ▸ **linin**
LINISH, -ED, -ES *vb* polish metal
LINISHER ▸ **linish**
LINISHES ▸ **linish**
LINK, -ED, -ING, -S *n* any of the rings forming a chain ▹ *vb* connect with or as if with links
LINKABLE ▸ **link**
LINKAGE, -S *n* act of linking or the state of being linked
LINKBOY, -S *n* (formerly) a boy who carried a torch for pedestrians in dark streets
LINKED ▸ **link**
LINKER, -S *n* person or thing that links
LINKIER ▸ **linky**
LINKIEST ▸ **linky**
LINKING ▸ **link**
LINKMAN, LINKMEN *same as* ▸ **linkboy**
LINKROT, -S *n* state of having expired hyperlinks on a website
LINKS ▸ **link**
LINKSMAN, LINKSMEN *same as* ▸ **linkboy**
LINKSPAN *n* hinged bridge on a quay, used to move vehicles on or off a vessel
LINKSTER *n* interpreter
LINKUP, -S *n* establishing of a union between objects, groups, organizations, etc
LINKWORK *n* something made up of links
LINKY, LINKIER, LINKIEST *adj* (of countryside) consisting of links
LINN, -S *n* waterfall or a pool at the foot of it
LINNED ▸ **lin**
LINNET, -S *n* songbird of the finch family
LINNEY, -S *same as* ▸ **linhay**
LINNIES ▸ **linny**
LINNING ▸ **lin**
LINNS ▸ **linn**
LINNY, LINNIES *same as* ▸ **linhay**
LINO, -S *same as* ▸ **linoleum**
LINOCUT, -S *n* design cut in relief in lino mounted on a block of wood
LINOLEIC *adj* as in **linoleic acid** colourless oily essential fatty acid found in linseed
LINOLEUM *n* type of floor covering
LINOS ▸ **lino**
LINOTYPE *n* line of metal type produced by machine ▹ *vb* set as line of type
LINS ▸ **lin**
LINSANG, -S *n* any of several forest-dwelling viverrine mammals
LINSEED, -S *n* seed of the flax plant
LINSEY, -S *n* type of cloth
LINSTOCK *n* long staff holding a lighted match, formerly used to fire a cannon
LINT, -S *n* shreds of fibre, etc ▹ *vb* shed or remove lint
LINTED *adj* having lint
LINTEL, -S *n* horizontal beam at the top of a door or window
LINTELED *adj* (of a door or window) having a lintel
LINTELS ▸ **lintel**
LINTER, -S *n* machine for stripping the short fibres of ginned cotton seeds
LINTIE, -S *Scot word for* ▸ **linnet**
LINTIER ▸ **linty**
LINTIES ▸ **lintie**
LINTIEST ▸ **linty**
LINTING, -S *n* process of making lint
LINTLESS ▸ **lint**
LINTOL, -S *same as* ▸ **lintel**
LINTS ▸ **lint**
LINTSEED *same as* ▸ **linseed**
LINTY, LINTIER, LINTIEST ▸ **lint**
LINUM, -S *n* type of plant of temperate regions
LINURON, -S *n* type of herbicide
LINUX, -ES *n* nonproprietary computer operating system
LINY, LINIER, LINIEST ▸ **line**
LION, -S *n* large animal of the cat family

LIONCEL, -S *n* (in heraldry) small lion
LIONEL, -S *same as* ▸ **lioncel**
LIONESS *n* female lion
LIONET, -S *n* young lion
LIONFISH *n* any of various scorpion fishes of the Pacific
LIONHEAD *n* small breed of rabbit with long fur around the face
LIONISE, -D, -S *same as* ▸ **lionize**
LIONISER ▸ **lionise**
LIONISES ▸ **lionise**
LIONISM, -S *n* lion-like appearance of leprosy
LIONIZE, -D, -S *vb* treat as a celebrity
LIONIZER ▸ **lionize**
LIONIZES ▸ **lionize**
LIONLIER ▸ **lionly**
LIONLIKE ▸ **lion**
LIONLY, LIONLIER *adj* like a lion
LIONS ▸ **lion**
LIP, -PED, -S *n* either of the fleshy edges of the mouth ▹ *vb* touch with the lips
LIPA, -S *n* monetary unit of Croatia
LIPAEMIA *n* abnormally large amount of fat in the blood
LIPARITE *n* type of igneous rock
LIPAS ▸ **lipa**
LIPASE, -S *n* any of a group of enzymes that digest fat
LIPE, -S *n* lurching or jerking movement
LIPEMIA, -S *same as* ▸ **lipaemia**
LIPES ▸ **lipe**
LIPGLOSS *n* cosmetic for the lips to give a sheen
LIPID, -S *n* any of a group of organic compounds including fats, oils, waxes, and sterols
LIPIDE, -S *same as* ▸ **lipid**
LIPIDIC ▸ **lipid**
LIPIDS ▸ **lipid**
LIPIN, -S *n* family of nuclear proteins
LIPLESS ▸ **lip**
LIPLIKE ▸ **lip**
LIPLINER *n* cosmetic used to outline the lips
LIPO, -S *n* liposuction
LIPOCYTE *n* fat-storing cell
LIPOGRAM *n* piece of writing in which all words containing a particular letter have been omitted
LIPOIC *adj* as in **lipoic acid** sulphur-containing fatty acid
LIPOID, -S *n* fatlike substance, such as wax
LIPOIDAL ▸ **lipoid**
LIPOIDS ▸ **lipoid**
LIPOMA, -S, -TA *n* benign tumour composed of fatty tissue
LIPOS ▸ **lipo**
LIPOSOME *n* particle formed by lipids
LIPOSUCK *vb* subject to liposuction
LIPPED ▸ **lip**
LIPPEN, -ED, -S *vb* trust
LIPPER, -ED, -S *Scots word for* ▸ **ripple**
LIPPIE *variant of* ▸ **lippy**
LIPPIER ▸ **lippy**
LIPPIES ▸ **lippy**
LIPPIEST ▸ **lippy**
LIPPING, -S ▸ **lip**
LIPPY, LIPPIER, LIPPIES, LIPPIEST *adj* insolent or cheeky ▹ *n* lipstick
LIPREAD, -S *vb* follow what someone says by watching their lips
LIPS ▸ **lip**
LIPSALVE *n* substance used to prevent or relieve chapped lips
LIPSTICK *n* cosmetic in stick form, for colouring the lips ▹ *vb* put lipstick on
LIPURIA, -S *n* presence of fat in the urine
LIQUABLE *adj* that can be melted
LIQUATE, -D, -S *vb* separate one component of by heating until the more fusible part melts
LIQUEFY *vb* become liquid
LIQUESCE *vb* become liquid
LIQUEUR, -S *n* flavoured and sweetened alcoholic spirit ▹ *vb* flavour with liqueur
LIQUID, -S *n* substance in a physical state which can change shape but not size ▹ *adj* of or being a liquid
LIQUIDLY ▸ **liquid**
LIQUIDS ▸ **liquid**
LIQUIDUS *n* line on graph above which a substance is in liquid form
LIQUIDY *adj* having the nature of liquid
LIQUIFY *same as* ▸ **liquefy**
LIQUITAB *n* soluble plastic capsule containing liquid detergent or medicine
LIQUOR, -ED, -S *n* alcoholic drink ▹ *vb* steep in warm water to form wort in brewing
LIRA, -S, LIRE, LIRI, LIROT, LIROTH *n* monetary unit of Turkey, Malta, and formerly of Italy
LIRIOPE, -S *n* grasslike plant
LIRIPIPE *n* tip of a graduate's hood
LIRIPOOP *same as* ▸ **liripipe**
LIRK, -ED, -ING, -S *vb* wrinkle
LIROT ▸ **lira**
LIROTH ▸ **lira**
LIS, -SES *n* fleur-de-lis
LISENTE ▸ **sente**
LISK, -S *Yorkshire dialect for* ▸ **groin**
LISLE, -S *n* strong fine cotton thread or fabric
LISP, -ED, -S *n* speech defect in which *s* and *z* are pronounced *th* ▹ *vb* speak or utter with a lisp
LISPER, -S ▸ **lisp**
LISPING, -S ▸ **lisp**
LISPOUND *n* unit of weight
LISPS ▸ **lisp**
LISPUND, -S *same as* ▸ **lispound**
LISSES ▸ **lis**
LISSOM *adj* supple, agile
LISSOME *same as* ▸ **lissom**
LISSOMLY ▸ **lissom**
LIST, -ED, -ETH *n* item-by-item record of names or things, usu written one below another ▹ *vb* make a list of
LISTABLE ▸ **list**
LISTBOX *n* small box on a computer screen, showing a list of options
LISTED ▸ **list**
LISTEE, -S *n* person on list
LISTEL, -S *another name for* ▸ **fillet**
LISTEN, -ED, -S *vb* concentrate on hearing something
LISTENER ▸ **listen**
LISTENS ▸ **listen**
LISTER, -S *n* plough that throws soil to sides of a central furrow
LISTERIA *n* type of rodlike Gram-positive bacterium
LISTERS ▸ **lister**
LISTETH ▸ **list**
LISTFUL *adj* paying attention
LISTICLE *n* article which consists of a list
LISTING, -S *n* list or an entry in a list
LISTLESS *adj* lacking interest or energy
LISTS *pl n* field of combat in a tournament

LISTSERV *n* email service for those with similar interests
LIT, -S *n* archaic word for dye or colouring
LITAI ▸ **litas**
LITANY, LITANIES *n* prayer with responses from the congregation
LITAS, LITAI, LITU *n* monetary unit of Lithuania
LITCHI, -S *n* Chinese tree with round edible fruits
LITE, -D, -S, -ST, LITING *same as* ▸ **light**
LITENESS ▸ **lite**
LITER, -S *same as* ▸ **litre**
LITERACY *n* ability to read and write
LITERAL, -S *adj* according to the explicit meaning of a word or text ▹ *n* misspelling in a text
LITERARY *adj* of or knowledgeable about literature
LITERATE *adj* able to read and write ▹ *n* literate person
LITERATI, LITERATO *pl n* literary people
LITEROSE *adj* affectedly literary
LITERS ▸ **liter**
LITES ▸ **lite**
LITEST ▸ **lite**
LITH, -S *n* limb or joint
LITHARGE *n* lead monoxide
LITHATE, -S *n* salt of uric acid
LITHE, -D, -R, -S, -ST, LITHING *adj* flexible or supple, pliant ▹ *vb* listen
LITHELY ▸ **lithe**
LITHEMIA *n* gout
LITHEMIC ▸ **lithemia**
LITHER ▸ **lithe**
LITHERLY *adj* crafty; cunning
LITHES ▸ **lithe**
LITHEST ▸ **lithe**
LITHIA, -S *n* lithium present in mineral waters as lithium salts
LITHIC *adj* of stone
LITHIFY *vb* turn into rock
LITHING ▸ **lithe**
LITHITE, -S *n* part of cell with sensory element
LITHIUM, -S *n* chemical element, the lightest known metal
LITHO, -ED, -ES, -ING, -S *n* lithography ▹ *vb* print using lithography
LITHOID *adj* resembling rock
LITHOING ▸ **litho**
LITHOPS *n* fleshy-leaved plant
LITHOS ▸ **litho**
LITHOSOL *n* type of azonal soil
LITHS ▸ **lith**
LITIGANT *n* person involved in a lawsuit ▹ *adj* engaged in litigation
LITIGATE *vb* bring or contest a law suit
LITING ▸ **lite**
LITMUS, -ES *n* soluble powder obtained from lichens
LITORAL *same as* ▸ **littoral**
LITOTES *n* ironical understatement used for effect
LITOTIC ▸ **litotes**
LITRE, -S *n* unit of liquid measure
LITREAGE *n* volume in litres
LITRES ▸ **litre**
LITS ▸ **lit**
LITTEN *adj* lighted
LITTER, -ED, -S *n* untidy rubbish ▹ *vb* strew with litter
LITTERER *n* one who litters
LITTERS ▸ **litter**
LITTERY *adj* covered in litter
LITTLE, -R, -S, -ST *adj* small ▹ *adv* not a lot ▹ *n* small amount, extent, or duration
LITTLIE, -S *n* young child
LITTLIN, -S *same as* ▸ **littling**
LITTLING *n* child
LITTLINS ▸ **littlin**
LITTLISH *adj* rather small
LITTORAL *adj* of or by the seashore ▹ *n* coastal district
LITU ▸ **litas**
LITURGIC ▸ **liturgy**
LITURGY *n* prescribed form of public worship
LITUUS, -ES *n* curved trumpet
LIVABLE *adj* tolerable or pleasant to live (with)
LIVE, -D, -ST *vb* be alive ▹ *adj* living, alive ▹ *adv* in the form of a live performance
LIVEABLE *same as* ▸ **livable**
LIVEBLOG *vb* blog about (an event) as it happens
LIVED ▸ **live**
LIVEDO, -S *n* reddish discoloured patch on the skin
LIVELIER ▸ **lively**
LIVELILY ▸ **lively**
LIVELOD, -S *n* livelihood
LIVELONG *adj* long or seemingly long
LIVELOOD *n* livelihood
LIVELY, LIVELIER *adj* full of life or vigour
LIVEN, -ED, -ING, -S *vb* make or become lively
LIVENER, -S ▸ **liven**
LIVENESS *n* state of being alive
LIVENING ▸ **liven**
LIVENS ▸ **liven**
LIVER, -S *n* person who lives in a specified way
LIVERED *adj* having liver
LIVERIED *adj* wearing livery
LIVERIES ▸ **livery**
LIVERING *n* process of liquid becoming lumpy
LIVERISH *adj* having a disorder of the liver
LIVERS ▸ **liver**
LIVERY, LIVERIES *n* distinctive dress ▹ *adj* of or resembling liver
LIVES ▸ **life**
LIVEST ▸ **live**
LIVETRAP *n* box constructed to trap an animal without injuring it
LIVEWARE *n* personnel working in a computer system
LIVEWELL *n* container of water on a fishing boat used to store live fish
LIVEYER, -S *n* (in Newfoundland) a full-time resident
LIVEYERE *same as* ▸ **liveyer**
LIVEYERS ▸ **liveyer**
LIVID, -ER, -EST *adj* angry or furious
LIVIDITY *n* state of being livid
LIVIDLY ▸ **livid**
LIVIER, -S *same as* ▸ **liveyer**
LIVING, -S *adj* possessing life, not dead or inanimate ▹ *n* condition of being alive
LIVINGLY ▸ **living**
LIVINGS ▸ **living**
LIVOR, -S *another word for* ▸ **lividity**
LIVRE, -S *n* former French unit of money of account
LIVYER, -S *same as* ▸ **liveyer**
LIXIVIA ▸ **lixivium**
LIXIVIAL > **lixiviate**
LIXIVIUM, LIXIVIA *n* alkaline solution obtained by leaching wood ash with water
LIZARD, -S *n* four-footed reptile with a long body and tail
LIZZIE, -S *n* as in **tin lizzie** old or decrepit car
LLAMA, -S *n* woolly animal of the camel family
LLANERO, -S *n* native of llanos

L

LLANO, -S *n* extensive grassy treeless plain
LO *interj* look!
LOACH, -ES *n* carplike fish
LOAD *n* burden or weight ▷ *vb* put a load on or into
LOADABLE *adj* able to be loaded
LOADED *adj* containing a hidden trap
LOADEN, -ED, -S *vb* load
LOADER, -S *n* person who loads a gun or other firearm
LOADING, -S *n* load or burden
LOADS *pl n* lots or a lot
LOADSTAR *same as* ▸ **lodestar**
LOAF, -ED, -S, LOAVES *n* shaped mass of baked bread ▷ *vb* idle, loiter
LOAFER, -S *n* idler
LOAFING, -S ▸ **loaf**
LOAFS ▸ **loaf**
LOAM, -ED, -ING, -S *n* fertile soil ▷ *vb* cover, treat, or fill with loam
LOAMIER ▸ **loamy**
LOAMIEST ▸ **loamy**
LOAMING ▸ **loam**
LOAMLESS ▸ **loam**
LOAMS ▸ **loam**
LOAMY, LOAMIER, LOAMIEST ▸ **loam**
LOAN, -ED, -ING, -S *n* money lent at interest ▷ *vb* lend
LOANABLE ▸ **loan**
LOANBACK *n* facility by which an individual can borrow from his or her pension fund ▷ *vb* make use of this facility
LOANED ▸ **loan**
LOANEE, -S *n* sportsperson who is loaned out
LOANER, -S ▸ **loan**
LOANING, -S ▸ **loan**
LOANS ▸ **loan**
LOANWORD *n* word adopted from one language into another
LOAST ▸ **lose**
LOATH, -EST *adj* unwilling or reluctant (to)
LOATHE, -D, -S *vb* hate
LOATHER, -S ▸ **loathe**
LOATHES ▸ **loathe**
LOATHEST ▸ **loath**
LOATHFUL *adj* causing loathing
LOATHING *n* strong disgust
LOATHLY *adj* loathsome
LOATHY *obsolete form of* > **loathsome**
LOAVE, -D, LOAVING *vb* form a loaf
LOAVES ▸ **loaf**
LOAVING ▸ **loave**
LOB, -BED, -BING, -S *n* ball struck in a high arc ▷ *vb* strike in a high arc
LOBAR *adj* of or affecting a lobe
LOBATE *adj* with or like lobes
LOBATED *same as* ▸ **lobate**
LOBATELY ▸ **lobate**
LOBATION *n* division into lobes
LOBBED ▸ **lob**
LOBBER, -S *n* one who lobs
LOBBIED ▸ **lobby**
LOBBIES ▸ **lobby**
LOBBING ▸ **lob**
LOBBY, LOBBIED, LOBBIES, -ING *n* corridor into which rooms open ▷ *vb* try to influence (legislators) in the formulation of policy
LOBBYER, -S ▸ **lobby**
LOBBYGOW *n* errand boy
LOBBYING ▸ **lobby**
LOBBYISM ▸ **lobbyist**
LOBBYIST *n* person who lobbies on behalf of a particular interest
LOBE, -S *n* rounded projection
LOBED ▸ **lobe**
LOBEFIN, -S *n* type of fish
LOBELESS *adj* having no lobes
LOBELET, -S *n* small lobe
LOBELIA, -S *n* garden plant
LOBELIKE *adj* like a lobe
LOBELINE *n* crystalline alkaloid extracted from the seeds of the Indian tobacco plant
LOBES ▸ **lobe**
LOBI ▸ **lobus**
LOBING, -S *n* formation of lobes
LOBIPED *adj* with lobed toes
LOBLOLLY *n* southern US pine tree
LOBO, -S *n* timber wolf
LOBOLA, -S *n* (in African custom) price paid by a bridegroom's family to his bride's family
LOBOLO, -S *same as* ▸ **lobola**
LOBOS ▸ **lobo**
LOBOSE *another word for* ▸ **lobate**
LOBOTOMY *n* surgical incision into a lobe of the brain to treat certain disorders
LOBS ▸ **lob**
LOBSTER, -S *n* shellfish ▷ *vb* fish for lobsters
LOBSTICK *n* tree used as landmark
LOBTAIL, -S *vb* (of a whale) hit a surface of water with the tail
LOBULAR ▸ **lobule**
LOBULATE ▸ **lobule**
LOBULE, -S *n* small lobe or a subdivision of a lobe
LOBULI ▸ **lobulus**
LOBULOSE ▸ **lobule**
LOBULUS, LOBULI *n* small lobe
LOBUS, LOBI *n* lobe
LOBWORM, -S *same as* ▸ **lugworm**
LOCA ▸ **locus**
LOCAL, -S *adj* of a particular place ▷ *n* person from a particular place
LOCALE, -S *n* scene of an event
LOCALISE *same as* ▸ **localize**
LOCALISM *n* pronunciation, phrase, etc, peculiar to a particular locality
LOCALIST ▸ **localism**
LOCALITE *n* resident of an area
LOCALITY *n* neighbourhood or area
LOCALIZE *vb* restrict to a particular place
LOCALLY *adv* within a particular area or place
LOCALS ▸ **local**
LOCATE, -D, -S, LOCATING *vb* discover the whereabouts of
LOCATER, -S ▸ **locate**
LOCATES ▸ **locate**
LOCATING ▸ **locate**
LOCATION *n* site or position
LOCATIVE *adj* (of a word or phrase) indicating place or direction ▷ *n* locative case
LOCATOR, -S *n* part of index that shows where to find information
LOCAVORE *n* person who prefers locally produced food
LOCH, -S *n* lake
LOCHAN, -S *n* small inland loch
LOCHE, -S *n* freshwater fish of the cod family
LOCHS ▸ **loch**
LOCI ▸ **locus**
LOCIE, -S *n* type of logging engine
LOCK, -ED, -S *n* appliance for fastening a door, case, etc ▷ *vb* fasten or become fastened securely

LOCKABLE ▸ **lock**
LOCKAGE, -S *n* system of locks in a canal
LOCKAWAY *n* investment intended to be held for a relatively long time
LOCKBOX *n* system of collecting funds from companies by banks
LOCKDOWN *n* device used to secure equipment, etc
LOCKED ▸ **lock**
LOCKER, -S *n* small cupboard with a lock
LOCKET, -S *n* small hinged pendant for a portrait etc
LOCKFAST *adj* securely fastened with a lock
LOCKFUL, -S *n* sufficient to fill a canal lock
LOCKING, -S ▸ **lock**
LOCKJAW, -S *n* tetanus
LOCKLESS *adj* having no lock
LOCKMAN, LOCKMEN *n* lock-keeper
LOCKNUT, -S *n* nut screwed down on a primary nut to stop it from loosening
LOCKOUT, -S *n* closing of a workplace by an employer to force workers to accept terms
LOCKPICK *another word for* ▸ **picklock**
LOCKRAM, -S *n* type of linen cloth
LOCKS ▸ **lock**
LOCKSET, -S *n* hardware used to lock door
LOCKSMAN, LOCKSMEN *same as* ▸ **lockman**
LOCKSTEP *n* method of marching in step as closely as possible
LOCKUP, -S *n* prison
LOCO, -ED, -ES, -ING, -S *n* locomotive ▹ *vb* poison with locoweed
LOCOFOCO *n* match
LOCOING ▸ **loco**
LOCOISM, -S *n* disease of cattle, sheep, and horses caused by eating locoweed
LOCOMAN, LOCOMEN *n* railwayman
LOCOMOTE *vb* move from one place to another
LOCOS ▸ **loco**
LOCOWEED *n* any of several perennial leguminous plants
LOCULAR *adj* divided into compartments by septa
LOCULATE *same as* ▸ **locular**
LOCULE, -S *n* any of the chambers of an ovary or anther
LOCULED *adj* having locules
LOCULES ▸ **locule**
LOCULUS, LOCULI *same as* ▸ **locule**
LOCUM, -S *n* temporary stand-in for a doctor, or clergyman or clergywoman
LOCUS, LOCA, LOCI *n* area or place where something happens
LOCUST, -ED, -S *n* destructive insect ▹ *vb* ravage, as locusts
LOCUSTA, -E *n* flower cluster unit in grasses
LOCUSTAL ▸ **locusta**
LOCUSTED ▸ **locust**
LOCUSTS ▸ **locust**
LOCUTION *n* manner or style of speech
LOCUTORY *adj* room intended for conversation
LOD, -S *n* type of logarithm
LODE, -S *n* vein of ore
LODEN, -S *n* thick waterproof, woollen cloth
LODES ▸ **lode**
LODESMAN, LODESMEN *n* pilot
LODESTAR *n* star used in navigation or astronomy as a point of reference
LODGE, -D, -S *n* gatekeeper's house ▹ *vb* live in another's house at a fixed charge
LODGER, -S *n* tenant
LODGES ▸ **lodge**
LODGING *n* temporary residence
LODGINGS *pl n* rented room or rooms in which to live, esp in another person's house
LODGMENT *n* act of lodging or the state of being lodged
LODICULA *n* delicate scale in grass
LODICULE *n* minute scale at the base of the ovary in grass flowers
LODS ▸ **lod**
LOERIE, -S *same as* ▸ **lourie**
LOESS, -ES *n* fine-grained soil
LOESSAL ▸ **loess**
LOESSES ▸ **loess**
LOESSIAL ▸ **loess**
LOESSIC *adj* relating to or consisting of loess
LOFT, -ED, -ING, -S *n* space between the top storey and roof of a building ▹ *vb* strike, throw, or kick (a ball) high into the air
LOFTER, -S *n* former type of golf club
LOFTIER ▸ **lofty**
LOFTIEST ▸ **lofty**
LOFTILY ▸ **lofty**
LOFTING ▸ **loft**
LOFTLESS ▸ **loft**
LOFTLIKE ▸ **loft**
LOFTS ▸ **loft**
LOFTSMAN, LOFTSMEN *n* person who reproduces in actual size a draughtsman's design for a ship or an aircraft
LOFTY, LOFTIER, LOFTIEST *adj* of great height
LOG, -GED, -S *n* portion of a felled tree stripped of branches ▹ *vb* saw logs from a tree
LOGAN, -S *another name for* ▸ **bogan**
LOGANIA, -S *n* type of Australian plant
LOGANS ▸ **logan**
LOGBOARD *n* board used for logging a ship's records
LOGBOOK, -S *n* book recording the details about a car or a ship's journeys
LOGE, -S *n* small enclosure or box in a theatre or opera house
LOGGAT, -S *n* small piece of wood
LOGGED ▸ **log**
LOGGER, -S *n* tractor or crane for handling logs
LOGGETS *n* old-fashioned game played with sticks
LOGGIA, -S, LOGGIE *n* covered gallery at the side of a building
LOGGIER ▸ **loggy**
LOGGIEST ▸ **loggy**
LOGGING, -S ▸ **log**
LOGGISH ▸ **log**
LOGGY, LOGGIER, LOGGIEST *adj* sluggish
LOGIA ▸ **logion**
LOGIC, -S *n* philosophy of reasoning
LOGICAL *adj* of logic
LOGICIAN *n* person who specializes in or is skilled at logic
LOGICISE *same as* ▸ **logicize**
LOGICISM *n* philosophical theory that all of mathematics can be deduced from logic
LOGICIST ▸ **logicism**
LOGICIZE *vb* present reasons for or against
LOGICS ▸ **logic**
LOGIE, -S *n* fire-place of a kiln
LOGIER ▸ **logy**
LOGIES ▸ **logie**

L

LOGIEST ▸ **logy**
LOGILY ▸ **logy**
LOGIN, -S *n* process by which a computer user logs on
LOGINESS ▸ **logy**
LOGINS ▸ **login**
LOGION, LOGIA, -S *n* saying of Christ regarded as authentic
LOGISTIC *n* uninterpreted calculus or system of symbolic logic ▹ *adj* (of a curve) having a particular form of equation
LOGJAM, -S *n* blockage of logs in a river ▹ *vb* cause a logjam
LOGJUICE *n* poor quality port wine
LOGLINE, -S *n* synopsis of screenplay
LOGLOG, -S *n* logarithm of a logarithm (in equations, etc)
LOGO *same as* ▸ **logotype**
LOGOED *adj* having a logo
LOGOFF, -S *n* process by which a computer user logs out
LOGOGRAM *n* single symbol representing an entire morpheme, word, or phrase
LOGOI ▸ **logos**
LOGOMACH *n* one who argues over words
LOGON, -S *variant of* ▸ **login**
LOGOS, LOGOI *n* reason expressed in words and things, argument, or justification
LOGOTYPE *n* piece of type with several uncombined characters cast on it
LOGOTYPY ▸ **logotype**
LOGOUT, -S *variant of* ▸ **logoff**
LOGROLL, -S *vb* procure the passage of (legislation) by trading votes
LOGS ▸ **log**
LOGWAY, -S *another name for* ▸ **gangway**
LOGWOOD, -S *n* tree of the Caribbean and Central America
LOGY, LOGIER, LOGIEST *adj* dull or listless
LOHAN, -S *another word for* ▸ **arhat**
LOIASIS, LOIASES *n* disease caused by a tropical eye worm
LOID, -ED, -ING, -S *vb* open (a lock) using a celluloid strip
LOIN *n* part of the body between the ribs and the hips
LOINS *pl n* hips and the inner surface of the legs
LOIPE, -N *n* cross-country skiing track
LOIR, -S *n* large dormouse
LOITER, -ED, -S *vb* stand or wait aimlessly or idly
LOITERER ▸ **loiter**
LOITERS ▸ **loiter**
LOKE, -S *n* track
LOKSHEN *pl n* noodles
LOLIGO, -S *n* type of squid
LOLIUM, -S *n* type of grass
LOLL, -ED, -ING, -S *vb* lounge lazily ▹ *n* act or instance of lolling
LOLLER, -S ▸ **loll**
LOLLIES ▸ **lolly**
LOLLING ▸ **loll**
LOLLIPOP *n* boiled sweet on a small wooden stick
LOLLOP, -ED, -S *vb* move clumsily
LOLLOPY *adj* moving with a lollop
LOLLS ▸ **loll**
LOLLY, LOLLIES *n* lollipop or ice lolly
LOLLYGAG *same as* ▸ **lallygag**
LOLLYPOP *same as* ▸ **lollipop**
LOLOG, -S *same as* ▸ **loglog**
LOLZ *same as* ▸ **lulz**
LOMA, -S, -TA *n* lobe
LOME, -S, LOMING *n* fertile soil ▹ *vb* cover with lome
LOMED ▸ **lome**
LOMEIN, -S *n* Chinese dish
LOMENT, -S *n* pod of certain leguminous plants
LOMENTA ▸ **lomentum**
LOMENTS ▸ **loment**
LOMENTUM, LOMENTA *same as* ▸ **loment**
LOMES ▸ **lome**
LOMING ▸ **lome**
LOMPISH *another word for* ▸ **lumpish**
LONE *adj* solitary
LONELIER ▸ **lonely**
LONELILY ▸ **lonely**
LONELY, LONELIER *adj* sad because alone
LONENESS ▸ **lone**
LONER, -S *n* solitary person
LONESOME *adj* lonely ▹ *n* own
LONG, -ED, -EST *adj* having length ▹ *adv* for a certain time ▹ *vb* have a strong desire (for)
LONGA, -S *n* long note
LONGAN, -S *n* sapindaceous tree of tropical and subtropical Asia
LONGAS ▸ **longa**
LONGBOAT *n* largest boat carried on a ship
LONGBOW, -S *n* large powerful bow
LONGCASE *n* as in **longcase clock** grandfather clock
LONGE, -ING, -S *n* rope used in training a horse ▹ *vb* train using a longe
LONGED ▸ **long**
LONGEING ▸ **longe**
LONGER, -S *n* line of barrels on a ship
LONGERON *n* main longitudinal structural member of an aircraft
LONGERS ▸ **longer**
LONGES ▸ **longe**
LONGEST ▸ **long**
LONGEVAL *another word for* ▸ **longaeval**
LONGFORM *adj* (of a text) long in form
LONGHAIR *n* cat with long hair
LONGHAND *n* ordinary writing, not shorthand or typing
LONGHEAD *n* person with long head
LONGHORN *n* British breed of beef cattle with long curved horns
LONGIES *n* long johns
LONGING, -S *n* yearning ▹ *adj* having or showing desire
LONGISH *adj* rather long
LONGJUMP *n* jumping contest decided by length
LONGLEAF *n* North American pine tree
LONGLINE *n* (tennis) straight stroke played down court
LONGLIST *n* initial list from which a shortlist is selected ▹ *vb* include (eg a candidate) on a longlist
LONGLY ▸ **long**
LONGNECK *n* US, Canadian and Australian word for a 330-ml beer bottle with a long narrow neck
LONGNESS ▸ **long**
LONGS *pl n* full-length trousers
LONGSHIP *n* narrow open boat with oars and a square sail, used by the Vikings
LONGSOME *adj* slow; boring
LONGSPUR *n* any of various Arctic and North American buntings
LONGTIME *adj* of long standing

LONGUEUR *n* period of boredom or dullness
LONGWALL *n* long face in coal mine
LONGWAYS *adv* lengthways
LONGWISE *same as* ▸**longways**
LONGWORM *n* as in **sea longworm** kind of marine worm
LONICERA *n* honeysuckle
LOO, -ED, -ING, -S *n* toilet ▹*vb* Scots word meaning love
LOOBIER ▸**looby**
LOOBIES ▸**looby**
LOOBIEST ▸**looby**
LOOBILY ▸**looby**
LOOBY, LOOBIER, LOOBIES, LOOBIEST *adj* foolish ▹*n* foolish or stupid person
LOOED ▸**loo**
LOOEY, -S *n* lieutenant
LOOF, -S, LOOVES *n* part of ship's side
LOOFA, -S *same as* ▸**loofah**
LOOFAH, -S *n* sponge made from the dried pod of a gourd
LOOFAS ▸**loofa**
LOOFFUL, -S *n* handful
LOOFS ▸**loof**
LOOGIE, -S *n* lump of spit and phlegm
LOOIE, -S *same as* ▸**looey**
LOOING ▸**loo**
LOOK, -ED, -ING, -S *vb* direct the eyes or attention (towards) ▹*n* instance of looking
LOOKDOWN *n* way paper appears when looked at under reflected light
LOOKED ▸**look**
LOOKER, -S *n* person who looks
LOOKIE *interj* look (over here)
LOOKING ▸**look**
LOOKISM, -S *n* discrimination because of appearance
LOOKIST, -S ▸**lookism**
LOOKIT *interj* look at this
LOOKOUT, -S *n* act of watching for danger or for an opportunity ▹*vb* be careful
LOOKOVER *n* inspection, esp a brief one
LOOKS ▸**look**
LOOKSISM *same as* ▸**lookism**
LOOKUP, -S *n* act of looking up information
LOOKY *same as* ▸**lookie**
LOOM, -ED, -ING, -S *n* machine for weaving cloth ▹*vb* appear dimly
LOON, -S *n* diving bird
LOONEY, -S *same as* ▸**loony**
LOONIE *n* Canadian dollar coin
LOONIER ▸**loony**
LOONIES ▸**loony**
LOONIEST ▸**loony**
LOONILY ▸**loony**
LOONING, -S *n* cry of the loon
LOONS ▸**loon**
LOONY, LOONIER, LOONIES, LOONIEST *adj* very foolish ▹*n* very foolish person
LOOP, -ED, -S *n* round shape made by a curved line ▹*vb* form with a loop
LOOPER, -S *n* person or thing that loops or makes loops
LOOPHOLE *n* means of evading a rule without breaking it ▹*vb* provide with loopholes
LOOPIER ▸**loopy**
LOOPIEST ▸**loopy**
LOOPILY ▸**loopy**
LOOPING, -S ▸**loop**
LOOPLIKE *adj* like a loop
LOOPS ▸**loop**
LOOPY, LOOPIER, LOOPIEST *adj* slightly crazy
LOOR ▸**lief**
LOORD, -S *obsolete word for* ▸**lout**
LOOS ▸**loo**
LOOSE, -D, -R, -S, -ST *adj* not tight, fastened, fixed, or tense ▹*adv* in a loose manner ▹*vb* free
LOOSEBOX *n* enclosed stall with a door in which an animal can be kept
LOOSED ▸**loose**
LOOSELY ▸**loose**
LOOSEN, -ED, -S *vb* make loose
LOOSENER ▸**loosen**
LOOSENS ▸**loosen**
LOOSER ▸**loose**
LOOSES ▸**loose**
LOOSEST ▸**loose**
LOOSIE *n* informal word for loose forward
LOOSIES *pl n* cigarettes sold individually
LOOSING, -S *n* celebration of one's 21st birthday
LOOT, -ED, -S, LUTTEN *vb* pillage ▹*n* goods stolen during pillaging
LOOTEN *Scots past form of* ▸**let**
LOOTER, -S ▸**loot**
LOOTING, -S ▸**loot**
LOOTS ▸**loot**
LOOVES ▸**loof**
LOP, -PED, -S *vb* cut away ▹*n* part(s) lopped off
LOPE, -D, -S, LOPING *vb* run with long easy strides ▹*n* loping stride
LOPER, -S ▸**lope**
LOPES ▸**lope**
LOPGRASS *n* smooth-bladed grass
LOPING ▸**lope**
LOPINGLY *adv* in a loping manner
LOPOLITH *n* saucer- or lens-shaped body of intrusive igneous rock
LOPPED ▸**lop**
LOPPER, -ED, -S *n* tool for lopping ▹*vb* curdle
LOPPET, -S *n* long-distance cross-country ski race
LOPPIER ▸**loppy**
LOPPIES ▸**loppy**
LOPPIEST ▸**loppy**
LOPPING, -S ▸**lop**
LOPPY, LOPPIER, LOPPIES, LOPPIEST *adj* floppy ▹*n* ranch hand
LOPS ▸**lop**
LOPSIDED *adj* greater in height, weight, or size on one side
LOPSTICK *variant of* ▸**lobstick**
LOQUAT, -S *n* ornamental evergreen rosaceous tree
LOQUITUR *n* stage direction meaning *he* or *she speaks*
LOR *interj* exclamation of surprise or dismay
LORAL *adj* of part of side of bird's head
LORAN, -S *n* radio navigation system operating over long distances
LORATE *adj* like a strap
LORCHA, -S *n* junk-rigged vessel
LORD, -ED, -S *n* person with power over others ▹*vb* act in a superior way
LORDING, -S *n* gentleman
LORDKIN, -S *n* little lord
LORDLESS ▸**lord**
LORDLIER ▸**lordly**
LORDLIKE ▸**lord**
LORDLING *n* young lord
LORDLY, LORDLIER *adj* imperious, proud ▹*adv* in the manner of a lord
LORDOMA, -S *same as* ▸**lordosis**

L

LORDOSIS, LORDOSES *n* forward curvature of the lumbar spine
LORDOTIC ▸ **lordosis**
LORDS ▸ **lord**
LORDSHIP *n* position or authority of a lord
LORDY *interj* exclamation of surprise or dismay
LORE, -S *n* body of traditions
LOREAL *adj* concerning or relating to lore
LOREL, -S *another word for* ▸ **losel**
LORES ▸ **lore**
LORGNON, -S *n* monocle or pair of spectacles
LORIC, -S *same as* ▸ **lorica**
LORICA, -E, -S *n* hard outer covering of rotifers, ciliate protozoans, and similar organisms
LORICATE ▸ **lorica**
LORICS ▸ **loric**
LORIES ▸ **lory**
LORIKEET *n* small brightly coloured Australian parrot
LORIMER, -S *n* (formerly) a person who made bits and spurs
LORINER, -S *same as* ▸ **lorimer**
LORING, -S *n* teaching
LORIOT, -S *n* golden oriole (bird)
LORIS, -ES *n* any of several prosimian primates
LORN, -ER, -EST *adj* forsaken or wretched
LORNNESS ▸ **lorn**
LORRELL, -S *obsolete word for* ▸ **losel**
LORRY, LORRIES *n* large vehicle for transporting loads by road
LORY, LORIES *n* small parrot of Australia and Indonesia
LOS *n* approval
LOSABLE ▸ **loose**
LOSE, LOAST, -D, -S *vb* part with
LOSEL, -S *n* worthless person ▹ *adj* worthless
LOSEN *same as* ▸ **lose**
LOSER, -S *n* person or thing that loses
LOSES ▸ **lose**
LOSH *interj* lord
LOSING *adj* unprofitable; failing
LOSINGLY ▸ **lose**
LOSINGS *pl n* losses
LOSS, -ES *n* losing
LOSSIER ▸ **lossy**
LOSSIEST ▸ **lossy**
LOSSLESS ▸ **loss**
LOSSY, LOSSIER, LOSSIEST *adj* designed to have a high attenuation
LOST *adj* missing
LOSTNESS ▸ **lost**
LOT, -S, -TED, -TING *pron* great number ▹ *n* collection of people or things ▹ *vb* draw lots for
LOTA, -S *n* globular water container
LOTAH, -S *same as* ▸ **lota**
LOTAS ▸ **lota**
LOTE, -S *another word for* ▸ **lotus**
LOTH, -ER, -EST *same as* ▸ **loath**
LOTHARIO *n* rake, libertine, or seducer
LOTHER ▸ **loth**
LOTHEST ▸ **loth**
LOTHFULL *obsolete form of* ▸ **loathful**
LOTHNESS ▸ **loth**
LOTHSOME *same as* > **loathsome**
LOTI *n* monetary unit of Lesotho
LOTIC *adj* of communities living in rapidly flowing water
LOTION, -S *n* medical or cosmetic liquid for use on the skin
LOTO *same as* ▸ **lotto**
LOTOS, -ES *same as* ▸ **lotus**
LOTS ▸ **lot**
LOTSA *determiner* lots of
LOTTA *n* lot of
LOTTE, -S *n* type of fish
LOTTED ▸ **lot**
LOTTER, -S *n* someone who works an allotment
LOTTERY *n* method of raising money by selling tickets that win prizes by chance
LOTTES ▸ **lotte**
LOTTING ▸ **lot**
LOTTO, -S *n* game of chance
LOTUS, -ES *n* legendary plant whose fruit induces forgetfulness
LOU, -ED, -ING, -S *Scot word for* ▸ **love**
LOUCHE, -R, -ST *adj* shifty
LOUCHELY ▸ **louche**
LOUCHER ▸ **louche**
LOUCHEST ▸ **louche**
LOUD, -ER, -EST *adj* noisy
LOUDEN, -ED, -S *vb* make louder
LOUDER ▸ **loud**
LOUDEST ▸ **loud**
LOUDISH *adj* fairly loud
LOUDLY, LOUDLIER ▸ **loud**
LOUDNESS ▸ **loud**
LOUED ▸ **lou**
LOUGH, -S *n* loch
LOUIE, -S *same as* ▸ **looey**
LOUING ▸ **lou**
LOUIS *n* former French gold coin
LOUMA, -S *n* market in developing countries
LOUN, -ED, -ING, -S *same as* ▸ **lown**
LOUND, -ED, -ING, -S *same as* ▸ **loun**
LOUNDER, -S *vb* beat severely
LOUNDING ▸ **lound**
LOUNDS ▸ **lound**
LOUNED ▸ **loun**
LOUNGE, -D, -S, LOUNGING *n* living room in a private house ▹ *vb* sit, lie, or stand in a relaxed manner
LOUNGER, -S *n* extending chair
LOUNGES ▸ **lounge**
LOUNGEY, LOUNGIER *n* suggestive of a lounge bar or easy-listening music
LOUNGING ▸ **lounge**
LOUNGY *adj* casual; relaxed
LOUNING ▸ **loun**
LOUNS ▸ **loun**
LOUP, -ED, -EN, -ING, -IT, -S *Scot word for* ▸ **leap**
LOUPE, -S *n* magnifying glass used by jewellers, horologists, etc
LOUPED ▸ **loup**
LOUPEN ▸ **loup**
LOUPES ▸ **loupe**
LOUPING ▸ **loup**
LOUPIT ▸ **loup**
LOUPS ▸ **loup**
LOUR, -ED, -S *vb* be overcast ▹ *n* menacing scowl
LOURE, -S *n* slow, former French dance
LOURED ▸ **lour**
LOURES ▸ **loure**
LOURIE, -S *n* type of African bird
LOURIER ▸ **loury**
LOURIES ▸ **lourie**
LOURIEST ▸ **loury**
LOURING, -S ▸ **lour**
LOURS ▸ **lour**
LOURY, LOURIER, LOURIEST *adj* sombre
LOUS ▸ **lou**
LOUSE, LICE, -D, -S *n* wingless parasitic insect ▹ *vb* ruin or spoil
LOUSER, -S *n* mean nasty person
LOUSES ▸ **louse**
LOUSIER ▸ **lousy**

LOUSIEST ▸ **lousy**
LOUSILY ▸ **lousy**
LOUSING, -S *n* act or instance of removing lice
LOUSY, LOUSIER, LOUSIEST *adj* mean or unpleasant
LOUT, -ED, -ING, -S *n* crude person ▹ *vb* bow or stoop
LOUTERY *n* crude or boorish behaviour
LOUTING ▸ **lout**
LOUTISH *adj* of a lout
LOUTS ▸ **lout**
LOUVAR, -S *n* large silvery whalelike scombroid fish
LOUVER, -S *same as* ▸ **louvre**
LOUVERED *same as* ▸ **louvred**
LOUVERS ▸ **louver**
LOUVRE, -S *n* one of a set of parallel slats slanted to admit air but not rain
LOUVRED *adj* having louvres
LOUVRES ▸ **louvre**
LOVABLE *adj* attracting or deserving affection
LOVABLY ▸ **lovable**
LOVAGE, -S *n* European plant used for flavouring food
LOVAT, -S *n* yellowish-or bluish-green mixture in tweeds
LOVE, -D, -S *vb* have a great affection for ▹ *n* great affection
LOVEABLE *same as* ▸ **lovable**
LOVEABLY ▸ **lovable**
LOVEBIRD *n* small parrot
LOVEBITE *n* temporary red mark left on a person's skin by someone biting or sucking it
LOVEBUG, -S *n* small US flying insect
LOVED ▸ **love**
LOVEFEST *n* event when people talk about loving one another
LOVELESS *adj* without love
LOVELIER ▸ **lovely**
LOVELIES ▸ **lovely**
LOVELILY ▸ **lovely**
LOVELOCK *n* long lock of hair worn on the forehead
LOVELORN *adj* miserable because of unhappiness in love
LOVELY, LOVELIER, LOVELIES *adj* very attractive ▹ *n* attractive woman
LOVER, -S *n* person who loves something or someone
LOVERED *adj* having a lover
LOVERLY *adj* like a lover
LOVERS ▸ **lover**
LOVES ▸ **love**
LOVESEAT *n* armchair for two people
LOVESICK *adj* pining or languishing because of love
LOVESOME *adj* full of love
LOVEVINE *n* leafless parasitic vine
LOVEY, -S, LOVIER, LOVIEST *adj* loving; affectionate ▹ *n* affectionate person
LOVIE, -S *n* beloved person
LOVIER ▸ **lovey**
LOVIES ▸ **lovie**
LOVIEST ▸ **lovey**
LOVING, -S *adj* affectionate, tender ▹ *n* state of being in love
LOVINGLY ▸ **loving**
LOVINGS ▸ **loving**
LOW, -ED, -EST, -S *adj* not high ▹ *adv* in a low position ▹ *n* low position ▹ *vb* moo
LOWAN, -S *n* type of Australian bird
LOWBALL, -S *vb* deliberately under-charge
LOWBORN *adj* of ignoble or common parentage
LOWBOY, -S *n* table fitted with drawers
LOWBRED *same as* ▸ **lowborn**
LOWBROW, -S *adj* with nonintellectual tastes and interests ▹ *n* person with nonintellectual tastes
LOWBUSH *n* type of blueberry bush
LOWDOWN, -S *n* inside info
LOWE, -S *variant of* ▸ **low**
LOWED ▸ **low**
LOWER, -ED, -S *adj* below one or more other things ▹ *vb* cause or allow to move down
LOWERIER ▸ **lowery**
LOWERING ▸ **lower**
LOWERS ▸ **lower**
LOWERY, LOWERIER *adj* sombre
LOWES ▸ **lowe**
LOWEST ▸ **low**
LOWING, -S ▸ **low**
LOWISH ▸ **low**
LOWLAND, -S *n* low-lying country ▹ *adj* of a lowland or lowlands
LOWLIER ▸ **lowly**
LOWLIEST ▸ **lowly**
LOWLIFE, -S, LOWLIVES *n* member or members of the underworld
LOWLIFER ▸ **lowlife**
LOWLIFES ▸ **lowlife**
LOWLIGHT *n* unenjoyable or unpleasant part of an event
LOWLILY ▸ **lowly**
LOWLIVES ▸ **lowlife**
LOWLY, LOWLIER, LOWLIEST *adj* modest, humble ▹ *adv* in a low or lowly manner
LOWN, -ED, -ING, -S *vb* calm
LOWND, -ED, -ING, -S *same as* ▸ **lown**
LOWNE, -S *same as* ▸ **loon**
LOWNED ▸ **lown**
LOWNES ▸ **lowne**
LOWNESS ▸ **low**
LOWNING ▸ **lown**
LOWNS ▸ **lown**
LOWP, -ED, -ING, -S *same as* ▸ **loup**
LOWPASS *adj* (of a filter) transmitting frequencies below a certain value
LOWPED ▸ **lowp**
LOWPING ▸ **lowp**
LOWPS ▸ **lowp**
LOWRIDER *n* car with body close to ground
LOWRIE *another name for* ▸ **lory**
LOWRY, LOWRIES *another name for* ▸ **lory**
LOWS ▸ **low**
LOWSE, -D, -R, -S, -ST, LOWSING *vb* release or loose ▹ *adj* loose
LOWSIT ▸ **lowse**
LOWT, -ED, -ING, -S *same as* ▸ **lout**
LOWVELD, -S *n* low ground in S Africa
LOX, -ED, -ES, -ING *vb* load fuel tanks of spacecraft with liquid oxygen ▹ *n* kind of smoked salmon

A good word when you have an X to dispose of.

LOXYGEN, -S *n* liquid oxygen
LOY, -S *n* narrow spade with a single footrest
LOYAL, -ER, -EST, -LER *adj* faithful
LOYALISM ▸ **loyalist**
LOYALIST *n* patriotic supporter of the sovereign or government
LOYALLER ▸ **loyal**
LOYALLY ▸ **loyal**
LOYALTY *n* quality of being loyal
LOYS ▸ **loy**
LOZELL, -S *obsolete form of* ▸ **losel**
LOZEN, -S *n* window pane

LOZENGE, -S *n* medicated tablet
LOZENGED *adj* decorated with lozenges
LOZENGES ▸ **lozenge**
LOZENGY *adj* divided by diagonal lines to form a lattice
LOZENS ▸ **lozen**
LUACH, LUCHOT, LUCHOTH *n* Jewish calendar
LUAU, -S *n* feast of Hawaiian food
LUBBARD, -S *same as* ▸ **lubber**
LUBBER, -S *n* big, awkward, or stupid person
LUBBERLY *adj* big and awkward
LUBBERS ▸ **lubber**
LUBE, -D, -S, LUBING *n* lubricating oil ▹ *vb* lubricate with oil
LUBFISH *n* type of fish
LUBING ▸ **lube**
LUBRIC *adj* slippery
LUBRICAL *same as* ▸ **lubric**
LUCARNE, -S *n* type of dormer window
LUCE, -S *another name for* ▸ **pike**
L
LUCENCE, -S ▸ **lucent**
LUCENCY ▸ **lucent**
LUCENT *adj* brilliant
LUCENTLY ▸ **lucent**
LUCERN, -S *same as* ▸ **lucerne**
LUCERNE, -S *n* alfalfa
LUCERNS ▸ **lucern**
LUCES ▸ **luce**
LUCHOT ▸ **luach**
LUCHOTH ▸ **luach**
LUCID, -ER, -EST *adj* clear
LUCIDITY ▸ **lucid**
LUCIDLY ▸ **lucid**
LUCIFER, -S *n* friction match
LUCIGEN, -S *n* type of lamp
LUCITE, -S *n* type of transparent acrylic-based plastic
LUCK, -ED, -ING, -S *n* fortune, good or bad ▹ *vb* have good fortune
LUCKEN *adj* shut
LUCKIE *same as* ▸ **lucky**
LUCKIER ▸ **lucky**
LUCKIES ▸ **lucky**
LUCKIEST ▸ **lucky**
LUCKILY ▸ **lucky**
LUCKING ▸ **luck**
LUCKLESS *adj* having bad luck
LUCKS ▸ **luck**
LUCKY, LUCKIER, LUCKIES, LUCKIEST *adj* having or bringing good luck ▹ *n* old woman
LUCRE, -S *n* money or wealth
LUCULENT *adj* easily understood
LUCUMA, -S *n* S American tree
LUCUMO, -S *n* Etruscan king
LUD, -S *n* lord ▹ *interj* exclamation of dismay or surprise
LUDERICK *n* Australian fish, usu black or dark brown in colour
LUDIC *adj* playful
LUDO, -S *n* game played with dice and counters on a board
LUDS ▸ **lud**
LUDSHIP, -S ▸ **lud**
LUES *n* pestilence
LUETIC, -S ▸ **lues**
LUFF, -ED, -ING, -S *vb* sail (a ship) towards the wind ▹ *n* leading edge of a fore-and-aft sail
LUFFA, -S *same as* ▸ **loofah**
LUFFED ▸ **luff**
LUFFING ▸ **luff**
LUFFS ▸ **luff**
LUG, -GED, -GING, -S *vb* carry with great effort ▹ *n* projection serving as a handle
LUGE, -D, -S *n* racing toboggan ▹ *vb* ride on a luge
LUGEING, -S ▸ **luge**
LUGER, -S *n* pistol
LUGES ▸ **luge**
LUGGABLE *n* unwieldy portable computer
LUGGAGE, -S *n* suitcases, bags, etc
LUGGED ▸ **lug**
LUGGER, -S *n* small working boat with an oblong sail
LUGGIE, -S *n* wooden bowl
LUGGING ▸ **lug**
LUGHOLE, -S *informal word for* ▸ **ear**
LUGING, -S ▸ **luge**
LUGS ▸ **lug**
LUGSAIL, -S *n* four-sided sail
LUGWORM, -S *n* large worm used as bait
LUIT *Scots past form of* ▸ **let**
LUITEN ▸ **let**
LUKE *variant of* ▸ **lukewarm**
LUKEWARM *adj* moderately warm, tepid
LULIBUB, -S *obsolete form of* ▸ **lollipop**
LULL, -ED, -ING, -S *vb* soothe (someone) by soft sounds or motions ▹ *n* brief time of quiet in a storm etc
LULLABY *n* quiet song ▹ *vb* quiet with a lullaby
LULLED ▸ **lull**
LULLER, -S ▸ **lull**
LULLING ▸ **lull**
LULLS ▸ **lull**
LULU, -S *n* person or thing deemed to be outstanding
LULZ *pl n* laughs at someone else's or one's own expense
LUM, -S *n* chimney
LUMA, -S *n* monetary unit of Armenia
LUMBAGO, -S *n* pain in the lower back
LUMBANG, -S *n* type of tree
LUMBAR, -S *adj* of the part of the body between the lowest ribs and the hipbones ▹ *n* old-fashioned kind of ship
LUMBER, -ED, -S *n* unwanted disused household articles ▹ *vb* burden with something unpleasant
LUMBERER ▸ **lumber**
LUMBERLY *adj* heavy; clumsy
LUMBERS ▸ **lumber**
LUMBI ▸ **lumbus**
LUMBRICI > **lumbricus**
LUMBUS, LUMBI *n* part of the lower back and sides between the pelvis and the ribs
LUMEN, -S, LUMINA *n* derived SI unit of luminous flux
LUMENAL ▸ **lumen**
LUMENS ▸ **lumen**
LUMINA ▸ **lumen**
LUMINAL ▸ **lumen**
LUMINANT *n* something used to give light
LUMINARY *n* famous person ▹ *adj* of, involving, or characterized by light or enlightenment
LUMINE, -D, -S, LUMINING *vb* illuminate
LUMINISM *n* US artistic movement
LUMINIST ▸ **luminism**
LUMINOUS *adj* reflecting or giving off light
LUMME *interj* exclamation of surprise or dismay
LUMMIER ▸ **lummy**
LUMMIEST ▸ **lummy**
LUMMOX, -ES *n* clumsy person
LUMMY, LUMMIER, LUMMIEST *interj* exclamation of surprise ▹ *adj* excellent

LUMP, -ED, -ING, -S *n* shapeless mass ▷ *vb* consider as one group
LUMPEN, -S *adj* stupid or unthinking ▷ *n* member of underclass
LUMPENLY ▸ **lumpen**
LUMPENS ▸ **lumpen**
LUMPER, -S *n* stevedore
LUMPFISH *n* North Atlantic scorpaenoid fish
LUMPIA, -S *n* type of Indonesian spring roll
LUMPIER ▸ **lumpy**
LUMPIEST ▸ **lumpy**
LUMPILY ▸ **lumpy**
LUMPING ▸ **lump**
LUMPISH *adj* stupid or clumsy
LUMPKIN, -S *n* lout
LUMPS ▸ **lump**
LUMPY, LUMPIER, LUMPIEST *adj* full of lumps
LUMS ▸ **lum**
LUN, -S *n* sheltered spot
LUNA, -S *n* large American moth
LUNACY, LUNACIES *n* foolishness
LUNANAUT *same as* > **lunarnaut**
LUNAR, -S *adj* relating to the moon ▷ *n* lunar distance
LUNARIAN *n* inhabitant of the moon
LUNARIES ▸ **lunary**
LUNARIST *n* one believing the moon influences weather
LUNARS ▸ **lunar**
LUNARY, LUNARIES *n* moonwort herb
LUNAS ▸ **luna**
LUNATE, -S *adj* shaped like a crescent ▷ *n* crescent-shaped bone forming part of the wrist
LUNATED *variant of* ▸ **lunate**
LUNATELY ▸ **lunate**
LUNATES ▸ **lunate**
LUNATIC, -S *adj* foolish ▷ *n* foolish person
LUNATION *See* ▸ **month**
LUNCH, -ED, -ES, -ING *n* meal at midday ▷ *vb* eat lunch
LUNCHBOX *n* container for carrying a packed lunch
LUNCHED ▸ **lunch**
LUNCHEON *n* formal lunch
LUNCHER, -S ▸ **lunch**
LUNCHES ▸ **lunch**
LUNCHING ▸ **lunch**
LUNE, -S *same as* ▸ **lunette**
LUNET, -S *n* small moon or satellite
LUNETTE, -S *n* anything that is shaped like a crescent
LUNG, -S *n* organ that allows an animal or bird to breathe air
LUNGAN, -S *same as* ▸ **longan**
LUNGE, -D, -ING, -S, LUNGING *n* sudden forward motion ▷ *vb* move with or make a lunge
LUNGEE, -S *same as* ▸ **lungi**
LUNGEING ▸ **lunge**
LUNGER, -S ▸ **lunge**
LUNGES ▸ **lunge**
LUNGFISH *n* freshwater bony fish with an air-breathing lung
LUNGFUL, -S ▸ **lung**
LUNGI, -S *n* cotton cloth worn as a loincloth, sash, or turban
LUNGIE, -S *n* guillemot
LUNGING ▸ **lunge**
LUNGIS ▸ **lungi**
LUNGLESS *adj* having no lungs
LUNGLIKE *adj* like a lung
LUNGS ▸ **lung**
LUNGWORM *n* type of parasitic worm occurring in the lungs of mammals
LUNGWORT *n* plant with spotted leaves
LUNGYI, -S *same as* ▸ **lungi**
LUNIER ▸ **luny**
LUNIES ▸ **luny**
LUNIEST ▸ **luny**
LUNINESS ▸ **luny**
LUNK, -S *n* awkward person
LUNKER, -S *n* very large fish
LUNKHEAD *n* stupid person
LUNKS ▸ **lunk**
LUNS ▸ **lun**
LUNT, -ED, -ING, -S *vb* produce smoke
LUNULA, -E *n* white area at base of the fingernail
LUNULAR *same as* ▸ **lunulate**
LUNULATE *adj* having markings shaped like crescents
LUNULE, -S *same as* ▸ **lunula**
LUNY, LUNIER, LUNIES, LUNIEST *same as* ▸ **loony**
LUNYIE, -S *same as* ▸ **lungie**
LUPIN, -S *n* garden plant
LUPINE, -S *adj* like a wolf ▷ *n* lupin
LUPINS ▸ **lupin**
LUPOID *adj* suffering from lupus
LUPOUS *adj* relating to lupus
LUPPEN *Scots past form of* ▸ **leap**
LUPULIN, -S *n* resinous powder extracted from the hop plant
LUPULINE *adj* relating to lupulin
LUPULINS ▸ **lupulin**
LUPUS, -ES *n* ulcerous skin disease
LUR, -S *n* large bronze musical horn
LURCH, -ED, -ES *vb* tilt suddenly ▷ *n* lurching movement
LURCHER, -S *n* crossbred dog trained to hunt silently
LURCHES ▸ **lurch**
LURCHING ▸ **lurch**
LURDAN, -S *n* stupid or dull person ▷ *adj* dull or stupid
LURDANE, -S *same as* ▸ **lurdan**
LURDANS ▸ **lurdan**
LURDEN, -S *same as* ▸ **lurdan**
LURE, -D, -S, LURING *vb* tempt by promise of reward ▷ *n* person that lures
LURER, -S ▸ **lure**
LURES ▸ **lure**
LUREX, -ES *n* thin glittery thread
LURGI, -S *same as* ▸ **lurgy**
LURGIES ▸ **lurgy**
LURGIS ▸ **lurgi**
LURGY, LURGIES *n* any undetermined illness
LURID, -ER, -EST *adj* sensational
LURIDLY ▸ **lurid**
LURING, -S ▸ **lure**
LURINGLY ▸ **lure**
LURINGS ▸ **luring**
LURK, -ED, -S *vb* lie hidden
LURKER, -S ▸ **lurk**
LURKING, -S *adj* lingering
LURKS ▸ **lurk**
LURRY, LURRIES *n* confused jumble
LURS ▸ **lur**
LURVE, -S *n* love
LUSCIOUS *adj* extremely pleasurable to taste or smell
LUSER, -S *n* humorous term for computer user
LUSH, -ED, -ES, -EST, -ING *adj* growing thickly ▷ *n* alcoholic ▷ *vb* drink to excess
LUSHER, -S *adj* more lush ▷ *n* drunkard
LUSHES ▸ **lush**
LUSHEST ▸ **lush**
LUSHIER ▸ **lushy**
LUSHIES ▸ **lushy**
LUSHIEST ▸ **lushy**
LUSHING ▸ **lush**
LUSHLY ▸ **lush**

LUSHNESS ▸ **lush**
LUSHY, LUSHIER, LUSHIES, LUSHIEST *adj* slightly intoxicated ▹ *n* drunkard
LUSK, -ED, -ING, -S *vb* lounge around
LUSKISH *adj* lazy
LUSKS ▸ **lusk**
LUST, -ED, -ING, -S *n* strong desire ▹ *vb* have strong desire (for)
LUSTER, -ED, -S *same as* ▸ **lustre**
LUSTICK *obsolete word for* ▸ **lusty**
LUSTIER ▸ **lusty**
LUSTIEST ▸ **lusty**
LUSTILY ▸ **lusty**
LUSTING ▸ **lust**
LUSTIQUE *obsolete word for* ▸ **lusty**
LUSTLESS ▸ **lust**
LUSTRA ▸ **lustrum**
LUSTRAL *adj* of or relating to a ceremony of purification
LUSTRATE *vb* purify by means of religious rituals or ceremonies
LUSTRE, -D, -S *n* gloss, sheen ▹ *vb* make, be, or become lustrous
LUSTRINE *same as* ▸ **lustring**
LUSTRING *n* glossy silk cloth, formerly used for clothing, upholstery, etc
LUSTROUS ▸ **lustre**
LUSTRUM, LUSTRA, -S *n* period of five years
LUSTS ▸ **lust**
LUSTY, LUSTIER, LUSTIEST *adj* vigorous, healthy
LUSUS, -ES *n* freak, mutant
LUTANIST *same as* ▸ **lutenist**
LUTE, -D, -S *n* musical instrument r ▹ *vb* seal with cement and clay
LUTEA *adj* yellow
LUTEAL *adj* relating to the development of the corpus luteum
LUTECIUM *same as* ▸ **lutetium**
LUTED ▸ **lute**
LUTEFISK *n* Scandinavian fish dish
LUTEIN, -S *n* xanthophyll pigment
LUTELIKE *adj* like a lute
LUTENIST *n* person who plays the lute
LUTEOLIN *n* yellow crystalline compound found in many plants
LUTEOUS *adj* of a greenish-yellow colour
LUTER, -S *n* lute player
LUTES ▸ **lute**
LUTETIUM *n* silvery-white metallic element
LUTEUM *adj* yellow
LUTFISK, -S *same as* ▸ **lutefisk**
LUTHERN, -S *another name for* ▸ **dormer**
LUTHIER, -S *n* lute-maker
LUTING, -S *n* cement and clay
LUTIST, -S *same as* ▸ **lutenist**
LUTITE, -S *another name for* ▸ **pelite**
LUTTEN ▸ **loot**
LUTZ, -ES *n* skating jump
LUV, -S, -VED, -VING *n* love ▹ *vb* love
LUVVIE, -S *n* person who is involved in acting or the theatre
LUVVING ▸ **luv**
LUVVY *same as* ▸ **luvvie**
LUX, -ED, -ES, -ING *n* unit of illumination ▹ *vb* clean with a vacuum cleaner

One of the key words using X.

LUXATE, -D, -S, LUXATING *vb* put (a shoulder, knee, etc) out of joint
LUXATION ▸ **luxate**
LUXE, -R, -ST *adj* luxurious
LUXED ▸ **lux**
LUXER ▸ **luxe**
LUXES ▸ **lux**
LUXEST ▸ **luxe**
LUXING ▸ **lux**
LUXMETER *n* device for measuring light
LUXURIES ▸ **luxury**
LUXURIST *n* person who loves luxurious things
LUXURY, LUXURIES *n* enjoyment of rich, very comfortable living ▹ *adj* of or providing luxury
LUZ, -ZES *n* supposedly indestructible bone of the human body

This very unusual word is very useful for playing the Z.

LUZERN, -S *n* alfalfa
LUZZES ▸ **luz**
LWEI, -S *n* Angolan monetary unit
LYAM, -S *n* leash
LYARD *same as* ▸ **liard**
LYART *same as* ▸ **liard**
LYASE, -S *n* any enzyme that catalyses the separation of two parts of a molecule
LYCAENID *n* type of butterfly
LYCEA ▸ **lyceum**
LYCEE, -S *n* secondary school
LYCEUM, LYCEA, -S *n* public building for concerts
LYCH, -ES *same as* ▸ **lich**
LYCHEE, -S *same as* ▸ **litchi**
LYCHES ▸ **lych**
LYCHGATE *same as* ▸ **lichgate**
LYCHNIS *n* plant with red, pink, or white flowers
LYCOPENE *n* red pigment
LYCOPOD, -S *n* type of moss
LYCOPSID *n* type of club moss
LYCRA, -S *n* type of elastic fabric used for tight-fitting garments
LYDDITE, -S *n* explosive consisting chiefly of fused picric acid
LYE, -S *n* caustic solution
LYFULL *obsolete form of* ▸ **lifeful**
LYING, -S ▸ **lie**
LYINGLY ▸ **lie**
LYINGS ▸ **lying**
LYKEWAKE *n* watch held over a dead person, often with festivities
LYKEWALK *variant of* ▸ **lykewake**
LYM, -S *obsolete form of* ▸ **lyam**
LYME, -S *n* as in **lyme grass** type of perennial dune grass
LYMITER, -S *same as* ▸ **limiter**
LYMPH *n* colourless bodily fluid
LYMPHAD, -S *n* ancient rowing boat
LYMPHOID *adj* of or resembling lymph, or relating to the lymphatic system
LYMPHOMA *n* any form of cancer of the lymph nodes
LYMPHOUS *adj* resembling lymph
LYMPHS ▸ **lymph**
LYMS ▸ **lym**
LYNAGE, -S *obsolete form of* ▸ **lineage**
LYNCEAN *adj* of a lynx
LYNCH, -ED, -ES *vb* put to death without a trial
LYNCHER, -S ▸ **lynch**
LYNCHES ▸ **lynch**
LYNCHET, -S *n* ridge formed by ploughing a hillside
LYNCHING ▸ **lynch**
LYNCHPIN *same as* ▸ **linchpin**
LYNE, -S *n* flax
LYNX, -ES *n* animal of the cat family
LYNXLIKE ▸ **lynx**

LYOLYSIS, LYOLYSES *n* formation of an acid and a base from the interaction of a salt with a solvent
LYOPHIL *same as* > **lyophilic**
LYOPHILE *same as* > **lyophilic**
LYOPHOBE *same as* > **lyophobic**
LYRA *n* as in **lyra viol** lutelike musical instrument
LYRATE *adj* shaped like a lyre
LYRATED *same as* ▶ **lyrate**
LYRATELY ▶ **lyrate**
LYRE, -S *n* ancient musical instrument
LYREBIRD *n* Australian bird, the male of which spreads its tail into the shape of a lyre
LYRES ▶ **lyre**
LYRIC, -S *adj* expressing emotion in songlike style ▷ *n* short poem in a songlike style
LYRICAL *same as* ▶ **lyric**
LYRICISE *same as* ▶ **lyricize**
LYRICISM *n* quality or style of lyric poetry
LYRICIST *n* person who writes the words of songs or musicals
LYRICIZE *vb* write lyrics
LYRICON, -S *n* wind synthesizer
LYRICS ▶ **lyric**
LYRIFORM *adj* lyre-shaped
LYRISM, -S *n* art or technique of playing the lyre
LYRIST, -S *same as* ▶ **lyricist**
LYSATE, -S *n* material formed by lysis
LYSE, -D, LYSING *vb* undergo lysis
LYSERGIC *adj* as in **lysergic acid** crystalline compound used in medical research
LYSES ▶ **lysis**
LYSIN, -S *n* antibodies that dissolute cells
LYSINE, -S *n* essential amino acid that occurs in proteins
LYSING ▶ **lyse**
LYSINS ▶ **lysin**
LYSIS, LYSES *n* destruction of cells by a lysin
LYSOGEN, -S *n* lysis-inducing agent
LYSOGENY ▶ **lysogen**
LYSOL, -S *n* antiseptic solution
LYSOSOME *n* any of numerous small particles that are present in the cytoplasm of most cells
LYSOZYME *n* enzyme occurring in tears, certain body tissues, and egg white
LYSSA, -S *less common word for* ▶ **rabies**
LYTE, -D, -S, LYTING *vb* dismount
LYTHE, -S *n* type of fish
LYTHRUM, -S *n* genus of plants including loosestrife
LYTIC *adj* relating to, causing, or resulting from lysis
LYTING ▶ **lyte**
LYTTA, -E, -S *n* mass of cartilage under the tongue in carnivores

Mm

M is a very useful letter when you need to form short words as it starts a two-letter word with every vowel, as well as with **Y** and with another **M**. Remembering this allows you to use **M** effectively when you're forming a word parallel to, and in contact with, a word that is already on the board. **M** also combines well with **X** and **Z**, so there is a lot of potential for high-scoring words. Keep **max**, **mix** and **mux** (12 points each) in mind, as well as **miz** and **moz** (14 each). It's also worth remembering the three-letter words ending in **W**: **maw**, **mew** and **mow** (8 points each). **Myc** is another useful word to remember when you are short of vowels.

MA, -S *n* mother
MAA, -ED, -ING *vb* (of goats) bleat
MAAR, -E, -S *n* coneless volcanic crater
MAAS, -ES *n* thick soured milk
MAATJES *n* pickled herring
MABE, -S *n* type of pearl
MABELA, -S *n* ground sorghum
MABES ▸ **mabe**
MAC, -S *n* macintosh
MACA, -S *n* type of plant
MACABER *same as* ▸ **macabre**
MACABRE, -R *adj* strange and horrible, gruesome
MACACO, -S *n* type of lemur
MACADAM, -S *n* road surface
MACAHUBA *n* South American palm tree
MACALLUM *n* ice cream with raspberry sauce
MACAQUE, -S *n* monkey of Asia and Africa
MACARISE *vb* congratulate
MACARISM *n* blessing
MACARIZE *same as* ▸ **macarise**
MACARON, -S *n* small meringue cake
MACARONI *n* pasta in short tube shapes
MACARONS ▸ **macaron**
MACAROON *n* small biscuit or cake made with ground almonds
MACAS ▸ **maca**
MACASSAR *n* oily preparation formerly put on the hair to make it smooth and shiny
MACAW, -S *n* large tropical American parrot
MACCABAW *same as* ▸ **maccaboy**
MACCABOY *n* dark rose-scented snuff
MACCHIA, MACCHIE *n* thicket in Italy
MACCOBOY *same as* ▸ **maccaboy**
MACE, -D, -S, MACING *n* club ▹ *vb* use a mace
MACER, -S *n* macebearer, esp (in Scotland) an official who acts as usher in a court of law
MACERAL, -S *n* any of the organic units that constitute coal
MACERATE *vb* soften by soaking
MACERS ▸ **macer**
MACES ▸ **mace**
MACH, -S *n* ratio of the speed of a body in a particular medium to the speed of sound in that medium
MACHACA, -S *n* Mexican dish of shredded dried beef
MACHAIR, -S *n* (in the western Highlands of Scotland) a strip of sandy, grassy land
MACHAN, -S *n* (in India) a raised platform used in tiger hunting
MACHE, -S *n* papier-mâché
MACHER, -S *n* important or influential person
MACHES ▸ **mache**
MACHETE, -S *n* broad heavy knife used for cutting or as a weapon
MACHI *n* as in **machi chips** in Indian English, fish and chips
MACHINE, -D, -S *n* apparatus designed to perform a task ▹ *vb* make or produce by machine
MACHISMO *n* exaggerated or strong masculinity
MACHO, -S *adj* strongly masculine ▹ *n* strong masculinity
MACHOISM ▸ **macho**
MACHOS ▸ **macho**
MACHREE, -S *n* Irish form of address meaning my dear
MACHS ▸ **mach**
MACHZOR, -S *n* Jewish prayer book
MACING ▸ **mace**
MACK, -S *same as* ▸ **mac**
MACKEREL *n* edible sea fish
MACKINAW *n* thick short double-breasted plaid coat
MACKLE, -D, -S, MACKLING *n* blurred impression ▹ *vb* mend hurriedly or in a makeshift way
MACKS ▸ **mack**
MACLE, -S *n* crystal consisting of two parts
MACLED ▸ **macle**
MACLES ▸ **macle**
MACON, -S *n* wine from the Mâcon area
MACOYA, -S *n* South American tree

MACRAME, -S *n* ornamental work of knotted cord
MACRAMI, -S *same as* ▸**macrame**
MACRO, -S *n* close-up lens
MACRON, -S *n* mark placed over a letter to represent a long vowel
MACROPOD *n* member of kangaroo family
MACROS ▸**macro**
MACRURAL *adj* long-tailed
MACRURAN *n* type of decapod crustacean
MACS ▸**mac**
MACULA, -E, -S *n* small spot like a freckle
MACULAR ▸**macula**
MACULAS ▸**macula**
MACULATE *vb* spot, stain, or pollute ▹*adj* spotted or polluted
MACULE, -S, MACULING *same as* ▸**mackle**
MACULED ▸**macule**
MACULES ▸**macule**
MACULING ▸**macule**
MACULOSE *adj* having spots
MACUMBA, -S *n* religious cult in Brazil
MAD, -DED, -DEST, -DING, -S *adj* mentally deranged ▹*vb* make mad
MADAFU, -S *n* coconut milk
MADAM, -ED, -ING, -S, MESDAMES *n* polite term of address for a woman ▹*vb* call someone madam
MADAME, -S *n* French title equivalent to *Mrs*
MADAMED ▸**madam**
MADAMES ▸**madame**
MADAMING ▸**madam**
MADAMS ▸**madam**
MADCAP, -S *adj* foolish or reckless ▹*n* impulsive or reckless person
MADDED ▸**mad**
MADDEN, -ED, -S *vb* infuriate or irritate
MADDER, -S *n* type of rose
MADDEST ▸**mad**
MADDING ▸**mad**
MADDISH ▸**mad**
MADDOCK, -S *same as* ▸**mattock**
MADE ▸**make**
MADEFY, MADEFIED, MADEFIES *vb* make moist
MADEIRA, -S *n* kind of rich sponge cake
MADERISE *vb* become reddish
MADERIZE *same as* ▸**maderise**
MADEUPPY *adj* artificial or contrived in an obvious way
MADGE, -S *n* type of hammer
MADHOUSE *n* place filled with uproar or confusion
MADID *adj* wet
MADISON, -S *n* type of cycle relay race
MADLING, -S *n* foolish person
MADLY *adv* with great speed and energy
MADMAN, MADMEN *n* reckless man
MADNESS *n* insanity
MADONNA, -S *n* picture or statue of the Virgin Mary
MADOQUA, -S *n* Ethiopian antelope
MADRAS, -ES *n* medium-hot curry
MADRASA, -S *same as* ▸**madrasah**
MADRASAH *n* educational institution, particularly for Islamic religious instruction
MADRASAS ▸**madrasa**
MADRASES ▸**madras**
MADRASSA *same as* ▸**madrasah**
MADRE, -S *Spanish word for* ▸**mother**
MADRIGAL *n* 16th–17th-century part song for unaccompanied voices
MADRONA, -S *n* N American evergreen tree or shrub
MADRONE, -S *same as* ▸**madrona**
MADRONO, -S *same as* ▸**madrona**
MADS ▸**mad**
MADTOM, -S *n* species of catfish
MADURO, -S *adj* (of cigars) dark and strong ▹*n* cigar of this type
MADWOMAN, MADWOMEN *n* reckless woman
MADWORT, -S *n* low-growing Eurasian plant with small blue flowers
MADZOON, -S *same as* ▸**matzoon**
MAE, -S *adj* more
MAELID, -S *n* mythical spirit of apple tree
MAENAD, -ES, -S *n* female disciple of Dionysus
MAENADIC ▸**maenad**
MAENADS ▸**maenad**
MAERL, -S *n* type of red coralline algae
MAES ▸**mae**
MAESTOSO *adv* be performed majestically ▹*n* piece or passage directed to be played in this way
MAESTRO, MAESTRI, -S *n* outstanding musician or conductor
MAFFIA, -S *same as* ▸**mafia**
MAFFICK, -S *vb* celebrate extravagantly and publicly
MAFFLED *adj* baffled
MAFFLIN, -S *n* half-witted person
MAFFLING *same as* ▸**mafflin**
MAFFLINS ▸**mafflin**
MAFIA, -S *n* international secret organization founded in Sicily
MAFIC, -S *n* minerals present in igneous rock
MAFIOSO, MAFIOSI, -S *n* member of the Mafia
MAFTED *adj* suffering under oppressive heat
MAFTIR, -S *n* final section of the weekly Torah reading
MAG, -GED, -GING, -S *vb* talk ▹*n* talk
MAGAININ *n* substance with antibacterial properties
MAGALOG, -S *same as* >**magalogue**
MAGAZINE *n* periodical publication with articles by different writers
MAGE, -S *archaic word for* ▸**magician**
MAGENTA, -S *adj* deep purplish-red ▹*n* deep purplish red
MAGES ▸**mage**
MAGESHIP ▸**mage**
MAGG, -S *same as* ▸**mag**
MAGGED ▸**mag**
MAGGIE, -S *n* magpie
MAGGING ▸**mag**
MAGGOT, -S *n* larva of an insect
MAGGOTY *adj* relating to, resembling, or ridden with maggots
MAGGS ▸**magg**
MAGI ▸**magus**
MAGIAN, -S ▸**magus**
MAGIC, -KED, -S *n* supposed art of invoking supernatural powers to influence events ▹*vb* transform or produce by or as if by magic ▹*adj* of, using, or like magic
MAGICAL ▸**magic**
MAGICIAN *n* conjuror
MAGICKED ▸**magic**
MAGICS ▸**magic**
MAGILP, -S *same as* ▸**megilp**
MAGISM, -S ▸**magus**

MAGISTER *n* person entitled to teach in medieval university
MAGLEV, -S *n* type of high-speed train
MAGMA, -S, -TA *n* molten rock inside the earth's crust
MAGMATIC ▸ **magma**
MAGNATE, -S *n* influential or wealthy person, esp in industry
MAGNES, -ES *n* magnetic iron ore
MAGNESIA *n* white tasteless substance used as an antacid and a laxative
MAGNESIC ▸ **magnesia**
MAGNET, -S *n* piece of iron or steel capable of attracting iron and pointing north when suspended
MAGNETAR *n* neutron star with intense magnetic field
MAGNETIC *adj* having the properties of a magnet
MAGNETO, -S *n* apparatus for ignition in an internal-combustion engine
MAGNETON *n* unit of magnetic moment
MAGNETOS ▸ **magneto**
MAGNETS ▸ **magnet**
MAGNIFIC *adj* magnificent, grandiose, or pompous
MAGNIFY *vb* increase in apparent size, as with a lens
MAGNOLIA *n* shrub or tree with showy white or pink flowers
MAGNON, -S *n* short for Cro-Magnon
MAGNOX, -ES *n* alloy used in fuel elements of some nuclear reactors
MAGNUM, -S *n* large wine bottle holding about 1.5 litres
MAGNUS *adj* as in **magnus hitch** knot similar to a clove hitch but having one more turn
MAGOT, -S *n* Chinese or Japanese figurine in a crouching position, usually grotesque
MAGPIE, -S *n* black-and-white bird
MAGS ▸ **mag**
MAGSMAN, MAGSMEN *n* raconteur
MAGUEY, -S *n* tropical American agave plant
MAGUS, MAGI *n* Zoroastrian priest of the ancient Medes and Persians
MAGYAR *adj* of or relating to a style of sleeve
MAHA *n* as in **maha yoga** form of yoga
MAHANT, -S *n* chief priest in a Hindu temple
MAHARAJA *same as* > **maharajah**
MAHARANI *n* wife of a maharaja
MAHATMA, -S *n* person revered for holiness and wisdom
MAHEWU, -S *n* (in South Africa) fermented liquid meal porridge
MAHIMAHI *n* Pacific fish
MAHJONG, -S *n* game of Chinese origin, using tiles
MAHJONGG *same as* ▸ **mahjong**
MAHJONGS ▸ **mahjong**
MAHMAL, -S *n* litter used in Muslim ceremony
MAHOE, -S *n* New Zealand tree
MAHOGANY *n* hard reddish-brown wood of several tropical trees ▹ *adj* reddish-brown
MAHONIA, -S *n* Asian and American evergreen shrub
MAHOUT, -S *n* (in India and the East Indies) elephant driver or keeper
MAHSEER, -S *n* large freshwater Indian fish
MAHSIR, -S *same as* ▸ **mahseer**
MAHUA, -S *n* Indian tree
MAHUANG, -S *n* herbal medicine from shrub
MAHUAS ▸ **mahua**
MAHWA, -S *same as* ▸ **mahua**
MAHZOR, -IM, -S *same as* ▸ **machzor**
MAIASAUR *same as* > **maiasaura**
MAID, -ED, -ING, -S *n* female servant ▹ *vb* work as maid
MAIDAN, -S *n* (in Pakistan, India, etc) open area
MAIDED ▸ **maid**
MAIDEN, -S *n* young unmarried woman ▹ *adj* unmarried
MAIDENLY *adj* modest
MAIDENS ▸ **maiden**
MAIDHOOD ▸ **maid**
MAIDING ▸ **maid**
MAIDISH ▸ **maid**
MAIDISM, -S *n* pellagra
MAIDLESS ▸ **maid**
MAIDS ▸ **maid**
MAIEUTIC *adj* of or relating to the Socratic method of eliciting knowledge by a series of questions and answers
MAIGRE, -S *adj* not containing meat ▹ *n* species of fish
MAIHEM, -S *same as* ▸ **mayhem**
MAIK, -S *n* old halfpenny
MAIKO, -S *n* apprentice geisha
MAIKS ▸ **maik**
MAIL, -ED, -ING, -S *n* letters and packages transported and delivered by the post office ▹ *vb* send by mail
MAILABLE ▸ **mail**
MAILBAG, -S *n* large bag for transporting or delivering mail
MAILBOAT *n* boat that carries mail
MAILBOX *n* box into which letters and parcels are delivered
MAILCAR, -S *same as* > **mailcoach**
MAILE, -S *n* halfpenny
MAILED ▸ **mail**
MAILER, -S *n* person who addresses or mails letters, etc
MAILES ▸ **maile**
MAILGRAM *n* telegram
MAILING, -S ▸ **mail**
MAILL, -S *n* Scots word meaning rent
MAILLESS ▸ **mail**
MAILLOT, -S *n* tights worn for ballet, gymnastics, etc
MAILLS ▸ **maill**
MAILMAN, MAILMEN *n* postman
MAILROOM *n* room where mail to and from building is dealt with
MAILS ▸ **mail**
MAILSACK *same as* ▸ **mailbag**
MAILSHOT *n* posting of advertising material to many selected people at once
MAILVAN, -S *n* vehicle used to transport post
MAIM, -ED, -S *vb* cripple or mutilate ▹ *n* injury or defect
MAIMER, -S ▸ **maim**
MAIMING, -S ▸ **maim**
MAIMS ▸ **maim**
MAIN, -ED, -ER, -EST, -ING, -S *adj* chief or principal ▹ *n* principal pipe or line carrying water, gas, or electricity ▹ *vb* lower sails
MAINBOOM *n* spar for mainsail

MAINDOOR *n* door from street into house
MAINED ▸ **main**
MAINER ▸ **main**
MAINEST ▸ **main**
MAINING ▸ **main**
MAINLAND *n* stretch of land which forms the main part of a country
MAINLINE *n* the trunk route between two points ▹ *adj* having an important position
MAINLY *adv* for the most part, chiefly
MAINMAST *n* chief mast of a ship
MAINOR, -S *n* act of doing something
MAINOUR, -S *same as* ▸ **mainor**
MAINS ▸ **main**
MAINSAIL *n* largest sail on a mainmast
MAINSTAY *n* chief support
MAINTAIN *vb* continue or keep in existence
MAINTOP, -S *n* top or platform at the head of the mainmast
MAINYARD *n* yard for a square mainsail
MAIOLICA *same as* ▸ **majolica**
MAIR, -S *Scots form of* ▸ **more**
MAIRE, -S *n* New Zealand tree
MAIREHAU *n* small aromatic shrub of New Zealand
MAIRES ▸ **maire**
MAIRS ▸ **mair**
MAISE, -S *n* measure of herring
MAIST, -S *Scot word for* ▸ **most**
MAISTER, -S *Scots word for* ▸ **master**
MAISTRY ▸ **maister**
MAISTS ▸ **maist**
MAIZE, -S *n* type of corn with spikes of yellow grains
MAJAGUA, -S *same as* ▸ **mahoe**
MAJESTIC *adj* beautiful, dignified, and impressive
MAJESTY *n* stateliness or grandeur
MAJLIS, -ES *n* (in Arab countries) an assembly
MAJOLICA *n* type of ornamented Italian pottery
MAJOR, -ED, -ING, -S *adj* greater in number, quality, or extent ▹ *n* middle-ranking army officer ▹ *vb* do one's principal study in (a particular subject)
MAJORAT, -S *n* estate, the right to which is that of the first born child of a family
MAJORED ▸ **major**
MAJORING ▸ **major**
MAJORITY *n* greater number
MAJORLY *adv* very
MAJORS ▸ **major**
MAK, -S *Scot word for* ▸ **make**
MAKABLE ▸ **make**
MAKAR, -S *same as* ▸ **maker**
MAKE, MADE, -S, MAKING *vb* create, construct, or establish ▹ *n* brand, type, or style
MAKEABLE *n* rough, unpolished stone
MAKEBATE *n* troublemaker
MAKEFAST *n* strong support to which a vessel is secured
MAKELESS ▸ **make**
MAKEOVER *vb* transfer the title of (property, etc) ▹ *n* alterations to improve a person's appearance
MAKER, -S *n* person or company that makes something
MAKES ▸ **make**
MAKEUP, -S *n* cosmetics applied to the face
MAKHANI, -S *n* Indian dish made with butter or ghee ▹ *adj* denoting such a dish
MAKI, -S *n* in Japanese cuisine, rice and other ingredients wrapped in a short seaweed roll
MAKIMONO *n* Japanese scroll
MAKING ▸ **make**
MAKINGS *pl n* potentials, qualities, or materials
MAKIS ▸ **maki**
MAKO, -S *n* powerful shark of the Atlantic and Pacific Oceans
MAKS ▸ **mak**
MAKUTA *plural of* ▸ **likuta**
MAKUTU, -ED, -S *n* Polynesian witchcraft ▹ *vb* cast a spell on
MAL, -S *n* illness
MALA, -S *n* string of beads or knots, used in praying and meditating
MALACCA, -S *n* stem of the rattan palm
MALACIA, -S *n* softening of an organ or tissue
MALADY, MALADIES *n* disease or illness
MALAISE, -S *n* something wrong which affects a section of society or area of activity
MALAM, -S *same as* ▸ **mallam**
MALAMUTE *n* Alaskan sled dog of the spitz type, having a dense usually greyish coat
MALANDER *same as* > **malanders**
MALANGA, -S *same as* ▸ **cocoyam**
MALAPERT *adj* saucy or impudent ▹ *n* saucy or impudent person
MALAPROP *n* word unintentionally confused with one of similar sound
MALAR, -S *n* cheekbone ▹ *adj* of or relating to the cheek or cheekbone
MALARIA, -S *n* infectious disease caused by mosquito bite
MALARIAL ▸ **malaria**
MALARIAN ▸ **malaria**
MALARIAS ▸ **malaria**
MALARKEY *n* nonsense or rubbish
MALARKY *same as* ▸ **malarkey**
MALAROMA *n* bad smell
MALARS ▸ **malar**
MALAS ▸ **mala**
MALATE, -S *n* any salt or ester of malic acid
MALAX, -ED, -ES, -ING *vb* soften
MALAXAGE ▸ **malax**
MALAXATE *same as* ▸ **malax**
MALAXED ▸ **malax**
MALAXES ▸ **malax**
MALAXING ▸ **malax**
MALE, -S *adj* of the sex which can fertilize reproductive cells ▹ *n* male person or animal
MALEATE, -S *n* any salt or ester of maleic acid
MALEDICT *vb* utter a curse against ▹ *adj* cursed or detestable
MALEFIC *adj* causing evil
MALEFICE *n* wicked deed
MALEIC *adj* as in **maleic acid** colourless soluble crystalline substance
MALEMIUT *same as* ▸ **malamute**
MALEMUTE *same as* ▸ **malamute**
MALENESS ▸ **male**
MALES ▸ **male**
MALFED *adj* having malfunctioned

MALGRADO *prep* in spite of
MALGRE, -D, -S, MALGRING *same as* ▸ **maugre**
MALI, -S *n* member of an Indian caste
MALIBU *n* as in **malibu board** lightweight surfboard
MALIC *adj* as in **malic acid** colourless crystalline compound occurring in apples
MALICE, -D, -S, MALICING *n* desire to cause harm to others ▹ *vb* wish harm to
MALICHO, -S *n* mischief
MALICING ▸ **malice**
MALIGN, -ED, -S *vb* slander or defame ▹ *adj* evil in influence or effect
MALIGNER ▸ **malign**
MALIGNLY ▸ **malign**
MALIGNS ▸ **malign**
MALIHINI *n* (in Hawaii) a foreigner or stranger
MALIK, -S *n* person of authority in India
MALINE, -S *n* stiff net
MALINGER *vb* feign illness to avoid work
MALIS ▸ **mali**
MALISM, -S *n* belief that evil dominates world
MALISON, -S *archaic or poetic word for* ▸ **curse**
MALIST ▸ **malism**
MALKIN, -S *archaic or dialect name for a* ▸ **cat**
MALL, -ED, -S *n* street or shopping area closed to vehicles ▹ *vb* maul
MALLAM, -S *n* (in W Africa) expert in the Koran
MALLARD, -S *n* wild duck
MALLCORE *n* type of rock music combining heavy metal and hip-hop
MALLEATE *vb* hammer
MALLECHO *same as* ▸ **malicho**
MALLED ▸ **mall**
MALLEE, -S *n* low-growing eucalypt in dry regions
MALLEI ▸ **malleus**
MALLEOLI > **malleolus**
MALLET, -S *n* (wooden) hammer
MALLEUS, MALLEI *n* small bone in the middle ear
MALLING, -S ▸ **mall**
MALLOW, -S *n* plant with pink or purple flowers
MALLS ▸ **mall**
MALM, -S *n* soft greyish limestone that crumbles easily
MALMAG, -S *n* Asian monkey
MALMIER ▸ **malmy**
MALMIEST ▸ **malmy**
MALMS ▸ **malm**
MALMSEY, -S *n* sweet Madeira wine
MALMY, MALMIER, MALMIEST *adj* looking like malm
MALODOR, -S *same as* ▸ **malodour**
MALODOUR *n* unpleasant smell
MALONATE *n* salt of malonic acid
MALONIC *adj* as in **malonic acid** colourless crystalline compound
MALOTI *plural of* ▸ **loti**
MALPOSED *adj* in abnormal position
MALS ▸ **mal**
MALSTICK *same as* > **maulstick**
MALT, -EDS, -S *n* grain, such as barley, dried in a kiln ▹ *vb* make into or make with malt
MALTASE, -S *n* enzyme that hydrolyses maltose to glucose
MALTED *n* malted milk drink
MALTEDS ▸ **malt**
MALTESE *adj* as in **maltese cross** cross-shaped part of a film projector
MALTHA, -S *n* any of various naturally occurring mixtures of hydrocarbons
MALTIER ▸ **malty**
MALTIEST ▸ **malty**
MALTING, -S *n* building in which malt is made or stored
MALTIPOO *n* cross between a Maltese and a poodle
MALTMAN, MALTMEN *same as* ▸ **maltster**
MALTOL, -S *n* food additive
MALTOSE, -S *n* sugar formed by the action of enzymes on starch
MALTREAT *vb* treat badly
MALTS ▸ **malt**
MALTSTER *n* person who makes or deals in malt
MALTWORM *n* heavy drinker
MALTY, MALTIER, MALTIEST *adj* of, like, or containing malt
MALUS, -ES *n* financial penalty incurred by an investor
MALVA, -S *n* mallow plant
MALVASIA *n* type of grape used to make malmsey
MALVESIE *same as* ▸ **malmsey**
MALWA, -S *n* Ugandan drink brewed from millet
MALWARE, -S *n* computer program designed to cause damage to a system
MALWAS ▸ **malwa**
MAM, -S *same as* ▸ **mother**
MAMA, -S *n* mother
MAMAGUY, -S *vb* deceive or tease ▹ *n* deception or flattery
MAMAKAU, -S *same as* ▸ **mamaku**
MAMAKO, -S *same as* ▸ **mamaku**
MAMAKU, -S *n* tall edible New Zealand tree fern
MAMALIGA *same as* ▸ **polenta**
MAMAS ▸ **mama**
MAMASAN, -S *n* (in Japan) woman in a position of authority
MAMATEEK *n* type of wigwam
MAMBA, -S *n* deadly S African snake
MAMBO, -ED, -ES, -ING, -S *n* Latin American dance resembling the rumba ▹ *vb* perform this dance
MAMEE, -S *same as* ▸ **mamey**
MAMELON, -S *n* small rounded hillock
MAMELUCO *n* Brazilian of mixed European and South American descent
MAMELUKE *n* member of a military class once ruling Egypt
MAMEY, -ES, -S *n* tropical tree
MAMIE, -S *n* tropical tree
MAMILLA, -E *n* nipple or teat
MAMILLAR *adj* of the breast
MAMLUK, -S *same as* ▸ **mameluke**
MAMMA, -E, -S *n* buxom and voluptuous woman
MAMMAL, -S *n* animal of the type that suckles its young
MAMMARY *adj* of the breasts or milk-producing glands ▹ *n* breast
MAMMAS ▸ **mamma**
MAMMATE *adj* having breasts
MAMMATUS, MAMMATI *n* breast-shaped cloud
MAMMEE, -S *same as* ▸ **mamey**

MAMMER, -ED, -S *vb* hesitate
MAMMET, -S *same as* ▸**maumet**
MAMMETRY *n* worship of idols
MAMMETS ▸**mammet**
MAMMEY, -S *same as* ▸**mamey**
MAMMIE *same as* ▸**mammy**
MAMMIES ▸**mammy**
MAMMIFER *same as* ▸**mammal**
MAMMILLA *same as* ▸**mamilla**
MAMMITIS *same as* ▸**mastitis**
MAMMOCK, -S *n* fragment ▹*vb* tear or shred
MAMMON, -S *n* wealth regarded as a source of evil
MAMMOTH, -S *n* extinct elephant-like mammal ▹*adj* colossal
MAMMY, MAMMIES *same as* ▸**mother**
MAMPARA, -S *n* foolish person, idiot
MAMPOER, -S *n* home-distilled brandy
MAMS ▸**mam**
MAMSELLE *n* mademoiselle
MAN, -D, -NED, -NING, -S, MEN *n* adult male ▹*vb* supply with sufficient people for operation or defence
MANA, -S *n* authority, influence
MANACLE, -D, -S *vb* handcuff or fetter ▹*n* metal ring or chain put round the wrists or ankles
MANAGE, -D, -S *vb* succeed in doing
MANAGER, -S *n* person in charge of a business, institution, actor, sports team, etc
MANAGES ▸**manage**
MANAGING *adj* having administrative control or authority
MANAIA, -S *n* figure in Māori carving
MANAKIN, -S *same as* ▸**manikin**
MANANA, -S *n* tomorrow ▹*adv* tomorrow
MANAS ▸**mana**
MANAT, -S *n* standard monetary unit of Azerbaijan
MANATEE, -S *n* large tropical plant-eating aquatic mammal
MANATI, -S *same as* ▸**manatee**
MANATOID ▸**manatee**
MANATS ▸**manat**
MANATU, -S *n* large flowering deciduous New Zealand tree
MANAWA, -S *in New Zealand, same as* ▸**mangrove**
MANBAG, -S *n* small handbag with a shoulder strap, carried by men
MANBAND, -S *n* boy band whose members have reached maturity
MANCALA, -S *n* African and Asian board game
MANCANDO *adv* musical direction meaning fading away
MANCHE, -S *n* long sleeve
MANCHEGO *n* Spanish cheese
MANCHES ▸**manche**
MANCHET, -S *n* type of bread
MANCIPLE *n* steward who buys provisions, esp in a college, Inn of Court, or monastery
MANCUS, -ES *n* former English coin
MAND ▸**man**
MANDALA, -S *n* circular design symbolizing the universe
MANDALIC ▸**mandala**
MANDAMUS *n* order of a superior court
MANDARIN *n* high-ranking government official
MANDATE, -D, -S *n* official or authoritative command ▹*vb* give authority to
MANDATOR ▸**mandate**
MANDI, -S *n* (in India) a big market
MANDIBLE *n* lower jawbone or jawlike part
MANDIOC, -S *same as* ▸**manioc**
MANDIOCA *same as* ▸**manioc**
MANDIOCS ▸**mandioc**
MANDIR, -S *n* Hindu or Jain temple
MANDIRA, -S *same as* ▸**mandir**
MANDIRS ▸**mandir**
MANDIS ▸**mandi**
MANDOLA, -S *n* early type of mandolin
MANDOLIN *n* musical instrument with four pairs of strings
MANDOM, -S *n* mankind
MANDORA, -S *n* ancestor of mandolin
MANDORLA *n* area of light surrounding Christ in a painting
MANDRAKE *n* plant with a forked root
MANDREL, -S *n* shaft on which work is held in a lathe
MANDRIL, -S *same as* ▸**mandrel**
MANDRILL *n* large blue-faced baboon
MANDRILS ▸**mandril**
MANE *n* long hair on the neck of a horse, lion, etc
MANEB, -S *n* powdered fungicide
MANED ▸**mane**
MANEGE, -D, -S, MANEGING *n* art of training horses and riders ▹*vb* train horse
MANEH, -S *same as* ▸**mina**
MANELESS ▸**mane**
MANENT ▸**manet**
MANES *pl n* spirits of the dead, often revered as minor deities
MANET, MANENT *vb* theatre direction, remain on stage
MANEUVER *same as* >**manoeuvre**
MANFUL *adj* determined and brave
MANFULLY ▸**manful**
MANG, -ED, -ING, -S *vb* speak
MANGA, -S *n* type of Japanese comic book
MANGABEY *n* large African monkey
MANGABY *same as* ▸**mangabey**
MANGAL, -S *n* Turkish brazier
MANGANIC *adj* of or containing manganese in the trivalent state
MANGANIN *n* copper-based alloy
MANGAS ▸**manga**
MANGE, -S *n* skin disease of domestic animals
MANGEAO, -S *n* small New Zealand tree with glossy leaves
MANGED ▸**mang**
MANGEL, -S *n* Eurasian variety of the beet plant
MANGER, -S *n* eating trough in a stable or barn
MANGES ▸**mange**
MANGEY *same as* ▸**mangy**
MANGIER ▸**mangy**
MANGIEST ▸**mangy**
MANGILY ▸**mangy**

M

MANGING ▸ **mang**
MANGLE, -D, -S, MANGLING *vb* destroy by crushing and twisting ▹ *n* machine with rollers for squeezing water from washed clothes
MANGLER, -S ▸ **mangle**
MANGLES ▸ **mangle**
MANGLING ▸ **mangle**
MANGO, -ES, -S *n* tropical fruit with sweet juicy yellow flesh
MANGOLD, -S *n* type of root vegetable
MANGONEL *n* war engine for hurling stones
MANGOS ▸ **mango**
MANGROVE *n* tropical tree with exposed roots, which grows beside water
MANGS ▸ **mang**
MANGY, MANGIER, MANGIEST *adj* having mange
MANHOLE, -S *n* hole with a cover, through which a person can enter a drain or sewer
MANHOOD, -S *n* state or quality of being a man or being manly
MANHUNT, -S *n* organized search, usu by police, for a wanted man
MANI *n* place to pray
MANIA, -S *n* extreme enthusiasm
MANIAC, -S *n* person acting wildly
MANIACAL *adj* affected with or characteristic of mania
MANIACS ▸ **maniac**
MANIAS ▸ **mania**
MANIC, -S *adj* extremely excited or energetic ▹ *n* person with mania
MANICURE *n* cosmetic care of the fingernails and hands ▹ *vb* care for (the fingernails and hands) in this way
MANIES ▸ **many**
MANIFEST *adj* easily noticed, obvious ▹ *vb* show plainly ▹ *n* list of cargo or passengers for customs
MANIFOLD *adj* numerous and varied ▹ *n* pipe with several outlets, esp in an internal-combustion engine ▹ *vb* duplicate (a page, book, etc)
MANIFORM *adj* like hand
MANIHOC, -S *variation of* ▸ **manioc**
MANIHOT, -S *n* tropical American plant
MANIKIN, -S *n* little man or dwarf
MANILA, -S *n* strong brown paper used for envelopes
MANILLA, -S *n* early currency in W Africa in the form of a small bracelet
MANILLE, -S *n* (in ombre and quadrille) the second best trump
MANIOC, -S *same as* ▸ **cassava**
MANIOCA, -S *same as* ▸ **manioc**
MANIOCS ▸ **manioc**
MANIPLE, -S *n* (in ancient Rome) a unit of 120 to 200 foot soldiers
MANIS, -ES *n* pangolin
MANITO, -S *same as* ▸ **manitou**
MANITOU, -S *n* Native American deified spirit or force
MANITU, -S *same as* ▸ **manitou**
MANJACK, -S *n* single individual
MANKIER ▸ **manky**
MANKIEST ▸ **manky**
MANKIND, -S *n* human beings collectively
MANKINI, -S *n* revealing man's swimming costume
MANKY, MANKIER, MANKIEST *adj* worthless, rotten, or in bad taste
MANLESS ▸ **man**
MANLIER ▸ **manly**
MANLIEST ▸ **manly**
MANLIKE *adj* resembling or befitting a man
MANLILY ▸ **manly**
MANLY, MANLIER, MANLIEST *adj* (possessing qualities) appropriate to a man
MANMADE *adj* made or produced by human beings
MANNA, -S *n* miraculous food which sustained the Israelites in the wilderness
MANNAN, -S *n* drug derived from mannose
MANNAS ▸ **manna**
MANNED ▸ **man**
MANNER *n* way a thing happens or is done
MANNERED *adj* affected
MANNERLY *adj* having good manners, polite ▹ *adv* with good manners
MANNERS *pl n* person's social conduct
MANNIKIN *same as* ▸ **manikin**
MANNING ▸ **man**
MANNISH *adj* like a man
MANNITE, -S *same as* ▸ **mannitol**
MANNITIC ▸ **mannitol**
MANNITOL *n* white crystalline water-soluble sweet-tasting substance
MANNOSE, -S *n* hexose sugar
MANO, -ES, -S *n* stone for grinding grain
MANOAO, -S *n* New Zealand shrub
MANOES ▸ **mano**
MANOR, -S *n* large country house and its lands
MANORIAL ▸ **manor**
MANORS ▸ **manor**
MANOS ▸ **mano**
MANPACK, -S *n* load carried by one person
MANPOWER *n* available number of workers
MANQUE, -S *adj* would-be ▹ *n* section on a roulette table
MANRED, -S *n* homage
MANRENT, -S *same as* ▸ **manred**
MANRIDER *n* train carrying miners in coal mine
MANROPE, -S *n* rope railing
MANS ▸ **man**
MANSARD, -S *n* type of sloping roof
MANSCAPE *vb* groom a man's bodily hair for aesthetics
MANSE, -S *n* house provided for a minister in some religious denominations
MANSHIFT *n* work done by one person in one shift
MANSION, -S *n* large house
MANSONRY *n* mansions collectively
MANSUETE *adj* gentle
MANSWORN *adj* perjured ▹ *n* someone who perjures
MANTA, -S *n* type of large ray with very wide winglike pectoral fins
MANTEAU, -S, -X *n* cloak or mantle
MANTEEL, -S *n* cloak
MANTEL, -S *n* structure round a fireplace ▹ *vb* construct a mantel
MANTELET *n* woman's short mantle, often lace-trimmed, worn in the mid-19th century
MANTELS ▸ **mantel**
MANTES ▸ **mantis**
MANTIC *adj* of or relating to divination and prophecy

MANTID, -S *same as* ▸**mantis**
MANTIES ▸**manty**
MANTILLA *n* (in Spain) a lace scarf covering a woman's head and shoulders
MANTIS, MANTES, -ES *n* carnivorous insect like a grasshopper
MANTISSA *n* part of a common logarithm consisting of the decimal point and the figures following it
MANTLE, -D, -S *same as* ▸**mantel**
MANTLET, -S *same as* ▸**mantelet**
MANTLING *n* drapery or scrollwork around a shield
MANTO, -ES, -S *same as* ▸**manteau**
MANTRA, -S *n* any sacred word or syllable used as an object of concentration
MANTRAM, -S *same as* ▸**mantra**
MANTRAP, -S *n* snare for catching people, esp trespassers
MANTRAS ▸**mantra**
MANTRIC ▸**mantra**
MANTUA, -S *n* loose gown of the 17th and 18th centuries
MANTY, MANTIES *Scots variant of* ▸**mantua**
MANUAL, -S *adj* of or done with the hands ▹*n* handbook
MANUALLY ▸**manual**
MANUALS ▸**manual**
MANUARY *same as* ▸**manual**
MANUBRIA > **manubrium**
MANUCODE *n* bird of Paradise with blue-black plumage
MANUHIRI *n* visitor to a Māori marae
MANUKA, -S *n* New Zealand tree
MANUL, -S *n* Asian wildcat
MANUMEA, -S *n* pigeon of Samoa
MANUMIT, -S *vb* free from slavery
MANURE, -D, -S, MANURING *n* animal excrement used as a fertilizer ▹*vb* fertilize (land) with this
MANURER, -S ▸**manure**
MANURES ▸**manure**
MANURIAL ▸**manure**
MANURING ▸**manure**
MANUS *n* wrist and hand
MANWARD *adv* towards humankind
MANWARDS *same as* ▸**manward**
MANWISE *adv* in a human way
MANY, MANIES *adj* numerous ▹*n* large number
MANYATA, -S *same as* ▸**manyatta**
MANYATTA *n* settlement of Masai people
MANYFOLD *adj* many in number
MANZELLO *n* instrument like saxophone
MAOMAO, -S *n* fish of New Zealand seas
MAORMOR, -S *same as* ▸**mormaor**
MAP, -PED, -S *n* representation of the earth's surface or some part of it ▹*vb* make a map of
MAPAU, -S *n* small New Zealand tree
MAPLE, -S *n* tree with broad leaves, a variety of which yields sugar
MAPLESS ▸**map**
MAPLIKE ▸**map**
MAPMAKER *n* person who draws maps
MAPPABLE ▸**map**
MAPPED ▸**map**
MAPPER, -S ▸**map**
MAPPERY *n* making of maps
MAPPING, -S ▸**map**
MAPPIST, -S ▸**map**
MAPS ▸**map**
MAPSTICK *same as* ▸**mopstick**
MAPWISE *adv* like map
MAQUETTE *n* sculptor's small preliminary model or sketch
MAQUI *n* Chilean shrub
MAQUILA, -S *n* US-owned factory in Mexico
MAQUIS *n* French underground movement in World War II
MAR, -D, -RED, -RING, -S *vb* spoil or impair ▹*n* disfiguring mark
MARA, -S *n* harelike S American rodent
MARABI, -S *n* kind of music popular in S African townships in the 1930s
MARABOU, -S *n* large black-and-white African stork
MARABOUT *n* Muslim holy man or hermit of North Africa
MARACA, -S *n* shaken percussion instrument
MARAE, -S *n* enclosed space in front of a Māori meeting house
MARAGING *adj* as in **maraging steel** strong low-carbon steel
MARAH, -S *n* bitterness
MARAKA ▸**marka**
MARANTA, -S *n* tropical American plant
MARARI, -S *n* eel-like blennioid food fish
MARAS ▸**mara**
MARASCA, -S *n* European cherry tree with red acid-tasting fruit
MARASMIC ▸**marasmus**
MARASMUS *n* emaciation
MARATHON *n* long-distance race of 26 miles 385 yards (42.195 kilometres) ▹*adj* of or relating to a race on foot of 26 miles 385 yards (42.195 kilometres)
MARAUD, -ED, -S *vb* wander or raid in search of plunder
MARAUDER ▸**maraud**
MARAUDS ▸**maraud**
MARAVEDI *n* any of various Spanish coins of copper or gold
MARBLE, -D *n* kind of limestone with a mottled appearance ▹*vb* mottle with variegated streaks in imitation of marble
MARBLER, -S ▸**marble**
MARBLES *n* game in which marble balls are rolled at one another
MARBLIER ▸**marble**
MARBLING *n* mottled effect or pattern resembling marble
MARBLY ▸**marble**
MARC, -S *n* remains of grapes or other fruit that have been pressed for wine-making
MARCATO, -S *adj* (of notes) heavily accented ▹*adv* with each note heavily accented ▹*n* heavily accented note
MARCEL, -S *n* hairstyle characterized by repeated regular waves ▹*vb* make such waves in (the hair)
MARCELLA *n* type of fabric
MARCELS ▸**marcel**
MARCH, -ED, -ES, -ING *vb* walk with a military step ▹*n* action of marching
MARCHEN *n* German story

MARCHER, -S *n* person who marches
MARCHES ▸ **march**
MARCHESA *n* (in Italy) the wife or widow of a marchese
MARCHESE, MARCHESI *n* (in Italy) a nobleman ranking below a prince and above a count
MARCHING ▸ **march**
MARCHMAN, MARCHMEN *n* person living on border
MARCONI, -S *vb* communicate by wireless
MARCS ▸ **marc**
MARD ▸ **mar**
MARDY, MARDIED, MARDIER, MARDIES, MARDIEST, -ING *adj* (of a child) spoilt ▹ *vb* behave in mardy way
MARE, -S, MARIA *n* female horse or zebra
MAREMMA, -S, MAREMME *n* marshy unhealthy region near the shore, esp in Italy
MARENGO *adj* browned in oil and cooked with tomatoes, mushrooms, garlic, wine, etc
M
MARERO, -S *n* member of a C American organized criminal gang
MARES ▸ **mare**
MARG, -S *short for* ▸ **margarine**
MARGARIC *adj* of or resembling pearl
MARGARIN *n* ester of margaric acid
MARGATE, -S *n* greyish fish of W Atlantic
MARGAY, -S *n* feline mammal of Central and S America
MARGE, -S *n* margarine
MARGENT, -S *same as* ▸ **margin**
MARGES ▸ **marge**
MARGIN, -ED, -S *n* edge or border ▹ *vb* provide with a margin
MARGINAL *adj* insignificant, unimportant ▹ *n* marginal constituency
MARGINED ▸ **margin**
MARGINS ▸ **margin**
MARGOSA, -S *n* Indian tree
MARGRAVE *n* (formerly) a German nobleman ranking above a count
MARGS ▸ **marg**
MARIA ▸ **mare**
MARIACHI *n* small ensemble of street musicians in Mexico
MARID, -S *n* spirit in Muslim mythology
MARIES ▸ **mary**
MARIGOLD *n* plant with yellow or orange flowers
MARIGRAM *n* graphic record of the tide levels at a particular coastal station
MARIMBA, -S *n* Latin American percussion instrument
MARINA, -S *n* harbour for yachts and other pleasure boats
MARINADE *n* seasoned liquid in which fish or meat is soaked before cooking
MARINARA *n* Italian pasta sauce
MARINAS ▸ **marina**
MARINATE *vb* soak in marinade
MARINE, -S *adj* of the sea or shipping ▹ *n* (esp in Britain and the US) soldier trained for land and sea combat
MARINER, -S *n* sailor
MARINERA *n* folk dance of Peru
MARINERS ▸ **mariner**
MARINES ▸ **marine**
MARIPOSA *n* plant of southwestern US and Mexico
MARISH, -ES *n* marsh
MARITAGE *n* right of a lord to choose the spouses of his wards
MARITAL *adj* relating to marriage
MARITIME *adj* relating to shipping
MARJORAM *n* aromatic herb used for seasoning food and in salads
MARK, -S *n* line, dot, scar, etc visible on a surface ▹ *vb* make a mark on
MARKA, MARAKA, -S *n* unit of currency introduced as an interim currency in Bosnia-Herzegovina
MARKDOWN *n* price reduction ▹ *vb* reduce in price
MARKED *adj* noticeable
MARKEDLY ▸ **marked**
MARKER, -S *n* object used to show the position of something
MARKET, -ED, -S *n* assembly or place for buying and selling ▹ *vb* offer or produce for sale
MARKETER ▸ **market**
MARKETS ▸ **market**
MARKHOOR *same as* ▸ **markhor**
MARKHOR, -S *n* large wild Himalayan goat
MARKING, -S *n* arrangement of colours on an animal or plant
MARKKA, -A, -S *n* former standard monetary unit of Finland
MARKMAN, MARKMEN *n* person owning land
MARKS ▸ **mark**
MARKSMAN, MARKSMEN *n* person skilled at shooting
MARKUP, -S *n* percentage added to the cost of something to give the seller a profit
MARL, -ED, -S *n* soil formed of clay and lime, used as fertilizer ▹ *vb* fertilize (land) with marl
MARLE, -S *same as* ▸ **marvel**
MARLED ▸ **marl**
MARLES ▸ **marle**
MARLIER ▸ **marly**
MARLIEST ▸ **marly**
MARLIN, -S *same as* ▸ **marline**
MARLINE, -S *n* light rope, usually tarred, made of two strands laid left-handed
MARLING, -S *same as* ▸ **marline**
MARLINS ▸ **marlin**
MARLITE, -S *n* type of marl that contains clay and calcium carbonate
MARLITIC ▸ **marlite**
MARLS ▸ **marl**
MARLY, MARLIER, MARLIEST *adj* marl-like
MARM, -S *same as* ▸ **madam**
MARMEM *n* as in **marmem alloy** type of alloy
MARMITE, -S *n* large cooking pot
MARMOSE, -S *n* South American opossum
MARMOSET *n* small bushy-tailed monkey
MARMOT, -S *n* burrowing rodent
MARMS ▸ **marm**
MAROCAIN *n* fabric of ribbed crepe
MARON, -S *n* freshwater crustacean
MAROON, -ED, -S *adj* reddish-purple ▹ *vb* abandon ashore, esp on an island ▹ *n* exploding firework or flare used as a warning signal
MAROONER ▸ **maroon**

MAROONS ▸ **maroon**
MAROQUIN *n* morocco leather
MAROR, -S *n* Jewish ceremonial dish of bitter herbs
MARPLOT, -S *n* person who spoils a plot
MARQUE, -S *n* brand of product, esp of a car
MARQUEE, -S *n* large tent used for a party or exhibition
MARQUES ▸ **marque**
MARQUESS *n* nobleman of the rank below a duke
MARQUIS *n* (in some European countries) nobleman of the rank above a count
MARQUISE *same as* ▸ **marquee**
MARRA, -S *n* (in N England) friend
MARRAM, -S *n* as in **marram grass** any of several grasses that grow on sandy shores
MARRANO, -S *n* Spanish or Portuguese Jew of the late Middle Ages who was converted to Christianity
MARRAS ▸ **marra**
MARRED ▸ **mar**
MARRELS *same as* ▸ **merils**
MARRER, -S ▸ **mar**
MARRI, -S *n* W Australian eucalyptus
MARRIAGE *n* state of being married
MARRIED ▸ **marry**
MARRIEDS *pl n* married people
MARRIER, -S ▸ **marry**
MARRIES ▸ **marry**
MARRING ▸ **mar**
MARRIS ▸ **marri**
MARRON, -S *n* large edible sweet chestnut
MARROW, -ED, -S *n* fatty substance inside bones ▹ *vb* be mate to
MARROWY *adj* full of marrow
MARRUM, -S *same as* ▸ **marram**
MARRY, MARRIED, MARRIES, -ING *vb* take as a spouse ▹ *interj* exclamation of surprise or anger
MARS ▸ **mar**
MARSALA, -S *n* dark sweet dessert wine made in Sicily
MARSE, -S *same as* ▸ **master**
MARSH, -ES *n* low-lying wet land
MARSHAL, -S *n* officer of the highest rank ▹ *vb* arrange in order
MARSHALL *n* shortened form of Marshall Plan
MARSHALS ▸ **marshal**
MARSHED *adj* having a marsh
MARSHES ▸ **marsh**
MARSHY, MARSHIER *adj* of, involving, or like a marsh
MARSPORT *n* spoilsport
MARSUPIA > **marsupium**
MART, -ED, -ING, -S *n* market ▹ *vb* sell or trade
MARTAGON *n* Eurasian lily plant cultivated for its mottled purplish-red flowers
MARTED ▸ **mart**
MARTEL, -S *n* hammer-shaped weapon ▹ *vb* use such a weapon
MARTELLO *n* small circular tower for coastal defence, formerly much used in Europe
MARTELS ▸ **martel**
MARTEN, -S *n* weasel-like animal
MARTEXT, -S *n* preacher who makes many mistakes
MARTIAL *adj* of war, warlike
MARTIALS *pl n* as in **court martials** military courts that try people subject to military law
MARTIAN, -S *n* inhabitant of Mars
MARTIN, -S *n* bird with a slightly forked tail
MARTINET *n* person who maintains strict discipline
MARTING ▸ **mart**
MARTINI, -S *n* cocktail of vermouth and gin
MARTINS ▸ **martin**
MARTLET, -S *n* footless bird often found in coats of arms
MARTS ▸ **mart**
MARTYR, -ED, -S *n* person who dies or suffers for his or her beliefs ▹ *vb* make a martyr of
MARTYRIA > **martyrium**
MARTYRLY ▸ **martyr**
MARTYRS ▸ **martyr**
MARTYRY *n* shrine or chapel erected in honour of a martyr
MARVEL, -ED, -S *vb* be filled with wonder ▹ *n* wonderful thing
MARVELER *n* (US) person who marvels
MARVELS ▸ **marvel**
MARVER, -ED, -S *vb* roll molten glass on slab
MARVY, MARVIER, MARVIEST *shortened form of* > **marvelous**
MARY, MARIES *n* woman
MARYBUD, -S *n* bud of marigold
MARYJANE *n* woman's shoe with strap over the top
MARZIPAN *n* paste of ground almonds, sugar, and egg whites ▹ *vb* cover with marzipan
MAS ▸ **ma**
MASA, -S *n* Mexican maize dough
MASALA, -S *n* mixture of spices ground into a paste ▹ *adj* spicy
MASAS ▸ **masa**
MASCARA, -S *n* cosmetic for darkening the eyelashes
MASCARON *n* in architecture, a face carved in stone or metal
MASCLE, -S *n* charge consisting of a lozenge with a lozenge-shaped hole in the middle
MASCLED ▸ **mascle**
MASCLES ▸ **mascle**
MASCON, -S *n* any of several lunar regions of high gravity
MASCOT, -S *n* person, animal, or thing supposed to bring good luck
MASCULY ▸ **mascle**
MASE, -D, -S, MASING *vb* function as maser
MASER, -S *n* device for amplifying microwaves
MASES ▸ **mase**
MASH, -ED, -ES *n* soft pulpy mass ▹ *vb* crush into a soft mass
MASHER, -S ▸ **mash**
MASHES ▸ **mash**
MASHGIAH *same as* > **mashgiach**
MASHIACH *n* messiah
MASHIE, -S *n* former golf club, used for approach shots
MASHIER ▸ **mashy**
MASHIES ▸ **mashie**
MASHIEST ▸ **mashy**
MASHING, -S ▸ **mash**
MASHLAM, -S *same as* ▸ **maslin**
MASHLIM, -S *same as* ▸ **maslin**
MASHLIN, -S *same as* ▸ **maslin**
MASHLOCH *same as* ▸ **maslin**

M

MASHLUM, -S *same as* ▸ **maslin**
MASHMAN, MASHMEN *n* brewery worker
MASHUA, -S *n* South American plant
MASHUP, -S *n* piece of music in which a producer or DJ blends together two or more tracks
MASHY, MASHIER, MASHIEST *adj* like mash
MASING ▸ **mase**
MASJID, -S *same as* ▸ **mosque**
MASK, -S *n* covering for the face, as a disguise or protection ▹ *vb* cover with a mask
MASKABLE ▸ **mask**
MASKED *adj* disguised or covered by or as if by a mask
MASKEG, -S *n* North American bog
MASKER, -S *n* person who wears a mask or takes part in a masque
MASKING, -S *n* act or practice of masking
MASKLIKE ▸ **mask**
MASKS ▸ **mask**
MASLIN, -S *n* mixture of wheat, rye or other grain
MASON, -ED, -ING, -S *n* person who works with stone ▹ *vb* construct or strengthen with masonry
MASONIC *adj* of, characteristic of, or relating to Freemasons
MASONING ▸ **mason**
MASONITE *n* tradename for a kind of dark brown hardboard used for partitions, lining, etc
MASONRY *n* stonework
MASONS ▸ **mason**
MASOOLAH *n* Indian boat used in surf
MASQUE, -S *n* 16th–17th-century form of dramatic entertainment
MASQUER, -S *same as* ▸ **masker**
MASQUES ▸ **masque**
MASS, -ING *n* coherent body of matter ▹ *adj* large-scale ▹ *vb* form into a mass
MASSA, -S *old fashioned variant of* ▸ **master**
MASSACRE *n* indiscriminate killing of large numbers of people ▹ *vb* kill in large numbers
MASSAGE, -D, -S *n* rubbing and kneading of parts of the body to reduce pain or stiffness ▹ *vb* give a massage to
MASSAGER ▸ **massage**
MASSAGES ▸ **massage**
MASSAS ▸ **massa**
MASSCULT *n* culture of masses
MASSE *n* billiard stroke that makes the ball move in a curve around another ball
MASSED ▸ **mass**
MASSEDLY ▸ **mass**
MASSES *pl n* body of common people
MASSETER *n* muscle of the cheek used in moving the jaw, esp in chewing
MASSEUR, -S *n* person who gives massages
MASSEUSE *n* woman who gives massages, esp as a profession
MASSICOT *n* yellow earthy secondary mineral
MASSIER ▸ **massy**
MASSIEST ▸ **massy**
MASSIF, -S *n* connected group of mountains
MASSING ▸ **mass**
MASSIVE, -S *adj* large and heavy ▹ *n* group of friends or associates
MASSLESS ▸ **mass**
MASSOOLA *same as* ▸ **masoolah**
MASSTIGE *n* impression of exclusivity in mass-produced goods
MASSY, MASSIER, MASSIEST *literary word for* ▸ **massive**
MAST, -ED, -ING, -S *n* tall pole for supporting something, esp a ship's sails ▹ *vb* equip with a mast
MASTABA, -S *n* mud-brick superstructure above tombs in ancient Egypt
MASTABAH *same as* ▸ **mastaba**
MASTABAS ▸ **mastaba**
MASTED ▸ **mast**
MASTER, -ED, -S *n* person in control, such as an employer or an owner of slaves or animals ▹ *vb* acquire knowledge of or skill in
MASTERLY *adj* showing great skill
MASTERS ▸ **master**
MASTERY *n* expertise
MASTFUL ▸ **mast**
MASTHEAD *n* head of a mast ▹ *vb* send (a sailor) to the masthead as a punishment
MASTIC, -S *n* gum obtained from certain trees
MASTICH, -S *same as* ▸ **mastic**
MASTICHE *same as* ▸ **mastic**
MASTICHS ▸ **mastich**
MASTICOT *same as* ▸ **massicot**
MASTICS ▸ **mastic**
MASTIER ▸ **masty**
MASTIEST ▸ **masty**
MASTIFF, -S *n* large dog
MASTING ▸ **mast**
MASTITIC ▸ **mastitis**
MASTITIS *n* inflammation of a breast or udder
MASTIX, -ES *n* type of gum
MASTLESS ▸ **mast**
MASTLIKE ▸ **mast**
MASTODON *n* extinct elephant-like mammal
MASTOID, -S *n* projection of the bone behind the ear ▹ *adj* shaped like a nipple or breast
MASTS ▸ **mast**
MASTY, MASTIER, MASTIEST ▸ **mast**
MASU, -S *n* Japanese salmon
MASULA, -S *same as* ▸ **masoolah**
MASURIUM *n* silver-grey metallic element
MASUS ▸ **masu**
MAT, -S, -TED *n* piece of fabric used as a floor covering or to protect a surface ▹ *vb* tangle or become tangled into a dense mass ▹ *adj* having a dull, lustreless, or roughened surface
MATACHIN *n* dancer with sword
MATADOR, -S *n* bullfighter who kills the bull
MATADORA *n* female matador
MATADORE *n* form of dominoes game
MATADORS ▸ **matador**
MATAI, -S *n* New Zealand tree, the wood of which is used for timber for building
MATAMATA *(in Malaysia) a former name for* ▸ **police**
MATATA, -S *same as* ▸ **fernbird**
MATATU, -S *n* type of shared taxi used in Kenya
MATCH, -ED, -ES *n* contest in a game or sport ▹ *vb* be exactly like, equal to, or in harmony with
MATCHA, -S *n* Japanese green tea

MATCHBOX *n* small box for holding matches
MATCHED ▸ **match**
MATCHER, -S ▸ **match**
MATCHES ▸ **match**
MATCHET, -S *same as* ▸ **machete**
MATCHING ▸ **match**
MATCHUP, -S *n* sports match
MATE, -D, -S *n* friend ▹ *vb* pair (animals) or (of animals) be paired for reproduction
MATELESS ▸ **mate**
MATELOT, -S *n* sailor
MATELOTE *n* fish served with a sauce of wine, onions, seasonings, and fish stock
MATELOTS ▸ **matelot**
MATER, -S, MATRES *n* mother: often used facetiously
MATERIAL *n* substance of which a thing is made ▹ *adj* of matter or substance
MATERIEL *n* materials and equipment of an organization, esp of a military force
MATERNAL *adj* of a mother
MATERS ▸ **mater**
MATES ▸ **mate**
MATESHIP *n* comradeship of friends, usually male, viewed as an institution
MATEY, -S, MATIER, MATIES, MATIEST *adj* friendly or intimate ▹ *n* friend or fellow: usually used in direct address
MATFELON *n* knapweed
MATGRASS *n* widespread European grass
MATH *same as* ▸ **maths**
MATHESIS, MATHESES *n* learning or wisdom
MATHS *n* science concerned with the study of numbers
MATICO, -S *n* Peruvian shrub
MATIER ▸ **matey**
MATIES ▸ **matey**
MATIEST ▸ **matey**
MATILDA, -S *n* bushman's swag
MATILY ▸ **matey**
MATIN *adj* of or relating to matins
MATINAL *same as* ▸ **matin**
MATINEE, -S *n* afternoon performance in a theatre or cinema
MATINESS ▸ **maty**
MATING, -S ▸ **mate**
MATINS *pl n* early morning church service
MATIPO, -S *n* New Zealand shrub
MATJES *same as* ▸ **maatjes**
MATLESS ▸ **mat**
MATLO, -S *same as* ▸ **matelot**
MATLOW, -S *same as* ▸ **matelot**
MATOKE, -S *n* (in Uganda) the flesh of bananas, boiled and mashed as a food
MATOOKE, -S *same as* ▸ **matoke**
MATRASS *n* long-necked glass flask
MATRES ▸ **mater**
MATRIC, -S *n* matriculation
MATRICE *same as* ▸ **matrix**
MATRICES ▸ **matrix**
MATRICS ▸ **matric**
MATRIX, MATRICES, -ES *n* substance or situation in which something originates, takes form, or is enclosed
MATRON, -S *n* staid or dignified married woman
MATRONAL ▸ **matron**
MATRONLY *adj* (of a woman) middle-aged and plump
MATRONS ▸ **matron**
MATROSS *n* gunner's assistant
MATS ▸ **mat**
MATSAH, -S *same as* ▸ **matzo**
MATSURI, -S *n* Japanese religious ceremony
MATT, -S *adj* dull, not shiny ▹ *n* dull surface
MATTE, -S *same as* ▸ **matt**
MATTED ▸ **mat**
MATTEDLY ▸ **mat**
MATTER, -ED, -S *n* substance of which something is made ▹ *vb* be of importance
MATTERY *adj* containing pus
MATTES ▸ **matte**
MATTIE, -S *n* young herring
MATTIFY *vb* make (the skin of the face) less oily or shiny using cosmetics
MATTIN *same as* ▸ **matin**
MATTING, -S ▸ **mat**
MATTINS *same as* ▸ **matins**
MATTOCK, -S *n* large pick with one of its blade ends flattened for loosening soil
MATTOID, -S *n* person displaying eccentric behaviour
MATTRASS *same as* ▸ **matrass**
MATTRESS *n* large stuffed flat case, often with springs, used on or as a bed
MATTS ▸ **matt**
MATURATE *vb* mature or bring to maturity
MATURE, -D, -S, -ST, MATURING *adj* fully developed or grown-up ▹ *vb* make or become mature
MATURELY ▸ **mature**
MATURER, -S ▸ **mature**
MATURES ▸ **mature**
MATUREST ▸ **mature**
MATURING ▸ **mature**
MATURITY *n* state of being mature
MATUTINE *same as* > **matutinal**
MATWEED, -S *n* grass found on moors
MATY *same as* ▸ **matey**
MATZA, -S *same as* ▸ **matzo**
MATZAH, -S *same as* ▸ **matzo**
MATZAS ▸ **matza**
MATZO, -S, -T *n* large very thin biscuit of unleavened bread
MATZOH, -S, MATZOTH *same as* ▸ **matzo**
MATZOON, -S *n* fermented milk product similar to yogurt
MATZOS ▸ **matzo**
MATZOT ▸ **matzo**
MATZOTH ▸ **matzoh**
MAUBY, MAUBIES *n* Caribbean bittersweet drink
MAUD, -S *n* shawl or rug of grey wool plaid
MAUDLIN *adj* foolishly or tearfully sentimental
MAUDS ▸ **maud**
MAUGER *same as* ▸ **maugre**
MAUGRE, -D, -S, MAUGRING *prep* in spite of ▹ *vb* behave spitefully towards
MAUL, -ED, -S *vb* handle roughly ▹ *n* loose scrum
MAULER ▸ **maul**
MAULERS *pl n* hands
MAULGRE, -D, -S *same as* ▸ **maugre**
MAULING, -S *n* act of mauling
MAULS ▸ **maul**
MAULVI, -S *n* expert in Islamic law
MAUMET, -S *n* false god
MAUMETRY ▸ **maumet**
MAUMETS ▸ **maumet**
MAUN *dialect word for* ▸ **must**
MAUND, -ED, -ING, -S *n* unit of weight used in Asia ▹ *vb* beg
MAUNDER, -S *vb* talk or act aimlessly or idly

MAUNDIES ▸ **maundy**
MAUNDING ▸ **maund**
MAUNDS ▸ **maund**
MAUNDY, MAUNDIES *n* ceremonial washing of the feet of poor people
MAUNGY, MAUNGIER *adj* (esp of a child) sulky, bad-tempered, or peevish
MAUNNA *vb* Scots term meaning must not
MAURI, -S *n* soul
MAUSIER ▸ **mausy**
MAUSIEST ▸ **mausy**
MAUSOLEA > **mausoleum**
MAUSY, MAUSIER, MAUSIEST *adj* foggy; misty
MAUT, -S *same as* ▸ **mahout**
MAUTHER, -S *n* girl or young woman
MAUTS ▸ **maut**
MAUVAIS *adj* bad
MAUVAISE *feminine form of* ▸ **mauvais**
MAUVE, -R, -S, -ST *adj* pale purple ▹ *n* any of various pale purple colours
MAUVEIN, -S *same as* ▸ **mauveine**
MAUVEINE *same as* ▸ **mauve**
MAUVEINS ▸ **mauvein**
MAUVER ▸ **mauve**
MAUVES ▸ **mauve**
MAUVEST ▸ **mauve**
MAUVIN, -S *same as* ▸ **mauveine**
MAUVINE, -S *same as* ▸ **mauveine**
MAUVINS ▸ **mauvin**
MAUZY, MAUZIER, MAUZIEST *adj* foggy; misty
MAVEN, -S *n* expert or connoisseur
MAVERICK *adj* independent and unorthodox ▹ *n* person of independent or unorthodox views ▹ *vb* take illegally
MAVIE, -S *n* type of thrush
MAVIN, -S *same as* ▸ **maven**
MAVIS, -ES *n* song thrush
MAW, -ED, -ING, -S *n* animal's mouth, throat, or stomach ▹ *vb* eat or bite
MAWBOUND *adj* (of cattle) constipated
MAWED ▸ **maw**
MAWGER *adj* (of persons or animals) thin or lean
MAWING ▸ **maw**
MAWK, -S *n* maggot
MAWKIER ▸ **mawky**
MAWKIEST ▸ **mawky**
MAWKISH *adj* foolishly sentimental
MAWKS ▸ **mawk**
MAWKY, MAWKIER, MAWKIEST ▸ **mawk**
MAWMET, -S *same as* ▸ **maumet**
MAWMETRY ▸ **mawmet**
MAWMETS ▸ **mawmet**
MAWN, -S *n* measure of capacity
MAWPUS, -ES *same as* ▸ **mopus**
MAWR, -S *same as* ▸ **mauther**
MAWS ▸ **maw**
MAWSEED, -S *n* poppy seed
MAWTHER, -S *same as* ▸ **mauther**
MAX, -ED, -ES, -ING *vb* reach the full extent

> **Max** is a short form of **maximum**, and can also be a verb giving **maxed**, **maxes** and **maxing**. Another of the key words using X, and it can be extended to **maxi**.

MAXI, -S *adj* (of a garment) very long ▹ *n* type of large racing yacht
MAXIBOAT *n* large racing yacht
MAXICOAT *n* long coat
MAXILLA, -E, -S *n* upper jawbone of a vertebrate
MAXILLAR ▸ **maxilla**
MAXILLAS ▸ **maxilla**
MAXIM, -S *n* general truth or principle
MAXIMA ▸ **maximum**
MAXIMAL, -S *adj* maximum ▹ *n* maximum
MAXIMAND *n* something that is to be maximized
MAXIMIN, -S *n* highest of a set of minimum values
MAXIMISE *same as* ▸ **maximize**
MAXIMIST ▸ **maxim**
MAXIMITE *n* type of explosive
MAXIMIZE *vb* increase to a maximum
MAXIMS ▸ **maxim**
MAXIMUM, MAXIMA, -S *n* greatest possible (amount or number) ▹ *adj* of, being, or showing a maximum or maximums
MAXIMUS *n* method rung on twelve bells
MAXING ▸ **max**
MAXIS ▸ **maxi**
MAXIXE, -S *n* Brazilian dance in duple time
MAXWELL, -S *n* cgs unit of magnetic flux
MAY, -ED, -ING, -S, MIGHTEST, MIGHTST, MOUGHT *vb* used as an auxiliary to express possibility, permission, opportunity, etc ▹ *vb* gather may (hawthorn)
MAYA, -S *n* illusion, esp the material world of the senses regarded as illusory
MAYAN ▸ **maya**
MAYAPPLE *n* American plant
MAYAS ▸ **maya**
MAYBE, -S *adv* perhaps, possibly ▹ *sentence substitute* possibly ▹ *n* possibility
MAYBIRD, -S *n* American songbird
MAYBUSH *n* flowering shrub
MAYDAY, -S *n* international radiotelephone distress signal
MAYED ▸ **may**
MAYEST *same as* ▸ **mayst**
MAYFISH *n* type of N American fish
MAYFLY, MAYFLIES *n* short-lived aquatic insect
MAYHAP *archaic word for* ▸ **perhaps**
MAYHEM, -S *n* violent destruction or confusion
MAYING, -S ▸ **may**
MAYO, -S *n* mayonnaise
MAYOR, -S *n* head of a municipality
MAYORAL ▸ **mayor**
MAYORESS *n* female mayor
MAYORS ▸ **mayor**
MAYOS ▸ **mayo**
MAYPOLE, -S *n* pole set up for dancing round on the first day of May to celebrate spring
MAYPOP, -S *n* American wild flower
MAYS ▸ **may**
MAYST *singular form of the present tense of* ▸ **may**
MAYSTER, -S *same as* ▸ **master**
MAYVIN, -S *same as* ▸ **maven**
MAYWEED, -S *n* widespread Eurasian weedy plant
MAZAEDIA > **mazaedium**
MAZARD, -S *same as* ▸ **mazer**
MAZARINE *n* blue colour
MAZE, -D, -S, MAZING *n* complex network of paths or lines
MAZEDLY *adv* in a bewildered way

MAZEFUL ▸ **maze**
MAZELIKE ▸ **maze**
MAZELTOV *interj* congratulations
MAZEMENT ▸ **maze**
MAZER, -S *n* large hardwood drinking bowl
MAZES ▸ **maze**
MAZEY *adj* dizzy
MAZHBI, -S *n* low-caste Sikh
MAZIER ▸ **mazy**
MAZIEST ▸ **mazy**
MAZILY ▸ **mazy**
MAZINESS ▸ **mazy**
MAZING ▸ **maze**
MAZOURKA *same as* ▸ **mazurka**
MAZOUT, -S *same as* ▸ **mazut**
MAZUMA, -S *n* money
MAZURKA, -S *n* lively Polish dance
MAZUT, -S *n* residue left after distillation of petrol
MAZY, MAZIER, MAZIEST *adj* of or like a maze
MAZZARD, -S *same as* ▸ **mazard**
MBAQANGA *n* style of Black popular music of urban South Africa
MBIRA, -S *n* African musical instrument
ME, -S *n* (in tonic sol-fa) third degree of any major scale ▹ *pron* refers to the speaker or writer
MEACOCK, -S *n* timid person
MEAD, -S *n* alcoholic drink made from honey
MEADOW, -S *n* piece of grassland
MEADOWY *adj* consisting of meadows
MEADS ▸ **mead**
MEAGER, -ER *same as* ▸ **meagre**
MEAGERLY ▸ **meagre**
MEAGRE, -R, -S, -ST *adj* scanty or insufficient ▹ *n* Mediterranean fish
MEAGRELY ▸ **meagre**
MEAGRER ▸ **meagre**
MEAGRES ▸ **meagre**
MEAGREST ▸ **meagre**
MEAL, -ED, -ING, -S *n* occasion when food is served and eaten ▹ *vb* cover with meal
MEALER, -S *n* person eating but not lodging at boarding house
MEALIE, -S *n* maize
MEALIER ▸ **mealy**
MEALIES ▸ **mealie**
MEALIEST ▸ **mealy**
MEALING ▸ **meal**
MEALLESS ▸ **meal**
MEALS ▸ **meal**
MEALTIME *n* time for meal
MEALWORM *n* larva of various beetles which feeds on meal, flour, and similar stored foods
MEALY, MEALIER, MEALIEST *adj* resembling meal
MEALYBUG *n* plant-eating homopterous insect
MEAN, -EST, -S, -T *vb* intend to convey or express ▹ *adj* miserly, ungenerous, or petty ▹ *n* middle point between two extremes
MEANDER, -S *vb* follow a winding course ▹ *n* winding course
MEANE, -D, -S *vb* moan
MEANER, -S ▸ **mean**
MEANES ▸ **meane**
MEANEST ▸ **mean**
MEANIE, -S *n* unkind or miserly person
MEANING, -S *n* what something means
MEANLY ▸ **mean**
MEANNESS ▸ **mean**
MEANS ▸ **mean**
MEANT ▸ **mean**
MEANTIME *n* intervening period ▹ *adv* meanwhile
MEANY *same as* ▸ **meanie**
MEARE, -S *same as* ▸ **mere**
MEARING *adj* forming boundary
MEASE, -D, -S, MEASING *vb* assuage
MEASLE, MEASLING *vb* infect with measles
MEASLED *adj* (of cattle, sheep, or pigs) infested with tapeworm larvae
MEASLES *n* infectious disease producing red spots
MEASLIER ▸ **measly**
MEASLING ▸ **measle**
MEASLY, MEASLIER *adj* meagre
MEASURE *n* size or quantity ▹ *vb* determine the size or quantity of
MEASURED *adj* slow and steady
MEASURER ▸ **measure**
MEASURES *pl n* rock strata that contain a particular type of deposit
MEAT, -S *n* animal flesh as food
MEATAL ▸ **meatus**
MEATAXE, -S *n* meat cleaver
MEATBALL *n* minced beef, shaped into a ball before cooking
MEATED *adj* fattened
MEATH, -S *same as* ▸ **mead**
MEATHE, -S *same as* ▸ **mead**
MEATHEAD *n* stupid person
MEATHES ▸ **meathe**
MEATHOOK *n* hook on which to hang meat
MEATHS ▸ **meath**
MEATIER ▸ **meaty**
MEATIEST ▸ **meaty**
MEATILY ▸ **meaty**
MEATLESS ▸ **meat**
MEATLOAF *n* chopped meat served in loaf-shaped mass
MEATMAN, MEATMEN *n* meat seller
MEATS ▸ **meat**
MEATUS, -ES *n* natural opening or channel
MEATY, MEATIER, MEATIEST *adj* (tasting) of or like meat
MEAWES *same as* ▸ **mews**
MEAZEL, -S *same as* ▸ **mesel**
MEBIBYTE *n* 2^{20} bytes
MEBOS, -ES *n* South African dish of dried apricots
MECCA, -S *n* place that attracts many visitors
MECH, -S *n* mechanic
MECHANIC *n* person skilled in repairing or operating machinery
MECHITZA *n* screen in synagogue separating men and women
MECHOUI, -S *n* Canadian dish of meat roasted on a spit
MECHS ▸ **mech**
MECK, -S *same as* ▸ **maik**
MECONATE *n* salt of meconic acid
MECONIC *adj* derived from poppies
MECONIN, -S *n* substance found in opium
MECONIUM *n* dark green mucoid material that forms the first faeces of a newborn infant
MED, -S *n* doctor
MEDACCA, -S *n* Japanese freshwater fish
MEDAKA, -S *same as* ▸ **medacca**
MEDAL, -ED, -ING, -LED, -S *n* piece of metal with an inscription etc, given as a reward or memento ▹ *vb* honour with a medal
MEDALET, -S *n* small medal
MEDALING ▸ **medal**

M

MEDALIST *same as* > **medallist**
MEDALLED ▸ **medal**
MEDALLIC ▸ **medal**
MEDALS ▸ **medal**
MEDCINAL *same as* > **medicinal**
MEDDLE, -D, -S *vb* interfere annoyingly
MEDDLER, -S ▸ **meddle**
MEDDLES ▸ **meddle**
MEDDLING ▸ **meddle**
MEDEVAC, -S *n* evacuation of casualties ▹ *vb* transport (a wounded or sick person) to hospital
MEDFLY, MEDFLIES *n* Mediterranean fruit fly
MEDIA, -E, -S *n* medium of cultivation, conveyance, or expression
MEDIACY *n* quality or state of being mediate
MEDIAD *adj* situated near the median line or plane of an organism
MEDIAE ▸ **media**
MEDIAL, -S *adj* of or in the middle ▹ *n* speech sound between being fortis and lenis
MEDIALLY ▸ **medial**
MEDIALS ▸ **medial**
MEDIAN, -S *n* middle (point or line) ▹ *adj* of, relating to, situated in, or directed towards the middle
MEDIANLY ▸ **median**
MEDIANS ▸ **median**
MEDIANT, -S *n* third degree of a major or minor scale
MEDIAS ▸ **media**
MEDIATE, -D, -S *vb* intervene in a dispute to bring about agreement ▹ *adj* occurring as a result of or dependent upon mediation
MEDIATOR ▸ **mediate**
MEDIC, -S *n* doctor or medical student
MEDICAID *n* US federal health insurance programme for persons on low income
MEDICAL, -S *adj* of the science of medicine ▹ *n* medical examination
MEDICANT *n* medicinal substance
MEDICARE *n* US federal health insurance programme for older people
MEDICATE *vb* treat with a medicinal substance
MEDICIDE *n* suicide assisted by doctor
MEDICINE *n* substance used to treat disease ▹ *vb* treat with medicine
MEDICK, -S *n* type of small leguminous plant with yellow or purple flowers
MEDICO, -S *n* doctor or medical student
MEDICS ▸ **medic**
MEDIEVAL *adj* of the Middle Ages ▹ *n* person living in medieval times
MEDIGAP, -S *n* private health insurance
MEDII ▸ **medius**
MEDINA, -S *n* ancient quarter of North African city
MEDIOCRE *adj* average in quality
MEDITATE *vb* reflect deeply, esp on spiritual matters
MEDIUM *adj* midway between extremes, average ▹ *n* middle state, degree, or condition
MEDIUMS *pl n* medium-dated gilt-edged securities
MEDIUS, MEDII, -ES *n* middle finger
MEDIVAC, -S *variant spelling of* ▸ **medevac**
MEDLAR, -S *n* apple-like fruit of a small tree
MEDLE, -D, -S, MEDLING *same as* ▸ **meddle**
MEDLEY, -S *n* miscellaneous mixture ▹ *adj* of, being, or relating to a mixture or variety
MEDLING ▸ **medle**
MEDRESA, -S *same as* ▸ **madrasah**
MEDRESE, -S *same as* ▸ **madrasah**
MEDS ▸ **med**
MEDULLA, -E, -S *n* marrow, pith, or inner tissue
MEDULLAR ▸ **medulla**
MEDULLAS ▸ **medulla**
MEDUSA, -E, -S *n* jellyfish
MEDUSAL ▸ **medusa**
MEDUSAN, -S ▸ **medusa**
MEDUSAS ▸ **medusa**
MEDUSOID *same as* ▸ **medusa**
MEE, -S *n* Malaysian noodle dish
MEED, -S *n* recompense
MEEK, -ER, -EST *adj* submissive or humble
MEEKEN, -ED, -S *vb* make meek
MEEKER ▸ **meek**
MEEKEST ▸ **meek**
MEEKLY ▸ **meek**
MEEKNESS ▸ **meek**
MEEMIE, -S *n* attack of hysteria
MEER, -ED, -ING, -S *same as* ▸ **mere**
MEERCAT, -S *same as* ▸ **meerkat**
MEERED ▸ **meer**
MEERING ▸ **meer**
MEERKAT, -S *n* S African mongoose
MEERS ▸ **meer**
MEES ▸ **mee**
MEET, -EST, -S *vb* come together (with) ▹ *n* meeting, esp a sports meeting ▹ *adj* fit or suitable
MEETER, -S ▸ **meet**
MEETEST ▸ **meet**
MEETING, -S ▸ **meet**
MEETLY ▸ **meet**
MEETNESS *n* properness
MEETS ▸ **meet**
MEFF, -S *dialect word for* ▸ **tramp**
MEG, -S *short for* ▸ **megabyte**
MEGA *adj* extremely good, great, or successful
MEGABAR, -S *n* unit of million bars
MEGABIT, -S *n* one million bits
MEGABUCK *n* million dollars
MEGABYTE *n* 2^{20} or 1 048 576 bytes
MEGACITY *n* city with over 10 million inhabitants
MEGADEAL *n* very good deal
MEGADOSE *n* very large dose, as of a medicine, vitamin, etc
MEGADYNE *n* unit of million dynes
MEGAFLOP *n* measure of a computer's processing speed
MEGAFOG, -S *n* amplified fog signal
MEGAHIT, -S *n* great success
MEGALITH *n* great stone, esp as part of a prehistoric monument
MEGALOPS *n* crab in larval stage
MEGAMALL *n* very large shopping mall
MEGAPLEX *n* large cinema complex
MEGAPOD, -S *same as* ▸ **megapode**
MEGAPODE *n* bird of Australia, New Guinea, and adjacent islands
MEGAPODS ▸ **megapod**
MEGARA ▸ **megaron**

MEGARAD, -S *n* unit of million rads
MEGARON, MEGARA, -S *n* tripartite rectangular room, found in Bronze Age Greece and Asia Minor
MEGASS, -ES *another name for* ▸ **bagasse**
MEGASSE *same as* ▸ **megass**
MEGASSES ▸ **megass**
MEGASTAR *n* very well-known personality in the entertainment business
MEGATON, -S *n* explosive power equal to that of one million tons of TNT
MEGAVOLT *n* one million volts
MEGAWATT *n* one million watts
MEGILLA, -S *same as* ▸ **megillah**
MEGILLAH *n* scroll of the Book of Esther, read on the festival of Purim
MEGILLAS ▸ **megilla**
MEGILP, -S *n* oil-painting medium of linseed oil mixed with mastic varnish or turpentine
MEGILPH, -S *same as* ▸ **megilp**
MEGILPS ▸ **megilp**
MEGOHM, -S *n* one million ohms
MEGRIM *n* caprice
MEGRIMS *n* fit of depression
MEGS ▸ **meg**
MEH *interj* expression of indifference or boredom
MEHNDI, -S *n* (esp in India) the practice of painting designs on the hands, feet, etc using henna
MEIKLE *adj* Scots word meaning large
MEIN, -ED, -ING, -S *Scots word for* ▸ **moan**
MEINEY, -S *same as* ▸ **meiny**
MEINIE *same as* ▸ **meiny**
MEINIES ▸ **meiny**
MEINING ▸ **mein**
MEINS ▸ **mein**
MEINT *same as* ▸ **ming**
MEINY, MEINIES *n* retinue or household
MEIOCYTE *n* cell that divides by meiosis to produce four haploid spores
MEIONITE *n* mineral containing silica
MEIOSIS, MEIOSES *n* type of cell division
MEIOTIC ▸ **meiosis**
MEISHI, -S *n* business card in Japan
MEISTER, -S *n* person who excels at a particular activity
MEITH, -S *n* landmark
MEJLIS, -ES *same as* ▸ **majlis**
MEKKA, -S *same as* ▸ **mecca**
MEL, -S *n* pure form of honey
MELA, -S *n* Asian cultural or religious fair or festival
MELAENA, -S *n* medical condition
MELAMED, MELAMDIM *n* Hebrew teacher
MELAMINE *n* colourless crystalline compound used in making synthetic resins
MELANGE, -S *n* mixture
MELANIAN *n* freshwater mollusc
MELANIC, -S *adj* relating to melanism or melanosis ▹ *n* darker form of creature
MELANIN, -S *n* dark pigment found in the hair, skin, and eyes
MELANISE *same as* ▸ **melanize**
MELANISM *same as* > **melanosis**
MELANIST ▸ **melanism**
MELANITE *n* black variety of andradite garnet
MELANIZE *vb* turn into melanin
MELANO, -S *n* person with extremely dark skin
MELANOID *adj* resembling melanin ▹ *n* dark substance formed in skin
MELANOMA *n* tumour composed of dark-coloured cells, occurring in some skin cancers
MELANOS ▸ **melano**
MELANOUS *adj* having a dark complexion and black hair
MELAS ▸ **mela**
MELBA *adj* relating to a type of dessert sauce or toast
MELD, -ED, -ING, -S *vb* merge or blend ▹ *n* act of melding
MELDER, -S ▸ **meld**
MELDING ▸ **meld**
MELDS ▸ **meld**
MELEE, -S *n* noisy confused fight or crowd
MELENA, -S *n* excrement stained by blood
MELIC, -S *adj* (of poetry, esp ancient Greek lyric poems) intended to be sung ▹ *n* type of grass
MELICK, -S *n* either of two pale green perennial grasses
MELICS ▸ **melic**
MELIK, -S *same as* ▸ **malik**
MELILITE *n* mineral containing calcium
MELILOT, -S *n* plant with small white or yellow fragrant flowers
MELINITE *n* high explosive made from picric acid
MELISMA, -S *n* expressive vocal phrase or passage consisting of several notes sung to one syllable
MELITTIN *n* main toxic component in bee venom
MELL, -ED, -ING, -S *vb* mix
MELLAY, -S *same as* ▸ **melee**
MELLED ▸ **mell**
MELLIFIC *adj* forming or producing honey
MELLING ▸ **mell**
MELLITE, -S *n* soft yellow mineral
MELLITIC ▸ **mellite**
MELLOW, -ED, -ER, -S *adj* soft, not harsh ▹ *vb* make or become mellow
MELLOWLY ▸ **mellow**
MELLOWS ▸ **mellow**
MELLOWY *adj* mellow
MELLS ▸ **mell**
MELODEON *n* small accordion
MELODIA, -S *same as* ▸ **melodica**
MELODIC *adj* of melody
MELODICA *n* type of flute
MELODICS *n* study of melody
MELODIES ▸ **melody**
MELODION *same as* ▸ **melodeon**
MELODISE *same as* ▸ **melodize**
MELODIST *n* composer of melodies
MELODIZE *vb* provide with a melody
MELODY, MELODIES *n* series of musical notes which make a tune
MELOID, -S *n* type of long-legged beetle
MELON, -S *n* large round juicy fruit with a hard rind
MELONIER ▸ **melony**
MELONS ▸ **melon**
MELONY, MELONIER *adj* like a melon
MELS ▸ **mel**
MELT, -ED, -S, MOLTEN *vb* (cause to) become liquid by heat ▹ *n* act or process of melting
MELTABLE ▸ **melt**
MELTAGE, -S *n* process or result of melting or the amount melted

M

MELTDOWN *n* (in a nuclear reactor) melting of the fuel rods, with the possible release of radiation
MELTED ▸ **melt**
MELTEMI, -S *n* northerly wind in the northeast Mediterranean
MELTER, -S ▸ **melt**
MELTIER ▸ **melty**
MELTIEST ▸ **melty**
MELTING, -S ▸ **melt**
MELTITH, -S *n* meal
MELTON, -S *n* heavy smooth woollen fabric with a short nap, used esp for overcoats
MELTS ▸ **melt**
MELTY, MELTIER, MELTIEST *adj* tending to melt
MEM, -S *n* 13th letter in the Hebrew alphabet, transliterated as *m*
MEMBER, -S *n* individual making up a body or society ▹ *adj* (of a (country or group) belonging to an organization or alliance
MEMBERED *adj* having members
MEMBERS ▸ **member**
MEMBRAL *adj* of limbs
MEMBRANE *n* thin flexible tissue in a plant or animal body
MEME, -S *n* idea or element of social behaviour
MEMENTO, -S *n* thing serving to remind, souvenir
MEMES ▸ **meme**
MEMETIC *adj* of or relating to a meme
MEMETICS *n* study of genetic transmission of culture
MEMO, -S *n* memorandum
MEMOIR *n* biography or historical account based on personal knowledge
MEMOIRS *pl n* collection of reminiscences about a period or series of events
MEMORIAL *n* something serving to commemorate a person or thing ▹ *adj* serving as a memorial
MEMORIES ▸ **memory**
MEMORISE *same as* ▸ **memorize**
MEMORIZE *vb* commit to memory
MEMORY, MEMORIES *n* ability to remember
MEMOS ▸ **memo**
MEMS ▸ **mem**
MEMSAHIB *n* (formerly, in India) term of respect used for a European married woman
MEN ▸ **man**
MENACE, -D, -S, MENACING *n* threat ▹ *vb* threaten, endanger
MENACER, -S ▸ **menace**
MENACES ▸ **menace**
MENACING ▸ **menace**
MENAD, -S *same as* ▸ **maenad**
MENAGE, -D, -S, MENAGING *old form of* ▸ **manage**
MENARCHE *n* first occurrence of menstruation
MENAZON, -S *n* type of insecticide
MEND, -ED, -S *vb* repair or patch ▹ *n* mended area
MENDABLE ▸ **mend**
MENDED ▸ **mend**
MENDER, -S ▸ **mend**
MENDIGO, -S *n* Spanish beggar or vagrant
MENDING, -S *n* something to be mended, esp clothes
MENDS ▸ **mend**
MENE, -D, -S, MENING *Scots form of* ▸ **moan**
MENEER, -S *n* S African title of address
MENES ▸ **mene**
MENFOLK *pl n* men collectively, esp the men of a particular family
MENFOLKS *same as* ▸ **menfolk**
MENG, -ED, -ING, -S *vb* mix
MENGE, -S *same as* ▸ **meng**
MENGED ▸ **meng**
MENGES ▸ **menge**
MENGING ▸ **meng**
MENGS ▸ **meng**
MENHADEN *n* marine N American fish, source of fishmeal, fertilizer, and oil
MENHIR, -S *n* single upright prehistoric stone
MENIAL, -S *adj* involving boring work of low status ▹ *n* person with a menial job
MENIALLY ▸ **menial**
MENIALS ▸ **menial**
MENILITE *n* liver opal
MENING ▸ **mene**
MENINX, MENINGES *n* one of three membranes that envelop the brain and spinal cord
MENISCAL ▸ **meniscus**
MENISCUS, MENISCI *n* curved surface of a liquid
MENO *adv* musical instruction indicating 'less'
MENOLOGY *n* ecclesiastical calendar of the months
MENOMINI *same as* > **menominee**
MENOPOME *n* American salamander
MENORAH, -S *n* seven-branched candelabrum used as an emblem of Judaism
MENSA, -S *n* faint constellation in the S hemisphere
MENSAE *n* star of the mensa constellation
MENSAL *adj* monthly
MENSAS ▸ **mensa**
MENSCH, -EN, -ES *n* decent person
MENSCHY *adj* decent
MENSE, -D, MENSING *vb* grace
MENSEFUL *adj* gracious
MENSES *n* menstruation
MENSH, -ED, -ES, -ING *vb* mention
MENSHEN *n* Chinese door god
MENSHES ▸ **mensh**
MENSHING ▸ **mensh**
MENSING ▸ **mense**
MENSTRUA > **menstruum**
MENSUAL *same as* ▸ **mensal**
MENSURAL *adj* of or involving measure
MENSWEAR *n* clothing for men
MENT *same as* ▸ **ming**
MENTA ▸ **mentum**
MENTAL *adj* of, in, or done by the mind
MENTALLY ▸ **mental**
MENTEE, -S *n* person trained by mentor
MENTHENE *n* liquid obtained from menthol
MENTHOL, -S *n* organic compound found in peppermint
MENTION, -S *vb* refer to briefly ▹ *n* brief reference
MENTO, -S *n* Jamaican song
MENTOR, -ED, -S *n* adviser or guide ▹ *vb* act as a mentor to (someone)
MENTOS ▸ **mento**
MENTUM, MENTA *n* chin
MENU, -S *n* list of dishes to be served, or from which to order
MENUDO, -S *n* Mexican soup
MENUS ▸ **menu**
MENYIE, -S *same as* ▸ **meinie**
MEOU, -ED, -ING, -S *same as* ▸ **meow**
MEOW, -ED, -ING, -S *vb* (of a cat) to make a characteristic

M

crying sound ▷ *interj* imitation of this sound
MEPHITIC *adj* poisonous
MEPHITIS *n* foul-smelling discharge
MERANTI, -S *n* wood from any of several Malaysian trees
MERC, -ES, -S *n* mercenary
MERCADO, -S *n* market
MERCAPTO *adj* of a particular chemical group
MERCAT, -S *Scots word for* ▸ **market**
MERCER, -S *n* dealer in textile fabrics and fine cloth
MERCERY ▸ **mercer**
MERCES ▸ **merc**
MERCH, -ES *n* merchandise
MERCHANT *n* person engaged in trade, wholesale trader ▷ *adj* of ships involved in commercial trade or their crews ▷ *vb* conduct trade in
MERCHES ▸ **merch**
MERCHET, -S *n* type of fine paid by feudal tenant to his lord
MERCHILD *n* mythical creature with upper body of child and lower body of fish
MERCIES ▸ **mercy**
MERCIFUL *adj* compassionate
MERCIFY *vb* show mercy to
MERCS ▸ **merc**
MERCURIC *adj* of or containing mercury in the divalent state
MERCURY *n* silvery liquid metal
MERCY, MERCIES *n* compassionate treatment
MERDE, -S *French word for* > **excrement**
MERE, -R, -S, -ST, MERING *adj* nothing more than ▷ *n* lake ▷ *vb* old form of survey
MERED *adj* forming a boundary
MEREL, -S *same as* ▸ **meril**
MERELL *same as* ▸ **meril**
MERELLS *same as* ▸ **merils**
MERELS ▸ **merel**
MERELY *adv* only
MERENGUE *n* type of lively dance music
MERER ▸ **mere**
MERES ▸ **mere**
MERESMAN, MERESMEN *n* man who decides on boundaries
MEREST ▸ **mere**
MERFOLK, -S *n* mermaids and mermen
MERGE, -D, -S *vb* combine or blend
MERGEE, -S *n* business taken over by merger
MERGENCE ▸ **merge**
MERGER, -S *n* combination of business firms into one
MERGES ▸ **merge**
MERGING, -S ▸ **merge**
MERGUEZ *n* heavily spiced N African sausage
MERI, -S *n* Māori war club
MERICARP *n* part of plant fruit
MERIDIAN *n* imaginary circle of the earth passing through both poles ▷ *adj* along or relating to a meridian
MERIL *n* counter used in merils
MERILS *n* old board game
MERIMAKE *n* merrymaking
MERING, -S ▸ **mere**
MERINGUE *n* baked mixture of egg whites and sugar
MERINO, -S *n* breed of sheep with fine soft wool
MERIS ▸ **meri**
MERISIS, MERISES *n* growth by division of cells
MERISM, -S *n* duplication of biological parts
MERISTEM *n* plant tissue responsible for growth
MERISTIC *adj* of or relating to the number of organs or parts in an animal or plant body
MERIT, -ED, -ING, -S *n* excellence or worth ▷ *vb* deserve
MERK, -S *n* old Scots coin
MERL, -S *same as* ▸ **merle**
MERLE, -S *adj* (of a dog, esp a collie) having a bluish-grey coat with speckles or streaks of black ▷ *n* dog with this coat
MERLIN, -S *n* small falcon
MERLING, -S *n* whiting
MERLINS ▸ **merlin**
MERLON, -S *n* solid upright section in a crenellated battlement
MERLOT, -S *n* type of black grape
MERLS ▸ **merl**
MERMAID, -S *n* imaginary sea creature with the upper part of a woman and the lower part of a fish
MERMAN, MERMEN *n* male counterpart of the mermaid
MEROGONY *n* development of embryo from part of ovum
MEROME, -S *same as* ▸ **merosome**
MERONYM, -S *n* part of something used to refer to the whole
MERONYMY ▸ **meronym**
MEROPIA, -S *n* partial blindness
MEROPIC ▸ **meropia**
MEROSOME *n* segment in body of worm
MERRIE *adj* (archaic) merry
MERRIER ▸ **merry**
MERRIES ▸ **merry**
MERRIEST ▸ **merry**
MERRILY ▸ **merry**
MERRY, MERRIER, MERRIES, MERRIEST *adj* cheerful or jolly ▷ *n* type of cherry
MERRYMAN, MERRYMEN *n* jester
MERSALYL *n* salt of sodium
MERSE, -S *n* low level ground by a river or shore
MERSION, -S *n* dipping in water
MERYCISM *n* rumination
MES ▸ **me**
MESA, -S *n* flat-topped hill found in arid regions
MESAIL, -S *n* visor
MESAL *same as* ▸ **mesial**
MESALLY ▸ **mesal**
MESARAIC *adj* of mesentery
MESARCH *adj* having the first-formed xylem surrounded by that formed later
MESAS ▸ **mesa**
MESCAL, -S *n* spineless globe-shaped cactus
MESCALIN *same as* > **mescaline**
MESCALS ▸ **mescal**
MESCLUM, -S *same as* ▸ **mesclun**
MESCLUN, -S *n* type of green salad
MESDAMES ▸ **madam**
MESE, -S *n* middle string on lyre
MESEEMS, MESEEMED *vb* it seems to me
MESEL, -S *n* person with leprosy
MESELED *adj* afflicted by leprosy
MESELS ▸ **mesel**
MESES ▸ **mese**
MESETA, -S *n* plateau in Spain
MESH, -ED, -ES *n* network or net ▷ *vb* (of gear teeth) engage ▷ *adj* made from mesh

M

MESHIER ▸ **meshy**
MESHIEST ▸ **meshy**
MESHING, -S ▸ **mesh**
MESHUGA *n* crazy person
MESHUGAH *same as* ▸ **meshuga**
MESHUGAS *adj* crazy
MESHUGGA *same as* ▸ **meshuga**
MESHUGGE *same as* ▸ **meshuga**
MESHWORK *n* network
MESHY, MESHIER, MESHIEST ▸ **mesh**
MESIAD *adj* relating to or situated at the middle or centre
MESIAL *another word for* ▸ **medial**
MESIALLY ▸ **mesial**
MESIAN *same as* ▸ **mesial**
MESIC ▸ **meson**
MESMERIC *adj* holding (someone) as if spellbound
MESNALTY *n* lands of a mesne lord
MESNE, -S *adj* (in law) intermediate or intervening
MESOCARP *n* middle layer of the pericarp of a fruit, such as the flesh of a peach
MESODERM *n* middle germ layer of an animal embryo
MESOGLEA *n* gelatinous material found in jellyfish
MESOLITE *n* type of mineral
MESOMERE *n* cell in fertilized ovum
MESON, -S *n* elementary atomic particle
MESONIC ▸ **meson**
MESONS ▸ **meson**
MESOPHYL *same as* > **mesophyll**
MESOSAUR *n* extinct aquatic reptile
MESOSOME *n* part of bacterial cell
MESOTRON *same as* ▸ **meson**
MESOZOAN *n* type of parasite
MESOZOIC *adj* of, denoting, or relating to an era of geological time
MESPIL, -S *n* type of N American tree
MESPRISE *same as* ▸ **misprise**
MESPRIZE *same as* ▸ **misprise**
MESQUIN *adj* mean
MESQUINE *same as* ▸ **mesquin**
MESQUIT, -S *same as* ▸ **mesquite**
MESQUITE *n* small tree whose sugary pods are used as animal fodder
MESQUITS ▸ **mesquit**
MESS, -ED, -ES, -ING *n* untidy or dirty confusion ▹ *vb* muddle or dirty
MESSAGE, -D, -S *n* communication sent ▹ *vb* send as a message
MESSAN, -S *Scots word for* ▸ **dog**
MESSED ▸ **mess**
MESSES ▸ **mess**
MESSIAH, -S *n* exceptional or hoped for liberator
MESSIAS *same as* ▸ **messiah**
MESSIER ▸ **messy**
MESSIEST ▸ **messy**
MESSILY ▸ **messy**
MESSING ▸ **mess**
MESSMAN, MESSMEN *n* sailor working in ship's mess
MESSMATE *n* person with whom one shares meals in a mess, esp in the army
MESSMEN ▸ **messman**
MESSUAGE *n* house together with outbuildings and adjacent land
MESSY, MESSIER, MESSIEST *adj* dirty, confused, or untidy
MESTER, -S *n* master: used as a term of address for a man who is the head of a house
MESTESO, -S *n* Spanish music genre
MESTO *adj* sad
MESTOM, -S *same as* ▸ **mestome**
MESTOME, -S *n* conducting tissue associated with parenchyma
MESTOMS ▸ **mestom**
MET, -S *n* meteorology
META *adj* in a self-parodying style
METABOLY *n* ability of some cells, esp protozoans, to alter their shape
METADATA *n* data which accompanies digital data
METAFILE *n* (in computing) file format that can hold other types of file
METAGE, -S *n* official measuring of weight or contents
METAIRIE *n* area of land on which farmer pays rent in kind
METAL, -ED, -ING, -LED, -S *n* malleable element able to conduct heat and electricity ▹ *adj* made of metal ▹ *vb* fit or cover with metal
METALISE *same as* > **metallize**
METALIST *same as* > **metallist**
METALIZE *same as* > **metallize**
METALLED ▸ **metal**
METALLIC *adj* of or consisting of metal ▹ *n* something metallic
METALLY *adj* like metal
METALS ▸ **metal**
METAMALE *n* sterile male organism
METAMER, -S *n* any of two or more isomeric compounds exhibiting metamerism
METAMERE *n* body segment of invertebrates
METAMERS ▸ **metamer**
METAMICT *adj* of the amorphous state of a substance that has lost its crystalline structure
METANOIA *n* repentance
METAPHOR *n* type of figure of speech
METAPLOT > **metapelet**
METASOMA *n* posterior part of an arachnid's abdomen (opisthosoma) that never carries appendages
METATAG, -S *n* element of HTML code used by search engines to index pages
METATE, -S *n* stone for grinding grain on
METAYAGE *n* farming in which rent is paid in kind
METAYER, -S *n* farmer who pays rent in kind
METAZOA ▸ **metazoan**
METAZOAL ▸ **metazoan**
METAZOAN, METAZOA *n* animal having a body composed of many cells ▹ *adj* of the metazoans
METAZOIC *adj* relating to the group of multicellular animals that includes all animals except sponges
METAZOON *same as* ▸ **metazoan**
METCAST, -S *n* weather forecast
METE, -D, -S, METING *vb* deal out as punishment ▹ *n* measure
METEOR, -S *n* small fast-moving heavenly body
METEORIC *adj* of a meteor
METEORS ▸ **meteor**

M

METEPA, -S *n* type of pesticide
METER, -ED, -ING, -S *same as* ▸ **metre**
METERAGE *n* act of measuring
METERED ▸ **meter**
METERING ▸ **meter**
METERS ▸ **meter**
METES ▸ **mete**
METEWAND *same as* > **metestick**
METEYARD *same as* > **metestick**
METH *n* methylated spirits
METHADON *same as* > **methadone**
METHANAL *n* colourless poisonous irritating gas
METHANE, -S *n* colourless inflammable gas
METHANOL *n* colourless poisonous liquid used as a solvent and fuel
METHINK *same as* ▸ **methinks**
METHINKS *vb* it seems to me
METHO, -S *n* methylated spirits
METHOD, -S *n* way or manner
METHODIC *same as* ▸ **method**
METHODS ▸ **method**
METHOS ▸ **metho**
METHOXY *n* steroid drug
METHOXYL *n* chemical compound of methyl and hydroxyl
METHS *n* methylated spirits
METHYL, -S *n* compound containing a saturated hydrocarbon group of atoms
METHYLAL *n* colourless volatile flammable liquid
METHYLIC ▸ **methyl**
METHYLS ▸ **methyl**
METHYSIS, METHYSES *n* drunkenness
METIC, -S *n* (in ancient Greece) alien having some rights of citizenship
METICA, -S *n* former proposed monetary unit of Mozambique
METICAL, METICAIS, -S *n* money unit in Mozambique
METICAS ▸ **metica**
METICS ▸ **metic**
METIER, -S *n* profession or trade
METIF, -S *n* person of mixed race
METING ▸ **mete**
METIS *n* person of mixed parentage
METISSE, -S ▸ **metis**
METOL, -S *n* organic substance used as a photographic developer
METONYM, -S *n* word used in a metonymy
METONYMY *n* figure of speech in which one thing is replaced by another associated with it
METOPE, METOPAE, -S *n* square space between two triglyphs in a Doric frieze
METOPIC *adj* of or relating to the forehead
METOPISM *n* congenital disfigurement of forehead
METOPON, -S *n* painkilling drug
METOPRYL *n* type of anaesthetic
METRAZOL *n* drug used to improve blood circulation
METRE, -D, -S, METRING *n* unit of length ▹ *vb* express in poetry
METRIC *adj* of the decimal system of weights and measures based on the metre
METRICAL *adj* of measurement
METRICS *n* art of using poetic metre
METRIFY *vb* render into poetic metre
METRING ▸ **metre**
METRIST, -S *n* person skilled in the use of poetic metre
METRITIS *n* inflammation of the uterus
METRO, -S *n* underground railway system, esp in Paris
METS ▸ **met**
METTLE, -S *n* courage or spirit
METTLED *adj* spirited, courageous, or valiant
METTLES ▸ **mettle**
METUMP, -S *n* band for carrying a load or burden
MEU, -S *another name for* ▸ **spignel**
MEUNIERE *adj* cooked in butter with lemon juice and parsley
MEUS ▸ **meu**
MEUSE, -D, -S, MEUSING *n* gap through which an animal passed ▹ *vb* go through this gap
MEVE, -D, -S, MEVING *same as* ▸ **move**
MEVROU, -S *n* S African title of address
MEW, -ED, -ING *n* cry of a cat ▹ *vb* utter this cry
MEWL, -ED, -ING, -S *vb* (esp of a baby) to cry weakly ▹ *n* weak or whimpering cry
MEWLER, -S ▸ **mewl**
MEWLING ▸ **mewl**
MEWLS ▸ **mewl**
MEWS, -ED, -ES, -ING *same as* ▸ **meuse**
MEYNT ▸ **ming**
MEZAIL, -S *same as* ▸ **mesail**
MEZCAL, -S *variant spelling of* ▸ **mescal**
MEZE, -S *n* type of hors d'oeuvre
MEZEREON *same as* ▸ **mezereum**
MEZEREUM *n* dried bark of certain shrubs, formerly used to treat arthritis
MEZES ▸ **meze**
MEZQUIT, -S *same as* ▸ **mesquite**

A **mezquit** is a kind of American tree, and makes a great bonus to play. Remember also that it takes an E to form the variant spelling **mezquite**.

M

MEZQUITE *same as* ▸ **mesquite**
MEZQUITS ▸ **mezquit**
MEZUZA, -S *same as* ▸ **mezuzah**
MEZUZAH, -S, MEZUZOT, MEZUZOTH *n* piece of parchment inscribed with biblical passages
MEZUZAS ▸ **mezuza**
MEZUZOT ▸ **mezuzah**
MEZUZOTH ▸ **mezuzah**
MEZZ *same as* > **mezzanine**
MEZZE, -S *same as* ▸ **meze**
MEZZO, -S *adv* moderately ▹ *n* singer with voice between soprano and contralto
MGANGA, -S *n* witch doctor
MHO, -S *former name for* ▸ **siemens**
MHORR, -S *n* African gazelle
MHOS ▸ **mho**
MI, -S *n* (in tonic sol-fa) the third degree of any major scale
MIAOU, -ED, -ING, -S *same as* ▸ **meow**
MIAOW, -ED, -ING, -S *same as* ▸ **meow**
MIASM, -S *same as* ▸ **miasma**
MIASMA, -S, -TA *n* unwholesome or foreboding atmosphere

MIASMAL ▸ **miasma**
MIASMAS ▸ **miasma**
MIASMATA ▸ **miasma**
MIASMIC ▸ **miasma**
MIASMOUS ▸ **miasma**
MIASMS ▸ **miasm**
MIAUL, -ED, -ING, -S *same as* ▸ **meow**
MIB, -S *n* marble used in games
MIBUNA, -S *n* type of Japanese leafy vegetable
MIC, -S *n* microphone
MICA, -S *n* glasslike mineral used as an electrical insulator
MICATE, -D, -S, MICATING *vb* add mica to
MICAWBER *n* person who idles and trusts to fortune
MICE ▸ **mouse**
MICELL, -S *same as* ▸ **micelle**
MICELLA, -E, -S *same as* ▸ **micelle**
MICELLAR ▸ **micelle**
MICELLAS ▸ **micella**
MICELLE, -S *n* charged aggregate of molecules of colloidal size in a solution
MICELLS ▸ **micell**
MICH, -ED, -ES *same as* ▸ **mitch**
MICHAEL, -S *n* as in **take the michael** teasing
MICHE *same as* ▸ **mich**
MICHED ▸ **mich**
MICHER, -S ▸ **mich**
MICHES ▸ **mich**
MICHIGAN *US name for* > **newmarket**
MICHING, -S ▸ **mich**
MICHT, -S *n* Scots word for might
MICKERY *n* waterhole, esp in a dry riverbed
MICKEY, -S *n* young bull ▹ *vb* drug a person's drink
MICKIES ▸ **micky**
MICKLE, -R, -S, -ST *adj* large or abundant ▹ *adv* much ▹ *n* great amount
MICKY, MICKIES *same as* ▸ **mickey**
MICO, -S *n* marmoset
MICRA ▸ **micron**
MICRIFY *vb* make very small
MICRO, -S *n* small computer
MICROBAR *n* millionth of a bar of pressure
MICROBE, -S *n* minute organism, esp one causing disease
MICROBIC ▸ **microbe**
MICROBUS *n* small bus
MICROCAP *adj* (of investments) involving very small amounts of capital
MICROCAR *n* small car
MICRODOT *n* photographic copy of a document reduced to pinhead size
MICROHM, -S *n* millionth of an ohm
MICROJET *n* light jet-propelled aircraft
MICROLUX *n* millionth of a lux
MICROMHO *n* millionth of a mho
MICRON, MICRA, -S *n* unit of length equal to one millionth of a metre
MICROS ▸ **micro**
MICRURGY *n* manipulation and examination of single cells under a microscope
MICS ▸ **mic**
MICTION, -S *n* urination
MID, -S *adj* intermediate, middle ▹ *n* middle ▹ *prep* amid
MIDAIR, -S *n* some point above ground level, in the air
MIDBAND *adj* using a range of frequencies between narrowband and broadband
MIDBRAIN *n* part of the brain that develops from the middle portion of the embryonic neural tube
MIDCALF *n* garment reaching to middle of the calf
MIDCAP *adj* (of investments) involving medium-sized amounts of capital
MIDCULT, -S *n* middlebrow culture
MIDDAY, -S *n* noon
MIDDEN, -S *n* rubbish heap
MIDDEST *adj* in middle
MIDDIE *same as* ▸ **middy**
MIDDIES ▸ **middy**
MIDDLE, -D, -S *adj* equidistant from two extremes ▹ *n* middle point or part ▹ *vb* place in the middle
MIDDLER, -S *n* pupil in middle years at school
MIDDLES ▸ **middle**
MIDDLING *adj* mediocre ▹ *adv* moderately
MIDDY, MIDDIES *n* middle-sized glass of beer
MIDFIELD *n* area between the two opposing defences
MIDGE, -S *n* small mosquito-like insect
MIDGET, -S *n* very small person or thing ▹ *adj* much smaller than normal
MIDGIE, -S *n* informal word for a midge
MIDGIER ▸ **midgy**
MIDGIES ▸ **midgie**
MIDGIEST ▸ **midgy**
MIDGUT, -S *n* middle part of the digestive tract
MIDGY, MIDGIER, MIDGIEST *adj* characterized by midges
MIDI, -S *adj* (of a skirt, coat, etc) reaching to below the knee or midcalf ▹ *n* skirt, coat, etc reaching to below the knee or midcalf
MIDIBUS *n* medium-sized bus
MIDIRON, -S *n* golf club used for medium-length approach shots
MIDIS ▸ **midi**
MIDLAND, -S *n* middle part of a country
MIDLEG, -S *n* middle of leg
MIDLIFE, MIDLIVES *n* middle age
MIDLIFER *n* middle-aged person
MIDLINE, -S *n* line at middle of something
MIDLIST, -S *n* books in publisher's range that sell reasonably well
MIDLIVES ▸ **midlife**
MIDMONTH *n* middle of month
MIDMOST, -S *adv* in the middle or midst ▹ *n* the middle or midst
MIDNIGHT *n* twelve o'clock at night
MIDNOON, -S *n* noon
MIDPAY *adj* paying more than an unskilled job but less than a high-income one
MIDPOINT *n* point on a line equally distant from either end
MIDRANGE *n* part of loudspeaker
MIDRASH *n* homily on a Jewish scriptural passage
MIDRIB, -S *n* main vein of a leaf
MIDRIFF, -S *n* middle part of the body
MIDS ▸ **mid**
MIDSHIP *adj* in, of, or relating to the middle of a vessel ▹ *n* middle of a vessel
MIDSHIPS *See* > **amidships**
MIDSHORE *adj* between the inshore and the offshore
MIDSIZE *adj* medium-sized
MIDSIZED *same as* ▸ **midsize**

M

MIDSOLE, -S *n* layer between the inner and the outer sole of a shoe
MIDSPACE *n* area in middle of space
MIDST, -S *See* ▸ **amid**
MIDSTORY *n* level of forest trees between smallest and tallest
MIDSTS ▸ **midst**
MIDTERM, -S *n* middle of a term in a school, university, etc
MIDTHIGH *n* garment reaching to the middle of the thigh
MIDTOWN, -S *n* centre of a town
MIDWATCH *n* naval watch period beginning at midnight
MIDWATER *n* middle part of a body of water
MIDWAY, -S *adv* halfway ▹ *adj* in or at the middle of the distance ▹ *n* place in a fair, carnival, etc, where sideshows are located
MIDWEEK, -S *n* middle of the week
MIDWIFE, -D, -S, MIDWIVES *n* trained person who assists at childbirth ▹ *vb* act as midwife
MIDWIVE, -D *vb* act as midwife
MIDWIVES ▸ **midwife**
MIDYEAR, -S *n* middle of the year
MIELIE, -S *same as* ▸ **mealie**
MIEN, -S *n* person's bearing, demeanour, or appearance
MIEVE, -D, -S, MIEVING *same as* ▸ **move**
MIFF, -ED, -ING, -S *vb* take offence or offend ▹ *n* petulant mood
MIFFIER ▸ **miffy**
MIFFIEST ▸ **miffy**
MIFFILY ▸ **miffy**
MIFFING ▸ **miff**
MIFFS ▸ **miff**
MIFFY, MIFFIER, MIFFIEST *adj* easily upset
MIFTY *same as* ▸ **miffy**
MIG, -S *n* marble used in games
MIGAWD *interj* interjection used to express surprise
MIGG, -S *same as* ▸ **mig**
MIGGLE, -S *n* US word for playing marble
MIGGS ▸ **migg**
MIGHT, -S *n* physical strength
MIGHTEST ▸ **may**
MIGHTFUL *same as* ▸ **mighty**
MIGHTIER ▸ **mighty**
MIGHTILY *adv* great extent, amount, or degree
MIGHTS ▸ **might**
MIGHTST ▸ **may**
MIGHTY, MIGHTIER *adj* powerful ▹ *adv* very
MIGNON, -S *adj* small and pretty ▹ *n* tender boneless cut of meat
MIGNONNE ▸ **mignon**
MIGNONS ▸ **mignon**
MIGRAINE *n* severe headache, often with nausea and visual disturbances
MIGRANT, -S *n* person or animal that moves from one place to another ▹ *adj* moving from one place to another
MIGRATE, -D, -S *vb* move from one place to settle in another
MIGRATOR ▸ **migrate**
MIGS ▸ **mig**
MIHA, -S *n* young fern frond which has not yet opened
MIHI, -ED, -ING, -S *n* Māori ceremonial greeting ▹ *vb* greet
MIHRAB, -S *n* niche in a mosque showing the direction of Mecca
MIJNHEER *same as* ▸ **mynheer**
MIKADO, -S *n* Japanese emperor
MIKE, -D, -S, MIKING *n* microphone ▹ *vb* supply with a microphone
MIKRON, MIKRA, -S *same as* ▸ **micron**
MIKVA, -S *n* place for ritual bathing by Orthodox Jews
MIKVAH, -S, MIKVOTH *n* pool used for ritual purification
MIKVAS ▸ **mikva**
MIKVEH, -S, MIKVOS, MIKVOT *same as* ▸ **mikvah**
MIKVOTH ▸ **mikvah**
MIL, -S *n* unit of length equal to one thousandth of an inch
MILADI, -S *same as* ▸ **milady**
MILADIES ▸ **milady**
MILADIS ▸ **miladi**
MILADY, MILADIES *n* (formerly) a continental title for an English gentlewoman
MILAGE, -S *same as* ▸ **mileage**
MILCH *adj* (of a cow) giving milk
MILCHIG *same as* ▸ **milchik**
MILCHIK *adj* containing or used in the preparation of milk products
MILD, -ED, -ER, -EST, -ING, -S *adj* not strongly flavoured ▹ *n* dark beer flavoured with fewer hops than bitter ▹ *vb* become gentle
MILDEN, -ED, -S *vb* make or become mild or milder
MILDER ▸ **mild**
MILDEST ▸ **mild**
MILDEW, -ED, -S *same as* ▸ **mould**
MILDEWY *adj* covered with mildew
MILDING ▸ **mild**
MILDISH *adj* rather mild
MILDLY ▸ **mild**
MILDNESS ▸ **mild**
MILDS ▸ **mild**
MILE, -S *n* unit of length equal to 1760 yards or 1.609 kilometres
MILEAGE, -S *n* distance travelled in miles
MILEPOST *n* signpost that shows the distance in miles to or from a place
MILER, -S *n* athlete, horse, etc, that specializes in races of one mile
MILES ▸ **mile**
MILESIAN *adj* Irish
MILESIMO *n* Spanish word meaning thousandth
MILFOIL, -S *same as* ▸ **yarrow**
MILIA ▸ **milium**
MILIARIA *n* acute itching eruption of the skin, caused by blockage of the sweat glands
MILIARY *adj* resembling or relating to millet seeds
MILIEU, -S, -X *n* environment or surroundings
MILING, -S *n* activity of running one mile
MILITANT *adj* aggressive or vigorous in support of a cause ▹ *n* militant person
MILITAR *same as* ▸ **military**
MILITARY *adj* of or for soldiers, armies, or war ▹ *n* armed services
MILITATE *vb* have a strong influence or effect
MILITIA, -S *n* military force of trained citizens
MILIUM, MILIA *n* pimple
MILK, -ED, -ING, -S *n* white fluid produced by female mammals to feed their young ▹ *vb* draw milk from

MILKEN *adj* of or like milk

MILKER, -S *n* cow, goat, etc, that yields milk

MILKFISH *n* type of large silvery tropical food and game fish

MILKIER ▶ **milky**

MILKIEST ▶ **milky**

MILKILY ▶ **milky**

MILKING, -S ▶ **milk**

MILKLESS ▶ **milk**

MILKLIKE ▶ **milk**

MILKMAID *n* (esp in former times) woman who milks cows

MILKMAN, MILKMEN *n* man who delivers milk to people's houses

MILKO, -S *informal name for* ▶ **milkman**

MILKS ▶ **milk**

MILKSHED *n* area where milk is produced

MILKSOP, -S *n* feeble man

MILKWEED *n* monarch butterfly

MILKWOOD *n* tree producing latex

MILKWORT *n* plant with small flowers

MILKY, MILKIER, MILKIEST *adj* of or like milk

MILL, -S *n* factory ▷ *vb* grind, press, or process in or as if in a mill

MILLABLE ▶ **mill**

MILLAGE, -S *adj* American tax rate calculated in thousandths per dollar

MILLCAKE *n* food for livestock

MILLDAM, -S *n* dam built to raise the water level to turn a millwheel

MILLE, -S *French word for* ▶ **thousand**

MILLED *adj* crushed or ground in a mill

MILLEPED *same as* > **millepede**

MILLER, -S *n* person who works in a mill

MILLES ▶ **mille**

MILLET, -S *n* type of cereal grass

MILLHAND *n* person who works in a mill

MILLIAMP *n* one thousandth of an ampere

MILLIARD *n* one thousand millions

MILLIARE *n* ancient Roman unit of distance

MILLIARY *adj* relating to or marking a distance equal to an ancient Roman mile of a thousand paces

MILLIBAR *n* unit of atmospheric pressure

MILLIE, -S *n* insulting name for a young working-class woman

MILLIEME *n* Tunisian monetary unit worth one thousandth of a dinar

MILLIER, -S *n* metric weight of million grams

MILLIES ▶ **millie**

MILLIGAL *n* unit of gravity

MILLILUX *n* thousandth of lux

MILLIME, -S *same as* ▶ **millieme**

MILLIMHO *n* thousandth of mho

MILLINE, -S *n* measurement of advertising space

MILLINER *n* maker or seller of women's hats

MILLINES ▶ **milline**

MILLING, -S *n* act or process of grinding, cutting, pressing, or crushing in a mill

MILLIOHM *n* thousandth of ohm

MILLION, -S *n* one thousand thousands

MILLIPED *same as* > **millipede**

MILLIREM *n* unit of radiation

MILLPOND *n* pool which provides water to turn a millwheel

MILLRACE *n* current of water that turns a millwheel

MILLRIND *n* iron support fitted across an upper millstone

MILLRUN, -S *same as* ▶ **millrace**

MILLS ▶ **mill**

MILLTAIL *n* channel carrying water away from mill

MILLWORK *n* work done in a mill

MILNEB, -S *n* type of pesticide

MILO, -S *n* variety of sorghum with heads of yellow or pinkish seeds

MILOR, -S *same as* ▶ **milord**

MILORD, -S *n* (formerly) a continental title used for an English gentleman

MILORS ▶ **milor**

MILOS ▶ **milo**

MILPA, -S *n* form of subsistence agriculture in Mexico

MILREIS *n* former monetary unit of Portugal and Brazil

MILS ▶ **mil**

MILSEY, -S *n* milk strainer

MILT, -ED, -ING, -S *n* reproductive fluid of male fish ▷ *vb* fertilize (the roe of a female fish) with milt

MILTER, -S *n* male fish that is mature and ready to breed

MILTIER ▶ **milty**

MILTIEST ▶ **milty**

MILTING ▶ **milt**

MILTONIA *n* tropical American orchid

MILTS ▶ **milt**

MILTY, MILTIER, MILTIEST *adj* full of milt

MILTZ, -ES *same as* ▶ **milt**

MILVINE *adj* of kites and related birds

MIM, -MER, -MEST *adj* prim, modest, or demure

MIMBAR, -S *n* pulpit in mosque

MIME, -D, -S, MIMING *n* acting without the use of words ▷ *vb* act in mime

MIMEO, -ED, -ING, -S *vb* mimeograph

MIMER, -S ▶ **mime**

MIMES ▶ **mime**

MIMESIS, MIMESES *n* imitative representation of nature or human behaviour

MIMESTER ▶ **mime**

MIMETIC *adj* imitating or representing something

MIMETITE *n* rare secondary mineral

MIMIC, -KED, -S *vb* imitate (a person or manner), esp for satirical effect ▷ *n* person or animal that is good at mimicking ▷ *adj* of, relating to, or using mimicry

MIMICAL ▶ **mimic**

MIMICKED ▶ **mimic**

MIMICKER ▶ **mimic**

MIMICRY *n* act or art of copying or imitating closely

MIMICS ▶ **mimic**

MIMING ▶ **mime**

MIMMER ▶ **mim**

MIMMEST ▶ **mim**

MIMMICK, -S *same as* ▶ **minnick**

MIMOSA, -E, -S *n* shrub with fluffy yellow flowers and sensitive leaves

MIMSEY *same as* ▶ **mimsy**

MIMSY, MIMSIER, MIMSIEST *adj* prim, underwhelming, and ineffectual

MIMULUS *n* plants cultivated for their yellow or red flowers

MINA, -E, -S *n* ancient unit of weight and money, used in Asia Minor
MINABLE ▸ **mine**
MINACITY > **minacious**
MINAE ▸ **mina**
MINAR, -S *n* tower
MINARET, -S *n* tall slender tower of a mosque
MINARS ▸ **minar**
MINAS ▸ **mina**
MINATORY *adj* threatening or menacing
MINBAR, -S *same as* ▸ **mimbar**
MINCE, -D, -S *vb* cut or grind into very small pieces ▹ *n* minced meat
MINCER, -S *n* machine for mincing meat
MINCES ▸ **mince**
MINCEUR *adj* (of food) low-fat
MINCIER ▸ **mincy**
MINCIEST ▸ **mincy**
MINCING *adj* affectedly elegant in manner
MINCY, MINCIER, MINCIEST *adj* excessively particular or fussy
MIND, -S *n* thinking faculties ▹ *vb* take offence at
MINDED *adj* having an inclination as specified
MINDEDLY *adv* in the manner of a person with the kind of mind specified
MINDER, -S *n* aide or bodyguard
MINDFUL *adj* heedful
MINDING, -S ▸ **mind**
MINDLESS *adj* stupid
MINDS ▸ **mind**
MINDSET, -S *n* ideas and attitudes with which a person approaches a situation
MINE, -D, -S *pron* belonging to me ▹ *n* deep hole for digging out coal, ores, etc ▹ *vb* dig for minerals
MINEABLE ▸ **mine**
MINED ▸ **mine**
MINEOLA, -S *same as* ▸ **minneola**
MINER, -S *n* person who works in a mine
MINERAL, -S *n* naturally occurring inorganic substance, such as metal ▹ *adj* of, containing, or like minerals
MINERS ▸ **miner**
MINES ▸ **mine**
MINETTE, -S *n* type of rock
MINEVER, -S *same as* ▸ **miniver**
MING, MEYNT, -ED, -S *vb* mix
MINGER, -S *n* insulting word for an unattractive person
MINGIER ▸ **mingy**
MINGIEST ▸ **mingy**
MINGILY *adv* in a miserly manner
MINGING *adj* unattractive or unpleasant
MINGLE, -D, -S, MINGLING *vb* mix or blend
MINGLER, -S ▸ **mingle**
MINGLES ▸ **mingle**
MINGLING ▸ **mingle**
MINGS ▸ **ming**
MINGY, MINGIER, MINGIEST *adj* miserly
MINI, -S *same as* > **minidress**
MINIATE, -D, -S *vb* paint with minium
MINIBAR, -S *n* selection of drinks and confectionery provided in a hotel room
MINIBIKE *n* light motorcycle
MINIBUS *n* small bus
MINICAB, -S *n* ordinary car used as a taxi
MINICAM, -S *n* portable television camera
MINICAMP *n* period spent together in isolation by sports team
MINICAMS ▸ **minicam**
MINICAR, -S *n* small car
MINICOM, -S *n* device allowing typed telephone messages to be sent and received
MINIDISC *n* (esp formerly) small recordable compact disc
MINIDISH *n* small parabolic aerial for reception or transmission to a communications satellite
MINIDISK *same as* ▸ **minidisc**
MINIER ▸ **miny**
MINIEST ▸ **miny**
MINIFY, MINIFIED, MINIFIES *vb* minimize or lessen the size or importance of (something)
MINIGOLF *n* putting game played via various obstacles
MINIKIN, -S *n* small, dainty, or affected person or thing ▹ *adj* dainty, prim, or affected
MINILAB, -S *n* equipment for processing photographic film
MINIM, -S *n* note half the length of a semibreve ▹ *adj* very small
MINIMA ▸ **minimum**
MINIMAL, -S *adj* minimum ▹ *n* small surfboard
MINIMART *n* convenience store
MINIMAX *n* lowest of a set of maximum values ▹ *vb* make maximum as low as possible
MINIMENT *same as* ▸ **muniment**
MINIMILL *n* small mill
MINIMISE *same as* ▸ **minimize**
MINIMISM *n* desire to reduce to minimum
MINIMIST ▸ **minimism**
MINIMIZE *vb* reduce to a minimum
MINIMOTO *n* reduced-size replica motorcycle used for racing
MINIMS ▸ **minim**
MINIMUM, MINIMA, -S *n* least possible (amount or number) ▹ *adj* of, being, or showing a minimum or minimums
MINIMUS *adj* youngest: used after the surname of a schoolboy with elder brothers at the same school
MINING, -S *n* act, process, or industry of extracting coal or ores from the earth
MINION, -S *n* servile assistant ▹ *adj* dainty, pretty, or elegant
MINIPARK *n* small park
MINIS ▸ **mini**
MINISH, -ED, -ES *vb* diminish
MINISKI, -S *n* short ski
MINISODE *n* episode of a television series shortened for broadcast on the internet
MINISTER *n* head of a government department ▹ *vb* attend to the needs of
MINISTRY *n* profession or duties of a member of the clergy
MINIUM, -S *n* bright red poisonous insoluble oxide of lead
MINIVAN, -S *n* small van, esp one with seats in the back for carrying passengers
MINIVER, -S *n* white fur, used in ceremonial costumes
MINIVET, -S *n* brightly coloured tropical Asian cuckoo shrike
MINK, -S *n* stoat-like animal
MINKE, -S *n* as in **minke whale** type of small whalebone whale or rorqual
MINKS ▸ **mink**

MINNEOLA *n* juicy citrus fruit that is a cross between a tangerine and a grapefruit
MINNICK, -S *vb* behave in fussy way
MINNIE, -S *n* mother
MINNOCK, -S *same as* ▶ **minnick**
MINNOW, -S *n* small freshwater fish
MINNY *same as* ▶ **minnie**
MINO, -S *same as* ▶ **mynah**
MINOR, -ED, -ING, -S *adj* lesser ▷ *n* person regarded legally as a child ▷ *vb* take a minor
MINORCA, -S *n* breed of light domestic fowl
MINORED ▶ **minor**
MINORING ▶ **minor**
MINORITY *n* lesser number
MINORS ▶ **minor**
MINOS ▶ **mino**
MINOTAUR *n* as in **minotaur beetle** kind of dung-beetle
MINSHUKU *n* guesthouse in Japan
MINSTER, -S *n* cathedral or large church
MINSTREL *n* medieval singer or musician
MINT, -ED, -ING, -S *n* plant with aromatic leaves ▷ *vb* make (coins)
MINTAGE, -S *n* process of minting
MINTED ▶ **mint**
MINTER, -S ▶ **mint**
MINTIER ▶ **minty**
MINTIEST ▶ **minty**
MINTING ▶ **mint**
MINTLIKE *adj* like mint
MINTS ▶ **mint**
MINTY, MINTIER, MINTIEST ▶ **mint**
MINUEND, -S *n* number from which another number is to be subtracted
MINUET, -ED, -S *n* stately dance ▷ *vb* dance the minuet
MINUS, -ES *adj* indicating subtraction ▷ *n* sign (-) denoting subtraction or a number less than zero ▷ *prep* reduced by the subtraction of
MINUTE, -D, -R, -ST, MINUTING *n* 60th part of an hour or degree ▷ *vb* record in the minutes ▷ *adj* very small
MINUTELY *adv* in great detail ▷ *adj* occurring every minute
MINUTER ▶ **minute**
MINUTES *pl n* official record of the proceedings of a meeting or conference
MINUTEST ▶ **minute**
MINUTIA *singular noun of* ▶ **minutiae**
MINUTIAE *pl n* trifling or precise details
MINUTIAL ▶ **minutiae**
MINUTING ▶ **minute**
MINX, -ES *n* bold girl
MINXISH ▶ **minx**
MINY, MINIER, MINIEST *adj* of or like mines
MINYAN, -IM, -S *n* number of persons required by Jewish law to be present for a religious service
MIOCENE *adj* of, denoting, or formed in the fourth epoch of the Tertiary period
MIOMBO, -S *n* (in E Africa) a dry wooded area with sparse deciduous growth
MIOSIS, MIOSES, -ES *n* excessive contraction of the pupil of the eye
MIOTIC, -S ▶ **miosis**
MIPS *n* unit used to express the speed of a computer's central processing unit
MIQUELET *n* type of lock on old firearm
MIR, -I, -S *n* peasant commune in prerevolutionary Russia
MIRABLE *adj* wonderful
MIRACLE, -S *n* wonderful supernatural event
MIRADOR, -S *n* window, balcony, or turret
MIRAGE, -S *n* optical illusion, esp one caused by hot air
MIRBANE, -S *n* substance used in perfumes
MIRCHI *Indian English word for* ▶ **hot**
MIRE, -D, -S, MIRING *n* swampy ground ▷ *vb* sink or be stuck in a mire
MIREPOIX *n* mixture of sautéed root vegetables
MIRES ▶ **mire**
MIREX, -ES *n* type of insecticide
MIRI ▶ **mir**
MIRID, -S *n* variety of leaf bug
MIRIER ▶ **miry**
MIRIEST ▶ **miry**
MIRIFIC *adj* achieving wonderful things
MIRIN, -S *n* Japanese rice wine
MIRINESS ▶ **mire**
MIRING ▶ **mire**
MIRINS ▶ **mirin**
MIRITI, -S *n* South American palm
MIRK, -ER, -EST, -S *same as* ▶ **murk**
MIRKIER ▶ **mirky**
MIRKIEST ▶ **mirky**
MIRKILY ▶ **mirk**
MIRKS ▶ **mirk**
MIRKY, MIRKIER, MIRKIEST ▶ **mirk**
MIRLIER ▶ **mirly**
MIRLIEST ▶ **mirly**
MIRLITON *another name (chiefly US) for* ▶ **chayote**
MIRLY, MIRLIER, MIRLIEST *same as* ▶ **marly**
MIRO, -S *n* tall New Zealand tree
MIROMIRO *n* small New Zealand bird
MIROS ▶ **miro**
MIRROR, -ED, -S *n* coated glass surface for reflecting images ▷ *vb* reflect in or as if in a mirror
MIRS ▶ **mir**
MIRTH, -S *n* laughter, merriment, or gaiety
MIRTHFUL ▶ **mirth**
MIRTHS ▶ **mirth**
MIRV, -ED, -ING, -S *n* missile with several warheads ▷ *vb* arm with mirvs
MIRY, MIRIER, MIRIEST ▶ **mire**
MIRZA, -S *n* title of respect placed before the surname of a distinguished man
MIS ▶ **mi**
MISACT, -ED, -S *vb* act wrongly
MISADAPT *vb* adapt badly
MISADD, -ED, -S *vb* add badly
MISAGENT *n* bad agent
MISAIM, -ED, -S *vb* aim badly
MISALIGN *vb* align badly
MISALLOT *vb* allot wrongly
MISALLY *vb* form unsuitable alliance
MISALTER *vb* alter wrongly
MISANDRY *n* hatred of men
MISAPPLY *vb* use something for a purpose for which it is not intended or is not suited
MISARRAY *n* disarray
MISASSAY *vb* assay wrongly
MISATE ▶ **miseat**
MISATONE *vb* atone wrongly
MISAVER, -S *vb* claim wrongly

MISAWARD *vb* award wrongly
MISBEGIN, MISBEGAN, MISBEGUN *vb* begin badly
MISBIAS *vb* prejudice wrongly
MISBILL, -S *vb* present inaccurate bill
MISBIND, -S, MISBOUND *vb* bind wrongly
MISBIRTH *n* abortion
MISBORN *adj* born prematurely
MISBOUND ▸ **misbind**
MISBRAND *vb* put misleading label on
MISBUILD, MISBUILT *vb* build badly
MISCALL, -S *vb* call by the wrong name
MISCARRY *vb* have a miscarriage
MISCAST, -S *vb* cast (a role or actor) inappropriately
MISCH *adj* as in **misch metal** alloy of cerium and other rare earth metals
MISCHIEF *n* annoying but not malicious behaviour
MISCHOSE > **mischoose**
MISCIBLE *adj* able to be mixed
MISCITE, -D, -S *vb* cite wrongly
MISCLAIM *vb* claim wrongly
MISCLASS *adj* class badly
MISCODE, -D, -S *vb* code wrongly
MISCOIN, -S *vb* coin wrongly
MISCOLOR *same as* > **miscolour**
MISCOOK, -S *vb* cook badly
MISCOPY *vb* copy badly
MISCOUNT *vb* count or calculate incorrectly ▹ *n* false count or calculation
MISCREED *n* false creed
MISCUE, -D, -S, MISCUING *n* faulty stroke in snooker, etc ▹ *vb* make a miscue
MISCUT, -S *n* cut wrongly
MISDATE, -D, -S *vb* date (a letter, event, etc) wrongly
MISDEAL, -S, -T *vb* deal out cards incorrectly ▹ *n* faulty deal
MISDEED, -S *n* wrongful act
MISDEEM, -S, MISDEMPT *vb* form bad opinion of
MISDIAL, -S *vb* dial telephone number incorrectly
MISDID ▸ **misdo**
MISDIET, -S *n* wrong diet ▹ *vb* diet or eat improperly
MISDIGHT *adj* done badly ▹ *vb* mismanage or treat badly
MISDO, MISDID, -ES, -ING *vb* do badly or wrongly
MISDOER, -S ▸ **misdo**
MISDOES ▸ **misdo**
MISDOING ▸ **misdo**
MISDONE *adj* done badly
MISDONNE *same as* ▸ **misdone**
MISDOUBT *archaic word for* ▸ **doubt**
MISDRAW, -N, -S, MISDREW *vb* draw poorly
MISDREAD *n* fear of approaching evil ▹ *vb* fear or dread
MISDREW ▸ **misdraw**
MISDRIVE, MISDROVE *vb* drive badly
MISE, -S *n* issue in the obsolete writ of right
MISEASE, -S *n* unease
MISEAT, MISATE, -EN, -S *vb* eat unhealthy food
MISEDIT, -S *vb* edit badly
MISENROL *vb* enrol wrongly
MISENTER *vb* enter wrongly
MISENTRY *n* wrong or mistaken entry
MISER, -S *n* person who hoards money and hates spending it
MISERE, -S *n* call in solo whist and other card games declaring a hand that will win no tricks
MISERERE *n* type of psalm
MISERES ▸ **misere**
MISERIES ▸ **misery**
MISERLY *adj* of or resembling a miser
MISERS ▸ **miser**
MISERY, MISERIES *n* great unhappiness
MISES ▸ **mise**
MISEVENT *n* mishap
MISFAITH *n* distrust
MISFALL, -S, MISFALNE, MISFELL *vb* happen as piece of bad luck
MISFARE, -D, -S *vb* get on badly
MISFEED, MISFED, -S *vb* feed wrongly
MISFEIGN *vb* feign with evil motive
MISFELL ▸ **misfall**
MISFIELD *vb* fail to field properly
MISFILE, -D, -S *vb* file (papers, records, etc) wrongly
MISFIRE, -D, -S *vb* (of a firearm or engine) fail to fire correctly ▹ *n* act or an instance of misfiring
MISFIT, -S *n* person not suited to his or her social environment ▹ *vb* fail to fit or be fitted
MISFOCUS *n* wrong or poor focus
MISFOLD, -S *vb* fold wrongly
MISFORM, -S *vb* form badly
MISFRAME *vb* frame wrongly
MISGAGE, -D, -S *vb* gage wrongly
MISGAUGE *vb* gauge badly
MISGIVE, MISGAVE, -N, -S *vb* make or be apprehensive or suspicious
MISGO, -ES, -ING, -NE *vb* go wrong way
MISGRADE *vb* grade wrongly
MISGRAFF *adj* badly done
MISGRAFT *vb* graft wrongly
MISGROW, MISGREW, -N, -S *vb* grow in unsuitable way
MISGUESS *vb* guess wrongly
MISGUIDE *vb* guide or direct wrongly or badly
MISHAP, -S *n* minor accident ▹ *vb* happen as bad luck
MISHAPT *same as* > **misshapen**
MISHEAR, -D, -S *vb* hear (what someone says) wrongly
MISHIT, -S *n* faulty shot, kick, or stroke ▹ *vb* hit or kick a ball with a faulty stroke
MISHMASH *n* confused collection or mixture
MISHMEE, -S *n* root of Asian plant
MISHMI, -S *n* evergreen perennial plant
MISHMOSH *same as* ▸ **mishmash**
MISHUGAS *same as* > **meshugaas**
MISINFER *vb* infer wrongly
MISINTER *vb* bury wrongly
MISJOIN, -S *vb* join badly
MISJUDGE *vb* judge wrongly or unfairly
MISKAL, -S *n* unit of weight in Iran
MISKEEP, -S, MISKEPT *vb* keep wrongly
MISKEN, -S, -T *vb* be unaware of
MISKEPT ▸ **miskeep**
MISKEY, -ED, -S *vb* key wrongly
MISKICK, -S *vb* fail to kick properly

MISKNOW, MISKNEW, -N, -S *vb* have wrong idea about
MISLABEL *vb* label badly
MISLABOR *vb* labour wrongly
MISLAY, MISLAID, MISLAIN, -S *vb* lose (something) temporarily
MISLAYER ▸ **mislay**
MISLAYS ▸ **mislay**
MISLEAD, -S, MISLED *vb* give false or confusing information to
MISLEARN *vb* learn wrongly
MISLED ▸ **mislead**
MISLEEKE *same as* ▸ **mislike**
MISLETOE *same as* > **mistletoe**
MISLIE, -S, MISLYING *vb* lie wrongly
MISLIGHT, MISLIT *vb* use light to lead astray
MISLIKE, -D, -S *vb* dislike ▹ *n* dislike or aversion
MISLIKER ▸ **mislike**
MISLIKES ▸ **mislike**
MISLIT ▸ **mislight**
MISLIVE, -D, -S *vb* live wickedly
MISLODGE *vb* lodge wrongly
MISLUCK, -S *vb* have bad luck
MISLYING ▸ **mislie**
MISMAKE, MISMADE, -S *vb* make badly
MISMARK, -S *vb* mark wrongly
MISMARRY *vb* make unsuitable marriage
MISMATCH *vb* form an unsuitable partner, opponent, or set ▹ *n* unsuitable match
MISMATE, -D, -S *vb* mate wrongly
MISMEET, -S, MISMET *vb* fail to meet
MISMETRE *vb* fail to follow the metre of a poem
MISMOVE, -D, -S *vb* move badly
MISNAME, -D, -S *vb* name badly
MISNOMER *n* incorrect or unsuitable name ▹ *vb* apply a misnomer to
MISO, -S *n* thick brown salty paste made from soya beans
MISOGAMY *n* hatred of marriage
MISOGYNY *n* hatred of women
MISOLOGY *n* hatred of reasoning or reasoned argument
MISORDER *vb* order badly
MISOS ▸ **miso**
MISPAGE, -D, -S *vb* page wrongly
MISPAINT *vb* paint badly or wrongly
MISPARSE *vb* parse wrongly
MISPART, -S *vb* part wrongly
MISPATCH *vb* patch wrongly
MISPEN, -S *vb* write wrongly
MISPLACE *vb* mislay
MISPLAN, -S *vb* plan badly or wrongly
MISPLANT *vb* plant badly or wrongly
MISPLAY, -S *vb* play badly or wrongly in games or sports ▹ *n* wrong or unskilful play
MISPLEAD, MISPLED *vb* plead incorrectly
MISPOINT *vb* punctuate badly
MISPOISE *n* lack of poise ▹ *vb* lack poise
MISPRICE *vb* give the wrong price to
MISPRINT *n* printing error ▹ *vb* print a letter incorrectly
MISPRISE *same as* ▸ **misprize**
MISPRIZE *vb* fail to appreciate the value of
MISPROUD *adj* undeservedly proud
MISQUOTE *vb* quote inaccurately
MISRAISE *vb* raise wrongly or excessively
MISRATE, -D, -S *vb* rate wrongly
MISREAD, -S *vb* misinterpret (a situation etc)
MISREFER *vb* refer wrongly
MISRELY *vb* rely wrongly
MISROUTE *vb* send wrong way
MISRULE, -D, -S *vb* govern inefficiently or unjustly ▹ *n* inefficient or unjust government
MISS, -ED, -ES *vb* fail to notice, hear, hit, reach, find, or catch ▹ *n* fact or instance of missing
MISSA, -E *n* Roman Catholic mass
MISSABLE ▸ **miss**
MISSAE ▸ **missa**
MISSAID ▸ **missay**
MISSAL, -S *n* book containing the prayers and rites of the Mass
MISSAW ▸ **missee**
MISSAY, MISSAID, -S *vb* say wrongly
MISSEAT, -S *vb* seat wrongly
MISSED ▸ **miss**
MISSEE, MISSAW, -N, -S *vb* see wrongly
MISSEEM, -S *vb* be unsuitable for
MISSEEN ▸ **missee**
MISSEES ▸ **missee**
MISSEL, -S *adj* as in **missel thrush** large European thrush
MISSELL, -S, MISSOLD *vb* sell (a product, esp a financial one) misleadingly
MISSELS ▸ **missel**
MISSEND, -S, MISSENT *vb* send wrongly
MISSENSE *n* type of genetic mutation ▹ *vb* give a wrong sense or meaning
MISSENT ▸ **missend**
MISSES ▸ **miss**
MISSET, -S *vb* set wrongly
MISSHAPE *vb* shape badly ▹ *n* something that is badly shaped
MISSHOD *adj* badly shod
MISSHOOD *n* state of being an unmarried woman
MISSIER ▸ **missy**
MISSIES ▸ **missy**
MISSIEST ▸ **missy**
MISSILE, -S *n* rocket with an exploding warhead
MISSILRY *same as* > **missilery**
MISSING *adj* lost or absent
MISSION, -S *n* specific task or duty ▹ *vb* direct a mission to or establish a mission in
MISSIS, -ES *same as* ▸ **missus**
MISSISH *adj* like a schoolgirl
MISSIVE, -S *n* letter ▹ *adj* sent or intended to be sent
MISSOLD ▸ **missell**
MISSORT, -S *vb* sort wrongly
MISSOUND *vb* sound wrongly
MISSOUT, -S *n* someone who has been overlooked
MISSPACE *vb* space out wrongly
MISSPEAK, MISSPOKE *vb* speak wrongly
MISSPELL, MISSPELT *vb* spell (a word) wrongly
MISSPEND, MISSPENT *vb* waste or spend unwisely
MISSPOKE ▸ **misspeak**
MISSTAMP *vb* stamp badly
MISSTART *vb* start wrongly
MISSTATE *vb* state incorrectly
MISSTEER *vb* steer badly
MISSTEP, -S *n* false step ▹ *vb* take a false step
MISSTOP, -S *vb* stop wrongly

MISSTYLE *vb* call by the wrong name
MISSUIT, -S *vb* be unsuitable for
MISSUS, -ES *n* one's wife or the wife of the person addressed or referred to
MISSY, MISSIER, MISSIES, MISSIEST *n* affectionate or disparaging form of address to a girl ▷ *adj* missish
MIST, -ED, -S *n* thin fog ▷ *vb* cover or be covered with mist
MISTAKE, -S *n* error or blunder ▷ *vb* misunderstand
MISTAKEN *adj* wrong in judgment or opinion
MISTAKER ▸ **mistake**
MISTAKES ▸ **mistake**
MISTAL, -S *n* cow shed
MISTBOW, -S *same as* ▸ **fogbow**
MISTEACH *vb* teach badly
MISTED ▸ **mist**
MISTELL, -S, MISTOLD *vb* tell wrongly
MISTEND, -S *vb* tend wrongly
MISTER, -ED, -S *n* informal form of address for a man ▷ *vb* call (someone) mister
MISTERM, -S *vb* term badly
MISTERS ▸ **mister**
MISTERY *same as* ▸ **mystery**
MISTEUK *Scots variant of* ▸ **mistook**
MISTFUL ▸ **mist**
MISTHINK *vb* have poor opinion of
MISTHROW, MISTHREW *vb* fail to throw properly
MISTICO, -S *n* small Mediterranean sailing ship
MISTIER ▸ **misty**
MISTIEST ▸ **misty**
MISTILY ▸ **misty**
MISTIME, -D, -S *vb* do (something) at the wrong time
MISTING, -S *n* application of a fake suntan by spray
MISTITLE *vb* name badly
MISTLE, -D, -S, MISTLING *same as* ▸ **mizzle**
MISTOLD ▸ **mistell**
MISTOOK *past tense of* ▸ **mistake**
MISTOUCH *vb* fail to touch properly
MISTRACE *vb* trace wrongly
MISTRAIN *vb* train wrongly
MISTRAL, -S *n* strong dry northerly wind of S France
MISTREAT *vb* treat (a person or animal) badly
MISTRESS *n* woman in a position of authority, ownership, or control ▷ *vb* become a mistress
MISTRIAL *n* trial made void because of some error
MISTRUST *vb* have doubts or suspicions about ▷ *n* lack of trust
MISTRUTH *n* something untrue
MISTRYST *vb* fail to keep an appointment with
MISTS ▸ **mist**
MISTUNE, -D, -S *vb* fail to tune properly
MISTUTOR *vb* instruct badly
MISTY, MISTIER, MISTIEST *adj* full of mist
MISTYPE, -D, -S *vb* type badly
MISUNION *n* wrong or bad union
MISUSAGE ▸ **misuse**
MISUSE, -D, -S, MISUSING, MISUST *n* incorrect, improper, or careless use ▷ *vb* use wrongly
MISUSER, -S *n* abuse of some right, privilege, office, etc
MISUSES ▸ **misuse**
MISUSING ▸ **misuse**
MISUST ▸ **misuse**
MISVALUE *vb* value badly
MISWEEN, -S *vb* assess wrongly
MISWEND, -S, MISWENT *vb* become lost
MISWORD, -S *vb* word badly
MISWRITE, MISWRIT, MISWROTE *vb* write badly
MISYOKE, -D, -S *vb* join wrongly
MITCH, -ED, -ES, -ING *vb* play truant from school
MITE, -S *n* very small spider-like animal
MITER, -ED, -ING, -S *same as* ▸ **mitre**
MITERER, -S ▸ **miter**
MITERING ▸ **miter**
MITERS ▸ **miter**
MITES ▸ **mite**
MITHER, -ED, -S *vb* fuss over or moan about something
MITICIDE *n* any drug or agent that destroys mites
MITIER ▸ **mity**
MITIEST ▸ **mity**
MITIGANT *adj* acting to mitigate ▷ *n* means of easing, lessening, or assuaging
MITIGATE *vb* make less severe
MITIS, -ES *n* malleable iron
MITOGEN, -S *n* any agent that induces mitosis
MITOSIS, MITOSES *n* type of cell division
MITOTIC ▸ **mitosis**
MITRAL *adj* of or like a mitre
MITRE, -D, -S, MITRING *n* bishop's pointed headdress ▷ *vb* join with a mitre joint
MITSVAH, -S, MITSVOTH *same as* ▸ **mitzvah**
MITT, -S *same as* ▸ **mitten**
MITTEN, -S *n* glove with one section for the thumb and one for the four fingers together
MITTENED *adj* wearing mittens
MITTENS ▸ **mitten**
MITTIMUS *n* warrant of commitment to prison
MITTS ▸ **mitt**
MITUMBA, -S *n* used clothes imported for sale in African countries
MITY, MITIER, MITIEST *adj* having mites
MITZVAH, -S, MITZVOTH *n* commandment or precept, esp one found in the Bible
MIURUS, -ES *n* type of rhythm in poetry
MIX, -ES, -T *vb* combine or blend into one mass ▷ *n* mixture
MIXABLE ▸ **mix**
MIXDOWN, -S *n* (in sound recording) the transfer of a multitrack master mix to two-track stereo tape
MIXED *adj* formed or blended together by mixing
MIXEDLY ▸ **mixed**
MIXEN, -S *n* dunghill
MIXER, -S *n* kitchen appliance used for mixing foods
MIXES ▸ **mix**
MIXIBLE ▸ **mix**
MIXIER ▸ **mixy**
MIXIEST ▸ **mixy**
MIXING, -S *n* act of mixing
MIXOLOGY *n* art of mixing cocktails
MIXT ▸ **mix**
MIXTAPE, -S *n* compilation of songs from various sources
MIXTE *adj* of a type of bicycle frame
MIXTION, -S *n* amber-based mixture used in making gold leaf
MIXTURE, -S *n* something mixed

MIXUP, -S *n* something that is mixed up
MIXY, MIXIER, MIXIEST *adj* mixed
MIZ, -ZES *shortened form of* ▸ **misery**

Miz is an informal short form of **misery**, very useful as a Z word. But you'll need a blank tile for the second Z if you want to form the plural **mizzes**.

MIZEN, -S *same as* ▸ **mizzen**
MIZMAZE, -S *n* maze
MIZUNA, -S *n* Japanese variety of lettuce
MIZZ *same as* ▸ **miz**
MIZZEN, -S *n* sail set on a mizzenmast ▹ *adj* of or relating to any kind of gear used with a mizzenmast
MIZZES ▸ **miz**
MIZZLE, -D, -S, MIZZLING *vb* decamp
MIZZLIER ▸ **mizzly**
MIZZLING ▸ **mizzle**
MIZZLY, MIZZLIER ▸ **mizzle**
MIZZY *adj* as in **mizzy maze** dialect expression meaning state of confusion
MM *interj* expression of enjoyment of taste or smell
MMM *interj* interjection expressing agreement or enjoyment
MNA, -S *same as* ▸ **mina**
MNEME, -S *n* ability to retain memory
MNEMIC ▸ **mneme**
MNEMON, -S *n* unit of memory
MNEMONIC *adj* intended to help the memory ▹ *n* something, for instance a verse, intended to help the memory
MNEMONS ▸ **mnemon**
MO, -S *n* moment
MOA, -S *n* large extinct flightless New Zealand bird
MOAI *n* any of the gigantic carved stone figures found on Easter Island (Rapa Nui)
MOAN, -ED, -S *n* low cry of pain ▹ *vb* make or utter with a moan
MOANER, -S ▸ **moan**
MOANFUL ▸ **moan**
MOANING, -S ▸ **moan**
MOANS ▸ **moan**
MOAS ▸ **moa**
MOAT, -ED, -ING, -S *n* deep wide ditch, esp round a castle ▹ *vb* surround with or as if with a moat
MOATLIKE ▸ **moat**
MOATS ▸ **moat**
MOB, -BED, -S *n* disorderly crowd ▹ *vb* surround in a mob
MOBBER, -S ▸ **mob**
MOBBIE *same as* ▸ **mobby**
MOBBIES ▸ **mobby**
MOBBING, -S ▸ **mob**
MOBBISH ▸ **mob**
MOBBISM, -S *n* behaviour as mob
MOBBLE, -D, -S, MOBBLING *same as* ▸ **moble**
MOBBY, MOBBIES *n* West Indian drink
MOBCAP, -S *n* woman's 18th-century cotton cap
MOBCAST, -S *vb* create and upload a podcast directly from a mobile phone
MOBE, -S *n* mobile phone
MOBEY, -S *same as* ▸ **moby**
MOBIE *same as* ▸ **moby**
MOBIES ▸ **moby**
MOBILE, -S *adj* able to move ▹ *n* hanging structure designed to move in air currents
MOBILISE *same as* ▸ **mobilize**
MOBILITY *n* ability to move physically
MOBILIZE *vb* (of the armed services) prepare for active service
MOBISODE *n* episode of a TV show made for viewing on a mobile phone
MOBLE, -D, -S, MOBLING *vb* muffle
MOBLOG, -S *n* blog recorded in the form of mobile phone calls, text messages, and photographs
MOBOCRAT > **mobocracy**
MOBS ▸ **mob**
MOBSMAN, MOBSMEN *n* person in mob
MOBSTER, -S *n* member of a criminal organization
MOBY, MOBIES *n* mobile phone
MOC, -S *shortening of* ▸ **moccasin**
MOCASSIN *same as* ▸ **moccasin**
MOCCASIN *n* soft leather shoe
MOCCIES *pl n* informal Australian word for moccasins
MOCH, -ED, -ING, -S *n* spell of humid weather ▹ *vb* (of foods) become musty or spoiled
MOCHA, -S *n* kind of strong dark coffee
MOCHED ▸ **moch**
MOCHELL, -S *same as* ▸ **much**
MOCHI, -S *n* confection made with rice flour and sweetened bean paste
MOCHIE, -R, -ST *adj* damp or humid
MOCHILA, -S *n* South American shoulder bag
MOCHING ▸ **moch**
MOCHIS ▸ **mochi**
MOCHS ▸ **moch**
MOCHY *same as* ▸ **mochie**
MOCK, -ED, -S *vb* make fun of ▹ *adj* sham or imitation ▹ *n* act of mocking
MOCKABLE ▸ **mock**
MOCKADO *n* imitation velvet
MOCKAGE, -S *same as* ▸ **mockery**
MOCKED ▸ **mock**
MOCKER, -ED, -S *vb* dress up
MOCKERY *n* derision
MOCKING, -S ▸ **mock**
MOCKNEY, -S *n* person who affects a cockney accent ▹ *adj* denoting an affected cockney accent or a person who has one
MOCKS ▸ **mock**
MOCKTAIL *n* cocktail without alcohol
MOCKUP, -S *n* working full-scale model of a machine, apparatus, etc, for testing, research, etc
MOCOCK, -S *n* Native American birchbark container
MOCS ▸ **moc**
MOCUCK, -S *same as* ▸ **mocock**
MOCUDDUM *same as* ▸ **muqaddam**
MOD, -DED, -S *n* member of a group of fashionable young people, orig in the 1960s ▹ *vb* modify (a piece of software or hardware)
MODAL, -S *adj* of or relating to mode or manner ▹ *n* modal word
MODALISM *n* type of Christian doctrine
MODALIST ▸ **modalism**
MODALITY *n* condition of being modal
MODALLY ▸ **modal**
MODALS ▸ **modal**
MODDED ▸ **mod**
MODDER, -S *n* person who modifies a piece of hardware or software

MODDING, -S *n* practice of modifying a car to alter its appearance or performance
MODE, -S *n* method or manner
MODEL, -ED, -LED, -S *n* (miniature) representation ▷ *adj* excellent or perfect ▷ *vb* make a model of
MODELER, -S ▶ **model**
MODELING *same as* > **modelling**
MODELIST *same as* > **modellist**
MODELLED ▶ **model**
MODELLER ▶ **model**
MODELLO, MODELLI, -S *n* artist's preliminary sketch or model
MODELS ▶ **model**
MODEM, -ED, -ING, -S *n* device for connecting two computers by a telephone line ▷ *vb* send or receive by modem
MODENA, -S *n* popular variety of domestic fancy pigeon
MODER, -S *n* intermediate layer in humus
MODERATE *adj* not extreme ▷ *n* person of moderate views ▷ *vb* make or become less violent or extreme
MODERATO *adv* at a moderate speed ▷ *n* moderato piece
MODERN, -ER, -S *adj* of present or recent times ▷ *n* contemporary person
MODERNE, -S *n* style of architecture and design of the late 1920s and 1930s ▷ *adj* of or relating to this style of architecture and design
MODERNER ▶ **modern**
MODERNES ▶ **moderne**
MODERNLY ▶ **modern**
MODERNS ▶ **modern**
MODERS ▶ **moder**
MODES ▶ **mode**
MODEST, -ER *adj* not vain or boastful
MODESTLY ▶ **modest**
MODESTY *n* quality or condition of being modest
MODGE, -D, -S, MODGING *vb* do shoddily
MODI ▶ **modus**
MODICUM, MODICA, -S *n* small quantity
MODIFIED ▶ **modify**
MODIFIER *n* word that qualifies the sense of another
MODIFY, MODIFIED, MODIFIES *vb* change slightly
MODII ▶ **modius**
MODIOLAR ▶ **modiolus**
MODIOLUS, MODIOLI *n* central bony pillar of the cochlea
MODISH *adj* in fashion
MODISHLY ▶ **modish**
MODIST, -S *n* follower of fashion
MODISTE, -S *n* fashionable dressmaker or milliner
MODISTS ▶ **modist**
MODIUS, MODII *n* ancient Roman quantity measure
MODIWORT *Scots variant of* > **mouldwarp**
MODS ▶ **mod**
MODULAR, -S *adj* of, consisting of, or resembling a module or modulus ▷ *n* thing comprised of modules
MODULATE *vb* vary in tone
MODULE, -S *n* self-contained unit, section, or component with a specific function
MODULI ▶ **modulus**
MODULO *adv* with reference to modulus
MODULUS, MODULI *n* coefficient expressing a specified property
MODUS, MODI *n* way of doing something
MOE, -S *adv* more ▷ *n* wry face
MOELLON, -S *n* rubble
MOES ▶ **moe**
MOFETTE, -S *n* opening in a region of nearly extinct volcanic activity, through which gases pass
MOFFETTE *same as* ▶ **mofette**
MOFUSSIL *n* provincial area in India
MOG, -GED, -GING, -S *vb* go away
MOGGAN, -S *n* stocking without foot
MOGGED ▶ **mog**
MOGGIE *same as* ▶ **moggy**
MOGGIES ▶ **moggy**
MOGGING ▶ **mog**
MOGGY, MOGGIES *n* cat
MOGHUL, -S *same as* ▶ **mogul**
MOGS ▶ **mog**
MOGUL, -S *n* important or powerful person
MOGULED *adj* having moguls
MOGULS ▶ **mogul**
MOHAIR, -S *n* fine hair of the Angora goat
MOHALIM *same as* ▶ **mohelim**
MOHAWK, -S *n* half turn from either edge of either skate to the corresponding edge of the other skate
MOHEL, -IM, -S *n* man qualified to conduct circumcisions
MOHICAN, -S *n* punk hairstyle
MOHO, -S *n* boundary between the earth's crust and mantle
MOHR, -S *same as* ▶ **mhorr**
MOHUA, -S *n* small New Zealand bird
MOHUR, -S *n* former Indian gold coin worth 15 rupees
MOI *pron* (used facetiously) me
MOIDER, -ED, -S *same as* ▶ **moither**
MOIDORE, -S *n* former Portuguese gold coin
MOIETY, MOIETIES *n* half
MOIL, -ED, -ING, -S *vb* moisten or soil or become moist, soiled, etc ▷ *n* toil
MOILE, -S *n* type of rice pudding made with almond milk
MOILED ▶ **moil**
MOILER, -S ▶ **moil**
MOILES ▶ **moile**
MOILING ▶ **moil**
MOILS ▶ **moil**
MOINEAU, -S *n* small fortification

> Meaning a type of small fortification, this is another of those very useful 7-letter vowel dumps.

MOIRA, -I *n* fate
MOIRE, -S *adj* having a watered or wavelike pattern ▷ *n* any fabric that has such a pattern
MOISER, -S *n* informer
MOIST, -ED, -ER, -EST, -ING, -S *adj* slightly wet ▷ *vb* moisten
MOISTEN, -S *vb* make or become moist
MOISTER ▶ **moist**
MOISTEST ▶ **moist**
MOISTFUL *adj* full of moisture
MOISTIFY *vb* moisten
MOISTING ▶ **moist**
MOISTLY ▶ **moist**
MOISTS ▶ **moist**
MOISTURE *n* liquid diffused as vapour or condensed in drops

M

MOIT, -S *same as* ▸ **mote**
MOITHER, -S *vb* bother or bewilder
MOITS ▸ **moit**
MOJARRA, -S *n* tropical American sea fish
MOJITO, -S *n* rum-based cocktail
MOJO, -ES, -S *n* charm or magic spell
MOKADDAM *same as* ▸ **muqaddam**
MOKE, -S *n* donkey
MOKI, -S *n* edible sea fish of New Zealand
MOKIHI, -S *n* Māori raft
MOKIS ▸ **moki**
MOKO, -S *n* Māori tattoo or tattoo pattern
MOKOMOKO *n* type of skink found in New Zealand
MOKOPUNA *n* grandchild or young person
MOKORO, -S *n* (in Botswana) the traditional dugout canoe of the people of the Okavango Delta
MOKOS ▸ **moko**
MOKSHA, -S *n* freedom from the endless cycle of transmigration into a state of bliss
MOL, -S *n* the SI unit mole
MOLA, -S *another name for* ▸ **sunfish**
MOLAL *adj* of a solution containing one mole of solute per thousand grams of solvent
MOLALITY *n* measure of solvent concentration
MOLAR, -S *n* large back tooth used for grinding ▹ *adj* of any of these teeth
MOLARITY *n* concentration
MOLARS ▸ **molar**
MOLAS ▸ **mola**
MOLASSE *n* sediment from the erosion of mountain ranges
MOLASSES *n* dark syrup, a by-product of sugar refining
MOLD, -ED, -S *same as* ▸ **mould**
MOLDABLE ▸ **mold**
MOLDED ▸ **mold**
MOLDER, -ED, -S *same as* ▸ **moulder**
MOLDIER ▸ **moldy**
MOLDIEST ▸ **moldy**
MOLDING, -S *same as* ▸ **moulding**
MOLDS ▸ **mold**
MOLDWARP *same as* > **mouldwarp**
MOLDY, MOLDIER, MOLDIEST *same as* ▸ **mouldy**
MOLE, -D, -S, MOLING *n* small dark raised spot on the skin ▹ *vb* as in **mole out** seek as if by burrowing
MOLECAST *n* molehill
MOLECULE *n* simplest freely existing chemical unit, composed of two or more atoms
MOLED ▸ **mole**
MOLEHILL *n* small mound of earth thrown up by a burrowing mole
MOLEHUNT *n* hunt for a mole
MOLELIKE *adj* like a mole
MOLES ▸ **mole**
MOLESKIN *n* dark grey dense velvety pelt of a mole, used as a fur
MOLEST, -ED, -S *vb* disturb or annoy
MOLESTER ▸ **molest**
MOLESTS ▸ **molest**
MOLIES ▸ **moly**
MOLIMEN, -S *n* effort needed to perform bodily function
MOLINE, -S *adj* (of a cross) having arms of equal length, forked and curved back at the ends ▹ *n* moline cross
MOLINET, -S *n* stick for whipping chocolate
MOLING ▸ **mole**
MOLL, -S *n* gangster's female accomplice
MOLLA, -S *same as* ▸ **mollah**
MOLLAH, -S *same as* ▸ **mullah**
MOLLAS ▸ **molla**
MOLLIE *same as* ▸ **molly**
MOLLIES ▸ **molly**
MOLLIFY *vb* pacify or soothe
MOLLS ▸ **moll**
MOLLUSC, -S *n* soft-bodied, usu hard-shelled, animal
MOLLUSCA *n* molluscs collectively
MOLLUSCS ▸ **mollusc**
MOLLUSK, -S *same as* ▸ **mollusc**
MOLLY, MOLLIES *n* American freshwater fish
MOLOCH, -S *n* spiny Australian desert-living lizard
MOLOSSUS, MOLOSSI *n* division of metre in poetry
MOLS ▸ **mol**
MOLT, -ED, -ING, -S *same as* ▸ **moult**
MOLTEN ▸ **melt**
MOLTENLY ▸ **melt**
MOLTER, -S ▸ **molt**
MOLTING ▸ **molt**
MOLTO *adv* very
MOLTS ▸ **molt**
MOLY, MOLIES, -S *n* mythical magic herb
MOLYBDIC *adj* of or containing molybdenum in the trivalent or hexavalent state
MOLYS ▸ **moly**
MOM, -S *same as* ▸ **mother**
MOME, -S *n* fool
MOMENT, -S *n* short space of time
MOMENTA ▸ **momentum**
MOMENTLY *same as* ▸ **moment**
MOMENTO, -S *same as* ▸ **memento**
MOMENTS ▸ **moment**
MOMENTUM, MOMENTA *n* impetus to go forward, develop, or get stronger
MOMES ▸ **mome**
MOMI *same as* ▸ **mom**
MOMISM, -S *n* excessive domination of a child by his or her mother
MOMMA, -S *same as* ▸ **mamma**
MOMMET, -S *same as* ▸ **mammet**
MOMMY, MOMMIES *same as* ▸ **mom**
MOMOIR, -S *n* memoir written by a woman about motherhood
MOMS ▸ **mom**
MOMUS, -ES *n* person who ridicules
MON, -S *dialect variant of* ▸ **man**
MONA *n* W African guenon monkey
MONACHAL *less common word for* ▸ **monastic**
MONACID, -S *same as* ▸ **monoacid**
MONACT, -S *n* sponge spicule with a single ray
MONAD, -S *n* any fundamental singular metaphysical entity
MONADAL ▸ **monad**
MONADES ▸ **monas**
MONADIC *adj* being or relating to a monad
MONADISM *n* doctrine that monads are the ultimate units of reality
MONADS ▸ **monad**
MONAL, -S *n* S Asian pheasant
MONAMINE *n* type of amine

MONANDRY *n* custom of having only one male partner over a period of time
MONARCH, -S *n* sovereign ruler of a state
MONARCHY *n* government by or a state ruled by a sovereign
MONARDA, -S *n* mintlike N American plant
MONAS, MONADES, -ES *same as* ▸ **monad**
MONASTIC *adj* of monks, nuns, or monasteries ▹ *n* person who is committed to this way of life, esp a monk
MONAUL, -S *same as* ▸ **monal**
MONAURAL *adj* relating to, having, or hearing with only one ear
MONAXIAL *another word for* ▸ **uniaxial**
MONAXON, -S *n* type of sponge
MONAZITE *n* yellow to reddish-brown mineral
MONDAIN, -S *n* man who moves in fashionable society ▹ *adj* characteristic of fashionable society
MONDAINE *n* woman who moves in fashionable society ▹ *adj* characteristic of fashionable society
MONDAINS ▸ **mondain**
MONDE, -S *n* French word meaning world or society
MONDIAL *adj* of or involving the whole world
MONDO, -S *n* Buddhist questioning technique
MONECIAN *same as* > **monecious**
MONELLIN *n* sweet protein
MONEME, -S *less common word for* ▸ **morpheme**
MONER, -A *n* hypothetical simple organism
MONERAN, -S *n* type of bacterium
MONERON *same as* ▸ **moner**
MONETARY *adj* of money or currency
MONETH, -S *same as* ▸ **month**
MONETISE *same as* ▸ **monetize**
MONETIZE *vb* establish as the legal tender of a country
MONEY, -MEN, -S, MONIES *n* medium of exchange, coins or banknotes
MONEYBAG *n* bag for money
MONEYBOX *n* box for keeping money in
MONEYED *adj* rich
MONEYER, -S *n* person who coins money
MONEYMAN *n* person supplying money
MONEYMEN ▸ **money**
MONEYS ▸ **money**
MONGCORN *same as* ▸ **maslin**
MONGEESE ▸ **mongoose**
MONGER, -ED, -S *n* trader or dealer ▹ *vb* deal in
MONGERY ▸ **monger**
MONGO, -S *same as* ▸ **mungo**
MONGOE, -S *same as* ▸ **mongo**
MONGOOSE, MONGEESE *n* stoat-like mammal of Asia and Africa that kills snakes
MONGOS ▸ **mongo**
MONGREL, -S *n* animal, esp a dog, of mixed breed ▹ *adj* of mixed breed or origin
MONGST *short for* ▸ **amongst**
MONIAL, -S *n* mullion
MONIC *adj* denoting a type of polynomial
MONICKER *same as* ▸ **moniker**
MONIE *Scots word for* ▸ **many**
MONIED *same as* ▸ **moneyed**
MONIES ▸ **money**
MONIKER, -S *n* person's name or nickname
MONILIA, -E, -S *n* type of fungus
MONILIAL *adj* denoting a thrush infection caused by a fungus
MONILIAS ▸ **monilia**
MONIMENT *same as* ▸ **monument**
MONISH, -ED, -ES *same as* ▸ **admonish**
MONISM, -S *n* doctrine that reality consists of only one basic substance or element
MONIST, -S ▸ **monism**
MONISTIC ▸ **monism**
MONISTS ▸ **monist**
MONITION *n* warning or caution
MONITIVE *adj* reproving
MONITOR, -S *n* person or device that checks, controls, warns, or keeps a record of something ▹ *vb* watch and check on
MONITORY *adj* acting as or giving a warning ▹ *n* letter containing a monition
MONK, -S *n* member of an all-male religious community
MONKEY, -ED, -S *n* long-tailed primate ▹ *vb* meddle or fool
MONKFISH *n* type of fish
MONKHOOD *n* condition of being a monk
MONKISH *adj* of, relating to, or resembling a monk or monks
MONKS ▸ **monk**
MONO, -S *n* monophonic sound
MONOACID *adj* base which is capable of reacting with only one molecule of a monobasic acid
MONOAO, -S *n* New Zealand plant with rigid leaves
MONOBLOC *adj* made from a single piece of something
MONOBROW *n* appearance of a single eyebrow as a result of the eyebrows joining above a person's nose
MONOCARP *n* plant that is monocarpic
MONOCLE, -S *n* eyeglass for one eye only
MONOCLED ▸ **monocle**
MONOCLES ▸ **monocle**
MONOCOT, -S *n* type of flowering plant with a single embryonic seed leaf
MONOCRAT > **monocracy**
MONOCROP *vb* plant the same crop in a field every year
MONOCYTE *n* large phagocytic leucocyte with a spherical nucleus and clear cytoplasm
MONODIC ▸ **monody**
MONODIES ▸ **monody**
MONODIST ▸ **monody**
MONODONT *adj* (of certain animals, esp the male narwhal) having a single tooth throughout life
MONODY, MONODIES *n* (in Greek tragedy) an ode sung by a single actor
MONOECY *same as* > **monoecism**
MONOFIL, -S *n* synthetic thread or yarn composed of a single strand rather than twisted fibres
MONOFUEL *n* single type of fuel
MONOGAMY *n* custom of being married to one person at a time

MONOGENY *n* the hypothetical descent of all organisms from a single cell or organism
MONOGERM *adj* containing single seed
MONOGLOT *n* person speaking only one language
MONOGONY *n* asexual reproduction
MONOGRAM *n* design of combined letters, esp a person's initials ▷ *vb* decorate (clothing, stationery, etc) with a monogram
MONOGYNY *n* custom of having only one female partner over a period of time
MONOHULL *n* sailing vessel with a single hull
MONOKINE *n* type of protein
MONOKINI *n* bottom half of a bikini
MONOLINE *adj* as in **monoline insurer** insurer who pays the principal and interest on a bond in the event of a default
MONOLITH *n* large upright block of stone
MONOLOG, -S *same as* > **monologue**
MONOLOGY > **monologue**
MONOMARK *n* series of letters or figures to identify goods, personal articles, etc
MONOMER, -S *n* compound whose molecules can join together to form a polymer
MONOMIAL *n* expression consisting of a single term, such as 5*ax* ▷ *adj* consisting of a single algebraic term
MONOMODE *adj* denoting a type of optical fibre
MONONYM, -S *n* person who is famous enough to be known only by one name
MONOPOD, -S *same as* ▸ **monopode**
MONOPODE *n* member of a legendary one-legged race of Africa
MONOPODS ▸ **monopod**
MONOPODY *n* single-foot measure in poetry
MONOPOLE *n* magnetic pole considered in isolation
MONOPOLY *n* exclusive possession of or right to do something
MONORAIL *n* single-rail railway
MONOS ▸ **mono**
MONOSEMY *n* fact of having only a single meaning
MONOSES ▸ **monosis**
MONOSIES ▸ **monosy**
MONOSIS, MONOSES *n* abnormal separation
MONOSKI, -S *n* wide ski on which the skier stands with both feet ▷ *vb* ski on a monoski
MONOSOME *n* unpaired chromosome, esp an X-chromosome in an otherwise diploid cell
MONOSOMY *n* condition with a missing pair of chromosomes
MONOSY, MONOSIES *same as* ▸ **monosis**
MONOTASK *vb* perform only one task at a time
MONOTINT *n* black-and-white photograph or transparency
MONOTONE *n* unvaried pitch in speech or sound ▷ *adj* unvarying ▷ *vb* speak in monotone
MONOTONY *n* wearisome routine, dullness
MONOTYPE *n* single print made from a metal or glass plate on which a picture has been painted
MONOXIDE *n* oxide that contains one oxygen atom per molecule
MONS ▸ **mon**
MONSIEUR *n* French title of address equivalent to *sir* or *Mr*
MONSOON, -S *n* seasonal wind of SE Asia
MONSTER, -S *n* imaginary, usu frightening, beast ▷ *adj* huge ▷ *vb* criticize (a person or group) severely
MONSTERA *n* type of tropical climbing plant
MONSTERS ▸ **monster**
MONTAGE, -D, -S *n* (making of) a picture composed from pieces of others ▷ *vb* make as a montage
MONTAN *adj* as in **montan wax** hard wax obtained from lignite and peat
MONTANE, -S *n* area of mountain dominated by vegetation ▷ *adj* of or inhabiting mountainous regions
MONTANT, -S *n* vertical part in woodwork
MONTANTO *n* rising blow
MONTANTS ▸ **montant**
MONTARIA *n* Brazilian canoe
MONTE, -S *n* gambling card game of Spanish origin
MONTEITH *n* large ornamental bowl
MONTEM, -S *n* former money-raising practice at Eton school
MONTERO, -S *n* round cap with a flap at the back worn by hunters
MONTES ▸ **monte**
MONTH, -S *n* one of the twelve divisions of the calendar year
MONTHLY *adj* happening or payable once a month ▷ *adv* once a month ▷ *n* monthly magazine
MONTHS ▸ **month**
MONTICLE *same as* > **monticule**
MONTIES ▸ **monty**
MONTRE, -S *n* pipes of organ
MONTURE, -S *n* mount or frame
MONTY, MONTIES *n* complete form of something
MONUMENT *n* something, esp a building or statue, that commemorates something
MONURON, -S *n* type of weedkiller
MONY *Scot word for* ▸ **many**
MOO, -ED, -ING, -S *n* long deep cry of a cow ▷ *vb* make this noise ▷ *interj* instance or imitation of this sound
MOOCH, -ED, -ES, -ING *vb* loiter about aimlessly
MOOCHER, -S ▸ **mooch**
MOOCHES ▸ **mooch**
MOOCHING ▸ **mooch**
MOOD, -S *n* temporary (gloomy) state of mind
MOODIED ▸ **moody**
MOODIER ▸ **moody**
MOODIES ▸ **moody**
MOODIEST ▸ **moody**
MOODILY ▸ **moody**
MOODS ▸ **mood**
MOODY, MOODIED, MOODIER, MOODIES, MOODIEST, -ING *adj* sullen or gloomy ▷ *vb* flatter
MOOED ▸ **moo**
MOOI *adj* pleasing or nice
MOOING ▸ **moo**
MOOK, -S *n* person regarded with contempt, esp a stupid person
MOOKTAR, -S *same as* ▸ **mukhtar**
MOOL, -ED, -ING, -S *same as* ▸ **mould**

MOOLA, -S *same as* ▸**moolah**
MOOLAH, -S *slang word for* ▸**money**
MOOLAS ▸**moola**
MOOLED ▸**mool**
MOOLEY, -S *same as* ▸**mooly**
MOOLI, -S *n* type of large white radish
MOOLIES ▸**mooly**
MOOLING ▸**mool**
MOOLIS ▸**mooli**
MOOLOO, -S *n* person from the Waikato
MOOLS ▸**mool**
MOOLVI, -S *same as* ▸**moolvie**
MOOLVIE, -S *n* (esp in India) Muslim learned man
MOOLVIS ▸**moolvi**
MOOLY, MOOLIES *same as* ▸**muley**
MOON, -ING, -S *n* natural satellite of the earth ▹*vb* be idle in a listless or dreamy way
MOONBEAM *n* ray of moonlight
MOONBOW, -S *n* rainbow made by moonlight
MOONCAKE *n* type of round Chinese cake
MOONCALF *n* person who idles time away
MOONDOG, -S *n* bright spot in the sky caused by moonlight
MOONDUST *n* dust on surface of moon
MOONED *adj* decorated with a moon
MOONER, -S ▸**moon**
MOONEYE, -S *n* N American large-eyed freshwater fish
MOONFACE *n* big round face ▹*vb* have a moon face
MOONFISH *n* type of tropical fish
MOONG *n* as in **moong bean** kind of bean
MOONGATE *n* circular gateway in a wall
MOONIER ▸**moony**
MOONIES ▸**moony**
MOONIEST ▸**moony**
MOONILY ▸**moony**
MOONING ▸**moon**
MOONISH ▸**moon**
MOONLESS ▸**moon**
MOONLET, -S *n* small moon
MOONLIKE ▸**moon**
MOONLIT *adj* illuminated by the moon
MOONPORT *n* place from which flights leave for moon
MOONRISE *n* moment when the moon appears above the horizon
MOONROCK *n* rock from moon
MOONROOF *same as* ▸**sunroof**
MOONS ▸**moon**
MOONSAIL *n* small sail high on a mast
MOONSEED *n* type of climbing plant with red or black fruits
MOONSET, -S *n* moment when the moon disappears below the horizon
MOONSHEE *same as* ▸**munshi**
MOONSHIP *n* lunar module
MOONSHOT *n* launching of a spacecraft to the moon
MOONWALK *n* instance of walking on the moon
MOONWARD *adj* towards moon
MOONWORT *n* type of fern with crescent-shaped leaflets
MOONY, MOONIER, MOONIES, MOONIEST *adj* dreamy or listless ▹*n* crazy or foolish person
MOOP, -ED, -ING, -S *same as* ▸**moup**
MOOR, -ED, -S *n* tract of open uncultivated ground covered with grass and heather ▹*vb* secure (a ship) with ropes etc
MOORAGE, -S *n* place for mooring a vessel
MOORBURN *n* practice of burning off old growth on a heather moor
MOORCOCK *n* male of the red grouse
MOORED ▸**moor**
MOORFOWL *n* red grouse
MOORHEN, -S *n* small black water bird
MOORIER ▸**moory**
MOORIEST ▸**moory**
MOORILL, -S *n* disease of cattle on moors
MOORING *n* place for mooring a ship
MOORINGS *pl n* ropes and anchors used in mooring a vessel
MOORISH *adj* of or relating to the Moor people of North Africa
MOORLAND *n* area of moor
MOORLOG, -S *n* rotted wood below the surface of a moor
MOORMAN, MOORMEN *n* person living on a moor
MOORS ▸**moor**
MOORVA, -S *same as* ▸**murva**
MOORWORT *n* low-growing pink-flowered shrub that grows in peaty bogs
MOORY, MOORIER, MOORIEST ▸**moor**
MOOS ▸**moo**
MOOSE *n* large N American deer
MOOT, -ED, -EST, -S *adj* debatable ▹*vb* bring up for discussion ▹*n* (in Anglo-Saxon England) a local administrative assembly
MOOTABLE ▸**moot**
MOOTED ▸**moot**
MOOTER, -S ▸**moot**
MOOTEST ▸**moot**
MOOTING, -S ▸**moot**
MOOTMAN, MOOTMEN *n* person taking part in a moot
MOOTNESS ▸**moot**
MOOTS ▸**moot**
MOOVE, -D, -S, MOOVING *same as* ▸**move**
MOP, -PED, -PING, -S *n* long stick with twists of cotton or a sponge on the end, used for cleaning ▹*vb* clean or soak up with or as if with a mop
MOPANE, -S *same as* ▸**mopani**
MOPANI, -S *n* S African tree that is highly resistant to drought
MOPBOARD *n* wooden border fixed round the base of an interior wall
MOPE, -S, MOPING, MOPISHLY *vb* be gloomy and apathetic ▹*n* gloomy person
MOPED, -S *n* light motorized cycle
MOPEHAWK *same as* ▸**mopoke**
MOPER, -S ▸**mope**
MOPERIES ▸**mopery**
MOPERS ▸**moper**
MOPERY, MOPERIES *n* gloominess
MOPES ▸**mope**
MOPEY *same as* ▸**mopy**
MOPHEAD, -S *n* person with shaggy hair
MOPIER ▸**mopy**
MOPIEST ▸**mopy**
MOPILY ▸**mopy**
MOPINESS ▸**mopy**

MOPING ▸ **mope**
MOPINGLY ▸ **mope**
MOPISH ▸ **mope**
MOPISHLY ▸ **mope**
MOPOKE, -S *n* species of owl
MOPPED ▸ **mop**
MOPPER, -S ▸ **mop**
MOPPET, -S *same as* ▸ **poppet**
MOPPIER ▸ **moppy**
MOPPIEST ▸ **moppy**
MOPPING ▸ **mop**
MOPPY, MOPPIER, MOPPIEST *adj* (of hair) thick, dishevelled
MOPS ▸ **mop**
MOPSIES ▸ **mopsy**
MOPSTICK *n* mop handle
MOPSY, MOPSIES *n* untidy or dowdy person
MOPUS, -ES *n* person who mopes
MOPY, MOPIER, MOPIEST ▸ **mope**
MOQUETTE *n* thick velvety fabric used for carpets and upholstery
MOR, -S *n* layer of acidic humus formed in cool moist areas
MORA, -E, -S *n* quantity of a short syllable in verse
MORAINAL ▸ **moraine**
MORAINE, -S *n* accumulated mass of debris deposited by a glacier
MORAINIC ▸ **moraine**
MORAL, -S *adj* concerned with right and wrong conduct ▹ *n* lesson to be obtained from a story or event ▹ *vb* moralize
MORALE, -S *n* degree of confidence or hope of a person or group
MORALISE *same as* ▸ **moralize**
MORALISM *n* habit or practice of moralizing
MORALIST *n* person with a strong sense of right and wrong
MORALITY *n* good moral conduct
MORALIZE *vb* make moral pronouncements
MORALL, -ED, -S *same as* ▸ **mural**
MORALLER ▸ **moral**
MORALLS ▸ **morall**
MORALLY ▸ **moral**
MORALS ▸ **moral**
MORAS ▸ **mora**
MORASS, -ES *n* marsh
MORASSY *adj* swampy
MORAT, -S *n* drink containing mulberry juice
MORATORY > **moratoria**
MORATS ▸ **morat**
MORAY, -S *n* large voracious eel
MORBID, -ER *adj* unduly interested in death or unpleasant events
MORBIDLY ▸ **morbid**
MORBIFIC *adj* causing disease
MORBILLI *same as* ▸ **measles**
MORBUS, -ES *n* disease
MORCEAU, -X *n* fragment or morsel
MORCHA, -S *n* (in India) hostile demonstration
MORDANCY ▸ **mordant**
MORDANT, -S *adj* sarcastic or scathing ▹ *n* substance used to fix dyes ▹ *vb* treat (a fabric, yarn, etc) with a mordant
MORDENT, -S *n* melodic ornament in music
MORE *adj* greater in amount or degree ▹ *adv* greater extent ▹ *pron* greater or additional amount or number
MOREEN, -S *n* heavy, usually watered, fabric of wool or wool and cotton
MOREISH *adj* (of food) causing a desire for more
MOREL, -S *n* edible mushroom with a pitted cap
MORELLE, -S *n* nightshade
MORELLO, -S *n* variety of small very dark sour cherry
MORELS ▸ **morel**
MORENDO, -S *adv* (in music) dying away ▹ *n* gentle decrescendo at the end of a musical strain
MORENESS ▸ **more**
MOREOVER *adv* in addition to what has already been said
MOREPORK *same as* ▸ **mopoke**
MORES *pl n* customs and conventions embodying the fundamental values of a community
MORESQUE *adj* (esp of decoration and architecture) of Moorish style ▹ *n* Moorish design or decoration
MORGAN, -S *n* American breed of small compact saddle horse
MORGAY, -S *n* small dogfish
MORGEN, -S *n* South African unit of area
MORGUE, -S *same as* ▸ **mortuary**
MORIA, -S *n* folly
MORIBUND *adj* without force or vitality
MORICHE, -S *same as* ▸ **miriti**
MORION, -S *n* 16th-century helmet with a brim and wide comb
MORISCO, -S *n* morris dance
MORISH *same as* ▸ **moreish**
MORKIN, -S *n* animal dying in accident
MORLING, -S *n* sheep killed by disease
MORMAOR, -S *n* former high-ranking Scottish nobleman
MORN, -S *n* morning
MORNAY, -S *n* dish served with a cheese sauce
MORNE, -D, -S *same as* ▸ **mourn**
MORNING, -S *n* part of the day before noon
MORNS ▸ **morn**
MOROCCO, -S *n* goatskin leather
MORON, -S *n* insulting term for a foolish or stupid person
MORONIC ▸ **moron**
MORONISM ▸ **moron**
MORONITY ▸ **moron**
MORONS ▸ **moron**
MOROSE, -R, -ST *adj* sullen or moody
MOROSELY ▸ **morose**
MOROSER ▸ **morose**
MOROSEST ▸ **morose**
MOROSITY ▸ **morose**
MORPH, -ED, -S *n* phonological representation of a morpheme ▹ *vb* undergo or cause to undergo morphing
MORPHEAN *adj* of or relating to Morpheus, the god of sleep and dreams
MORPHED ▸ **morph**
MORPHEME *n* speech element that cannot be subdivided
MORPHEW, -S *n* blemish on skin
MORPHIA, -S *same as* ▸ **morphine**
MORPHIC *adj* as in **morphic resonance** idea that an event can lead to similar events in the future through a telepathic effect
MORPHIN, -S *variant form of* ▸ **morphine**

MORPHINE *n* drug extracted from opium, used as an anaesthetic and sedative

MORPHING *n* one image changing to another by small gradual steps using computer animation

MORPHINS ▶ **morphin**

MORPHO, -S *n* type of butterfly

MORPHS ▶ **morph**

MORRA, -S *same as* ▶ **mora**

MORRELL, -S *n* tall SW Australian eucalyptus with pointed buds

MORRHUA, -S *n* cod

MORRICE, -S *same as* ▶ **morris**

MORRION, -S *same as* ▶ **morion**

MORRIS, -ED, -ES *vb* perform morris dance

MORRO, -S *n* rounded hill or promontory

MORROW, -S *n* next day

MORS ▶ **mor**

MORSAL, -S *same as* ▶ **morsel**

MORSE, -S *n* clasp or fastening on a cope

MORSEL, -ED, -S *n* small piece, esp of food ▷ *vb* divide into morsels

MORSES ▶ **morse**

MORSURE, -S *n* bite

MORT, -S *n* call blown on a hunting horn to signify the death of the animal hunted

MORTAL, -S *adj* subject to death ▷ *n* human being

MORTALLY ▶ **mortal**

MORTALS ▶ **mortal**

MORTAR, -ED, -S *n* small cannon with a short range ▷ *vb* fire on with mortars

MORTARY *adj* of or like mortar

MORTBELL *n* bell rung for funeral

MORTGAGE *n* conditional pledging of property as security for the repayment of a loan ▷ *vb* pledge (property) as security thus ▷ *adj* of or relating to a mortgage

MORTICE, -D, -S *same as* ▶ **mortise**

MORTICER ▶ **mortice**

MORTICES ▶ **mortice**

MORTIFIC *adj* causing death

MORTIFY *vb* humiliate

MORTISE, -D, -S *n* slot cut into a piece of wood, stone, etc ▷ *vb* cut a slot in (a piece of wood, stone, etc)

MORTISER ▶ **mortise**

MORTISES ▶ **mortise**

MORTLING *n* dead body

MORTMAIN *n* status of lands held inalienably by a church

MORTS ▶ **mort**

MORTSAFE *n* cage placed over a grave to deter body snatchers

MORTUARY *n* building where corpses are kept before burial or cremation ▷ *adj* of or relating to death or burial

MORULA, -E, -S *n* solid ball of cells resulting from the splitting of a fertilized ovum

MORULAR ▶ **morula**

MORULAS ▶ **morula**

MORWONG, -S *n* food fish of Australasian coastal waters

MORYAH *interj* exclamation of annoyance, disbelief, etc

MOS ▶ **mo**

MOSAIC, -S *n* design or decoration using small pieces of coloured stone or glass

MOSASAUR *n* type of extinct Cretaceous giant marine lizard, typically with paddle-like limbs

MOSCATO, -S *n* type of sweet dessert wine

MOSCHATE *n* odour like musk

MOSE, -D, -S, MOSING *vb* have glanders

MOSELLE, -S *n* German white wine from the Moselle valley

MOSES ▶ **mose**

MOSEY, -ED, -ING, -S *vb* walk in a leisurely manner

MOSH, -ED, -ES *n* dance performed to loud rock music ▷ *vb* dance in this manner

MOSHAV, -IM *n* cooperative settlement in Israel

MOSHED ▶ **mosh**

MOSHER, -S ▶ **mosh**

MOSHES ▶ **mosh**

MOSHING, -S ▶ **mosh**

MOSING ▶ **mose**

MOSK, -S *same as* ▶ **mosque**

MOSLINGS *n* shavings from animal skin being prepared

MOSQUE, -S *n* Muslim temple

MOSQUITO *n* blood-sucking flying insect

MOSS, -ED, -ES, -ING *n* small flowerless plant growing in masses on moist surfaces ▷ *vb* gather moss

MOSSBACK *n* old turtle, shellfish, etc, that has a growth of algae on its back

MOSSED ▶ **moss**

MOSSER, -S ▶ **moss**

MOSSES ▶ **moss**

MOSSIE, -S *n* common sparrow

MOSSIER ▶ **mossy**

MOSSIES ▶ **mossie**

MOSSIEST ▶ **mossy**

MOSSING ▶ **moss**

MOSSLAND *n* land covered in peat

MOSSLIKE ▶ **moss**

MOSSO *adv* to be performed with rapidity

MOSSY, MOSSIER, MOSSIEST ▶ **moss**

MOST, -S *n* greatest number or degree ▷ *adj* greatest in number or degree ▷ *adv* in the greatest degree

MOSTE ▶ **mote**

MOSTEST, -S ▶ **most**

MOSTLY *adv* for the most part, generally

MOSTS ▶ **most**

MOSTWHAT *adv* mostly

MOT, -S *n* girl or young woman, esp one's girlfriend

MOTE, MOSTE, -N, -S *n* tiny speck ▷ *vb* may or might

MOTED *adj* containing motes

MOTEL, -S *n* roadside hotel for motorists

MOTELIER *n* person running motel

MOTELS ▶ **motel**

MOTEN ▶ **mote**

MOTES ▶ **mote**

MOTET, -S *n* short sacred choral song

MOTETT, -S *same as* ▶ **motet**

MOTEY, -S, MOTIER, MOTIEST *adj* containing motes ▷ *n* pigment made from earth

MOTH, -S *n* nocturnal insect like a butterfly

MOTHBALL *n* small ball of camphor or naphthalene used to repel moths from stored clothes ▷ *vb* store (something operational) for future use

MOTHED *adj* damaged by moths

MOTHER, -ED, -S *n* female parent ▷ *adj* native or inborn ▷ *vb* look after as a mother

MOTHERLY *adj* of or resembling a mother, esp in warmth, or protectiveness

MOTHERS ▸**mother**
MOTHERY *adj* like mother of vinegar
MOTHIER ▸**mothy**
MOTHIEST ▸**mothy**
MOTHLIKE ▸**moth**
MOTHS ▸**moth**
MOTHY, MOTHIER, MOTHIEST *adj* ragged
MOTIER ▸**motey**
MOTIEST ▸**motey**
MOTIF, -S *n* (recurring) theme or design
MOTIFIC *adj* causing motion
MOTIFS ▸**motif**
MOTILE, -S *adj* capable of independent movement ▹*n* person whose mental imagery strongly reflects movement
MOTILITY ▸**motile**
MOTION, -ED, -S *n* process, action, or way of moving ▹*vb* direct (someone) by gesture
MOTIONAL ▸**motion**
MOTIONED ▸**motion**
MOTIONER ▸**motion**
MOTIONS ▸**motion**
MOTIVATE *vb* give incentive to
MOTIVE, -D, -S, MOTIVING *n* reason for a course of action ▹*adj* causing motion ▹*vb* motivate
MOTIVIC *adj* of musical motif
MOTIVING ▸**motive**
MOTIVITY *n* power of moving or of initiating motion
MOTLEY, -ER, -S, MOTLIER, MOTLIEST *adj* miscellaneous ▹*n* costume of a jester
MOTMOT, -S *n* tropical American bird with a long tail and blue and brownish-green plumage
MOTOR, -ED, -ING, -S *n* engine, esp of a vehicle ▹*vb* travel by car ▹*adj* of or relating to cars and other vehicles powered by engines
MOTORAIL *n* transport of cars by train
MOTORBUS *n* bus driven by an internal-combustion engine
MOTORCAR *n* self-propelled electric railway car
MOTORDOM *n* world of motor cars
MOTORED ▸**motor**
MOTORIAL ▸**motor**
MOTORIC, -S *n* person trained in the muscular causes of vocal changes ▹*adj* pertaining to motion
MOTORING ▸**motor**
MOTORISE *same as* ▸**motorize**
MOTORIST *n* driver of a car
MOTORIUM *n* area of nervous system involved in movement
MOTORIZE *vb* equip with a motor
MOTORMAN, MOTORMEN *n* driver of an electric train
MOTORS ▸**motor**
MOTORWAY *n* main road for fast-moving traffic
MOTORY ▸**motor**
MOTS ▸**mot**
MOTSER, -S *n* large sum of money, esp a gambling win
MOTT, -S *n* clump of trees
MOTTE, -S *n* mound on which a castle was built
MOTTIER ▸**motty**
MOTTIES ▸**motty**
MOTTIEST ▸**motty**
MOTTLE, -D, -S, MOTTLING *vb* colour with streaks or blotches of different shades ▹*n* mottled appearance, as of the surface of marble
MOTTLER, -S *n* paintbrush for mottled effects
MOTTLES ▸**mottle**
MOTTLING ▸**mottle**
MOTTO, -ES, -S *n* saying expressing an ideal or rule of conduct
MOTTOED *adj* having motto
MOTTOES ▸**motto**
MOTTOS ▸**motto**
MOTTS ▸**mott**
MOTTY, MOTTIER, MOTTIES, MOTTIEST *n* target at which coins are aimed in pitch-and-toss ▹*adj* containing motes
MOTUCA, -S *n* Brazilian fly
MOTZA, -S *same as* ▸**motser**
MOU, -S *Scots word for* ▸**mouth**
MOUCH, -ED, -ES, -ING *same as* ▸**mooch**
MOUCHARD *n* police informer
MOUCHED ▸**mouch**
MOUCHER, -S ▸**mouch**
MOUCHES ▸**mouch**
MOUCHING ▸**mouch**
MOUCHOIR *n* handkerchief
MOUE, -S *n* disdainful or pouting look
MOUFFLON *same as* ▸**mouflon**
MOUFLON, -S *n* wild mountain sheep of Corsica and Sardinia
MOUGHT ▸**may**
MOUILLE *adj* palatalized, as in the sounds represented by Spanish *ll* or *ñ*
MOUJIK, -S *same as* ▸**muzhik**
MOULAGE, -S *n* mould making
MOULD, -ED, -S *n* hollow container in which metal etc is cast ▹*vb* shape
MOULDER, -S *vb* decay into dust ▹*n* person who moulds or makes moulds
MOULDIER ▸**mouldy**
MOULDING *n* moulded ornamental edging
MOULDS ▸**mould**
MOULDY, MOULDIER *adj* stale or musty
MOULIN, -S *n* vertical shaft in a glacier
MOULINET *n* device for bending crossbow
MOULINS ▸**moulin**
MOULS *Scots word for* ▸**mould**
MOULT, -ED, -ING, -S *vb* shed feathers, hair, or skin to make way for new growth ▹*n* process of moulting
MOULTEN *adj* having moulted
MOULTER, -S ▸**moult**
MOULTING ▸**moult**
MOULTS ▸**moult**
MOUND, -ED, -ING, -S *n* heap, esp of earth or stones ▹*vb* gather into a mound
MOUNSEER *same as* ▸**monsieur**
MOUNT, -S *vb* climb or ascend ▹*n* backing or support on which something is fixed
MOUNTAIN *n* hill of great size ▹*adj* of, found on, or for use on a mountain or mountains
MOUNTANT *n* adhesive for mounting pictures
MOUNTED *adj* riding horses
MOUNTER, -S ▸**mount**
MOUNTING *same as* ▸**mount**
MOUNTS ▸**mount**
MOUP, -ED, -ING, -S *n* nibble
MOURN, -ED, -S *vb* feel or express sorrow for (a dead person or lost thing)
MOURNER, -S *n* person attending a funeral

MOURNFUL *adj* sad or dismal
MOURNING *n* grieving ▷ *adj* of or relating to mourning
MOURNS ▸ **mourn**
MOUS ▸ **mou**
MOUSAKA, -S *same as* ▸ **moussaka**
MOUSE, MICE, -D, -S *n* small long-tailed rodent ▷ *vb* stalk and catch mice
MOUSEKIN *n* little mouse
MOUSEMAT *n* piece of material on which a computer mouse is moved
MOUSEPAD *n* pad for computer mouse
MOUSER, -S *n* cat used to catch mice
MOUSERY *n* place infested with mice
MOUSES ▸ **mouse**
MOUSEY *same as* ▸ **mousy**
MOUSIE, -S *n* little mouse
MOUSIER ▸ **mousy**
MOUSIES ▸ **mousie**
MOUSIEST ▸ **mousy**
MOUSILY ▸ **mousy**
MOUSING, -S *n* device for closing off a hook
MOUSLE, -D, -S, MOUSLING *vb* handle roughly
MOUSME, -S *n* Japanese girl or young woman
MOUSMEE, -S *same as* ▸ **mousme**
MOUSMES ▸ **mousme**
MOUSSAKA *n* dish made with meat, aubergines, and tomatoes, topped with cheese sauce
MOUSSE, -D, -S, MOUSSING *n* dish of flavoured cream whipped and set ▷ *vb* apply mousse to
MOUSSEUX *n* type of sparkling wine
MOUSSING ▸ **mousse**
MOUST, -ED, -ING, -S *same as* ▸ **must**
MOUSY, MOUSIER, MOUSIEST *adj* like a mouse, esp in hair colour
MOUTAN, -S *n* variety of peony
MOUTER, -ED, -S *same as* ▸ **multure**
MOUTERER ▸ **mouter**
MOUTERS ▸ **mouter**
MOUTH, -ED, -ING, -S *n* opening in the head for eating and issuing sounds ▷ *vb* form (words) with the lips without speaking
MOUTHER, -S ▸ **mouth**
MOUTHFUL *n* amount of food or drink put into the mouth at any one time when eating or drinking
MOUTHIER ▸ **mouthy**
MOUTHILY ▸ **mouthy**
MOUTHING ▸ **mouth**
MOUTHS ▸ **mouth**
MOUTHY, MOUTHIER *adj* bombastic
MOUTON, -S *n* sheepskin processed to resemble the fur of another animal
MOVABLE, -S *adj* able to be moved or rearranged ▷ *n* movable article, esp a piece of furniture
MOVABLY ▸ **movable**
MOVANT, -S *n* person who applies to a court of law
MOVE, -D, -S *vb* change in place or position ▷ *n* moving
MOVEABLE *same as* ▸ **movable**
MOVEABLY ▸ **moveable**
MOVED ▸ **move**
MOVELESS *adj* immobile
MOVEMENT *n* action or process of moving
MOVER, -S *n* person or animal that moves in a particular way
MOVES ▸ **move**
MOVIE, -S *n* cinema film
MOVIEDOM *n* world of cinema
MOVIEOKE *n* entertainment in which people act out scenes from movies
MOVIEOLA *same as* ▸ **moviola**
MOVIES ▸ **movie**
MOVING *adj* arousing or touching the emotions
MOVINGLY ▸ **moving**
MOVIOLA, -S *n* viewing machine used in cutting and editing film
MOW, -ED, -N, -S *vb* cut (grass or crops) ▷ *n* part of a barn where hay, straw, etc, is stored
MOWA, -S *same as* ▸ **mahua**
MOWBURN, -S *vb* heat up in mow
MOWBURNT *adj* (of hay, straw, etc) damaged by overheating in a mow
MOWDIE, -S *Scot words for* ▸ **mole**
MOWED ▸ **mow**
MOWER, -S ▸ **mow**
MOWING, -S ▸ **mow**
MOWN ▸ **mow**
MOWRA, -S *same as* ▸ **mahua**
MOWS ▸ **mow**
MOXA, -S *n* downy material obtained from various plants
MOXIE, -S *n* courage, nerve, or vigour
MOY, -S *n* coin
MOYA, -S *n* mud emitted from a volcano
MOYITY, MOYITIES *same as* ▸ **moiety**
MOYL, -S *same as* ▸ **moyle**
MOYLE, -D, -S, MOYLING *vb* toil
MOYLS ▸ **moyl**
MOYS ▸ **moy**
MOZ, -ES *n* hex

This unusual word, Australian slang for bad luck, is another of the very useful short words that use the Z, and it can be extended to **moze** or **mozo**.

MOZE, -D, MOZING *vb* give nap to
MOZES ▸ **moz**
MOZETTA, -S, MOZETTE *same as* ▸ **mozzetta**
MOZING ▸ **moze**
MOZO, -S *n* porter in southwest USA
MOZZ, -ES *same as* ▸ **moz**
MOZZETTA, MOZZETTE *n* short hooded cape worn by the pope, cardinals, etc
MOZZIE, -S *same as* ▸ **mossie**
MOZZLE, -D, -S, MOZZLING *n* luck ▷ *vb* hamper or impede (someone)
MPRET, -S *n* former Albanian ruler
MRIDANG, -S *n* drum used in Indian music
MRIDANGA *same as* ▸ **mridang**
MRIDANGS ▸ **mridang**
MU, -S *n* twelfth letter in the Greek alphabet
MUCATE, -S *n* salt of mucic acid
MUCH, -ES *adj* large amount or degree of ▷ *n* large amount or degree ▷ *adv* great degree
MUCHACHA *n* (in Spain etc) young woman or female servant
MUCHACHO *n* young man
MUCHEL, -S *same as* ▸ **much**
MUCHELL, -S *same as* ▸ **much**
MUCHELS ▸ **muchel**
MUCHES ▸ **much**
MUCHLY ▸ **much**
MUCHNESS *n* magnitude
MUCHO *adv* Spanish for very

MUCIC *adj* as in **mucic acid** colourless crystalline solid carboxylic acid
MUCID *adj* mouldy, musty, or slimy
MUCIDITY ▸ **mucid**
MUCIGEN, -S *n* substance present in mucous cells that is converted into mucin
MUCILAGE *n* gum or glue
MUCIN, -S *n* any of a group of nitrogenous mucoproteins occurring in saliva, skin, tendon, etc
MUCINOID *adj* of or like mucin
MUCINOUS ▸ **mucin**
MUCINS ▸ **mucin**
MUCK, -ED, -ING, -S *n* dirt, filth
MUCKER, -ED, -S *n* person who shifts broken rock or waste ▹ *vb* hoard
MUCKHEAP *n* dunghill
MUCKIER ▸ **mucky**
MUCKIEST ▸ **mucky**
MUCKILY ▸ **mucky**
MUCKING ▸ **muck**
MUCKLE, -R, -S, -ST *adj* large
MUCKLUCK *same as* ▸ **mukluk**
MUCKRAKE *n* agricultural rake for spreading manure ▹ *vb* seek out and expose scandal, esp concerning public figures
MUCKS ▸ **muck**
MUCKWORM *n* any larva or worm that lives in mud
MUCKY, MUCKIER, MUCKIEST *adj* dirty or muddy
MUCLUC, -S *same as* ▸ **mukluk**
MUCOID, -S *adj* of the nature of or resembling mucin ▹ *n* substance like mucin
MUCOIDAL *same as* ▸ **mucoid**
MUCOIDS ▸ **mucoid**
MUCOR, -S *n* type of fungus
MUCOSA, -E, -S *n* mucus-secreting membrane that lines body cavities
MUCOSAL ▸ **mucosa**
MUCOSAS ▸ **mucosa**
MUCOSE *same as* ▸ **mucous**
MUCOSITY ▸ **mucous**
MUCOUS *adj* of, resembling, or secreting mucus
MUCRO, -NES, -S *n* short pointed projection from certain parts or organs
MUCULENT *adj* like mucus
MUCUS, -ES *n* slimy secretion of the mucous membranes
MUD, -DED, -DING, -S *n* wet soft earth ▹ *vb* cover in mud
MUDBANK, -S *n* sloping area of mud beside a body of water
MUDBATH, -S *n* medicinal bath in heated mud
MUDBUG, -S *n* crayfish
MUDCAP, -S *vb* use explosive charge in blasting
MUDCAT, -S *n* any of several large North American catfish
MUDDED ▸ **mud**
MUDDER, -S *n* horse that runs well in mud
MUDDIED ▸ **muddy**
MUDDIER ▸ **muddy**
MUDDIES ▸ **muddy**
MUDDIEST ▸ **muddy**
MUDDILY ▸ **muddy**
MUDDING ▸ **mud**
MUDDLE, -D, -S *vb* confuse ▹ *n* state of confusion
MUDDLER, -S *n* person who muddles or muddles through
MUDDLES ▸ **muddle**
MUDDLIER ▸ **muddly**
MUDDLING ▸ **muddle**
MUDDLY, MUDDLIER ▸ **muddle**
MUDDY, MUDDIED, MUDDIER, MUDDIES, MUDDIEST, -ING *adj* covered or filled with mud ▹ *vb* make muddy
MUDEJAR *n* Spanish Moor ▹ *adj* of or relating to a style of architecture
MUDEYE, -S *n* larva of the dragonfly
MUDFISH *n* fish that lives at the muddy bottoms of rivers, lakes, etc
MUDFLAP, -S *n* flap above wheel to deflect mud
MUDFLAT, -S *n* tract of low muddy land
MUDFLOW, -S *n* flow of soil mixed with water down a steep unstable slope
MUDGE, -D, -S, MUDGING *vb* speak vaguely
MUDGER, -S ▸ **mudge**
MUDGES ▸ **mudge**
MUDGING ▸ **mudge**
MUDGUARD *n* cover over a wheel to prevent mud or water being thrown up by it
MUDHEN, -S *n* water bird living in muddy place
MUDHOLE, -S *n* hole with mud at bottom
MUDHOOK, -S *n* anchor
MUDIR, -S *n* local governor
MUDIRIA, -S *n* province of mudir
MUDIRIEH *same as* ▸ **mudiria**
MUDIRS ▸ **mudir**
MUDLARK, -S *n* street urchin ▹ *vb* play in mud
MUDPACK, -S *n* cosmetic paste applied to the face
MUDPIE, -S *n* small mass of mud moulded into a pie shape
MUDPUPPY *n* type of salamander
MUDRA, -S *n* hand movement in Hindu religious dancing
MUDROCK, -S *n* type of sedimentary rock
MUDROOM, -S *n* room where muddy shoes may be left
MUDS ▸ **mud**
MUDSCOW, -S *n* boat for travelling over mudflats
MUDSILL, -S *n* support for building at or below ground
MUDSLIDE *n* landslide of mud
MUDSLING, MUDSLUNG *vb* make accusations against a rival candidate
MUDSTONE *n* dark grey clay rock similar to shale but with the lamination less well developed
MUDWORT, -S *n* plant growing in mud
MUEDDIN, -S *same as* ▸ **muezzin**
MUENSTER *n* whitish-yellow semihard whole milk cheese, often flavoured with caraway or aniseed
MUESLI, -S *n* mixture of grain, nuts, and dried fruit
MUEZZIN, -S *n* official who summons Muslims to prayer
MUFF, -ED, -ING, -S *n* tube-shaped covering to keep the hands warm ▹ *vb* bungle (an action)
MUFFIN, -S *n* light round flat yeast cake
MUFFING ▸ **muff**
MUFFINS ▸ **muffin**
MUFFISH ▸ **muff**
MUFFLE, -D, -S, MUFFLING *vb* wrap up for warmth or to deaden sound ▹ *n* something that muffles
MUFFLER, -S *n* scarf
MUFFLES ▸ **muffle**
MUFFLING ▸ **muffle**

MUFFS ▸**muff**
MUFLON, -S *same as* ▸**moufflon**
MUFTI, -S *n* civilian clothes worn by a person who usually wears a uniform
MUG, -GED, -S *n* large drinking cup ▹*vb* attack in order to rob
MUGFUL, -S *same as* ▸**mug**
MUGG, -S *same as* ▸**mug**
MUGGA, -S *n* Australian eucalyptus tree
MUGGAR, -S *same as* ▸**mugger**
MUGGAS ▸**mugga**
MUGGED ▸**mug**
MUGGEE, -S *n* mugged person
MUGGER, -S *n* person who commits robbery with violence
MUGGIER ▸**muggy**
MUGGIEST ▸**muggy**
MUGGILY ▸**muggy**
MUGGING, -S ▸**mug**
MUGGINS *n* stupid or gullible person
MUGGISH *same as* ▸**muggy**
MUGGLE, -S *n* person who does not possess supernatural powers
MUGGS ▸**mugg**
MUGGUR, -S *same as* ▸**mugger**
MUGGY, MUGGIER, MUGGIEST *adj* (of weather) damp and stifling
MUGHAL, -S *same as* ▸**mogul**
MUGS ▸**mug**
MUGSHOT, -S *n* police photograph of person's face
MUGWORT, -S *n* N temperate herbaceous plant with aromatic leaves
MUGWUMP, -S *n* neutral or independent person
MUHLY, MUHLIES *n* American grass
MUID, -S *n* former French measure of capacity
MUIL, -S *same as* ▸**mule**
MUIR, -S *same as* ▸**moor**
MUIRBURN *same as* ▸**moorburn**
MUIRS ▸**muir**
MUIST, -ED, -ING, -S *same as* ▸**must**
MUJIK, -S *same as* ▸**muzhik**
MUKHTAR, -S *n* lawyer in India
MUKLUK, -S *n* soft boot, usually of sealskin
MUKTUK, -S *n* thin outer skin of the beluga, used as food
MULATTOS ▸**mulatto**
MULBERRY *n* tree whose leaves are used to feed silkworms ▹*adj* dark purple
MULCH, -ED, -ES, -ING *n* mixture of wet straw, leaves, etc ▹*vb* cover (land) with mulch
MULCT, -ED, -ING, -S *vb* cheat or defraud ▹*n* fine or penalty
MULE, -D, MULING *n* offspring of a horse and a donkey ▹*vb* strike coin with different die on each side
MULES, -ED, -ES, -ING *vb* surgically remove folds of skin from a sheep
MULETA, -S *n* small cape attached to a stick used by a matador
MULETEER *n* mule driver
MULEY, -S *adj* (of cattle) having no horns ▹*n* any hornless cow
MULGA, -S *n* Australian acacia shrub growing in desert regions
MULIE, -S *n* type of N American deer
MULING ▸**mule**
MULISH *adj* obstinate
MULISHLY ▸**mulish**
MULL, -ED, -ING, -S *vb* think (over) or ponder ▹*n* promontory or headland
MULLA, -S *same as* ▸**mullah**
MULLAH, -S *n* Muslim scholar, teacher, or religious leader
MULLAHED *same as* ▸**mullered**
MULLAHS ▸**mullah**
MULLARKY *same as* ▸**malarkey**
MULLAS ▸**mulla**
MULLED ▸**mull**
MULLEIN, -S *n* type of European plant
MULLEN, -S *same as* ▸**mullein**
MULLER, -S *n* flat heavy implement used to grind material ▹*vb* beat up or defeat thoroughly
MULLERED *adj* drunk
MULLERS ▸**muller**
MULLET, -S *n* edible sea fish
MULLEY, -S *same as* ▸**muley**
MULLIGAN *n* stew made from odds and ends of food
MULLING ▸**mull**
MULLION, -S *n* vertical dividing bar in a window ▹*vb* furnish with mullions
MULLITE, -S *n* colourless mineral
MULLOCK, -S *n* waste material from a mine
MULLOCKY *adj* like mullock
MULLOWAY *n* large Australian sea fish, valued for sport and food
MULLS ▸**mull**
MULMUL, -S *n* muslin
MULMULL, -S *same as* ▸**mulmul**
MULMULS ▸**mulmul**
MULSE, -S *n* drink containing honey
MULSH, -ED, -ES, -ING *same as* ▸**mulch**
MULTEITY *n* manifoldness
MULTIAGE *adj* involving different age groups
MULTICAR *adj* involving several cars
MULTIDAY *adj* involving more than one day
MULTIFID *adj* having or divided into many lobes or similar segments
MULTIFIL *n* fibre made up of many filaments
MULTIGYM *n* exercise apparatus incorporating a variety of weights, used for toning the muscles
MULTIJET *adj* involving more than one jet
MULTIPED *adj* having many feet ▹*n* insect or animal having many feet
MULTIPLE *adj* having many parts ▹*n* quantity which contains another an exact number of times
MULTIPLY *vb* increase in number or degree
MULTITON *adj* weighing several tons
MULTIUSE *adj* suitable for more than one use
MULTIWAY *adj* having several paths or routes
MULTUM, -S *n* substance used in brewing
MULTURE, -D, -S *n* fee formerly paid to a miller for grinding grain ▹*vb* take multure
MULTURER ▸**multure**
MULTURES ▸**multure**
MUM, -MED, -S *n* mother ▹*vb* act in a mummer's play
MUMBLE, -D, -S *vb* speak indistinctly, mutter ▹*n* indistinct utterance
MUMBLER, -S ▸**mumble**
MUMBLES ▸**mumble**
MUMBLIER ▸**mumbly**

MUMBLING ▸ **mumble**
MUMBLY, MUMBLIER ▸ **mumble**
MUMM, -S *same as* ▸ **mum**
MUMMED ▸ **mum**
MUMMER, -ED, -S *n* actor in a traditional English folk play ▹ *vb* perform as a mummer
MUMMERY *n* performance by mummers
MUMMIA, -S *n* mummified flesh used as medicine
MUMMIED ▸ **mummy**
MUMMIES ▸ **mummy**
MUMMIFY *vb* preserve a body as a mummy
MUMMING, -S ▸ **mum**
MUMMOCK, -S *same as* ▸ **mammock**
MUMMS ▸ **mumm**
MUMMY, MUMMIED, MUMMIES, -ING *n* body embalmed and wrapped for burial in ancient Egypt ▹ *vb* mummify
MUMP, -ED, -ING *vb* be silent
MUMPER, -S ▸ **mump**
MUMPING ▸ **mump**
MUMPISH ▸ **mumps**
MUMPS *n* infectious disease with swelling in the glands of the neck
MUMS ▸ **mum**
MUMSY, MUMSIER, MUMSIES, MUMSIEST *adj* (of a woman) wearing clothes that are old-fashioned and unflattering ▹ *n* mother
MUMU, -S *n* oven in Papua New Guinea
MUN, -S *same as* ▸ **maun**
MUNCH, -ED, -ES, -ING *vb* chew noisily and steadily
MUNCHER, -S ▸ **munch**
MUNCHES ▸ **munch**
MUNCHIE *n* small amount of food eaten between meals
MUNCHIER ▸ **munchy**
MUNCHIES *pl n* craving for food
MUNCHING ▸ **munch**
MUNCHKIN *n* undersized person or a child, esp an appealing one
MUNCHY, MUNCHIER *adj* suitable for snacking
MUNDANE, -R *adj* everyday
MUNDIC, -S *n* iron pyrites
MUNDIFY *vb* cleanse
MUNDUNGO *n* tripe in Spain
MUNG, -ED, -ING, -S *vb* process (computer data)
MUNGA, -S *n* army canteen
MUNGCORN *n* maslin
MUNGE, -S *vb* modify a password into an unguessable state
MUNGED ▸ **mung**
MUNGES ▸ **munge**
MUNGING ▸ **mung**
MUNGO, -ES, -S *n* cheap felted fabric made from waste wool
MUNGOOSE *same as* ▸ **mongoose**
MUNGOS ▸ **mungo**
MUNGS ▸ **mung**
MUNI, -S *n* municipal radio broadcast
MUNIFY, MUNIFIED, MUNIFIES *vb* fortify
MUNIMENT *n* means of defence
MUNIS ▸ **muni**
MUNITE, -D, -S, MUNITING *vb* strengthen
MUNITION *vb* supply with munitions
MUNNION, -S *archaic word for* ▸ **mullion**
MUNS ▸ **mun**
MUNSHI, -S *n* secretary in India
MUNSTER, -S *variant of* ▸ **muenster**
MUNTED *adj* destroyed or ruined
MUNTER *n* insulting word for an unattractive person
MUNTIN, -S *n* supporting or strengthening bar
MUNTINED *adj* having a muntin
MUNTING, -S *same as* ▸ **muntin**
MUNTINS ▸ **muntin**
MUNTJAC, -S *n* small Asian deer
MUNTJAK, -S *same as* ▸ **muntjac**
MUNTRIE, -S *n* Australian shrub with green-red edible berries
MUON, -S *n* elementary particle with a mass 207 times that of an electron
MUONIC ▸ **muon**
MUONIUM, -S *n* form of hydrogen
MUONS ▸ **muon**
MUPPET, -S *n* stupid person
MUQADDAM *n* person of authority in India
MURA, -S *n* group of people living together in Japanese countryside
MURAENA, -S *n* moray eel
MURAENID *n* eel of moray family
MURAGE, -S *n* tax levied for the construction or maintenance of town walls
MURAL, -S *n* painting on a wall ▹ *adj* of or relating to a wall
MURALED *same as* ▸ **muralled**
MURALIST ▸ **mural**
MURALLED *adj* decorated with mural
MURALS ▸ **mural**
MURAS ▸ **mura**
MURDABAD *interj* down with
MURDER, -ED, -S *n* unlawful intentional killing of a human being ▹ *vb* kill in this way
MURDEREE *n* murder victim
MURDERER ▸ **murder**
MURDERS ▸ **murder**
MURE, -D, -S, MURING *archaic or literary word for* ▸ **immure**
MUREIN, -S *n* polymer found in cells
MURENA, -S *same as* ▸ **muraena**
MURES ▸ **mure**
MUREX, -ES, MURICES *n* marine gastropod formerly used as a source of purple dye
MURGEON, -S *vb* grimace at
MURIATE, -S *obsolete name for a* ▸ **chloride**
MURIATED ▸ **muriate**
MURIATES ▸ **muriate**
MURIATIC *adj* as in **muriatic acid** former name for a strong acid used in many industrial processes
MURICATE *adj* having a surface roughened by numerous short points
MURICES ▸ **murex**
MURID, -S *n* animal of mouse family
MURIFORM *adj* like mouse
MURINE, -S *n* animal belonging to the family that includes rats and mice
MURING ▸ **mure**
MURK, -ED, -ER, -EST, -ING, -S *n* thick darkness ▹ *adj* dark or gloomy ▹ *vb* murder (a person)
MURKIER ▸ **murky**
MURKIEST ▸ **murky**
MURKILY ▸ **murky**
MURKING ▸ **murk**
MURKISH ▸ **murk**
MURKLY ▸ **murk**
MURKS ▸ **murk**
MURKSOME ▸ **murk**

MURKY, MURKIER, MURKIEST *adj* dark or gloomy
MURL, -ED, -ING, -S *vb* crumble
MURLAIN, -S *n* type of basket
MURLAN, -S *same as* ▸**murlain**
MURLED ▸**murl**
MURLIER ▸**murly**
MURLIEST ▸**murly**
MURLIN, -S *same as* ▸**murlain**
MURLING ▸**murl**
MURLINS ▸**murlin**
MURLS ▸**murl**
MURLY, MURLIER, MURLIEST ▸**murl**
MURMUR, -ED, -S *vb* speak or say in a quiet indistinct way ▹*n* continuous low indistinct sound
MURMURER ▸**murmur**
MURMURS ▸**murmur**
MURPHY, MURPHIES *dialect or informal word for* ▸**potato**
MURR, -S *n* former name for a cold
MURRA, -S *same as* ▸**murrhine**
MURRAGH, -S *n* type of large caddis fly
MURRAIN, -S *n* cattle plague
MURRAM, -S *n* type of gravel
MURRAS ▸**murra**
MURRAY, -S *n* large Australian freshwater fish
MURRE, -S *n* type of guillemot
MURREE, -S *n* native Australian
MURRELET *n* type of small diving bird related to the auks
MURREN, -S *same as* ▸**murrain**
MURRES ▸**murre**
MURREY, -S *adj* mulberry colour
MURRHA, -S *same as* ▸**murra**
MURRHINE *adj* of or relating to an unknown substance used in ancient Rome to make vases, cups, etc ▹*n* substance so used
MURRI, -S *same as* ▸**murree**
MURRIES ▸**murry**
MURRIN, -S *same as* ▸**murrain**
MURRINE, -S *same as* ▸**murrhine**
MURRINS ▸**murrin**
MURRION, -S *same as* ▸**murrain**
MURRIS ▸**murri**
MURRS ▸**murr**
MURRY, MURRIES *same as* ▸**moray**
MURSHID, -S *n* Sufi master or guide
MURTHER, -S *same as* ▸**murder**
MURTI, -S *n* image of a deity, which itself is considered divine
MURVA, -S *n* type of hemp
MUS ▸**mu**
MUSANG, -S *n* catlike animal of Malaysia
MUSAR, -S *n* rabbinic literature concerned with ethics
MUSCA, -E *n* small constellation in the S hemisphere
MUSCADEL *same as* ▸**muscatel**
MUSCADET *n* white grape, used for making wine
MUSCADIN *n* Parisian dandy
MUSCAE ▸**musca**
MUSCAT, -S *same as* ▸**muscatel**
MUSCATEL *n* rich sweet wine made from muscat grapes
MUSCATS ▸**muscat**
MUSCID, -S *n* type of fly
MUSCLE, -D, -S, MUSCLING *n* tissue in the body which produces movement ▹*vb* force one's way (in)
MUSCLEY *adj* of a muscular build
MUSCLIER ▸**muscly**
MUSCLING ▸**muscle**
MUSCLY, MUSCLIER *same as* ▸**muscley**
MUSCOID, -S *adj* moss-like ▹*n* moss-like plant
MUSCONE, -S *same as* ▸**muskone**
MUSCOSE *adj* like moss
MUSCOVY *adj* as in **muscovy duck** a kind of duck
MUSCULAR *adj* with well-developed muscles
MUSE, -D, -S *vb* ponder quietly ▹*n* state of abstraction
MUSEFUL ▸**muse**
MUSER, -S ▸**muse**
MUSES ▸**muse**
MUSET, -S *same as* ▸**musit**
MUSETTE, -S *n* type of bagpipe formerly popular in France
MUSEUM, -S *n* building where objects are exhibited and preserved
MUSH, -ED, -ES *n* soft pulpy mass ▹*interj* order to dogs in a sled team to start up or go faster ▹*vb* travel by or drive a dogsled
MUSHA *interj* Irish exclamation of surprise
MUSHED ▸**mush**
MUSHER, -S ▸**mush**
MUSHES ▸**mush**
MUSHIE, -S *n* mushroom
MUSHIER ▸**mushy**
MUSHIES ▸**mushie**
MUSHIEST ▸**mushy**
MUSHILY ▸**mushy**
MUSHING, -S *n* act of mushing
MUSHRAT *same as* ▸**muskrat**
MUSHRATS *same as* ▸**mushrat**
MUSHROOM *n* edible fungus with a stem and cap ▹*vb* grow rapidly
MUSHY, MUSHIER, MUSHIEST *adj* soft and pulpy
MUSIC, -KED, -S *n* art form using a melodious and harmonious combination of notes ▹*vb* play music
MUSICAL, -S *adj* of or like music ▹*n* play or film with songs and dancing
MUSICALE *n* party or social evening with a musical programme
MUSICALS ▸**musical**
MUSICIAN *n* person who plays or composes music, esp as a profession
MUSICK, -S *same as* ▸**music**
MUSICKED ▸**music**
MUSICKER ▸**music**
MUSICKS ▸**musick**
MUSICS ▸**music**
MUSIMON, -S *same as* ▸**moufflon**
MUSING, -S ▸**muse**
MUSINGLY ▸**muse**
MUSINGS ▸**musing**
MUSIT, -S *n* gap in fence
MUSIVE *adj* mosaic
MUSJID, -S *same as* ▸**masjid**
MUSK, -ED, -ING, -S *n* scent obtained from a gland of the musk deer or produced synthetically ▹*vb* perfume with musk
MUSKEG, -S *n* area of undrained boggy land
MUSKET, -S *n* long-barrelled gun

MUSKETRY *n* (use of) muskets
MUSKETS ▸ **musket**
MUSKIE, -S *n* large North American freshwater game fish
MUSKIER ▸ **musky**
MUSKIES ▸ **muskie**
MUSKIEST ▸ **musky**
MUSKILY ▸ **musky**
MUSKING ▸ **musk**
MUSKIT, -S *same as* ▸ **mesquite**
MUSKLE, -S *same as* ▸ **mussel**
MUSKONE, -S *n* substance in musk
MUSKOX, -EN *n* large Canadian mammal
MUSKRAT, -S *n* N American beaver-like rodent
MUSKROOT *same as* > **moschatel**
MUSKS ▸ **musk**
MUSKY, MUSKIER, MUSKIEST *adj* smelling of musk
MUSLIN, -S *n* fine cotton fabric
MUSLINED *adj* wearing muslin
MUSLINET *n* coarse muslin
MUSLINS ▸ **muslin**
MUSMON, -S *same as* ▸ **musimon**
MUSO, -S *n* musician who is concerned with technique rather than content or expression
MUSPIKE, -S *n* Canadian freshwater fish
MUSQUASH *same as* ▸ **muskrat**
MUSROL, -S *n* part of bridle
MUSS, -ED, -ES, -ING *vb* make untidy ▷ *n* state of disorder
MUSSE *same as* ▸ **muss**
MUSSED ▸ **muss**
MUSSEL, -S *n* edible shellfish with a dark hinged shell
MUSSES ▸ **muss**
MUSSIER ▸ **mussy**
MUSSIEST ▸ **mussy**
MUSSILY ▸ **mussy**
MUSSING ▸ **muss**
MUSSY, MUSSIER, MUSSIEST *adj* untidy or disordered
MUST, -ED, -ING, -S *vb* used as an auxiliary to express obligation, certainty, or resolution ▷ *n* essential or necessary thing
MUSTACHE *same as* > **moustache**
MUSTANG, -S *n* wild horse of SW USA
MUSTARD, -S *n* paste made from the powdered seeds of a plant ▷ *adj* brownish-yellow
MUSTARDY *adj* like mustard
MUSTED ▸ **must**
MUSTELID *n* member of weasel family
MUSTER, -ED, -S *vb* summon up ▷ *n* assembly of military personnel
MUSTERER ▸ **muster**
MUSTERS ▸ **muster**
MUSTH, -S *n* state of frenzied excitement in the males of certain large mammals
MUSTIER ▸ **musty**
MUSTIEST ▸ **musty**
MUSTILY ▸ **musty**
MUSTING ▸ **must**
MUSTS ▸ **must**
MUSTY, MUSTIER, MUSTIEST *adj* smelling mouldy and stale
MUT, -S *another word for* ▸ **em**
MUTABLE *adj* liable to change
MUTABLY ▸ **mutable**
MUTAGEN, -S *n* any substance that can induce genetic mutation
MUTANDUM, MUTANDA *n* something to be changed
MUTANT, -S *n* mutated animal, plant, etc ▷ *adj* of or resulting from mutation
MUTASE, -S *n* type of enzyme
MUTATE, -D, -S, MUTATING *vb* (cause to) undergo mutation
MUTATION *same as* ▸ **mutant**
MUTATIVE ▸ **mutate**
MUTATOR, -S *n* something that causes a mutation
MUTATORY *adj* subject to change
MUTCH, -ED, -ES, -ING *n* close-fitting linen cap ▷ *vb* cadge
MUTCHKIN *n* Scottish unit of liquid measure equal to slightly less than one pint
MUTE, -R, -S, -ST, MUTING *adj* silent ▷ *vb* reduce the volume or soften the tone of a musical instrument
MUTED *adj* (of sound or colour) softened
MUTEDLY ▸ **muted**
MUTELY ▸ **mute**
MUTENESS ▸ **mute**
MUTER ▸ **mute**
MUTES ▸ **mute**
MUTEST ▸ **mute**
MUTI, -S *n* medicine, esp herbal medicine
MUTICATE *same as* ▸ **muticous**
MUTICOUS *adj* lacking an awn, spine, or point
MUTILATE *vb* deprive of a limb or other part
MUTINE, -D, -S, MUTINING *vb* mutiny
MUTINEER *n* person who mutinies
MUTINES ▸ **mutine**
MUTING ▸ **mute**
MUTINIED ▸ **mutiny**
MUTINIES ▸ **mutiny**
MUTINING ▸ **mutine**
MUTINOUS *adj* openly rebellious
MUTINY, MUTINIED, MUTINIES *n* rebellion against authority, esp by soldiers or sailors ▷ *vb* commit mutiny
MUTIS ▸ **muti**
MUTISM, -S *n* state of being mute
MUTON, -S *n* part of gene
MUTS ▸ **mut**
MUTT, -S *n* mongrel dog
MUTTER, -ED, -S *vb* utter or speak indistinctly ▷ *n* muttered sound or grumble
MUTTERER ▸ **mutter**
MUTTERS ▸ **mutter**
MUTTON, -S *n* flesh of sheep, used as food
MUTTONY *adj* like mutton
MUTTS ▸ **mutt**
MUTUAL, -S *adj* felt or expressed by each of two people about the other ▷ *n* mutual company
MUTUALLY ▸ **mutual**
MUTUALS ▸ **mutual**
MUTUCA, -S *same as* ▸ **motuca**
MUTUEL, -S *n* system of betting
MUTULAR ▸ **mutule**
MUTULE, -S *n* flat block in a Doric cornice
MUTUUM, -S *n* contract for loan of goods
MUUMUU, -S *n* loose brightly coloured dress worn by women in Hawaii
MUX, -ED, -ES, -ING *vb* spoil

> This word meaning to spoil or botch is very useful not only because it contains an X, but because its verb forms can enable you to clear your rack of unpromising letters.

M

MUZAK, -S *n* piped background music
MUZAKIER ▸ **muzaky**
MUZAKS ▸ **muzak**
MUZAKY, MUZAKIER *adj* having a bland sound
MUZHIK, -S *n* Russian peasant, esp under the tsars
MUZJIK, -S *same as* ▸ **muzhik**

Meaning a Russian peasant, this is a wonderful high-scoring word, combining Z, J and K, and if you can play the plural using all of your tiles, you'll get a bonus of 50 points.

MUZZ, -ED, -ES, -ING *vb* make (something) muzzy
MUZZIER ▸ **muzzy**
MUZZIEST ▸ **muzzy**
MUZZILY ▸ **muzzy**
MUZZING ▸ **muzz**
MUZZLE, -D, -S, MUZZLING *n* animal's mouth and nose ▹ *vb* prevent from being heard or noticed
MUZZLER, -S ▸ **muzzle**
MUZZLES ▸ **muzzle**
MUZZLING ▸ **muzzle**
MUZZY, MUZZIER, MUZZIEST *adj* confused or muddled
MVULE, -S *n* tropical African tree
MWAH *interj* representation of the sound of a kiss
MWALIMU, -S *n* teacher
MY *adj* belonging to me ▹ *interj* exclamation of surprise or awe
MYAL ▸ **myalism**
MYALGIA, -S *n* pain in a muscle or a group of muscles
MYALGIC ▸ **myalgia**
MYALISM, -S *n* kind of witchcraft
MYALIST, -S ▸ **myalism**
MYALL, -S *n* Australian acacia with hard scented wood
MYASIS, MYASES *same as* ▸ **myiasis**
MYC, -S *n* oncogene that aids the growth of tumorous cells
MYCELE, -S *n* microscopic spike-like structure in mucus
MYCELIA ▸ **mycelium**
MYCELIAL ▸ **mycelium**
MYCELIAN ▸ **mycelium**
MYCELIUM, MYCELIA *n* mass forming the body of a fungus
MYCELLA, -S *n* blue-veined Danish cream cheese
MYCELOID ▸ **mycelium**
MYCETES *n* fungus
MYCETOMA *n* chronic fungal infection
MYCOLOGY *n* study of fungi
MYCOSIS, MYCOSES *n* any infection or disease caused by fungus
MYCOTIC ▸ **mycosis**
MYCS ▸ **myc**
MYELIN, -S *n* white tissue forming an insulating sheath around certain nerve fibres
MYELINE, -S *same as* ▸ **myelin**
MYELINIC ▸ **myelin**
MYELINS ▸ **myelin**
MYELITIS, MYELITES *n* inflammation of the spinal cord or of the bone marrow
MYELOID *adj* of or relating to the spinal cord or the bone marrow
MYELOMA, -S *n* tumour of the bone marrow
MYELON, -S *n* spinal cord
MYGALE, -S *n* large American spider
MYIASIS, MYIASES *n* infestation of the body by the larvae of flies
MYLAR, -S *n* tradename for a kind of strong polyester film
MYLODON, -S *n* prehistoric giant sloth
MYLODONT *same as* ▸ **mylodon**
MYLONITE *n* fine-grained metamorphic rock
MYNA, -S *same as* ▸ **mynah**
MYNAH, -S *n* tropical Asian starling which can mimic human speech
MYNAS ▸ **myna**
MYNHEER, -S *n* Dutch title of address
MYOBLAST *n* cell from which muscle develops
MYOGEN, -S *n* albumin found in muscle
MYOGENIC *adj* originating in or forming muscle tissue
MYOGENS ▸ **myogen**
MYOGRAM, -S *n* tracings of muscular contractions
MYOGRAPH *n* instrument for recording tracings of muscular contractions
MYOID, -S *adj* like muscle ▹ *n* section of a retinal cone or rod which is sensitive to changes in light intensity
MYOLOGIC ▸ **myology**
MYOLOGY *n* study of the structure and diseases of muscles
MYOMA, -S, -TA *n* benign tumour composed of muscle tissue
MYOMANCY *n* divination through observing mice
MYOMAS ▸ **myoma**
MYOMATA ▸ **myoma**
MYOMERE, -S *n* part of a vertebrate embryo
MYOPATHY *n* any disease affecting muscles or muscle tissue
MYOPE, -S *n* any person afflicted with myopia
MYOPHILY *n* pollination of plants by flies
MYOPIA, -S *n* short-sightedness
MYOPIC, -S *n* shortsighted person
MYOPIES ▸ **myopy**
MYOPS, -ES *same as* ▸ **myope**
MYOPY, MYOPIES *same as* ▸ **myopia**
MYOSCOPE *n* electrical instrument for stimulating muscles
MYOSES ▸ **myosis**
MYOSIN, -S *n* protein found in muscle
MYOSIS, MYOSES, -ES *same as* ▸ **miosis**
MYOSITIS *n* inflammation of muscle
MYOSOTE, -S *same as* ▸ **myosotis**
MYOSOTIS *n* type of hairy-leaved flowering plant, such as the forget-me-not
MYOTIC, -S ▸ **miosis**
MYOTOME, -S *n* any segment of embryonic mesoderm that develops into skeletal muscle
MYOTONIA *n* lack of muscle tone, frequently including muscle spasm or rigidity
MYOTONIC ▸ **myotonia**
MYOTUBE, -S *n* cylindrical cell in muscle
MYRBANE, -S *same as* ▸ **mirbane**
MYRIAD, -S *adj* innumerable ▹ *n* large indefinite number
MYRIADTH ▸ **myriad**
MYRIAPOD *n* type of invertebrate with a long segmented body and many legs, such as a centipede
MYRICA, -S *n* dried root bark of the wax myrtle
MYRINGA, -S *n* eardrum
MYRIOPOD *same as* ▸ **myriapod**

MYRISTIC *adj* of nutmeg plant family
MYRMIDON *n* follower or henchperson
MYRRH, -S *n* aromatic gum used in perfume, incense, and medicine
MYRRHIC ▸ **myrrh**
MYRRHIER ▸ **myrrhy**
MYRRHINE ▸ **murra**
MYRRHOL, -S *n* oil of myrrh
MYRRHS ▸ **myrrh**
MYRRHY, MYRRHIER *adj* of or like myrrh
MYRTLE, -S *n* flowering evergreen shrub
MYSELF *pron* reflexive form of *I* or *me*
MYSID, -S *n* small shrimplike crustacean
MYSOST, -S *n* Norwegian cheese
MYSPACE, -D, -S *vb* search for (someone) on the MySpace website
MYSTAGOG *n* person instructing others in religious mysteries
MYSTERY *n* strange or inexplicable thing
MYSTIC, -S *n* person who seeks spiritual knowledge ▹ *adj* mystical
MYSTICAL *adj* having a spiritual or religious significance beyond human understanding
MYSTICLY ▸ **mystic**
MYSTICS ▸ **mystic**
MYSTIFY *vb* bewilder or puzzle
MYSTIQUE *n* aura of mystery or power
MYTH, -S *n* tale with supernatural characters
MYTHI ▸ **mythus**
MYTHIC *same as* ▸ **mythical**
MYTHICAL *adj* of or relating to myth
MYTHIER ▸ **mythy**
MYTHIEST ▸ **mythy**
MYTHISE, -D, -S *same as* ▸ **mythize**
MYTHISM, -S *same as* > **mythicism**
MYTHIST, -S ▸ **mythism**
MYTHIZE, -D, -S *same as* > **mythicize**
MYTHOS, MYTHOI *n* beliefs of a specific group or society
MYTHS ▸ **myth**
MYTHUS, MYTHI *same as* ▸ **mythos**
MYTHY, MYTHIER, MYTHIEST *adj* of or like myth
MYTILOID *adj* like mussel
MYXAMEBA *same as* > **myxamoeba**
MYXEDEMA *same as* > **myxoedema**
MYXO, -S *n* viral disease of rabbits
MYXOCYTE *n* cell in mucous tissue
MYXOID *adj* containing mucus
MYXOMA, -S, -TA *n* tumour composed of mucous connective tissue
MYXOS ▸ **myxo**
MZEE, -S *n* old person ▹ *adj* advanced in years
MZUNGU, -S *n* (in E Africa) White person

M

Nn

Along with **R** and **T**, **N** is one of the most common consonants in Scrabble. As you'll often have it on your rack, it's well worth learning what **N** can do in different situations. **N** is useful when you need short words, as it begins two-letter words with every vowel except **I**, and with **Y** as well. There are plenty of three-letter words starting with **N**, but there aren't many high-scoring ones apart from **nix** and **nox** for 10 points each, **nym** for 8 points and **nek** for 7 points. Remember words like **nab** (5 points), **nag** (4), **nap** (5), **nav** (6), **nay** (6), **new** (6), **nib** (5), **nob** (5), **nod** (4), **now** (6) and **nug** (4).

NA *same as* ▸**nae**
NAAM, -S *same as* ▸**nam**
NAAN, -S *n* slightly leavened flat Indian bread
NAARTJE, -S *same as* ▸**naartjie**
NAARTJIE *n* tangerine
NAB, -BED, -BING, -S *vb* arrest (someone)
NABBER, -S *n* thief
NABBING ▸**nab**
NABE, -S *n* Japanese hotpot
NABIS *n* Parisian art movement
NABK, -S *n* edible berry
NABLA, -S *another name for* ▸**del**
NABOB, -S *n* rich, powerful, or important man
NABOBERY ▸**nabob**
NABOBESS ▸**nabob**
NABOBISH ▸**nabob**
NABOBISM ▸**nabob**
NABOBS ▸**nabob**
NABS ▸**nab**
NACARAT, -S *n* red-orange colour
NACELLE, -S *n* streamlined enclosure on an aircraft
NACH *n* Indian dance
NACHAS *n* pleasure
NACHE, -S *n* rump
NACHO, -S *n* snack of a piece of tortilla with a topping
NACKET, -S *n* light lunch, snack
NACRE, -S *n* mother of pearl
NACRED ▸**nacre**
NACREOUS ▸**nacre**
NACRES ▸**nacre**
NACRITE, -S *n* mineral
NACROUS ▸**nacre**
NADA, -S *n* nothing
NADIR, -S *n* point in the sky opposite the zenith
NADIRAL ▸**nadir**
NADIRS ▸**nadir**
NAE, -S *Scot word for* ▸**no**
NAEBODY *Scots variant of* ▸**nobody**
NAES ▸**nae**
NAETHING *Scots variant of* ▸**nothing**
NAEVE, -S *n* birthmark
NAEVI ▸**naevus**
NAEVOID ▸**naevus**
NAEVUS, NAEVI *n* birthmark or mole
NAFF, -ED, -ER, -EST, -ING, -S *adj* lacking quality or taste ▹*vb* go away
NAFFLY ▸**naff**
NAFFNESS ▸**naff**
NAFFS ▸**naff**
NAG, -GED, -GING, -S *vb* scold or find fault constantly ▹*n* person who nags
NAGA, -S *n* cobra
NAGANA, -S *n* disease of all domesticated animals of central and southern Africa
NAGAPIE, -S *n* bushbaby
NAGARI, -S *n* scripts for writing several languages of India
NAGAS ▸**naga**
NAGGED ▸**nag**
NAGGER, -S ▸**nag**
NAGGIER ▸**naggy**
NAGGIEST ▸**naggy**
NAGGING, -S ▸**nag**
NAGGY, NAGGIER, NAGGIEST ▸**nag**
NAGMAAL, -S *n* Communion
NAGOR, -S *another name for* ▸**reedbuck**
NAGS ▸**nag**
NAGWARE, -S *n* software that is initially free and then requires payment
NAH *same as* ▸**no**
NAHAL, -S *n* agricultural settlement run by an Israeli military youth organization
NAIAD, -ES, -S *n* nymph living in a lake or river
NAIANT *adj* swimming
NAIF, -ER, -EST, -S *less common word for* ▸**naive**
NAIFLY ▸**naif**
NAIFNESS ▸**naif**
NAIFS ▸**naif**
NAIK, -S *n* chief
NAIL, -ED, -S *n* pointed piece of metal used to join two objects together ▹*vb* attach (something) with nails
NAILER, -S ▸**nail**
NAILERY *n* nail factory
NAILFILE *n* small metal file used to shape and smooth the nails
NAILFOLD *n* skin at base of fingernail
NAILHEAD *n* decorative device, as on tooled leather, resembling the round head of a nail
NAILING, -S ▸**nail**
NAILLESS ▸**nail**
NAILS ▸**nail**
NAILSET, -S *n* punch for driving down the head of a nail
NAIN *adj* own
NAINSELL *n* own self
NAINSOOK *n* light soft plain-weave cotton fabric, used esp for babies' wear

NAIRA, -S *n* standard monetary unit of Nigeria, divided into 100 kobo
NAIRU, -S *n* Non-Accelerating Inflation Rate of Unemployment
NAISSANT *adj* (of a beast) having only the forepart shown above a horizontal division of a shield
NAIVE, -R, -S, -ST *adj* innocent and gullible ▷ *n* person who is naive, esp in artistic style
NAIVELY ▸ **naive**
NAIVER ▸ **naive**
NAIVES ▸ **naive**
NAIVEST ▸ **naive**
NAIVETE, -S *variant of* ▸ **naivety**
NAIVETY *n* state or quality of being naive
NAIVIST ▸ **naive**
NAKED, -ER, -EST *adj* without clothes
NAKEDLY ▸ **naked**
NAKER, -S *n* small kettledrum used in medieval music
NAKFA, -S *n* standard currency unit of Eritrea
NALA, -S *n* ravine
NALED, -S *n* type of insecticide
NALLA, -S *n* ravine
NALLAH, -S *same as* ▸ **nalla**
NALLAS ▸ **nalla**
NALOXONE *n* substance that counteracts opiates
NAM, -S *n* distraint
NAMABLE ▸ **name**
NAMASKAR *n* salutation used in India
NAMASTE, -S *n* Indian greeting
NAME, -D, -S *n* word by which a person or thing is known ▷ *vb* give a name to
NAMEABLE ▸ **name**
NAMED ▸ **name**
NAMELESS *adj* without a name
NAMELY *adv* that is to say
NAMER, -S ▸ **name**
NAMES ▸ **name**
NAMESAKE *n* person with the same name as another
NAMETAG, -S *n* identification badge
NAMETAPE *n* narrow cloth tape bearing the owner's name and attached to an article
NAMING, -S ▸ **name**
NAMMA *adj* as in **namma hole** Australian word for a natural well in rock
NAMS ▸ **nam**
NAMU, -S *n* black New Zealand sandfly
NAN, -S *n* grandmother
NANA, -S *same as* ▸ **nan**
NANDIN, -S *same as* ▸ **nandina**
NANDINA, -S *n* type of shrub
NANDINE, -S *n* African palm civet
NANDINS ▸ **nandin**
NANDOO, -S *same as* ▸ **nandu**
NANDU, -S *n* type of ostrich
NANE *Scot word for* ▸ **none**
NANG *adj* excellent; cool
NANISM, -S *n* dwarfism
NANITE, -S *n* microscopically small machine or robot
NANKEEN, -S *n* hard-wearing buff-coloured cotton fabric
NANKIN, -S *same as* ▸ **nankeen**
NANNA, -S *same as* ▸ **nan**
NANNIE *same as* ▸ **nanny**
NANNY, NANNIED, NANNIES *n* woman whose job is looking after young children ▷ *vb* be too protective towards
NANNYGAI *n* edible sea fish of Australia which is red in colour and has large prominent eyes
NANNYING *n* act of nannying
NANNYISH ▸ **nanny**
NANO, -S *n* science concerned with materials on a molecular scale
NANOBE, -S *n* microbe that is smaller than the smallest known bacterium
NANOBEE, -S *n* artificial nanoparticle
NANOBES ▸ **nanobe**
NANOBOT, -S *n* microscopically small robot
NANODOT, -S *n* microscopic cluster of atoms used to store data in a computer chip
NANOGRAM *n* unit of measurement
NANOOK, -S *n* polar bear
NANOPORE *n* microscopically small pore in an electrically insulating membrane
NANOS ▸ **nano**
NANOTECH *n* technology of very small objects
NANOTUBE *n* cylindrical molecule of carbon
NANOWATT *n* unit of measurement
NANOWIRE *n* microscopically thin wire
NANS ▸ **nan**
NANUA, -S *same as* ▸ **moki**
NAOS, NAOI, -ES *n* ancient classical temple
NAP, -PED, -PING, -S *n* short sleep ▷ *vb* have a short sleep
NAPA, -S *n* type of leather
NAPALM, -ED, -S *n* highly inflammable jellied petrol, used in bombs ▷ *vb* attack (people or places) with napalm
NAPAS ▸ **napa**
NAPE, -D, -S, NAPING *n* back of the neck ▷ *vb* attack with napalm
NAPERY, NAPERIES *n* household linen, esp table linen
NAPES ▸ **nape**
NAPHTHA, -S *n* liquid mixture used as a solvent and in petrol
NAPHTHOL *n* white crystalline solid used in dyes
NAPHTHYL *n* type of monovalent radical
NAPHTOL, -S *same as* ▸ **naphthol**
NAPIFORM *adj* shaped like a turnip
NAPING ▸ **nape**
NAPKIN, -S *same as* ▸ **nappy**
NAPLESS *adj* threadbare
NAPOLEON *n* former French gold coin worth 20 francs
NAPOO, -ED, -ING, -S *vb* military slang meaning kill
NAPPA, -S *n* soft leather
NAPPE, -S *n* mass of rock that has been thrust from its original position by earth movements
NAPPED ▸ **nap**
NAPPER, -S *n* person or thing that raises the nap on cloth
NAPPES ▸ **nappe**
NAPPIE *same as* ▸ **nappy**
NAPPIER ▸ **nappy**
NAPPIES ▸ **nappy**
NAPPIEST ▸ **nappy**
NAPPING ▸ **nap**
NAPPY, NAPPIER, NAPPIES, NAPPIEST *n* piece of absorbent material fastened round a baby's lower torso ▷ *adj* having a nap
NAPRON, -S *same as* ▸ **apron**
NAPROXEN *n* pain-killing drug
NAPS ▸ **nap**

NARAS, -ES *same as* ▸**narras**
NARCEEN, -S *same as* ▸**narceine**
NARCEIN, -S *same as* ▸**narceine**
NARCEINE *n* narcotic alkaloid that occurs in opium
NARCEINS ▸**narcein**
NARCISM, -S *n* exceptional admiration for oneself
NARCISSI > **narcissus**
NARCIST, -S *n* narcissist
NARCOMA, -S *n* coma caused by intake of narcotic drugs
NARCOSE *same as* ▸**narcosis**
NARCOSIS, NARCOSES *n* effect of a narcotic
NARCOTIC *adj* of a drug which produces numbness and drowsiness ▹*n* such a drug
NARD, -ED, -ING, -S *n* any of several plants with aromatic roots ▹*vb* anoint with nard oil
NARDINE ▸**nard**
NARDING ▸**nard**
NARDOO, -S *n* cloverlike fern which grows in swampy areas
NARDS ▸**nard**
NARES, NARIS *pl n* nostrils
NARGHILE *another name for* ▸**hookah**
NARGHILY *same as* ▸**narghile**
NARGILE, -S *same as* ▸**narghile**
NARGILEH *same as* ▸**narghile**
NARGILES ▸**nargile**
NARGILY *same as* ▸**narghile**
NARIAL *adj* of or relating to the nares
NARIC ▸**nares**
NARICORN *n* bird's nostril
NARINE *same as* ▸**narial**
NARIS ▸**nares**
NARK, -ED, -ING, -S *vb* annoy ▹*n* informer or spy
NARKIER ▸**narky**
NARKIEST ▸**narky**
NARKING ▸**nark**
NARKS ▸**nark**
NARKY, NARKIER, NARKIEST *adj* irritable or complaining
NARQUOIS *adj* malicious
NARRAS, -ES *n* type of shrub
NARRATE, -D, -S *vb* tell (a story)
NARRATER *same as* ▸**narrator**
NARRATES ▸**narrate**
NARRATOR *n* person who tells a story or gives an account of something
NARRE *adj* nearer
NARROW, -ED, -ER *adj* small in breadth in comparison to length ▹*vb* make or become narrow
NARROWLY ▸**narrow**
NARROWS *pl n* narrow part of a strait, river, or current
NARTHEX *n* portico at the west end of a basilica or church
NARTJIE, -S *same as* ▸**naartjie**

This word for a small sweet orange is one to look out for when you have the J with the good letters of 'retain'. And it has alternative spellings **naartje** and **naartjie**.

NARWAL, -S *same as* ▸**narwhal**
NARWHAL, -S *n* Arctic whale with a long spiral tusk
NARWHALE *same as* ▸**narwhal**
NARWHALS ▸**narwhal**
NARY *adv* not
NAS *vb* has not
NASAL, -S *adj* of the nose ▹*n* nasal speech sound, such as English *m*, *n*, or *ng*
NASALISE *same as* ▸**nasalize**
NASALISM *n* nasal pronunciation
NASALITY ▸**nasal**
NASALIZE *vb* pronounce nasally
NASALLY ▸**nasal**
NASALS ▸**nasal**
NASARD, -S *n* organ stop
NASCENCE ▸**nascent**
NASCENCY ▸**nascent**
NASCENT *adj* starting to grow or develop
NASHGAB, -S *n* chatter
NASHI, -S *n* fruit of the Japanese pear
NASIAL ▸**nasion**
NASION, -S *n* craniometric point where the top of the nose meets the ridge of the forehead
NASSELLA *n* as in **nassella tussock** type of tussock grass
NASTALIK *n* type of script
NASTIC *adj* (of movement of plants) independent of the direction of the external stimulus
NASTIER ▸**nasty**
NASTIES ▸**nasty**
NASTIEST ▸**nasty**
NASTILY ▸**nasty**
NASTY, NASTIER, NASTIES, NASTIEST *adj* unpleasant ▹*n* something unpleasant
NASUTE, -S *n* type of termite
NAT, -S *n* supporter of nationalism
NATAL *adj* of or relating to birth
NATALITY *n* birth rate in a given place
NATANT *adj* (of aquatic plants) floating on the water
NATANTLY *adv* in a floating manner
NATATION *n* swimming
NATATORY *adj* of or relating to swimming
NATCH, -ES *sentence substitute* naturally ▹*n* notch
NATES, NATIS *pl n* buttocks
NATHEMO *same as* > **nathemore**
NATHLESS *same as* > **natheless**
NATIFORM *adj* resembling buttocks
NATION, -S *n* people of one or more cultures or races organized as a single state
NATIONAL *adj* of or serving a nation as a whole ▹*n* citizen of a nation
NATIONS ▸**nation**
NATIS ▸**nates**
NATIVE, -S *adj* relating to a place where a person was born ▹*n* person born in a place
NATIVELY ▸**native**
NATIVES ▸**native**
NATIVISM *n* policy of favouring the natives of a country over the immigrants
NATIVIST ▸**nativism**
NATIVITY *n* birth or origin
NATRIUM, -S *obsolete name for* ▸**sodium**
NATRON, -S *n* whitish or yellow mineral
NATS ▸**nat**
NATTER, -ED, -S *vb* talk idly or chatter ▹*n* long idle chat
NATTERER ▸**natter**
NATTERS ▸**natter**
NATTERY *adj* irritable
NATTIER ▸**natty**
NATTIEST ▸**natty**
NATTILY ▸**natty**
NATTY, NATTIER, NATTIEST *adj* smart and spruce
NATURA, -E *n* nature

N

NATURAL, -S *adj* normal or to be expected ▷ *n* person with an inborn talent or skill
NATURE, -S *n* whole system of the physical world not controlled by human beings
NATURED *adj* having a certain disposition
NATURES ▶ **nature**
NATURING *adj* creative
NATURISM *n* nudism
NATURIST ▶ **naturism**
NAUCH, -ES *same as* ▶ **nautch**
NAUGHT, -S *n* nothing ▷ *adv* not at all
NAUGHTY *adj* disobedient or mischievous
NAUMACHY *same as* > **naumachia**
NAUNT, -S *n* aunt
NAUPLIAL *adj* of or like a nauplius, the larval form of certain crustaceans
NAUPLIUS, NAUPLII *n* larva of many crustaceans
NAUSEA, -S *n* feeling of being about to vomit
NAUSEANT *n* substance inducing nausea
NAUSEAS ▶ **nausea**
NAUSEATE *vb* make (someone) feel sick
NAUSEOUS *adj* as if about to vomit
NAUTCH, -ES *n* intricate traditional Indian dance
NAUTIC *same as* ▶ **nautical**
NAUTICAL *adj* of the sea or ships
NAUTICS *n* science of navigation
NAUTILUS, NAUTILI *n* shellfish with many tentacles
NAV, -S *n* (short for) navigation
NAVAID, -S *n* navigational aid
NAVAL *adj* of or relating to a navy or ships
NAVALISM *n* domination of naval interests
NAVALLY ▶ **naval**
NAVAR, -S *n* system of air navigation
NAVARCH, -S *n* admiral
NAVARCHY *n* navarch's term of office
NAVARHO, -S *n* aircraft navigation system
NAVARIN, -S *n* stew of mutton or lamb with root vegetables
NAVARS ▶ **navar**
NAVE, -S *n* long central part of a church
NAVEL, -S *n* hollow in the middle of the abdomen
NAVES ▶ **nave**
NAVETTE, -S *n* gem cut
NAVEW, -S *another name for* ▶ **turnip**
NAVICERT *n* certificate specifying the contents of a neutral ship's cargo
NAVICULA *n* incense holder
NAVIES ▶ **navy**
NAVIGATE *vb* direct or plot the path or position of a ship, aircraft, or car
NAVS ▶ **nav**
NAVVY, NAVVIED, NAVVIES, -ING *n* labourer employed on a road or a building site ▷ *vb* work as a navvy
NAVY, NAVIES *n* warships with their crews and organization ▷ *adj* navy-blue
NAW *same as* ▶ **no**
NAWAB, -S *n* (formerly) a Muslim ruler or landowner in India
NAY, -S *interj* no ▷ *n* person who votes against a motion ▷ *adv* used for emphasis ▷ *sentence substitute* no
NAYSAY, NAYSAID, -S *vb* say no
NAYSAYER ▶ **naysay**
NAYSAYS ▶ **naysay**
NAYTHLES *same as* > **natheless**
NAYWARD *n* towards denial
NAYWARDS *same as* ▶ **nayward**
NAYWORD, -S *n* proverb
NAZE, -S *n* flat marshy headland
NAZI, -S *n* person who thinks or acts in a brutal or dictatorial way
NAZIFY, NAZIFIED, NAZIFIES *vb* make nazi in character
NAZIR, -S *n* Muslim official
NAZIS ▶ **nazi**
NDUJA, -S *n* spicy pork paste
NE *conj* nor
NEAFE, -S *same as* ▶ **nieve**
NEAFFE, -S *same as* ▶ **nieve**
NEAL, -ED, -ING, -S *same as* ▶ **anneal**
NEANIC *adj* of or relating to the early stages in a life cycle
NEAP, -ED, -ING, -S *adj* of, relating to, or constituting a neap tide ▷ *vb* be grounded by a neap tide
NEAR, -ED, -ER, -EST, -ING, -S *adj* indicating a place or time not far away ▷ *vb* draw close (to) ▷ *prep* at or to a place or time not far away from ▷ *adv* at or to a place or time not far away ▷ *n* left side of a horse or vehicle
NEARBY *adj* not far away ▷ *adv* close at hand
NEARED ▶ **near**
NEARER ▶ **near**
NEAREST ▶ **near**
NEARING ▶ **near**
NEARISH *adj* quite near
NEARLY, NEARLIER *adv* almost
NEARNESS ▶ **near**
NEARS ▶ **near**
NEARSIDE *n* side of a vehicle that is nearer the kerb
NEAT, -ER, -EST, -S *adj* tidy and clean ▷ *n* domestic bovine animal
NEATEN, -ED, -S *vb* make neat
NEATER ▶ **neat**
NEATEST ▶ **neat**
NEATH *short for* ▶ **beneath**
NEATHERD *n* cowherd
NEATLY ▶ **neat**
NEATNESS ▶ **neat**
NEATNIK, -S *n* very neat and tidy person
NEATS ▶ **neat**
NEB, -BED, -BING, -S *n* beak of a bird or the nose of an animal ▷ *vb* look around nosily
NEBBICH, -S *same as* ▶ **nebbish**
NEBBING ▶ **neb**
NEBBISH *n* timid man
NEBBISHE *same as* ▶ **nebbish**
NEBBISHY *adj* timid
NEBBUK, -S *n* type of shrub
NEBECK, -S *same as* ▶ **nebbuk**
NEBEK, -S *same as* ▶ **nebbuk**
NEBEL, -S *n* Hebrew musical instrument
NEBISH, -ES *same as* ▶ **nebbish**
NEBRIS, -ES *n* fawn-skin
NEBS ▶ **neb**
NEBULA, -E, -S *n* hazy cloud of particles and gases
NEBULAR ▶ **nebula**
NEBULAS ▶ **nebula**
NEBULE, -S *n* cloud
NEBULISE *same as* ▶ **nebulize**
NEBULIUM *n* element
NEBULIZE *vb* turn (a liquid) into a fine spray
NEBULOSE *same as* ▶ **nebulous**
NEBULOUS *adj* vague and unclear

NEBULY *adj* wavy
NECK, -ED, -S *n* part of the body joining the head to the shoulders ▷ *vb* kiss and cuddle
NECKATEE *n* piece of ornamental cloth worn around the neck
NECKBAND *n* band around the neck of a garment
NECKBEEF *n* cheap cattle flesh
NECKED ▸ **neck**
NECKER, -S ▸ **neck**
NECKGEAR *n* any neck covering
NECKING, -S *n* activity of kissing and embracing passionately
NECKLACE *n* decorative piece of jewellery worn around the neck
NECKLESS ▸ **neck**
NECKLET, -S *n* ornament worn round the neck
NECKLIKE ▸ **neck**
NECKLINE *n* shape or position of the upper edge of a dress or top
NECKS ▸ **neck**
NECKSHOT *n* shot in the neck of an animal
NECKTIE, -S *same as* ▸ **tie**
NECKWEAR *n* articles of clothing, such as ties, scarves, etc, worn around the neck
NECKWEED *n* type of plant
NECROPSY *n* postmortem examination ▷ *vb* carry out a necropsy
NECROSE, -D, -S *vb* cause or undergo necrosis
NECROSIS *n* death of cells in the body
NECROTIC ▸ **necrosis**
NECTAR, -S *n* sweet liquid collected from flowers by bees
NECTARED *adj* filled with nectar
NECTARS ▸ **nectar**
NECTARY *n* structure secreting nectar in a plant
NED, -S *n* derogatory name for an adolescent hooligan
NEDDIER ▸ **neddy**
NEDDIES ▸ **neddy**
NEDDIEST ▸ **neddy**
NEDDISH ▸ **ned**
NEDDY, NEDDIER, NEDDIES, NEDDIEST *n* donkey ▷ *adj* of or relating to neds
NEDETTE, -S *n* derogatory name for a female adolescent hooligan
NEDS ▸ **ned**
NEE *prep* indicating the maiden name of a married woman ▷ *adj* indicating the maiden name of a married woman
NEED, -ED, -ING *vb* require or be in want of ▷ *n* condition of lacking something
NEEDER, -S ▸ **need**
NEEDFIRE *n* beacon
NEEDFUL *adj* necessary or required
NEEDFULS *n* must-haves
NEEDIER ▸ **needy**
NEEDIEST ▸ **needy**
NEEDILY ▸ **needy**
NEEDING ▸ **need**
NEEDLE, -D, -S, NEEDLING *n* thin pointed piece of metal with an eye through which thread is passed for sewing ▷ *vb* goad or provoke
NEEDLER, -S *n* needle maker
NEEDLES ▸ **needle**
NEEDLESS *adj* unnecessary
NEEDLIER ▸ **needly**
NEEDLING ▸ **needle**
NEEDLY, NEEDLIER *adj* like or full of needles
NEEDMENT *n* a necessity
NEEDS *adv* necessarily ▷ *pl n* what is required
NEEDY, NEEDIER, NEEDIEST *adj* poor, in need of financial support
NEELD, -S *same as* ▸ **needle**
NEELE, -S *same as* ▸ **needle**
NEEM, -S *n* type of large Indian tree
NEEMB, -S *same as* ▸ **neem**
NEEMS ▸ **neem**
NEEP, -S *dialect name for* ▸ **turnip**
NEESE, -D, -S, NEESING *same as* ▸ **neeze**
NEEZE, -D, -S, NEEZING *vb* sneeze
NEF, -S *n* church nave
NEFAST *adj* wicked
NEFS ▸ **nef**
NEG, -S *n* photographic negative
NEGATE, -D, -S, NEGATING *vb* invalidate
NEGATER, -S ▸ **negate**
NEGATES ▸ **negate**
NEGATING ▸ **negate**
NEGATION *n* opposite or absence of something
NEGATIVE *adj* expressing a denial or refusal ▷ *n* negative word or statement
NEGATON, -S *same as* ▸ **negatron**
NEGATOR, -S ▸ **negate**
NEGATORY *adj* relating to the act of negation
NEGATRON *obsolete word for* ▸ **electron**
NEGLECT, -S *vb* take no care of ▷ *n* neglecting or being neglected
NEGLIGE, -S *variant of* ▸ **negligee**
NEGLIGEE *n* woman's lightweight usu lace-trimmed dressing gown
NEGLIGES ▸ **neglige**
NEGRONI, -S *n* type of cocktail
NEGS ▸ **neg**
NEGUS, -ES *n* hot drink of port and lemon juice
NEIF, -S *same as* ▸ **nieve**
NEIGH, -ED, -S *n* loud high-pitched sound made by a horse ▷ *vb* make this sound
NEIGHBOR *same as* ▸ **neighbour**
NEIGHED ▸ **neigh**
NEIGHING *n* act of neighing
NEIGHS ▸ **neigh**
NEINEI, -S *n* type of plant
NEIST *Scots variant of* ▸ **next**
NEITHER *pron* not one nor the other ▷ *adj* not one nor the other (of two)
NEIVE, -S *same as* ▸ **nieve**
NEK, -S *n* mountain pass
NEKTON, -S *n* free-swimming animals in the middle depths of a sea or lake
NEKTONIC ▸ **nekton**
NEKTONS ▸ **nekton**
NELIES *same as* ▸ **nelis**
NELIS *n* type of pear
NELLIE, -S *n* type of albatross
NELLY *n* as in **not on your nelly** not under any circumstances
NELSON, -S *n* type of wrestling hold
NELUMBO, -S *n* type of aquatic plant
NEMA, -S *n* filament
NEMATIC, -S *n* substance having a mesomorphic state
NEMATODE *n* slender cylindrical unsegmented worm
NEMATOID ▸ **nematode**
NEMESES ▸ **nemesis**
NEMESIA, -S *n* type of southern African plant
NEMESIS, NEMESES *n* retribution or vengeance

N

NEMN, -ED, -ING, -S *vb* name
NEMORAL *adj* of a wood
NEMOROUS *adj* woody
NEMPT *adj* named
NENE, -S *n* rare black-and-grey short-winged Hawaiian goose
NENNIGAI *same as* ▶ **nannygai**
NENUPHAR *n* type of water lily
NEOBLAST *n* worm cell
NEOCON, -S *n* supporter of neoconservative politics
NEOGENE *adj* of, denoting, or formed during the Miocene and Pliocene epochs
NEOLITH, -S *n* Neolithic stone implement
NEOLOGIC > **neologism**
NEOLOGY *same as* > **neologism**
NEOMORPH *n* genetic component
NEOMYCIN *n* type of antibiotic obtained from a bacterium
NEON, -S *n* element used in illuminated signs and lights ▷ *adj* of or illuminated by neon
NEONATAL *adj* relating to the first few weeks of a baby's life
NEONATE, -S *n* newborn child
NEONED *adj* lit with neon
NEONS ▶ **neon**
NEOPAGAN *n* advocate of the revival of paganism
NEOPHILE *n* person who welcomes new things
NEOPHOBE > **neophobia**
NEOPHYTE *n* beginner or novice
NEOPLASM *n* any abnormal new growth of tissue
NEOPRENE *n* synthetic rubber used in waterproof products
NEOSOUL, -S *n* soul music combined with other genres
NEOTENIC ▶ **neoteny**
NEOTENY *n* persistence of larval or fetal features in the adult form of an animal
NEOTERIC *adj* belonging to a new fashion or trend ▷ *n* new writer or philosopher
NEOTOXIN *n* harmful agent
NEOTYPE, -S *n* specimen selected to replace a type specimen that has been lost or destroyed
NEP, -S *n* catmint
NEPENTHE *n* drug that ancient writers referred to as a means of forgetting grief or trouble
NEPER, -S *n* unit expressing the ratio of two quantities
NEPETA, -S *same as* ▶ **catmint**
NEPHEW, -S *n* son of one's sister or brother
NEPHRIC *adj* renal
NEPHRISM *n* chronic kidney disease
NEPHRITE *n* tough fibrous amphibole mineral
NEPHROID *adj* kidney-shaped
NEPHRON, -S *n* urine-secreting tubule in the kidney
NEPIONIC *adj* of or relating to the juvenile period in the life cycle of an organism
NEPIT, -S *n* unit of information equal to 1.44 bits
NEPOTIC ▶ **nepotism**
NEPOTISM *n* favouritism in business shown to relatives and friends
NEPOTIST ▶ **nepotism**
NEPS ▶ **nep**
NERAL, -S *n* isomer of citral
NERD, -S *n* boring person obsessed with a particular subject
NERDIC, -S *same as* > **geekspeak**
NERDIER ▶ **nerdy**
NERDIEST ▶ **nerdy**
NERDISH ▶ **nerd**
NERDS ▶ **nerd**
NERDY, NERDIER, NERDIEST *adj* clumsy, socially inept
NEREID, -ES, -S *n* sea nymph in Greek mythology
NEREIS *n* type of marine worm
NERINE, -S *n* type of S African plant related to the amaryllis
NERITE, -S *n* type of sea snail
NERITIC *adj* of or formed in shallow seas near a coastline
NERK, -S *n* fool
NERKA, -S *n* type of salmon
NERKS ▶ **nerk**
NEROL, -S *n* scented liquid
NEROLI, -S *n* brown oil used in perfumery
NEROLS ▶ **nerol**
NERTS *interj* nuts
NERTZ *same as* ▶ **nerts**
NERVAL ▶ **nerve**
NERVATE *adj* (of leaves) with veins
NERVE, -D, -S *n* bundle of fibres that conducts impulses between the brain and body ▷ *vb* give courage to oneself
NERVELET *n* small nerve
NERVER, -S *n* someone or something which nerves
NERVES ▶ **nerve**
NERVIER ▶ **nervy**
NERVIEST ▶ **nervy**
NERVILY ▶ **nervy**
NERVINE, -S *adj* having a soothing effect upon the nerves ▷ *n* nervine drug or agent
NERVING, -S ▶ **nerve**
NERVOUS *adj* apprehensive or worried
NERVULAR *adj* relating to a nervule
NERVULE, -S *n* small vein
NERVURE, -S *n* stiff rod in an insect's wing
NERVY, NERVIER, NERVIEST *adj* excitable or nervous
NESCIENT > **nescience**
NESH, -ER, -EST *adj* sensitive to the cold
NESHNESS ▶ **nesh**
NESS, -ES *n* headland, cape
NEST, -ED, -S *n* place or structure in which birds or certain animals lay eggs or give birth to young ▷ *vb* make or inhabit a nest
NESTABLE ▶ **nest**
NESTED ▶ **nest**
NESTER, -S ▶ **nest**
NESTFUL, -S *n* the contents of a nest
NESTING, -S ▶ **nest**
NESTLE, -D, -S *vb* snuggle
NESTLER, -S ▶ **nestle**
NESTLES ▶ **nestle**
NESTLIKE ▶ **nest**
NESTLING *n* bird too young to leave the nest
NESTMATE *n* bird that shares a nest with another bird
NESTOR, -S *n* wise old man
NESTS ▶ **nest**
NET, -S, -TED *n* fabric of meshes of string, thread, or wire with many openings ▷ *vb* catch (a fish or animal) in a net ▷ *adj* left after all deductions
NETBALL, -S *n* team game in which a ball has to be thrown through a high net
NETBOOK, -S *n* type of small laptop computer

NETE, -S *n* lyre string
NETFUL, -S *n* the contents of a net
NETHEAD, -S *n* expert on the internet
NETHER *adj* lower
NETIZEN, -S *n* person who regularly uses the internet
NETLESS *adj* without a net
NETLIKE *adj* resembling a net
NETOP, -S *n* friend
NETROOT, -S *n* activist who promotes a cause via the internet
NETS ▸**net**
NETSPEAK *n* jargon, abbreviations, and emoticons typically used by frequent internet users
NETSUKE, -S *n* (in Japan) a carved ornamental toggle
NETSURF, -S *vb* browse the internet for information
NETT, -S *same as* ▸**net**
NETTABLE *adj* that can be netted
NETTED ▸**net**
NETTER, -S *n* person that makes nets
NETTIE *n* enthusiastic user of the internet
NETTIER ▸**netty**
NETTIES ▸**netty**
NETTIEST ▸**netty**
NETTING, -S ▸**net**
NETTLE, -D, -S, NETTLING *n* plant with stinging hairs on the leaves ▹*vb* bother or irritate
NETTLER, -S *n* one that nettles
NETTLES ▸**nettle**
NETTLIER ▸**nettly**
NETTLING ▸**nettle**
NETTLY, NETTLIER *adj* like a nettle
NETTS ▸**nett**
NETTY, NETTIER, NETTIES, NETTIEST *n* lavatory ▹*adj* resembling a net
NETWORK, -S *n* system of intersecting lines, roads, etc ▹*vb* broadcast (a programme) over a network
NEUK, -S *Scot word for* ▸**nook**
NEUM, -S *same as* ▸**neume**
NEUMATIC *adj* relating to a neume
NEUME, -S *n* notational symbol
NEUMIC ▸**neume**
NEUMS ▸**neum**
NEURAL *adj* of a nerve or the nervous system
NEURALLY ▸**neural**
NEURAXON *n* biological cell component
NEURINE, -S *n* poisonous alkaloid
NEURISM, -S *n* nerve force
NEURITE, -S *n* biological cell component
NEURITIC ▸**neuritis**
NEURITIS *n* inflammation of a nerve or nerves
NEUROID, -S *adj* resembling a nerve ▹*n* either of the halves of a neural arch
NEUROMA, -S *n* any tumour composed of nerve tissue
NEURON, -S *same as* ▸**neurone**
NEURONAL ▸**neurone**
NEURONE, -S *n* cell specialized to conduct nerve impulses
NEURONIC ▸**neurone**
NEURONS ▸**neuron**
NEUROPIL *n* dense network of neurons and glia in the central nervous system
NEUROSAL *adj* relating to neurosis
NEUROSIS, NEUROSES *n* disorder producing anxiety or obsessive behaviour
NEUROTIC *adj* emotionally unstable ▹*n* neurotic person
NEURULA, -S *n* stage of embryonic development
NEURULAE ▸**neurula**
NEURULAR ▸**neurula**
NEURULAS ▸**neurula**
NEUSTIC, -S *n* part of a sentence that differs with mood
NEUSTON, -S *n* organisms that float on the surface of open water
NEUTER, -ED, -S *adj* belonging to a particular class of grammatical inflections in some languages ▹*vb* castrate (an animal) ▹*n* neuter gender
NEUTRAL, -S *adj* taking neither side in a war or dispute ▹*n* neutral person or nation
NEUTRINO *n* elementary particle with no mass or electrical charge
NEUTRON, -S *n* electrically neutral elementary particle
NEVE, -S *n* mass of porous ice, formed from snow
NEVEL, -LED, -S *vb* beat with the fists
NEVER *adv* at no time ▹*sentence substitute* at no time ▹*interj* surely not!
NEVES ▸**neve**
NEVI ▸**nevus**
NEVOID ▸**naevus**
NEVUS, NEVI *same as* ▸**naevus**
NEW, -ED, -ER, -EST, -ING *adj* not existing before ▹*adv* recently ▹*vb* make new
NEWB, -S *n* newbie
NEWBIE, -S *n* person new to a job, club, etc
NEWBORN, -S *adj* recently or just born ▹*n* newborn baby
NEWBS ▸**newb**
NEWCOME *adj* recently arrived
NEWCOMER *n* recent arrival or participant
NEWED ▸**new**
NEWEL, -S *n* post at the top or bottom of a flight of stairs
NEWELL, -S *n* new thing
NEWELLED ▸**newel**
NEWELLS ▸**newell**
NEWELS ▸**newel**
NEWER ▸**new**
NEWEST ▸**new**
NEWFOUND *adj* newly or recently discovered
NEWIE, -S *n* fresh idea or thing
NEWING ▸**new**
NEWISH *adj* fairly new
NEWISHLY ▸**newish**
NEWLY *adv* recently
NEWLYWED *n* recently married person
NEWMOWN *adj* freshly cut
NEWNESS ▸**new**
NEWS, -ED, -ES, -ING *n* important or interesting new happenings ▹*vb* report
NEWSBEAT *n* particular area of news reporting
NEWSBOY, -S *n* boy who sells or delivers newspapers
NEWSCAST *n* radio or television broadcast of the news
NEWSCLIP *n* brief extract from news broadcast
NEWSDESK *n* news gathering and reporting department
NEWSED ▸**news**
NEWSES ▸**news**
NEWSFEED *n* service that provides news articles for distribution
NEWSGIRL *n* female newsreader or reporter

NEWSHAWK *n* newspaper reporter
NEWSIE *same as* ▸ **newsy**
NEWSIER ▸ **newsy**
NEWSIES ▸ **newsy**
NEWSIEST ▸ **newsy**
NEWSING ▸ **news**
NEWSLESS ▸ **news**
NEWSMAN, NEWSMEN *n* male newsreader or reporter
NEWSPEAK *n* deliberately ambiguous and misleading language of politicians and officials
NEWSREEL *n* short film giving news
NEWSROOM *n* room where news is received and prepared for publication or broadcasting
NEWSWIRE *n* electronic means of delivering up-to-the-minute news
NEWSY, NEWSIER, NEWSIES, NEWSIEST *adj* full of news ▹ *n* newsagent
NEWT, -S *n* small amphibious creature
NEWTON, -S *n* unit of force
NEWTS ▸ **newt**
NEWWAVER *n* member of new wave
NEXT, -S *adv* immediately following ▹ *n* next person or thing
NEXTDOOR *adj* in or at the adjacent house or building
NEXTLY ▸ **next**
NEXTNESS ▸ **next**
NEXTS ▸ **next**
NEXUS, -ES *n* connection or link
NGAI *n* clan or tribe
NGAIO, -S *n* small New Zealand tree
NGANA, -S *same as* ▸ **nagana**
NGARARA, -S *n* lizard found in New Zealand
NGATI, -S *n* (occurring as part of the tribe name) a tribe or clan
NGOMA, -S *n* type of drum
NGULTRUM *n* standard monetary unit of Bhutan, divided into 100 chetrum
NGWEE, -S *n* Zambian monetary unit
NHANDU, -S *n* type of spider
NIACIN, -S *n* vitamin of the B complex
NIAGARA, -S *n* deluge or outpouring
NIB, -BED, -BING, -S *n* writing point of a pen ▹ *vb* provide with a nib
NIBBLE, -D, -S, NIBBLING *vb* take little bites (of) ▹ *n* little bite
NIBBLER, -S *n* person, animal, or thing that nibbles
NIBBLES ▸ **nibble**
NIBBLIES ▸ **nibbly**
NIBBLING ▸ **nibble**
NIBBLY, NIBBLIES *n* small item of food
NIBLET, -S *n* very small piece of food
NIBLICK, -S *n* former golf club giving a great deal of lift
NIBLIKE ▸ **nib**
NIBS ▸ **nib**
NICAD, -S *n* rechargeable dry-cell battery
NICE, -R, -ST *adj* pleasant
NICEISH ▸ **nice**
NICELY ▸ **nice**
NICENESS ▸ **nice**
NICER ▸ **nice**
NICEST ▸ **nice**
NICETY, NICETIES *n* subtle point
NICHE, -D, -S, NICHING *n* hollow area in a wall ▹ *adj* of or aimed at a specialist group or market ▹ *vb* place (a statue) in a niche
NICHER, -ED, -S *vb* snigger
NICHES ▸ **niche**
NICHING ▸ **niche**
NICHROME *n* (tradename) alloy of nickel and chrome
NICHT, -S *Scot word for* ▸ **night**
NICISH ▸ **nice**
NICK, -ED, -ING, -S *vb* make a small cut in ▹ *n* small cut
NICKAR, -S *n* hard seed
NICKED ▸ **nick**
NICKEL, -ED, -S *n* silvery-white metal often used in alloys ▹ *vb* plate with nickel
NICKELIC *adj* of or containing metallic nickel
NICKELS ▸ **nickel**
NICKER, -ED, -S *n* pound sterling ▹ *vb* (of a horse) to neigh softly
NICKING ▸ **nick**
NICKLE, -D, -S, NICKLING *same as* ▸ **nickel**
NICKNACK *n* cheap ornament or trinket
NICKNAME *n* familiar name given to a person or place ▹ *vb* call by a nickname
NICKS ▸ **nick**
NICKUM, -S *n* mischievous person
NICOISE *adj* prepared with tomatoes, black olives, garlic and anchovies
NICOL, -S *n* device for producing plane-polarized light
NICOTIAN *n* tobacco user
NICOTIN *same as* ▸ **nicotine**
NICOTINE *n* poisonous substance found in tobacco
NICOTINS *same as* ▸ **nicotin**
NICTATE, -D, -S *same as* > **nictitate**
NID, -S *same as* ▸ **nide**
NIDAL ▸ **nidus**
NIDATE, -D, -S, NIDATING *vb* undergo nidation
NIDATION *n* implantation
NIDDICK, -S *n* nape of the neck
NIDE, -D, -S *vb* nest
NIDERING *same as* > **niddering**
NIDES ▸ **nide**
NIDGET, -ED, -S *n* type of hoe ▹ *vb* assist a woman in labour
NIDI ▸ **nidus**
NIDIFY, NIDIFIED, NIDIFIES *vb* (of a bird) to make or build a nest
NIDING, -S *n* coward
NIDOR, -S *n* cooking smell
NIDOROUS ▸ **nidor**
NIDORS ▸ **nidor**
NIDS ▸ **nid**
NIDUS, NIDI, -ES *n* nest in which insects or spiders deposit their eggs
NIE, -D, -S *archaic spelling of* ▸ **nigh**
NIECE, -S *n* daughter of one's sister or brother
NIED ▸ **nie**
NIEF, -S *same as* ▸ **nieve**
NIELLI ▸ **niello**
NIELLIST ▸ **niello**
NIELLO, NIELLI, -ED, -S *n* black compound of sulphur and silver, lead, or copper ▹ *vb* decorate or treat with niello
NIENTE *adv* softly fading away
NIES ▸ **nie**
NIEVE, -S *n* closed hand
NIEVEFUL *n* closed handful
NIEVES ▸ **nieve**
NIFE, -S *n* earth's core
NIFF, -ED, -ING, -S *n* stink ▹ *vb* stink
NIFFER, -ED, -S *vb* barter
NIFFIER ▸ **niffy**
NIFFIEST ▸ **niffy**
NIFFING ▸ **niff**
NIFFNAFF *vb* trifle
NIFFS ▸ **niff**
NIFFY, NIFFIER, NIFFIEST ▸ **niff**

NIFTIER ▸ **nifty**
NIFTIES ▸ **nifty**
NIFTIEST ▸ **nifty**
NIFTILY ▸ **nifty**
NIFTY, NIFTIER, NIFTIES, NIFTIEST *adj* neat or smart ▹ *n* nifty thing
NIGELLA, -S *n* type of Mediterranean plant
NIGGARD, -S *n* stingy person ▹ *adj* miserly ▹ *vb* act in a niggardly way
NIGGLE, -D, -S *vb* worry slightly ▹ *n* small worry or doubt
NIGGLER, -S ▸ **niggle**
NIGGLES ▸ **niggle**
NIGGLIER ▸ **niggly**
NIGGLING *adj* petty ▹ *n* act or instance of niggling
NIGGLY, NIGGLIER ▸ **niggle**
NIGH, -ED, -ER, -EST, -ING, -S *prep* near ▹ *adv* nearly ▹ *adj* near ▹ *vb* approach
NIGHLY ▸ **nigh**
NIGHNESS ▸ **nigh**
NIGHS ▸ **nigh**
NIGHT *n* time of darkness between sunset and sunrise ▹ *adj* of, occurring, or working at night
NIGHTCAP *n* drink taken just before bedtime
NIGHTED *adj* darkened
NIGHTIE, -S *n* nightgown
NIGHTJAR *n* nocturnal bird with a harsh cry
NIGHTLY *adv* (happening) each night ▹ *adj* happening each night
NIGHTS *adv* at night or on most nights
NIGHTY *same as* ▸ **nightie**
NIGIRI, -S *n* small oval block of cold rice, wasabi and fish
NIGRIFY *vb* blacken
NIGROSIN *same as* > **nigrosine**
NIHIL, -S *n* nil
NIHILISM *n* rejection of all established authority and institutions
NIHILIST ▸ **nihilism**
NIHILITY *n* state or condition of being nothing
NIHILS ▸ **nihil**
NIHONGA, -S *n* Japanese form of painting
NIHONIUM *n* highly radioactive element
NIKAB, -S *same as* ▸ **niqab**
NIKAH, -S *n* Islamic marriage contract
NIKAU, -S *n* palm tree native to New Zealand
NIL, -S *n* nothing, zero
NILGAI, -S *n* large Indian antelope
NILGAU, -S *same as* ▸ **nilghau**
NILGHAI, -S *same as* ▸ **nilgai**
NILGHAU, -S *same as* ▸ **nilgai**
NILL, -ED, -ING, -S *vb* be unwilling
NILS ▸ **nil**
NIM, -MED, -MING, -S *n* game involving removing one or more small items from several rows or piles ▹ *vb* steal
NIMB, -S *n* halo
NIMBED ▸ **nimb**
NIMBI ▸ **nimbus**
NIMBLE, -R, -ST *adj* agile and quick
NIMBLY ▸ **nimble**
NIMBS ▸ **nimb**
NIMBUS, NIMBI, -ES *n* dark grey rain cloud
NIMBUSED ▸ **nimbus**
NIMBUSES ▸ **nimbus**
NIMBYISM *n* practice of objecting to something that will affect one or take place in one's locality
NIMIETY *rare word for* ▸ **excess**
NIMIOUS ▸ **nimiety**
NIMMED ▸ **nim**
NIMMER, -S ▸ **nim**
NIMMING ▸ **nim**
NIMONIC *adj* as in **nimonic alloy** type of nickel-based alloy
NIMPS *adj* easy
NIMROD, -S *n* hunter
NIMS ▸ **nim**
NINCOM, -S *same as* > **nicompoop**
NINCUM, -S *same as* > **nicompoop**
NINE, -S *n* one more than eight
NINEBARK *n* North American shrub
NINEFOLD *adj* having nine times as many or as much ▹ *adv* by nine times as much or as many
NINEPIN *n* skittle used in ninepins
NINEPINS *n* game of skittles
NINER, -S *n* (US) student in the ninth grade
NINES ▸ **nine**
NINETEEN *n* ten and nine
NINETY, NINETIES *n* ten times nine
NINJA, -S *n* person skilled in ninjutsu
NINJITSU *same as* ▸ **ninjutsu**
NINJUTSU *n* Japanese martial art
NINNY, NINNIES *n* stupid person
NINNYISH ▸ **ninny**
NINON, -S *n* fine strong silky fabric
NINTH, -S *n* number nine in a series ▹ *adj* coming after the eighth
NINTHLY *same as* ▸ **ninth**
NINTHS ▸ **ninth**
NIOBATE, -S *n* type of salt crystal
NIOBIC *adj* of or containing niobium in the pentavalent state
NIOBITE, -S *another name for* > **columbite**
NIOBIUM, -S *n* white metallic element
NIOBOUS *adj* of or containing niobium in the trivalent state
NIP, -PED, -PING, -S *vb* hurry ▹ *n* pinch or light bite
NIPA, -S *n* palm tree of S and SE Asia
NIPPED ▸ **nip**
NIPPER, -ED *n* small child ▹ *vb* secure with rope
NIPPERS *pl n* instrument or tool for pinching or squeezing
NIPPIER ▸ **nippy**
NIPPIEST ▸ **nippy**
NIPPILY ▸ **nippy**
NIPPING ▸ **nip**
NIPPLE, -D, -S, NIPPLING *n* projection in the centre of a breast ▹ *vb* provide with a nipple
NIPPY, NIPPIER, NIPPIEST *adj* frosty or chilly
NIPS ▸ **nip**
NIPTER, -S *n* type of religious ceremony
NIQAAB, -S *same as* ▸ **niqab**
NIQAB, -S *n* type of veil worn by some Muslim women

One of those invaluable words allowing you to play the Q without a U. It can also be spelt **niqaab** or **nikab**.

NIRAMIAI *n* sumo wrestling procedure
NIRL, -ED, -ING, -IT, -S *vb* shrivel
NIRLIE *variant of* ▸ **nirly**
NIRLIER ▸ **nirly**
NIRLIEST ▸ **nirly**
NIRLING ▸ **nirl**
NIRLIT ▸ **nirl**
NIRLS ▸ **nirl**

N

NIRLY, NIRLIER, NIRLIEST *adj* shrivelled
NIRVANA, -S *n* absolute spiritual enlightenment and bliss
NIRVANIC ▸ **nirvana**
NIS *n* friendly goblin
NISBERRY *same as* > **naseberry**
NISEI, -S *n* native-born citizen of the US or Canada whose parents were Japanese
NISGUL, -S *n* smallest and weakest bird in a brood of chickens
NISH, -ES *n* nothing
NISI *adj* (of a court order) coming into effect on a specified date
NISSE, -S *same as* ▸ **nis**
NISUS *n* impulse towards or striving after a goal
NIT, -S *n* egg or larva of a louse
NITE, -S *variant of* ▸ **night**
NITER, -S *same as* ▸ **nitre**
NITERIE, -S *n* nightclub
NITERS ▸ **niter**
NITERY ▸ **niter**
NITES ▸ **nite**
NITHER, -ED, -S *vb* shiver
NITHING, -S *n* coward
NITID *adj* bright
NITINOL, -S *n* metal alloy
NITON, -S *less common name for* ▸ **radon**
NITPICK, -S *vb* criticize unnecessarily
NITPICKY ▸ **nitpick**
NITRATE, -D, -S *n* compound of nitric acid, used as a fertilizer ▹ *vb* treat with nitric acid or a nitrate
NITRATOR ▸ **nitrate**
NITRE, -S *n* potassium nitrate
NITREOUS *adj* as in **nitreous silica** another name for quartz glass
NITRES ▸ **nitre**
NITRIC *adj* of or containing nitrogen
NITRID, -S *same as* ▸ **nitride**
NITRIDE, -D, -S *n* compound of nitrogen ▹ *vb* make into a nitride
NITRIDS ▸ **nitrid**
NITRIFY *vb* treat or cause to react with nitrogen
NITRIL, -S *same as* ▸ **nitrile**
NITRILE, -S *n* any one of a particular class of organic compounds
NITRILS ▸ **nitril**
NITRITE, -S *n* salt or ester of nitrous acid
NITRO, -S *n* nitroglycerine
NITROGEN *n* colourless odourless gas that forms four fifths of the air
NITROLIC *adj* pertaining to a group of acids
NITROS ▸ **nitro**
NITROSO *adj* of a particular monovalent group
NITROSYL *another word for* ▸ **nitroso**
NITROUS *adj* derived from or containing nitrogen in a low valency state
NITROX, -ES *n* mixture of nitrogen and oxygen used in diving
NITROXYL *n* type of chemical
NITRY *adj* nitrous
NITRYL, -S *n* chemical compound
NITS ▸ **nit**
NITTY, NITTIER, NITTIEST *adj* infested with nits
NITWIT, -S *n* stupid person
NIVAL *adj* of or growing in or under snow
NIVATION *n* weathering of rock around a patch of snow by alternate freezing and thawing
NIVEOUS *adj* resembling snow, esp in colour
NIX, -ED, -ES, -ING *sentence substitute* be careful! watch out! ▹ *n* rejection or refusal ▹ *vb* veto, deny, reject, or forbid (plans, suggestions, etc)

This is a handy little word, combining X with two of the most common tiles in the game.

NIXE *n* water sprite
NIXED ▸ **nix**
NIXER, -S *n* spare-time job
NIXES ▸ **nix**
NIXIE, -S *n* female water sprite, usually unfriendly to humans
NIXING ▸ **nix**
NIXY *same as* ▸ **nixie**
NIZAM, -S *n* (formerly) a Turkish regular soldier
NIZAMATE *n* territory of the nizam
NIZAMS ▸ **nizam**
NKOSI, -S *n* term of address to a superior
NO, -ES, -S *interj* expresses denial, disagreement, or refusal ▹ *adj* not any, not a ▹ *adv* not at all ▹ *n* answer or vote of 'no'
NOAH, -S *n* shark
NOB, -S *n* person of wealth or social distinction
NOBBIER ▸ **nobby**
NOBBIEST ▸ **nobby**
NOBBILY ▸ **nob**
NOBBLE, -D, -S, NOBBLING *vb* attract the attention of
NOBBLER, -S ▸ **nobble**
NOBBLES ▸ **nobble**
NOBBLING ▸ **nobble**
NOBBUT *adv* nothing but
NOBBY, NOBBIER, NOBBIEST ▸ **nob**
NOBELIUM *n* artificially produced radioactive element
NOBILITY *n* quality of being noble
NOBLE, -R, -S, -ST *adj* showing or having high moral qualities ▹ *n* member of the nobility
NOBLEMAN, NOBLEMEN *n* person of noble rank
NOBLER ▸ **noble**
NOBLES ▸ **noble**
NOBLESSE *n* noble birth or condition
NOBLEST ▸ **noble**
NOBLY ▸ **noble**
NOBODY, NOBODIES *pron* no person ▹ *n* person of no importance
NOBS ▸ **nob**
NOCAKE, -S *n* Indian meal made from dried corn
NOCEBO, -S *n* harmless substance that causes harmful effects in patients who expect it to be harmful
NOCENT, -S *n* guilty person
NOCENTLY ▸ **nocent**
NOCENTS ▸ **nocent**
NOCHEL, -S *same as* ▸ **notchel**
NOCHELED *same as* > **notcheled**
NOCHELS ▸ **nochel**
NOCK, -ED, -ING, -S *n* notch on an arrow or a bow for the bowstring ▹ *vb* fit (an arrow) on a bowstring
NOCKET, -S *same as* ▸ **nacket**
NOCKING ▸ **nock**
NOCKS ▸ **nock**
NOCTILIO *n* type of bat
NOCTUA, -S *n* type of moth
NOCTUARY *n* nightly journal
NOCTUAS ▸ **noctua**
NOCTUID, -S *n* type of nocturnal moth ▹ *adj* of or relating to this type of moth
NOCTULE, -S *n* any of several large Old World insectivorous bats

NOCTUOID *adj* of or like a noctuid ▷ *n* member of the family of moths Noctuidae
NOCTURIA *n* excessive urination during the night
NOCTURN, -S *n* any of the main sections of the office of matins
NOCTURNE *n* short dreamy piece of music
NOCTURNS ▸ **nocturn**
NOCUOUS *adj* harmful
NOD, -DED, -S *vb* lower and raise (one's head) briefly in agreement or greeting ▷ *n* act of nodding
NODAL *adj* of or like a node
NODALISE *same as* ▸ **nodalize**
NODALITY ▸ **nodal**
NODALIZE *vb* make something nodal
NODALLY ▸ **nodal**
NODATED *adj* knotted
NODATION *n* knottiness
NODDED ▸ **nod**
NODDER, -S ▸ **nod**
NODDIER ▸ **noddy**
NODDIES ▸ **noddy**
NODDIEST ▸ **noddy**
NODDING, -S ▸ **nod**
NODDLE, -D, -S, NODDLING *n* head ▷ *vb* nod (the head), as through drowsiness
NODDY, NODDIER, NODDIES, NODDIEST *n* tropical tern with a dark plumage ▷ *adj* very easy to use or understand
NODE, -S *n* point on a plant stem from which leaves grow
NODI ▸ **nodus**
NODICAL *adj* of or relating to the nodes of a celestial body
NODOSE *adj* having nodes or knotlike swellings
NODOSITY ▸ **nodose**
NODOUS *same as* ▸ **nodose**
NODS ▸ **nod**
NODULAR ▸ **nodule**
NODULE, -S *n* small knot or lump
NODULED ▸ **nodule**
NODULES ▸ **nodule**
NODULOSE ▸ **nodule**
NODULOUS ▸ **nodule**
NODUS, NODI *n* problematic idea, situation, etc
NOEL, -S *n* Christmas
NOES ▸ **no**
NOESIS, NOESES, -ES *n* exercise of reason
NOETIC *adj* of or relating to the mind
NOG, -S *same as* ▸ **nogging**
NOGAKU *n* Japanese style of drama
NOGG, -S *same as* ▸ **nog**
NOGGED *adj* built with timber and brick
NOGGIN, -S *n* head
NOGGING, -S *n* short horizontal timber member
NOGGINS ▸ **noggin**
NOGGS ▸ **nogg**
NOGS ▸ **nog**
NOH *n* stylized classic drama of Japan
NOHOW *adv* under any conditions
NOHOWISH ▸ **nohow**
NOIL, -S *n* short or knotted fibres that are separated from the long fibres by combing
NOILIER ▸ **noily**
NOILIES ▸ **noily**
NOILIEST ▸ **noily**
NOILS ▸ **noil**
NOILY, NOILIER, NOILIES, NOILIEST *n* dry white vermouth drink from France ▷ *adj* resembling a noil
NOINT, -ED, -ING, -S *vb* anoint
NOINTER, -S *n* mischievous child
NOINTING ▸ **noint**
NOINTS ▸ **noint**
NOIR, -S *adj* (of a film) showing characteristics of a *film noir*, in plot or style ▷ *n* film noir
NOIRISH ▸ **noir**
NOIRS ▸ **noir**
NOISE, -D, -S, NOISING *n* sound, usu a loud or disturbing one ▷ *vb* spread (news or gossip)
NOISEFUL ▸ **noise**
NOISENIK *n* rock musician who performs loud harsh music
NOISES ▸ **noise**
NOISETTE *n* hazelnut chocolate ▷ *adj* flavoured or made with hazelnuts
NOISIER ▸ **noisy**
NOISIEST ▸ **noisy**
NOISILY ▸ **noisy**
NOISING ▸ **noise**
NOISOME *adj* (of smells) offensive
NOISY, NOISIER, NOISIEST *adj* making a lot of noise
NOLE, -S *same as* ▸ **noll**
NOLITION *n* unwillingness
NOLL, -S *n* head
NOLO, -S *n* as in **nolo contendere** plea indicating that the defendant does not wish to contest the case
NOM, -S *n* name
NOMA, -S *n* gangrenous inflammation of the mouth
NOMAD, -S *n* member of a tribe with no fixed dwelling place
NOMADE, -S *same as* ▸ **nomad**
NOMADIC *adj* relating to or characteristic of nomads
NOMADIES ▸ **nomady**
NOMADISE *same as* ▸ **nomadize**
NOMADISM ▸ **nomad**
NOMADIZE *vb* live as nomads
NOMADS ▸ **nomad**
NOMADY, NOMADIES *n* practice of living like nomads
NOMARCH, -S *n* head of an ancient Egyptian nome
NOMARCHY *n* any of the provinces of modern Greece
NOMAS ▸ **noma**
NOMBLES *variant spelling of* ▸ **numbles**
NOMBRIL, -S *n* point on a shield
NOME, -S *n* any of the former provinces of modern Greece
NOMEN, -S, NOMINA *n* ancient Roman's second name
NOMES ▸ **nome**
NOMIC *adj* normal or habitual
NOMINA ▸ **nomen**
NOMINAL, -S *adj* in name only ▷ *n* nominal element
NOMINATE *vb* suggest as a candidate ▷ *adj* having a particular name
NOMINEE, -S *n* candidate
NOMISM, -S *n* adherence to laws as a primary exercise of religion
NOMISTIC ▸ **nomism**
NOMOGENY *n* law of life originating as a natural process
NOMOGRAM *n* arrangement of two linear or logarithmic scales
NOMOI ▸ **nomos**
NOMOLOGY *n* science of law and law-making
NOMOS, NOMOI *n* convention
NOMS ▸ **nom**
NON *adv* not
NONA *n* sleeping sickness
NONACID, -S *adj* not acid ▷ *n* nonacid substance

NONACTOR *n* person who is not an actor
NONADULT *n* person who is not an adult
NONAGE, -D, -S *n* state of being under full legal age
NONAGON, -S *n* geometric figure with nine sides
NONANE, -S *n* type of chemical compound
NONANOIC *adj* as in **nonanoic acid** colourless oily fatty acid with a rancid odour
NONARIES ▸**nonary**
NONART, -S *n* something that does not constitute art
NONARY, NONARIES *n* set or group of nine
NONAS *same as* ▸**nones**
NONAVIAN *adj* not relating to birds
NONBANK, -S *n* business or institution that is not a bank but provides similar services
NONBASIC *adj* not basic
NONBEING *n* philosophical problem relating to the question of existence
NONBLACK *n* person who is not Black
NONBODY *n* nonphysical nature of a person
NONBOOK, -S *n* book with little substance
NONBRAND *adj* not produced by a well-known company
NONCASH *adj* other than cash
NONCE, -S *n* present time or occasion
NONCLASS *n* lack of class
NONCLING *adj* not liable to stick
NONCOLA, -S *n* soft drink other than cola
NONCOLOR *same as* > **noncolour**
NONCOM, -S *n* person not involved in combat
NONCORE *adj* not central or essential
NONCOUNT *adj* not capable of being counted
NONCRIME *n* incident that is not a crime
NONDAIRY *adj* not containing dairy products
NONDANCE *n* series of movements that do not constitute a dance
NONDRIP *adj* (of paint) specially formulated to minimize dripping during application
NONDRUG *adj* not involving the use of drugs
NONE *pron* not any
NONEGO, -S *n* everything that is outside one's conscious self
NONELECT *n* person not chosen
NONELITE *adj* not elite
NONEMPTY *adj* mathematical term
NONENTRY *n* failure to enter
NONEQUAL *adj* not equal ▹*n* person who is not the equal of another person
NONES *n* (in the Roman calendar) the ninth day before the ides of each month
NONESUCH *n* matchless person or thing
NONET, -S *n* piece of music composed for a group of nine instruments
NONETTE, -S *same as* ▸**nonet**
NONETTO, NONETTI, -S *same as* ▸**nonet**
NONEVENT *n* disappointing or insignificant occurrence
NONFACT, -S *n* event or thing not provable
NONFAN, -S *n* person who is not a fan
NONFARM *adj* not connected with a farm
NONFAT *adj* fat free
NONFATAL *adj* not resulting in or capable of causing death
NONFATTY *adj* not fatty
NONFINAL *adj* not final
NONFLUID *adj* not fluid ▹*n* something that is not a fluid
NONFOCAL *adj* not focal
NONFOOD, -S *n* item that is not food ▹*adj* relating to items other than food
NONFUEL, -S *adj* not relating to fuel ▹*n* energy not used for generating heat, power, or electricity
NONG, -S *n* stupid or incompetent person
NONGAME *adj* not pursued for competitive sport purposes
NONGAY, -S *n* person who is not gay
NONGLARE *adj* not causing glare ▹*n* any of various nonglare materials
NONGREEN *adj* not green
NONGS ▸**nong**
NONGUEST *n* person who is not a guest
NONGUILT *n* state of being innocent
NONHARDY *adj* fragile
NONHEME *adj* of dietary iron, obtained from vegetable foods
NONHERO *n* person who is not a hero
NONHOME *adj* not of the home
NONHUMAN *n* something not human
NONI, -S *n* tree of SE Asia and the Pacific islands
NONIDEAL *adj* not ideal
NONIMAGE *n* person who is not a celebrity
NONINERT *adj* not inert
NONIONIC *adj* not ionic
NONIRON *adj* not requiring ironing
NONIS ▸**noni**
NONISSUE *n* matter of little importance
NONJUROR *n* person who refuses to take an oath, as of allegiance
NONJURY *n* trial without a jury
NONKIN, -S *n* those who are not related to a person
NONLABOR *same as* > **nonlabour**
NONLEAFY *adj* not leafy
NONLEGAL *adj* not legal
NONLEVEL *adj* not level
NONLIFE, NONLIVES *n* matter which is not living
NONLOCAL *adj* not of, affecting, or confined to a limited area or part ▹*n* person who is not local to an area
NONLOYAL *adj* not loyal
NONLYRIC *adj* without lyrics
NONMAJOR *n* student who is not majoring in a specified subject
NONMAN, NONMEN *n* being that is not a man
NONMEAT, -S *n* substance that does not contain meat ▹*adj* not containing meat
NONMEN ▸**nonman**
NONMETAL *n* chemical element that forms acidic oxides and is a poor conductor of heat and electricity
NONMETRO *adj* not metropolitan
NONMODAL *adj* not modal
NONMONEY *adj* not involving money

N

NONMORAL *adj* not involving morality
NONMUSIC *n* (unpleasant) noise
NONNASAL *adj* not nasal
NONNAVAL *adj* not belonging to the navy
NONNEWS *adj* not concerned with news
NONNIES ▸ **nonny**
NONNOBLE *adj* not noble
NONNOVEL *n* literary work that is not a novel
NONNY, NONNIES *n* meaningless word
NONOBESE *adj* not obese
NONOHMIC *adj* not having electrical resistance
NONOILY *adj* not oily
NONORAL *adj* not oral
NONOWNER *n* person who is not an owner
NONPAGAN *n* person who is not a pagan
NONPAID *adj* without payment
NONPAPAL *adj* not of the pope
NONPAR *adj* nonparticipating
NONPARTY *adj* not connected with a political party
NONPAST, -S *n* grammatical term
NONPEAK, -S *n* period of low demand
NONPLAY, -S *n* social behaviour that is not classed as play
NONPLUS *vb* put at a loss ▹ *n* state of utter perplexity prohibiting action or speech
NONPOINT *adj* without a specific site
NONPOLAR *adj* not polar
NONPOOR, -S *adj* not poor ▹ *n* person who is not poor
NONPRINT *adj* published in a format other than print on paper
NONPROS *vb* enter a judgment of non prosequitur
NONQUOTA *adj* not included in a quota
NONRATED *adj* not rated
NONRIGID *adj* not rigid
NONRIVAL *n* person or thing not competing for success
NONROYAL *adj* not royal ▹ *n* person who is not a member of a royal family
NONRUN *adj* (of tights) not laddering
NONRURAL *adj* not rural
NONSELF *n* foreign molecule in the body
NONSENSE *n* something that has or makes no sense ▹ *interj* exclamation of disagreement
NONSKED, -S *n* non-scheduled aeroplane
NONSKID *adj* designed to reduce skidding
NONSKIER *n* person who does not ski
NONSLIP *adj* designed to prevent slipping
NONSOLAR *adj* not related to the sun
NONSOLID *n* substance that is not a solid
NONSTATE *adj* not relating to the state
NONSTICK *adj* coated with a substance that food will not stick to when cooked
NONSTOP, -S *adv* without a stop ▹ *adj* without a stop ▹ *n* nonstop flight
NONSTORY *n* story of little substance or importance
NONSTYLE *n* style that cannot be identified
NONSUCH *same as* ▸ **nonesuch**
NONSUGAR *n* substance that is not a sugar
NONSUIT, -S *n* order of a judge dismissing a suit ▹ *vb* order the dismissal of the suit of (a person)
NONTAX, -ES *n* tax that has little real effect
NONTIDAL *adj* not having a tide
NONTITLE *adj* without title
NONTONAL *adj* not written in a key
NONTONIC *adj* not tonic
NONTOXIC *n* substance which is not poisonous ▹ *adj* not poisonous
NONTRUMP *adj* not of the trump suit
NONTRUTH *same as* ▸ **untruth**
NONUNION *adj* (of a company) not employing trade union members ▹ *n* failure of broken bones or bone fragments to heal
NONUPLE, -S *adj* ninefold ▹ *n* ninefold number
NONUPLET *n* child born in a multiple birth of nine siblings
NONURBAN *adj* rural
NONUSE, -S *n* failure to use
NONUSER, -S ▸ **nonuse**
NONUSES ▸ **nonuse**
NONUSING ▸ **nonuse**
NONVALID *adj* not valid
NONVIRAL *adj* not caused by a virus
NONVITAL *adj* not vital
NONVOCAL *n* music track without singing
NONVOTER *n* person who does not vote
NONWAGE *adj* not part of wages
NONWAR, -S *n* state of nonviolence
NONWHITE *n* person who is not White
NONWOODY *adj* not woody
NONWOOL *adj* not wool
NONWORD, -S *n* series of letters not recognised as a word
NONWORK, -S *adj* not involving work ▹ *n* part of life which does not involve work
NONWOVEN *n* material made by a method other than weaving
NONYL, -S *n* type of chemical
NONZERO *adj* not equal to zero
NOO *n* type of Japanese musical drama
NOOB, -S *same as* ▸ **newbie**
NOODGE, -D, -S, NOODGING *vb* annoy persistently
NOODLE, -D, -S *n* ribbon-like strip of pasta ▹ *vb* improvise aimlessly on a musical instrument
NOODLING *n* aimless musical improvisation
NOOGIE, -S *n* act of inflicting pain by rubbing head hard
NOOIT *interj* South African exclamation of surprise
NOOK, -S *n* corner or recess
NOOKIER ▸ **nooky**
NOOKIEST ▸ **nooky**
NOOKLIKE ▸ **nook**
NOOKS ▸ **nook**
NOOKY, NOOKIER, NOOKIEST *adj* resembling a nook
NOOLOGY *n* study of intuition
NOOMETRY *n* mind measurement
NOON, -ED, -S *n* twelve o'clock midday ▹ *vb* take a rest at noon
NOONDAY, -S *adj* happening at noon ▹ *n* middle of the day

NOONED ▸**noon**
NOONER, -S *n* event taking place in the middle of the day
NOONING, -S *n* midday break for rest or food
NOONS ▸**noon**
NOONTIDE *same as* ▸**noontime**
NOONTIME *n* middle of the day
NOOP, -S *n* point of the elbow
NOOSE, -D, -S, NOOSING *n* loop in the end of a rope, tied with a slipknot ▹*vb* catch in a noose
NOOSER, -S *n* person who uses a noose
NOOSES ▸**noose**
NOOSING ▸**noose**
NOPAL, -ES, -S *n* type of cactus
NOPALITO *n* small cactus
NOPALS ▸**nopal**
NOPE *interj* no
NOPLACE *same as* ▸**nowhere**
NOR *prep* and not
NORDIC *adj* of competitions in cross-country racing and ski-jumping
NORI, -S *n* edible seaweed
NORIA, -S *n* water wheel with buckets attached to its rim
NORIMON, -S *n* Japanese passenger vehicle
NORIS ▸**nori**
NORITE, -S *n* variety of igneous rock
NORITIC ▸**norite**
NORLAND, -S *n* north part of a country or the earth
NORM, -S *n* standard that is regarded as normal
NORMA, -S *n* norm or standard
NORMAL, -S *adj* usual, regular, or typical ▹*n* usual or regular state, degree or form
NORMALCY ▸**normal**
NORMALLY *adv* as a rule
NORMALS ▸**normal**
NORMAN, -S *n* post used for winding on a ship
NORMANDE *n* type of cattle
NORMANS ▸**norman**
NORMAS ▸**norma**
NORMCORE *n* deliberately normal style of dress
NORMED *n* mathematical term
NORMLESS *adj* without a norm
NORMS ▸**norm**
NORSEL, -S *vb* fit with short lines for fastening hooks
NORTENA, -S *same as* ▸**norteno**
NORTENO, -S *n* type of Mexican music
NORTH, -ED, -S *n* direction towards the North Pole, opposite south ▹*adj* in the north ▹*adv* in, to, or towards the north ▹*vb* move north
NORTHER, -S *n* wind or storm from the north ▹*vb* move north
NORTHERN *adj* situated in or towards the north ▹*n* person from the north
NORTHERS ▸**norther**
NORTHING *n* movement or distance covered in a northerly direction
NORTHS ▸**north**
NORWARD *same as* >**northward**
NORWARDS *same as* ▸**norward**
NOS ▸**no**
NOSE, -D, -S *n* organ of smell, used also in breathing ▹*vb* move forward slowly and carefully
NOSEAN, -S *n* type of mineral
NOSEBAG, -S *n* bag containing feed fastened round a horse's head
NOSEBAND *n* part of a horse's bridle that goes around the nose
NOSED ▸**nose**
NOSEDIVE, NOSEDOVE *vb* (of an aircraft) plunge suddenly with the nose pointing downwards
NOSEGAY, -S *n* small bunch of flowers
NOSELESS ▸**nose**
NOSELIKE ▸**nose**
NOSELITE *same as* ▸**nosean**
NOSER, -S *n* strong headwind
NOSES ▸**nose**
NOSEY, -S *adj* prying or inquisitive ▹*n* nosey person
NOSH, -ED, -ES, -ING *n* food ▹*vb* eat
NOSHER, -S ▸**nosh**
NOSHERIE *same as* ▸**noshery**
NOSHERS ▸**nosher**
NOSHERY *n* restaurant or other place where food is served
NOSHES ▸**nosh**
NOSHING ▸**nosh**
NOSIER ▸**nosy**
NOSIES ▸**nosy**
NOSIEST ▸**nosy**
NOSILY ▸**nosy**
NOSINESS ▸**nosy**
NOSING, -S *n* edge of a step or stair tread
NOSODE, -S *n* homeopathic remedy
NOSOLOGY *n* branch of medicine concerned with the classification of diseases
NOSTOC, -S *n* type of bacterium occurring in moist places
NOSTOS, NOSTOI *n* story of a return home
NOSTRIL, -S *n* one of the two openings at the end of the nose
NOSTRO *adj* as in **nostro account** bank account conducted by a British bank with a foreign bank
NOSTRUM, -S *n* quack medicine
NOSY, NOSIER, NOSIES, NOSIEST *adj* prying or inquisitive ▹*n* inquisitive person
NOT *adv* expressing negation, refusal, or denial
NOTA ▸**notum**
NOTABLE, -S *adj* worthy of being noted, remarkable ▹*n* person of distinction
NOTABLY *adv* particularly or especially
NOTAEUM, -S *n* back of a bird's body
NOTAIRE, -S *n* (in France) notary
NOTAL ▸**notum**
NOTANDUM, NOTANDA *n* notable fact
NOTARIAL ▸**notary**
NOTARIES ▸**notary**
NOTARISE *same as* ▸**notarize**
NOTARIZE *vb* attest to or authenticate (a document, contract, etc), as a notary
NOTARY, NOTARIES *n* person authorized to witness legal documents
NOTATE, -D, -S, NOTATING *vb* write (esp music) in notation
NOTATION *n* representation of numbers or quantities in a system by a series of symbols
NOTATOR, -S *n* person who notates
NOTCH, -ED, -ES, -ING *n* V-shaped cut ▹*vb* make a notch in

NOTCHEL, -S *vb* refuse to pay another person's debts
NOTCHER, -S *n* person who cuts notches
NOTCHES ▸ **notch**
NOTCHIER ▸ **notchy**
NOTCHING ▸ **notch**
NOTCHY, NOTCHIER *adj* (of a motor vehicle gear mechanism) requiring careful gear-changing
NOTE, -S, NOTING *n* short letter ▹ *vb* notice, pay attention to
NOTEBOOK *n* book for writing in
NOTECARD *n* greetings card with space to write note
NOTECASE *same as* ▸ **wallet**
NOTED *adj* well-known
NOTEDLY ▸ **noted**
NOTELESS ▸ **note**
NOTELET, -S *n* small folded card with a design on the front
NOTEPAD, -S *n* number of sheets of paper fastened together
NOTER, -S *n* person who takes notes
NOTES ▸ **note**
NOTHER *same as* ▸ **other**
NOTHING, -S *pron* not anything ▹ *adv* not at all ▹ *n* person or thing of no importance
NOTICE, -D, -S, NOTICING *n* observation or attention ▹ *vb* observe, become aware of
NOTICER, -S *n* person who takes notice
NOTICES ▸ **notice**
NOTICING ▸ **notice**
NOTIFIED ▸ **notify**
NOTIFIER ▸ **notify**
NOTIFY, NOTIFIED, NOTIFIES *vb* inform
NOTING ▸ **note**
NOTION, -S *n* idea or opinion
NOTIONAL *adj* speculative, imaginary, or unreal
NOTIONS ▸ **notion**
NOTITIA, -E, -S *n* register or list, esp of ecclesiastical districts
NOTORNIS *n* rare flightless rail of New Zealand
NOTOUR *adj* notorious
NOTT *same as* ▸ **not**
NOTTURNO, NOTTURNI *n* piece of music
NOTUM, NOTA *n* cuticular plate on an insect
NOUGAT, -S *n* chewy sweet containing nuts and fruit
NOUGHT, -S *n* figure 0
NOUL, -S *same as* ▸ **noll**
NOULD *vb* would not
NOULDE *same as* ▸ **nould**
NOULE, -S *same as* ▸ **noll**
NOULS ▸ **noul**
NOUMENA ▸ **noumenon**
NOUMENAL ▸ **noumenon**
NOUMENON, NOUMENA *n* thing as it is in itself
NOUN, -S *n* word that refers to a person, place, or thing
NOUNAL ▸ **noun**
NOUNALLY ▸ **noun**
NOUNIER ▸ **nouny**
NOUNIEST ▸ **nouny**
NOUNLESS ▸ **noun**
NOUNS ▸ **noun**
NOUNY, NOUNIER, NOUNIEST *adj* like a noun
NOUP, -S *n* steep headland
NOURICE, -S *n* nurse
NOURISH *vb* feed
NOURSLE, -D, -S *vb* nurse
NOUS, -ES *n* common sense
NOUSELL, -S *vb* foster
NOUSES ▸ **nous**
NOUSLE, -D, -S, NOUSLING *vb* nuzzle
NOUT *same as* ▸ **nought**
NOUVEAU *adj* having recently become the thing specified
NOUVEAUX *same as* ▸ **nouveau**
NOUVELLE *n* long short story
NOVA, -E, -S *n* type of star
NOVALIA *n* newly reclaimed land
NOVALIKE *adj* resembling a nova
NOVAS ▸ **nova**
NOVATE, -S, NOVATING *vb* substitute one thing in place of another
NOVATED *adj* as in **novated lease** Australian system of employer-aided car purchase
NOVATES ▸ **novate**
NOVATING ▸ **novate**
NOVATION *n* substitution of a new obligation for an old one by mutual agreement
NOVEL, -S *n* long fictitious story in book form ▹ *adj* fresh, new, or original
NOVELDOM *n* realm of fiction
NOVELESE *n* style of writing characteristic of poor novels
NOVELISE *same as* ▸ **novelize**
NOVELISH *adj* resembling a novel
NOVELISM *n* innovation
NOVELIST *n* writer of novels
NOVELIZE *vb* convert (a true story, film, etc) into a novel
NOVELLA, -E, -S, NOVELLE *n* short novel
NOVELLY ▸ **novel**
NOVELS ▸ **novel**
NOVELTY *n* newness
NOVEMBER *n* code word for the letter N
NOVENA, -E, -S *n* set of prayers or services on nine consecutive days
NOVENARY *n* set of nine
NOVENAS ▸ **novena**
NOVERCAL *adj* stepmotherly
NOVERINT *n* writ
NOVICE, -S *n* beginner
NOVICHOK *n* powerful nerve agent developed in the former USSR
NOVITY, NOVITIES *n* novelty
NOVUM, -S *n* game played with dice
NOW, -S *adv* at or for the present time ▹ *n* the present time
NOWADAYS *adv* in these times
NOWAY *adv* in no manner
NOWAYS *same as* ▸ **noway**
NOWCAST, -S *n* report on current weather conditions
NOWED *adj* knotted
NOWHENCE *adv* from no place
NOWHERE, -S *adv* not anywhere ▹ *n* nonexistent or insignificant place
NOWISE *another word for* ▸ **noway**
NOWL, -S *n* crown of the head
NOWN *same as* ▸ **own**
NOWNESS ▸ **nown**
NOWS ▸ **now**
NOWT, -S *n* nothing
NOWTIER ▸ **nowty**
NOWTIEST ▸ **nowty**
NOWTS ▸ **nowt**
NOWTY, NOWTIER, NOWTIEST *adj* bad-tempered
NOWY *adj* having a small projection at the centre (of a cross)
NOX, -ES *n* nitrogen oxide

Meaning nitrogen oxide, this is another of those very useful short words containing X.

NOXAL *adj* relating to damage done by something belonging to another

N

NOXES ▸ **nox**
NOXIOUS *adj* poisonous or harmful
NOY, -ED, -ING, -S *vb* harass
NOYADE, -S *n* execution by drowning
NOYANCE, -S *n* nuisance
NOYAU, -S, -X *n* brandy-based liqueur
NOYED ▸ **noy**
NOYES, -ES *archaic form of* ▸ **noise**
NOYING ▸ **noy**
NOYOUS ▸ **noy**
NOYS ▸ **noy**
NOYSOME ▸ **noy**
NOZZER, -S *n* new recruit (in the Navy)
NOZZLE, -S *n* projecting spout through which fluid is discharged
NTH *adj* of an unspecified number

A good word to remember for awkward situations on the board, as it's one of very few 3-letter words that doesn't contain a vowel.

NU, -S *n* 13th letter in the Greek alphabet
NUANCE, -D, -S, NUANCING *n* subtle difference in colour, meaning, or tone ▹ *vb* give subtle differences to

N

NUB, -BED, -S *n* point or gist (of a story etc) ▹ *vb* hang from the gallows
NUBBER, -S *n* weakly hit ball in baseball
NUBBIER ▸ **nubby**
NUBBIEST ▸ **nubby**
NUBBIN, -S *n* something small or undeveloped, esp a fruit or ear of corn
NUBBING, -S *n* act of hanging (a criminal)
NUBBINS ▸ **nubbin**
NUBBLE, -D, -S, NUBBLING *n* small lump ▹ *vb* dialect word for beat or pound using one's fists
NUBBLIER ▸ **nubbly**
NUBBLING ▸ **nubble**
NUBBLY, NUBBLIER ▸ **nubble**
NUBBY, NUBBIER, NUBBIEST *adj* having small lumps or protuberances
NUBECULA *n* small irregular galaxy near the S celestial pole
NUBIA, -S *n* fleecy scarf for the head, worn by women
NUBIFORM *adj* cloudlike
NUBILE *adj* (of a girl or woman) mature enough for marriage
NUBILITY ▸ **nubile**
NUBILOSE *same as* ▸ **nubilous**
NUBILOUS *adj* cloudy
NUBS ▸ **nub**
NUBUCK, -S *n* type of leather with a velvety finish
NUCELLAR ▸ **nucellus**
NUCELLUS, NUCELLI *n* central part of a plant ovule containing the embryo sac
NUCHA, -E *n* back or nape of the neck
NUCHAL, -S *n* scale on a reptile's neck
NUCLEAL ▸ **nucleus**
NUCLEAR *adj* of nuclear weapons or energy
NUCLEASE *n* any of a group of enzymes that hydrolyse nucleic acids to simple nucleotides
NUCLEATE *adj* having a nucleus ▹ *vb* form a nucleus
NUCLEI ▸ **nucleus**
NUCLEIC *adj* as in **nucleic acid** type of complex compound that is a vital constituent of living cells
NUCLEIDE *same as* ▸ **nuclide**
NUCLEIN, -S *n* protein that occurs in the nuclei of living cells
NUCLEOID *n* component of a bacterium
NUCLEOLE *variant of* > **nucleolus**
NUCLEOLI > **nucleolus**
NUCLEON, -S *n* proton or neutron
NUCLEUS, NUCLEI *n* centre, esp of an atom or cell
NUCLIDE, -S *n* species of atom characterized by its atomic number and its mass number
NUCLIDIC ▸ **nuclide**
NUCULE, -S *n* small seed
NUDATION *n* act of removing a covering
NUDDY, NUDDIES *n* as in **in the nuddy** in the nude
NUDE, -R, -S, -ST *adj* naked ▹ *n* naked figure in painting, sculpture, or photography
NUDELY ▸ **nude**
NUDENESS ▸ **nude**
NUDER ▸ **nude**
NUDES ▸ **nude**
NUDEST ▸ **nude**
NUDGE, -D, -S, NUDGING *vb* push gently, esp with the elbow ▹ *n* gentle push or touch
NUDGER, -S ▸ **nudge**
NUDGES ▸ **nudge**
NUDGING ▸ **nudge**
NUDICAUL *adj* (of plants) having stems without leaves
NUDISM, -S *n* practice of not wearing clothes
NUDIST, -S ▸ **nudism**
NUDITY, NUDITIES *n* state or fact of being nude
NUDNICK, -S *same as* ▸ **nudnik**
NUDNIK, -S *n* boring person
NUDZH, -ED, -ES, -ING *same as* ▸ **nudge**
NUFF, -S *slang form of* ▸ **enough**
NUFFIN, -S *slang form of* ▸ **nothing**
NUFFS ▸ **nuff**
NUG, -S *n* lump of wood sawn from a log
NUGAE *n* jests
NUGATORY *adj* of little value
NUGGAR, -S *n* sailing boat used to carry cargo on the Nile
NUGGET, -ED, -S *n* small lump of gold in its natural state ▹ *vb* polish footwear
NUGGETY *adj* of or resembling a nugget
NUGS ▸ **nug**
NUISANCE *n* something or someone that causes annoyance or bother
NUKE, -D, -S, NUKING *vb* attack with nuclear weapons ▹ *n* nuclear weapon
NULL, -S *adj* without legal force ▹ *vb* make negative
NULLA, -S *same as* ▸ **nullah**
NULLAH, -S *n* stream or drain
NULLAS ▸ **nulla**
NULLED ▸ **null**
NULLIFY *vb* make ineffective
NULLING, -S *n* knurling
NULLITY *n* state of being null
NULLNESS ▸ **null**
NULLS ▸ **null**
NUMB, -ED, -EST, -ING, -S *adj* without feeling, as through cold, shock, or fear ▹ *vb* make numb
NUMBAT, -S *n* small Australian marsupial
NUMBED ▸ **numb**
NUMBER, -ED, -S *n* sum or quantity ▹ *vb* count
NUMBERER *n* person who numbers
NUMBERS ▸ **number**
NUMBEST ▸ **numb**
NUMBFISH *n* any of several electric ray fish

NUMBHEAD *n* insulting word for a stupid person
NUMBING ▸ **numb**
NUMBLES *pl n* animal organs, cooked for food
NUMBLY ▸ **numb**
NUMBNESS ▸ **numb**
NUMBNUT *n* insulting word for a stupid person
NUMBNUTS *n* insulting word for a stupid person
NUMBS ▸ **numb**
NUMCHUCK *same as* ▸ **nunchaku**
NUMDAH, -S *n* coarse felt made esp in India
NUMEN *n* deity or spirit presiding over a thing or place
NUMERACY *n* ability to use numbers, esp in arithmetical operations
NUMERAL, -S *n* word or symbol used to express a sum or quantity ▷ *adj* of, consisting of, or denoting a number
NUMERARY *adj* of or relating to numbers
NUMERATE *adj* able to do basic arithmetic ▷ *vb* read (a numerical expression)
NUMERIC, -S *n* number or numeral
NUMEROUS *adj* existing or happening in large numbers
NUMINA *plural of* ▸ **numen**
NUMINOUS *adj* arousing religious or spiritual emotions ▷ *n* something that arouses religious or spiritual emotions
NUMMARY *adj* of or relating to coins
NUMMIER ▸ **nummy**
NUMMIEST ▸ **nummy**
NUMMULAR *adj* shaped like a coin
NUMMY, NUMMIER, NUMMIEST *adj* delicious
NUMNAH, -S *same as* ▸ **numdah**
NUMPKIN, -S *n* stupid person
NUMPTY, NUMPTIES *n* stupid person
NUMSKULL *same as* > **numbskull**
NUN, -S *n* female member of a religious order
NUNATAK, -S *n* isolated mountain peak projecting through glacial ice
NUNCHAKU *n* throwing weapon used in martial arts
NUNCHEON *n* light snack
NUNCHUCK *same as* ▸ **nunchuk**
NUNCHUK, -S *n* throwing weapon used in martial arts
NUNCIO, -S *n* pope's ambassador
NUNCLE, -S *archaic or dialect word for* ▸ **uncle**
NUNDINAL *n* any of seven Roman letters indicating the days of the week
NUNDINE, -S *n* market day
NUNHOOD, -S *n* condition, practice, or character of a nun
NUNLIKE ▸ **nun**
NUNNERY *n* convent
NUNNISH ▸ **nun**
NUNNY *n* as in **nunny bag** small sealskin haversack used in Canada
NUNS ▸ **nun**
NUNSHIP, -S ▸ **nun**
NUPTIAL *adj* relating to marriage
NUPTIALS *pl n* wedding
NUR, -S *n* wooden ball
NURAGHE, NURAGHI *n* Sardinian round tower
NURAGHIC ▸ **nuraghe**
NURD, -S *same as* ▸ **nerd**
NURDIER ▸ **nurdy**
NURDIEST ▸ **nurdy**
NURDISH ▸ **nerd**
NURDLE, -D, -S, NURDLING *vb* score runs in cricket by soft deflections
NURDS ▸ **nurd**
NURDY, NURDIER, NURDIEST ▸ **nurd**
NURHAG, -S *n* Sardinian round tower
NURL, -ED, -ING, -S *variant of* ▸ **knurl**
NURR, -S *n* wooden ball
NURS ▸ **nur**
NURSE, -D, -S *n* person employed to look after sick people ▷ *vb* look after (a sick person)
NURSER, -S *n* person who treats something carefully
NURSERY *n* room where children sleep or play
NURSES ▸ **nurse**
NURSING, -S *n* practice or profession of caring for the sick and injured
NURSLE, -D, -S *vb* nuzzle
NURSLING *n* child or young animal that is being suckled, nursed, or fostered
NURTURAL ▸ **nurture**
NURTURE, -D, -S *n* act or process of promoting development ▷ *vb* promote or encourage development
NURTURER ▸ **nurture**
NURTURES ▸ **nurture**
NUS ▸ **nu**
NUT, -S, -TED *n* fruit consisting of a hard shell and a kernel ▷ *vb* gather nuts
NUTANT *adj* having the apex hanging down
NUTARIAN *n* person whose diet is based around nuts
NUTATE, -D, -S, NUTATING *vb* nod
NUTATION *n* periodic variation in the precession of the earth's axis
NUTBAR, -S *n* bar made from chopped nuts
NUTBROWN *adj* of a brownish colour, esp a reddish-brown
NUTCASE, -S *n* slang word for a foolish or crazy person
NUTGALL, -S *n* nut-shaped gall caused by gall wasps on the oak and other trees
NUTGRASS *n* type of plant
NUTHATCH *n* small songbird
NUTHIN *n* nothing
NUTJOB, -S *n* slang word for a foolish or crazy person
NUTLET, -S *n* portion of a fruit that fragments when mature
NUTLIKE ▸ **nut**
NUTLOAF *n* savoury loaf made from nuts
NUTMEAL, -S *n* type of grain
NUTMEAT, -S *n* kernel of a nut
NUTMEG, -S *n* spice made from the seed of a tropical tree ▷ *vb* kick or hit the ball between the legs of (an opposing player)
NUTMEGGY *adj* of or similar to nutmeg
NUTMEGS ▸ **nutmeg**
NUTPICK, -S *n* tool used to dig the meat from nuts
NUTRIA, -S *n* fur of the coypu
NUTRIENT *n* substance that provides nourishment ▷ *adj* providing nourishment
NUTS ▸ **nut**
NUTSEDGE *same as* ▸ **nutgrass**
NUTSHELL *n* shell around the kernel of a nut
NUTSIER ▸ **nutsy**
NUTSIEST ▸ **nutsy**
NUTSO, -S *n* slang word for a foolish or crazy person
NUTSY, NUTSIEST *adj* slang word for foolish or crazy
NUTTED ▸ **nut**

NUTTER, -S *n* slang word for a foolish or crazy person
NUTTERY *n* place where nut trees grow
NUTTIER ▸ **nutty**
NUTTIEST ▸ **nutty**
NUTTILY ▸ **nutty**
NUTTING, -S *n* act of gathering nuts
NUTTY, NUTTIER, NUTTIEST *adj* containing or resembling nuts
NUTWOOD, -S *n* any of various nut-bearing trees, such as walnut
NUZZER, -S *n* present given to a superior in India
NUZZLE, -D, -S, NUZZLING *vb* push or rub gently with the nose or snout
NUZZLER, -S *n* person or thing that nuzzles
NUZZLES ▸ **nuzzle**
NUZZLING ▸ **nuzzle**
NY, -S *same as* ▸ **nigh**
NYAFF, -ED, -ING, -S *n* small or contemptible person ▹ *vb* yelp like a small dog
NYAH *interj* interjection used to express contempt
NYALA, -S *n* spiral-horned southern African antelope
NYANZA, -S *n* (in E Africa) a lake
NYAS, -ES *n* young hawk
NYBBLE, -S *n* small byte
NYE, -D, -S, NYING *n* flock of pheasants ▹ *vb* near
NYLGHAI, -S *same as* ▸ **nilgai**
NYLGHAU, -S *same as* ▸ **nilgai**
NYLON *n* synthetic material used for clothing etc
NYLONED *adj* wearing nylons
NYLONS *pl n* stockings made of nylon
NYM *adj* as in **nym war** dispute about publishing material online under a pseudonym
NYMPH, -ED, -ING, -S *n* mythical spirit of nature, represented as a beautiful young woman ▹ *vb* fish with a particular type of fly on the hook
NYMPHA, -E *n* either one of the labia minora
NYMPHAEA *n* water lily
NYMPHAL ▸ **nymph**
NYMPHEAN ▸ **nymph**
NYMPHED ▸ **nymph**
NYMPHIC ▸ **nymph**
NYMPHING ▸ **nymph**
NYMPHISH ▸ **nymph**
NYMPHLY *adj* resembling a nymph
NYMPHS ▸ **nymph**
NYS ▸ **ny**
NYSSA, -S *n* type of tree
NYSTATIN *n* type of antibiotic obtained from a bacterium

Oo

With eight **O**s in the bag, you're likely to have at least one on your rack during a game. There are plenty of good two-letter words starting with **O**. It's worth knowing that **O** will form a two-letter word in front of every other vowel except **A**, as well as in front of **Y**. **O** also combines well with **X**, with **ox** (9 points) as the obvious starting point, and several words that refer to **oxygen** (17), including **oxo** (10) and **oxy** (13). Don't forget the short everyday words that begin with **O**. While **on** and **or** (2 each) won't earn you many points, they can be very helpful when you are trying to score in more than one direction at a time. **Ok** (6 points), and **of** and **oh** (5 each) can also prove very useful.

OAF, -S, OAVES *n* stupid or clumsy person
OAFISH ▸ **oaf**
OAFISHLY ▸ **oaf**
OAFS ▸ **oaf**
OAK, -S *n* deciduous forest tree
OAKED *adj* relating to wine that is stored for a time in oak barrels prior to bottling
OAKEN *adj* made of the wood of the oak
OAKER, -S *same as* ▸ **ochre**
OAKIER ▸ **oaky**
OAKIES ▸ **oaky**
OAKIEST ▸ **oaky**
OAKINESS *n* quality of being oaky
OAKLEAF *n* the leaf of the oak
OAKLIKE ▸ **oak**
OAKLING, -S *n* young oak
OAKMOSS *n* type of lichen
OAKS ▸ **oak**
OAKUM, -S *n* fibre obtained by unravelling old rope
OAKWOOD, -S *n* the wood of the oak
OAKY, OAKIER, OAKIES, OAKIEST *adj* hard like the wood of an oak ▹ *n* ice cream
OANSHAGH *n* foolish girl or woman
OAR, -ING, -S *n* pole with a broad blade, used for rowing a boat ▹ *vb* propel with oars
OARAGE, -S *n* use or number of oars
OARED *adj* equipped with oars
OARFISH *n* very long ribbonfish with long slender ventral fins
OARIER ▸ **oary**
OARIEST ▸ **oary**
OARING ▸ **oar**
OARLESS ▸ **oar**
OARLIKE ▸ **oar**
OARLOCK, -S *n* swivelling device that holds an oar in place
OARS ▸ **oar**
OARSMAN, OARSMEN *n* person who rows
OARWEED, -S *n* type of brown seaweed
OARY, OARIER, OARIEST *adj* of or like an oar
OASIS, OASES *n* fertile area in a desert
OAST, -S *n* oven for drying hops
OAT, -S *n* hard cereal grown as food
OATCAKE, -S *n* thin flat biscuit of oatmeal
OATEN *adj* made of oats or oat straw
OATER, -S *n* film about the American Wild West
OATH, -S *n* solemn promise, esp to be truthful in court
OATHABLE *adj* able to take an oath
OATHS ▸ **oath**
OATIER ▸ **oaty**
OATIEST ▸ **oaty**
OATLIKE ▸ **oat**
OATMEAL, -S *n* coarse flour made from oats ▹ *adj* pale brownish-cream
OATS ▸ **oat**
OATY, OATIER, OATIEST *adj* of, like, or containing oats
OAVES ▸ **oaf**
OB, -S *n* expression of opposition
OBA, -S *n* (in W Africa) a Yoruba chief or ruler
OBANG, -S *n* former Japanese coin
OBAS ▸ **oba**
OBCONIC *adj* shaped like a cone and attached at the pointed end
OBDURACY ▸ **obdurate**
OBDURATE *adj* hardhearted or stubborn ▹ *vb* make obdurate
OBDURE, -D, -S, OBDURING *vb* make obdurate
OBE, -S *n* ancient Laconian village
OBEAH, -ED, -ING, -S *vb* cast spell on
OBEAHISM ▸ **obeah**
OBEAHS ▸ **obeah**
OBECHE, -S *n* African tree
OBEDIENT *adj* obeying or willing to obey
OBEISANT > **obeisance**
OBEISM, -S *n* belief in obeah
OBELI ▸ **obelus**
OBELIA, -S *n* type of jellyfish
OBELION *n* area of skull
OBELISE, -D, -S *same as* ▸ **obelize**
OBELISK, -S *n* stone column tapering to a pyramid at the top
OBELISM, -S *n* practice of marking passages in text

OBELIZE, -D, -S *vb* mark (a word or passage) with an obelus
OBELUS, OBELI *n* mark used to indicate spurious words or passages
OBENTO, -S *n* Japanese lunch box
OBES ▸ **obe**
OBESE, -R, -ST *adj* very fat
OBESELY ▸ **obese**
OBESER ▸ **obese**
OBESEST ▸ **obese**
OBESITY ▸ **obese**
OBESOGEN *n* agent causing obesity
OBEY, -ED, -ING, -S *vb* carry out instructions or orders
OBEYABLE ▸ **obey**
OBEYED ▸ **obey**
OBEYER, -S ▸ **obey**
OBEYING ▸ **obey**
OBEYS ▸ **obey**
OBI, -ED, -ING, -S *n* broad sash tied in a large flat bow at the back ▷ *vb* bewitch
OBIA, -S *same as* ▸ **obeah**
OBIED ▸ **obi**
OBIING ▸ **obi**
OBIISM, -S ▸ **obi**
OBIIT *vb* died
OBIS ▸ **obi**
OBIT, -S *n* memorial service
OBITAL *adj* of obits
OBITER *adv* by the way
OBITS ▸ **obit**
OBITUAL *adj* of obits
OBITUARY *n* announcement of someone's death, esp in a newspaper
OBJECT, -ED, -S *n* physical thing ▷ *vb* express disapproval
OBJECTOR ▸ **object**
OBJECTS ▸ **object**
OBJET, -S *n* object
OBJURE, -D, -S, OBJURING *vb* put on oath
OBLAST, -I, -S *n* administrative division of the constituent republics of Russia
OBLATE, -S *adj* (of a sphere) flattened at the poles ▷ *n* person dedicated to a monastic or religious life
OBLATELY ▸ **oblate**
OBLATES ▸ **oblate**
OBLATION *n* religious offering
OBLATORY ▸ **oblation**
OBLIGANT *n* person promising to pay a sum
OBLIGATE *vb* compel, constrain, or oblige morally or legally ▷ *adj* compelled, bound, or restricted
OBLIGATO, OBLIGATI *same as* > **obbligato**
OBLIGE, -D, -S *vb* compel (someone) morally or by law
OBLIGEE, -S *n* person in whose favour an obligation, contract, or bond is created
OBLIGER, -S ▸ **oblige**
OBLIGES ▸ **oblige**
OBLIGING *adj* ready to help other people
OBLIGOR, -S *n* person who binds themself by contract
OBLIQUE, -D, -R, -S *adj* slanting ▷ *n* symbol (/) ▷ *vb* take or have an oblique direction
OBLIQUID *adj* oblique
OBLIVION *n* state of being forgotten
OBLONG, -S *adj* having two long sides, two short sides, and four right angles ▷ *n* oblong figure
OBLONGLY ▸ **oblong**
OBLONGS ▸ **oblong**
OBLOQUY *n* verbal abuse
OBO, -S *n* ship carrying oil and ore
OBOE, -S *n* double-reeded woodwind instrument
OBOIST, -S ▸ **oboe**
OBOL, -S *same as* ▸ **obolus**
OBOLARY *adj* very poor
OBOLE, -S *n* former weight unit in pharmacy
OBOLI ▸ **obolus**
OBOLS ▸ **obol**
OBOLUS, OBOLI *n* Greek unit of weight
OBOS ▸ **obo**
OBOVATE *adj* shaped like the longitudinal section of an egg
OBOVOID *adj* (of a fruit) egg-shaped with the narrower end at the base
OBS ▸ **ob**
OBSCENE, -R *adj* indecent
OBSCURE, -D, -R, -S *adj* not well known ▷ *vb* make (something) obscure
OBSEQUIE *same as* ▸ **obsequy**
OBSEQUY *singular of* > **obsequies**
OBSERVE, -D, -S *vb* see or notice
OBSERVER *n* person who observes, esp one who watches someone or something carefully
OBSERVES ▸ **observe**
OBSESS, -ED, -ES *vb* preoccupy (someone) compulsively
OBSESSOR ▸ **obsess**
OBSIDIAN *n* dark glassy volcanic rock
OBSIGN, -ED, -S *vb* confirm
OBSOLETE *adj* no longer in use ▷ *vb* make obsolete
OBSTACLE *n* something that makes progress difficult
OBSTRUCT *vb* block with an obstacle
OBTAIN, -ED, -S *vb* acquire intentionally
OBTAINER ▸ **obtain**
OBTAINS ▸ **obtain**
OBTECT *adj* (of a pupa) encased in a hardened secretion
OBTECTED *same as* ▸ **obtect**
OBTEMPER *vb* comply (with)
OBTEND, -ED, -S *vb* put forward
OBTEST, -ED, -S *vb* beg (someone) earnestly
OBTRUDE, -D, -S *vb* push oneself or one's ideas on others
OBTRUDER ▸ **obtrude**
OBTRUDES ▸ **obtrude**
OBTUND, -ED, -S *vb* deaden or dull
OBTURATE *vb* stop up (an opening, esp the breech of a gun)
OBTUSE, -R, -ST *adj* not sharp or pointed
OBTUSELY ▸ **obtuse**
OBTUSER ▸ **obtuse**
OBTUSEST ▸ **obtuse**
OBTUSITY ▸ **obtuse**
OBVERSE, -S *n* opposite way of looking at an idea ▷ *adj* facing or turned towards the observer
OBVERT, -ED, -S *vb* deduce the obverse of (a proposition)
OBVIABLE ▸ **obviate**
OBVIATE, -D, -S *vb* make unnecessary
OBVIATOR ▸ **obviate**
OBVIOUS *adj* easy to see or understand, evident
OBVOLUTE *adj* (of leaves or petals in the bud) folded so that the margins overlap each other
OBVS *adv* obviously
OCA, -S *n* any of various South American herbaceous plants
OCARINA, -S *n* small oval wind instrument

OCAS ▸ **oca**
OCCAM, -S *n* computer programming language
OCCAMIES ▸ **occamy**
OCCAMS ▸ **occam**
OCCAMY, OCCAMIES *n* type of alloy
OCCASION *n* time at which a particular thing happens ▹ *vb* cause
OCCIDENT *literary or formal word for* ▸ **west**
OCCIES ▸ **occy**
OCCIPUT, OCCIPITA, -S *n* back of the head
OCCLUDE, -D, -S *vb* obstruct
OCCLUDER ▸ **occlude**
OCCLUDES ▸ **occlude**
OCCLUSAL > **occlusion**
OCCLUSOR *n* muscle for closing opening
OCCULT, -ED, -S *adj* relating to the supernatural ▹ *vb* (of a celestial body) to hide (another celestial body) from view
OCCULTER *n* something that obscures
OCCULTLY ▸ **occult**
OCCULTS ▸ **occult**
OCCUPANT *n* person occupying a specified place
OCCUPATE *same as* ▸ **occupy**
OCCUPIED ▸ **occupy**
OCCUPIER *n* person who lives in a particular house, whether as owner or tenant
OCCUPY, OCCUPIED, OCCUPIES *vb* live or work in (a building)
OCCUR, -RED, -S *vb* happen
OCCY, OCCIES *n* as in **all over the occy** dialect expression meaning in every direction
OCEAN, -S *n* vast area of sea between continents
OCEANAUT *n* undersea explorer
OCEANIC *adj* of or relating to the ocean
OCEANID, -S *n* ocean nymph in Greek mythology
OCEANS ▸ **ocean**
OCELLAR ▸ **ocellus**
OCELLATE ▸ **ocellus**
OCELLUS, OCELLI *n* simple eye of insects and some other invertebrates
OCELOID *adj* of or like an ocelot
OCELOT, -S *n* American wild cat with a spotted coat
OCH *interj* expression of surprise, annoyance, or disagreement
OCHE, -S *n* (in darts) mark behind which a player must stand
OCHER, -ED, -ING, -S *same as* ▸ **ochre**
OCHERIER ▸ **ochery**
OCHERING ▸ **ocher**
OCHERISH *adj* (US) resembling ochre
OCHEROID *adj* (US) of or like ochre
OCHEROUS ▸ **ocher**
OCHERS ▸ **ocher**
OCHERY, OCHERIER *same as* ▸ **ochry**
OCHES ▸ **oche**
OCHIDORE *n* type of crab
OCHONE *interj* expression of sorrow or regret
OCHRE, -D, -S, OCHRING *n* brownish-yellow earth ▹ *adj* moderate yellow-orange to orange ▹ *vb* colour with ochre
OCHREA, -E, -S *n* cup-shaped structure that sheathes the stems of certain plants
OCHREATE *same as* ▸ **ocreate**
OCHRED ▸ **ochre**
OCHREOUS ▸ **ochre**
OCHRES ▸ **ochre**
OCHREY ▸ **ochre**
OCHRIER ▸ **ochry**
OCHRIEST ▸ **ochry**
OCHRING ▸ **ochre**
OCHROID ▸ **ochre**
OCHROUS ▸ **ochre**
OCHRY, OCHRIER, OCHRIEST *adj* containing or resembling ochre
OCICAT, -S *n* breed of cat with a spotted coat
OCKER, -S *n* uncultivated or boorish Australian
OCKERISM *n* Australian boorishness
OCKERS ▸ **ocker**
OCKODOLS *pl n* one's feet when wearing boots
OCOTILLO *n* cactus-like tree
OCREA, -E, -S *same as* ▸ **ochrea**
OCREATE *adj* possessing an ocrea
OCTA, -S *same as* ▸ **okta**
OCTAD, -S *n* group or series of eight
OCTADIC ▸ **octad**
OCTADS ▸ **octad**
OCTAGON, -S *n* geometric figure with eight sides
OCTAL, -S *n* number system with a base 8
OCTAN, -S *n* illness that occurs weekly
OCTANE, -S *n* hydrocarbon found in petrol
OCTANGLE *same as* ▸ **octagon**
OCTANOL, -S *n* alcohol containing eight carbon atoms
OCTANS ▸ **octan**
OCTANT, -S *n* any of the eight parts into which the three planes containing the Cartesian coordinate axes divide space
OCTANTAL ▸ **octant**
OCTANTS ▸ **octant**
OCTAPLA, -S *n* book with eight texts
OCTAPODY *n* line of verse with eight metrical feet
OCTARCHY *n* government by eight rulers
OCTAS ▸ **octa**
OCTAVAL ▸ **octave**
OCTAVE, -S *n* (interval between the first and) eighth note of a scale ▹ *adj* consisting of eight parts
OCTAVO, -S *n* book size in which the sheets are folded into eight leaves
OCTET, -S *n* group of eight performers
OCTETT, -S *same as* ▸ **octet**
OCTETTE, -S *same as* ▸ **octet**
OCTETTS ▸ **octett**
OCTOFID *adj* divided into eight
OCTONARY *adj* relating to or based on the number eight ▹ *n* stanza of eight lines
OCTOPI ▸ **octopus**
OCTOPOD, -S *n* type of mollusc ▹ *adj* of these molluscs
OCTOPOID *adj* of or like an octopus
OCTOPUS, OCTOPI *n* sea creature with a soft body and eight tentacles
OCTOPUSH *n* hockey-like game played underwater
OCTROI, -S *n* duty on various goods brought into certain European towns
OCTUOR, -S *n* octet
OCTUPLE, -D, -S *n* quantity or number eight times as great as another ▹ *adj* eight times as much or as many ▹ *vb* multiply by eight
OCTUPLET *n* one of eight offspring from one birth

OCTUPLEX *n* something made up of eight parts
OCTUPLY *adv* by eight times
OCTYL, -S *n* group of atoms
OCULAR, -S *adj* relating to the eyes or sight ▷ *n* lens in an optical instrument
OCULARLY ▶ **ocular**
OCULARS ▶ **ocular**
OCULATE *adj* possessing eyes
OCULATED *same as* ▶ **oculate**
OCULI ▶ **oculus**
OCULIST, -S *n* ophthalmologist
OCULUS, OCULI *n* round window
OD, -S *n* hypothetical force
ODA, -S *n* room or chamber
ODAH, -S *same as* ▶ **oda**
ODAL, -S *same as* ▶ **udal**
ODALLER, -S ▶ **odal**
ODALS ▶ **odal**
ODAS ▶ **oda**
ODD, -ER, -EST *adj* unusual
ODDBALL, -S *n* eccentric person ▷ *adj* strange or peculiar
ODDER ▶ **odd**
ODDEST ▶ **odd**
ODDISH ▶ **odd**
ODDITY, ODDITIES *n* odd person or thing
ODDLY ▶ **odd**
ODDMENT, -S *n* odd piece or thing
ODDNESS ▶ **odd**
ODDS *pl n* probability of something happening
ODDSMAN, ODDSMEN *n* umpire
ODE, -S *n* lyric poem, usu addressed to a particular subject
ODEA ▶ **odeum**
ODEON, -S *same as* ▶ **odeum**
ODES ▶ **ode**
ODEUM, ODEA, -S *n* ancient building for musical performances
ODIC ▶ **od**
ODIOUS *adj* offensive
ODIOUSLY ▶ **odious**
ODISM, -S ▶ **od**
ODIST, -S ▶ **od**
ODIUM, -S *n* widespread dislike
ODOGRAPH *same as* ▶ **odometer**
ODOMETER *n* device that records the number of miles that a bicycle or motor vehicle has travelled
ODOMETRY ▶ **odometer**
ODONATA *pl n* insects of an order that includes dragonflies
ODONATE, -S *n* dragonfly or related insect
ODONTIC *adj* of teeth
ODONTIST *n* dentist
ODONTOID *adj* toothlike ▷ *n* bone in the spine
ODONTOMA *n* tumour near teeth
ODOR, -S *same as* ▶ **odour**
ODORANT, -S *n* something with a strong smell
ODORATE *adj* having a strong smell
ODORED *same as* ▶ **odoured**
ODORFUL *same as* ▶ **odourful**
ODORISE, -D, -S *same as* ▶ **odorize**
ODORISER *same as* ▶ **odorizer**
ODORISES ▶ **odorise**
ODORIZE, -D, -S *vb* give an odour to
ODORIZER *n* something that odorizes
ODORIZES ▶ **odorize**
ODORLESS ▶ **odor**
ODOROUS *adj* having or emitting a characteristic smell
ODORS ▶ **odor**
ODOUR, -S *n* particular smell
ODOURED *adj* having an odour
ODOURFUL *adj* full of odour
ODOURS ▶ **odour**
ODS ▶ **od**
ODSO *n* cry of surprise
ODYL, -S *same as* ▶ **od**
ODYLE, -S *same as* ▶ **od**
ODYLISM, -S ▶ **odyl**
ODYLS ▶ **odyl**
ODYSSEAN *adj* of or like an odyssey
ODYSSEY, -S *n* long eventful journey
ODZOOKS *interj* cry of surprise
OE, -S *n* grandchild
OECIST, -S *n* colony founder
OECOLOGY *less common spelling of* ▶ **ecology**
OEDEMA, -S, -TA *n* abnormal swelling
OEDIPAL *adj* relating to a complex whereby a male child wants to replace his father
OEDIPEAN *same as* ▶ **oedipal**
OEILLADE *n* suggestive glance
OENOLOGY *n* study of wine
OENOMEL, -S *n* drink made of wine and honey
OENOPHIL *same as* > **oenophile**
OERLIKON *n* type of cannon
OERSTED, -S *n* cgs unit of magnetic field strength
OES ▶ **oe**
OESTRAL ▶ **oestrus**
OESTRIN, -S *obsolete term for* > **oestrogen**
OESTRIOL *n* weak oestrogenic hormone secreted by the mammalian ovary
OESTRONE *n* weak oestrogenic hormone secreted by the mammalian ovary
OESTROUS ▶ **oestrus**
OESTRUAL *adj* relating to oestrus
OESTRUM, -S *same as* ▶ **oestrus**
OESTRUS *n* regularly occurring period of fertility in female mammals
OEUVRE, -S *n* work of art, literature, music, etc
OF *prep* belonging to
OFF, -ED, -S *prep* away from ▷ *adv* away ▷ *adj* not operating ▷ *n* side of the field to which the batsman's feet point ▷ *vb* take off
OFFA *prep* off
OFFAL, -S *n* edible organs of an animal, such as liver or kidneys
OFFBEAT, -S *adj* unusual or eccentric ▷ *n* any of the normally unaccented beats in a bar
OFFCAST, -S *n* cast-off
OFFCUT, -S *n* piece remaining after the required parts have been cut out
OFFED ▶ **off**
OFFENCE, -S *n* (cause of) hurt feelings or annoyance
OFFEND, -ED, -S *vb* hurt the feelings of, insult
OFFENDER ▶ **offend**
OFFENDS ▶ **offend**
OFFENSE, -S *same as* ▶ **offence**
OFFER, -ED, -S *vb* present (something) for acceptance or rejection ▷ *n* something offered
OFFEREE, -S *n* person to whom an offer is made
OFFERER, -S ▶ **offer**
OFFERING *n* thing offered
OFFEROR, -S ▶ **offer**

OFFERS ▸ **offer**
OFFHAND *adj* casual, curt ▹ *adv* without preparation
OFFICE, -S *n* room or building where people work at desks
OFFICER, -S *n* person in authority in the armed services ▹ *vb* furnish with officers
OFFICES ▸ **office**
OFFICIAL *adj* of a position of authority ▹ *n* person who holds a position of authority
OFFIE, -S *n* off-licence
OFFING, -S *n* area of the sea visible from the shore
OFFISH *adj* aloof or distant in manner
OFFISHLY ▸ **offish**
OFFKEY *adj* out of tune
OFFLINE *adj* disconnected from a computer or the internet
OFFLOAD, -S *vb* pass responsibility to someone else
OFFPEAK *adj* relating to times outside periods of intensive use
OFFPRINT *n* separate reprint of an article that originally appeared in a larger publication ▹ *vb* reprint (an article taken from a larger publication) separately
OFFPUT, -S *n* act of putting off
OFFRAMP, -S *n* road allowing traffic to leave a motorway
OFFS ▸ **off**
OFFSCUM, -S *n* scum
OFFSET, -S *vb* cancel out ▹ *n* printing method
OFFSHOOT *n* something developed from something else
OFFSHORE *adv* away from or at some distance from the shore ▹ *adj* sited or conducted at sea ▹ *n* company operating abroad where the tax system is more advantageous than at home ▹ *vb* transfer (work) to another country where wages are lower
OFFSIDE, -S *adv* (positioned) illegally ahead of the ball ▹ *n* side of a vehicle nearest the centre of the road
OFFSIDER *n* partner or assistant
OFFSIDES ▸ **offside**
OFFSTAGE *adv* out of the view of the audience ▹ *n* something that happens offstage
OFFTAKE, -S *n* act of taking off
OFFTRACK *adj* not at a racetrack
OFFY *same as* ▸ **offie**
OFLAG, -S *n* prisoner-of-war camp for officers in World War II
OFT, -ER, -EST *adv* often
OFTEN, -ER, -EST *adv* frequently, much of the time
OFTER ▸ **oft**
OFTEST ▸ **oft**
OFTTIMES *same as* ▸ **often**
OGAM, -S *same as* ▸ **ogham**
OGAMIC ▸ **ogam**
OGAMS ▸ **ogam**
OGDOAD, -S *n* group of eight
OGEE, -S *n* moulding having a cross section in the form of a letter S
OGEED *adj* (of an arch or moulding) having an ogee
OGEES ▸ **ogee**
OGGIN, -S *n* sea
OGHAM, -S *n* ancient writing system used by the Celts
OGHAMIC ▸ **ogham**
OGHAMIST ▸ **ogham**
OGHAMS ▸ **ogham**
OGIVAL ▸ **ogive**
OGIVE, -S *n* diagonal rib or groin of a Gothic vault
OGLE, -D, -S *vb* stare or gape at ▹ *n* flirtatious look
OGLER, -S ▸ **ogle**
OGLES ▸ **ogle**
OGLING, -S ▸ **ogle**
OGMIC ▸ **ogam**
OGRE, -S *n* giant that eats human flesh
OGREISH ▸ **ogre**
OGREISM, -S ▸ **ogre**
OGRES ▸ **ogre**
OGRESS, -ES ▸ **ogre**
OGRISH ▸ **ogre**
OGRISHLY ▸ **ogre**
OGRISM, -S ▸ **ogre**
OH, -ED, -ING, -S *interj* exclamation of surprise, pain, etc ▹ *vb* say 'oh'
OHIA, -S *n* Hawaiian plant
OHING ▸ **oh**
OHM, -S *n* unit of electrical resistance
OHMAGE, -S *n* electrical resistance in ohms
OHMIC *adj* of or relating to a circuit element
OHMMETER *n* instrument for measuring electrical resistance
OHMS ▸ **ohm**
OHO *n* exclamation expressing surprise, exultation, or derision
OHONE *same as* ▸ **ochone**
OHS ▸ **oh**
OI, -S *interj* shout to attract attention ▹ *n* grey-faced petrel
OIDIA ▸ **oidium**
OIDIOID ▸ **oidium**
OIDIUM, OIDIA *n* type of fungal spore
OIK, -S *n* insulting word for person regarded as inferior because ignorant or lower-class
OIKIST, -S *same as* ▸ **oecist**
OIKS ▸ **oik**
OIL, -ED, -ING, -S *n* viscous liquid, insoluble in water and usu flammable ▹ *vb* lubricate (a machine) with oil
OILBIRD, -S *n* type of nocturnal gregarious cave-dwelling bird
OILCAMP, -S *n* camp for oil workers
OILCAN, -S *n* container with a long nozzle for applying oil to machinery
OILCLOTH *n* waterproof material
OILCUP, -S *n* cup-shaped oil reservoir in a machine providing continuous lubrication for a bearing
OILED ▸ **oil**
OILER, -S *n* person, device, etc, that lubricates or supplies oil
OILERIES ▸ **oilery**
OILERS ▸ **oiler**
OILERY, OILERIES *n* oil business
OILFIELD *n* area containing oil reserves
OILFIRED *adj* using oil as fuel
OILGAS, -ES *n* gaseous mixture of hydrocarbons used as a fuel
OILHOLE, -S *n* hole for oil
OILIER ▸ **oily**
OILIEST ▸ **oily**
OILILY ▸ **oily**
OILINESS ▸ **oily**
OILING ▸ **oil**
OILLET, -S *same as* ▸ **eyelet**
OILMAN, OILMEN *n* person who owns or operates oil wells

OILNUT, -S *n* nut from which oil is extracted
OILPAN, -S *n* sump
OILPAPER *n* oiled paper
OILPROOF *adj* resistant to oil
OILS ▸ **oil**
OILSEED, -S *n* seed from which oil is extracted
OILSKIN, -S *n* (garment made from) waterproof material
OILSTONE *n* stone with a fine grain lubricated with oil and used for sharpening cutting tools
OILTIGHT *adj* not allowing oil through
OILWAY, -S *n* channel for oil
OILY, OILIER, OILIEST *adj* soaked or covered with oil
OINK, -ED, -ING, -S *n* grunt of a pig or an imitation of this ▷ *interj* imitation or representation of the grunt of a pig ▷ *vb* make noise of pig
OINOLOGY *same as* ▸ **oenology**
OINOMEL, -S *same as* ▸ **oenomel**
OINT, -ED, -ING, -S *vb* anoint
OINTMENT *n* greasy substance used for healing skin or as a cosmetic
OINTS ▸ **oint**
OIS ▸ **oi**
OITICICA *n* South American tree
OJIME, -S *n* Japanese bead used to secure cords
OK *interj* expression of approval
OKA, -S *n* unit of weight used in Turkey
OKAPI, -S *n* African animal related to the giraffe but with a shorter neck
OKAS ▸ **oka**
OKAY, -ED, -ING, -S *adj* satisfactory ▷ *vb* approve or endorse ▷ *n* approval or agreement ▷ *interj* expression of approval
OKE, -S *same as* ▸ **oka**
OKEH, -S *variant of* ▸ **okay**
OKES ▸ **oke**
OKEYDOKE *variant of* ▸ **okay**
OKIMONO, -S *n* Japanese ornamental item
OKRA, -S *n* tropical plant with edible green pods
OKTA, -S *n* unit used in meteorology to measure cloud cover

O

OLD, -EST, -S *adj* having lived or existed for a long time ▷ *n* earlier or past time
OLDE *adj* old-world or quaint, used facetiously
OLDEN, -ED, -ING, -S *adj* old ▷ *vb* grow old
OLDER ▸ **old**
OLDEST ▸ **old**
OLDIE, -S *n* old but popular song or film
OLDISH ▸ **old**
OLDNESS ▸ **old**
OLDS ▸ **old**
OLDSQUAW *n* type of long-tailed sea duck
OLDSTER, -S *n* older person
OLDSTYLE *n* printing type style
OLDWIFE, OLDWIVES *n* any of various fishes, esp the menhaden or the alewife
OLDY *same as* ▸ **oldie**
OLE, -S *interj* exclamation of approval or encouragement customary at bullfights ▷ *n* cry of olé
OLEA ▸ **oleum**
OLEANDER *n* Mediterranean flowering evergreen shrub
OLEARIA, -S *n* daisy bush
OLEASTER *n* type of shrub with silver-white twigs and yellow flowers
OLEATE, -S *n* any salt or ester of oleic acid
OLEFIANT *adj* forming oil
OLEFIN, -S *same as* ▸ **olefine**
OLEFINE, -S *another name for* ▸ **alkene**
OLEFINIC ▸ **olefine**
OLEFINS ▸ **olefin**
OLEIC *adj* as in **oleic acid** colourless oily liquid used in making soap
OLEIN, -S *another name for* ▸ **triolein**
OLEINE, -S *same as* ▸ **olein**
OLEINS ▸ **olein**
OLENT *adj* having smell
OLEO, -S *n* as in **oleo oil** oil extracted from beef fat
OLES ▸ **ole**
OLESTRA, -S *n* trademark term for an artificial fat
OLEUM, OLEA, -S *n* type of sulphuric acid
OLFACT, -ED, -S *vb* smell something
OLIBANUM *n* frankincense
OLICOOK, -S *n* doughnut
OLID *adj* foul-smelling
OLIGARCH *n* member of an oligarchy

OLIGEMIA *same as* > **oligaemia**
OLIGEMIC > **oligaemia**
OLIGIST, -S *n* type of iron ore
OLIGOMER *n* compound of relatively low molecular weight containing up to five monomer units
OLIGURIA *n* excretion of an abnormally small volume of urine
OLIGURIC *adj* relating to oliguria
OLINGO, -S *n* South American mammal
OLIO, -S *n* dish of many different ingredients
OLIPHANT *archaic variant of* ▸ **elephant**
OLITORY *n* kitchen garden
OLIVARY *adj* shaped like an olive
OLIVE, -S *n* small green or black fruit used as food or pressed for its oil ▷ *adj* greyish-green
OLIVER, -S *n* as in **Bath oliver** type of unsweetened biscuit
OLIVES ▸ **olive**
OLIVET, -S *n* button shaped like olive
OLIVINE, -S *n* olive-green mineral of the olivine group
OLIVINIC *adj* containing olivine
OLLA, -S *n* cooking pot
OLLAMH, -S *n* old Irish term for a wise man
OLLAS ▸ **olla**
OLLAV, -S *same as* ▸ **ollamh**
OLLER, -S *n* waste ground
OLLIE, -D, -ING, -S *n* type of skateboarding jump ▷ *vb* perform an ollie
OLM, -S *n* pale blind eel-like salamander
OLOGIES ▸ **ology**
OLOGIST, -S *n* scientist
OLOGOAN, -S *vb* complain loudly without reason
OLOGY, OLOGIES *n* science or other branch of knowledge
OLOROSO, -S *n* golden-coloured sweet sherry
OLPE, OLPAE, -S *n* ancient Greek jug
OLYCOOK, -S *same as* ▸ **olykoek**
OLYKOEK, -S *n* American type of doughnut
OLYMPIAD *n* staging of the modern Olympic Games
OLYMPICS *pl n* modern revival of the ancient Greek

games, featuring sporting contests
OM, -S *n* sacred syllable in Hinduism
OMA, -S *n* grandmother
OMADHAUN *n* foolish man or boy
OMAS ▸**oma**
OMASA ▸**omasum**
OMASAL ▸**omasum**
OMASUM, OMASA *n* compartment in the stomach of a ruminant animal
OMBER, -S *same as* ▸**ombre**
OMBRE, -S *n* 18th-century card game
OMBRELLA *old form of* ▸**umbrella**
OMBRES ▸**ombre**
OMBU, -S *n* South American tree
OMEGA, -S *n* last letter in the Greek alphabet
OMELET, -S *same as* ▸**omelette**
OMELETTE *n* dish of eggs beaten and fried
OMEN, -ED, -ING, -S *n* happening or object thought to foretell success or misfortune ▹*vb* portend
OMENTA ▸**omentum**
OMENTAL ▸**omentum**
OMENTUM, OMENTA, -S *n* double fold of the peritoneum
OMER, -S *n* ancient Hebrew unit of dry measure
OMERTA, -S *n* conspiracy of silence
OMICRON, -S *n* 15th letter in the Greek alphabet
OMIKRON, -S *same as* ▸**omicron**
OMINOUS *adj* worrying, seeming to foretell misfortune
OMISSION *n* something that has been left out or passed over
OMISSIVE ▸**omission**
OMIT, -S, -TED, -TING *vb* leave out
OMITTER, -S ▸**omit**
OMITTING ▸**omit**
OMLAH, -S *n* staff team in India
OMMATEUM, OMMATEA *n* insect eye
OMNEITY *n* state of being all
OMNIANA, -S *n* miscellaneous collection
OMNIARCH *n* ruler of everything
OMNIBUS *n* several books or TV or radio programmes made into one ▹*adj* consisting of or dealing with several different things at once
OMNIETY *same as* ▸**omneity**
OMNIFIC *adj* creating all things
OMNIFIED ▸**omnify**
OMNIFIES ▸**omnify**
OMNIFORM *adj* of all forms
OMNIFY, OMNIFIED, OMNIFIES *vb* make something universal
OMNIMODE *adj* of all functions
OMNIUM, -S *n* total value
OMNIVORA *n* group of omnivorous mammals
OMNIVORE *n* omnivorous animal
OMNIVORY *n* state of being omnivorous
OMOHYOID *n* muscle in shoulder
OMOPHAGY *same as* >**omophagia**
OMOPLATE *n* shoulder blade
OMOV, -S *n* voting system in which each voter has one vote to cast
OMPHALI ▸**omphalos**
OMPHALIC ▸**omphalos**
OMPHALOS, OMPHALI, OMPHALOI *n* (in the ancient world) a sacred conical object, esp a stone
OMRAH, -S *n* Muslim noble
OMS ▸**om**
ON, -NED, -NING, -S *prep* indicating position above, attachment, closeness, etc ▹*adv* in operation ▹*adj* operating ▹*n* side of the field on which the batsman stands ▹*vb* go on
ONAGER, -S, ONAGRI *n* wild ass of Persia
ONBEAT, -S *n* first and third beats in a bar of four-four time
ONBOARD, -S *vb* incorporate (a person) into a group
ONCE, -S *adv* on one occasion ▹*n* one occasion
ONCER, -S *n* (formerly) a one-pound note
ONCES ▸**once**
ONCET *dialect form of* ▸**once**
ONCIDIUM *n* American orchid
ONCOGEN, -S *n* substance causing tumours to form
ONCOGENE *n* gene that can cause cancer when abnormally activated
ONCOGENS ▸**oncogen**
ONCOLOGY *n* branch of medicine concerned with the study, classification, and treatment of tumours
ONCOME, -S *n* act of coming on
ONCOMICE >**oncomouse**
ONCOMING *adj* approaching from the front ▹*n* approach or onset
ONCOST, -S *same as* >**overheads**
ONCOTOMY *n* surgical cutting of a tumour
ONCUS *same as* ▸**onkus**
ONDATRA, -S *same as* ▸**musquash**
ONDINE, -S *same as* ▸**undine**
ONDING, -S *Scots word for* ▸**onset**
ONDOGRAM *n* record made by ondograph
ONE, -S *adj* single, lone ▹*n* number or figure 1 ▹*pron* any person
ONEFOLD *adj* simple
ONEIRIC *adj* of or relating to dreams
ONELY *same as* ▸**only**
ONENESS *n* unity
ONER, -S *n* single continuous action
ONERIER ▸**onery**
ONERIEST ▸**onery**
ONEROUS *adj* (of a task) difficult to carry out
ONERS ▸**oner**
ONERY, ONERIER, ONERIEST *same as* ▸**ornery**
ONES ▸**one**
ONESELF *pron* reflexive form of *one*
ONESIE, -S *n* one-piece garment combining a top with trousers
ONETIME *adj* at some time in the past
ONEYER, -S *old form of* ▸**one**
ONEYRE, -S *same as* ▸**oneyer**
ONFALL, -S *n* attack or onset
ONFLOW, -S *n* flowing on
ONGAONGA *n* New Zealand nettle with a severe or fatal sting
ONGOING *adj* in progress, continuing
ONGOINGS *pl n* things that are happening

ONIE *variant spelling of* ▸ **ony**
ONION, -ED, -ING, -S *n* strongly flavoured edible bulb ▹ *vb* add onion to
ONIONIER ▸ **oniony**
ONIONING ▸ **onion**
ONIONS ▸ **onion**
ONIONY, ONIONIER ▸ **onion**
ONIRIC *same as* ▸ **oneiric**
ONISCOID *adj* of or like woodlice
ONIUM, -S *n* as in **onium compound** type of chemical salt
ONKUS *adj* bad
ONLAY, -S *n* artificial veneer for a tooth
ONLIEST *same as* ▸ **only**
ONLINE *adj* connected to a computer or the internet
ONLINER, -S *n* person who uses the internet regularly
ONLOAD, -ED, -S *vb* load files on to a computer
ONLOOKER *n* person who watches without taking part
ONLY *adj* alone of its kind ▹ *adv* exclusively
ONNED ▸ **on**
ONNING ▸ **on**
ONO, -S *n* Hawaiian fish
ONOMAST, -S *n* person who studies proper names
ONOS ▸ **ono**
ONRUSH, -ES *n* forceful forward rush or flow
ONS ▸ **on**
ONSCREEN *adj* appearing on screen
ONSET, -S *n* beginning
ONSETTER *n* attacker
ONSHORE *adv* towards the land
ONSIDE, -S *adv* (of a player in various sports) in a legal position ▹ *adj* taking one's part or side ▹ *n* part of cricket field where a batsman stands
ONST *same as* ▸ **once**
ONSTAGE *adj* visible by audience
ONSTEAD, -S *Scots word for* > **farmstead**
ONSTREAM *adj* in operation
ONTIC *adj* having real existence
ONTO *prep* a position on
ONTOGENY *n* entire sequence of events involved in the development of an individual organism
ONTOLOGY *n* branch of philosophy concerned with existence
ONUS, -ES *n* responsibility or burden
ONWARD *same as* ▸ **onwards**
ONWARDLY ▸ **onward**
ONWARDS *adv* at or towards a point or position ahead
ONY *Scots word for* ▸ **any**
ONYCHA, -S *n* part of mollusc
ONYCHIA, -S *n* inflammation of the nails or claws of animals
ONYCHITE *n* type of stone
ONYCHIUM *n* part of insect foot
ONYMOUS *adj* (of a book) bearing its author's name
ONYX, -ES *n* type of quartz with coloured layers
OO, -S *Scots word for* ▸ **wool**
OOBIT, -S *n* hairy caterpillar
OOCYST, -S *n* type of zygote
OOCYTE, -S *n* immature female germ cell that gives rise to an ovum
OODLES *pl n* great quantities
OODLINS *same as* ▸ **oodles**
OOF, -S *n* money
OOFIER ▸ **oofy**
OOFIEST ▸ **oofy**
OOFS ▸ **oof**
OOFTISH *n* money
OOFY, OOFIER, OOFIEST ▸ **oof**
OOGAMETE *n* female gamete
OOGAMIES ▸ **oogamy**
OOGAMOUS ▸ **oogamy**
OOGAMY, OOGAMIES *n* type of reproduction
OOGENY, OOGENIES *same as* > **oogenesis**
OOGONIA ▸ **oogonium**
OOGONIAL ▸ **oogonium**
OOGONIUM, OOGONIA *n* immature female germ cell forming oocytes by repeated divisions
OOH, -ED, -S *interj* exclamation of surprise, pleasure, pain, etc ▹ *vb* say ooh
OOHING, -S *n* act of exclaiming 'ooh'
OOHS ▸ **ooh**
OOIDAL *adj* shaped like an egg
OOLACHAN *same as* ▸ **eulachon**
OOLAKAN, -S *same as* ▸ **eulachon**
OOLICHAN *n* north Pacific candlefish
OOLITE, -S *n* limestone made up of tiny grains of calcium carbonate
OOLITH, -S *n* tiny spherical grain of sedimentary rock
OOLITIC ▸ **oolite**
OOLOGIC ▸ **oology**
OOLOGIES ▸ **oology**
OOLOGIST ▸ **oology**
OOLOGY, OOLOGIES *n* study of birds' eggs
OOLONG, -S *n* kind of dark tea
OOM, -S *n* title of respect used to refer to an elderly man
OOMIAC, -S *same as* ▸ **umiak**
OOMIACK, -S *same as* ▸ **umiak**
OOMIACS ▸ **oomiac**
OOMIAK, -S *same as* ▸ **umiak**
OOMPAH, -ED, -S *n* representation of the sound made by a deep brass instrument ▹ *vb* make the noise of a brass instrument
OOMPH, -S *n* enthusiasm, vigour, or energy
OOMS ▸ **oom**
OOMYCETE *n* organism formerly classified as fungi
OON, -S *Scots word for* ▸ **oven**
OONT, -S *n* camel
OOP, -ED, -ING *vb* Scots word meaning to bind
OOPHORON *n* ovary
OOPHYTE, -S *n* gametophyte in mosses, liverworts, and ferns
OOPHYTIC ▸ **oophyte**
OOPING ▸ **oop**
OOPS *interj* exclamation of surprise or apology
OOR *Scots form of* ▸ **our**
OORALI, -S *n* member of Indian people
OORIAL, -S *n* Himalayan sheep
OORIE, -R, -ST *adj* Scots word meaning shabby

> This Scots word is one of the classic 5-letter vowel dumps. It has almost equally useful variants **ourie** and **owrie**.

OOS ▸ **oo**
OOSE, -S *n* dust
OOSIER ▸ **oosy**
OOSIEST ▸ **oosy**
OOSPERM, -S *n* fertilized ovum
OOSPHERE *n* large female gamete produced in the oogonia of algae and fungi

OOSPORE, -S *n* thick-walled spore developed from a fertilized oosphere
OOSPORIC ▸ **oospore**
OOSY, OOSIER, OOSIEST ▸ **oose**
OOT, -S *Scots word for* ▸ **out**
OOTHECA, -E *n* capsule containing eggs
OOTHECAL ▸ **ootheca**
OOTID, -S *n* immature female gamete that develops into an ovum
OOTS ▸ **oot**
OOZE, -D, -S, OOZING *vb* flow slowly ▹ *n* sluggish flow
OOZIER ▸ **oozy**
OOZIEST ▸ **oozy**
OOZILY ▸ **oozy**
OOZINESS ▸ **oozy**
OOZING ▸ **ooze**
OOZY, OOZIER, OOZIEST *adj* moist or dripping
OP, -S *n* operation
OPA, -S *n* grandfather
OPACIFY *vb* become or make opaque
OPACITY *n* state or quality of being opaque
OPACOUS *same as* ▸ **opaque**
OPAH, -S *n* large soft-finned deep-sea fish
OPAL, -S *n* iridescent precious stone
OPALED *adj* made like opal
OPALESCE *vb* exhibit a milky iridescence
OPALINE, -S *adj* opalescent ▹ *n* opaque or semiopaque whitish glass
OPALISED *same as* ▸ **opalized**
OPALIZED *adj* made into opal
OPALS ▸ **opal**
OPAQUE, -D, -R, -S, -ST, OPAQUING *adj* not able to be seen through, not transparent ▹ *n* opaque pigment used to block out particular areas on a negative ▹ *vb* make opaque
OPAQUELY ▸ **opaque**
OPAQUER ▸ **opaque**
OPAQUES ▸ **opaque**
OPAQUEST ▸ **opaque**
OPAQUING ▸ **opaque**
OPAS ▸ **opa**
OPCODE, -S *n* computer code containing operating instructions
OPE, -D, -S, OPING *archaic or poetic word for* ▸ **open**
OPEN, -ED, -EST, -S *adj* not closed ▹ *vb* (cause to) become open ▹ *n* competition which all may enter
OPENABLE ▸ **open**
OPENCAST *n* as in **opencast mining** mining by excavating from the surface
OPENED ▸ **open**
OPENER, -S *n* tool for opening cans and bottles
OPENEST ▸ **open**
OPENING, -S *n* beginning ▹ *adj* first
OPENLY ▸ **open**
OPENNESS ▸ **open**
OPENS ▸ **open**
OPENSIDE *n* in rugby, flanker who plays on the open side of the scrum
OPENWORK *n* ornamental work, as of metal or embroidery, having a pattern of openings or holes
OPEPE, -S *n* African tree
OPERA, -S *n* drama in which the text is sung to an orchestral accompaniment
OPERABLE *adj* capable of being treated by a surgical operation
OPERABLY ▸ **operable**
OPERAND, -S *n* quantity, variable, or function upon which an operation is performed
OPERANT, -S *adj* producing effects ▹ *n* person or thing that operates
OPERAS ▸ **opera**
OPERATE, -D, -S *vb* (cause to) work
OPERATIC *adj* of or relating to opera
OPERATOR *n* person who operates a machine or instrument
OPERCELE *same as* ▸ **opercule**
OPERCULA > **operculum**
OPERCULE *n* gill cover
OPERETTA *n* light-hearted comic opera
OPERON, -S *n* group of adjacent genes in bacteria
OPEROSE *adj* laborious
OPES ▸ **ope**
OPHIDIAN *n* reptile of the suborder which comprises the snakes
OPHITE, -S *n* any of several greenish mottled rocks
OPHITIC *adj* having small elongated feldspar crystals enclosed
OPHIURA, -S *n* sea creature like a starfish
OPHIURAN *same as* ▸ **ophiura**
OPHIURAS ▸ **ophiura**
OPHIURID *same as* ▸ **ophiura**
OPIATE, -D, -S, OPIATING *n* narcotic drug containing opium ▹ *adj* containing or consisting of opium ▹ *vb* treat with an opiate
OPIFICER *n* craftsperson
OPINABLE *adj* thinkable
OPINE, -D, -S, OPINING *vb* express an opinion
OPING ▸ **ope**
OPINICUS *n* mythical monster
OPINING ▸ **opine**
OPINION, -S *n* personal belief or judgment
OPIOID, -S *n* substance that resembles morphine
OPIUM, -S *n* addictive narcotic drug made from poppy seeds
OPIUMISM *n* addiction to opium
OPIUMS ▸ **opium**
OPOPANAX *n* medical resin from plant
OPORICE, -S *n* former medicine made from fruit
OPOSSUM, -S *n* small marsupial of America or Australasia
OPPIDAN, -S *adj* of a town ▹ *n* person living in a town
OPPILANT ▸ **oppilate**
OPPILATE *vb* block (the pores, bowels, etc)
OPPO, -S *n* counterpart in another organization
OPPONENS *n* muscle of the thumb
OPPONENT *n* person one is working against in a contest, battle, or argument ▹ *adj* opposite, as in position
OPPOS ▸ **oppo**
OPPOSE, -D, -S *vb* work against
OPPOSER, -S ▸ **oppose**
OPPOSES ▸ **oppose**
OPPOSING ▸ **oppose**
OPPOSITE *adj* situated on the other side ▹ *n* person or thing that is opposite ▹ *prep* facing ▹ *adv* on the other side
OPPRESS *vb* control by cruelty or force
OPPUGN, -ED, -S *vb* call into question
OPPUGNER ▸ **oppugn**

OPPUGNS ▸ **oppugn**
OPS ▸ **op**
OPSIMATH *n* person who learns late in life
OPSIN, -S *n* type of protein
OPSONIC ▸ **opsonin**
OPSONIFY *same as* ▸ **opsonize**
OPSONIN, -S *n* constituent of blood serum
OPSONISE *same as* ▸ **opsonize**
OPSONIUM *n* relish eaten with bread
OPSONIZE *vb* subject (bacteria) to the action of opsonins
OPT, -ED, -ING, -S *vb* show a preference, choose
OPTANT, -S *n* person who opts
OPTATIVE *adj* indicating or expressing choice, preference, or wish ▹ *n* optative mood
OPTED ▸ **opt**
OPTER, -S ▸ **opt**
OPTIC *adj* relating to the eyes or sight
OPTICAL *adj* of or involving light or optics
OPTICIAN *n* person qualified to prescribe glasses
OPTICIST *n* optics expert
OPTICS *n* science of sight and light
OPTIMA ▸ **optimum**
OPTIMAL *adj* best or most favourable
OPTIMATE *n* Roman aristocrat
OPTIME, -S *n* mathematics student at Cambridge University
OPTIMISE *same as* ▸ **optimize**
OPTIMISM *n* tendency to take the most hopeful view
OPTIMIST ▸ **optimism**
OPTIMIZE *vb* make the most of
OPTIMUM, OPTIMA, -S *n* best possible conditions ▹ *adj* most favourable
OPTING ▸ **opt**
OPTION, -ED, -S *n* choice ▹ *vb* obtain an option on
OPTIONAL *adj* possible but not compulsory ▹ *n* optional thing
OPTIONED ▸ **option**
OPTIONEE *n* holder of a financial option
OPTIONS ▸ **option**
OPTOLOGY *n* science of sight
OPTRONIC *adj* relating to optronics
OPTS ▸ **opt**
OPULENCE ▸ **opulent**
OPULENCY ▸ **opulent**
OPULENT *adj* having or indicating wealth
OPULUS, -ES *n* flowering shrub
OPUNTIA, -S *n* type of cactus
OPUS, -ES *n* artistic creation, esp a musical work
OPUSCLE, -S *same as* ▸ **opuscule**
OPUSCULA > **opusculum**
OPUSCULE *n* small or insignificant artistic work
OPUSES ▸ **opus**
OQUASSA, -S *n* American trout
OR, -S *prep* before ▹ *adj* of the metal gold ▹ *n* gold
ORA ▸ **os**
ORACH *same as* ▸ **orache**
ORACHE, -S *n* type of plant
ORACIES ▸ **oracy**
ORACLE, -D, -S, ORACLING *n* shrine of an ancient god ▹ *vb* utter as an oracle
ORACULAR *adj* of or like an oracle
ORACY, ORACIES *n* capacity to use speech
ORAD *adv* towards the mouth
ORAGIOUS *adj* stormy
ORAL, -S *adj* spoken ▹ *n* spoken examination
ORALISM, -S *n* oral method of communicating with deaf people
ORALIST, -S ▸ **oralism**
ORALITY *n* state of being oral
ORALLY ▸ **oral**
ORALS ▸ **oral**
ORANG, -S *n* orangutan
ORANGE, -R, -S, -ST *n* reddish-yellow citrus fruit ▹ *adj* reddish-yellow
ORANGERY *n* greenhouse for growing orange trees
ORANGES ▸ **orange**
ORANGEST ▸ **orange**
ORANGEY ▸ **orange**
ORANGIER ▸ **orangy**
ORANGISH ▸ **orange**
ORANGS ▸ **orang**
ORANGY, ORANGIER ▸ **orange**
ORANT, -S *n* artistic representation of worshipper
ORARIA ▸ **orarium**
ORARIAN, -S *n* person who lives on the coast
ORARION, -S *n* garment worn by Greek clergyman
ORARIUM, ORARIA *n* handkerchief
ORATE, -D, -S, ORATING *vb* make or give an oration
ORATION, -S *n* formal speech
ORATOR, -S *n* skilful public speaker
ORATORIO *n* musical composition for choir and orchestra
ORATORS ▸ **orator**
ORATORY *n* art of making speeches
ORATRESS *n* female orator
ORATRIX *n* female orator
ORATURE, -S *n* oral forms of literature
ORB, -ED, -ING, -S *n* ceremonial decorated sphere ▹ *vb* make or become circular or spherical
ORBIER ▸ **orby**
ORBIEST ▸ **orby**
ORBING ▸ **orb**
ORBIT, -ED, -ING, -S *n* curved path ▹ *vb* move in an orbit around
ORBITA, -S *same as* ▸ **orbit**
ORBITAL, -S *adj* of or denoting an orbit ▹ *n* region surrounding an atomic nucleus
ORBITAS ▸ **orbita**
ORBITED ▸ **orbit**
ORBITER, -S *n* spacecraft or satellite designed to orbit a planet without landing on it
ORBITIES ▸ **orbity**
ORBITING ▸ **orbit**
ORBITS ▸ **orbit**
ORBITY, ORBITIES *n* bereavement
ORBLESS ▸ **orb**
ORBLIKE *adj* like an orb
ORBS ▸ **orb**
ORBY, ORBIER, ORBIEST *adj* orb-shaped
ORC, -S *n* any of various whales, such as the killer and grampus
ORCA, -S *n* killer whale
ORCEIN, -S *n* brown crystalline material
ORCHARD, -S *n* area where fruit trees are grown
ORCHAT, -S *same as* ▸ **orchard**
ORCHEL, -S *same as* ▸ **orchil**
ORCHELLA *same as* ▸ **orchil**
ORCHELS ▸ **orchel**

ORCHESIS, ORCHESES *n* art of dance
ORCHID, -S *n* plant with flowers that have unusual lip-shaped petals
ORCHIL, -S *n* any of various lichens
ORCHILLA *same as* ▸ **orchil**
ORCHILS ▸ **orchil**
ORCHIS, -ES *n* type of orchid
ORCHITIC ▸ **orchitis**
ORCHITIS *n* inflammation of one or both testicles
ORCIN, -S *same as* ▸ **orcinol**
ORCINE, -S *same as* ▸ **orcinol**
ORCINOL, -S *n* colourless crystalline water-soluble solid
ORCINS ▸ **orcin**
ORCS ▸ **orc**
ORD, -S *n* pointed weapon
ORDAIN, -ED, -S *vb* make (someone) a member of the clergy
ORDAINER ▸ **ordain**
ORDAINS ▸ **ordain**
ORDALIAN *adj* of an ordeal
ORDALIUM *same as* ▸ **ordeal**
ORDEAL, -S *n* painful or difficult experience
ORDER, -ED, -ING, -S *n* instruction to be carried out ▹ *vb* give an instruction to
ORDERER, -S ▸ **order**
ORDERING ▸ **order**
ORDERLY *adj* well-organized ▹ *n* hospital attendant ▹ *adv* according to custom or rule
ORDERS ▸ **order**
ORDINAL, -S *adj* denoting a certain position in a sequence of numbers ▹ *n* book containing the forms of services for the ordination of ministers
ORDINAND *n* candidate for ordination
ORDINANT *n* person who ordains
ORDINAR, -S *Scots word for* ▸ **ordinary**
ORDINARY *adj* usual or normal
ORDINATE *n* vertical coordinate of a point in a two-dimensional system of coordinates ▹ *vb* ordain
ORDINEE, -S *n* person being ordained
ORDINES ▸ **ordo**
ORDNANCE *n* weapons and military supplies
ORDO, ORDINES, -S *n* religious order
ORDS ▸ **ord**
ORDURE, -S *n* excrement
ORDUROUS ▸ **ordure**
ORE, -S *n* (rock containing) a mineral which yields metal
OREAD, -ES, -S *n* mountain nymph
OREBODY *n* mass of ore in a mine
ORECTIC *adj* of or relating to the desires
ORECTIVE ▸ **orexis**
OREGANO, -S *n* sweet-smelling herb used in cooking
OREIDE, -S *same as* ▸ **oroide**
OREODONT *n* extinct prehistoric mammal
OREOLOGY *same as* ▸ **orology**
ORES ▸ **ore**
OREWEED, -S *n* seaweed
OREXIN, -S *n* hormone that promotes wakefulness and stimulates the appetite
OREXIS, -ES *n* appetite
ORF, -S *n* infectious disease of sheep
ORFE, -S *n* small slender European fish
ORFRAY, -S *same as* ▸ **orphrey**
ORFS ▸ **orf**
ORG, -S *n* organization
ORGAN, -S *n* part of an animal or plant that has a particular function
ORGANA ▸ **organon**
ORGANDIE *n* fine cotton fabric
ORGANDY *same as* ▸ **organdie**
ORGANIC, -S *adj* of or produced from animals or plants ▹ *n* substance that is derived from animal or vegetable matter
ORGANISE *same as* ▸ **organize**
ORGANISM *n* any living animal or plant
ORGANIST *n* organ player
ORGANITY *same as* ▸ **organism**
ORGANIZE *vb* make arrangements for
ORGANON, ORGANA, -S *n* system of logical or scientific rules
ORGANS ▸ **organ**
ORGANUM, -S *same as* ▸ **organon**
ORGANZA, -S *n* thin stiff fabric of silk, cotton, or synthetic fibre
ORGEAT, -S *n* drink made with orange flower water
ORGIA, -S *same as* ▸ **orgy**
ORGIAC ▸ **orgy**
ORGIAS ▸ **orgia**
ORGIAST, -S *n* person who indulges immoderately in an activity
ORGIC ▸ **orgy**
ORGIES ▸ **orgy**
ORGONE, -S *n* substance claimed to be needed for mental health
ORGS ▸ **org**
ORGUE, -S *n* number of stakes lashed together
ORGULOUS *adj* proud
ORGY, ORGIES *n* act of immoderate indulgence
ORIBATID *n* type of mite
ORIBI, -S *n* small African antelope
ORICHALC *n* type of alloy
ORIEL, -S *n* type of bay window
ORIELLED *adj* having an oriel
ORIELS ▸ **oriel**
ORIENCY *n* state of being iridescent
ORIENT, -ED, -S *vb* position (oneself) according to one's surroundings ▹ *n* eastern sky or the dawn ▹ *adj* eastern
ORIENTAL *adj* eastern ▹ *n* native of the orient
ORIENTED ▸ **orient**
ORIENTER ▸ **orient**
ORIENTS ▸ **orient**
ORIFEX, -ES *same as* ▸ **orifice**
ORIFICE, -S *n* opening or hole
ORIGAMI, -S *n* Japanese decorative art of paper folding
ORIGAN, -S *another name for* ▸ **marjoram**
ORIGANE, -S *same as* ▸ **origan**
ORIGANS ▸ **origan**
ORIGANUM *n* type of aromatic plant
ORIGIN, -S *n* point from which something develops
ORIGINAL *adj* first or earliest ▹ *n* first version, from which others are copied
ORIGINS ▸ **origin**
ORIHOU, -S *n* small New Zealand tree
ORILLION *n* part of bastion
ORINASAL *adj* pronounced with simultaneous oral and nasal articulation ▹ *n* orinasal speech sound
ORIOLE, -S *n* tropical or American songbird

ORISHA, -S *n* any of the minor gods or spirits of traditional Yoruba religion
ORISON, -S *another word for* ▸ **prayer**
ORIXA, -S *same as* ▸ **orisha**
ORLE, -S *n* border around a shield
ORLEANS *n* type of fabric
ORLES ▸ **orle**
ORLISTAT *n* drug used for slimming
ORLON, -S *n* crease-resistant acrylic fibre or fabric
ORLOP, -S *n* (in a vessel with four or more decks) the lowest deck
ORMER, -S *n* edible marine mollusc
ORMOLU, -S *n* gold-coloured alloy used for decoration
ORNAMENT *n* decorative object ▹ *vb* decorate
ORNATE, -R, -ST *adj* highly decorated, elaborate
ORNATELY ▸ **ornate**
ORNATER ▸ **ornate**
ORNATEST ▸ **ornate**
ORNERY, ORNERIER *adj* stubborn or vile-tempered
ORNIS, -ES *less common word for* ▸ **avifauna**
ORNITHES *n* birds in Greek myth
ORNITHIC *adj* of or relating to birds or a bird fauna
OROGEN, -S *n* part of earth subject to orogeny
OROGENIC ▸ **orogeny**
OROGENS ▸ **orogen**
OROGENY *n* formation of mountain ranges
OROIDE, -S *n* alloy containing copper, tin, and other metals
OROLOGY *same as* > **orography**
OROMETER *n* aneroid barometer with an altitude scale
ORONASAL *adj* of or relating to the mouth and nose
OROPESA, -S *n* float used in minesweeping
OROTUND *adj* (of the voice) resonant and booming
ORPHAN, -ED, -S *n* child whose parents are dead ▹ *vb* deprive of parents
ORPHIC *adj* mystical or occult
ORPHICAL *same as* ▸ **orphic**
ORPHISM, -S *n* style of abstract art
ORPHREY, -S *n* richly embroidered band or border
ORPIMENT *n* yellow mineral
ORPIN, -S *same as* ▸ **orpine**
ORPINE, -S *n* type of plant
ORPINS ▸ **orpin**
ORRA *adj* odd or unmatched
ORRAMAN, ORRAMEN *n* man who does odd jobs
ORRERY, ORRERIES *n* mechanical model of the solar system
ORRICE, -S *same as* ▸ **orris**
ORRIS, -ES *n* kind of iris
ORS ▸ **or**
ORSEILLE *same as* ▸ **orchil**
ORSELLIC ▸ **orseille**
ORT *n* fragment
ORTHIAN *adj* having high pitch
ORTHICON *n* type of television camera tube
ORTHO, -S *n* type of photographic plate
ORTHODOX *adj* conforming to established views
ORTHOEPY *n* study of correct or standard pronunciation
ORTHOPOD *n* surgeon
ORTHOS ▸ **ortho**
ORTHOSIS, ORTHOSES *n* artificial or mechanical aid to support a weak part of the body
ORTHOTIC > **orthotics**
ORTHROS *n* canonical hour in the Greek Church
ORTOLAN, -S *n* small European songbird eaten as a delicacy
ORTS *pl n* scraps or leavings
ORVAL, -S *n* plant of sage family
ORYX, -ES *n* large African antelope
ORZO, -S *n* pasta in small grain shapes
OS, ORA, -AR, -SA *n* mouth or mouthlike part or opening
OSCAR, -S *n* cash
OSCHEAL *adj* of the scrotum
OSCINE, -S *n* songbird ▹ *adj* of songbirds
OSCININE ▸ **oscine**
OSCITANT > **oscitancy**
OSCITATE *vb* yawn
OSCULA ▸ **osculum**
OSCULANT *adj* possessing some of the characteristics of two different taxonomic groups
OSCULAR *adj* of or relating to an osculum
OSCULATE *vb* kiss
OSCULE, -S *n* small mouth or opening
OSCULUM, OSCULA *n* mouthlike aperture
OSE, -S *same as* ▸ **esker**
OSETRA, -S *n* type of caviar
OSHAC, -S *n* plant smelling of ammonia
OSIER, -S *n* willow tree
OSIERED *adj* covered with osiers
OSIERIES ▸ **osiery**
OSIERS ▸ **osier**
OSIERY, OSIERIES *n* work done with osiers
OSMATE, -S *n* salt of osmic acid
OSMATIC *adj* relying on sense of smell
OSMIATE, -S *same as* ▸ **osmate**
OSMIC *adj* of or containing osmium in a high valence state
OSMICS *n* science of smell
OSMIOUS *same as* ▸ **osmous**
OSMIUM, -S *n* heaviest known metallic element
OSMOL, -S *same as* ▸ **osmole**
OSMOLAL ▸ **osmole**
OSMOLAR *adj* containing one osmole per litre
OSMOLE, -S *n* unit of osmotic pressure
OSMOLS ▸ **osmol**
OSMOSE, -D, -S, OSMOSING *vb* undergo or cause to undergo osmosis
OSMOSIS *n* movement of a liquid through a membrane
OSMOTIC ▸ **osmosis**
OSMOUS *adj* of or containing osmium in a low valence state
OSMUND, -S *same as* ▸ **osmunda**
OSMUNDA, -S *n* type of fern
OSMUNDS ▸ **osmund**
OSNABURG *n* coarse plain-woven cotton used for sacks, furnishings, etc
OSPREY, -S *n* large fish-eating bird of prey
OSSA ▸ **os**
OSSARIUM *same as* ▸ **ossuary**
OSSATURE *n* skeleton
OSSEIN, -S *n* protein that forms the organic matrix of bone
OSSELET, -S *n* growth on knee of horse
OSSEOUS *adj* consisting of or like bone

OSSETER, -S *n* sturgeon
OSSETRA, -S *same as* ▸**osetra**
OSSIA, -S *n* alternate version or passage ▹*conj* or
OSSICLE, -S *n* small bone, esp one of those in the middle ear
OSSIFIC *adj* making something turn to bone
OSSIFIED *adj* converted into bone
OSSIFIER ▸**ossify**
OSSIFY, OSSIFIES *vb* (cause to) become bone, harden
OSSOBUCO *n* Italian dish of veal shank and vegetables stewed in wine
OSSUARY *n* any container for the burial of human bones, such as an urn or vault
OSTEAL *adj* of or relating to bone or to the skeleton
OSTEITIC ▸**osteitis**
OSTEITIS *n* inflammation of a bone
OSTENT, -ED, -S *n* appearance ▹*vb* display boastfully
OSTEOGEN *n* material from which bone forms
OSTEOID, -S *adj* of or resembling bone ▹*n* bony deposit
OSTEOMA, -S *n* tumour composed of bone or bonelike tissue
OSTEOSIS, OSTEOSES *n* forming of bony tissue
OSTIA ▸**ostium**
OSTIAL ▸**ostium**
OSTIARY *another word for* ▸**porter**
OSTIATE *adj* having ostium
OSTINATO, OSTINATI *n* persistently repeated phrase or rhythm
OSTIOLAR ▸**ostiole**
OSTIOLE, -S *n* pore in the reproductive bodies of certain algae and fungi
OSTIUM, OSTIA *n* pore in sponges through which water enters the body
OSTLER, -S *n* stableman at an inn
OSTMARK, -S *n* currency of the former East Germany
OSTOMATE *n* person with an ostomy
OSTOMY, OSTOMIES *n* surgically made opening
OSTOSIS, OSTOSES *n* formation of bone
OSTRACA ▸**ostracon**
OSTRACOD *n* type of minute crustacean
OSTRACON, OSTRACA *n* (in ancient Greece) a potsherd used for ostracizing
OSTRAKON, OSTRAKA *same as* ▸**ostracon**
OSTREGER *n* keeper of hawks
OSTRICH *n* large African bird that runs fast but cannot fly
OTAKU, -S *n* Japanese computer geek
OTALGIA, -S *technical name for* ▸**earache**
OTALGIC ▸**otalgia**
OTALGY, OTALGIES *same as* ▸**otalgia**
OTARID *adj* of or like an otary, an eared seal
OTARIES ▸**otary**
OTARINE ▸**otary**

> This means like an otary or eared seal, and is perhaps the most commonly played of all 7-letter bonus words, so well worth learning for that extra 50 points it can give you.

OTARY, OTARIES *n* seal with ears
OTHER, -ED, -ING, -S *vb* regard (a person or people) as different from oneself or one's group
OTIC *adj* of or relating to the ear
OTIOSE *adj* not useful
OTIOSELY ▸**otiose**
OTIOSITY ▸**otiose**
OTITIC ▸**otitis**
OTITIS, OTITIDES, -ES *n* inflammation of the ear
OTOCYST, -S *n* embryonic structure in vertebrates that develops into the inner ear
OTOLITH, -S *n* granule of calcium carbonate in the inner ear of vertebrates
OTOLOGIC *adj* relating to otology
OTOLOGY *n* branch of medicine concerned with the ear
OTOSCOPE *another name for* ▸**auriscope**
OTOSCOPY *n* examination of ear using otoscope
OTOTOXIC *adj* toxic to the ear
OTTAR, -S *variant of* ▸**attar**
OTTAVA, -S *n* interval of an octave
OTTAVINO *n* piccolo
OTTER, -ED, -ING, -S *n* small brown freshwater mammal that eats fish ▹*vb* fish using an otter board
OTTO, -S *another name for* ▸**attar**
OTTOMAN, -S *n* storage chest with a padded lid for use as a seat
OTTOS ▸**otto**
OU, -ENS, -S *interj* expressing concession ▹*n* man, bloke, or chap
OUABAIN, -S *n* poisonous white crystalline glycoside
OUAKARI, -S *n* South American monkey
OUBAAS, -ES *n* man in authority
OUBIT, -S *n* hairy caterpillar
OUCH, -ED, -ES, -ING *interj* exclamation of sudden pain ▹*n* brooch or clasp set with gems ▹*vb* say ouch
OUCHT, -S *Scots word for* ▸**anything**
OUD, -S *n* Arabic stringed musical instrument
OUENS ▸**ou**
OUGHLY, OUGHLIED, OUGHLIES *variant of* ▸**ugly**
OUGHT, -ED, -ING, -S *vb* have an obligation ▹*n* zero
OUGIYA, -S *n* standard monetary unit of Mauritania
OUGLIE, -D, -S *variant of* ▸**ugly**
OUGUIYA, -S *n* standard monetary unit of Mauritania
OUIJA, -S *n* tradename for a board through which spirits supposedly answer questions
OUISTITI *n* marmoset
OUK, -S *Scots word for* ▸**week**
OULACHON *same as* ▸**eulachon**
OULAKAN, -S *same as* ▸**eulachon**
OULD, -ER, -EST *Scots or Irish form of* ▸**old**
OULK, -S *Scots form of* ▸**week**
OULONG, -S *same as* ▸**oolong**
OUMA, -S *n* grandmother, often as a title with a surname
OUNCE, -S *n* unit of weight equal to one sixteenth of a pound
OUNDY, OUNDIER, OUNDIEST *adj* wavy
OUP, -ED, -ING, -S *same as* ▸**oop**

OUPA, -S *n* grandfather, often as a title with a surname
OUPED ▸ **oup**
OUPH, -S *same as* ▸ **oaf**
OUPHE, -S *same as* ▸ **oaf**
OUPHS ▸ **ouph**
OUPING ▸ **oup**
OUPS ▸ **oup**
OUR *adj* belonging to us ▹ *determiner* of, belonging to, or associated in some way with us
OURALI, -S *n* plant from which curare comes
OURANG, -S *same as* ▸ **orang**
OURARI, -S *same as* ▸ **ourali**
OUREBI, -S *same as* ▸ **oribi**
OURIE, -R, -ST *same as* ▸ **oorie**
OURN *dialect form of* ▸ **our**
OUROLOGY *same as* ▸ **urology**
OURS *pron* thing(s) belonging to us
OURSELF *pron* formal word for *myself* used by monarchs
OUS ▸ **ou**
OUSEL, -S *same as* ▸ **ouzel**
OUST, -ED, -ING, -S *vb* force (someone) out, expel
OUSTER, -S *n* act of forcing someone out of a position
OUSTING ▸ **oust**
OUSTITI, -S *n* device for opening locked door
OUSTS ▸ **oust**
OUT, -ED, -S *adj* denoting movement or distance away from ▹ *vb* put or throw out
OUTA *prep* informal contraction of out of
OUTACT, -ED, -S *vb* surpass in acting
OUTADD, -ED, -S *vb* beat or surpass at adding
OUTAGE, -S *n* period of power failure
OUTARGUE *vb* defeat in argument
OUTASITE *adj* amazing, excellent
OUTASK, -ED, -S *vb* declare wedding banns
OUTATE ▸ **outeat**
OUTBACK, -S *n* remote bush country of Australia
OUTBAKE, -D, -S *vb* bake more or better than
OUTBAR, -S *vb* keep out
OUTBARK, -S *vb* bark more or louder than
OUTBARS ▸ **outbar**
OUTBAWL, -S *vb* bawl more or louder than
OUTBEAM, -S *vb* beam more or brighter than
OUTBEG, -S *vb* beg more or better than
OUTBID, -S *vb* offer a higher price than
OUTBITCH *vb* bitch more or better than
OUTBLAZE *vb* blaze more or hotter than
OUTBLEAT *vb* bleat more or louder than
OUTBLESS *vb* bless more than
OUTBLOOM *vb* bloom more or better than
OUTBLUFF *vb* surpass in bluffing
OUTBLUSH *vb* blush more than
OUTBOARD *adj* (of a boat's engine) portable, with its own propeller ▹ *adv* away from the centre line of a vessel or aircraft ▹ *n* outboard motor
OUTBOAST *vb* surpass in boasting
OUTBOUND *adj* going out
OUTBOX, -ED, -ES *vb* surpass in boxing
OUTBRAG, -S *vb* brag more or better than
OUTBRAVE *vb* surpass in bravery
OUTBRAWL *vb* defeat in a brawl
OUTBREAK, OUTBROKE *n* sudden occurrence (of something unpleasant) ▹ *vb* break out
OUTBREED, OUTBRED *vb* produce offspring outside a particular family or tribe
OUTBRIBE *vb* bribe more than
OUTBROKE ▸ **outbreak**
OUTBUILD, OUTBUILT *vb* exceed in building
OUTBULGE *vb* bulge outwards
OUTBULK, -S *vb* exceed in bulk
OUTBULLY *vb* exceed in bullying
OUTBURN, -S, -T *vb* burn longer or brighter than
OUTBURST *n* sudden expression of emotion ▹ *vb* burst out
OUTBUY, -S *vb* buy more than
OUTBY *adv* outside
OUTBYE *same as* ▸ **outby**
OUTCALL, -S *n* visit to customer's home by professional ▹ *vb* bid higher than another player in a card game
OUTCAPER *vb* exceed in capering
OUTCAST, -S *n* person rejected by a particular group ▹ *adj* rejected, abandoned, or discarded
OUTCASTE *n* person who has been expelled from a caste ▹ *vb* cause (someone) to lose his or her caste
OUTCASTS ▸ **outcast**
OUTCATCH *vb* catch more than
OUTCAVIL *vb* exceed in cavilling
OUTCHARM *vb* exceed in charming
OUTCHEAT *vb* exceed in cheating
OUTCHIDE, OUTCHID *vb* exceed in chiding
OUTCITY *n* anywhere outside a city's confines
OUTCLASS *vb* surpass in quality
OUTCLIMB, OUTCLOMB *vb* exceed in climbing
OUTCOACH *vb* exceed in coaching
OUTCOME, -S *n* result
OUTCOOK, -S *vb* cook more or better than
OUTCOUNT *vb* exceed in counting
OUTCRAWL *vb* crawl further or faster than
OUTCRIED ▸ **outcry**
OUTCRIES ▸ **outcry**
OUTCROP, -S *n* part of a rock formation that sticks out of the earth ▹ *vb* (of rock strata) to protrude through the surface of the earth
OUTCROSS *vb* breed (animals or plants of the same breed but different strains) ▹ *n* animal or plant produced as a result of outcrossing
OUTCROW, -S *vb* exceed in crowing
OUTCROWD *vb* have more crowd than
OUTCROWS ▸ **outcrow**
OUTCRY, OUTCRIED, OUTCRIES *n* vehement or widespread protest ▹ *vb* cry louder or make more noise than (someone or something)
OUTCURSE *vb* exceed in cursing

OUTCURVE *n* baseball thrown to curve away from batter
OUTDANCE *vb* surpass in dancing
OUTDARE, -D, -S *vb* be more brave than
OUTDATE, -S *vb* make or become old-fashioned or obsolete
OUTDATED *adj* old-fashioned
OUTDATES ▸ **outdate**
OUTDO, OUTDID, -ES, -ING, -NE *vb* surpass in performance
OUTDODGE *vb* surpass in dodging
OUTDOER, -S ▸ **outdo**
OUTDOES ▸ **outdo**
OUTDOING ▸ **outdo**
OUTDONE ▸ **outdo**
OUTDOOR *adj* taking place in the open air
OUTDOORS *adv* in(to) the open air ▹ *n* open air
OUTDRAG, -S *vb* beat in drag race
OUTDRANK ▸ **outdrink**
OUTDRAW, -N, -S, OUTDREW *vb* draw (a gun) faster than
OUTDREAM *vb* exceed in dreaming
OUTDRESS *vb* dress better than
OUTDREW ▸ **outdraw**
OUTDRINK, OUTDRANK, OUTDRUNK *vb* drink more alcohol than
OUTDRIVE, OUTDROVE *vb* exceed in driving
OUTDROP, -S *same as* ▸ **outcrop**
OUTDROVE ▸ **outdrive**
OUTDRUNK ▸ **outdrink**
OUTDUEL, -S *vb* defeat in duel
OUTDURE, -D, -S *vb* last longer than
OUTDWELL, OUTDWELT *vb* live outside something
OUTEARN, -S *vb* earn more than
OUTEAT, OUTATE, -EN, -S *vb* eat more than
OUTECHO *vb* echo more than
OUTED ▸ **out**
OUTEDGE, -S *n* furthest limit
OUTER, -S *adj* on the outside ▹ *n* white outermost ring on a target
OUTFABLE *vb* exceed in creating fables
OUTFACE, -D, -S *vb* subdue or disconcert by staring
OUTFALL, -S *n* mouth of a river or drain
OUTFAST, -S *vb* fast longer than
OUTFAWN, -S *vb* exceed in fawning
OUTFEAST *vb* exceed in feasting
OUTFEEL, -S, OUTFELT *vb* exceed in feeling
OUTFENCE *vb* surpass at fencing
OUTFIELD *n* area far from the pitch
OUTFIGHT *vb* surpass in fighting
OUTFIND, -S, OUTFOUND *vb* exceed in finding
OUTFIRE, -D, -S *vb* exceed in firing
OUTFISH *vb* catch more fish than
OUTFIT, -S *n* matching set of clothes ▹ *vb* furnish or be furnished with an outfit
OUTFLANK *vb* get round the side of (an enemy army)
OUTFLASH *vb* be flashier than
OUTFLEW ▸ **outfly**
OUTFLIES ▸ **outfly**
OUTFLING, OUTFLUNG *n* cutting remark ▹ *vb* whip out
OUTFLOAT *vb* surpass at floating
OUTFLOW, -S *n* anything that flows out, such as liquid or money ▹ *vb* flow faster than
OUTFLOWN ▸ **outfly**
OUTFLOWS ▸ **outflow**
OUTFLUNG ▸ **outfling**
OUTFLUSH *n* burst of light
OUTFLY, OUTFLEW, OUTFLIES, OUTFLOWN *vb* fly better or faster than
OUTFOOL, -S *vb* be more foolish than
OUTFOOT, -S *vb* (of a boat) to go faster than (another boat)
OUTFOUND ▸ **outfind**
OUTFOX, -ED, -ES *vb* defeat or foil by being more cunning
OUTFROWN *vb* dominate by frowning more than
OUTGAIN, -S *vb* gain more than
OUTGAS, -ES *vb* undergo the removal of adsorbed or absorbed gas from solids
OUTGATE, -S *n* way out
OUTGAVE ▸ **outgive**
OUTGAZE, -D, -S *vb* gaze beyond
OUTGIVE, OUTGAVE, -N, -S *vb* exceed in giving
OUTGLARE *vb* exceed in glaring
OUTGLEAM *vb* gleam more than
OUTGLOW, -S *vb* glow more than
OUTGNAW, -N, -S *vb* exceed in gnawing
OUTGO, -ES, -NE, OUTWENT *vb* exceed or outstrip ▹ *n* cost
OUTGOER, -S ▸ **outgo**
OUTGOES ▸ **outgo**
OUTGOING *adj* leaving ▹ *n* act of going out
OUTGONE ▸ **outgo**
OUTGREW ▸ **outgrow**
OUTGRIN, -S *vb* exceed in grinning
OUTGROSS *vb* earn more than
OUTGROUP *n* group of people outside one's own group of people
OUTGROW, OUTGREW, -N, -S *vb* become too large or too old for
OUTGUARD *n* guard furthest away from main party
OUTGUESS *vb* surpass in guessing
OUTGUIDE *n* folder in filing system ▹ *vb* beat or surpass at guiding
OUTGUN, -S *vb* surpass in fire power
OUTGUSH *vb* gush out
OUTHAUL, -S *n* line or cable for tightening the foot of a sail
OUTHEAR, -D, -S *vb* exceed in hearing
OUTHER *same as* ▸ **other**
OUTHIRE, -D, -S *vb* hire out
OUTHIT, -S *vb* hit something further than (someone else)
OUTHOMER *vb* score more home runs than
OUTHOUSE *n* building near a main building
OUTHOWL, -S *vb* exceed in howling
OUTHUMOR *same as* ▸ **outhumour**
OUTHUNT, -S *vb* exceed in hunting
OUTHYRE, -D, -S *same as* ▸ **outhire**
OUTING, -S *n* leisure trip
OUTJEST, -S *vb* exceed in jesting

O

OUTJET, -S *n* projecting part
OUTJINX *vb* exceed in jinxing

If someone else plays **jinx**, you can outjinx them by adding O, U and T! And if you can form the whole word using all of your letters, you'll get a 50-point bonus.

OUTJUMP, -S *vb* jump higher or farther than
OUTJUT, -S *vb* jut out ▷ *n* projecting part
OUTKEEP, -S, OUTKEPT *vb* beat or surpass at keeping
OUTKICK, -S *vb* exceed in kicking
OUTKILL, -S *vb* exceed in killing
OUTKISS *vb* exceed in kissing
OUTLAID ▸ **outlay**
OUTLAIN ▸ **outlay**
OUTLAND, -S *adj* outlying or distant ▷ *n* outlying areas of a country or region
OUTLASH *n* sudden attack ▷ *vb* shed tears
OUTLAST, -S *vb* last longer than
OUTLAUGH *vb* laugh longer or louder than
OUTLAW, -ED, -S *n* criminal deprived of legal protection, bandit ▷ *vb* make illegal
OUTLAWRY *n* act of outlawing or the state of being outlawed
OUTLAWS ▸ **outlaw**
OUTLAY, OUTLAID, OUTLAIN, -S *n* expenditure ▷ *vb* spend (money)
OUTLEAD, -S, OUTLED *vb* be better leader than
OUTLEAP, -S, -T *vb* leap higher or farther than
OUTLEARN *vb* exceed in learning
OUTLED ▸ **outlead**
OUTLER, -S *n* farm animal kept out of doors
OUTLET, -S *n* means of expressing emotion
OUTLIE, -D, -S *vb* lie outside a particular place
OUTLIER, -S *n* outcrop of rocks that is entirely surrounded by older rocks
OUTLIES ▸ **outlie**
OUTLINE, -D, -S *n* short general explanation ▷ *vb* summarize
OUTLINER ▸ **outline**
OUTLINES ▸ **outline**
OUTLIVE, -D, -S *vb* live longer than

O

OUTLIVER ▸ **outlive**
OUTLIVES ▸ **outlive**
OUTLOOK, -S *n* attitude ▷ *vb* look out
OUTLOVE, -D, -S *vb* exceed in loving
OUTLYING *adj* distant from the main area
OUTMAN, -S *vb* surpass in manpower
OUTMARCH *vb* exceed in marching
OUTMATCH *vb* surpass or outdo (someone)
OUTMODE, -S *vb* make unfashionable
OUTMODED *adj* no longer fashionable or accepted
OUTMODES ▸ **outmode**
OUTMOST *another word for* > **outermost**
OUTMOVE, -D, -S *vb* move faster or better than
OUTNAME, -D, -S *vb* be more notorious than
OUTNESS *n* state or quality of being external
OUTNIGHT *vb* refer to night more often than
OUTPACE, -D, -S *vb* go faster than (someone)
OUTPAINT *vb* exceed in painting
OUTPART, -S *n* remote region
OUTPASS *vb* exceed in passing
OUTPEEP, -S *vb* peep out
OUTPEER, -S *vb* surpass
OUTPITCH *vb* exceed in pitching
OUTPITY *vb* exceed in pitying
OUTPLACE *vb* find job for ex-employee
OUTPLAN, -S *vb* exceed in planning
OUTPLAY, -S *vb* perform better than one's opponent
OUTPLOD, -S *vb* exceed in plodding
OUTPLOT, -S *vb* exceed in plotting
OUTPOINT *vb* score more points than
OUTPOLL, -S *vb* win more votes than
OUTPORT, -S *n* isolated fishing village, esp in Newfoundland
OUTPOST, -S *n* outlying settlement
OUTPOUR, -S *n* act of flowing or pouring out ▷ *vb* pour or cause to pour out freely or rapidly

OUTPOWER *vb* have more power than
OUTPRAY, -S *vb* exceed in praying
OUTPREEN *vb* exceed in preening
OUTPRESS *vb* exceed in pressing
OUTPRICE *vb* sell at better price than
OUTPRIZE *vb* prize more highly than
OUTPSYCH *vb* defeat by psychological means
OUTPULL, -S *vb* exceed in pulling
OUTPUNCH *vb* punch better than
OUTPUPIL *n* student sent to a different school to the one he or she would normally attend
OUTPUSH *vb* exceed in pushing
OUTPUT, -S *n* amount produced ▷ *vb* produce (data) at the end of a process
OUTQUOTE *vb* exceed in quoting
OUTRACE, -D, -S *vb* surpass in racing
OUTRAGE, -D, -S *n* great moral indignation ▷ *vb* offend morally
OUTRAISE *vb* raise more money than
OUTRAN ▸ **outrun**
OUTRANCE *n* furthest extreme
OUTRANG ▸ **outring**
OUTRANGE *vb* have a greater range than
OUTRANK, -S *vb* be of higher rank than (someone)
OUTRATE, -D, -S *vb* offer better rate than
OUTRAVE, -D, -S *vb* outdo in raving
OUTRE *adj* shockingly eccentric
OUTREACH *vb* surpass in reach ▷ *n* act or process of reaching out
OUTREAD, -S *vb* outdo in reading
OUTRED, -S *vb* be redder than
OUTREIGN *vb* reign for longer than
OUTREMER *n* land overseas
OUTRIDE, -S, OUTRODE *vb* outdo by riding faster, farther, or better than ▷ *n* extra unstressed syllable within a metrical foot

OUTRIDER *n* motorcyclist acting as an escort
OUTRIDES ▸ **outride**
OUTRIG, -S *vb* supply with outfit
OUTRIGHT *adv* absolute(ly) ▹ *adj* complete
OUTRIGS ▸ **outrig**
OUTRING, OUTRANG, -S, OUTRUNG *vb* exceed in ringing
OUTRIVAL *vb* surpass
OUTRO, -S *n* instrumental passage that concludes a piece of music
OUTROAR, -S *vb* roar louder than
OUTROCK, -S *vb* outdo in rocking
OUTRODE ▸ **outride**
OUTROLL, -S *vb* exceed in rolling
OUTROOP, -S *n* auction
OUTROOT, -S *vb* root out
OUTROPE, -S *same as* ▸ **outroop**
OUTROPER ▸ **outrope**
OUTROPES ▸ **outrope**
OUTROS ▸ **outro**
OUTROW, -ED, -S *vb* outdo in rowing
OUTRUN, OUTRAN, -S *vb* run faster than
OUTRUNG ▸ **outring**
OUTRUNS ▸ **outrun**
OUTRUSH *n* flowing or rushing out ▹ *vb* rush out
OUTS ▸ **out**
OUTSAID ▸ **outsay**
OUTSAIL, -S *vb* sail better than
OUTSANG ▸ **outsing**
OUTSAT ▸ **outsit**
OUTSAVOR *same as* > **outsavour**
OUTSAW ▸ **outsee**
OUTSAY, OUTSAID, -S *vb* say something out loud
OUTSCOLD *vb* outdo in scolding
OUTSCOOP *vb* outdo in achieving scoops
OUTSCORE *vb* score more than
OUTSCORN *vb* defy with scorn
OUTSEE, OUTSAW, -N, -S *vb* exceed in seeing
OUTSELL, -S, OUTSOLD *vb* be sold in greater quantities than
OUTSERT, -S *another word for* > **wrapround**
OUTSERVE *vb* serve better at tennis than
OUTSET, -S *n* beginning
OUTSHAME *vb* greatly shame
OUTSHINE, OUTSHONE *vb* surpass (someone) in excellence
OUTSHOOT *vb* surpass or excel in shooting ▹ *n* thing that projects or shoots out
OUTSHOT, -S *n* projecting part
OUTSHOUT *vb* shout louder than
OUTSIDE, -S *adv* indicating movement to or position on the exterior ▹ *adj* unlikely ▹ *n* external area or surface
OUTSIDER *n* person outside a specific group
OUTSIDES ▸ **outside**
OUTSIGHT *n* power of seeing
OUTSIN, -S *vb* sin more than
OUTSING, OUTSANG, -S, OUTSUNG *vb* sing better or louder than
OUTSINS ▸ **outsin**
OUTSIT, OUTSAT, -S *vb* sit longer than
OUTSIZE, -S *adj* larger than normal ▹ *n* outsize garment
OUTSIZED *same as* ▸ **outsize**
OUTSIZES ▸ **outsize**
OUTSKATE *vb* skate better than
OUTSKIRT *singular of* > **outskirts**
OUTSLEEP, OUTSLEPT *vb* sleep longer than
OUTSLICK *vb* outsmart
OUTSMART *vb* outwit
OUTSMELL, OUTSMELT *vb* surpass in smelling
OUTSMILE *vb* outdo in smiling
OUTSMOKE *vb* smoke more than
OUTSNORE *vb* outdo in snoring
OUTSOAR, -S *vb* fly higher than
OUTSOLD ▸ **outsell**
OUTSOLE, -S *n* outermost sole of a shoe
OUTSPAN, -S *vb* relax
OUTSPEAK, OUTSPOKE *vb* speak better or louder than
OUTSPEED, OUTSPED *vb* go faster than
OUTSPELL, OUTSPELT *vb* exceed at spelling
OUTSPEND, OUTSPENT *vb* spend more than
OUTSPOKE ▸ **outspeak**
OUTSPORT *vb* sport in excess of
OUTSTAND, OUTSTOOD *vb* be outstanding or excel
OUTSTARE *vb* stare longer than
OUTSTART *vb* jump out ▹ *n* outset
OUTSTATE *vb* surpass in stating
OUTSTAY, -S *vb* overstay
OUTSTEER *vb* steer better than
OUTSTEP, -S *vb* step farther than
OUTSTOOD ▸ **outstand**
OUTSTRIP *vb* surpass
OUTSTUDY *vb* outdo in studying
OUTSTUNT *vb* outdo in performing stunts
OUTSULK, -S *vb* outdo in sulking
OUTSUM, -S *vb* add up to more than
OUTSUNG ▸ **outsing**
OUTSWAM ▸ **outswim**
OUTSWEAR, OUTSWARE, OUTSWORE, OUTSWORN *vb* swear more than
OUTSWEEP *n* outward movement of arms in swimming breaststroke
OUTSWELL *vb* exceed in swelling
OUTSWEPT *adj* curving outwards
OUTSWIM, OUTSWAM, -S, OUTSWUM *vb* outdo in swimming
OUTSWING *n* (in cricket) movement of a ball from leg to off through the air
OUTSWORE ▸ **outswear**
OUTSWORN ▸ **outswear**
OUTSWUM ▸ **outswim**
OUTSWUNG *adj* made to curve outwards
OUTTA *prep* informal contraction of out of
OUTTAKE, -N, -S, OUTTOOK *n* unreleased take from a recording session, film, or TV programme ▹ *vb* take out
OUTTALK, -S *vb* talk more, longer, or louder than (someone)
OUTTASK, -S *vb* assign task to staff outside organization
OUTTELL, -S, OUTTOLD *vb* make known
OUTTHANK *vb* outdo in thanking
OUTTHINK *vb* outdo in thinking
OUTTHREW ▸ **outthrow**
OUTTHROB *vb* outdo in throbbing

OUTTHROW, OUTTHREW *vb* throw better than
OUTTOLD ▸**outtell**
OUTTOOK ▸**outtake**
OUTTOP, -S *vb* rise higher than
OUTTOWER *vb* tower over
OUTTRADE *vb* surpass in trading
OUTTRICK *vb* outdo in trickery
OUTTROT, -S *vb* exceed at trotting
OUTTRUMP *vb* count for more than
OUTTURN, -S *same as* ▸**output**
OUTVALUE *vb* surpass in value
OUTVAUNT *vb* outdo in boasting
OUTVENOM *vb* surpass in venomousness
OUTVIE, -D, -S, OUTVYING *vb* outdo in competition
OUTVOICE *vb* surpass in noise
OUTVOTE, -D, -S *vb* defeat by getting more votes than
OUTVOTER ▸**outvote**
OUTVOTES ▸**outvote**
OUTVYING ▸**outvie**
OUTWAIT, -S *vb* wait longer than
OUTWALK, -S *vb* walk farther or longer than
OUTWAR, -S *vb* surpass or exceed in warfare
OUTWARD *same as* ▸**outwards**
OUTWARDS *adv* towards the outside
OUTWARS ▸**outwar**
OUTWASH *n* gravel carried and deposited by water from melting glaciers
OUTWASTE *vb* outdo in wasting
OUTWATCH *vb* surpass in watching
OUTWEAR, -S, OUTWORE *vb* use up or destroy by wearing
OUTWEARY *vb* exhaust
OUTWEED, -S *vb* root out
OUTWEEP, -S, OUTWEPT *vb* outdo in weeping
OUTWEIGH *vb* be more important, significant, or influential than
OUTWELL, -S *vb* pour out
OUTWENT ▸**outgo**
OUTWEPT ▸**outweep**
OUTWHIRL *vb* surpass at whirling
OUTWICK, -S *vb* move one curling stone by striking with another
OUTWILE, -D, -S *vb* surpass in cunning
OUTWILL, -S *vb* demonstrate stronger will than
OUTWIN, -S, OUTWON *vb* get out of
OUTWIND, -S, OUTWOUND *vb* unwind
OUTWING, -S *vb* surpass in flying
OUTWINS ▸**outwin**
OUTWISH *vb* surpass in wishing
OUTWIT, -S *vb* get the better of (someone) by cunning
OUTWITH *prep* outside
OUTWITS ▸**outwit**
OUTWON ▸**outwin**
OUTWORE ▸**outwear**
OUTWORK, -S *n* defences which lie outside main defensive works ▹*vb* work better, harder, etc, than
OUTWORN *adj* no longer in use
OUTWORTH *vb* be more valuable than
OUTWOUND ▸**outwind**
OUTWREST *vb* extort
OUTWRITE, OUTWRIT, OUTWROTE *vb* outdo in writing
OUTYELL, -S *vb* outdo in yelling
OUTYELP, -S *vb* outdo in yelping
OUTYIELD *vb* yield more than
OUVERT *adj* open
OUVERTE *feminine form of* ▸**ouvert**
OUVRAGE, -S *n* work
OUVRIER, -S *n* worker
OUVRIERE *feminine form of* ▸**ouvrier**
OUVRIERS ▸**ouvrier**
OUZEL, -S *n* type of bird
OUZO, -S *n* strong aniseed-flavoured spirit from Greece
OVA ▸**ovum**
OVAL, -S *adj* egg-shaped ▹*n* anything that is oval in shape
OVALITY ▸**oval**
OVALLY ▸**oval**
OVALNESS ▸**oval**
OVALS ▸**oval**
OVARIAL ▸**ovary**
OVARIAN ▸**ovary**
OVARIES ▸**ovary**
OVARIOLE *n* tube in insect ovary
OVARIOUS *adj* of eggs
OVARITIS *n* inflammation of an ovary
OVARY, OVARIES *n* female egg-producing organ
OVATE, -D, -S, OVATING *adj* shaped like an egg ▹*vb* give ovation
OVATELY ▸**ovate**
OVATES ▸**ovate**
OVATING ▸**ovate**
OVATION, -S *n* enthusiastic round of applause
OVATOR, -S ▸**ovate**
OVEL, -S *n* mourner, esp during the first seven days after a death
OVEN, -ED, -ING, -S *n* heated compartment or container for cooking ▹*vb* cook in an oven
OVENABLE *adj* (of food) suitable for cooking in an oven
OVENBIRD *n* type of small brownish South American bird
OVENED ▸**oven**
OVENING ▸**oven**
OVENLIKE ▸**oven**
OVENS ▸**oven**
OVENWARE *n* heat-resistant dishes in which food can be both cooked and served
OVENWOOD *n* pieces of wood for burning in an oven
OVER, -ED, -ING, -S *adv* indicating position on the top of, amount greater than, etc ▹*adj* finished ▹*n* (in cricket) series of six balls bowled from one end ▹*vb* jump over
OVERABLE *adj* too able
OVERACT, -S *vb* act in an exaggerated way
OVERAGE, -S *adj* beyond a specified age ▹*n* amount beyond given limit
OVERAGED *adj* very old
OVERAGES ▸**overage**
OVERALL, -S *adv* in total ▹*n* coat-shaped protective garment ▹*adj* from one end to the other
OVERAPT *adj* tending excessively
OVERARCH *vb* form an arch over
OVERARM, -S *adv* with the arm above the shoulder ▹*adj* bowled, thrown, or performed with the arm

O

raised above the shoulder ▷ *vb* throw (a ball) overarm
OVERATE ▸ **overeat**
OVERAWE, -D, -S *vb* affect (someone) with an overpowering sense of awe
OVERBAKE *vb* bake too long
OVERBANK *n* sediment deposited on the flood plain of a river
OVERBEAR, OVERBORE, OVERBORN *vb* dominate or overcome
OVERBEAT *vb* beat too much
OVERBED *adj* fitting over bed
OVERBET, -S *vb* bet too much
OVERBID, -S *vb* bid for more tricks than one can expect to win ▷ *n* bid higher than someone else's bid
OVERBIG *adj* too big
OVERBILL *vb* charge too much money
OVERBITE *n* extension of the upper front teeth over the lower front teeth when the mouth is closed
OVERBLOW, OVERBLEW *vb* blow into (a wind instrument) with greater force than normal
OVERBOIL *vb* boil too much
OVERBOLD *adj* too bold
OVERBOOK *vb* accept too many bookings
OVERBOOT *n* protective boot worn over an ordinary boot or shoe
OVERBORE ▸ **overbear**
OVERBORN ▸ **overbear**
OVERBRED *adj* produced by too much selective breeding
OVERBRIM *vb* overflow
OVERBROW *vb* hang over
OVERBULK *vb* loom large over
OVERBURN *vb* (formerly) copy information onto CD
OVERBUSY *adj* too busy ▷ *vb* make too busy
OVERBUY, -S *vb* buy too much or too many
OVERBY *adv* Scots expression meaning over the road or across the way
OVERCALL *n* bid higher than the preceding one ▷ *vb* bid higher than (an opponent)
OVERCAME ▸ **overcome**
OVERCAST *adj* (of the sky) covered by clouds ▷ *vb* make or become overclouded or gloomy ▷ *n* covering, as of clouds or mist
OVERCLAD *adj* wearing too many clothes
OVERCLOY *vb* weary with excess
OVERCLUB *vb* (in golf) use a club which causes the shot to go too far
OVERCOAT *n* heavy coat
OVERCOLD *adj* too cold
OVERCOME, OVERCAME *vb* gain control over after an effort
OVERCOOK *vb* spoil food by cooking it for too long
OVERCOOL *vb* cool too much
OVERCOY *adj* too modest
OVERCRAM *vb* fill too full
OVERCRAW *same as* ▸ **overcrow**
OVERCROP *vb* exhaust (land) by excessive cultivation
OVERCROW *vb* crow over
OVERCURE *vb* take curing process too far
OVERCUT, -S *vb* cut too much
OVERDARE *vb* dare too much
OVERDEAR *adj* too dear
OVERDECK *n* upper deck
OVERDO, OVERDID, -ES, -NE *vb* do to excess
OVERDOER ▸ **overdo**
OVERDOES ▸ **overdo**
OVERDOG, -S *n* person or side in an advantageous position
OVERDONE ▸ **overdo**
OVERDOSE *n* excessive dose of a drug ▷ *vb* take an overdose
OVERDRAW, OVERDREW *vb* withdraw more money than is in (one's bank account)
OVERDRY *vb* dry too much
OVERDUB, -S *vb* add (new sounds) to an audio recording so that the old and the new sounds can be heard ▷ *n* sound or series of sounds added by this method
OVERDUE *adj* still due after the time allowed
OVERDUST *vb* dust too much
OVERDYE, -D, -S *vb* dye (a fabric, yarn, etc) excessively
OVERDYER ▸ **overdye**
OVERDYES ▸ **overdye**
OVEREASY *adj* too easy
OVEREAT, OVERATE, -S *vb* eat more than is necessary or healthy
OVERED ▸ **over**
OVEREDIT *vb* edit too much
OVEREGG, -S *vb* exaggerate absurdly
OVEREYE, -D, -S *vb* survey
OVERFALL, OVERFELL *n* turbulent stretch of water caused by marine currents over an underwater ridge ▷ *vb* fall over
OVERFAR *adv* too far
OVERFAST *adj* too fast
OVERFAT *adj* too fat
OVERFEAR *vb* fear too much
OVERFEED, OVERFED *vb* give (a person, plant, or animal) more food than is necessary or healthy
OVERFELL ▸ **overfall**
OVERFILL *vb* put more into (something) than there is room for
OVERFINE *adj* too fine
OVERFISH *vb* fish too much
OVERFIT *adj* too fit
OVERFLEW ▸ **overfly**
OVERFLOW *vb* flow over ▷ *n* something that overflows
OVERFLY, OVERFLEW *vb* fly over (a territory) or past (a point)
OVERFOLD *n* fold in which one or both limbs have been inclined more than 90°
OVERFOND *adj* excessively keen (on)
OVERFOUL *adj* too foul
OVERFREE *adj* too forward
OVERFULL *adj* excessively full
OVERFUND *vb* supply with too much money
OVERGALL *vb* make sore all over
OVERGANG *vb* dominate
OVERGAVE ▸ **overgive**
OVERGEAR *vb* cause (a company) to have too high a proportion of loan stock
OVERGET, -S, OVERGOT *vb* overtake
OVERGILD, OVERGILT *vb* gild too much
OVERGIRD, OVERGIRT *vb* gird too tightly
OVERGIVE, OVERGAVE *vb* give up
OVERGLAD *adj* too glad
OVERGO, -ES, -NE, OVERWENT *vb* go beyond
OVERGOAD *vb* goad too much

OVERGOES ▶ **overgo**
OVERGONE ▶ **overgo**
OVERGOT ▶ **overget**
OVERGROW, OVERGREW *vb* grow over or across (an area, path, lawn, etc)
OVERHAIR *n* outer coat of animal
OVERHALE *same as* > **overhaile**
OVERHAND *adj* thrown or performed with the hand raised above the shoulder ▷ *adv* with the hand above the shoulder ▷ *vb* sew with the thread passing over two edges in one direction
OVERHANG, OVERHUNG *vb* project beyond something ▷ *n* overhanging part
OVERHARD *adj* too hard
OVERHATE *vb* hate too much
OVERHAUL *vb* examine and repair ▷ *n* examination and repair
OVERHEAD *adj* above one's head ▷ *adv* over or above head height ▷ *n* stroke in racket games played from above head height
OVERHEAP *vb* supply too much
OVERHEAR *vb* hear (a speaker or remark) unintentionally
OVERHEAT *vb* make or become excessively hot ▷ *n* condition of being overheated
OVERHELD ▶ **overhold**
OVERHENT *vb* overtake
OVERHIGH *adj* too high
OVERHIT, -S *vb* hit too strongly
OVERHOLD, OVERHELD *vb* value too highly
OVERHOLY *adj* too holy
OVERHOPE *vb* hope too much
OVERHOT *adj* too hot
OVERHUNG ▶ **overhang**
OVERHUNT *vb* hunt too much
OVERHYPE *vb* hype too much
OVERIDLE *adj* too idle
OVERING ▶ **over**
OVERJOY, -S *vb* give great delight to
OVERJUMP *vb* jump too far
OVERJUST *adj* too just
OVERKEEN *adj* too keen
OVERKEEP, OVERKEPT *vb* keep too long
OVERKEST *same as* ▶ **overcast**
OVERKILL *n* treatment that is greater than required
OVERKIND *adj* too kind
OVERKING *n* supreme king
OVERKNEE *adj* reaching to above knee
OVERLADE *vb* overburden
OVERLAID ▶ **overlay**
OVERLAIN ▶ **overlie**
OVERLAND *adv* by land ▷ *vb* drive (cattle or sheep) overland
OVERLAP, -S *vb* share part of the same space or period of time (as) ▷ *n* area overlapping
OVERLARD *vb* cover with lard
OVERLATE *adj* too late
OVERLAX *adj* too lax
OVERLAY, OVERLAID, -S *vb* cover with a thin layer ▷ *n* something that is laid over something else
OVERLEAF *adv* on the back of the current page
OVERLEAP *vb* leap too far
OVERLEND, OVERLENT *vb* lend too much
OVERLET, -S *vb* let to too many
OVERLEWD *adj* too lewd
OVERLIE, OVERLAIN, -S *vb* lie on or cover (something or someone)
OVERLIER ▶ **overlie**
OVERLIES ▶ **overlie**
OVERLIT > **overlight**
OVERLIVE *vb* live longer than (another person)
OVERLOAD *vb* put too large a load on or in ▷ *n* excessive load
OVERLOCK *vb* sew fabric with interlocking stitch
OVERLONG *adj* too or excessively long
OVERLOOK *vb* fail to notice ▷ *n* high place affording a view
OVERLORD *n* supreme lord or master
OVERLOUD *adj* too loud
OVERLOVE *vb* love too much
OVERLUSH *adj* too lush
OVERLY *adv* excessively
OVERMAN, -S, OVERMEN *vb* provide with too many staff ▷ *n* man who oversees others
OVERMANY *adj* too many ▷ *n* excess of people
OVERMAST *vb* provide mast that is too big
OVERMEEK *adj* too meek
OVERMELT *vb* melt too much
OVERMEN ▶ **overman**
OVERMILD *adj* too mild
OVERMILK *vb* milk too much
OVERMINE *vb* mine too much
OVERMIX *vb* mix too much
OVERMUCH *adj* too much ▷ *n* excessive amount
OVERNAME *vb* repeat (someone's) name
OVERNEAR *adj* too near
OVERNEAT *adj* too neat
OVERNET, -S *vb* cover with net
OVERNEW *adj* too new
OVERNICE *adj* too fastidious, precise, etc
OVERPACK *vb* pack too much
OVERPAGE *same as* ▶ **overleaf**
OVERPAID ▶ **overpay**
OVERPART *vb* give an actor too difficult a role
OVERPASS, OVERPAST *vb* pass over, through, or across
OVERPAY, OVERPAID, -S *vb* pay (someone) at too high a rate
OVERPEER *vb* look down over
OVERPERT *adj* too insolent
OVERPLAN *vb* plan excessively
OVERPLAY *same as* ▶ **overact**
OVERPLOT *vb* plot onto existing graph or map
OVERPLUS *n* surplus or excess quantity
OVERPLY *vb* ply too much
OVERPOST *vb* hurry over
OVERPUMP *vb* pump too much
OVERRACK *vb* strain too much
OVERRAKE *vb* rake over
OVERRAN ▶ **overrun**
OVERRANK *adj* too rank ▷ *vb* assign an unnecessarily high rank to
OVERRASH *adj* too rash
OVERRATE *vb* have too high an opinion of
OVERREAD *vb* read over
OVERRED, -S *vb* paint over in red
OVERREN, -S *same as* ▶ **overrun**

OVERRICH *adj* (of food) excessively flavoursome or fatty
OVERRIDE, OVERRODE *vb* overrule ▷ *n* device or system that can override an automatic control
OVERRIFE *adj* too rife
OVERRIPE *adj* (of a fruit or vegetable) so ripe that it has started to decay
OVERRODE ▸ override
OVERRUDE *adj* very rude
OVERRUFF *vb* defeat trump card by playing higher trump
OVERRULE *vb* reverse the decision of (a person with less power)
OVERRUN, OVERRAN, -S *vb* conquer rapidly ▷ *n* act or an instance of overrunning
OVERS ▸ over
OVERSAD *adj* too sad
OVERSAIL *vb* project beyond
OVERSALE *n* selling of more than is available
OVERSALT *vb* put too much salt in
OVERSAVE *vb* put too much money in savings
OVERSAW ▸ oversee
OVERSEA *same as* **▸ overseas**
OVERSEAS *adj* to, of, or from a distant country ▷ *adv* across the sea ▷ *n* foreign country or foreign countries collectively
OVERSEE, OVERSAW, -N, -S *vb* watch over from a position of authority
OVERSEED *vb* plant too much seed in
OVERSEEN ▸ oversee
OVERSEER *n* person who oversees others, esp workers
OVERSEES ▸ oversee
OVERSELL, OVERSOLD *vb* exaggerate the merits or abilities of
OVERSET, -S *vb* disturb or upset
OVERSEW, -N, -S *vb* sew (two edges) with stitches that pass over them both
OVERSHOE *n* protective shoe worn over an ordinary shoe
OVERSHOT *adj* (of a water wheel) driven by a flow of water that passes over the wheel ▷ *n* type of fishing rod
OVERSICK *adj* too sick
OVERSIDE *adv* over the side (of a ship) ▷ *n* top side
OVERSIZE *adj* larger than the usual size ▷ *n* size larger than the usual or proper size
OVERSKIP *vb* skip over
OVERSLIP *vb* slip past
OVERSLOW *adj* too slow
OVERSMAN, OVERSMEN *n* overseer
OVERSOAK *vb* soak too much
OVERSOFT *adj* too soft
OVERSOLD ▸ oversell
OVERSOON *adv* too soon
OVERSOUL *n* universal divine essence
OVERSOW, -N, -S *vb* sow again after first sowing
OVERSPIN *n* forward spinning motion
OVERSTAY *vb* stay beyond the limit or duration of
OVERSTEP *vb* go beyond (a certain limit)
OVERSTIR *vb* stir too much
OVERSUDS *vb* produce too much lather
OVERSUP, -S *vb* sup too much
OVERSURE *adj* too sure
OVERSWAM ▸ overswim
OVERSWAY *vb* overrule
OVERSWIM, OVERSWAM, OVERSWUM *vb* swim across
OVERT *adj* open, not hidden
OVERTAKE, OVERTOOK *vb* move past (a vehicle or person) travelling in the same direction
OVERTALK *vb* talk over
OVERTAME *adj* too tame
OVERTART *adj* too bitter
OVERTASK *vb* impose too heavy a task upon
OVERTAX *vb* put too great a strain on
OVERTEEM *vb* be too full of something
OVERTHIN *vb* make too thin
OVERTIME *adv* in addition to one's normal working hours ▷ *n* work at a regular job done in addition to regular working hours ▷ *vb* exceed the required time for (a photographic exposure)
OVERTIP, -S *vb* give too much money as a tip
OVERTIRE *vb* make too tired
OVERTLY ▸ overt
OVERTOIL *vb* work too hard
OVERTONE *n* additional meaning
OVERTOOK ▸ overtake
OVERTOP, -S *vb* exceed in height
OVERTRIM *vb* trim too much
OVERTRIP *vb* tread lightly over
OVERTURE *n* orchestral introduction ▷ *vb* make or present an overture to
OVERTURN *vb* turn upside down ▷ *n* act of overturning or the state of being overturned
OVERTYPE *vb* type over existing text
OVERURGE *vb* urge too strongly
OVERUSE, -D, -S *vb* use excessively ▷ *n* excessive use
OVERVEIL *vb* cover over
OVERVIEW *n* general survey
OVERVOTE *vb* vote more times than is allowed
OVERWARM *vb* make too warm
OVERWARY *adj* excessively wary
OVERWASH *n* act of washing over something
OVERWEAK *adj* too weak
OVERWEAR, OVERWORE, OVERWORN *vb* wear out
OVERWEEN *vb* think too highly of
OVERWENT ▸ overgo
OVERWET, -S *vb* make too wet
OVERWIDE *adj* too wide
OVERWILY *adj* too crafty
OVERWIND *vb* wind (a watch) beyond the proper limit
OVERWING *vb* fly above
OVERWISE *adj* too wise
OVERWORD *n* repeated word or phrase
OVERWORE ▸ overwear
OVERWORK *vb* work too much ▷ *n* excessive work
OVERWORN ▸ overwear
OVERWRAP *vb* cover with a wrapping
OVERYEAR *vb* keep for later year
OVERZEAL *n* excess of zeal
OVIBOS, -ES *n* type of ox
OVICIDAL ▸ ovicide
OVICIDE, -S *n* killing of sheep
OVIDUCAL ▸ oviduct
OVIDUCT, -S *n* tube through which eggs are conveyed
OVIFORM *adj* shaped like an egg
OVINE, -S *adj* of or like a sheep ▷ *n* member of sheep family
OVIPARA *n* all oviparous animals

OVIPOSIT *vb* (of insects and fishes) to deposit eggs through an ovipositor
OVISAC, -S *n* capsule or sac in which egg cells are produced
OVIST, -S *n* person believing ovum contains all subsequent generations
OVOID, -S *adj* egg-shaped ▷ *n* something that is ovoid
OVOIDAL, -S *adj* ovoid ▷ *n* something that is ovoid
OVOIDS ▸ **ovoid**
OVOLO, OVOLI, -S *n* type of convex moulding

Two Os on your rack can normally be dealt with; three is a bit much, but this word for a moulding can handle them. Note that the plural can be **ovolos** or **ovoli**.

OVONIC *adj* using particular electronic storage batteries
OVONICS *n* science of ovonic equipment
OVULAR ▸ **ovule**
OVULARY ▸ **ovule**
OVULATE, -D, -S *vb* produce or release an egg cell from an ovary
OVULE, -S *n* plant part that contains the egg cell
OVUM, OVA *n* unfertilized egg cell
OW *interj* exclamation of pain
OWCHE, -S *same as* ▸ **ouch**
OWE, -D, -S, OWING *vb* be obliged to pay (a sum of money) to (a person)
OWELTY, OWELTIES *n* equality, esp in financial transactions
OWER *Scots word for* ▸ **over**
OWERBY *adv* over there
OWERLOUP *n* Scots word meaning encroachment
OWES ▸ **owe**
OWIE, -S *n* minor injury
OWING ▸ **owe**
OWL, -ED, -ING, -S *n* night bird of prey ▷ *vb* act like an owl
OWLER, -S *n* smuggler
OWLERIES ▸ **owlery**
OWLERS ▸ **owler**
OWLERY, OWLERIES *n* place where owls live
OWLET, -S *n* young or nestling owl
OWLIER ▸ **owly**
OWLIEST ▸ **owly**
OWLING ▸ **owl**
OWLISH *adj* like an owl
OWLISHLY ▸ **owlish**
OWLLIKE ▸ **owl**
OWLS ▸ **owl**
OWLY, OWLIER, OWLIEST *same as* ▸ **owlish**
OWN, -ED, -ING, -S *adj* used to emphasize possession ▷ *pron* thing(s) belonging to a particular person ▷ *vb* possess
OWNABLE *adj* able to be owned
OWNED ▸ **own**
OWNER, -S *n* person who owns
OWNING ▸ **own**
OWNS ▸ **own**
OWNSOME, -S *n* solitary state
OWRE, -S *same as* ▸ **ower**
OWRECOME, OWRECAME *n* chorus of song ▷ *vb* overcome
OWRELAY, -S *Scots form of* ▸ **overlay**
OWRES ▸ **owre**
OWREWORD *variant of* ▸ **overword**
OWRIE, -R, -ST *same as* ▸ **oorie**
OWSE *Scots form of* ▸ **ox**
OWSEN *Scots word for* ▸ **oxen**
OWT, -S *dialect word for* ▸ **anything**
OX, -EN, -ES *n* castrated bull
OXALATE, -D, -S *n* salt or ester of oxalic acid ▷ *vb* treat with oxalate
OXALIC *adj* as in **oxalic acid** poisonous acid found in many plants
OXALIS, -ES *n* type of plant
OXAZEPAM *n* drug used to relieve anxiety
OXAZINE, -S *n* type of chemical compound
OXAZOLE, -S *n* type of liquid chemical compound
OXBLOOD, -S *n* dark reddish-brown colour ▷ *adj* of this colour
OXBOW, -S *n* piece of wood fitted around the neck of a harnessed ox
OXCART, -S *n* cart pulled by ox
OXEN ▸ **ox**
OXER, -S *n* high fence
OXES ▸ **ox**
OXEYE, -S *n* daisy-like flower
OXFORD, -S *n* type of stout laced shoe with a low heel
OXGANG, -S *n* old measure of farmland
OXGATE, -S *same as* ▸ **oxgang**
OXHEAD, -S *n* head of an ox
OXHEART, -S *n* heart-shaped cherry
OXHERD, -S *n* person who tends oxen
OXHIDE, -S *n* leather made from the hide of an ox
OXIC *adj* involving oxygen
OXID, -S *same as* ▸ **oxide**
OXIDABLE *adj* able to undergo oxidation
OXIDANT, -S *n* substance that acts or is used as an oxidizing agent
OXIDASE, -S *n* enzyme that brings about oxidation
OXIDASIC ▸ **oxidase**
OXIDATE, -D, -S *another word for* ▸ **oxidize**
OXIDE, -S *n* compound of oxygen and one other element
OXIDIC ▸ **oxide**
OXIDISE, -D, -S *same as* ▸ **oxidize**
OXIDISER *same as* ▸ **oxidizer**
OXIDISES ▸ **oxidise**
OXIDIZE, -D, -S *vb* combine chemically with oxygen
OXIDIZER *same as* ▸ **oxidant**
OXIDIZES ▸ **oxidize**
OXIDS ▸ **oxid**
OXIES ▸ **oxy**
OXIM, -S *same as* ▸ **oxime**
OXIME, -S *n* type of chemical compound
OXIMETER *n* instrument for measuring oxygen in blood
OXIMETRY ▸ **oximeter**
OXIMS ▸ **oxim**
OXLAND, -S *same as* ▸ **oxgang**
OXLIKE ▸ **ox**
OXLIP, -S *n* type of woodland plant
OXO *n* as in **oxo acid** acid that contains oxygen
OXONIUM, -S *n* as in **oxonium compound** type of salt derived from an organic ether
OXPECKER *n* type of African starling
OXSLIP, -S *same as* ▸ **oxlip**
OXTAIL, -S *n* tail of an ox, used in soups and stews
OXTER, -ED, -ING, -S *n* armpit ▷ *vb* grip under arm
OXTONGUE *n* type of plant
OXY, OXIES ▸ **ox**
OXYACID, -S *n* any acid that contains oxygen
OXYANION *n* anion containing oxygen atoms
OXYGEN, -S *n* gaseous element essential to life and combustion

OXYGENIC ▸ **oxygen**
OXYGENS ▸ **oxygen**
OXYMEL, -S *n* mixture of vinegar and honey
OXYMORON, OXYMORA *n* figure of speech that combines two apparently contradictory ideas
OXYNTIC *adj* of or denoting stomach cells that secrete acid
OXYPHIL, -S *n* type of cell found in glands
OXYPHILE *same as* ▸ **oxyphil**
OXYPHILS ▸ **oxyphil**
OXYSALT, -S *n* any salt of an oxyacid
OXYSOME, -S *n* group of molecules
OXYTOCIC *adj* accelerating childbirth by stimulating uterine contractions ▹ *n* oxytocic drug or agent
OXYTOCIN *n* hormone that stimulates the ejection of milk in mammals
OXYTONE, -S *adj* having an accent on the final syllable ▹ *n* oxytone word
OXYTONIC *adj* (of a word) having the stress or acute accent on the last syllable
OXYTROPE *n* type of flowering plant
OY, -S *n* grandchild
OYE *same as* ▸ **oy**
OYER, -S *n* (in the 13th century) an assize
OYES, -ES, -SES *same as* ▸ **oyez**
OYEZ, -ES *interj* shouted three times by a public crier calling for attention ▹ *n* such a cry
OYS ▸ **oy**
OYSTER, -ED, -S *n* edible shellfish ▹ *vb* dredge for, gather, or raise oysters
OYSTERER *n* person fishing for oysters
OYSTERS ▸ **oyster**
OYSTRIGE *archaic variant of* ▸ **ostrich**
OZAENA, -S *n* inflammation of nasal mucous membrane
OZALID, -S *n* method of duplicating writing or illustrations
OZEKI, -S *n* sumo wrestling champion
OZONATE, -D, -S *vb* add ozone to
OZONE, -S *n* strong-smelling form of oxygen
OZONIC ▸ **ozone**
OZONIDE, -S *n* type of unstable explosive compound
OZONISE, -D, -S *same as* ▸ **ozonize**
OZONISER ▸ **ozonise**
OZONISES ▸ **ozonise**
OZONIZE, -D, -S *vb* convert (oxygen) into ozone
OZONIZER ▸ **ozonize**
OZONIZES ▸ **ozonize**
OZONOUS ▸ **ozone**
OZZIE, -S *n* hospital

Pp

P forms a two-letter word in front of every vowel except **U**, which makes it very useful for joining a new word to one already on the board. It also forms several three-letter words with **X**: **pax**, **pix**, **pox** (12 points each) and **pyx** (15). Other three-letter words with **P** well worth remembering are **zap**, **zep** and **zip** for 14 points each and **jap** for 12 points.

PA *n* (formerly) fortified Māori settlement
PAAL, -S *n* stake driven into the ground
PAAN, -S *n* leaf of the betel tree
PABLUM, -S *same as* ▶ **pabulum**
PABOUCHE *n* soft shoe
PABULAR ▶ **pabulum**
PABULOUS ▶ **pabulum**
PABULUM, -S *n* food
PAC, -S *n* soft shoe
PACA, -S *n* large burrowing rodent
PACABLE *adj* easily appeased
PACAS ▶ **paca**
PACATION *n* act of making peace
PACE, -D, -S *n* single step in walking ▷ *vb* walk up and down, esp in anxiety ▷ *prep* with due respect to: used to express polite disagreement
PACEMAN, PACEMEN *n* (in cricket) fast bowler
PACER, -S *n* horse trained to move at a special gait, esp for racing
PACES ▶ **pace**
PACEWAY, -S *n* racecourse for trotting and pacing
PACEY *adj* fast-moving, quick, lively
PACHA, -S *same as* ▶ **pasha**
PACHADOM *n* rank of pacha
PACHAK, -S *n* fragrant roots of Asian plant
PACHALIC *n* jurisdiction of pasha
PACHAS ▶ **pacha**
PACHINKO *n* Japanese game similar to pinball
PACHISI, -S *n* Indian game resembling backgammon
PACHOULI *same as* > **patchouli**
PACHUCO, -S *n* young Mexican living in the US
PACIER ▶ **pacy**
PACIEST ▶ **pacy**
PACIFIC *adj* tending to bring peace
PACIFIED ▶ **pacify**
PACIFIER *n* baby's dummy
PACIFIES ▶ **pacify**
PACIFISM *n* belief that violence is unjustifiable
PACIFIST *n* person who refuses on principle to take part in war ▷ *adj* advocating, relating to, or characterized by pacifism
PACIFY, PACIFIED, PACIFIES *vb* soothe, calm
PACING, -S *n* act of pacing
PACK, -S *vb* put (clothes etc) together in a suitcase or bag ▷ *n* bag carried on a person's or animal's back
PACKABLE ▶ **pack**
PACKAGE, -D, -S *same as* ▶ **packet**
PACKAGER *n* independent firm specializing in design and production
PACKAGES ▶ **package**
PACKED *adj* completely filled
PACKER, -S *n* person or company who packs goods
PACKET, -ED, -S *n* small container (and contents) ▷ *vb* wrap up in a packet or as a packet
PACKFONG *n* Chinese alloy
PACKING, -S *n* material, such as paper or plastic, used to protect packed goods
PACKMAN, PACKMEN *n* man carrying a pack
PACKMULE *n* mule used to carry burdens
PACKNESS ▶ **pack**
PACKS ▶ **pack**
PACKSACK *n* bag carried strapped on the back or shoulder
PACKWAX *n* neck ligament
PACKWAY, -S *n* path for pack animals
PACO, -S *n* S American mammal
PACS ▶ **pac**
PACT, -S *n* formal agreement
PACTA ▶ **pactum**
PACTION, -S *vb* concur with
PACTS ▶ **pact**
PACTUM, PACTA *n* pact
PACY, PACIER, PACIEST *same as* ▶ **pacey**
PACZKI, -S *n* round filled doughnut
PAD, -DED, -S *n* piece of soft material used for protection, support, absorption of liquid, etc ▷ *vb* protect or fill with soft material
PADANG, -S *n* (in Malaysia) playing field
PADAUK, -S *n* tropical African or Asian tree
PADDED ▶ **pad**
PADDER, -S *n* highwayman who robs on foot
PADDIES ▶ **paddy**
PADDING, -S ▶ **pad**
PADDLE, -D, -S, PADDLING *n* short oar with a broad blade at one or each end ▷ *vb* move (a canoe etc) with a paddle
PADDLER, -S ▶ **paddle**
PADDLES ▶ **paddle**
PADDLING ▶ **paddle**
PADDOCK, -S *n* small field or enclosure for horses ▷ *vb* place (a horse) in a paddock
PADDY, PADDIES *n* fit of temper
PADELLA, -S *n* type of candle

PADERERO *same as* ▸ **paterero**
PADI, -S *same as* ▸ **paddy**
PADISHAH *n* Iranian ruler
PADKOS *n* snacks and provisions for a journey
PADLE, -S *another name for* ▸ **lumpfish**
PADLOCK, -S *n* detachable lock with a hinged hoop ▹ *vb* fasten (something) with a padlock
PADMA, -S *n* type of lotus
PADNAG, -S *n* ambling horse
PADOUK, -S *same as* ▸ **padauk**
PADRE, -S, PADRI *n* chaplain to the armed forces
PADRONA, -S *n* female boss or employer
PADRONE, -S, PADRONI *n* owner or proprietor of an inn, esp in Italy
PADS ▸ **pad**
PADSAW, -S *n* small narrow saw used for cutting curves
PADSHAH, -S *same as* ▸ **padishah**
PADUASOY *n* rich strong silk fabric used for hangings, vestments, etc
PAEAN, -S *n* song of triumph or thanksgiving
PAEANISM ▸ **paean**
PAEANS ▸ **paean**
PAELLA, -S *n* Spanish dish of rice, chicken, shellfish, and vegetables
PAENULA, -E, -S *n* ancient Roman cloak
PAEON, -S *n* metrical foot of four syllables
PAEONIC, -S ▸ **paeon**
PAEONIES ▸ **paeony**
PAEONS ▸ **paeon**
PAEONY, PAEONIES *same as* ▸ **peony**
PAESAN, -S *n* fellow countryman
PAESANO, PAESANI, -S *n* Italian-American man
PAESANS ▸ **paesan**
PAGAN, -S *adj* not belonging to one of the world's main religions ▹ *n* pagan person
PAGANDOM ▸ **pagan**
PAGANISE *same as* ▸ **paganize**
PAGANISH ▸ **pagan**
PAGANISM ▸ **pagan**
PAGANIST ▸ **pagan**
PAGANIZE *vb* become pagan, render pagan, or convert to paganism
PAGANS ▸ **pagan**
PAGE, -D, -S *n* (one side of) sheet of paper forming a book etc ▹ *vb* summon (someone) by bleeper or loudspeaker
PAGEANT, -S *n* parade or display of people in costume
PAGEBOY, -S *n* type of hairstyle
PAGED ▸ **page**
PAGEFUL, -S *n* amount (of text, etc) that a page will hold
PAGEHOOD *n* state of being a page
PAGER, -S *n* small electronic device, capable of receiving short messages
PAGES ▸ **page**
PAGEVIEW *n* electronic page of information displayed at the request of a user
PAGINAL *adj* page-for-page
PAGINATE *vb* number the pages of (a book, manuscript, etc) in sequence
PAGING, -S ▸ **page**
PAGLE, -S *same as* ▸ **paigle**
PAGOD, -S *n* oriental idol
PAGODA, -S *n* pyramid-shaped Asian temple or tower
PAGODITE *n* type of soft mineral used for carving
PAGODS ▸ **pagod**
PAGRI, -S *n* type of turban
PAGURIAN *n* type of decapod crustacean of the family which includes the hermit crabs
PAGURID, -S *same as* ▸ **pagurian**
PAH, -S *same as* ▸ **pa**
PAHAUTEA *same as* > **kaikawaka**
PAHLAVI, -S *n* Iranian coin
PAHOEHOE *n* hardened lava
PAHS ▸ **pah**
PAID ▸ **pay**
PAIDLE, -S *Scots variant of* ▸ **paddle**
PAIGLE, -S *n* cowslip
PAIK, -ED, -ING, -S *vb* thump or whack
PAIL, -S *n* bucket
PAILFUL, -S, PAILSFUL *same as* ▸ **pail**
PAILLARD *n* thin slice of meat
PAILLON, -S *n* thin leaf of metal
PAILS ▸ **pail**
PAILSFUL ▸ **pailful**
PAIN, -ING *n* physical or mental suffering ▹ *vb* cause (someone) mental or physical suffering
PAINCH, -ES *Scots variant of* ▸ **paunch**
PAINED *adj* having or suggesting pain or distress
PAINFUL *adj* causing pain or distress
PAINIM, -S *n* heathen or pagan
PAINING ▸ **pain**
PAINLESS *adj* not causing pain or distress
PAINS *pl n* care or trouble
PAINT, -ED, -S *n* coloured substance, spread on a surface with a brush or roller ▹ *vb* colour or coat with paint
PAINTBOX *n* box containing a tray of dry watercolour paints
PAINTED ▸ **paint**
PAINTER, -S *n* rope at the front of a boat, for tying it up
PAINTIER ▸ **painty**
PAINTING *n* picture produced by using paint
PAINTPOT *n* pot for holding paint
PAINTS ▸ **paint**
PAINTURE *n* art of painting
PAINTY, PAINTIER ▸ **paint**
PAIOCK, -S *obsolete word for* ▸ **peacock**
PAIOCKE, -S *obsolete word for* ▸ **peacock**
PAIOCKS ▸ **paiock**
PAIR, -ED, -ER, -EST, -S *n* set of two things matched for use together ▹ *vb* group or be grouped in twos
PAIRE, -S *obsolete spelling of* ▸ **pair**
PAIRED ▸ **pair**
PAIRER ▸ **pair**
PAIRES ▸ **paire**
PAIREST ▸ **pair**
PAIRIAL, -S *variant of* ▸ **prial**
PAIRING, -S ▸ **pair**
PAIRS ▸ **pair**
PAIRWISE *adv* in pairs
PAIS *n* country
PAISA, -S, PAISE *n* monetary unit of Bangladesh, Bhutan, India, Nepal, and Pakistan
PAISAN, -S *n* fellow countryman
PAISANA, -S *n* female peasant
PAISANO, -S *n* friend
PAISANS ▸ **paisan**
PAISAS ▸ **paisa**
PAISE ▸ **paisa**
PAISLEY, -S *n* pattern of small curving shapes with intricate detailing
PAITRICK *Scots word for* > **partridge**
PAJAMA, -S *same as* ▸ **pyjama**

P

PAJAMAED *adj* wearing pajamas
PAJAMAS ▶ **pajama**
PAJOCK, -S *obsolete word for* ▶ **peacock**
PAJOCKE, -S *obsolete word for* ▶ **peacock**
PAJOCKS ▶ **pajock**
PAK, -S *n* pack
PAKAHI, -S *n* acid land that is unsuitable for cultivation
PAKAPOO, -S *n* Chinese lottery
PAKEHA, -S *n* person of European descent, as distinct from a Māori
PAKFONG, -S *same as* ▶ **packfong**
PAKIHI, -S *n* area of swampy infertile land
PAKKA *variant of* ▶ **pukka**
PAKOKO, -S *n* small freshwater fish
PAKORA, -S *n* fried battered pieces of vegetable, chicken, etc
PAKS ▶ **pak**
PAKTHONG *n* white alloy containing copper, zinc, and nickel
PAKTONG, -S *same as* ▶ **pakthong**
PAL, -S *n* friend ▷ *vb* associate as friends
PALABRA, -S *n* word
PALACE, -S *n* residence of a king, bishop, etc
PALACED *adj* having palaces
PALACES ▶ **palace**
PALADIN, -S *n* knight who did battle for a monarch
PALAGI, -S *n* (in Samoa) European
PALAIS *n* dance hall
PALAMA, -E *n* webbing on bird's feet
PALAMATE ▶ **palama**
PALAMINO *same as* ▶ **palomino**
PALAPA, -S *n* open-sided tropical building
PALAS, -ES *n* East Indian tree
PALATAL, -S *adj* of or relating to the palate ▷ *n* bony plate that forms the palate
PALATE, -D, -S, PALATING *n* roof of the mouth ▷ *vb* perceive by taste
PALATIAL *adj* like a palace, magnificent
PALATINE *same as* ▶ **palatal**
PALATING ▶ **palate**
PALAVER, -S *n* time-wasting fuss ▷ *vb* (often used humorously) have a conference
PALAY, -S *n* type of rubber
PALAZZO, PALAZZI, -S *n* Italian palace
PALE, -D, -R, -S, -ST *adj* light, whitish ▷ *vb* become pale ▷ *n* wooden or metal post used in fences
PALEA, -E *n* bract in a grass spikelet
PALEAL ▶ **palea**
PALEATE *adj* having scales
PALEBUCK *n* small African antelope
PALED ▶ **pale**
PALELY ▶ **pale**
PALENESS ▶ **pale**
PALEOCON *n* extremely right-wing conservative
PALEOSOL *n* ancient soil horizon
PALER ▶ **pale**
PALES ▶ **pale**
PALEST ▶ **pale**
PALESTRA *same as* > **palaestra**
PALET, -S *n* perpendicular band on escutcheon
PALETOT, -S *n* loose outer garment
PALETS ▶ **palet**
PALETTE, -S *n* artist's flat board for mixing colours on
PALEWAYS *same as* ▶ **palewise**
PALEWISE *adv* by perpendicular lines
PALFREY, -S *n* light saddle horse, esp ridden by women
PALI, -S *n* cliff in Hawaii
PALIER ▶ **paly**
PALIEST ▶ **paly**
PALIFORM *adj* resembling coral
PALIKAR, -S *n* Greek soldier
PALIMONY *n* alimony awarded to a nonmarried partner after the break-up of a long-term relationship
PALING, -S *n* wooden or metal post used in fences
PALINKA, -S *n* type of apricot brandy
PALINODE *n* poem in which the poet recants something he or she has said in a former poem
PALINODY ▶ **palinode**
PALIS ▶ **pali**
PALISADE *n* fence made of wooden posts driven into the ground ▷ *vb* enclose with a palisade
PALISADO *same as* ▶ **palisade**
PALISH *adj* rather pale
PALKEE, -S *n* covered Oriental litter
PALKI, -S *same as* ▶ **palkee**
PALL, -ED, -ING, -S *n* cloth spread over a coffin ▷ *vb* become boring
PALLA, -E *n* ancient Roman cloak
PALLADIA > **palladium**
PALLADIC *adj* of or containing palladium in the trivalent or tetravalent state
PALLAE ▶ **palla**
PALLAH, -S *n* S African antelope
PALLED ▶ **pall**
PALLET, -ED, -S *same as* ▶ **palette**
PALLETTE *n* armpit plate of a suit of armour
PALLIA ▶ **pallium**
PALLIAL *adj* relating to cerebral cortex
PALLIARD *n* person who begs
PALLIATE *vb* lessen the severity of (something) without curing it
PALLID, -ER *adj* pale, esp because ill or weak
PALLIDLY ▶ **pallid**
PALLIED ▶ **pally**
PALLIER ▶ **pally**
PALLIES ▶ **pally**
PALLIEST ▶ **pally**
PALLING ▶ **pall**
PALLIUM, PALLIA, -S *n* garment worn by men in ancient Greece or Rome
PALLONE, -S *n* Italian ball game
PALLOR, -S *n* paleness of complexion
PALLS ▶ **pall**
PALLY, PALLIED, PALLIER, PALLIES, PALLIEST, -ING *adj* on friendly terms ▷ *vb* as in **pally up** become friends with
PALM, -ED, -ING, -S *n* inner surface of the hand ▷ *vb* conceal in or about the hand, as in sleight-of-hand tricks
PALMAR *adj* of or relating to the palm of the hand
PALMARY *adj* worthy of praise
PALMATE *adj* shaped like an open hand
PALMATED *same as* ▶ **palmate**
PALMBALL *n* baseball pitched from the palm and thumb
PALMED ▶ **palm**
PALMER, -S *n* medieval pilgrim

PALMETTE *n* ornament or design resembling the palm leaf
PALMETTO *n* small palm tree with fan-shaped leaves
PALMFUL, -S *n* amount that can be held in the palm of a hand
PALMIE, -S *n* palmtop computer
PALMIER, -S *n* type of French pastry
PALMIES ▸ **palmie**
PALMIEST ▸ **palmy**
PALMIET, -S *n* South African rush
PALMING ▸ **palm**
PALMIPED *n* web-footed bird
PALMIST > **palmistry**
PALMISTS > **palmistry**
PALMITIC *adj* as in **palmitic acid** white crystalline solid that is a saturated fatty acid
PALMITIN *n* colourless glyceride of palmitic acid
PALMLIKE ▸ **palm**
PALMS ▸ **palm**
PALMTOP, -S *adj* small enough to be held in the hand ▹ *n* computer small enough to be held in the hand
PALMY, PALMIEST *adj* successful, prosperous and happy
PALMYRA, -S *n* tall tropical Asian palm
PALOLO, -S *n* polychaete worm of the S Pacific Ocean
PALOMINO *n* gold-coloured horse with a white mane and tail
PALOOKA, -S *n* stupid or clumsy boxer or other person
PALP, -ED, -ING, -S *n* sensory appendage in crustaceans and insects ▹ *vb* feel
PALPABLE *adj* obvious
PALPABLY ▸ **palpable**
PALPAL ▸ **palp**
PALPATE, -D, -S *vb* examine (an area of the body) by touching ▹ *adj* of, relating to, or possessing a palp or palps
PALPATOR *n* type of beetle
PALPEBRA *n* eyelid
PALPED ▸ **palp**
PALPI ▸ **palpus**
PALPING ▸ **palp**
PALPS ▸ **palp**
PALPUS, PALPI, -ES *same as* ▸ **palp**
PALS ▸ **pal**
PALSA, -S *n* landform of subarctic regions
PALSHIP, -S *n* state of being pals
PALSIED ▸ **palsy**
PALSIER ▸ **palsy**
PALSIES ▸ **palsy**
PALSIEST ▸ **palsy**
PALSTAFF *variant of* ▸ **palstave**
PALSTAVE *n* chisel made to fit into a split wooden handle
PALSY, PALSIER, PALSIES, PALSIEST, -ING *n* paralysis ▹ *vb* paralyse ▹ *adj* friendly
PALTER, -ED, -S *vb* act or talk insincerely
PALTERER ▸ **palter**
PALTERS ▸ **palter**
PALTRIER ▸ **paltry**
PALTRILY ▸ **paltry**
PALTRY, PALTRIER *adj* insignificant
PALUDAL *adj* of, relating to, or produced by marshes
PALUDIC *adj* of malaria
PALUDINE *adj* relating to marsh
PALUDISM *rare word for* ▸ **malaria**
PALUDOSE *adj* growing or living in marshes
PALUDOUS *adj* marshy
PALY, PALIER, PALIEST *adj* vertically striped
PAM, -S *n* knave of clubs
PAMPA *n* grassland area
PAMPAS, -ES *pl n* vast grassy plains in S America
PAMPEAN, -S ▸ **pampas**
PAMPER, -ED, -S *vb* treat (someone) with great indulgence, spoil
PAMPERER ▸ **pamper**
PAMPERO, -S *n* dry cold wind in South America
PAMPERS ▸ **pamper**
PAMPHLET *n* thin paper-covered booklet ▹ *vb* produce pamphlets
PAMPHREY *n* cabbage
PAMPOEN, -S *n* pumpkin
PAMS ▸ **pam**
PAN, -NED, -S *n* wide long-handled metal container used in cooking ▹ *vb* sift gravel from (a river) in a pan to search for gold
PANACEA, -S *n* remedy for all diseases or problems
PANACEAN ▸ **panacea**
PANACEAS ▸ **panacea**
PANACHE, -S *n* confident elegant style
PANADA, -S *n* mixture used as a thickening in cookery
PANAMA, -S *n* hat made of plaited leaves
PANARY, PANARIES *n* storehouse for bread
PANATELA *same as* > **panatella**
PANAX, -ES *n* genus of perennial herbs
PANBROIL *vb* broil in a pan
PANCAKE, -D, -S *n* thin flat circle of fried batter ▹ *vb* cause (an aircraft) to make a pancake landing
PANCE, -S *n* pansy
PANCETTA *n* lightly spiced cured bacon from Italy
PANCHAX *n* brightly coloured tropical Asian cyprinodont fish
PANCHEON *n* shallow bowl
PANCHION *same as* ▸ **pancheon**
PANCREAS *n* large gland behind the stomach that produces insulin and helps digestion
PAND, -S *n* valance
PANDA, -S *n* large black-and-white bearlike mammal from China
PANDAN, -S *n* type of palm of S E Asia
PANDANI, -S *n* tropical tree
PANDANS ▸ **pandan**
PANDANUS *n* Old World tropical palmlike plant
PANDAR, -ED, -S *rare variant of* ▸ **pander**
PANDAS ▸ **panda**
PANDECT, -S *n* treatise covering all aspects of a particular subject
PANDEMIA *n* epidemic affecting everyone
PANDEMIC *adj* (of a disease) occurring over a wide area ▹ *n* pandemic disease
PANDER, -ED, -S *vb* indulge (a person his or her desires) ▹ *n* someone who indulges a person in his or her desires
PANDERER *n* someone who indulges a person in his or her desires
PANDERLY ▸ **pander**
PANDERS ▸ **pander**
PANDIED ▸ **pandy**
PANDIES ▸ **pandy**
PANDIT, -S *same as* ▸ **pundit**
PANDOOR, -S *same as* ▸ **pandour**
PANDORA, -S *n* handsome red sea bream
PANDORE, -S *another word for* ▸ **bandore**

PANDOUR, -S *n* one of an 18th-century force of Croatian soldiers
PANDOWDY *n* deep-dish pie made from fruit, esp apples, with a cake topping
PANDROP, -S *n* hard mint-flavoured sweet
PANDS ▸ **pand**
PANDURA, -S *n* ancient stringed instrument
PANDY, PANDIED, PANDIES, -ING *n* (in schools) stroke on the hand with a strap as a punishment ▹ *vb* punish with such strokes
PANE, -D, -S, PANING *n* sheet of glass in a window or door ▹ *adj* (of fish, meat, etc) dipped or rolled in breadcrumbs before cooking
PANEER, -S *n* soft white cheese, used in Indian cookery
PANEGYRY *n* formal public commendation; panegyric
PANEITY *n* state of being bread
PANEL, -ED, -LED, -S *n* flat distinct section of a larger surface, for example in a door ▹ *vb* cover or decorate with panels ▹ *adj* of a group acting as a panel
PANELESS ▸ **pane**
PANELING *same as* > **panelling**
PANELIST *same as* > **panellist**
PANELLED ▸ **panel**
PANELS ▸ **panel**
PANES ▸ **pane**
PANETELA *same as* ▸ **panatela**
PANFISH *n* small food fish ▹ *vb* fish for panfish
PANFORTE *n* hard spicy cake
PANFRY, PANFRIED, PANFRIES *vb* fry in a pan
PANFUL, -S *n* the contents of a pan
PANG, -ED, -ING, -S *n* sudden sharp feeling of pain or sadness ▹ *vb* cause pain
PANGA, -S *n* broad heavy knife of E Africa, used as a tool or weapon
PANGAMIC *adj* relating to pangamy
PANGAMY *n* unrestricted mating
PANGAS ▸ **panga**
PANGED ▸ **pang**
PANGEN, -S *same as* ▸ **pangene**
PANGENE, -S *n* hypothetical particle of protoplasm
PANGENS ▸ **pangen**
PANGING ▸ **pang**
PANGLESS *adj* without pangs
PANGOLIN *n* mammal with very long snout
PANGRAM, -S *n* sentence incorporating all the letters of the alphabet
PANGS ▸ **pang**
PANHUMAN *adj* relating to all humanity
PANIC, -KED, -S *n* sudden overwhelming fear ▹ *vb* feel or cause to feel panic ▹ *adj* of or resulting from such terror
PANICK, -S *old word for* ▸ **panic**
PANICKED ▸ **panic**
PANICKS ▸ **panick**
PANICKY ▸ **panic**
PANICLE, -S *n* loose, irregularly branched cluster of flowers
PANICLED ▸ **panicle**
PANICLES ▸ **panicle**
PANICS ▸ **panic**
PANICUM, -S *n* type of grass
PANIER, -S *same as* ▸ **pannier**
PANIM, -S *n* heathen or pagan
PANING ▸ **pane**
PANINO, PANINI *n* Italian sandwich
PANISC, -S *n* faun; attendant of Pan
PANISK, -S *same as* ▸ **panisc**
PANISLAM *n* all of Islam or the Muslim world
PANKO, -S *n* flaky breadcrumbs used in Japanese cookery
PANLIKE *adj* resembling a pan
PANMIXES ▸ **panmixis**
PANMIXIA *n* (in population genetics) random mating within an interbreeding population
PANMIXIS, PANMIXES *same as* ▸ **panmixia**
PANNAGE, -S *n* pasturage for pigs, esp in a forest
PANNE, -S *n* lightweight velvet fabric
PANNED ▸ **pan**
PANNER, -S ▸ **pan**
PANNES ▸ **panne**
PANNI ▸ **pannus**
PANNICK, -S *old spelling of the noun* ▸ **panic**
PANNICLE *n* thin layer of body tissue
PANNIER, -S *n* bag fixed on the back of a cycle
PANNIKEL *n* skull
PANNIKIN *n* small metal cup or pan
PANNING, -S ▸ **pan**
PANNIST, -S *n* person who plays a steel drum
PANNOSE *adj* like felt
PANNUS, PANNI, -ES *n* inflammatory fleshy lesion on the surface of the eye
PANOCHA, -S *n* coarse grade of sugar made in Mexico
PANOCHE, -S *n* type of dark sugar
PANOPLY *n* magnificent array
PANOPTIC *adj* taking in all parts, aspects, etc, in a single view
PANORAMA *n* wide unbroken view of a scene
PANPIPE, -S *n* wind instrument
PANS ▸ **pan**
PANSIED *adj* covered with pansies
PANSIES ▸ **pansy**
PANSOPHY *n* universal knowledge
PANSTICK *n* type of cosmetic in stick form
PANSY, PANSIES *n* small garden flower
PANT, -ED *vb* breathe quickly and noisily during or after exertion ▹ *n* act of panting
PANTABLE *n* soft shoe
PANTALET *same as* > **pantalets**
PANTALON *n* keyboard instrument
PANTED ▸ **pant**
PANTER, -S *n* person who pants
PANTHEON *n* (in ancient Greece and Rome) temple built to honour all the gods
PANTHER, -S *n* leopard, esp a black one
PANTIE *same as* ▸ **panty**
PANTIES *pl n* women's underpants
PANTILE, -D, -S *n* roofing tile with an S-shaped cross section ▹ *vb* tile roof with pantiles
PANTINE, -S *n* pasteboard puppet
PANTING, -S ▸ **pant**
PANTLEG, -S *n* leg part of a pair of trousers
PANTLER, -S *n* pantry servant

P

PANTO, -S *same as* > **pantomime**
PANTOFLE *n* kind of slipper
PANTON, -S *n* type of horseshoe
PANTOS ▸ **panto**
PANTOUM, -S *n* verse form
PANTRY, PANTRIES *n* small room or cupboard for storing food
PANTS *pl n* undergarment for the lower part of the body
PANTSUIT *n* woman's suit of a jacket or top and trousers
PANTUN, -S *n* Malayan poetry
PANTY *n* woman's undergarment
PANZER, -S *n* German tank
PAOLO, PAOLI *n* Italian silver coin
PAP, -PED, -PING, -S *n* soft food for babies or invalids ▹ *vb* (of the paparazzi) to follow and photograph (a famous person)
PAPA, -S *n* father
PAPABLE *adj* suitable for papacy
PAPACY, PAPACIES *n* position or term of office of a pope
PAPADAM, -S *variant of* ▸ **poppadom**
PAPADOM, -S *variant of* ▸ **poppadom**
PAPADUM, -S *variant of* ▸ **poppadom**
PAPAIN, -S *n* enzyme in the unripe fruit of the papaya
PAPAL *adj* of the pope
PAPALISE *same as* ▸ **papalize**
PAPALISM *n* papal system
PAPALIST *n* supporter of a pope
PAPALIZE *vb* make papal
PAPALLY ▸ **papal**
PAPAS ▸ **papa**
PAPASAN, -S *n* bowl-shaped chair
PAPAUMA, -S *n* New Zealand word for broadleaf
PAPAVER, -S *n* genus of poppies
PAPAW, -S *same as* ▸ **papaya**
PAPAYA, -S *n* large sweet West Indian fruit
PAPAYAN ▸ **papaya**
PAPAYAS ▸ **papaya**
PAPE, -S *n* spiritual father
PAPER, -ED, -ING, -S *n* material made in sheets from wood pulp or other fibres ▹ *vb* cover (walls) with wallpaper
PAPERBOY *n* boy employed to deliver newspapers to people's homes
PAPERED ▸ **paper**
PAPERER, -S ▸ **paper**
PAPERIER ▸ **papery**
PAPERING ▸ **paper**
PAPERS ▸ **paper**
PAPERY, PAPERIER *adj* like paper, esp in thinness, flimsiness, or dryness
PAPES ▸ **pape**
PAPILIO, -S *n* butterfly
PAPILLA, -E *n* small projection of tissue
PAPILLAR ▸ **papilla**
PAPILLON *n* breed of toy spaniel with large ears
PAPOOSE, -S *n* Native American child
PAPPADAM *same as* ▸ **poppadom**
PAPPADOM *same as* ▸ **poppadom**
PAPPADUM *n* thin circle of dough fried in oil until crisp
PAPPED ▸ **pap**
PAPPI ▸ **pappus**
PAPPIER ▸ **pappy**
PAPPIES ▸ **pappy**
PAPPIEST ▸ **pappy**
PAPPING ▸ **pap**
PAPPOOSE *same as* ▸ **papoose**
PAPPOSE ▸ **pappus**
PAPPOUS ▸ **pappus**
PAPPUS, PAPPI, -ES *n* ring of hairs surrounding the fruit in composite plants
PAPPY, PAPPIER, PAPPIES, PAPPIEST *adj* resembling pap
PAPRICA, -S *same as* ▸ **paprika**
PAPRIKA *n* mild powdered seasoning
PAPRIKAS *same as* > **paprikash**
PAPS ▸ **pap**
PAPULA, -E, -S *same as* ▸ **papule**
PAPULAR ▸ **papule**
PAPULAS ▸ **papula**
PAPULE, -S *n* small solid usually round elevation of the skin
PAPULOSE ▸ **papule**
PAPULOUS ▸ **papule**
PAPYRAL ▸ **papyrus**
PAPYRI ▸ **papyrus**
PAPYRIAN ▸ **papyrus**
PAPYRINE ▸ **papyrus**
PAPYRUS, PAPYRI *n* tall water plant
PAR, -RED, -RING, -S *n* usual or average condition ▹ *vb* play (a golf hole) in par
PARA, -S *n* paratrooper
PARABEMA *n* architectural feature
PARABEN, -S *n* carcinogenic ester
PARABLE, -D, -S *n* story that illustrates a religious teaching ▹ *vb* write a parable
PARABOLA *n* regular curve resembling the course of an object thrown forward and up
PARABOLE *n* similitude
PARACHOR *n* quantity constant over range of temperatures
PARACME, -S *n* phase where fever lessens
PARADE, -D, -S, PARADING *n* procession or march ▹ *vb* display or flaunt
PARADER, -S ▸ **parade**
PARADES ▸ **parade**
PARADIGM *n* example or model
PARADING ▸ **parade**
PARADISE *n* heaven
PARADOR, -S *n* state-run hotel in Spain
PARADOS *n* bank behind a trench or other fortification
PARADOX *n* person or thing made up of contradictory elements
PARADOXY *n* state of being paradoxical
PARADROP *n* delivery of personnel or equipment from an aircraft by parachute
PARAE *n* type of fish
PARAFFIN *n* liquid mixture distilled from petroleum and used as a fuel or solvent ▹ *vb* treat with paraffin or paraffin wax
PARAFFLE *n* extravagant display
PARAFLE, -S *same as* ▸ **paraffle**
PARAFOIL *n* airfoil used on a paraglider
PARAFORM *n* paraformaldehyde
PARAGE, -S *n* type of feudal land tenure
PARAGOGE *n* addition of a sound or a syllable to the end of a word
PARAGON, -S *n* model of perfection ▹ *vb* equal or surpass
PARAGRAM *n* pun
PARAKEET *n* small long-tailed parrot

PARAKITE *n* series of linked kites
PARALLAX *n* apparent change in an object's position due to a change in the observer's position
PARALLEL *adj* separated by an equal distance at every point ▷ *n* line separated from another by an equal distance at every point ▷ *vb* correspond to
PARALOGY *n* anatomical similarity
PARALYSE *vb* affect with paralysis
PARALYZE *same as* ▶ **paralyse**
PARAMENT *n* ecclesiastical vestment or decorative hanging
PARAMESE *n* note in ancient Greek music
PARAMO, -S *n* high plateau in the Andes
PARAMOUR *n* lover
PARANETE *n* note in ancient Greek music
PARANG, -S *n* knife used by the Dyaks of Borneo
PARANOEA *same as* ▶ **paranoia**
PARANOIA *n* disorder causing delusions of grandeur or persecution
PARANOIC ▶ **paranoia**
PARANOID *adj* of, characterized by, or resembling paranoia ▷ *n* person who shows the behaviour patterns associated with paranoia
PARANYM, -S *n* euphemism
PARAPARA *n* small carnivorous New Zealand tree
PARAPET, -S *n* low wall or railing along the edge of a balcony or roof ▷ *vb* provide with a parapet
PARAPH, -ED, -S *n* flourish after a signature ▷ *vb* embellish signature
PARAQUAT *n* yellow extremely poisonous soluble solid used in solution as a weedkiller
PARAQUET *n* long-tailed parrot
PARAS ▶ **para**
PARASAIL *vb* glide through air on parachute towed by boat
PARASANG *n* Persian unit of distance equal to about 5.5 kilometres or 3.4 miles
PARASHAH, PARASHOT *n* section of the Torah read in the synagogue
PARASITE *n* animal or plant living in or on another
PARASOL, -S *n* umbrella-like sunshade
PARATHA, -S *n* (in Indian cookery) flat unleavened bread
PARAVAIL *adj* lowest
PARAVANE *n* device that cuts the anchors of moored mines
PARAVANT *adv* pre-eminently ▷ *n* pre-eminent person or thing
PARAWING *n* paraglider
PARAXIAL *adj* (of a light ray) parallel to the axis of an optical system
PARAZOAN, PARAZOA *n* sea sponge
PARAZOON *n* parasitic animal
PARBAKE, -D, -S *vb* partially bake
PARBOIL, -S *vb* boil until partly cooked
PARBREAK *vb* vomit
PARCEL, -ED, -S *n* something wrapped up, package ▷ *vb* wrap up
PARCENER *n* person who takes an equal share with another or others
PARCH, -ED, -ES, -ING *vb* make very hot and dry
PARCHESI *same as* > **parcheesi**
PARCHING ▶ **parch**
PARCHISI *same as* > **parcheesi**
PARCLOSE *n* screen or railing in a church separating off an altar, chapel, etc
PARD, -S *n* leopard or panther
PARDAH, -S *same as* ▶ **purdah**
PARDAL, -S *variant spelling of* ▶ **pardale**
PARDALE, -S *n* leopard
PARDALIS *n* leopard
PARDALS ▶ **pardal**
PARDED *adj* having spots
PARDEE *adv* certainly
PARDI *same as* ▶ **pardee**
PARDIE *same as* ▶ **pardee**
PARDINE *adj* spotted
PARDNER, -S *n* friend or partner: used as a term of address
PARDON, -ED, -S *vb* forgive, excuse ▷ *n* forgiveness ▷ *interj* sorry ▷ *sentence substitute* sorry
PARDONER *n* (before the Reformation) person licensed to sell ecclesiastical indulgences
PARDONS ▶ **pardon**
PARDS ▶ **pard**
PARDY *same as* ▶ **pardee**
PARE, -D, -S *vb* cut off the skin or top layer of
PARECISM *n* state of having male and female organs close together
PARED ▶ **pare**
PAREIRA, -S *n* root of a South American climbing plant
PARELLA, -S *n* type of lichen
PARELLE, -S *same as* ▶ **parella**
PAREN, -S *n* parenthesis
PARENT, -ED, -S *n* father or mother ▷ *vb* raise offspring
PARENTAL *adj* of or relating to a parent or parenthood
PARENTED ▶ **parent**
PARENTS ▶ **parent**
PAREO, -S *same as* ▶ **pareu**
PARER, -S ▶ **pare**
PARERA, -S *n* New Zealand duck
PARERGON, PARERGA *n* work that is not one's main employment
PARERS ▶ **parer**
PARES ▶ **pare**
PARESIS, PARESES *n* incomplete or slight paralysis of motor functions
PARETIC, -S ▶ **paresis**
PAREU, -S *n* Polynesian skirt or loincloth
PAREV *adj* containing neither meat nor milk products
PAREVE *same as* ▶ **parev**
PARFAIT, -S *n* dessert consisting of layers of ice cream, fruit, and sauce
PARFLESH *same as* > **parfleche**
PARFOCAL *adj* with focal points in the same plane
PARGANA, -S *n* Indian sub-district
PARGE, -D, -S *vb* coat with plaster
PARGET, -ED, -S *n* plaster, mortar, etc, used to line chimney flues or cover walls ▷ *vb* cover or decorate with parget
PARGETER *n* one who pargets
PARGETS ▶ **parget**
PARGING, -S ▶ **parge**
PARGO, -ES, -S *n* sea bream

PARHELIA > **parhelion**
PARHELIC > **parhelion**
PARIAH, -S *n* social outcast
PARIAL, -S *n* pair royal of playing cards
PARIAN, -S *n* type of marble or porcelain
PARIES, PARIETES *n* wall of an organ or bodily cavity
PARIETAL *adj* of the walls of a body cavity such as the skull ▷ *n* parietal bone
PARIETES ▶ **paries**
PARING, -S *n* piece pared off
PARIS, -ES *n* type of herb
PARISH, -ES *n* area that has its own church and a priest or pastor
PARISHAD *n* Indian assembly
PARISHEN *n* member of parish
PARISHES ▶ **parish**
PARISON, -S *n* unshaped mass of glass
PARITIES ▶ **parity**
PARITOR, -S *n* official who summons witnesses
PARITY, PARITIES *n* equality or equivalence
PARK, -ED, -S *n* area of open land for recreational use by the public ▷ *vb* stop and leave (a vehicle) temporarily
PARKA, -S *n* large waterproof jacket with a hood
PARKADE, -S *n* building used as a car park
PARKAS ▶ **parka**
PARKED ▶ **park**
PARKEE, -S *n* Inuit outer garment
PARKER, -S ▶ **park**
PARKETTE *n* small public car park
PARKI, -S *variant of* ▶ **parka**
PARKIE, -S *n* park keeper
PARKIER ▶ **parky**
PARKIES ▶ **parkie**
PARKIEST ▶ **parky**
PARKIN, -S *n* moist spicy ginger cake
PARKING, -S ▶ **park**
PARKINS ▶ **parkin**
PARKIS ▶ **parki**
PARKISH *adj* like a park
PARKLAND *n* grassland with scattered trees
PARKLIKE ▶ **park**
PARKLY *adj* having many parks or resembling a park
PARKOUR, -S *n* sport of running in urban areas over obstacles
PARKS ▶ **park**
PARKWARD *adv* towards a park
PARKWAY, -S *n* wide road planted with trees, turf, etc
PARKY, PARKIER, PARKIEST *adj* (of the weather) chilly
PARLANCE *n* particular way of speaking, idiom
PARLANDO *adv* to be performed as though speaking
PARLANTE *same as* ▶ **parlando**
PARLAY, -ED, -S *vb* stake (winnings from one bet) on a subsequent wager ▷ *n* bet in which winnings are parlayed
PARLE, -D, -S, PARLING *vb* speak
PARLEY, -ED, -S *n* meeting between opponents to discuss terms ▷ *vb* have a parley
PARLEYER ▶ **parley**
PARLEYS ▶ **parley**
PARLIES *pl n* small Scottish biscuits
PARLING ▶ **parle**
PARLOR, -S *same as* ▶ **parlour**
PARLOUR, -S *n* living room for receiving visitors
PARLOUS *adj* dire ▷ *adv* extremely
PARLY *n* short form of parliament
PARMA, -S *n* breaded chicken dish
PARMESAN *n* Italian hard cheese
PAROCHIN *n* old Scottish parish
PARODIC ▶ **parody**
PARODIED ▶ **parody**
PARODIES ▶ **parody**
PARODIST ▶ **parody**
PARODOI *n* path leading to Greek theatre
PARODOS *n* ode sung by Greek chorus
PARODY, PARODIED, PARODIES *n* exaggerated and amusing imitation of someone else's style ▷ *vb* make a parody of
PAROEMIA *n* proverb
PAROL, -S *n* (formerly) pleadings in an action when presented by word of mouth ▷ *adj* (of a contract, lease, etc) not made under seal
PAROLE, -D, -S, PAROLING *n* early freeing of a prisoner on condition that he or she behaves well ▷ *vb* put on parole
PAROLEE, -S ▶ **parole**
PAROLES ▶ **parole**
PAROLING ▶ **parole**
PAROLS ▶ **parol**
PARONYM, -S *n* cognate word
PARONYMY ▶ **paronym**
PAROQUET *n* small long-tailed parrot
PARORE, -S *n* type of fish found around Australia and New Zealand
PAROSMIA *n* any disorder of the sense of smell
PAROTIC *adj* situated near the ear
PAROTID, -S *adj* relating to or situated near the parotid gland ▷ *n* parotid gland
PAROTIS *n* parotid gland
PAROTOID *n* poison gland on certain toads and salamanders ▷ *adj* resembling a parotid gland
PAROUS *adj* having given birth
PAROUSIA *n* Second Coming
PAROXYSM *n* uncontrollable outburst of rage, delight, etc
PARP, -ED, -ING, -S *vb* make a honking sound
PARPANE, -S *n* parapet on bridge
PARPED ▶ **parp**
PARPEN, -S *same as* ▶ **parpend**
PARPEND, -S *same as* ▶ **perpend**
PARPENS ▶ **parpen**
PARPENT, -S *n* parapet on bridge
PARPING ▶ **parp**
PARPOINT *n* parapet on bridge
PARPS ▶ **parp**
PARQUET, -S *n* floor covering made of wooden blocks ▷ *vb* cover with parquet
PARR, -S *n* salmon up to two years of age
PARRA, -S *n* tourist or non-resident on a beach
PARRAL, -S *same as* ▶ **parrel**
PARRAS ▶ **parra**
PARRED ▶ **par**
PARREL, -S *n* ring that holds the jaws of a boom to the mast
PARRIDGE *Scottish variant of* ▶ **porridge**
PARRIED ▶ **parry**
PARRIER, -S ▶ **parry**
PARRIES ▶ **parry**

PARRING ▸ **par**
PARRITCH *Scottish variant of* ▸ **porridge**
PARROCK, -S *vb* put (an animal) in a small field
PARROKET *n* small long-tailed parrot
PARROT, -ED, -S *n* tropical bird with a short hooked beak ▹ *vb* repeat (someone else's words) without thinking
PARROTER *n* person who repeats what is said
PARROTRY ▸ **parrot**
PARROTS ▸ **parrot**
PARROTY *adj* like a parrot; chattering
PARRS ▸ **parr**
PARRY, PARRIED, PARRIES, -ING *vb* ward off (an attack) ▹ *n* parrying
PARS ▸ **par**
PARSABLE ▸ **parse**
PARSE, -D, -S *vb* analyse (a sentence) in terms of grammar
PARSEC, -S *n* unit of astronomical distance
PARSED ▸ **parse**
PARSER, -S *n* program that interprets input to a computer
PARSES ▸ **parse**
PARSING, -S ▸ **parse**
PARSLEY, -S, PARSLIED *n* herb used for seasoning and decorating food ▹ *vb* garnish with parsley
PARSNEP, -S *same as* ▸ **parsnip**
PARSNIP, -S *n* long tapering cream-coloured root vegetable
PARSON, -S *n* Anglican parish priest
PARSONIC ▸ **parson**
PARSONS ▸ **parson**
PART *n* one of the pieces that make up a whole ▹ *vb* divide or separate
PARTAKE, -N, -S, PARTOOK *vb* take (food or drink)
PARTAKER ▸ **partake**
PARTAKES ▸ **partake**
PARTAN, -S *Scottish word for* ▸ **crab**
PARTED *adj* divided almost to the base
PARTER, -S *n* thing that parts
PARTERRE *n* formally patterned flower garden
PARTERS ▸ **parter**
PARTI, -S *n* concept of architectural design
PARTIAL, -S *adj* not complete ▹ *n* any of the component tones of a single musical sound ▹ *vb* remove (a factor) from a set of statistics
PARTIBLE *adj* (esp of property or an inheritance) divisible
PARTICLE *n* extremely small piece or amount
PARTIED ▸ **party**
PARTIER, -S *n* person who parties
PARTIES ▸ **party**
PARTIEST ▸ **party**
PARTIM *adv* in part
PARTING, -S *same as* ▸ **part**
PARTIS ▸ **parti**
PARTISAN *n* strong supporter of a party or group ▹ *adj* prejudiced or one-sided
PARTITA, -S *n* type of suite
PARTITE *adj* composed of or divided into a specified number of parts
PARTIZAN *same as* ▸ **partisan**
PARTLET, -S *n* woman's garment
PARTLY *adv* not completely
PARTNER, -S *n* either member of a couple in a relationship or activity ▹ *vb* be the partner of
PARTON, -S *n* hypothetical elementary particle
PARTOOK ▸ **partake**
PARTS *pl n* abilities or talents
PARTURE, -S *n* departure
PARTWAY *adv* some of the way
PARTWORK *n* series of magazines issued at regular intervals
PARTY, PARTIED, PARTIES, PARTIEST *n* social gathering for pleasure ▹ *vb* celebrate, have fun ▹ *adj* divided into different colours
PARTYER, -S *n* person who parties
PARTYING *n* act of partying
PARTYISM *n* devotion to political party
PARULIS *another name for* ▸ **gumboil**
PARURA, -S *same as* ▸ **parure**
PARURE, -S *n* set of jewels or other ornaments
PARVE *same as* ▸ **parev**
PARVENU, -S *n* person newly risen to a position of power or wealth ▹ *adj* of or characteristic of a parvenu
PARVENUE *n* woman newly risen to a position of power or wealth ▹ *adj* of a parvenue
PARVENUS ▸ **parvenu**
PARVIS *n* court or portico in front of a building, esp a church
PARVISE, -S *same as* ▸ **parvis**
PARVO, -S *n* disease of cattle and dogs
PARVOLIN *n* substance resulting from the putrefaction of flesh
PARVOS ▸ **parvo**
PAS *n* dance step or movement, esp in ballet
PASCAL, -S *n* unit of pressure
PASCHAL, -S *adj* of the Passover or Easter ▹ *n* Passover or Easter
PASCUAL, -S *adj* relating to pasture ▹ *n* plant that grows in pasture
PASE, -S *n* movement of the cape or muleta by a matador
PASEAR, -ED, -S *vb* go for a rambling walk
PASELA, -S *same as* ▸ **bonsela**
PASEO, -S *n* bullfighters' procession
PASES ▸ **pase**
PASH, -ED, -ES, -ING *n* infatuation ▹ *vb* throw or be thrown and break or be broken to bits
PASHA, -S *n* high official of the Ottoman Empire
PASHADOM *n* territory of a pasha
PASHALIC *same as* ▸ **pashalik**
PASHALIK *n* province or jurisdiction of a pasha
PASHAS ▸ **pasha**
PASHED ▸ **pash**
PASHES ▸ **pash**
PASHIM, -S *same as* ▸ **pashm**
PASHING ▸ **pash**
PASHKA, -S *n* rich Russian dessert
PASHM, -S *n* underfur of various Tibetan animals, esp goats, used for cashmere shawls
PASHMINA *n* type of cashmere scarf or shawl made from the underfur of Tibetan goats
PASHMS ▸ **pashm**
PASKA, -S *same as* ▸ **paskha**
PASKHA, -S *n* Russian dessert eaten at Easter
PASPALUM *n* type of grass with wide leaves

PASPY, PASPIES *n* piece of music in triple time
PASQUIL, -S *n* abusive lampoon or satire ▷ *vb* ridicule with pasquil
PASS, -ED, -ES *vb* go by, past, or through ▷ *n* successful result in a test or examination
PASSABLE *adj* (just) acceptable
PASSABLY *adv* fairly
PASSADE, -S *n* act of moving back and forth in the same place
PASSADO, -S *n* forward thrust with sword
PASSAGE, -D, -S *n* channel or opening providing a way through ▷ *vb* move or cause to move at a passage
PASSAGER *n* as in **passager hawk** young hawk or falcon caught while on migration
PASSAGES ▶ **passage**
PASSANT *adj* (of a heraldic beast) walking
PASSATA, -S *n* sauce made from sieved tomatoes
PASSBAND *n* frequency band within which signals are transmitted by a filter
PASSBOOK *n* record of a person's bank transactions
PASSCODE *n* password composed of digits
PASSE *adj* out-of-date
PASSED ▶ **pass**
PASSEE *adj* out-of-date
PASSEL, -S *n* group or quantity of no fixed number
PASSER, -S *n* person or thing that passes
PASSERBY *n* person that is passing or going by, esp on foot
PASSERS ▶ **passer**
PASSES ▶ **pass**
PASSIBLE *adj* susceptible to emotion or suffering
PASSIBLY ▶ **passible**
PASSIM *adv* everywhere, throughout
PASSING, -S *adj* brief or transitory ▷ *n* death
PASSION, -S *n* intense love ▷ *vb* give passionate character to
PASSIVE, -S *adj* not playing an active part ▷ *n* passive form of a verb
PASSKEY, -S *n* private key
PASSLESS *adj* having no pass
PASSMAN, PASSMEN *n* student who passes without honours
PASSMENT *same as* > **passement**
PASSOUT, -S *n* (in ice hockey) pass by an attacking player from behind the opposition goal line
PASSOVER *n* lamb eaten during Passover
PASSPORT *n* official document of nationality granting permission to travel abroad ▷ *vb* (in the European Economic Area) award a firm the right to do business in every member state
PASSUS, -ES *n* division or section of a poem, story, etc
PASSWORD *n* secret word or phrase that ensures admission
PAST, -S *adj* of the time before the present ▷ *n* period of time before the present ▷ *adv* ago ▷ *prep* beyond
PASTA, -S *n* type of food that is made from flour and water
PASTANCE *n* activity that passes time
PASTAS ▶ **pasta**
PASTE, -D, -S *n* moist soft mixture, such as toothpaste ▷ *vb* fasten with paste
PASTEL, -S *n* coloured chalk crayon for drawing ▷ *adj* pale and delicate in colour
PASTER, -S *n* person or thing that pastes
PASTERN, -S *n* part of a horse's foot
PASTERS ▶ **paster**
PASTES ▶ **paste**
PASTEUP, -S *n* material pasted on a sheet of paper or board
PASTICCI > **pasticcio**
PASTICHE *n* work of art that mixes styles or copies the style of another artist
PASTIER ▶ **pasty**
PASTIES ▶ **pasty**
PASTIEST ▶ **pasty**
PASTIL, -S *same as* ▶ **pastille**
PASTILLE *n* small fruit-flavoured and sometimes medicated sweet
PASTILS ▶ **pastil**
PASTILY ▶ **pasty**
PASTIME, -S *n* activity that makes time pass pleasantly
PASTINA, -S *n* small pieces of pasta
PASTING, -S *n* heavy defeat
PASTIS, -ES *n* anise-flavoured alcoholic drink
PASTITSO *n* Greek dish of baked pasta
PASTLESS *adj* having no past
PASTNESS *n* quality of being past
PASTOR, -ED, -S *n* member of the clergy in charge of a congregation ▷ *vb* act as a pastor
PASTORAL *adj* of or depicting country life ▷ *n* poem or picture portraying country life
PASTORED ▶ **pastor**
PASTORLY *adj* like a pastor
PASTORS ▶ **pastor**
PASTRAMI *n* highly seasoned smoked beef
PASTRIES ▶ **pastry**
PASTROMI *same as* ▶ **pastrami**
PASTRY, PASTRIES *n* baking dough made of flour, fat, and water
PASTS ▶ **past**
PASTURAL *adj* of pasture
PASTURE, -D, -S *n* grassy land for farm animals to graze on ▷ *vb* cause (livestock) to graze
PASTURER *n* person who tends cattle
PASTURES ▶ **pasture**
PASTY, PASTIER, PASTIES, PASTIEST *adj* (of a complexion) pale and unhealthy ▷ *n* round of pastry folded over a savoury filling
PAT, -S, -TED, -TEST, -TING *vb* tap lightly ▷ *n* gentle tap or stroke ▷ *adj* quick, ready, or glib
PATACA, -S *n* monetary unit of Maçao
PATAGIA ▶ **patagium**
PATAGIAL ▶ **patagium**
PATAGIUM, PATAGIA *n* web of skin acting as wings in bats
PATAKA, -S *n* building on stilts, used for storing provisions
PATAMAR, -S *n* type of boat
PATBALL, -S *n* game like squash but using hands
PATCH, -ED, -ES, -ING *n* piece of material sewn on a garment ▷ *vb* mend with a patch
PATCHER, -S ▶ **patch**
PATCHERY *n* bungling work
PATCHES ▶ **patch**
PATCHIER ▶ **patchy**
PATCHILY ▶ **patchy**
PATCHING ▶ **patch**

PATCHY, PATCHIER *adj* of uneven quality or intensity
PATE, -S *n* head
PATED ▸ **pate**
PATELLA, -E, -S *n* kneecap
PATELLAR ▸ **patella**
PATELLAS ▸ **patella**
PATEN, -S *n* plate used for the bread at Communion
PATENCY *n* condition of being obvious
PATENS ▸ **paten**
PATENT, -ED, -S *n* document giving the exclusive right to make or sell an invention ▹ *adj* open to public inspection ▹ *vb* obtain a patent for
PATENTEE *n* person, group, company, etc, that has been granted a patent
PATENTLY *adv* obviously
PATENTOR *n* person who or official body that grants a patent or patents
PATENTS ▸ **patent**
PATER, -S *n* father
PATERA, -E *n* shallow ancient Roman bowl
PATERERO *n* type of cannon
PATERNAL *adj* fatherly
PATERS ▸ **pater**
PATES ▸ **pate**
PATH, -ED, -ING, -S *n* surfaced walk or track ▹ *vb* make a path
PATHETIC *adj* causing feelings of pity or sadness ▹ *pl n* pathetic sentiments ▹ *n* pathetic person
PATHIC, -S *n* person who suffers ▹ *adj* of or relating to suffering
PATHING ▸ **path**
PATHLESS ▸ **path**
PATHNAME *n* description of where a file is found in a hierarchy of directories
PATHOGEN *n* thing that causes disease
PATHOS, -ES *n* power of arousing pity or sadness
PATHS ▸ **path**
PATHWAY, -S *n* path
PATIBLE *adj* endurable
PATIENCE *n* quality of being patient
PATIENT, -S *adj* enduring difficulties or delays calmly ▹ *n* person receiving medical treatment ▹ *vb* make calm
PATIKI, -S *n* New Zealand sand flounder or dab
PATIN, -S *same as* ▸ **paten**
PATINA, -E, -S *n* fine layer on a surface
PATINAED *adj* having a patina
PATINAS ▸ **patina**
PATINATE *vb* coat with patina
PATINE, -D, -S, PATINING *vb* cover with patina
PATINISE *same as* ▸ **patinize**
PATINIZE *vb* coat with patina
PATINS ▸ **patin**
PATIO, -S *n* paved area adjoining a house
PATKA, -S *n* head covering worn by Sikh men
PATLY *adv* fitly
PATNESS *n* appropriateness
PATOIS *n* regional dialect, esp of French
PATONCE *adj* (of cross) with limbs which broaden from centre
PATOOT, -S *same as* ▸ **patootie**
PATOOTIE *n* person's bottom
PATOOTS ▸ **patoot**
PATRIAL, -S *n* (in Britain, formerly) person with a right to live in the United Kingdom
PATRIATE *vb* bring under the authority of an autonomous country
PATRICK, -S *n* former Irish coin
PATRICO, -S *n* fraudulent priest
PATRIOT, -S *n* person who loves his or her country
PATROL, -S *n* regular circuit by a guard ▹ *vb* go round on guard, or reconnoitring
PATRON, -S *n* person who gives financial support
PATRONAL > **patroness**
PATRONLY *adj* like a patron
PATRONNE *n* woman who owns or manages a hotel, restaurant, or bar
PATRONS ▸ **patron**
PATROON, -S *n* Dutch land-holder in New Netherland and New York
PATS ▸ **pat**
PATSY, PATSIES *n* person who is easily cheated, victimized, etc
PATTAMAR *n* Indian courier
PATTE, -S *n* band keeping belt in place
PATTED ▸ **pat**
PATTEE *adj* (of a cross) having triangular arms widening outwards
PATTEN, -ED, -S *n* wooden clog or sandal ▹ *vb* wear pattens
PATTER, -ED, -S *vb* make repeated soft tapping sounds ▹ *n* quick succession of taps
PATTERER ▸ **patter**
PATTERN, -S *n* arrangement of repeated parts or decorative designs ▹ *vb* model
PATTERS ▸ **patter**
PATTES ▸ **patte**
PATTEST ▸ **pat**
PATTIE *same as* ▸ **patty**
PATTIES ▸ **patty**
PATTING ▸ **pat**
PATTLE, -S *dialect for* ▸ **paddle**
PATTRESS *n* box for the space behind electrical sockets and switches
PATTY, PATTIES *n* small flattened cake of minced food
PATTYPAN *n* small round flattish squash
PATU, -S *n* short Māori club, now used ceremonially
PATULENT *adj* spreading widely
PATULIN, -S *n* toxic antibiotic
PATULOUS *adj* spreading widely or expanded
PATUS ▸ **patu**
PATUTUKI *n* blue cod
PATY *adj* (of cross) having arms of equal length
PATZER, -S *n* novice chess player
PAUA, -S *n* edible shellfish of New Zealand
PAUCAL, -S *n* grammatical number for words in contexts where a few of their referents are described ▹ *adj* relating to or inflected for this number
PAUCITY *n* scarcity
PAUGHTY *Scots word for* ▸ **haughty**
PAUL, -S *same as* ▸ **pawl**
PAULDRON *n* either of two metal plates worn with armour to protect the shoulders
PAULIN, -S *n* tarpaulin
PAULS ▸ **paul**
PAUNCE, -S *n* pansy
PAUNCH, -ED, -ES *n* protruding belly ▹ *vb* stab in the stomach
PAUNCHY *adj* having a protruding belly or abdomen
PAUPER, -ED, -S *n* very poor person ▹ *vb* reduce to beggary

PAURAQUE *n* type of long-tailed nocturnal bird
PAUROPOD *n* minute myriapod
PAUSAL ▶ **pause**
PAUSE, -D, -S *vb* stop for a time ▷ *n* stop or rest in speech or action
PAUSEFUL *adj* taking pauses
PAUSER, -S ▶ **pause**
PAUSES ▶ **pause**
PAUSING, -S ▶ **pause**
PAV, -S *short for* ▶ **pavlova**
PAVAGE, -S *n* tax towards paving streets
PAVAN, -S *same as* ▶ **pavane**
PAVANE, -S *n* slow and stately dance
PAVANS ▶ **pavan**
PAVE, -D, -S *vb* form (a surface) with stone or brick ▷ *n* paved surface, esp an uneven one
PAVEED *adj* (of jewels) set close together
PAVEMENT *n* paved path for pedestrians ▷ *vb* provide with pavement
PAVEN, -S *same as* ▶ **pavane**
PAVER, -S ▶ **pave**
PAVES ▶ **pave**
PAVID *adj* fearful
PAVILION *n* building on a playing field etc ▷ *vb* place or set in or as if in a pavilion
PAVILLON *n* bell of wind instrument
PAVIN, -S *same as* ▶ **pavane**
PAVING, -S *n* paved surface ▷ *adj* of or for a paved surface or pavement
PAVINS ▶ **pavin**
PAVIOR, -S *same as* ▶ **paviour**
PAVIOUR, -S *n* person who lays paving
PAVIS *n* large square shield
PAVISE, -S *same as* ▶ **pavis**
PAVISER, -S *n* soldier holding a pavis
PAVISES ▶ **pavise**
PAVISSE, -S *same as* ▶ **pavis**
PAVLOVA, -S *n* meringue cake topped with whipped cream and fruit
PAVONE, -S *n* peacock
PAVONIAN *same as* ▶ **pavonine**
PAVONINE *adj* of or resembling a peacock or the colours, design, or iridescence of a peacock's tail
PAVS ▶ **pav**
PAW, -ED, -ING, -S *n* animal's foot with claws and pads ▷ *vb* scrape with the paw or hoof
PAWA, -S *old word for* ▶ **peacock**
PAWAW, -ED, -ING, -S *vb* recite N American incantation
PAWED ▶ **paw**
PAWER, -S *n* person or animal that paws
PAWING ▶ **paw**
PAWK, -S *Scots word for* ▶ **trick**
PAWKIER ▶ **pawky**
PAWKIEST ▶ **pawky**
PAWKILY ▶ **pawky**
PAWKS ▶ **pawk**
PAWKY, PAWKIER, PAWKIEST *adj* having or characterized by a dry wit
PAWL, -S *n* pivoted lever shaped to engage with a ratchet
PAWN, -ED, -ING, -S *vb* deposit (an article) as security for money borrowed ▷ *n* chessman of the lowest value
PAWNABLE ▶ **pawn**
PAWNAGE, -S ▶ **pawn**
PAWNCE, -S *old word for* ▶ **pansy**
PAWNED ▶ **pawn**
PAWNEE, -S *n* one who accepts goods in pawn
PAWNER, -S *n* one who pawns his or her possessions
PAWNING ▶ **pawn**
PAWNOR, -S *same as* ▶ **pawner**
PAWNS ▶ **pawn**
PAWNSHOP *n* premises of a pawnbroker
PAWPAW, -S *same as* ▶ **papaw**
PAWS ▶ **paw**
PAX, -ES *n* peace ▷ *interj* call signalling a desire to end hostilities

> Latin for peace, this is yet another of those very useful short words containing X.

PAXIUBA, -S *n* tropical tree
PAXWAX, -ES *n* strong ligament in the neck of many mammals
PAY, PAID, -ED, -S *vb* give money etc in return for goods or services ▷ *n* wages or salary
PAYABLE, -S *adj* due to be paid ▷ *n* debt to be paid
PAYABLY ▶ **payable**
PAYBACK, -S *n* return on an investment
PAYCHECK *n* payment for work done
PAYDAY, -S *n* day on which wages or salaries are paid
PAYDOWN, -S *n* reduction of debt through repayment
PAYED ▶ **pay**
PAYEE, -S *n* person to whom money is paid or due
PAYER, -S *n* person who pays
PAYESS *pl n* uncut sideburns worn by some Jewish men
PAYFONE, -S *US spelling of* ▶ **payphone**
PAYGRADE *n* military rank
PAYING, -S ▶ **pay**
PAYLIST, -S *n* list of people to be paid
PAYLOAD, -S *n* passengers or cargo of an aircraft
PAYMENT, -S *n* act of paying
PAYNIM, -S *n* heathen or pagan
PAYNIMRY *n* state of being heathen
PAYNIMS ▶ **paynim**
PAYOFF, -S *n* final settlement, esp in retribution
PAYOLA, -S *n* bribe to promote a commercial product
PAYOR, -S *same as* ▶ **payer**
PAYOUT, -S *n* sum of money paid out
PAYPHONE *n* coin-operated telephone
PAYROLL, -S *n* list of employees who receive regular pay
PAYS ▶ **pay**
PAYSAGE, -S *n* landscape
PAYSD *Spenserian form of* ▶ **poised**
PAYSLIP, -S *n* note of payment given to employee
PAYWALL, -S *n* system that denies access to a website unless a payment is made
PAZAZZ, -ES *same as* ▶ **pizzazz**
PAZZAZZ *same as* ▶ **pizzazz**
PE *n* 17th letter of the Hebrew alphabet, transliterated as *p*
PEA, -S *n* climbing plant with seeds growing in pods
PEABERRY *n* coffee berry containing one seed
PEABRAIN *n* stupid person
PEACE, -D, -S, PEACING *n* calm, quietness
PEACEFUL *adj* not in a state of war or disagreement
PEACENIK *n* activist who opposes war
PEACES ▶ **peace**

PEACH, -ED, -ES, -ING *n* soft juicy fruit ▷ *adj* pinkish-orange ▷ *vb* inform against an accomplice
PEACHER, -S ▶ **peach**
PEACHES ▶ **peach**
PEACHICK *n* young peafowl
PEACHIER ▶ **peachy**
PEACHILY ▶ **peachy**
PEACHING ▶ **peach**
PEACHY, PEACHIER *adj* of or like a peach, esp in colour or texture
PEACING ▶ **peace**
PEACOAT, -S *n* woollen jacket
PEACOCK, -S *n* large male bird with a brilliantly coloured fanlike tail ▷ *vb* display (oneself) proudly
PEACOCKY ▶ **peacock**
PEACOD, -S *same as* ▶ **peacod**
PEAFOWL, -S *n* peacock or peahen
PEAG, -S *n* (formerly) money used by Native Americans
PEAGE, -S *same as* ▶ **peag**
PEAGS ▶ **peag**
PEAHEN, -S ▶ **peacock**
PEAK, -S *n* pointed top, esp of a mountain ▷ *vb* form or reach a peak ▷ *adj* of or at the point of greatest demand
PEAKED *adj* having a peak
PEAKIER ▶ **peaky**
PEAKIEST ▶ **peaky**
PEAKING, -S *n* act of peaking
PEAKISH *adj* sickly
PEAKLESS *adj* without a peak
PEAKLIKE ▶ **peak**
PEAKS ▶ **peak**
PEAKY, PEAKIER, PEAKIEST ▶ **peak**
PEAL, -ED, -ING, -S *n* long loud echoing sound, esp of bells or thunder ▷ *vb* sound with a peal or peals
PEALIKE ▶ **pea**
PEALING ▶ **peal**
PEALS ▶ **peal**
PEAN, -ED, -ING, -S *same as* ▶ **peen**
PEANUT, -S *n* pea-shaped nut that ripens underground
PEANUTTY *adj* having the taste of peanuts
PEAPOD, -S *n* pod of the pea plant
PEAR, -S *n* sweet juicy fruit with a narrow top and rounded base
PEARCE, -D, -S, PEARCING *old spelling of* ▶ **pierce**
PEARE, -S *obsolete spelling of* ▶ **pear**
PEARL, -ED, -ING, -S *same as* ▶ **purl**
PEARLASH *n* granular crystalline form of potassium carbonate
PEARLED ▶ **pearl**
PEARLER, -S *n* person who dives for or trades in pearls ▷ *adj* excellent
PEARLIER ▶ **pearly**
PEARLIES ▶ **pearly**
PEARLIN *n* type of lace used to trim clothes
PEARLING ▶ **pearl**
PEARLINS *n* type of lace
PEARLITE *same as* ▶ **perlite**
PEARLS ▶ **pearl**
PEARLY, PEARLIER, PEARLIES *adj* resembling a pearl, esp in lustre ▷ *n* London costermonger who wears pearl buttons
PEARMAIN *n* any of several varieties of apple having a red skin
PEARS ▶ **pear**
PEARST *archaic variant of* ▶ **pierced**
PEART, -ER, -EST *adj* lively
PEARTLY ▶ **peart**
PEARWOOD *n* wood from pear tree
PEAS ▶ **pea**
PEASANT, -S *n* person working on the land
PEASANTY *adj* having qualities ascribed to traditional country life or people
PEASCOD, -S *same as* ▶ **cod**
PEASE, -D, -S, PEASING *n* archaic or dialect word for pea ▷ *vb* appease
PEASECOD *n* pod of a pea plant
PEASED ▶ **pease**
PEASEN *obsolete plural of* ▶ **pease**
PEASES ▶ **pease**
PEASING ▶ **pease**
PEASON *obsolete plural of* ▶ **pease**
PEAT, -S *n* decayed vegetable material found in bogs
PEATARY *n* area covered with peat
PEATERY *same as* ▶ **peatary**
PEATIER ▶ **peaty**
PEATIEST ▶ **peaty**
PEATLAND *n* area of land consisting of peat bogs
PEATMAN, PEATMEN *n* person who collects peat
PEATS ▶ **peat**
PEATSHIP *n* ship carrying peat
PEATY, PEATIER, PEATIEST ▶ **peat**
PEAVEY, -S *n* wooden lever used for handling logs
PEAVY, PEAVIES *same as* ▶ **peavey**
PEAZE, -D, -S, PEAZING *same as* ▶ **pease**
PEBA, -S *n* type of armadillo
PEBBLE, -D, -S *n* small roundish stone ▷ *vb* cover with pebbles
PEBBLIER ▶ **pebbly**
PEBBLING *n* (in curling) act of spraying the rink with drops of hot water to slow down the stone
PEBBLY, PEBBLIER ▶ **pebble**
PEBIBYTE *n* two to the power of fifty bytes
PEBRINE, -S *n* disease of silkworms
PEC *n* pectoral muscle
PECAN, -S *n* edible nut of a N American tree
PECCABLE *adj* liable to sin
PECCANCY ▶ **peccant**
PECCANT *adj* guilty of an offence
PECCARY *n* piglike animal of American forests
PECCAVI, -S *n* confession of guilt
PECH, -ED, -ING, -S *Scottish word for* ▶ **pant**
PECHAN, -S *Scots word for* ▶ **stomach**
PECHED ▶ **pech**
PECHING ▶ **pech**
PECHS ▶ **pech**
PECK, -ED, -S *vb* strike or pick up with the beak ▷ *n* pecking movement
PECKE, -S *n* quarter of bushel
PECKED ▶ **peck**
PECKER, -S *n* short for woodpecker
PECKES ▶ **pecke**
PECKIER ▶ **pecky**
PECKIEST ▶ **pecky**
PECKING, -S ▶ **peck**
PECKISH *adj* slightly hungry
PECKS ▶ **peck**
PECKY, PECKIER, PECKIEST *adj* discoloured
PECORINO, PECORINI *n* Italian cheese made from ewes' milk
PECS *pl n* pectoral muscles
PECTASE, -S *n* enzyme occurring in certain ripening fruits
PECTATE, -S *n* salt or ester of pectic acid

P

PECTEN, -S, PECTINES *n* comblike structure in the eye of birds and reptiles
PECTIC ▶ **pectin**
PECTIN, -S *n* substance in fruit that makes jam set
PECTINAL *adj* resembling a comb ▷ *n* fish with bones or a spine resembling a comb
PECTINEI > **pectineus**
PECTINES ▶ **pecten**
PECTINS ▶ **pectin**
PECTISE, -D, -S *same as* ▶ **pectize**
PECTIZE, -D, -S *vb* change into a jelly
PECTORAL *adj* of the chest or thorax ▷ *n* pectoral muscle or fin
PECTOSE, -S *n* insoluble carbohydrate found in unripe fruit
PECULATE *vb* embezzle (public money)
PECULIA ▶ **peculium**
PECULIAR *adj* strange ▷ *n* special sort, esp an accented letter
PECULIUM, PECULIA *n* property that a father or master allowed his child or slave to hold as his own
PED, -S *n* pannier
PEDAGOG, -S *same as* > **pedagogue**
PEDAGOGY *n* principles, practice, or profession of teaching
PEDAL, -ED, -ING, -LED, -S *n* foot-operated lever ▷ *vb* propel (a bicycle) by using its pedals ▷ *adj* of or relating to the foot or the feet
PEDALCAR *n* child's vehicle that is operated by pedals
PEDALED ▶ **pedal**
PEDALER, -S ▶ **pedal**
PEDALFER *n* type of zonal soil deficient in lime but containing deposits of aluminium and iron
PEDALIER *n* pedal piano
PEDALING ▶ **pedal**
PEDALLED ▶ **pedal**
PEDALLER *n* person who pedals
PEDALO, -ES, -S *n* pedal-operated pleasure craft
PEDALS ▶ **pedal**
PEDANT, -S *n* person who is excessively concerned with details and rules
PEDANTIC *adj* of, relating to, or characterized by pedantry
PEDANTRY *n* practice of being a pedant, esp in the minute observance of petty rules or details
PEDANTS ▶ **pedant**
PEDATE *adj* (of a plant leaf) divided into several lobes arising at a common point
PEDATELY ▶ **pedate**
PEDDER, -S *old form of* ▶ **pedlar**
PEDDLE, -D, -S, PEDDLING *vb* sell (goods) from door to door
PEDDLER, -S *same as* ▶ **pedlar**
PEDDLERY *n* business of peddler
PEDDLES ▶ **peddle**
PEDDLING ▶ **peddle**
PEDERERO *n* type of cannon
PEDES ▶ **pes**
PEDESIS, PEDESES *n* random motion of small particles
PEDESTAL *n* base supporting a column, statue, etc
PEDETIC *adj* of feet
PEDI, -S *n* pedicure
PEDICAB, -S *n* pedal-operated tricycle, available for hire
PEDICEL, -S *n* stalk bearing a single flower of an inflorescence
PEDICLE, -S *n* any small stalk
PEDICLED ▶ **pedicle**
PEDICLES ▶ **pedicle**
PEDICULI > **pediculus**
PEDICURE *n* medical or cosmetic treatment of the feet ▷ *vb* give a pedicure
PEDIFORM *adj* shaped like a foot
PEDIGREE *n* register of ancestors, esp of a purebred animal
PEDIMENT *n* triangular part over a door etc
PEDIPALP *n* either member of the second pair of head appendages of arachnids
PEDIS ▶ **pedi**
PEDLAR, -S *n* person who sells goods from door to door
PEDLARY *same as* ▶ **pedlery**
PEDLER, -S *same as* ▶ **pedlar**
PEDLERY *n* business of pedler
PEDOCAL, -S *n* type of soil that is rich in lime
PEDOLOGY *same as* > **paedology**
PEDRAIL, -S *n* device replacing wheel on rough surfaces
PEDRERO, -S *n* type of cannon
PEDRO, -S *n* card game
PEDS ▶ **ped**
PEDUNCLE *same as* ▶ **pedicel**
PEDWAY, -S *n* walkway for pedestrians only
PEE, -D, -ING, -S *vb* urinate ▷ *n* urine
PEEBEEN, -S *n* type of large evergreen
PEECE, -S *obsolete variant of* ▶ **piece**
PEED ▶ **pee**
PEEING ▶ **pee**
PEEK, -ED, -ING, -S *n* peep or glance ▷ *vb* glance quickly or secretly
PEEKABO, -S *same as* ▶ **peekaboo**
PEEKABOO *n* game in which one person hides his or her face and suddenly reveals it ▷ *adj* made of fabric that is almost transparent
PEEKABOS ▶ **peekabo**
PEEKAPOO *n* dog which is cross between Pekingese and poodle
PEEKED ▶ **peek**
PEEKING ▶ **peek**
PEEKS ▶ **peek**
PEEL, -ED, -S *vb* remove the skin or rind of (a vegetable or fruit) ▷ *n* rind or skin
PEELABLE ▶ **peel**
PEELED ▶ **peel**
PEELER, -S *n* device for peeling vegetables, fruit, etc
PEELING, -S *n* strip that has been peeled off
PEELS ▶ **peel**
PEEN, -ED, -S *n* end of a hammer head opposite the striking face ▷ *vb* strike with the peen of a hammer
PEENGE, -D, -S, PEENGING *vb* complain
PEENING, -S *n* act of peening
PEENS ▶ **peen**
PEEOY, -S *n* homemade firework
PEEP, -ED, -ING, -S *vb* look slyly or quickly ▷ *n* peeping look
PEEPBO, -S *n* game of peekaboo
PEEPE *old spelling of* ▶ **pip**
PEEPED ▶ **peep**
PEEPER, -S *n* person who peeps
PEEPES *archaic spelling of* ▶ **peeps**

PEEPHOLE *n* small aperture for observation
PEEPING ▸ **peep**
PEEPS ▸ **peep**
PEEPSHOW *n* box containing a series of pictures that can be seen through a small hole
PEEPTOE *adj* of a shoe in which the toe is not covered
PEEPUL, -S *n* Indian moraceous tree
PEER, -ED, -ING, -S *n* (in Britain) member of the nobility ▹ *vb* look closely and intently
PEERAGE, -S *n* whole body of peers
PEERED ▸ **peer**
PEERESS *n* (in Britain) woman holding the rank of a peer
PEERIE, -R, -S, -ST *n* spinning top ▹ *adj* small
PEERING ▸ **peer**
PEERLESS *adj* unequalled, unsurpassed
PEERS ▸ **peer**
PEERY *n* child's spinning top
PEES ▸ **pee**
PEESWEEP *n* early spring storm
PEETWEET *n* spotted sandpiper
PEEVE, -S, PEEVING *vb* irritate or annoy ▹ *n* something that irritates
PEEVED ▸ **peeve**
PEEVER, -S *n* hopscotch
PEEVES ▸ **peeve**
PEEVING ▸ **peeve**
PEEVISH *adj* fretful or irritable
PEEWEE, -S *same as* ▸ **pewee**
PEEWIT, -S *same as* ▸ **lapwing**
PEG, -GED, -S *n* pin or clip for joining, fastening, marking, etc ▹ *vb* fasten with pegs
PEGASUS *n* winged horse
PEGBOARD *n* board with holes into which pegs can be fitted
PEGBOX, -ES *n* part of stringed instrument that holds tuning pegs
PEGGED ▸ **peg**
PEGGIER ▸ **peggy**
PEGGIES ▸ **peggy**
PEGGIEST ▸ **peggy**
PEGGING, -S ▸ **peg**
PEGGY, PEGGIER, PEGGIES, PEGGIEST *n* type of small warbler ▹ *adj* resembling a peg
PEGH, -ED, -ING, -S *variant of* ▸ **pech**
PEGLESS ▸ **peg**
PEGLIKE ▸ **peg**
PEGS ▸ **peg**
PEGTOP, -S *n* type of spinning top
PEH, -S *same as* ▸ **pe**
PEIGNOIR *n* woman's light dressing gown
PEIN, -ED, -ING, -S *same as* ▸ **peen**
PEINCT, -ED, -S *vb* paint
PEINED ▸ **pein**
PEINING ▸ **pein**
PEINS ▸ **pein**
PEISE, -D, -S, PEISING *same as* ▸ **peize**
PEISHWA, -S *n* Indian leader
PEISHWAH *same as* ▸ **peishwa**
PEISHWAS ▸ **peishwa**
PEISING ▸ **peise**
PEIZE, -D, -S, PEIZING *vb* weight or poise
PEJORATE *vb* change for the worse
PEKAN, -S *n* large North American marten
PEKE, -S *n* Pekingese dog
PEKEPOO, -S *same as* ▸ **peekapoo**
PEKES ▸ **peke**
PEKIN, -S *n* silk fabric
PEKOE, -S *n* high-quality tea
PEL, -S *n* pixel
PELA, -S *n* insect living on wax
PELAGE, -S *n* coat of a mammal, consisting of hair, wool, fur, etc
PELAGIAL *adj* of the open sea ▹ *n* open body of water such as a lake or the sea
PELAGIAN *adj* of or inhabiting the open sea ▹ *n* pelagic creature
PELAGIC, -S *adj* of or relating to the open sea ▹ *n* any pelagic creature
PELAS ▸ **pela**
PELAU, -S *n* dish made with meat, rice, and pigeon peas
PELE, -S *Spenserian variant of* ▸ **peal**
PELERINE *n* woman's narrow cape with long pointed ends in front
PELES ▸ **pele**
PELF, -S *n* money or wealth
PELHAM, -S *n* horse's bit for a double bridle
PELICAN, -S *n* large water bird with a pouch beneath its bill
PELISSE, -S *n* cloak or loose coat which is usually fur-trimmed
PELITE, -S *n* any argillaceous rock such as shale
PELITIC ▸ **pelite**
PELL, -ED, -ING, -S *n* hide of an animal ▹ *vb* hit violently
PELLACH, -S *same as* ▸ **pellack**
PELLACK, -S *n* porpoise
PELLAGRA *n* disease caused by lack of vitamin B
PELLED ▸ **pell**
PELLET, -ED, -S *n* small ball of something ▹ *vb* strike with pellets
PELLETAL ▸ **pellet**
PELLETED ▸ **pellet**
PELLETS ▸ **pellet**
PELLICLE *n* thin skin or film
PELLING ▸ **pell**
PELLMELL *n* disorder
PELLOCK, -S *n* porpoise
PELLS ▸ **pell**
PELLUCID *adj* very clear
PELLUM, -S *n* dust
PELMA, -S *n* sole of the foot
PELMATIC ▸ **pelma**
PELMET, -S *n* ornamental drapery or board, concealing a curtain rail
PELOID, -S *n* mud used therapeutically
PELOLOGY *n* study of therapeutic uses of mud
PELON, -S *adj* hairless ▹ *n* hairless person or animal
PELORIA, -S *n* abnormal production of flowers in a plant
PELORIAN ▸ **peloria**
PELORIAS ▸ **peloria**
PELORIC ▸ **peloria**
PELORIES ▸ **pelory**
PELORISM *n* floral mutation
PELORUS *n* sighting device
PELORY, PELORIES *n* floral mutation
PELOTA, -S *n* game where players propel a ball against a wall
PELOTON, -S *n* main field of riders in a bicycle road race
PELS ▸ **pel**
PELT, -ED, -S *vb* throw missiles at ▹ *n* skin of a fur-bearing animal
PELTA, -E, -S *n* small ancient shield
PELTAST, -S *n* (in ancient Greece) lightly armed foot soldier
PELTATE *adj* (of leaves) having the stalk attached to the centre of the lower surface
PELTED ▸ **pelt**
PELTER, -ED, -S *vb* rain heavily

PELTING, -S ▸ **pelt**
PELTLESS ▸ **pelt**
PELTRY, PELTRIES *n* pelts of animals collectively
PELTS ▸ **pelt**
PELVES ▸ **pelvis**
PELVIC, -S *adj* of, near, or relating to the pelvis ▹ *n* pelvic bone
PELVIS, PELVES, -ES *n* framework of bones at the base of the spine
PEMBINA, -S *n* type of cranberry
PEMBROKE *n* small table
PEMICAN, -S *same as* ▸ **pemmican**
PEMMICAN *n* pressed cake of meat with fat and berries or dried fruits
PEMOLINE *n* mild stimulant
PEMPHIGI > **pemphigus**
PEMPHIX *n* type of crustacean
PEN, -NED, -NING, -S *n* instrument for writing in ink ▹ *vb* write or compose
PENAL *adj* of or used in punishment
PENALISE *same as* ▸ **penalize**
PENALITY ▸ **penal**
PENALIZE *vb* impose a penalty on
PENALLY ▸ **penal**
PENALTY *n* punishment for a crime or offence
PENANCE, -D, -S *n* voluntary self-punishment ▹ *vb* impose a penance upon (a sinner)
PENANG, -S *variant of* ▸ **pinang**
PENATES *pl n* household gods
PENCE ▸ **penny**
PENCEL, -S *n* small pennon
PENCHANT *n* inclination or liking
PENCIL, -ED, -S *n* thin cylindrical instrument for writing or drawing ▹ *vb* draw, write, or mark with a pencil
PENCILER ▸ **pencil**
PENCILS ▸ **pencil**
PENCRAFT *n* skill in writing
PEND, -ED, -S *vb* await judgment or settlement ▹ *n* archway or vaulted passage
PENDANT, -S *n* ornament worn on a chain round the neck
PENDED ▸ **pend**
PENDENCY ▸ **pendent**
PENDENT, -S *adj* hanging ▹ *n* pendant
PENDICLE *n* something dependent on another
PENDING *prep* while waiting for ▹ *adj* not yet decided or settled
PENDS ▸ **pend**
PENDU *adj* in informal Indian English, culturally backward
PENDULAR *adj* pendulous
PENDULE, -S *n* type of climbing manoeuvre
PENDULUM *same as* ▸ **pendule**
PENE, -D, PENING *variant of* ▸ **peen**
PENES ▸ **penis**
PENFOLD, -S *same as* ▸ **pinfold**
PENFUL, -S *n* contents of pen
PENGO, -S *n* former monetary unit of Hungary
PENGUIN, -S *n* flightless black-and-white sea bird
PENI *old spelling of* ▸ **penny**
PENIAL ▸ **penis**
PENICIL, -S *n* small pad for wounds
PENIE, -S *old spelling of* ▸ **penny**
PENILE *adj* of or relating to the penis
PENILL > **penillion**
PENING ▸ **pene**
PENIS, PENES, -ES *n* organ of copulation and urination in male mammals
PENITENT *adj* feeling sorry for having done wrong ▹ *n* someone who is penitent
PENK, -S *n* small fish
PENKNIFE *n* small knife with a blade that folds into the handle
PENKS ▸ **penk**
PENLIGHT *n* small thin flashlight
PENLIKE *adj* like a pen
PENLITE, -S *same as* ▸ **penlight**
PENMAN, PENMEN *n* person skilled in handwriting
PENNA, -E *n* large feather
PENNAL, -S *n* first-year student of Protestant university
PENNAME, -S *n* author's pseudonym
PENNANT, -S *same as* ▸ **pendant**
PENNATE *adj* having feathers, wings, or winglike structures
PENNATED *same as* ▸ **pennate**
PENNE, -S *n* pasta in the form of short tubes
PENNED ▸ **pen**
PENNEECH *n* card game
PENNEECK *same as* ▸ **penneech**
PENNER, -S *n* person who writes
PENNES ▸ **penne**
PENNI, -A, -S *n* former Finnish monetary unit
PENNIED *adj* having money
PENNIES ▸ **penny**
PENNILL *n* stanza in a Welsh poem
PENNINE, -S *n* mineral found in the Pennine Alps
PENNING ▸ **pen**
PENNIS ▸ **penni**
PENNON, -S *n* triangular or tapering flag
PENNONED *n* equipped with a pennon
PENNONS ▸ **pennon**
PENNY, PENCE, PENNIES *n* coin worth one hundredth of a pound
PENNYBOY *n* employee whose duties include menial tasks, such as running errands
PENNYFEE *n* small payment
PENOCHE, -S *n* type of fudge
PENOLOGY *n* study of punishment and prison management
PENONCEL *n* small narrow flag
PENPOINT *n* tip of pen
PENS ▸ **pen**
PENSEE, -S *n* thought put down on paper
PENSEL, -S *same as* ▸ **pencel**
PENSIL, -S *same as* ▸ **pencel**
PENSILE *adj* designating or building a hanging nest
PENSILS ▸ **pensil**
PENSION, -S *n* regular payment to people above a certain age, etc ▹ *vb* grant a pension to
PENSIONE, PENSIONI *n* Italian boarding house
PENSIONS ▸ **pension**
PENSIVE *adj* deeply thoughtful, often with a tinge of sadness
PENSTER, -S *n* writer
PENSTOCK *n* conduit that supplies water to a hydroelectric power plant
PENSUM, -S *n* school exercise
PENT, -S *n* penthouse

PENTACLE *same as* > **pentagram**
PENTACT, -S *n* sponge spicule with five rays
PENTAD, -S *n* group or series of five
PENTADIC ▸ **pentad**
PENTADS ▸ **pentad**
PENTAGON *n* geometric figure with five sides
PENTANE, -S *n* alkane hydrocarbon with three isomers
PENTANOL *n* colourless oily liquid
PENTARCH *n* member of pentarchy
PENTEL, -S *n* type of pen
PENTENE, -S *n* colourless flammable liquid alkene
PENTHIA, -S *n* child born fifth
PENTICE, -D, -S *vb* accommodate in a penthouse
PENTISE, -D, -S *same as* ▸ **pentice**
PENTITO, PENTITI *n* criminal who offers information to the police
PENTODE, -S *n* electronic valve having five electrodes
PENTOMIC *adj* denoting the subdivision of an army division into five battle groups
PENTOSAN *n* polysaccharide occurring in plants, humus, etc
PENTOSE, -S *n* monosaccharide containing five atoms of carbon per molecule
PENTROOF *n* lean-to
PENTS ▸ **pent**
PENTYL, -S *n* one of a particular chemical group
PENUCHE, -S *same as* ▸ **panocha**
PENUCHI, -S *same as* ▸ **panocha**
PENUCHLE *same as* ▸ **pinochle**
PENUCKLE *same as* ▸ **penuchle**
PENULT, -S *n* last syllable but one in a word
PENUMBRA *n* (in an eclipse) partially shadowed region which surrounds the full shadow
PENURY, PENURIES *n* extreme poverty
PENWIPER *n* something for cleaning the ink from a pen
PENWOMAN, PENWOMEN *n* female writer
PEON, -ES, -S *n* Spanish-American farm labourer or unskilled worker
PEONAGE, -S *n* state of being a peon
PEONES ▸ **peon**
PEONIES ▸ **peony**
PEONISM, -S *same as* ▸ **peonage**
PEONS ▸ **peon**
PEONY, PEONIES *n* garden plant
PEOPLE, -D, -S, PEOPLING *pl n* persons generally ▹ *vb* provide with inhabitants
PEOPLER, -S *n* settler
PEOPLES ▸ **people**
PEOPLING ▸ **people**
PEP, -PED, -PING, -S *n* high spirits, energy, or enthusiasm ▹ *vb* liven by imbuing with new vigour
PEPERINO *n* type of volcanic rock
PEPERONI *same as* > **pepperoni**
PEPFUL *adj* full of vitality
PEPINO, -S *n* purple-striped yellow fruit
PEPITA, -S *n* edible dried seed of a squash
PEPLA ▸ **peplum**
PEPLOS, -ES *n* part of a woman's attire in ancient Greece
PEPLUM, PEPLA, -S *same as* ▸ **peplos**
PEPLUMED ▸ **peplum**
PEPLUMS ▸ **peplum**
PEPLUS, -ES *same as* ▸ **peplos**
PEPO, -S *n* fruit such as the melon, squash, cucumber, or pumpkin
PEPONIDA *variant of* ▸ **pepo**
PEPONIUM *variant of* ▸ **pepo**
PEPOS ▸ **pepo**
PEPPED ▸ **pep**
PEPPER, -ED, -S *n* sharp hot condiment ▹ *vb* season with pepper
PEPPERER ▸ **pepper**
PEPPERS ▸ **pepper**
PEPPERY *adj* tasting of pepper
PEPPIER ▸ **peppy**
PEPPIEST ▸ **peppy**
PEPPILY ▸ **peppy**
PEPPING ▸ **pep**
PEPPY, PEPPIER, PEPPIEST *adj* full of vitality
PEPS ▸ **pep**
PEPSI, -S *n* (tradename) brand of soft drink
PEPSIN, -S *n* enzyme produced in the stomach
PEPSINE, -S *same as* ▸ **pepsin**
PEPSINS ▸ **pepsin**
PEPSIS ▸ **pepsi**
PEPTALK, -S *n* talk meant to inspire ▹ *vb* give a peptalk to
PEPTIC, -S *adj* relating to digestion or the digestive juices ▹ *n* substance that aids digestion
PEPTID, -S *variant of* ▸ **peptide**
PEPTIDE, -S *n* organic chemical compound
PEPTIDIC *adj* of peptides
PEPTIDS ▸ **peptid**
PEPTISE, -D, -S *same as* ▸ **peptize**
PEPTISER ▸ **peptise**
PEPTISES ▸ **peptise**
PEPTIZE, -D, -S *vb* disperse into a colloidal state
PEPTIZER ▸ **peptize**
PEPTIZES ▸ **peptize**
PEPTONE, -S *n* any of a group of organic compounds
PEPTONIC ▸ **peptone**
PEQUISTE *n* in Canada, member or supporter of the Parti Québécois
PER *prep* for each
PERACID, -S *n* acid in which the element forming the acid radical exhibits its highest valency
PERACUTE *adj* very acute
PERAEON, PERAEA, -S *same as* ▸ **pereion**
PERAI, -S *another name for* ▸ **piranha**
PERBORIC *adj* as in perboric acid
PERC, -S *n* perchloride
PERCALE, -S *n* close-textured woven cotton fabric
PERCASE *adv* perchance
PERCE, -D, -N, -S, PERCING *obsolete word for* ▸ **pierce**
PERCEANT *adj* piercing
PERCED ▸ **perce**
PERCEIVE *vb* become aware of (something) through the senses
PERCEN ▸ **perce**
PERCENT, -S *n* percentage or proportion
PERCEPT, -S *n* concept that depends on recognition of some external object or phenomenon
PERCES ▸ **perce**
PERCH, -ED, -ES, -ING *n* resting place for a bird ▹ *vb* alight, rest, or place on or as if on a perch
PERCHER, -S ▸ **perch**

P

PERCHERY *n* barn in which hens are allowed to move without restriction
PERCHES ▸ **perch**
PERCHING ▸ **perch**
PERCID, -S *n* type of freshwater fish
PERCINE, -S *adj* of perches ▹ *n* type of perch-like fish
PERCING ▸ **perce**
PERCOCT, -S *adj* well-cooked ▹ *vb* cook thoroughly
PERCOID, -S *n* type of spiny-finned teleost fish
PERCOLIN *n* pain-relieving drug
PERCS ▸ **perc**
PERCUSS *vb* strike sharply, rapidly, or suddenly
PERDENDO *adj* (of music) getting gradually quieter and slower
PERDIE *adv* certainly
PERDU, -S *adj* (of a soldier) placed on hazardous sentry duty ▹ *n* soldier placed on hazardous sentry duty
PERDUE, -S *same as* ▸ **perdu**
PERDURE, -D, -S *vb* last for long time
PERDUS ▸ **perdu**
PERDY *adv* certainly
PERE, -S *n* addition to a French surname to specify the father
PEREA ▸ **pereon**
PEREGAL, -S *adj* equal ▹ *n* equal
PEREGRIN *variant spelling of* > **peregrine**
PEREION, PEREIA, -S *n* thorax of some crustaceans
PEREIRA, -S *n* bark of a South American apocynaceous tree
PERENTIE *n* large dark-coloured Australian monitor lizard
PERENTY *same as* ▸ **perentie**
PEREON, PEREA, -S *same as* ▸ **pereion**
PEREOPOD *same as* > **pereiopod**
PERES ▸ **pere**
PERFAY *interj* by my faith
PERFECT, -S *adj* having all the essential elements ▹ *n* perfect tense ▹ *vb* improve
PERFECTA *n* bet on the order of the first and second in a race
PERFECTI *n* ascetic group of elite Cathars
PERFECTO *n* large cigar that is tapered from both ends
PERFECTS ▸ **perfect**
PERFET *obsolete variant of* ▸ **perfect**
PERFIDY *n* perfidious act
PERFIN, -S *former name for* ▸ **spif**
PERFING, -S *n* practice of taking early retirement from the police force
PERFINS ▸ **perfin**
PERFORCE *adv* of necessity
PERFORM, -S *vb* carry out (an action)
PERFUME, -D, -S *n* liquid cosmetic worn for its pleasant smell ▹ *vb* give a pleasant smell to
PERFUMER *n* person who makes or sells perfume
PERFUMES ▸ **perfume**
PERFUMY *adj* like perfume
PERFUSE, -D, -S *vb* permeate through or over
PERGOLA, -S *n* framework of trellis supporting climbing plants
PERHAPS *adv* possibly, maybe ▹ *sentence substitute* it may happen, be so, etc ▹ *n* something that might have happened
PERI, -S *n* (in Persian folklore) one of a race of beautiful supernatural beings
PERIAGUA *n* dugout canoe
PERIANTH *n* outer part of a flower
PERIAPT, -S *n* charm or amulet
PERIBLEM *n* layer of meristematic tissue in stems and roots that gives rise to the cortex
PERIBOLI > **peribolos**
PERICARP *n* part of a fruit enclosing the seed that develops from the wall of the ovary
PERICON *n* Argentinian dance
PERICOPE *n* selection from a book, esp a passage from the Bible read at religious services
PERIDERM *n* outer corky protective layer of woody stems and roots
PERIDIA ▸ **peridium**
PERIDIAL ▸ **peridium**
PERIDIUM, PERIDIA *n* distinct outer layer of the spore-bearing organ in many fungi
PERIDOT, -S *n* pale green transparent gemstone
PERIDOTE *same as* ▸ **peridot**
PERIDOTS ▸ **peridot**
PERIGEAL ▸ **perigee**
PERIGEAN ▸ **perigee**
PERIGEE, -S *n* point in the orbit of the moon or a satellite that is nearest the earth
PERIGON, -S *n* angle of 360°
PERIGONE *n* part enclosing the essential organs of a flower
PERIGONS ▸ **perigon**
PERIGYNY *n* condition of having the stamens and other floral parts at the same level as the carpels
PERIL, -ED, -ING, -LED, -S *n* great danger ▹ *vb* expose to danger
PERILLA, -S *n* type of mint
PERILLED ▸ **peril**
PERILOUS *adj* very hazardous or dangerous
PERILS ▸ **peril**
PERILUNE *n* point in a lunar orbit when a spacecraft launched from the moon is nearest the moon
PERINEA ▸ **perineum**
PERINEAL ▸ **perineum**
PERINEUM, PERINEA *n* region of the body between the anus and the genitals
PERIOD, -ED, -S *n* particular portion of time ▹ *adj* (of furniture, dress, a play, etc) dating from or in the style of an earlier time ▹ *vb* divide into periods
PERIODIC *adj* recurring at intervals
PERIODID *n* kind of iodide
PERIODS ▸ **period**
PERIOST, -S *n* thick fibrous two-layered membrane covering the surface of bones
PERIOTIC *adj* of or relating to the structures situated around the internal ear ▹ *n* periotic bone
PERIPETY *n* abrupt turn of events or reversal of circumstances
PERIPLUS *n* circumnavigation
PERIPTER *n* type of ancient temple
PERIQUE, -S *n* strong highly flavoured tobacco
PERIS ▸ **peri**
PERISARC *n* outer chitinous layer secreted by colonial hydrozoan coelenterates
PERISH, -ES *vb* be destroyed or die

P

PERISHED *adj* (of a person, part of the body, etc) extremely cold
PERISHER *n* mischievous person
PERISHES ▶ **perish**
PERITUS, PERITI *n* Catholic theology consultant
PERIWIG, -S *same as* ▶ **peruke**
PERJINK *adj* prim or finicky
PERJURE, -S *vb* render (oneself) guilty of perjury
PERJURED *adj* having sworn falsely
PERJURER ▶ **perjure**
PERJURES ▶ **perjure**
PERJURY *n* act or crime of lying while under oath in a court
PERK, -ED, -ING, -S *n* incidental benefit gained from a job, such as a company car ▷ *adj* pert ▷ *vb* (of coffee) percolate
PERKIER ▶ **perky**
PERKIEST ▶ **perky**
PERKILY ▶ **perky**
PERKIN, -S *same as* ▶ **parkin**
PERKING ▶ **perk**
PERKINS ▶ **perkin**
PERKISH *adj* perky
PERKS ▶ **perk**
PERKY, PERKIER, PERKIEST *adj* lively or cheerful
PERLITE, -S *n* variety of obsidian
PERLITIC ▶ **perlite**
PERLOUS *same as* ▶ **perilous**
PERM, -ED, -ING, -S *n* long-lasting curly hairstyle ▷ *vb* give (hair) a perm
PERMATAN *n* permanent tan, esp artificial
PERMEANT > **permeance**
PERMEASE *n* carrier protein
PERMEATE *vb* pervade or pass through the whole of (something)
PERMED ▶ **perm**
PERMIAN *adj* of, denoting, or formed in the last period of the Palaeozoic era
PERMIE, -S *n* person, esp an office worker, employed by a firm on a permanent basis
PERMING ▶ **perm**
PERMIT, -S *vb* give permission, allow ▷ *n* document giving permission to do something
PERMS ▶ **perm**
PERMUTE, -D, -S *vb* change the sequence of
PERN, -ED, -ING, -S *n* type of buzzard ▷ *vb* spin
PERNANCY *n* receiving of rents
PERNED ▶ **pern**
PERNING ▶ **pern**
PERNIO *n* chilblain
PERNOD, -S *n* aniseed-flavoured aperitif from France
PERNS ▶ **pern**
PEROG, -EN, -S *same as* ▶ **pirog**
PEROGI, -ES, -S *n* type of Polish dumpling
PEROGIE *same as* ▶ **perogi**
PEROGIES ▶ **perogi**
PEROGIS ▶ **perogi**
PEROGS ▶ **perog**
PEROGY *same as* ▶ **perogi**
PERONE, -S *n* fibula
PERONEAL *adj* of or relating to the fibula or the outer side of the leg
PERONEI ▶ **peroneus**
PERONES ▶ **perone**
PERONEUS, PERONEI *n* lateral muscle of the leg
PERORAL *adj* administered through mouth
PERORATE *vb* speak at length, esp in a formal manner
PEROXID, -S *variant of* ▶ **peroxide**
PEROXIDE *n* hydrogen peroxide used as a hair bleach ▷ *adj* bleached with or resembling peroxide ▷ *vb* bleach (the hair) with peroxide
PEROXIDS ▶ **peroxid**
PEROXO *n* type of acid
PEROXY *adj* containing the peroxide group
PERP, -S *n* someone who has committed a crime
PERPEND, -S *n* large stone that passes through a wall from one side to the other ▷ *vb* ponder
PERPENT, -S *same as* ▶ **perpend**
PERPLEX *vb* puzzle, bewilder
PERPS ▶ **perp**
PERRADII > **perradius**
PERRIER, -S *n* short mortar
PERRIES ▶ **perry**
PERRON, -S *n* external flight of steps
PERRUQUE *old spelling of* ▶ **peruke**
PERRY, PERRIES *n* alcoholic drink made from fermented pears
PERSALT, -S *n* any salt of a peracid
PERSANT *adj* piercing
PERSAUNT *adj* piercing
PERSE, -S, PERSING *old variant of* ▶ **pierce**
PERSEITY *n* quality of having substance independently of real objects
PERSES ▶ **perse**
PERSICO, -S *same as* ▶ **persicot**
PERSICOT *n* cordial made from apricots
PERSING ▶ **perse**
PERSIST, -S *vb* continue to be or happen, last
PERSON, -S *n* human being
PERSONA, -E, -S *n* someone's personality as presented to others
PERSONAL *adj* individual or private ▷ *n* item of movable property
PERSONAS ▶ **persona**
PERSONS ▶ **person**
PERSPEX *n* any of various clear acrylic resins
PERSPIRE *vb* sweat
PERSPIRY *adj* perspiring
PERST *adj* perished
PERSUADE *vb* make (someone) do something by argument, charm, etc
PERSUE, -D, -S, PERSUING *obsolete form of* ▶ **pursue**
PERSWADE *obsolete form of* ▶ **persuade**
PERT, -ER, -EST, -S *adj* saucy and cheeky ▷ *n* pert person
PERTAIN, -S *vb* belong or be relevant (to)
PERTAKE, -N, -S, PERTOOK *obsolete form of* ▶ **partake**
PERTER ▶ **pert**
PERTEST ▶ **pert**
PERTHITE *n* type of feldspar
PERTLY ▶ **pert**
PERTNESS ▶ **pert**
PERTOOK ▶ **pertake**
PERTS ▶ **pert**
PERTURB, -S *vb* disturb greatly
PERTUSE *adj* having holes
PERTUSED *adj* having holes
PERUKE, -S *n* wig for men worn in the 17th and 18th centuries
PERUKED *adj* wearing wig
PERUKES ▶ **peruke**
PERUSAL, -S ▶ **peruse**
PERUSE, -D, -S, PERUSING *vb* read in a careful or leisurely manner
PERUSER, -S ▶ **peruse**
PERUSES ▶ **peruse**

PERUSING ▸ **peruse**
PERVADE, -D, -S *vb* spread right through (something)
PERVADER ▸ **pervade**
PERVADES ▸ **pervade**
PERVERSE *adj* deliberately doing something different from what is thought normal or proper
PERVERT, -S *vb* use or alter for a wrong purpose
PERVIATE *vb* perforate or burrow
PERVIOUS *adj* able to be penetrated, permeable
PES, PEDES *n* animal part corresponding to the foot
PESADE, -S *n* position in which the horse stands on the hind legs with the forelegs in the air
PESANT, -S *obsolete spelling of* ▸ **peasant**
PESANTE *adv* to be performed clumsily
PESANTS ▸ **pesant**
PESAUNT, -S *obsolete spelling of* ▸ **peasant**
PESETA, -S *n* former monetary unit of Spain
PESEWA, -S *n* Ghanaian monetary unit
PESHWA, -S *same as* ▸ **peishwa**
PESKIER ▸ **pesky**
PESKIEST ▸ **pesky**
PESKILY ▸ **pesky**
PESKY, PESKIER, PESKIEST *adj* troublesome
PESO, -S *n* monetary unit of Argentina, Mexico, etc
PESSIMA *n* lowest point
PESSIMAL *adj* (of animal's environment) least favourable for survival
PESSIMUM *same as* ▸ **pessimal**
PEST, -S *n* annoying person
PESTER, -ED, -S *vb* annoy or nag continually
PESTERER ▸ **pester**
PESTERS ▸ **pester**
PESTFUL *adj* causing annoyance
PESTHOLE *n* breeding ground for disease
PESTIER ▸ **pesty**
PESTIEST ▸ **pesty**
PESTLE, -D, -S, PESTLING *n* club-shaped implement for grinding ▹ *vb* pound with or as if with a pestle
PESTO, -S *n* sauce for pasta
PESTS ▸ **pest**
PESTY, PESTIER, PESTIEST *adj* persistently annoying
PET, -S, -TED *n* animal kept for pleasure and companionship ▹ *adj* kept as a pet ▹ *vb* treat as a pet
PETABYTE *n* in computing, 10^{15} or 2^{50} bytes
PETAFLOP *n* (in computing) unit of processing speed
PETAL, -S *n* one of the brightly coloured outer parts of a flower
PETALED ▸ **petal**
PETALINE ▸ **petal**
PETALISM *n* ostracism in ancient Syracuse
PETALLED ▸ **petal**
PETALODY *n* condition in which stamens or other flower parts assume the form and function of petals
PETALOID *adj* resembling a petal, esp in shape
PETALOUS *adj* bearing or having petals
PETALS ▸ **petal**
PETANQUE *n* French game similar to bowls
PETAR, -S *obsolete variant of* ▸ **petard**
PETARA, -S *n* clothes basket
PETARD, -S *n* device containing explosives
PETARIES ▸ **petary**
PETARS ▸ **petar**
PETARY, PETARIES *n* weapon for hurling stones
PETASOS *same as* ▸ **petasus**
PETASUS *n* broad-brimmed hat worn by the ancient Greeks
PETCHARY *n* type of kingbird
PETCOCK, -S *n* small valve
PETECHIA *n* small discoloured spot on the skin
PETER, -ED, -ING, -S *vb* fall (off) in volume, intensity, etc, and finally cease ▹ *n* act of petering
PETERMAN, PETERMEN *n* burglar skilled in safe-breaking
PETERS ▸ **peter**
PETHER, -S *old variant of* ▸ **pedlar**
PETIOLAR ▸ **petiole**
PETIOLE, -S *n* stalk which attaches a leaf to a plant
PETIOLED ▸ **petiole**
PETIOLES ▸ **petiole**
PETIT *adj* of little or lesser importance
PETITE, -S *adj* (of a woman) small and dainty ▹ *n* clothing size for small women
PETITIO, -S *n* as in petitio principii, a form of fallacious reasoning
PETITION *n* formal request, esp one signed by many people and presented to parliament ▹ *vb* present a petition to
PETITIOS ▸ **petitio**
PETITORY *adj* soliciting
PETNAP, -S *vb* steal pet
PETNAPER ▸ **petnap**
PETNAPS ▸ **petnap**
PETRALE, -S *n* type of sole
PETRARY *n* weapon for hurling stones
PETRE, -S *same as* > **saltpetre**
PETREL, -S *n* sea bird with a hooked bill and tubular nostrils
PETRES ▸ **petre**
PETRI *n* as in **petri dish** shallow glass dish used for cultures of bacteria
PETRIFIC *adj* petrifying
PETRIFY *vb* frighten severely
PETROL, -S *n* flammable liquid obtained from petroleum ▹ *vb* supply with petrol
PETROLIC *adj* of, relating to, containing, or obtained from petroleum
PETROLS ▸ **petrol**
PETRONEL *n* obsolete cavalry firearm
PETROSAL *adj* of the dense part of the temporal bone that surrounds the inner ear ▹ *n* petrosal bone
PETROUS *adj* denoting the dense part of the temporal bone around the inner ear
PETS ▸ **pet**
PETSAI, -S *n* Chinese cabbage
PETTABLE ▸ **pet**
PETTED ▸ **pet**
PETTEDLY ▸ **pet**
PETTER, -S ▸ **pet**
PETTI, -ES, -S *n* petticoat
PETTIER ▸ **petty**
PETTIES ▸ **petti**
PETTIEST ▸ **petty**
PETTIFOG *vb* quibble or fuss over details
PETTILY ▸ **petty**
PETTING, -S ▸ **pet**
PETTIS ▸ **petti**
PETTISH *adj* peevish or fretful
PETTLE, -D, -S, PETTLING *vb* pat animal
PETTO *n* breast of an animal

P

PETTY, PETTIER, PETTIEST *adj* unimportant, trivial
PETULANT *adj* childishly irritable or peevish
PETUNIA, -S *n* garden plant with funnel-shaped flowers
PETUNTSE *n* fusible feldspathic mineral used in hard-paste porcelain
PETUNTZE *same as* ▸ **petuntse**
PEW, -S *n* fixed benchlike seat in a church
PEWEE, -S *n* small N American flycatcher
PEWIT, -S *another name for* ▸ **lapwing**
PEWS ▸ **pew**
PEWTER, -S *n* greyish metal made of tin and lead
PEWTERER ▸ **pewter**
PEWTERS ▸ **pewter**
PEWTERY *adj* of or like pewter
PEYOTE, -S *another name for* ▸ **mescal**
PEYOTISM *n* ritual use of peyote
PEYOTIST *n* person who uses peyote
PEYOTL, -S *same as* ▸ **peyote**
PEYSE, -D, -S, PEYSING *vb* weight or poise
PEYTRAL, -S *same as* ▸ **peytrel**
PEYTREL, -S *n* breastplate of horse's armour
PEZANT, -S *obsolete spelling of* ▸ **peasant**
PEZIZOID *adj* having cup-like form
PFENNIG, -E, -S *n* former German monetary unit
PFENNING *old variant of* ▸ **pfennig**
PFFT *interj* sound indicating sudden disappearance of something
PFUI *interj* phooey
PHABLET, -S *n* type of handheld personal computer
PHACELIA *n* plant grown for its large, deep blue bell flowers
PHACOID *adj* lentil- or lens-shaped
PHAEIC *adj* (of animals) having dusky coloration
PHAEISM, -S ▸ **phaeic**
PHAETON, -S *n* light four-wheeled horse-drawn carriage
PHAGE, -S *n* parasitic virus that destroys its host
PHALANGE *another name for* ▸ **phalanx**
PHALANX *n* closely grouped mass of people
PHALLI ▸ **phallus**
PHALLIC *adj* of or resembling a penis
PHALLIN, -S *n* poisonous substance from mushroom
PHALLOID *adj* resembling a penis
PHALLUS, PHALLI *n* penis
PHANG, -ED, -ING, -S *old variant spelling of* ▸ **fang**
PHANTASM *n* unreal vision, illusion
PHANTAST *same as* ▸ **fantast**
PHANTASY *same as* ▸ **fantasy**
PHANTOM, -S *n* ghost ▹ *adj* deceptive or unreal
PHANTOMY *adj* of phantoms
PHARAOH, -S *n* ancient Egyptian king
PHARE, -S *n* beacon tower
PHARISEE *n* self-righteous or hypocritical person
PHARM, -ED, -S *vb* redirect (a website user) to another, bogus website
PHARMA, -S *n* pharmaceutical companies considered together as an industry
PHARMACY *n* preparation and dispensing of drugs and medicines
PHARMAS ▸ **pharma**
PHARMED ▸ **pharm**
PHARMER, -S *n* person who pharms
PHARMING *n* rearing or growing genetically modified animals or plants in order to develop pharmaceuticals
PHARMS ▸ **pharm**
PHAROS, -ES *n* lighthouse
PHARYNX *n* cavity forming the back part of the mouth
PHASE, -D, -S *n* distinct or characteristic stage in a development or chain of events ▹ *vb* arrange or carry out in stages
PHASEAL ▸ **phase**
PHASED ▸ **phase**
PHASEOUT *n* gradual reduction
PHASER, -S *n* type of science-fiction weapon
PHASES ▸ **phase**
PHASIC ▸ **phase**
PHASING, -S *n* effect achieved by varying the phase relationship of two similar audio signals
PHASIS *another word for* ▸ **phase**
PHASMID, -S *n* stick insect or leaf insect
PHASOR, -S *n* rotating vector representing a quantity that varies sinusoidally
PHAT, -TER, -TEST *adj* terrific
PHATIC *adj* (of speech) used to express sociability rather than specific meaning
PHATTER ▸ **phat**
PHATTEST ▸ **phat**
PHEASANT *n* game bird with bright plumage
PHEAZAR, -S *old variant of* ▸ **vizier**
PHEER, -S *same as* ▸ **fere**
PHEERE, -S *same as* ▸ **fere**
PHEERS ▸ **pheer**
PHEESE, -D, -S, PHEESING *vb* worry
PHEEZE, -D, -S, PHEEZING *same as* ▸ **pheese**
PHELLEM, -S *technical name for* ▸ **cork**
PHELLOID *adj* like cork
PHELONIA > **phelonion**
PHENATE, -S *n* ester or salt of phenol
PHENAZIN *same as* > **phenazine**
PHENE, -S *n* genetically determined characteristic of organism
PHENETIC > **phenetics**
PHENETOL *same as* > **phenetole**
PHENGITE *n* type of alabaster
PHENIC *adj* of phenol
PHENIX, -ES *same as* ▸ **phoenix**
PHENOGAM *same as* > **phaenogam**
PHENOL, -S *n* chemical used in disinfectants and antiseptics
PHENOLIC *adj* of, containing, or derived from phenol ▹ *n* derivative of phenol
PHENOLS ▸ **phenol**
PHENOM, -S *n* person or thing of outstanding abilities
PHENOME, -S *n* full complement of phenotypical traits of an organism, species, etc
PHENOMS ▸ **phenom**
PHENOXY *modifier* as in **phenoxy resin** any of a class of resins derived from polyhydroxy ethers

PHENYL, -S *n* chemical substance
PHENYLIC ▸**phenyl**
PHENYLS ▸**phenyl**
PHEON, -S *n* barbed iron head of dart
PHERESIS, PHERESES *n* specialized form of blood donation
PHESE, -D, -S, PHESING *same as* ▸**pheese**
PHEW *interj* exclamation of relief, surprise, etc
PHI, -S *n* 21st letter in the Greek alphabet
PHIAL, -LED, -S *n* small bottle for medicine etc ▹*vb* put in phial
PHILABEG *same as* ▸**filibeg**
PHILAMOT *variant of* ▸**filemot**
PHILIBEG *variant spelling of* ▸**filibeg**
PHILOMEL *n* nightingale
PHILOMOT *n* colour of dead leaf
PHILTER, -S *same as* ▸**philtre**
PHILTRA ▸**philtrum**
PHILTRE, -D, -S *n* magic drink supposed to arouse love in the person who drinks it ▹*vb* mix with love potion
PHILTRUM, PHILTRA *n* indentation above the upper lip
PHINNOCK *variant spelling of* ▸**finnock**
PHIS ▸**phi**
PHISH, -ED, -ES *vb* engage in phishing
PHISHER, -S *n* person who phishes
PHISHES ▸**phish**
PHISHING *n* internet fraud to extract personal and financial details
PHISNOMY *n* physiognomy
PHIZ, -ES, -ZES *n* face or a facial expression
PHIZOG, -S *same as* ▸**phiz**
PHIZZ *n* face
PHIZZES ▸**phiz**
PHLEGM, -S *n* thick yellowish substance formed in the nose and throat during a cold
PHLEGMON *n* inflammatory mass that may progress to abscess
PHLEGMS ▸**phlegm**
PHLEGMY ▸**phlegm**
PHLOEM, -S *n* plant tissue that acts as a path for the distribution of food
PHLOMIS *n* plant of Phlomis genus
PHLOX, -ES *n* flowering garden plant
PHO, -S *n* Vietnamese noodle soup
PHOBIA, -S *n* intense and unreasoning fear or dislike
PHOBIC, -S *adj* of, relating to, or arising from a phobia ▹*n* person suffering from a phobia
PHOBISM, -S *n* phobia
PHOBIST, -S ▸**phobism**
PHOCA, -E, -S *n* genus of seals
PHOCINE *adj* of, relating to, or resembling a seal
PHOEBE, -S *n* greyish-brown North American flycatcher
PHOEBUS *n* sun
PHOENIX *n* legendary bird said to set fire to itself and rise anew from its ashes
PHOH *variant of* ▸**foh**
PHOLAS, PHOLADES *n* type of bivalve mollusc
PHON, -S *n* unit of loudness
PHONAL *adj* relating to voice
PHONATE, -D, -S *vb* articulate speech sounds
PHONE, -D, -S, PHONING *vb* telephone ▹*n* single uncomplicated speech sound
PHONECAM *n* digital camera incorporated in a mobile phone
PHONED ▸**phone**
PHONEME, -S *n* one of the set of speech sounds in a language
PHONEMIC *adj* of or relating to the phoneme
PHONER, -S *n* person making a telephone call
PHONES ▸**phone**
PHONETIC *adj* of speech sounds
PHONEY, -ED, -S *adj* not genuine ▹*n* phoney person or thing ▹*vb* fake
PHONIC ▸**phonics**
PHONICS *n* method of teaching people to read
PHONIED ▸**phony**
PHONIER ▸**phony**
PHONIES ▸**phony**
PHONIEST ▸**phony**
PHONILY ▸**phony**
PHONING ▸**phone**
PHONO, -S *n* phonograph
PHONON, -S *n* quantum of vibrational energy
PHONOS ▸**phono**
PHONS ▸**phon**
PHONY, PHONIED, PHONIER, PHONIES, PHONIEST, -ING *vb* fake
PHOOEY *interj* exclamation of scorn or contempt
PHORATE, -S *n* type of insecticide
PHORESY *n* association in which one animal clings to another to ensure movement from place to place
PHORETIC *adj* relating to phoresy
PHORMINX *n* ancient Greek stringed instrument
PHORMIUM *n* New Zealand plant
PHORONID *n* small wormlike marine animal
PHOS ▸**pho**
PHOSGENE *n* poisonous gas used in warfare
PHOSPHID *same as* >**phosphide**
PHOSPHIN *same as* >**phosphine**
PHOSPHOR *n* synthetic fluorescent or phosphorescent substance
PHOSSY *adj* as in **phossy jaw** gangrenous condition of the lower jawbone
PHOT, -S *n* unit of illumination
PHOTIC *adj* of or concerned with light
PHOTICS *n* science of light
PHOTINIA *n* genus of garden plants
PHOTINO, -S *n* hypothetical elementary particle
PHOTISM, -S *n* sensation of light or colour caused by stimulus of another sense
PHOTO, -ED, -ING, -S *n* photograph ▹*vb* take a photograph of
PHOTOFIT *n* combining of photographs of facial features into a composite picture of a face
PHOTOG, -S *n* photograph
PHOTOGEN *same as* >**photogene**
PHOTOGS ▸**photog**
PHOTOING ▸**photo**
PHOTOMAP *n* map constructed by adding grid lines, place names, etc, to aerial photographs ▹*vb* map (an area) using aerial photography
PHOTON, -S *n* quantum of electromagnetic radiation energy
PHOTONIC ▸**photon**
PHOTONS ▸**photon**

P

PHOTOPIA *n* normal adaptation of the eye to light
PHOTOPIC ▸ **photopia**
PHOTOPSY *same as* > **photopsia**
PHOTOS ▸ **photo**
PHOTOSET *vb* set (type matter) by photosetting
PHOTS ▸ **phot**
PHPHT *interj* expressing irritation or reluctance
PHRASAL *adj* of, relating to, or composed of phrases
PHRASE, -D, -S *n* group of words forming a unit of meaning, esp within a sentence ▹ *vb* express in words
PHRASER, -S ▸ **phrase**
PHRASES ▸ **phrase**
PHRASIER ▸ **phrasy**
PHRASING *n* exact words used to say or write something
PHRASY, PHRASIER *adj* containing phrases
PHRATRAL ▸ **phratry**
PHRATRIC ▸ **phratry**
PHRATRY *n* group of people within a tribe who have a common ancestor
PHREAK, -ED, -S *vb* hack into a telecommunications system
PHREAKER ▸ **phreak**
PHREAKS ▸ **phreak**
PHREATIC *adj* of or relating to ground water occurring below the water table
PHRENIC, -S *adj* of or relating to the diaphragm ▹ *n* (a nerve, blood vessel, etc) located in the diaphragm
PHRENISM *n* belief in non-physical life force
PHRENSY *obsolete spelling of* ▸ **frenzy**
PHRYGANA *another name for* ▸ **garigue**
PHT *same as* ▸ **phpht**

It is easy to overlook this little word, that may offer a way out when your rack seems hopelessly clogged with consonants.

PHTHALIC *adj* as in **phthalic anhydride** white crystalline substance used mainly in producing dyestuffs
PHTHALIN *n* colourless compound formed by reduction of phthalein
PHTHISES ▸ **phthisis**
PHTHISIC *adj* relating to or affected with phthisis ▹ *n* person suffering from phthisis
PHTHISIS, PHTHISES *n* any disease that causes wasting of the body, esp pulmonary tuberculosis
PHUT, -S, -TED, -TING *vb* make muffled explosive sound
PHWOAH *same as* ▸ **phwoar**
PHWOAR *interj* expression of attraction
PHYLA ▸ **phylum**
PHYLAE ▸ **phyle**
PHYLAR ▸ **phylum**
PHYLARCH *n* chief of tribe
PHYLAXIS *n* protection against infection
PHYLE, PHYLAE *n* tribe or clan of an ancient Greek people
PHYLESIS, PHYLESES *n* evolutionary events that modify taxon without causing speciation
PHYLETIC *adj* of or relating to the evolution of a species or group of organisms
PHYLIC ▸ **phyle**
PHYLLARY *n* bract subtending flower head of composite plant
PHYLLID, -S *n* leaf of a liverwort or moss
PHYLLITE *n* compact lustrous metamorphic rock
PHYLLO, -S *variant of* ▸ **filo**
PHYLLODE *n* flattened leafstalk that resembles and functions as a leaf
PHYLLODY *n* abnormal development of leaves from parts of flower
PHYLLOID *adj* resembling a leaf ▹ *n* leaf-like organ
PHYLLOME *n* leaf or a leaflike organ
PHYLLOS ▸ **phyllo**
PHYLON *n* tribe
PHYLUM, PHYLA *n* major taxonomic division of animals and plants
PHYSALIA *n* Portuguese man-of-war
PHYSALIS *n* strawberry tomato
PHYSED, -S *n* physical education
PHYSES ▸ **physis**
PHYSETER *n* machine for filtering
PHYSIC *n* medicine or drug, esp a cathartic or purge ▹ *vb* treat (a patient) with medicine
PHYSICAL *adj* of the body, as contrasted with the mind or spirit
PHYSICKY ▸ **physic**
PHYSICS *n* science of the properties of matter and energy
PHYSIO, -S *n* physiotherapist
PHYSIQUE *n* person's bodily build and muscular development
PHYSIS, PHYSES *n* part of bone responsible for lengthening
PHYTANE, -S *n* hydrocarbon found in fossilised plant remains
PHYTIN, -S *n* substance from plants used as an energy supplement
PHYTOID *adj* resembling plant
PHYTOL, -S *n* alcohol used to synthesize some vitamins
PHYTON, -S *n* unit of plant structure
PHYTONIC ▸ **phyton**
PHYTONS ▸ **phyton**
PHYTOSIS, PHYTOSES *n* disease caused by vegetable parasite
PI, -ED, -ING, -S *n* sixteenth letter in the Greek alphabet ▹ *vb* spill and mix (set type) indiscriminately
PIA, -S *n* innermost of the three membranes that cover the brain and the spinal cord
PIACULAR *adj* making expiation for a sacrilege
PIAFFE, -D, -S, PIAFFING *n* passage done on the spot ▹ *vb* strut on the spot
PIAFFER, -S ▸ **piaffe**
PIAFFES ▸ **piaffe**
PIAFFING ▸ **piaffe**
PIAL *adj* relating to pia mater
PIAN, -S *n* contagious tropical skin disease
PIANETTE *n* small piano
PIANI ▸ **piano**
PIANIC *adj* of piano
PIANINO, -S *n* small upright piano
PIANISM, -S *n* technique, skill, or artistry in playing the piano
PIANIST, -S *n* person who plays the piano
PIANISTE *variant of* ▸ **pianist**
PIANISTS ▸ **pianist**
PIANO, PIANI, -S *n* musical instrument with strings which are struck by hammers worked by a keyboard ▹ *adv* quietly
PIANOLA, -S *n* type of player piano
PIANOS ▸ **piano**

P

PIANS ▸ **pian**
PIARIST, -S *n* member of a Roman religious order
PIAS ▸ **pia**
PIASABA, -S *same as* ▸ **piassava**
PIASAVA, -S *same as* ▸ **piassava**
PIASSABA *same as* ▸ **piassava**
PIASSAVA *n* South American palm tree
PIASTER, -S *same as* ▸ **piastre**
PIASTRE, -S *n* fractional monetary unit of Egypt, Lebanon, Sudan, South Sudan, and Syria
PIAZZA, -S, PIAZZE *n* square or marketplace, esp in Italy
PIAZZIAN ▸ **piazza**
PIBAL, -S *n* method of measuring wind
PIBROCH, -S *n* form of bagpipe music
PIC, -S *n* photograph or illustration
PICA, -S *n* abnormal craving to ingest substances
PICACHO, -S *n* pointed solitary mountain
PICADOR, -S *n* mounted bullfighter with a lance
PICAL *adj* relating to pica
PICAMAR, -S *n* hydrocarbon extract of beechwood tar
PICANTE *adj* spicy
PICARA, -S *n* female adventurer
PICARIAN *n* tree-haunting bird
PICARO, -S *n* roguish adventurer
PICAROON *n* adventurer or rogue
PICAROS ▸ **picaro**
PICAS ▸ **pica**
PICAYUNE *adj* of small value or importance ▹ *n* any coin of little value, such as a five-cent piece
PICCATA, -S *adj* sautéed and served in a lemon sauce ▹ *n* dish of food sautéed and served in a lemon sauce
PICCIES ▸ **piccy**
PICCOLO, -S *n* small flute
PICCY, PICCIES *n* picture or photograph
PICE *n* former Indian coin worth one sixty-fourth of a rupee
PICENE, -S *n* type of hydrocarbon
PICEOUS *adj* of, relating to, or resembling pitch
PICHURIM *n* S American laurel tree
PICIFORM *adj* relating to certain tree-haunting birds
PICINE *adj* relating to woodpeckers
PICK, -ED, -ING, -S *vb* choose ▹ *n* choice
PICKABLE ▸ **pick**
PICKADIL *same as* > **piccadill**
PICKAX *same as* ▸ **pickaxe**
PICKAXE, -D, -S *n* large pick ▹ *vb* use a pickaxe on (earth, rocks, etc)
PICKBACK *vb* carry by piggyback
PICKED ▸ **pick**
PICKEER, -S *vb* make raid for booty
PICKER, -S *n* person or thing that picks
PICKEREL *n* North American freshwater game fish
PICKERS ▸ **picker**
PICKERY *n* petty theft
PICKET, -ED, -S *n* person or group standing outside a workplace during a strike ▹ *vb* form a picket outside (a workplace)
PICKETER ▸ **picket**
PICKETS ▸ **picket**
PICKIER ▸ **picky**
PICKIEST ▸ **picky**
PICKILY ▸ **picky**
PICKIN, -S *n* small child
PICKING ▸ **pick**
PICKINGS *pl n* money easily acquired
PICKINS ▸ **pickin**
PICKLE, -S, PICKLING *n* food preserved in vinegar or salt water ▹ *vb* preserve in vinegar or salt water
PICKLED *adj* (of food) preserved
PICKLER, -S ▸ **pickle**
PICKLES ▸ **pickle**
PICKLING ▸ **pickle**
PICKLOCK *n* person who picks locks, esp one who gains unlawful access to premises by this means
PICKMAW, -S *n* type of gull
PICKNEY, -S *n* (in Jamaica) child
PICKOFF, -S *n* baseball play
PICKS ▸ **pick**
PICKUP, -S *n* small truck with an open body and low sides
PICKWICK *n* tool for raising the short wick of an oil lamp
PICKY, PICKIER, PICKIEST *adj* fussy
PICLORAM *n* type of herbicide
PICNIC, -S *n* informal meal out of doors ▹ *vb* have a picnic
PICNICKY *adj* like a picnic
PICNICS ▸ **picnic**
PICOGRAM *n* trillionth of gram
PICOLIN, -S *variant of* ▸ **picoline**
PICOLINE *n* liquid derivative of pyridine found in bone oil and coal tar
PICOLINS ▸ **picolin**
PICOMOLE *n* trillionth of a mole
PICONG, -S *n* any teasing or satirical banter
PICOT, -ED, -ING, -S *n* any of pattern of small loops, as on lace ▹ *vb* decorate material with small loops
PICOTE *adj* (of material) picoted
PICOTED ▸ **picot**
PICOTEE, -S *n* type of carnation
PICOTING ▸ **picot**
PICOTITE *n* dark-brown mineral
PICOTS ▸ **picot**
PICOWAVE *vb* treat food with gamma waves
PICQUET, -S *vb* provide early warning of attack
PICRA, -S *n* powder of aloes and canella
PICRATE, -S *n* any salt or ester of picric acid
PICRATED *adj* containing picrate
PICRATES ▸ **picrate**
PICRIC *adj* as in **picric acid** toxic sparingly soluble crystalline yellow acid
PICRITE, -S *n* coarse-grained ultrabasic igneous rock
PICRITIC ▸ **picrite**
PICS ▸ **pic**
PICTURAL *n* picture
PICTURE, -D, -S *n* drawing or painting ▹ *vb* visualize, imagine
PICUL, -S *n* unit of weight, used in China, Japan, and SE Asia
PICULET, -S *n* small tropical woodpecker with a short tail
PICULS ▸ **picul**
PIDDLE, -D, -S *vb* urinate
PIDDLER, -S ▸ **piddle**
PIDDLES ▸ **piddle**
PIDDLIER ▸ **piddly**
PIDDLING *adj* small or unimportant
PIDDLY, PIDDLIER *adj* trivial

P

PIDDOCK, -S *n* marine bivalve that bores into rock, clay, or wood
PIDGEON, -S *variant of* ▸ **pidgin**
PIDGIN, -S *n* language made up of elements of other languages
PIE, -S *n* dish of meat, fruit, etc baked in pastry
PIEBALD, -S *adj* (horse) with irregular black-and-white markings ▹ *n* black-and-white horse
PIECE, -D, -S *n* separate bit or part
PIECEN, -ED, -S *vb* join broken threads
PIECENER ▸ **piecen**
PIECENS ▸ **piecen**
PIECER, -S *n* person who mends, repairs, or joins something
PIECES ▸ **piece**
PIECING, -S ▸ **piece**
PIECRUST *n* pastry used for making pies
PIED ▸ **pi**
PIEDFORT *n* coin thicker than normal
PIEDISH *n* container for baking pies
PIEDMONT *adj* (of glaciers, plains, etc) formed or situated at the foot of a mountain or mountain range ▹ *n* gentle slope leading from mountains to flat land
PIEDNESS *n* state of being pied
PIEFORT, -S *same as* ▸ **piedfort**
PIEHOLE, -S *n* person's mouth
PIEING, -S *n* act of pushing a pie into a person's face
PIEMAN, PIEMEN *n* seller of pies
PIEND, -S *n* salient angle
PIEPLANT *n* rhubarb
PIER, -S *n* platform on stilts sticking out into the sea
PIERAGE, -S *n* accommodation for ships at piers
PIERCE, -D, -S *vb* make a hole in or through with a sharp instrument
PIERCER, -S ▸ **pierce**
PIERCES ▸ **pierce**
PIERCING *adj* (of a sound) shrill and high-pitched ▹ *n* art or practice of piercing body parts for the insertion of jewellery
PIERHEAD *n* end of a pier farthest from the shore
PIERID, -S *n* type of butterfly
PIERIS, -ES *n* American or Asiatic shrub
PIEROG, -EN, -S *same as* ▸ **pirog**
PIEROGI *n* Polish dumpling
PIEROGS ▸ **pierog**
PIERROT, -S *n* clown or masquerader with a whitened face
PIERS ▸ **pier**
PIERST *archaic spelling of* ▸ **pierced**
PIERT, -S *n* small plant with small greenish flowers
PIES ▸ **pie**
PIET, -S *n* magpie
PIETA, -S *n* sculpture, painting, or drawing of the dead Christ, supported by the Virgin Mary
PIETIES ▸ **piety**
PIETISM, -S *n* exaggerated piety
PIETIST, -S ▸ **pietism**
PIETS ▸ **piet**
PIETY, PIETIES *n* deep devotion to God and religion
PIEZO *adj* piezoelectric
PIFFERO, -S *n* small rustic flute
PIFFLE, -D, -S *n* nonsense ▹ *vb* talk or behave feebly
PIFFLER, -S *n* talker of nonsense
PIFFLES ▸ **piffle**
PIFFLING *adj* worthless
PIG, -GED, -S *n* animal kept and killed for pork, ham, and bacon ▹ *vb* eat greedily
PIGBOAT, -S *n* submarine
PIGEON, -ED, -S *n* bird with a heavy body and short legs ▹ *vb* pigeonhole
PIGEONRY *n* loft for keeping pigeons
PIGEONS ▸ **pigeon**
PIGFACE, -S *n* creeping succulent plant
PIGFEED, -S *n* food for pigs
PIGFISH *n* grunting fish of the North American Atlantic coast
PIGGED ▸ **pig**
PIGGERY *n* place for keeping and breeding pigs
PIGGIE *same as* ▸ **piggy**
PIGGIER ▸ **piggy**
PIGGIES ▸ **piggy**
PIGGIEST ▸ **piggy**
PIGGIN, -S *n* small wooden bucket or tub
PIGGING, -S ▸ **pig**
PIGGINS ▸ **piggin**
PIGGISH *adj* like a pig, esp in appetite or manners
PIGGY, PIGGIER, PIGGIES, PIGGIEST *n* child's word for a pig ▹ *adj* like a pig
PIGHT, -ED, -ING, -S *vb* pierce
PIGHTLE, -S *n* small enclosure
PIGHTS ▸ **pight**
PIGLET, -S *n* young pig
PIGLIKE ▸ **pig**
PIGLING, -S *n* young pig
PIGMAEAN *same as* ▸ **pygmaean**
PIGMAN, PIGMEN *n* male pig farmer
PIGMEAN *same as* ▸ **pygmaean**
PIGMEAT, -S *less common name for* ▸ **pork**
PIGMEN ▸ **pigman**
PIGMENT, -S *n* colouring matter, paint or dye ▹ *vb* colour with pigment
PIGMIES ▸ **pigmy**
PIGMOID, -S *adj* of pygmies ▹ *n* pygmy
PIGMY, PIGMIES *same as* ▸ **pygmy**
PIGNOLI, -S *same as* ▸ **pignolia**
PIGNOLIA *n* edible seed of nut pine
PIGNOLIS ▸ **pignoli**
PIGNUS, PIGNORA *n* pawn or pledge
PIGNUT, -S *n* bitter nut of hickory trees
PIGOUT, -S *n* binge
PIGPEN, -S *same as* ▸ **pigsty**
PIGS ▸ **pig**
PIGSKIN, -S *n* skin of the domestic pig ▹ *adj* made of pigskin
PIGSNEY, -S *same as* ▸ **pigsny**
PIGSNIE, -S *same as* ▸ **pigsny**
PIGSNY *n* archaic pet name for a girl or woman
PIGSTICK, PIGSTUCK *vb* (esp in India) hunt and spear wild boar, esp from horseback
PIGSTIES ▸ **pigsty**
PIGSTUCK ▸ **pigstick**
PIGSTY, PIGSTIES *same as* ▸ **pigpen**
PIGSWILL *n* waste food or other edible matter fed to pigs
PIGTAIL, -S *n* plait of hair hanging from the back or either side of the head
PIGWASH *n* wet feed for pigs

P

PIGWEED, -S *n* coarse North American weed
PIHOIHOI *n* variety of New Zealand pipit
PIING ▸ **pi**
PIKA, -S *n* burrowing mammal
PIKAKE, -S *n* type of Asian vine
PIKAS ▸ **pika**
PIKAU, -S *n* pack, knapsack, or rucksack
PIKE, -D, -S *n* large predatory freshwater fish ▹ *vb* stab or pierce using a pike ▹ *adj* (of the body position of a diver) bent at the hips but with the legs straight
PIKELET, -S *n* small thick pancake
PIKELIKE *adj* like a pike
PIKEMAN, PIKEMEN *n* (formerly) soldier armed with a pike
PIKER, -S *n* shirker
PIKES ▸ **pike**
PIKI, -S *n* bread made from blue cornmeal
PIKING, -S ▸ **pike**
PIKIS ▸ **piki**
PIKUL, -S *same as* ▸ **picul**
PILA, -E *n* pillar-like anatomical structure
PILAF, -S *same as* ▸ **pilau**
PILAFF, -S *same as* ▸ **pilau**
PILAFS ▸ **pilaf**
PILAO, -S *same as* ▸ **pilau**
PILAR *adj* relating to hair
PILASTER *n* square column, usu set in a wall
PILAU, -S *n* Middle Eastern dish
PILAW, -S *same as* ▸ **pilau**
PILCH, -ES *n* outer garment, originally one made of skin
PILCHARD *n* small edible sea fish of the herring family
PILCHER, -S *n* scabbard for sword
PILCHES ▸ **pilch**
PILCORN, -S *n* type of oat
PILCROW, -S *n* paragraph mark
PILE, -D *n* number of things lying on top of each other ▹ *vb* collect into a pile
PILEA, -S *n* plant which releases a cloud of pollen when shaken
PILEATE *adj* (of birds) having a crest
PILEATED *same as* ▸ **pileate**
PILED ▸ **pile**
PILEI ▸ **pileus**
PILELESS ▸ **pile**
PILEOUS *adj* hairy
PILER, -S *n* placer of things on pile
PILES *pl n* swollen veins in the rectum, haemorrhoids
PILEUM *n* top of a bird's head
PILEUP, -S *n* multiple collision of vehicles
PILEUS, PILEI *n* upper cap-shaped part of a mushroom
PILEWORK *n* construction built from heavy stakes or cylinders
PILEWORT *n* plant used to treat piles
PILFER, -ED, -S *vb* steal in small quantities
PILFERER ▸ **pilfer**
PILFERS ▸ **pilfer**
PILFERY *n* theft
PILGRIM, -S *n* person who journeys to a holy place ▹ *vb* travel as a pilgrim
PILI, -S, PILUS *n* Philippine tree with edible seeds resembling almonds
PILIER ▸ **pily**
PILIEST ▸ **pily**
PILIFORM *adj* resembling a long hair
PILING, -S *n* act of driving piles
PILINUT, -S *n* type of nut found in the Philippines
PILIS ▸ **pili**
PILL, -ED, -S *n* small ball of medicine swallowed whole ▹ *vb* peel or skin (something)
PILLAGE, -D, -S *vb* steal property by violence in war ▹ *n* violent seizure of goods, esp in war
PILLAGER ▸ **pillage**
PILLAGES ▸ **pillage**
PILLAR, -ED, -S *n* upright post, usu supporting a roof ▹ *vb* provide or support with pillars
PILLAU, -S *same as* ▸ **pilau**
PILLBOX *n* small box for pills
PILLBUG, -S *n* type of woodlouse
PILLED ▸ **pill**
PILLIE, -S *n* pilchard
PILLING, -S ▸ **pill**
PILLION, -S *n* seat for a passenger behind the rider of a motorcycle ▹ *adv* on a pillion ▹ *vb* ride pillion
PILLOCK, -S *n* stupid or annoying person
PILLORY *n* frame in which an offender was locked and exposed to public abuse ▹ *vb* ridicule publicly
PILLOW, -ED, -S *n* stuffed cloth bag for supporting the head in bed ▹ *vb* rest as if on a pillow
PILLOWY *adj* like a pillow
PILLS ▸ **pill**
PILLWORM *n* worm that rolls up spirally
PILLWORT *n* small Eurasian water fern
PILOSE *adj* covered with fine soft hairs
PILOSITY ▸ **pilose**
PILOT, -ED, -S *n* person qualified to fly an aircraft or spacecraft ▹ *adj* experimental and preliminary ▹ *vb* act as the pilot of
PILOTAGE *n* act of piloting an aircraft or ship
PILOTED ▸ **pilot**
PILOTING *n* navigational handling of a ship near land
PILOTIS *pl n* posts raising a building up from the ground
PILOTMAN, PILOTMEN *n* railway worker who directs trains through hazardous stretches of track
PILOTS ▸ **pilot**
PILOUS *same as* ▸ **pilose**
PILOW, -S *same as* ▸ **pilau**
PILSENER *same as* ▸ **pilsner**
PILSNER, -S *n* type of pale beer with a strong flavour of hops
PILULA, -E, -S *n* pill
PILULAR ▸ **pilule**
PILULAS ▸ **pilula**
PILULE, -S *n* small pill
PILUM *n* ancient Roman javelin
PILUS ▸ **pili**
PILY, PILIER, PILIEST *adj* like wool or pile
PIMA, -S *n* type of cotton
PIMENT, -S *n* wine flavoured with spices
PIMENTO, -S *same as* ▸ **pimiento**
PIMENTON *n* smoked chilli powder
PIMENTOS ▸ **pimento**
PIMENTS ▸ **piment**
PIMIENTO *n* Spanish pepper with a red fruit used as a vegetable
PIMP, -ED, -ING, -S *vb* embellish
PIMPINGS ▸ **pimping**
PIMPLE, -S *n* small pus-filled spot on the skin
PIMPLED ▸ **pimple**
PIMPLES ▸ **pimple**

PIMPLY, PIMPLIER ▸ **pimple**
PIMPS ▸ **pimp**
PIN, -NED, -S *n* short thin piece of stiff wire with a point and head, for fastening things ▹ *vb* fasten with a pin
PINA, -S *n* cone of silver amalgam
PINACOID *n* pair of opposite parallel faces of crystal
PINAFORE *n* apron
PINAKOID *same as* ▸ **pinacoid**
PINANG, -S *n* areca tree
PINAS ▸ **pina**
PINASTER *n* Mediterranean pine tree
PINATA, -S *n* papier-mâché party decoration filled with sweets
PINBALL, -S *vb* ricochet
PINBOARD *n* cork board for pinning notices, messages etc on
PINBONE, -S *n* part of sirloin
PINCASE, -S *n* case for holding pins
PINCER, -ED *vb* grip with pincers
PINCERS *pl n* tool consisting of two hinged arms, for gripping
PINCH, -ED, -ES, -ING *vb* squeeze between finger and thumb ▹ *n* act of pinching
PINCHBUG *n* type of crab
PINCHECK *n* small check woven into fabric
PINCHED ▸ **pinch**
PINCHER, -S ▸ **pinch**
PINCHES ▸ **pinch**
PINCHGUT *n* miserly person
PINCHING ▸ **pinch**
PINCURL, -S *n* curl secured by a hairpin
PINDAN, -S *n* desert region of Western Australia
PINDAREE *same as* ▸ **pindari**
PINDARI, -S *n* former irregular Indian horseman
PINDER, -S *n* person who impounds
PINDLING *adj* peevish or fractious
PINDOWN, -S *n* wrestling manoeuvre
PINE, -D, -S, PINING *n* evergreen coniferous tree ▹ *vb* feel great longing (for)
PINEAL, -S *adj* resembling a pine cone ▹ *n* pineal gland
PINECONE *n* seed-producing structure of a pine tree
PINED ▸ **pine**
PINELAND *n* area covered with pine forest
PINELIKE ▸ **pine**
PINENE, -S *n* isomeric terpene found in many essential oils
PINERY, PINERIES *n* place, esp a hothouse, where pineapples are grown
PINES ▸ **pine**
PINESAP, -S *n* red herb of N America
PINETUM, PINETA *n* area of land where pine trees are grown
PINEWOOD *n* wood of pine trees
PINEY ▸ **pine**
PINFALL, -S *another name for* ▸ **fall**
PINFISH *n* small porgy of the Atlantic
PINFOLD, -S *n* pound for stray cattle ▹ *vb* gather or confine in or as if in a pinfold
PING, -ED, -S *n* short high-pitched sound ▹ *vb* make such a noise
PINGER, -S *n* device, esp a timer, that makes a pinging sound
PINGING ▸ **ping**
PINGLE, -D, -S, PINGLING *vb* enclose small area of ground
PINGLER, -S ▸ **pingle**
PINGLES ▸ **pingle**
PINGLING ▸ **pingle**
PINGO, -ES, -S *n* mound of earth or gravel formed in Arctic regions
PINGPONG *n* Australian football
PINGRASS *n* weed with fernlike leaves
PINGS ▸ **ping**
PINGUEFY *vb* become greasy or fat
PINGUID *adj* fatty, oily, or greasy
PINGUIN, -S *same as* ▸ **penguin**
PINHEAD, -S *n* head of a pin
PINHOLE, -S *n* small hole made with or as if with a pin
PINIER ▸ **piny**
PINIES ▸ **piny**
PINIEST ▸ **piny**
PINING ▸ **pine**
PINION, -ED, -S *n* bird's wing ▹ *vb* immobilize (someone) by tying or holding his or her arms
PINITE, -S *n* greyish-green or brown mineral
PINITOL, -S *n* compound found in pinewood
PINK, -ED, -EST, -S *n* pale reddish colour ▹ *adj* of the colour pink ▹ *vb* (of an engine) make a metallic noise because not working properly
PINKEN, -ED, -S *vb* turn pink
PINKER, -S *n* something that pinks
PINKEST ▸ **pink**
PINKEY, -S *n* type of ship
PINKEYE, -S *n* acute inflammation of the conjunctiva of the eye
PINKEYS ▸ **pinkey**
PINKIE, -S *n* little finger
PINKIER ▸ **pinky**
PINKIES ▸ **pinkie**
PINKIEST ▸ **pinky**
PINKING, -S ▸ **pink**
PINKISH ▸ **pink**
PINKLY ▸ **pink**
PINKNESS ▸ **pink**
PINKO, -ES, -S *n* person regarded as mildly left-wing
PINKROOT *n* plant with red-and-yellow flowers and pink roots
PINKS ▸ **pink**
PINKY, PINKIER, PINKIEST *adj* of a pink colour
PINLESS *adj* without a pin
PINNA, -E, -S *n* external part of the ear
PINNACE, -S *n* ship's boat
PINNACLE *n* highest point of fame or success ▹ *vb* set on or as if on a pinnacle
PINNAE ▸ **pinna**
PINNAL ▸ **pinna**
PINNAS ▸ **pinna**
PINNATE *adj* (of compound leaves) having leaflets growing opposite each other in pairs
PINNATED *same as* ▸ **pinnate**
PINNED ▸ **pin**
PINNER, -S *n* person or thing that pins
PINNET, -S *n* pinnacle
PINNIE, -S *same as* ▸ **pinny**
PINNING, -S ▸ **pin**
PINNIPED *n* aquatic placental mammal such as the seal, sea lion, walrus, etc
PINNOCK, -S *n* small bird
PINNOED *adj* held or bound by the arms
PINNULA, -E, -S *same as* ▸ **pinnule**
PINNULAR ▸ **pinnule**
PINNULAS ▸ **pinnula**
PINNULE, -S *n* lobe of a leaflet of a pinnate compound leaf
PINNY *informal or child's name for* ▸ **pinafore**

PINOCHLE *n* card game for two to four players similar to bezique
PINOCLE, -S *same as* ▸ **pinochle**
PINOLE, -S *n* flour made in the southwestern United States
PINON, -ES, -S *n* low-growing pine
PINOT, -S *n* any of several grape varieties
PINOTAGE *n* variety of red grape
PINOTS ▸ **pinot**
PINPOINT *vb* locate or identify exactly ▹ *adj* exact ▹ *n* insignificant or trifling thing
PINPRICK *n* small irritation or annoyance ▹ *vb* puncture with or as if with a pin
PINS ▸ **pin**
PINSCHER *n* breed of dog
PINSPOT, -S *vb* illuminate with a small spotlight
PINSWELL *n* small boil
PINT, -S *n* liquid measure, 1/8 gallon (.568 litre)
PINTA, -S *n* pint of milk
PINTABLE *n* pinball machine
PINTADA, -S *same as* ▸ **pintado**
PINTADO, -S *n* species of seagoing petrel
PINTAIL, -S *n* greyish-brown duck with a pointed tail
PINTANO, -S *n* tropical reef fish
PINTAS ▸ **pinta**
PINTLE, -S *n* pin or bolt forming the pivot of a hinge
PINTO, -ES, -S *adj* marked with patches of white ▹ *n* pinto horse
PINTS ▸ **pint**
PINTSIZE *same as* > **pintsized**
PINTUCK, -S *vb* tuck with a narrow fold of fabric
PINUP, -S *n* picture of a physically attractive person
PINWALE, -S *n* fabric with narrow ridges
PINWEED, -S *n* herb with tiny flowers
PINWHEEL *n* cogwheel whose teeth are formed by small pins
PINWORK, -S *n* (in needlepoint lace) fine raised stitches
PINWORM, -S *n* parasitic nematode worm
PINXIT *vb* (he or she) painted (it)
PINY, PINIER, PINIES, PINIEST *variant of* ▸ **peony**
PINYIN, -S *n* system of romanized spelling for the Chinese language
PINYON, -S *n* low-growing pine
PIOLET, -S *n* type of ice axe
PION, -S *n* type of subatomic particle
PIONED *adj* abounding in marsh marigolds
PIONEER, -S *n* explorer or early settler of a new country ▹ *vb* be the pioneer or leader of
PIONER, -S *obsolete spelling of* ▸ **pioneer**
PIONEY, -S *same as* ▸ **peony**
PIONIC ▸ **pion**
PIONIES ▸ **piony**
PIONING, -S *n* work of pioneers
PIONS ▸ **pion**
PIONY, PIONIES *same as* ▸ **peony**
PIOPIO, -S *n* New Zealand thrush, thought to be extinct
PIOSITY *n* grandiose display of piety
PIOTED *adj* pied
PIOUS *adj* deeply religious, devout
PIOUSLY ▸ **pious**
PIOY, -S *variant of* ▸ **peeoy**
PIOYE, -S *variant of* ▸ **peeoy**
PIOYS ▸ **pioy**
PIP, -PED, -PING, -S *n* small seed in a fruit ▹ *vb* chirp
PIPA, -S *n* tongueless S American toad
PIPAGE, -S *n* pipes collectively
PIPAL, -S *same as* ▸ **peepul**
PIPAS ▸ **pipa**
PIPE, -D, -S *n* tube for conveying liquid or gas ▹ *vb* play on a pipe
PIPEAGE, -S *same as* ▸ **pipage**
PIPECLAY *n* fine white clay used in tobacco pipes ▹ *vb* whiten with pipeclay
PIPED ▸ **pipe**
PIPEFISH *n* fish with a long tubelike snout and an elongated body
PIPEFUL, -S *n* as much tobacco, etc as will fill a pipe
PIPELESS ▸ **pipe**
PIPELIKE ▸ **pipe**
PIPELINE *n* long pipe for transporting oil, water, etc
PIPER, -S *n* player on a pipe or bagpipes
PIPERIC ▸ **piperine**
PIPERINE *n* crystalline insoluble alkaloid that is the active ingredient of pepper
PIPERS ▸ **piper**
PIPES ▸ **pipe**
PIPESTEM *n* hollow stem of pipe
PIPET, -S *same as* ▸ **pipette**
PIPETTE, -D, -S *n* slender glass tube used to transfer or measure fluids ▹ *vb* transfer or measure out (a liquid) using a pipette
PIPEWORK *n* stops and flues on pipe organ
PIPEWORT *n* perennial plant with a twisted flower stalk and a greenish-grey scaly flower head
PIPI, -S *n* edible mollusc often used as bait
PIPIER ▸ **pipy**
PIPIEST ▸ **pipy**
PIPINESS *n* material's suitability for use as pipe
PIPING, -S *n* system of pipes
PIPINGLY ▸ **piping**
PIPINGS ▸ **piping**
PIPIS ▸ **pipi**
PIPIT, -S *n* small brownish songbird
PIPKIN, -S *same as* ▸ **piggin**
PIPLESS ▸ **pip**
PIPPED ▸ **pip**
PIPPIER ▸ **pippy**
PIPPIEST ▸ **pippy**
PIPPIN, -S *n* type of eating apple
PIPPING ▸ **pip**
PIPPINS ▸ **pippin**
PIPPY, PIPPIER, PIPPIEST *adj* containing many pips
PIPS ▸ **pip**
PIPUL, -S *n* Indian fig tree
PIPY, PIPIER, PIPIEST ▸ **pipe**
PIQUANCE *same as* ▸ **piquant**
PIQUANCY ▸ **piquant**
PIQUANT *adj* having a pleasant spicy taste
PIQUE, -D, -S, PIQUING *n* feeling of hurt pride, baffled curiosity, or resentment ▹ *vb* hurt the pride of
PIQUET, -ED, -S *n* card game for two ▹ *vb* play game of piquet
PIQUILLO *n* variety of sweet red pepper
PIQUING ▸ **pique**
PIR, -S *n* Sufi master
PIRACY, PIRACIES *n* robbery on the seas
PIRAGUA, -S *same as* ▸ **pirogue**

P

PIRAI, -S *n* large S American fish
PIRANA, -S *same as* ▸ **piranha**
PIRANHA, -S *n* fierce fish of tropical America
PIRARUCU *n* large S American food fish
PIRATE, -D, -S *n* sea robber ▹ *vb* sell or reproduce (artistic work etc) illegally
PIRATIC ▸ **pirate**
PIRATING *n* act of pirating
PIRAYA, -S *same as* ▸ **pirai**
PIRIFORM *adj* shaped like pear
PIRL, -S *n* ripple in water
PIRLICUE *same as* ▸ **purlicue**
PIRLS ▸ **pirl**
PIRN, -S *n* reel or bobbin
PIRNIE, -S *n* stripy nightcap
PIRNIT *adj* striped
PIRNS ▸ **pirn**
PIROG, -HI, -I, -IES *n* type of large Russian pie
PIROGEN *n* turnovers made from kneaded dough
PIROGHI ▸ **pirog**
PIROGI ▸ **pirog**
PIROGIES ▸ **pirog**
PIROGUE, -S *n* any of various kinds of dugout canoes
PIROJKI *same as* ▸ **piroshki**
PIROQUE, -S *same as* ▸ **pirogue**
PIROSHKI *same as* ▸ **pirozhki**
PIROZHOK, PIROZHKI *n* small triangular pastry filled with meat, vegetables, etc
PIRS ▸ **pir**
PIS ▸ **pi**
PISCARY *n* place where fishing takes place
PISCATOR *n* fisherman
PISCINA, -E, -S *n* stone basin where water used at Mass is poured away
PISCINAL ▸ **piscina**
PISCINAS ▸ **piscina**
PISCINE, -S *n* pond or pool
PISCO, -S *n* S American brandy
PISE, -S *n* rammed earth or clay used to make floors or walls
PISH, -ED, -ES, -ING *interj* exclamation of impatience or contempt ▹ *vb* make this exclamation at (someone or something)
PISHEOG, -S *same as* ▸ **pishogue**
PISHER, -S *n* Yiddish term for small boy
PISHES ▸ **pish**
PISHING ▸ **pish**
PISHOGE, -S *same as* ▸ **pishogue**
PISHOGUE *n* sorcery
PISIFORM *adj* resembling a pea ▹ *n* small pealike bone on the ulnar side of the carpus
PISKY, PISKIES *n* Cornish fairy
PISMIRE, -S *archaic or dialect word for* ▸ **ant**
PISO, -S *n* peso of the Philippines
PISOLITE *n* sedimentary rock
PISOLITH *same as* ▸ **pisolite**
PISOS ▸ **piso**
PISTACHE *n* tree yielding pistachio nut
PISTE, -S *n* ski slope
PISTED *adj* marked off into pistes
PISTES ▸ **piste**
PISTIL, -S *n* seed-bearing part of a flower
PISTOL, -ED, -S *n* short-barrelled handgun ▹ *vb* shoot with a pistol
PISTOLE, -S *n* gold coin formerly used in Europe
PISTOLED ▸ **pistol**
PISTOLES ▸ **pistole**
PISTOLET *n* small pistol
PISTOLS ▸ **pistol**
PISTON, -S *n* cylindrical part in an engine that slides to and fro in a cylinder
PISTOU, -S *n* French sauce
PIT, -S, -TED *n* deep hole in the ground ▹ *vb* mark with small dents or scars
PITA, -S *n* any of several agave plants yielding a strong fibre
PITAHAYA *n* any giant cactus of Central America and the SW United States
PITAPAT, -S *adv* with quick light taps ▹ *n* such taps ▹ *vb* make quick light taps or beats
PITARA, -S *variant of* ▸ **petara**
PITARAH, -S *variant of* ▸ **petara**
PITARAS ▸ **pitara**
PITAS ▸ **pita**
PITAYA, -S *same as* ▸ **pitahaya**
PITCH, -ED, -ES, -ING *vb* throw, hurl ▹ *n* area marked out for playing sport
PITCHER, -S *n* large jug with a narrow neck
PITCHES ▸ **pitch**
PITCHIER ▸ **pitchy**
PITCHILY ▸ **pitchy**
PITCHING ▸ **pitch**
PITCHMAN, PITCHMEN *n* itinerant pedlar of small merchandise who operates from a stand at a fair, etc
PITCHOUT *n* type of baseball pitch
PITCHY, PITCHIER *adj* full of or covered with pitch
PITEOUS *adj* arousing pity
PITFALL, -S *n* hidden difficulty or danger
PITH, -ED, -ING, -S *n* soft white lining of the rind of oranges etc ▹ *vb* destroy the brain and spinal cord of a laboratory animal
PITHBALL *n* type of conductor
PITHEAD, -S *n* top of a mine shaft and the buildings and hoisting gear around it
PITHED ▸ **pith**
PITHFUL ▸ **pith**
PITHIER ▸ **pithy**
PITHIEST ▸ **pithy**
PITHILY ▸ **pithy**
PITHING ▸ **pith**
PITHLESS ▸ **pith**
PITHLIKE ▸ **pith**
PITHOS, PITHOI *n* large ceramic container for oil or grain
PITHS ▸ **pith**
PITHY, PITHIER, PITHIEST *adj* short and full of meaning
PITIABLE *adj* arousing or deserving pity or contempt
PITIABLY ▸ **pitiable**
PITIED ▸ **pity**
PITIER, -S ▸ **pity**
PITIES ▸ **pity**
PITIETH *vb* as in **it pitieth me** archaic inflection of 'pity'
PITIFUL *adj* arousing pity
PITIKINS *n* as in **ods pitikins** mild oath
PITILESS *adj* feeling no pity or mercy
PITLIKE *adj* like a pit
PITMAN, -S, PITMEN *n* coal miner ▹ *n* connecting rod (in a machine)
PITON, -S *n* metal spike used in climbing to secure a rope
PITOT, -S *n* tube used to measure the pressure of a liquid stream
PITPROP, -S *n* support beam in mine shaft
PITS ▸ **pit**
PITSAW, -S *n* large saw formerly used for cutting logs into planks

PITTA, -S *n* small brightly coloured ground-dwelling tropical bird
PITTANCE *n* very small amount of money
PITTAS ▸ **pitta**
PITTED ▸ **pit**
PITTEN *adj* having been put
PITTER, -ED, -S *vb* make pattering sound
PITTING, -S ▸ **pit**
PITTITE, -S *n* occupant of a theatre pit
PITUITA, -S *n* thick nasal secretion
PITUITE, -S *n* mucus
PITURI, -S *n* Australian solanaceous shrub
PITY, PITIED, PITIES *n* sympathy or sorrow for others' suffering ▹ *vb* feel pity for
PITYING ▸ **pity**
PITYROID *adj* resembling bran
PIU *adv* more (quickly, softly, etc)
PIUM, -S *n* stinging insect
PIUPIU, -S *n* skirt worn by Māoris on ceremonial occasions
PIVOT, -ED, -ING, -S *n* central shaft on which something turns ▹ *vb* provide with or turn on a pivot
PIVOTAL *adj* of crucial importance
PIVOTED ▸ **pivot**
PIVOTER, -S ▸ **pivot**
PIVOTING ▸ **pivot**
PIVOTMAN, PIVOTMEN *n* person in rank around whom others wheel
PIVOTS ▸ **pivot**
PIX, -ES *less common spelling of* ▸ **pyx**
PIXEL, -S *n* any of a number of very small picture elements
PIXELATE *vb* divide an image into pixels
PIXELS ▸ **pixel**
PIXES ▸ **pix**
PIXIE *n* (in folklore) fairy
PIXIEISH ▸ **pixie**
PIXIES ▸ **pixy**
PIXILATE *same as* ▸ **pixelate**
PIXINESS ▸ **pixie**
PIXY, PIXIES *same as* ▸ **pixie**
PIXYISH ▸ **pixy**
PIZAZZ, -ES *same as* ▸ **pizzazz**
PIZAZZY *adj* exciting and lively
PIZE, -D, -S, PIZING *vb* strike (someone a blow)
PIZZA, -S *n* flat disc of dough covered with a wide variety of savoury toppings and baked
PIZZAZ, -ES *same as* ▸ **pzazz**
PIZZAZZ *n* attractive combination of energy and style
PIZZAZZY *same as* ▸ **pizazzy**
PIZZELLE *n* Italian sweet wafer
PIZZERIA *n* place where pizzas are made, sold, or eaten
PIZZLE, -S *n* archaic word for the penis of an animal
PLAAS, -ES *n* farm
PLACABLE *adj* easily placated or appeased
PLACABLY ▸ **placable**
PLACARD, -S *n* notice that is carried or displayed in public ▹ *vb* attach placards to
PLACATE, -D, -S *vb* make (someone) stop feeling angry or upset
PLACATER ▸ **placate**
PLACATES ▸ **placate**
PLACCAT, -S *variant of* ▸ **placket**
PLACCATE *variant of* ▸ **placket**
PLACCATS ▸ **placcat**
PLACE, -D, -S *n* particular part of an area or space ▹ *vb* put in a particular place
PLACEBO, -S *n* pill given to a patient instead of an active drug
PLACED ▸ **place**
PLACEMAN, PLACEMEN *n* person who holds a public office as a reward for political support
PLACEMAT *n* table mat for a person to put their plate on
PLACEMEN ▸ **placeman**
PLACENTA *n* organ formed in the womb during pregnancy, providing nutrients for the fetus
PLACER, -S *n* surface sediment containing particles of gold or some other valuable mineral
PLACES ▸ **place**
PLACET, -S *n* vote or expression of assent
PLACID, -ER *adj* not easily excited or upset, calm
PLACIDLY ▸ **placid**
PLACING, -S *n* method of issuing securities to the public using an intermediary
PLACIT, -S *n* decree or dictum
PLACITA ▸ **placitum**
PLACITS ▸ **placit**
PLACITUM, PLACITA *n* court or assembly in Middle Ages
PLACK, -S *n* small former Scottish coin
PLACKET, -S *n* opening at the waist of a dress or skirt
PLACKS ▸ **plack**
PLACOID, -S *adj* platelike or flattened ▹ *n* fish with placoid scales
PLAFOND, -S *n* ceiling, esp one having ornamentation
PLAGAL *adj* (of a cadence) progressing from the subdominant to the tonic chord
PLAGE, -S *n* bright patch in the sun's chromosphere
PLAGIARY *n* person who plagiarizes or a piece of plagiarism
PLAGIUM, -S *n* crime of kidnapping
PLAGUE, -D, -S, PLAGUING *n* fast-spreading fatal disease ▹ *vb* trouble or annoy continually
PLAGUER, -S ▸ **plague**
PLAGUES ▸ **plague**
PLAGUEY, PLAGUIER *same as* ▸ **plaguy**
PLAGUILY ▸ **plaguy**
PLAGUING ▸ **plague**
PLAGUY *adj* disagreeable or vexing ▹ *adv* disagreeably or annoyingly
PLAICE, -S *n* edible European flatfish
PLAID, -ED, -ING, -S *n* long piece of tartan cloth worn as part of Highland dress ▹ *vb* weave cloth into plaid
PLAIDMAN, PLAIDMEN *n* wearer of plaid
PLAIDS ▸ **plaid**
PLAIN, -ED, -ER, -EST, -ING *adj* easy to see or understand ▹ *n* large stretch of level country ▹ *adv* clearly or simply ▹ *vb* complain
PLAINANT *n* plaintiff
PLAINED ▸ **plain**
PLAINER ▸ **plain**
PLAINEST ▸ **plain**
PLAINFUL *adj* apt to complain
PLAINING ▸ **plain**
PLAINISH ▸ **plain**
PLAINLY ▸ **plain**
PLAINS *pl n* extensive tracts of flat treeless countryside
PLAINT, -S *n* complaint or lamentation

P

PLAISTER *n* plaster
PLAIT, -ED, -ING, -S *n* intertwined length of hair ▷ *vb* intertwine separate strands in a pattern
PLAITER, -S ▸ **plait**
PLAITING ▸ **plait**
PLAITS ▸ **plait**
PLAN, -NED, -NING, -S *n* way thought out to do or achieve something ▷ *vb* arrange beforehand
PLANAR *adj* of or relating to a plane
PLANARIA *n* type of flatworm
PLANATE *adj* having been flattened
PLANCH, -ED, -ES *vb* cover with planks
PLANCHE *same as* ▸ **planch**
PLANCHED ▸ **planch**
PLANCHES ▸ **planch**
PLANCHET *n* piece of metal ready to be stamped as a coin, medal, etc
PLANE, -D, -S, PLANING *n* aeroplane ▷ *adj* perfectly flat or level ▷ *vb* glide or skim
PLANER, -S *n* machine with a cutting tool that makes repeated horizontal strokes
PLANES ▸ **plane**
PLANET, -S *n* large body in space that revolves round the sun or another star
PLANETIC ▸ **planet**
PLANETS ▸ **planet**
P
PLANFORM *n* outline or silhouette of an object, esp an aircraft, as seen from above
PLANGENT *adj* (of sounds) mournful and resounding
PLANING ▸ **plane**
PLANISH *vb* give a smooth surface to (a metal)
PLANK, -ED, -S *n* long flat piece of sawn timber ▷ *vb* cover or provide (an area) with planks
PLANKING *n* number of planks
PLANKS ▸ **plank**
PLANKTER *n* organism in plankton
PLANKTIC *adj* relating to plankton
PLANKTON *n* minute animals and plants floating in the surface water of a sea or lake
PLANLESS *adj* having no plan
PLANNED ▸ **plan**
PLANNER, -S *n* person who makes plans
PLANNING ▸ **plan**
PLANOSOL *n* soil of humid or subhumid uplands
PLANS ▸ **plan**
PLANT, -ED, -ING, -S *n* living organism that grows in the ground and has no power to move ▷ *vb* put in the ground to grow
PLANTA, -E, -S *n* sole of foot
PLANTAGE *n* plants
PLANTAIN *n* low-growing wild plant with broad leaves
PLANTAR *adj* of, relating to, or occurring on the sole of the foot
PLANTAS ▸ **planta**
PLANTED ▸ **plant**
PLANTER, -S *n* owner of a plantation
PLANTING ▸ **plant**
PLANTLET *n* small plant
PLANTS ▸ **plant**
PLANTULE *n* embryo in act of germination
PLANULA, -E *n* free-swimming larva of hydrozoan coelenterates
PLANULAR ▸ **planula**
PLANURIA *n* expulsion of urine from abnormal opening
PLANURY *another name for* ▸ **planuria**
PLANXTY *n* Celtic melody for harp
PLAP, -PED, -PING, -S *same as* ▸ **plop**
PLAQUE, -S *n* inscribed commemorative stone or metal plate
PLASH, -ED, -ES, -ING *same as* ▸ **pleach**
PLASHER, -S *n* type of farm tool
PLASHES ▸ **plash**
PLASHET, -S *n* small pond
PLASHIER ▸ **plashy**
PLASHING ▸ **plash**
PLASHY, PLASHIER *adj* wet or marshy
PLASM, -S *same as* ▸ **plasma**
PLASMA, -S *n* clear liquid part of blood
PLASMIC ▸ **plasma**
PLASMID, -S *n* small circle of bacterial DNA
PLASMIN, -S *n* proteolytic enzyme that causes fibrinolysis in blood clots
PLASMOID *n* section of a plasma having a characteristic shape
PLASMON, -S *n* sum total of plasmagenes in a cell
PLASMS ▸ **plasm**
PLAST *archaic past participle of* ▸ **place**
PLASTE *archaic past participle of* ▸ **place**
PLASTER, -S *n* mixture of lime, sand, etc for coating walls ▷ *vb* cover with plaster
PLASTERY *adj* like plaster
PLASTIC, -S *n* synthetic material that can be moulded when soft but sets in a hard long-lasting shape ▷ *adj* made of plastic
PLASTID, -S *n* small particle in the cells of plants and some animals
PLASTRAL ▸ **plastron**
PLASTRON, PLASTRUM *n* bony plate forming the ventral part of the shell of a tortoise or turtle
PLAT, -S, -TED, -TING *n* small area of ground
PLATAN, -S *n* plane tree
PLATANE, -S *same as* ▸ **platan**
PLATANNA *n* S African frog
PLATANS ▸ **platan**
PLATBAND *n* border of flowers in garden
PLATE, -S *n* shallow dish for holding food ▷ *vb* cover with a thin coating of gold, silver, or other metal
PLATEASM *n* talking with mouth open too wide
PLATEAU, -S, -X *n* area of level high land ▷ *vb* remain stable for a long period
PLATED *adj* coated with a layer of metal
PLATEFUL *same as* ▸ **plate**
PLATELET *n* minute particle occurring in blood of vertebrates and involved in clotting of blood
PLATEMAN, PLATEMEN *n* one of crew of steam train
PLATEN, -S *n* roller of a typewriter, against which the paper is held
PLATER, -S *n* person or thing that plates
PLATES ▸ **plate**
PLATFORM *n* raised floor
PLATIER ▸ **platy**
PLATIES ▸ **platy**
PLATIEST ▸ **platy**
PLATINA, -S *n* alloy of platinum and several other metals
PLATING, -S *n* coating of metal

PLATINIC *adj* of or containing platinum, esp in the tetravalent state
PLATINUM *n* valuable silvery-white metal
PLATONIC *adj* (of a relationship) friendly or affectionate but not romantic ▷ *n* platonic friend
PLATOON, -S *n* smaller unit within a company of soldiers ▷ *vb* organise into platoons
PLATS ▸ **plat**
PLATT *adj* as in **scale and platt** denoting a straight staircase with landings, as opposed to a spiral staircase
PLATTED ▸ **plat**
PLATTER, -S *n* large dish
PLATTING ▸ **plat**
PLATY, PLATIER, PLATIES, PLATIEST, -S *adj* of or designating rocks the constituents of which occur in flaky layers ▷ *n* brightly coloured freshwater fish
PLATYPUS, PLATYPI *n* Australian egg-laying amphibious mammal
PLATYS ▸ **platy**
PLATYSMA *n* muscle located on side of neck
PLAUDIT, -S *n* expression of enthusiastic approval
PLAUDITE *interj* give a round of applause!
PLAUDITS ▸ **plaudit**
PLAUSIVE *adj* expressing praise or approval
PLAY, -ED, -S *vb* occupy oneself in (a game or recreation) ▷ *n* story performed on stage or broadcast
PLAYA, -S *n* (in the US) temporary lake in a desert basin
PLAYABLE ▸ **play**
PLAYACT, -S *vb* pretend or make believe
PLAYAS ▸ **playa**
PLAYBACK *n* reproducing of a recording, esp formerly on magnetic tape ▷ *vb* listen to or watch (something recorded)
PLAYBILL *n* poster or bill advertising a play
PLAYBOOK *n* book containing a range of possible set plays
PLAYBOY, -S *n* rich man who lives only for pleasure
PLAYBUS *n* mobile playground in a bus
PLAYDATE *n* gathering of children at house for play
PLAYDAY, -S *n* day given to play
PLAYDOWN *same as* ▸ **playoff**
PLAYED ▸ **play**
PLAYER, -S *n* person who plays a game or sport
PLAYFUL *adj* lively
PLAYGIRL *n* rich woman devoted to pleasure
PLAYGOER *n* person who goes often to the theatre
PLAYING, -S *n* act of playing
PLAYLAND *n* playground
PLAYLESS ▸ **play**
PLAYLET, -S *n* short play
PLAYLIKE ▸ **play**
PLAYLIST *n* list of songs chosen for playing, such as on a radio station ▷ *vb* put (a song) on a playlist
PLAYMATE *n* companion in play
PLAYOFF, -S *n* extra contest to decide the winner when two or more competitors are tied
PLAYPEN, -S *n* small portable enclosure in which a young child can safely be left to play
PLAYROOM *n* recreation room, esp for children
PLAYS ▸ **play**
PLAYSET, -S *n* outdoor equipment for children to play on
PLAYSLIP *n* form used to select numbers in a lottery draw
PLAYSOME *adj* playful
PLAYSUIT *n* woman's or child's outfit, usually comprising shorts and a top
PLAYTIME *n* time for play or recreation, such as a school break
PLAYWEAR *n* clothes suitable for playing in
PLAZA, -S *n* open space or square
PLEA, -ED, -ING, -S *n* serious or urgent request, entreaty ▷ *vb* entreat
PLEACH, -ED, -ES *vb* interlace the stems or boughs of (a tree or hedge)
PLEAD, -ED, -ING, -S, PLED *vb* ask urgently or with deep feeling
PLEADER, -S ▸ **plead**
PLEADING ▸ **plead**
PLEADS ▸ **plead**
PLEAED ▸ **plea**
PLEAING ▸ **plea**
PLEAS ▸ **plea**
PLEASANT *adj* pleasing, enjoyable
PLEASE, -S *vb* give pleasure or satisfaction to ▷ *adv* polite word of request
PLEASED ▸ **please**
PLEASER, -S ▸ **please**
PLEASES ▸ **please**
PLEASETH *obsolete inflection of* ▸ **please**
PLEASING *adj* giving pleasure or satisfaction ▷ *n* act of giving pleasure
PLEASURE *n* feeling of happiness and satisfaction ▷ *vb* give pleasure to or take pleasure (in)
PLEAT, -ED, -S *n* fold made by doubling material back on itself ▷ *vb* arrange (material) in pleats
PLEATER, -S *n* attachment on a sewing machine that makes pleats
PLEATHER *n* synthetic leather
PLEATING *n* act of pleating
PLEATS ▸ **pleat**
PLEB *n* common vulgar person
PLEBBY, PLEBBIER *adj* common or vulgar
PLEBE, -S *n* member of the lowest class at the US Naval Academy or Military Academy
PLEBEAN *old variant of* ▸ **plebeian**
PLEBEIAN *adj* of the lower social classes ▷ *n* member of the lower social classes
PLEBES ▸ **plebe**
PLEBIFY *vb* make plebeian
PLEBS *n* common people
PLECTRA ▸ **plectrum**
PLECTRE, -S *variant of* ▸ **plectrum**
PLECTRON *same as* ▸ **plectrum**
PLECTRUM, PLECTRA *n* small implement for plucking the strings of a guitar etc
PLED ▸ **plead**
PLEDGE, -D, -S, PLEDGING *n* solemn promise ▷ *vb* promise solemnly
PLEDGEE, -S *n* person to whom a pledge is given
PLEDGEOR *same as* ▸ **pledgor**
PLEDGER, -S *same as* ▸ **pledgor**
PLEDGES ▸ **pledge**

PLEDGET, -S *n* small flattened pad of wool, cotton, etc
PLEDGING ▸ **pledge**
PLEDGOR, -S *n* person who gives or makes a pledge
PLEIAD, -ES, -S *n* brilliant or talented group, esp one with seven members
PLENA ▸ **plenum**
PLENARTY *n* state of endowed church office when occupied
PLENARY *adj* (of a meeting) attended by all members ▹ *n* book read at the Eucharist
PLENCH, -ES *n* tool combining wrench and pliers
PLENIPO, -S *n* plenipotentiary diplomat
PLENISH *vb* fill, stock, or resupply
PLENISM, -S *n* philosophical theory
PLENIST, -S ▸ **plenism**
PLENTY, PLENTIES *n* large amount or number ▹ *adj* very many ▹ *adv* more than adequately
PLENUM, PLENA, -S *n* enclosure containing gas at a high pressure
PLEON, -S *n* abdomen of crustacean
PLEONAL *adj* of the abdomen of a crustacean
PLEONASM *n* use of more words than necessary
PLEONAST *n* person using more words than necessary
PLEONIC ▸ **pleon**
PLEONS ▸ **pleon**
PLEOPOD, -S *another name for* > **swimmeret**
PLERION, -S *n* filled-centre supernova remnant
PLEROMA, -S *n* abundance
PLEROME, -S *n* central column in growing stem or root
PLESH, -ES *n* small pool
PLESSOR, -S *same as* ▸ **plexor**
PLETHORA *n* excess
PLEUCH, -ED, -S *same as* ▸ **pleugh**
PLEUGH, -ED, -S *Scottish word for* ▸ **plough**
PLEURA, -E, -S *n* membrane covering the lungs
PLEURAL ▸ **pleura**
PLEURAS ▸ **pleura**
PLEURISY *n* inflammation of the membrane covering the lungs
PLEURON *n* part of the cuticle of arthropods
PLEUSTON *n* mass of small organisms, esp algae, floating at the surface of shallow pools
PLEW, -S *n* (formerly in Canada) beaver skin used as a standard unit of value in the fur trade
PLEX, -ED, -ES, -ING *n* shortening of multiplex ▹ *vb* make a plexus
PLEXAL ▸ **plexus**
PLEXED ▸ **plex**
PLEXES ▸ **plex**
PLEXING ▸ **plex**
PLEXOR, -S *n* small hammer with a rubber head
PLEXURE, -S *n* act of weaving together
PLEXUS, -ES *n* complex network of nerves or blood vessels
PLIABLE *adj* easily bent
PLIABLY ▸ **pliable**
PLIANCY ▸ **pliant**
PLIANT *adj* pliable
PLIANTLY ▸ **pliant**
PLICA, -E, -S *n* folding over of parts, such as a fold of skin, muscle, peritoneum, etc
PLICAL ▸ **plica**
PLICAS ▸ **plica**
PLICATE, -D, -S *adj* having or arranged in parallel folds or ridges ▹ *vb* arrange into parallel folds
PLIE *n* classic ballet practice posture with back erect and knees bent
PLIED ▸ **ply**
PLIER *n* person who plies a trade
PLIERS *pl n* tool with hinged arms and jaws for gripping
PLIES ▸ **ply**
PLIGHT, -ED, -S *n* difficult or dangerous situation
PLIGHTER ▸ **plight**
PLIGHTS ▸ **plight**
PLIM, -MED, -MING, -S *vb* swell with water
PLIMSOL, -S *same as* ▸ **plimsole**
PLIMSOLE *same as* ▸ **plimsoll**
PLIMSOLL *n* light rubber-soled canvas shoe worn for various sports
PLIMSOLS ▸ **plimsol**
PLING, -ED, -ING, -S *n* (in computer jargon) an exclamation mark ▹ *vb* beg from
PLINK, -ED, -S *n* short sharp often metallic sound ▹ *vb* make such a noise
PLINKER, -S ▸ **plink**
PLINKIER ▸ **plinky**
PLINKING ▸ **plink**
PLINKS ▸ **plink**
PLINKY, PLINKIER *adj* (of a sound) short, sharp, and often metallic
PLINTH, -S *n* slab forming the base of a statue, column, etc
PLIOCENE *adj* of the Pliocene geological time period
PLIOFILM *n* transparent plastic material
PLIOSAUR *n* type of dinosaur
PLIOTRON *n* type of vacuum tube
PLISKIE, -R, -S *n* practical joke ▹ *adj* tricky or mischievous
PLISKY *same as* ▸ **pliskie**
PLISSE, -S *n* fabric with a wrinkled finish, achieved by treatment involving caustic soda
PLOAT, -ED, -ING, -S *vb* thrash
PLOD, -DED, -S *vb* walk with slow heavy steps ▹ *n* act of plodding
PLODDER, -S *n* person who plods
PLODDING ▸ **plod**
PLODGE, -D, -S, PLODGING *vb* wade in water, esp the sea ▹ *n* act of wading
PLODS ▸ **plod**
PLOGGING *n* picking up litter while jogging
PLOIDY, PLOIDIES *n* number of copies of set of chromosomes in cell
PLONG, -D, -S *obsolete variant of* ▸ **plunge**
PLONGE, -D, -S, PLONGING *same as* ▸ **plunge**
PLONGS ▸ **plong**
PLONK, -ED, -ING, -S *vb* put (something) down heavily and carelessly ▹ *n* act of plonking ▹ *interj* exclamation imitative of this sound
PLONKER, -S *n* stupid person
PLONKIER ▸ **plonky**
PLONKING ▸ **plonk**
PLONKO, -S *n* alcoholic, esp one who drinks wine
PLONKS ▸ **plonk**
PLONKY, PLONKIER ▸ **plonk**

P

PLOOK, -S *same as* ▸ **plouk**
PLOOKIE *same as* ▸ **plouky**
PLOOKIER ▸ **plooky**
PLOOKS ▸ **plook**
PLOOKY, PLOOKIER ▸ **plook**
PLOP, -PED, -PING, -S *n* sound of an object falling into water without a splash ▹ *vb* make this sound ▹ *interj* exclamation imitative of this sound
PLOSION, -S *n* sound of an abrupt break or closure, esp the audible release of a stop
PLOSIVE, -S *adj* pronounced with a sudden release of breath ▹ *n* plosive consonant
PLOT, -S, -TED, -TING *n* secret plan to do something illegal or wrong ▹ *vb* plan secretly, conspire
PLOTFUL ▸ **plot**
PLOTLESS ▸ **plot**
PLOTLINE *n* literary or dramatic plot
PLOTS ▸ **plot**
PLOTTAGE *n* land that makes up plot
PLOTTED ▸ **plot**
PLOTTER, -S *same as* ▸ **plouter**
PLOTTIE, -S *n* hot spiced drink
PLOTTIER ▸ **plotty**
PLOTTIES ▸ **plottie**
PLOTTING ▸ **plot**
PLOTTY, PLOTTIER *adj* intricately plotted
PLOTZ, -ED, -ES, -ING *vb* faint or collapse
PLOUGH, -ED, -S *n* agricultural tool for turning over soil ▹ *vb* turn over (earth) with a plough
PLOUGHER ▸ **plough**
PLOUGHS ▸ **plough**
PLOUK, -S *n* pimple
PLOUKIE ▸ **plouk**
PLOUKIER ▸ **plouky**
PLOUKS ▸ **plouk**
PLOUKY, PLOUKIER ▸ **plouk**
PLOUTER, -S *same as* ▸ **plowter**
PLOVER, -S *n* shore bird with a straight bill and long pointed wings
PLOVERY *adj* characterized by plovers
PLOW, -ED, -S *same as* ▸ **plough**
PLOWABLE ▸ **plow**
PLOWBACK *n* reinvestment of profits
PLOWBOY, -S *same as* > **ploughboy**
PLOWED ▸ **plow**
PLOWER, -S ▸ **plow**
PLOWHEAD *n* draught iron of plow
PLOWING, -S > **ploughing**
PLOWLAND *n* land plowed
PLOWMAN, PLOWMEN *same as* > **ploughman**
PLOWS ▸ **plow**
PLOWTAIL *n* the end of a plough where the handles are
PLOWTER, -S *vb* work or play in water or mud ▹ *n* act of plowtering
PLOWWISE *adv* as in ploughing
PLOY, -ED, -ING, -S *n* manoeuvre designed to gain an advantage ▹ *vb* form a column from a line of troops
PLOYE, -S *n* buckwheat pancake
PLOYED ▸ **ploy**
PLOYES ▸ **ploye**
PLOYING ▸ **ploy**
PLOYS ▸ **ploy**
PLU *same as* ▸ **plew**
PLUCK, -ED, -ING, -S *vb* pull or pick off ▹ *n* courage
PLUCKER, -S ▸ **pluck**
PLUCKIER ▸ **plucky**
PLUCKILY ▸ **plucky**
PLUCKING ▸ **pluck**
PLUCKS ▸ **pluck**
PLUCKY, PLUCKIER *adj* brave
PLUE, -S *same as* ▸ **plew**
PLUFF, -ED, -ING, -S *vb* expel in puffs
PLUFFIER ▸ **pluffy**
PLUFFING ▸ **pluff**
PLUFFS ▸ **pluff**
PLUFFY, PLUFFIER ▸ **pluff**
PLUG, -GED, -GING, -S *n* thing fitting into and filling a hole ▹ *vb* block or seal (a hole or gap) with a plug
PLUGGER, -S ▸ **plug**
PLUGGING ▸ **plug**
PLUGHOLE *n* hole at the bottom of a bath or sink which can be closed with a plug
PLUGLESS ▸ **plug**
PLUGOLA, -S *n* plugging of products on television
PLUGS ▸ **plug**
PLUGUGLY *n* city tough; ruffian
PLUM, -MER, -MEST, -S *n* oval usu dark red fruit with a stone in the middle ▹ *adj* dark purplish-red
PLUMAGE, -S *n* bird's feathers
PLUMAGED ▸ **plumage**
PLUMAGES ▸ **plumage**
PLUMATE *adj* of, relating to, or possessing one or more feathers or plumes
PLUMB, -ED, -S *vb* understand (something obscure) ▹ *adv* exactly ▹ *n* weight suspended at the end of a line
PLUMBAGO *n* plant of warm regions with clusters of blue, white, or red flowers
PLUMBATE *n* compound formed from lead oxide
PLUMBED ▸ **plumb**
PLUMBER, -S *n* person who fits and repairs pipes and fixtures for water and drainage systems
PLUMBERY *same as* ▸ **plumbing**
PLUMBIC *adj* of or containing lead in the tetravalent state
PLUMBING *n* pipes and fixtures used in water and drainage systems
PLUMBISM *n* chronic lead poisoning
PLUMBITE *n* substance containing lead oxide
PLUMBOUS *adj* of or containing lead in the divalent state
PLUMBS ▸ **plumb**
PLUMBUM, -S *n* obsolete name for lead (the metal)
PLUMCAKE *n* cake with raisins in it
PLUMCOT, -S *n* hybrid of apricot and plum
PLUME, -D, -S, PLUMING *n* feather, esp one worn as an ornament ▹ *vb* adorn or decorate with feathers or plumes
PLUMELET *n* small plume
PLUMERIA *n* tropical tree with candelabra-like branches
PLUMERY *n* plumes collectively
PLUMES ▸ **plume**
PLUMIER ▸ **plumy**
PLUMIEST ▸ **plumy**
PLUMING ▸ **plume**
PLUMIPED *n* bird with feathered feet
PLUMIST, -S *n* person who makes plumes
PLUMLIKE ▸ **plum**
PLUMMER ▸ **plum**
PLUMMEST ▸ **plum**

PLUMMET, -S *vb* plunge downward ▷ *n* weight on a plumb line or fishing line
PLUMMY, PLUMMIER *adj* of, full of, or like plums
PLUMOSE *same as* ▶ **plumate**
PLUMOUS *adj* having plumes or feathers
PLUMP, -ED, -EST, -ING, -S *adj* moderately or attractively fat ▷ *vb* sit or fall heavily and suddenly ▷ *n* heavy abrupt fall or the sound of this ▷ *adv* suddenly or heavily
PLUMPEN, -S *vb* make or become plump
PLUMPER, -S *n* pad carried in the mouth by actors to round out the cheeks
PLUMPEST ▶ **plump**
PLUMPIE *same as* ▶ **plumpy**
PLUMPIER ▶ **plumpy**
PLUMPING ▶ **plump**
PLUMPISH *adj* on the plump side
PLUMPLY ▶ **plump**
PLUMPS ▶ **plump**
PLUMPY, PLUMPIER *adj* plump
PLUMS ▶ **plum**
PLUMULA, -E *n* down feather
PLUMULAR ▶ **plumule**
PLUMULE, -S *n* embryonic shoot of seed-bearing plants
PLUMY, PLUMIER, PLUMIEST *adj* like a feather
PLUNDER, -S *vb* take by force, esp in time of war ▷ *n* things plundered, spoils
PLUNGE, -D, -S, PLUNGING *vb* put or throw forcibly or suddenly (into) ▷ *n* plunging dive
PLUNGER, -S *n* rubber suction cup used to clear blocked pipes
PLUNGES ▶ **plunge**
PLUNGING ▶ **plunge**
PLUNK, -ED, -ING, -S *vb* pluck the strings of (a banjo etc) to produce a twanging sound ▷ *n* act or sound of plunking ▷ *interj* exclamation imitative of the sound of something plunking ▷ *adv* exactly
PLUNKER, -S ▶ **plunk**
PLUNKIER ▶ **plunky**
PLUNKING ▶ **plunk**
PLUNKS ▶ **plunk**
PLUNKY, PLUNKIER *adj* sounding like plucked banjo string
PLUOT, -S *n* hybrid fruit of the plum and apricot
PLURAL, -S *adj* of or consisting of more than one ▷ *n* word indicating more than one
PLURALLY ▶ **plural**
PLURALS ▶ **plural**
PLURISIE *same as* ▶ **pleurisy**
PLURRY *euphemism for* ▶ **bloody**
PLUS, -ED, -ES, -ING, -SED, -SES, -SING *vb* make or become greater in value
PLUSAGE, -S *same as* ▶ **plussage**
PLUSED ▶ **plus**
PLUSES ▶ **plus**
PLUSH, -ER, -ES, -EST *n* fabric with long velvety pile ▷ *adj* luxurious
PLUSHED *adj* showily luxurious
PLUSHER ▶ **plush**
PLUSHES ▶ **plush**
PLUSHEST ▶ **plush**
PLUSHIER ▶ **plushy**
PLUSHILY ▶ **plushy**
PLUSHLY ▶ **plush**
PLUSHY, PLUSHIER *same as* ▶ **plush**
PLUSING ▶ **plus**
PLUSSAGE *n* amount over and above another amount
PLUSSED ▶ **plus**
PLUSSES ▶ **plus**
PLUSSING ▶ **plus**
PLUTEAL ▶ **pluteus**
PLUTEUS, PLUTEI *n* larva of sea urchin
PLUTO, -ED, -ES, -ING, -S *vb* reduce in importance
PLUTOID, -S *n* dwarf planet whose orbit is beyond Neptune's
PLUTOING ▶ **pluto**
PLUTON, -S *n* any mass of igneous rock that has solidified below the surface of the earth
PLUTONIC *adj* formed from molten rock that has solidified below the earth's surface
PLUTONS ▶ **pluton**
PLUTOS ▶ **pluto**
PLUVIAL, -S *n* period of high rainfall
PLUVIAN, -S *n* crocodile bird
PLUVIOSE *same as* ▶ **pluvious**
PLUVIOUS *adj* of or relating to rain
PLUVIUS *adj* as in **pluvius insurance** insurance against rain
PLY, PLIED, PLIES, -ING *vb* work at (a job or trade) ▷ *n* thickness of wool, fabric, etc
PLYER, -S *n* person who plies trade
PLYING ▶ **ply**
PLYINGLY ▶ **ply**
PLYWOOD, -S *n* board made of thin layers of wood glued together
PNEUMA, -S *n* person's vital spirit, soul, or creative energy
PO, -S *n* chamberpot
POA, -S *n* type of grass
POACEOUS *adj* relating to the plant family which comprises grasses
POACH, -ED, -ES, -ING *vb* catch (animals) illegally on someone else's land
POACHER, -S *n* person who catches animals illegally on someone else's land
POACHES ▶ **poach**
POACHIER ▶ **poachy**
POACHING ▶ **poach**
POACHY, POACHIER *adj* (of land) wet and soft
POAKA, -S *n* type of stilt (bird) native to New Zealand
POAKE, -S *n* waste matter from tanning of hides
POAS ▶ **poa**
POBLANO, -S *n* variety of chilli pepper
POBOY, -S *n* New Orleans sandwich
POCHARD, -S *n* European diving duck
POCHAY, -ED, -S *n* closed horse-drawn four-wheeled coach ▷ *vb* transport by pochay
POCHETTE *n* envelope-shaped handbag used by women and men
POCHOIR, -S *n* print made from stencils
POCK, -ED, -ING, -S *n* pus-filled blister resulting from smallpox ▷ *vb* mark with scars
POCKARD, -S *variant of* ▶ **pochard**
POCKED ▶ **pock**
POCKET, -ED, -S *n* small bag sewn into clothing for carrying things ▷ *vb* put into one's pocket ▷ *adj* small
POCKETER ▶ **pocket**
POCKETS ▶ **pocket**
POCKIER ▶ **pocky**
POCKIES *pl n* woollen mittens
POCKIEST ▶ **pocky**

POCKILY ▸ **pock**
POCKING ▸ **pock**
POCKMARK *n* pitted scar left on the skin after the healing of a smallpox or similar pustule ▹ *vb* scar or pit (a surface) with pockmarks
POCKPIT, -S *n* mark left on skin after a pock has gone
POCKS ▸ **pock**
POCKY, POCKIER, POCKIEST ▸ **pock**
POCO *adv* little
POCOSEN, -S *same as* ▸ **pocosin**
POCOSIN, -S *n* swamp in US upland coastal region
POCOSON, -S *same as* ▸ **pocosin**
POD, -DED, -DING, -S *n* long narrow seed case of peas, beans, etc ▹ *vb* remove the pod from
PODAGRA, -S *n* gout of the foot or big toe
PODAGRAL ▸ **podagra**
PODAGRAS ▸ **podagra**
PODAGRIC ▸ **podagra**
PODAL *adj* relating to feet
PODALIC *adj* relating to feet
PODARGUS *n* bird of SE Asia and Australia
PODCAST, -S *n* audio file able to be downloaded and listened to on a computer or MP3 player ▹ *vb* make available in this format
PODDED ▸ **pod**
PODDIE *n* user of or enthusiast for the iPod, a portable digital music player
PODDIER ▸ **poddy**
PODDIES ▸ **poddy**
PODDIEST ▸ **poddy**
PODDING ▸ **pod**
PODDLE, -D, -S, PODDLING *vb* move or travel in a leisurely manner
PODDY, PODDIER, PODDIES, PODDIEST *n* handfed calf or lamb ▹ *adj* fat
PODESTA, -S *n* (in modern Italy) subordinate magistrate in some towns
PODEX, -ES *n* posterior
PODGE, -S *n* chubby person
PODGIER ▸ **podgy**
PODGIEST ▸ **podgy**
PODGILY ▸ **podgy**
PODGY, PODGIER, PODGIEST *adj* chubby
PODIA ▸ **podium**
PODIAL ▸ **podium**
PODIATRY *another word for* > **chiropody**
PODITE, -S *n* crustacean leg
PODITIC *adj* similar to the limb segment of an arthropod
PODIUM, PODIA, -ED, -S *n* small raised platform for a conductor or speaker ▹ *vb* finish in the top three places in a sporting competition
PODLEY, -S *n* young coalfish
PODLIKE ▸ **pod**
PODOCARP *n* stem supporting fruit
PODOLOGY *n* study of feet
PODOMERE *n* segment of limb of arthropod
PODS ▸ **pod**
PODSOL, -S *same as* ▸ **podzol**
PODSOLIC ▸ **podzol**
PODSOLS ▸ **podsol**
PODUNK, -S *adj* small or unimportant ▹ *n* small or unimportant thing
PODZOL, -S *n* type of soil characteristic of coniferous forest regions
PODZOLIC ▸ **podzol**
PODZOLS ▸ **podzol**
POECHORE *n* dry region
POEM, -S *n* imaginative piece of writing in rhythmic lines
POEMATIC *adj* of poetry
POEMS ▸ **poem**
POEP, -ED, -ING, -S *n* emission of gas from the anus ▹ *vb* break wind
POESY, POESIED, POESIES, -ING *n* poetry ▹ *vb* write poems
POET, -S *n* writer of poems
POETESS *n* female poet
POETIC *adj* of or like poetry
POETICAL *n* poet
POETICS *n* principles and forms of poetry or the study of these
POETISE, -D, -S *same as* > **poeticize**
POETISER ▸ **poetise**
POETISES ▸ **poetise**
POETIZE, -D, -S *same as* > **poeticize**
POETIZER ▸ **poetize**
POETIZES ▸ **poetize**
POETLESS ▸ **poet**
POETLIKE ▸ **poet**
POETRY, POETRIES *n* poems
POETS ▸ **poet**
POETSHIP *n* state of being poet
POFFLE, -S *n* small piece of land
POGEY, -S *n* financial or other relief given to the unemployed by the government
POGGE, -S *n* European marine scorpaenoid fish
POGIES ▸ **pogy**
POGO, -ED, -ES, -ING, -S *vb* jump up and down on one spot
POGOER, -S ▸ **pogo**
POGOES ▸ **pogo**
POGOING ▸ **pogo**
POGONIA, -S *n* orchid with pink or white fragrant flowers
POGONIP, -S *n* icy winter fog
POGOS ▸ **pogo**
POGROM, -ED, -S *n* organized persecution and massacre ▹ *vb* carry out a pogrom
POGY, POGIES *same as* ▸ **pogey**
POH, -ED, -ING, -S *interj* exclamation expressing contempt or disgust ▹ *vb* reject contemptuously
POHIRI, -S *variant spelling of* ▸ **powhiri**
POHS ▸ **poh**
POI, -S *n* ball of woven flax swung rhythmically by Māori women during poi dances
POIGNADO *old variant of* ▸ **poniard**
POIGNANT *adj* sharply painful to the feelings
POILU, -S *n* infantryman in the French Army
POINADO *old variant of* ▸ **poniard**
POIND, -ED, -ING, -S *vb* take (property of a debtor) in execution or by way of distress
POINDER, -S ▸ **poind**
POINDING ▸ **poind**
POINDS ▸ **poind**
POINT, -S *n* main idea in a discussion ▹ *vb* show the position of something by extending a finger towards it
POINTE, -S *n* tip of the toe
POINTED *adj* having a sharp end
POINTEL, -S *n* engraver's tool
POINTER, -S *n* helpful hint
POINTES ▸ **pointe**
POINTIER ▸ **pointy**
POINTING *n* insertion of mortar between the joints in brickwork

POINTMAN, POINTMEN *n* soldier who walks at the front of an infantry patrol in combat
POINTS ▸ **point**
POINTY, POINTIER *adj* having a sharp point or points
POIS ▸ **poi**
POISE, -S, POISING *n* calm dignified manner ▹ *vb* be balanced or suspended
POISED *adj* absolutely ready
POISER, -S *n* balancing organ of some insects
POISES ▸ **poise**
POISHA, -S *n* monetary unit of Bangladesh
POISING ▸ **poise**
POISON, -ED, -S *n* substance that kills or injures when swallowed or absorbed ▹ *vb* give poison to
POISONER ▸ **poison**
POISONS ▸ **poison**
POISSON, -S *n* fish
POITIN, -S *variant spelling of* ▸ **poteen**
POITREL, -S *n* breastplate of horse's armour
POITRINE *n* woman's bosom
POKABLE ▸ **poke**
POKAL, -S *n* tall drinking cup
POKE, -D, -S, POKING *vb* jab or prod with one's finger, a stick, etc ▹ *n* poking
POKEFUL, -S *n* contents of small bag
POKER, -S *n* metal rod for stirring a fire
POKERISH *adj* stiff like poker
POKEROOT *same as* ▸ **pokeweed**
POKERS ▸ **poker**
POKES ▸ **poke**
POKEWEED *n* plant with a poisonous root used medicinally
POKEY, -S *same as* ▸ **pokie**
POKIE *n* poker machine
POKIER ▸ **poky**
POKIES ▸ **poky**
POKIEST ▸ **poky**
POKILY ▸ **poky**
POKINESS ▸ **poky**
POKING ▸ **poke**
POKY, POKIER, POKIES, POKIEST *adj* small and cramped
POL, -S *n* political campaigner
POLACCA, -S *same as* ▸ **polacre**
POLACRE, -S *n* three-masted sailing vessel
POLAR, -S *adj* of or near either of the earth's poles ▹ *n* type of line in geometry
POLARISE *same as* ▸ **polarize**
POLARITY *n* state of having two directly opposite tendencies or opinions
POLARIZE *vb* form or cause to form into groups with directly opposite views
POLARON, -S *n* kind of electron
POLARS ▸ **polar**
POLDER, -ED, -S *n* land reclaimed from the sea, esp in the Netherlands ▹ *vb* reclaim land from the sea
POLE, -D, -S *n* long rounded piece of wood etc ▹ *vb* strike or push with a pole
POLEAX *same as* ▸ **poleaxe**
POLEAXE, -D, -S *vb* hit or stun with a heavy blow ▹ *n* axe formerly used in battle or used by a butcher
POLECAT, -S *n* small animal of the weasel family
POLED ▸ **pole**
POLEIS ▸ **polis**
POLELESS ▸ **pole**
POLEMIC *n* fierce attack on or defence of a particular opinion, belief, etc ▹ *adj* of or involving dispute or controversy
POLEMICS *n* art of dispute
POLEMISE *same as* ▸ **polemize**
POLEMIST ▸ **polemic**
POLEMIZE *vb* engage in controversy
POLENTA, -S *n* thick porridge made in Italy, usually from maize
POLER, -S *n* person or thing that poles, esp a punter
POLES ▸ **pole**
POLESTAR *n* guiding principle, rule, standard, etc
POLEWARD *adv* towards a pole
POLEY, -S *adj* (of cattle) hornless or polled ▹ *n* animal with horns removed
POLEYN, -S *n* piece of armour for protecting the knee
POLEYS ▸ **poley**
POLICE, -D, -S, POLICING *n* organized force in a state which keeps law and order ▹ *vb* control or watch over with police or a similar body
POLICER, -S *n* computer device controlling use
POLICES ▸ **police**
POLICIER *n* film featuring police investigating crimes
POLICIES ▸ **policy**
POLICING ▸ **police**
POLICY, POLICIES *n* plan of action adopted by a person, group, or state
POLIES ▸ **poly**
POLING, -S ▸ **pole**
POLIO, -S *n* acute viral disease
POLIS, POLEIS, -ES *n* ancient Greek city-state
POLISH, -ES *vb* make smooth and shiny by rubbing ▹ *n* substance used for polishing
POLISHED *adj* accomplished
POLISHER ▸ **polish**
POLISHES ▸ **polish**
POLITE, -R, -ST *adj* showing consideration for others in one's manners, speech, etc
POLITELY ▸ **polite**
POLITER ▸ **polite**
POLITEST ▸ **polite**
POLITIC *adj* wise and likely to prove advantageous
POLITICK *vb* engage in politics
POLITICO *n* politician
POLITICS *n* winning and using of power to govern society
POLITY, POLITIES *n* politically organized state, church, or society
POLJE, -S *n* large elliptical depression in karst regions
POLK, -ED, -ING, -S *vb* dance a polka
POLKA, -ED, -ING, -S *n* lively 19th-century dance ▹ *vb* dance a polka
POLKED ▸ **polk**
POLKING ▸ **polk**
POLKS ▸ **polk**
POLL, -S *n* questioning of a random sample of people to find out general opinion ▹ *vb* receive (votes)
POLLACK, -S *n* food fish related to the cod, found in northern seas
POLLAN, -S *n* whitefish that occurs in lakes in Northern Ireland
POLLARD, -S *n* animal that has shed its horns or has had them removed ▹ *vb* cut off the top of (a tree) to make it grow bushy
POLLAXE, -D, -S *same as* ▸ **poleaxe**
POLLED *adj* (of animals, esp cattle) having the horns

cut off or being naturally hornless
POLLEE, -S ▶ **poll**
POLLEN, -ED, -S *n* fine dust produced by flowers to fertilize other flowers ▷ *vb* collect pollen
POLLENT *adj* strong
POLLER, -S ▶ **poll**
POLLEX, POLLICES *n* first digit of the forelimb of amphibians, reptiles, birds, and mammals
POLLICAL ▶ **pollex**
POLLICES ▶ **pollex**
POLLICIE *obsolete spelling of* ▶ **policy**
POLLICY *obsolete spelling of* ▶ **policy**
POLLIES ▶ **polly**
POLLING, -S *n* casting or registering of votes at an election
POLLINIA > **pollinium**
POLLINIC ▶ **pollen**
POLLIST, -S *n* one advocating the use of polls
POLLIWIG *same as* ▶ **polliwog**
POLLIWOG *n* sailor who has not crossed the equator
POLLMAN, POLLMEN *n* one passing a degree without honours
POLLOCK, -S *same as* ▶ **pollack**
POLLS ▶ **poll**
POLLSTER *n* person who conducts opinion polls
POLLUTE, -S *vb* contaminate with something poisonous or harmful
POLLUTED *adj* made unclean or impure
POLLUTER ▶ **pollute**
POLLUTES ▶ **pollute**
POLLY, POLLIES *n* politician
POLLYWIG *same as* ▶ **polliwog**
POLLYWOG *same as* ▶ **polliwog**
POLO, -S *n* game like hockey played by teams of players on horseback
POLOIDAL *adj* relating to a type of magnetic field
POLOIST, -S *n* devotee of polo
POLONIE *same as* ▶ **polony**
POLONIES ▶ **polony**
POLONISE *same as* ▶ **polonize**
POLONISM ▶ **polonise**
POLONIUM *n* radioactive element that occurs in trace amounts in uranium ores
POLONIZE *vb* make Polish
POLONY, POLONIES *n* bologna sausage
POLOS ▶ **polo**
POLS ▶ **pol**
POLT, -ED, -ING, -S *n* thump or blow ▷ *vb* strike
POLTFOOT, POLTFEET *adj* having a club foot ▷ *n* club foot
POLTING ▶ **polt**
POLTROON *n* utter coward
POLTS ▶ **polt**
POLY, POLIES, -S *n* polytechnic
POLYACID *adj* having two or more hydroxyl groups ▷ *n* compound made up of two or more hydroxyl groups
POLYACT *adj* (of a sea creature) having many tentacles or limb-like protrusions
POLYADIC *adj* (of a relation, operation, etc) having several argument places
POLYARCH *n* member of polyarchy
POLYAXON *n* nerve cell with multiple branches
POLYBAG, -S *vb* put into a polythene bag
POLYBRID *n* hybrid plant with more than two parental groups
POLYCOT, -S *n* plant that has or appears to have more than two cotyledons
POLYDRUG *adj* relating to using several drugs together
POLYENE, -S *n* organic chemical compound
POLYENIC ▶ **polyene**
POLYGALA *n* herbaceous plant or small shrub
POLYGAM, -S *n* plant of the Polygamia class
POLYGAMY *n* practice of having more than one husband or wife at the same time
POLYGENE *n* any of a group of genes that each produce a small effect on a particular characteristic of the phenotype
POLYGENY > **polygenic**
POLYGLOT *adj* (person) able to speak or write several languages ▷ *n* person who can speak many languages
POLYGON, -S *n* geometrical figure with three or more angles and sides
POLYGONY ▶ **polygon**
POLYGYNE *adj* (of a colony of insects) having more than one egg-laying queen
POLYGYNY *n* practice of having more than one female partner at the same time
POLYMATH *n* person of great and varied learning
POLYMER, -S *n* chemical compound with large molecules made of simple molecules of the same kind
POLYMERY ▶ **polymer**
POLYNIA, -S *same as* ▶ **polynya**
POLYNYA, -S, POLYNYI *n* stretch of open water surrounded by ice
POLYOL, -S *n* type of alcohol
POLYOMA, -S *n* type of tumour caused by virus
POLYONYM *n* object with many names
POLYP, -S *n* small simple sea creature with a hollow cylindrical body
POLYPARY *n* common base and connecting tissue of a colony of coelenterate polyps, esp coral
POLYPE, -S *variant of* ▶ **polyp**
POLYPED, -S *same as* ▶ **polypod**
POLYPES ▶ **polype**
POLYPHON *n* musical instrument resembling a lute
POLYPI ▶ **polypus**
POLYPIDE *n* polyp forming part of a colonial animal
POLYPILL *n* pill containing a number of medicines that all treat the same condition
POLYPINE *adj* of or relating to polyps
POLYPITE *same as* ▶ **polypide**
POLYPNEA *n* rapid breathing
POLYPOD, -S *adj* (esp of insect larvae) having many legs or similar appendages ▷ *n* animal of this type
POLYPODY *n* fern with deeply divided leaves and round naked sori
POLYPOID ▶ **polyp**
POLYPORE *n* type of fungi
POLYPOUS ▶ **polyp**
POLYPS ▶ **polyp**
POLYPUS, POLYPI *same as* ▶ **polyp**
POLYS ▶ **poly**
POLYSEME *n* word with many meanings

P

POLYSEMY *n* existence of several meanings in a single word
POLYSOME *n* assemblage of ribosomes associated with a messenger RNA molecule
POLYSOMY ▸ **polysome**
POLYTENE *adj* denoting a type of giant-size chromosome
POLYTENY ▸ **polytene**
POLYTYPE *n* crystal occurring in more than one form ▹ *vb* produce by use of a polytype
POLYURIA *n* state of discharging abnormally large quantities of urine
POLYURIC ▸ **polyuria**
POLYZOA *n* small mosslike aquatic creatures
POLYZOAN *another word for* ▸ **bryozoan**
POLYZOIC *adj* (of certain colonial animals) having many zooids or similar polyps
POLYZOON *n* individual zooid within polyzoan
POM, -S *same as* ▸ **pommy**
POMACE, -S *n* apple pulp left after pressing for juice
POMADE, -D, -S, POMADING *n* perfumed oil put on the hair to make it smooth and shiny ▹ *vb* put pomade on
POMANDER *n* mixture of sweet-smelling petals, herbs, etc
POMATO, -ES *n* hybrid of tomato and potato
POMATUM, -S *n* pomade ▹ *vb* put pomatum on
POMBE, -S *n* any alcoholic drink
POME, -S *n* fleshy fruit of the apple and related plants
POMELIKE *adj* like a pome
POMELO, -S *n* edible yellow fruit, like a grapefruit
POMEROY, -S *n* bullet used to down airships
POMES ▸ **pome**
POMFRET, -S *n* small black rounded liquorice sweet
POMMEE *adj* (of cross) having end of each arm ending in disk
POMMEL, -ED, -S *same as* ▸ **pummel**
POMMELE *adj* having a pommel
POMMELED ▸ **pommel**
POMMELS ▸ **pommel**
POMMETTY *adj* having a pommel
POMMIE *same as* ▸ **pommy**
POMMY, POMMIES *n* word used by Australians and New Zealanders for a British person
POMO, -S *n* postmodernist
POMOLOGY *n* branch of horticulture that is concerned with the study and cultivation of fruit
POMOS ▸ **pomo**
POMP, -S *n* stately display or ceremony
POMPANO, -S *n* deep-bodied carangid food fish
POMPELO, -S *n* large Asian citrus fruit
POMPEY, -ED, -S *vb* mollycoddle
POMPIER, -S *adj* slavishly conventional ▹ *n* conventional or imitative artist
POMPILID *n* spider-hunting wasp
POMPION, -S *n* pumpkin
POMPOM, -S *n* decorative ball of tufted wool, silk, etc
POMPON, -S *same as* ▸ **pompom**
POMPOON, -S *variant of* ▸ **pompom**
POMPOSO *adj* (of music) to be played in a ceremonial manner
POMPOUS *adj* foolishly serious and grand, self-important
POMPS ▸ **pomp**
POMROY, -S *variant of* ▸ **pomeroy**
POMS ▸ **pom**
POMWATER *n* kind of apple
PONCE, -D, -S, PONCING *vb* act stupidly or waste time
PONCEAU, -S, -X *n* scarlet red
PONCED ▸ **ponce**
PONCES ▸ **ponce**
PONCEY, PONCIER, PONCIEST *adj* ostentatious or pretentious
PONCHO, -S *n* loose circular cloak with a hole for the head
PONCHOED *adj* wearing poncho
PONCHOS ▸ **poncho**
PONCIER ▸ **poncey**
PONCIEST ▸ **poncey**
PONCING ▸ **ponce**
PONCY *same as* ▸ **poncey**
POND, -ED, -ING, -S *n* small area of still water ▹ *vb* hold back (flowing water)
PONDAGE, -S *n* water held in reservoir
PONDED ▸ **pond**
PONDER, -ED, -S *vb* think thoroughly or deeply (about)
PONDERAL *adj* relating to weight
PONDERED ▸ **ponder**
PONDERER ▸ **ponder**
PONDERS ▸ **ponder**
PONDING ▸ **pond**
PONDOK, -S *n* (in southern Africa) crudely made house or shack
PONDS ▸ **pond**
PONDWEED *n* plant that grows in ponds
PONE, -S *n* bread made of maize
PONENT, -S *adj* westerly ▹ *n* the west
PONES ▸ **pone**
PONEY, -S *same as* ▸ **pony**
PONG, -ED, -ING, -S *n* strong unpleasant smell ▹ *vb* give off a strong unpleasant smell
PONGA, -S *n* tall New Zealand tree fern
PONGAL, -S *n* Indian dish of cooked rice
PONGAS ▸ **ponga**
PONGED ▸ **pong**
PONGEE, -S *n* thin plain-weave silk fabric
PONGID, -S *n* primate of the family which includes the gibbons and the great apes
PONGIER ▸ **pongy**
PONGIEST ▸ **pongy**
PONGING ▸ **pong**
PONGO, -ES, -S *n* anthropoid ape, esp an orang-utan or (formerly) a gorilla
PONGS ▸ **pong**
PONGY, PONGIER, PONGIEST ▸ **pong**
PONIARD, -S *n* small slender dagger ▹ *vb* stab with a poniard
PONIED ▸ **pony**
PONIES ▸ **pony**
PONK, -ED, -ING, -S *n* evil spirit ▹ *vb* stink
PONS, PONTES *n* bridge of connecting tissue
PONT, -S *n* (in South Africa) river ferry
PONTAGE, -S *n* tax paid for repairing bridge
PONTAL *adj* of or relating to the pons
PONTES ▸ **pons**
PONTIC *adj* of or relating to the pons

PONTIE *same as* ▸ **ponty**
PONTIES ▸ **ponty**
PONTIFEX *n* (in ancient Rome) any of the senior members of the Pontifical College
PONTIFF, -S *n* Pope
PONTIFIC ▸ **pontiff**
PONTIFY *vb* speak or behave in a pompous or dogmatic manner
PONTIL, -S *same as* ▸ **punty**
PONTILE, -S *adj* relating to pons ▹ *n* metal bar used in glass-making
PONTILS ▸ **pontil**
PONTINE *adj* of or relating to bridges
PONTON, -S *variant of* ▸ **pontoon**
PONTOON, -S *n* floating platform supporting a temporary bridge ▹ *vb* cross a river using pontoons
PONTS ▸ **pont**
PONTY, PONTIES *n* rod used for shaping molten glass
PONY, PONIED, PONIES, -ING *n* small horse ▹ *vb* settle bill or debt
PONYSKIN *n* leather from pony hide
PONYTAIL *n* long hair tied in one bunch at the back of the head
PONZU, -S *n* type of Japanese dipping sauce
POO, -ED, -ING, -S *vb* defecate
POOBAH, -S *n* influential person
POOCH, -ED, -ES, -ING *n* slang word for dog ▹ *vb* bulge or protrude
POOD, -S *n* unit of weight, used in Russia
POODLE, -S *n* dog with curly hair often clipped fancifully
POODS ▸ **pood**
POOED ▸ **poo**
POOGYE, -S *n* Hindu nose-flute
POOH, -ED, -ING, -S *interj* exclamation of disdain, contempt, or disgust ▹ *vb* make such an exclamation
POOING ▸ **poo**
POOJA, -S *variant of* ▸ **puja**
POOJAH, -S *variant of* ▸ **puja**
POOJAS ▸ **pooja**
POOK, -ING, -IT, -S *vb* pluck
POOKA, -S *n* malevolent Irish spirit
POOKING ▸ **pook**
POOKIT ▸ **pook**
POOKS ▸ **pook**
POOL, -ED, -ING *n* small body of still water ▹ *vb* put in a common fund
POOLER, -S *n* person taking part in pool
POOLHALL *n* room containing pool tables
POOLING ▸ **pool**
POOLROOM *n* hall or establishment where pool, billiards, etc, are played
POOLS *pl n* organized nationwide gambling pool
POOLSIDE *n* area surrounding swimming pool
POON, -S *n* SE Asian tree
POONAC, -S *n* coconut residue
POONS ▸ **poon**
POOP, -ED, -ING, -S *n* raised part at the back of a sailing ship ▹ *vb* (of a wave or sea) break over the stern of (a vessel)
POOPER, -S *n* as in **party pooper** person who spoils other people's enjoyment
POOPIER ▸ **poopy**
POOPIEST ▸ **poopy**
POOPING ▸ **poop**
POOPS ▸ **poop**
POOPY, POOPIER, POOPIEST *adj* stupid or ineffectual
POOR, -ER, -EST *adj* having little money and few possessions
POORBOX *n* box used for the collection of money for the poor
POORER ▸ **poor**
POOREST ▸ **poor**
POORI, -S *n* unleavened Indian bread
POORISH ▸ **poor**
POORLY, POORLIER *adv* in a poor manner ▹ *adj* not in good health
POORNESS ▸ **poor**
POORT, -S *n* (in South Africa) steep narrow mountain pass
POORTITH *same as* ▸ **puirtith**
POORTS ▸ **poort**
POORWILL *n* bird of N America
POOS ▸ **poo**
POOT, -ED, -ERS, -ING, -S *vb* break wind
POOTER, -ED *vb* hurry away
POOTERS ▸ **poot**
POOTING ▸ **poot**
POOTLE, -D, -S, POOTLING *vb* travel or go in a relaxed or leisurely manner
POOTS ▸ **poot**
POP, -PED, -PING, -S *vb* make or cause to make a small explosive sound ▹ *n* small explosive sound ▹ *adj* popular
POPADUM, -S *same as* ▸ **poppadom**
POPCORN, -S *n* grains of maize heated until they puff up and burst
POPE, -S *n* bishop of Rome as head of the Roman Catholic Church
POPEDOM, -S *n* office or dignity of a pope
POPEHOOD ▸ **pope**
POPELESS ▸ **pope**
POPELIKE ▸ **pope**
POPERA, -S *n* pop music drawing on opera or classical music
POPERIN, -S *n* kind of pear
POPES ▸ **pope**
POPESEYE *adj* denoting a cut of steak
POPESHIP ▸ **pope**
POPETTE, -S *n* young female fan or performer of pop music
POPEYED *adj* staring in astonishment
POPGUN, -S *n* toy gun that fires a pellet or cork by means of compressed air
POPINAC, -S *n* type of thorny shrub
POPINACK *same as* ▸ **popinac**
POPINACS ▸ **popinac**
POPINJAY *n* conceited, foppish, or overly talkative person
POPJOY, -ED, -S *vb* amuse oneself
POPLAR, -S *n* tall slender tree
POPLIN, -S *n* ribbed cotton material
POPLITEI > **popliteus**
POPLITIC *same as* > **popliteal**
POPOUT, -S *n* type of out in baseball
POPOVER, -S *n* individual Yorkshire pudding, often served with roast beef
POPPA, -S *same as* ▸ **papa**
POPPADOM *n* thin round crisp Indian bread
POPPADUM *same as* ▸ **poppadom**
POPPAS ▸ **poppa**
POPPED ▸ **pop**
POPPER, -S *n* press stud
POPPET, -S *n* term of affection for a small child or sweetheart

POPPIED *adj* covered with poppies
POPPIER ▸ **poppy**
POPPIES ▸ **poppy**
POPPIEST ▸ **poppy**
POPPING ▸ **pop**
POPPISH *adj* like pop music
POPPIT, -S *n* bead used to form necklace
POPPLE, -D, -S, POPPLING *vb* (of boiling water or a choppy sea) to heave or toss
POPPLIER ▸ **popply**
POPPLING ▸ **popple**
POPPLY, POPPLIER *adj* covered in small bumps
POPPY, POPPIER, POPPIES, POPPIEST *n* plant with a large red flower ▹ *adj* reddish-orange
POPRIN *same as* ▸ **poperin**
POPS ▸ **pop**
POPSICLE *n* tradename for a kind of ice lolly
POPSIE *same as* ▸ **popsy**
POPSIES ▸ **popsy**
POPSOCK, -S *n* women's knee-length nylon stocking
POPSTER, -S *n* pop star
POPSTREL *n* young, attractive female pop star
POPSY, POPSIES *n* attractive young woman
POPULACE *n* ordinary people
POPULAR, -S *adj* widely liked and admired ▹ *n* cheap newspapers with mass circulation
POPULATE *vb* live in, inhabit
POPULISM *n* political strategy based on an appeal to the prejudices of ordinary people
POPULIST *adj* appealing to the interests or prejudices of ordinary people ▹ *n* person who appeals to the interests or prejudices of ordinary people
POPULOUS *adj* densely populated
PORAE, -S *n* large edible sea fish of New Zealand waters
PORAL *adj* relating to pores
PORANGI *adj* crazy
PORCH, -ES *n* covered approach to the entrance of a building
PORCHED *adj* having a porch
PORCHES ▸ **porch**
PORCINE *adj* of or like a pig
PORCINO, PORCINI *n* edible woodland fungus
PORE, -D, -S, PORING *n* tiny opening in the skin or in the surface of a plant ▹ *vb* make a close intent examination or study
PORER, -S *n* person who pores
PORES ▸ **pore**
PORGE, -D, -S, PORGING *vb* cleanse (slaughtered animal) ceremonially
PORGIE *same as* ▸ **porgy**
PORGIES ▸ **porgy**
PORGING ▸ **porge**
PORGY, PORGIES *n* any of various sparid fishes
PORIER ▸ **pory**
PORIEST ▸ **pory**
PORIFER, -S *n* type of invertebrate
PORIN, -S *n* protein through which molecules can pass
PORINA, -S *n* moth the larva of which causes damage to grassland
PORINESS ▸ **pory**
PORING ▸ **pore**
PORINS ▸ **porin**
PORISM, -S *n* type of mathematical proposition
PORISTIC ▸ **porism**
PORK, -ED, -ING, -S *vb* eat ravenously ▹ *n* the flesh of pigs used as food
PORKER, -S *n* pig raised for food
PORKIER ▸ **porky**
PORKIES ▸ **porky**
PORKIEST ▸ **porky**
PORKING ▸ **pork**
PORKLING *n* pig
PORKPIE, -S *n* hat with a round flat crown and a brim that can be turned up or down
PORKS ▸ **pork**
PORKWOOD *n* wood of small American tree
PORKY, PORKIER, PORKIES, PORKIEST *adj* of or like pork ▹ *n* lie
PORLOCK, -S *vb* interrupt or intrude at an awkward moment
POROGAMY *n* fertilization of seed plants
POROSE *adj* pierced with small pores
POROSIS, POROSES *n* porous condition of bones
POROSITY *n* state or condition of being porous
POROUS *adj* allowing liquid to pass through gradually
POROUSLY ▸ **porous**
PORPESS *n* type of fish
PORPESSE *same as* ▸ **porpoise**
PORPHYRY *n* reddish rock with large crystals in it
PORPOISE *n* fishlike sea mammal ▹ *vb* (of an aeroplane) nose-dive during landing
PORRECT, -S *adj* extended forwards ▹ *vb* stretch forward
PORRIDGE *n* breakfast food made of oatmeal cooked in water or milk
PORRIDGY *adj* having the consistency of porridge
PORRIGO, -S *n* disease of the scalp
PORT, -ED, -IER, -ING, -S *same as* ▸ **porthole**
PORTA, -S *n* aperture in an organ
PORTABLE *adj* easily carried ▹ *n* article designed to be easily carried, such as a television or typewriter
PORTABLY ▸ **portable**
PORTAGE, -D, -S *n* (route for) transporting boats overland ▹ *vb* transport (boats) in this way
PORTAGUE *n* former Portuguese gold coin
PORTAL, -S *n* large imposing doorway or gate
PORTALED ▸ **portal**
PORTALS ▸ **portal**
PORTANCE *n* person's bearing
PORTAPAK *same as* ▸ **portapack**
PORTAS ▸ **porta**
PORTASES *variant of* ▸ **portesse**
PORTATE *adj* diagonally athwart escutcheon
PORTED ▸ **port**
PORTEND, -S *vb* be a sign of
PORTENT, -S *n* sign of a future event
PORTEOUS *variant of* ▸ **portesse**
PORTER, -ED, -S *n* person who carries luggage ▹ *vb* carry luggage
PORTERLY *adj* like a porter
PORTERS ▸ **porter**
PORTESS *variant of* ▸ **portesse**
PORTESSE *n* prayer book
PORTFIRE *n* slow-burning fuse formerly used in fireworks
PORTHOLE *n* small round window in a ship or aircraft

PORTHORS *same as* ▸**portesse**
PORTHOS *same as* ▸**portesse**
PORTICO, -S *n* porch or covered walkway with columns supporting the roof
PORTIER ▸**port**
PORTIERE *n* curtain hung in a doorway
PORTIEST ▸**porty**
PORTIGUE *same as* ▸**portague**
PORTING ▸**port**
PORTION, -S *n* part or share ▹*vb* divide (something) into shares
PORTLAND *n* type of rose
PORTLAST *n* gunwale of ship
PORTLESS ▸**port**
PORTLY, PORTLIER *adj* rather fat
PORTMAN, PORTMEN *n* inhabitant of port
PORTOISE *same as* ▸**portlast**
PORTOLAN *n* book of sailing charts
PORTOUS *variant of* ▸**portesse**
PORTRAIT *n* picture of a person ▹*adj* (of a publication or an illustration in a publication) of greater height than width
PORTRAY, -S *vb* describe or represent by artistic means, as in writing or film
PORTRESS *n* female porter, esp a doorkeeper
PORTS ▸**port**
PORTSIDE *adj* beside port
PORTULAN *same as* ▸**portolan**
PORTY, PORTIEST *adj* like port
PORY, PORIER, PORIEST *adj* containing pores
POS ▸**po**
POSABLE ▸**pose**
POSADA, -S *n* inn in a Spanish-speaking country
POSAUNE, -S *n* organ chorus reed
POSE, -D, -S *vb* place in or take up a particular position to be photographed or drawn ▹*n* position while posing
POSEABLE *adj* able to be manipulated into poses
POSED ▸**pose**
POSER, -S *n* puzzling question
POSERISH *same as* ▸**posey**
POSERS ▸**poser**
POSES ▸**pose**
POSEUR, -S *n* person who behaves in an affected way to impress others
POSEUSE, -S *n* female poseur
POSEY *adj* (of a place) for, characteristic of, or full of posers
POSH, -ED, -ER, -ES, -EST, -ING *adj* smart, luxurious ▹*adv* in a manner associated with the upper class ▹*vb* make posh
POSHLY ▸**posh**
POSHNESS ▸**posh**
POSHO, -S *n* corn meal
POSHTEEN *same as* ▸**posteen**
POSIER ▸**posy**
POSIES ▸**posy**
POSIEST ▸**posy**
POSING, -S ▸**pose**
POSINGLY ▸**pose**
POSINGS ▸**posing**
POSIT, -ED, -ING, -S *vb* lay down as a basis for argument ▹*n* fact, idea, etc, that is posited
POSITIF, -S *n* (on older organs) manual controlling soft stops
POSITING ▸**posit**
POSITION *n* place ▹*vb* place
POSITIVE *same as* ▸**plus**
POSITON, -S *n* part of chromosome
POSITRON *n* particle with same mass as electron but positive charge
POSITS ▸**posit**
POSNET, -S *n* small basin or dish
POSOLE, -S *n* Central American stew
POSOLOGY *n* branch of medicine concerned with appropriate doses of drugs
POSS, -ED, -ING *vb* wash (clothes) by agitating them with a long rod, pole, etc
POSSE, -S *n* group of people organized to maintain law and order
POSSED ▸**poss**
POSSER, -S *n* short stick used for stirring clothes in a washtub
POSSES ▸**posse**
POSSESS *vb* have as one's property
POSSET, -ED, -S *n* drink of hot milk curdled with ale, beer, etc, flavoured with spices ▹*vb* treat with a posset
POSSIBLE *adj* able to exist, happen, or be done ▹*n* person or thing that might be suitable or chosen
POSSIBLY *adv* perhaps, not necessarily
POSSIE, -S *n* place
POSSING ▸**poss**
POSSUM, -ED, -S *vb* pretend to be dead, asleep, ignorant, etc
POST, -ED, -S *n* official system of delivering letters and parcels ▹*vb* send by post
POSTAGE, -S *n* charge for sending a letter or parcel by post
POSTAL, -S *adj* of a Post Office or the mail-delivery service ▹*n* postcard
POSTALLY ▸**postal**
POSTALS ▸**postal**
POSTANAL *adj* behind the anus
POSTBAG, -S *n* postperson's bag
POSTBASE *n* morpheme used as a suffix on a root word
POSTBOX *n* box into which mail is put for collection by the postal service
POSTBOY, -S *n* man or boy who brings the post round to offices
POSTBURN *adj* after injury from burns
POSTBUS *n* vehicle carrying the mail that also carries passengers
POSTCARD *n* card for sending a message by post without an envelope
POSTCAVA *n* inferior vena cava
POSTCODE *n* system of letters and numbers used to aid the sorting of mail ▹*vb* put a postcode on a letter
POSTCOUP *adj* after a coup
POSTDATE *vb* write a date on (a cheque) that is later than the actual date
POSTDIVE *adj* following a dive
POSTDOC, -S *n* postdoctoral degree
POSTDRUG *adj* of time after drug has been taken
POSTED ▸**post**
POSTEEN, -S *n* Afghan leather jacket
POSTER, -ED, -S *n* large picture or notice stuck on a wall ▹*vb* cover with posters

P

POSTERN, -S *n* small back door or gate ▷ *adj* situated at the rear or the side
POSTERS ▸ **poster**
POSTFACE *n* note added to the end of a text
POSTFACT *n* relating to a culture in which appeals to the emotions prevail over facts
POSTFIRE *adj* of the period after a fire
POSTFIX *vb* add or append at the end of something
POSTFORM *vb* mould or shape (plastic) while it hot from reheating
POSTGAME *adj* of period after sports match
POSTGRAD *n* graduate taking further degree
POSTHEAT *n* industrial heating process ▷ *vb* heat a material after welding to relieve stresses
POSTHOLE *n* hole dug in ground to hold fence post
POSTICAL *adj* (of the position of plant parts) behind another part
POSTICHE *adj* (of architectural ornament) inappropriately applied ▷ *n* imitation, counterfeit, or substitute
POSTIE, -S *n* postman or postwoman
POSTIL, -ED, -S *n* commentary or marginal note, as in a Bible ▷ *vb* annotate (a biblical passage)
POSTIN, -S *variant of* ▸ **posteen**
POSTING, -S *n* job to which someone is assigned
POSTINS ▸ **postin**
POSTIQUE *variant of* ▸ **postiche**
POSTLIKE *adj* like a post
POSTLUDE *n* final or concluding piece or movement
POSTMAN, POSTMEN *n* person who collects and delivers post
POSTMARK *n* official mark stamped on letters showing place and date of posting ▷ *vb* put such a mark on (mail)
POSTMEN ▸ **postman**
POSTNATI *pl n* those born in Scotland after its union with England
POSTOP, -S *n* person recovering from surgery
POSTORAL *adj* situated at the back of the mouth
POSTPAID *adj* with the postage prepaid
POSTPONE *vb* put off to a later time
POSTPOSE *vb* place (word or phrase) after other constituents in sentence
POSTPUNK *adj* (of pop music) belonging to a style that followed punk rock ▷ *n* musician of the musical trend after punk
POSTRACE *adj* of the period after a race
POSTRIOT *adj* of the period after a riot
POSTS ▸ **post**
POSTSHOW *adj* of the period after a show
POSTSYNC *vb* add a sound recording to (and synchronize with) an existing video or film recording
POSTTAX *adj* of the period after tax is paid
POSTTEEN *n* young adult
POSTTEST *n* test taken after a lesson
POSTURAL ▸ **posture**
POSTURE, -D, -S *n* position or way in which someone stands, walks, etc ▷ *vb* behave in an exaggerated way to get attention
POSTURER ▸ **posture**
POSTURES ▸ **posture**
POSTWAR *adj* occurring or existing after a war
POSY, POSIER, POSIES, POSIEST *n* small bunch of flowers
POT, -S, -TED, -TING *n* round deep container ▷ *vb* plant in a pot
POTABLE, -S *adj* drinkable ▷ *n* something fit to drink
POTAE, -S *n* hat
POTAGE, -S *n* thick soup
POTAGER, -S *n* small kitchen garden
POTAGES ▸ **potage**
POTALE, -S *n* residue from a grain distillery, used as animal feed
POTAMIC *adj* of or relating to rivers
POTASH, -ED, -ES *n* white powdery substance obtained from ashes and used as fertilizer ▷ *vb* treat with potash
POTASS, -ES *abbreviated form of* > **potassium**
POTASSA, -S *n* potassium oxide
POTASSES ▸ **potass**
POTASSIC > **potassium**
POTATION *n* act of drinking
POTATO, -ES *n* roundish starchy vegetable that grows underground
POTATORY *adj* of, relating to, or given to drinking
POTBELLY *n* bulging belly
POTBOIL, -S *vb* boil in a pot
POTBOUND *adj* (of plant) unable to grow because pot is too small
POTBOY, -S *n* (esp formerly) youth or man employed at a public house to serve beer, etc
POTCH, -ES *n* inferior quality opal used in jewellery for mounting precious opals
POTCHE, -D, POTCHING *vb* stab
POTCHER, -S ▸ **potche**
POTCHES ▸ **potch**
POTCHING ▸ **potche**
POTE, -D, -S, POTING *vb* push
POTEEN, -S *n* (in Ireland) illegally made alcoholic drink
POTENCE, -S *same as* ▸ **potency**
POTENCY *n* state or quality of being potent
POTENT, -S *adj* having great power or influence ▷ *n* potentate or ruler
POTENTLY ▸ **potent**
POTENTS ▸ **potent**
POTES ▸ **pote**
POTFUL, -S *n* amount held by a pot
POTGUN, -S *n* pot-shaped mortar
POTHEEN, -S *rare variant of* ▸ **poteen**
POTHER, -ED, -S *n* fuss or commotion ▷ *vb* make or be troubled or upset
POTHERB, -S *n* plant whose leaves, flowers, or stems are used in cooking
POTHERED ▸ **pother**
POTHERS ▸ **pother**
POTHERY *adj* stuffy
POTHOLE, -D, -S *n* hole in the surface of a road
POTHOLER > **potholing**
POTHOLES ▸ **pothole**
POTHOOK, -S *n* S-shaped hook for suspending a pot over a fire
POTHOS, -ES *n* climbing plant
POTHOUSE *n* (formerly) small tavern or pub

P

POTICARY *obsolete spelling of* > **pothecary**
POTICHE, -S *n* tall vase or jar that narrows towards the neck
POTIN, -S *n* bronze alloy with high tin content
POTING ▶ **pote**
POTINS ▶ **potin**
POTION, -S *n* dose of medicine or poison
POTJIE, -S *n* three-legged iron pot used for cooking
POTLACH *same as* ▶ **potlatch**
POTLACHE *same as* ▶ **potlatch**
POTLATCH *n* competitive ceremonial activity among certain Native American tribes
POTLIKE ▶ **pot**
POTLINE, -S *n* row of electrolytic cells for reducing metals
POTLUCK, -S *n* whatever food happens to be available without special preparation
POTMAN, POTMEN *same as* ▶ **potboy**
POTOO, -S *n* nocturnal tropical bird
POTOROO, -S *n* Australian leaping rodent
POTPIE, -S *n* meat and vegetable stew with a pie crust on top
POTS ▶ **pot**
POTSHARD *same as* ▶ **potsherd**
POTSHARE *same as* ▶ **potsherd**
POTSHERD *n* broken fragment of pottery
POTSHOP, -S *n* public house
POTSHOT, -S *n* shot taken without careful aim
POTSIE *same as* ▶ **potsy**
POTSIES ▶ **potsy**
POTSTONE *n* impure massive variety of soapstone, formerly used for making cooking vessels
POTSY, POTSIES *n* hopscotch
POTT, -S *old variant of* ▶ **pot**
POTTABLE *adj* (esp of a snooker ball) easily potted
POTTAGE, -S *n* thick soup or stew
POTTED ▶ **pot**
POTTEEN, -S *same as* ▶ **poteen**
POTTER, -ED, -S *same as* ▶ **putter**
POTTERER ▶ **potter**
POTTERS ▶ **potter**
POTTERY *n* articles made from baked clay
POTTIER ▶ **potty**
POTTIES ▶ **potty**
POTTIEST ▶ **potty**
POTTING ▶ **pot**
POTTLE, -S *n* liquid measure equal to half a gallon
POTTO, -S *n* short-tailed prosimian primate
POTTS ▶ **pott**
POTTY, POTTIER, POTTIES, POTTIEST *adj* silly or eccentric ▷ *n* bowl used by a small child as a toilet
POTZER, -S *same as* ▶ **patzer**
POUCH, -ED, -ES, -ING *n* small bag ▷ *vb* place in or as if in a pouch
POUCHFUL *n* amount a pouch will hold
POUCHIER ▶ **pouchy**
POUCHING ▶ **pouch**
POUCHY, POUCHIER ▶ **pouch**
POUDER, -S *obsolete spelling of* ▶ **powder**
POUDRE, -S *old spelling of* ▶ **powder**
POUF, -ED, -ING, -S *n* large solid cushion used as a seat ▷ *vb* pile up hair into rolled puffs
POUFF, -S *same as* ▶ **pouf**
POUFFE, -D, -S, POUFFING *same as* ▶ **pouf**
POUFFS ▶ **pouff**
POUFING ▶ **pouf**
POUFS ▶ **pouf**
POUK, -ING, -S *Scots variant of* ▶ **poke**
POUKE, -S *n* mischievous spirit
POUKING ▶ **pouk**
POUKIT ▶ **pouk**
POUKS ▶ **pouk**
POULAINE *n* tapering toe of shoe
POULARD, -S *n* hen that has been spayed for fattening
POULARDE *same as* ▶ **poulard**
POULARDS ▶ **poulard**
POULDER, -S *obsolete spelling of* ▶ **powder**
POULDRE, -S *archaic spelling of* ▶ **powder**
POULDRON *same as* ▶ **pauldron**
POULE, -S *n* fowl suitable for slow stewing
POULP, -S *n* octopus
POULPE, -S *variant of* ▶ **poulp**
POULPS ▶ **poulp**
POULT, -S *n* young of a gallinaceous bird
POULTER, -S *n* poultry dealer
POULTICE *n* moist dressing, often heated, applied to inflamed skin ▷ *vb* apply poultice to
POULTRY *n* domestic fowls
POULTS ▶ **poult**
POUNCE, -D, -S, POUNCING *vb* spring upon suddenly to attack or capture ▷ *n* pouncing
POUNCER, -S ▶ **pounce**
POUNCES ▶ **pounce**
POUNCET, -S *n* box with a perforated top used for perfume
POUNCING ▶ **pounce**
POUND, -ED, -ING, -S *n* monetary unit of Britain and some other countries ▷ *vb* hit heavily and repeatedly
POUNDAGE *n* charge of so much per pound of weight or sterling
POUNDAL, -S *n* fps unit of force
POUNDED ▶ **pound**
POUNDER, -S ▶ **pound**
POUNDING ▶ **pound**
POUNDS ▶ **pound**
POUPE, -D, -S, POUPING, POUPT *vb* make sudden blowing sound
POUR, -ED, -S *vb* flow or cause to flow out in a stream
POURABLE ▶ **pour**
POURED ▶ **pour**
POURER, -S ▶ **pour**
POURIE, -S *n* jug
POURING, -S ▶ **pour**
POURS ▶ **pour**
POURSEW, -S *obsolete spelling of* ▶ **pursue**
POURSUE, -D, -S *obsolete spelling of* ▶ **pursue**
POURSUIT *same as* ▶ **pursuit**
POURTRAY *obsolete spelling of* ▶ **portray**
POUSADA, -S *n* traditional Portuguese hotel
POUSSE, -S *same as* ▶ **pease**
POUSSIE, -S *old variant of* ▶ **pussy**
POUSSIN, -S *n* young chicken reared for eating
POUT, -ED, -S *vb* thrust out one's lips, look sulky ▷ *n* pouting look
POUTER, -S *n* pigeon that can puff out its crop
POUTFUL *adj* tending to pout
POUTHER, -S *Scots variant of* ▶ **powder**

POUTIER ▶ **pouty**
POUTIEST ▶ **pouty**
POUTINE, -S *n* dish of chipped potatoes topped with cheese and sauce
POUTING, -S ▶ **pout**
POUTS ▶ **pout**
POUTY, POUTIER, POUTIEST ▶ **pout**
POVERTY *n* state of being without enough food or money
POW, -S *interj* exclamation to indicate that a collision or explosion has taken place ▷ *n* head or a head of hair
POWAN, -S *n* type of freshwater whitefish occurring in some Scottish lakes
POWDER, -ED, -S *n* substance in the form of tiny loose particles ▷ *vb* apply powder to
POWDERER ▶ **powder**
POWDERS ▶ **powder**
POWDERY ▶ **powder**
POWER, -ED, -ING, -S *n* ability to do or act ▷ *vb* give or provide power to
POWERFUL *adj* having great power or influence ▷ *adv* extremely
POWERING ▶ **power**
POWERS ▶ **power**
POWHIRI, -S *n* Māori ceremony of welcome, esp to a marae
POWIN, -S *n* peacock
POWN, -S *variant of* ▶ **powin**
POWND, -ED, -ING, -S *obsolete spelling of* ▶ **pound**
POWNEY, -S *old Scots spelling of* ▶ **pony**
POWNIE, -S *old Scots spelling of* ▶ **pony**
POWNS ▶ **pown**
POWNY *old Scots spelling of* ▶ **pony**
POWRE, -D, -S, POWRING *obsolete spelling of* ▶ **power**
POWS ▶ **pow**
POWSOWDY *same as* > **pousowdie**
POWTER, -ED, -S *vb* scrabble about
POWWAW *interj* expression of disbelief or contempt
POWWOW, -ED, -S *n* talk or conference ▷ *vb* hold a powwow
POX, -ED, -ES, -ING *n* disease in which skin pustules form ▷ *vb* infect with pox
POXIER ▶ **poxy**
POXIEST ▶ **poxy**
POXING ▶ **pox**
POXVIRUS *n* virus such as smallpox
POXY, POXIER, POXIEST *adj* of poor quality; rotten
POYNANT *old variant of* ▶ **poignant**
POYNT, -ED, -ING, -S *obsolete spelling of* ▶ **point**
POYOU, -S *n* type of armadillo
POYSE, -D, -S, POYSING *obsolete variant of* ▶ **poise**
POYSON, -ED, -S *obsolete spelling of* ▶ **poison**
POZ *adj* positive

> **Poz** is an old-fashioned short form of **positive**, and one of the most frequently played short Z words.

POZOLE, -S *same as* ▶ **posole**
POZZ *adj* positive
POZZIES ▶ **pozzy**
POZZOLAN *same as* > **pozzolana**
POZZY, POZZIES *same as* ▶ **possie**
PRAAM, -S *same as* ▶ **pram**
PRABBLE, -S *variant of* ▶ **brabble**
PRACTIC, -S *adj* practical ▷ *n* practice ▷ *vb* put (a theory) into practice
PRACTICE *same as* ▶ **practise**
PRACTICK *obsolete word for* ▶ **practice**
PRACTICS ▶ **practic**
PRACTISE *vb* do repeatedly so as to gain skill
PRACTIVE *obsolete word for* ▶ **active**
PRAD, -S *n* horse
PRADHAN, -S *n* (in India) chief or leader
PRADS ▶ **prad**
PRAECIPE *n* written request addressed to court
PRAEDIAL *adj* of or relating to land, farming, etc ▷ *n* slave attached to a farm
PRAEFECT *same as* ▶ **prefect**
PRAELECT *same as* ▶ **prelect**
PRAESES *n* Roman governor
PRAETOR, -S *n* (in ancient Rome) senior magistrate ranking just below the consuls
PRAHU, -S *same as* ▶ **proa**
PRAIRIE, -S *n* large treeless area of grassland
PRAIRIED ▶ **prairie**
PRAIRIES ▶ **prairie**
PRAISE, -D, -S, PRAISING *vb* express approval of (someone or something) ▷ *n* something said or written to show approval
PRAISER, -S ▶ **praise**
PRAISES ▶ **praise**
PRAISING ▶ **praise**
PRAJNA, -S *n* wisdom or understanding
PRALINE, -S *n* sweet made of nuts and caramelized sugar
PRAM, -S *n* four-wheeled carriage for a baby, pushed by hand
PRANA, -S *n* cosmic energy believed to come from the sun
PRANCE, -D, -S, PRANCING *vb* walk with exaggerated bouncing steps ▷ *n* act of prancing
PRANCER, -S ▶ **prance**
PRANCES ▶ **prance**
PRANCING ▶ **prance**
PRANCK, -ED, -S *obsolete variant of* ▶ **prank**
PRANCKE, -S *obsolete variant of* ▶ **prank**
PRANCKED ▶ **pranck**
PRANCKES ▶ **prancke**
PRANCKS ▶ **pranck**
PRANDIAL *adj* of or relating to a meal
PRANG, -ED, -ING, -S *n* crash in a car or aircraft ▷ *vb* crash or damage (an aircraft or car)
PRANK, -ED, -ING, -S *n* mischievous trick ▷ *vb* dress or decorate showily or gaudily
PRANKFUL ▶ **prank**
PRANKIER ▶ **pranky**
PRANKING ▶ **prank**
PRANKISH ▶ **prank**
PRANKLE, -D, -S *obsolete variant of* ▶ **prance**
PRANKS ▶ **prank**
PRANKY, PRANKIER ▶ **prank**
PRAO, -S *same as* ▶ **proa**
PRASE, -S *n* light green translucent variety of chalcedony
PRAT, -S *n* stupid person
PRATE, -D, -S *vb* talk idly and at length ▷ *n* chatter
PRATER, -S ▶ **prate**
PRATES ▶ **prate**
PRATFALL, PRATFELL *vb* fall upon one's buttocks
PRATIE, -S *n* potato
PRATING, -S ▶ **prate**
PRATIQUE *n* formal permission given to a vessel to use a foreign port

P

PRATS ▸ **prat**
PRATT, -ED, -ING, -S *n* buttocks ▹ *vb* hit on the buttocks
PRATTLE, -D, -S *vb* chatter in a childish or foolish way ▹ *n* childish or foolish talk
PRATTLER ▸ **prattle**
PRATTLES ▸ **prattle**
PRATTS ▸ **pratt**
PRATY *obsolete variant of* ▸ **pretty**
PRAU, -S *same as* ▸ **proa**
PRAUNCE, -D, -S *obsolete variant of* ▸ **prance**
PRAUS ▸ **prau**
PRAVITY *n* moral degeneracy
PRAWLE, -S *n* Shakespearian spelling of "brawl"
PRAWLIN, -S *variant of* ▸ **praline**
PRAWN, -ED, -ING, -S *n* edible shellfish like a large shrimp ▹ *vb* catch prawns
PRAWNER, -S ▸ **prawn**
PRAWNING ▸ **prawn**
PRAWNS ▸ **prawn**
PRAXIS, PRAXES, -ES *n* practice as opposed to theory
PRAY, -ED, -S *vb* say prayers ▹ *adv* I beg you ▹ *interj* I beg you
PRAYER, -S *n* thanks or appeal addressed to one's God
PRAYING, -S ▸ **pray**
PRAYS ▸ **pray**
PRE *prep* before
PREACE, -D, -S, PREACING *obsolete variant of* ▸ **press**
PREACH, -ED, -ES *vb* give a talk on a religious theme as part of a church service
PREACHER *n* person who preaches, esp in church
PREACHES ▸ **preach**
PREACHY *adj* inclined to or marked by preaching
PREACING ▸ **preace**
PREACT, -ED, -S *vb* act beforehand
PREADAPT *vb* adapt beforehand
PREADMIT *vb* prepare patient prior to treatment
PREADOPT *vb* adopt in advance
PREADULT *n* animal or person who has not reached adulthood
PREAGED *adj* treated to appear older
PREALLOT *vb* allot beforehand
PREALTER *vb* alter beforehand
PREAMBLE *n* introductory part to something said or written ▹ *vb* write a preamble
PREAMP, -S *n* electronic amplifier
PREANAL *adj* situated in front of anus
PREAPPLY *vb* apply beforehand
PREARM, -ED, -S *vb* arm beforehand
PREASE, -D, -S, PREASING *vb* crowd or press
PREASSE, -D, -S *obsolete spelling of* ▸ **press**
PREAUDIT *n* examination of contracts before a transaction
PREAVER, -S *vb* aver in advance
PREAXIAL *adj* situated or occurring in front of the axis of the body
PREBADE ▸ **prebid**
PREBAKE, -D, -S *vb* bake before further cooking
PREBASAL *adj* in front of a base
PREBEND, -S *n* allowance paid to a canon or member of the cathedral chapter
PREBID, PREBADE, -S *vb* bid beforehand
PREBILL, -S *vb* issue an invoice before the service has been provided
PREBIND, -S, PREBOUND *vb* bind a book in a hard-wearing binding
PREBIRTH *n* period of life before birth
PREBLESS *vb* bless a couple before they marry
PREBOARD *vb* board an aircraft before other passengers
PREBOIL, -S *vb* boil beforehand
PREBOOK, -S *vb* book well in advance
PREBOOM *adj* of the period before an economic boom
PREBORN *adj* unborn
PREBOUND ▸ **prebind**
PREBUILD, PREBUILT *vb* build beforehand
PREBUY, -S *vb* buy in advance
PRECAST, -S *adj* cast in a particular form before being used ▹ *vb* cast (concrete) in a particular form before use
PRECAVA, -E *n* superior vena cava
PRECAVAL *n* type of vein
PRECEDE, -D, -S *vb* go or be before
PRECEESE *Scots variant of* ▸ **precise**
PRECENT, -S *vb* issue a command or law
PRECEPIT *old word for* > **precipice**
PRECEPT, -S *n* rule of behaviour
PRECES *pl n* prayers
PRECESS *vb* undergo or cause to undergo precession
PRECHECK *vb* check beforehand
PRECHILL *vb* chill beforehand
PRECHOSE > **prechoose**
PRECIEUX *n* pretentious male
PRECINCT *n* area in a town closed to traffic
PRECIOUS *adj* of great value and importance ▹ *adv* very
PRECIP, -S *n* precipitation
PRECIPE, -S *n* type of legal document
PRECIPS ▸ **precip**
PRECIS, -ED, -ES *n* short written summary of a longer piece ▹ *vb* make a precis of
PRECISE, -R *adj* exact, accurate in every detail
PRECISED ▸ **precis**
PRECISER ▸ **precise**
PRECISES ▸ **precis**
PRECITED *adj* cited previously
PRECLEAN *vb* clean beforehand
PRECLEAR *vb* approve in advance
PRECLUDE *vb* make impossible to happen
PRECODE, -D, -S *vb* code beforehand
PRECOOK, -S *vb* cook (food) beforehand
PRECOOL, -S *vb* cool in advance
PRECOUP *adj* of the period before a coup
PRECRASH *adj* of the period before a crash
PRECURE, -D, -S *vb* cure in advance
PRECURSE *n* forerunning ▹ *vb* be a precursor of
PRECUT, -S *vb* cut in advance
PRECYCLE *vb* preemptive approach to waste reduction involving minimal use of packaging
PREDATE, -D, -S *vb* occur at an earlier date than

PREDATOR *n* predatory animal
PREDAWN, -S *n* period before dawn
PREDEATH *n* period immediately before death
PREDELLA, PREDELLE *n* series of small paintings or sculptures in a long narrow strip on an altarpiece
PREDIAL, -S *same as* ▸ **praedial**
PREDICT, -S *vb* tell about in advance, prophesy
PREDIED ▸ **predy**
PREDIES ▸ **predy**
PREDIVE *adj* happening before a dive
PREDOOM, -S *vb* pronounce (someone or something's) doom beforehand
PREDRAFT *adj* before a draft ▹ *n* preliminary draft prior to an official draft
PREDRIED ▸ **predry**
PREDRIES ▸ **predry**
PREDRILL *vb* drill in advance
PREDRY, PREDRIED, PREDRIES *vb* dry beforehand
PREDUSK, -S *n* period before dusk
PREDY, PREDIED, PREDIES, -ING *vb* prepare for action
PREE, -D, -ING, -S *vb* try or taste
PREEDIT, -S *vb* edit beforehand
PREEING ▸ **pree**
PREELECT *vb* elect beforehand
PREEMIE, -S *n* premature infant
PREEMPT, -S *vb* acquire in advance of or to the exclusion of others
PREEN, -ED, -ING, -S *vb* (of a bird) clean or trim (feathers) with the beak ▹ *n* pin, esp a decorative one
PREENACT *vb* enact beforehand
PREENED ▸ **preen**
PREENER, -S ▸ **preen**
PREENING ▸ **preen**
PREENS ▸ **preen**
PREERECT *vb* erect beforehand
PREES ▸ **pree**
PREEVE, -D, -S, PREEVING *old form of* ▸ **prove**
PREEXIST *vb* exist beforehand
PREFAB, -S *n* prefabricated house ▹ *vb* manufacture sections of (building) in factory
PREFACE, -D, -S *n* introduction to a book ▹ *vb* serve as an introduction to (a book, speech, etc)
PREFACER ▸ **preface**
PREFACES ▸ **preface**
PREFADE, -D, -S *vb* fade beforehand
PREFARD *vb* old form of preferred
PREFECT, -S *n* senior pupil in a school, with limited power over others
PREFER, -S *vb* like better
PREFIGHT *adj* of the period before a boxing match
PREFILE, -D, -S *vb* file beforehand
PREFIRE, -D, -S *vb* fire beforehand
PREFIX, -ED, -ES *n* letters put at the beginning of a word to make a new word ▹ *vb* put as an introduction or prefix (to)
PREFIXAL ▸ **prefix**
PREFIXED ▸ **prefix**
PREFIXES ▸ **prefix**
PREFLAME *adj* of the period before combustion
PREFOCUS *vb* focus in advance
PREFORM, -S *vb* form beforehand
PREFRANK *vb* frank in advance
PREFROZE > **prefreeze**
PREFUND, -S *vb* pay for in advance
PREGAME, -D, -S *vb* consume alcoholic drinks before going to a social gathering
PREGGERS *informal word for* ▸ **pregnant**
PREGGIER ▸ **preggy**
PREGGO *adj* slang word for pregnant
PREGGY, PREGGIER *informal word for* ▸ **pregnant**
PREGNANT *adj* carrying a fetus in the womb
PREGUIDE *vb* give guidance in advance
PREHAB, -S *n* any programme of training designed to prevent sports injury
PREHEAT, -S *vb* heat (an oven, grill, pan, etc) beforehand
PREHEND, -S *vb* take hold of
PREHNITE *n* green mineral
PREHUMAN *n* hominid that predates human beings
PREIF, -S *old form of* ▸ **proof**
PREIFE, -S *old form of* ▸ **proof**
PREIFS ▸ **preif**
PREJINK *variant of* ▸ **perjink**
PREJUDGE *vb* judge beforehand without sufficient evidence
PRELACY *n* office or status of a prelate
PRELATE, -S *n* bishop or other churchman of high rank
PRELATIC ▸ **prelate**
PRELATY *n* prelacy
PRELAW *adj* before taking up study of law
PRELECT, -S *vb* lecture or discourse in public
PRELEGAL *adj* of the period before the start of a law course
PRELIFE, PRELIVES *n* life lived before one's life on earth
PRELIM *n* event which precedes another
PRELIMIT *vb* limit beforehand
PRELIMS *pl n* pages of a book which come before the main text
PRELIVES ▸ **prelife**
PRELOAD, -S *vb* load beforehand
PRELOVED *adj* previously owned or used
PRELUDE, -D, -S *n* introductory movement in music ▹ *vb* act as a prelude to (something)
PRELUDER ▸ **prelude**
PRELUDES ▸ **prelude**
PRELUDIO, PRELUDI *n* musical prelude
PRELUNCH *adj* of the period before lunch
PREM, -S *n* informal word for a premature infant
PREMADE *adj* made in advance
PREMAKE, -S *vb* make beforehand
PREMAN, PREMEN *n* hominid
PREMEAL *adj* of the period before a meal
PREMED, -S *n* premedical student
PREMEDIC *same as* ▸ **premed**
PREMEDS ▸ **premed**
PREMEET *adj* happening before a meet
PREMEN ▸ **preman**
PREMIA ▸ **premium**
PREMIE, -S *same as* ▸ **preemie**

PREMIER, -S *n* prime minister ▷ *adj* chief, leading
PREMIERE *n* first performance of a play, film, etc ▷ *vb* give, or (of a film, play, or opera) be, a premiere
PREMIERS ▸ **premier**
PREMIES ▸ **premie**
PREMISE, -D, -S *n* statement used as the basis of reasoning ▷ *vb* state or assume (a proposition) as a premise
PREMISS *same as* ▸ **premise**
PREMIUM, PREMIA, -S *n* additional sum of money, as on a wage or charge
PREMIX, -ED, -ES, -T *vb* mix beforehand
PREMOLAR *n* tooth between the canine and first molar in adult humans ▷ *adj* situated before a molar tooth
PREMOLD, -S *same as* ▸ **premould**
PREMOLT *same as* ▸ **premoult**
PREMORAL *adj* not governed by sense of right and wrong
PREMORSE *adj* appearing as though the end had been bitten off
PREMOTOR *adj* relating to a part of the frontal lobe of the brain
PREMOULD *vb* mould in advance
PREMOULT *adj* happening in the period before an animal moults
PREMOVE, -D, -S *vb* prompt to action
PREMS ▸ **prem**
PREMUNE *adj* having immunity to a disease as a result of latent infection
PREMY *variant of* ▸ **preemie**
PRENAME, -S *n* forename
PRENASAL *n* bone in the front of the nose
PRENATAL *adj* before birth, during pregnancy ▷ *n* prenatal examination
PRENEED *adj* arranged in advance of eventual requirements
PRENOMEN *less common spelling of* > **praenomen**
PRENOON *adj* of the period before noon
PRENT, -ED, -ING, -S *Scots variant of* ▸ **print**
PRENTICE *vb* bind as an apprentice
PRENTING ▸ **prent**
PRENTS ▸ **prent**
PRENUP, -S *n* prenuptial agreement
PRENZIE *adj* Shakespearian word supposed by some to mean "princely"
PREON, -S *n* (in particle physics) hypothetical subcomponent of a quark
PREOP, -S *n* patient being prepared for surgery
PREORAL *adj* situated in front of mouth
PREORDER *vb* order in advance
PREOWNED *adj* second-hand
PREP, -PED, -PING, -S *vb* prepare
PREPACK, -S *vb* pack in advance of sale
PREPAID ▸ **prepay**
PREPARE, -D, -S *vb* make or get ready
PREPARER ▸ **prepare**
PREPARES ▸ **prepare**
PREPASTE *vb* paste in advance
PREPAVE, -D, -S *vb* pave beforehand
PREPAY, PREPAID, -S *vb* pay for in advance
PREPENSE *adj* (usually in legal contexts) arranged in advance ▷ *vb* consider beforehand
PREPLACE *vb* place in advance
PREPLAN, -S *vb* plan beforehand
PREPLANT *adj* planted in advance
PREPONE, -D, -S *vb* bring forward to an earlier time
PREPOSE, -D, -S *vb* place before
PREPPED ▸ **prep**
PREPPIE *same as* ▸ **preppy**
PREPPIER ▸ **preppy**
PREPPIES ▸ **preppy**
PREPPILY ▸ **preppy**
PREPPING ▸ **prep**
PREPPY, PREPPIER, PREPPIES *adj* denoting a fashion style of neat, understated clothes ▷ *n* person exhibiting such style
PREPREG, -S *n* material already impregnated with synthetic resin
PREPRESS *adj* before printing
PREPRICE *vb* price in advance
PREPRINT *vb* print in advance
PREPS ▸ **prep**
PREPUBIS, PREPUBES *n* animal hip bone
PREPUCE, -S *n* foreskin
PREPUNCH *vb* pierce with holes in advance
PREPUPA, -E, -S *n* insect in stage of life before pupa
PREPUPAL *adj* of the period between the larval and pupal stages
PREPUPAS ▸ **prepupa**
PREQUEL, -S *n* film or book about an earlier stage of a story
PRERACE *adj* of the period before a race
PRERADIO *adj* before the invention of radio
PRERENAL *adj* anterior to kidney
PRERINSE *vb* treat before rinsing
PRERIOT *adj* of the period before a riot
PREROCK *adj* of the era before rock music
PRERUPT *adj* abrupt
PRESA, PRESE *n* musical sign or symbol to indicate the entry of a part
PRESAGE, -D, -S *vb* be a sign or warning of ▷ *n* omen
PRESAGER ▸ **presage**
PRESAGES ▸ **presage**
PRESALE, -S *n* practice of arranging the sale of a product before it is available
PRESBYTE *n* person with presbyopy
PRESCIND *vb* withdraw attention (from something)
PRESCORE *vb* record (the score of a film) before shooting
PRESCUTA > **prescutum**
PRESE ▸ **presa**
PRESELL, -S, PRESOLD *vb* promote in advance of appearance
PRESENCE *n* fact of being in a specified place
PRESENT *adj* being in a specified place ▷ *n* present time or tense ▷ *vb* introduce formally or publicly
PRESENTS *pl n* used in a deed or document to refer to itself
PRESERVE *vb* keep from being damaged, changed, or ended ▷ *n* area of interest restricted to a particular person or group
PRESES *variant of* ▸ **praeses**
PRESET, -S *vb* set a timer so that equipment starts to

work at a specific time ▷ *adj* (of equipment) with the controls set in advance ▷ *n* control that is used to set initial conditions
PRESHAPE *vb* shape beforehand
PRESHIP, -S *vb* ship in advance
PRESHOW, -N, -S *vb* show in advance
PRESIDE, -D, -S *vb* be in charge, esp of a meeting
PRESIDER ▸ **preside**
PRESIDES ▸ **preside**
PRESIDIA > **presidium**
PRESIDIO *n* military post or establishment, esp in countries formerly under Spanish control
PRESIFT, -S *vb* sift beforehand
PRESLEEP *adj* of the period before sleep
PRESLICE *vb* slice in advance
PRESOAK, -S *vb* soak beforehand
PRESOLD ▸ **presell**
PRESOLVE *vb* solve beforehand
PRESONG *adj* of the period before a song is sung
PRESORT, -S *vb* sort in advance
PRESPLIT *adj* of the period prior to a split
PRESS, -ED, -ES *vb* apply force or weight to ▷ *n* printing machine
PRESSER, -S ▸ **press**
PRESSES ▸ **press**
PRESSFAT *n* wine vat
PRESSFUL ▸ **press**
PRESSIE, -S *informal word for* ▸ **present**
PRESSING *adj* urgent ▷ *n* large number of gramophone records produced at one time
PRESSION *n* act of pressing
PRESSMAN, PRESSMEN *n* person who works for the press
PRESSOR, -S *n* something that produces an increase in blood pressure
PRESSRUN *n* number of books printed at one time
PRESSURE *n* force produced by pressing ▷ *vb* persuade forcefully
PRESSY *same as* ▸ **pressie**
PREST, -ED, -ING, -S *adj* prepared for action or use ▷ *n* loan of money ▷ *vb* give as a loan
PRESTAMP *vb* stamp in advance
PRESTED ▸ **prest**
PRESTER, -S ▸ **prest**
PRESTIGE *n* high status or respect resulting from success or achievements
PRESTING ▸ **prest**
PRESTO, -S *adv* very quickly ▷ *n* passage to be played very quickly
PRESTORE *vb* store in advance
PRESTOS ▸ **presto**
PRESTS ▸ **prest**
PRESUME, -D, -S *vb* suppose to be the case
PRESUMER ▸ **presume**
PRESUMES ▸ **presume**
PRETAPE, -D, -S *vb* (formerly) tape in advance
PRETASTE *vb* taste in advance
PRETAX *adj* before tax
PRETEEN, -S *n* boy or girl approaching his or her teens
PRETELL, -S, PRETOLD *vb* predict
PRETENCE *n* behaviour intended to deceive, pretending
PRETEND, -S *vb* claim (something untrue) ▷ *adj* fanciful
PRETENSE *same as* ▸ **pretence**
PRETERIT *same as* > **preterite**
PRETERM, -S *n* premature baby
PRETEST, -S *vb* test (something) before presenting it ▷ *n* act or instance of pretesting
PRETEXT, -S *n* false reason given to hide the real one ▷ *vb* get personal information under false pretences
PRETOLD ▸ **pretell**
PRETONIC *adj* relating to the syllable before the one bearing the primary stress in a word
PRETOR, -S *same as* ▸ **praetor**
PRETRAIN *vb* train in advance
PRETREAT *vb* treat in advance
PRETRIAL *n* hearing prior to a trial
PRETRIM, -S *vb* trim in advance
PRETTIED ▸ **pretty**
PRETTIER ▸ **pretty**
PRETTIES ▸ **pretty**
PRETTIFY *vb* make pretty
PRETTILY ▸ **pretty**
PRETTY, PRETTIED, PRETTIER, PRETTIES *adj* pleasing to look at ▷ *adv* fairly, moderately ▷ *vb* pretty
PRETYPE, -D, -S *vb* type in advance
PRETZEL, -S *n* brittle salted biscuit ▷ *vb* bend or twist
PREUNION *n* early form of trade union
PREUNITE *vb* unite in advance
PREVAIL, -S *vb* gain mastery
PREVALUE *vb* value beforehand
PREVE, -D, -S, PREVING *vb* prove
PREVENE, -D, -S *vb* come before
PREVENT, -S *vb* keep from happening or doing
PREVERB, -S *n* particle preceding root of verb
PREVES ▸ **preve**
PREVIEW, -S *n* advance showing of a film or exhibition before it is shown to the public ▷ *vb* view in advance
PREVING ▸ **preve**
PREVIOUS *adj* coming or happening before
PREVISE, -D, -S *vb* predict or foresee
PREVISIT *vb* visit beforehand
PREVISOR ▸ **previse**
PREVUE, -D, -S, PREVUING *same as* ▸ **preview**
PREWAR *adj* relating to the period before a war, esp before World War I or II
PREWARM, -S *vb* warm beforehand
PREWARN, -S *vb* warn in advance
PREWASH *vb* give a preliminary wash to (clothes) ▷ *n* preliminary wash
PREWEIGH *vb* weigh beforehand
PREWIRE, -D, -S *vb* wire beforehand
PREWORK, -S *vb* work in advance
PREWORN *adj* (of clothes) second-hand
PREWRAP, -S *vb* wrap in advance
PREWRITE, PREWROTE *vb* write beforehand
PREWYN, -S *obsolete spelling of* ▸ **prune**

PREX, -ES *same as* ▸ **prexy**
PREXIE *same as* ▸ **prexy**
PREXY, PREXIES *n* US college president
PREY, -ED, -ING, -S *n* animal hunted and killed for food by another animal ▹ *vb* hunt or seize food by killing other animals
PREYER, -S ▸ **prey**
PREYFUL *adj* rich in prey
PREYING ▸ **prey**
PREYS ▸ **prey**
PREZ, -ES *n* president
PREZZIE, -S *same as* ▸ **pressie**
PRIAL, -S *n* pair royal of cards
PRIAPEAN *same as* ▸ **priapic**
PRIAPI ▸ **priapus**
PRIAPIC *adj* phallic
PRIAPUS, PRIAPI *n* representation of the penis
PRIBBLE, -S *variant of* ▸ **prabble**
PRICE, -D, -S *n* amount of money for which a thing is bought or sold ▹ *vb* fix or ask the price of
PRICER, -S ▸ **price**
PRICES ▸ **price**
PRICEY *adj* expensive
PRICIER ▸ **pricy**
PRICIEST ▸ **pricy**
PRICILY ▸ **pricey**
PRICING, -S ▸ **price**
PRICK, -ED, -ING, -S *vb* pierce lightly with a sharp point ▹ *n* sudden sharp pain caused by pricking
PRICKER, -S *n* person or thing that pricks
PRICKET, -S *n* male deer in the second year of life
PRICKIER ▸ **pricky**
PRICKING ▸ **prick**
PRICKLE, -D, -S *n* thorn or spike on a plant ▹ *vb* have a tingling or pricking sensation
PRICKLY *adj* having prickles
PRICKS ▸ **prick**
PRICKY, PRICKIER *adj* covered with pricks
PRICY, PRICIER, PRICIEST *same as* ▸ **pricey**
PRIDE, -D, -S, PRIDING *n* feeling of pleasure and satisfaction when one has done well
PRIDEFUL ▸ **pride**
PRIDES ▸ **pride**
PRIDIAN *adj* relating to yesterday
PRIDING ▸ **pride**
PRIED ▸ **pry**
PRIEDIEU *n* piece of furniture for use when kneeling to pray
PRIEF, -S *obsolete variant of* ▸ **proof**
PRIEFE, -S *obsolete variant of* ▸ **proof**
PRIEFS ▸ **prief**
PRIER, -S *n* person who pries
PRIES ▸ **pry**
PRIEST, -ED, -S *n* (in the Christian church) person who can administer the sacraments and preach ▹ *vb* make a priest
PRIESTLY *adj* of, relating to, characteristic of, or befitting a priest
PRIESTS ▸ **priest**
PRIEVE, -D, -S, PRIEVING *obsolete variant of* ▸ **proof**
PRIG, -GED, -GING, -S *n* self-righteous person who acts as if superior to others
PRIGGER, -S *n* thief
PRIGGERY ▸ **prig**
PRIGGING ▸ **prig**
PRIGGISH ▸ **prig**
PRIGGISM ▸ **prig**
PRIGS ▸ **prig**
PRILL, -ED, -ING, -S *vb* convert (a material) into a granular free-flowing form ▹ *n* prilled material
PRIM, -MED, -MEST, -MING, -S *adj* formal, proper, and rather prudish ▹ *vb* make prim
PRIMA, -S *same as* ▸ **primo**
PRIMACY *n* state of being first in rank, grade, etc
PRIMAGE, -S *n* tax added to customs duty
PRIMAL *adj* of basic causes or origins
PRIMALLY ▸ **primal**
PRIMARY *adj* chief, most important ▹ *n* person or thing that is first in position, time, or importance
PRIMAS ▸ **prima**
PRIMATAL *n* primate
PRIMATE, -S *n* member of an order of mammals including monkeys and humans
PRIMATIC ▸ **primate**
PRIME, -D, -S *adj* main, most important ▹ *n* time when someone is most vigorous ▹ *vb* give (someone) information in advance
PRIMELY ▸ **prime**
PRIMER, -S *n* special paint applied to bare wood etc before the main paint
PRIMERO, -S *n* 16th- and 17th-century card game
PRIMERS ▸ **primer**
PRIMES ▸ **prime**
PRIMEUR, -S *n* anything (esp fruit) produced early
PRIMEVAL *adj* of the earliest age of the world
PRIMI ▸ **primo**
PRIMINE, -S *n* integument surrounding an ovule or the outer of two such integuments
PRIMING, -S *same as* ▸ **primer**
PRIMLY ▸ **prim**
PRIMMED ▸ **prim**
PRIMMER, -S *n* elementary textbook
PRIMMEST ▸ **prim**
PRIMMING ▸ **prim**
PRIMNESS ▸ **prim**
PRIMO, PRIMI, -S *n* upper or right-hand part in a piano duet
PRIMP, -ED, -ING, -S *vb* tidy (one's hair or clothes) fussily
PRIMROSE *n* pale yellow spring flower ▹ *adj* pale yellow
PRIMROSY *adj* abounding in primroses
PRIMS ▸ **prim**
PRIMSIE, -R *Scots variant of* ▸ **prim**
PRIMULA, -S *n* type of primrose with brightly coloured flowers
PRIMUS, -ES *n* presiding bishop in the Synod
PRIMY *adj* prime
PRINCE, -D, -S, PRINCING *n* son of a king or queen ▹ *vb* act like a prince
PRINCELY *adj* of or like a prince ▹ *adv* in a princely manner
PRINCES ▸ **prince**
PRINCESS *n* female member of a royal family, esp the daughter of the king or queen
PRINCING ▸ **prince**
PRINCIPE, PRINCIPI *n* prince
PRINCOCK *same as* ▸ **princox**
PRINCOX *n* pert youth
PRINK, -ED, -ING, -S *vb* dress (oneself) finely
PRINKER, -S ▸ **prink**
PRINKING ▸ **prink**
PRINKS ▸ **prink**
PRINT, -ED, -S *vb* reproduce (a newspaper, book, etc) in

P

large quantities by mechanical or electronic means ▷ *n* printed words etc
PRINTER, -S *n* person or company engaged in printing
PRINTERY *n* establishment in which printing is carried out
PRINTING *n* process of producing printed matter
PRINTOUT *n* printed information produced by a computer output device
PRINTS ▸ print
PRION, -S *n* dovelike petrel with a serrated bill
PRIOR, -S *adj* earlier ▷ *n* head monk in a priory
PRIORATE *n* office, status, or term of office of a prior
PRIORESS *n* deputy head nun in a convent
PRIORIES ▸ priory
PRIORITY *n* most important thing that must be dealt with first
PRIORLY ▸ prior
PRIORS ▸ prior
PRIORY, PRIORIES *n* place where certain orders of monks or nuns live
PRISAGE, -S *n* customs duty levied until 1809 upon wine imported into England
PRISE, -D, -S, PRISING *same as* **▸ pry**
PRISER, -S ▸ prise
PRISERE, -S *n* primary sere or succession from bare ground to the community climax
PRISERS ▸ priser
PRISES ▸ prise
PRISING ▸ prise
PRISM, -S *n* transparent block used to disperse light into a spectrum
PRISMOID *n* prism-like geometrical shape
PRISMS ▸ prism
PRISMY ▸ prism
PRISON, -ED, -S *n* building where criminals and accused people are held ▷ *vb* imprison
PRISONER *n* person held captive
PRISONS ▸ prison
PRISS, -ED, -ES, -ING *n* prissy person ▷ *vb* act prissily
PRISSIER ▸ prissy
PRISSIES ▸ prissy
PRISSILY ▸ prissy
PRISSING ▸ priss
PRISSY, PRISSIER, PRISSIES *adj* prim, correct, and easily shocked ▷ *n* prissy person
PRISTANE *n* colourless combustible liquid
PRISTINE *adj* clean, new, and unused
PRITHEE *interj* pray thee
PRIVACY *n* condition of being private
PRIVADO, -S *n* close friend
PRIVATE, -R, -S *adj* for the use of one person or group only ▷ *n* soldier of the lowest rank
PRIVET, -S *n* bushy evergreen shrub used for hedges
PRIVIER ▸ privy
PRIVIES ▸ privy
PRIVIEST ▸ privy
PRIVILY *adv* in a secret way
PRIVITY *n* legally recognized relationship between two parties
PRIVY, PRIVIER, PRIVIES, PRIVIEST *adj* sharing knowledge of something secret ▷ *n* toilet, esp an outside one
PRIZABLE *adj* of worth
PRIZE, -D, -S, PRIZING *n* reward given for success in a competition etc ▷ *adj* winning or likely to win a prize ▷ *vb* value highly
PRIZEMAN, PRIZEMEN *n* winner of prize
PRIZER, -S *n* contender for prize
PRIZES ▸ prize
PRIZING ▸ prize
PRO, -S *prep* in favour of ▷ *n* professional ▷ *adv* in favour of a motion etc
PROA, -S *n* canoe-like boat used in the South Pacific
PROB, -S *n* problem
PROBABLE *adj* likely to happen or be true ▷ *n* person who is likely to be chosen for a team, event, etc
PROBABLY *adv* in all likelihood ▷ *sentence substitute* I believe such a thing or situation may be the case
PROBALL *adj* believable
PROBAND, -S *n* first patient to be investigated in a family study
PROBANG, -S *n* long flexible rod used to apply medication
PROBATE, -D, -S *n* process of proving the validity of a will ▷ *vb* establish officially the authenticity and validity of (a will)
PROBE, -D, -S *vb* search into or examine closely ▷ *n* surgical instrument used to examine a wound, cavity, etc
PROBER, -S ▸ probe
PROBES ▸ probe
PROBING, -S *n* act of making a thorough enquiry
PROBIT, -S *n* statistical measurement
PROBITY *n* honesty, integrity
PROBLEM, -S *n* something difficult to deal with or solve ▷ *adj* of a literary work that deals with difficult moral questions
PROBS ▸ prob
PROCAINE *n* colourless or white crystalline water-soluble substance
PROCARP, -S *n* female reproductive organ in red algae
PROCEED *vb* start or continue doing
PROCEEDS *pl n* money obtained from an event or activity
PROCESS *n* series of actions or changes ▷ *vb* handle or prepare by a special method of manufacture
PROCHAIN *variant of* **▸ prochein**
PROCHEIN *adj* next or nearest
PROCINCT *n* state of preparedness
PROCLAIM *vb* declare publicly
PROCLIVE *adj* prone
PROCTAL *adj* relating to the rectum
PROCTOR, -S *n* university worker who enforces discipline ▷ *vb* invigilate (an examination)
PROCURAL ▸ procure
PROCURE, -D, -S *vb* get, provide
PROCURER *n* person who provides something
PROCURES ▸ procure
PROD, -DED, -S *vb* poke with something pointed ▷ *n* prodding
PRODDER, -S ▸ prod
PRODDING *n* act of prodding
PRODIGAL *adj* recklessly extravagant, wasteful ▷ *n* person who spends lavishly or squanders money

PRODIGY *n* person with some marvellous talent
PRODITOR *n* traitor
PRODNOSE *vb* make uninvited inquiries (about someone else's business, for example)
PRODROMA *n* symptom that signals the onset of a disease
PRODROME, PRODROMI *n* any symptom that signals the impending onset of a disease
PRODRUG, -S *n* compound that is metabolized in the body to produce an active drug
PRODS ▸ **prod**
PRODUCE, -D, -S *vb* bring into existence ▹ *n* food grown for sale
PRODUCER *n* person with control over the making of a film, record, etc
PRODUCES ▸ **produce**
PRODUCT, -S *n* something produced
PROEM, -S *n* introduction or preface
PROEMIAL ▸ **proem**
PROEMS ▸ **proem**
PROETTE, -S *n* female golfing professional
PROF, -S *short for* > **professor**
PROFACE *interj* much good may it do you
PROFANE, -D, -S *adj* showing disrespect for religion or holy things ▹ *vb* treat (something sacred) irreverently, desecrate
PROFANER ▸ **profane**
PROFANES ▸ **profane**
PROFESS *vb* state or claim (something as true), sometimes falsely
PROFFER, -S *vb* offer ▹ *n* act of proffering
PROFILE, -D, -S *n* outline, esp of the face, as seen from the side ▹ *vb* draw, write, or make a profile of
PROFILER *n* device that creates a profile
PROFILES ▸ **profile**
PROFIT, -ED, -S *n* money gained ▹ *vb* gain or benefit
PROFITER ▸ **profit**
PROFITS ▸ **profit**
PROFORMA *n* invoice issued before an order is placed
PROFOUND *adj* showing or needing great knowledge ▹ *n* great depth
PROFS ▸ **prof**
PROFUSE *adj* plentiful
PROFUSER ▸ **profuse**
PROG, -GED, -GING, -S *vb* prowl about for or as if for food or plunder ▹ *n* food obtained by begging
PROGENY *n* children
PROGERIA *n* premature old age in children
PROGGED ▸ **prog**
PROGGER, -S *n* fan of progressive rock
PROGGING ▸ **prog**
PROGGINS *n* proctor
PROGNOSE *vb* predict course of disease
PROGRADE *vb* (of beach) advance towards sea
PROGRAM, -S *same as* > **programme**
PROGRESS *n* improvement, development ▹ *vb* become more advanced or skilful
PROGS ▸ **prog**
PROGUN *adj* in favour of public owning firearms
PROHIBIT *vb* forbid or prevent from happening
PROIGN, -ED, -S *same as* ▸ **proin**
PROIN, -ED, -ING, -S *vb* trim or prune
PROINE, -S *same as* ▸ **proin**
PROINED ▸ **proin**
PROINES ▸ **proine**
PROINING ▸ **proin**
PROINS ▸ **proin**
PROJECT, -S *n* planned scheme to do or examine something over a period ▹ *vb* make a forecast based on known data
PROJET, -S *n* draft of a proposed treaty
PROKE, -D, -S, PROKING *vb* thrust or poke
PROKER, -S ▸ **proke**
PROKES ▸ **proke**
PROKING ▸ **proke**
PROLABOR *adj* favouring the Labor party
PROLAMIN *same as* > **prolamine**
PROLAN, -S *n* constituent of human pregnancy urine
PROLAPSE *n* slipping down of an internal organ of the body from its normal position ▹ *vb* (of an internal organ) slip from its normal position
PROLATE, -D, -S *adj* having a polar diameter which is longer than the equatorial diameter ▹ *vb* pronounce or utter
PROLE, -D, -S, PROLING *old form of* ▸ **prowl**
PROLEG, -S *n* appendage on abdominal segment of a caterpillar
PROLER, -S *n* prowler
PROLES ▸ **prole**
PROLIFIC *adj* very productive
PROLINE, -S *n* nonessential amino acid that occurs in protein
PROLING ▸ **prole**
PROLIX *adj* (of speech or a piece of writing) overlong and boring
PROLIXLY ▸ **prolix**
PROLL, -ED, -ING, -S *vb* prowl or search
PROLLER, -S ▸ **proll**
PROLLING ▸ **proll**
PROLLS ▸ **proll**
PROLLY *adv* probably
PROLOG, -ED, -S *same as* ▸ **prologue**
PROLOGUE *n* introduction to a play or book ▹ *vb* introduce or preface with or as if with a prologue
PROLONG, -S *vb* make (something) last longer
PROLONGE *n* (formerly) rope used as part of the towing equipment of a gun carriage
PROLONGS ▸ **prolong**
PROM, -S *n* formal dance held at a high school or college
PROMETAL *n* type of cast iron
PROMINE, -S *n* substance promoting cell growth
PROMISE, -D, -S *vb* say that one will definitely do or not do something ▹ *n* undertaking to do or not to do something
PROMISEE *n* person to whom a promise is made
PROMISER ▸ **promise**
PROMISES ▸ **promise**
PROMISOR *n* person who makes a promise
PROMMER, -S *n* spectator at promenade concert
PROMO, -ED, -ING, -S *vb* promote (something)
PROMOTE, -D, -S *vb* help to make (something) happen or increase
PROMOTER *n* person who organizes or finances an event etc
PROMOTES ▸ **promote**
PROMOTOR *variant of* ▸ **promoter**

PROMPT, -ED, -S *vb* cause (an action) ▷ *adj* done without delay ▷ *adv* exactly ▷ *n* anything that serves to remind
PROMPTER *n* person offstage who prompts actors
PROMPTLY ▸ **prompt**
PROMPTS ▸ **prompt**
PROMS ▸ **prom**
PROMULGE *vb* bring to public knowledge
PRONAOS, PRONAOI *n* inner area of the portico of a classical temple
PRONATE, -D, -S *vb* turn (a limb, hand, or foot) so that the palm or sole is directed downwards
PRONATOR *n* any muscle whose contractions produce or affect pronation
PRONE, -R, -S, -ST *n* sermon ▷ *adj* sloping downwards
PRONELY ▸ **prone**
PRONER ▸ **prone**
PRONES ▸ **prone**
PRONEST ▸ **prone**
PRONEUR, -S *n* flatterer
PRONG, -ED, -ING, -S *n* one spike of a fork or similar instrument ▷ *vb* prick or spear with or as if with a prong
PRONK, -ED, -ING, -S *vb* jump straight up
PRONOTA ▸ **pronotum**
PRONOTAL ▸ **pronotum**
PRONOTUM, PRONOTA *n* notum of the prothorax of an insect
PRONOUN, -S *n* word, such as *she* or *it*, used to replace a noun
PRONTO *adv* at once
PROO *interj* (to a horse) stop!
PROOF, -ED, -ING, -S *n* evidence that shows that something is true or has happened ▷ *adj* able to withstand ▷ *vb* take a proof from (type matter)
PROOFER, -S *n* reader of proofs
PROOFING ▸ **proof**
PROOFS ▸ **proof**
PROOTIC, -S *n* bone in front of ear
PROP, -PED, -PING, -S *vb* support (something) so that it stays upright or in place ▷ *n* pole, beam, etc used as a support
PROPAGE, -D, -S *vb* propagate
PROPALE, -D, -S *vb* publish (something)
PROPANE, -S *n* flammable gas found in petroleum and used as a fuel
PROPANOL *n* colourless alcohol
PROPEL, -S *vb* cause to move forward
PROPENAL *n* type of aldehyde used as a herbicide and tear gas
PROPEND, -S *vb* be inclined or disposed
PROPENE, -S *n* colourless gaseous alkene obtained by cracking petroleum
PROPENOL *n* liquid used to make allylic alcohol
PROPENSE *adj* inclining forward
PROPENYL *n* three-carbon radical
PROPER, -ER, -S *adj* real or genuine ▷ *n* service or psalm regarded as appropriate to a specific day, season, etc
PROPERLY ▸ **proper**
PROPERS ▸ **proper**
PROPERTY *same as* ▸ **proprium**
PROPHAGE *n* type of virus in a bacterial cell
PROPHASE *n* first stage of mitosis
PROPHECY *n* prediction
PROPHESY *vb* foretell
PROPHET, -S *n* person chosen by God to spread His word
PROPHYLL *n* leaf-shaped plant structure
PROPINE, -D, -S *vb* drink a toast to
PROPJET, -S *another name for* > **turboprop**
PROPMAN, PROPMEN *n* member of the stage crew in charge of the stage props
PROPOLIS *n* resinous aromatic substance collected by bees from trees
PROPONE, -D, -S *vb* propose or put forward, esp before a court
PROPOSAL *n* act of proposing
PROPOSE, -D, -S *vb* put forward for consideration
PROPOSER ▸ **propose**
PROPOSES ▸ **propose**
PROPOUND *vb* put forward for consideration
PROPPANT *n* material used in the oil extraction process
PROPPED ▸ **prop**
PROPPING ▸ **prop**
PROPRIUM, PROPRIA *n* attribute that is not essential to a species but is common and peculiar to it
PROPS ▸ **prop**
PROPYL, -S *n* type of monovalent radical
PROPYLA ▸ **propylon**
PROPYLIC ▸ **propyl**
PROPYLON, PROPYLA *n* portico, esp one that forms the entrance to a temple
PROPYLS ▸ **propyl**
PROPYNE, -S *n* type of gaseous methyl acetylene
PRORATE, -D, -S *vb* divide, assess, or distribute (something) proportionately
PRORE, -S *n* forward part of ship
PROROGUE *vb* suspend (parliament) without dissolving it
PROS ▸ **pro**
PROSAIC *adj* lacking imagination, dull
PROSAISM *n* prosaic quality or style
PROSAIST ▸ **prosaism**
PROSE, -D, -S *n* ordinary speech or writing in contrast to poetry ▷ *vb* speak or write in a tedious style
PROSECCO *n* Italian sparkling white wine
PROSECT, -S *vb* dissect a cadaver for a public demonstration
PROSED ▸ **prose**
PROSEMAN, PROSEMEN *n* writer of prose
PROSER, -S *n* writer of prose
PROSES ▸ **prose**
PROSIER ▸ **prosy**
PROSIEST ▸ **prosy**
PROSIFY *vb* write prose
PROSILY ▸ **prosy**
PROSING, -S ▸ **prose**
PROSIT *interj* good health! cheers!
PROSO, -S *n* millet
PROSODIC ▸ **prosody**
PROSODY *n* study of poetic metre and techniques
PROSOMA, -S *n* head and thorax of an arachnid
PROSOMAL ▸ **prosoma**
PROSOMAS ▸ **prosoma**
PROSOPON *n* (in Christianity) manifestation of any of the persons of the Trinity
PROSOS ▸ **proso**
PROSPECT *n* something anticipated ▷ *vb* explore, esp for gold

PROSPER, -S *vb* be successful
PROST *same as* ▸ **prosit**
PROSTATE *n* gland in male mammals that surrounds the neck of the bladder ▹ *adj* of or relating to the prostate gland
PROSTYLE *adj* (of a building) having a row of columns in front ▹ *n* prostyle building, portico, etc
PROSUMER *n* amateur user of electronic equipment suitable for professionals
PROSY, PROSIER, PROSIEST *adj* dull and long-winded
PROTAMIN *same as* > **protamine**
PROTASIS, PROTASES *n* antecedent of a conditional statement
PROTATIC ▸ **protasis**
PROTEA, -S *n* African shrub with showy flowers
PROTEAN, -S *adj* constantly changing ▹ *n* creature that can change shape
PROTEAS ▸ **protea**
PROTEASE *n* any enzyme involved in proteolysis
PROTECT, -S *vb* defend from trouble, harm, or loss
PROTEGE, -S *n* person who is protected and helped by another
PROTEGEE *n* woman or girl who is protected and helped by another
PROTEGES ▸ **protege**
PROTEI ▸ **proteus**
PROTEID, -S *n* protein
PROTEIDE *variant of* ▸ **proteid**
PROTEIDS ▸ **proteid**
PROTEIN, -S *n* any of a group of complex organic compounds that are essential for life
PROTEND, -S *vb* hold out or stretch
PROTENSE *n* extension
PROTEOME *n* full complement of proteins that occur within a cell, tissue, or organism
PROTEOSE *n* compound formed during proteolysis
PROTEST, -S *n* declaration or demonstration of objection ▹ *vb* object, disagree
PROTEUS, PROTEI *n* aerobic bacterium
PROTHYL, -S *variant of* ▸ **protyle**
PROTIST, -S *n* organism belonging to the protozoans, unicellular algae, and simple fungi
PROTIUM, -S *n* most common isotope of hydrogen
PROTO *adj* as in **proto team** team of people trained to deal with underground rescues, etc
PROTOCOL *n* rules of behaviour for formal occasions
PROTON, -S *n* positively charged particle in the nucleus of an atom
PROTONIC *adj* (of a solvent, such as water) able to donate hydrogen ions to solute molecules
PROTONS ▸ **proton**
PROTOPOD *n* part of crustacean's leg
PROTORE, -S *n* primary mineral deposit
PROTOXID *variant of* > **protoxide**
PROTOZOA > **protozoan**
PROTRACT *vb* lengthen or extend (a situation etc)
PROTRADE *adj* in favour of trade
PROTRUDE *vb* stick out, project
PROTURAN *n* any of an order of white wingless insects
PROTYL, -S *same as* ▸ **protyle**
PROTYLE, -S *n* hypothetical primitive substance
PROTYLS ▸ **protyl**
PROUD, -ER, -EST *adj* feeling pleasure and satisfaction
PROUDFUL *adj* full of pride
PROUDISH *adj* rather proud
PROUDLY ▸ **proud**
PROUL, -ED, -ING, -S *variant of* ▸ **prowl**
PROULER, -S *Scots variant of* ▸ **prowler**
PROULING ▸ **proul**
PROULS ▸ **proul**
PROUNION *adj* in favour of or supporting the constitutional union between two or more countries
PROVABLE ▸ **prove**
PROVABLY ▸ **prove**
PROVAND, -S *n* food
PROVANT, -S *adj* supplied with provisions ▹ *vb* supply with provisions
PROVE, -D, -N, -S *vb* establish the validity of
PROVEDOR *variant of* > **provedore**
PROVEN ▸ **prove**
PROVEND, -S *same as* ▸ **provand**
PROVENLY ▸ **prove**
PROVER, -S ▸ **prove**
PROVERB, -S *n* short saying that expresses a truth or gives a warning ▹ *vb* utter or describe (something) in the form of a proverb
PROVERS ▸ **prover**
PROVES ▸ **prove**
PROVIANT *variant of* ▸ **provand**
PROVIDE, -D, -S *vb* make available
PROVIDER ▸ **provide**
PROVIDES ▸ **provide**
PROVIDOR *variant of* > **provedore**
PROVINCE *n* area governed as a unit of a country or empire
PROVINE, -D, -S *vb* plant branch of vine in ground for propagation
PROVING, -S ▸ **prove**
PROVIRAL ▸ **provirus**
PROVIRUS *n* inactive form of a virus in a host cell
PROVISO, -S *n* condition, stipulation
PROVISOR *n* person who receives provision
PROVISOS ▸ **proviso**
PROVOKE, -D, -S *vb* deliberately anger
PROVOKER ▸ **provoke**
PROVOKES ▸ **provoke**
PROVOST, -S *n* head of certain university colleges in Britain
PROW, -ER, -EST, -S *n* bow of a vessel ▹ *adj* gallant
PROWAR *adj* in favour of or supporting war
PROWER ▸ **prow**
PROWESS *n* superior skill or ability
PROWEST ▸ **prow**
PROWL, -ED, -ING, -S *vb* move stealthily around a place as if in search of prey or plunder ▹ *n* prowling
PROWLER, -S ▸ **prowl**
PROWLING ▸ **prowl**
PROWLS ▸ **prowl**
PROWS ▸ **prow**
PROXEMIC > **proxemics**
PROXIES ▸ **proxy**
PROXIMAL *same as* > **proximate**

PROXIMO *adv* in or during the next or coming month
PROXY, PROXIES *n* person authorized to act on behalf of someone else
PROYN, -ED, -ING, -S *obsolete spelling of* ▸ **prune**
PROYNE, -S *obsolete spelling of* ▸ **prune**
PROYNED ▸ **proyn**
PROYNES ▸ **proyne**
PROYNING ▸ **proyn**
PROYNS ▸ **proyn**
PRUDE, -S *n* person who is excessively modest, prim, or proper
PRUDENCE *n* caution in practical affairs
PRUDENT *adj* cautious, discreet, and sensible
PRUDERY ▸ **prude**
PRUDES ▸ **prude**
PRUDISH ▸ **prude**
PRUH *variant of* ▸ **proo**
PRUINA, -S *n* woolly white covering on some lichens
PRUINE, -S *obsolete spelling of* ▸ **prune**
PRUINOSE *adj* coated with a powdery or waxy bloom
PRUNABLE ▸ **prune**
PRUNE, -D, -S *n* dried plum ▹ *vb* cut off dead parts or excessive branches from (a tree or plant)
PRUNELLA *n* strong fabric, esp a twill-weave worsted, used for gowns and the uppers of some shoes
PRUNELLE *same as* ▸ **prunella**
PRUNELLO *same as* ▸ **prunella**
PRUNER, -S ▸ **prune**
PRUNES ▸ **prune**
PRUNEY, PRUNIER, PRUNIEST *adj* resembling a prune
PRUNING, -S ▸ **prune**
PRUNT, -S *n* glass ornamentation
PRUNTED ▸ **prunt**
PRUNTS ▸ **prunt**
PRUNUS, -ES *n* type of ornamental tree or shrub
PRURIGO, -S *n* chronic inflammatory disease of the skin
PRURITIC ▸ **pruritus**
PRURITUS *n* any intense sensation of itching
PRUSIK, -ED, -S *n* sliding knot used in climbing ▹ *vb* climb (up a rope) using prusiks
PRUSSIAN *adj* as in **prussian blue** colour pigment, discovered in Berlin
PRUSSIC *adj* as in **prussic acid** weakly acidic extremely poisonous aqueous solution of hydrogen cyanide
PRUTA *same as* ▸ **prutah**
PRUTAH, PRUTOT, PRUTOTH *n* former Israeli coin
PRY, PRIED, PRIES *vb* make an impertinent or uninvited inquiry into a private matter ▹ *n* act of prying
PRYER, -S *same as* ▸ **prier**
PRYING, -S ▸ **pry**
PRYINGLY ▸ **pry**
PRYINGS ▸ **prying**
PRYS *old variant of* ▸ **price**
PRYSE, -D, -S, PRYSING *old variant of* ▸ **price**
PRYTANEA > **prytaneum**
PRYTHEE *same as* ▸ **prithee**
PSALM, -ED, -ING, -S *n* sacred song ▹ *vb* sing a psalm
PSALMIC ▸ **psalm**
PSALMING ▸ **psalm**
PSALMIST *n* writer of psalms
PSALMODY *n* singing of sacred music
PSALMS ▸ **psalm**
PSALTER, -S *n* book containing a version of Psalms
PSALTERY *n* ancient instrument played by plucking strings
PSALTRY *same as* ▸ **psaltery**
PSAMMITE *rare name for* > **sandstone**
PSAMMON, -S *n* microscopic life forms living between grains of sand
PSCHENT, -S *n* ancient Egyptian crown
PSELLISM *n* stammering
PSEPHISM *n* proposition adopted by a majority vote
PSEPHITE *n* any rock that consists of large fragments embedded in a finer matrix
PSEUD, -S *n* pretentious person
PSEUDERY *n* pretentious talk
PSEUDISH ▸ **pseud**
PSEUDO, -S *n* pretentious person
PSEUDS ▸ **pseud**
PSHAW, -ED, -ING, -S *n* exclamation of disgust, impatience, disbelief, etc ▹ *vb* make this exclamation
PSI, -S *n* 23rd letter of the Greek alphabet
PSILOCIN *n* hallucinogenic substance
PSILOSIS, PSILOSES *n* disease of the small intestine
PSILOTIC ▸ **psilosis**
PSION, -S *n* type of elementary particle
PSIONIC ▸ **psionics**
PSIONICS *n* study of the practical use of psychic powers
PSIONS ▸ **psion**
PSIS ▸ **psi**
PSOAS, PSOAE, PSOAI, -ES *n* either of two muscles of the loins that aid in flexing and rotating the thigh
PSOATIC ▸ **psoas**
PSOCID, -S *n* tiny wingless insect
PSORA, -S *n* itching skin complaint
PSORALEA *n* type of tropical and subtropical plant with curly leaves and white or purple flowers
PSORALEN *n* treatment for some skin diseases
PSORAS ▸ **psora**
PSORIC ▸ **psora**
PSST *interj* sound made to attract someone's attention
PST *interj* sound made to attract someone's attention

You would need to be fairly desperate to use good letters to play this exclamation, but sometimes with no vowels on your rack things can be that desperate.

PSYCH, -ED, -ES, -ING, -S *vb* psychoanalyse
PSYCHE *same as* ▸ **psych**
PSYCHED ▸ **psych**
PSYCHES ▸ **psych**
PSYCHIC, -S *adj* having mental powers which cannot be explained by natural laws ▹ *n* person with psychic powers
PSYCHING ▸ **psych**
PSYCHISM *n* belief in a universal soul
PSYCHIST ▸ **psychism**
PSYCHOID *n* name for an animal's innate impetus to perform actions
PSYCHS ▸ **psych**
PSYLLA, -S *same as* ▸ **psyllid**
PSYLLID, -S *n* type of insect of the family which comprises the jumping plant lice
PSYLLIUM *n* grain, the husks of which are used as a laxative
PSYOP, -S *n* psychological operation

PSYWAR, -S *n* psychological warfare
PTARMIC, -S *n* material that causes sneezing
PTERIA ▸ **pterion**
PTERIN, -S *n* compound such as folic acid
PTERION, PTERIA *n* point on the side of the skull where a number of bones meet
PTEROIC *adj* as in **pteroic acid** a kind of acid found in spinach
PTEROPOD *n* small marine gastropod mollusc
PTERYGIA > **pterygium**
PTERYLA, -E *n* any of the tracts of skin that bear contour feathers
PTILOSIS, PTILOSES *n* falling out of eye lashes
PTISAN, -S *n* grape juice drained off without pressure
PTOMAIN, -S *same as* ▸ **ptomaine**
PTOMAINE *n* any of a group of poisonous alkaloids found in decaying matter
PTOMAINS ▸ **ptomain**
PTOOEY *interj* imitation of the sound of spitting
PTOSIS, PTOSES *n* prolapse or drooping of a part, esp the eyelid
PTOTIC ▸ **ptosis**
PTUI *same as* ▸ **ptooey**
PTYALIN, -S *n* amylase secreted in the saliva of human beings and other animals
PTYALISE *same as* ▸ **ptyalize**
PTYALISM *n* excessive secretion of saliva
PTYALIZE *vb* expel saliva from the mouth
PTYXIS, PTYXES, -ES *n* folding of a leaf in a bud
PUB, -BED, -BING, -S *n* building with a bar licensed to sell alcoholic drinks ▹ *vb* visit a pub or pubs
PUBBINGS ▸ **pubbing**
PUBCO, -S *n* company operating a chain of pubs
PUBERAL *adj* relating to puberty
PUBERTAL ▸ **puberty**
PUBERTY *n* period at the beginning of adolescence
PUBIC *adj* of the lower abdomen
PUBIS, -ES *n* one of the three sections of the hipbone that forms part of the pelvis
PUBLIC, -S *adj* of or concerning the people as a whole ▹ *n* community, people in general
PUBLICAN *n* person who owns or runs a pub
PUBLICLY *adv* in a public manner
PUBLICS ▸ **public**
PUBLISH *vb* produce and issue (printed matter) for sale
PUBS ▸ **pub**
PUCAN, -S *n* traditional Connemara open sailing boat
PUCCOON, -S *n* N American plant that yields a red dye
PUCE, -R, -S, -ST *adj* purplish-brown ▹ *n* colour varying from deep red to dark purplish-brown
PUCELAGE *n* state of being a maid or girl
PUCELLE, -S *n* maid or girl
PUCER ▸ **puce**
PUCES ▸ **puce**
PUCEST ▸ **puce**
PUCK, -ED, -ING, -S *n* mischievous or evil spirit ▹ *vb* strike (the ball) in hurling
PUCKA *same as* ▸ **pukka**
PUCKED ▸ **puck**
PUCKER, -ED, -S *vb* gather into wrinkles ▹ *n* wrinkle or crease
PUCKERER ▸ **pucker**
PUCKERS ▸ **pucker**
PUCKERY *adj* tending to pucker ▹ *n* puckishness
PUCKFIST *n* puffball
PUCKING ▸ **puck**
PUCKISH ▸ **puck**
PUCKLE, -S *n* early type of machine gun
PUCKOUT, -S *n* (in hurling) free hit made by the goalkeeper
PUCKS ▸ **puck**
PUCKSTER *n* hockey player
PUD, -S *short for* ▸ **pudding**
PUDDEN, -S *dialect spelling of* ▸ **pudding**
PUDDER, -ED, -S *vb* make bother or fuss
PUDDIER ▸ **puddy**
PUDDIES ▸ **puddy**
PUDDIEST ▸ **puddy**
PUDDING, -S *n* dessert, esp a cooked one served hot
PUDDINGY *adj* having the consistency of a pudding
PUDDLE, -D, -S *n* small pool of water, esp of rain ▹ *vb* make (clay etc) into puddle
PUDDLER, -S ▸ **puddle**
PUDDLES ▸ **puddle**
PUDDLIER ▸ **puddly**
PUDDLING *n* process for converting pig iron into wrought iron
PUDDLY, PUDDLIER ▸ **puddle**
PUDDOCK, -S *same as* ▸ **paddock**
PUDDY, PUDDIER, PUDDIES, PUDDIEST *n* paw ▹ *adj* short and podgy
PUDENCY *n* modesty, shame, or prudishness
PUDENDA ▸ **pudendum**
PUDENDAL ▸ **pudendum**
PUDENDUM, PUDENDA *n* human external genital organs collectively, esp of a female
PUDENT *adj* lacking in ostentation; humble
PUDEUR, -S *n* sense of shame or embarrassment
PUDGE, -S *same as* ▸ **podge**
PUDGIER ▸ **pudgy**
PUDGIEST ▸ **pudgy**
PUDGILY ▸ **pudgy**
PUDGY, PUDGIER, PUDGIEST *adj* podgy
PUDIBUND *adj* prudish
PUDIC ▸ **pudendum**
PUDICITY *n* modesty
PUDOR, -S *n* sense of shame
PUDS ▸ **pud**
PUDSEY *variant of* ▸ **pudsy**
PUDSY, PUDSIER, PUDSIES, PUDSIEST *adj* plump ▹ *n* plump person
PUDU, -S *n* diminutive Andean antelope
PUEBLO, -S *n* communal village of flat-roofed houses
PUER, -ED, -ING, -S *vb* steep hides in an alkaline substance from the dung of dogs
PUERILE *adj* silly and childish
PUERING ▸ **puer**
PUERPERA *n* woman who has recently given birth
PUERS ▸ **puer**
PUFF, -ED, -S *n* (sound of) short blast of breath, wind, etc ▹ *vb* blow or breathe in short quick draughts
PUFFA *adj* type of quilted and padded jacket
PUFFBACK *n* type of small African bird
PUFFBALL *n* ball-shaped fungus
PUFFBIRD *n* brownish tropical American bird with a large head
PUFFED ▸ **puff**
PUFFER, -S *n* person or thing that puffs

PUFFERY *n* exaggerated praise, esp in publicity or advertising
PUFFIER ▸ **puffy**
PUFFIEST ▸ **puffy**
PUFFILY ▸ **puffy**
PUFFIN, -S *n* sea bird with a brightly coloured beak
PUFFING, -S ▸ **puff**
PUFFINS ▸ **puffin**
PUFFS ▸ **puff**
PUFFY, PUFFIER, PUFFIEST *adj* short of breath
PUG, -GED, -S *n* small snub-nosed dog ▹ *vb* mix or knead (clay) with water to form a malleable mass or paste
PUGAREE, -S *same as* ▸ **puggree**
PUGGAREE *same as* ▸ **puggree**
PUGGED ▸ **pug**
PUGGERY *same as* ▸ **puggree**
PUGGIE, -S *n* Scottish word for fruit machine
PUGGIER ▸ **puggy**
PUGGIES ▸ **puggie**
PUGGIEST ▸ **puggy**
PUGGING, -S ▸ **pug**
PUGGISH ▸ **pug**
PUGGLE, -D, -S, PUGGLING *vb* stir up by poking
PUGGREE, -S *n* scarf, usually pleated, around the crown of some hats, esp sun helmets
PUGGRY, PUGGRIES *same as* ▸ **puggree**
PUGGY, PUGGIER, PUGGIEST *adj* sticky, claylike ▹ *n* term of endearment
PUGH *interj* exclamation of disgust
PUGIL, -S *n* pinch or small handful
PUGILISM *n* art, practice, or profession of fighting with the fists
PUGILIST ▸ **pugilism**
PUGILS ▸ **pugil**
PUGMARK, -S *n* trail of an animal
PUGREE, -S *same as* ▸ **puggree**
PUGS ▸ **pug**
PUH *interj* exclamation expressing contempt or disgust
PUHA, -S *n* sow thistle
PUIR, -ER, -EST *Scottish word for* ▸ **poor**
PUIRTITH *n* poverty
PUISNE, -S *adj* (esp of a subordinate judge) of lower rank ▹ *n* judge of lower rank
PUISNY *adj* younger or inferior
PUISSANT *adj* powerful
PUJA, -S *n* ritual in honour of the gods, performed either at home or in the mandir (temple)
PUJAH, -S *same as* ▸ **puja**
PUJARI, -S *n* Hindu priest
PUJAS ▸ **puja**
PUKA, -S *in New Zealand English, same as* > **broadleaf**
PUKATEA, -S *n* aromatic New Zealand tree
PUKE, -D, -S, PUKING *vb* vomit ▹ *n* act of vomiting
PUKEKO, -S *n* brightly coloured New Zealand wading bird
PUKER, -S *n* person who vomits
PUKES ▸ **puke**
PUKEY, PUKIER, PUKIEST *adj* of or like vomit
PUKING ▸ **puke**
PUKKA *adj* properly done, constructed, etc
PUKKAH *adj* genuine
PUKU, -S *n* belly or stomach
PUKY *same as* ▸ **pukey**
PUL, -IK, -S *n* Afghan monetary unit
PULA, -S *n* standard monetary unit of Botswana
PULAO, -S *same as* ▸ **pilau**
PULAS ▸ **pula**
PULDRON, -S *same as* ▸ **pauldron**
PULE, -D, -S *vb* whine or whimper
PULER, -S ▸ **pule**
PULES ▸ **pule**
PULI, -S *n* Hungarian sheepdog
PULICENE *adj* flea-ridden
PULICIDE *n* flea-killing substance
PULIER ▸ **puly**
PULIEST ▸ **puly**
PULIK ▸ **pul**
PULING, -S ▸ **pule**
PULINGLY ▸ **pule**
PULINGS ▸ **puling**
PULIS ▸ **puli**
PULK, -S *same as* ▸ **pulka**
PULKA, -S *n* reindeer-drawn sleigh
PULKHA, -S *same as* ▸ **pulka**
PULKS ▸ **pulk**
PULL, -ED, -ING, -S *vb* exert force on (an object) to move it towards the source of the force ▹ *n* act of pulling
PULLBACK *n* act of pulling back
PULLED ▸ **pull**
PULLER, -S ▸ **pull**
PULLET, -S *n* young hen
PULLEY, -ED, -S *n* device for lifting weights by a downward pull ▹ *vb* lift with a pulley
PULLI ▸ **pullus**
PULLIES ▸ **pully**
PULLING ▸ **pull**
PULLMAN, -S *n* luxurious railway coach, esp a sleeping car
PULLORUM *n* as in **pullorum disease** acute serious bacterial disease of very young birds
PULLOUT, -S *n* removable section of a magazine, etc
PULLOVER *n* sweater that is pulled on over the head
PULLS ▸ **pull**
PULLUP, -S *n* exercise in which the body is raised by the arms pulling on a horizontal bar
PULLUS, PULLI *n* technical term for a chick or young bird
PULLY, PULLIES *n* pullover
PULMO, -NES *n* lung
PULMONIC *adj* of or relating to the lungs ▹ *n* person with lung disease
PULMOTOR *n* apparatus for pumping oxygen into the lungs during artificial respiration
PULP, -ED, -S *n* soft wet substance made from crushed or beaten matter ▹ *vb* reduce to pulp
PULPAL ▸ **pulp**
PULPALLY ▸ **pulp**
PULPED ▸ **pulp**
PULPER, -S ▸ **pulp**
PULPIER ▸ **pulpy**
PULPIEST ▸ **pulpy**
PULPIFY *vb* reduce to pulp
PULPILY ▸ **pulpy**
PULPING, -S *n* act of pulping
PULPIT, -S *n* raised platform for a preacher
PULPITAL ▸ **pulpit**
PULPITED ▸ **pulpit**
PULPITER *n* preacher
PULPITRY *n* art of delivering sermons
PULPITS ▸ **pulpit**
PULPITUM *n* stone screen dividing nave and choir
PULPLESS ▸ **pulp**
PULPMILL *n* mill making raw material for paper
PULPOUS *n* soft and yielding
PULPS ▸ **pulp**
PULPWOOD *n* pine, spruce, or any other soft wood used to make paper

P

PULPY, PULPIER, PULPIEST *adj* having a soft or soggy consistency
PULQUE, -S *n* light alcoholic drink from Mexico
PULS ▸ **pul**
PULSANT *adj* vibrant
PULSAR, -S *n* small dense star which emits regular bursts of radio waves
PULSATE, -D, -S *vb* throb, quiver
PULSATOR *n* device that stimulates rhythmic motion of a body
PULSE, -D, -S, PULSING *n* regular beating of blood through the arteries at each heartbeat ▹ *vb* beat, throb, or vibrate
PULSEJET *n* type of ramjet engine
PULSER, -S *n* thing that pulses
PULSES ▸ **pulse**
PULSIDGE *archaic word for* ▸ **pulse**
PULSIFIC *adj* causing the pulse to increase
PULSING ▸ **pulse**
PULSION, -S *n* act of driving forward
PULSOJET *same as* ▸ **pulsejet**
PULTAN, -S *n* native Indian regiment
PULTON, -S *same as* ▸ **pultan**
PULTOON, -S *same as* ▸ **pultan**
PULTRUDE *vb* produce reinforced plastic process by pultrusion
PULTUN, -S *same as* ▸ **pultan**
PULTURE, -S *n* food and drink claimed by foresters
PULU, -S *n* substance used for stuffing cushions
PULVER, -ED, -S *vb* make into powder
PULVIL, -S *vb* apply perfumed powder
PULVILIO *n* perfumed powder
PULVILLE *same as* ▸ **pulvil**
PULVILLI > **pulvillus**
PULVILS ▸ **pulvil**
PULVINAR *n* part of the thalamus
PULVINUS, PULVINI *n* swelling at the base of a leafstalk
PULWAR, -S *n* light Indian river boat
PULY, PULIER, PULIEST *adj* whiny
PUMA, -S *n* large American wild cat with a greyish-brown coat
PUMELO, -S *same as* ▸ **pomelo**
PUMICATE *vb* pound fruit with pumice to make juice
PUMICE, -D, -S, PUMICING *n* light porous stone used for scouring ▹ *vb* rub or polish with pumice
PUMICER, -S ▸ **pumice**
PUMICES ▸ **pumice**
PUMICING ▸ **pumice**
PUMICITE *n* fine-grained variety of pumice
PUMIE, -S *n* small stone
PUMMEL, -ED, -S *vb* strike repeatedly with or as if with the fists
PUMMELO, -S *same as* ▸ **pomelo**
PUMMELS ▸ **pummel**
PUMP, -ED, -ING, -S *n* machine used to force a liquid or gas to move in a particular direction ▹ *vb* raise or drive with a pump
PUMPABLE *adj* capable of being pumped
PUMPED ▸ **pump**
PUMPER, -S ▸ **pump**
PUMPHOOD *n* cover for the upper wheel of a chain pump
PUMPING, -S ▸ **pump**
PUMPION, -S *archaic word for* ▸ **pumpkin**
PUMPJACK *n* pumping apparatus at an oil well
PUMPKIN, -S *n* large round fruit with an orange rind
PUMPKING *n* programmer with authority to change the master source code
PUMPKINS ▸ **pumpkin**
PUMPLESS ▸ **pump**
PUMPLIKE ▸ **pump**
PUMPS ▸ **pump**
PUMY *adj* large and round
PUN, -NED, -S *n* use of words to exploit double meanings for humorous effect ▹ *vb* make puns
PUNA, -S *n* high cold dry plateau, esp in the Andes
PUNALUA, -S *n* marriage between the sisters of one family to the brothers of another
PUNALUAN ▸ **punalua**
PUNALUAS ▸ **punalua**
PUNAS ▸ **puna**
PUNCE, -D, -S, PUNCING *n* kick ▹ *vb* kick
PUNCH, -ED, -ES, -ING *vb* strike at with a clenched fist ▹ *n* blow with a clenched fist
PUNCHBAG *n* stuffed bag punched for boxing training
PUNCHED ▸ **punch**
PUNCHEON *n* large cask of variable capacity, usually between 70 and 120 gallons
PUNCHER, -S ▸ **punch**
PUNCHES ▸ **punch**
PUNCHIER ▸ **punchy**
PUNCHILY ▸ **punchy**
PUNCHING ▸ **punch**
PUNCHOUT *n* fist fight
PUNCHY, PUNCHIER *adj* forceful
PUNCING ▸ **punce**
PUNCTA ▸ **punctum**
PUNCTATE *adj* having or marked with minute spots, holes, or depressions
PUNCTO, -S *n* tip of a fencing sword
PUNCTUAL *adj* arriving or taking place at the correct time
PUNCTULE *n* very small opening
PUNCTUM, PUNCTA, -S *n* tip or small point
PUNCTURE *n* small hole made by a sharp object, esp in a tyre ▹ *vb* pierce a hole in
PUNDIT, -S *n* expert who speaks publicly on a subject
PUNDITIC *adj* of or relating to pundits
PUNDITRY *n* expressing of expert opinions
PUNDITS ▸ **pundit**
PUNDONOR *n* point of honour
PUNG, -S *n* horse-drawn sleigh with a boxlike body on runners
PUNGA, -S *variant spelling of* ▸ **ponga**
PUNGENCE *n* pungency
PUNGENCY ▸ **pungent**
PUNGENT *adj* having a strong sharp bitter flavour
PUNGLE, -D, -S, PUNGLING *vb* make payment
PUNGS ▸ **pung**
PUNIER ▸ **puny**
PUNIEST ▸ **puny**
PUNILY ▸ **puny**
PUNINESS ▸ **puny**
PUNISH, -ED, -ES *vb* cause (someone) to suffer or undergo a penalty for some wrongdoing
PUNISHER ▸ **punish**
PUNISHES ▸ **punish**
PUNITION *n* punishment
PUNITIVE *adj* relating to punishment
PUNITORY *same as* ▸ **punitive**

PUNJI, -ED, -ES, -ING, -S *n* sharpened bamboo stick ▷ *vb* fortify with punjis
PUNK, -ER, -ERS, -EST, -S *n* style of rock music of the late 1970s ▷ *adj* relating to the punk movement
PUNKA, -S *n* fan made of a palm leaf or leaves
PUNKAH, -S *same as* ▸ **punka**
PUNKAS ▸ **punka**
PUNKER ▸ **punk**
PUNKERS ▸ **punk**
PUNKEST ▸ **punk**
PUNKETTE *n* female follower of punk music
PUNKEY, -S *n* small winged insect
PUNKIE, -S *same as* ▸ **punkey**
PUNKIER ▸ **punky**
PUNKIES ▸ **punkie**
PUNKIEST ▸ **punky**
PUNKIN, -S *same as* ▸ **pumpkin**
PUNKISH ▸ **punk**
PUNKS ▸ **punk**
PUNKY, PUNKIER, PUNKIEST *adj* of punk music
PUNNED ▸ **pun**
PUNNER, -S ▸ **pun**
PUNNET, -S *n* small basket for fruit
PUNNIER ▸ **punny**
PUNNIEST ▸ **punny**
PUNNING, -S ▸ **pun**
PUNNY, PUNNIER, PUNNIEST *adj* of puns
PUNS ▸ **pun**
PUNSTER, -S *n* person who is fond of making puns
PUNT, -ED, -ING, -S *n* open flat-bottomed boat propelled by a pole ▷ *vb* travel in a punt
PUNTEE, -S *same as* ▸ **punty**
PUNTER, -S *n* informal word for a member of the public
PUNTIES ▸ **punty**
PUNTING ▸ **punt**
PUNTO, -S *n* hit in fencing
PUNTS ▸ **punt**
PUNTSMAN, PUNTSMEN *n* man in charge of a river punt
PUNTY, PUNTIES *n* long iron rod used in the finishing process of glass-blowing
PUNY, PUNIER, PUNIEST *adj* small and feeble
PUP, -PED, -PING, -S *n* young of certain animals, such as dogs and seals ▷ *vb* (of dogs, seals, etc) to give birth to pups
PUPA, -E, -S *n* insect at the stage of development between a larva and an adult
PUPAL ▸ **pupa**
PUPARIA ▸ **puparium**
PUPARIAL ▸ **puparium**
PUPARIUM, PUPARIA *n* case enclosing the pupae of certain insects
PUPAS ▸ **pupa**
PUPATE, -D, -S, PUPATING *vb* (of an insect larva) to develop into a pupa
PUPATION ▸ **pupate**
PUPFISH *n* type of small fish
PUPIL, -S *n* person who is taught by a teacher
PUPILAGE *same as* > **pupillage**
PUPILAR ▸ **pupil**
PUPILARY *same as* > **pupillary**
PUPILLAR ▸ **pupil**
PUPILS ▸ **pupil**
PUPPED ▸ **pup**
PUPPET, -S *n* small doll or figure moved by strings or by the operator's hand
PUPPETRY *n* art of making and manipulating puppets and presenting puppet shows
PUPPETS ▸ **puppet**
PUPPIED ▸ **puppy**
PUPPIES ▸ **puppy**
PUPPING ▸ **pup**
PUPPODUM *same as* ▸ **poppadom**
PUPPY, PUPPIED, PUPPIES, -ING *n* young dog ▷ *vb* have puppies
PUPPYDOM *n* state of being a puppy
PUPPYING ▸ **puppy**
PUPPYISH ▸ **puppy**
PUPPYISM *n* impudence
PUPS ▸ **pup**
PUPU, -S *n* Hawaiian dish
PUPUNHA, -S *n* fruit of a type of palm tree
PUPUS ▸ **pupu**
PUR, -S *same as* ▸ **purr**
PURANA, -S *n* type of Sanskrit sacred writing
PURANIC ▸ **purana**
PURBLIND *adj* partly or nearly blind
PURCHASE *vb* obtain by payment ▷ *n* thing that is bought
PURDA, -S *same as* ▸ **purdah**
PURDAH, -S *n* Muslim and Hindu custom of keeping women in seclusion
PURDAHED ▸ **purdah**
PURDAHS ▸ **purdah**
PURDAS ▸ **purda**
PURE, -D, -R, -S, -ST, PURING *adj* unmixed, untainted ▷ *vb* make pure
PUREBRED *adj* denoting a pure strain obtained through many generations of controlled breeding ▷ *n* purebred animal
PURED ▸ **pure**
PUREE, -D, -ING, -S *n* smooth thick pulp of cooked and sieved fruit, vegetables, meat, or fish ▷ *vb* make (cooked foods) into a puree
PURELY *adv* in a pure manner
PURENESS ▸ **pure**
PURER ▸ **pure**
PURES ▸ **pure**
PUREST ▸ **pure**
PURFLE, -D, -S *n* ruffled or curved ornamental band ▷ *vb* decorate with such a band or bands
PURFLER, -S ▸ **purfle**
PURFLES ▸ **purfle**
PURFLING *same as* ▸ **purfle**
PURFLY ▸ **purfle**
PURGE, -D, -S *vb* rid (a thing or place) of (unwanted things or people) ▷ *n* purging
PURGER, -S ▸ **purge**
PURGES ▸ **purge**
PURGING, -S ▸ **purge**
PURI, -S *n* unleavened flaky Indian bread, that is deep-fried in ghee and served hot
PURIFIED ▸ **purify**
PURIFIER *n* device or substance that frees something of extraneous, contaminating, or debasing matter
PURIFY, PURIFIED, PURIFIES *vb* make or become pure
PURIN, -S *same as* ▸ **purine**
PURINE, -S *n* colourless crystalline solid that can be prepared from uric acid
PURING ▸ **pure**
PURINS ▸ **purin**
PURIRI, -S *n* forest tree of New Zealand
PURIS ▸ **puri**
PURISM, -S *n* strict insistence on the correct usage or style
PURIST, -S ▸ **purism**
PURISTIC ▸ **purism**
PURISTS ▸ **purist**
PURITAN, -S *n* person who follows strict moral or

P

religious principles ▷ *adj* of or like a puritan
PURITY, PURITIES *n* state or quality of being pure
PURL, -ED, -S *n* stitch made by knitting a plain stitch backwards ▷ *vb* knit in purl
PURLER, -S *n* headlong or spectacular fall
PURLICUE *vb* finish a pen stroke with a flourish
PURLIEU, -S, -X *n* land on the edge of a royal forest
PURLIN, -S *n* horizontal beam that supports the rafters of a roof
PURLINE, -S *same as* ▸ **purlin**
PURLING, -S ▸ **purl**
PURLINS ▸ **purlin**
PURLOIN, -S *vb* steal
PURLS ▸ **purl**
PURPIE, -S *old Scots word for* ▸ **purslane**
PURPLE, -D, -R, -S, -ST, PURPLING *n* colour between red and blue ▷ *adj* of a colour between red and blue ▷ *vb* make purple
PURPLIER ▸ **purply**
PURPLING ▸ **purple**
PURPLISH ▸ **purple**
PURPLY, PURPLIER ▸ **purple**
PURPORT, -S *vb* claim (to be or do something) ▷ *n* apparent meaning, significance
PURPOSE, -D, -S *n* reason for which something is done or exists
PURPURA, -S *n* blood disease causing purplish spots
PURPURE, -S *n* purple
PURPURIC ▸ **purpura**
PURPURIN *n* red crystalline compound used as a stain for biological specimens
PURPY *variant of* ▸ **purpie**
PURR, -ED, -S *vb* (of cats) make low vibrant sound, usu when pleased ▷ *n* this sound
PURRING, -S ▸ **purr**
PURRS ▸ **purr**
PURS ▸ **pur**
PURSE, -D, -S, PURSING *n* small bag for money ▷ *vb* draw (one's lips) together into a small round shape
PURSEFUL *n* that which can be contained in purse
PURSER, -S *n* ship's officer who keeps the accounts
PURSES ▸ **purse**
PURSEW, -ED, -S *archaic spelling of* ▸ **pursue**
PURSIER ▸ **pursy**
PURSIEST ▸ **pursy**
PURSILY ▸ **pursy**
PURSING ▸ **purse**
PURSLAIN *same as* ▸ **purslane**
PURSLANE *n* weedy plant used in salads
PURSUAL, -S *n* act of pursuit
PURSUANT *adj* in agreement or conformity
PURSUE, -D, -S, PURSUING *vb* chase
PURSUER, -S ▸ **pursue**
PURSUES ▸ **pursue**
PURSUING ▸ **pursue**
PURSUIT, -S *n* pursuing
PURSY, PURSIER, PURSIEST *adj* short-winded
PURTIER ▸ **purty**
PURTIEST ▸ **purty**
PURTRAID *variant of* ▸ **purtrayd**
PURTRAYD *adj* archaic spelling of portrayed
PURTY, PURTIER, PURTIEST *adj* pretty
PURULENT *adj* of or containing pus
PURVEY, -ED, -S *vb* supply (provisions) ▷ *n* food and drink laid on at a wedding reception, etc
PURVEYOR *n* person, organization, etc, that supplies food and provisions
PURVEYS ▸ **purvey**
PURVIEW, -S *n* scope or range of activity or outlook
PUS, -ES *n* yellowish matter produced by infected tissue
PUSH, -ES *vb* move or try to move by steady force ▷ *n* act of pushing
PUSHBACK *n* negative or unfavourable response
PUSHBALL *n* game in which two teams try to push a heavy ball towards opposite goals
PUSHBIKE *n* pedal-driven bicycle
PUSHCART *n* handcart, typically having two wheels and a canvas roof, used esp by street vendors
PUSHDOWN *n* list in which the last item added is at the top
PUSHED *adj* short of
PUSHER, -S *n* person who or thing that pushes
PUSHES ▸ **push**
PUSHFUL ▸ **push**
PUSHIER ▸ **pushy**
PUSHIEST ▸ **pushy**
PUSHILY ▸ **pushy**
PUSHING *prep* almost or nearly (a certain age, speed, etc) ▷ *adj* aggressively ambitious ▷ *adv* almost or nearly (a certain age, speed, etc)
PUSHOVER *n* something easily achieved
PUSHPIN, -S *n* pin with a small ball-shaped head
PUSHPIT, -S *n* safety rail at the stern of a boat
PUSHROD, -S *n* metal rod transmitting motion in an engine
PUSHUP, -S *n* exercise in which the body is raised and lowered to the floor by the arms
PUSHY, PUSHIER, PUSHIEST *adj* too assertive or ambitious
PUSLE, -D, -S, PUSLING *old spelling of* ▸ **puzzle**
PUSLEY, -S *same as* ▸ **purslane**
PUSLIKE ▸ **pus**
PUSLING ▸ **pusle**
PUSS, -ES *same as* ▸ **pussy**
PUSSEL, -S *n* maid or girl
PUSSER, -S *n* naval purser
PUSSES ▸ **puss**
PUSSIER ▸ **pussy**
PUSSIES ▸ **pussy**
PUSSIEST ▸ **pussy**
PUSSLEY, -S *n* weedy trailing herb
PUSSLIES ▸ **pussly**
PUSSLIKE ▸ **puss**
PUSSLY, PUSSLIES *variant of* ▸ **pussley**
PUSSY, PUSSIER, PUSSIES, PUSSIEST *n* cat ▷ *adj* containing or full of pus
PUSSYCAT *same as* ▸ **pussy**
PUSTULAR ▸ **pustule**
PUSTULE, -S *n* pimple containing pus
PUSTULED ▸ **pustule**
PUSTULES ▸ **pustule**
PUT, -S *vb* cause to be (in a position, state, or place) ▷ *n* throw in putting the shot
PUTAMEN, -S, PUTAMINA *n* hard endocarp or stone of fruit
PUTATIVE *adj* reputed, supposed
PUTCHEON *n* trap for catching salmon
PUTCHER, -S *n* trap for catching salmon
PUTCHOCK *same as* ▸ **pachak**

PUTCHUK, -S *same as* ▶ **pachak**
PUTDOWN, -S *n* snub or insult
PUTEAL, -S *n* enclosure around a well
PUTELI, -S *n* (in India) type of boat
PUTID *adj* having an unpleasant odour
PUTLOCK, -S *same as* ▶ **putlog**
PUTLOG, -S *n* short horizontal beam that with others supports the floor planks of a scaffold
PUTOFF, -S *n* pretext or delay
PUTOIS *n* brush to paint pottery
PUTON, -S *n* hoax or piece of mockery
PUTOUT, -S *n* baseball play in which the batter or runner is put out
PUTREFY *vb* rot and produce an offensive smell
PUTRID, -ER *adj* rotten and foul-smelling
PUTRIDLY ▶ **putrid**
PUTS ▶ **put**
PUTSCH, -ES *n* sudden violent attempt to remove a government from power
PUTT, -ED, -S *n* stroke on the putting green to roll the ball into or near the hole ▷ *vb* strike (the ball) in this way
PUTTEE, -S *n* strip of cloth worn wound around the leg
PUTTEN *old Scots past participle of* ▶ **put**
PUTTER, -ED, -S *n* golf club for putting ▷ *vb* busy oneself in a desultory though agreeable manner
PUTTERER ▶ **putter**
PUTTERS ▶ **putter**
PUTTI ▶ **putto**
PUTTIE *same as* ▶ **puttee**
PUTTIED ▶ **putty**
PUTTIER, -S *n* glazier
PUTTIES ▶ **putty**
PUTTING, -S ▶ **put**
PUTTO, PUTTI *n* representation of a small boy
PUTTOCK, -S *n* type of bird of prey
PUTTS ▶ **putt**
PUTTY, PUTTIED, PUTTIES, -ING *n* stiff paste of whiting and linseed oil ▷ *vb* fill, fix, or coat with putty
PUTURE, -S *n* claim of foresters for food
PUTZ, -ED, -ES, -ING *n* despicable or stupid person ▷ *vb* waste time
PUY, -S *n* small volcanic cone
PUZEL, -S *same as* ▶ **pucelle**
PUZZEL, -S *same as* ▶ **pucelle**
PUZZLE, -D, -S *vb* perplex and confuse or be perplexed or confused ▷ *n* problem that cannot be easily solved
PUZZLER, -S *n* person or thing that puzzles
PUZZLES ▶ **puzzle**
PUZZLING ▶ **puzzle**
PWN, -ED, -ING, -S *vb* defeat (an opponent) in conclusive and humiliating fashion
PYA, -S *n* monetary unit of Myanmar worth one hundredth of a kyat
PYAEMIA, -S *n* type of blood poisoning
PYAEMIC ▶ **pyaemia**
PYAS ▶ **pya**
PYAT, -S *n* magpie ▷ *adj* pied
PYCNIC *same as* ▶ **pyknic**
PYCNIDIA > **pycnidium**
PYCNITE, -S *n* variety of topaz
PYCNON, -S *old word for* ▶ **semitone**
PYCNOSIS, PYCNOSES *n* process of shrinking in a cell nucleus
PYCNOTIC ▶ **pycnosis**
PYE, -ING, -S *same as* ▶ **pie**
PYEBALD, -S *same as* ▶ **piebald**
PYEING ▶ **pye**
PYELITIC ▶ **pyelitis**
PYELITIS *n* inflammation of the pelvis of the kidney
PYEMIA, -S *same as* ▶ **pyaemia**
PYEMIC ▶ **pyaemia**
PYENGADU *variant of* ▶ **pyinkado**
PYES ▶ **pye**
PYET, -S *same as* ▶ **pyat**
PYGAL, -S *n* rear part
PYGARG, -S *n* type of horned mammal
PYGARGUS *n* white-tailed bird of prey
PYGIDIA ▶ **pygidium**
PYGIDIAL ▶ **pygidium**
PYGIDIUM, PYGIDIA *n* terminal division in certain invertebrates
PYGMAEAN ▶ **pygmy**
PYGMEAN ▶ **pygmy**
PYGMIES ▶ **pygmy**
PYGMOID, -S *adj* of or like pygmies ▷ *n* pygmy
PYGMY, PYGMIES *n* something that is a very small example of its type ▷ *adj* very small
PYGMYISH ▶ **pygmy**
PYGMYISM ▶ **pygmy**
PYIC *adj* relating to pus
PYIN, -S *n* constituent of pus
PYINKADO *n* leguminous tree native to India and Myanmar
PYINS ▶ **pyin**
PYJAMA *same as* ▶ **pyjamas**
PYJAMAED ▶ **pyjamas**
PYJAMAS *pl n* loose-fitting trousers and top worn in bed
PYKNIC, -S *adj* characterized by a broad squat fleshy physique ▷ *n* person with this physical type
PYKNOSIS, PYKNOSES *n* thickening of a cell
PYKNOTIC ▶ **pyknosis**
PYLON, -S *n* steel tower-like structure supporting electrical cables
PYLORI ▶ **pylorus**
PYLORIC ▶ **pylorus**
PYLORUS, PYLORI *n* small circular opening at the base of the stomach
PYNE, -D, -S, PYNING *archaic variant of* ▶ **pine**
PYODERMA *n* any skin eruption characterized by pustules or the formation of pus
PYOGENIC *adj* of or relating to the formation of pus
PYOID *adj* resembling pus
PYONER, -S *old variant of* ▶ **pioneer**
PYONINGS *n* old term for the work of pioneers
PYORRHEA *same as* > **pyorrhoea**
PYOSIS, PYOSES *n* formation of pus
PYOT, -S *same as* ▶ **pyat**
PYRAL ▶ **pyre**
PYRALID, -S *n* tropical moth
PYRALIS *same as* ▶ **pyralid**
PYRAMID, -S *n* solid figure with a flat base and triangular sides sloping upwards to a point ▷ *vb* build up or be arranged in the form of a pyramid
PYRAMIS *n* pyramid-shaped structure
PYRAN, -S *n* unsaturated heterocyclic organic compound
PYRANOID ▶ **pyran**
PYRANOSE *n* structure in many sugars
PYRANS ▶ **pyran**

P

PYRAZOLE *n* crystalline soluble basic heterocyclic compound
PYRE, -S *n* pile of wood for burning a corpse on
PYRENE, -S *n* solid polynuclear aromatic hydrocarbon extracted from coal tar
PYRENOID *n* any of various small protein granules that occur in certain algae
PYRES ▶ **pyre**
PYRETIC *adj* of, relating to, or characterized by fever
PYREX, -ES *n* tradename for glass used in cookery and chemical apparatus
PYREXIA, -S *technical name for* ▶ **fever**
PYREXIAL ▶ **pyrexia**
PYREXIAS ▶ **pyrexia**
PYREXIC ▶ **pyrexia**
PYRIC *adj* of or relating to burning
PYRIDIC ▶ **pyridine**
PYRIDINE *n* colourless hygroscopic liquid with a characteristic odour
PYRIFORM *adj* (esp of organs of the body) pear-shaped
PYRITE *n* yellow mineral consisting of iron sulphide in cubic crystalline form
PYRITES *same as* ▶ **pyrite**
PYRITIC ▶ **pyrite**
PYRITISE *same as* ▶ **pyritize**
PYRITIZE *vb* convert into pyrites
PYRITOUS ▶ **pyrite**
PYRO, -S *n* pyromaniac
PYROGEN, -S *n* any of a group of substances that cause a rise in temperature in an animal body
PYROGY, PYROGIES *same as* ▶ **pierogi**
PYROHY, PYROHIES *same as* ▶ **perogi**
PYROLA, -S *n* evergreen perennial
PYROLISE *same as* ▶ **pyrolize**
PYROLIZE *vb* subject to pyrolysis
PYROLOGY *n* study of heat
PYROLYSE *vb* subject to pyrolysis
PYROLYZE *same as* ▶ **pyrolyse**
PYRONE, -S *n* type of heterocyclic compound
PYRONIN, -S *n* red dye used as a biological stain
PYRONINE *same as* ▶ **pyronin**
PYRONINS ▶ **pyronin**
PYROPE, -S *n* deep yellowish-red garnet used as a gemstone
PYROPUS *variant of* ▶ **pyrope**
PYROS ▶ **pyro**
PYROSIS, PYROSES *technical name for* > **heartburn**
PYROSOME *n* tube-shaped glowing marine creature
PYROSTAT *n* device that activates an alarm or extinguisher in the event of a fire
PYROXENE *n* silicate mineral
PYROXYLE *same as* > **pyroxylin**
PYRRHIC, -S *n* metrical foot of two short or unstressed syllables ▷ *adj* of or relating to such a metrical foot
PYRRHOUS *adj* ruddy or reddish
PYRROL, -S *same as* ▶ **pyrrole**
PYRROLE, -S *n* colourless insoluble toxic liquid
PYRROLIC ▶ **pyrrole**
PYRROLS ▶ **pyrrol**
PYRUVATE *n* ester or salt of pyruvic acid
PYRUVIC *adj* as in **pyruvic acid** colourless pleasant-smelling liquid
PYSANKA, PYSANKY *n* hand-painted Ukrainian Easter egg
PYTHIUM, -S *n* type of fungi
PYTHON, -S *n* large nonpoisonous snake that crushes its prey
PYTHONIC ▶ **python**
PYTHONS ▶ **python**
PYURIA, -S *n* any condition characterized by the presence of pus in the urine
PYX, -ED, -ES, -ING *n* any receptacle for the Eucharistic Host ▷ *vb* put (something) in a pyx

This word can also be spelt **pix**. It's a great word to know as it can earn a good score from a rack that is short of vowels.

PYXIDES ▶ **pyxis**
PYXIDIUM, PYXIDIA *n* dry fruit of such plants as the plantain
PYXIE, -S *n* creeping evergreen shrub of the eastern US
PYXING ▶ **pyx**
PYXIS, PYXIDES *same as* ▶ **pyxidium**
PZAZZ, -ES *same as* ▶ **pizzazz**

Qq

With a value of 10 points, **Q** can help you to achieve some good scores, but it can also be a very awkward tile, making it difficult to get bonus words scoring that extra 50 points, and you will normally want to play it off quickly. Often you will not have a **U** to go with it, so it's a good idea to remember the short words beginning with **Q** that don't need a **U**. This is easy, as there's only one two-letter word starting with **Q**: **qi** (11 points). There are four three-letter words, only one of which needs a **U**: **qua** (12). The other three are **qat**, **qin** and **qis** (12 each). If you do have a **U**, remember **quiz** (22), which is a very useful word, and can take an **S** at the front to make **squiz**. Don't forget **quartz** (24) either, or the useful **suq** (12 points) that is easily overlooked.

QABALA, -S *same as* ▸**kabbalah**
QABALAH, -S *same as* ▸**kabbalah**
QABALAS ▸**qabala**
QABALISM ▸**qabalah**
QABALIST ▸**qabalah**
QADI, -S *variant spelling of* ▸**cadi**
QAID, -S *n* chief

> An Arabic word, this and its variant **qadi** are two of the most frequently played words in Scrabble. There are also alternative spellings **cadi**, **caid**, **kadi** and **kaid**.

QAIMAQAM *n* Turkish officer or official
QAJAQ, -S *n* kayak
QALAMDAN *n* writing case
QAMUTIK, -S *n* sledge with wooden runners
QANAT, -S *n* underground irrigation channel

> This word comes up many times as one of the words allowing you to play the Q without a U.

QAPIK, -S *n* monetary unit of Azerbaijan
QASIDA, -S *n* Arabic verse form
QAT, -S *variant spelling of* ▸**khat**

> The leaves of this shrub are chewed as a stimulant, and it's certainly been a stimulus for Scrabble, being one of the three 3-letter words that can be played without a U: the others are **qin** and **qis**.

QAWWAL, -S *n* qawwali singer
QAWWALI, -S *n* Islamic religious song, esp in Asia
QAWWALS ▸**qawwal**
QI, -S *n* vital energy
QIBLA, -S *variant of* ▸**kiblah**

> The direction in which Muslims turn to pray, a useful word allowing the Q to be played without the U. It can also be spelt **keblah**, **kibla** and **kiblah**.

QIGONG, -S *n* system of breathing and exercise
QIN, -S *n* Chinese stringed instrument related to the zither

> This Chinese musical instrument is another indispensable word as, like **qat**, it combines Q with two of the most common letters in the game.

QINDAR, -KA, -S *n* Albanian monetary unit
QINS ▸**qin**
QINTAR, -KA, -S *same as* ▸**qindar**
QIS ▸**qi**
QIVIUT, -S *n* soft muskox wool
QOPH, -S *variant of* ▸**koph**

> A letter of the Hebrew alphabet, also spelt **koph**. The Hebrew alphabet, like the Greek alphabet, is well worth studying from the Scrabble point of view, as it gives us many other useful short words like **ayin**, **beth**, **heth**, **kaph** and **lamedh**.

QORMA, -S *variant spelling of* ▸**korma**
QUA *prep* in the capacity of

> This is the only three-letter word beginning with Q that needs a U. It is played so often that it is well worth mastering all the hooks to this: it takes A at the front to make **aqua** and D, G, I, T and Y at the back to make **quad**, **quag**, **quai**, **quat** and **quay**.

QUAALUDE *n* methaqualone
QUACK, -ED, -ING, -S *vb* (of a duck) utter a harsh guttural sound ▹*n* unqualified person who claims medical knowledge
QUACKER, -S ▸**quack**
QUACKERY *n* activities or methods of a quack
QUACKIER ▸**quacky**
QUACKING ▸**quack**
QUACKISH ▸**quack**
QUACKISM *same as* ▸**quackery**
QUACKLE, -D, -S *same as* ▸**quack**
QUACKS ▸**quack**
QUACKY, QUACKIER ▸**quack**
QUAD, -S *n* quadrangle
QUADDED *adj* formed of multiple quads

QUADDING *n* birdwatching in a specified area
QUADPLAY *same as* ▸**fourplay**
QUADPLEX *n* apartment on four floors
QUADRANS *n* Roman coin
QUADRANT *n* quarter of a circle
QUADRAT, -S *n* area marked out for study of the plants in the surrounding area
QUADRATE *n* cube or square, or a square or cubelike object ▹*vb* make square or rectangular ▹*adj* square or rectangular
QUADRATI > **quadratus**
QUADRATS ▸**quadrat**
QUADRIC, -S *adj* having or characterized by an equation of the second degree ▹*n* quadric curve, surface, or function
QUADRIGA *n* (in the classical world) a two-wheeled chariot drawn by four horses abreast
QUADS ▸**quad**
QUAERE, -D, -S *n* query or question ▹*interj* ask or inquire ▹*vb* ask
QUAESTOR *n* any of several magistrates of ancient Rome, usually a financial administrator
QUAFF, -ED, -ING, -S *vb* drink heartily or in one draught
QUAFFER, -S ▸**quaff**
QUAFFING ▸**quaff**
QUAFFS ▸**quaff**
QUAG, -S *another word for* ▸**quagmire**
QUAGGA, -S *n* recently extinct zebra
QUAGGY, QUAGGIER *adj* resembling a marsh or quagmire
QUAGMIRE *n* soft wet area of land ▹*vb* bog down
QUAGMIRY ▸**quagmire**
QUAGS ▸**quag**
QUAHAUG, -S *same as* ▸**quahog**
QUAHOG, -S *n* edible clam
QUAI, -S *same as* ▸**quay**
QUAICH, -ES, -S *n* small shallow drinking cup
QUAIGH, -S *same as* ▸**quaich**
QUAIL, -ED, -ING, -S *n* small game bird of the partridge family ▹*vb* shrink back with fear
QUAINT, -ER *adj* attractively unusual, esp in an old-fashioned style
QUAINTLY ▸**quaint**
QUAIR, -S *n* book
QUAIS ▸**quai**
QUAKE, -D, -S, QUAKING, QUAKINGS *vb* shake or tremble with or as if with fear ▹*n* earthquake
QUAKER, -S ▸**quake**
QUAKES ▸**quake**
QUAKIER ▸**quaky**
QUAKIEST ▸**quaky**
QUAKILY ▸**quaky**
QUAKING ▸**quake**
QUAKINGS ▸**quake**
QUAKY, QUAKIER, QUAKIEST *adj* inclined to quake
QUALE, QUALIA *n* essential property or quality
QUALIFY *vb* provide or be provided with the abilities necessary
QUALITY *n* degree or standard of excellence ▹*adj* excellent or superior
QUALM, -S *n* pang of conscience
QUALMIER ▸**qualmy**
QUALMING *adj* having a qualm ▹*n* state of having a qualm
QUALMISH ▸**qualm**
QUALMS ▸**qualm**
QUALMY, QUALMIER ▸**qualm**
QUAMASH *another name for* ▸**camass**
QUANDANG *same as* ▸**quandong**
QUANDARY *n* difficult situation or dilemma
QUANDONG *n* small Australian tree with edible fruit and nuts used in preserves
QUANGO, -S *n* partly independent official body set up by a government
QUANNET, -S *n* flat file with handle at one end
QUANT, -ED, -ING, -S *n* long pole for propelling a boat ▹*vb* propel (a boat) with a quant
QUANTA ▸**quantum**
QUANTAL *adj* of or relating to a quantum or an entity that is quantized
QUANTED ▸**quant**
QUANTIC, -S *n* mathematical function
QUANTIFY *vb* discover or express the quantity of
QUANTILE *n* element of a division
QUANTING ▸**quant**
QUANTISE *same as* ▸**quantize**
QUANTITY *n* specified or definite amount or number
QUANTIZE *vb* restrict (a physical quantity) to one of a set of values characterized by quantum numbers
QUANTONG *same as* ▸**quandong**
QUANTS ▸**quant**
QUANTUM, QUANTA, -S *n* desired or required amount ▹*adj* of or designating a major breakthrough
QUARE, -R, -ST *adj* remarkable or strange
QUARK, -S *n* subatomic particle thought to be the fundamental unit of matter

> This subatomic particle appears in the Scrabble cloud-chamber fairly often, and when it does, remember that you can put an S on the front of it to make **squark**.

QUARREL, -S *n* angry disagreement ▹*vb* have a disagreement or dispute
QUARRIAN *n* cockatiel of scrub and woodland regions of inland Australia
QUARRIED ▸**quarry**
QUARRIER *another word for* > **quarryman**
QUARRIES ▸**quarry**
QUARRION *same as* ▸**quarrian**
QUARRY, QUARRIED, QUARRIES *n* place where stone is dug from the surface of the earth ▹*vb* extract (stone) from a quarry
QUART, -S *n* unit of liquid measure equal to two pints (1.136 litres)
QUARTAN, -S *adj* (esp of a malarial fever) occurring every third day ▹*n* quartan malaria
QUARTE, -S *n* fourth of eight basic positions from which a parry or attack can be made in fencing
QUARTER *n* one of four equal parts of something ▹*vb* divide into four equal parts ▹*adj* being or consisting of one of four equal parts
QUARTERN *n* fourth part of certain weights or measures, such as a peck or a pound
QUARTERS *pl n* accommodation, esp as provided for military personnel

QUARTES ▸**quarte**
QUARTET, -S *n* group of four performers
QUARTETT *same as* ▸**quartet**
QUARTIC, -S *n* biquadratic equation
QUARTIER *n* city district
QUARTILE *n* one of three values of a variable dividing its distribution into four groups with equal frequencies ▹*adj* of a quartile
QUARTO, -S *n* book size in which the sheets are folded into four leaves
QUARTS ▸**quart**
QUARTZ, -ES *n* hard glossy mineral
QUARTZY ▸**quartz**
QUASAR, -S *n* extremely distant starlike object that emits powerful radio waves
QUASH, -ED, -ES, -ING *vb* annul or make void
QUASHER, -S ▸**quash**
QUASHES ▸**quash**
QUASHING ▸**quash**
QUASI *adv* as if
QUASS, -ES *variant of* ▸**kvass**
QUASSIA, -S *n* tropical American tree
QUASSIN, -S *n* bitter crystalline substance
QUAT, -S, -TED, -TING *n* spot ▹*vb* beat down or squash
QUATCH, -ED, -ES *vb* move
QUATE, -S *n* fortune
QUATORZE *n* cards worth 14 points in piquet
Q
QUATRAIN *n* stanza or poem of four lines
QUATRE, -S *n* playing card with four pips
QUATS ▸**quat**
QUATTED ▸**quat**
QUATTING ▸**quat**
QUAVER, -ED, -S *vb* (of a voice) quiver or tremble ▹*n* note half the length of a crotchet
QUAVERER ▸**quaver**
QUAVERS ▸**quaver**
QUAVERY ▸**quaver**
QUAY, -S *n* wharf built parallel to the shore
QUAYAGE, -S *n* system of quays
QUAYD *archaic past participle of* ▸**quail**

Meaning daunted, this Spenserian word makes a surprising hook for **quay**.

QUAYLIKE ▸**quay**
QUAYS ▸**quay**
QUAYSIDE *n* edge of a quay along the water
QUAZZY, QUAZZIER *adj* unwell
QUBIT, -S *n* quantum bit
QUBYTE, -S *n* unit of eight qubits
QUEACH, -ES *n* thicket
QUEACHY *adj* unwell
QUEAN, -S *n* Scots word for a young unmarried woman
QUEASIER ▸**queasy**
QUEASILY ▸**queasy**
QUEASY, QUEASIER *adj* having the feeling that one is about to vomit
QUEAZY, QUEAZIER *same as* ▸**queasy**
QUEBEC, -S *n* code word for the letter Q
QUEECHY *same as* ▸**queachy**
QUEEN, -ED, -ING, -S *n* female sovereign who is the official ruler or head of state ▹*vb* crown as queen
QUEENCUP *n* type of flowering plant
QUEENDOM *n* territory, state, people, or community ruled over by a queen
QUEENED ▸**queen**
QUEENIE, -S *n* scallop
QUEENIER ▸**queeny**
QUEENIES ▸**queenie**
QUEENING ▸**queen**
QUEENITE *n* supporter of a queen
QUEENLET *n* queen of a small realm
QUEENLY *adj* resembling or appropriate to a queen ▹*adv* in a manner appropriate to a queen
QUEENS ▸**queen**
QUEENY, QUEENIER *adj* resembling a queen
QUEER, -ED, -ER, -EST, -ING, -S *adj* not normal or usual ▹*vb* spoil or thwart
QUEERISH ▸**queer**
QUEERITY ▸**queer**
QUEERLY ▸**queer**
QUEERS ▸**queer**
QUEEST, -S *n* wood pigeon
QUEINT *same as* ▸**quaint**
QUELCH, -ED, -ES *same as* ▸**squelch**
QUELEA, -S *n* East African weaver bird
QUELL, -ED, -ING, -S *vb* suppress
QUELLER, -S ▸**quell**
QUELLING ▸**quell**
QUELLS ▸**quell**
QUEME, -D, -S, QUEMING *vb* please
QUENA, -S *n* Andean flute
QUENCH, -ED, -ES *vb* satisfy (one's thirst)
QUENCHER ▸**quench**
QUENCHES ▸**quench**
QUENELLE *n* finely sieved mixture of cooked meat or fish shaped into various forms
QUEP *interj* expression of derision
QUERCINE *adj* of or relating to oak trees
QUERIDA, -S *n* sweetheart
QUERIED ▸**query**
QUERIER, -S ▸**query**
QUERIES ▸**query**
QUERIST, -S *n* person who makes inquiries or queries
QUERN, -S *n* stone hand mill for grinding corn
QUERY, QUERIED, QUERIES, -ING *n* question, esp one raising doubt ▹*vb* express uncertainty, doubt, or an objection
QUEST, -ED, -S *n* long and difficult search ▹*vb* go in search of
QUESTANT *n* one who quests
QUESTED ▸**quest**
QUESTER, -S ▸**quest**
QUESTING ▸**quest**
QUESTION *n* form of words addressed to a person in order to obtain an answer ▹*vb* put a question or questions to (a person)
QUESTOR, -S *same as* ▸**quaestor**
QUESTS ▸**quest**
QUETCH, -ED, -ES *vb* move
QUETHE, -S, QUETHING *vb* say
QUETSCH *n* plum brandy
QUETZAL, -S *n* crested bird of Central and N South America

This is a great word if you can get the tiles for it, so it's well worth remembering both spellings – it can also be **quezal** – and the four plural forms, which are **quetzals** or **quetzales** and **quezals** or **quezales**.

QUEUE, -D, -ING, -S, QUEUING, QUEUINGS *n* line of people or vehicles waiting for something ▹*vb* form or remain in a line while waiting
QUEUER, -S ▸**queue**

QUEUES ▸ **queue**
QUEUING ▸ **queue**
QUEUINGS ▸ **queue**
QUEY, -S *n* young cow
QUEYN, -S *n* girl or young woman
QUEYNIE, -S *same as* ▸ **queyn**
QUEYNS ▸ **queyn**
QUEYS ▸ **quey**
QUEZAL, -ES, -S *same as* ▸ **quetzal**
QUIBBLE, -D, -S *vb* make trivial objections ▹ *n* trivial objection
QUIBBLER ▸ **quibble**
QUIBBLES ▸ **quibble**
QUIBLIN, -S *same as* ▸ **quibble**
QUICH, -ED, -ING *vb* move
QUICHE, -S *n* savoury flan with an egg custard filling
QUICHED ▸ **quich**
QUICHES ▸ **quiche**
QUICHING ▸ **quich**
QUICK, -ER, -EST, -S *adj* speedy, fast ▹ *n* area of sensitive flesh under a nail ▹ *adv* in a rapid manner
QUICKEN, -S *vb* make or become faster ▹ *n* rowan tree
QUICKER ▸ **quick**
QUICKEST ▸ **quick**
QUICKIE, -S *n* anything done or made hurriedly ▹ *adj* made or done rapidly
QUICKLY ▸ **quick**
QUICKS ▸ **quick**
QUICKSET *adj* (of plants or cuttings) planted so as to form a hedge ▹ *n* hedge composed of such plants
QUICKY *same as* ▸ **quickie**
QUID, -S *n* pound (sterling)
QUIDAM, -S *n* specified person
QUIDDANY *n* quince jelly ▹ *vb* make into quince jelly
QUIDDIT, -S *same as* ▸ **quiddity**
QUIDDITY *n* essential nature of something
QUIDDLE, -D, -S *vb* waste time
QUIDDLER ▸ **quiddle**
QUIDDLES ▸ **quiddle**
QUIDNUNC *n* person eager to learn news and scandal
QUIDS ▸ **quid**
QUIESCE, -D, -S *vb* quieten
QUIET, -ED, -ER, -ERS, -EST, -ING, -S *adj* with little noise ▹ *n* quietness ▹ *vb* make or become quiet
QUIETEN, -S *vb* make or become quiet
QUIETER ▸ **quiet**
QUIETERS ▸ **quiet**
QUIETEST ▸ **quiet**
QUIETING ▸ **quiet**
QUIETISM *n* passivity and calmness of mind towards external events
QUIETIST ▸ **quietism**
QUIETIVE *n* sedative drug
QUIETLY ▸ **quiet**
QUIETS ▸ **quiet**
QUIETUDE *n* quietness, peace, or tranquillity
QUIETUS *n* release from life
QUIFF, -S *n* tuft of hair brushed up above the forehead
QUIFFED *adj* having a quiff
QUIFFS ▸ **quiff**
QUIGHT, -ED, -S *vb* quit
QUILL, -ED, -S *n* pen made from the feather of a bird's wing or tail ▹ *vb* wind (thread, yarn, etc) onto a spool or bobbin
QUILLAI, -S *another name for* ▸ **soapbark**
QUILLAIA *same as* ▸ **quillai**
QUILLAIS ▸ **quillai**
QUILLAJA *same as* ▸ **quillai**
QUILLED ▸ **quill**
QUILLET, -S *n* quibble or subtlety
QUILLING *n* craftwork in which material is formed into small bands that form the basis of a design
QUILLMAN, QUILLMEN *n* clerk
QUILLON, -S *n* either half of the extended crosspiece of a sword or dagger
QUILLOW, -S *n* quilt folded to make a pillow
QUILLS ▸ **quill**
QUILT, -ED, -S *n* padded covering for a bed ▹ *vb* stitch together two layers of (fabric) with padding between them
QUILTER, -S ▸ **quilt**
QUILTING *n* material used for making a quilt
QUILTS ▸ **quilt**
QUIN, -S *n* short for quintuplet
QUINA, -S *n* quinine
QUINARY *adj* consisting of fives or by fives ▹ *n* set of five
QUINAS ▸ **quina**
QUINATE *adj* arranged in or composed of five parts
QUINCE, -S *n* acid-tasting pear-shaped fruit
QUINCHE, -D, -S *vb* move
QUINCUNX *n* five objects arranged in the shape of a rectangle with the fifth in the centre
QUINE, -S *variant of* ▸ **quean**
QUINELA, -S *same as* ▸ **quinella**
QUINELLA *n* form of betting in which the punter bets on selecting the first and second place-winners in any order
QUINES ▸ **quine**
QUINIC *adj* as in **quinic acid** white crystalline soluble optically active carboxylic acid
QUINIE, -S *n* girl or young woman
QUINIELA *same as* ▸ **quinella**
QUINIES ▸ **quinie**
QUININ, -S *same as* ▸ **quinine**
QUININA, -S *same as* ▸ **quinine**
QUININE, -S *n* bitter drug used as a tonic and formerly to treat malaria
QUININS ▸ **quinin**
QUINNAT, -S *n* Pacific salmon
QUINO, -S *same as* ▸ **keno**
QUINOA, -S *n* type of grain high in nutrients
QUINOID, -S *same as* > **quinonoid**
QUINOL, -S *n* white crystalline soluble phenol used as a photographic developer
QUINOLIN *same as* > **quinoline**
QUINOLS ▸ **quinol**
QUINONE, -S *n* yellow crystalline water-soluble unsaturated ketone
QUINOS ▸ **quino**
QUINS ▸ **quin**
QUINSIED ▸ **quinsy**
QUINSY, QUINSIES *n* inflammation of the throat or tonsils
QUINT, -S *same as* ▸ **quin**
QUINTA, -S *n* Portuguese vineyard where grapes for wine or port are grown
QUINTAIN *n* post or target set up for tilting exercises for mounted knights or foot soldiers
QUINTAL, -S *n* unit of weight
QUINTAN, -S *adj* (of a fever) occurring every fourth day ▹ *n* quintan fever
QUINTAR, -S *n* Albanian unit of currency
QUINTAS ▸ **quinta**

QUINTE, -S *n* fifth of eight basic positions from which a parry or attack can be made in fencing
QUINTET, -S *n* group of five performers
QUINTETT *same as* ▸ **quintet**
QUINTIC, -S *adj* of or relating to the fifth degree ▹ *n* mathematical function
QUINTILE *n* aspect of 72° between two heavenly bodies
QUINTIN, -S *same as* ▸ **quintain**
QUINTS ▸ **quint**
QUINZE, -S *n* card game where players aim to score 15

Deriving from the French word for fifteen, this makes a high-scoring word that you may well get to play, and if you can use all your tiles to form the plural, you'll get a 50-point bonus.

QUINZHEE *n* shelter made from hollowed-out snow
QUINZIE, -S *same as* ▸ **quinzhee**
QUIP, -PED, -PING, -S *n* witty saying ▹ *vb* make a quip
QUIPO, -S *same as* ▸ **quipu**
QUIPPED ▸ **quip**
QUIPPER, -S ▸ **quip**
QUIPPIER ▸ **quippy**
QUIPPING ▸ **quip**
QUIPPISH ▸ **quip**
QUIPPU, -S *same as* ▸ **quipu**
QUIPPY, QUIPPIER ▸ **quip**
QUIPS ▸ **quip**
QUIPSTER *n* person inclined to make sarcastic or witty remarks
QUIPU, -S *n* device of the Incas used to record information using knotted cords
QUIRE, -D, -S, QUIRING *n* set of 24 or 25 sheets of paper ▹ *vb* arrange in quires
QUIRK, -ED, -ING, -S *n* peculiarity of character ▹ *vb* quip
QUIRKIER ▸ **quirky**
QUIRKILY ▸ **quirk**
QUIRKING ▸ **quirk**
QUIRKISH ▸ **quirk**
QUIRKS ▸ **quirk**
QUIRKY, QUIRKIER ▸ **quirk**
QUIRT, -ED, -ING, -S *n* whip with a leather thong at one end ▹ *vb* strike with a quirt
QUISLING *n* traitor who aids an occupying enemy force
QUIST, -S *n* wood pigeon
QUIT, -S, -TED, -TING *vb* stop (doing something) ▹ *adj* free (from)
QUITCH, -ED, -ES *vb* move
QUITE, -D, -S, QUITING *archaic form of* ▸ **quit**
QUITRENT *n* former rent payable by a freeholder to their lord that released them from performing services
QUITS ▸ **quit**
QUITTAL, -S *n* repayment of an action with a similar action
QUITTED ▸ **quit**
QUITTER, -S *n* person who lacks perseverance
QUITTING ▸ **quit**
QUITTOR, -S *n* infection of the cartilages on the side of a horse's foot
QUIVER, -ED, -S *vb* shake with a tremulous movement ▹ *n* shaking or trembling
QUIVERER ▸ **quiver**
QUIVERS ▸ **quiver**
QUIVERY ▸ **quiver**
QUIXOTE, -S *n* impractical idealist

Using the Q and X, this word for an impractical dreamer has a reasonable chance of coming up, so keeping an eye open for it is not that quixotic!

QUIXOTIC *adj* romantic and unrealistic
QUIXOTRY ▸ **quixote**
QUIZ, -ZED, -ZES, -ZING *n* entertainment in which the knowledge of the players is tested by a series of questions ▹ *vb* investigate by close questioning
QUIZZER, -S ▸ **quiz**
QUIZZERY ▸ **quiz**
QUIZZES ▸ **quiz**
QUIZZIFY ▸ **quiz**
QUIZZING ▸ **quiz**
QULLIQ, -S *n* type of oil lamp used by Inuit people
QUOAD *adv* as far as
QUOD, -DED, -DING, -S *n* jail ▹ *vb* say
QUODLIN, -S *n* cooking apple
QUODS ▸ **quod**
QUOHOG, -S *n* edible clam
QUOIF, -ED, -ING, -S *vb* arrange (the hair)
QUOIN, -ED, -ING, -S *n* external corner of a building ▹ *vb* wedge
QUOIST, -S *n* wood pigeon
QUOIT, -ED, -ING *n* large ring used in the game of quoits ▹ *vb* throw as a quoit
QUOITER, -S ▸ **quoit**
QUOITING ▸ **quoit**
QUOITS *n* game in which quoits are tossed at a stake in the ground
QUOKKA, -S *n* small Australian wallaby
QUOLL, -S *n* Australian catlike carnivorous marsupial
QUOMODO, -S *n* manner
QUONDAM *adj* of an earlier time
QUONK, -ED, -ING, -S *vb* make an accidental noise while broadcasting
QUOOKE *archaic past participle of* ▸ **quake**
QUOP, -PED, -PING, -S *vb* pulsate or throb
QUORATE *adj* having or being a quorum
QUORUM, -S *n* minimum number of people required to be present at a meeting
QUOTA, -S *n* share that is due from, due to, or allocated to a group or person
QUOTABLE *adj* apt or suitable for quotation
QUOTABLY ▸ **quotable**
QUOTAS ▸ **quota**
QUOTE, -D, -S, QUOTING *vb* repeat (words) exactly ▹ *n* quotation ▹ *interj* expression used to indicate that the words that follow form a quotation
QUOTER, -S ▸ **quote**
QUOTES ▸ **quote**
QUOTH *vb* said
QUOTHA *interj* expression of mild sarcasm, used in picking up a word or phrase used by someone else
QUOTIENT *n* result of the division of one number or quantity by another
QUOTING ▸ **quote**
QUOTUM, -S *same as* ▸ **quota**
QURSH, -ES *same as* ▸ **qurush**
QURUSH, -ES *n* former Saudi Arabian currency unit
QUYTE, -D, -S, QUYTING *same as* ▸ **quit**
QWERTY, QWERTIES, -S *n* standard English-language typewriter or computer keyboard

Rr

R is one of the most common consonants in Scrabble, along with **N** and **T**. Despite this, however, there is only one two-letter word beginning with **R**: **re** (2 points). This is worth remembering, as you won't need to waste time trying to think of others. There are some good three-letter words with **R**, however, some of which are quite unusual: **raj**, **rax** and **rex** (10 each), and **rez** and **riz** (12 each). Also, don't forget common words like **raw**, **ray** and **row** (6 each).

RABANNA, -S *n* Madagascan woven raffia
RABASKA, -S *n* large canoe
RABAT, -S, -TED *vb* rotate so that the plane rotated coincides with another
RABATINE *n* type of collar
RABATO, -ES, -S *n* wired or starched collar
RABATS ▸ **rabat**
RABATTE, -S *same as* ▸ **rabat**
RABATTED ▸ **rabat**
RABATTES ▸ **rabatte**
RABBET, -ED, -S *n* recess cut into a surface ▷ *vb* cut or form a rabbet in (timber)
RABBI, -ES, -S *n* Jewish spiritual leader
RABBIN, -S *same as* ▸ **rabbi**
RABBINIC *adj* of or relating to rabbis
RABBINS ▸ **rabbin**
RABBIS ▸ **rabbi**
RABBIT, -ED, -S *n* small burrowing mammal with long ears ▷ *vb* talk too much
RABBITER *n* person who traps and sells rabbits
RABBITO, -S *same as* ▸ **rabbitoh**
RABBITOH *n* (formerly) an itinerant seller of rabbits for eating
RABBITOS ▸ **rabbito**
RABBITRY *n* place where tame rabbits are kept and bred
RABBITS ▸ **rabbit**
RABBITY *adj* like a rabbit
RABBLE, -D, -S, RABBLING *n* disorderly crowd of noisy people ▷ *vb* stir, mix, or skim (the molten charge) in a roasting furnace
RABBLER, -S *n* device for stirring, mixing, or skimming a molten charge in a furnace
RABBLES ▸ **rabble**
RABBLING ▸ **rabble**
RABBONI, -S *n* very respectful Jewish title or form of address
RABI, -S *n* (in Pakistan, India, etc) a crop that is harvested at the end of winter
RABIC ▸ **rabies**
RABID, -ER, -EST *adj* fanatical
RABIDITY ▸ **rabid**
RABIDLY ▸ **rabid**
RABIES *n* usu fatal viral disease transmitted by dogs and certain other animals
RABIETIC ▸ **rabies**
RABIS ▸ **rabi**
RABONA, -S *n* method of kicking a football
RACA *adj* biblical word meaning worthless or empty-headed
RACAHOUT *n* acorn flour or drink made from it
RACCOON, -S *n* small N American mammal with a long striped tail
RACE, -D, -S *n* contest of speed ▷ *vb* compete with in a race
RACEABLE *adj* fit for racing
RACECARD *n* card providing information about a race meeting
RACED ▸ **race**
RACEGOER *n* one who attends a race meeting, esp a habitual frequenter of race meetings
RACEMATE *n* racemic compound
RACEME, -S *n* cluster of flowers along a central stem, as in the foxglove
RACEMED *adj* with or in racemes
RACEMES ▸ **raceme**
RACEMIC *adj* being a mixture of equal amounts of enantiomers
RACEMISE *same as* ▸ **racemize**
RACEMISM ▸ **racemic**
RACEMIZE *vb* change or cause to change into a racemic mixture
RACEMOID *adj* resembling a raceme
RACEMOSE *adj* being or resembling a raceme
RACEMOUS *same as* ▸ **racemose**
RACEPATH *same as* > **racetrack**
RACER, -S *n* person, animal, or machine that races
RACES ▸ **race**
RACEWALK *vb* race by walking fast rather than running
RACEWAY, -S *n* racetrack, esp one for banger racing
RACH, -ES *n* scent hound
RACHE *same as* ▸ **rach**
RACHES ▸ **rach**
RACHET, -ED, -S *same as* ▸ **ratchet**
RACHIAL ▸ **rachis**
RACHIDES ▸ **rachis**
RACHILLA *n* (in grasses) the short stem of a spikelet that bears the florets
RACHIS, RACHIDES, -ES *n* main axis or stem of an inflorescence or compound leaf
RACHITIC ▸ **rachitis**

RACHITIS *another name for* ▸ **rickets**
RACIAL *adj* relating to the division of the human species into races
RACIALLY ▸ **racial**
RACIER ▸ **racy**
RACIEST ▸ **racy**
RACILY ▸ **racy**
RACINESS ▸ **racy**
RACING, -S *adj* denoting or associated with horse races ▷ *n* practice of engaging in contests of speed
RACINO, -S *n* combined racetrack and casino
RACISM, -S *n* hostile attitude or behaviour to members of other races
RACIST, -S ▸ **racism**
RACK, -ED, -ING, -INGS, -S *n* framework for holding particular articles, such as coats or luggage ▷ *vb* cause great suffering to
RACKER, -S ▸ **rack**
RACKET, -ED, -S *n* bat with strings stretched in an oval frame, used in tennis etc ▷ *vb* strike with a racket
RACKETER *n* someone making a racket
RACKETRY *n* noise and commotion
RACKETS ▸ **racket**
RACKETT, -S *n* early double-reeded wind instrument
RACKETY *adj* involving noise, commotion and excitement
RACKFUL, -S ▸ **rack**
RACKING ▸ **rack**
RACKINGS ▸ **rack**
R **RACKLE, -S** *n* (Scot) chain
RACKS ▸ **rack**
RACKWORK *n* mechanism with a rack and pinion
RACLETTE *n* Swiss dish of melted cheese served on boiled potatoes
RACLOIR, -S *n* scraper
RACON, -S *n* radar beacon
RACOON, -S *same as* ▸ **raccoon**
RACQUET, -S *same as* ▸ **racket**
RACY, RACIER, RACIEST *adj* slightly shocking
RAD, -DED, -DER, -DEST, -DING, -S *n* former unit of absorbed ionizing radiation dose ▷ *vb* fear ▷ *adj* slang term for great
RADAR, -S *n* device for tracking distant objects
RADDED ▸ **rad**
RADDER ▸ **rad**
RADDEST ▸ **rad**
RADDING ▸ **rad**
RADDLE, -S, RADDLING *same as* ▸ **ruddle**
RADDLED *adj* (of a person) unkempt or run-down in appearance
RADDLES ▸ **raddle**
RADDLING ▸ **raddle**
RADDOCKE *same as* ▸ **ruddock**
RADE *(in Scots dialect) past tense of* ▸ **ride**
RADGE, -R, -S, -ST *adj* angry or uncontrollable ▷ *n* person acting in such a way
RADIABLE *adj* able to be X-rayed
RADIAL, -S *adj* spreading out from a common central point ▷ *n* radial-ply tyre
RADIALE, RADIALIA *n* bone in the wrist
RADIALLY ▸ **radial**
RADIALS ▸ **radial**
RADIAN, -S *n* unit for measuring angles, equal to 57.296°
RADIANCE *n* quality or state of being radiant
RADIANCY *same as* ▸ **radiance**
RADIANS ▸ **radian**
RADIANT, -S *adj* looking happy ▷ *n* point or object that emits radiation
RADIATA, -S *n* type of pine tree
RADIATE, -D, -S *vb* spread out from a centre ▷ *adj* having rays or a radial structure
RADIATOR *n* arrangement of pipes containing hot water or steam to heat a room
RADICAL, -S *adj* fundamental ▷ *n* person advocating fundamental (political) change
RADICAND *n* number from which a root is to be extracted
RADICANT *adj* forming roots from the stem
RADICATE *vb* root or cause to take root
RADICEL, -S *n* very small root
RADICES ▸ **radix**
RADICLE, -S *n* small or developing root
RADICULE *same as* ▸ **radicle**
RADII ▸ **radius**
RADIO, -ED, -ING, -S *n* use of electromagnetic waves for broadcasting, communication, etc ▷ *vb* transmit (a message) by radio ▷ *adj* of, relating to, or using radio
RADIOES *less common spelling of* ▸ **radios**
RADIOING ▸ **radio**
RADIOMAN, RADIOMEN *n* radio operator
RADIOS ▸ **radio**
RADISH, -ES *n* small hot-flavoured root vegetable eaten raw in salads
RADIUM, -S *n* radioactive metallic element
RADIUS, RADII, -ED, -ES *n* (length of) a straight line from the centre to the circumference of a circle ▷ *vb* give a round shape
RADIX, RADICES, -ES *n* any number that is the base of a number system or of a system of logarithms
RADOME, -S *n* protective housing for a radar antenna
RADON, -S *n* radioactive gaseous element
RADS ▸ **rad**
RADULA, -E, -S *n* horny tooth-bearing strip on the tongue of molluscs
RADULAR ▸ **radula**
RADULAS ▸ **radula**
RADULATE ▸ **radula**
RADWASTE *n* radioactive waste
RAFALE, -S *n* burst of artillery fire
RAFF, -S *n* rubbish
RAFFIA, -S *n* prepared palm fibre for weaving mats etc
RAFFISH *adj* slightly disreputable
RAFFLE, -D, -S, RAFFLING *n* lottery with goods as prizes ▷ *vb* offer as a prize in a raffle
RAFFLER, -S ▸ **raffle**
RAFFLES ▸ **raffle**
RAFFLING ▸ **raffle**
RAFFS ▸ **raff**
RAFT, -ED, -S *n* floating platform of logs, planks, etc ▷ *vb* convey on or travel by raft, or make a raft from
RAFTER, -ED, -S *n* one of the main beams of a roof ▷ *vb* fit with rafters
RAFTING, -S ▸ **raft**
RAFTMAN, RAFTMEN *same as* ▸ **raftsman**
RAFTS ▸ **raft**

RAFTSMAN, RAFTSMEN *n* someone who does rafting
RAG, -GEDER, -S *n* fragment of cloth ▷ *vb* tease ▷ *adj* of various charitable events at a British university
RAGA, -S *n* pattern of melody and rhythm in Indian music
RAGBAG, -S *n* confused assortment, jumble
RAGBOLT, -S *n* bolt that has angled projections on it
RAGDE *archaic past form of* ▸ **rage**
RAGDOLL, -S *n* breed of cat
RAGE, -D, -S *n* violent anger or passion ▷ *vb* speak or act with fury
RAGEE, -S *same as* ▸ **ragi**
RAGEFUL ▸ **rage**
RAGER, -S ▸ **rage**
RAGES ▸ **rage**
RAGG, -S *same as* ▸ **ragstone**
RAGGA, -S *n* dance-oriented style of reggae
RAGGED ▸ **rag**
RAGGEDER ▸ **rag**
RAGGEDLY ▸ **rag**
RAGGEDY *adj* somewhat ragged
RAGGEE, -S *same as* ▸ **ragi**
RAGGERY *n* rags
RAGGIER ▸ **raggy**
RAGGIES ▸ **raggy**
RAGGIEST ▸ **raggy**
RAGGING, -S ▸ **rag**
RAGGLE, -D, -S, RAGGLING *n* thin groove cut in stone or brickwork ▷ *vb* cut a raggle in
RAGGS ▸ **ragg**
RAGGY, RAGGIER, RAGGIES, RAGGIEST *adj* ragged ▷ *n* cereal grass cultivated in Africa and Asia for its edible grain
RAGI, -S *n* cereal grass cultivated in Africa and Asia for its edible grain
RAGING, -S ▸ **rage**
RAGINGLY ▸ **rage**
RAGINGS ▸ **raging**
RAGINI, -S *n* Indian musical form related to a raga
RAGIS ▸ **ragi**
RAGLAN, -S *adj* (of a sleeve) joined to a garment from the neck to the underarm ▷ *n* coat with sleeves that continue to the collar
RAGMAN, -S, RAGMEN *n* rag-and-bone man
RAGMENT, -S *n* statute, roll, or list
RAGOUT, -ED, -S *n* richly seasoned stew of meat and vegetables ▷ *vb* make into a ragout
RAGS ▸ **rag**
RAGSTONE *n* hard sandstone or limestone, esp when used for building
RAGTAG, -S *n* disparaging term for common people
RAGTAIL *adj* ragged; shabby
RAGTIME, -S *n* style of jazz piano music
RAGTIMER ▸ **ragtime**
RAGTIMES ▸ **ragtime**
RAGTOP, -S *n* informal word for a car with a folding or removable roof
RAGU, -S *n* Italian meat and tomato sauce
RAGULED *same as* ▸ **raguly**
RAGULY *adj* (in heraldry) having toothlike projections
RAGUS ▸ **ragu**
RAGWEED, -S *n* any of several plants
RAGWHEEL *n* toothed wheel
RAGWORK, -S *n* weaving or needlework using rags
RAGWORM, -S *n* type of worm that lives chiefly in burrows in sand or mud
RAGWORT, -S *n* plant with ragged leaves and yellow flowers
RAH, -ED, -ING, -S *informal US word for* ▸ **cheer**
RAHUI, -S *n* Māori prohibition
RAI, -S *n* type of Algerian popular music
RAIA, -S *same as* ▸ **rayah**
RAID, -ED, -S *n* sudden surprise attack or search ▷ *vb* make a raid on
RAIDER, -S ▸ **raid**
RAIDING, -S ▸ **raid**
RAIDS ▸ **raid**
RAIK, -ED, -ING, -S *n* wander ▷ *vb* wander
RAIL, -ED, -S *n* horizontal bar, esp as part of a fence or track ▷ *vb* complain bitterly or loudly
RAILAGE, -S *n* cost of transporting goods by rail
RAILBED, -S *n* ballast layer supporting the sleepers of a railway track
RAILBIRD *n* racing aficionado
RAILBUS *n* bus-like vehicle for use on railway lines
RAILCAR, -S *n* passenger-carrying railway vehicle consisting of a single coach
RAILCARD *n* card entitling the holder to cheaper rail travel
RAILCARS ▸ **railcar**
RAILE, -S *archaic spelling of* ▸ **rail**
RAILED ▸ **rail**
RAILER, -S ▸ **rail**
RAILES ▸ **raile**
RAILHEAD *n* terminal of a railway
RAILING, -S *n* fence made of rails supported by posts
RAILLERY *n* teasing or joking
RAILLESS ▸ **rail**
RAILLY, RAILLIES *old word for* ▸ **mock**
RAILMAN, RAILMEN *n* railway employee
RAILROAD *same as* ▸ **railway**
RAILS ▸ **rail**
RAILWAY, -S *n* track of iron rails on which trains run
RAIMENT, -S *n* clothing
RAIN, -ED, -ING, -S *n* water falling in drops from the clouds ▷ *vb* fall or pour down as rain
RAINBAND *n* dark band in the solar spectrum caused by water in the atmosphere
RAINBIRD *n* bird whose call is believed to be a sign of impending rain
RAINBOW, -S *n* arch of colours in the sky
RAINBOWY *adj* resembling a rainbow
RAINCOAT *n* water-resistant overcoat
RAINDATE *n* US term for an alternative date in case of rain
RAINDROP *n* water droplet that falls from the sky when it is raining
RAINE, -S *archaic spelling of* ▸ **reign**
RAINED ▸ **rain**
RAINES ▸ **raine**
RAINFALL *n* amount of rain
RAINIER ▸ **rainy**
RAINIEST ▸ **rainy**
RAINILY ▸ **rainy**
RAINING ▸ **rain**
RAINLESS ▸ **rain**
RAINOUT, -S *n* radioactive fallout or atmospheric pollution carried to the earth by rain
RAINS ▸ **rain**
RAINSUIT *n* waterproof jacket and trousers
RAINWASH *n* action of rain ▷ *vb* erode or wet as a result of rain
RAINWEAR *n* protective garments intended for use in wet weather

RAINY, RAINIER, RAINIEST *adj* characterized by a large rainfall
RAIRD, -S *same as* ▸ **reird**
RAIS ▸ **rai**
RAISABLE ▸ **raise**
RAISE, -D, -S *vb* lift up ▹ *n* increase in pay
RAISER, -S ▸ **raise**
RAISES ▸ **raise**
RAISIN, -S *n* dried grape
RAISING, -S *n* rule that moves a constituent from an embedded clause into the main clause
RAISINS ▸ **raisin**
RAISINY *adj* tasting of raisins
RAISONNE *adj* carefully thought out
RAIT, -ED, -ING, -S *same as* ▸ **ret**
RAITA, -S *n* Indian dish of chopped cucumber, mint, etc, in yogurt
RAITED ▸ **rait**
RAITING ▸ **rait**
RAITS ▸ **rait**
RAIYAT, -S *same as* ▸ **ryot**
RAJ, -ES *n* (in India) government

This Indian word for rule or empire is one of the essential short words that use a J. Remember that it can be extended to **raja**.

RAJA, -S *same as* ▸ **rajah**
RAJAH, -S *n* Indian ruler
RAJAS ▸ **raja**
RAJASHIP ▸ **raja**
RAJES ▸ **raj**
RAKE, -D, -S *n* tool used for smoothing earth or gathering leaves, hay, etc ▹ *vb* gather or smooth with a rake
R **RAKEE, -S** *same as* ▸ **raki**
RAKELIKE *adj* like a rake
RAKEOFF, -S *n* share of profits, esp one that is illegal or given as a bribe
RAKER, -S *n* person who rakes
RAKERIES ▸ **rakery**
RAKERS ▸ **raker**
RAKERY, RAKERIES *n* rakish behaviour
RAKES ▸ **rake**
RAKI, -S *n* strong spirit distilled from grain
RAKIA, -S *n* strong fruit-based alcoholic drink popular in the Balkans
RAKIJA, -S *same as* ▸ **rakia**
RAKING, -S *n* (in rugby) offence of scraping an opponent with the studs
RAKIS ▸ **raki**
RAKISH *adj* dashing or jaunty
RAKISHLY ▸ **rakish**
RAKSHAS *same as* ▸ **rakshasa**
RAKSHASA *n* Hindu demon
RAKU, -S *n* type of Japanese pottery
RALE, -S *n* abnormal coarse crackling sound heard on auscultation of the chest
RALLIED ▸ **rally**
RALLIER, -S ▸ **rally**
RALLIES ▸ **rally**
RALLINE *adj* relating to a family of birds that includes the rails, crakes, and coots
RALLY, RALLIED, RALLIES, -ING *n* large gathering of people for a meeting ▹ *vb* bring or come together after dispersal or for a common cause
RALLYE, -S *US variant of* ▸ **rally**
RALLYING ▸ **rally**
RALLYIST ▸ **rally**
RALPH, -ED, -ING, -S *vb* slang word meaning vomit
RAM, -MED, -MING, -S *n* male sheep ▹ *vb* strike against with force
RAMADA, -S *n* outdoor eating area with roof but open sides
RAMAKIN, -S *same as* ▸ **ramekin**
RAMAL *adj* relating to a branch or branches
RAMATE *adj* with branches
RAMBLA, -S *n* dried-up riverbed
RAMBLE, -D, -S *vb* walk without a definite route ▹ *n* walk, esp in the country
RAMBLER, -S *n* person who rambles
RAMBLES ▸ **ramble**
RAMBLING *adj* large and irregularly shaped ▹ *n* activity of going for long walks in the country
RAMBUTAN *n* SE Asian tree that has bright red edible fruit
RAMCAT, -S *n* dialect word for a male cat
RAMEAL *same as* ▸ **ramal**
RAMEE, -S *same as* ▸ **ramie**
RAMEKIN, -S *n* small ovenproof dish for a single serving of food
RAMEN, -S *n* Japanese dish consisting of a clear broth containing thin white noodles
RAMENTUM, RAMENTA *n* any of the thin brown scales that cover the stems and leaves of young ferns
RAMEOUS *same as* ▸ **ramal**
RAMEQUIN *same as* ▸ **ramekin**
RAMET, -S *n* any of the individuals in a group of clones
RAMI, -S *same as* ▸ **ramie**
RAMIE, -S *n* woody Asian shrub with broad leaves
RAMIFIED ▸ **ramify**
RAMIFIES ▸ **ramify**
RAMIFORM *adj* having a branchlike shape
RAMIFY, RAMIFIED, RAMIFIES *vb* become complex
RAMILIE, -S *same as* ▸ **ramillie**
RAMILLIE *n* wig with a plait at the back fashionable in the 18th century
RAMIN, -S *n* swamp-growing tree found in Malaysia and Indonesia
RAMIS ▸ **rami**
RAMJET, -S *n* type of jet engine
RAMMED ▸ **ram**
RAMMEL, -S *n* discarded or waste matter
RAMMER, -S ▸ **ram**
RAMMIER ▸ **rammy**
RAMMIES ▸ **rammy**
RAMMIEST ▸ **rammy**
RAMMING ▸ **ram**
RAMMISH *adj* like a ram, esp in being foul-smelling
RAMMLE, -S *n* collection of items saved in case they become useful
RAMMY, RAMMIER, RAMMIES, RAMMIEST *n* noisy disturbance or free-for-all ▹ *vb* make a rammy ▹ *adj* like a ram
RAMONA, -S *same as* > **sagebrush**
RAMOSE *adj* having branches
RAMOSELY ▸ **ramose**
RAMOSITY ▸ **ramose**
RAMOUS *same as* ▸ **ramose**
RAMOUSLY ▸ **ramose**
RAMP, -ED, -S *n* slope joining two level surfaces ▹ *vb* (esp of animals) to rush around in a wild excited manner
RAMPAGE, -D, -S *vb* dash about violently
RAMPAGER ▸ **rampage**
RAMPAGES ▸ **rampage**

RAMPANCY ▸ **rampant**
RAMPANT *adj* growing or spreading uncontrollably
RAMPART, -S *n* mound or wall for defence ▹ *vb* provide with a rampart
RAMPAUGE *Scots variant of* ▸ **rampage**
RAMPED ▸ **ramp**
RAMPER, -S ▸ **ramp**
RAMPICK, -S *same as* ▸ **rampike**
RAMPIKE, -S *n* US or dialect word for a dead tree
RAMPING, -S ▸ **ramp**
RAMPION, -S *n* European and Asian plant
RAMPIRE, -S *archaic variant of* ▸ **rampart**
RAMPIRED ▸ **rampire**
RAMPIRES ▸ **rampire**
RAMPOLE, -S *same as* ▸ **rampike**
RAMPS ▸ **ramp**
RAMPSMAN, RAMPSMEN *n* mugger
RAMROD, -S *n* long thin rod used for cleaning the barrel of a gun ▹ *adj* (of someone's posture) very straight and upright ▹ *vb* drive
RAMS ▸ **ram**
RAMSHORN *n* any of various freshwater snails
RAMSON, -S *n* type of garlic
RAMSTAM *adv* headlong ▹ *adj* headlong
RAMTIL, -S *n* African plant grown in India esp for its oil
RAMTILLA *same as* ▸ **ramtil**
RAMTILS ▸ **ramtil**
RAMULAR *adj* relating to a branch or branches
RAMULI ▸ **ramulus**
RAMULOSE *adj* (of the parts or organs of animals and plants) having many small branches
RAMULOUS *same as* ▸ **ramulose**
RAMULUS, RAMULI *n* small branch
RAMUS *n* barb of a bird's feather
RAN ▸ **run**
RANA, -S *n* genus of frogs
RANARIAN *adj* of or relating to frogs
RANARIUM *n* place for keeping frogs
RANAS ▸ **rana**
RANCE, -D, -S, RANCING *Scots word for* ▸ **prop**
RANCEL, -S *vb* (in Shetland and Orkney) carry out a search
RANCES ▸ **rance**
RANCH, -ED, -ES, -ING *n* large cattle farm in the American West ▹ *vb* run a ranch
RANCHER, -S *n* person who owns, manages, or works on a ranch
RANCHERA *n* type of Mexican country music
RANCHERO *another word for* ▸ **rancher**
RANCHERS ▸ **rancher**
RANCHES ▸ **ranch**
RANCHING ▸ **ranch**
RANCHMAN, RANCHMEN *n* man who owns, manages, or works on a ranch
RANCHO, -S *n* hut or group of huts for housing ranch workers
RANCID, -ER *adj* (of butter, bacon, etc) stale and having an offensive smell
RANCIDLY ▸ **rancid**
RANCING ▸ **rance**
RANCOR, -S *same as* ▸ **rancour**
RANCORED ▸ **rancor**
RANCORS ▸ **rancor**
RANCOUR, -S *n* deep bitter hate
RAND, -ED, -ING, -S *n* leather strip on the heel of a shoe ▹ *vb* cut into rands
RANDAN, -S *n* boat rowed by three people
RANDED ▸ **rand**
RANDEM, -S *adv* with three horses harnessed together as a team ▹ *n* carriage or team of horses so driven
RANDIE *same as* ▸ **randy**
RANDIER ▸ **randy**
RANDIES ▸ **randy**
RANDIEST ▸ **randy**
RANDILY ▸ **randy**
RANDING ▸ **rand**
RANDLORD *n* mining magnate during the 19th-century gold boom in Johannesburg
RANDOM, -S *adj* made or done by chance or without plan ▹ *n* (in mining) the course of a vein of ore
RANDOMLY ▸ **random**
RANDOMS ▸ **random**
RANDON, -S *old variant of* ▸ **random**
RANDS ▸ **rand**
RANDY, RANDIER, RANDIES, RANDIEST *adj* rude or reckless ▹ *n* rude or reckless person
RANEE, -S *same as* ▸ **rani**
RANG, -S *n* (Scot) rank
RANGE, -D, -S *n* limits of effectiveness or variation ▹ *vb* vary between one point and another
RANGER, -S *n* official in charge of a nature reserve etc
RANGES ▸ **range**
RANGI, -S *n* sky
RANGIER ▸ **rangy**
RANGIEST ▸ **rangy**
RANGILY ▸ **rangy**
RANGING, -S ▸ **range**
RANGIORA *n* evergreen New Zealand shrub or small tree
RANGIS ▸ **rangi**
RANGOLI, -S *n* traditional Indian ground decoration
RANGS ▸ **rang**
RANGY, RANGIER, RANGIEST *adj* having long slender limbs
RANI, -S *n* wife or widow of a rajah
RANID, -S *n* frog
RANIFORM *n* froglike
RANINE *adj* relating to frogs
RANIS ▸ **rani**
RANK, -ED, -EST, -S *n* relative place or position ▹ *vb* have a specific rank or position ▹ *adj* complete or absolute
RANKE, -S *archaic variant of* ▸ **rank**
RANKED ▸ **rank**
RANKER, -S *n* soldier in the ranks
RANKES ▸ **ranke**
RANKEST ▸ **rank**
RANKING, -S *adj* prominent ▹ *n* position on a scale
RANKISH *adj* old word meaning rather rank
RANKISM, -S *n* discrimination against people on the grounds of rank
RANKIST, -S *n* person who discriminates on the grounds of rank
RANKLE, -D, -S, RANKLING *vb* continue to cause resentment or bitterness
RANKLESS ▸ **rank**
RANKLING ▸ **rankle**
RANKLY ▸ **rank**
RANKNESS ▸ **rank**
RANKS ▸ **rank**
RANPIKE, -S *same as* ▸ **rampike**
RANSACK, -S *vb* search thoroughly
RANSEL, -S *same as* ▸ **rancel**

R

RANSOM, -ED, -S *n* money demanded for the release of a kidnapped person ▷ *vb* pay money to obtain the release of a captive
RANSOMER ▸ **ransom**
RANSOMS ▸ **ransom**
RANT, -ED, -S *vb* talk in a loud and excited way ▷ *n* loud excited speech
RANTER, -S ▸ **rant**
RANTING, -S ▸ **rant**
RANTS ▸ **rant**
RANULA, -S *n* saliva-filled cyst that develops under the tongue
RANULAR *adj* of a cyst under the tongue
RANULAS ▸ **ranula**
RANZEL, -S *same as* ▸ **rancel**
RAOULIA, -S *n* flowering plant of New Zealand
RAP, -PED, -S *vb* hit with a sharp quick blow ▷ *n* quick sharp blow
RAPACITY > **rapacious**
RAPE, -D, -S, RAPING *n* violent sexual crime ▷ *vb* commit rape
RAPER, -S ▸ **rape**
RAPES ▸ **rape**
RAPESEED *n* seed of the oilseed rape plant
RAPHAE ▸ **raphe**
RAPHANIA *n* type of ergotism possibly resulting from consumption of radish seeds
RAPHE, RAPHAE, -S *n* elongated ridge of conducting tissue along the side of certain seeds
RAPHIA, -S *same as* ▸ **raffia**
RAPHIDE, -S *n* needle-shaped crystal that occurs in many plant cells
RAPHIS *same as* ▸ **raphide**
RAPID, -ER, -EST *adj* quick, swift
RAPIDITY ▸ **rapid**
RAPIDLY ▸ **rapid**
RAPIDS *pl n* part of a river with a fast, turbulent current
RAPIER, -S *n* fine-bladed sword
RAPIERED *adj* carrying a rapier
RAPIERS ▸ **rapier**
RAPINE, -S *n* pillage or plundering
RAPING ▸ **rape**
RAPINI, -S *n* type of leafy vegetable
RAPIST, -S *n* person who commits rape
RAPLOCH, -S *n* Scots word for homespun woollen material ▷ *adj* Scots word meaning coarse or homemade
RAPPAREE *n* Irish irregular soldier of the late 17th century
RAPPE, -S *n* Arcadian dish of grated potatoes and pork or chicken
RAPPED ▸ **rap**
RAPPEE, -S *n* moist English snuff of the 18th and 19th centuries
RAPPEL, -ED, -S *n* (formerly) a drumbeat to call soldiers to arms ▷ *vb* abseil
RAPPEN *n* Swiss coin equal to one hundredth of a franc
RAPPER, -S *n* something used for rapping, such as a knocker on a door
RAPPES ▸ **rappe**
RAPPING, -S ▸ **rap**
RAPPINI *same as* ▸ **rapini**
RAPPORT, -S *n* harmony or agreement
RAPS ▸ **rap**
RAPT *adj* engrossed or spellbound
RAPTLY ▸ **rapt**
RAPTNESS ▸ **rapt**
RAPTOR, -S *n* any bird of prey
RAPTURE, -D, -S *n* ecstasy ▷ *vb* entrance
RARE, -D, -R, -S, -ST *adj* uncommon ▷ *vb* rear
RAREBIT, -S *n* as in **Welsh rarebit** dish made from melted cheese served on toast
RARED ▸ **rare**
RAREE *n* as in **raree show** street show or carnival
RAREFIED *adj* highly specialized, exalted
RAREFIER ▸ **rarefy**
RAREFY, RAREFIES *vb* make or become rarer or less dense
RARELY *adv* seldom
RARENESS ▸ **rare**
RARER ▸ **rare**
RARERIPE *adj* ripening early ▷ *n* fruit or vegetable that ripens early
RARES ▸ **rare**
RAREST ▸ **rare**
RARIFIED *same as* ▸ **rarefied**
RARIFY, RARIFIES *same as* ▸ **rarefy**
RARING *adj* ready
RARITY, RARITIES *n* something that is valuable because it is unusual
RARK, -ED, -ING, -S *vb* as in **rark up** informal New Zealand expression meaning reprimand severely
RAS *n* headland
RASBORA, -S *n* often brightly coloured tropical fish
RASCAL, -S *n* rogue ▷ *adj* belonging to the mob or rabble
RASCALLY *adj* dishonest or mean ▷ *adv* in a dishonest or mean fashion
RASCALS ▸ **rascal**
RASCASSE *n* any of various fishes with venomous spines on the fins
RASCHEL, -S *n* type of loosely knitted fabric
RASE, -D, -S, RASING *same as* ▸ **raze**
RASER, -S ▸ **rase**
RASES ▸ **rase**
RASH, -ED, -ES, -EST, -ING *adj* hasty, reckless, or incautious ▷ *n* eruption of spots or patches on the skin ▷ *vb* (in old usage) cut
RASHER, -S *n* thin slice of bacon
RASHES ▸ **rash**
RASHEST ▸ **rash**
RASHIE, -S *n* protective shirt worn by surfers
RASHING ▸ **rash**
RASHLIKE ▸ **rash**
RASHLY ▸ **rash**
RASHNESS ▸ **rash**
RASING ▸ **rase**
RASMALAI *n* Indian dessert made from cheese, milk, and almonds
RASORIAL *adj* (of birds such as domestic poultry) adapted for scratching the ground for food
RASP, -ED, -S *n* harsh grating noise ▷ *vb* speak in a grating voice
RASPER, -S ▸ **rasp**
RASPIER ▸ **raspy**
RASPIEST ▸ **raspy**
RASPING *adj* (esp of a noise) harsh or grating
RASPINGS *pl n* browned breadcrumbs for coating fish and other foods before frying, baking, etc
RASPISH ▸ **rasp**
RASPS ▸ **rasp**
RASPY, RASPIER, RASPIEST *same as* ▸ **rasping**
RASSE, -S *n* small S Asian civet
RASSLE, -D, -S, RASSLING *dialect variant of* ▸ **wrestle**

RASSLER, -S *n* wrestler
RASSLES ▸ **rassle**
RASSLING ▸ **rassle**
RAST *archaic past form of* ▸ **race**
RASTA *adj* rastafarian
RASTER, -ED, -S *n* image consisting of rows of pixel information ▹ *vb* turn a digital image into a large picture
RASTRUM, -S *n* pen for drawing the five lines of a musical stave simultaneously
RASURE, -S *n* scraping
RAT, -S, -TED *n* small rodent ▹ *vb* inform (on)
RATA, -S *n* New Zealand hardwood forest tree
RATABLE *adj* able to be rated or evaluated ▹ *n* something that can be rated or evaluated
RATABLES *pl n* property that is liable to rates
RATABLY ▸ **ratable**
RATAFEE, -S *same as* ▸ **ratafia**
RATAFIA, -S *n* liqueur made from fruit
RATAL, -S *n* amount on which rates are assessed ▹ *adj* of or relating to rates (local taxation)
RATAN, -S *same as* ▸ **rattan**
RATANIES ▸ **ratany**
RATANS ▸ **ratan**
RATANY, RATANIES *n* flowering desert shrub
RATAPLAN *n* drumming sound ▹ *vb* drum
RATAS ▸ **rata**
RATATAT, -S *n* sound of knocking on a door
RATBAG, -S *n* insulting term for an eccentric or unreliable person
RATBITE *n* as in **ratbite fever** acute infectious disease that can be caught from rats
RATCH, -ED, -ES, -ING *same as* ▸ **ratchet**
RATCHET, -S *n* set of teeth on a bar or wheel allowing motion in one direction only ▹ *vb* move using or as if using a ratchet system
RATCHING ▸ **ratch**
RATE, -D *n* degree of speed or progress ▹ *vb* consider or value
RATEABLE *same as* ▸ **ratable**
RATEABLY ▸ **rateable**
RATED ▸ **rate**
RATEEN, -S *same as* ▸ **ratine**
RATEL, -S *n* large African and S Asian musteline mammal
RATER, -S ▸ **rate**
RATES *pl n* (in some countries) a tax on property levied by a local authority
RATFINK, -S *n* contemptible or undesirable person
RATFISH *n* deep-sea fish with a whiplike tail
RATH, -S *same as* ▸ **rathe**
RATHA, -S *n* (in India) a four-wheeled carriage drawn by horses or bullocks
RATHE *adj* blossoming or ripening early in the season
RATHER *adv* to some extent ▹ *interj* expression of strong affirmation, often in answer to a question
RATHEST *adv* dialect or archaic word meaning soonest
RATHOLE, -S *n* rat's hiding place or burrow
RATHRIPE *adj* dialect word meaning mature or ripe ahead of time ▹ *n* variety of apple or other fruit that is quick to ripen
RATHS ▸ **rath**
RATICIDE *n* rat poison
RATIFIED ▸ **ratify**
RATIFIER ▸ **ratify**
RATIFY, RATIFIED, RATIFIES *vb* give formal approval to
RATINE, -S *n* coarse loosely woven cloth
RATING, -S *n* valuation or assessment
RATIO, -S *n* relationship between two numbers or amounts expressed as a proportion
RATION, -ED *n* fixed allowance of food etc ▹ *vb* limit to a certain amount per person
RATIONAL *adj* reasonable, sensible ▹ *n* rational number
RATIONED ▸ **ration**
RATIONS *pl n* fixed daily allowance of food
RATIOS ▸ **ratio**
RATITE, -S *adj* (of flightless birds) having a breastbone that lacks a keel ▹ *n* bird that belongs to this group
RATLIKE ▸ **rat**
RATLIN, -S *same as* ▸ **ratline**
RATLINE, -S *n* light line tied across the shrouds of a sailing vessel
RATLING, -S *n* young rat
RATLINS ▸ **ratlin**
RATO, -S *n* rocket-assisted take-off
RATOO, -S *same as* ▸ **ratu**
RATOON, -ED, -S *n* new shoot that grows from near the root or crown of crop plants ▹ *vb* propagate by such a growth
RATOONER *n* plant that spreads by ratooning
RATOONS ▸ **ratoon**
RATOOS ▸ **ratoo**
RATOS ▸ **rato**
RATPACK, -S *n* members of the press who pursue celebrities
RATPROOF *adj* impenetrable by rats
RATS ▸ **rat**
RATSBANE *n* rat poison, esp arsenic oxide
RATTAIL, -S *n* type of fish
RATTAN, -S *n* climbing palm with jointed stems used for canes
RATTED ▸ **rat**
RATTEEN, -S *same as* ▸ **ratine**
RATTEN, -ED, -S *vb* sabotage or steal tools in order to disrupt the work of
RATTENER ▸ **ratten**
RATTENS ▸ **ratten**
RATTER, -S *n* dog or cat that catches and kills rats
RATTERY *n* rats' dwelling area
RATTIER ▸ **ratty**
RATTIEST ▸ **ratty**
RATTILY ▸ **ratty**
RATTING, -S ▸ **rat**
RATTISH *adj* of, resembling, or infested with rats
RATTLE, -D, -S *vb* give out a succession of short sharp sounds ▹ *n* short sharp sound
RATTLER, -S *n* something that rattles
RATTLES ▸ **rattle**
RATTLIER ▸ **rattly**
RATTLIN, -S *same as* ▸ **ratline**
RATTLINE *same as* ▸ **ratline**
RATTLING *adv* exceptionally, very ▹ *n* succession of short sharp sounds
RATTLINS ▸ **rattlin**
RATTLY, RATTLIER *adj* having a rattle
RATTON, -S *n* dialect word for a little rat
RATTOON, -S *same as* ▸ **ratoon**

RATTRAP, -S *n* device for catching rats
RATTY, RATTIER, RATTIEST *adj* bad-tempered, irritable
RATU, -S *n* title used by Fijian chiefs or nobles
RAUCID *adj* raucous
RAUCITY ▸ **raucous**
RAUCLE, -R, -ST *adj* Scots word for rough or tough
RAUCOUS *adj* hoarse or harsh
RAUGHT *archaic past form of* ▸ **reach**
RAUN, -S *n* fish roe or spawn
RAUNCH, -ED, -ES *n* lack of polish or refinement ▹ *vb* behave in a raunchy manner
RAUNCHY *adj* earthy, sexy
RAUNGE, -D, -S, RAUNGING *archaic word for* ▸ **range**
RAUNS ▸ **raun**
RAUPATU, -S *n* confiscation or seizure of land
RAUPO, -S *n* New Zealand bulrush
RAURIKI, -S *n* any of various plants with prickly leaves
RAV, -S *n* Hebrew word for rabbi
RAVAGE, -D, -S, RAVAGING *vb* cause extensive damage to ▹ *n* destructive action
RAVAGER, -S ▸ **ravage**
RAVAGES ▸ **ravage**
RAVAGING ▸ **ravage**
RAVE, -D, -S *vb* talk wildly or with enthusiasm ▹ *n* enthusiastically good review
RAVEL, -ED, -ING, -LED, -S *vb* tangle or become entangled ▹ *n* tangle or complication
RAVELER, -S ▸ **ravel**
RAVELIN, -S *n* outwork having two embankments at a salient angle
RAVELING ▸ **ravel**
RAVELINS ▸ **ravelin**
RAVELLED ▸ **ravel**
RAVELLER ▸ **ravel**
RAVELLY *adj* tangled
RAVELS ▸ **ravel**
RAVEN, -ED, -EST, -S *n* black bird like a large crow ▹ *adj* (of hair) shiny black ▹ *vb* seize or seek (plunder, prey, etc)
RAVENER, -S ▸ **raven**
RAVENEST ▸ **raven**
RAVENING *adj* (of animals) hungrily searching for prey
RAVENOUS *adj* very hungry
RAVENS ▸ **raven**
RAVER, -S *n* person who leads a wild or uninhibited social life
RAVES ▸ **rave**
RAVEY, RAVIER, RAVIEST *adj* characteristic of a rave
RAVIGOTE *n* rich white sauce with herbs and shallots
RAVIN, -ED, -ING, -S *archaic spelling of* ▸ **raven**
RAVINE, -S *n* narrow steep-sided valley worn by a stream
RAVINED ▸ **ravin**
RAVINES ▸ **ravine**
RAVING, -S *adj* delirious ▹ *n* frenzied, irrational, or wildly extravagant talk or utterances
RAVINGLY ▸ **raving**
RAVINGS ▸ **raving**
RAVINING ▸ **ravin**
RAVINS ▸ **ravin**
RAVIOLI, -S *n* small squares of pasta with a savoury filling
RAVISH, -ED, -ES *vb* enrapture
RAVISHER ▸ **ravish**
RAVISHES ▸ **ravish**
RAVS ▸ **rav**
RAW, -ER, -EST, -S *n* as in **in the raw** without clothes ▹ *adj* uncooked
RAWARU, -S *n* New Zealand name for blue cod
RAWBONE *archaic variant of* ▸ **rawboned**
RAWBONED *adj* having a lean bony physique
RAWER ▸ **raw**
RAWEST ▸ **raw**
RAWHEAD, -S *n* bogeyman
RAWHIDE, -D, -S *n* untanned hide ▹ *vb* whip
RAWIN, -S *n* monitoring of winds in the upper atmosphere using radar and a balloon
RAWING, -S *(in dialect) same as* ▸ **rowen**
RAWINS ▸ **rawin**
RAWISH ▸ **raw**
RAWLY ▸ **raw**
RAWMAISH *n* Irish word for foolish or exaggerated talk
RAWN, -S *(in dialect) same as* ▸ **rowen**
RAWNESS ▸ **raw**
RAWNS ▸ **rawn**
RAWS ▸ **raw**
RAX, -ED, -ES, -ING *vb* stretch or extend ▹ *n* act of stretching or straining

A dialect word meaning to stretch or strain, and one of the essential short words to know for using the X.

RAY, -ED, -ING, -S *n* single line or narrow beam of light ▹ *vb* (of an object) to emit (light) in rays or (of light) to issue in the form of rays
RAYA, -S *same as* ▸ **rayah**
RAYAH, -S *n* (formerly) a non-Muslim subject of the Ottoman Empire
RAYAS ▸ **raya**
RAYED ▸ **ray**
RAYGRASS *same as* ▸ **ryegrass**
RAYING ▸ **ray**
RAYLE, -D, -S, RAYLING *archaic spelling of* ▸ **rail**
RAYLESS *adj* dark
RAYLET, -S *n* small ray
RAYLIKE *adj* resembling a ray
RAYLING ▸ **rayle**
RAYNE, -S *archaic spelling of* ▸ **reign**
RAYON, -S *n* (fabric made of) a synthetic fibre
RAYS ▸ **ray**
RAZE, -D, -S, RAZING *vb* destroy (buildings or a town) completely
RAZEE, -D, -ING, -S *n* sailing ship that has had its upper deck or decks removed ▹ *vb* remove the upper deck or decks of (a sailing ship)
RAZER, -S ▸ **raze**
RAZES ▸ **raze**
RAZING ▸ **raze**
RAZMATAZ *n* noisy or showy fuss or activity
RAZOO, -S *n* imaginary coin
RAZOR, -ED, -ING, -S *n* sharp instrument for shaving ▹ *vb* cut or shave with a razor
RAZURE, -S *same as* ▸ **rasure**
RAZZ, -ED, -ES *vb* make fun of
RAZZIA, -S *n* raid for plunder or slaves
RAZZING, -S *n* act of making fun of someone
RAZZLE, -S *n* as in **on the razzle** out enjoying oneself or celebrating
RE *prep* concerning ▹ *n* the second note of the musical scale
REABSORB *vb* absorb again
REACCEDE *vb* accede again
REACCENT *vb* accent again
REACCEPT *vb* accept again
REACCUSE *vb* accuse again
REACH, -ED, -ES, -ING *vb* arrive at ▹ *n* distance that one can reach
REACHER, -S ▸ **reach**
REACHES ▸ **reach**
REACHING ▸ **reach**

R

REACT, -ED, -ING, -S *vb* act in response (to)
REACTANT *n* substance that participates in a chemical reaction
REACTED ▸**react**
REACTING ▸**react**
REACTION *n* physical or emotional response to a stimulus
REACTIVE *adj* chemically active
REACTOR, -S *n* apparatus in which a nuclear reaction is controlled to produce energy
REACTS ▸**react**
READ, -S *vb* look at and understand or take in (written or printed matter) ▹*n* matter suitable for reading
READABLE *adj* enjoyable to read
READABLY ▸**readable**
READAPT, -S *vb* adapt again
READD, -ED, -ING, -S *vb* add again
READDICT *vb* cause to become addicted again
READDING ▸**readd**
READDS ▸**readd**
READER, -S *n* person who reads
READERLY *adj* pertaining to or suitable for a reader
READERS ▸**reader**
READIED ▸**ready**
READIER ▸**ready**
READIES *pl n* ready money
READIEST ▸**ready**
READILY *adv* promptly
READING, -S ▸**read**
READJUST *vb* adapt to a new situation
README, -S *n* document which accompanies computer files or software
READMIT, -S *vb* let (a person, country, etc) back in to a place or organization
READOPT, -S *vb* adopt again
READORN, -S *vb* adorn again
READOUT, -S *n* act of retrieving information from a computer memory or storage device
READS ▸**read**
READVISE *vb* advise again
READY, READIED, READIER, READIEST, -ING *adj* prepared for use or action ▹*vb* prepare
REAEDIFY *vb* rebuild
REAFFIRM *vb* state again, confirm
REAFFIX *vb* affix again
REAGENCY ▸**reagent**
REAGENT, -S *n* chemical substance that reacts with another
REAGIN, -S *n* type of antibody that is formed against an allergen
REAGINIC ▸**reagin**
REAGINS ▸**reagin**
REAIS ▸**real**
REAK, -ED, -ING, -S *same as* ▸**reck**
REAL, REAIS, -ER, -ES, -EST, -S *adj* existing in fact ▹*n* standard monetary unit of Brazil
REALGAR, -S *n* rare orange-red soft mineral
REALIA *pl n* real-life facts and material used in teaching
REALIGN, -S *vb* change or put back to a new or former place or position
REALISE, -D, -S *same as* ▸**realize**
REALISER ▸**realise**
REALISES ▸**realise**
REALISM, -S *n* awareness or acceptance of things as they are
REALIST, -S *n* person who accepts events, etc, as they are
REALITY *n* state of things as they are
REALIZE, -D, -S *vb* become aware or grasp the significance of
REALIZER ▸**realize**
REALIZES ▸**realize**
REALLIE *old or dialect variant of* ▸**really**
REALLIED ▸**really**
REALLIES ▸**really**
REALLOT, -S *vb* allot again
REALLY, REALLIED, REALLIES *adv* very ▹*interj* exclamation of dismay, doubt, or surprise ▹*vb* (in archaic usage) rally
REALM, -S *n* kingdom
REALNESS ▸**real**
REALO, -S *n* member of the German Green party with moderate views

> A **realo** is a member of the less radical section of the German Green party. It is important to know not because it scores well, but because it provides an easily overlooked hook by allowing you to add O to **real**.

REALS ▸**real**
REALTER, -S *vb* alter again
REALTIE *n* archaic word meaning sincerity
REALTIES ▸**realty**
REALTIME *adj* (of a data-processing system) constantly updating to reflect the latest changes in data
REALTONE *n* audio clip of an original recording, used as a mobile phone ringtone
REALTOR, -S *n* estate agent
REALTY, REALTIES *n* immovable property
REAM, -ED, -ING, -S *n* twenty quires of paper, generally 500 sheets ▹*vb* enlarge (a hole) by use of a reamer
REAME, -S *archaic variant of* ▸**realm**
REAMED ▸**ream**
REAMEND, -S *vb* amend again
REAMER, -S *n* tool used for smoothing the bores of holes accurately to size
REAMES ▸**reame**
REAMIER ▸**reamy**
REAMIEST ▸**reamy**
REAMING ▸**ream**
REAMS ▸**ream**
REAMY, REAMIER, REAMIEST *Scots for* ▸**creamy**
REAN, -S *same as* ▸**reen**
REANNEX *vb* annex again
REANOINT *vb* anoint again
REANS ▸**rean**
REANSWER *vb* answer again
REAP, -ED, -S *vb* cut and gather (a harvest)
REAPABLE ▸**reap**
REAPED ▸**reap**
REAPER, -S *n* person who reaps or machine for reaping
REAPHOOK *n* sickle
REAPING, -S *n* act of reaping
REAPPEAR *vb* appear again
REAPPLY *vb* put or spread (something) on again
REAPS ▸**reap**
REAR, -ED, -S *n* back part ▹*vb* care for and educate (children)
REARER, -S ▸**rear**
REARGUE, -D, -S *vb* argue again
REARING, -S *n* act of rearing
REARISE, -N, -S, REAROSE *vb* arise again
REARLY *old word for* ▸**early**
REARM, -ED, -ING, -S *vb* arm again

R

REARMICE > **rearmouse**
REARMING ▸ **rearm**
REARMOST *adj* nearest the back
REARMS ▸ **rearm**
REAROSE ▸ **rearise**
REAROUSE *vb* arouse again
REARREST *vb* arrest again
REARS ▸ **rear**
REARWARD *adj* in the rear ▹ *adv* towards the rear ▹ *n* position in the rear, esp the rear division of a military formation
REASCEND *vb* ascend again
REASCENT *n* new ascent
REASON, -S *n* cause or motive ▹ *vb* think logically in forming conclusions
REASONED *adj* well thought out or well presented
REASONER ▸ **reason**
REASONS ▸ **reason**
REASSAIL *vb* assail again
REASSERT *vb* assert (rights, claims, etc) again
REASSESS *vb* reconsider the value or importance of
REASSIGN *vb* move (personnel, resources, etc) to a new post, department, location, etc
REASSORT *vb* assort again
REASSUME *vb* assume again
REASSURE *vb* restore confidence to
REAST, -ED, -ING, -S *same as* ▸ **reest**
REASTIER ▸ **reasty**
REASTING ▸ **reast**
REASTS ▸ **reast**
REASTY, REASTIER *adj* (in dialect) rancid
R
REATA, -S *n* lasso
REATE, -S *n* type of crowfoot
REATTACH *vb* attach again
REATTACK *vb* attack again
REATTAIN *vb* attain again
REAVAIL, -S *vb* avail again
REAVE, -D, -S, REAVING, REFT *vb* carry off (property, prisoners, etc) by force
REAVER, -S ▸ **reave**
REAVES ▸ **reave**
REAVING ▸ **reave**
REAVOW, -ED, -S *vb* avow again
REAWAKE, -D, -S, REAWOKE, REAWOKEN *vb* awake again
REAWAKEN *vb* emerge or rouse from sleep
REAWAKES ▸ **reawake**
REAWOKE ▸ **reawake**
REAWOKEN ▸ **reawake**

REB, -S *n* Confederate soldier in the American Civil War
REBACK, -ED, -S *vb* provide with a new back, backing, or lining
REBADGE, -D, -S *vb* relaunch (a product) under a new name, brand, or logo
REBAIT, -ED, -S *vb* bait again
REBAR, -S *n* rod providing reinforcement in concrete structures
REBASE, -D, -S, REBASING *vb* set on a new foundation
REBATE, -D, -S, REBATING *n* discount or refund ▹ *vb* cut a rabbet in
REBATER, -S ▸ **rebate**
REBATES ▸ **rebate**
REBATING ▸ **rebate**
REBATO, -ES, -S *same as* ▸ **rabato**
REBBE, -S *n* individual's chosen spiritual mentor
REBEC, -S *n* medieval stringed instrument resembling the violin
REBECK, -S *same as* ▸ **rebec**
REBECS ▸ **rebec**
REBEGIN, REBEGAN, -S, REBEGUN *vb* begin again
REBEL, -LED, -S *vb* revolt against the ruling power ▹ *n* person who rebels ▹ *adj* rebelling
REBELDOM ▸ **rebel**
REBELLED ▸ **rebel**
REBELLER ▸ **rebel**
REBELLOW *vb* reecho loudly
REBELS ▸ **rebel**
REBID, -DEN, -S *vb* bid again
REBILL, -ED, -S *vb* bill again
REBIND, -S *vb* bind again
REBIRTH, -S *n* revival or renaissance
REBITE, REBIT, -S, REBITING, REBITTEN *vb* (in printing) to give another application of acid
REBLEND, -S *vb* blend again
REBLENT *same as* ▸ **reblend**
REBLOOM, -S *vb* bloom again
REBOANT *adj* resounding or reverberating
REBOARD, -S *vb* board again
REBODY, REBODIED, REBODIES *vb* give a new body to
REBOIL, -ED, -S *vb* boil again
REBOOK, -ED, -S *vb* book again
REBOOT, -ED, -S *vb* shut down and then restart (a computer system)

REBOP, -S *same as* ▸ **bebop**
REBORE, -D, -S, REBORING *n* boring of a cylinder to restore its true shape ▹ *vb* carry out this process
REBORN *adj* active again after a period of inactivity
REBORROW *vb* borrow again
REBOTTLE *vb* bottle again
REBOUGHT ▸ **rebuy**
REBOUND, -S *vb* spring back ▹ *n* act of rebounding
REBOZO, -S *n* long scarf covering the shoulders and head
REBRACE, -D, -S *vb* brace again
REBRANCH *vb* branch again
REBRAND, -S *vb* change or update the image of (an organization or product)
REBREED, REBRED, -S *vb* breed again
REBS ▸ **reb**
REBUFF, -ED, -S *vb* reject or snub ▹ *n* blunt refusal, snub
REBUILD, -S, REBUILT *vb* build (a building or town) again, after severe damage
REBUKE, -D, -S, REBUKING *vb* scold sternly ▹ *n* stern scolding
REBUKER, -S ▸ **rebuke**
REBUKES ▸ **rebuke**
REBUKING ▸ **rebuke**
REBURIAL ▸ **rebury**
REBURY, REBURIED, REBURIES *vb* bury again
REBUS, -ES *n* puzzle consisting of pictures and symbols representing words or syllables
REBUT, -S, -TED *vb* prove that (a claim) is untrue
REBUTTAL ▸ **rebut**
REBUTTED ▸ **rebut**
REBUTTER *n* defendant's pleading in reply to a claimant's surrejoinder
REBUTTON *vb* button again
REBUY, REBOUGHT, -ING, -S *vb* buy again
REC, -S *n* short for recreation
RECAL, -S *same as* ▸ **recall**
RECALL, -ED, -S *vb* recollect or remember ▹ *n* ability to remember
RECALLER ▸ **recall**
RECALLS ▸ **recall**
RECALS ▸ **recal**
RECAMIER *n* shade of pink
RECANE, -D, -S, RECANING *vb* cane again
RECANT, -ED, -S *vb* withdraw (a statement or belief) publicly

RECANTER ▸ **recant**
RECANTS ▸ **recant**
RECAP, -PED, -S *vb* recapitulate ▹ *n* recapitulation
RECAPTOR > **recapture**
RECARPET *vb* replace one carpet with another
RECARRY *vb* carry again
RECAST, -S *vb* organize or set out in a different way
RECATCH, RECAUGHT *vb* catch again
RECCE, -D, -ED, -ING, -S *vb* reconnoitre ▹ *n* reconnaissance
RECCIED ▸ **reccy**
RECCIES ▸ **reccy**
RECCO, -S *same as* ▸ **recce**
RECCY, RECCIED, RECCIES, -ING *same as* ▸ **recce**
RECEDE, -D, -S, RECEDING *vb* move to a more distant place
RECEIPT, -S *n* written acknowledgment of money or goods received ▹ *vb* acknowledge payment of (a bill), as by marking it
RECEIVAL *n* act of receiving or state of being received
RECEIVE, -S *vb* take, accept, or get
RECEIVED *adj* generally accepted
RECEIVER *n* part of telephone that is held to the ear
RECEIVES ▸ **receive**
RECEMENT *vb* cement again
RECENCY ▸ **recent**
RECENSE, -D, -S *vb* revise
RECENSOR *vb* censor again
RECENT, -ER *adj* having happened lately
RECENTLY ▸ **recent**
RECENTRE *vb* centre again
RECEPT, -S *n* idea or image formed in the mind by repeated experience
RECEPTOR *n* sensory nerve ending that changes specific stimuli into nerve impulses
RECEPTS ▸ **recept**
RECESS, -ED, -ES *n* niche or alcove ▹ *vb* place or set (something) in a recess
RECHANGE *vb* change again
RECHARGE *vb* cause (a battery etc) to take in and store electricity again
RECHART, -S *vb* chart again
RECHATE, -S *same as* ▸ **recheat**
RECHEAT, -S *n* (in a hunt) sounding of the horn to call back the hounds ▹ *vb* sound the horn to call back the hounds
RECHECK, -S *vb* check again
RECHEW, -ED, -S *vb* chew again
RECHIE *adj* smoky
RECHIP, -S *vb* put a new chip into (a stolen mobile phone) so it can be reused
RECHOOSE, RECHOSE, RECHOSEN *vb* choose again
RECIPE, -S *n* directions for cooking a dish
RECIRCLE *vb* circle again
RECISION *n* act of cancelling or rescinding
RECIT, -S *n* narrative
RECITAL, -S *n* musical performance by a soloist or soloists
RECITE, -D, -S, RECITING *vb* repeat (a poem, story, etc) aloud to an audience
RECITER, -S ▸ **recite**
RECITES ▸ **recite**
RECITING ▸ **recite**
RECITS ▸ **recit**
RECK, -ED, -ING, -S *vb* mind or care about (something)
RECKAN, -S *adj* strained, tormented, or twisted ▹ *n* chain or hook for hanging a pot over a fire
RECKED ▸ **reck**
RECKING ▸ **reck**
RECKLESS *adj* heedless of danger
RECKLING *dialect word for* ▸ **runt**
RECKON, -ED, -S *vb* consider or think
RECKONER *n* any of various devices or tables used to facilitate reckoning, esp a ready reckoner
RECKONS ▸ **reckon**
RECKS ▸ **reck**
RECLAD, -S *vb* cover in a different substance
RECLAIM, -S *vb* regain possession of ▹ *n* act of reclaiming or state of being reclaimed
RECLAME, -S *n* public acclaim or attention
RECLASP, -S *vb* clasp again
RECLEAN, -S *vb* clean again
RECLIMB, -S *vb* climb again
RECLINE, -D, -S *vb* rest in a leaning position
RECLINER *n* armchair with adjustable back
RECLINES ▸ **recline**
RECLOSE, -D, -S *vb* close again
RECLOTHE *vb* clothe again
RECLUSE, -S *n* person who avoids other people ▹ *adj* solitary
RECOAL, -ED, -S *vb* supply or be supplied with fresh coal
RECOAT, -ED, -S *vb* coat again
RECOCK, -ED, -S *vb* cock again
RECODE, -D, -S, RECODING *vb* put into a new code
RECODIFY *vb* codify again
RECODING ▸ **recode**
RECOIL, -ED, -S *vb* jerk or spring back ▹ *n* backward jerk
RECOILER ▸ **recoil**
RECOILS ▸ **recoil**
RECOIN, -ED, -S *vb* coin again
RECOLLET *n* member of a particular Franciscan order
RECOLOR, -S *same as* ▸ **recolour**
RECOLOUR *vb* give a new colour to
RECOMB, -ED, -S *vb* comb again
RECOMMIT *vb* send (a bill) back to a committee for further consideration
RECON, -NED, -S *vb* make a preliminary survey
RECONFER *vb* confer again
RECONNED ▸ **recon**
RECONS ▸ **recon**
RECONVEY *vb* convey again
RECOOK, -ED, -S *vb* cook again
RECOPY, RECOPIED, RECOPIES *vb* copy again
RECORD, -ED, -S *n* document or other thing that preserves information ▹ *vb* put in writing
RECORDER *n* person or machine that records, esp audio or video material
RECORDS ▸ **record**
RECORK, -ED, -S *vb* cork again
RECOUNT, -S *vb* tell in detail
RECOUP, -ED, -S *vb* regain or make good (a loss)
RECOUPE, -S *vb* (in law) keep back or withhold
RECOUPED ▸ **recoup**
RECOUPES ▸ **recoupe**
RECOUPLE *vb* couple again
RECOUPS ▸ **recoup**
RECOURE, -D, -S *archaic variant of* ▸ **recover**
RECOURSE *archaic word for* ▸ **return**

RECOVER, -D, -S *vb* become healthy again
RECOVERY *n* act of recovering from sickness, a shock, or a setback
RECOWER, -S *archaic variant of* ▸ **recover**
RECOYLE, -D, -S *archaic spelling of* ▸ **recoil**
RECRATE, -D, -S *vb* crate again
RECREANT *n* disloyal or cowardly person ▹ *adj* cowardly
RECREATE *vb* amuse (oneself or someone else)
RECROSS *vb* move or go across (something) again
RECROWN, -S *vb* crown again
RECRUIT, -S *vb* enlist (new soldiers, members, etc) ▹ *n* newly enlisted soldier
RECS ▸ **rec**
RECTA ▸ **rectum**
RECTAL *adj* of the rectum
RECTALLY ▸ **rectal**
RECTI ▸ **rectus**
RECTIFY *vb* put right, correct
RECTION, -S *n* (in grammar) the determination of the form of one word by another word
RECTITIC ▸ **rectitis**
RECTITIS *n* inflammation of the rectum
RECTO, -S *n* right-hand page of a book
RECTOR, -S *n* member of the clergy in charge of a parish
RECTORAL *adj* of or relating to God's rule or to a rector
RECTORS ▸ **rector**
RECTORY *n* rector's house
RECTOS ▸ **recto**
RECTRESS *same as* > **rectoress**
RECTRIX *n* any of the large stiff feathers of a bird's tail
RECTUM, RECTA, -S *n* final section of the large intestine
RECTUS, RECTI *n* straight muscle
RECUILE, -D, -S *archaic variant of* ▸ **recoil**
RECULE, -D, -S, RECULING *archaic variant of* ▸ **recoil**
RECUR, -RED, -S *vb* happen again
RECURE, -D, -S, RECURING *vb* archaic word for cure or recover
RECURRED ▸ **recur**
RECURS ▸ **recur**
RECURVE, -D, -S *vb* curve or bend (something) back or down
RECUSAL, -S *n* withdrawal of a judge from a case
RECUSANT *n* Roman Catholic who did not attend the services of the Church of England ▹ *adj* (formerly, of Catholics) refusing to attend services of the Church of England
RECUSE, -D, -S, RECUSING *vb* (in law) object to or withdraw (a judge)
RECUT, -S *vb* cut again
RECYCLE, -D, -S *vb* reprocess (used materials) for further use ▹ *n* repetition of a fixed sequence of events
RECYCLER ▸ **recycle**
RECYCLES ▸ **recycle**
RED, -DEST, -S *adj* of a colour varying from crimson to orange and seen in blood, fire, etc ▹ *n* red colour
REDACT, -ED, -S *vb* compose or draft (an edict, proclamation, etc)
REDACTOR ▸ **redact**
REDACTS ▸ **redact**
REDAMAGE *vb* damage again
REDAN, -S *n* fortification of two parapets at a salient angle
REDARGUE *vb* archaic word for disprove or refute
REDATE, -D, -S, REDATING *vb* change date of
REDBACK, -S *n* small venomous Australian spider
REDBAIT, -S *vb* harass those with leftwing leanings
REDBAY, -S *n* type of tree
REDBELLY *n* any of various animals having red underparts
REDBIRD, -S *n* type of bird, the male of which has bright red plumage
REDBONE, -S *n* type of American dog
REDBRICK *n* provincial British university of relatively recent foundation
REDBUD, -S *n* American tree with heart-shaped leaves
REDBUG, -S *another name for* ▸ **chigger**
REDCAP, -S *n* member of the military police
REDCOAT, -S *n* British soldier
REDD, -ED, -S *vb* bring order to ▹ *n* act or an instance of redding
REDDEN, -ED, -S *vb* make or become red
REDDENDA > **reddendum**
REDDENDO *n* Scottish legal clause specifying what duties are required in exchange for something
REDDENED ▸ **redden**
REDDENS ▸ **redden**
REDDER, -S ▸ **redd**
REDDEST ▸ **red**
REDDIER ▸ **reddy**
REDDIEST ▸ **reddy**
REDDING, -S ▸ **redd**
REDDISH *adj* somewhat red
REDDLE, -D, -S, REDDLING *same as* ▸ **ruddle**
REDDS ▸ **redd**
REDDY, REDDIER, REDDIEST *adj* reddish
REDE, -D, -S, REDING *n* advice or counsel ▹ *vb* advise
REDEAL, -S, -T *vb* deal again
REDEAR, -S *n* variety of sunfish with a red flash above the gills
REDECIDE *vb* decide again
REDED ▸ **rede**
REDEEM, -ED, -S *vb* make up for
REDEEMER ▸ **redeem**
REDEEMS ▸ **redeem**
REDEFEAT *vb* defeat again
REDEFECT *vb* defect back or again
REDEFIED ▸ **redefy**
REDEFIES ▸ **redefy**
REDEFINE *vb* define (something) again or differently
REDEFY, REDEFIED, REDEFIES *vb* defy again
REDELESS ▸ **rede**
REDEMAND *vb* demand again
REDENY, REDENIED, REDENIES *vb* deny again
REDEPLOY *vb* assign to a new position or task
REDES ▸ **rede**
REDESIGN *vb* change the design of (something) ▹ *n* something that has been redesigned
REDEYE, -S *n* inferior whiskey
REDFIN, -S *n* any of various small fishes with reddish fins that are popular aquarium fishes
REDFISH *n* male salmon that has recently spawned
REDFOOT, -S *n* fatal disease of newborn lambs
REDHEAD, -S *n* person with reddish hair

REDHORSE *n* type of fish
REDIA, -E, -S *n* parasitic larva of flukes
REDIAL, -ED, -S *vb* dial (a telephone number) again
REDIAS ▸ **redia**
REDID ▸ **redo**
REDIGEST *vb* digest again
REDING ▸ **rede**
REDIP, -PED, -S *vb* dip again
REDIPT *archaic past form of* ▸ **redip**
REDIRECT *vb* send in a new direction or course
REDISTIL *vb* distil again
REDIVIDE *vb* divide again
REDLINE, -D, -S *vb* refuse a loan to (a person or country) because of the presumed risks involved
REDLINER ▸ **redline**
REDLINES ▸ **redline**
REDLY ▸ **red**
REDNESS ▸ **red**
REDO, REDID, -ES, -ING, -NE, -S *vb* do over again in order to improve ▹ *n* instance of redoing something
REDOCK, -ED, -S *vb* dock again
REDOES ▸ **redo**
REDOING ▸ **redo**
REDOLENT *adj* reminiscent (of)
REDON, -NED, -S *vb* don again
REDONE ▸ **redo**
REDONNED ▸ **redon**
REDONS ▸ **redon**
REDOS ▸ **redo**
REDOUBLE *vb* increase, multiply, or intensify ▹ *n* act of redoubling
REDOUBT, -S *n* small fort defending a hilltop or pass ▹ *vb* fear
REDOUND, -S *vb* cause advantage or disadvantage (to)
REDOUT, -S *n* reddened vision caused by a rush of blood to the head
REDOWA, -S *n* Bohemian folk dance similar to the waltz
REDOX, -ES *n* chemical reaction in which one substance is reduced and the other is oxidized
REDPOLL, -S *n* mostly grey-brown finch with a red crown and pink breast
REDRAFT, -S *vb* write a second copy of (a letter, proposal, essay, etc) ▹ *n* second draft
REDRAW, -N, -S, REDREW *vb* draw or draw up (something) again or differently
REDRAWER ▸ **redraw**
REDRAWN ▸ **redraw**
REDRAWS ▸ **redraw**
REDREAM, -S, -T *vb* dream again
REDRESS *vb* make amends for ▹ *n* compensation or amends
REDREW ▸ **redraw**
REDRIED ▸ **redry**
REDRIES ▸ **redry**
REDRILL, -S *vb* drill again
REDRIVE, -N, -S, REDROVE *vb* drive again
REDROOT, -S *n* yellow-flowered bog plant whose roots yield a red dye
REDROVE ▸ **redrive**
REDRY, REDRIED, REDRIES, -ING *vb* dry again
REDS ▸ **red**
REDSEAR *same as* ▸ **redshort**
REDSHANK *n* large Eurasian sandpiper with red legs
REDSHARE *n* red algae
REDSHIFT *n* shift in the lines of the spectrum of an astronomical object
REDSHIRE *same as* ▸ **redshare**
REDSHIRT *vb* take a year out of a sports team
REDSHORT *vb* become brittle at red-hot temperatures
REDSTART *n* European bird of the thrush family
REDTAIL, -S *n* variety of bird with red colouring on its tail
REDTOP, -S *n* sensationalist tabloid newspaper
REDUB, -BED, -S *vb* fix or repair
REDUCE, -D, -S, REDUCING *vb* bring down, lower
REDUCER, -S *n* chemical solution used to lessen the density of a negative or print
REDUCES ▸ **reduce**
REDUCING ▸ **reduce**
REDUCTOR *n* apparatus in which substances can be reduced
REDUIT, -S *n* fortified part from which a garrison may fight on once an enemy has taken outworks
REDUVIID *n* type of insect
REDUX *adj* brought back or returned
REDWARE, -S *another name for* ▸ **kelp**
REDWATER *n* tick-borne disease of cattle
REDWING, -S *n* small European thrush
REDWOOD, -S *n* giant Californian conifer with reddish bark
REDYE, -D, -ING, -S *vb* dye again
REE, -S *n* Scots word for walled enclosure
REEARN, -ED, -S *vb* earn again
REEBOK, -S *same as* ▸ **rhebok**
REECH, -ED, -ES, -ING *vb* (in dialect) smoke
REECHIE *same as* ▸ **reechy**
REECHIER ▸ **reechy**
REECHING ▸ **reech**
REECHO, -ED, -ES *vb* echo again
REECHY, REECHIER *adj* (in dialect) smoky
REED, -ED, -S *n* tall grass that grows in swamps and shallow water
REEDBED, -S *n* area of wetland with reeds growing in it
REEDBIRD *n* any of several birds that frequent reed beds, esp (in the US and Canada) the bobolink
REEDBUCK *n* buff-coloured African antelope with inward-curving horns
REEDE, -S *obsolete variant of* ▸ **red**
REEDED ▸ **reed**
REEDEN *adj* of or consisting of reeds
REEDER, -S *n* thatcher
REEDES ▸ **reede**
REEDIER ▸ **reedy**
REEDIEST ▸ **reedy**
REEDIFY *vb* edify again or rebuild
REEDILY ▸ **reedy**
REEDING, -S *n* set of small semicircular architectural mouldings
REEDIT, -ED, -S *vb* edit again
REEDLIKE *adj* resembling a reed
REEDLING *n* tawny titlike Eurasian songbird common in reed beds
REEDMAN, REEDMEN *n* musician who plays a wind instrument that has a reed
REEDS ▸ **reed**
REEDSTOP *n* organ stop that controls a rank of reed pipes
REEDY, REEDIER, REEDIEST *adj* harsh and thin in tone

REEF, -ED, -S *n* ridge of rock or coral near the surface of the sea ▷ *vb* roll up part of a sail
REEFABLE ▸ **reef**
REEFED ▸ **reef**
REEFER, -S *n* short thick jacket worn esp by sailors
REEFIER ▸ **reefy**
REEFIEST ▸ **reefy**
REEFING, -S ▸ **reef**
REEFS ▸ **reef**
REEFY, REEFIER, REEFIEST *adj* with reefs
REEJECT, -S *vb* eject again
REEK, -ED, -S *vb* smell strongly ▷ *n* strong unpleasant smell
REEKER, -S ▸ **reek**
REEKIE *same as* ▸ **reeky**
REEKIER ▸ **reeky**
REEKIEST ▸ **reeky**
REEKING ▸ **reek**
REEKS ▸ **reek**
REEKY, REEKIER, REEKIEST *adj* steamy or smoky
REEL, -ED, -S *n* cylindrical object on which film, tape, thread, or wire is wound ▷ *vb* stagger, sway, or whirl
REELABLE ▸ **reel**
REELECT, -S *vb* elect again
REELED ▸ **reel**
REELER, -S ▸ **reel**
REELING, -S ▸ **reel**
REELMAN, REELMEN *n* (formerly) member of a beach life-saving team operating a winch
REELS ▸ **reel**
REEMBARK *vb* embark again
REEMBODY *vb* embody again
REEMERGE *vb* emerge again
REEMIT, -S *vb* emit again
REEMPLOY *vb* employ again
REEN, -S *n* ditch, esp a drainage channel
REENACT, -S *vb* enact again
REENDOW, -S *vb* endow again
REENGAGE *vb* engage again
REENJOY, -S *vb* enjoy again
REENLIST *vb* enlist again
REENROLL *vb* enrol again
REENS ▸ **reen**
REENTER, -S *vb* enter again
REENTRY *n* return of a spacecraft into the earth's atmosphere
REEQUIP, -S *vb* equip again
REERECT, -S *vb* erect again
REES ▸ **ree**
REEST, -ED, -ING, -S *vb* (esp of horses) to be noisily uncooperative
REESTIER ▸ **reesty**
REESTING ▸ **reest**
REESTS ▸ **reest**
REESTY, REESTIER *same as* ▸ **reasty**
REEVE, -D, -S, REEVING *n* local representative of the king in a shire until the early 11th century ▷ *vb* pass (a rope or cable) through an eye or other narrow opening
REEVOKE, -D, -S *vb* evoke again
REEXPEL, -S *vb* expel again
REEXPORT *vb* export again
REEXPOSE *vb* expose again
REF, -FED, -S *n* referee in sport ▷ *vb* referee
REFACE, -D, -S, REFACING *vb* repair or renew the facing of (a wall)
REFALL, -EN, -S, REFELL *vb* fall again
REFASTEN *vb* fasten again
REFECT, -ED, -S *vb* archaic word for restore or refresh with food and drink
REFEED, REFED, -S *vb* feed again
REFEEL, -S, REFELT *vb* feel again
REFEL, -LED, -S *vb* refute
REFELL ▸ **refall**
REFELLED ▸ **refel**
REFELS ▸ **refel**
REFELT ▸ **refeel**
REFENCE, -D, -S *vb* fence again
REFER, -RED, -S *vb* allude (to)
REFEREE, -D, -S *n* umpire in sports, esp soccer or boxing ▷ *vb* act as referee of
REFERENT *n* object or idea to which a word or phrase refers
REFERRAL ▸ **refer**
REFERRED ▸ **refer**
REFERRER ▸ **refer**
REFERS ▸ **refer**
REFFED ▸ **ref**
REFFING, -S *n* act or instance of refereeing a sports match
REFI, -S *n* refinancing of a debt
REFIGHT, -S, REFOUGHT *vb* fight again ▷ *n* second or new fight
REFIGURE *vb* figure again
REFILE, -D, -S, REFILING *vb* file again
REFILL, -ED, -S *vb* fill again ▷ *n* second or subsequent filling
REFILM, -ED, -S *vb* film again
REFILTER *vb* filter again
REFIND, -S *vb* find again
REFINE, -S, REFINING *vb* purify
REFINED *adj* cultured or polite
REFINER, -S *n* person, device, or substance that removes impurities, etc
REFINERY *n* place where sugar, oil, etc is refined
REFINES ▸ **refine**
REFINING ▸ **refine**
REFINISH *vb* finish again
REFIRE, -D, -S, REFIRING *vb* fire again
REFIS ▸ **refi**
REFIT, -S, -TED *vb* make ready for use again by repairing or reequipping ▷ *n* repair or reequipping for further use
REFIX, -ED, -ES, -ING *vb* fix again
REFLAG, -S *vb* flag again
REFLATE, -D, -S *vb* inflate or be inflated again
REFLECT, -S *vb* throw back, esp rays of light, heat, etc
REFLET, -S *n* iridescent glow or lustre, as on ceramic ware
REFLEW ▸ **refly**
REFLEX, -ED, -ES *n* involuntary response to a stimulus or situation ▷ *adj* (of a muscular action) involuntary ▷ *vb* bend, turn, or reflect backwards
REFLEXLY ▸ **reflex**
REFLIES ▸ **refly**
REFLOAT, -S *vb* float again
REFLOOD, -S *vb* flood again
REFLOW, -ED, -S *vb* flow again
REFLOWER *vb* flower again
REFLOWN ▸ **refly**
REFLOWS ▸ **reflow**
REFLUENT *adj* flowing back
REFLUX, -ED, -ES *vb* boil in a vessel attached to a condenser, so that the vapour condenses and flows back in ▷ *n* act of refluxing
REFLY, REFLEW, REFLIES, REFLOWN, -ING *vb* fly again
REFOCUS *vb* focus again or anew
REFOLD, -ED, -S *vb* fold again
REFOOT, -ED, -S *vb* foot again
REFOREST *vb* replant (an area that was formerly forested) with trees
REFORGE, -D, -S *vb* forge again

REFORM, -ED, -S *n* improvement ▷ *vb* improve
REFORMAT *vb* format again
REFORMED ▶ **reform**
REFORMER ▶ **reform**
REFORMS ▶ **reform**
REFOUGHT ▶ **refight**
REFOUND, -S *vb* found again
REFRACT, -S *vb* change the course of (light etc) passing from one medium to another
REFRAIN, -S *n* frequently repeated part of a song ▷ *vb* abstain (from action)
REFRAME, -D, -S *vb* support or enclose (a picture, photograph, etc) in a new or different frame
REFREEZE, REFROZE, REFROZEN *vb* freeze or be frozen again after having defrosted
REFRESH *vb* revive or reinvigorate, as through food, drink, or rest
REFRIED ▶ **refry**
REFRIES ▶ **refry**
REFRINGE *formerly used to mean* ▶ **refract**
REFRONT, -S *vb* put a new front on
REFROZE ▶ **refreeze**
REFROZEN ▶ **refreeze**
REFRY, REFRIED, REFRIES, -ING *vb* fry again
REFS ▶ **ref**
REFT ▶ **reave**
REFUEL, -ED, -S *vb* supply or be supplied with fresh fuel
REFUGE, -D, -S, REFUGING *n* (source of) shelter or protection ▷ *vb* take refuge or give refuge to
REFUGEE, -S *n* person who seeks refuge, esp in a foreign country
REFUGES ▶ **refuge**
REFUGIA ▶ **refugium**
REFUGING ▶ **refuge**
REFUGIUM, REFUGIA *n* region that has remained unaltered by a climatic change affecting surrounding regions
REFUND, -ED, -S *vb* pay back ▷ *n* return of money
REFUNDER ▶ **refund**
REFUNDS ▶ **refund**
REFURB, -ED, -S *vb* refurbish ▷ *n* (act or instance of) refurbishment
REFUSAL, -S *n* denial of anything demanded or offered
REFUSE, -D, -S, REFUSING *vb* decline, deny, or reject ▷ *n* rubbish or useless matter
REFUSER, -S ▶ **refuse**
REFUSES ▶ **refuse**
REFUSING ▶ **refuse**
REFUSION *n* new or further fusion
REFUSNIK *same as* > **refusenik**
REFUTAL, -S *n* act or process of refuting
REFUTE, -D, -S, REFUTING *vb* disprove
REFUTER, -S ▶ **refute**
REFUTES ▶ **refute**
REFUTING ▶ **refute**
REG, -S *n* large expanse of stony desert terrain
REGAIN, -ED, -S *vb* get back or recover ▷ *n* process of getting something back, esp lost weight
REGAINER ▶ **regain**
REGAINS ▶ **regain**
REGAL, -S *adj* of or like a king or queen ▷ *n* portable organ equipped only with small reed pipes
REGALE, -D, -S, REGALING *vb* entertain (someone) with stories etc ▷ *n* feast
REGALER, -S ▶ **regale**
REGALES ▶ **regale**
REGALIA, -S *pl n* ceremonial emblems of royalty or high office
REGALIAN *adj* royal
REGALIAS ▶ **regalia**
REGALING ▶ **regale**
REGALISM *n* principle that the sovereign has supremacy in church affairs
REGALIST ▶ **regalism**
REGALITY *n* state or condition of being royal
REGALLY ▶ **regal**
REGALS ▶ **regal**
REGAR, -S *same as* ▶ **regur**
REGARD, -ED, -S *vb* consider ▷ *n* respect or esteem
REGARDER ▶ **regard**
REGARDS ▶ **regard**
REGARS ▶ **regar**
REGATHER *vb* gather again
REGATTA, -S *n* meeting for yacht or boat races
REGAUGE, -D, -S *vb* gauge again
REGAVE ▶ **regive**
REGEAR, -ED, -S *vb* readjust
REGELATE *vb* undergo or cause to undergo regelation, a type of refreezing
REGENCE, -S *old variant of* ▶ **regency**
REGENCY *n* status or period of office of a regent
REGENT, -S *n* ruler of a kingdom during the absence, childhood, or illness of its monarch ▷ *adj* ruling as a regent
REGENTAL ▶ **regent**
REGENTS ▶ **regent**
REGES ▶ **rex**
REGEST, -ED, -S *n* archaic word for register ▷ *vb* register
REGGAE, -S *n* style of Jamaican popular music with a strong beat
REGGO, -S *same as* ▶ **rego**
REGICIDE *n* killing of a king
REGIE, -S *n* government-directed management or government monopoly
REGIFT, -ED, -S *vb* give (a previously received gift) to someone else
REGIFTER *n* person who regifts something
REGIFTS ▶ **regift**
REGILD, -ED, -S *vb* gild again
REGILT *archaic past form of* ▶ **regild**
REGIME, -S *n* system of government
REGIMEN, -S *n* prescribed system of diet etc
REGIMENT *n* organized body of troops as a unit of the army ▷ *vb* force discipline or order on, esp in a domineering manner
REGIMES ▶ **regime**
REGINA, -E, -S *n* queen
REGINAL *adj* queenly
REGINAS ▶ **regina**
REGION, -S *n* administrative division of a country
REGIONAL *adj* of, characteristic of, or limited to a region ▷ *n* regional heat of a competition
REGIONS ▶ **region**
REGISTER *n* (book containing) an official list or record of things ▷ *vb* enter in a register or set down in writing
REGISTRY *n* place where official records are kept
REGIUS *adj* as in **regius professor** Crown-appointed holder of a university chair
REGIVE, REGAVE, -N, -S, REGIVING *vb* give again or back
REGLAZE, -D, -S *vb* glaze again
REGLET, -S *n* flat narrow architectural moulding

REGLOSS *vb* gloss again or give a new gloss to
REGLOW, -ED, -S *vb* glow again
REGLUE, -D, -S, REGLUING *vb* glue again
REGMA, -TA *n* type of fruit with cells that break open and break away when ripe
REGMAKER *n* drink taken to relieve the symptoms of a hangover
REGMATA ▸ **regma**
REGNA ▸ **regnum**
REGNAL *adj* of a sovereign, reign, or kingdom
REGNANCY ▸ **regnant**
REGNANT *adj* reigning
REGNUM, REGNA *n* reign or rule
REGO, -S *n* registration of a motor vehicle
REGOLITH *n* layer of loose material covering the bedrock of the earth and moon
REGORGE, -D, -S *vb* vomit up
REGOS ▸ **rego**
REGOSOL, -S *n* type of azonal soil
REGRADE, -D, -S *vb* grade again
REGRAFT, -S *vb* graft again
REGRANT, -S *vb* grant again
REGRATE, -D, -S *vb* buy up (commodities) in advance so as to raise their price for resale
REGRATER ▸ **regrate**
REGRATES ▸ **regrate**
REGRATOR ▸ **regrate**
REGREDE, -D, -S *vb* go back
REGREEN, -S *vb* green again
REGREET, -S *vb* greet again or return greetings of
REGRESS *vb* revert to a former worse condition ▹ *n* return to a former and worse condition
REGRET, -S *vb* feel sorry about ▹ *n* feeling of repentance, guilt, or sorrow
REGREW ▸ **regrow**
REGRIND, -S, REGROUND *vb* grind again
REGROOM, -S *vb* groom again
REGROOVE *vb* groove again
REGROUND ▸ **regrind**
REGROUP, -S *vb* reorganize (military forces) after an attack or a defeat
REGROW, REGREW, -N, -S *vb* grow or be grown again after having been cut or having died or withered
REGROWTH *n* growing back of hair, plants, etc
REGS ▸ **reg**
REGULA, -E *n* rule
REGULAR, -S *adj* normal, customary, or usual ▹ *n* regular soldier
REGULATE *vb* control, esp by rules
REGULI ▸ **regulus**
REGULINE ▸ **regulus**
REGULISE *variant spelling of* ▸ **regulize**
REGULIZE *vb* turn into regulus
REGULO, -S *n* any of a number of temperatures to which a gas oven may be set
REGULUS, REGULI *n* impure metal forming beneath the slag during the smelting of ores
REGUR, -S *n* black loamy Indian soil
REH, -S *n* (in India) salty surface crust on the soil
REHAB, -BED, -S *vb* help (a person) to readapt to society or a new job ▹ *n* treatment or help given to an addict, etc
REHABBER ▸ **rehab**
REHABS ▸ **rehab**
REHAMMER *vb* hammer again
REHANDLE *vb* handle again
REHANG, -ED, -S, REHUNG *vb* hang again
REHARDEN *vb* harden again
REHASH, -ED, -ES *vb* rework or reuse ▹ *n* old ideas presented in a new form
REHEAR, -D, -S *vb* hear again
REHEARSE *vb* practise (a play, concert, etc)
REHEAT, -ED, -S *vb* heat or be heated again
REHEATER ▸ **reheat**
REHEATS ▸ **reheat**
REHEEL, -ED, -S *vb* put a new heel or new heels on
REHEM, -MED, -S *vb* hem again
REHINGE, -D, -S *vb* put a new hinge or new hinges on
REHIRE, -D, -S, REHIRING *vb* hire again
REHOBOAM *n* wine bottle holding the equivalent of six normal bottles (approximately 156 ounces)
REHOME, -D, -S *vb* find a new home for (esp a pet)
REHOMING *n* act of rehoming
REHOUSE, -D, -S *vb* provide with a new (and better) home
REHS ▸ **reh**
REHUNG ▸ **rehang**
REI *n* name for a former Portuguese coin
REIF, -S *n* Scots word meaning robbery or plunder
REIFIED ▸ **reify**
REIFIER, -S ▸ **reify**
REIFIES ▸ **reify**
REIFS ▸ **reif**
REIFY, REIFIED, REIFIES, -ING *vb* consider or make (an abstract idea or concept) real or concrete
REIGN, -ED, -ING, -S *n* period of a sovereign's rule ▹ *vb* rule (a country)
REIGNITE *vb* catch fire or cause to catch fire again
REIGNS ▸ **reign**
REIK, -S *Scots word for* ▸ **smoke**
REIKI, -S *n* form of therapy to encourage healing or restore wellbeing
REIKS ▸ **reik**
REILLUME *vb* relight
REIMAGE, -D, -S *vb* image again
REIMPORT *vb* import (goods manufactured from exported raw materials) ▹ *n* act of reimporting
REIMPOSE *vb* establish previously imposed laws, controls, etc again
REIN, -ED, -ING *vb* check or manage with reins
REINCITE *vb* incite again
REINCUR, -S *vb* incur again
REINDEER *n* deer of Arctic regions with large branched antlers
REINDEX *vb* index again
REINDICT *vb* indict again
REINDUCE *vb* induce again
REINDUCT *vb* induct again
REINED ▸ **rein**
REINETTE *n* variety of apple
REINFECT *vb* infect or contaminate again
REINFORM *vb* inform again
REINFUND *vb* archaic word for pour in again
REINFUSE *vb* infuse again
REINING ▸ **rein**
REINJECT *vb* inject again
REINJURE *vb* injure again
REINJURY *n* further injury
REINK, -ED, -ING, -S *vb* ink again
REINLESS ▸ **rein**
REINS *pl n* narrow straps attached to a bit to guide a horse

REINSERT *vb* insert again
REINSMAN, REINSMEN *n* driver in a trotting race
REINSTAL *same as* > **reinstall**
REINSURE *vb* insure again
REINTER, -S *vb* inter again
REINVADE *vb* invade again
REINVENT *vb* replace (a product, etc) with an entirely new version
REINVEST *vb* put back profits from a previous investment into the same enterprise
REINVITE *vb* invite again
REINVOKE *vb* invoke again
REIRD, -S *Scots word for* ▸ **din**
REIS, -ES *n* small branch
REISHI, -S *n* type of mushroom with a shiny cap
REISSUE, -D, -S *n* book, record, etc, that is released again after being unavailable ▹ *vb* release (a book, record, etc) again after a period of unavailability
REISSUER ▸ **reissue**
REISSUES ▸ **reissue**
REIST, -ED, -ING, -S *same as* ▸ **reest**
REITBOK, -S *same as* ▸ **reedbuck**
REITER, -ED, -S *n* soldier in the German cavalry ▹ *vb* repeat something
REIVE, -D, -S *vb* go on a plundering raid
REIVER, -S ▸ **reive**
REIVES ▸ **reive**
REIVING, -S *n* act of going on a plundering raid
REJACKET *n* put a new jacket on
REJECT, -ED, -S *vb* refuse to accept or believe ▹ *n* person or thing rejected as not up to standard
REJECTEE *n* someone who has been rejected
REJECTER ▸ **reject**
REJECTOR ▸ **reject**
REJECTS ▸ **reject**
REJIG, -GED, -S *vb* reequip (a factory or plant) ▹ *n* act or process of rejigging
REJIGGER ▸ **rejig**
REJIGS ▸ **rejig**
REJOICE, -D, -S *vb* feel or express great happiness
REJOICER ▸ **rejoice**
REJOICES ▸ **rejoice**
REJOIN, -ED, -S *vb* join again
REJON, -ES *n* bullfighting lance
REJONEO, -S *n* bullfighting activity in which a mounted bullfighter spears the bull with lances
REJONES ▸ **rejon**
REJOURN, -S *vb* archaic word meaning postpone or adjourn
REJUDGE, -D, -S *vb* judge again
REJUGGLE *vb* juggle again
REKE, -D, -S, REKING *same as* ▸ **reck**
REKEY, -ED, -ING, -S *vb* key again
REKINDLE *vb* arouse former emotions or interests
REKING ▸ **reke**
REKNIT, -S *vb* knit again
REKNOT, -S *vb* knot again
RELABEL, -S *vb* label again
RELACE, -D, -S, RELACING *vb* lace again
RELACHE, -S *n* break
RELACING ▸ **relace**
RELAID ▸ **relay**
RELAND, -ED, -S *vb* land again
RELAPSE, -D, -S *vb* fall back into bad habits, illness, etc ▹ *n* return of bad habits, illness, etc
RELAPSER ▸ **relapse**
RELAPSES ▸ **relapse**
RELATA ▸ **relatum**
RELATE, -S, RELATING *vb* establish a relation between
RELATED *adj* linked by kinship or marriage
RELATER, -S ▸ **relate**
RELATES ▸ **relate**
RELATING ▸ **relate**
RELATION *n* connection between things
RELATIVE *adj* true to a certain degree or extent ▹ *n* person connected by blood or marriage
RELATOR, -S *n* person who relates a story
RELATUM, RELATA *n* one of the objects between which a relation is said to hold
RELAUNCH *vb* launch again ▹ *n* another launching, or something that is relaunched
RELAX, -ES, -ING *vb* make or become looser, less tense, or less rigid
RELAXANT *n* drug or agent that relaxes, esp one that relaxes tense muscles ▹ *adj* of, relating to, or tending to produce relaxation
RELAXED ▸ **relax**
RELAXER, -S *n* person or thing that relaxes
RELAXES ▸ **relax**
RELAXIN, -S *n* hormone secreted during pregnancy
RELAXING ▸ **relax**
RELAXINS ▸ **relaxin**
RELAY, RELAID, -ED, -ING, -S *n* fresh set of people or animals relieving others ▹ *vb* pass on (a message)
RELEARN, -S, -T *vb* learn (something previously known) again
RELEASE, -D, -S *vb* set free ▹ *n* setting free
RELEASEE *n* someone to whom an estate is released or someone released from captivity
RELEASER ▸ **release**
RELEASES ▸ **release**
RELEASOR *n* someone releasing an estate to someone else
RELEGATE *vb* put in a less important position
RELEND, -S *vb* lend again
RELENT, -ED, -S *vb* give up a harsh intention, become less severe
RELET, -S *vb* let again
RELETTER *vb* redo lettering of
RELEVANT *adj* connected with the matter in hand
RELEVE, -S *n* dance move in which heels are off the ground
RELIABLE *adj* able to be trusted, dependable ▹ *n* something or someone believed to be reliable
RELIABLY ▸ **reliable**
RELIANCE *n* dependence, confidence, or trust
RELIANT ▸ **reliance**
RELIC, -S *n* something that has survived from the past
RELICT, -S *n* relic
RELIDE *archaic past form of* ▸ **rely**
RELIE *archaic spelling of* ▸ **rely**
RELIED ▸ **rely**
RELIEF, -S *n* gladness at the end or removal of pain, distress, etc
RELIER, -S ▸ **rely**
RELIES ▸ **rely**
RELIEVE, -S *vb* bring relief to
RELIEVED *adj* experiencing relief, esp from worry or anxiety
RELIEVER *n* person or thing that relieves
RELIEVES ▸ **relieve**
RELIEVO, -S *same as* ▸ **relief**
RELIGHT, -S, RELIT *vb* ignite or cause to ignite again

RELIGION *n* system of belief in and worship of a supernatural power or god
RELINE, -D, -S, RELINING *vb* line again or anew
RELINK, -ED, -S *vb* link again
RELIQUE, -S *archaic spelling of* ▸ **relic**
RELISH, -ED, -ES *vb* enjoy, like very much ▹ *n* liking or enjoyment
RELIST, -ED, -S *vb* list again
RELISTEN *vb* listen again
RELISTS ▸ **relist**
RELIT ▸ **relight**
RELIVE, -D, -S, RELIVING *vb* experience (a sensation etc) again, esp in the imagination
RELIVER, -S *vb* deliver up again
RELIVES ▸ **relive**
RELIVING ▸ **relive**
RELLENO, -S *n* Mexican dish of stuffed vegetable
RELLIE *n* relative
RELLIES *pl n* relatives or relations
RELLISH *(in music) variant of* ▸ **relish**
RELLO, -S *n* relative
RELOAD, -ED, -S *vb* put fresh ammunition into (a firearm)
RELOADER ▸ **reload**
RELOADS ▸ **reload**
RELOAN, -ED, -S *vb* loan again
RELOCATE *vb* move to a new place to live or work
RELOCK, -ED, -S *vb* lock again
RELOOK, -ED, -S *vb* look again
RELUCENT *adj* bright
R
RELUCT, -ED, -S *vb* struggle or rebel
RELUME, -D, -S, RELUMING *vb* light or brighten again
RELUMINE *same as* ▸ **relume**
RELUMING ▸ **relume**
RELY, RELIED, RELIES, -ING *vb* depend (on)
REM, -S *n* dose of ionizing radiation
REMADE, -S *n* object that has been reconstructed from original materials
REMAIL, -ED, -S *vb* mail again
REMAILER *n* internet service that forwards emails anonymously
REMAILS ▸ **remail**
REMAIN, -ED *vb* continue
REMAINER *n* person who remains
REMAINS *pl n* relics, esp of ancient buildings
REMAKE, -S, REMAKING *vb* make again in a different way ▹ *n* new version of an old film
REMAKER, -S ▸ **remake**
REMAKES ▸ **remake**
REMAKING ▸ **remake**
REMAN, -NED, -S *vb* man again or afresh
REMAND, -ED, -S *vb* send back into custody or put on bail before trial
REMANENT *adj* remaining or left over ▹ *n* archaic word meaning remainder
REMANET, -S *n* something left over
REMANIE, -S *n* fragments and fossils of older origin found in a more recent deposit
REMANNED ▸ **reman**
REMANS ▸ **reman**
REMAP, -PED, -S *vb* map again
REMARK, -ED, -S *vb* make a casual comment (on) ▹ *n* observation or comment
REMARKER ▸ **remark**
REMARKET *vb* market again
REMARKS ▸ **remark**
REMARQUE *n* printing mark in the margin of a plate
REMARRY *vb* marry again
REMASTER *vb* make a new master audio recording from an earlier recording
REMATCH *n* second or return game or contest between two players ▹ *vb* match (two contestants) again
REMATE, -D, -S, REMATING *vb* mate (animals) again ▹ *n* finishing pass in bullfighting
REMBLAI, -S *n* earth used for an embankment or rampart
REMBLE, -D, -S, REMBLING *dialect word for* ▸ **remove**
REMEAD, -ED, -S *archaic or dialect word for* ▸ **remedy**
REMEDE, -D, -S, REMEDING *archaic or dialect word for* ▸ **remedy**
REMEDIAL *adj* intended to correct a specific disability, etc
REMEDIAT *archaic word for* ▸ **remedial**
REMEDIED ▸ **remedy**
REMEDIES ▸ **remedy**
REMEDING ▸ **remede**
REMEDY, REMEDIED, REMEDIES *n* means of curing pain or disease ▹ *vb* put right
REMEET, -S, REMET *vb* meet again
REMEID, -ED, -S *archaic or dialect word for* ▸ **remedy**
REMELT, -ED, -S *vb* melt again
REMEMBER *vb* retain in or recall to one's memory
REMEN, -S *n* ancient Egyptian measurement unit
REMEND, -ED, -S *vb* mend again
REMENS ▸ **remen**
REMERCY *vb* archaic word for thank
REMERGE, -D, -S *vb* merge again
REMET ▸ **remeet**
REMEX, REMIGES *n* any of the large flight feathers of a bird's wing
REMIGATE *vb* row
REMIGES ▸ **remex**
REMIGIAL ▸ **remex**
REMIND, -ED, -S *vb* cause to remember
REMINDER *n* something that recalls the past
REMINDS ▸ **remind**
REMINT, -ED, -S *vb* mint again
REMISE, -D, -S, REMISING *vb* give up or relinquish (a right, claim, etc) ▹ *n* second thrust made on the same lunge after the first has missed
REMISS *adj* negligent or careless
REMISSLY ▸ **remiss**
REMIT, -S, -TED *vb* send (money) for goods, services, etc, esp by post ▹ *n* area of competence or authority
REMITTAL ▸ **remit**
REMITTED ▸ **remit**
REMITTEE *n* recipient of a remittance
REMITTER *n* person who remits
REMITTOR *same as* ▸ **remitter**
REMIX, -ED, -ES, -ING *vb* change the relative prominence of each performer's part of (a recording) ▹ *n* remixed version of a recording
REMIXER, -S *n* person who remixes a recording
REMIXES ▸ **remix**
REMIXING ▸ **remix**
REMIXT *informal past form of* ▸ **remix**

REMNANT, -S *n* small piece, esp of fabric, left over ▷ *adj* remaining
REMODEL, -S *vb* give a different shape or form to ▷ *n* something that has been remodelled
REMODIFY *vb* modify again
REMOLADE *same as* ▶ **remoulade**
REMOLD, -ED, -S *US spelling of* ▶ **remould**
REMORA, -S *n* spiny-finned fish
REMORID ▶ **remora**
REMORSE, -S *n* feeling of sorrow and regret for something one did
REMOTE, -R, -S, -ST *adj* far away, distant ▷ *n* (in informal usage) remote control
REMOTELY ▶ **remote**
REMOTER ▶ **remote**
REMOTES ▶ **remote**
REMOTEST ▶ **remote**
REMOTION *n* removal
REMOUD *Spenserian variant of* ▶ **removed**
REMOULD, -S *vb* change completely ▷ *n* renovated tyre
REMOUNT, -S *vb* get on (a horse, bicycle, etc) again ▷ *n* fresh horse
REMOVAL, -S *n* act of removing, esp changing residence
REMOVE, -S, REMOVING *vb* take away or off ▷ *n* degree of difference
REMOVED *adj* very different or distant
REMOVER, -S ▶ **remove**
REMOVES ▶ **remove**
REMOVING ▶ **remove**
REMS ▶ **rem**
REMUAGE, -S *n* process of turning wine bottles to let the sediment out
REMUDA, -S *n* stock of horses enabling riders to change mounts
REMUEUR, -S *n* person carrying out remuage
REMURMUR *vb* murmur again or murmur in reply
REN, -NED, -S *archaic variant of* ▶ **run**
RENAGUE, -D, -S *same as* ▶ **renege**
RENAIL, -ED, -S *vb* nail again
RENAL *adj* of the kidneys
RENAME, -D, -S, RENAMING *vb* change the name of (someone or something)
RENATURE *vb* return to natural state
RENAY, -ED, -ING, -S *vb* archaic word meaning renounce
REND, -ED, -ING, -S *vb* tear or wrench apart
RENDANG, -S *n* spicy Indonesian meat dish
RENDED ▶ **rend**
RENDER, -ED, -S *vb* cause to become ▷ *n* first thin coat of plaster applied to a surface
RENDERER ▶ **render**
RENDERS ▶ **render**
RENDIBLE ▶ **rend**
RENDING ▶ **rend**
RENDS ▶ **rend**
RENDZINA *n* dark soil found in grassy or formerly grassy areas of moderate rainfall
RENEAGUE *same as* ▶ **renege**
RENEGADE *n* person who deserts a cause ▷ *vb* become a renegade
RENEGADO *archaic word for* ▶ **renegade**
RENEGATE *old variant of* ▶ **renegade**
RENEGE, -D, -S, RENEGING *vb* go back (on a promise etc)
RENEGER, -S ▶ **renege**
RENEGES ▶ **renege**
RENEGING ▶ **renege**
RENEGUE, -D, -S *same as* ▶ **renege**
RENEGUER ▶ **renege**
RENEGUES ▶ **renegue**
RENEST, -ED, -S *vb* nest again or form a new nest
RENEW, -ED, -ING, -S *vb* begin again
RENEWAL, -S *n* act of renewing or state of being renewed
RENEWED ▶ **renew**
RENEWER, -S ▶ **renew**
RENEWING ▶ **renew**
RENEWS ▶ **renew**
RENEY, -ED, -ING, -S *same as* ▶ **renay**
RENFORCE, RENFORST *vb* archaic word for reinforce
RENGA, -S *n* type of collaborative poetry found in Japan
RENIED ▶ **reny**
RENIES ▶ **reny**
RENIFORM *adj* having the shape or profile of a kidney
RENIG, -GED, -S *same as* ▶ **renege**
RENIN, -S *n* enzyme secreted by the kidneys
RENITENT *adj* reluctant
RENK, -ER, -EST *adj* unpleasant
RENMINBI *same as* ▶ **yuan**
RENNASE, -S *same as* ▶ **rennin**
RENNE, -S *archaic variant of* ▶ **run**
RENNED ▶ **ren**
RENNES ▶ **renne**
RENNET, -S *n* substance for curdling milk to make cheese
RENNIN, -S *n* enzyme that occurs in gastric juice
RENNING, -S ▶ **ren**
RENNINS ▶ **rennin**
RENO, -S *n* renovated house
RENOGRAM *n* X-ray kidney image
RENOS ▶ **reno**
RENOTIFY *vb* notify again
RENOUNCE *vb* give up (a belief, habit, etc) voluntarily ▷ *n* failure to follow suit in a card game
RENOVATE *vb* restore to good condition
RENOWN, -S *n* widespread good reputation ▷ *vb* make famous
RENOWNED *adj* famous
RENOWNER *n* renown giver
RENOWNS ▶ **renown**
RENS ▶ **ren**
RENT, -ED, -S *n* payment made by a tenant to a landlord or owner of a property ▷ *vb* grant the right to use one's property for payment
RENTABLE ▶ **rend**
RENTAL, -S *n* sum payable as rent ▷ *adj* of or relating to rent
RENTE, -S *n* annual income from capital investment
RENTED ▶ **rent**
RENTER, -S *n* person who lets his or her property in return for rent
RENTES ▶ **rente**
RENTIER, -S *n* person who lives off unearned income such as rents or interest
RENTING, -S ▶ **rent**
RENTS ▶ **rent**
RENUMBER *vb* number again or afresh
RENVERSE, RENVERST *vb* archaic word meaning overturn
RENVOI, -S *n* referring of a dispute to a jurisdiction other than that in which it arose

RENVOY, -S *old variant of* ▸**renvoi**
RENY, RENIED, RENIES, -ING *same as* ▸**renay**
REO, -S *n* New Zealand language
REOBJECT *vb* object again
REOBTAIN *vb* obtain again
REOCCUPY *vb* occupy (a building, area, etc) again
REOCCUR, -S *vb* happen, take place, or come about again
REOFFEND *vb* commit another offence
REOFFER, -S *vb* offer again
REOIL, -ED, -ING, -S *vb* oil again
REOPEN, -ED, -S *vb* open again after a period of being closed or suspended
REOPENER *n* clause in a legal document allowing for an issue to be revisited at a subsequent date
REOPENS ▸**reopen**
REOPPOSE *vb* oppose again
REORDAIN *vb* ordain again
REORDER, -S *vb* change the order of
REORG, -ED, -ING, -S *vb* reorganize
REORIENT *vb* adjust or align (something) in a new or different way
REOS ▸**reo**
REOUTFIT *vb* outfit again
REOVIRUS *n* type of virus
REP, -PED, -S *n* sales representative ▹*vb* work as a representative
REPACIFY *vb* pacify again
REPACK, -ED, -S *vb* place or arrange (articles) in (a container) again or in a different way
REPAID ▸**repay**
REPAINT, -S *vb* apply a new or fresh coat of paint
REPAIR, -ED, -S *vb* restore to good condition, mend ▹*n* act of repairing
REPAIRER ▸**repair**
REPAIRS ▸**repair**
REPAND *adj* having a wavy margin
REPANDLY ▸**repand**
REPANEL, -S *vb* panel again or anew
REPAPER, -S *vb* paper again or afresh
REPARK, -ED, -S *vb* park again
REPARTEE *n* interchange of witty retorts ▹*vb* retort
REPASS, -ED, -ES *vb* pass again
REPAST, -ED, -S *n* meal ▹*vb* feed (on)
REPATCH *vb* patch again
REPAVE, -D, -S, REPAVING *vb* pave again
REPAY, REPAID, -ING, -S *vb* pay back, refund
REPEAL, -ED, -S *vb* cancel (a law) officially ▹*n* act of repealing
REPEALER ▸**repeal**
REPEALS ▸**repeal**
REPEAT, -S *vb* say or do again ▹*n* act or instance of repeating
REPEATED *adj* done, made, or said again and again
REPEATER *n* firearm that may be discharged many times without reloading
REPEATS ▸**repeat**
REPEG, -GED, -S *vb* peg again
REPEL, -LED, -S *vb* be disgusting to
REPELLER ▸**repel**
REPELS ▸**repel**
REPENT, -ED, -S *vb* feel regret for (a deed or omission) ▹*adj* lying or creeping along the ground
REPENTER ▸**repent**
REPENTS ▸**repent**
REPEOPLE *vb* people again
REPEREPE *n* New Zealand word for the elephant fish
REPERK, -ED, -S *vb* perk again
REPERUSE *vb* peruse again
REPETEND *n* digit or series of digits in a recurring decimal that repeats itself
REPHRASE *vb* express in different words
REPIN, -NED, -S *vb* pin again
REPINE, -D, -S, REPINING *vb* fret or complain
REPINER, -S ▸**repine**
REPINES ▸**repine**
REPINING ▸**repine**
REPINNED ▸**repin**
REPINS ▸**repin**
REPIQUE, -D, -S *n* score of 30 in the card-game piquet ▹*vb* score a repique against (someone)
REPLA ▸**replum**
REPLACE, -D, -S *vb* substitute for
REPLACER ▸**replace**
REPLACES ▸**replace**
REPLAN, -S *vb* plan again
REPLANT, -S *vb* plant again
REPLATE, -D, -S *vb* plate again
REPLAY, -ED, -S *n* immediate reshowing on TV of an incident in sport ▹*vb* play (a match, recording, etc) again
REPLEAD, -S, REPLED *vb* plead again
REPLEDGE *vb* pledge again
REPLETE, -D, -S *adj* filled or gorged ▹*vb* fill again
REPLEVIN *n* recovery of goods unlawfully taken
REPLEVY *vb* recover possession of (goods) by replevin
REPLICA, -S *n* exact copy
REPLICON *n* region of a DNA molecule that is replicated from a single origin
REPLIED ▸**reply**
REPLIER, -S ▸**reply**
REPLIES ▸**reply**
REPLOT, -S *vb* plot again
REPLOUGH *vb* plough again
REPLOW, -ED, -S *vb* plow again
REPLUM, REPLA *n* internal separating wall in some fruits
REPLUMB, -S *vb* plumb again
REPLUNGE *vb* plunge again
REPLY, REPLIED, REPLIES, -ING *vb* answer or respond ▹*n* answer or response
REPO, -S *n* act of repossessing
REPOINT, -S *vb* repair the joints of (brickwork, masonry, etc) with mortar or cement
REPOLISH *vb* polish again
REPOLL, -ED, -S *vb* poll again
REPOMAN, REPOMEN *n* man employed to repossess goods in cases of non-payment
REPONE, -D, -S, REPONING *vb* restore (someone) to his or her former status, office, etc
REPORT, -ED, -S *vb* give an account of ▹*n* account or statement
REPORTER *n* person who gathers news for a newspaper, TV, etc
REPORTS ▸**report**
REPOS ▸**repo**
REPOSAL, -S *n* repose
REPOSALL *archaic spelling of* ▸**reposal**
REPOSALS ▸**reposal**
REPOSE, -D, -S, REPOSING *n* peace ▹*vb* lie or lay at rest
REPOSER, -S ▸**repose**
REPOSES ▸**repose**
REPOSING ▸**repose**

R

REPOSIT, -S *vb* put away, deposit, or store up
REPOST, -ED, -S *vb* post again
REPOSURE *old word for* ▸**repose**
REPOT, -S, -TED *vb* put (a house plant) into a new usually larger pot
REPOUR, -ED, -S *vb* pour back or again
REPOUSSE *adj* raised in relief ▹*n* design or surface made in this way
REPOWER, -S *vb* put new engine in
REPP, -S *same as* ▸**rep**
REPPED ▸**rep**
REPPING, -S ▸**rep**
REPPS ▸**repp**
REPREEVE *archaic spelling of* ▸**reprieve**
REPRESS *vb* keep (feelings) in check
REPRICE, -D, -S *vb* price again
REPRIEFE *n* (in archaic usage) reproof
REPRIEVE *vb* postpone the execution of (a condemned person) ▹*n* (document granting) postponement or cancellation of a punishment
REPRIME, -D, -S *vb* prime again
REPRINT, -S *vb* print further copies of (a book) ▹*n* reprinted copy
REPRISAL *n* retaliation
REPRISE, -D, -S *n* repeating of an earlier theme ▹*vb* repeat an earlier theme
REPRIVE, -D, -S *archaic spelling of* ▸**reprieve**
REPRIZE, -D, -S *archaic spelling of* ▸**reprise**
REPRO, -S *n* imitation or facsimile of a work of art; reproduction
REPROACH *vb* blame, rebuke
REPROBE, -D, -S *vb* probe again
REPROOF, -S *n* severe blaming of someone for a fault ▹*vb* treat (a coat, jacket, etc) so as to renew its texture, etc
REPROS ▸**repro**
REPROVAL *same as* ▸**reproof**
REPROVE, -D, -S *vb* speak severely to (someone) about a fault
REPROVER ▸**reprove**
REPROVES ▸**reprove**
REPRYVE, -D, -S *archaic spelling of* ▸**reprieve**
REPS ▸**rep**
REPTANT *adj* creeping, crawling, or lying along the ground
REPTILE, -S *n* cold-blooded egg-laying vertebrate with horny scales or plates ▹*adj* creeping, crawling, or squirming
REPTILIA > **reptilium**
REPUBLIC *n* government in which the people possess the supreme power
REPUGN, -ED, -S *vb* oppose or conflict (with)
REPULP, -ED, -S *vb* pulp again
REPULSE, -D, -S *vb* be disgusting to ▹*n* act of driving back
REPULSER ▸**repulse**
REPULSES ▸**repulse**
REPUMP, -ED, -S *vb* pump again
REPUNIT, -S *n* any number that consists entirely of the same repeated digits
REPURE, -D, -S, REPURING *vb* archaic word meaning make pure again
REPURIFY *vb* purify again
REPURING ▸**repure**
REPURSUE *vb* pursue again
REPUTE, -S, REPUTING *n* reputation ▹*vb* consider (a person or thing) to be as specified
REPUTED *adj* supposed
REPUTES ▸**repute**
REPUTING ▸**repute**
REQUERE, -D, -S *archaic variant of* ▸**require**
REQUEST, -S *vb* ask ▹*n* asking
REQUIEM, -S *n* Mass celebrated for the dead
REQUIGHT *archaic spelling of* ▸**requite**
REQUIN, -S *vb* type of shark
REQUINTO *n* type of small guitar
REQUIRE, -D, -S *vb* want or need
REQUIRER ▸**require**
REQUIRES ▸**require**
REQUIT, -S *vb* quit again
REQUITAL *n* act or an instance of requiting
REQUITE, -D, -S *vb* return to someone (the same treatment or feeling as received)
REQUITER ▸**requite**
REQUITES ▸**requite**
REQUITS ▸**requit**
REQUOTE, -D, -S *vb* quote again
REQUOYLE *archaic spelling of* ▸**recoil**
RERACK, -ED, -S *vb* rack again
RERAIL, -ED, -S *vb* put back on a railway line
RERAISE, -D, -S *vb* raise again
RERAN ▸**rerun**
REREAD, -S *vb* read (something) again
RERECORD *vb* record again
REREDOS *n* ornamental screen behind an altar
REREMAI, -S *n* New Zealand word for the basking shark
REREMICE > **reremouse**
REREMIND *vb* remind again
RERENT, -ED, -S *vb* rent again
REREPEAT *vb* repeat again
REREVIEW *vb* review again
REREVISE *vb* revise again
REREWARD *archaic spelling of* ▸**rearward**
RERIG, -GED, -S *vb* rig again
RERISE, -N, -S, RERISING, REROSE *vb* rise again
REROLL, -ED, -S *vb* roll again
REROLLER ▸**reroll**
REROLLS ▸**reroll**
REROOF, -ED, -S *vb* put a new roof or roofs on
REROSE ▸**rerise**
REROUTE, -D, -S *vb* send or direct by a different route
RERUN, RERAN, -S *n* film or programme that is broadcast again, repeat ▹*vb* put on (a film or programme) again
RES, -ES *informal word for* > **residence**
RESADDLE *vb* saddle again
RESAID ▸**resay**
RESAIL, -ED, -S *vb* sail again
RESALE, -S *n* selling of something purchased earlier
RESALGAR *archaic variant of* ▸**realgar**
RESALUTE *vb* salute back or again
RESAMPLE *vb* (in graphics or digital photography) change the size or resolution of
RESAT ▸**resit**
RESAW, -ED, -ING, -N, -S *vb* saw again
RESAY, RESAID, -ING, -S *vb* say again or in response
RESCALE, -D, -S *vb* resize
RESCHOOL *vb* retrain

RESCIND, -S *vb* annul or repeal
RESCORE, -D, -S *vb* score afresh
RESCREEN *vb* screen again
RESCRIPT *n* ordinance taking the form of a reply by the Roman emperor to a point of law
RESCUE, -D, -S, RESCUING *vb* deliver from danger or trouble, save ▷ *n* act of rescuing
RESCUEE, -S *n* person who is rescued
RESCUER, -S ▸ **rescue**
RESCUES ▸ **rescue**
RESCUING ▸ **rescue**
RESCULPT *vb* sculpt again
RESEAL, -ED, -S *vb* close or secure tightly again
RESEARCH *n* systematic investigation to discover facts or collect information ▷ *vb* carry out investigations
RESEASON *vb* season again
RESEAT, -ED, -S *vb* show (a person) to a new seat
RESEAU, -S, -X *n* mesh background to a lace or other pattern
RESECT, -ED, -S *vb* cut out part of (a bone, an organ, or other structure or part)
RESECURE *vb* secure again
RESEDA, -S *n* plant that has small spikes of grey-green flowers ▷ *adj* of a greyish-green colour
RESEE, -ING, -N, -S *vb* see again
RESEED, -ED, -S *vb* form seed and reproduce naturally, forming a constant plant population
RESEEING ▸ **resee**
RESEEK, -S, RESOUGHT *vb* seek again
RESEEN ▸ **resee**
RESEES ▸ **resee**
RESEIZE, -D, -S *vb* seize again
RESELECT *vb* choose (someone or something) again
RESELL, -S, RESOLD *vb* sell (something) one has previously bought
RESELLER ▸ **resell**
RESELLS ▸ **resell**
RESEMBLE *vb* be or look like
RESEND, -S *vb* send again
RESENT, -ED, -S *vb* feel bitter about
RESENTER ▸ **resent**
RESENTS ▸ **resent**
RESERVE, -S *vb* set aside, keep for future use ▷ *n* something, esp money or troops, kept for emergencies
RESERVED *adj* not showing one's feelings, lacking friendliness
RESERVER ▸ **reserve**
RESERVES ▸ **reserve**
RESES ▸ **res**
RESET, -S *vb* set again (a broken bone, matter in type, a gemstone, etc) ▷ *n* act or an instance of setting again
RESETTED *same as* ▸ **reset**
RESETTER ▸ **reset**
RESETTLE *vb* settle to live in a different place
RESEW, -ED, -ING, -N, -S *vb* sew again
RESH, -ES *n* 20th letter of the Hebrew alphabet
RESHAPE, -D, -S *vb* shape (something) again or differently
RESHAPER ▸ **reshape**
RESHAPES ▸ **reshape**
RESHAVE, -D, -N, -S *vb* shave again
RESHES ▸ **resh**
RESHINE, -D, -S, RESHONE *vb* shine again
RESHIP, -S *vb* ship again
RESHOE, RESHOD, -D, -S *vb* put a new shoe or shoes on
RESHONE ▸ **reshine**
RESHOOT, -S, RESHOT *vb* shoot again
RESHOW, -ED, -N, -S *vb* show again
RESHOWER *vb* have another shower
RESHOWN ▸ **reshow**
RESHOWS ▸ **reshow**
RESIANCE *archaic word for* > **residence**
RESIANT, -S *archaic word for* ▸ **resident**
RESID, -S *n* residual oil left over from the petroleum distillation process
RESIDE, -D, -S, RESIDING *vb* dwell permanently
RESIDENT *n* person who lives in a place ▷ *adj* living in a place
RESIDER, -S ▸ **reside**
RESIDES ▸ **reside**
RESIDING ▸ **reside**
RESIDS ▸ **resid**
RESIDUA ▸ **residuum**
RESIDUAL *adj* of or being a remainder ▷ *n* something left over as a residue
RESIDUE, -S *n* what is left, remainder
RESIDUUM, RESIDUA *n* residue
RESIFT, -ED, -S *vb* sift again
RESIGHT, -S *vb* sight again
RESIGN, -S *vb* give up office, a job, etc
RESIGNED *adj* content to endure
RESIGNER ▸ **resign**
RESIGNS ▸ **resign**
RESILE, -D, -S, RESILING *vb* spring or shrink back
RESILIN, -S *n* substance found in insect bodies
RESILING ▸ **resile**
RESILINS ▸ **resilin**
RESILVER *vb* silver again
RESIN, -ED, -ING, -S *n* sticky substance from plants, esp pines ▷ *vb* treat or coat with resin
RESINATA *n* type of wine
RESINATE *vb* impregnate with resin
RESINED ▸ **resin**
RESINER, -S *n* applier or collector of resin
RESINIER ▸ **resiny**
RESINIFY *vb* become or cause to be resinous
RESINING ▸ **resin**
RESINISE *variant spelling of* ▸ **resinize**
RESINIZE *vb* apply resin to
RESINOID *adj* resembling, characteristic of, or containing resin ▷ *n* any resinoid substance, esp a synthetic compound
RESINOUS ▸ **resin**
RESINS ▸ **resin**
RESINY, RESINIER *adj* resembling, containing or covered with resin
RESIST, -ED, -S *vb* withstand or oppose ▷ *n* substance used to protect something
RESISTER ▸ **resist**
RESISTOR *n* component of an electrical circuit producing resistance
RESISTS ▸ **resist**
RESIT, RESAT, -S *vb* take (an exam) again ▷ *n* exam that has to be taken again
RESITE, -D, -S, RESITING *vb* move to a different site
RESITS ▸ **resit**
RESIZE, -D, -S, RESIZING *vb* change size of
RESKETCH *vb* sketch again
RESKEW, -ED, -S *archaic spelling of* ▸ **rescue**
RESKILL, -S *vb* train (workers) to acquire new skills

RESKIN, -S *vb* replace the outermost layer of an aircraft
RESKUE, -D, -S, RESKUING *archaic spelling of* ▸ **rescue**
RESLATE, -D, -S *vb* slate again
RESMELT, -S *vb* smelt again
RESMOOTH *vb* smooth again
RESOAK, -ED, -S *vb* soak again
RESOD, -DED, -S *vb* returf
RESOFTEN *vb* soften again
RESOJET, -S *n* type of jet engine
RESOLD ▸ **resell**
RESOLDER *vb* solder again
RESOLE, -D, -S, RESOLING *vb* put a new sole or new soles on
RESOLUTE *adj* firm in purpose ▹ *n* someone resolute
RESOLVE, -S *vb* decide with an effort of will ▹ *n* absolute determination
RESOLVED *adj* determined
RESOLVER ▸ **resolve**
RESOLVES ▸ **resolve**
RESONANT *adj* resounding or reechoing ▹ *n* type of unobstructed speech sound
RESONATE *vb* resound or cause to resound
RESORB, -ED, -S *vb* absorb again
RESORCIN *n* substance used principally in dyeing
RESORT, -ED, -S *vb* have recourse (to) for help etc ▹ *n* place for holidays
RESORTER ▸ **resort**
RESORTS ▸ **resort**
RESOUGHT ▸ **reseek**
RESOUND, -S *vb* echo or ring with sound
RESOURCE *n* thing resorted to for support ▹ *vb* provide funding or other resources for
RESOW, -ED, -ING, -N, -S *vb* sow again
RESPACE, -D, -S *vb* change the spacing of
RESPADE, -D, -S *vb* dig over
RESPEAK, -S, RESPOKE, RESPOKEN *vb* speak further
RESPECT, -S *n* consideration ▹ *vb* treat with esteem
RESPELL, -S, RESPELT *vb* spell again
RESPIRE, -D, -S *vb* breathe
RESPITE, -D, -S *n* pause, interval of rest ▹ *vb* grant a respite to
RESPLEND *vb* be resplendent
RESPLICE *vb* splice again
RESPLIT, -S *vb* split again
RESPOKE ▸ **respeak**
RESPOKEN ▸ **respeak**
RESPOND, -S *vb* answer ▹ *n* pilaster or an engaged column that supports an arch or a lintel
RESPONSA *n* that part of rabbinic literature concerned with written rulings in answer to questions
RESPONSE *n* answer
RESPOOL, -S *vb* rewind onto spool
RESPOT, -S *vb* (in billiards) replace (a ball) on one of the spots
RESPRANG ▸ **respring**
RESPRAY, -S *n* new coat of paint applied to a car, van, etc ▹ *vb* spray (a car, wheels, etc) with a new coat of paint
RESPREAD *vb* spread again
RESPRING, RESPRANG, RESPRUNG *vb* put new springs in
RESPROUT *vb* sprout again
RESPRUNG ▸ **respring**
REST, -ED, -S *n* freedom from exertion etc ▹ *vb* take a rest
RESTABLE *vb* put in stable again or elsewhere
RESTACK, -S *vb* stack again
RESTAFF, -S *vb* staff again
RESTAGE, -D, -S *vb* produce or perform a new production of (a play)
RESTAMP, -S *vb* stamp again
RESTART, -S *vb* commence (something) or set (something) in motion again ▹ *n* act or an instance of starting again
RESTATE, -D, -S *vb* state or affirm (something) again or in a different way
RESTED ▸ **rest**
RESTEM, -S *vb* stem again
RESTER, -S ▸ **rest**
RESTFUL *adj* relaxing or soothing
RESTIER ▸ **resty**
RESTIEST ▸ **resty**
RESTIFF *same as* ▸ **restive**
RESTING, -S ▸ **rest**
RESTITCH *vb* stitch again
RESTIVE *adj* restless or impatient
RESTLESS *adj* bored or dissatisfied
RESTO, -S *n* restored antique, vintage car, etc
RESTOCK, -S *vb* replenish stores or supplies
RESTOKE, -D, -S *vb* stoke again
RESTORAL *n* restoration
RESTORE, -D, -S *vb* return (a building, painting, etc) to its original condition
RESTORER ▸ **restore**
RESTORES ▸ **restore**
RESTOS ▸ **resto**
RESTRAIN *vb* hold (someone) back from action
RESTRESS *vb* stress again or differently
RESTRICT *vb* confine to certain limits
RESTRIKE, RESTRUCK *vb* strike again
RESTRING, RESTRUNG *vb* string again or anew
RESTRIVE, RESTROVE *vb* strive again
RESTROOM *n* room in a public building having lavatories and washing facilities
RESTROVE ▸ **restrive**
RESTRUCK ▸ **restrike**
RESTRUNG ▸ **restring**
RESTS ▸ **rest**
RESTUDY *vb* study again
RESTUFF, -S *vb* put new stuffing in
RESTUMP, -S *vb* provide with new stumps
RESTY, RESTIER, RESTIEST *adj* restive
RESTYLE, -D, -S *vb* style again
RESUBMIT *vb* submit again
RESULT, -ED, -S *n* outcome or consequence ▹ *vb* be the outcome or consequence (of)
RESUME, -D, -S, RESUMING *vb* begin again ▹ *n* summary
RESUMER, -S ▸ **resume**
RESUMES ▸ **resume**
RESUMING ▸ **resume**
RESUMMON *vb* summon again
RESUPINE *adj* lying on the back
RESUPPLY *vb* provide (with something) again
RESURGE, -D, -S *vb* rise again from or as if from the dead
RESURVEY *vb* survey again
RESUS, -ES, -SES *n* (short for) resuscitation room
RET, -S, -TED, -TING *vb* moisten or soak (flax, hemp, jute, etc) to facilitate separation of fibres

RETABLE, -S *n* ornamental screenlike structure above and behind an altar
RETABLO, -S *n* shelf for panels behind an altar
RETACK, -ED, -S *vb* tack again
RETACKLE *vb* tackle again
RETACKS ▸ **retack**
RETAG, -GED, -S *vb* tag again
RETAIL, -ED, -S *n* selling of goods individually or in small amounts to the public ▹ *adj* of or engaged in such selling ▹ *adv* by retail ▹ *vb* sell or be sold retail
RETAILER ▸ **retail**
RETAILOR *vb* tailor afresh
RETAILS ▸ **retail**
RETAIN, -ED, -S *vb* keep in one's possession

Perhaps the most important word in Scrabble, because its letters combine with every other letter apart from A, Q, V, X, Y and Z to form a 7-letter bonus word that will score you an extra 50 points, so if you have these six letters on your rack you know that a bonus is either available or very close. And if you have an S as well, so much the better, because not only does this rack offer you 11 different words to choose from, but if none of those can be fitted in then **retains** combines with every other letter except for Q, V, X, Y and Z to form at least one 8-letter word.

R

RETAINER *n* fee to retain someone's services
RETAINS ▸ **retain**
RETAKE, -N, -S, RETAKING, RETOOK *vb* recapture ▹ *n* act of rephotographing a scene
RETAKER, -S ▸ **retake**
RETAKES ▸ **retake**
RETAKING ▸ **retake**
RETALLY *vb* count up again
RETAMA, -S *n* type of shrub
RETAPE, -D, -S, RETAPING *vb* tape again
RETARD, -ED, -S *vb* delay or slow (progress or development)
RETARDER *n* substance that slows down chemical change
RETARDS ▸ **retard**
RETARGET *vb* target afresh or differently
RETASTE, -D, -S *vb* taste again
RETAUGHT ▸ **reteach**
RETAX, -ED, -ES, -ING *vb* tax again
RETCH, -ED, -ES *vb* try to vomit ▹ *n* involuntary spasm of the stomach
RETCHING *n* act of retching
RETE, RETIA *n* any network of nerves or blood vessels
RETEACH, RETAUGHT *vb* teach again
RETEAM, -ED, -S *vb* team up again
RETEAR, -S, RETORE, RETORN *vb* tear again
RETELL, -S, RETOLD *vb* relate (a story, etc) again or differently
RETELLER ▸ **retell**
RETELLS ▸ **retell**
RETEM, -S *n* type of shrub
RETEMPER *vb* temper again
RETEMS ▸ **retem**
RETENE, -S *n* yellow crystalline hydrocarbon found in tar oils
RETEST, -ED, -S *vb* test (something) again or differently
RETHINK, -S *vb* consider again, esp with a view to changing one's tactics ▹ *n* act or an instance of thinking again
RETHREAD *vb* thread again
RETIA ▸ **rete**
RETIAL ▸ **rete**
RETIARII > **retiarius**
RETIARY *adj* of, relating to, or resembling a net or web
RETICENT *adj* uncommunicative, reserved
RETICLE, -S *n* network of fine lines, wires, etc, used in optical instruments
RETICULA > **reticulum**
RETICULE *same as* ▸ **reticle**
RETIE, -D, -ING, -S, RETYING *vb* tie again
RETIFORM *adj* netlike
RETILE, -D, -S, RETILING *vb* put new tiles in or on
RETIME, -D, -S, RETIMING *vb* time again or alter time of
RETINA, -E, -S *n* light-sensitive membrane at the back of the eye
RETINAL, -S *adj* of or relating to the retina ▹ *n* aldehyde form of the polyene retinol
RETINAS ▸ **retina**
RETINE, -S *n* chemical found in body cells that slows cell growth and division
RETINENE *n* aldehyde form of the polyene retinol
RETINES ▸ **retine**
RETINITE *n* any of various resins of fossil origin, esp one derived from lignite
RETINOIC *adj* containing or derived from retinoid
RETINOID *adj* resinlike ▹ *n* derivative of vitamin A
RETINOL, -S *n* another name for vitamin A and rosin oil
RETINT, -ED, -S *vb* tint again or change tint of
RETINUE, -S *n* band of attendants
RETINUED ▸ **retinue**
RETINUES ▸ **retinue**
RETINULA *n* part of the compound eye in certain arthropods
RETIRACY *n* (in US English) retirement
RETIRAL, -S *n* act of retiring from office, one's work, etc
RETIRANT *n* (in US English) retired person
RETIRE, -S *vb* (cause to) give up office or work, esp through age
RETIRED *adj* having retired from work etc
RETIREE, -S *n* person who has retired from work
RETIRER, -S ▸ **retire**
RETIRES ▸ **retire**
RETIRING *adj* shy
RETITLE, -D, -S *vb* give a new title to
RETOLD ▸ **retell**
RETOOK ▸ **retake**
RETOOL, -ED, -S *vb* replace, reequip, or rearrange the tools in (a factory, etc)
RETORE ▸ **retear**
RETORN ▸ **retear**
RETORT, -ED, -S *vb* reply quickly, wittily, or angrily ▹ *n* quick, witty, or angry reply
RETORTER ▸ **retort**
RETORTS ▸ **retort**
RETOTAL, -S *vb* add up again
RETOUCH *vb* restore or improve by new touches, esp of paint ▹ *n* art or practice of retouching
RETOUR, -ED, -S *vb* (in Scottish law) to return as heir
RETOX, -ED, -ES, -ING *vb* embark on a binge of something unhealthy after a period of abstinence
RETRACE, -D, -S *vb* go back over (a route etc) again

RETRACER ▸ **retrace**
RETRACES ▸ **retrace**
RETRACK, -S *vb* track again
RETRACT, -S *vb* withdraw (a statement etc)
RETRAICT *archaic form of* ▸ **retreat**
RETRAIN, -S *vb* train to do a new or different job
RETRAIT, -S *archaic form of* ▸ **retreat**
RETRAITE *archaic form of* ▸ **retreat**
RETRAITS ▸ **retrait**
RETRAITT *n* archaic word meaning portrait
RETRAL *adj* at, near, or towards the back
RETRALLY ▸ **retral**
RETRATE, -D, -S *archaic form of* ▸ **retreat**
RETREAD, -S, RETROD *n* remould ▹ *vb* remould
RETREAT, -S *vb* move back from a position, withdraw ▹ *n* act of or military signal for retiring or withdrawal
RETREE, -S *n* imperfectly made paper
RETRENCH *vb* reduce expenditure, cut back
RETRIAL, -S *n* second trial of a case or defendant in a court of law
RETRIED ▸ **retry**
RETRIES ▸ **retry**
RETRIEVE *vb* fetch back again ▹ *n* chance of being retrieved
RETRIM, -S *vb* trim again
RETRO, -S *adj* associated with or revived from the past ▹ *n* a retro style of art
RETROACT *vb* act in opposition
RETROD ▸ **retread**
RETROFIT *vb* equip (a piece of equipment) with new parts after manufacture
RETRONYM *n* word coined for existing thing to distinguish it from new thing
RETRORSE *adj* (esp of plant parts) pointing backwards or in a direction opposite to normal
RETROS ▸ **retro**
RETRY, RETRIED, RETRIES, -ING *vb* try again (a case already determined)
RETS ▸ **ret**
RETSINA, -S *n* Greek wine flavoured with resin
RETTED ▸ **ret**
RETTERY *n* flax-retting place
RETTING ▸ **ret**
RETUND, -ED, -S *vb* weaken or blunt
RETUNE, -D, -S, RETUNING *vb* tune (a musical instrument) differently or again
RETURF, -ED, -S *vb* turf again
RETURN, -ED, -S *vb* go or come back ▹ *n* returning ▹ *adj* of or being a return
RETURNEE *n* person who returns to his or her native country, esp after war service
RETURNER *n* person or thing that returns
RETURNIK *n* someone returning to the former Soviet Union
RETURNS ▸ **return**
RETUSE *adj* having a rounded apex and a central depression
RETWEET, -S *vb* post (another user's post) on the Twitter website for one's own followers
RETWIST, -S *vb* twist again
RETYING ▸ **retie**
RETYPE, -D, -S, RETYPING *vb* type again
REUNIFY *vb* bring together again something previously divided
REUNION, -S *n* meeting of people who have been apart
REUNITE, -D, -S *vb* bring or come together again after a separation
REUNITER ▸ **reunite**
REUNITES ▸ **reunite**
REUPTAKE, REUPTOOK *vb* absorb again ▹ *n* act of reabsorbing
REURGE, -D, -S, REURGING *vb* urge again
REUSABLE *adj* able to be used more than once
REUSE, -D, -S, REUSING *vb* use again ▹ *n* act of using something again
REUTTER, -S *vb* utter again
REV, -S, -VED, -VING *n* revolution (of an engine) ▹ *vb* increase the speed of revolution of (an engine)
REVALUE, -D, -S *vb* adjust the exchange value of (a currency) upwards
REVAMP, -ED, -S *vb* renovate or restore ▹ *n* something that has been renovated or revamped
REVAMPER ▸ **revamp**
REVAMPS ▸ **revamp**
REVANCHE *n* revenge
REVEAL, -ED, -S *vb* make known ▹ *n* vertical side of an opening in a wall
REVEALER ▸ **reveal**
REVEALS ▸ **reveal**
REVEHENT *adj* (in anatomy) carrying back
REVEILLE *n* morning bugle call to waken soldiers
REVEL, -ED, -ING, -LED, -S *vb* take pleasure (in) ▹ *n* occasion of noisy merrymaking
REVELER, -S ▸ **revel**
REVELING ▸ **revel**
REVELLED ▸ **revel**
REVELLER ▸ **revel**
REVELRY *n* festivity
REVELS ▸ **revel**
REVENANT *n* something, esp a ghost, that returns
REVENGE, -D, -S *n* retaliation for wrong done ▹ *vb* make retaliation for
REVENGER ▸ **revenge**
REVENGES ▸ **revenge**
REVENUAL ▸ **revenue**
REVENUE, -S *n* income, esp of a state
REVENUED ▸ **revenue**
REVENUER *n* revenue officer or cutter
REVENUES ▸ **revenue**
REVERB, -ED, -S *n* electronic device that creates artificial acoustics ▹ *vb* reverberate
REVERE, -D, -S, REVERING *vb* be in awe of and respect greatly
REVEREND *adj* worthy of reverence ▹ *n* member of the clergy
REVERENT *adj* showing reverence
REVERER, -S ▸ **revere**
REVERES ▸ **revere**
REVERIE, -S *n* absent-minded daydream
REVERIFY *vb* verify again
REVERING ▸ **revere**
REVERIST *n* someone given to reveries
REVERS *n* turned back part of a garment, such as the lapel
REVERSAL *n* act or an instance of reversing
REVERSE, -D, -S *vb* turn upside down or the other way round ▹ *n* opposite ▹ *adj* opposite or contrary
REVERSER ▸ **reverse**
REVERSES ▸ **reverse**
REVERSI *n* game played on a draughtboard

REVERSIS *n* type of card game
REVERSO, -S *another name for* ▸ **verso**
REVERT, -ED, -S *vb* return to a former state
REVERTER ▸ **revert**
REVERTS ▸ **revert**
REVERY *same as* ▸ **reverie**
REVEST, -ED, -S *vb* restore (former power, authority, status, etc, to a person)
REVESTRY *same as* ▸ **vestry**
REVESTS ▸ **revest**
REVET, -S, -TED *vb* face (a wall or embankment) with stones
REVEUR, -S *n* daydreamer
REVEUSE, -S *n* female daydreamer
REVIE, -D, -S, REVYING *vb* archaic cards term meaning challenge by placing a larger stake
REVIEW, -ED, -S *n* critical assessment of a book, concert, etc ▹ *vb* hold or write a review of
REVIEWAL *same as* ▸ **review**
REVIEWED ▸ **review**
REVIEWER ▸ **review**
REVIEWS ▸ **review**
REVILE, -D, -S, REVILING *vb* be abusively scornful of
REVILER, -S ▸ **revile**
REVILES ▸ **revile**
REVILING ▸ **revile**
REVISAL, -S ▸ **revise**
REVISE, -D, -S, REVISING *vb* change or alter ▹ *n* act, process, or result of revising
REVISER, -S ▸ **revise**
REVISES ▸ **revise**
REVISING ▸ **revise**
REVISION *n* act of revising
REVISIT, -S *vb* visit again
REVISOR, -S ▸ **revise**
REVISORY *adj* of or having the power of revision
REVIVAL, -S *n* reviving or renewal
REVIVE, -D, -S *vb* bring or come back to life, vigour, use, etc
REVIVER, -S ▸ **revive**
REVIVES ▸ **revive**
REVIVIFY *vb* give new life to
REVIVING ▸ **revive**
REVIVOR, -S *n* means of reviving a lawsuit that has been suspended
REVOICE, -D, -S *vb* utter again
REVOKE, -D, -S, REVOKING *vb* cancel (a will, agreement, etc) ▹ *n* act of revoking
REVOKER, -S ▸ **revoke**
REVOKES ▸ **revoke**
REVOKING ▸ **revoke**
REVOLT, -ED, -S *n* uprising against authority ▹ *vb* rise in rebellion
REVOLTER ▸ **revolt**
REVOLTS ▸ **revolt**
REVOLUTE *adj* (esp of the margins of a leaf) rolled backwards and downwards
REVOLVE, -D, -S *vb* turn round, rotate ▹ *n* circular section of a stage that can be rotated
REVOLVER *n* repeating pistol
REVOLVES ▸ **revolve**
REVOTE, -D, -S, REVOTING *vb* decide or grant again by a new vote
REVS ▸ **rev**
REVUE, -S *n* theatrical entertainment with topical sketches and songs
REVUIST, -S ▸ **revue**
REVULSED *adj* filled with disgust
REVVED ▸ **rev**
REVVING ▸ **rev**
REVYING ▸ **revie**
REW, -S *archaic spelling of* ▸ **rue**
REWAKE, -D, -S, REWAKING, REWOKE, REWOKEN *vb* awaken again
REWAKEN, -S *vb* awaken again
REWAKES ▸ **rewake**
REWAKING ▸ **rewake**
REWAN *archaic past form of* ▸ **rewin**
REWARD, -ED, -S *n* something given in return for a service ▹ *vb* pay or give something to (someone) for a service, information, etc
REWARDER ▸ **reward**
REWARDS ▸ **reward**
REWAREWA *n* New Zealand tree
REWARM, -ED, -S *vb* warm again
REWASH, -ED, -ES *vb* wash again
REWATER, -S *vb* water again
REWAX, -ED, -ES, -ING *vb* wax again
REWEAR, -S, REWORE, REWORN *vb* wear again
REWEAVE, -D, -S, REWOVE, REWOVEN *vb* weave again
REWED, -DED, -S *vb* wed again
REWEIGH, -S *vb* weigh again
REWELD, -ED, -S *vb* weld again
REWET, -S, -TED *vb* wet again
REWIDEN, -S *vb* widen again
REWILD, -ED, -S *vb* return areas of land to a wild state
REWIN, -S, REWON *vb* win again
REWIND, -ED, -S, REWOUND *vb* wind again
REWINDER ▸ **rewind**
REWINDS ▸ **rewind**
REWINS ▸ **rewin**
REWIRE, -D, -S *vb* provide (a house, engine, etc) with new wiring
REWIRING *n* act of rewiring
REWOKE ▸ **rewake**
REWOKEN ▸ **rewake**
REWON ▸ **rewin**
REWORD, -ED, -S *vb* alter the wording of
REWORE ▸ **rewear**
REWORK, -ED, -S *vb* improve or bring up to date
REWORN ▸ **rewear**
REWOUND ▸ **rewind**
REWOVE ▸ **reweave**
REWOVEN ▸ **reweave**
REWRAP, -S, -T *vb* wrap again
REWRITE, -S, REWROTE *vb* write again in a different way ▹ *n* something rewritten
REWRITER ▸ **rewrite**
REWRITES ▸ **rewrite**
REWROTE ▸ **rewrite**
REWS ▸ **rew**
REWTH, -S *archaic variant of* ▸ **ruth**
REX, REGES, -ES *n* king

> **Rex** is a Latin word for **king**, a very commonly played X word.

REXINE, -S *n* tradename for a form of artificial leather
REYNARD, -S *n* fox
REZ, -ES, -ZES *n* informal word for an instance of reserving; reservation

> **Rez** is a short informal word for **reservation**, and is one of the most commonly played Z words.

REZERO, -ED, -ES, -S *vb* reset to zero
REZES ▸ **rez**
REZONE, -D, -S *vb* zone again
REZONING *n* act of changing the land use classification of an area
REZZES ▸ **rez**

R

RHABDOID *adj* rod-shaped ▷ *n* rod-shaped structure found in cells of some plants and animals
RHABDOM, -S *n* rodlike structures found in the eye of insects
RHABDOME *same as* ▸ **rhabdom**
RHABDOMS ▸ **rhabdom**
RHABDUS *n* sponge spicule
RHACHIAL ▸ **rachis**
RHACHIS *same as* ▸ **rachis**
RHAGADES *pl n* cracks found in the skin
RHAMNOSE *n* type of plant sugar
RHAMNUS *n* buckthorn
RHAPHE, RHAPHAE, -S *same as* ▸ **raphe**
RHAPHIDE *same as* ▸ **raphide**
RHAPHIS *same as* ▸ **raphide**
RHAPSODE *n* (in ancient Greece) professional reciter of poetry
RHAPSODY *n* freely structured emotional piece of music
RHATANY *n* South American leguminous shrub
RHEA, -S *n* S American three-toed ostrich
RHEBOK, -S *n* woolly brownish-grey southern African antelope
RHEMATIC *adj* of or relating to word formation
RHEME, -S *n* constituent of a sentence that adds most new information
RHENIUM, -S *n* silvery-white metallic element with a high melting point
RHEOBASE *n* minimum nerve impulse required to elicit a response from a tissue
RHEOCORD *same as* > **rheochord**
RHEOLOGY *n* branch of physics concerned with the flow and change of shape of matter
RHEOPHIL *adj* liking flowing water
RHEOSTAT *n* instrument for varying the resistance of an electrical circuit
RHEOTOME *n* interrupter
RHESUS, -ES *n* macaque monkey
RHETOR, -S *n* teacher of rhetoric
RHETORIC *n* art of effective speaking or writing
RHETORS ▸ **rhetor**
RHEUM, -S *n* watery discharge from the eyes or nose
RHEUMED *adj* rheumy
RHEUMIC *adj* of or relating to rheum
RHEUMIER ▸ **rheumy**
RHEUMS ▸ **rheum**
RHEUMY, RHEUMIER *adj* of the nature of rheum
RHEXIS, RHEXES, -ES *n* rupture
RHIES ▸ **rhy**
RHIME, -S *old spelling of* ▸ **rhyme**
RHINAL *adj* of or relating to the nose
RHINE, -S *n* dialect word for a ditch
RHINITIC ▸ **rhinitis**
RHINITIS *n* inflammation of the mucous membrane that lines the nose
RHINO, -S *n* rhinoceros
RHIZIC *adj* of or relating to the root of an equation
RHIZINE, -S *same as* ▸ **rhizoid**
RHIZOBIA > **rhizobium**
RHIZOID, -S *n* hairlike structure in mosses, ferns, and related plants
RHIZOMA *same as* ▸ **rhizome**
RHIZOME, -S *n* thick underground stem producing new plants
RHIZOMIC ▸ **rhizome**
RHIZOPI ▸ **rhizopus**
RHIZOPOD *n* type of protozoan of the phylum which includes the amoebas
RHIZOPUS, RHIZOPI *n* type of fungus
RHO, -S *n* 17th letter in the Greek alphabet

> It's useful to remember words that start with RH, as they can come in useful. If you or someone else plays **rho**, which is a Greek letter, remember that it can be expanded to, for example, **rhody**, **rhomb**, **rhodium**, **rhombus** or **rhomboid**.

RHODAMIN *same as* > **rhodamine**
RHODANIC *adj* of or relating to thiocyanic acid
RHODIC *adj* of or containing rhodium, esp in the tetravalent state
RHODIE *same as* ▸ **rhody**
RHODIES ▸ **rhody**
RHODINAL *n* substance with a lemon-like smell found esp in citronella and certain eucalyptus oils
RHODIUM, -S *n* hard metallic element
RHODORA, -S *n* type of shrub
RHODOUS *adj* of or containing rhodium (but proportionally more than a rhodic compound)
RHODY, RHODIES *n* rhododendron
RHOMB, -S *same as* ▸ **rhombus**
RHOMBI ▸ **rhombus**
RHOMBIC *adj* relating to or having the shape of a rhombus
RHOMBOI ▸ **rhombos**
RHOMBOID *n* parallelogram with adjacent sides of unequal length ▷ *adj* having such a shape
RHOMBOS, RHOMBOI *n* wooden slat attached to a thong that makes a roaring sound when the thong is whirled
RHOMBS ▸ **rhomb**
RHOMBUS, RHOMBI *n* diamond-shaped figure
RHONCHAL ▸ **rhonchus**
RHONCHUS, RHONCHI *n* respiratory sound resembling snoring
RHONCUS *n* rattling or whistling respiratory sound resembling snoring
RHONE, -S *same as* ▸ **rone**
RHOPALIC *adj* (of verse) with each word having one more syllable than the word before
RHOS ▸ **rho**
RHOTIC *adj* denoting or speaking a dialect of English in which postvocalic *rs* are pronounced
RHUBARB, -S *n* garden plant with fleshy stalks ▷ *interj* noise made by actors to simulate conversation ▷ *vb* simulate conversation in this way
RHUBARBY *adj* tasting of rhubarb
RHUMB, -S *n* imaginary line on the surface of a sphere that intersects all meridians at the same angle
RHUMBA, -ED, -S *same as* ▸ **rumba**
RHUMBS ▸ **rhumb**

RHUS, -ES *n* genus of shrubs and small trees
RHY, RHIES *archaic spelling of* ▸**rye**

This alternative spelling of **rye** can come in useful when you are short of vowels.

RHYME, -D, -S, RHYMING *n* sameness of the final sounds at the ends of lines of verse, or in words ▷*vb* make a rhyme
RHYMER, -S *same as* >**rhymester**
RHYMES ▸**rhyme**
RHYMING ▸**rhyme**
RHYMIST, -S ▸**rhyme**
RHYNE, -S *same as* ▸**rhine**
RHYOLITE *n* fine-grained igneous rock
RHYTA ▸**rhyton**
RHYTHM, -S *n* any regular movement or beat
RHYTHMAL *adj* rhythmic
RHYTHMED ▸**rhythm**
RHYTHMI ▸**rhythmus**
RHYTHMIC *adj* of, relating to, or characterized by rhythm, as in movement or sound
RHYTHMS ▸**rhythm**
RHYTHMUS, RHYTHMI *n* rhythm
RHYTINA, -S *n* type of sea cow
RHYTON, RHYTA, -S *n* (in ancient Greece) horn-shaped drinking vessel
RIA, -S *n* long narrow inlet of the seacoast
RIAD, -S *n* traditional Moroccan house with an interior garden
R
RIAL, -S *n* standard monetary unit of Iran
RIALTO, -S *n* market or exchange
RIANCY, RIANCIES ▸**riant**
RIANT *adj* laughing
RIANTLY ▸**riant**
RIAS ▸**ria**
RIATA, -S *same as* ▸**reata**
RIB, -BED, -S *n* one of the curved bones forming the framework of the upper part of the body ▷*vb* provide or mark with ribs
RIBA, -S *n* (in Islam) interest or usury
RIBALD, -ER, -S *adj* humorously or mockingly rude ▷*n* ribald person
RIBALDLY ▸**ribald**
RIBALDRY *n* ribald language or behaviour
RIBALDS ▸**ribald**
RIBAND, -S *n* ribbon awarded for some achievement
RIBAS ▸**riba**
RIBAUD, -S *archaic variant of* ▸**ribald**
RIBAUDRY *archaic variant of* ▸**ribaldry**
RIBAUDS ▸**ribaud**
RIBBAND, -S *same as* ▸**riband**
RIBBED ▸**rib**
RIBBER, -S *n* someone who ribs
RIBBIE, -S *n* baseball run batted in
RIBBIER ▸**ribby**
RIBBIES ▸**ribbie**
RIBBIEST ▸**ribby**
RIBBING, -S ▸**rib**
RIBBIT, -S *n* sound a frog makes
RIBBON, -ED, -S *n* narrow band of fabric used for trimming, tying, etc ▷*vb* adorn with a ribbon or ribbons
RIBBONRY *n* ribbons or ribbon work
RIBBONS ▸**ribbon**
RIBBONY *adj* resembling ribbons
RIBBY, RIBBIER, RIBBIEST *adj* with noticeable ribs
RIBCAGE, -S *n* bony structure of ribs enclosing the lungs
RIBES *n* genus of shrubs that includes currants
RIBEYE, -S *n* beefsteak cut from the outer side of the rib section
RIBGRASS *same as* ▸**ribwort**
RIBIBE, -S *n* rebeck
RIBIBLE, -S *same as* ▸**ribibe**
RIBIER, -S *n* variety of grape
RIBLESS ▸**rib**
RIBLET, -S *n* small rib
RIBLIKE ▸**rib**
RIBOSE, -S *n* pentose sugar that occurs in RNA and riboflavin
RIBOSOME *n* any of numerous minute particles in the cytoplasm of cells
RIBOZYME *n* RNA molecule capable of catalysing a chemical reaction
RIBS ▸**rib**
RIBSTON, -S *n* variety of apple
RIBSTONE *same as* ▸**ribston**
RIBSTONS ▸**ribston**
RIBULOSE *n* type of sugar
RIBWORK, -S *n* work or structure involving ribs
RIBWORT, -S *n* Eurasian plant with lancelike ribbed leaves
RICE, -D, -S, RICING *n* cereal plant grown on wet ground in warm countries ▷*vb* sieve (vegetables) to a coarse mashed consistency
RICEBIRD *n* any of various birds frequenting rice fields, esp the Java sparrow
RICED ▸**rice**
RICER, -S *n* kitchen utensil through which soft foods are pressed to form a coarse mash
RICERCAR *same as* >**ricercare**
RICERS ▸**ricer**
RICES ▸**rice**
RICEY *adj* resembling or containing rice
RICH, -ED, -ER, -EST, -ING *adj* owning a lot of money or property, wealthy ▷*vb* (in archaic usage) enrich
RICHEN, -ED, -S *vb* enrich
RICHER ▸**rich**
RICHES *pl n* wealth
RICHESSE *n* wealth or richness
RICHEST ▸**rich**
RICHING ▸**rich**
RICHLY *adv* elaborately
RICHNESS *n* state or quality of being rich
RICHT, -ED, -ER, -EST, -ING, -S *adj* right ▷*adv* right ▷*n* right ▷*vb* right
RICHWEED *n* type of plant
RICIER ▸**ricy**
RICIEST ▸**ricy**
RICIN, -S *n* highly toxic protein, a lectin, derived from castor-oil seeds
RICING ▸**rice**
RICINS ▸**ricin**
RICINUS *n* genus of plants
RICK, -ED, -ING, -S *n* stack of hay etc ▷*vb* wrench or sprain (a joint)
RICKER, -S *n* young kauri tree of New Zealand
RICKET *n* mistake
RICKETS *n* disease of children marked by softening of the bones, bow legs, etc
RICKETTY *same as* ▸**rickety**
RICKETY *adj* shaky or unstable

RICKEY, -S *n* cocktail consisting of gin or vodka, lime juice, and soda water, served iced
RICKING ▸ **rick**
RICKLE, -S *n* unsteady or shaky structure
RICKLY, RICKLIER *adj* archaic word for run-down or rickety
RICKRACK *n* zigzag braid used for trimming
RICKS ▸ **rick**
RICKSHA, -S *same as* ▸ **rickshaw**
RICKSHAW *n* light two-wheeled vehicle pulled by one or two people
RICKYARD *n* place where hayricks are put
RICOCHET *vb* (of a bullet) rebound from a solid surface ▹ *n* such a rebound
RICOTTA, -S *n* soft white unsalted Italian cheese made from sheep's milk
RICRAC, -S *same as* ▸ **rickrack**
RICTAL ▸ **rictus**
RICTUS, -ES *n* gape or cleft of an open mouth or beak
RICY, RICIER, RICIEST *same as* ▸ **ricey**
RID, -DED, -DING, -S *vb* clear or relieve (of)
RIDABLE ▸ **ride**
RIDDANCE *n* act of getting rid of something undesirable or unpleasant
RIDDED ▸ **rid**
RIDDEN ▸ **ride**
RIDDER, -S ▸ **rid**
RIDDING ▸ **rid**
RIDDLE, -D, -S, RIDDLING *n* question made puzzling to test one's ingenuity ▹ *vb* speak in riddles
RIDDLER, -S ▸ **riddle**
RIDDLES ▸ **riddle**
RIDDLING ▸ **riddle**
RIDE, RIDDEN, -S *vb* sit on and control or propel (a horse, bicycle, etc) ▹ *n* journey on a horse etc
RIDEABLE ▸ **ride**
RIDENT *adj* laughing, smiling, or happy
RIDER, -S *n* person who rides
RIDERED ▸ **rider**
RIDERS ▸ **rider**
RIDES ▸ **ride**
RIDGE, -D, -S *n* long narrow hill ▹ *vb* form into a ridge or ridges
RIDGEL, -S *same as* > **ridgeling**
RIDGER, -S *n* plough used to form furrows and ridges
RIDGES ▸ **ridge**
RIDGETOP *n* summit of ridge
RIDGEWAY *n* road or track along a ridge, esp one of great antiquity
RIDGIER ▸ **ridgy**
RIDGIEST ▸ **ridgy**
RIDGIL, -S *same as* > **ridgeling**
RIDGING, -S ▸ **ridge**
RIDGLING *same as* > **ridgeling**
RIDGY, RIDGIER, RIDGIEST ▸ **ridge**
RIDIC *adj* ridiculous
RIDICULE *n* treatment of a person or thing as ridiculous ▹ *vb* laugh at, make fun of
RIDING, -S ▸ **ride**
RIDLEY, -S *n* marine turtle
RIDOTTO, -S *n* entertainment with music and dancing, often in masquerade
RIDS ▸ **rid**
RIEL, -S *n* standard monetary unit of Cambodia
RIEM, -S *n* strip of hide
RIEMPIE, -S *n* leather thong or lace used mainly to make chair seats
RIEMS ▸ **riem**
RIESLING *n* type of white wine
RIEVE, -D, -S, RIEVING *vb* archaic word for rob or plunder
RIEVER, -S *n* archaic word for robber or plunderer
RIEVES ▸ **rieve**
RIEVING ▸ **rieve**
RIF, -S *vb* lay off
RIFAMPIN *n* drug used in the treatment of tuberculosis, meningitis, and leprosy
RIFE, -R, -ST *adj* widespread or common
RIFELY ▸ **rife**
RIFENESS ▸ **rife**
RIFER ▸ **rife**
RIFEST ▸ **rife**
RIFF, -ED, -ING, -S *n* short repeated melodic figure ▹ *vb* play or perform riffs in jazz or rock music
RIFFAGE, -S *n* (in jazz or rock music) act or an instance of playing a short series of chords
RIFFED ▸ **riff**
RIFFING ▸ **riff**
RIFFLE, -D, -S, RIFFLING *vb* flick through (pages etc) quickly ▹ *n* rapid in a stream
RIFFLER, -S *n* file with a curved face for filing concave surfaces
RIFFLES ▸ **riffle**
RIFFLING ▸ **riffle**
RIFFOLA, -S *n* use of an abundance of dominant riffs
RIFFRAFF *n* rabble, disreputable people
RIFFS ▸ **riff**
RIFLE, -D, -S *n* firearm with a long barrel ▹ *vb* cut spiral grooves inside the barrel of a gun
RIFLEMAN, RIFLEMEN *n* person skilled in the use of a rifle, esp a soldier
RIFLER, -S ▸ **rifle**
RIFLERY *n* rifle shots
RIFLES ▸ **rifle**
RIFLING, -S *n* cutting of spiral grooves on the inside of a firearm's barrel
RIFLIP, -S *n* genetic difference between two individuals
RIFS ▸ **rif**
RIFT, -ED, -ING, -S *n* break in friendly relations ▹ *vb* burst or cause to burst open
RIFTE *archaic word for* ▸ **rift**
RIFTED ▸ **rift**
RIFTIER ▸ **rifty**
RIFTIEST ▸ **rifty**
RIFTING ▸ **rift**
RIFTLESS ▸ **rift**
RIFTS ▸ **rift**
RIFTY, RIFTIER, RIFTIEST ▸ **rift**
RIG, -GED, -S *vb* arrange in a dishonest way ▹ *n* apparatus for drilling for oil and gas
RIGADOON *n* old Provençal dance in lively duple time
RIGATONI *n* macaroni in the form of short ridged often slightly curved pieces
RIGAUDON *same as* ▸ **rigadoon**
RIGG, -S *n* type of fish
RIGGALD, -S *same as* > **ridgeling**
RIGGED ▸ **rig**
RIGGER, -S *n* person who rigs vessels, etc
RIGGING, -S ▸ **rig**
RIGGS ▸ **rigg**
RIGHT, -ED, -EST, -ING, -S *adj* just ▹ *adv* correctly ▹ *n* claim, title, etc allowed or due ▹ *vb* bring or come back to a normal or correct state

RIGHTEN, -S *vb* set right
RIGHTER, -S ▸**right**
RIGHTEST ▸**right**
RIGHTFUL *adj* in accordance with what is right
RIGHTIER ▸**righty**
RIGHTIES ▸**righty**
RIGHTING ▸**right**
RIGHTISH *adj* somewhat right, esp politically
RIGHTISM ▸**rightist**
RIGHTIST *adj* on the political right ▹*n* supporter of the political right
RIGHTLY *adv* in accordance with the true facts or justice
RIGHTO *interj* expression of agreement or compliance
RIGHTS ▸**right**
RIGHTY, RIGHTIER, RIGHTIES *n* right-handed person ▹*adj* right-handed
RIGID, -ER, -EST, -S *adj* inflexible or strict ▹*adv* completely or excessively ▹*n* strict and unbending person
RIGIDIFY *vb* make or become rigid
RIGIDISE *same as* ▸**rigidize**
RIGIDITY ▸**rigid**
RIGIDIZE *vb* make or become rigid
RIGIDLY ▸**rigid**
RIGIDS ▸**rigid**
RIGLIN, -S *same as* >**ridgeling**
RIGLING, -S *same as* >**ridgeling**
RIGLINS ▸**riglin**
RIGOL, -S *n* (in dialect) ditch or gutter
RIGOLL, -S *same as* ▸**rigol**
RIGOLS ▸**rigol**
RIGOR, -S *same as* ▸**rigour**
RIGORISM *n* strictness in judgment or conduct
RIGORIST ▸**rigorism**
RIGOROUS *adj* harsh, severe, or stern
RIGORS ▸**rigor**
RIGOUR, -S *n* harshness, severity, or strictness
RIGOUT, -S *n* person's clothing
RIGS ▸**rig**
RIKISHA, -S *same as* ▸**rickshaw**
RIKISHI *n* sumo wrestler
RIKSHAW, -S *same as* ▸**rickshaw**
RILE, -D, -S, RILING *vb* anger or annoy
RILEY, RILIER, RILIEST *adj* cross or irritable
RILIEVO, RILIEVI *same as* ▸**relief**
RILING ▸**rile**
RILL, -ED, -ING, -S *n* small stream ▹*vb* trickle
RILLE, -S *same as* ▸**rill**
RILLED ▸**rill**
RILLES ▸**rille**
RILLET, -S *n* little rill
RILLING ▸**rill**
RILLMARK *n* mark left by the trickle of a rill
RILLS ▸**rill**
RIM, -MED, -S *n* edge or border ▹*vb* put a rim on (a pot, cup, wheel, etc)
RIMA, -E *n* long narrow opening
RIMAYE, -S *n* crevasse at the head of a glacier
RIME, -D, -S, RIMING *same as* ▸**rhyme**
RIMELESS ▸**rhyme**
RIMER, -S *same as* >**rhymester**
RIMES ▸**rime**
RIMESTER *same as* >**rhymester**
RIMFIRE, -S *adj* (of a cartridge) having the primer in the rim of the base ▹*n* cartridge of this type
RIMIER ▸**rimy**
RIMIEST ▸**rimy**
RIMINESS ▸**rimy**
RIMING ▸**rime**
RIMLAND, -S *n* area situated on the outer edges of a region
RIMLESS ▸**rim**
RIMMED ▸**rim**
RIMMER, -S *n* tool for shaping the edge of something
RIMMING, -S ▸**rim**
RIMOSE *adj* (esp of plant parts) having the surface marked by a network of intersecting cracks
RIMOSELY ▸**rimose**
RIMOSITY ▸**rimose**
RIMOUS *same as* ▸**rimose**
RIMPLE, -D, -S, RIMPLING *vb* crease or wrinkle
RIMROCK, -S *n* rock forming the boundaries of a sandy or gravelly alluvial deposit
RIMS ▸**rim**
RIMSHOT, -S *n* deliberate simultaneous striking of skin and rim of drum
RIMU, -S *n* New Zealand tree
RIMY, RIMIER, RIMIEST *adj* coated with rime
RIN, -NING, -S *Scots variant of* ▸**run**
RIND, -ED, -ING, -S *n* tough outer coating of fruits, cheese, or bacon ▹*vb* take the bark off
RINDIER ▸**rindy**
RINDIEST ▸**rindy**
RINDING ▸**rind**
RINDLESS ▸**rind**
RINDS ▸**rind**
RINDY, RINDIER, RINDIEST *adj* with a rind or rindlike skin
RINE, -S *archaic variant of* ▸**rind**
RING, -ED, -S *vb* give out a clear resonant sound, as a bell ▹*n* instance of ringing
RINGBARK *same as* ▸**ring**
RINGBIT, -S *n* type of bit worn by a horse
RINGBOLT *n* bolt with a ring fitted through an eye attached to the bolt head
RINGBONE *n* abnormal bony growth affecting the pastern of a horse, often causing lameness
RINGDOVE *n* large Eurasian pigeon with white patches on the wings and neck
RINGED ▸**ring**
RINGENT *adj* (of the corolla of plants) consisting of two gaping lips
RINGER, -S *n* person or thing apparently identical to another
RINGETTE *n* team sport played on ice, using straight sticks to control a rubber ring
RINGGIT, -S *n* standard monetary unit of Malaysia
RINGHALS *n* variety of cobra
RINGING, -S ▸**ring**
RINGLESS ▸**ring**
RINGLET, -S *n* curly lock of hair
RINGLETY *adj* resembling a ringlet
RINGLIKE ▸**ring**
RINGMAN, RINGMEN *n* (in dialect) ring finger
RINGNECK *n* any bird that has ringlike markings round its neck
RINGS ▸**ring**
RINGSIDE *n* row of seats nearest a boxing or circus ring ▹*adj* providing a close uninterrupted view
RINGSTER *n* member of a ring controlling a market in antiques, art treasures, etc
RINGTAIL *n* possum with a curling tail used to grip branches while climbing

R

RINGTAW, -S *n* game in which the aim is to knock marbles out of a ring
RINGTONE *n* musical tune played by a mobile phone when a call is received
RINGTOSS *n* game in which participants try to throw hoops onto an upright stick
RINGWAY, -S *n* bypass
RINGWISE *adj* used to being in the ring and able to respond appropriately
RINGWOMB *n* complication at lambing resulting from failure of the cervix to open
RINGWORK *n* circular earthwork
RINGWORM *n* fungal skin disease in circular patches
RINK, -ED, -ING, -S *n* sheet of ice for skating or curling ▷ *vb* skate on a rink
RINKHALS *n* S African cobra that can spit venom
RINKING ▸ **rink**
RINKS ▸ **rink**
RINKSIDE *n* area at the side of a rink
RINNING ▸ **rin**
RINS ▸ **rin**
RINSABLE ▸ **rinse**
RINSE, -D, -S *vb* remove soap from (washed clothes, hair, etc) by applying clean water ▷ *n* act of rinsing
RINSER, -S ▸ **rinse**
RINSES ▸ **rinse**
RINSIBLE ▸ **rinse**
RINSING, -S ▸ **rinse**
RIOJA, -S *n* red or white Spanish wine with a vanilla bouquet and flavour
RIOT, -ED, -S *n* disorderly unruly disturbance ▷ *vb* take part in a riot
RIOTER, -S ▸ **riot**
RIOTING, -S ▸ **riot**
RIOTISE, -S *n* archaic word for riotous behaviour and excess
RIOTIZE, -S *same as* ▸ **riotise**
RIOTOUS *adj* unrestrained
RIOTRY, RIOTRIES *n* riotous behaviour
RIOTS ▸ **riot**
RIP, -PED, -PING, -S *vb* tear violently ▷ *n* split or tear
RIPARIAL ▸ **riparian**
RIPARIAN *adj* of or on the banks of a river ▷ *n* person who owns land on a riverbank
RIPCORD, -S *n* cord pulled to open a parachute
RIPE, -D, -S, -ST, RIPING *adj* ready to be reaped, eaten, etc ▷ *vb* ripen
RIPECK, -S *same as* ▸ **ryepeck**
RIPED ▸ **ripe**
RIPELY ▸ **ripe**
RIPEN, -ED, -ING, -S *vb* grow ripe
RIPENER, -S ▸ **ripen**
RIPENESS ▸ **ripe**
RIPENING ▸ **ripen**
RIPENS ▸ **ripen**
RIPER, -S *adj* more ripe ▷ *n* old Scots word meaning plunderer
RIPES ▸ **ripe**
RIPEST ▸ **ripe**
RIPIENO, RIPIENI, -S *n* (in baroque concertos and concerti grossi) the full orchestra
RIPING ▸ **ripe**
RIPOFF, -S *n* grossly overpriced article
RIPOST, -S *same as* ▸ **riposte**
RIPOSTE, -D, -S *n* verbal retort ▷ *vb* make a riposte
RIPOSTS ▸ **ripost**
RIPP, -S *n* old Scots word for a handful of grain
RIPPABLE ▸ **rip**
RIPPED ▸ **rip**
RIPPER, -S *n* person who rips
RIPPIER, -S *n* archaic word for fish seller
RIPPING, -S ▸ **rip**
RIPPLE, -D, -S *n* slight wave or ruffling of a surface ▷ *vb* flow or form into little waves (on)
RIPPLER, -S ▸ **ripple**
RIPPLES ▸ **ripple**
RIPPLET, -S *n* tiny ripple
RIPPLIER ▸ **ripply**
RIPPLING ▸ **ripple**
RIPPLY, RIPPLIER ▸ **ripple**
RIPPS ▸ **ripp**
RIPRAP, -S *vb* deposit broken stones in or on
RIPS ▸ **rip**
RIPSAW, -ED, -N, -S *n* handsaw for cutting along the grain of timber ▷ *vb* saw with a ripsaw
RIPSTOP, -S *n* tear-resistant cloth
RIPT *archaic past form of* ▸ **rip**
RIPTIDE, -S *n* stretch of turbulent water in the sea
RIRORIRO *n* small NZ bush bird that hatches the eggs of the shining cuckoo
RISALDAR *n* Indian cavalry officer
RISE, -N, -S *vb* get up from a lying, sitting, or kneeling position ▷ *n* act of rising
RISER, -S *n* person who rises, esp from bed
RISES ▸ **rise**
RISHI, -S *n* Indian seer or sage
RISIBLE *adj* causing laughter, ridiculous
RISIBLES *pl n* sense of humour
RISIBLY ▸ **risible**
RISING, -S ▸ **rise**
RISK, -ED, -ING, -S *n* chance of disaster or loss ▷ *vb* act in spite of the possibility of (injury or loss)
RISKER, -S ▸ **risk**
RISKFUL ▸ **risk**
RISKIER ▸ **risky**
RISKIEST ▸ **risky**
RISKILY ▸ **risky**
RISKING ▸ **risk**
RISKLESS ▸ **risk**
RISKS ▸ **risk**
RISKY, RISKIER, RISKIEST *adj* full of risk, dangerous
RISOLUTO *adj* musical term meaning firm and decisive ▷ *adv* firmly and decisively
RISORIUS, RISORII *n* facial muscle responsible for smiling
RISOTTO, -S *n* dish of rice cooked in stock with vegetables, meat, etc
RISP, -ED, -S *vb* Scots word meaning rasp
RISPETTO, RISPETTI *n* kind of folk song
RISPING, -S ▸ **risp**
RISPS ▸ **risp**
RISQUE, -S *same as* ▸ **risk**
RISSOLE, -S *n* cake of minced meat, coated with breadcrumbs and fried
RISTRA, -S *n* string of dried chilli peppers
RISUS, -ES *n* involuntary grinning expression
RIT, -S, -TED, -TING *vb* Scots word for cut or slit
RITARD, -S *n* (in music) a slowing down
RITE, -S *n* formal practice or custom, esp religious
RITELESS ▸ **rite**
RITENUTO *adv* held back momentarily ▷ *n* (in music) a slowing down
RITES ▸ **rite**
RITORNEL *n* (in music) orchestral passage
RITS ▸ **rit**
RITT, -S *same as* ▸ **rit**

RITTED ▸ **rit**
RITTER, -S *n* knight or horseman/horsewoman
RITTING ▸ **rit**
RITTS ▸ **ritt**
RITUAL, -S *n* prescribed order of rites ▹ *adj* concerning rites
RITUALLY ▸ **ritual**
RITUALS ▸ **ritual**
RITZ, -ES *modifier* as in **put on the ritz** assume a superior air or make an ostentatious display
RITZIER ▸ **ritzy**
RITZIEST ▸ **ritzy**
RITZILY ▸ **ritzy**
RITZY, RITZIER, RITZIEST *adj* luxurious or elegant
RIVA, -S *n* rock cleft
RIVAGE, -S *n* bank, shore, or coast
RIVAL, -ED, -ING, -LED, -S *n* person or thing that competes with another ▹ *adj* in the position of a rival ▹ *vb* (try to) equal
RIVALESS *n* female rival
RIVALING ▸ **rival**
RIVALISE *same as* ▸ **rivalize**
RIVALITY ▸ **rival**
RIVALIZE *vb* become a rival
RIVALLED ▸ **rival**
RIVALRY *n* keen competition
RIVALS ▸ **rival**
RIVAS ▸ **riva**
RIVE, -D, -N, -S, RIVING *vb* split asunder
RIVEL, -LED, -S *vb* archaic word meaning wrinkle
RIVEN ▸ **rive**
RIVER, -S *n* large natural stream of water
RIVERAIN *same as* ▸ **riparian**
RIVERBED *n* bed of a river
RIVERED *adj* with a river or rivers
RIVERET, -S *n* archaic word for rivulet or stream
RIVERIER ▸ **rivery**
RIVERINE *same as* ▸ **riparian**
RIVERMAN, RIVERMEN *n* boatman or man earning his living working on a river
RIVERS ▸ **river**
RIVERWAY *n* river serving as a waterway
RIVERY, RIVERIER *adj* riverlike
RIVES ▸ **rive**
RIVET, -ED, -ING, -S, -TED *n* bolt for fastening metal plates ▹ *vb* fasten with rivets
RIVETER, -S ▸ **rivet**
RIVETING ▸ **rivet**
RIVETS ▸ **rivet**
RIVETTED ▸ **rivet**
RIVIERA, -S *n* coastline resembling the Mediterranean Riviera
RIVIERE, -S *n* necklace of diamonds which gradually increase in size
RIVING ▸ **rive**
RIVLIN, -S *n* Scots word for rawhide shoe
RIVO *interj* (in the past) an informal toast
RIVULET, -S *n* small stream
RIVULOSE *adj* having meandering lines
RIVULUS *n* type of small tropical American fish
RIYAL, -S *n* standard monetary unit of Qatar, divided into 100 dirhams
RIZ *(in some dialects) past form of* ▸ **rise**

This unusual past tense of **rise** is one of the essential Z words.

RIZA, -S *n* partial icon cover made from precious metal
RIZARD, -S *n* redcurrant
RIZAS ▸ **riza**
RIZZAR, -ED, -S *n* Scots word for redcurrant ▹ *vb* Scots word for sun-dry
RIZZART, -S *n* Scots word for redcurrant
RIZZER, -ED, -S *same as* ▸ **rizzar**
RIZZOR, -ED, -S *vb* dry
ROACH, -ES, -ING *n* Eurasian freshwater fish ▹ *vb* clip (mane) short so that it stands upright
ROACHED *adj* arched convexly, as the back of certain breeds of dog, such as the whippet
ROACHES ▸ **roach**
ROACHING ▸ **roach**
ROAD, -S *n* way prepared for passengers, vehicles, etc
ROADBED, -S *n* material used to make a road
ROADEO, -S *n* competition testing driving skills
ROADHOG, -S *n* selfish or aggressive driver
ROADIE, -S *n* person who transports and sets up equipment for a band
ROADING, -S *n* road building
ROADKILL *n* remains of an animal or animals killed on the road by motor vehicles
ROADLESS ▸ **road**
ROADMAN, ROADMEN *n* someone involved in road repair or construction
ROADS ▸ **road**
ROADSHOW *n* radio show broadcast live from a place being visited by a touring disc jockey
ROADSIDE *n* side of a road ▹ *adj* situated beside a road
ROADSMAN, ROADSMEN *same as* ▸ **roadman**
ROADSTER *n* open car with only two seats
ROADWAY, -S *n* part of a road used by vehicles
ROADWORK *n* sports training by running along roads
ROAM, -ED, -S *vb* wander about ▹ *n* act of roaming
ROAMER, -S ▸ **roam**
ROAMING, -S ▸ **roam**
ROAMS ▸ **roam**
ROAN, -S *adj* (of a horse) having a brown or black coat sprinkled with white hairs ▹ *n* roan horse
ROANPIPE *n* drainpipe leading down from a gutter
ROANS ▸ **roan**
ROAR, -ED, -S *vb* make or utter a loud deep hoarse sound like that of a lion ▹ *n* such a sound
ROARER, -S ▸ **roar**
ROARIE *Scots word for* ▸ **noisy**
ROARIER ▸ **roary**
ROARIEST ▸ **roary**
ROARING, -S ▸ **roar**
ROARMING *adj* severe
ROARS ▸ **roar**
ROARY, ROARIER, ROARIEST *adj* sounding like a roar or tending to roar
ROAST, -ED, -S *vb* cook by dry heat, as in an oven ▹ *n* roasted joint of meat ▹ *adj* roasted
ROASTER, -S *n* person or thing that roasts
ROASTIE, -S *n* roast potato
ROASTING *adj* extremely hot ▹ *n* severe criticism or scolding
ROASTS ▸ **roast**
ROATE, -D, -S, ROATING *archaic form of* ▸ **rote**
ROB, -BED, -BING, -S *vb* steal from
ROBALO, -S *n* tropical fish
ROBAND, -S *n* piece of marline used for fastening a sail to a spar
ROBATA, -S *n* grill used for Japanese cooking

ROBBED ▸ **rob**
ROBBER, -S ▸ **rob**
ROBBERY *n* stealing of property from a person by using or threatening to use force
ROBBIN, -S *same as* ▸ **roband**
ROBBING ▸ **rob**
ROBBINS ▸ **robbin**
ROBE, -D, -S *n* long loose outer garment ▹ *vb* put a robe on
ROBELIKE *adj* like a robe
ROBES ▸ **robe**
ROBIN, -S *n* small brown bird with a red breast
ROBING, -S ▸ **robe**
ROBINIA, -S *n* type of leguminous tree
ROBINS ▸ **robin**
ROBLE, -S *n* oak tree
ROBOCALL *n* automated telephone call that delivers a message to a large number of people
ROBORANT *adj* tending to fortify or increase strength ▹ *n* drug or agent that increases strength
ROBOT, -S *n* automated machine, esp one performing functions in a human manner
ROBOTIC ▸ **robot**
ROBOTICS *n* science of designing and using robots
ROBOTISE *same as* ▸ **robotize**
ROBOTISM ▸ **robot**
ROBOTIZE *vb* automate
ROBOTRY ▸ **robot**
ROBOTS ▸ **robot**
ROBS ▸ **rob**
ROBURITE *n* flameless explosive
ROBUST, -ER *adj* very strong and healthy
ROBUSTA, -S *n* species of coffee tree
ROBUSTER ▸ **robust**
ROBUSTLY ▸ **robust**
ROC, -S *n* monstrous bird of Arabian mythology
ROCAILLE *n* decorative rock or shell work
ROCH, -ES *same as* ▸ **rotch**
ROCHET, -S *n* white surplice with tight sleeves, worn by Church dignitaries
ROCK, -ED, -S *n* hard mineral substance that makes up part of the earth's crust, stone ▹ *vb* (cause to) sway to and fro ▹ *adj* of or relating to rock music
ROCKABLE ▸ **rock**
ROCKABY *same as* ▸ **rockabye**
ROCKABYE *n* lullaby or rocking motion used with a baby during lullabies
ROCKAWAY *n* four-wheeled horse-drawn carriage, usually with two seats and a hard top
ROCKED ▸ **rock**
ROCKER, -S *n* rocking chair
ROCKERY *n* mound of stones in a garden for rock plants
ROCKET, -ED, -S *n* self-propelling device powered by the burning of explosive contents ▹ *vb* move fast, esp upwards
ROCKETER *n* bird that launches itself into the air like a rocket when flushed
ROCKETRY *n* science and technology of the design and operation of rockets
ROCKETS ▸ **rocket**
ROCKFALL *n* instance of rocks breaking away and falling from an outcrop
ROCKFISH *n* any of various fishes that live among rocks
ROCKIER, -S *n* archaic or dialect word for rock pigeon
ROCKIEST ▸ **rocky**
ROCKILY ▸ **rocky**
ROCKING, -S ▸ **rock**
ROCKLAY, -S *same as* ▸ **rokelay**
ROCKLESS ▸ **rock**
ROCKLIKE ▸ **rock**
ROCKLING *n* any of various small sea fishes having an elongated body and barbels around the mouth
ROCKOON, -S *n* rocket fired from a balloon at high altitude
ROCKROSE *n* any of various shrubs or herbaceous plants cultivated for their roselike flowers
ROCKS ▸ **rock**
ROCKWEED *n* any of various seaweeds that grow on rocks exposed at low tide
ROCKWOOL *n* mineral wool used for insulation
ROCKWORK *n* structure made of rock
ROCKY, ROCKIEST *adj* having many rocks
ROCOCO, -S *adj* (of furniture, architecture, etc) having much elaborate decoration ▹ *n* style of architecture and decoration characterized by elaborate ornamentation
ROCQUET, -S *n* another name for the salad plant rocket
ROCS ▸ **roc**
ROD, -DED, -S *n* slender straight bar, stick ▹ *vb* clear with a rod
RODDING, -S ▸ **rod**
RODE, -D, -S *vb* (of the male woodcock) to perform a display flight
RODENT, -S *n* animal with teeth specialized for gnawing
RODEO, -ED, -ING, -S *n* display of skill by cowboys, such as bareback riding ▹ *vb* take part in a rodeo
RODES ▸ **rode**
RODEWAY, -S *archaic spelling of* ▸ **roadway**
RODING, -S ▸ **rode**
RODLESS ▸ **rod**
RODLIKE ▸ **rod**
RODMAN, RODMEN *n* someone who uses or fishes with a rod
RODNEY, -S *n* type of small fishing boat used in Canada
RODS ▸ **rod**
RODSMAN, RODSMEN *same as* ▸ **rodman**
RODSTER, -S *n* angler
ROE, -S *n* mass of eggs in a fish, sometimes eaten as food
ROEBUCK, -S *n* male of the roe deer
ROED *adj* with roe inside
ROEMER, -S *n* drinking glass, typically having an ovoid bowl on a short stem
ROENTGEN *n* unit measuring a radiation dose
ROES ▸ **roe**
ROESTI, -S *same as* ▸ **rosti**
ROESTONE *same as* ▸ **oolite**
ROGALLO, -S *n* flexible fabric delta wing
ROGATION *n* solemn supplication, esp in a form of ceremony prescribed by the Church
ROGATORY *adj* (esp in legal contexts) seeking or authorized to seek information
ROGER, -ED, -ING, -S *interj* (used in signalling) message received ▹ *vb* acknowledge a received message
ROGNON, -S *n* isolated rock outcrop on a glacier

ROGUE, -D, -ING, -S, ROGUING *n* dishonest or unprincipled person ▷ *adj* (of a wild beast) living apart from the herd ▷ *vb* rid (a field or crop) of inferior or unwanted plants
ROGUER, -S *n* rogue
ROGUERY *n* dishonest or immoral behaviour
ROGUES ▸ **rogue**
ROGUIER ▸ **roguy**
ROGUIEST ▸ **roguy**
ROGUING ▸ **rogue**
ROGUISH *adj* dishonest or unprincipled
ROGUY, ROGUIER, ROGUIEST *adj* roguish
ROHE, -S *n* territory of a Māori tribal group
ROID, -S *n* short form of steroid
ROIL, -ED, -ING, -S *vb* make (a liquid) cloudy or turbid by stirring up dregs or sediment
ROILIER ▸ **roily**
ROILIEST ▸ **roily**
ROILING ▸ **roil**
ROILS ▸ **roil**
ROILY, ROILIER, ROILIEST *adj* cloudy or muddy
ROIN, -ED, -ING, -S *same as* ▸ **royne**
ROINISH *same as* ▸ **roynish**
ROINS ▸ **roin**
ROIST, -ED, -ING, -S *archaic variant of* ▸ **roister**
ROISTER, -S *vb* make merry noisily or boisterously
ROISTING ▸ **roist**
ROISTS ▸ **roist**
ROJAK, -S *n* (in Malaysia) a salad dish served in chilli sauce
ROJI, -S *n* Japanese tea garden or its path of stones
ROK, -S *same as* ▸ **roc**

Rok is an alternative spelling of **roc**, the mythical bird. Other spellings are **ruc** and **rukh**.

ROKE, -D, -S, ROKING *vb* (in dialect) steam or smoke
ROKELAY, -S *n* type of cloak
ROKER, -S *n* variety of ray
ROKES ▸ **roke**
ROKIER ▸ **roky**
ROKIEST ▸ **roky**
ROKING ▸ **roke**
ROKKAKU *n* hexagonal Japanese kite
ROKS ▸ **rok**
ROKY, ROKIER, ROKIEST *adj* (in dialect) steamy or smoky
ROLAG, -S *n* roll of carded wool ready for spinning
ROLAMITE *n* type of bearing using two rollers and a moving flexible band
ROLE, -S *n* task or function
ROLF, -ED, -ING, -INGS, -S *vb* massage following a particular technique
ROLFER, -S ▸ **rolf**
ROLFING ▸ **rolf**
ROLFINGS ▸ **rolf**
ROLFS ▸ **rolf**
ROLL, -ED, -S *vb* move by turning over and over ▷ *n* act of rolling over or from side to side
ROLLABLE ▸ **roll**
ROLLAWAY *n* mounted on rollers so as to be easily moved, esp to be stored away after use
ROLLBACK *n* reduction to a previous price
ROLLBAR, -S *n* bar that reinforces the frame of a car
ROLLED ▸ **roll**
ROLLER, -S *n* rotating cylinder
ROLLICK, -S *vb* behave in a boisterous manner ▷ *n* boisterous or carefree escapade
ROLLICKY *adj* rollicking
ROLLIE, -S *n* hand-rolled cigarette
ROLLING, -S ▸ **roll**
ROLLMOP, -S *n* herring fillet rolled round onion slices and pickled
ROLLNECK *adj* (of a garment) having a high neck that is worn rolled over ▷ *n* rollneck sweater or other garment
ROLLOCK, -S *same as* ▸ **rowlock**
ROLLOUT, -S *n* presentation to the public of a new aircraft, product, etc; launch
ROLLOVER *n* instance of a prize continuing in force for an additional period
ROLLS ▸ **roll**
ROLLTOP *n* as in **rolltop desk** desk having a slatted wooden panel that can be pulled down over the writing surface
ROLLUP, -S *n* something rolled into a tube shape
ROLLWAY, -S *n* incline down which logs are rolled
ROM, -S *n* male gypsy
ROMA *n* gypsy
ROMAGE, -S *archaic variant of* ▸ **rummage**
ROMAIKA, -S *n* Greek dance
ROMAINE, -S *n* usual US and Canadian name for 'cos' (lettuce)
ROMAJI, -S *n* Roman alphabet as used to write Japanese
ROMAL, -S *same as* ▸ **rumal**
ROMAN, -S *adj* in or relating to the vertical style of printing type used for most printed matter ▷ *n* roman type
ROMANCE, -D, -S *n* love affair ▷ *vb* exaggerate or fantasize
ROMANCER ▸ **romance**
ROMANCES ▸ **romance**
ROMANISE *same as* ▸ **romanize**
ROMANIZE *vb* impart a Roman Catholic character to (a ceremony, practice, etc)
ROMANO, -S *n* hard light-coloured sharp-tasting cheese
ROMANS ▸ **roman**
ROMANTIC *adj* of or dealing with love ▷ *n* romantic person or artist
ROMANZA, -S *n* short instrumental piece of song-like character
ROMAUNT, -S *n* verse romance
ROMCOM, -S *n* comedy based around the romantic relationships of the characters
ROMEO, -S *n* male sweetheart
ROMNEYA, -S *n* bushy type of poppy
ROMP, -ED, -ING, -S *vb* play wildly and joyfully ▷ *n* boisterous activity
ROMPER *n* playful or boisterous child
ROMPERS *pl n* child's overalls
ROMPING ▸ **romp**
ROMPISH *adj* inclined to romp
ROMPS ▸ **romp**
ROMS ▸ **rom**
RONCADOR *n* any of several types of fish
RONDACHE *n* round shield
RONDAVEL *n* circular building, often thatched
RONDE, -S *n* round dance
RONDEAU, -X *n* poem with the opening words of the first line used as a refrain
RONDEL, -S *n* rondeau with a two-line refrain appearing twice or three times

RONDELET *n* brief rondeau, having five or seven lines and a refrain taken from the first line
RONDELLE *n* type of bead
RONDELS ▸ **rondel**
RONDES ▸ **ronde**
RONDINO, -S *n* short rondo
RONDO, -S *n* piece of music with a leading theme continually returned to
RONDURE, -S *n* circle or curve
RONE, -S *n* drainpipe or gutter for carrying rainwater from a roof
RONEO, -ED, -ING, -S *vb* duplicate (a document) from a stencil ▹ *n* document reproduced by this process
RONEPIPE *same as* ▸ **rone**
RONES ▸ **rone**
RONG *archaic past participle of* ▸ **ring**
RONGGENG *n* Malay traditional dance
RONIN, -S *n* lordless samurai, esp one whose feudal lord had been deprived of his territory
RONNE, RONNING *archaic form of* ▸ **run**
RONNEL, -S *n* type of pesticide
RONNIE, -S *n* Dublin slang word for moustache
RONNING ▸ **ronne**
RONT, -S *archaic variant of* ▸ **runt**
RONTE, -S *archaic variant of* ▸ **runt**
RONTGEN, -S *variant spelling of* ▸ **roentgen**
RONTS ▸ **ront**
RONZ *n* rest of New Zealand (in relation to Auckland)
RONZER, -S *n* New Zealand word for a New Zealander not from Auckland
ROO, -S *n* kangaroo
ROOD, -S *n* crucifix
ROOF, -ED, -S *n* outside upper covering of a building, car, etc ▹ *vb* put a roof on
ROOFER, -S ▸ **roof**
ROOFIE, -S *n* tablet of sedative drug
ROOFIER ▸ **roofy**
ROOFIES ▸ **roofie**
ROOFIEST ▸ **roofy**
ROOFING, -S *n* material used to build a roof
ROOFLESS ▸ **roof**
ROOFLIKE ▸ **roof**
ROOFLINE *n* uppermost edge of a roof
ROOFS ▸ **roof**
ROOFTOP, -S *n* outside part of the roof of a building
ROOFTREE *same as* ▸ **ridgepole**
ROOFY, ROOFIER, ROOFIEST *adj* with roofs
ROOIBOS *n* tea prepared from the dried leaves of an African plant
ROOIKAT, -S *n* South African lynx
ROOK, -ED, -ING, -S *n* Eurasian bird of the crow family ▹ *vb* swindle
ROOKERY *n* colony of rooks, penguins, or seals
ROOKIE, -S *n* new recruit
ROOKIER ▸ **rooky**
ROOKIES ▸ **rookie**
ROOKIEST ▸ **rooky**
ROOKING ▸ **rook**
ROOKISH ▸ **rook**
ROOKS ▸ **rook**
ROOKY, ROOKIER, ROOKIEST *adj* abounding in rooks
ROOM, -ED, -ING, -S *n* enclosed area in a building ▹ *vb* occupy or share a room
ROOMER, -S ▸ **room**
ROOMETTE *n* self-contained compartment in a railway sleeping carriage
ROOMFUL, -S, ROOMSFUL *n* number or quantity sufficient to fill a room
ROOMIE, -S *n* roommate
ROOMIER ▸ **roomy**
ROOMIES ▸ **roomie**
ROOMIEST ▸ **roomy**
ROOMILY ▸ **roomy**
ROOMING ▸ **room**
ROOMMATE *n* person with whom one shares a room or apartment
ROOMS ▸ **room**
ROOMSFUL ▸ **roomful**
ROOMSOME *adj* archaic word meaning roomy
ROOMY, ROOMIER, ROOMIEST *adj* spacious
ROON, -S *n* Scots word for shred or strip
ROOP, -ED, -ING, -S *same as* ▸ **roup**
ROOPIER ▸ **roopy**
ROOPIEST ▸ **roopy**
ROOPING ▸ **roop**
ROOPIT *same as* ▸ **roopy**
ROOPS ▸ **roop**
ROOPY, ROOPIER, ROOPIEST *adj* (in dialect) hoarse
ROORBACH *same as* ▸ **roorback**
ROORBACK *n* false or distorted report or account, used to obtain political advantage
ROOS ▸ **roo**
ROOSA, -S *n* type of grass
ROOSE, -D, -S, ROOSING *vb* flatter
ROOSER, -S ▸ **roose**
ROOSES ▸ **roose**
ROOSING ▸ **roose**
ROOST, -ED, -ING, -S *n* perch for fowls ▹ *vb* perch
ROOSTER, -S *n* domestic cock
ROOSTING ▸ **roost**
ROOSTS ▸ **roost**
ROOT, -ED *n* part of a plant that grows down into the earth obtaining nourishment ▹ *vb* establish a root and start to grow
ROOTAGE, -S *n* root system
ROOTBALL *n* mass of the roots of a plant
ROOTCAP, -S *n* layer of cells at root tip
ROOTED ▸ **root**
ROOTEDLY ▸ **root**
ROOTER, -S ▸ **root**
ROOTHOLD ▸ **root**
ROOTIER ▸ **rooty**
ROOTIES ▸ **rooty**
ROOTIEST ▸ **rooty**
ROOTING, -S ▸ **root**
ROOTKIT, -S *n* set of programs used to gain unauthorized access to a computer system
ROOTLE, -D, -S, ROOTLING *vb* search unsystematically
ROOTLESS *adj* having no sense of belonging
ROOTLET, -S *n* small root or branch of a root
ROOTLIKE ▸ **root**
ROOTLING ▸ **rootle**
ROOTS *adj* (of popular music) going back to the origins of a style
ROOTSY, ROOTSIER ▸ **roots**
ROOTWORM *n* beetle larva feeding on roots
ROOTY, ROOTIER, ROOTIES, ROOTIEST *adj* rootlike ▹ *n* (in military slang) bread
ROPABLE *adj* capable of being roped
ROPE, -D, -S *n* thick cord ▹ *vb* bind or fasten with rope
ROPEABLE *same as* ▸ **ropable**
ROPED ▸ **rope**

ROPELIKE ▸ **rope**
ROPER, -S *n* someone who makes ropes
ROPERIES ▸ **ropery**
ROPERS ▸ **roper**
ROPERY, ROPERIES *n* place where ropes are made
ROPES ▸ **rope**
ROPEWALK *n* long narrow usually covered path or shed where ropes are made
ROPEWAY, -S *n* type of aerial lift
ROPEWORK *n* making, mending, or tying ropes
ROPEY *adj* inferior or inadequate
ROPIER ▸ **ropy**
ROPIEST ▸ **ropy**
ROPILY ▸ **ropey**
ROPINESS ▸ **ropey**
ROPING, -S ▸ **rope**
ROPY, ROPIER, ROPIEST *same as* ▸ **ropey**
ROQUE, -S *n* game developed from croquet
ROQUET, -ED, -S *vb* drive one's ball against (another person's ball) in croquet ▹ *n* act of roqueting
ROQUETTE *n* another name for the salad plant rocket
RORAL *archaic word for* ▸ **dewy**
RORE, -S *archaic spelling of* ▸ **roar**
RORIC *same as* ▸ **roral**
RORID *same as* ▸ **roral**
RORIE *same as* ▸ **roary**
RORIER ▸ **rory**
RORIEST ▸ **rory**
RORQUAL, -S *n* toothless whale with a dorsal fin
RORT, -ED, -ING, -S *n* dishonest scheme ▹ *vb* take unfair advantage of something
RORTER, -S *n* small-scale confidence trickster
RORTIER ▸ **rorty**
RORTIEST ▸ **rorty**
RORTING, -S ▸ **rort**
RORTS ▸ **rort**
RORTY, RORTIER, RORTIEST ▸ **rort**
RORY, RORIER, RORIEST *adj* dewy
ROSACE, -S *another name for* ▸ **rosette**
ROSACEA, -S *n* chronic inflammatory disease affecting the skin of the face
ROSACES ▸ **rosace**
ROSAKER, -S *archaic word for* ▸ **realgar**
ROSALIA, -S *n* melody which is repeated but at a higher pitch each time
ROSARIA ▸ **rosarium**
ROSARIAN *n* person who cultivates roses, esp professionally
ROSARIES ▸ **rosary**
ROSARIUM, ROSARIA *n* rose garden
ROSARY, ROSARIES *n* series of prayers
ROSBIF, -S *n* term used in France for an English person
ROSCID *adj* dewy
ROSCOE, -S *slang word for* ▸ **gun**
ROSE, -D, -S, ROSING *n* flowering plant ▹ *vb* cause to redden
ROSEAL *adj* rosy or roselike
ROSEATE *adj* rose-coloured
ROSEBAY, -S *n* perennial plant with spikes of deep pink flowers
ROSEBED, -S *n* part of a garden where roses grow
ROSEBOWL *n* bowl for displaying roses or other flowers
ROSEBUD, -S *n* rose which has not yet fully opened
ROSEBUSH *n* flowering shrub
ROSED ▸ **rose**
ROSEFISH *n* red food fish of North Atlantic coastal waters
ROSEHIP, -S *n* berry-like fruit of a rose plant
ROSELESS ▸ **rise**
ROSELIKE ▸ **rise**
ROSELLA, -S *n* type of Australian parrot
ROSELLE, -S *n* Indian flowering plant
ROSEMARY *n* fragrant flowering shrub
ROSEOLA, -S *n* feverish condition of young children caused by a virus
ROSEOLAR ▸ **roseola**
ROSEOLAS ▸ **roseola**
ROSERIES ▸ **rosery**
ROSEROOT *n* Eurasian mountain plant
ROSERY, ROSERIES *n* bed or garden of roses
ROSES ▸ **rose**
ROSESLUG *n* one of various types of pest that feed on roses
ROSET, -ED, -ING, -S, -TED *n* Scots word meaning rosin ▹ *vb* rub rosin on
ROSETTE, -S *n* rose-shaped ornament
ROSETTED ▸ **roset**
ROSETTES ▸ **rosette**
ROSETTY ▸ **roset**
ROSETY ▸ **roset**
ROSEWOOD *n* fragrant wood used to make furniture
ROSHAMBO *n* the game of rock-paper-scissors
ROSHI, -S *n* teacher of Zen Buddhism
ROSIED ▸ **rosy**
ROSIER, -S *archaic word for* ▸ **rosebush**
ROSIERE, -S *archaic word for* ▸ **rosebush**
ROSIERS ▸ **rosier**
ROSIES ▸ **rosy**
ROSIEST ▸ **rosy**
ROSILY ▸ **rosy**
ROSIN, -ED, -ING, -S *n* resin used for treating the bows of violins etc ▹ *vb* apply rosin to
ROSINATE *n* chemical compound
ROSINED ▸ **rosin**
ROSINER, -S *n* strong alcoholic drink
ROSINESS ▸ **rosy**
ROSING ▸ **rose**
ROSINIER ▸ **rosiny**
ROSINING ▸ **rosin**
ROSINOL, -S *n* yellowish fluorescent oily liquid obtained from certain resins
ROSINOUS *adj* rosiny
ROSINS ▸ **rosin**
ROSINY, ROSINIER *adj* resembling rosin
ROSIT, -ED, -ING, -S *same as* ▸ **roset**
ROSOGLIO *same as* ▸ **rosolio**
ROSOLIO, -S *n* type of cordial
ROSSER, -S *n* bark-removing machine
ROST, -ED, -ING, -S *archaic spelling of* ▸ **roast**
ROSTELLA > **rostellum**
ROSTER, -ED, -S *n* list of people and their turns of duty ▹ *vb* place on a roster
ROSTI, -S *n* cheese-topped fried Swiss dish of grated potato
ROSTING ▸ **rost**
ROSTIS ▸ **rosti**
ROSTRA ▸ **rostrum**
ROSTRAL *adj* of or like a beak or snout
ROSTRATE *adj* having a beak or beaklike process
ROSTRUM, ROSTRA, -S *n* platform or stage
ROSTS ▸ **rost**

ROSULA, -S *n* rosette
ROSULATE *adj* in the form of a rose
ROSY, ROSIED, ROSIES, ROSIEST, -ING *adj* pink-coloured ▷ *vb* redden or make pink
ROT, -S, -TED, -TING *vb* decompose or decay ▷ *n* decay
ROTA, -S *n* list of people who take it in turn to do a particular task
ROTAL *adj* of or relating to wheels or rotation
ROTAN, -S *another name for* ▸ **rattan**
ROTARY, ROTARIES *adj* revolving ▷ *n* traffic roundabout
ROTAS ▸ **rota**
ROTATE, -D, -S *vb* (cause to) move round a centre or on a pivot
ROTATING *adj* revolving around a central axis, line, or point
ROTATION *n* act of rotating
ROTATIVE *same as* ▸ **rotatory**
ROTATOR, -S *n* person, device, part, or muscle that rotates or causes rotation
ROTATORY *adj* of, relating to, possessing, or causing rotation
ROTAVATE *same as* ▸ **rotovate**
ROTCH, -ES *n* little auk
ROTCHE *same as* ▸ **rotch**
ROTCHES ▸ **rotch**
ROTCHIE, -S *same as* ▸ **rotch**
ROTE, -D, -S, ROTING *n* mechanical repetition ▷ *vb* learn by rote
ROTELY *adv* by rote
ROTENONE *n* white odourless crystalline substance
ROTES ▸ **rote**
ROTGRASS *n* type of grass blamed for sheeprot
ROTGUT, -S *n* alcoholic drink of inferior quality
ROTHER, -S *dialect word for* ▸ **ox**
ROTI, -S *n* (in India and the Caribbean) a type of unleavened bread
ROTIFER, -S *n* minute aquatic multicellular invertebrate
ROTIFORM *adj* in the shape of a wheel
ROTING ▸ **rote**
ROTINI, -S *n* type of small spiral-shaped pasta
ROTIS ▸ **roti**
ROTL, -S *n* unit of weight used in Muslim countries
ROTO, -S *n* printing process using a cylinder etched with many small recesses in a rotary press
ROTOLO, ROTOLI, -S *n* (in Italian cuisine) a roll
ROTON, -S *n* quantum of vortex motion
ROTOR, -S *n* revolving portion of a dynamo, motor, or turbine
ROTOS ▸ **roto**
ROTOTILL *vb* break up the soil using a rototiller
ROTOVATE *vb* break up (the surface of the earth, or an area of ground) using a rotavator
ROTPROOF *adj* proof against rot
ROTS ▸ **rot**
ROTTAN, -S *n* (in dialect) a rat
ROTTE, -S *n* ancient stringed instrument
ROTTED ▸ **rot**
ROTTEN, -ER, -S *adj* decaying ▷ *adv* extremely ▷ *n* (in dialect) a rat
ROTTENLY ▸ **rotten**
ROTTENS ▸ **rotten**
ROTTER, -S *n* despicable person
ROTTES ▸ **rotte**
ROTTING ▸ **rot**
ROTULA, -E, -S *n* kneecap
ROTUND, -ED, -ER, -S *adj* round and plump ▷ *vb* make round
ROTUNDA, -S *n* circular building or room, esp with a dome
ROTUNDED ▸ **rotund**
ROTUNDER ▸ **rotund**
ROTUNDLY ▸ **rotund**
ROTUNDS ▸ **rotund**
ROTURIER *n* freeholder or ordinary person
ROUBLE, -S *n* monetary unit of Russia, Belarus, and Tajikistan
ROUCHE, -S *same as* ▸ **ruche**
ROUCHED *adj* trimmed with a rouche
ROUCHES ▸ **rouche**
ROUCHING *n* lace trimming
ROUCOU, -S *another name for* ▸ **annatto**
ROUE, -S *n* man given to immoral living
ROUEN, -S *n* breed of duck
ROUES ▸ **roue**
ROUGE, -D, -S, ROUGING *n* red cosmetic used to colour the cheeks ▷ *vb* apply rouge to
ROUGH, -ED, -EST, -S *adj* uneven or irregular ▷ *vb* make rough ▷ *n* rough state or area
ROUGHAGE *n* indigestible constituents of food which aid digestion
ROUGHDRY *vb* dry (clothes or linen) without smoothing
ROUGHED ▸ **rough**
ROUGHEN, -S *vb* make or become rough
ROUGHER, -S *n* person that does the rough preparatory work on something ▷ *adj* more rough
ROUGHEST ▸ **rough**
ROUGHHEW *vb* cut or hew (timber, stone, etc) roughly without finishing the surface
ROUGHIE, -S *n* small food fish found in Australian waters
ROUGHING *n* (in ice hockey) excessive use of force
ROUGHISH *adj* somewhat rough
ROUGHLEG *n* any of several kinds of large hawk with feathered legs
ROUGHLY *adv* without being exact or fully authenticated
ROUGHOUT *n* unfinished roughly shaped artefact
ROUGHS ▸ **rough**
ROUGHT *archaic past form of* ▸ **reach**
ROUGHY *spelling variant of* ▸ **roughie**
ROUGING ▸ **rouge**
ROUILLE, -S *n* kind of sauce
ROUL, -S *archaic form of* ▸ **roll**
ROULADE, -S *n* slice of meat rolled and cooked
ROULE, -S *archaic form of* ▸ **roll**
ROULEAU, -S, -X *n* roll of paper containing coins
ROULES ▸ **roule**
ROULETTE *n* gambling game played with a revolving wheel and a ball ▷ *vb* use a toothed wheel on (something), as in engraving, making stationery, etc
ROULS ▸ **roul**
ROUM, -S *archaic spelling of* ▸ **room**

ROUMING, -S *n* pasture given for an animal
ROUMS ▸ **roum**
ROUNCE, -S *n* handle that is turned to move paper and plates on a printing press
ROUNCY, ROUNCIES *archaic word for* ▸ **horse**
ROUND, -EST, -S *adj* spherical, cylindrical, circular, or curved ▹ *prep* indicating an encircling movement, presence on all sides, etc ▹ *vb* move round ▹ *n* round shape
ROUNDED *adj* round or curved
ROUNDEL, -S *same as* > **roundelay**
ROUNDER *n* run round all four bases after one hit in rounders
ROUNDERS *n* bat-and-ball team game
ROUNDEST ▸ **round**
ROUNDING *n* process in which a number with a fraction is approximated as the closest number up or down
ROUNDISH *adj* somewhat round
ROUNDLE, -S *same as* ▸ **roundel**
ROUNDLET *n* small circle
ROUNDLY *adv* thoroughly
ROUNDS ▸ **round**
ROUNDUP, -S *n* act of gathering together
ROUNDURE *n* archaic word meaning roundness
ROUP, -ED, -ING, -S *n* any of various chronic respiratory diseases of birds, esp poultry ▹ *vb* sell by auction
ROUPET *adj* Scots word meaning hoarse or croaky
ROUPIER ▸ **roupy**
ROUPIEST ▸ **roupy**
ROUPILY ▸ **roup**
ROUPING ▸ **roup**
ROUPIT *same as* ▸ **roupet**
ROUPS ▸ **roup**
ROUPY, ROUPIER, ROUPIEST ▸ **roup**
ROUSABLE *adj* capable of being roused
ROUSANT *adj* (in heraldry) rising
ROUSE, -D, -S *same as* ▸ **reveille**
ROUSER, -S *n* person or thing that rouses people
ROUSES ▸ **rouse**
ROUSING *adj* lively, vigorous
ROUSSEAU *n* pemmican fried in its own fat
ROUST, -ED, -ING, -S *vb* rout or stir, as out of bed
ROUSTER, -S *n* unskilled labourer on an oil rig
ROUSTING ▸ **roust**
ROUSTS ▸ **roust**
ROUT, -S *n* overwhelming defeat ▹ *vb* defeat and put to flight
ROUTE, -D, -ING, -S *n* roads taken to reach a destination ▹ *vb* send by a particular route
ROUTEMAN, ROUTEMEN *n* (in US English) delivery man or salesman doing a particular round
ROUTER, -S *n* device that allows data to be moved between points on a network
ROUTES ▸ **route**
ROUTEWAY *n* track, road, or waterway, etc, used as a route to somewhere
ROUTH, -S *n* abundance ▹ *adj* abundant
ROUTHIE, -R *adj* abundant, plentiful, or well filled
ROUTHS ▸ **routh**
ROUTINE, -S *n* usual or regular method of procedure ▹ *adj* ordinary or regular
ROUTING, -S ▸ **rout**
ROUTOUS ▸ **rout**
ROUTS ▸ **rout**
ROUX *n* fat and flour cooked together as a basis for sauces
ROVE, -D, -N, -S, ROVING, ROVINGS *vb* wander about
ROVER, -S *n* wanderer, traveller
ROVES ▸ **rove**
ROVING ▸ **rove**
ROVINGLY ▸ **rove**
ROVINGS ▸ **rove**
ROW, -ED, -S *n* straight line of people or things ▹ *vb* propel (a boat) by oars
ROWABLE ▸ **row**
ROWAN, -S *n* tree producing bright red berries; mountain ash
ROWBOAT, -S *n* small boat propelled by one or more pairs of oars
ROWDEDOW *same as* ▸ **rowdydow**
ROWDIER ▸ **rowdy**
ROWDIES ▸ **rowdy**
ROWDIEST ▸ **rowdy**
ROWDILY ▸ **rowdy**
ROWDY, ROWDIER, ROWDIES, ROWDIEST *adj* disorderly, noisy, and rough ▹ *n* person like this
ROWDYDOW *n* hullabaloo ▹ *vb* make noise
ROWDYISH ▸ **rowdy**
ROWDYISM *n* rowdy behaviour or tendencies or a habitual pattern of rowdy behaviour
ROWED ▸ **row**
ROWEL, -ED, -ING, -LED, -S *n* small spiked wheel on a spur ▹ *vb* goad (a horse) using a rowel
ROWEN, -S *another word for* > **aftermath**
ROWER, -S ▸ **row**
ROWIE, -S *n* Scottish bread roll made with butter and fat
ROWING, -S ▸ **row**
ROWLOCK, -S *n* device on a boat that holds an oar in place
ROWME, -S *archaic variant of* ▸ **room**
ROWND, -ED, -ING, -S *archaic variant of* ▸ **round**
ROWNDELL *archaic variant of* ▸ **roundel**
ROWNDING ▸ **rownd**
ROWNDS ▸ **rownd**
ROWOVER, -S *n* act of winning a rowing race unopposed
ROWS ▸ **row**
ROWT, -ED, -ING, -S *archaic variant of* ▸ **rout**
ROWTH, -S *same as* ▸ **routh**
ROWTING ▸ **rowt**
ROWTS ▸ **rowt**
ROYAL, -LER, -S *adj* of, befitting, or supported by a king or queen ▹ *n* member of a royal family
ROYALET, -S *n* minor king
ROYALISE *same as* ▸ **royalize**
ROYALISM ▸ **royalist**
ROYALIST *n* supporter of monarchy ▹ *adj* of or relating to royalists
ROYALIZE *vb* make royal
ROYALLER ▸ **royal**
ROYALLY ▸ **royal**
ROYALS ▸ **royal**
ROYALTY *n* royal people
ROYNE, -D, -S, ROYNING *archaic word for* ▸ **gnaw**
ROYNISH *archaic word for* ▸ **mangy**
ROYST, -ED, -ING, -S *same as* ▸ **roist**
ROYSTER, -S *same as* ▸ **roister**

ROYSTING ▸ **royst**
ROYSTS ▸ **royst**
ROZELLE, -S *same as* ▸ **roselle**
ROZET, -ED, -ING, -S *same as* ▸ **roset**
ROZIT, -ED, -ING, -S *same as* ▸ **roset**
ROZZER, -S *n* policeman or policewoman
RUANA, -S *n* woollen wrap resembling a poncho
RUB, -BED, -S *vb* apply pressure with a circular or backwards-and-forwards movement ▹ *n* act of rubbing
RUBABOO, -S *n* soup or stew made by boiling pemmican
RUBACE, -S *same as* ▸ **rubasse**
RUBAI, -S *n* verse form of Persian origin consisting of four-line stanzas
RUBAIYAT *n* (in Persian poetry) a verse form consisting of four-line stanzas
RUBASSE, -S *n* type of quartz containing red haematite
RUBATO, RUBATI, -S *n* expressive flexibility of tempo ▹ *adv* with a flexible tempo
RUBBABOO *same as* ▸ **rubaboo**
RUBBED ▸ **rub**
RUBBER, -ED, -S *n* strong waterproof elastic material ▹ *adj* made of or producing rubber ▹ *vb* provide with rubber coating
RUBBERY *adj* having the texture of or resembling rubber, esp in flexibility or toughness
RUBBET *old Scots past form of* ▸ **rob**
RUBBIDY *same as* ▸ **rubbity**
RUBBIES ▸ **rubby**
RUBBING, -S ▸ **rub**
RUBBISH *n* waste matter ▹ *vb* criticize
RUBBISHY *adj* worthless, of poor quality, or useless
RUBBIT *old Scots past form of* ▸ **rob**
RUBBITY *n* pub
RUBBLE, -D, -S, RUBBLING *n* fragments of broken stone, brick, etc ▹ *vb* turn into rubble
RUBBLIER ▸ **rubbly**
RUBBLING ▸ **rubble**
RUBBLY, RUBBLIER ▸ **rubble**
RUBBOARD *n* board for scrubbing clothes on
RUBBY, RUBBIES *n* slang word for rubbing alcohol
RUBBYDUB *n* person who drinks cheap alcohol mixtures
RUBDOWN, -S *n* act of drying or cleaning vigorously
RUBE, -S *n* unsophisticated countryman
RUBEFY, RUBEFIED, RUBEFIES *vb* make red
RUBEL, -S *n* currency unit of Belarus
RUBELLA, -S *n* mild contagious viral disease
RUBELLAN *n* red-coloured mineral
RUBELLAS ▸ **rubella**
RUBELS ▸ **rubel**
RUBEOLA, -S *technical name for* ▸ **measles**
RUBEOLAR ▸ **rubeola**
RUBEOLAS ▸ **rubeola**
RUBES ▸ **rube**
RUBICON, -S *n* point of no return ▹ *vb* (in bezique) to beat before the loser has managed to gain as many as 1000 points
RUBICUND *adj* ruddy
RUBIDIC ▸ **rubidium**
RUBIDIUM *n* soft highly reactive radioactive element
RUBIED ▸ **ruby**
RUBIER ▸ **ruby**
RUBIES ▸ **ruby**
RUBIEST ▸ **ruby**
RUBIFY, RUBIFIED, RUBIFIES *same as* ▸ **rubefy**
RUBIN, -S *archaic word for* ▸ **ruby**
RUBINE, -S *archaic word for* ▸ **ruby**
RUBINS ▸ **rubin**
RUBIOUS *adj* of the colour ruby
RUBLE, -S, RUBLI *same as* ▸ **rouble**
RUBOFF, -S *n* resulting effect on something else; consequences
RUBRIC, -S *n* set of rules for behaviour ▹ *adj* written, printed, or marked in red
RUBRICAL ▸ **rubric**
RUBRICS ▸ **rubric**
RUBS ▸ **rub**
RUBSTONE *n* stone used for sharpening or smoothing, esp a whetstone
RUBUS, -ES *n* fruit-bearing genus of shrubs
RUBY, RUBIED, RUBIER, RUBIES, RUBIEST, -ING *n* red precious gemstone ▹ *adj* deep red ▹ *vb* redden
RUBYLIKE ▸ **ruby**
RUC, -S *same as* ▸ **roc**
RUCHE, -D, -S *n* pleat or frill of lace etc as a decoration ▹ *vb* put a ruche on
RUCHING, -S *n* material used for a ruche
RUCK, -ED, -ING, -S *n* rough crowd of common people ▹ *vb* wrinkle or crease
RUCKLE, -D, -S, RUCKLING *another word for* ▸ **ruck**
RUCKMAN, RUCKMEN *n* person who plays in the ruck
RUCKS ▸ **ruck**
RUCKSACK *n* large pack carried on the back
RUCKSEAT *n* seat fixed to or forming part of a rucksack
RUCKUS, -ES *n* uproar
RUCOLA, -S *n* another name for the salad plant rocket
RUCS ▸ **ruc**
RUCTION, -S *n* uproar
RUCTIOUS *adj* tending or likely to cause ructions
RUD, -DED, -DING, -S *n* red or redness ▹ *vb* redden
RUDAS, -ES *n* Scots word for a coarse, rude old woman
RUDD, -S *n* European freshwater fish
RUDDED ▸ **rud**
RUDDER, -S *n* device for steering a boat or aircraft
RUDDIED ▸ **ruddy**
RUDDIER ▸ **ruddy**
RUDDIES ▸ **ruddy**
RUDDIEST ▸ **ruddy**
RUDDILY ▸ **ruddy**
RUDDING ▸ **rud**
RUDDLE, -D, -S, RUDDLING *n* red ochre, used esp to mark sheep ▹ *vb* mark (sheep) with ruddle
RUDDOCK, -S *dialect name for the* ▸ **robin**
RUDDS ▸ **rudd**
RUDDY, RUDDIED, RUDDIER, RUDDIES, RUDDIEST, -ING *adj* of a fresh healthy red colour ▹ *adv* bloody ▹ *vb* redden
RUDE, -R, -S, -ST *archaic spelling of* ▸ **rood**
RUDELY ▸ **rude**
RUDENESS ▸ **rude**
RUDER ▸ **rude**
RUDERAL, -S *n* plant that grows on waste ground ▹ *adj* growing in waste places
RUDERY, RUDERIES ▸ **rude**

RUDES ▸ **rude**
RUDESBY *n* archaic word for rude person
RUDEST ▸ **rude**
RUDI, -S *same as* ▸ **rudie**
RUDIE, -S *n* member of a youth movement originating in the 1960s
RUDIMENT *n* first principles or elementary stages of a subject
RUDIS ▸ **rudi**
RUDISH *adj* somewhat rude
RUDIST, -S *n* cone-shaped extinct mollusc
RUDISTID *same as* ▸ **rudist**
RUDISTS ▸ **rudist**
RUDS ▸ **rud**
RUDY *same as* ▸ **rudie**
RUE, -D, -S *vb* feel regret for ▹ *n* plant with evergreen bitter leaves
RUEDA, -S *n* type of Cuban round dance
RUEFUL *adj* regretful or sorry
RUEFULLY ▸ **rueful**
RUEING, -S ▸ **rue**
RUELLE, -S *n* area between bed and wall
RUELLIA, -S *n* genus of plants
RUER, -S ▸ **rue**
RUES ▸ **rue**
RUFF, -ED, -ING, -S *n* circular pleated, gathered, or fluted collar ▹ *vb* trump
RUFFE, -S *n* European freshwater fish
RUFFED ▸ **ruff**
RUFFES ▸ **ruffe**
RUFFIAN, -S *n* violent lawless person ▹ *vb* act like a ruffian
RUFFIN, -S *archaic name for* ▸ **ruffe**
RUFFING ▸ **ruff**
RUFFINS ▸ **ruffin**
RUFFLE, -D, -S, RUFFLING *vb* disturb the calm of ▹ *n* frill or pleat
RUFFLER, -S *n* person or thing that ruffles
RUFFLES ▸ **ruffle**
RUFFLIER ▸ **ruffly**
RUFFLIKE ▸ **ruff**
RUFFLING ▸ **ruffle**
RUFFLY, RUFFLIER *adj* ruffled
RUFFS ▸ **ruff**
RUFIYAA, -S *n* standard monetary unit of the Maldives
RUFOUS, -ES *n* reddish-brown colour
RUG, -S *n* small carpet ▹ *vb* (in dialect) tug
RUGA, -E *n* fold, wrinkle, or crease
RUGAL *adj* (in anatomy) with ridges or folds
RUGALACH *same as* ▸ **rugelach**
RUGATE *same as* ▸ **rugose**
RUGBY, RUGBIES *n* form of football played with an oval ball which may be handled by the players
RUGELACH *n* fruit and nut pastry shaped like a croissant
RUGGED, -ER *adj* rocky or steep
RUGGEDLY ▸ **rugged**
RUGGER, -S *same as* ▸ **rugby**
RUGGIER ▸ **ruggy**
RUGGIEST ▸ **ruggy**
RUGGING, -S ▸ **rug**
RUGGY, RUGGIER, RUGGIEST *adj* (in dialect) rough or rugged
RUGLIKE ▸ **rug**
RUGOLA, -S *n* another name for the salad plant rocket
RUGOSA, -S *n* any of various shrubs descended from a particular type of wild rose
RUGOSE *adj* wrinkled
RUGOSELY ▸ **rugose**
RUGOSITY ▸ **rugose**
RUGOUS *same as* ▸ **rugose**
RUGRAT, -S *n* young child
RUGS ▸ **rug**
RUGULOSE *adj* with little wrinkles
RUIN, -ED, -S *vb* destroy or spoil completely ▹ *n* destruction or decay
RUINABLE ▸ **ruin**
RUINATE, -D, -S *vb* archaic word for bring or come to ruin
RUINED ▸ **ruin**
RUINER, -S ▸ **ruin**
RUING, -S ▸ **rue**
RUINING, -S ▸ **ruin**
RUINOUS *adj* causing ruin
RUINS ▸ **ruin**
RUKH, -S *same as* ▸ **roc**
RULABLE ▸ **rule**
RULE, -D, -S *n* statement of what is allowed, for example in a game or procedure ▹ *vb* govern
RULELESS ▸ **rule**
RULER, -ED, -ING, -S *n* person who governs ▹ *vb* punish by hitting with a ruler
RULES ▸ **rule**
RULESSE *adj* archaic word meaning ruleless or without rules
RULIER ▸ **ruly**
RULIEST ▸ **ruly**
RULING, -S *n* formal decision ▹ *adj* controlling or exercising authority
RULLION, -S *n* Scots word for rawhide shoe
RULLOCK, -S *same as* ▸ **rowlock**
RULY, RULIER, RULIEST *adj* orderly
RUM, -MEST, -S *n* alcoholic drink distilled from sugar cane ▹ *adj* odd, strange
RUMAKI, -S *n* savoury of chicken liver and sliced water chestnut wrapped in bacon
RUMAL, -S *n* handkerchief or type of cloth
RUMBA, -ED, -ING, -S *n* lively ballroom dance of Cuban origin ▹ *vb* dance the rumba
RUMBELOW *n* nonsense word used in the refrain of certain sea shanties
RUMBLE, -D, -S *vb* make a low continuous noise ▹ *n* deep resonant sound
RUMBLER, -S ▸ **rumble**
RUMBLES ▸ **rumble**
RUMBLIER ▸ **rumbly**
RUMBLING ▸ **rumble**
RUMBLY, RUMBLIER *adj* rumbling or liable to rumble
RUMBO, -S *n* rum-based cocktail
RUMDUM, -S *n* alcoholic
RUME, -S *archaic form of* ▸ **rheum**
RUMEN, -S, RUMINA *n* first compartment of the stomach of ruminants
RUMES ▸ **rume**
RUMINA ▸ **rumen**
RUMINAL ▸ **rumen**
RUMINANT *n* cud-chewing (animal, such as a cow, sheep, or deer) ▹ *adj* of ruminants
RUMINATE *vb* chew the cud
RUMKIN, -S *n* archaic term for a drinking vessel
RUMLY ▸ **rum**
RUMMAGE, -D, -S *vb* search untidily and at length ▹ *n* untidy search through a collection of things
RUMMAGER ▸ **rummage**
RUMMAGES ▸ **rummage**
RUMMER, -S *n* drinking glass
RUMMEST ▸ **rum**
RUMMIER ▸ **rummy**

R

RUMMIES ▸**rummy**
RUMMIEST ▸**rummy**
RUMMILY ▸**rummy**
RUMMISH *adj* rather strange, peculiar, or odd ▹*vb* roar or protest
RUMMY, RUMMIER, RUMMIES, RUMMIEST *n* card game in which players try to collect sets or sequences ▹*adj* of or like rum in taste or smell
RUMNESS ▸**rum**
RUMOR, -ED, -ING, -S *same as* ▸**rumour**
RUMORER, -S *n* person given to spreading rumours
RUMORING ▸**rumor**
RUMOROUS *adj* involving or containing rumours
RUMORS ▸**rumor**
RUMOUR, -ED, -S *n* unproved statement ▹*vb* pass around or circulate in the form of a rumour
RUMOURER *n* someone given to spreading rumours
RUMOURS ▸**rumour**
RUMP, -ED, -ING, -S *n* buttocks ▹*vb* turn back on
RUMPIER ▸**rumpy**
RUMPIES ▸**rumpy**
RUMPIEST ▸**rumpy**
RUMPING ▸**rump**
RUMPLE, -D, -S, RUMPLING *vb* make untidy, crumpled, or dishevelled ▹*n* wrinkle, fold, or crease
RUMPLESS ▸**rump**
RUMPLIER ▸**rumply**
RUMPLING ▸**rumple**
RUMPLY, RUMPLIER ▸**rumple**
RUMPOT, -S *n* alcoholic
RUMPS ▸**rump**
RUMPUS, -ES *n* noisy commotion
RUMPY, RUMPIER, RUMPIES, RUMPIEST *n* tailless Manx cat ▹*adj* with a large or noticeable rump
RUMS ▸**rum**
RUN, RAN, -S *vb* move with a more rapid gait than walking ▹*n* act or spell of running
RUNABOUT *n* small car used for short journeys ▹*vb* move busily from place to place
RUNAGATE *n* vagabond, fugitive, or renegade
RUNANGA, -S *n* Māori assembly or council
RUNAWAY, -S *n* person or animal that runs away
RUNBACK, -S *n* (in tennis) the areas behind the baselines of the court
RUNCH, -ES *n* another name for white charlock
RUNCIBLE *adj* as in **runcible spoon** forklike utensil with two prongs and one sharp curved prong
RUND, -S *same as* ▸**roon**
RUNDALE, -S *n* system of land tenure in Ireland
RUNDLE, -S *n* rung of a ladder
RUNDLED *adj* rounded
RUNDLES ▸**rundle**
RUNDLET, -S *n* liquid measure, generally about 15 gallons
RUNDOWN, -S *adj* tired; exhausted ▹*n* brief review, résumé, or summary
RUNDS ▸**rund**
RUNE, -S *n* any character of the earliest Germanic alphabet
RUNED *n* with runes on
RUNELIKE *adj* resembling a rune or runes
RUNES ▸**rune**
RUNFLAT, -S *adj* having a safety feature that prevents tyres becoming dangerous when flat
RUNG, -S *n* crosspiece on ladder
RUNGED *adj* having rungs
RUNGLESS ▸**rung**
RUNGS ▸**rung**
RUNIC ▸**rune**
RUNKLE, -D, -S, RUNKLING *vb* (in dialect) crease or wrinkle
RUNLESS ▸**run**
RUNLET, -S *n* cask for wine, beer, etc
RUNNABLE ▸**run**
RUNNEL, -S *n* small brook
RUNNER, -S *n* competitor in a race
RUNNET, -S *dialect word for* ▸**rennet**
RUNNIER ▸**runny**
RUNNIEST ▸**runny**
RUNNING, -S ▸**run**
RUNNY, RUNNIER, RUNNIEST *adj* tending to flow
RUNOFF, -S *n* extra race to decide the winner after a tie
RUNOUT, -S *n* dismissal of a batsman by running them out
RUNOVER, -S *n* incident in which someone is run over by a vehicle
RUNPROOF *adj* (of stockings or tights) designed to be especially resistant to being ripped
RUNRIG, -S *same as* ▸**rundale**
RUNROUND *same as* >**runaround**
RUNS ▸**run**
RUNT, -S *n* smallest animal in a litter
RUNTED *adj* stunted
RUNTIER ▸**runty**
RUNTIEST ▸**runty**
RUNTISH ▸**runt**
RUNTS ▸**runt**
RUNTY, RUNTIER, RUNTIEST ▸**runt**
RUNWAY, -S *n* hard level roadway where aircraft take off and land
RUPEE, -S *n* monetary unit of India and Pakistan
RUPIA, -S *n* type of skin eruption
RUPIAH, -S *n* standard monetary unit of Indonesia
RUPIAS ▸**rupia**
RUPTURE, -D, -S *n* breaking, breach ▹*vb* break, burst, or sever
RURAL, -S *adj* in or of the countryside ▹*n* country dweller
RURALISE *same as* ▸**ruralize**
RURALISM ▸**rural**
RURALIST ▸**rural**
RURALITE ▸**rural**
RURALITY ▸**rural**
RURALIZE *vb* make rural in character, appearance, etc
RURALLY ▸**rural**
RURALS ▸**rural**
RURBAN *adj* part country, part urban
RURP, -S *n* very small piton
RURU, -S *another name for* ▸**mopoke**
RUSA, -S *n* type of deer with a mane
RUSALKA, -S *n* water nymph or spirit
RUSAS ▸**rusa**
RUSCUS, -ES *n* type of shrub
RUSE, -S *n* stratagem or trick
RUSH, -ED *vb* move or do very quickly ▹*n* sudden quick or violent movement ▹*adj* done with speed, hasty
RUSHEE, -S *n* someone interested in gaining fraternity or sorority membership
RUSHEN *adj* made of rushes
RUSHER, -S ▸**rush**

RUSHES *pl n* (in film-making) the initial prints of a scene or scenes before editing
RUSHIER ▸ **rushy**
RUSHIEST ▸ **rushy**
RUSHING, -S ▸ **rush**
RUSHLIKE ▸ **rush**
RUSHY, RUSHIER, RUSHIEST *adj* full of rushes
RUSINE *adj* of or relating to rusa deer
RUSK, -S *n* hard brown crisp biscuit, used esp for feeding babies
RUSMA, -S *n* Turkish depilatory
RUSSE *adj* as in **charlotte russe** cold dessert made from cream, etc, surrounded by sponge fingers
RUSSEL, -S *n* type of woollen fabric
RUSSET, -ED, -S *adj* reddish-brown ▹ *n* apple with rough reddish-brown skin ▹ *vb* become russet-coloured
RUSSETY *adj* of a russet colour
RUSSIA, -S *n* Russia leather
RUSSIFY *vb* cause to become Russian in character
RUSSULA, -E, -S *n* type of fungus, typically of toadstool shape
RUST, -ED, -S *n* reddish-brown coating formed on iron etc that has been exposed to moisture ▹ *adj* reddish-brown ▹ *vb* become coated with rust
RUSTABLE *adj* liable to rust
RUSTED ▸ **rust**
RUSTIC, -S *adj* of or resembling country people ▹ *n* person from the country
RUSTICAL *n* rustic
RUSTICLY ▸ **rustic**
RUSTICS ▸ **rustic**
RUSTIER ▸ **rusty**
RUSTIEST ▸ **rusty**
RUSTILY ▸ **rusty**
RUSTING, -S ▸ **rust**
RUSTLE, -D, -S *n* low whispering sound ▹ *vb* steal (cattle)
RUSTLER, -S *n* cattle thief
RUSTLES ▸ **rustle**
RUSTLESS ▸ **rust**
RUSTLING ▸ **rustle**
RUSTRE, -S *n* (in heraldry) lozenge with a round hole in the middle showing the background colour
RUSTRED ▸ **rustre**
RUSTRES ▸ **rustre**
RUSTS ▸ **rust**
RUSTY, RUSTIER, RUSTIEST *adj* coated with rust
RUT, -S, -TED *n* furrow made by wheels ▹ *vb* make ruts in
RUTABAGA *n* plant with a bulbous edible root
RUTH, -S *n* pity
RUTHENIC *adj* of or containing ruthenium, esp in a high valency state
RUTHER *adv* rather
RUTHFUL *adj* full of or causing sorrow or pity
RUTHLESS *adj* pitiless, merciless
RUTHS ▸ **ruth**
RUTILANT *adj* of a reddish colour or glow
RUTILE, -S *n* black, yellowish, or reddish-brown mineral
RUTIN, -S *n* bioflavonoid found in various plants including rue
RUTS ▸ **rut**
RUTTED ▸ **rut**
RUTTER, -S *n* (in history) type of cavalry soldier
RUTTIER ▸ **rutty**
RUTTIEST ▸ **rutty**
RUTTILY ▸ **rutty**
RUTTING, -S ▸ **rut**
RUTTISH *adj* (of an animal) in a condition of rut
RUTTY, RUTTIER, RUTTIEST *adj* full of ruts or holes
RYA, -S *n* type of rug originating in Scandinavia
RYAL, -S *n* one of several old coins
RYAS ▸ **rya**
RYBAT, -S *n* polished stone piece forming the side of a window or door
RYE, -S *n* kind of grain used for fodder and bread
RYEBREAD *n* bread made from rye flour
RYEFLOUR *n* flour made from rye
RYEGRASS *n* type of grass, widely cultivated as a forage crop
RYEPECK, -S *n* punt-mooring pole
RYES ▸ **rye**
RYFE *archaic variant of* ▸ **rife**
RYKE, -D, -S, RYKING *Scots variant of* ▸ **reach**
RYMME, -D, -S, RYMMING *same as* ▸ **rim**
RYND, -S *n* (in milling) crossbar piece forming part of the support structure of the upper millstone
RYOKAN, -S *n* traditional Japanese inn
RYOT, -S *n* (in India) a peasant or tenant farmer
RYOTWARI *n* (in India) system of land tenure in which land taxes are paid to the state
RYPE, -R *n* ptarmigan
RYPECK, -S *same as* ▸ **ryepeck**
RYPER ▸ **rype**
RYU, -S *n* school of Japanese martial arts

Ss

S begins only four two-letter words, **sh** (5 points), **si**, **so** and **st** (2 each). These are easy to remember, and it's worth noting that two of them, **sh** and **st**, don't use any vowels. Interestingly, there are quite a few three-letter words beginning with **S** that don't contain vowels, some of which give good scores. These are **shh** (9), **shy** (9), **sky** (10), **sly** (6), **sny** (6), **spy** (8), **sty** (6), **swy** (9) and **syn** (6). **S** also forms a number of three-letter words with **X**. These are easy to remember as they use every vowel except **U**: **sax**, **sex**, **six** and **sox** (10 each). When it comes to **Z**, you will find **saz**, **sez** and **soz** (12 each) very useful, and the same applies to **suq** (12 points).

SAAG, -S *n* (in Indian cookery) spinach
SAB, -BED, -BING, -S *n* person engaged in direct action to prevent a targeted activity taking place ▷ *vb* take part in such action
SABAL, -S *n* variety of palm tree
SABATON, -S *n* foot covering in suit of armour
SABAYON, -S *n* dessert or sweet sauce made with egg yolks, sugar, and wine
SABBAT, -S *n* midnight meeting of witches
SABBATH, -S *n* period of rest
SABBATIC *n* period of leave granted to university staff
SABBATS ▸ **sabbat**
SABBED ▸ **sab**
SABBING, -S ▸ **sab**
SABE, -D, -ING, -S *n* very informal word meaning sense or savvy ▷ *vb* very informal word meaning know or savvy
SABELLA, -S *n* marine worm
SABER, -ED, -ING, -S *same as* ▸ **sabre**
SABES ▸ **sabe**
SABHA, -S *n* set of Muslim prayer beads
SABICU, -S *n* type of Caribbean tree
SABIN, -S *n* unit of acoustic absorption
SABINE, -S *variant of* ▸ **savin**
SABINS ▸ **sabin**
SABIR, -S *n* member of ancient Turkic people
SABKHA, -S *n* flat coastal plain with a salt crust, common in Arabia
SABKHAH, -S *n* sabkha
SABKHAS ▸ **sabkha**
SABKHAT, -S *n* sabkha
SABLE, -D, -R, -S, -ST, SABLING *n* dark fur from a small weasel-like Arctic animal ▷ *adj* black
SABOT, -S *n* wooden shoe traditionally worn by peasants in France
SABOTAGE *n* intentional damage done to machinery, systems, etc ▷ *vb* damage intentionally
SABOTED *adj* wearing sabots
SABOTEUR *n* person who commits sabotage
SABOTIER *n* wearer of wooden clogs
SABOTS ▸ **sabot**
SABRA, -S *n* native-born Israeli Jew
SABRE, -D, -S, SABRING *n* curved cavalry sword ▷ *vb* injure or kill with a sabre
SABREUR, -S *n* person wielding sabre
SABRING ▸ **sabre**
SABS ▸ **sab**
SABULINE *same as* ▸ **sabulous**
SABULOSE *same as* ▸ **sabulous**
SABULOUS *adj* like sand in texture
SABURRA, -S *n* granular deposit
SABURRAL ▸ **saburra**
SABURRAS ▸ **saburra**
SAC, -S *n* pouchlike structure in an animal or plant
SACATON, -S *n* coarse grass of the southwestern US and Mexico
SACBUT, -S *n* medieval trombone
SACCADE, -S *n* movement of the eye when it makes a sudden change of fixation, as in reading
SACCADIC ▸ **saccade**
SACCATE *adj* in the form of a sac
SACCOS, SACCOI, -ES *n* bishop's garment in the Orthodox Church
SACCULAR *adj* of or resembling a sac
SACCULE, -S *n* small sac
SACCULUS, SACCULI *same as* ▸ **saccule**
SACELLUM, SACELLA *n* tomb within a church
SACHEM, -S *same as* ▸ **sagamore**
SACHEMIC ▸ **sachem**
SACHEMS ▸ **sachem**
SACHET, -S *n* small envelope or bag containing a single portion
SACHETED *adj* contained in a sachet
SACHETS ▸ **sachet**
SACK, -ED, -S *n* large bag made of coarse material ▷ *vb* dismiss
SACKABLE *adj* of an offence that is sufficiently serious to warrant dismissal from a job

SACKAGE, -D, -S *n* act of sacking a place ▷ *vb* sack or plunder
SACKBUT, -S *n* medieval form of trombone
SACKED ▸ **sack**
SACKER, -S ▸ **sack**
SACKFUL, -S, SACKSFUL ▸ **sack**
SACKING, -S *n* rough woven material used for sacks
SACKLESS *adj* old word meaning innocent
SACKLIKE ▸ **sack**
SACKLOAD *n* amount of something that a sack contains
SACKS ▸ **sack**
SACKSFUL ▸ **sackful**
SACLESS *adj* old word meaning unchallengeable
SACLIKE ▸ **sac**
SACQUE, -S *same as* ▸ **sack**
SACRA ▸ **sacrum**
SACRAL, -S *adj* of or associated with sacred rites ▷ *n* sacral vertebra
SACRARIA > **sacrarium**
SACRED, -ER *adj* holy
SACREDLY ▸ **sacred**
SACRIFY *vb* old form of sacrifice
SACRING, -S *n* act or ritual of consecration
SACRIST, -S *same as* > **sacristan**
SACRISTY *n* room in a church where sacred objects are kept
SACRUM, SACRA, -S *n* wedge-shaped bone at the base of the spine
SACS ▸ **sac**
SAD, -DED, -DER, -DEST, -DING, -S *adj* sorrowful, unhappy ▷ *vb* New Zealand word meaning express sadness or displeasure strongly
SADDEN, -ED, -S *vb* make (someone) sad
SADDER ▸ **sad**
SADDEST ▸ **sad**
SADDHU, -S *same as* ▸ **sadhu**
SADDIE, -S *same as* ▸ **saddo**
SADDING ▸ **sad**
SADDISH ▸ **sad**
SADDLE, -D, -S, SADDLING *n* rider's seat on a horse or bicycle ▷ *vb* put a saddle on (a horse)
SADDLER, -S *n* maker or seller of saddles
SADDLERY *n* saddles and harness for horses collectively
SADDLES ▸ **saddle**
SADDLING ▸ **saddle**
SADDO, -ES, -S *vb* make sad ▷ *n* socially inadequate or pathetic person
SADE, -S *same as* ▸ **sadhe**
SADHANA, -S *n* one of a number of spiritual practices which lead to perfection
SADHE, -S *n* 18th letter in the Hebrew alphabet
SADHU, -S *n* Hindu wandering holy man
SADI, -S *variant of* ▸ **sadhe**
SADIRON, -S *n* heavy iron pointed at both ends, for pressing clothes
SADIS ▸ **sadi**
SADISM, -S *n* gaining of pleasure from inflicting suffering
SADIST, -S ▸ **sadism**
SADISTIC ▸ **sadism**
SADISTS ▸ **sadist**
SADLY ▸ **sad**
SADNESS ▸ **sad**
SADO, -S *variant of* ▸ **chado**
SADS ▸ **sad**
SADZA, -S *n* southern African porridge
SAE *Scot word for* ▸ **so**
SAECULUM, SAECULA *n* age in astronomy
SAETER, -S *n* upland pasture in Norway
SAFARI, -ED, -S *n* expedition to hunt or observe wild animals, esp in Africa ▷ *vb* go on safari
SAFARIST *n* person on safari
SAFE, -D, -R, -S, -ST, SAFING *adj* secure, protected ▷ *n* strong lockable container ▷ *vb* make safe
SAFELY ▸ **safe**
SAFENESS ▸ **safe**
SAFER ▸ **safe**
SAFES ▸ **safe**
SAFEST ▸ **safe**
SAFETY, SAFETIED, SAFETIES *n* state of being safe ▷ *vb* make safe
SAFFIAN, -S *n* leather tanned with sumach and usually dyed a bright colour
SAFFRON, -S *n* orange-coloured flavouring obtained from a crocus ▷ *adj* orange
SAFFRONY *adj* like saffron
SAFING ▸ **safe**
SAFRANIN *same as* > **safranine**
SAFROL, -S *n* oily liquid obtained from sassafras
SAFROLE, -S *n* colourless or yellowish oily water-insoluble liquid
SAFROLS ▸ **safrol**
SAFRONAL *n* oily liquid derived from saffron
SAFT, -ER, -EST *Scot word for* ▸ **soft**
SAG, -GED, -S *vb* sink in the middle ▷ *n* droop
SAGA, -S *n* legend of Norse heroes
SAGACITY *n* foresight, discernment, or keen perception
SAGAMAN, SAGAMEN *n* person reciting Norse sagas
SAGAMORE *n* (among some Native Americans) a chief or eminent man
SAGANASH *n* Algonquian term for an Englishman
SAGAS ▸ **saga**
SAGATHY *n* type of light fabric
SAGBUT, -S *n* medieval trombone
SAGE, -R, -S, -ST *n* very wise man ▷ *adj* wise
SAGEHOOD *n* state of being wise
SAGELY ▸ **sage**
SAGENE, -S *n* fishing net
SAGENESS ▸ **sage**
SAGENITE *n* mineral found in crystal form
SAGER ▸ **sage**
SAGES ▸ **sage**
SAGEST ▸ **sage**
SAGGAR, -ED, -S *n* box in which fragile ceramic wares are placed for protection ▷ *vb* put in a saggar
SAGGARD, -S *n* saggar
SAGGARED ▸ **saggar**
SAGGARS ▸ **saggar**
SAGGED ▸ **sag**
SAGGER, -ED, -S *same as* ▸ **saggar**
SAGGIER ▸ **saggy**
SAGGIEST ▸ **saggy**
SAGGING, -S ▸ **sag**
SAGGY, SAGGIER, SAGGIEST *adj* tending to sag
SAGIER ▸ **sagy**
SAGIEST ▸ **sagy**
SAGINATE *vb* fatten livestock
SAGITTA, -S *n* sine of an arc
SAGITTAL *adj* resembling an arrow
SAGITTAS ▸ **sagitta**
SAGO, -S *n* starchy cereal from the powdered pith of the sago palm tree
SAGOIN, -S *n* South American monkey
SAGOS ▸ **sago**

S

SAGOUIN, -S *n* South American monkey
SAGRADA *adj* as in **cascara sagrada** dried bark of the cascara buckthorn
SAGS ▸ **sag**
SAGUARO, -S *n* giant cactus of desert regions
SAGUIN, -S *n* South American monkey
SAGUM *n* Roman soldier's cloak
SAGY, SAGIER, SAGIEST *adj* like or containing sage
SAHEB, -S *same as* ▸ **sahib**
SAHIB, -S *n* Indian term of address placed after a man's name as a mark of respect
SAHIBA, -S *n* respectful Indian term of address for woman
SAHIBAH, -S *n* sahiba
SAHIBAS ▸ **sahiba**
SAHIBS ▸ **sahib**
SAHIWAL, -S *n* breed of cattle in India
SAHUARO, -S *same as* ▸ **saguaro**
SAI, -S *n* South American monkey
SAIBLING *n* freshwater fish
SAIC, -S *n* boat of eastern Mediterranean
SAICE, -S *same as* ▸ **syce**
SAICK, -S *n* boat of eastern Mediterranean
SAICS ▸ **saic**
SAID, -S *same as* ▸ **sayyid**
SAIDEST ▸ **say**
SAIDS ▸ **said**
SAIDST ▸ **say**
SAIGA, -S *n* either of two antelopes of the plains of central Asia
SAIKEI, -S *n* Japanese ornamental miniature landscape
SAIKLESS *old Scots word for* ▸ **innocent**
SAIL, -ED, -S *n* sheet of fabric stretched to catch the wind for propelling a sailing boat ▹ *vb* travel by water
SAILABLE ▸ **sail**
SAILBOAT *n* boat propelled chiefly by sail
SAILED ▸ **sail**
SAILER, -S *n* vessel, esp one equipped with sails, with specified sailing characteristics
SAILFISH *n* large tropical game fish, with a long sail-like fin on its back
SAILING, -S *n* practice, art, or technique of sailing a vessel
SAILLESS ▸ **sail**
SAILOR, -S *n* member of a ship's crew
SAILORLY *adj* like a sailor
SAILORS ▸ **sailor**
SAILPAST *n* sailing of ships past a particular place
SAILROOM *n* space on ship for storing sails
SAILS ▸ **sail**
SAIM, -S *Scots word for* ▸ **lard**
SAIMIN, -S *n* Hawaiian dish of noodles
SAIMIRI, -S *n* South American monkey
SAIMS ▸ **saim**
SAIN, -ED, -ING, -S *vb* make the sign of the cross over so as to bless or protect from evil or sin
SAINE *vb* old form of say
SAINED ▸ **sain**
SAINFOIN *n* Eurasian plant with pink flowers, widely grown as feed for grazing farm animals
SAINING ▸ **sain**
SAINS ▸ **sain**
SAINT, -ING, -S *n* person venerated after death as specially holy ▹ *vb* canonize
SAINTDOM ▸ **saint**
SAINTED *adj* formally recognized by a Christian Church as a saint
SAINTESS *n* female saint
SAINTING ▸ **saint**
SAINTISH ▸ **saint**
SAINTISM *n* quality of being saint
SAINTLY *adj* behaving in a very good, patient, or holy way
SAINTS ▸ **saint**
SAIQUE, -S *n* boat in eastern Mediterranean
SAIR, -ED, -ER, -EST, -ING, -S *Scot word for* ▸ **sore**
SAIS ▸ **sai**
SAIST ▸ **say**
SAITH, -S *form of the present tense (indicative mood) of* ▸ **say**
SAITHE, -S *n* dark-coloured food fish found in northern seas
SAITHS ▸ **saith**
SAIYID, -S *n* Muslim descended from Mohammed's grandson
SAJOU, -S *n* South American monkey
SAKAI, -S *n* Malaysian aborigine
SAKE, -S *n* benefit
SAKER, -S *n* large falcon of E Europe and central Asia
SAKERET, -S *n* male saker
SAKERS ▸ **saker**
SAKES ▸ **sake**
SAKI, -S *n* small arboreal monkey
SAKIA, -S *n* water wheel in Middle East
SAKIEH, -S *same as* ▸ **sakia**
SAKIS ▸ **saki**
SAKIYEH, -S *same as* ▸ **sakia**
SAKKOS, SAKKOI, -ES *n* bishop's garment in Orthodox Church
SAKSAUL, -S *n* Asian tree
SAKTI, -S *n* wife of a Hindu god
SAL, -S *pharmacological term for* ▸ **salt**
SALAAM, -ED, -S *n* low bow of greeting among Muslims ▹ *vb* make a salaam
SALABLE *same as* ▸ **saleable**
SALABLY ▸ **saleably**
SALAD, -S *n* dish of raw vegetables, eaten as a meal or part of a meal
SALADANG *n* variety of ox
SALADE, -S *same as* ▸ **sallet**
SALADING *n* ingredients for salad
SALADS ▸ **salad**
SALAL, -S *n* North American shrub
SALAMI, -S *n* highly spiced sausage
SALAMON, -S *n* word used in old oaths
SALARIAT *n* salary-earning class
SALARIED *adj* earning or providing a salary
SALARY, SALARIES *n* fixed regular payment, usu monthly, to an employee ▹ *vb* pay a salary to
SALAT, -S *n* obligatory series of Islamic prayers facing towards Mecca
SALBAND, -S *n* coating of mineral
SALCHOW, -S *n* type of figure-skating jump
SALE, -S *n* exchange of goods for money
SALEABLE *adj* fit or likely to be sold
SALEABLY ▸ **saleable**
SALEP, -S *n* dried ground starchy tubers of various orchids
SALERING *n* enclosed area for livestock at market
SALEROOM *n* place where goods are sold by auction
SALES ▸ **sale**
SALESMAN, SALESMEN *n* person who sells goods

SALET, -S *same as* ▸ **sallet**
SALEWD ▸ **salue**
SALEYARD *n* area with pens for holding animals before auction
SALFERN, -S *n* plant of borage family
SALIC *adj* (of rocks and minerals) having a high content of silica and alumina
SALICES ▸ **salix**
SALICET, -S *n* soft-toned organ stop
SALICETA > **salicetum**
SALICETS ▸ **salicet**
SALICIN, -S *n* colourless or white crystalline water-soluble glucoside
SALICINE *same as* ▸ **salicin**
SALICINS ▸ **salicin**
SALIENCE ▸ **salient**
SALIENCY *n* quality of being prominent
SALIENT, -S *adj* prominent, noticeable ▹ *n* projecting part of a front line
SALIFY, SALIFIED, SALIFIES *vb* treat, mix with, or cause to combine with a salt
SALIGOT, -S *n* water chestnut
SALINA, -S *n* salt marsh, lake, or spring
SALINE, -S *adj* containing salt ▹ *n* solution of sodium chloride and water
SALINISE *same as* ▸ **salinize**
SALINITY ▸ **saline**
SALINIZE *vb* treat with salt
SALIVA, -S *n* liquid that forms in the mouth, spittle
SALIVAL ▸ **saliva**
SALIVARY ▸ **saliva**
SALIVAS ▸ **saliva**
SALIVATE *vb* produce saliva
SALIX, SALICES *n* plant or tree of willow family
SALL *archaic form of* ▸ **shall**
SALLAD, -S *old spelling of* ▸ **salad**
SALLAL, -S *n* North American shrub
SALLE, -S *n* hall
SALLEE, -S *n* SE Australian eucalyptus
SALLES ▸ **salle**
SALLET, -S *n* light round helmet
SALLIED ▸ **sally**
SALLIER, -S ▸ **sally**
SALLIES ▸ **sally**
SALLOW, -ED, -ER, -S *adj* of an unhealthy pale or yellowish colour ▹ *vb* make sallow ▹ *n* any of several small willow trees
SALLOWLY ▸ **sallow**
SALLOWS ▸ **sallow**
SALLOWY *adj* full of sallows
SALLY, SALLIED, SALLIES, -ING *n* violent excursion ▹ *vb* set or rush out
SALMI *n* ragout of game stewed in a rich brown sauce
SALMIS *same as* ▸ **salmi**
SALMON, -S *n* large fish with orange-pink flesh valued as food ▹ *adj* orange-pink
SALMONET *n* young salmon
SALMONID *n* type of soft-finned fish of the family which includes the salmon
SALMONS ▸ **salmon**
SALMONY *adj* of or like a salmon
SALOL, -S *n* white sparingly soluble crystalline compound
SALON, -S *n* commercial premises of a hairdresser, beautician, etc
SALOON, -S *n* closed car with four or more seats
SALOOP, -S *n* infusion of aromatic herbs or other plant parts formerly used as a tonic or cure
SALOP, -S *variant of* ▸ **saloop**
SALOPIAN ▸ **saloop**
SALOPS ▸ **salop**
SALP, -S *n* minute animal floating in sea
SALPA, -E, -S *n* any of various minute floating animals of warm oceans
SALPIAN, -S *n* minute animal floating in sea
SALPICON *n* mixture of chopped fish, meat, or vegetables in a sauce
SALPID, -S *n* minute animal floating in sea
SALPINX *n* Fallopian tube or Eustachian tube
SALPS ▸ **salp**
SALS ▸ **sal**
SALSA, -ED, -ING, -S *n* lively Puerto Rican dance ▹ *vb* dance the salsa
SALSE, -S *n* volcano expelling mud
SALSIFY *n* Mediterranean plant with a long white edible root
SALSILLA *n* tropical American vine
SALT, -EST, -S *n* white crystalline substance used to season food ▹ *vb* season or preserve with salt
SALTANDO *n* staccato piece of violin playing
SALTANT, -S *adj* (of an organism) differing from others of its species because of a saltation ▹ *n* saltant organism
SALTATE, -D, -S *vb* go through saltation
SALTATO, -S *n* staccato piece of violin playing
SALTBOX *n* box for salt with a sloping lid
SALTBUSH *n* shrub that grows in alkaline desert regions
SALTCAT, -S *n* salty medicine for pigeons
SALTED *adj* seasoned, preserved, or treated with salt
SALTER, -S *n* person who deals in or manufactures salt
SALTERN, -S *n* place where salt is obtained from pools of evaporated sea water
SALTERS ▸ **salter**
SALTERY *n* factory where fish is salted for storage
SALTEST ▸ **salt**
SALTFISH *n* salted cod
SALTIE, -S *n* saltwater crocodile
SALTIER, -S *same as* ▸ **saltire**
SALTIES ▸ **saltie**
SALTIEST ▸ **salty**
SALTILY ▸ **salty**
SALTINE, -S *n* salty biscuit
SALTING, -S *n* area of low ground regularly inundated with salt water
SALTIRE, -S *n* diagonal cross on a shield
SALTISH ▸ **salt**
SALTLESS ▸ **salt**
SALTLIKE ▸ **salt**
SALTLY ▸ **salt**
SALTNESS ▸ **salt**
SALTO, -ED, -ING, -S *n* daring jump ▹ *vb* perform a daring jump
SALTPAN, -S *n* shallow basin containing salt from an evaporated salt lake
SALTS ▸ **salt**
SALTUS, -ES *n* break in the continuity of a sequence
SALTWORK *n* place where salt is refined
SALTWORT *n* any of several chenopodiaceous plants
SALTY, SALTIEST *adj* of, tasting of, or containing salt
SALUE, SALEWD, -D, -S, SALUING *vb* old word meaning salute
SALUKI, -S *n* type of tall hound with a smooth coat

SALUT *interj* cheers!
SALUTARY *adj* producing a beneficial result
SALUTE, -D, -S, SALUTING *n* motion of the arm as a formal military sign of respect ▷ *vb* greet with a salute
SALUTER, -S ▸ **salute**
SALUTES ▸ **salute**
SALUTING ▸ **salute**
SALVABLE *adj* capable of or suitable for being saved or salvaged
SALVABLY ▸ **salvable**
SALVAGE, -D, -S *n* saving of a ship or other property from destruction ▷ *vb* save from destruction or waste
SALVAGEE *n* rope on sailing ship
SALVAGER ▸ **salvage**
SALVAGES ▸ **salvage**
SALVE, -D, -S *n* healing or soothing ointment ▷ *vb* soothe or appease
SALVER, -S *same as* ▸ **salvor**
SALVES ▸ **salve**
SALVETE, -S *n* Latin greeting
SALVIA, -S *n* plant with blue or red flowers
SALVIFIC *adj* acting to salve
SALVING, -S ▸ **salve**
SALVO, -ED, -ES, -ING, -S *n* simultaneous discharge of guns etc ▷ *vb* attack with a salvo
SALVOR, -S *n* person instrumental in salvaging a vessel or its cargo
SALVOS ▸ **salvo**
SALWAR, -S *n* pair of loose-fitting trousers narrowing around the ankles
SAM, -MED, -MING, -S *vb* collect
SAMA, -S *n* Japanese title of respect
SAMAAN, -S *n* South American tree
SAMADHI, -S *n* state of deep meditative contemplation
SAMAN, -S *n* South American tree
SAMARA, -S *n* dry indehiscent one-seeded fruit
SAMARIUM *n* silvery metallic element
SAMAS ▸ **sama**
SAMBA, -ED, -ING, -S *n* lively Brazilian dance ▷ *vb* perform such a dance
SAMBAL, -S *n* Malaysian dish
SAMBAR, -S *n* S Asian deer with three-tined antlers
SAMBAS ▸ **samba**
SAMBHAR, -S *n* Indian dish
SAMBHUR, -S *n* Asian deer
SAMBUCA, -S *n* Italian liqueur
SAMBUKE, -S *n* ancient Greek stringed instrument
SAMBUR, -S *same as* ▸ **sambar**
SAME, -S *adj* identical, not different, unchanged ▷ *n* something identical
SAMECH, -S *n* letter in Hebrew alphabet
SAMEK, -S *variant of* ▸ **samekh**
SAMEKH, -S *n* 15th letter in the Hebrew alphabet
SAMEKS ▸ **samek**
SAMEL *adj* of brick, not sufficiently fired
SAMELY *adj* the same
SAMEN *old Scots form of* ▸ **same**
SAMENESS *n* state or quality of being the same
SAMES ▸ **same**
SAMEY, SAMIER, SAMIEST *adj* monotonous
SAMFOO, -S *n* style of casual dress worn by Chinese women
SAMFU, -S *same as* ▸ **samfoo**
SAMIEL, -S *same as* ▸ **simoom**
SAMIER ▸ **samey**
SAMIEST ▸ **samey**
SAMISEN, -S *n* Japanese plucked stringed instrument with a long neck
SAMITE, -S *n* heavy fabric of silk used in the Middle Ages
SAMITHI, -S *same as* ▸ **samiti**
SAMITI, -S *n* (in India) an association, esp one formed to organize political activity
SAMIZDAT *n* system of secret printing and distribution of banned literature in the former USSR
SAMLET, -S *n* young salmon
SAMLOR, -S *n* motor vehicle in Thailand
SAMMED ▸ **sam**
SAMMIE *n* sandwich
SAMMIES ▸ **sammy**
SAMMING ▸ **sam**
SAMMY, SAMMIES *n* (in South Africa) an Indian fruit and vegetable vendor
SAMNITIS *n* poisonous plant mentioned by Spenser
SAMOSA, -S *n* (in Indian cookery) a small fried triangular spiced meat or vegetable pasty
SAMOVAR, -S *n* Russian tea urn
SAMOYED, -S *n* Siberian breed of dog with a tightly curled tail
SAMP, -S *n* crushed maize used for porridge
SAMPAN, -S *n* small boat with oars used in China
SAMPHIRE *n* plant found on rocks by the seashore
SAMPI, -S *n* old Greek number character
SAMPIRE, -S *n* samphire
SAMPIS ▸ **sampi**
SAMPLE, -D, -S *n* part taken as representative of a whole ▷ *vb* take and test a sample of
SAMPLER, -S *n* piece of embroidery showing the embroiderer's skill
SAMPLERY *n* making of samplers
SAMPLES ▸ **sample**
SAMPLING *n* process of selecting a random sample
SAMPS ▸ **samp**
SAMS ▸ **sam**
SAMSARA, -S *n* endless cycle of birth, death, and rebirth
SAMSARIC *adj* relating to the eternal cycle of birth, suffering, death and rebirth in Indian religions
SAMSHOO, -S *same as* ▸ **samshu**
SAMSHU, -S *n* alcoholic drink made from fermented rice
SAMSKARA *n* Hindu purification ceremony
SAMURAI, -S *n* member of an ancient Japanese warrior caste
SAN *n* sanatorium
SANATIVE *less common word for* ▸ **curative**
SANATORY *adj* healing
SANCAI, -S *n* glaze in Chinese pottery
SANCHO, -S *n* African stringed instrument
SANCTA ▸ **sanctum**
SANCTIFY *vb* make holy
SANCTION *n* permission, authorization ▷ *vb* allow, authorize
SANCTITY *n* sacredness, inviolability
SANCTUM, SANCTA, -S *n* sacred place
SAND, -ED, -S *n* substance consisting of small grains of rock, esp on a beach or in a desert ▷ *vb* smooth with sandpaper

SANDABLE ▸ **sand**
SANDAL, -S *n* light shoe consisting of a sole attached by straps ▹ *vb* put sandals on
SANDALED ▸ **sandal**
SANDALS ▸ **sandal**
SANDARAC *n* either of two coniferous trees having hard fragrant dark wood
SANDBAG, -S *n* bag filled with sand, used as protection against flood water ▹ *vb* protect with sandbags
SANDBANK *n* bank of sand below the surface of a river or sea
SANDBAR, -S *n* ridge of sand in a river or sea, often exposed at low tide
SANDBOX *n* container on a locomotive from which sand is released onto the rails
SANDBOY, -S *n* as in **happy as a sandboy** very happy or high-spirited
SANDBUR, -S *n* variety of wild grass
SANDBURR *n* variety of wild grass
SANDBURS ▸ **sandbur**
SANDDAB, -S *n* type of small Pacific flatfish
SANDED ▸ **sand**
SANDEK, -S *n* man who holds a baby being circumcised
SANDER, -S *n* power tool for smoothing surfaces
SANDFISH *n* burrowing Pacific fish
SANDFLY *n* any of various small mothlike flies
SANDHEAP *n* heap of sand
SANDHI, -S *n* modification of a word under the influence of an adjacent word
SANDHILL *n* hill of sand
SANDHIS ▸ **sandhi**
SANDHOG, -S *n* person who works in underground or underwater construction projects
SANDIER ▸ **sandy**
SANDIEST ▸ **sandy**
SANDING, -S ▸ **sand**
SANDIVER *n* scum forming on molten glass
SANDLESS ▸ **sand**
SANDLIKE ▸ **sand**
SANDLING *n* sand eel
SANDLOT, -S *n* area of vacant ground used for children's games
SANDMAN, SANDMEN *n* (in folklore) a magical person supposed to put children to sleep
SANDPEEP *n* small sandpiper
SANDPILE *n* pile of sand
SANDPIT, -S *n* shallow pit or container holding sand for children to play in
SANDPUMP *n* pump for wet sand
SANDS ▸ **sand**
SANDSHOE *n* light canvas shoe with a rubber sole
SANDSOAP *n* gritty general-purpose soap
SANDSPIT *n* small point of land created by sand dunes
SANDSPUR *n* American wild grass
SANDWICH *n* two slices of bread with a layer of food between ▹ *vb* insert between two other things
SANDWORM *n* any of various polychaete worms that live in burrows on sandy shores, esp the lugworm
SANDWORT *n* any of numerous caryophyllaceous plants
SANDY, SANDIER, SANDIEST *adj* covered with sand
SANDYISH *adj* somewhat sandy or covered with sand
SANE, -D, -R, -S, -ST, SANING *adj* of sound mind ▹ *vb* heal
SANELY ▸ **sane**
SANENESS ▸ **sane**
SANER ▸ **sane**
SANES ▸ **sane**
SANEST ▸ **sane**
SANG, -S *Scots word for* ▸ **song**
SANGA, -S *n* Ethiopian ox
SANGAR, -S *n* breastwork of stone or sods
SANGAREE *n* spiced drink similar to sangria
SANGARS ▸ **sangar**
SANGAS ▸ **sanga**
SANGEET, -S *n* Indian pre-wedding celebration
SANGER, -S *n* sandwich
SANGH, -S *n* Indian union or association
SANGHA, -S *n* Buddhist monastic order or community
SANGHAT, -S *n* local Sikh community or congregation
SANGHS ▸ **sangh**
SANGLIER *n* wild boar
SANGO, -S *same as* ▸ **sanger**
SANGOMA, -S *n* witch doctor or herbalist
SANGOS ▸ **sango**
SANGRAIL *n* legendary cup used by Christ at the Last Supper
SANGREAL *same as* ▸ **sangrail**
SANGRIA, -S *n* Spanish drink of red wine and fruit
SANGS ▸ **sang**
SANGUIFY *vb* turn into blood
SANGUINE *adj* cheerful, optimistic ▹ *n* red pencil containing ferric oxide, used in drawing
SANICLE, -S *n* type of plant with clusters of small white flowers
SANIDINE *n* alkali feldspar that is found in lavas
SANIES *n* thin greenish foul-smelling discharge from a wound, etc
SANIFY, SANIFIED, SANIFIES *vb* make healthy
SANING ▸ **sane**
SANIOUS ▸ **sanies**
SANITARY *adj* promoting health by getting rid of dirt and germs
SANITATE *vb* make sanitary
SANITIES ▸ **sanity**
SANITISE *same as* ▸ **sanitize**
SANITIZE *vb* omit unpleasant details to make (news) more acceptable
SANITY, SANITIES *n* state of having a normal healthy mind
SANJAK, -S *n* (in the Turkish Empire) a subdivision of a vilayet
SANK ▸ **sink**
SANKO, -S *n* African stringed instrument
SANNIE, -S *Scots word for* ▸ **sandshoe**
SANNOP, -S *n* Native American married man
SANNUP, -S *n* Native American married man
SANNYASI *n* Brahman who having attained the last stage of life as a beggar will not be reborn
SANPAN, -S *n* sampan
SANPRO, -S *n* sanitary-protection products collectively
SANS *archaic word for* ▸ **without**
SANSA, -S *n* African musical instrument

SANSAR, -S *n* name of a wind that blows in Iran
SANSAS ▸ **sansa**
SANSEI, -S *n* American whose parents were Japanese immigrants
SANSERIF *n* style of printer's typeface
SANT, -S *n* devout person in India
SANTAL, -S *n* sandalwood
SANTALIC *adj* of sandalwood
SANTALIN *n* substance giving sandalwood its colour
SANTALOL *n* liquid from sandalwood used in perfume
SANTALS ▸ **santal**
SANTERA, -S *n* priestess of santeria
SANTERIA *n* Caribbean religious cult
SANTERO, -S *n* priest of santeria
SANTIM, -I, -S, -U *n* former money unit in Latvia
SANTIR, -S *n* Middle Eastern stringed instrument
SANTO, -S *n* saint or representation of one
SANTOKU, -S *n* type of Japanese knife
SANTOL, -S *n* fruit from Southeast Asia
SANTON, -S *n* French figurine
SANTONIN *n* soluble substance extracted from santonica
SANTONS ▸ **santon**
SANTOOR, -S *same as* ▸ **santir**
SANTOS ▸ **santo**
SANTOUR, -S *n* Middle Eastern stringed instrument
SANTS ▸ **sant**
SANTUR, -S *n* Middle Eastern stringed instrument
SANYASI, -S *same as* ▸ **sannyasi**
SAOLA, -S *n* small, very rare bovine mammal of Vietnam and Laos
SAOUARI, -S *n* tropical American tree
SAP, -PED, -S *n* moisture that circulates in plants ▹ *vb* undermine
SAPAJOU, -S *n* capuchin monkey
SAPAN, -S *n* tropical tree
SAPEGO, -ES *n* skin disease
SAPELE, -S *n* type of W African tree
SAPFUL *adj* full of sap
SAPHEAD, -S *n* idiot or fool
SAPHENA, -E, -S *n* either of two large superficial veins of the legs
SAPID, -ER, -EST *adj* having a pleasant taste
SAPIDITY ▸ **sapid**
SAPIENCE ▸ **sapient**
SAPIENCY ▸ **sapient**
SAPIENS *adj* relating to or like modern human beings
SAPIENT, -S *adj* wise, shrewd ▹ *n* wise person
SAPLESS ▸ **sap**
SAPLING, -S *n* young tree
SAPONIFY *vb* convert (a fat) into a soap by treatment with alkali
SAPONIN, -S *n* any of a group of plant glycosides
SAPONINE *n* saponin
SAPONINS ▸ **saponin**
SAPONITE *n* type of clay mineral
SAPOR, -S *n* quality in a substance that is perceived by the sense of taste
SAPOROUS ▸ **sapor**
SAPORS ▸ **sapor**
SAPOTA, -S *same as* > **sapodilla**
SAPOTE, -S *n* Central American tree
SAPOUR, -S *variant of* ▸ **sapor**
SAPPAN, -S *n* tropical tree
SAPPED ▸ **sap**
SAPPER, -S *n* soldier in an engineering unit
SAPPHIC, -S *adj* lesbian ▹ *n* verse written in a particular form
SAPPHIRE *n* blue precious stone ▹ *adj* deep blue
SAPPHISM *n* lesbianism
SAPPHIST *n* lesbian
SAPPIER ▸ **sappy**
SAPPIEST ▸ **sappy**
SAPPILY ▸ **sappy**
SAPPING, -S *n* act of sapping
SAPPLE, -D, -S, SAPPLING *vb* Scots word meaning wash in water
SAPPY, SAPPIER, SAPPIEST *adj* (of plants) full of sap
SAPREMIA *American spelling of* > **sapraemia**
SAPREMIC ▸ **sapremia**
SAPROBE, -S *n* organism that lives on decaying organisms
SAPROBIC ▸ **saprobe**
SAPROPEL *n* decomposed remains of aquatic organisms at the bottoms of lakes and oceans
SAPS ▸ **sap**
SAPSAGO, -S *n* hard greenish Swiss cheese
SAPUCAIA *n* Brazilian tree
SAPWOOD, -S *n* soft wood, just beneath the bark in tree trunks, that consists of living tissue
SAR, -ED, -ING, -S *n* marine fish ▹ *vb* Scots word meaning savour
SARABAND *same as* > **sarabande**
SARAFAN, -S *n* Russian woman's cloak
SARAN, -S *n* any one of a class of thermoplastic resins
SARANGI, -S *n* stringed instrument of India played with a bow
SARANS ▸ **saran**
SARAPE, -S *n* serape
SARCASM, -S *n* (use of) bitter or wounding ironic language
SARCENET *n* fine soft silk fabric formerly from Italy and used for clothing, ribbons, etc
SARCINA, -E, -S *n* type of bacterium
SARCODE, -S *n* material making up living cell
SARCODIC ▸ **sarcode**
SARCOID, -S *adj* of, relating to, or resembling flesh ▹ *n* tumour resembling a sarcoma
SARCOMA, -S *n* malignant tumour beginning in connective tissue
SARCONET *n* type of silk
SARCOUS *adj* (of tissue) muscular or fleshy
SARD, -S *n* orange, red, or brown variety of chalcedony
SARDANA, -S *n* Catalan dance
SARDAR, -S *n* title used before the name of Sikh men
SARDEL, -S *n* small fish
SARDELLE *n* small fish
SARDELS ▸ **sardel**
SARDINE, -D, -S *n* small fish of the herring family ▹ *vb* cram together
SARDIUS *same as* ▸ **sard**
SARDONIC *adj* mocking or scornful
SARDONYX *n* brown-and-white gemstone
SARDS ▸ **sard**
SARED ▸ **sar**
SAREE, -S *same as* ▸ **sari**
SARGASSA > **sargassum**
SARGASSO *same as* > **sargassum**

SARGE, -S *n* sergeant
SARGO *same as* ▸ **sargus**
SARGOS, -ES *variant of* ▸ **sargus**
SARGUS, -ES *n* species of sea fish
SARI, -S *n* long piece of cloth draped around the body and over one shoulder
SARIN, -S *n* chemical used in warfare as a lethal nerve gas producing asphyxia
SARING ▸ **sar**
SARINS ▸ **sarin**
SARIS ▸ **sari**
SARK, -S *n* shirt or (formerly) chemise
SARKIER ▸ **sarky**
SARKIEST ▸ **sarky**
SARKILY ▸ **sarky**
SARKING, -S *n* flat planking supporting the roof cladding of a building
SARKS ▸ **sark**
SARKY, SARKIER, SARKIEST *adj* sarcastic
SARMENT, -S *n* thin twig
SARMENTA > **sarmentum**
SARMENTS ▸ **sarment**
SARMIE, -S *n* sandwich
SARNEY, -S *n* sandwich
SARNIE, -S *n* sandwich
SAROD, -S *n* Indian stringed musical instrument
SARODE, -S *n* Indian stringed instrument
SARODIST *n* sarod player
SARODS ▸ **sarod**
SARONG, -S *n* long piece of cloth tucked around the waist or under the armpits
SARONIC ▸ **saros**
SAROS, -ES *n* cycle in which eclipses of the sun and moon occur in the same sequence
SARPANCH *n* head of a panchayat
SARRASIN *n* buckwheat
SARRAZIN *same as* ▸ **sarrasin**
SARS ▸ **sar**
SARSAR, -S *same as* ▸ **sansar**
SARSDEN, -S *n* sarsen
SARSEN, -S *n* boulder of silicified sandstone
SARSENET *same as* ▸ **sarcenet**
SARSENS ▸ **sarsen**
SARSNET, -S *n* type of silk
SARTOR, -S *humorous or literary word for* ▸ **tailor**
SARTORII > **sartorius**
SARTORS ▸ **sartor**
SARUS, -ES *n* Indian bird of crane family
SASANQUA *n* type of camellia
SASARARA *n* scolding
SASER, -S *n* device for amplifying ultrasound
SASH, -ED, -ES, -ING *n* decorative strip of cloth worn round the waist or over one shoulder ▹ *vb* furnish with a sash, sashes, or sash windows
SASHAY, -ED, -S *vb* move or walk in a casual or a showy manner
SASHED ▸ **sash**
SASHES ▸ **sash**
SASHIMI, -S *n* Japanese dish of thin fillets of raw fish
SASHING ▸ **sash**
SASHLESS ▸ **sash**
SASIN, -S *another name for* > **blackbuck**
SASINE, -S *n* granting of legal possession of feudal property
SASINS ▸ **sasin**
SASS, -ED, -ES, -ING *n* insolent or impudent talk or behaviour ▹ *vb* talk or answer back in such a way
SASSABY *n* African antelope of grasslands and semideserts
SASSE *n* old word meaning canal lock
SASSED ▸ **sass**
SASSES ▸ **sass**
SASSIER ▸ **sassy**
SASSIES ▸ **sassy**
SASSIEST ▸ **sassy**
SASSILY ▸ **sassy**
SASSING ▸ **sass**
SASSOLIN *n* boric acid
SASSWOOD *same as* ▸ **sassy**
SASSY, SASSIER, SASSIES, SASSIEST *adj* insolent, impertinent ▹ *n* W African leguminous tree with poisonous bark
SASTRA, -S *same as* ▸ **shastra**
SASTRUGA, SASTRUGI *n* ridge on a snow-covered plain
SAT ▸ **sit**
SATAI, -S *same as* ▸ **satay**
SATANG, -S *n* monetary unit of Thailand worth one hundredth of a baht
SATANIC *adj* of Satan
SATANISM *n* worship of the devil
SATANIST ▸ **satanism**
SATANITY *n* quality of being satanic
SATARA, -S *n* type of cloth
SATAY, -S *n* Indonesian and Malaysian dish
SATCHEL, -S *n* bag, usu with a shoulder strap, for carrying books
SATCOM, -S *n* satellite communications
SATE, -D, -S, SATING *vb* satisfy (a desire or appetite) fully
SATEEN, -S *n* glossy linen or cotton fabric, woven in such a way that it resembles satin
SATELESS *adj* old word meaning insatiable
SATELLES *n* species of bacteria
SATEM *adj* denoting or belonging to a particular group of Indo-European languages
SATES ▸ **sate**
SATI, -S *n* Indian widow suicide
SATIABLE *adj* capable of being satiated
SATIABLY ▸ **satiable**
SATIATE, -D, -S *vb* provide with more than enough, so as to disgust
SATIETY *n* feeling of having had too much
SATIN, -ED, -ING, -S *n* silky fabric with a glossy surface on one side ▹ *adj* like satin in texture ▹ *vb* cover with satin
SATINET, -S *n* thin or imitation satin
SATING ▸ **sate**
SATINIER ▸ **satiny**
SATINING ▸ **satin**
SATINPOD *n* honesty (the plant)
SATINS ▸ **satin**
SATINY, SATINIER *adj* like satin
SATIRE, -S *n* use of ridicule to expose vice or folly
SATIRIC *same as* > **satirical**
SATIRISE *same as* ▸ **satirize**
SATIRIST *n* writer of satire
SATIRIZE *vb* ridicule by means of satire
SATIS ▸ **sati**
SATISFY *vb* please, content
SATIVE *adj* old word meaning cultivated
SATNAV, -S *n* satellite navigation system
SATORI, -S *n* state of sudden indescribable intuitive enlightenment
SATRAP, -S *n* (in ancient Persia) a provincial governor or subordinate ruler
SATRAPAL ▸ **satrap**
SATRAPS ▸ **satrap**
SATRAPY *n* province, office, or period of rule of a satrap

SATSANG, -S *n* sacred gathering in Hinduism
SATSUMA, -S *n* kind of small orange
SATURANT *n* substance that causes a solution, etc, to be saturated ▷ *adj* (of a substance) causing saturation
SATURATE *vb* soak thoroughly
SATURNIC *adj* poisoned by lead
SATYR, -S *n* woodland god, part man, part goat
SATYRA, -S *n* female satyr
SATYRAL, -S *n* mythical beast in heraldry
SATYRAS ▸ **satyra**
SATYRE, -S *n* as in **sea satyre** sea creature mentioned in Spenser's poetry
SATYRESS *n* female satyr
SATYRIC ▸ **satyr**
SATYRID, -S *n* butterfly with typically brown or dark wings with paler markings
SATYRISK *n* small satyr
SATYRS ▸ **satyr**
SAU *archaic past tense of* ▸ **see**
SAUBA, -S *n* South American ant
SAUCE, -D, -S, SAUCING *n* liquid added to food to enhance flavour ▷ *vb* prepare (food) with sauce
SAUCEBOX *n* saucy person
SAUCED ▸ **sauce**
SAUCEPAN *n* cooking pot with a long handle
SAUCEPOT *n* cooking pot with lid
SAUCER, -S *n* small round dish put under a cup
SAUCES ▸ **sauce**
SAUCH, -S *n* sallow or willow
SAUCIER, -S *n* chef who makes sauces
SAUCIEST ▸ **saucy**
SAUCILY ▸ **saucy**
SAUCING ▸ **sauce**
SAUCISSE *n* type of explosive fuse
SAUCY, SAUCIEST *adj* impudent
SAUFGARD *old form of* > **safeguard**
SAUGER, -S *n* small North American pikeperch
SAUGH, -S *same as* ▸ **sauch**
SAUGHY *adj* Scots word meaning made of willow
SAUL, -S *Scots word for* ▸ **soul**
SAULGE, -S *n* old word for sage plant
SAULIE, -S *n* Scots word meaning professional mourner
SAULS ▸ **saul**
SAULT, -S *n* waterfall in Canada
SAUNA, -ED, -ING, -S *n* Finnish-style steam bath ▷ *vb* have a sauna
SAUNT, -ED, -ING, -S *Scots form of* ▸ **saint**
SAUNTER, -S *vb* walk in a leisurely manner, stroll ▷ *n* leisurely walk
SAUNTING ▸ **saunt**
SAUNTS ▸ **saunt**
SAUREL, -S *n* type of mackerel
SAURIAN, -S *n* lizard
SAURIES ▸ **saury**
SAUROID, -S *adj* like a lizard ▷ *n* type of fish
SAUROPOD *n* type of herbivorous dinosaur including the brontosaurus and the diplodocus
SAURY, SAURIES *n* type of fish of tropical and temperate seas
SAUSAGE, -S *n* minced meat in an edible tube-shaped skin
SAUT, -ED, -ING, -S *Scot word for* ▸ **salt**
SAUTE, -ED, -ING, -S *vb* fry quickly in a little fat ▷ *n* dish of sautéed food ▷ *adj* sautéed until lightly brown
SAUTED ▸ **saut**
SAUTEED ▸ **saute**
SAUTEING ▸ **saute**
SAUTERNE *n* sauternes
SAUTES ▸ **saute**
SAUTING ▸ **saut**
SAUTOIR, -S *n* long necklace or pendant
SAUTOIRE *variant of* ▸ **sautoir**
SAUTOIRS ▸ **sautoir**
SAUTS ▸ **saut**
SAV, -S *short for* ▸ **saveloy**
SAVABLE ▸ **save**
SAVAGE, -D, -R, -S, -ST, SAVAGING *adj* wild, untamed ▷ *n* uncivilized person ▷ *vb* attack ferociously
SAVAGELY ▸ **savage**
SAVAGER ▸ **savage**
SAVAGERY *n* viciousness and cruelty
SAVAGES ▸ **savage**
SAVAGEST ▸ **savage**
SAVAGING ▸ **savage**
SAVAGISM ▸ **savage**
SAVANNA, -S *n* open grasslands of tropical Africa
SAVANNAH *same as* ▸ **savanna**
SAVANNAS ▸ **savanna**
SAVANT, -S *n* learned person
SAVANTE, -S ▸ **savant**
SAVANTS ▸ **savant**
SAVARIN, -S *n* type of cake
SAVASANA *n* type of pose in yoga
SAVATE, -S *n* form of boxing in which blows may be delivered with the feet
SAVE, -D, -S *vb* rescue or preserve from harm, protect ▷ *n* act of preventing a goal ▷ *prep* except
SAVEABLE ▸ **save**
SAVED ▸ **save**
SAVEGARD *vb* old word meaning protect
SAVELOY, -S *n* spicy smoked sausage
SAVER, -S ▸ **save**
SAVES ▸ **save**
SAVEY, -ED, -ING, -S *vb* understand
SAVIN, -S *n* small spreading juniper bush of Europe, N Asia, and North America
SAVINE, -S *same as* ▸ **savin**
SAVING, -S *n* economy ▷ *prep* except ▷ *adj* tending to save or preserve
SAVINGLY ▸ **saving**
SAVINGS ▸ **saving**
SAVINS ▸ **savin**
SAVIOR, -S *same as* ▸ **saviour**
SAVIOUR, -S *n* person who rescues another
SAVOR, -ED, -ING, -S *same as* ▸ **savour**
SAVORER, -S ▸ **savor**
SAVORIER ▸ **savory**
SAVORIES ▸ **savory**
SAVORILY ▸ **savour**
SAVORING ▸ **savor**
SAVOROUS ▸ **savour**
SAVORS ▸ **savor**
SAVORY, SAVORIER, SAVORIES *same as* ▸ **savoury**
SAVOUR, -ED, -S *vb* enjoy, relish ▷ *n* characteristic taste or odour
SAVOURER ▸ **savour**
SAVOURLY *adv* old word meaning refreshingly
SAVOURS ▸ **savour**
SAVOURY *adj* salty or spicy ▷ *n* savoury dish served before or after a meal
SAVOY, -S *n* variety of cabbage
SAVOYARD *n* person keenly interested in the operettas of Gilbert and Sullivan

SAVOYS ▸ **savoy**
SAVS ▸ **sav**
SAVVEY, -ED, -S *vb* understand
SAVVIED ▸ **savvy**
SAVVIER ▸ **savvy**
SAVVIES ▸ **savvy**
SAVVIEST ▸ **savvy**
SAVVILY ▸ **savvy**
SAVVY, SAVVIED, SAVVIER, SAVVIES, SAVVIEST, -ING *vb* understand ▹ *n* understanding, intelligence ▹ *adj* shrewd
SAW, -ED, -S *n* hand tool for cutting wood and metal ▹ *vb* cut with a saw
SAWAH, -S *n* paddy field
SAWBILL, -S *n* type of hummingbird
SAWBLADE *n* blade of a saw
SAWBONES *n* surgeon or doctor
SAWBUCK, -S *n* sawhorse, esp one having an X-shaped supporting structure
SAWDER, -ED, -S *n* flattery ▹ *vb* flatter
SAWDUST, -S *n* fine wood fragments made in sawing ▹ *vb* cover with sawdust
SAWDUSTY *adj* covered in sawdust
SAWED ▸ **saw**
SAWER, -S ▸ **saw**
SAWFISH *n* fish with a long toothed snout
SAWFLY, SAWFLIES *n* any of various hymenopterous insects
SAWGRASS *n* type of sedge with serrated leaves
SAWHORSE *n* structure for supporting wood that is being sawn
SAWING, -S ▸ **saw**
SAWLIKE ▸ **saw**
SAWLOG, -S *n* log suitable for sawing
SAWMILL, -S *n* mill where timber is sawn into planks
SAWN *past participle of* ▸ **saw**
SAWNEY, -S *n* derogatory word for a fool
SAWPIT, -S *n* pit above which a log is sawn into planks
SAWS ▸ **saw**
SAWSHARK *n* shark with long sawlike snout
SAWTOOTH, SAWTEETH *adj* (of a waveform) having an amplitude that varies linearly with time between two values
SAWYER, -S *n* person who saws timber for a living
SAX, -ES *same as* > **saxophone**
SAXATILE *adj* living among rocks
SAXAUL, -S *n* Asian tree
SAXE *adj* as in **saxe blue** light greyish-blue colour
SAXES ▸ **sax**
SAXHORN, -S *n* valved brass instrument used chiefly in brass and military bands
SAXICOLE *variant of* ▸ **saxatile**
SAXIST, -S *n* saxophone player
SAXMAN, SAXMEN *n* saxophone player
SAXONIES ▸ **saxony**
SAXONITE *n* igneous rock
SAXONY, SAXONIES *n* fine three-ply yarn
SAXTUBA, -S *n* bass saxhorn
SAY, SAIDEST, SAIDST, SAIST, -EST, -NE, -S, -ST *vb* speak or utter ▹ *n* right or chance to speak
SAYABLE, -S *n* anything that can be said
SAYED, -S *same as* ▸ **sayyid**
SAYER, -S ▸ **say**
SAYEST ▸ **say**
SAYID, -S *same as* ▸ **sayyid**
SAYING, -S ▸ **say**
SAYNE ▸ **say**
SAYON, -S *n* type of tunic
SAYONARA *n* Japanese farewell
SAYONS ▸ **sayon**
SAYS ▸ **say**
SAYST ▸ **say**
SAYYID, -S *n* Muslim claiming descent from Mohammed's grandson Husain
SAZ, -ES, -ZES *n* Middle Eastern stringed instrument

> This musical instrument is one of the most frequently played Z words.

SAZERAC, -S *n* mixed drink of whisky, Pernod, syrup, bitters, and lemon
SAZES ▸ **saz**
SAZHEN, -S *n* Russian measure of length
SAZZES ▸ **saz**
SBIRRO, SBIRRI *n* Italian police officer
SCAB, -BED, -BING, -S *n* crust formed over a wound ▹ *vb* become covered with a scab
SCABBARD *n* sheath for a sword or dagger
SCABBED ▸ **scab**
SCABBIER ▸ **scabby**
SCABBILY ▸ **scabby**
SCABBING ▸ **scab**
SCABBLE, -D, -S *vb* shape (stone) roughly
SCABBY, SCABBIER *adj* covered with scabs
SCABIES *n* itchy skin disease
SCABIOSA *n* flowering plant
SCABIOUS *n* plant with showy blue, red, or whitish dome-shaped flower heads ▹ *adj* having or covered with scabs
SCABLAND *n* barren rocky land
SCABLIKE ▸ **scab**
SCABRID *adj* having a rough or scaly surface
SCABROUS *adj* rough and scaly
SCABS ▸ **scab**
SCAD *n* any of various carangid fishes
SCADS *pl n* large amount or number
SCAFF, -ED, -ING, -S *n* Scots word meaning food ▹ *vb* ask for (food) in a mean or rude manner
SCAFFIE, -S *n* Scots word meaning street cleaner
SCAFFIER ▸ **scaffy**
SCAFFIES ▸ **scaffie**
SCAFFING ▸ **scaff**
SCAFFOLD *n* temporary platform for builders or other tradespeople ▹ *vb* provide with a scaffold
SCAFFS ▸ **scaff**
SCAFFY, SCAFFIER *adj* having little value, cheap
SCAG, -GED, -GING, -S *n* tear in a garment or piece of cloth ▹ *vb* make a tear in (cloth)
SCAGLIA, -S *n* type of limestone
SCAGS ▸ **scag**
SCAIL, -ED, -ING, -S *vb* Scots word meaning disperse
SCAITH, -ED, -S *vb* old word meaning injure
SCALA, -E *n* passage inside the cochlea
SCALABLE *adj* capable of being scaled or climbed
SCALABLY ▸ **scalable**
SCALADE, -S *short for* ▸ **escalade**
SCALADO, -S *same as* ▸ **scalade**
SCALAE ▸ **scala**
SCALAGE, -S *n* percentage deducted from the price of goods liable to shrink or leak

SCALAR, -S *adj* having magnitude but no direction ▷ *n* quantity that has magnitude but not direction
SCALARE, -S *another name for* > **angelfish**
SCALARS ▸ **scalar**
SCALAWAG *same as* > **scallywag**
SCALD, -ED, -S *vb* burn with hot liquid ▷ *n* (in ancient Scandinavia) a bard or minstrel
SCALDER, -S ▸ **scald**
SCALDIC ▸ **scald**
SCALDING *n* instance of burning with hot liquid
SCALDINO, SCALDINI *n* Italian brazier
SCALDS ▸ **scald**
SCALE, -D, -S *n* one of the thin overlapping plates covering fishes and reptiles ▷ *vb* remove scales from
SCALENE, -S *n* triangle with three unequal sides
SCALENUS, SCALENI *n* any one of the three muscles situated on each side of the neck
SCALEPAN *n* part of scales holding weighed object
SCALER, -S *n* person or thing that scales
SCALES ▸ **scale**
SCALEUP, -S *n* increase
SCALIER ▸ **scaly**
SCALIEST ▸ **scaly**
SCALING, -S ▸ **scale**
SCALL, -S *n* disease of the scalp characterized by itching and scab formation
SCALLED ▸ **scall**
SCALLIES ▸ **scally**
SCALLION *same as* ▸ **shallot**
SCALLOP, -S *n* edible shellfish with two fan-shaped shells ▷ *vb* decorate (an edge) with scallops
SCALLS ▸ **scall**
SCALLY, SCALLIES *n* rascal
SCALP, -ED, -S *n* skin and hair on top of the head ▷ *vb* cut off the scalp of
SCALPEL, -S *n* small surgical knife
SCALPER, -S ▸ **scalp**
SCALPING *n* process in which the top portion of a metal ingot is machined away before use
SCALPINS *n* small stones
SCALPRUM *n* large scalpel
SCALPS ▸ **scalp**
SCALY, SCALIER, SCALIEST *adj* resembling or covered in scales
SCAM, -MED, -MING, -S *n* dishonest scheme ▷ *vb* swindle (someone) by means of a trick
SCAMBLE, -D, -S *vb* scramble
SCAMBLER ▸ **scamble**
SCAMBLES ▸ **scamble**
SCAMEL, -S *n* Shakespearian word of uncertain meaning
SCAMMED ▸ **scam**
SCAMMER, -S *n* person who perpetrates a scam
SCAMMING ▸ **scam**
SCAMMONY *n* twining Asian convolvulus plant
SCAMP, -ED, -ING, -S *n* mischievous child ▷ *vb* perform without care
SCAMPER, -S *vb* run about hurriedly or in play ▷ *n* scampering
SCAMPI, -ES, -S *pl n* large prawns
SCAMPING ▸ **scamp**
SCAMPIS ▸ **scampi**
SCAMPISH ▸ **scamp**
SCAMPS ▸ **scamp**
SCAMS ▸ **scam**
SCAMSTER *same as* ▸ **scammer**
SCAMTO, -S *n* argot of urban Black people in South Africa
SCAN, -D, -NED, -NING, -S *vb* scrutinize carefully ▷ *n* scanning
SCANDAL, -S *n* disgraceful action or event ▷ *vb* disgrace
SCANDENT *adj* (of plants) having a climbing habit
SCANDIA, -S *n* scandium oxide
SCANDIC *adj* of or containing scandium
SCANDIUM *n* rare silvery-white metallic element
SCANNED ▸ **scan**
SCANNER, -S *n* electronic device used for scanning
SCANNING ▸ **scan**
SCANS ▸ **scan**
SCANSION *n* metrical scanning of verse
SCANT, -ED, -ER, -EST, -ING, -S *adj* barely sufficient, meagre ▷ *vb* limit in size or quantity ▷ *adv* scarcely
SCANTIER ▸ **scanty**
SCANTIES *n* women's underwear
SCANTILY ▸ **scanty**
SCANTING ▸ **scant**
SCANTITY *n* quality of being scant
SCANTLE, -D, -S *vb* stint
SCANTLY ▸ **scant**
SCANTS ▸ **scant**
SCANTY, SCANTIER *adj* barely sufficient or not sufficient
SCAPA, -ED, -ING, -S *variant of* ▸ **scarper**
SCAPE, -D, -S, SCAPING *n* leafless stalk in plants ▷ *vb* archaic word for escape
SCAPHOID *obsolete word for* > **navicular**
SCAPI ▸ **scapus**
SCAPING ▸ **scape**
SCAPOSE ▸ **scape**
SCAPPLE, -D, -S *vb* shape roughly
SCAPULA, -E, -S *n* shoulder blade
SCAPULAR *adj* of the scapula ▷ *n* loose sleeveless garment worn by monks over their habits
SCAPULAS ▸ **scapula**
SCAPUS, SCAPI *n* flower stalk
SCAR, -RED, -RING, -S *n* mark left by a healed wound ▷ *vb* mark or become marked with a scar
SCARAB, -S *n* sacred beetle of ancient Egypt
SCARABEE *n* old word for scarab beetle
SCARABS ▸ **scarab**
SCARCE, -R, -ST *adj* insufficient to meet demand
SCARCELY *adv* hardly at all
SCARCER ▸ **scarce**
SCARCEST ▸ **scarce**
SCARCITY *n* inadequate supply
SCARE, -DER, -S, SCARING *vb* frighten or be frightened ▷ *n* fright, sudden panic ▷ *adj* causing (needless) fear or alarm
SCARED ▸ **scare**
SCAREDER ▸ **scare**
SCAREDY *n* someone who is easily frightened
SCARER, -S ▸ **scare**
SCARES ▸ **scare**
SCAREY *adj* frightening
SCARF, -ED, -ING, -S, SCARVES *n* piece of material worn round the neck, head, or shoulders ▷ *vb* join
SCARFER, -S ▸ **scarf**
SCARFING ▸ **scarf**
SCARFISH *n* type of fish
SCARFPIN *n* decorative pin securing a scarf

SCARFS ▸ **scarf**
SCARIER ▸ **scary**
SCARIEST ▸ **scary**
SCARIFY *vb* scratch or cut slightly all over
SCARILY ▸ **scary**
SCARING ▸ **scare**
SCARIOSE *same as* ▸ **scarious**
SCARIOUS *adj* (of plant parts) membranous, dry, and brownish in colour
SCARLESS ▸ **scar**
SCARLET, -S *n* brilliant red ▹ *adj* bright red ▹ *vb* make scarlet
SCARMOGE *n* old form of skirmish
SCARP, -ED, -ING, -S *n* steep slope ▹ *vb* wear or cut so as to form a steep slope
SCARPA, -ED, -S *vb* run away
SCARPED ▸ **scarp**
SCARPER, -S *vb* run away ▹ *n* hasty departure
SCARPH, -ED, -S *vb* join with scarf joint
SCARPING ▸ **scarp**
SCARPS ▸ **scarp**
SCARRE, -S *n* Shakespearian word of unknown meaning
SCARRED ▸ **scar**
SCARRES ▸ **scarre**
SCARRIER ▸ **scarry**
SCARRING ▸ **scar**
SCARRY, SCARRIER ▸ **scar**
SCARS ▸ **scar**
SCART, -ED, -ING, -S *vb* scratch or scrape ▹ *n* scratch or scrape
SCARTH, -S *Scots word for* > **cormorant**
SCARTING ▸ **scart**
SCARTS ▸ **scart**
SCARVED *adj* wearing a scarf
SCARVES ▸ **scarf**
SCARY, SCARIER, SCARIEST *adj* frightening
SCAT, -S, -TED, -TING *vb* go away ▹ *n* jazz singing using improvised vocal sounds instead of words
SCATBACK *n* American football player
SCATCH, -ES *same as* ▸ **stilt**
SCATH, -S *vb* old word meaning injure
SCATHE, -D, -S *vb* attack with severe criticism ▹ *n* harm
SCATHING *adj* harshly critical
SCATHS ▸ **scath**
SCATOLE, -S *n* substance found in coal
SCATS ▸ **scat**
SCATT, -S *n* old word meaning tax ▹ *vb* tax
SCATTED ▸ **scat**
SCATTER, -S *vb* throw about in various directions ▹ *n* scattering
SCATTERY *adj* dispersed
SCATTIER ▸ **scatty**
SCATTILY ▸ **scatty**
SCATTING ▸ **scat**
SCATTS ▸ **scatt**
SCATTY, SCATTIER *adj* empty-headed
SCAUD, -ED, -ING, -S *Scot word for* ▸ **scald**
SCAUP, -ED, -ING, -S *variant of* ▸ **scalp**
SCAUPER, -S *same as* ▸ **scorper**
SCAUPING ▸ **scaup**
SCAUPS ▸ **scaup**
SCAUR, -ED, -ING, -S *same as* ▸ **scar**
SCAURIES ▸ **scaury**
SCAURING ▸ **scaur**
SCAURS ▸ **scaur**
SCAURY, SCAURIES *n* young seagull
SCAVAGE, -D, -S *n* old word meaning toll ▹ *vb* scavenge
SCAVAGER ▸ **scavage**
SCAVAGES ▸ **scavage**
SCAVENGE *vb* search for (anything usable) among discarded material
SCAW, -S *n* headland
SCAWTITE *n* mineral containing calcium
SCAZON, -S *n* metre in poetry
SCEAT, -S, -TAS, -TS *n* Anglo-Saxon coin
SCEATT *same as* ▸ **sceat**
SCEATTAS ▸ **sceat**
SCEATTS ▸ **sceat**
SCEDULE, -D, -S *old spelling of* ▸ **schedule**
SCELERAT *n* villain
SCENA, -S *n* scene in an opera, usually longer than a single aria
SCENARIO *n* summary of the plot of a play or film
SCENARY *n* scenery
SCENAS ▸ **scena**
SCEND, -ED, -ING, -S *vb* (of a vessel) to surge upwards in a heavy sea ▹ *n* upward heaving of a vessel pitching
SCENE, -D, -S, SCENING *n* place of action of a real or imaginary event ▹ *vb* set in a scene
SCENEMAN, SCENEMEN *n* person shifting stage scenery
SCENERY *n* natural features of a landscape
SCENES ▸ **scene**
SCENIC, -S *adj* picturesque ▹ *n* something scenic
SCENICAL ▸ **scene**
SCENICS ▸ **scenic**
SCENING ▸ **scene**
SCENT, -ING, -S *n* pleasant smell ▹ *vb* detect by smell
SCENTED ▸ **scent**
SCENTFUL *adj* old word meaning having scent
SCENTING ▸ **scent**
SCENTS ▸ **scent**
SCEPSIS *n* doubt
SCEPTER, -S *same as* ▸ **sceptre**
SCEPTIC, -S *n* person who habitually doubts generally accepted beliefs ▹ *adj* of or relating to sceptics
SCEPTRAL *adj* royal
SCEPTRE, -S *n* ornamental rod symbolizing royal power ▹ *vb* invest with authority
SCEPTRED ▸ **sceptre**
SCEPTRES ▸ **sceptre**
SCEPTRY *adj* having sceptre
SCERNE, -D, -S, SCERNING *vb* old word meaning discern
SCHANSE, -S ▸ **schantze**
SCHANTZE *n* stones heaped to shelter soldier in battle
SCHANZE, -S *same as* ▸ **schantze**
SCHAPPE, -D, -S *n* yarn or fabric made from waste silk
SCHAPSKA *n* cap worn by lancer
SCHAV, -S *n* Polish soup
SCHEDULE *n* plan of procedure for a project ▹ *vb* plan to occur at a certain time
SCHELLUM *n* Scots word meaning rascal
SCHELLY *n* freshwater whitefish of the English Lake District
SCHELM, -S *n* South African word meaning rascal
SCHEMA, -S, -TA *n* overall plan or diagram
SCHEME, -D, -S *n* systematic plan ▹ *vb* plan in an underhand manner
SCHEMER, -S ▸ **scheme**
SCHEMES ▸ **scheme**
SCHEMIE, -S *n* insulting Scots word for a resident of a housing scheme
SCHEMING *adj* given to making plots ▹ *n* intrigues
SCHERZO, SCHERZI, -S *n* brisk lively piece of music

SCHIEDAM *n* type of gin produced in the Netherlands
SCHILLER *n* unusual iridescent or metallic lustre in some minerals
SCHIMMEL *n* roan horse
SCHISM, -S *n* (group resulting from) division in an organization
SCHISMA, -S *n* musical term
SCHISMS ▸**schism**
SCHIST, -S *n* crystalline rock which splits into layers
SCHIZOID *adj* abnormally introverted
SCHIZONT *n* cell formed from a trophozoite during the asexual stage of the life cycle of sporozoan protozoans
SCHLAGER *n* German duelling sword
SCHLEP, -S *vb* drag or lug (oneself or an object) with difficulty ▹*n* arduous journey or procedure
SCHLEPP, -S *vb* schlep
SCHLEPPY *same as* ▸**shleppy**
SCHLEPS ▸**schlep**
SCHLICH, -S *n* finely crushed ore
SCHLIERE *n* (in physics or geology) streak of different density or composition from surroundings
SCHLOCK, -S *n* goods or produce of cheap or inferior quality ▹*adj* cheap, inferior, or trashy
SCHLOCKY *adj* of poor quality
SCHLOSS *n* German castle
SCHLUB, -S *n* coarse or contemptible person
SCHLUMP, -S *vb* move in lazy way
SCHLUMPY ▸**schlump**
SCHMALTZ *n* excessive sentimentality
SCHMALZ *same as* ▸**schmaltz**
SCHMALZY *adj* schmaltzy
SCHMATTE *same as* >**schmutter**
SCHMEAR, -S *n* situation, matter, or affair ▹*vb* spread or smear
SCHMECK, -S *n* taste ▹*vb* taste good
SCHMEER, -S *same as* ▸**schmear**
SCHMELZ *n* ornamental glass
SCHMELZE *variant of* ▸**schmelz**
SCHMICK *adj* (in Australia) excellent, elegant, or stylish
SCHMO, -ES, -S *n* dull, stupid, or boring person
SCHMOCK, -S *n* stupid person
SCHMOE *n* stupid person
SCHMOES ▸**schmo**
SCHMOOS *variant of* ▸**schmoose**
SCHMOOSE *vb* chat
SCHMOOZ *n* chat
SCHMOOZE *vb* chat or gossip ▹*n* trivial conversation
SCHMOOZY ▸**schmooze**
SCHMOS ▸**schmo**
SCHMUCK, -S *n* stupid or contemptible person ▹*vb* act as a schmuck
SCHMUCKY *adj* foolish
SCHMUTZ *n* dirt; grime
SCHNAPPS *n* strong alcoholic spirit
SCHNAPS *same as* ▸**schnapps**
SCHNECKE >**schnecken**
SCHNEID, -S *n* succession of losses
SCHNELL *adj* German word meaning quick
SCHNOOK, -S *n* stupid or gullible person
SCHNORR, -S *vb* beg
SCHNOZ, -ES *n* nose
SCHNOZZ *n* nose
SCHOLAR, -S *n* learned person
SCHOLIA ▸**scholium**
SCHOLION *n* scholarly annotation
SCHOLIUM, SCHOLIA *n* commentary or annotation, esp on a classical text
SCHOOL, -ED, -S *n* place where children are taught or instruction is given in a subject ▹*vb* educate or train
SCHOOLE, -S *n* old form of shoal
SCHOOLED ▸**school**
SCHOOLER *n* pupil at a school of a specified kind
SCHOOLES ▸**schoole**
SCHOOLIE *n* schoolteacher or a high-school student
SCHOOLS ▸**school**
SCHOONER *n* sailing ship rigged fore-and-aft
SCHORL, -S *n* type of black tourmaline
SCHOUT, -S *n* council officer in Netherlands
SCHRIK, -S *variant of* ▸**skrik**
SCHROD, -S *n* young cod
SCHTICK, -S *same as* ▸**shtick**
SCHTIK, -S *n* schtick
SCHTOOK, -S *n* trouble
SCHTOOM *adj* silent
SCHTUCK, -S *n* trouble
SCHTUM *adj* silent or dumb
SCHUIT, -S *n* Dutch boat with flat bottom
SCHUL, -N, -S *same as* ▸**shul**
SCHUSS, -ED, -ES *n* straight high-speed downhill run ▹*vb* perform a schuss
SCHUSSER ▸**schuss**
SCHUSSES ▸**schuss**
SCHUYT, -S *n* Dutch boat with flat bottom
SCHVITZ *same as* ▸**shvitz**
SCHWA, -S *n* vowel representing the sound in unstressed syllables
SCHWAG, -S *n* promotional material given away for free
SCHWAS ▸**schwa**
SCIAENID *adj* of or relating to a family of mainly tropical and subtropical marine percoid fishes ▹*n* any of these fish
SCIARID, -S *n* small fly
SCIATIC, -S *adj* of the hip ▹*n* sciatic part of the body
SCIATICA *n* severe pain in the large nerve in the back of the leg
SCIATICS ▸**sciatic**
SCIENCE, -S *n* systematic study and knowledge of natural or physical phenomena
SCIENCED *adj* old word meaning learned
SCIENCES ▸**science**
SCIENT *adj* old word meaning scientific
SCIENTER *adv* knowingly
SCILICET *adv* namely
SCILLA, -S *n* plant with small bell-shaped flowers
SCIMETAR *n* scimitar
SCIMITAR *n* curved oriental sword
SCIMITER *n* scimitar
SCINCOID *adj* of, relating to, or resembling a skink ▹*n* any animal, esp a lizard, resembling a skink
SCIOLISM *n* practice of opinionating on subjects of which one has only superficial knowledge
SCIOLIST ▸**sciolism**
SCIOLOUS ▸**sciolism**
SCIOLTO *adv* musical direction meaning freely
SCION, -S *n* descendant or heir
SCIROC, -S ▸**scirocco**

SCIROCCO *n* hot Mediterranean wind
SCIROCS ▸**sciroc**
SCIRRHUS, SCIRRHI *n* hard cancerous growth composed of fibrous tissues
SCISSEL, -S *n* waste metal left over from sheet metal after discs have been punched out of it
SCISSIL, -S *n* scissel
SCISSILE *adj* capable of being cut or divided
SCISSILS ▸**scissil**
SCISSION *n* act or an instance of cutting, splitting, or dividing
SCISSOR *vb* cut (an object) with scissors
SCISSORS *pl n* cutting instrument with two crossed pivoted blades
SCISSURE *n* longitudinal cleft
SCIURID, -S *n* squirrel or related rodent
SCIURINE *adj* relating to a family of rodents that includes squirrels, marmots, and chipmunks ▹*n* any sciurine animal
SCIUROID *adj* (of an animal) resembling a squirrel
SCLAFF, -ED, -S *vb* cause (the club) to hit (the ground behind the ball) when making a stroke ▹*n* sclaffing stroke or shot
SCLAFFER ▸**sclaff**
SCLAFFS ▸**sclaff**
SCLATE, -D, -S, SCLATING *vb* (Scots) slate ▹*n* (Scots) slate
SCLAVE, -S *n* old form of slave
SCLERA, -E, -S *n* tough white substance that forms the outer covering of the eyeball
SCLERAL ▸**sclera**
SCLERAS ▸**sclera**
SCLERE, -S *n* supporting anatomical structure
SCLEREID *n* type of biological cell
SCLEREMA *n* condition in which body tissues harden
SCLERES ▸**sclere**
SCLERITE *n* any of the hard chitinous plates that make up the exoskeleton of an arthropod
SCLEROID *adj* (of organisms and their parts) hard or hardened
SCLEROMA *n* any small area of abnormally hard tissue, esp in a mucous membrane
SCLEROSE *vb* affect with sclerosis
SCLEROUS *adj* hard
SCLIFF, -S *n* Scots word for small piece
SCLIM, -MED, -S *vb* Scots word meaning climb
SCODY, SCODIER, SCODIEST *adj* unkempt
SCOFF, -ED, -S *vb* express derision ▹*n* mocking expression
SCOFFER, -S ▸**scoff**
SCOFFING ▸**scoff**
SCOFFLAW *n* person who habitually flouts or violates the law
SCOFFS ▸**scoff**
SCOG, -GED, -GING, -S *vb* shelter
SCOINSON *n* part of door or window frame
SCOLD, -ED, -S *vb* find fault with, reprimand ▹*n* person who scolds
SCOLDER, -S ▸**scold**
SCOLDING ▸**scold**
SCOLDS ▸**scold**
SCOLECES ▸**scolex**
SCOLECID *n* variety of worm
SCOLEX, SCOLECES, SCOLICES *n* headlike part of a tapeworm
SCOLIA ▸**scolion**
SCOLICES ▸**scolex**
SCOLIOMA *n* condition with abnormal curvature of spine
SCOLION, SCOLIA *n* ancient Greek drinking song
SCOLLOP, -S *variant of* ▸**scallop**
SCOLYTID *n* type of beetle
SCOMBRID *n* fish of mackerel family
SCOMFISH *vb* Scots word meaning stifle
SCONCE, -D, -S, SCONCING *n* bracket on a wall for holding candles or lights ▹*vb* challenge (a fellow student) to drink a large quantity of beer
SCONE, -S *n* small plain cake baked in an oven or on a griddle
SCONTION *n* part of door or window frame
SCOOBY, SCOOBIES *n* slang for a clue, notion
SCOOCH, -ED, -ES *vb* compress one's body into smaller space
SCOOG, -ED, -ING, -S *vb* shelter
SCOOP, -ED, -ING, -S *n* shovel-like tool for ladling or hollowing out ▹*vb* take up or hollow out with or as if with a scoop
SCOOPER, -S ▸**scoop**
SCOOPFUL ▸**scoop**
SCOOPING ▸**scoop**
SCOOPS ▸**scoop**
SCOOSH, -ED, -ES *vb* squirt ▹*n* squirt or rush of liquid
SCOOT, -ED, -ING, -S *vb* leave or move quickly ▹*n* act of scooting
SCOOTCH *same as* ▸**scooch**
SCOOTED ▸**scoot**
SCOOTER, -S *n* child's vehicle propelled by pushing on the ground with one foot ▹*vb* go on a scooter
SCOOTING ▸**scoot**
SCOOTS ▸**scoot**
SCOP, -S *n* (in Anglo-Saxon England) a bard or minstrel
SCOPA, -E, -S *n* tuft of hairs on the abdomen or hind legs of bees
SCOPATE *adj* having tuft-type hairs
SCOPE, -D, -S, SCOPING *n* opportunity for using abilities ▹*vb* look at or examine carefully
SCOPELID *n* deep-sea fish
SCOPES ▸**scope**
SCOPING ▸**scope**
SCOPS ▸**scop**
SCOPULA, -E, -S *n* small tuft of dense hairs on the legs and chelicerae of some spiders
SCORCH, -ED, -ES *vb* burn on the surface ▹*n* slight burn
SCORCHER *n* very hot day
SCORCHES ▸**scorch**
SCORDATO *adj* musical term meaning out of tune
SCORE, -D, -S *n* points gained in a game or competition ▹*vb* gain (points) in a game
SCOREPAD *n* pad for recording score in game
SCORER, -S ▸**score**
SCORES ▸**score**
SCORIA, -E *n* mass of solidified lava containing many cavities
SCORIAC ▸**scoria**
SCORIAE ▸**scoria**
SCORIFY *vb* remove (impurities) from metals by forming scoria
SCORING, -S *n* act or practice of scoring
SCORIOUS ▸**scoria**
SCORN, -ED, -ING, -S *n* open contempt ▹*vb* despise
SCORNER, -S ▸**scorn**

S

SCORNFUL ▸**scorn**
SCORNING ▸**scorn**
SCORNS ▸**scorn**
SCORPER, -S *n* kind of fine chisel with a square or curved tip
SCORPION *n* small lobster-shaped animal with a sting at the end of a jointed tail
SCORSE, -D, -S, SCORSING *vb* exchange
SCORSER, -S ▸**scorse**
SCORSES ▸**scorse**
SCORSING ▸**scorse**
SCOT, -S *n* payment or tax
SCOTCH, -ED, -ES *vb* put an end to ▹*n* gash
SCOTER, -S *n* type of sea duck
SCOTIA, -S *n* deep concave moulding
SCOTOMA, -S *n* blind spot
SCOTOMIA *n* dizziness
SCOTOMY *n* dizziness
SCOTOPIA *n* ability of the eye to adjust for night vision
SCOTOPIC ▸**scotopia**
SCOTS ▸**scot**
SCOTTIE, -S *n* type of small sturdy terrier
SCOUG, -ED, -ING, -S *vb* shelter
SCOUP, -ED, -ING, -S *vb* Scots word meaning jump
SCOUR, -ED, -ING, -S *vb* clean or polish by rubbing with something rough ▹*n* scouring
SCOURER, -S ▸**scour**
SCOURGE, -D, -S *n* person or thing causing severe suffering ▹*vb* cause severe suffering to
SCOURGER ▸**scourge**
SCOURGES ▸**scourge**
SCOURIE, -S *n* young seagull
SCOURING ▸**scour**
SCOURS ▸**scour**
SCOURSE, -D, -S *vb* exchange
SCOUSE, -S *n* stew made from left-over meat
SCOUSER, -S *n* inhabitant of Liverpool
SCOUSES ▸**scouse**
SCOUT, -ED, -ING, -S *n* person sent out to reconnoitre ▹*vb* act as a scout
SCOUTER, -S ▸**scout**
SCOUTH, -S *n* Scots word meaning plenty of scope
SCOUTHER *vb* Scots word meaning scorch
SCOUTHS ▸**scouth**
SCOUTING ▸**scout**
SCOUTS ▸**scout**
SCOW, -ED, -ING, -S *n* unpowered barge used for carrying freight ▹*vb* transport by scow
SCOWDER, -S *vb* Scots word meaning scorch
SCOWED ▸**scow**
SCOWING ▸**scow**
SCOWL, -ED, -ING, -S *vb* have an angry or sullen expression
SCOWLER, -S *n* person who scowls
SCOWLING ▸**scowl**
SCOWLS ▸**scowl**
SCOWP, -ED, -ING, -S *vb* Scots word meaning jump
SCOWRER, -S *n* old word meaning hooligan
SCOWRIE, -S *n* young seagull
SCOWS ▸**scow**
SCOWTH, -S *n* Scots word meaning plenty of scope
SCOWTHER *vb* Scots word meaning scorch
SCOWTHS ▸**scowth**
SCOZZA, -S *n* rowdy person, esp one who drinks a lot of alcohol
SCRAB, -BED, -S *vb* scratch
SCRABBLE *vb* scrape at with the hands, feet, or claws ▹*n* board game in which words are formed by letter tiles
SCRABBLY *adj* covered with stunted trees
SCRABS ▸**scrab**
SCRAE, -S *Scots word for* ▸**scree**
SCRAG, -GED, -S *n* thin end of a neck of mutton ▹*vb* wring the neck of
SCRAGGLY *adj* untidy or irregular
SCRAGGY *adj* thin, bony
SCRAGS ▸**scrag**
SCRAICH, -S *vb* Scots word meaning scream
SCRAIGH, -S *same as* ▸**scraich**
SCRAM, -MED, -S *vb* go away quickly ▹*n* emergency shutdown of a nuclear reactor
SCRAMB, -ED, -S *vb* scratch with nails or claws
SCRAMBLE *vb* climb or crawl hastily or awkwardly ▹*n* scrambling
SCRAMBS ▸**scramb**
SCRAMJET *n* type of jet engine
SCRAMMED ▸**scram**
SCRAMS ▸**scram**
SCRAN, -S *n* food
SCRANCH *vb* crunch
SCRANNEL *adj* thin ▹*n* thin person or thing
SCRANNY *adj* scrawny
SCRANS ▸**scran**
SCRAP, -PED, -S *n* small piece ▹*vb* discard as useless
SCRAPE, -D, -S *vb* rub with something rough or sharp ▹*n* act or sound of scraping
SCRAPER, -S ▸**scrape**
SCRAPES ▸**scrape**
SCRAPIE, -S *n* disease of sheep and goats
SCRAPING *n* act of scraping
SCRAPPED ▸**scrap**
SCRAPPER *n* person who scraps
SCRAPPLE *n* scraps of pork cooked with cornmeal and formed into a loaf
SCRAPPY *adj* fragmentary, disjointed
SCRAPS ▸**scrap**
SCRAT, -S, -TED *vb* scratch
SCRATCH *vb* mark or cut with anything rough or sharp ▹*n* wound, mark, or sound made by scratching ▹*adj* put together at short notice
SCRATCHY ▸**scratch**
SCRATS ▸**scrat**
SCRATTED ▸**scrat**
SCRATTLE *vb* dialect word meaning scratch
SCRAUCH, -S *vb* squawk
SCRAUGH, -S *vb* squawk
SCRAVEL, -S *vb* move quickly
SCRAW, -S *n* sod from the surface of a peat bog or from a field
SCRAWB, -ED, -S *same as* ▸**scrob**
SCRAWL, -ED, -S *vb* write carelessly or hastily ▹*n* scribbled writing
SCRAWLER ▸**scrawl**
SCRAWLS ▸**scrawl**
SCRAWLY ▸**scrawl**
SCRAWM, -ED, -S *vb* dialect word meaning scratch
SCRAWNY *adj* thin and bony
SCRAWP, -ED, -S *vb* scratch (the skin) to relieve itching
SCRAWS ▸**scraw**
SCRAY, -S *n* tern
SCRAYE, -S *n* tern
SCRAYS ▸**scray**
SCREAK, -ED, -S *vb* screech or creak ▹*n* screech or creak
SCREAKY ▸**screak**
SCREAM, -ED, -S *vb* utter a piercing cry, esp of fear or pain ▹*n* shrill piercing cry

SCREAMER *n* person or thing that screams
SCREAMO, -S *n* type of emo music featuring screaming vocals
SCREAMS ▸ **scream**
SCREE, -S *n* slope of loose shifting stones
SCREECH *n* shrill cry ▹ *vb* utter a shrill cry
SCREECHY *adj* loud and shrill
SCREED, -ED, -S *n* long tedious piece of writing ▹ *vb* rip
SCREEDER ▸ **screed**
SCREEDS ▸ **screed**
SCREEN, -ED, -S *n* surface of a television set, VDU, etc ▹ *vb* shelter or conceal with or as if with a screen
SCREENER ▸ **screen**
SCREENIE *n* informal Australian word for screensaver
SCREENS ▸ **screen**
SCREES ▸ **scree**
SCREET, -ED, -S *vb* shed tears ▹ *n* act or sound of crying
SCREEVE, -D, -S *vb* write
SCREEVER ▸ **screeve**
SCREEVES ▸ **screeve**
SCREICH, -S *same as* ▸ **screigh**
SCREIGH, -S *Scot word for* ▸ **screech**
SCREW, -ING, -S *n* metal pin with a spiral ridge along its length ▹ *vb* turn (a screw)
SCREWED *adj* fastened by a screw or screws
SCREWER, -S ▸ **screw**
SCREWIER ▸ **screwy**
SCREWING ▸ **screw**
SCREWS ▸ **screw**
SCREWTOP *n* lid with a threaded rim that is turned to close it securely
SCREWUP, -S *n* something done badly
SCREWY, SCREWIER *adj* crazy or eccentric
SCRIBAL ▸ **scribe**
SCRIBBLE *vb* write hastily or illegibly ▹ *n* something scribbled
SCRIBBLY ▸ **scribble**
SCRIBE, -D, -S, SCRIBING *n* person who copies documents ▹ *vb* score a line with a pointed instrument
SCRIBER, -S *n* pointed steel tool used to score materials as a guide to cutting, etc
SCRIBES ▸ **scribe**
SCRIBING ▸ **scribe**
SCRIBISM ▸ **scribe**
SCRIECH, -S *vb* Scots word meaning screech
SCRIED ▸ **scry**
SCRIENE, -S *n* old form of screen
SCRIES ▸ **scry**
SCRIEVE, -D, -S *vb* Scots word meaning write
SCRIGGLE *vb* wriggle
SCRIGGLY ▸ **scriggle**
SCRIKE, -D, -S, SCRIKING *vb* old word meaning shriek
SCRIM, -S *n* open-weave muslin or hessian fabric
SCRIMP, -ED, -S *vb* be very economical
SCRIMPER ▸ **scrimp**
SCRIMPIT *adj* Scots word meaning ungenerous
SCRIMPLY *adv* sparingly
SCRIMPS ▸ **scrimp**
SCRIMPY ▸ **scrimp**
SCRIMS ▸ **scrim**
SCRIMURE *old word for* ▸ **fencer**
SCRINE, -S *n* old form of shrine
SCRIP, -S *n* certificate representing a claim to stocks or shares
SCRIPT, -ED, -S *n* text of a film, play, or TV programme ▹ *vb* write a script for
SCRIPTER *n* person who writes scripts for films, play, or television dramas
SCRIPTS ▸ **script**
SCRITCH *vb* screech
SCRIVE, -D, -S, SCRIVING *Scots word for* ▸ **write**
SCROB, -BED, -S *vb* scrape with claws
SCROBBLE *vb* record a person's music preferences in order to recommend similar music
SCROBE, -S *n* groove
SCROBS ▸ **scrob**
SCROD, -S *n* young cod or haddock
SCROFULA *n* tuberculosis of the lymphatic glands
SCROG, -S *n* Scots word meaning small tree
SCROGGIE *adj* having scrogs upon it
SCROGGIN *n* mixture of nuts and dried fruits
SCROGGY *variant of* ▸ **scroggie**
SCROGS ▸ **scrog**
SCROLL, -ED, -S *n* roll of parchment or paper ▹ *vb* move (text) up or down on a VDU screen
SCROLLER *n* person or thing that scrolls
SCROLLS ▸ **scroll**
SCROME, -D, -S, SCROMING *vb* crawl or climb
SCROOCH *vb* scratch (the skin) to relieve itching
SCROOGE, -D, -S *variant of* ▸ **scrouge**
SCROOP, -ED, -S *vb* emit a grating or creaking sound ▹ *n* such a sound
SCROOTCH *vb* hunch up
SCRORP, -S *n* deep scratch or weal
SCROTA ▸ **scrotum**
SCROTAL ▸ **scrotum**
SCROTUM, SCROTA, -S *n* pouch of skin containing the testicles
SCROUGE, -D, -S *vb* crowd or press
SCROUGER *n* American word meaning whopper
SCROUGES ▸ **scrouge**
SCROUNGE *vb* get by cadging or begging
SCROUNGY *adj* shabby
SCROW, -S *n* scroll
SCROWDGE *vb* squeeze
SCROWL, -ED, -S *vb* old form of scroll
SCROWLE, -S *vb* old form of scroll
SCROWLED ▸ **scrowl**
SCROWLES ▸ **scrowle**
SCROWLS ▸ **scrowl**
SCROWS ▸ **scrow**
SCROYLE, -S *n* old word meaning wretch
SCRUB, -BED, -S *vb* clean by rubbing, often with a hard brush and water ▹ *n* instance of scrubbing ▹ *adj* stunted or inferior
SCRUBBER *n* person or thing that scrubs
SCRUBBY *adj* covered with scrub
SCRUBS ▸ **scrub**
SCRUFF, -ED, -S *same as* ▸ **scum**
SCRUFFY *adj* unkempt or shabby
SCRUM, -MED, -S *n* restarting of play in rugby ▹ *vb* form a scrum
SCRUMMIE *n* informal word for a scrum half
SCRUMMY *adj* delicious
SCRUMP, -ED, -S *vb* steal (apples) from an orchard or garden
SCRUMPLE *vb* crumple or crush
SCRUMPOX *n* skin infection spread among players in scrum

SCRUMPS ▸ **scrump**
SCRUMPY *n* rough dry cider
SCRUMS ▸ **scrum**
SCRUNCH *vb* crumple or crunch or be crumpled or crunched ▹ *n* act or sound of scrunching
SCRUNCHY *adj* crunchy
SCRUNT, -S *n* Scots word meaning stunted thing
SCRUNTY ▸ **scrunt**
SCRUPLE, -D, -S *n* doubt produced by one's conscience or morals ▹ *vb* have doubts on moral grounds
SCRUPLER ▸ **scruple**
SCRUPLES ▸ **scruple**
SCRUTINY *n* close examination
SCRUTO, -S *n* trapdoor on stage
SCRUZE, -D, -S, SCRUZING *vb* old word meaning squeeze
SCRY, SCRIED, SCRIES, -DE *vb* divine, esp by crystal gazing
SCRYER, -S ▸ **scry**
SCRYING, -S ▸ **scry**
SCRYNE, -S *n* old form of shrine
SCUBA, -ED, -ING, -S *n* apparatus used in diving ▹ *vb* dive using scuba equipment
SCUCHIN, -S *n* old form of scutcheon
SCUD, -DED, -DING, -S *vb* move along swiftly ▹ *n* act of scudding
SCUDDER, -S ▸ **scud**
SCUDDING ▸ **scud**
SCUDDLE, -D, -S *vb* scuttle
SCUDI ▸ **scudo**
SCUDLER, -S *n* Scots word meaning leader of festivities
SCUDO, SCUDI *n* any of several former Italian coins
SCUDS ▸ **scud**
SCUFF, -ED, -ING, -S *vb* drag (the feet) while walking ▹ *n* mark caused by scuffing
SCUFFER, -S *n* type of sandal
SCUFFING ▸ **scuff**
SCUFFLE, -D, -S *vb* fight in a disorderly manner ▹ *n* disorderly struggle
SCUFFLER ▸ **scuffle**
SCUFFLES ▸ **scuffle**
SCUFFS ▸ **scuff**
SCUFT, -S *n* dialect word meaning nape of neck
SCUG, -GED, -GING, -S *vb* shelter
SCUL, -S *n* old form of school
SCULCH, -ES *n* rubbish
SCULK, -ED, -ING, -S *vb* old form of skulk
SCULKER, -S ▸ **sculk**
SCULKING ▸ **sculk**
SCULKS ▸ **sculk**
SCULL, -ED, -ING, -S *n* small oar ▹ *vb* row (a boat) using sculls
SCULLE, -S *n* old form of school
SCULLED ▸ **scull**
SCULLER, -S ▸ **scull**
SCULLERY *n* small room where washing-up and other kitchen work is done
SCULLES ▸ **sculle**
SCULLING ▸ **scull**
SCULLION *n* servant employed to do the hard work in a kitchen
SCULLS ▸ **scull**
SCULP, -ED, -ING, -S *variant of* > **sculpture**
SCULPIN, -S *n* type of fish of the family which includes bullheads and sea scorpions
SCULPING ▸ **sculp**
SCULPINS ▸ **sculpin**
SCULPS ▸ **sculp**
SCULPSIT *vb* (he or she) sculptured it: used formerly on sculptures next to a sculptor's name
SCULPT, -ED, -S *same as* > **sculpture**
SCULPTOR *n* person who makes sculptures
SCULPTS ▸ **sculpt**
SCULS ▸ **scul**
SCULTCH *same as* ▸ **sculch**
SCUM, -MED, -MING, -S *n* impure or waste matter on the surface of a liquid ▹ *vb* remove scum from
SCUMBER, -S *vb* old word meaning defecate
SCUMBLE, -D, -S *vb* soften or blend (an outline or colour) with a thin upper coat of opaque colour ▹ *n* upper layer of colour applied in this way
SCUMFISH *vb* Scots word meaning disgust
SCUMLESS ▸ **scum**
SCUMLIKE ▸ **scum**
SCUMMED ▸ **scum**
SCUMMER, -S ▸ **scum**
SCUMMIER ▸ **scummy**
SCUMMILY ▸ **scummy**
SCUMMING ▸ **scum**
SCUMMY, SCUMMIER *adj* of, resembling, consisting of, or covered with scum
SCUMS ▸ **scum**
SCUNGE, -D, -S, SCUNGING *vb* borrow ▹ *n* dirty or worthless person
SCUNGIER ▸ **scungy**
SCUNGILE *same as* > **scungille**
SCUNGILI *same as* > **scungilli**
SCUNGING ▸ **scunge**
SCUNGY, SCUNGIER *adj* sordid or dirty
SCUNNER, -S *vb* feel aversion ▹ *n* strong aversion
SCUP, -S *n* common sparid fish of American coastal regions of the Atlantic
SCUPPAUG *n* sea fish
SCUPPER, -S *vb* defeat or ruin ▹ *n* drain in the side of a ship
SCUPS ▸ **scup**
SCUR, -RED, -RING, -S *n* small unattached growth of horn at the site of a normal horn in cattle
SCURF, -S *n* flaky skin on the scalp
SCURFIER ▸ **scurfy**
SCURFS ▸ **scurf**
SCURFY, SCURFIER ▸ **scurf**
SCURRED ▸ **scur**
SCURRIED ▸ **scurry**
SCURRIER *n* old word meaning scout
SCURRIES ▸ **scurry**
SCURRIL *adj* old word meaning vulgar
SCURRILE *adj* old word meaning vulgar
SCURRING ▸ **scur**
SCURRY, SCURRIED, SCURRIES *vb* move hastily ▹ *n* act or sound of scurrying
SCURS ▸ **scur**
SCURVIER ▸ **scurvy**
SCURVIES ▸ **scurvy**
SCURVILY ▸ **scurvy**
SCURVY, SCURVIER, SCURVIES *n* disease caused by lack of vitamin C ▹ *adj* mean and despicable
SCUSE, -D, -S, SCUSING *shortened form of* ▸ **excuse**
SCUT, -S *n* short tail of the hare, rabbit, or deer
SCUTA ▸ **scutum**
SCUTAGE, -S *n* payment to a lord from his vassal in lieu of military service
SCUTAL ▸ **scute**
SCUTATE *adj* (of animals) having or covered with large bony or horny plates
SCUTCH, -ED, -ES *vb* separate the fibres from the woody part of (flax) by pounding ▹ *n* tool used for this

SCUTCHER *same as* ▸ **scutch**
SCUTCHES ▸ **scutch**
SCUTE, -S *n* horny or chitinous plate that makes up part of the exoskeleton in armadillos, etc
SCUTELLA > **scutellum**
SCUTES ▸ **scute**
SCUTIGER *n* species of centipede
SCUTS ▸ **scut**
SCUTTER, -S *informal word for* ▸ **scurry**
SCUTTLE, -D, -S *n* fireside container for coal ▹ *vb* run with short quick steps
SCUTTLER ▸ **scuttle**
SCUTTLES ▸ **scuttle**
SCUTUM, SCUTA *n* middle of three plates into which the notum of an insect's thorax is divided
SCUTWORK *n* menial or dull work
SCUZZ, -ES *n* dirt
SCUZZY, SCUZZIER *adj* unkempt, dirty, or squalid
SCYBALUM, SCYBALA *n* hard faeces in stomach
SCYE, -S *n* Scots word meaning sleeve-hole
SCYPHATE *adj* shaped like cup
SCYPHUS, SCYPHI *n* ancient Greek two-handled drinking cup
SCYTALE, -S *n* coded message in ancient Sparta
SCYTHE, -D, -S, SCYTHING *n* long-handled tool with a curved blade for cutting grass ▹ *vb* cut with a scythe
SCYTHER, -S ▸ **scythe**
SCYTHES ▸ **scythe**
SCYTHING ▸ **scythe**
SDAINE, -D, -S, SDAINING *vb* old form of disdain
SDAYN, -ED, -ING, -S *vb* old form of disdain
SDEIGN, -ED, -S *vb* old form of disdain
SDEIGNE, -S *vb* old form of disdain
SDEIGNED ▸ **sdeign**
SDEIGNES ▸ **sdeigne**
SDEIGNS ▸ **sdeign**
SDEIN, -ED, -ING, -S *vb* old form of disdain
SEA, -S *n* mass of salt water covering three quarters of the earth's surface
SEABAG, -S *n* canvas bag for holding a sailor's belongings
SEABANK, -S *n* sea shore
SEABEACH *n* beach at seaside
SEABED, -S *n* bottom of sea
SEABIRD, -S *n* bird that lives on the sea
SEABLITE *n* prostrate annual plant of the goosefoot family
SEABOARD *n* coast
SEABOOT, -S *n* sailor's waterproof boot
SEABORNE *adj* carried on or by the sea
SEABREAM *n* type of food fish of European seas
SEACOAST *n* land bordering on the sea
SEACOCK, -S *n* valve in the hull of a vessel below the water line
SEACRAFT *n* skill of a sailor
SEACUNNY *n* steersman on an Indian ship
SEADOG, -S *another word for* ▸ **fogbow**
SEADROME *n* aerodrome floating on sea
SEAFARER *n* traveller who goes by sea
SEAFLOOR *n* bottom of the sea
SEAFOAM, -S *n* foam formed on the sea
SEAFOLK, -S *n* people who sail the sea
SEAFOOD, -S *n* edible saltwater fish or shellfish
SEAFOWL, -S *n* seabird
SEAFRONT *n* built-up area facing the sea
SEAGIRT *adj* surrounded by the sea
SEAGOING *adj* built for travelling on the sea
SEAGRASS *n* grass which grows by or in the sea
SEAGULL, -S *n* gull
SEAHAWK, -S *n* skua
SEAHOG, -S *n* porpoise
SEAHORSE *n* marine fish with a horselike head that swims upright
SEAHOUND *n* dogfish
SEAKALE, -S *n* European coastal plant
SEAL, -S *n* piece of wax, etc attached to a document as a mark of authentication ▹ *vb* close with or as if with a seal
SEALABLE ▸ **seal**
SEALANT, -S *n* any substance used for sealing
SEALCH, -S *Scots word for* ▸ **seal**
SEALED *adj* (of a road) having a hard surface
SEALER, -S *n* person or thing that seals
SEALERY *n* occupation of hunting seals
SEALGH, -S *Scots word for* ▸ **seal**
SEALIFT, -S *vb* transport by ship
SEALINE, -S *n* company running regular sailings
SEALING, -S ▸ **seal**
SEALLIKE *adj* resembling a seal
SEALS ▸ **seal**
SEALSKIN *n* skin or prepared fur of a seal, used to make coats
SEALWAX *n* sealing wax
SEALYHAM *n* type of short-legged terrier
SEAM, -ED, -ING, -S *n* line where two edges are joined, as by stitching ▹ *vb* mark with furrows or wrinkles
SEAMAID, -S *n* mermaid
SEAMAN, SEAMEN *n* sailor
SEAMANLY *adj* like or appropriate to a seaman
SEAMARK, -S *n* conspicuous object on a shore used as a guide
SEAME, -S *n* old word meaning grease
SEAMED ▸ **seam**
SEAMEN ▸ **seaman**
SEAMER, -S *n* bowler who makes the ball bounce on its seam
SEAMES ▸ **seame**
SEAMFREE *adj* having no seam
SEAMIER ▸ **seamy**
SEAMIEST ▸ **seamy**
SEAMING, -S ▸ **seam**
SEAMLESS *adj* (of a garment) without seams
SEAMLIKE ▸ **seam**
SEAMOUNT *n* submarine mountain rising more than 1000 metres above the surrounding ocean floor
SEAMS ▸ **seam**
SEAMSET, -S *n* tool for flattening seams in metal
SEAMSTER *n* person who sews
SEAMY, SEAMIER, SEAMIEST *adj* sordid
SEAN, -ED, -ING, -S *vb* fish with seine net
SEANCE, -S *n* meeting at which spiritualists attempt to communicate with the dead
SEANED ▸ **sean**
SEANING ▸ **sean**
SEANS ▸ **sean**

SEAPIECE *n* artwork depicting sea
SEAPLANE *n* aircraft designed to take off from and land on water
SEAPORT, -S *n* town or city with a harbour for boats and ships
SEAQUAKE *n* agitation and disturbance of the sea caused by an earthquake at the sea bed
SEAR, -ED, -ER, -EST, -S *vb* scorch, burn the surface of ▷ *n* mark caused by searing ▷ *adj* dried up
SEARAT, -S *n* pirate
SEARCE, -D, -S, SEARCING *vb* sift
SEARCH, -ED, -ES *vb* examine closely in order to find something ▷ *n* instance of searching
SEARCHER ▶ **search**
SEARCHES ▶ **search**
SEARCING ▶ **searce**
SEARE *adj* old word meaning dry and withered
SEARED ▶ **sear**
SEARER ▶ **sear**
SEAREST ▶ **sear**
SEARING, -S ▶ **sear**
SEARNESS ▶ **sear**
SEAROBIN *n* type of American gurnard
SEARS ▶ **sear**
SEAS ▶ **sea**
SEASCAPE *n* picture of a scene at sea
SEASCOUT *n* member of seagoing scouts
SEASE, -D, -S, SEASING *vb* old form of seize
SEASHELL *n* empty shell of a mollusc
SEASHORE *n* land bordering on the sea
SEASICK *adj* suffering from nausea caused by the motion of a ship
SEASIDE, -S *n* area, esp a holiday resort, on the coast
SEASING ▶ **sease**
SEASON, -S *n* one of four divisions of the year ▷ *vb* flavour with salt, herbs, etc
SEASONAL *adj* depending on or varying with the seasons ▷ *n* seasonal thing
SEASONED ▶ **season**
SEASONER ▶ **season**
SEASONS ▶ **season**
SEASPEAK *n* language used by sailors
SEASURE, -S *n* old form of seizure
SEAT, -ED, -S *n* thing designed or used for sitting on ▷ *vb* cause to sit
SEATBACK *n* back of seat
SEATBELT *n* safety belt in vehicle
SEATED ▶ **seat**
SEATER, -S *n* person or thing that seats
SEATING, -S *n* supply or arrangement of seats ▷ *adj* of or relating to the provision of places to sit
SEATLESS ▶ **seat**
SEATMATE *n* person sitting in next seat
SEATRAIN *n* ship that can carry a train
SEATROUT *n* trout living in the sea
SEATS ▶ **seat**
SEATWORK *n* school work done at pupils' desks
SEAWALL, -S *n* wall built to prevent encroachment or erosion by the sea
SEAWAN, -S *n* shell beads used by certain Native Americans as money
SEAWANT, -S *n* Native American name for silver coins
SEAWARD *same as* ▶ **seawards**
SEAWARDS *adv* towards the sea
SEAWARE, -S *n* any of numerous large coarse seaweeds
SEAWATER *n* water from sea
SEAWAY, -S *n* waterway giving access to an inland port
SEAWEED, -S *n* plant growing in the sea
SEAWEEDY *adj* full of seaweed
SEAWIFE, SEAWIVES *n* variety of sea fish
SEAWOMAN, SEAWOMEN *n* mermaid
SEAWORM, -S *n* marine worm
SEAZE, -D, -S, SEAZING *vb* old form of seize
SEBACIC *adj* derived from sebacic acid, a white crystalline acid
SEBASIC *same as* ▶ **sebacic**
SEBATE, -S *n* salt of sebacic acid
SEBESTEN *n* Asian tree
SEBIFIC *adj* producing fat
SEBUM, -S *n* oily substance secreted by the sebaceous glands
SEBUNDY *n* irregular soldier in India
SEC, -S *same as* ▶ **secant**
SECALOSE *n* type of sugar
SECANT, -S *n* the ratio of the length of the hypotenuse to the length of the adjacent side
SECANTLY ▶ **secant**
SECANTS ▶ **secant**
SECATEUR *n* secateurs
SECCO, -S *n* wall painting done on dried plaster with tempera
SECEDE, -D, -S, SECEDING *vb* withdraw formally from a political alliance or federation
SECEDER, -S ▶ **secede**
SECEDES ▶ **secede**
SECEDING ▶ **secede**
SECERN, -ED, -S *vb* (of a gland or follicle) to secrete
SECESH, -ES *n* secessionist in US Civil War
SECESHER *n* secessionist in US Civil War
SECESHES ▶ **secesh**
SECH, -S *n* hyperbolic secant
SECKEL, -S *variant of* ▶ **seckle**
SECKLE, -S *n* type of pear
SECLUDE, -S *vb* keep (a person) from contact with others
SECLUDED *adj* private, sheltered
SECLUDES ▶ **seclude**
SECO *adj* (of wine) dry
SECODONT *n* animal with cutting back teeth
SECONAL, -S *n* tradename for secobarbital
SECOND, -ED, -S *adj* coming directly after the first ▷ *n* person or thing coming second ▷ *vb* express formal support for (a motion proposed in a meeting)
SECONDE, -S *n* second of eight positions from which a parry or attack can be made in fencing
SECONDED ▶ **second**
SECONDEE *n* person who is seconded
SECONDER ▶ **second**
SECONDES ▶ **seconde**
SECONDI ▶ **secondo**
SECONDLY *same as* ▶ **second**
SECONDO, SECONDI *n* left-hand part in a piano duet
SECONDS ▶ **second**
SECPAR, -S *n* distance unit in astronomy

SECRECY *n* state of being secret
SECRET, -ER, -S *adj* kept from the knowledge of others ▷ *n* something kept secret
SECRETA *n* secretions
SECRETE, -D, -S *vb* (of an organ, gland, etc) produce and release (a substance)
SECRETER ▸ secret
SECRETES ▸ secrete
SECRETIN *n* peptic hormone secreted by the mucosae of the duodenum and jejunum
SECRETLY ▸ secret
SECRETOR ▸ secrete
SECRETS ▸ secret
SECS ▸ sec
SECT, -S *n* subdivision of a religious or political group
SECTARY *n* member of a sect
SECTATOR *n* member of sect
SECTILE *adj* able to be cut smoothly
SECTION, -S *n* part cut off ▷ *vb* cut or divide into sections
SECTOR, -ED, -S *n* part or subdivision ▷ *vb* divide into sectors
SECTORAL ▸ sector
SECTORED ▸ sector
SECTORS ▸ sector
SECTS ▸ sect
SECULA ▸ seculum
SECULAR, -S *adj* worldly, as opposed to sacred ▷ *n* member of the secular clergy
SECULUM, SECULA, -S *n* age in astronomy
SECUND *adj* having or designating parts arranged on or turned to one side of the axis
SECUNDLY ▸ secund
SECUNDUM *adj* according to
SECURE, -D, -S, -ST, SECURING *adj* free from danger ▷ *vb* obtain
SECURELY ▸ secure
SECURER, -S ▸ secure
SECURES ▸ secure
SECUREST ▸ secure
SECURING ▸ secure
SECURITY *n* precautions against theft, espionage, or other danger
SED *old spelling of* **▸ said**
SEDAN, -S *same as* **▸ saloon**
SEDARIM ▸ seder
SEDATE, -D, -R, -S, -ST, SEDATING *adj* calm and dignified ▷ *vb* give a sedative drug to
SEDATELY ▸ sedate
SEDATER ▸ sedate
SEDATES ▸ sedate
SEDATEST ▸ sedate
SEDATING ▸ sedate
SEDATION *n* state of calm, esp when brought about by sedatives
SEDATIVE *adj* having a soothing or calming effect ▷ *n* sedative drug
SEDENT *adj* seated
SEDER, SEDARIM, -S *n* Jewish ceremonial meal held on the first night or first two nights of Passover
SEDERUNT *n* sitting of an ecclesiastical assembly, court, etc
SEDES *Latin word for* **▸ seat**
SEDGE, -S *n* coarse grasslike plant growing on wet ground
SEDGED *adj* having sedge
SEDGES ▸ sedge
SEDGY, SEDGIER, SEDGIEST ▸ sedge
SEDILE *n* seat for clergy in church
SEDILIA *n* group of three seats where the celebrant and ministers sit during High Mass
SEDILIUM *n* seat for clergy in church
SEDIMENT *n* matter which settles to the bottom of a liquid
SEDITION *n* speech or action encouraging rebellion against the government
SEDUCE, -D, -S, SEDUCING *vb* win over or attract
SEDUCER, -S *n* person who entices, allures, or seduces
SEDUCES ▸ seduce
SEDUCING ▸ seduce
SEDUCIVE *adj* seductive
SEDUCTOR *n* person who seduces
SEDULITY ▸ sedulous
SEDULOUS *adj* diligent or persevering
SEDUM, -S *n* rock plant
SEE, -N, -S *vb* perceive with the eyes or mind ▷ *n* diocese of a bishop
SEEABLE ▸ see
SEECATCH *n* male seal in Aleutians
SEED, -ED, -S *n* mature fertilized grain of a plant ▷ *vb* sow with seed
SEEDBED, -S *n* area of soil prepared for the growing of seedlings before they are transplanted
SEEDBOX *n* part of plant that contains seeds
SEEDCAKE *n* sweet cake flavoured with caraway seeds and lemon rind or essence
SEEDCASE *n* part of a fruit enclosing the seeds
SEEDED ▸ seed
SEEDER, -S *n* person or thing that seeds
SEEDHEAD *n* seed-containing part of a plant
SEEDIER ▸ seedy
SEEDIEST ▸ seedy
SEEDILY ▸ seedy
SEEDING, -S ▸ seed
SEEDLESS ▸ seed
SEEDLIKE ▸ seed
SEEDLING *n* young plant raised from a seed
SEEDLIP, -S *n* basket holding seeds to be sown
SEEDMAN, SEEDMEN *n* seller of seeds
SEEDNESS *n* old word meaning sowing of seeds
SEEDPOD, -S *n* carpel enclosing the seeds of a flowering plant
SEEDS ▸ seed
SEEDSMAN, SEEDSMEN *n* seller of seeds
SEEDTIME *n* season when seeds are sown
SEEDY, SEEDIER, SEEDIEST *adj* shabby
SEEING, -S ▸ see
SEEK, -ING, -S, SOUGHT *vb* try to find or obtain
SEEKER, -S ▸ seek
SEEKING ▸ seek
SEEKS ▸ seek
SEEL, -ED, -S *vb* sew up the eyelids of (a hawk or falcon) so as to render it tame
SEELD *adj* old word meaning rare
SEELED ▸ seel
SEELIE *pl n* good benevolent fairies
SEELIER ▸ seely
SEELIEST ▸ seely
SEELING, -S ▸ seel
SEELS ▸ seel
SEELY, SEELIER, SEELIEST *adj* old word meaning happy
SEEM, -ED, -S *vb* appear to be
SEEMER, -S ▸ seem
SEEMING, -S *adj* apparent but not real ▷ *n* outward or false appearance
SEEMLESS *adj* old word meaning unseemly
SEEMLY, SEEMLIER *adj* proper or fitting ▷ *adv* properly or decorously

SEEMS ▸ **seem**
SEEN ▸ **see**
SEEP, -ED, -ING, -S *vb* trickle through slowly, ooze ▹ *n* small spring or place where water, oil, etc, has oozed through the ground
SEEPAGE, -S *n* act or process of seeping
SEEPED ▸ **seep**
SEEPIER ▸ **seepy**
SEEPIEST ▸ **seepy**
SEEPING ▸ **seep**
SEEPS ▸ **seep**
SEEPY, SEEPIER, SEEPIEST *adj* tending to seep
SEER, -S *n* person who sees
SEERESS ▸ **seer**
SEERS ▸ **seer**
SEES ▸ **see**
SEESAW, -ED, -S *n* plank balanced in the middle so that two people seated on either end ride up and down alternately ▹ *vb* move up and down
SEETHE, -D, -S *vb* be very agitated ▹ *n* act or state of seething
SEETHER, -S ▸ **seethe**
SEETHES ▸ **seethe**
SEETHING *adj* boiling or foaming as if boiling
SEEWING, -S *n* suing
SEFER, SIFREI *n* scrolls of the Law
SEG, -S *n* metal stud on shoe sole
SEGAR, -S *n* cigar
SEGETAL *adj* (of weeds) growing amongst crops
SEGGAR, -S *n* box in which pottery is baked
SEGHOL, -S *n* pronunciation mark in Hebrew
SEGMENT, -S *n* one of several sections into which something may be divided ▹ *vb* divide into segments
SEGNO, SEGNI, -S *n* sign at the beginning or end of a section directed to be repeated
SEGO, -S *n* American variety of lily
SEGOL, -S *variant of* ▸ **seghol**
SEGOLATE *variant of* > **segholate**
SEGOLS ▸ **segol**
SEGOS ▸ **sego**
SEGREANT *adj* having raised wings in heraldry
SEGS ▸ **seg**
SEGUE, -D, -ING, -S *vb* proceed from one section or piece of music to another without a break ▹ *n* practice or an instance of playing music in this way
SEGUGIO, -S *n* Italian breed of dog
SEHRI, -S *n* meal eaten before sunrise by Muslims fasting during Ramadan
SEI, -S *n* type of rorqual
SEICENTO *n* 17th century with reference to Italian art and literature
SEICHE, -S *n* periodic oscillation of the surface of an enclosed or partially enclosed body of water
SEIDEL, -S *n* vessel for drinking beer
SEIF, -S *n* long ridge of blown sand in a desert
SEIGNEUR *n* feudal lord
SEIGNIOR *n* (in England) the lord of a seigniory
SEIGNORY *n* lordship
SEIK, -ER, -EST *Scot word for* ▸ **sick**
SEIL, -ED, -ING, -S *vb* dialect word meaning strain
SEINE, -D, -S *n* large fishing net that hangs vertically from floats ▹ *vb* catch (fish) using this net
SEINER, -S ▸ **seine**
SEINES ▸ **seine**
SEINING, -S ▸ **seine**
SEIR, -S *n* fish of Indian seas
SEIS ▸ **sei**
SEISABLE ▸ **seise**
SEISE, -D, -S *vb* put into legal possession of (property, etc)
SEISER, -S ▸ **seise**
SEISES ▸ **seise**
SEISIN, -S *n* feudal possession of an estate in land
SEISING, -S ▸ **seise**
SEISINS ▸ **seisin**
SEISM, -S *n* earthquake
SEISMAL *adj* of earthquakes
SEISMIC *adj* relating to earthquakes
SEISMISM *n* occurrence of earthquakes
SEISMS ▸ **seism**
SEISOR, -S *n* person who takes seisin
SEISURE, -S *n* act of seisin
SEITAN, -S *same as* ▸ **seiten**
SEITEN, -S *n* gluten from wheat
SEITY, SEITIES *n* selfhood
SEIZA, -S *n* traditional Japanese kneeling position
SEIZABLE ▸ **seize**
SEIZAS ▸ **seiza**
SEIZE, -D, -S *vb* take hold of forcibly or quickly
SEIZER, -S ▸ **seize**
SEIZES ▸ **seize**
SEIZIN, -S *same as* ▸ **seisin**
SEIZING, -S *n* binding used for holding together two ropes, two spars, etc
SEIZINS ▸ **seizin**
SEIZOR, -S *n* person who takes seisin
SEIZURE, -S *n* sudden violent attack of an illness
SEJANT *adj* (of a beast) shown seated
SEJEANT *same as* ▸ **sejant**
SEKOS, -ES *n* holy place
SEKT, -S *n* German sparkling wine
SEL, -S *Scot word for* ▸ **self**
SELADANG *n* Malaysian tapir
SELAH, -S *n* Hebrew word of unknown meaning occurring in the Old Testament psalms
SELAMLIK *n* men's quarters in Turkish house
SELCOUTH *adj* old word meaning strange
SELD *adj* old word meaning rare
SELDOM *adv* not often, rarely
SELDOMLY ▸ **seldom**
SELDSEEN *adj* old word meaning seldom seen
SELE, -S *n* old word meaning happiness
SELECT, -ED, -S *vb* pick out or choose ▹ *adj* chosen in preference to others
SELECTA, -S *n* disc jockey
SELECTED ▸ **select**
SELECTEE *n* person who is selected, esp for military service
SELECTLY ▸ **select**
SELECTOR *n* person or thing that selects
SELECTS ▸ **select**
SELENATE *n* any salt or ester formed by replacing one or both of the hydrogens of selenic acid with metal ions or organic groups
SELENIAN *adj* of the moon
SELENIC *adj* of or containing selenium, esp in the hexavalent state
SELENIDE *n* compound containing selenium
SELENITE *n* colourless glassy variety of gypsum
SELENIUM *n* nonmetallic element with photoelectric properties

SELENOUS *same as* > **selenious**
SELES ▸ **sele**
SELF, -ED, -S, SELVES *n* distinct individuality or identity of a person or thing ▹ *pron* myself, yourself, himself, or herself ▹ *vb* reproduce by oneself
SELFDOM, -S *n* selfhood
SELFED ▸ **self**
SELFHEAL *n* low-growing European herbaceous plant
SELFHOOD *n* state of having a distinct identity
SELFIE, -S *n* photograph taken by pointing a camera at oneself
SELFING, -S ▸ **self**
SELFISH *adj* caring too much about oneself and not enough about others
SELFISM, -S *n* emphasis on self
SELFIST, -S ▸ **selfism**
SELFLESS *adj* unselfish
SELFNESS *n* egotism
SELFS ▸ **self**
SELFSAME *adj* very same
SELFWARD *adj* toward self
SELICTAR *n* Turkish sword-bearer
SELKIE, -S *same as* ▸ **silkie**
SELL, -S *vb* exchange (something) for money ▹ *n* manner of selling
SELLA, -E, -S *n* area of bone in body
SELLABLE ▸ **sell**
SELLAE ▸ **sella**
SELLAS ▸ **sella**
SELLE, -S *n* old word meaning seat
SELLER, -S *n* person who sells
SELLES ▸ **selle**
SELLING, -S *n* providing goods or services to customers in exchange for money
SELLOFF, -S *n* act of selling cheaply
SELLOUT, -S *n* performance of a show etc for which all the tickets are sold
SELLS ▸ **sell**
SELS ▸ **sel**
SELSYN, -S *same as* ▸ **synchro**
SELTZER, -S *n* natural effervescent water containing minerals
SELVA, -S *n* dense equatorial forest
SELVAGE, -D, -S *n* edge of cloth, woven so as to prevent unravelling ▹ *vb* edge or border
SELVAGEE *n* rope used as strap
SELVAGES ▸ **selvage**
SELVAS ▸ **selva**
SELVEDGE *same as* ▸ **selvage**
SELVES ▸ **self**
SEMANTIC *adj* relating to the meaning of words
SEMANTRA > **semantron**
SEMATIC *adj* acting as a warning, esp to potential predators
SEMBLANT *n* semblance
SEMBLE, -D, -S, SEMBLING *vb* seem
SEME, -S *adj* dotted (with)
SEMEE *variant of* ▸ **seme**
SEMEED *adj* seme
SEMEION, SEMEIA *n* unit of metre in ancient poetry
SEMEME, -S *n* meaning of a morpheme
SEMEMIC ▸ **sememe**
SEMEN, -S, SEMINA *n* sperm-carrying fluid produced by male animals
SEMES ▸ **seme**
SEMESTER *vb* organize the academic year into two divisions
SEMI *n* semidetached house
SEMIARID *adj* denoting land that lies on the edges of a desert but has a slightly higher rainfall
SEMIBALD *adj* partly bald
SEMIBOLD *adj* denoting a weight of typeface between medium and bold face ▹ *n* semibold type
SEMIBULL *n* papal bull issued before coronation
SEMICOMA *n* condition similar to a coma
SEMIDEAF *adj* partly deaf
SEMIDOME *n* half-dome, esp one used to cover a semicircular apse
SEMIDRY *adj* partly dry
SEMIE, -S *n* historical name for a student in second year at a Scottish university
SEMIFIT *adj* not fully fit
SEMIGALA *adj* characterized by quite a lot of celebration and fun ▹ *n* occasion that is festive but not to the degree of a gala
SEMIHARD *adj* partly hard
SEMIHIGH *adj* moderately high
SEMIHOBO *n* person looking almost like hobo
SEMILLON *n* grape used to make wine
SEMILOG *adj* semilogarithmic
SEMILUNE *n* half-moon shape
SEMIMAT *adj* semimatt
SEMIMATT *adj* with surface midway between matt and gloss
SEMIMILD *adj* somewhat mild
SEMINA ▸ **semen**
SEMINAL *adj* original and influential
SEMINAR, -S *n* meeting of a group of students for discussion
SEMINARY *n* college for priests
SEMINATE *vb* sow
SEMINUDE *adj* partly nude
SEMIOPEN *adj* half-open
SEMIOSIS, SEMIOSES *n* action involving establishing a relationship between signs
SEMIOTIC *adj* relating to signs and symbols, esp spoken or written signs
SEMIOVAL *adj* shaped like half of an oval
SEMIPED, -S *n* measure in poetic metre
SEMIPRO, -S *n* semiprofessional
SEMIRAW *adj* not fully cooked or processed
SEMIS, -ES *n* ancient Roman coin
SEMISOFT *adj* partly soft
SEMITAR, -S *old spelling of* ▸ **scimitar**
SEMITAUR *old spelling of* ▸ **scimitar**
SEMITIST *n* student of Semitic languages and culture
SEMITONE *n* smallest interval between two notes in Western music
SEMIWILD *adj* not fully domesticated
SEMMIT, -S *n* Scots word meaning a vest
SEMOLINA *n* hard grains of wheat left after the milling of flour, used to make puddings and pasta
SEMPER *adv* Latin word meaning always
SEMPLE, -R, -ST *adj* Scots word meaning simple
SEMPLICE *adv* performed in a simple manner
SEMPRE *adv* (preceding a tempo or dynamic marking) always

SEMPSTER *n* person who sews
SEMSEM, -S *n* sesame
SEMUNCIA *n* ancient Roman coin
SEN, -S *n* monetary unit of Brunei, Cambodia, Indonesia, Malaysia, and formerly of Japan
SENA, -S *n* (in India) the army
SENARIES ▸ **senary**
SENARIUS, SENARII *n* type of poem
SENARY, SENARIES *adj* of or relating to the number six
SENAS ▸ **sena**
SENATE, -S *n* main governing body at some universities
SENATOR, -S *n* member of a senate
SEND, -S *vb* cause (a person or thing) to go to or be taken or transmitted to a place
SENDABLE ▸ **send**
SENDAL, -S *n* fine silk fabric used for ceremonial clothing, etc
SENDED *vb* old word meaning sent
SENDER, -S ▸ **send**
SENDING, -S ▸ **send**
SENDOFF, -S *n* demonstration of good wishes at a person's departure ▹ *vb* dispatch (something, such as a letter)
SENDS ▸ **send**
SENDUP, -S *n* parody or imitation
SENE, -S *n* money unit in Samoa
SENECA, -S *variant of* ▸ **senega**
SENECIO, -S *n* type of plant of the genus which includes groundsels and ragworts
SENEGA, -S *n* milkwort plant of the eastern US
SENES ▸ **sene**
SENESCE, -D, -S *vb* grow old
SENGI, -S *n* African shrew
SENGREEN *n* house leek
SENHOR, -ES, -S *n* Portuguese term of address for man
SENHORA, -S *n* Portuguese term of address for woman
SENHORES ▸ **senhor**
SENHORS ▸ **senhor**
SENILE, -S *adj* mentally or physically weak because of old age ▹ *n* senile person
SENILELY ▸ **senile**
SENILES ▸ **senile**
SENILITY ▸ **senile**
SENIOR, -S *adj* superior in rank or standing ▹ *n* senior person
SENITI, -S *n* money unit in Tonga
SENNA, -S *n* tropical plant
SENNET, -S *n* fanfare: used as a stage direction in Elizabethan drama
SENNIGHT *archaic word for* ▸ **week**
SENNIT, -S *n* flat braided cordage used on ships
SENOPIA, -S *n* short-sightedness in old age
SENOR, -ES, -S *n* Spanish term of address equivalent to *sir* or *Mr*
SENORA, -S *n* Spanish term of address equivalent to *madam* or *Mrs*
SENORES ▸ **senor**
SENORITA *n* Spanish term of address equivalent to *madam* or *Miss*
SENORS ▸ **senor**
SENRYU *n* Japanese short poem
SENS ▸ **sen**
SENSA ▸ **sensum**
SENSATE, -D, -S *adj* perceived by the senses ▹ *vb* make sensate
SENSE, -D, -S *n* any of the faculties of perception or feeling ▹ *vb* perceive
SENSEFUL *adj* full of sense
SENSEI, -S *n* martial arts teacher
SENSES ▸ **sense**
SENSI, -S *same as* ▸ **sensei**
SENSIBLE *adj* having or showing good sense ▹ *n* sensible thing or person
SENSIBLY ▸ **sensible**
SENSILE *adj* capable of feeling
SENSILLA > **sensillum**
SENSING, -S ▸ **sense**
SENSIS ▸ **sensi**
SENSISM, -S *n* theory that ideas spring from senses
SENSIST, -S ▸ **sensism**
SENSOR, -S *n* device that detects or measures the presence of something, such as radiation
SENSORIA > **sensorium**
SENSORS ▸ **sensor**
SENSORY *adj* of the senses or sensation
SENSUAL *adj* giving pleasure to the body and senses rather than the mind
SENSUM, SENSA *n* sensation detached from the information it conveys
SENSUOUS *adj* pleasing to the senses
SENT, -ED, -I, -ING, -S *n* former monetary unit of Estonia ▹ *vb* old spelling of scent
SENTE, LISENTE *n* money unit in Lesotho
SENTED ▸ **sent**
SENTENCE *n* sequence of words capable of standing alone as a statement, question, or command ▹ *vb* pass sentence on (a convicted person)
SENTI ▸ **sent**
SENTIENT *adj* capable of feeling ▹ *n* sentient person or thing
SENTIMO, -S *n* money unit in Philippines
SENTINEL *n* sentry ▹ *vb* guard as a sentinel
SENTING ▸ **sent**
SENTRY, SENTRIES *n* soldier on watch
SENTS ▸ **sent**
SENVY, SENVIES *n* mustard
SENZA *prep* without
SEPAD, -DED, -S *vb* suppose
SEPAL, -S *n* leaflike division of the calyx of a flower
SEPALED ▸ **sepal**
SEPALINE *same as* ▸ **sepaloid**
SEPALLED ▸ **sepal**
SEPALODY *n* changing of a flower part into a sepal
SEPALOID *adj* (esp of petals) resembling a sepal in structure and function
SEPALOUS *adj* with sepals
SEPALS ▸ **sepal**
SEPARATA > **separatum**
SEPARATE *vb* act as a barrier between ▹ *adj* not the same, different ▹ *n* item of clothing that only covers half the body
SEPHEN, -S *n* stingray
SEPIA, -S *n* reddish-brown pigment ▹ *adj* dark reddish-brown
SEPIC *adj* of sepia
SEPIMENT *n* hedge
SEPIOST, -S *n* cuttlefish bone
SEPIUM, -S *n* cuttlefish bone
SEPMAG *adj* designating a film, etc for which the sound is recorded on separate magnetic material
SEPOY, -S *n* (formerly) Indian soldier in the service of the British

SEPPUKU, -S *n* Japanese ritual suicide
SEPS *n* species of lizard
SEPSIS, SEPSES *n* poisoning caused by pus-forming bacteria
SEPT, -S *n* clan, esp in Ireland or Scotland
SEPTA ▸ **septum**
SEPTAGE, -S *n* waste removed from septic tank
SEPTAL *adj* of or relating to a septum
SEPTARIA > **septarium**
SEPTATE *adj* divided by septa
SEPTET, -S *n* group of seven performers
SEPTETTE *same as* ▸ **septet**
SEPTIC, -S *adj* (of a wound) infected ▹ *n* infected wound
SEPTICAL ▸ **septic**
SEPTICS ▸ **septic**
SEPTIMAL *adj* of number seven
SEPTIME, -S *n* seventh of eight basic positions from which a parry can be made in fencing
SEPTLEVA *n* gambling term from old card game
SEPTORIA *n* any of various parasitic fungi
SEPTS ▸ **sept**
SEPTUM, SEPTA, -S *n* dividing partition between two cavities in the body
SEPTUOR, -S *n* group of seven musicians
SEPTUPLE *vb* multiply by seven ▹ *adj* seven times as much or as many ▹ *n* quantity or number seven times as great as another
SEQUEL, -S *n* novel, play, or film that continues the story of an earlier one
SEQUELA, -E *n* disease related to or arising from a pre-existing disease
SEQUELS ▸ **sequel**
SEQUENCE *n* arrangement of two or more things in successive order ▹ *vb* arrange in a sequence
SEQUENCY *n* number of changes in a mathematical list
SEQUENT, -S *adj* following in order or succession ▹ *n* something that follows
SEQUIN, -ED, -S *n* small ornamental metal disc on a garment ▹ *vb* apply sequins
SEQUITUR *n* conclusion that follows from the premises
SEQUOIA, -S *n* giant Californian coniferous tree

This word for a redwood tree is one of the most frequently played bonuses using the Q, a great one to remember as it also clears out a surplus of vowels.

SER, -S *n* unit of weight used in India
SERA ▸ **serum**
SERAC, -S *n* pinnacle of ice among crevasses on a glacier, usually on a steep slope
SERAFILE *n* line of soldiers
SERAFIN, -S *n* old silver coin of Goa
SERAGLIO *n* sultan's palace
SERAI, -S *n* caravanserai or inn
SERAIL, -S *same as* ▸ **seraglio**
SERAIS ▸ **serai**
SERAL ▸ **sere**
SERANG, -S *n* native captain of a crew of sailors in the East Indies
SERAPE, -S *n* blanket-like shawl often of brightly-coloured wool
SERAPH, -IM, -S *n* member of the highest order of angels
SERAPHIC *adj* of or resembling a seraph
SERAPHIM ▸ **seraph**
SERAPHIN *n* angel
SERAPHS ▸ **seraph**
SERDAB, -S *n* secret chamber in an ancient Egyptian tomb
SERE, -D, -R, -S, -ST, SERING *adj* dried up or withered ▹ *n* series of changes occurring in the ecological succession of a particular community ▹ *vb* sear
SEREIN, -S *n* fine rain falling from a clear sky after sunset
SERENADE *n* music played or sung to a person by an admirer ▹ *vb* sing or play a serenade to (someone)
SERENATA *n* 18th-century cantata, often dramatic in form
SERENATE *n* old form of serenade ▹ *vb* make serene
SERENE, -D, -R, -S, -ST, SERENING *adj* calm, peaceful ▹ *vb* make serene
SERENELY ▸ **serene**
SERENER ▸ **serene**
SERENES ▸ **serene**
SERENEST ▸ **serene**
SERENING ▸ **serene**
SERENITY *n* state or quality of being serene
SERER ▸ **sere**
SERES ▸ **sere**
SEREST ▸ **sere**
SERF, -S *n* medieval farm labourer who could not leave the land they worked on
SERFAGE, -S ▸ **serf**
SERFDOM, -S ▸ **serf**
SERFHOOD ▸ **serf**
SERFISH ▸ **serf**
SERFLIKE ▸ **serf**
SERFS ▸ **serf**
SERFSHIP ▸ **serf**
SERGE, -S *n* strong woollen fabric
SERGEANT *n* noncommissioned officer in the army
SERGED *adj* with sewn seam
SERGER, -S *n* sewing machine attachment for finishing seams
SERGES ▸ **serge**
SERGING, -S *n* type of sewing
SERIAL, -S *n* story or play produced in successive instalments ▹ *adj* of or forming a series
SERIALLY ▸ **serial**
SERIALS ▸ **serial**
SERIATE, -D, -S *adj* forming a series ▹ *vb* form into a series
SERIATIM *adv* in a series
SERIC *adj* of silk
SERICIN, -S *n* gelatinous protein found on the fibres of raw silk
SERICITE *n* type of mica
SERICON, -S *n* solution used in alchemy
SERIEMA, -S *n* either of two cranelike South American birds
SERIES *n* group or succession of related things, usu arranged in order
SERIF, -S *n* small line at the extremities of a main stroke in a type character
SERIFED *adj* having serifs
SERIFFED *adj* having serifs
SERIFS ▸ **serif**
SERIN, -S *n* any of various small yellow-and-brown finches
SERINE, -S *n* sweet-tasting amino acid
SERING ▸ **sere**
SERINGA, -S *n* any of several trees that yield rubber

SERINS ▸**serin**
SERIOUS *adj* giving cause for concern
SERIPH, -S *same as* ▸**serif**
SERJEANT *same as* ▸**sergeant**
SERK, -S *Scots word for* ▸**shirt**
SERKALI, -S *n* government in Africa
SERKS ▸**serk**
SERMON, -ED, -S *n* speech on a religious or moral subject ▹*vb* deliver a sermon
SERMONER *variant of* ▸**sermoneer**
SERMONET *n* short sermon
SERMONIC ▸**sermon**
SERMONS ▸**sermon**
SEROLOGY *n* science concerned with serums
SEROMA, -S *n* abnormal pocket of clear fluid in the body
SERON, -S *n* crate
SEROON, -S *n* crate
SEROPUS *n* liquid consisting of serum and pus
SEROSA, -E, -S *n* one of the thin membranes surrounding the embryo in an insect's egg
SEROSAL ▸**serosa**
SEROSAS ▸**serosa**
SEROSITY ▸**serous**
SEROTINE *adj* produced, flowering, or developing late in the season ▹*n* either of two insectivorous bats
SEROTINY *n* state of being serotinous
SEROTYPE *n* category into which material is placed based on its serological activity ▹*vb* class according to serotype
SEROUS *adj* of, containing, or like serum
SEROVAR, -S *n* subdivision of species
SEROW, -S *n* either of two antelopes of mountainous regions of S and SE Asia
SERPENT, -S *n* snake
SERPIGO, -S *n* any progressive skin eruption
SERPULA, -E, -S *n* type of marine mollusc
SERPULID *n* marine polychaete worm
SERR, -S *vb* press close together
SERRA, -E, -S *n* sawlike part or organ
SERRAN, -S *n* species of fish
SERRANID *n* type of marine fish of the family which includes the sea bass and sea perch
SERRANO, -S *n* type of Spanish ham
SERRANS ▸**serran**
SERRAS ▸**serra**
SERRATE, -S *adj* (of leaves) having a margin of forward pointing teeth ▹*vb* make serrate
SERRATED *adj* having a notched or sawlike edge
SERRATES ▸**serrate**
SERRATUS, SERRATI *n* muscle in thorax
SERRE, -D, -S, SERRING *vb* press close together
SERRIED *adj* in close formation
SERRIES ▸**serry**
SERRING ▸**serre**
SERRS ▸**serr**
SERRY, SERRIES, -ING *vb* close together
SERS ▸**ser**
SERUEWE, -D, -S *vb* old word meaning survey
SERUM, SERA, -S *n* watery fluid left after blood has clotted
SERUMAL ▸**serum**
SERUMS ▸**serum**
SERVABLE ▸**serve**
SERVAL, -S *n* feline African mammal
SERVANT, -S *n* person employed to do household work for another ▹*vb* work as a servant
SERVE, -D, -S *vb* work for (a person, community, or cause) ▹*n* act of serving the ball
SERVER, -S *n* player who serves in racket games
SERVERY *n* room from which food is served
SERVES ▸**serve**
SERVEWE, -D, -S *vb* old word meaning survey
SERVICE, -D, -S *n* serving ▹*adj* serving the public rather than producing goods ▹*vb* provide a service or services to
SERVICER ▸**service**
SERVICES ▸**service**
SERVIENT *adj* subordinate
SERVILE, -S *adj* too eager to obey people, fawning ▹*n* servile person
SERVING, -S *n* portion of food
SERVITOR *n* servant or attendant
SERVLET, -S *n* small program that runs on a web server
SERVO, -S *n* servomechanism ▹*adj* of a servomechanism
SERVQUAL *n* provision of high-quality products backed by a high level of customer service
SESAME, -S *n* plant cultivated for its seeds and oil
SESAMOID *adj* of or relating to various small bones formed in tendons ▹*n* sesamoid bone
SESE *interj* exclamation found in Shakespeare
SESELI, -S *n* garden plant
SESEY *interj* exclamation found in Shakespeare
SESH, -ES *short for* ▸**session**
SESS, -ED, -ES, -ING *n* old word meaning tax ▹*vb* assess or impose (a tax)
SESSA *interj* exclamation found in Shakespeare
SESSED ▸**sess**
SESSES ▸**sess**
SESSILE *adj* (of flowers or leaves) having no stalk
SESSING ▸**sess**
SESSION, -S *n* period spent in an activity
SESSPOOL *n* cesspool
SESTERCE *n* silver or, later, bronze coin of ancient Rome worth a quarter of a denarius
SESTET, -S *n* last six lines of a sonnet
SESTETT, -S *n* group of six
SESTETTE *n* group of six
SESTETTO *n* composition for six musicians
SESTETTS ▸**sestett**
SESTINA, -S *n* elaborate verse form of Italian origin
SESTINE, -S *n* poem of six lines
SESTON, -S *n* type of plankton
SET, -S *vb* put in a specified position or state ▹*n* setting or being set ▹*adj* fixed or established beforehand
SETA, -E *n* bristle or bristle-like appendage
SETAL ▸**seta**
SETBACK, -S *n* anything that delays progress
SETENANT *n* pair of postage stamps of different values joined together
SETIFORM *adj* shaped like a seta

SETLINE, -S *n* any of various types of fishing line
SETNESS ▸ **set**
SETOFF, -S *n* counterbalance
SETON, -S *n* surgical thread inserted below the skin
SETOSE *adj* covered with setae
SETOUS ▸ **seta**
SETOUT, -S *n* beginning or outset
SETS ▸ **set**
SETSCREW *n* screw that fits into the boss or hub of a wheel
SETT, -S *n* badger's burrow
SETTEE, -S *n* couch
SETTER, -ED, -S *n* long-haired gun dog ▹ *vb* treat with a piece of setterwort
SETTING, -S ▸ **set**
SETTLE, -D, -S, SETTLING *vb* arrange or put in order ▹ *n* long wooden bench with high back and arms
SETTLER, -S *n* colonist
SETTLES ▸ **settle**
SETTLING ▸ **settle**
SETTLOR, -S *n* person who settles property on someone
SETTS ▸ **sett**
SETUALE, -S *n* valerian
SETULE, -S *n* small bristle
SETULOSE ▸ **setule**
SETULOUS ▸ **setule**
SETUP, -S *n* way in which anything is organized or arranged
SETWALL, -S *n* valerian
SEV, -S *n* Indian snack of deep-fried noodles
SEVEN *n* one more than six
SEVENISH *adj* about seven
SEVENS *n* Rugby Union match or series of matches played with seven players on each side

S

SEVENTH, -S *n* number seven in a series ▹ *adj* coming after the sixth and before the eighth
SEVENTY *n* ten times seven
SEVER, -ED, -ING, -S *vb* cut through or off
SEVERAL, -S *adj* some, a few ▹ *n* individual person
SEVERE, -R, -ST *adj* strict or harsh
SEVERED ▸ **sever**
SEVERELY ▸ **severe**
SEVERER ▸ **severe**
SEVEREST ▸ **severe**
SEVERIES ▸ **severy**
SEVERING ▸ **sever**
SEVERITY ▸ **severe**
SEVERS ▸ **sever**
SEVERY, SEVERIES *n* part of vaulted ceiling
SEVICHE, -S *n* Mexican fish dish
SEVRUGA, -S *n* species of sturgeon
SEVS ▸ **sev**
SEW, -ED, -N, -S *vb* join with thread repeatedly passed through with a needle
SEWABLE ▸ **sew**
SEWAGE, -S *n* waste matter carried away in sewers
SEWAN, -S *same as* ▸ **seawan**
SEWAR, -S *n* Asian dagger
SEWED ▸ **sew**
SEWEL, -S *n* scarecrow
SEWELLEL *n* mountain beaver
SEWELS ▸ **sewel**
SEWEN, -S *same as* ▸ **sewin**
SEWER, -ED, -ING, -S *n* drain to remove waste water and sewage ▹ *vb* provide with sewers
SEWERAGE *n* system of sewers
SEWERED ▸ **sewer**
SEWERING ▸ **sewer**
SEWERS ▸ **sewer**
SEWIN, -S *n* sea trout
SEWING, -S ▸ **sew**
SEWINS ▸ **sewin**
SEWN ▸ **sew**
SEWS ▸ **sew**
SEX, -ED, -ES, -ING *n* state of being male or female ▹ *vb* find out the sex of
SEXER, -S *n* person checking the gender of chickens
SEXES ▸ **sex**
SEXFID *adj* split into six
SEXFOIL, -S *n* flower with six petals or leaves
SEXIER ▸ **sexy**
SEXIEST ▸ **sexy**
SEXILY ▸ **sexy**
SEXINESS ▸ **sexy**
SEXING, -S ▸ **sex**
SEXISM, -S *n* discrimination on the basis of a person's gender
SEXIST, -S ▸ **sexism**
SEXLESS *adj* neither male nor female
SEXTAIN, -S *same as* ▸ **sestina**
SEXTAN *adj* (of a fever) marked by paroxysms that recur after an interval of five days
SEXTANS *n* ancient Roman coin
SEXTANT, -S *n* navigator's instrument for measuring angles
SEXTARII > **sextarius**
SEXTET, -S *n* group of six performers
SEXTETT, -S *n* sextet
SEXTETTE *same as* ▸ **sextet**
SEXTETTS ▸ **sextett**
SEXTILE, -S *n* value of a variable dividing its distribution into six groups with equal frequencies
SEXTO, -S *same as* ▸ **sixmo**
SEXTOLET *n* group of six musical notes
SEXTON, -S *n* official in charge of a church and churchyard
SEXTOS ▸ **sexto**
SEXTUOR, -S *n* sextet
SEXTUPLE *vb* multiply by six ▹ *adj* six times as much or as many ▹ *n* quantity or number six times as great as another
SEXTUPLY ▸ **sextuple**
SEXUAL *adj* of or characterized by sex
SEXUALLY ▸ **sexual**
SEXY, SEXIER, SEXIEST *adj* exciting or attractive
SEY, -S *n* Scots word meaning part of a cow carcase
SEYEN, -S *n* old form of scion
SEYS ▸ **sey**
SEYSURE, -S *n* old form of seizure
SEZ *vb* informal spelling of 'says'

> **Sez** is a short informal form of **says**, very useful for disposing of the Z.

SFERICS *same as* ▸ **spherics**
SFORZATO, SFORZATI *same as* > **sforzando**
SFUMATO, -S *n* gradual transition between areas of different colour in painting
SH *interj* hush
SHA *interj* be quiet
SHABASH *interj* (in Indian English) bravo or well done
SHABBIER ▸ **shabby**
SHABBILY ▸ **shabby**
SHABBLE, -S *n* Scots word meaning old sword
SHABBY, SHABBIER *adj* worn or dilapidated in appearance
SHABRACK *n* cavalryman's saddle cloth
SHACK, -ED, -ING, -S *n* rough hut ▹ *vb* evade (work or responsibility)
SHACKIER ▸ **shacky**
SHACKING ▸ **shack**

SHACKLE, -D, -S *n* metal ring for securing a person's wrists or ankles ▷ *vb* fasten with shackles
SHACKLER ▸ **shackle**
SHACKLES ▸ **shackle**
SHACKO, -ES, -S *same as* ▸ **shako**
SHACKS ▸ **shack**
SHACKY, SHACKIER *adj* resembling a shack; dilapidated
SHAD, -S *n* herring-like fish
SHADBLOW *n* type of shrub
SHADBUSH *n* type of N American tree or shrub
SHADCHAN *n* Jewish marriage broker
SHADDOCK *another name for* ▸ **pomelo**
SHADDUP *interj* shut up
SHADE, -D *n* relative darkness ▷ *vb* screen from light
SHADER, -S ▸ **shade**
SHADES *pl n* gathering darkness at nightfall
SHADFLY *American name for* ▸ **mayfly**
SHADIER ▸ **shady**
SHADIEST ▸ **shady**
SHADILY ▸ **shady**
SHADING, -S *n* graded areas of tone indicating light and dark in a painting or drawing
SHADKHAN *same as* ▸ **shadchan**
SHADOOF, -S *n* mechanism for raising water
SHADOW, -ED, -S *n* dark shape cast on a surface when something stands between a light and the surface ▷ *vb* cast a shadow over
SHADOWER ▸ **shadow**
SHADOWS ▸ **shadow**
SHADOWY *adj* (of a place) full of shadows
SHADRACH *n* lump of iron that has not been melted in the furnace
SHADS ▸ **shad**
SHADUF, -S *same as* ▸ **shadoof**
SHADY, SHADIER, SHADIEST *adj* situated in or giving shade
SHAFT, -ED, -S *n* long narrow straight handle of a tool or weapon ▷ *vb* treat badly
SHAFTER, -S ▸ **shaft**
SHAFTING *n* assembly of rotating shafts for transmitting power
SHAFTS ▸ **shaft**
SHAG, -GING, -S *n* cormorant ▷ *adj* (of a carpet) having a long pile ▷ *vb* make shaggy
SHAGBARK *n* North American hickory tree
SHAGGED *n* shaggy
SHAGGIER ▸ **shaggy**
SHAGGILY ▸ **shaggy**
SHAGGING ▸ **shag**
SHAGGY, SHAGGIER *adj* covered with rough hair or wool
SHAGPILE *adj* (of carpet) having long fibres
SHAGREEN *n* sharkskin
SHAGROON *n* nineteenth-century Australian settler in Canterbury
SHAGS ▸ **shag**
SHAH, -S *n* formerly, ruler of Iran
SHAHADA, -S *n* Islamic declaration of faith
SHAHADAH *same as* ▸ **shahada**
SHAHADAS ▸ **shahada**
SHAHDOM, -S ▸ **shah**
SHAHEED, -S *same as* ▸ **shahid**
SHAHID, -S *n* Muslim martyr
SHAHS ▸ **shah**
SHAIKH, -S *n* sheikh
SHAIRD, -S *n* Scots word meaning shred
SHAIRN, -S *Scots word for* ▸ **dung**
SHAITAN, -S *n* (in Muslim countries) an evil spirit
SHAKABLE ▸ **shake**
SHAKE, -N, -S *vb* move quickly up and down or back and forth ▷ *n* act of shaking
SHAKED *vb* old form of shook
SHAKEN ▸ **shake**
SHAKEOUT *n* process of reducing the number of people in a workforce
SHAKER, -S *n* container in which drinks are mixed or from which powder is shaken
SHAKES ▸ **shake**
SHAKEUP, -S *n* radical reorganization
SHAKIER ▸ **shaky**
SHAKIEST ▸ **shaky**
SHAKILY ▸ **shaky**
SHAKING, -S ▸ **shake**
SHAKO, -ES, -S *n* tall cylindrical peaked military hat with a plume
SHAKT *vb* old form of shook
SHAKUDO, -S *n* Japanese alloy of copper and gold
SHAKY, SHAKIER, SHAKIEST *adj* unsteady
SHALE, -D, -S, SHALING *n* flaky sedimentary rock
SHALEY ▸ **shale**
SHALIER ▸ **shaly**
SHALIEST ▸ **shaly**
SHALING ▸ **shale**
SHALL, SHOULD *vb* used as an auxiliary to make the future tense
SHALLI, -S *n* type of fabric
SHALLON, -S *n* American shrub
SHALLOON *n* light twill-weave woollen fabric used chiefly for coat linings, etc
SHALLOP, -S *n* light boat used for rowing in shallow water
SHALLOT, -S *n* kind of small onion
SHALLOW, -S *adj* not deep ▷ *n* shallow place in a body of water ▷ *vb* make or become shallow
SHALM, -S *n* old woodwind instrument
SHALOM, -S *n* Jewish greeting meaning 'peace be with you'
SHALOT, -S *n* shallot
SHALT *singular form of the present tense (indicative mood) of* ▸ **shall**
SHALWAR, -S *n* pair of loose-fitting trousers narrowing around the ankles
SHALY, SHALIER, SHALIEST ▸ **shale**
SHAM, -MED, -MING, -S *n* thing or person that is not genuine ▷ *adj* not genuine ▷ *vb* fake, feign
SHAMA, -S *n* Indian songbird
SHAMABLE ▸ **shame**
SHAMABLY ▸ **shame**
SHAMAL, -S *n* hot northwesterly wind
SHAMAN, -S *n* priest of shamanism
SHAMANIC ▸ **shaman**
SHAMANS ▸ **shaman**
SHAMAS ▸ **shama**
SHAMBA, -S *n* (in E Africa) any field used for growing crops
SHAMBLE, -D *vb* walk in a shuffling awkward way ▷ *n* awkward or shuffling walk
SHAMBLES *n* disorderly event or place
SHAMBLY ▸ **shamble**

SHAME, -D, -S *n* painful emotion caused by awareness of having done something foolish ▷ *vb* cause to feel shame
SHAMEFUL *adj* causing or deserving shame
SHAMER, -S *n* cause of shame
SHAMES ▸ **shame**
SHAMIANA *n* tent in India
SHAMINA, -S *n* wool blend of pashm and shahtoosh
SHAMING, -S *n* act or attempt to embarrass someone
SHAMISEN *n* Japanese stringed instrument
SHAMMAS *same as* ▸ **shammes**
SHAMMASH *same as* ▸ **shammes**
SHAMMED ▸ **sham**
SHAMMER, -S ▸ **sham**
SHAMMES *n* official acting as the beadle, sexton, and caretaker of a synagogue
SHAMMIED ▸ **shammy**
SHAMMIES ▸ **shammy**
SHAMMING ▸ **sham**
SHAMMOS *same as* ▸ **shammes**
SHAMMY, SHAMMIED, SHAMMIES *n* piece of chamois leather ▷ *vb* rub with a shammy
SHAMOIS *n* chamois ▷ *vb* clean with shamois
SHAMOS *same as* ▸ **shammes**
SHAMOY, -ED, -S *n* chamois ▷ *vb* rub with a shamoy
SHAMPOO, -S *n* liquid soap for washing hair, carpets, or upholstery ▷ *vb* wash with shampoo
SHAMROCK *n* clover leaf, esp as the Irish emblem
SHAMS ▸ **sham**
SHAMUS, -ES *n* police or private detective
SHAN, -S *variant of* ▸ **shand**
SHAND, -S *n* old word meaning fake coin
SHANDIES ▸ **shandy**
SHANDRY *n* light horse-drawn cart
SHANDS ▸ **shand**
SHANDY, SHANDIES *n* drink made of beer and lemonade
SHANGHAI *vb* force or trick (someone) into doing something ▷ *n* catapult
SHANK, -ED, -ING, -S *n* lower leg ▷ *vb* (of fruits, roots, etc) to show disease symptoms
SHANNY, SHANNIES *n* European blenny of rocky coastal waters
SHANS ▸ **shan**
SHANTEY, -S *same as* ▸ **shanty**
SHANTI, -S *n* peace
SHANTIES ▸ **shanty**
SHANTIH, -S *same as* ▸ **shanti**
SHANTIS ▸ **shanti**
SHANTUNG *n* soft Chinese silk with a knobbly surface
SHANTY, SHANTIES *n* shack or crude dwelling
SHAPABLE ▸ **shape**
SHAPE, -D, -S *n* outward form of an object ▷ *vb* form or mould
SHAPELY *adj* having an attractive shape
SHAPEN, -ED, -S *vb* shape
SHAPER, -S ▸ **shape**
SHAPES ▸ **shape**
SHAPEUP, -S *n* system of hiring dockers for a day's work
SHAPING, -S ▸ **shape**
SHAPS *n* leather over-trousers worn by cowboys
SHARABLE ▸ **share**
SHARD, -S *n* broken piece of pottery or glass
SHARDED *adj* old word meaning hidden under dung
SHARDS ▸ **shard**
SHARE, -D, -S *n* part of something that belongs to or is contributed by a person ▷ *vb* give or take a share of (something)
SHAREMAN, SHAREMEN *n* member of fishing-boat crew who shares profits
SHARER, -S ▸ **share**
SHARES ▸ **share**
SHARIA, -S *n* body of doctrines that regulate the lives of Muslims
SHARIAH, -S *same as* ▸ **sharia**
SHARIAS ▸ **sharia**
SHARIAT, -S *n* Islamic religious law
SHARIF, -S *same as* ▸ **sherif**
SHARING, -S ▸ **share**
SHARK, -ED, -ING, -S *n* large usu predatory sea fish ▷ *vb* obtain (something) by cheating or deception
SHARKER, -S *n* shark hunter
SHARKING ▸ **shark**
SHARKISH *adj* resembling or behaving like a shark
SHARKS ▸ **shark**
SHARN, -S *Scots word for* ▸ **dung**
SHARNIER ▸ **sharny**
SHARNIES ▸ **sharny**
SHARNS ▸ **sharn**
SHARNY, SHARNIER, SHARNIES *n* (Scot) person who cleans a cow-house ▷ *adj* (Scot) covered in dung
SHARON *n* as in **sharon fruit** persimmon
SHARP, -ED, -EST, -ING, -S *adj* having a keen cutting edge or fine point ▷ *adv* promptly ▷ *n* symbol raising a note one semitone above natural pitch ▷ *vb* make sharp
SHARPEN, -S *vb* make or become sharp or sharper
SHARPER, -S *n* person who cheats
SHARPEST ▸ **sharp**
SHARPIE, -S *n* member of a teenage group having short hair and distinctive clothes
SHARPING ▸ **sharp**
SHARPISH *adj* fairly sharp ▷ *adv* promptly
SHARPLY ▸ **sharp**
SHARPS ▸ **sharp**
SHARPY *n* swindler
SHASH, -ED, -ES, -ING *vb* old form of sash
SHASHLIK *n* type of kebab
SHASLIK, -S *n* type of kebab
SHASTA, -S *n* plant of the daisy family
SHASTER, -S *same as* ▸ **shastra**
SHASTRA, -S *n* any of the sacred writings of Hinduism
SHATOOSH *same as* > **shahtoosh**
SHATTER, -S *vb* break into pieces ▷ *n* fragment
SHATTERY *adj* liable to shatter
SHAUCHLE *vb* Scots word meaning shuffle
SHAUCHLY ▸ **shauchle**
SHAUGH, -S *n* old word meaning small wood
SHAUL, -ED, -ING, -S *vb* old form of shawl
SHAVABLE ▸ **shave**
SHAVE, -D, -S *vb* remove (hair) from (the face, head, or body) with a razor or shaver ▷ *n* act of shaving
SHAVEN *adj* closely shaved or tonsured
SHAVER, -S *n* electric razor
SHAVES ▸ **shave**
SHAVIE, -S *n* Scots word meaning trick

S

SHAVING, -S ▸**shave**
SHAW, -ED, -ING, -S *n* small wood ▹*vb* show
SHAWARMA *n* strips of lamb, usu served in a pitta
SHAWED ▸**shaw**
SHAWING ▸**shaw**
SHAWL, -ED, -ING, -S *n* piece of cloth worn over a woman's shoulders or wrapped around a baby ▹*vb* cover with a shawl
SHAWLEY, -S *same as* ▸**shawlie**
SHAWLIE, -S *n* insulting term for a working-class woman who wears a shawl
SHAWLING ▸**shawl**
SHAWLS ▸**shawl**
SHAWM, -S *n* medieval form of the oboe with a conical bore and flaring bell
SHAWN *variant of* ▸**shawm**
SHAWS ▸**shaw**
SHAY, -S *dialect word for* ▸**chaise**
SHAYA, -S *n* Indian plant
SHAYKH, -S *same as* ▸**sheikh**
SHAYS ▸**shay**
SHAZAM *interj* magic slogan
SHCHI, -S *n* Russian cabbage soup
SHE, -S *pron* female person or animal previously mentioned ▹*n* female person or animal
SHEA, -S *n* tropical African tree
SHEADING *n* any of the six subdivisions of the Isle of Man
SHEAF, -ED, -ING, -S, SHEAVES *n* bundle of papers ▹*vb* tie into a sheaf
SHEAFIER ▸**sheafy**
SHEAFING ▸**sheaf**
SHEAFS ▸**sheaf**
SHEAFY, SHEAFIER ▸**sheaf**
SHEAL, -ED, -ING, -S *vb* old word meaning shell
SHEAR, -ED, -ING, -S *vb* clip hair or wool from ▹*n* breakage caused through strain or twisting
SHEARER, -S ▸**shear**
SHEARING ▸**shear**
SHEARLEG *n* one spar of shearlegs
SHEARMAN, SHEARMEN *n* person who trims cloth
SHEARS ▸**shear**
SHEAS ▸**shea**
SHEATH, -S *n* close-fitting cover, esp for a knife or sword
SHEATHE, -D, -S *vb* put into a sheath
SHEATHER ▸**sheathe**
SHEATHES ▸**sheathe**
SHEATHS ▸**sheath**
SHEATHY ▸**sheathe**
SHEAVE, -D, SHEAVING *vb* gather or bind into sheaves ▹*n* wheel with a grooved rim
SHEAVES ▸**sheaf**
SHEAVING ▸**sheave**
SHEBANG, -S *n* situation, matter, or affair
SHEBEAN, -S *same as* ▸**shebeen**
SHEBEEN, -S *n* place where alcohol is sold illegally ▹*vb* run a shebeen
SHECHITA *n* Jewish method of killing animals for food
SHED, -DED, -S *n* building used for storage or shelter or as a workshop ▹*vb* get rid of
SHEDABLE ▸**shed**
SHEDDED ▸**shed**
SHEDDER, -S *n* person or thing that sheds
SHEDDING ▸**shed**
SHEDFUL, -S *n* quantity or amount contained in a shed
SHEDHAND *n* labourer working in a shearing shed
SHEDLIKE ▸**shed**
SHEDLOAD *n* very large amount or number
SHEDS ▸**shed**
SHEEL, -ED, -ING, -S *vb* old word meaning shell
SHEEN, -ED, -ING, -S *n* glistening brightness on the surface of something ▹*adj* shining and beautiful ▹*vb* give a sheen to
SHEENFUL ▸**sheen**
SHEENIER ▸**sheeny**
SHEENING ▸**sheen**
SHEENS ▸**sheen**
SHEENY, SHEENIER ▸**sheen**
SHEEP *n* ruminant animal bred for wool and meat
SHEEPCOT *n* sheepcote
SHEEPDOG *n* dog used for herding sheep
SHEEPIER ▸**sheepy**
SHEEPISH *adj* embarrassed because of feeling foolish
SHEEPLE, -S *n* people who follow the majority in matters of opinion, taste, etc, collectively
SHEEPMAN, SHEEPMEN *n* person who keeps sheep
SHEEPO, -S *n* person employed to bring sheep to the catching pen in a shearing shed
SHEEPY, SHEEPIER ▸**sheep**
SHEER, -ED, -ER, -EST, -ING, -S *adj* absolute, complete ▹*adv* steeply ▹*vb* change course suddenly ▹*n* any transparent fabric used for making garments
SHEERLEG *n* one spar of sheerlegs
SHEERLY ▸**sheer**
SHEERS ▸**sheer**
SHEESH *interj* exclamation of surprise or annoyance
SHEESHA, -S *n* Oriental water-pipe for smoking tobacco
SHEET, -ED, -S *n* large piece of cloth used as an inner bed cover ▹*vb* provide with, cover, or wrap in a sheet
SHEETER, -S ▸**sheet**
SHEETFED *adj* printing on separate sheets of paper
SHEETIER ▸**sheety**
SHEETING *n* material from which sheets are made
SHEETS ▸**sheet**
SHEETY, SHEETIER ▸**sheet**
SHEEVE, -S *n* part of mine winding gear
SHEHITA, -S *n* slaughter of animals according to Jewish religious law
SHEHITAH *same as* ▸**shehita**
SHEHITAS ▸**shehita**
SHEHNAI, -S *n* Indian wind instrument
SHEIK, -S *same as* ▸**sheikh**
SHEIKDOM *same as* ▸**sheikhdom**
SHEIKH, -S *n* Arab chief
SHEIKHA, -S *n* chief wife of a sheikh
SHEIKHS ▸**sheikh**
SHEIKS ▸**sheik**
SHEILA, -S *n* girl or woman
SHEILING *n* hut used by shepherds
SHEITAN, -S *n* Muslim demon
SHEITEL, -S *n* traditional wig worn by Orthodox Jewish women
SHEKEL, SHEKALIM, -IM, -S *n* monetary unit of Israel
SHELDUCK *n* large brightly coloured wild duck of Europe and Asia
SHELF, -ED, -ING, -S, SHELVES *n* board fixed horizontally for holding things ▹*vb* put on a shelf
SHELFFUL ▸**shelf**
SHELFIER ▸**shelfy**
SHELFING ▸**shelf**
SHELFS ▸**shelf**

SHELFY, SHELFIER ▸**shelf**
SHELL, -ED, -ING, -S *n* hard outer covering of an egg, nut, or certain animals ▹*vb* take the shell from
SHELLAC, -S *n* resin used in varnishes ▹*vb* coat with shellac
SHELLACK *vb* shellac
SHELLACS ▸**shellac**
SHELLED ▸**shell**
SHELLER, -S ▸**shell**
SHELLFUL ▸**shell**
SHELLIER ▸**shelly**
SHELLING ▸**shell**
SHELLS ▸**shell**
SHELLY, SHELLIER ▸**shell**
SHELTA, -S *n* secret language used by some travelling people in Britain and Ireland
SHELTER, -S *n* structure providing protection from danger or the weather ▹*vb* give shelter to
SHELTERY *adj* giving shelter
SHELTIE *n* small dog similar to a collie
SHELTY, SHELTIES *same as* ▸**sheltie**
SHELVE, -D *vb* put aside or postpone
SHELVER, -S ▸**shelve**
SHELVES ▸**shelf**
SHELVIER ▸**shelvy**
SHELVING *n* (material for) shelves
SHELVY, SHELVIER *adj* having shelves
SHEN *n* (in Chinese thought) spiritual element of the psyche
SHENAI, -S *same as* ▸**shehnai**
SHEND, -ING, -S, SHENT *vb* put to shame
SHEOL, -S *n* hell
SHEPHERD *n* person who tends sheep ▹*vb* guide or watch over (people)
SHEQALIM *n* plural of sheqel
SHEQEL, -S *same as* ▸**shekel**
SHERANG, -S *n* person in charge
SHERBERT *same as* ▸**sherbet**
SHERBET, -S *n* fruit-flavoured fizzy powder
SHERD, -S *same as* ▸**shard**
SHERE *old spelling of* ▸**sheer**
SHEREEF, -S *same as* ▸**sherif**
SHERIA, -S *same as* ▸**sharia**
SHERIAT, -S *n* Muslim religious law
SHERIF, -S *n* descendant of Mohammed through his daughter Fatima
SHERIFF, -S *n* (in the US) chief law enforcement officer of a county
SHERIFS ▸**sherif**
SHERLOCK *n* detective ▹*vb* investigate (something)
SHERO, -ES *n* woman considered a hero
SHEROOT, -S *n* cheroot
SHERPA, -S *n* official who assists at a summit meeting
SHERRIED *adj* flavoured with sherry
SHERRIES ▸**sherry**
SHERRIS *n* old form of sherry
SHERRY, SHERRIES *n* pale or dark brown fortified wine
SHERWANI *n* long coat closed up to the neck, worn by men in India
SHES ▸**she**
SHET, -S, -TING *vb* old form of shut
SHETLAND *n* type of wool spun in the Shetland islands
SHETS ▸**shet**
SHETTING ▸**shet**
SHEUCH, -ED, -S *n* ditch or trough ▹*vb* dig
SHEUGH, -ED, -S *same as* ▸**sheuch**
SHEVA, -S *n* mark in Hebrew writing
SHEW, -ED, -ING, -N, -S *archaic spelling of* ▸**show**
SHEWEL, -S *n* old word meaning scarecrow
SHEWER, -S ▸**shew**
SHEWING ▸**shew**
SHEWN ▸**shew**
SHEWS ▸**shew**
SHH *interj* sound made to ask for silence
SHHH *interj* interjection requesting quietness
SHIAI, -S *n* judo contest
SHIATSU, -S *n* type of massage
SHIATZU, -S *n* shiatsu
SHIBAH, -S *n* Jewish period of mourning
SHICKER, -S *n* alcoholic drink
SHIDDER, -S *n* old word meaning a female animal
SHIDDUCH *n* arranged marriage
SHIED ▸**shy**
SHIEL, -ED, -S *vb* sheal
SHIELD, -ED, -S *n* piece of armour carried on the arm to protect the body from blows or missiles ▹*vb* protect
SHIELDER ▸**shield**
SHIELDS ▸**shield**
SHIELED ▸**shiel**
SHIELING *n* rough hut or shelter used by people tending cattle on high or remote ground
SHIELS ▸**shiel**
SHIER, -S *n* horse that shies habitually
SHIES ▸**shy**
SHIEST ▸**shy**
SHIFT, -ED, -ING, -S *vb* move ▹*n* shifting
SHIFTER, -S ▸**shift**
SHIFTIER ▸**shifty**
SHIFTILY ▸**shifty**
SHIFTING ▸**shift**
SHIFTS ▸**shift**
SHIFTY, SHIFTIER *adj* evasive or untrustworthy
SHIGELLA *n* type of rod-shaped Gram-negative bacterium
SHIITAKE *n* kind of mushroom widely used in East Asian cookery
SHIKAR, -S *n* hunting, esp big-game hunting ▹*vb* hunt (game, esp big game)
SHIKARA, -S *n* (in Kashmir) light, flat-bottomed boat
SHIKAREE *same as* ▸**shikari**
SHIKARI, -S *n* (in India) a hunter
SHIKARS ▸**shikar**
SHIKKER, -S *n* Yiddish term for drunk person
SHIKRA, -S *n* small Asian sparrowhawk
SHILINGI *n* money unit in Tanzania
SHILL, -ED, -S *n* confidence trickster's assistant ▹*vb* act as a shill
SHILLALA *n* short Irish club or cudgel
SHILLED ▸**shill**
SHILLING *n* former British coin
SHILLS ▸**shill**
SHILPIT *adj* puny
SHILY ▸**shy**
SHIM, -MED, -MING, -S *n* thin strip of material placed between two close surfaces to fill a gap ▹*vb* fit or fill up with a shim
SHIMAAL, -S *n* hot Middle Eastern wind
SHIMMED ▸**shim**
SHIMMER, -S *n* faint unsteady light ▹*vb* shine with a faint unsteady light
SHIMMERY *adj* shining with a glistening or tremulous light
SHIMMEY, -S *n* chemise
SHIMMIED ▸**shimmy**
SHIMMIES ▸**shimmy**

SHIMMING ▸ **shim**
SHIMMY, SHIMMIED, SHIMMIES *n* American ragtime dance ▹ *vb* dance the shimmy
SHIMS ▸ **shim**
SHIN, -NED, -NING, -S *n* front of the lower leg ▹ *vb* climb by using the hands or arms and legs
SHINBONE *n* tibia
SHINDIES ▸ **shindy**
SHINDIG, -S *n* noisy party
SHINDY, SHINDIES, -S *n* quarrel or commotion
SHINE, -D, -S, SHINING, SHONE *vb* give out or reflect light; cause to gleam ▹ *n* brightness or lustre
SHINER, -S *n* black eye
SHINES ▸ **shine**
SHINESS ▸ **shy**
SHINGLE, -D *n* wooden roof tile ▹ *vb* cover (a roof) with shingles
SHINGLER ▸ **shingle**
SHINGLES *n* disease causing a rash of small blisters along a nerve
SHINGLY ▸ **shingle**
SHINIER ▸ **shiny**
SHINIES ▸ **shiny**
SHINIEST ▸ **shiny**
SHINILY ▸ **shiny**
SHINING ▸ **shine**
SHINKIN, -S *n* worthless person
SHINLEAF *n* wintergreen
SHINNE, -S *n* old form of chin
SHINNED ▸ **shin**
SHINNERY *n* American oak tree
SHINNES ▸ **shinne**
SHINNEY, -S *vb* climb with hands and legs
SHINNIED ▸ **shinny**
SHINNIES ▸ **shinny**
SHINNING ▸ **shin**
SHINNY, SHINNIED, SHINNIES *same as* ▸ **shinty**
SHINOLA, -S *n* tradename of a kind of boot polish
SHINS ▸ **shin**
SHINTY, SHINTIED, SHINTIES *n* game like hockey ▹ *vb* play shinty
SHINY, SHINIER, SHINIES, SHINIEST *adj* bright and polished
SHIP, -PED, -PING, -S *n* large seagoing vessel ▹ *vb* send or transport by carrier, esp a ship
SHIPFUL, -S *n* amount carried by ship
SHIPLAP, -S *n* method of constructing ship hull
SHIPLESS ▸ **ship**
SHIPLOAD *n* quantity carried by a ship
SHIPMAN, SHIPMEN *n* master or captain of a ship
SHIPMATE *n* sailor serving on the same ship as another
SHIPMEN ▸ **shipman**
SHIPMENT *n* act of shipping cargo
SHIPPED ▸ **ship**
SHIPPEN, -S *n* dialect word for cattle shed
SHIPPER, -S *n* person or company that ships
SHIPPING ▸ **ship**
SHIPPO, -S *n* Japanese enamel work
SHIPPON, -S *n* dialect word for cattle shed
SHIPPOS ▸ **shippo**
SHIPS ▸ **ship**
SHIPSIDE *n* part of wharf next to ship
SHIPTIME *n* arrival time of a supply ship
SHIPWAY, -S *n* structure on which a vessel is built, then launched
SHIPWORM *n* type of wormlike marine bivalve mollusc
SHIPYARD *n* place where ships are built
SHIR, -S *n* gathering in material
SHIRALEE *n* swag
SHIRAZ, -ES *n* variety of black grape used for wine
SHIRE, -D, -S, SHIRING *n* county ▹ *vb* refresh or rest
SHIREMAN, SHIREMEN *n* sheriff
SHIRES ▸ **shire**
SHIRING ▸ **shire**
SHIRK, -ED, -ING, -S *vb* avoid (duty or work) ▹ *n* person who shirks
SHIRKER, -S ▸ **shirk**
SHIRKING ▸ **shirk**
SHIRKS ▸ **shirk**
SHIRR, -ED, -ING, -S *vb* gather (fabric) into parallel rows to decorate a dress, etc ▹ *n* series of gathered rows decorating a dress, etc
SHIRRA, -S *old Scots word for* ▸ **sheriff**
SHIRRED ▸ **shirr**
SHIRRING ▸ **shirr**
SHIRRS ▸ **shirr**
SHIRS ▸ **shir**
SHIRT, -ED, -S *n* garment for the upper part of the body ▹ *vb* put a shirt on
SHIRTIER ▸ **shirty**
SHIRTILY ▸ **shirty**
SHIRTING *n* fabric used in making men's shirts
SHIRTS ▸ **shirt**
SHIRTY, SHIRTIER *adj* bad-tempered or annoyed
SHISH *adj* as in **shish kebab** dish of meat and vegetables grilled on skewers
SHISHA, -S *same as* ▸ **hookah**
SHISO, -S *n* Asian plant with aromatic leaves
SHIST, -S *n* schist
SHITAKE, -S *same as* ▸ **shiitake**
SHITTAH, -S, SHITTIM *n* tree mentioned in the Old Testament
SHITZU, -S *n* breed of small dog with long, silky fur
SHIUR, -IM *n* lesson in which a passage of the Talmud is studied
SHIV, -S, -VED, -VING *variant spelling of* ▸ **chiv**
SHIVA, -S *variant of* ▸ **shivah**
SHIVAH, -S *n* Jewish period of formal mourning
SHIVAREE *n* discordant mock serenade to newlyweds, made with pans, kettles, etc
SHIVAS ▸ **shiva**
SHIVE, -S *n* flat cork or bung for wide-mouthed bottles
SHIVER, -ED, -S *vb* tremble, as from cold or fear ▹ *n* shivering
SHIVERER ▸ **shiver**
SHIVERS ▸ **shiver**
SHIVERY *adj* inclined to shiver or tremble
SHIVES ▸ **shive**
SHIVITI, -S *n* Jewish decorative plaque with religious message
SHIVOO, -S *n* Australian word meaning rowdy party
SHIVS ▸ **shiv**
SHIVVED ▸ **shiv**
SHIVVING ▸ **shiv**
SHIZZLE, -S *n* form of US rap slang
SHLEMIEL *same as* ▸ **schlemiel**
SHLEP, -PED, -S *vb* schlep
SHLEPP, -S *vb* schlep
SHLEPPED ▸ **shlep**
SHLEPPER ▸ **shlep**
SHLEPPS ▸ **shlepp**
SHLEPPY *adj* dingy, shabby, or rundown
SHLEPS ▸ **shlep**
SHLOCK, -S *n* something of poor quality

SHLOCKY ▸**shlock**
SHLOSHIM *n* period of thirty days' deep mourning following a death
SHLUB, -S *same as* ▸**schlub**
SHLUMP, -ED, -S *vb* move in lazy way
SHLUMPY ▸**shlump**
SHMALTZ *n* schmaltz
SHMALTZY ▸**shmaltz**
SHMATTE, -S *n* rag
SHMEAR, -ED, -S *same as* ▸**schmear**
SHMEER, -ED, -S *same as* ▸**schmear**
SHMEK, -S *n* smell
SHMO, -ES *same as* ▸**schmo**
SHMOCK, -S *n* despicable person
SHMOE *same as* ▸**schmoe**
SHMOES ▸**shmo**
SHMOOSE, -D, -S *variant of* ▸**schmooze**
SHMOOZE, -D, -S *variant of* ▸**schmooze**
SHMOOZER *same as* >**schmoozer**
SHMOOZES ▸**shmooze**
SHMOOZY *adj* talking casually, gossipy
SHMUCK, -S *n* despicable person
SHMUCKY *same as* ▸**schmucky**
SHNAPPS *same as* ▸**schnapps**
SHNAPS *n* schnaps
SHNOOK, -S *n* stupid person
SHNORRER *same as* >**schnorrer**
SHO *adj* sure, as pronounced in southern US
SHOAL, -ED, -ER, -EST, -ING, -S *n* large number of fish swimming together ▹*vb* make or become shallow ▹*adj* (of the draught of a vessel) drawing little water
SHOALIER ▸**shoaly**
SHOALING ▸**shoal**
SHOALS ▸**shoal**
SHOALY, SHOALIER *adj* shallow
SHOAT, -S *n* piglet that has recently been weaned
SHOCHET, -S *n* (in Judaism) a person licensed to slaughter animals and birds
SHOCHU, -S *n* type of Japanese alcoholic spirit
SHOCK, -ED, -S *vb* horrify, disgust, or astonish ▹*n* sudden violent emotional disturbance ▹*adj* bushy
SHOCKER, -S *n* person or thing that shocks or horrifies
SHOCKING *adj* causing horror, disgust, or astonishment
SHOCKS ▸**shock**
SHOD ▸**shoe**
SHODDEN *vb* old form of shod
SHODDIER ▸**shoddy**
SHODDIES ▸**shoddy**
SHODDILY ▸**shoddy**
SHODDY, SHODDIER, SHODDIES *adj* made or done badly ▹*n* yarn or fabric made from wool waste or clippings
SHODER, -S *n* skins used in making gold leaf
SHOE, SHOD, -D, -S *n* outer covering for the foot, ending below the ankle ▹*vb* fit with a shoe or shoes
SHOEBILL *n* large wading bird of tropical E African swamps
SHOEBOX *n* cardboard box for shoes
SHOED ▸**shoe**
SHOEHORN *n* smooth curved implement inserted at the heel of a shoe to ease the foot into it ▹*vb* cram (people or things) into a very small space
SHOEING, -S ▸**shoe**
SHOELACE *n* cord for fastening shoes
SHOELESS ▸**shoe**
SHOEPAC, -S *n* waterproof boot
SHOEPACK *n* waterproof boot
SHOEPACS ▸**shoepac**
SHOER, -S *n* person who shoes horses
SHOES ▸**shoe**
SHOETREE *n* piece of metal, wood, or plastic inserted in a shoe to keep its shape
SHOFAR, -S, SHOFROTH *n* ram's horn sounded in Jewish synagogue
SHOG, -GED, -GING, -S *vb* shake
SHOGGLE, -D, -S *vb* shake
SHOGGLY ▸**shoggle**
SHOGI, -S *n* Japanese chess
SHOGS ▸**shog**
SHOGUN, -S *n* Japanese chief military commander
SHOGUNAL ▸**shogun**
SHOGUNS ▸**shogun**
SHOJI, -S *n* Japanese rice-paper screen in a sliding wooden frame
SHOJO *n* genre of Japanese comics intended for girls
SHOLA, -S *n* Indian plant
SHOLOM, -S *n* Hebrew greeting
SHONE ▸**shine**
SHONEEN, -S *n* Irishman who imitates English ways
SHONKY, SHONKIER *adj* unreliable or unsound
SHOO, -ED, -ING, -S *interj* go away! ▹*vb* drive away as by saying 'shoo'
SHOOFLY *n* as in **shoofly pie** US dessert similar to treacle tart
SHOOGIE, -D, -S *vb* Scots word meaning swing
SHOOGLE, -D, -S *vb* shake, sway, or rock back and forth ▹*n* rocking motion
SHOOGLY ▸**shoogle**
SHOOING ▸**shoo**
SHOOK, -S *n* set of parts ready for assembly
SHOOL, -ED, -ING, -S *dialect word for* ▸**shovel**
SHOOLE, -S *dialect word for* ▸**shovel**
SHOOLED ▸**shool**
SHOOLES ▸**shoole**
SHOOLING ▸**shool**
SHOOLS ▸**shool**
SHOON *plural of* ▸**shoe**
SHOORA, -S *same as* ▸**shura**
SHOOS ▸**shoo**
SHOOSH, -ED, -ES *vb* make a rushing sound when moving
SHOOT, -ING, -S *vb* hit, wound, or kill with a missile fired from a weapon ▹*n* new branch or sprout of a plant
SHOOTER, -S *n* person or thing that shoots
SHOOTIE, -S *n* type of shoe that covers the ankle
SHOOTING ▸**shoot**
SHOOTIST *n* person who shoots
SHOOTOUT *n* conclusive gunfight
SHOOTS ▸**shoot**
SHOP, -PED, -PING, -S *n* place for sale of goods and services ▹*vb* visit a shop or shops to buy goods
SHOPBOT, -S *n* price-comparison website
SHOPBOY, -S *n* boy working in shop
SHOPE *n* old form of shape
SHOPFUL, -S *n* amount stored in shop
SHOPGIRL *n* young woman working in a shop
SHOPHAR, -S *same as* ▸**shofar**

SHOPLESS *adj* (of an area) having no shops
SHOPLIFT *vb* steal from shop
SHOPMAN, SHOPMEN *n* man working in shop
SHOPPE, -S *old-fashioned spelling of* ▸ **shop**
SHOPPED ▸ **shop**
SHOPPER, -S *n* person who buys goods in a shop
SHOPPES ▸ **shoppe**
SHOPPIER ▸ **shoppy**
SHOPPIES ▸ **shoppy**
SHOPPING ▸ **shop**
SHOPPY, SHOPPIER, SHOPPIES *adj* of a shop ▹ *n* shop assistant
SHOPS ▸ **shop**
SHOPTALK *n* conversation about one's work, carried on outside working hours
SHOPWORN *adj* worn or faded from being displayed in a shop
SHORAN, -S *n* short-range radar system
SHORE, -D, -S *n* edge of a sea or lake ▹ *vb* prop or support
SHOREMAN, SHOREMEN *n* person who lives on the shore
SHORER, -S ▸ **shore**
SHORES ▸ **shore**
SHORING, -S ▸ **shore**
SHORL, -S *n* black mineral
SHORN *past participle of* ▸ **shear**
SHORT, -ED, -ER, -EST, -ING *adj* not long ▹ *adv* abruptly ▹ *n* drink of spirits ▹ *vb* short-circuit
SHORTAGE *n* deficiency
SHORTARM *adj* (of a punch) with the arm bent
SHORTCUT *n* route that is shorter than the usual one
SHORTED ▸ **short**
SHORTEN, -S *vb* make or become shorter
SHORTER ▸ **short**
SHORTEST ▸ **short**
SHORTIA, -S *n* American flowering plant
SHORTIE, -S *n* person or thing that is extremely short
SHORTING ▸ **short**
SHORTISH ▸ **short**
SHORTLY *adv* soon
SHORTS *pl n* trousers reaching the top of the thigh or partway to the knee
SHORTY *same as* ▸ **shortie**
SHOT, -S, -TED, -TING *vb* load with shot
SHOTE, -S *same as* ▸ **shoat**
SHOTGUN, -S *n* gun for firing a charge of shot at short range ▹ *adj* involving coercion or duress ▹ *vb* shoot or threaten with or as if with a shotgun
SHOTHOLE *n* drilled hole into which explosive is put for blasting
SHOTS ▸ **shot**
SHOTT, -S *n* shallow temporary salt lake or marsh in the North African desert
SHOTTE, -S *n* old form of shoat
SHOTTED ▸ **shot**
SHOTTEN *adj* (of fish, esp herring) having recently spawned
SHOTTES ▸ **shotte**
SHOTTING ▸ **shot**
SHOTTLE, -S *n* small drawer
SHOTTS ▸ **shott**
SHOUGH, -S *n* old word meaning lapdog
SHOULD ▸ **shall**
SHOULDER *n* part of the body to which an arm, foreleg, or wing is attached ▹ *vb* bear (a burden or responsibility)
SHOULDST *form of the past tense of* ▸ **shall**
SHOUSE, -S *n* toilet ▹ *adj* unwell or in poor spirits
SHOUT, -ED, -ING, -S *n* loud cry ▹ *vb* cry out loudly
SHOUTER, -S ▸ **shout**
SHOUTHER *Scots form of* ▸ **shoulder**
SHOUTIER ▸ **shouty**
SHOUTING ▸ **shout**
SHOUTOUT *n* public greeting, esp one broadcast via television or radio
SHOUTS ▸ **shout**
SHOUTY, SHOUTIER *adj* characterized by or involving shouting
SHOVE, -D, -S *vb* push roughly ▹ *n* rough push
SHOVEL, -ED, -S *n* tool for lifting or moving loose material ▹ *vb* lift or move as with a shovel
SHOVELER *n* type of duck
SHOVELS ▸ **shovel**
SHOVER, -S ▸ **shove**
SHOVES ▸ **shove**
SHOVING, -S *n* act of pushing hard
SHOW, -ED, -N, -S *vb* make, be, or become noticeable or visible ▹ *n* public exhibition
SHOWABLE ▸ **show**
SHOWBIZ *n* entertainment industry including theatre, films, and TV
SHOWBOAT *n* paddle-wheel river steamer with a theatre and a repertory company ▹ *vb* perform or behave in a showy and flamboyant way
SHOWBOX *n* box containing showman's material
SHOWCASE *n* situation in which something is displayed to best advantage ▹ *vb* exhibit or display ▹ *adj* displayed or meriting display as in a showcase
SHOWD, -ED, -ING, -S *vb* rock or sway to and fro ▹ *n* rocking motion
SHOWDOWN *n* confrontation that settles a dispute
SHOWDS ▸ **showd**
SHOWED ▸ **show**
SHOWER, -ED, -S *n* kind of bath in which a person stands while being sprayed with water ▹ *vb* wash in a shower
SHOWERER ▸ **shower**
SHOWERS ▸ **shower**
SHOWERY ▸ **shower**
SHOWGHE, -S *n* old word meaning lapdog
SHOWGIRL *n* youn woman who appears in shows, esp as a singer or dancer
SHOWGOER *n* member of the audience of a play, film, or show
SHOWIER ▸ **showy**
SHOWIEST ▸ **showy**
SHOWILY ▸ **showy**
SHOWING, -S ▸ **show**
SHOWJUMP *vb* take part in a showjumping competition
SHOWMAN, SHOWMEN *n* man skilled at presenting anything spectacularly
SHOWN ▸ **show**
SHOWOFF, -S *n* person who makes a vain display of himself or herself
SHOWRING *n* area where animals are displayed for sale or competition
SHOWROOM *n* room in which goods for sale are on display
SHOWS ▸ **show**
SHOWTIME *n* time when show begins
SHOWY, SHOWIER, SHOWIEST *adj* gaudy
SHOWYARD *n* yard where cattle are displayed

SHOYU, -S *n* Japanese variety of soy sauce
SHRADDHA *n* Hindu offering to an ancestor
SHRANK ▸ **shrink**
SHRAPNEL *n* artillery shell filled with pellets which scatter on explosion
SHRED, -DED, -S *n* long narrow strip torn from something ▹ *vb* tear to shreds
SHREDDER ▸ **shred**
SHREDDY ▸ **shred**
SHREDS ▸ **shred**
SHREEK, -ED, -S *old spelling of* ▸ **shriek**
SHREIK, -ED, -S *old spelling of* ▸ **shriek**
SHREW, -ED, -ING, -S *n* small mouselike animal ▹ *vb* curse or damn
SHREWD, -ER *adj* clever and perceptive
SHREWDIE *n* shrewd person
SHREWDLY ▸ **shrewd**
SHREWED ▸ **shrew**
SHREWING ▸ **shrew**
SHREWISH *adj* bad-tempered and nagging
SHREWS ▸ **shrew**
SHRI, -S *n* Indian title of respect
SHRIECH *old spelling of* ▸ **shriek**
SHRIEK, -ED, -S *n* shrill cry ▹ *vb* utter (with) a shriek
SHRIEKER ▸ **shriek**
SHRIEKS ▸ **shriek**
SHRIEKY ▸ **shriek**
SHRIEVAL *adj* of or relating to a sheriff
SHRIEVE, -D, -S *archaic word for* ▸ **sheriff**
SHRIFT, -S *n* act or an instance of shriving or being shriven
SHRIGHT, -S *n* old word meaning shriek
SHRIKE, -D, -S, SHRIKING *n* songbird with a heavy hooked bill ▹ *vb* archaic word for shriek
SHRILL, -ED, -ER, -S *adj* (of a sound) sharp and high-pitched ▹ *vb* utter shrilly
SHRILLY ▸ **shrill**
SHRIMP, -ED, -S *n* small edible shellfish ▹ *vb* fish for shrimps
SHRIMPER ▸ **shrimp**
SHRIMPS ▸ **shrimp**
SHRIMPY ▸ **shrimp**
SHRINAL ▸ **shrine**
SHRINE, -D, -S, SHRINING *n* place of worship associated with a sacred person or object ▹ *vb* enshrine
SHRINK, SHRANK, -S, SHRUNK *vb* become or make smaller ▹ *n* psychiatrist
SHRINKER ▸ **shrink**
SHRINKS ▸ **shrink**
SHRIS ▸ **shri**
SHRITCH *vb* old word meaning shriek
SHRIVE, -D, -N, -S, SHRIVING *vb* hear the confession of (a penitent)
SHRIVEL, -S *vb* shrink and wither
SHRIVEN ▸ **shrive**
SHRIVER, -S ▸ **shrive**
SHRIVES ▸ **shrive**
SHRIVING ▸ **shrive**
SHROFF, -ED, -S *n* (in China and Japan) expert employed to identify counterfeit money ▹ *vb* test (money) and separate out the counterfeit and base
SHROUD, -ED, -S *n* piece of cloth used to wrap a dead body ▹ *vb* conceal
SHROUDY ▸ **shroud**
SHROVE, -D, -S, SHROVING *vb* dialect word meaning to observe Shrove-tide
SHROW, -ED, -ING, -S *vb* old form of shrew
SHROWD *adj* old form of shrewd
SHROWED ▸ **shrow**
SHROWING ▸ **shrow**
SHROWS ▸ **shrow**
SHRUB, -BED, -S *n* woody plant smaller than a tree ▹ *vb* plant shrubs
SHRUBBY *adj* consisting of, planted with, or abounding in shrubs
SHRUBS ▸ **shrub**
SHRUG, -GED, -S *vb* raise and then drop (the shoulders) as a sign of indifference or doubt ▹ *n* shrugging
SHRUNK ▸ **shrink**
SHRUNKEN *adj* reduced in size
SHTCHI, -S *n* Russian cabbage soup
SHTETEL, -S *same as* ▸ **shtetl**
SHTETL, -S *n* Jewish community in Eastern Europe
SHTICK, -S *n* comedian's routine
SHTICKY ▸ **shtick**
SHTIK, -S *n* shtick
SHTOOK, -S *n* trouble
SHTOOM, -ER *adj* silent
SHTUCK, -S *n* trouble
SHTUM *adj* silent
SHTUMM, -ER *adj* silent
SHUCK, -ED, -ING *n* outer covering of something ▹ *vb* remove the shucks from
SHUCKER, -S ▸ **shuck**
SHUCKING ▸ **shuck**
SHUCKS *pl n* something of little value ▹ *interj* exclamation of disappointment, annoyance, etc
SHUDDER, -S *vb* shake or tremble violently, esp with horror ▹ *n* instance of shaking or trembling
SHUDDERY *adj* shuddering
SHUFFLE, -D, -S *vb* walk without lifting the feet ▹ *n* act of shuffling
SHUFFLER ▸ **shuffle**
SHUFFLES ▸ **shuffle**
SHUFTI, -S *same as* ▸ **shufty**
SHUFTIES ▸ **shufty**
SHUFTIS ▸ **shufti**
SHUFTY, SHUFTIES *n* look
SHUGGY, SHUGGIES *n* swing, as at a fairground
SHUL, -N, -S *Yiddish word for* > **synagogue**
SHULE, -D, -S, SHULING *vb* saunter
SHULN ▸ **shul**
SHULS ▸ **shul**
SHUMAI *pl n* (in Japan) small stuffed dumplings
SHUN, -NED, -NING, -S *vb* avoid
SHUNLESS *adj* old word meaning not to be shunned
SHUNNED ▸ **shun**
SHUNNER, -S ▸ **shun**
SHUNNING ▸ **shun**
SHUNPIKE *vb* take side road to avoid toll at turnpike
SHUNS ▸ **shun**
SHUNT, -ED, -ING, -S *vb* move (objects or people) to a different position ▹ *n* shunting
SHUNTER, -S *n* small railway locomotive used for manoeuvring coaches
SHUNTING ▸ **shunt**
SHUNTS ▸ **shunt**
SHURA, -S *n* consultative council or assembly
SHURIKEN *n* Japanese weapon with blades or points, thrown by hand
SHUSH, -ED, -ES, -ING *interj* be quiet! ▹ *vb* quiet by saying 'shush'
SHUSHER, -S ▸ **shush**

S

SHUSHES ▸ **shush**
SHUSHING ▸ **shush**
SHUT, -S, -TING *vb* bring together or fold, close
SHUTDOWN *n* closing of a factory, shop, or other business ▹ *vb* discontinue operations permanently
SHUTE, -D, -S, SHUTING *variant of* ▸ **chute**
SHUTEYE, -S *n* sleep
SHUTING ▸ **shute**
SHUTOFF, -S *n* device that shuts something off
SHUTOUT, -S *n* game in which the opposing team does not score
SHUTS ▸ **shut**
SHUTTER, -S *n* hinged doorlike cover for closing off a window ▹ *vb* close or equip with a shutter
SHUTTING ▸ **shut**
SHUTTLE, -D, -S *n* bobbin-like device used in weaving ▹ *vb* move by or as if by a shuttle
SHUTTLER ▸ **shuttle**
SHUTTLES ▸ **shuttle**
SHVITZ, -ED, -ES *vb* sweat
SHWA, -S *same as* ▸ **schwa**
SHWANPAN *same as* ▸ **swanpan**
SHWAS ▸ **shwa**
SHWESHWE *n* African cotton print fabric
SHY, SHIED, SHIES, SHIEST, -EST, -ING *adj* not at ease in company ▹ *vb* start back in fear ▹ *n* throw
SHYER, -S ▸ **shy**
SHYEST ▸ **shy**
SHYING ▸ **shy**
SHYISH ▸ **shy**
SHYLOCK, -S *vb* lend money at an exorbitant rate of interest
SHYLY ▸ **shy**
SHYNESS ▸ **shy**
SHYPOO, -S *n* liquor of poor quality
SHYSTER, -S *n* person who uses discreditable or unethical methods
SI *same as* ▸ **te**
SIAL, -S *n* silicon-rich and aluminium-rich rocks of the earth's continental upper crust
SIALIC ▸ **sial**
SIALID, -S *n* species of fly
SIALIDAN ▸ **sialid**
SIALIDS ▸ **sialid**
SIALOID *adj* resembling saliva
SIALON, -S *n* type of ceramic
SIALS ▸ **sial**
SIAMANG, -S *n* large black gibbon
SIAMESE, -D, -S *variant of* ▸ **siameze**
SIAMEZE, -D, -S *vb* join together
SIB, -S *n* blood relative
SIBB, -S *n* sib
SIBILANT *adj* hissing ▹ *n* consonant pronounced with a hissing sound
SIBILATE *vb* pronounce or utter (words or speech) with a hissing sound
SIBILOUS ▸ **sibilant**
SIBLING, -S *n* brother or sister
SIBS ▸ **sib**
SIBSHIP, -S *n* group of children of the same parents
SIBYL, -S *n* (in ancient Greece and Rome) prophetess
SIBYLIC ▸ **sibyl**
SIBYLLIC ▸ **sibyl**
SIBYLS ▸ **sibyl**
SIC, -CED, -CING, -S *adv* thus ▹ *vb* attack
SICARIO, -S *n* hired gunman, esp in Latin America
SICCAN *adj* Scots word meaning such
SICCAR *adj* sure
SICCED ▸ **sic**
SICCING ▸ **sic**
SICCITY *n* dryness
SICE, -S *same as* ▸ **syce**
SICH *adj* old form of such
SICHT, -ED, -ING, -S *Scot word for* ▸ **sight**
SICK, -ED, -ER, -EST, -ING, -S *adj* vomiting or likely to vomit ▹ *n* vomit ▹ *vb* vomit
SICKBAY, -S *n* room for the treatment of sick people
SICKBED, -S *n* bed where sick person lies
SICKED ▸ **sick**
SICKEE, -S *n* person off work through illness
SICKEN, -ED, -S *vb* make nauseated or disgusted
SICKENER *n* something that induces sickness or nausea
SICKENS ▸ **sicken**
SICKER ▸ **sick**
SICKERLY *adv* Scots word meaning surely
SICKEST ▸ **sick**
SICKIE, -S *n* day of sick leave from work
SICKING ▸ **sick**
SICKISH ▸ **sick**
SICKLE, -D, -S, SICKLING *n* tool with a curved blade for cutting grass or grain ▹ *vb* cut with a sickle
SICKLIED ▸ **sickly**
SICKLIER ▸ **sickly**
SICKLIES ▸ **sickly**
SICKLILY ▸ **sickly**
SICKLING ▸ **sickle**
SICKLY, SICKLIED, SICKLIER, SICKLIES *adj* unhealthy, weak ▹ *adv* suggesting sickness ▹ *vb* make sickly
SICKNESS *n* particular illness or disease
SICKOUT, -S *n* industrial action in which all workers report sick simultaneously
SICKROOM *n* room to which a person who is ill is confined
SICKS ▸ **sick**
SICKY *n* day off work due to illness
SICLIKE *adj* Scots word meaning suchlike
SICS ▸ **sic**
SIDA, -S *n* Australian hemp plant
SIDALCEA *n* type of perennial N American plant
SIDAS ▸ **sida**
SIDDHA, -S *n* (in Hinduism) person who has achieved perfection
SIDDHI, -S *n* (in Hinduism) power attained with perfection
SIDDUR, -IM, -S *n* Jewish prayer book
SIDE, -D, -S *n* line or surface that borders anything ▹ *adj* at or on the side
SIDEARM, -S *n* weapon worn on belt ▹ *vb* provide with a sidearm
SIDEBAND *n* frequency band either above or below the carrier frequency
SIDEBAR, -S *n* small newspaper article beside larger one
SIDEBONE *n* damage to the cartilage in a horse's hoof
SIDEBURN *n* strip of whiskers down one side of a man's face
SIDECAR, -S *n* small passenger car on the side of a motorcycle
SIDED ▸ **side**
SIDEDLY *adv* pertaining to given number of sides
SIDEHILL *n* side of hill
SIDEKICK *n* close friend or associate
SIDELESS *adj* without sides

SIDELINE *n* subsidiary interest or source of income ▷ *vb* prevent (a player) from taking part in a game
SIDELING *adj* to one side ▷ *adv* sideways ▷ *n* slope, esp on the side of a road
SIDELOCK *n* long lock of hair on side of head
SIDELONG *adj* sideways ▷ *adv* obliquely
SIDEMAN, SIDEMEN *n* member of a dance band or a jazz group other than the leader
SIDEMEAT *n* meat from the side of a pig
SIDEMEN ▸ **sideman**
SIDENOTE *n* note written in margin
SIDEPATH *n* minor path
SIDER, -S *n* one who sides with another
SIDERAL *adj* from the stars
SIDERATE *vb* strike violently
SIDEREAL *adj* of or determined with reference to the stars
SIDERITE *n* pale yellow to brownish-black mineral
SIDEROAD *n* (esp in Ontario) a road going at right angles to concession roads
SIDERS ▸ **sider**
SIDES ▸ **side**
SIDESHOW *n* entertainment offered along with the main show
SIDESLIP *same as* ▸ **slip**
SIDESMAN, SIDESMEN *n* man elected to help the parish church warden
SIDESPIN *n* horizontal spin put on ball
SIDESTEP *vb* dodge (an issue) ▷ *n* movement to one side, such as in dancing or boxing
SIDEWALK *n* paved path for pedestrians, at the side of a road
SIDEWALL *n* either of the sides of a pneumatic tyre between the tread and the rim
SIDEWARD *adj* directed or moving towards one side ▷ *adv* towards one side
SIDEWAY *variant of* ▸ **sideways**
SIDEWAYS *adv* or from the side ▷ *adj* moving or directed to or from one side
SIDEWISE *adv* sideways
SIDH *pl n* fairy people
SIDHA, -S *n* (in Hinduism) person who has achieved perfection
SIDHE *pl n* inhabitants of fairyland
SIDHUISM *n* contrived metaphor or simile
SIDING, -S *n* short stretch of railway track on which trains are shunted from the main line
SIDLE, -D, -S, SIDLING *vb* walk in a furtive manner ▷ *n* sideways movement
SIDLER, -S ▸ **sidle**
SIDLES ▸ **sidle**
SIDLING ▸ **sidle**
SIECLE, -S *n* century, period, or era
SIEGE, -D, -S, SIEGING *n* surrounding and blockading of a place ▷ *vb* lay siege to
SIEGER, -S *n* person who besieges
SIEGES ▸ **siege**
SIEGING ▸ **siege**
SIELD *adj* (archaic) provided with a ceiling
SIEMENS *n* SI unit of electrical conductance
SIEN, -S *n* old word meaning scion
SIENITE, -S *n* type of igneous rock
SIENNA, -S *n* reddish- or yellowish-brown pigment made from natural earth
SIENS ▸ **sien**
SIENT, -S *n* old word meaning scion
SIEROZEM *n* type of soil
SIERRA, -S *n* range of mountains in Spain or America with jagged peaks
SIERRAN ▸ **sierra**
SIERRAS ▸ **sierra**
SIES *interj* in South Africa, an exclamation of disgust
SIESTA, -S *n* afternoon nap, taken in hot countries
SIETH, -S *n* old form of scythe
SIEUR, -S *n* French word meaning lord
SIEVE, -D, -S, SIEVING *n* utensil with mesh through which a substance is sifted or strained ▷ *vb* sift or strain through a sieve
SIEVERT, -S *n* derived SI unit of dose equivalent, equal to 1 joule per kilogram
SIEVES ▸ **sieve**
SIEVING ▸ **sieve**
SIF *adj* South African slang for disgusting
SIFAKA, -S *n* either of two large rare arboreal lemuroid primates
SIFFLE, -D, -S, SIFFLING *vb* whistle
SIFFLEUR *n* male professional whistler
SIFFLING ▸ **siffle**
SIFREI ▸ **sefer**
SIFT, -ED, -ING, -S *vb* remove the coarser particles from a substance with a sieve
SIFTER, -S ▸ **sift**
SIFTING ▸ **sift**
SIFTINGS *pl n* material or particles separated out by or as if by a sieve
SIFTS ▸ **sift**
SIG, -S *n* short for signature
SIGANID, -S *n* tropical fish
SIGH, -ED, -S *n* long audible breath expressing sadness, tiredness, relief, or longing ▷ *vb* utter a sigh
SIGHER, -S ▸ **sigh**
SIGHFUL ▸ **sigh**
SIGHING, -S *n* act of sighing
SIGHLESS ▸ **sigh**
SIGHLIKE ▸ **sigh**
SIGHS ▸ **sigh**
SIGHT, -ING, -S *n* ability to see ▷ *vb* catch sight of
SIGHTED *adj* not blind
SIGHTER, -S *n* any of six practice shots allowed to each competitor in a tournament
SIGHTING ▸ **sight**
SIGHTLY *adj* pleasing or attractive to see
SIGHTS ▸ **sight**
SIGHTSEE, SIGHTSAW *vb* visit the famous or interesting sights of (a place)
SIGIL, -S *n* seal or signet
SIGISBEO, SIGISBEI *n* male escort for a married woman
SIGLA, -S *n* list of symbols used in a book
SIGLOS, SIGLOI *n* silver coin of ancient Persia
SIGLUM *n* symbol used in book
SIGMA, -S *n* 18th letter in the Greek alphabet
SIGMATE, -D, -S *adj* shaped like the Greek letter sigma or the Roman S ▷ *n* sigmate thing ▷ *vb* add a sigma
SIGMATIC ▸ **sigmate**
SIGMOID, -S *adj* shaped like the letter S ▷ *n* S-shaped bend in the final portion of the large intestine
SIGN, -ED, -S *n* indication of something not immediately or outwardly observable ▷ *vb* write (one's name) on (a document or letter) to show its authenticity

SIGNA *pl n* symbols
SIGNABLE ▸**sign**
SIGNAGE, -S *n* signs collectively
SIGNAL, -ED, -S *n* sign or gesture to convey information ▹*adj* very important ▹*vb* convey (information) by signal
SIGNALER ▸**signal**
SIGNALLY *adv* conspicuously or especially
SIGNALS ▸**signal**
SIGNARY *n* set of symbols
SIGNED ▸**sign**
SIGNEE, -S *n* person signing document
SIGNER, -S *n* person who signs something
SIGNET, -ED, -S *n* small seal used to authenticate documents ▹*vb* stamp or authenticate with a signet
SIGNEUR *old spelling of* ▸**senior**
SIGNIEUR *n* old word meaning lord
SIGNIFY *vb* indicate or suggest
SIGNING, -S *n* system of communication using hand and arm movements
SIGNIOR, -I, -S *same as* ▸**signor**
SIGNIORY *n* old word meaning lordship
SIGNLESS ▸**sign**
SIGNOR, -S *n* Italian term of address equivalent to *sir* or *Mr*
SIGNORA, -S *n* Italian term of address equivalent to *madam* or *Mrs*
SIGNORE, -S, SIGNORI *n* Italian man: a title of respect equivalent to *sir*
SIGNORIA *n* government of Italian city
SIGNORS ▸**signor**
SIGNORY *same as* > **seigniory**
SIGNPOST *n* post bearing a sign that shows the way ▹*vb* mark with signposts
SIGNS ▸**sign**
SIGS ▸**sig**
SIJO, -S *n* Korean poem
SIK *adj* excellent
SIKA, -S *n* Japanese forest-dwelling deer
SIKE, -S *n* small stream
SIKER *adj* old spelling of sicker
SIKES ▸**sike**
SIKORSKY *n* type of helicopter
SIKSIK, -S *n* Arctic ground squirrel
SILAGE, -D, -S, SILAGING *n* fodder crop harvested while green and partially fermented in a silo ▹*vb* make silage
SILANE, -S *n* gas containing silicon
SILASTIC *n* tradename for a type of flexible silicone rubber
SILD, -S *n* any of various small young herrings
SILE, -D, -S, SILING *vb* pour with rain
SILEN, -S *n* god of woodland
SILENCE, -S *n* absence of noise or speech ▹*vb* make silent
SILENCED *adj* (of a member of the clergy) forbidden to preach or perform clerical functions
SILENCER *n* device to reduce the noise of an engine exhaust or gun
SILENCES ▸**silence**
SILENE, -S *n* type of plant with mostly red or pink flowers, often grown as a garden plant
SILENI ▸**silenus**
SILENS ▸**silen**
SILENT, -ER, -S *adj* tending to speak very little ▹*n* silent film
SILENTLY ▸**silent**
SILENTS ▸**silent**
SILENUS, SILENI *n* woodland deity
SILER, -S *n* strainer
SILES ▸**sile**
SILESIA, -S *n* twill-weave fabric of cotton or other fibre
SILEX, -ES *n* type of heat-resistant glass made from fused quartz
SILICA, -S *n* hard glossy mineral found as quartz and in sandstone
SILICATE *n* compound of silicon, oxygen, and a metal
SILICIC *adj* of, concerned with, or containing silicon or an acid obtained from silicon
SILICIDE *n* any one of a class of binary compounds formed between silicon and certain metals
SILICIFY *vb* convert or be converted into silica
SILICIUM *rare name for* ▸**silicon**
SILICLE, -S *same as* ▸**silicula**
SILICON, -S *n* brittle nonmetallic element ▹*adj* denoting an area that contains much high-technology industry
SILICONE *n* tough synthetic substance made from silicon and used in lubricants
SILICONS ▸**silicon**
SILICULA *n* short broad siliqua occurring in cruciferous plants
SILICULE *same as* ▸**silicula**
SILING ▸**sile**
SILIQUA, -E, -S *n* long dry dehiscent fruit of cruciferous plants such as the wallflower
SILIQUE, -S *same as* ▸**siliqua**
SILK, -ED, -ING, -S *n* fibre made by the larva of a certain moth ▹*vb* (of maize) develop long hairlike styles
SILKEN, -ED, -S *adj* made of silk ▹*vb* make like silk
SILKIE, -S *n* Scots word for a seal
SILKIER ▸**silky**
SILKIES ▸**silkie**
SILKIEST ▸**silky**
SILKILY ▸**silky**
SILKING ▸**silk**
SILKLIKE ▸**silk**
SILKS ▸**silk**
SILKTAIL *n* waxwing
SILKWEED *another name for* ▸**milkweed**
SILKWORM *n* caterpillar that spins a cocoon of silk
SILKY, SILKIER, SILKIEST *adj* of or like silk
SILL, -S *n* ledge at the bottom of a window or door
SILLABUB *same as* ▸**syllabub**
SILLADAR *n* Indian irregular cavalryman
SILLER, -S *n* silver ▹*adj* silver
SILLIBUB *n* syllabub
SILLIER ▸**silly**
SILLIES ▸**silly**
SILLIEST ▸**silly**
SILLILY ▸**silly**
SILLOCK, -S *n* young coalfish
SILLS ▸**sill**
SILLY, SILLIER, SILLIES, SILLIEST *adj* foolish ▹*n* foolish person
SILO, -ED, -ING, -S *n* pit or airtight tower for storing silage or grains ▹*vb* put in a silo
SILOXANE *n* any of a class of compounds containing alternate silicon and oxygen atoms
SILPHIUM, SILPHIA *n* American flowering wild plant

SILT, -ED, -ING, -S *n* mud deposited by moving water ▷ *vb* fill or be choked with silt
SILTIER ▶ **silty**
SILTIEST ▶ **silty**
SILTING ▶ **silt**
SILTS ▶ **silt**
SILTY, SILTIER, SILTIEST ▶ **silt**
SILURIAN *adj* formed in the third period of the Palaeozoic
SILURID, -S *n* type of freshwater fish of the family which includes catfish
SILURIST *n* member of ancient Silurian tribe
SILUROID *n* freshwater fish
SILVA, -E, -S *same as* ▶ **sylva**
SILVAN, -S *same as* ▶ **sylvan**
SILVAS ▶ **silva**
SILVATIC *adj* wild, not domestic
SILVER, -ED, -S *n* white precious metal ▷ *adj* made of or of the colour of silver ▷ *vb* coat with silver
SILVERER ▶ **silver**
SILVERLY *adv* like silver
SILVERN *adj* silver
SILVERS ▶ **silver**
SILVERY *adj* like silver
SILVEX, -ES *n* type of weedkiller
SILVICAL *adj* of trees
SILVICS *n* study of trees
SIM, -S *n* computer game that simulates an activity
SIMA, -S *n* silicon-rich and magnesium-rich rocks of the earth's oceanic crust
SIMAR, -S *variant spelling of* ▶ **cymar**
SIMARRE, -S *n* woman's loose gown
SIMARS ▶ **simar**
SIMARUBA *same as* > **simarouba**
SIMAS ▶ **sima**
SIMATIC ▶ **sima**
SIMAZINE *n* organic weedkiller
SIMBA, -S *E African word for* ▶ **lion**
SIMCHA, -S *n* Jewish celebration or festival
SIMI, -S *n* East African sword
SIMIAL *adj* of apes
SIMIAN, -S *n* monkey or ape ▷ *adj* of or resembling a monkey or ape
SIMILAR *adj* alike but not identical
SIMILE, -S *n* figure of speech comparing one thing to another, using 'as' or 'like'
SIMILISE *same as* ▶ **similize**
SIMILIZE *vb* use similes
SIMILOR, -S *n* alloy used in cheap jewellery
SIMIOID *adj* of apes
SIMIOUS *adj* of apes
SIMIS ▶ **simi**
SIMITAR, -S *same as* ▶ **scimitar**
SIMKIN, -S *word used in India for* > **champagne**
SIMLIN, -S *n* American variety of squash plant
SIMMER, -ED, -S *vb* cook gently at just below boiling point ▷ *n* state of simmering
SIMNEL, -S *n* fruit cake with marzipan eaten at Easter
SIMOLEON *n* American slang for dollar
SIMONIAC *n* person who is guilty of practising simony
SIMONIES ▶ **simony**
SIMONISE *same as* ▶ **simonize**
SIMONIST ▶ **simony**
SIMONIZE *vb* polish with wax
SIMONY, SIMONIES *n* practice of buying or selling Church benefits
SIMOOM, -S *n* hot suffocating sand-laden desert wind
SIMOON, -S *same as* ▶ **simoom**
SIMORG, -S *n* bird in Persian myth
SIMP, -S *short for* > **simpleton**
SIMPAI, -S *n* Indonesian monkey
SIMPER, -ED, -S *vb* smile in a silly or affected way ▷ *n* simpering smile
SIMPERER ▶ **simper**
SIMPERS ▶ **simper**
SIMPKIN, -S *word used in India for* > **champagne**
SIMPLE, -D, -S, -ST, SIMPLING *adj* easy to understand or do ▷ *vb* archaic word meaning to look for medicinal herbs
SIMPLER, -S ▶ **simple**
SIMPLES ▶ **simple**
SIMPLEST ▶ **simple**
SIMPLEX *adj* permitting the transmission of signals in only one direction in a radio circuit ▷ *n* simple not a compound word
SIMPLIFY *vb* make less complicated
SIMPLING ▶ **simple**
SIMPLISM *n* quality of being extremely naive
SIMPLIST *n* old word meaning expert in herbal medicine
SIMPLY *adv* in a simple manner
SIMPS ▶ **simp**
SIMS ▶ **sim**
SIMUL, -S *adj* simultaneous ▷ *n* simultaneous broadcast
SIMULANT *adj* simulating ▷ *n* simulant thing
SIMULAR, -S *n* person or thing that simulates or imitates ▷ *adj* fake
SIMULATE *vb* make a pretence of ▷ *adj* assumed or simulated
SIMULIUM *n* tropical fly
SIMULS ▶ **simul**
SIMURG, -S *same as* ▶ **simurgh**
SIMURGH, -S *n* bird in Persian myth
SIMURGS ▶ **simurg**
SIN, -NED, -NING, -S *n* offence or transgression ▷ *vb* commit a sin
SINAPISM *n* mixture of black mustard seeds and an adhesive, applied to the skin
SINCE *prep* during the period of time after ▷ *adv* from that time
SINCERE, -R *adj* without pretence or deceit
SINCIPUT *n* forward upper part of the skull
SIND, -ED, -S *variant of* ▶ **syne**
SINDING, -S ▶ **sind**
SINDON, -S *n* type of cloth
SINDS ▶ **sind**
SINE, -D, -S, SINING *same as* ▶ **syne**
SINECURE *n* paid job with minimal duties
SINED ▶ **sine**
SINES ▶ **sine**
SINEW, -ING, -S *n* tough fibrous tissue joining muscle to bone ▷ *vb* make strong
SINEWED *adj* having sinews
SINEWIER ▶ **sinewy**
SINEWING ▶ **sinew**
SINEWS ▶ **sinew**
SINEWY, SINEWIER *adj* lean and muscular
SINFONIA, SINFONIE *n* symphony orchestra
SINFUL *adj* guilty of sin
SINFULLY ▶ **sinful**
SING, -S, SUNG *vb* make musical sounds with the voice ▷ *n* act or performance of singing
SINGABLE ▶ **sing**

SINGE, -D, -ING, -S *vb* burn the surface of ▷ *n* superficial burn
SINGER, -S *n* person who sings, esp professionally
SINGES ▶ **singe**
SINGING, -S ▶ **sing**
SINGLE, -D, -S, SINGLING *adj* one only ▷ *n* single thing ▷ *vb* pick out from others
SINGLET, -S *n* sleeveless vest
SINGLING ▶ **single**
SINGLY *adv* one at a time
SINGS ▶ **sing**
SINGSONG *n* informal singing session ▷ *adj* (of the voice) repeatedly rising and falling in pitch
SINGULAR *adj* (of a word or form) denoting one person or thing ▷ *n* singular form of a word
SINGULT, -S *n* old word meaning sob
SINH, -S *n* hyperbolic sine
SINICAL ▶ **sine**
SINICISE *same as* ▶ **sinicize**
SINICIZE *vb* make Chinese
SINING ▶ **sine**
SINISTER *adj* threatening or suggesting evil or harm
SINK, SANK, -S *vb* submerge (in liquid) ▷ *n* fixed basin with a water supply and drainage pipe
SINKABLE ▶ **sink**
SINKAGE, -S *n* act of sinking or degree to which something sinks or has sunk
SINKER, -S *n* weight for a fishing line
SINKFUL, -S *n* amount that can be held in a sink
SINKHOLE *n* depression in the ground surface where a stream disappears underground
SINKIER ▶ **sinky**
SINKIEST ▶ **sinky**
SINKING, -S ▶ **sink**
SINKS ▶ **sink**
SINKY, SINKIER, SINKIEST *adj* giving underfoot
SINLESS *adj* free from sin or guilt
SINNED ▶ **sin**
SINNER, -ED, -S *n* person that sins ▷ *vb* behave like a sinner
SINNET, -S *n* braided rope
SINNING ▶ **sin**
SINOLOGY *n* study of Chinese culture, etc
SINOPIA, -S, SINOPIE *n* pigment made from iron ore
SINOPIS *n* pigment made from iron ore
SINOPITE *n* iron ore
SINS ▶ **sin**
SINSYNE *adv* Scots word meaning since
SINTER, -ED, -S *n* whitish porous incrustation deposited from hot springs ▷ *vb* form large particles from (powders) by heating or pressure
SINTERY *adj* consisting of sinter
SINUATE, -S *vb* wind
SINUATED *same as* ▶ **sinuate**
SINUATES ▶ **sinuate**
SINUITIS *variant of* ▶ **sinusitis**
SINUOSE *adj* sinuous
SINUOUS *adj* full of turns or curves
SINUS, -ES *n* hollow space in a bone, esp an air passage opening into the nose
SINUSOID *n* blood vessel in certain organs ▷ *adj* resembling a sinus
SIP, -PED, -PING, -S *vb* drink in small mouthfuls ▷ *n* amount sipped
SIPE, -D, -S, SIPING *vb* soak
SIPHON, -ED, -S *n* bent tube which uses air pressure to draw liquid from a container ▷ *vb* draw off thus
SIPHONAL *adj* like a siphon
SIPHONED ▶ **siphon**
SIPHONET *n* sucking tube on an aphid
SIPHONIC *same as* ▶ **siphonal**
SIPHONS ▶ **siphon**
SIPING ▶ **sipe**
SIPPABLE *adj* able to be sipped
SIPPED ▶ **sip**
SIPPER, -S ▶ **sip**
SIPPET, -S *n* small piece of toast eaten with soup or gravy
SIPPING ▶ **sip**
SIPPLE, -D, -S, SIPPLING *vb* sip
SIPPY *adj* as in **sippy cup** infant's drinking cup with a tight-fitting lid and perforated spout
SIPS ▶ **sip**
SIR, -RED, -RING, -S *n* polite term of address for a man ▷ *vb* call someone 'sir'
SIRCAR, -S *n* government in India
SIRDAR, -S *same as* ▶ **sardar**
SIRE, -D, -S, SIRING *n* male parent of a horse or other domestic animal ▷ *vb* father
SIREE, -S *emphasized form of* ▶ **sir**
SIREN, -S *n* device making a loud wailing noise as a warning
SIRENIAN *n* animal such as the dugong and manatee
SIRENIC ▶ **siren**
SIRENISE *variant of* ▶ **sirenize**
SIRENIZE *vb* bewitch
SIRENS ▶ **siren**
SIRES ▶ **sire**
SIRGANG, -S *n* Asian bird
SIRI, -S *n* betel
SIRIASIS, SIRIASES *n* sunstroke
SIRIH, -S *n* betel
SIRING, -S ▶ **sire**
SIRIS ▶ **siri**
SIRKAR, -S *n* government in India
SIRLOIN, -S *n* prime cut of loin of beef
SIRNAME, -D, -S *vb* old form of surname
SIROC, -S *n* sirocco
SIROCCO, -S *n* hot wind blowing from N Africa into S Europe
SIROCS ▶ **siroc**
SIRONISE *same as* ▶ **sironize**
SIRONIZE *vb* treat (a woollen fabric) chemically to prevent it wrinkling after being washed
SIROSET *adj* of the chemical treatment of woollen fabrics to give a permanent-press effect
SIRRA, -S *disrespectful form of* ▶ **sir**
SIRRAH, -S *n* contemptuous term used in addressing a man or boy
SIRRAS ▶ **sirra**
SIRRED ▶ **sir**
SIRREE, -S *n* form of 'sir' used for emphasis
SIRRING ▶ **sir**
SIRS ▶ **sir**
SIRTUIN, -S *n* protein that regulates cell metabolism and ageing
SIRUP, -ED, -ING, -S *same as* ▶ **syrup**
SIRUPIER ▶ **sirupy**
SIRUPING ▶ **sirup**
SIRUPS ▶ **sirup**
SIRUPY, SIRUPIER ▶ **sirup**
SIRVENTE *n* verse form employed by the troubadours of Provence to satirize political themes
SIS, -ES *n* sister
SISAL, -S *n* (fibre of) plant used in making ropes

SISERARY *n* scolding
SISES ▸ **sis**
SISKIN, -S *n* yellow-and-black finch
SISS, -ES *shortening of* ▸ **sister**
SISSIER ▸ **sissy**
SISSIES ▸ **sissy**
SISSIEST ▸ **sissy**
SISSOO, -S *n* Indian tree
SISSY, SISSIER, SISSIES, SISSIEST *n* derogatory word for a weak or cowardly (person) ▹ *adj* weak or cowardly
SISSYISH ▸ **sissy**
SIST, -ED, -ING, -S *vb* Scottish law term meaning stop
SISTER, -ED, -S *n* girl or woman with the same parents as another person ▹ *adj* closely related, similar ▹ *vb* be or be like a sister
SISTERLY *adj* of or like a sister
SISTERS ▸ **sister**
SISTING ▸ **sist**
SISTRA ▸ **sistrum**
SISTROID *adj* contained between the convex sides of two intersecting curves
SISTRUM, SISTRA, -S *n* musical instrument of ancient Egypt consisting of a metal rattle
SISTS ▸ **sist**
SIT, SAT, -S *vb* rest one's body upright on the buttocks
SITAR, -S *n* Indian stringed musical instrument
SITARIST ▸ **sitar**
SITARS ▸ **sitar**
SITCOM, -S *n* situation comedy
SITE, -D, -S *n* place where something is, was, or is intended to be located ▹ *vb* provide with a site
SITELLA, -S *n* type of small generally black-and-white bird
SITES ▸ **site**
SITFAST, -S *n* sore on a horse's back caused by rubbing of the saddle
SITH *archaic word for* ▸ **since**
SITHE, -D, -S, SITHING *vb* old form of scythe
SITHEE *interj* look here! listen!
SITHEN *adv* old word meaning since
SITHENCE *adv* old word meaning since
SITHENS *adv* old word meaning since
SITHES ▸ **sithe**
SITHING ▸ **sithe**
SITING, -S *n* act of siting
SITKA *modifier* as in **sitka spruce** tall North American spruce tree
SITKAMER *n* sitting room
SITOLOGY *n* scientific study of food, diet, and nutrition
SITREP, -S *n* military situation report
SITS ▸ **sit**
SITTAR, -S *n* sitar
SITTELLA *variant spelling of* ▸ **sitella**
SITTEN *adj* dialect word for in the saddle
SITTER, -S *n* baby-sitter
SITTINE, -S *adj* of nuthatch bird family ▹ *n* type of nuthatch
SITTING, -S ▸ **sit**
SITUATE, -D, -S *vb* place ▹ *adj* (now used esp in legal contexts) situated
SITULA, -E *n* bucket-shaped container
SITUP, -S *n* exercise in which the body is brought into a sitting position
SITUS, -ES *n* position or location
SITZ *n* as in **sitz bath** bath in which the buttocks and hips are immersed in hot water
SITZMARK *n* depression in the snow where a skier has fallen
SIVER, -S *same as* ▸ **syver**
SIWASH, -ED, -ES *vb* (in the Pacific Northwest) to camp out with only natural shelter
SIX, -ES *n* one more than five
SIXAIN, -S *n* stanza or poem of six lines
SIXAINE, -S *n* six-line stanza of poetry
SIXAINS ▸ **sixain**
SIXER, -S *same as* ▸ **six**
SIXES ▸ **six**
SIXFOLD *adj* having six times as many or as much ▹ *adv* by six times as many or as much
SIXISH *adj* around six years of age
SIXMO, -S *n* book size resulting from folding a sheet of paper into six leaves
SIXPENCE *n* former British and Australian coin worth six pennies
SIXPENNY *adj* (of a nail) two inches in length
SIXSCORE *n* hundred and twenty
SIXTE, -S *n* sixth of eight basic positions from which a parry or attack can be made in fencing
SIXTEEN, -S *n* six and ten
SIXTES ▸ **sixte**
SIXTH, -S *n* number six in a series ▹ *adj* coming after the fifth and before the seventh in numbering order
SIXTHLY *same as* ▸ **sixth**
SIXTHS ▸ **sixth**
SIXTIES ▸ **sixty**
SIXTIETH *adj* being the ordinal number of *sixty* in numbering order ▹ *n* one of 60 approximately equal parts of something
SIXTY, SIXTIES *n* six times ten
SIXTYISH ▸ **sixty**
SIZABLE *adj* quite large
SIZABLY ▸ **sizable**
SIZAR, -S *n* undergraduate receiving a maintenance grant from the college
SIZE, -S *n* dimensions, bigness ▹ *vb* arrange according to size
SIZEABLE *same as* ▸ **sizable**
SIZEABLY ▸ **sizable**
SIZED *adj* of a specified size
SIZEISM, -S *n* discrimination on the basis of a person's size
SIZEIST, -S ▸ **sizeism**
SIZEL, -S *n* scrap metal clippings
SIZER, -S ▸ **size**
SIZES ▸ **size**
SIZIER ▸ **sizy**
SIZIEST ▸ **sizy**
SIZINESS ▸ **size**
SIZING, -S ▸ **size**
SIZISM, -S *n* discrimination against people because of weight
SIZIST, -S ▸ **sizism**
SIZY, SIZIER, SIZIEST ▸ **size**
SIZZLE, -D, -S *vb* make a hissing sound like frying fat ▹ *n* hissing sound
SIZZLER, -S *n* something that sizzles
SIZZLES ▸ **sizzle**
SIZZLING *adj* extremely hot
SJAMBOK, -S *n* whip or riding crop made of hide ▹ *vb* beat with a sjambok
SJOE *interj* South African exclamation of surprise, admiration, exhaustion, etc
SKA, -S *n* type of West Indian pop music of the 1960s
SKAG, -S *same as* ▸ **scag**
SKAIL, -ED, -ING, -S *vb* Scots word meaning disperse

SKAITH, -ED, -S *vb* Scots word meaning injure
SKALD, -S *n* (in ancient Scandinavia) a bard or minstrel
SKALDIC ▸ **skald**
SKALDS ▸ **skald**
SKANGER *n* insulting Irish word for a young working-class person who wears casual sports clothes
SKANK, -ED, -ING, -S *n* fast dance to reggae music ▹ *vb* perform this dance
SKANKER, -S ▸ **skank**
SKANKIER ▸ **skanky**
SKANKING ▸ **skank**
SKANKS ▸ **skank**
SKANKY, SKANKIER *adj* dirty or unattractive
SKART, -S *Scots word for* > **cormorant**
SKARTH, -S *Scots word for* > **cormorant**
SKARTS ▸ **skart**
SKAS ▸ **ska**
SKAT, -S *n* three-handed card game using 32 cards
SKATE, -D, -S *n* boot with a steel blade or sets of wheels attached to the sole ▹ *vb* glide on or as if on skates
SKATER, -S *n* person who skates
SKATES ▸ **skate**
SKATING, -S ▸ **skate**
SKATOL, -S *n* skatole
SKATOLE, -S *n* white or brownish crystalline solid
SKATOLS ▸ **skatol**
SKATS ▸ **skat**
SKATT, -S *n* dialect word meaning throw
SKAW, -S *variant of* ▸ **scaw**
SKEAN, -S *n* kind of double-edged dagger
SKEANE, -S *same as* ▸ **skein**
SKEANS ▸ **skean**
SKEAR, -ED, -ING, -S *dialect form of* ▸ **scare**
SKEARIER ▸ **skeary**
SKEARING ▸ **skear**
SKEARS ▸ **skear**
SKEARY, SKEARIER *dialect form of* ▸ **scary**
SKED, -DED, -DING, -S *vb* short for schedule
SKEE, -D, -ING, -S *variant spelling of* ▸ **ski**
SKEECHAN *n* old Scots type of beer
SKEED ▸ **skee**
SKEEF *adj* South African slang for at an oblique angle
SKEEING ▸ **skee**
SKEELY, SKEELIER *adj* Scots word meaning skilful
SKEEN, -S *n* type of ibex
SKEER, -ED, -ING, -S *dialect form of* ▸ **scare**
SKEERIER ▸ **skeery**
SKEERING ▸ **skeer**
SKEERS ▸ **skeer**
SKEERY, SKEERIER *dialect form of* ▸ **scary**
SKEES ▸ **skee**
SKEET, -S *n* form of clay-pigeon shooting
SKEETER, -S *informal word for* ▸ **mosquito**
SKEETS ▸ **skeet**
SKEEVY, SKEEVIER *adj* repulsive
SKEG, -S *n* reinforcing brace between the after end of a keel and the rudderpost
SKEGG, -S *n* skeg
SKEGGER, -S *n* young salmon
SKEGGS ▸ **skegg**
SKEGS ▸ **skeg**
SKEIGH, -ER *adj* Scots word meaning shy
SKEIN, -ED, -ING, -S *n* yarn wound in a loose coil ▹ *vb* wind into a skein
SKELDER, -S *vb* beg
SKELETAL ▸ **skeleton**
SKELETON *n* framework of bones inside a person's or animal's body ▹ *adj* reduced to a minimum
SKELF, -S *n* splinter of wood, esp when embedded accidentally in the skin
SKELL, -S *n* homeless person
SKELLIE *adj* skelly
SKELLIED ▸ **skelly**
SKELLIER ▸ **skelly**
SKELLIES ▸ **skelly**
SKELLOCH *n* Scots word meaning scream
SKELLS ▸ **skell**
SKELLUM, -S *n* rogue
SKELLY, SKELLIED, SKELLIER, SKELLIES *n* whitefish of certain lakes in the Lake District ▹ *vb* look sideways or squint ▹ *adj* cross-eyed
SKELM, -S *n* villain or crook
SKELP, -ED, -ING, -S *vb* slap ▹ *n* slap
SKELPIT *vb* Scots word meaning skelped
SKELPS ▸ **skelp**
SKELTER, -S *vb* scurry
SKELUM, -S *n* Scots word meaning rascal
SKEN, -NED, -NING, -S *vb* squint or stare
SKENE, -S *n* Scots word meaning dagger
SKENNED ▸ **sken**
SKENNING ▸ **sken**
SKENS ▸ **sken**
SKEO, -ES, -S *n* Scots dialect word meaning hut
SKEP, -PED, -PING, -S *n* beehive, esp one constructed of straw ▹ *vb* gather into a hive
SKEPFUL, -S *n* amount skep will hold
SKEPPED ▸ **skep**
SKEPPING ▸ **skep**
SKEPS ▸ **skep**
SKEPSIS *n* doubt
SKEPTIC, -S *same as* ▸ **sceptic**
SKER, -RED, -RING, -S *vb* scour
SKERRICK *n* small fragment or amount
SKERRIES ▸ **skerry**
SKERRING ▸ **sker**
SKERRY, SKERRIES *n* rocky island or reef
SKERS ▸ **sker**
SKET, -S, -TED, -TING *vb* splash (water)
SKETCH, -ED, -ES *n* rough drawing ▹ *vb* make a sketch (of)
SKETCHER ▸ **sketch**
SKETCHES ▸ **sketch**
SKETCHY *adj* incomplete or inadequate
SKETS ▸ **sket**
SKETTED ▸ **sket**
SKETTING ▸ **sket**
SKEW, -ED, -EST, -ING, -S *vb* make slanting or crooked ▹ *adj* slanting or crooked ▹ *n* slanting position
SKEWBACK *n* sloping surface on both sides of a segmental arch that takes the thrust
SKEWBALD *adj* (horse) marked with patches of white and another colour ▹ *n* horse with this marking
SKEWED ▸ **skew**
SKEWER, -ED, -S *n* pin to hold meat together during cooking ▹ *vb* fasten with a skewer
SKEWEST ▸ **skew**
SKEWING ▸ **skew**
SKEWNESS *n* quality or condition of being skew
SKEWS ▸ **skew**
SKI, -S *n* one of a pair of long runners fastened to boots for gliding over snow or water ▹ *vb* travel on skis
SKIABLE ▸ **ski**

SKIAGRAM *n* picture made from shadows
SKIATRON *n* type of cathode ray tube
SKIBOB, -S *n* vehicle made of two short skis for gliding down snow slopes
SKID, -DED, -S *vb* (of a moving vehicle) slide sideways uncontrollably ▷ *n* skidding
SKIDDER, -S ▸ **skid**
SKIDDIER ▸ **skiddy**
SKIDDING *n* act of skidding
SKIDDOO, -S *vb* go away quickly
SKIDDY, SKIDDIER ▸ **skid**
SKIDLID, -S *n* crash helmet
SKIDMARK *n* mark left by a skid
SKIDOO, -ED, -S *n* snowmobile ▷ *vb* travel on a skidoo
SKIDOOER *n* person who rides a skidoo
SKIDOOS ▸ **skidoo**
SKIDPAD, -S *n* area of road used to test skidding
SKIDPAN, -S *n* area made slippery so that vehicle drivers can practise controlling skids
SKIDS ▸ **skid**
SKIDWAY, -S *n* platform on which logs ready for sawing are piled
SKIED ▸ **sky**
SKIER, -S ▸ **ski**
SKIES ▸ **sky**
SKIEY, -ER, -EST *adj* of the sky
SKIFF, -ED, -ING, -S *n* small boat ▷ *vb* travel in a skiff
SKIFFLE, -D, -S *n* style of popular music of the 1950s ▷ *vb* play this style of music
SKIFFS ▸ **skiff**
SKIING, -S ▸ **ski**
SKIJORER > **skijoring**
SKILFUL *adj* having or showing skill
SKILFULL *less common spelling of* ▸ **skilful**
SKILL, -S *n* special ability or expertise
SKILLED *adj* possessing or demonstrating skill, or special training
SKILLESS ▸ **skill**
SKILLET, -S *n* small frying pan or shallow cooking pot
SKILLFUL *same as* ▸ **skilful**
SKILLIER ▸ **skilly**
SKILLIES ▸ **skilly**
SKILLING *n* former Scandinavian coin of low denomination
SKILLION *n* part of a building having a lower, esp sloping, roof
SKILLS ▸ **skill**
SKILLY, SKILLIER, SKILLIES *n* thin soup or gruel ▷ *adj* skilled
SKIM, -MED, -MING, -S *vb* remove floating matter from the surface of (a liquid) ▷ *n* act or process of skimming
SKIMMER, -S *n* person or thing that skims
SKIMMIA, -S *n* shrub of S and SE Asia
SKIMMING ▸ **skim**
SKIMP, -ED, -ING, -S *vb* not invest enough time, money, material, etc
SKIMPIER ▸ **skimpy**
SKIMPILY ▸ **skimpy**
SKIMPING ▸ **skimp**
SKIMPS ▸ **skimp**
SKIMPY, SKIMPIER *adj* scanty or insufficient
SKIMS ▸ **skim**
SKIN, -NED, -NING, -S *n* outer covering of the body ▷ *vb* remove the skin of
SKINCARE *n* use of cosmetics in taking care of skin
SKINFOOD *n* cosmetic cream for the skin
SKINFUL, -S *n* sufficient alcoholic drink to make one drunk
SKINHEAD *n* youth with very short hair
SKINK, -ED, -ING, -S *n* type of lizard with reduced limbs and smooth scales ▷ *vb* serve a drink
SKINKER, -S ▸ **skink**
SKINKING ▸ **skink**
SKINKS ▸ **skink**
SKINLESS ▸ **skin**
SKINLIKE ▸ **skin**
SKINNED ▸ **skin**
SKINNER, -S *n* person who prepares or deals in animal skins
SKINNIER ▸ **skinny**
SKINNIES ▸ **skinny**
SKINNING ▸ **skin**
SKINNY, SKINNIER, SKINNIES *adj* thin ▷ *n* information
SKINS ▸ **skin**
SKINSUIT *n* skintight one-piece garment worn by cyclists to reduce friction
SKINT, -ER, -EST *adj* having no money
SKIO, -ES, -S *n* Scots dialect word meaning hut
SKIORER, -S *n* one who engages in the sport of skioring
SKIORING *n* sport of being towed on skis by horse
SKIOS ▸ **skio**
SKIP, -PED, -PING, -S *vb* leap lightly from one foot to the other ▷ *n* skipping
SKIPJACK *n* important food fish of tropical seas
SKIPLANE *n* aircraft fitted with skis to enable it to land on and take off from snow
SKIPPED ▸ **skip**
SKIPPER, -S *vb* captain ▷ *n* captain of a ship or aircraft
SKIPPET, -S *n* small round box for preserving a document or seal
SKIPPIER ▸ **skippy**
SKIPPING ▸ **skip**
SKIPPY, SKIPPIER *adj* in high spirits
SKIPS ▸ **skip**
SKIRL, -ED, -ING, -S *n* sound of bagpipes ▷ *vb* (of bagpipes) to give out a shrill sound
SKIRMISH *n* brief or minor fight or argument ▷ *vb* take part in a skirmish
SKIRR, -ED, -ING, -S *vb* move, run, or fly rapidly ▷ *n* whirring or grating sound, as of the wings of birds in flight
SKIRRET, -S *n* umbelliferous Old World plant
SKIRRING ▸ **skirr**
SKIRRS ▸ **skirr**
SKIRT, -ED, -S *n* woman's garment hanging from the waist ▷ *vb* border
SKIRTER, -S *n* person who skirts fleeces
SKIRTING *n* border fixed round the base of an interior wall to protect it from kicks, dirt, etc
SKIRTS ▸ **skirt**
SKIS ▸ **ski**
SKIT, -S *n* brief satirical sketch
SKITCH, -ED, -ES *vb* (of a dog) to attack
SKITE, -D, -S, SKITING *n* boast ▷ *vb* boast
SKITS ▸ **skit**
SKITTER, -S *vb* move or run rapidly or lightly
SKITTERY *adj* moving lightly and rapidly
SKITTISH *adj* playful or lively
SKITTLE, -D, -S *n* bottle-shaped object used as a

target in some games ▷ *vb* play skittles
SKIVE, -D, -S *vb* evade work or responsibility
SKIVER, -ED, -S *n* tanned outer layer split from a skin ▷ *vb* cut leather
SKIVES ▶ **skive**
SKIVIE, -R, -ST *adj* old Scots word meaning disarranged
SKIVING, -S ▶ **skive**
SKIVVY, SKIVVIED, SKIVVIES *n* female servant who does menial work ▷ *vb* work as a skivvy
SKIVY ▶ **skive**
SKIWEAR, -S *n* clothes for skiing in
SKLATE, -D, -S, SKLATING *Scots word for* ▶ **slate**
SKLENT, -ED, -S *Scots word for* ▶ **slant**
SKLIFF, -ED, -S *n* Scots word meaning little piece ▷ *vb* shuffle (the feet)
SKLIM, -MED, -S *vb* Scots word meaning climb
SKOAL, -ED, -ING, -S *same as* ▶ **skol**
SKODY, SKODIER, SKODIEST *adj* dirty, unkempt
SKOFF, -ED, -ING, -S *vb* eat greedily
SKOG, -GED, -GING, -S *same as* ▶ **scog**
SKOKIAAN *n* (in South Africa) a potent alcoholic beverage
SKOL, -ED, -ING, -LED, -LING, -S *sentence substitute* good health! (a drinking toast) ▷ *vb* down (an alcoholic drink) in one go
SKOLIA ▶ **skolion**
SKOLING ▶ **skol**
SKOLION, SKOLIA *n* ancient Greek drinking song
SKOLLED ▶ **skol**
SKOLLIE *same as* ▶ **skolly**
SKOLLIES ▶ **skolly**
SKOLLING ▶ **skol**
SKOLLY, SKOLLIES *n* hooligan, usually one of a gang
SKOLS ▶ **skol**
SKOOKUM, -S *adj* strong or brave ▷ *n* strong or brave person
SKOOL, -S *ironically illiterate or childish spelling of* ▶ **school**
SKOOSH, -ED, -ES *vb* Scots word meaning squirt
SKORT, -S *n* pair of shorts with a front panel which gives the appearance of a skirt
SKOSH, -ES *n* little bit
SKRAN, -S *n* food
SKREEGH, -S *same as* ▶ **skreigh**
SKREEN, -S *n* screen
SKREIGH, -S *vb* Scots word meaning screech
SKRIECH, -S *same as* ▶ **skreigh**
SKRIED ▶ **skry**
SKRIEGH, -S *same as* ▶ **skreigh**
SKRIES ▶ **skry**
SKRIK, -S *n* South African word meaning fright
SKRIKE, -D, -S, SKRIKING *vb* cry
SKRIKS ▶ **skrik**
SKRIMP, -ED, -S *vb* steal apples
SKRONK, -S *n* type of dissonant, grating popular music
SKRUMP, -ED, -S *vb* steal apples
SKRY, SKRIED, SKRIES, -ING *vb* try to tell future
SKRYER, -S ▶ **skry**
SKRYING ▶ **skry**
SKUA, -S *n* large predatory gull
SKUDLER, -S *n* Scots word meaning leader of festivities
SKUG, -GED, -GING, -S *vb* shelter
SKULK, -ED, -ING, -S *vb* move stealthily ▷ *n* person who skulks
SKULKER, -S ▶ **skulk**
SKULKING ▶ **skulk**
SKULKS ▶ **skulk**
SKULL, -ED, -ING, -S *n* bony framework of the head ▷ *vb* strike on the head
SKULLCAP *n* close-fitting brimless cap
SKULLED ▶ **skull**
SKULLING ▶ **skull**
SKULLS ▶ **skull**
SKULPIN, -S *n* North American fish
SKUMMER, -S *same as* ▶ **scumber**
SKUNK, -ED, -ING, -S *n* small mammal which emits a foul-smelling fluid when attacked ▷ *vb* defeat overwhelmingly in a game
SKUNKIER ▶ **skunky**
SKUNKING ▶ **skunk**
SKUNKS ▶ **skunk**
SKUNKY, SKUNKIER ▶ **skunk**
SKURRY, SKURRIED, SKURRIES *vb* scurry
SKUTTLE, -D, -S *vb* scuttle
SKY, SKIED, SKIES, -ED, -ING *n* upper atmosphere as seen from the earth ▷ *vb* hit high in the air
SKYBOARD *n* small board used for skysurfing
SKYBORN *adj* born in heaven
SKYBORNE *adj* flying through sky
SKYBOX, -ES *n* luxurious suite high up in the stand of a sports stadium
SKYCAP, -S *n* luggage porter at American airport
SKYCLAD *adj* naked
SKYDIVE, -D, -S, SKYDOVE *vb* take part in skydiving
SKYDIVER ▶ **skydive**
SKYDIVES ▶ **skydive**
SKYDOVE ▶ **skydive**
SKYED ▶ **sky**
SKYER, -S *n* cricket ball hit up into air
SKYEY, -ER, -EST, SKYIER, SKYIEST *adj* of the sky
SKYF, -ED, -ING, -S *n* South African slang for a cigarette or substance for smoking ▷ *vb* smoke a cigarette
SKYGLOW, -S *n* glow in the night sky caused by urban lights
SKYHOME, -S *n* Australian word for a sub-penthouse flat in a tall building
SKYHOOK, -S *n* hook hung from a helicopter
SKYIER ▶ **skyey**
SKYIEST ▶ **skyey**
SKYING ▶ **sky**
SKYISH ▶ **sky**
SKYJACK, -S *vb* hijack (an aircraft)
SKYLAB, -S *n* orbiting space station
SKYLARK, -S *n* lark that sings while soaring at a great height ▷ *vb* play or frolic
SKYLESS *adj* having no sky
SKYLIGHT *n* window in a roof or ceiling
SKYLIKE ▶ **sky**
SKYLINE, -S *n* outline of buildings, trees, etc against the sky
SKYLIT *adj* having skylight
SKYMAN, SKYMEN *n* paratrooper
SKYPHOS, SKYPHOI *n* ancient Greek drinking cup
SKYR, -S *n* Scandinavian cheese
SKYRE, -D, -S, SKYRING *vb* Scots word meaning shine

SKYRMION *n* (in theoretical physics) mathematical model used to model baryons
SKYRS ▸ **skyr**
SKYSAIL, -S *n* square sail set above the royal on a square-rigger
SKYSCAPE *n* painting, drawing, photograph, etc, representing or depicting the sky
SKYSURF, -S *vb* perform freefall aerobatics
SKYTE, -D, -S, SKYTING *vb* Scots word meaning slide
SKYWALK, -S *n* tightrope walk at great height
SKYWARD *adj* towards the sky ▹ *adv* towards the sky
SKYWARDS *same as* ▸ **skyward**
SKYWATCH *vb* watch the sky in search of celestial bodies or aircraft
SKYWAY, -S *n* air route
SKYWRITE, SKYWROTE *vb* write message in sky with smoke from aircraft
SLAB, -BED, -BIER, -S *n* broad flat piece ▹ *vb* cut or make into a slab or slabs
SLABBER, -S *vb* dribble from the mouth
SLABBERY ▸ **slabber**
SLABBIER ▸ **slab**
SLABBIES ▸ **slabby**
SLABBING *n* act of slabbing
SLABBY, SLABBIES *n* person who works with slabs of timber
SLABLIKE ▸ **slab**
SLABS ▸ **slab**
SLACK, -ED, -EST, -ING *same as* ▸ **slake**
SLACKEN, -S *vb* make or become slack
SLACKER, -S *n* person who evades work or duty
SLACKEST ▸ **slack**
SLACKING ▸ **slack**
SLACKLY ▸ **slack**
SLACKS *pl n* casual trousers
SLADANG, -S *n* Malayan tapir
SLADE, -S *n* little valley
SLAE, -S *Scots word for* ▸ **sloe**
SLAG, -GED, -S *n* waste left after metal is smelted ▹ *vb* criticize
SLAGGIER ▸ **slaggy**
SLAGGING ▸ **slag**
SLAGGY, SLAGGIER ▸ **slag**
SLAGHEAP *n* heap of slag waste
SLAGS ▸ **slag**
SLAHAL, -S *same as* ▸ **lahal**
SLAID, -S *vb* (Scot) sledge
SLAIN ▸ **slay**
SLAINTE *interj* cheers!
SLAIRG, -ED, -S *Scots word for* ▸ **spread**
SLAISTER *vb* cover with a sloppy mess ▹ *n* sloppy mess
SLAKABLE ▸ **slake**
SLAKE, -D, -S, SLAKING *vb* satisfy (thirst or desire)
SLAKER, -S ▸ **slake**
SLAKES ▸ **slake**
SLAKING ▸ **slake**
SLALOM, -ED, -S *n* skiing or canoeing race over a winding course ▹ *vb* take part in a slalom
SLALOMER ▸ **slalom**
SLALOMS ▸ **slalom**
SLAM, -MED, -MING, -S *vb* shut, put down, or hit violently and noisily ▹ *n* act or sound of slamming
SLAMMER, -S *n* prison
SLAMMING ▸ **slam**
SLAMS ▸ **slam**
SLANDER, -S *n* false and malicious statement about a person ▹ *vb* utter slander about
SLANE, -S *n* spade for cutting turf
SLANG, -ED, -ING, -S *n* very informal language ▹ *vb* use insulting language to (someone)
SLANGER, -S *n* street vendor
SLANGIER ▸ **slangy**
SLANGILY ▸ **slang**
SLANGING ▸ **slang**
SLANGISH ▸ **slang**
SLANGS ▸ **slang**
SLANGY, SLANGIER ▸ **slang**
SLANK *dialect word for* ▸ **lank**
SLANT, -ED, -S *vb* lean at an angle, slope ▹ *n* slope
SLANTER, -S *same as* ▸ **slinter**
SLANTIER ▸ **slanty**
SLANTING ▸ **slant**
SLANTLY ▸ **slant**
SLANTS ▸ **slant**
SLANTY, SLANTIER *adj* slanting
SLAP, -PED, -S *n* blow with the open hand or a flat object ▹ *vb* strike with the open hand or a flat object
SLAPDASH *adj* careless and hasty ▹ *adv* carelessly or hastily ▹ *n* slapdash activity or work ▹ *vb* do in a hurried and careless manner
SLAPHEAD *n* derogatory term for a bald person
SLAPJACK *n* simple card game
SLAPPED ▸ **slap**
SLAPPER, -S ▸ **slap**
SLAPPING ▸ **slap**
SLAPS ▸ **slap**
SLAPSHOT *n* hard, fast, often wild, shot executed with a powerful downward swing
SLART, -ED, -ING, -S *vb* spill (something)
SLASH, -ED, -ES *vb* cut with a sweeping stroke ▹ *n* sweeping stroke
SLASHER, -S *n* machine used for cutting scrub or undergrowth in the bush
SLASHES ▸ **slash**
SLASHING *adj* aggressively critical ▹ *n* act of slashing
SLAT, -S, -TED, -TING *n* narrow strip of wood or metal ▹ *vb* provide with slats
SLATCH, -ES *n* slack part of rope
SLATE, -D, -S *n* rock which splits easily into thin layers ▹ *vb* cover with slates ▹ *adj* dark grey
SLATER, -S *n* person trained in laying roof slates
SLATES ▸ **slate**
SLATEY *adj* slightly mad
SLATHER, -S *vb* spread quickly or lavishly
SLATIER ▸ **slaty**
SLATIEST ▸ **slaty**
SLATING, -S *n* act or process of laying slates
SLATS ▸ **slat**
SLATTED ▸ **slat**
SLATTER, -S *vb* be slovenly
SLATTERY *adj* slovenly
SLATTING ▸ **slat**
SLATY, SLATIER, SLATIEST *adj* consisting of or resembling slate
SLAVE, -D, -S, SLAVING *n* person owned by another for whom he or she has to work ▹ *vb* work like a slave
SLAVER, -ED, -S *n* person or ship engaged in the slave trade ▹ *vb* dribble saliva from the mouth
SLAVERER ▸ **slaver**
SLAVERS ▸ **slaver**
SLAVERY *n* state or condition of being a slave
SLAVES ▸ **slave**
SLAVEY, -S *n* female general servant
SLAVING ▸ **slave**
SLAVISH *adj* of or like a slave
SLAW, -S *short for* ▸ **coleslaw**
SLAY, SLAIN, -ED, -S *vb* kill

S

SLAYABLE ▸ **slay**
SLAYED ▸ **slay**
SLAYER, -S ▸ **slay**
SLAYING, -S *n* act of slaying
SLAYS ▸ **slay**
SLEAVE, -D, -S, SLEAVING *n* tangled thread ▹ *vb* disentangle (twisted thread, etc)
SLEAZE, -D, -S, SLEAZING *n* behaviour considered dishonest or disreputable ▹ *vb* behave in a sleazy manner
SLEAZIER ▸ **sleazy**
SLEAZILY ▸ **sleazy**
SLEAZING ▸ **sleaze**
SLEAZY, SLEAZIER *adj* run-down or sordid
SLEB, -S *n* celebrity
SLED, -DED, -DING, -ED, -S *same as* ▸ **sledge**
SLEDDER, -S ▸ **sled**
SLEDDING ▸ **sled**
SLEDED ▸ **sled**
SLEDGE, -D, -S, SLEDGING *n* carriage on runners for sliding on snow ▹ *vb* travel by sledge
SLEDGER, -S ▸ **sledge**
SLEDGES ▸ **sledge**
SLEDGING ▸ **sledge**
SLEDS ▸ **sled**
SLEE, -R, -ST *Scots word for* ▸ **sly**
SLEECH, -ES *n* slippery mud
SLEECHY ▸ **sleech**
SLEEK, -ED, -EST, -ING, -S *adj* glossy, smooth, and shiny ▹ *vb* make smooth and glossy, as by grooming, etc
SLEEKEN, -S *vb* make sleek
SLEEKER, -S ▸ **sleek**
SLEEKEST ▸ **sleek**
SLEEKIER ▸ **sleeky**
SLEEKING ▸ **sleek**
SLEEKIT *adj* smooth
SLEEKLY ▸ **sleek**
SLEEKS ▸ **sleek**
SLEEKY, SLEEKIER ▸ **sleek**
SLEEP, -ING, -S, SLEPT *n* state of rest characterized by unconsciousness ▹ *vb* be in or as if in a state of sleep
SLEEPER, -S *n* railway car fitted for sleeping in
SLEEPERY *Scots word for* ▸ **sleepy**
SLEEPIER ▸ **sleepy**
SLEEPILY ▸ **sleepy**
SLEEPING ▸ **sleep**
SLEEPOUT *n* small building for sleeping in
SLEEPRY *Scots word for* ▸ **sleepy**
SLEEPS ▸ **sleep**
SLEEPY, SLEEPIER *adj* needing sleep
SLEER ▸ **slee**
SLEEST ▸ **slee**
SLEET, -ED, -ING, -S *n* rain and snow or hail falling together ▹ *vb* fall as sleet
SLEETIER ▸ **sleety**
SLEETING ▸ **sleet**
SLEETS ▸ **sleet**
SLEETY, SLEETIER ▸ **sleet**
SLEEVE, -D, -S *n* part of a garment which covers the arm
SLEEVEEN *n* sly obsequious smooth-tongued person
SLEEVER, -S *n* old beer measure
SLEEVES ▸ **sleeve**
SLEEVING *n* tubular flexible insulation into which bare wire can be inserted
SLEEZY, SLEEZIER *adj* sleazy
SLEIDED *adj* old word meaning separated
SLEIGH, -ED, -S *same as* ▸ **sledge**
SLEIGHER ▸ **sleigh**
SLEIGHS ▸ **sleigh**
SLEIGHT, -S *n* skill or cunning
SLENDER *adj* slim
SLENTER, -S *same as* ▸ **slinter**
SLEPT ▸ **sleep**
SLEUTH, -ED, -S *n* detective ▹ *vb* track or follow
SLEW, -ED, -ING, -S *vb* twist sideways, esp awkwardly
SLEY, -S *n* weaver's tool for separating threads
SLICE, -D, -S *n* thin flat piece cut from something ▹ *vb* cut into slices
SLICER, -S ▸ **slice**
SLICES ▸ **slice**
SLICING, -S ▸ **slice**
SLICK, -ED, -EST, -ING, -S *adj* persuasive and glib ▹ *n* patch of oil on water ▹ *vb* make smooth or sleek
SLICKEN, -S *vb* make smooth
SLICKER, -S *n* sly or untrustworthy person
SLICKEST ▸ **slick**
SLICKING ▸ **slick**
SLICKLY ▸ **slick**
SLICKS ▸ **slick**
SLID ▸ **slide**
SLIDABLE ▸ **slide**
SLIDDEN ▸ **slide**
SLIDDER, -S *vb* slip
SLIDDERY *adj* slippery
SLIDE, SLID, SLIDDEN, -D, -S *vb* slip smoothly along (a surface) ▹ *n* act of sliding
SLIDER, -S ▸ **slide**
SLIDES ▸ **slide**
SLIDEWAY *n* sloping channel down which things are slid
SLIDING, -S ▸ **slide**
SLIER ▸ **sly**
SLIEST ▸ **sly**
SLIEVE, -S *n* Irish mountain
SLIGHT, -ED, -ER, -S *adj* small in quantity or extent ▹ *n* snub ▹ *vb* insult (someone) by behaving rudely
SLIGHTLY *adv* in small measure or degree
SLIGHTS ▸ **slight**
SLILY ▸ **sly**
SLIM, -MED, -MEST, -MING, -S *adj* not heavy or stout, thin ▹ *vb* make or become slim by diet and exercise
SLIMDOWN *n* instance of an organization cutting staff
SLIME, -D, -S, SLIMING *n* unpleasant thick slippery substance ▹ *vb* cover with slime
SLIMIER ▸ **slimy**
SLIMIEST ▸ **slimy**
SLIMILY ▸ **slimy**
SLIMING ▸ **slime**
SLIMLINE *adj* slim
SLIMLY ▸ **slim**
SLIMMED ▸ **slim**
SLIMMER, -S ▸ **slim**
SLIMMEST ▸ **slim**
SLIMMING ▸ **slim**
SLIMMISH ▸ **slim**
SLIMNESS ▸ **slim**
SLIMPSY *adj* thin and flimsy
SLIMS ▸ **slim**
SLIMSY, SLIMSIER *adj* frail
SLIMY, SLIMIER, SLIMIEST *adj* of, like, or covered with slime
SLING, -ING, -S, SLUNG *n* bandage hung from the neck to support an injured hand or arm ▹ *vb* throw
SLINGER, -S ▸ **sling**
SLINGIER ▸ **slingy**
SLINGING ▸ **sling**
SLINGS ▸ **sling**
SLINGY, SLINGIER *adj* resembling the act of using a sling
SLINK, -ED, -ING, -S, SLUNK *vb* move furtively or guiltily ▹ *n* animal, esp a calf, born prematurely
SLINKER, -S ▸ **slink**
SLINKIER ▸ **slinky**
SLINKILY ▸ **slinky**
SLINKING ▸ **slink**
SLINKS ▸ **slink**

SLINKY, SLINKIER *adj* (of clothes) figure-hugging
SLINTER, -S *n* dodge, trick, or stratagem
SLIOTAR, -S *n* ball used in hurling
SLIP, -PED, -PING, -S *vb* lose balance by sliding ▷ *n* slipping
SLIPCASE *n* protective case for a book
SLIPE, -D, -S, SLIPING *n* wool removed from the pelt of a slaughtered sheep ▷ *vb* remove skin
SLIPFORM *n* mould used in building
SLIPING ▸ **slipe**
SLIPKNOT *n* knot tied so that it will slip along the rope round which it is made
SLIPLESS ▸ **slip**
SLIPOUT, -S *n* instance of slipping out
SLIPOVER *adj* of or denoting a garment that can be put on easily over the head ▷ *n* such a garment, esp a sleeveless pullover
SLIPPAGE *n* act or an instance of slipping
SLIPPED ▸ **slip**
SLIPPER, -S *n* light shoe for indoor wear ▷ *vb* hit or beat with a slipper
SLIPPERY *adj* so smooth or wet as to cause slipping or be difficult to hold
SLIPPIER ▸ **slippy**
SLIPPILY ▸ **slippy**
SLIPPING ▸ **slip**
SLIPPY, SLIPPIER *adj* slippery
SLIPRAIL *n* rail in a fence that can be slipped out of place to make an opening
SLIPS ▸ **slip**
SLIPSHOD *adj* (of an action) careless
SLIPSLOP *n* weak or unappetizing food or drink
SLIPSOLE *n* separate sole on shoe
SLIPT *vb* old form of slipped
SLIPUP, -S *n* mistake or mishap
SLIPWARE *n* pottery that has been decorated with clay
SLIPWAY, -S *n* launching slope on which ships are built or repaired
SLISH, -ES *n* old word meaning cut
SLIT, -S, -TED, -TING *n* long narrow cut or opening ▷ *vb* make a long straight cut in
SLITHER, -S *vb* slide unsteadily ▷ *n* slithering movement
SLITHERY *adj* moving with a slithering motion
SLITLESS ▸ **slit**
SLITLIKE ▸ **slit**
SLITS ▸ **slit**
SLITTED ▸ **slit**
SLITTER, -S ▸ **slit**
SLITTIER ▸ **slitty**
SLITTING ▸ **slit**
SLITTY, SLITTIER ▸ **slit**
SLIVE, -D, -N, -S, SLIVING, SLOVE *vb* slip
SLIVER, -ED, -S *n* small thin piece ▷ *vb* cut into slivers
SLIVERER ▸ **sliver**
SLIVERS ▸ **sliver**
SLIVES ▸ **slive**
SLIVING ▸ **slive**
SLIVOVIC *n* plum brandy
SLOAN, -S *n* severe telling-off
SLOB, -BED, -BING, -S *n* lazy and untidy person ▷ *vb* behave like a slob
SLOBBER, -S *vb* dribble or drool ▷ *n* liquid or saliva spilt from the mouth
SLOBBERY ▸ **slobber**
SLOBBIER ▸ **slobby**
SLOBBING ▸ **slob**
SLOBBISH ▸ **slob**
SLOBBY, SLOBBIER ▸ **slob**
SLOBLAND *n* muddy ground
SLOBS ▸ **slob**
SLOCKEN, -S *vb* Scots word meaning slake
SLOE, -S *n* sour blue-black fruit
SLOEBUSH *n* bush on which sloes grow
SLOES ▸ **sloe**
SLOETREE *n* sloe plant
SLOG, -GED, -GING, -S *vb* work hard and steadily ▷ *n* long and exhausting work or walk
SLOGAN, -S *n* catchword or phrase used in politics or advertising
SLOGANED *adj* having a slogan
SLOGANS ▸ **slogan**
SLOGGED ▸ **slog**
SLOGGER, -S ▸ **slog**
SLOGGING ▸ **slog**
SLOGS ▸ **slog**
SLOID, -S *n* Swedish woodwork
SLOJD, -S *same as* ▸ **sloid**
SLOKEN, -ED, -S *vb* Scots word meaning slake
SLOMMOCK *vb* walk assertively with a hip-rolling gait
SLOMO, -S *n* slow-motion sequence in a film
SLOOM, -ED, -ING, -S *vb* slumber
SLOOMIER ▸ **sloomy**
SLOOMING ▸ **sloom**
SLOOMS ▸ **sloom**
SLOOMY, SLOOMIER ▸ **sloom**
SLOOP, -S *n* small single-masted ship
SLOOSH, -ED, -ES *vb* wash with water
SLOOT, -S *n* ditch for irrigation or drainage
SLOP, -PED, -PING, -S *vb* splash or spill ▷ *n* spilt liquid
SLOPE, -D, -S *vb* slant ▷ *n* sloping surface
SLOPER, -S ▸ **slope**
SLOPES ▸ **slope**
SLOPIER ▸ **slopy**
SLOPIEST ▸ **slopy**
SLOPING ▸ **slope**
SLOPPED ▸ **slop**
SLOPPIER ▸ **sloppy**
SLOPPILY ▸ **sloppy**
SLOPPING ▸ **slop**
SLOPPY, SLOPPIER *adj* careless or untidy
SLOPS ▸ **slop**
SLOPWORK *n* manufacture of cheap shoddy clothing or the clothes so produced
SLOPY, SLOPIER, SLOPIEST ▸ **slope**
SLORM, -ED, -ING, -S *vb* wipe carelessly
SLOSH, -ED, -ES, -ING *vb* pour carelessly ▷ *n* splashing sound
SLOSHIER ▸ **sloshy**
SLOSHING ▸ **slosh**
SLOSHY, SLOSHIER ▸ **slosh**
SLOT, -S, -TED, -TING *n* narrow opening for inserting something ▷ *vb* make a slot or slots in
SLOTBACK *n* American football player
SLOTH, -ED, -ING, -S *n* slow-moving animal of tropical America ▷ *vb* be lazy
SLOTHFUL *adj* lazy or idle
SLOTHING ▸ **sloth**
SLOTHS ▸ **sloth**
SLOTS ▸ **slot**
SLOTTED ▸ **slot**
SLOTTER, -S ▸ **slot**
SLOTTING ▸ **slot**
SLOUCH, -ED, -ES *vb* sit, stand, or move with a drooping posture ▷ *n* drooping posture
SLOUCHER ▸ **slouch**
SLOUCHES ▸ **slouch**

SLOUCHY *adj* slouching
SLOUGH, -ED, -S *n* bog ▷ *vb* (of a snake) shed (its skin)
SLOUGHI, -S *n* N African breed of dog resembling a greyhound
SLOUGHS ▶ **slough**
SLOUGHY ▶ **slough**
SLOVE ▶ **slive**
SLOVEN, -S *n* habitually dirty or untidy person
SLOVENLY *adj* dirty or untidy ▷ *adv* in a slovenly manner
SLOVENRY *n* quality of being slovenly
SLOVENS ▶ **sloven**
SLOW, -ED, -ER, -EST, -S *adj* taking a longer time than is usual or expected ▷ *adv* slowly ▷ *vb* reduce the speed (of)
SLOWBACK *n* lazy person
SLOWDOWN *n* any slackening of pace
SLOWED ▶ **slow**
SLOWER ▶ **slow**
SLOWEST ▶ **slow**
SLOWING, -S ▶ **slow**
SLOWISH ▶ **slow**
SLOWLY ▶ **slow**
SLOWNESS ▶ **slow**
SLOWPOKE *same as* > **slowcoach**
SLOWS ▶ **slow**
SLOWWORM *n* small legless lizard
SLOYD, -S *n* Swedish woodwork
SLUB, -BED, -BEST, -BING, -S *n* lump in yarn or fabric ▷ *vb* draw out and twist (a sliver of fibre) before spinning ▷ *adj* (of material) having an irregular appearance
SLUBB, -S *same as* ▶ **slub**
SLUBBED ▶ **slub**
SLUBBER, -S *vb* smear
SLUBBEST ▶ **slub**
SLUBBIER ▶ **slubby**
SLUBBING ▶ **slub**
SLUBBS ▶ **slubb**
SLUBBY, SLUBBIER ▶ **slub**
SLUBS ▶ **slub**
SLUDGE, -D, -S, SLUDGING *n* thick mud ▷ *vb* convert into sludge
SLUDGIER ▶ **sludgy**
SLUDGING ▶ **sludge**
SLUDGY, SLUDGIER *adj* consisting of, containing, or like sludge
SLUE, -D, -ING, -S, SLUING *same as* ▶ **slew**
SLUFF, -ED, -ING, -S *same as* ▶ **slough**
SLUG, -GED, -GING, -S *n* land snail with no shell ▷ *vb* hit hard
SLUGABED *n* person who remains in bed through laziness
SLUGFEST *n* fist fight
SLUGGARD *n* lazy person ▷ *adj* lazy
SLUGGED ▶ **slug**
SLUGGER, -S *n* (esp in boxing, baseball, etc) a person who strikes hard
SLUGGING ▶ **slug**
SLUGGISH *adj* slow-moving, lacking energy
SLUGHORN *same as* ▶ **slogan**
SLUGLIKE *adj* like a slug
SLUGS ▶ **slug**
SLUICE, -D, -S, SLUICING *n* channel that carries a rapid current of water ▷ *vb* drain water by means of a sluice
SLUICIER ▶ **sluicy**
SLUICING ▶ **sluice**
SLUICY, SLUICIER ▶ **sluice**
SLUING ▶ **slue**
SLUIT, -S *n* water channel in South Africa
SLUM, -MED, -MING, -S *n* squalid overcrowded house or area ▷ *vb* experience poorer places or conditions than usual
SLUMBER, -S *n* sleep ▷ *vb* sleep
SLUMBERY *adj* sleepy
SLUMBRY *same as* ▶ **slumbery**
SLUMGUM, -S *n* material left after wax is extracted from honeycomb
SLUMISM, -S *n* existence of slums
SLUMLORD *n* absentee landlord of slum property, esp one who profiteers
SLUMMED ▶ **slum**
SLUMMER, -S ▶ **slum**
SLUMMIER ▶ **slummy**
SLUMMING ▶ **slum**
SLUMMOCK *vb* move slowly and heavily
SLUMMY, SLUMMIER ▶ **slum**
SLUMP, -ED, -ING, -S *vb* (of prices or demand) decline suddenly ▷ *n* sudden decline in prices or demand
SLUMPIER ▶ **slumpy**
SLUMPING ▶ **slump**
SLUMPS ▶ **slump**
SLUMPY, SLUMPIER *adj* boggy
SLUMS ▶ **slum**
SLUNG ▶ **sling**
SLUNK ▶ **slink**
SLUR, -RED, -RING, -S *vb* pronounce or utter (words) indistinctly ▷ *n* slurring of words
SLURB, -S *n* suburban slum
SLURBAN ▶ **slurb**
SLURBS ▶ **slurb**
SLURP, -ED, -ING, -S *vb* eat or drink noisily ▷ *n* slurping sound
SLURPER, -S ▶ **slurp**
SLURPIER ▶ **slurpy**
SLURPING ▶ **slurp**
SLURPS ▶ **slurp**
SLURPY, SLURPIER *adj* making a slurping noise
SLURRED ▶ **slur**
SLURRIED ▶ **slurry**
SLURRIES ▶ **slurry**
SLURRING ▶ **slur**
SLURRY, SLURRIED, SLURRIES *n* muddy liquid mixture ▷ *vb* spread slurry
SLURS ▶ **slur**
SLURVE, -S *n* pitch in baseball combining elements of the slider and the curveball
SLUSE, -S *same as* ▶ **sluice**
SLUSH, -ED, -ES, -ING *n* watery muddy substance ▷ *vb* make one's way through or as if through slush
SLUSHIER ▶ **slushy**
SLUSHIES ▶ **slushy**
SLUSHILY ▶ **slushy**
SLUSHING ▶ **slush**
SLUSHY, SLUSHIER, SLUSHIES *adj* of, resembling, or consisting of slush ▷ *n* unskilled kitchen assistant
SLUTCH, -ES *n* mud
SLUTCHY ▶ **slutch**
SLY, SLIER, SLIEST, -ER, -EST *adj* crafty
SLYBOOTS *pl n* person who is sly
SLYER ▶ **sly**
SLYEST ▶ **sly**
SLYISH ▶ **sly**
SLYLY ▶ **sly**
SLYNESS ▶ **sly**
SLYPE, -S *n* covered passageway in a church
SMA *Scots word for* ▶ **small**
SMAAK, -ED, -ING, -S *vb* South African slang for like or love
SMACK, -ED, -S *vb* slap sharply ▷ *n* sharp slap ▷ *adv* squarely or directly
SMACKER, -S *n* loud kiss

SMACKING *adj* brisk
SMACKS ▸ **smack**
SMAIK, -S *n* Scots word meaning rascal
SMALL, -ED, -ER, -EST, -ING, -S *adj* not large in size, number, or amount ▹ *n* narrow part of the lower back ▹ *adv* into small pieces ▹ *vb* make small
SMALLAGE *n* wild celery
SMALLBOY *n* steward's assistant or deputy steward in European households in W Africa
SMALLED ▸ **small**
SMALLER ▸ **small**
SMALLEST ▸ **small**
SMALLING ▸ **small**
SMALLISH ▸ **small**
SMALLPOX *n* contagious disease with blisters that leave scars
SMALLS ▸ **small**
SMALLSAT *n* small communications satellite
SMALM, -ED, -ING, -S *same as* ▸ **smarm**
SMALMIER ▸ **smalmy**
SMALMILY ▸ **smalmy**
SMALMING ▸ **smalm**
SMALMS ▸ **smalm**
SMALMY, SMALMIER *same as* ▸ **smarmy**
SMALT, -S *n* type of silica glass coloured deep blue with cobalt oxide
SMALTI ▸ **smalto**
SMALTINE *n* mineral containing cobalt
SMALTITE *n* silver-white to greyish mineral
SMALTO, SMALTI, -S *n* coloured glass, etc, used in mosaics
SMALTS ▸ **smalt**
SMARAGD, -S *n* any green gemstone, such as the emerald
SMARAGDE *same as* ▸ **smaragd**
SMARAGDS ▸ **smaragd**
SMARM, -ED, -ING, -S *vb* bring (oneself) into favour (with) ▹ *n* obsequious flattery
SMARMIER ▸ **smarmy**
SMARMILY ▸ **smarmy**
SMARMING ▸ **smarm**
SMARMS ▸ **smarm**
SMARMY, SMARMIER *adj* unpleasantly suave or flattering
SMART, -ED, -ER, -EST, -ING *adj* well-kept and neat ▹ *vb* feel or cause stinging pain ▹ *n* stinging pain ▹ *adv* in a smart manner
SMARTEN, -S *vb* make or become smart
SMARTER ▸ **smart**
SMARTEST ▸ **smart**
SMARTIE *same as* ▸ **smarty**
SMARTIES ▸ **smarty**
SMARTING ▸ **smart**
SMARTISH ▸ **smart**
SMARTLY ▸ **smart**
SMARTS *pl n* know-how, intelligence, or wits
SMARTY, SMARTIES *n* would-be clever person
SMASH, -ED, -ES *vb* break violently and noisily ▹ *n* act or sound of smashing ▹ *adv* with a smash
SMASHER, -S *n* attractive person or thing
SMASHES ▸ **smash**
SMASHING *adj* excellent
SMASHUP, -S *n* bad collision of cars
SMATCH, -ED, -ES *less common word for* ▸ **smack**
SMATTER, -S *n* smattering ▹ *vb* prattle
SMAZE, -S *n* smoky haze, less damp than fog
SMEAR, -ED, -ING, -S *vb* spread with a greasy or sticky substance ▹ *n* dirty mark or smudge
SMEARER, -S ▸ **smear**
SMEARIER ▸ **smeary**
SMEARILY ▸ **smeary**
SMEARING ▸ **smear**
SMEARS ▸ **smear**
SMEARY, SMEARIER *adj* smeared, dirty
SMEATH, -S *n* duck
SMECTIC *adj* (of a substance) existing in state in which the molecules are oriented in layers
SMECTITE *n* type of clay mineral
SMEDDUM, -S *n* any fine powder
SMEE, -S *n* duck
SMEECH, -ED, -ES *Southwest English dialect form of* ▸ **smoke**
SMEEK, -ED, -ING, -S *vb* smoke
SMEES ▸ **smee**
SMEETH, -ED, -S *n* duck ▹ *vb* make smooth
SMEGMA, -S *n* whitish sebaceous secretion that accumulates beneath the prepuce
SMEIK, -ED, -S *same as* ▸ **smeke**
SMEIKING *same as* ▸ **smeking**
SMEIKS ▸ **smeik**
SMEKE, -D, -S, SMEKING *n* smoke ▹ *vb* smoke
SMELL, -ED, -ING, -S *vb* perceive (a scent or odour) by means of the nose ▹ *n* ability to perceive odours by the nose
SMELLER, -S ▸ **smell**
SMELLIER ▸ **smelly**
SMELLIES *pl n* pleasant-smelling products such as perfumes, body lotions, bath salts, etc
SMELLING ▸ **smell**
SMELLS ▸ **smell**
SMELLY, SMELLIER *adj* having a nasty smell
SMELT, -ED, -ING, -S *vb* extract metal from an ore
SMELTER, -S *n* industrial plant where smelting is carried out
SMELTERY *variant of* ▸ **smelter**
SMELTING ▸ **smelt**
SMELTS ▸ **smelt**
SMERK, -ED, -ING, -S *same as* ▸ **smirk**
SMEUSE, -S *n* way through hedge
SMEW, -S *n* duck of N Europe and Asia
SMICKER, -S *vb* smirk
SMICKET, -S *n* smock
SMIDDY, SMIDDIED, SMIDDIES *Scots word for* ▸ **smithy**
SMIDGE, -S *n* very small amount or part
SMIDGEN, -S *n* very small amount or part
SMIDGEON *same as* ▸ **smidgen**
SMIDGES ▸ **smidge**
SMIDGIN, -S *same as* ▸ **smidgen**
SMIGHT, -S *same as* ▸ **smite**
SMILAX, -ES *n* type of climbing shrub
SMILE, -D, -S *n* turning up of the corners of the mouth to show pleasure or friendliness ▹ *vb* give a smile
SMILEFUL *adj* full of smiles
SMILER, -S ▸ **smile**
SMILES ▸ **smile**
SMILET, -S *n* little smile
SMILEY, -S, SMILIER, SMILIES, SMILIEST *n* symbol depicting a smile or other facial expression ▹ *adj* cheerful
SMILING, -S ▸ **smile**

SMILODON *n* extinct sabre-toothed tiger
SMIR, -S *n* drizzly rain ▷ *vb* drizzle lightly
SMIRCH, -ED, -ES *n* stain ▷ *vb* disgrace
SMIRCHER ▸ **smirch**
SMIRCHES ▸ **smirch**
SMIRK, -ED, -S *n* smug smile ▷ *vb* give a smirk
SMIRKER, -S ▸ **smirk**
SMIRKIER ▸ **smirky**
SMIRKILY ▸ **smirk**
SMIRKING ▸ **smirk**
SMIRKS ▸ **smirk**
SMIRKY, SMIRKIER ▸ **smirk**
SMIRR, -ED, -ING, -S *same as* ▸ **smir**
SMIRRIER ▸ **smirry**
SMIRRING ▸ **smirr**
SMIRRS ▸ **smirr**
SMIRRY, SMIRRIER ▸ **smirr**
SMIRS ▸ **smir**
SMIRTING *n* flirting amongst those smoking outside a non-smoking office, pub, etc
SMISHING *n* phishing via text messages
SMITE, SMIT, -S, SMITING, SMITTEN, SMOTE *vb* strike hard
SMITER, -S ▸ **smite**
SMITES ▸ **smite**
SMITH, -ED, -S *n* worker in metal ▷ *vb* work in metal
SMITHERS *pl n* little shattered pieces
SMITHERY *n* trade or craft of a blacksmith
SMITHIED ▸ **smithy**
SMITHIES ▸ **smithy**
SMITHING *n* act of working as a smith
SMITHS ▸ **smith**
SMITHY, SMITHIED, SMITHIES *n* blacksmith's workshop ▷ *vb* work as a smith
SMITING ▸ **smite**
SMITS ▸ **smit**
SMITTED ▸ **smit**
SMITTEN ▸ **smite**
SMITTING ▸ **smit**
SMITTLE *adj* infectious
SMOCK, -ED, -S *n* loose overall ▷ *vb* gather (material) by sewing in a honeycomb pattern
SMOCKING *n* ornamental needlework used to gather material
SMOCKS ▸ **smock**
SMOG, -S *n* mixture of smoke and fog
SMOGGY, SMOGGIER ▸ **smog**
SMOGLESS ▸ **smog**
SMOGS ▸ **smog**
SMOILE, -D, -S, SMOILING *same as* ▸ **smile**
SMOKABLE ▸ **smoke**
SMOKE, -D, -S, SMOKING *n* cloudy mass that rises from something burning ▷ *vb* give off smoke or treat with smoke
SMOKEBOX *n* part of a steam engine or boiler
SMOKED ▸ **smoke**
SMOKEHO, -S *same as* ▸ **smoko**
SMOKEPOT *n* device for producing smoke
SMOKER, -S *n* person who habitually smokes tobacco
SMOKES ▸ **smoke**
SMOKEY, -S ▸ **smoky**
SMOKIE *n* smoked haddock
SMOKIER ▸ **smoky**
SMOKIES ▸ **smoky**
SMOKIEST ▸ **smoky**
SMOKILY ▸ **smoky**
SMOKING, -S ▸ **smoke**
SMOKO, -S *n* short break from work for tea or a cigarette
SMOKY, SMOKIER, SMOKIES, SMOKIEST *adj* filled with or giving off smoke, sometimes excessively ▷ *n* haddock that has been smoked
SMOLDER, -S *same as* ▸ **smoulder**
SMOLT, -S *n* young salmon at the stage when it migrates to the sea
SMOOCH, -ED, -ES *vb* kiss and cuddle ▷ *n* smooching
SMOOCHER ▸ **smooch**
SMOOCHES ▸ **smooch**
SMOOCHY *adj* romantic
SMOODGE, -D, -S *same as* ▸ **smooch**
SMOOGE, -D, -S, SMOOGING *same as* ▸ **smooch**
SMOOR, -ED, -ING, -S *vb* Scots word meaning put out fire
SMOOSH, -ED, -ES *vb* paint to give softened look
SMOOT, -ED, -ING, -S *vb* work as printer
SMOOTH, -ED, -ES, -S *adj* even in surface, texture, or consistency ▷ *vb* make smooth ▷ *adv* in a smooth manner ▷ *n* smooth part of something
SMOOTHE *same as* ▸ **smooth**
SMOOTHED ▸ **smooth**
SMOOTHEN *vb* make or become smooth
SMOOTHER ▸ **smooth**
SMOOTHES ▸ **smooth**
SMOOTHIE *n* smooth thick drink made with fruit and milk and sometimes ice cream
SMOOTHLY ▸ **smooth**
SMOOTHS ▸ **smooth**
SMOOTHY *same as* ▸ **smoothie**
SMOOTING ▸ **smoot**
SMOOTS ▸ **smoot**
SMORBROD *n* Danish hors d'oeuvre
SMORE, -D, -S, SMORING *same as* ▸ **smoor**
SMORG, -S *n* short for smorgasbord
SMORING ▸ **smore**
SMORZATO *same as* > **smorzando**
SMOTE ▸ **smite**
SMOTHER, -S *vb* suffocate or stifle ▷ *n* anything, such as a cloud of smoke, that stifles
SMOTHERY *adj* tending to smother
SMOUCH, -ED, -ES *vb* kiss
SMOULDER *vb* burn slowly with smoke but no flame ▷ *n* dense smoke, as from a smouldering fire
SMOULDRY *adj* smouldering
SMOUSE, -D, -S, SMOUSING *vb* South African word meaning peddle
SMOUSER, -S ▸ **smouse**
SMOUSES ▸ **smouse**
SMOUSING ▸ **smouse**
SMOUT, -ED, -ING, -S *n* child or undersized person ▷ *vb* creep or sneak
SMOWT, -S *same as* ▸ **smout**
SMOYLE, -D, -S, SMOYLING *same as* ▸ **smile**
SMRITI, -S *n* class of Hindu sacred literature
SMUDGE, -D, -S, SMUDGING *vb* make or become smeared or soiled ▷ *n* dirty mark
SMUDGER, -S ▸ **smudge**
SMUDGES ▸ **smudge**
SMUDGIER ▸ **smudgy**
SMUDGILY ▸ **smudge**
SMUDGING ▸ **smudge**
SMUDGY, SMUDGIER *adj* smeared, blurred, or soiled, or likely to become so

SMUG, -GED, -GER, -GEST, -GING, -S *adj* self-satisfied ▷ *vb* make neat
SMUGGERY *n* condition or an instance of being smug
SMUGGEST ▶ **smug**
SMUGGING ▶ **smug**
SMUGGLE, -D, -S *vb* import or export (goods) secretly and illegally
SMUGGLER ▶ **smuggle**
SMUGGLES ▶ **smuggle**
SMUGLY ▶ **smug**
SMUGNESS ▶ **smug**
SMUGS ▶ **smug**
SMUR, -RED, -RING, -S *same as* ▶ **smir**
SMURFING *n* intentionally overwhelming a computer network with messages
SMURRED ▶ **smur**
SMURRIER ▶ **smurry**
SMURRING ▶ **smur**
SMURRY, SMURRIER ▶ **smur**
SMURS ▶ **smur**
SMUSH, -ED, -ES, -ING *vb* crush
SMUT, -S, -TED, -TING *n* small dark smudge or stain ▷ *vb* mark or become marked or smudged
SMUTCH, -ED, -ES *vb* smudge ▷ *n* mark
SMUTCHY ▶ **smutch**
SMUTS ▶ **smut**
SMUTTED ▶ **smut**
SMUTTIER ▶ **smutty**
SMUTTILY ▶ **smut**
SMUTTING ▶ **smut**
SMUTTY, SMUTTIER ▶ **smut**
SMYTRIE, -S *n* Scots word meaning collection
SNAB, -S *same as* ▶ **snob**
SNABBLE, -D, -S *same as* ▶ **snaffle**
SNABS ▶ **snab**
SNACK, -ED, -ING, -S *n* light quick meal ▷ *vb* eat a snack
SNACKER, -S ▶ **snack**
SNACKIER ▶ **snacky**
SNACKING ▶ **snack**
SNACKS ▶ **snack**
SNACKY, SNACKIER *adj* of the nature of a snack
SNAFFLE, -D, -S *n* jointed bit for a horse ▷ *vb* steal
SNAFU, -ED, -ING, -S *n* confusion or chaos regarded as the normal state ▷ *adj* confused or muddled up, as usual ▷ *vb* throw into chaos
SNAG, -GED, -GING, -S *n* difficulty or disadvantage ▷ *vb* catch or tear on a point
SNAGGER, -S *n* type of fishing hook
SNAGGIER ▶ **snaggy**
SNAGGING ▶ **snag**
SNAGGLE, -S *n* tangled mass
SNAGGY, SNAGGIER *adj* having sharp protuberances
SNAGLIKE ▶ **snag**
SNAGS ▶ **snag**
SNAIL, -ED, -ING, -S *n* slow-moving mollusc with a spiral shell ▷ *vb* move slowly
SNAILERY *n* place where snails are bred
SNAILIER ▶ **snaily**
SNAILING ▶ **snail**
SNAILS ▶ **snail**
SNAILY, SNAILIER ▶ **snail**
SNAKE, -D, -S, SNAKING *n* long thin scaly limbless reptile ▷ *vb* move in a winding course like a snake
SNAKEBIT *adj* bitten by snake
SNAKED ▶ **snake**
SNAKEPIT *n* pit filled with snakes
SNAKES ▶ **snake**
SNAKEY *same as* ▶ **snaky**
SNAKIER ▶ **snaky**
SNAKIEST ▶ **snaky**
SNAKILY ▶ **snaky**
SNAKING ▶ **snake**
SNAKISH ▶ **snake**
SNAKY, SNAKIER, SNAKIEST *adj* twisted or winding
SNAP, -PED, -PING, -S *vb* break suddenly ▷ *n* act or sound of snapping ▷ *adj* made on the spur of the moment ▷ *adv* with a snap
SNAPBACK *n* sudden rebound or change in direction
SNAPLESS ▶ **snap**
SNAPLINK *n* metal link used in mountaineering
SNAPPED ▶ **snap**
SNAPPER, -S *n* food fish of Australia and New Zealand ▷ *vb* stumble
SNAPPIER ▶ **snappy**
SNAPPILY ▶ **snappy**
SNAPPING ▶ **snap**
SNAPPISH *same as* ▶ **snappy**
SNAPPY, SNAPPIER *adj* irritable
SNAPS ▶ **snap**
SNAPSHOT *n* informal photograph
SNAPTIN, -S *n* container for food
SNAPWEED *n* impatiens
SNAR, -RED, -RING, -S *same as* ▶ **snarl**
SNARE, -D, -S *n* trap with a noose ▷ *vb* catch in or as if in a snare
SNARER, -S ▶ **snare**
SNARES ▶ **snare**
SNARF, -ED, -ING, -S *vb* eat or drink greedily
SNARFLE, -D, -S *vb* (of an animal) grunt and snort while rooting for food
SNARFS ▶ **snarf**
SNARIER ▶ **snary**
SNARIEST ▶ **snary**
SNARING, -S ▶ **snare**
SNARK, -S *n* imaginary creature in Lewis Carroll's poetry
SNARKIER ▶ **snarky**
SNARKILY ▶ **snarky**
SNARKS ▶ **snark**
SNARKY, SNARKIER *adj* unpleasant and scornful
SNARL, -ED, -S *vb* (of an animal) growl with bared teeth ▷ *n* act or sound of snarling
SNARLER, -S ▶ **snarl**
SNARLIER ▶ **snarly**
SNARLING ▶ **snarl**
SNARLS ▶ **snarl**
SNARLY, SNARLIER ▶ **snarl**
SNARRED ▶ **snar**
SNARRING ▶ **snar**
SNARS ▶ **snar**
SNARY, SNARIER, SNARIEST ▶ **snare**
SNASH, -ED, -ES, -ING *vb* Scots word meaning speak cheekily
SNASTE, -S *n* candle wick
SNATCH, -ED, -ES *vb* seize or try to seize suddenly ▷ *n* snatching
SNATCHER ▶ **snatch**
SNATCHES ▶ **snatch**
SNATCHY *adj* disconnected or spasmodic
SNATH, -S *n* handle of a scythe
SNATHE, -S *same as* ▶ **snath**
SNATHS ▶ **snath**
SNAW, -ED, -ING, -S *Scots variant of* ▶ **snow**
SNAZZIER ▶ **snazzy**
SNAZZILY ▶ **snazzy**
SNAZZY, SNAZZIER *adj* stylish and flashy
SNEAD, -S *n* scythe handle
SNEAK, -ED, -S *vb* move furtively ▷ *n* cowardly or underhand person ▷ *adj* without warning
SNEAKBOX *n* small camouflaged boat, used for wildfowl hunting
SNEAKED ▶ **sneak**

S

SNEAKER *n* canvas shoe with rubber sole
SNEAKERS ▸**sneaker**
SNEAKEUP *n* sneaky person
SNEAKIER ▸**sneaky**
SNEAKILY ▸**sneak**
SNEAKING *adj* slight but persistent
SNEAKISH *adj* typical of a sneak
SNEAKS ▸**sneak**
SNEAKSBY *n* sneak
SNEAKY, SNEAKIER ▸**sneak**
SNEAP, -ED, -ING, -S *vb* nip
SNEATH, -S *same as* ▸**snath**
SNEB, -BED, -BING, -S *same as* ▸**snib**
SNEBBE, -S *same as* ▸**snub**
SNEBBED ▸**sneb**
SNEBBES ▸**snebbe**
SNEBBING ▸**sneb**
SNEBS ▸**sneb**
SNECK, -ED, -ING, -S *n* small squared stone used in a rubble wall to fill spaces between stones ▹*vb* fasten (a latch)
SNED, -DED, -DING, -S *vb* prune or trim
SNEE, -D, -ING, -S *vb* cut
SNEER, -ED, -S *n* contemptuous expression or remark ▹*vb* show contempt by a sneer
SNEERER, -S ▸**sneer**
SNEERFUL ▸**sneer**
SNEERIER ▸**sneery**
SNEERING ▸**sneer**
SNEERS ▸**sneer**
SNEERY, SNEERIER *adj* contemptuous or scornful
SNEES ▸**snee**
SNEESH, -ED, -ES *n* Scots word meaning pinch of snuff ▹*vb* take snuff
SNEESHAN *n* Scots word meaning pinch of snuff
SNEESHED ▸**sneesh**
SNEESHES ▸**sneesh**
SNEESHIN *same as* ▸**sneeshan**
SNEEZE, -D, -S, SNEEZING *vb* expel air from the nose suddenly, involuntarily, and noisily ▹*n* act or sound of sneezing
SNEEZER, -S ▸**sneeze**
SNEEZES ▸**sneeze**
SNEEZIER ▸**sneezy**
SNEEZING ▸**sneeze**
SNEEZY, SNEEZIER ▸**sneeze**
SNELL, -ED, -ER, -EST, -ING, -S *adj* biting ▹*vb* attach hook to fishing line
SNELLY ▸**snell**
SNIB, -BED, -BING, -S *n* catch of a door or window ▹*vb* bolt or fasten (a door)
SNICK, -ED, -ING, -S *n* small cut or notch ▹*vb* make a small cut or notch in (something)
SNICKER, -S *same as* ▸**snigger**
SNICKERY *adj* tending to snicker
SNICKET, -S *n* passageway between walls or fences
SNICKING ▸**snick**
SNICKS ▸**snick**
SNIDE, -D, -R, -S, -ST, SNIDING *adj* critical in an unfair and nasty way ▹*n* sham jewellery ▹*vb* fill or load
SNIDELY ▸**snide**
SNIDER ▸**snide**
SNIDES ▸**snide**
SNIDEST ▸**snide**
SNIDEY, SNIDIER, SNIDIEST *same as* ▸**snide**
SNIDING ▸**snide**
SNIES ▸**sny**
SNIFF, -ED, -S *vb* inhale through the nose in short audible breaths ▹*n* act or sound of sniffing
SNIFFER, -S *n* device for detecting hidden substances such as drugs
SNIFFIER ▸**sniffy**
SNIFFILY ▸**sniffy**
SNIFFING ▸**sniff**
SNIFFISH *adj* disdainful
SNIFFLE, -D, -S *vb* sniff repeatedly, as when suffering from a cold ▹*n* slight cold
SNIFFLER ▸**sniffle**
SNIFFLES ▸**sniffle**
SNIFFLY ▸**sniffle**
SNIFFS ▸**sniff**
SNIFFY, SNIFFIER *adj* contemptuous or scornful
SNIFT, -ED, -ING, -S *same as* ▸**sniff**
SNIFTER, -S *n* small quantity of alcoholic drink ▹*vb* sniff
SNIFTIER ▸**snifty**
SNIFTING ▸**snift**
SNIFTS ▸**snift**
SNIFTY, SNIFTIER *adj* slang word meaning excellent
SNIG, -GED, -GING, -S *vb* drag (a felled log) by a chain or cable
SNIGGER, -S *n* sly laugh ▹*vb* laugh slyly
SNIGGING ▸**snig**
SNIGGLE, -D, -S *vb* fish for eels by dangling or thrusting a baited hook into cavities ▹*n* baited hook used for sniggling eels
SNIGGLER ▸**sniggle**
SNIGGLES ▸**sniggle**
SNIGLET, -S *n* invented word
SNIGS ▸**snig**
SNIP, -PED, -PING, -S *vb* cut in small quick strokes with scissors or shears ▹*n* bargain ▹*interj* representation of the sound of scissors or shears closing
SNIPE, -D, -S *n* wading bird with a long straight bill ▹*vb* shoot at (a person) from cover
SNIPER, -S *n* person who shoots at someone from cover
SNIPES ▸**snipe**
SNIPIER ▸**snipy**
SNIPIEST ▸**snipy**
SNIPING, -S ▸**snipe**
SNIPPED ▸**snip**
SNIPPER, -S ▸**snip**
SNIPPET, -S *n* small piece
SNIPPETY ▸**snippet**
SNIPPIER ▸**snippy**
SNIPPILY ▸**snippy**
SNIPPING ▸**snip**
SNIPPY, SNIPPIER *adj* scrappy
SNIPS ▸**snip**
SNIPY, SNIPIER, SNIPIEST *adj* like a snipe
SNIRT, -ED, -ING, -S *n* Scots word meaning suppressed laugh ▹*vb* to snigger
SNIRTLE, -D, -S *vb* Scots word meaning snicker
SNIRTS ▸**snirt**
SNIT, -S *n* fit of temper
SNITCH, -ED, -ES *vb* act as an informer ▹*n* informer
SNITCHER ▸**snitch**
SNITCHES ▸**snitch**
SNITCHY *adj* bad-tempered or irritable
SNITS ▸**snit**
SNITTY, SNITTIER *adj* cross or irritable
SNIVEL, -ED, -S *vb* cry in a whining way ▹*n* act of snivelling
SNIVELER ▸**snivel**
SNIVELLY *adj* tending to snivel
SNIVELS ▸**snivel**
SNIVELY *adj* tending to snivel
SNOB, -S *n* person who judges others by social rank
SNOBBERY ▸**snob**
SNOBBIER ▸**snobby**
SNOBBILY ▸**snob**

SNOBBISH ▶ **snob**

SNOBBISM ▶ **snob**

SNOBBY, SNOBBIER ▶ **snob**

SNOBLING *n* little snob

SNOBS ▶ **snob**

SNOCOACH *n* bus-like vehicle for travelling on snow

SNOD, -DED, -DER, -DEST, -DING, -DIT, -S *adj* Scots word meaning tidy ▷ *vb* make tidy

SNOEK, -S *n* edible marine fish

SNOEP *adj* mean or tight-fisted

SNOG, -GED, -GING, -S *vb* kiss and cuddle ▷ *n* act of kissing and cuddling

SNOGGER, -S *n* person who snogs

SNOGGING ▶ **snog**

SNOGS ▶ **snog**

SNOKE, -D, -S, SNOKING *same as* ▶ **snook**

SNOOD, -ED, -ING, -S *n* pouch loosely holding a woman's hair at the back ▷ *vb* hold (the hair) in a snood

SNOOK, -ED, -ING, -S *n* any of several large game fishes ▷ *vb* lurk

SNOOKER, -S *n* game played on a billiard table ▷ *vb* leave (a snooker opponent) unable to hit the target ball

SNOOKING ▶ **snook**

SNOOKS ▶ **snook**

SNOOL, -ED, -ING, -S *vb* Scots word meaning dominate

SNOOP, -ED, -ING, -S *vb* pry ▷ *n* snooping

SNOOPER, -S *n* person who snoops

SNOOPIER ▶ **snoopy**

SNOOPILY ▶ **snoop**

SNOOPING ▶ **snoop**

SNOOPS ▶ **snoop**

SNOOPY, SNOOPIER ▶ **snoop**

SNOOSE, -S *n* snuff

SNOOT, -ED, -ING, -S *n* nose ▷ *vb* look contemptuously at

SNOOTFUL *n* enough alcohol to make someone drunk

SNOOTIER ▶ **snooty**

SNOOTILY ▶ **snooty**

SNOOTING ▶ **snoot**

SNOOTS ▶ **snoot**

SNOOTY, SNOOTIER *adj* haughty

SNOOZE, -D, -S, SNOOZING *vb* take a brief light sleep ▷ *n* brief light sleep

SNOOZER, -S ▶ **snooze**

SNOOZES ▶ **snooze**

SNOOZIER ▶ **snoozy**

SNOOZING ▶ **snooze**

SNOOZLE, -D, -S *vb* cuddle and sleep

SNOOZY, SNOOZIER ▶ **snooze**

SNORE, -D, -S *vb* make snorting sounds while sleeping ▷ *n* sound of snoring

SNORER, -S ▶ **snore**

SNORES ▶ **snore**

SNORING, -S ▶ **snore**

SNORKEL, -S *n* tube allowing a swimmer to breathe ▷ *vb* swim using a snorkel

SNORT, -ED, -S *vb* exhale noisily through the nostrils ▷ *n* act or sound of snorting

SNORTER, -S *n* person or animal that snorts

SNORTIER ▶ **snorty**

SNORTING ▶ **snort**

SNORTS ▶ **snort**

SNORTY, SNORTIER ▶ **snort**

SNOT, -S, -TED, -TING *n* mucus from the nose ▷ *vb* blow one's nose

SNOTRAG, -S *n* handkerchief

SNOTS ▶ **snot**

SNOTTED ▶ **snot**

SNOTTER, -S *vb* breathe through obstructed nostrils

SNOTTERY *n* snot

SNOTTIE *n* midshipman

SNOTTIER ▶ **snotty**

SNOTTIES ▶ **snotty**

SNOTTILY ▶ **snotty**

SNOTTING ▶ **snot**

SNOTTY, SNOTTIER, SNOTTIES *adj* covered with mucus from the nose

SNOUT, -ING, -S *n* animal's projecting nose and jaws ▷ *vb* have or give a snout

SNOUTED ▶ **snout**

SNOUTIER ▶ **snouty**

SNOUTING ▶ **snout**

SNOUTISH ▶ **snout**

SNOUTS ▶ **snout**

SNOUTY, SNOUTIER ▶ **snout**

SNOW, -ED, -ING, -S *n* frozen vapour falling from the sky in flakes ▷ *vb* fall as or like snow

SNOWBALL *n* snow pressed into a ball for throwing ▷ *vb* increase rapidly

SNOWBANK *n* bank of snow

SNOWBELL *n* Asian shrub

SNOWBELT *n* northern states of USA

SNOWBIRD *n* bird of Arctic regions

SNOWBOOT *n* boot for walking in snow

SNOWBUSH *n* North American plant

SNOWCAP, -S *n* cap of snow on top of a mountain

SNOWCAT, -S *n* tracked vehicle for travelling over snow

SNOWDOME *n* leisure centre with facilities for skiing, skating, etc

SNOWDROP *n* small white bell-shaped spring flower

SNOWED ▶ **snow**

SNOWFALL *n* fall of snow

SNOWFLEA *n* wingless insect that lives on or in snow

SNOWIER ▶ **snowy**

SNOWIEST ▶ **snowy**

SNOWILY ▶ **snowy**

SNOWING ▶ **snow**

SNOWISH *adj* like snow

SNOWK, -ED, -ING, -S *same as* ▶ **snook**

SNOWLAND *n* area where snow lies

SNOWLESS ▶ **snow**

SNOWLIKE ▶ **snow**

SNOWLINE *n* limit of permanent snow

SNOWMAN, SNOWMEN *n* figure shaped out of snow

SNOWMELT *n* melting of snow in spring

SNOWMEN ▶ **snowman**

SNOWMOLD *same as* > **snowmould**

SNOWPACK *n* body of hard-packed snow

SNOWPLOW *n* implement or vehicle for clearing snow away

SNOWS ▶ **snow**

SNOWSHED *n* shelter built over an exposed section of railway track

SNOWSHOE *n* racket-shaped frame with a network of thongs stretched across it for walking on snow ▷ *vb* walk using snowshoes

SNOWSLIP *n* small snow avalanche

SNOWSUIT *n* one-piece winter outer garment for child

SNOWY, SNOWIER, SNOWIEST *adj* covered with or abounding in snow

SNUB, -BED, -BEST, -BING, -S *vb* insult deliberately ▷ *n* deliberate insult ▷ *adj* (of a nose) short and blunt
SNUBBE, -S *n* stub
SNUBBED ▶ **snub**
SNUBBER, -S ▶ **snub**
SNUBBES ▶ **snubbe**
SNUBBEST ▶ **snub**
SNUBBIER ▶ **snubby**
SNUBBING ▶ **snub**
SNUBBISH ▶ **snub**
SNUBBY, SNUBBIER ▶ **snub**
SNUBFIN *adj* as in **snubfin dolphin** Australian dolphin with a small dorsal fin
SNUBNESS ▶ **snub**
SNUBS ▶ **snub**
SNUCK *past tense and past participle of* ▶ **sneak**
SNUDGE, -D, -S, SNUDGING *vb* be miserly
SNUFF, -ED, -ING, -S *n* powdered tobacco for sniffing up the nostrils ▷ *vb* extinguish (a candle)
SNUFFBOX *n* small container for holding snuff
SNUFFED ▶ **snuff**
SNUFFER, -S ▶ **snuff**
SNUFFIER ▶ **snuffy**
SNUFFILY ▶ **snuffy**
SNUFFING ▶ **snuff**
SNUFFLE, -D *vb* breathe noisily or with difficulty ▷ *n* act or the sound of snuffling
SNUFFLER ▶ **snuffle**
SNUFFLES *same as* ▶ **sniffles**
SNUFFLY ▶ **snuffle**
SNUFFS ▶ **snuff**
SNUFFY, SNUFFIER *adj* of, relating to, or resembling snuff
SNUG, -GED, -GER, -GEST, -GING, -S *adj* warm and comfortable ▷ *n* small peg that stops a bolt from turning ▷ *vb* make or become comfortable and warm
SNUGGERY *n* cosy and comfortable place or room
SNUGGEST ▶ **snug**
SNUGGIES *pl n* specially warm underwear
SNUGGING ▶ **snug**
SNUGGLE, -D, -S *vb* nestle into a person or thing for warmth or from affection ▷ *n* act of snuggling
SNUGGLY *adj* comfortably warm and suitable for snuggling
SNUGLY ▶ **snug**
SNUGNESS ▶ **snug**
SNUGS ▶ **snug**

SNUSH, -ED, -ES, -ING *vb* take snuff
SNUZZLE, -D, -S *vb* root in ground
SNY, SNIES *same as* ▶ **snye**

A side channel of a river, that can be useful when you are short of vowels. And note that it can be extended to form **snye**.

SNYE, -S *n* side channel of a river
SO, -S *adv* such an extent ▷ *interj* exclamation of surprise, triumph, or realization ▷ *n* the fifth note of the musical scale
SOAK, -ED, -EN, -S *vb* make wet ▷ *n* soaking
SOAKAGE, -S *n* process or a period in which a permeable substance is soaked in a liquid
SOAKAWAY *n* pit filled with rubble, etc, into which rain or waste water drains
SOAKED ▶ **soak**
SOAKEN ▶ **soak**
SOAKER, -S ▶ **soak**
SOAKING, -S ▶ **soak**
SOAKS ▶ **soak**
SOAP, -ED, -ING, -S *n* compound of alkali and fat, used with water as a cleaning agent ▷ *vb* apply soap to
SOAPBARK *n* W South American rosaceous tree
SOAPBOX *n* crate used as a platform for speech-making ▷ *vb* deliver a speech from a soapbox
SOAPDISH *n* dish for holding soap
SOAPED ▶ **soap**
SOAPER, -S *n* soap opera
SOAPFISH *n* tropical fish with toxic mucus
SOAPIE, -S *n* soap opera
SOAPIER ▶ **soapy**
SOAPIES ▶ **soapie**
SOAPIEST ▶ **soapy**
SOAPILY ▶ **soapy**
SOAPING ▶ **soap**
SOAPLESS ▶ **soap**
SOAPLIKE ▶ **soap**
SOAPROOT *n* plant with roots used as soap substitute
SOAPS ▶ **soap**
SOAPSUDS *pl n* foam or lather produced when soap is mixed with water
SOAPWORT *n* Eurasian plant with clusters of fragrant pink or white flowers

SOAPY, SOAPIER, SOAPIEST *adj* covered with soap
SOAR, -ED, -S *vb* rise or fly upwards ▷ *n* act of soaring
SOARAWAY *adj* exceedingly successful
SOARE, -S *n* young hawk
SOARED ▶ **soar**
SOARER, -S ▶ **soar**
SOARES ▶ **soare**
SOARING, -S ▶ **soar**
SOARS ▶ **soar**
SOAVE, -S *n* dry white Italian wine
SOB, -BED, -S *vb* weep with convulsive gasps ▷ *n* act or sound of sobbing
SOBA, -S *n* (in Japanese cookery) noodles made from buckwheat flour
SOBBED ▶ **sob**
SOBBER, -S ▶ **sob**
SOBBING, -S ▶ **sob**
SOBEIT *conj* provided that
SOBER, -ED, -ER, -EST, -S *adj* not drunk ▷ *vb* make or become sober
SOBERING ▶ **sober**
SOBERISE *same as* ▶ **soberize**
SOBERIZE *vb* make sober
SOBERLY ▶ **sober**
SOBERS ▶ **sober**
SOBFUL *adj* tearful
SOBOLE, -S *n* creeping underground stem that produces roots and buds
SOBRIETY *n* state of being sober
SOBS ▶ **sob**
SOC, -ES, -S *n* feudal right to hold court
SOCA, -S *n* mixture of soul and calypso music
SOCAGE, -S *n* tenure of land by certain services
SOCAGER, -S ▶ **socage**
SOCAGES ▶ **socage**
SOCAS ▶ **soca**
SOCCAGE, -S *same as* ▶ **socage**
SOCCER, -S *n* football played by two teams of eleven kicking a spherical ball
SOCES ▶ **soc**
SOCIABLE *adj* friendly or companionable ▷ *n* type of open carriage with two seats facing each other
SOCIABLY ▶ **sociable**
SOCIAL, -S *adj* living in a community ▷ *n* informal gathering
SOCIALLY ▶ **social**
SOCIALS ▶ **social**

SOCIATE, -S *n* associate
SOCIETAL *adj* of or relating to society, esp human society or social relations
SOCIETY *n* human beings considered as a group
SOCK, -ED, -ING, -S *n* knitted covering for the foot ▷ *vb* hit hard
SOCKET, -ED, -S *n* hole or recess into which something fits ▷ *vb* furnish with or place into a socket
SOCKETTE *n* sock not covering ankle
SOCKEYE, -S *n* Pacific salmon with red flesh
SOCKING ▸ **sock**
SOCKLESS ▸ **sock**
SOCKMAN, SOCKMEN *same as* ▸ **socman**
SOCKO *adj* excellent
SOCKS ▸ **sock**
SOCLE, -S *another name for* ▸ **plinth**
SOCMAN, SOCMEN *n* tenant holding land by socage
SOCS ▸ **soc**
SOD, -DED, -S *n* (piece of) turf ▷ *vb* cover with sods
SODA, -S *n* compound of sodium
SODAIC *adj* containing soda
SODAIN *same as* ▸ **sudden**
SODAINE *same as* ▸ **sudden**
SODALESS ▸ **soda**
SODALIST *n* member of sodality
SODALITE *n* blue, grey, yellow, or colourless mineral
SODALITY *n* religious or charitable society
SODAMIDE *n* white crystalline compound used as a dehydrating agent
SODAS ▸ **soda**
SODDED ▸ **sod**
SODDEN, -ED, -S *adj* soaked ▷ *vb* make or become sodden
SODDENLY ▸ **sodden**
SODDENS ▸ **sodden**
SODDIE, -S *n* house made of sod
SODDIER ▸ **soddy**
SODDIES ▸ **soddie**
SODDIEST ▸ **soddy**
SODDING ▸ **sod**
SODDY, SODDIER, SODDIEST *adj* covered with turf
SODGER, -ED, -S *dialect variant of* ▸ **soldier**
SODIC *adj* containing sodium
SODICITY ▸ **sodic**
SODIUM, -S *n* silvery-white metallic element
SODS ▸ **sod**
SOEVER *adv* in any way at all
SOFA, -S *n* couch
SOFABED, -S *n* sofa that converts into a bed
SOFAR, -S *n* system for determining a position at sea
SOFAS ▸ **sofa**
SOFFIONI *n* holes in volcano that emit steam
SOFFIT, -S *n* underside of a part of a building or a structural component
SOFT, -ED, -ER, -EST, -ING, -S *adj* easy to shape or cut ▷ *adv* softly ▷ *vb* soften
SOFTA, -S *n* Muslim student of divinity and jurisprudence
SOFTBACK *n* paperback
SOFTBALL *n* game similar to baseball, played using a larger softer ball
SOFTED ▸ **soft**
SOFTEN, -ED, -S *vb* make or become soft or softer
SOFTENER *n* substance added to another substance to increase its softness
SOFTENS ▸ **soften**
SOFTER ▸ **soft**
SOFTEST ▸ **soft**
SOFTHEAD *n* insulting word for a stupid person
SOFTIE *n* person who is easily upset
SOFTIES ▸ **softy**
SOFTING ▸ **soft**
SOFTISH ▸ **soft**
SOFTLING *n* weakling
SOFTLY ▸ **soft**
SOFTNESS *n* quality or an instance of being soft
SOFTS ▸ **soft**
SOFTWARE *n* computer programs
SOFTWOOD *n* wood of a coniferous tree
SOFTY, SOFTIES *same as* ▸ **softie**
SOG, -GED, -S *vb* soak
SOGER, -S *same as* ▸ **sodger**
SOGGED ▸ **sog**
SOGGIER ▸ **soggy**
SOGGIEST ▸ **soggy**
SOGGILY ▸ **soggy**
SOGGING, -S ▸ **sog**
SOGGY, SOGGIER, SOGGIEST *adj* soaked
SOGS ▸ **sog**
SOH, -S *n* (in tonic sol-fa) fifth degree of any major scale
SOHO *interj* exclamation announcing the sighting of a hare
SOHS ▸ **soh**
SOHUR, -S *same as* ▸ **suhur**
SOIGNE *adj* well-groomed, elegant
SOIGNEE *variant of* ▸ **soigne**
SOIL, -ED, -S *n* top layer of earth ▷ *vb* make or become dirty
SOILAGE, -S *n* green fodder
SOILED ▸ **soil**
SOILIER ▸ **soily**
SOILIEST ▸ **soily**
SOILING, -S ▸ **soil**
SOILLESS ▸ **soil**
SOILS ▸ **soil**
SOILURE, -S *n* act of soiling or the state of being soiled
SOILY, SOILIER, SOILIEST ▸ **soil**
SOIREE, -S *n* evening party or gathering
SOJA, -S *same as* ▸ **soya**
SOJOURN, -S *n* temporary stay ▷ *vb* stay temporarily
SOJU, -S *n* type of Korean vodka
SOKAH, -S *same as* ▸ **soca**
SOKAIYA *n* Japanese extortionist
SOKE, -S *n* right to hold a local court
SOKEMAN, SOKEMEN *same as* ▸ **socman**
SOKEN, -S *n* feudal district
SOKES ▸ **soke**
SOKOL, -S *n* Czech gymnastic association
SOL, -S *n* liquid colloidal solution
SOLA, -S *n* Indian plant
SOLACE, -D, -S, SOLACING *vb* comfort in distress ▷ *n* comfort in misery or disappointment
SOLACER, -S ▸ **solace**
SOLACES ▸ **solace**
SOLACING ▸ **solace**
SOLAH, -S *n* Indian plant
SOLAN, -S *archaic name for* ▸ **gannet**
SOLAND, -S *n* solan goose
SOLANDER *n* box for specimens, maps, etc, in the form of a book with a lid
SOLANDS ▸ **soland**
SOLANIN, -S *same as* ▸ **solanine**
SOLANINE *n* poisonous alkaloid found in various solanaceous plants
SOLANINS ▸ **solanin**
SOLANO, -S *n* hot wind in Spain

SOLANS ▸ **solan**
SOLANUM, -S *n* any plant of the genus that includes the potato
SOLAR, -S *adj* of the sun ▹ *n* upper room
SOLARIA ▸ **solarium**
SOLARISE *same as* ▸ **solarize**
SOLARISM *n* explanation of myths in terms of the movements and influence of the sun
SOLARIST ▸ **solarism**
SOLARIUM, SOLARIA *n* place with beds and ultraviolet lights used for acquiring an artificial suntan
SOLARIZE *vb* treat by exposure to the sun's rays
SOLARS ▸ **solar**
SOLAS ▸ **sola**
SOLATE, -D, -S, SOLATING *vb* change from gel to liquid
SOLATIA ▸ **solatium**
SOLATING ▸ **solate**
SOLATION *n* liquefaction of a gel
SOLATIUM, SOLATIA *n* compensation awarded for injury to the feelings
SOLD, -S *n* obsolete word for salary
SOLDADO, -S *n* soldier
SOLDAN, -S *archaic word for* ▸ **sultan**
SOLDE, -S *n* wages
SOLDER, -ED, -S *n* soft alloy used to join two metal surfaces ▹ *vb* join with solder
SOLDERER ▸ **solder**
SOLDERS ▸ **solder**
SOLDES ▸ **solde**
SOLDI ▸ **soldo**
SOLDIER, -S *n* member of an army ▹ *vb* serve in an army
SOLDIERY *n* soldiers collectively
SOLDO, SOLDI *n* former Italian copper coin
SOLDS ▸ **sold**
SOLE, -D, -S, SOLING *adj* one and only ▹ *n* underside of the foot ▹ *vb* provide (a shoe) with a sole
SOLECISE *variant of* ▸ **solecize**
SOLECISM *n* minor grammatical mistake
SOLECIST ▸ **solecism**
SOLECIZE *vb* commit a solecism
SOLED ▸ **sole**
SOLEI ▸ **soleus**
SOLEIN *same as* ▸ **sullen**
SOLELESS ▸ **sole**
SOLELY *adv* only, completely
SOLEMN, -ER *adj* serious, deeply sincere
SOLEMNLY ▸ **solemn**
SOLENESS ▸ **sole**
SOLENOID *n* coil of wire magnetized by passing a current through it
SOLER, -S *same as* ▸ **sole**
SOLERA, -S *n* system for aging sherry and other fortified wines
SOLERET, -S *n* armour for foot
SOLERS ▸ **soler**
SOLES ▸ **sole**
SOLEUS, SOLEI, -ES *n* muscle in calf of leg
SOLFEGE, -S *variant of* > **solfeggio**
SOLFEGGI > **solfeggio**
SOLGEL *adj* changing between sol and gel
SOLI *adv* to be performed by or with soloists
SOLICIT, -S *vb* request
SOLICITY *n* act of making a request
SOLID, -ER, -EST, -S *adj* (of a substance) keeping its shape ▹ *n* three-dimensional shape
SOLIDAGO *n* chiefly American plant of the genus which includes the goldenrods
SOLIDARE *n* old coin
SOLIDARY *adj* marked by unity of interests, responsibilities, etc
SOLIDATE *vb* consolidate
SOLIDER ▸ **solid**
SOLIDEST ▸ **solid**
SOLIDI ▸ **solidus**
SOLIDIFY *vb* make or become solid or firm
SOLIDISH ▸ **solid**
SOLIDISM *n* belief that diseases spring from damage to solid parts of body
SOLIDIST ▸ **solidism**
SOLIDITY ▸ **solid**
SOLIDLY ▸ **solid**
SOLIDS ▸ **solid**
SOLIDUM, -S *n* part of pedestal
SOLIDUS, SOLIDI *same as* ▸ **slash**
SOLING ▸ **sole**
SOLION, -S *n* amplifier used in chemistry
SOLIPED, -S *n* animal whose hooves are not cloven
SOLIQUID *n* semi-solid, semi-liquid solution
SOLITARY *adj* alone, single ▹ *n* hermit
SOLITO *adv* musical instruction meaning play in usual manner
SOLITON, -S *n* type of isolated particle-like wave
SOLITUDE *n* state of being alone
SOLIVE, -S *n* type of joist
SOLLAR, -ED, -S *n* archaic word meaning attic ▹ *vb* put in a sollar
SOLLER, -S *same as* ▸ **sollar**
SOLLERET *n* protective covering for the foot consisting of riveted plates of armour
SOLLERS ▸ **soller**
SOLO, -ED, -ES, -ING, -S *n* music for one performer ▹ *adj* done alone ▹ *adv* by oneself, alone ▹ *vb* undertake a venture alone
SOLOIST, -S *n* person who performs a solo
SOLON, -S *n* US congressperson
SOLONETS *same as* ▸ **solonetz**
SOLONETZ *n* type of intrazonal soil with a high saline content characterized by leaching
SOLONS ▸ **solon**
SOLOS ▸ **solo**
SOLPUGID *n* venomous arachnid
SOLS ▸ **sol**
SOLSTICE *n* either the shortest (in winter) or longest (in summer) day of the year
SOLUBLE, -S *adj* able to be dissolved ▹ *n* soluble substance
SOLUBLY ▸ **soluble**
SOLUM, -S *n* upper layers of the soil profile
SOLUNAR *adj* relating to sun and moon
SOLUS, -ES *n* advert printed or published separately from others
SOLUTAL *adj* relating to a solute
SOLUTE, -S *n* substance in a solution that is dissolved ▹ *adj* loose or unattached
SOLUTION *n* answer to a problem
SOLUTIVE *adj* dissolving ▹ *n* solvent or laxative
SOLVABLE *adj* capable of being solved

SOLVATE, -D, -S *vb* undergo, cause to undergo, or partake in solvation
SOLVE, -D, -S, SOLVING *vb* find the answer to (a problem)
SOLVENCY *n* ability to pay all debts
SOLVENT, -S *adj* having enough money to pay one's debts ▷ *n* liquid capable of dissolving other substances
SOLVER, -S ▶ **solve**
SOLVES ▶ **solve**
SOLVING ▶ **solve**
SOM, -S, -Y *n* currency of Kyrgyzstan and Uzbekistan
SOMA, -S, -TA *n* body of an organism as distinct from the germ cells
SOMAN, -S *n* compound developed as a nerve gas
SOMAS ▶ **soma**
SOMATA ▶ **soma**
SOMATIC *adj* of the body, as distinct from the mind
SOMATISM *n* materialism
SOMATIST ▶ **somatism**
SOMBER, -ED, -ER, -S *adj* (in the US) sombre ▷ *vb* (in the US) make sombre
SOMBERLY ▶ **somber**
SOMBERS ▶ **somber**
SOMBRE, -D, -R, -S, -ST, SOMBRING *adj* dark, gloomy ▷ *vb* make sombre
SOMBRELY ▶ **sombre**
SOMBRER ▶ **sombre**
SOMBRERO *n* wide-brimmed Mexican hat
SOMBRES ▶ **sombre**
SOMBREST ▶ **sombre**
SOMBRING ▶ **sombre**
SOMBROUS ▶ **sombre**
SOME *pron* certain unknown or unspecified people or things ▷ *adv* approximately
SOMEBODY *pron* some person ▷ *n* important person
SOMEDAY *adv* at some unspecified time in the future
SOMEDEAL *adv* to some extent ▷ *n* some part of something
SOMEDELE *same as* ▶ **somedeal**
SOMEGATE *adv* Scots word meaning somehow
SOMEHOW *adv* in some unspecified way
SOMEONE, -S *pron* somebody ▷ *n* significant or important person
SOMERSET *n* somersault
SOMETIME *adv* at some unspecified time ▷ *adj* former
SOMEWAY *adv* in some unspecified manner
SOMEWAYS *same as* ▶ **someway**
SOMEWHAT *adv* some extent, rather ▷ *n* vague amount
SOMEWHEN *adv* at some time
SOMEWHY *adv* for some reason
SOMEWISE *adv* in some way or to some degree
SOMITAL ▶ **somite**
SOMITE, -S *n* segment of mesoderm in vertebrate embryos
SOMITIC ▶ **somite**
SOMNIAL *adj* of dreams
SOMNIATE *vb* dream
SOMNIFIC *adj* inducing sleep
SOMONI, -S *n* monetary unit of Tajikistan
SOMS ▶ **som**
SOMY ▶ **som**
SON, -S *n* male offspring
SONANCE, -S ▶ **sonant**
SONANCY ▶ **sonant**
SONANT, -S *n* voiced sound able to form a syllable or syllable nucleus ▷ *adj* denoting a voiced sound like this
SONANTAL ▶ **sonant**
SONANTIC ▶ **sonant**
SONANTS ▶ **sonant**
SONAR, -S *n* device for detecting underwater objects by the reflection of sound waves
SONARMAN, SONARMEN *n* sonar operator
SONARS ▶ **sonar**
SONATA, -S *n* piece of music in several movements for one instrument
SONATINA *n* short sonata
SONATINE *same as* ▶ **sonatina**
SONCE, -S *n* Scots word meaning good luck
SONDAGE, -S *n* deep trial trench for inspecting stratigraphy
SONDE, -S *n* rocket, balloon, or probe used for observing in the upper atmosphere
SONDELI, -S *n* Indian shrew
SONDER, -S *n* yacht category
SONDES ▶ **sonde**
SONE, -S *n* subjective unit of loudness
SONERI, -S *n* Indian cloth of gold
SONES ▶ **sone**
SONG, -S *n* music for the voice
SONGBIRD *n* any bird with a musical call
SONGBOOK *n* book of songs
SONGFEST *n* event with many songs
SONGFUL *adj* tuneful
SONGKOK, -S *n* (in Malaysia and Indonesia) a kind of oval brimless hat, resembling a skull
SONGLESS ▶ **song**
SONGLIKE ▶ **song**
SONGMAN, SONGMEN *n* singer
SONGS ▶ **song**
SONGSTER *n* singer
SONHOOD, -S ▶ **son**
SONIC *adj* of or producing sound
SONICATE *vb* subject to sound waves
SONICS *n* study of mechanical vibrations in matter
SONLESS ▶ **son**
SONLIER ▶ **sonly**
SONLIEST ▶ **sonly**
SONLIKE ▶ **son**
SONLY, SONLIER, SONLIEST *adj* like a son
SONNE, -S *same as* ▶ **son**
SONNET, -ED, -S *n* fourteen-line poem ▷ *vb* compose sonnets
SONNY, SONNIES *n* term of address to a boy
SONOBUOY *n* buoy equipped to detect underwater noises and transmit them by radio
SONOGRAM *n* three-dimensional representation of a sound signal
SONORANT *n* type of frictionless continuant or nasal
SONORITY ▶ **sonorous**
SONOROUS *adj* (of sound) deep or resonant
SONOVOX *n* device used to alter sound of human voice in music recordings
SONS ▶ **son**
SONSE, -S *same as* ▶ **sonce**
SONSHIP, -S ▶ **son**
SONSIE *same as* ▶ **sonsy**
SONSY, SONSIER, SONSIEST *adj* plump
SONTAG, -S *n* type of knitted women's cape

S

SONTIES *n* Shakespearian oath
SOOCHONG *same as* ▸**souchong**
SOOEY *interj* call used to summon pigs
SOOGEE, -D, -S *vb* clean a ship using a special solution
SOOGIE, -D, -S *same as* ▸**soogee**
SOOJEY, -S *same as* ▸**soogee**
SOOK, -ED, -ING, -S *n* baby ▹*vb* suck
SOOKIER ▸**sooky**
SOOKIEST ▸**sooky**
SOOKING ▸**sook**
SOOKS ▸**sook**
SOOKY, SOOKIER, SOOKIEST *adj* tending to complain peevishly
SOOL, -ED, -ING, -S *vb* incite (a dog) to attack
SOOLE, -S *same as* ▸**sool**
SOOLED ▸**sool**
SOOLER, -S *n* person who incites a dog to attack
SOOLES ▸**soole**
SOOLING ▸**sool**
SOOLS ▸**sool**
SOOM, -ED, -ING, -S *Scots word for* ▸**swim**
SOON *adv* in a short time
SOONER, -S *adv* rather ▹*n* idler or shirker
SOONEST *adv* as soon as possible
SOONISH *adj* somewhat soon
SOOP, -ED, -S *Scots word for* ▸**sweep**
SOOPING, -S ▸**soop**
SOOPS ▸**soop**
SOOT, -ED, -ES, -S *n* black powder formed by the incomplete burning of an organic substance ▹*vb* cover with soot
SOOTE *n* sweet
SOOTED ▸**soot**
SOOTES ▸**soot**
SOOTH, -EST, -S *n* truth or reality ▹*adj* true or real
SOOTHE, -D, -S *vb* make calm
SOOTHER, -S *vb* flatter
SOOTHES ▸**soothe**
SOOTHEST ▸**sooth**
SOOTHFUL *adj* truthful
SOOTHING *adj* having a calming, assuaging, or relieving effect
SOOTHLY ▸**sooth**
SOOTHS ▸**sooth**
SOOTHSAY *vb* predict the future
SOOTIER ▸**sooty**
SOOTIEST ▸**sooty**
SOOTILY ▸**sooty**
SOOTING, -S *n* state of becoming covered with soot
SOOTLESS ▸**soot**
SOOTS ▸**soot**
SOOTY, SOOTIER, SOOTIEST *adj* covered with soot
SOP, -PED, -S *n* concession to pacify someone ▹*vb* mop up or absorb (liquid)
SOPH, -S *shortened form of* ▸**sophomore**
SOPHERIC ▸**sopherim**
SOPHERIM *n* Jewish scribes
SOPHIES ▸**sophy**
SOPHISM, -S *n* argument that seems reasonable but is actually false and misleading
SOPHIST, -S *n* person who uses clever but invalid arguments
SOPHS ▸**soph**
SOPHY, SOPHIES *n* title of the Persian monarchs
SOPITE, -D, -S, SOPITING *vb* lull to sleep
SOPOR, -S *n* abnormally deep sleep
SOPOROSE *adj* sleepy
SOPOROUS *same as* ▸**soporose**
SOPORS ▸**sopor**
SOPPED ▸**sop**
SOPPIER ▸**soppy**
SOPPIEST ▸**soppy**
SOPPILY ▸**soppy**
SOPPING, -S ▸**sop**
SOPPY, SOPPIER, SOPPIEST *adj* over-sentimental
SOPRA *adv* musical instruction meaning above
SOPRANO, SOPRANI, -S *n* singer with the highest female or boy's voice ▹*adj* of a musical instrument that is the highest or second highest pitched in its family
SOPS ▸**sop**
SORA, -S *n* North American rail with a yellow bill
SORAGE, -S *n* first year in hawk's life
SORAL ▸**sorus**
SORAS ▸**sora**
SORB, -ED, -ING, -S *n* any of various related trees, esp the mountain ash ▹*vb* absorb or adsorb
SORBABLE ▸**sorb**
SORBARIA *n* Asian shrub
SORBATE, -S *n* salt of sorbic acid
SORBED ▸**sorb**
SORBENT, -S ▸**sorb**
SORBET, -S *same as* ▸**sherbet**
SORBIC ▸**sorb**
SORBING ▸**sorb**
SORBITAN *n* any of a group of compounds derived from sorbitol
SORBITE, -S *n* mineral found in steel
SORBITIC ▸**sorbite**
SORBITOL *n* white water-soluble crystalline alcohol with a sweet taste
SORBO *n* as in **sorbo rubber** spongy form of rubber
SORBOSE, -S *n* sugar derived from the berries of the mountain ash
SORBS ▸**sorb**
SORBUS, -ES *n* rowan or related tree
SORCERER *n* magician
SORCERY *n* witchcraft or magic
SORD, -ED, -ING, -S *n* flock of mallard ducks ▹*vb* ascend in flight
SORDA *n* deaf woman
SORDED ▸**sord**
SORDES *pl n* dark incrustations on the lips and teeth of patients with prolonged fever
SORDID, -ER *adj* dirty, squalid
SORDIDLY ▸**sordid**
SORDINE, -S *same as* ▸**sordino**
SORDING ▸**sord**
SORDINO, SORDINI *n* mute for a stringed or brass musical instrument
SORDO *n* deaf man
SORDOR, -S *n* sordidness
SORDS ▸**sord**
SORE, -D, -R, -S, -ST *adj* painful ▹*n* painful area on the body ▹*adv* greatly ▹*vb* make sore
SOREDIA ▸**soredium**

This is the plural of **soredium**, a reproductive body in lichens. It is a very frequently played bonus, and it has a 'twin': **roadies**. It is a good idea to become familiar with at least the higher probability twin sevens and eights, since the thought of one will often prompt the other, and it may well be that one twin will fit on the board where the other would not.

SOREDIAL ▸**soredium**

S

SOREDIUM, SOREDIA *n* organ of vegetative reproduction in lichens
SOREE, -S *same as* ▸ **sora**
SOREHEAD *n* peevish or disgruntled person
SOREHON, -S *n* old Irish feudal right
SOREL, -S *variant of* ▸ **sorrel**
SORELL, -S *same as* ▸ **sorrel**
SORELS ▸ **sorel**
SORELY *adv* greatly
SORENESS ▸ **sore**
SORER ▸ **sore**
SORES ▸ **sore**
SOREST ▸ **sore**
SOREX, -ES *n* shrew or related animal
SORGHO, -S *same as* ▸ **sorgo**
SORGHUM, -S *n* kind of grass cultivated for grain
SORGO, -S *n* any of several varieties of sorghum that have watery sweet juice
SORI ▸ **sorus**
SORICINE *adj* of or resembling a shrew
SORICOID *same as* ▸ **soricine**
SORING, -S ▸ **sore**
SORITES *n* type of syllogism in which only the final conclusion is stated
SORITIC ▸ **sorites**
SORN, -ED, -S *vb* obtain food, etc, from another person by presuming on his or her generosity
SORNER, -S ▸ **sorn**
SORNING, -S ▸ **sorn**
SORNS ▸ **sorn**
SOROBAN, -S *n* Japanese abacus
SOROCHE, -S *n* altitude sickness
SORORAL *adj* of sister
SORORATE *n* custom in some societies of a widower marrying his deceased wife's younger sister
SORORIAL *same as* ▸ **sororal**
SORORISE *same as* ▸ **sororize**
SORORITY *n* society for female students
SORORIZE *vb* socialize in sisterly way
SOROSIS, SOROSES *n* fleshy multiple fruit
SORPTION *n* process in which one substance takes up or holds another
SORPTIVE ▸ **sorption**
SORRA, -S *Irish word for* ▸ **sorrow**
SORREL, -S *n* bitter-tasting plant
SORRIER ▸ **sorry**
SORRIEST ▸ **sorry**
SORRILY ▸ **sorry**
SORROW, -ED, -S *n* grief or sadness ▹ *vb* grieve
SORROWER ▸ **sorrow**
SORROWS ▸ **sorrow**
SORRY, SORRIER, SORRIEST *adj* feeling pity or regret ▹ *interj* exclamation expressing apology or asking someone to repeat what he or she has said
SORRYISH ▸ **sorry**
SORT, -S *n* group all sharing certain qualities or characteristics ▹ *vb* arrange according to kind
SORTA *adv* phonetic representation of 'sort of'
SORTABLE ▸ **sort**
SORTABLY ▸ **sort**
SORTAL, -S *n* type of logical or linguistic concept
SORTANCE *n* suitableness
SORTED *interj* exclamation of satisfaction, approval, etc ▹ *adj* having been corrected or made ready
SORTER, -S ▸ **sort**
SORTES *pl n* divination by opening book at random
SORTIE, -D, -S *n* relatively short return trip ▹ *vb* make a sortie
SORTING, -S ▸ **sort**
SORTMENT *n* assortment
SORTS ▸ **sort**
SORUS, SORI *n* cluster of sporangia on the undersurface of certain fern leaves
SOS ▸ **so**
SOSATIE, -S *n* skewer of curried meat pieces
SOSS, -ED, -ES *vb* make dirty or muddy
SOSSING, -S ▸ **soss**
SOT, -S, -TED *n* habitual drunkard ▹ *adv* indeed: used to contradict a negative statement ▹ *vb* be a drunkard
SOTERIAL *adj* of salvation

This means pertaining to salvation, and is one of the most important 8-letter words to know because the chance to play it as a bonus comes up so often.

SOTH, -S *archaic variant of* ▸ **sooth**
SOTOL, -S *n* American plant related to agave
SOTS ▸ **sot**
SOTTED ▸ **sot**
SOTTEDLY ▸ **sot**
SOTTING, -S ▸ **sot**
SOTTISH ▸ **sot**
SOU, -S *n* former French coin
SOUARI, -S *n* tree of tropical America
SOUBISE, -S *n* purée of onions mixed into a thick white sauce and served over eggs, fish, etc
SOUCAR, -S *n* Indian banker
SOUCE, -D, -S, SOUCING, SOUCT *same as* ▸ **souse**
SOUCHONG *n* black tea with large leaves
SOUCING ▸ **souce**
SOUCT ▸ **souce**
SOUDAN, -S *obsolete variaint of* ▸ **sultan**
SOUFFLE, -S *n* light fluffy dish made with beaten egg whites ▹ *adj* made light and puffy
SOUFFLED ▸ **souffle**
SOUFFLES ▸ **souffle**
SOUGH, -ED, -ING, -S *vb* (of the wind) make a sighing sound ▹ *n* soft continuous murmuring sound
SOUGHT ▸ **seek**
SOUK, -ED, -ING, -S *same as* ▸ **sook**
SOUKOUS *n* style of African popular music
SOUKS ▸ **souk**
SOUL, -S *n* spiritual and immortal part of a human being
SOULDAN, -S *same as* ▸ **soldan**
SOULDIER *same as* ▸ **soldier**
SOULED *adj* having soul
SOULFUL *adj* full of emotion
SOULLESS *adj* lacking human qualities, mechanical
SOULLIKE *adj* resembling a soul
SOULMATE *n* person with whom one has most affinity
SOULS ▸ **soul**
SOULSTER *n* soul music singer
SOUM, -ED, -S *vb* decide how many animals can graze particular pasture
SOUMING, -S ▸ **soum**
SOUMS ▸ **soum**
SOUND, -ED, -EST, -S *n* something heard, noise ▹ *vb* make or cause to make a sound ▹ *adj* in good condition ▹ *adv* soundly
SOUNDBAR *n* long, slender speaker

SOUNDBOX *n* resonating chamber of the hollow body of a violin, guitar, etc

SOUNDED ▶ **sound**

SOUNDER, -S *n* device formerly used to convert electric signals into sounds

SOUNDEST ▶ **sound**

SOUNDING *adj* resounding

SOUNDLY ▶ **sound**

SOUNDMAN, SOUNDMEN *n* sound recorder in television crew

SOUNDS ▶ **sound**

SOUP, -ED, -ING, -S *n* liquid food made from meat, vegetables, etc ⊳ *vb* give soup to

SOUPCON, -S *n* small amount

SOUPED ▶ **soup**

SOUPER, -S *n* person dispensing soup

SOUPFIN, -S *n* Pacific requiem shark valued for its fins

SOUPIER ▶ **soupy**

SOUPIEST ▶ **soupy**

SOUPILY *adv* in a soupy manner

SOUPING ▶ **soup**

SOUPLE, -D, -S, SOUPLING *same as* ▶ **supple**

SOUPLESS ▶ **soup**

SOUPLIKE ▶ **soup**

SOUPLING ▶ **souple**

SOUPS ▶ **soup**

SOUPY, SOUPIER, SOUPIEST *adj* having the appearance or consistency of soup

SOUR, -ED, -ER, -EST, -S *adj* sharp-tasting ⊳ *vb* make or become sour

SOURBALL *n* tart-flavoured boiled sweet

SOURCE, -D, -S, SOURCING *n* origin or starting point ⊳ *vb* establish a supplier of (a product, etc)

SOURDINE *n* soft stop on an organ or harmonium

SOURED ▶ **sour**

SOURER ▶ **sour**

SOUREST ▶ **sour**

SOURGUM, -S *n* tree of eastern N America

SOURING, -S ▶ **sour**

SOURISH ▶ **sour**

SOURLY ▶ **sour**

SOURNESS ▶ **sour**

SOUROCK, -S *n* Scots word for sorrel plant

SOURPUSS *n* person who is always gloomy, pessimistic, or bitter

SOURS ▶ **sour**

SOURSE, -S *same as* ▶ **source**

SOURSOP, -S *n* small West Indian tree

SOURVELD *n* grazing field with long coarse grass

SOURWOOD *n* sorrel tree

SOUS ▶ **sou**

SOUSE, -D, -S *vb* plunge (something) into liquid ⊳ *n* liquid used in pickling

SOUSER, -S *n* person who frequently gets drunk

SOUSES ▶ **souse**

SOUSING, -S ▶ **souse**

SOUSLIK, -S *same as* ▶ **suslik**

SOUT, -S *same as* ▶ **soot**

SOUTACHE *n* narrow braid used as a decorative trimming

SOUTANE, -S *n* Roman Catholic priest's cassock

SOUTAR, -S *same as* ▶ **souter**

SOUTER, -S *n* shoemaker or cobbler

SOUTERLY ▶ **souter**

SOUTERS ▶ **souter**

SOUTH, -ED, -S *n* direction towards the South Pole, opposite north ⊳ *adj* in the south ⊳ *adv* in, to, or towards the south ⊳ *vb* turn south

SOUTHER, -S *n* strong wind or storm from the south ⊳ *vb* turn south

SOUTHERN *adj* situated in or towards the south ⊳ *n* southerner

SOUTHERS ▶ **souther**

SOUTHING *n* movement, deviation, or distance covered in a southerly direction

SOUTHPAW *n* left-handed person, esp a boxer ⊳ *adj* left-handed

SOUTHRON *n* southerner

SOUTHS ▶ **south**

SOUTHSAY *same as* ▶ **soothsay**

SOUTS ▶ **sout**

SOUVENIR *n* keepsake, memento ⊳ *vb* steal or keep (something, esp a small article) for one's own use

SOUVLAKI *same as* > **souvlakia**

SOV, -S *shortening of* > **sovereign**

SOVIET, -S *n* formerly, elected council in the USSR ⊳ *adj* of the former USSR

SOVIETIC ▶ **soviet**

SOVIETS ▶ **soviet**

SOVKHOZ, -Y *n* large mechanized farm in former USSR

SOVRAN, -S *literary word for* > **sovereign**

SOVRANLY ▶ **sovran**

SOVRANS ▶ **sovran**

SOVRANTY ▶ **sovran**

SOVS ▶ **sov**

SOW, -ED, -N, -S *vb* scatter or plant (seed) in or on (the ground) ⊳ *n* female adult pig

SOWABLE ▶ **sow**

SOWANS *same as* ▶ **sowens**

SOWAR, -S *n* Indian cavalryman

SOWARREE *n* Indian mounted escort

SOWARRY *same as* ▶ **sowarree**

SOWARS ▶ **sowar**

SOWBACK, -S *another name for* ▶ **hogback**

SOWBELLY *n* salt pork from pig's belly

SOWBREAD *n* S European primulaceous plant

SOWBUG, -S *n* (in N America) woodlouse

SOWCAR, -S *same as* ▶ **soucar**

SOWCE, -D, -S, SOWCING *same as* ▶ **souse**

SOWDER, -S *same as* ▶ **sawder**

SOWED ▶ **sow**

SOWENS *n* pudding made from oatmeal husks steeped and boiled

SOWER, -S ▶ **sow**

SOWF, -ED, -ING, -S *same as* ▶ **sowth**

SOWFF, -ED, -ING, -S *same as* ▶ **sowth**

SOWFING ▶ **sowf**

SOWFS ▶ **sowf**

SOWING, -S ▶ **sow**

SOWL, -ED, -ING, -S *same as* ▶ **sole**

SOWLE, -S *same as* ▶ **sole**

SOWLED ▶ **sowl**

SOWLES ▶ **sowle**

SOWLING ▶ **sowl**

SOWLS ▶ **sowl**

SOWM, -ED, -ING, -S *same as* ▶ **soum**

SOWN ▶ **sow**

SOWND, -ED, -ING, -S *vb* wield

SOWNE, -S *same as* ▶ **sound**

SOWP, -ED, -ING, -S *n* spoonful ⊳ *vb* soak

SOWS ▶ **sow**

SOWSE, -D, -S, SOWSING *same as* ▶ **souse**

SOWSSE, -D, -S, SOWSSING *same as* ▸**souse**
SOWTER, -S *same as* ▸**souter**
SOWTH, -ED, -ING, -S *vb* Scots word meaning whistle
SOX *pl n* informal spelling of 'socks'

This informal word for **socks** is one of the key short words to remember for using the X.

SOY, -S *n* soya bean
SOYA, -S *n* plant whose edible bean is used for food and as a source of oil
SOYBEAN, -S *n* soya bean
SOYLE, -D, -S, SOYLING *n* body ▹ *vb* elucidate
SOYMEAL, -S *n* foodstuff made from soybeans
SOYMILK, -S *n* milk substitute made from soya
SOYS ▸**soy**
SOYUZ, -ES *n* Russian spacecraft
SOZ *interj* (slang) sorry
SOZIN, -S *n* form of protein
SOZINE, -S *same as* ▸**sozin**
SOZINS ▸**sozin**
SOZZLE, -S, SOZZLING *vb* make wet
SOZZLED *adj* drunk
SOZZLES ▸**sozzle**
SOZZLIER ▸**sozzly**
SOZZLING ▸**sozzle**
SOZZLY, SOZZLIER *adj* wet
SPA, -S *n* resort with a mineral-water spring ▹ *vb* visit a spa
SPACE, -D, -S *n* unlimited expanse in which all objects exist and move ▹ *vb* place at intervals
SPACELAB *n* laboratory in space where scientific experiments are performed
SPACEMAN, SPACEMEN *n* person who travels in space
SPACER, -S *n* piece of material used to create or maintain a space between two things
SPACES ▸**space**
SPACEY, SPACIER, SPACIEST *adj* vague and dreamy
SPACIAL *same as* ▸**spatial**
SPACIER ▸**spacey**
SPACIEST ▸**spacey**
SPACING, -S *n* arrangement of letters, words, etc, on a page in order to achieve legibility
SPACIOUS *adj* having a large capacity or area

SPACKLE, -D, -S *vb* fill holes in plaster
SPACY *same as* ▸**spacey**
SPADE, -D, -S, SPADING *n* tool for digging
SPADEFUL *n* amount spade will hold
SPADEMAN, SPADEMEN *n* man who works with spade
SPADER, -S ▸**spade**
SPADES ▸**spade**
SPADGER, -S *n* sparrow
SPADICES ▸**spadix**
SPADILLE *n* (in ombre and quadrille) the ace of spades
SPADILLO *same as* ▸**spadille**
SPADING ▸**spade**
SPADIX, SPADICES, -ES *n* spike of small flowers on a fleshy stem
SPADO, -ES, -NES, -S *n* neutered animal
SPADROON *n* type of sword
SPAE, -D, -S *vb* foretell (the future)
SPAEING, -S ▸**spae**
SPAEMAN, SPAEMEN *n* man who can supposedly foretell the future
SPAER, -S ▸**spae**
SPAES ▸**spae**
SPAETZLE *n* German noodle dish
SPAEWIFE *n* woman who can supposedly foretell the future
SPAG, -GED, -GING, -S *vb* (of a cat) to scratch (a person) with the claws
SPAGERIC *same as* ▸**spagyric**
SPAGGED ▸**spag**
SPAGGING ▸**spag**
SPAGIRIC *same as* ▸**spagyric**
SPAGS ▸**spag**
SPAGYRIC *adj* of or relating to alchemy ▹ *n* alchemist
SPAHEE, -S *same as* ▸**spahi**
SPAHI, -S *n* (formerly) an irregular cavalryman in the Turkish armed forces
SPAIL, -S *Scots word for* ▸**spall**
SPAIN, -ED, -ING, -S *variant of* ▸**spane**
SPAING, -S ▸**spa**
SPAINING ▸**spain**
SPAINS ▸**spain**
SPAIRGE, -D, -S *Scots word for* ▸**sparge**
SPAIT, -S *same as* ▸**spate**
SPAKE *past tense of* ▸**speak**
SPALD, -S *same as* ▸**spauld**
SPALDEEN *n* ball used in street game
SPALDS ▸**spald**

SPALE, -S *Scots word for* ▸**spall**
SPALL, -ED, -ING, -S *n* splinter or chip of ore, rock, or stone ▹ *vb* split or cause to split into such fragments
SPALLE, -S *same as* ▸**spauld**
SPALLED ▸**spall**
SPALLER, -S ▸**spall**
SPALLES ▸**spalle**
SPALLING ▸**spall**
SPALLS ▸**spall**
SPALPEEN *n* itinerant seasonal labourer
SPALT, -ED, -ING, -S *vb* split
SPAM, -MED, -MING, -S *vb* send unsolicited email simultaneously to a number of newsgroups on the internet ▹ *n* unsolicited electronic mail or text messages sent in this way
SPAMBOT, -S *n* computer program that sends spam
SPAMMED ▸**spam**
SPAMMER, -S ▸**spam**
SPAMMIE, -S *n* love bite
SPAMMIER ▸**spammy**
SPAMMIES ▸**spammie**
SPAMMING ▸**spam**
SPAMMY, SPAMMIER *adj* bland
SPAMS ▸**spam**
SPAN, -NED, -NING, -S *n* space between two points ▹ *vb* stretch or extend across
SPANCEL, -S *n* length of rope for hobbling an animal ▹ *vb* hobble (an animal) with a loose rope
SPANDEX *n* type of synthetic stretch fabric made from polyurethane fibre
SPANDREL *n* triangular surface bounded by the outer curve of an arch and the adjacent wall
SPANDRIL *same as* ▸**spandrel**
SPANE, -D, -S, SPANING *vb* Scots word meaning wean
SPANG, -ED, -ING, -S *adv* exactly, firmly, or straight ▹ *vb* dash
SPANGHEW *vb* throw in air
SPANGING ▸**spang**
SPANGLE, -D, -S *n* small shiny metallic ornament ▹ *vb* decorate with spangles
SPANGLER ▸**spangle**
SPANGLES ▸**spangle**
SPANGLET *n* little spangle
SPANGLY ▸**spangle**
SPANGS ▸**spang**
SPANIEL, -S *n* dog with long ears and silky hair

SPANING ▸**spane**
SPANK, -ED, -S *vb* slap with the open hand, on the buttocks or legs ▹*n* such a slap
SPANKER, -S *n* fore-and-aft sail or a mast that is aftermost in a sailing vessel
SPANKING *adj* outstandingly fine or smart ▹*n* series of spanks, usually as a punishment for children
SPANKS ▸**spank**
SPANLESS *adj* impossible to span
SPANNED ▸**span**
SPANNER, -S *n* tool for gripping and turning a nut or bolt
SPANNING ▸**span**
SPANS ▸**span**
SPANSPEK *n* cantaloupe melon
SPANSULE *n* modified-release capsule of a drug
SPANWORM *n* larva of a type of moth
SPAR, -RED, -RING, -S *n* pole used as a ship's mast, boom, or yard ▹*vb* box or fight using light blows for practice
SPARABLE *n* small nail with no head, used for fixing the soles and heels of shoes
SPARAXIS *n* type of plant with dainty spikes of star-shaped purple, red, or orange flowers
SPARE, SPARD, -D, -S, -ST *adj* extra ▹*n* duplicate kept in case of damage or loss ▹*vb* refrain from punishing or harming
SPARELY ▸**spare**
SPARER, -S ▸**spare**
SPARERIB *n* cut of pork ribs with most of the meat trimmed off
SPARERS ▸**sparer**
SPARES ▸**spare**
SPAREST ▸**spare**
SPARGE, -D, -S, SPARGING *vb* sprinkle or scatter (something)
SPARGER, -S ▸**sparge**
SPARGES ▸**sparge**
SPARGING ▸**sparge**
SPARID, -S *n* type of marine percoid fish ▹*adj* of or belonging to this family of fish
SPARING *adj* economical
SPARK, -ED, -ING *n* fiery particle thrown out from a fire or caused by friction ▹*vb* give off sparks
SPARKE, -S *n* weapon
SPARKED ▸**spark**
SPARKER, -S ▸**spark**
SPARKES ▸**sparke**
SPARKIE, -S *n* electrician
SPARKIER ▸**sparky**
SPARKIES ▸**sparkie**
SPARKILY ▸**sparky**
SPARKING ▸**spark**
SPARKISH ▸**spark**
SPARKLE, -D, -S *vb* glitter with many points of light ▹*n* sparkling points of light
SPARKLER *n* hand-held firework that emits sparks
SPARKLES ▸**sparkle**
SPARKLET *n* little spark
SPARKLY *adj* sparkling ▹*n* sparkling thing
SPARKS *n* electrician
SPARKY, SPARKIER *adj* lively
SPARLIKE ▸**spar**
SPARLING *n* European smelt
SPAROID, -S *same as* ▸**sparid**
SPARRE, -S *same as* ▸**spar**
SPARRED ▸**spar**
SPARRER, -S ▸**spar**
SPARRES ▸**sparre**
SPARRIER ▸**sparry**
SPARRING ▸**spar**
SPARROW, -S *n* small brownish bird
SPARRY, SPARRIER *adj* (of minerals) containing, relating to, or resembling spar
SPARS ▸**spar**
SPARSE, -R, -ST *adj* thinly scattered
SPARSELY ▸**sparse**
SPARSER ▸**sparse**
SPARSEST ▸**sparse**
SPARSITY ▸**sparse**
SPART, -S *n* esparto
SPARTAN, -S *adj* strict and austere ▹*n* disciplined or brave person
SPARTH, -S *n* type of battle-axe
SPARTHE, -S *same as* ▸**sparth**
SPARTHS ▸**sparth**
SPARTINA *n* grass growing in salt marshes
SPARTS ▸**spart**
SPAS ▸**spa**
SPASM, -ED, -ING, -S *n* involuntary muscular contraction ▹*vb* go into spasm
SPASMIC ▸**spasm**
SPASMING ▸**spasm**
SPASMS ▸**spasm**
SPASTIC *adj* affected by spasms
SPAT, -S, -TED, -TING *vb* have a quarrel
SPATE, -S *n* large number of things happening within a period of time
SPATFALL *n* mass of larvae on sea bed
SPATHAL ▸**spathe**
SPATHE, -S *n* large sheathlike leaf enclosing a flower cluster
SPATHED ▸**spathe**
SPATHES ▸**spathe**
SPATHIC *adj* (of minerals) resembling spar
SPATHOSE *same as* ▸**spathic**
SPATIAL *adj* of or in space
SPATLESE *n* type of German wine, usu white
SPATS ▸**spat**
SPATTED ▸**spat**
SPATTEE, -S *n* type of gaiter
SPATTER, -S *vb* scatter or be scattered in drops over (something) ▹*n* spattering sound
SPATTING ▸**spat**
SPATULA, -S *n* utensil with a broad flat blade for spreading or stirring
SPATULAR ▸**spatula**
SPATULAS ▸**spatula**
SPATULE, -S *n* spatula
SPATZLE, -S *same as* ▸**spaetzle**
SPAUL, -S *same as* ▸**spauld**
SPAULD, -S *n* shoulder
SPAULS ▸**spaul**
SPAVIE, -S *Scots variant of* ▸**spavin**
SPAVIET *adj* Scots word meaning spavined
SPAVIN, -S *n* enlargement of the hock of a horse by a bony growth
SPAVINED *adj* affected with spavin
SPAVINS ▸**spavin**
SPAW, -S *same as* ▸**spa**
SPAWL, -ED, -ING, -S *vb* spit
SPAWN, -ED, -ING, -S *n* jelly-like mass of eggs of fish, frogs, or molluscs ▹*vb* (of fish, frogs, or molluscs) lay eggs
SPAWNER, -S ▸**spawn**
SPAWNIER ▸**spawny**
SPAWNING ▸**spawn**
SPAWNS ▸**spawn**
SPAWNY, SPAWNIER *adj* like spawn
SPAWS ▸**spaw**
SPAY, -ED, -ING, -S *vb* remove the ovaries from (a female animal)
SPAYAD, -S *n* male deer

S

SPAYD, -S *same as* ▸ **spayad**
SPAYED ▸ **spay**
SPAYING ▸ **spay**
SPAYS ▸ **spay**
SPAZA *adj* as in **spaza shop** South African slang for a small shop in a township
SPEAK, -ING, -S, SPOKEN *vb* say words, talk
SPEAKER, -S *n* person who speaks, esp at a formal occasion
SPEAKING ▸ **speak**
SPEAKOUT *n* firm or brave statement of one's beliefs
SPEAKS ▸ **speak**
SPEAL, -S *same as* ▸ **spule**
SPEAN, -ED, -ING, -S *same as* ▸ **spane**
SPEAR, -ED, -S *n* weapon consisting of a long shaft with a sharp point ▹ *vb* pierce with or as if with a spear
SPEARER, -S ▸ **spear**
SPEARGUN *n* device for shooting spears underwater
SPEARIER ▸ **speary**
SPEARING *n* act of spearing
SPEARMAN, SPEARMEN *n* soldier armed with a spear
SPEARS ▸ **spear**
SPEARY, SPEARIER ▸ **spear**
SPEAT, -S *same as* ▸ **spate**
SPEC, -CED, -CING *vb* set specifications
SPECCIER ▸ **speccy**
SPECCIES ▸ **speccy**
SPECCING ▸ **spec**
SPECCY, SPECCIER, SPECCIES *n* person wearing spectacles ▹ *adj* wearing spectacles
SPECIAL, -S *adj* distinguished from others of its kind ▹ *n* product, programme, etc which is only available at a certain time ▹ *vb* advertise and sell (an item) at a reduced price
SPECIATE *vb* form or develop into a new biological species
SPECIE *n* coins as distinct from paper money
SPECIES *n* group of plants or animals that are related closely enough to interbreed naturally
SPECIFIC *adj* particular, definite ▹ *n* drug used to treat a particular disease
SPECIFY *vb* refer to or state specifically
SPECIMEN *n* individual or part typifying a whole
SPECIOUS *adj* apparently true, but actually false
SPECK, -ED, -ING, -S *n* small spot or particle ▹ *vb* mark with specks or spots
SPECKIER ▸ **specky**
SPECKIES ▸ **specky**
SPECKING ▸ **speck**
SPECKLE, -S *n* small spot ▹ *vb* mark with speckles
SPECKLED ▸ **speckle**
SPECKLES ▸ **speckle**
SPECKS ▸ **speck**
SPECKY, SPECKIER, SPECKIES *same as* ▸ **speccy**
SPECS *pl n* spectacles
SPECT, -ED, -ING, -S *vb* expect
SPECTATE *vb* watch
SPECTED ▸ **spect**
SPECTER, -S *same as* ▸ **spectre**
SPECTING ▸ **spect**
SPECTRA ▸ **spectrum**
SPECTRAL *adj* of or like a spectre
SPECTRE, -S *n* ghost
SPECTRIN *n* any one of a class of fibrous proteins found in the membranes of red blood cells
SPECTRUM, SPECTRA *n* range of different colours, radio waves, etc in order of their wavelengths
SPECTS ▸ **spect**
SPECULA ▸ **speculum**
SPECULAR *adj* of, relating to, or having the properties of a mirror
SPECULUM, SPECULA *n* medical instrument for examining body cavities
SPED ▸ **speed**
SPEECH, -ED, -ES *n* act, power, or manner of speaking ▹ *vb* make a speech
SPEED, SPED, -ED, -ING, -S *n* swiftness ▹ *vb* go quickly
SPEEDER, -S ▸ **speed**
SPEEDFUL ▸ **speed**
SPEEDIER ▸ **speedy**
SPEEDILY ▸ **speedy**
SPEEDING ▸ **speed**
SPEEDO, -S *n* speedometer
SPEEDS ▸ **speed**
SPEEDUP, -S *n* acceleration
SPEEDWAY *n* track for motorcycle racing
SPEEDY, SPEEDIER *adj* prompt
SPEEL, -ED, -ING, -S *n* splinter of wood ▹ *vb* Scots word meaning climb
SPEELER, -S ▸ **speel**
SPEELING ▸ **speel**
SPEELS ▸ **speel**
SPEER, -ED, -ING, -S *same as* ▸ **speir**
SPEIL, -ED, -ING, -S *dialect word for* ▸ **climb**
SPEIR, -ED, -ING, -S *vb* ask
SPEISE, -S *same as* ▸ **speiss**
SPEISS, -ES *n* compounds formed when ores containing arsenic or antimony are smelted
SPEK, -S *n* bacon, fat, or fatty pork used for larding venison or other game
SPEKBOOM *n* South African shrub
SPEKS ▸ **spek**
SPELAEAN *adj* of, found in, or inhabiting caves
SPELD, -ED, -S *vb* Scots word meaning spread
SPELDER, -S *same as* ▸ **speld**
SPELDIN, -S *n* fish split and dried
SPELDING *same as* ▸ **speldin**
SPELDINS ▸ **speldin**
SPELDRIN *same as* ▸ **speldin**
SPELDS ▸ **speld**
SPELEAN *same as* ▸ **spelaean**
SPELK, -S *n* splinter of wood
SPELL, -ED, -ING, -S *vb* give in correct order the letters that form (a word) ▹ *n* formula of words supposed to have magic power
SPELLER, -S *n* person who spells words in the manner specified
SPELLFUL *adj* magical
SPELLING ▸ **spell**
SPELLS ▸ **spell**
SPELT, -S *n* wheat variety
SPELTER, -S *n* impure zinc, usually containing about 3 per cent of lead and other impurities
SPELTS ▸ **spelt**
SPELTZ, -ES *n* wheat variety
SPELUNK, -S *vb* explore caves
SPENCE, -S *n* larder or pantry
SPENCER, -S *n* short fitted coat or jacket
SPENCES ▸ **spence**
SPEND, -ING, -S, SPENT *vb* pay out (money)
SPENDALL *n* spendthrift
SPENDER, -S *n* person who spends money in a manner specified
SPENDIER ▸ **spendy**
SPENDING ▸ **spend**
SPENDS ▸ **spend**
SPENDY, SPENDIER *adj* expensive

S

SPENSE, -S *same as* ▸ **spence**
SPENT ▸ **spend**
SPEOS, -ES *n* (esp in ancient Egypt) a temple or tomb cut into a rock face
SPERLING *same as* ▸ **sparling**
SPERM, -S *n* male reproductive cell
SPERMARY *n* any organ in which sperm are produced
SPERMIC *same as* > **spermatic**
SPERMINE *n* colourless basic water-soluble amine
SPERMOUS *same as* > **spermatic**
SPERMS ▸ **sperm**
SPERRE, -D, -S, SPERRING *vb* bolt
SPERSE, -D, -S, SPERSING, SPERST *vb* disperse
SPERTHE, -S *same as* ▸ **sparth**
SPET, -S, -TING *same as* ▸ **spit**
SPETCH, -ED, -ES *n* piece of animal skin
SPETS ▸ **spet**
SPETSNAZ *n* Soviet intelligence force
SPETTING ▸ **spet**
SPETZNAZ *same as* ▸ **spetsnaz**
SPEUG, -S *n* Scots word for sparrow
SPEW, -ED, -ING, -S *vb* vomit ▹ *n* something ejected from the mouth
SPEWER, -S ▸ **spew**
SPEWIER ▸ **spewy**
SPEWIEST ▸ **spewy**
SPEWING ▸ **spew**
SPEWS ▸ **spew**
SPEWY, SPEWIER, SPEWIEST *adj* marshy
SPHAER, -S *same as* ▸ **sphere**
SPHAERE, -S *same as* ▸ **sphere**
SPHAERS ▸ **sphaer**
SPHAGNUM *n* moss found in bogs
SPHAIREE *n* game resembling tennis played with wooden bats and a perforated plastic ball
SPHEAR, -S *same as* ▸ **sphere**
SPHEARE, -S *same as* ▸ **sphere**
SPHEARS ▸ **sphear**
SPHENE, -S *n* brown, yellow, green, or grey lustrous mineral
SPHENIC *adj* having the shape of a wedge
SPHENOID *adj* wedge-shaped ▹ *n* wedge-shaped thing
SPHERAL *adj* of or shaped like a sphere
SPHERE, -D, -S, SPHERING *n* perfectly round solid object ▹ *vb* surround or encircle
SPHERIC *same as* > **spherical**
SPHERICS *n* geometry and trigonometry of figures on the surface of a sphere
SPHERIER ▸ **sphery**
SPHERING ▸ **sphere**
SPHEROID *n* solid figure that is almost but not exactly a sphere
SPHERULE *n* very small sphere or globule
SPHERY, SPHERIER *adj* resembling a sphere
SPHINGES ▸ **sphinx**
SPHINGID *n* hawk moth
SPHINX, SPHINGES, -ES *n* huge statue built by the ancient Egyptians
SPHYGMIC *adj* of or relating to the pulse
SPHYGMUS *n* person's pulse
SPHYNX, -ES *n* breed of cat
SPIAL, -S *n* observation
SPICA, -E, -S *n* spiral bandage formed by a series of overlapping figure-of-eight turns
SPICATE *adj* having, arranged in, or relating to spikes
SPICATED *same as* ▸ **spicate**
SPICCATO *n* style of playing a stringed instrument in which the bow bounces lightly off the strings
SPICE, -D, -S, SPICING *n* aromatic substance used as flavouring ▹ *vb* flavour with spices
SPICER, -S ▸ **spice**
SPICERY *n* spices collectively
SPICES ▸ **spice**
SPICEY *same as* ▸ **spicy**
SPICIER ▸ **spicy**
SPICIEST ▸ **spicy**
SPICILY ▸ **spicy**
SPICING ▸ **spice**
SPICK, -ER, -EST *adj* neat and clean
SPICKNEL *same as* ▸ **spignel**
SPICULA, -E *same as* ▸ **spiculum**
SPICULAR ▸ **spiculum**
SPICULE, -S *n* small slender pointed structure or crystal
SPICULUM *same as* ▸ **spicule**
SPICY, SPICIER, SPICIEST *adj* flavoured with spices
SPIDE, -S *n* insulting Irish word for a young working-class man who dresses in casual sports clothes
SPIDER, -ED, -S *n* small eight-legged creature which spins a web to catch insects for food ▹ *vb* follow internet links to gather information
SPIDERY *adj* thin and angular like a spider's legs
SPIDES ▸ **spide**
SPIE *same as* ▸ **spy**
SPIED ▸ **spy**
SPIEGEL, -S *n* manganese-rich pig iron
SPIEL, -ED, -ING, -S *n* speech made to persuade someone to do something ▹ *vb* deliver a prepared spiel
SPIELER, -S ▸ **spiel**
SPIELING ▸ **spiel**
SPIELS ▸ **spiel**
SPIER, -ED, -ING, -S *variant of* ▸ **speir**
SPIES ▸ **spy**
SPIF, -S *n* postage stamp perforated with the initials of a firm to avoid theft by employees
SPIFF, -ED, -S *vb* make smart
SPIFFIED ▸ **spiffy**
SPIFFIER ▸ **spiffy**
SPIFFIES ▸ **spiffy**
SPIFFILY ▸ **spiffy**
SPIFFING *adj* excellent
SPIFFS ▸ **spiff**
SPIFFY, SPIFFIED, SPIFFIER, SPIFFIES *adj* smart ▹ *n* smart thing or person ▹ *vb* smarten
SPIFS ▸ **spif**
SPIGHT, -ED, -S *same as* ▸ **spite**
SPIGNEL, -S *n* European umbelliferous plant
SPIGOT, -S *n* stopper for, or tap fitted to, a cask
SPIKE, -D, -S, SPIKING *n* sharp point ▹ *vb* put spikes on
SPIKELET *n* unit of a grass inflorescence
SPIKER, -S ▸ **spike**
SPIKERY *n* High-Church Anglicanism
SPIKES ▸ **spike**
SPIKEY *same as* ▸ **spiky**
SPIKIER ▸ **spiky**
SPIKIEST ▸ **spiky**
SPIKILY ▸ **spiky**
SPIKING ▸ **spike**
SPIKY, SPIKIER, SPIKIEST *adj* resembling a spike
SPILE, -D, -S *n* heavy timber stake or pile ▹ *vb* provide or support with a spile
SPILIKIN *same as* > **spillikin**
SPILING, -S ▸ **spile**

SPILITE, -S *n* type of igneous rock
SPILITIC ▸**spilite**
SPILL, -ED, -ING, -S, SPILT *vb* pour from or as if from a container ▹*n* fall
SPILLAGE *n* instance or the process of spilling
SPILLED ▸**spill**
SPILLER, -S ▸**spill**
SPILLING ▸**spill**
SPILLS ▸**spill**
SPILLWAY *n* channel that carries away surplus water, as from a dam
SPILT ▸**spill**
SPILTH, -S *n* something spilled
SPIM, -S *n* spam sent and received via an instant-messaging system
SPIMMER, -S *n* person who sends spam via an instant-messaging system
SPIMMING *n* the sending of spam via an instant-messaging system
SPIMS ▸**spim**
SPIN, -NING, -S, SPUN *vb* revolve or cause to revolve rapidly ▹*n* revolving motion
SPINA, -E, -S *n* spine
SPINACH *n* dark green leafy vegetable
SPINACHY *adj* tasting of spinach
SPINAE ▸**spina**
SPINAGE, -S *same as* ▸**spinach**
SPINAL, -S *adj* of the spine ▹*n* anaesthetic administered in the spine
SPINALLY ▸**spinal**
SPINALS ▸**spinal**
SPINAR, -S *n* fast-spinning star
SPINAS ▸**spina**
SPINATE *adj* having a spine
SPINDLE, -D, -S *n* rotating rod that acts as an axle ▹*vb* form into a spindle or equip with spindles
SPINDLER ▸**spindle**
SPINDLES ▸**spindle**
SPINDLY *adj* long, slender, and frail
SPINE, -S *n* backbone
SPINED ▸**spine**
SPINEL, -S *n* any of a group of hard glassy minerals of variable colour
SPINELLE *same as* ▸**spinel**
SPINELS ▸**spinel**
SPINES ▸**spine**
SPINET, -S *n* small harpsichord
SPINETTE *same as* ▸**spinet**
SPINIER ▸**spiny**
SPINIEST ▸**spiny**
SPINIFEX *n* coarse spiny Australian grass
SPINK, -ED, -ING, -S *n* finch ▹*vb* (of a finch) chirp
SPINLESS ▸**spin**
SPINNER, -S *n* bowler who makes the ball change direction when it bounces
SPINNERY *n* spinning mill
SPINNET, -S *same as* ▸**spinet**
SPINNEY, -S *n* small wood
SPINNIER ▸**spinny**
SPINNIES ▸**spinny**
SPINNING ▸**spin**
SPINNY, SPINNIER, SPINNIES *adj* crazy
SPINODE, -S *another name for* ▸**cusp**
SPINOFF, -S *n* development derived incidentally from an existing enterprise
SPINONE, SPINONI *n* as in **Italian spinone** wiry-coated gun dog
SPINOR, -S *n* type of mathematical object
SPINOSE *adj* (esp of plants) bearing many spines
SPINOUS *adj* resembling a spine or thorn
SPINOUT, -S *n* spinning skid that causes a car to run off the road
SPINS ▸**spin**
SPINSTER *n* unmarried woman
SPINTEXT *n* preacher
SPINTO, -S *n* lyrical singing voice
SPINULA, -E *n* small spine
SPINULE, -S *n* very small spine, thorn, or prickle
SPINY, SPINIER, SPINIEST *adj* covered with spines
SPIRACLE *n* small blowhole for breathing through, such as that of a whale
SPIRAEA, -S *n* plant with small white or pink flowers
SPIRAL, -ED, -S *n* continuous curve formed by a point winding about a central axis ▹*vb* move in a spiral ▹*adj* having the form of a spiral
SPIRALLY ▸**spiral**
SPIRALS ▸**spiral**
SPIRANT, -S *n* fricative consonant
SPIRATED *adj* twisted in spiral
SPIRE, -D, -S, SPIRING *n* pointed part of a steeple ▹*vb* assume the shape of a spire
SPIREA, -S *same as* ▸**spiraea**
SPIRED ▸**spire**
SPIRELET *another name for* ▸**fleche**
SPIREM, -S *same as* ▸**spireme**
SPIREME, -S *n* tangled mass of chromatin threads
SPIREMS ▸**spirem**
SPIRES ▸**spire**
SPIRIC, -S *n* type of curve
SPIRIER ▸**spiry**
SPIRIEST ▸**spiry**
SPIRILLA > **spirillum**
SPIRING ▸**spire**
SPIRIT, -S *n* nonphysical aspect of a person concerned with profound thoughts ▹*vb* carry away mysteriously
SPIRITED *adj* lively
SPIRITS ▸**spirit**
SPIRITUS *n* spirit
SPIRITY *adj* spirited
SPIRLING *same as* ▸**sparling**
SPIROID *adj* resembling a spiral or displaying a spiral form
SPIRT, -ED, -ING, -S *same as* ▸**spurt**
SPIRTLE, -S *same as* ▸**spurtle**
SPIRTS ▸**spirt**
SPIRULA, -E, -S *n* tropical cephalopod mollusc
SPIRY, SPIRIER, SPIRIEST ▸**spire**
SPIT, -S, -TED, -TEN, -TING *vb* eject (saliva or food) from the mouth ▹*n* saliva
SPITAL, -S *n* obsolete word for hospital
SPITBALL *n* small missile made from chewed paper ▹*vb* make suggestions
SPITCHER *adj* doomed ▹*vb* be doomed
SPITE, -D, -S, SPITING *n* deliberate nastiness ▹*vb* annoy or hurt from spite
SPITEFUL *adj* full of or motivated by spite
SPITES ▸**spite**
SPITFIRE *n* person with a fiery temper
SPITING ▸**spite**
SPITS ▸**spit**
SPITTED ▸**spit**
SPITTEN ▸**spit**
SPITTER, -S ▸**spit**
SPITTIER ▸**spitty**
SPITTING ▸**spit**
SPITTLE, -S *n* fluid produced in the mouth, saliva
SPITTLY *adj* covered with spittle

SPITTOON *n* bowl to spit into
SPITTY, SPITTIER *adj* covered with saliva
SPITZ, -ES *n* stockily built dog with a tightly curled tail
SPIV, -S *n* smartly dressed man who makes a living by shady dealings
SPIVVERY *n* behaviour of spivs
SPIVVIER ▸ **spivvy**
SPIVVISH *adj* characteristic of a spiv
SPIVVY, SPIVVIER ▸ **spiv**
SPLAKE, -S *n* type of hybrid trout bred by Canadian zoologists
SPLASH, -ED, -ES *vb* scatter liquid on (something) ▹ *n* splashing sound
SPLASHER *n* anything used for protection against splashes
SPLASHES ▸ **splash**
SPLASHY *adj* having irregular marks
SPLAT, -S, -TED *n* wet slapping sound ▹ *vb* make wet slapping sound
SPLATCH *vb* splash
SPLATS ▸ **splat**
SPLATTED ▸ **splat**
SPLATTER *n* splash ▹ *vb* splash (something or someone) with small blobs
SPLAY, -ED, -ING, -S *vb* spread out, with ends spreading in different directions ▹ *adj* spread out ▹ *n* surface of a wall that forms an oblique angle to the main flat surfaces
SPLEEN, -S *n* abdominal organ which filters bacteria from the blood
SPLEENY ▸ **spleen**
SPLENDID *adj* excellent
SPLENDOR *same as* > **splendour**
SPLENIA ▸ **splenium**
SPLENIAL ▸ **splenius**
SPLENIC *adj* of, relating to, or in the spleen
SPLENII ▸ **splenius**
SPLENIUM, SPLENIA *n* structure in brain
SPLENIUS, SPLENII *n* either of two flat muscles situated at the back of the neck
SPLENT, -S *same as* ▸ **splint**
SPLICE, -D, -S, SPLICING *vb* join by interweaving or overlapping ends
SPLICER, -S ▸ **splice**
SPLICES ▸ **splice**
SPLICING ▸ **splice**
SPLINE, -D, -S, SPLINING *n* type of narrow key around a shaft that fits into a corresponding groove ▹ *vb* provide (a shaft, part, etc) with splines
SPLINT, -ED, -S *n* rigid support for a broken bone ▹ *vb* apply a splint to (a broken arm, etc)
SPLINTER *n* thin sharp piece broken off, esp from wood ▹ *vb* break into fragments
SPLINTS ▸ **splint**
SPLISH, -ED, -ES *vb* splash
SPLIT, -S, -TED *vb* break into separate pieces ▹ *n* splitting
SPLITTER ▸ **split**
SPLODGE, -D, -S *n* large uneven spot or stain ▹ *vb* mark (something) with a splodge or splodges
SPLODGY ▸ **splodge**
SPLOG, -S *n* spam blog
SPLOOSH *vb* splash or cause to splash about uncontrollably ▹ *n* instance or sound of splooshing
SPLORE, -S *n* revel
SPLOSH, -ED, -ES *vb* scatter (liquid) vigorously about in blobs ▹ *n* instance or sound of sploshing
SPLOTCH *vb* splash, daub
SPLOTCHY ▸ **splotch**
SPLURGE, -D, -S *vb* spend money extravagantly ▹ *n* bout of extravagance
SPLURGER ▸ **splurge**
SPLURGES ▸ **splurge**
SPLURGY ▸ **splurge**
SPLURT, -ED, -S *vb* gush out
SPLUTTER *vb* utter with spitting or choking sounds ▹ *n* spluttering
SPOD, -S *adj* boring, unattractive, or overly studious
SPODDY, SPODDIER ▸ **spod**
SPODE, -S *n* type of English china or porcelain
SPODIUM, -S *n* black powder
SPODOSOL *n* ashy soil
SPODS ▸ **spod**
SPOFFISH *adj* officious
SPOFFY *same as* ▸ **spoffish**
SPOIL, -ED, -ING, -S, -T *vb* damage
SPOILAGE *n* amount of material that has been spoilt
SPOILED ▸ **spoil**
SPOILER, -S *n* device on an aircraft or car to increase drag
SPOILFUL *adj* taking spoils
SPOILING ▸ **spoil**
SPOILS ▸ **spoil**
SPOILT ▸ **spoil**
SPOKE, -D, -S, SPOKING *n* radial member of a wheel ▹ *vb* equip with spokes
SPOKEN ▸ **speak**
SPOKES ▸ **spoke**
SPOKING ▸ **spoke**
SPOLIATE *less common word for* ▸ **despoil**
SPONDAIC *adj* of, relating to, or consisting of spondees ▹ *n* spondaic line
SPONDEE, -S *n* metrical foot of two long syllables
SPONDYL, -S *n* vertebra
SPONGE, -D, -S, SPONGING *n* sea animal with a porous absorbent skeleton ▹ *vb* wipe with a sponge
SPONGER, -S *n* person who sponges on others
SPONGES ▸ **sponge**
SPONGIER ▸ **spongy**
SPONGILY ▸ **spongy**
SPONGIN, -S *n* fibrous horny protein in sponges
SPONGING ▸ **sponge**
SPONGINS ▸ **spongin**
SPONGOID ▸ **sponge**
SPONGY, SPONGIER *adj* of or resembling a sponge
SPONSAL *n* marriage
SPONSING *same as* ▸ **sponson**
SPONSION *n* act or process of becoming surety
SPONSON, -S *n* outboard support for a gun enabling it to fire fore and aft
SPONSOR, -S *n* person who promotes something ▹ *vb* act as a sponsor for
SPONTOON *n* infantry weapon used in the 18th and 19th centuries
SPOOF, -ED, -ING, -S *n* mildly satirical parody ▹ *vb* fool (a person) with a trick or deception
SPOOFER, -S ▸ **spoof**
SPOOFERY ▸ **spoof**
SPOOFIER ▸ **spoofy**
SPOOFING ▸ **spoof**
SPOOFS ▸ **spoof**
SPOOFY, SPOOFIER ▸ **spoof**
SPOOK, -ED, -ING, -S *n* ghost ▹ *vb* frighten
SPOOKERY *n* spooky events
SPOOKIER ▸ **spooky**
SPOOKILY ▸ **spooky**
SPOOKING ▸ **spook**
SPOOKISH ▸ **spook**

SPOOKS ▸**spook**
SPOOKY, SPOOKIER *adj* ghostly or eerie
SPOOL, -ED, -ING, -S *n* cylinder round which something can be wound ▹*vb* wind or be wound onto a spool or reel
SPOOLER, -S ▸**spool**
SPOOLING ▸**spool**
SPOOLS ▸**spool**
SPOOM, -ED, -ING, -S *vb* sail fast before wind
SPOON, -ED, -ING, -S *n* shallow bowl attached to a handle for eating, stirring, or serving food ▹*vb* lift with a spoon
SPOONER, -S *n* person who engages in spooning
SPOONEY, -S *same as* ▸**spoony**
SPOONFED *adj* having been given someone else's opinions
SPOONFUL *n* amount that a spoon is able to hold
SPOONIER ▸**spoony**
SPOONIES ▸**spoony**
SPOONILY ▸**spoony**
SPOONING ▸**spoon**
SPOONS ▸**spoon**
SPOONY, SPOONIER, SPOONIES *adj* foolishly or stupidly in love ▹*n* fool or silly person, esp one in love
SPOOR, -ED, -ING, -S *n* trail of an animal ▹*vb* track (an animal) by following its trail
SPOORER, -S ▸**spoor**
SPOORING ▸**spoor**
SPOORS ▸**spoor**
SPOOT, -S *n* razor shell
SPORADIC *adj* intermittent, scattered
SPORAL ▸**spore**
SPORE, -D, -S, SPORING *n* minute reproductive body of some plants ▹*vb* produce, carry, or release spores
SPORIDIA > **sporidium**
SPORING ▸**spore**
SPORK, -S *n* spoon-shaped piece of cutlery with tines like a fork
SPOROID *adj* of or like a spore
SPOROZOA *n* class of microscopic creature
SPORRAN, -S *n* pouch worn in front of a kilt
SPORT, -ED *n* activity for pleasure, competition, or exercise ▹*vb* wear proudly
SPORTER, -S ▸**sport**
SPORTFUL ▸**sport**
SPORTIER ▸**sporty**
SPORTIES ▸**sporty**
SPORTIF, -S *adj* sporty ▹*n* sporty person
SPORTILY ▸**sporty**
SPORTING *adj* of sport
SPORTIVE *adj* playful
SPORTS *adj* of or used in sports ▹*n* meeting held at a school or college for competitions in athletic events
SPORTY, SPORTIER, SPORTIES *adj* (of a person) interested in sport ▹*n* young person who takes an interest in sport and fitness
SPORULAR ▸**sporule**
SPORULE, -S *n* spore, esp a very small spore
SPOSH, -ES *n* slush
SPOSHY, SPOSHIER ▸**sposh**
SPOT, -S, -TED, -TING *n* small mark on a surface ▹*vb* notice
SPOTLESS *adj* absolutely clean
SPOTLIT > **spotlight**
SPOTS ▸**spot**
SPOTTED ▸**spot**
SPOTTER, -S *n* person who notes numbers or types of trains or planes
SPOTTIE, -S *n* young deer of up to three months of age
SPOTTIER ▸**spotty**
SPOTTIES ▸**spottie**
SPOTTILY ▸**spotty**
SPOTTING ▸**spot**
SPOTTY, SPOTTIER *adj* with spots
SPOUSAGE *n* marriage
SPOUSAL, -S *n* marriage ceremony ▹*adj* of or relating to marriage
SPOUSE, -D, -S, SPOUSING *n* person to whom one is married ▹*vb* marry
SPOUT, -ED, -S *vb* pour out in a stream or jet ▹*n* projecting tube or lip for pouring liquids
SPOUTER, -S ▸**spout**
SPOUTIER ▸**spouty**
SPOUTING *n* rainwater downpipe on the outside of a building
SPOUTS ▸**spout**
SPOUTY, SPOUTIER ▸**spout**
SPRACK *adj* vigorous
SPRACKLE *vb* clamber
SPRAD ▸**spread**
SPRADDLE *n* disease of fowl preventing them from standing
SPRAG, -GED, -S *n* device used to prevent a vehicle from running backwards on an incline ▹*vb* use sprag to prevent vehicle from moving
SPRAID *vb* chapped
SPRAIN, -ED, -S *vb* injure (a joint) by a sudden twist ▹*n* such an injury
SPRAINT, -S *n* piece of otter's dung
SPRANG, -S *n* branch
SPRANGLE *vb* sprawl
SPRANGS ▸**sprang**
SPRAT, -S *n* small sea fish
SPRATTLE *vb* scramble
SPRAUNCY *adj* smart
SPRAWL, -ED, -S *vb* lie or sit with the limbs spread out ▹*n* part of a city that has spread untidily over a large area
SPRAWLER ▸**sprawl**
SPRAWLS ▸**sprawl**
SPRAWLY ▸**sprawl**
SPRAY, -ED, -IER, -ING, -S *n* (device for producing) fine drops of liquid ▹*vb* scatter in fine drops
SPRAYER, -S ▸**spray**
SPRAYEY ▸**spray**
SPRAYIER ▸**spray**
SPRAYING ▸**spray**
SPRAYS ▸**spray**
SPREAD, SPRAD, -S *vb* open out or be displayed to the fullest extent ▹*n* spreading ▹*adj* extended or stretched out, esp to the fullest extent
SPREADER *n* machine or device used for scattering bulk materials over a relatively wide area
SPREADS ▸**spread**
SPREAGH, -S *n* cattle raid
SPREATHE *vb* chap
SPREAZE, -S *same as* ▸**spreathe**
SPREAZED *same as* > **spreathed**
SPREAZES ▸**spreaze**
SPRED, -S *same as* ▸**spread**
SPREDD, -S *same as* ▸**spread**
SPREDDE, -N, -S *same as* ▸**spread**
SPREDDS ▸**spredd**
SPREDS ▸**spred**
SPREE, -D, -ING, -S *n* session of overindulgence, usu in drinking or spending money ▹*vb* go on a spree
SPREETHE *same as* ▸**spreathe**
SPREEZE, -D, -S *same as* ▸**spreathe**

S

SPRENT, -ED, -S *adj* sprinkled ▷ *vb* leap forward in an agile manner
SPREW, -S *same as* ▸ **sprue**
SPRIER ▸ **spry**
SPRIEST ▸ **spry**
SPRIG, -GED, -S *n* twig or shoot ▷ *vb* fasten or secure with sprigs
SPRIGGER ▸ **sprig**
SPRIGGY ▸ **sprig**
SPRIGHT, -S *same as* ▸ **sprite**
SPRIGS ▸ **sprig**
SPRING, -S, SPRONG, SPRUNG *vb* move suddenly upwards or forwards in a single motion, jump ▷ *n* season between winter and summer
SPRINGAL *n* young man
SPRINGE, -D, -S *n* type of snare for catching small wild animals or birds ▷ *vb* set such a snare
SPRINGER *n* small spaniel
SPRINGES ▸ **springe**
SPRINGLE *same as* ▸ **springe**
SPRINGS ▸ **spring**
SPRINGY *adj* elastic
SPRINKLE *vb* scatter (liquid or powder) in tiny drops or particles over (something) ▷ *n* act or an instance of sprinkling or a quantity that is sprinkled
SPRINT, -ED, -S *n* short race run at top speed ▷ *vb* run a short distance at top speed
SPRINTER ▸ **sprint**
SPRINTS ▸ **sprint**
SPRIT, -S *n* small spar set diagonally across a sail to extend it
SPRITE, -S *n* elf
SPRITELY *same as* > **sprightly**
SPRITES ▸ **sprite**
SPRITS ▸ **sprit**
SPRITZ, -ED, -ES *vb* spray liquid
SPRITZER *n* tall drink of wine and soda water
SPRITZES ▸ **spritz**
SPRITZIG *adj* (of wine) sparkling ▷ *n* sparkling wine
SPRITZY *adj* fizzy
SPROCKET *n* wheel with teeth on the rim, that drives or is driven by a chain
SPROD, -S *n* young salmon
SPROG, -S *n* child
SPROGLET *n* small child
SPROGS ▸ **sprog**
SPRONG ▸ **spring**
SPROUT, -ED, -S *vb* put forth shoots ▷ *n* shoot
SPRUCE, -D, -R, -S, -ST, SPRUCING *n* kind of fir ▷ *adj* neat and smart
SPRUCELY ▸ **spruce**
SPRUCER ▸ **spruce**
SPRUCES ▸ **spruce**
SPRUCEST ▸ **spruce**
SPRUCIER ▸ **sprucy**
SPRUCING ▸ **spruce**
SPRUCY, SPRUCIER ▸ **spruce**
SPRUE, -S *n* vertical channel in a mould
SPRUG, -S *n* sparrow
SPRUIK, -ED, -S *vb* speak in public (used esp of a showman or salesman)
SPRUIKER ▸ **spruik**
SPRUIKS ▸ **spruik**
SPRUIT, -S *n* small tributary stream or watercourse
SPRUNG ▸ **spring**
SPRUSH, -ED, -ES *Scots form of* ▸ **spruce**
SPRY, SPRIER, SPRIEST, -ER, -EST *adj* active or nimble
SPRYLY ▸ **spry**
SPRYNESS ▸ **spry**
SPUD, -DED, -DING, -S *n* potato ▷ *vb* remove (bark) or eradicate (weeds) with a spud
SPUDDER, -S *same as* ▸ **spud**
SPUDDIER ▸ **spuddy**
SPUDDING ▸ **spud**
SPUDDLE, -S *n* feeble movement
SPUDDY, SPUDDIER *adj* short and fat
SPUDGEL, -S *n* bucket on a long handle
SPUDS ▸ **spud**
SPUE, -D, -ING, -S, SPUING *same as* ▸ **spew**
SPUER, -S ▸ **spue**
SPUES ▸ **spue**
SPUG, -S *same as* ▸ **spuggy**
SPUGGY, SPUGGIES *n* house sparrow
SPUGS ▸ **spug**
SPUILZIE *vb* plunder
SPUING ▸ **spue**
SPULE, -S *Scots word for* ▸ **shoulder**
SPULYE, -D, -S *same as* ▸ **spuilzie**
SPULYIE, -D, -S *same as* ▸ **spuilzie**
SPULZIE, -D, -S *same as* ▸ **spuilzie**
SPUMANTE *n* Italian sparkling wine
SPUME, -D, -S, SPUMING *vb* froth ▷ *n* foam or froth on the sea
SPUMIER ▸ **spumy**
SPUMIEST ▸ **spumy**
SPUMING ▸ **spume**
SPUMONE, -S *n* creamy Italian ice cream
SPUMONI, -S *same as* ▸ **spumone**
SPUMOUS ▸ **spume**
SPUMY, SPUMIER, SPUMIEST ▸ **spume**
SPUN ▸ **spin**
SPUNGE, -S *same as* ▸ **sponge**
SPUNK, -ED, -ING, -S *n* courage, spirit ▷ *vb* catch fire
SPUNKIE, -S *n* will-o'-the-wisp
SPUNKIER ▸ **spunky**
SPUNKIES ▸ **spunkie**
SPUNKILY ▸ **spunk**
SPUNKING ▸ **spunk**
SPUNKS ▸ **spunk**
SPUNKY, SPUNKIER ▸ **spunk**
SPUNYARN *n* small stuff made from rope yarns twisted together
SPUR, -RED, -RING, -S *n* stimulus or incentive ▷ *vb* urge on, incite (someone)
SPURDOG, -S *n* the dogfish
SPURGALL *vb* prod with spur
SPURGE, -S *n* plant with milky sap
SPURIAE *n* type of bird feathers
SPURIOUS *adj* not genuine
SPURLESS ▸ **spur**
SPURLIKE *adj* like a spur
SPURLING *same as* ▸ **sparling**
SPURN, -ED, -ING, -S *vb* reject with scorn ▷ *n* instance of spurning
SPURNE, -S *vb* spur
SPURNED ▸ **spurn**
SPURNER, -S ▸ **spurn**
SPURNES ▸ **spurne**
SPURNING ▸ **spurn**
SPURNS ▸ **spurn**
SPURRED ▸ **spur**
SPURRER, -S ▸ **spur**
SPURREY, -S *n* any of several low-growing European plants
SPURRIER *n* maker of spurs
SPURRIES ▸ **spurry**
SPURRING ▸ **spur**
SPURRY, SPURRIES *n* spurrey ▷ *adj* resembling a spur
SPURS ▸ **spur**
SPURT, -ED, -ING, -S *vb* gush or cause to gush out in a jet ▷ *n* short sudden burst of activity or speed
SPURTER, -S ▸ **spurt**

SPURTING ▸ **spurt**
SPURTLE, -S *n* wooden spoon for stirring porridge
SPURTS ▸ **spurt**
SPURWAY, -S *n* path used by riders
SPUTA ▸ **sputum**
SPUTNIK, -S *n* early Soviet artificial satellite
SPUTTER, -S *n* splutter ▹ *vb* splutter
SPUTTERY *adj* sputtering
SPUTUM, SPUTA, -S *n* mass of spittle ejected from the mouth
SPY, SPIED, SPIES *n* person employed to obtain secret information ▹ *vb* act as a spy
SPYAL, -S *n* spy
SPYCAM, -S *n* camera used for covert surveillance
SPYGLASS *n* small telescope
SPYHOLE, -S *n* small hole in a door, etc through which one may watch secretly
SPYING, -S ▸ **spy**
SPYPLANE *n* military aeroplane used to spy on enemy
SPYRE, -S *same as* ▸ **spire**
SPYWARE, -S *n* software used to gain information about a computer user
SQUAB, -BED, -BER, -S *n* young bird yet to leave the nest ▹ *adj* (of birds) recently hatched and still unfledged ▹ *vb* fall
SQUABASH *vb* crush
SQUABBED ▸ **squab**
SQUABBER ▸ **squab**
SQUABBLE *n* petty or noisy quarrel ▹ *vb* quarrel over a small matter
SQUABBY ▸ **squab**
SQUABS ▸ **squab**
SQUACCO, -S *n* S European heron
SQUAD, -DED, -S *n* small group of people working or training together ▹ *vb* set up squads
SQUADDIE *n* private soldier
SQUADDY *same as* ▸ **squaddie**
SQUADRON *n* division of an air force, fleet, or cavalry regiment ▹ *vb* assign to squadrons
SQUADS ▸ **squad**
SQUAIL, -ED, -S *vb* throw sticks at
SQUAILER ▸ **squail**
SQUAILS ▸ **squail**
SQUALENE *n* terpene first found in the liver of sharks
SQUALID *adj* dirty and unpleasant
SQUALL, -ED, -S *n* sudden strong wind ▹ *vb* cry noisily, yell
SQUALLER ▸ **squall**
SQUALLS ▸ **squall**
SQUALLY ▸ **squall**
SQUALOID *adj* of or like a shark
SQUALOR, -S *n* disgusting dirt and filth
SQUAMA, -E *n* scale or scalelike structure
SQUAMATE ▸ **squama**
SQUAME, -S *same as* ▸ **squama**
SQUAMOSE *same as* ▸ **squamous**
SQUAMOUS *adj* (of epithelium) consisting of one or more layers of flat platelike cells
SQUAMULA *same as* > **squamella**
SQUAMULE *same as* > **squamella**
SQUANDER *vb* waste (money or resources) ▹ *n* extravagance or dissipation
SQUARE, -D, -S, -ST, SQUARING *n* geometric figure with four equal sides and four right angles ▹ *adj* square in shape ▹ *vb* multiply (a number) by itself ▹ *adv* directly
SQUARELY *adv* in a direct way
SQUARER, -S ▸ **square**
SQUARES ▸ **square**
SQUAREST ▸ **square**
SQUARIAL *n* type of square dish for receiving satellite television
SQUARING ▸ **square**
SQUARISH ▸ **square**
SQUARK, -S *n* hypothetical boson partner of a quark
SQUARSON *n* member of the clergy who is also a landowner
SQUASH, -ED, -ES *vb* crush flat ▹ *n* sweet fruit drink diluted with water
SQUASHER ▸ **squash**
SQUASHES ▸ **squash**
SQUASHY *adj* soft and easily squashed
SQUAT, -S, -TED *vb* crouch with the knees bent and the weight on the feet ▹ *n* place where squatters live ▹ *adj* short and broad
SQUATLY ▸ **squat**
SQUATS ▸ **squat**
SQUATTED ▸ **squat**
SQUATTER *n* illegal occupier of unused premises ▹ *vb* splash along
SQUATTLE *vb* squat
SQUATTY *adj* short and broad
SQUAWK, -ED, -S *n* loud harsh cry ▹ *vb* utter a squawk
SQUAWKER ▸ **squawk**
SQUAWKS ▸ **squawk**
SQUAWKY ▸ **squawk**
SQUEAK, -ED, -S *n* short shrill cry or sound ▹ *vb* make or utter a squeak
SQUEAKER ▸ **squeak**
SQUEAKS ▸ **squeak**
SQUEAKY ▸ **squeak**
SQUEAL, -ED, -S *n* long shrill cry or sound ▹ *vb* make or utter a squeal
SQUEALER ▸ **squeal**
SQUEALS ▸ **squeal**
SQUEEGEE *n* tool with a rubber blade for clearing water from a surface ▹ *vb* remove (water or other liquid) from (something) by use of a squeegee
SQUEEZE, -D, -S *vb* grip or press firmly ▹ *n* squeezing
SQUEEZER ▸ **squeeze**
SQUEEZES ▸ **squeeze**
SQUEEZY ▸ **squeeze**
SQUEG, -GED, -S *vb* oscillate
SQUEGGER ▸ **squeg**
SQUEGS ▸ **squeg**
SQUELCH *vb* make a wet sucking sound, as by walking through mud ▹ *n* squelching sound
SQUELCHY ▸ **squelch**
SQUIB, -BED, -S *n* small firework that hisses before exploding
SQUIBBER *n* (in baseball) ground ball that becomes a base hit
SQUIBS ▸ **squib**
SQUID, -DED, -S *n* sea creature with tentacles ▹ *vb* (of a parachute) to assume an elongated shape
SQUIDGE, -D, -S *vb* squash
SQUIDGY *adj* soft, moist, and squashy
SQUIDS ▸ **squid**
SQUIER, -S *same as* ▸ **squire**
SQUIFF *same as* ▸ **squiffy**
SQUIFFED *same as* ▸ **squiffy**
SQUIFFER *n* concertina
SQUIFFY *adj* slightly drunk
SQUIGGLE *n* wavy line ▹ *vb* wriggle
SQUIGGLY ▸ **squiggle**

SQUILGEE *same as* ▸**squeegee**
SQUILL, -S *n* Mediterranean plant of the lily family
SQUILLA, -E, -S *n* type of mantis shrimp
SQUILLS ▸**squill**
SQUINCH *n* small arch across an internal corner of a tower ▹*vb* squeeze
SQUINIED ▸**squiny**
SQUINIES ▸**squiny**
SQUINNY *vb* squint ▹*adj* squint
SQUINT, -ED, -S *vb* have eyes which face in different directions ▹*n* squinting condition of the eye ▹*adj* crooked
SQUINTER ▸**squint**
SQUINTS ▸**squint**
SQUINTY ▸**squint**
SQUINY, SQUINIED, SQUINIES *same as* ▸**squinny**
SQUIRAGE *n* body of squires
SQUIRE, -D, -S, SQUIRING *n* country gentleman, usu the main landowner in a community ▹*vb* (of a man) escort (a woman)
SQUIREEN *n* petty squire
SQUIRELY ▸**squire**
SQUIRES ▸**squire**
SQUIRESS *n* wife of squire
SQUIRING ▸**squire**
SQUIRISH ▸**squire**
SQUIRL, -S *n* decorative flourish in handwriting
SQUIRM, -ED, -S *vb* wriggle, writhe ▹*n* wriggling movement
SQUIRMER ▸**squirm**
SQUIRMS ▸**squirm**
SQUIRMY *adj* moving with a wriggling motion
SQUIRR, -ED, -S *same as* ▸**skirr**
SQUIRREL *n* small bushy-tailed tree-living animal ▹*vb* store for future use
SQUIRRS ▸**squirr**
SQUIRT, -ED, -S *vb* force (a liquid) or (of a liquid) be forced out of a narrow opening ▹*n* jet of liquid
SQUIRTER ▸**squirt**
SQUIRTS ▸**squirt**
SQUISH, -ED, -ES *n* soft squelching sound ▹*vb* crush (something) with a soft squelching sound
SQUISHY *adj* soft and yielding to the touch
SQUIT, -S *n* insignificant person
SQUITCH *n* couch grass
SQUITS ▸**squit**
SQUIZ, -ZES *n* look or glance, esp an inquisitive one

The word **quiz** comes up surprisingly often, so it is useful to remember that you can put an S on the front of it to form this Australian slang word for a quick look.

SQUOOSH *vb* squash
SQUOOSHY ▸**squoosh**
SQUUSH, -ED, -ES *same as* ▸**squoosh**
SRADDHA, -S *n* Hindu offering to ancestor
SRADHA, -S *same as* ▸**sraddha**
SRI, -S *n* title of respect used when addressing a Hindu
SRIRACHA *n* type of spicy sauce
SRIS ▸**sri**
ST *interj* exclamation to attract attention
STAB, -BED, -BING, -S *vb* pierce with something pointed ▹*n* instance of stabbing
STABBER, -S ▸**stab**
STABBING ▸**stab**
STABILE, -S *n* stationary abstract construction, usually of wire, metal, wood, etc ▹*adj* fixed
STABLE, -D, -S, -ST *n* building in which horses are kept ▹*vb* put or keep (a horse) in a stable ▹*adj* firmly fixed or established
STABLER, -S *n* stable owner
STABLES ▸**stable**
STABLEST ▸**stable**
STABLING *n* stable buildings or accommodation
STABLISH *archaic variant of* >**establish**
STABLY ▸**stable**
STABS ▸**stab**
STACCATO, STACCATI *adv* with the notes sharply separated ▹*adj* consisting of short abrupt sounds ▹*n* staccato note
STACHYS *n* type of plant of the genus which includes lamb's ears and betony
STACK, -ED, -S *n* ordered pile ▹*vb* pile in a stack
STACKER, -S ▸**stack**
STACKET, -S *n* fence of wooden posts
STACKING *n* arrangement of aircraft traffic in busy flight lanes
STACKS ▸**stack**
STACKUP, -S *n* number of aircraft waiting to land
STACTE, -S *n* one of several sweet-smelling spices used in incense
STADDA, -S *n* type of saw
STADDLE, -S *n* type of support or prop
STADE, -S *same as* ▸**stadium**
STADIA, -S *n* instrument used in surveying
STADIAL, -S *n* stage in development of glacier
STADIAS ▸**stadia**
STADIUM, -S *n* sports arena with tiered seats for spectators
STAFF, -ED, -S *n* people employed in an organization ▹*vb* supply with personnel
STAFFAGE *n* ornamentation in work of art
STAFFED ▸**staff**
STAFFER, -S *n* member of staff, esp, in journalism, of editorial staff
STAFFING *n* act of hiring employees
STAFFMAN, STAFFMEN *n* person who holds the levelling staff when a survey is being made
STAFFS ▸**staff**
STAG, -GED, -GING, -S *n* adult male deer ▹*adv* without a female escort ▹*vb* apply for (shares) with the intention of selling them for quick profit
STAGE, -D, -S *n* step or period of development ▹*vb* put (a play) on stage
STAGEFUL *n* amount that can appear on stage
STAGER, -S *n* person of experience
STAGERY *n* theatrical effects or techniques
STAGES ▸**stage**
STAGETTE *n* young unmarried professional woman
STAGEY *same as* ▸**stagy**
STAGGARD *n* male red deer in the fourth year of life
STAGGART *same as* ▸**staggard**
STAGGED ▸**stag**
STAGGER *vb* walk unsteadily ▹*n* staggering
STAGGERS *n* disease of horses and other domestic animals that causes staggering
STAGGERY *adj* tending to stagger

STAGGIE, -S *n* little stag
STAGGIER ▸ **staggy**
STAGGIES ▸ **staggie**
STAGGING ▸ **stag**
STAGGY, STAGGIER ▸ **stag**
STAGHORN *n* type of fern with fronds that resemble antlers
STAGIER ▸ **stagy**
STAGIEST ▸ **stagy**
STAGILY ▸ **stagy**
STAGING, -S *n* temporary support used in building
STAGNANT *adj* (of water or air) stale from not moving
STAGNATE *vb* be stagnant
STAGS ▸ **stag**
STAGY, STAGIER, STAGIEST *adj* too theatrical or dramatic
STAID, -ER, -EST *adj* sedate, serious, and rather dull
STAIDLY ▸ **staid**
STAIG, -S *Scots variant of* ▸ **stag**
STAIN, -ED, -ING, -S *vb* discolour, mark ▹ *n* discoloration or mark
STAINER, -S ▸ **stain**
STAINING ▸ **stain**
STAINS ▸ **stain**
STAIR *n* one step in a flight of stairs
STAIRED *adj* having stairs
STAIRS *pl n* flight of steps between floors, usu indoors
STAIRWAY *n* staircase
STAITH, -S *same as* ▸ **staithe**
STAITHE, -S *n* wharf
STAITHS ▸ **staith**
STAKE, -D, -S, STAKING *n* pointed stick or post driven into the ground as a support or marker ▹ *vb* support or mark out with stakes
STAKEOUT *n* police surveillance of an area or house ▹ *vb* keep an area or house under surveillance
STAKER, -S *n* person who marks off an area with stakes
STAKES ▸ **stake**
STAKING ▸ **stake**
STALAG, -S *n* German prisoner-of-war camp
STALAGMA *n* stalagmite
STALAGS ▸ **stalag**
STALE, -D, -R, -S, -ST, STALING *adj* not fresh ▹ *vb* make or become stale ▹ *n* urine of horses or cattle
STALELY ▸ **stale**
STALER ▸ **stale**
STALES ▸ **stale**
STALEST ▸ **stale**
STALING ▸ **stale**
STALK, -ED, -ING, -S *n* plant's stem ▹ *vb* follow or approach stealthily
STALKER, -S ▸ **stalk**
STALKIER ▸ **stalky**
STALKILY ▸ **stalky**
STALKING ▸ **stalk**
STALKO, -ES, -S *n* idle gentleman
STALKS ▸ **stalk**
STALKY, STALKIER *adj* like a stalk
STALL, -ED, -ING, -S *n* small stand for the display and sale of goods ▹ *vb* (of a motor vehicle or engine) stop accidentally
STALLAGE *n* rent paid for market stall
STALLED ▸ **stall**
STALLING ▸ **stall**
STALLION *n* uncastrated male horse
STALLMAN, STALLMEN *n* keeper of a stall
STALLS ▸ **stall**
STALWART *adj* strong and sturdy ▹ *n* stalwart person
STAMEN, -S *n* pollen-producing part of a flower
STAMENED *adj* having stamen
STAMENS ▸ **stamen**
STAMINA, -S *n* enduring energy and strength
STAMINAL ▸ **stamina**
STAMINAS ▸ **stamina**
STAMMEL, -S *n* coarse woollen cloth in former use for undergarments
STAMMER, -S *vb* speak or say with involuntary pauses or repetition of syllables ▹ *n* tendency to stammer
STAMNOS, STAMNOI *n* ancient Greek jar
STAMP, -ED, -ING, -S *n* piece of gummed paper stuck to an envelope or parcel ▹ *vb* bring (one's foot) down forcefully
STAMPEDE *n* sudden rush of frightened animals or of a crowd ▹ *vb* (cause to) take part in a stampede
STAMPEDO *same as* ▸ **stampede**
STAMPER, -S ▸ **stamp**
STAMPING ▸ **stamp**
STAMPS ▸ **stamp**
STANCE, -S *n* attitude
STANCH, -ED, -ES *vb* stem the flow of (a liquid, esp blood) ▹ *adj* loyal and dependable
STANCHEL *same as* > **stanchion**
STANCHER ▸ **stanch**
STANCHES ▸ **stanch**
STANCHLY ▸ **stanch**
STANCK *adj* faint
STAND, -EN, -ING, -S, STOOD, STOODEN, STUDDEN *vb* be in, rise to, or place in an upright position ▹ *n* stall for the sale of goods
STANDARD *n* level of quality ▹ *adj* usual, regular, or average
STANDBY, -S *n* person or thing that is ready for use
STANDEE, -S *n* person who stands
STANDEN ▸ **stand**
STANDER, -S ▸ **stand**
STANDING ▸ **stand**
STANDISH *n* stand, usually of metal, for pens, ink bottles, etc
STANDOFF *n* act or an instance of standing off or apart ▹ *vb* stay at a distance
STANDOUT *n* distinctive or outstanding person or thing
STANDPAT *n* (in poker) refusal to change one's card
STANDS ▸ **stand**
STANDUP, -S *n* comedian who performs solo
STANE, -D, -S, STANING *Scot word for* ▸ **stone**
STANG, -ED, -ING, -S *vb* sting
STANHOPE *n* light one-seater carriage with two or four wheels
STANIEL, -S *n* kestrel
STANINE, -S *n* scale of nine levels
STANING ▸ **stane**
STANK, -ED, -ING, -S *vb* dam
STANNARY *n* place or region where tin is mined or worked
STANNATE *n* salt of stannic acid
STANNEL, -S *same as* ▸ **staniel**
STANNIC *adj* of or containing tin, esp in the tetravalent state
STANNITE *n* grey metallic mineral
STANNOUS *adj* of or containing tin, esp in the divalent state
STANNUM, -S *n* tin (the metal)
STANOL, -S *n* drug taken to prevent heart disease
STANYEL, -S *same as* ▸ **staniel**

STANZA, -S *n* verse of a poem
STANZAED ▸**stanza**
STANZAIC ▸**stanza**
STANZAS ▸**stanza**
STANZE, -S *same as* ▸**stanza**
STANZO, -ES, -S *same as* ▸**stanza**
STAP, -PED, -PING, -S *same as* ▸**stop**
STAPEDES ▸**stapes**
STAPEDII > **stapedius**
STAPELIA *n* fleshy cactus-like leafless African plant
STAPES, STAPEDES *n* stirrup-shaped bone in the middle ear of mammals
STAPH, -S *n* staphylococcus
STAPLE, -D, -S *n* U-shaped piece of metal used to fasten papers ▹*vb* fasten with staples ▹*adj* of prime importance
STAPLER, -S *n* small device for fastening papers together
STAPLES ▸**staple**
STAPLING *n* as in **stomach stapling** surgical treatment for obesity
STAPPED ▸**stap**
STAPPING ▸**stap**
STAPPLE, -S *same as* ▸**stopple**
STAPS ▸**stap**
STAR, -RED, -RING, -S *n* hot gaseous mass in space, visible in the night sky as a point of light ▹*vb* feature or be featured as a star ▹*adj* leading, famous
STARAGEN *n* tarragon
STARCH, -ED, -ES *n* carbohydrate forming the main food element in bread, potatoes, etc ▹*vb* stiffen (fabric) with starch ▹*adj* (of a person) formal
STARCHER ▸**starch**
STARCHES ▸**starch**
STARCHY *adj* containing starch
STARDOM, -S *n* status of a star in the entertainment or sports world
STARDUST *n* dusty material found between the stars
STARE, -D, -S *vb* look or gaze fixedly (at) ▹*n* fixed gaze
STARER, -S ▸**stare**
STARES ▸**stare**
STARETS, STARTSY *n* Russian holy man
STARETZ *same as* ▸**starets**
STARFISH *n* star-shaped sea creature
STARGAZE *vb* observe the stars
STARING, -S ▸**stare**
STARK, -ED, -ER, -EST, -ING, -S *adj* harsh, unpleasant, and plain ▹*adv* completely ▹*vb* stiffen
STARKEN, -S *vb* become or make stark
STARKER ▸**stark**
STARKERS *adj* completely naked
STARKEST ▸**stark**
STARKING ▸**stark**
STARKLY ▸**stark**
STARKS ▸**stark**
STARLESS ▸**star**
STARLET, -S *n* young actress presented as a future star
STARLIKE ▸**star**
STARLING *n* songbird with glossy black speckled feathers
STARLIT *same as* > **starlight**
STARN, -ED, -ING, -S *same as* ▸**stern**
STARNIE, -S *n* Scots word for little star
STARNING ▸**starn**
STARNOSE *n* American mole with starlike nose
STARNS ▸**starn**
STAROSTA *n* headman of Russian village
STAROSTY *n* estate of Polish nobleman
STARR, -S *n* (in Judaism) release from a debt
STARRED ▸**star**
STARRIER ▸**starry**
STARRILY ▸**starry**
STARRING ▸**star**
STARRS ▸**starr**
STARRY, STARRIER *adj* full of or like stars
STARS ▸**star**
STARSHIP *n* spacecraft in science fiction
STARSPOT *n* dark patch on surface of star
START, -ED, -ING, -S *vb* take the first step, begin ▹*n* first part of something
STARTER, -S *n* first course of a meal
STARTFUL *adj* tending to start
STARTING ▸**start**
STARTISH *same as* ▸**startful**
STARTLE, -D, -S *vb* slightly surprise or frighten
STARTLER ▸**startle**
STARTLES ▸**startle**
STARTLY *adj* (of a horse) prone to starting
STARTS ▸**start**
STARTSY ▸**starets**
STARTUP, -S *n* business enterprise that has been launched recently
STARVE, -D, -S, STARVING *vb* die or suffer or cause to die or suffer from hunger
STARVER, -S ▸**starve**
STARVES ▸**starve**
STARVING ▸**starve**
STARWORT *n* plant with star-shaped flowers
STASES ▸**stasis**
STASH, -ED, -ES, -ING *vb* store in a secret place ▹*n* secret store
STASHIE, -S *same as* ▸**stushie**
STASHING ▸**stash**
STASIMON, STASIMA *n* ode sung in Greek tragedy
STASIS, STASES *n* stagnation in the normal flow of bodily fluids
STAT, -S *n* statistic
STATABLE ▸**state**
STATAL *adj* of a federal state
STATANT *adj* (of an animal) in profile with all four feet on the ground
STATE, -S, STATING *n* condition of a person or thing ▹*adj* of or concerning the State ▹*vb* express in words
STATED *adj* (esp of a sum) determined by agreement
STATEDLY ▸**stated**
STATELET *n* small state
STATELY *adj* dignified or grand ▹*adv* in a stately manner
STATER, -S *n* any of various usually silver coins of ancient Greece
STATES ▸**state**
STATIC *adj* stationary or inactive ▹*n* crackling sound or speckled picture caused by interference in radio or TV reception
STATICAL ▸**static**
STATICE, -S *n* plant name formerly used for both thrift and sea lavender
STATICKY *adj* characterized by static
STATICS *n* study of the forces producing a state of equilibrium
STATIM *adv* right away
STATIN, -S *n* type of drug that lowers the levels of low-density lipoproteins in the blood
STATING ▸**state**

STATINS ▸**statin**
STATION, -S *n* place where trains stop for passengers ▹*vb* assign (someone) to a particular place
STATISM, -S *n* theory or practice of concentrating economic and political power in the state
STATIST, -S *n* advocate of statism ▹*adj* of, characteristic of, advocating, or relating to statism
STATIVE, -S *adj* denoting a verb describing a state rather than an activity, act, or event ▹*n* stative verb
STATOR, -S *n* stationary part of a rotary machine or device
STATS ▸**stat**
STATTO, -S *n* person preoccupied with the facts and figures of a subject
STATUA, -S *same as* ▸**statue**
STATUARY *n* statues collectively ▹*adj* of, relating to, or suitable for statues
STATUAS ▸**statua**
STATUE, -S *n* large sculpture of a human or animal figure
STATUED *adj* decorated with or portrayed in a statue or statues
STATUES ▸**statue**
STATURE, -S *n* person's height
STATURED *adj* having stature
STATURES ▸**stature**
STATUS, -ES *n* social position
STATUSY *adj* conferring or having status
STATUTE, -S *n* written law
STAUMREL *n* stupid person
STAUN, -ING, -S *Scot word for* ▸**stand**
STAUNCH *same as* ▸**stanch**
STAUNING ▸**staun**
STAUNS ▸**staun**
STAVE, -D, -S, STAVING *same as* ▸**staff**
STAW, -ED, -ING, -S *Scots form of* ▸**stall**
STAY, -ED, -ING *vb* remain in a place or condition ▹*n* period of staying in a place
STAYAWAY *n* strike in South Africa
STAYED ▸**stay**
STAYER, -S *n* person or thing that stays
STAYING ▸**stay**
STAYLESS *adj* with no stays or support
STAYNE, -D, -S, STAYNING *same as* ▸**stain**
STAYRE, -S *same as* ▸**stair**
STAYS *pl n* old-fashioned corsets with bones in them
STAYSAIL *n* sail fastened on a stay
STEAD, -ED, -S *n* place or function that should be taken by another ▹*vb* help or benefit
STEADIED ▸**steady**
STEADIER ▸**steady**
STEADIES ▸**steady**
STEADILY ▸**steady**
STEADING *n* farmstead
STEADS ▸**stead**
STEADY, STEADIED, STEADIES *adj* not shaky or wavering ▹*vb* make steady ▹*adv* in a steady manner
STEAK, -S *n* thick slice of meat, esp beef
STEAL, -ED, -ING, -S, -T, STOLEN, STOLN, STOWN *vb* take unlawfully or without permission
STEALAGE *n* theft
STEALE, -S *n* handle
STEALED ▸**steal**
STEALER, -S *n* person who steals something
STEALES ▸**steale**
STEALING ▸**steal**
STEALS ▸**steal**
STEALT ▸**steal**
STEALTH, -S *n* moving carefully and quietly ▹*adj* (of technology) able to render an aircraft almost invisible to radar ▹*vb* approach undetected
STEALTHY *adj* characterized by great caution, secrecy, etc
STEAM, -ED, -S *n* vapour into which water changes when boiled ▹*vb* give off steam
STEAMER, -S *n* steam-propelled ship ▹*vb* travel by steamer
STEAMIE, -S *n* public wash house
STEAMIER ▸**steamy**
STEAMIES ▸**steamie**
STEAMILY ▸**steamy**
STEAMING *adj* very hot ▹*n* robbery by a large gang of youths
STEAMS ▸**steam**
STEAMY, STEAMIER *adj* full of steam
STEAN, -S *n* earthenware vessel
STEANE, -D, -S, STEANING *same as* ▸**steen**
STEANS ▸**stean**
STEAPSIN *n* pancreatic lipase
STEAR, -D, -ING, -S *same as* ▸**steer**
STEARAGE *same as* ▸**steerage**
STEARATE *n* any salt or ester of stearic acid
STEARD ▸**stear**
STEARE, -D, -S *same as* ▸**steer**
STEARIC *adj* of or relating to suet or fat
STEARIN, -S *n* colourless crystalline ester of glycerol and stearic acid
STEARINE *same as* ▸**stearin**
STEARING ▸**stear**
STEARINS ▸**stearin**
STEARS ▸**stear**
STEATITE *same as* > **soapstone**
STEATOMA *n* tumour of sebaceous gland
STED, -DED, -DING, -S *same as* ▸**stead**
STEDD, -S *same as* ▸**stead**
STEDDE, -S *same as* ▸**stead**
STEDDED ▸**sted**
STEDDES ▸**stedde**
STEDDIED ▸**steddy**
STEDDIES ▸**steddy**
STEDDING ▸**sted**
STEDDS ▸**stedd**
STEDDY, STEDDIED, STEDDIES *same as* ▸**steady**
STEDE, -D, -S, STEDING *same as* ▸**stead**
STEDFAST *same as* > **steadfast**
STEDING ▸**stede**
STEDS ▸**sted**
STEED, -ED, -ING, -S *same as* ▸**stead**
STEEDIED ▸**steedy**
STEEDIES ▸**steedy**
STEEDING ▸**steed**
STEEDS ▸**steed**
STEEDY, STEEDIED, STEEDIES *same as* ▸**steady**
STEEK, -ED, -ING, -IT, -S *vb* Scots word meaning shut
STEEL, -D, -ED, -ING *n* hard malleable alloy of iron and carbon ▹*vb* prepare (oneself) for something unpleasant
STEELBOW *n* material lent to tenant by landlord
STEELD ▸**steel**
STEELED ▸**steel**
STEELIE, -S *n* steel ball bearing used as marble
STEELIER ▸**steely**
STEELIES ▸**steelie**

S

STEELING ▸**steel**
STEELMAN, STEELMEN *n* person working in steel industry
STEELS *pl n* shares and bonds of steel companies
STEELY, STEELIER ▸**steel**
STEEM, -ED, -ING, -S *variant of* ▸**esteem**
STEEN, -ED, -ING, -S *vb* line with stone
STEENBOK *n* small antelope of central and southern Africa
STEENED ▸**steen**
STEENING ▸**steen**
STEENS ▸**steen**
STEEP, -ED, -EST, -ING, -S *adj* sloping sharply ▹*vb* soak or be soaked in liquid ▹*n* instance or the process of steeping
STEEPEN, -S *vb* become steep or steeper
STEEPER, -S ▸**steep**
STEEPEST ▸**steep**
STEEPEUP *adj* very steep
STEEPIER ▸**steepy**
STEEPING ▸**steep**
STEEPISH ▸**steep**
STEEPLE, -S *same as* ▸**spire**
STEEPLED ▸**steeple**
STEEPLES ▸**steeple**
STEEPLY ▸**steep**
STEEPS ▸**steep**
STEEPUP *adj* very steep
STEEPY, STEEPIER *same as* ▸**steep**
STEER, -ED, -ING, -S *vb* direct the course of (a vehicle or ship) ▹*n* castrated male ox
STEERAGE *n* cheapest accommodation on a passenger ship
STEERED ▸**steer**
STEERER, -S ▸**steer**
STEERIER ▸**steery**
STEERIES ▸**steery**
STEERING ▸**steer**
STEERS ▸**steer**
STEERY, STEERIER, STEERIES *n* commotion ▹*adj* busy or bustling
STEEVE, -D, -R, -S, -ST, STEEVING *n* spar having a pulley block at one end ▹*vb* stow (cargo) securely in the hold of a ship
STEEVELY ▸**steeve**
STEEVER ▸**steeve**
STEEVES ▸**steeve**
STEEVEST ▸**steeve**
STEEVING ▸**steeve**
STEGODON *n* mammal of Pliocene to Pleistocene times, similar to the mastodon
STEIL, -S *same as* ▸**steal**
STEIN, -ED, -ING, -S *same as* ▸**steen**
STEINBOK *same as* ▸**steenbok**
STEINED ▸**stein**
STEINING ▸**stein**
STEINS ▸**stein**
STELA, -E, -I *same as* ▸**stele**
STELAR ▸**stele**
STELE, -S *n* upright stone slab or column decorated with figures or inscriptions
STELENE ▸**stele**
STELES ▸**stele**
STELIC ▸**stele**
STELL, -ED, -ING, -S *n* shelter for cattle or sheep built on moorland or hillsides ▹*vb* position or place
STELLA, -S *n* star or something star-shaped
STELLAR *adj* of stars
STELLAS ▸**stella**
STELLATE *adj* resembling a star in shape
STELLED ▸**stell**
STELLIFY *vb* change or be changed into a star
STELLING ▸**stell**
STELLIO *n* as in **stellio lizard** type of lizard
STELLION *n* Mediterranean lizard
STELLITE *n* alloy containing cobalt, chromium, carbon, tungsten, and molybdenum
STELLS ▸**stell**
STEM, -MED, -MING, -S *vb* stop (the flow of something) ▹*n* main axis of a plant, which bears the leaves, axillary buds, and flowers
STEMBOK, -S *same as* ▸**steenbok**
STEMBUCK *same as* ▸**steenbok**
STEME, -D, -S, STEMING *same as* ▸**steam**
STEMHEAD *n* head of the stem of a vessel
STEMING ▸**steme**
STEMLESS ▸**stem**
STEMLET, -S *n* little stem
STEMLIKE ▸**stem**
STEMMA, -S, -TA *n* family tree
STEMME, -S *archaic variant of* ▸**stem**
STEMMED ▸**stem**
STEMMER, -S ▸**stem**
STEMMERY *n* tobacco factory
STEMMES ▸**stemme**
STEMMIER ▸**stemmy**
STEMMING ▸**stem**
STEMMY, STEMMIER *adj* (of wine) young and raw
STEMPEL, -S *n* timber support
STEMPLE, -S *same as* ▸**stempel**
STEMS ▸**stem**
STEMSON, -S *n* curved timber at the bow of a wooden vessel
STEMWARE *n* collective term for glasses, goblets, etc with stems
STEN, -NED, -NING, -S *vb* stride
STENCH, -ED, -ES *n* foul smell ▹*vb* cause to smell
STENCHY ▸**stench**
STENCIL, -S *n* thin sheet through which ink passes to form a pattern on the surface below ▹*vb* make (a pattern) with a stencil
STEND, -ED, -ING, -S *vb* Scots word meaning bound
STENGAH, -S *same as* ▸**stinger**
STENLOCK *n* fish of northern seas
STENNED ▸**sten**
STENNING ▸**sten**
STENO, -S *n* stenographer
STENOKY *n* survival dependent on conditions remaining within a narrow range of variables
STENOS ▸**steno**
STENOSED *adj* abnormally contracted
STENOSIS, STENOSES *n* abnormal narrowing of a bodily canal or passage
STENOTIC ▸**stenosis**
STENS ▸**sten**
STENT, -ED, -ING, -S *n* surgical implant used to keep an artery open ▹*vb* assess
STENTOR, -S *n* person with an unusually loud voice
STENTOUR *n* tax assessor
STENTS ▸**stent**
STEP, -PED, -PING, -S, -T *vb* move and set down the foot, as when walking ▹*n* stepping
STEPDAD, -S *n* stepfather
STEPDAME *n* woman married to one's father
STEPHANE *n* ancient Greek headdress
STEPLESS *adj* without steps
STEPLIKE ▸**step**
STEPMOM, -S *n* stepmother
STEPNEY, -S *n* spare wheel

STEPOVER *n* (in football) instance of raising the foot over the ball as a feint
STEPPE, -S *n* extensive grassy plain usually without trees
STEPPED ▸ **step**
STEPPER, -S *n* person who or animal that steps, esp a horse or a dancer
STEPPES ▸ **steppe**
STEPPING ▸ **step**
STEPS ▸ **step**
STEPSON, -S *n* son of one's spouse by an earlier relationship
STEPT ▸ **step**
STEPWISE *adj* arranged in the manner of or resembling steps ▷ *adv* with the form or appearance of steps
STERANE, -S *n* any of a class of hydrocarbons found in crude oils
STERE, -S *n* unit used to measure volumes of stacked timber
STEREO, -ED, -S *n* stereophonic record player ▷ *adj* feeding two loudspeakers through separate channels ▷ *vb* make stereophonic
STEREOME *n* tissue of a plant that provides mechanical support
STEREOS ▸ **stereo**
STERES ▸ **stere**
STERIC *adj* of or caused by the spatial arrangement of atoms in a molecule
STERICAL *same as* ▸ **steric**
STERIGMA *n* minute stalk bearing a spore or chain of spores in certain fungi
STERILE *adj* free from germs
STERLET, -S *n* small sturgeon of N Asia and E Europe
STERLING *n* British money system ▷ *adj* genuine and reliable
STERN, -ED, -ER, -EST, -ING, -S *adj* severe, strict ▷ *n* rear part of a ship ▷ *vb* row boat backward
STERNA ▸ **sternum**
STERNAGE *n* sterns
STERNAL ▸ **sternum**
STERNED ▸ **stern**
STERNER ▸ **stern**
STERNEST ▸ **stern**
STERNING ▸ **stern**
STERNITE *n* part of an arthropod
STERNLY ▸ **stern**
STERNS ▸ **stern**
STERNSON *n* timber bolted to the sternpost and keelson at the stern of a wooden vessel
STERNUM, STERNA, -S *n* long flat bone to which most of the ribs are attached
STERNWAY *n* movement of a vessel sternforemost
STEROID, -S *n* organic compound containing a carbon ring system
STEROL, -S *n* natural insoluble alcohol such as cholesterol and ergosterol
STERTOR, -S *n* laborious or noisy breathing
STERVE, -D, -S, STERVING *same as* ▸ **starve**
STET, -S, -TED, -TING *interj* instruction to ignore an alteration previously made ▷ *vb* indicate to a printer that deleted matter is to be kept ▷ *n* mark indicating that deleted matter is to be kept
STETSON, -S *n* cowboy hat
STETTED ▸ **stet**
STETTING ▸ **stet**
STEVEN, -S *n* voice
STEVIA, -S *n* any of a genus of plant with sweet leaves
STEW, -S *n* food cooked slowly in a closed pot ▷ *vb* cook slowly in a closed pot
STEWABLE ▸ **stew**
STEWARD, -S *n* person who looks after passengers on a ship or aircraft ▷ *vb* act as a steward (of)
STEWED *adj* (of food) cooked by stewing
STEWER, -S ▸ **stew**
STEWIER ▸ **stewy**
STEWIEST ▸ **stewy**
STEWING, -S ▸ **stew**
STEWPAN, -S *n* pan used for making stew
STEWPOND *n* fishpond
STEWPOT, -S *n* pot used for making stew
STEWS ▸ **stew**
STEWY, STEWIER, STEWIEST ▸ **stew**
STEY, -ER, -EST, -S *adj* (Scots) steep ▷ *n* ladder
STHENIA, -S *n* abnormal strength
STHENIC *adj* abounding in energy or bodily strength
STIBBLE, -S *Scots form of* ▸ **stubble**
STIBBLER *n* horse allowed to eat stubble
STIBBLES ▸ **stibble**
STIBIAL ▸ **stibium**
STIBINE, -S *n* colourless slightly soluble poisonous gas
STIBIUM, -S *obsolete name for* ▸ **antimony**
STIBNITE *n* soft greyish mineral
STICCADO *n* type of xylophone
STICCATO *same as* ▸ **sticcado**
STICH, -S *n* line of poetry
STICHERA > **sticheron**
STICHIC ▸ **stich**
STICHOS, STICHOI *n* line of poem
STICHS ▸ **stich**
STICK, -ED, -ING, -S *n* long thin piece of wood ▷ *vb* push (a pointed object) into (something)
STICKER, -S *n* adhesive label or sign ▷ *vb* put stickers on
STICKFUL ▸ **stick**
STICKIE, -S *n* notepaper with an adhesive strip
STICKIED ▸ **sticky**
STICKIER ▸ **sticky**
STICKIES ▸ **stickie**
STICKILY ▸ **sticky**
STICKING ▸ **stick**
STICKIT *Scots form of* ▸ **stuck**
STICKJAW *n* stodgy food
STICKLE, -D, -S *vb* dispute stubbornly, esp about minor points
STICKLER *n* person who insists on something
STICKLES ▸ **stickle**
STICKMAN, STICKMEN *n* human figure drawn in thin strokes
STICKOUT *n* conspicuous person or thing
STICKPIN *n* tiepin
STICKS ▸ **stick**
STICKUM, -S *n* adhesive
STICKUP, -S *n* robbery at gun-point
STICKY, STICKIED, STICKIER *adj* covered with an adhesive substance ▷ *vb* make sticky ▷ *n* inquisitive look or stare
STICTION *n* frictional force to be overcome to set one object in motion when it is in contact with another
STIDDIE, -D, -S *same as* ▸ **stithy**
STIE *same as* ▸ **sty**
STIED ▸ **sty**
STIES ▸ **sty**
STIEVE, -R, -ST *same as* ▸ **steeve**

STIEVELY ▸**stieve**
STIEVER ▸**stieve**
STIEVEST ▸**stieve**
STIFF, -ED, -ER, -EST, -ING, -S *adj* not easily bent or moved ▹*n* loser or failure ▹*adv* completely or utterly ▹*vb* fail completely
STIFFEN, -S *vb* make or become stiff
STIFFER ▸**stiff**
STIFFEST ▸**stiff**
STIFFING ▸**stiff**
STIFFISH ▸**stiff**
STIFFLY ▸**stiff**
STIFFS ▸**stiff**
STIFLE, -D, -S *vb* suppress ▹*n* joint in the hind leg of a horse, dog, etc
STIFLER, -S ▸**stifle**
STIFLES ▸**stifle**
STIFLING *adj* uncomfortably hot and stuffy
STIGMA, -S, -TA *n* mark of social disgrace
STIGMAL *adj* of part of insect wing
STIGMAS ▸**stigma**
STIGMATA ▸**stigma**
STIGME, -S *n* dot in Greek punctuation
STILB, -S *n* unit of luminance
STILBENE *n* colourless or slightly yellow crystalline hydrocarbon used in the manufacture of dyes
STILBITE *n* white or yellow zeolite mineral
STILBS ▸**stilb**
STILE, -D, -S, STILING *same as* ▸**style**
STILET, -S *same as* ▸**stylet**
STILETTO *n* small narrow dagger ▹*vb* stab with a stiletto
STILING ▸**stile**
STILL, -ED, -EST, -ING, -S *adv* now or in the future as before ▹*adj* motionless ▹*n* calmness; apparatus for distillation ▹*vb* make still
STILLAGE *n* frame or stand for keeping things off the ground, such as casks in a brewery
STILLED ▸**still**
STILLER, -S ▸**still**
STILLEST ▸**still**
STILLIER ▸**stilly**
STILLING ▸**still**
STILLION *n* stand for cask
STILLMAN, STILLMEN *n* someone involved in the operation of a still
STILLS ▸**still**
STILLSON *n* type of wrench
STILLY, STILLIER *adv* quietly or calmly ▹*adj* still, quiet, or calm
STILT, -ING, -S *n* either of a pair of long poles with footrests for walking raised from the ground ▹*vb* raise or place on or as if on stilts
STILTED *adj* stiff and formal in manner
STILTER, -S ▸**stilt**
STILTIER ▸**stilty**
STILTING ▸**stilt**
STILTISH ▸**stilt**
STILTS ▸**stilt**
STILTY, STILTIER ▸**stilt**
STIM, -S *n* very small amount
STIME, -D, -S, STIMING *same as* ▸**styme**
STIMIE, -D, -S *same as* ▸**stymie**
STIMING ▸**stime**
STIMS ▸**stim**
STIMULUS, STIMULI *n* something that rouses a person or thing to activity
STIMY, -ING *same as* ▸**stymie**
STING, -ED, -S, STONG, STUNG *vb* (of certain animals or plants) wound by injecting with poison ▹*n* wound or pain caused by or as if by stinging
STINGE, -S *n* stingy or miserly person
STINGED ▸**sting**
STINGER, -S *n* person, plant, animal, etc, that stings or hurts
STINGES ▸**stinge**
STINGIER ▸**stingy**
STINGIES ▸**stingy**
STINGILY ▸**stingy**
STINGING ▸**sting**
STINGO, -S *n* strong alcohol
STINGRAY *n* flatfish capable of inflicting painful wounds
STINGS ▸**sting**
STINGY, STINGIER, STINGIES *adj* mean or miserly ▹*n* stinging nettle
STINK, -ING, -S, STUNK *n* strong unpleasant smell ▹*vb* give off a strong unpleasant smell
STINKARD *n* smelly person
STINKBUG *n* type of insect that releases an unpleasant odour
STINKER, -S *n* difficult or unpleasant person or thing
STINKIER ▸**stinky**
STINKING ▸**stink**
STINKO *adj* drunk
STINKPOT *n* thing that stinks
STINKS ▸**stink**
STINKY, STINKIER *adj* having a foul smell
STINT, -ED, -ING, -S *vb* be miserly with (something) ▹*n* allotted amount of work
STINTER, -S ▸**stint**
STINTIER ▸**stinty**
STINTING ▸**stint**
STINTS ▸**stint**
STINTY, STINTIER ▸**stint**
STIPA, -S *n* variety of grass
STIPE *n* stalk in plants that bears reproductive structures
STIPED *same as* > **stipitate**
STIPEL, -S *n* small paired leaflike structure at the base of certain leaflets
STIPEND, -S *n* regular allowance or salary
STIPES, STIPITES *n* second maxillary segment in insects and crustaceans
STIPPLE, -D, -S *vb* paint, draw, or engrave using dots ▹*n* technique of stippling
STIPPLER ▸**stipple**
STIPPLES ▸**stipple**
STIPULAR ▸**stipule**
STIPULE, -S *n* small paired usually leaflike outgrowth occurring at the base of a leaf or its stalk
STIPULED ▸**stipule**
STIPULES ▸**stipule**
STIR, -RED, -RING, -S *vb* mix up (a liquid) by moving a spoon etc around in it ▹*n* stirring
STIRE, -D, -S, STIRING *same as* ▸**steer**
STIRK, -S *n* heifer of 6 to 12 months old
STIRLESS ▸**stir**
STIRP *same as* ▸**stirps**
STIRPS, STIRPES *n* line of descendants from an ancestor
STIRRA, -S *same as* ▸**sirra**
STIRRAH, -S *same as* ▸**sirrah**
STIRRAS ▸**stirra**
STIRRE, -S *same as* ▸**steer**
STIRRED ▸**stir**
STIRRER, -S *n* person who deliberately causes trouble
STIRRES ▸**stirre**
STIRRING ▸**stir**
STIRRUP, -S *n* metal loop attached to a saddle for supporting a rider's foot
STIRS ▸**stir**
STISHIE, -S *same as* ▸**stushie**

STITCH, -ED, -ES *n* link made by drawing thread through material with a needle ▷ *vb* sew
STITCHER ▶ **stitch**
STITCHES ▶ **stitch**
STITHY, STITHIED, STITHIES *n* forge or anvil ▷ *vb* forge on an anvil
STIVE, -D, -S, STIVING *vb* stifle
STIVER, -S *n* former Dutch coin
STIVES ▶ **stive**
STIVIER ▶ **stivy**
STIVIEST ▶ **stivy**
STIVING ▶ **stive**
STIVY, STIVIER, STIVIEST *adj* stuffy
STOA, -E, -I, -S *n* covered walk that has a colonnade on one or both sides
STOAT, -S *n* small mammal of the weasel family
STOB, -BED, -BING, -S *same as* ▶ **stab**
STOBIE *adj* as in **stobie pole** steel and concrete pole for supporting electricity wires
STOBS ▶ **stob**
STOCCADO *n* fencing thrust
STOCCATA *same as* ▶ **stoccado**
STOCIOUS *same as* ▶ **stotious**
STOCK, -ED *n* total amount of goods available for sale in a shop ▷ *adj* kept in stock, standard ▷ *vb* keep for sale or future use
STOCKADE *n* enclosure or barrier made of stakes ▷ *vb* surround with a stockade
STOCKAGE *n* livestock put to graze on crops
STOCKCAR *n* car that has been strengthened for a form of racing in which the cars often collide
STOCKED ▶ **stock**
STOCKER, -S ▶ **stock**
STOCKIER ▶ **stocky**
STOCKILY ▶ **stocky**
STOCKING *n* close-fitting covering for the foot and leg
STOCKISH *adj* stupid or dull
STOCKIST *n* dealer who stocks a particular product
STOCKMAN, STOCKMEN *n* man engaged in the rearing or care of farm livestock, esp cattle
STOCKPOT *n* pot in which stock for soup is made
STOCKS *pl n* instrument of punishment in which an offender was locked
STOCKY, STOCKIER *adj* (of a person) broad and sturdy
STODGE, -D, -S, STODGING *n* heavy starchy food ▷ *vb* stuff (oneself or another) with food
STODGER, -S *n* dull person
STODGES ▶ **stodge**
STODGIER ▶ **stodgy**
STODGILY ▶ **stodgy**
STODGING ▶ **stodge**
STODGY, STODGIER *adj* (of food) heavy and starchy
STOEP, -S *n* verandah
STOGEY, -S *same as* ▶ **stogy**
STOGIE *same as* ▶ **stogy**
STOGY, STOGIES *n* any long cylindrical inexpensive cigar
STOIC, -S *n* person who suffers hardship without showing his or her feelings ▷ *adj* suffering hardship without showing one's feelings
STOICAL *adj* suffering great difficulties without showing one's feelings
STOICISM *n* indifference to pleasure and pain
STOICS ▶ **stoic**
STOIT, -ED, -ING, -S *vb* bounce
STOITER, -S *vb* stagger
STOITING ▶ **stoit**
STOITS ▶ **stoit**
STOKE, STOKING *vb* feed and tend (a fire or furnace)
STOKED *adj* very pleased
STOKER, -S *n* person employed to tend a furnace on a ship or train powered by steam
STOKES *n* cgs unit of kinematic viscosity
STOKESIA *n* American flowering plant
STOKING ▶ **stoke**
STOKVEL, -S *n* (in S Africa) informal savings pool or syndicate
STOLE, -S *n* long scarf or shawl
STOLED *adj* wearing a stole
STOLEN ▶ **steal**
STOLES ▶ **stole**
STOLID, -ER *adj* showing little emotion or interest
STOLIDLY ▶ **stolid**
STOLLEN, -S *n* rich sweet bread containing nuts, raisins, etc
STOLN ▶ **steal**
STOLON, -S *n* long horizontal stem that grows along the surface of the soil
STOLONIC ▶ **stolon**
STOLONS ▶ **stolon**
STOLPORT *n* airport for short take-off aircraft
STOMA, -S, -TA *n* pore in a plant leaf that controls the passage of gases
STOMACH, -S *n* organ in the body which digests food ▷ *vb* put up with
STOMACHY *adj* having a large belly
STOMACK, -S *n* as in **have a stomack** (in E Africa) be pregnant
STOMAL ▶ **stoma**
STOMAS ▶ **stoma**
STOMATA ▶ **stoma**
STOMATAL *adj* of, relating to, or possessing stomata or a stoma
STOMATE, -S *n* opening on leaf through which water evaporates
STOMATIC *adj* of or relating to a mouth or mouthlike part
STOMIUM, STOMIA, -S *n* part of the sporangium of ferns that ruptures to release the spores
STOMODEA > **stomodeum**
STOMP, -ED, -ING, -S *vb* tread heavily ▷ *n* rhythmic stamping jazz dance
STOMPER, -S *n* song with a strong beat
STOMPIE, -S *n* cigarette butt
STOMPIER ▶ **stompy**
STOMPIES ▶ **stompie**
STOMPING ▶ **stomp**
STOMPS ▶ **stomp**
STOMPY, STOMPIER *adj* (of music) encouraging stomping of the feet
STONABLE ▶ **stone**
STOND, -S *same as* ▶ **stand**
STONE, -D, -S *n* material of which rocks are made ▷ *vb* throw stones at
STONECUT *n* (print made from) a carved block of stone
STONED ▶ **stone**
STONEFLY *n* type of insect whose larvae are aquatic
STONEN *adj* of stone
STONER, -S *n* device for removing stones from fruit
STONERAG *n* type of lichen
STONERAW *same as* ▶ **stonerag**
STONERN *same as* ▶ **stonen**
STONERS ▶ **stoner**

S

STONES ▸**stone**
STONEY *same as* ▸**stony**
STONG ▸**sting**
STONIED ▸**stony**
STONIER ▸**stony**
STONIES ▸**stony**
STONIEST ▸**stony**
STONILY ▸**stony**
STONING, -S ▸**stone**
STONISH *same as* ▸**astonish**
STONK, -ED, -ING, -S *vb* bombard (soldiers, buildings, etc) with artillery ▹*n* concentrated bombardment
STONKER, -S *vb* destroy
STONKING ▸**stonk**
STONKS ▸**stonk**
STONN, -ING, -S *same as* ▸**stun**
STONNE, -D, -S *same as* ▸**stun**
STONNING ▸**stonn**
STONNS ▸**stonn**
STONY, STONIED, STONIER, STONIES, STONIEST, -ING *adj* of or like stone ▹*vb* astonish
STOOD ▸**stand**
STOODEN ▸**stand**
STOOGE, -D, -S, STOOGING *n* actor who feeds lines to a comedian ▹*vb* act as a stooge
STOOK, -ED, -S *n* number of sheaves set upright in a field to dry ▹*vb* set up (sheaves) in stooks
STOOKER, -S ▸**stook**
STOOKIE, -S *n* stucco
STOOKING *n* act of stooking
STOOKS ▸**stook**
STOOL, -ED, -ING, -S *n* chair without arms or back ▹*vb* (of a plant) send up shoots from the base of the stem
STOOLIE, -S *n* police informer
STOOLING ▸**stool**
STOOLS ▸**stool**
STOOLY *n* (US) informant for the police
STOOP, -ED, -S *vb* bend forward and downward
STOOPE, -S *same as* ▸**stoup**
STOOPED ▸**stoop**
STOOPER, -S ▸**stoop**
STOOPES ▸**stoope**
STOOPING ▸**stoop**
STOOPS ▸**stoop**
STOOR, -S *same as* ▸**stour**
STOOSHIE *same as* ▸**stushie**
STOOZE, -D, -S, STOOZING *vb* borrow money cheaply and invest it to make a profit
STOOZER, -S *n* person who stoozes
STOOZES ▸**stooze**
STOOZING ▸**stooze**
STOP, -PED, -PING, -S, -T *vb* cease or cause to cease from doing (something) ▹*n* stopping or being stopped
STOPBAND *n* band of frequencies stopped by a filter
STOPBANK *n* embankment to prevent flooding
STOPCOCK *n* valve to control or stop the flow of fluid in a pipe
STOPE, -D, -S *n* steplike excavation made in a mine to extract ore ▹*vb* mine (ore, etc) by cutting stopes
STOPER, -S *n* drill used in mining
STOPES ▸**stope**
STOPGAP, -S *n* temporary substitute
STOPING, -S *n* process by which country rock is broken up and engulfed by magma
STOPLESS ▸**stop**
STOPOFF, -S *n* break in a journey
STOPOVER *n* short break in a journey ▹*vb* make a stopover
STOPPAGE *n* act of stopping something or the state of being stopped
STOPPED ▸**stop**
STOPPER, -S *n* plug for closing a bottle etc ▹*vb* close or fit with a stopper
STOPPING ▸**stop**
STOPPLE, -D, -S *same as* ▸**stopper**
STOPS ▸**stop**
STOPT ▸**stop**
STOPWORD *n* common word not used in computer search engines
STORABLE ▸**store**
STORAGE, -S *n* storing
STORAX, -ES *n* type of tree or shrub with white flowers
STORE, -D, STORING *vb* collect and keep (things) for future use ▹*n* shop
STOREMAN, STOREMEN *n* man looking after storeroom
STORER, -S ▸**store**
STORES *pl n* supply of food and essentials for a journey
STOREY, -S *n* floor or level of a building
STOREYED *adj* having a storey or storeys
STOREYS ▸**storey**
STORGE, -S *n* affection
STORIED ▸**story**
STORIES ▸**story**
STORING ▸**store**
STORK, -S *n* large wading bird
STORM, -ED, -S *n* violent weather with wind, rain, or snow ▹*vb* attack or capture (a place) suddenly
STORMER, -S *n* outstanding example of its kind
STORMFUL ▸**storm**
STORMIER ▸**stormy**
STORMILY ▸**stormy**
STORMING *adj* characterized by or displaying dynamism, speed, and energy
STORMS ▸**storm**
STORMY, STORMIER *adj* characterized by storms
STORY, STORIED, STORIES, -ING *n* narration of a chain of events ▹*vb* decorate with scenes from history
STOSS, -ES *adj* (of the side of a hill) facing the onward flow of a glacier ▹*n* hillside facing glacier flow
STOT, -S, -TED, -TING *n* bullock ▹*vb* bounce or cause to bounce
STOTIN, -OV, -S *n* former monetary unit of Slovenia
STOTINKA, STOTINKI *n* monetary unit of Bulgaria, worth one hundredth of a lev
STOTINOV ▸**stotin**
STOTINS ▸**stotin**
STOTIOUS *adj* drunk
STOTS ▸**stot**
STOTT, -S *same as* ▸**stot**
STOTTED ▸**stot**
STOTTER, -S *same as* ▸**stot**
STOTTIE, -S *n* wedge of bread cut from a flat round loaf
STOTTING ▸**stot**
STOTTS ▸**stott**
STOTTY *same as* ▸**stottie**
STOUN, -ING, -S *same as* ▸**stun**
STOUND, -ED, -S *n* short while ▹*vb* ache
STOUNING ▸**stoun**
STOUNS ▸**stoun**
STOUP, -S *n* small basin for holy water
STOUR, -S *n* turmoil or conflict
STOURE, -S *same as* ▸**stour**
STOURIE *same as* ▸**stoury**
STOURIER ▸**stoury**
STOURS ▸**stour**
STOURY, STOURIER *adj* dusty

STOUSH, -ED, -ES *vb* hit or punch (someone) ▷ *n* fighting or violence
STOUSHIE *same as* ▶ **stushie**
STOUT, -ER, -EST, -S *adj* fat ▷ *n* strong dark beer
STOUTEN, -S *vb* make or become stout
STOUTER ▶ **stout**
STOUTEST ▶ **stout**
STOUTH, -S *n* Scots word meaning theft
STOUTISH ▶ **stout**
STOUTLY ▶ **stout**
STOUTS ▶ **stout**
STOVAINE *n* anaesthetic drug
STOVE, -D, -S *n* apparatus for cooking or heating ▷ *vb* process (ceramics, metalwork, etc) by heating in a stove
STOVER, -S *n* fodder
STOVES ▶ **stove**
STOVETOP *US word for* ▶ **hob**
STOVIES *pl n* potatoes stewed with onions
STOVING, -S ▶ **stove**
STOW, -ED, -S *vb* pack or store
STOWABLE ▶ **stow**
STOWAGE, -S *n* space or charge for stowing goods
STOWAWAY *n* person who hides on a ship or aircraft in order to travel free ▷ *vb* travel in such a way
STOWDOWN *n* packing of ship's hold
STOWED ▶ **stow**
STOWER, -S ▶ **stow**
STOWING, -S ▶ **stow**
STOWLINS *adv* stealthily
STOWN ▶ **steal**
STOWND, -ED, -S *same as* ▶ **stound**
STOWP, -S *same as* ▶ **stoup**
STOWRE, -S *same as* ▶ **stour**
STOWS ▶ **stow**
STRABISM *n* abnormal alignment of one or both eyes
STRACK *vb* archaic past tense form of strike
STRAD, -S *n* violin made by Stradivarius
STRADDLE *vb* have one leg or part on each side of (something) ▷ *n* act or position of straddling
STRADIOT *n* Venetian cavalryman
STRADS ▶ **strad**
STRAE, -S *Scots form of* ▶ **straw**
STRAFE, -D, -S *vb* attack (an enemy) with machine guns from the air ▷ *n* act or instance of strafing
STRAFER, -S ▶ **strafe**
STRAFES ▶ **strafe**
STRAFF, -ED, -S *same as* ▶ **strafe**
STRAFING *n* act of strafing
STRAG, -S *n* straggler
STRAGGLE *vb* go or spread in a rambling or irregular way
STRAGGLY ▶ **straggle**
STRAGS ▶ **strag**
STRAICHT *Scots word for* ▶ **straight**
STRAIGHT *adj* not curved or crooked ▷ *adv* in a straight line ▷ *n* straight part, esp of a racetrack ▷ *vb* tighten
STRAIK, -ED, -S *Scots word for* ▶ **stroke**
STRAIN, -S *vb* subject to mental tension ▷ *n* tension or tiredness
STRAINED *adj* not natural, forced
STRAINER *n* sieve
STRAINS ▶ **strain**
STRAINT, -S *n* pressure
STRAIT, -ED, -ER, -S *n* narrow channel connecting two areas of sea ▷ *adj* (of spaces, etc) affording little room ▷ *vb* tighten
STRAITEN *vb* embarrass or distress, esp financially
STRAITER ▶ **strait**
STRAITLY ▶ **strait**
STRAITS ▶ **strait**
STRAK *vb* archaic past tense form of strike
STRAKE, -S *n* curved metal plate forming part of the metal rim on a wooden wheel
STRAKED *adj* having a strake
STRAKES ▶ **strake**
STRAMASH *n* uproar ▷ *vb* destroy
STRAMMEL *same as* ▶ **strummel**
STRAMONY *n* former asthma medicine made from the dried leaves and flowers of the thorn apple
STRAMP, -ED, -S *Scots variant of* ▶ **tramp**
STRAND, -ED, -S *vb* run aground ▷ *n* shore
STRANDER ▶ **strand**
STRANDS ▶ **strand**
STRANG *dialect variant of* ▶ **strong**
STRANGE, -S *adj* odd or unusual ▷ *n* odd or unfamiliar person or thing
STRANGER *n* person who is not known or is new to a place or experience
STRANGES ▶ **strange**
STRANGLE *vb* kill by squeezing the throat
STRAP, -PED, -S *n* strip of flexible material for lifting or holding in place ▷ *vb* fasten with a strap or straps
STRAPPER *n* strapping person
STRAPPY *adj* having straps
STRAPS ▶ **strap**
STRASS, -ES *another word for* ▶ **paste**
STRATA ▶ **stratum**
STRATAL ▶ **stratum**
STRATEGY *n* overall plan
STRATH, -S *n* flat river valley
STRATI ▶ **stratus**
STRATIFY *vb* form or be formed in layers or strata
STRATOSE *adj* formed in strata
STRATOUS *adj* of stratus
STRATUM, STRATA, -S *n* layer, esp of rock
STRATUS, STRATI *n* grey layer cloud
STRAUCHT *Scots word for* ▶ **stretch**
STRAUGHT *same as* ▶ **straucht**
STRAUNGE *same as* ▶ **strange**
STRAVAGE *same as* ▶ **stravaig**
STRAVAIG *vb* wander aimlessly
STRAW, -ED, -ING, -S *n* dried stalks of grain ▷ *vb* spread around
STRAWEN *adj* of straw
STRAWHAT *adj* of summer dramatic performance
STRAWIER ▶ **strawy**
STRAWING ▶ **straw**
STRAWN ▶ **strew**
STRAWS ▶ **straw**
STRAWY, STRAWIER *adj* containing straw, or like straw in colour or texture
STRAY, -ED, -ING, -S *vb* wander ▷ *adj* having strayed ▷ *n* stray animal
STRAYER, -S ▶ **stray**
STRAYING ▶ **stray**
STRAYS ▶ **stray**
STRAYVE, -D, -S *vb* wander aimlessly
STREAK, -ED, -S *n* long band of contrasting colour or substance ▷ *vb* mark with streaks
STREAKER ▶ **streak**

S

STREAKS ▸ **streak**
STREAKY *adj* marked with streaks
STREAM, -ED, -S *n* small river ▹ *vb* flow steadily
STREAMER *n* strip of coloured paper that unrolls when tossed
STREAMS ▸ **stream**
STREAMY *adj* (of an area, land, etc) having many streams
STREEK, -ED, -S *Scots word for* ▸ **stretch**
STREEKER ▸ **streek**
STREEKS ▸ **streek**
STREEL, -ED, -S *vb* trail
STREET, -ED, -S *n* public road, usu lined with buildings ▹ *vb* lay out a street or streets
STREETY *adj* of streets
STREIGHT *same as* ▸ **strait**
STREIGNE *same as* ▸ **strain**
STRELITZ *n* former Russian soldier
STRENE, -S *same as* ▸ **strain**
STRENGTH *n* quality of being strong
STREP, -S *n* streptococcus
STREPENT *adj* noisy
STREPS ▸ **strep**
STRESS, -ED, -ES *n* tension or strain ▹ *vb* emphasize
STRESSOR *n* event, experience, etc, that causes stress
STRESSY *adj* characterized by stress
STRETCH *vb* extend or be extended ▹ *n* stretching
STRETCHY *adj* characterized by elasticity
STRETTA, -S, STRETTE *same as* ▸ **stretto**
STRETTO, STRETTI, -S *n* (in a fugue) the close overlapping of two parts or voices
STREUSEL *n* crumbly topping for rich pastries
STREW, STRAWN, -ED, -ING, -N, -S *vb* scatter (things) over a surface
STREWAGE ▸ **strew**
STREWED ▸ **strew**
STREWER, -S ▸ **strew**
STREWING ▸ **strew**
STREWN ▸ **strew**
STREWS ▸ **strew**
STREWTH *interj* expression of surprise or alarm
STRIA, -E *n* scratch or groove on the surface of a rock crystal
STRIATA ▸ **striatum**
STRIATAL *adj* relating to the corpus striatum in the brain
STRIATE, -S *adj* marked with striae ▹ *vb* mark with striae
STRIATED *adj* having a pattern of scratches or grooves
STRIATES ▸ **striate**
STRIATUM, STRIATA *n* part of brain
STRICH, -ES *n* screech owl
STRICK, -S *n* any bast fibres preparatory to being made into slivers
STRICKEN *adj* seriously affected by disease, grief, pain, etc
STRICKLE *n* board used for sweeping off excess material in a container ▹ *vb* level, form, or sharpen with a strickle
STRICKS ▸ **strick**
STRICT, -ER *adj* stern or severe
STRICTLY ▸ **strict**
STRIDDEN ▸ **stride**
STRIDDLE *same as* ▸ **straddle**
STRIDE, STRIDDEN, -S, STRIDING, STRODE *vb* walk with long steps ▹ *n* long step
STRIDENT *adj* loud and harsh
STRIDER, -S ▸ **stride**
STRIDES ▸ **stride**
STRIDING ▸ **stride**
STRIDOR, -S *n* high-pitched whistling sound made during respiration
STRIFE, -S *n* conflict, quarrelling
STRIFT, -S *n* struggle
STRIG, -GED, -S *vb* remove stalk from
STRIGA, -E *same as* ▸ **stria**
STRIGATE *adj* streaked
STRIGGED ▸ **strig**
STRIGIL, -S *n* curved blade used to scrape the body after bathing
STRIGINE *adj* of or like owl
STRIGOSE *adj* bearing stiff hairs or bristles
STRIGS ▸ **strig**
STRIKE, -S, STRIKING, STROKEN, STROOK, STRUCK *vb* cease work as a protest ▹ *n* stoppage of work as a protest
STRIKER, -S *n* striking worker
STRIKES ▸ **strike**
STRIKING ▸ **strike**
STRIM, -MED, -S *vb* cut (grass) using an electric trimmer
STRINE, -S *n* informal name for Australian English
STRING, -S, STRUNG *n* thin cord used for tying ▹ *vb* provide with a string or strings
STRINGED *adj* (of a musical instrument) having strings that are plucked or played with a bow
STRINGER *n* journalist retained by a newspaper to cover a particular town or area
STRINGS ▸ **string**
STRINGY *adj* like string
STRINKLE *Scots variant of* ▸ **sprinkle**
STRIP, -PED, -S, -T *vb* take (the covering or clothes) off ▹ *n* act of stripping
STRIPE, -S, STRIPING *n* long narrow band of contrasting colour or substance ▹ *vb* mark (something) with stripes
STRIPED *adj* marked or decorated with stripes
STRIPER, -S *n* officer who has a stripe or stripes on his or her uniform
STRIPES ▸ **stripe**
STRIPEY *same as* ▸ **stripy**
STRIPIER ▸ **stripy**
STRIPING ▸ **stripe**
STRIPPED ▸ **strip**
STRIPPER *n* device or substance for removing paint etc
STRIPS ▸ **strip**
STRIPT ▸ **strip**
STRIPY, STRIPIER *adj* marked by or with stripes
STRIVE, -D, -N, -S, STRIVING, STROVE *vb* make a great effort
STRIVER, -S ▸ **strive**
STRIVES ▸ **strive**
STRIVING ▸ **strive**
STROAM, -ED, -S *vb* wander
STROBE, -D, -S, STROBING *n* high intensity flashing beam of light ▹ *vb* give the appearance of slow motion by using a strobe
STROBIC *adj* spinning or appearing to spin
STROBIL, -S *n* scaly multiple fruit
STROBILA *n* body of a tapeworm, consisting of a string of similar segments

STROBILE *same as* > **strobilus**
STROBILI > **strobilus**
STROBILS ▸ **strobil**
STROBING ▸ **strobe**
STRODDLE *same as* ▸ **straddle**
STRODE ▸ **stride**
STRODLE, -D, -S *same as* ▸ **straddle**
STROKE, -D, -S, STROKING *vb* touch or caress lightly with the hand ▹ *n* light touch or caress with the hand
STROKEN ▸ **strike**
STROKER, -S ▸ **stroke**
STROKES ▸ **stroke**
STROKING ▸ **stroke**
STROLL, -ED, -S *vb* walk in a leisurely manner ▹ *n* leisurely walk
STROLLER *n* chair-shaped carriage for a baby
STROLLS ▸ **stroll**
STROMA, -TA *n* gel-like matrix of chloroplasts and certain cells
STROMAL ▸ **stroma**
STROMATA ▸ **stroma**
STROMB, -S *n* shellfish like a whelk
STROMBUS *same as* ▸ **stromb**
STROND, -S *same as* ▸ **strand**
STRONG, -ER *adj* having physical power
STRONGLY ▸ **strong**
STRONGYL *same as* > **strongyle**
STRONTIA > **strontium**
STRONTIC > **strontium**
STROOK ▸ **strike**
STROOKE, -S *n* stroke
STROOKEN *same as* ▸ **stricken**
STROOKES ▸ **strooke**
STROP, -PED, -S *n* leather strap for sharpening razors ▹ *vb* sharpen (a razor, etc) on a strop
STROPHE, -S *n* movement made by chorus during a choral ode
STROPHIC *adj* of, relating to, or employing a strophe or strophes
STROPPED ▸ **strop**
STROPPER ▸ **strop**
STROPPY *adj* angry or awkward
STROPS ▸ **strop**
STROUD, -S *n* coarse woollen fabric
STROUP, -S *Scots word for* ▸ **spout**
STROUPAN *same as* > **stroupach**
STROUPS ▸ **stroup**
STROUT, -ED, -S *vb* bulge
STROVE ▸ **strive**
STROW, -ED, -ING, -N, -S *archaic variant of* ▸ **strew**
STROWER, -S ▸ **strow**
STROWING ▸ **strow**
STROWN ▸ **strow**
STROWS ▸ **strow**
STROY, -ED, -ING, -S *archaic variant of* ▸ **destroy**
STROYER, -S ▸ **stroy**
STROYING ▸ **stroy**
STROYS ▸ **stroy**
STRUCK ▸ **strike**
STRUCKEN *same as* ▸ **stricken**
STRUDEL, -S *n* thin sheet of filled dough rolled up and baked
STRUGGLE *vb* work, strive, or make one's way with difficulty ▹ *n* striving
STRUM, -MED, -S *vb* play (a guitar, etc) by sweeping the thumb across the strings
STRUMA, -E, -S *n* abnormal enlargement of the thyroid gland
STRUMMED ▸ **strum**
STRUMMEL *n* straw
STRUMMER ▸ **strum**
STRUMOSE ▸ **struma**
STRUMOUS ▸ **struma**
STRUMS ▸ **strum**
STRUNG ▸ **string**
STRUNT, -ED, -S *Scots word for* ▸ **strut**
STRUT, -S, -TED *vb* walk pompously, swagger ▹ *n* bar supporting a structure
STRUTTER ▸ **strut**
STUB, -BED, -BING, -S *n* short piece left after use ▹ *vb* strike (the toe) painfully against an object
STUBBIE *same as* ▸ **stubby**
STUBBIER ▸ **stubby**
STUBBIES ▸ **stubby**
STUBBILY ▸ **stubby**
STUBBING ▸ **stub**
STUBBLE, -S *n* short stalks of grain left in a field after reaping
STUBBLED *adj* having the stubs of stalks left after a crop has been cut and harvested
STUBBLES ▸ **stubble**
STUBBLY ▸ **stubble**
STUBBORN *adj* refusing to agree or give in ▹ *vb* make stubborn
STUBBY, STUBBIER, STUBBIES *adj* short and broad ▹ *n* small bottle of beer
STUBS ▸ **stub**
STUCCO, -ED, -ES, -S *n* plaster used for coating or decorating walls ▹ *vb* apply stucco to (a building)
STUCCOER ▸ **stucco**
STUCCOES ▸ **stucco**
STUCCOS ▸ **stucco**
STUCK, -S *n* thrust
STUD, -DED, -DING, -S *n* small piece of metal attached to a surface for decoration ▹ *vb* set with studs
STUDBOOK *n* written record of the pedigree of a purebred stock, esp of racehorses
STUDDED ▸ **stud**
STUDDEN ▸ **stand**
STUDDIE, -S *Scots word for* ▸ **anvil**
STUDDING ▸ **stud**
STUDDLE, -S *n* post
STUDE *vb* past tense and past participle of staun (Scots form of stand)
STUDENT, -S *n* person who studies a subject, esp at university
STUDENTY *adj* denoting the characteristics believed typical of a student
STUDFARM *n* farm where horses are bred
STUDFISH *n* American minnow
STUDIED *adj* carefully practised
STUDIER, -S ▸ **study**
STUDIES ▸ **study**
STUDIO, -S *n* workroom of an artist or photographer
STUDIOUS *adj* fond of study
STUDLIER ▸ **studly**
STUDLIKE *adj* like a stud
STUDLY, STUDLIER *adj* strong and virile
STUDS ▸ **stud**
STUDWORK *n* work decorated with studs
STUDY, STUDIES, -ING *vb* be engaged in learning (a subject) ▹ *n* act or process of studying
STUFF, -ED, -S *n* substance or material ▹ *vb* pack, cram, or fill completely
STUFFER, -S ▸ **stuff**
STUFFIER ▸ **stuffy**
STUFFILY ▸ **stuffy**

STUFFING *n* seasoned mixture with which food is stuffed
STUFFS ▸ **stuff**
STUFFY, STUFFIER *adj* lacking fresh air
STUGGY, STUGGIER *adj* stout
STUIVER, -S *same as* ▸ **stiver**
STUKKEND *adj* South African slang for broken or wrecked
STULL, -S *n* timber prop or platform in a stope
STULM, -S *n* shaft
STULTIFY *vb* dull (the mind) by boring routine
STUM, -MED, -MING, -S *n* partly fermented wine added to fermented wine as a preservative ▹ *vb* preserve (wine) by adding stum
STUMBLE, -D, -S *vb* trip and nearly fall ▹ *n* stumbling
STUMBLER ▸ **stumble**
STUMBLES ▸ **stumble**
STUMBLY *adj* tending to stumble
STUMER, -S *n* forgery or cheat
STUMM *same as* ▸ **shtoom**
STUMMED ▸ **stum**
STUMMEL, -S *n* bowl of a smoker's pipe
STUMMING ▸ **stum**
STUMP, -ED, -ING, -S *n* base of a tree left when the main trunk has been cut away ▹ *vb* baffle
STUMPAGE *n* standing timber or its value
STUMPED ▸ **stump**
STUMPER, -S ▸ **stump**
STUMPIER ▸ **stumpy**
STUMPIES ▸ **stumpy**
STUMPILY ▸ **stumpy**
STUMPING ▸ **stump**
STUMPS ▸ **stump**
STUMPY, STUMPIER, STUMPIES *adj* short and thick ▹ *n* stumpy thing
STUMS ▸ **stum**
STUN, -NED, -NING, -S *vb* shock or overwhelm ▹ *n* state or effect of being stunned
STUNG ▸ **sting**
STUNK ▸ **stink**
STUNKARD *adj* sulky
STUNNED ▸ **stun**
STUNNER, -S *n* beautiful person or thing
STUNNING ▸ **stun**
STUNS ▸ **stun**
STUNSAIL *n* type of light auxiliary sail
STUNT, -ING, -S *vb* prevent or impede the growth of ▹ *n* acrobatic or dangerous action
STUNTED ▸ **stunt**
STUNTING ▸ **stunt**
STUNTMAN, STUNTMEN *n* person who performs dangerous acts in a film, etc in place of an actor
STUNTS ▸ **stunt**
STUPA, -S *n* domed edifice housing Buddhist or Jain relics
STUPE, -D, -S, STUPING *n* hot damp cloth applied to the body to relieve pain ▹ *vb* treat with a stupe
STUPEFY *vb* make insensitive or lethargic
STUPENT *adj* astonished
STUPES ▸ **stupe**
STUPID, -ER, -S *adj* lacking intelligence ▹ *n* stupid person
STUPIDLY ▸ **stupid**
STUPIDS ▸ **stupid**
STUPING ▸ **stupe**
STUPOR, -S *n* dazed or unconscious state
STUPRATE *vb* ravish
STURDIED ▸ **sturdy**
STURDIER ▸ **sturdy**
STURDIES ▸ **sturdy**
STURDILY ▸ **sturdy**
STURDY, STURDIER, STURDIES *adj* healthy and robust ▹ *n* disease of sheep
STURE *same as* ▸ **stoor**
STURGEON *n* fish from which caviar is obtained
STURMER, -S *n* type of eating apple with pale green skin
STURNINE ▸ **sturnus**
STURNOID ▸ **sturnus**
STURNUS *n* bird of starling family
STURT, -ED, -ING, -S *vb* bother
STUSHIE, -S *n* commotion, rumpus, or row
STUTTER, -S *vb* speak with repetition of initial consonants ▹ *n* tendency to stutter
STY, STIED, STIES, -ING *vb* climb
STYE, -D, -S *n* inflammation at the base of an eyelash
STYGIAN *adj* dark, gloomy, or hellish
STYING ▸ **sty**
STYLAR ▸ **stylus**
STYLATE *adj* having style
STYLE, -D, -S *n* shape or design ▹ *vb* shape or design
STYLEE, -S *same as* ▸ **style**
STYLER, -S ▸ **style**
STYLES ▸ **style**
STYLET, -S *n* wire to stiffen a flexible cannula or catheter
STYLI ▸ **stylus**
STYLIE, -R, -ST *adj* fashion-conscious
STYLING, -S ▸ **style**
STYLISE, -D, -S *same as* ▸ **stylize**
STYLISER ▸ **stylise**
STYLISES ▸ **stylise**
STYLISH *adj* smart, elegant, and fashionable
STYLIST, -S *n* hairdresser
STYLITE, -S *n* one of a class of recluses who in ancient times lived on the top of high pillars
STYLITIC ▸ **stylite**
STYLIZE, -D, -S *vb* cause to conform to an established stylistic form
STYLIZER ▸ **stylize**
STYLIZES ▸ **stylize**
STYLO, -S *n* type of fountain pen
STYLOID, -S *adj* resembling a stylus ▹ *n* spiny growth
STYLOPES ▸ **stylops**
STYLOPID *n* type of parasitic insect
STYLOPS, STYLOPES *n* type of insect that lives as a parasite in other insects
STYLOS ▸ **stylo**
STYLUS, STYLI, -ES *n* needle-like device on a record player
STYME, -D, -S, STYMING *vb* peer
STYMIE *vb* hinder or thwart
STYMIED ▸ **stymy**
STYMIES ▸ **stymy**
STYMING ▸ **styme**
STYMY, STYMIED, STYMIES, -ING *same as* ▸ **stymie**
STYPSIS *n* action, application, or use of a styptic
STYPTIC, -S *adj* (drug) used to stop bleeding ▹ *n* styptic drug
STYRAX, -ES *n* type of tropical or subtropical tree
STYRE, -D, -S, STYRING *same as* ▸ **stir**
STYRENE, -S *n* colourless flammable liquid
STYRES ▸ **styre**
STYRING ▸ **styre**
STYTE, -D, -S, STYTING *vb* bounce

SUABLE *adj* liable to be sued in a court
SUABLY ▸ **suable**
SUASIBLE ▸ **suasion**
SUASION, -S *n* persuasion
SUASIVE ▸ **suasion**
SUASORY ▸ **suasion**
SUAVE, -R, -ST *adj* smooth and sophisticated in manner
SUAVELY ▸ **suave**
SUAVER ▸ **suave**
SUAVEST ▸ **suave**
SUAVITY ▸ **suave**
SUB, -BED, -S *n* subeditor ▹ *vb* act as a substitute
SUBA, -S *n* shepherd's cloak
SUBABBOT *n* abbot who is subordinate to another abbot
SUBACID *adj* (esp of some fruits) moderately acid or sour
SUBACRID *adj* slightly acrid
SUBACT, -ED, -S *vb* subdue
SUBACUTE *adj* intermediate between acute and chronic
SUBADAR, -S *n* chief native officer of a company of Indian soldiers in the British service
SUBADULT *n* animal not quite at adult stage
SUBAGENT *n* agent who is subordinate to another agent
SUBAH, -S *same as* ▸ **subadar**
SUBAHDAR *same as* ▸ **subadar**
SUBAHS ▸ **subah**
SUBALAR *adj* below a wing
SUBAQUA *adj* of or relating to underwater sport
SUBAREA, -S *n* area within a larger area
SUBARID *adj* receiving slightly more rainfall than arid regions
SUBAS ▸ **suba**
SUBATOM, -S *n* part of an atom
SUBAUDIO *adj* (of sound) low frequency
SUBAURAL *adj* below the ear
SUBAXIAL *adj* below an axis of the body
SUBBASAL ▸ **subbase**
SUBBASE, -S *same as* ▸ **subbass**
SUBBASIN *n* geographical basin within larger basin
SUBBASS *another name for* ▸ **bourdon**
SUBBED ▸ **sub**
SUBBIE, -S *n* subcontractor
SUBBING, -S ▸ **sub**
SUBBLOCK *n* part of mathematical matrix
SUBBREED *n* breed within a larger breed
SUBBY *same as* ▸ **subbie**
SUBCASTE *n* subdivision of a caste
SUBCAUSE *n* factor less important than a cause
SUBCELL, -S *n* cell within a larger cell
SUBCHIEF *n* chief below the main chief
SUBCHORD *n* part of a curve
SUBCLAIM *n* claim that is part of a larger claim
SUBCLAN, -S *n* clan within a larger clan
SUBCLASS *n* principal subdivision of a class ▹ *vb* assign to a subclass
SUBCLERK *n* clerk who is subordinate to another clerk
SUBCODE, -S *n* computer tag identifying data
SUBCOOL, -S *vb* make colder
SUBCOSTA *n* vein in insect wing
SUBCRUST *n* secondary crust below main crust
SUBCULT, -S *n* cult within larger cult
SUBCUTIS, SUBCUTES *n* layer of tissue beneath outer skin
SUBDEAN, -S *n* deputy of dean
SUBDEB, -S *n* young woman who is not yet a debutante
SUBDEPOT *n* depot within a larger depot
SUBDEW, -ED, -S *same as* ▸ **subdue**
SUBDUAL, -S ▸ **subdue**
SUBDUCE, -D, -S *vb* withdraw
SUBDUCT, -S *vb* draw or turn (the eye, etc) downwards
SUBDUE, -S, SUBDUING *vb* overcome
SUBDUED *adj* cowed, passive, or shy
SUBDUER, -S ▸ **subdue**
SUBDUES ▸ **subdue**
SUBDUING ▸ **subdue**
SUBDUPLE *adj* in proportion of one to two
SUBDURAL *adj* between the dura mater and the arachnoid
SUBDWARF *n* star smaller than a dwarf star
SUBECHO *n* echo resonating more quietly than another echo
SUBEDAR, -S *same as* ▸ **subadar**
SUBEDIT, -S *vb* edit and correct (written or printed material)
SUBENTRY *n* entry within another entry
SUBEPOCH *n* epoch within another epoch
SUBEQUAL *adj* not quite equal
SUBER, -S *n* cork
SUBERATE *n* salt of suberic acid
SUBERECT *adj* not quite erect
SUBERIC *same as* ▸ **suberose**
SUBERIN, -S *n* fatty or waxy substance that is present in the walls of cork cells
SUBERISE *same as* ▸ **suberize**
SUBERIZE *vb* impregnate (cell walls) with suberin during the formation of corky tissue
SUBEROSE *adj* relating to, resembling, or consisting of cork
SUBEROUS *same as* ▸ **suberose**
SUBERS ▸ **suber**
SUBFEU, -ED, -S *vb* grant feu to vassal
SUBFIELD *n* subdivision of a field
SUBFILE, -S *n* file within another file
SUBFIX, -ES *n* suffix
SUBFLOOR *n* rough floor that forms a base for a finished floor
SUBFLUID *adj* viscous
SUBFRAME *n* frame on which car body is built
SUBFUSC, -S *adj* devoid of brightness or appeal ▹ *n* (at Oxford University) formal academic dress
SUBFUSK, -S *same as* ▸ **subfusc**
SUBGENRE *n* genre within a larger genre
SUBGENUS *n* taxonomic group that is a subdivision of a genus but of higher rank than a species
SUBGOAL, -S *n* secondary goal
SUBGRADE *n* ground beneath a roadway or pavement

S

SUBGRAPH *n* graph sharing vertices of other graph
SUBGROUP *n* small group that is part of a larger group
SUBGUM, -S *n* Chinese dish
SUBHA, -S *n* string of beads used in praying and meditating
SUBHEAD, -S *n* heading of a subsection in a printed work
SUBHUMAN *adj* less than human
SUBHUMID *adj* not wet enough for trees to grow
SUBIDEA, -S *n* secondary idea
SUBIMAGO *n* first winged stage of the mayfly
SUBINDEX *same as* > **subscript**
SUBITEM, -S *n* item that is less important than another item
SUBITISE *same as* ▸ **subitize**
SUBITIZE *vb* perceive the number of (a group of items) at a glance and without counting
SUBITO *adv* (preceding or following a dynamic marking, etc) suddenly
SUBJECT, -S *n* person or thing being dealt with or studied ▹ *adj* being under the rule of a monarch or government ▹ *vb* cause to undergo
SUBJOIN, -S *vb* add or attach at the end of something spoken, written, etc
SUBLATE, -D, -S *vb* deny
SUBLEASE *n* lease of property made by a person who is a lessee of that property ▹ *vb* grant a sublease of (property)
SUBLET, -S *vb* rent out (property rented from someone else) ▹ *n* sublease
SUBLEVEL *n* subdivision of a level
SUBLIME, -D, -S *adj* of high moral, intellectual, or spiritual value ▹ *vb* change from a solid to a vapour without first melting
SUBLIMER ▸ **sublime**
SUBLIMES ▸ **sublime**
SUBLIMIT *n* limit on a subcategory
SUBLINE, -S *n* secondary headline
SUBLOT, -S *n* subdivision of a lot
SUBLUNAR *same as* > **sublunary**
SUBMAN, SUBMEN *n* primitive form of human
SUBMENTA > **submentum**
SUBMENU, -S *n* further list of options within computer menu
SUBMERGE *vb* put or go below the surface of water or other liquid
SUBMERSE *same as* ▸ **submerge**
SUBMISS *adj* docile
SUBMIT, -S *vb* surrender
SUBNASAL *adj* beneath nose
SUBNET, -S *n* part of network
SUBNICHE *n* subdivision of a niche
SUBNODAL *adj* below the level of a node
SUBOCEAN *adj* beneath the ocean
SUBOPTIC *adj* below the eye
SUBORAL *adj* not quite oral
SUBORDER *n* taxonomic group that is a subdivision of an order
SUBORN, -ED, -S *vb* bribe or incite (a person) to commit a wrongful act
SUBORNER ▸ **suborn**
SUBORNS ▸ **suborn**
SUBOVAL *adj* not quite oval
SUBOVATE *adj* almost egg-shaped
SUBOXIDE *n* oxide of an element containing less oxygen than the common oxide formed by the element
SUBPANEL *n* panel that is part of larger panel
SUBPAR *adj* not up to standard
SUBPART, -S *n* part within another part
SUBPENA, -S *same as* ▸ **subpoena**
SUBPHASE *n* subdivision of a phase
SUBPHYLA > **subphylum**
SUBPLOT, -S *n* secondary plot in a novel, play, or film
SUBPOENA *n* writ requiring a person to appear before a lawcourt ▹ *vb* summon (someone) with a subpoena
SUBPOLAR *adj* of the areas south of the Arctic and north of the Antarctic
SUBPRIME *n* loan made to a borrower with a poor credit rating
SUBPRIOR *n* monk junior to a prior
SUBPUBIC *adj* beneath the pubic bone
SUBRACE, -S *n* race of people considered to be inferior
SUBRENT, -S *n* rent paid to renter who rents to another ▹ *vb* rent out (a property that is already rented)
SUBRING, -S *n* mathematical ring that is a subset of another ring
SUBRULE, -S *n* rule within another rule
SUBS ▸ **sub**
SUBSALE, -S *n* sale carried out within the process of a larger sale
SUBSCALE *n* scale within a scale
SUBSEA *adj* undersea
SUBSECT, -S *n* sect within a larger sect
SUBSENSE *n* definition that is a division of a wider definition
SUBSERE, -S *n* secondary sere arising when the progress of a sere has been interrupted
SUBSERVE *vb* be helpful or useful to
SUBSET, -S *n* mathematical set contained within a larger set
SUBSHAFT *n* secondary shaft in a mine
SUBSHELL *n* part of a shell of an atom
SUBSHRUB *n* small bushy plant that is woody except for the tips of the branches
SUBSIDE, -D, -S *vb* become less intense
SUBSIDER ▸ **subside**
SUBSIDES ▸ **subside**
SUBSIDY *n* financial aid
SUBSIST, -S *vb* manage to live
SUBSITE, -S *n* location within a website
SUBSIZAR *n* type of undergraduate at Cambridge
SUBSKILL *n* element of a wider skill
SUBSOIL, -S *n* earth just below the surface soil ▹ *vb* plough (land) to a depth below the normal ploughing level
SUBSOLAR *adj* (of a point on the earth) directly below the sun
SUBSONG, -S *n* subdued form of birdsong modified from the full territorial song

SUBSONIC *adj* moving at a speed less than that of sound
SUBSPACE *n* part of a mathematical matrix
SUBSTAGE *n* part of a microscope below the stage
SUBSTATE *n* subdivision of state
SUBSTORM *n* disturbance in the magnetic field of a planet
SUBSTYLE *n* line on a dial
SUBSUME, -D, -S *vb* include (an idea, case, etc) under a larger classification or group
SUBTACK, -S *Scots word for* ▸ **sublease**
SUBTALAR *adj* beneath the ankle-bone
SUBTASK, -S *n* task that is part of a larger task
SUBTAXON, SUBTAXA *n* supplementary piece of identifying information in plant or animal scientific name
SUBTEEN, -S *n* young person who has not yet become a teenager
SUBTEND, -S *vb* be opposite (an angle or side)
SUBTENSE *n* line that subtends
SUBTEST, -S *n* test that is part of larger test
SUBTEXT, -S *n* underlying theme in a piece of writing
SUBTHEME *n* secondary theme
SUBTIDAL *adj* below the level of low tide
SUBTIL *same as* ▸ **subtle**
SUBTILE, -R *rare spelling of* ▸ **subtle**
SUBTILIN *n* antibiotic drug
SUBTILTY ▸ **subtile**
SUBTITLE *n* secondary title of a book ▹ *vb* provide with a subtitle or subtitles
SUBTLE, -R, -ST *adj* not immediately obvious
SUBTLETY *n* fine distinction
SUBTLY ▸ **subtle**
SUBTONE, -S *n* subdivision of a tone
SUBTONIC *n* seventh degree of a major or minor scale
SUBTOPIA *n* suburban development that encroaches on rural areas
SUBTOPIC *n* topic within a larger topic
SUBTOTAL *n* total made up by a column of figures, forming part of the total made up by a larger group ▹ *vb* work out a subtotal for (a group)
SUBTRACT *vb* take (one number or quantity) from another
SUBTRADE *n* (in N America) specialist hired by a building contractor
SUBTREND *n* minor trend
SUBTRIBE *n* tribe within a larger tribe
SUBTRIST *adj* slightly sad
SUBTRUDE *vb* intrude stealthily
SUBTUNIC *adj* below membrane ▹ *n* garment worn under a tunic
SUBTWEET *vb* post a negative tweet about someone without naming them
SUBTYPE, -S *n* secondary or subordinate type or genre
SUBUCULA *n* ancient Roman man's undergarment
SUBULATE *adj* (esp of plant parts) tapering to a point
SUBUNIT, -S *n* distinct part or component of something larger
SUBURB, -S *n* residential area on the outskirts of a city
SUBURBAN *adj* mildly derogatory term for inhabiting a suburb ▹ *n* mildly derogatory term for a person who lives in a suburb
SUBURBED ▸ **suburb**
SUBURBIA *n* suburbs and their inhabitants
SUBURBS ▸ **suburb**
SUBVENE, -D, -S *vb* happen in such a way as to be of assistance
SUBVERSE, SUBVERST *same as* ▸ **subvert**
SUBVERT, -S *vb* overthrow the authority of
SUBVICAR *n* assistant to a vicar
SUBVIRAL *adj* of, caused by, or denoting a part of the structure of a virus
SUBVIRUS *n* organism smaller than a virus
SUBVOCAL *adj* formed in mind without being spoken aloud
SUBWAY, -ED, -S *n* passage under a road or railway ▹ *vb* travel by subway
SUBWORLD *n* underworld
SUBZERO *adj* lower than zero
SUBZONAL ▸ **subzone**
SUBZONE, -S *n* subdivision of a zone
SUCCADE, -S *n* piece of candied fruit
SUCCAH, -S *same as* ▸ **sukkah**
SUCCEED, -S *vb* accomplish an aim
SUCCES *French word for* ▸ **success**
SUCCESS *n* achievement of something attempted
SUCCI ▸ **succus**
SUCCINCT *adj* brief and clear
SUCCINIC *adj* of, relating to, or obtained from amber
SUCCINYL *n* constituent of succinic acid
SUCCISE *adj* ending abruptly, as if cut off
SUCCOR, -ED, -S *same as* ▸ **succour**
SUCCORER ▸ **succor**
SUCCORS ▸ **succor**
SUCCORY *another name for* ▸ **chicory**
SUCCOS *same as* ▸ **succoth**
SUCCOSE ▸ **succus**
SUCCOT *same as* ▸ **sukkoth**
SUCCOTH *variant of* ▸ **sukkoth**
SUCCOUR, -S *n* help in distress ▹ *vb* give aid to (someone in time of difficulty)
SUCCOUS ▸ **succus**
SUCCUMB, -S *vb* give way (to something overpowering)
SUCCUS, SUCCI *n* fluid
SUCCUSS *vb* shake (a patient) to detect the sound of fluid in a cavity
SUCH *adj* of the kind specified ▹ *pron* such things
SUCHLIKE *pron* such or similar things ▹ *n* such or similar things ▹ *adj* of such a kind
SUCHNESS ▸ **such**
SUCHWISE ▸ **such**
SUCK, -ED *vb* draw (liquid or air) into the mouth ▹ *n* sucking
SUCKEN, -S *Scots word for* ▸ **district**
SUCKENER *n* tenant
SUCKENS ▸ **sucken**
SUCKER, -ED, -S *n* person who is easily deceived or swindled ▹ *vb* strip off the suckers from (a plant)
SUCKET, -S *same as* ▸ **succade**
SUCKFISH *n* type of spiny-finned marine fish

S

SUCKHOLE *n* sycophant ▹ *vb* behave in a sycophantic manner
SUCKIER ▸ **sucky**
SUCKIEST ▸ **sucky**
SUCKING, -S *adj* not yet weaned
SUCKLE, -D, -S *vb* feed at the breast
SUCKLER, -S ▸ **suckle**
SUCKLES ▸ **suckle**
SUCKLESS ▸ **suck**
SUCKLING *n* unweaned baby or young animal
SUCKS *interj* expression of disappointment
SUCKY, SUCKIER, SUCKIEST *adj* despicable
SUCRASE, -S *another name for* > **invertase**
SUCRE, -S *n* former standard monetary unit of Ecuador
SUCRIER, -S *n* small container for sugar at table
SUCROSE, -S *same as* ▸ **sugar**
SUCTION, -S *n* sucking ▹ *vb* subject to suction
SUCURUJU *n* anaconda
SUD *singular of* ▸ **suds**
SUDAMEN, -S, SUDAMINA *n* small cavity in the skin
SUDARIA ▸ **sudarium**
SUDARIES ▸ **sudary**
SUDARIUM, SUDARIA *n* room in a Roman bathhouse where sweating is induced by heat
SUDARY, SUDARIES *same as* ▸ **sudarium**
SUDATE, -D, -S, SUDATING *vb* sweat
SUDATION ▸ **sudate**
SUDATORY ▸ **sudate**
SUDD, -S *n* floating masses of reeds and weeds on the White Nile
SUDDEN, -S *adj* done or occurring quickly and unexpectedly
SUDDENLY *adv* quickly and without warning
SUDDENS ▸ **sudden**
SUDDENTY *n* suddenness
SUDDER, -S *n* supreme court in India
SUDDS ▸ **sudd**
SUDOKU, -S *n* type of puzzle in which numbers must be arranged in a grid according to certain rules
SUDOR, -S *technical name for* ▸ **sweat**
SUDORAL ▸ **sudor**
SUDOROUS ▸ **sudor**
SUDORS ▸ **sudor**
SUDS, -ED, -ES, -ING *pl n* froth of soap and water, lather ▹ *vb* wash in suds
SUDSER, -S *n* soap opera
SUDSES ▸ **suds**
SUDSIER ▸ **sudsy**
SUDSIEST ▸ **sudsy**
SUDSING ▸ **suds**
SUDSLESS ▸ **suds**
SUDSY, SUDSIER, SUDSIEST ▸ **suds**
SUE, -D, -S *vb* start legal proceedings against
SUEABLE ▸ **sue**
SUED ▸ **sue**
SUEDE, -D, -S, SUEDING *n* leather with a velvety finish on one side ▹ *vb* give a suede finish to
SUEDETTE *n* imitation suede fabric
SUEDING ▸ **suede**
SUENT *adj* smooth
SUER, -S ▸ **sue**
SUES ▸ **sue**
SUET, -S *n* hard fat obtained from sheep and cattle
SUETE, -S *n* southeasterly wind in Cape Breton Island
SUETIER ▸ **suety**
SUETIEST ▸ **suety**
SUETS ▸ **suet**
SUETTY, SUETTIER ▸ **suet**
SUETY, SUETIER, SUETIEST ▸ **suet**
SUFFARI, -S *same as* ▸ **safari**
SUFFECT, -S *adj* additional ▹ *n* additional consul in ancient Rome
SUFFER, -ED, -S *vb* undergo or be subjected to
SUFFERER ▸ **suffer**
SUFFERS ▸ **suffer**
SUFFETE, -S *n* official in ancient Carthage
SUFFICE, -D, -S *vb* be enough for a purpose
SUFFICER ▸ **suffice**
SUFFICES ▸ **suffice**
SUFFIX, -ED, -ES *n* letters added to the end of a word to form another word ▹ *vb* add (letters) to the end of a word to form another word
SUFFIXAL ▸ **suffix**
SUFFIXED ▸ **suffix**
SUFFIXES ▸ **suffix**
SUFFLATE *archaic word for* ▸ **inflate**
SUFFRAGE *n* right to vote in public elections
SUFFUSE, -D, -S *vb* spread through or over (something)
SUG, -GED, -S *vb* sell a product while pretending to conduct market research
SUGAN, -S *n* straw rope
SUGAR, -S *n* carbohydrate used to sweeten food and drinks ▹ *vb* sweeten or cover with sugar
SUGARED *adj* made sweeter or more appealing with or as with sugar
SUGARER, -S ▸ **sugar**
SUGARIER ▸ **sugary**
SUGARING *n* method of removing unwanted body hair
SUGARS ▸ **sugar**
SUGARY, SUGARIER *adj* of, like, or containing sugar
SUGGED ▸ **sug**
SUGGEST, -S *vb* put forward (an idea) for consideration
SUGGING, -S *n* practice of selling products under the pretence of conducting market research
SUGH, -ED, -ING, -S *same as* ▸ **sough**
SUGO, -S *n* Italian pasta sauce
SUGS ▸ **sug**
SUHUR, -S *n* meal eaten before sunrise by Muslims fasting during Ramadan
SUI *adj* of itself
SUICIDAL *adj* tending towards suicide
SUICIDE, -D, -S *n* killing oneself intentionally ▹ *vb* die by suicide
SUID, -S *n* pig or related animal
SUIDIAN, -S ▸ **suid**
SUIDS ▸ **suid**
SUILLINE *adj* of or like a pig
SUING, -S ▸ **sue**
SUINT, -S *n* water-soluble substance found in the fleece of sheep
SUIPLAP, -S *n* South African slang for a drunkard
SUIT, -ED, -S *n* set of clothes designed to be worn together ▹ *vb* be appropriate for
SUITABLE *adj* appropriate or proper
SUITABLY ▸ **suitable**
SUITCASE *n* portable travelling case for clothing
SUITE, -S *n* set of connected rooms in a hotel
SUITED ▸ **suit**
SUITER, -S *n* piece of luggage for carrying suits and dresses
SUITES ▸ **suite**
SUITING, -S *n* fabric used for suits

SUITLIKE ▸ **suit**
SUITOR, -ED, -S *n* man who is courting someone ▹ *vb* act as a suitor
SUITRESS *n* female suitor
SUITS ▸ **suit**
SUIVANTE *n* lady's maid
SUIVEZ *vb* musical direction meaning follow
SUJEE, -S *same as* ▸ **soogee**
SUK, -S *same as* ▸ **suq**
SUKH, -S *same as* ▸ **suq**
SUKIYAKI *n* Japanese dish consisting of sliced meat and vegetables
SUKKAH, -S *n* structure in which orthodox Jews eat and sleep during Sukkoth
SUKKOS *same as* ▸ **sukkoth**
SUKKOT *same as* ▸ **sukkoth**
SUKKOTH *n* eight-day Jewish harvest festival
SUKS ▸ **suk**
SUKUK, -S *n* financial certificate conforming to Islam lending principles
SULCAL ▸ **sulcus**
SULCATE *adj* marked with longitudinal parallel grooves
SULCATED *same as* ▸ **sulcate**
SULCUS, SULCI *n* linear groove, furrow, or slight depression
SULDAN, -S *same as* ▸ **sultan**
SULFA, -S *same as* ▸ **sulpha**
SULFATE, -D, -S *same as* ▸ **sulphate**
SULFATIC *adj* relating to sulphate
SULFID, -S *same as* ▸ **sulphide**
SULFIDE, -S *same as* ▸ **sulphide**
SULFIDS ▸ **sulfid**
SULFINYL *same as* > **sulphinyl**
SULFITE, -S *same as* ▸ **sulphite**
SULFITIC ▸ **sulfite**
SULFO *same as* > **sulphonic**
SULFONE, -S *same as* ▸ **sulphone**
SULFONIC ▸ **sulfone**
SULFONYL *same as* > **sulphuryl**
SULFUR, -ED, -S *variant of* ▸ **sulphur**
SULFURET *same as* > **sulphuret**
SULFURIC ▸ **sulfur**
SULFURS ▸ **sulfur**
SULFURY *adj* containing sulfur
SULFURYL *same as* > **sulphuryl**
SULK, -ED, -ING, -S *vb* be silent and sullen because of resentment or bad temper ▹ *n* resentful or sullen mood
SULKER, -S *same as* ▸ **sulk**
SULKIER ▸ **sulky**
SULKIES ▸ **sulky**
SULKIEST ▸ **sulky**
SULKILY ▸ **sulky**
SULKING ▸ **sulk**
SULKS ▸ **sulk**
SULKY, SULKIER, SULKIES, SULKIEST *adj* moody or silent because of anger or resentment ▹ *n* light two-wheeled vehicle for one person
SULLAGE, -S *n* filth or waste, esp sewage
SULLEN, -ER, -S *adj* unwilling to talk or be sociable ▹ *n* sullen mood
SULLENLY ▸ **sullen**
SULLENS ▸ **sullen**
SULLY, SULLIED, SULLIES, -ING *vb* ruin (someone's reputation) ▹ *n* stain
SULPHA, -S *n* any of a group of sulphonamides that prevent the growth of bacteria
SULPHATE *n* salt or ester of sulphuric acid ▹ *vb* treat with a sulphate or convert into a sulphate
SULPHID, -S *same as* ▸ **sulphide**
SULPHIDE *n* compound of sulphur with another element
SULPHIDS ▸ **sulphid**
SULPHITE *n* salt or ester of sulphurous acid
SULPHONE *n* type of organic compound
SULPHUR, -S *n* pale yellow nonmetallic element ▹ *vb* treat with sulphur
SULPHURY *adj* containing sulphur
SULTAN, -S *n* sovereign of a Muslim country
SULTANA, -S *n* kind of raisin
SULTANIC ▸ **sultan**
SULTANS ▸ **sultan**
SULTRIER ▸ **sultry**
SULTRILY ▸ **sultry**
SULTRY, SULTRIER *adj* (of weather or climate) hot and humid
SULU, -S *n* type of sarong worn in Fiji
SUM, -MED, -S *n* result of addition, total ▹ *vb* add or form a total of (something)
SUMAC, -S *same as* ▸ **sumach**
SUMACH, -S *n* type of temperate or subtropical shrub or small tree
SUMACS ▸ **sumac**
SUMATRA, -S *n* violent storm blowing from the direction of Sumatra
SUMI, -S *n* type of black ink used in Japan
SUMLESS *adj* uncountable
SUMMA, -E, -S *n* compendium of theology, philosophy, or canon law
SUMMABLE ▸ **sum**
SUMMAE ▸ **summa**
SUMMAND, -S *n* number or quantity forming part of a sum
SUMMAR *Scots variant of* ▸ **summer**
SUMMARY *n* brief account giving the main points of something ▹ *adj* done quickly, without formalities
SUMMAS ▸ **summa**
SUMMAT, -S *pron* something ▹ *n* impressive or important person or thing
SUMMATE, -D, -S *vb* add up
SUMMATS ▸ **summat**
SUMMED ▸ **sum**
SUMMER, -ED, -S *n* warmest season of the year ▹ *vb* spend the summer (at a place)
SUMMERLY *adj* like summer
SUMMERS ▸ **summer**
SUMMERY ▸ **summer**
SUMMING, -S ▸ **sum**
SUMMIST, -S *n* writer of summae
SUMMIT, -ED, -S *n* top of a mountain or hill ▹ *vb* reach summit
SUMMITAL ▸ **summit**
SUMMITED ▸ **summit**
SUMMITRY *n* practice of conducting international negotiations by summit conferences
SUMMITS ▸ **summit**
SUMMON, -ED *vb* order (someone) to come
SUMMONER ▸ **summon**
SUMMONS *n* command summoning someone ▹ *vb* order (someone) to appear in court
SUMO, -S *n* Japanese style of wrestling
SUMOIST, -S ▸ **sumo**
SUMOS ▸ **sumo**
SUMOTORI *n* sumo wrestler
SUMP, -S *n* container in an internal-combustion engine into which oil can drain

SUMPH, -S *n* stupid person
SUMPHISH ▸**sumph**
SUMPHS ▸**sumph**
SUMPIT, -S *n* Malay blowpipe
SUMPITAN *same as* ▸**sumpit**
SUMPITS ▸**sumpit**
SUMPS ▸**sump**
SUMPTER, -S *n* packhorse, mule, or other beast of burden
SUMPWEED *n* American weed
SUMS ▸**sum**
SUMY *pl n* the monetary units of Uzbekistan
SUN, -NED, -NING, -S *n* star around which the earth and other planets revolve ▹*vb* expose (oneself) to the sun's rays
SUNBACK *adj* (of dress) cut low at back
SUNBAKE, -S *vb* sunbathe, esp in order to become tanned ▹*n* period of sunbaking
SUNBAKED *adj* (esp of roads, etc) dried or cracked by the sun's heat
SUNBAKES ▸**sunbake**
SUNBATH, -S *n* exposure of the body to the sun to get a suntan
SUNBATHE *vb* lie in the sunshine in order to get a suntan
SUNBATHS ▸**sunbath**
SUNBEAM, -S *n* ray of sun
SUNBEAMY *adj* full of sunbeams
SUNBEAT *adj* exposed to sun
SUNBED, -S *n* machine for giving an artificial tan
SUNBELT, -S *n* southern states of the US
SUNBERRY *n* red fruit like the blackberry
SUNBIRD, -S *n* type of small songbird with a bright plumage in the males
SUNBLIND *n* blind that shades a room from the sun's glare
SUNBLOCK *n* cream applied to the skin to protect it from the sun's rays
SUNBOW, -S *n* bow of colours produced when sunlight shines through spray
SUNBURN, -S, -T *n* painful reddening of the skin caused by overexposure to the sun ▹*vb* become sunburnt
SUNBURST *n* burst of sunshine, as through a break in the clouds
SUNCARE, -S *n* use of products in protecting skin from the sun
SUNCHOKE *n* Jerusalem artichoke
SUNDAE, -S *n* ice cream topped with fruit etc
SUNDARI, -S *n* Indian tree
SUNDECK, -S *n* upper open deck on a passenger ship
SUNDER, -ED, -S *vb* break apart
SUNDERER ▸**sunder**
SUNDERS ▸**sunder**
SUNDEW, -S *n* type of bog plant with leaves covered in sticky hairs
SUNDIAL, -S *n* device showing the time by means of a pointer that casts a shadow
SUNDOG, -S *n* small rainbow or halo near the horizon
SUNDOWN, -S *same as* ▸**sunset**
SUNDRA, -S *same as* ▸**sundari**
SUNDRESS *n* strapped dress worn in hot weather
SUNDRI, -S *same as* ▸**sundari**
SUNDRIES ▸**sundry**
SUNDRILY ▸**sundry**
SUNDRIS ▸**sundri**
SUNDROPS *pl n* any of various American primroses
SUNDRY, SUNDRIES *adj* several, various
SUNFAST *adj* not fading in sunlight
SUNFISH *n* large sea fish with a rounded body
SUNG ▸**sing**
SUNGAR, -S *same as* ▸**sangar**
SUNGAZER *n* person who practises sungazing
SUNGLASS *n* convex lens used to focus the sun's rays and thus produce heat or ignition
SUNGLOW, -S *n* pinkish glow often seen in the sky before sunrise or after sunset
SUNGREBE *another name for* ▸**finfoot**
SUNHAT, -S *n* hat that shades the face and neck from the sun
SUNI, -S *n* S African dwarf antelope
SUNK, -S *n* bank or pad
SUNKEN *adj* unhealthily hollow
SUNKER, -S *n* rock (partially) submerged in shallow water
SUNKET, -S *n* something good to eat
SUNKIE, -S *n* little stool
SUNKS ▸**sunk**
SUNLAMP, -S *n* lamp that generates ultraviolet rays
SUNLAND, -S *n* sunny area
SUNLESS *adj* without sun or sunshine
SUNLIGHT *n* light that comes from the sun
SUNLIKE ▸**sun**
SUNLIT ▸**sunlight**
SUNN, -S *n* leguminous plant of the East Indies
SUNNA, -S *n* body of traditional Islamic law
SUNNAH, -S *same as* ▸**sunna**
SUNNAS ▸**sunna**
SUNNED ▸**sun**
SUNNIER ▸**sunny**
SUNNIES *pl n* pair of sunglasses
SUNNIEST ▸**sunny**
SUNNILY ▸**sunny**
SUNNING ▸**sun**
SUNNS ▸**sunn**
SUNNY, SUNNIER, SUNNIEST *adj* full of or exposed to sunlight
SUNPORCH *n* porch for sunbathing on
SUNPROOF ▸**sun**
SUNRAY, -S *n* ray of light from the sun
SUNRISE, -S *n* daily appearance of the sun above the horizon
SUNROOF, -S *n* panel in the roof of a car that opens to let in air
SUNROOM, -S *n* room or glass-enclosed porch designed to display beautiful views
SUNS ▸**sun**
SUNSCALD *n* sun damage on tomato plants
SUNSET, -S *vb* phase out
SUNSHADE *n* anything used to shade people from the sun, such as a parasol or awning
SUNSHINE *n* light and warmth from the sun
SUNSHINY *adj* sunny
SUNSPECS *pl n* sunglasses
SUNSPOT, -S *n* dark patch appearing temporarily on the sun's surface

SUNSTAR, -S *n* type of starfish with up to 13 arms
SUNSTONE *n* type of translucent feldspar with reddish-gold speckles
SUNSUIT, -S *n* child's outfit consisting of a brief top and shorts or a short skirt
SUNTAN, -S *n* browning of the skin caused by exposure to the sun
SUNTRAP, -S *n* very sunny sheltered place
SUNUP, -S *same as* ▸ **sunrise**
SUNWARD *same as* ▸ **sunwards**
SUNWARDS *adv* towards the sun
SUNWISE *adv* moving in the same direction as the sun
SUP, -PED, -PING, -S *same as* ▸ **supine**
SUPAWN, -S *same as* ▸ **suppawn**
SUPE, -S *n* superintendent
SUPER, -ED, -ING, -S *adj* excellent ▹ *n* superannuation ▹ *interj* enthusiastic expression of approval or assent ▹ *vb* work as superintendent
SUPERADD *vb* add (something) to something that has already been added
SUPERATE *vb* overcome
SUPERB, -ER *adj* excellent, impressive, or splendid
SUPERBAD *adj* exceptionally bad
SUPERBER ▸ **superb**
SUPERBLY ▸ **superb**
SUPERBUG *n* bacterium resistant to antibiotics
SUPERCAR *n* very expensive fast or powerful car with a centrally located engine
SUPERCOP *n* high-ranking police officer
SUPERCOW *n* dairy cow that produces a very high milk yield
SUPERED ▸ **super**
SUPEREGO *n* that part of the unconscious mind that governs ideas about what is right and wrong
SUPERFAN *n* very devoted fan
SUPERFIT *adj* highly fit
SUPERFIX *n* linguistic feature distinguishing the meaning of one word from another
SUPERFLY *adj* pretentiously flamboyant
SUPERGUN *n* large powerful gun
SUPERHET *n* type of radio receiver
SUPERHIT *n* very popular hit
SUPERHOT *adj* very hot
SUPERING ▸ **super**
SUPERIOR *adj* greater in quality, quantity, or merit ▹ *n* person of greater rank or status
SUPERJET *n* supersonic aircraft
SUPERLIE, SUPERLAY *vb* lie above
SUPERLOO *n* automated public toilet
SUPERMAN, SUPERMEN *n* man with great physical or mental powers
SUPERMAX *n* jail or other facility having the very highest levels of security
SUPERMEN ▸ **superman**
SUPERMOM *n* very capable and busy mother
SUPERNAL *adj* of or from the world of the divine
SUPERPRO *n* person regarded as a real professional
SUPERS ▸ **super**
SUPERSET *n* set containing all the members of another set plus other members
SUPERSEX *n* in genetics, type of sterile organism
SUPERSPY *n* highly accomplished spy
SUPERTAX *n* extra tax on incomes above a certain level
SUPES ▸ **supe**
SUPINATE *vb* turn (the hand and forearm) so that the palm faces up or forwards
SUPINE, -S *adj* lying flat on one's back ▹ *n* noun form derived from a verb in Latin
SUPINELY ▸ **supine**
SUPINES ▸ **supine**
SUPLEX, -ES *n* type of wrestling hold
SUPPAWN, -S *n* kind of porridge
SUPPEAGO *same as* ▸ **serpigo**
SUPPED ▸ **sup**
SUPPER, -ED, -S *n* light evening meal ▹ *vb* eat supper
SUPPING ▸ **sup**
SUPPLANT *vb* take the place of, oust
SUPPLE, -D, -R, -S, -ST, SUPPLING *adj* (of a person) moving and bending easily and gracefully ▹ *vb* make or become supple
SUPPLELY *same as* ▸ **supply**
SUPPLER ▸ **supple**
SUPPLES ▸ **supple**
SUPPLEST ▸ **supple**
SUPPLIAL *n* instance of supplying
SUPPLIED ▸ **supply**
SUPPLIER ▸ **supply**
SUPPLIES ▸ **supply**
SUPPLING ▸ **supple**
SUPPLY, SUPPLIED, SUPPLIES *vb* provide with something required ▹ *n* supplying ▹ *adj* acting as a temporary substitute ▹ *adv* in a supple manner
SUPPORT, -S *vb* bear the weight of ▹ *n* supporting
SUPPOSAL *n* supposition
SUPPOSE, -S *vb* presume to be true
SUPPOSED *adj* presumed to be true without proof, doubtful
SUPPOSER ▸ **suppose**
SUPPOSES ▸ **suppose**
SUPPRESS *vb* put an end to
SUPRA *adv* above, esp referring to earlier parts of a book etc
SUPREMA ▸ **supremum**
SUPREME, -R, -S *adj* highest in authority, rank, or degree ▹ *n* rich sauce made with a base of veal or chicken stock
SUPREMO, -S *n* person in overall authority
SUPREMUM, SUPREMA *n* (in maths) smallest quantity greater than or equal to each of a set or subset
SUPS ▸ **sup**
SUQ, -S *n* open-air marketplace

> This unusual word for an Arab marketplace is easy to overlook because we tend not to think of words ending in Q. It can also be spelt **sook**, **souk**, **suk** or **sukh**.

SUR *prep* above
SURA, -S *n* any of the 114 chapters of the Koran
SURAH, -S *n* twill-weave fabric of silk or rayon, used for dresses, blouses, etc
SURAL *adj* of or relating to the calf of the leg
SURAMIN, -S *n* drug used in treating sleeping sickness
SURANCE, -S *same as* ▸ **assurance**
SURAS ▸ **sura**

S

SURAT, -S *n* cotton fabric from Surat in India
SURBAHAR *n* Indian string instrument
SURBASE, -S *n* uppermost part, such as a moulding, of a pedestal, base, or skirting
SURBASED *adj* having a surbase
SURBASES ▸ **surbase**
SURBATE, -D, -S, SURBET *vb* make feet sore through walking
SURBED, -S *vb* put something on its edge
SURBET ▸ **surbate**
SURCEASE *n* cessation or intermission ▷ *vb* desist from (some action)
SURCOAT, -S *n* tunic worn by a knight over their armour
SURCULUS, SURCULI *n* sucker on plant
SURD, -S *n* number that cannot be expressed in whole numbers ▷ *adj* of or relating to a surd
SURDITY *n* deafness
SURDS ▸ **surd**
SURE, -D, -R, -S, -ST, SURING *adj* free from uncertainty or doubt ▷ *interj* certainly ▷ *vb* archaic form of sewer
SUREFIRE *adj* certain to succeed
SURELY *adv* it must be true that
SURENESS ▸ **sure**
SURER ▸ **sure**
SURES ▸ **sure**
SUREST ▸ **sure**
SURETY, SURETIED, SURETIES *n* person who takes responsibility for the fulfilment of another's obligation ▷ *vb* be surety for
SURF, -ED, -S *n* foam caused by waves breaking on the shore ▷ *vb* take part in surfing
SURFABLE ▸ **surf**
SURFACE, -D, -S *n* outside or top of an object ▷ *vb* become apparent
SURFACER ▸ **surface**
SURFACES ▸ **surface**
SURFBIRD *n* American shore bird
SURFBOAT *n* boat with a high bow and stern and flotation chambers
SURFED ▸ **surf**
SURFEIT, -S *n* excessive amount ▷ *vb* supply or feed excessively
SURFER, -S ▸ **surfing**
SURFFISH *n* fish of American coastal seas
SURFIE, -S *n* young person whose main interest is in surfing
SURFIER ▸ **surfy**
SURFIES ▸ **surfie**
SURFIEST ▸ **surfy**
SURFING, -S *n* sport of riding on a board on the crest of a wave
SURFLIKE ▸ **surf**
SURFMAN, SURFMEN *n* sailor skilled in sailing through surf
SURFRIDE, SURFRODE *vb* ride on surf
SURFS ▸ **surf**
SURFSIDE *adj* next to the sea
SURFY, SURFIER, SURFIEST ▸ **surf**
SURGE, -D, -S *n* sudden powerful increase ▷ *vb* increase suddenly
SURGEFUL ▸ **surge**
SURGENT ▸ **surge**
SURGEON, -S *n* doctor who specializes in surgery
SURGER, -S ▸ **surge**
SURGERY *n* treatment in which the patient's body is cut open in order to treat the affected part
SURGES ▸ **surge**
SURGICAL *adj* involving or used in surgery
SURGIER ▸ **surgy**
SURGIEST ▸ **surgy**
SURGING, -S ▸ **surge**
SURGY, SURGIER, SURGIEST ▸ **surge**
SURICATE *n* type of meerkat
SURIMI, -S *n* blended seafood product made from precooked fish
SURING ▸ **sure**
SURLIER ▸ **surly**
SURLIEST ▸ **surly**
SURLILY ▸ **surly**
SURLOIN, -S *same as* ▸ **sirloin**
SURLY, SURLIER, SURLIEST *adj* ill-tempered and rude
SURMISAL ▸ **surmise**
SURMISE, -D, -S *n* guess, conjecture ▷ *vb* guess (something) from incomplete or uncertain evidence
SURMISER ▸ **surmise**
SURMISES ▸ **surmise**
SURMOUNT *vb* overcome (a problem)
SURNAME, -D, -S *n* family name ▷ *vb* furnish with or call by a surname
SURNAMER ▸ **surname**
SURNAMES ▸ **surname**
SURPASS *vb* be greater than or superior to
SURPLICE *n* loose white robe worn by members of the clergy and choristers
SURPLUS *n* amount left over in excess of what is required ▷ *adj* extra ▷ *vb* be left over in excess of what is required
SURPRINT *vb* print (additional matter) over something already printed ▷ *n* marks, printed matter, etc, that have been surprinted
SURPRISE *n* unexpected event ▷ *vb* cause to feel amazement or wonder
SURPRIZE *same as* ▸ **surprise**
SURQUEDY *same as* > **surquedry**
SURRA, -S *n* tropical febrile disease of animals
SURREAL, -S *adj* bizarre ▷ *n* atmosphere or qualities evoked by surrealism
SURREBUT *vb* give evidence to support the surrebutter
SURREY, -S *n* light horse-drawn carriage
SURROUND *vb* be, come, or place all around (a person or thing) ▷ *n* border or edging
SURROYAL *n* high point on stag's horns
SURTAX, -ED, -ES *n* extra tax on incomes above a certain level ▷ *vb* assess for liability to surtax
SURTITLE *n* printed translation of the libretto of an opera in a language foreign to the audience
SURTOUT, -S *n* man's overcoat resembling a frock coat
SURUCUCU *n* South American snake
SURVEIL, -S *same as* > **surveille**
SURVEY, -ED, -S *vb* view or consider in a general way ▷ *n* surveying
SURVEYAL ▸ **survey**
SURVEYED ▸ **survey**
SURVEYOR *n* person whose occupation is to survey land or buildings
SURVEYS ▸ **survey**
SURVIEW, -S *vb* survey
SURVIVAL *n* condition of having survived ▷ *adj* of, relating to, or assisting the act of surviving

SURVIVE, -D, -S *vb* continue to live or exist after (a difficult experience)
SURVIVER *same as* ▸ **survivor**
SURVIVES ▸ **survive**
SURVIVOR *n* person or thing that survives
SUS, -ED, -ES, -ING *same as* ▸ **suss**
SUSHI, -S *n* Japanese dish of small cakes of cold rice with a topping of raw fish
SUSING ▸ **sus**
SUSLIK, -S *n* central Eurasian ground squirrel
SUSPECT, -S *vb* believe (someone) to be guilty without having any proof ▹ *adj* not to be trusted ▹ *n* person who is suspected
SUSPENCE *same as* ▸ **suspense**
SUSPEND, -S *vb* hang from a high place
SUSPENS *same as* ▸ **suspense**
SUSPENSE *n* state of uncertainty while awaiting news, an event, etc
SUSPIRE, -D, -S *vb* sigh or utter with a sigh
SUSS, -ED, -ES, -ING *vb* attempt to work out (a situation, etc), using one's intuition ▹ *n* sharpness of mind
SUSTAIN, -S *vb* maintain or prolong ▹ *n* prolongation of a note, by playing technique or electronics
SUSU, -S *n* (in the Caribbean) savings fund shared by friends
SUSURRUS > **susurrate**
SUSUS ▸ **susu**
SUTILE *adj* involving sewing
SUTLER, -S *n* merchant who accompanied an army in order to sell provisions
SUTLERY ▸ **sutler**
SUTOR, -S *n* cobbler
SUTORIAL ▸ **sutor**
SUTORIAN ▸ **sutor**
SUTORS ▸ **sutor**
SUTRA, -S *n* Sanskrit sayings or collections of sayings
SUTTA, -S *n* Buddhist scripture
SUTTEE, -S *n* custom whereby a widow burnt herself on her husband's funeral pyre
SUTTLE, -D, -S, SUTTLING *vb* work as a sutler
SUTTLY ▸ **subtle**
SUTURAL ▸ **suture**
SUTURE, -D, -S, SUTURING *n* stitch joining the edges of a wound ▹ *vb* join (the edges of a wound, etc) by means of sutures
SUZERAIN *n* state or sovereign with limited authority over another self-governing state
SVARAJ, -ES *same as* ▸ **swaraj**
SVASTIKA *same as* ▸ **swastika**
SVEDBERG *n* unit used in physics
SVELTE, -R, -ST *adj* attractively or gracefully slim
SVELTELY ▸ **svelte**
SVELTER ▸ **svelte**
SVELTEST ▸ **svelte**
SWAB, -BED, -BING, -S *n* small piece of cotton wool used to apply medication, clean a wound, etc ▹ *vb* clean (a wound) with a swab
SWABBER, -S *n* person who uses a swab
SWABBIE *same as* ▸ **swabby**
SWABBIES ▸ **swabby**
SWABBING ▸ **swab**
SWABBY, SWABBIES *n* seaman
SWABS ▸ **swab**
SWACHH *adj* (in Indian English) clean
SWACK, -ED, -ING, -S *adj* flexible ▹ *vb* strike
SWAD, -S *n* loutish person
SWADDIE *same as* ▸ **swaddy**
SWADDIES ▸ **swaddy**
SWADDLE, -D, -S *vb* wrap (a baby) in swaddling clothes ▹ *n* swaddling clothes
SWADDLER ▸ **swaddle**
SWADDLES ▸ **swaddle**
SWADDY, SWADDIES *n* private soldier
SWADS ▸ **swad**
SWAG, -GED, -GING, -S *n* stolen property ▹ *vb* sway from side to side
SWAGE, -D, -S, SWAGING *n* shaped tool or die used in forming cold metal by hammering ▹ *vb* form (metal) with a swage
SWAGER, -S ▸ **swage**
SWAGES ▸ **swage**
SWAGGED ▸ **swag**
SWAGGER, -S *vb* walk or behave arrogantly ▹ *n* arrogant walk or manner ▹ *adj* elegantly fashionable
SWAGGIE, -S *same as* ▸ **swagger**
SWAGGING ▸ **swag**
SWAGING ▸ **swage**
SWAGMAN, SWAGMEN *n* tramp who carries their belongings in a bundle on their back
SWAGS ▸ **swag**
SWAGSHOP *n* shop selling cheap goods
SWAGSMAN, SWAGSMEN *same as* ▸ **swagman**
SWAIL, -S *same as* ▸ **swale**
SWAIN, -S *n* suitor
SWAINING *n* acting as suitor
SWAINISH ▸ **swain**
SWAINS ▸ **swain**
SWALE, -D, -S *n* moist depression in a tract of land ▹ *vb* sway
SWALIER ▸ **swaly**
SWALIEST ▸ **swaly**
SWALING, -S ▸ **swale**
SWALLET, -S *n* hole where water goes underground
SWALLIES ▸ **swally**
SWALLOW, -S *vb* cause to pass down one's throat ▹ *n* swallowing
SWALLY, SWALLIES *n* alcoholic drink
SWALY, SWALIER, SWALIEST ▸ **swale**
SWAM ▸ **swim**
SWAMI, -ES, -S *n* Hindu religious teacher
SWAMP, -ED, -ING, -S *n* watery area of land, bog ▹ *vb* cause (a boat) to fill with water and sink
SWAMPER, -S *n* person who lives or works in a swampy region
SWAMPIER ▸ **swampy**
SWAMPING ▸ **swamp**
SWAMPISH ▸ **swamp**
SWAMPS ▸ **swamp**
SWAMPY, SWAMPIER ▸ **swamp**
SWAMY *same as* ▸ **swami**
SWAN, -NED, -NING, -S *n* large usu white water bird with a long graceful neck ▹ *vb* wander about idly
SWANG ▸ **swing**
SWANHERD *n* person who herds swans
SWANK, -ED, -EST, -ING, -S *vb* show off or boast ▹ *n* showing off or boasting
SWANKER, -S ▸ **swank**
SWANKEST ▸ **swank**
SWANKEY, -S *same as* ▸ **swanky**
SWANKIE *same as* ▸ **swanky**
SWANKIER ▸ **swanky**
SWANKIES ▸ **swanky**

SWANKILY ▸ **swanky**
SWANKING ▸ **swank**
SWANKPOT *same as* ▸ **swank**
SWANKS ▸ **swank**
SWANKY, SWANKIER, SWANKIES *adj* expensive and showy, stylish ▹ *n* lively person
SWANLIKE ▸ **swan**
SWANNED ▸ **swan**
SWANNERY *n* place where swans are kept and bred
SWANNIE, -S *n* (in NZ) type of all-weather heavy woollen shirt
SWANNIER ▸ **swanny**
SWANNIES ▸ **swannie**
SWANNING ▸ **swan**
SWANNY, SWANNIER *adj* swanlike
SWANPAN, -S *n* Chinese abacus
SWANS ▸ **swan**
SWANSKIN *n* skin of a swan with the feathers attached
SWANSONG *n* beautiful song fabled to be sung by a swan before it dies
SWAP, -PED, -PING, -S, -T *vb* exchange (something) for something else ▹ *n* exchange
SWAPFILE *n* computer file which provides space for transferred programs
SWAPPED ▸ **swap**
SWAPPER, -S ▸ **swap**
SWAPPING ▸ **swap**
SWAPS ▸ **swap**
SWAPT ▸ **swap**
SWAPTION *another name for* ▸ **swap**
SWARAJ, -ES *n* (in British India) self-government
SWARD, -ED, -ING, -S *n* stretch of short grass ▹ *vb* cover or become covered with grass
SWARDIER ▸ **swardy**
SWARDING ▸ **sward**
SWARDS ▸ **sward**
SWARDY, SWARDIER *adj* covered with sward
SWARE ▸ **swear**
SWARF, -ED, -ING, -S, SWARVED, SWARVES, SWARVING *n* material removed by cutting tools in the machining of metals, stone, etc ▹ *vb* faint
SWARM, -ED, -ING, -S *n* large group of bees or other insects ▹ *vb* move in a swarm
SWARMER, -S ▸ **swarm**
SWARMING ▸ **swarm**
SWARMS ▸ **swarm**
SWART *adj* swarthy
SWARTH, -S *same as* ▸ **swart**
SWARTHY *adj* dark-complexioned
SWARTY, SWARTIER *adj* swarthy
SWARVE *same as* ▸ **swarf**
SWARVED ▸ **swarf**
SWARVES ▸ **swarf**
SWARVING ▸ **swarf**
SWASH, -ED, -ES, -ING *n* rush of water up a beach following each break of the waves ▹ *vb* wash or move with noisy splashing
SWASHER, -S *n* braggart
SWASHES ▸ **swash**
SWASHIER ▸ **swashy**
SWASHING ▸ **swash**
SWASHY, SWASHIER *adj* slushy
SWASTICA *same as* ▸ **swastika**
SWASTIKA *n* symbol used as the emblem of Nazi Germany
SWAT, -S, -TED, -TING *vb* strike or hit sharply ▹ *n* swatter
SWATCH, -ES *n* sample of cloth
SWATH, -S *n* width of one sweep of a scythe or of the blade of a mowing machine
SWATHE, -D, -S *vb* bandage or wrap completely ▹ *n* bandage or wrapping
SWATHER, -S ▸ **swathe**
SWATHES ▸ **swathe**
SWATHIER ▸ **swathy**
SWATHING *n* act of enveloping (with a garment, bandage, etc)
SWATHS ▸ **swath**
SWATHY, SWATHIER ▸ **swath**
SWATS ▸ **swat**
SWATTED ▸ **swat**
SWATTER, -S *n* device for killing insects ▹ *vb* splash
SWATTIER *same as* ▸ **swottier**
SWATTING ▸ **swat**
SWATTY *same as* ▸ **swotty**
SWAY, -ED, -S *vb* swing to and fro or from side to side ▹ *n* power or influence
SWAYABLE ▸ **sway**
SWAYBACK *n* abnormal sagging in the spine of older horses
SWAYED ▸ **sway**
SWAYER, -S ▸ **sway**
SWAYFUL ▸ **sway**
SWAYING, -S ▸ **sway**
SWAYL, -ED, -ING, -S *same as* ▸ **sweal**
SWAYS ▸ **sway**
SWAZZLE, -S *n* small metal instrument used to produce a shrill voice
SWEAL, -ED, -ING, -S *vb* scorch
SWEAR, SWARE, -ING, -S, SWORE, SWORN *vb* use obscene or blasphemous language
SWEARD, -S *same as* ▸ **sword**
SWEARER, -S ▸ **swear**
SWEARIER ▸ **sweary**
SWEARING ▸ **swear**
SWEARS ▸ **swear**
SWEARY, SWEARIER *adj* using swear-words
SWEAT, -ING, -S *n* salty liquid given off through the pores of the skin ▹ *vb* have sweat coming through the pores
SWEATBOX *n* device for causing tobacco leaves, fruit, or hides to sweat
SWEATED *adj* made by exploited labour
SWEATER, -S *n* (woollen) garment for the upper part of the body
SWEATIER ▸ **sweaty**
SWEATILY ▸ **sweaty**
SWEATING ▸ **sweat**
SWEATS ▸ **sweat**
SWEATY, SWEATIER *adj* covered with sweat
SWEDE, -S *n* kind of turnip
SWEDGER, -S *n* Scots dialect word for sweet
SWEE, -D, -ING, -S *vb* sway
SWEEL, -ED, -ING, -S *same as* ▸ **sweal**
SWEENEY, -S *n* police flying squad
SWEENY, SWEENIES *n* wasting of the shoulder muscles of a horse
SWEEP, -ING, -S, SWEPT *vb* remove dirt from (a floor) with a broom ▹ *n* sweeping
SWEEPER, -S *n* device used to sweep carpets
SWEEPIER ▸ **sweepy**
SWEEPING ▸ **sweep**
SWEEPS ▸ **sweep**
SWEEPY, SWEEPIER ▸ **sweep**
SWEER, -ED, -ING, -S *variant of* ▸ **sweir**
SWEERT *variant of* ▸ **sweer**
SWEES ▸ **swee**

SWEET, -ED, -ER, -EST, -S *adj* tasting of or like sugar ▷ *n* shaped piece of food consisting mainly of sugar ▷ *vb* sweeten
SWEETEN, -S *vb* make (food or drink) sweet or sweeter
SWEETER ▸ **sweet**
SWEETEST ▸ **sweet**
SWEETIE, -S *n* lovable person
SWEETING *n* variety of sweet apple
SWEETISH ▸ **sweet**
SWEETLIP *n* type of Australian fish with big lips
SWEETLY ▸ **sweet**
SWEETMAN, SWEETMEN *n* (in the Caribbean) a man kept by a woman
SWEETS ▸ **sweet**
SWEETSOP *n* small West Indian tree
SWEETY *same as* ▸ **sweetie**
SWEIR, -ED, -ER, -EST, -ING, -S *vb* swear ▷ *adj* lazy
SWEIRT *variant of* ▸ **sweir**
SWELCHIE *n* whirlpool in Orkney
SWELL, -ED, -EST, -ING, -S, SWOLLEN, SWOLN *vb* expand or increase ▷ *n* swelling or being swollen ▷ *adj* excellent or fine
SWELLDOM *n* fashionable society
SWELLED ▸ **swell**
SWELLER, -S ▸ **swell**
SWELLEST ▸ **swell**
SWELLING ▸ **swell**
SWELLISH ▸ **swell**
SWELLS ▸ **swell**
SWELT, -ED, -ING, -S *vb* die
SWELTER, -S *vb* feel uncomfortably hot ▷ *n* hot and uncomfortable condition
SWELTING ▸ **swelt**
SWELTRY *adj* sultry
SWELTS ▸ **swelt**
SWEPT ▸ **sweep**
SWERF, -ED, -ING, -S *same as* ▸ **swarf**
SWERVE, -D, -S, SWERVING *vb* turn aside from a course sharply or suddenly ▷ *n* swerving
SWERVER, -S ▸ **swerve**
SWERVES ▸ **swerve**
SWERVING ▸ **swerve**
SWEVEN, -S *n* vision or dream
SWEY, -ED, -ING, -S *same as* ▸ **swee**
SWIDDEN, -S *n* area of land where slash-and-burn techniques have been used
SWIES ▸ **swy**
SWIFT, -ED, -EST, -ING, -S *adj* moving or able to move quickly ▷ *n* fast-flying bird with pointed wings ▷ *adv* swiftly or quickly ▷ *vb* make tight
SWIFTER, -S *n* line run around the ends of capstan bars
SWIFTEST ▸ **swift**
SWIFTIE *n* trick, ruse, or deception
SWIFTIES ▸ **swifty**
SWIFTING ▸ **swift**
SWIFTLET *n* type of small Asian swift
SWIFTLY ▸ **swift**
SWIFTS ▸ **swift**
SWIFTY, SWIFTIES *same as* ▸ **swiftie**
SWIG, -GED, -GING, -S *n* large mouthful of drink ▷ *vb* drink in large mouthfuls
SWIGGER, -S ▸ **swig**
SWIGGING ▸ **swig**
SWIGS ▸ **swig**
SWILE, -S *n* seal (the marine animal)
SWILER, -S *n* (in Newfoundland) a seal hunter
SWILES ▸ **swile**
SWILING, -S *n* practice of hunting seals
SWILL, -ED, -ING, -S *vb* drink greedily ▷ *n* sloppy mixture containing waste food, fed to pigs
SWILLER, -S ▸ **swill**
SWILLING ▸ **swill**
SWILLS ▸ **swill**
SWIM, SWAM, -MING, -S, SWUM *vb* move along in water by movements of the limbs ▷ *n* act or period of swimming
SWIMMER ▸ **swim**
SWIMMERS *pl n* swimming costume
SWIMMIER ▸ **swimmy**
SWIMMILY ▸ **swimmy**
SWIMMING ▸ **swim**
SWIMMY, SWIMMIER *adj* dizzy
SWIMS ▸ **swim**
SWIMSUIT *n* woman's swimming garment that leaves the arms and legs bare
SWIMWEAR *n* swimming costumes
SWINDGE, -D, -S *same as* ▸ **swinge**
SWINDLE, -D, -S *vb* cheat (someone) out of money ▷ *n* instance of swindling
SWINDLER ▸ **swindle**
SWINDLES ▸ **swindle**
SWINE, -S *n* contemptible person
SWINEPOX *n* acute infectious viral disease of pigs
SWINERY *n* pig farm
SWINES ▸ **swine**
SWING, SWANG, -S, SWUNG *vb* move to and fro, sway ▷ *n* swinging
SWINGARM *n* main part of the rear suspension on a motorcycle
SWINGBIN *n* rubbish bin with a lid that swings shut after being opened
SWINGBY, -S *n* act of spacecraft passing close to planet
SWINGE, -D, -S *vb* beat, flog, or punish
SWINGER, -S *n* person regarded as being modern and lively
SWINGES ▸ **swinge**
SWINGIER ▸ **swingy**
SWINGING *adj* lively and modern
SWINGISM *n* former resistance to use of agricultural machines
SWINGLE, -D, -S *n* flat-bladed wooden instrument used for beating and scraping flax ▷ *vb* use a swingle on
SWINGMAN, SWINGMEN *n* musician specializing in swing music
SWINGS ▸ **swing**
SWINGY, SWINGIER *adj* lively and modern
SWINISH ▸ **swine**
SWINK, -ED, -ING, -S *vb* toil or drudge ▷ *n* toil or drudgery
SWINKER, -S ▸ **swink**
SWINKING ▸ **swink**
SWINKS ▸ **swink**
SWINNEY, -S *variant of* ▸ **sweeny**
SWIPE, -D, SWIPING *vb* strike (at) with a sweeping blow ▷ *n* hard blow
SWIPER, -S ▸ **swipe**
SWIPES *pl n* beer, esp when poor or weak
SWIPEY, SWIPIER, SWIPIEST *adj* drunk
SWIPING ▸ **swipe**
SWIPLE, -S *same as* ▸ **swipple**
SWIPPLE, -S *n* part of a flail that strikes the grain

SWIRE, -S *n* neck
SWIRL, -ED, -S *vb* turn with a whirling motion ▷ *n* whirling motion
SWIRLIER ▸ **swirly**
SWIRLING ▸ **swirl**
SWIRLS ▸ **swirl**
SWIRLY, SWIRLIER ▸ **swirl**
SWISH, -ED, -ES, -EST *vb* move with a whistling or hissing sound ▷ *n* whistling or hissing sound ▷ *adj* fashionable, smart
SWISHER, -S ▸ **swish**
SWISHES ▸ **swish**
SWISHEST ▸ **swish**
SWISHIER ▸ **swishy**
SWISHING ▸ **swish**
SWISHY, SWISHIER *adj* moving with a swishing sound
SWISS, -ES *n* type of muslin
SWISSING *n* method of treating cloth
SWITCH, -ED, -ES *n* device for opening and closing an electric circuit ▷ *vb* change abruptly
SWITCHEL *n* type of beer
SWITCHER ▸ **switch**
SWITCHES ▸ **switch**
SWITCHY ▸ **switch**
SWITH *adv* swiftly
SWITHE *same as* ▸ **swith**
SWITHER, -S *vb* hesitate or be indecisive ▷ *n* state of hesitation or uncertainty
SWITHLY ▸ **swith**
SWITS, -ES *same as* ▸ **switch**
SWIVEL, -ED, -S *vb* turn on a central point ▷ *n* coupling device that allows an attached object to turn freely
SWIVET, -S *n* nervous state
SWIZ *n* swindle or disappointment
SWIZZ, -ED, -ES, -ING *same as* ▸ **swiz**
SWIZZLE, -D, -S *vb* cheat or con ▷ *n* act of cheating or conning
SWIZZLER ▸ **swizzle**
SWIZZLES ▸ **swizzle**
SWOB, -BED, -BING, -S *less common word for* ▸ **swab**
SWOBBER, -S ▸ **swob**
SWOBBING ▸ **swob**
SWOBS ▸ **swob**
SWOFFER, -S ▸ **swoffing**
SWOFFING *n* sport of saltwater fly-fishing
SWOLE, -R, -ST *adj* muscular from weight training
SWOLLEN ▸ **swell**
SWOLN ▸ **swell**
SWOON, -ED, -S *n* faint ▷ *vb* faint because of shock or strong emotion
SWOONER, -S ▸ **swoon**
SWOONIER ▸ **swoony**
SWOONING ▸ **swoon**
SWOONS ▸ **swoon**
SWOONY, SWOONIER *adj* romantic
SWOOP, -ED, -ING, -S *vb* sweep down or pounce on suddenly ▷ *n* swooping
SWOOPER, -S ▸ **swoop**
SWOOPIER ▸ **swoopy**
SWOOPING ▸ **swoop**
SWOOPS ▸ **swoop**
SWOOPY, SWOOPIER ▸ **swoop**
SWOOSH, -ED, -ES *vb* make a swirling or rustling sound when moving or pouring out ▷ *n* swirling or rustling sound or movement
SWOP, -PED, -PING, -S, -T *same as* ▸ **swap**
SWOPPER, -S ▸ **swop**
SWOPPING ▸ **swop**
SWOPS ▸ **swop**
SWOPT ▸ **swop**
SWORD, -ED, -ING, -S *n* weapon with a long sharp blade ▷ *vb* bear a sword
SWORDER, -S *n* fighter with sword
SWORDING ▸ **sword**
SWORDMAN, SWORDMEN *same as* > **swordsman**
SWORDS ▸ **sword**
SWORE ▸ **swear**
SWORN ▸ **swear**
SWOT, -S, -TED, -TING *vb* study (a subject) intensively ▷ *n* person who studies hard
SWOTTER, -S *same as* ▸ **swot**
SWOTTIER ▸ **swotty**
SWOTTING ▸ **swot**
SWOTTY, SWOTTIER *adj* given to studying hard, esp to the exclusion of other activities
SWOUN, -S *same as* ▸ **swoon**
SWOUND, -ED *same as* ▸ **swoon**
SWOUNDS *less common spelling of* ▸ **zounds**
SWOUNE, -D, -S, SWOUNING *same as* ▸ **swoon**
SWOUNS ▸ **swoun**
SWOWND, -S *same as* ▸ **swoon**
SWOWNE, -S *same as* ▸ **swoon**
SWOZZLE, -S *same as* ▸ **swazzle**
SWUM ▸ **swim**
SWUNG ▸ **swing**
SWY, SWIES *n* Australian gambling game involving two coins

A type of card game, this word can be useful in helping you to clear a difficult rack.

SYBARITE *n* lover of luxury ▷ *adj* luxurious
SYBBE, -S *same as* ▸ **sib**
SYBIL, -S *same as* ▸ **sibyl**
SYBO *n* spring onion
SYBOE, -S *same as* ▸ **sybo**
SYBOTIC *adj* of a swineherd
SYBOTISM ▸ **sybotic**
SYBOW, -S *same as* ▸ **sybo**
SYCAMINE *n* mulberry tree mentioned in the Bible, thought to be the black mulberry
SYCAMORE *n* tree with five-pointed leaves and two-winged fruits
SYCE, -S *n* (formerly, in India) a servant employed to look after horses, etc
SYCEE, -S *n* silver ingots formerly used as a medium of exchange in China
SYCES ▸ **syce**
SYCOMORE *same as* ▸ **sycamore**
SYCON, -S *n* type of sponge
SYCONIUM, SYCONIA *n* fleshy fruit of the fig
SYCONOID *adj* of or like a sycon
SYCONS ▸ **sycon**
SYCOSIS, SYCOSES *n* chronic inflammation of the hair follicles
SYE, -D, -ING, -S *vb* strain
SYEN, -S *same as* ▸ **scion**
SYENITE, -S *n* light-coloured coarse-grained plutonic igneous rock
SYENITIC ▸ **syenite**
SYENS ▸ **syen**
SYES ▸ **sye**
SYKE, -S *same as* ▸ **sike**
SYKER *adv* surely
SYKES ▸ **syke**
SYLI, -S *n* Finnish unit of volume
SYLLABI ▸ **syllabus**
SYLLABIC *adj* of or relating to syllables ▷ *n* syllabic consonant
SYLLABLE *n* part of a word pronounced as a unit
SYLLABUB *n* dessert of beaten cream, sugar, and wine
SYLLABUS, SYLLABI *n* list of subjects for a course of study

SYLLOGE, -S *n* collection or summary
SYLPH, -S *n* slender graceful girl or woman
SYLPHIC ▸ **sylph**
SYLPHID, -S *n* little sylph
SYLPHIDE *same as* ▸ **sylphid**
SYLPHIDS ▸ **sylphid**
SYLPHIER ▸ **sylphy**
SYLPHINE ▸ **sylph**
SYLPHISH ▸ **sylph**
SYLPHS ▸ **sylph**
SYLPHY, SYLPHIER ▸ **sylph**
SYLVA, -E, -S *n* trees growing in a particular region
SYLVAN, -S *adj* relating to woods and trees ▷ *n* inhabitant of the woods, esp a spirit
SYLVANER *n* German variety of grape
SYLVANS ▸ **sylvan**
SYLVAS ▸ **sylva**
SYLVATIC *adj* growing, living, or occurring in a wood or beneath a tree
SYLVIA, -S *n* songbird
SYLVIINE ▸ **sylvia**
SYLVIN, -S *same as* ▸ **sylvite**
SYLVINE, -S *same as* ▸ **sylvite**
SYLVINS ▸ **sylvin**
SYLVITE, -S *n* soluble colourless, white, or coloured mineral
SYMAR, -S *same as* ▸ **cymar**
SYMBION, -S *same as* ▸ **symbiont**
SYMBIONT *n* organism living in a state of symbiosis
SYMBIOT, -S *same as* ▸ **symbiont**
SYMBIOTE *same as* ▸ **symbiont**
SYMBIOTS ▸ **symbiot**
SYMBOL, -ED, -S *n* sign or thing that stands for something else ▷ *vb* be a symbol
SYMBOLE, -S *same as* ▸ **cymbal**
SYMBOLED ▸ **symbol**
SYMBOLES ▸ **symbole**
SYMBOLIC *adj* of or relating to a symbol or symbols
SYMBOLS ▸ **symbol**
SYMITAR, -S *same as* ▸ **scimitar**
SYMITARE *same as* ▸ **scimitar**
SYMITARS ▸ **symitar**
SYMMETRY *n* state of having two halves that are mirror images of each other
SYMPATHY *n* compassion for someone's pain or distress
SYMPATRY *n* existing of organisms together without interbreeding
SYMPHILE *n* insect that lives in the nests of social insects and is fed and reared by the inmates
SYMPHILY *n* presence of different kinds of animal in ants' nests
SYMPHONY *n* composition for orchestra, with several movements
SYMPLAST *n* continuous system of protoplasts, linked by plasmodesmata and bounded by the cell wall
SYMPLOCE *n* word repetition in successive clauses
SYMPODIA > **sympodium**
SYMPOSIA > **symposium**
SYMPTOM, -S *n* sign indicating the presence of an illness
SYN *Scots word for* ▸ **since**
SYNAGOG, -S *same as* > **synagogue**
SYNANGIA > **synangium**
SYNANON, -S *n* type of therapy given to drug addicts
SYNANTHY *n* abnormal joining between flowers
SYNAPHEA *n* continuity in metre of verses of poem
SYNAPSE, -D *n* gap where nerve impulses pass between two nerve cells ▷ *vb* create a synapse
SYNAPSES ▸ **synapsis**
SYNAPSID *n* prehistoric mammal-like reptile
SYNAPSIS, SYNAPSES *n* association in pairs of homologous chromosomes at the start of meiosis
SYNAPTE, -S *n* litany in Greek Orthodox Church
SYNAPTIC *adj* of or relating to a synapse
SYNARCHY *n* joint rule
SYNASTRY *n* coincidence of astrological influences
SYNAXIS, SYNAXES *n* early Christian meeting
SYNC, -ED, -ING, -S *n* synchronization ▷ *vb* synchronize
SYNCARP, -S *n* fleshy multiple fruit
SYNCARPY *n* quality of consisting of united carpels
SYNCED ▸ **sync**
SYNCH, -ED, -ING, -S *same as* ▸ **sync**
SYNCHRO, -S *n* type of electrical device
SYNCHS ▸ **synch**
SYNCING ▸ **sync**
SYNCLINE *n* downward slope of stratified rock
SYNCOM, -S *n* communications satellite in stationary orbit
SYNCOPAL ▸ **syncope**
SYNCOPE, -S *n* omission of one or more sounds or letters from the middle of a word
SYNCOPIC ▸ **syncope**
SYNCS ▸ **sync**
SYNCYTIA > **syncytium**
SYND, -ED, -S *same as* ▸ **syne**
SYNDESIS, SYNDESES *n* use of syndetic constructions
SYNDET, -S *n* synthetic detergent
SYNDETIC *adj* denoting a grammatical construction in which two clauses are connected by a conjunction
SYNDETON *n* syndetic construction
SYNDETS ▸ **syndet**
SYNDIC, -S *n* business or legal agent of some institutions
SYNDICAL *adj* relating to the theory that syndicates of workers should seize the means of production
SYNDICS ▸ **syndic**
SYNDING, -S ▸ **synd**
SYNDROME *n* combination of symptoms indicating a particular disease
SYNDS ▸ **synd**
SYNE, -D, -S, SYNING *vb* rinse ▷ *n* rinse ▷ *adv* since
SYNECHIA *n* abnormality of the eye
SYNECTIC > **synectics**
SYNED ▸ **syne**
SYNEDRIA > **synedrion**
SYNERGIA *same as* ▸ **synergy**
SYNERGIC ▸ **synergy**
SYNERGID *n* type of cell in embryo
SYNERGY *n* collective effect that is greater than the sum of individual effects
SYNES ▸ **syne**
SYNESIS, SYNESES *n* grammatical construction in which the form of a word is conditioned by the meaning
SYNFUEL, -S *n* synthetic fuel

SYNGAMIC ▸ **syngamy**
SYNGAMY *n* reproduction involving the fusion of male and female gametes
SYNGAS, -ES *n* mixture of carbon monoxide and hydrogen
SYNGENIC *same as* > **syngeneic**
SYNGRAPH *n* document signed by several parties
SYNING ▸ **syne**
SYNKARYA > **synkaryon**
SYNOD, -S *n* church council
SYNODAL, -S *adj* of or relating to a synod ▹ *n* money paid to a bishop by less senior members of the clergy at a synod
SYNODIC *adj* involving conjunction of the same star, planet, or satellite
SYNODS ▸ **synod**
SYNONYM, -S *n* word with the same meaning as another
SYNONYME *same as* ▸ **synonym**
SYNONYMS ▸ **synonym**
SYNONYMY *n* study of synonyms
SYNOPSIS, SYNOPSES *n* summary or outline
SYNOPTIC *adj* of or relating to a synopsis ▹ *n* any of the three synoptic Gospels
SYNOVIA, -S *n* clear thick fluid that lubricates the body joints
SYNOVIAL *adj* of or relating to the synovia
SYNOVIAS ▸ **synovia**
SYNROC, -S *n* titanium-ceramic substance that can incorporate nuclear waste in its crystals
SYNTAGM, -S *same as* ▸ **syntagma**
SYNTAGMA *n* syntactic unit or a word or phrase forming a syntactic unit
SYNTAGMS ▸ **syntagm**
SYNTAN, -S *n* synthetic tanning substance
SYNTAX, -ES *n* way in which words are arranged to form phrases and sentences
SYNTENIC ▸ **synteny**
SYNTENY *n* presence of two or more genes on the same chromosome
SYNTEXIS *n* liquefaction
SYNTH, -S *n* type of electrophonic musical instrument operated by a keyboard and pedals
SYNTHASE *n* enzyme that catalyses a synthesis process
SYNTHON, -S *n* molecule used in synthesis
SYNTHPOP *n* pop music using synthesizers
SYNTHS ▸ **synth**
SYNTONE, -S *n* person who is syntonic
SYNTONIC *adj* emotionally in harmony with one's environment
SYNTONIN *n* substance in muscle
SYNTONY *n* matching of frequencies
SYNTYPE, -S *n* original specimen by which a new species is described
SYNURA, -E *n* variety of microbe
SYPE, -D, -S, SYPING *same as* ▸ **sipe**
SYPHER, -ED, -S *vb* lap (a chamfered edge) in order to form a flush surface
SYPHON, -ED, -S *same as* ▸ **siphon**
SYPHONAL *same as* ▸ **siphonal**
SYPHONED ▸ **syphon**
SYPHONIC *same as* ▸ **siphonic**
SYPHONS ▸ **syphon**
SYPING ▸ **sype**
SYRAH, -S *n* type of French red wine
SYREN, -S *same as* ▸ **siren**
SYRETTE, -S *n* small disposable syringe
SYRINGA, -S *n* mock orange or lilac
SYRINGE, -D *n* device for withdrawing or injecting fluids ▹ *vb* wash out or inject with a syringe
SYRINX, SYRINGES, -ES *n* vocal organ of a bird
SYRPHIAN *same as* ▸ **syrphid**
SYRPHID, -S *n* type of fly
SYRTIS, SYRTES *n* area of quicksand
SYRUP, -ED, -ING, -S *n* solution of sugar in water ▹ *vb* bring to the consistency of syrup
SYRUPIER ▸ **syrupy**
SYRUPING ▸ **syrup**
SYRUPS ▸ **syrup**
SYRUPY, SYRUPIER *adj* thick and sweet
SYSADMIN *n* computer system administrator
SYSOP, -S *n* person who runs a system or network
SYSSITIA *n* ancient Spartan communal meal
SYSTEM, -S *n* method or set of methods
SYSTEMED *adj* having system
SYSTEMIC *adj* affecting the entire animal or body ▹ *n* systemic pesticide, fungicide, etc
SYSTEMS ▸ **system**
SYSTOLE, -S *n* regular contraction of the heart as it pumps blood
SYSTOLIC ▸ **systole**
SYSTYLE, -S *n* building with different types of columns
SYTHE, -S *same as* ▸ **sith**
SYVER, -S *n* street drain or the grating over it
SYZYGAL ▸ **syzygy**
SYZYGIAL ▸ **syzygy**
SYZYGY, SYZYGIES *n* position of a celestial body when sun, earth, and the body are in line

Tt

T is one of the most common consonants in Scrabble. There are only four two-letter words that begin with **T**, but they are easy to remember as there is one for every vowel except **U**. Like **S**, **T** begins a number of three-letter words that don't use vowels, which are well worth remembering. These are: **thy** (6 points), **try** (6), **tsk** (7), **twp** (8) and **tyg** (7). There are also some useful three-letter words using **X**: **tax**, **tex**, **tix** and **tux** (10 each). If you have an **X** during a game, remember words like **text** (11), **texts** (12), **textile** (14), **textual** (14) and **texture** (14), **textism** (16) and **thanx** (15). Some of these have seven letters, and so will earn you 50-point bonuses if you use all your tiles to form them. Other threes well worth remembering are **tiz** (12) and **taj** (10).

TA, -S *interj* thank you ▷ *n* thank you
TAAL, -S *n* language: usually, by implication, Afrikaans
TAATA, -S *child's word for* ▸ **father**

This East African word for a father is one of those short words that can help you dispose of a surplus of As.

TAB, -BED, -S *n* small flap or projecting label ▷ *vb* supply with a tab
TABANID, -S *n* stout-bodied fly
TABARD, -S *n* short sleeveless tunic decorated with a coat of arms, worn in medieval times
TABARDED *adj* wearing a tabard
TABARDS ▸ **tabard**
TABARET, -S *n* hard-wearing fabric of silk or similar cloth with stripes of satin or moire
TABASHIR *same as* > **tabasheer**
TABBED ▸ **tab**
TABBIED ▸ **tabby**
TABBIER ▸ **tabby**
TABBIES ▸ **tabby**
TABBIEST ▸ **tabby**
TABBINET *same as* ▸ **tabinet**
TABBING, -S *n* act of supplying with tabs
TABBIS, -ES *n* silken cloth
TABBOULI *same as* > **tabbouleh**
TABBY, TABBIED, TABBIER, TABBIES, TABBIEST, -ING *vb* make (a material) appear wavy ▷ *n* female domestic cat ▷ *adj* brindled
TABEFY, TABEFIED, TABEFIES *vb* emaciate or become emaciated
TABER, -ED, -ING, -S *old variant of* ▸ **tabor**
TABERD, -S *same as* ▸ **tabard**
TABERDAR *n* holder of a scholarship at Queen's College, Oxford
TABERDS ▸ **taberd**
TABERED ▸ **taber**
TABERING ▸ **taber**
TABERS ▸ **taber**
TABES *n* wasting of a bodily organ or part
TABETIC, -S ▸ **tabes**
TABI, -S *n* thick-soled Japanese sock, worn with sandals
TABID *adj* emaciated
TABINET, -S *n* type of tabbied fabric
TABIS ▸ **tabi**
TABLA, -S *n* one of a pair of Indian drums played with the hands
TABLE, -D, -S *n* piece of furniture with a flat top supported by legs ▷ *vb* submit (a motion) for discussion by a meeting
TABLEAU, -S, -X *n* silent motionless group arranged to represent some scene
TABLED ▸ **table**
TABLEFUL ▸ **table**
TABLEMAT *n* small mat used for protecting the surface of a table from hot dishes
TABLES ▸ **table**
TABLET, -ED, -S *n* medicinal pill ▷ *vb* make (something) into a tablet
TABLETOP *n* upper surface of a table
TABLETS ▸ **tablet**
TABLIER, -S *n* (formerly) part of a dress resembling an apron
TABLING, -S ▸ **table**
TABLOID, -S *n* small-sized newspaper with many photographs
TABLOIDY *adj* characteristic of a tabloid newspaper; trashy
TABOGGAN *same as* ▸ **toboggan**
TABOO, -ED, -ING, -S *n* prohibition resulting from religious or social conventions ▷ *adj* forbidden by a taboo ▷ *vb* place under a taboo
TABOOLEY *variant of* > **tabbouleh**
TABOOS ▸ **taboo**
TABOR, -ED, -ING, -S *vb* play the tabor
TABORER, -S ▸ **tabor**
TABORET, -S *n* low stool, originally in the shape of a drum
TABORIN, -S *same as* ▸ **taboret**
TABORINE *same as* ▸ **tabourin**
TABORING ▸ **tabor**
TABORINS ▸ **taborin**
TABORS ▸ **tabor**

TABOULEH *variant of* > **tabbouleh**
TABOULI, -S *same as* > **tabbouleh**
TABOUR, -ED, -S *same as* ▸ **tabor**
TABOURER ▸ **tabour**
TABOURET *same as* ▸ **taboret**
TABOURIN *same as* ▸ **taboret**
TABOURS ▸ **tabour**
TABRERE, -S *same as* ▸ **tabor**
TABRET, -S *n* smaller version of a tabor
TABS ▸ **tab**
TABU, -ED, -ING, -S *same as* ▸ **taboo**
TABULA, -E *n* tablet for writing on
TABULAR *adj* arranged in a table
TABULATE *vb* arrange (information) in a table ▹ *adj* having a flat surface
TABULI, -S *variant of* > **tabbouleh**
TABUN, -S *n* organic compound used as a lethal nerve gas
TABUS ▸ **tabu**
TACAHOUT *n* abnormal outgrowth on the tamarisk plant
TACAN, -S *n* electronic ultrahigh-frequency navigation system for aircraft
TACE, -S *same as* ▸ **tasset**
TACET *n* musical direction indicating that an instrument or singer does not take part
TACH, -S *n* device for measuring speed
TACHE, -S *n* buckle, clasp, or hook
TACHINA *n* as in **tachina fly** bristly fly
TACHINID *n* type of fly
TACHISM, -S *same as* ▸ **tachisme**
TACHISME *n* type of action painting evolved in France
TACHISMS ▸ **tachism**
TACHIST, -S ▸ **tachism**
TACHISTE ▸ **tachisme**
TACHISTS ▸ **tachist**
TACHO, -S *same as* > **tachogram**
TACHS ▸ **tach**
TACHYON, -S *n* hypothetical elementary particle
TACIT *adj* implied but not spoken
TACITLY ▸ **tacit**
TACITURN *adj* habitually uncommunicative
TACK, -ED, -S *n* short nail with a large head ▹ *vb* fasten with tacks
TACKER, -S ▸ **tack**
TACKET, -S *n* nail, esp a hobnail
TACKETY *adj* studded with tackets
TACKEY *same as* ▸ **tacky**
TACKIER ▸ **tacky**
TACKIES *pl n* tennis shoes or plimsolls
TACKIEST ▸ **tacky**
TACKIFY *vb* give (eg rubber) a sticky feel
TACKILY ▸ **tacky**
TACKING, -S ▸ **tack**
TACKLE, -D, -S, TACKLING *vb* deal with (a task) ▹ *n* act of tackling an opposing player
TACKLER, -S ▸ **tackle**
TACKLES ▸ **tackle**
TACKLESS ▸ **tack**
TACKLING ▸ **tackle**
TACKS ▸ **tack**
TACKSMAN, TACKSMEN *n* leaseholder, esp a tenant in the Highlands who sublets
TACKY, TACKIER, TACKIEST *adj* slightly sticky
TACNODE, -S *n* point at which two branches of a curve have a common tangent
TACO, -S *n* tortilla fried until crisp, served with a filling
TACONITE *n* fine-grained sedimentary rock
TACOS ▸ **taco**
TACRINE, -S *n* drug used to treat Alzheimer's disease
TACT, -S *n* skill in avoiding giving offence
TACTFUL ▸ **tact**
TACTIC *n* method or plan to achieve an end
TACTICAL *adj* of or employing tactics
TACTICS *n* art of directing military forces in battle
TACTILE *adj* of or having the sense of touch
TACTION, -S *n* act of touching
TACTISM, -S *another word for* ▸ **taxis**
TACTLESS ▸ **tact**
TACTS ▸ **tact**
TACTUAL *adj* caused by touch
TAD, -S *n* small bit or piece
TADDIE, -S *short for* ▸ **tadpole**
TADPOLE, -S *n* limbless tailed larva of a frog or toad
TADS ▸ **tad**
TAE, -D, -ING, -S *Scots form of the verb* ▸ **toe**
TAEDIUM, -S *archaic spelling of* ▸ **tedium**
TAEING ▸ **tae**
TAEL, -S *n* unit of weight, used in the Far East
TAENIA, -E, -S *n* (in ancient Greece) a narrow fillet or headband for the hair
TAENIATE *adj* ribbon-like
TAENIOID *adj* ribbon-like
TAENITE, -S *n* nickel-iron alloy found in meteorites
TAES ▸ **tae**
TAFFAREL *same as* ▸ **taffrail**
TAFFEREL *same as* ▸ **taffrail**
TAFFETA *n* shiny silk or rayon fabric
TAFFETAS *same as* ▸ **taffeta**
TAFFETY *adj* made of taffeta
TAFFIA, -S *same as* ▸ **tafia**
TAFFIES ▸ **taffy**
TAFFRAIL *n* rail at the back of a ship or boat
TAFFY, TAFFIES *same as* ▸ **toffee**
TAFIA, -S *n* type of rum, esp from Guyana or the Caribbean
TAG, -GED, -GING, -GINGS, -S *n* label bearing information ▹ *vb* attach a tag to
TAGALONG *n* one who trails behind, esp uninvited; a hanger-on
TAGAREEN *n* junk shop
TAGBOARD *n* sturdy form of cardboard
TAGETES *n* any of a genus of plants with yellow or orange flowers
TAGGANT, -S *n* microscopic material added to substance to identify it
TAGGED ▸ **tag**
TAGGEE, -S *n* one who has been made to wear a tag
TAGGER, -S *n* one who marks with a tag
TAGGIER ▸ **taggy**
TAGGIEST ▸ **taggy**
TAGGING ▸ **tag**
TAGGINGS ▸ **tag**
TAGGY, TAGGIER, TAGGIEST *adj* (of wool, hair, etc) matted
TAGHAIRM *n* form of divination once practised in the Highlands of Scotland
TAGINE, -S *n* large, heavy N African cooking pot with a conical lid

TAGLESS *adj* having no tag
TAGLIKE *adj* resembling a tag
TAGLINE, -S *n* funny line of a joke
TAGLIONI *n* type of coat
TAGMA, -TA *n* distinct region of the body of an arthropod
TAGMEME, -S *n* class of speech elements all of which may fulfil the same grammatical role
TAGMEMIC ▸**tagmeme**
TAGRAG, -S *same as* ▸**ragtag**
TAGS ▸**tag**
TAGUAN, -S *n* nocturnal flying squirrel of the East Indies
TAHA, -S *n* type of South African bird
TAHINA, -S *same as* ▸**tahini**
TAHINI, -S *n* paste made from ground sesame seeds
TAHR, -S *n* goatlike mammal of mountainous regions of S and SW Asia
TAHSIL, -S *n* administrative division of a zila in certain states in India
TAI, -S *n* type of sea bream
TAIAHA, -S *n* carved weapon in the form of a staff, now used in Māori ceremonial oratory
TAIGA, -S *n* belt of coniferous forest
TAIGLACH *same as* ▸**teiglach**
TAIGLE, -D, -S, TAIGLING *vb* entangle or impede
TAIHOA, -ED, -S *vb* in New Zealand English, wait
TAIKO, -S *n* large Japanese drum
TAIL, -ED *n* rear part of an animal's body, usu forming a flexible appendage ▹*adj* at the rear ▹*vb* follow (someone) secretly
T **TAILARD, -S** *n* one having a tail
TAILBACK *n* queue of traffic stretching back from an obstruction
TAILBONE *nontechnical name for* ▸**coccyx**
TAILCOAT *n* man's black coat with a tapering tail
TAILED ▸**tail**
TAILER, -S *n* one that tails
TAILERON *n* aileron located on the tailplane of an aircraft
TAILERS ▸**tailer**
TAILFAN, -S *n* fanned structure at the hind end of a lobster
TAILFIN, -S *n* decorative projection at the back of a car
TAILFLY *n* in angling, the lowest fly on a wet-fly cast
TAILGATE *n* door at the rear of a hatchback vehicle ▹*vb* drive very close behind (a vehicle)
TAILHOOK *n* hook on an aircraft that catches a braking cable
TAILING *n* part of a beam, rafter, projecting brick or stone, etc, embedded in a wall
TAILINGS *pl n* waste left over after milling processes
TAILLAMP *n* rear light
TAILLE, -S *n* (in France before 1789) a tax levied by a king or overlord on his subjects
TAILLESS ▸**tail**
TAILLEUR *n* woman's suit
TAILLIE, -S *n* (in law) the limitation of an estate or interest to a person and the heirs of their body
TAILLIKE *adj* resembling a tail
TAILOR, -ED, -S *n* person who makes men's clothes ▹*vb* cut or style (a garment) to specific requirements
TAILPIPE *vb* attach an object, esp a tin can, to the tail of an animal
TAILRACE *n* channel that carries water away from a water wheel, turbine, etc
TAILS *adv* with the side of a coin that does not have a portrait of a head on it uppermost
TAILSKID *n* runner under the tail of an aircraft
TAILSPIN, TAILSPUN *n* uncontrolled spinning dive of an aircraft ▹*vb* go into a tailspin
TAILWIND *n* wind coming from the rear
TAILYE, -S *same as* ▸**taillie**
TAILZIE, -S *same as* ▸**taillie**
TAIN, -S *n* tinfoil used in backing mirrors
TAINT, -ED, -ING, -S *vb* spoil with a small amount of decay or other bad quality ▹*n* something that taints
TAINTURE *n* contamination; staining
TAIPAN, -S *n* large poisonous Australian snake
TAIRA, -S *same as* ▸**tayra**
TAIS ▸**tai**
TAISCH, -ES *n* (in Scotland) apparition of a person whose death is imminent
TAISH, -ES *same as* ▸**taisch**
TAIT, -S *same as* ▸**tate**
TAIVER, -ED, -S *same as* ▸**taver**
TAIVERT *adj* Scots word meaning confused or bewildered
TAJ, -ES *n* tall conical cap worn as a mark of distinction by Muslims

This is one of the key words to remember for using the J.

TAJINE, -S *same as* ▸**tagine**
TAK, -S *Scots variant spelling of* ▸**take**
TAKA, -S *n* standard monetary unit of Bangladesh, divided into 100 paise
TAKABLE ▸**take**
TAKAHE, -S *n* very rare flightless New Zealand bird
TAKAMAKA *same as* ▸**tacamahac**
TAKAS ▸**taka**
TAKE, -N, -S, TOOK *vb* remove from a place ▹*n* one of a series of recordings from which the best will be used
TAKEABLE ▸**take**
TAKEAWAY *adj* (of food) sold for consumption away from the premises ▹*n* shop or restaurant selling meals for eating elsewhere
TAKEDOWN *n* disassembly
TAKEN ▸**take**
TAKEOFF, -S *n* act or process of making an aircraft airborne
TAKEOUT, -S *n* shop or restaurant that sells such food
TAKEOVER *n* act of taking control of a company by buying a large number of its shares
TAKER, -S *n* person who agrees to take something that is offered
TAKES ▸**take**
TAKEUP, -S *n* claiming or acceptance of something that is due or available
TAKHI, -S *n* type of wild Mongolian horse
TAKI, -S *same as* ▸**takhi**
TAKIER ▸**taky**
TAKIEST ▸**taky**
TAKIN, -S *n* bovid mammal of mountainous regions of S Asia

TAKING, -S ▸**take**
TAKINGLY ▸**take**
TAKINGS ▸**taking**
TAKINS ▸**takin**
TAKIS ▸**taki**
TAKKIES ▸**takky**
TAKKY *n* (S Africa) plimsoll
TAKS ▸**tak**
TAKY, TAKIER, TAKIEST *adj* appealing
TALA, -S *n* standard monetary unit of Samoa, divided into 100 sene
TALAK, -S *same as* ▸**talaq**
TALANT, -S *old variant of* ▸**talon**
TALAPOIN *n* smallest of the guenon monkeys
TALAQ, -S *n* Muslim form of divorce

In Islamic law, a word for divorce: easy to miss because one tends not to think of words ending in Q.

TALAR, -S *n* ankle-length robe
TALARIA *pl n* winged sandals, such as those worn by Hermes
TALARS ▸**talar**
TALAS ▸**tala**
TALAUNT, -S *old variant of* ▸**talon**
TALAYOT, -S *n* ancient Balearic stone tower
TALBOT, -S *n* ancient breed of large hound
TALC, -ED, -ING, -KED, -KING, -S *n* talcum powder ▹*vb* apply talc to ▹*adj* of, or relating to, talc
TALCIER ▸**talcy**
TALCIEST ▸**talcy**
TALCING ▸**talc**
TALCKED ▸**talc**
TALCKIER ▸**talcky**
TALCKING ▸**talc**
TALCKY, TALCKIER *same as* ▸**talcy**
TALCOSE ▸**talc**
TALCOUS ▸**talc**
TALCS ▸**talc**
TALCUM, -ED, -S *n* white, grey, brown, or pale green mineral ▹*vb* apply talcum to
TALCY, TALCIER, TALCIEST *adj* like, containing, or covered in talc
TALE *n* story
TALEA, -E *n* rhythmic pattern in certain mediaeval choral compositions
TALEFUL *adj* having many tales
TALEGGIO *n* Italian cheese
TALENT, -S *n* natural ability
TALENTED ▸**talent**
TALENTS ▸**talent**
TALER, -S *same as* ▸**thaler**
TALES *n* group of persons summoned to fill vacancies on a jury panel
TALESMAN, TALESMEN ▸**tales**
TALEYSIM ▸**tallith**
TALI ▸**talus**
TALION, -S *n* principle of making punishment correspond to the crime
TALIONIC *adj* of or relating to talion
TALIONS ▸**talion**
TALIPAT, -S *same as* ▸**talipot**
TALIPED, -S *adj* having a club foot ▹*n* club-footed person
TALIPES *n* congenital deformity of the foot by which it is twisted in any of various positions
TALIPOT, -S *n* palm tree of the East Indies
TALISMAN *n* object believed to have magic power
TALK, -ED, -S *vb* express ideas or feelings by means of speech ▹*n* speech or lecture
TALKABLE ▸**talk**
TALKBACK *n* broadcast in which telephone comments or questions from the public are transmitted live
TALKBOX *n* voice box
TALKED ▸**talk**
TALKER, -S ▸**talk**
TALKFEST *n* lengthy discussion
TALKIE, -S *n* early film with a soundtrack
TALKIER ▸**talky**
TALKIES ▸**talkie**
TALKIEST ▸**talky**
TALKING, -S *n* speech; the act of speaking
TALKS ▸**talk**
TALKTIME *n* length of time a mobile phone can be used before its battery runs out
TALKY, TALKIER, TALKIEST *adj* containing too much dialogue or inconsequential talk
TALL, -ER, -EST, -S *adj* higher than average
TALLAGE, -D, -S *n* tax levied on Crown lands and royal towns ▹*vb* levy a tax (upon)
TALLAT, -S *same as* ▸**tallet**
TALLBOY, -S *n* high chest of drawers
TALLENT, -S *n* plenty
TALLER ▸**tall**
TALLEST ▸**tall**
TALLET, -S *n* loft
TALLIATE *vb* levy a tax
TALLIED ▸**tally**
TALLIER, -S ▸**tally**
TALLIES ▸**tally**
TALLIS, -ES, -IM *variant of* ▸**tallith**
TALLISH *adj* quite tall
TALLISIM ▸**tallis**
TALLIT, -ES, -IM, -OT, -S *variant of* ▸**tallith**
TALLITH, TALEYSIM, -S *n* shawl worn by Jewish males during religious services
TALLITIM ▸**tallit**
TALLITOT ▸**tallit**
TALLITS ▸**tallit**
TALLNESS ▸**tall**
TALLOL, -S *n* oily liquid used for making soaps, lubricants, etc
TALLOT, -S *same as* ▸**tallet**
TALLOW, -ED, -S *n* hard animal fat used to make candles ▹*vb* cover or smear with tallow
TALLOWY *adj* like tallow
TALLS ▸**tall**
TALLY, TALLIED, TALLIES, -ING *vb* (of two things) correspond ▹*n* record of a debt or score
TALLYHO, -S *n* cry to encourage hounds when the quarry is sighted ▹*vb* make the cry of tallyho
TALLYING ▸**tally**
TALLYMAN, TALLYMEN *n* scorekeeper or recorder
TALMA, -S *n* short cloak
TALMUD, -S *n* primary source of Jewish religious law, consisting of the Mishnah and the Gemara
TALMUDIC ▸**talmud**
TALMUDS ▸**talmud**
TALON, -S *n* bird's hooked claw
TALONED ▸**talon**
TALONS ▸**talon**
TALOOKA, -S *same as* ▸**taluk**
TALPA, -E, -S *n* sebaceous cyst
TALUK, -S *n* subdivision of a district
TALUKA, -S *same as* ▸**taluk**
TALUKDAR *n* person in charge of a taluk
TALUKS ▸**taluk**
TALUS, TALI, -ES *n* bone of the ankle that articulates with the leg bones to form the ankle joint
TALWEG, -S *same as* ▸**thalweg**
TAM, -S *n* type of hat

TAMABLE ▸**tame**
TAMAL, -S *same as* ▸**tamale**
TAMALE, -S *n* Mexican dish of minced meat wrapped in maize husks and steamed
TAMALS ▸**tamal**
TAMANDU, -S *same as* ▸**tamandua**
TAMANDUA *n* small arboreal edentate mammal
TAMANDUS ▸**tamandu**
TAMANOIR *n* anteater
TAMANU, -S *n* poon tree
TAMARA, -S *n* powder consisting of cloves, cinnamon, fennel, coriander, etc
TAMARACK *n* North American larch
TAMARAO, -S *same as* ▸**tamarau**
TAMARAS ▸**tamara**
TAMARAU, -S *n* small rare member of a cattle tribe in the Philippines
TAMARI, -S *n* Japanese variety of soy sauce
TAMARIN, -S *n* small monkey of South and Central America
TAMARIND *n* tropical tree
TAMARINS ▸**tamarin**
TAMARIS ▸**tamari**
TAMARISK *n* evergreen shrub with slender branches and feathery flower clusters
TAMASHA, -S *n* (in India) a show
TAMBAC, -S *same as* ▸**tombac**
TAMBAK, -S *same as* ▸**tombac**
TAMBALA, -S *n* unit of Malawian currency
TAMBER, -S *same as* ▸**timbre**
TAMBOUR, -S *n* embroidery frame consisting of two hoops ▹*vb* embroider (fabric or a design) on a tambour
TAMBOURA *n* stringed instrument used in Indian music
TAMBOURS ▸**tambour**
TAMBUR, -S *n* old Turkish stringed instrument
TAMBURA, -S *n* Middle-Eastern stringed instrument with a long neck
TAMBURIN *n* Spenserian form of 'tambourine'
TAMBURS ▸**tambur**
TAME, -D, -S, -ST *adj* (of animals) brought under human control ▹*vb* make tame
TAMEABLE ▸**tame**
TAMED ▸**tame**
TAMEIN, -S *n* Burmese skirt
TAMELESS ▸**tame**
TAMELY ▸**tame**
TAMENESS ▸**tame**
TAMER, -S ▸**tame**
TAMES ▸**tame**
TAMEST ▸**tame**
TAMIN, -S *n* thin woollen fabric
TAMINE, -S *same as* ▸**tamin**
TAMING, -S *n* act of making (something) tame
TAMINS ▸**tamin**
TAMIS, -ES *same as* ▸**tammy**
TAMISE *n* type of thin cloth
TAMISES ▸**tamis**
TAMMAR, -S *n* small scrub wallaby
TAMMIE, -S *n* short for tam-o'shanter, a traditional Scottish hat
TAMMIED ▸**tammy**
TAMMIES ▸**tammie**
TAMMY, TAMMIED, -ING *n* glazed woollen or mixed fabric ▹*vb* strain (sauce, soup, etc) through a tammy
TAMP, -ED, -S *vb* pack down by repeated taps
TAMPALA, -S *n* Asian plant, eaten as food
TAMPAN, -S *n* biting mite
TAMPED ▸**tamp**
TAMPER, -ED, -S *vb* interfere ▹*n* person or thing that tamps
TAMPERER ▸**tamper**
TAMPERS ▸**tamper**
TAMPING, -S *adj* very angry ▹*n* act or instance of tamping
TAMPION, -S *n* plug placed in a gun's muzzle to keep out moisture and dust
TAMPON, -ED, -S *n* plug of cotton wool inserted into a wound or body cavity to absorb blood ▹*vb* use a tampon
TAMPS ▸**tamp**
TAMS ▸**tam**
TAMWORTH *n* any of a hardy rare breed of long-bodied reddish pigs
TAN, -NED, -NEST, -S *n* brown coloration of the skin from exposure to sunlight ▹*vb* (of skin) go brown from exposure to sunlight ▹*adj* yellowish-brown
TANA, -S *n* small Madagascan lemur
TANADAR, -S *n* commanding officer of an Indian police station
TANAGER, -S *n* American songbird with a short thick bill
TANAGRA, -S *n* type of tanager
TANAISTE *n* deputy prime minister of the Republic of Ireland
TANAS ▸**tana**
TANBARK, -S *n* bark of certain trees, esp the oak and hemlock, used as a source of tannin
TANDEM, -S *n* bicycle for two riders, one behind the other
TANDOOR, -S *n* type of Indian clay oven
TANDOORI *adj* (of food) cooked in an Indian clay oven ▹*n* Indian method of cooking meat or vegetables on a spit in a clay oven
TANDOORS ▸**tandoor**
TANE *old Scottish variant of* ▸**taken**
TANG, -ED, -ING, -S *n* strong taste or smell ▹*vb* cause to ring
TANGA, -S *n* triangular loincloth worn by indigenous peoples in tropical America
TANGED ▸**tang**
TANGELO, -S *n* hybrid produced by crossing a tangerine tree with a grapefruit tree
TANGENCE *n* touching
TANGENCY ▸**tangent**
TANGENT, -S *n* line that touches a curve without intersecting it
TANGHIN, -S *n* poison formerly used in Madagascar to determine the guilt of crime suspects
TANGI, -S *n* Māori funeral ceremony
TANGIBLE *adj* able to be touched ▹*n* tangible thing or asset
TANGIBLY ▸**tangible**
TANGIE, -S *n* water spirit of Orkney, appearing as a figure draped in seaweed, or as a seahorse
TANGIER ▸**tangy**
TANGIES ▸**tangie**
TANGIEST ▸**tangy**
TANGING ▸**tang**
TANGIS ▸**tangi**
TANGLE, -D, -S *n* confused mass or situation ▹*vb* twist together in a tangle
TANGLER, -S ▸**tangle**

TANGLES ▸**tangle**
TANGLIER ▸**tangly**
TANGLING *n* act or condition of tangling
TANGLY, TANGLIER ▸**tangle**
TANGO, -ED, -ES, -ING, -S *n* S American dance ▹*vb* dance a tango
TANGOIST ▸**tango**
TANGOS ▸**tango**
TANGRAM, -S *n* type of Chinese puzzle
TANGS ▸**tang**
TANGUN, -S *n* small and sturdy Tibetan pony
TANGY, TANGIER, TANGIEST *adj* having a pungent, fresh, or briny flavour or aroma
TANH, -S *n* hyperbolic tangent
TANIST, -S *n* heir apparent of a Celtic chieftain
TANISTRY ▸**tanist**
TANISTS ▸**tanist**
TANIWHA, -S *n* mythical Māori monster that lives in water
TANK, -ED, -S *n* container for liquids or gases ▹*vb* put or keep in a tank
TANKA, -S *n* Japanese verse form consisting of five lines
TANKAGE, -S *n* capacity or contents of a tank or tanks
TANKARD, -S *n* large beer-mug, often with a hinged lid
TANKAS ▸**tanka**
TANKED ▸**tank**
TANKER, -ED, -S *n* ship or truck for carrying liquid in bulk ▹*vb* transport by means of a tanker
TANKFUL, -S *n* quantity contained in a tank
TANKIA, -S *n* type of boat used in Canton
TANKIES ▸**tanky**
TANKING, -S *n* heavy defeat
TANKINI, -S *n* swimming costume consisting of a camisole top and bikini briefs
TANKLESS ▸**tank**
TANKLIKE ▸**tank**
TANKS ▸**tank**
TANKSHIP *same as* ▸**tanker**
TANKY, TANKIES *n* die-hard communist
TANLING, -S *n* suntanned person
TANNA, -S *n* Indian police station or army base
TANNABLE ▸**tan**
TANNAGE, -S *n* act or process of tanning
TANNAH, -S *same as* ▸**tanna**
TANNAS ▸**tanna**
TANNATE, -S *n* any salt or ester of tannic acid
TANNED ▸**tan**
TANNER, -S ▸**tan**
TANNERY *n* place where hides are tanned
TANNEST ▸**tan**
TANNIC *adj* of, containing, or produced from tannin or tannic acid
TANNIE, -S *n* in S Africa, title of respect used to refer to an elderly woman
TANNIN, -S *n* vegetable substance used in tanning
TANNING, -S ▸**tan**
TANNINS ▸**tannin**
TANNISH ▸**tan**
TANNOY, -ED, -S *n* sound-amplifying apparatus used as a public-address system ▹*vb* announce (something) using a Tannoy system
TANREC, -S *same as* ▸**tenrec**
TANS ▸**tan**
TANSY, TANSIES *n* yellow-flowered plant
TANTALIC *adj* of or containing tantalum, esp in the pentavalent state
TANTALUM *n* hard greyish-white metallic element
TANTALUS *n* case in which bottles of drink are locked with their contents tantalizingly visible
TANTARA, -S *n* blast, as on a trumpet or horn
TANTI *adj* old word for worthwhile
TANTIES ▸**tanty**
TANTIVY *adv* at full speed ▹*interj* hunting cry, esp at full gallop
TANTO, -S *adv* too much ▹*n* type of Japanese sword
TANTONY *n* runt
TANTOS ▸**tanto**
TANTRA, -S *n* sacred books of Tantrism
TANTRIC ▸**tantra**
TANTRISM *n* teaching of tantra
TANTRIST *n* person who practises or teaches tantrism
TANTRUM, -S *n* childish outburst of temper
TANTY, TANTIES *n* tantrum
TANUKI, -S *n* animal similar to a raccoon, found in Japan
TANYARD, -S *n* part of a tannery
TAO, -S *n* (in Confucian philosophy) the correct course of action
TAONGA, -S *n* treasure
TAOS ▸**tao**
TAP, -PED, -PING, -PINGS, -S *vb* knock lightly and usu repeatedly ▹*n* light knock
TAPA *n* inner bark of the paper mulberry
TAPACOLO *n* small bird of Chile and Argentina
TAPACULO *same as* ▸**tapacolo**
TAPADERA *n* leather covering for the stirrup on an American saddle
TAPADERO *same as* ▸**tapadera**
TAPALO, -S *n* Latin American scarf, often patterned and brightly coloured
TAPAS *pl n* (in Spanish cookery) light snacks or appetizers
TAPE, -D, -S *n* narrow long strip of material ▹*vb* (formerly) record on magnetic tape
TAPEABLE ▸**tape**
TAPED ▸**tape**
TAPELESS ▸**tape**
TAPELIKE ▸**tape**
TAPELINE *n* tape used for measuring and fitting garments
TAPEN *adj* made of tape
TAPENADE *n* savoury paste made from capers, olives, and anchovies, with olive oil and lemon juice
TAPER, -ED, -S ▸**tape**
TAPERER, -S ▸**tape**
TAPERING ▸**tape**
TAPERS ▸**taper**
TAPES ▸**tape**
TAPESTRY *n* fabric decorated with coloured woven designs ▹*vb* portray in tapestry
TAPET, -ED, -ING, -S *n* example of tapestry ▹*vb* decorate with tapestries
TAPETA ▸**tapetum**
TAPETAL ▸**tapetum**
TAPETED ▸**tapet**
TAPETI, -S *n* forest rabbit of Brazil
TAPETING ▸**tapet**
TAPETIS ▸**tapeti**
TAPETS ▸**tapet**

T

TAPETUM, TAPETA, -S *n* layer of nutritive cells that surrounds developing spore cells
TAPEWORM *n* long flat parasitic worm living in the intestines of vertebrates
TAPHOLE, -S *n* hole in a furnace for running off molten metal or slag
TAPHOUSE *n* inn or bar
TAPING, -S *n* act of taping
TAPIOCA, -S *n* beadlike starch made from cassava root
TAPIR, -S *n* piglike mammal of tropical America and SE Asia, with a long snout
TAPIROID ▸ **tapir**
TAPIRS ▸ **tapir**
TAPIS, -ES *n* tapestry or carpeting
TAPIST, -S *n* person who records printed matter in an audio format
TAPLASH *n* dregs of beer
TAPLESS *adj* without a tap
TAPPA, -S *same as* ▸ **tapa**
TAPPABLE ▸ **tap**
TAPPAS ▸ **tappa**
TAPPED ▸ **tap**
TAPPER, -S *n* person who taps
TAPPET, -S *n* short steel rod in an engine, transferring motion from one part to another
TAPPICE, -D, -S *vb* hide
TAPPING ▸ **tap**
TAPPINGS ▸ **tap**
TAPPIT *adj* crested; topped
TAPROOM, -S *n* public bar in a hotel or pub
TAPROOT, -S *n* main root of a plant, growing straight down
TAPS ▸ **tap**
TAPSMAN, TAPSMEN *n* old word for a barman
TAPSTER, -S *n* barman
TAPSTRY *adj* relating to tapestry ▹ *n* taproom in a public house
TAPU, -ED, -ING, -S *adj* sacred ▹ *n* Māori religious or superstitious restriction on something ▹ *vb* put a tapu on something
TAQUERIA *n* restaurant specializing in tacos
TAR, -RED, -RING, -RINGS, -S *n* thick black liquid distilled from coal etc ▹ *vb* coat with tar
TARA, -S *same as* ▸ **taro**
TARABISH *n* type of card game
TARAIRE, -S *n* type of New Zealand tree
TARAKIHI *n* common edible sea fish of New Zealand waters
TARAMA, -S *n* cod roe
TARAMEA, -S *n* variety of New Zealand speargrass
TARAND, -S *n* northern animal of legend, now supposed to have been the reindeer
TARANTAS *same as* > **tarantass**
TARAS ▸ **tara**
TARBOOSH *n* brimless cap formerly worn by Muslim men
TARBOUSH *same as* ▸ **tarboosh**
TARBOY, -S *n* boy who applies tar to the skin of sheep cut during shearing
TARBUSH *same as* ▸ **tarboosh**
TARCEL, -S *same as* ▸ **tercel**
TARDIED ▸ **tardy**
TARDIER ▸ **tardy**
TARDIES ▸ **tardy**
TARDIEST ▸ **tardy**
TARDILY ▸ **tardy**
TARDIVE *adj* tending to develop late
TARDO *adj* (of music) slow; to be played slowly
TARDY, TARDIED, TARDIER, TARDIES, TARDIEST, -ING *adj* slow or late ▹ *vb* delay or impede (something or someone)
TARDYON, -S *n* particle travelling more slowly than the speed of light
TARE, -D, -S, TARING, TARINGS *n* weight of the wrapping or container of goods ▹ *vb* weigh (a package, etc) in order to calculate the amount of tare
TARGA, -S *n* as in **targa top** denotes removable hard roof on a car
TARGE, -D, -S, TARGING *vb* interrogate
TARGET, -ED, -S *n* object or person a missile is aimed at ▹ *vb* aim or direct
TARGING ▸ **targe**
TARIFF, -ED, -S *n* tax levied on imports ▹ *vb* impose punishment for a criminal offence
TARING ▸ **tare**
TARINGS ▸ **tare**
TARLATAN *n* open-weave cotton fabric, used for stiffening garments
TARLETAN *same as* ▸ **tarlatan**
TARMAC, -S *See also* ▸ **macadam**
TARN, -S *n* small mountain lake
TARNAL *adj* damned ▹ *adv* extremely
TARNALLY ▸ **tarnal**
TARNISH *vb* make or become stained or less bright ▹ *n* discoloration or blemish
TARNS ▸ **tarn**
TARO, -S *n* plant with a large edible rootstock
TAROC, -S *old variant of* ▸ **tarot**
TAROK, -S *old variant of* ▸ **tarot**
TAROS ▸ **taro**
TAROT, -S *n* special pack of cards used mainly in fortune-telling ▹ *adj* relating to tarot cards
TARP, -S *informal word for* > **tarpaulin**
TARPAN, -S *n* European wild horse common in prehistoric times
TARPAPER *n* paper coated or impregnated with tar
TARPON, -S *n* large silvery clupeoid game fish found in warm Atlantic waters
TARPS ▸ **tarp**
TARRAGON *n* aromatic herb
TARRAS, -ES *same as* ▸ **trass**
TARRE, -S *vb* old word meaning to provoke or goad
TARRED ▸ **tar**
TARRES ▸ **tarre**
TARRIED ▸ **tarry**
TARRIER, -S ▸ **tarry**
TARRIES ▸ **tarry**
TARRIEST ▸ **tarry**
TARRING ▸ **tar**
TARRINGS ▸ **tar**
TARROCK, -S *n* seabird
TARROW, -ED, -S *vb* exhibit reluctance
TARRY, TARRIED, TARRIES, TARRIEST, -ING *vb* linger or delay ▹ *adj* covered in or resembling tar
TARS ▸ **tar**
TARSAL, -S *adj* of the tarsus or tarsi ▹ *n* tarsal bone
TARSEAL, -S *n* bitumen surface of a road
TARSEL, -S *same as* ▸ **tercel**
TARSI ▸ **tarsus**
TARSIA, -S *another term for* ▸ **intarsia**
TARSIER, -S *n* small nocturnal primate of the E Indies

TARSIOID *adj* resembling a tarsier ▷ *n* type of fossil
TARSIPED *n* generic term for a number of marsupials
TARSUS, TARSI *n* bones of the heel and ankle collectively
TART, -ED, -ER, -EST, -ING, -S *n* pie or flan with a sweet filling ▷ *adj* sharp or bitter ▷ *vb* (of food, drink, etc) become tart (sour)
TARTAN, -S *n* design of straight lines crossing at right angles
TARTANA, -S *n* small Mediterranean sailing boat
TARTANE, -S *same as* ▸ **tartana**
TARTANED ▸ **tartan**
TARTANES ▸ **tartane**
TARTANRY *n* excessive use of Scottish imagery to produce a distorted sentimental view of Scotland
TARTANS ▸ **tartan**
TARTAR, -S *n* hard deposit on the teeth
TARTARE, -S *n* mayonnaise sauce mixed with hard-boiled egg yolks, herbs, etc
TARTARIC *adj* of or derived from tartar or tartaric acid
TARTARLY *adj* resembling a tartar
TARTARS ▸ **tartar**
TARTED ▸ **tart**
TARTER ▸ **tart**
TARTEST ▸ **tart**
TARTINE, -S *n* slice of bread with butter or jam spread on it
TARTING ▸ **tart**
TARTISH ▸ **tart**
TARTLET, -S *n* individual pastry case with a filling of fruit or other sweet or savoury mixture
TARTLY ▸ **tart**
TARTNESS ▸ **tart**
TARTRATE *n* any salt or ester of tartaric acid
TARTS ▸ **tart**
TARTUFE, -S *same as* ▸ **tartuffe**
TARTUFFE *n* person who hypocritically pretends to be deeply pious
TARTUFO, TARTUFI, -S *n* Italian mousse-like chocolate dessert
TARWEED, -S *n* resinous Californian plant
TARWHINE *n* bream of E Australia, silver in colour with gold streaks
TARZAN, -S *n* man with great physical strength
TAS ▸ **ta**
TASAR, -S *same as* ▸ **tussore**
TASBIH, -S *n* form of Islamic prayer
TASE, -D, -S, TASING *vb* stun with a taser gun
TASER, -ED, -ING, -S *vb* use a taser stun gun on (someone)
TASES ▸ **tase**
TASH, -ED, -ES, -ING *vb* stain or besmirch
TASING ▸ **tase**
TASK, -ED, -ING, -INGS, -S *n* piece of work to be done ▷ *vb* give someone a task to do
TASKBAR, -S *n* area of computer screen showing what programs are running
TASKED ▸ **task**
TASKER, -S ▸ **task**
TASKING ▸ **task**
TASKINGS ▸ **task**
TASKLESS ▸ **task**
TASKS ▸ **task**
TASKWORK *n* hard or unpleasant work
TASLET, -S *same as* ▸ **tasset**
TASS *n* cup, goblet, or glass
TASSA, -S *n* type of Indian kettledrum
TASSE, -S *same as* ▸ **tasset**
TASSEL, -ED, -S *n* decorative fringed knot of threads ▷ *vb* adorn with a tassel or tassels
TASSELL, -S *same as* ▸ **tassel**
TASSELLY *adj* adorned with tassels
TASSELS ▸ **tassel**
TASSELY *adj* decorated with tassels
TASSES ▸ **tasse**
TASSET, -S *n* piece of armour to protect the thigh
TASSIE, -S *same as* ▸ **tass**
TASSO, -S *n* spicy cured pork cut into strips
TASSWAGE *vb* assuage
TASTABLE ▸ **taste**
TASTE, -D, -S, TASTING, TASTINGS *n* sense by which the flavour of a substance is distinguished ▷ *vb* distinguish the taste of (a substance)
TASTEFUL *adj* having or showing good taste
TASTER, -S *n* person employed to test the quality of food or drink by tasting it
TASTES ▸ **taste**
TASTEVIN *n* small shallow cup for wine tasting
TASTIER ▸ **tasty**
TASTIEST ▸ **tasty**
TASTILY ▸ **tasty**
TASTING ▸ **taste**
TASTINGS ▸ **taste**
TASTY, TASTIER, TASTIEST *adj* pleasantly flavoured
TAT, -S, -TED *n* tatty or tasteless articles ▷ *vb* make (something) by tatting
TATAHASH *n* stew containing potatoes and cheap cuts of meat
TATAMI, -S *n* thick rectangular mat of woven straw
TATAR, -S *n* brutal person
TATE, -S *n* small tuft of fibre
TATER, -S *n* potato
TATES ▸ **tate**
TATH, -ED, -ING, -S *vb* (of cattle) to defecate
TATHATA, -S *n* (in Buddhism) ultimate nature of things
TATHED ▸ **tath**
TATHING ▸ **tath**
TATHS ▸ **tath**
TATIE, -S *same as* ▸ **tattie**
TATLER, -S *old variant of* ▸ **tattler**
TATOU, -S *n* armadillo
TATOUAY, -S *n* large armadillo of South America
TATOUS ▸ **tatou**
TATS ▸ **tat**
TATSOI, -S *n* variety of Chinese cabbage
TATT, -S *same as* ▸ **tat**
TATTED ▸ **tat**
TATTER, -ED, -S *vb* make or become torn
TATTERY *adj* ragged
TATTIE, -S *Scot or dialect word for* ▸ **potato**
TATTIER ▸ **tatty**
TATTIES ▸ **tattie**
TATTIEST ▸ **tatty**
TATTILY ▸ **tatty**
TATTING, -S ▸ **tat**
TATTLE, -D, -S, TATTLING *n* gossip or chatter ▷ *vb* gossip or chatter
TATTLER, -S *n* person who tattles
TATTLES ▸ **tattle**
TATTLING ▸ **tattle**
TATTOO, -ED, -S *n* pattern made on the body by pricking the skin and staining it with indelible inks ▷ *vb* make such a pattern on the skin
TATTOOER ▸ **tattoo**
TATTOOS ▸ **tattoo**
TATTOW, -ED, -S *old variant of* ▸ **tattoo**
TATTS ▸ **tatt**
TATTY, TATTIER, TATTIEST *adj* worn out, shabby, tawdry, or unkempt

TATU, -ED, -ING, -S *old variant of* ▸ **tattoo**
TAU, -S *n* 19th letter in the Greek alphabet
TAUBE, -S *n* type of obsolete German aeroplane
TAUGHT ▸ **teach**
TAUHINU, -S *New Zealand name for* ▸ **poplar**
TAUHOU, -S *same as* > **silvereye**
TAUIWI, -S *n* Māori term for the non-Māori people of New Zealand
TAULD *vb* old Scots variant of told
TAUNT, -ED, -S *vb* tease with jeers ▹ *n* jeering remark ▹ *adj* (of the mast or masts of a sailing vessel) unusually tall
TAUNTER, -S ▸ **taunt**
TAUNTING ▸ **taunt**
TAUNTS ▸ **taunt**
TAUON, -S *n* negatively charged elementary particle
TAUPATA, -S *n* New Zealand shrub or tree
TAUPE, -S *adj* brownish-grey ▹ *n* brownish-grey colour
TAUPIE, -S *same as* ▸ **tawpie**
TAUREAN *adj* born under or characteristic of Taurus
TAURIC *same as* ▸ **taurean**
TAURINE, -S *adj* of, relating to, or resembling a bull ▹ *n* substance obtained from the bile of animals
TAUS ▸ **tau**
TAUT, -ED, -ER, -EST, -ING, -S *adj* drawn tight ▹ *vb* Scots word meaning to tangle
TAUTAUG, -S *same as* ▸ **tautog**
TAUTED ▸ **taut**
TAUTEN, -ED, -S *vb* make or become taut
TAUTER ▸ **taut**
TAUTEST ▸ **taut**
TAUTING ▸ **taut**
TAUTIT *adj* Scots word meaning tangled
TAUTLY ▸ **taut**
TAUTNESS ▸ **taut**
TAUTOG, -S *n* large dark-coloured wrasse, used as a food fish
TAUTOMER *n* either of the two forms of a chemical compound that exhibits tautomerism
TAUTONYM *n* taxonomic name in which the generic and specific components are the same
TAUTS ▸ **taut**
TAV, -S *n* 23rd and last letter in the Hebrew alphabet
TAVA, -S *n* thick Indian frying pan
TAVAH, -S *variant of* ▸ **tava**
TAVAS ▸ **tava**
TAVER, -ED, -ING, -S *vb* wander about
TAVERN, -S *n* pub
TAVERNA, -S *n* Greek restaurant
TAVERNER *n* keeper of a tavern
TAVERNS ▸ **tavern**
TAVERS ▸ **taver**
TAVERT *adj* bewildered or confused
TAVS ▸ **tav**
TAW, -ED, -ING, -INGS *vb* convert skins into leather
TAWA, -S *n* tall timber tree from New Zealand
TAWAI, -S *n* New Zealand beech
TAWAS ▸ **tawa**
TAWDRIER ▸ **tawdry**
TAWDRIES ▸ **tawdry**
TAWDRILY ▸ **tawdry**
TAWDRY, TAWDRIER, TAWDRIES *adj* cheap, showy, and of poor quality ▹ *n* gaudy finery of poor quality
TAWED ▸ **taw**
TAWER, -S ▸ **taw**
TAWERIES ▸ **tawery**
TAWERS ▸ **tawer**
TAWERY, TAWERIES *n* place where tawing is carried out
TAWHAI, -S *same as* ▸ **tawai**
TAWHIRI, -S *n* small New Zealand tree with wavy green glossy leaves
TAWIE, -R, -ST *adj* easily persuaded or managed
TAWING ▸ **taw**
TAWINGS ▸ **taw**
TAWNEY, -S *same as* ▸ **tawny**
TAWNIER ▸ **tawny**
TAWNIES ▸ **tawny**
TAWNIEST ▸ **tawny**
TAWNILY ▸ **tawny**
TAWNY, TAWNIER, TAWNIES, TAWNIEST *adj* yellowish-brown ▹ *n* light brown to brownish-orange colour
TAWPIE, -S *n* foolish girl or woman
TAWS *same as* ▸ **tawse**
TAWSE, -D, -S, TAWSING *n* leather strap with one end cut into thongs ▹ *vb* punish (someone) with or as if with a tawse
TAWT, -ED, -IER, -IEST, -ING, -S *same as* ▸ **taut**
TAWTIE ▸ **tawt**
TAWTIER ▸ **tawt**
TAWTIEST ▸ **tawt**
TAWTING ▸ **tawt**
TAWTS ▸ **tawt**
TAX, -ED, -ES, -INGS *n* compulsory payment levied by a government on income, property, etc to raise revenue ▹ *vb* levy a tax on
TAXA ▸ **taxon**
TAXABLE, -S *adj* capable of being taxed ▹ *n* person, income, property, etc, that is subject to tax
TAXABLY ▸ **taxable**
TAXATION *n* levying of taxes
TAXATIVE ▸ **taxation**
TAXED ▸ **tax**
TAXEME, -S *n* any element of speech that may differentiate meaning
TAXEMIC ▸ **taxeme**
TAXER, -S ▸ **tax**
TAXES ▸ **tax**
TAXI, -ED, -ES, -ING, TAXYING *n* car with a driver that may be hired ▹ *vb* (of an aircraft) run along the ground
TAXIARCH *n* soldier in charge of a Greek taxis
TAXICAB, -S *same as* ▸ **taxi**
TAXIED ▸ **taxi**
TAXIES ▸ **taxi**
TAXIING ▸ **taxi**
TAXIMAN, TAXIMEN *n* taxi driver
TAXING *adj* demanding, onerous
TAXINGLY ▸ **taxing**
TAXINGS ▸ **tax**
TAXIS, -ES *n* movement of a cell or organism in response to an external stimulus
TAXITE, -S *n* type of volcanic rock
TAXITIC ▸ **taxite**
TAXIWAY, -S *n* marked path along which aircraft taxi to or from a runway, parking area, etc
TAXLESS ▸ **tax**
TAXMAN, TAXMEN *n* collector of taxes
TAXOL, -S *n* trademarked anti-cancer drug
TAXON, TAXA, -S *n* any taxonomic group or rank
TAXONOMY *n* classification of plants and animals into groups
TAXONS ▸ **taxon**
TAXOR, -S ▸ **tax**

TAXPAID *adj* having had the applicable tax paid already
TAXPAYER *n* person or organization that pays taxes
TAXUS *n* genus of conifers
TAXWISE *adv* regarding tax
TAXYING ▸**taxi**
TAY, -S *Irish dialect word for* ▸**tea**
TAYBERRY *n* hybrid shrub produced by crossing a blackberry, raspberry, and loganberry
TAYRA, -S *n* large arboreal mammal of Central and South America
TAYS ▸**tay**
TAZZA, -S, TAZZE *n* cup with a shallow bowl and a circular foot
TCHICK, -ED, -S *vb* make a clicking noise with the tongue
TE, -S *n* (in tonic sol-fa) seventh degree of any major scale
TEA, -ED, -ING, -S *n* drink made from infusing the dried leaves of an Asian bush in boiling water ▹*vb* take tea
TEABAG, -S *n* porous bag of tea leaves for infusion
TEABERRY *n* berry of the wintergreen
TEABOARD *n* tea tray
TEABOWL, -S *n* small bowl used (instead of a teacup) for serving tea
TEABOX, -ES *n* box for storing tea
TEABREAD *n* loaf-shaped cake with dried fruit which has been steeped in tea before baking
TEACAKE, -S *n* flat bun, usually eaten toasted and buttered
TEACART, -S *n* trolley from which tea is served
TEACH, TAUGHT, -ES, -ING *vb* tell or show (someone) how to do something
TEACHER, -S *n* person who teaches, esp in a school
TEACHES ▸**teach**
TEACHIE *old form of* ▸**tetchy**
TEACHING ▸**teach**
TEACUP, -S *n* cup out of which tea may be drunk
TEAD, -S *old word for* ▸**torch**
TEADE, -S *same as* ▸**tead**
TEADS ▸**tead**
TEAED ▸**tea**
TEAGLE, -D, -S, TEAGLING *vb* raise or hoist using a tackle
TEAHOUSE *n* restaurant, esp in Japan or China, where tea and light refreshments are served
TEAING ▸**tea**
TEAK, -S *n* very hard wood of an E Indian tree
TEAKWOOD *another word for* ▸**teak**
TEAL, -S *n* kind of small duck
TEALIGHT *n* small candle
TEALIKE *adj* resembling tea
TEALS ▸**teal**
TEAM, -ED, -S *n* group of people forming one side in a game ▹*vb* make or cause to make a team
TEAMAKER *n* person or thing that makes tea
TEAMED ▸**team**
TEAMER, -S ▸**team**
TEAMING, -S ▸**team**
TEAMMATE *n* fellow member of a team
TEAMS ▸**team**
TEAMSTER *n* commercial vehicle driver
TEAMWISE *adv* in respect of a team; in the manner of a team
TEAMWORK *n* cooperative work by a team
TEAPOT, -S *n* container for making and serving tea
TEAPOY, -S *n* small table or stand with a tripod base
TEAR, -ED, -ING, -S, TORN *n* drop of fluid appearing in and falling from the eye ▹*vb* rip a hole in
TEARABLE ▸**tear**
TEARAWAY *n* wild or unruly person
TEARDOWN *n* demolition; disassembly
TEARDROP *same as* ▸**tear**
TEARED ▸**tear**
TEARER, -S ▸**tear**
TEARFUL *adj* weeping or about to weep
TEARGAS *n* gas or vapour that makes the eyes smart and water ▹*vb* deploy teargas against
TEARIER ▸**teary**
TEARIEST ▸**teary**
TEARILY ▸**teary**
TEARING ▸**tear**
TEARLESS ▸**tear**
TEARLIKE *adj* like a tear
TEAROOM, -S *same as* ▸**teashop**
TEARS ▸**tear**
TEARY, TEARIER, TEARIEST *adj* characterized by, covered with, or secreting tears
TEAS ▸**tea**
TEASABLE ▸**tease**
TEASE, -D, -S *vb* make fun of (someone) in a provoking or playful way ▹*n* person who teases
TEASEL, -ED, -S *n* plant with prickly leaves and flowers ▹*vb* tease (a fabric)
TEASELER ▸**teasel**
TEASELS ▸**teasel**
TEASER, -S *n* annoying or difficult problem
TEASES ▸**tease**
TEASHOP, -S *n* restaurant where tea and light refreshments are served
TEASING, -S ▸**tease**
TEASPOON *n* small spoon for stirring tea
TEAT, -S *n* nipple of a breast or udder
TEATED ▸**teat**
TEATIME, -S *n* late afternoon
TEATS ▸**teat**
TEAWARE, -S *n* implements for brewing and serving tea
TEAZE, -D, -S, TEAZING *old variant of* ▸**tease**
TEAZEL, -ED, -S *same as* ▸**teasel**
TEAZES ▸**teaze**
TEAZING ▸**teaze**
TEAZLE, -D, -S, TEAZLING *same as* ▸**teasel**
TEBBAD, -S *n* sandstorm
TEBIBYTE *n* 2^{40} bytes
TEC, -S *short for* > **detective**
TECH, -S *n* technical college
TECHED *adj* slightly mad
TECHIE, -S *n* person who is skilled in the use of technology ▹*adj* relating to or skilled in the use of technology
TECHIER ▸**techy**
TECHIES ▸**techie**
TECHIEST ▸**techy**
TECHILY ▸**techy**
TECHNIC *another word for* > **technique**
TECHNICS *n* study or theory of industry and industrial arts
TECHNO, -S *n* type of electronic dance music with a very fast beat
TECHNOID *n* technician
TECHNOS ▸**techno**
TECHS ▸**tech**
TECHY, TECHIER, TECHIEST *same as* ▸**techie**
TECKEL, -S *n* dachshund
TECS ▸**tec**
TECTA ▸**tectum**

TECTAL ▸**tectum**
TECTITE, -S *same as* ▸**tektite**
TECTONIC *adj* denoting or relating to construction or building
TECTRIX *another name for* ▸**covert**
TECTUM, TECTA, -S *n* any roof-like structure in the body
TED, -DED, -DING, -S *vb* shake out (hay), so as to dry it
TEDDER, -ED, -S *n* machine equipped with a series of small rotating forks for tedding hay
TEDDIE *same as* ▸**teddy**
TEDDIES ▸**teddy**
TEDDING ▸**ted**
TEDDY, TEDDIES *n* teddy bear
TEDIER ▸**tedy**
TEDIEST ▸**tedy**
TEDIOUS *adj* causing fatigue or boredom
TEDISOME *old Scottish variant of* ▸**tedious**
TEDIUM, -S *n* monotony
TEDS ▸**ted**
TEDY, TEDIER, TEDIEST *same as* ▸**tedious**
TEE, -D, -ING, -S *n* small peg from which a golf ball can be played at the start of each hole ▹*vb* position (the ball) ready for striking, on or as if on a tee
TEEK *adj* in Indian English, well
TEEL, -S *same as* ▸**sesame**
TEEM, -ED, -ING, -S *vb* be full of
TEEMER, -S ▸**teem**
TEEMFUL ▸**teem**
TEEMING ▸**teem**
TEEMLESS ▸**teem**
TEEMS ▸**teem**
TEEN, -ED, -ING, -S *n* teenager ▹*vb* set alight
TEENAGE, -S *adj* (of a person) aged between 13 and 19 ▹*n* this period of time
TEENAGED *adj* (of a person) aged between 13 and 19
TEENAGER *n* person aged between 13 and 19
TEENAGES ▸**teenage**
TEEND, -ED, -ING, -S *same as* ▸**tind**
TEENDOM, -S *n* state of being a teenager
TEENDS ▸**teend**
TEENE, -S *n* affliction or woe
TEENED ▸**teen**
TEENER, -S ▸**teen**
TEENES ▸**teene**
TEENFUL *adj* troublesome or harmful
TEENIER ▸**teeny**
TEENIEST ▸**teeny**
TEENING ▸**teen**
TEENS ▸**teen**
TEENSY, TEENSIER *same as* ▸**teeny**
TEENTIER ▸**teenty**
TEENTSY *same as* ▸**teeny**
TEENTY, TEENTIER *same as* ▸**teeny**
TEENY, TEENIER, TEENIEST *adj* extremely small
TEENYBOP *adj* of or relating to a young teenager who avidly follows fashions in music and clothes
TEEPEE, -S *same as* ▸**tepee**
TEER, -ED, -ING, -S *vb* smear; daub
TEES ▸**tee**
TEETER, -ED, -S *vb* wobble or move unsteadily
TEETH ▸**tooth**
TEETHE, -D, -S, TEETHING *vb* (of a baby) grow his or her first teeth
TEETHER, -S *n* object for an infant to bite on during teething
TEETHES ▸**teethe**
TEETHING ▸**teethe**
TEETOTAL *adj* drinking no alcohol ▹*vb* advocate total abstinence from alcohol
TEETOTUM *n* spinning top bearing letters of the alphabet on its four sides
TEEVEE, -S *n* television
TEF, -S *n* annual grass, of NE Africa, grown for its grain
TEFF, -S *same as* ▸**tef**
TEFILLAH, TEFILLIN *n* either of the pair of blackened square cases worn by Jewish men during weekday morning prayers
TEFLON, -S *n* substance used in nonstick cooking vessels
TEFS ▸**tef**
TEG, -S *n* two-year-old sheep
TEGG, -S *same as* ▸**teg**
TEGMEN, TEGMINA *n* either of the leathery forewings of the cockroach and related insects
TEGMENTA > **tegmentum**
TEGMINA ▸**tegmen**
TEGMINAL ▸**tegmen**
TEGS ▸**teg**
TEGU, -S *n* large South American lizard
TEGUA, -S *n* type of moccasin
TEGUEXIN *same as* ▸**tegu**
TEGULA, -E *n* one of a pair of coverings of the forewings of certain insects
TEGULAR *adj* of, relating to, or resembling a tile or tiles
TEGUMEN, TEGUMINA *same as* ▸**tegmen**
TEGUMENT *n* protective layer around an ovule
TEGUMINA ▸**tegumen**
TEGUS ▸**tegu**
TEHR, -S *same as* ▸**tahr**
TEHSIL, -S *n* administrative region in some S Asian countries
TEIGLACH *pl n* morsels of dough boiled in honey, eaten as a dessert
TEIID, -S *n* member of the Teiidae family of lizards
TEIL, -S *n* lime tree
TEIN, -S *n* monetary unit of Kazakhstan
TEIND, -ED, -ING, -S *Scot and northern English word for* ▸**tithe**
TEINS ▸**tein**
TEKKIE, -S *variant of* ▸**techie**
TEKTITE, -S *n* small dark glassy object found in several areas around the world
TEKTITIC ▸**tektite**
TEL, -S *same as* ▸**tell**
TELA, -E *n* any delicate tissue or weblike structure
TELAMON, -S *n* column in the form of a male figure
TELARY *adj* capable of spinning a web
TELCO, -S *n* telecommunications company
TELD *same as* ▸**tauld**
TELE, -S *same as* ▸**telly**
TELECAST *vb* broadcast by television ▹*n* television broadcast
TELECHIR *n* robot arm controlled by a human operator
TELECINE *n* apparatus for producing a television signal from cinematograph film
TELECOM *n* telecommunications
TELECOMM *n* telecommunication
TELECOMS *same as* ▸**telecom**
TELECON, -S *n* (short for) teleconference
TELECOPY *n* message or document sent by fax
TELEDU, -S *n* badger of SE Asia and Indonesia

TELEFAX *another word for* ▸**fax**
TELEFILM *n* film made for TV
TELEGA, -S *n* rough four-wheeled cart used in Russia
TELEGONY *n* supposed influence of a previous sire on offspring borne by a female to other sires
TELEGRAM *n* formerly, a message sent by telegraph ▹*vb* send a telegram
TELEMAN, TELEMEN *n* noncommissioned officer in the US navy
TELEMARK *n* turn in which one ski is placed far forward of the other and turned gradually inwards ▹*vb* perform a telemark turn
TELEMEN ▸**teleman**
TELEOST, -S *n* bony fish with rayed fins and a swim bladder ▹*adj* of, relating to, or belonging to this type of fish
TELEPATH *n* person who is telepathic ▹*vb* practise telepathy
TELEPIC, -S *n* feature-length film made for television
TELEPLAY *n* play written for television
TELEPORT *vb* (in science fiction) to transport (a person or object) across a distance instantaneously
TELERAN, -S *n* electronic navigational aid
TELERGIC ▸**telergy**
TELERGY *n* name for the form of energy supposedly transferred during telepathy
TELES ▸**tele**
TELESALE > **telesales**
TELESEME *n* old-fashioned electric signalling system
TELESES ▸**telesis**
TELESHOP *vb* buy goods by telephone or internet
TELESIS, TELESES *n* purposeful use of natural and social processes to obtain specific social goals
TELESM, -S *n* talisman
TELESTIC *adj* relating to a hierophant
TELETEX *n* international means of communicating text between a variety of terminals
TELETEXT *n* system which shows information and news on television screens
TELETHON *n* lengthy television programme to raise charity funds, etc
TELETRON *n* system for showing enlarged televisual images, eg in sports stadiums
TELETYPE *vb* send typed message by telegraph
TELEVIEW *vb* watch television
TELEVISE *vb* broadcast on television
TELEWORK *vb* work from home, communicating by computer, telephone etc
TELEX, -ED, -ES, -ING *n* (formerly) international communication service using teleprinters ▹*vb* (formerly) transmit by telex
TELFER, -ED, -S *n* overhead transport system
TELFERIC ▸**telfer**
TELFERS ▸**telfer**
TELFORD, -S *n* road built using a method favoured by Thomas Telford
TELIA ▸**telium**
TELIAL ▸**telium**
TELIC *adj* directed or moving towards some goal
TELICITY *n* quality of being telic
TELIUM, TELIA *n* spore-producing body of some rust fungi in which the teliospores are formed
TELL, -ING, -INGS, -S, TOLD *vb* make known in words ▹*n* large mound resulting from the accumulation of rubbish
TELLABLE ▸**tell**
TELLAR, -ED, -S *same as* ▸**tiller**
TELLEN, -S *same as* ▸**tellin**
TELLER, -ED, -S *n* narrator ▹*vb* (of a plant) to produce tillers
TELLIES ▸**telly**
TELLIN, -S *n* slim marine bivalve molluscs that live in intertidal sand
TELLING ▸**tell**
TELLINGS ▸**tell**
TELLINS ▸**tellin**
TELLS ▸**tell**
TELLTALE *n* person who reveals secrets ▹*adj* revealing
TELLURAL *adj* of or relating to the earth
TELLURIC *adj* of, relating to, or originating on or in the earth or soil
TELLUS, -ES *n* earth
TELLY, TELLIES, -S *n* television
TELNET, -ED, -S *n* system allowing remote access to other computers on the same network ▹*vb* use a telnet system
TELOGEN, -S *n* phase of hair growth
TELOI ▸**telos**
TELOME, -S *n* fundamental unit of a plant's structure
TELOMERE *n* either of the ends of a chromosome
TELOMES ▸**telome**
TELOMIC ▸**telome**
TELOS, TELOI *n* objective; ultimate purpose
TELPHER, -S *same as* > **telferage**
TELS ▸**tel**
TELSON, -S *n* segment of the body of crustaceans and arachnids
TELSONIC ▸**telson**
TELSONS ▸**telson**
TELT *same as* ▸**tauld**
TEMBLOR, -S *n* earthquake or earth tremor
TEME, -D, -S *old variant of* ▸**team**
TEMENOS, TEMENE *n* sacred area, esp one surrounding a temple
TEMERITY *n* boldness or audacity
TEMEROUS ▸**temerity**
TEMES ▸**teme**
TEMP, -ED, -S *same as* > **temporary**
TEMPEH, -S *n* fermented soya beans
TEMPER, -S *n* outburst of anger ▹*vb* make less extreme
TEMPERA, -S *n* painting medium for powdered pigments
TEMPERED *adj* having the frequency differences between notes adjusted in accordance with the system of equal temperament
TEMPERER ▸**temper**
TEMPERS ▸**temper**
TEMPEST, -S *n* violent storm ▹*vb* agitate or disturb violently
TEMPI ▸**tempo**
TEMPING, -S *n* act of temping
TEMPLAR, -S *n* lawyer who has chambers in the Inner or Middle Temple in London
TEMPLATE *n* pattern used to cut out shapes accurately

TEMPLE, -S *n* building for worship
TEMPLED ▸**temple**
TEMPLES ▸**temple**
TEMPLET, -S *same as* ▸**template**
TEMPO, TEMPI, -S *n* rate or pace
TEMPORAL *adj* of time ▹*n* any body part relating to or near the temple or temples
TEMPORE *adv* in the time of
TEMPOS ▸**tempo**
TEMPS ▸**temp**
TEMPT, -ED, -S *vb* entice (a person) to do something wrong
TEMPTER, -S ▸**tempt**
TEMPTING *adj* attractive or inviting
TEMPTS ▸**tempt**
TEMPURA, -S *n* Japanese dish of seafood or vegetables dipped in batter and deep-fried
TEMS *same as* ▸**temse**
TEMSE, -D, -S, TEMSING *vb* sieve
TEMULENT > **temulence**
TEN, -S *n* one more than nine
TENABLE *adj* able to be upheld or maintained
TENABLY ▸**tenable**
TENACE, -S *n* holding of two nonconsecutive high cards of a suit, such as the ace and queen
TENACITY > **tenacious**
TENACULA > **tenaculum**
TENAIL, -S *same as* ▸**tenaille**
TENAILLE *n* low outwork in the main ditch between two bastions
TENAILS ▸**tenail**
TENANCY *n* temporary possession of property owned by somebody else
TENANT, -ED, -S *n* person who rents land or a building ▹*vb* hold (land or property) as a tenant
TENANTRY *n* tenants collectively
TENANTS ▸**tenant**
TENCH, -ES *n* freshwater game fish of the carp family
TEND, -ED, -ING, -S *vb* be inclined
TENDANCE *n* care and attention
TENDED ▸**tend**
TENDENCE *same as* ▸**tendency**
TENDENCY *n* inclination to act in a certain way
TENDENZ *same as* ▸**tendency**
TENDER, -ED, -S *adj* not tough ▹*vb* offer ▹*n* such an offer
TENDERER ▸**tender**
TENDERLY ▸**tender**
TENDERS ▸**tender**
TENDING ▸**tend**
TENDON, -S *n* strong tissue attaching a muscle to a bone
TENDRE, -S *n* care
TENDRIL, -S *n* slender stem by which a climbing plant clings
TENDRON, -S *n* shoot
TENDS ▸**tend**
TENDU, -S *n* position in ballet
TENE, -S *same as* ▸**teen**
TENEBRAE *n* darkness
TENEBRIO *n* type of small mealworm
TENEMENT *n* (esp in Scotland or the US) building divided into several flats
TENENDUM, TENENDA *n* part of a deed that specifies the terms of tenure
TENES ▸**tene**
TENESI *n* monetary unit of Turkmenistan
TENESMIC ▸**tenesmus**
TENESMUS *n* bowel disorder
TENET, -S *n* doctrine or belief
TENFOLD, -S *n* one tenth
TENGE, -S *n* standard monetary unit of Kazakhstan
TENIA, -E, -S *same as* ▸**taenia**
TENIASIS, TENIASES *same as* > **taeniasis**
TENIOID ▸**tenia**
TENNE, -S *n* tawny colour
TENNER, -S *n* ten-pound note
TENNES ▸**tenne**
TENNESI *same as* ▸**tenesi**
TENNIES ▸**tenny**
TENNIS, -ES *n* game in which players use rackets to hit a ball back and forth over a net
TENNIST, -S *n* tennis player
TENNO, -S *n* formal title of the Japanese emperor
TENNY, TENNIES *same as* ▸**tenne**
TENON, -ED, -ING, -S *n* projecting end on a piece of wood fitting into a slot in another ▹*vb* form a tenon on (a piece of wood)
TENONER, -S ▸**tenon**
TENONING ▸**tenon**
TENONS ▸**tenon**
TENOR, -S *n* (singer with) the second highest male voice ▹*adj* (of a voice or instrument) between alto and baritone
TENORINO, TENORINI *n* high tenor
TENORIST *n* musician playing any tenor instrument
TENORITE *n* black mineral found in copper deposits
TENORMAN, TENORMEN *n* person who plays tenor saxophone
TENOROON *n* tenor bassoon
TENORS ▸**tenor**
TENOTOMY *n* surgical division of a tendon
TENOUR, -S *old variant of* ▸**tenor**
TENPENCE *n* sum of money equivalent to ten pennies
TENPENNY *adj* (of a nail) three inches in length
TENPIN, -S *n* one of the pins used in tenpin bowling
TENREC, -S *n* small mammal resembling hedgehogs or shrews
TENS ▸**ten**
TENSE, -D, -R, -S, -ST, TENSING *adj* emotionally strained ▹*vb* make or become tense ▹*n* form of a verb showing the time of action
TENSELY ▸**tense**
TENSER ▸**tense**
TENSES ▸**tense**
TENSEST ▸**tense**
TENSIBLE *adj* capable of being stretched
TENSIBLY ▸**tensible**
TENSILE *adj* of tension
TENSING ▸**tense**
TENSION, -S *n* hostility or suspense ▹*vb* tighten
TENSITY *rare word for* ▸**tension**
TENSIVE *adj* of or causing tension or strain
TENSON, -S *n* type of French lyric poem
TENSOR, -S *n* any muscle that can cause a part to become firm or tense
TENT, -ING, -INGS, -S *n* portable canvas shelter ▹*vb* camp in a tent
TENTACLE *n* flexible organ of many invertebrates, used for grasping, feeding, etc
TENTAGE, -S *n* tents collectively
TENTED ▸**tent**
TENTER, -ED, -S ▸**tent**

TENTFUL, -S *n* number of people or objects that can fit in a tent
TENTH, -S *n* number ten in a series ▹ *adj* coming after the ninth in numbering or counting order, position, time, etc
TENTHLY *same as* ▸ **tenth**
TENTHS ▸ **tenth**
TENTIE, -R, -ST *adj* wary
TENTING ▸ **tent**
TENTINGS ▸ **tent**
TENTLESS ▸ **tent**
TENTLIKE ▸ **tent**
TENTORIA > **tentorium**
TENTPOLE *n* film whose high earnings offset the cost of less profitable ones
TENTS ▸ **tent**
TENTWISE *adv* in the manner of a tent
TENTY *same as* ▸ **tentie**
TENUE *n* deportment
TENUES ▸ **tenuis**
TENUIOUS *same as* ▸ **tenuous**
TENUIS, TENUES *n* (in the grammar of classical Greek) any of the voiceless stops
TENUITY ▸ **tenuous**
TENUOUS *adj* slight or flimsy
TENURE, -S, TENURING *n* (period of) the holding of an office or position ▹ *vb* assign a tenured position to
TENURED *adj* having tenure of office
TENURES ▸ **tenure**
TENURIAL ▸ **tenure**
TENURING ▸ **tenure**
TENUTO, TENUTI, -S *adv* (of a note) to be held for or beyond its full time value ▹ *vb* note sustained thus
TENZON, -S *same as* ▸ **tenson**
TEOCALLI *n* any of various truncated pyramids built by the Aztecs as bases for their temples
TEOPAN, -S *n* enclosure surrounding a teocalli
TEOSINTE *n* tall Central American annual grass
TEPA, -S *n* type of tree native to South America
TEPACHE, -S *n* type of Mexican soft drink
TEPAL, -S *n* subdivisions of a perianth
TEPAS ▸ **tepa**
TEPEE, -S *n* cone-shaped tent, formerly used by Native Americans
TEPEFY, TEPEFIED, TEPEFIES *vb* make or become tepid
TEPHRA, -S *n* solid matter ejected during a volcanic eruption
TEPHRITE *n* variety of basalt
TEPID, -ER, -EST *adj* slightly warm
TEPIDITY ▸ **tepid**
TEPIDLY ▸ **tepid**
TEPOY, -S *same as* ▸ **teapoy**
TEQUILA, -S *n* Mexican alcoholic drink
TEQUILLA *same as* ▸ **tequila**
TERABYTE *n* large unit of computer memory
TERAFLOP *n* large unit of computer processing speed
TERAGLIN *n* edible marine fish of Australia which has fine scales and is blue in colour
TERAI, -S *n* felt hat with a wide brim worn in subtropical regions
TERAKIHI *same as* ▸ **tarakihi**
TERAOHM, -S *n* unit of resistance
TERAPH, -IM *n* household god or image venerated by ancient Semitic peoples
TERAS, TERATA *n* monstrosity; teratism
TERATISM *n* malformed animal or human, esp in the fetal stage
TERATOID *adj* resembling a monster
TERATOMA *n* tumour or group of tumours composed of tissue foreign to the site of growth
TERAWATT *n* unit of power equal to one million megawatts
TERBIA, -S *n* amorphous white insoluble powder
TERBIC ▸ **terbium**
TERBIUM, -S *n* rare metallic element
TERCE, -S *n* third of the seven canonical hours of the divine office
TERCEL, -S *n* male falcon or hawk, esp as used in falconry
TERCELET *same as* ▸ **tercel**
TERCELS ▸ **tercel**
TERCES ▸ **terce**
TERCET, -S *n* group of three lines of verse that rhyme together
TERCIO, -S *n* regiment of Spanish or Italian infantry
TEREBENE *n* mixture of hydrocarbons prepared from oil of turpentine and sulphuric acid
TEREBIC *adj* as in **terebic acid** white crystalline carboxylic acid produced by the action of nitric acid on turpentine
TEREBRA, -E, -S *n* ancient Roman device used for boring holes in defensive walls
TEREDO, -S *n* marine mollusc that bores into and destroys submerged timber
TEREFA *same as* ▸ **tref**
TEREFAH *same as* ▸ **tref**
TEREK, -S *n* type of sandpiper
TERES, -ES *n* shoulder muscle
TERETE, -S *adj* (esp of plant parts) smooth and usually cylindrical and tapering
TERF, -S *old variant of* ▸ **turf**
TERFE, -S *old variant of* ▸ **turf**
TERFS ▸ **terf**
TERGA ▸ **tergum**
TERGAL ▸ **tergum**
TERGITE, -S *n* constituent part of a tergum
TERGUM, TERGA *n* cuticular plate covering the dorsal surface of a body segment of an arthropod
TERIYAKI *adj* basted with soy sauce and rice wine and broiled over an open fire ▹ *n* dish prepared in this way
TERM, -ED, -ING, -S *n* word or expression ▹ *vb* name or designate
TERMER, -S *same as* ▸ **termor**
TERMINAL *adj* (of an illness) ending in death ▹ *n* place where people or vehicles begin or end a journey
TERMINER *n* person or thing that limits or determines
TERMING ▸ **term**
TERMINUS, TERMINI *n* railway or bus station at the end of a line
TERMITE, -S *n* white antlike insect that destroys timber
TERMITIC ▸ **termite**
TERMLESS *adj* without limit or boundary
TERMLY, TERMLIES *n* publication issued once a term
TERMOR, -S *n* person who holds an estate for a term of years or until he or she dies
TERMS ▸ **term**

TERMTIME *n* time during a term, esp a school or university term
TERN, -S *n* gull-like sea bird with a forked tail and pointed wings
TERNAL ▸**tern**
TERNARY *adj* consisting of three parts ▹*n* group of three
TERNATE *adj* (esp of a leaf) consisting of three leaflets or other parts
TERNE, -D, -S, TERNING *n* alloy of lead containing tin and antimony ▹*vb* coat with this alloy
TERNION, -S *n* group of three
TERNS ▸**tern**
TERPENE, -S *n* unsaturated hydrocarbon found in the essential oils of many plants
TERPENIC ▸**terpene**
TERPINE, -S *n* type of expectorant
TERPINOL *same as* >**terpineol**
TERRA, -E *n* (in legal contexts) earth or land
TERRACE, -D, -S *n* row of houses built as one block ▹*vb* form into or provide with a terrace
TERRAE ▸**terra**
TERRAIN, -S *same as* ▸**terrane**
TERRANE, -S *n* series of rock formations
TERRAPIN *n* small turtle-like reptile
TERRARIA >**terrarium**
TERRAS, -ES *same as* ▸**trass**
TERRASSE *n* paved area alongside a café
TERRAZZO *n* floor of marble chips set in mortar and polished
TERREEN, -S *old variant of* ▸**tureen**
TERRELLA *n* magnetic globe designed to simulate and demonstrate the earth's magnetic fields
TERRENE, -S *adj* of or relating to the earth ▹*n* land
TERRET, -S *n* ring on a harness saddle through which the reins are passed
TERRIBLE *adj* very serious ▹*n* something terrible
TERRIBLY *adv* in a terrible manner
TERRIER, -S *n* any of various breeds of small active dog
TERRIES ▸**terry**
TERRIFIC *adj* great or intense
TERRIFY *vb* fill with fear
TERRINE, -S *n* earthenware dish with a lid
TERRIT, -S *same as* ▸**terret**
TERROIR, -S *n* combination of factors that gives a wine its distinctive character
TERROR, -S *n* great fear
TERRY, TERRIES *n* fabric with small loops covering both sides
TERSE, -R, -ST *adj* neat and concise
TERSELY ▸**terse**
TERSER ▸**terse**
TERSEST ▸**terse**
TERSION, -S *n* action of rubbing off or wiping
TERTIA, -S *same as* ▸**tercio**
TERTIAL, -S *same as* ▸**tertiary**
TERTIAN, -S *adj* (of a fever or the symptoms of a disease) occurring every other day ▹*n* tertian fever or symptoms
TERTIARY *adj* third in degree, order, etc ▹*n* any of the tertiary feathers
TERTIAS ▸**tertia**
TERTIUM *adj* as in **tertium quid** unknown or indefinite thing related in some way to two known or definite things, but distinct from both
TERTIUS *n* third (in a group)
TERTS *n* card game using 32 cards
TERYLENE *n* tradename for a synthetic polyester fibre based on terephthalic acid
TERZETTA *n* tercet
TERZETTO, TERZETTI *n* trio, esp a vocal one
TES ▸**te**
TESLA, -S *n* derived SI unit of magnetic flux density
TESSELLA *n* little tessera
TESSERA, -E *n* small square tile used in mosaics
TESSERAL ▸**tessera**
TEST, -ED, -S *vb* try out to ascertain the worth, capability, or endurance of ▹*n* critical examination
TESTA, -E *n* hard outer layer of a seed
TESTABLE ▸**test**
TESTACY ▸**testate**
TESTAE ▸**testa**
TESTAMUR *n* certificate proving an examination has been passed
TESTATA ▸**testatum**
TESTATE, -S *adj* having left a valid will ▹*n* person who dies and leaves a legally valid will
TESTATOR *n* maker of a will
TESTATUM, TESTATA *n* part of a purchase deed
TESTE *n* witness
TESTED ▸**test**
TESTEE, -S *n* person subjected to a test
TESTER, -S *n* person or thing that tests or is used for testing
TESTERN, -S *vb* give (someone) a teston
TESTERS ▸**tester**
TESTES ▸**testis**
TESTICLE *n* either of the two male reproductive glands
TESTIER ▸**testy**
TESTIEST ▸**testy**
TESTIFY *vb* give evidence under oath
TESTILY ▸**testy**
TESTING, -S ▸**test**
TESTIS, TESTES *same as* ▸**testicle**
TESTON, -S *n* French silver coin of the 16th century
TESTOON, -S *same as* ▸**teston**
TESTRIL, -S *same as* ▸**testrill**
TESTRILL *n* sixpence
TESTRILS ▸**testril**
TESTS ▸**test**
TESTUDO, -S *n* protective cover used by the ancient Roman army
TESTY, TESTIER, TESTIEST *adj* irritable or touchy
TET, -S *same as* ▸**teth**
TETANAL ▸**tetanus**
TETANIC, -S *adj* of, relating to, or producing tetanus ▹*n* tetanic drug or agent
TETANIES ▸**tetany**
TETANISE *same as* ▸**tetanize**
TETANIZE *vb* induce tetanus in (a muscle)
TETANOID ▸**tetanus**
TETANUS *n* acute infectious disease producing muscular spasms and convulsions
TETANY, TETANIES *n* abnormal increase in the excitability of nerves and muscles
TETCHED *same as* ▸**teched**
TETCHIER ▸**tetchy**
TETCHILY ▸**tetchy**
TETCHY, TETCHIER *adj* cross and irritable
TETE, -S *n* elaborate hairstyle

TETH, -S *n* ninth letter of the Hebrew alphabet
TETHER, -ED, -S *n* rope or chain for tying an animal to a spot ▷ *vb* tie up with rope
TETHS ▸ **teth**
TETOTUM, -S *same as* ▸ **teetotum**
TETRA, -S *n* brightly coloured tropical freshwater fish
TETRACID *adj* (of a base) capable of reacting with four molecules of a monobasic acid
TETRACT, -S *n* sponge spicule with four rays
TETRAD, -S *n* group or series of four
TETRADIC ▸ **tetrad**
TETRADS ▸ **tetrad**
TETRAGON *n* figure with four angles and four sides
TETRAMER *n* four-molecule polymer
TETRAPLA *n* book containing versions of the same text in four languages
TETRAPOD *n* any vertebrate that has four limbs
TETRARCH *n* ruler of one fourth of a country
TETRAS ▸ **tetra**
TETRAXON *n* four-pointed spicule
TETRI, -S *n* currency unit of Georgia
TETRODE, -S *n* electronic valve having four electrodes
TETRONAL *n* sedative drug
TETROSE, -S *n* type of sugar
TETROXID *same as* > **tetroxide**
TETRYL, -S *n* yellow crystalline explosive solid used in detonators
TETS ▸ **tet**
TETTER, -ED, -S *n* blister or pimple ▷ *vb* cause a tetter to erupt (on)
TETTIX, -ES *n* cicada
TEUCH, -ER, -EST *Scots variant of* ▸ **tough**
TEUCHAT, -S *Scots variant of* ▸ **tewit**
TEUCHER ▸ **teuch**
TEUCHEST ▸ **teuch**
TEUCHTER *n* in Scotland, derogatory word used by Lowlanders for a Highlander
TEUGH, -ER, -EST *same as* ▸ **teuch**
TEUGHLY ▸ **teugh**
TEVATRON *n* machine used in nuclear research
TEW, -ED, -ING, -S *vb* work hard
TEWART, -S *same as* ▸ **tuart**
TEWED ▸ **tew**
TEWEL, -S *n* horse's rectum
TEWHIT, -S *same as* ▸ **tewit**
TEWING ▸ **tew**
TEWIT, -S *n* lapwing
TEWS ▸ **tew**
TEX, -ES *n* unit of weight used to measure yarn density
TEXAS, -ES *n* structure on the upper deck of a paddle-steamer
TEXES ▸ **tex**
TEXT, -ED, -ING, -S *n* main body of a book as distinct from illustrations etc ▷ *vb* send a text message to (someone)
TEXTBOOK *n* standard book on a particular subject ▷ *adj* perfect
TEXTED ▸ **text**
TEXTER, -S *n* person who communicates by text messaging
TEXTILE, -S *n* fabric or cloth, esp woven ▷ *adj* of (the making of) fabrics
TEXTING, -S ▸ **text**
TEXTISM, -S *n* word typically used in a text message
TEXTLESS ▸ **text**
TEXTONYM *n* one of two or more words that can be created by pressing the same combination of numbers on a mobile phone
TEXTS ▸ **text**
TEXTUAL *adj* of, based on, or relating to, a text or texts
TEXTUARY *adj* of, relating to, or contained in a text ▷ *n* textual critic
TEXTURAL ▸ **texture**
TEXTURE, -D, -S *n* structure, feel, or consistency ▷ *vb* give a distinctive texture to (something)
THACK, -ED, -ING, -S *Scots word for* ▸ **thatch**
THAE *Scots word for* ▸ **those**
THAGI, -S *same as* ▸ **thuggee**
THAIM *Scots variant of* ▸ **them**
THAIRM, -S *n* catgut
THALAMI ▸ **thalamus**
THALAMIC ▸ **thalamus**
THALAMUS, THALAMI *n* mass of grey matter at the base of the brain
THALE *n* as in **thale cress** cruciferous wall plant
THALER, -S *n* former German, Austrian, or Swiss silver coin
THALI, -S *n* meal consisting of several small dishes accompanied by rice, bread, etc
THALIAN *adj* of or relating to comedy
THALIS ▸ **thali**
THALLI ▸ **thallus**
THALLIC *adj* of or containing thallium
THALLINE *n* type of chemical used in medicine
THALLIUM *n* highly toxic metallic element
THALLOID ▸ **thallus**
THALLOUS *adj* of or containing thallium, esp in the monovalent state
THALLUS, THALLI *n* undifferentiated vegetative body of algae, fungi, and lichens
THALWEG, -S *n* longitudinal outline of a riverbed from source to mouth
THAN, -S *prep* used to introduce the second element of a comparison ▷ *n* old variant of "then" (that time)
THANA, -S *same as* ▸ **tana**
THANADAR *same as* ▸ **tanadar**
THANAGE, -S *n* state of being a thane
THANAH, -S *same as* ▸ **tana**
THANAS ▸ **thana**
THANATOS *n* Greek personification of death
THANE, -S *n* Anglo-Saxon or medieval Scottish nobleman
THANEDOM ▸ **thane**
THANES ▸ **thane**
THANG, -S *n* thing
THANGKA, -S *n* (in Tibetan Buddhism) a religious painting on a scroll
THANGS ▸ **thang**
THANK, -ED, -ING *vb* express gratitude to
THANKEE *interj* thank you
THANKER, -S ▸ **thank**
THANKFUL *adj* grateful
THANKING ▸ **thank**
THANKIT *adj* as in **be thankit** thank God
THANKS *pl n* words of gratitude ▷ *interj* polite expression of gratitude
THANKYOU *n* conventional expression of gratitude
THANNA, -S *same as* ▸ **tana**
THANNAH, -S *same as* ▸ **tana**
THANNAS ▸ **thanna**
THANS ▸ **than**

THANX *interj* (coll.) thank you
THAR, -S *same as* ▸**tahr**
THARM, -S *n* stomach
THARS ▸**thar**
THAT *pron* used to refer to something already mentioned or familiar, or further away
THATAWAY *adv* that way
THATCH, -ED, -ES *n* roofing material of reeds or straw ▹*vb* roof (a house) with reeds or straw
THATCHER ▸**thatch**
THATCHES ▸**thatch**
THATCHT *old variant of* ▸**thatched**
THATCHY ▸**thatch**
THATNESS *n* state or quality of being 'that'
THAW, -ED, -ING, -INGS, -S *vb* make or become unfrozen ▹*n* thawing
THAWER, -S ▸**thaw**
THAWIER ▸**thawy**
THAWIEST ▸**thawy**
THAWING ▸**thaw**
THAWINGS ▸**thaw**
THAWLESS ▸**thaw**
THAWS ▸**thaw**
THAWY, THAWIER, THAWIEST *adj* tending to thaw
THE *determiner* definite article, used before a noun
THEANINE *n* amino acid found in tea leaves
THEARCHY *n* rule or government by God or gods
THEATER, -S *same as* ▸**theatre**
THEATRAL *adj* of or relating to the theatre
THEATRE, -S *n* place where plays etc are performed
THEATRIC *adj* of or relating to the theatre
THEAVE, -S *n* young ewe
THEBAINE *n* poisonous white crystalline alkaloid, found in opium but without opioid actions
THEBE, -S *n* monetary unit of Botswana
THECA, -E *n* enclosing organ, cell, or spore case
THECAL ▸**theca**
THECATE ▸**theca**
THEE, -D, -ING, -S *pron* refers to the person addressed ▹*vb* use the word "thee"
THEEK, -ED, -ING, -S *Scots variant of* ▸**thatch**
THEELIN, -S *trade name for* ▸**estrone**
THEELOL, -S *n* estriol
THEES ▸**thee**
THEFT, -S *n* act or an instance of stealing
THEGN, -S *same as* ▸**thane**
THEGNLY *adj* like a thegn
THEGNS ▸**thegn**
THEIC, -S *n* person who drinks excessive amounts of tea
THEIN, -S *old variant of* ▸**thane**
THEINE, -S *another name for* ▸**caffeine**
THEINS ▸**thein**
THEIR *determiner* of, belonging to, or associated in some way with them
THEIRS *pron* something belonging to them
THEISM, -S *n* belief in a God or gods
THEIST, -S ▸**theism**
THEISTIC ▸**theism**
THEISTS ▸**theist**
THELF, THELVES *n* old contraction of "the element"
THELITIS *n* inflammation of the nipple
THELVES ▸**thelf**
THEM *pron* refers to people or things other than the speaker or those addressed
THEMA, -TA *n* theme
THEMATIC *adj* of, relating to, or consisting of a theme or themes ▹*n* thematic vowel
THEME, -D, -S, THEMING *n* main idea or subject being discussed ▹*vb* design, decorate, arrange, etc, in accordance with a theme
THEMSELF *pron* reflexive form of one, whoever, anybody
THEN, -S *adv* at that time ▹*pron* that time ▹*adj* existing or functioning at that time ▹*n* that time
THENAGE, -S *old variant of* ▸**thanage**
THENAL *adj* of or relating to the thenar
THENAR, -S *n* palm of the hand ▹*adj* of or relating to the palm or the region at the base of the thumb
THENCE *adv* from that place or time
THENS ▸**then**
THEOCON, -S *n* person who believes that religion should play a greater role in politics
THEOCRAT > **theocracy**
THEODICY *n* branch of theology concerned with defending the attributes of God
THEOGONY *n* origin and descent of the gods
THEOLOG, -S *same as* > **theologue**
THEOLOGY *n* study of religions and religious beliefs
THEONOMY *n* state of being governed by God
THEORBO, -S *n* obsolete form of the lute, having two necks
THEOREM, -S *n* proposition that can be proved by reasoning
THEORIC, -S *n* theory; conjecture
THEORIES ▸**theory**
THEORISE *same as* ▸**theorize**
THEORIST *n* originator of a theory
THEORIZE *vb* form theories, speculate
THEORY, THEORIES *n* set of ideas to explain something
THEOSOPH *n* proponent of theosophy
THEOW, -S *n* slave in Anglo-Saxon Britain
THERAPY *n* curing treatment
THERBLIG *n* basic unit of work in an industrial process
THERE, -S *adv* in or to that place ▹*n* that place
THEREAT *adv* at that point or time
THEREBY *adv* by that means
THEREFOR *adv* for this, that, or it
THEREIN *adv* in or into that place or thing
THEREMIN *n* musical instrument played by moving the hands through electromagnetic fields
THEREOF *adv* of or concerning that or it
THEREON *archaic word for* > **thereupon**
THEREOUT *another word for* > **therefrom**
THERES ▸**there**
THERETO *adv* that or it
THERIAC, -S *n* ointment or potion used as an antidote to a poison
THERIACA *same as* ▸**theriac**
THERIACS ▸**theriac**
THERIAN, -S *n* animal of the class Theria, a subclass of mammals

T

THERM, -S *n* unit of measurement of heat ▷ *n* public bath
THERMAE *pl n* public baths or hot springs, esp in ancient Greece or Rome
THERMAL, -S *adj* of heat ▷ *n* rising current of warm air
THERME, -S *old variant of* ▶ **therm**
THERMEL, -S *n* type of thermometer using thermoelectric current
THERMES ▶ **therme**
THERMIC *same as* ▶ **thermal**
THERMION *n* electron or ion emitted by a body at high temperature
THERMIT, -S *variant of* ▶ **thermite**
THERMITE *adj* as in **thermite process** process for reducing metallic oxides
THERMITS ▶ **thermit**
THERMOS *n* trademark for a stoppered vacuum flask
THERMS ▶ **therm**
THEROID *adj* of, relating to, or resembling a beast
THEROPOD *n* bipedal carnivorous saurischian dinosaur with strong hind legs and grasping hands
THESAURI > **thesaurus**
THESE *determiner* form of this used before a plural noun
THESIS, THESES *n* written work submitted for a degree
THESP, -S *short for* ▶ **thespian**
THESPIAN *adj* of or relating to drama and the theatre ▷ *n* actor or actress
THESPS ▶ **thesp**
THETA, -S *n* eighth letter of the Greek alphabet
THETCH, -ED, -ES *old variant spelling of* ▶ **thatch**
THETE, -S *n* member of the lowest order of freeman in ancient Athens
THETHER *old variant of* ▶ **thither**
THETIC *adj* (in classical prosody) of, bearing, or relating to a metrical stress
THETICAL *another word for* ▶ **thetic**
THETRI, -S *n* currency unit of Georgia
THEURGIC ▶ **theurgy**
THEURGY *n* intervention of a divine or supernatural agency in the affairs of human beings
THEW, -ES, -S *n* muscle, esp if strong or well-developed
THEWED *adj* strong; muscular
THEWES ▶ **thew**
THEWIER ▶ **thewy**
THEWIEST ▶ **thewy**
THEWLESS ▶ **thew**
THEWS ▶ **thew**
THEWY, THEWIER, THEWIEST ▶ **thew**
THEY *pron* people or things other than the speaker or people addressed
THIAMIN, -S *same as* ▶ **thiamine**
THIAMINE *n* vitamin found in the outer coat of rice and other grains
THIAMINS ▶ **thiamin**
THIASUS *n* people gathered to sing and dance in honour of a god
THIAZIDE *n* diuretic drug
THIAZIN, -S *same as* ▶ **thiazine**
THIAZINE *n* organic compound containing a ring system composed of four carbon atoms, a sulphur atom, and a nitrogen atom
THIAZINS ▶ **thiazin**
THIAZOL, -S *same as* ▶ **thiazole**
THIAZOLE *n* colourless liquid with a pungent smell
THIAZOLS ▶ **thiazol**
THIBET, -S *n* coloured woollen cloth
THIBLE, -S *n* stick for stirring porridge
THICK, -ED, -ER, -EST, -ING, -S *adj* of great or specified extent from one side to the other ▷ *vb* thicken
THICKEN, -S *vb* make or become thick or thicker
THICKER ▶ **thick**
THICKEST ▶ **thick**
THICKET, -S *n* dense growth of small trees
THICKETY *adj* covered in thickets
THICKIE *same as* ▶ **thicko**
THICKIES ▶ **thicky**
THICKING ▶ **thick**
THICKISH ▶ **thick**
THICKLY ▶ **thick**
THICKO, -ES, -S *n* insulting word for a stupid person
THICKS ▶ **thick**
THICKSET *adj* stocky in build
THICKY, THICKIES *same as* ▶ **thicko**
THIEF *n* person who steals
THIEVE, -D, -S *vb* steal
THIEVERY ▶ **thieve**
THIEVES ▶ **thieve**
THIEVING *adj* given to stealing other people's possessions
THIEVISH ▶ **thief**
THIG, -GED, -GING, -S *vb* beg
THIGGER, -S ▶ **thig**
THIGGING ▶ **thig**
THIGGIT *Scots inflection of* ▶ **thig**
THIGH, -S *n* upper part of the human leg
THIGHED *adj* having thighs
THIGHS ▶ **thigh**
THIGS ▶ **thig**
THILK *pron* that same
THILL, -S *another word for* ▶ **shaft**
THILLER, -S *n* horse that goes between the thills of a cart
THILLS ▶ **thill**
THIMBLE, -D, -S *n* cap protecting the end of the finger when sewing ▷ *vb* use a thimble
THIN, -NED, -NEST, -NING, -S *adj* not thick ▷ *vb* make or become thin ▷ *adv* in order to produce something thin
THINCLAD *n* track-and-field athlete
THINDOWN *n* reduction in the amount of particles of very high energy penetrating the earth's atmosphere
THINE *adj* of or associated with you (thou) ▷ *pron* something belonging to you (thou)
THING, -S *n* material object
THINGAMY *n* person or thing the name of which is unknown
THINGIER ▶ **thingy**
THINGIES ▶ **thingy**
THINGO, -S *n* object whose name is unknown
THINGS ▶ **thing**
THINGY, THINGIER, THINGIES *adj* existing in reality; actual
THINK, -ING, -S *vb* consider, judge, or believe
THINKER, -S ▶ **think**
THINKING ▶ **think**
THINKS ▶ **think**
THINLY ▶ **thin**
THINNED ▶ **thin**
THINNER, -S ▶ **thin**
THINNESS ▶ **thin**
THINNEST ▶ **thin**
THINNING ▶ **thin**

THINNISH ▸ **thin**
THINS ▸ **thin**
THIO *adj* of, or relating to, sulphur
THIOL, -S *n* any of a class of sulphur-containing organic compounds
THIOLIC ▸ **thiol**
THIOLS ▸ **thiol**
THIONATE *n* any salt or ester of thionic acid
THIONIC *adj* of, relating to, or containing sulphur
THIONIN, -S *same as* ▸ **thionine**
THIONINE *n* crystalline derivative of thiazine used as a violet dye to stain microscope specimens
THIONINS ▸ **thionin**
THIONYL, -S *n* the divalent group SO
THIOPHEN *n* colourless liquid heterocyclic compound found in the benzene fraction of coal tar
THIOPHIL *adj* having an attraction to sulphur
THIOTEPA *n* drug used in chemotherapy
THIOUREA *n* white water-soluble crystalline substance with a bitter taste

This word for a type of chemical compound is a good example of the kind of vowel-rich 8-letter word which takes a lot of practice to spot in actual play but is very likely to come up. Good players spend a lot of time mastering these!

THIR *Scots word for* ▸ **these**
THIRAM, -S *n* antifungal agent
THIRD, -ED, -ING, -S *adj* of number three in a series ▹ *n* one of three equal parts ▹ *vb* divide (something) by three
THIRDLY ▸ **third**
THIRDS ▸ **third**
THIRL, -ED, -ING, -S *vb* bore or drill
THIRLAGE *n* obligation imposed upon tenants requiring them to have their grain ground at a specified mill
THIRLED ▸ **thirl**
THIRLING ▸ **thirl**
THIRLS ▸ **thirl**
THIRST, -ED, -ER, -S *n* desire to drink ▹ *vb* feel thirst
THIRSTY *adj* feeling a desire to drink
THIRTEEN *n* three and ten
THIRTY, THIRTIES *n* three times ten
THIS *pron* used to refer to a thing or person nearby, just mentioned, or about to be mentioned ▹ *adj* used to refer to the present time
THISAWAY *adv* this way
THISNESS *n* state or quality of being *this*
THISTLE, -S *n* prickly plant with dense flower heads
THISTLY ▸ **thistle**
THITHER *adv* or towards that place
THIVEL, -S *same as* ▸ **thible**
THLIPSIS, THLIPSES *n* compression, esp of part of the body
THO *short for* ▸ **though**
THOFT, -S *n* bench (in a boat) upon which a rower sits
THOLE, -D, -S, THOLING *n* wooden pin set in the side of a rowing boat to serve as a fulcrum for rowing ▹ *vb* bear or put up with
THOLEPIN *same as* ▸ **thole**
THOLES ▸ **thole**
THOLI ▸ **tholus**
THOLING ▸ **thole**
THOLOS, THOLOI *n* beehive-shaped tomb associated with Mycenaean Greece
THOLUS, THOLI *n* domed tomb
THON *Scot word for* ▸ **yon**
THONDER *Scot word for* ▸ **yonder**
THONG, -ING, -S *n* thin strip of leather etc ▹ *vb* decorate with a thong or thongs
THONGED *adj* fastened with a thong
THONGIER ▸ **thongy**
THONGING ▸ **thong**
THONGS ▸ **thong**
THONGY, THONGIER *adj* resembling a thong
THORACAL *another word for* ▸ **thoracic**
THORACES ▸ **thorax**
THORACIC *adj* of, near, or relating to the thorax
THORAX, THORACES, -ES *n* part of the body between the neck and the abdomen
THORIA, -S *n* insoluble white powder
THORIC ▸ **thorium**
THORITE, -S *n* yellow, brownish, or black radioactive mineral
THORIUM, -S *n* radioactive metallic element
THORN, -ED, -ING, -S *n* prickle on a plant ▹ *vb* jag or prick (something) as if with a thorn
THORNIER ▸ **thorny**
THORNILY ▸ **thorny**
THORNING ▸ **thorn**
THORNS ▸ **thorn**
THORNSET *adj* set with thorns
THORNY, THORNIER *adj* covered with thorns
THORO *(nonstandard) variant spelling of* ▸ **thorough**
THORON, -S *n* radioisotope of radon that is a decay product of thorium
THOROUGH *adj* complete ▹ *n* passage
THORP, -S *n* small village
THORPE, -S *same as* ▸ **thorp**
THORPS ▸ **thorp**
THOSE *determiner* form of that used before a plural noun
THOTHER *pron* old contraction of *the other*
THOU, -ED, -ING, -S *pron* used when talking to one person ▹ *n* one thousandth of an inch ▹ *vb* use the word *thou*
THOUGH *adv* nevertheless
THOUGHT, -S ▸ **think**
THOUING ▸ **thou**
THOUS ▸ **thou**
THOUSAND *n* ten hundred ▹ *adj* amounting to a thousand ▹ *determiner* amounting to a thousand
THOWEL, -S *old variant of* ▸ **thole**
THOWL, -S *old variant of* ▸ **thole**
THOWLESS *adj* lacking in vigour
THOWLS ▸ **thowl**
THRAE *same as* ▸ **frae**
THRALDOM *same as* ▸ **thrall**
THRALL, -ED, -S *n* state of being in the power of another person ▹ *vb* enslave or dominate
THRANG, -ED, -S *n* throng ▹ *vb* throng ▹ *adj* crowded
THRAPPLE *n* throat or windpipe ▹ *vb* throttle
THRASH, -ED, -ES *vb* beat, esp with a stick or whip ▹ *n* party
THRASHER *same as* ▸ **thresher**
THRASHES ▸ **thrash**

THRASHY *adj* relating to thrash punk
THRAVE, -S *n* twenty-four sheaves of corn
THRAW, -ED, -ING, -S *vb* twist (something); make something thrawn
THRAWARD *adj* contrary or stubborn
THRAWART *same as* ▸**thraward**
THRAWED ▸**thraw**
THRAWING ▸**thraw**
THRAWN *adj* crooked or twisted
THRAWNLY ▸**thrawn**
THRAWS ▸**thraw**
THREAD, -ED *n* fine strand or yarn ▹*vb* pass thread through
THREADEN *adj* made of thread
THREADER ▸**thread**
THREADS *slang word for* ▸**clothes**
THREADY *adj* of, relating to, or resembling a thread or threads
THREAP, -ED, -S *vb* scold
THREAPER ▸**threap**
THREAPIT *variant past participle of* ▸**threap**
THREAPS ▸**threap**
THREAT, -ED, -S *n* declaration of intent to harm
THREATEN *vb* make or be a threat to
THREATS ▸**threat**
THREAVE, -S *same as* ▸**thrave**
THREE, -S *n* one more than two
THREEP, -ED, -S *same as* ▸**threap**
THREEPER ▸**threap**
THREEPIT *variant past participle of* ▸**threep**
THREEPS ▸**threep**
THREES ▸**three**
THRENE, -S *n* dirge; threnody
THRENODE *same as* ▸**threnody**
THRENODY *n* lament for the dead
THRENOS *n* threnody; lamentation
THRESH, -ED, -ES *vb* beat (wheat etc) to separate the grain from the husks and straw ▹*n* act of threshing
THRESHEL *n* flail
THRESHER *n* large shark of tropical and temperate seas
THRESHES ▸**thresh**
THRETTY *nonstandard variant of* ▸**thirty**
THREW ▸**throw**
THRICE *adv* three times
THRID, -DED, -S *old variant of* ▸**thread**
THRIDACE *n* sedative made from lettuce juice
THRIDDED ▸**thrid**
THRIDS ▸**thrid**
THRIFT, -S *n* wisdom and caution with money
THRIFTY *adj* not wasteful with money
THRILL, -ED, -S *n* sudden feeling of excitement ▹*vb* (cause to) feel a thrill
THRILLER *n* book, film, etc with an atmosphere of mystery or suspense
THRILLS ▸**thrill**
THRILLY *adj* causing thrills
THRIMSA, -S *same as* ▸**thrymsa**
THRIP *same as* ▸**thrips**
THRIPS, -ES *n* small slender-bodied insect with piercing mouthparts that feeds on plant sap
THRISSEL *Scots variant of* ▸**thistle**
THRIST, -ED, -S *old variant of* ▸**thirst**
THRISTLE *Scots variant of* ▸**thistle**
THRISTS ▸**thrist**
THRISTY ▸**thrist**
THRIVE, -D, -N, -S, THROVE *vb* flourish or prosper
THRIVER, -S ▸**thrive**
THRIVES ▸**thrive**
THRIVING ▸**thrive**
THRO *same as* ▸**through**
THROAT, -ED, -S *n* passage from the mouth and nose to the stomach and lungs ▹*vb* vocalize in the throat
THROATY *adj* (of the voice) hoarse
THROB, -BED, -S *vb* pulsate repeatedly ▹*n* throbbing
THROBBER ▸**throb**
THROBS ▸**throb**
THROE, -D, -ING *n* pang or pain ▹*vb* endure throes
THROES *pl n* violent pangs or pains
THROMBI ▸**thrombus**
THROMBIN *n* enzyme that acts on fibrinogen in blood, causing it to clot
THROMBUS, THROMBI *n* clot of coagulated blood that remains at the site of its formation
THRONE, -D, -S, THRONING *n* ceremonial seat of a monarch or bishop ▹*vb* place or be placed on a throne
THRONG, -ED, -S *vb* crowd ▹*n* great number of people or things crowded together ▹*adj* busy
THRONING ▸**throne**
THRONNER *n* person who is good at doing odd jobs
THROPPLE *vb* strangle or choke
THROSTLE *n* song thrush
THROTTLE *n* device controlling the amount of fuel entering an engine ▹*vb* control the flow of fluid in an engine by using the throttle
THROUGH *prep* from end to end or side to side of ▹*adj* finished
THROVE ▸**thrive**
THROW, THREW, -ING, -N, -S *vb* hurl through the air ▹*n* throwing
THROWE, -S *old variant of* ▸**throe**
THROWER, -S ▸**throw**
THROWES ▸**throwe**
THROWING ▸**throw**
THROWN ▸**throw**
THROWS ▸**throw**
THRU *same as* ▸**through**
THRUM, -MED, -S *vb* strum rhythmically but without expression ▹*n* in textiles, unwoven ends of warp thread
THRUMMER ▸**thrum**
THRUMMY *adj* made of thrums
THRUMS ▸**thrum**
THRUPUT, -S *n* quantity of raw material or information processed in a given period
THRUSH, -ES *n* brown songbird
THRUST, -ED, -S *vb* push forcefully ▹*n* forceful stab
THRUSTER *n* person or thing that thrusts
THRUSTOR *variant of* ▸**thruster**
THRUSTS ▸**thrust**
THRUTCH *n* narrow, fast-moving stream ▹*vb* thrust
THRUWAY, -S *n* thoroughfare
THRYMSA, -S *n* gold coin used in Anglo-Saxon England
THUD, -DED, -S *n* dull heavy sound ▹*vb* make such a sound

THUDDING *n* act of thudding
THUDS ▸ **thud**
THUG, -S *n* violent man, esp a criminal
THUGGEE, -S *n* methods and practices of the thugs of India
THUGGERY ▸ **thug**
THUGGISH ▸ **thug**
THUGGISM ▸ **thug**
THUGGO, -S *n* tough and violent person
THUGS ▸ **thug**
THUJA, -S *n* coniferous tree of North America and East Asia
THULIA, -S *n* oxide of thulium
THULITE, -S *n* rose-coloured zoisite sometimes incorporated into jewellery
THULIUM, -S *n* malleable ductile silvery-grey element
THUMB, -ED, -ING, -S *n* short thick finger set apart from the others ▹ *vb* touch or handle with the thumb
THUMBIER ▸ **thumby**
THUMBING ▸ **thumb**
THUMBKIN *n* thumbscrew
THUMBNUT *n* nut with projections enabling it to be turned by the thumb and forefinger
THUMBPOT *n* tiny flowerpot
THUMBS ▸ **thumb**
THUMBY, THUMBIER *adj* clumsy; uncoordinated
THUMP, -ED, -S *n* (sound of) a dull heavy blow ▹ *vb* strike heavily
THUMPER, -S ▸ **thump**
THUMPING *adj* huge or excessive
THUMPS ▸ **thump**
THUNDER, -S *n* loud noise accompanying lightning ▹ *vb* rumble with thunder
THUNDERY ▸ **thunder**
THUNK, -ED, -ING, -S *another word for* ▸ **thud**
THURIBLE *same as* ▸ **censer**
THURIFER *n* person appointed to carry the censer at religious ceremonies
THURIFY *vb* burn incense near or before an altar, shrine, etc
THURL, -S *same as* ▸ **thirl**
THUS, -ES *adv* in this manner ▹ *n* aromatic gum resin
THUSLY *adv* in such a way; thus
THUSNESS *n* state or quality of being *thus*
THUSWISE *adj* in this way; thus
THUYA, -S *same as* ▸ **thuja**
THWACK, -ED, -S *n* whack ▹ *vb* beat with something flat ▹ *interj* exclamation imitative of this sound
THWACKER ▸ **thwack**
THWACKS ▸ **thwack**
THWAITE, -S *n* piece of land cleared from forest or reclaimed from wasteland
THWART, -ED, -S *vb* foil or frustrate ▹ *n* seat across a boat ▹ *adj* passing or being situated across ▹ *adv* across
THWARTER ▸ **thwart**
THWARTLY ▸ **thwart**
THWARTS ▸ **thwart**
THY *adj* of or associated with you (thou) ▹ *determiner* belonging to or associated in some way with you (thou)
THYINE *adj* of relating to the sandarac tree
THYLOSE *old variant of* ▸ **tylosis**
THYLOSIS, THYLOSES *same as* ▸ **tylosis**
THYME, -S *n* aromatic herb
THYMEY ▸ **thyme**
THYMI ▸ **thymus**
THYMIC *adj* of or relating to the thymus
THYMIER ▸ **thymy**
THYMIEST ▸ **thymy**
THYMINE, -S *n* white crystalline pyrimidine base found in DNA
THYMOL, -S *n* substance obtained from thyme
THYMOMA, -S *n* type of tumour
THYMOSIN *n* hormone secreted by the thymus
THYMUS, THYMI, -ES *n* small gland at the base of the neck
THYMY, THYMIER, THYMIEST ▸ **thyme**
THYREOID *same as* ▸ **thyroid**
THYROID, -S *n* gland in the neck controlling body growth ▹ *adj* of or relating to the thyroid gland
THYROXIN *same as* > **thyroxine**
THYRSE, -S *n* type of inflorescence, occurring in the lilac and grape
THYRSI ▸ **thyrsus**
THYRSOID ▸ **thyrse**
THYRSUS, THYRSI *same as* ▸ **thyrse**
THYSELF *pron* reflexive form of thou
TI, -S *same as* ▸ **te**
TIAN, -S *n* traditional French vegetable stew or earthenware dish it is cooked in
TIAR, -S *same as* ▸ **tiara**
TIARA, -S *n* semicircular jewelled headdress
TIARAED ▸ **tiara**
TIARAS ▸ **tiara**
TIARS ▸ **tiar**
TIBIA, -E, -S *n* inner bone of the lower leg
TIBIAL ▸ **tibia**
TIBIALIS, TIBIALES *n* muscle in the calf of the leg
TIBIAS ▸ **tibia**
TIC, -CED, -CING, -S *n* spasmodic muscular twitch
TICAL, -S *n* former standard monetary unit of Thailand
TICCA *adj* acquired for temporary use in exchange for payment
TICCED ▸ **tic**
TICCING ▸ **tic**
TICE, -D, -S, TICING *vb* tempt or allure; entice
TICH, -ES *same as* ▸ **titch**
TICHY, TICHIER, TICHIEST *same as* ▸ **titchy**
TICING ▸ **tice**
TICK, -ED, -S *n* mark used to check off or indicate the correctness of something ▹ *vb* mark with a tick
TICKEN, -S *same as* ▸ **ticking**
TICKER, -S *n* heart
TICKET, -ED *n* card or paper entitling the holder to admission, travel, etc ▹ *vb* attach or issue a ticket to
TICKETS *pl n* death or ruin
TICKEY, -S *n* former South African threepenny piece
TICKIES ▸ **ticky**
TICKING, -S *n* strong material for mattress covers
TICKLACE *n* (in Newfoundland) a kittiwake
TICKLE, -D, -S, TICKLING *vb* touch or stroke (a person) to produce laughter ▹ *n* tickling
TICKLER, -S *n* difficult or delicate problem
TICKLES ▸ **tickle**
TICKLIER ▸ **tickly**
TICKLING ▸ **tickle**
TICKLISH *adj* sensitive to tickling
TICKLY, TICKLIER ▸ **tickle**
TICKS ▸ **tick**
TICKSEED *another name for* > **coreopsis**

T

TICKTACK *n* sound made by a clock ▷ *vb* make a ticking sound
TICKTOCK *n* ticking sound made by a clock ▷ *vb* make a ticking sound
TICKY, TICKIES *same as* ▶ **tickey**
TICS ▶ **tic**
TICTAC, -S *same as* ▶ **ticktack**
TICTOC, -S *same as* ▶ **ticktock**
TID, -S *n* girl or woman
TIDAL *adj* (of a river, lake, or sea) having tides
TIDALLY ▶ **tidal**
TIDBIT, -S *same as* ▶ **titbit**
TIDDIER ▶ **tiddy**
TIDDIES ▶ **tiddy**
TIDDIEST ▶ **tiddy**
TIDDLE, -D, -S, TIDDLING *vb* busy oneself with inconsequential tasks
TIDDLER, -S *n* very small fish
TIDDLES ▶ **tiddle**
TIDDLEY, -S *same as* ▶ **tiddly**
TIDDLIER ▶ **tiddly**
TIDDLIES ▶ **tiddly**
TIDDLING ▶ **tiddle**
TIDDLY, TIDDLIER, TIDDLIES *adj* tiny ▷ *n* alcoholic beverage
TIDDY, TIDDIER, TIDDIES, TIDDIEST *n* four of trumps in the card game gleek
TIDE, -D, -S, TIDING *n* rise and fall of the sea caused by the gravitational pull of the sun and moon ▷ *vb* carry or be carried with or as if with the tide
TIDELAND *n* land between high-water and low-water marks
TIDELESS ▶ **tide**
TIDELIKE ▶ **tide**
TIDELINE *n* high-water mark left by the retreating tide
TIDEMARK *n* mark left by the highest or lowest point of a tide
TIDEMILL *n* watermill powered by the force of the tide
TIDERIP, -S *same as* ▶ **riptide**
TIDES ▶ **tide**
TIDESMAN, TIDESMEN *n* customs official at a port
TIDEWAVE *n* undulation of the earth's water levels as the tide moves around it
TIDEWAY, -S *n* strong tidal current or its channel, esp the tidal part of a river
TIDIED ▶ **tidy**
TIDIER ▶ **tidy**
TIDIERS ▶ **tidy**
TIDIES ▶ **tidy**
TIDIEST ▶ **tidy**
TIDILY ▶ **tidy**
TIDINESS ▶ **tidy**
TIDING ▶ **tide**
TIDINGS *pl n* news
TIDIVATE *same as* ▶ **titivate**
TIDS ▶ **tid**
TIDY, TIDIED, TIDIER, TIDIERS, TIDIES, TIDIEST, -ING *adj* neat and orderly ▷ *vb* put in order ▷ *n* small container for odds and ends
TIDYTIPS *n* herb with flowers resembling those of the daisy
TIE, -D, -S, TYING *vb* fasten or be fastened with string, rope, etc ▷ *n* long narrow piece of material worn knotted round the neck
TIEBACK, -S *n* length of cord, ribbon, or other fabric used for tying a curtain to one side
TIEBREAK *n* deciding game in drawn match
TIECLASP *n* clip, often ornamental, which holds a tie in place against a shirt
TIED ▶ **tie**
TIEING *same as* ▶ **tie**
TIELESS ▶ **tie**
TIEPIN, -S *n* ornamental pin used to pin the two ends of a tie to a shirt
TIER, -ED, -ING, -S *n* one of a set of rows placed one above and behind the other ▷ *vb* be or arrange in tiers
TIERCE, -S *same as* ▶ **terce**
TIERCED *adj* (of a shield) divided into three sections of similar size but different colour
TIERCEL, -S *same as* ▶ **tercel**
TIERCES ▶ **tierce**
TIERCET, -S *same as* ▶ **tercet**
TIERED ▶ **tier**
TIERING ▶ **tier**
TIERS ▶ **tier**
TIES ▶ **tie**
TIETAC, -S *n* fastener for holding a tie in place
TIETACK, -S *same as* ▶ **tietac**
TIETACS ▶ **tietac**
TIFF, -ED, -ING, -INGS, -S *n* petty quarrel ▷ *vb* have or be in a tiff
TIFFANY *n* sheer fine gauzy fabric
TIFFED ▶ **tiff**
TIFFIN, -ED, -S *n* (in India) a light meal, esp at midday ▷ *vb* take tiffin
TIFFING ▶ **tiff**
TIFFINGS ▶ **tiff**
TIFFINS ▶ **tiffin**
TIFFS ▶ **tiff**
TIFO, -S *n* organized fan display during a football match
TIFOSO, TIFOSI, -S *n* fanatical fan (esp an Italian F1 fan)
TIFT, -ED, -ING, -S *Scots variant of* ▶ **tiff**
TIG, -GED, -GING, -S *n* child's game
TIGE, -S *n* trunk of an architectural column
TIGER, -S *n* large yellow-and-black striped Asian cat
TIGEREYE *n* golden brown silicified variety of crocidolite, used as an ornamental stone
TIGERIER ▶ **tigery**
TIGERISH ▶ **tiger**
TIGERISM *n* arrogant and showy manner
TIGERLY *adj* of or like a tiger
TIGERS ▶ **tiger**
TIGERY, TIGERIER *adj* like a tiger
TIGES ▶ **tige**
TIGGED ▶ **tig**
TIGGER, -ED, -S *vb* damage beyond repair by tinkering
TIGGING ▶ **tig**
TIGHT, -ER, -EST *adj* stretched or drawn taut ▷ *adv* in a close, firm, or secure way
TIGHTEN, -S *vb* make or become tight or tighter
TIGHTER ▶ **tight**
TIGHTEST ▶ **tight**
TIGHTISH ▶ **tight**
TIGHTLY ▶ **tight**
TIGHTS *pl n* one-piece clinging garment covering the body from the waist to the feet
TIGHTWAD *n* stingy person
TIGLIC *adj* as in **tiglic acid** syrupy liquid or crystalline colourless unsaturated carboxylic acid
TIGLON, -S *same as* ▶ **tigon**
TIGNON, -S *n* type of cloth headdress
TIGON, -S *n* hybrid offspring of a male tiger and a female lion
TIGRESS *n* female tiger
TIGRIDIA *n* type of tropical American plant
TIGRINE *adj* of, characteristic of, or resembling a tiger

TIGRISH ▸ **tiger**
TIGROID *adj* resembling a tiger
TIGS ▸ **tig**
TIKA, -S *same as* ▸ **tikka**
TIKANGA, -S *n* Māori ways or customs
TIKAS ▸ **tika**
TIKE, -S *same as* ▸ **tyke**
TIKI, -ED, -ING, -S *n* small carving of a grotesque person worn as a pendant ▹ *vb* take a scenic tour around an area
TIKKA, -S *adj* marinated in spices and dry-roasted ▹ *n* act of marking a tikka on the forehead
TIL, -S *another name for* ▸ **sesame**
TILAK, -S *n* coloured spot or mark worn by Hindus
TILAPIA, -S *n* type of fish
TILBURY *n* light two-wheeled horse-drawn open carriage
TILDE, -S *n* mark used in Spanish to indicate pronunciation
TILE, -D, -S *n* flat piece of ceramic, plastic, etc used to cover a roof, floor, or wall ▹ *vb* cover with tiles
TILEFISH *n* large brightly coloured deep-sea percoid food fish
TILELIKE *adj* like a tile
TILER, -S ▸ **tile**
TILERIES ▸ **tilery**
TILERS ▸ **tiler**
TILERY, TILERIES *n* place where tiles are produced
TILES ▸ **tile**
TILING, -S *n* tiles collectively
TILL, -ED, -ING, -INGS, -S *prep* until ▹ *vb* cultivate (land) ▹ *n* drawer for money, usu in a cash register
TILLABLE ▸ **till**
TILLAGE, -S *n* act, process, or art of tilling
TILLED ▸ **till**
TILLER, -ED, -S *n* on boats, a handle fixed to the top of a rudderpost to serve as a lever in steering ▹ *vb* use a tiller
TILLICUM *n* (in the Pacific Northwest) a friend
TILLIER ▸ **tilly**
TILLIEST ▸ **tilly**
TILLING ▸ **till**
TILLINGS ▸ **till**
TILLITE, -S *n* rock formed from hardened till
TILLS ▸ **till**
TILLY, TILLIER, TILLIEST ▸ **till**
TILS ▸ **til**
TILT, -ED, -ING, -INGS, -S *vb* slant at an angle ▹ *n* slope
TILTABLE ▸ **tilt**
TILTED ▸ **tilt**
TILTER, -S ▸ **tilt**
TILTH, -S *n* (condition of) land that has been tilled
TILTING ▸ **tilt**
TILTINGS ▸ **tilt**
TILTS ▸ **tilt**
TILTYARD *n* (formerly) an enclosed area for tilting
TIMARAU, -S *same as* ▸ **tamarau**
TIMARIOT *n* one holding a fief in feudal Turkey
TIMBAL, -S *n* type of kettledrum
TIMBALE, -S *n* mixture of meat, fish, etc, in a rich sauce
TIMBALS ▸ **timbal**
TIMBER, -S *n* wood as a building material ▹ *adj* made out of timber ▹ *vb* provide with timbers ▹ *interj* lumberjack's shouted warning when a tree is about to fall
TIMBERED *adj* made of or containing timber or timbers
TIMBERS ▸ **timber**
TIMBERY *adj* like timber
TIMBO, -S *n* Amazonian vine from which a useful insecticide can be derived
TIMBRAL *adj* relating to timbre
TIMBRE, -S *n* distinctive quality of sound of a voice or instrument
TIMBREL, -S *n* tambourine
TIMBRES ▸ **timbre**
TIME, -D, -S *n* past, present, and future as a continuous whole ▹ *vb* note the time taken by
TIMEBOMB *n* bomb containing a timing mechanism that determines the time it will detonate
TIMECARD *n* card used with a time clock
TIMED ▸ **time**
TIMELESS *adj* unaffected by time
TIMELIER ▸ **timely**
TIMELINE *n* graphic representation showing the passage of time as a line
TIMELY, TIMELIER *adj* at the appropriate time ▹ *adv* at the right or an appropriate time
TIMEOUS *adj* in good time
TIMEOUT, -S *n* in sport, interruption in play during which players rest, etc
TIMEPASS *n* way of passing the time ▹ *vb* pass the time
TIMER, -S *n* device for measuring time
TIMES ▸ **time**
TIMEWORK *n* work paid for by the length of time taken, esp by the hour or the day
TIMEWORN *adj* showing the adverse effects of overlong use or of old age
TIMID, -ER, -EST *adj* easily frightened
TIMIDITY ▸ **timid**
TIMIDLY ▸ **timid**
TIMING, -S *n* ability to judge when to do or say something so as to make the best effect
TIMIST, -S *n* one concerned with time
TIMOLOL, -S *n* relaxant medicine used (for example) to reduce blood pressure
TIMON, -S *n* apparatus by which a vessel is steered
TIMONEER *n* helmsman; tillerman
TIMONS ▸ **timon**
TIMOROUS *adj* timid
TIMOTHY *n* perennial grass of temperate regions
TIMOUS *same as* ▸ **timeous**
TIMOUSLY ▸ **timous**
TIMPANA, -S *n* traditional Maltese baked pasta and pastry dish
TIMPANI *pl n* set of kettledrums
TIMPANO *n* kettledrum
TIMPANUM *same as* ▸ **tympanum**
TIMPS *same as* ▸ **timpani**
TIN, -NED, -NING, -NINGS, -S *n* soft metallic element ▹ *vb* put (food) into tins
TINAJA, -S *n* large jar for cooling water
TINAMOU, -S *n* type of bird of Central and S America
TINCAL, -S *another name for* ▸ **borax**
TINCHEL, -S *n* in Scotland, a circle of deer hunters who gradually close in on their quarry
TINCT, -ED, -ING, -S *vb* tint ▹ *adj* tinted or coloured
TINCTURE *n* medicinal extract in a solution of

T

alcohol ▷ *vb* give a tint or colour to
TIND, -ED, -ING, -S *vb* set alight
TINDAL, -S *n* petty officer
TINDED ▸ **tind**
TINDER, -S *n* dry easily burning material used to start a fire
TINDERY *adj* like tinder
TINDING ▸ **tind**
TINDS ▸ **tind**
TINE, -S, TINING *n* prong of a fork or antler ▷ *vb* lose
TINEA, -S *n* any fungal skin disease, esp ringworm
TINEAL ▸ **tinea**
TINEAS ▸ **tinea**
TINED ▸ **tine**
TINEID, -S *n* type of moth of the family which includes the clothes moths
TINES ▸ **tine**
TINFOIL, -S *n* paper-thin sheet of metal, used for wrapping foodstuffs
TINFUL, -S *n* contents of a tin or the amount a tin will hold
TING, -S *same as* ▸ **thing**
TINGE, -D, -ING, -S, TINGING *n* slight tint ▷ *vb* give a slight tint or trace to
TINGLE, -D, -S *n* prickling or stinging sensation ▷ *vb* feel a mild prickling or stinging sensation, as from cold or excitement
TINGLER, -S ▸ **tingle**
TINGLES ▸ **tingle**
TINGLIER ▸ **tingly**
TINGLING ▸ **tingle**
TINGLISH *adj* exciting
TINGLY, TINGLIER ▸ **tingle**
TINGS ▸ **ting**
TINHORN, -S *n* cheap pretentious person ▷ *adj* cheap and showy
TINIER ▸ **tiny**
TINIES *pl n* small children
TINIEST ▸ **tiny**
TINILY ▸ **tiny**
TININESS ▸ **tiny**
TINING ▸ **tine**
TINK, -ED, -ING, -S *vb* make short sound like a bell
TINKER, -ED, -S *n* (formerly) travelling mender of pots and pans ▷ *vb* fiddle with (an engine etc) in an attempt to repair it
TINKERER ▸ **tinker**
TINKERS ▸ **tinker**
TINKING ▸ **tink**
TINKLE, -D, -S *vb* ring with a high tinny sound like a small bell ▷ *n* this sound or action
TINKLER, -S *same as* ▸ **tinker**
TINKLES ▸ **tinkle**
TINKLIER ▸ **tinkly**
TINKLING ▸ **tinkle**
TINKLY, TINKLIER ▸ **tinkle**
TINKS ▸ **tink**
TINLIKE ▸ **tin**
TINMAN, TINMEN *n* one who works with tin or tin plate
TINNED ▸ **tin**
TINNER, -S *n* tin miner
TINNIE *same as* ▸ **tinny**
TINNIER ▸ **tinny**
TINNIES ▸ **tinny**
TINNIEST ▸ **tinny**
TINNILY ▸ **tinny**
TINNING ▸ **tin**
TINNINGS ▸ **tin**
TINNITUS *n* ringing or hissing sensation in one or both ears
TINNY, TINNIER, TINNIES, TINNIEST *adj* (of sound) thin and metallic ▷ *n* can of beer
TINPLATE *n* thin steel sheet coated with tin ▷ *vb* coat (a metal or object) with a layer of tin
TINPOT, -S *adj* worthless or unimportant ▷ *n* pot made of tin
TINS ▸ **tin**
TINSEL, -ED, -S *n* decorative metallic strips or threads ▷ *adj* made of or decorated with tinsel ▷ *vb* decorate with or as if with tinsel
TINSELLY *adj* adorned with tinsel
TINSELRY *n* tinsel-like material
TINSELS ▸ **tinsel**
TINSELY *adj* (US) like tinsel
TINSEY, -S *old variant of* ▸ **tinsel**
TINSMITH *n* person who works with tin or tin plate
TINSNIPS *n* metal cutters
TINSTONE *n* black or brown stone
TINT, -ED, -ING, -INGS, -S *n* (pale) shade of a colour ▷ *vb* give a tint to
TINTACK, -S *n* tin-plated tack
TINTED ▸ **tint**
TINTER, -S ▸ **tint**
TINTIER ▸ **tinty**
TINTIEST ▸ **tinty**
TINTING ▸ **tint**
TINTINGS ▸ **tint**
TINTLESS ▸ **tint**
TINTS ▸ **tint**
TINTY, TINTIER, TINTIEST *adj* having many tints
TINTYPE, -S *another name for* > **ferrotype**
TINWARE, -S *n* objects made of tin plate
TINWORK *n* objects made of tin
TINWORKS *n* place where tin is mined, smelted, or rolled
TINY, TINIER, TINIEST *adj* very small
TIP, -PED, -PING, -PINGS, -S, -T *n* narrow or pointed end of anything ▷ *vb* put a tip on
TIPCART, -S *n* cart that can be tipped to empty out its contents
TIPCAT, -S *n* game in which a piece of wood is tipped in the air with a stick
TIPI, -S *variant spelling of* ▸ **tepee**
TIPLESS ▸ **tip**
TIPOFF, -S *n* warning or hint, esp given confidentially
TIPPABLE ▸ **tip**
TIPPED ▸ **tip**
TIPPEE, -S *n* person who receives a tip, esp regarding share prices
TIPPER, -S *n* person who gives or leaves a tip
TIPPET, -S *n* fur cape for the shoulders
TIPPIER ▸ **tippy**
TIPPIEST ▸ **tippy**
TIPPING ▸ **tip**
TIPPINGS ▸ **tip**
TIPPLE, -D, -S, TIPPLING *vb* drink alcohol habitually, esp in small quantities ▷ *n* alcoholic drink
TIPPLER, -S ▸ **tipple**
TIPPLES ▸ **tipple**
TIPPLING ▸ **tipple**
TIPPY, TIPPIER, TIPPIEST *adj* extremely fashionable or stylish
TIPPYTOE *same as* ▸ **tiptoe**
TIPS ▸ **tip**
TIPSHEET *n* list of advice or instructions
TIPSIER ▸ **tipsy**
TIPSIEST ▸ **tipsy**
TIPSIFY *vb* make tipsy
TIPSILY ▸ **tipsy**
TIPSTAFF *n* court official
TIPSTER, -S *n* person who sells tips about races
TIPSTOCK *n* detachable section of a gunstock, usually gripped by the left hand of the user
TIPSY, TIPSIER, TIPSIEST *adj* slightly drunk
TIPT ▸ **tip**

TIPTOE, -D, -S *vb* walk quietly with the heels off the ground
TIPTOP, -S *adj* of the highest quality or condition ▷ *adv* of the highest quality or condition ▷ *n* best in quality
TIPULA, -S *n* crane fly
TIPUNA, -S *n* ancestor
TIRADE, -S *n* long angry speech
TIRAGE, -S *n* drawing of wine from a barrel prior to bottling
TIRAMISU *n* Italian coffee-flavoured dessert
TIRASSE, -S *n* mechanism in an organ connecting two pedals
TIRE, -S *vb* reduce the energy of, as by exertion
TIRED, -ER, -EST *adj* exhausted
TIREDLY ▸ **tired**
TIRELESS *adj* energetic and determined
TIRELING *n* fatigued person or animal
TIRES ▸ **tire**
TIRESOME *adj* boring and irritating
TIRING, -S ▸ **tire**
TIRITI, -S *n* another name for the Treaty of Waitangi

> A Māori word for treaty. Any 6-letter word that lets you get rid of three Is can't be bad!

TIRL, -ED, -ING, -S *vb* turn
TIRO, -ES, -S *same as* ▸ **tyro**
TIRONIC *variant of* ▸ **tyronic**
TIROS ▸ **tiro**
TIRR, -ED, -ING, -S *vb* strip or denude
TIRRIT, -S *n* panic; scare
TIRRIVEE *n* outburst of bad temper; rumpus
TIRRIVIE *same as* ▸ **tirrivee**
TIRRS ▸ **tirr**
TIS ▸ **ti**
TISANE, -S *n* infusion of dried or fresh leaves or flowers
TISICK, -S *n* splutter; cough
TISSUAL *adj* relating to tissue
TISSUE, -D, -S, TISSUING *n* substance of an animal body or plant ▷ *vb* weave into tissue
TISSUEY, TISSUIER *adj* like tissue
TISSUING ▸ **tissue**
TISSULAR *adj* relating to tissue
TISWAS, -ES *n* state of anxiety or excitement
TIT, -S, -TED, -TING *n* any of various small songbirds ▷ *vb* jerk or tug
TITAN, -S *n* person who is huge, strong, or very important
TITANATE *n* any salt or ester of titanic acid
TITANESS *n* woman who is huge, strong, or very important
TITANIA, -S ▸ **titanium**
TITANIC *adj* huge or very important
TITANIS *n* large predatory flightless prehistoric bird
TITANISM *n* titanic power
TITANITE *another name for* ▸ **sphene**
TITANIUM, TITANIA *n* strong light metallic element used to make alloys
TITANOUS *adj* of or containing titanium, esp in the trivalent state
TITANS ▸ **titan**
TITBIT, -S *n* tasty piece of food
TITCH, -ES *n* small person
TITCHIE *same as* ▸ **titchy**
TITCHY, TITCHIER *adj* very small
TITE *adj* immediately
TITELY *adv* immediately
TITER, -S *same as* ▸ **titre**
TITFER, -S *n* hat
TITHABLE *adj* (until 1936) liable to pay tithes
TITHE, -D, -S, TITHING *n* esp formerly, one tenth of one's income or produce paid to the church as a tax ▷ *vb* charge or pay a tithe
TITHER, -S ▸ **tithe**
TITHES ▸ **tithe**
TITHING, -S ▸ **tithe**
TITHONIA *n* Central American herb with flowers resembling sunflowers
TITI, -S *n* small omnivorous monkey
TITIAN, -S *n* reddish gold colour
TITIS ▸ **titi**
TITIVATE *vb* smarten up
TITLARK, -S *another name for* ▸ **pipit**
TITLE, -S, TITLING, TITLINGS *n* name of a book, film, etc ▷ *vb* give a title to
TITLED *adj* aristocratic
TITLER, -S *n* one who writes titles
TITLES ▸ **title**
TITLIKE *adj* like a tit
TITLING ▸ **title**
TITLINGS ▸ **title**
TITLIST, -S *n* titleholder
TITMAN, TITMEN *n* (of pigs) the runt of a litter
TITMICE ▸ **titmouse**
TITMOSE *old spelling of* ▸ **titmouse**
TITMOUSE, TITMICE *n* any small active songbird
TITOKI, -S *n* New Zealand evergreen tree with a spreading crown and glossy green leaves
TITRABLE ▸ **titrate**
TITRANT, -S *n* solution in a titration that is added to a measured quantity of another solution
TITRATE, -D, -S *vb* measure the volume or concentration of (a solution) by titration
TITRATOR *n* device used to perform titration
TITRE, -S *n* concentration of a solution as determined by titration
TITS ▸ **tit**
TITTED ▸ **tit**
TITTER, -ED, -S *vb* laugh in a suppressed way ▷ *n* suppressed laugh
TITTERER ▸ **titter**
TITTERS ▸ **titter**
TITTIE, -S *n* dialect word for a sister or young woman
TITTING ▸ **tit**
TITTISH *adj* testy
TITTLE, -D, -S, TITTLING *n* very small amount ▷ *vb* chatter; tattle
TITTUP, -ED, -S *vb* prance or frolic ▷ *n* caper
TITTUPPY *same as* ▸ **tittupy**
TITTUPS ▸ **tittup**
TITTUPY *adj* sprightly; lively
TITTY *same as* ▸ **tittie**
TITUBANT *adj* staggering
TITUBATE *vb* stagger
TITULAR, -S *adj* in name only ▷ *n* bearer of a title
TITULARY *same as* ▸ **titular**
TITULE, -D, -S, TITULING *same as* ▸ **title**
TITULI ▸ **titulus**
TITULING ▸ **titule**
TITULUS, TITULI *n* sign attached to the top of the cross during crucifixion
TITUP, -ED, -ING, -PED, -S *same as* ▸ **tittup**
TITUPIER ▸ **titupy**
TITUPING ▸ **titup**
TITUPPED ▸ **titup**
TITUPS ▸ **titup**
TITUPY, TITUPIER *same as* ▸ **tittupy**

TIVY *same as* ▸**tantivy**
TIX *pl n* tickets

> **Tix** is an informal word for **tickets** and one of the key short words for using the X.

TIYIN, -S *n* monetary unit of Uzbekistan and Kyrgyzstan
TIYN, -S *same as* ▸**tiyin**
TIZ, -ES *n* state of confusion
TIZWAS, -ES *same as* ▸**tiswas**
TIZZ, -ES *same as* ▸**tizzy**
TIZZY, TIZZIES *n* confused or agitated state
TJANTING *n* pen-like tool used in batik for applying molten wax to fabric
TMESIS, TMESES *n* interpolation of a word between the parts of a compound word
TO *prep* indicating movement towards, equality or comparison, etc ▹*adv* a closed position
TOAD, -S *n* animal like a large frog
TOADFISH *n* spiny-finned fish with a wide mouth
TOADFLAX *n* plant with narrow leaves and yellow-orange flowers
TOADIED ▸**toady**
TOADIES ▸**toady**
TOADISH ▸**toad**
TOADLESS *adj* having no toads
TOADLET, -S *n* small toad
TOADLIKE ▸**toad**
TOADRUSH *n* annual rush growing in damp lowlands
TOADS ▸**toad**
TOADY, TOADIED, TOADIES *n* ingratiating person ▹*vb* be ingratiating
TOADYING *n* act of toadying
TOADYISH ▸**toady**
TOADYISM ▸**toady**
TOAST, -ED, -ING, -S *n* sliced bread browned by heat ▹*vb* brown (bread) by heat
TOASTER, -S ▸**toast**
TOASTIE *same as* ▸**toasty**
TOASTIER ▸**toasty**
TOASTIES ▸**toasty**
TOASTING ▸**toast**
TOASTS ▸**toast**
TOASTY, TOASTIER, TOASTIES *n* toasted sandwich ▹*adj* tasting or smelling like toast
TOAZE, -D, -S, TOAZING *variant spelling of* ▸**toze**
TOBACCO, -S *n* plant with large leaves dried for smoking
TOBIES ▸**toby**
TOBOGGAN *n* narrow sledge for sliding over snow ▹*vb* ride a toboggan
TOBOGGIN *variant spelling of* ▸**toboggan**
TOBY, TOBIES *n* water stopcock at the boundary of a street and house section
TOC, -S *n* in communications code, signal for letter t
TOCCATA, -S, TOCCATE *n* rapid piece of music for a keyboard instrument
TOCHER, -ED, -S *n* dowry ▹*vb* give a dowry to
TOCK, -ED, -ING, -S *n* sound made by a clock ▹*vb* (of a clock) make such a sound
TOCKIER ▸**tocky**
TOCKIEST ▸**tocky**
TOCKING ▸**tock**
TOCKS ▸**tock**
TOCKY, TOCKIER, TOCKIEST *adj* muddy
TOCO, -S *n* punishment
TOCOLOGY *n* branch of medicine concerned with childbirth
TOCOS ▸**toco**
TOCS ▸**toc**
TOCSIN, -S *n* warning signal
TOD, -DED, -DING, -S *n* unit of weight, used for wool, etc ▹*vb* produce a tod
TODAY, -S *n* this day ▹*adv* on this day
TODDE, -S *same as* ▸**tod**
TODDED ▸**tod**
TODDES ▸**todde**
TODDIES ▸**toddy**
TODDING ▸**tod**
TODDLE, -D, -S, TODDLING *vb* walk with short unsteady steps ▹*n* act or an instance of toddling
TODDLER, -S *n* child beginning to walk
TODDLES ▸**toddle**
TODDLING ▸**toddle**
TODDY, TODDIES *n* sweetened drink of spirits and hot water
TODIES ▸**tody**
TODS ▸**tod**
TODY, TODIES *n* small bird of the Caribbean
TOE, -D, -ING, -S *n* digit of the foot ▹*vb* touch or kick with the toe
TOEA, -S *n* monetary unit of Papua New Guinea

> This monetary unit of Papua New Guinea is very often played to rid the rack of a surplus of vowels.

TOEBIE, -S *n* South African slang for sandwich
TOECAP, -S *n* strengthened covering for the toe of a shoe
TOECLIP, -S *n* clip on a bicycle pedal for the toes
TOED ▸**toe**
TOEHOLD, -S *n* small space on a mountain for supporting the toe of the foot in climbing
TOEIER ▸**toey**

> This is the comparative of **toey**, Australian slang for nervous or edgy, and can come in useful for dumping a surplus of vowels.

TOEIEST ▸**toey**
TOEING ▸**toe**
TOELESS *adj* not having toes
TOELIKE ▸**toe**
TOENAIL, -S *n* thin hard clear plate covering part of the upper surface of the end of each toe ▹*vb* join (beams) by driving nails obliquely
TOEPIECE *n* part of a shoe that covers the toes
TOEPLATE *n* metal reinforcement of the part of the sole of a shoe or boot underneath the toes
TOERAG, -S *n* contemptible person
TOES ▸**toe**
TOESHOE, -S *n* ballet pump with padded toes
TOETOE, -S *same as* ▸**toitoi**
TOEY, TOEIER, TOEIEST *adj* (of a person) nervous or anxious
TOFF *n* well-dressed or upper-class person
TOFFEE, -S *n* chewy sweet made of boiled sugar
TOFFIER ▸**toffy**
TOFFIES ▸**toffy**
TOFFIEST ▸**toffy**
TOFFISH *adj* belonging to or characteristic of the upper class
TOFFS *adj* like a toff
TOFFY, TOFFIER, TOFFIES, TOFFIEST *same as* ▸**toffee**
TOFORE *prep* before
TOFT, -S *n* homestead
TOFU, -S *n* soft food made from soya-bean curd
TOFUTTI, -S *n* tradename for nondairy, soya-based food products
TOG, -GED, -GING, -S *n* unit for measuring the insulating power of duvets ▹*vb* dress oneself

TOGA, -E, -S *n* garment worn by citizens of ancient Rome ▷ *vb* wear a toga
TOGAED ▸ **toga**
TOGAS ▸ **toga**
TOGATE *adj* clad in a toga
TOGATED *same as* ▸ **togate**
TOGE, -S *old variant of* ▸ **toga**
TOGED ▸ **toge**
TOGES ▸ **toge**
TOGETHER *adv* in company ▷ *adj* organized
TOGGED ▸ **tog**
TOGGER, -ED, -S *vb* play football ▷ *n* football player
TOGGERY *n* clothes
TOGGING ▸ **tog**
TOGGLE, -D, -S, TOGGLING *n* small bar-shaped button inserted through a loop for fastening ▷ *vb* supply or fasten with a toggle or toggles
TOGGLER, -S ▸ **toggle**
TOGGLES ▸ **toggle**
TOGGLING ▸ **toggle**
TOGROG, -S *n* unit of currency in Mongolia
TOGS ▸ **tog**
TOGUE, -S *n* large North American freshwater game fish
TOHEROA, -S *n* large edible mollusc of New Zealand
TOHO, -S *n* (to a hunting dog) an instruction to stop
TOHUNGA, -S *n* Māori priest
TOIL, -ED, -ING, -INGS, -S *n* hard work ▷ *vb* work hard
TOILE, -S *n* transparent linen or cotton fabric
TOILED ▸ **toil**
TOILER, -S ▸ **toil**
TOILES ▸ **toile**
TOILET, -ED, -S *n* bowl connected to a drain for receiving and disposing of urine and faeces ▷ *vb* go to the toilet
TOILETRY *n* object or cosmetic used to clean or groom oneself
TOILETS ▸ **toilet**
TOILETTE *same as* ▸ **toilet**
TOILFUL *same as* ▸ **toilsome**
TOILINET *n* type of fabric with a woollen weft and a cotton or silk warp
TOILING ▸ **toil**
TOILINGS ▸ **toil**
TOILLESS ▸ **toil**
TOILS ▸ **toil**
TOILSOME *adj* requiring hard work
TOILWORN *adj* fatigued, wearied by work
TOING, -S *n* as in **toing and froing** state of going back and forth
TOISE, -S *n* obsolete French unit of length roughly equal to 2 metres
TOISEACH *n* ancient Celtic nobleman
TOISECH, -S *same as* ▸ **toiseach**
TOISES ▸ **toise**
TOISON, -S *n* fleece
TOIT, -ED, -ING, -S *vb* walk or move in an unsteady manner, as from old age
TOITOI, -S *n* tall grasses with feathery fronds
TOITS ▸ **toit**
TOKAMAK, -S *n* reactor used in thermonuclear experiments
TOKAY, -S *n* small gecko of S and SE Asia, having a retractile claw at the tip of each digit
TOKEN, -ED, -ING, -S *n* sign or symbol ▷ *adj* nominal or slight
TOKENISM *n* policy of making only a token effort, esp to comply with a law
TOKENS ▸ **token**
TOKO, -S *same as* ▸ **toco**
TOKOLOGY *same as* ▸ **tocology**
TOKOMAK, -S *variant spelling of* ▸ **tokamak**
TOKONOMA *n* recess off a living room
TOKOS ▸ **toko**
TOKOTOKO *n* ceremonial carved Māori walking stick
TOLA, -S *n* unit of weight, used in India
TOLAN, -S *n* white crystalline derivative of acetylene
TOLANE, -S *same as* ▸ **tolan**
TOLANS ▸ **tolan**
TOLAR, -JEV, -JI, -S *n* former monetary unit of Slovenia
TOLAS ▸ **tola**
TOLBOOTH *same as* > **tollbooth**
TOLD ▸ **tell**
TOLE, -D, -S, TOLING, TOLINGS *same as* ▸ **toll**
TOLEDO, -S *n* type of sword originally made in Toledo
TOLERANT *adj* able to tolerate the beliefs, actions, opinions, etc, of others
TOLERATE *vb* allow to exist or happen
TOLES ▸ **tole**
TOLEWARE *n* enamelled or lacquered metal ware, usually gilded
TOLIDIN, -S *same as* ▸ **tolidine**
TOLIDINE *n* compound used in dyeing and chemical analysis
TOLIDINS ▸ **tolidin**
TOLING ▸ **tole**
TOLINGS ▸ **tole**
TOLL, -ED, -ING, -INGS, -S *vb* ring (a bell) slowly and regularly ▷ *n* instance of tolling
TOLLABLE ▸ **toll**
TOLLAGE, -S *same as* ▸ **toll**
TOLLBAR, -S *n* bar blocking passage of a thoroughfare, raised on payment of a toll
TOLLDISH *n* dish used to measure out the portion of grain given to a miller as payment for their work
TOLLED ▸ **toll**
TOLLER, -S ▸ **toll**
TOLLEY, -S *n* large shooting marble used in a game of marbles
TOLLGATE *n* gate across a toll road or bridge at which travellers must pay
TOLLIE *same as* ▸ **tolly**
TOLLIES ▸ **tolly**
TOLLING ▸ **toll**
TOLLINGS ▸ **toll**
TOLLMAN, TOLLMEN *n* man who collects tolls
TOLLS ▸ **toll**
TOLLWAY, -S *n* road on which users must pay tolls to travel
TOLLY, TOLLIES *n* castrated calf
TOLSEL, -S *n* tolbooth
TOLSEY, -S *n* tolbooth
TOLT, -S *n* type of obsolete English writ
TOLTER, -ED, -S *vb* struggle or move with difficulty, as in mud
TOLTS ▸ **tolt**
TOLU, -S *n* sweet-smelling balsam obtained from a South American tree
TOLUATE, -S *n* any salt or ester of any of the three isomeric forms of toluic acid
TOLUENE, -S *n* colourless volatile flammable liquid obtained from petroleum and coal tar
TOLUIC *adj* as in **toluic acid** white crystalline derivative of toluene

TOLUID, -S *n* white crystalline derivative of glycocoll
TOLUIDE, -S *variant of* ▸**toluid**
TOLUIDIN *n* type of dye
TOLUIDS ▸**toluid**
TOLUOL, -S *another name for* ▸**toluene**
TOLUOLE, -S *another name for* ▸**toluene**
TOLUOLS ▸**toluol**
TOLUS ▸**tolu**
TOLUYL, -S *n* any of three groups derived from a toluic acid
TOLYL, -S *n* type of monovalent radical
TOLZEY, -S *n* tolbooth
TOM, -S *n* male cat ▹*adj* (of an animal) male
TOMAHAWK *n* fighting axe of the Native Americans
TOMALLEY *n* fat from a lobster, eaten as a delicacy
TOMAN, -S *n* gold coin formerly issued in Persia
TOMATO, -ES *n* red fruit used in salads and as a vegetable
TOMATOEY *adj* tasting of tomato
TOMB, -ED, -ING, -S *n* grave
TOMBAC, -S *n* any of various brittle alloys containing copper and zinc
TOMBACK, -S *variant spelling of* ▸**tombac**
TOMBACS ▸**tombac**
TOMBAK, -S *same as* ▸**tombac**
TOMBAL *adj* like or relating to a tomb
TOMBED ▸**tomb**
TOMBIC *adj* of or relating to tombs
TOMBING ▸**tomb**
TOMBLESS ▸**tomb**
TOMBLIKE ▸**tomb**
TOMBOC, -S *n* weapon
TOMBOLA, -S *n* lottery with tickets drawn from a revolving drum
TOMBOLO, -S *n* narrow bar linking a small island with another island or the mainland
TOMBOY, -S *n* girl who acts or dresses like a boy
TOMBS ▸**tomb**
TOMCAT, -S *n* male cat
TOMCOD, -S *n* small fish resembling the cod
TOME, -S *n* large heavy book
TOMENTUM, TOMENTA *n* feltlike covering of downy hairs on leaves and other plant parts
TOMES ▸**tome**
TOMFOOL, -S *n* fool ▹*vb* act the fool
TOMIA ▸**tomium**
TOMIAL ▸**tomium**
TOMIUM, TOMIA *n* sharp edge of a bird's beak
TOMMY, TOMMIED, TOMMIES, -ING *n* private in the British Army ▹*vb* (formerly) to exploit workers by paying them in goods rather than in money
TOMMYCOD *n* type of cod
TOMMYING ▸**tommy**
TOMMYROT *n* utter nonsense
TOMO, -S *n* shaft formed by the action of water on limestone or volcanic rock
TOMOGRAM *n* X-ray photograph of a selected plane section of a solid object
TOMORROW *n* (on) the day after today ▹*adv* on the day after today
TOMOS ▸**tomo**
TOMPION, -S *same as* ▸**tampion**
TOMPON, -ED, -S *same as* ▸**tampon**
TOMPOT *adj* as in **tompot blenny** variety of blenny with tentacles over its eyes
TOMS ▸**tom**
TOMTIT, -S *n* small European bird that eats insects and seeds
TON, -S *n* unit of weight
TONAL *adj* written in a key
TONALITE *n* igneous rock found in the Italian Alps
TONALITY *n* presence of a musical key in a composition
TONALLY ▸**tonal**
TONANT *adj* very loud
TONDI ▸**tondo**
TONDINO, TONDINI, -S *n* small tondo
TONDO, TONDI, -S *n* circular easel painting or relief carving
TONE, -D, -S, TONING, TONINGS *n* sound with reference to its pitch, volume, etc ▹*vb* harmonize (with)
TONEARM, -S *same as* ▸**pickup**
TONED ▸**tone**
TONELESS *adj* having no tone
TONEME, -S *n* phoneme that is distinguished from another phoneme only by its tone
TONEMIC ▸**toneme**
TONEPAD, -S *n* keypad used to transmit information
TONER, -S *n* cosmetic applied to the skin to reduce oiliness
TONES ▸**tone**
TONETIC *adj* (of a language) distinguishing words by tone as well as by other sounds
TONETICS *pl n* area of linguistics concentrating on the use of tone to distinguish words semantically
TONETTE, -S *n* small musical instrument resembling a recorder
TONEY *variant spelling of* ▸**tony**
TONG, -ED, -ING *vb* gather or seize with tongs ▹*n* (formerly) a Chinese secret society
TONGA, -S *n* light two-wheeled vehicle used in rural areas of India
TONGED ▸**tong**
TONGER, -S *n* one who uses tongs to gather oysters
TONGING ▸**tong**
TONGMAN, TONGMEN *another word for* ▸**tonger**
TONGS *pl n* large pincers for grasping and lifting
TONGSTER *n* tong member
TONGUE, -D, -S, TONGUING *n* muscular organ in the mouth, used in speaking and tasting ▹*vb* use the tongue
TONIC, -S *n* medicine to improve body tone ▹*adj* invigorating
TONICITY *n* state, condition, or quality of being tonic
TONICS ▸**tonic**
TONIER ▸**tony**
TONIES ▸**tony**
TONIEST ▸**tony**
TONIFY, TONIFIED, TONIFIES *vb* give tone to
TONIGHT, -S *n* the night or evening of this day ▹*adv* in or during the night or evening of this day
TONING ▸**tone**
TONINGS ▸**tone**
TONISH ▸**ton**
TONISHLY ▸**ton**
TONITE, -S *n* explosive used in quarrying
TONK, -ED, -ING, -S *vb* strike with a heavy blow

T

TONKA *n* as in **tonka bean** tall leguminous tree of tropical America
TONKED ▸**tonk**
TONKER, -S ▸**tonk**
TONKING ▸**tonk**
TONKS ▸**tonk**
TONLET, -S *n* skirt of a suit of armour, consisting of overlapping metal bands
TONNAG, -S *n* type of (usually tartan) shawl
TONNAGE, -S *n* weight capacity of a ship
TONNAGS ▸**tonnag**
TONNE, -S *same as* ▸**ton**
TONNEAU, -S, -X *n* detachable cover to protect the rear part of an open car
TONNELL, -S *old spelling of* ▸**tunnel**
TONNER, -S *n* something that weighs one ton
TONNES ▸**tonne**
TONNISH ▸**ton**
TONS ▸**ton**
TONSIL, -S *n* small gland in the throat
TONSILAR ▸**tonsil**
TONSILS ▸**tonsil**
TONSOR, -S *n* barber
TONSURE, -S *n* shaving of all or the top of the head as a religious or monastic practice ▹*vb* shave the head of
TONSURED ▸**tonsure**
TONSURES ▸**tonsure**
TONTINE, -S *n* type of annuity scheme
TONTINER *n* subscriber to a tontine
TONTINES ▸**tontine**
TONUS, -ES *n* normal tension of a muscle at rest
TONY, TONIER, TONIES, TONIEST *adj* stylish or distinctive ▹*n* stylish or distinctive person
TOO *adv* also, as well
TOOART, -S *variant spelling of* ▸**tuart**
TOODLE, -D, -S, TOODLING *vb* tootle
TOOK ▸**take**
TOOL, -ED, -S *n* implement used by hand ▹*vb* work on with a tool
TOOLBAG, -S *n* bag for storing or carrying tools
TOOLBAR, -S *n* row or column of selectable buttons displayed on a computer screen
TOOLBOX *n* box for storing or carrying tools
TOOLCASE *n* case for tools
TOOLED ▸**tool**
TOOLER, -S ▸**tool**
TOOLHEAD *n* adjustable attachment for a machine tool that holds the tool in position
TOOLIE, -S *n* adult who gatecrashes social events for school leavers
TOOLING, -S *n* any decorative work done with a tool
TOOLKIT, -S *n* set of tools designed to be used together or for a particular purpose
TOOLLESS *adj* having no tools
TOOLMAN, TOOLMEN *n* person who works with tools
TOOLPUSH *n* worker who directs the drilling on an oil rig
TOOLROOM *n* room, as in a machine shop, where tools are made or stored
TOOLS ▸**tool**
TOOLSET, -S *n* set of tools associated with a computer application
TOOLSHED *n* small shed used for storing tools
TOOLTIP, -S *n* temporary window containing information about a tool on a computer application
TOOM, -ED, -EST, -ING, -S *vb* empty (something) ▹*adj* empty
TOOMER ▸**toom**
TOOMEST ▸**toom**
TOOMING ▸**toom**
TOOMS ▸**toom**
TOON, -S *n* large tree of the East Indies and Australia
TOONIE, -S *n* Canadian two-dollar coin
TOONS ▸**toon**
TOORIE, -S *n* tassel or bobble on a bonnet
TOOSHIE, -R *adj* angry
TOOT, -ED, -ING *n* short hooting sound ▹*vb* (cause to) make such a sound
TOOTER, -S ▸**toot**
TOOTH, TEETH, -ING, -S *n* bonelike projection in the jaws of most vertebrates for biting and chewing
TOOTHED *adj* having a tooth or teeth
TOOTHFUL *n* little (esp alcoholic) drink
TOOTHIER ▸**toothy**
TOOTHILY ▸**toothy**
TOOTHING ▸**tooth**
TOOTHS ▸**tooth**
TOOTHY, TOOTHIER *adj* having or showing numerous, large, or prominent teeth
TOOTING ▸**toot**
TOOTLE, -D, -S, TOOTLING *vb* hoot softly or repeatedly ▹*n* soft hoot or series of hoots
TOOTLER, -S ▸**tootle**
TOOTLES ▸**tootle**
TOOTLING ▸**tootle**
TOOTS, -ED, -ES, -ING *Scots version of* ▸**tut**
TOOTSIE *same as* ▸**tootsy**
TOOTSIES ▸**tootsy**
TOOTSING ▸**toots**
TOOTSY, TOOTSIES *same as* ▸**toots**
TOP, -PED, -S *n* highest point or part ▹*adj* at or of the top ▹*vb* form a top on
TOPALGIA *n* pain restricted to a particular spot: a neurotic or hysterical symptom
TOPARCH, -S *n* ruler of a small state or realm
TOPARCHY ▸**toparch**
TOPAZ, -ES *n* semiprecious stone in various colours
TOPAZINE *adj* like topaz
TOPCOAT, -S *n* overcoat
TOPCROSS *n* class of hybrid
TOPE, -D, -S, TOPING *vb* drink alcohol regularly ▹*n* small European shark
TOPEE, -S *n* lightweight hat worn in tropical countries
TOPEK, -S *same as* ▸**tupik**
TOPER, -S ▸**tope**
TOPES ▸**tope**
TOPFUL *variant spelling of* ▸**topfull**
TOPFULL *adj* full to the top
TOPH, -S *n* variety of sandstone
TOPHE, -S *variant spelling of* ▸**toph**
TOPHI ▸**tophus**
TOPHS ▸**toph**
TOPHUS, TOPHI *n* deposit of sodium urate in the helix of the ear or surrounding a joint
TOPI, -S *same as* ▸**topee**
TOPIARY *n* art of trimming trees and bushes into decorative shapes ▹*adj* of or relating to topiary
TOPIC, -S *n* subject of a conversation, book, etc

TOPICAL, -S *adj* relating to current events ▷ *n* type of anaesthetic
TOPICS ▶ **topic**
TOPING ▶ **tope**
TOPIS ▶ **topi**
TOPKICK, -S *n* (formerly) sergeant
TOPKNOT, -S *n* crest, tuft, decorative bow, etc, on the top of the head
TOPLESS *adj* having no top
TOPLINE, -D, -S *vb* headline; be the main focus of a newspaper story
TOPLINER ▶ **topline**
TOPLINES ▶ **topline**
TOPLOFTY *adj* haughty or pretentious
TOPMAKER *n* wool dealer
TOPMAN, TOPMEN *n* sailor positioned in the rigging of the topsail
TOPMAST, -S *n* mast next above a lower mast on a sailing vessel
TOPMEN ▶ **topman**
TOPMOST *adj* highest or best
TOPNOTCH *adj* excellent
TOPO, -I, -S *n* picture of a mountain with details of climbing routes superimposed on it
TOPOLOGY *n* geometry of the properties of a shape which are unaffected by continuous distortion
TOPONYM, -S *n* name of a place
TOPONYMY *n* study of place names
TOPOS ▶ **topo**
TOPOTYPE *n* specimen plant or animal taken from an area regarded as the typical habitat
TOPPED ▶ **top**
TOPPER, -S *n* top hat
TOPPIER ▶ **toppy**
TOPPIEST ▶ **toppy**
TOPPING, -S ▶ **top**
TOPPLE, -D, -S, TOPPLING *vb* (cause to) fall over
TOPPY, TOPPIER, TOPPIEST *adj* (of audio reproduction) having too many high-frequency sounds
TOPRAIL, -S *n* top rail on something such as a piece of furniture
TOPS ▶ **top**
TOPSAIL, -S *n* square sail carried on a yard set on a topmast
TOPSCORE *vb* score the highest in a sports match or competition
TOPSIDE, -S *n* lean cut of beef from the thigh
TOPSIDER *n* person in charge
TOPSIDES ▶ **topside**
TOPSMAN, TOPSMEN *n* chief drover
TOPSOIL, -S *n* surface layer of soil ▷ *vb* spread topsoil on (land)
TOPSPIN, -S *n* spin imparted to make a ball bounce or travel exceptionally far, high, or quickly
TOPSTONE *n* stone forming the top of something
TOPWATER *adj* floating on the top of the water
TOPWORK, -S *vb* graft shoots or twigs onto the main branches of (a tree)
TOQUE, -S *same as* ▶ **tuque**
TOQUET, -S *same as* ▶ **toque**
TOQUILLA *another name for* ▶ **jipijapa**
TOR, -S *n* high rocky hill
TORA, -S *variant spelling of* ▶ **torah**
TORAH, -S, TOROT, TOROTH *n* whole body of traditional Jewish teaching
TORAN, -S *n* (in Indian architecture) an archway
TORANA, -S *same as* ▶ **toran**
TORANS ▶ **toran**
TORAS ▶ **tora**
TORC, -S *same as* ▶ **torque**
TORCH, -ED, -ES, -ING *n* small portable battery-powered lamp ▷ *vb* deliberately set (a building) on fire
TORCHER, -S ▶ **torch**
TORCHERE *n* tall narrow stand for holding a candelabrum
TORCHERS ▶ **torcher**
TORCHES ▶ **torch**
TORCHIER *n* standing lamp with a bowl for casting light upwards
TORCHING ▶ **torch**
TORCHLIT *adj* lit by torches
TORCHON, -S *n* coarse linen or cotton lace with a simple openwork pattern
TORCHY *adj* sentimental; maudlin; characteristic of a torch song
TORCS ▶ **torc**
TORCULAR *n* tourniquet
TORDION, -S *n* old triple-time dance for two people
TORE, -S *same as* ▶ **torus**
TOREADOR *n* bullfighter
TORERO, -S *n* bullfighter, esp one on foot
TORES ▶ **tore**
TOREUTIC > **toreutics**
TORGOCH, -S *n* type of char
TORI ▶ **torus**
TORIC, -S *adj* of, relating to, or having the form of a torus
TORIES ▶ **tory**
TORII *n* gateway, esp one at the entrance to a Japanese Shinto temple
TORMENT, -S *vb* cause (someone) great suffering ▷ *n* great suffering
TORMENTA > **tormentum**
TORMENTS ▶ **torment**
TORMINA *n* complaints
TORMINAL ▶ **tormina**
TORN ▶ **tear**
TORNADE, -S *same as* ▶ **tornado**
TORNADIC ▶ **tornado**
TORNADO, -S *n* violent whirlwind
TORNILLO *n* shrub found in Mexico and some southwestern states of the US
TORO, -S *n* bull
TOROID, -S *n* surface generated by rotating a closed plane curve about a coplanar line that does not intersect it
TOROIDAL ▶ **toroid**
TOROIDS ▶ **toroid**
TOROS ▶ **toro**
TOROSE *adj* (of a cylindrical part) having irregular swellings
TOROSITY ▶ **torose**
TOROT ▶ **torah**
TOROTH ▶ **torah**
TOROUS *same as* ▶ **torose**
TORPEDO, -S *n* self-propelled underwater missile ▷ *vb* attack or destroy with or as if with torpedoes
TORPEFY *n* make torpid
TORPID *adj* sluggish and inactive
TORPIDLY ▶ **torpid**
TORPIDS *n* series of boat races held at Oxford University
TORPOR, -S *n* torpid state
TORQUATE ▶ **torques**
TORQUE, -D, TORQUING *n* force causing rotation ▷ *vb* apply torque to (something)
TORQUER, -S ▶ **torque**
TORQUES *n* distinctive band of hair, feathers, skin, or colour around the neck of an animal

T

TORQUEY, TORQUIER *adj* providing torque
TORQUING ▸**torque**
TORR, -S *n* unit of pressure
TORREFY *vb* dry (ores, etc) by subjection to intense heat
TORRENT, -S *n* rushing stream ▹*adj* like or relating to a torrent
TORRET, -S *same as* ▸**terret**
TORRID, -ER *adj* very hot and dry
TORRIDLY ▸**torrid**
TORRIFY *same as* ▸**torrefy**
TORRS ▸**torr**
TORS ▸**tor**
TORSADE, -S *n* ornamental twist or twisted cord, as on hats
TORSE, -S *same as* ▸**torso**
TORSEL, -S *n* wooden beam along the top of a wall
TORSES ▸**torse**
TORSI ▸**torso**
TORSION, -S *n* twisting of a part by equal forces being applied at both ends but in opposite directions
TORSIVE *adj* twisted
TORSK, -S *n* fish with a single long dorsal fin
TORSO, TORSI, -S *n* trunk of the human body
TORT, -S *n* civil wrong or injury for which damages may be claimed
TORTA, -S *n* (in mining) a flat circular pile of silver ore
TORTE, -N, -S *n* rich cake, originating in Austria
TORTELLI *pl n* type of stuffed pasta
TORTEN ▸**torte**
TORTES ▸**torte**
TORTIE, -S *n* tortoiseshell cat
TORTILE *adj* twisted or coiled
TORTILLA *n* thin Mexican pancake
TORTIOUS *adj* having the nature of or involving a tort
TORTIVE *adj* twisted
TORTOISE *n* slow-moving land reptile with a dome-shaped shell
TORTONI, -S *n* rich ice cream often flavoured with sherry
TORTRIX *n* type of moth
TORTS ▸**tort**
TORTUOUS *adj* winding or twisting
TORTURE, -S *vb* cause (someone) severe pain or mental anguish ▹*n* severe physical or mental pain
TORTURED ▸**torture**
TORTURER ▸**torture**
TORTURES ▸**torture**
TORULA, -E, -S *n* any of various species of fungal microorganisms
TORULI ▸**torulus**
TORULIN, -S *n* vitamin found in yeast
TORULOSE *adj* (of something cylindrical) alternately swollen and pinched along its length
TORULUS, TORULI *n* socket in an insect's head in which its antenna is attached
TORUS, TORI, -ES *n* large convex moulding approximately semicircular in cross section
TORY, TORIES *n* conservative or reactionary person ▹*adj* conservative or reactionary
TOSA, -S *n* large reddish dog, originally bred for fighting
TOSE, -D, -S, TOSING *same as* ▸**toze**
TOSH, -ED, -ES, -ING *n* nonsense ▹*vb* tidy or trim
TOSHACH, -S *n* military leader of a clan
TOSHED ▸**tosh**
TOSHER, -S ▸**tosh**
TOSHES ▸**tosh**
TOSHIER ▸**toshy**
TOSHIEST ▸**toshy**
TOSHING ▸**tosh**
TOSHY, TOSHIER, TOSHIEST *adj* neat; trim
TOSING ▸**tose**
TOSS, -ED, -ES, -ING, -INGS *vb* throw lightly ▹*n* tossing
TOSSEN *old past participle of* ▸**toss**
TOSSES ▸**toss**
TOSSIER ▸**tossy**
TOSSIEST ▸**tossy**
TOSSILY ▸**tossy**
TOSSING ▸**toss**
TOSSINGS ▸**toss**
TOSSPOT, -S *n* habitual drinker
TOSSUP, -S *n* instance of tossing up a coin
TOSSY, TOSSIER, TOSSIEST *adj* impudent
TOST *old past participle of* ▸**toss**
TOSTADA, -S *n* crispy deep-fried tortilla topped with meat, cheese, and refried beans
TOSTADO, -S *same as* ▸**tostada**
TOSTONE, -S *n* Mexican dish of fried plantains
TOT, -S, -TED *n* small child ▹*vb* total
TOTABLE ▸**tote**
TOTAL, -ED, -ING, -LED, -S *n* whole, esp a sum of parts ▹*adj* complete ▹*vb* amount to
TOTALISE *same as* ▸**totalize**
TOTALISM *n* practice of a one-party state that regulates every area of life
TOTALIST ▸**totalism**
TOTALITY *n* whole amount
TOTALIZE *vb* combine or make into a total
TOTALLED ▸**total**
TOTALLY ▸**total**
TOTALS ▸**total**
TOTANUS *another name for* ▸**redshank**
TOTARA, -S *n* tall coniferous forest tree of New Zealand
TOTE, -D, -S, TOTING *vb* carry (a gun etc) ▹*n* act of or an instance of toting
TOTEABLE ▸**tote**
TOTED ▸**tote**
TOTEM, -S *n* tribal badge or emblem
TOTEMIC ▸**totem**
TOTEMISM *n* belief in kinship of groups or individuals having a common totem
TOTEMIST ▸**totemism**
TOTEMITE ▸**totemism**
TOTEMS ▸**totem**
TOTER, -S ▸**tote**
TOTES ▸**tote**
TOTHER, -S *n* other ▹*adj* the other
TOTIENT, -S *n* quantity of numbers less than, and sharing no common factors with, a number
TOTING ▸**tote**
TOTITIVE *n* number less than, and having no common factors with, a given number
TOTS ▸**tot**
TOTTED ▸**tot**
TOTTER, -ED, -S *vb* move unsteadily ▹*n* act or an instance of tottering
TOTTERER ▸**totter**
TOTTERS ▸**totter**
TOTTERY *adj* tending to totter
TOTTIE *adj* very small
TOTTIER ▸**totty**
TOTTIES ▸**totty**
TOTTIEST ▸**totty**
TOTTING, -S ▸**tot**

T

TOTTRING *adj* Shakespearian word referring to ragged cloth or clothing
TOTTY, TOTTIER, TOTTIES, TOTTIEST *n* small child ▷ *adj* very small
TOUCAN, -S *n* tropical American bird with a large bill
TOUCANET *n* type of small toucan
TOUCANS ▸ **toucan**
TOUCH, -ES *vb* come into contact with ▷ *n* sense by which an object's qualities are perceived when they come into contact with part of the body ▷ *adj* of a non-contact version of a particular sport
TOUCHE *interj* acknowledgment a remark or witty reply
TOUCHED *adj* emotionally moved
TOUCHER, -S ▸ **touch**
TOUCHES ▸ **touch**
TOUCHIER ▸ **touchy**
TOUCHILY ▸ **touchy**
TOUCHING *adj* emotionally moving ▷ *prep* relating to or concerning
TOUCHPAD *n* part of laptop computer functioning like mouse
TOUCHUP, -S *n* renovation or retouching, as of a painting
TOUCHY, TOUCHIER *adj* easily offended
TOUGH, -ED, -ER, -EST, -ING, -S *adj* strong or resilient ▷ *n* rough violent person
TOUGHEN, -S *vb* make or become tough or tougher
TOUGHER ▸ **tough**
TOUGHEST ▸ **tough**
TOUGHIE, -S *n* person who is tough
TOUGHING ▸ **tough**
TOUGHISH ▸ **tough**
TOUGHLY ▸ **tough**
TOUGHS ▸ **tough**
TOUGHY *same as* ▸ **toughie**
TOUK, -ED, -ING, -S *same as* ▸ **tuck**
TOULADI, -S *same as* ▸ **tuladi**
TOUN, -S *n* town
TOUPEE, -S *n* small wig
TOUPEED *adj* wearing a toupee
TOUPEES ▸ **toupee**
TOUPET, -S *same as* ▸ **toupee**
TOUPIE, -S *n* round boneless smoked ham
TOUR, -ED, -S *n* journey visiting places of interest along the way ▷ *vb* make a tour (of)
TOURACO, -S *n* brightly coloured crested arboreal African bird
TOURED ▸ **tour**
TOURER, -S *n* large open car with a folding top
TOURIE, -S *same as* ▸ **toorie**
TOURING, -S ▸ **tour**
TOURISM, -S *n* tourist travel as an industry
TOURIST, -S *n* person travelling for pleasure ▷ *adj* of or relating to tourists or tourism
TOURISTA *variant of* ▸ **tourist**
TOURISTS ▸ **tourist**
TOURISTY *adj* informal term for full of tourists or tourist attractions
TOURNEY, -S *n* knightly tournament ▷ *vb* engage in a tourney
TOURNURE *n* outline or contour
TOURS ▸ **tour**
TOUSE, -D, -S, TOUSING, TOUSINGS *vb* tangle, ruffle, or disarrange; treat roughly
TOUSER, -S ▸ **touse**
TOUSES ▸ **touse**
TOUSIER ▸ **tousy**
TOUSIEST ▸ **tousy**
TOUSING ▸ **touse**
TOUSINGS ▸ **touse**
TOUSLE, -D, -S, TOUSLING *vb* make (hair or clothes) ruffled and untidy ▷ *n* disorderly, tangled, or rumpled state
TOUSTIE, -R *adj* irritable; testy
TOUSY, TOUSIER, TOUSIEST *adj* tousled
TOUT, -ED, -ING, -S *vb* seek business in a persistent manner ▷ *n* person who sells tickets for a popular event at inflated prices
TOUTER, -S ▸ **tout**
TOUTIE, -R, -ST *adj* childishly irritable or sullen
TOUTING ▸ **tout**
TOUTON, -S *n* deep-fried round of bread dough
TOUTS ▸ **tout**
TOUZE, -D, -S, TOUZING *variant spelling of* ▸ **touse**
TOUZIER ▸ **touzy**
TOUZIEST ▸ **touzy**
TOUZING ▸ **touze**
TOUZLE, -D, -S, TOUZLING *rare spelling of* ▸ **tousle**
TOUZY, TOUZIER, TOUZIEST *variant spelling of* ▸ **tousy**
TOVARICH *same as* > **tovarisch**
TOVARISH *same as* > **tovarisch**
TOW, -ED, -ING, -INGS, -S *vb* drag, esp by means of a rope ▷ *n* towing
TOWABLE ▸ **tow**
TOWAGE, -S *n* charge made for towing
TOWARD *same as* ▸ **towards**
TOWARDLY *adj* compliant
TOWARDS *prep* in the direction of
TOWAWAY, -S *n* vehicle which has been towed away
TOWBAR, -S *n* metal bar on a car for towing vehicles
TOWBOAT, -S *n* another word for tug (the boat)
TOWED ▸ **tow**
TOWEL, -ED, -ING, -LED, -S *n* cloth for drying things ▷ *vb* dry or wipe with a towel
TOWER, -S *n* tall structure, often forming part of a larger building ▷ *vb* rise like a tower
TOWERED *adj* having a tower or towers
TOWERIER ▸ **towery**
TOWERING *adj* very tall or impressive
TOWERS ▸ **tower**
TOWERY, TOWERIER *adj* with towers
TOWHEAD, -S *n* person with blond or yellowish hair
TOWHEE, -S *n* N American brownish-coloured sparrow
TOWIE, -S *n* truck used for towing
TOWIER ▸ **towy**
TOWIES ▸ **towie**
TOWIEST ▸ **towy**
TOWING ▸ **tow**
TOWINGS ▸ **tow**
TOWKAY, -S *n* sir
TOWLINE, -S *same as* ▸ **towrope**
TOWMON, -S *same as* ▸ **towmond**
TOWMOND, -S *n* old word for year
TOWMONS ▸ **towmon**
TOWMONT, -S *same as* ▸ **towmond**
TOWN, -S *n* group of buildings larger than a village

TOWNEE, -S *same as* ▸**townie**
TOWNFOLK *same as* >**townsfolk**
TOWNHALL *adj* of a variety of the Asian plant moschatel
TOWNHOME *another word for* >**townhouse**
TOWNIE *n* resident of a town
TOWNIER ▸**towny**
TOWNIES ▸**towny**
TOWNIEST ▸**towny**
TOWNISH ▸**town**
TOWNLAND *n* division of land of various sizes
TOWNLESS ▸**town**
TOWNLET, -S *n* small town
TOWNLIER ▸**townly**
TOWNLING *n* person who lives in a town
TOWNLY, TOWNLIER *adj* characteristic of a town
TOWNS ▸**town**
TOWNSHIP *n* small town
TOWNSITE *n* site of a town
TOWNSKIP *n* old term for a mischievous and roguish child who frequents city streets
TOWNSMAN, TOWNSMEN *n* inhabitant of a town
TOWNWARD *adv* in the direction of the town
TOWNWEAR *n* clothes suitable for wearing while pursuing activities usually associated with towns
TOWNY, TOWNIER, TOWNIES, TOWNIEST *adj* characteristic of a town
TOWPATH, -S *n* path beside a canal or river
TOWPLANE *n* aeroplane that tows gliders
TOWROPE, -S *n* rope or cable used for towing a vehicle or vessel
TOWS ▸**tow**
TOWSACK, -S *n* sack made from tow
TOWSE, -D, -S, TOWSING *same as* ▸**touse**
TOWSER, -S ▸**towse**
TOWSES ▸**towse**
TOWSIER ▸**towsy**
TOWSIEST ▸**towsy**
TOWSING ▸**towse**
TOWSY, TOWSIER, TOWSIEST *same as* ▸**tousy**
TOWT, -ED, -ING, -S *vb* sulk
TOWY, TOWIER, TOWIEST ▸**tow**
TOWZE, -D, -S, TOWZING *same as* ▸**touse**
TOWZIER ▸**towzy**
TOWZIEST ▸**towzy**
TOWZING ▸**towze**
TOWZY, TOWZIER, TOWZIEST *same as* ▸**tousy**
TOXAEMIA *n* blood poisoning
TOXAEMIC ▸**toxaemia**
TOXEMIA, -S *same as* ▸**toxaemia**
TOXEMIC ▸**toxaemia**
TOXIC, -S *adj* poisonous ▷*n* toxic substance
TOXICAL *adj* toxic
TOXICANT *n* toxic substance ▷*adj* poisonous
TOXICITY *n* degree of strength of a poison
TOXICS ▸**toxic**
TOXIN, -S *n* poison of bacterial origin
TOXINE, -S *nonstandard variant spelling of* ▸**toxin**
TOXINS ▸**toxin**
TOXOCARA *n* parasitic worm infesting the intestines of cats and dogs
TOXOID, -S *n* toxin that has been treated to reduce its toxicity
TOY, -ED, -ING, -INGS, -S *n* something designed to be played with ▷*adj* designed to be played with ▷*vb* play, fiddle, or flirt
TOYBOX, -ES *n* box for toys
TOYCHEST *n* chest for toys
TOYED ▸**toy**
TOYER, -S ▸**toy**
TOYETIC *adj* (of a film or television franchise) able to generate revenue via spin-off toys
TOYING ▸**toy**
TOYINGS ▸**toy**
TOYISH *adj* resembling a toy
TOYISHLY ▸**toyish**
TOYLAND, -S *n* toy industry
TOYLESS ▸**toy**
TOYLIKE ▸**toy**
TOYLSOM *old spelling of* ▸**toilsome**
TOYMAN, TOYMEN *n* man who sells toys
TOYO, -S *n* Japanese straw-like material made out of rice paper and used to make hats
TOYON, -S *n* shrub related to the rose
TOYOS ▸**toyo**
TOYS ▸**toy**
TOYSHOP, -S *n* shop selling toys
TOYSOME *adj* playful
TOYTOWN, -S *adj* having an unreal and picturesque appearance ▷*n* place with an unreal and picturesque appearance
TOYWOMAN, TOYWOMEN *n* woman who sells toys
TOZE, -D, -S, TOZING *vb* tease out; (of wool, etc) card
TOZIE, -S *n* type of shawl
TOZING ▸**toze**
TRABEATE *same as* >**trabeated**
TRABS *pl n* training shoes
TRACE, -D, -S *vb* locate or work out (the cause of something) ▷*n* track left by something
TRACER, -S *n* projectile which leaves a visible trail
TRACERY *n* pattern of interlacing lines
TRACES ▸**trace**
TRACEUR, -S *n* parkour participant
TRACHEA, -E, -S *n* windpipe
TRACHEAL ▸**trachea**
TRACHEAS ▸**trachea**
TRACHEID *n* element of xylem tissue
TRACHLE, -D, -S *vb* (of hair, clothing, etc) make untidy
TRACHOMA *n* chronic contagious disease of the eye
TRACHYTE *n* light-coloured fine-grained volcanic rock
TRACING, -S *n* traced copy
TRACK, -ED, -S *n* rough road or path ▷*vb* follow the trail or path of
TRACKAGE *n* collective term for railway tracks
TRACKBED *n* foundation on which railway tracks are laid
TRACKED ▸**track**
TRACKER, -S ▸**track**
TRACKIE *adj* resembling or forming part of a tracksuit
TRACKIES *pl n* loose-fitting trousers with elasticated cuffs
TRACKING *n* act or process of following something or someone
TRACKMAN, TRACKMEN *n* workman who lays and maintains railway track
TRACKPAD *same as* ▸**touchpad**
TRACKS ▸**track**
TRACKWAY *n* path or track
TRACT, -ED, -ING, -S *n* wide area ▷*vb* track
TRACTATE *n* short tract
TRACTED ▸**tract**
TRACTILE *adj* capable of being drawn out
TRACTING ▸**tract**

T

TRACTION *n* pulling, esp by engine power
TRACTIVE ▸**traction**
TRACTOR, -S *n* motor vehicle with large rear wheels for pulling farm machinery
TRACTRIX *n* (in geometry) type of curve
TRACTS ▸**tract**
TRACTUS *n* anthem sung in some RC masses
TRAD, -S *n* traditional jazz, as revived in the 1950s
TRADABLE ▸**trade**
TRADE, -D, -S *n* buying, selling, or exchange of goods ▹*vb* buy and sell ▹*adj* intended for or available only to people in industry or business
TRADEFUL *adj* (of shops, for example) full of trade
TRADEOFF *n* exchange, esp as a compromise
TRADER, -S *n* person who engages in trade
TRADES ▸**trade**
TRADIE, -S *n* tradesperson
TRADING, -S ▸**trade**
TRADITOR *n* Christian who betrayed fellow Christians at the time of the Roman persecutions
TRADS ▸**trad**
TRADUCE, -D, -S *vb* slander
TRADUCER ▸**traduce**
TRADUCES ▸**traduce**
TRAFFIC, -S *n* vehicles coming and going on a road ▹*vb* trade
TRAGAL ▸**tragus**
TRAGEDY *n* shocking or sad event
TRAGI ▸**tragus**
TRAGIC, -S *adj* of or like a tragedy ▹*n* tragedian
TRAGICAL *same as* ▸**tragic**
TRAGICS ▸**tragic**
TRAGOPAN *n* pheasant of S and SE Asia
TRAGULE, -S *n* mouse deer
TRAGUS, TRAGI *n* fleshy projection that partially covers the entrance to the external ear
TRAHISON *n* treason
TRAIK, -ED, -ING, -IT, -S *vb* trudge; trek with difficulty
TRAIL, -ED, -S *n* path, track, or road ▹*vb* drag along the ground
TRAILER, -S *n* vehicle designed to be towed by another vehicle ▹*vb* use a trailer to advertise (something)
TRAILING *adj* (of a plant) having a long stem which spreads over the ground or hangs loosely
TRAILS ▸**trail**
TRAIN, -ED, -S *vb* instruct in a skill ▹*n* line of railway coaches or wagons drawn by an engine
TRAINEE, -S *n* person being trained ▹*adj* (of a person) undergoing training
TRAINER *n* person who trains an athlete or sportsperson
TRAINERS *pl n* shoes in the style of those used for sports training
TRAINFUL *n* quantity of people or cargo that would be capable of filling a train
TRAINING *n* process of bringing a person to an agreed standard of proficiency by instruction
TRAINMAN, TRAINMEN *n* man who works on a train
TRAINS ▸**train**
TRAINWAY *n* railway track; channel in a built-up area through which a train passes
TRAIPSE, -D, -S *vb* walk wearily ▹*n* long or tiring walk
TRAIT, -S *n* characteristic feature
TRAITOR, -S *n* person guilty of treason or treachery
TRAITS ▸**trait**
TRAJECT, -S *vb* transport or transmit
TRAM, -MED, -MING, -S *same as* ▸**trammel**
TRAMCAR, -S *same as* ▸**tram**
TRAMEL, -ED, -S *variant spelling of* ▸**trammel**
TRAMELL, -S *variant spelling of* ▸**trammel**
TRAMELS ▸**tramel**
TRAMLESS ▸**tram**
TRAMLINE *n* tracks on which a tram runs
TRAMMED ▸**tram**
TRAMMEL, -S *n* hindrance to free action or movement ▹*vb* hinder or restrain
TRAMMIE, -S *n* conductor or driver of a tram
TRAMMING ▸**tram**
TRAMP, -ED, -S *vb* travel on foot, hike ▹*n* homeless person who travels on foot
TRAMPER, -S *n* person who tramps
TRAMPET, -S *variant spelling of* ▸**trampette**
TRAMPIER ▸**trampy**
TRAMPING ▸**tramp**
TRAMPISH ▸**tramp**
TRAMPLE, -D, -S *vb* tread on and crush ▹*n* action or sound of trampling
TRAMPLER ▸**trample**
TRAMPLES ▸**trample**
TRAMPS ▸**tramp**
TRAMPY, TRAMPIER *adj* like or characteristic of a tramp
TRAMROAD *same as* ▸**tramway**
TRAMS ▸**tram**
TRAMWAY, -S *same as* ▸**tramline**
TRANCE, -D, -S, TRANCING *n* unconscious or dazed state ▹*vb* put into or as into a trance
TRANCEY, TRANCIER *adj* (of music) characteristic of the trance sub-genre
TRANCHE, -S *n* portion of something large
TRANCHET *n* stone age cutting tool
TRANCIER ▸**trancey**
TRANCING ▸**trance**
TRANECT, -S *n* ferry
TRANGAM, -S *n* bauble or trinket
TRANGLE, -S *n* (in heraldry) a small fesse
TRANK, -ED, -ING, -S *n* tranquillizer ▹*vb* administer a tranquillizer
TRANKUM, -S *same as* ▸**trangam**
TRANNIE *n* transistor radio
TRANNY, TRANNIES *same as* ▸**trannie**
TRANQ, -S *same as* ▸**trank**

Short for tranquillizer; another of those useful words allowing you to play the Q without a U.

TRANQUIL *adj* calm and quiet
TRANS *n* short form of translation
TRANSACT *vb* conduct or negotiate (a business deal)
TRANSE, -S *n* way through; passage
TRANSECT *n* sample strip of land used to monitor plant distribution and animal populations ▹*vb* cut or divide crossways
TRANSEPT *n* either of the two shorter wings of a cross-shaped church

TRANSES ▸ **transe**
TRANSFER *vb* move or send from one person or place to another ▹ *n* transferring
TRANSFIX *vb* astound or stun
TRANSHIP *same as* > **transship**
TRANSIRE *n* document allowing goods to pass through customs
TRANSIT, -S *n* passage or conveyance of goods or people ▹ *vb* make transit
TRANSMAN, TRANSMEN *n* transgender man
TRANSMEW *old variant of* > **transmute**
TRANSMIT *vb* pass (something) from one person or place to another
TRANSOM, -S *n* horizontal bar across a window
TRANSUDE *vb* (of a fluid) ooze or pass through interstices, pores, or small holes
TRANSUME *vb* make an official transcription of
TRANT, -ED, -ING, -S *vb* travel from place to place selling goods
TRANTER, -S ▸ **trant**
TRANTING ▸ **trant**
TRANTS ▸ **trant**
TRAP, -PED, -PING, -S *n* device for catching animals ▹ *vb* catch
TRAPAN, -S *same as* ▸ **trepan**
TRAPBALL *n* obsolete ball game
TRAPDOOR *n* door in floor or roof
TRAPE, -D, TRAPING *same as* ▸ **traipse**
TRAPES, -ED, -ES *same as* ▸ **traipse**
TRAPEZE, -D, -S *n* horizontal bar suspended from two ropes, used by circus acrobats ▹ *vb* swing on a trapeze
TRAPEZIA > **trapezium**
TRAPEZII > **trapezius**
TRAPFALL *n* trapdoor that opens under the feet
TRAPING ▸ **trape**
TRAPLIKE ▸ **trap**
TRAPLINE *n* line of traps
TRAPNEST *n* nest that holds the eggs of a single hen
TRAPPEAN *adj* of, relating to, or consisting of igneous rock, esp a basalt
TRAPPED ▸ **trap**
TRAPPER, -S *n* person who traps animals for their fur
TRAPPIER ▸ **trappy**
TRAPPING ▸ **trap**
TRAPPOSE *adj* of or relating to traprock
TRAPPOUS *same as* ▸ **trappose**
TRAPPY, TRAPPIER *adj* having many traps
TRAPROCK *another name for* ▸ **trap**
TRAPS ▸ **trap**
TRAPSE, -D, -S, TRAPSING *vb* traipse
TRAPT *old past participle of* ▸ **trap**
TRAPUNTO *n* type of quilting that is only partly padded in a design
TRASH, -ED, -ES, -ING *n* anything worthless ▹ *vb* attack or destroy maliciously
TRASHCAN *n* dustbin
TRASHED ▸ **trash**
TRASHER, -S ▸ **trash**
TRASHERY ▸ **trash**
TRASHES ▸ **trash**
TRASHIER ▸ **trashy**
TRASHILY ▸ **trashy**
TRASHING ▸ **trash**
TRASHMAN, TRASHMEN *another name for* ▸ **binman**
TRASHY, TRASHIER *adj* cheap, worthless, or badly made
TRASS, -ES *n* variety of the volcanic rock tuff
TRAT, -S *n* type of fishing line holding a series of baited hooks
TRATT, -S *short for* > **trattoria**
TRAUCHLE *n* work or a task that is tiring, monotonous, and lengthy ▹ *vb* walk or work slowly and wearily
TRAUMA, -S, -TA *n* emotional shock
TRAVAIL, -S *n* labour or toil ▹ *vb* suffer or labour painfully
TRAVE, -S *n* stout wooden cage in which difficult horses are shod
TRAVEL, -S *vb* go from one place to another, through an area, or for a specified distance ▹ *n* act if travelling, esp as a tourist
TRAVELED *same as* > **travelled**
TRAVELER *same as* > **traveller**
TRAVELOG *n* film, lecture, or brochure on travel
TRAVELS ▸ **travel**
TRAVERSE *vb* pass or go over
TRAVES ▸ **trave**
TRAVESTY *n* grotesque imitation or mockery ▹ *vb* make or be a travesty of
TRAVIS, -ES *same as* ▸ **treviss**
TRAVOIS *n* sledge used for dragging logs
TRAVOISE *same as* ▸ **travois**
TRAWL, -ED, -ING, -S *n* net dragged at deep levels behind a fishing boat ▹ *vb* fish with such a net
TRAWLER, -S *n* trawling boat
TRAWLEY, -S *same as* ▸ **trolley**
TRAWLING ▸ **trawl**
TRAWLNET *n* large net used by trawlers
TRAWLS ▸ **trawl**
TRAY, -S *n* flat board, usu with a rim, for carrying things
TRAYBAKE *n* flat cake which is baked in a tray and cut into small squares
TRAYBIT, -S *n* threepenny bit
TRAYF *adj* not prepared according to Jewish law
TRAYFUL, -S *n* as many or as much as will fit on a tray
TRAYNE, -D, -S, TRAYNING *old spelling of* ▸ **train**
TRAYS ▸ **tray**
TREACHER *n* traitor; treacherous person
TREACLE, -D, -S *n* thick dark syrup produced when sugar is refined ▹ *vb* add treacle to
TREACLY ▸ **treacle**
TREAD, -ED, -ING, -S, TRODDEN *vb* set one's foot on ▹ *n* way of walking or dancing
TREADER, -S ▸ **tread**
TREADING ▸ **tread**
TREADLE, -D, -S *n* lever worked by the foot to turn a wheel ▹ *vb* work (a machine) with a treadle
TREADLER ▸ **treadle**
TREADLES ▸ **treadle**
TREADS ▸ **tread**
TREAGUE, -S *n* agreement to stop fighting
TREASON, -S *n* betrayal of one's sovereign or country
TREASURE *n* collection of wealth, esp gold or jewels ▹ *vb* prize or cherish

TREASURY *n* storage place for treasure
TREAT, -ED, -ING, -S *vb* deal with or regard in a certain manner ▷ *n* pleasure, entertainment, etc given or paid for by someone else
TREATER, -S ▶ **treat**
TREATIES ▶ **treaty**
TREATING ▶ **treat**
TREATISE *n* formal piece of writing on a particular subject
TREATS ▶ **treat**
TREATY, TREATIES *n* signed contract between states
TREBLE, -D, -S *adj* triple ▷ *n* (singer with or part for) a soprano voice ▷ *vb* increase three times
TREBLIER ▶ **trebly**
TREBLING *n* act of trebling
TREBLY, TREBLIER *adj* (of music) tinny
TRECENTO *n* 14th century, esp with reference to Italian art and literature
TRECK, -ED, -ING, -S *same as* ▶ **trek**
TREDDLE, -D, -S *variant spelling of* ▶ **treadle**
TREDILLE *same as* > **tredrille**
TREE, -D, -ING, -S *n* large perennial plant with a woody trunk
TREELAWN *n* narrow band of grass between a road and a pavement, usually planted with trees
TREELESS ▶ **tree**
TREELIKE ▶ **tree**
TREELINE *n* line marking the altitude above which trees will not grow
TREEN, -S *adj* made of wood ▷ *n* art of making treenware
TREENAIL *n* dowel used for pinning planks or timbers together
TREENS ▶ **treen**
TREES ▶ **tree**
TREESHIP *n* state of being a tree
TREETOP, -S *n* top of a tree
TREEWARE *n* reading materials that are printed on paper as opposed to a digital format
TREEWAX *n* yellowish wax secreted by an oriental scale insect
TREF *adj* in Judaism, ritually unfit to be eaten
TREFA *same as* ▶ **tref**
TREFAH *same as* ▶ **tref**
TREFOIL, -S *n* plant with a three-lobed leaf
TREHALA, -S *n* edible sugary substance from the cocoon of an Asian weevil
TREIF *same as* ▶ **tref**
TREIFA *same as* ▶ **tref**
TREILLE, -S *another word for* ▶ **trellis**
TREK, -KED, -S *n* long difficult journey, esp on foot ▷ *vb* make such a journey
TREKKER, -S ▶ **trek**
TREKKING *n* as in **pony trekking** the act of riding ponies cross-country
TREKS ▶ **trek**
TRELLIS *n* framework of horizontal and vertical strips of wood ▷ *vb* interweave (strips of wood, etc) to make a trellis
TREM, -S *n* lever for producing a tremolo on a guitar
TREMA, -S *n* mark placed over vowel to indicate it is to be pronounced separately
TREMATIC *adj* relating to the gills
TREMBLE, -D *vb* shake or quiver ▷ *n* trembling
TREMBLER *n* device that vibrates to make or break an electrical circuit
TREMBLES *n* disease of cattle and sheep
TREMBLOR *n* earth tremor
TREMBLY ▶ **tremble**
TREMIE, -S *n* metal hopper and pipe used to distribute freshly mixed concrete underwater
TREMOLO, -S *n* quivering effect in singing or playing
TREMOR, -ED, -S *n* involuntary shaking ▷ *vb* tremble
TREMS ▶ **trem**
TRENAIL, -S *same as* ▶ **treenail**
TRENCH, -ED, -ES *n* long narrow ditch, esp one used as a shelter in war ▷ *adj* of or involving military trenches ▷ *vb* make a trench in (a place)
TRENCHER *n* wooden plate for serving food
TRENCHES ▶ **trench**
TREND, -ED, -ING, -S *n* general tendency or direction ▷ *vb* take a certain trend
TRENDIER ▶ **trendy**
TRENDIES ▶ **trendy**
TRENDIFY *vb* render fashionable
TRENDILY ▶ **trendy**
TRENDING ▶ **trend**
TRENDOID *n* follower of trends
TRENDS ▶ **trend**
TRENDY, TRENDIER, TRENDIES *n* consciously fashionable person ▷ *adj* consciously fashionable
TRENISE, -S *n* one of the figures in a quadrille
TRENTAL, -S *n* mass said in remembrance of a person 30 days after his or her death
TREPAN, -S *same as* ▶ **trephine**
TREPANG, -S *n* any of various large sea cucumbers
TREPANS ▶ **trepan**
TREPHINE *n* surgical instrument for removing circular sections of bone ▷ *vb* remove a circular section of bone from
TREPID *adj* trembling
TRES *adj* very
TRESPASS *vb* go onto another's property without permission ▷ *n* act of trespassing
TRESS, -ES, -ING *n* lock of hair, esp a long lock of woman's hair ▷ *vb* arrange in tresses
TRESSED *adj* having a tress or tresses
TRESSEL, -S *variant spelling of* ▶ **trestle**
TRESSES ▶ **tress**
TRESSIER ▶ **tressy**
TRESSING ▶ **tress**
TRESSOUR *same as* ▶ **tressure**
TRESSURE *n* narrow inner border on a shield, usually decorated with fleurs-de-lys
TRESSY, TRESSIER ▶ **tress**
TREST, -S *old variant of* ▶ **trestle**
TRESTLE, -S *n* board fixed on pairs of spreading legs, used as a support
TRESTS ▶ **trest**
TRET, -S *n* (formerly) allowance granted for waste due to transportation
TREVALLY *n* any of various food and game fishes
TREVET, -S *same as* ▶ **trivet**
TREVIS, -ES *variant spelling of* ▶ **treviss**
TREVISS *n* partition in a stable for keeping animals apart

TREW *old variant spelling of* ▸ **true**
TREWS *pl n* close-fitting tartan trousers
TREWSMAN, TREWSMEN *n* Highlander
TREY, -S *n* any card or dice throw with three spots
TREYBIT, -S *same as* ▸ **traybit**
TREYF *adj* not prepared according to Jewish law
TREYFA *same as* ▸ **treyf**
TREYS ▸ **trey**
TREZ, -ES *same as* ▸ **trey**
TRIABLE *adj* liable to be tried judicially
TRIAC, -S *n* device for regulating the amount of electric current reaching a circuit
TRIACID, -S *adj* (of a base) capable of reacting with three molecules of a monobasic acid
TRIACS ▸ **triac**
TRIACT, -S *adj* having three rays ▹ *n* sponge spicule with three rays
TRIACTOR *n* type of bet
TRIACTS ▸ **triact**
TRIAD, -S *n* group of three
TRIADIC, -S *n* something that has the characteristics of a triad
TRIADISM ▸ **triad**
TRIADIST ▸ **triad**
TRIADS ▸ **triad**
TRIAGE, -D, -S, TRIAGING *n* sorting emergency patients into categories of priority ▹ *vb* sort (patients) into categories of priority
TRIAL, -ED, -ING, -LED, -S *n* investigation of a case before a judge ▹ *vb* test or try out
TRIALISM *n* belief that humans consist of body, soul, and spirit
TRIALIST *same as* > **triallist**
TRIALITY ▸ **trialism**
TRIALLED ▸ **trial**
TRIALS ▸ **trial**
TRIANGLE *n* geometric figure with three sides
TRIAPSAL *adj* (of a church) having three apses
TRIARCH, -S *n* one of three rulers of a triarchy
TRIARCHY *n* government by three people
TRIASSIC *adj* of, denoting, or formed in the first period of the Mesozoic era
TRIATIC, -S *n* rope between a ship's mastheads
TRIAXIAL *adj* having three axes ▹ *n* sponge spicule with three axes
TRIAXON, -S *another name for* ▸ **triaxial**
TRIAZIN, -S *same as* ▸ **triazine**
TRIAZINE *n* any of three azines that contain three nitrogen atoms in their molecules
TRIAZINS ▸ **triazin**
TRIAZOLE *n* heterocyclic compound
TRIBAL, -S *adj* of or denoting a tribe or tribes ▹ *n* member of a tribal community
TRIBALLY ▸ **tribal**
TRIBALS ▸ **tribal**
TRIBASIC *adj* (of an acid) containing three replaceable hydrogen atoms in the molecule
TRIBBLE, -S *n* frame for drying paper
TRIBE, -S *n* group of clans or families believed to have a common ancestor
TRIBLET, -S *n* spindle or mandrel used in making rings, tubes, etc
TRIBRACH *n* metrical foot of three short syllables
TRIBUNAL *n* board appointed to inquire into a specific matter
TRIBUNE, -S *n* people's representative, esp in ancient Rome
TRIBUTE, -S *n* sign of respect or admiration
TRIBUTER *n* miner
TRIBUTES ▸ **tribute**
TRICAR, -S *n* car with three wheels
TRICE, -D, -S, TRICING *n* moment ▹ *vb* haul up or secure
TRICEP *same as* ▸ **triceps**
TRICEPS *n* muscle at the back of the upper arm
TRICES ▸ **trice**
TRICHINA *n* parasitic nematode worm
TRICHITE *n* any of various needle-shaped crystals that occur in some glassy volcanic rocks
TRICHOID *adj* resembling a hair
TRICHOME *n* any hairlike outgrowth from the surface of a plant
TRICHORD *n* musical instrument with three strings
TRICING ▸ **trice**
TRICITY *n* area that comprises three adjoining cities
TRICK, -ED, -ING, -S *n* deceitful or cunning action or plan ▹ *vb* cheat or deceive
TRICKER, -S ▸ **trick**
TRICKERY *n* practice or an instance of using tricks
TRICKIE *Scots form of* ▸ **tricky**
TRICKIER ▸ **tricky**
TRICKILY ▸ **tricky**
TRICKING ▸ **trick**
TRICKISH *same as* ▸ **tricky**
TRICKLE, -D, -S *vb* (cause to) flow in a thin stream or drops ▹ *n* gradual flow
TRICKLET *n* tiny trickle
TRICKLY ▸ **trickle**
TRICKS ▸ **trick**
TRICKSY *adj* playing tricks habitually
TRICKY, TRICKIER *adj* difficult, needing careful handling
TRICLAD, -S *n* type of worm having a tripartite intestine
TRICOLOR *same as* > **tricolour**
TRICORN, -S *n* cocked hat with opposing brims turned back and caught in three places ▹ *adj* having three horns or corners
TRICORNE *same as* ▸ **tricorn**
TRICORNS ▸ **tricorn**
TRICOT, -S *n* thin rayon or nylon fabric knitted or resembling knitting, used for dresses, etc
TRICTRAC *n* game similar to backgammon
TRICYCLE *n* three-wheeled cycle ▹ *vb* ride a tricycle
TRIDACNA *n* giant clam
TRIDARN, -S *n* sideboard with three levels
TRIDE *old spelling of the past tense of* ▸ **try**
TRIDENT, -S *n* three-pronged spear ▹ *adj* having three prongs
TRIDUAN *adj* three days long
TRIDUUM, -S *n* period of three days for prayer before a feast
TRIE *old spelling of* ▸ **try**
TRIED ▸ **try**
TRIELLA, -S *n* bet on the winners of three nominated horse races
TRIENE, -S *n* chemical compound containing three double bonds

TRIENNIA > **triennium**

TRIENS, TRIENTES *n* Byzantine gold coin worth one third of a solidus

TRIER, -S *n* person or thing that tries

TRIES ▶ **try**

TRIETHYL *adj* consisting of three groups of ethyls

TRIFECTA *n* form of betting in which the punter selects the first three place-winners in a horse race in the correct order

TRIFF, -ER, -EST *adj* terrific; very good indeed

TRIFFIC *adj* terrific; very good indeed

TRIFFID, -S *n* fictional plant that could kill humans

TRIFFIDY *adj* resembling a triffid

TRIFID *adj* divided or split into three parts or lobes

TRIFLE, -D, -S *n* insignificant thing or amount ▷ *vb* deal (with) as if worthless

TRIFLER, -S ▶ **trifle**

TRIFLES ▶ **trifle**

TRIFLING *adj* insignificant

TRIFOCAL *adj* having three focuses

TRIFOLD *less common word for* ▶ **triple**

TRIFOLIA > **trifolium**

TRIFOLY *same as* ▶ **trefoil**

TRIFORIA > **triforium**

TRIFORM *adj* having three parts

TRIG, -GED, -GEST, -GING, -S *adj* neat or spruce ▷ *vb* make or become spruce

TRIGAMY *n* condition of having three spouses

TRIGGED ▶ **trig**

TRIGGER, -S *n* small lever releasing a catch on a gun or machine ▷ *vb* set (an action or process) in motion

TRIGGEST ▶ **trig**

TRIGGING ▶ **trig**

TRIGLOT, -S *n* person who can speak three languages

TRIGLY ▶ **trig**

TRIGLYPH *n* stone block in a Doric frieze, having three vertical channels

TRIGNESS ▶ **trig**

TRIGO, -S *n* wheat field

TRIGON, -S *n* (in classical Greece or Rome) a triangular harp or lyre

TRIGONAL *adj* triangular

TRIGONIC ▶ **trigon**

TRIGONS ▶ **trigon**

TRIGOS ▶ **trigo**

TRIGRAM, -S *n* three-letter inscription

TRIGRAPH *n* combination of three letters used to represent a single speech sound

TRIGS ▶ **trig**

TRIHEDRA > **trihedron**

TRIJET, -S *n* jet with three engines

TRIKE, -S *n* tricycle

TRILBIED *adj* wearing a trilby

TRILBY, TRILBIES, -S *n* soft felt hat

TRILD *old past tense of* ▶ **trill**

TRILEMMA *n* quandary posed by three alternative courses of action

TRILITH, -S *same as* > **trilithon**

TRILL, -ED, -ING, -S *n* rapid alternation between two notes ▷ *vb* play or sing a trill

TRILLER, -S ▶ **trill**

TRILLING ▶ **trill**

TRILLION *n* one million million ▷ *adj* amounting to a trillion

TRILLIUM *n* plant of Asia and North America

TRILLO, -ES *n* (in music) a trill

TRILLS ▶ **trill**

TRILOBAL ▶ **trilobe**

TRILOBE, -S *n* three-lobed thing

TRILOBED *adj* having three lobes

TRILOBES ▶ **trilobe**

TRILOGY *n* series of three related books, plays, etc

TRIM, -MED, -MEST, -MING, -S *adj* neat and smart ▷ *vb* cut or prune into good shape ▷ *n* decoration

TRIMARAN *n* three-hulled boat

TRIMER, -S *n* polymer or a molecule of a polymer consisting of three identical monomers

TRIMERIC ▶ **trimer**

TRIMERS ▶ **trimer**

TRIMETER *n* verse line consisting of three metrical feet ▷ *adj* designating such a line

TRIMIX, -ES *n* gas mixture of nitrogen, helium and oxygen used by deep-sea divers

TRIMLY ▶ **trim**

TRIMMED ▶ **trim**

TRIMMER, -S ▶ **trim**

TRIMMEST ▶ **trim**

TRIMMING ▶ **trim**

TRIMNESS ▶ **trim**

TRIMORPH *n* substance, esp a mineral, that exists in three distinct forms

TRIMOTOR *n* vehicle with three motors

TRIMPOT, -S *n* small instrument for adjusting resistance or voltage

TRIMS ▶ **trim**

TRIMTAB, -S *n* small control surface to enable the pilot to balance an aircraft

TRIN, -S *n* triplet

TRINAL ▶ **trine**

TRINARY *adj* made up of three parts

TRINDLE, -D, -S *vb* move heavily on (or as if on) wheels

TRINE, -D, -S, TRINING *n* aspect of 120° between two planets, an orb of 8° being allowed ▷ *adj* of or relating to a trine ▷ *vb* put in a trine aspect

TRINGLE, -S *n* slim rod

TRINING ▶ **trine**

TRINITY *n* group of three

TRINKET, -S *n* small or worthless ornament or piece of jewellery ▷ *vb* ornament with trinkets

TRINKUM, -S *n* trinket or bauble

TRINODAL *adj* having three nodes

TRINS ▶ **trin**

TRIO, -S *n* group of three

TRIODE, -S *n* electronic valve having three electrodes, a cathode, an anode, and a grid

TRIOL, -S *n* any of a class of alcohols that have three hydroxyl groups per molecule

TRIOLEIN *n* naturally occurring glyceride of oleic acid, found in fats and oils

TRIOLET, -S *n* verse form of eight lines

TRIOLS ▶ **triol**

TRIONES *pl n* seven stars of the constellation Ursa Major

TRIONYM, -S *another name for* > **trinomial**

TRIOR, -S *old form of* ▶ **trier**

TRIOS ▶ **trio**

TRIOSE, -S *n* simple monosaccharide produced by the oxidation of glycerol

TRIOXID, -S *same as* ▶ **trioxide**

TRIOXIDE *n* any oxide that contains three oxygen atoms per molecule

TRIOXIDS ▸ **trioxid**
TRIP, -PED, -PING, -S *n* journey to a place and back, esp for pleasure ▹ *vb* (cause to) stumble
TRIPACK, -S *n* pack of three
TRIPART *adj* composed of three parts
TRIPE, -S *n* stomach of a cow used as food
TRIPEDAL *adj* having three feet
TRIPERY *n* place where tripe is prepared
TRIPES ▸ **tripe**
TRIPEY ▸ **tripe**
TRIPHASE *adj* having three phases
TRIPHONE *n* group of three phonemes
TRIPIER ▸ **tripy**
TRIPIEST ▸ **tripy**
TRIPLANE *n* aeroplane having three wings arranged one above the other
TRIPLE, -D, -S, TRIPLING *adj* having three parts ▹ *vb* increase three times ▹ *n* something that is, or contains, three times as much as normal
TRIPLET, -S *n* one of three babies born at one birth
TRIPLEX *n* building divided into three separate dwellings ▹ *vb* separate into three parts
TRIPLIED ▸ **triply**
TRIPLIES ▸ **triply**
TRIPLING ▸ **triple**
TRIPLITE *n* brownish-red phosphate
TRIPLOID *adj* having or relating to three times the haploid number of chromosomes ▹ *n* triploid organism
TRIPLY, TRIPLIED, TRIPLIES *vb* give a reply to a duply
TRIPMAN, TRIPMEN *n* man working on a trip
TRIPOD, -S *n* three-legged stand, stool, etc
TRIPODAL ▸ **tripod**
TRIPODIC ▸ **tripod**
TRIPODS ▸ **tripod**
TRIPODY *n* metrical unit consisting of three feet
TRIPOLI, -S *n* lightweight porous siliceous rock
TRIPOS, -ES *n* final examinations for an honours degree at Cambridge University
TRIPPANT *adj* (in heraldry) in the process of tripping
TRIPPED ▸ **trip**
TRIPPER, -S *n* tourist
TRIPPERY *adj* like a tripper
TRIPPET, -S *n* any mechanism that strikes or is struck at regular intervals, as by a cam
TRIPPIER ▸ **trippy**
TRIPPING ▸ **trip**
TRIPPLE, -D, -S *vb* canter
TRIPPLER ▸ **tripple**
TRIPPLES ▸ **tripple**
TRIPPY, TRIPPIER *adj* suggestive of or resembling the effect produced by a hallucinogenic drug
TRIPS ▸ **trip**
TRIPSIS, TRIPSES *n* act of kneading the body to promote circulation, suppleness, etc
TRIPTAN, -S *n* drug used to treat migraine
TRIPTANE *n* colourless highly flammable liquid
TRIPTANS ▸ **triptan**
TRIPTOTE *n* word that has only three cases
TRIPTYCA *variant of* ▸ **triptych**
TRIPTYCH *n* painting or carving on three hinged panels, often forming an altarpiece
TRIPUDIA > **tripudium**
TRIPWIRE *n* wire that activates a trap, mine, etc, when tripped over
TRIPY, TRIPIER, TRIPIEST ▸ **tripe**
TRIREME, -S *n* ancient Greek warship with three rows of oars on each side
TRISCELE *variant spelling of* ▸ **triskele**
TRISECT, -S *vb* divide into three parts, esp three equal parts
TRISEME, -S *n* metrical foot of a length equal to three short syllables
TRISEMIC ▸ **triseme**
TRISHAW, -S *another name for* ▸ **rickshaw**
TRISKELE *n* three-limbed symbol
TRISMIC ▸ **trismus**
TRISMUS *n* state of being unable to open the mouth
TRISOME, -S *n* chromosome occurring three times (rather than twice) in a cell
TRISOMIC ▸ **trisomy**
TRISOMY *n* condition of having one chromosome represented three times
TRIST *variant spelling of* ▸ **triste**
TRISTATE *adj* (of a digital computer chip) having high, low, and floating output states
TRISTE *adj* sad
TRISTEZA *n* disease affecting citrus trees
TRISTFUL *same as* ▸ **triste**
TRISTICH *n* poem, stanza, or strophe that consists of three lines
TRISUL, -S *n* trident symbol of Siva
TRISULA, -S *same as* ▸ **trisul**
TRISULS ▸ **trisul**
TRITE, -R, -S, -ST *adj* (of a remark or idea) commonplace and unoriginal ▹ *n* (on a lyre) the third string from the highest in pitch
TRITELY ▸ **trite**
TRITER ▸ **trite**
TRITES ▸ **trite**
TRITEST ▸ **trite**
TRITHING *n* tripartition
TRITIATE *vb* replace normal hydrogen atoms in (a compound) by those of tritium
TRITICAL *n* trite; hackneyed
TRITICUM *n* type of cereal grass of the genus which includes the wheats
TRITIDE, -S *n* tritium compound
TRITIUM, -S *n* radioactive isotope of hydrogen
TRITOMA, -S *another name for* > **kniphofia**
TRITON, -S *n* any of various chiefly tropical marine gastropod molluscs
TRITONE, -S *n* musical interval consisting of three whole tones
TRITONIA *n* type of plant with typically scarlet or orange flowers
TRITONS ▸ **triton**
TRIUMPH, -S *n* (happiness caused by) victory or success ▹ *vb* be victorious or successful
TRIUMVIR *n* (esp in ancient Rome) a member of a triumvirate
TRIUNE, -S *adj* constituting three things in one ▹ *n* group of three
TRIUNITY ▸ **triune**
TRIVALVE *n* animal having three valves
TRIVET, -S *n* metal stand for a pot or kettle

TRIVIA *pl n* trivial things or details
TRIVIAL *adj* of little importance
TRIVIUM, -S *n* (in medieval learning) the lower division of the seven liberal arts
TRIZONAL ▸ **trizone**
TRIZONE, -S *n* area comprising three zones
TROAD, -S *same as* ▸ **trod**
TROADE, -S *same as* ▸ **trod**
TROADS ▸ **troad**
TROAK, -ED, -ING, -S *old form of* ▸ **truck**
TROAT, -ED, -ING, -S *vb* (of a rutting buck) to call or bellow
TROCAR, -S *n* surgical instrument for removing fluid from bodily cavities
TROCHAIC *adj* of, relating to, or consisting of trochees ▹ *n* verse composed of trochees
TROCHAL *adj* shaped like a wheel
TROCHAR, -S *old variant spelling of* ▸ **trocar**
TROCHE, -S *another name for* ▸ **lozenge**
TROCHEE, -S *n* metrical foot of one long and one short syllable
TROCHES ▸ **troche**
TROCHI ▸ **trochus**
TROCHIL, -S *same as* > **trochilus**
TROCHILI > **trochilus**
TROCHILS ▸ **trochil**
TROCHISK *another word for* ▸ **troche**
TROCHITE *n* joint of a crinoid
TROCHLEA *n* any bony or cartilaginous part with a grooved surface
TROCHOID *n* curve described by a fixed point on the radius or extended radius of a circle as the circle rolls along a straight line ▹ *adj* rotating about a central axis
TROCHUS, TROCHI *n* hoop (used in exercise)
TROCK, -ED, -ING, -S *same as* ▸ **truck**
TROCKEN *adj* dry (used of wine)
TROCKING ▸ **trock**
TROCKS ▸ **trock**
TROD, -S *vb* past participle of tread ▹ *n* path
TRODDEN ▸ **tread**
TRODE, -S *same as* ▸ **trod**
TRODS ▸ **trod**
TROELIE, -S *same as* ▸ **troolie**
TROELY *same as* ▸ **troolie**
TROFFER, -S *n* fixture for holding and reflecting light from a fluorescent tube
TROG, -GED, -GING, -S *vb* walk, esp aimlessly or heavily
TROGGS *n* loyalty; fidelity
TROGON, -S *n* bird of tropical and subtropical America, Africa, and Asia
TROGS ▸ **trog**
TROIKA, -S *n* Russian vehicle drawn by three horses abreast
TROILITE *n* iron sulphide present in most meteorites
TROILUS *n* type of large butterfly
TROIS *Scots form of* ▸ **troy**
TROJAN, -S *n* bug inserted into a computer program
TROKE, -D, -S, TROKING *same as* ▸ **truck**
TROLAND, -S *n* unit of light intensity in the eye
TROLL, -ED, -ING, -S *n* giant or dwarf in Scandinavian folklore ▹ *vb* fish by dragging a lure through the water
TROLLER, -S ▸ **troll**
TROLLEY *n* small wheeled table for food and drink ▹ *vb* transport on a trolley
TROLLEYS *pl n* men's underpants
TROLLIED ▸ **trolly**
TROLLIES ▸ **trolly**
TROLLING ▸ **troll**
TROLLISH *adj* like a troll
TROLLIUS *n* plant with globe-shaped flowers
TROLLS ▸ **troll**
TROLLY, TROLLIED, TROLLIES *same as* ▸ **trolley**
TROMBONE *n* brass musical instrument with a sliding tube
TROMINO, -S *n* shape made from three squares, each joined to the next along one full side
TROMMEL, -S *n* revolving cylindrical sieve used to screen crushed ore
TROMP, -ED, -ING, -S *vb* trample
TROMPE, -S *n* apparatus for supplying the blast of air in a forge
TROMPED ▸ **tromp**
TROMPES ▸ **trompe**
TROMPING ▸ **tromp**
TROMPS ▸ **tromp**
TRON, -S *n* public weighing machine
TRONA, -S *n* greyish mineral that occurs in salt deposits
TRONC, -S *n* pool into which waiters, waitresses, hotel workers, etc, pay their tips
TRONE, -S *same as* ▸ **tron**
TRONK, -S *n* jail
TRONS ▸ **tron**
TROOLIE, -S *n* large palm leaf
TROOP, -ED, -ING, -S *n* large group ▹ *vb* move in a crowd
TROOPER, -S *n* cavalry soldier
TROOPIAL *same as* ▸ **troupial**
TROOPING ▸ **troop**
TROOPS ▸ **troop**
TROOZ *same as* ▸ **trews**
TROP *adv* too, too much
TROPARIA > **troparion**
TROPE, -D, -S, TROPING *n* figure of speech ▹ *vb* use tropes
TROPHESY *n* disorder of the nerves relating to nutrition
TROPHI *pl n* collective term for the mandibles and other parts of an insect's mouth
TROPHIC *adj* of or relating to nutrition
TROPHY, TROPHIED, TROPHIES *n* cup, shield, etc given as a prize ▹ *adj* regraded as a highly desirable symbol of wealth or success ▹ *vb* award a trophy to (someone)
TROPIC, -S *n* either of two lines of latitude at 23½°N or 23½°S
TROPICAL *adj* of or in the tropics ▹ *n* tropical thing or place
TROPICS ▸ **tropic**
TROPIN, -S *n* adrenal androgen
TROPINE, -S *n* white crystalline poisonous alkaloid
TROPING ▸ **trope**
TROPINS ▸ **tropin**
TROPISM, -S *n* tendency of a plant or animal to turn in response to an external stimulus
TROPIST, -S ▸ **tropism**
TROPONIN *n* muscle-tissue protein involved in the controlling of muscle contraction
TROPPO *adv* too much ▹ *adj* mentally affected by a tropical climate

TROSSERS *old form of* ▸**trousers**
TROT, -S, -TED, -TING *vb* (of a horse) move at a medium pace, lifting the feet in diagonal pairs ▹*n* act of trotting
TROTH, -ED, -ING, -S *n* pledge of devotion, esp a betrothal ▹*vb* promise to marry (someone)
TROTHFUL ▸**troth**
TROTHING ▸**troth**
TROTHS ▸**troth**
TROTLINE *n* line suspended across a stream to which shorter hooked and baited lines are attached
TROTS ▸**trot**
TROTTED ▸**trot**
TROTTER, -S *n* pig's foot
TROTTING ▸**trot**
TROTTOIR *n* pavement
TROTYL, -S *n* yellow solid used chiefly as a high explosive
TROU *pl n* trousers
TROUBLE, -S *n* (cause of) distress or anxiety ▹*vb* (cause to) worry
TROUBLED ▸**trouble**
TROUBLER ▸**trouble**
TROUBLES ▸**trouble**
TROUCH, -ES *n* rubbish
TROUGH, -ED, -S *n* long open container, esp for animals' food or water ▹*vb* eat, consume, or take greedily
TROULE, -D, -S, TROULING *old variant of* ▸**troll**
TROUNCE, -D, -S *vb* defeat utterly
TROUNCER ▸**trounce**
TROUNCES ▸**trounce**
TROUPE, -D, -S, TROUPING *n* company of performers ▹*vb* (esp of actors) to move or travel in a group
TROUPER, -S *n* member of a troupe
TROUPES ▸**troupe**
TROUPIAL *n* any of various American orioles
TROUPING ▸**troupe**
TROUSE, -S *pl n* close-fitting breeches worn in Ireland
TROUSER *vb* take (something, esp money), often surreptitiously or unlawfully
TROUSERS *pl n* two-legged outer garment with legs reaching usu to the ankles
TROUSES ▸**trouse**
TROUT, -ING, -S *n* game fish related to the salmon ▹*vb* fish for trout
TROUTER, -S ▸**trout**
TROUTFUL *adj* (of a body of water) full of trout
TROUTIER ▸**trouty**
TROUTING ▸**trout**
TROUTLET *n* small trout
TROUTS ▸**trout**
TROUTY, TROUTIER ▸**trout**
TROUVERE *n* poet of N France during the 12th and 13th centuries
TROUVEUR *same as* ▸**trouvere**
TROVE, -S *n* as in **treasure-trove** valuable articles found hidden in the earth
TROVER, -S *n* act of assuming proprietary rights over goods or property belonging to another
TROVES ▸**trove**
TROW, -ED, -ING, -S *vb* think, believe, or trust
TROWEL, -ED, -S *n* hand tool with a wide blade ▹*vb* use a trowel on (plaster, soil, etc)
TROWELER ▸**trowel**
TROWELS ▸**trowel**
TROWING ▸**trow**
TROWS ▸**trow**
TROWSERS *old spelling of* ▸**trousers**
TROWTH, -S *variant spelling of* ▸**troth**
TROY, -S *n* system of weights used for precious metals and gemstones
TRUANCY ▸**truant**
TRUANT, -ED, -S *n* pupil who stays away from school without permission ▹*adj* being or relating to a truant ▹*vb* play truant
TRUANTLY ▸**truant**
TRUANTRY ▸**truant**
TRUANTS ▸**truant**
TRUCAGE, -S *n* art forgery
TRUCE, -D, -S, TRUCING *n* temporary agreement to stop fighting ▹*vb* make a truce
TRUCHMAN, TRUCHMEN *n* interpreter; translator
TRUCIAL ▸**truce**
TRUCING ▸**truce**
TRUCK, -ED, -S *n* railway goods wagon ▹*vb* exchange (goods); barter
TRUCKAGE *n* conveyance of cargo by truck
TRUCKED ▸**truck**
TRUCKER, -S *n* truck driver
TRUCKFUL *n* amount of something that can be conveyed in a truck
TRUCKIE, -S *n* truck driver
TRUCKING *n* transportation of goods by lorry
TRUCKLE, -D, -S *vb* yield weakly or give in ▹*n* small wheel
TRUCKLER ▸**truckle**
TRUCKLES ▸**truckle**
TRUCKMAN, TRUCKMEN *n* truck driver
TRUCKS ▸**truck**
TRUDGE, -D, -S, TRUDGING *vb* walk heavily or wearily ▹*n* long tiring walk
TRUDGEN, -S *n* type of swimming stroke
TRUDGEON *nonstandard variant of* ▸**trudgen**
TRUDGER, -S ▸**trudge**
TRUDGES ▸**trudge**
TRUDGING ▸**trudge**
TRUE, -D, -ING, -R, -S, -ST, TRUING *adj* in accordance with facts
TRUEBLUE *n* staunch royalist or Conservative
TRUEBORN *adj* being such by birth
TRUEBRED *adj* thoroughbred
TRUED ▸**true**
TRUEING ▸**true**
TRUELOVE *n* person that one loves
TRUEMAN, TRUEMEN *n* honest person
TRUENESS ▸**true**
TRUER ▸**true**
TRUES ▸**true**
TRUEST ▸**true**
TRUFFE, -S *rare word for* ▸**truffle**
TRUFFLE, -D, -S *n* edible underground fungus ▹*vb* hunt for truffles
TRUG, -S *n* long shallow basket used by gardeners
TRUGO, -S *n* game similar to croquet
TRUGS ▸**trug**
TRUING ▸**true**
TRUISM, -S *n* self-evident truth
TRUISTIC ▸**truism**
TRULY *adv* in a true manner
TRUMEAU, -X *n* section of a wall or pillar between two openings
TRUMP, -ED, -ING, -S *adj* (in card games) of the suit outranking the others ▹*vb* play a trump card on (another card)
TRUMPERY *n* something useless or worthless ▹*adj* useless or worthless

TRUMPET, -S *n* valved brass instrument with a flared tube ▷ *vb* proclaim loudly
TRUMPING ▸ **trump**
TRUMPS ▸ **trump**
TRUNCAL *adj* of or relating to the trunk
TRUNCATE *vb* cut short ▷ *adj* cut short
TRUNDLE, -D, -S *vb* move heavily on wheels ▷ *n* act or an instance of trundling
TRUNDLER *n* golf or shopping trolley
TRUNDLES ▸ **trundle**
TRUNK, -ED *n* main stem of a tree ▷ *vb* lop or truncate
TRUNKFUL ▸ **trunk**
TRUNKING *n* cables that take a common route through an exchange building linking ranks of selectors
TRUNKS *pl n* shorts worn by a man for swimming
TRUNNEL, -S *same as* ▸ **treenail**
TRUNNION *n* one of a pair of coaxial projections attached to opposite sides of a cannon
TRUQUAGE *variant of* ▸ **trucage**
TRUQUEUR *n* art forger
TRUSS, -ED, -ES *vb* tie or bind up ▷ *n* device for holding a hernia, etc in place
TRUSSER, -S ▸ **truss**
TRUSSES ▸ **truss**
TRUSSING *n* system of trusses, esp for strengthening or reinforcing a structure
TRUST, -ED, -S *vb* believe in and rely on ▷ *n* confidence in the truth, reliability, etc of a person or thing ▷ *adj* of or relating to a trust or trusts
TRUSTEE, -D, -S *n* person holding property on another's behalf ▷ *vb* act as a trustee
TRUSTER, -S ▸ **trust**
TRUSTFUL *adj* inclined to trust others
TRUSTIER ▸ **trusty**
TRUSTIES ▸ **trusty**
TRUSTILY ▸ **trusty**
TRUSTING *same as* ▸ **trustful**
TRUSTOR, -S *n* person who sets up a trust
TRUSTS ▸ **trust**
TRUSTY, TRUSTIER, TRUSTIES *adj* faithful or reliable ▷ *n* trustworthy convict to whom special privileges are granted
TRUTH, -S *n* state of being true
TRUTHER, -S *n* person who does not believe official accounts of the 9/11 attacks on the US
TRUTHFUL *adj* honest
TRUTHIER ▸ **truthy**
TRUTHS ▸ **truth**
TRUTHY, TRUTHIER *adj* truthful
TRY, TRIED, TRIES, -ING, -INGS *vb* make an effort or attempt ▷ *n* attempt or effort
TRYE *adj* very good; select
TRYER, -S *variant of* ▸ **trier**
TRYING ▸ **try**
TRYINGLY ▸ **try**
TRYINGS ▸ **try**
TRYKE, -S *variant spelling of* ▸ **trike**
TRYMA, -TA *n* drupe produced by the walnut and similar plants
TRYOUT, -S *n* trial or test, as of an athlete or actor
TRYP, -S *n* parasitic protozoan
TRYPAN *modifier* as in **trypan blue** dye used for staining cells in biological research
TRYPS ▸ **tryp**
TRYPSIN, -S *n* enzyme occurring in pancreatic juice
TRYPTIC ▸ **trypsin**
TRYSAIL, -S *n* small fore-and-aft sail on a sailing vessel
TRYST, -ED, -ING, -S *n* arrangement to meet ▷ *vb* meet at or arrange a tryst
TRYSTE, -S *variant spelling of* ▸ **tryst**
TRYSTED ▸ **tryst**
TRYSTER, -S ▸ **tryst**
TRYSTES ▸ **tryste**
TRYSTING ▸ **tryst**
TRYSTS ▸ **tryst**
TRYWORKS *n* furnace for rendering blubber
TSADDIK, -S *variant of* ▸ **zaddik**
TSADDIQ, -S *variant of* ▸ **zaddik**
TSADE, -S *variant spelling of* ▸ **sadhe**
TSADI, -S *variant of* ▸ **sadhe**
TSADIK, -S *same as* ▸ **zaddik**
TSADIS ▸ **tsadi**
TSAMBA, -S *n* Tibetan dish made from roasted barley and tea
TSANTSA, -S *n* shrunken head of an enemy kept as a trophy
TSAR, -S *n* Russian emperor
TSARDOM, -S ▸ **tsar**
TSAREVNA *n* daughter of a Russian tsar
TSARINA, -S *n* wife of a Russian tsar
TSARISM, -S *n* system of government by a tsar
TSARIST, -S ▸ **tsarism**
TSARITSA *same as* ▸ **tsarina**
TSARITZA *variant spelling of* ▸ **tsaritsa**
TSARS ▸ **tsar**
TSATSKE, -S *variant of* ▸ **tchotchke**
TSESSEBE *South African variant of* ▸ **sassaby**
TSETSE, -S *n* any of various bloodsucking African flies
TSIGANE, -S *variant of* ▸ **tzigane**
TSIMMES *variant spelling of* ▸ **tzimmes**
TSITSITH *n* tassels or fringes of thread attached to the four corners of the tallith
TSK, -ED, -ING, -S *vb* utter the sound "tsk", usu in disapproval

> This can occasionally be useful because it enables you to play K without using vowels.

TSKTSK, -ED, -S *same as* ▸ **tsk**
TSOORIS *variant of* ▸ **tsuris**
TSORES *variant of* ▸ **tsuris**
TSORIS *variant of* ▸ **tsuris**
TSORRISS *variant of* ▸ **tsuris**
TSOTSI, -S *n* (in South Africa) Black street thug or gang member
TSOURIS *variant of* ▸ **tsuris**
TSUBA, -S *n* sword guard of a Japanese sword
TSUBO, -S *n* unit of area
TSUNAMI, -S *n* tidal wave, usu caused by an earthquake under the sea
TSUNAMIC ▸ **tsunami**
TSUNAMIS ▸ **tsunami**
TSURIS, -ES *n* grief or strife
TSUTSUMU *n* Japanese art of wrapping gifts
TUAN, -S *n* lord
TUART, -S *n* eucalyptus tree of Australia
TUATARA, -S *n* large lizard-like New Zealand reptile
TUATERA, -S *variant spelling of* ▸ **tuatara**
TUATH, -S *n* territory of an ancient Irish tribe
TUATUA, -S *n* edible marine bivalve of New Zealand waters

TUB, -BED, -BING, -BINGS, -S *n* open, usu round container ▷ *vb* wash (oneself or another) in a tub
TUBA, -E, -S *n* valved low-pitched brass instrument
TUBAGE, -S *n* insertion of a tube
TUBAIST, -S ▶ **tuba**
TUBAL *adj* of or relating to a tube
TUBAR *another word for* ▶ **tubular**
TUBAS ▶ **tuba**
TUBATE *less common word for* ▶ **tubular**
TUBBABLE ▶ **tub**
TUBBED ▶ **tub**
TUBBER, -S ▶ **tub**
TUBBIER ▶ **tubby**
TUBBIEST ▶ **tubby**
TUBBING ▶ **tub**
TUBBINGS ▶ **tub**
TUBBISH *adj* fat
TUBBY, TUBBIER, TUBBIEST *adj* (of a person) short and fat
TUBE, -D, -S *n* hollow cylinder
TUBEFUL, -S *n* quantity (of something) that a tube can hold
TUBELESS *adj* without a tube
TUBELIKE *adj* resembling a tube
TUBENOSE *n* seabird with tubular nostrils on its beak
TUBER, -S *n* fleshy underground root of a plant such as a potato
TUBERCLE *n* small rounded swelling
TUBEROID *adj* resembling a tuber ▷ *n* fleshy root resembling a tuber
TUBEROSE *same as* ▶ **tuberous**
TUBEROUS *adj* (of plants) forming, bearing, or resembling a tuber or tubers
TUBERS ▶ **tuber**
TUBES ▶ **tube**
TUBEWELL *n* type of water well
TUBEWORK *n* collective term for tubes or tubing
TUBEWORM *n* undersea worm
TUBFAST, -S *n* period of fasting and sweating in a tub, intended as a cure for disease
TUBFISH *another name for* ▶ **gurnard**
TUBFUL, -S *n* amount a tub will hold
TUBICOLE *n* tube-dwelling creature
TUBIFEX *n* type of small reddish freshwater worm
TUBIFORM *same as* ▶ **tubular**
TUBING, -S *n* length of tube
TUBIST, -S ▶ **tuba**
TUBLIKE ▶ **tub**
TUBS ▶ **tub**
TUBULAR, -S *adj* of or shaped like a tube ▷ *n* type of tyre
TUBULATE *vb* form or shape into a tube
TUBULE, -S *n* any small tubular structure
TUBULIN, -S *n* protein forming the basis of microtubules
TUBULOSE *adj* tube-shaped; consisting of tubes
TUBULOUS *adj* tube-shaped
TUBULURE *n* tube leading into a retort or other receptacle
TUCHIS, -ES *n* buttocks
TUCHUN, -S *n* (formerly) a Chinese military governor or warlord
TUCHUS, -ES *same as* ▶ **tuchis**
TUCK, -ED, -S *vb* push or fold into a small space ▷ *n* stitched fold
TUCKAHOE *n* type of edible root
TUCKBOX *n* box used for carrying food to school
TUCKED ▶ **tuck**
TUCKER, -ED, -S *n* food ▷ *vb* weary or tire completely
TUCKET, -S *n* flourish on a trumpet
TUCKING, -S *n* act of tucking
TUCKS ▶ **tuck**
TUCKSHOP *n* shop, esp one in or near a school, where food such as cakes and sweets are sold
TUCOTUCO *n* colonial burrowing South American rodent
TUCUTUCO *variant spelling of* ▶ **tucotuco**
TUCUTUCU *same as* ▶ **tucotuco**
TUFA, -S *n* porous rock formed as a deposit from springs
TUFF, -S *n* porous rock formed from volcanic dust or ash
TUFFE, -S *old form of* ▶ **tuft**
TUFFET, -S *n* small mound or seat
TUFFS ▶ **tuff**
TUFOLI, -S *n* type of tubular pasta
TUFT, -ING, -INGS, -S *n* bunch of feathers, grass, hair, etc held or growing together at the base ▷ *vb* provide or decorate with a tuft or tufts
TUFTED *adj* having a tuft or tufts
TUFTER, -S ▶ **tuft**
TUFTIER ▶ **tufty**
TUFTIEST ▶ **tufty**
TUFTILY ▶ **tuft**
TUFTING ▶ **tuft**
TUFTINGS ▶ **tuft**
TUFTS ▶ **tuft**
TUFTY, TUFTIER, TUFTIEST ▶ **tuft**
TUG, -GED, -GING, -GINGS, -S *vb* pull hard ▷ *n* hard pull
TUGBOAT, -S *same as* ▶ **tug**
TUGGED ▶ **tug**
TUGGER, -S ▶ **tug**
TUGGING ▶ **tug**
TUGGINGS ▶ **tug**
TUGHRA, -S *n* Turkish Sultan's official emblem
TUGHRIK, -S *same as* ▶ **tugrik**
TUGLESS ▶ **tug**
TUGRA, -S *variant of* ▶ **tughra**
TUGRIK, -S *n* standard monetary unit of Mongolia
TUGS ▶ **tug**
TUI, -S *n* New Zealand honeyeater that mimics human speech and the songs of other birds
TUILE, -S *n* type of almond-flavoured dessert biscuit
TUILLE, -S *n* (in a suit of armour) hanging plate protecting the thighs
TUILYIE, -D, -S *vb* fight
TUILZIE, -D, -S *variant form of* ▶ **tuilyie**
TUINA, -S *n* form of massage originating in China
TUIS ▶ **tui**
TUISM, -S *n* practice of putting the interests of another before one's own
TUITION, -S *n* instruction, esp received individually or in a small group
TUKTOO, -S *same as* ▶ **tuktu**
TUKTU, -S *(in Canada) another name for* ▶ **caribou**
TULADI, -S *n* large trout found in Canada and northern US

T

TULBAN, -S *old form of* ▸**turban**
TULCHAN, -S *n* skin of a calf placed next to a cow to induce it to give milk
TULE, -S *n* type of bulrush found in California
TULIP, -S *n* plant with bright cup-shaped flowers
TULIPANT *n* turban
TULIPS ▸**tulip**
TULLE, -S *n* fine net fabric of silk etc
TULLIBEE *n* cisco of the Great Lakes of Canada
TULPA, -S *n* being or object created through willpower and visualization techniques
TULSI, -S *n* type of basil
TULWAR, -S *n* Indian sabre
TUM, -S *informal or childish word for* ▸**stomach**
TUMBLE, -D, -S, TUMBLING *vb* (cause to) fall, esp awkwardly or violently ▹ *n* fall
TUMBLER, -S *n* stemless drinking glass
TUMBLES ▸**tumble**
TUMBLING ▸**tumble**
TUMBREL, -S *n* farm cart for carrying manure
TUMBRIL, -S *same as* ▸**tumbrel**
TUMEFY, TUMEFIED, TUMEFIES *vb* make or become tumid
TUMESCE, -D, -S *vb* swell
TUMID *adj* (of an organ or part of the body) enlarged or swollen
TUMIDITY ▸**tumid**
TUMIDLY ▸**tumid**
TUMMIES ▸**tummy**
TUMMLER, -S *n* entertainer employed to encourage audience participation
TUMMY, TUMMIES *n* stomach
TUMOR, -S *same as* ▸**tumour**
TUMORAL ▸**tumour**
TUMOROUS ▸**tumour**
TUMORS ▸**tumor**
TUMOUR, -S *n* abnormal growth in or on the body
TUMP, -ED, -ING, -S *n* small mound or clump ▹ *vb* make a tump around
TUMPHY, TUMPHIES *n* dolt; fool
TUMPIER ▸**tumpy**
TUMPIEST ▸**tumpy**
TUMPING ▸**tump**
TUMPLINE *n* band strung across the forehead or chest and attached to a pack in order to support it
TUMPS ▸**tump**
TUMPY, TUMPIER, TUMPIEST ▸**tump**
TUMS ▸**tum**
TUMSHIE, -S *n* turnip
TUMULAR *adj* of, relating to, or like a mound
TUMULARY *same as* ▸**tumular**
TUMULI ▸**tumulus**
TUMULOSE *adj* abounding in small hills or mounds
TUMULOUS *same as* ▸**tumulose**
TUMULT, -ED, -S *n* uproar or commotion ▹ *vb* stir up a commotion
TUMULUS, TUMULI *n* burial mound
TUN, -NED, -NING, -NINGS, -S *n* large beer cask ▹ *vb* put into or keep in tuns
TUNA, -S *n* large marine food fish
TUNABLE *adj* able to be tuned
TUNABLY ▸**tunable**
TUNAS ▸**tuna**
TUNBELLY *n* large round belly
TUND, -ED, -ING, -S *vb* beat; strike
TUNDISH *n* type of funnel
TUNDRA, -S *n* vast treeless Arctic region with permanently frozen subsoil
TUNDS ▸**tund**
TUNDUN, -S *n* wooden instrument used by Australian Aborigines in religious rites
TUNE, -D, -S *n* (pleasing) sequence of musical notes ▹ *vb* adjust (a musical instrument) so that it is in tune
TUNEABLE *same as* ▸**tunable**
TUNEABLY ▸**tuneable**
TUNEAGE, -S *n* music
TUNED ▸**tune**
TUNEFUL *adj* having a pleasant tune
TUNELESS *adj* having no melody or tune
TUNER, -S *n* part of a radio or television receiver for selecting channels
TUNES ▸**tune**
TUNEUP, -S *n* adjustments made to an engine to improve its performance
TUNG, -S *n* fast-drying oil obtained from the seeds of a central Asian tree
TUNGSTEN *n* greyish-white metal
TUNGSTIC *adj* of or containing tungsten, esp in a high valence state
TUNIC, -S *n* close-fitting jacket forming part of some uniforms
TUNICA, -E *n* tissue forming a layer or covering of an organ or part
TUNICATE *n* minute primitive marine chordate animal ▹ *adj* of, relating to this animal ▹ *vb* wear a tunic
TUNICIN, -S *n* cellulose-like substance found in tunicates
TUNICKED *adj* wearing a tunic
TUNICLE, -S *n* vestment worn at High Mass and other religious ceremonies
TUNICS ▸**tunic**
TUNIER ▸**tuny**
TUNIEST ▸**tuny**
TUNING, -S *n* set of pitches to which the open strings of a guitar, violin, etc, are tuned
TUNKET, -S *n* hell
TUNNAGE, -S *same as* ▸**tonnage**
TUNNED ▸**tun**
TUNNEL, -ED, -S *n* underground passage ▹ *vb* make a tunnel (through)
TUNNELER ▸**tunnel**
TUNNELS ▸**tunnel**
TUNNIES ▸**tunny**
TUNNING ▸**tun**
TUNNINGS ▸**tun**
TUNNY, TUNNIES *same as* ▸**tuna**
TUNS ▸**tun**
TUNY, TUNIER, TUNIEST *adj* having an easily discernable melody
TUP, -PED, -S *n* male sheep ▹ *vb* cause (a ram) to mate with a ewe
TUPEK, -S *same as* ▸**tupik**
TUPELO, -S *n* large tree of deep swamps and rivers of the southern US
TUPIK, -S *n* tent of seal or caribou skin used for shelter by Inuit people in summer
TUPLE, -S *n* row of values in a relational database
TUPPED ▸**tup**
TUPPENCE *same as* ▸**twopence**
TUPPENNY *same as* ▸**twopenny**
TUPPING, -S *n* act of sheep mating
TUPS ▸**tup**

TUPUNA, -S *same as* ▸**tipuna**
TUQUE, -S *n* knitted cap with a long tapering end
TURACIN, -S *n* red pigment found in touraco feathers
TURACO, -S *same as* ▸**touraco**
TURACOU, -S *variant of* ▸**touraco**
TURBAN, -S *n* Muslim, Hindu, or Sikh man's head covering
TURBAND, -S *old variant of* ▸**turban**
TURBANED ▸**turban**
TURBANS ▸**turban**
TURBANT, -S *old variant of* ▸**turban**
TURBARY *n* land where peat or turf is cut or has been cut
TURBETH, -S *variant of* ▸**turpeth**
TURBID *adj* muddy, not clear
TURBIDLY ▸**turbid**
TURBINAL *same as* >**turbinate**
TURBINE, -S *n* machine or generator driven by gas, water, etc turning blades
TURBINED *adj* having a turbine
TURBINES ▸**turbine**
TURBIT, -S *n* crested breed of domestic pigeon
TURBITH, -S *variant of* ▸**turpeth**
TURBITS ▸**turbit**
TURBO, -S *n* compressor in an engine
TURBOCAR *n* car driven by a gas turbine
TURBOFAN *n* engine in which a fan driven by a turbine forces air rearwards to increase thrust
TURBOJET *n* gas turbine in which the exhaust gases provide the propulsive thrust to drive an aircraft
TURBOND, -S *old variant of* ▸**turban**
TURBOS ▸**turbo**
TURBOT, -S *n* large European edible flatfish
TURD, -S *n* slang word for a piece of excrement
TURDINE *adj* of, relating to, or characteristic of thrushes
TURDION, -S *variant of* ▸**tordion**
TURDOID *same as* ▸**turdine**
TURDS ▸**turd**
TUREEN, -S *n* serving dish for soup
TURF, -ED, -ING, -INGS, -S, TURVES *n* short thick even grass ▹*vb* cover with turf
TURFEN *adj* made of turf
TURFIER ▸**turfy**
TURFIEST ▸**turfy**
TURFING ▸**turf**
TURFINGS ▸**turf**
TURFITE, -S *same as* ▸**turfman**
TURFLESS ▸**turf**
TURFLIKE ▸**turf**
TURFMAN, TURFMEN *n* person devoted to horse racing
TURFS ▸**turf**
TURFSKI, -S *n* ski down a grassy hill on skis modified with integral wheels
TURFY, TURFIER, TURFIEST *adj* of, covered with, or resembling turf
TURGENCY ▸**turgent**
TURGENT *obsolete word for* ▸**turgid**
TURGID, -ER *adj* (of language) pompous
TURGIDLY ▸**turgid**
TURGITE, -S *n* red or black mineral consisting of hydrated ferric oxide
TURGOR, -S *n* normal rigid state of a cell
TURION, -S *n* perennating bud produced by many aquatic plants
TURISTA, -S *n* traveller's diarrhoea
TURKEY, -S *n* large bird bred for food
TURKIES *old form of* >**turquoise**
TURKIS, -ES *old form of* >**turquoise**
TURKOIS *old form of* >**turquoise**
TURLOUGH *n* seasonal lake or pond
TURM, -S *n* troop of horsemen
TURME, -S *variant of* ▸**turm**
TURMERIC *n* yellow spice obtained from the root of an Asian plant
TURMES ▸**turme**
TURMOIL, -S *n* agitation or confusion ▹*vb* make or become turbulent
TURMS ▸**turm**
TURN, -ED, -S *vb* change the position or direction (of) ▹*n* turning
TURNABLE ▸**turn**
TURNBACK *n* one who turns back (from a challenge, for example)
TURNCOAT *n* person who deserts one party or cause to join another
TURNCOCK *n* (formerly) official employed to turn on the water for the mains supply
TURNDOWN *adj* capable of being or designed to be folded or doubled down ▹*n* instance of turning down
TURNDUN, -S *another name for* ▸**tundun**
TURNED ▸**turn**
TURNER, -S *n* person or thing that turns
TURNERY *n* objects made on a lathe
TURNHALL *n* building in which gymnastics is taught and practised
TURNING, -S *n* road or path leading off a main route
TURNIP, -ED, -S *n* root vegetable with orange or white flesh ▹*vb* sow (a field) with turnips
TURNIPY *adj* like a turnip
TURNKEY, -S *n* jailer ▹*adj* denoting a project in which a single contractor has responsibility for the complete job
TURNOFF, -S *n* road or other way branching off from the main
TURNOUT, -S *n* number of people appearing at a gathering
TURNOVER *n* total sales made by a business over a certain period
TURNPIKE *n* road where a toll is collected at barriers
TURNS ▸**turn**
TURNSKIN *n* old name for a werewolf
TURNSOLE *n* any of various plants having flowers that are said to turn towards the sun
TURNSPIT *n* servant whose job was to turn the spit on which meat was roasting
TURNT *adj* intoxicated
TURNUP, -S *n* the turned-up fold at the bottom of some trouser legs
TURPETH, -S *n* convolvulaceous plant of the East Indies, having roots with purgative properties
TURPS *n* colourless, flammable liquid
TURQUOIS *variant of* >**turquoise**

TURR, -S *n* Newfoundland name for the guillemot
TURRET, -S *n* small tower
TURRETED *adj* having or resembling a turret or turrets
TURRETS ▸**turret**
TURRICAL *adj* of, relating to, or resembling a turret
TURRS ▸**turr**
TURTLE, -D, -S, TURTLING *n* sea tortoise
TURTLER, -S ▸**turtle**
TURTLES ▸**turtle**
TURTLING ▸**turtle**
TURVES ▸**turf**
TUSCHE, -S *n* substance used in lithography for drawing the design
TUSH, -ED, -ES, -ING *interj* exclamation of disapproval or contempt ▹*n* small tusk ▹*vb* utter the interjection "tush"
TUSHERY *n* use of affectedly archaic language in novels, etc
TUSHES ▸**tush**
TUSHIE, -S *n* pair of buttocks
TUSHING ▸**tush**
TUSHKAR, -S *variant of* ▸**tuskar**
TUSHKER, -S *variant of* ▸**tuskar**
TUSHY *variant of* ▸**tushie**
TUSK, -ING, -INGS, -S *n* long pointed tooth of an elephant, walrus, etc ▹*vb* stab, tear, or gore with the tusks
TUSKAR, -S *n* peat-cutting spade
TUSKED ▸**tusk**
TUSKER, -S *n* any animal with prominent tusks, esp a wild boar or elephant
TUSKIER ▸**tusky**
TUSKIEST ▸**tusky**
TUSKING ▸**tusk**
TUSKINGS ▸**tusk**
TUSKLESS ▸**tusk**
TUSKLIKE ▸**tusk**
TUSKS ▸**tusk**
TUSKY, TUSKIER, TUSKIEST ▸**tusk**
TUSSAC *modifier* as in **tussac grass** kind of grass
TUSSAH, -S *same as* ▸**tussore**
TUSSAL ▸**tussis**
TUSSAR, -S *variant of* ▸**tussore**
TUSSEH, -S *variant of* ▸**tussore**
TUSSER, -S *same as* ▸**tussore**
TUSSIS, TUSSES, -ES *technical name for a* ▸**cough**
TUSSIVE ▸**tussis**
TUSSLE, -D, -S, TUSSLING *vb* fight or scuffle ▹*n* energetic fight, struggle, or argument
TUSSOCK, -S *n* tuft of grass
TUSSOCKY *adj* covered with tussocks
TUSSOR, -S *variant of* ▸**tussore**
TUSSORE, -S *n* strong coarse brownish Indian silk
TUSSORS ▸**tussor**
TUSSUCK, -S *variant of* ▸**tussock**
TUSSUR, -S *variant of* ▸**tussore**
TUT, -TED, -TING, -TINGS *interj* exclamation of mild disapproval, or surprise ▹*vb* express disapproval by the exclamation of "tut-tut." ▹*n* payment system based on measurable work done
TUTANIA, -S *n* alloy of low melting point used mostly for decorative purposes
TUTEE, -S *n* one who is tutored, esp in a university
TUTELAGE *n* instruction or guidance, esp by a tutor
TUTELAR, -S *same as* ▸**tutelary**
TUTELARY *adj* having the role of guardian or protector ▹*n* tutelary person, deity, or saint
TUTENAG, -S *n* zinc alloy
TUTMAN, TUTMEN *n* one who does tutwork
TUTOR, -ED, -ING, -S *n* person teaching individuals or small groups ▹*vb* act as a tutor to
TUTORAGE ▸**tutor**
TUTORED ▸**tutor**
TUTORESS *n* female tutor
TUTORIAL *n* period of instruction with a tutor ▹*adj* of or relating to a tutor
TUTORING ▸**tutor**
TUTORISE *variant spelling of* ▸**tutorize**
TUTORISM ▸**tutor**
TUTORIZE *vb* tutor
TUTORS ▸**tutor**
TUTOYED *adj* addressed in a familiar way
TUTOYER, -S *vb* speak to someone on familiar terms
TUTRESS *same as* ▸**tutoress**
TUTRIX, TUTRICES, -ES *n* female tutor; tutoress
TUTS, -ED, -ES, -ING *Scots version of* ▸**tut**
TUTSAN, -S *n* woodland shrub of Europe and W Asia
TUTSED ▸**tuts**
TUTSES ▸**tuts**
TUTSING ▸**tuts**
TUTTED ▸**tut**
TUTTI, -S *adv* to be performed by the whole orchestra or choir ▹*n* piece of tutti music
TUTTIES ▸**tutty**
TUTTING ▸**tut**
TUTTINGS ▸**tut**
TUTTIS ▸**tutti**
TUTTY, TUTTIES *n* finely powdered impure zinc oxide
TUTU, -S *n* short stiff skirt worn by ballerinas
TUTUED *adj* wearing tutu
TUTUS ▸**tutu**
TUTWORK, -S *n* work paid using a tut system
TUX, -ES *short for* ▸**tuxedo**

> **Tux** is a short form of **tuxedo**, and is a very commonly played X word.

TUXEDO, -ES, -S *n* dinner jacket
TUXEDOED *adj* wearing a tuxedo
TUXEDOES ▸**tuxedo**
TUXEDOS ▸**tuxedo**
TUXES ▸**tux**
TUYER, -S *variant of* ▸**tuyere**
TUYERE, -S *n* water-cooled nozzle through which air is blown into a cupola, blast furnace, or forge
TUYERS ▸**tuyer**
TUZZ, -ES *n* tuft or clump of hair
TWA, -S *Scots word for* ▸**two**
TWADDLE, -D, -S *n* silly or pretentious talk or writing ▹*vb* talk or write in a silly or pretentious way
TWADDLER ▸**twaddle**
TWADDLES ▸**twaddle**
TWADDLY ▸**twaddle**
TWAE, -S *same as* ▸**twa**
TWAFALD *Scots variant of* ▸**twofold**
TWAIN, -S *n* two
TWAITE, -S *n* herring-like food fish
TWAL, -S *n* twelve
TWANG, -ED, -ING, -S *n* sharp ringing sound ▹*vb* (cause to) make a twang
TWANGER, -S ▸**twang**
TWANGIER ▸**twangy**
TWANGING ▸**twang**
TWANGLE, -D, -S *vb* make a continuous loose twanging sound

TWANGLER ▸ **twangle**
TWANGLES ▸ **twangle**
TWANGS ▸ **twang**
TWANGY, TWANGIER ▸ **twang**
TWANK, -ED, -ING, -S *vb* make a sharply curtailed twang
TWANKAY, -S *n* variety of Chinese green tea
TWANKED ▸ **twank**
TWANKIES ▸ **twanky**
TWANKING ▸ **twank**
TWANKS ▸ **twank**
TWANKY, TWANKIES *same as* ▸ **twankay**
TWAS ▸ **twa**
TWASOME, -S *same as* ▸ **twosome**
TWAT *vb* hit or strike violently
TWATTLE, -D, -S *rare word for* ▸ **twaddle**
TWATTLER ▸ **twattle**
TWATTLES ▸ **twattle**
TWAY, -S *old variant of* ▸ **twain**
TWEAK, -ED, -ING, -S *vb* pinch or twist sharply ▹ *n* instance of tweaking
TWEAKER, -S *n* engineer's small screwdriver
TWEAKIER ▸ **tweaky**
TWEAKING ▸ **tweak**
TWEAKS ▸ **tweak**
TWEAKY, TWEAKIER ▸ **tweak**
TWEE, -ST *adj* too sentimental, sweet, or pretty
TWEED, -S *n* thick woollen cloth
TWEEDIER ▸ **tweedy**
TWEEDILY *adv* in a manner characteristic of upper-class people who live in the country
TWEEDLE, -D, -S *vb* improvise aimlessly on a musical instrument
TWEEDLER ▸ **tweedle**
TWEEDLES ▸ **tweedle**
TWEEDS ▸ **tweed**
TWEEDY, TWEEDIER *adj* of or made of tweed
TWEEL, -ED, -ING, -S *variant of* ▸ **twill**
TWEELY ▸ **twee**
TWEEN, -S *same as* ▸ **between**
TWEENAGE *adj* (of a child) between about eight and fourteen years old
TWEENER, -S *same as* > **tweenager**
TWEENESS ▸ **twee**
TWEENIE *same as* ▸ **tweeny**
TWEENIES ▸ **tweeny**
TWEENS ▸ **tween**
TWEENY, TWEENIES *n* maid who assists both cook and housemaid
TWEEP, -S *n* person who uses Twitter
TWEEPLE *pl n* people who communicate via the Twitter website
TWEEPS ▸ **tweep**
TWEER, -ED, -ING, -S *variant of* ▸ **twire**
TWEEST ▸ **twee**
TWEET, -ED, -ING, -S *vb* chirp ▹ *interj* imitation of the thin chirping sound made by small birds
TWEETER, -S *n* loudspeaker reproducing high-frequency sounds
TWEETING ▸ **tweet**
TWEETS ▸ **tweet**
TWEETUP, -S *n* online meeting of individuals arranged on the social networking website Twitter
TWEEZE, -D, -S, TWEEZING *vb* take hold of or pluck (hair, small objects, etc) with or as if with tweezers
TWEEZER *same as* ▸ **tweezers**
TWEEZERS *pl n* small pincer-like tool
TWEEZES ▸ **tweeze**
TWEEZING ▸ **tweeze**
TWELFTH, -S *n* number twelve in a series ▹ *adj* of or being number twelve in a series
TWELVE, -S *n* two more than ten
TWELVEMO *another word for* > **duodecimo**
TWELVES ▸ **twelve**
TWENTY, TWENTIES *n* two times ten
TWERK, -ED, -S *vb* dance provocatively by moving the hips rapidly back and forth
TWERKING *n* type of dance involving rapid hip movement
TWERKS ▸ **twerk**
TWERP, -S *n* silly person
TWERPIER ▸ **twerpy**
TWERPS ▸ **twerp**
TWERPY, TWERPIER ▸ **twerp**
TWIBIL, -S *same as* ▸ **twibill**
TWIBILL, -S *n* mattock with a blade shaped like an adze at one end and like an axe at the other
TWIBILS ▸ **twibil**
TWICE *adv* two times
TWICER, -S *n* someone who does something twice
TWICHILD *n* person in his or her dotage
TWIDDLE, -D, -S *vb* fiddle or twirl in an idle way ▹ *n* act or instance of twiddling
TWIDDLER ▸ **twiddle**
TWIDDLES ▸ **twiddle**
TWIDDLY ▸ **twiddle**
TWIER, -S *variant of* ▸ **tuyere**
TWIFOLD *variant of* ▸ **twofold**
TWIG, -GED, -GING, -S *n* small branch or shoot ▹ *vb* realize or understand
TWIGGEN *adj* made of twigs
TWIGGER, -S ▸ **twig**
TWIGGIER ▸ **twiggy**
TWIGGING ▸ **twig**
TWIGGY, TWIGGIER *adj* of or relating to a twig or twigs
TWIGHT, -ED, -S *old variant of* ▸ **twit**
TWIGLESS ▸ **twig**
TWIGLET, -S *n* small twig
TWIGLIKE ▸ **twig**
TWIGLOO, -S *n* temporary shelter made from twigs, branches, leaves, etc
TWIGS ▸ **twig**
TWIGSOME *adj* covered with twigs; twiggy
TWILIGHT *n* soft dim light just after sunset ▹ *adj* of or relating to the period towards the end of the day
TWILIT ▸ **twilight**
TWILL, -ED, -ING, -S *n* fabric woven to produce parallel ridges ▹ *adj* of a weave in which the weft yarns are worked around two or more warp yarns ▹ *vb* weave in this fashion
TWILLIES ▸ **twilly**
TWILLING ▸ **twill**
TWILLS ▸ **twill**
TWILLY, TWILLIES *n* machine having revolving spikes for opening and cleaning raw textile fibres
TWILT, -ED, -ING, -S *variant of* ▸ **quilt**
TWIN, -NED, -S *n* one of a pair, esp of two children born at one birth ▹ *vb* pair or be paired
TWINBORN *adj* born as a twin
TWINE, -D, -S, TWINING, TWININGS *n* string or cord ▹ *vb* twist or coil round

T

TWINER, -S ▸ **twine**
TWINES ▸ **twine**
TWINGE, -D, -S, TWINGING *n* sudden sharp pain or emotional pang ▹ *vb* have or cause to have a twinge
TWINIER ▸ **twiny**
TWINIEST ▸ **twiny**
TWINIGHT *adj* (of a baseball double-header) held in the late afternoon and evening
TWINING ▸ **twine**
TWININGS ▸ **twine**
TWINJET, -S *n* jet aircraft with two engines
TWINK, -ED, -ING, -S *n* white correction fluid for deleting written text ▹ *vb* twinkle
TWINKIE, -S *n* stupid person
TWINKING ▸ **twink**
TWINKLE, -D, -S *vb* shine brightly but intermittently ▹ *n* flickering brightness
TWINKLER ▸ **twinkle**
TWINKLES ▸ **twinkle**
TWINKLY *adj* sparkling
TWINKS ▸ **twink**
TWINKY *n* stupid person
TWINLING *old name for* ▸ **twin**
TWINNED ▸ **twin**
TWINNING ▸ **twin**
TWINS ▸ **twin**
TWINSET, -S *n* matching jumper and cardigan
TWINSHIP *n* condition of being a twin or twins
TWINTER, -S *n* animal that is 2 years old
TWINY, TWINIER, TWINIEST ▸ **twine**
TWIRE, -D, -S, TWIRING *vb* look intently at with (or as if with) difficulty
TWIRL, -ED, -ING, -S *vb* turn or spin around quickly ▹ *n* whirl or twist
TWIRLER, -S ▸ **twirl**
TWIRLIER ▸ **twirly**
TWIRLING ▸ **twirl**
TWIRLS ▸ **twirl**
TWIRLY, TWIRLIER ▸ **twirl**
TWIRP, -S *same as* ▸ **twerp**
TWIRPIER ▸ **twirpy**
TWIRPS ▸ **twirp**
TWIRPY, TWIRPIER ▸ **twirp**
TWISCAR, -S *variant of* ▸ **tuskar**
TWIST, -ED, -S *vb* turn out of the natural position ▹ *n* twisting
TWISTER, -S *n* swindler
TWISTIER ▸ **twist**
TWISTING ▸ **twist**
TWISTOR, -S *n* variable corresponding to the coordinates of a point in space and time
TWISTS ▸ **twist**
TWISTY ▸ **twist**
TWIT, -S, -TED, -TING *vb* poke fun at (someone) ▹ *n* foolish person
TWITCH, -ED, -ES *vb* move spasmodically ▹ *n* nervous muscular spasm
TWITCHER *n* bird-watcher who tries to spot as many rare varieties as possible
TWITCHES ▸ **twitch**
TWITCHY *adj* nervous, worried, and ill-at-ease
TWITE, -S *n* N European finch with a brown streaked plumage
TWITS ▸ **twit**
TWITTED ▸ **twit**
TWITTEN, -S *n* narrow alleyway
TWITTER, -S *vb* (of birds) utter chirping sounds ▹ *n* act or sound of twittering
TWITTERY *adj* making a chirping sound
TWITTING ▸ **twit**
TWITTISH *adj* silly; foolish
TWIXT *same as* ▸ **betwixt**
TWIZZLE, -D, -S *vb* spin around
TWO, -S *n* one more than one
TWOCCER, -S ▸ **twoccing**
TWOCCING *n* act of breaking into a motor vehicle and driving it away
TWOCKER, -S ▸ **twoccing**
TWOCKING *same as* ▸ **twoccing**
TWOER, -S *n* (in a game) something that scores two
TWOFER, -S *n* single ticket allowing the buyer entrance to two events
TWOFOLD, -S *adj* having twice as many or as much ▹ *adv* by twice as many or as much ▹ *n* folding piece of theatrical scenery
TWONESS *n* state or condition of being two
TWONIE, -S *same as* ▸ **toonie**
TWOONIE, -S *variant of* ▸ **toonie**
TWOPENCE *n* sum of two pennies
TWOPENNY *adj* cheap or tawdry
TWOS ▸ **two**
TWOSOME, -S *n* group of two people
TWP *adj* stupid

> This Welsh word for stupid is useful because it contains no vowels, and so can help when you have an awkward rack full of consonants.

TWYER, -S *same as* ▸ **tuyere**
TWYERE, -S *variant of* ▸ **tuyere**
TWYERS ▸ **twyer**
TWYFOLD *adj* twofold
TYCHISM, -S *n* theory that chance is an objective reality at work in the universe
TYCOON, -S *n* powerful wealthy businessperson; shogun
TYDE *old variant of the past participle of* ▸ **tie**
TYE, -D, -ING, -S *n* trough used in mining to separate valuable material from dross ▹ *vb* (in mining) isolate valuable material from dross using a tye
TYEE, -S *n* large northern Pacific salmon
TYEING ▸ **tye**
TYER, -S ▸ **tye**
TYES ▸ **tye**
TYG, -S *n* mug with two handles

> This old word for a two-handled drinking cup is another key word to know for situations when you are short of vowels.

TYIN *variant of* ▸ **tyiyn**
TYING ▸ **tie**
TYIYN, -S *n* money unit of Kyrgyzstan
TYKE, -S *n* dog
TYKISH ▸ **tyke**
TYLER, -S *variant of* ▸ **tiler**
TYLOPOD, -S *n* mammal with padded feet, such as a camel or llama
TYLOSES ▸ **tylosis**
TYLOSIN, -S *n* broad spectrum antibiotic
TYLOSIS, TYLOSES *n* bladder-like outgrowth from certain cells in woody tissue
TYLOTE, -S *n* knobbed sponge spicule
TYMBAL, -S *same as* ▸ **timbal**
TYMP, -S *n* blast furnace outlet through which molten metal flows
TYMPAN, -S *same as* ▸ **tympanum**
TYMPANA ▸ **tympanum**
TYMPANAL *adj* relating to the tympanum

TYMPANI, TYMPANO *same as* ▸ **timpani**
TYMPANIC *adj* of, relating to, or having a tympanum ▹ *n* part of the temporal bone in the mammalian skull that surrounds the auditory canal
TYMPANO ▸ **tympani**
TYMPANS ▸ **tympan**
TYMPANUM, TYMPANA *n* cavity of the middle ear
TYMPANY *n* distention of the abdomen
TYMPS ▸ **tymp**
TYND *variant of* ▸ **tind**
TYNDE *variant of* ▸ **tind**
TYNE, -D, -S, TYNING *variant of* ▸ **tine**
TYPABLE ▸ **type**
TYPAL *rare word for* ▸ **typical**
TYPE, -D, -S *n* class or category ▹ *vb* print with a typewriter or word processor
TYPEABLE ▸ **type**
TYPEBAR, -S *n* one of the bars in a typewriter that carry the type and are operated by keys
TYPECASE *n* compartmental tray for storing printer's type
TYPECAST *vb* continually cast (an actor or actress) in similar roles
TYPED ▸ **type**
TYPEFACE *n* style of the type
TYPES ▸ **type**
TYPESET, -S *vb* set (text for printing) in type
TYPEY *variant of* ▸ **typy**
TYPHOID, -S *adj* of or relating to typhoid fever
TYPHON, -S *n* whirlwind
TYPHONIC ▸ **typhoon**
TYPHONS ▸ **typhon**
TYPHOON, -S *n* violent tropical storm
TYPHOSE *adj* relating to typhoid
TYPHOUS ▸ **typhus**

T

TYPHUS, -ES *n* infectious feverish disease
TYPIC *same as* ▸ **typical**
TYPICAL *adj* true to type, characteristic
TYPIER ▸ **typy**
TYPIEST ▸ **typy**
TYPIFIED ▸ **typify**
TYPIFIER ▸ **typify**
TYPIFY, TYPIFIED, TYPIFIES *vb* be typical of
TYPING, -S *n* work or activity of using a typewriter or word processor
TYPIST, -S *n* person who types with a typewriter or word processor
TYPO, -S *n* typographical error
TYPOLOGY *n* study of types
TYPOS ▸ **typo**
TYPP, -S *n* unit of thickness of yarn
TYPTO, -ED, -ING, -S *vb* learn Greek conjugations
TYPY, TYPIER, TYPIEST *adj* (of an animal) typifying the breed
TYRAMINE *n* colourless crystalline amine derived from phenol
TYRAN, -ED, -ING, -S *vb* act as a tyrant
TYRANNE, -D, -S *variant of* ▸ **tyran**
TYRANNIC ▸ **tyranny**
TYRANNIS *n* tyrannical government
TYRANNY *n* tyrannical rule
TYRANS ▸ **tyran**
TYRANT, -ED, -S *n* oppressive or cruel ruler ▹ *vb* act the tyrant
TYRE, -D, -S, TYRING *n* rubber ring, usu inflated, over the rim of a vehicle's wheel to grip the road ▹ *vb* fit a tyre or tyres to (a wheel, vehicle, etc)
TYRELESS ▸ **tyre**
TYRES ▸ **tyre**
TYRING ▸ **tyre**
TYRO, -ES, -NES, -S *n* novice or beginner

TYRONIC ▸ **tyro**
TYROPITA *n* Greek cheese pie
TYROS ▸ **tyro**
TYROSINE *n* aromatic nonessential amino acid
TYSTIE, -S *n* black guillemot
TYTE *variant spelling of* ▸ **tite**
TYTHE, -D, -S, TYTHING *variant of* ▸ **tithe**
TZADDI, -S *same as* ▸ **sadhe**
TZADDIK, -S *variant of* ▸ **zaddik**
TZADDIQ, -S *variant of* ▸ **zaddik**

An unlikely word from Judaism, meaning a person of great piety, but offering a great score played as a bonus.

TZADDIS ▸ **tzaddi**
TZADIK, -S *same as* ▸ **zaddik**
TZAR, -S *same as* ▸ **tsar**
TZARDOM, -S ▸ **tzar**
TZAREVNA *variant of* ▸ **tsarevna**
TZARINA, -S *variant of* ▸ **tsarina**
TZARISM, -S *variant of* ▸ **tsarism**
TZARIST, -S ▸ **tzarism**
TZARITZA *variant of* ▸ **tsaritsa**
TZARS ▸ **tzar**
TZATZIKI *n* Greek dip made from yogurt, chopped cucumber, and mint
TZEDAKAH *n* charitable donations as a Jewish moral obligation
TZETSE, -S *variant of* ▸ **tsetse**
TZETZE, -S *variant of* ▸ **tsetse**
TZIGANE, -S *n* type of gypsy music
TZIGANY *variant of* ▸ **tzigane**
TZIMMES *n* traditional Jewish stew
TZITZIS *variant of* ▸ **tsitsith**
TZITZIT *variant of* ▸ **tsitsith**
TZITZITH *variant of* ▸ **tsitsith**
TZURIS, -ES *variant of* ▸ **tsuris**

Uu

U can be a difficult tile to use effectively. Although there are quite a few two-letter words beginning with **U**, most of them are quite unusual, and so difficult to remember. Only **up** (4 points) and **us** (2) are immediately obvious, so it's well worth learning words like **ug** (3), **uh** (5), **um** (4), and **un**, **ur** and **ut** (2 each). Three-letter words beginning with **U** can also be difficult to remember. If you are trying to use a **Q**, **X** or **Z**, bear in mind that there aren't any valid three-letter words with these letters that start with **U**. Knowing this can save you valuable time. It's also helpful to remember that there aren't any particularly high-scoring two- or three-letter words starting with **U**, the best being **uke** (7 points), **uva** (6 points) and **ume** (5 points). If you have a surplus of **U**s, it is well worth remembering **ulu**, **umu** and **utu**, which score only 3 points but should improve your rack.

UAKARI, -S *n* type of monkey
UBEROUS *adj* abundant
UBERTY, UBERTIES *n* abundance
UBIETY, UBIETIES *n* condition of being in a particular place
UBIQUE *adv* everywhere
UBIQUITY *n* state of apparently being everywhere at once; omnipresence
UBUNTU, -S *n* quality of compassion and humanity
UCKERS *n* type of naval game
UDAL, -S *n* form of freehold possession of land used in Orkney and Shetland
UDALLER, -S *n* person possessing a udal
UDALS ▶ **udal**
UDDER, -S *n* large baglike milk-producing gland of cows, sheep, or goats
UDDERED ▶ **udder**
UDDERFUL *n* capacity of an udder
UDDERS ▶ **udder**
UDO, -S *n* stout perennial plant of Japan and China
UDOMETER *n* archaic term for an instrument for measuring rainfall or snowfall
UDOMETRY ▶ **udometer**
UDON, -S *n* (in Japanese cookery) large noodles made of wheat flour
UDOS ▶ **udo**
UDS *interj* God's or God save
UEY, -S *n* u-turn
UFO, -S *n* flying saucer
UFOLOGY *n* study of UFOs
UFOS ▶ **ufo**
UG, -GED, -GING, -S *vb* hate
UGALI, -S *n* type of stiff porridge
UGGED ▶ **ug**
UGGING ▶ **ug**
UGH, -S *interj* exclamation of disgust ▷ *n* sound made to indicate disgust

> Together with **uke**, this is the highest-scoring 3-letter word starting with U.

UGLIED ▶ **ugly**
UGLIER ▶ **ugly**
UGLIES ▶ **ugly**
UGLIEST ▶ **ugly**
UGLIFIED ▶ **uglify**
UGLIFIER ▶ **uglify**
UGLIFY, UGLIFIED, UGLIFIES *vb* make or become ugly or more ugly
UGLILY ▶ **ugly**
UGLINESS ▶ **ugly**
UGLY, UGLIED, UGLIER, UGLIES, UGLIEST, -ING *adj* of unpleasant appearance ▷ *vb* make ugly
UGS ▶ **ug**
UGSOME *adj* loathsome
UH *interj* used to express hesitation
UHLAN, -S *n* member of a body of lancers first employed in the Polish army
UHURU, -S *n* national independence

> You won't often have three Us on your rack, but when you do, this Swahili word for freedom may get you out of trouble. The only other 5-letter word containing three Us is **urubu**, a kind of vulture.

UILLEAN *adj* as in **uillean pipes** bagpipes developed in Ireland
UILLEANN *same as* ▶ **uillean**
UINTAITE *n* variety of asphalt
UJAMAA, -S *n* communally organized village in Tanzania
UKASE, -S *n* (in imperial Russia) a decree from the tsar
UKE, -S *short form of* ▶ **ukulele**

> Together with **ugh**, this is the highest-scoring 3-letter word starting with U.

UKELELE, -S *same as* ▶ **ukulele**
UKES ▶ **uke**
UKULELE, -S *n* small guitar with four strings
ULAMA, -S *n* body of Muslim scholars or religious leaders
ULAN, -S *same as* ▶ **uhlan**

ULCER, -ED, -ING, -S *n* open sore on the surface of the skin or mucous membrane. ▷ *vb* make or become ulcerous
ULCERATE *vb* make or become ulcerous
ULCERED ▸ **ulcer**
ULCERING ▸ **ulcer**
ULCEROUS *adj* of, like, or characterized by ulcers
ULCERS ▸ **ulcer**
ULE, -S *n* rubber tree
ULEMA, -S *same as* ▸ **ulama**
ULES ▸ **ule**
ULEX, -ES, ULICES *n* variety of shrub
ULEXITE, -S *n* type of mineral
ULICES ▸ **ulex**
ULICON, -S *same as* ▸ **eulachon**
ULIKON, -S *same as* ▸ **eulachon**
ULITIS, -ES *n* gingivitis
ULLAGE, -S, ULLAGING *n* volume by which a liquid container falls short of being full ▷ *vb* create ullage in
ULLAGED ▸ **ullage**
ULLAGES ▸ **ullage**
ULLAGING ▸ **ullage**
ULLING, -S *n* process of filling
ULMIN, -S *n* substance found in decaying vegetation
ULNA, -E, -S *n* inner and longer of the two bones of the human forearm
ULNAD *adv* towards the ulna
ULNAE ▸ **ulna**
ULNAR ▸ **ulna**
ULNARE, ULNARIA *n* bone in the wrist
ULNAS ▸ **ulna**
ULOSIS, ULOSES *n* formation of a scar
ULPAN, -IM *n* Israeli study centre
ULSTER, -S *n* man's heavy double-breasted overcoat
ULSTERED *adj* wearing an ulster
ULSTERS ▸ **ulster**
ULTERIOR *adj* (of an aim, reason, etc) concealed or hidden
ULTIMA, -S *n* final syllable of a word
ULTIMACY ▸ **ultimate**
ULTIMAS ▸ **ultima**
ULTIMATA > **ultimatum**
ULTIMATE *adj* final in a series or process ▷ *n* most significant, highest, furthest, or greatest thing ▷ *vb* end
ULTIMO *adv* in or during the previous month
ULTION, -S *n* vengeance
ULTISOL, -S *n* reddish-yellow acid soil
ULTRA, -S *n* person who has extreme or immoderate beliefs or opinions ▷ *adj* extreme or immoderate, esp in beliefs or opinions
ULTRADRY *adj* extremely dry
ULTRAHIP *adj* extremely trendy
ULTRAHOT *adj* extremely hot
ULTRAISM *n* extreme philosophy, belief, or action
ULTRAIST ▸ **ultraism**
ULTRALOW *adj* extremely low
ULTRARED *obsolete word for* ▸ **infrared**
ULTRAS ▸ **ultra**
ULU, -S *n* type of knife
ULULANT ▸ **ululate**
ULULATE, -D, -S *vb* howl or wail
ULUS ▸ **ulu**
ULVA, -S *n* genus of seaweed
ULYIE, -S *Scots variant of* ▸ **oil**
ULZIE, -S *Scots variant of* ▸ **oil**
UM, -MED, -MING, -S *interj* representation of a common sound made when hesitating in speech ▷ *vb* hesitate while speaking
UMAMI, -S *n* savoury flavour
UMANGITE *n* type of mineral
UMBEL, -S *n* umbrella-like flower cluster
UMBELED *same as* ▸ **umbelled**
UMBELLAR ▸ **umbel**
UMBELLED *adj* having umbels
UMBELLET *same as* > **umbellule**
UMBELS ▸ **umbel**
UMBELULE *n* secondary umbel
UMBER, -S *adj* dark brown to reddish-brown ▷ *n* type of dark brown earth containing ferric oxide (rust) ▷ *vb* stain with umber
UMBERED ▸ **umber**
UMBERIER ▸ **umbery**
UMBERING ▸ **umber**
UMBERS ▸ **umber**
UMBERY, UMBERIER *adj* like umber
UMBILICI > **umbilicus**
UMBLE *adj* as in **umble pie** (formerly) a pie made from the heart, entrails, etc, of a deer
UMBLES *another term for* ▸ **numbles**
UMBO, -NES, -S *n* small hump projecting from the centre of the cap in certain mushrooms
UMBONAL ▸ **umbo**
UMBONATE ▸ **umbo**
UMBONES ▸ **umbo**
UMBONIC ▸ **umbo**
UMBOS ▸ **umbo**
UMBRA, -E, -S *n* shadow, esp the shadow cast by the moon onto the earth during a solar eclipse
UMBRAGE, -S *n* displeasure or resentment ▷ *vb* shade
UMBRAGED ▸ **umbrage**
UMBRAGES ▸ **umbrage**
UMBRAL ▸ **umbra**
UMBRAS ▸ **umbra**
UMBRATED *adj* shown in a faint manner
UMBRATIC ▸ **umbra**
UMBRE, -S *same as* ▸ **umbrette**
UMBREL, -S *n* umbrella
UMBRELLA *n* portable device used for protection against rain ▷ *adj* containing many different organizations
UMBRELLO *same as* ▸ **umbrella**
UMBRELS ▸ **umbrel**
UMBRERE, -S *n* helmet visor
UMBRES ▸ **umbre**
UMBRETTE *n* African wading bird
UMBRIERE *same as* ▸ **umbrere**
UMBRIL, -S *same as* ▸ **umbrere**
UMBROSE *same as* ▸ **umbrous**
UMBROUS *adj* shady
UME, -S *n* sour Japanese fruit
UMEBOSHI *n* dried and pickled ume
UMES ▸ **ume**
UMFAZI, -S *n* African married woman
UMIAC, -S *variant of* ▸ **umiak**
UMIACK, -S *variant of* ▸ **umiak**
UMIACS ▸ **umiac**
UMIAK, -S *n* Inuit boat made of skins
UMIAQ, -S *same as* ▸ **umiak**

An Inuit word for a type of canoe: easy to miss because one tends automatically to put the Q with the U and not think of a word ending in Q. The many variant spellings of this word include **umiac** and **umiak**.

UMLAUT, -S *n* mark (¨) placed over a vowel, esp in German, to indicate a change in its sound ▷ *vb* modify by umlaut
UMLAUTED ▸ **umlaut**
UMLAUTS ▸ **umlaut**
UMM *same as* ▸ **um**
UMMA, -S *n* Muslim community
UMMAH, -S *same as* ▸ **umma**
UMMAS ▸ **umma**
UMMED ▸ **um**
UMMING ▸ **um**
UMP, -ED, -ING, -S *short for* ▸ **umpire**
UMPH, -S *same as* ▸ **humph**
UMPIE *informal word for* ▸ **umpire**
UMPIES ▸ **umpy**
UMPING ▸ **ump**
UMPIRAGE ▸ **umpire**
UMPIRE, -D, -S, UMPIRING *n* official who rules on the playing of a game ▷ *vb* act as umpire in (a game)
UMPS ▸ **ump**
UMPTEEN *adj* very many
UMPTIER ▸ **umpty**
UMPTIEST ▸ **umpty**
UMPTIETH *same as* > **umpteenth**
UMPTY, UMPTIER, UMPTIEST *adj* very many
UMPY, UMPIES *same as* ▸ **umpie**
UMQUHILE *adv* formerly
UMRA, -S *n* pilgrimage to Mecca that can be made at any time of the year
UMRAH, -S *same as* ▸ **umra**
UMRAS ▸ **umra**
UMS ▸ **um**
UMTEENTH *same as* > **umpteenth**
UMU, -S *n* type of oven
UMWELT, -S *n* environmental factors that affect the behaviour of an animal or individual
UMWHILE *same as* ▸ **umquhile**
UN, -S *pron* spelling of 'one' intended to reflect a dialectal or informal pronunciation
UNABATED *adv* without any reduction in force ▷ *adj* not losing any original force or violence
UNABLE *adj* lacking the necessary power, ability, or authority (to do something)
UNABUSED *adj* not abused
UNACHING *adj* not aching
UNACIDIC *adj* not acidic
UNACTED *adj* not acted or performed
UNACTIVE *adj* inactive ▷ *vb* make (a person) inactive
UNADDED *adj* not added
UNADEPT, -S *adj* not adept ▷ *n* person who is not adept
UNADORED *adj* not adored
UNADULT *adj* not mature
UNAFRAID *adj* not frightened or nervous
UNAGED *adj* not old
UNAGEING *adj* not ageing
UNAGILE *adj* not agile
UNAGING *same as* ▸ **unageing**
UNAGREED *adj* not agreed
UNAI, -S *same as* ▸ **unau**
UNAIDED *adv* without any help or assistance ▷ *adj* not having received any help
UNAIMED *adj* not aimed or specifically targeted
UNAIRED *adj* not aired
UNAIS ▸ **unai**
UNAKIN *adj* not related
UNAKING *Shakespearean form of* ▸ **unaching**
UNAKITE, -S *n* type of mineral
UNALIKE *adj* not similar
UNALIST, -S *n* priest holding only one benefice
UNALIVE *adj* unaware
UNALLIED *adj* not allied
UNAMAZED *adj* not greatly surprised
UNAMUSED *adj* not entertained, diverted, or laughing
UNANCHOR *vb* remove anchor
UNANELED *adj* not having received extreme unction
UNAPT *adj* not suitable or qualified
UNAPTLY ▸ **unapt**
UNARCHED *adj* not arched
UNARGUED *adj* not debated
UNARISEN *adj* not having risen
UNARM, -ING, -S *less common word for* ▸ **disarm**
UNARMED *adj* without weapons
UNARMING ▸ **unarm**
UNARMS ▸ **unarm**
UNARTFUL *adj* not artful
UNARY *adj* consisting of, or affecting, a single element or component
UNASKED *adv* without being asked to do something ▷ *adj* (of a question) not asked, although sometimes implied
UNATONED *adj* not atoned for
UNAU, -S *n* two-toed sloth
UNAVOWED *adj* not openly admitted
UNAWAKE *adj* not awake
UNAWAKED *adj* not aroused
UNAWARE *adj* not aware or conscious ▷ *adv* by surprise
UNAWARES *adv* by surprise
UNAWED *adj* not awed
UNAXED *adj* not axed
UNBACKED *adj* (of a book, chair, etc) not having a back
UNBAG, -S *vb* take out of a bag
UNBAGGED ▸ **unbag**
UNBAGS ▸ **unbag**
UNBAITED *adj* not baited
UNBAKED *adj* not having been baked
UNBALE, -D, -S, UNBALING *vb* remove from bale
UNBAN, -NED, -S *vb* stop banning or permit again
UNBANDED *adj* not fastened with a band
UNBANKED *adj* not having been banked
UNBANNED ▸ **unban**
UNBANS ▸ **unban**
UNBAR, -RED, -S *vb* take away a bar or bars from
UNBARBED *adj* without barbs
UNBARE, -D, -S, UNBARING *vb* expose
UNBARK, -ED, -S *vb* strip bark from
UNBARRED ▸ **unbar**
UNBARS ▸ **unbar**
UNBASED *adj* not having a base
UNBASTED *adj* not basted
UNBATED *adj* (of a sword, lance, etc) not covered with a protective button
UNBATHED *adj* unwashed
UNBE, -EN *vb* make non-existent
UNBEAR, -ED, -S *vb* release (horse) from the bearing rein
UNBEATEN *adj* having suffered no defeat
UNBED, -DED, -S *vb* remove from bed
UNBEEN ▸ **unbe**
UNBEGET, -S *vb* deprive of existence
UNBEGGED *adj* not obtained by begging
UNBEGOT *adj* unbegotten
UNBEGUN *adj* not commenced
UNBEING, -S *n* non-existence
UNBELIEF *n* disbelief or rejection of belief

U

UNBELT, -ED, -S *vb* unbuckle the belt of (a garment)
UNBEND, -ED, -S *vb* become less strict or more informal in one's attitudes or behaviour
UNBENIGN *adj* not benign
UNBENT *adj* not bent or bowed
UNBEREFT *adj* not bereft
UNBESEEM *vb* be unbefitting to
UNBIAS, -ES *vb* free from prejudice
UNBIASED *adj* not having or showing prejudice or favouritism
UNBIASES ▸ **unbias**
UNBID *same as* ▸ **unbidden**
UNBIDDEN *adj* not ordered or asked
UNBILLED *adj* not having been billed
UNBIND, -S *vb* set free from bonds or chains
UNBISHOP *vb* remove from the position of bishop
UNBITT, -ED, -S *vb* remove (cable) from the bitts
UNBITTEN *adj* not having been bitten
UNBITTER *adj* not bitter
UNBITTS ▸ **unbitt**
UNBLAMED *vb* not blamed
UNBLENT *same as* > **unblended**
UNBLESS *vb* deprive of a blessing
UNBLEST *same as* > **unblessed**
UNBLIND, -S *vb* rid of blindness
UNBLOCK, -S *vb* remove a blockage from
UNBLOODY *adj* not covered with blood
UNBLOWED *same as* ▸ **unblown**
UNBLOWN *adj* (of a flower) still in the bud
UNBOBBED *adj* not bobbed
UNBODIED *adj* having no body
UNBODING *adj* having no presentiment
UNBOILED *adj* not boiled
UNBOLT, -S *vb* unfasten a bolt of (a door)
UNBOLTED *adj* (of grain, meal, or flour) not sifted
UNBOLTS ▸ **unbolt**
UNBONDED *adj* not bonded
UNBONE, -S, UNBONING *vb* remove bone from
UNBONED *adj* (of meat, fish, etc) not having had the bones removed
UNBONES ▸ **unbone**
UNBONING ▸ **unbone**
UNBONNET *vb* remove the bonnet from
UNBOOKED *adj* not reserved
UNBOOT, -S *vb* remove boots from
UNBOOTED ▸ **unboot**
UNBOOTS ▸ **unboot**
UNBORE *adj* unborn
UNBORN *adj* not yet born
UNBORNE *adj* not borne
UNBOSOM, -S *vb* relieve (oneself) of (secrets or feelings) by telling someone
UNBOTTLE *vb* allow out of bottle
UNBOUGHT *adj* not purchased
UNBOUNCY *adj* not bouncy
UNBOUND *adj* (of a book) not bound within a cover
UNBOWED *adj* not giving in or submitting
UNBOWING *adj* not bowing
UNBOX, -ED, -ES, -ING *vb* empty a box
UNBRACE, -D, -S *vb* remove tension or strain from
UNBRAID, -S *vb* remove braids from
UNBRAKE, -D, -S *vb* stop reducing speed by releasing brake
UNBRASTE *archaic past form of* ▸ **unbrace**
UNBRED *adj* not taught or instructed
UNBREECH *vb* remove breech from
UNBRIDLE *vb* remove the bridle from (a horse)
UNBRIGHT *adj* not bright
UNBROKE *same as* ▸ **unbroken**
UNBROKEN *adj* complete or whole
UNBRUSED *same as* > **unbruised**
UNBUCKLE *vb* undo the buckle or buckles of
UNBUDDED *adj* not having buds
UNBUILD, -S, UNBUILT *vb* destroy
UNBULKY *adj* not bulky
UNBUNDLE *vb* separate (hardware from software) for sales purposes
UNBURDEN *vb* relieve (one's mind or oneself) of a worry by confiding in someone
UNBURIED ▸ **unbury**
UNBURIES ▸ **unbury**
UNBURNED *same as* ▸ **unburnt**
UNBURNT *adj* not burnt
UNBURROW *vb* remove from a burrow
UNBURY, UNBURIED, UNBURIES *vb* unearth
UNBUSIED ▸ **unbusy**
UNBUSIER ▸ **unbusy**
UNBUSIES ▸ **unbusy**
UNBUSTED *adj* unbroken
UNBUSY, UNBUSIED, UNBUSIER, UNBUSIES *adj* not busy ▹ *vb* make less busy
UNBUTTON *vb* undo by unfastening the buttons of (a garment)
UNCAGE, -S, UNCAGING *vb* release from a cage
UNCAGED *adj* at liberty
UNCAGES ▸ **uncage**
UNCAGING ▸ **uncage**
UNCAKE, -D, -S, UNCAKING *vb* remove compacted matter from
UNCALLED *adj* not called
UNCANDID *adj* not frank
UNCANDOR *n* lack of candor
UNCANNED *adj* not canned
UNCANNY *adj* weird or mysterious
UNCAP, -PED, -S *vb* remove a cap or top from (a container)
UNCAPE, -D, -S, UNCAPING *vb* remove the cape from
UNCAPPED ▸ **uncap**
UNCAPS ▸ **uncap**
UNCARDED *adj* not carded
UNCARED *adj* as in **uncared for** not cared (for)
UNCARING *adj* thoughtless
UNCART, -ED, -S *vb* remove from a cart
UNCARVED *adj* not carved
UNCASE, -D, -S, UNCASING *vb* display
UNCASHED *adj* not cashed
UNCASING ▸ **uncase**
UNCASKED *adj* removed from a cask
UNCAST, -ED, -S *adj* not cast ▹ *vb* undo the process of casting
UNCATCHY *adj* not catchy
UNCATE *same as* ▸ **uncinate**
UNCAUGHT *adj* not caught
UNCAUSED *adj* not brought into existence by any cause
UNCE, -S *same as* ▸ **ounce**
UNCEDED *adj* not ceded
UNCES ▸ **unce**
UNCHAIN, -S *vb* remove a chain or chains from
UNCHAIR, -S *vb* unseat from chair

U

UNCHANCY *adj* unlucky, ill-omened, or dangerous
UNCHARGE *vb* unload
UNCHARM, -S *vb* disenchant
UNCHARY *adj* not cautious
UNCHASTE *adj* not chaste
UNCHECK, -S *vb* remove check mark from
UNCHEWED *adj* not chewed
UNCHIC *adj* not chic
UNCHICLY ▸**unchic**
UNCHILD, -S *vb* deprive of children
UNCHOKE, -D, -S *vb* unblock
UNCHOSEN *adj* not chosen
UNCHURCH *vb* excommunicate
UNCI ▸**uncus**
UNCIA, -E *n* twelfth part
UNCIAL, -S *adj* of a writing style used in manuscripts of the third to ninth centuries ▹*n* uncial letter or manuscript
UNCIALLY ▸**uncial**
UNCIALS ▸**uncial**
UNCIFORM *adj* having the shape of a hook ▹*n* any hook-shaped structure or part, esp a small bone of the wrist
UNCINAL *same as* ▸**uncinate**
UNCINATE *adj* shaped like a hook
UNCINUS, UNCINI *n* small hooked structure
UNCIPHER *vb* decode
UNCITED *adj* not quoted
UNCIVIL *adj* impolite, rude or bad-mannered
UNCLAD *adj* having no clothes on
UNCLAMP, -S *vb* remove clamp from
UNCLASP, -S *vb* unfasten the clasp of (something)
UNCLASSY *adj* not classy
UNCLAWED *adj* not clawed
UNCLE, -S, UNCLING *n* brother of one's father or mother ▹*vb* refer to as uncle
UNCLEAN *adj* lacking moral, spiritual, or physical cleanliness
UNCLEAR *adj* confusing or hard to understand
UNCLED ▸**uncle**
UNCLEFT *adj* not cleft
UNCLENCH *vb* relax from a clenched position
UNCLES ▸**uncle**
UNCLEW, -ED, -S *vb* undo
UNCLINCH *same as* ▸**unclench**
UNCLING ▸**uncle**
UNCLIP, -S *vb* remove clip from
UNCLIPT *archaic past form of* ▸**unclip**
UNCLOAK, -S *vb* remove cloak from
UNCLOG, -S *vb* remove an obstruction from (a drain, etc)
UNCLONED *adj* not cloned
UNCLOSE, -D, -S *vb* open or cause to open
UNCLOTHE *vb* take off garments from
UNCLOUD, -S *vb* clear clouds from
UNCLOUDY *adj* not cloudy
UNCLOVEN *adj* not cleaved
UNCLOYED *adj* not cloyed
UNCLUTCH *vb* open from tight grip
UNCO, -ER, -ES, -EST, -S *adj* unfamiliar or strange ▹*n* remarkable person or thing
UNCOATED *adj* not covered with a layer
UNCOCK, -ED, -S *vb* remove from a cocked position
UNCODED *adj* not coded
UNCOER ▸**unco**
UNCOES ▸**unco**
UNCOEST ▸**unco**
UNCOFFIN *vb* take out of a coffin
UNCOIL, -ED, -S *vb* unwind or untwist
UNCOINED *adj* (of a metal) not made into coin
UNCOLT, -ED, -S *vb* divest of a horse
UNCOMBED *adj* not combed
UNCOMELY *adj* not attractive
UNCOMFY *adj* not comfortable
UNCOMIC *adj* not comical
UNCOMMON *adj* not happening or encountered often
UNCOOKED *adj* raw
UNCOOL *adj* unsophisticated
UNCOOLED *adj* not cooled
UNCOPE, -D, -S, UNCOPING *vb* unmuzzle
UNCORD, -ED, -S *vb* release from cords
UNCORK, -ED, -S *vb* remove the cork from (a bottle)
UNCOS ▸**unco**
UNCOSTLY *adj* inexpensive
UNCOUPLE *vb* disconnect or become disconnected
UNCOUTH *adj* lacking in good manners, refinement, or grace
UNCOVER, -S *vb* reveal or disclose
UNCOWL, -ED, -S *vb* remove hood from
UNCOY *adj* not modest
UNCOYNED *same as* ▸**uncoined**
UNCRATE, -D, -S *vb* remove from a crate
UNCRAZY *adj* not crazy
UNCREATE *vb* unmake
UNCREWED *adj* not crewed
UNCROSS *vb* cease to cross
UNCROWN, -S *vb* take the crown from
UNCTION, -S *n* act of anointing with oil in sacramental ceremonies
UNCTUOUS *adj* pretending to be kind and concerned
UNCUFF, -ED, -S *vb* remove handcuffs from
UNCULLED *adj* not culled
UNCURB, -ED, -S *vb* remove curbs from (a horse)
UNCURED *adj* not cured
UNCURL, -ED, -S *vb* move or cause to move out of a curled or rolled up position
UNCURSE, -D, -S *vb* remove curse from
UNCURVED *adj* not curved
UNCUS, UNCI *n* hooked part or process, as in the human cerebrum
UNCUT *adj* not shortened or censored
UNCUTE *adj* not cute
UNDAM, -MED, -S *vb* free from a dam
UNDAMNED *adj* not damned
UNDAMPED *adj* (of an oscillating system) having unrestricted motion
UNDAMS ▸**undam**
UNDARING *adj* not daring
UNDASHED *adj* not dashed
UNDATE, -S, UNDATING *vb* remove date from
UNDATED *adj* (of a manuscript, letter, etc) not having an identifying date
UNDATES ▸**undate**
UNDATING ▸**undate**
UNDAZZLE *vb* recover from a daze
UNDE *same as* ▸**undee**
UNDEAD *adj* alive
UNDEAF, -ED, -S *vb* restore hearing to
UNDEALT *adj* not dealt (with)
UNDEAR *adj* not dear
UNDECENT *same as* ▸**indecent**

U

UNDECK, -ED, -S *vb* remove decorations from
UNDEE *adj* wavy
UNDEEDED *adj* not transferred by deed
UNDEFIDE *same as* ▸ **undefied**
UNDEFIED *adj* not challenged
UNDEIFY *vb* strip of the status of a deity
UNDELETE *vb* restore (a deleted computer file or text)
UNDENIED *adj* not denied
UNDENTED *adj* not dented
UNDER *adv* indicating movement to or position beneath the underside or base ▹ *prep* less than
UNDERACT *vb* play (a role) without adequate emphasis
UNDERAGE *adj* below the required or standard age ▹ *n* shortfall
UNDERARM *adj* denoting a style of throwing in which the hand is swung below shoulder level ▹ *adv* in an underarm style ▹ *n* armpit
UNDERATE ▸ **undereat**
UNDERBID *vb* submit a bid lower than that of (others)
UNDERBIT > **underbite**
UNDERBUD *vb* produce fewer buds than expected
UNDERBUY *vb* buy (stock in trade) in amounts lower than required
UNDERCUT *vb* charge less than (a competitor) to obtain trade ▹ *n* act or an instance of cutting underneath
UNDERDO, UNDERDID *vb* do (something) inadequately
UNDERDOG *n* person or team in a weak or underprivileged position
UNDEREAT, UNDERATE *vb* not eat enough
UNDERFED > **underfeed**
UNDERFUR *n* layer of dense soft fur occurring beneath the outer coarser fur in certain mammals
UNDERGO *vb* experience, endure, or sustain
UNDERGOD *n* subordinate god
UNDERJAW *n* lower jaw
UNDERLAP *vb* project under the edge of
UNDERLAY *n* felt or rubber laid beneath a carpet to increase insulation and resilience ▹ *vb* place (something) under or beneath
UNDERLET *vb* let for a price lower than expected or justified
UNDERLIE *vb* lie or be placed under
UNDERLIP *n* lower lip
UNDERLIT *adj* lit from beneath
UNDERMAN, UNDERMEN *vb* supply with insufficient staff ▹ *n* subordinate man
UNDERN, -S *n* time between sunrise and noon
UNDERPAD *n* layer of soft foam laid under carpeting
UNDERPAY *vb* pay someone insufficiently
UNDERPIN *vb* give strength or support to
UNDERRUN, UNDERRAN *vb* run beneath
UNDERSAY *vb* say by way of response
UNDERSEA *adv* below the surface of the sea
UNDERSET *n* ocean undercurrent ▹ *vb* support from underneath
UNDERSKY *n* lower sky
UNDERSOW *vb* sow a later-growing crop on already-seeded land
UNDERTAX *vb* tax insufficiently
UNDERTOW *n* strong undercurrent flowing in a different direction from the surface current
UNDERUSE *vb* use less than normal
UNDERWAY *adj* in progress ▹ *adv* in progress
UNDERWIT *n* half-wit
UNDESERT *n* lack of worth
UNDEVOUT *adj* not devout
UNDID ▸ **undo**
UNDIES *pl n* underwear, esp women's
UNDIGHT, -S *vb* remove
UNDIMMED *adj* (of eyes, light, etc) still bright or shining
UNDINE, -S *n* female water spirit
UNDINISM *n* obsession with water
UNDINTED *adj* not dinted
UNDIPPED *adj* not dipped
UNDIVINE *adj* not divine
UNDO, UNDID, -ES, -S *vb* open, unwrap ▹ *n* instance of undoing something
UNDOABLE *adj* impossible
UNDOCILE *adj* not docile
UNDOCK, -ED, -S *vb* take out of a dock
UNDOER, -S ▸ **undo**
UNDOES ▸ **undo**
UNDOING, -S *n* cause of someone's downfall
UNDONE *adj* not done or completed
UNDOOMED *adj* not doomed
UNDOS ▸ **undo**
UNDOTTED *adj* not dotted
UNDOUBLE *vb* stretch out
UNDRAPE, -D, -S *vb* remove drapery from
UNDRAW, -N, -S, UNDREW *vb* open (curtains)
UNDREAMT *same as* > **undreamed**
UNDRESS *vb* take off clothes from (oneself or another) ▹ *n* partial or complete nakedness ▹ *adj* characterized by or requiring informal or normal working dress or uniform
UNDREST *same as* > **undressed**
UNDREW ▸ **undraw**
UNDRIED *adj* not dried
UNDRIVEN *adj* not driven
UNDROSSY *adj* pure
UNDRUNK *adj* not drunk
UNDUBBED *adj* (of a film, etc) not dubbed
UNDUE *adj* greater than is reasonable; excessive
UNDUG *adj* not having been dug
UNDULANT *adj* resembling waves
UNDULAR ▸ **undulate**
UNDULATE *vb* move in waves ▹ *adj* having a wavy or rippled appearance, margin, or form
UNDULLED *adj* not dulled
UNDULOSE *same as* ▸ **undulous**
UNDULOUS *adj* undulate
UNDULY *adv* excessively
UNDY *same as* ▸ **undee**
UNDYED *adj* not dyed
UNDYING *adj* never ending, eternal
UNEAGER *adj* nonchalant
UNEARED *adj* not ploughed
UNEARNED *adj* not deserved
UNEARTH, -S *vb* reveal or discover by searching
UNEASE, -S ▸ **uneasy**
UNEASIER ▸ **uneasy**
UNEASILY ▸ **uneasy**
UNEASY, UNEASIER *adj* (of a person) anxious or apprehensive

UNEATEN *adj* (of food) not having been consumed
UNEATH, -ES *adv* not easily
UNEDGE, -D, -S, UNEDGING *vb* take the edge off
UNEDIBLE *variant of* ▸**inedible**
UNEDITED *adj* not edited
UNELATED *adj* not elated
UNENDED *adj* without end
UNENDING *adj* not showing any signs of ever stopping
UNENVIED *adj* not envied
UNEQUAL, -S *adj* not equal in quantity, size, rank, value, etc ▹*n* person who is not equal
UNERASED *adj* not rubbed out
UNERRING *adj* never mistaken, consistently accurate
UNESPIED *adj* unnoticed
UNETH *same as* ▸**uneath**
UNEVADED *adj* not evaded
UNEVEN, -ER *adj* not level or flat
UNEVENLY ▸**uneven**
UNEXOTIC *adj* not exotic
UNEXPERT *same as* ▸**inexpert**
UNEYED *adj* unseen
UNFABLED *adj* not fictitious
UNFACT, -S *n* event or thing not provable
UNFADED *adj* not faded
UNFADING *adj* not fading
UNFAIR, -ED, -ER, -S *adj* not right, fair, or just ▹*vb* disfigure
UNFAIRLY ▸**unfair**
UNFAIRS ▸**unfair**
UNFAITH, -S *n* lack of faith
UNFAKED *adj* not faked
UNFALLEN *adj* not fallen
UNFAMED *adj* not famous
UNFAMOUS *adj* not famous
UNFANCY *vb* consider (a sportsperson or team) unlikely to win or succeed ▹*adj* not fancy
UNFANNED *adj* not fanned
UNFASTEN *vb* undo, untie, or open or become undone, untied, or opened
UNFAULTY *adj* not faulty
UNFAZED *adj* not disconcerted
UNFEARED *adj* unafraid
UNFED *adj* not fed
UNFEED *adj* unpaid
UNFELLED *adj* not cut down
UNFELT *adj* not felt
UNFELTED *adj* not felted
UNFENCE, -S *vb* remove a fence from
UNFENCED *adj* not enclosed by a fence
UNFENCES ▸**unfence**
UNFETTER *vb* release from fetters, bonds, etc
UNFEUDAL *adj* not feudal
UNFEUED *adj* not feued
UNFILDE *archaic form of* ▸**unfiled**
UNFILED *adj* not filed
UNFILIAL *adj* not filial
UNFILLED *adj* (of a container, receptacle, etc) not having become or been made full
UNFILMED *adj* not filmed
UNFINE *adj* not fine
UNFIRED *adj* not fired
UNFIRM *adj* soft or unsteady
UNFISHED *adj* not used for fishing
UNFIT, -S, -TER *adj* unqualified or unsuitable ▹*vb* make unfit
UNFITLY *adv* in an unfit way
UNFITS ▸**unfit**
UNFITTED *adj* unsuitable
UNFITTER ▸**unfit**
UNFIX, -ES, -ING *vb* unfasten, detach, or loosen
UNFIXED *adj* not fixed
UNFIXES ▸**unfix**
UNFIXING ▸**unfix**
UNFIXITY *n* instability
UNFIXT *variant of* ▸**unfixed**
UNFLASHY *adj* not flashy
UNFLAWED *adj* perfect
UNFLESH *vb* remove flesh from
UNFLEXED *adj* unbent
UNFLUSH *vb* lose the colour caused by flushing
UNFLUTED *adj* not fluted
UNFOILED *adj* not thwarted
UNFOLD, -ED, -S *vb* open or spread out from a folded state
UNFOLDER ▸**unfold**
UNFOLDS ▸**unfold**
UNFOLLOW *vb* stop following a person on a social networking site
UNFOND *adj* not fond
UNFONDLY *adv* in an unfond manner
UNFOOL, -ED, -S *vb* undeceive
UNFOOTED *adj* untrodden
UNFORBID *adj* archaic word meaning unforbidden
UNFORCED *adj* not forced or having been forced
UNFORGED *adj* genuine
UNFORGOT *adj* archaic word meaning unforgotten
UNFORKED *adj* not forked
UNFORM, -S *vb* make formless
UNFORMAL *same as* ▸**informal**
UNFORMED *adj* in an early stage of development
UNFORMS ▸**unform**
UNFOUGHT *adj* not fought
UNFOUND *adj* not found
UNFRAMED *adj* not framed
UNFREE, -D, -S *vb* remove freedom from
UNFREEZE, UNFROZE, UNFROZEN *vb* thaw or cause to thaw
UNFRIEND *vb* remove someone from one's list of friends on a social networking site
UNFROCK, -S *vb* deprive (a priest in holy orders) of his or her priesthood
UNFROZE ▸**unfreeze**
UNFROZEN ▸**unfreeze**
UNFUMED *adj* not fumigated
UNFUNDED *adj* not funded
UNFUNNY *adj* not funny
UNFURL, -ED, -S *vb* unroll or unfold
UNFURRED *adj* not adorned with fur
UNFUSED *adj* not fused
UNFUSSED *adj* not fussed
UNFUSSY *adj* not characterized by overelaborate detail
UNGAG, -GED, -S *vb* restore freedom of speech to
UNGAIN *adj* inconvenient
UNGAINLY *adj* lacking grace when moving ▹*adv* clumsily
UNGALLED *adj* not annoyed
UNGARBED *adj* undressed
UNGATED *adj* without gate
UNGAUGED *adj* not measured
UNGAZED *adj* as in **ungazed at/ungazed upon** not gazed (at or upon)
UNGAZING *adj* not gazing
UNGEAR, -ED, -S *vb* disengage
UNGELDED *adj* not gelded
UNGENIAL *adj* unfriendly
UNGENTLE *adj* not gentle
UNGENTLY ▸**ungentle**
UNGET, -S *vb* get rid of
UNGIFTED *adj* not talented
UNGILD, -ED, -S, UNGILT *vb* remove gilding from
UNGIRD, -ED, -S *vb* remove belt from
UNGIRT *adj* not belted
UNGIRTH, -S *vb* release from a girth

UNGIVING *adj* inflexible
UNGLAD *adj* not glad
UNGLAZED *adj* not glazed
UNGLITZY *adj* not glitzy
UNGLOVE, -D, -S *vb* remove glove(s)
UNGLUE, -D, -S, UNGLUING *vb* remove adhesive from
UNGOD, -DED, -S *vb* remove status of being a god from
UNGODLY *adj* unreasonable or outrageous
UNGODS ▸ **ungod**
UNGORD *same as* ▸ **ungored**
UNGORED *adj* not gored
UNGORGED *same as* ▸ **ungored**
UNGOT *same as* ▸ **ungotten**
UNGOTTEN *adj* not obtained or won
UNGOWN, -ED, -S *vb* remove gown (from)
UNGRACED *adj* not graced
UNGRADED *adj* not graded
UNGRAZED *adj* not grazed
UNGREEDY *adj* not greedy
UNGREEN *adj* not environmentally friendly
UNGROUND *adj* not crushed
UNGROUP, -S *vb* separate from a group
UNGROWN *adj* not fully developed
UNGUAL *adj* of, relating to, or affecting the fingernails or toenails
UNGUARD, -S *vb* expose (to attack)
UNGUENT, -S *n* ointment
UNGUENTA > **unguentum**
UNGUENTS ▸ **unguent**
UNGUES ▸ **unguis**
UNGUIDED *adj* not having a flight path controlled internally or externally
UNGUILTY *adj* innocent
UNGUIS, UNGUES *n* nail, claw, or hoof, or the part of the digit giving rise to it
UNGULA, -E *n* truncated cone, cylinder, etc
UNGULAR ▸ **ungula**
UNGULATE *n* hoofed mammal
UNGULED *adj* hoofed
UNGUM, -MED, -S *vb* remove adhesive from
UNGYVE, -D, -S, UNGYVING *vb* release from shackles
UNHABLE *same as* ▸ **unable**
UNHACKED *adj* not hacked
UNHAILED *adj* not hailed
UNHAIR, -ED, -S *vb* remove the hair from (a hide)
UNHAIRER ▸ **unhair**
UNHAIRS ▸ **unhair**
UNHALLOW *vb* desecrate
UNHALSED *adj* not hailed
UNHALVED *adj* not divided in half
UNHAND, -ED, -S *vb* release from one's grasp
UNHANDY *adj* not skilful with one's hands
UNHANG, -S, UNHUNG *vb* take down from hanging position
UNHANGED *adj* not executed by hanging
UNHANGS ▸ **unhang**
UNHAPPEN *vb* become as though never having happened
UNHAPPY *adj* sad or depressed ▹ *vb* make unhappy
UNHARDY *adj* fragile
UNHARMED *adj* not hurt or damaged in any way
UNHASP, -ED, -S *vb* unfasten
UNHASTY *adj* not speedy
UNHAT, -S, -TED *vb* doff one's hat
UNHEAD, -S *vb* remove the head from
UNHEADED *adj* not having a heading
UNHEADS ▸ **unhead**
UNHEAL, -S *vb* expose
UNHEALED *adj* not having healed physically, mentally, or emotionally
UNHEALS ▸ **unheal**
UNHEALTH *n* illness
UNHEARD *adj* not listened to
UNHEARSE *vb* remove from a hearse
UNHEART, -S *vb* discourage
UNHEATED *adj* not having been warmed up
UNHEDGED *adj* unprotected
UNHEEDED *adj* noticed but ignored
UNHEEDY *adj* not heedful
UNHELE, -D, -S, UNHELING *same as* ▸ **unheal**
UNHELM, -ED, -S *vb* remove the helmet of (oneself or another)
UNHELPED *adj* without help
UNHEMMED *adj* not hemmed
UNHEPPEN *adj* awkward
UNHEROIC *adj* not heroic
UNHERST *archaic past form of* ▸ **unhearse**
UNHEWN *adj* not hewn
UNHIDDEN *adj* not hidden
UNHINGE, -D, -S *vb* derange or unbalance (a person or his or her mind)
UNHIP, -PER *adj* not at all fashionable or up to date
UNHIRED *adj* not hired
UNHITCH *vb* unfasten or detach
UNHIVE, -D, -S, UNHIVING *vb* remove from a hive
UNHOARD, -S *vb* remove from a hoard
UNHOLIER ▸ **unholy**
UNHOLILY ▸ **unholy**
UNHOLPEN *same as* ▸ **unhelped**
UNHOLY, UNHOLIER *adj* immoral or wicked
UNHOMELY *adj* not homely
UNHONEST *same as* > **dishonest**
UNHOOD, -ED, -S *vb* remove hood from
UNHOOK, -ED, -S *vb* unfasten the hooks of (a garment)
UNHOOP, -ED, -S *vb* remove hoop(s) from
UNHOPED *adj* unhoped-for
UNHORSE, -D, -S *vb* knock or throw from a horse
UNHOUSE, -D, -S *vb* remove from a house
UNHUMAN *adj* inhuman or not human
UNHUNG ▸ **unhang**
UNHUNTED *adj* not hunted
UNHURT *adj* not injured in an accident, attack, etc
UNHUSK, -ED, -S *vb* remove the husk from
UNI, -S *n* (in informal English) university
UNIALGAL *adj* containing only one species of alga
UNIAXIAL *adj* (esp of plants) having an unbranched main axis
UNIBODY *adj* of a vehicle in which the frame and body are one unit ▹ *n* vehicle in which the frame and body are one unit
UNIBROW, -S *n* informal word for eyebrows that meet above the nose
UNICA ▸ **unicum**
UNICED *adj* not iced
UNICITY *n* oneness
UNICOLOR *same as* > **unicolour**
UNICOM, -S *n* designated radio frequency at some airports
UNICORN, -S *n* imaginary horselike creature with one horn growing from its forehead
UNICUM, UNICA *n* unique example or specimen

UNICYCLE *n* one-wheeled vehicle driven by pedals, used in a circus ▷ *vb* ride a unicycle
UNIDEAED *adj* not having ideas
UNIDEAL *adj* not ideal
UNIFACE, -S *n* type of tool
UNIFIC *adj* unifying
UNIFIED ▶ **unify**
UNIFIER, -S ▶ **unify**
UNIFIES ▶ **unify**
UNIFILAR *adj* composed of, having, or using only one wire, thread, filament, etc
UNIFORM, -S *n* special set of clothes for the members of an organization ▷ *adj* regular and even throughout, unvarying ▷ *vb* fit out (a body of soldiers, etc) with uniforms
UNIFY, UNIFIED, UNIFIES, -ING *vb* make or become one
UNILOBAR *adj* having one lobe
UNILOBED *same as* ▶ **unilobar**
UNIMBUED *adj* not imbued
UNIMODAL *adj* having or involving one mode
UNINSTAL *same as* > **uninstall**
UNINURED *adj* unaccustomed
UNION, -S *n* act of uniting or being united ▷ *adj* of a trade union
UNIONISE *same as* ▶ **unionize**
UNIONISM *n* principles of trade unions
UNIONIST *n* member or supporter of a trade union ▷ *adj* of or relating to union or unionism, esp trade unionism
UNIONIZE *vb* organize (workers) into a trade union
UNIONS ▶ **union**
UNIPED, -S *n* person or thing with one foot
UNIPOD, -S *n* one-legged support, as for a camera
UNIPOLAR *adj* of, concerned with, or having a single magnetic or electric pole
UNIQUE, -R, -S, -ST *adj* being the only one of a particular type ▷ *n* person or thing that is unique
UNIQUELY ▶ **unique**
UNIQUER ▶ **unique**
UNIQUES ▶ **unique**
UNIQUEST ▶ **unique**
UNIRONED *adj* not ironed
UNIRONIC *adj* not ironic
UNIS ▶ **uni**
UNISEX, -ES *adj* designed for use by both sexes ▷ *n* condition of seeming not to belong obviously either to one sex or the other
UNISIZE *adj* in one size only
UNISON, -S *n* complete agreement
UNISONAL ▶ **unison**
UNISONS ▶ **unison**
UNISSUED *adj* not issued
UNIT, -S *n* single undivided entity or whole
UNITAGE, -S ▶ **unit**
UNITAL ▶ **unit**
UNITARD, -S *n* all-in-one skintight suit
UNITARY *adj* consisting of a single undivided whole
UNITE, -S *vb* make or become an integrated whole ▷ *n* English gold coin minted in the Stuart period
UNITED *adj* produced by two or more people or things in combination
UNITEDLY ▶ **united**
UNITER, -S ▶ **unite**
UNITES ▶ **unite**
UNITIES ▶ **unity**
UNITING, -S ▶ **unite**
UNITION, -S *n* joining
UNITISE, -D, -S *same as* ▶ **unitize**
UNITISER *same as* ▶ **unitizer**
UNITISES ▶ **unitise**
UNITIVE *adj* tending to unite or capable of uniting
UNITIZE, -D, -S *vb* convert (an investment trust) into a unit trust
UNITIZER *n* person or thing that arranges units into batches
UNITIZES ▶ **unitize**
UNITRUST *n* type of income-producing trust fund
UNITS ▶ **unit**
UNITY, UNITIES *n* state of being one
UNIVALVE *adj* relating to a mollusc shell that consists of a single piece (valve) ▷ *n* gastropod mollusc or its shell
UNIVERSE *n* whole of all existing matter, energy, and space
UNIVOCAL *adj* unambiguous or unmistakable ▷ *n* word or term that has only one meaning
UNJADED *adj* not jaded
UNJAM, -MED, -S *vb* remove blockage from
UNJOINED *adj* not joined
UNJOINT, -S *vb* disjoint
UNJOYFUL *adj* not joyful
UNJOYOUS *adj* not joyous
UNJUDGED *adj* not judged
UNJUST, -ER *adj* not fair or just
UNJUSTLY ▶ **unjust**
UNKED *adj* alien
UNKEELED *adj* without a keel
UNKEMPT *adj* (of the hair) not combed
UNKEND *same as* ▶ **unkenned**
UNKENNED *adj* unknown
UNKENNEL *vb* release from a kennel
UNKENT *same as* ▶ **unkenned**
UNKEPT *adj* not kept
UNKET *same as* ▶ **unked**
UNKID *same as* ▶ **unked**
UNKIND, -ER *adj* unsympathetic or cruel
UNKINDLY ▶ **unkind**
UNKING, -ED, -S *vb* strip of sovereignty
UNKINGLY *adj* not kingly
UNKINGS ▶ **unking**
UNKINK, -ED, -S *vb* straighten out
UNKISS, -ES *vb* cancel (a previous action) with a kiss
UNKISSED *adj* not kissed
UNKISSES ▶ **unkiss**
UNKNIGHT *vb* strip of knighthood
UNKNIT, -S *vb* make or become undone, untied, or unravelled
UNKNOT, -S *vb* disentangle or undo a knot or knots in
UNKNOWN, -S *adj* not known ▷ *n* unknown person, quantity, or thing
UNKOSHER *adj* not conforming to Jewish religious law
UNLACE, -S, UNLACING *vb* loosen or undo the lacing of (shoes, garments, etc)
UNLACED *adj* not laced
UNLACES ▶ **unlace**
UNLACING ▶ **unlace**
UNLADE, -D, -S, UNLADING *less common word for* ▶ **unload**
UNLADEN *adj* not laden
UNLADES ▶ **unlade**
UNLADING ▶ **unlade**
UNLAID ▶ **unlay**
UNLASH, -ED, -ES *vb* untie or unfasten

UNLAST *archaic variant of* ▸**unlaced**
UNLASTE *archaic variant of* ▸**unlaced**
UNLATCH *vb* open or unfasten or come open or unfastened by the lifting or release of a latch
UNLAW, -ED, -ING, -S *vb* penalize
UNLAWFUL *adj* not permitted by law
UNLAWING ▸**unlaw**
UNLAWS ▸**unlaw**
UNLAY, UNLAID, -ING, -S *vb* untwist (a rope or cable) to separate its strands
UNLEAD, -S *vb* strip off lead
UNLEADED *adj* (of petrol) containing less tetraethyl lead ▹*n* petrol containing a reduced amount of tetraethyl lead
UNLEADS ▸**unlead**
UNLEAL *adj* treacherous
UNLEARN, -S *vb* try to forget something learnt or to discard accumulated knowledge
UNLEARNT *adj* denoting knowledge or skills innately present rather than learnt
UNLEASED *adj* not leased
UNLEASH *vb* set loose or cause (something bad)
UNLED *adj* not led
UNLESS *conj* except under the circumstances that ▹*prep* except
UNLET *adj* not rented
UNLETHAL *adj* not deadly
UNLETTED *adj* unimpeded
UNLEVEL, -S *adj* not level ▹*vb* make unbalanced
UNLEVIED *adj* not levied
UNLICH *Spenserian form of* ▸**unlike**
UNLICKED *adj* not licked
UNLID, -DED, -S *vb* remove lid from
UNLIKE, -S *adj* dissimilar or different ▹*prep* not like or typical of ▹*n* person or thing that is unlike another
UNLIKED *adj* not liked
UNLIKELY *adj* improbable
UNLIKES ▸**unlike**
UNLIMBER *vb* disengage (a gun) from its limber
UNLIME, -D, -S, UNLIMING *vb* detach
UNLINE, -S, UNLINING *vb* remove the lining from
UNLINEAL *adj* not lineal
UNLINED *adj* not having any lining
UNLINES ▸**unline**
UNLINING ▸**unline**
UNLINK, -ED, -S *vb* undo the link or links between
UNLISTED *adj* not entered on a list
UNLIT *adj* (of a fire, cigarette, etc) not lit and therefore not burning
UNLIVE, -D, -S, UNLIVING *vb* live so as to nullify, undo, or live down (past events or times)
UNLIVELY *adj* lifeless
UNLIVES ▸**unlive**
UNLIVING ▸**unlive**
UNLOAD, -ED, -S *vb* remove (cargo) from (a ship, truck, or plane)
UNLOADER ▸**unload**
UNLOADS ▸**unload**
UNLOBED *adj* without lobes
UNLOCK, -S *vb* unfasten (a lock or door)
UNLOCKED *adj* not locked
UNLOCKS ▸**unlock**
UNLOOKED *adj* not looked (at)
UNLOOSE, -D, -S *vb* set free or release
UNLOOSEN *same as* ▸**unloose**
UNLOOSES ▸**unloose**
UNLOPPED *adj* not chopped off
UNLORD, -ED, -S *vb* remove from position of being lord
UNLORDLY *adv* not in a lordlike manner
UNLORDS ▸**unlord**
UNLOST *adj* not lost
UNLOVE, -S *vb* stop loving
UNLOVED *adj* not loved by anyone
UNLOVELY *adj* unpleasant in appearance or character
UNLOVES ▸**unlove**
UNLOVING *adj* not feeling or showing love and affection
UNLUCKY *adj* having bad luck, unfortunate
UNMACHO *adj* not macho
UNMADE *adj* (of a bed) with the bedclothes not smoothed and tidied
UNMAILED *adj* not sent by post
UNMAIMED *adj* not injured
UNMAKE, -S, UNMAKING *vb* undo or destroy
UNMAKER, -S ▸**unmake**
UNMAKES ▸**unmake**
UNMAKING ▸**unmake**
UNMAN, -S *vb* cause to lose courage or nerve
UNMANFUL *adj* unmanly
UNMANLY *adj* not masculine
UNMANNED *adj* having no personnel or crew
UNMANS ▸**unman**
UNMANTLE *vb* remove mantle from
UNMAPPED *adj* not charted
UNMARD *same as* ▸**unmarred**
UNMARKED *adj* having no signs of damage or injury
UNMARRED *adj* not marred
UNMARRY *vb* divorce
UNMASK, -ED, -S *vb* remove the mask or disguise from
UNMASKER ▸**unmask**
UNMASKS ▸**unmask**
UNMATED *adj* not mated
UNMATTED *adj* not matted
UNMEANT *adj* unintentional
UNMEEK *adj* not submissive
UNMEET *adj* not meet
UNMEETLY ▸**unmeet**
UNMELLOW *adj* not mellow
UNMELTED *adj* not melted
UNMENDED *adj* not mended
UNMERRY *adj* not merry
UNMESH, -ED, -ES *vb* release from mesh
UNMET *adj* unfulfilled
UNMETED *adj* unmeasured
UNMEW, -ED, -ING, -S *vb* release from confinement
UNMILKED *adj* not milked
UNMILLED *adj* not milled
UNMINDED *adj* disregarded
UNMINED *adj* not mined
UNMINGLE *vb* separate
UNMIRY, UNMIRIER *adj* not swampy
UNMISSED *adj* unnoticed
UNMITER, -S *same as* ▸**unmitre**
UNMITRE, -D, -S *vb* divest of a mitre
UNMIX, -ED, -ES, -ING *vb* separate
UNMIXT *same as* ▸**unmix**
UNMOANED *adj* unmourned
UNMODISH *adj* passé
UNMOLD, -ED, -S *same as* ▸**unmould**
UNMOLTEN *adj* not molten
UNMONIED *same as* ▸**unmoneyed**
UNMOOR, -ED, -S *vb* weigh the anchor or drop the mooring of (a vessel)
UNMORAL *adj* outside morality
UNMOULD, -S *vb* change shape of
UNMOUNT, -S *vb* dismount

U

UNMOVED *adj* not affected by emotion, indifferent
UNMOVING *adj* still and motionless
UNMOWN *adj* not mown
UNMUFFLE *vb* remove a muffle or muffles from
UNMUZZLE *vb* take the muzzle off (a dog, etc)
UNNAIL, -ED, -S *vb* unfasten by removing nails
UNNAMED *adj* not mentioned by name
UNNANELD *same as* ▸**unaneled**
UNNATIVE *adj* not native ▹*vb* no longer be a native of a place
UNNEATH *adj* archaic word for underneath
UNNEEDED *adj* not needed
UNNERVE, -D, -S *vb* cause to lose courage, confidence, or self-control
UNNEST, -ED, -S *vb* remove from a nest
UNNETHES *same as* ▸**unneath**
UNNETTED *adj* not having or not enclosed in a net
UNNOBLE, -D, -S *vb* strip of nobility
UNNOISY *adj* quiet
UNNOTED *adj* not noted
UNOAKED *adj* (of wine) not matured in an oak barrel
UNOBEYED *adj* not obeyed
UNOFTEN *adv* infrequently
UNOILED *adj* not lubricated with oil
UNOPEN *adj* not open
UNOPENED *adj* closed, barred, or sealed
UNORDER, -S *vb* cancel an order
UNORNATE *same as* ▸**inornate**
UNOWED *same as* ▸**unowned**
UNOWNED *adj* not owned
UNPACED *adj* without the aid of a pacemaker
UNPACK, -ED, -S *vb* remove the contents of (a suitcase, trunk, etc)
UNPACKER ▸**unpack**
UNPACKS ▸**unpack**
UNPADDED *adj* not padded
UNPAGED *adj* (of a book) having no page numbers
UNPAID *adj* without a salary or wage
UNPAINED *adj* not suffering pain
UNPAINT, -S *vb* remove paint from
UNPAIRED *adj* not paired up
UNPANEL, -S *vb* unsaddle
UNPANGED *adj* without pain or sadness
UNPANNEL *same as* ▸**unpanel**
UNPAPER, -S *vb* remove paper from
UNPARED *adj* not pared
UNPARTED *adj* not parted
UNPATHED *adj* not having a path
UNPAVED *adj* not covered in paving
UNPAY, -ING, -S *vb* undo
UNPEELED *adj* not peeled
UNPEERED *adj* unparalleled
UNPEG, -GED, -S *vb* remove the peg or pegs from, esp to unfasten
UNPEN, -NED, -S *vb* release from a pen
UNPENT *archaic past form of* ▸**unpen**
UNPEOPLE *vb* empty of people
UNPERCH *vb* remove from a perch
UNPERSON *n* person whose existence is officially denied or ignored
UNPICK, -S *vb* undo (the stitches) of (a piece of sewing)
UNPICKED *adj* (of knitting, sewing, etc) having been unravelled or picked out
UNPICKS ▸**unpick**
UNPILE, -D, -S, UNPILING *vb* remove from a pile
UNPIN, -NED, -S *vb* remove a pin or pins from
UNPINKED *adj* not decorated with a perforated pattern
UNPINKT *same as* ▸**unpinked**
UNPINNED ▸**unpin**
UNPINS ▸**unpin**
UNPITIED *adj* not pitied
UNPITTED *adj* not having had pits removed
UNPLACE, -S *same as* ▸**displace**
UNPLACED *adj* not given or put in a particular place
UNPLACES ▸**unplace**
UNPLAIT, -S *vb* remove plaits from
UNPLAYED *adj* not played
UNPLIANT *adj* not pliant
UNPLOWED *adj* not ploughed
UNPLUG, -S *vb* disconnect (a piece of electrical equipment)
UNPLUMB, -S *vb* remove lead from
UNPLUME, -D, -S *vb* remove feathers from
UNPOETIC *adj* not poetic
UNPOISED *adj* not poised
UNPOISON *vb* extract poison from
UNPOLISH *vb* remove polish from
UNPOLITE *same as* ▸**impolite**
UNPOLLED *adj* not included in an opinion poll
UNPOPE, -D, -S, UNPOPING *vb* strip of popedom
UNPOSED *adj* not posed
UNPOSTED *adj* not sent by post
UNPOTTED *adj* not planted in a pot
UNPOURED *adj* not poured
UNPRAISE *vb* withhold praise from
UNPRAY, -ED, -S *vb* withdraw (a prayer)
UNPREACH *vb* retract (a sermon)
UNPRETTY *adj* unattractive
UNPRICED *adj* having no fixed or marked price
UNPRIEST *vb* strip of priesthood
UNPRIMED *adj* not primed
UNPRISON *vb* release from prison
UNPRIZED *adj* not treasured
UNPROBED *adj* not examined
UNPROP, -S *vb* remove support from
UNPROPER *same as* ▸**improper**
UNPROPS ▸**unprop**
UNPROVED *adj* not having been established as true, valid, or possible
UNPROVEN *adj* not established as true by evidence or demonstration
UNPRUNED *adj* not pruned
UNPUCKER *vb* remove wrinkles from
UNPULLED *adj* not pulled
UNPURE *same as* ▸**impure**
UNPURELY ▸**unpure**
UNPURGED *adj* not purged
UNPURSE, -D, -S *vb* relax (lips) from pursed position
UNPUZZLE *vb* figure out
UNQUEEN, -S *vb* depose from the position of queen
UNQUIET, -S *adj* anxious or uneasy ▹*n* state of unrest ▹*vb* disquiet
UNQUOTE, -D, -S *interj* expression used to indicate the end of a quotation ▹*vb* close (a quotation), esp in printing
UNRACED *adj* not raced
UNRACKED *adj* not stretched

U

UNRAISED *adj* not raised
UNRAKE, -S, UNRAKING *vb* unearth through raking
UNRAKED *adj* not raked
UNRAKES ▸ **unrake**
UNRAKING ▸ **unrake**
UNRANKED *adj* not ranked
UNRATED *adj* not rated
UNRAVEL, -S *vb* reduce (something knitted or woven) to separate strands
UNRAZED *adj* not razed
UNREAD *adj* (of a book or article) not yet read
UNREADY *adj* not ready or prepared
UNREAL *adj* (as if) existing only in the imagination
UNREALLY ▸ **unreal**
UNREAPED *adj* not reaped
UNREASON *n* irrationality or madness ▹ *vb* deprive of reason
UNREAVE, -D, -S *vb* unwind
UNRECKED *adj* disregarded
UNRED *same as* ▸ **unread**
UNREDY *same as* ▸ **unready**
UNREEL, -ED, -S *vb* unwind from a reel
UNREELER *n* machine that unwinds something from a reel
UNREELS ▸ **unreel**
UNREEVE, -D, -S, UNROVE, UNROVEN *vb* withdraw (a rope) from a block, thimble, etc
UNREIN, -ED, -S *vb* free from reins
UNRENT *adj* not torn
UNRENTED *adj* not rented
UNREPAID *adj* not repaid
UNREPAIR *less common word for* > **disrepair**
UNREST, -S *n* rebellious state of discontent
UNRESTED *adj* not rested
UNRESTS ▸ **unrest**
UNRETIRE *vb* resume work after retiring
UNRHYMED *adj* not rhymed
UNRIBBED *adj* not ribbed
UNRID *adj* unridden
UNRIDDEN *adj* not or never ridden
UNRIDDLE *vb* solve or puzzle out
UNRIDGED *adj* not ridged
UNRIFLED *adj* (of a firearm or its bore) not rifled
UNRIG, -GED, -S *vb* strip (a vessel) of standing and running rigging
UNRIGHT, -S *n* wrong ▹ *adj* not right or fair ▹ *vb* make wrong
UNRIGS ▸ **unrig**
UNRIMED *same as* ▸ **unrhymed**
UNRINGED *adj* not having or wearing a ring
UNRINSED *adj* not rinsed
UNRIP, -PED, -S *vb* rip open
UNRIPE, -R, -ST *adj* not fully matured
UNRIPELY ▸ **unripe**
UNRIPER ▸ **unripe**
UNRIPEST ▸ **unripe**
UNRIPPED ▸ **unrip**
UNRIPS ▸ **unrip**
UNRISEN *adj* not risen
UNRIVEN *adj* not torn apart
UNRIVET, -S *vb* remove rivets from
UNROBE, -D, -S, UNROBING *same as* ▸ **disrobe**
UNROLL, -ED, -S *vb* open out or unwind (something rolled or coiled)
UNROOF, -ED, -S *vb* remove the roof from
UNROOST, -S *vb* remove from a perch
UNROOT, -ED, -S *less common word for* ▸ **uproot**
UNROPE, -D, -S, UNROPING *vb* release from a rope
UNROTTED *adj* not rotted
UNROTTEN *adj* not rotten
UNROUGED *adj* not coloured with rouge
UNROUGH *adj* not rough
UNROUND, -S *vb* release (lips) from a rounded position
UNROUSED *adj* not roused
UNROVE ▸ **unreeve**
UNROVEN ▸ **unreeve**
UNROYAL *adj* not royal
UNRUBBED *adj* not rubbed
UNRUDE *adj* not rude
UNRUFFE *same as* ▸ **unrough**
UNRUFFLE *vb* calm
UNRULE, -S *n* lack of authority
UNRULED *adj* not ruled
UNRULES ▸ **unrule**
UNRULY, UNRULIER *adj* difficult to control or organize
UNRUSHED *adj* unhurried
UNRUSTED *adj* not rusted
UNS ▸ **un**
UNSADDLE *vb* remove the saddle from (a horse)
UNSAFE, -R, -ST *adj* dangerous
UNSAFELY ▸ **unsafe**
UNSAFER ▸ **unsafe**
UNSAFEST ▸ **unsafe**
UNSAFETY *n* lack of safety
UNSAID *adj* not said or expressed
UNSAILED *adj* not sailed
UNSAINED *adj* not blessed
UNSAINT, -S *vb* remove status of being a saint from
UNSALTED *adj* not seasoned, preserved, or treated with salt
UNSAPPED *adj* not undermined
UNSASHED *adj* not furnished with a sash
UNSATED *adj* not sated
UNSATING *adj* not satisfying
UNSAVED *adj* not saved
UNSAVORY *same as* > **unsavoury**
UNSAW ▸ **unsee**
UNSAWED *same as* ▸ **unsawn**
UNSAWN *adj* not cut with a saw
UNSAY, -ING, -S *vb* retract or withdraw (something said or written)
UNSCALE, -D, -S *same as* ▸ **descale**
UNSCARY *adj* not scary
UNSCREW, -S *vb* loosen (a screw or lid) by turning it
UNSEAL, -ED, -S *vb* remove or break the seal of
UNSEAM, -ED, -S *vb* open or undo the seam of
UNSEARED *adj* not seared
UNSEASON *vb* affect unfavourably
UNSEAT, -ED, -S *vb* throw or displace from a seat or saddle
UNSECRET *adj* not secret ▹ *vb* inform or make aware
UNSEE, UNSAW, -S *vb* undo the act of seeing something
UNSEEDED *adj* not given a top player's position in the opening rounds of a tournament
UNSEEING *adj* not noticing or looking at anything
UNSEEL, -ED, -S *vb* undo seeling
UNSEELIE *pl n* evil malevolent fairies ▹ *adj* of or belonging to the unseelie
UNSEELS ▸ **unseel**
UNSEEMLY *adj* not according to expected standards of behaviour ▹ *adv* in an unseemly manner
UNSEEN, -S *adj* hidden or invisible ▹ *adv* without being seen ▹ *n* passage given to students for translation without them having seen it in advance

UNSEES ▸ **unsee**
UNSEIZED *adj* not seized
UNSELDOM *adv* frequently
UNSELF, -ED, -S, UNSELVES *vb* remove self-centredness from ▹ *n* lack of self
UNSELL, -S *vb* speak unfavourably and off-puttingly of (something or someone)
UNSELVES ▸ **unself**
UNSENSE, -D, -S *vb* remove sense from
UNSENT *adj* not sent
UNSERVED *adj* not served
UNSET, -S *adj* not yet solidified or firm ▹ *vb* displace
UNSETTLE *vb* change or become changed from a fixed or settled condition
UNSEW, -ED, -ING, -N, -S *vb* undo stitching of
UNSEX, -ED, -ES, -ING *vb* deprive (a person) of the attributes of his or her sex
UNSEXIER ▸ **unsexy**
UNSEXILY *adv* in an unsexy manner
UNSEXING ▸ **unsex**
UNSEXIST *adj* not sexist
UNSEXUAL *adj* not sexual
UNSEXY, UNSEXIER *adj* not exciting or attractive
UNSHADED *adj* not shaded
UNSHADOW *vb* remove shadow from
UNSHAKED *same as* ▸ **unshaken**
UNSHAKEN *adj* (of faith or feelings) not having been weakened
UNSHALE, -D, -S *vb* expose
UNSHAMED *same as* > **unashamed**
UNSHAPE, -D, -S *vb* make shapeless
UNSHAPEN *adj* having no definite shape
UNSHAPES ▸ **unshape**
UNSHARED *adj* not shared
UNSHARP *adj* not sharp
UNSHAVED *adj* not shaved
UNSHAVEN *adj* having a stubbled chin
UNSHED *adj* not shed
UNSHELL, -S *vb* remove from a shell
UNSHENT *adj* undamaged
UNSHEWN *adj* unshown
UNSHIFT, -S *vb* release the shift key on a keyboard
UNSHIP, -S *vb* be or cause to be unloaded, discharged, or disembarked from a ship
UNSHOD *adj* not wearing shoes
UNSHOE, -S *vb* remove shoes from
UNSHOED *same as* ▸ **unshod**
UNSHOES ▸ **unshoe**
UNSHOOT, -S *Shakespearean variant of* ▸ **unshout**
UNSHORN *adj* not cut
UNSHOT, -S *adj* not shot ▹ *vb* remove shot from
UNSHOUT, -S *vb* revoke (an earlier statement) by shouting a contrary one
UNSHOWN *adj* not shown
UNSHOWY *adj* not showy
UNSHROUD *vb* uncover
UNSHRUBD *adj* not having shrubs
UNSHRUNK *adj* not shrunk
UNSHUT, -S *vb* open
UNSICKER *adj* unsettled
UNSIFTED *adj* not strained
UNSIGHT, -S *vb* obstruct vision of
UNSIGNED *adj* (of a letter etc) anonymous
UNSILENT *adj* not silent
UNSINEW, -S *vb* weaken
UNSINFUL *adj* without sin
UNSIZED *adj* not made or sorted according to size
UNSLAIN *adj* not killed
UNSLAKED *adj* not slaked
UNSLICED *adj* not sliced
UNSLICK *adj* not slick
UNSLING, -S, UNSLUNG *vb* remove or release from a slung position
UNSLUICE *vb* let flow
UNSLUNG ▸ **unsling**
UNSMART *adj* not smart
UNSMOKED *adj* not smoked
UNSMOOTH *vb* roughen
UNSMOTE *same as* > **unsmitten**
UNSNAG, -S *vb* remove snags from
UNSNAP, -S *vb* unfasten (the snap or catch) of (something)
UNSNARL, -S *vb* free from a snarl or tangle
UNSNECK, -S *vb* unlatch
UNSOAKED *adj* not soaked
UNSOAPED *adj* not rubbed with soap
UNSOBER, -S *adj* not sober ▹ *vb* make unrefined in manners
UNSOCIAL *adj* avoiding the company of other people
UNSOCKET *vb* remove from a socket
UNSOD *same as* ▸ **unsodden**
UNSODDEN *adj* not soaked
UNSOFT *adj* hard
UNSOILED *adj* not soiled
UNSOLD *adj* not sold
UNSOLDER *vb* remove soldering from
UNSOLEMN *adj* unceremonious
UNSOLID *adj* not solid
UNSOLVED *adj* not having been solved or explained
UNSONCY *same as* ▸ **unsonsy**
UNSONSIE *same as* ▸ **unsonsy**
UNSONSY *adj* unfortunate
UNSOOTE *adj* not sweet
UNSORTED *adj* not sorted
UNSOUGHT *adj* not sought after
UNSOUL, -ED, -S *vb* cause to be soulless
UNSOUND *adj* unhealthy or unstable
UNSOURED *adj* not soured
UNSOWED *same as* ▸ **unsown**
UNSOWN *adj* not sown
UNSPAR, -S *vb* open
UNSPARED *adj* not spared
UNSPARS ▸ **unspar**
UNSPEAK, -S, UNSPOKE *obsolete word for* ▸ **unsay**
UNSPED *adj* not achieved
UNSPELL, -S *vb* release from a spell
UNSPENT *adj* not spent
UNSPHERE *vb* remove from its, one's, etc, sphere or place
UNSPIDE *same as* ▸ **unspied**
UNSPIED *adj* unnoticed
UNSPILT *adj* not spilt
UNSPLIT *adj* not split
UNSPOILT *same as* > **unspoiled**
UNSPOKE ▸ **unspeak**
UNSPOKEN *adj* not openly expressed
UNSPOOL, -S *vb* unwind from spool
UNSPRUNG *adj* without springs
UNSPUN *adj* not spun
UNSTABLE *adj* lacking stability or firmness
UNSTABLY ▸ **unstable**
UNSTACK, -S *vb* remove from a stack
UNSTAGED *adj* not staged
UNSTAID *adj* not staid
UNSTARCH *vb* remove starch from
UNSTARRY *adj* not resembling or characteristic of a star from the entertainment world
UNSTATE, -S *vb* deprive of state

UNSTATED *adj* not having been articulated or uttered
UNSTATES ▸ **unstate**
UNSTAYED *adj* unhindered
UNSTEADY *adj* not securely fixed ▹ *vb* make unsteady
UNSTEEL, -S *vb* make (the heart, feelings, etc) more gentle or compassionate
UNSTEP, -S *vb* remove (a mast) from its step
UNSTICK, -S *vb* free or loosen (something stuck)
UNSTITCH *vb* remove stitching from
UNSTOCK, -S *vb* remove stock from
UNSTONED *adj* not stoned
UNSTOP, -S *vb* remove the stop or stopper from
UNSTOW, -ED, -S *vb* remove from storage
UNSTRAP, -S *vb* undo the straps fastening (something) in position
UNSTRESS *n* weak syllable ▹ *vb* become less stressed
UNSTRING *vb* remove the strings of
UNSTRIP, -S *vb* strip
UNSTRUCK *adj* not struck
UNSTRUNG *adj* emotionally distressed
UNSTUCK *adj* freed from being stuck, glued, fastened, etc
UNSTUFFY *adj* well-ventilated
UNSTUFT *same as* > **unstuffed**
UNSTUNG *adj* not stung
UNSUBTLE *adj* not subtle
UNSUBTLY ▸ **unsubtle**
UNSUCKED *adj* not sucked
UNSUIT, -S *vb* make unsuitable
UNSUITED *adj* not appropriate for a particular task or situation
UNSUITS ▸ **unsuit**
UNSUMMED *adj* not calculated
UNSUNG *adj* not acclaimed or honoured
UNSUNK *adj* not sunken
UNSUNNED *adj* not subjected to sunlight
UNSUNNY *adj* not sunny
UNSUPPLE *adj* rigid
UNSURE, -R, -ST *adj* lacking assurance or self-confidence
UNSURED *adj* not assured
UNSURELY ▸ **unsure**
UNSURER ▸ **unsure**
UNSUREST ▸ **unsure**
UNSWATHE *vb* unwrap
UNSWAYED *adj* not swayed
UNSWEAR, -S, UNSWORE, UNSWORN *vb* retract or revoke (a sworn oath)
UNSWEET *adj* not sweet
UNSWEPT *adj* not swept
UNSWORE ▸ **unswear**
UNSWORN ▸ **unswear**
UNTACK, -ED, -S *vb* remove saddle and harness, etc, from
UNTACKLE *vb* remove tackle from
UNTACKS ▸ **untack**
UNTAGGED *adj* without a label
UNTAILED *adj* tailless
UNTAKEN *adj* not taken
UNTAME, -S, UNTAMING *vb* undo the taming of
UNTAMED *adj* not brought under human control
UNTAMES ▸ **untame**
UNTAMING ▸ **untame**
UNTANGLE *vb* free from tangles or confusion
UNTANNED *adj* not tanned
UNTAPPED *adj* not yet used
UNTARRED *adj* not coated with tar
UNTASTED *adj* not tasted
UNTAUGHT *adj* without training or education
UNTAX, -ES, -ING *vb* stop taxing
UNTAXED *adj* not subject to taxation
UNTAXES ▸ **untax**
UNTAXING ▸ **untax**
UNTEACH *vb* cause to disbelieve (teaching)
UNTEAM, -ED, -S *vb* disband a team
UNTEMPER *vb* soften
UNTENANT *vb* remove (a tenant)
UNTENDED *adj* not cared for or attended to
UNTENDER *adj* not tender
UNTENT, -ED, -S *vb* remove from a tent
UNTENTY *adj* inattentive
UNTESTED *adj* not having been tested or examined
UNTETHER *vb* untie
UNTHATCH *vb* remove the thatch from
UNTHAW, -S *same as* ▸ **thaw**
UNTHAWED *adj* not thawed
UNTHAWS ▸ **unthaw**
UNTHINK, -S *vb* reverse one's opinion about
UNTHREAD *vb* draw out the thread or threads from (a needle, etc)
UNTHRIFT *n* unthrifty person
UNTHRONE *less common word for* ▸ **dethrone**
UNTIDIED ▸ **untidy**
UNTIDIER ▸ **untidy**
UNTIDIES ▸ **untidy**
UNTIDILY ▸ **untidy**
UNTIDY, UNTIDIED, UNTIDIER, UNTIDIES *adj* messy and disordered ▹ *vb* make untidy
UNTIE, -D, -ING, -S *vb* open or free (something that is tied)
UNTIL *prep* in or throughout the period before
UNTILE, -D, -S, UNTILING *vb* strip tiles from
UNTILLED *adj* not tilled
UNTILTED *adj* not tilted
UNTIMED *adj* not timed
UNTIMELY *adj* occurring before the expected or normal time ▹ *adv* prematurely or inopportunely
UNTIN, -NED, -S *vb* remove tin from
UNTINGED *adj* not tinged
UNTINNED ▸ **untin**
UNTINS ▸ **untin**
UNTIPPED *adj* not tipped
UNTIRED *adj* not tired
UNTIRING *adj* continuing without declining in strength
UNTITLED *adj* without a title
UNTO *prep* to
UNTOLD *adj* incapable of description
UNTOMB, -ED, -S *vb* exhume
UNTONED *adj* not toned
UNTOOLED *adj* not tooled
UNTORN *adj* not torn
UNTOWARD *adj* causing misfortune or annoyance
UNTRACE, -S *vb* remove traces from
UNTRACED *adj* not traced
UNTRACES ▸ **untrace**
UNTRACK, -S *vb* remove from track
UNTRADED *adj* not traded
UNTREAD, -S, UNTROD *vb* retrace (a course, path, etc)
UNTRENDY *adj* not trendy
UNTRIDE *same as* ▸ **untried**
UNTRIED *adj* not yet used, done, or tested
UNTRIM, -S *vb* deprive of elegance or adornment
UNTROD ▸ **untread**
UNTRUE, -R, -ST *adj* incorrect or false
UNTRUISM *n* something that is false

U

UNTRULY ▸**untrue**
UNTRUSS *vb* release from or as if from a truss
UNTRUST, -S *n* mistrust
UNTRUSTY *adj* not trusty
UNTRUTH, -S *n* statement that is not true, lie
UNTUCK, -ED, -S *vb* become or cause to become loose or not tucked in
UNTUFTED *adj* not having tufts
UNTUNE, -D, -S, UNTUNING *vb* make out of tune
UNTURBID *adj* clear
UNTURF, -ED, -S *vb* remove turf from
UNTURN, -S *vb* turn in a reverse direction
UNTURNED *adj* not turned
UNTURNS ▸**unturn**
UNTWINE, -D, -S *vb* untwist, unravel, and separate
UNTWIST, -S *vb* twist apart and loosen
UNTYING, -S ▸**untie**
UNUNBIUM *n* chemical element
UNUNITED *adj* separated
UNURGED *adj* not urged
UNUSABLE *adj* not in good enough condition to be used
UNUSABLY ▸**unusable**
UNUSED *adj* not being or never having been used
UNUSEFUL *adj* useless
UNUSUAL *adj* uncommon or extraordinary
UNVAIL, -ED, -ES, -S *same as* ▸**unveil**
UNVAILE *same as* ▸**unveil**
UNVAILED ▸**unvail**
UNVAILES ▸**unvail**
UNVAILS ▸**unvail**
UNVALUED *adj* not appreciated or valued
UNVARIED *adj* not varied
UNVEIL, -ED, -S *vb* ceremonially remove the cover from (a new picture, plaque, etc)
UNVEILER *n* person who removes a veil
UNVEILS ▸**unveil**
UNVEINED *adj* without veins
UNVENTED *adj* not vented
UNVERSED *adj* not versed
UNVESTED *adj* not vested
UNVETTED *adj* not thoroughly examined
UNVEXED *adj* not annoyed
UNVEXT *same as* ▸**unvexed**
UNVIABLE *adj* not capable of succeeding, esp financially
UNVIEWED *adj* not viewed
UNVIRTUE *n* state of having no virtue
UNVISOR, -S *vb* remove visor from
UNVITAL *adj* not vital
UNVIZARD *same as* ▸**unvisor**
UNVOCAL *adj* not vocal
UNVOICE, -S *vb* pronounce without vibration of the vocal cords
UNVOICED *adj* not expressed or spoken
UNVOICES ▸**unvoice**
UNVULGAR *adj* not vulgar
UNWAGED *adj* (of a person) not having a paid job
UNWAKED *same as* >**unwakened**
UNWALLED *adj* not surrounded by walls
UNWANING *adj* not waning
UNWANTED *adj* not wanted or welcome
UNWARDED *adj* not warded
UNWARE *same as* ▸**unaware**
UNWARELY ▸**unware**
UNWARES *same as* ▸**unawares**
UNWARIE *same as* ▸**unwary**
UNWARIER ▸**unwary**
UNWARILY ▸**unwary**
UNWARMED *adj* not warmed
UNWARNED *adj* not warned
UNWARPED *adj* not warped
UNWARY, UNWARIER *adj* not careful or cautious and therefore likely to be harmed
UNWASHED *adj* not washed
UNWASHEN *same as* ▸**unwashed**
UNWASTED *adj* not wasted
UNWATER, -S *vb* dry out
UNWATERY *adj* not watery
UNWAXED *adj* not treated with wax
UNWAYED *adj* having no routes
UNWEAL, -S *n* ill or sorrow
UNWEANED *adj* not weaned
UNWEAPON *vb* disarm
UNWEARY *adj* not weary ▹*vb* refresh or energize
UNWEAVE, -S, UNWOVE, UNWOVEN *vb* undo (weaving)
UNWEBBED *adj* not webbed
UNWED *adj* not wed
UNWEDDED *adj* not wedded
UNWEEDED *adj* not weeded
UNWEENED *adj* unknown
UNWEIGHT *vb* remove weight from
UNWELDED *adj* not welded
UNWELDY *same as* ▸**unwieldy**
UNWELL *adj* not healthy, ill
UNWEPT *adj* not wept for or lamented
UNWET *adj* not wet
UNWETTED *same as* ▸**unwet**
UNWHIPT *same as* >**unwhipped**
UNWHITE *adj* not white
UNWIELDY *adj* too heavy, large, or awkward to be easily handled
UNWIFELY *adj* not like a wife
UNWIGGED *adj* without a wig
UNWILFUL *adj* complaisant
UNWILL, -S *vb* will the reversal of (something that has already occurred)
UNWILLED *adj* not intentional
UNWILLS ▸**unwill**
UNWIND, -S *vb* relax after a busy or tense time
UNWINDER ▸**unwind**
UNWINDS ▸**unwind**
UNWINGED *adj* without wings
UNWIPED *adj* not wiped
UNWIRE, -D, -S, UNWIRING *vb* remove wiring from
UNWISDOM *n* imprudence
UNWISE, -R, -ST *adj* foolish
UNWISELY ▸**unwise**
UNWISER ▸**unwise**
UNWISEST ▸**unwise**
UNWISH, -ES *vb* retract or revoke (a wish)
UNWISHED *adj* not desired
UNWISHES ▸**unwish**
UNWIST *adj* unknown
UNWIT, -S, -TED *vb* divest of wit
UNWITCH *vb* release from witchcraft
UNWITS ▸**unwit**
UNWITTED ▸**unwit**
UNWITTY *adj* not clever and amusing
UNWIVE, -D, -S, UNWIVING *vb* remove a wife from
UNWOMAN, -S *vb* remove womanly qualities from
UNWON *adj* not won
UNWONT *adj* unaccustomed
UNWONTED *adj* out of the ordinary
UNWOODED *adj* not wooded
UNWOOED *adj* not wooed
UNWORDED *adj* not expressed in words

UNWORK, -S *vb* destroy (work previously done)
UNWORKED *adj* not worked
UNWORKS ▸**unwork**
UNWORMED *adj* not rid of worms
UNWORN *adj* not having deteriorated through use or age
UNWORTH, -S *n* lack of value
UNWORTHY *adj* not deserving or worthy
UNWOUND *past tense and past participle of* ▸**unwind**
UNWOVE ▸**unweave**
UNWOVEN ▸**unweave**
UNWRAP, -S *vb* remove the wrapping from (something)
UNWRITE, -S, UNWROTE *vb* cancel (what has been written)
UNWRUNG *adj* not twisted
UNYEANED *adj* not having given birth
UNYOKE, -D, -S, UNYOKING *vb* release (an animal, etc) from a yoke
UNYOUNG *adj* not young
UNZIP, -PED, -S *vb* unfasten the zip of (a garment)
UNZONED *adj* not divided into zones
UP, -PED, -S *adv* indicating movement to or position at a higher place ▹*adj* of a high or higher position ▹*vb* increase or raise
UPADAISY *same as* >**upsadaisy**
UPALONG, -S *n* location away from a place
UPAS, -ES *n* large Javan tree with whitish bark and poisonous milky sap
UPBEAR, -ER, -S, UPBORE *vb* sustain
UPBEAT, -S *adj* cheerful and optimistic ▹*n* unaccented beat
UPBIND, -S *vb* bind up
UPBLOW, UPBLEW, -N, -S *vb* inflate
UPBOIL, -ED, -S *vb* boil up
UPBORE ▸**upbear**
UPBORNE *adj* held up
UPBOUND *adj* travelling upwards
UPBOW, -S *n* stroke of the bow from its tip to its nut on a stringed instrument
UPBRAID, -S *vb* scold or reproach
UPBRAST *same as* ▸**upburst**
UPBRAY, -ED, -S *vb* shame
UPBREAK, -S, UPBROKE, UPBROKEN *vb* escape upwards
UPBRING, -S *vb* rear
UPBROKE ▸**upbreak**
UPBROKEN ▸**upbreak**
UPBUILD, -S, UPBUILT *vb* build up
UPBURST, -S *vb* burst upwards
UPBY *same as* ▸**upbye**
UPBYE *adv* yonder
UPCAST, -S *n* material cast or thrown up ▹*adj* directed or thrown upwards ▹*vb* throw or cast up
UPCATCH, UPCAUGHT *vb* catch up
UPCHEER, -S *vb* cheer up
UPCHUCK, -S *vb* vomit
UPCLIMB, -S *vb* ascend
UPCLOSE, -D, -S *vb* close up
UPCOAST *adv* up the coast
UPCOIL, -ED, -S *vb* make into a coil
UPCOME, -S *vb* come up
UPCOMING *adj* coming soon
UPCOURT *adv* up basketball court
UPCURL, -ED, -S *vb* curl up
UPCURVE, -D, -S *vb* curve upwards
UPCYCLE, -D, -S *vb* recycle a disposable product into an object of greater value
UPDART, -ED, -S *vb* dart upwards
UPDATE, -D, -S, UPDATING *vb* bring up to date ▹*n* act of updating or something that is updated
UPDATER, -S ▸**update**
UPDATES ▸**update**
UPDATING ▸**update**
UPDIVE, -D, -S, UPDIVING, UPDOVE *vb* leap upwards
UPDO, -S *n* type of hairstyle
UPDOMING *n* expansion of a rock upwards into a dome shape
UPDOS ▸**updo**
UPDOVE ▸**updive**
UPDRAFT, -S *n* upwards air current
UPDRAG, -S *vb* drag up
UPDRAW, -N, -S, UPDREW *vb* draw up
UPDRY, UPDRIED, UPDRIES, -ING *vb* dry up
UPEND, -ED, -ING, -S *vb* turn or set (something) on its end
UPFIELD *adj* in sport, away from the defending team's goal
UPFILL, -ED, -S *vb* fill up
UPFLING, -S, UPFLUNG *vb* throw upwards
UPFLOW, -ED, -S *vb* flow upwards
UPFLUNG ▸**upfling**
UPFOLD, -ED, -S *vb* fold up
UPFOLLOW *vb* follow
UPFRONT *adj* open and frank ▹*adv* (of money) paid out at the beginning of a business arrangement
UPFURL, -ED, -S *vb* roll up
UPGANG, -S *n* climb
UPGATHER *vb* draw together
UPGAZE, -D, -S, UPGAZING *vb* gaze upwards
UPGIRD, -ED, -S *vb* support or hold up
UPGIRT, -ED, -S *same as* ▸**upgird**
UPGO, -ES, -ING, -INGS, -NE, UPWENT *vb* ascend
UPGRADE, -D, -S *vb* promote (a person or job) to a higher rank
UPGRADER ▸**upgrade**
UPGRADES ▸**upgrade**
UPGROW, UPGREW, -N, -S *vb* grow up
UPGROWTH *n* process of developing or growing upwards
UPGUSH, -ED, -ES *vb* flow upwards
UPHAND *adj* lifted by hand
UPHANG, -S, UPHUNG *vb* hang up
UPHAUD, -S, UPHUDDEN *Scots variant of* ▸**uphold**
UPHEAP, -ED, -S *vb* heap or pile up
UPHEAVAL *n* strong, sudden, or violent disturbance
UPHEAVE, -D, -R, -S, UPHOVE *vb* heave or rise upwards
UPHELD ▸**uphold**
UPHILD *archaic past form of* ▸**uphold**
UPHILL, -S *adj* sloping or leading upwards ▹*adv* up a slope ▹*n* difficulty
UPHOARD, -S *vb* hoard up
UPHOIST, -S *vb* raise
UPHOLD, UPHELD, -S *vb* maintain or defend against opposition
UPHOLDER ▸**uphold**
UPHOLDS ▸**uphold**
UPHOORD, -S *vb* heap up
UPHOVE ▸**upheave**
UPHROE, -S *variant spelling of* ▸**euphroe**

UPHUDDEN ▶ **uphaud**
UPHUNG ▶ **uphang**
UPHURL, -ED, -S *vb* throw upwards
UPJET, -S, -TED *vb* stream upwards
UPKEEP, -S *n* act, process, or cost of keeping something in good repair
UPKNIT, -S *vb* bind
UPLAID ▶ **uplay**
UPLAND, -S *adj* of or in an area of high or relatively high ground ▷ *n* area of high or relatively high ground
UPLANDER *n* person hailing from the uplands
UPLANDS ▶ **upland**
UPLAY, UPLAID, -ING, -S *vb* stash
UPLEAD, -S, UPLED *vb* lead upwards
UPLEAN, -ED, -S, -T *vb* lean on something
UPLEAP, -ED, -S, -T *vb* jump upwards
UPLED ▶ **uplead**
UPLIFT, -ED, -S *vb* raise or lift up ▷ *n* act or process of improving moral, social, or cultural conditions
UPLIFTER ▶ **uplift**
UPLIFTS ▶ **uplift**
UPLIGHT, -S, UPLIT *n* lamp or wall light designed or positioned to cast its light upwards ▷ *vb* light in an upward direction
UPLINK, -ED, -S *n* transmitter that sends signals up to a communications satellite ▷ *vb* send (data) to a communications satellite
UPLIT ▶ **uplight**
UPLOAD, -ED, -S *vb* transfer (data or a program) into the memory of another computer
UPLOCK, -ED, -S *vb* lock up
UPLOOK, -ED, -S *vb* look up
UPLYING *adj* raised
UPMAKE, UPMADE, -S, UPMAKING *vb* make up
UPMAKER, -S ▶ **upmake**
UPMAKES ▶ **upmake**
UPMAKING ▶ **upmake**
UPMARKET *adj* expensive and of superior quality ▷ *vb* make something upmarket
UPMOST *another word for* > **uppermost**
UPO *prep* upon
UPON *prep* on
UPPED ▶ **up**
UPPER, -S *adj* higher or highest in physical position, wealth, rank, or status ▷ *n* part of a shoe above the sole
UPPERCUT *n* short swinging upward punch delivered to the chin ▷ *vb* hit (an opponent) with an uppercut
UPPERS ▶ **upper**
UPPILE, -D, -S, UPPILING *vb* pile up
UPPING, -S ▶ **up**
UPPISH *adj* snobbish, arrogant, or presumptuous
UPPISHLY ▶ **uppish**
UPPITY, UPPITIER *adj* snobbish, arrogant, or presumptuous
UPPROP, -S *vb* support
UPRAISE, -D, -S *vb* lift up
UPRAISER ▶ **upraise**
UPRAISES ▶ **upraise**
UPRAN ▶ **uprun**
UPRATE, -D, -S, UPRATING *vb* raise the value, rate, or size of, upgrade
UPREACH *vb* reach up
UPREAR, -ED, -S *vb* lift up
UPREST, -S *n* uprising
UPRIGHT, -S *adj* vertical or erect ▷ *adv* vertically or in an erect position ▷ *n* vertical support, such as a post ▷ *vb* make upright
UPRISAL, -S ▶ **uprise**
UPRISE, -N, -S, UPROSE *vb* rise up
UPRISER, -S ▶ **uprise**
UPRISES ▶ **uprise**
UPRISING *n* rebellion or revolt
UPRIST, -S *same as* ▶ **uprest**
UPRIVER, -S *adv* towards or near the source of a river ▷ *n* area located upstream
UPROAR, -ED, -S *n* disturbance characterized by loud noise and confusion ▷ *vb* cause an uproar
UPROLL, -ED, -S *vb* roll up
UPROOT, -ED, -S *vb* pull up by or as if by the roots
UPROOTAL ▶ **uproot**
UPROOTED ▶ **uproot**
UPROOTER ▶ **uproot**
UPROOTS ▶ **uproot**
UPROSE ▶ **uprise**
UPROUSE, -D, -S *vb* rouse or stir up
UPRUN, UPRAN, -S *vb* run up
UPRUSH, -ED, -ES *n* upward rush, as of consciousness ▷ *vb* rush upwards
UPRYST *same as* ▶ **uprest**
UPS ▶ **up**
UPSCALE, -D, -S *adj* of or for the upper end of an economic or social scale ▷ *vb* upgrade
UPSEE, -S *n* drunken revel
UPSELL, -S, UPSOLD *vb* persuade a customer to buy a more expensive or additional item
UPSEND, -S, UPSENT *vb* send up
UPSET, -S *adj* emotionally or physically disturbed or distressed ▷ *vb* tip over ▷ *n* unexpected defeat or reversal
UPSETTER ▶ **upset**
UPSEY, -S *same as* ▶ **upsee**
UPSHIFT, -S *vb* move up (a gear)
UPSHOOT, -S *vb* shoot upwards
UPSHOT, -S *n* final result or conclusion
UPSIDE, -S *n* upper surface or part
UPSIES ▶ **upsy**
UPSILON, -S *n* 20th letter in the Greek alphabet
UPSIZE, -D, -S, UPSIZING *vb* increase in size
UPSKILL, -S *vb* improve the aptitude for work of (a person)
UPSLOPE, -S *adv* up a or the slope ▷ *n* upward slope
UPSOAR, -ED, -S *vb* soar up
UPSOLD ▶ **upsell**
UPSPEAK, UPSPAKE, -S, UPSPOKE, UPSPOKEN *vb* speak with rising intonation
UPSPEAR, -S *vb* grow upwards in a spear-like manner
UPSPOKE ▶ **upspeak**
UPSPOKEN ▶ **upspeak**
UPSPRING, UPSPRANG, UPSPRUNG *vb* spring up or come into existence ▷ *n* leap forwards or upwards
UPSTAGE, -D, -S *adj* at the back half of the stage ▷ *vb* draw attention to oneself from (someone else) ▷ *adv* on, at, or to the rear of the stage ▷ *n* back half of the stage
UPSTAGER ▶ **upstage**
UPSTAGES ▶ **upstage**
UPSTAIR *same as* ▶ **upstairs**
UPSTAIRS *adv* to or on an upper floor of a building ▷ *n* upper floor ▷ *adj* situated on an upper floor
UPSTAND, -S, UPSTOOD *vb* rise
UPSTARE, -D, -S *vb* stare upwards

UPSTART, -S *n* person who has risen suddenly to a position of power and behaves arrogantly ▷ *vb* start up, as in surprise, etc
UPSTATE, -S *adv* towards, in, from, or relating to the outlying or northern sections of a state ▷ *n* outlying, esp northern, sections of a state
UPSTATER ▶ **upstate**
UPSTATES ▶ **upstate**
UPSTAY, -ED, -S *vb* support
UPSTEP, -S *n* type of vocal intonation
UPSTIR, -S *vb* stir up ▷ *n* commotion
UPSTOOD ▶ **upstand**
UPSTREAM *adj* in or towards the higher part of a stream ▷ *vb* stream upwards
UPSTROKE *n* upward stroke or movement, as of a pen or brush
UPSURGE, -D, -S *n* rapid rise or swell ▷ *vb* surge up
UPSWARM, -S *vb* rise or send upwards in a swarm
UPSWAY, -ED, -S *vb* swing in the air
UPSWEEP, -S, UPSWEPT *n* curve or sweep upwards ▷ *vb* sweep, curve, or brush or be swept, curved, or brushed upwards
UPSWELL, -S *vb* swell up or cause to swell up
UPSWEPT ▶ **upsweep**
UPSWING, -S, UPSWUNG *n* recovery period in the trade cycle ▷ *vb* swing or move up
UPSY, UPSIES *same as* ▶ **upsee**
UPTA *same as* ▶ **upter**
UPTAK, -S *same as* ▶ **uptake**
UPTAKE, -N, -S, UPTAKING, UPTOOK *n* numbers taking up something such as an offer or the act of taking it up ▷ *vb* take up
UPTAKS ▶ **uptak**
UPTALK, -ED, -S *n* style of speech in which every sentence ends with a rising tone ▷ *vb* talk in this manner
UPTEAR, -S, UPTORE, UPTORN *vb* tear up
UPTEMPO, -S *adj* fast ▷ *n* uptempo piece
UPTER *adj* of poor quality
UPTHROW, UPTHREW, -N, -S *n* upward movement of rocks on one side of a fault plane relative to rocks on the other side ▷ *vb* throw upwards
UPTHRUST *n* upward push
UPTICK, -S *n* rise or increase
UPTIE, -D, -S, UPTYING *vb* tie up
UPTIGHT *adj* nervously tense, irritable, or angry
UPTILT, -ED, -S *vb* tilt up
UPTIME, -S *n* time during which a machine, such as a computer, actually operates
UPTOOK ▶ **uptake**
UPTORE ▶ **uptear**
UPTORN ▶ **uptear**
UPTOSS, -ED, -ES *vb* throw upwards
UPTOWN, -S *adv* towards, in, or relating to some part of a town that is away from the centre ▷ *n* such a part of town, esp a residential part
UPTOWNER ▶ **uptown**
UPTOWNS ▶ **uptown**
UPTRAIN, -S *vb* train up
UPTREND, -S *n* upward trend
UPTURN, -ED, -S *n* upward trend or improvement ▷ *vb* turn or cause to turn over or upside down
UPTYING ▶ **uptie**
UPVALUE, -D, -S *vb* raise the value of
UPVOTE, -D, -S, UPVOTING *vb* publicly approve of a social media post
UPWAFT, -ED, -S *vb* waft upwards
UPWARD *same as* ▶ **upwards**
UPWARDLY ▶ **upward**
UPWARDS *adv* from a lower to a higher place, level, condition, etc
UPWELL, -ED, -S *vb* well up
UPWENT ▶ **upgo**
UPWHIRL, -S *vb* spin upwards
UPWIND, -S, UPWOUND *adv* into or against the wind ▷ *adj* going against the wind ▷ *vb* wind up
UPWRAP, -S *vb* wrap up
UR *interj* hesitant utterance used to fill gaps in talking
URACHUS, URACHI *n* cord of tissue connected to the bladder
URACIL, -S *n* pyrimidine present in all living cells
URAEI ▶ **uraeus**

This plural of **uraeus**, an Egyptian symbol of kingship, is very useful for dumping a surplus of vowels.

URAEMIA, -S *n* accumulation of waste products in the blood
URAEMIC ▶ **uraemia**
URAEUS, URAEI, -ES *n* sacred serpent of ancient Egypt
URALI, -S *n* type of plant
URALITE, -S *n* mineral that replaces pyroxene in some rocks
URALITIC ▶ **uralite**
URANIA, -S *n* uranium dioxide
URANIAN *adj* heavenly
URANIAS ▶ **urania**
URANIC *adj* of or containing uranium, esp in a high valence state
URANIDE, -S *n* any element having an atomic number greater than that of protactinium
URANIN, -S *n* type of alkaline substance
URANISCI > **uraniscus**
URANISM, -S *n* homosexuality
URANITE, -S *n* any of various minerals containing uranium, esp torbernite or autunite
URANITIC ▶ **uranite**
URANIUM, -S *n* radioactive silvery-white metallic element
URANOUS *adj* of or containing uranium, esp in a low valence state
URANYL, -S *n* type of divalent ion
URANYLIC ▶ **uranyl**
URANYLS ▶ **uranyl**
URAO, -S *n* type of mineral
URARE, -S *same as* ▶ **urali**
URARI, -S *same as* ▶ **urali**
URASE, -S *same as* ▶ **urease**
URATE, -S *n* any salt or ester of uric acid
URATIC ▶ **urate**
URB, -S *n* urban area
URBAN *adj* of or living in a city or town
URBANE, -R, -ST *adj* characterized by courtesy, elegance, and sophistication
URBANELY ▶ **urbane**
URBANER ▶ **urbane**
URBANEST ▶ **urbane**
URBANISE *same as* ▶ **urbanize**
URBANISM *n* character of city life
URBANIST *n* person who studies towns and cities
URBANITE *n* resident of an urban community

URBANITY *n* quality of being urbane
URBANIZE *vb* make (a rural area) more industrialized and urban
URBEX, -ES *n* short for urban exploration, the hobby of exploring derelict urban structures
URBIA, -S *n* urban area
URBS ▸ **urb**
URCEOLUS, URCEOLI *n* organ of a plant
URCHIN, -S *n* mischievous child
URD, -S *n* type of plant with edible seeds
URDE *adj* (in heraldry) having points
URDEE *same as* ▸ **urde**
URDS ▸ **urd**
URDY *n* heraldic line pattern
URE, -S *same as* ▸ **aurochs**
UREA, -S *n* white soluble crystalline compound found in urine
UREAL ▸ **urea**
UREAS ▸ **urea**
UREASE, -S *n* enzyme that converts urea to ammonium carbonate
UREDIA ▸ **uredium**
UREDIAL ▸ **uredium**
UREDINE, -S ▸ **uredo**
UREDINIA > **uredinium**
UREDIUM, UREDIA *n* spore-producing body of some rust fungi in which uredospores are formed
UREDO, -S *less common name for* > **urticaria**
UREIC ▸ **urea**
UREIDE, -S *n* any of a class of organic compounds derived from urea
UREMIA, -S *same as* ▸ **uraemia**
UREMIC ▸ **uremia**
URENA, -S *n* plant genus
URENT *adj* burning
URES ▸ **ure**
URESIS, URESES *n* urination
URETER, -S *n* tube that conveys urine from the kidney to the bladder
URETERAL ▸ **ureter**
URETERIC ▸ **ureter**
URETERS ▸ **ureter**
URETHAN, -S *same as* ▸ **urethane**
URETHANE *n* short for the synthetic material polyurethane ▹ *vb* treat with urethane
URETHANS ▸ **urethan**
URETHRA, -E, -S *n* canal that carries urine from the bladder out of the body
URETHRAL ▸ **urethra**
URETHRAS ▸ **urethra**
URETIC *adj* of or relating to the urine
URGE, -D, -S *n* strong impulse, inner drive, or yearning ▹ *vb* plead with or press (a person to do something)
URGENCE, -S ▸ **urgent**
URGENCY ▸ **urgent**
URGENT *adj* requiring speedy action or attention
URGENTLY ▸ **urgent**
URGER, -S ▸ **urge**
URGES ▸ **urge**
URGING, -S ▸ **urge**
URGINGLY ▸ **urge**
URGINGS ▸ **urging**
URIAL, -S *n* type of sheep
URIC *adj* of or derived from urine
URICASE, -S *n* type of enzyme
URIDINE, -S *n* nucleoside present in all living cells in a combined form, esp in RNA
URIDYLIC *adj* as in **uridylic acid** nucleotide consisting of uracil, ribose, and a phosphate group
URINAL, -S *n* sanitary fitting used by men for urination
URINANT *adj* having the head downwards
URINARY *adj* of urine or the organs that secrete and pass urine ▹ *n* reservoir for urine
URINATE, -D, -S *vb* discharge urine
URINATOR ▸ **urinate**
URINE, -D, -S, URINING *n* pale yellow fluid passed as waste from the body ▹ *vb* urinate
URINEMIA *same as* ▸ **uremia**
URINEMIC ▸ **urinemia**
URINES ▸ **urine**
URINING ▸ **urine**
URINOSE *same as* ▸ **urinous**
URINOUS *adj* of, resembling, or containing urine
URITE, -S *n* part of the abdomen
URMAN, -S *n* forest
URN, -ED, -S *n* vase used as a container for the ashes of the dead ▹ *vb* put in an urn
URNAL ▸ **urn**
URNED ▸ **urn**
URNFIELD *n* cemetery full of individual cremation urns ▹ *adj* characterized by cremation in urns
URNFUL, -S *n* capacity of an urn
URNLIKE ▸ **urn**
URNS ▸ **urn**
UROBILIN *n* brownish pigment found in faeces and sometimes in urine
UROBORIC *adj* of or like a uroboros
UROBOROS *same as* > **ouroboros**
UROCHORD *n* notochord of a larval tunicate, typically confined to the tail region
URODELAN ▸ **urodele**
URODELE, -S *n* amphibian of the order which includes the salamanders and newts
UROGRAM, -S *n* X-ray of the urinary tract
UROLITH, -S *n* calculus in the urinary tract
UROLOGIC ▸ **urology**
UROLOGY *n* branch of medicine concerned with the urinary system and its diseases
UROMERE, -S *n* part of the abdomen
UROPOD, -S *n* paired appendage forms part of the tailfan in lobsters
UROPODAL ▸ **uropod**
UROPODS ▸ **uropod**
UROPYGIA > **uropygium**
UROSCOPY *n* examination of the urine
UROSIS, UROSES *n* urinary disease
UROSOME, -S *n* abdomen of arthropods
UROSTEGE *n* part of a serpent's tail
UROSTOMY *n* type of urinary surgery
UROSTYLE *n* bony rod forming the last segment of the vertebral column of frogs and toads
URP, -ED, -ING, -S *dialect word for* ▸ **vomit**
URSA, -E *n* she-bear
URSID, -S *n* meteor
URSIFORM *adj* bear-shaped or bearlike in form
URSINE *adj* of or like a bear
URSON, -S *n* type of porcupine
URTEXT, -S *n* earliest form of a text
URTEXTE *same as* ▸ **urtexts**
URTEXTS ▸ **urtext**
URTICA, -S *n* type of nettle
URTICANT *n* something that causes itchiness and irritation

URTICAS ▸ **urtica**
URTICATE *adj* characterized by the presence of weals ▹ *vb* sting
URUBU, -S *n* type of bird
URUS, -ES *another name for the* ▸ **aurochs**
URUSHIOL *n* poisonous pale yellow liquid occurring in poison ivy and the lacquer tree
URVA, -S *n* Indian mongoose
US *pron* refers to the speaker or writer and another person or other people
USABLE *adj* able to be used
USABLY ▸ **usable**
USAGE, -S *n* regular or constant use
USAGER, -S *n* person who has the use of something in trust
USAGES ▸ **usage**
USANCE, -S *n* period of time permitted for the redemption of foreign bills of exchange
USAUNCE, -S *same as* ▸ **usance**
USE, -S, USING *vb* put into service or action ▹ *n* using or being used
USEABLE *same as* ▸ **usable**
USEABLY ▸ **usable**
USED *adj* second-hand
USEFUL, -S *adj* able to be used advantageously or for several different purposes ▹ *n* odd-jobman or general factotum
USEFULLY ▸ **useful**
USEFULS ▸ **useful**
USELESS *adj* having no practical use
USER, -S *n* continued exercise, use, or enjoyment of a right, esp in property
USERNAME *n* name given by computer user to gain access
USERS ▸ **user**
USES ▸ **use**
USHER, -ED, -ING, -S *n* official who shows people to their seats, as in a church ▹ *vb* conduct or escort
USHERESS *n* female usher
USHERING ▸ **usher**
USHERS ▸ **usher**
USING ▸ **use**
USNEA, -S *n* type of lichen
USQUABAE *n* whisky
USQUE, -S *n* whisky
USQUEBAE *same as* ▸ **usquabae**
USQUES ▸ **usque**
USTION, -S *n* burning
USTULATE *adj* charred ▹ *vb* give a charred appearance to
USUAL, -S *adj* of the most normal, frequent, or regular type ▹ *n* ordinary or commonplace events
USUALLY *adv* most often, in most cases
USUALS ▸ **usual**
USUCAPT > **usucapion**
USUCAPTS > **usucapion**
USUFRUCT *n* right to use and derive profit from a piece of property belonging to another
USURE, -D, -S, USURING *vb* be involved in usury
USURER, -S *n* person who lends funds at an exorbitant rate of interest
USURES ▸ **usure**
USURESS *n* female usurer
USURIES ▸ **usury**
USURING ▸ **usure**
USURIOUS ▸ **usury**
USUROUS ▸ **usury**
USURP, -ED, -ING, -S *vb* seize (a position or power) without authority
USURPER, -S ▸ **usurp**
USURPING ▸ **usurp**
USURPS ▸ **usurp**
USURY, USURIES *n* practice of lending money at an extremely high rate of interest
USWARD *adv* towards us
USWARDS *same as* ▸ **usward**
UT, -S *n* syllable used in the fixed system of solmization for the note C
UTA *n* side-blotched lizard
UTAS, -ES *n* eighth day of a festival
UTE, -S *same as* ▸ **utility**
UTENSIL, -S *n* tool or container for practical use
UTERI ▸ **uterus**
UTERINE *adj* of or affecting the womb
UTERITIS *n* inflammation of the womb
UTERUS, UTERI, -ES *n* womb
UTES ▸ **ute**
UTILE, -S *n* W African tree
UTILIDOR *n* above-ground insulated casing for pipes in permafrost regions
UTILISE, -D, -S *same as* ▸ **utilize**
UTILISER ▸ **utilise**
UTILISES ▸ **utilise**
UTILITY *n* usefulness ▹ *adj* designed for use rather than beauty
UTILIZE, -D, -S *vb* make practical use of
UTILIZER ▸ **utilize**
UTILIZES ▸ **utilize**
UTIS, -ES *n* uproar
UTMOST, -S *n* the greatest possible degree or amount ▹ *adj* of the greatest possible degree or amount
UTOPIA, -S *n* real or imaginary society, place, state, etc, considered to be perfect or ideal
UTOPIAN, -S *adj* of or relating to a perfect or ideal existence ▹ *n* idealistic social reformer
UTOPIAS ▸ **utopia**
UTOPIAST ▸ **utopia**
UTOPISM, -S ▸ **utopia**
UTOPIST, -S ▸ **utopia**
UTRICLE, -S *n* larger of the two parts of the membranous labyrinth of the internal ear
UTRICULI > **utriculus**
UTS ▸ **ut**
UTTER, -ED, -ER, -ERS, -EST, -ING, -S *vb* express (something) in sounds or words ▹ *adj* total or absolute
UTTERLY *adv* extremely
UTTERS ▸ **utter**
UTU, -S *n* reward
UVA, -E, -S *n* grape or fruit resembling this
UVEA, -S *n* part of the eyeball consisting of the iris, ciliary body, and choroid
UVEAL ▸ **uvea**
UVEAS ▸ **uvea**
UVEITIC ▸ **uveitis**
UVEITIS *n* inflammation of the uvea
UVEOUS ▸ **uvea**
UVULA, -E, -S *n* small fleshy part of the soft palate that hangs in the back of the throat
UVULAR, -S *adj* of or relating to the uvula ▹ *n* uvular consonant
UVULARLY ▸ **uvular**
UVULARS ▸ **uvular**
UVULAS ▸ **uvula**
UVULITIS *n* inflammation of the uvula
UXORIAL *adj* of or relating to a wife
UXORIOUS *adj* excessively fond of or dependent on one's wife

Vv

If you have a **V** on your rack, the first thing to remember is that there are no valid two-letter words beginning with **V**. In fact, there are no two-letter words that end in **V** either, so you can't form any two-letter words using **V**. Remembering this will stop you wasting time trying to think of some. While **V** is useless for two-letter words, it does start some good three-letter words. **Vax**, **vex** and **vox** (13 points each) are the best of these, while **vaw**, **vow** and **vly** (9 each) are also useful.

VAC, -KED, -KING, -S *vb* clean with a vacuum cleaner

Meaning to clean with a vacuum cleaner, this can be a useful short word for dealing with that awkward letter V.

VACANCE, -S *n* vacant period
VACANCY *n* unfilled job
VACANT *adj* (of a toilet, room, etc) unoccupied
VACANTLY ▸ **vacant**
VACATE, -D, -S, VACATING *vb* cause (something) to be empty by leaving
VACATION *n* time when universities and law courts are closed ▹ *vb* take a vacation
VACATUR, -S *n* annulment
VACCINA, -S *same as* ▸ **vaccinia**
VACCINAL *adj* of or relating to vaccine or vaccination
VACCINAS ▸ **vaccina**
VACCINE, -S *n* substance designed to make a person immune to a disease
VACCINEE *n* person who has been vaccinated
VACCINES ▸ **vaccine**
VACCINIA *technical name for* ▸ **cowpox**
VACHERIN *n* soft cheese made from cows' milk
VACKED ▸ **vac**
VACKING ▸ **vac**
VACS ▸ **vac**
VACUA ▸ **vacuum**
VACUATE, -S *vb* empty
VACUATED ▸ **vacuate**
VACUATES ▸ **vacuate**
VACUIST, -S *n* person believing in the existence of vacuums in nature
VACUITY *n* absence of intelligent thought or ideas
VACUOLAR ▸ **vacuole**
VACUOLE, -S *n* fluid-filled cavity in the cytoplasm of a cell
VACUOUS *adj* not expressing intelligent thought
VACUUM, VACUA, -ED, -S *n* empty space from which all or most air or gas has been removed ▹ *vb* clean with a vacuum cleaner
VADE, -S *vb* fade
VADED ▸ **vade**
VADES ▸ **vade**
VADING ▸ **vade**
VADOSE *adj* of or derived from water occurring above the water table
VAE, -S *same as* ▸ **voe**
VAG, -GED, -GING, -S *n* vagrant ▹ *vb* arrest someone for vagrancy
VAGABOND *n* person with no fixed home, esp a beggar
VAGAL *adj* of, relating to, or affecting the vagus nerve
VAGALLY ▸ **vagal**
VAGARIES ▸ **vagary**
VAGARISH ▸ **vagary**
VAGARY, VAGARIES *n* unpredictable change
VAGGED ▸ **vag**
VAGGING ▸ **vag**
VAGI ▸ **vagus**
VAGILE *adj* able to move freely
VAGILITY ▸ **vagile**
VAGINA, -E, -S *n* (in female mammals) passage from the womb to the external genitals
VAGINAL ▸ **vagina**
VAGINANT *adj* sheathing
VAGINAS ▸ **vagina**
VAGINATE *adj* (esp of plant parts) having a sheath
VAGINULA *n* little sheath
VAGINULE *same as* ▸ **vaginula**
VAGITUS *n* new-born baby's cry
VAGOTOMY *n* surgical division of the vagus nerve
VAGRANCY *n* state or condition of being a vagrant
VAGRANT, -S *n* person with no settled home ▹ *adj* wandering
VAGROM *same as* ▸ **vagrant**
VAGS ▸ **vag**
VAGUE, -R, -S, -ST *adj* not clearly explained ▹ *vb* wander
VAGUED ▸ **vague**
VAGUELY ▸ **vague**
VAGUER ▸ **vague**
VAGUES ▸ **vague**
VAGUEST ▸ **vague**
VAGUING ▸ **vague**
VAGUISH *adj* rather vague
VAGUS, VAGI *n* tenth cranial nerve, which supplies the heart, lungs, and viscera
VAHANA, -S *n* vehicle
VAHINE, -S *n* Polynesian woman
VAIL, -ED, -ING, -S *vb* lower (something, such as a weapon), esp as a sign of deference or submission

VAIN, -ER, -EST *adj* excessively proud, esp of one's appearance
VAINESSE *n* vainness
VAINEST ▸ **vain**
VAINLY ▸ **vain**
VAINNESS ▸ **vain**
VAIR, -S *n* fur used to trim robes in the Middle Ages
VAIRE *adj* of Russian squirrel fur
VAIRIER ▸ **vairy**
VAIRIEST ▸ **vairy**
VAIRS ▸ **vair**
VAIRY, VAIRIER, VAIRIEST ▸ **vair**
VAIVODE, -S *n* European ruler
VAKAS, -ES *n* Armenian priestly garment
VAKASS, -ES *n* priest's cloak with a metal breastplate
VAKEEL, -S *n* ambassador
VAKIL, -S *same as* ▸ **vakeel**
VALANCE, -S *n* piece of drapery round the edge of a bed ▹ *vb* provide with a valance
VALANCED ▸ **valance**
VALANCES ▸ **valance**
VALE, -S *n* valley ▹ *sentence substitute* farewell
VALENCE, -S *same as* ▸ **valency**
VALENCIA *n* type of fabric
VALENCY *n* power of an atom to make molecular bonds
VALERATE *n* salt of valeric acid
VALERIAN *n* herb used as a sedative
VALERIC *adj* of, relating to, or derived from valerian
VALES ▸ **vale**
VALET, -ED, -ING, -S *n* man's personal male servant ▹ *vb* act as a valet (for)
VALETA, -S *n* old-time dance in triple time
VALETE, -S *n* farewell
VALETED ▸ **valet**
VALETES ▸ **valete**
VALETING ▸ **valet**
VALETS ▸ **valet**
VALGOID ▸ **valgus**
VALGOUS *same as* ▸ **valgus**
VALGUS, -ES *adj* denoting a deformity of a limb ▹ *n* abnormal position of a limb
VALI, -S *n* Turkish civil governor
VALIANCE ▸ **valiant**
VALIANCY ▸ **valiant**
VALIANT, -S *adj* brave or courageous ▹ *n* brave person
VALID, -ER, -EST *adj* soundly reasoned
VALIDATE *vb* make valid
VALIDER ▸ **valid**
VALIDEST ▸ **valid**
VALIDITY ▸ **valid**
VALIDLY ▸ **valid**
VALINE, -S *n* essential amino acid
VALIS ▸ **vali**
VALISE, -S *n* small suitcase
VALIUM, -S *n* as in **valium picnic** refers to a day on the New York Stock Exchange when business is slow
VALKYR, -S *variant of* ▸ **valkyrie**
VALKYRIE *n* Norse maiden who collects dead warriors to take to Valhalla
VALKYRS ▸ **valkyr**
VALLAR, -S *adj* pertaining to a rampart ▹ *n* gold Roman crown awarded to the first soldier who broke into the enemy's camp
VALLARY *n* Roman circular gold crown
VALLATE *adj* surrounded with a wall
VALLEY, -S *n* low area between hills, often with a river running through it
VALLEYED *adj* having a valley
VALLEYS ▸ **valley**
VALLHUND *n* Swedish breed of dog
VALLONIA *same as* ▸ **valonia**
VALLUM, -S *n* Roman rampart or earthwork
VALONEA, -S *same as* ▸ **valonia**
VALONIA, -S *n* acorn cups and unripe acorns of a particular oak
VALOR, -S *same as* ▸ **valour**
VALORISE *same as* ▸ **valorize**
VALORIZE *vb* fix and maintain an artificial price for (a commodity) by governmental action
VALOROUS ▸ **valour**
VALORS ▸ **valor**
VALOUR, -S *n* bravery; brave person
VALPROIC *adj* as in **valproic acid** synthetic crystalline compound, used as an anticonvulsive
VALSE, -D, -S, VALSING *another word for* ▸ **waltz**
VALUABLE *adj* having great worth ▹ *n* valuable article of personal property, esp jewellery
VALUABLY ▸ **valuable**
VALUATE, -D, -S *vb* value or evaluate
VALUATOR *n* person who estimates the value of objects, paintings, etc
VALUE, -D, -S, VALUING *n* importance, usefulness ▹ *vb* assess the worth or desirability of
VALUER, -S ▸ **value**
VALUES ▸ **value**
VALUING ▸ **value**
VALUTA, -S *n* value of one currency in terms of its exchange rate with another
VALVAL *same as* ▸ **valvular**
VALVAR *same as* ▸ **valvular**
VALVATE *adj* furnished with a valve or valves
VALVE, -S *n* device to control the movement of fluid through a pipe ▹ *vb* provide with a valve
VALVED ▸ **valve**
VALVELET *same as* ▸ **valvule**
VALVES ▸ **valve**
VALVING ▸ **valve**
VALVULA, -E *same as* ▸ **valvule**
VALVULAR *adj* of or having valves
VALVULE, -S *n* small valve or a part resembling one
VAMBRACE *n* piece of armour used to protect the arm
VAMOOSE, -D, -S *vb* leave a place hurriedly
VAMOSE, -S *same as* ▸ **vamoose**
VAMOSED ▸ **vamose**
VAMOSES ▸ **vamose**
VAMOSING ▸ **vamose**
VAMP, -ED, -S *n* attractive woman who exploits men ▹ *vb* exploit (a man) in the fashion of a vamp
VAMPER, -S ▸ **vamp**
VAMPIER ▸ **vampy**
VAMPIEST ▸ **vampy**
VAMPING, -S ▸ **vamp**
VAMPIRE, -D, -S *n* (in folklore) corpse that rises at night to drink the blood of the living ▹ *vb* assail
VAMPIRIC ▸ **vampire**
VAMPISH ▸ **vamp**
VAMPLATE *n* piece of metal mounted on a lance to protect the hand
VAMPS ▸ **vamp**
VAMPY, VAMPIER, VAMPIEST ▸ **vamp**

VAN, -S *n* motor vehicle for transporting goods ▷ *vb* send in a van
VANADATE *n* any salt or ester of a vanadic acid
VANADIC *adj* of or containing vanadium, esp in a trivalent or pentavalent state
VANADIUM *n* metallic element, used in steel
VANADOUS *adj* of or containing vanadium
VANDA, -S *n* type of orchid
VANDAL, -S *n* person who deliberately damages property
VANDALIC ▶ **vandal**
VANDALS ▶ **vandal**
VANDAS ▶ **vanda**
VANDYKE, -D, -S *n* short pointed beard ▷ *vb* cut with deep zigzag indentations
VANE, -S *n* flat blade on a rotary device such as a weathercock or propeller
VANED ▶ **vane**
VANELESS ▶ **vane**
VANES ▶ **vane**
VANESSA, -S *n* type of butterfly
VANESSID *n* type of butterfly ▷ *adj* relating to this butterfly
VANG, -S *n* type of rope or tackle on a sailing ship
VANGUARD *n* unit of soldiers leading an army
VANILLA, -S *n* seed pod of a tropical climbing orchid, used for flavouring ▷ *adj* flavoured with vanilla
VANILLIC *adj* of, resembling, containing, or derived from vanilla or vanillin
VANILLIN *n* white crystalline aldehyde found in vanilla
VANISH, -ED, -ES *vb* disappear suddenly or mysteriously ▷ *n* second and weaker of the two vowels in a falling diphthong
VANISHER ▶ **vanish**
VANISHES ▶ **vanish**
VANITAS *n* type of Dutch painting
VANITIED *adj* with vanity units or mirrors
VANITIES ▶ **vanity**
VANITORY *n* vanity unit
VANITY, VANITIES *n* (display of) excessive pride
VANLIKE *adj* like a van
VANLOAD, -S *n* amount van will carry
VANMAN, VANMEN *n* man in control of a van
VANNED ▶ **van**
VANNER, -S *n* horse used to pull delivery vehicles
VANNING, -S ▶ **van**
VANPOOL, -S *n* van-sharing group
VANQUISH *vb* defeat (someone) utterly
VANS ▶ **van**
VANT, -S *archaic word for* ▶ **vanguard**
VANTAGE, -D, -S *n* state, position, or opportunity offering advantage ▷ *vb* benefit
VANTS ▶ **vant**
VANWARD *adv* in or towards the front
VAPE, -D, -S *vb* inhale nicotine vapour (from an electronic cigarette)
VAPER, -S *n* one who inhales nicotine vapour from an electronic cigarette
VAPES ▶ **vape**
VAPID, -ER, -EST *adj* lacking character, dull
VAPIDITY ▶ **vapid**
VAPIDLY ▶ **vapid**
VAPING, -S *n* the practice of inhaling nicotine vapour (from an electronic cigarette)
VAPOR, -ED, -ING, -S *same as* ▶ **vapour**
VAPORER, -S ▶ **vapor**
VAPORIER ▶ **vapory**
VAPORING ▶ **vapor**
VAPORISE *same as* ▶ **vaporize**
VAPORISH ▶ **vapor**
VAPORIZE *vb* change into a vapour
VAPOROUS *same as* > **vaporific**
VAPORS ▶ **vapor**
VAPORY, VAPORIER *same as* ▶ **vapoury**
VAPOUR, -ED, -S *n* moisture suspended in air as steam or mist ▷ *vb* evaporate
VAPOURER ▶ **vapour**
VAPOURS ▶ **vapour**
VAPOURY *adj* full of vapours
VAPULATE *vb* strike
VAQUERO, -S *n* cattle-hand
VAR, -S *n* unit of reactive power of an alternating current
VARA, -S *n* unit of length used in Spain, Portugal, and South America
VARACTOR *n* semiconductor diode that acts as a voltage-dependent capacitor
VARAN, -S *n* type of lizard
VARAS ▶ **vara**
VARDY, VARDIES *n* verdict
VARE, -S *n* rod
VAREC, -S *n* ash obtained from kelp
VARECH, -S *same as* ▶ **varec**
VARECS ▶ **varec**
VARENYKY *pl n* Ukrainian stuffed dumplings
VARES ▶ **vare**
VAREUSE, -S *n* type of coat
VARGUENO *n* type of Spanish cabinet
VARIA, -S *n* collection or miscellany, esp of literary works
VARIABLE *adj* not always the same, changeable ▷ *n* something that is subject to variation
VARIABLY ▶ **variable**
VARIANCE *n* act of varying
VARIANT, -S *adj* differing from a standard or type ▷ *n* something that differs from a standard or type
VARIAS ▶ **varia**
VARIATE, -D, -S *n* random variable or a numerical value taken by it ▷ *vb* vary
VARICEAL *adj* relating to a varix
VARICES ▶ **varix**
VARICOID *same as* ▶ **cirsoid**
VARICOSE *adj* of or resulting from varicose veins
VARIED ▶ **vary**
VARIEDLY ▶ **vary**
VARIER, -S *n* person who varies
VARIES ▶ **vary**
VARIETAL *adj* of or forming a variety, esp a biological variety ▷ *n* wine labelled with the name of the grape from which it is pressed
VARIETY *n* state of being diverse or various
VARIFORM *adj* varying in form or shape
VARIOLA, -S *n* smallpox
VARIOLAR ▶ **variola**
VARIOLAS ▶ **variola**
VARIOLE, -S *n* any of the rounded masses that make up the rock variolite
VARIORUM *adj* containing notes by various scholars or critics or various versions of the text ▷ *n* edition or text of this kind
VARIOUS *adj* of several kinds

V

VARISTOR *n* type of semiconductor device
VARITYPE *vb* produce (copy) on a Varityper ▷ *n* copy produced on a Varityper
VARIX, VARICES *n* tortuous dilated vein
VARLET, -S *n* menial servant
VARLETRY *n* varlets collectively
VARLETS ▶ **varlet**
VARLETTO *same as* ▶ **varlet**
VARMENT, -S *same as* ▶ **varmint**
VARMINT, -S *n* irritating or obnoxious person or animal
VARNA, -S *n* any of the four Hindu castes
VARNISH *n* solution of oil and resin, put on a surface to make it hard and glossy ▷ *vb* apply varnish to
VARNISHY *adj* like varnish
VAROOM *same as* ▶ **vroom**
VAROOMED *same as* ▶ **varoom**
VAROOMS *same as* ▶ **varoom**
VARROA, -S *n* small parasite
VARS ▶ **var**
VARSAL *adj* universal
VARSITY *n* university
VARTABED *n* position in the Armenian church
VARUS, -ES *adj* denoting a deformity of a limb ▷ *n* abnormal position of a limb
VARVE, -S *n* typically thin band of sediment deposited annually in glacial lakes
VARVED *adj* having layers of sedimentary deposit
VARVEL, -S *n* piece of falconry equipment
VARVES ▶ **varve**
VARY, VARIED, VARIES *vb* change
VARYING, -S ▶ **vary**
VAS, -A *n* vessel or tube that carries a fluid
VASAL ▶ **vas**
VASCULA ▶ **vasculum**
VASCULAR *adj* relating to vessels
VASCULUM, VASCULA *n* metal box used by botanists in the field for carrying botanical specimens
VASE, -S *n* ornamental jar, esp for flowers
VASEFUL, -S *n* contents of a vase
VASELIKE ▶ **vase**
VASELINE *n* translucent gelatinous substance obtained from petroleum ▷ *vb* apply vaseline to
VASES ▶ **vase**
VASIFORM ▶ **vas**
VASOTOMY *n* surgery on the vas deferens
VASSAIL, -S *archaic variant of* ▶ **vassal**
VASSAL, -S *n* man given land by a lord in return for military service ▷ *adj* of or relating to a vassal ▷ *vb* vassalize
VASSALRY *n* vassalage
VASSALS ▶ **vassal**
VAST, -ER, -EST, -S *adj* extremely large ▷ *n* immense or boundless space
VASTIER ▶ **vasty**
VASTIEST ▶ **vasty**
VASTITY ▶ **vast**
VASTLY ▶ **vast**
VASTNESS ▶ **vast**
VASTS ▶ **vast**
VASTY, VASTIER, VASTIEST *archaic or poetic word for* ▶ **vast**
VAT, -S, -TED, -TING *n* large container for liquids ▷ *vb* place, store, or treat in a vat
VATABLE *adj* subject to VAT
VATFUL, -S *n* amount enough to fill a vat
VATIC *adj* of or characteristic of a prophet
VATICAL *same as* ▶ **vatic**
VATICIDE *n* murder of a prophet
VATMAN, VATMEN *n* Customs and Excise employee
VATS ▶ **vat**
VATTED ▶ **vat**
VATTER, -S *n* person who works with vats; blender
VATTING ▶ **vat**
VATU, -S *n* standard monetary unit of Vanuatu
VAU, -S *same as* ▶ **vav**
VAUCH, -ED, -ES, -ING *vb* move fast
VAUDOO, -S *same as* ▶ **voodoo**
VAUDOUX *same as* ▶ **voodoo**
VAULT, -ED, -S *n* secure room for storing valuables ▷ *vb* jump over (something) by resting one's hand(s) on it
VAULTAGE *n* group of vaults
VAULTED ▶ **vault**
VAULTER, -S ▶ **vault**
VAULTIER ▶ **vaulty**
VAULTING *n* arrangement of ceiling vaults in a building ▷ *adj* excessively confident
VAULTS ▶ **vault**
VAULTY, VAULTIER *adj* arched
VAUNCE, -D, -S, VAUNCING *same as* ▶ **advance**
VAUNT, -ED, -ING, -S *vb* describe or display (success or possessions) boastfully ▷ *n* boast
VAUNTAGE *archaic variant of* ▶ **vantage**
VAUNTED ▶ **vaunt**
VAUNTER, -S ▶ **vaunt**
VAUNTERY *n* bravado
VAUNTFUL ▶ **vaunt**
VAUNTIE *same as* ▶ **vaunty**
VAUNTIER ▶ **vaunty**
VAUNTING ▶ **vaunt**
VAUNTS ▶ **vaunt**
VAUNTY, VAUNTIER *adj* proud
VAURIEN, -S *n* rascal
VAUS ▶ **vau**
VAUT, -S *same as* ▶ **vault**
VAUTE, -D, -S, VAUTING *same as* ▶ **vault**
VAUTS ▶ **vaut**
VAV, -S *n* sixth letter of the Hebrew alphabet

> It is surprising how often one wants to get rid of two Vs, and when one does, this word, the name of a Hebrew letter, fits the bill nicely. It has an equally useful variant **vaw**.

VAVASOR, -S *n* (in feudal society) vassal who also has their own vassals
VAVASORY *n* lands held by a vavasor
VAVASOUR *same as* ▶ **vavasor**
VAVASSOR *same as* ▶ **vavasor**
VAVS ▶ **vav**
VAW, -S *same as* ▶ **vav**
VAWARD, -S *n* vanguard
VAWNTIE, -R ▶ **vaunt**
VAWS ▶ **vaw**
VAWTE, -D, -S, VAWTING *same as* ▶ **vault**
VAX, -ES *n* vaccination
VEAL, -ED, -ING, -S *n* calf meat ▷ *vb* rear (calves) for use as veal
VEALE, -S *Spenserian word for* ▶ **veil**
VEALED ▶ **veal**
VEALER, -S *n* young bovine animal of up to 14 months old grown for veal
VEALES ▶ **veale**
VEALIER ▶ **vealy**
VEALIEST ▶ **vealy**
VEALING ▶ **veal**
VEALS ▶ **veal**

V

VEALY, VEALIER, VEALIEST ▶ **veal**
VECTOR, -ED, -S *n* quantity that has size and direction, such as force ▷ *vb* direct or guide (a pilot) by directions transmitted by radio
VEDALIA, -S *n* Australian ladybird which is a pest of citrus fruits
VEDETTE, -S *n* small patrol vessel
VEDUTA, -S, VEDUTE *n* painting of a town or city
VEE, -S *n* letter 'v'
VEEJAY, -S *n* video jockey
VEENA, -S *same as* ▶ **vina**
VEEP, -S *n* vice president
VEEPEE, -S *n* vice president
VEEPS ▶ **veep**
VEER, -ED, -ING, -INGS, -S *vb* change direction suddenly ▷ *n* change of course or direction
VEERIES ▶ **veery**
VEERING ▶ **veer**
VEERINGS ▶ **veer**
VEERS ▶ **veer**
VEERY, VEERIES *n* tawny brown North American thrush
VEES ▶ **vee**
VEG, -ES, -GED, -GES, -GING *n* vegetable or vegetables ▷ *vb* relax

Veg is a short form of **vegetable**. If someone plays this, remember that you can add an A or O to it to form **vega** or **vego**.

VEGA, -S *n* tobacco plantation
VEGAN, -S *n* person who eats no meat, fish, eggs, or dairy products ▷ *adj* suitable for a vegan
VEGANIC *adj* farmed without the use of animal products or byproducts
VEGANISM ▶ **vegan**
VEGANS ▶ **vegan**
VEGAS ▶ **vega**
VEGELATE *n* type of chocolate
VEGEMITE *n* informal Australian word for a child
VEGES ▶ **veg**
VEGETAL, -S *adj* of or relating to plant life ▷ *n* vegetable
VEGETANT *adj* causing growth or vegetation-like
VEGETATE *vb* live a dull boring life with no mental stimulation
VEGETE *adj* lively
VEGETIST *n* vegetable cultivator or enthusiast
VEGETIVE *adj* dull or passive ▷ *n* vegetable
VEGGED ▶ **veg**
VEGGES ▶ **veg**
VEGGIE, -R, -S, -ST *n* vegetable ▷ *adj* vegetarian
VEGGING ▶ **veg**
VEGIE, -R, -S, -ST *n* vegetable ▷ *adj* vegetarian
VEGO, -S *adj* vegetarian ▷ *n* vegetarian
VEHEMENT *adj* expressing strong feelings
VEHICLE, -S *n* machine for carrying people or objects
VEHM, -E *n* type of medieval German court
VEHMIC ▶ **vehm**
VEHMIQUE ▶ **vehm**
VEIL, -S *n* piece of thin cloth covering the head or face ▷ *vb* cover with or as if with a veil
VEILED *adj* disguised
VEILEDLY ▶ **veiled**
VEILER, -S ▶ **veil**
VEILIER ▶ **veily**
VEILIEST ▶ **veily**
VEILING, -S *n* veil or the fabric used for veils
VEILLESS ▶ **veil**
VEILLIKE ▶ **veil**
VEILS ▶ **veil**
VEILY, VEILIER, VEILIEST ▶ **veil**
VEIN, -ED, -S *n* tube that takes blood to the heart ▷ *vb* diffuse over or cause to diffuse over in streaked patterns
VEINAL ▶ **vein**
VEINED ▶ **vein**
VEINER, -S *n* wood-carving tool
VEINIER ▶ **veiny**
VEINIEST ▶ **veiny**
VEINING, -S *n* pattern or network of veins or streaks
VEINLESS ▶ **vein**
VEINLET, -S *n* any small vein or venule
VEINLIKE ▶ **vein**
VEINOUS ▶ **vein**
VEINS ▶ **vein**
VEINULE, -S *less common spelling of* ▶ **venule**
VEINULET *same as* ▶ **veinlet**
VEINY, VEINIER, VEINIEST ▶ **vein**
VELA ▶ **velum**
VELAMEN, VELAMINA *n* thick layer of dead cells that covers the aerial roots of certain orchids
VELAR, -S *adj* of, relating to, or attached to a velum ▷ *n* velar sound
VELARIA ▶ **velarium**
VELARIC ▶ **velar**
VELARISE *same as* ▶ **velarize**
VELARIUM, VELARIA *n* awning used to protect the audience in ancient Roman theatres and amphitheatres
VELARIZE *vb* supplement the pronunciation of (a speech sound) with articulation at the soft palate
VELARS ▶ **velar**
VELATE *adj* having or covered with velum
VELATED *same as* ▶ **velate**
VELATURA *n* overglaze
VELCRO, -S *n* tradename for a fastening of two strips of nylon fabric pressed together
VELD, -S *n* high grassland in southern Africa
VELDT, -S *same as* ▶ **veld**
VELE, -S *same as* ▶ **veil**
VELETA, -S *same as* ▶ **valeta**
VELIGER, -S *n* free-swimming larva of many molluscs
VELITES *pl n* light-armed troops in ancient Rome, drawn from the poorer classes
VELL, -S *n* salted calf's stomach, used in cheese making
VELLEITY *n* weakest level of desire or volition
VELLET, -S *n* velvet
VELLON, -S *n* silver and copper alloy used in old Spanish coins
VELLS ▶ **vell**
VELLUM, -S *n* fine calfskin parchment ▷ *adj* made of or resembling vellum
VELLUS *n* as in **vellus hair** short fine unpigmented hair covering the human body
VELOCE *adv* to be played rapidly
VELOCITY *n* speed of movement in a given direction
VELOUR *n* fabric similar to velvet
VELOURS *same as* ▶ **velour**
VELOUTE, -S *n* rich white sauce or soup made from stock, egg yolks, and cream
VELSKOEN *n* type of shoe
VELUM, VELA *n* any of various membranous structures
VELURE, -S *n* velvet or a similar fabric ▷ *vb* cover with velure

VELURED ▸**velure**
VELURES ▸**velure**
VELURING ▸**velure**
VELVERET *n* type of velvet-like fabric
VELVET, -ED, -S *n* fabric with a thick soft pile ▹*vb* cover with velvet
VELVETY ▸**velvet**
VENA, -E *n* vein in the body
VENAL *adj* easily bribed
VENALITY ▸**venal**
VENALLY ▸**venal**
VENATIC *adj* of, relating to, or used in hunting
VENATION *n* arrangement of the veins in a leaf or in the wing of an insect
VENATOR, -S *n* hunter
VEND, -ED, -S *vb* sell
VENDABLE ▸**vend**
VENDACE, -S *n* either of two small whitefish occurring in lakes in Scotland and NW England
VENDAGE, -S *n* vintage
VENDANGE *same as* ▸**vendage**
VENDED ▸**vend**
VENDEE, -S *n* person to whom something, esp real property, is sold
VENDER, -S *same as* ▸**vendor**
VENDETTA *n* long-lasting quarrel between people in which they attempt to harm each other
VENDEUSE *n* female salesperson
VENDIBLE *adj* saleable or marketable ▹*n* saleable object
VENDIBLY ▸**vendible**
VENDING, -S ▸**vend**
VENDIS, -ES *same as* ▸**vendace**
VENDISS *same as* ▸**vendace**
VENDOR, -S *n* person who sells goods such as newspapers or hamburgers from a stall or cart
VENDS ▸**vend**
VENDUE, -S *n* public sale
V
VENEER, -ED, -S *n* thin layer of wood etc covering a cheaper material ▹*vb* cover (a surface) with a veneer
VENEERER ▸**veneer**
VENEERS ▸**veneer**
VENEFIC *adj* having poisonous effects
VENENATE *vb* poison
VENENE, -S *n* medicine from snake venom
VENENOSE *adj* poisonous
VENERATE *vb* hold (a person) in deep respect
VENEREAL *adj* of or involving the genitals
VENERER, -S *n* hunter
VENETIAN *n* Venetian blind
VENEWE, -S *same as* ▸**venue**
VENEY, -S *n* thrust
VENGE, -D, -S, VENGING *vb* avenge
VENGEFUL *adj* wanting revenge
VENGER, -S ▸**venge**
VENGES ▸**venge**
VENGING ▸**venge**
VENIAL *adj* (of a sin or fault) easily forgiven
VENIALLY ▸**venial**
VENIDIUM *n* genus of flowering plants
VENIN, -S *n* any of the poisonous constituents of animal venoms
VENINE, -S *same as* ▸**venin**
VENINS ▸**venin**
VENIRE, -S *n* list from which jurors are selected
VENISON, -S *n* deer meat
VENITE, -S *n* musical setting for the 95th psalm
VENNEL, -S *n* lane
VENOGRAM *n* X-ray of a vein
VENOLOGY *n* study of veins
VENOM, -ED, -ING, -S *n* malice or spite ▹*vb* poison
VENOMER, -S ▸**venom**
VENOMING ▸**venom**
VENOMOUS ▸**venom**
VENOMS ▸**venom**
VENOSE *adj* having veins
VENOSITY *n* excessive quantity of blood in the venous system or in an organ or part
VENOUS *adj* of veins
VENOUSLY ▸**venous**
VENT, -ED, -ING, -INGS, -S *n* outlet releasing fumes or fluid ▹*vb* express (an emotion) freely
VENTAGE, -S *n* small opening
VENTAIL, -S *n* (in medieval armour) a covering for the lower part of the face
VENTAILE *same as* ▸**ventail**
VENTAILS ▸**ventail**
VENTANA, -S *n* window
VENTAYLE *same as* ▸**ventail**
VENTED ▸**vent**
VENTER, -S ▸**vent**
VENTIGE, -S *same as* ▸**ventage**
VENTIL, -S *n* valve on a musical instrument
VENTING ▸**vent**
VENTINGS ▸**vent**
VENTLESS ▸**vent**
VENTOSE, -S *adj* full of wind ▹*n* apparatus sometimes used to assist the delivery of a baby
VENTOUSE *n* ventose
VENTRAL, -S *adj* relating to the front of the body ▹*n* ventral fin
VENTRE, -S *same as* ▸**venture**
VENTRED ▸**ventre**
VENTRES ▸**ventre**
VENTRING ▸**ventre**
VENTROUS ▸**ventre**
VENTS ▸**vent**
VENTURE, -D, -S *n* risky undertaking, esp in business ▹*vb* do something risky
VENTURER ▸**venture**
VENTURES ▸**venture**
VENTURI, -S *n* tube used to control the flow of fluid
VENUE, -S *n* place where an organized gathering is held
VENULAR ▸**venule**
VENULE, -S *n* any of the small branches of a vein
VENULOSE ▸**venule**
VENULOUS ▸**venule**
VENUS, -ES *n* type of marine bivalve mollusc
VENVILLE *n* type of parish tenure
VERA *adj* as in **aloe vera** plant substance used in skin and hair preparations
VERACITY *n* truthfulness
VERANDA, -S *n* porch or portico along the outside of a building
VERANDAH *same as* ▸**veranda**
VERANDAS ▸**veranda**
VERATRIA *same as* > **veratrine**
VERATRIN *same as* > **veratrine**
VERATRUM *n* genus of herbs
VERB, -S *n* word that expresses the idea of action, happening, or being
VERBAL, -S *adj* spoken ▹*n* abuse or invective ▹*vb* implicate (someone) in a crime by quoting alleged admission of guilt in court
VERBALLY ▸**verbal**
VERBALS ▸**verbal**
VERBATIM *adj* word for word ▹*adv* using exactly the same words

VERBENA, -S *n* plant with sweet-smelling flowers
VERBIAGE *n* excessive use of words
VERBID, -S *n* any nonfinite form of a verb or any nonverbal word derived from a verb
VERBIFY *another word for* > **verbalize**
VERBILE, -S *n* person who is best stimulated by words
VERBING, -S *n* use of nouns as verbs
VERBLESS ▸ **verb**
VERBOSE, -R *adj* speaking at tedious length
VERBOTEN *adj* forbidden
VERBS ▸ **verb**
VERD *n* as in **verd antique** dark green mottled impure variety of serpentine marble
VERDANCY ▸ **verdant**
VERDANT *adj* covered in green vegetation
VERDELHO *n* type of grape
VERDERER *n* officer responsible for the maintenance of law and order in the royal forests
VERDEROR *same as* ▸ **verderer**
VERDET, -S *n* type of verdigris
VERDICT, -S *n* decision of a jury
VERDIN, -S *n* small W North American tit having grey plumage with a yellow head
VERDIT, -S *same as* ▸ **verdict**
VERDITE, -S *n* type of rock used in jewellery
VERDITER *n* blue-green pigment made from copper
VERDITES ▸ **verdite**
VERDITS ▸ **verdit**
VERDOY, -S *n* floral or leafy shield decoration
VERDURE, -S *n* flourishing green vegetation
VERDURED ▸ **verdure**
VERDURES ▸ **verdure**
VERECUND *adj* shy or modest
VERGE, -D, -S, VERGING *n* grass border along a road ▹ *vb* move in a specified direction
VERGENCE *n* inward or outward turning movement of the eyes in convergence or divergence
VERGENCY *adj* inclination
VERGER, -S *n* church caretaker
VERGES ▸ **verge**
VERGING ▸ **verge**
VERGLAS *n* thin film of ice on rock
VERIDIC *same as* > **veridical**
VERIER ▸ **very**
VERIEST ▸ **very**
VERIFIED ▸ **verify**
VERIFIER ▸ **verify**
VERIFY, VERIFIED, VERIFIES *vb* check the truth or accuracy of
VERILY *adv* in truth
VERISM, -S *n* extreme naturalism in art or literature
VERISMO, -S *n* school of composition that originated in Italian opera
VERISMS ▸ **verism**
VERIST, -S ▸ **verism**
VERISTIC ▸ **verism**
VERISTS ▸ **verist**
VERITAS *n* truth
VERITE, -S *adj* involving a high degree of realism or naturalism ▹ *n* this kind of realism in film
VERITY, VERITIES *n* true statement or principle
VERJUICE *n* acid juice of unripe grapes, apples, or crab apples ▹ *vb* make sour
VERJUS, -ES *n* acid juice of unripe grapes, apples, or crab apples
VERKRAMP *adj* bigoted or illiberal
VERLAN, -S *n* variety of French slang in which the syllables are inverted
VERLIG *adj* enlightened
VERLIGTE *n* (during apartheid) a White political liberal
VERMAL ▸ **vermis**
VERMEIL, -S *n* gilded silver, bronze, or other metal, used esp in the 19th century ▹ *vb* decorate with vermeil ▹ *adj* vermilion
VERMELL, -S *same as* ▸ **vermeil**
VERMES ▸ **vermis**
VERMIAN ▸ **vermis**
VERMIL, -S *same as* ▸ **vermeil**
VERMILY ▸ **vermeil**
VERMIN, -S *pl n* animals, esp insects and rodents, that spread disease or cause damage
VERMINED *adj* plagued with vermin
VERMINS ▸ **vermin**
VERMINY *adj* full of vermin
VERMIS, VERMES *n* middle lobe connecting the two halves of the cerebellum
VERMOULU *adj* worm-eaten
VERMOUTH *n* wine flavoured with herbs
VERMUTH, -S *same as* ▸ **vermouth**
VERNACLE *same as* ▸ **vernicle**
VERNAL *adj* occurring in spring
VERNALLY ▸ **vernal**
VERNANT ▸ **vernal**
VERNICLE *n* veronica
VERNIER, -S *n* movable scale on a measuring instrument for taking readings in fractions
VERNIX, -ES *n* white substance covering the skin of a foetus
VERONAL, -S *n* long-acting barbiturate used medicinally
VERONICA *n* plant with small blue, pink, or white flowers
VERQUERE *n* type of backgammon game
VERQUIRE *variant of* ▸ **verquere**
VERRA *Scot word for* ▸ **very**
VERREL, -S *n* ferrule
VERREY *same as* ▸ **vair**
VERRINE, -S *n* starter, dessert, or other dish served in a glass
VERRUCA, -E, -S *n* wart, usu on the foot
VERRUGA, -S *same as* ▸ **verruca**
VERRY *same as* ▸ **vair**
VERS *n* verse
VERSAL, -S *n* embellished letter
VERSANT, -S *n* side or slope of a mountain or mountain range
VERSE, -S *n* group of lines forming part of a song or poem ▹ *vb* write verse
VERSED *adj* thoroughly knowledgeable (about)
VERSELET *n* small verse
VERSEMAN, VERSEMEN *n* man who writes verse
VERSER, -S *n* versifier
VERSES ▸ **verse**
VERSET, -S *n* short, often sacred, verse
VERSICLE *n* short verse
VERSIFY *vb* write in verse
VERSIN, -S *same as* ▸ **versine**
VERSINE, -S *n* mathematical term

VERSING, -S ▸ **verse**
VERSINS ▸ **versin**
VERSION, -S *n* form of something, with some differences from other forms ▹ *vb* keep track of the changes made to a computer file at different stages
VERSO, -S *n* left-hand page of a book
VERST, -S *n* unit of length used in Russia
VERSTE, -S *same as* ▸ **verst**
VERSTS ▸ **verst**
VERSUS *prep* in opposition to or in contrast with
VERSUTE *adj* cunning
VERT, -ED, -ING, -S *n* right to cut green wood in a forest ▹ *vb* turn
VERTEBRA *n* one of the bones that form the spine
VERTED ▸ **vert**
VERTEX, -ES, VERTICES *n* point on a geometric figure where the sides form an angle
VERTICAL *adj* straight up and down ▹ *n* vertical direction
VERTICES ▸ **vertex**
VERTICIL *n* circular arrangement of parts about an axis, esp leaves around a stem
VERTIGO, -S *n* dizziness, usu when looking down from a high place
VERTING ▸ **vert**
VERTISOL *n* type of clayey soil
VERTS ▸ **vert**
VERTU, -S *same as* ▸ **virtu**
VERTUE, -S *same as* ▸ **virtu**
VERTUOUS ▸ **vertu**
VERTUS ▸ **vertu**
VERVAIN, -S *n* plant with spikes of blue, purple, or white flowers
VERVE, -S *n* enthusiasm or liveliness
VERVEL, -S *same as* ▸ **varvel**
VERVEN, -S *same as* ▸ **vervain**
VERVES ▸ **verve**
VERVET, -S *n* variety of a South African guenon monkey
VERY, VERIER, VERIEST *adv* more than usually, extremely ▹ *adj* absolute, exact
VESICA, -E, -S *n* bladder
VESICAL *adj* of or relating to a vesica, esp the urinary bladder
VESICANT *n* any substance that causes blisters ▹ *adj* acting as a vesicant
VESICAS ▸ **vesica**
VESICATE *vb* blister
VESICLE, -S *n* sac or small cavity
VESICULA *n* vesicle
VESPA, -S *n* type of wasp
VESPER *n* evening prayer, service, or hymn
VESPERAL *n* liturgical book containing the prayers, psalms, and hymns used at vespers
VESPERS *pl n* service of evening prayer
VESPIARY *n* nest or colony of social wasps or hornets
VESPID, -S *n* insect of the family that includes the common wasp and hornet ▹ *adj* of or belonging to this family
VESPINE *adj* of, relating to, or resembling a wasp or wasps
VESPOID *adj* like a wasp
VESSAIL, -S *archaic variant of* ▸ **vessel**
VESSEL, -ED, -S *n* container or ship ▹ *adj* contained in a vessel
VEST, -S *n* undergarment worn on the top half of the body ▹ *vb* give (authority) to (someone)
VESTA, -S *n* short friction match, usually of wood
VESTAL, -S *adj* pure, chaste ▹ *n* chaste woman
VESTALLY ▸ **vestal**
VESTALS ▸ **vestal**
VESTAS ▸ **vesta**
VESTED *adj* having an existing right to the immediate or future possession of property
VESTEE, -S *n* person having a vested interest in something
VESTIARY *n* room for storing clothes or dressing in, such as a vestry ▹ *adj* of or relating to clothes
VESTIGE, -S *n* small amount or trace
VESTIGIA > **vestigium**
VESTING, -S ▸ **vest**
VESTLESS ▸ **vest**
VESTLIKE ▸ **vest**
VESTMENT *n* garment or robe, esp one denoting office, authority, or rank
VESTRAL ▸ **vestry**
VESTRY, VESTRIES *n* room in a church used as an office by the priest or minister
VESTS ▸ **vest**
VESTURAL ▸ **vesture**
VESTURE, -D, -S *n* garment or something that seems like a garment ▹ *vb* clothe
VESTURER *n* person in charge of church vestments
VESTURES ▸ **vesture**
VESUVIAN *n* match for lighting cigars
VET, -S, -TED *vb* check the suitability of ▹ *n* military veteran
VETCH, -ES *n* climbing plant with a beanlike fruit used as fodder
VETCHY, VETCHIER *adj* consisting of vetches
VETERAN, -S *n* person with long experience in a particular activity ▹ *adj* long-serving
VETIVER, -S *n* tall hairless grass of tropical and subtropical Asia
VETIVERT *n* oil from the vetiver
VETKOEK, -S *n* South African cake
VETO, -ED, -ES, -ING *n* official power to cancel a proposal ▹ *vb* enforce a veto against
VETOER, -S ▸ **veto**
VETOES ▸ **veto**
VETOING ▸ **veto**
VETOLESS ▸ **veto**
VETS ▸ **vet**
VETTED ▸ **vet**
VETTER, -S ▸ **vet**
VETTING, -S *n* as in **positive vetting** checking a person's background to assess their suitability of an important post
VETTURA, -S *n* Italian mode of transport
VEX, -ES *vb* frustrate, annoy
VEXATION *n* something annoying
VEXATORY ▸ **vex**
VEXED *adj* annoyed and puzzled
VEXEDLY ▸ **vexed**
VEXER, -S ▸ **vex**
VEXES ▸ **vex**
VEXIL, -S *same as* ▸ **vexillum**
VEXILLA ▸ **vexillum**
VEXILLAR ▸ **vexillum**
VEXILLUM, VEXILLA *n* vane of a feather
VEXILS ▸ **vexil**
VEXING, -S ▸ **vex**

VEXINGLY ▸ **vex**
VEXINGS ▸ **vexing**
VEXT *same as* ▸ **vexed**
VEZIR, -S *same as* ▸ **vizier**
VIA, -E, -S *prep* by way of ▹ *n* road
VIABLE *adj* able to be put into practice
VIABLY ▸ **viable**
VIADUCT, -S *n* bridge over a valley
VIAE ▸ **via**
VIAL, -ED, -ING, -LED, -LING, -S, VIOLD *n* small bottle for liquids ▹ *vb* put into a vial
VIALFUL, -S ▸ **vial**
VIALING ▸ **vial**
VIALLED ▸ **vial**
VIALLING ▸ **vial**
VIALS ▸ **vial**
VIAMETER *n* device to measure distance travelled
VIAND, -S *n* type of food, esp a delicacy
VIAS ▸ **via**
VIATIC *same as* ▸ **viatical**
VIATICA ▸ **viaticum**
VIATICAL *adj* of a road or a journey ▹ *n* purchase of a terminal patient's life assurance policy so that he or she may make use of the proceeds
VIATICUM, VIATICA *n* Holy Communion given to a person who is dying or in danger of death
VIATOR, -ES, -S *n* traveller
VIBE *n* feeling or flavour of the kind specified
VIBES *pl n* vibrations
VIBEX, VIBICES *n* mark under the skin
VIBEY, VIBIER, VIBIEST *adj* lively and vibrant
VIBICES ▸ **vibex**
VIBIER ▸ **vibey**
VIBIEST ▸ **vibey**
VIBIST, -S *n* person who plays a vibraphone in a jazz band or group
VIBRANCE *n* vibrancy
VIBRANCY ▸ **vibrant**
VIBRANT, -S *adj* vigorous in appearance, energetic ▹ *n* trilled or rolled speech sound
VIBRATE, -D, -S *vb* move back and forth rapidly
VIBRATO, -S *n* rapid fluctuation in the pitch of a note
VIBRATOR *n* device that produces vibratory motion
VIBRATOS ▸ **vibrato**
VIBRIO, -S *n* curved or spiral rodlike bacterium
VIBRIOID ▸ **vibrio**
VIBRION, -S *same as* ▸ **vibrio**
VIBRIOS ▸ **vibrio**
VIBRISSA *n* any of the bristle-like sensitive hairs on the face of many mammals
VIBRONIC *adj* of, concerned with, or involving both electronic and vibrational energy levels of a molecule
VIBS *pl n* type of climbing shoes
VIBURNUM *n* subtropical shrub with white flowers and berry-like fruits
VICAR, -S *n* member of the clergy in charge of a parish
VICARAGE *n* vicar's house
VICARATE *same as* ▸ **vicariate**
VICARESS *n* rank of nun
VICARIAL *adj* of or relating to a vicar, vicars, or a vicariate
VICARIES ▸ **vicary**
VICARLY *adj* like a vicar
VICARS ▸ **vicar**
VICARY, VICARIES *n* office of a vicar
VICE, -D, -S, VICING *n* immoral or evil habit or action ▹ *adj* serving in place of ▹ *vb* grip (something) with or as if with a vice ▹ *prep* instead of
VICELESS ▸ **vice**
VICELIKE ▸ **vice**
VICENARY *adj* relating to or consisting of 20
VICEROY, -S *n* governor of a colony who represented the monarch
VICES ▸ **vice**
VICHY, VICHIES *n* French mineral water
VICIATE, -S *same as* ▸ **vitiate**
VICIATED ▸ **viciate**
VICIATES ▸ **viciate**
VICINAGE *n* residents of a particular neighbourhood
VICINAL *adj* neighbouring
VICING ▸ **vice**
VICINITY *n* surrounding area
VICIOUS *adj* cruel and violent
VICOMTE, -S *n* French nobleman
VICTIM, -S *n* person or thing harmed or killed
VICTOR, -S *n* person who has defeated an opponent, esp in war or in sport
VICTORIA *n* large sweet plum, red and yellow in colour
VICTORS ▸ **victor**
VICTORY *n* winning of a battle or contest
VICTRESS *n* female victor
VICTRIX *same as* ▸ **victress**
VICTROLA *n* gramophone
VICTUAL *vb* supply with or obtain victuals
VICTUALS *pl n* food and drink
VICUGNA, -S *same as* ▸ **vicuna**
VICUNA, -S *n* S American animal like the llama
VID, -S *same as* ▸ **video**
VIDALIA, -S *n* type of sweet onion
VIDAME, -S *n* French nobleman
VIDE *interj* look
VIDENDUM, VIDENDA *n* that which is to be seen
VIDEO, -ED, -ING, -S *vb* record (a TV programme or event) on video ▹ *adj* relating to or used in producing television images ▹ *n* recording and showing of films and events
VIDEOCAM *n* camera for recording video footage
VIDEOED ▸ **video**
VIDEOFIT *n* computer-generated picture of a person sought by the police
VIDEOING ▸ **video**
VIDEOS ▸ **video**
VIDEOTEX *n* information system that displays data from a distant computer on a screen
VIDETTE, -S *same as* ▸ **vedette**
VIDICON, -S *n* small television camera tube used in closed-circuit television
VIDIMUS *n* inspection
VIDIOT, -S *n* person who watches a lot of low-quality television
VIDS ▸ **vid**
VIDUAGE, -S *n* widows collectively
VIDUAL *adj* widowed
VIDUITY *n* widowhood
VIDUOUS *adj* empty
VIE, -D, -S *vb* compete (with someone)
VIELLE, -S *n* stringed musical instrument
VIENNA *n* as in **vienna loaf, vienna steak** associated with Vienna
VIER, -S ▸ **vie**
VIES ▸ **vie**

VIEW, -ED, -S *n* opinion or belief ▷ *vb* think of (something) in a particular way
VIEWABLE ▶ **view**
VIEWBOOK *n* promotional booklet for a college or university
VIEWDATA *n* interactive form of videotext
VIEWED ▶ **view**
VIEWER, -S *n* person who watches television
VIEWIER ▶ **viewy**
VIEWIEST ▶ **viewy**
VIEWING, -S *n* act of watching television
VIEWLESS *adj* (of windows, etc) not affording a view
VIEWLY *adj* pleasant on the eye
VIEWPORT *n* viewable area on a computer display
VIEWS ▶ **view**
VIEWSHED *n* natural environment visible from a specific point
VIEWY, VIEWIER, VIEWIEST *adj* having fanciful opinions or ideas
VIFDA, -S *same as* ▶ **vivda**
VIFF, -ED, -ING, -S *vb* (of an aircraft) change direction abruptly
VIG, -S *n* interest on a loan that is paid to a moneylender
VIGA, -S *n* rafter
VIGIA, -S *n* navigational hazard whose existence has not been confirmed
VIGIL, -S *n* night-time period of staying awake to look after a sick person, pray, etc
VIGILANT *adj* watchful in case of danger
VIGILS ▶ **vigil**
VIGNERON *n* person who grows grapes for winemaking
VIGNETTE *n* small illustration placed at the beginning or end of a chapter or book ▷ *vb* portray in a vignette
V
VIGOR, -S *same as* ▶ **vigour**
VIGORISH *n* type of commission
VIGORO, -S *n* women's' game similar to cricket
VIGOROSO *adv* in music, emphatically
VIGOROUS *adj* having physical or mental energy
VIGORS ▶ **vigor**
VIGOUR, -S *n* physical or mental energy
VIGS ▶ **vig**
VIHARA, -S *n* type of Buddhist temple
VIHUELA, -S *n* obsolete plucked stringed instrument of Spain
VIKING, -S *n* Dane, Norwegian, or Swede who raided by sea between the 8th and 11th centuries
VILAYET, -S *n* major administrative division of Turkey
VILD *same as* ▶ **vile**
VILDE *same as* ▶ **vile**
VILDLY ▶ **vild**
VILDNESS ▶ **vild**
VILE, -R, -ST *adj* very wicked
VILELY ▶ **vile**
VILENESS ▶ **vile**
VILER ▶ **vile**
VILEST ▶ **vile**
VILIACO, -S *n* coward
VILIAGO, -S *same as* ▶ **viliaco**
VILIFIED ▶ **vilify**
VILIFIER ▶ **vilify**
VILIFY, VILIFIED, VILIFIES *vb* attack the character of
VILIPEND *vb* treat or regard with contempt
VILL, -S *n* township
VILLA, -E, -S *n* large house with gardens
VILLADOM ▶ **villa**
VILLAE ▶ **villa**
VILLAGE, -S *n* small group of houses in a country area
VILLAGER *n* inhabitant of a village ▷ *adj* backward, unsophisticated, or illiterate
VILLAGES ▶ **village**
VILLAGEY *adj* of or like a village
VILLAGIO *same as* ▶ **viliaco**
VILLAIN, -S *n* wicked person
VILLAINY *n* evil or vicious behaviour
VILLAN, -S *same as* ▶ **villein**
VILLANY *same as* ▶ **villainy**
VILLAR ▶ **vill**
VILLAS ▶ **villa**
VILLATIC *adj* of or relating to a villa, village, or farm
VILLEIN, -S *n* peasant bound in service to their lord
VILLI ▶ **villus**
VILLIACO *n* coward
VILLIAGO *same as* ▶ **viliaco**
VILLOSE *same as* ▶ **villous**
VILLOUS *adj* (of plant parts) covered with long hairs
VILLS ▶ **vill**
VILLUS, VILLI *n* one of the finger-like projections in the small intestine of many vertebrates
VIM, -S *n* force, energy

This word can be helpful when you're stuck with unpromising letters, and gives a reasonable score for a three-letter word.

VIMANA, -S *n* Indian mythological chariot of the gods
VIMEN, VIMINA *n* long flexible shoot that occurs in certain plants
VIMINAL ▶ **vimen**
VIMS ▶ **vim**
VIN, -S *n* French wine
VINA, -S *n* stringed musical instrument related to the sitar
VINAL, -S *n* type of manmade fibre
VINAS ▶ **vina**
VINASSE, -S *n* residue left in a still after distilling spirits, esp brandy
VINCA, -S *n* type of trailing plant with blue flowers
VINCIBLE *adj* capable of being defeated or overcome
VINCIBLY ▶ **vincible**
VINCULA ▶ **vinculum**
VINCULAR *adj* of or like a vinculum
VINCULUM, VINCULA *n* horizontal line drawn above a group of mathematical terms
VINDALOO *n* type of very hot Indian curry
VINE, -S *n* climbing plant, esp one producing grapes ▷ *vb* form like a vine
VINEAL *adj* relating to wines
VINED ▶ **vine**
VINEGAR, -S *n* acid liquid made from wine, beer, or cider ▷ *vb* apply vinegar to
VINEGARY *adj* containing vinegar
VINELESS ▶ **vine**
VINELIKE ▶ **vine**
VINER, -S *n* vinedresser
VINERIES ▶ **vinery**
VINERS ▶ **viner**
VINERY, VINERIES *n* hothouse for growing grapes
VINES ▶ **vine**
VINEW, -ED, -ING, -S *vb* become mouldy
VINEYARD *n* plantation of grape vines
VINIC *adj* of, relating to, or contained in wine
VINIER ▶ **viny**

VINIEST ▸ **viny**
VINIFERA *n* species of vine
VINIFY, VINIFIED, VINIFIES *vb* convert into wine
VINING ▸ **vine**
VINO, -S *n* wine
VINOLENT *adj* drunken
VINOLOGY *n* scientific study of vines
VINOS ▸ **vino**
VINOSITY *n* distinctive and essential quality and flavour of wine
VINOUS *adj* of or characteristic of wine
VINOUSLY ▸ **vinous**
VINS ▸ **vin**
VINT, -ED, -ING, -S *vb* sell (wine)
VINTAGE, -D, -S *n* wine from a particular harvest of grapes ▹ *adj* best and most typical ▹ *vb* gather (grapes) or make (wine)
VINTAGER *n* grape harvester
VINTAGES ▸ **vintage**
VINTED ▸ **vint**
VINTING ▸ **vint**
VINTNER, -S *n* dealer in wine
VINTRY, VINTRIES *n* place where wine is sold
VINTS ▸ **vint**
VINY, VINIER, VINIEST ▸ **vine**
VINYL, -S *n* type of plastic, used in mock leather and records ▹ *adj* of or containing a particular group of atoms
VINYLIC ▸ **vinyl**
VINYLS ▸ **vinyl**
VIOL, -S *n* early stringed instrument preceding the violin
VIOLA, -S *n* stringed instrument lower in pitch than a violin
VIOLABLE ▸ **violate**
VIOLABLY ▸ **violate**
VIOLAS ▸ **viola**
VIOLATE, -D, -S *vb* break (a law or agreement) ▹ *adj* violated or dishonoured
VIOLATER ▸ **violate**
VIOLATES ▸ **violate**
VIOLATOR ▸ **violate**
VIOLD *archaic or poetic past form of* ▸ **vial**
VIOLENCE *n* use of physical force, usu intended to cause injury or destruction
VIOLENT, -S *adj* using physical force with the intention of causing injury ▹ *vb* coerce
VIOLER, -S *n* person who plays the viol
VIOLET, -S *n* plant with bluish-purple flowers ▹ *adj* bluish-purple
VIOLIN, -S *n* small four-stringed musical instrument played with a bow
VIOLIST, -S *n* person who plays the viola
VIOLONE, -S *n* double-bass member of the viol family
VIOLS ▸ **viol**
VIOMYCIN *n* type of antibiotic
VIPER, -S *n* poisonous snake
VIPERINE *same as* ▸ **viperous**
VIPERISH *same as* ▸ **viperous**
VIPEROUS *adj* of, relating to, or resembling a viper
VIPERS ▸ **viper**
VIRAEMIA *n* condition in which virus particles circulate and reproduce in the bloodstream
VIRAEMIC ▸ **viraemia**
VIRAGO, -ES, -S *n* aggressive woman
VIRAL, -S *adj* of or caused by a virus ▹ *n* video, image, etc that spreads quickly on the internet
VIRALITY *n* the state of being viral
VIRALLY ▸ **viral**
VIRALS ▸ **viral**
VIRANDA, -S *same as* ▸ **veranda**
VIRANDO, -S *same as* ▸ **veranda**
VIRE, -D, -S, VIRING *vb* turn
VIRELAI, -S *same as* ▸ **virelay**
VIRELAY, -S *n* old French verse form
VIREMENT *n* administrative transfer of funds from one part of a budget to another
VIREMIA, -S *same as* ▸ **viraemia**
VIREMIC ▸ **viremia**
VIRENT *adj* green
VIREO, -S *n* American songbird
VIRES ▸ **vire**
VIRETOT, -S *n* as in **on the viretot** in a rush
VIRGA, -E, -S *n* wisps of rain or snow that evaporate before reaching the earth
VIRGATE, -S *adj* long, straight, and thin ▹ *n* obsolete measure of land area
VIRGE, -S *n* rod
VIRGER, -S *n* rod-bearer
VIRGES ▸ **virge**
VIRGIN, -S *n* person, esp a woman, who has not had sexual intercourse ▹ *adj* not having had sexual intercourse ▹ *vb* behave like a virgin
VIRGINAL *adj* like a virgin ▹ *n* early keyboard instrument like a small harpsichord
VIRGINED ▸ **virgin**
VIRGINIA *n* type of flue-cured tobacco grown originally in Virginia
VIRGINLY ▸ **virgin**
VIRGINS ▸ **virgin**
VIRGULE, -S *another name for* ▸ **slash**
VIRICIDE *n* substance that destroys viruses
VIRID *adj* verdant
VIRIDIAN *n* green pigment consisting of a hydrated form of chromic oxide
VIRIDITE *n* greenish mineral
VIRIDITY *n* quality or state of being green
VIRILE *adj* having traditional male characteristics
VIRILELY ▸ **virile**
VIRILISE *same as* ▸ **virilize**
VIRILITY ▸ **virile**
VIRILIZE *vb* cause male characteristics to appear in female
VIRING ▸ **vire**
VIRINO, -S *n* entity postulated to be the causative agent of BSE
VIRION, -S *n* virus in infective form, consisting of an RNA particle within a protein covering
VIRL, -S *same as* ▸ **ferrule**
VIROGENE *n* type of viral gene
VIROID, -S *n* any of various infective RNA particles
VIROLOGY *n* study of viruses
VIROSE *adj* poisonous
VIROSIS, VIROSES *n* viral disease
VIROUS *same as* ▸ **virose**
VIRTU, -S *n* taste or love for curios or works of fine art
VIRTUAL *adj* having the effect but not the form of
VIRTUE, -S *n* moral goodness
VIRTUOSA, VIRTUOSE *n* female virtuoso
VIRTUOSO, VIRTUOSI *n* person with impressive esp musical skill ▹ *adj* showing exceptional skill or brilliance

VIRTUOUS *adj* morally good
VIRTUS ▸ **virtu**
VIRUCIDE *same as* ▸ **viricide**
VIRULENT *adj* extremely bitter or hostile
VIRUS, -ES *n* microorganism that causes disease in humans, animals, and plants
VIRUSOID *n* small plant virus
VIS *n* power, force, or strength
VISA, -ED, -ING, -S *n* permission to enter a country, shown by a stamp on the passport ▹ *vb* enter a visa into (a passport)
VISAGE, -S *n* face
VISAGED ▸ **visage**
VISAGES ▸ **visage**
VISAGIST *same as* > **visagiste**
VISAING ▸ **visa**
VISARD, -S *same as* ▸ **vizard**
VISAS ▸ **visa**
VISCACHA *n* South American rodent
VISCARIA *n* type of perennial plant
VISCERA *pl n* large abdominal organs
VISCERAL *adj* instinctive
VISCID *adj* sticky
VISCIDLY ▸ **viscid**
VISCIN, -S *n* sticky substance found on plants
VISCOID *adj* (of a fluid) somewhat viscous
VISCOSE, -S *same as* ▸ **viscous**
VISCOUNT *n* British nobleman ranking between an earl and a baron
VISCOUS *adj* thick and sticky
VISCUM, -S *n* shrub genus
VISCUS *n* internal organ
VISE, -D, -ING, -S, VISING *vb* advise or award a visa to ▹ *n* (in US English) vice
VISEED ▸ **vise**
VISEING ▸ **vise**
VISELIKE ▸ **vice**
VISES ▸ **vise**
VISHING, -S *n* telephone scam used to gain access to credit card numbers or bank details
VISIBLE, -S *adj* able to be seen ▹ *n* visible item of trade
VISIBLY ▸ **visible**
VISIE, -D, -ING, -S *same as* ▸ **vizy**
VISIER, -S ▸ **visie**
VISIES ▸ **visie**
VISILE, -S *n* person best stimulated by vision
VISING ▸ **vise**
VISION, -ED, -S *n* ability to see ▹ *vb* see or show in or as if in a vision
VISIONAL *adj* of, relating to, or seen in a vision, apparition, etc
VISIONED ▸ **vision**
VISIONER *n* visionary
VISIONS ▸ **vision**
VISIT, -ED, -ING, -S *vb* go or come to see ▹ *n* instance of visiting
VISITANT *n* ghost or apparition ▹ *adj* paying a visit
VISITE, -S *n* type of cape
VISITED ▸ **visit**
VISITEE, -S *n* person who is visited
VISITER, -S *variant of* ▸ **visitor**
VISITES ▸ **visite**
VISITING ▸ **visit**
VISITOR, -S *n* person who visits a person or place
VISITS ▸ **visit**
VISIVE *adj* visual
VISNE, -S *n* neighbourhood
VISNOMIE *same as* ▸ **visnomy**
VISNOMY *n* method of judging character from facial features
VISON, -S *n* type of mink
VISOR, -ED, -ING, -S *n* transparent part of a helmet that pulls down over the face ▹ *vb* cover, provide, or protect with a visor
VISTA, -ING, -S *n* (beautiful) extensive view ▹ *vb* make into vistas
VISTAED ▸ **vista**
VISTAING ▸ **vista**
VISTAL ▸ **vista**
VISTAS ▸ **vista**
VISTO, -S *same as* ▸ **vista**
VISUAL, -S *adj* done by or used in seeing ▹ *n* sketch to show the proposed layout of an advertisement
VISUALLY ▸ **visual**
VISUALS ▸ **visual**
VITA, -E, -S *n* curriculum vitae
VITAL, -S *adj* essential or highly important ▹ *n* bodily organs that are necessary to maintain life
VITALISE *same as* ▸ **vitalize**
VITALISM *n* philosophical doctrine that the phenomena of life cannot be explained in purely mechanical terms
VITALIST ▸ **vitalism**
VITALITY *n* physical or mental energy
VITALIZE *vb* fill with life or vitality
VITALLY ▸ **vital**
VITALS ▸ **vital**
VITAMER, -S *n* type of chemical
VITAMIN, -S *n* one of a group of substances that are essential in the diet
VITAMINE *same as* ▸ **vitamin**
VITAMINS ▸ **vitamin**
VITAS ▸ **vita**
VITATIVE *adj* fond of life
VITE *adv* musical direction
VITELLI ▸ **vitellus**
VITELLIN *n* phosphoprotein that is the major protein in egg yolk
VITELLUS, VITELLI *n* yolk of an egg
VITESSE, -S *n* speed
VITEX, -ES *n* type of herb
VITIABLE ▸ **vitiate**
VITIATE, -D, -S *vb* spoil the effectiveness of
VITIATOR ▸ **vitiate**
VITICETA > **viticetum**
VITICIDE *n* vine killer
VITILIGO *n* area of skin that is white from albinism or loss of melanin pigmentation
VITIOUS *adj* mistaken
VITRAGE, -S *n* light fabric
VITRAIL, VITRAUX *n* stained glass
VITRAIN, -S *n* type of coal
VITRAUX ▸ **vitrail**
VITREOUS *adj* like or made from glass
VITREUM, -S *n* vitreous body
VITRIC *adj* of, relating to, resembling, or having the nature of glass
VITRICS *n* glassware
VITRIFY *vb* change or be changed into glass or a glassy substance
VITRINE, -S *n* glass display case or cabinet for works of art, curios, etc
VITRIOL, -S *n* language expressing bitterness and hatred ▹ *vb* attack or injure with or as if with vitriol
VITRO *n* as in **in vitro** glass
VITTA, -E *n* tubelike cavity containing oil that occurs in the fruits of certain plants
VITTATE ▸ **vitta**

VITTLE, -D, VITTLING *obsolete or dialect spelling of* ▸ **victual**
VITTLES *obsolete or dialect spelling of* ▸ **victuals**
VITTLING ▸ **vittle**
VITULAR *same as* ▸ **vituline**
VITULINE *adj* of or resembling a calf or veal
VIVA, -ED, -ING, -S *interj* long live (a person or thing) ▹ *n* examination in the form of an interview ▹ *vb* examine (a candidate) in a spoken interview
VIVACE, -S *adv* in a lively manner ▹ *n* piece of music to be performed in this way
VIVACITY *n* quality of being vivacious
VIVAED ▸ **viva**
VIVAING ▸ **viva**
VIVARIA ▸ **vivarium**
VIVARIES ▸ **vivary**
VIVARIUM, VIVARIA *n* place where animals are kept in natural conditions
VIVARY, VIVARIES *same as* ▸ **vivarium**
VIVAS ▸ **viva**
VIVAT, -S *interj* long live ▹ *n* expression of acclamation
VIVDA, -S *n* method of drying meat
VIVE *interj* long live
VIVELY *adv* in a lively manner
VIVENCY *n* physical or mental energy
VIVER, -S *n* fish pond
VIVERRA, -S *n* civet genus
VIVERRID > **viverrine**
VIVERS ▸ **viver**
VIVES *n* disease found in horses
VIVID, -ER, -EST *adj* very bright
VIVIDITY ▸ **vivid**
VIVIDLY ▸ **vivid**
VIVIFIC *adj* giving life
VIVIFIED ▸ **vivify**
VIVIFIER ▸ **vivify**
VIVIFY, VIVIFIED, VIVIFIES *vb* animate, inspire
VIVIPARA *n* animals that produce offspring that develop as embryos within the female parent
VIVIPARY *n* act of giving birth producing offspring that have developed as embryos
VIVISECT *vb* subject (an animal) to vivisection
VIVO *adv* with life and vigour
VIVRES *n* provisions
VIXEN, -S *n* female fox
VIXENISH ▸ **vixen**
VIXENLY ▸ **vixen**
VIXENS ▸ **vixen**
VIZAMENT *n* consultation
VIZARD, -ED, -S *n* means of disguise ▹ *vb* conceal by means of a disguise
VIZCACHA *same as* ▸ **viscacha**
VIZIED ▸ **vizy**
VIZIER, -S *n* high official in certain Muslim countries
VIZIES ▸ **vizy**
VIZIR, -S *same as* ▸ **vizier**
VIZIRATE ▸ **vizir**
VIZIRIAL ▸ **vizir**
VIZIRS ▸ **vizir**
VIZOR, -ING, -S *same as* ▸ **visor**
VIZORED ▸ **vizor**
VIZORING ▸ **vizor**
VIZORS ▸ **vizor**
VIZSLA, -S *n* breed of Hungarian hunting dog
VIZY, VIZIED, VIZIES, -ING *vb* look
VIZZIE, -D, -S *same as* ▸ **vizy**
VLEI, -S *n* area of low marshy ground
VLIES ▸ **vly**
VLOG, -GED, -S *n* video weblog ▹ *vb* make and upload a vlog
VLOGGER, -S *n* person who keeps a video blog
VLOGGING *n* action of keeping a video blog
VLOGS ▸ **vlog**
VLY, VLIES *same as* ▸ **vlei**

This word for low-lying wet ground can be useful when you are short of vowels. It can also be spelt **vlei**.

VOAR, -S *n* spring
VOCAB, -S *n* vocabulary
VOCABLE, -S *n* word regarded as a sequence of letters or sounds ▹ *adj* capable of being uttered
VOCABLY ▸ **vocable**
VOCABS ▸ **vocab**
VOCAL, -S *adj* relating to the voice ▹ *n* piece of jazz or pop music that is sung
VOCALESE *n* style of jazz singing
VOCALIC *adj* of, relating to, or containing a vowel or vowels
VOCALICS *n* non-verbal aspects of voice
VOCALION *n* type of musical instrument
VOCALISE *same as* ▸ **vocalize**
VOCALISM *n* exercise of the voice, as in singing or speaking
VOCALIST *n* singer
VOCALITY ▸ **vocal**
VOCALIZE *vb* express with the voice
VOCALLY ▸ **vocal**
VOCALS ▸ **vocal**
VOCATION *n* profession or trade
VOCATIVE *n* (in some languages) case of nouns used when addressing a person ▹ *adj* relating to, used in, or characterized by calling
VOCES ▸ **vox**
VOCODER, -S *n* type of synthesizer that uses the human voice as an oscillator
VOCULAR ▸ **vocule**
VOCULE, -S *n* faint noise made when articulating certain sounds
VODCAST, -S *vb* podcast with video
VODDY, VODDIES *n* vodka
VODKA, -S *n* (Russian) spirit distilled from potatoes or grain
VODOU, -S *variant of* ▸ **voodoo**

This West Indian word for a kind of black magic may indeed work magic on an unpromising rack. And it has a host of variants, though few people will remember them all: **vaudoo**, **vaudoux**, **vodoun**, **vodun**, **voudon**, **voudou** and **voudoun**!

VODOUN, -S *same as* ▸ **vodun**
VODOUS ▸ **vodou**
VODUN, -S *n* voodoo
VOE, -S *n* (in Orkney and Shetland) a small bay or narrow creek
VOEMA, -S *n* vigour or energy
VOES ▸ **voe**
VOG, -S *n* air pollution caused by volcanic dust
VOGIE, -R, -ST *adj* conceited
VOGS ▸ **vog**
VOGUE, -S, VOGUIER, VOGUIEST *n* popular style ▹ *adj* popular or fashionable ▹ *vb* bring into vogue
VOGUED ▸ **vogue**
VOGUEING *n* dance style of the late 1980s
VOGUER, -S ▸ **vogue**

VOGUES ▸ **vogue**
VOGUEY ▸ **vogue**
VOGUIER ▸ **vogue**
VOGUIEST ▸ **vogue**
VOGUING, -S *same as* ▸ **vogueing**
VOGUISH ▸ **vogue**
VOICE, -S *n* (quality of) sound made when speaking or singing ▹ *vb* express verbally
VOICED *adj* articulated with accompanying vibration of the vocal cords
VOICEFUL ▸ **voice**
VOICER, -S ▸ **voice**
VOICES ▸ **voice**
VOICING, -S ▸ **voice**
VOID, -ING, -INGS, -S *adj* not legally binding ▹ *n* feeling of deprivation ▹ *vb* make invalid
VOIDABLE *adj* capable of being voided
VOIDANCE *n* annulment, as of a contract
VOIDED *adj* (of a design) with a hole in the centre of the same shape as the design
VOIDEE, -S *n* light meal eaten before bed
VOIDER, -S ▸ **void**
VOIDING ▸ **void**
VOIDINGS ▸ **void**
VOIDNESS ▸ **void**
VOIDS ▸ **void**
VOILA *interj* word used to express satisfaction
VOILE, -S *n* light semitransparent fabric
VOIP, -S *n* voice over internet protocol
VOITURE, -S *n* type of vehicle
VOIVODE, -S *n* type of military leader
VOL, -S *n* heraldic wings
VOLA, -E *n* palm of hand or sole of foot
VOLABLE *adj* quick-witted
VOLAE ▸ **vola**
VOLAGE *adj* changeable
VOLANT *adj* in a flying position
VOLANTE, -S *n* Spanish horse carriage
VOLAR *adj* of or relating to the palm of the hand or the sole of the foot
VOLARY, VOLARIES *n* large bird enclosure
VOLATIC, -S *adj* flying ▹ *n* creature with wings
VOLATILE *adj* liable to sudden change, esp in behaviour ▹ *n* volatile substance
VOLCANIC *adj* of or relating to volcanoes
VOLCANO, -S *n* mountain with a vent through which lava is ejected
VOLE, -S *n* small rodent ▹ *vb* win by taking all the tricks in a deal
VOLED ▸ **vole**
VOLELIKE *adj* like a vole
VOLENS *adj* as in **nolens volens** whether willing or unwilling
VOLERY, VOLERIES *same as* ▸ **volary**
VOLES ▸ **vole**
VOLET, -S *n* type of veil
VOLING ▸ **vole**
VOLITANT *adj* flying or moving about rapidly
VOLITATE *vb* flutter
VOLITION *n* ability to decide things for oneself
VOLITIVE *adj* of, relating to, or emanating from the will ▹ *n* (in some languages) a verb form or mood used to express a wish or desire
VOLK, -S *n* people or nation, esp the nation of Afrikaners
VOLLEY, -ED, -S *n* simultaneous discharge of ammunition ▹ *vb* discharge (ammunition) in a volley
VOLLEYER ▸ **volley**
VOLLEYS ▸ **volley**
VOLOST, -S *n* (in the former Soviet Union) a rural soviet
VOLPINO, -S *n* Italian breed of dog
VOLPLANE *vb* glide in an aeroplane
VOLS ▸ **vol**
VOLT, -ED, -ING, -S *n* unit of electric potential ▹ *vb* (in fencing) make a quick movement to avoid a thrust
VOLTA *n* quick-moving Italian dance
VOLTAGE, -S *n* electric potential difference expressed in volts
VOLTAIC *adj* producing an electric current
VOLTAISM *another name for* > **galvanism**
VOLTE, -S *same as* ▸ **volt**
VOLTED ▸ **volt**
VOLTES ▸ **volte**
VOLTI, -S *n* musical direction meaning turn the page
VOLTING ▸ **volt**
VOLTIS ▸ **volti**
VOLTS ▸ **volt**
VOLUBIL *same as* ▸ **voluble**
VOLUBLE *adj* talking easily and at length
VOLUBLY ▸ **voluble**
VOLUME, -D, -S, VOLUMING *n* size of the space occupied by something ▹ *vb* billow or surge in volume
VOLUMISE *same as* ▸ **volumize**
VOLUMIST *n* author
VOLUMIZE *vb* create volume in something
VOLUSPA, -S *n* Icelandic mythological poem
VOLUTE, -S *n* spiral or twisting turn, form, or object ▹ *adj* having the form of a volute
VOLUTED ▸ **volute**
VOLUTES ▸ **volute**
VOLUTIN, -S *n* granular substance found in cells
VOLUTION *n* rolling, revolving, or spiral form or motion
VOLUTOID ▸ **volute**
VOLVA, -E, -S *n* cup-shaped structure that sheathes the base of the stalk of certain mushrooms
VOLVATE ▸ **volva**
VOLVE, -D, -S, VOLVING *vb* turn over
VOLVOX, -ES *n* freshwater protozoan
VOLVULUS, VOLVULI *n* abnormal twisting of the intestines causing obstruction
VOM, -MED, -MING, -S *vb* vomit
VOMER, -S *n* thin flat bone separating the nasal passages in mammals
VOMERINE ▸ **vomer**
VOMERS ▸ **vomer**
VOMICA, -E, -S *n* pus-containing cavity
VOMIT, -ED, -ING, -S *vb* eject (the contents of the stomach) through the mouth ▹ *n* matter vomited
VOMITER, -S ▸ **vomit**
VOMITIER ▸ **vomity**
VOMITING ▸ **vomit**
VOMITIVE *same as* ▸ **vomitory**
VOMITO, -S *n* form of yellow fever
VOMITORY *adj* causing vomiting ▹ *n* vomitory agent
VOMITOS ▸ **vomito**

VOMITOUS *adj* arousing feelings of disgust
VOMITS ▸ **vomit**
VOMITUS *n* matter that has been vomited
VOMITY, VOMITIER *adj* resembling or smelling of vomit
VOMMED ▸ **vom**
VOMMING ▸ **vom**
VOMS ▸ **vom**
VONGOLE *pl n* (in Italian cookery) clams
VOODOO, -ED, -S *n* religion involving ancestor worship and witchcraft ▹ *adj* of or relating to voodoo ▹ *vb* affect by or as if by the power of voodoo
VOORSKOT *n* (in South Africa) advance payment made to a farmer for crops
VOR, -RED, -RING, -S *vb* (in dialect) warn
VORACITY > **voracious**
VORAGO, -ES, -S *n* chasm
VORANT *adj* devouring
VORLAGE, -S *n* skiing position
VORPAL *adj* sharp
VORRED ▸ **vor**
VORRING ▸ **vor**
VORS ▸ **vor**
VORTEX, -ES, VORTICES *n* whirlpool
VORTICAL ▸ **vortex**
VORTICES ▸ **vortex**
VOSTRO *adj* as in **vostro account** bank account held by a foreign bank with a British bank
VOTABLE ▸ **vote**
VOTARESS *n* female votary
VOTARIES ▸ **votary**
VOTARIST *variant of* ▸ **votary**
VOTARY, VOTARIES *n* person dedicated to religion or to a cause ▹ *adj* ardently devoted to the services or worship of God
VOTE, -D, -S *n* choice made by a participant in a shared decision ▹ *vb* make a choice by a vote
VOTEABLE ▸ **vote**
VOTED ▸ **vote**
VOTEEN, -S *n* devotee
VOTELESS ▸ **vote**
VOTER, -S *n* person who can or does vote
VOTES ▸ **vote**
VOTING, -S ▸ **vote**
VOTIVE, -S *adj* done or given to fulfil a vow ▹ *n* votive offering
VOTIVELY ▸ **votive**
VOTIVES ▸ **votive**
VOTRESS ▸ **votaress**
VOUCH, -ED, -ES, -ING *vb* give personal assurance ▹ *n* act of vouching
VOUCHEE, -S *n* person summoned to court to defend a title
VOUCHER, -S *n* ticket used instead of money to buy specified goods ▹ *vb* summon someone to court as a vouchee
VOUCHES ▸ **vouch**
VOUCHING ▸ **vouch**
VOUDON, -S *variant of* ▸ **voodoo**
VOUDOU, -S *same as* ▸ **voodoo**
VOUDOUED ▸ **voudou**
VOUDOUN, -S *variant of* ▸ **voodoo**
VOUDOUS ▸ **voudou**
VOUGE, -S *n* form of pike used by foot soldiers in the 14th century and later
VOULGE, -S *n* type of medieval weapon
VOULU *adj* deliberate
VOUSSOIR *n* wedge-shaped stone or brick that is used with others to construct an arch
VOUTSAFE *same as* > **vouchsafe**
VOUVRAY, -S *n* dry white French wine
VOW, -ED, -ING, -S *n* solemn and binding promise ▹ *vb* promise solemnly
VOWEL, -LED, -S *n* speech sound made without obstructing the flow of breath ▹ *vb* say as a vowel
VOWELED *adj* having vowels
VOWELISE *same as* ▸ **vowelize**
VOWELIZE *vb* mark the vowel points in (a Hebrew word or text)
VOWELLED ▸ **vowel**
VOWELLY *adj* marked by vowels
VOWELS ▸ **vowel**
VOWER, -S ▸ **vow**
VOWESS, -ES *n* nun
VOWING ▸ **vow**
VOWLESS ▸ **vow**
VOWS ▸ **vow**
VOX, VOCES *n* voice or sound

> Along with **vex**, this Latin word for voice is the highest-scoring 3-letter word beginning with V.

VOXEL, -S *n* term used in computing imaging
VOYAGE, -D, -S *n* long journey by sea or in space ▹ *vb* make a voyage
VOYAGER, -S ▸ **voyage**
VOYAGES ▸ **voyage**
VOYAGEUR *n* French canoeman who transported furs from trading posts in N America
VOYAGING *n* act of voyaging
VOYEUR, -S *n* person abnormally interested in other people's distress
VOZHD, -S *n* Russian leader

> This unlikely looking word is Russian for a chief or leader, and may provide a great score from an apparently difficult rack.

VRAIC, -S *n* type of seaweed
VRAICKER *n* person who gathers vraic
VRAICS ▸ **vraic**
VRIL, -S *n* life force
VROOM, -ED, -ING, -S *interj* exclamation imitative of a car engine revving up ▹ *vb* move noisily and at high speed
VROT *adj* South African slang for rotten
VROU, -S *n* Afrikaner woman, esp a married woman
VROUW, -S *n* woman

> The heart of any Scrabble player sinks to see a combination of U, V and W on the rack, as there are relatively few words that use even two of these letters. But **vrouw**, a word of Dutch origin for a woman or goodwife, may get you out of the mess.

VROW, -S *same as* ▸ **vrouw**
VUG, -S *n* small cavity in a rock or vein, usually lined with crystals

> This unusual word of Cornish origin, meaning a cavity in rock, is another that can be useful when you have an uninspiring combination of letters. And it has a variant **vugh** and can be extended to **vuggy** or **vughy**.

VUGG, -S *same as* ▸ **vug**
VUGGIER ▸ **vuggy**
VUGGIEST ▸ **vuggy**
VUGGS ▸ **vugg**

VUGGY, VUGGIER, VUGGIEST ▸ **vug**
VUGH, -IER, -IEST, -S *same as* ▸ **vug**
VUGHY ▸ **vug**
VUGS ▸ **vug**
VUGULAR *adj* relating to vugs
VULCAN, -S *n* blacksmith
VULCANIC *same as* ▸ **volcanic**
VULCANS ▸ **vulcan**
VULGAR, -ER, -S *adj* showing lack of good taste, decency, or refinement ▹ *n* common and ignorant person
VULGARLY ▸ **vulgar**
VULGARS ▸ **vulgar**
VULGATE, -S *n* commonly recognized text or version
VULGO *adv* generally
VULGUS, -ES *n* the common people
VULN, -ED, -S *vb* wound
VULNING ▸ **vuln**
VULNS ▸ **vuln**
VULPINE *adj* of or like a fox
VULSELLA *n* forceps
VULTURE, -S *n* large bird that feeds on the flesh of dead animals
VULTURN, -S *n* type of turkey
VULVA, -E, -S *n* female external genitals
VULVAL ▸ **vulva**
VULVAR ▸ **vulva**
VULVAS ▸ **vulva**
VULVATE ▸ **vulva**
VULVITIS *n* inflammation of the vulva
VUM, -MED, -MING, -S *vb* swear
VUTTY, VUTTIER, VUTTIEST *adj* dirty
VUVUZELA *n* South African instrument blown by football fans
VYING, -S ▸ **vie**
VYINGLY ▸ **vie**
VYINGS ▸ **vying**

Ww

W, like **V**, can be an awkward tile to handle, but at least there are two two-letter words that begin with **W**: **we** and **wo** (5 points each). There are three that end with **W**: **aw**, **ew** and **ow** (5 points each). There are lots of everyday three-letter words that earn good scores: **wiz** (15), **wax** (13) with its two old-fashioned variants **wex** and **wox** (also 13 each) and **way**, **who**, **why**, **wow** and **wry** (9 each). Don't forget **wok** (10) either, which can be as useful on the Scrabble board as in the kitchen!

WAAC, -S *n* (formerly) member of the Women's Auxiliary Army Corp
WAAH *interj* interjection used to express wailing
WAB, -S *n* skin web between the digits of certain animals
WABAIN, -S *same as* ▸ **ouabain**
WABBIT *adj* weary
WABBLE, -D, -S, WABBLING *same as* ▸ **wobble**
WABBLER, -S ▸ **wabble**
WABBLES ▸ **wabble**
WABBLIER ▸ **wabbly**
WABBLING ▸ **wabble**
WABBLY, WABBLIER ▸ **wabble**
WABOOM, -S *another word for* > **wagenboom**
WABS ▸ **wab**
WABSTER, -S *Scots form of* ▸ **webster**
WACK, -EST, -S *n* friend ▹ *adj* bad or inferior
WACKE, -S *n* any of various soft earthy rocks that resemble or are derived from basaltic rocks
WACKED *adj* exhausted
WACKER, -S *same as* ▸ **wack**
WACKES ▸ **wacke**
WACKEST ▸ **wack**
WACKIER ▸ **wacky**
WACKIEST ▸ **wacky**
WACKILY ▸ **wacky**
WACKO, -ES, -S *adj* mad or eccentric ▹ *n* mad or eccentric person
WACKS ▸ **wack**
WACKY, WACKIER, WACKIEST *adj* eccentric or funny
WACONDA, -S *n* supernatural force in Sioux belief
WAD, -DED, -DING, -DINGS, -S *n* black earthy ore of manganese ▹ *n* small mass of soft material ▹ *vb* form (something) into a wad
WADABLE ▸ **wade**
WADD, -S *same as* ▸ **wad**
WADDED ▸ **wad**
WADDER, -S ▸ **wad**
WADDIE *same as* ▸ **waddy**
WADDIED ▸ **waddy**
WADDIES ▸ **waddy**
WADDING ▸ **wad**
WADDINGS ▸ **wad**
WADDLE, -D, -S, WADDLING *vb* walk with short swaying steps ▹ *n* swaying walk
WADDLER, -S ▸ **waddle**
WADDLES ▸ **waddle**
WADDLIER ▸ **waddly**
WADDLING ▸ **waddle**
WADDLY, WADDLIER ▸ **waddle**
WADDS ▸ **wadd**
WADDY, WADDIED, WADDIES, -ING *n* heavy wooden club used by Australian Aborigines ▹ *vb* hit with a waddy
WADE, -D, -S, WADING, WADINGS *vb* walk with difficulty through water or mud ▹ *n* act or an instance of wading
WADEABLE ▸ **wade**
WADED ▸ **wade**
WADER *n* long-legged water bird
WADERS *pl n* long waterproof boots which completely cover the legs
WADES ▸ **wade**
WADGE, -S *n* large or roughly cut portion
WADI, -S *n* (in N Africa and Arabia) river which is dry except in the wet season
WADIES ▸ **wady**
WADING ▸ **wade**
WADINGS ▸ **wade**
WADIS ▸ **wadi**
WADMAAL, -S *same as* ▸ **wadmal**
WADMAL, -S *n* coarse thick woollen fabric, formerly woven for outer garments
WADMEL, -S *same as* ▸ **wadmal**
WADMOL, -S *same as* ▸ **wadmal**
WADMOLL, -S *same as* ▸ **wadmal**
WADMOLS ▸ **wadmol**
WADS ▸ **wad**
WADSET, -S *vb* pledge or mortgage
WADSETT, -S *same as* ▸ **wadset**
WADT, -S *same as* ▸ **wad**
WADY, WADIES *same as* ▸ **wadi**
WAE, -S *old form of* ▸ **woe**
WAEFUL *old form of* ▸ **woeful**
WAENESS *n* sorrow
WAES ▸ **wae**
WAESOME *adj* sorrowful
WAESUCK *interj* alas
WAESUCKS *interj* alas
WAFER, -ED, -ING, -S *n* thin crisp biscuit ▹ *vb* seal, fasten, or attach with a wafer
WAFERIER ▸ **wafery**
WAFERING ▸ **wafer**
WAFERS ▸ **wafer**

WAFERY, WAFERIER *adj* like wafer; thin
WAFF, -ED, -ING, -S *n* gust or puff of air ▹ *vb* flutter or cause to flutter
WAFFIE, -S *n* person regarded as having little worth to society
WAFFING ▸ **waff**
WAFFLE, -D, -S *vb* speak or write in a vague wordy way ▹ *n* vague wordy talk or writing
WAFFLER, -S ▸ **waffle**
WAFFLES ▸ **waffle**
WAFFLIER ▸ **waffly**
WAFFLING ▸ **waffle**
WAFFLY, WAFFLIER ▸ **waffle**
WAFFS ▸ **waff**
WAFT, -ED, -S *vb* drift or carry gently through the air ▹ *n* something wafted
WAFTAGE, -S ▸ **waft**
WAFTED ▸ **waft**
WAFTER, -S *n* device that causes a draught
WAFTING, -S ▸ **waft**
WAFTS ▸ **waft**
WAFTURE, -S *n* act of wafting or waving
WAG, -GED, -GING, -S *vb* move rapidly from side to side ▹ *n* wagging movement
WAGE, -D, -S, WAGING *n* payment for work done, esp when paid weekly ▹ *vb* engage in (an activity)
WAGELESS ▸ **wage**
WAGER, -ED, -S *vb* bet on the outcome of something ▹ *n* bet on the outcome of an event or activity
WAGERER, -S ▸ **wager**
WAGERING *n* act of wagering
WAGERS ▸ **wager**
WAGES ▸ **wage**
WAGGA, -S *n* blanket or bed covering made out of sacks stitched together
WAGGED ▸ **wag**
WAGGER, -S ▸ **wag**
WAGGERY *n* quality of being humorous
WAGGING ▸ **wag**
WAGGISH *adj* jocular or humorous
WAGGLE, -D, -S, WAGGLING *vb* move with a rapid shaking or wobbling motion ▹ *n* rapid shaking or wobbling motion
WAGGLER, -S *n* float only the bottom of which is attached to the fishing line
WAGGLES ▸ **waggle**
WAGGLIER ▸ **waggly**
WAGGLING ▸ **waggle**
WAGGLY, WAGGLIER ▸ **waggle**
WAGGON, -ED, -S *same as* ▸ **wagon**
WAGGONER *same as* ▸ **wagoner**
WAGGONS ▸ **waggon**
WAGING ▸ **wage**
WAGMOIRE *obsolete word for* ▸ **quagmire**
WAGON, -ED, -ING, -S *n* four-wheeled vehicle for heavy loads ▹ *vb* transport by wagon
WAGONAGE *n* money paid for transport by wagon
WAGONED ▸ **wagon**
WAGONER, -S *n* person who drives a wagon
WAGONFUL ▸ **wagon**
WAGONING ▸ **wagon**
WAGONS ▸ **wagon**
WAGS ▸ **wag**
WAGSOME *another word for* ▸ **waggish**
WAGTAIL, -S *n* small long-tailed bird
WAGYU, -S *n* Japanese breed of beef cattle
WAHCONDA *n* supreme being
WAHINE, -S *n* Māori woman, esp a wife
WAHOO, -S *n* food and game fish of tropical seas
WAI, -S *n* in New Zealand, water
WAIATA, -S *n* Māori song
WAID ▸ **weigh**
WAIDE ▸ **weigh**
WAIF, -ED, -ING, -S *n* young person who is, or seems, homeless or neglected ▹ *vb* treat as a waif
WAIFISH ▸ **waif**
WAIFLIKE ▸ **waif**
WAIFS ▸ **waif**
WAIFT, -S *n* piece of lost property found by someone other than the owner
WAIL, -ED, -S *vb* cry out in pain or misery ▹ *n* mournful cry
WAILER, -S ▸ **wail**
WAILFUL ▸ **wail**
WAILING, -S ▸ **wail**
WAILS ▸ **wail**
WAILSOME ▸ **wail**
WAIN, -ED, -ING, -S *vb* transport ▹ *n* farm wagon
WAINAGE, -S *n* carriages, etc, for transportation of goods
WAINED ▸ **wain**
WAINING ▸ **wain**
WAINS ▸ **wain**
WAINSCOT *n* wooden lining of the lower part of the walls of a room ▹ *vb* line (a wall of a room) with a wainscot
WAIR, -ED, -ING, -S *vb* spend
WAIRSH, -ER *variant spelling of* ▸ **wersh**
WAIRUA, -S *n* in New Zealand, spirit or soul
WAIS ▸ **wai**
WAIST, -S *n* part of the trunk between the ribs and the hips
WAISTED *adj* having a waist or waistlike part
WAISTER, -S *n* sailor performing menial duties
WAISTING *n* act of wasting
WAISTS ▸ **waist**
WAIT, -ED, -ING, -INGS, -S *vb* remain inactive in expectation (of something) ▹ *n* act or period of waiting
WAITE, -S *old form of* ▸ **wait**
WAITED ▸ **wait**
WAITER, -ED, -S *n* person who serves in a restaurant etc ▹ *vb* serve at table
WAITES ▸ **waite**
WAITING ▸ **wait**
WAITINGS ▸ **wait**
WAITLIST *n* waiting list
WAITRESS *n* woman who serves people with food and drink in a restaurant ▹ *vb* work as a waitress
WAITRON, -S *n* waiter or waitress
WAITS ▸ **wait**
WAIVE, -D, -S, WAIVING *vb* refrain from enforcing (a law, right, etc)
WAIVER, -S *n* act or instance of voluntarily giving up a claim, right, etc
WAIVES ▸ **waive**
WAIVING ▸ **waive**
WAIVODE, -S *same as* ▸ **voivode**
WAIWODE, -S *same as* ▸ **voivode**
WAKA, -S *n* Māori canoe
WAKAME, -S *n* edible seaweed
WAKANDA, -S *n* supernatural quality in Native American belief system
WAKANE, -S *n* type of seaweed
WAKAS ▸ **waka**

WAKE, -D, -S, WOKEN *vb* rouse from sleep or inactivity ▷ *n* vigil beside a body the night before the funeral
WAKEFUL *adj* unable to sleep
WAKELESS *adj* (of sleep) deep or unbroken
WAKEMAN, WAKEMEN *n* watchman
WAKEN, -ED, -ING, -S *vb* wake
WAKENER, -S ▸ **waken**
WAKENING ▸ **waken**
WAKENS ▸ **waken**
WAKER, -S ▸ **wake**
WAKERIFE *adj* watchful
WAKERS ▸ **waker**
WAKES ▸ **wake**
WAKF, -S *same as* ▸ **waqf**
WAKIKI, -S *n* Melanesian shell currency
WAKING, -S ▸ **wake**
WALD, -S *Scots form of* ▸ **weld**
WALDHORN *n* organ reed stop
WALDO, -ES, -S *n* gadget for manipulating objects by remote control
WALDRAPP *n* type of ibis
WALDS ▸ **wald**
WALE, -D, -R, -RS, -S, WALING *same as* ▸ **weal**
WALI, -S *same as* ▸ **vali**
WALIE *adj* robust or strong
WALIER ▸ **waly**
WALIES ▸ **waly**
WALIEST ▸ **waly**
WALING ▸ **wale**
WALIS ▸ **wali**
WALISE, -S *same as* ▸ **valise**
WALK, -ED, -S *vb* move on foot with at least one foot always on the ground ▷ *n* short journey on foot, usu for pleasure
WALKABLE ▸ **walk**
WALKAWAY *n* easily achieved victory
WALKED ▸ **walk**
WALKER, -S *n* person who walks
WALKIES *pl n* as in **go walkies** a walk
WALKING, -S *adj* (of a person) considered to possess the qualities of something inanimate as specified ▷ *n* act of walking
WALKMILL *same as* ▸ **waulkmill**
WALKOUT, -S *n* strike
WALKOVER *n* easy victory
WALKS ▸ **walk**
WALKUP, -S *n* building with stairs to upper floors
WALKWAY, -S *n* path designed for use by pedestrians
WALKYRIE *variant of* ▸ **valkyrie**
WALL, -ER, -ERS, -S *n* structure of brick, stone, etc used to enclose, divide, or support ▷ *vb* enclose or seal with a wall or walls
WALLA, -S *same as* ▸ **wallah**
WALLABA, -S *n* type of S American tree
WALLABY *n* marsupial like a small kangaroo
WALLAH, -S *n* person involved with or in charge of a specified thing
WALLAROO *n* large stocky Australian kangaroo of rocky regions
WALLAS ▸ **walla**
WALLED ▸ **wall**
WALLER ▸ **wall**
WALLERS ▸ **wall**
WALLET, -S *n* small folding case for paper money, documents, etc
WALLEY, -S *n* type of jump in figure skating
WALLEYE, -S *n* fish with large staring eyes
WALLEYED ▸ **walleye**
WALLEYES ▸ **walleye**
WALLEYS ▸ **walley**
WALLFISH *n* snail
WALLIE *same as* ▸ **wally**
WALLIER ▸ **wally**
WALLIES ▸ **wally**
WALLIEST ▸ **wally**
WALLING, -S ▸ **wall**
WALLOP, -ED, -S *vb* hit hard ▷ *n* hard blow
WALLOPER *n* person or thing that wallops
WALLOPS ▸ **wallop**
WALLOW, -ED, -S *vb* revel in an emotion ▷ *n* act or instance of wallowing
WALLOWER ▸ **wallow**
WALLOWS ▸ **wallow**
WALLS ▸ **wall**
WALLSEND *n* type of coal
WALLWORT *n* type of plant
WALLY, WALLIER, WALLIES, WALLIEST *n* stupid person ▷ *adj* fine, pleasing, or splendid
WALNUT, -S *n* edible nut with a wrinkled shell ▷ *adj* made from the wood of a walnut tree
WALRUS, -ES *n* large sea mammal with long tusks
WALTY, WALTIER, WALTIEST *adj* (of a ship) likely to roll over
WALTZ, -ED, -ES, -ING *n* ballroom dance ▷ *vb* dance a waltz
WALTZER, -S *n* person who waltzes
WALTZES ▸ **waltz**
WALTZING ▸ **waltz**
WALY, WALIER, WALIES, WALIEST *same as* ▸ **wally**
WAMBLE, -D, -S, WAMBLING *vb* move unsteadily ▷ *n* unsteady movement
WAMBLIER ▸ **wambly**
WAMBLING ▸ **wamble**
WAMBLY, WAMBLIER ▸ **wamble**
WAME, -S *n* belly, abdomen, or womb
WAMED ▸ **wame**
WAMEFOU, -S *Scots variant of* ▸ **wameful**
WAMEFUL, -S *n* bellyful
WAMES ▸ **wame**
WAMMUL, -S *n* dog
WAMMUS, -ES *same as* ▸ **wamus**
WAMPEE, -S *n* type of Asian fruit tree
WAMPISH *vb* wave
WAMPUM, -S *n* shells woven together, formerly used by Native Americans for money
WAMPUS, -ES *same as* ▸ **wamus**
WAMUS, -ES *n* type of cardigan or jacket
WAN, -NED, -NER, -NEST, -NING, -S *adj* pale and sickly looking ▷ *vb* make or become wan
WAND, -S *n* thin rod, esp one used in performing magic tricks
WANDER, -ED, -S *vb* move about without a definite destination or aim ▷ *n* act or instance of wandering
WANDERER ▸ **wander**
WANDEROO *n* macaque of India and Sri Lanka
WANDERS ▸ **wander**
WANDLE, -D, -S, WANDLING *adj* supple ▷ *vb* walk haltingly
WANDLIKE ▸ **wand**
WANDLING ▸ **wandle**
WANDOO, -S *n* eucalyptus tree of W Australia, having white bark and durable wood
WANDS ▸ **wand**
WANE, -D, -S *vb* decrease gradually in size or strength
WANEY ▸ **wane**

WANG, -S *n* cheekbone
WANGAN, -S *same as* ▸**wanigan**
WANGLE, -D, -S, WANGLING *vb* get by devious methods ▹*n* act or an instance of wangling
WANGLER, -S ▸**wangle**
WANGLES ▸**wangle**
WANGLING ▸**wangle**
WANGS ▸**wang**
WANGUN, -S *same as* ▸**wanigan**
WANHOPE, -S *n* delusion
WANIER ▸**wany**
WANIEST ▸**wany**
WANIGAN, -S *n* provisions for camp
WANING, -S ▸**wane**
WANION, -S *n* vehemence
WANKLE *adj* unstable
WANLE *same as* ▸**wandle**
WANLY ▸**wan**
WANNA *vb* spelling of 'want to' intended to reflect a dialectal or informal pronunciation
WANNABE, -S *adj* wanting to be, or be like, a particular person or thing ▹*n* person who wants to be, or be like, a particular person or thing
WANNABEE *same as* ▸**wannabe**
WANNABES ▸**wannabe**
WANNED ▸**wan**
WANNEL *same as* ▸**wandle**
WANNER ▸**wan**
WANNESS ▸**wan**
WANNEST ▸**wan**
WANNIGAN *same as* ▸**wanigan**
WANNING ▸**wan**
WANNION, -S *same as* ▸**wanion**
WANNISH *adj* rather wan
WANS ▸**wan**
WANT, -ED, -S *vb* need or long for ▹*n* act or instance of wanting
WANTAGE, -S *n* shortage
WANTAWAY *n* footballer who wants to transfer to another club
WANTED ▸**want**
WANTER, -S ▸**want**
WANTHILL *n* molehill
WANTIES ▸**wanty**
WANTING *adj* lacking ▹*prep* without
WANTON, -ED, -S *adj* without motive, provocation, or justification ▹*n* playful or capricious person ▹*vb* squander or waste
WANTONER ▸**wanton**
WANTONLY ▸**wanton**
WANTONS ▸**wanton**
WANTS ▸**want**
WANTY, WANTIES *adj* belt
WANWORDY *adj* without merit
WANWORTH *n* inexpensive purchase
WANY, WANIER, WANIEST ▸**wane**
WANZE, -D, -S, WANZING *vb* wane
WAP, -PED, -PING, -S *vb* strike
WAPITI, -S *n* large N American deer
WAPPED ▸**wap**
WAPPEND *adj* tired
WAPPER, -ED, -S *vb* blink
WAPPING ▸**wap**
WAPS ▸**wap**
WAQF, -S *n* endowment in Muslim law

> An Arabic word meaning the donation of land, property or money for charitable purposes. As one of the Q words without a U, this comes up surprisingly often. It can also be spelt **wakf**.

WAR, -RED, -RING, -S *n* fighting between nations ▹*adj* of, like, or caused by war ▹*vb* conduct a war
WARAGI, -S *n* Ugandan alcoholic drink made from bananas
WARATAH, -S *n* Australian shrub with crimson flowers
WARB, -S *n* dirty or insignificant person
WARBIER ▸**warby**
WARBIEST ▸**warby**
WARBIRD, -S *n* vintage military aeroplane
WARBLE, -D, -S, WARBLING *vb* sing in a trilling voice ▹*n* act or an instance of warbling
WARBLER, -S *n* any of various small songbirds
WARBLES ▸**warble**
WARBLIER ▸**warbly**
WARBLING ▸**warble**
WARBLY, WARBLIER *adj* said in a quavering manner
WARBOT, -S *n* any robot or unmanned vehicle or device designed for and used in warfare
WARBS ▸**warb**
WARBY, WARBIER, WARBIEST ▸**warb**
WARCRAFT *n* skill in warfare
WARD, -ED, -S *n* room in a hospital for patients needing a similar kind of care ▹*vb* guard or protect
WARDCORN *n* payment of corn
WARDED ▸**ward**
WARDEN, -ED, -S *n* person in charge of a building and its occupants ▹*vb* act as a warden
WARDENRY ▸**warden**
WARDENS ▸**warden**
WARDER, -ED, -S *vb* guard ▹*n* prison officer
WARDIAN *n* as in **wardian case** type of glass container for housing delicate plants
WARDING, -S ▸**ward**
WARDLESS ▸**ward**
WARDMOTE *n* assembly of the citizens or liverymen of an area
WARDOG, -S *n* veteran warrior
WARDRESS *n* female officer in charge of prisoners in a jail
WARDROBE *n* cupboard for hanging clothes in
WARDROOM *n* officers' quarters on a warship
WARDROP, -S *obsolete form of* ▸**wardrobe**
WARDS ▸**ward**
WARDSHIP *n* state of being a ward
WARE, -D, WARING *n* articles of a specified type or material ▹*vb* spend or squander
WAREHOU, -S *n* any of several edible saltwater New Zealand fish
WARELESS *adj* careless
WAREROOM *n* storeroom
WARES *pl n* goods for sale
WAREZ *pl n* illegally copied computer software
WARFARE, -D, -S *vb* engage in war ▹*n* fighting or hostilities
WARFARER ▸**warfare**
WARFARES ▸**warfare**
WARFARIN *n* crystalline compound, used as a medical anticoagulant
WARGAME, -D, -S *vb* engage in simulated military conflicts
WARGAMER *n* person who takes part in wargames
WARGAMES ▸**wargame**
WARHABLE *adj* able to fight in war
WARHEAD, -S *n* explosive front part of a missile

WARHORSE *n* (formerly) a horse used in battle
WARIER ▸ **wary**
WARIEST ▸ **wary**
WARILY ▸ **wary**
WARIMENT *n* caution
WARINESS ▸ **wary**
WARING ▸ **ware**
WARISON, -S *n* (esp formerly) a bugle note used as an order to a military force to attack
WARK, -ED, -ING, -S *Scots form of* ▸ **work**
WARLESS ▸ **war**
WARLIKE *adj* of or relating to war
WARLING, -S *n* one who is not liked
WARLOCK, -S *n* man who practises black magic
WARLORD, -S *n* military leader of a nation or part of a nation
WARM, -ED, -EST, -ING, -INGS, -S *adj* moderately hot ▹ *vb* make or become warm ▹ *n* warm place or area
WARMAKER *n* one who wages war
WARMAN, WARMEN *n* one experienced in warfare
WARMED ▸ **warm**
WARMEN ▸ **warman**
WARMER, -S ▸ **warm**
WARMEST ▸ **warm**
WARMING ▸ **warm**
WARMINGS ▸ **warm**
WARMISH ▸ **warm**
WARMIST, -S *n* person who believes global warming results from human activity
WARMLY ▸ **warm**
WARMNESS ▸ **warm**
WARMOUTH *n* type of fish
WARMS ▸ **warm**
WARMTH, -S *n* mild heat
WARMUP, -S *n* preparatory exercise routine
WARN, -ED, -S *vb* make aware of possible danger or harm
WARNER, -S ▸ **warn**
WARNING, -S *n* something that warns ▹ *adj* giving or serving as a warning
WARNS ▸ **warn**
WARP, -ED, -S *vb* twist out of shape ▹ *n* state of being warped
WARPAGE, -S ▸ **warp**
WARPAINT *n* paint used to decorate the face and body before battle
WARPATH, -S *n* route taken by Native Americans on a warlike expedition
WARPED ▸ **warp**
WARPER, -S ▸ **warp**
WARPING, -S ▸ **warp**
WARPLANE *n* any aircraft designed for and used in warfare
WARPOWER *n* ability to wage war
WARPS ▸ **warp**
WARPWISE *adv* (weaving) in the direction of the warp
WARRAGAL *same as* ▸ **warrigal**
WARRAGLE *same as* ▸ **warrigal**
WARRAGUL *same as* ▸ **warrigal**
WARRAN, -ED, -S *same as* ▸ **warrant**
WARRAND, -S *same as* ▸ **warrant**
WARRANED ▸ **warran**
WARRANS ▸ **warran**
WARRANT, -S *n* (document giving) official authorization ▹ *vb* make necessary
WARRANTY *n* (document giving) a guarantee
WARRAY, -ED, -S *vb* wage war on
WARRE *same as* ▸ **war**
WARRED ▸ **war**
WARREN, -S *n* series of burrows in which rabbits live
WARRENER *n* gamekeeper or keeper of a warren
WARRENS ▸ **warren**
WARREY, -ED, -S *same as* ▸ **warray**
WARRIGAL *n* dingo ▹ *adj* wild
WARRING ▸ **war**
WARRIOR, -S *n* person who fights in a war
WARRISON *same as* ▸ **warison**
WARS ▸ **war**
WARSAW, -S *n* type of grouper fish
WARSHIP, -S *n* ship designed and equipped for naval combat
WARSLE, -D, -S, WARSLING *dialect word for* ▸ **wrestle**
WARSLER, -S ▸ **warsle**
WARSLES ▸ **warsle**
WARSLING ▸ **warsle**
WARST *obsolete form of* ▸ **worst**
WARSTLE, -D, -S *dialect form of* ▸ **wrestle**
WARSTLER ▸ **warstle**
WARSTLES ▸ **warstle**
WART, -S *n* small hard growth on the skin
WARTED ▸ **wart**
WARTHOG, -S *n* wild African pig with wartlike lumps on the face
WARTIER ▸ **warty**
WARTIEST ▸ **warty**
WARTIME, -S *n* time of war ▹ *adj* of or in a time of war
WARTLESS ▸ **wart**
WARTLIKE ▸ **wart**
WARTS ▸ **wart**
WARTWEED *n* type of plant
WARTWORT *another word for* ▸ **wartweed**
WARTY, WARTIER, WARTIEST ▸ **wart**
WARWOLF *n* Roman engine of war
WARWORK, -S *n* work contributing to war effort
WARWORN *adj* worn down by war
WARY, WARIER, WARIEST *adj* watchful or cautious
WARZONE, -S *n* area where a war is taking place or there is some other violent conflict
WAS *vb* form of the past tense of *be*
WASABI, -S *n* Japanese cruciferous plant cultivated for its thick green pungent root
WASE, -S *n* pad to relieve pressure of load carried on head
WASH, -ED, -EN, -ES *vb* clean (oneself, clothes, etc) with water and usu soap ▹ *n* act or process of washing
WASHABLE *n* thing that can be washed ▹ *adj* (esp of fabrics or clothes) capable of being washed without deteriorating
WASHAWAY *another word for* ▸ **washout**
WASHBAG, -S *n* small bag for carrying toiletries when travelling
WASHBALL *n* ball of soap
WASHBOWL *same as* > **washbasin**
WASHDAY, -S *n* day on which clothes and linen are washed, often the same day each week
WASHDOWN *n* the act of washing (oneself or something) down
WASHED ▸ **wash**
WASHEN ▸ **wash**
WASHER, -ED, -S *n* ring put under a nut or bolt or in a tap as a seal ▹ *vb* fit with a washer

WASHERY *n* plant where liquid is used to remove dirt from a mineral
WASHES ▸ **wash**
WASHFAST *adj* not fading when washed
WASHHAND *n* as in **washhand basin, washhand stand** for the washing of hands
WASHIER ▸ **washy**
WASHIEST ▸ **washy**
WASHILY ▸ **washy**
WASHIN, -S *n* increase in the angle of attack of an aircraft wing towards the wing tip
WASHING, -S *n* clothes to be washed
WASHINS ▸ **washin**
WASHLAND *n* frequently flooded plain
WASHOUT, -S *n* complete failure
WASHPOT, -S *n* pot for washing things in
WASHRAG, -S *same as* > **washcloth**
WASHROOM *n* toilet
WASHTUB, -S *n* tub or large container used for washing anything, esp clothes
WASHUP, -S *n* outcome of a process
WASHWIPE *n* windscreen spray-cleaning mechanism
WASHY, WASHIER, WASHIEST *adj* overdiluted or weak
WASM, -S *n* obsolete belief; an out-of-fashion 'ism'
WASP, -S *n* stinging insect with a slender black-and-yellow striped body
WASPIE, -S *n* tight-waisted corset
WASPIER ▸ **waspy**
WASPIES ▸ **waspie**
WASPIEST ▸ **waspy**
WASPILY ▸ **wasp**
WASPISH *adj* bad-tempered
WASPLIKE ▸ **wasp**
WASPNEST *n* nest of wasps
WASPS ▸ **wasp**
WASPY, WASPIER, WASPIEST ▸ **wasp**
WASSAIL, -S *n* formerly, festivity when much drinking took place ▹ *vb* drink health of (a person) at a wassail
WASSUP *sentence substitute* what is happening?
WAST, -S *singular form of the past tense of* ▸ **be**
WASTABLE ▸ **waste**
WASTAGE, -S *n* loss by wear or waste
WASTE, -D, -S, WASTINGS *vb* use pointlessly or thoughtlessly ▹ *n* act of wasting or state of being wasted ▹ *adj* rejected as worthless or surplus to requirements
WASTEBIN *n* bin for rubbish
WASTED ▸ **waste**
WASTEFUL *adj* extravagant
WASTEL, -S *n* fine bread or cake
WASTELOT *n* piece of waste ground in a city
WASTELS ▸ **wastel**
WASTER, -ED, -S *vb* waste ▹ *n* layabout
WASTERIE *same as* ▸ **wastery**
WASTERS ▸ **waster**
WASTERY *n* extravagance
WASTES ▸ **waste**
WASTEWAY *n* open ditch
WASTFULL *obsolete form of* ▸ **wasteful**
WASTING *adj* reducing the vitality and strength of the body
WASTINGS ▸ **waste**
WASTNESS *same as* > **wasteness**
WASTREL, -S *n* lazy or worthless person
WASTRIE, -S *same as* ▸ **wastery**
WASTRIFE *n* wastefulness
WASTRY *n* wastefulness
WASTS ▸ **wast**
WAT, -S, -TER, -TEST *adj* wet
WATAP, -S *n* stringy thread made by Native Americans from the roots of conifers
WATAPE, -S *same as* ▸ **watap**
WATAPS ▸ **watap**
WATCH, -ED, -ES, -ING *vb* look at closely ▹ *n* portable timepiece for the wrist or pocket
WATCHA *interj* greeting meaning 'what are you?'
WATCHBOX *n* sentry's box
WATCHCRY *n* slogan used to rally support
WATCHDOG *n* dog kept to guard property
WATCHED ▸ **watch**
WATCHER, -S *n* person who watches
WATCHES ▸ **watch**
WATCHET, -S *n* shade of blue
WATCHEYE *n* eye with a light-coloured iris
WATCHFUL *adj* vigilant or alert
WATCHING ▸ **watch**
WATCHMAN, WATCHMEN *n* man employed to guard a building or property
WATCHOUT *n* lookout
WATE ▸ **wit**
WATER, -ED, -ING, -S *n* clear colourless tasteless liquid that falls as rain and forms rivers etc ▹ *vb* put water on or into
WATERAGE *n* transportation of cargo by means of ships, or the charges for such transportation
WATERBED *n* watertight mattress filled with water
WATERBUS *n* boat offering regular transport service
WATERDOG *n* dog trained to hunt in water
WATERED ▸ **water**
WATERER, -S ▸ **water**
WATERHEN *another name for* > **gallinule**
WATERIER ▸ **watery**
WATERILY ▸ **watery**
WATERING ▸ **water**
WATERISH ▸ **water**
WATERJET *n* jet of water
WATERLOG *vb* flood with water
WATERLOO *n* total defeat
WATERMAN, WATERMEN *n* skilled boatman
WATERPOX *n* chickenpox
WATERS ▸ **water**
WATERSKI *vb* ski on water towed behind motorboat
WATERWAY *n* river, canal, or other navigable channel used as a means of travel or transport
WATERY, WATERIER *adj* of, like, or containing water
WATS ▸ **wat**
WATT, -S *n* unit of power
WATTAGE, -S *n* electrical power expressed in watts
WATTAPE, -S *same as* ▸ **watap**
WATTER ▸ **wat**
WATTEST ▸ **wat**
WATTHOUR *n* unit of energy equal to the power of one watt operating for an hour
WATTLE, -S, WATTLING *n* branches woven over sticks to make a fence ▹ *adj* made of, formed by, or covered with wattle ▹ *vb* construct from wattle
WATTLED ▸ **wattle**
WATTLES ▸ **wattle**
WATTLESS ▸ **watt**

WATTLING ▶**wattle**
WATTS ▶**watt**
WAUCHT, -ED, -S *same as* ▶**waught**
WAUFF, -ED, -ING, -S *same as* ▶**waff**
WAUGH, -ED, -ING, -S *vb* bark
WAUGHT, -ED, -S *vb* drink in large amounts
WAUK, -ED, -ING, -S *vb* full (cloth)
WAUKER, -S ▶**wauk**
WAUKING ▶**wauk**
WAUKMILL *same as* >**waulkmill**
WAUKRIFE *variant of* ▶**wakerife**
WAUKS ▶**wauk**
WAUL, -ED, -S *vb* cry or wail plaintively like a cat
WAULING, -S ▶**waul**
WAULK, -ED, -ING, -S *same as* ▶**wauk**
WAULKER, -S ▶**waulk**
WAULKING ▶**waulk**
WAULKS ▶**waulk**
WAULS ▶**waul**
WAUR, -ED, -ING, -S, -ST *obsolete form of* ▶**war**
WAVE, -D, -S *vb* move the hand to and fro as a greeting or signal ▷*n* moving ridge on water
WAVEBAND *n* range of wavelengths or frequencies used for a particular type of radio transmission
WAVED ▶**wave**
WAVEFORM *n* shape of the graph of a wave or oscillation obtained by plotting the value of some changing quantity against time
WAVELESS ▶**wave**
WAVELET, -S *n* small wave
WAVELIKE ▶**wave**
WAVEOFF, -S *n* signal or instruction to an aircraft not to land
WAVER, -ED, -S *vb* hesitate or be irresolute ▷*n* act or an instance of wavering
WAVERER, -S ▶**waver**
WAVERIER ▶**wavery**
WAVERING ▶**waver**
WAVEROUS *same as* ▶**wavery**
WAVERS ▶**waver**
WAVERY, WAVERIER *adj* lacking firmness
WAVES ▶**wave**
WAVESON, -S *n* goods floating on waves after shipwreck
WAVEY, -S *n* snow goose or other wild goose
WAVICLE, -S *n* origin of wave
WAVIER ▶**wavy**
WAVIES ▶**wavy**
WAVIEST ▶**wavy**
WAVILY ▶**wavy**
WAVINESS ▶**wavy**
WAVING, -S ▶**wave**
WAVY, WAVIER, WAVIES, WAVIEST *adj* having curves ▷*n* snow goose or other wild goose
WAW, -S *another name for* ▶**vav**
WAWA, -ED, -ING, -S *n* speech ▷*vb* speak
WAWE, -S *same as* ▶**waw**
WAWL, -ED, -S *same as* ▶**waul**
WAWLING, -S ▶**wawl**
WAWLS ▶**wawl**
WAWS ▶**waw**
WAX, -ED, -ES, WOX, WOXEN *n* solid shiny fatty or oily substance used for sealing, making candles, etc ▷*vb* coat or polish with wax
WAXABLE ▶**wax**
WAXBERRY *n* waxy fruit of the wax myrtle or the snowberry
WAXBILL, -S *n* any of various chiefly African finchlike weaverbirds
WAXCLOTH *another name for* ▶**oilcloth**
WAXED ▶**wax**
WAXEN *adj* made of or like wax
WAXER, -S ▶**wax**
WAXES ▶**wax**
WAXEYE, -S *n* small New Zealand bird
WAXIER ▶**waxy**
WAXIEST ▶**waxy**
WAXILY ▶**waxy**
WAXINESS ▶**waxy**
WAXING, -S ▶**wax**
WAXLIKE ▶**wax**
WAXPLANT *n* climbing shrub of E Asia and Australia
WAXWEED, -S *n* type of wild flower
WAXWING, -S *n* type of songbird
WAXWORK, -S *n* lifelike wax model of a (famous) person
WAXWORM, -S *n* wax moth larva
WAXY, WAXIER, WAXIEST *adj* resembling wax in colour, appearance, or texture
WAY, -ED, -ING, -S *n* manner or method ▷*vb* travel
WAYANG, -S *n* type of Indonesian performance with dancers or puppets
WAYBACK, -S *n* area in the rear of a vehicle
WAYBILL, -S *n* document stating the nature, origin, and destination of goods being transported
WAYBOARD *n* thin geological seam separating larger strata
WAYBREAD *n* plantain
WAYED ▶**way**
WAYFARE, -D, -S *vb* travel
WAYFARER *n* traveller
WAYFARES ▶**wayfare**
WAYGOING *n* leaving
WAYGONE *adj* travel-weary
WAYGOOSE *same as* >**wayzgoose**
WAYING ▶**way**
WAYLAY, WAYLAID, -S *vb* lie in wait for and accost or attack
WAYLAYER ▶**waylay**
WAYLAYS ▶**waylay**
WAYLEAVE *n* access to property granted by a landowner for payment
WAYLEGGO *interj* away here! let go!
WAYLESS ▶**way**
WAYMARK, -S *n* symbol or signpost marking the route of a footpath ▷*vb* mark out with waymarks
WAYMENT, -S *vb* express grief
WAYPOINT *n* stopping point on route
WAYPOST, -S *n* signpost
WAYS ▶**way**
WAYSIDE, -S *n* side of a road
WAYWARD *adj* erratic, selfish, or stubborn
WAYWISER *n* device for measuring distance
WAYWODE, -S *n* Slavonic governor
WAYWORN *adj* worn or tired by travel
WAZ *same as* ▶**wazz**
WAZIR, -S *another word for* ▶**vizier**
WAZOO, -S *n* slang word for person's bottom
WAZZ, -ED, -ES, -ING *vb* urinate ▷*n* act of urinating
WAZZOCK, -S *n* foolish or annoying person
WE *pron* speaker or writer and one or more others

WEAK, -ER, -EST *adj* lacking strength
WEAKEN, -ED, -S *vb* make or become weak
WEAKENER ▸ **weaken**
WEAKENS ▸ **weaken**
WEAKER ▸ **weak**
WEAKEST ▸ **weak**
WEAKFISH *n* any of several sea trouts
WEAKISH ▸ **weak**
WEAKLIER ▸ **weakly**
WEAKLING *n* feeble person or animal
WEAKLY, WEAKLIER *adv* feebly ▹ *adj* weak or sickly
WEAKNESS *n* being weak
WEAKON, -S *n* subatomic particle
WEAKSIDE *n* (in basketball) side of court away from ball
WEAL, -S *n* raised mark left on the skin by a blow
WEALD, -S *n* open or forested country
WEALS ▸ **weal**
WEALSMAN, WEALSMEN *n* statesman
WEALTH, -S *n* state of being rich
WEALTHY *adj* possessing wealth
WEAMB, -S *same as* ▸ **wame**
WEAN, -ED, -S *vb* accustom (a baby or young mammal) to food other than mother's milk
WEANEL, -S *n* recently weaned child or animal
WEANER, -S *n* person or thing that weans
WEANING, -S ▸ **wean**
WEANLING *n* child or young animal recently weaned
WEANS ▸ **wean**
WEAPON, -S *vb* arm ▹ *n* object used in fighting
WEAPONED ▸ **weapon**
WEAPONRY *n* weapons collectively
WEAPONS ▸ **weapon**
WEAR, -ED, -INGS, -S, WORE, WORN *vb* have on the body as clothing or ornament ▹ *n* clothes suitable for a particular time or purpose
WEARABLE *adj* suitable for wear or able to be worn ▹ *n* any garment that can be worn
WEARED ▸ **wear**
WEARER, -S ▸ **wear**
WEARIED ▸ **weary**
WEARIER ▸ **weary**
WEARIES ▸ **weary**
WEARIEST ▸ **weary**
WEARIFUL *same as* > **wearisome**
WEARILY ▸ **weary**
WEARING *adj* tiring ▹ *n* act of wearing
WEARINGS ▸ **wear**
WEARISH *adj* withered
WEARS ▸ **wear**
WEARY, WEARIED, WEARIER, WEARIES, WEARIEST *adj* tired or exhausted ▹ *vb* make or become weary
WEARYING ▸ **weary**
WEASAND, -S *former name for the* ▸ **trachea**
WEASEL, -ED, -S *n* small carnivorous mammal with a long body and short legs ▹ *vb* use ambiguous language to avoid speaking directly or honestly
WEASELER ▸ **weasel**
WEASELLY *adj* devious, cunning
WEASELS ▸ **weasel**
WEASELY *adj* devious, cunning
WEASON, -S *Scots form of* ▸ **weasand**
WEATHER, -S *n* day-to-day atmospheric conditions of a place ▹ *vb* (cause to) be affected by the weather
WEAVE, -D, -S, WOVE *vb* make (fabric) by interlacing (yarn) on a loom
WEAVER, -S *n* person who weaves, esp as a means of livelihood
WEAVES ▸ **weave**
WEAVING, -S ▸ **weave**
WEAZAND, -S *same as* ▸ **weasand**
WEAZEN, -ED, -S *same as* ▸ **wizen**
WEB, -BED, -S *n* net spun by a spider ▹ *vb* cover with or as if with a web
WEBAPP, -S *n* application program that is accessed on the internet
WEBBED ▸ **web**
WEBBIE, -S *n* person who is well versed in the use of the World Wide Web
WEBBIER ▸ **webby**
WEBBIES ▸ **webbie**
WEBBIEST ▸ **webby**
WEBBING, -S *n* anything that forms a web
WEBBY, WEBBIER, WEBBIEST *adj* of, relating to, resembling, or consisting of a web
WEBCAM, -S *n* camera that transmits images over the internet
WEBCAST, -S *n* broadcast of an event over the internet ▹ *vb* make such a broadcast
WEBCHAT, -S *vb* exchange messages via the internet
WEBER, -S *n* SI unit of magnetic flux
WEBFED *adj* (of printing press) printing from rolls of paper
WEBFOOT, WEBFEET *n* foot having the toes connected by folds of skin
WEBHEAD, -S *n* person who uses the internet a lot
WEBIFY, WEBIFIED, WEBIFIES *vb* convert (information) for display on the internet
WEBINAR, -S *n* interactive seminar conducted over the World Wide Web
WEBISODE *n* episode (of a television series) intended for on-line viewing
WEBLESS ▸ **web**
WEBLIKE ▸ **web**
WEBLISH *n* shorthand form of English that is used in text messaging, chat rooms, etc
WEBLOG, -S *n* person's online journal
WEBMAIL, -S *n* system of electronic mail accessed mail via the internet
WEBPAGE, -S *n* page on website
WEBRING, -S *n* group of websites organized in a circular structure
WEBS ▸ **web**
WEBSITE, -S *n* group of connected pages on the World Wide Web
WEBSPACE *n* storage space on a web server
WEBSTER, -S *archaic word for* ▸ **weaver**
WEBWHEEL *n* wheel containing a plate or web instead of spokes
WEBWORK, -S *n* work done using the World Wide Web
WEBWORM, -S *n* type of caterpillar
WEBZINE, -S *n* magazine published on the internet
WECHT, -ED, -ING, -S *n* agricultural tool ▹ *vb* winnow (corn)
WED, -DED, -DING, -S *vb* marry

WEDDER, -ED, -S *dialect form of* ▸ **weather**
WEDDING, -S ▸ **wed**
WEDEL, -ED, -ING, -S *variant of* ▸ **wedeln**
WEDELN, -ED, -S *n* succession of high-speed turns performed in skiing ▹ *vb* perform a wedeln
WEDELS ▸ **wedel**
WEDGE, -D, -S *n* piece of material thick at one end and thin at the other ▹ *vb* fasten or split with a wedge
WEDGIE, -S *n* wedge-heeled shoe
WEDGIER ▸ **wedgy**
WEDGIES ▸ **wedgie**
WEDGIEST ▸ **wedgy**
WEDGING, -S ▸ **wedge**
WEDGY, WEDGIER, WEDGIEST ▸ **wedge**
WEDLOCK, -S *n* marriage
WEDS ▸ **wed**
WEE, -ING, -R, -S, -ST *adj* small or short ▹ *n* instance of urinating ▹ *vb* urinate
WEED, -ED *n* plant growing where undesired ▹ *vb* clear of weeds
WEEDBED, -S *n* body of water having lots of weeds
WEEDED ▸ **weed**
WEEDER, -S ▸ **weed**
WEEDERY *n* weed-ridden area
WEEDIER ▸ **weedy**
WEEDIEST ▸ **weedy**
WEEDILY ▸ **weedy**
WEEDING, -S ▸ **weed**
WEEDLESS ▸ **weed**
WEEDLIKE ▸ **weed**
WEEDLINE *n* edge of a weedbed
WEEDS *pl n* widow's mourning clothes
WEEDY, WEEDIER, WEEDIEST *adj* (of a person) thin and weak
WEEING ▸ **wee**
WEEJUNS *pl n* moccasin-style shoes for casual wear
WEEK, -S *n* period of seven days, esp one beginning on a Sunday ▹ *adv* seven days before or after a specified day
WEEKDAY, -S *n* any day of the week except Saturday or Sunday
WEEKE, -S *same as* ▸ **wick**
WEEKEND *n* Saturday and Sunday ▹ *vb* spend or pass a weekend
WEEKENDS *adv* at the weekend, esp regularly or during every weekend
WEEKES ▸ **weeke**
WEEKLIES ▸ **weekly**
WEEKLONG *adj* lasting a week
WEEKLY, WEEKLIES *adv* happening, done, etc once a week ▹ *n* newspaper or magazine published once a week ▹ *adj* happening once a week or every week
WEEKS ▸ **week**
WEEL, -S *Scot word for* ▸ **well**
WEEM, -S *n* underground home
WEEN, -ED, -ING, -S *vb* think or imagine (something)
WEENIE, -S *adj* very small ▹ *n* wiener
WEENIER ▸ **weeny**
WEENIES ▸ **weenie**
WEENIEST ▸ **weeny**
WEENING ▸ **ween**
WEENS ▸ **ween**
WEENSY, WEENSIER *same as* ▸ **weeny**
WEENY, WEENIER, WEENIEST *adj* very small
WEEP, -S, WEPT *vb* shed tears ▹ *n* spell of weeping
WEEPER, -S *n* person who weeps, esp a hired mourner
WEEPHOLE *n* small drain hole in wall
WEEPIE *same as* ▸ **weepy**
WEEPIER ▸ **weepy**
WEEPIES ▸ **weepy**
WEEPIEST ▸ **weepy**
WEEPILY ▸ **weepy**
WEEPING, -S *adj* (of plants) having slender hanging branches
WEEPS ▸ **weep**
WEEPY, WEEPIER, WEEPIES, WEEPIEST *adj* liable to cry ▹ *n* sentimental film or book
WEER ▸ **wee**
WEES ▸ **wee**
WEEST ▸ **wee**
WEET, -ER, -EST, -ING, -S *dialect form of* ▸ **wet**
WEETE, -D *same as* ▸ **wit**
WEETEN *same as* ▸ **wit**
WEETER ▸ **weet**
WEETEST ▸ **weet**
WEETING ▸ **weet**
WEETLESS *obsolete variant of* ▸ **witless**
WEETS ▸ **weet**
WEEVER, -S *n* type of small fish
WEEVIL, -S *n* small beetle that eats grain etc
WEEVILED *same as* > **weevilled**
WEEVILLY *adj* full of weevils
WEEVILS ▸ **weevil**
WEEVILY *adj* full of weevils
WEEWEE, -D, -S *vb* urinate
WEFT, -ED, -ING, -S *n* cross threads in weaving ▹ *vb* form weft
WEFTAGE, -S *n* texture
WEFTE, -S *n* forsaken child
WEFTED ▸ **weft**
WEFTES ▸ **wefte**
WEFTING ▸ **weft**
WEFTS ▸ **weft**
WEFTWISE *adv* in the direction of the weft
WEID, -S *n* sudden illness
WEIGELA, -S *n* type of shrub
WEIGELIA *same as* ▸ **weigela**
WEIGH, WAID, WAIDE, -ED, -ING, -S *vb* have a specified weight
WEIGHAGE *n* duty paid for weighing goods
WEIGHED ▸ **weigh**
WEIGHER, -S ▸ **weigh**
WEIGHING ▸ **weigh**
WEIGHMAN, WEIGHMEN *n* person responsible for weighing goods
WEIGHS ▸ **weigh**
WEIGHT, -ED, -S *n* heaviness of an object ▹ *vb* add weight to
WEIGHTER ▸ **weight**
WEIGHTS ▸ **weight**
WEIGHTY *adj* important or serious
WEIL, -S *n* whirlpool
WEINER, -S *same as* ▸ **wiener**
WEIR, -ED, -ING, -S *vb* ward off ▹ *n* river dam
WEIRD, -ED, -ER, -EST, -ING, -S *adj* strange or bizarre ▹ *vb* warn beforehand
WEIRDIE, -S *same as* ▸ **weirdo**
WEIRDING ▸ **weird**
WEIRDLY ▸ **weird**
WEIRDO, -ES, -S *n* peculiar person
WEIRDS ▸ **weird**
WEIRDY *n* weird person
WEIRED ▸ **weir**
WEIRING ▸ **weir**
WEIRS ▸ **weir**
WEISE, -D, -S, WEISING *same as* ▸ **wise**
WEIZE, -D, -S, WEIZING *same as* ▸ **wise**
WEKA, -S *n* flightless New Zealand rail
WELAWAY *same as* ▸ **wellaway**
WELCH, -ED, -ES, -ING *same as* ▸ **welsh**
WELCHER, -S ▸ **welch**

WELCHES ▶ **welch**
WELCHING ▶ **welch**
WELCOME, -D, -S *vb* greet with pleasure ▷ *n* kindly greeting ▷ *adj* received gladly
WELCOMER ▶ **welcome**
WELCOMES ▶ **welcome**
WELD, -ED, -S *vb* join (pieces of metal or plastic) by softening with heat ▷ *n* welded joint
WELDABLE ▶ **weld**
WELDED ▶ **weld**
WELDER, -S ▶ **weld**
WELDING, -S ▶ **weld**
WELDLESS ▶ **weld**
WELDMENT *n* unit composed of welded pieces
WELDMESH *n* type of fencing consisting of wire mesh reinforced by welding
WELDOR, -S ▶ **weld**
WELDS ▶ **weld**
WELFARE, -S *n* wellbeing
WELK, -ED, -ING, -S *vb* wither; dry up
WELKE, -S *obsolete form of* ▶ **welk**
WELKED ▶ **welk**
WELKES ▶ **welke**
WELKIN, -S *n* sky, heavens, or upper air
WELKING ▶ **welk**
WELKINS ▶ **welkin**
WELKS ▶ **welk**
WELKT *adj* twisted
WELL, -ED, -ING, -INGS, -S *adv* satisfactorily ▷ *adj* in good health ▷ *interj* exclamation of surprise, interrogation, etc ▷ *n* hole sunk into the earth to reach water, oil, or gas ▷ *vb* flow upwards or outwards
WELLADAY *interj* alas
WELLAWAY *interj* alas
WELLBORN *adj* having been born into a wealthy family
WELLCURB *n* stone surround at top of well
WELLDOER *n* moral person
WELLED ▶ **well**
WELLHEAD *n* source of a well or stream
WELLHOLE *n* well shaft
WELLIE *n* wellington boot
WELLIES ▶ **welly**
WELLING ▶ **well**
WELLINGS ▶ **well**
WELLNESS *n* state of being in good physical and mental health
WELLS ▶ **well**
WELLSITE *n* site of well
WELLY, WELLIES *n* energy or commitment
WELS *n* type of catfish
WELSH, -ED, -ES, -ING *vb* fail to pay a debt or fulfil an obligation
WELSHER, -S ▶ **welsh**
WELSHES ▶ **welsh**
WELSHING ▶ **welsh**
WELT, -ED, -S *same as* ▶ **weal**
WELTER, -ED, -S *n* jumbled mass ▷ *vb* roll about, writhe, or wallow
WELTING, -S ▶ **welt**
WELTS ▶ **welt**
WEM, -S *same as* ▶ **wame**
WEMB, -S *same as* ▶ **wame**
WEMS ▶ **wem**
WEN, -S *n* cyst on the scalp
WENA *pron* South African word for you
WENCH, -ES *n* young woman
WEND, -ED, -ING, -S *vb* go or travel
WENDIGO, -S *n* evil spirit or cannibal
WENDING ▶ **wend**
WENDS ▶ **wend**
WENGE, -S *n* type of tree found in central and West Africa
WENNIER ▶ **wenny**
WENNIEST ▶ **wenny**
WENNISH ▶ **wen**
WENNY, WENNIER, WENNIEST ▶ **wen**
WENS ▶ **wen**
WENT, -S *n* path
WEPT ▶ **weep**
WERE *vb* form of the past tense of *be*
WEREGILD *same as* ▶ **wergild**
WEREWOLF *n* (in folklore) person who can turn into a wolf
WERGELD, -S *same as* ▶ **wergild**
WERGELT, -S *same as* ▶ **wergeld**
WERGILD, -S *n* price set on a person's life, to be paid as compensation by their slayer
WERO, -S *n* challenge made by an armed Māori warrior to a visitor to a marae
WERRIS, -ES *slang word for* > **urination**
WERSH, -ER, -EST *adj* tasteless
WERT *singular form of the past tense of* ▶ **be**
WERWOLF *same as* ▶ **werewolf**
WESAND, -S *same as* ▶ **weasand**
WESKIT, -S *informal word for* > **waistcoat**
WESSAND, -S *same as* ▶ **weasand**
WEST, -ED, -S *n* part of the horizon where the sun sets ▷ *adj* in the west ▷ *adv* in, to, or towards the west ▷ *vb* move in westerly direction
WESTER, -ED, -S *vb* move or appear to move towards the west ▷ *n* strong wind or storm from the west
WESTERLY *adj* of or in the west ▷ *adv* towards the west ▷ *n* wind blowing from the west
WESTERN, -S *adj* of or in the west ▷ *n* film or story about cowboys in the western US
WESTERS ▶ **wester**
WESTIE, -S *n* insulting word for a young working-class person from the western suburbs of Sydney
WESTING, -S *n* movement, deviation, or distance covered in a westerly direction
WESTLIN *Scots word for* ▶ **western**
WESTLINS *adv* to or in west
WESTMOST *adj* most western
WESTS ▶ **west**
WESTWARD *adv* towards the west ▷ *n* westward part or direction ▷ *adj* moving, facing, or situated in the west
WET, -S, -TED, -TEST, -TING, -TINGS *adj* covered or soaked with water or another liquid ▷ *n* moisture or rain ▷ *vb* make wet
WETA, -S *n* type of wingless insect
WETHER, -S *n* male sheep
WETLAND, -S *n* area of marshy land
WETLY ▶ **wet**
WETNESS *n* the state of being wet
WETPROOF *adj* waterproof
WETS ▶ **wet**
WETSUIT, -S *n* body suit for diving
WETTABLE ▶ **wet**
WETTED ▶ **wet**
WETTER, -S ▶ **wet**
WETTEST ▶ **wet**
WETTIE, -S *n* wetsuit
WETTING ▶ **wet**
WETTINGS ▶ **wet**
WETTISH ▶ **wet**

WETWARE, -S *n* humorous term for the brain
WEX, -ED, -ES, -ING *obsolete form of* ▸ **wax**

Wex is an old word for **wax**, in the sense of grow. It gives a very good score for a 3-letter word, and can be extended to **wexe**.

WEXE *obsolete form of* ▸ **wax**
WEXED ▸ **wex**
WEXES ▸ **wex**
WEXING ▸ **wex**
WEY, -S *n* measurement of weight
WEYARD *obsolete form of* ▸ **weird**
WEYS ▸ **wey**
WEYWARD *obsolete form of* ▸ **weird**
WEZAND, -S *obsolete form of* ▸ **weasand**
WHA *Scot word for* ▸ **who**
WHACK, -ED, -S *vb* strike with a resounding blow ▹ *n* such a blow
WHACKER, -S ▸ **whack**
WHACKIER ▸ **whacky**
WHACKING *adj* huge ▹ *n* severe beating ▹ *adv* extremely
WHACKO, -ES, -S *n* mad person
WHACKS ▸ **whack**
WHACKY, WHACKIER *variant spelling of* ▸ **wacky**
WHAE *same as* ▸ **wha**
WHAISLE, -D, -S *Scots form of* ▸ **wheeze**
WHAIZLE, -D, -S *same as* ▸ **whaisle**
WHAKAIRO *n* art of carving
WHALE, -D, -S *n* large fish-shaped sea mammal ▹ *vb* hunt for whales
WHALEMAN, WHALEMEN *n* person employed in whaling
WHALER, -S *n* ship or person involved in whaling
WHALERY *n* whaling
WHALES ▸ **whale**
WHALING, -S *n* hunting of whales for food and oil ▹ *adv* extremely
WHALLY *adj* (of eyes) with light-coloured irises
WHAM, -MED, -MING, -S *interj* expression indicating suddenness or forcefulness ▹ *n* forceful blow or impact ▹ *vb* strike or cause to strike with great force
WHAMMIES ▸ **whammy**
WHAMMING ▸ **wham**
WHAMMO, -S *n* sound of a sudden collision
WHAMMY, WHAMMIES *n* devastating setback
WHAMO *same as* ▸ **whammo**
WHAMPLE, -S *n* strike
WHAMS ▸ **wham**
WHANAU, -S *n* (in Māori societies) a family, esp an extended family
WHANG, -ED, -ING, -S *vb* strike or be struck so as to cause a resounding noise ▹ *n* resounding noise produced by a heavy blow
WHANGAM, -S *n* imaginary creature
WHANGED ▸ **whang**
WHANGEE, -S *n* tall woody grass grown for its stems, which are used for bamboo canes
WHANGING ▸ **whang**
WHANGS ▸ **whang**
WHAP, -PED, -PING, -S *same as* ▸ **whop**
WHAPPER, -S *same as* ▸ **whopper**
WHAPPING ▸ **whap**
WHAPS ▸ **whap**
WHARE, -S *n* Māori hut or dwelling place
WHARENUI *n* (in New Zealand) meeting house
WHARES ▸ **whare**
WHARF, -ED, -ING, -S *n* platform at a harbour for loading and unloading ships ▹ *vb* put (goods, etc) on a wharf
WHARFAGE *n* accommodation for ships at wharves
WHARFED ▸ **wharf**
WHARFIE, -S *n* person employed to load and unload ships
WHARFING ▸ **wharf**
WHARFS ▸ **wharf**
WHARVE, -S *n* wooden disc or wheel on a shaft serving as a flywheel or pulley
WHAT, -S *pron* which thing ▹ *interj* exclamation of anger, surprise, etc ▹ *adv* in which way, how much ▹ *n* part; portion
WHATA, -S *n* building on stilts or a raised platform for storing provisions
WHATCHA *interj* greeting meaning 'what are you?'
WHATEN *adj* what; what kind of
WHATEVER *pron* everything or anything that ▹ *determiner* intensive form of *what*
WHATEVS *interj* whatever
WHATNA *another word for* ▸ **whaten**
WHATNESS *n* what something is
WHATNOT, -S *n* similar unspecified thing
WHATS ▸ **what**
WHATSIS *US form of* ▸ **whatsit**
WHATSIT, -S *n* person or thing the name of which is temporarily forgotten
WHATSO *adj* of whatever kind
WHATTEN *same as* ▸ **whaten**
WHAUP, -S *n* curlew
WHAUR, -S *Scot word for* ▸ **where**
WHEAL, -S *same as* ▸ **weal**
WHEAR *obsolete variant of* ▸ **where**
WHEARE *obsolete variant of* ▸ **where**
WHEAT, -S *n* grain used in making flour, bread, and pasta
WHEATEAR *n* small songbird
WHEATEN, -S *n* type of dog ▹ *adj* made of the grain or flour of wheat
WHEATIER ▸ **wheaty**
WHEATS ▸ **wheat**
WHEATY, WHEATIER *adj* having a wheat-like taste
WHEE *interj* exclamation of joy, thrill, etc
WHEECH, -ED, -S *vb* move quickly
WHEEDLE, -D, -S *vb* coax or cajole
WHEEDLER ▸ **wheedle**
WHEEDLES ▸ **wheedle**
WHEEL, -ING, -S *n* disc that revolves on an axle ▹ *vb* push or pull (something with wheels)
WHEELED *adj* having or equipped with a wheel or wheels
WHEELER, -S *n* horse or other draught animal nearest the wheel
WHEELIE, -S *n* manoeuvre on a bike in which the front wheel is raised off the ground
WHEELIER ▸ **wheely**
WHEELIES ▸ **wheelie**
WHEELING ▸ **wheel**
WHEELMAN, WHEELMEN *n* helmsman

WHEELS ▸ **wheel**
WHEELY, WHEELIER *adj* resembling a wheel
WHEEN, -S *n* few
WHEENGE, -D, -S *Scots form of* ▸ **whinge**
WHEENS ▸ **wheen**
WHEEP, -ED, -ING, -S *vb* fly quickly and lightly
WHEEPLE, -D, -S *vb* whistle weakly
WHEEPS ▸ **wheep**
WHEESH, -ED, -ES *vb* silence (a person, noise, etc) or be silenced
WHEESHT, -S *same as* ▸ **wheesh**
WHEEZE, -D, -S, WHEEZING *vb* breathe with a hoarse whistling noise ▹ *n* wheezing sound
WHEEZER, -S ▸ **wheeze**
WHEEZES ▸ **wheeze**
WHEEZIER ▸ **wheezy**
WHEEZILY ▸ **wheeze**
WHEEZING ▸ **wheeze**
WHEEZLE, -D, -S *vb* make hoarse breathing sound
WHEEZY, WHEEZIER ▸ **wheeze**
WHEFT, -S *same as* ▸ **waft**
WHELK, -S *n* edible snail-like shellfish
WHELKED *adj* having or covered with whelks
WHELKIER ▸ **whelky**
WHELKS ▸ **whelk**
WHELKY, WHELKIER ▸ **whelk**
WHELM, -ED, -ING, -S *vb* engulf entirely with or as if with water
WHELP, -ED, -ING, -S *n* pup or cub ▹ *vb* (of an animal) give birth
WHEMMLE, -D, -S *vb* overturn
WHEN, -S *adv* at what time? ▹ *pron* at which time ▹ *n* question of when
WHENAS *conj* while; inasmuch as
WHENCE, -S *n* point of origin ▹ *adv* from what place or source ▹ *pron* from what place, cause, or origin
WHENEVER *adv* at whatever time
WHENS ▸ **when**
WHENUA, -S *n* land
WHENWE, -S *n* White immigrant to South Africa from Zimbabwe
WHERE, -S *adv* in, at, or to what place? ▹ *pron* in, at, or to which place ▹ *n* question as to the position, direction, or destination of something
WHEREAS *n* testimonial introduced by whereas
WHEREAT *adv* at or to which place
WHEREBY *pron* by which ▹ *adv* how? by what means?
WHEREFOR *adv* for which ▹ *n* explanation or reason
WHEREIN *adv* in what place or respect? ▹ *pron* in which place or thing
WHEREOF *adv* of what or which person or thing? ▹ *pron* of which person or thing
WHEREON *adv* on what thing or place? ▹ *pron* on which thing, place, etc
WHEREOUT *adv* out of which
WHERES ▸ **where**
WHERESO *adv* in or to unspecified place
WHERETO *adv* towards what (place, end, etc)? ▹ *pron* to which
WHEREVER *adv* at whatever place ▹ *pron* at, in, or to every place or point which
WHERRET, -S *vb* strike (someone) a blow ▹ *n* blow, esp a slap on the face
WHERRIED ▸ **wherry**
WHERRIES ▸ **wherry**
WHERRIT, -S *vb* worry or cause to worry
WHERRY, WHERRIED, WHERRIES *n* any of certain kinds of half-decked commercial boats ▹ *vb* travel in a wherry
WHERVE, -S *same as* ▸ **wharve**
WHET, -S, -TED, -TING *vb* sharpen (a tool) ▹ *n* act of whetting
WHETHER *conj* used to introduce any indirect question
WHETS ▸ **whet**
WHETTED ▸ **whet**
WHETTER, -S ▸ **whet**
WHETTING ▸ **whet**
WHEUGH, -ED, -S *same as* ▸ **whew**
WHEW, -ED, -ING, -S *interj* exclamation expressing relief, delight, etc ▹ *vb* express relief
WHEY, -IER, -IEST, -S *n* watery liquid that separates from the curd when milk is clotted
WHEYEY ▸ **whey**
WHEYFACE *n* pale bloodless face
WHEYIER ▸ **whey**
WHEYIEST ▸ **whey**
WHEYISH ▸ **whey**
WHEYLIKE ▸ **whey**
WHEYS ▸ **whey**
WHICH *pron* used to request or refer to a choice from different possibilities ▹ *adj* used with a noun in requesting that a particular thing is further identified or distinguished
WHICKER, -S *vb* (of a horse) to whinny or neigh
WHID, -DED, -DING, -S *vb* move quickly
WHIDAH, -S *same as* ▸ **whydah**
WHIDDED ▸ **whid**
WHIDDER, -S *vb* move with force
WHIDDING ▸ **whid**
WHIDS ▸ **whid**
WHIFF, -ED, -ING, -S *n* puff of air or odour ▹ *vb* come, convey, or go in whiffs
WHIFFER, -S ▸ **whiff**
WHIFFET, -S *n* insignificant person
WHIFFIER ▸ **whiffy**
WHIFFING ▸ **whiff**
WHIFFLE, -D, -S *vb* think or behave in an erratic or unpredictable way
WHIFFLER *n* person who whiffles
WHIFFLES ▸ **whiffle**
WHIFFS ▸ **whiff**
WHIFFY, WHIFFIER *adj* smelly
WHIFT, -S *n* brief emission of air
WHIG, -GED, -GING, -S *vb* go quickly
WHILE, -D, WHILING *n* period of time
WHILERE *adv* a while ago
WHILES *adv* at times
WHILEVER *conj* as long as
WHILING ▸ **while**
WHILK *archaic and dialect word for* ▸ **which**
WHILLY, WHILLIED, WHILLIES *vb* influence by flattery
WHILOM *adv* formerly ▹ *adj* one-time
WHILST *same as* ▸ **while**
WHIM, -MED, -MING, -S *n* sudden fancy ▹ *vb* have a whim
WHIMBREL *n* small European curlew with a striped head

W

WHIMMED ▸ **whim**
WHIMMIER ▸ **whimmy**
WHIMMING ▸ **whim**
WHIMMY, WHIMMIER *adj* having whims
WHIMPER, -S *vb* cry in a soft whining way ▹ *n* soft plaintive whine
WHIMPLE, -D, -S *same as* ▸ **wimple**
WHIMS ▸ **whim**
WHIMSEY, -S *same as* ▸ **whimsy**
WHIMSIED ▸ **whimsy**
WHIMSIER ▸ **whimsy**
WHIMSIES ▸ **whimsy**
WHIMSILY ▸ **whimsy**
WHIMSY, WHIMSIER, WHIMSIES *n* capricious idea ▹ *adj* quaint, comical, or unusual
WHIN, -S *n* gorse
WHINCHAT *n* type of songbird
WHINE, -D, -S *n* high-pitched plaintive cry ▹ *vb* make such a sound
WHINER, -S ▸ **whine**
WHINES ▸ **whine**
WHINEY *same as* ▸ **whiny**
WHINGE, -D, -S, WHINGING *vb* complain ▹ *n* complaint
WHINGER, -S ▸ **whinge**
WHINGES ▸ **whinge**
WHINGIER ▸ **whingy**
WHINGING ▸ **whinge**
WHINGY, WHINGIER *adj* complaining peevishly, whining
WHINIARD *same as* ▸ **whinyard**
WHINIER ▸ **whiny**
WHINIEST ▸ **whiny**
WHINING, -S ▸ **whine**
WHINNY, WHINNIED, WHINNIER, WHINNIES *vb* neigh softly ▹ *n* soft neigh ▹ *adj* covered in whin
WHINS ▸ **whin**
WHINY, WHINIER, WHINIEST *adj* high-pitched and plaintive
WHINYARD *n* sword
WHIO, -S *n* New Zealand mountain duck with blue plumage
WHIP, -PED, -PING, -S *n* cord attached to a handle, used for beating animals or people ▹ *vb* strike with a whip, strap, or cane
WHIPBIRD *n* any of several birds having a whistle ending in a whipcrack note
WHIPCAT, -S *n* tailor
WHIPCORD *n* strong worsted or cotton fabric with a diagonally ribbed surface
WHIPJACK *n* beggar imitating a sailor
WHIPLASH *n* quick lash of a whip
WHIPLESS *adj* without a whip
WHIPLIKE ▸ **whip**
WHIPPED ▸ **whip**
WHIPPER, -S ▸ **whip**
WHIPPET, -S *n* racing dog like a small greyhound
WHIPPIER ▸ **whippy**
WHIPPING ▸ **whip**
WHIPPIT, -S *n* small canister of nitrous oxide
WHIPPY, WHIPPIER *adj* springy
WHIPRAY, -S *n* stingray
WHIPS ▸ **whip**
WHIPSAW, -N, -S *n* any saw with a flexible blade, such as a bandsaw ▹ *vb* saw with a whipsaw
WHIPSTER *n* insignificant but pretentious or cheeky person, esp a young one
WHIPT *old past tense of* ▸ **whip**
WHIPTAIL *n* type of lizard
WHIPWORM *n* parasitic worm living in the intestines of mammals
WHIR, -RED, -RING, -S *n* prolonged soft swish or buzz ▹ *vb* make or cause to make a whir
WHIRL, -ED, -S *vb* spin or revolve ▹ *n* whirling movement
WHIRLBAT *n* thing moved with a whirl
WHIRLED ▸ **whirl**
WHIRLER, -S ▸ **whirl**
WHIRLIER ▸ **whirly**
WHIRLIES *pl n* illness induced by excessive use of alcohol
WHIRLING ▸ **whirl**
WHIRLS ▸ **whirl**
WHIRLY, WHIRLIER *adj* characterized by whirling
WHIRR, -S *same as* ▸ **whir**
WHIRRA *interj* exclamation of sorrow or deep concern
WHIRRED ▸ **whir**
WHIRRET, -S *vb* strike with sharp blow
WHIRRIED ▸ **whirry**
WHIRRIER ▸ **whirry**
WHIRRIES ▸ **whirry**
WHIRRING ▸ **whir**
WHIRRS ▸ **whirr**
WHIRRY, WHIRRIED, WHIRRIER, WHIRRIES *vb* move quickly ▹ *adj* characteristic of a whir
WHIRS ▸ **whir**
WHIRTLE, -S *same as* ▸ **wortle**
WHISH, -ED, -ES, -ING *less common word for* ▸ **swish**
WHISHT, -ED, -S *interj* hush!, be quiet! ▹ *adj* silent or still ▹ *vb* make or become silent
WHISK, -ED, -ING, -S *vb* move or remove quickly ▹ *n* quick movement
WHISKER, -S *n* any of the long stiff hairs on the face of a cat or other mammal
WHISKERY *adj* having whiskers
WHISKET, -S *same as* ▸ **wisket**
WHISKEY, -S *n* Irish or American whisky
WHISKIES ▸ **whisky**
WHISKING ▸ **whisk**
WHISKS ▸ **whisk**
WHISKY, WHISKIES *n* spirit distilled from fermented cereals
WHISPER, -S *vb* speak softly, without vibration of the vocal cords ▹ *n* soft voice
WHISPERY *adj* like a whisper
WHISS, -ED, -ES, -ING *vb* hiss
WHIST, -ED, -ING, -S *same as* ▸ **whisht**
WHISTLE, -D, -S *vb* produce a shrill sound ▹ *n* whistling sound
WHISTLER *n* person or thing that whistles
WHISTLES ▸ **whistle**
WHISTS ▸ **whist**
WHIT, -S *n* smallest particle
WHITE, -R, -ST *adj* of the colour of snow ▹ *n* colour of snow
WHITECAP *n* wave with a white broken crest
WHITED *adj* as in **whited sepulchre** hypocrite
WHITEFLY *n* tiny whitish insect that is harmful to greenhouse plants
WHITELY ▸ **white**
WHITEN, -ED, -S *vb* make or become white or whiter
WHITENER *n* substance that makes something white or whiter
WHITENS ▸ **whiten**
WHITEOUT *n* atmospheric condition in which blizzards or low clouds make it very difficult to see

WHITEPOT *n* custard or milk pudding
WHITER ▸ **white**
WHITES *pl n* white clothes, as worn for playing cricket
WHITEST ▸ **white**
WHITEY *same as* ▸ **whity**
WHITHER, -S *same as* ▸ **wuther**
WHITIER ▸ **whity**
WHITIEST ▸ **whity**
WHITING, -S *n* edible sea fish
WHITISH ▸ **white**
WHITLING *n* type of trout
WHITLOW, -S *n* inflamed sore on a finger or toe, esp round a nail
WHITRACK *n* weasel or stoat
WHITRET, -S *same as* ▸ **whittret**
WHITRICK *n* dialect word for a male weasel
WHITS ▸ **whit**
WHITSTER *n* person who whitens clothes
WHITTAW, -S *same as* > **whittawer**
WHITTER, -S *variant spelling of* ▸ **witter**
WHITTLE, -D, -S *vb* cut or carve (wood) with a knife ▹ *n* knife, esp a large one
WHITTLER ▸ **whittle**
WHITTLES ▸ **whittle**
WHITTRET *n* male weasel
WHITY, WHITIER, WHITIEST *adj* of a white colour
WHIZ *same as* ▸ **whizz**
WHIZBANG *n* small-calibre shell
WHIZZ, -ED, -ES, -ING *vb* make a loud buzzing sound ▹ *n* loud buzzing sound
WHIZZER, -S ▸ **whizz**
WHIZZES ▸ **whizz**
WHIZZIER ▸ **whizzy**
WHIZZING ▸ **whizz**
WHIZZO *same as* ▸ **whizzy**
WHIZZY, WHIZZIER *adj* using sophisticated technology
WHO *pron* which person
WHOA *interj* command used to stop or slow down
WHODUNIT *same as* > **whodunnit**
WHOEVER *pron* any person who
WHOLE, -S *adj* containing all the elements or parts ▹ *n* complete thing or system
WHOLISM, -S *same as* ▸ **holism**
WHOLIST, -S *same as* ▸ **holist**
WHOLLY *adv* completely or totally
WHOLPHIN *n* whale-dolphin hybrid
WHOM *pron* objective form of *who*
WHOMBLE, -D, -S *same as* ▸ **whemmle**
WHOMEVER *pron* objective form of *whoever*
WHOMMLE, -D, -S *same as* ▸ **whemmle**
WHOMP, -ED, -ING, -S *vb* strike; thump
WHOMSO *pron* whom; whomever
WHOOBUB, -S *same as* ▸ **hubbub**
WHOOF, -ED, -ING, -S *same as* ▸ **woof**
WHOOMP, -S *n* sudden loud sound
WHOOMPH, -S *same as* ▸ **whoomp**
WHOOMPS ▸ **whoomp**
WHOOP, -ED, -ING *n* shout or cry to express excitement ▹ *vb* emit a whoop
WHOOPEE, -S *n* cry of joy
WHOOPER, -S *n* type of swan
WHOOPIE, -S *same as* ▸ **whoopee**
WHOOPING ▸ **whoop**
WHOOPLA, -S *n* commotion; fuss
WHOOPS *interj* exclamation of surprise or of apology
WHOOPSIE *n* animal excrement
WHOOSH, -ED, -ES *n* hissing or rushing sound ▹ *vb* make or move with a hissing or rushing sound
WHOOSIS *n* thingamajig
WHOOT, -ED, -ING, -S *obsolete variant of* ▸ **hoot**
WHOP, -PED, -S *vb* strike, beat, or thrash
WHOPPER, -S *n* anything unusually large
WHOPPING *n* beating as punishment ▹ *adj* unusually large ▹ *adv* extremely
WHOPS ▸ **whop**
WHORL, -ING, -S *n* ring of leaves or petals ▹ *vb* form a whorl or whorls
WHORLBAT *same as* ▸ **whirlbat**
WHORLED ▸ **whorl**
WHORLING ▸ **whorl**
WHORLS ▸ **whorl**
WHORT, -S *n* small shrub bearing blackish edible sweet berries
WHORTLE, -S *n* whortleberry
WHORTS ▸ **whort**
WHOSE *pron* of whom or of which ▹ *determiner* of whom or of which
WHOSESO *adj* possessive form of whoso
WHOSEVER *pron* belonging to whoever
WHOSIS, -ES *n* thingamajig
WHOSIT, -S *n* object or person whose name is not known
WHOSO *archaic word for* ▸ **whoever**
WHOT *obsolete variant of* ▸ **hot**
WHOW, -ED, -ING, -S *interj* wow ▹ *vb* to wow
WHUMMLE, -D, -S *same as* ▸ **whemmle**
WHUMP, -ED, -ING, -S *vb* make a dull thud ▹ *n* dull thud
WHUP, -PED, -PING, -S *vb* defeat totally
WHY, -S *adv* for what reason ▹ *pron* because of which ▹ *n* reason, purpose, or cause of something
WHYDA, -S *same as* ▸ **whydah**
WHYDAH, -S *n* type of black African bird
WHYDAS ▸ **whyda**
WHYDUNIT *same as* > **whydunnit**
WHYEVER *adv* for whatever reason
WHYS ▸ **why**
WIBBLE, -D, -S, WIBBLING *vb* wobble
WICCA, -S *n* cult or practice of witchcraft
WICCAN, -S *n* member of wicca
WICCAS ▸ **wicca**
WICE *Scots form of* ▸ **wise**
WICH, -ES *n* variant of wych
WICK, -S *n* cord through a lamp or candle which carries fuel to the flame ▹ *adj* lively or active ▹ *vb* (of a material) draw in (water, fuel, etc)
WICKAPE, -S *same as* ▸ **wicopy**
WICKED, -ER, -S *adj* morally bad ▹ *n* wicked person
WICKEDLY ▸ **wicked**
WICKEDS ▸ **wicked**
WICKEN, -S *same as* ▸ **quicken**
WICKER, -S *adj* made of woven cane ▹ *n* slender flexible twig or shoot, esp of willow

WICKERED ▸**wicker**
WICKERS ▸**wicker**
WICKET, -S *n* set of three cricket stumps and two bails
WICKIES ▸**wicky**
WICKING, -S ▸**wick**
WICKIUP, -S *n* crude shelter made of brushwood, mats, or grass and having an oval frame
WICKLESS ▸**wick**
WICKS ▸**wick**
WICKY, WICKIES *same as* ▸**quicken**
WICKYUP, -S *same as* ▸**wickiup**
WICOPY, WICOPIES *n* any of various North American trees, shrubs, or herbaceous plants
WIDDER, -S *same as* ▸**widow**
WIDDIE *same as* ▸**widdy**
WIDDIES ▸**widdy**
WIDDLE, -D, -S, WIDDLING *vb* urinate ▹*n* urine
WIDDY, WIDDIES *vb* rope made of twigs
WIDE, -R, -S, -ST *adj* large from side to side ▹*adv* the full extent ▹*n* (in cricket) a ball outside a batsman's reach
WIDEBAND *n* wide bandwidth transmission medium ▹*adj* capable of transmitting on a wide bandwidth
WIDEBODY *n* aircraft with a wide fuselage
WIDELY ▸**wide**
WIDEN, -ED, -S *vb* make or become wider
WIDENER, -S ▸**widen**
WIDENESS ▸**wide**
WIDENING *n* act of widening
WIDENS ▸**widen**
WIDEOUT, -S *n* (in American football) player who catches passes from the quarterback
WIDER ▸**wide**
WIDES ▸**wide**
WIDEST ▸**wide**
WIDGEON, -S *same as* ▸**wigeon**
WIDGET, -S *n* any small device, the name of which is unknown or forgotten
WIDGIE, -S *n* female larrikin or bodgie
WIDISH ▸**wide**
WIDOW, -ED, -ING, -S *n* woman whose spouse is dead and who has not remarried ▹*vb* cause to become a widow
WIDOWER, -S *n* man whose spouse is dead and who has not remarried
WIDOWING ▸**widow**
WIDOWMAN, WIDOWMEN *n* widower
WIDOWS ▸**widow**
WIDTH, -S *n* distance from side to side
WIDTHWAY *adj* across the width
WIEL, -S *same as* ▸**weel**
WIELD, -ED, -ING, -S *vb* hold and use (a weapon)
WIELDER, -S ▸**wield**
WIELDIER ▸**wieldy**
WIELDING ▸**wield**
WIELDS ▸**wield**
WIELDY, WIELDIER *adj* easily handled, used, or managed
WIELS ▸**wiel**
WIENER, -S *n* kind of smoked beef or pork sausage, similar to a frankfurter
WIENIE, -S *same as* ▸**wiener**
WIFE, -D, -S, WIFING, WIVES *n* woman to whom one is married ▹*vb* marry
WIFEDOM, -S *n* state of being a wife
WIFEHOOD ▸**wife**
WIFELESS ▸**wife**
WIFELIER ▸**wifely**
WIFELIKE ▸**wife**
WIFELY, WIFELIER ▸**wife**
WIFES ▸**wife**
WIFEY, -S *n* wife
WIFIE, -S *n* woman
WIFING ▸**wife**
WIFTY, WIFTIER, WIFTIEST *adj* scatterbrained
WIG, -GING, -GINGS, -S *n* artificial head of hair ▹*vb* furnish with a wig
WIGAN, -S *n* stiff fabric
WIGEON, -S *n* duck found in marshland
WIGGED ▸**wig**
WIGGERY *n* wigs
WIGGIER ▸**wiggy**
WIGGIEST ▸**wiggy**
WIGGING ▸**wig**
WIGGINGS ▸**wig**
WIGGLE, -D, -S, WIGGLING *vb* move jerkily from side to side ▹*n* wiggling movement
WIGGLER, -S ▸**wiggle**
WIGGLES ▸**wiggle**
WIGGLIER ▸**wiggly**
WIGGLING ▸**wiggle**
WIGGLY, WIGGLIER ▸**wiggle**
WIGGY, WIGGIER, WIGGIEST *adj* eccentric
WIGHT, -ED, -ING, -S *vb* blame ▹*n* human being ▹*adj* strong and brave
WIGHTLY *adv* swiftly
WIGHTS ▸**wight**
WIGLESS ▸**wig**
WIGLET, -S *n* small wig
WIGLIKE ▸**wig**
WIGMAKER *n* person who makes wigs
WIGS ▸**wig**
WIGWAG, -S *vb* move (something) back and forth ▹*n* system of communication by flag semaphore
WIGWAM, -S *n* Native American's tent
WIKI, -S *n* website consisting mainly of user-generated content
WIKIUP, -S *same as* ▸**wickiup**
WILCO *interj* expression indicating that the message just received will be complied with
WILD, -ED, -EST, -S *same as* ▸**wield**
WILDCARD *n* person given entry to competition without qualifying
WILDCAT, -S *n* European wild animal like a large domestic cat ▹*adj* risky and financially unsound ▹*vb* drill for petroleum or natural gas in an area having no known reserves
WILDED ▸**wild**
WILDER, -ED, -S *vb* lead or be led astray
WILDEST ▸**wild**
WILDFIRE *n* highly flammable material, such as Greek fire, formerly used in warfare
WILDFOWL *n* wild bird that is hunted for sport or food
WILDING, -S *n* uncultivated plant
WILDISH ▸**wild**
WILDLAND *n* land which has not been cultivated
WILDLIFE *n* wild animals and plants collectively
WILDLING *same as* ▸**wilding**
WILDLY ▸**wild**
WILDMAN, WILDMEN *n* man who lives in the wild
WILDNESS ▸**wild**
WILDS ▸**wild**
WILDWOOD *n* wood or forest growing in a natural uncultivated state

WILE, -D, -S, WILING *n* trickery, cunning, or craftiness ▷ *vb* lure, beguile, or entice
WILEFUL *adj* deceitful
WILES ▶ **wile**
WILFUL *adj* headstrong or obstinate
WILFULLY ▶ **wilful**
WILGA, -S *n* small drought-resistant tree of Australia
WILI, -S *n* spirit
WILIER ▶ **wily**
WILIEST ▶ **wily**
WILILY ▶ **wily**
WILINESS ▶ **wily**
WILING ▶ **wile**
WILIS ▶ **wili**
WILJA, -S *same as* ▶ **wiltja**
WILL, -EST, -S, WOULD *vb* used as an auxiliary to form the future tense or to indicate intention, ability, or expectation ▷ *n* strong determination
WILLABLE *adj* able to be wished or determined by the will
WILLED *adj* having a will as specified
WILLER, -S ▶ **will**
WILLEST ▶ **will**
WILLET, -S *n* large American shore bird
WILLEY, -ED, -S *same as* ▶ **willy**
WILLFUL *same as* ▶ **wilful**
WILLIAM, -S *n* as in **sweet william** flowering plant
WILLIE *n* informal word for a penis
WILLIED ▶ **willy**
WILLIES ▶ **willy**
WILLING *adj* ready or inclined (to do something)
WILLIWAU *same as* ▶ **williwaw**
WILLIWAW *n* sudden strong gust of cold wind blowing offshore from a mountainous coast
WILLOW, -S *n* tree with thin flexible branches ▷ *vb* open and clean (fibres) with rotating spikes
WILLOWED ▶ **willow**
WILLOWER *n* willow
WILLOWS ▶ **willow**
WILLOWY *adj* slender and graceful
WILLS ▶ **will**
WILLY, WILLIED, WILLIES, -ING *vb* clean in a willowing-machine
WILLYARD *adj* timid
WILLYART *same as* ▶ **willyard**
WILLYING ▶ **willy**
WILLYWAW *same as* ▶ **williwaw**
WILT, -ED, -ING, -S *vb* (cause to) become limp or lose strength ▷ *n* act of wilting or state of becoming wilted
WILTJA, -S *n* Aboriginal shelter
WILTS ▶ **wilt**
WILY, WILIER, WILIEST *adj* crafty or sly
WIMBLE, -D, -S, WIMBLING *n* any of a number of hand tools used for boring holes ▷ *vb* bore (a hole) with or as if with a wimble
WIMBREL, -S *same as* ▶ **whimbrel**
WIMMIN *n* common intentional misspelling of 'women'
WIMP, -ED, -ING, -S *n* feeble ineffectual person ▷ *vb* as in **wimp out** fail to complete something through fear
WIMPIER ▶ **wimpy**
WIMPIEST ▶ **wimpy**
WIMPING ▶ **wimp**
WIMPISH ▶ **wimp**
WIMPLE, -D, -S, WIMPLING *n* garment framing the face, worn by medieval women and now by nuns ▷ *vb* ripple or cause to ripple or undulate
WIMPS ▶ **wimp**
WIMPY, WIMPIER, WIMPIEST ▶ **wimp**
WIN, -NED, -NINGS, -S *vb* come first in (a competition, fight, etc) ▷ *n* victory, esp in a game
WINCE, -D, -S *vb* draw back, as if in pain ▷ *n* wincing
WINCER, -S ▶ **wince**
WINCES ▶ **wince**
WINCEY, -S *n* plain- or twill-weave cloth
WINCH, -ED, -ES, -ING *n* machine for lifting or hauling using a cable or chain wound round a drum ▷ *vb* lift or haul using a winch
WINCHER, -S ▶ **winch**
WINCHES ▶ **winch**
WINCHING ▶ **winch**
WINCHMAN, WINCHMEN *n* man who operates winch
WINCING, -S ▶ **wince**
WIND, -ED, -ING, -INGS, -S *n* current of air ▷ *vb* render short of breath
WINDABLE *n* able to be wound
WINDAC, -S *same as* ▶ **windas**
WINDAGE, -S *n* deflection of a projectile as a result of the effect of the wind
WINDAS, -ES *n* windlass
WINDBAG, -S *n* person who talks much but uninterestingly
WINDBELL *n* light bell made to be sounded by wind
WINDBILL *n* bill of exchange cosigned by a guarantor
WINDBLOW *n* trees uprooted by wind
WINDBURN *n* irritation and redness of the skin caused by exposure to wind
WINDED ▶ **wind**
WINDER, -S *n* person or device that winds, as an engine for hoisting the cages in a mine shaft
WINDFALL *n* unexpected good luck
WINDFLAW *n* squall
WINDGALL *n* soft swelling in the area of the fetlock joint of a horse
WINDGUN, -S *n* air gun
WINDIER ▶ **windy**
WINDIEST ▶ **windy**
WINDIGO, -S *same as* ▶ **wendigo**
WINDILY ▶ **windy**
WINDING ▶ **wind**
WINDINGS ▶ **wind**
WINDLASS *n* winch worked by a crank ▷ *vb* raise or haul (a weight, etc) by means of a windlass
WINDLE, -D, -S, WINDLING *vb* wind something round continuously
WINDLESS ▶ **wind**
WINDLING ▶ **windle**
WINDLOAD *n* force on a structure from wind
WINDMILL *n* machine for grinding or pumping driven by sails turned by the wind ▷ *vb* move or cause to move like the arms of a windmill
WINDOCK, -S *same as* ▶ **winnock**
WINDORE, -S *n* window
WINDOW, -ED, -S *n* opening in a wall to let in light or air ▷ *vb* furnish with windows
WINDOWY *adj* having many windows
WINDPACK *n* snow that has been compacted by the wind
WINDPIPE *n* tube linking the throat and the lungs
WINDRING *adj* winding

WINDROW, -S *n* long low ridge or line of hay or a similar crop ▷ *vb* put (hay or a similar crop) into windrows
WINDS ▸ **wind**
WINDSAIL *n* sail rigged as an air scoop over a hatch or companionway
WINDSES *pl n* ventilation shafts within mines
WINDSHIP *n* ship propelled by wind
WINDSLAB *n* crust formed on soft snow by the wind
WINDSOCK *n* cloth cone on a mast at an airfield to indicate wind direction
WINDSURF *vb* sail standing on a board equipped with a mast, sail, and boom
WINDUP, -S *n* prank or hoax
WINDWARD *n* direction from which the wind is blowing ▷ *adj* of or in the direction from which the wind blows ▷ *adv* towards the wind
WINDWAY, -S *n* part of wind instrument
WINDY, WINDIER, WINDIEST *adj* denoting a time or conditions in which there is a strong wind
WINE, -D, -S, WINING *n* alcoholic drink made from fermented grapes ▷ *adj* of a dark purplish-red colour ▷ *vb* give wine to
WINELESS ▸ **wine**
WINERY, WINERIES *n* place where wine is made
WINES ▸ **wine**
WINESAP, -S *n* variety of apple
WINESHOP *n* shop where wine is sold
WINESKIN *n* skin of a sheep or goat sewn up and used as a holder for wine
WINESOP, -S *n* old word for an alcoholic
WINEY *adj* having the taste or qualities of wine
WING, -ING, -S *n* one of the limbs or organs of a bird, insect, or bat that are used for flying ▷ *vb* fly
WINGBACK *n* football position
WINGBEAT *n* complete cycle of moving the wing by a bird in flight
WINGBOW, -S *n* distinctive band of colour marking the wing of a bird
WINGDING *n* noisy lively party or festivity
WINGE, -ING, -S *same as* ▸ **whinge**
WINGED *adj* furnished with wings
WINGEDLY ▸ **winged**
WINGEING ▸ **winge**
WINGER, -S *n* player positioned on a wing
WINGES ▸ **winge**
WINGIER ▸ **wingy**
WINGIEST ▸ **wingy**
WINGING ▸ **wing**
WINGLESS *adj* having no wings or vestigial wings
WINGLET, -S *n* small wing
WINGLIKE ▸ **wing**
WINGMAN, WINGMEN *n* player in the wing position in Australian Rules
WINGNUT, -S *n* nut with projections for gripping with the thumb and finger
WINGOVER *n* manoeuvre for reversing the direction of flight of an aircraft
WINGS ▸ **wing**
WINGSPAN *n* distance between the wing tips of an aircraft, bird, or insect
WINGSUIT *n* type of skydiving suit
WINGTIP, -S *n* outermost edge of a wing
WINGY, WINGIER, WINGIEST *adj* having wings
WINIER ▸ **winy**
WINIEST ▸ **winy**
WINING ▸ **wine**
WINISH ▸ **wine**
WINK, -ED, -S *vb* close and open (an eye) quickly as a signal ▷ *n* winking
WINKER, -S *n* person or thing that winks
WINKING, -S ▸ **wink**
WINKLE, -D, -S, WINKLING *n* shellfish with a spiral shell ▷ *vb* extract or prise out
WINKLER, -S *n* one who forces a person or thing out
WINKLES ▸ **winkle**
WINKLING ▸ **winkle**
WINKS ▸ **wink**
WINLESS *adj* not having won anything
WINN, -S *n* penny
WINNA *vb* will not
WINNABLE ▸ **win**
WINNARD, -S *n* heron
WINNED ▸ **win**
WINNER, -S *n* person or thing that wins
WINNING *adj* (of a person) charming, attractive, etc
WINNINGS ▸ **win**
WINNLE, -S *n* machine for winding thread or yarn
WINNOCK, -S *n* window
WINNOW, -ED, -S *vb* separate (chaff) from (grain) ▷ *n* device for winnowing
WINNOWER ▸ **winnow**
WINNOWS ▸ **winnow**
WINNS ▸ **winn**
WINO, -ES, -S *n* destitute person who habitually drinks cheap wine
WINS ▸ **win**
WINSEY, -S *same as* ▸ **wincey**
WINSOME, -R *adj* charming or winning
WINTER, -ED, -S *n* coldest season ▷ *vb* spend the winter
WINTERER ▸ **winter**
WINTERLY *adj* like winter
WINTERS ▸ **winter**
WINTERY *same as* ▸ **wintry**
WINTLE, -D, -S, WINTLING *vb* reel; stagger
WINTRIER ▸ **wintry**
WINTRILY ▸ **wintry**
WINTRY, WINTRIER *adj* of or like winter
WINY, WINIER, WINIEST *same as* ▸ **winey**
WINZE, -S *n* steeply inclined shaft, as for ventilation between levels
WIPE, -D, -S *vb* clean or dry by rubbing ▷ *n* act of wiping
WIPEABLE *adj* able to be wiped
WIPED ▸ **wipe**
WIPEOUT, -S *n* instance of wiping out
WIPER, -S *n* any piece of cloth, such as a handkerchief, towel, etc, used for wiping
WIPES ▸ **wipe**
WIPING, -S ▸ **wipe**
WIPPEN, -S *n* part of hammer action in piano
WIRABLE *adj* that can be wired
WIRE, -S *n* thin flexible strand of metal ▷ *vb* fasten with wire
WIRED *adj* excited or nervous
WIREDRAW, WIREDREW *vb* convert (metal) into wire by drawing through successively smaller dies
WIREHAIR *n* type of terrier
WIRELESS *adj* (of a computer network) connected by radio rather than by cables or fibre

optics ▷ *n* old-fashioned name for radio ▷ *vb* send by wireless
WIRELIKE ▶ **wire**
WIRELINE *n* telegraph or telephone line
WIREMAN, WIREMEN *n* person who installs and maintains electric wiring, cables, etc
WIRER, -S *n* person who sets or uses wires to snare rabbits and similar animals
WIRES ▶ **wire**
WIRETAP, -S *vb* obtain information secretly via telegraph or telephone
WIREWAY, -S *n* tube for electric wires
WIREWORK *n* functional or decorative work made of wire
WIREWORM *n* destructive wormlike beetle larva
WIREWOVE *adj* woven out of wire
WIRIER ▶ **wiry**
WIRIEST ▶ **wiry**
WIRILDA, -S *n* SE Australian acacia tree with edible seeds
WIRILY ▶ **wiry**
WIRINESS ▶ **wiry**
WIRING, -S *n* system of wires ▷ *adj* used in wiring
WIRRA *interj* exclamation of sorrow or deep concern
WIRRAH, -S *n* Australian saltwater fish with bright blue spots
WIRRICOW *same as* ▶ **worricow**
WIRY, WIRIER, WIRIEST *adj* lean and tough
WIS, -SED, -SES, -SING *vb* know or suppose (something)
WISARD, -S *obsolete spelling of* ▶ **wizard**
WISDOM, -S *n* good sense and judgment
WISE, -D, -R, -S, -ST, WISING *vb* guide ▷ *adj* having wisdom ▷ *n* manner
WISEACRE *n* person who wishes to seem wise
WISED ▶ **wise**
WISEGUY, -S *n* person who wants to seem clever
WISELIER ▶ **wisely**
WISELING *n* one who claims to be wise
WISELY, WISELIER ▶ **wise**
WISENESS ▶ **wise**
WISENT, -S *n* European bison
WISER ▶ **wise**
WISES ▶ **wise**
WISEST ▶ **wise**
WISH, -ED, -ES *vb* want or desire ▷ *n* expression of a desire
WISHA *interj* expression of surprise
WISHBONE *n* V-shaped bone above the breastbone of a fowl
WISHED ▶ **wish**
WISHER, -S ▶ **wish**
WISHES ▶ **wish**
WISHFUL *adj* too optimistic
WISHING, -S ▶ **wish**
WISHLESS ▶ **wish**
WISHT *variant of* ▶ **whisht**
WISING ▶ **wise**
WISKET, -S *n* basket
WISP, -ED, -ING, -S *n* light delicate streak ▷ *vb* move or act like a wisp
WISPIER ▶ **wispy**
WISPIEST ▶ **wispy**
WISPILY ▶ **wispy**
WISPING ▶ **wisp**
WISPISH ▶ **wisp**
WISPLIKE ▶ **wisp**
WISPS ▶ **wisp**
WISPY, WISPIER, WISPIEST *adj* thin, fine, or delicate
WISS *vb* urinate
WISSED ▶ **wis**
WISSES ▶ **wis**
WISSING ▶ **wis**
WIST, -ED, -ING, -S *vb* know
WISTARIA *same as* ▶ **wisteria**
WISTED ▶ **wist**
WISTERIA *n* climbing shrub with blue or purple flowers
WISTFUL *adj* sadly longing
WISTING ▶ **wist**
WISTITI, -S *n* marmoset
WISTLY *adv* intently
WISTS ▶ **wist**
WIT, WATE, -S *vb* detect ▷ *n* ability to use words or ideas in a clever and amusing way
WITAN, -S *n* Anglo-Saxon assembly that met to counsel the king
WITBLITS *n* illegally distilled strong alcoholic drink
WITCH, -ED, -ES *n* person, usu female, who practises (black) magic ▷ *vb* cause or change by or as if by witchcraft
WITCHEN, -S *n* rowan tree
WITCHERY *n* practice of witchcraft
WITCHES ▶ **witch**
WITCHIER ▶ **witchy**
WITCHING *adj* relating to or appropriate for witchcraft ▷ *n* witchcraft
WITCHY, WITCHIER *adj* like a witch
WITE, -D, -S, WITING *vb* blame
WITELESS *adj* witless
WITES ▶ **wite**
WITGAT, -S *n* type of S African tree
WITH, -S *prep* indicating presence alongside, possession, means of performance, characteristic manner, etc ▷ *n* division between flues in chimney
WITHAL *adv* as well
WITHDRAW *vb* take or move out or away
WITHDREW *past tense of* ▶ **withdraw**
WITHE, -D, -S, WITHING *n* strong flexible twig suitable for binding things together ▷ *vb* bind with withes
WITHER *vb* wilt or dry up
WITHERED ▶ **wither**
WITHERER ▶ **wither**
WITHEROD *n* American shrub
WITHERS *pl n* ridge between a horse's shoulder blades
WITHES ▶ **withe**
WITHHOLD, WITHHELD *vb* refrain from giving
WITHIER ▶ **withy**
WITHIES ▶ **withy**
WITHIEST ▶ **withy**
WITHIN, -S *adv* in or inside ▷ *prep* in or inside ▷ *n* something that is within
WITHING ▶ **withe**
WITHINS ▶ **within**
WITHOUT, -S *prep* not accompanied by, using, or having ▷ *adv* outside ▷ *n* person who is without
WITHS ▶ **with**
WITHWIND *n* bindweed
WITHY, WITHIER, WITHIES, WITHIEST *n* willow tree, esp an osier ▷ *adj* (of people) tough and agile
WITING ▶ **wite**
WITLESS *adj* foolish
WITLING, -S *n* person who thinks themself witty
WITLOOF, -S *n* chicory
WITNESS *n* person who has seen something happen ▷ *vb* see at first hand
WITNEY, -S *n* type of blanket; heavy cloth
WITS ▶ **wit**
WITTED *adj* having wit
WITTER, -ED, -S *vb* chatter pointlessly or at unnecessary length ▷ *n* pointless chat

WITTIER ▸ **witty**
WITTIEST ▸ **witty**
WITTILY ▸ **witty**
WITTING, -S *adj* deliberate ▹ *n* act of becoming aware
WITTY, WITTIER, WITTIEST *adj* clever and amusing
WITWALL, -S *n* golden oriole
WIVE, -D, WIVING *vb* marry (a woman)
WIVEHOOD *obsolete variant of* ▸ **wifehood**
WIVER, -S *another word for* ▸ **wivern**
WIVERN, -S *same as* ▸ **wyvern**
WIVERS ▸ **wiver**
WIVES ▸ **wife**
WIVING ▸ **wive**
WIZ, -ES, -ZES *shortened form of* ▸ **wizard**

Wiz is a short form of **wizard**. This is the highest-scoring 3-letter word beginning with W, and can be especially useful when there isn't much room to manoeuvre.

WIZARD, -ER, -S *n* magician ▹ *adj* superb
WIZARDLY *adj* like a wizard
WIZARDRY *n* magic or sorcery
WIZARDS ▸ **wizard**
WIZEN, -ER, -EST, -ING, -S *vb* make or become shrivelled ▹ *n* archaic word for 'weasand' (the gullet) ▹ *adj* wizened
WIZENED *adj* shrivelled or wrinkled
WIZENER ▸ **wizen**
WIZENEST ▸ **wizen**
WIZENING ▸ **wizen**
WIZENS ▸ **wizen**
WIZES ▸ **wiz**
WIZIER, -S *same as* ▸ **vizier**
WIZZEN, -S *same as* ▸ **wizen**
WIZZES ▸ **wiz**
WO, -S *archaic spelling of* ▸ **woe**
WOAD, -S *n* blue dye obtained from a plant
WOADED *adj* coloured blue with woad
WOADS ▸ **woad**
WOADWAX *n* small Eurasian leguminous shrub
WOAH *same as* ▸ **whoa**
WOALD, -S *same as* ▸ **weld**
WOBBLE, -D, -S, WOBBLING *vb* move unsteadily ▹ *n* wobbling movement or sound
WOBBLER, -S ▸ **wobble**
WOBBLES ▸ **wobble**
WOBBLIER ▸ **wobbly**
WOBBLIES ▸ **wobbly**
WOBBLING ▸ **wobble**
WOBBLY, WOBBLIER, WOBBLIES *adj* unsteady ▹ *n* temper tantrum
WOBEGONE *same as* > **woebegone**
WOCK, -S *same as* ▸ **wok**
WODGE, -S *n* thick lump or chunk
WOE, -S *n* grief
WOEFUL *adj* extremely sad
WOEFULLY ▸ **woeful**
WOENESS ▸ **woe**
WOES ▸ **woe**
WOESOME *adj* woeful
WOF, -S *n* fool
WOFUL, -LER *same as* ▸ **woeful**
WOFULLY ▸ **woful**
WOG *n* Australian slang word for any flu-like illness
WOGGLE, -S *n* ring of leather through which a Scout neckerchief is threaded
WOGS ▸ **wog**
WOIWODE, -S *same as* ▸ **voivode**
WOJUS *adj* (Irish) of a poor quality
WOK, -S *n* bowl-shaped Chinese cooking pan, used for stir-frying
WOKE, -R, -ST *adj* alert to social and political injustice
WOKEN ▸ **wake**
WOKER ▸ **woke**
WOKEST ▸ **woke**
WOKKA *modifier* as in **wokka board** piece of fibreboard used as a musical instrument
WOKS ▸ **wok**
WOLD, -S *same as* ▸ **weld**
WOLF, -ED, -S, WOLVES *n* wild predatory canine mammal ▹ *vb* eat ravenously
WOLFER, -S *same as* ▸ **wolver**
WOLFFISH *n* type of large northern deep-sea fish with large sharp teeth
WOLFING, -S ▸ **wolf**
WOLFISH ▸ **wolf**
WOLFKIN, -S *n* young wolf
WOLFLIKE ▸ **wolf**
WOLFLING *n* young wolf
WOLFRAM, -S *another name for* ▸ **tungsten**
WOLFS ▸ **wolf**
WOLFSKIN *n* skin of wolf used for clothing, etc
WOLLY, WOLLIES *n* pickled cucumber or olive
WOLVE, -D *vb* hunt for wolves
WOLVER, -S *n* person who hunts wolves
WOLVES ▸ **wolf**
WOLVING, -S ▸ **wolve**
WOLVISH *same as* ▸ **wolfish**
WOMAN, -ED, -ING, -NED, -S, WOMEN *n* adult human female ▹ *adj* female ▹ *vb* provide with a woman or women
WOMANISH *adj* effeminate
WOMANISM *n* feminism among Black women
WOMANIST ▸ **womanism**
WOMANLY *adj* having qualities traditionally associated with a woman
WOMANNED ▸ **woman**
WOMANS ▸ **woman**
WOMB, -ING, -S *vb* enclose ▹ *n* hollow organ in female mammals where babies develop
WOMBAT, -S *n* small heavily built burrowing Australian marsupial
WOMBED ▸ **womb**
WOMBIER ▸ **womby**
WOMBIEST ▸ **womby**
WOMBING ▸ **womb**
WOMBLIKE ▸ **womb**
WOMBS ▸ **womb**
WOMBY, WOMBIER, WOMBIEST *adj* hollow; spacious
WOMEN ▸ **woman**
WOMERA, -S *same as* ▸ **woomera**
WOMMERA, -S *same as* ▸ **woomera**
WOMMIT, -S *n* foolish person
WOMYN *same as* ▸ **woman**
WON, -NED, -S *n* standard monetary unit of North Korea ▹ *vb* live or dwell
WONDER, -ED, -S *vb* be curious about ▹ *n* wonderful thing ▹ *adj* spectacularly successful
WONDERER ▸ **wonder**
WONDERS ▸ **wonder**
WONDRED *adj* splendid
WONDROUS *adj* wonderful
WONGA, -S *n* money
WONGI, -ED, -ING, -S *vb* talk informally
WONING, -S ▸ **won**
WONK, -S *n* person who is obsessively interested in a specified subject
WONKERY *n* activities of a wonk

WONKIER ▸ **wonky**
WONKIEST ▸ **wonky**
WONKILY *adv* in a wonky manner
WONKISH *adj* like a wonk
WONKS ▸ **wonk**
WONKY, WONKIER, WONKIEST *adj* shaky or unsteady
WONNED ▸ **won**
WONNER, -S ▸ **won**
WONNING, -S ▸ **won**
WONS ▸ **won**
WONT, -ING, -S *adj* accustomed ▹ *n* custom ▹ *vb* become or cause to become accustomed
WONTED *adj* accustomed or habituated (to doing something)
WONTEDLY ▸ **wonted**
WONTING ▸ **wont**
WONTLESS ▸ **wont**
WONTON, -S *n* dumpling filled with spiced minced pork
WONTS ▸ **wont**
WOO, -ED, -S *vb* seek the love or affection of
WOOABLE *adj* able to be wooed
WOOBUT, -S *same as* ▸ **woubit**
WOOD, -ING *n* substance trees are made of, used in carpentry and as fuel ▹ *adj* made of or using wood ▹ *vb* (of land) plant with trees
WOODBIN, -S *n* box for firewood
WOODBIND *same as* ▸ **woodbine**
WOODBINE *n* honeysuckle
WOODBINS ▸ **woodbin**
WOODBOX *n* box for firewood
WOODCHAT *n* European and N African songbird
WOODCHIP *n* textured wallpaper
WOODCHOP *n* wood-chopping competition, esp at a show
WOODCOCK *n* game bird
WOODCUT, -S *n* (print made from) an engraved block of wood
WOODED *adj* covered with trees
WOODEN, -ED, -ER, -S *adj* made of wood ▹ *vb* fell or kill (a person or animal)
WOODENLY ▸ **wooden**
WOODENS ▸ **wooden**
WOODFERN *n* type of evergreen fern
WOODFREE *adj* (of paper) made from pulp that has been treated to remove impurities
WOODHEN, -S *another name for* ▸ **weka**
WOODHOLE *n* store area for wood
WOODIE, -S *n* gallows rope
WOODIER ▸ **woody**
WOODIES ▸ **woodie**
WOODIEST ▸ **woody**
WOODING ▸ **wood**
WOODLAND *n* forest ▹ *adj* living in woods
WOODLARK *n* type of Old World lark
WOODLESS ▸ **wood**
WOODLICE > **woodlouse**
WOODLORE *n* woodcraft skills
WOODLOT, -S *n* area restricted to the growing of trees
WOODMAN, WOODMEN *same as* ▸ **woodsman**
WOODMEAL *n* sawdust powder
WOODMEN ▸ **woodman**
WOODMICE > **woodmouse**
WOODNESS ▸ **wood**
WOODNOTE *n* natural musical note or song, like that of a wild bird
WOODPILE *n* heap of firewood
WOODRAT, -S *n* pack-rat
WOODROOF *same as* ▸ **woodruff**
WOODRUFF *n* plant with small sweet-smelling white flowers and sweet-smelling leaves
WOODRUSH *n* plant with grasslike leaves and small brown flowers
WOODS *pl n* closely packed trees forming a forest or wood
WOODSHED *n* small outbuilding where firewood, garden tools, etc, are stored
WOODSIA, -S *n* type of small fern with tufted rhizomes and wiry fronds
WOODSIER ▸ **woodsy**
WOODSKIN *n* canoe made of bark
WOODSMAN, WOODSMEN *n* person who lives in a wood or who is skilled at woodwork or carving
WOODSY, WOODSIER *adj* of, reminiscent of, or connected with woods
WOODTONE *n* colour matching that of wood
WOODWALE *n* green woodpecker
WOODWARD *n* person in charge of a forest or wood
WOODWASP *n* large wasplike insect
WOODWAX *same as* > **woodwaxen**
WOODWIND *n* type of wind instrument made of wood ▹ *adj* of or denoting a type of wind instrument, such as the oboe
WOODWORK *n* parts of a room or building made of wood
WOODWORM *n* insect larva that bores into wood
WOODWOSE *n* hairy wildman of the woods
WOODY, WOODIER, WOODIEST *adj* (of a plant) having a very hard stem
WOODYARD *n* place where timber is cut and stored
WOOED ▸ **woo**
WOOER, -S ▸ **woo**
WOOF, -ED, -ING, -S *vb* (of dogs) bark
WOOFER, -S *n* loudspeaker reproducing low-frequency sounds
WOOFIER ▸ **woofy**
WOOFIEST ▸ **woofy**
WOOFING ▸ **woof**
WOOFS ▸ **woof**
WOOFY, WOOFIER, WOOFIEST *adj* with close, dense texture
WOOHOO *interj* expression of joy, approval, etc
WOOING, -S ▸ **woo**
WOOINGLY ▸ **woo**
WOOINGS ▸ **wooing**
WOOL, -S *n* soft hair of sheep, goats, etc
WOOLD, -ED, -ING, -S *vb* wind (rope)
WOOLDER, -S *n* stick for winding rope
WOOLDING ▸ **woold**
WOOLDS ▸ **woold**
WOOLED *same as* ▸ **woolled**
WOOLEN, -S *same as* ▸ **woollen**
WOOLER, -S *same as* ▸ **woolder**
WOOLFAT, -S *same as* ▸ **lanolin**
WOOLFELL *n* skin of a sheep or similar animal with the fleece still attached
WOOLHAT, -S *n* hat made of wool

WOOLIE *n* wool garment
WOOLIER ▸**wooly**
WOOLIES ▸**wooly**
WOOLIEST ▸**wooly**
WOOLILY ▸**wooly**
WOOLLED *adj* (of animals) having wool
WOOLLEN, -S *adj* relating to or consisting partly or wholly of wool ▹*n* garment or piece of cloth made of wool
WOOLLIER ▸**woolly**
WOOLLIES ▸**woolly**
WOOLLIKE ▸**wool**
WOOLLILY ▸**woolly**
WOOLLY, WOOLLIER, WOOLLIES *adj* of or like wool ▹*n* knitted woollen garment
WOOLMAN, WOOLMEN *n* wool trader
WOOLPACK *n* cloth or canvas wrapping used to pack a bale of wool
WOOLS ▸**wool**
WOOLSACK *n* sack containing or intended to contain wool
WOOLSEY, -S *n* cotton and wool blend
WOOLSHED *n* large building in which sheep shearing takes place
WOOLSKIN *n* sheepskin with wool still on
WOOLWARD *adv* with woollen side touching the skin
WOOLWORK *n* embroidery with wool
WOOLY, WOOLIER, WOOLIES, WOOLIEST *same as* ▸**woolly**
WOOMERA, -S *n* notched stick used by Australian Aborigines to aid the propulsion of a spear
WOON, -ED, -ING, -S *same as* ▸**won**
WOONERF, -S *n* (in the Netherlands) road primarily for cyclists and pedestrians
WOONING ▸**woon**
WOONS ▸**woon**
WOOPIE, -S *n* well-off older person
WOOPS, -ED, -ES, -ING *vb* (esp of small child) vomit
WOOPY *n* well-off older person
WOORALI, -S *less common name for* ▸**curare**
WOORARA, -S *same as* ▸**wourali**
WOORARI, -S *same as* ▸**wourali**
WOOS ▸**woo**
WOOSE, -S *same as* ▸**wuss**
WOOSEL, -S *same as* ▸**ouzel**
WOOSELL, -S *same as* ▸**ouzel**
WOOSELS ▸**woosel**
WOOSES ▸**woose**
WOOSH, -ED, -ES, -ING *same as* ▸**whoosh**
WOOT *interj* (esp used by players in online games) shout of joy, victory, etc
WOOTZ, -ES *n* Middle-Eastern steel
WOOZIER ▸**woozy**
WOOZIEST ▸**woozy**
WOOZILY ▸**woozy**
WOOZY, WOOZIER, WOOZIEST *adj* weak, dizzy, and confused
WOP, -PED, -PING, -S *vb* strike, beat, or thrash
WORD, -ED, -S *n* smallest single meaningful unit of speech or writing ▹*vb* express in words
WORDAGE, -S *n* words considered collectively, esp a quantity of words
WORDBOOK *n* book containing words, usually with their meanings
WORDED ▸**word**
WORDGAME *n* any game involving the formation, discovery, or alteration of a word or words
WORDIE, -S *n* person who loves words
WORDIER ▸**wordy**
WORDIES ▸**wordie**
WORDIEST ▸**wordy**
WORDILY ▸**wordy**
WORDING, -S *n* choice and arrangement of words
WORDISH *adj* talkative
WORDLESS *adj* inarticulate or silent
WORDLORE *n* knowledge about words
WORDPLAY *n* verbal wit based on the meanings and ambiguities of words
WORDS ▸**word**
WORDWRAP *n* word-processing function that shifts a word at the end of a line to a new line to keep within preset margins
WORDY, WORDIER, WORDIEST *adj* using too many words
WORE ▸**wear**
WORK, -S *n* physical or mental effort directed to making or doing something ▹*adj* of or for work ▹*vb* (cause to) do work
WORKABLE *adj* able to operate efficiently
WORKABLY ▸**workable**
WORKADAY *n* working day ▹*adj* ordinary
WORKBAG, -S *n* container for implements, tools, or materials
WORKBOAT *n* boat used for tasks
WORKBOOK *n* exercise book or textbook used for study, esp a textbook with spaces for answers
WORKBOOT *n* type of sturdy leather boot
WORKBOX *same as* ▸**workbag**
WORKDAY, -S *another word for* ▸**workaday**
WORKED *adj* made or decorated with evidence of workmanship
WORKER, -S *n* person who works in a specified way
WORKFARE *n* scheme under which unemployed people are required to do community work or undergo job training in return for social-security payments
WORKFLOW *n* rate of progress of work
WORKFOLK *pl n* working people, esp labourers on a farm
WORKFUL *adj* hardworking
WORKGIRL *n* young female manual worker
WORKHOUR *n* time set aside for work
WORKING, -S *n* operation or mode of operation of something ▹*adj* relating to or concerned with a person or thing that works
WORKLESS ▸**work**
WORKLOAD *n* amount of work to be done, esp in a specified period
WORKMAN, WORKMEN *n* manual worker
WORKMATE *n* person who works with another person
WORKMEN ▸**workman**
WORKOUT, -S *n* session of physical exercise for training or fitness
WORKROOM *n* room in which work, usually manual labour, is done
WORKS ▸**work**

WORKSAFE *adj* (of an internet link) suitable for viewing in the workplace
WORKSHOP *n* room or building for a manufacturing process ▷ *vb* perform (a play) with no costumes, set, or musical accompaniment
WORKSHY *adj* not inclined to work
WORKSITE *n* area where work is done
WORKSOME *adj* hardworking
WORKSONG *n* song sung while doing physical work
WORKTOP, -S *n* surface used for food preparation
WORKUP, -S *n* medical examination
WORKWEAR *n* clothes, such as overalls, as worn for work in a factory, shop, etc
WORKWEEK *n* number of hours or days in a week actually or officially allocated to work
WORLD, -S *n* planet earth ▷ *adj* of the whole world
WORLDED *adj* incorporating worlds
WORLDER, -S *n* person who belongs to a specified class or domain
WORLDIE, -S *n* world-class performance, achievement, person, etc
WORLDLY *adj* not spiritual ▷ *adv* in a worldly manner
WORLDS ▸ **world**
WORM, -ED, -ING *n* small limbless invertebrate animal ▷ *vb* rid of worms
WORMCAST *n* coil of earth excreted by a burrowing worm
WORMED ▸ **worm**
WORMER, -S ▸ **worm**
WORMERY *n* piece of apparatus in which worms are kept for study
WORMFLY *n* type of lure dressed on a double hook
WORMGEAR *n* gear with screw thread
WORMHOLE *n* hole made by a worm in timber, plants, or fruit
WORMIER ▸ **wormy**
WORMIEST ▸ **wormy**
WORMIL, -S *n* burrowing larva of type of fly
WORMING ▸ **worm**
WORMISH ▸ **worm**
WORMLIKE ▸ **worm**
WORMROOT *n* plant used to cure worms
WORMS *n* disease caused by parasitic worms living in the intestines
WORMSEED *n* any of various plants used to treat worm infestation
WORMWOOD *n* bitter plant
WORMY, WORMIER, WORMIEST *adj* infested with or eaten by worms
WORN ▸ **wear**
WORNNESS *n* quality or condition of being worn
WORRAL, -S *n* type of lizard
WORREL, -S *same as* ▸ **worral**
WORRICOW *n* frightening creature
WORRIED ▸ **worry**
WORRIER, -S ▸ **worry**
WORRIES ▸ **worry**
WORRIT, -ED, -S *vb* tease or worry
WORRY, WORRIED, WORRIES *vb* (cause to) be anxious or uneasy ▷ *n* (cause of) anxiety or concern
WORRYCOW *same as* ▸ **worricow**
WORRYING ▸ **worry**
WORSE, -D, -S, WORSING *vb* defeat
WORSEN, -ED, -S *vb* make or grow worse
WORSER *archaic or nonstandard word for* ▸ **worse**
WORSES ▸ **worse**
WORSET, -S *n* worsted fabric
WORSHIP, -S *vb* show religious devotion to ▷ *n* act or instance of worshipping
WORSING ▸ **worse**
WORST, -ING, -S *n* worst thing ▷ *vb* defeat
WORSTED, -S *n* type of woollen yarn or fabric
WORSTING ▸ **worst**
WORSTS ▸ **worst**
WORT, -S *n* any of various plants formerly used to cure diseases
WORTH, -ED, -ING, -S *prep* having a value of ▷ *n* value or price ▷ *vb* happen or betide
WORTHFUL *adj* worthy
WORTHIED ▸ **worthy**
WORTHIER ▸ **worthy**
WORTHIES ▸ **worthy**
WORTHILY ▸ **worthy**
WORTHING ▸ **worth**
WORTHS ▸ **worth**
WORTHY, WORTHIED, WORTHIER, WORTHIES *adj* deserving admiration or respect ▷ *n* notable person ▷ *vb* make worthy
WORTLE, -S *n* plate with holes for drawing wire through
WORTS ▸ **wort**
WOS ▸ **wo**
WOST *vb* wit, to know
WOT, -S, -TED, -TEST, -TETH, -TING *vb* wit, to know
WOTCHA *same as* ▸ **wotcher**
WOTCHER *sentence substitute* slang term of greeting
WOTS ▸ **wot**
WOTTED ▸ **wot**
WOTTEST ▸ **wot**
WOTTETH ▸ **wot**
WOTTING ▸ **wot**
WOUBIT, -S *n* type of caterpillar
WOULD ▸ **will**
WOULDEST *same as* ▸ **wouldst**
WOULDS *same as* ▸ **wouldst**
WOULDST *singular form of the past tense of* ▸ **will**
WOUND, -S *vb* injure ▷ *n* injury
WOUNDED *adj* suffering from wounds
WOUNDER, -S ▸ **wound**
WOUNDIER ▸ **woundy**
WOUNDILY ▸ **woundy**
WOUNDING ▸ **wound**
WOUNDS ▸ **wound**
WOUNDY, WOUNDIER *adj* extreme
WOURALI, -S *n* plant from which curare is obtained
WOVE ▸ **weave**
WOVEN, -S *n* article made from woven cloth
WOW, -ED, -ING, -S *interj* exclamation of astonishment ▷ *n* astonishing person or thing ▷ *vb* be a great success with
WOWEE *stronger form of* ▸ **wow**
WOWF, -ER, -EST *adj* mad

This is a Scots word meaning crazy: you are not likely to get the chance to play this very often, but if your opponent plays **wow** and you have an F, you would be wowf to miss the opportunity of the hook!

WOWING ▸ **wow**
WOWS ▸ **wow**

W

WOWSER, -S *n* puritanical person
WOX ▸ **wax**

Wox is an old past tense of the verb **wax**, to grow, and is another of the key words using X.

WOXEN ▸ **wax**
WRACK, -ED, -ING, -S *n* seaweed ▹ *vb* strain or shake (something) violently
WRACKFUL *n* ruinous
WRACKING ▸ **wrack**
WRACKS ▸ **wrack**
WRAITH, -S *n* ghost
WRANG, -ED, -ING, -S *Scot word for* ▸ **wrong**
WRANGLE, -D, -S *vb* argue noisily ▹ *n* noisy argument
WRANGLER *n* one who wrangles
WRANGLES ▸ **wrangle**
WRANGS ▸ **wrang**
WRAP, -PED, -PING, -S *vb* fold (something) round (a person or thing) so as to cover ▹ *n* garment wrapped round the shoulders
WRAPOVER *adj* (of a garment) worn wrapped round the body and fastened so that the open edges overlap ▹ *n* such a garment
WRAPPAGE *n* material for wrapping
WRAPPED ▸ **wrap**
WRAPPER, -S *vb* cover with wrapping ▹ *n* cover for a product
WRAPPING ▸ **wrap**
WRAPS ▸ **wrap**
WRAPT *same as* ▸ **rapt**
WRASSE, -S *n* colourful sea fish
WRASSLE, -D, -S *same as* ▸ **wrestle**
WRAST, -ED, -ING, -S *same as* ▸ **wrest**
WRASTLE, -D, -S *same as* ▸ **wrestle**
WRASTS ▸ **wrast**
WRATE ▸ **write**
WRATH, -ED, -ING, -S *n* intense anger ▹ *adj* incensed ▹ *vb* make angry
WRATHFUL *adj* full of wrath
WRATHIER ▸ **wrathy**
WRATHILY ▸ **wrathy**
WRATHING ▸ **wrath**
WRATHS ▸ **wrath**
WRATHY, WRATHIER *same as* ▸ **wrathful**
WRAWL, -ED, -ING, -S *vb* howl
WRAXLE, -D, -S, WRAXLING *vb* wrestle
WREAK, -ED, -ING, -S, WROKE, WROKEN *vb* inflict (vengeance, etc) or cause (chaos, etc)
WREAKER, -S ▸ **wreak**
WREAKFUL *adj* seeking revenge
WREAKING ▸ **wreak**
WREAKS ▸ **wreak**
WREATH, -S *n* twisted ring or band of flowers or leaves used as a memorial or tribute
WREATHE, -D, -S *vb* form into or take the form of a wreath by twisting together
WREATHEN *adj* twisted into a wreath
WREATHER ▸ **wreathe**
WREATHES ▸ **wreathe**
WREATHS ▸ **wreath**
WREATHY *adj* twisted into wreath
WRECK, -ED, -ING, -S *vb* destroy ▹ *n* remains of something that has been destroyed or badly damaged
WRECKAGE *n* wrecked remains
WRECKED ▸ **wreck**
WRECKER, -S *n* formerly, person who lured ships onto the rocks in order to plunder them
WRECKFUL *adj* causing wreckage
WRECKING ▸ **wreck**
WRECKS ▸ **wreck**
WREN, -S *n* small brown songbird
WRENCH, -ED, -ES *vb* twist or pull violently ▹ *n* violent twist or pull
WRENCHER ▸ **wrench**
WRENCHES ▸ **wrench**
WRENS ▸ **wren**
WRENTIT, -S *n* type of long-tailed North American bird
WREST, -ED, -ING, -S *vb* twist violently ▹ *n* act or an instance of wresting
WRESTER, -S ▸ **wrest**
WRESTING ▸ **wrest**
WRESTLE, -D, -S *vb* fight by grappling with an opponent ▹ *n* act of wrestling
WRESTLER ▸ **wrestle**
WRESTLES ▸ **wrestle**
WRESTS ▸ **wrest**
WRETCH, -ES *n* despicable person
WRETCHED *adj* miserable or unhappy
WRETCHES ▸ **wretch**
WRETHE, -D, -S, WRETHING *same as* ▸ **wreathe**
WRICK, -ED, -ING, -S *variant spelling (chiefly Brit) of* ▸ **rick**
WRIED ▸ **wry**
WRIER ▸ **wry**
WRIES ▸ **wry**
WRIEST ▸ **wry**
WRIGGLE, -D, -S *vb* move with a twisting action ▹ *n* wriggling movement
WRIGGLER ▸ **wriggle**
WRIGGLES ▸ **wriggle**
WRIGGLY ▸ **wriggle**
WRIGHT, -S *n* maker
WRING, -ED, -ING, -S, WRUNG *vb* twist, esp to squeeze liquid out of
WRINGER, -S *same as* ▸ **mangle**
WRINGING ▸ **wring**
WRINGS ▸ **wring**
WRINKLE, -D, -S *n* slight crease, esp one in the skin due to age ▹ *vb* make or become slightly creased
WRINKLIE *n* derogatory word for an old person
WRINKLY ▸ **wrinkle**
WRIST, -ED, -ING, -S *n* joint between the hand and the arm ▹ *vb* hit an object with a twist of the wrist
WRISTER, -S *n* type of shot in hockey
WRISTIER ▸ **wristy**
WRISTING ▸ **wrist**
WRISTLET *n* band or bracelet worn around the wrist
WRISTS ▸ **wrist**
WRISTY, WRISTIER *adj* characterized by considerable movement of the wrist
WRIT, -S *n* written legal command
WRITABLE ▸ **write**
WRITE, WRATE, -S, WRITING, WRITINGS, WRITTEN, WROTE *vb* mark paper etc with symbols or words
WRITEOFF *n* uncollectible debt that is cancelled
WRITER, -S *n* author
WRITERLY *adj* of or characteristic of a writer
WRITERS ▸ **writer**
WRITES ▸ **write**
WRITHE, -D, -S, WRITHING *vb* twist or squirm in or as if in pain ▹ *n* act or an instance of writhing
WRITHEN *adj* twisted
WRITHER, -S ▸ **writhe**
WRITHES ▸ **writhe**
WRITHING ▸ **writhe**
WRITHLED *adj* wrinkled

WRITING ▸ **write**
WRITINGS ▸ **write**
WRITS ▸ **writ**
WRITTEN ▸ **write**
WRIZLED *adj* wrinkled
WROATH, -S *n* unforeseen trouble
WROKE ▸ **wreak**
WROKEN ▸ **wreak**
WRONG, -ED, -EST, -ING, -S *adj* incorrect or mistaken ▹ *adv* in a wrong manner ▹ *n* something immoral or unjust ▹ *vb* treat unjustly
WRONGER, -S ▸ **wrong**
WRONGEST ▸ **wrong**
WRONGFUL *adj* unjust or illegal
WRONGING ▸ **wrong**
WRONGLY ▸ **wrong**
WRONGOUS *adj* unfair
WRONGS ▸ **wrong**
WROOT, -ED, -ING, -S *obsolete form of* ▸ **root**
WROTE ▸ **write**
WROTH *adj* angry
WROTHFUL *same as* ▸ **wrathful**
WROUGHT *adj* (of metals) shaped by hammering or beating
WRUNG ▸ **wring**
WRY, WRIED, WRIER, WRIES, WRIEST, -ER, -EST, -ING *adj* drily humorous ▹ *vb* twist or contort
WRYBILL, -S *n* New Zealand plover whose bill is bent to one side
WRYER ▸ **wry**
WRYEST ▸ **wry**
WRYING ▸ **wry**
WRYLY ▸ **wry**
WRYNECK, -S *n* woodpecker that has a habit of twisting its neck round
WRYNESS ▸ **wry**
WRYTHEN *adj* twisted
WUD, -DED, -DING, -S *Scots form of* ▸ **wood**

W and U are a horrible combination to have on your rack, so this Scots word for wood can be a godsend. And remember that it can also be a verb, meaning to load with wood, so you have **wuds**, **wudding** and **wudded**.

WUDDIES ▸ **wuddy**
WUDDING ▸ **wud**
WUDDY, WUDDIES *n* loop at the end of a rope
WUDS ▸ **wud**
WUDU, -S *n* practice of ritual washing before daily prayer
WULL, -ED, -ING, -S *obsolete form of* ▸ **will**
WUNNER, -S *same as* ▸ **oner**
WURLEY, -S *n* Aboriginal hut
WURLIE, -S *same as* ▸ **wurley**
WURST, -S *n* large sausage, esp of a type made in Germany, Austria, etc
WURTZITE *n* zinc sulphide
WURZEL, -S *n* root
WUS, -ES *n* casual term of address
WUSHU, -S *n* Chinese martial arts
WUSS, -ES *n* feeble person
WUSSY, WUSSIER, WUSSIES, WUSSIEST *adj* feeble ▹ *n* feeble person
WUTHER, -ED, -S *vb* (of wind) blow and roar
WUXIA, -S *n* Chinese fiction concerning the adventures of sword-wielding heroes

This Chinese word for a genre of fiction may get you a decent score from a very difficult-looking rack.

WUZ *vb* nonstandard spelling of was
WUZZLE, -D, -S, WUZZLING *vb* mix up
WYCH, -ES *n* type of tree having flexible branches
WYE, -S *n* y-shaped pipe

If you have W and Y on your rack, look for an E on the board that will allow you to play this name for the letter Y, especially if you can land on a bonus square as a result.

WYLE, -D, -S, WYLING *vb* entice
WYN, -S *n* rune equivalent to English 'w'
WYND, -S *n* narrow lane or alley
WYNN, -S *same as* ▸ **wyn**
WYNS ▸ **wyn**
WYSIWYG *adj* denoting a computer screen display showing exactly what will print out
WYTE, -D, -S, WYTING *vb* blame
WYVERN, -S *n* heraldic beast

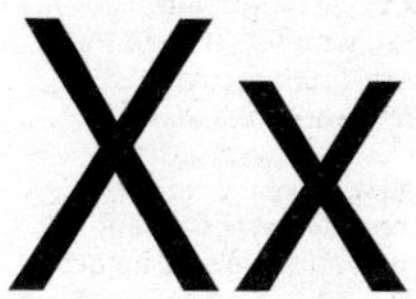

Worth 8 points on its own, **X** is one of the best tiles in the game. It doesn't, however, start many two- and three-letter words. There are only two valid two-letter words, **xi** and **xu** (9 points each) beginning with **X**, and only two three-letter words, **xed** and **xis**. Therefore, if you have an **X** on your rack and need to play short words, you're probably better off thinking of words that end in **X** or have **X** in them rather than those that start with **X**. Particularly good to remember are **zax**, **zex** (19 points each), **kex** (14 points) and **vax** (13 points).

XANTHAM, -S *n* acacia gum
XANTHAN, -S *same as* ▸**xantham**
XANTHATE *n* any salt or ester of xanthic acid
XANTHEIN *n* soluble part of the yellow pigment that is found in the cell sap of some flowers
XANTHENE *n* yellowish crystalline heterocyclic compound used as a fungicide
XANTHIC *adj* of, containing, or derived from xanthic acid
XANTHIN, -S *n* any of a group of yellow or orange carotene derivatives
XANTHINE *n* crystalline compound found in urine, blood, certain plants, and certain animal tissues
XANTHINS ▸**xanthin**
XANTHISM *n* condition of skin, fur, or feathers in which yellow coloration predominates
XANTHOMA *n* presence in the skin of fatty yellow or brownish plaques or nodules
XANTHONE *n* crystalline compound
XANTHOUS *adj* of, relating to, or designating races with yellowish hair and a light complexion
XEBEC, -S *n* small three-masted Mediterranean vessel

A kind of small boat, and a good high-scoring word that can easily be missed, as we tend to be slow to consider words beginning with X.

XED *adj* having a cross against
XENIA, -S *n* influence of pollen upon the form of the fruit developing after pollination
XENIAL ▸**xenia**
XENIAS ▸**xenia**
XENIC *adj* denoting the presence of bacteria
XENIUM *n* diplomatic gift
XENOGAMY *n* fertilization by the fusion of male and female gametes from different individuals of the same species
XENOGENY *n* offspring unlike either parent
XENOLITH *n* fragment of rock differing in origin, composition, structure, etc, from the igneous rock enclosing it
XENON, -S *n* colourless odourless gas
XENOPHYA *pl n* parts of shell or skeleton formed by foreign bodies
XENOPUS *n* African frog
XENOTIME *n* yellow-brown mineral
XENURINE *adj* relating to a type of armadillo ▹*n* type of armadillo
XERAFIN, -S *n* Indian coin
XERANSIS, XERANSES *n* gradual loss of tissue moisture
XERANTIC ▸**xeransis**
XERAPHIN *same as* ▸**xerafin**
XERARCH *adj* (of a sere) having its origin in a dry habitat
XERASIA, -S *n* dryness of the hair
XERIC *adj* of, relating to, or growing in dry conditions
XEROMA, -S, -TA *n* excessive dryness of the cornea
XEROSERE *n* sere that originates in dry surroundings
XEROSIS, XEROSES *n* abnormal dryness of bodily tissues, esp the skin, eyes, or mucous membranes
XEROTES *same as* ▸**xerosis**
XEROTIC ▸**xerosis**
XEROX, -ED, -ES, -ING *n* trade name for a machine employing a xerographic copying process ▹*vb* produce a copy (of a document, etc) using such a machine
XERUS, -ES *n* ground squirrel
XI, -S *n* 14th letter in the Greek alphabet
XIPHOID, -S *adj* shaped like a sword ▹*n* part of the sternum
XIS ▸**xi**
XOANON, XOANA *n* primitive image of a god supposed to have fallen from heaven

One of the few words starting with X. But be careful: the plural is **xoana** not **xoanons**.

XRAY, -S *n* code word for the letter X
XU *n* Vietnamese currency unit
XYLAN, -S *n* yellow polysaccharide consisting of xylose units
XYLEM, -S *n* plant tissue that conducts water and minerals from the roots to all other parts
XYLENE, -S *n* type of hydrocarbon
XYLENOL, -S *n* synthetic resin made from xylene
XYLIC ▸**xylem**
XYLIDIN, -S *same as* ▸**xylidine**
XYLIDINE *n* mixture of six isomeric amines derived from xylene and used in dyes
XYLIDINS ▸**xylidin**
XYLITOL, -S *n* crystalline alcohol used as sweetener
XYLOCARP *n* fruit, such as a coconut, having a hard woody pericarp
XYLOGEN, -S *same as* ▸**xylem**
XYLOID *adj* of, relating to, or resembling wood
XYLOIDIN *n* type of explosive
XYLOL, -S *another name (not in technical usage) for* ▸**xylene**
XYLOLOGY *n* study of the composition of wood
XYLOLS ▸**xylol**
XYLOMA, -S, -TA *n* hard growth in fungi
XYLONIC *adj* denoting an acid formed from xylose
XYLONITE *n* type of plastic
XYLOSE, -S *n* white crystalline sugar found in wood and straw
XYLOTOMY *n* preparation of sections of wood for examination by microscope
XYLYL, -S *n* group of atoms
XYST, -S *n* long portico, esp one used in ancient Greece for athletics

A kind of court used by ancient Greek athletes for exercises, this is a lovely high-scoring word to play. And if your opponent plays it, remember that you can put an I on it to make **xysti**, as well as an S to make **xysts**.

XYSTER, -S *n* surgical instrument for scraping bone
XYSTI ▸**xystus**
XYSTOS, XYSTOI *same as* ▸**xyst**
XYSTS ▸**xyst**
XYSTUS, XYSTI *same as* ▸**xyst**

Y can be a useful tile to have on your rack, particularly if you are short of vowels, but it can make it difficult to find bonus words scoring that extra 50 points, and you will normally want to play it off as soon as a good score offers itself. There are only four two-letter words beginning with **Y**, but these are easy to remember as there's one for every vowel except **I**: **ya**, **ye**, **yo** and **yu** (5 points each). There are quite a few useful three-letter words: **yez** (15), **yew** (9) and **yob** (8). Remember that **yob** was originally **boy** backwards: if you can't fit in **yob**, you may be able to use **boy** instead. And while his half-brother the **zo** (or **dzo** or **dso** or **zho**) gets all the attention, don't forget that the **yak** (10) earns quite a decent score!

YA, -S *n* type of Asian pear
YAAR, -S *n* in informal Indian English, a friend
YABA, -S *n* informal word for 'yet another bloody acronym'
YABBA, -S *n* form of methamphetamine
YABBER, -ED, -S *vb* talk or jabber ▷ *n* talk or jabber
YABBIE *same as* ▸ **yabby**
YABBY, YABBIED, YABBIES, -ING *n* small freshwater crayfish ▷ *vb* go out to catch yabbies
YACCA, -S *n* Australian plant with a woody stem
YACHT, -ED, -S *n* large boat with sails or an engine ▷ *vb* sail in a yacht
YACHTER, -S ▸ **yacht**
YACHTIE, -S *n* yachtsman
YACHTING *n* sport or practice of navigating a yacht
YACHTMAN, YACHTMEN *same as* > **yachtsman**
YACHTS ▸ **yacht**
YACK, -ED, -ING, -S *same as* ▸ **yak**
YACKA, -S *same as* ▸ **yacca**
YACKED ▸ **yack**
YACKER, -S *same as* ▸ **yakka**
YACKING ▸ **yack**
YACKS ▸ **yack**
YAD, -S *n* hand-held pointer used for reading the sefer torah
YAE *same as* ▸ **ae**
YAFF, -ED, -ING, -S *vb* bark
YAFFLE, -S *n* woodpecker with a green back and wings
YAFFS ▸ **yaff**
YAG, -S *n* artificial crystal
YAGE, -S *n* tropical vine of the Amazon region
YAGER, -S *same as* ▸ **jaeger**
YAGES ▸ **yage**
YAGGER, -S *n* pedlar
YAGI, -S *n* type of highly directional aerial
YAGS ▸ **yag**
YAH, -S *interj* exclamation of derision or disgust ▷ *n* affected upper-class person
YAHOO, -S *n* crude coarse person
YAHOOISM ▸ **yahoo**
YAHOOS ▸ **yahoo**
YAHRZEIT *n* (in Judaism) the anniversary of the death of a close relative
YAHS ▸ **yah**
YAIRD, -S *Scots form of* ▸ **yard**
YAK, -KED, -KING, -S *n* Tibetan ox with long shaggy hair ▷ *vb* talk continuously about unimportant matters
YAKHDAN, -S *n* box for carrying ice on a pack animal
YAKIMONO *n* grilled food
YAKITORI *n* Japanese dish consisting of small pieces of chicken skewered and grilled
YAKKA, -S *n* work
YAKKED ▸ **yak**
YAKKER, -S *same as* ▸ **yakka**
YAKKING ▸ **yak**
YAKOW, -S *n* animal bred from a male yak and a domestic cow
YAKS ▸ **yak**
YAKUZA *n* Japanese criminal organization
YALD *adj* vigorous
YALE, -S *n* mythical beast with the body of an antelope (or similar animal) and swivelling horns
YAM, -S *n* tropical root vegetable
YAMALKA, -S *same as* ▸ **yarmulke**
YAMEN, -S *n* (in imperial China) the office or residence of a public official
YAMMER, -ED, -S *vb* whine in a complaining manner ▷ *n* yammering sound
YAMMERER ▸ **yammer**
YAMMERS ▸ **yammer**
YAMPY, YAMPIES *n* foolish person
YAMS ▸ **yam**
YAMULKA, -S *same as* ▸ **yarmulke**
YAMUN, -S *same as* ▸ **yamen**
YANG, -S *n* (in Chinese philosophy) one of two complementary principles maintaining harmony in the universe
YANK, -ED, -ING, -S *vb* pull or jerk suddenly ▷ *n* sudden pull or jerk
YANKEE, -S *n* code word for the letter Y
YANKER, -S ▸ **yank**
YANKIE, -S *n* impudent woman
YANKING ▸ **yank**
YANKS ▸ **yank**

YANQUI, -S *n* slang word for American
YANTRA, -S *n* diagram used in meditation
YAOURT, -S *n* yoghurt
YAP, -PED, -S *vb* bark with a high-pitched sound ▷ *n* high-pitched bark ▷ *interj* imitation or representation of the sound of a dog yapping
YAPOCK, -S *same as* ▸ **yapok**
YAPOK, -S *n* type of opossum
YAPON, -S *same as* ▸ **yaupon**
YAPP, -S *n* type of book binding
YAPPED ▸ **yap**
YAPPER, -S ▸ **yap**
YAPPIE, -S *n* young aspiring professional
YAPPIER ▸ **yappy**
YAPPIES ▸ **yappie**
YAPPIEST ▸ **yappy**
YAPPING, -S *n* act of yapping
YAPPS ▸ **yapp**
YAPPY, YAPPIER, YAPPIEST ▸ **yap**
YAPS ▸ **yap**
YAPSTER, -S ▸ **yap**
YAQONA, -S *n* Polynesian shrub
YAR *adj* nimble
YARAK, -S *n* fit condition for hunting
YARCO, -S *n* insulting word for a young working-class person who wears casual sports clothes
YARD, -ED, -S *n* unit of length ▷ *vb* draft (animals), esp to a saleyard
YARDAGE, -S *n* length measured in yards
YARDANG, -S *n* ridge formed by wind erosion
YARDARM, -S *n* outer end of a ship's yard
YARDBIRD *n* inexperienced, untrained, or clumsy soldier, esp one employed on menial duties
YARDED ▸ **yard**
YARDER, -S *n* one who drafts animals to a sale yard
YARDING, -S *n* group of animals displayed for sale
YARDLAND *n* archaic unit of land
YARDMAN, YARDMEN *n* farm overseer
YARDS ▸ **yard**
YARDWAND *same as* > **yardstick**
YARDWORK *n* garden work
YARE, -R, -ST *adj* ready, brisk, or eager ▷ *adv* readily or eagerly
YARELY ▸ **yare**
YARER ▸ **yare**
YAREST ▸ **yare**
YARFA, -S *n* peat
YARK, -ED, -ING, -S *vb* make ready
YARMELKE *same as* ▸ **yarmulke**
YARMULKA *same as* ▸ **yarmulke**
YARMULKE *n* skullcap worn by Jewish men
YARN, -ED, -ING, -S *n* thread used for knitting or making cloth ▷ *vb* thread with yarn
YARNER, -S ▸ **yarn**
YARNING ▸ **yarn**
YARNS ▸ **yarn**
YARPHA, -S *n* peat
YARR, -ED, -ING, -S *n* wild white flower ▷ *vb* growl or snarl
YARRAMAN, YARRAMEN *n* horse
YARRAN, -S *n* type of small hardy tree of inland Australia
YARRED ▸ **yarr**
YARRING ▸ **yarr**
YARROW, -S *n* wild plant with flat clusters of white flowers
YARRS ▸ **yarr**
YARTA, -S *Shetland word for* ▸ **heart**
YARTO, -S *same as* ▸ **yarta**
YAS ▸ **ya**
YASHMAC, -S *same as* ▸ **yashmak**
YASHMAK, -S *n* veil worn by a Muslim woman in public
YASMAK, -S *same as* ▸ **yashmak**
YATAGAN, -S *same as* ▸ **yataghan**
YATAGHAN *n* Turkish sword with a curved single-edged blade
YATE, -S *n* type of small eucalyptus tree yielding a very hard timber
YATTER, -ED, -S *vb* talk at length ▷ *n* continuous chatter
YAUD, -S *Scots word for* ▸ **mare**
YAULD *adj* alert, spritely, or nimble
YAUP, -ED, -ING, -S *variant spelling of* ▸ **yawp**
YAUPER, -S ▸ **yaup**
YAUPING ▸ **yaup**
YAUPON, -S *n* southern US evergreen holly shrub
YAUPS ▸ **yaup**
YAUTIA, -S *n* Caribbean plant cultivated for its edible leaves and underground stems
YAW, -ED, -ING *vb* (of an aircraft or ship) turn to one side or from side to side while moving ▷ *n* act or movement of yawing
YAWEY ▸ **yaws**
YAWIER ▸ **yawy**
YAWIEST ▸ **yawy**
YAWING ▸ **yaw**
YAWL, -ED, -ING, -S *n* two-masted sailing boat ▷ *vb* howl, weep, or scream harshly
YAWMETER *n* instrument for measuring an aircraft's yaw
YAWN, -ED, -S *vb* open the mouth wide and take in air deeply, often when sleepy or bored ▷ *n* act of yawning
YAWNER, -S ▸ **yawn**
YAWNIER ▸ **yawny**
YAWNIEST ▸ **yawny**
YAWNING, -S ▸ **yawn**
YAWNS ▸ **yawn**
YAWNSOME *adj* boring
YAWNY, YAWNIER, YAWNIEST ▸ **yawn**
YAWP, -ED, -ING, -INGS, -S *vb* gape or yawn, esp audibly ▷ *n* shout, bark, yelp, or cry
YAWPER, -S ▸ **yawp**
YAWPING ▸ **yawp**
YAWPINGS ▸ **yawp**
YAWPS ▸ **yawp**
YAWS *n* infectious tropical skin disease
YAWY, YAWIER, YAWIEST *adj* having or resembling yaws
YAY, -S *interj* exclamation indicating approval or triumph ▷ *n* cry of approval
YBET *archaic past participle of* ▸ **beat**
YBLENT *archaic past participle of* ▸ **blend**
YBORE *archaic past participle of* ▸ **bear**
YBOUND *archaic past participle of* ▸ **bind**
YBOUNDEN *archaic past participle of* ▸ **bind**
YBRENT *archaic past participle of* ▸ **burn**
YCLAD *archaic past participle of* ▸ **clothe**
YCLED *archaic past participle of* ▸ **clothe**
YCLEEPE, -D, -S *archaic form of* ▸ **clepe**

YCLEPED *same as* ▸ **yclept**
YCLEPT *adj* having the name of
YCOND *archaic past participle of* ▸ **con**
YDRAD *archaic past participle of* ▸ **dread**
YDRED *archaic past participle of* ▸ **dread**
YE *pron* you ▹ *adj* the
YEA, -S *interj* yes ▹ *adv* indeed or truly ▹ *n* cry of agreement
YEAD, -ING, -S, YODE *vb* proceed
YEAH, -S *n* positive affirmation
YEALDON, -S *n* fuel
YEALING, -S *n* person of the same age as oneself
YEALM, -ED, -ING, -S *vb* prepare for thatching
YEAN, -ED, -ING, -S *vb* (of a sheep or goat) to give birth to (offspring)
YEANLING *n* young of a goat or sheep
YEANS ▸ **yean**
YEAR, -S *n* time taken for the earth to make one revolution around the sun, about 365 days
YEARBOOK *n* reference book published annually containing details of the previous year's events
YEARD, -ED, -ING, -S *vb* bury
YEAREND, -S *n* end of the year
YEARLIES ▸ **yearly**
YEARLING *n* animal between one and two years old ▹ *adj* being a year old
YEARLONG *adj* throughout a whole year
YEARLY, YEARLIES *adv* every year or once a year ▹ *adj* occurring, done, or appearing once a year or every year ▹ *n* publication, event, etc, that occurs once a year
YEARN, -ED, -S *vb* want (something) very much
YEARNER, -S ▸ **yearn**
YEARNING *n* intense or overpowering longing, desire, or need
YEARNS ▸ **yearn**
YEARS ▸ **year**
YEAS ▸ **yea**
YEASAYER *n* person who usually agrees with proposals
YEAST, -ED, -ING, -S *n* fungus used to make bread rise ▹ *vb* froth or foam
YEASTIER ▸ **yeasty**
YEASTILY ▸ **yeasty**
YEASTING ▸ **yeast**
YEASTS ▸ **yeast**
YEASTY, YEASTIER *adj* of, resembling, or containing yeast
YEBO *interj* yes
YECCH, -S *same as* ▸ **yech**
YECH, -S *n* expression of disgust
YECHIER ▸ **yechy**
YECHIEST ▸ **yechy**
YECHS ▸ **yech**
YECHY, YECHIER, YECHIEST ▸ **yech**
YEDE, -S, YEDING *same as* ▸ **yead**
YEED, -ING, -S *same as* ▸ **yead**
YEELIN, -S *n* person of the same age as oneself
YEESH *interj* interjection used to express frustration
YEGG, -S *n* burglar or safe-breaker
YEGGMAN, YEGGMEN *same as* ▸ **yegg**
YEGGS ▸ **yegg**
YEH *same as* ▸ **yeah**
YELD *adj* (of an animal) barren or too young to bear young
YELDRING *n* yellowhammer (bird)
YELDROCK *same as* ▸ **yeldring**
YELK, -S *n* yolk of an egg
YELL, -ED, -ING, -INGS, -S *vb* shout or scream in a loud or piercing way ▹ *n* loud cry of pain, anger, or fear
YELLER, -S ▸ **yell**
YELLING ▸ **yell**
YELLINGS ▸ **yell**
YELLOCH, -S *vb* yell
YELLOW, -ED, -ER *n* colour of gold, a lemon, etc ▹ *adj* of this colour ▹ *vb* make or become yellow
YELLOWLY ▸ **yellow**
YELLOWS *n* any of various fungal or viral diseases of plants
YELLOWY ▸ **yellow**
YELLS ▸ **yell**
YELM, -ED, -ING, -S *same as* ▸ **yealm**
YELP, -ED, -ING, -INGS, -S *n* short sudden cry ▹ *vb* utter a sharp or high-pitched cry of pain
YELPER, -S ▸ **yelp**
YELPING ▸ **yelp**
YELPINGS ▸ **yelp**
YELPS ▸ **yelp**
YELT, -S *n* young sow
YEMMER, -S *southwest English form of* ▸ **ember**
YEN, -NED, -NING, -S *n* monetary unit of Japan ▹ *vb* have a longing
YENTA, -S *n* meddlesome woman
YENTE, -S *same as* ▸ **yenta**
YEOMAN, YEOMEN *n* farmer owning and farming their own land
YEOMANLY *adj* of, relating to, or like a yeoman ▹ *adv* in a yeomanly manner, as in being brave, staunch, or loyal
YEOMANRY *n* yeomen
YEOMEN ▸ **yeoman**
YEOW *interj* interjection used to express pain
YEP, -S *n* affirmative statement
YER *adj* (coll.) your; you
YERBA, -S *n* stimulating South American drink made from dried leaves
YERD, -ED, -ING, -S *vb* bury
YERK, -ED, -ING, -S *vb* tighten stitches
YERSINIA *n* plague bacterium
YES, -ES, -SED, -SES, -SING *interj* expresses consent, agreement, or approval ▹ *n* answer or vote of yes ▹ *vb* reply in the affirmative
YESHIVA, -S, YESHIVOT *n* traditional Jewish school
YESHIVAH *same as* ▸ **yeshiva**
YESHIVAS ▸ **yeshiva**
YESHIVOT ▸ **yeshiva**
YESK, -ED, -ING, -S *vb* hiccup
YESSED ▸ **yes**
YESSES ▸ **yes**
YESSING ▸ **yes**
YESSIR *interj* expression of assent to a man
YESSIREE *interj* expression of assent
YESSUM *interj* expression of assent to a woman
YEST, -S *archaic form of* ▸ **yeast**
YESTER *adj* of or relating to yesterday
YESTERN *same as* ▸ **yester**
YESTREEN *n* yesterday evening
YESTS ▸ **yest**
YESTY *archaic form of* ▸ **yeasty**
YET *adv* up until then or now

YETI, -S *n* large legendary manlike creature alleged to inhabit the Himalayan Mountains
YETT, -S *n* gate or door
YETTIE, -S *n* young, entrepreneurial, and technology-based (person)
YETTS ▸ **yett**
YEUK, -ED, -ING, -S *vb* itch
YEUKIER ▸ **yeuky**
YEUKIEST ▸ **yeuky**
YEUKING ▸ **yeuk**
YEUKS ▸ **yeuk**
YEUKY, YEUKIER, YEUKIEST ▸ **yeuk**
YEVE, -N, -S, YEVING *vb* give
YEW, -S *n* evergreen tree with needle-like leaves and red berries
YEWEN *adj* made of yew
YEWS ▸ **yew**
YEX, -ED, -ES, -ING *vb* hiccup

This word meaning to hiccup gives you a good score, and the verb forms offer the chance to expand it if someone else plays it, or if you get the chance later on.

YEZ *interj* yes
YFERE, -S *adv* together ▹ *n* friend or associate
YGLAUNST *archaic past participle of* ▸ **glance**
YGO *archaic past participle of* ▸ **go**
YGOE *archaic past participle of* ▸ **go**
YIBBLES *adv* perhaps
YICKER, -ED, -S *vb* squeal or squeak
YIDAKI, -S *n* long wooden wind instrument played by the Aboriginal peoples of Arnhem Land
YIELD, -ED, -S *vb* produce or bear ▹ *n* amount produced
YIELDER, -S ▸ **yield**
YIELDING *adj* submissive
YIELDS ▸ **yield**
YIKE, -D, YIKING *n* argument, squabble, or fight ▹ *vb* argue, squabble, or fight
YIKES *interj* expression of surprise, fear, or alarm
YIKING ▸ **yike**
YIKKER, -ED, -S *vb* squeal or squeak
YILL, -ED, -ING, -S *n* ale ▹ *vb* entertain with ale
YIN, -S *Scots word for* ▸ **one**
YINCE *Scots form of* ▸ **once**
YINDIE, -S *n* person who combines a lucrative career with non-mainstream tastes
YINGYANG *n* two opposing but complementary principles in Chinese philosophy
YINS ▸ **yin**
YIP, -PED, -PING, -S *vb* emit a high-pitched bark
YIPE *same as* ▸ **yipes**
YIPES *interj* expression of surprise, fear, or alarm
YIPPED ▸ **yip**
YIPPEE *interj* exclamation of joy or pleasure
YIPPER, -S *n* golfer who suffers from a failure of nerve
YIPPIE, -S *n* young person sharing hippy ideals
YIPPING ▸ **yip**
YIPPY *same as* ▸ **yippie**
YIPS ▸ **yip**
YIRD, -ED, -ING, -S *vb* bury
YIRK, -ED, -ING, -S *same as* ▸ **yerk**
YIRR, -ED, -ING, -S *vb* snarl, growl, or yell
YIRTH, -S *n* earth
YITE, -S *n* European bunting with a yellowish head and body and brown streaked wings and tail
YITIE, -S *same as* ▸ **yite**
YITTEN *adj* frightened
YLEM, -S *n* original matter from which the basic elements are said to have been formed
YLIKE *Spenserian form of* ▸ **alike**
YLKE, -S *archaic spelling of* ▸ **ilk**
YMOLT *Spenserian past participle of* ▸ **melt**
YMOLTEN *Spenserian past participle of* ▸ **melt**
YMPE, -S, YMPING, YMPT *Spenserian form of* ▸ **imp**
YNAMBU, -S *n* South American bird
YO *interj* expression used as a greeting
YOB, -S *n* bad-mannered aggressive youth
YOBBERY *n* behaviour typical of aggressive surly youths
YOBBIER ▸ **yobby**
YOBBIEST ▸ **yobby**
YOBBISH *adj* typical of aggressive surly youths
YOBBISM, -S ▸ **yob**
YOBBO, -ES, -S *same as* ▸ **yob**
YOBBY, YOBBIER, YOBBIEST *adj* like a yob
YOBS ▸ **yob**
YOCK, -ED, -ING, -S *vb* chuckle
YOD, -S *n* tenth letter in the Hebrew alphabet
YODE ▸ **yead**
YODEL, -ED, -LED, -S *vb* sing with abrupt changes between a normal and a falsetto voice ▹ *n* act or sound of yodelling
YODELER, -S ▸ **yodel**
YODELING > **yodelling**
YODELLED ▸ **yodel**
YODELLER ▸ **yodel**
YODELS ▸ **yodel**
YODH, -S *same as* ▸ **yod**
YODLE, -D, -S, YODLING *variant spelling of* ▸ **yodel**
YODLER, -S ▸ **yodle**
YODLES ▸ **yodle**
YODLING ▸ **yodle**
YODS ▸ **yod**
YOGA, -S *n* Hindu method of exercise and discipline
YOGEE, -S *same as* ▸ **yogi**
YOGH, -S *n* character used in Old and Middle English to represent a palatal fricative
YOGHOURT *variant form of* ▸ **yogurt**
YOGHS ▸ **yogh**
YOGHURT, -S *same as* ▸ **yogurt**
YOGI, -S *n* person who practises yoga
YOGIC ▸ **yoga**
YOGIN, -S *same as* ▸ **yogi**
YOGINI, -S ▸ **yogi**
YOGINS ▸ **yogin**
YOGIS ▸ **yogi**
YOGISM, -S ▸ **yogi**
YOGOURT, -S *same as* ▸ **yogurt**
YOGURT, -S *n* slightly sour custard-like food made from milk that has had bacteria added
YOHIMBE, -S *n* bark used in herbal medicine
YOICK, -ED, -ING *vb* urge on foxhounds
YOICKS, -ED, -ES *interj* cry used by huntsmen to urge on the hounds ▹ *vb* urge on foxhounds
YOJAN, -S *n* Indian unit of distance
YOJANA, -S *same as* ▸ **yojan**
YOJANS ▸ **yojan**
YOK, -KED, -KING, -S *vb* chuckle

A useful short word meaning to laugh, with an alternative spelling **yuk**.

YOKE, -D, -RS, -S, YOKING, YOKINGS *n* wooden bar put across the necks of two animals to hold them together ▹ *vb* put a yoke on

YOKEL, -S *n* simple person who lives in the country
YOKELESS ▸ **yoke**
YOKELISH ▸ **yokel**
YOKELS ▸ **yokel**
YOKEMATE *n* colleague
YOKER, -ED, -ING *vb* spit
YOKERS ▸ **yoke**
YOKES ▸ **yoke**
YOKING ▸ **yoke**
YOKINGS ▸ **yoke**
YOKKED ▸ **yok**
YOKKING ▸ **yok**
YOKOZUNA *n* grand champion sumo wrestler
YOKS ▸ **yok**
YOKUL *Shetland word for* ▸ **yes**
YOLD *archaic past participle of* ▸ **yield**
YOLDRING *n* yellowhammer (bird)
YOLK, -S *n* yellow part of an egg that provides food for the developing embryo
YOLKED ▸ **yolk**
YOLKIER ▸ **yolky**
YOLKIEST ▸ **yolky**
YOLKLESS ▸ **yolk**
YOLKS ▸ **yolk**
YOLKY, YOLKIER, YOLKIEST ▸ **yolk**
YOM, -IM *n* day
YOMP, -ED, -ING, -S *vb* walk or trek laboriously
YON *adj* that or those over there ▹ *adv* yonder ▹ *pron* that person or thing
YOND *same as* ▸ **yon**
YONDER, -S *adv* over there ▹ *adj* situated over there ▹ *determiner* being at a distance, either within view or as if within view ▹ *n* person
YONDERLY ▸ **yonder**
YONDERS ▸ **yonder**
YONI, -S *n* female genitalia
YONIC *adj* resembling a vulva
YONIS ▸ **yoni**
YONKER, -S *same as* ▸ **younker**
YONKS *pl n* very long time
YONNIE, -S *n* stone
YONT *same as* ▸ **yon**
YOOF, -S *n* non-standard spelling of youth
YOOP, -S *n* sob
YOPPER, -S *n* young person employed on a former UK government training programme
YORE, -S *n* time long past ▹ *adv* in the past
YORK, -ED, -ING, -S *vb* bowl or try to bowl (a batsman) by pitching the ball under or just beyond the bat
YORKER, -S *n* (in cricket) ball that pitches just under the bat
YORKIE, -S *n* Yorkshire terrier
YORKING ▸ **york**
YORKS ▸ **york**
YORLING, -S *n* as in **yellow yorling** yellowhammer
YORP, -ED, -ING, -S *vb* shout
YOU *pron* person or people addressed ▹ *n* personality of the person being addressed
YOUK, -ED, -ING, -S *vb* itch
YOUNG, -ER, -EST, -S *adj* in an early stage of life or growth ▹ *n* young people in general; offspring
YOUNGERS *n* young people
YOUNGEST ▸ **young**
YOUNGISH ▸ **young**
YOUNGLY *adv* youthfully
YOUNGS ▸ **young**
YOUNGTH, -S *n* youth
YOUNKER, -S *n* young man
YOUPON, -S *same as* ▸ **yaupon**
YOUR *adj* of, belonging to, or associated with you
YOURN *dialect form of* ▸ **yours**
YOURS *pron* something belonging to you
YOURSELF *pron* reflexive form of *you*
YOURT, -S *same as* ▸ **yurt**
YOUS *pron* refers to more than one person including the person or persons addressed but not the speaker
YOUSE *same as* ▸ **yous**
YOUTH, -S *n* time of being young
YOUTHEN, -S *vb* render more youthful-seeming
YOUTHFUL *adj* vigorous or active
YOUTHIER ▸ **youthy**
YOUTHLY *adv* young
YOUTHS ▸ **youth**
YOUTHY, YOUTHIER *Scots word for* ▸ **young**
YOW, -ED, -ING, -S *vb* howl
YOWE, -S *Scot word for* ▸ **ewe**
YOWED ▸ **yow**
YOWES ▸ **yowe**
YOWIE, -S *n* legendary Australian apelike creature
YOWING ▸ **yow**
YOWL, -ED, -S *n* loud mournful cry ▹ *vb* produce a loud mournful wail or cry
YOWLER, -S ▸ **yowl**
YOWLEY, -S *n* yellowhammer (bird)
YOWLING, -S ▸ **yowl**
YOWLS ▸ **yowl**
YOWS ▸ **yow**
YOWZA *interj* exclamation of enthusiasm
YPERITE, -S *n* mustard gas
YPIGHT *archaic past participle of* ▸ **pitch**
YPLAST *archaic past participle of* ▸ **place**
YPLIGHT *archaic past participle of* ▸ **plight**
YPSILOID ▸ **ypsilon**
YPSILON, -S *same as* ▸ **upsilon**
YRAPT *Spenserian form of* ▸ **rapt**
YRENT *archaic past participle of* ▸ **rend**
YRIVD *archaic past participle of* ▸ **rive**
YRNEH, -S *n* unit of reciprocal inductance
YSAME *Spenserian word for* ▸ **together**
YSHEND, -S, YSHENT *Spenserian form of* ▸ **shend**
YSLAKED *archaic past participle of* ▸ **slake**
YTOST *archaic past participle of* ▸ **toss**
YTTERBIA *n* colourless hygroscopic substance used in certain alloys and ceramics
YTTERBIC > **ytterbium**
YTTRIA, -S *n* insoluble solid used mainly in incandescent mantles
YTTRIC ▸ **yttrium**
YTTRIOUS ▸ **yttrium**
YTTRIUM, -S *n* silvery metallic element used in various alloys
YU, -S *n* jade
YUAN, -S *n* standard monetary unit of the People's Republic of China
YUCA, -S *same as* ▸ **yucca**
YUCCA, -S *n* tropical plant with spikes of white leaves
YUCCH *interj* expression of disgust
YUCH *interj* expression of disgust
YUCK, -ED, -ING, -S *interj* exclamation indicating contempt, dislike, or disgust ▹ *vb* chuckle
YUCKER, -S ▸ **yuck**
YUCKIER ▸ **yucky**
YUCKIEST ▸ **yucky**
YUCKING ▸ **yuck**

YUCKO *adj* disgusting ▷ *interj* exclamation of disgust
YUCKS ▶ **yuck**
YUCKY, YUCKIER, YUCKIEST *adj* disgusting, nasty
YUFT, -S *n* Russia leather
YUG, -S *same as* ▶ **yuga**
YUGA, -S *n* (in Hindu cosmology) one of the four ages of mankind
YUGARIE, -S *variant spelling of* ▶ **eugarie**
YUGAS ▶ **yuga**
YUGS ▶ **yug**
YUK, -KED, -KING, -S *same as* ▶ **yuck**
YUKATA, -S *n* light kimono
YUKE, -D, -S, YUKING *vb* itch
YUKIER ▶ **yuky**
YUKIEST ▶ **yuky**
YUKING ▶ **yuke**
YUKKED ▶ **yuk**
YUKKIER ▶ **yukky**
YUKKIEST ▶ **yukky**
YUKKING ▶ **yuk**
YUKKY, YUKKIER, YUKKIEST *same as* ▶ **yucky**
YUKO, -S *n* score of five points in judo
YUKS ▶ **yuk**
YUKY, YUKIER, YUKIEST *adj* itchy
YULAN, -S *n* Chinese magnolia with white flowers
YULE, -S *n* Christmas
YULETIDE *n* Christmas season
YUM *interj* expression of delight
YUMBERRY *n* purple-red edible fruit of an E Asian tree
YUMMIER ▶ **yummy**
YUMMIES ▶ **yummy**
YUMMIEST ▶ **yummy**
YUMMO *adj* tasty ▷ *interj* exclamation of delight or approval
YUMMY, YUMMIER, YUMMIES, YUMMIEST *adj* delicious ▷ *interj* exclamation indicating pleasure or delight ▷ *n* delicious food item
YUMP, -ED, -ING, -S *vb* leave the ground when driving over a ridge
YUMPIE, -S *n* young upwardly mobile person
YUMPING ▶ **yump**
YUMPS ▶ **yump**
YUNX, -ES *n* wryneck
YUP, -S *n* informal affirmative statement
YUPON, -S *same as* ▶ **yaupon**
YUPPIE *n* young highly paid professional person ▷ *adj* typical of or reflecting the values of yuppies
YUPPIES ▶ **yuppy**
YUPPIFY *vb* make yuppie in nature
YUPPY, YUPPIES *same as* ▶ **yuppie**
YUPPYDOM *n* state of being a yuppie
YUPS ▶ **yup**
YUPSTER, -S *same as* ▶ **yindie**
YURT, -S *n* circular tent
YURTA, -S *same as* ▶ **yurt**
YURTS ▶ **yurt**
YUS ▶ **yu**
YUTZ, -ES *n* Yiddish word meaning fool
YUZU, -S *n* type of citrus fruit
YWIS *adv* certainly
YWROKE *archaic past participle of* ▶ **wreak**

Y

Zz

Scoring the same as **Q** but easier to use, **Z** is normally a good tile to have, but it is not the best when it comes to making bonus words scoring that extra 50 points, so you will normally want to play it off as soon as a good score offers itself. There are three two-letter words beginning with **Z**, **za**, **ze** and **zo** (11 points). There are also some very good three-letter words starting with **Z**. These include another variant of **zo**, **zho** (15), as well as **zax** and **zex** (19 each), **zap** (14), **zep** (14), **zip** (14) and **zoo** (12).

ZA, -S *n* pizza
ZABAIONE *n* light foamy dessert
ZABAJONE *same as* ▸**zabaione**
ZABETA, -S *n* tariff
ZABRA, -S *n* small sailing vessel
ZABTIEH, -S *n* Turkish police officer
ZACATON, -S *n* coarse grass
ZACK, -S *n* Australian five-cent piece
ZADDICK, -S *adj* righteous ▹*n* Hasidic Jewish spiritual leader
ZADDIK, -IM, -S *n* Hasidic Jewish leader
ZAFFAR, -S *same as* ▸**zaffer**
ZAFFER, -S *n* impure cobalt oxide, used to impart a blue colour to enamels
ZAFFIR, -S *same as* ▸**zaffer**
ZAFFRE, -S *same as* ▸**zaffer**
ZAFTIG *adj* ripe or curvaceous
ZAG, -GED, -GING, -S *vb* change direction sharply
ZAIBATSU *n* group or combine comprising a few wealthy families that controls industry, business, and finance in Japan
ZAIDA, -S *n* grandfather
ZAIDEH, -S *same as* ▸**zaida**
ZAIDY, ZAIDIES *same as* ▸**zaida**
ZAIKAI, -S *n* Japanese business community
ZAIRE, -S *n* currency used in the former Zaïre
ZAITECH, -S *n* investment in financial markets by a company to supplement its main income
ZAKAT, -S *n* annual tax on Muslims to aid the poor in the Muslim community
ZAKOUSKI, ZAKOUSKA *same as* ▸**zakuski**
ZAKUSKI, ZAKUSKA *pl n* hors d'oeuvres, consisting of tiny open sandwiches
ZAMAN, -S *n* tropical tree
ZAMANG, -S *same as* ▸**zaman**
ZAMANS ▸**zaman**
ZAMARRA, -S *n* sheepskin coat
ZAMARRO, -S *same as* ▸**zamarra**
ZAMBOMBA *n* drum-like musical instrument
ZAMBUCK, -S *n* St John ambulance attendant
ZAMBUK, -S *same as* ▸**zambuck**
ZAMIA, -S *n* type of plant of tropical and subtropical America
ZAMINDAR *n* (in India) the owner of an agricultural estate
ZAMOUSE, -S *n* West African buffalo
ZAMPOGNA *n* Italian bagpipes
ZAMPONE, ZAMPONI *n* sausage made from pig's trotters
ZAMZAWED *adj* (of tea) having been left in the pot to stew
ZANANA, -S *same as* ▸**zenana**
ZANDER, -S *n* European freshwater pikeperch, valued as a food fish
ZANELLA, -S *n* twill fabric
ZANIED ▸**zany**
ZANIER ▸**zany**
ZANIES ▸**zany**
ZANIEST ▸**zany**
ZANILY ▸**zany**
ZANINESS ▸**zany**
ZANJA, -S *n* irrigation canal

> An irrigation canal in Spanish America, notable for combining the J and Z.

ZANJERO, -S *n* irrigation supervisor

> Someone who supervises the distribution of water in a **zanja** or irrigation canal. This has a fair chance of coming up in actual play, and would make a great bonus.

ZANTE, -S *n* type of wood
ZANY, ZANIED, ZANIER, ZANIES, ZANIEST, -ING *adj* comical in an endearing way ▹*n* clown or buffoon who imitated other performers ▹*vb* clown
ZANYISH ▸**zany**
ZANYISM, -S ▸**zany**
ZANZA, -S *same as* ▸**zanze**
ZANZE, -S *n* African musical instrument
ZAP, -PED, -PING, -S *vb* move quickly ▹*n* energy, vigour, or pep ▹*interj* exclamation used to express sudden or swift action
ZAPATA *adj* (of a moustache) drooping
ZAPATEO, -S *n* Cuban folk dance
ZAPPED ▸**zap**
ZAPPER, -S *n* remote control for a television, etc

ZAPPIER ▸**zappy**
ZAPPIEST ▸**zappy**
ZAPPING ▸**zap**
ZAPPY, ZAPPIER, ZAPPIEST *adj* energetic
ZAPS ▸**zap**
ZAPTIAH, -S *same as* ▸**zaptieh**
ZAPTIEH, -S *n* Turkish police officer

Watch out for this Turkish police officer, who can also be spelt **zabtieh** or **zaptiah**.

ZARAPE, -S *n* blanket-like shawl
ZARATITE *n* green amorphous mineral
ZAREBA, -S *n* stockade or enclosure of thorn bushes around a village or campsite
ZAREEBA, -S *same as* ▸**zareba**
ZARF, -S *n* (esp in the Middle East) a holder, usually ornamental, for a hot coffee cup
ZARI, -S *n* thread made from fine gold or silver wire
ZARIBA, -S *same as* ▸**zareba**
ZARIS ▸**zari**
ZARNEC, -S *n* sulphide of arsenic
ZARNICH, -S *same as* ▸**zarnec**
ZARZUELA *n* type of Spanish vaudeville or operetta, usually satirical in nature
ZAS ▸**za**
ZASTRUGA, ZASTRUGI *variant spelling of* ▸**sastruga**
ZATI, -S *n* type of macaque
ZAX, -ES *n* tool for cutting roofing slate

A chopper for trimming slate, and a great word combining X and Z. It has a variant **zex**.

ZAYIN, -S *n* seventh letter of the Hebrew alphabet
ZAZEN, -S *n* deep meditation undertaken whilst sitting upright with legs crossed
ZE *pron* gender-neutral pronoun
ZEA, -S *n* corn silk
ZEAL, -S *n* great enthusiasm or eagerness
ZEALANT, -S *archaic variant of* ▸**zealot**
ZEALFUL ▸**zeal**
ZEALLESS ▸**zeal**
ZEALOT, -S *n* fanatic or extreme enthusiast
ZEALOTRY *n* extreme or excessive zeal or devotion
ZEALOTS ▸**zealot**
ZEALOUS *adj* extremely eager or enthusiastic
ZEALS ▸**zeal**
ZEAS ▸**zea**
ZEATIN, -S *n* cytokinin derived from corn
ZEBEC, -S *variant spelling of* ▸**xebec**
ZEBECK, -S *same as* ▸**zebec**
ZEBECS ▸**zebec**
ZEBRA, -S *n* black-and-white striped African animal of the horse family
ZEBRAIC *adj* like a zebra
ZEBRANO, -S *n* type of striped wood
ZEBRAS ▸**zebra**
ZEBRASS *n* offspring of a male zebra and a female ass
ZEBRINA, -S *n* trailing herbaceous plant
ZEBRINE, -S ▸**zebra**
ZEBRINNY *n* offspring of a male horse and a female zebra
ZEBROID ▸**zebra**
ZEBRULA, -S *n* offspring of a male zebra and a female horse
ZEBRULE, -S *same as* ▸**zebrula**
ZEBU, -S *n* Asian ox with a humped back and long horns
ZEBUB, -S *n* large African fly
ZEBUS ▸**zebu**
ZECCHIN, -S *same as* ▸**zecchino**
ZECCHINE *same as* ▸**zecchino**
ZECCHINO, ZECCHINI *n* former gold coin
ZECCHINS ▸**zecchin**
ZECHIN, -S *same as* ▸**zecchino**
ZED, -S *n* British and New Zealand spoken form of the letter z

A name for the letter Z, and one of the most commonly played Z words.

ZEDA, -S *n* grandfather
ZEDOARY *n* dried rhizome of a tropical Asian plant
ZEDS ▸**zed**
ZEE, -S *the US word for* ▸**zed**

This word can be very useful because E is the most common tile in Scrabble, so keep it in mind if you draw a Z. Zee scores 12 points.

ZEIN, -S *n* protein occurring in maize
ZEK, -S *n* Soviet prisoner
ZEL, -S *n* Turkish cymbal
ZELANT, -S *alternative form of* ▸**zealant**
ZELATOR, -S *same as* ▸**zelatrix**
ZELATRIX *n* nun who monitors the behaviour of younger nuns
ZELKOVA, -S *n* type of elm tree
ZELOSO *adv* with zeal
ZELS ▸**zel**
ZEMINDAR *same as* ▸**zamindar**
ZEMSTVO, ZEMSTVA, -S *n* council in Tsarist Russia
ZEN, -S *n* calm meditative state
ZENAIDA, -S *n* dove
ZENANA, -S *n* part of Muslim or Hindu home reserved for women and girls
ZENDIK, -S *n* unbeliever or heretic
ZENDO, -S *n* place where Zen Buddhists study
ZENITH, -S *n* highest point of success or power
ZENITHAL ▸**zenith**
ZENITHS ▸**zenith**
ZENS ▸**zen**
ZEOLITE, -S *n* any of a large group of glassy secondary minerals
ZEOLITIC ▸**zeolite**
ZEP, -S *n* type of long sandwich
ZEPHYR, -S *n* soft gentle breeze
ZEPPELIN *n* large cylindrical airship
ZEPPOLE, -S, ZEPPOLI *n* Italian fritter
ZEPS ▸**zep**
ZERDA, -S *n* fennec
ZEREBA, -S *same as* ▸**zareba**
ZERIBA, -S *same as* ▸**zareba**
ZERK, -S *n* grease fitting
ZERO, -ED, -ES, -ING, -S *n* (symbol representing) the number 0 ▹ *adj* having no measurable quantity or size ▹ *vb* adjust (an instrument or scale) so as to read zero ▹ *determiner* no (thing) at all
ZEROTH *adj* denoting a term in a series that precedes the term otherwise regarded as the first term
ZERUMBET *n* plant stem used as stimulant and condiment
ZEST, -ED, -ING, -S *n* enjoyment or excitement ▹ *vb* give flavour, interest, or piquancy to

ZESTER, -S *n* kitchen utensil used to scrape fine shreds of peel from citrus fruits
ZESTFUL ▸ **zest**
ZESTIER ▸ **zesty**
ZESTIEST ▸ **zesty**
ZESTILY ▸ **zest**
ZESTING ▸ **zest**
ZESTLESS ▸ **zest**
ZESTS ▸ **zest**
ZESTY, ZESTIER, ZESTIEST ▸ **zest**
ZETA, -S *n* sixth letter in the Greek alphabet
ZETETIC, -S *adj* proceeding by inquiry ▹ *n* investigation
ZEUGMA, -S *n* figure of speech in which a word is used with two words although appropriate to only one of them
ZEUXITE, -S *n* ferriferous mineral

This mineral, a kind of tourmaline, makes an excellent bonus.

ZEX, -ES *n* tool for cutting roofing slate
ZEZE, -S *n* stringed musical instrument
ZHO, -S *same as* ▸ **zo**

A cross between a yak and a cow; the other forms are **dso**, **dzo**, **dzho** and **zo**, and it's worth remembering all of them.

ZHOMO, -S *n* female zho
ZHOOSH, -ED, -ES *vb* make more exciting or attractive
ZHOS ▸ **zho**
ZIBELINE *n* sable or the fur of this animal ▹ *adj* of, relating to, or resembling a sable
ZIBET, -S *n* large civet of S and SE Asia
ZIBETH, -S *same as* ▸ **zibet**
ZIBETS ▸ **zibet**
ZIFF, -S *n* beard
ZIFFIUS *n* sea monster
ZIFFS ▸ **ziff**
ZIG, -GED, -GING, -S *same as* ▸ **zag**
ZIGAN, -S *n* gypsy
ZIGANKA, -S *n* Russian dance
ZIGANS ▸ **zigan**
ZIGGED ▸ **zig**
ZIGGING ▸ **zig**
ZIGGURAT *n* (in ancient Mesopotamia) a temple in the shape of a pyramid
ZIGS ▸ **zig**
ZIGZAG, -S *n* line or course having sharp turns in alternating directions ▹ *vb* move in a zigzag ▹ *adj* formed in or proceeding in a zigzag ▹ *adv* in a zigzag manner
ZIGZAGGY *adj* having sharp turns
ZIGZAGS ▸ **zigzag**
ZIKKURAT *same as* ▸ **ziggurat**
ZIKURAT, -S *same as* ▸ **ziggurat**
ZILA, -S *n* administrative district in India
ZILCH, -ES *n* nothing
ZILL, -S *n* finger cymbal
ZILLA, -S *same as* ▸ **zila**
ZILLAH, -S *same as* ▸ **zila**
ZILLAS ▸ **zilla**
ZILLION, -S *n* extremely large but unspecified number
ZILLS ▸ **zill**
ZIMB, -S *same as* ▸ **zebub**
ZIMBI, -S *n* cowrie shell used as money
ZIMBS ▸ **zimb**
ZIMOCCA, -S *n* bath sponge
ZIN, -S *short form of* > **zinfandel**
ZINC, -ED, -ING, -KED, -KING, -S, ZINKED, ZINKING *n* bluish-white metallic element ▹ *vb* coat with zinc
ZINCATE, -S *n* any of a class of salts derived from the amphoteric hydroxide of zinc
ZINCED ▸ **zinc**
ZINCIC ▸ **zinc**
ZINCIER ▸ **zincy**
ZINCIEST ▸ **zincy**
ZINCIFY *vb* coat with zinc
ZINCING ▸ **zinc**
ZINCITE, -S *n* red or yellow mineral
ZINCKED ▸ **zinc**
ZINCKIER ▸ **zincky**
ZINCKIFY *same as* ▸ **zincify**
ZINCKING ▸ **zinc**
ZINCKY, ZINCKIER ▸ **zinc**
ZINCO, -S *n* printing plate made from zincography
ZINCODE, -S *n* positive electrode
ZINCOID ▸ **zinc**
ZINCOS ▸ **zinco**
ZINCOUS ▸ **zinc**
ZINCS ▸ **zinc**
ZINCY, ZINCIER, ZINCIEST ▸ **zinc**
ZINDABAD *interj* long live: used as part of a slogan in India, Pakistan, etc
ZINE, -S *n* magazine or fanzine
ZINEB, -S *n* organic insecticide
ZINES ▸ **zine**
ZING, -ED, -ING, -S *n* quality in something that makes it lively or interesting ▹ *vb* make or move with or as if with a high-pitched buzzing sound
ZINGANO, ZINGANI *n* gypsy
ZINGARA, ZINGARE *n* female Italian gypsy
ZINGARO, ZINGARI *n* Italian gypsy
ZINGED ▸ **zing**
ZINGEL, -S *n* small freshwater perch
ZINGER, -S ▸ **zing**
ZINGIBER *n* ginger plant
ZINGIER ▸ **zingy**
ZINGIEST ▸ **zingy**
ZINGING ▸ **zing**
ZINGS ▸ **zing**
ZINGY, ZINGIER, ZINGIEST *adj* vibrant
ZINKE, -S *n* cornett
ZINKED ▸ **zinc**
ZINKES ▸ **zinke**
ZINKIER ▸ **zinky**
ZINKIEST ▸ **zinky**
ZINKIFY *vb* coat with zinc
ZINKING ▸ **zinc**
ZINKY, ZINKIER, ZINKIEST ▸ **zinc**
ZINNIA, -S *n* plant of tropical and subtropical America
ZINS ▸ **zin**
ZIP, -PED, -PING, -S *same as* ▸ **zipper**
ZIPLESS ▸ **zip**
ZIPLINE, -S *n* cable used for transportation across a river, gorge, etc
ZIPLOCK, -S *adj* fastened with interlocking plastic strips ▹ *vb* seal (a ziplock storage bag)
ZIPOLA, -S *n* nothing
ZIPPED ▸ **zip**
ZIPPER, -S *n* fastening device operating by means of two rows of metal or plastic teeth ▹ *vb* fasten with a zipper
ZIPPERED *adj* provided or fastened with a zip
ZIPPERS ▸ **zipper**
ZIPPIER ▸ **zippy**
ZIPPIEST ▸ **zippy**
ZIPPILY *adv* in a zippy manner
ZIPPING ▸ **zip**
ZIPPO, -S *n* nothing
ZIPPY, ZIPPIER, ZIPPIEST *adj* full of energy
ZIPS ▸ **zip**

ZIPTOP *adj* (of a bag) closed with a zipper
ZIPWIRE, -S *same as* ▸ **zipline**
ZIRAM, -S *n* industrial fungicide
ZIRCALOY *same as* > **zircalloy**
ZIRCON, -S *n* mineral used as a gemstone and in industry
ZIRCONIA *n* white oxide of zirconium, used as a pigment for paints, a catalyst, and an abrasive
ZIRCONIC > **zirconium**
ZIRCONS ▸ **zircon**
ZIT, -S *n* spot or pimple

This little word for a pimple can be very useful for disposing of the Z.

ZITE *same as* ▸ **ziti**
ZITHER, -S *n* musical instrument consisting of strings stretched over a flat box
ZITHERN, -S *same as* ▸ **zither**
ZITHERS ▸ **zither**
ZITI, -S *n* type of pasta

Another very useful word for disposing of the Z, **ziti** is a type of pasta. It has a variant **zite**. Remember that **ziti** takes an S to form **zitis**, but **zite** does not take an S.

ZITS ▸ **zit**
ZIZ *same as* ▸ **zizz**
ZIZANIA, -S *n* aquatic grass
ZIZEL, -S *n* chipmunk
ZIZIT *same as* ▸ **zizith**
ZIZITH *variant spelling of* ▸ **tsitsith**
ZIZYPHUS *n* jujube tree
ZIZZ, -ED, -ES, -ING *n* short sleep ▹ *vb* take a short sleep, snooze
ZIZZLE, -D, -S, ZIZZLING *vb* sizzle
ZLOTY, ZLOTE, ZLOTIES, -S *n* monetary unit of Poland
ZLOTYCH *same as* ▸ **zloty**
ZLOTYS ▸ **zloty**
ZO, -S *n* Tibetan breed of cattle
ZOA ▸ **zoon**
ZOAEA, -E, -S *same as* ▸ **zoea**
ZOARIA ▸ **zoarium**
ZOARIAL ▸ **zoarium**
ZOARIUM, ZOARIA *n* colony of zooids
ZOBO, -S *same as* ▸ **zo**
ZOBU, -S *same as* ▸ **zo**
ZOCALO, -S *n* plaza in Mexico
ZOCCO, -S *n* plinth
ZOCCOLO, -S *same as* ▸ **zocco**
ZOCCOS ▸ **zocco**
ZODIAC, -S *n* imaginary belt in the sky within which the sun, moon, and planets appear to move
ZODIACAL ▸ **zodiac**
ZODIACS ▸ **zodiac**
ZOEA, -E, -S *n* free-swimming larva of a crab or related crustacean

One of the most frequently played words in Scrabble, along with its friends **zoaea** and **zooea** and the various inflections: remember that these words can take an E in the plural as well as S, giving **zoeae**, **zoaeae** and **zooeae**.

ZOEAL ▸ **zoea**
ZOEAS ▸ **zoea**
ZOECIUM, ZOECIA *same as* ▸ **zooecium**
ZOEFORM ▸ **zoea**
ZOETIC *adj* pertaining to life
ZOETROPE *n* cylinder-shaped toy with a sequence of pictures on its inner surface which produce an illusion of animation when it is rotated
ZOFTIG *adj* ripe or curvaceous
ZOIATRIA *n* veterinary surgery
ZOIC *adj* relating to or having animal life
ZOISITE, -S *n* grey, brown, or pink mineral
ZOISM, -S *n* belief in magical animal powers
ZOIST, -S ▸ **zoism**
ZOLPIDEM *n* drug used to treat insomnia
ZOMBI, -S *same as* ▸ **zombie**
ZOMBIE, -S *n* corpse that has been reanimated by a supernatural spirit
ZOMBIFY *vb* turn into a zombie
ZOMBIISM ▸ **zombie**
ZOMBIS ▸ **zombi**
ZOMBOID *adj* like a zombie
ZOMBORUK *n* small swivel-mounted cannon
ZONA, -E *n* zone or belt
ZONAL *adj* of, relating to, or of the nature of a zone
ZONALLY ▸ **zonal**
ZONARY *same as* ▸ **zonal**
ZONATE *adj* marked with, divided into, or arranged in zones
ZONATED *same as* ▸ **zonate**
ZONATION *n* arrangement in zones
ZONDA, -S *n* South American wind
ZONE, -D, -S *n* area with particular features or properties ▹ *vb* divide into zones
ZONELESS ▸ **zone**
ZONER, -S *n* something which divides other things into zones
ZONES ▸ **zone**
ZONETIME *n* standard time of the time zone in which a ship is located at sea
ZONING, -S ▸ **zone**
ZONK, -ED, -ING, -S *vb* strike resoundingly
ZONOID, -S *adj* resembling a zone ▹ *n* finite vector sum of line segments
ZONULA, -E, -S *n* small zone or belt
ZONULAR ▸ **zonule**
ZONULAS ▸ **zonula**
ZONULE, -S *n* small zone, band, or area
ZONULET, -S *n* small belt
ZONURE, -S *n* lizard with ringed tail
ZOO, -IER, -IEST, -S *n* place where live animals are kept for show
ZOOBLAST *n* animal cell
ZOOCHORE *n* plant with the spores or seeds dispersed by animals
ZOOCHORY ▸ **zoochore**
ZOOCYTIA > **zoocytium**
ZOOEA, -E, -S *same as* ▸ **zoea**
ZOOEAL ▸ **zooea**
ZOOEAS ▸ **zooea**
ZOOECIUM, ZOOECIA *n* part of a polyzoan colony that houses the feeding zooids
ZOOEY ▸ **zoo**
ZOOGAMY *n* reproduction involving zoosperm
ZOOGENIC *adj* produced from animals
ZOOGENY *n* doctrine of formation of animals
ZOOGLEA, -E, -S *same as* ▸ **zoogloea**
ZOOGLEAL ▸ **zooglea**
ZOOGLEAS ▸ **zooglea**
ZOOGLOEA *n* mass of bacteria adhering together by a jelly-like substance derived from their cell walls
ZOOGONY *same as* ▸ **zoogeny**

ZOOGRAFT *n* animal tissue grafted onto a human body
ZOOID, -S *n* any independent animal body, such as an individual of a coral colony
ZOOIDAL ▸ **zooid**
ZOOIDS ▸ **zooid**
ZOOIER ▸ **zoo**
ZOOIEST ▸ **zoo**
ZOOKS *short form of* ▸ **gadzooks**
ZOOLATER ▸ **zoolatry**
ZOOLATRY *n* worship of animals
ZOOLITE, -S *n* fossilized animal
ZOOLITH, -S *n* fossilized animal
ZOOLITIC ▸ **zoolite**
ZOOLOGIC ▸ **zoology**
ZOOLOGY *n* study of animals
ZOOM, -ED, -ING, -S *vb* move or rise very rapidly ▹ *n* sound or act of zooming
ZOOMABLE *adj* capable of being viewed at various levels of magnification
ZOOMANCY *n* divination through observing the actions of animals
ZOOMANIA *n* extreme or excessive devotion to animals
ZOOMED ▸ **zoom**
ZOOMETRY *n* study of the relative size of the different parts of an animal or animals
ZOOMING ▸ **zoom**
ZOOMORPH *n* representation of an animal form
ZOOMS ▸ **zoom**
ZOON, ZOA, -ED, -ING, -S *vb* zoom ▹ *n* zooid
ZOONAL ▸ **zoon**
ZOONED ▸ **zoon**
ZOONIC *adj* concerning animals
ZOONING ▸ **zoon**
ZOONITE, -S *n* segment of an articulated animal
ZOONITIC ▸ **zoonite**
ZOONOMIA *same as* ▸ **zoonomy**
ZOONOMIC ▸ **zoonomy**
ZOONOMY *n* science of animal life
ZOONOSIS, ZOONOSES *n* any infection or disease that is transmitted to humans from lower vertebrates
ZOONOTIC ▸ **zoonosis**
ZOONS ▸ **zoon**
ZOOPATHY *n* science of animal diseases
ZOOPERAL ▸ **zoopery**
ZOOPERY *n* experimentation on animals
ZOOPHAGY *n* eating other animals
ZOOPHILE *n* person who is devoted to animals and their protection
ZOOPHOBE > **zoophobia**
ZOOPHORI > **zoophorus**
ZOOPHYTE *n* any animal resembling a plant, such as a sea anemone
ZOOS ▸ **zoo**
ZOOSCOPY *n* condition causing hallucinations of animals
ZOOSPERM *n* gamete that can move independently
ZOOSPORE *n* asexual spore of some algae and fungi that moves by means of flagella
ZOOT *n* as in **zoot suit** man's suit consisting of baggy trousers and a long jacket
ZOOTAXY *n* science of the classification of animals

The science of classifying animals. An unlikely word to appear on your rack, but you never know, and it would make an impressive bonus!

ZOOTHOME *n* group of zooids
ZOOTIER ▸ **zooty**
ZOOTIEST ▸ **zooty**
ZOOTOMIC ▸ **zootomy**
ZOOTOMY *n* branch of zoology concerned with the dissection and anatomy of animals
ZOOTOXIC ▸ **zootoxin**
ZOOTOXIN *n* toxin, such as snake venom, that is produced by an animal
ZOOTROPE *same as* ▸ **zoetrope**
ZOOTY, ZOOTIER, ZOOTIEST *adj* showy
ZOOTYPE, -S *n* animal figure used as a symbol
ZOOTYPIC ▸ **zootype**
ZOOZOO, -S *n* wood pigeon
ZOPILOTE *n* small American vulture
ZOPPA *adj* syncopated
ZOPPO *same as* ▸ **zoppa**
ZORBING, -S *n* activity of travelling downhill inside a large air-filled ball
ZORGITE, -S *n* copper-lead selenide
ZORI, -S *n* Japanese sandal
ZORIL, -S *same as* ▸ **zorilla**
ZORILLA, -S *n* skunk-like African musteline mammal having a long black-and-white coat
ZORILLE, -S *same as* ▸ **zorilla**
ZORILLO, -S *same as* ▸ **zorille**
ZORILS ▸ **zoril**
ZORINO, -S *n* skunk fur
ZORIS ▸ **zori**
ZORRO, -S *n* hoary fox
ZOS ▸ **zo**
ZOSTER, -S *n* shingles; herpes zoster
ZOUAVE, -S *n* (formerly) member of a body of French infantry composed of Algerian recruits
ZOUK, -S *n* style of dance music that combines African and Latin American rhythms
ZOUNDS *interj* mild oath indicating surprise or indignation
ZOWEE *same as* ▸ **zowie**
ZOWIE *interj* expression of pleasurable surprise
ZOYSIA, -S *n* type of grass with short stiffly pointed leaves, often used for lawns
ZUCCHINI *n* courgette
ZUCHETTA *same as* > **zucchetto**
ZUCHETTO *same as* > **zucchetto**
ZUFFOLO, ZUFFOLI *same as* ▸ **zufolo**
ZUFOLO, ZUFOLI, -S *n* small flute
ZUGZWANG *n* (in chess) position in which one player can move only with loss or severe disadvantage ▹ *vb* manoeuvre (one's opponent) into a zugzwang
ZULU, -S *n* (in the NATO phonetic alphabet) used to represent z
ZUPA, -S *n* confederation of Serbian villages
ZUPAN, -S *n* head of a zupa
ZUPAS ▸ **zupa**
ZUPPA, -S *n* Italian soup
ZURF, -S *same as* ▸ **zarf**
ZUZ, -IM, -ZIM *n* ancient Hebrew silver coin
ZWIEBACK *n* small type of rusk
ZYDECO, -S *n* type of Black Cajun music
ZYGA ▸ **zygon**
ZYGAENID *adj* of the burnet moth genus
ZYGAL ▸ **zygon**
ZYGANTRA > **zygantrum**

ZYGODONT *adj* possessing paired molar cusps
ZYGOID *same as* ▸ **diploid**
ZYGOMA, -S, -TA *n* slender arch of bone on each side of the skull of mammals
ZYGON, ZYGA *n* brain fissure
ZYGOSE, -S ▸ **zygosis**
ZYGOSIS *n* direct transfer of DNA between two cells that are temporarily joined
ZYGOSITY ▸ **zygosis**
ZYGOTE, -S *n* fertilized egg cell
ZYGOTENE *n* second stage of the prophase of meiosis
ZYGOTES ▸ **zygote**
ZYGOTIC ▸ **zygote**
ZYLONITE *variant spelling of* ▸ **xylonite**
ZYMASE, -S *n* mixture of enzymes that is obtained as an extract from yeast and ferments sugars
ZYME, -S *n* ferment
ZYMIC ▸ **zyme**
ZYMITE, -S *n* priest who uses leavened bread during communion
ZYMOGEN, -S *n* any of various inactive precursors of enzymes activated by a kinase
ZYMOGENE *same as* ▸ **zymogen**
ZYMOGENS ▸ **zymogen**
ZYMOGRAM *n* band of electrophoretic medium showing a pattern of enzymes following electrophoresis
ZYMOID *adj* relating to a ferment
ZYMOLOGY *n* chemistry of fermentation
ZYMOME, -S *n* glutinous substance that is insoluble in alcohol
ZYMOSAN, -S *n* insoluble carbohydrate found in yeast
ZYMOSIS, ZYMOSES *same as* > **zymolysis**
ZYMOTIC, -S *adj* of, relating to, or causing fermentation ▹ *n* disease
ZYMURGY *n* study of fermentation processes
ZYTHUM, -S *n* Ancient Egyptian beer
ZYZZYVA, -S *n* American weevil
ZZZ, -S *n* informal word for sleep